ISBN 978-0-332-70086-1
PIBN 11220591

UNIVERSA

CIVILIS ET CRIMINALIS

JURISPRUDENTIA

AUCTORE

THOM. MAURITIO RICHERI

TOMUS III

VENETIIS
EX OFFICINA JUSTINIANEA
1841

Enea Marrett.

UNIVERSA

CIVILIS ET CRIMINALIS

JURISPRUDENTIA

JUXTA SERIEM INSTITUTIONUM

EX NATURALI ET ROMANO JURE DEPROMPTA

ET

AD USUM FORI PERPETUO ACCOMMODATA

AUCTORE

THOM. MAURITIO RICHERI

EDITIO PRIMA VENETA

ANTONII BAZZARINI

CURA ET IMPENSIS

JURISPRUDENTIAE

LIBER TERTIUS

TITULUS XV.

DE LITTERARUM OBLIGATIONIBUS.

Instit. lib. 3, tit. 22 *De litterar. obligation.*
Cod. lib. 4, tit. 30 *De non numerat. pecun.*

SUMMARIA

§ 2267. *Litterarum obligatio quando contrahi dicatur?* — § 2268. *Confessio de pecunia mutuo accepta obligationem quamdam inducit.* — § 2269, *Exceptio non numeratae pecuniae cur a legibus inducta sit?* — § 2270. *Probare tenetur, qui allegat se numerasse pecuniam mutuam.* — § 2271. *Quid si creditor debitam sibi pecuniam solutam fuisse confessus sit?* — § 2272. *Exceptio non numeratae pecuniae competit haeredi et fidejussori.* — § 2273. *Pecuniae non numeratae exceptio intra biennium continuum opponi debet: nisi minor aetas, vel alia justa caussa excuset.* — § 2274. *Exceptio non numeratae pecuniae impedit executionem obligationis etiam juratae.* — § 2275 et 2276. *Post tempus huic exceptioni praefinitum potest debitor excipere de dolo intra annos triginta. Idem est de creditore.* — § 2277. *Plena probatio desideratur ab eo, qui post biennium negat, pecuniam sibi numeratam fuisse.* — § 2278. *Quid si debitor fateatur pecuniam sibi numeratam fuisse; sed alleget incontinenti restitutam?* — § 2279. *Chirographum obligationis condicere potest intra biennium debitor, qui negat pecuniam sibi numeratam fuisse.* — § 2280. *Quid si pars tantum pecuniae numerata fuerit?* — § 2281 et 2282. *Exceptio non numeratae pecuniae an locum habeat, si debitum ex alio contractu redactum fuerit in mutuum?* — § 2283. *Litteris cambii an opponi possit exceptio pecuniae non numeratae?* — § 2284. *Recensentur quidam casus, in quibus denegatur exceptio non numeratae pecuniae.* — 2285. *Confessio sola debiti extra judicium contentiosum non impedit exceptionem non numeratae pecuniae.* — § 2286. *Quid si de debito constet ex publico instrumento?* — § 2287 et 2288. *An possit renunciari exceptioni non numeratae pecuniae?* — § 2289. *Jusjurandum cautioni adjectum non tollit exceptionem non numeratae pecuniae. Quid si debitor per mendacium neget?*

§ 2267. Pervenimus ad tertiam obligationum speciem, videlicet quae litteris contrahuntur, nec aliter, quam per litteras contrahi possunt. Litterarum obligatio contrahi dicitur, cum quis scripto alteri tradito confitetur, se mutuam ab eo pecuniam accepisse. Imprimis requiri dicimus, ut confessio in scriptis facta sit; si verbis tantum, non erit litterarum, sed verborum obligatio: nihil autem interest, an privata, an publica scriptura confessio haec contineatur; an chirographo, an publico instrumento: scriptura haec cautionis, apochae, chirographi nomine promiscue donatur: subjicimus, scripturam hanc alteri, seu creditori tradi; ita enim plerumque fit; quamquam ex mutuo consensu potest apud confitentem remanere.

§ 2268. Postremo requirimus, ut confessio sit de pecunia numerata, seu mutuo accepta: caeterca, si caussam debendi nullam contineant, plane inutiles sunt (1); quod si caussa debendi expressa sit, tantum prosunt ad rei gestae probationem (2): confessio autem numeratae, et creditae pecuniae obligationem inducit, quamquam sola ad probationem non sufficit; prout ex dicendis apparebit: pecuniae nomine etiam intelligimus caeteras res, in quibus mutuum consistere potest (3).

§ 2269. Cum autem saepe contingat, ut illi, qui pecunia indigent, quo facilius inducant foeneratores ad pecuniam mutuo dandam, scripturam conficiant, qua fatentur, spe futurae numerationis, se pecuniam accepisse, quam revera non acceperant, quaeque nec imposterum numeratur, succursum est confitenti, data ipsi exceptione non numeratae pecuniae (4), qua utique non negat, se confessionem scripto emisisse, sed pecuniam sibi numeratam fuisse.

§ 2270. Ut fraudibus impiorum hominum obviam iretur, placuit legum latoribus, ex hac quidem scriptura obligationem, et actionem oriri, sed quae elidi possit hodie intra biennium, opposita pecuniae non numeratae exceptione; qua

(1) l. *Cum de indebito* 25 § ult. ff. *De probat.* (22, 3); l. *Generaliter* 13 Cod. hoc tit.
(2) d. l. 25 § ult; d. l. 13 Cod. hoc tit.
(3) l. *In contractibus* 14 Cod. hoc tit.
(4) Text. Instit. hoc tit.; l. *In contractibus* 14 Cod. hoc tit.

fit ut onus probandi numeratam recidat in creditorem, qui affirmat (1): quod si quis scripsisset, non ex mutuo, sed ex alia caussa se pecuniam accepisse, puta emptionis, locationis, etiam privato chirographo, scripturae standum est, donec evidentissimis argumentis rem aliter se habere probet, qui negat (2): sane exceptio pecuniae non numeratae denegatur, si aliud pro pecunia aequipollens datum fuerit, contractu venditionis brevi manu in mutuum transfuso (3).

§ 2271. Neque casum praetermisit Justinianus, quo creditor debitam sibi pecuniam solutam fuisse confessus sit: nimirum intra tringinta dies excipere potest de pecunia non soluta (4): favore nimirum liberationis ita constitutum est, et brevius tempus praescriptum, intra quod propriam confessionem reprobare liceat; non ulterius, ne oblato quidem jurejurando (5): quod si liberatio liberaliter facta sit, praetextu pecuniae non numeratae revocari nequit (6), cum donationis jure censeatur quae praeviam pecuniae numerationem non requirit.

§ 2272. Exceptio non numeratae pecuniae competit debitori, tum illius haeredi: ita tamen ut haeres tantum habeat residuum tempus, quod defuncto ad exceptionem competebat (7); immo et fidejussoris (8); quia non cohaeret personae, sed rei: atque insuper creditoribus ejus, qui pecuniam mutuam se recepisse confessus est, sive agant, sive conveniantur hypothecaria actione; eamque opponere possunt tum praesente, tum absente debitore, quamvis ipse ea uti nolit (9).

§ 2273. Competit igitur exceptio haec intra biennium (10), idest intra biennium opponenda est; sed semel opposita fit perpetua (11), dummodo in scriptis, ut tutius, et evidentius constet, et in judicio objiciatur ipsi adversario, si praesens sit, vel apud judicem ordinarium, si absit (12). Hoc porro biennium, quod incipit a die scripti chirographi, continuum est: quamquam non currit adversus minores, nec adversus majores, qui propter necessariam absentiam querelam hanc movere non potuerunt (13); quippe isti in integrum restituuntur (14).

§ 2274. Exceptio non numeratae pecuniae, si modo intra praefinita tempora objiciatur, fortior, et utilior est, quam restitutio in integrum adversus instrumentum postulata: etenim illa impedit executionem obligationis, quantumvis juratae (1); haec vero efficere non potest, quominus judex decernere debeat, ut interim, seu pendente facti quaestione, chirographo stetur (2); cum exceptio non numeratae pecuniae creditorem oneret, ut numerationem probet (3), restitutio vero onerat debitorem, qui vult in integrum restitui adversus chirographum, quem approbare intelligitur, ex quo adversus eum restitui petit.

§ 2275. Elapso tempore exceptioni non numeratae pecuniae praefinito (4), jusjurandum utique creditori deferri non potest (5); non tamen prohibetur reus aliis defensionibus, seu exceptionibus uti; atque potest objicere vel adversus scripturam, vel adversus confessionem, quae scriptura continetur: adversus scripturam potest excipere, illam non esse suam: adversus confessionem potest excipere de dolo (6): doli autem exceptio perpetua est, idest durat, ad triginta annos (7); sed tunc debitori asserenti, pecuniam numeratam non fuisse, probatio incumbit (8).

§ 2276. Idem profecto dicendum de exceptione non numeratae pecuniae, quae competit intra triginta dies creditori, qui spe futurae solutionis confessus sit, eam sibi fuisse solutam nimirum exceptione hac uti tantum potest intra triginta dies (§ 2271), sed potest creditor replicare de dolo, tametsi tempus hoc praeterierit (9); quia ut modo diximus (§ praeced.) doli exceptio perpetua est, seu durat usque ad tringinta annos (10): dummodo ipse probet, pecuniam minime enumeratam fuisse (11), tutius tamen est, subjicit Faber, restitutionem in integrum ex rescripto Principis impetrare (12). Quod si non ex sola creditoris confessione, sed ex notarii assertione probetur, solutam creditori fuisse pecuniam, nec de dolo, nec de exceptione non numeratae pecuniae quaerendum est, sed de falso agi, atque in crimen solemniter inscribi oportet (13).

§ 2277. Adversus confessionem numeratae pecuniae post tempus definitum quis agere potest, si pecuniam minime numeratam fuisse probare velit per testes usque ad annum trigesimum (§ praeced): dummodo plene probet (14): si semiplene tantum probaverit, non potest petere, ut sibi deferatur jusjurandum in supplementum

(1) d. l. *In contractibus* 14 Cod. hoc tit.
(2) l. *Generaliter* 13 Cod. hoc tit.
(3) argum. l. *Plerumque* 10 ff. *De jur. dot.* (23, 3).
(4) d. l. *In contractibus* 14 § *super caeteris* 2 Cod. hoc tit.; Fab. Cod. lib. 4, tit. 22, def. 7 in princ.
(5) d. l. 14 § *illo* 3; Fab. d. def. 7, n. 1.
(6) Fab. Cod. hoc tit. def. 5.
(7) l. *Si intra* 8 Cod. hoc tit.
(8) l. *Tam mandatori* 12 Cod. hoc tit.
(9) l. penult Cod. hoc tit.
(10) d. l. *In contractibus* 14 Cod. hoc tit.
(11) d. l. *Si intra* 8 Cod. hoc tit.
(12) d. l. 14 § ult. Cod. hoc tit.
(13) d. l. 14 in fin. princ.; junct. l. *Adolescentiae* 2 Cod. *In quib. caus. in integr. etc.* (2, 41).
(14) l. ult. ff. *Ex quib. caus. major.* (4, 6).

(1) l. 1 et ult. Cod. hoc tit.
(2) Fab. Cod. hoc tit. lib. 4, tit. 22, def. 3.
(3) l. *Si ex cautione* 3; l. *Adseveratio* 10 Cod. hoc tit.
(4) d. l. *In contractibus* 14 Cod. hoc tit.
(5) d. l. 14 § *illo* 3 Cod. hoc tit.
(6) d. l. *Si ex cautione* 3 Cod. hoc tit.
(7) l. *Et eleganter* 7 ff. *De dol.* (4, 3).
(8) l. *Adseveratio* 10 Cod. hoc tit.; Fab. Cod. hoc tit. lib. 4, tit. 22, def. 1.
(9) l. *Adseveratio* 10 Cod. hoc tit.; Fab. Cod. eod. tit. lib. 4, tit. 22, def 1 in princ.
(10) l. *Et eleganter* 7 ff. *De dolo* (4, 3).
(11) d. l. 10 Cod. hoc tit.
(12) Fab. d. def. 1, n. 8 in corp.
(13) Fab. d. def. 1 in fin.
(14) d. l. *Adseveratio* 10 Cod. hoc tit.; Fab. Cod. hoc tit. lib. 4, tit. 22, def. 7 in princ.

probationis (1); cum enim nec adversarium judicem facere possit (2), multo minus licere ei debet, ut praetextu semiplenae probationis se ipsum judicem faciat.

§ 2278. Sed quid, si debitor numeratam utique sibi pecuniam non diffiteatur; sed alleget incontinenti restitutam fuisse, prout aliquando fit? Mon tam de pecunia non numerata quaeritur, quam de contractus simulatione: proinde usque ad triginta annos audiendus est, si hoc probare velit, ut supra diximus (§ 2275): adeoque et jusjurandum creditori deferre potest (3).

§ 2279. Ne autem in potestate creditoris sit, non agendo nisi post biennium, auferre creditori commodum exceptionis non numeratae pecuniae, ex quo onus probandi in creditorem transfertur (§ 2274), licet debitori, dummodo ante biennium elapsum (4) agere adversus creditorem, et chirographum obligationis condicere (5); atque creditor ad illud restituendum obligatur, nisi probet, se pecuniam numerasse (6); nec enim deterioris esse decet conditionis debitorem, sive agat, sive excipiat in beneficio summa aequitate per leges indulto, ne restituere cogatur, quod non accepit.

§ 2280. Exceptio non numeratae pecuniae datur in id quod non accepit debitor, qui exceptione hac utitur: proinde si nihil acceperit, in totum excipit: si partem tantummodo consecutus sit, de parte pecuniae non soluta excipere potest (7): eadem est ratio totius ad totum, ac partis ad partem, prout in aliis quoque casibus servatur (8).

§ 2281. Disputant interpretes, utrum exceptio non numeratae pecuniae locum habere possit, si debitum ex alio contractu in mutuum redactum fuerit. Titius, cum Sempronio viginti debere se crederet ex caussa emptionis, deinceps chirographo confessus est, se eadem debere ex caussa mutui: quaeritur, an possit se tueri exceptione non numeratae pecuniae, si forte contendat, ea vere debita non fuisse ex praevia emptionis caussa. Quidam affirmant, eo fundamento, quod hic mutuum intervenire videatur, ut proinde generali legum sanctioni locus fiat (9).

§ 2282. Negant alii (10): quia in contractibus eorum origo spectanda sit; hic autem, cum origine inspecta emptionis sit, non mutui, legem de mutuo latam (11) ad eum minime extendi putant: atque etiam nituntur rescripto Imperatoris Alexandri, ajentis, *non numeratae pecuniae exceptionem ibi locum habere, ubi quasi credita pecunia petitur: cum autem ex praecedente caussa debiti in chirographum quantitas redigitur, non requiri*, seu non inspici, *an tunc, cum cavebatur, numerata sit, sed an justa debiti caussa praecesserit* (1): si ergo in hoc casu non quaeritur; utrum pecunia numerata sit, nec ne, consequens est, exceptioni non numeratae pecuniae minime locum fieri (2).

§ 2283. De litteris cambii duae quoque sunt pugnantes sententiae: alii litteris cambii exceptionem hanc opponi non posse sentiunt; affirmant alii (3); quia mutuum in his vere contineatur: atque candem exceptionem ad mercatores extendunt (4); quia non sit de apicibus juris, sed descendat ex aequitate (§ 2269), quae et inter mercatores locum habere debet.

§ 2284. Quidam sane casus sunt, in quibus exceptio haec denegatur, licet mutuum vere intercesserit: nimirum in deposito certarum rerum, vel etiam pecuniae (5): vel si debitor, fidem chirographi agnoscens, partem sortis, vel usurarum solverit (6); tarde reprobat, quod semel solvendo probavit; si transactionis caussa quis mutuam accepisse pecuniam confessus sit (7); singulari transactionis favore: vel confessio in testamento facta sit (8); quia vix timeri possit metus et simulatio.

§ 2285. Cum autem sola confessio absque solutione intervenit, placuit distinctio, an ea facta sit in judicio voluntario, seu in eo casu, quo quis fortuito coram judice repertus a creditore, confessus sit se debere; atque hinc a judice ad solvendum condemnatus fuerit; an facta sit in judicio contentioso, seu post citationem legitime factam, ita ut in prima specie adhuc competat exceptio non numeratae pecuniae, non in altera (9): magis deliberata est posterior confessio, et minus obnoxia fraudibus.

§ 2286. Casum quoque excipit Justinianus, quo quis ab argentariis se mutuam pecuniam accepisse confessus sit (10): atque hinc colligunt aliqui, cessare exceptionem non numeratae pecuniae in instrumento publico: sed repugnant alii generalibus legum verbis innixi (11); saltem si instrumento dumtaxat contineatur confessio debitoris, ajentis pecuniam sibi numeratam fuisse: quod si notarius testetur, eam vere numeratam fuisse, de falso agi necesse erit (12).

(1) Fab. d. def. 7. n. 4 et seqq.
(2) d. l. 14 § 3 Cod. hoc tit.
(3) Fab. Cod. hoc tit. lib. 4. tit. 22, def. 2.
(4) Ibid. def. 4.
(5) l. *Si quasi* 7 Cod hoc tit.
(6) Fab. Cod. hoc tit. d. def. 4. in not.
(7) l. *Minorem* 2; l *Cum ultra* 9 Cod. hoc tit.
(8) l. *Quae de tota* 76 ff. *De rei vindic.* (6, 1).
(9) Perez. in Cod. hoc tit. lib. 4. tit. 30. n. 9.
(10) Brunneman. in Cod. *Ad leg. adversus* 5 Cod. hoc tit. n. 3.
(11) Text. Instit. hoc tit; l. *In contractibus* 14 in princ. et passim Cod. hoc tit.

(1) d. l. *Adversus* 5 Cod. hoc tit.
(2) l. *Frustra* 6; l. *Si transactionis* 11 Cod. hoc tit.
(3) Brunneman. ad d. l. 5, Cod. hoc tit. n. 4.
(4) Brunneman. ibid. n 5.
(5) d. l. *In contractibus* 14 § 1 Cod. hoc tit.
(6) l. *Cum fidem* 3 Cod. hoc tit.
(7) l. *Si transactionis* 11 Cod. hoc tit.
(8) l. 1 Cod. *De fals. caus. adject.* (6, 44).
(9) Osasc. decis. 134 per tot.
(10) Novell. 136, cap. ult.
(11) d. l. *In contractibus* 14 et passim Cod. hoc tit.
(12) Fab. Cod hoc tit. lib. 4, tit. 22, def 1 in fin.

§ 2287. Incertum quoque, an huic exceptioni possit renunciari: sunt, qui negant (1): quia ita indirecte fieret fraus legibus, quae impiorum foeneratorum nequitiae obviam ire voluerunt (§ 2269); cum debitores pecuniae avidi eadem facilitate renuncient exceptioni pecuniae non numeratae, qua candem falso numeratam esse fatentur.

§ 2288. Sentiunt alii, inutilem utique esse renunciationem incontinenti factam propter fraudis periculum (§ praeced.); sed valere defendunt, si fiat ex intervallo; quia absit periculum fraudis; atque debitor serio deliberare potuerit. Sententia haec juris regulis, quae in aliis casibus constitutae sunt, magis consentanea videtur, saltem si non tam brevi post confessionem chirographo contentam tempore fiat (2).

§ 2289. Caeterum apud omnes constat, jusjurandum cautioni adjectum non impedire, quominus objiciatur exceptio non numeratae pecuniae (3); utpotequod sequitur naturam actus, cui adjicitur (4): quamquam absolutio petenda est, ne obstet perjurii exceptio (5). Quod autem Romano jure cautum est, ut debitor, qui per mendacium negaverit se scripsisse chirographum, aut pecuniam recepisse, in duplum condemnetur (6), in foro non servatur: sed potius ad mulctam mendax debitor condemnari debet (7).

TITULUS XVI.

DE OBLIGATIONIBUS EX CONSENSU.

Instit. lib. 3, tit. 23 *De obligat. ex consensu.*
Digest. lib. 44, tit. 7) *De obligat., et actionib.*
Cod. lib. 4, tit. 10)

SUMMARIA

§ 2290. *Consensu obligatio contrahi dicitur, quae nec rem, nec verba, nec scripturam desiderat.* — § 2291. *Consensus verbis, litteris, nutu, vel facto potest demonstrari.* — § 2292. *Quot sint obligationum contrahendarum genera?* — § 2293. *Obligationes ex consensu pleniorem ex bono et aequo interpretationem recipiunt.*

§ 2290. Postquam egit Justinianus de contractibus, qui re, verbis, vel litteris perficiuntur, juxta divisionem suo loco propositam (8), progreditur ad quartam contractuum speciem, quae consensu fiunt: ideo autem consensu obligatio ex his contractibus nasci dicitur, quia in his praeter consensum nihil desideratur; idest neque rem, neque verba, neque scripturam intervenire necesse est (1); cum in aliis solus consensus, qui utique necessarius est (2), non sufficiat.

§ 2291. Consensus non tantum verbis, litteris (3), et nutu (4), sed etiam facto potest demonstrari: veluti si quis praedium meum, me praesente, nec tamen probante, aut contradicente vendiderit, ego vero deinceps pretium ex hac caussa accepero (5), facto probata judicatur venditio. Idem est de eo, qui passus sit, alterum pro se praesente fidejubere (6).

§ 2292. Obligationum, quae re contrahuntur, quatuor a Justiniano species enumerantur: emptio, et venditio: et conductio: societas: mandatum (7): atque his addi potest contractus emphyteuticus; qui emptioni, et venditioni, nec non locationi, et conductioni in multis consentit; quamquam propriam hodie naturam ex Zenonis sanctione sortitus est (8).

§ 2293. Subjicit post Cajum (9) Justinianus, in hisce contractibus alterum alteri obligari *in id quod alterum alteri ex bono, et aequo* praestare oportet (10): quibus verbis significatur, contractuum, qui solo consensu perficiuntur, pleniorem fieri interpretationem; ita ut non modo complecti intelligantur id, de quo expresse convenit, sed etiam id omne, quod ex aequitate descendit, licet nominatim de eo actum non sit: quod caeteris quoque negotiis bonae fidei convenit (11), prout suo loco demonstrabimus.

TITULUS XVII.

DE EMPTIONE ET VENDITIONE

Instit. lib. 3, tit. 24 *De empt. et vendit.*
Digest. lib. 18, tit. 1) *De contrahend. emption.*
Cod. lib. 4, tit. 38)

SUMMARIA

§ 2294. *Venditio suadente usu, et necessitate commerciorum inducta fuit.* — § 2295 et 2296. *Quis emptor, quis venditor dicatur? Quae de hoc contractu tractanda sint?*

§ 2294. Venditionis nomen, si latissima significatione accipiatur, quamcumque alienationem complecti potest (12), proprie tamen significat contractum, quo quis rem suam alteri tradit,

(1) Perez. in Cod. hoc tit. n. 19.
(2) argum. l. *Si mulier* 22 Cod. *Ad Senatusc. Vellejan.* (4. 29).
(3) l. ult. Cod. hoc tit.
(4) l. *Non dubium* 5 § 1 Cod. *De legib.* (1, 14).
(5) cap. *Cum contingat* 28 extra Decr. Greg. *De jurejur.* (2, 24); Fab. Cod. hoc tit. lib. 4, tit. 22, def. 1, n. 7.
(6) auth. *contra, qui* post l. 4 Cod. hoc tit.
(7) V. *Reg. Constit.* lib. 3, tit. 12, § 6.
(8) § ult. Instit. *De obligationib.* (3, 14).

(1) Text. Instit. hoc tit.
(2) l. 1 § *conventionis* 3 ff. *De pact.* (2, 14).
(3) l. *Labeo* 2 ff. *De pact.* (2, 14).
(4) l. *Nutu* 21 ff. *De legat.* 3. (32, 1).
(5) l. *Quidam* 12 ff. *De eviction.* (21, 2).
(6) l. *Si remunerandi* 6 § *si tibi* 2 ff. *Mandat.* (17, 1).
(7) d. text. Instit. hoc tit.
(8) l. 1 Cod. *De jur. emphyteut.* (4, 66).
(9) l. *Consensu* 2 § ult. ff. hoc tit.
(10) d. text. Instit. hoc tit.
(11) § *in bonae* 30 Instit. *De action.* (4, 6).
(12) l. *Sicut re* 8 § *venditionis* 11; *Quib. mod. pign., vel hypoth. sol.* (20, 6).

pecuniam pro pretio recepturus (1): hic autem contractus usu et necessitate commerciorum suadente inductus fuit: olim quidem fiebant rerum permutationes: sed, cum saepe contingeret, scite animadvertit Ulpianus, ne tu haberes, quod ergo desiderarem: vel cum haberes, accipere nolles, quod ego dare possem, *electa materia est, cujus libera, ac perpetua aestimatio difficultatibus permutationum . . . subveniret* (2): *nec ultra merx utrumque*, seu quod ab utroque contrahente datur, *sed alterum*, quod scilicet ab emptore traditur, *pretium vocatur* (3). An venditio sine pecunia celebrari possit, tractat idem Ulpianus (4); et non infra expendimus.

§ 2295. Contractus, de quo agimus, duabus partibus inter se distinctis constat: emptione nimirum et venditione, unde dicti emptor, et venditor: emptor est, qui pretium solvit, venditor, qui rem tradit, pretium accepturus (5): quamquam non modo veteres una, puta sola emptionis, vel sola venditionis appellatione usi sunt, ad utrumque, seu totum contractum significandum, prout in locatione et conductione (6): sed et hodie ita passim solet observari.

§ 2296. Hisce praemissis, inquirendum. Primo: Quid sit emptio et venditio, et quae ad ejus substantiam requirantur: 2. Qui emere, aut vendere possint: 3. Quas res emere, aut vendere liceat: 4. Quis sit emptionis et venditionis effectus: 5. Agemus de rescindenda venditione: 6. De pactis inter emptorem et venditorem.

CAPUT I.

Quid sit emptio, venditio, et quae ad ejus substantiam requirantur.

SUMMARIA

§ 2297. *Emptio consensu, re et pretio perficitur.* — § 2298. *Venditiones imaginariae quae olim dicerentur apud Romanos?* — § 2299 *et* 2300. *Invitus vendere rem suam plerumque nemo cogitur: nisi aliud suadeat libertatis, religionis, aut publicae utilitatis caussa.* — § 2301 *et* 2302. *Res ad victum pertinentes emi et vendi aliquando jubentur.* — § 2303. *An cives cogi possint ad vendendas certo pretio res, quae alibi creverunt, et inde afferuntur?* — § 2304. *Consensui obstant metus, dolus et error.* — § 2305. *Error in substantia emptionem irritam facit, non qui de accidentibus est.* — § 2306 *et* 2307. *Error in corpore ad substantiam contractus pertinet: non vero error in qualitate.* — § 2308. *Pignoris contractus facilius sustinetur, errore non obstante, quam emptio.* — § 2309 *et* 2310. *Error qualitatis non impedit emptionis vim. An venditor teneatur ad id, quod interest?* — § 2311. *Error qualitatis venditionem irritam facere potest, si ita contrahentibus placuerit.* — § 2312. *Venditio quae coepit a modo, vel mensura, perfecta non videtur, ante quam probatus sit modus, vel peracta mensura.* — § 2313 *et* 2314. *Quid si coeperit a corpore et quandonam a corpore incoepisse videatur?* — § 2315. *Cum venditio coepit a corpore, pro vendito habetur, quod est intra demonstratos confines; sed pro majori, vel minori quantitate pretium statuitur.* — § 2316. *Pacta posteriora, licet scripta non sint, derogant prioribus.* — § 2317. *Quid si error sit in quantitate?* — § 2318. *Quid si quantitas expressa inveniatur, sed non talis naturae, qualis expressa est?* — 2319. *Venditio facta, neutiquam commemorata quantitate, ad corpus facta intelligitur.* — § 2320. *Quid si expressa fuerit quantitas per modum demonstrationis?* — § 2321. *Quibus casibus venditio ad mensuram facta judicetur? Quo tempore mensura iniri debeat?* — § 2322. *Emptio sine re certa esse nequit: incerta tamen spes emi et vendi potest.* — § 2323 *et* 2324. *Quid si res perierit, antequam venditio traditione perficiatur, vel perierit id, propter quod emptio potissimum facta fuit.* — § 2325. *Pretium ad vim emptionis omnino requiritur.* — § 2326. *Pretium in pecunia numerata consistere debet.* — § 2327. *Pretium, quod initio in pecunia conventum fuit, deinceps in alia re mutuo consensu statui potest.* — § 2328. *Si partim pecunia, partim res pro pretio detur, contractus a majore parte denominatur.* — § 2329. *Pretium emptionis certum esse debet vel per se, vel per relationem ad aliud.* — § 2330. *Valet emptio, ita constituto pretio, quanti venditor emit, quantum in arca emptor deinceps venditurus est.* — § 2331. *Pretium certi boni viri arbitrio committi potest: sed emptio haec conditionalis judicatur.* — § 2332. *Iniqua arbitri sententia judicis officio emendari debet.* — § 2333 *et* 2334. *Pretium nec in emptoris, nec in venditoris arbitrium conferri, patiuntur Romanae leges.* — § 2335. *An valeat conventio, ut unus ex contrahentibus arbitrum pretii eligat?* — § 2336. *Pretium justum esse oportet, seu mercis valori respondens.* — § 2337. *Venditio perfecta est, praestito consensu super merce et pretio: nisi convenerit, ut in scriptis celebretur. Quid si res publice vendita fuerit?* — § 2338. *Quid si arrhae datae fuerint?* — § 2339 *et* 2340. *Quibus casibus contrahentes censeantur in scriptis emptionem et venditionem celebrare velle?* — § 2341. *Contrahentes in dubio praesumuntur uti jure communi.* — § 2342. *Contractus scriptus esse potest, quin in scriptis gestus dica-*

(1) l. 1 § 1 ff. hoc tit.
(2) l. 1 in pinc. ff. hoc tit.
(3) d. l. 1 in fin. princ.
(4) d. l. 1 § 1 ff. hoc tit.
(5) l. 1 § 1 in fin. ff. hoc tit.
(6) l. *Veteres* 19 et l. seq. ff. *De act. empt.* (19, 1).

tur. — § 1343. *Scriptura ad probationem potius interposita judicatur, quam ad substantiam actus, qui sine scriptura potest subsistere.* — § 2344. *Conditiones quaedam poenitentiae locum relinquut, quedam non.* — § 2345. *Degustandi conditio poenitentiae locum relinquit, non ponderis, mensurae vel numeri.* — § 2346. *Arrhae dari possunt vel in signum contractae emptionis, et sola rei traditione complendae; vel in signum incohatae tantum emptionis.* — § 2347 *et* 2348. *Arrhis in signum emptionis contractae datis, ne iis quidem amissis poenitere licet. Quid si in signum contractus inchoati datae fuerint?*

§ 2297. Emptio et venditio definiri potest contractus, quo res pro pecunia datur: ex qua definitione patet, tria requiri ad hunc contractum perficiendum, quae idcirco substantialia dicuntur, videlicet consensum, rem, seu mercem et pretium, ita ut, si alterutrum desit, emptio et venditio celebrata non sit (1).

§ 2298. Quod pertinet ad imaginarias venditiones, quae uno nummo apud Romanos perfici dicuntur (2), donationis potius jure, quam venditionis censentur (3): quo fit, ne subsistant inter eos, inter quos donationes prohibentur (4); atque ex his usucapio non pro emptore, sed pro donato procedat (5). Cum ergo ait Paulus, nudam et immaginariam venditionem pro non facta esse; et ideo nec alienationem ejus rei intelligi (6); ita explicandus est, ne venditio haec jure venditionis valeat, neque alienatio tamquam ex venditione facta intelligatur, utique vero ex caussa et titulo donationis (7).

§ 2299. Imprimis dicimus, ad vim venditionis consensum omnino necessarium esse (§ 2297): quod utique commune est omnibus contractibus (§ 2290); speciatim tamen de eo disserere praestat in emptione et venditione, prout ex dicendis apparebit: atque hinc generatim traditur, neminem invitum ad vendendum, vel emendum cogi posse (8): quod plerique extendunt ad eum casum, quo quis res suas tamquam venales jam proscripserit, seu publice significaverit, se eas venditurum et publicae auctionis diem dixerit (9).

§ 2300. Ab hac tamen generali regula plures casus, aequitate, vel publica suadente utilitate, excepti sunt: puta favore libertatis constitutum, ut socius servi communis partem suam vendere cogatur (10): favore religionis quis cogitur justo

(1) l. *In venditionibus* 9 ff. hoc tit.
(2) l. *Si ususfructus* 66 in fin. ff. *De jur. dot.* (23, 3).
(3) l. *Si donationis* 3 Cod. hoc tit.
(4) l. *Si quis donationis* 38 ff. hoc tit.
(5) l. ult. ff. *Pro donato* (41, 6).
(6) l. *Nuda* 55 ff. hoc tit.
(7) d. l. 3 Cod. hoc tit.
(8) l. *Invitum* 11 Cod. hoc tit.
(9) Voet *in Pandect.* hoc tit. n. 3 in princ.
(10) § ult. Instit. *De donat.* (2, 7).

pretio viam ad sepulcrum vendere (1), aut domum Ecclesiae vicinam, quae sit illi necessaria (2): ex caussa publicae utilitatis, si via publica fluminis impetu, vel ruina amissa sit, vicinus proximus viam praestare debet (3): atque cum publice expediat, ne quis sua re male utatur, domini, quorum intolerabilis sit in servos saevitia, bonis conditionibus eosdem vendere compelluntur (4). Quin etiam ex caussa privatae utilitatis, si res, quae jure successionis, aut fideicommissi ad plures spectat, commode dividi nequeat, publice vendi aliquando decernitur (5).

§ 2301. Urgente publica necessitate, ne cives inopia et fame laborent, fiscus ad Romanos frumenta, aliasque species ad annonam pertinentes emebat, quas etiam inviti possessores ad forum mittere, et justo pretio vendere fisco cogebantur, servato utique, quod sibimetipsis necessarium esset (6); quin ullius privilegii, aut dignitatis praetextu posset se excusare (7); publica utilitas privatae omnino anteferenda: atque hinc extra ordinem coercentur, qui annonam occultant, aut venalem aggravant (8).

§ 2302. Non tantum vendere, sed et emere annonam cives locupletiores ad publicum usum, vel ob futurae caritatis metum aliquando jubebantur (9), utique si publica horrea exhausta essent, neque respublica pecuniam haberet ad haec comparanda (10): hasce autem emptiones, et venditiones justo pretio fieri oportet, non viliori, nisi pauperum necessitas aliud exposcat (11).

§ 2303. Quod dictum est, publica urgente necessitate, posse cives cogi ad vendendum certo pretio res ad victum pertinentes, locum dumtaxat habere putat Perezius in frumentis et victualibus, quae reperiuntur in loco, atque ibi nata sunt; non in illis, quae alibi creverunt, et inde afferuntur et saepe cum gravi periculo et dispendio (12): atque hinc rescripserunt Imperatores, jus non esse ordini cujuscumque civitatis pretium grani, quod invehitur, statuere (13); alioquin penuria facile sequetur, cum abundantia sperari poterat.

§ 2304. Consensui tria obstant, metus, dolus

(1) l. *Si quis* 12 ff. *De religios.* (11, 7); quod et ad alios casus, in quibus aequitas ita suadeat, usu fori protractum est.
(2) Thes. lib. 1, quaest. 64, n. 7 †
(3) l. *Si locus* 14 § 1 ff. *Quemadmod. servitut. amittant.* (8, 6).
(4) § ult. Instit. *De his, qui sui etc.* (1, 8).
(5) Thes. ibid. n. 5 † et ult. V. *Reg. Constit.* lib. 5, tit. 19; ubi et alia ad hanc coactam venditionem spectantia traduntur, nec non de itinere ad aquam ducendam.
(6) l. 1 et 2 Cod. *Ut nemin. lic. in coemption. specier. se excusar.* (10, 27).
(7) d. l. 1 et 2; l. 1 Cod. *Quib. munerib. etc.* (10, 55).
(8) l. *Annonam* 6 ff. *De extraordinar. criminib.* (47, 11).
(9) d. l. 1 Cod. *Ut nemin. lic.* (10, 27).
(10) Perez. d. tit. n. 4.
(11) Perez. ibid. n. 5.
(12) Perez. in Cod. d. lib. 10, tit. 27, n. 9.
(13) l. ult. § 1 ff. *De leg. Jul. de annon.* (48, 12).

et error: metus utique gravis, et injuste incussus, nec enim levis timoris justa excusatio est (1): dolus, vel qui re ipsa sit, nimirum propter laesionem enormissimam (2), vel qui ex proposito fiat animo laedendi, seu circumveniendi (3): sed laesio modica dolum continere non judicatur; quo sensu dixit Ulpianus post Pomponium, in pretio emptionis et venditionis naturaliter licere contrahentibus se circumvenire (4).

§ 2305. Error quoque consensum excludit (5): non tamen omnis error emptionem nullam facit: interest, an error sit in re, quae ad emptionis substantiam spectet, quo cognito alter non fuisset contracturus; an tantum sit de accidentibus contractus, prout interpretes loquuntur; et quo etiam comperto emptio venditio celebrata fuisset, licet alio fortassis modo. Prior emptionem nullam facit, non posterior.

§ 2306. Ad contractus substantiam pertinere videtur error in corpore; puta si quis emere voluerit fundum Sempronianum, atque venditus sit ei fundus Cornelianus (6): potiori ratione, si una res diversi generis pro alia in emptionem deducatur, veluti aurum pro argento, acetum pro vino (7); sed si vinum acuerit, quod tamen vinum ab initio fuit, valebit venditio; quia non in substantia erratum est, sed in qualitate (8) (nisi rerum et personarum adjuncta aliud suadeant): sicut et valet, si aurum deterius sit, quam emptor existimaret (9).

§ 2307. Nec his obstat, quod tradit Marcianus, eum, qui vas aurichalcum pro auro vendidisset ignorans, teneri ad praestandum aurum, quod vendidit (10): etenim aurichalchi nomine, ut docent rerum antiquarum periti, non debet intelligi quaedam metalli species ab auro distincta, sed aes auro mixtum: proinde cum non in tota materia, sed in ejus tantum parte error intervenerit, censuit jureconsultus, valere venditionem, prout etiam visum est Ulpiano in simili casu (11).

§ 2308. Valet utique pignus, si aes pro auro obligatum fuerit (12): sed ita suadet creditoris voluntas, qui utique mavult in aere, quam in nulla re securitatem habere, cum tamen vix aes habere velit, qui aurum emit: eodem fundamento scripsit Paulus, valere stipulationem, qua quis stipulatus sit sibi dari aes, quod aurum putabat (13); quia nempe stipulatoris interest aes potius, quam nihil habere.

§ 2309. Sed utilis est emptio, errore non obstante, si error respiciat qualitatem rei venditae accidentalem, puta si vinum acuerit, cum optimum emptor existimaret (1), vel aurum deterius, quam emptor crederet (2): vel si non in toto corpore, sed tantum in ejus parte error intervenerit; quo casu emptio pro parte valet (3). Quod si quis mensam argento coopertam pro solida vendiderit, nullam esse emptionem tradit Julianus (4); quia non in parte, sed in toto corpore erratum est:

§ 2310. Si quaeratur, an in his, et similibus casibus venditor emptori teneatur in id, quod interest, distinguendum est: non tenetur, si justam habuerit etiamdi caussam (5): tenetur vero non modo, si sciverit (6), sed et si supina ejus appareat ignorantia, nec ignorare debuerit rei venditae qualitatem (7).

§ 2311. Error in quantitate venditionem ex communi sententia irritam non facit (8); quia in quantitate, quae vere est, utriusque consensus intervenit; adeoque pro hac parte valere debet, nisi aliud expressim placuerit contrahentibus; quippequi possunt legem, quam malint, rebus suis dicere, atque pacisci, ut emptio, venditio fundi contracta non intelligitur, si major, vel minor sit illius quantitas, quam demonstratum est.

§ 2312. Si ergo in venditione certi corporis quantitas expressa sit, vel adjectus modus, quaeri potest. 1. Quid in venditionem veniat, et quandonam perfecta venditio intelligatur. 2. An pretium augendum, vel minuendum sit pro rata quantitatis majoris, vel minoris, quam contrahentes esse putabant. In prima quaestione placet Senatui, ait Faber, distinctio, an venditio coeperit a corpore, an a modo, vel a mensura, ita ut posteriore casu venditio prefecta prius non videatur, quam probatus sit modus, vel mensura (9); quia venditio facta videtur sub conditione, quae per modi et mensurae probationem impletur: adeoque interim rei periculum ad venditorem pertinet, nec plus aut minus venditum intelligitur, quam erit in modo, vel mensura (10).

§ 2313. Sed si venditio a corpore incoeperit, non ex modo, vel mensura, sed ex corpore suis finibus demonstrato eadem aestimatur: adeoque

(1) l. *Vani timoris* 184 ff. *De reg. jur.* (50. 17).
(2) l. *Si quis* 36 ff. *De verbor. obligat.* (45, 1).
(3) l. 1 § *dolum* 2 ff. *De dol.* (4. 3).
(4) l. *In caussae* 16 § pen. ff. *De minor.* (4. 4).
(5) l. *Nihil* 116 § ult. ff. *De reg. jur.*
(6) l. *In venditionibus* 9 in princ. ff. hoc tit.
(7) d. l. 9 § ult. ff. hoc tit.
(8) Ibid.
(9) l. *Aliter* 10 ff. hoc tit.
(10) l. *Labeo* 45 in fin. ff. hoc tit.
(11) l. *Quid tamen* 14 ff. hoc tit.
(12) l. 1 § ult. ff. *De pignorib. action.* (13, 7).
(13) l. *Si id, quod* 22 ff. *De verbor. oblig.* (45, 1).

(1) d. l. *In venditionibus* 9 § ult. ff. hoc tit.
(2) d. l. *Aliter* 10 ff. hoc tit.
(3) l. *Quid tamen* 14; d. l. 45 ff hoc tit.
(4) l. *Cum ab eo* 41 § 1 ff. hoc tit.
(5) l. *Labeo* 45 ff. hoc tit.; l. *Julianus* 13 ff. *De actionib. empt.* (19, 1).
(6) d. l. 45 in fin.; d. l. 13 in princ.
(7) l. *Si sterilis* 21 § *quamvis* 2 ff. *De act. empt.*; argum. l. *Sed addes* 19 § 1 ff. *Locati* (19, 2).
(8) l. *Qui fundum* 40 § *Qui aerum* 2 ff. hoc tit.
(9) l. *Quod saepe* 35 § *in his* 5 ff. hoc tit; Fab. Cod. hoc tit. lib. 4. tit. 28. def. 3 in princ.
(10) l. 1 § 1 ff. *De peric. et com. rei vend.* (18, 6); Fab. ibid. n. 2.

statim prefecta intelligitur venditio, ac de rei pretio convenit (1): porro venditio a corpore coepisse judicatur, si prius facta sit mentio corporis, deinde mensurae ante indicatos fundi confines, adeoque venditio statim perfecta intelligitur atque venditum habetur id omne, quod intra confines demonstratos est (2); alioquin, cum confines post expressam mensuram plerumque subjiciantur, vix unquam a corpore venditio incipere videretur.

§ 2314. Exceptio admittenda esset, si post demonstratum corpus adjectum fuisset, illud vendi, quantum est in tali mensura; cum enim verba haec restrictiva sint, venditio potius a mensura incepisse, seu, ut congruentius dicamus, ad mensuram facta intelligeretur (3); atque voluntas contrahentium plus valet, quam ordo scripturae (4).

§ 2315. Hinc, cum venditio coepit a corpore, pro vendito utique habetur, quod est intra demonstratos confines quantumcumque sit; sed pro modo ejus, quod mensurae deest, vel excedit, pretium arbitrio boni viri augendum, vel minuendum est, si magnus utique sit excessus, vel defectus (5): nec enim ratio habetur modici augmenti, vel defectus (6): atque idem dicendum, si venditio a mensura coeperit, seu ad mensuram facta fuerit; atque venditum corpus mensuram expressam longe excedat, vel infra eam sit; cum nec minimi ratio habeatur (7).

§ 2316. Sane, si quis dicat, viginti jugera sibi vendita esse, cum venditionis tabulis pauciora contineantur, audiendus non est, nisi secunda, et nova venditio post tabulas conscriptas celebrata proponatur (8): nam pacta posteriora, licet scripta non sint, derogant prioribus in contractibus, quae scripturam ad sui substantiam non requirant (9), qualis est venditio (10).

§ 2217. Ex his colligi potest, quid sentiendum, cum error est in quantitate: nimirum si fundus venditus sit ad mensuram, pretium, si jus Romanum inspiciamus, augeri, vel minui debet pro rata quantitatis, quae excedit, vel deest (11); nisi error in re minima sit (§ 2315): usu tamen alicubi permittitur electio venditori, ut suppleat, quod deest quantitati expressae, aut emptori, si excessus sit in quantitate, ut dimittat, quod amplius est, ne invitus emere cogatur (12): quod sane magnam habet aequitatem.

2318. Quod de errore in quantitate dicimus, idem servandum, si quantitas expressa utique inveniatur, sed non talis naturae et bonitatis, qualis expressa est; veluti si ex viginti jugeribus venditis decem in vineis, decem in pratis esse dixerit venditor, atque octo tantum sint in vineis, duodecim vero in pratis; pro bonitate loci fieri debet aestimatio (1); permissa tamen electione venditori, ut excessum unius emendet, vel defectum suppleat, si possit (§ praec.). Sed si venditio ad corpus facta fuerit, nec excessu augetur, nec defectu minuitur pretium, nisi dolus venditoris consulto mentientis intervenerit (2), vel magna sit quantitatis diversitas atque ideo ejus rationem haberi aequitas suadeat (3).

§ 2319. Porro non ad quantitatem, seu mensuram, sed ad corpus facta intelligitur venditio, non tantum si a corpore inceperit (§ 2313); sed potissimum, si nulla prorsus facta sit mentio quantitatis: puta si quis vendiderit fundum Cornelianum, qualis est; vel qualem ipse, aut colonus possidet (4).

§ 2320. Neque desinit venditio ad corpus fieri, licet exprimatur corporis venditi quantitas, si modo quantitas per modum demonstrationis expressa sit; protestatione adjecta, prout fieri solet, per venditorem, se nolle huic adstringi quantitati (5): vel si venditi fundi fines demonstrati fuerint; cum in hoc casu potius finium, quam expressae quantitatis ratio habeatur (6): magni tamen excessus, vel defectus simul ratione habita (§ 2318).

§ 2321. Contra venditio ad mensuram facta judicatur, si a mensura coeperit (§ 2315): vel si quis vendiderit decem jugera fundi Corneliani; vel fundum Cornelianum, non quidem adjecta mensura, sed pretio in singula istius fundi jugera praefinito (7). Porro mensura, cum venditio ad corpus facta fuit, necessaria non est: si vero ad mensuram, quibusdam placet, hanc intra sexaginta dies faciendam esse, nisi expresse convenerit de fundo metiendo: quo casu intra annum fieri posse, et debere putant, nisi unus in mora sit. Sed intra triginta annos fieri potest, si convenerit, ut quandocumque alter petierit, ea fiat: nisi res perveniat ad tertium bonae fidei possessorem, quippequi praescriptione longi temporis securus sit (8). Demum si venditor susceperit onus mensurae intra certum tempus, eo quidem elapso, amplius agere non

(1) d. l. *Quod saepe* 35 § *in his* 5 et seq. ff. hoc tit. Fab. Cod. hoc tit. d. definit. 3, n. 4 et 5.
(2) Fab d. def. 3, n. 6 et seqq.
(3) Fab. Cod. hoc tit. lib. 4, tit. 28, def. 4 in princ.
(4) l. *Cum pater* 77 § *fidei tuae* 12 ff. *De legat.* 2 (31, 1).
(5) Fab. Cod. hoc tit. lib. 4, tit. 28, d. def. 4, n. 2 et 3.
(6) l. *Si duorum* 42 ff. *De act empt.* (19, 1).
(7) Fab. d. def. 4, n. 3 et 4.
(8) Fab. Cod. hoc tit. lib 4 tit. 28, def. 5.
(9) l. *Pacta* 72 ff. hoc tit.; Fab. d. def. 5.
(10) princ. Instit. hoc tit.
(11) l. *Qui fundum* 40 § *qui agrum* 2 ff. hoc tit.
(12) Voet in *Pandect.* hoc tit. n. 7.

(1) l. *Si servum* 4 § 1; l. *Si duorum* 42 ff. *De actionibus empti* (19, 1).
(2) l. *Julianus* 13 § *si Titius* 15 ff. eod. tit.
(3) § ult. Instit. *De obligat. ex consens.* (3, 23); Voet *in Pandect.* hoc tit. n. 7.
(4) Voet *in Pandect.* hoc tit. n. 7 in med.
(5) Voet *in Pandect.* hoc tit. d. n. 7 in med.
(6) l. *Qui fundum* 45 ff. *De evict.* (21, 2).
(7) Voet *in Pandect.* hoc tit. d. n. 7 in fin.
(8) Thesaur. dec. 185, n. 2 †, argum. l. *Quod si nolis* 31 § *si quidem* 22 ff. *De aedil. edic.* (21, 1).

potest; utique vero emptor intra triginta annos, non ultra, nisi infans sit (1). Quin imo si pretium omne nondum solutum sit, etiam post haec tempora iniri potest mensura (2).

§ 2322. Quae hactenus tradidimus, pertinent ad consensum in emptione et venditione requisitum. Consensus ferri debet in rem et pretium (3): imprimis nulla potest esse emptio et venditio sine re, quae veneat (4): eaque certa esse debet, saltem per relationem (5): partes tamen futuri, non secus ac fructus ex fundo nascituri emi et vendi possunt: imo et incerta spes recte venditur, veluti captus piscium, avium, et similium; ita tamen, ut in primo casu nulla sit emptio, si nihil nascatur, valeat in secundo, licet nihil captum sit, quia spes empta et vendita fuit (6). Sed de his fusius infra, cum agemus de rebus, quae vendi possunt.

§ 2323. Sed quid, si res perierit, antequam venditio traditione perficeretur, ignorante emptore et venditore; puta si domus combusta sit? Distinguit post Neratium Paulus, an tota perierit, an illius pars. Si integra domus incendio destructa fuerit, nihil actum intelligitur (7): quod si pars remaneat, adhuc interest, an subsistat major, an minor pars: in primo casu subsistit venditio, facta utique pretii diminutione pro parte extincta: in altero emptor invitus non cogitur emptioni stare (8): ita suadere videtur aequitas, ut major pars minorem ad se trahat. Quod si vel uterque domum exustam sciret, vel solus emptor, aut solus venditor, an et quatenus subsistat emptio, explicat jureconsultus (9).

§ 2324. Eadem regula servatur, si perierit id, propter quod emptio potissimum facta est: veluti si quis fundum emerit propter villam ei impositam, aut arbores in eo plantatas, ac ante contractum villa exusta, arbores vento dejectae, vel igne absumptae fuerint (10); utrobique enim eadem est aequitatis ratio, ac contrahentium voluntas (§ praeced.); nec interest, an privatim, an publice venditio facta prohibeatur (11); ubi enim de consensu contrahentium in rem agitur, publica a privata venditione non differt.

§ 2325. Praeter consensum et rem ad vim emptionis et venditionis requiritur pretium, quo res aestimetur (12). Pretium autem debet esse: 1. In pecunia numerata; 2. Certum; 3. Justum, seu mercis valori respondens.

§ 2326. Imprimis dicimus, pretium in pecunia numerata consistere debere; alioquin vel permutatio erit, aut locatio, aut contractus hisce similis; de hoc quidem videtur fuisse dissensus inter veteres jureconsultos (1): unde Julianus scripsit, fructus olivae certo olei pondere vendi posse (2): sed praevaluit sententia negantium, venditionem sine pecunia numerata fieri posse (3).

§ 2327. Nihil tamen obstat, quominus pretium, quod initio contractus in pecunia conventum fuit, deinceps in alia re, venditore consentiente, statuatur (4): initium contractus inspiciendum est, non quod postea placuit: quemadmodum et licet emptori remittere pretium, quod prius spopondit, quin venditionis contractus destruatur (5).

§ 2328. Si partim pecunia, partim res aliqua pretii loco detur, contractus venditionis erit, si plus sit in pecunia, quam in aliis rebus; sed si plus sit in re, quam in pecunia, erit contractus innominatus, vel quilibet alius pro rerum et conventionum qualitate (6); major pars ad se minorem trahit, seu haec ab illa dijudicatur (§ 2314). Quod si tantumdem sit in pretio, ac in re, contractus partim emptionis, partim permutationis jure censebitur (7).

§ 2329. Praeterea certum emptione pretium esse debet, vel in se, vel saltem per relationem ad aliud (8), quoniam emptionis substantia ex pretio constat (9): sed sufficit relativa pretii certitudo; modus cognoscendi ad contractus substantiam non pertinet: imo non desunt, qui sentiant, subsistere venditionem, nullo certo constituto pretio; quia tacite de judicis arbitrio sensisse videantur contrahentes (10).

§ 2330. Hinc valet emptio, pretio ita constituto, quanti venditor emit, vel quantum in arca habet emptor, si modo aliquid in arca sit (11): non secus ac illa, qua fundus certo pretio aestimatus fuerit, sed simul adjectum, augendum, vel minuendum esse pretium, si emptor deinceps illum pluris, vel minoris vendiderit (12): imo et valere videtur in postrema spe-

(1) Thes. ibid. n. 3 †
(2) argum. l. *Licet* 5 Cod. *De exc.* (8, 36).
(3) princ. Instit. hoc tit.
(4) l. *Nec emptio* 8 ff. hoc tit.
(5) argum. l. *Quoties* 9 § *Si quis nomen* 8 ff. *De haered. instit.* (28, 5).
(6) d. l. 8 princ. et § 1 ff. hoc tit.
(7) l. *Domum* 57 ff. hoc tit.
(8) d. l. 57 post initium.
(9) d. l. 57 § 1, 2 et 3.
(10) l. *Arboribus* 58 ff. hoc tit.
(11) Voet *in Pandect.* hoc tit. n. 21.
(12) l. *Inter patrem* 2 § 1 ff. hoc tit.

(1) l. 1 § ult. ff. hoc tit.
(2) l. *Si debitor* 39 § 1 ff. hoc tit.
(3) d. l. 1 § ult. ff. hoc tit.; § *item pretium* 2 Instit. hoc tit
(4) l. *Pretii* 9 Cod. *De rescindend. vendit.* (4, 44).
(5) l. *Si sponsus* 5 § *circa venditionem* 5 ff. *De donat. inter vir. et uxor.* (24, 1).
(6) argum. l. 1 Cod. *De rer. permut.* (4, 64); l. *Tenetur* 6 § 1 ff. *De actionib. empt.* (19, 1).
(7) Fab. Cod. *De rer. permut.* lib. 4, tit. 41, defin. 1 in princ.
(8) l. *Haec venditio* 7 § 1; l. *Si quis fundum* 37 ff. hoc tit.
(9) l. *Pacta conventa* 72 ff. hoc tit.
(10) argum. l. 1 Cod. *De commun. serv. manum.* (7, 7); l. ult. Cod. *De jur. dom. impetr.* (8, 34).
(11) d. l. *Haec venditio* 7 § 1 ff. hoc tit.
(12) d. l. 7 § ult. ff. hoc ti.

cie, licet certum pretium non statuantur, sed generatim promittat emptor pretium, quod ex secutura venditione ipse redegerit, dummodo deinceps certo pretio vendat (1).

§ 2331. Valet quoque venditio ad pretium certi boni viri arbitrio constituendum (2): sed haec facta existimatur sub arbitri conditione; ita ut si tertius aestimare noluerit, vel non potuerit, emptio, tamquam sine pretio facta, viribus destituatur (3). Certus arbiter esse debet; cum enim contrahentes perpetuo dissentire possent in eo eligendo, non subsistit venditio, collato in tertii incerti arbitrium ejus pretio, quemadmodum nec locatio in eodem casu valet (4).

§ 2332. Sed quid, si arbiter nominatim electus iniquum dederit arbitrium, seu pretium male aestimaverit? Iniqua arbitri sententia officio judicis emendari debet (5): iniqua autem habetur, quae ultra, vel infra dimidiam justi pretii est (6), si quibusdam credimus (7): alii tamen putant, rem hanc judicis definitioni relinquendam esse; immo generatim minus aequam arbitri sententiam ad justum pretium exigendam esse (8).

§ 2333. Pretium nec emptoris, nec in venditoris arbitrium recte conferri, scripsit Cajus (9), et plerique sentiunt; quia, sicuti aliae obligationes (10), ita nec venditio in alterius contrahentis voluntatem conferri potest (11).

§ 2334. Quamquam longe distat posterior a priore specie: substantia obligationis a voluntate contrahentium pendere nequit, quia nulla intelligi potest obligatio, ubi pro libitu impletur, vel omittitur (12): contra non repugnat venditionis substantiae, pretium alterius, licet is emptor sit, arbitrio committi; quippequi ut bonus vir arbitrari debet; futurum alioquin, ut arbitrii sui iniquitas judicis officio corrigatur (§ praeced.)

§ 2335. Quia tamen maxime timendum est, ne quis in sua caussa male arbitretur, quod periculum minus imminet, venditione in tertii arbitrium collata, idcirco permitti debuit pretii determinatio alterius arbitrio, neutiquam vero emptoris vel venditoris; ne lites facile oriantur, quas averti publice interest: atque hinc tradit post alios Voet, rejiciendam esse conventionem, ut unus contrahentium eligat tertium pretia definiturum (13).

(1) argum. § 1 Instit. hoc tit.; l. ult. Cod. hoc tit.
(2) § 1 Instit. hoc tit.; l. ult. Cod. hoc tit.
(3) d. l. ult. Cod. hoc tit.; d. § 1 Instit. in fin.
(4) l. *Si merces* 25 ff. *Locat.* (19, 2).
(5) l. *Unde* 79 ff. *Pro socio* (17, 2).
(6) argum. l. *Rem majoris* 2 Cod. *De rescindend. vendition.* (4, 44).
(7) Voet *in Pandect.* hoc tit. n. 23 in fin.
(8) d. l. 2 Cod. *De rescindend. vendit.*
(9) l. *Quod saepe* 35 § 1 ff. hoc tit.
(10) l. *A Titio* 108 § 1 ff. *De verbor. oblig.* (45, 1).
(11) l. *In vendentis* 13 Cod. hoc tit.
(12) d. l. 108 § 1 ff. *De verbor. obl.* (45, 1).
(13) Voet *in Pandect.* hoc tit. n. 23 in fin.

§ 2336. Tertia pretii conditio in eo est, ut merci respondeat, seu justum sit (§ 2323): ita profecto suadet aequalitas in omnibus contractibus servanda (1): unde diximus, pretium, inique arbitri sententia statutum, officio judicis ad aequitatem reduci (§ 2332). Quale vero pretium justum dicatur, vel injustum haberi debeat, vel ut suppleri, aut minui debeat, vel irrita inde fiat venditio, infra explicabimus, cum de rescindenda venditione agemus.

§ 2337. Consensu super merce et pretio juste interposito, perfecta venditio est, nec ab ea recedi potest (2): secuto autem deliberamento, si res publice veneat (3): nisi aliud lege municipali cautum sit, prout apud nos (4), aut nisi aliud contrahentibus expresse, vel tacite placuerit: puta si convenerit, ut venditio in scriptis celebretur: quo casu perfecta venditio non habetur, nisi scripta fuerint instrumenta, vel manu propria contrahentium, vel si ab alio scripta proponantur, a contrahentibus subscripta fuerint; atque si per tabelliones fiant, nisi complementum omne acceperint, et omnibus suis partibus fuerint absoluta; haec fere sunt Justiniani verba (5).

§ 2338. Subjicit Justinianus, donec aliquid ex his deest, poenitentiae locum esse, et posse emptorem vel venditorem sine poena recedere ab emptione et venditione (6), nisi tamen aliquid arrharum nomine jam datum sit; arrhis etenim datis, sive sine scriptis venditio celebrata sit, sive in scriptis, detrectans adimplere contractum arrhas amittit, quas dedit; vel duplum restituere cogitur, si arrhas ipse acceperit (7); idest tum arrhas acceptas, tum earum aestimationem, seu tantumdem ex suo, quantum accepit.

§ 2339. Si ergo contrahentes omnino voluerint in scriptis contrahere emptionem et venditionem, haec perfecta non habetur, ne recedi ab ea possit, nisi scriptura numeris omnibus fuerit absoluta (§ 2337): sed difficultas est, quandonam censeri debeant contrahentes ea mente esse, ut in scriptis omnino contrahere velint. Quidam putant, si ab initio placuerit, ut super contractu fieret instrumentum, omnino voluisse in scriptis contrahere emptorem et venditorem; secus si post contractum celebratum, seu post prae-

(1) l. *Rem majoris* 2 Cod. *De rescind. vend.* (4, 44).
(2) princ. Instit. hoc tit.
(3) Ab-Eccles. observat. 131, n. 3.
(4) *Reg. Constit.* lib. 5, tit. 22, cap. 4. § 1 decernitur, ut contractus omnes publico instrumento fiant: excipiuntur tamen in § 8 venditiones mobilium, mercium, et semoventium, quae ideo privata scriptura, imo et sine ea fieri possunt. Potiori ratione potest quis privata scriptura se ad emendum obligare, eaque in publicum instrumentum redigenda est. V. Thes. lib. 3, quaest. 101 n. ult.
(5) d. princ. Instit. hoc tit.; l. *Contractus* 17 Cod. *De fid. instrumentor.* (4, 21).
(6) d. princ. Instit. hoc tit; d. l. *Contractus* 17 in med, Cod. *De fid. instrum.* (4, 21).
(7) d. princ. Instit.; d. l. 17 in fin.

stitum consensum de re et pretio haec scripturae conditio adjiciatur.

§ 2340. Repugnant alii, scite animadvertentes, aliud esse *in scriptis contrahere velle, aliud velle, ut contractus in scripturam redigatur*: qui vult in scriptis contrahere, nonnisi scriptura completa; vult se obligare; atque ideo scriptura ad substantiam obligationis pertinet: qui autem id unum vult, ut contractus in scripturam redigatur, potius respicit ad contractus probationem, quam ad illius substantiam.

§ 2341. Porro, cum emptio venditio sit ex numero contractuum, qui sine scriptura perficiuntur (1); in dubio autem contrahentes non praesumantur jure singulari uti, sed potius communi (2); inde contendunt, scripturam ex mente contrahentium ad vim emptionis et venditionis necessariam non esse, licet *ab initio* placuerit, ut in scriptis fieret, vel de ea instrumentum conficeretur (3). Addunt exemplum testamenti, quod in scriptis conficere velle non judicatur testator, licet notarium accersiri jusserit, ut ab eo scribatur, prout omnes consentiunt: ex quo ulterius inferunt, non requiri scripturam, nisi partes expresse asseruerint, se velle in scriptis contrahere, vel non aliter contrahere velle, quam si emptionis instrumentum conficiatur.

§ 2342. Hisce tamen non obstantibus, placuit Sabaudo Senatui, si Fabro credimus, prior sententia (§ 2339): atque ideo tradit Faber, contractum ex mente contrahentium in scriptis conficiendum esse, ita ut aliter non valeat, cum alteruter contrahentium, vel in ipso actu contrahendi, aut paullo ante contractum petiit, ut iretur ad notarium, aut ut notarius accerseretur, vel calamus afferretur, contrahendi et conficiendi instrumenti caussa (4): non vero, si post creditam pecuniam, vel alium contractum initum, ad cujus substantiam scriptura non requiratur, instrumentum confectum fuerit; scriptus potius, quam in scriptis gestus contractus dicetur (5). Quod maxime obtinet, si res jam tradita sit; vel pretii pars soluta (6).

§ 2343. In dubio tamen, subjicit laudatus Faber, si non appareat, qui actum sit, credimus, ad probationem potius, quam ad validitatem actus interpositam fuisse scripturam, cum actus talis est, qui sine scriptura potest subsistere (7); ut enim supra diximus (§ 2340), unusquisque in dubio potius praesumitur uti *jure* communi, quam speciali (8).

(1) d. princ. Instit. hoc tit.
(2) l. *Si stipulatus* 4 ff. *De usur.* (22, 1).
(3) Brunneman. in Cod. *De fid. instrum.* lib. 4, tit. 21, l. 17, n. 3.
(4) Fab. Cod. hoc tit. lib. 4. tit. 15, def. 23 in princ. et *De fid. instrum.* lib. 4, tit. 16, def. 14.
(5) Fab. d. def. 23, n. 4 et seqq.
(6) Thes. ibid. n. 8 †. et in addit. littera *E* †
(7) Fab. Cod. hoc tit. lib. 4, tit. 15 def. 23, n. 7 et seqq.
(8) l. *Contrahitur* 4 ff. *De pignorib.* (20, 1).

§ 2344. Non tantum ex conditione scripturae, ut hactenus expendimus, venditio interim suspendi potest; sed ex qualibet alia, prout contrahentibus placuerit: animadvertendum tamen, quasdam esse conditiones, quae interim poenitentiae locum relinquunt, alias, quae impleri debent, antequam contractus omnino compleatur, sed tempore intermedio poenitentiae locus non est (1).

§ 2345. Poenitentiae locum relinquit conditio emptionis in scriptis celebrandae (§ 2339); nec non degustandi rem fungibilem, puta vinum (2); quia, antequam degustatum sit, sciri nequit, an emptori placeat, an displiceat. Contra, re ad pondus, mensuram, vel numerum empta et vendita, poenitere non licet; etenim pondus, mensura, vel numerus eo tantum pertinent, ut appereat, quantum emptum sit, non ut plus vel minus veneat (3); aut emptor probet vel improbet rem emendam.

§ 2346. Quaerunt hoc loco interpretes, quid de arrhis sentiendum, an perficiendi, an perfecti contractus argumenta sint. Sed et hic caute perpendenda est contrahentium voluntas: etenim arrhae interdum dantur in signum emptionis contractae, et sola rei traditione complendae; tum ut ea facilius probetur, tum ut contrahentes arctius teneantur ne a placito recedant (4): aliquando dantur in signum emptionis inchoatae, ac ulterius in scriptis, aut alio quolibet modo juxta mentem contrahentium perficiendae (5).

§ 2347. Cum arrhae datae fuerunt in signum contractae emptionis, cui sola deest traditio rei in contractum deductae, prout plerumque fit, ne amissis quidem arrhis, aut duplo restituto, poenitentiae locus esse potest (6); cum enim, ut supponimus, alter contrahens arrhas dederit, ut firmior esset contractus, contra ipsius consilium fieret, si hinc facultas alteri data censeretur recedendi a contractu (7).

§ 2348. Posteriore casu, quo arrhae datae fuerunt in signum inchoatae emptionis, nondum tamen pleno consensu perfectae, quia adhuc a conditione pendeat, puta scripturae, pro arbitrio licet contrahentibus recedere, ammissis utique arrhis ab eo, qui dedit; vel duplo restituto ab eo, qui accepit, prout alteruter contractum perficere detrectat; quamvis de arrhis nihil dictum sit (8): nimirum, si convenerit, ut venditio in scriptis celebretur, nec ullae datae sint arrhae, uterque contrahens, donec scriptura

(1) l. *Si in emptione* 34 § *alia caussa* 5 ff hoc tit.
(2) Fab. Cod. hoc tit. lib. 4, tit. 31, def. 1, n. 3 et 4.
(3) d. l. 34 § 5 ff. hoc tit.; Fab. d. def. 1, n. 4 et 5.
(4) l. *Quod saepe* 35 ff. hoc tit.
(5) princ. Instit. hoc tit.; d. l. *Contractus* 17 Cod. *De fide instrumentor.* (4. 21).
(6) argum. l. *Sicut initio* 5 Cod. *De obligat. et actionib.* (4. 10).
(7) argum. l. *Praedia* 28 ff. *De act. emot.* (19. 1).
(8) princ. Instit. in fin. hoc tit.; d. l. *Contractus* 17 in fin. Cod. *De fide instrumentor.* (4, 21).

numeris omnibus absoluta fuerit, potest pro lubitu poenitere; quin ullum inde patiatur dispendium: sed si arrhae accesserint, carum amissione, vel dupli restitutione plectitur, qui datam, licet sub conditione, fidem implere recusat (1).

CAPUT II.

Qui emere, aut vendere possint.

SUMMARIA

§ 2349. *Emere possunt, qui consensus capaces sunt, nec speciatim prohibentur. An tutores?* — § 2350. *An recte emant curatores, administratores et procuratores?* — § 2351. *Quid de militibus, magistratibus, eorumque ministris?* — § 2352. *Procuratores alteri ementes utilem domino actionem quaerunt. Quid si quis alteri sine mandato emat?* — § 2353. *Nuncius Domino tum utilem, tum directam emendo actionem acquirit.* — § 2354. *An pater filio recte emat?* — § 2355. *Quid si quis emat sibi, et Titio absque mandato?* — § 2356. *Emere quis potest ei, quem deinceps nominaturus est.* — § 2357. *Emptoris jure censetur electus: eligens nudum praebet ministerium.* — § 2358. *Venditor pretium ab eligente, cum quo contraxit, petere potest.* — § 2359. *Laudimium unicum debetur, si ager emphyteuticarius ab uno ematur pro pluribus deinceps eligendis.* — § 2360. *Pacta, quae ad venditionis substantiam non pertinent, in electione adjici possunt, non tamen augeri, vel minui pretium.* — § 2331. *Laudimia plura debentur, si electus post tempus praefinitum electionem probet.* — § 2362. *Qui se electum dicit, electionem probare debet.* — § 2363. *Quid si quis sibi ex pecunia sua emerit; sed alterius nomen instrumento inscribi passus sit?* — § 2064. *Mulieri pro parte dominium acquiritur, si maritus fundum emerit sibi, et illi, notario stipulante.* — § 2365. *Stipulationis et traditionis clausula potissimum spectatur in emptione. Quid si venditionem ab alio factam quis probet?* — § 2366 et 2367. *Pecunia a marito profecta plerumque praesumitur, licet maritus dixerit, se suo, et mulieris nomine solvere: imo mulier ipsa solverit. Sed praesumptio haec contraria probatione eliditur.* — § 2368. *Empta res ei acquiritur, cujus nomine empta fuit; non illi, cujus pecunia fuit comparata, nisi ex nummis pupilli, aut militis empta proponatur.* — § 2369. *Qui ex Titii pecunia sibi emit, pacto adjecto, ut Titio eandem rem vendere teneatur, conventionem perficere cogitur.* — § 2370. *Quid si quis alteri ex propria pecunia ementi nomen accomodaverit?* — § 2371. *Societas in venditione nonnisi vivo socio contrahi potest.* — § 2372. *Qui per se emere prohibetur, nec per interpositam personam id agere potest.*

(1) d. princ. Instit.; d. l. 17 Cod. *De fid. instrum.*

§ 2349. Emere generatim possunt omnes, qui consensus capaces sunt, nec emere speciatim prohibentur. Tutor rem pupilli publice emere potest, licet contutorem non habeat (1); non autem privatim, ne emptoris, et venditoris officio simul fungi videatur (2): quae ratio cum cesset, si alius sit contutor, qui venditionem auctoritate sua firmet, potest alter emere, dummodo omnia bona fide gerantur (3): unde et traditum, non posse a tutore repeti animalia vendita extraneis, sed, his pretium non solventibus, a tutore retenta et soluta eodem pretio (4).

§ 2350. Quae de tutoribus dicimus, cadem obtinent in curatoribus, administratoribus, procuratoribus et caeteris, qui aliena negotia gerunt (5), cum omnium eadem ratio sit: hinc moribus apud suos receptum ait Voet, ut liceat Oeconomis res ad Ecclesiam, cujus bona regunt, pertinentes emere, prout licet tutoribus (6), licet indistincte videri possit prohibita Romano jure haec emptio (7).

§ 2351. Milites apud Romanos praedia comparare non poterant in provincia, in qua militabant, exceptis paternis a fisco distractis (8): nec Magistratus, aut eorum ministri, sive per se, sive per interpositam personam, in eadem provincia, cui praeerant, nisi facultatem hanc speciali rescripto obtinuissent (9), vel ageretur de praediis paternis a fisco distractis (10); ita constitutum, quia timendum videtur, ne venditio a provincialibus non libere fieret. Hanc juris Romani sanctionem moribus exolevisse plerique putant, dummodo omnia bona fide gesta fuisse appareat. An advocati, et procuratores a clientibus emere possint, aliosve contractus gerere, alibi expendimus (11). Sane, quibus casibus emptio alicui prohibetur, nec per interpositam personam licita est (12).

§ 2352. Procuratores ejus nomine, a quo mandatum habent, emere posse, et domino utilem ex empto actionem quaerere, sicut et vendente procuratore utili adversus dominum actione emptorem uti, nemo est, qui inficietur, si modo legitimum mandatum habeant, ejusque lines servent (13): quod si quis sine mandato

(1) l. *Cum ipse* 5 Cod. hoc tit.; l. *Pupillus* 5 § *sane* 4 ff. *De actoritat. tutor.* (26, 8).

(2) d. l. 5 § *item* 2.

(3) d. l. 5 § 2 et seqq.

(4) l. *Tutor rerum* 56 ff. *De administr. et peric. tutor.* (26, 7).

(5) l. *Si in emptione* 34 § ult. ff. hoc tit.

(6) Voet *in Pandect.* hoc tit. n 9 in fin.

(7) auth. *Quibuscumque*, post l. 14 Cod. *De sacros. Eccles* (1, 2).

(8) l. *Milites* 9 ff. *De re militar.* (49, 16).

(9) l. *Non licet* 46 ff. hoc tit.

(10) l. *Qui officii* 62 ff. hoc tit.; l. unic. § 2 et 3 Cod. *De contractib. judic.* (1, 53).

(11) V. vol. II, lib 3, pag. 13, § 2330 et seqq.

(12) d. l. 46 ff. hoc tit.; d. l. unic. Cod. *De contractib. judic. etc.*

(13) l. *Julianus* 13 § *si procurator* 25 ff. *De actionibus empt.* (19 1); l. *Cum per eos* 7 Cod. *Si quis alter, vel sibi* (4, 50).

emerit pro altero, nec sibi, ajunt Imperatores, quia noluit, nec alteri, quia non potuit, actionem acquirit: quamquam, subjiciunt, in dominii quaestione ille potior habetur, cui possessio a domino tradita est (1).

§ 2353. Non idem omnino, quod modo diximus de procuratore (§ praec.), obtinet in nuncio: nimirum domino nuncium mittenti tum directa, tum utilis sine cessione empti actio quaeritur, non secus ac si per epistolam consensus emptioni datus esset (2); qui per alium facit, ex trito juris axiomate, per se ipsum facere videtur (3).

§ 2354. Immo conjunctionis favor efficit, ut alter alteri sine mandato emere possit; atque hinc, si pater filii nomine in potestate constituti emat, coque emancipato tradat, vel eum in fundi possessione esse patiatur, fundi dominium filio quaeritur, cui donasse videtur (4): dicimus, si emancipato tradat; si enim filius sub patria potestate constitutus tunc sit, cum pater ei emit, et tradidit nonnisi in peculium concedere judicatur (5).

§ 2355. Si Maevius fundum sibi, et Titio, a quo mandatum non habebat, emerit, Titii persona pro supervacua habetur; atque ideo emptio tota consistit in persona Maevii (6), ut enim modo diximus, nemo potest alteri emere sine mandato (§ praec.); proinde cum emptio pro hujus parte non valeat, aequius visum fuit, venditoris favore, qui ignorare facile potuit, an Maevius mandatum haberet a Titio, et qui partem fortasse venditurus non fuisset, totam in Maevio sustinere, qui sibi imputare debet, cur sine mandato emerit (7).

§ 2356. Non idem omnino dicendum de eo casu, quo quis emerit pro eo, quem postea nominaturus est; quia hic nomen suum palam innotescere, et instrumento inscribi nolit, quod apud Romanos aliquando fiebat (8), saltem in publicis venditionibus; deinceps etiam ad privatas trahi coepit, atque usu apud nos, ait Faber, frequentissimo comprobatum est (9).

§ 2357. Unus porro contractus est, licet distinctis temporibus, et actu separato fiat electio: atque emptoris jure censetur electus (10); quasi eligens novum per electionem ministerium tantummodo praestare videatur, non jus novum conferre, tamquam procuratoris officio fungens (1): quo fit, ut si is, qui elegit, deinceps jura sua in alium transferat, nihil agat, quia nulla jura habeat, nec si a contractu, mutuo partium consensu recessum sit: nisi novus initus sit contractus, quo eligens acquirat jus, quod nunquam habuit (2); quia non suo, sed electi nomine emit.

§ 2358. Potest tamen, qui cum venditore contraxit, licet alieno nomine, ad pretium solvendum conveniri, si ita malit venditor, qui cum electo non contraxit, et forte nec contracturus fuisset (3); nec enim venditor videri potest secutus fidem ejus, quem contractus tempore non cognoscebat (4): atque ideo electus eligenti indemnitatem repromittere solet.

§ 2359. Cum ergo unus in hac specie sit contractus, sive unus electus sit, sive plures, quamvis plures res confuso pretio venditae proponantur (5), si vendatur ager vectigalis, vel emphyteuticarius, nonnisi una laudimia debentur, et quidem ab electo, quia una est dominii translatio a venditore in electum (6): dummodo electio fiat intra certum tempus, statutis, vel consuetudine praefinitum, puta intra quadraginta dies ab inito contractu numerandos (7). Sane electus ab emptore plus juris habere non potest contra venditorem, quam eligens haberet (8).

§ 2360. Praeterea, ut unus videatur contractus, convento pretio nec adjici, nec detrahi debet (9); pretii quaevis diversitas emptionis diversitatem induceret (10). Sed nihil prohibet, quominus in electione adjiciantur pacta, quae ad substantiam venditionis non pertinent, puta de evictione ab eligente praestanda (11), cum haec de venditionis substantia non sit, atque ab alio, quam a venditore, puta ex caussa donationis, praestari possit (12).

§ 2361. Sed quid, si electio fiat utique ante diem praefinitum (§ 2357), sed absens, qui electus fuit, nonnisi post id tempus electionem sciat, et probet? Nova venditio contracta videbitur, ita ut nova laudimia debeantur (13): ut potequia electio ante ratihabitionem revocari potest (14) etiamsi notarius pro absente stipulatus sit: adeoque perfecta videri non potest. Idem ferendum est judicium de venditione facta a Principe, et a curia rationalium approbanda (15).

(1) l. *Multum* 6 in fin. Cod. eod. tit.
(2) l. ult. Cod. *Si quis alter, vel sibi etc.* (4. 50); l. *Consensu* 2 § *unde* 2 ff. *De obligationibus, et actionibus* (44. 7).
(3) l. *Pupillus* 5 § *sed si per interpositam* 3; l. *Quod dicimus* 7 ff. *De auctorit. tutor.* (26, 8).
(4) l. *Si emancipatis* 2 Cod. *Si quis alter, vel sibi* (4. 50).
(5) l. ult. ff. *De pecul. legat.* (33, 8).
(6) l. *Fundus* 64 ff. hoc tit.
(7) argum. l. *Tutor. urgentibus* 47 § 1 ff. *De minoribus* (4, 4).
(8) d. l. *Pupillus* 5 *sane* 4 ff. *De auctoritat. tutor.* (26, 8).
(9) Fab. Cod. *Si quis alter., vel sibi etc.* lib. 4. tit. 34. def. 1 in princ.
(10) Fab. Cod. lib. 4, tit. 34. d. def. 1, n. 3 et def. 4.

(1) argum. l. *Quod meo* 18 ff. *De acquir. poss.* (41, 2).
(2) Fab. d. def. 1, in not. †
(3) Fab. Cod. lib. 4. tit. 34. d. def. 1, n. 4.
(4) l. *Qui cum alio* 19 f *De reg. jur.* (50, 17).
(5) Fab. Cod. lib. 4, tit. 34 def 3.
(6) l. ult. Cod *De jure emphyteutic.* (4, 66).
(7) Fab. ibid. d. def 1, n. 7 et def. 5.
(8) Fab. ibid. def 8.
(9) Fab. Cod. lib. 4. tit. 34, def 1, n. 8 et 12.
(10) l. *Pacta conventa* 72 ff. hoc tit.
(11) Fab. def. 1, n. 9.
(12) l. 1 Cod. *De jur. dot.* (5, 12).
(13) Fab. Cod. *Si quis alteri etc.* lib. 4, tit. 34. def. 2 in princ.
(14) V. Thesaur. dec. 70.
(15) Fab. d. def. 2, n. 4 et seqq.

§ 2362. Qui tamen electum se dicit in publica emptione, atque postulat judicis decreto confirmari subhastationes, audiendus non est, nisi probet, se electum fuisse, ac per ejusmodi electionem translatum in se jus emptionis, licet in possessionem jam missus sit, consentiente debitore (1); etenim judicis decretum pertinet ad dominii adjudicationem, quae nihil commune habet cum possessione (2): dominium vero adjudicari non debet, nisi constet de titulo, cum ad illud transferendum sola traditio non sufficiat (3): nec per unius emptionem alii quaeratur (4), nisi sequatur electio.

§ 2363. Ex his colligi potest, quid dicendum, si quis sibi emerit, et quidem pecunia sua, sed alterius nomen instrumento inscribi passus sit; videlicet non alteri, sed sibi acquirit, dummodo emptor veritatem rei gestae demonstret (5): plus enim valet rei veritas, quam scriptura. Quare, si maritus emerit nomine uxoris fundum, atque ejus possessio marito tradita sit, maritus ipse verus rei dominus intelligitur, et nomen uxoris simulatus (6).

§ 2364. Sed si maritus fundum emerit sibi, et uxori suae absenti quidem, sed notario pro ea stipulatione, mulieri pro parte fundi dominium acquiritur (7): simulationis praesumptio, de qua modo diximus (§ praeced.), cessat propter praesentiam notarii, ejusque interventum pro muliere, qui ex recepta in foro sententia pro absente stipulari potest, potissimum si possessio in mulierem quoque translata sit (8); sive vere, sive ficte per clausulam constituti (9).

§ 2365. Aliud dicendum placuit, si maritus initio quidem contractus dixerit, se tam suo, quam uxoris nomine contrahere, immo et postrema instrumenti parte tam suo, quam uxoris nomine promiserit, eum contractum perpetuo ratum fore; sed ipsa stipulationis et traditionis clausula solius mariti mentio facta sit, totoque reliquo contractu maritus solus emptor dicatur (10): quia, licet una clausula per aliam explicari plerumque debeat, attamen in emptionibus, et stipulationibus praecise spectanda sunt verba stipulationis (11) et veritas traditionis (12). Atque hinc colligit Faber, ei, qui venditionem ab alio factam

(1) Fab. Cod. lib. 4. tit. 34. def. 13.
(2) l. *Naturaliter* 12 § 1 ff. *De acquir. poss* (41, 2).
(3) l. *Numquam nuda* 31 ff. *De acquir. rer. dom.* (41, 1).
(4) l. *Quaecumque* 11 ff. *De obligat. et act.* (44. 7).
(5) l. *Cum propria* 5 et seq. Cod. *Si quis alter., vel sibi etc.* (4, 50).
(6) d. l. 6; l. *Quamvis* 4 Cod. eod. tit.
(7) Fab. Cod. *Si quis alteri etc.* lib. 4. tit. 34. def. 9.
(8) l. *Multum* 6 in fin. Cod. eod. tit. (4. 50).
(9) l. *Quod meo* 18 ff. *De acquir. possess.* (41, 2). Quid dicendum si mulier cum marito vendiderit, eaque pretium a marito consumptum alleget, V. Fab. Cod. lib. 4, tit. 36, definit. 16.
(10) Fab. Cod. *Si quis alter. etc.* lib. 4. tit. 34, def. 14.
(11) l. *Veteribus* 39 ff. *De pact.* (2. 14).
(12) l. *Quamvis* 4; l. *Multum* 6 in fin. Cod. *Si quis alter. etc.* (4, 50).

probat, easdem competere exceptiones rei inhaerentes, ac venditori (1).

§ 2366. Cum autem maritus sibi, et uxori, notario pro ea stipulante, emit, et utrique rei emptae dominium pro parte acquiritur (§ 2364), marito, ejusque haeredibus, aut creditoribus solum superest jus, ut agant ad pretium: atque mulierem fundi partem vindicantem exceptione non soluti pretii repellant (2); cum praesumptio sit, pecuniam ex bonis mariti profectam esse, tunc etiam, cum ab ipsa muliere pretium solutum est (3): nisi mulier, praesente, et consentiente marito, dixerit, se de suo solvere, vel aliis argumentis illud probaverit (4).

§ 2367. Praesumptio, qua creditur pecunia a muliere erogata in emptionem praediorum, aliarumve rerum ex bonis mariti profecta, juris est, ut ajunt, non autem de jure; quae ideo contrarias probationes admittit (5): atque hinc, si mulier probare velit, fundum suum esse, inhibenda est creditori mariti actio hypothecaria in eo fundo (6): tum maxime, quia nec ideo mariti esset, licet emptus proponeretur ex pecunia mariti; sed mulieris, si ipsa sibi emisset, eique fundus fuisset (7).

§ 2368. Modo innuimus, rem acquiri ei, cujus nomine empta fuit, non illi, ex cujus nummis comparata est (§ praeced): nisi res empta fuerit pecunia militis, aut minoris (8): nec minor malit pecuniae usuras habere (9): atque hinc, si frater ex pecunia communi sibi emerit fundum, partem alteri dare non tenetur, nisi omnium bonorum societas inter eos contracta sit (10): potest utique ille, cujus est pecunia, personali actione candem repetere (11). Excipiuntur ab hoc jure res emptae pecunia militis (12), vel minoris (13).

§ 2369. Sed quid, si Titius pecunia Sempronii sibi emerit, ea tamen lege, ut eundem fundum Sempronio vendere teneatur? Valet pactum, quod neque legibus, neque bonis moribus adversatur: interea tamen emptor rei dominus est, licet personali actione conveniri possit, ut vendat, vel pecuniam restituat: proinde nec fructus medio tempore perceptos restituere tenetur, nisi ab eo die, quo in mora vendendi fue-

(1) Fab. Cod. hoc tit. lib. 4. tit. 28, d. def. 6.
(2) l. *Cum proponas* 2 Cod. *Pro socio* (4. 37); Fab. Cod. *Si quis alter etc.* lib. 4. tit. 34. def. 9. n. 4 et seqq.
(3) l. *Quintus Mutius* 51 ff. *De donat. int. vir. et uxor.* (24. 1).
(4) Fab. d. def 9 in fin.
(5) l. *Si chirographum* 24 ff. *De probationibus* (22, 3).
(6) Fab. Cod. *Si quis alter., vel sib.* lib. 4. tit. 34. definit. 7 in princ.
(7) l. *Multum* 6; l. pen. Cod. eod. tit. (4, 50); Fab. d. def. 7. n. 4 et seqq.
(8) l. *Si, ut proponis* 8 Cod. *De rei vindic.* (3, 32); l. *Si tutor* 2 ff. *Quando ex fact. tut.* (26, 9).
(9) l. *Si curator* 3 Cod. *Arbitrium tutel.* (5, 51).
(10) l. *Si patruus* 4 Cod. *Commun. ut. jud.* (3, 38).
(11) l. 1 in fin. Cod. *Si quis alter., vel sib.* (4, 50).
(12) d. l. *Si ut proponis* 8 Cod. *De rei vindic.*
(13) l. *Si curator* 3 Cod. *arbitr. tut.* (5, 51).

rit (1): mora autem contracta videtur ab eo tempore, quo ad vendendum interpellatus fuit, et perperam distulit (2); neque necessaria est pretii oblatio, cum pretium ex actoris pecunia solutum fuerit.

§ 2370. Alia est, ut obiter dicamus, conditio ejus, qui alteri ex propria pecunia ementi nomen dumtaxat suum accommodavit; quippe hic soli acquisivisse videtur, cui nomen accommodavit, adeoque tenetur ad restitutionem omnium fructuum, quos mala fide, et contra proprii facti conscientiam percepit (3): nec prodest traditio accommodanti facta, qui titulo destituitur (4): atque idem dicendum de eo, cui mandatum sit, ut Titio ex ejusdem Titii pecunia emat (5). Fructus ergo debentur ei, ex cujus pecunia, et cujus nomine alter emit, non tamen usurae pretii (6).

§ 2371. Unum in hac re superest animadvertendum, videlicet si Maevius emerit fundum sibi, et Titio stipulante notario, adjecta tamen hac conditione, si socius Maevii in eo fundo Titius esse voluerit, nonnisi vivo Maevio, Titius potest voluntatem suam declarare, alioquin Maevio solidum emptus erit (7); cum enim societas morte socii dissolvatur (8), multo minus post socii mortem contrahi potest (9). Quod si praevia conventione Maevius Titio fundi partem emere debuisset, Maevio imputari posset, cur fundi partem Titio non tradidisset (10).

§ 2372. Profecto quisquis emere prohibetur, neque per se, neque per interpositam personam id agere potest (11): an et quousque collegia, vel universitates emere, aut vendere possint, ex singularibus locorum statutis, vel receptā consuetudine pendet: qui autem in specialibus quibusdam casibus propter prohibitionem alienandi lege, testamento, vel contractu factam emere, aut vendere nequeant, in capite sequenti expendimus.

CAPUT III.

Quae res emi, aut vendi possint.

SUMMARIA

§ 2373. *Res omnes in commercio positas nec speciatim alienari prohibitas emere et vendere licet.* — § 2374 *et* 2375. *Fructus nascituri recte venduntur. Quid si venditor promiserit, se prestiturum si quid vi aut tempestate factum sit?* — § 2376. *Fructus nascituri vendi possunt, vel ita ut contractus perficiatur, cum nati erunt, vel ut spes fructuum nasciturorum vendatur.* — § 2377. *Spes futuri emolumenti recte venditur. Quid de metalli fodinis?* — § 2378. *Rei alienae venditio quo sensu valeat? Quid si venditor rei dominus postea fiat? Dominium per emptionem non omnino probatur.* — § 2379. *Rem communem nonnisi pro parte sua, excepto fisco, quilibet socius vendere potest. Quid si bona fide vendita fuerit?* — § 2380. *Socius partem suam, socio invito, vendere non prohibetur; nisi judicium communi dividundo jam institutum sit. Quid si res communis dividi commode nequeat?* — § 2381 *et* 2382. *Restitutio adversus venditionem rei communis uni socio concessa prodest alteri in caussa individua; non in dividua: nisi aliud aequitas suadeat.* — § 2383. *Quid si fratres communem fundum vendentes in solidum singuli evictionem promiserint?* — § 2384. *Res sacrae, sanctae, aut religiosae vendi nequeunt. Quid de rebus Ecclesiae?* — § 2385. *Venena mala, libros improbatae lectionis, res litigiosas vendere plerumque non licet. Quid de rebus tributo obnoxiis favore personarum immunium?* — § 2386. *Arma et annona hostibus vendi nequeunt. Quid de rebus exportari prohibitis ex caussa publicae utilitatis?* — § 2387. *Prohibitio exportationis strictam plerumque interpretationem recipit.* — § 2388. *Quid de rebus minorum, vel dotalibus inaestimatis?* — § 2389 *et* 2390. *Prohibitio alienationis testamento facta impedit dominii translationem.* — § 2391. *Alienatione prohibita, interdictus censetur omnis actus, quo dominium transferatur.* — § 2392. *Alienare, vel res suas ante certum tempus obligare prohibitus non excusatur a legitima tutela suscipienda.* — § 2393 *et* 2394. *Alienandi prohibitio inter vivos facta non impedit dominii translationem. Quae sit discriminis ratio?* — § 2395. *Pignoris publica auctoritate capti venditio non valet.* — § 2396. *Res incorporales vendi possunt.*

§ 2373. Generalem in hoc argumento regulam tradit Paulus, ajens, *omnium rerum, quas quis habere, vel possidere, vel persequi potest, venditio recte fit: quas vero natura, vel gentium jus, vel mores civitatis commercio exuerunt, earum nulla venditio est* (1). Omnes ergo res in commercio positae emi, et vendi possunt, si Paulo credimus: quippequi tantum excipit res commercio exemptas; sed et excipi debent, quae vel ultimae voluntatis, vel inter vivos actu a-

(1) l. *Videamus* 38 § penult. ff. *De usur.* (22, 1); Fab. Cod. *Si quis alt., vel sibi* lib. 4, tit. 34, definit. 10, n. 4 et seqq.
(2) l. *Mora* 32 ff. eod. tit.; Fab. d. def. 4, n. 7 et 8.
(3) l. *Cum propria* 5 et seqq. Cod. *Si quis alter., vel sibi* (4, 50); Fab. Cod. eod. tit. lib. 4, tit. 34, d. definit. 10 in princ.
(4) l. *Nunquam nuda* 31 ff. *De acquir. rer. domin.* (41, 1).
(5) l. *Qui proprio* 46 § *procurator* 4 ff. *De procurator.* (3, 3); Fab. Cod. d. tit. def. 11.
(6) Fab. ibid. def. 12.
(7) Fab. Cod. d. lib. 4, tit. 34, def. 6.
(8) l. *Actione* 65 § *morte unius* 9 ff. *Pro socio* (17, 2).
(9) l. *Nemo potest* 35 ff. eod. tit.
(10) l. *Si fundum* 35 et seqq. *Mandati* (17, 1); Fab. d. def. 6, n. 4 et seqq.
(11) l. *Non licet* 46 ff. hoc tit.; l *Pupilius* 5 § *sed si* 3 ff. *De actor. tutor.* (26, 8).

(1) l. *Si in emptione* 34 § 1 ff. hoc tit.

lienari prohibitae sunt, prout ex dicendis elucescet.

§ 2374. Quod ad res in commercio positas, nec speciatim alienari prohibitas, nihil interest, an praesentes jam sint, an futurae, puta annui reditus, sive in pecunia, sive in fructibus annuatim praestandis consistant; cum immo fructus nascituri vendi possint, ita ut tunc venditio perficiatur, cum nati erunt: nec possit venditor impedire, quominus nascantur, actione ex empto, alioquin conveniendus ad id quod emptoris interest (1).

§ 2375. Quod si venditor promiserit, se praestiturum, *si quid vi, aut tempestate factum esset*, pacto hoc insolitas tantum, et immoderatas calamitates contineri, recte censuit Labeo, non quae secundum consuetudinem temporis saepe oriri, et nocere solent (2); has quippe nec praestare velle judicatur venditor, nec emptor desiderare (3).

§ 2376. Sed hic caute animadvertendum, fructus nascituros duplici modo vendi posse: vel ita ut tunc contractus perficiatur, cum nati erunt; vel ita, ut spes tantummodo fructuum nasciturorum vendatur: seu interest, an vendantur fructus nascituri ex certo fundo; an perceptio, seu jus percipiendi fructus ex fundo. In primo casu, nullis natis fructibus, venditio nulla est, cum contracta intelligatur sub conditione, si fructus nascentur: valet in secundo; quia alea potius, seu spes nasciturorum fructuum in contractum deducta fuit (4).

§ 2377. Potest ergo futuri emolumenti spes emi; et vendi, puta, captus piscium, avium, et similium, et valet emptio, licet nihil captum sit; quia spes empta, et vendita fuit (5): atque ad hanc spei emptionem refert post alios Voet redemptionem metalli fodinarum, cum Princeps jus metalli e fodinis educendi alicui, certo pretio, concedit, sive multum supra expectationem, sive parum, aut nihil praeter expectationem educatur (6).

§ 2378. Rei alienae venditio valet, non quidem ita ut verus rei dominus ea invitus carere cogatur, cum illam ab emptore auferre possit (7); sed quatenus venditor, si sciens alienam vendiderit, rem redimere tenetur, vel praestare emptori id quod interest (8): quod si ignorans, nihil praeter vacuam rei possessionem praestat; nec tenetur ad id quod interest, nisi evicta fuerit (9). Sane, si venditor rei dominus deinde factus sit, rem emptoris facere tenetur, si modo venditio rata ab initio fuerit (1). Ex his sequitur, dominium non probari per emptionem, nisi simul constet, venditorem rei dominum fuisse (2).

§ 2379. Rem communem quisque socius non nisi pro parte sua vendere potest (3): excipitur singulari jure fiscus, cui datum, quo facilius fiscalium rerum emptores inveniantur, ut socii quoque partem recte vendat, parte utique pretii socio data (4): imo, si justa in venditore, qui nesciverit, se cohaeredem habere, et emptore ignorantia sit, venditio ex aequitate sustinetur (5).

§ 2380. Si ergo socius socii partem vendiderit, hic partem suam vindicare potest, nisi jam usucapta sit (6): non tamen prohibetur vendere partem suam, nec socio jus ullum praelationis competit (7): nisi judicium communi dividundo jam institutum sit; quippequo casu socius invito socio rem communem nondum divisam extraneo, nec pro parte sua, vendere potest (8). Quidam tamen sentiunt, socio majorem partem habenti in re communi, quae publice vendatur, praelationem competere (9).

§ 2381. Valet utique emptio rei communis ex utriusque socii consensu facta, nec amplius potest retractari. Sed dubitari potest, an, uno socio adversus emptionem pro parte sua restituto, alteri quoque liceat a venditione discedere: hic autem generatim traditur, restitutionem minoris prodesse majori in caussa individua, non in dividua (10): quare, si venditus fuerit fundus majori et minori communis, atque minor adversus venditionem restituatur, major recedere non potest a venditione, nisi malit emptor (11): qui forte partem empturus non fuisset (12): aliud dicendum in servitute vendita, quippequae per partes nec vendi, nec emi potest (13): vel jure redimendi (14): prout alibi diximus (15).

§ 2382. Fieri interdum potest, ut restitutio minori concessa prosit majori, licet res vendita divisionem recipiat. Fingamus, venditum fundum communem a fratribus, qui in eum usque diem indivisam tenuerint parentum haeredita-

(1) l. *Nec emptio* 8 ff. hoc tit.
(2) l. *Fistulas* 78 § ult. ff. hoc tit.
(3) argum. l. *Ex conducto* 15 § *si vis* 2; l. *Si merces* 25 § *vis major* 6 ff. *Locati* (19, 2).
(4) d. l. *Nec emptio* 8 princ. et § 1 ff. hoc tit; Fab. Cod. *De locat.* lib. 4. tit. 42, def. 26.
(5) d. l. *Nec emptio* 8 § 1 ff. hoc tit.
(6) Voet in *Pandect.* hoc tit. n. 13 in fin.
(7) l. *Rem alienam* 28 ff. hoc tit.
(8) l. *Servus* 30 § 1 ff. *De act. empt.* (19, 1).
(9) l. 1 ff. *De rer. permutat.* (19, 4).

(1) l. *Si quis alienam* 46 ff. *De act. empt.* (19, 1); l. *Seja* 73 ff. *De evict.* (21, 2); Fab. Cod. lib. 4, tit. 33, def. 10.
(2) argum. d. l. 28 ff. hoc tit.
(3) ll. 1 et 2 Cod *De commun. rer. alien.* (4, 52).
(4) d. l. 2 Cod. *De commun. rer. alien.*
(5) l. *Si quis alienam* 46 ff. *De act. empt.* (19, 1); l. *Seja* 73 ff. *De evict.* (21, 2); Fab. Cod. lib. 4. tit. 33, def. 10.
(6) d. l. 1 Cod. *De com. rer. alien.* (4, 52).
(7) l. *Falso* 3 et seq. Cod. eod. tit.
(8) d. l. 3; l. 1 Cod. *Commun. divid.* (3, 37).
(9) argum. l. *Sancimus* 34 § *ne autem* 2 Cod. *De donationib.* (8, 54).
(10) l. 1 Cod. *Si in com. caus.* (2, 26); Fab. Cod. *De rer. com. alien.* lib. 4. tit. 35, def. 1.
(11) Fab. d. def. 1 in princ.
(12) l. *Tutor urgentibus* 47 § 1 ff. *De minorib.* (4, 4).
(13) Fab. d. def. 1, n. 5.
(14) l. *Una* 18 ff. *De servit. praed. urban.* (8, 3).
(15) V. vol. I, lib. 1, pag. 517, § 3247 et seqq.

tem: si minor frater pro parte tantum restituatur in integrum, restitutio ei vix profutura est (1); quia ita incideret in communionem cum extraneo emptore, qui prius meliore conditione in communione erat cum fratre, cum quo, familiae erciscundae accepto judicio, consequi potuisset integrum illum fundum, tantumdem ex reliquis haereditariis bonis fratri datis (2).

§ 2383. Excipit Faber casum, quo fratres communem fundum vendentes in solidum singuli de evictione se obligaverint (3); ne auxilium restitutionis, quod praetor solis minoribus indulget, ad majores temere protendatur (4); nisi forte frater major tamquam fidejussor minoris se obligaverit intuitu minoris aetatis (5).

§ 2384. Nulla est venditio rerum, quae naturali, gentium, aut civili jure extra humanum commercium sunt (§ 2373): jus naturale, et gentium a commercio eximit res sacras, sanctas et religiosas, quae ideo plerumque vendi prohibentur, ut et liberos homines (6): atque in eundem fere censum referri possunt res furtivae; an et quousque teneatur emptor vel venditor, prout alteruter vel uterque sciverit, aut ignoraverit rei vitium, explicat Paulus (7). Quibus autem conditionibus res ecclesiae vendi possint, alibi expendimus (8).

§ 2385. Civile jus quasdam quoque res alienari prohibuit; atque, ut praeteream, privatis olim purpurae commercium interdictum fuisse (9), quod saeculi luxus patitur (10), nec haereticus, nec judaeus, nec paganus mancipium christianum comparare potest (11), nec praedia Principis patrimonialia privatis vendere licet, nisi Princeps jubeat (12). Neque etiam vendi possunt venena mala, quae nullo modo, adjectione alterius materiae, usui esse possunt (13), aut libri improbatae lectionis (14), nec non res litigiosae (15), seu illae, super quibus lis mota est: sive corporales sint, sive incorporales (1): res litigiosa fit per litis contestationem, non sola denunciatione, ne res vendatur (2): jure tamen novo in actionibus realibus inter possessorem et petitorem res litigiosa fit sola in jus vocatione, vel precibus Principi oblatis et judici insinuatis, ac per eum futuro reo cognitis (3).

§ 2386. Arma et res ad victum aut vestitum spectantes hostibus vendi nequeunt (4). Interdum quoque extra belli caussam res fungibiles exportari prohibentur, seu extra ditionem vendi, ne civibus desint: porro leges hae, quae exportationem tempore pacis interdicunt, ex communi interpretum sententia strictam recipiunt interpretationem, ne extendantur ultra res, lege prohibente comprehensas (5); quia commercii libertatem restringunt.

§ 2387. Hinc prohibita frumenti exportatione, farinae utique, et panis exportatio plerumque vetita censetur (6); non tamen leguminum, puta fabarum, faseolorum et similium (7): multo minus vini, olei. Sub vino non continetur acetum (8), nec sub lana linus, aut pili (9): atque prohibitio exportationis ad eas tantum res pertinere videtur, quae commercii, non quae proprii usus caussa exportantur (10).

§ 2388. Praeter haec aliae res sunt a lege speciatim quibusdam personis alienari et vendi prohibitae; puta res minorum, et his similium, nisi gravis urgeat caussa a judice probata; atque contra secuta alienatio viribus destituitur (11); res dotales inaestimatae legis etiam prohibitione continentur (12).

§ 2389. Hominis quoque voluntas sive is privatus sit, sive publica auctoritate fungatur, impedire potest, ne rata sit alienatio. Sed, quod spectat ad hominis privati prohibitionem, interest, an testamento, an actu inter vivos prohibitio facta sit. Prohibitio alienandi testamento facta impedit dominii translationem (13); sive prohibuerit testator, ne unquam res alienetur, sive ad certum tempus, puta donec filius certam aetatem assequatur (14).

§ 2390. Quinimmo prohibitio ab homine fa-

(1) Fab. Cod. *De reb. com. alien.* lib. 4, tit. 35, d. definit. 1, n. 6 et seqq.
(2) l. *Plane* 3; l. *Item Labeo* 22 § 1 ff. *Famil. erciscund.* (10, 2).
(3) Fab. Cod. d. lib. 4, tit. 35, def. 2.
(4) argum. l. *Denique* 3 § *sed utrum* 4 ff. *De minorib.* (4, 4).
(5) l. *Stichum* 95 § *quod vulgo* 3 ff. *De solut.* (46, 3).
(6) l. *Sed Celsus* 6; l. *Hanc legem* 22 ff. hoc tit.
(7) l. *Si in emptione* 34 § *item* 3 ff. hoc tit.
(8) V. vol. I, lib. 1, § 1913 et seqq.
(9) l. 1 et 2 Cod. *Quae res venir. non poss.* (4, 40).
(10) Voet *in Pandect.* hoc tit. n. 17.
(11) l. 1 et 2 Cod. *Ne christian. mancip.* (1, 10). Immunes a tributis ex numero XII, liberorum emere non prohibentur, sed immunitatem dumtaxat habent, pro bonis legitime, et sine dolo acquisitis ante nativitatem decimi filii: nisi bona postea comparentur iure successionis intestatae, aut per dotis restitutionem matri factam. *Reg. Constit.* lib. 6, tit. 5, § 3.
(12) l. *Cum servus* 39 § ult. ff. *De legat.* 1. (30, 1).
(13) l. *Quod saepe* 35 § *veneni* 2 ff. hoc tit.
(14) argum. l. *Decere* 3 § *quoniam* 3 Cod. *De summa Trinit.* (1, 1); l. *Quicumque* 8 § ult. Cod. *De haeretic.* (1, 5).
(15) l. *Lite* 2 Cod. *De litigios.* (8, 37).

(1) d. l. 2; ll. 3 et 4 Cod. eod. tit.
(2) d. l. 4; l. 1 Cod. eod. tit; l. 1 § 1 ff. eod. tit. (44, 6).
(3) auth. *litigiosa* Cod. eod. tit.
(4) ll. 1 et 2 Cod. *Quae res expor. non deb.* (4, 41); l. *Cotem* 11 ff. *De publican.* (39, 4).
(5) Voet *in Pandect.* hoc tit. n. 20 post alios.
(6) l. *Adeo* 7 § *cum quis* 7 in fin. ff. *De acquir. rer. domin.* (41, 1).
(7) l. *Frugem* 77 ff. *De verb. sig.* (50, 15).
(8) l. *In venditionibus* 9 § ult. ff. hoc tit.
(9) l. *Si cui lana* 70 § *linum* 10 ff. *De legat.* 3. (32, 1).
(10) l. *Universi* 5 Cod. *De vectigal.* (4, 61).
(11) l. *Non est* 2 et pass. Cod. *De praed. et al. reb. minor.* (5, 71).
(12) princ. Instit. *Quib. alien. lic.* (2, 8).
(13) l. *Filiusfamilias* 114 § *divi* 14 ff. *De legat.* 1 (30, 1) l. ult. § *sed quia* 2 et seq. Cod. *Commun. de legat.* (6, 43);
(14) Fab. Cod. *De reb. alien. non alienand.* lib. 4, tit. 38, def. 1.

cta interdum fortior est prohibitione legis (1): ex quo infert Faber, alienationem minoris, quae jurejurando firmatur, si sola lex eam impediat (2); non valere, si accedat prohibitio testatoris (3).

§ 2391. Alienatione prohibita, censetur interdictus quicumque actus, quo dominium transferatur (4): proinde transactio (5), et renunciatio juri impetrandae restitutionis (6): immo etiam alienare videtur, qui ex delicto suo, vel contumacia condemnationi, et confiscationi honorum quantumvis injustae, caussam dedit (7); atque hinc, si haeres fiduciarius delictum admiserit, ex quo bonorum publicationem passus sit, quod ad fiscum inde pervenit, in quartam imputatur, perinde ac caetera per haeredem alienata (8).

§ 2392. Non tamen ille, qui a patre prohibitus sit res suas ante annum trigesimum alienare, aut obligare, se excusare potest a suscipienda legitima agnati tetula, dummodò legitimae aetatis sit, nec aliunde prohibitus (9); etenim bonorum haec obligatio non ex facto prohibito, sed ex legis auctoritate descendit (10), quam testator evertere non potest (11): quo fundamento subjicit Faber, minorem, cui a patre curator datus sit, et bonorum interdicta administratio, posse se profiteri possessorem fundi emphyteutici; quod pragmatici *recognitionem* vocant (12).

§ 2393. Haec ita, si prohibitio alienandi facta sit a testatore: sed si actu inter vivos, non eo minus valet venditio; et tantum competit ei, qui pactus erat, et cujus interesse potest, actio personalis adversus alienantem, qua consequatur id quod interest (13).

§ 2394. Discriminis ratio inter utramque prohibitionem ex legum Romanarum principiis pendet: testatoris prohibitio, quae legi aequiparatur, rem ipsam afficit, quae proinde rem alienatam sequitur, atque vendicationi locum facit; sicut enim placuit, testamento absque traditione dominium rerum tum in haeredes (14), tum in legatarios transferri posse (15), ita et impediri posse, ne transferatur (§ 2389); contra, sicut actu inter vivos, nisi sequatur traditio, dominium non transfertur (1); ita nec translatio impeditur (2).

§ 2395. Sane, si fingamus, pignus judicis auctoritate jam captum fuisse, licet nondum creditori addictum, ejus venditio non valet, sive pignus postea addicatur creditori, sive estraneo in publica auctione (3); etenim per judicialem executionem pignoris possessio penes judicem, seu curiam esse fingitur; adeoque vetus ejus dominus traditione, quae omnino necessaria est, dominium transferre non potest (4).

§ 2396. Caeterum non corporales tantummodo res, sed etiam incorporales (5), puta jura, actiones, nomina debitorum vendi possunt; cum haec in humano commercio sint, et ab uno in alium transire possint: jura, inquam, non tantum singularia, sed et quae rerum universitatem complectuntur. De his seorsim agere consultius dicimus, prout factum est in Pandectis (6), et Codice (7).

APPENDIX

De haereditate, vel actione vendita.

Instit. lib. 3, tit. 24 *De empt. et vendit.*
Digest. lib. 18, tit. 4 } *De haeredit., vel action. vendit.*
Cod. lib. 4, tit. 39 }

SUMMARIA

§ 2397. *Haereditate vendita, id actum videtur, ut neque plus, neque minus commodi aut incommodi habeat emptor, quam habuit haeres a morte defuncti usque ad tempus venditionis.* — § 2398. *Emptor haereditatis vicem haeredis sustinet.* — § 2399. *Haereditatis paternae venditor emptori praestare non tenetur successionem sibi quaesitam ex substitutione pupillari.* — § 2400 *et* 2401. *Jus accrescendi transit in emptorem haereditatis.* — § 2402. *Majus imminet periculum in emptione haereditatis, quam lucri spes affulgeat.* — § 2403 *et* 2404. *Venditor haereditatis evictionem juris praestat, si haereditas certa, et jam delata venerit.* — § 2405. *Venditor haereditatis ab emptore repetit sumptus omnes in haereditatem, etiam nondum secuta venditione, factos.* — § 2406. *Quid de servitutibus venditori debitis, et similibus?* — § 2407 *et* 2408. *An emptor haereditatis hodie invitus cogatur haereditarias actiones excipere? Quid si creditores adversus venditorem agere malint?* — § 2409. *Quid si fiscus haereditatem vendiderit?* — § 2410. *Actio omnis tum pure, tum sub conditione, reluctante debitore, vendi potest.* —

(1) argum. l. ult. Cod. *De pact. convent.* (5, 14).
(2) auth. *Sacramenta puberum* post l. 1 Cod. *Si advers. venditon.* (2, 28).
(3) Fab. d. lib. 4, tit. 38, def. 1, n. 5.
(4) l. ult. Cod. *De reb. alien. non alien.* (4, 51).
(5) Fab. Cod. eod. tit. lib. 4, tit. 38, def. 2.
(6) Fab. ibid. def. 3.
(7) d. l. *Filiusfamilias* 114 § *divi* 14 ff. *De legat.* 1, (30, 1).
(8) l. *Marcellus* 3 § *res, quae* 3 ff. *Ad Senatusc. Trebel.* (36, 1); Fab. ibid. def. 10.
(9) Fab. Cod. d. lib. 4. tit. 38, def. 4.
(10) l. *Pro officio* 20 Cod. *De administrat. tut.* (5, 37).
(11) l. *Jus publicum* 38 ff. *De pactis* (2, 14).
(12) Fab. ibid. def. 5.
(13) l. *Si ita* 135 § *ea lege* 3 ff. *De verb. obl.* (45, 1); l. *Ea lege* 3 Cod. *De condit. ob causs. dator.* (4, 6).
(14) l. *Cum haeredes* 23 ff. *De acquir. poss.* (41, 2).
(15) l. *A Titio* 64 in fin. ff. *De furtis* (47, 2).

(1) l. *Traditionibus* 20 Cod. *De pactis* (2, 3).
(2) l. *Nihil tam naturale* 35 ff. *De reg. jur.* (50, 17).
(3) Fab. Cod. *De reb. alien. non alien.* lib. 4, tit. 38, definit. 8.
(4) d. l. *Traditionibus* 20 Cod. *De pactis* (2, 3).
(5) l. 1 et l. *Emptori* 6 ff. *De haeredit., vel act. vend.* (18, 4).
(6) Digest. lib. 18, tit. 4.
(7) Cod. lib. 4, tit. 39.

§ 2411. *Evictionem juris, non facti praestat venditor, qui incertum actionis distraxerit: nisi speciatim promissa sit.* — § 2412. *Impensas in litem factas repetit cessionarius actionis, si litem cedenti denunciaverit, atque hic eum non defenderit.* — § 2413. *Actiones in judicium deductae vendi nequeunt. An emphyteuta spoliatus jura sua domino directo cedere prohibeatur?* — § 2414. *Cessio regulariter fieri debet ante solutionem: nisi debitor solutione liberatus non sit.* — § 2415. *Cessio strictam recipit interpretationem, atque necessario probanda est per scripturam.* — § 2416 *et* 2417. *Actione vendita, ejus quoque accessiones cedi debent una cum instrumento; quae tamen sine cessione in emptorem transeunt.* — § 2418. *Jura quoque conditionalia et privilegia rei inhaerentia in emptorem actionis transeunt.* — § 2419. *An cessionario competat parata executio ex pacto vel instrumento descendens?* — § 2440. *Cessionarius ferre debet onera cedentis.* — § 2421. *Privilegio sui uti nequit cessionarius caussam habens ab eo, qui nullo privilegio gaudebat.* — § 2422. *Quid si privilegium omnino personale sit, vel de fisco agatur?* — § 2423. *Debitor post cessionem cedenti adhuc solvere potest, nisi cessionarius ei denunciaverit, ne solveret: vel ei jam condemnatus sit.* — § 2424. *Cessionarius liti assistere debet, cum agit cedens, si debitor ita fieri postulet.* — § 2425. *Cessionarius, cui in rem suam cessio facta est, directis actionibus ex persona cedentis uti potest.* — § 2426. *Cessionarii interdum interest directa potius quam utili actione experiri.* — § 2427. *Cessio nominis mutuo consensu, invito etiam debitore, revocari potest. Quid si cessionarius conditiones adjectas non impleat?* — § 2448. *Actione pluribus vendita, prior tempore potior est jure.* — § 2429. *Emptor nominis non potest plus a debitore exigere, quam creditori dedit, exceptis quibusdam casibus.* — § 2430 *et* 2431. *Quid si cedens dixerit, se partim vendere, partim donare?* — § 2432. *Confessio creditoris numeratam sibi pecuniam asserentis suspecta est.* — § 2433. *Datio in solutum eodem jure plerumque regitur, ac venditio. Quid de permutatione?*

§ 2497. Haereditas non secus ac actio vendi potest: prout ex tituli inscriptione constat: haereditas utique defuncti non viventis (1), sive directa sit, sive fideicommissaria (2). Porro per venditionem haereditatis illud inter contrahentes actum videtur, ut neque plus, neque minus juris, commodi, aut incommodi habeat emptor, quam habuit ipse haeres a morte defuncti usque ad tempus venditionis (1), ac proinde emptor jus habet implendae conditionis, quam venditor, sive ex testamento, sive ex judicato implere tenebatur (2).

§ 2398. Ergo emptori haereditatis cedendae sunt a venditore actiones omnes; immo, etiam illis minime cessis, utilibus sibi in vim emptionis competentibus uti potest (3); licet enim haeres non fiat, vicem tamen haeredis sustinet (4): tradendae quoque sunt res haereditariae emptori, quarum tamen, si venditor alienaverit, dominium in accipientem transfert, sed emptori praestare cogitur, quanti ejus interest (5).

§ 2399. Sed non praestat venditor emptori, quae nominatim excepit (6); nec quod poenae nomine consecutus est (7): nec haereditatem impuberis sibi quaesitam ex substitutione pupillari, licet patris substituentis haereditatem vendiderit, quia duae diversae sunt haereditates, sive posterior jam delata sit, sive adhuc deferenda, puta quia substitutio sub conditione nondum impleta fuerit facta (8).

§ 2400. Acriter pugnant interpretes, an jus accrescendi transeat in emptorem haereditati, si forte venditor ex parte haeres scriptus partem hanc alienaverit, atque dienceps alter cohaeres deficiat. Verum, cum emptor omnia venditoris haeredis jura consequi debet (§ 2397), transferendum videtur emolumentum ex jure accrescendi postea quaesitum venditori, licet jus ipsum, venditione non obstante venditori adhuc, cohaereat (9): atque hoc sensu verum est, pacto non acquiri jus accrescendi; quod tamen non impedit, ne illius emolumentum creditori acquiratur.

§ 2401. Nec aliud probat argumentum inde petitum, quod in venditione haereditatis tempus mortis spectetur; seu id venditum videatur, quod ad venditorem, seu haeredem pervenit a tempore mortis usque ad tempus venditionis (10): etenim, praeterquamquod Ulpianus non excludit lucra deinceps perventura, immo in eodem textu eadem apertis verbis includit, ajens, *non solum, quod jam pervenit, sed et quod quandoque pervenerit ad venditorem, emptori restituendum esse* (11), jus accrescendi in spe jam tempore venditionis ad cohaeredem vendentem pervenerat, eodem fere modo ac jura conditionalia; quae spes vendi potest (12).

(1) l. 1 ff. hoc tit.
(2) l. *Si quasi* 16 ff. hoc tit.

(1) l. *Venditor* 2 princ. § 1 ff. hoc tit.; Fab. Cod. hoc tit. lib. 4. tit. 29. def. 19.
(2) Fab. d. def. 19.
(3) l. *Emptor* 5 Cod. hoc tit.
(4) l. *Venditor* 2 § *cum quis* 18 ff. hoc tit.
(5) l. *Qui tibi* 6 Cod. hoc tit.
(6) l. *Venditor* 2 § *apud Julianum* 12 et seqq; l. ult. ff. hoc tit.
(7) l. *Venditor ex haereditate* 21 in fin. ff. hoc tit.
(8) d. l. *Venditor* 2 § *illud* 2 ff. hoc tit.
(9) l. *Papinianus* 43 ff. *Ad Senatusc. Trebell.* (36, 1).
(10) l. *Venditor* 2 § 1 ff. hoc tit.
(11) d. l. 2 § *non tantum* 4.
(12) l. *Nec emptio* 8 § 1 ff. *De contr. empt.* (18, 1).

§ 2402. Minus urget, quod ajunt contrariae sententiae patroni, fieri ita posse, ut viliore pretio quis egregiam consequatur haereditatem, si forte cohaeres ex quarta parte institutus eam vendat, et cohaeredes caeteri deinde deficiant; nam hujusce spei, utpote remotissimae, vix ulla haberi debet ratio; cum immo magis immineat periculum, ne damnosa deinceps appareat propter latens aes alienum haereditas, quam magno pretio comparavit; adeoque lucri, et damni, seu spei, et periculi facile admitti potest compensatio. Atque hinc ex communi sententia locus non fit rescindendae venditioni haereditatis ex caussa laesionis in pretio (1), quamvis in caeteris venditori leges subveniant (2).

§ 2403. Si quaeratur, an venditor haereditatis de evictione teneatur, distinguendum, an vendita sit certa haereditatis, et jam delata; an spes haereditatis. Si postremum, idest si incertum haereditatis, seu jus, quod in certa quadam haereditate fortassis competere venditori potest, venditor nullatenus de evictione tenetur (3); quia spei emptio est (4): nisi venditor dolo fecerit, idest vendiderit sciens, nihil ad se pertinere (5).

§ 2404. Vendita autem certa haereditate, juris quidem evictio praestanda est, idest venditor, se haeredem praestare debet (6), sed non tenetur de singularum rerum evictione, nec locupletem haeredem praestare compellitur, nisi expresse, vel tacite aliud actum sit inter contrahentes; quia non singularum rerum, sed juris emptio, et venditio inita fuit (7). Sane si quis vendiderit haereditatem viventis, vel tamquam directam, quae fideicommissaria erat pretium restituere debet, nec non praestare id quod interest (8).

§ 2405. Cum emptor haereditatis nec plus, nec minus commodi habere debeat, quam venditor ipse habuit a morte defuncti usque ad tempus venditionis (§ 2397), consequenter venditor ab emptore repetere potest sumptus in haereditatem, sive ante, sive post venditionem factos, et pecuniam haereditariis creditoribus solutam (9); proinde etiam repetit, quod tributorum nomine praestitit (10); vel in funus defuncti erogavit (11): aliaque similia (12).

§ 2406. Hinc quoque suadente aequitate, traditum, servitutes tum praediales, tum personales, quae venditori in rebus haereditariis competebant et adictione extinctae fuerant, ei restituendas esse (1): atque solvenda esse omnia, quae venditori a defuncto, vel ab haerede ex voluntate defuncti solvenda erant venditori, si non ipse venditor, sed extraneus haereditatem adiisset (2); quia nempe emptor, licet subtilitate juris inspecta, haeres non sit, haeredis tamen loco quoad commoda et incommoda habetur (3).

§ 2407. Praeterea venditor jure petit ab emptore, ut seipsum liberet ab obligationibus in haereditatis utilitatem susceptis (4); adversus creditores haereditarios defendat (5); jure quidem Romano emptor haereditarias actiones invitus excipere non cogitur (6): quod tamen fori usu mutatum quidam tradunt, putantes creditoribus permittendum, ut adversus emptorem agant, maxime si venditor solvendo non sit (7); ne fiant inanes circuitus, quos vitari publice interest (8).

§ 2408. Sane non videntur cogendi creditores haereditarii, ut adversus emptorem agant; cum jus ipsis adversus venditorem, ex aditione haeredem factum, privata venditoris et emptoris conventione auferri non deceat (9): si tamen creditores sponte convenerint emptorem, atque is actiones susceperit, taciti pacti vi se defendere potest venditor, ne a creditoribus vexetur (10).

§ 2409. Quae de privatis haereditatum venditionibus diximus, non omnino conveniunt haereditati a fisco venditae: haereditatis fiscalis emptor actiones haereditarias exercere et suscipere debet (11): sed de ipso haereditatis jure nullam metuit controversiam; cum fiscus ipse conveniendus sit ab iis, qui jus aliquod in haereditate vendita habere contendunt (12).

§ 2410. Hactenus de haereditate vendita: sequitur disputatio de actione vendita. Vendi potest quaecumque actio, sive realis sit, sive personalis, ita ut non quidem directa sed utilis in emptorem transeat (13). Nec interest, an pura sit actio, quae venditur, an in diem vel conditionalis (14); cum et conditionalis obligatio pure vendi possit, et statim venditio valeat; aut pura

(1) Voet *in Pandect.* hoc tit. n. 3 in fin.
(2) l. *Rem majoris* 2 Cod. *De rescind. vendit.* (4, 44).
(3) l. *Quod si in venditione* 10 ff. hoc tit.
(4) l. *Nam hoc modo* 11 ff. hoc tit.; l. *Nec emptio* 8 § 1 ff. *De contrahend. emption.* (18, 1).
(5) l. *Hoc autem* 12 ff. hoc tit.
(6) l. *Quod si sit* 13 ff. hoc tit.
(7) l. *Qui filiifamilias* 14 § 1 et l. seq. ff. hoc tit.; Fab. Cod. hoc tit. lib. 4. tit. 29, def. 4.
(8) l. *Cum haereditatem* 7 et seqq.; l. *Si quasi* 16 ff. hoc tit.
(9) l. *Venditor* 2 § *sive* 11; l. *Si ex pluribus* 18 ff. hoc tit.; l. *Ratio* 2 Cod. hoc tit.
(10) d. l. 2 § *si quid publici* 16.
(11) d. l. 2 § *quod si facere* 17.
(12) V. d. l. 2 § *solet* 7 et l. *Si ex pluribus* 18 hoc tit.

(1) d. l. *Venditor* 2 § penult. ff. hoc tit.
(2) d. l. 2 § *cum quis* 18; l. *Haereditatem* 24 ff. hoc tit.
(3) d. l. 2 § 18; l. *Ei, qui* 88 ff. *De haeredib. instituend.* (28, 5).
(4) d. l. *Venditor* 2 § ult. ff. hoc tit.
(5) d. l. 2 § ult.; l. *Haereditatem* 28 ff. *De donat.* (39, 5).
(6) l. *Ratio juris* 2 Cod. hoc tit.
(7) Voet in *Pandect.* hoc tit. n. 6 post alios.
(8) l. *Dominus testamento* 53 ff. *De condiction. indebit.* (12, 6).
(9) l. *Debitorum* 25 Cod. *De pactis* (2, 3).
(10) l. *Post venditionem* 2 Cod. eod. tit.
(11) l. 1 Cod. hoc tit.
(12) § ult. Instit. *De usucap.* (2, 6); ll. 1 et 2 Cod. *De quadrien. praescription.* (7, 37).
(13) l. ult. Cod. hoc tit.
(14) l. *Nomina* 17 ff. hoc tit.

sub conditione vendi; quo casu, conditione deficiente, nulla venditio intelligitur (1). Porro actionem, reluctante licet debitore, vendi posse, apud omnes constat (2).

§ 2411. Incertum quoque actionis, non secus ac incertum haereditatis (§ 2403); recte venditur: atque venditor actionis, seu nominis debitorem utique praestare tenetur, nisi aliud convenerit, non vero locupletem (3), seu de jure suo tenetur venditor, non de facto debitoris, nisi forte spes tantum actionis vendita fuerit, prout de haereditate diximus (§ 2404): quo casu, nisi venditor in dolo sit, ad nihil tenetur, tametsi inanis omnino sit actio vendita (4); vel venditor speciatim promiserit nomen praestare idoneum; quo tamen casu ante excussum debitorem conveniri non potest; nisi forte debitor notorie non solvendo sit (5).

§ 2412. Sed quid, si cessionarius ad cessum nomen exigendum impensas in litem fecerit? Potestne easdem a cedente repetere? Utique si litem cedenti denunciaverit, atque hic cessionarium erga quem de evictione tenetur (6), non defenderit: quod si venditor admonitus non fuerit, sibi imputare debet emptor impensas perperam erogatas (7): nisi forte debitor a cessionario conventus contumax fuerit; nec enim auctorem laudare necesse est, cum nulla debiti fit controversia; quare cessionarius hasce impensas a cedente repetere poterit, utique si eas a debitore contumace consequi non possit (8).

§ 2413. Sane actiones jam deductae in judicium nec vendi, nec alio actu distrahi possunt (9): quod tamen non impedit, quominus emphyteuta spoliatus jura sua omnia per cessionem transferat in dominium directum, qui et fundum et illius fructus a spoliatore repetat (10); cum enim domini directi intersit, emphyteutam non esse spoliatum, ut annuum censum facilius percipiat, visum est, casum hunc non pertinere ad Anastasii (11), et Justiniani constitutiones (12): maxime quia spoliator nullo favore adjuvandus est.

§ 2414. Cessio regulariter fieri debet ante solutionem, cum jus adhuc penes cedentem est (13): si tamen solutione, utpote alterius nomine facta, debitor liberatus non esset, prout quandoque contingit, cessio etiam post solutionem recte fieret (1). Idem est, si solutio alio fine facta fuerit (§ 1590), vel tota sit in utilitatem cedentis (2).

§ 2415. Cum autem cessio stricti juris sit, non qui contrahitur per stipulationem, sed quia continet juris alicui competentis alienationem, in eam non veniunt, nisi quae expressa sunt, vel quae ab expressis pendent, seu sequuntur (3): et necessario probanda est per scripturam, ne tam facile falsum admitti possit; non per testes, aut jusjurandum suppletivum (4); prout de contractu emphyteutico constitutum est (5).

§ 2416. Actionis venditae is est effectus, ut venditor camdem emptori cedere teneatur, atque scripturas, quibus nomen continetur (6). Quamvis, etiam sine cessione post secutam venditionem utiles actiones habet emptor (7). Cedendae autem sunt actiones tum principales, tum accessoriae, seu quas venditor fortassis habeat adversus fidejussores, vel pignora; sive ante, sive post venditionem nominis jus pignoris constitutum, vel fidejussor datus sit; nisi aliud contrahentibus placuerit (8).

§ 2417. Quinimmo etiam sine cessione accessoriae obligationes cum principali in emptorem transeunt, sive plures sint correi principales, atque creditor mandaverit actiones suas adversus unum ex illis, sive unus debitor, alter fidejussor sit, atque adversus illum cessio facta proponatur (9); idque ex natura obligationis individuae in pluribus correis (10): accessionis (11) in fidejussore: nisi forte aliter convenerit, prout potest (12). Non tamen transit pignoris possessio, quae facti est, nisi saltem per clausulam constituti transferatur (13).

§ 2418. Non tantum jura, quorum dies venit, in cessionarium, seu emptorem transeunt, sed et conditionalia (14), quia conditio ad sui initium retrotrahitur (15); realia quoque privilegia in cessionarium transire videntur (16); non vero personalia, ne haec contra propriam naturam perpetua fiant (17): atque fisci privilegium una

(1) l. *Multum interest* 19 ff. hoc tit.
(2) l. *Nominis* 3 Cod. hoc tit.
(3) l. *Si nomen* 4 ff. hoc tit.; Fab. Cod. hoc tit. lib. 4, tit. 29, def. 15.
(4) l. *Nam hoc modo* 11; et l. seq. ff. hoc tit.
(5) Fab. Cod. lib. 4, tit. 36, def. 11 et 12.
(6) l. *Venditor nominis* 8 ff. *De evict.* (21, 2).
(7) l. *Emptor fundi* 8 Cod. eodem tit. (8, 45).
(8) Fab. Cod. hoc tit. lib. 4, tit. 29, def. 12.
(9) l. *Lite pendente* 2 Cod. *De litigios.* (8, 37).
(10) Fab. Cod. hoc tit. lib. 4, tit. 29, def. 7.
(11) l. *Per diversas* 22 Cod. *Mandat.* (4, 35).
(12) l. *Ab Anastasio* 23 Cod. eod. tit.
(13) l. *Modestinus* 76 ff. *De solut.* (46, 3).

(1) l. *Si res obligata* 57 ff. *De legat.* 1. (30, 1); Fab. Cod. hoc tit. lib. 4, tit. 29, def. 17.
(2) Fab. Cod. *De solut.* lib. 8, tit. 30, def. 13.
(3) Fab. Cod. hoc tit. lib. 4, tit. 29, def. 13 in princ.
(4) Fab d. def. 13, n. 2.
(5) l. 1 Cod. *De jur. emphyteutic.* (4, 66).
(6) *l. Emptor* 5 Cod. hoc tit.
(7) d. l. 5; l. *Postquam* 7 et seq Cod. hoc tit.
(8) l. *Emptori* 6; l. *Venditor* 23 ff. hoc tit.
(9) Fab. Cod. hoc tit. lib. 4, tit. 29, def. 13, in not. e def. 20, n. 2.
(10) § 1 Instit. *De duobus reis* (3, 17).
(11) cap. *accessorium* 42 extra *De reg. jur.* in 6 decr.
(12) l. *Nisi* 22 ff. *De pactis* (2, 14); Fab. d. def. 20, n 4.
(13) l. *Cum haeredes* 23 ff. *De acquir. possess.* (41, 2) Fab. Cod. hoc tit. def. 11.
(14) Fab. Cod. hoc tit. lib 4, tit. 29, def. 1.
(15) l. *Qui balneum* 9 § 1; l. *Potior* 11 § 1 ff. *Qui potior. in pign.* (20, 4)
(16) argum. l. *Si ventri* 24 § ult. ff. *De rebus auctoritat. judic. possidend* (42, 5).
(17) l. *In omnibus* 68; l. *Privilegia* 196 ff. *De reg. jur.* (50, 17).

cum actione a fisco cessa transferri posse, rescripserunt Imperatores (1). Quod si cedens ex actione cessa, seu vendita aliquid jam perceperit, id emptori restituere tenetur (2).

§ 2419. Dubitari potest, an parata executio ex pacto, vel ex instrumento, ut ajunt, guarentigiato descendens, cessionario quoque competat. Distinguit in hac re Faber; atque tradit, cessionarium nomine suo, atque utilibus actionibus sibi competentibus agentem hoc jure uti non posse; nec si directae actionis potestate utatur ex persona, seu tamquam procurator cedentis, sed in sui commodum (3); sed incipere debere ab actione; nisi cessio, debitore consentiente, et probante, facta sit (4); quia saepe occurrunt multa, quae contra cessionem, et cessionarium objici possunt, quae cedenti non obstarent: ergo non aliter hoc jure utitur, quam si agat ex persona, atque in commodum cedentis, tamquam illius procurator, executionem fieri postulet (5).

§ 2420. Cum autem rei incommoda plerumque a commodis non disjungantur (6), sicuti emptor, seu cessionarius jura cedentis consequitur, ita et onera ferre debet: atque hinc, cum venditor fundi, ab emptore ex caussa evictionis laudatus, implorasset restitutionem, ac lite pendente provisionaliter, ut ajunt, condemnatus, actionem sibi competentem fratri cessisset, deinde frater litem persequeretur, defuncto cedente, qui alium haeredem instituerat, placuit, a fratre cessionario praestandam esse emptori indemnitatem, et ideo summam provisionalem, quam cedens praestare debuisset; quia non rei, seu fundi dumtaxat, sed actionis successor esset donatarius (7), ut proinde illius incommoda recusare non posset (8); ne alioquin deterior fieret per cessionem jus adversarii, quod non licet (9).

§ 2421. Si fingamus, venditam fuisse privilegiato actionem ab eo, qui nullo gaudebat privilegio, cessionarius uti non potest privilegio suo, sed uti debet jure communi cedentis, si quibusdam credimus (10); quemadmodum enim debitorum pactionibus deterius fieri non decet creditoris jus (11); ita nec deterior fieri debet conditio debitoris ex pacto, vel facto creditoris (12).

§ 2422. Excipit Voet casum, quo privilegium omnino personale sit, puta si agatur de privilegio fori miserabilibus personis indulto (1). Excipiendus quoque est fiscus, cui jure singulari datum, ut privilegio suo utatur, licet succedat in locum privati, non quidem pro anterioribus suae successionis temporibus, sed pro posterioribus (2).

§ 2423. Cessione actionis peracta, seu mandata actione, cedens secundum Romani juris principia adhuc agere potest et debitum exigere; atque debitor solvens, licet factae cessionis conscius sit, liberatur, nisi cessionarius ei denunciaverit, ne solveret (3), vel ei jam condemnatus sit (4): cedens utique cessionario restituere debet, quod consecutus est (5): cessionarius tamen potior habetur, si cum cedente concurrat (6): atque cessionarius liti sistendus est, cum agit cedens, si ita velit debitor (7), cujus interesse potest, ut eodem judicio de utriusque jure cognoscatur.

§ 2424. Hinc, cum quidam actiones suas alteri cessisse diceretur, atque de hac re in judicio interrogatus respondere nollet, quasi supervacua et illusoria esset interrogatio; propterea quod, etiam cessis actionibus, adhuc agere posset, nulla nec dum facta per cessionarium denunciatione, pronunciavit Sabaudus Senatus, dignam esse interrogationem, cui respondendum esset (8), tum quia facta cessione, forte interesset debitoris, cessionarium in jus vocari (§ praeced.); tum quia debitor posset cum eo transigere, si ejusdem cessionarii periculo, et commodo facta proponeretur.

§ 2425. Si tamen cessio alicui ita facta sit, ut is procurator in rem suam sit constitutus, prout contingit in cessione, quae fit legatario, fideicommissario, aut in solutum (9); quamquam directae actiones apud cedentem remanent (10), tamquam personae inhaerentes, a qua separari nequeunt; cessionarius tamen directis actionibus experiri potest (11), et quidem suo nomine, dummodo ex cedentis persona et tamquam procuratore (12). Sane si cedenti jam ab altero cessae sint, non tamen mandatae directae actiones eas secundo cedere non potest (13).

§ 2426. Porro interest scire, an cessionarius directa, an utili actione agere possit; licet enim

(1) l. ult. Cod. *De privileg. fisci* (7, 73).
(2) l. *Venditor* 23 § 1 ff. hoc tit.
(3) argum. l. *Si non sortem* 26 § *libertus* 12 in fin. ff. *De condict. indebit*, (12, 6).
(4) Fab. Cod. *De obligat., et action.* lib. 4, tit. 7, def. 1.
(5) l. *Venditor* 23 § 1 ff. hoc tit. Fab. Cod. ead. definit. 10 in princ. et def. 16 in fin.
(6) l. *Secundum naturam* 10 ff. *De reg. jur.* (50, 17).
(7) Fab. Cod. hoc tit. lib. 4, tit. 29, def. 14.
(8) l. *Alienatio* 67 ff. *De contr. empt.* (18, 1).
(9) l. 1 et pass. Cod. *De alien. jur. mut. ecc.* (2, 55).
(10) Voet in *Pandect.* hoc tit. n. 13 in princ.
(11) l. *Debitorem* 25 Cod. *De pactis* (2, 3).
(12) argum. l. *Non debet* 41; l. *Invitus* 156 § *plerumque* 3 ff. *De reg. jur.* (50, 17).

(1) Voet in *Pandect.* hoc tit. d. n. 13 in med.
(2) l. *Fiscus* 6 ff *De jur. fisc.* (49, 14)
(3) l. *Venditor* 23 § 1 ff. hoc tit.; l. *Procurator* 55 ff. *De procurat.* (3, 3).
(4) Fab. Cod. hoc tit. def. 21.
(5) d. l. 23 § 1 ff. hoc tit. Fab. Cod. hoc tit. lib. 4, tit. 29, definit. 18.
(6) d. l 55 ff. *De procuratorib.*
(7) Fab. Cod. hoc tit. def. 2.
(8) Fab. Cod. hoc tit. lib. 4, tit. 29 d. def. 2, n. 4.
(9) l. *Si quis in rem* 34; l. *Procurator* 55 ff. *De procuratorib.* (3, 3); l. *Per diversas* 22 Cod. *Mandat.* (4, 35).
(10) l. *Si haeres* 70 ff. *Ad Senatusc. Trebell.* (36, 1).
(11) l. *Qui stipendia* 9 Cod. *De procurat.* (2, 23).
(12) Fab. Cod hoc tit. lib. 4, tit. 29, d. def. 3.
(13) Fab. ibid. def. 2 in not. †

idem utriusque effectus plerumque sit (1); attamen interdum contingit, ne obstet directa agenti exceptio, quae obesset exercenti utilem actionem (2).

§ 2427. Cessionem, seu nominis venditionem semel peractam mutuo contrahentium consensu, quo colligata fuit, invito etiam debitore, revocari posse, nemo est, qui neget (3). Sed recedendi potestas deneganda videtur venditori, licet emptor conditiones cessioni appositas implere detrectet: dominium venditione, vel alio simili contractu translatum revocari, juris ratio non patitur; atque sola competit venditori actio ad jus sibi competens prosequendum (4). Neque a donatione ad contractus onerosos argumentari licet.

§ 2428. Hinc sponte sequitur, actione pluribus vendita, seu cessa, potiorem esse eum, qui tempore prior est (5); maxime quia in actionibus cessio vicem traditionis sustinet (6). Neque his contradicit Gordianus; quippequi non agit de cessione, aut delegatione, sed de simplici mandato, seu *assignatione*, ut ajunt, ad exigendum (7); quod re integra revocari posse, aequum est.

§ 2429. Cum non raro inveniantur, qui, alienis rebus et fortunis inhiantes, cessiones jurium aliis competentium captant, et debitores inique vexant, idcirco Anastasius Imperator decrevit, ne emptor nominis plus a debitore exigat, quam ipse creditori in emptionem erogavit (8), exceptis cessionibus inter cohaeredes, legatarios, fideicommissarios, aut pro rerum, quas quis possidet, defensione (9).

§ 2430. Quod si cedens dixerit, se partim vendere, partim donare, non tamen cessionarius plus exiget, quam emptionis nomine dedit; reprobanda visa fuit in hac re donationis cum venditione cumulatio, ne sub praetextu donationis fraus legi fiat, sive palam (10), sive occulte (11): permissa utique totius quantitatis donatione, dummodo omnia bona fide agantur, nec emptor clam venditori, qui se donare simulat, aliquid vice pretii eroget (12).

§ 2431. Si ergo fingamus, centum Titio deberi a Sempronio; Titius autem Sempronii nomen Maevio vendere se dicat nonaginta et reliqua decem donare, vel simpliciter nonaginta

(1) l. *Actio* 47 ff. *De negot. gest.* (3, 5).
(2) l. *Servum quoque* 33 § ult. et ll. seqq. ff. *De procuratorib.* (3, 3).
(3) l. *Nihil tam naturale* 35 ff. *De reg. jur* (50, 17).
(4) l. *Incivile* 12 Cod. *De rei vindicat.* (3, 32); l. *Pacto* 26 in fin. Cod. *De pact.* (2, 3).
(5) d. l. *Incivile* 12 Cod. *De rei vindicat.* (3, 32).
(6) l. *Quoties* 15 Cod. eod. tit.
(7) l. *Si delegatio* 3 Cod. *De novat.* (8, 42).
(8) l. *Per diversas* 22 Cod. *Mandat.* (4. 35).
(9) d. l. 22 in med. versic. *exceptis scilicet.* V. *Reg. Constit.* lib. 2, tit. 1, § 11 et tit 11, § 2.
(10) l. *Ab Anastasio* 23 in princ. Cod. *Mandat.* (4. 35).
(11) d. l. 23 § 1; Fab. Cod. hoc tit. lib. 9. tit. 29, def. 5.
(12) d. l. 23 § *sed et si quis* 2.

vendiderit, Sempronius nonaginta solvens Maevio ab integro debito liberatur, nec reliqua decem Titio praestare tenetur; ait enim Justinianus, id, quod excedit, *inutile esse ex utraque parte .... ei neque ei, qui cessit actiones, neque ei, qui eas suscipere curavit, aliquod lucri vel fieri, vel remanere; vel aliquam contra debitorem, vel res ad eum pertinentes esse utrique eorum actionem* (1): aequum visum fuit Imperatori, ut tutius debitorum incolumitati prospiciatur, poenam amissionis decernere.

§ 2432. Hinc colligit Faber, neque ultra erogatum valere cessionem, etsi cedens fateatur, pecuniam sibi numeratam fuisse, nisi numeratio aliunde probetur, quam per confesssionem in actibus factam, quae semper suspecta est (2), vel nisi ex instrumento, aliisve idoneis probationibus constet, lidem de pretio habitam fuisse (3). Quare nec sufficit sola meritorum assertio eo fine facta, ut onerosa videatur cessio ob merita praecedentia (4).

§ 2433. Quod de venditione diximus, idem servandum esse putat Voet in datione in solutum (5); quia datio in solutum vim emptionis habeat, atque nomen datum in solutum tanto pretio distractum videatur, quanta est debiti quantitas, in cujus solutionem nomen cessum est (6). Sed jus hac difficilius ad permutationem extendendum videtur, cum permutatio vere differat ab emptione et venditione (7), atque jus hoc (8) omnino singulare sit (9). Sed de his fusius dicemus.

CAPUT IV.

Qui sit emptionis et venditionis effectus.

Instit. lib. 3, tit. 24 *De empt. et vendit.*
Digest. lib. 18, tit. 1 } *De contrahend. empt.*
Cod. lib. 4, tit. 38 }

SUMMARIA

§ 2434. *Emptio et venditio solo consensu perficitur; nisi in scriptis celebranda sit.* — § 2435. *Dominium rei venditae sine traditione non transfertur, quid si res duobus vendita sit?* — 2436 *et* 2437. *Quid intersit inter venditionem perfectam et consummatam?*

§ 2434. Emptio et venditio contrahitur, ait Justinianus, statim ac de pretio convenit, quamvis pretium solutum non sit, nec arrhae datae fuerint; nisi contrahentibus placuerit, ut venditio in scriptis celebretur; quo casu scriptura ad

(1) Dict. l. *Ab Anastasio* 23 § 1 in med. Cod. *Mandat.*
(2) l *Qui testamentum* 27 ff. *De probat.* (22, 3).
(3) Fab. Cod. hoc tit. lib. 4, tit. 29, d. def. 5, n. 3.
(4) Fab. ibid def. 6.
(5) Voet in *Pandect.* hoc tit. n. 18 in fin.
(6) l. *Si praedium* 4 Cod. *De evictionib.* (8, 45).
(7) l. 1 ff. *De rer. permutat.* (19. 4).
(8) De quo in l. 22 et 23 Cod. *Mandat.* (4. 35).
(9) argum. l. *Quod vero* 14 ff. *De legib.* (1, 3).

substantiani venditionis pertinet (1); cum emptio sit ex numero contractuum, qui solo consensu fiunt, nec verba, nec res, nec litterae per se desiderantur, sed sufficit emptoris et venditoris consensus in rem et pretium (2).

§ 2435. Si ergo solus consensus sufficit, neque traditio necessaria est, ut contracta dicatur emptio, quamquam sine traditione rei venditae dominium in emptorem non transfertur (3), quo fit: ut, re duobus vendita, praeferatur posterior, si huic tradita sit, etiam ex sola constituti clausula (4): nisi forte secundus emptor primam venditionem perspectam habuerit (5); vel agatur de re emphyteutica, aut feudali; cum in hac praeferatur, qui primo investitus fuit (6); adeoque, cum emptoris voluntas ea plane sit, ut rei emptae dominus fiat sponte sequitur, venditori onus incumbere, ut rem tradat, atque emptorem, quantum in se est, rei dominium efficiat.

§ 2436. Hinc quidam, nec inepte, distiguunt venditionem perfectam, seu contractam a consummata: venditio solo cousensu contrahitur, seu perficitur, ut ait Justinianus, non tamen omnino accuratae; nec enim perfectus proprie dicitur contractus, qui neutri contrahenti praestat utilitatem, quam uterque sibi proponit (7): consummatur vero per traditionem, qua rei dominium in emptorem a venditore transfertur: quare post contractam emptionem et venditionem competit emptori actio ex empto adversus venditorem, ut rem tradat: venditori adversus emptorem ut pretium solvat (8):

§ 2437. Sed praetermissis, quae ad vim, vel proprietatem verborum pertinent; cum extra dubium sit, venditionem solo consensu contrahi, et quodammodo perfici, quatenus, etiam sine traditione rei, et pretii, actiones hinc inde oriuntur (§ praeced.), ita ut venditor ad rem tradendam cogi possit, sicut emptor ad solvendum pretium, opportunum est fusius extendere, quid a venditore emptori, et vicissim praestari debeat non solum ante, sed et post rem traditam; quae forte talis non sit, qualis a venditore promissa fuit; sed imprimis investigandum, ad quem spectet rei venditae, nec dum traditae, periculum et commodum, prout in Pandectis et Codice factum est.

(1) princ. Instit. hoc tit.
(2) text. Instit. *De obligat. ex consens.* (3, 23).
(3) l. *Traditionibus* 20 Cod. *De pact.* (2, 3).
(4) l. *Quoties* 15 Cod. *De rei vindic.* (3, 32).
(5) l. *Et eleganter* 7 § *non sòlum* 3 ff. *De dolo* (4, 3).
(6) Thes. lib. 4, quaest. 64, n. 3 †
(7) Venditor profecto pecuniam, seu rei pretium vendendo quaerit, emptor vero rem.
(8) l. *Ex empto* 11 § *et imprimis* 2 ff. *De actionib. empti* (19, 1).

SECTIO I.

De periculo et commodo rei venditae.

Instit. lib. 3, tit. 24 *De empt. et vendit.*
Digest. lib. 18, tit. 6) *De peric. et commod. rei vendit.*
Cod. lib. 4, tit. 48)

SUMMARIA

§ 2438 *et* 2439. *Periculum rei venditae subit emptor, licet res tradita non sit, nec solutum pretium. Quare?* — 2440 *et* 2441. *Quid si fundus venditus publicatus fuerit?* — § 2442. *Periculum incertae rei venditae venditorem onerat.* — 2443. *Quid si duae res alternatim venditae fuerint; nec electio secuta sit?* — § 2444 *et* 2445. *Vino aversione vendito, periculum qualitatis ad emptorem spectat: nisi culpa aliqua venditori possit imputari.* — § 2446. *Venditor de lata et levi culpa tenetur. Quid si casus fortuitos in se receperit.* — § 2447 *Mora interveniente, rei interitus venditorem onerat. Quid si emptor, vel uterque in mora fuerit?* — § 2448. *Vino ad gustum empto; periculum qualitatis interim sustinet venditor, licet celia ab emptore signata fuerint.* — § 2449. *Vinum sub degustandi conditione emptum quo tempore degustari debeat?* — § 2450. *Quid si post diem degustationi praefinitum, emptor, aut venditor in mora sit?* — § 2451. *Venditio ad gustum facta interim in suspenso est, donec degustatione perficiatur.* — § 3452. *Periculum qualitatis et quantitatis ad emptorem spectat, si vinum emptum fuerit aversione, vel sine ullo mensurae respectu.* — § 2453. *Quid si emptum sit vinum omne, quod in vase continetur, pretio tamen in singulas mensuras constituto?* — § 2454. *Vini per aversionem distracti custodiam interim praestat venditor, prout fert natura contractus.* — § 2455 *et* 2456. *Quo tempore vinum aversione venditum avehere teneatur emptor?* — 2457. *Quid si dolus venditoris emptioni per aversionem caussam dederit?* — § 2458. *Vini et similium rerum ad mensuram venditarum periculum sustinet venditor.* — § 2459. *An vinum post tempus ineundae mensurae destinatum effundere possit venditor?* — § 2460. *Periculum qualitatis rei sub conditione venditae emptorem onerat, si existat conditio, quantitatis ad venditorem pertinet.* — § 2461. *Quid si res publicae vendita perierit, antequam emptori addicta sit?* — § 2462. *Emptor post emptionem consensu perfectam subit onera rei inhaerentia. Quid de tributis praeteritis?* — § 2463 *et* 2464. *Canon annuus ab emptore fundi emphyteutici solvi debet. An venditor actione personali adhuc conveniri possit?* — § 2465. *Laudimia omnia exigere potest dominus a postremo fundi possessore.* — § 2466. *Annua praestatio ex fundo solvenda in emptorem non transit.* — § 2467 *et* 2468.

Cujus periculo sint fructus venditi creditori in vicem usurarum? — § 2469. *Incrementa fundi, ejusque fructus pendentes emptoris sunt, post emptionem consensu perfectam.* — § 2470 et 2471. *Quid de fructibus civilibus?* — § 2472. *Pensiones praeteriti temporis ad locatorem pertinent, tametsi fundum postea vendiderit.* — § 2473. *Arbores post inspectum praedium, sed ante contractam emptionem vento dejectae venditoris sunt: nisi in dolo sit venditor.*

§ 2438. Cum emptio et venditio ex solo consensu in rem, et pretium perficiatur (§ 2434), inde inferunt jureconsulti (1), et post eos Justinianus (2), periculum omne ad emptorem pertinere, licet res certa tradita non sit, nec pretium numeratum. Nec interest, an pure, an sub conditione emptio contracta fuerit; si enim conditio deinceps existat, atque ea pendente res deterior facta sit, periculum emptoris est, venditoris tantummodo, si perierit (3), ut infra fusius explicabimus.

§ 2439. Ratio autem cur emptor, licet rei dominus non sit (§ 2435), periculum tamen rei subeat, haec passim afferri solet, quod emptor speciei, seu certae rei debitor sit, qui rei debitae interitu liberari debet, nisi res facto, aut culpa ipsius interempta sit (4): praeterquam quod emptori quoque consultum est, dato ei commodo omni, quod rei post emptionem consensu perfectam supervenit (5).

§ 2440. Sed plures obstare videntur juris textus, qui tamen facile solvuntur. Imprimis objici solet responsum Affricani, ajentis, *si vendideris mihi fundum, isque prius, quam vacuus traderetur, publicatus fuerit, tenearis ex empto; quod hactenus verum erit, ut pretium restituas, ut non etiam id praestes, si quid pluris mea intersit, eum vacuum mihi tradi* (6): ergo inquiunt, venditor de fundi interitu, seu publicatione, qua in fisci potestatem pervenit, tenetur. Verum, cum Affricanus de singulari omnino casu agat, quo fundus publicetur, fingenda est species, quo vel jam ante venditionem fundus fisco obnoxius esset; adeoque de periculo venditionem praecedente; vel si periculum post emptionem supervenerit, dicendum est culpae venditoris adscribi, qui proinde damnum ferre debet.

§ 2441. Sane casus, quos emptor praevidere potuit, et post contractam emptionem superveniunt, venditoris periculo non sunt: atque ideo, publicato fundo, vel veteranis militibus addicto a Principe, respondit Paulus, venditorem ad integrum pretium agere posse (1): maxime quia in hisce casibus pretium minui solet propter futuri casus periculum.

§ 2442. Regula haec de periculo rei venditae caeterarum exemplo suas habet exceptiones: in primis si non res certa, sed incerta, puta, si aliqui trabes ex pluribus venditi fuerint, atque furto, cum nondum signati essent, perierint (2): etenim perfecta non videtur emptio, venditio, antequam plene constet de re vendita; non constat autem, priusquam res in individuo sit demonstrata.

§ 2443. Idem dicendum, cum duae res alternatim venditae sint, veluti Stichus aut Pamphilus; uno mortuo, alter debetur, adeoque prior venditori, posterior, qui solus est in obligatione, emptori perit, sive venditoris, sive emptoris electio fuerit (3); ut enim modo diximus, perfecta omnino venditio non est, nisi res vendita nominatim innotescat: nec ante electionem, sive ab emptore, sive a venditore peractam innotescere potest, si adhuc electioni locus esse possit; haec enim cessat, cum una res superest.

§ 2444. Specialia quaedam jura constituta sunt de rebus fungibilibus, seu quae usu consumuntur, puta vino, oleo, frumento, et similibus. Atque, ut de vino dicamus, quod et caeteris ejusdem generis rebus convenit, interest, an emptum sit ad gustum, an sine ulla conditione degustandi, seu *aversione*, prout loquitur Ulpianus (4). Vino simpliciter empto, periculum qualitatis, puta acoris, et mucoris ad emptorem pertinet (5); quia statim perfecta est emptio (§ 2438).

§ 2445. Sed et haec definitio in pluribus casibus exceptionem habet: puta si venditor sciens non duraturam bonitatem vini usque ad diem, quo tolli deberet, emptorem non admonuerit (6); potiori ratione, si periculum acoris vel mucoris supervenientis ad certum tempus susceperit (7); vel vinum usque ad tempus, ad quod lege vel pacto custodire tenebatur, non bene custodierit (8).

§ 2446. Porro venditor in his, et similibus casibus latam et levem culpam praestat (9), prout fert natura contractus (10), non levissima, nisi eam promiserit (11): multo minus casum fortuitum (12), nisi et hunc in se receperit (13): quo

(1) l. *Necessario* 8 ff. hoc tit.: l. *Quod saepe* 35 § *si res vendita* 4 ff. *De contr. empt.* (18, 1).
(2) § *cum autem* 3 Instit. hoc tit.
(3) d. l. 8 ff. hoc tit.; Fab. Cod. *De rer. permulat.* lib. 4, tit. 41, def. 8 in princ.
(4) l. *Si ex legati* 23 ff. *De verb. obl.* (45, 1); l. ult. ff. *De solut.* (46, 3).
(5) l. *Id, quod post* 7 ff. hoc tit.
(6) l. *Si fundus* 33 ff. *Locati* (19, 2).

(1) l. *Lucius* 11 ff. *De evictionib.* (21, 2).
(2) l. *Quod si neque* 14 § 1 ff. hoc tit.
(3) l. *Si in emptione* 34 § *si emptio* 6 ff. *De contrahend. emption.* (18, 1).
(4) *Si quis vina* 4 § 1 ff. hoc tit.
(5) d. l. 4 § 1; l. *Si vina* 15 ff. hoc tit.
(6) d. l. *Si vina* 15 ff. hoc tit.
(7) l. 1 ff. hoc tit.
(8) l. *Si quis vina* 4 § ult. ff. hoc tit.
(9) l. *Si vendita* 11 ff. hoc tit.
(10) l. *Contractus* 23 ff. *De reg. jur.* (50, 17).
(11) § *cum autem* 3 Instit. hoc tit.
(12) d. l. 11 ff. hoc tit.; l. penult. Cod. hoc tit.
(13) l. 1 ff. hoc tit.

sane casu non de omni damno rebus venditis contingente tenetur, sed tantum de immoderato (1).

§ 2447. Moram, quod attinet, si venditor illius reus sit, casus post eam supervenientes praestat, si res eodem modo penes emptorem peritura non fuisset (2): sed si emptor in re recipienda morosus sit, venditorem de sola culpa lata convenire potest (3): quod si uterque in mora fuerit, prior per posteriorem purgatur secundum Pomponium (4), reprobata contraria Labeonis sententia (5).

§ 2448. Si autem vinum, ut ad propositam (§ 2444) distinctionem revertamur, sub degustationis conditione quis emerit, periculum acoris et mucoris sustinet venditor, quamdiu vinum degustatum et probatum non est (6): antea venditio perfecta videri non potest; licet emptor dolia signaverit: signatio enim fit, ne vinum immutetur (7).

§ 2449. Quoad degustandi tempus, refert, an nullum, an certum praefinitum sit. In primo casu, si non urgeat venditor, quandocumque potest emptor vinum degustare (8): quamquam, ne in infinitum extendatur degustandi arbitrium in venditoris dispendium, potest hic post tempus non nimis breve, inspectis rerum, et personarum adjunctis, emptori denunciare, ut vinum degustando probet vel improbet; futurum alioquin, ut ipse liber fiat, et impune alteri vendat (9).

§ 2450. Die degustationi praefinito, nec tamen degustato vino, si per venditorem steterit, periculum etiam post diem ad eum spectat: atque insuper pati debet, ut emptor vinum gustet et probet, si malit; ne ex mora sua liber fiat a suscepta obligatione (10): sed si perperam distulerit emptor, die elapso solutus est venditor, nec ultra cogitur, gustandi facultatem praebere; sed emptor periculum non subit; cum adhuc liberum post degustationem ei fuerit vinum improbare (11).

§ 2451. Haec erant dicenda de rebus, quae gustari solent: pauca supersunt tradenda de illis, quae mensura, vel pondere plerumque emuntur: sed in primis animadvertendum est discrimen inter gustum, et mensuram, vel pondus: venditio ad gustum facta, seu sub conditione degustandi, non nisi secuta degustatione perficitur, si emptor probet; probatione autem facta periculum quidem *qualitatis*, puta acoris et mucoris ad emptorem pertinet (§ 2448): sed si vinum adhuc dimetiendum, oleum adhuc ponderandum interierit, puta effusum sit absque culpa venditoris, vel furto ablatum, periculum quantitatis, seu corporis non statim subit emptor.

§ 2452. Distinguendum ergo, an vinum vel oleum *aversione*, ut ajunt, an ad quantitatem, seu ad mensuram vel pondus emptum fuerit: si vinum aversione emptum sit, vel uno pretio vinum omne, quod in vase continetur sine ullo mensurae respectu, periculum ejus in emptorem transfertur statim, ac de re, et pretio convenit (1), atque emptor tum qualitatis, tum quantitatis seu corporis periculum subit (2).

§ 2453. Neque interest, an uno pretio vinum omne, quod in vase continetur, venierit, nulla facta mentione mensurae; an simul convenerit, ut vinum metiendum sit, pretio in singulas mensuras constituto; etenim mensura conditionem in hoc casu non facit, sed unice demonstrat modum, seu quantitatem vini (3), quemadmodum contingit in emptione agrorum (4).

§ 2454. Profecto venditor vini ita per aversionem venditi custodiam praestare debet: idest mediam diligentiam secundum naturam contractus, qui ultro citroque obligationem parit (5); non maximam, quam singulari jure requiri quidam putant, innixi responsis Gaji et Pauli (6); verum, cum nulla sit ratio singularis hujusce juris, omnino dicendum, venditorem teneri ad diligentiam, quam frugi paterfamilias rebus suis adhibet; nec eam sufficere, quam rebus suis adhibet, si in iis conservandis aliquando desidiosus sit, atque comparationem hujusce venditoris cum commodatario stricte non esse accipiendam; sed comparate ad diligentiam, quam venditor ante venditionem adhibuisset: maxime quia plures sunt diligentiae mediae gradus (7); nec jureconsulti ad strictum verborum sensum in hac re semper respiciunt.

§ 2455. Quo autem tempore venditor ab onere custodiae liberetur, pendet ex tempore, quo emptor vinum avehere seu exportare tenetur: proinde distinguendum, an tempus exportandi vini praestitutum sit, necne. In primo casu, elapso die, emptor vinum tollere debet, atque venditor deinceps ad mediam utique diligentiam teneri non videtur, sed ad minimam, seu quam in rebus suis servandis adhibent minus diligentes patresfamilias; hujus enim diligentiae omissio ad dolum accedit (8); sibi imputet emptor, cur sua

(1) l. *Fistulas* 78 § ult. ff. *De contr. empt.* (18, 1).
(2) l. *Cum inter* 4 Cod. hoc tit.
(3) l. *Illud* 17 ff. hoc tit.
(4) d. l. 17 ff. hoc tit.
(5) de qua in l. *Si et per emptorem* 51 ff. *De actionib. empt.* (19, 1).
(6) d. l. *Si quis vina* 4 § 1; d. l. 15 ff. hoc tit.
(7) l. 1 § *si dolium* 2 ff. hoc tit.
(8) d. l. *Si quis vina* 4 § 1 ff. hoc tit.
(9) argum. l. 1 § ult.; d. l. 4 § ult. ff. hoc tit.
(10) d. l. *Si quis vina* 4 in princ. ff. hoc tit.
(11) l. *Si in emptione* 34 § *alia causa* 5 ff. *De contr. empt.* (18, 1).

(1) l. 1 § 1 ff. hoc tit.
(2) d. l. 1 in princ.; l. *Sicut* 12 Cod. *De act. empt.* (4, 49).
(3) Voet in *Pandect.* hoc tit. n. 4.
(4) l. *Qui fundum* 40 § *qui agrum* 2 ff. *De contr. empt.* (18, 1); l. *Si servum* 4 § 1 ff. *De act. emp.* (19, 1).
(5) l. *Si, ut certo* 5 § *nunc videndum* 2 ff. *Commodat.* (13, 6); l. *Contractus* 23 ff. *De reg. jur.* (50, 17).
(6) l. *Hoc ita* 2 § ult. et l. seq. ff. hoc tit.
(7) Brunneman. in ff. ad d. l. 3 ff. hoc tit
(8) l. *Si per emptorem* 5; l. *Illud* 17 ff. hoc tit.

die conditionem exportandi non impleverit; nec hujus mora venditori onerosa esse debet (1).

§ 2456. Quod si nullum avehendo vino tempus definitum sit, quaestio ex personarum conditione dijudicatur: si venditor vel vini mercator sit, vel alius dolia locaturus, modicum judicis arbitrio tempus emptori dandum est, intra quod vinum tollere debeat: alioquin tacite id actum videtur inter contrahentes, ne antea vinum avehendum sit, quam instante vindemia, dolia sint venditori necessaria (2): sed regula haec non omnino certa nec generalis pro omni casu est; singula rerum et personarum adjuncta perpendere debet judex; atque ita statuere, ut contrahentis utriusque indemnitati atque utilitati consultum sit. Plerumque venditores doliis utique ante vindemiam non indigent, sed pecunia laborant, ideo facilius cogendus est emptor, ut pretium vini solvat, quam ut dolia exhauriat.

§ 2457. Neque his, quae de culpa per venditorem praestanda diximus, adversatur Modestinus ajens, *rem in aversione emptam, si non dolo venditoris factum sit, ad periculum emptoris pertinere, etiamsi res assignata non sit* (3): etenim jureconsultus his verbis non innuit, venditorem de dolo tantum teneri; sed periculum rei etiam, antequam *assignata*, seu tradita sit, ad emptorem pertinere, nisi dolus venditoris emptioni per aversionem caussam dederit; quo casu emptio nulla est (4), nec dominium aut periculum ex ea transfertur.

§ 2458. Haec de vino, aliave re simili ad aversionem, seu ad corpus, non habito respectu majoris vel minoris quantitatis vendita: quod si venditum sit vinum ad quantitatem seu ad mensuram (idem est de oleo ad pondus distracto), non nisi post mensurationem venditio perfecta intelligitur, interim suspensa, donec mensura sequatur: proinde periculum corporis interea ad venditorem spectat, nisi forte emptor sit in mora (5); prout supra monuimus (§ 2312).

§ 2459. Quoad tempus mensurae ineundae, eaedem regulae servandae sunt, quas modo exposuimus (§ 2455 et 2456): ait utique Ulpianus, licere venditori post elapsum tempus statutum et admonitum emptorem effundere vinum; sed simul subjungit, humanius facturum venditorem, qui dolia conducat, si suis forte indigeat, atque omnino curet, ut venditor, quanto minus fieri potest, in damno sit (6); nec enim omne, quod licet, honestum est (7): quare merito scripsit Pomponius, *periculose haeredem facturum, si vinum effundat* a testatore legatum, quamvis legatarius sit in mora tollendi (1).

§ 2460. Initio diximus, periculum rei ad emptorem pertinere, sive pura, sive conditionalis venditio sit (§ 2438): quod fusiori indiget explanatione: profecto si deficiat conditio, cum nulla unquam facta emptio intelligatur, periculum omne venditoris est (2): si autem conditio extiterit, distinguunt leges rei detrimentum, seu, ut ajunt pragmatici, deteriorationem ab interitu. Detrimentum rei contingens, conditione existente, emptorem onerat (3): interitus venditorem (4); quia re pereunte, antequam existat conditio, deficit res, sine qua venditio contrahi non potest (5): nisi tamen contrahentibus aliter placuerit (6).

§ 2461. Si fingamus, rem publice sub hasta venditam fuisse, eamque periisse, antequam emptori addicta sit, quidam, nec inepte, sentiunt, venditori perire, non emptori (7); quia venditio haec non ante videtur perfecta, quam signatis tabulis addictionis; cum ex eo dumtaxat tempore desinat emptor licitando vinci posse, et suos fructus faciat: quare, ne rei commoda ab incommodis sejungantur, ita statuendum videtur (8).

§ 2462. Venditione per consensum utrinque praestitum perfecta, emptor non tantummodo periculum rei emptae, sed et onera eidem inhaerentia sustinere debet, puta tributorum, census, canonis et similia (9): nec tantum futura, sed et praeterita tributa emptor praestare tenetur, cum pro his fundi generali hypotheca censeantur devinci (10): ita ut nec valeat contraria pactio, ut haec a venditore adhuc solvantur (11). Excipiuntur emptores, qui a fisco comparaverint praedia debitorum fiscalium; hos quippe a reliquis praeteriti temporis immunes esse, posteriores imperatores decreverunt (12): contra quam jure Pandectarum obtineret (13).

§ 2463. Idem dicendum de solutione canonis ex contractu emphyteutico debiti; nimirum ita transit in possessorem, ut nec pactione ulla fieri possit, ne transeat, quod pertinet ad jus directi domini (14); cujus deterior conditio fieri nequit ex pacto debitoris. Sane inter contrahentes pactio, nisi aliud obstet, servanda est (15): nisi

(1) l. *Mora* 88 ff. *De verb. obl.* (45, 1).
(2) l. *Hoc ita* 2; l. *Si quis vina* 4 § ult. ff. hoc tit.
(3) l. *Qui officii* 62 § ult. ff. *De contr. empt.* (18, 1).
(4) l. *Et eleganter* 7 ff. *De dolo* (4, 3).
(5) l. 1 § 1 ff. hoc tit; Fab. Cod. hoc tit., lib. 4, tit. 32, definit. 1.
(6) l. 1 § *licet autem* 3 ff. hoc tit.
(7) l. *Non omne* 144 ff. *De reg. jur.* (50, 17).

(1) l. *Si haeres* 8 ff. *De tritic. vin. etc. legat.* (33, 6).
(2) l. *Necessario* 8 ff. hoc tit.
(3) d. l. 8 in fin. princ.
(4) d. l. 8; l. penult. ff. hoc tit.
(5) l. *Nec emptio* 8 ff. *De cont. empt.* (18, 1).
(6) l. *Si in venditione* 10 ff. hoc tit.
(7) Voet in *Pandect.* hoc tit. n. 7.
(8) l. *Secundum naturam* 10 ff. *De reg. jur.* (50, 17).
(9) l. ult. Cod. *fin. cens. etc.* (4, 47); l. *Imperatores* 7 ff. *De public.* (39, 4); Fab. Cod. *sin. cens.* lib. 4, tit. 31, def. 1 in princ.
(10) d. l. 7 ff. *De publican.*
(11) d. l. ult. Cod. *fin. cens. etc.* V. infra § 2718
(12) l. penult. Cod. *De fid., et jur. hast. fiscal.* (10, 3).
(13) l. *Praediis* 36 ff. *De jur. fisci* (49, 14).
(14) ll. 1 et 2 Cod. *Sin. cens.* (4, 47); Fab. Cod. eod. lib. 4, tit. 31. def. 1. n. 2 et seqq.
(15) l. *Epistola* 52 § penult. ff. *De pact.* (2, 14).

dolus venditoris intercesserit, qui generatim onera commemoravit, de hoc vero siluerit: quinimmo, cum onus hoc grave sit, aliquando rescindendae venditioni locum facere potest (1).

§ 2464. Licet autem emptor canonem solvere teneatur, venditor tamen actione personali adhuc obstrictus manet, quamdiu directus dominus ratam non habuit alienationem; vel, ab emptore interpellatus, alienationem probare recusavit (2): quae personalis actio emptorem non afficit (3), ne favore quidem reipublicae, si tributum ex conventione, non ex lege debeatur (4).

§ 2465. Laudimiorum, subjicit Faber, non aliud jus est; videlicet si per multorum personas emptio rei emphyteuticariae ambulaverit, dominus laudimia omnina exigere potest ab eo, qui possidet, nisi malit hic praedium domino directo dimittere (5): quamquam consultius facit dominus, si a singulis emptoribus actione personali laudimia petat, ne alioquin postremus nimis gravatus rem deserat, atque hinc dominus directus jacturam ferat (6).

§ 2466. Sed quid, si Titius venditor annuam praestationem Sempronio ex fundo promiserit, puta centum modia frumenti, tum vendiderit fundum eo jure, eaque conditione, qua apud ipsum est? Sempronius emptor ad hanc praestationem non teneri, respondit Scaevola (7); quia onus hoc personae, non rei inhaerere videtur, adeoque non transit in singularem successorem.

§ 2467. Disputat Faber, cujus periculo sint fructus venditi creditori in vicem usurarum. Species haec proposita fuit. Maevius centum mutua a Titio acceperat post tres annos solvenda, eique bona omnia sua obligaverat; tum separato contractu certi praedii fructus eidem vendiderat pretio legitimarum usurarum, ut in earum vicem cederent. Cum ex caussa belli creditor praedio frui non potuisset, petebat sibi restitui pecuniam ante diem praestitum, cum usuris legitimis. Quaerebatur, an sortis restitutionem recte peteret, et an usurae a debitore creditori solvendae essent (8).

§ 2468. Quoad sortis restitutionem, recte defendit Faber, eam ante praefinitum tempus perperam peti (9); etenim fructuum caussa nihil commune habet cum praepropera sortis restitutione: facilius succurrendum creditori, ne careat et fructibus, et usuris, si harum percipiendarum justam caussam habeat exemplo locationis et conductionis (10), quamquam, si stricta juris ratio inspiciatur, contra venditorem respondendum videtur (1); cum ex ea periculum rei emptae ad venditorem pertineat (2): nisi forte appareat, contrahentes de usuris sensisse, atque fructus in earum vicem venditos, ut emptori seu creditori tutius cautum sit.

§ 2469. Cum rei commoda eum sequantur, qui commoda habet (3), quemadmodum emptor periculum rei emptae sustinet, ita et commodis fruitur (4): puta si fundus alluvione auctus sit post emptionem (5): rerum venditarum pretia creverint (6): fructus quoque ad emptorem pertinent (7), etiamsi jam maturi fuerint tempore venditionis, dummodo adhuc pendentes sint (8); quia pars fundi judicantur (9).

§ 2470. Non eadem omnino servatur regula in fructibus civilibus, seu pensionibus rei venditae et prius locatae: videlicet distinguendum est, an debeantur ex rebus, quae singulis momentis utilitatem praebent, puta aedibus, jumentis, an res venditae et locatae quotannis tantum, vel certis anni temporibus fructus ferant; puta agri, vineae. Priores fructus, seu pensione dividendae sunt pro rata inter emptorem et venditorem, seu emptori debentur ab eo die, quo venditio mutuo in rem, et pretium consensu perfecta fuit (10).

§ 2471. Quod si res vendita ex earum numero sit, quae certis anni temporibus fructus ferunt, interest, an emptio perfecta sit, antequam fructus a solo separarentur, an postea. In primo casu integra pensio emptori acquiritur, venditori in altero (11); quemadmodum diximus de fructibus naturalibus (§ 2469), quorum vicem pensio sustinet maxime quia emptor jure Romano potest conductorem ante tempus expellere, atque ita re frui (12).

§ 2472. Neque hinc abeundum, licet Ulpianus scripserit, *si in locatis ager fuit, pensiones utique ei cedere, qui elocaverat: idem et in praediis urbanis; nisi si quid nominatim convenisse proponatur* (13); etenim jureconsultus, dum rustica ab urbanis praediis non distinguit, quoad jus percipiendi pensiones, commode intelligi potest de pensionibus praeteriti temporis, quod emptionem antecedit; quae sane ad locatorem pertinent, licet fundum deinde vendiderit, nisi aliter convenerit (14).

§ 2473. Arbores post inspectum praedium, sed

(1) Fab. def. 1 in not. †
(2) Nec enim denegare potest consensum Fab. Cod. d. lib. 4, tit. 31, def. 1, in not.
(3) l. ult. in fin. ff. *De cont. empt.* (18, 1).
(4) Fab. d. def. 1, n. 7 et seqq. in corp.
(5) l. ult. Cod. *De jur. emphyt.* (4, 66); Fab. d. definit. 1, n. 11.
(6) Fab. d. def. 1, n. 12 et 13.
(7) l. ult. § 1 ff. *De cont. empt.* (18, 1).
(8) Fab. Cod. hoc tit. lib. 4, tit. 31, def. 2 in princ.
(9) Fab. Cod hoc tit. d. def. 3, n. 2.
(10) l. *Si fundus* 33 ff. *Locati* (19, 2).

(1) Fab. d. def. 2, n. 4 et seqq.
(2) § *Cum autem* 3 Instit. hoc tit.
(3) l. *Secundum naturam* 10 ff. *De reg. jur.* (50, 17).
(4) § *cum autem* 3 Instit. hoc tit.; l. 1 Cod. hoc tit.
(5) l. *Id. quod* 7 ff. hoc tit.
(6) l. *Sicut* 12 Cod. *De act. empt.* (4, 49).
(7) l. *Fructus* 13 Cod. eod. tit.
(8) l. *Julianus* 13 § *si fructus* 10 ff. eod. tit. (19, 1).
(9) *Fructus* 44 ff. *De rei vindicat.* (6, 1).
(10) Voet in *Pandect.* hoc tit. n. 9.
(11) Ibidem.
(12) l. *Emptorem* 9 Cod. *De locat.* (4, 65).
(13) l. *Julianus* 13 § *si in locatis* 11 ff. *De actionib. empt.* (19, 1).
(14) d. l. 13 § *in his autem* 16.

ante contractam emptionem, ventorum vi dejectas emptori non deberi, jure scripsit Gajus; quia fundi partes amplius non censentur (1): si tamen venditor ignoraret arbores dejectas fuisse, atque venditor sciens eum non admoneret, teneri posset, quantum emptoris interest, si venditor non nisi viliore pretio empturus fuisset (2).

SECTIO II.

De actionibus emptori et venditori competentibus.

Inst. lib. 3, tit. 24 *De empt. et vendit.*
Digest. lib. 18, tit. 1) *De contrahend. emption.*
Cod. lib. 4, tit. 38)

SUMMARIUM

§ 2474. *Ex contractu emptionis et venditionis duplex oritur actio utrinque directa atque favore emptoris plures proditae sunt actiones.*

§ 2474. Ex contractu emptionis et venditionis, utpote qui ultro citroque obligat, duplex oritur actio utrinque directa, videlicet actio empti et actio venditi: utraque directa est, cum tendat ad id quod ex ipsa contractus natura descendit, seu ad rem et pretium. Cum vero emptori satis cautum non sit per solam rei traditionem, si haec forte vitiosa sit, vel quivis alius praeter venditorem jus in ea habere contendat, idcirco legibus plures inductae sunt pro emptore actiones, quibus plenam indemnitatem, seu utilitatem ex contractu suo consequi possit: de quibus sigillatim agendum.

ARTICULUS I.

De actionibus empti et venditi.

Instit. lib. 3, tit. 24 *De emption. et vendit.*
Digest. lib. 19, tit. 1) *De actionib. empt. et vendit.*
Cod. lib. 8, tit. 49)

SUMMARIA

§ 2475. *Actio empti datur emptori, ejusque haeredibus, ut res tradatur; dummodo integrum pretium praestet.* — § 2476 *et* 2477. *Haeredes venditoris rei dividuae pro haereditaria tantum parte conveniri possunt.* — § 2478. *Empti actione tum res, tum illius accessiones petuntur.* — § 2479. *Pretium venditori solutum actione ex empto repetitur, si emptio resolvatur.* — § 2480 *et* 2481. *Vacua rei possessio emptori tradenda est. Quid si ita specialiter convenerit?* — § 2482. *Venditio valet, licet dominium rei, utpote alienae, non transferatur.* — § 2483 *et* 2484. *Dominium rei non transfertur in emptorem licet tradita sit, nisi pretium solutum fuerit, vel fides de pretio habita.* — § 2485. *Fides de pretio tacite haberi potest: non tamen habita praesumitur, quoties venditor rem tradidit, nulla facta pretii mentione.* — § 2486. *Venditor de evictione tenetur, si rem alienam sciens vendiderit, licet aliter conventum sit, modo emptor ignoret.* — § 2487 *et* 2488. *Venditor rem tradere tenetur: nec sufficit praestare id quod interest.* — § 2489 *et* 2490. *Aequitas postulat, ut eadem sit utriusque contrahentis caussa.* — § 2491. *Venditor non praestat, quae commendandae rei gratia affirmavit, nisi in dolo sit.* — § 2492. *Fundum a servitutibus liberum venditor praestare non cogitur, nisi dolo eas celaverit, vel venditus sit fundus ut optimus, maximusque.* — § 2493 *et* 2494. *Servitutes activae nullae praestantur, nisi ita convenerit. Quid de servitutibus fundo jam acquisitis?* — § 2495. *Quid si duarum aedium dominus eas duobus vendiderit, vel unam sibi servaverit, quae prius alteri quoddam commodum praestaret?* — § 2496 *et* 2497. *Aedibus venditis, horti, stabula adjacentia, communio parietis, et quae perpetui usus caussa propter aedes habentur, praestari debent.* — § 2498. *Vasa vinaria aedibus venditis an contineantur?* — § 2499. *Fundo rustico vendito quae praestari debeant?* — § 2500. *Quae sit in hac re generalis regula?* — § 2501. *Quid veniat vendito castro?* — 2502 *et* 2503. *Quid vendita taberna?* — § 2504. *Quae praestentur, equo vendito?* — § 2505. *Equa, vacca, vel ove vendita, quid contineatur?* — 2506. *Instrumenta fundi, et fides ostendere debet venditor. An ex possessione instrumentorum jus probetur?* — § 2507. *Mensura et pondus venditoris oneri esse videntur.* — § 2508 *et* 2509. *Venditi actione petitur rei pretium, et sumptuum restitutio. Quid de augmento monetae?* — § 2510. *Usurae pretii a quo tempore debeantur?* — 2511. *Si emptor integrum pretium non solvat, venditor potest rem quasi pignus retinere. Quid si res jam tradita sit?* — § 2512 *Hypotheca specialis apud nos reservata intelligitur favore alienantis res immobiles, licet fides de pretio habita sit, quae eandem vim habet, ac specialis dominii reservatio. An excussio necessaria sit?* — § 2513. *Venditor pro residuo pretio potest rem distrahere, licet dominium sibi reservaverit.* — § 2514. *Emptor pretii solutionem recusare non potest, quamvis lis ei mota sit a creditore, si venditor rem defendat, aut cautionem praestet.* — § 2515. *Contractum ex parte sua plerumque prius implere tenetur, qui agit, atque implementum probare.* — § 2516 *et* 2517. *An obsignatio pecuniae necessaria sit, ne emptor cogatur solvere usuras pretii, quod venditor accipere detrectet?* — 2518. *Obsignanda est pecunia, licet evictio immineat.* — § 2519. *Quid si quis vendiderit rem communem, atque spoponderit, se curaturum, ut ven-*

(1) l. *Si post inspectum* 9 ff. hoc tit.
(2) d. l. 9 in fin.

ditio a sociis probetur? — 2520 *et* 2521. *Venditori non debetur, quidquid consequi potuisset, si pretium sua die solutum fuisset. An debeatur id quod interest?* — § 2522 *et* 2523. *Ob pretium non solutum, vel pactum non impletum res vendita et tradita vindicari nequit.*

§ 2475. Actio empti, quae personalis est et bonae fidei (1), datur emptori ejusque haeredibus, sive quis per se emerit, sive per procuratorem (2), ut res empta tradatur cum suis accessionibus: venditi actio competit venditori ad pretium consequendum (3): atque haec quoque personalis est et bonae fidei (4). Si plures sint unius emptoris haeredes, non potest unus partem pretii solvendo agere, ut res, vel rei emptae pars sibi tradatur (5); sed pretium omne a singulis, aut ab uno offerri debet; alioquin venditor quasi pignus retinere potest rem, quam vendidit (6): sane venditor, qui totum vendidit, partem fortasse venditurus non fuisset, nec cogendus, ut particulares solutiones accipiat, quae non idem commodum afferunt, ac integra totius summae debitae solutio. Quod autem de pluribus haeredibus dicimus, idem obtinet, si plures uno contractu candem rem emerint (7): quia et eadem vigent argumenta.

§ 2476. Empti actione conveniuntur venditor (8), ejusque haeredes; in quibus tamen non eadem servatur regula, ac in haeredibus emptoris: proinde plures venditoris haeredes nonnisi pro haereditaria parte conveniri possunt (9), si res dividua sit, puta fundus; nec enim sinit aequitas, ut ad integrum fundum praestandum cogatur, qui nonnisi illius partem hereditario titulo consecutus est; cum et ipso jure actiones haereditariae inter plures haeredes debitoris dividantur (10).

§ 2477. Neque nocet exemplum commodati, in quo unus ex commodatarii haeredibus, si rem totam teneat, in solidum condemnatur (11): aut vindicationis (12); etenim tum in commodato, tum in rei vindicatione tantum agitur de restituenda possessione, qua semel restituta, nihil agendum superest: contra venditor dominium rei transferre debet, alioquin de evictione tenetur (13): aequum porro non est, uni venditoris haeredi hoc onus imponere; quamvis forte rem teneat.

§ 2478. Empti actione petitur, uti jam innuimus (§ 2474), ut res vendita tradatur, si corporalis sit, incorporalis vero cedatur, vel alio quovis modo in emptorem transferatur, una cum accessionibus, quae vel ex ipsa emptionis natura, vel ex speciali pacto inter contrahentes inito praestari debent (1).

§ 2479. Fieri utique potest in singularibus quibusdam casibus, ut pretium venditori solutum actione ex empto repetatur: videlicet si emptio resolvatur, vel quia emptor in re deceptus fuerit (2), vel quia emerit imprudens ab haerede rem sibi legatam sub conditione, atque deinceps conditio existat (3): actione ex empto repetit pretium, cum rem ex caussa legati consequatur; quemadmodum ex adverso venditor, resoluta ut pacti commissorii venditione, ex vendito agit, ut res vendita restituatur (4); quamvis actio ex vendito per se tendat ad pretium rei consequendum (§ 2474).

§ 2480. Res ita est emptori tradenda, ut ea pro arbitrio utatur, fruatur, et dominus fiat seu vacua rei possessio emptori acquiratur, saltem si venditor rei dominus fuerit (5): sive id nominatim actum sit, sive non: ita enim fert natura contractus, et contrahentium voluntas, quorum unus pecuniae ex caussa pretii datae, alter rei dominium transferre debet (6).

§ 2481. Porro vacua possessio tradita a venditore videtur, cum res possessori seu emptori ab alio auferri nequit; adeoque emptor in lite de possessione victurus est (7): sane si quis rem possideat legatorum, vel crediti nomine, vacua possessio rei non est (8). Quod si espressa stipulatione cautum sit, vacuam rei possessionem tradi, stipulatio haec ad fructus, qui potius actione ex empto peti debent (9), non extenditur, juxta naturam stipulationis, quae stricti juris est (10); nisi quis stipulatus sit, rem tradi, vacuamque rei possessionem (11).

§ 2482. Tradita emptori vacua rei possessione, emptor rei dominium consequitur, si venditor rei dominus fuerit; alioquin emptori de evictione (§ 2378) obligatur (12). Cur autem placuerit, valere venditionem, licet venditor rei do-

(1) § ult. Instit. *De obligat. ex consens.* (3, 23).
(2) l. *Julianus* 13 § *si procurator* 25 ff. hoc tit.
(3) d. l. 13 § 25 ff. hoc tit.
(4) d. § ult. Instit. *De obligat. ex consens.*
(5) l. *Fistulas* 78 § *qui fundum* 2 ff. *De contrah. emption.* (18, 1).
(6) l. *Julianus* 13 § *offerri* 8 ff. hoc tit.
(7) argum d. l. 78 § 2 ff. hoc tit.
(8) d l. *Julianus* 13 § *si procurator* 25 ff. hoc tit.
(9) argum. l. *Si tibi* 86 § *si fundus* 3 ff. *De legat.* 1. (30, 1).
(10) l. *Pro haereditariis* 2 et pass. Cod. *De haereditar. actionib.* (4, 16).
(11) l. *Sed mihi* 3 § *haeres* 3 ff. *Commod.* (13, 6).
(12) l. *Si possessor* 55 ff. *De rei vindicat* (6, 1).
(13) l. *Ex empto* 11 § *et imprimis* 2 ff. hoc tit.

(1) l. *Ex empto* 11 § 1 et 2 ff. hoc tit.; Fab. Cod. hoc tit. lib. 4. tit. 33, def. 13.
(2) d. l. *Ex empto* 11 § *si quis virginem* 5 ff. hoc tit.
(3) l. *Cui res* 29 ff. hoc tit.
(4) l. *Si fundus* 4 ff. *De leg. commiss.* (18, 3).
(5) l. *Si in emptione* 2 § 1 et l. seq. ff. hoc tit.
(6) princ. Instit. hoc tit.
(7) l. *Ex emptio* 11 § *idem* 13 ff. hoc tit.; Fab. Cod. *De evict.* lib. 8, tit. 21, def. 13.
(8) d. l. *Si in emptione* 2 ff. hoc tit.
(9) l. *Ratio* 3 § 1 ff. hoc tit.
(10) l. *Videamus* 38 § *si actionem* 7 ff. *De usur.* (22, 1).
(11) l *Si stipulatus* 4 ff. eod. tit.
(12) l. *Ex empto* 11 § *et in primis* 2; l. *Servus* 30 § 1 ff. hoc tit.

minium non transferat, cum tamen emptor venditorem pretii, seu pecuniae dominium efficere teneatur (1): putant interpretes, ita constitutum esse propter necessitatem et utilitatem hujusce contractus, quem potius adjuvari interest: praeterquamquod, licet emptor, re evicta, pretium repetere nequeat, tantumdem tamen evictionis nomine consequitur.

§ 2483. Non tamen per solam traditionem rei venditae dominium in emptorem transfertur. Sed insuper requirunt leges, ut pretium numeratum fuerit, vel aliter venditori satisfactum (2); aut sine ulla satisfactione venditor fidem de pretio habuerit (3); quod ex voluntate venditoris pendet; nec enim venditor censetur velle dominium rei transferre, nisi ipse pretium recipiat: proinde quasi sub conditione tradita res videtur: ut proinde emptor ejus dominus non fiat, nisi impleta per numerationem pretii conditione (4).

§ 2484. Satisfactionis verbum generale est, quod et solutionem sub se continet; quamquam solutio plenior satisfactionis species est, cum obligatio solutione perimatur: satisfacere etiam is dicitur, qui non liberatur, puta qui dat fidejussorem, expromissorem, aut pignus (5); vel qui pretii obligationem cum creditore novavit (6).

§ 2485. Non expresse tantum, sed et tacite fides de pretio haberi potest: puta si usuras pretii vel in praeteritum, vel in fururum acceperit (7); non tamen fidem de pretio habere judicatur venditor, qui rem tradiderit, nulla facta pretii confestim solvendi mentione, nisi emptor aliis argumentis hanc fuisse venditoris voluntatem demonstret (8); nec enim ex actu tranditionis, quem exigit natura contractus ex parte venditoris (§ 2478), colligi potest, venditorem recessisse a jure sibi competente ad pretium statim consequendum, statim ac ipse ex parte sua contractum adimplet (9).

§ 2486. Venditorem ad id quod interest, teneri, si vacuam rei possessionem non tradat, fatentur omnes: puta si res aliena vendita fuerit a sciente, licet necdum evicta sit (10): quamvis convenisset, ne venditor eo nomine quidquam praestaret, dummodo emptor rem alienam esse ignoraverit; nec enim valet conventio, ne dolus praestetur (1). Idem est, si vendita sit res sacra sancta, aut religiosa (2): vel si venditor sit in mora tradendi.

§ 2487. Sed acriter certant interpretes, utrum emptor venditorem praecise cogere possit, ut rem tradat; an venditor praestando id quod emptoris interest, liberetur, ab onere rei tradendae. Quidam sentiunt, venditorem omnino teneri ad rem venditam emptori tradendam: existimant alii liberari, si modo praestet id quod interest: prior sententia, quam plerique defendunt (§ 2807) aequitati magis consentanea est, nec a legum verbis aliena: quam idcirco amplexus est Sabaudus Senatus (3) et nos supra defendimus etiam in pactis nudis (4).

§ 2488. Imprimis sententia, quae docet, venditorem ad rem emptori tradendam teneri, et cogi posse, consentanea est aequitati; haec enim praecipit, ut data fides impleatur, nec aliud pro alio invito emptori detur (5): maxime quia emptor etiam in adversariorum sententia ad pretium in pecunia numerata solvendum tenetur, nec rem pro pretio dare potest: proinde aequalitas inter contrahentes omnino servanda non patitur, ut venditor se liberet praestando, quod interest, cujus aestimatio perquam difficilis est (6): et inde periculum imminet, ne ad quid minimum redigatur in grave emptoris dispendium.

§ 2489. Hinc aliud suppetit aequitatis argumentum: cur enim inanis subtilitatis specie venditorem a suscepta obligatione implenda liberabimus, dummodo praestet id, quod interest, cum ita grave immineat dispendium emptori, quem cogimus promissis stare? Merito igitur censuit Sabaudus Senatus, eum, qui vendere promisit, cogi posse ad vendendum, nec admitti ad id, quod interest, praestandum, licet poena stipulationi adjecta fuerit (7), prout alibi demonstravimus (8).

§ 2490. Nec immorandum putamus in diluendis legibus, quae contra sententiam hanc afferuntur (9); etenim, praeterquamquod vix ulla est, quae commode intelligi non possit de casu, quo venditor rem praestare nequeat, vel emptor non contradicat, quominus id quod interest, loco rei praestetur; aliae autem sunt, quae nostrae

(1) d. l. 11 § 2 ff. hoc tit.
(2) d. l. *Ex empto* 11 § *et imprimis* 2 ff. hoc tit.
(3) l. *Quod vendidi* 19 ff. *De contr. empt.* (18, 1); § *venditae* 41 Instit *De rer. divis.* (2, 1).
(4) l. *Proinde* 8 ff. *De rebus credit* (12, 1).
(5) d. § *venditae* 41 Inst. *De rer. div.* (2, 1).
(6) argum. l. 1 § *illud sciendum* 10 ff. *De separation.* (42, 6).
(7) d. l. 1 § 10 ff. *De separat.*; l. *Qui in futurum* 57 ff. *De pact.* (2, 14).
(8) Vinn. ad d. § 41 Instit. *De rer. divis.*, Voet in *Pandect* hoc tit. n. 11.
(9) argum. l. *Non omnis* 19 ff. *De reb. credit.* (12, 1).
(10) l. *Servus* 30 § 1 ff. hoc tit.; Fab. Cod. *De evict.* lib. 8, tit. 31, def. 22.

(1) l. *Tenetur* 6 § ult. ff. hoc tit.
(2) § ult. Instit. hoc tit.
(3) Fab. Cod. *De pact.* lib. 2, tit. 3, def. 11, V. Thes. dec. 123 in addit.
(4) V. supra § 1809 ad 1813.
(5) l. 1 in princ. ff. *De pact.* (2, 14). V. § 1810.
(6) l. ult. ff. *De stipulat. pret.* (46, 5).
(7) Fab. Cod. *De pact.* lib. 2, tit. 3, d. def 11.
(8) V. vol. I, lib. 2. pag. 879, § 2550 et 2551.
(9) Nimirum l. *Si quis* 13 § ult. ff. *De re judic.* (42, 1); l. *Stipulationes* 72 *juncta* l. *Si rem* 28 ff. *De verb obl.* (45, 1); l. 1, l. *Exemplo* 11 § *idem ait* 9 et l. seq. ff. hoc tit.; l. *Si traditio* 4 Cod. hoc tit.; l. *Contractus* 17 Cod. *De fid. instrum.* (4, 21).

sententiae favent (1), usu fori recessum a nimia juris subtilitate plerique fatentur (2).

§ 2491. Quae venditor affirmavit, commendandae rei gratia, ut emptorem alliceret, non tamen ad rei substantiam pertinent, non praestantur (3): nisi forte dolus intervenerit, atque emptor, fraude cognita, empturus non fuisset (4). Sed de his alibi fusius agemus. Potius inquirendum, quae accessionum a venditore praestandarum (§ 2478) nomine intelligantur. Praecipuas rerum species expendemus.

§ 2492. Imprimis sive urbana, sive rustica praedia vendita sint, venditor non tenetur ea praestare libera ab onere servitutis; cum vix ullum praedium sit a servitutibus immune: adeoque emptor sibi imputare debet, cur curiosius non inquisierit (5): sane si venditor dolose celaverit servitutes a fundo venditas, ex empto tenetur, nisi emptor eas perspectas haberet: *non videtur*, scite ait Ulpianus, *esse celatus, qui scit: neque certiorari debuit, qui non ignoravit* (6). Sed e converso, si venditus fuerit fundus ut optimus, maximusque, a servitute liber praestandus est, ut talis censeri possit (7).

§ 2493. Quod pertinet ad servitutes, ut ajunt, activas, nullae praestandae sunt, si vendito praedio non debeantur, etiamsi venditus fuerit, tamquam optimus, maximusque, nisi nominatim ita convenerit, idest venditor quasdam servitutes, puta itineris, viae promiserit (8): nec interest, an fundus hisce servitutibus indigere videatur, nec ne: sumptibus suis eas quaerere debet emptor, qui diligentius sibi non prospexit, antequam emeret.

§ 2494. Sed servitutes fundo vendito jam acquisitae una cum fundo, cui inhaerent (9), in emptorem transeunt, nisi nominatim exceptae fuerint. Atque hinc scripsit Pomponius, venditorem, qui sciens reticuerit servitutes fundo debitas, atque ob id emptor ignorans non utendo easdem amiserit, ex empto teneri (10).

§ 2495. Si duarum aedium dominus eas duobus vendiderit, vel unam ex his, et alteram sibi servaverit, cum una alteri quaedam praestaret, quae sine servitute non competunt, puta stillicidium exciperet, an jus hoc in emptorem transferatur, non consentiunt omnes. Quidam affirmant, negant alii nisi nominatim servitus imposita sit; vel fundus venditus fuerit, uti nunc est (1). Sed affirmantium sententiam olim amplexus est Senatus ex aequitate (2).

§ 2496. Aedibus distractis, simul tradi debent, tamquam aedium accessiones, horti, qui in continentibus aedificiis sunt, domus caussa comparati, puta ut salubrior, vel amoenior sit domus (3), item stabula in continentibus aedificiis posita; cum haec pars urbani praedii censeantur nec non cella vinaria (4): nec non media pars parietis, si venditor duas habens domos contiguas, intermedio pariete distinctas, unam vendiderit (5).

§ 2497. Porro in hac re generalis regula prae oculis habenda est, videlicet omnia, quae aedibus inserta et inclusa sunt, quaeque propter aedes perpetui usus caussa habentur, partes aedium esse et cum aedibus distractis transire in emptorem (6): licet ad tempus detracta fuerint, sed eo animo, ut denuo reponantur (7): quae autem temporarii usus caussa in domo sunt, domus esse non censentur, nec ideo emptori acquiruntur (8): sane, quae nunquam aedificio juncta fuerunt, licet ad hunc finem parata, ad emptorem non transeunt (9).

§ 2498. Hinc solvi potest quaestio, utrum venditis aedibus comprehendantur vasa vinaria, idest torcular, dolia, et similia ad usum vini parata (10): nimirum si perpetui usus caussa fuerint in aedibus vasa haec, fundo vendito continentur, quamvis defixa et defossa non sint (11), non vero caetera, quae ad tempus posita in aedibus fuerunt, licet defossa et defixa sint, nisi ita ferat consuetudo regionis, aut natura fundi venditi, puta si quaestus fundi pro majori parte in vino consisteret (12).

§ 2499. Rustico fundo vendito continentur omnia, quae terra tenentur, puta arbores (13), et fructus etiam maturi, dummodo adhuc pendentes (14): non tamen debetur pars colonica, sed

(1) l. *Si in emptione* 2 § 1 et l. seq.; d. l. 11 § *et imprimis* 2; l. *Servus* 30 § 1; l. *Idque* 45 et l. seq.; l. *Bona fides* 50 ff. hoc tit.

(2) V. supra § 1817.

(3) l. *Sciendum* 19 ff. *De haedil. edic.* (21, 1).

(4) l. *Julianus* 13 § *si venditor* 4 ff. hoc tit.

(5) l. 1 § 1 ff. hoc tit.

(6) d. l. 1 § 1 in fin.

(7) l. *Cum venderes* 59 ff. *De contr. empt.* (18, 1).

(8) l. penult. vers. *Si vero emptor* ff. *De evictionib.* (21, 4).

(9) l. *Quid aliud* 86 ff. *De verb. significat.* (50, 16).

(10) l. *In vendendo* 66 § 1 ff. *De contr. empt.* (18, 1).

(1) Voet *in Pandect.* hoc tit. n. 6.

(2) Thes. dec. 216. V. vol. 1, lib. 2. pag. 664. § 968, et seqq.

(3) l. *Praediis* 91 § pen. ff. *De leg.* 3. (32, 1).

(4) l. *Eo jure* 4 § 1 ff. *In quib. caus. pign.* (20, 2).

(5) l. *Si is, qui* 4 ff. *De servit. leg.* (33, 3).

(6) l. *Fundi* 17 § *labeo* 7 ff. hoc tit; *De quibus* in l. *Julianus* 13 § ult.; ll. 14 et 15; l. *Fundi* 17 § 7, 8 et 9; l. *Si venditor* 38 § 8 ff. hoc tit.; et V. vol. 1, lib. 2. § 1629.

(7) d. l. 17 § pen.; et l. seq. § 1 ff. hoc tit.

(8) d. l. 17 § 7 ff hoc tit.

(9) d. l. 17 § penult.; et l. seq. § 1.

(10) l. *Vinaria* 206 ff. *De verb. significat.* (50, 16); ubi tamen, quod dicitur de doliis, non convenit hodiernis moribus.

(11) l. *Dolia* 26 ff. *De instruct. vel instrum. leg.* (33, 7); d. l. *Fundi* 17 § *labeo* 7 ff. hoc tit.; Thesaur. lib. 1, quaest. 84, n. 5, 6, et 7 †

(12) d. l. 17 § 7; l. *In instrumento* 8 ff. *De instruct. vel instrum. legat*; Thes. d. n. 7 †

(13) l. *Si post inspectum* 9 ff. *De peric. et com. rei vendit.* (18, 5).

(14) l. *Julianus* 13 § *si fructibus* 10 ff. hoc tit.; l. *Fructus* 44 ff. *De rei vindicat.* (6, 1); Thes. dec. 55, n. 2 †

tantum dominicalis (1): immo sentit Thesaurus, nec deberi fructus tempore venditionis jam maturos, et statim colligendos, seu quos venditor jam parasset se collecturum, emptore sciente, nisi aliud appareat (2). Neque debentur arbores casu, vel sponte a venditore dejectae, nisi de his nominatim actum sit (3): nec pisces in piscina existentes, si Ulpiano assentimur (4), aut animalia, quae sunt in fundo (5): nisi aliud inter contrahentes actum quoad pisces videatur, vel pisces sponte in piscinam descenderint (6).

§ 2500. Caeterum hic animadvertendum est, in quaestione de rebus quae praedio rustico vel urbano, aut similibus contineantur, nec ne, recipi utique debere sententiam Labeonis scribentis, ea quae perpetui usus caussa in aedificiis sunt, aedificii esse; adeoque praedio vendito contineri: quae vero ad praesens, non esse aedificii (7), nec proinde ad fundi emptorem pertinere: sed et hodierni mores diversarum gentium inspiciendi sunt, cum quaeritur de singulis rebus, an fundi sint, nec ne; quippe constat, succedentibus temporibus alios receptos fuisse usus, quam qui apud Romanos olim servabantur.

§ 2501. Vendito castro, vel territorio simul praestanda sunt emptori non tantum jurisdictio, sed et jura omnia quae castro cohaerent, non caetera (8): potissimum si quandam personae qualitatem requirant, qua emptor destitutus sit (9).

§ 2502. Si taberna vendita proponatur, merces utique simul distractae non censentur, quamvis taberna instructa vendita fuerit, nisi nominatim de mercibus actum sit, vel cum taberna simul vendita sint omnia, tabernae instruendae et exercendae caussa facta vel parata (10): nec enim merces in taberna reponuntur, ut ibi perpetuo sint, sed potius, ut vendantur: aliud quidem servatur in pignore (11): sed ita postulat securitas creditoris, nec grave infertur damnum debitori, qui pignus luere potest.

§ 2503. Quod ad tabernae instrumenta pertinet, distinguendum est, an taberna simpliciter, seu sine addimento vendita sit, an vendita sit instructa. In primo casu instrumenta tabernam non sequuntur; sed venditus tantum intelligitur locus, in quo merces solent venales haberi, vel jus merces ibi venales habendi, si locus publicus sit (1): in altero tabernae instrumenta continentur (2), seu res, non quidem venales, sed exercendae tabernae destinatae (3).

§ 2504. Equo vendito ephippium, frenum, et reliqua ornamenta, quibus tempore venditionis, ornatus vel instructus erat equus, emptori debentur, nisi nominatim excepta fuerint (4). Navi cum instrumentis vendita, non debetur scapha (5): nec dolia, aut vasa vinum venditum hodiernis moribus sequi videntur, nisi de vasis agatur, in quae vinum difundi solet, atque in illis servari, donec usus caussa probetur (6).

§ 2505. Sed vendita equa, vacca, vel ove emptori non debetur pullus equinus, vitulus, aut agnus, licet venditionis tempore jam natus fuisset: sive jam pervenerit ad illam aetatem, qua ali sine matre possit, et herba vesci, sive non (7): nisi expresse contrahentes, vel tacite de his sensisse videantur, cum nec in legatis, quorum tamen benignor interpretatio fit, contineantur (8): sane unum animal alterius accessio non est.

§ 2506. Ad haec, cum emptio venditio sit contractus bonae fidei, in quo aequitas potissimum inspicitur, recte scripsit Scaevola, *debere venditorem et instrumenta fundi, et fines ostendere* (9): non tamen cogendus venditor, ut confinium agrorum dominos nominet (10); aut tradat instrumenta ad probandam originem acquisitionis; cum haec ostendi, seu exhiberi sufficiat ubi necessitas exegerit, ita ut deinceps venditori restituantur, apud eum asservanda (11). Porro, qui tenet instrumenta, ex quibus agi potest, plerumque probare tenetur, ea sibi tradita fuisse ab eo, qui jus habet (12).

§ 2507. Quaerunt interpretes, cujus sumptibus fieri debeat mensura, vel pondus, si res fungibiles ita venditae fuerint; sed nisi aliud locorum consuetudine inductum sit, probabilius defenditur, hos sumptus venditoris oneri esse (13); quia tum mensura, tum pondus pertineant ad implementum contractus, seu ad traditionem, quae a venditore fieri debet (14).

§ 2508. Hactenus de empti actione, quae emptori datur; quaedam dicenda sunt de actione venditi: haec porro, quae etiam personalis est, et

(1) Thes. decis. 55, n. 5 †
(2) Thes. ibid. n. ult.
(3) d. l. 9 ff. *De peric. etc.*
(4) l. *Lines* 15 ff. hoc tit.
(5) l. *Non magis* 16 ff. hoc tit.
(6) V. Quae de juribus usufructuarii in hac re diximus vol. I, lib. 2, § 1601, et seqq. et lucem afferre possunt huic argumento.
(7) d. l. *Fundi* 17 § *Labeo* 7 ff. hoc tit.
(8) Thes. lib. 1, qu. 84, n. 6.
(9) Voet *in Pandect.* hoc tit n. 7.
(10) argum. l. *Si ita* 15 ff. *De instructo vel instrum. legat.* (33, 7).
(11) l. *Cum tabernam* 34 ff. *De pign.* (20, 1).

(1) l. *Qui tabernas* 32 ff. *De contr. empt.* (18, 1).
(2) l. *Tabernae* 13 ff. *De instruct. vel instrum. legat.* (33, 7).
(3) l. *Instructam* 185 ff. *De verb. sig.* (50, 16).
(4) l. *Aediles* 38 ff. *De aedil. edic.* (21, 1).
(5) l. ult. ff. *De instruct. vel instrum. legat.* (33, 7).
(6) l. *Vinum* 15 ff. *De tritic, vin. leg.* (33, 6).
(7) Voet *in Pandect.* hoc tit. n. 9.
(8) l. *Legatis* 65 § ult; l. *Servis* 81 § penult. ff. *De leg.* 3. (32, 1).
(9) l. *Titius* 48 in fin. ff. hoc tit.
(10) l. *Cum servo* 63 § 1 ff. *De contr. empt.* (18, 1).
(11) d. l. 48; l. *Creditor* 52 ff. hoc tit.; l. *Instrumenta* 24 Cod. *De fideicomm.* (6, 42).
(12) Fab. Cod. lib. 4. tit. 28, def. 9.
(13) Voet in *Pandect.* hoc tit. n. 13.
(14) argum. l. *Quod saepe* 35 § *in his* 5 ff. *De contr. emption.* (18, 1).

bonae fidei, competit venditori, tametsi rei dominus non esset, dummodo vacuam ejus possessionem tradiderit (1), adversus emptorem, sive per se, sive per procuratorem emerit (2). Quod si judicis decreto facta fuerit venditio per executores rei judicatae, isti tamquam venditorum vice fungentes, non vero creditores, venditi actione utuntur (3).

§ 2509. Venditi actione petitur, ut emptor pretium solvat, nummosque accipientis faciat, licet res aliena vendita fuerit, si modo tradita sit, nec venditor sit in mora tradendi (4): restituat sumptus post venditionem in rei utilitatem factos, puta in aedibus servandis vel reficiendis (5), nec non in cibaria animalis venditi, se per emptorem steterit, quominus ei traderetur (6): compensato utique emolumento, quod ex usu animalis venditor perceperit, nec non cum augmento monetae, nisi aliter conventum sit (7).

§ 2510. Non pretium dumtaxat, sed et usuras pretii tarde soluti, utique post diem traditionis, praestat venditor, non enim aequum est, emptorum re, et pretio frui, venditorem neutro (8): atque hic mora ex re ipsa contrahitur, quin necessaria sit interpellatio judicialis, vel extrajudicialis; dummodo debitum ab initio certum sit; alioquin sufficit offerre, quod deinceps deberi constiterit (9), prout alibi ex proposito disseruimus (10). Quinimmo tradit Faber, usuras a judice appellationis adjudicari posse, licet judex de iis non pronunciaverit, si ab ejus sententia provocatum sit, etiam a solo emptore, sive ex conventione, sive solo judicis officio, seu ex sola aequitate debeantur (11): quod si venditor sit in mora aliquid faciendi, puta satisdandi, non aliter emptor immunis est ab usuris, quam si pretium deposuerit (12).

§ 2511. Quod si emptor integrum pretium non solvat, licet venditori rem quasi pignus retinere (13); cum immo possit venditor post rei traditionem, si fidem de pretio habuerit, atque emptor moram faciat in pretio, vel ejus parte solvenda, rem vindicare, tum retinere, donec integrum pretium solvatur, dummodo de pignore generaliter, vel specialiter convenerit (1): nec emptor juste queritur, quod venditor retineat rem et pretii partem; tum quia potest pignus luere, tum quia fructus excedentes in sortem imputantur; ita ut nec contrarium pactum valeat, utpote usurarium (2).

§ 2512. Amplius jure, quo pridem utimur, apud nos cautum est indemnitati venditoris rerum immobilium; quippequo statutum, ut in contractibus venditionis, aliisqne omnibus, quibus rei immobilis alienatio fit, reservata semper intelligatur favore venditoris, aut alienantis specialis hypotheca pro toto, vel residuo pretio, quod solvendum supersit, licet specialis conventio facta non sit; immo fides de pretio nominatim habita fuerit, et dilatio ad solvendum concessa (3): cujus hypothecae vi venditor praefertur cuilibet creditori etiam anteriori, et privilegio munito, ne fisco quidem, aut mulieribus ex dotis caussa exceptis (4): nec dominii reservatio a vendente, vel alienante in stipulatum deducta majorem speciali hac hypotheca vim habet (5) Ex his sequi videtur, venditorem posse rem a tertio possessore vindicare, quin necessaria sit emptoris excussio (6).

§ 2513. Emptorem pretium integrum non solvente, licet venditori, quamvis exigua pretii pars solvenda supersit, rem, quam pignoris loco retinet, vendere, superfluo utique pretio emptori restituendo (7): sibi imputet emptor, cur pignus non luat. Nec aliud dicendum, si venditor, re tradita, convenerit, ne prius transferatur dominium, quam totum pretium solutum sit (8); cum enim dominii reservatio solius venditoris favore facta sit, non debet inde deterioris esse conditionis, quam si solum jus pignoris sibi reservasset (9).

§ 3514. Non potest autem emptor recusare solutionem pretii ex eo solo, quod ipsi mota sit lis a venditoris creditore, actionem quasi Servianam, seu hypothecariam exercente, si venditor rem defendere, et litem suscipere paratus sit (10), aut cautionem praestare (11). Nec interest, quod pro creditore jam lata sit sententia (12); quia et ab hac provocari potest, atque emptori satis consultum est per satisdationem; adeoque non sinit aequitas, ut rem, et pretium simul teneat.

(1) argum. l. *Ex empto* 11 § *et imprimis* 11 in fin. ff. hoc tit.
(2) l. *Julianus* 13 § *si procurator* 25 ff. hoc tit.
(3) argum. l *A divo Pio* 15 § *sed si emptor* 7 ff. *De re judic.* (42. 1).
(4) argum. l. *Ex empto* 11 § *et imprimis* 2 ff. hoc tit.
(5) l. *Julianus* 13 § *praeterea* 22 ff. hoc tit.; l. penult. Cod. hoc tit.
(6) l. *Si venditor* 38 § 1 ff. hoc tit.
(7) V. quae de monetae augmento diximus vol. II, lib 3. § 140 et seq.
(8) l. *Julianus* 13 § *veniunt* 10 ff. hoc tit.; l. *Curabit* 5 Cod. hoc tit. Thes. dec 258, n. 1 †
(9) Thes. d. dec. 258 in addition. †
(10) V. vol. II, lib. 3, pag. 985, § 885 et seqq. praecipue § 894
(11) Fab. Cod. hoc tit. lib. 4. tit. 33. definit. 4.
(12) Thesaur. quaest 83 per tot. V. Osasc. decis. 24 per tot.
(13) l. *Julianus* 13 § *offerri* 8 ff. hoc tit.

(1) Fab. Cod. hoc tit. lib. 4. tit. 33. def. 6.
(2) l. 1 et passim Cod. *De pign. act.* (4, 24); Fab. ibid. definit 7.
(3) *Reg. Constit.* lib. 5, tit. 16, § 1.
(4) *Reg. Constit.* ibid. § 2. V. Thesaur lib 2, quaest. 74 per tot.
(5) *Reg. Constit.* ibid. § 3.
(6) argum. § praeced.
(7) Fab. Cod. hoc tit. lib. 4. tit. 33, def. 8 in princ.
(8) Fab. ibid. def. 9.
(9) argum. l. *In bello* 12 § *etsi ignorans* 8 ff. *De captiv.* (49. 15); Fab. d. def. 9. n. 4.
(10) l. *Si plus* 73 § *motu* 2 ff *De evict* (21, 2).
(11) l. *Si perfectam* 24 Cod. eod. tit. (8. 45).
(12) Fab. Cod. hoc tit. lib. 4, tit. 33, def. 2.

§ 2515. Sed quid, si certent emptor et venditor, nec alteruter prius contractum implere velit, idest venditor nolit rem tradere, nisi prius soluto sibi pretio, emptor autem prius rem sibi tradendam esse contendat? Plerisque sentiunt, eum, qui agit, sive emptor sit, sive venditor, prius ex parte sua contractum implere debere (1); quia alioquin conventus se defendere potest exceptione non impleti contractus ex parte actoris (2): nec tantummodo implere, sed et implementum probare tenetur agens; tum quia fundamentum actionis est (3), et res facti, quae non praesumitur (4); tum quia reus excipiendo simplicem allegat facti negationem, cujus nulla probatio est (5). Aliquando tamen reus prius implere jubetur, si ita suadeant rerum adjuncta (6).

§ 2516. Supra diximus, usuras pretii tarde soluti ab emptore praestandas esse (§ 2510): nec enim sufficit, si Fabro credimus, sola verbalis oblatio; licet venditor sine justa caussa solutionem accipere distulerit aut recusaverit, sed pecunia omnino obsignanda est (7): rationem adjicit, quia usurae hic non tam ex mora debentur, quam in compensationem fructuum perceptorum ab emptore, quem non decet fructibus, et pretii usuris frui (8).

§ 2517. Aliis tamen placet usuras in hoc casu non deberi, nisi constet, emptorem ex pretio non soluto usuras percepisse, quia, cum emptori imputari nequeat, cur non solverit, cogendus non videtur, ut easdem praestet, atque ita damnum sentiat usurarum ex culpa venditoris (9): sane in hoc casu cessat legis ratio (10): cum emptor pecuniam apud se otiosam servaverit, ut venditori solveret. Prior tamen sententia magis consentanea est juri Romano, quod pecuniae debitae depositionem exigit, ut sistatur cursus usurarum (11).

§ 2518. Sane emptor ab usurarum praestatione immunis non est, si pecuniam solvere, vel deponere detrectet, ob imminentem rei venditae et traditae evictionem (12); licet enim solvere non cogatur, nisi venditor fidejussores idoneos det (13); attamen nec in suos usus convertere potest, sed consignare, seu deponere debet (14).

(1) Voet *in Pandect.* hoc tit. n. ult.

(2) d. l. *Julianus* 13 § *offerri* 8; l. *Qui pendentem* 25 ff. hoc tit.

(3) l. *Ei incumbit* 2 ff. *De probat.* (22, 3).

(4) l. *Ab ea parte* 5 ff. eod. tit.

(5) l. *Actor* 23 Cod. eod. tit. (4, 19).

(6) Ab-Eccles observ. 25, n. 14 †

(7) Fab. Cod. hoc tit. lib. 4. tit. 33' def. 15.

(8) l. *Curabit* 5 Cod hoc tit.

(9) argum. l. *Si per te* 9 Cod. *De usur.* (4, 32).

(10) d. l. *Curabit* 5 Cod. hoc tit.

(11) l. *Acceptam* 10 Cod. *De usur.*

(12) d. l. *Curabit* 5 Cod. hoc tit.; junct. d. l. *Acceptam* 19 Cod. *De usur.* (4, 32).

(13) l. penult. § 1 ff. *De peric. et commod. rei vendit.* (18, 6).

(14) d. l. 19 Cod. *De usur.*; l. *Evictis* 18 § 1 ff. eod. tit. (22, 1).

§ 2519. Idem dicendum, si quis rem sibi cum alio communem vendiderit, simul promittens, se curaturum, ut venditio a sociis probetur: nimirum tenetur utique venditor conventioni satisfacere, sed interim emptor, qui rem habet, et fructus percipit, pretii minime soluti usuras solvere debet, dummodo venditor caveat de praestando, quanti emptoris interesit, si quid contra venditionem a sociis fiat (1).

§ 2520. Usuras quidem pretii suo tempore non soluti adjudicandas esse, visum est Romanis prudentibus; non tamen omne, quod venditor, mora non facta, consequi potuisset; veluti si negotiator fuerit, atque ex mercibus plusquam ex usuris pretii consequi potuisset (2): quemadmodum nec emptoris favore lucri ex negotiatione quaerendi ratio habetur, licet venditor moram fecerit in re tradenda; quia lucrum hoc extra rem ipsam est (3): quamquam aliud singulari jure receptum est in pecunia trajectitia, quae negotiationis caussa certo loco numeranda erat (4).

§ 2521. Sed dubitari potest, utrum emptor, qui moram pretii solvendi faciat, teneatur ad id quod interest, si id circa rem ipsam sit, sive intrinseeum, puta si venditor, qui pecunia suo tempore soluta triticum ad familiae sustentationem emisset viliore pretio, deinceps cariore debuerit pretio comparare. Sunt, qui negant (5); quia venditori eo plane consilio usurae adjudicantur, ne amplius petat ratione damnis emergentis, vel lucri cessantis. Affirmant alii (6); quia lucri cessantis et damni emergentis caussa naturali aequitate nititur Prior sententia praxi magis accommodata est, licet posterior aequitati magis consentanea videri possit: nullus esset litium finis, quas tamen tolli publice expedit (7), si praeter usuras emptor ad id quod interest, agere permitteretur.

§ 2522. Incivilem rem, ajunt Imperatores, postulat venditor, qui rei venditae et traditae dominium vindicat, quia pretium minime solutum sit (8): nisi ab initio emptorem inter et venditorem convenerit, ut a contractu ob moram in eo implendo factam recedere liceat (9). Atque hinc colligunt, venditionem non resolvi, licet alter contrahens pactum non impleat, sed tantum adversus eum agi posse ad implementum (10).

§ 2523. Neque aliud adstruit Gordianus Im-

(1) d. l. *Curabit* 5 Cod. hoc tit.; Fab. Cod. hoc tit. lib. 4. tit. 33. def. 5.

(2) l. ult. ff. *De peric. et comm. rei vend.* (18, 6).

(3) l. *Si sterilis* 21 § *cum per venditorem* 3 ff. hoc tit.

(4) l. *Arbitraria* 2 § ult. ff. *De eo, quod certo loco etc.* (13, 4).

(5) Brunneman. *in Pandect.* ad d. l. ult. ff. *De peric., et commod. rei vendit.* (18, 6).

(6) argum. d. l. 21 § 3 ff. hoc tit.

(7) l. *Item* 4 § 1 in fin. ff. *De alienat. judic. mutand. causs. fact.* (4, 7).

(8) l. *Incivile* 12 Cod. *De rei vindic.* (3, 32).

(9) l. *Venditi actio* 6 Cod. hoc tit.

(10) argum. d. l. 12.

perator rescribens: *cum te fundum tuum, certae rei contemplatione inter vos habita, exiguo pretio in alium transtulisse commemores, poterit tibi ea res non esse fraudi, quando, non impleta promissi fide, dominii tui jus in suam caussam reverti conveniat* (1); non enim hic venditio rescinditur ob pretium non solutum, sed propter modum non impletum; condictione caussa data, caussa non secuta (2): adeoque in hac lege non de venditione, sed de contractu innominato agitur; cum exiguo pretio fundus in alium translatus proponatur; alterius *rei contemplatione:* nimirum si plus sit in pretio, quam in re, venditio est; contractus vero innominatus, si rei valor pretium excedat (3).

ARTICULUS II.

De actione redhibitoria, et quanti minoris.

Instit. lib. 3, tit. 24 *De emption. et vendit.*
Digest. lib. 21, tit. 1 *De aedilit. edict. et redhibitor., et quanti minor.*
Cod. lib. 4, tit. 58 *De aedilit. action.*

SUMMARIA

§ 2524 *et* 2525. *Venditor emptorem monere debet de latente rei morbo, aut vitio; non de eo, quod patet.* — § 2526. *Monere non intelligitur, qui obscure loquitur, vel insidiose dissimulat.* — § 2527. *Redhibitoria, vel quanti minoris actione tenetur, qui falso affirmat, rei venditae inesse qualitates, quas non habet.* — § 2528. *Emptor amare exigere non debet, quod dictum, vel promissum fuit, sed cum quodam temperamento.* — § 2529. *Morbus an, et quatenus a vitio differat?* — § 2530. *Fundi suos quoque morbos, et vitia habere possunt.* — § 2531. *Servitutes a fundo debitae inter ejus vitia non computantur. Quid si venditor eas callide dissimulaverit?* — § 2532. *Redhibitoria actio eo tendit, ut venditor rem vitiosam vel morbosam recipiat, si emptor vitio cognito empturus non fuisset.* — 2533. *Quid si vitium sit in rei accessionibus, vel in parte rei, vel in una re ex pluribus simul venditis?* — § 2534. *Emptae simul uno pretio plures res intelliguntur, cum separari commode nequeunt; puta duo jumenta paria.* — § 2535. *Separatim emptae videntur res, quibus singulis pretium separatim constitutum fuit.* — § 3536 *et* 3537. *Venditione per redhibitoriam resoluta, venditor restituit pretium, usuras et impensas: emptor rem et fructus.* — § 2538. *Aestimatoria actione petitur, ut restituatur ex pretio, quanti minoris res valet. Quid si plures res simul venditae fuerint?* — § 3539 *et* 2540. *Redhibitoria, an aestimatoria tantum actione agi possit, voluntatis quaestio est a judice definienda.* — § 2541 *et* 2542. *Actio redhibitoria regulariter intra sex menses utiles instituenda est: aestimatoria intra annum.* — § 2543. *Emptor, una actione semel electa, plerumque variare non potest.* — § 1544. *Redhibitoria actione semel tantum agere licet; aestimatoria semel et iterum.* — § 1545. *Si plures sint unius emptoris haeredes, vel plures simul rem eamdem emerint, an omnes redhibere teneantur?* — § 2546. *Quid si plures rem eamdem simul vendiderint, vel plures sint haeredes venditoris?* — § 2547. *Redhibitoriae vel aestimatoriae actioni ex levi morbo, vel vitio locus non fit.* — § 2548. *Actio ex empto tantum competit ob vitia animi. Quare?* — § 2549. *Vitia, aut morbi, quae venditionem sequuntur, plerumque venditoris periculo non sunt. Quid si vitium brevi post venditionem detegatur?* — § 2550 *et* 2551. *Redhibitoria aut aestimatoria agere nequit emptor, qui vitium noverit, vel nosse debuerit. Quid si venditor ignoraverit?* — 2552. *Venditor de vitiis, quae perspecta habebat, tenetur, licet dixerit, se rem vendere qualis est, nec ejus vitiis, aut morbis teneri velle.* — § 2553 *et* 2554. *Redhibitoria denegatur in rebus vilioris pretii, vel a fisco venditis. Quid de donatione?* — § 2555 *et* 2556. *Quid de locatione et permutatione.*

§ 2524. Quamquam empti actione propter vitia vel morbos rerum venditarum agi potest (1), consultius tamen visum fuit aedilibus specialia quaedam edicta proponere de rebus venalibus, seu vitiis aut morbis rerum venalium, ne emptores facile in damno haereant (2). Cautum itaque, ut venditores emptorem monere teneantur de latente rei morbo, aut vitio; futurum alioquin, ut redhibitoria actione teneantur, seu ad rem restituto pretio recipiendam, vel ad pretii diminutionem (3).

§ 2525 In primis dicimus, monendum esse emptorem de vitio latente; si enim vitium patens sit, emptor sibi imputare debet, cur diligentius sibi non prospexerit (4): puta si venditum animal caecum sit, aut cicatricem evidentem et periculosam habeat in capite, vel in alia corporis parte; ut enim ratiocinatur jureconsultus, potius convenisse videtur emptorem inter et venditorem, ne hujus morbi ratio habeatur (5).

§ 2526. Monere autem judicatur venditor, qui *palam recte pronunciat*, ita ut emptor de mor-

(1) l. *Cum te fundum* 6 Cod. *De pact. int. emptor. et venditor.* (4. 54).
(2) l. *Dedi* 3 princ. et §§ seqq. ff. *De condict. causs. dat. etc.* (12, 4).
(3) l. *Tenetur* 6 § 1 ff. hoc tit.

(1) l. *Sciendum* 19 § *dictum* 2 ff. hoc tit.; l. *Ex empto* 11 § *redhibitionem* 3 ff. *De action. empt.* (19, 1).
(2) l. 1 § *caussa* 2 ff. hoc tit.
(3) l. 1 § 1 et passim ff. hoc tit.
(4) d. l. 1 § *si intelligatur* 6 ff. hoc tit.
(5) l. *Quaeritur* 14 § ult. ff. hoc tit.

bo certior fiat (1): proinde monere non videtur, qui obscure loquitur, vel insidiose dissimulat (2): contra satis admonuisse intelligitur, qui servum vinctum vendidit: *multo enim amplius est id facere, quam pronunciare in vinculis fuisse* (3).

§ 2527. Cum venditor emptorem de rei vitiis monere debeat (§ 2524), potiori ratione cavendum ei est, ne affirmet, rei venditae quasdam inesse qualitates, quas vere non habet, vel abesse, quae tamen sunt: hinc redhibitoria vel quanti minoris actione conveniri potest; puta si falso asseruerit servum artificem esse, sagacem, laboriosum, aut per mendacium negaverit fugitivum, erroneum, aleatorem esse (4).

§ 2528. Quod tamen dictum, vel promissum fuit, amare exigendum non est, *sed cum quodam temperamento; ut si forte venditor servum constantem esse affirmaverit, non exacta gravitas et constantia, quasi a philosopho desideretur: et, si laboriosum, et vigilacem affirmaverit esse, non continuus labor per dies, noctesque ab eo exigatur: sed haec omnia ex bono et aequo modice desiderentur* (5): subjicit jureconsultus, idem et in caeteris, quae venditor affirmaverit, intelligendum esse (6). Exceptio admittenda foret, si venditor *optimum* in aliquo artificio servum esse dixisset; tunc enim vere optimum praestare deberet (7). Sane, quae commendandae tantum rei caussa dicuntur, non praestat venditor (8); nisi dolus appareat (9).

§ 2529. Venditor emptorem de vitio, aut morbo monere debet (§ 2524), morbus proprie a vitio differt, si Modestino credimus: morbi nomine intelligitur temporalis quaedam corporis imbecillitas, seu temporale impedimentum, quo fit, ne res eum usum praestare possit, quem alioquin natura sua praestaret, vel non eadem facilitate et utilitate praestet; vitium vero ait esse perpetuum corporis impedimentum (10). Sed congruentius docet post Sabinum Ulpianus, morbum proprie esse habitum corporis superveniens, ut plurimum temporale, quo rei usus deterior fit, vitium vero impedimentum naturae; puta servus febri laborans morbosus est; balbus vero vitiosus (11), non secus ac gibberosus, vel curvus (12): aediles morbum et vitium conjunxerunt (13).

§ 2530. Porro, quod caute animadvertendum, non animalia tantum, sed et fundi morbis vel vitiis aliquando laborant, de quibus em-

(1) l. 1 § 1 ff. hoc tit.
(2) l. *Ea, quae* 43 § ult. ff. *De contr. empt.* (18, 1).
(3) l. *Si tamen* 48 § *ei, qui* 3 ff. hoc tit.
(4) l. *Si quid* 18 princ. et §§ seqq.; et l. 19 princ. et §§ seqq. ff. hoc tit.
(5) d. l. *Si quid venditor* 18 ff. hoc tit.
(6) d. l. 18 in fin. princ. et § ult.
(7) d. l. 18 § 1 ff. hoc tit.
(8) l. *Sciendum* 19 princ. et §§ seqq. ff. hoc tit.
(9) l. *Quod venditor* 37 ff. *De dolo* (4. 3).
(10) l. *Inter* 101 § *verum* 2 ff. *De verb. sig.* (50, 16).
(11) l. 1 § *sed sciendum* 7 ff. hoc tit.
(12) l. *Vel protervi* 3 ff. hoc tit.
(13) d. l. 1 § 7 in fin.

ptores monendi sunt (1): quare si fundus pestilens, idest in quo pestiferae, seu laetiferae herbae nascuntur, venditus sit emptori ignoranti, redhibitoriae actioni locum esse, respondit Ulpianus (2), atque rescripserunt Imperatores (3).

§ 2531. Servitutes quoque a fundo vendito debitae inter fundi vitia computantur; ita ut, si celatae fuerint, actio quanti minoris emptori competat (4): aut retentio pretii pro parte, si nec dum solutum fuerit (5): celatae autem servitutes non intelliguntur a venditore, qui emptorem non admonuerit, sed ab eo, qui callide dissimulaverit (6), prout et de tributis traditur (7): nisi forte fundus optimus, maximusque venditus fuerit (8): hoc ita constitutum, quia vix ullus fundus est, qui servitutes non debeat, aut tributa praestet: adeoque curiosius inquirere debebat emptor, ut sibi prospiceret.

§ 2532. Si ergo res vendita morbosa vel vitiosa sit, prodita est favore emptoris duplex actio, redhibitoria et aestimatoria, seu quanti minoris. Redhibitoria inde dicta, quod res venditori redhibeatur, seu reddatur (9), est actio personalis (10) competens emptori, adversus venditorem, ejusque haeredem (11), ut rem vitiosam, vel morbosam, restituto pretio, recipiat (12): utique si defectus talis sit, quo cognito, quis empturus non fuisset, prout infra expendemus.

§ 2533. Nihil sane interest, an defectus sit in ipsa re, an in rei accessionibus, puta ornamentis jumenti venditi (13), utrum in tota re vendita, an in parte tantum. Si fingamus, plures res simul emptas fuisse, an ob unius vitium omnes redhiberi debeant, vel possint, distinguendum est, an pretium in res universas, an in singulas constitutum fuerit: in primo casu una venditio celebrata videtur, ita ut nec pro parte subsistere possit: in altero tot sunt venditiones, quo sunt res: proinde una ex his redhiberi potest ob vivium latens, retineri altera (14).

§ 2534. Omnes porro res simul uno pretio emptae judicantur, cum una ab altera commode separari nequit, seu separatae non eandem utilitatem praestant: puta si duo jumenta vendita sint tamquam paria, unum sine altero redhiberi, seu reddi non potest, idem dicendum de triga et quadriga (15): sed si ex duobus jumentorum

(1) l. 1 in princ. ff. hoc tit.
(2) l. *Etiam in fundo* 49 ff. hoc tit.
(3) l. penult. Cod. hoc tit.
(4) l. *Quotie.* 61 ff. hoc tit.
(5) l. *In venditione* 41 ff. *De action. empt.* (19, 1).
(6) l. 1 § 1, l. *Quaero* 39 ff. eod. tit.
(7) l. *Si sterilis* 21 § 1; l. *In venditione* 41 ff. eod. tit.
(8) l. *Cum venderes* 59 ff. *De contr. empt.* (18, 1).
(9) l. *Redhibere* 21 ff. hoc tit.
(1) l. *Bovem* 43 § pen. ff. hoc tit.
(11) l. *Cum autem* 23 § *hae actiones* 5 ff hoc tit.
(12) l. *Aediles* 38 § *non tantum* 10 ff. hoc tit.
(13) d. l. *Aediles* 38 ff. hoc tit.
(14) l. *Cum ejusdem* 34, 35, et 36 ff. hoc tit.
(15) l. *Aediles* 38 § ult. ff. hoc tit. ubi *polia* pro *equitio* ponitur.

paribus unum par, vel unum animal vitiosum sit, par quidem vitiosum redhibetur, non alterum (1); unum etenim ab altero separari potest sine incommodo emptoris et venditoris; nisi forte aliud inter contrahentes actum sit.

§ 2535. Fieri etiam potest, ut ex pluribus rebus una sine altera redhiberi nequeat, vel omnes propter unius vitium redhibendae sint, si nimirum manifeste constet, non nisi omnes quem empturum, vel venditurum fuisse; prout saepe contingit in mulis paribus, vel quadrigis (2): exigit jureconsultus, ut manifeste constet de hac emptoris, vel venditoris voluntate; alioquin praesumptio est, res, quibus singulis pretium separatim constitutum est, separatim quoque emptas, et venditas fuisse (3).

§ 2536. Redhibitoria actio eo tendit, uti jam innuimus, ut emptor, et venditor quodammodo in integrum restituantur (4), seu contractus rescindatur, perinde ac si emptio venditio celebrata non fuisset. Hinc venditor pretium restituit cum usuris (5): atque vicissim emptor restituere debet rem cum fructibus et omni utilitate, quam percepit, vel culpa sua percipere neglexit (6).

§ 2537. Non pretium dumtaxat, ejusque usuras restituit venditor redhibitoria actione conventus, sed etiam impensas ab emptore factas in rei conservationem (7), vel ex voluntate venditoris, licet necessariae non fuissent (8): sed et emptor, si rem medio tempore pignori dederit, pignus luere tenetur, atque rem liberam restituere (9), nec non damnum reficere, quod ex caussa sua res passa sit (10): futuri autem temporis nomine emptor cavet, puta si servus in fuga sit, se eum persecuturum, et venditori, si in potestatem suam redactus sit, restituturum (11).

§ 2538. Aestimatoria actio, seu quanti minoris, emptori competit adversus venditorem, ob defectum, quo cognito emptor utique empturus fuisset, sed non tanti: adeoque petitur, ut restituatur ex pretio, quanti minoris res valet (12): proinde rei aestimatio a peritis facienda est, ut sciatur, quanta pretii deminutio fieri debeat propter morbum emptori ante celebratam venditionem minime perspectum. Sed quid, si plures res simul venditae fuerint? Vel uno pretio omnes, vel pretio in singulas constituto: in primo casu tum vitiosae, tum non vitiosae aestimari debent: in altero singulae aestimantur (13).

(1) d. l. 38 § *si plura* 12.
(2) d. l. *Cum ejusdem* 34 § 1 ff. hoc tit.
(3) d. l. 34 in princ.
(4) l. *Cum autem* 23 § *Julianus* 7 ff. hoc tit.
(5) l. *Illud sciendum* 29 § *condemnatio* 2 ff. hoc tit.
(6) d. l. 23 § 1 et l. ult; l. seqq ff. hoc tit.
(7) l. *Item si servi* 30 § 1 ff. hoc tit.
(8) l. *Debet autem* 27 ff. hoc tit.
(9) l. *Bovem* 43 § *pignus* 8 ff. hoc tit.
(10) l. *Cum autem* 23 ff. hoc tit.
(11) l. *Redhibere* 21 § ult; et l. seq. ff. hoc tit.
(12) l. *Quoties* 61 ff. hoc tit.
(13) l. *Si plura* 36 ff. hoc tit.

§ 2539. Quaerunt interpretes, an in emptoris arbitrio sit redhibitoria agere, vel aestimatoria; an contra venditor possit, prout maluerit, vel pretium restituere et a tota venditione discedere, vel, firma manente venditione, pretii partem reddere. Sunt qui putant, rem hanc emptoris arbitrio permittendam, ea tamen lege, ne ab electione semel peracta recedere liceat, sive transire ad aestimatoriam, postquam redhibitoria egerit, aut viceversa (1): alii facultatem hanc emptori indulgent in eo casu, quo rei usus ex morbo aut vitio in universum impeditus non sit, sed tantum minor (2).

§ 2540. Sentiunt alii, rem hanc prudentis judicis arbitrio, qui singula adjuncta pensaverit, definiendam esse: sane leges redhibitoriam actionem emptori tribuunt ob vitium, quo cognito empturus non fuisset (§ 2532): aestimatoriam, seu quanti minoris ob vitium, propter quod emptor minori pretio empturus fuisset, si illud perspectum habuisset (§ 2538): an autem, vitio cognito, emptor minime contracturus, vel minori tantum pretio, voluntatis quaestio est, quam leges judicantis arbitrio credunt (3).

§ 2541. Non idem tempus ad instituendam utramque actionem legibus definitum est: actio redhibitoria regulariter intra sex menses utiles instituenda est, aestimatoria intra annum pariter utilem (4): haec autem tempora currunt a die venditionis, vel, si dictum quid, promissumve sit, ab hac die (5). Ideo brevius redhibitoriae, quam aestimatoriae, actioni tempus praestitutum est, quia redhibitione magis gravatur venditor, quam actione quanti minoris.

§ 2542. Sed regula haec de tempore instituendae utriusque actionis plures exceptiones habet: puta si aliud convenerit (6): vel justa aliqua caussa emptore morosum excuset, quia puta venditor absens fuerit, vel emptor legitime impeditus (7). Quod si venditor de illis, quae edicto aedilium continentur, cavere nolit, redhibitoria duobus, aestimatoria sex mensibus concluditur (8): atque idem tempus custodiendum est, si emptor queratur de ornamentis jumenti sibi nequaquam traditis (9).

§ 2543. Si emptor redhibitoria vel aestimatoria intra constitutum tempus egerit, non potest deinceps altera agere: agens exceptione rei judicatae reppellitur (10), fieri tamen potest, ut aestimatoria in redhibitoriam convertatur, videlicet si

(1) Perez. in Cod. hoc tit. n. 6.
(2) Voet in *Pandect.* hoc tit. n. 5 in fin.
(3) l. *Stichus* 12; l. *Non aliter* 69 § 1 ff. *De legat.* 3. (32, 1); l. *Voluntatis* 7 Cod. *De fideicommiss.* (6, 42).
(4) l. *Sciendum* 19 § ult.; l. *Aediles* 38 ff. hoc tit.
(5) d. l. 19 § ult.; et l. seq. ff. hoc tit.
(6) l. *Quod si nolit* 31 § *si quid* 22 ff. hoc tit.
(7) d. l. 31 § 22 et seq. ff. hoc tit.
(8) l. *Si venditor* 28 ff. hoc tit.
(9) d. l. 38 ff. hoc tit.
(10) l. *Si is, qui* 25 § 1 ff. *De exception. rei judicat.* (44, 2).

res propter morbum, vel vitium, quo laborat, fere nullius sit pretii; officio judicis venditor rem suam recipere cogi potest (1).

§ 2544. Caeterum redhibitoria actione semel tantum agi potest; nec enim saepius idem contractus resolvi potest; licet tamen ei, qui redhibitoria propter unum vitium egit, nec obtinuit, ob aliud deinceps agere (2). Aestimatoriam semel et iterum instituere potest emptor, seu agere, ut ob diversa rei venditae vitia pretium minuatur, dummodo ne lucrum captet in dispendium venditoris, seu bis ejusdem rei aestimationem consequatur (3).

§ 2545. Sed quid, si plures sint unius emptoris haeredes, vel plures simul eandem rem emerint? Omnes redhibere tenentur, ne venditor invitus ad communionem adigatur (4): nisi ab initio pluribus distinctae partes venditae fuerint (5): vel res vendita perierit, aut jam reddita sit; quo casu singuli partem pretii petere non prohibentur (6). Sane aestimatoria singulis semper competit (7); nec enim ulla pretii communio fit.

§ 2546. Non idem jus servatur, si plures rem eandem vendiderint, etiam communiter, et uno pretio, vel plures eidem venditori haeredes extiterint; etenim nova communio non inducitur, sed restituitur, quae ante venditionem erat, inter plures ejusdem rei dominos, vel futura erat inter plures haeredes, si venditio secuta non fuisset; adeoque emptor singulis partem suam redhibere potest (8). Constitutum utique in singulari casu odio *venaliciariorum*, seu eorum, qui servos venales habebant, ut in solidum agi posset adversus eum, qui majori ex parte dominus fuisset, vel quo nemo majorem habuisset partem (9): sed jus hoc ad alias caussas producendum non est (10).

§ 2547. Actioni redhibitoriae, vel aestimatoriae locus non fit, nisi vitia rei venditae ex communi hominum aestimatione non ita levia sint: alioquin, si ob quemque defectum res reddi, vel quanti minoris agi posset, nimium restringeretur contrahendi libertas, in reipublicae detrimentum. Sed hic imprimis animadvertendum, aliquando competere secundum Romanas leges actionem ex empto, denegari autem tum redhibitoriam, tum aestimatoriam (11); quia posteriores edicto aedilium aliquando in duplum sunt, si venditor contumax sit, et judicis imperio parere detrectet (12): actio vero ex empto simplum persequitur. Aliud quoque discrimen est inter actiones aedilitias, et actionem ex empto, quod illae anni vel sex mensium spatio concluduntur (§ 2541), prout caeterae, quae a praetoribus, vel similibus Magistratibus inductae sunt: actio ex empto perpetua est, utpote a jure civili descendens (1).

§ 2548. Hisce praemissis, sciendum actiones aedilitias, de quibus agimus, generatim non competere ob vitia animi, sed tantum ob vitia corporis (2). Ne autem quis putet, tantum in servis animi vitia esse, in jumentis quoque quid simile est, prout fert animalis natura: puta caecitas vitium corporis est; bos autem, qui cornu petit, mulae, quae cessum dant, et jumenta omnia, quae sine caussa turbantur, et semetipsa eripiunt, vitiosa animo, ita dicam, videntur (3): de his porro vitiis actio redhibitoria, vel aestimatoria quanti minoris non competit, quia aediles non statuerunt, sed competit actio ex empto (4).

§ 2549. Praeterea requiritur, ut vitium aut morbus, vel saltem illius proxima caussa venditionem praecesserit; quae enim sequuntur, emptoris periculo sunt (5), prout fert hujusce contractus natura (6): casus excipitur, quo venditor nec rem imposterum vitiosam futuram promiserit; licet enim temere haec promissio fiat, tamen servanda dicitur (7); sibi imputat venditor, cur perperam se obligaverit; praeterquamquod majore pretio fortasse rem distraxit. Sane vitium, quod brevi post venditionem detegitur, aliquando praesumitur praecessisse: quod a peritorum judicio pendet (8).

§ 2550. Cum actio redhibitoria eo fundamento nitatur, quod emptor, si vitium perspectum habuisset, non fuisset empturus (§ 2532): aestimatoria, quod pretio minori, vitio cognito, empturus fuisset (§ 2538), consequens est, neutram competere, si emptori vitium, aut morbus rei venditae cognitus fuerit (9), vel esse debuerit, puta si emptor artifex sit, atque secundum artis suae regulas scire facile potuerit vitium rei venditae (10).

§ 2551. Sed quod ad venditorem pertinet, nihil refert, an sciverit, an ignoraverit vitia, propter quae redhibitoria, vel quanti minoris actio emptori tribuitur: emptoris non interest, an ignorantia, an calliditate venditoris decipiatur (11): venditor tamen sciens insuper tenetur ad damni refectionem (12), ad quam non tenetur venditor

(1) l. *Bovem* 43 § *aliquando* 6 ff. hoc tit.
(2) l. *Si tamen* 48 § penult. ff. hoc tit.
(3) l. *Quid si nolis* 31 § *quod si egerit* 16 ff. hoc tit.
(4) l. *Quod si nolit* 31 § *si plures* 5 et § *si venditori* 10 ff. hoc tit
(5) d. l. 31 § 10 ff. hoc tit.
(6) d. l. 31 § *idem ait* 6.
(7) argum d. l. 31 § 6 ff. hoc tit.
(8) d. l. *Quod si nolit* 31 § *si venditori* 10 ff. hoc tit.
(9) l. *Justissime* 44 § 1 ff. hoc tit.
(10) l. *Quod vero* 14 et seq. ff. *De legib.* (1, 3).
(11) l. *Ob quae vitia* 4 ff. hoc tit.
(12) l. *Redhibitoria* 45 ff. hoc tit.

(1) princ. Instit. *De perpet. et temporalib. actionib.* (4, 12).
(2) l. 1 § *apud Vivianum* 9 ff. hoc tit.
(3) l. *Bovem* 43 ff. hoc tit.
(4) d. l. 1 § 9 in fin.; d. l. 43 ff. hoc tit.
(5) l. *Si apud priorem* 3 Cod. hoc tit.
(6) § *cum autem* 3 Instit. hoc tit.
(7) d. l. 3 Cod. hoc tit.
(8) Voet *in Pandect.* hoc tit. n. 10 in fin.
(9) l. *Si tamen* 48 § *ei, qui* 3 et seq. ff. hoc tit.
(10) Voet *in Pandect.* hoc tit. n. 9 in fin.
(11) l. 1 § *caussa* 2 ff. hoc tit.; Fab. Cod. *De actionib. empt.* lib. 4. tit. 33. def. 1 in princ.
(12) l. 1 Cod. hoc tit.; Fab. d. def. 1 in fin.

ignorans (1), nisi artifex sit, cujus imperitia culpae adnumeratur.

§ 2552. Non tamen excusetur venditor, cui vitium perspectum erat, licet contractus tempore protestatus fuerit, se rem vendere, quali est, nec de vitiis ejus, aut morbis teneri velle (2); tum quia dolo malo facere judicatur venditor, qui fallendi caussa obscure loquitur, vel insidiose dissimulat (3), tum quia generalis haec elocutio ex communi sensu ad ea tantum pertinet, quae ignorat venditor, non quae perspecta habet (4). Quo fundamento censuit Ulpianus, de dolo replicationem dandam esse adversus venditorem, qui de aliquo morbo nominatim exceperit, si morbum sciens consulto reticuerit (5).

§ 2553. Cum ambae actiones, de quibus agimus, seu tum redhibitoria, tum aestimatoria eo tendant, ne emptor in damno sit, consequenter cessant, quoties emptoris amplius non interest: veluti si morbus rei sanatus sit (6); si res emptoris culpa perierit (7). Redhibitoria potissimum denegatur in rebus *simplariis*, seu vilioris pretii (8): vel a fisco venditis, non a republica, vel pupillo (9).

§ 2554. Nec etiam hisce actionibus locus est in donatione; nihil restituere potest donator, qui nihil accepit: nec impensas in rem meliorandam factas donatario reddere debet, licet rem alienam quis donaverit, eaque fuerit evicta; ne damnum ex sua liberalitate patiatur: plane de dolo tenetur (10); dolus quippe ab omni contractu abesse debet; nec permittendum, ut donatarius ex dolo donatoris inde damnum sentiat, unde lucrum sperabat.

§ 2555. Neque etiam locum habere videtur redhibitoria actio, vel quanti minoris in locationibus (11); tum quia non idem imminet conductori periculum, cum locationes modico pretio, nec ad longum tempus fieri soleant; adeoque domini potius interest, rem vitiosam apud se tenere, quam alteri locare, tum quia conductori actio ex conducto parata est, qua idemnis servetur.

§ 2556. Venditionis nomine permutationem, aliosque similes contractus, in quibus dominium ex caussa onerosa transfertur, contineri, fatentur omnes (12); quippe in his eadem est legis, et aequitatis ratio. Quod vero pertinet ad singula vitia, vel morbos, ex quibus redhibitioni, vel aestimatoriae actioni locus fit; atque tempus, intra quod utraque concludatur, regionis cujusque consuetudini standum est (1).

(1) l. *Julianus* 13 in princ. ff. *De act. empt.* (19, 1); Fab d. def. 1 in fin.
(2) Fab. Cod. lib 4, tit. 33, d. def. 1, n. 4.
(3) l *Ea, quae* 43 § ult. ff. *De contr. empt.* (18, 1).
(4) l. *Quaero* 39 ff. *De action. empt.* (19, 1).
(5) l. *Quaeritur* 14 § penult. ff. hoc tit.
(6) l. *Quod ita* 16 ff. hoc tit.
(7) l. *Si hominem* 47; et l. seq. ff. hoc tit.
(8) d. l. 48 § ult.
(9) l. 1 § *illud* 3, 4, et 5 ff. hoc tit.
(10) l. *Ad res donatas* 62 ff. hoc tit.; l. *Aristo* 18 § ult. ff. *De donat.* (39, 5).
(11) l. *Sciendum* 63 ff. hoc tit.
(12) l. *Sciendum* 19 § penult. ff. hoc tit.

ARTICULUS III.

De evictione a venditore praestanda.

Instit. lib. 3, tit. 24 *De emption. et vendit.*
Digest. lib. 21, tit. 2 } *De evictionibus.*
Cod. lib. 8, tit. 45 }

SUMMARIA

§ 2557. *Quae sint de evictione sigillatim expendenda.* — 2558. *Evictio quid sit? Quis auctor dicatur?* — § 2559. *Quibus casibus locus fiat actioni de evictione?* — § 2560. *Evictus non videtur fundus, qui retractu legali ab emptore aufertur. Quid si evictio speciatim promissa fuerit?* — § 2561 *et* 2562. *Quid de retractu conventionali?* — § 2563. *Evictio etiam non promissa potissimum in privata emptione praestatur.* — § 2564 *et* 2565. *Quid si res publice vendita fuerit?* — § 2566. *Quibus casibus creditor de evictione teneatur?* — § 2567. *Creditor pignus publice vendens antiquiorem creditorem se praestare tenetur.* — § 2568. *Evictio praestatur in datione in solutum, atque etiam in permutatione.* — § 2569 *et* 2570. *Quid si ex caussa transactionis res data fuerit?* — § 2571. *Venditione transactionis nomine velata evictio praestatur.* — § 2572. *Divisio praediorum emptionis vicem obtinet.* — § 2573 *et* 2574. *Quomodo praestanda sit evictio a sociis?* — § 2575. *Evictio dotis nomine praestanda est a patre, aliove dotare coacto.* — § 2576 *et* 2577. *Quid si extraneus ex liberalitate dotem tribuat, vel mulier dotem sibi constituat?* — § 2578 *et* 2579. *Evictio non praestatur in donatione simplici. Quid de remuneratoria, vel sub modo?* — § 2580 *et* 2581. *An evictio praestetur in legatis, feudis vel emphyteusi?* — § 2582. *Interdum jure Romano denegatur actio ex evictione, atque datur actio ex empto. Quare?* — § 2583 *et* 3584. *Evictionis nomine agi potest, licet pars tantum evicta sit. Quid de servitutibus?* — § 2585. *De evictione ob solas molestias agi nequit: sed tum tantum, cum judicis sententia res vere evicta est.* — § 2586. *Referuntur conditiones passim requisitae, ut de evictione agere liceat.* — § 2587 *et* 2588. *Quid si conveneri, ut de evictione teneatur ob solas molestias?* — § 2589. *Sententia, quae transivit in rem judicatam, executioni mandata videtur.* — § 2590. *Quid si plures res simul uno pretio venditae fuerint, et una evincatur: vel corpora quaedam evincatur ex universitate vendita?* — § 2591 *et* 2592. *Quid si res vendita perierit casu, vel dolo venditoris, aut emptoris?* — § 2593. *De-*

(1) Voet *in Pandect.* hoc tit. n. 10.

nunciatio litis motae ab emptore venditori facienda est; nisi ei sit renunciatum. — § 2594 *et* 2595. *Denunciatio necessaria est, licet caussa videatur notoriae injusta; vel auctor motam litem aliunde sciat. Quid si venditor absit, vel latitet?* — § 2596. *Quid si plures sint unius auctoris haeredes, vel plures venditores? Quid de pupillo?* — § 2597. *Quid si res eadem per plurium emptorum manus ambulaverit, et ultimo evincatur? Quid de fidejussore?* — § 2598. *Denunciatio litis motae post litem contestatam fieri potest.* — § 2599. *Denunciatio omissa in prima lite recte fit in caussa appellationis. Quid si auctor laudatus talis non sit?* — § 2600. *De evictione agunt emptores, eorumque successores universales adversus auctorem, licet fiscus sit, ejusque fidejussores.* — § 2601. *Quid si plures simul res vendiderint, aut venditori successerint?* — § 2602. *Creditores pignora vendentes, atque administratores plerumque de evictione non tenentur.* — § 2603 *et* 2604. *Venditor evictionis imminentis nomine datis fidejussoribus cavere tenetur. Quid si immineat evictio unius rei ex pluribus venditis?* — § 2605. *Si venditor fidejussores non inveniat, pretium honesti lucri caussa deponendum est.* — § 2606. *In dubio, an pro evictione dandus sit fidejussor nec ne, spectanda est lex loci, quo contractus celebratus fuit.* — § 2607. *Quae sit fidejussoris pro evictione dati obligatio?* — § 2608. *Emptor evictionis nomine consequitur id quod interest, saltem si evictio promissa fuerit. Quid de impensis in rem factis? Quomodo praestetur evictio in datione solutum?* — § 2609. *Venditor pro fundo evicto alium plerumque dare non tenetur.* — § 2610. *An id, quod interest, duplum hic excedere possit?* — § 2611 *et* 2612. *Litis sumptus adversus evincentem emptori restituendi sunt. Quid si improba lis fuerit?* — § 2613 *et* 2614. *Quid si emptor victus in primo judicio in caussa appellationis vicerit?* — § 2615 *et* 2616. *Aestimatio ejus, quod interest, plerumque fit inspecto tempore, quo res evicta fuit.* — § 2617. *Quid si hyperocha vendita fuerit?* — § 2618. *Emphyteusis in re vendita locum non facit actioni de evictione, sed aestimatoriae. Quid si res fideicommisso obnoxia dicatur?* — § 2619. *Quid si res vendita pignoris vinculo obstricta sit?* — § 2620. *Evictio nominis venditi eatenus tantum debetur, quatenus venditor debitorem praestare cogitur.* — § 2621. *Nominis emptor plus exigere nequit a debitore, quam ipse venditori solvit.* — § 2622. *Stipulatio duplae frequens erat apud Romanos, praesertim in rebus pretiosioribus.* — § 2623. *Quibus casibus actio evictionis nomine denegetur?* — § 2624 *et* 2625. *Emptor scienter omittens exceptiones, vel utiles ad rem recuperandam actiones evictionis nomine agere non potest. Quid si res facto Principis auferatur, vel eam emptor intempestive restituerit?* — § 2626. *An emptor, qui sciens rem alienam emerit, pretium amittat?* — § 2627. *Venditor de evictione tenetur, licet aliter convenerit, si rem alienam sciens vendiderit.* — § 2628. *Quid si venditum sit incertum juris?* — § 2629. *Praescriptione longissimi temporis extinguitur actio de evictione. Quid si venditor rem offerat, postquam evicta fuit?* — § 2630 *et* 2631. *Quae sit exceptio rei venditae et traditae, et adversus quos competat.* — § 2632. *Exceptione rei venditae et traditae utitur emptor, et qui caussam ab eo habet.* — § 2633. *Quibus casibus exceptio haec denegetur?* — § 2634. *Emptor, qui non possideat, publiciana, vel rei vindicatione uti potest.*

§ 2557. De evictione haec sunt singillatim expendenda. 1. Quid sit evictio. 2. Quandonam res evicta censeatur. 3. In quibus negotiis evictio praestetur. 4. Quibus casibus actioni de evictione locus fiat, et quibus conditionibus. 5. Qui de evictione agere possint, vel conveniri. 6. Quo juris remedio de evictione prospiciatur. 7. Quid praestet actio de evictione, seu quid consequatur ille, qui evictionis nomine agit. 8. Quibus casibus actio de evictione denegetur. Postremo quaedam adjiciemus de exceptione rei venditae et traditae.

§ 2558. Evictionis nomine in jure significatur rei ab alio non jure alienatae recuperatio, seu vindicatio: *auctor* dicitur ille, qui rem alienavit; qui *laudari* dicitur, cum in judicio allegatur: pretium vero, seu compensationem rei evictae restituere, prout debet auctor, est *evictionem praestare:* atque vindicatio rei a domino facta proprie *evictio* dicitur.

§ 2559. Haec autem vindicatio, seu repetitio rei suae per alium temere alienatae pluribus modis fieri potest: seu toties fieri intelligitur, ut de evictione actio nascatur, quoties ab emptore res aufertur (1), vel impeditur, ne rem habere possit, quacumque demum ex caussa vel titulo (2): immo et si litis aestimationem solverit; nec enim rem amplius habere videtur, cui pretium abest (3).

§ 2560. Sed non videtur emptori evictus fundus, ita ut emptor eo nomine teneatur, etiamsi retractu, lege municipali, consuetudine, vel statutis inducto favore agnatorum ab emptore aufeiatur (4); nec enim fundus aufertur ex culpa, vel facto venditoris, qui rem alienam distraxerit, sed potius ex conditione emptoris, sanguinis vinculo venditori neutiquam conjuncti, qui rem

(1) l. *Evicta re* 16 § 1; l. *Si mancipium* 34 § 1 ff. hoc tit.
(2) l. *Sed hoc nomine* 26; l. *Si mancipium* 34 § ult.; et l. seq.; l. *Minor* 39 § *pater* 3 et sequ. ff. hoc tit.
(3) d. l. 16 § 1; l. *Si servus* 21 § *et ideo* 2 ff. hoc tit.
(4) Voet *in Pandect.* hoc tit. n. 2.

hanc perspectam habere potuit, et debuit (1): cuique pretium, quod solvit, restituitur: quamquam ad id quod interest, agere non potest (2). Casus excipitur, quo evictio speciatim promissa sit (3).

§ 2561. Difficilior est quaestio de retractu conventionali, si nempe Titius rem, quam prius emerat a Sempronio sub pacto retrovendendi, deinceps eandem vendat Maevio, atque Sempronius rem sibi retrovendi postulet. Si pacto, ut ajunt, retractus nihil additum sit, qui ex eo solam oriri putant personalem actionem adversus Titium ad id quod interest, consequenter defendunt, locum non esse praestandae evictioni, quae sequi non possit (4): utique vero, si adjectum sit pactum, ut oblato pretio res sit inempta, vel ut venditor rem suam recuperet (5).

§ 2562. Verum, cui vi pacti de retrovendendo emptor praecise cogi possit, ut emptam rem, si modo ipsi pretium restituatur, venditori rursus cedere debeat; nec liberetur, praestando id quod interest (6): immo in retractu conventionali pacta haec, ut res sit inempta, et venditor rem suam recuperet (§ praeced.), semper adjiciantur, atque hinc ulterius ex facto, seu pacto venditoris, qui rem eatenus alienam vendidit, quatenus a primo venditore redimi potest, evictio sequatur, consequens est, venditorem de evictio sequatur, consequens est, venditorem de evictione in hoc casu teneri.

§ 2563. Sequitur disputatio de negotiis, in quibus evictio praestanda est: atque hic generalis regula traditur, evictionem promissam in quocumque negotio, seu contractu praestandam esse (7): nec legibus, nec bonis moribus adversatur hoc pactum: proinde servandum est (8). Quaedam tamen negotia sunt, in quibus evictio ex natura contractus praestari debet, et potissimum emptio, sive res corporalis evicta fuerit (9), sive incorporalis (10), aut servitus nominatim vendita (11).

§ 2564. Si venditio privatim facta sit, aperta res est: evictio a venditore praestatur: quod si res publice sub hasta venditae fuerint, et deinceps evictae, emptor indemnis servandus est a venditore, qui sponte easdem distraxerit; vel a debitore, in cujus liberationem pretium cessit; non vero a creditoribus, quibus instantibus venditio facta fuit (1), nisi in singularibus quibusdam casibus, puta si creditor eam repromiserit, quo tamen casu regressum habet adversus debitorem, si huic utilis fuerit promissio; vel si rem debitoris tamquam suam vendiderit (2).

§ 2565. Tenetur tamen creditor actiones suas tum in personam, tum in rem emptori cedere adversus debitorem (3); immo et ex facto suo obligatur, videlicet si ex creditoris facto res evincatur (4): propter dolum; vix enim est, ut dolo carere videatur, qui celavit factum suum; quippequod ignorare non praesumitur (5).

§ 2566. Ex eadem doli caussa creditorem, qui sciens, rem alienam pignori sibi datam fuisse, eam jure creditoris vendiderit, de evictione teneri aequum est (6). Idem dicendum, si decretum interpositum fuerit a judice competente, vel venditio pignoris debitori non sit denuntiata: culpa creditoris, qui requisita subhastationum non servavit, emptori noxia esse non debet; cui proinde pretium a creditore restituendum est (7): neque excusandus creditor, qui vacuam rei possessionem emptori promiserit, si hanc emptor habere non possit (8).

§ 2567. Quinimmo tenetur creditor, qui pignus publice jure creditoris vendit, praestare se antiquiorem creditorem (9); licet enim vendat pignus tamquam creditor, tamen contrahit cum eo, qui contracturus non esset, si eum antiquiorem non existimaret. Sed si creditor agat contra tertium possessorem ad possessionem avocandam (10), creditorem utique se demonstrare debet, non tamen antiquiorem; in hoc enim casu creditor non contrahit cum possessore, sed jus suum prosequitur: proinde sufficit, ut actiones suas possessori cedat (11).

§ 2568. Eodem ac emptio jure regitur datio in solutum; proinde si res data in solutum evicta fuerit, adversus dantem de evictione actio competit (12): sive pro debito pecuniario datio in solutum facta fuerit, quo casu vera venditio intervenit, sive pro re corporali, vel incorporali, quo casu potius permutatio contracta videtur (13);

(1) l. *Regula est* 9 ff. *De jur., et fact. ignor.* (22. 6)
(2) Voet d. n. 2 in fin.; Thesaur. d. lib. 2, quaest. 23, n. 13 et ult. †
(3) Thesaur. d. n. 13 †.
(4) Voet *in Pandect.* hoc tit. d. n. 2 in med.
(5) argum. l. *Si cum venderes* 13 ff. *De pignorat. act.* (13. 7).
(6) Fab. Cod. *De pact. inter. emptor, et venditor.* lib. 4. tit. 36, def. 8; Thes. lib. 2, quaest. 72. n. 1.
(7) l. *Sciendum* 52 ff. hoc tit; ll. 1 et 2 Cod. hoc tit.
(8) l. *Juris gentium* 7 § *ait praetor* 7 ff. *De pact* (2, 14).
(9) l. 1 ff. hoc tit.
(10) l. *Si plus* 74 § ult. ff. hoc tit.
(11) l. *Fundum* 46 § 1 ff. hoc tit.

(1) l. 1 Cod. *Creditor. evict. pign. etc.* (8, 46); Fab. Cod. eod. lib. 8, tit. 32, def. 1.
(2) d. l. 1 et l. 2 Cod. *creditor. evict. pign.*
(3) l. *Mulier* 19 ff. *Qui potior. in pign.* (20, 4); l. *In creditore* 38 ff. hoc tit.; Fab. Cod. d. lib. 8, tit. 32, definit. 1, n. 2.
(4) Fab. ibid. n. 3 et def. 3. n. 18.
(5) l. *Quaero* 39 ff. *De act. empt.* (19. 1).
(6) argum. d. l. ult. Cod. *Creditor. evict. pign. etc.* (8, 46).
(7) Voet *in Pandect.* hoc tit. n. 5 in fin.; Fab. Cod. lib. 8. tit. 32. def. ult.
(8) Fab. def. 3 per tot.
(9) l. 1 in fin Cod. *Creditor. evict. pign. non deb.* (8, 46). Fab. Cod. lib. 8, tit. 32. def. 2, n. 3.
(10) Ex l. ult. Cod. *De acquir. possess.* (7. 32).
(11) d. l. *In creditore* 38 ff. hoc tit; Fab. d. def. 2, n. 2 et seqq.
(12) l. *Si praedium* 4 Cod. hoc tit.; Fab. Cod. *De solut.* lib. 8. tit. 30. def. 49, in princ. et Cod. hoc tit lib. 8, tit. 31. def. 20 et 28.
(13) l. 1 ff. *De rer. permutat.* (19, 4).

cum et in permutatione evictio praestetur (1); nisi malit is, cui res evicta fuit, rem, quam dedit, repetere, prout potest (2); nisi forte ex caussa transactionis res in solutum data proponatur (3).

§ 2569. Igitur, ut modo diximus (§ praec.), si ex caussa transactionis Titius a Maevio fundum acceperit, et fundus evincatur, Titius ad id quidem, quod interest, agere potest, evictionis nomine; non tamen repetere, quod dedit (4); ne lites novae fiant, quas tolli publice interest (5).

§ 2570. Quod si ex caussa transactionis data plane fuerit illa res, de qua disceptabatur, nulla competit accipienti actio, licet res evincatur (6); qui enim transactionis caussa rem adversario dimittit, non id agit, ut adversarius inde rei dominus fiat, sed tantum renunciat juri, quod in ea re se habere contendit, qualecumque illud sit. Ex quo patet, nihil interesse, utrum renuncians possessionem rei haberet, nec ne (7); nec enim possessio caussam transactionis immutat.

§ 2571. Exceptio utique admittenda esset, si quis jus sibi clare competens dimitteret accepta tanta pecuniae quantitate, quae vero rei valori fere respondeat, sive is possideat, sive non (8); in hoc enim casu venditio potius esset transactionis nomine velata (9): proinde evictio locum habere debet (§ 2564): plus valet, quod agitur, quam quod simulate concipitur (10).

§ 2572. Divisionem praediorum, ait Imperator Antoninus, emptionis vicem obtinere placuit (11): consequenter evictio in ea praestari debet (§ 2564); sive fundus evictus uni adjudicatus sit judicis auctoritate, sive cohaeredum, aut sociorum consensu.

§ 2573. Quo vero ad modum praestandae evictionis a sociis, distinguendum est, an socius sciverit rem sibi adjudicatam alienam esse vel alteri obligatam, an sibi caveri de evictione curaverit, nec ne. Cohaeres sciens rei sibi adjudicatae vinculum, nec sibi caveri postulans, evicta re, actionem non habet ad id quod interest (12), quippe sibi imputare debet, cur diligentius indemnitati suae non prospexerit; rei tamen aestimationem a cohaeredibus jure desiderare videtur (13);

(1) d. l. 1 § 1 ff. *De rer. permut.*

(2) d. l. 1 § ult.; l. 1 Cod. eod. tit. (4, 64); Fab. d. definit. 49, n. 19 et seqq.

(3) l. *Si pro fundo* 33 Cod. *De transact.* (2, 4); Fab. d. definit. 49, n. 27 et 28.

(4) d. l. 33 Cod. *De transact.* (2, 4) Fab. Cod hoc tit. lib. 8, tit. 31, def. 32.

(5) l. *Item* 4 § 1 in fin. ff. *De alienat. judic. mutand. caus. fac.* (4, 7).

(6) d. l. *Si pro fundo* 33 in fin. Cod. *De transactionib.* (2, 4); Fab. Cod. hoc tit. lib. 8, tit. 31, def. 32.

(7) Voet in *Pandect.* hoc tit. n. 10.

(8) Ibid. n. 10 in fin.

(9) V. supra § 2328.

(10) l. 1 et passim Cod. *Plus valer., quod agit.* (4, 22).

(11) l. 1 Cod. *Commun. utr. judic.* (3, 38)

(12) l. *Si fratres* 7 Cod. *Commun. utr. jud.* (3, 38).

(13) Voet *in Pandect.* hoc tit. n. 8.

nec enim cohaeredes cum ejus jactura locupletiores fieri sinit aequitas (1).

§ 2574. Quod si cohaeres, vel quivis alius socius rem alienam sciverit, sed sibi de evictione caveri curaverit, prout arbitrio familiae erciscundae convenit (2), ex stipulatione agere potest ad id quod interest (3): actione vero praescriptis verbis, si rei vinculum ignoraverit, nisi forte inter cohaeredes convenerit, ut incertum evictionis alter suscipiat (4). An cohaeredes invicem sibi praestent evictionem, cum testator ipse res inter eos divisit, distinctionibus inter suos, et extraneos haeredes quaestio definienda est, prout suo loco dicemus.

§ 2575. Quod ad dotem spectat, interest, utrum a patre data sit, aliove dotare coacto: an ab extraneo, qui dotem nupturae puellae, nullo jure cogente, constituerit. Si pater rem dotis nomine dederit, eaque evincatur adversus patrem actio de evictione competit (5), cum paternum officium sit dotem filiabus dare (6): officio functus videri nequit, si res dotis nomine tradita auferatur. Idem obtinet in fratre, qui dotem sorori ex bonis paternis dederit (7).

§ 2576. Sed si extraneus ex liberalitate dotem tribuat, vel etiam mulier nuptura sibi dotem constituat, distinguendum in primis, an dos incoeperit a promissione, an a datione; seu an dos promissa prius fuerit, tum tradita; an tradita absque praevia promissione. Evicta re in dotem data, cum dos promissa fuerat, competit marito condictio, vel actio ex stipulatu, ut alia res pro dote detur (8); promissa non judicatur implere, qui rem dat, quam habere non licet: maxime quia dotis caussa onerosa potius est, cum maritus gravissima matrimonii onera ferre cogatur (9).

§ 2577. Rursus distinguendum est, cum dos incoepit a datione, seu dationem nulla praecessit promissio: nimirum refert, an data in dotem res fuerit aestimata eo consilio, ut aestimatio venditionem faciat, an inaestimata; vel aestimata quidem, sed facta tantum aestimatione, ut constet, quid, et quantum dotis nomine traditum fuerit, non ut venditio, seu species quaedam venditionis natura (§ 2564): non in altera, nisi dolo res aliena in dotem data sit: quo casu conceditur actio de dolo, vel in factum adversus dantem (10).

(1) l. *Nam hoc natura* 14 ff. *De condiction. indebit.* (12, 6).

(2) l. *Haeredes* 25 § penult. ff. *Famil. Erciscund.* (10, 2).

(3) d. l. *Si fratres* 7 Cod. *Commun. utr. judic.* (3, 38).

(4) l. *Si familiae* 14 Cod. *Fam. Ercisc.* (3, 36).

(5) argum. l. *Cum post divortium* 69 § *gener* 4 ff. *De jur. dot.* (23, 3).

(6) l. ult. Cod. *De dot. promission.* (5, 11).

(7) Fab. Cod. hoc tit. lib. 8, tit. 31, d. def. 20.

(8) l. 2 Cod. *De jur. dot.* (5, 12).

(9) l. *Pro oneribus* 20 Cod. eod. tit.

(10) d. l. 1 Cod. *De jur. dot.* (5, 12) jung. l. *Plerumque* 10 § *si ante* 4 et seq.; l. *Quoties* 16 Cod. eod. tit. (23, 3).

§ 2578. Non idem ac de dote dicendum de donationibus simplicibus, seu quae ex mera liberalitate fiant: cum enim non deceat, donantem ex sua liberalitate damnum sentire (1), ad praestandam evictionem cogendus non est, nisi stipulatio de evictione intercesserit (2); vel dolo malo res aliena donata fuerit, in quam donatarius impensas fecerit; quas ab evincente recuperare non potuerit; has quippe repetit a donante, non ultra (3). Idem dicendum de remissione liberaliter facta debiti, quod quis sibi competere existimabat (4).

§ 2579. Sed si donatio remuneratoria sit, vel sub modo, evictionem praestandam esse, plerique sentiunt (5), quia mera liberalitas non est: atque etiam evictio praestanda videtur, si donatio incoeperit a promissione; prout de dote diximus (§ 2576), saltem si res in genere promissa fuerit, puta equus; atque is, qui datus fuit, evincatur; non vero si certa res promissa, et deinceps tradita donatario auferatur (6), prout de legato mox dicturi sumus.

§ 2580. A donatione simplici in hac re non distat legatum: nimirum distinguunt leges, utrum testator rem in genere, an rem certam legaverit. Si res in genere legata fuerit, puta equus, atque haeres unum ex illis, sive suo, sive legatarii arbitrio, dederit, eaque evicta sit, ad aliam ejusdem generis retrodandam cogi ex testamento potest (7); alioquin impleta videri non potest defuncti voluntas: sed, evicta certa re legata, nullam praestat evictionem haeres (8); voluntatem testatoris implet rem dando, qualis est: nisi testator sciverit rem alienam esse, vel conjunctae personae legaverit (9), de quibus alibi diximus.

§ 2581. Feuda quod attinet, cautum est, ut cum de re aliena, vel alii obligata investitura fit scienti, hic de evictione agere nequeat, nisi pacto speciali sibi prospexerit: ignorans vero recte agat, ut aliud ejusdem bonitatis seu quantitatis feudum praestetur; quin referat, an sciverit, an ignoraverit ille, qui investituram fecit (10). Atque hinc plures sentiunt (11), evicta re in emphiteusim data emphyteutae adversus concedentem actionem competere (12) ad pretii restitutionem, non amplius, cum emphyteusis speciem beneficii habeat (1).

§ 2582. Sequitur disquisitio de casibus, in quibus propter evictionem agi potest; et conditionibus requisitis, ut actor obtineat. Sed imprimis animadvertendum est, interdum Iure Romano denegari actionem ex evictione, cum tamen competit actio ex empto (2): quia nimirum duplum plerumque stipulabantur emptores evictionis nomine; itaut, usu procedente, duplae haec stipulatio, licet omissa, tacite subintelligeretur (3): actio vero ex empto tantum datur in simplum: sed cum hodiernis plerumque gentium moribus actio in duplum exoleverit, nihil interest, utra actio instituatur (4).

§ 2583. Hisce praemissis, Romanae leges actionem de evictione concedunt, licet speciatim promissa non sit (5), sive tota res, sive illius pars evicta fuerit (6), utique pro parte evicta, non pro tota re, nisi emptor probet, se partem empturum non fuisse (7), dummodo pars haec principalis sit, seu nomen totius retineat: puta quaedam jugera fundi (8): quod si pars evicta nomen principalis non habeat, puta ex navi vendita evincantur tabulae, vaccae distractae foetus, actio haec denegatur (9). Sed actione ex empto in simplum agere licet, prout in accessionibus evictis (10).

§ 2584. Si servitus realis, quam venditor fundo vendito nominatim accessuram promiserat, evincatur, adversus eum agi potest (11). Idem obtinet, si venditus fuerit fundus liber ab omni servitute, vel *uti optimus, maximusque*, et vicinus servitutem evincat, tamquam sibi in eo fundo debitam, et constitutam (12), extra hos casus cessat evictionis actio, et tantum fit locus actioni ex empto (13).

§ 2585. Non tamen, quod caute animadvertendum, hisce actionibus, sive evictionis nomine, sive ex empto locus fit, statim ac emptor quasdam molestias patitur a vicinis servitutem fundo vendito denegantibus: vel sibi in eo vindicantibus: sed tunc tantum, cum jura haec emptori per sententiam judicis denegata sunt; alioquin si emptor metu molestiarum et impensarum litis passus sit quaedam in praejudicium servitutis fundo empto debitae, vel liberatis fieri a venditore

(1) l. *Ad res donatas* 62 ff. *De aedil. edic.* (21, 1).
(2) l. *Quoniam* 2 Cod. hoc tit.
(3) l. *Aristo* 18 ff. *De donationib.* (39, 5).
(4) Fab. Cod. hoc tit. lib. 8, tit. 31, def. 7.
(5) Brunneman. ad d. l. 2 Cod. hoc tit. n. 10.
(6) Ibid. n. 12.
(7) l. *Haeres* 58 ff. hoc tit.
(8) l. *Si a substituto* 45 § ult.; l. *Si legati* 56; l. *Si servus* 70 ff. *De legat.* 1. (30, 1).
(9) l. *Cum alienam* 10 Cod. eod. tit. (6, 37); § *non solum* 4 Instit. eod. tit. (4, 20)
(10) Feudor. lib. 2, tit. 8 in princ.; V. Thesaur. lib. 2, quaest. 23, n. 19 et seqq.
(11) Voet *in Pandect.* hoc tit. n. 14.
(12) argum. l. *Stipulatio* 38 § *si quis* 3 ff. *De verb. obl.* (45, 1).

(1) Fab. Cod. hoc tit. lib. 8, tit. 31, def. 12.
(2) l. *Evicta* 16; l. *Si in venditione* 60 ff. hoc tit.
(3) l. *Quod si nolit* 31 § *quia assidua* 20 ff. *De aedil. edic.* (21, 1).
(4) Voet *in Pandect.* hoc tit. n 28.
(5) l. *Quod si nolit* 31 § *quia assidua* 20 ff. *De aedil. edict.* (21, 1).
(6) l. 1 ff. hoc tit.
(7) l. *Cum plures* 72 ff. hoc tit; Thesaur. dec. 102, n. 3 †. Fab. Cod. hoc tit. lib. 8, tit 31, def. 15.
(8) l. *Qui fundum* 45; l. *Ex mille* 64 ff. hoc tit.
(9) l. *Nave* 36; l. *Vaccae* 43 ff. hoc tit.
(10) l. *Evicta* 16 ff. hoc tit.
(11) l. penult. in fin. ff. hoc tit.
(12) d. l. penult. ff. hoc tit.
(13) d. l. penult.; l. *Quoties* 61 ff. *De aedil. edic.* (21, 1).

repetere non potest, cum nihil vere evictum sit (1).

§ 2586. Hinc tradunt pragmatici, octo conditiones requiri, ut quis de evictione agere possit. 1. Quod lis denuncietur auctori. 2. Emptor viriliter defendat. 3. Sententia feratur. 4. Super rei proprietate. 5. A judice competente. 6. Non per imprudentiam. 7. Nec ab ea sit appellatum. 8. Ad executionem perducta sit: ita ut, si una ex his desit, evictio plerumque peti nequeat (2).

§ 2587. Fallit superior regula, qua diximus, venditorem de evictione non teneri, nisi res vere evicta sit (§ 2885), si conventum fuerit, ut venditor lite mota super re vendita teneatur de evictione, vel ad restitutionem pretii, licet res nondum evicta sit (3). Sed si simpliciter convenerit, ut, lite mota super re vendita, emptor recuperet pretium, nec addita sint illa verba: *quamvis res nondum evicta sit*, vel *non expectato litis eventu*, censuit Senatus, nonnisi lata sententia, de evictione agi posse adversus venditorem, licet in instrumento adessent haec verba, *si aliqua lis aliqualiter mota fuerit* (4); quia lis mota cum effectu non videatur, nisi lata pro evincente sententia.

· § 2588. Si fingamus, venditorem in proposita modo specie de evictione cavisse adjecta hypotheca omnium bonorum suorum, poteritne emptor, cui lis mota est, petere, ut venditor condemnetur ad remittenda bona sua tenenda ab emptore jure pignoris et hypothecae, donec liberatus sit a molestia, cum damnis, expensis, et eo, quod interest? Affirmantium sententia placuit Senatui, si modo evictio sub hypotheca bonorum promissa fuerit, atque venditor specialim se obligaverit de refectione damnorum; licet ageretur contra tertios bonorum venditoris possessores, post factam illius excussionem (5); pro concurrente quantitate relevii, seu indemnitatis praestandae, facta liquidatione coram caussae relatore (6).

§ 2589. Diximus, de evictione agi non posse, nisi sententia contra emptorem lata sit, et executioni demandata (§ 2586): casus tamen contingere potest, quo sententia jure inspecto ad exitum perducta videatur, licet de facto, ut ajunt, consummata non sit; puta si transierit in rem judicatam (7): atque ideo de evictione actio emptori competit (8).

§ 2590. Si plures res, etiam simul, et uno pretio sint venditae, tot tam censentur venditionis contratus, quot sunt res (1): adeoque una ex his evicta actio pro hac competit (2): nisi constet, emptorem non fuisse unam sine altera empturum (3); licet reliquae tantum valeant, quantum pro omnibus pretii nomine datum est (4): lucrum emptoris est, quod proinde cum damno compensare non tenetur: quo fundamento traditur, fundo centum jugerum vendito, sed latioribus finibus demonstratis, si quid ex his finibus evincatur, pro bonitae ejus emptori praestandum esse, licet, quod relinquitur, centum jugera habeat (5). Quod si rerum universitas vendita proponatur, puta grex, venditor non tenetur de singulis corporibus evictis, nisi aliud convenerit expresse, aut tacite; vel adjuncta ita suadeant (6).

§ 2591. Sed quid, si res vendita perierit? Stipulatio de evictione praestanda, ait Ulpianus, non committitur; quia nemo rem evincit, sed factum humanae sortis; de dolo tamen agi poterit, si dolus intercesserit venditoris (7), qui sciens rem alienam vendiderit; itaut pretium restituere debeat (8).

§ 2592. Quod si res interierit culpa emptoris, isque evincenti pretium dare debuerit, nullum adversus venditorem regressum habere potest, cum proprii doli poenam sustinuerit; venditor autem de evictione conveniri potest, si interitui caussam dederit, vel liti assistens impedierit, ne res evincenti restitueretur, et interim perierit; atque emptor in aestimationem fuerit condemnatus (9)

§ 2593. Conditio praecipua a legibus requisita, ut emptor, aliique, quibus de evictione actionem competere diximus, agere possint, in eos est, ut litem super re motam auctori tempestive denuncient, ut liti assistat, et rei conventi defensionem suscipiat (10): nisi pacto denunciationis necessitas remissa fuerit (11). Facta legitimo modo denunciatione, sive actor liti assistat, sive contumax sit, evictione secuta adversus eum agi potest, si modo emptor rei defensionem non neglexerit; alioquin auctor magis propter absentiam, quam quia malam caussam haberet, condemnatus videretur (12). Ex quo colligit Faber, emptorem, qui renunciaverit liti motae de judi-

(1) l. *Si plus* 74 § penult. ff. hoc tit.; l. *Qui rem* 3 Cod. hoc tit.; Thes. dec. 102, n. 3 †; Fab. Cod. hoc tit. lib. 8, tit. 31, def. 15.

(2) l. *Habere licere* 57 ff. hoc tit.

(3) l. *Sive in libertatem* 12 Cod. hoc tit.; Thesaur. d. dec. 85, n. 2.

(4) Thes. d. dec. 85, n. 3 †

(5) Thes. d. dec. 85 in addit.

(6) Thes. ibid.

(7) argum. l. *Qui restituere* 68 ff. *De rei vindicat.* (6, 1).

(8) Thes. dec. 102, n. 3 †

(1) l. *Etsi uno pretio* 33 ff. *De action. empt.* (19, 1).

(2) l. *Cum plures* 72 ff. hoc tit.

(3) Thes. dec. 102 in addit. †, argum. l. *Tutor* 47 § 1 ff. *De minoribus* (4. 4).

(4) l. *Si duos* 47 ff. hoc tit.

(5) l. *Qui fundum* 45 ff. hoc tit.

(6) argum. l. *Qui filii familias* 14 § 1; et l. seq. ff. *De haeredit., vel act. vendit.* (18. 4) V. supra § 2391.

(7) l. *Si servus* 21 in princ. ff. hoc tit.

(8) l. *Servus* 30 § 1 ff. *De action. empt.* (19. 1).

(9) l. *Utique* 16 ff. *De rei vindicat.* (6. 1).

(10) l. *Si fundo* 53 § 1; l. *Si plus* 74 § penult. ff. hoc tit; Fab lib. 8, tit. 31, def. 26; ubi explicat, quomodo venditor emptorem defendere, atque indemnem servare teneatur.

(11) l. *Herennius* 63 in princ. ff. hoc tit.

(12) l. *Si ideo* 55 in princ. ff. hoc tit.

cio rei venditae, nullum habere regressum de evictione, praesertim si apud acta renunciaverit, nisi probet, evictionem omnino justam fuisse (1).

§ 2594. Neque remittitur hac denunciationis necessitas, licet caussa videatur notorie injusta seu certo constare videatur de jure evincentis; an enim caussa justa sit, an injusta, judicis est, auditis partibus, aestimare, non emptoris, qui plerumque auctoris defensiones ignorat (2): quamquam et hic emptori succurrendum, prout modo diximus (§ praeced.), si probet, evincentis jus omnino certum fuisse (3).

§ 2595. Facienda quoque denunciatio motae litis auctori, licet hic aliunde sciat; quod enim dicitur, certiorandum non esse, qui non ignorat (4), locum non habet, cum quis certiorandus est, ut aliquid faciat (5); idest, ut in nostro casu, defensionem suscipiat. Sane si per venditorem steterit, quominus denunciatio sequeretur; puta quia absens fuerit, vel latitaverit, stipulatio evictionis committitur, perinde ac si denunciatio facta fuisset (6): quibus tamen casibus denunciatio ad ejus domum facienda esset (7).

§ 2596. Denunciatio, si plures auctores sint, vel plures unius auctoris haeredes, singulis fieri debet, quia singuli defendere tenentur (8): si tamen unus ex his liti in solidum assistat, vel omnibus vincit, aut vincitur; atque condemnatio in partes haereditarias fit (9). Sufficit autem denunciationem fieri procuratori auctoris, si modo auctor denunciationem factam non ignoret (10): pupillo etiam sine tutoris auctoritate, si hic non appareat, denunciationem fieri posse apud Romanos benignius receptum fuisse, ait Paulus (11): verum, cum cognatis fieri possit denunciatio; immo et judicis auctoritate curator pupillo dari, ut alieno auxilio defendatur, qui propter aetatem se defendere nequit, vix excusaretur emptor, qui soli pupillo denunciaret (12).

§ 2597. Sed quid, si eadem res saepius vendita per plurium emptorum manus ambulaverit, et tandem ultimo possessori evincatur? Possessor auctori suo denunciare debet, non primis auctoribus, cum quibus non contraxit, nisi ipsi cessae sint actiones (1): sed possessor auctori suo denunciare debet, hic vicissim ei, a quo rem habuit, donec ad primum auctorem perveniatur; alioquin, si unus praetermitteretur, adversus hunc regressus non pateret (2). Fidejussori, aut creditoribus denunciatio fieri non debet (3), quippequi defensiones ignorare praesumuntur.

§ 2598. Si quaeratur, quo tempore denunciatio haec facienda sit, respondet Pomponius, quolibet tempore fieri posse, adeoque et post litem contestatam, *dum tamen ne prope ipsam condemnationem fiat* (4), si modo adhuc in caussa conclusum non sit, nec publicata fuerint attestata (5). Cum ergo ait Labeo, denunciationem fieri debere, priusquam judicium accipiatur (6), respondemus, judicii accepti tempore non litis contestatae tantum, sed et latae sententiae tempus aliquando significari (7).

§ 2599. Quinimmo, si denunciatio in prima lite fuerit omissa, atque emptor condemnatus provocaverit; cum appellationis remedio vis prioris sententiae perimatur (8); adeoque defensio auctori integra sit, plerique, nec immerito sentiunt, denunciationem ei recte fieri, ut in appellationis judicio liti assistat (9). Porro auctor evictionis nomine laudatus, et ad rem defendendam condemnatus, licet auctor vere non sit, jure emptoris tam in agendo quam excipiendo uti potest (10); cum sit procurator necessarius: atque idem dicendum de eo, qui per imperitiam se rei defendendae obtulit, cum auctor non esset; dummodo evincentis durior conditio non fiat (11), ut sententia contra eum lata etiam pro ipso jus faciat (12).

§ 2600. De evictione agere possunt emptores, aliique, qui caussis onerosis supra memoratis (§ 2563 ad 2581) rem consecuti sunt, atque deinceps per judicis sententiam amiserunt (§ 2585); nec non eorum successores universales (13), non singulares, puta secundi emptores, nisi actio a primo emptore ipsis cessa sit (14); adversus venditores et auctores (§ 2558), nec non eorum haeredes (15): cum ex contractu nata sit actio:

(1) Fab. Cod. hoc tit. lib. 8, tit. 31, def. 8.
(2) argum. l. *Praetor ait* 20 § 1 ff. *De oper. nov. nunciat.* (39, 1).
(3) Voet *in Pandect.* hoc tit. n. 22 in fin.
(4) l. 1 in fin. ff. *De action. empt.* (19, 1).
(5) argum. l. *Si praesentes* 20 in fin. Cod. hoc tit; Fab. Cod. *Si pign. pign. etc.* lib. 8, tit. 14, def 2, n. 2.
(6) l. *Si ideo* 55 § 1; et l. seq. § ult. ff. hoc tit.
(7) argum. l. *Dies* 4 § *praetor ait* 5 ff. *De damn. infect.* (39, 2).
(8) l. *Si rem* 62 § 1 ff. hoc tit; l. *In executione* 85 § *in solidum* 5 ff. *De verb. obl.* (45, 1). V. Fab. Cod. hoc tit. lib. 8, tit. 31, def. 27, ubi de caussa appellationis contra haeredes venditoris prosequenda.
(9) d. l. 62 § 1 d. l. 85 § 5.
(10) l. *Si dictum* 56 § *si praesente* 4 ff. hoc tit.
(11) d. l. 56 § ult. ff. hoc tit.
(12) Voet *in Pandect.* hoc tit. n. 21 in princ.

(1) l. *Si res* 59 ff. hoc tit.
(2) argum. l. *Si rem* 62 § 1 ff. hoc tit.
(3) l. *Auctore* 7 Cod. hoc tit; Fab. Cod. hoc tit. lib. 8, tit. 31, def 25.
(4) l. *Si rem* 29 § ult. ff. hoc tit.
(5) Brunneman. ad d. l. 29. n. 4 et 5.
(6) l. *Qui concubinam* 29 § *si haeres* 3 ff. *De legat.* 3. (32, 1).
(7) l. 1 Cod. *Si advers. rem judicat.* (2, 27); junct. l. *Denique* 3 § 1 ff. *De minorib.* (4, 4).
(8) l. 1 § ult. ff. *Ad Senatusc. Turpil* (48, 16).
(9) Brunneman. ad d. l. 29 ff. hoc tit. n. 8; Voet *in Pandect.* hoc tit. n. 23 in fin.
(10) arg. l. *Invitus* 156 § penult. ff. *De reg. jur.* (50, 17); Fab. Cod. hoc tit. lib. 8, tit. 31, def. 17.
(11) Fab. d. def. 17, n. 4 et def. 21.
(12) argum. l. *In hoc judicio* 27 ff. *Famil. Erciscund.* (10, 2).
(13) l. *Venditor* 8 et seq. ff. hoc tit.
(14) l. *Si res* 59 ff. hoc tit.
(15) l. *Si status* 18; l. ult. Cod. hoc tit.

tum adversus fiscum, sive successerit ex contractu, sive ex publicatione bonorum, etiam pro litis sumptibus (1), atque contra fidejussores (2); licet hi motam litem ignoraverint (3), cum his denunciari non debeat (§ 2597): licet pro minore fidejusserint, atque is adversus venditionem restitutus sit (4).

§ 2601. Si plures communiter eandem rem vendiderint, vel plures sint unius venditoris haeredes, omnes in solidum defendere tenentur; ita ut, si unus liti adfuerit, omnibus vincat, aut vincatur; ita tamen, ut condemnatio ad id quod interest, utpote divisionem recipiens, pro parte in singulos fiat (§ 2596): quod si singuli suam partem vendiderint, unusquisque pro sua tantum parte conveniri potest ex caussa evictionis (5).

§ 2602. Non tamen de evictione plerumque tenentur creditores, qui pignora vendiderint (6); nec multo minus executores judicati (7): nec procuratores (8), nisi sponte in se receperint onus evictionis (9): nec tutores, aut curatores (10), quamquam mater curatrix simul, et usufructuaria, si simul cum filio rem filii vendat, de usufructu sibi competente teneri potest, si eum non exceperit, com evictionem emptori promisit, licet filii nomine (11): nec qui in distractionem utique consenserunt, nulla tamen evictionis nomine suscepta obligatione (12).

§ 2603. Quo emptori, et similibus tutius consultum sit, Romanis legibus inductum, ut venditor de evictione cavere teneatur, nuda quidem repromissione, non satisdatione, seu cautione praestitis fidejussoribus, nisi id nominatim actum sit (13), vel in ipso contractus limine immineat evictio; quo casu emptor ad pretium solvendum non compellitur, nisi venditor dati fidejussoribus (§ 2514) caveat (14); quamvis emptori ex pignoribus datis satis cautum videatur (15).

§ 2604. Sed si fingamus, plures res diversis pretiis, sive uno, sive pluribus instrumentis venditas fuisse, atque evictionem de una tantum imminere, emptor, ad hujus pretium solvendum conventus, desiderare non potest, ut ipsi satisdetur etiam pro aliis, quarum evictio ex eadem caussa immineat, si pro his jam solverit pretium vel nondum solutum non petatur (1); quoties enim plures res diversis pretiis venditae sunt, licet eodem instrumento, diversae sunt venditiones (2); adeoque et plures de evictione actiones invicem separatae.

§ 2605. Non tamen permittendum emptori, ut re, et pretio fruatur, si forte emptor fidejussores non inveniat, aut ut pecuniam obsignet, atque ita fiat, ne ullum ex ea emolumentum percipiat venditor; sed deponenda est penes idoneum mercatorem, qui legitimas usuras loco fructuum venditori praestet (3); ita quippe consulitur tum venditori (4), tum emptori.

§ 2606. Si dubitetur, an pro evictione dandus sit fidejussor, nec ne, spectanda videtur lex loci, in quo contractus celebratus fuit, sive res mobiles, sive immobiles in contractum deductae fuerint (5): evictio etenim pertinet ad naturalia, seu solemnia contractus (6), atque in his servandam esse loci legem, alibi demonstravimus (7). Hinc sequitur, dandum esse fidejussorem subditum judici, in cujus territorio venditio celebrata fuit (8).

§ 2607. Quod pertinet ad hujusce fidejussoris pro evictione dati obligationem, interest, an pacto vel lege municipali dandus sit, an ex caussa evictionis in contractus limine imminentis. Primo casu in omnes evictionis caussas tenetur, utpote qui generatim spopondit: in altero non videtur teneri in alias caussas praeter illam, quae in limine contractus imminebat et propter quam expetitus fuit ab emptore (9); cum de caeteris nec actum, nec cogitatum sit; atque fidejussoris obligatio, utpote stricti juris, strictam recipit interpretationem, nec ultra casus expressos extendatur (10): nisi generalia et ampla sint fidejussionis verba.

§ 2608. Post haec inquirendum, quid consequatur emptor, vel alius emptori similis, per actionem de evictione. Atque hic regula generalis traditur, ob secutam evictionem adversus auctorem agi ad id quod emptoris interest rem evictam fuisse (11); non solum pretium, quod prius emptor solvit (12): (saltem si evictio pro-

(1) l. *Fiscus* 6 ff. *De jur. fisc.* (49, 14); Fab. Cod. hoc tit. lib. 8, tit. 31, definit. 19.
(2) l. *Exceptione* 11 Cod. hoc tit.
(3) l. *Auctore* 7 Cod. hoc tit.
(4) l. 1 Cod. *De fidejussor. minor.* (2, 24).
(5) argum. l. *Si divisa* 13 Cod. *De locat* (4, 65).
(6) V. supra § 2564 ad 2568; Fab. Cod. hoc tit. lib. 8, tit. 31, def. 16.
(7) l. *Si pignora* 50 ff. hoc tit.
(8) l. *Si cum venditor* 66 § ult. ff. hoc tit.; Fab. Cod. hoc tit. lib. 8, tit. 31, def. 6 et d. def. 1, n. 7 et seqq.
(9) l. *Procurator* 67 § 1 ff. *De procurat.* (3, 3).
(10) argum. d. l. 66 § ult. ff. hoc tit.; Fab. Cod. hoc tit. lib. 8, tit. 31, def. 9.
(11) Fab. Cod. *De contr. empt.* lib. 8, tit. 28, def. 1.
(12) l. *Exceptione* 11 Cod. hoc tit.
(13) l. *Emptori* 37; l. *Si dictum* 56 ff. hoc tit.
(14) l. *Si post perfectam* 24 Cod. hoc tit.; Fab. Cod. hoc tit. lib. 8, tit. 31, def. 1.
(15) Fab. Cod. hoc tit. def. 11.

(1) Fab. Cod. hoc tit. lib. 8, tit. 31, def. 10.
(2) l. *Quia dicitur* 32; l. *Cum plures* 72 ff. hoc tit.
(3) argum. cap. *per vestras* 7 extr. Decret. Greg. *De donat. int. vir. et uxor.* (4, 20); Fab. Cod. hoc tit. lib. 8, tit. 31, def. 29.
(4) l. *Ex empto* 11 § ult.; l. *Julianus* 13 § *veniunt* 20; l. *Bona fides* 50 ff. *De act. empt.* (19, 1).
(5) l. *Si fundus* 6 ff. hoc tit.
(6) l. *Pacta* 72 ff. *De contr. empt.* (18, 1).
(7) V. vol. I, lib. 1, pag. 78, § 305.
(8) argum. l. *Si fidejussor.* 7 § 1 ff. *Qui satisdar. cogant.* (2, 8).
(9) Voet *in Pandect.* hoc tit. n. 3.
(10) V. supra § 2095 et 2096.
(11) l. *Si controversia* 9; l. *Empti* 21 in fin.; l. *Cum successores* 23; l. *Si tibi* 25 Cod. hoc tit.
(12) d. l. 25 Cod. hoc tit.

missa fuerit, alioquin solum pretium restituendum, plures sentiunt (1)): adeoque lucrum, quod emptor amisit: et damnum, quod passus est (2). Porro sub eo, quod interest, etiam continentur impensae in rei utilitatem ab emptore erogatae (3), si ita convenerit (4), atque has ab evincente recuperare non potuerit (5); nec immodicae sint, quas auctor ferre vix possit (6). Quod si evicta fuerit res in solutum data, creditoris favore reviviscunt priora jura, suspensa potius, quam extincta (7), etiam quoad jus hypothecae contra tertium possessorem (8), ut supra diximus (§ 2468).

§ 2609. Porro id, quod interest, plerumque in pecunia aestimatur (9); nec pro fundo evicto aliud fundum petenti emptori dare cogitur venditor (10): nisi venditor moram fecerit in solvenda pecunia, atque emptor, qui eam in fundi emptionem destinaverat, deinceps alium fundum emere nequeat; tunc quippe, si venditor alium fundum ejusdem valoris, et reditus dare possit, ad dandum ex aequitate cogitur (11), ut ita plenam indemnitatem emptor consequatur, qualis ipsi debita est (12).

§ 2610. Quaerit Thesaurus, utrum id, quod interest, possit in hac re duplum excedere. Hinc quidem casus certus contineri videtur, in quo Justinianus duplum excedi prohibet (13); inde vero cum non tam de certa re evicta quaeratur, quam de illius accessionibus, puta impensis, in eam factis, et litis sumptibus, quae res plane incertae sunt (§ 2824), placuit, duplum excedi posse (14); prout arbitrio judicis relinquit Justinianus in casibus incertis (15).

§ 2611. Gravior est difficultas de sumptibus litis, quos emptor, ut adversus evincentem se tueretur, erogare coactus fuit: quamquam probabilior videtur sententia affirmantium, emptorem a venditore eos repetere posse, si modo emptor litem ex necessitate defenderit (16); hujusmodi enim impensae veniunt sub nomine damni, quod auctor restaurare jubetur (1); cum vere ex hac caussa emptori pecunia absit (2).

§ 2612. Hoc ita, si emptor victus in judicio fuerit, et rem evincenti reddere coactus: non vero, si victor extiterit (3); quippequo casu impensis caussam dedit improbus litigator, non auctor, qui rem distraxit: nisi venditor specialim et de his emptori caverit (4): quo tamen casu unus ex venditoribus non tenetur restituere impensas, quas emptor fecerit, ut se defenderet adversus alterum, qui pretium jam solutum rursus postulaverit (5).

§ 2613. Hinc sequi videtur, emptorem, qui in primo judicio condemnatus fuerit, tum in lite appellationis sententia pro ipso lata sit, prioris judicii sumptus a venditore repetere non posse, nisi specialiter promiserit, se agniturum sumptus, quos emptor in lite mota fecerit (6); quia ex sententia appellationis innotuit, sumptus illos non ex culpa venditoris, sed improbi litigatoris erogatos fuisse; nec ideo a venditore ferendi sunt (7); non enim venditor tenetur de damno, quod per alterius injuriam emptori contingit (8).

§ 2614. Neque aliud probat injuncta venditori obligatio defendendi auctorem in lite mota (9); haec enim defensio eo tantum pertinet, ut venditor liti assistens probationibus, quas facilius perspectas habet, emptoris caussam tueatur, non etiam, ut subeat expensas litis adversus temerarium actorem peragendae; neque a defensione ad litis impensas licet argumentari (10): sicuti nec a commodato ad venditionem; cum in commodato sola plerumque commodatarii utilitas versetur; ut proinde aequum sit, ab eo ferri sumptus ad rem commodanti restituendam factos (11).

§ 2615. Cum emptor de evictione agens consequatur, quanti sua interest (§ 2608), si pretium rei decrevit, cum res evincitur, sufficit hoc ei restitui, quamvis majus ipse solverit (12) (nisi forte evictio in amplissima forma fuerit promissa (13)): sicut et majus restituendum esset, si post secutam venditionem rei evictae pretium crevisset (14): atque hinc colligunt, censibus assignatis super communitatibus, qui ob earumdem calamitates vel inutiles sint, vel modici reditus, emptori non deberi tam in sorte, quam in fructi-

(1) argum. l. *Ex empto* 11; § ult. ff. *De act. empt.* (19. 1); Thes. lib. 3, quaest. 3, n. 1.

(2) l. *Si cum quaestio* 17 Cod. hoc tit. junct. l. unic. in fin Cod. *De sentent. quae etc.* (7. 47); Thesaur. ibid. n. 3 †

(3) d. l. *Si controversia* 9 Cod. hoc tit.

(4) l. penult. Cod. *De pact. int. empt. et vendit.* (4, 54).

(5) l. *Super empti* 16 Cod. hoc tit.

(6) l. *Titius* 43 et duabus seqq. ff. *De actionib. empt.* (19, 1).

(7) l. *Rescriptum* 12 § 1 in fin. ff. *De distract. pign.* (20. 5); Thes. *Quaest. forens.* lib. 2, quaest 8, n. 2 †

(8) Thes. ibid. n. 8 11 et 12 †

(9) l. 1 in fin. ff. hoc tit; Fab. Cod. hoc tit. lib. 8, tit. 31, def. 4 in not.

(10) Fab. d. def. 4 in fin.

(11) Fab. d. def. 4 in corp. et in not. †

(12) l. *Si in venditione* 60; l. *Evicta re* 70 ff. hoc tit.

(13) d. l. unic. Cod. *De sentent, quae pro eo etc.* (7, 47).

(14) Thesaur. l. 3, quaest. 3, n. 3 †

(15) d. l. unic. Cod. *De sentent. etc.*

(16) Fab. Cod. hoc tit. lib. 8, tit. 31, def. 18; Voet *in Pandect.* hoc tit. n. 25.

(1) l. *Si cum quaestio* 17 Cod. hoc tit.

(2) l. *Si commissa* 13 ff. *Rat. rem haber.* (46, 8).

(3) l. *Si status* 18 Cod. hoc tit.

(4) l. *Venditores* 102 ff. *De verb. obl.* (45, 1).

(5) d. l. 102 in fin.

(6) d. l. *Venditores* 102 ff. *De verb. obl.*

(7) argum. l. *Sed de damno* 41 ff. *Local.* (19, 2).

(8) l. *Si per imprudentiam* 51 ff. hoc tit.

(9) l. *Si plus* 74 § *mota* 2 ff. hoc tit.

(10) l. *Servum quoque* 33 § *ait praetor* 3 et seq. ff. *De procurator.* (3, 3).

(11) l. *Si, ut certo* 5 § *rem tibi* 12 ff. *Commodat.* (13, 6).

(12) l. *Evicta re* 70 ff. hoc tit.

(13) argum. l. *Ex mille* 64 princ. et § 1 ff. hoc tit.

(14) l. *Si, cum venditor* 66 § ult. ff. hoc tit.

bus, nisi quantum ipsius interest, evictos non esse, inspecto tempore praesenti, non eo, quo datio in solutum, vel traditio secuta fuit (1).

§ 2616. Fatendum sane, plures esse juris textus, qui sententiam hanc evertere videntur: verum non ideo deserenda, tum quia oppositi textus solvi possunt; tum maxime quia generalibus juris regulis (§ praeced.), nec non aequitati magis consentanea. Imprimis objicitur Papinianus ajens, propter partes, quas flumen post venditionem agro sustulit, non minui quantitatem evictionis, nec augeri propter partes adjectas (2).

§ 2617. Sed, cum ideo jureconsultus majus, vel minus evictionis nomine pretium emptori restituendum tradat, prout rei pretium creverit, vel decreverit (3), in responso, quod objicitur, intelligendus est de casu, quo duplae stipulatio in casum evictionis intercesserit, adeoque poena conventionalis promissa; quo casu non inspicitur, quid intersit; sed quae sit quantitas, quaeve conditio stipulationis (4): praeterquamquod duplae stipulatio ad pretium certum referri judicatur ex mente contrahentium; quale illud est, quod tempore venditionis solvitur (5). Eadem responsio accommodanda est Pauli responso (6). Aliud tamen servandum, si hyperocha, seu quod pluris valet fundus venditum fuerit (7).

§ 2618. Supra diximus (§ 2586), de evictione agi non posse, nisi lis mota sit, et prolata sententia adversus possessorem de rei proprietate eaque ad exitum perducta (8): proinde si vendita fuerit domus tamquam libera, et deinceps appareat emphyteuticaria, cum per emphyteusim res a possessore non auferatur, sed tantum ei incumbat solutio canonis, et laudimiorum, agere utique potest aestimatoria actione, seu quanti minoris, non vero de evictione (9): nisi forte domus caduca facta fuisset, et domino directo adjudicata (10). De evictione utique cavendum, si res fideicommissaria dicatur, quia dominium ex hac caussa aufertur (11).

§ 2619. Non dubium, quominus inter emptorem et venditorem convenire liceat, ut, secuta evictione, pretium dumtaxat restituatur, non id quod interest (12): sed conventio haec tum demum vires exeret, cum emptor rem habere non poterit, non si alius jus pignoris tantum in ea sibi vindicet; quo casu rem quidem a pignoris vinculo liberare tenetur venditor, non tamen evicta videri potest (1); cum quaestio de proprietate non sit (§ praeced.).

§ 2620. Evictionem non tantum in rebus corporalibus, sed etiam in juribus et actionibus praestari, suadet aequitas; ita ut venditor non quidem locupletem, sed debitorem praestare teneatur (§ 2411), nisi aliud convenerit (2): quare evicto nomine, puta quia solutione jam extinctum sit, vel debitor perpetua exceptione munitus, aut nusquam appareat, si certae summae debitor dictus sit, haec plane summa restituenda est; si incertae, quanti emptoris interest, praestandum est (3).

§ 2621. Neque venditor, cum certa quantitas data est, liberari potest, restituendo pretium, quod accepit: constitutum utique ab Anastasio (4), et Justiniano (5), ne emptor nominis plus exigat a debitore cesso, quam ipse dedit (§ 2429), sed solius debitoris gratia ita constitutum est, ne impiorum hominum alienis substantiis inhiantium machinationibus temere vexetur (6): non venditoris, de quo nulla fit in allatis modo legibus mentio: proinde res haec ex jure antiquo adhuc definienda est (7)

§ 2622. Vix monendum, apud Romanos praeter actionem ad id quod interest, ex ipsa venditionis natura, si res vendita evincatur, descendentem, in usu fuisse actionem ex stipulatu in duplum, saltem pro rebus pretiosioribus (8); ita ut stipulatio haec in duplum tacite inesse judicaretur (9): sed haec hodiernis plerarumque gentium moribus non servatur; atque sola superest emptori actio ad id quod interest (10).

§ 2623. Postremo supersunt expendendi casus, in quibus emptori, et similibus actio evictionis nomine denegatur; et plures sunt. Imprimis si emptor, cui lis mota est, eam auctori non denunciaverit, de quo supra diximus (§ 2593 et seqq.): si res vendita absque culpa venditoris perierit (§ 2591 et 2592): si emptor victus, absente venditore, non appellaverit, aut appellationem deseruerit (11) (auctor ipse si praesens esset, appellare teneretur (12)): dummodo justam appellandi caussam haberet; nec enim perperam litigare, et adversarium vexare cogitur (13). Vel

(1) De-Luc. *De credit. discur.* 131 n. 10.
(2) l. *Ex mille* 64 princ. et § 1 ff. hoc tit.
(3) d. l. *Si, cum venditor* 66 § ult. ff. hoc tit.
(4) l. *Stipulatio* 38 § *alteri* 17 ff. *De verb. ob.* (45, 1).
(5) argum. l. *Fundum* 28 ff. *De novat.* (46, 2).
(6) in l. *Bonitatis* 13 ff. hoc tit.
(7) Fab. Cod. hoc tit. lib. 8, tit. 31, def. 30 et 31.
(8) l. *Habere licere* 57 ff. hoc tit.
(9) Thes. lib. 3, quaest. 115, n. ult. †, Fab. Cod. lib. 4, tit. 33, def. 1.
(10) Thes. ibid. n. 3.
(11) l. ult. § *sin autem* 3 Cod. *Commun. de legat.* (6, 43); Osasc. decis. 24 per tot.
(12) l. *Ex empto* 11 § ult. versic. *Etiamsi aperte* ff. *De action. empt.* (19, 1); Fab. Cod. *De act. empt.* lib. 4, tit. 33, def. 12 in princ.

(1) Fab. d. def. 12, n. 1 et seqq.
(2) l. *Si nomen* 4 ff. *De haeredit., vel action. vendit.* (18, 4).
(3) l. *Et quidem* 5 ff. hoc tit.
(4) l. *Per diversas* 22 Cod. *Mandat.* (4, 35).
(5) l. *Ab Anastasio* 23 Cod. eod. tit.
(6) d. l. 22 Cod. *Mandat.*
(7) l. *Praecipimus* 32 § ult. Cod. *De appellat.* (7, 62).
(8) l. *Emptori* 37 § 1 ff. hoc tit.
(9) l. *Quod si nolit* 31 § *quia assidua* 22 ff. *De aedil. edict.* (21, 1).
(10) Voet *in Pandect.* hoc tit. n. 28.
(11) l. *Herennius* 63 et 2 ff. hoc tit.
(12) d. l. 63 § 1 ff. hoc tit.
(13) V. supra § 2593 et 2594.

si res ex facto Principis emptori auferatur, aut publicis oneribus subjiciatur (1).

§ 2624. Praeterea denegatur haec actio emptori, qui sciens omiserit exceptiones sibi, vel auctori suo competentes, atque ideo victus fuerit (2): si emptor admonitus a venditore, ut certa actione uteretur ad rem amissam recuperandam, id facere omiserit (3): si auctor, antequam res emptori auferetur, litis aestimationem evincenti praestiterit (4).

§ 2625. Potiori ratione regressu adversus auctorem caret emptor, qui rem petitori nondum condemnatus restituerit (5); vel compromiserit (6): si rem non usuceperit, cum usucapere potuisset (7), vel pro derelicto habuerit (8): vel ei ad rem recuperandam obstent exceptiones, quae venditori non obstant (9): si per imprudentiam, aut errorem judicis succubuerit (10): quod tamen vis est, ut in praxi obtineat: maxime cum justitiae, et veritatis praesumptio pro re judicata sit (11). Non tamen denegatur actio de evictione emptori, qui pacta non impleverit, si implere ob rem evictam non potuerit: sed simul adea implenda condemnatur (12).

§ 2626. Si emptor sciens rem alienam emerit, id quod interest, petere non posse, nisi speciatim de evictione sibi caverit, apud omnes constat (13): sibi imputet damnum, cujus periculum suscipere voluit. Quod vero pertinet ad pretium, Romanae quidem leges illius repetitionem denegare videntur (14): sed ab aequitate aliena videtur interpretibus sententia haec (15); cum juris naturalis lex sit, ab ipsis jureconsultis probata, neminem cum alterius dispendio locupletiorem fieri debere (16): maxime quia emptor sperare potuit futurum, ut rem hanc venditor compararet, atque ita venditio consisteret.

§ 2627. Contra et venditor sciens vendiderit rem alienam, tum ad pretii restitutionem, tum ad id quod interest, emptori condemnandus est (17), licet convenerit, ne de evictione teneatur (18): quae tamen conventio venditori prodesset, ne id quod interest, praestaret, atque liberaretur pretium restituendo (1), prout suadet naturalis aequitas, ne emptor re simul, et pretio careat (2): nisi forte emptor rem alienam esse scivisset; quo casu videri posset donandi animum habuisse (3).

§ 2628. Non idem omnino servatur, cum quis non rem certam vendidit, sed *incertum juris* seu jus, quod se habere putabat, non tamen de eo certus omnino erat: nimirum si bona fide vendiderit, nec ad pretii restitutionem tenetur, licet evictum sit (4): spei quaedam venditio facta est (5): sed si mala fide vendiderit sciens nihil sibi deberi, in poenam doli tum ad pretii restitutionem, tum ad id quod interest, condemnatur (6).

§ 2629. Praescriptione extinguitur actio de evictione: praescriptione, inquam, longissimi temporis, seu tringinta annorum ab evictionis die (7). Non tamen oblata re a venditore post secutam evictionem; commissa semel stipulatio resolvi non potest invito altero contrahente (8): maxime quia res evicta imposterum inutilis esse potest emptori, qui forte aliam tempore intermedio comparavit.

§ 2630. Pro coronide hujus capitis quaedam adjicienda putamus de exceptione rei venditae et traditae, de qua extat titulus peculiaris in pandectis (9). Cum naturalis aeque ac civilis juris regula sit, eum, quem de evictione tenet actio, longe magis agentem exceptione repelli (10): idcirco si is, qui rem alienam vendidit, atque deinceps illius dominium nactus sit, adversus emptorem vindicatione agere velit, liberum est emptori rem restituere, et venditorem actione ex empto convenire ad id quod interest: vel rem retinere, opposita rei venditae, et traditae exceptione (11): improbe facit, qui contra factum suum venire contendit.

§ 2631. Competit exceptio haec adversus venditorem, ejusque haeredem (12), sive ex capite defuncti agere velit, sive jure proprio, quia rei venditae a defuncto ipse dominus sit (13); utique pro ea tantum parte in postremo casu, pro qua

(1) l. *Lucius Titius* 11 ff. hoc tit.; Thesaur. lib. 4, quaest. 10, n. 5 et ult. †

(2) l. *Si obligata* 19 Cod. hoc tit.

(3) l. *Si, cum venditor* 66 ff. hoc tit.

(4) l. *Si servus* 21 § *et ideo* 2; l. *Evictus* 35 f. hoc tit.

(5) l. *Non tamen* 24 ff. hoc tit.

(6) l. *Si dictum* 56 § 1 ff. hoc tit.

(7) d. l. 56 § *si cum posset* 3.

(8) l. ult. ff. hoc tit.

(9) l. *Hoc jure* 27 ff. hoc tit.; Fab. Cod. hoc tit. lib. 8, tit. 31, def. 24.

(10) l. *Si per imprudentiam* 51 ff. hoc tit.

(11) l. *Ingenuum* 25 ff. *De statu homin.* (1, 5).

(12) Fab. Cod. hoc tit. lib. 8, tit. 31, def. 23.

(13) l. *Si fundum* 27 Cod. hoc tit.; l. *Si fratres* 7 Cod. *Commun. utr. jud.* (3, 38); l. *Apud Celsum* 4 § *item Labeo* 5 ff. *De dol. mal., et met. except.* (44, 4).

(14) d. l. 27 et d. l. 7 et l. 4 § 5.

(15) Voet in *Pandect.* hoc tit. n. 32 post alios.

(16) l. *Nam hoc natura* 14 ff. *De condict. indeb.* (12, 6).

(17) l. *Quod si in venditione* 13 ff. *De haeredit. vel action. vend.* (18, 4); juncta l. 11 et 11 ff. *De action. emp.* (19, 1).

(18) l. *Tenetur* 6 § ult.; d. l. 11 § ult. in fin. ff. hoc tit.

(1) d. l. 11 § ult. in med., l *Empti* 21 Cod. hoc tit.; Thes. lib. 1, quaest. 77, n. 7 et 8 †; Fab. Cod. *De pact. inter emptor. et venditor.* lib. 4, tit. 36, def. 10.

(2) d. l. 11 § ult. in med.

(3) l. *Cujus per errorem* 53 ff. *De reg. jur.* (50, 17).

(4) l. *Quod si* 10 et seqq. ff. *De haeredit., vel act. vendit.* (18, 4).

(5) l. *Nec emptio* 8 § 1 ff. *De contr. empt.* (18, 1).

(6) l. *Hoc autem* 12 ff. *De haeredit. etc.*, junct. d. l. *Ex empto* 11 § ult. in fin. ff. *De act. empt.* (19, 1).

(7) l. *Empti actio* 21 Cod. hoc tit.

(8) l. *Habere* 57 in fin. ff. hoc tit.

(9) Digestor. lib. 21, tit. 3.

(10) l. *Vindicantem* 17 ff. hoc tit.

(11) d. l. 17 et l. seq.; l. 1 ff. *De except. rei vend. et tradit.* (21, 3).

(12) l. ult. § 1 ff. *De except. etc.* (21, 3).

(13) l. *Sive possessio* 14 Cod. hoc tit.; l. *Cum a matre* 14 Cod. *De rei vindic.* (3, 32).

venditori successit (1): necnon adversus fidejussores, et eorum haeredes, si modo ex defuncti fidejussoris persona agere velint, non si ex propria (2): quod singulari aequitatis ratione receptum videtur, cum alioquin haeres ejusdem conditionis sit, ac defunctus: postremo etiam adversus creditores, qui pignus distraxerint, si deinde in jus domini successerint, et rem ex illius persona evincere velint, ne contra proprium factum venire videantur (3).

§ 2632. Exceptione hac, ut ex dictis constat, uti potest emptor, licet res aliena ipsi tradita non sit, dummodo sine vitio rei possessionem comparaverit (4), et quisquis rem a primo emptore habuit sive ex caussa lucrativa, sive ex onerosa; universali, vel singulari titulo (5): attamen emptor secundus agere non potest adversus primum venditorem, nisi cessae ipsi a primo emptore fuerint actiones (6): retentio hic facilius datur, quam actio, prout in aliis plerisque casibus (6).

§ 2633. Exceptio haec denegatur, quoties venditor justam rei vindicandi caussam habet (8); puta si non in suam, sed in alterius utilitatem vindicet, prout contingit in tutore, pupilli nomine agente, vel si procurator, cui dominus mandavit, ut rem venderet, sed et simul prohibuit, ne eam, pretio nondum soluto, traderet, fidem de pretio habuerit (9); vel minori pretio vendiderit, quam ei mandatum fuerat (10).

§ 2634. Exceptio rei venditae et traditae favet emptori, qui rem possideat; quod si rei possessionem amiserit, Publiciana uti potest ad rem vindicandam (11), vel rei vindicatione (12): Publiciana autem, ut obiter dicamus, ideo in hoc casu accomodatur, quia emptor ficte potius rei alienae venditae dominium acquisivisse videatur, cum venditor rei dominus effectus fuit (13): atque Publiciana ad casum ficti dominii pertinet (14).

(1) d. l. 14 Cod. *De rei vindicat.*
(2) l. ult. Cod. hoc tit.
(3) l. *Et si is* 10 ff. *De distract. pign.* (20, 5).
(4) l. 1 § ult. ff. *De except. rei vend.* (21, 3).
(5) l. ult. ff. eod. tit.
(6) l. *Si res* 59 ff. hoc tit.
(7) l. *Per retentionem* 4 Cod. *De usur.* (4, 32); l. *Paulus* 14 ff. *De dol. mal. et met. except.* (44, 4).
(8) l. 1 § ult. ff. *De except. rei vend. etc.* (21, 3).
(9) d. l. 1 § *si quis rem* 2.
(10) d. l. 1 § *Celsus* 3.
(11) l. pen. ff. eod. tit. (21; 3).
(12) l. *Si a Titio* 72 ff. *De rei vindic.* (6, 1).
(13) argum. l. *Stipulatio* 38 § *quaesitum est* 4 ff. *De verb. obl.* (45, 1).
(14) § *namque* 4 Instit. *De action.* (4, 6).

CAPUT V.

De rescindenda venditione.

Instit. lib. 3, tit. 24 *De emption. et vendit.*
Digest. lib. 18, tit. 5 } *De rescindend. vendit.*
Cod. lib. 4, tit. 44 }

SUMMARIA

§ 2635. *Venditio rescindi potest contrahentium voluntate, legis potestate, vel auctoritate judicis.* — § 2636 *et* 2637. *Venditio solo consensu firmata eodem potest revocari; salvo tamen jure interim alteri quaesito.* — § 2638. *Quid si venditio ex altera parte, vel ex utraque consummata sit?* — § 2639 *ad* 2641. *An, et quatenus venditio per acceptilationem dissolvatur?* — § 2642. *Venditio pure contracta sub conditione deinceps contrahi potest.* — § 2643. *Quid si vendiderint illi, qui mulctam fisco debent, vel munera personalia subire: aut debitores in fraudem creditorum?* — § 2644 *et* 2645. *Venditio plerumque rescinditur ex caussa laesionis. quae aliquanto gravis sit.* — § 2646 *et* 2647. *Quae sit laesio enormis, vel enormissima?* — § 2648 *ad* 2650. *Laesionis aestimandae ratio eadem est in emptore, ac in venditore.* — § 2651. *Venditio ex caussa laesionis fere enormis rescinditur, si concurrat metus reverentialis.* — § 2652. *Haeredes venditoris et emptoris ob laesionem enormissimam agere possunt, ut venditio rescindatur. Quid de debitore?* — § 2653. *Laesio enormis non dat locum rescindendae venditioni, si nolit emptor; utique enormissima, ex qua proinde restituuntur fructus omnes, nisi magnus sit probationum conflictus.* — § 2654 *et* 2655. *Actione ex empto, aut vendito laesus contrahens agere potest, ut indemnitatem consequatur.* — 2656. *Laesio enormis olim quoque in contractibus bonae fidei improbata fuit.* — § 2657. *Ex caussa enormissimae laesionis agi potest adversus secundum emptorem.* — § 2658 *et* 2659. *Quid si laesio tantum enormis intervenerit?* — § 2660. *Laesio probanda est ab allegante, et rei dominium, si venditor agat. Quo tempore aestimatio ineatur?* — § 2661. *Laesio vix probatur per instrumenta aliarum venditionum, recte vero per testes.* — § 2662. *Quomodo laesio per testes probetur. An prosint publicae ejusdem generis venditiones?* — § 2663. *Quid si testes ex utraque parte auditi dissentiant?* — § 2664. *Fundi pretium aestimatur ex reditibus. Quid si nullos reditus pariat?* — § 2665. *Laesio aestimari nequit ex adjudicatione usurarum, nec augmento monetae.* — § 2666. *Quid si emptor periculo suo susceperit onus expellendi praepotentem spoliatorem?* — § 2667. *Pactum de retrovendendo quartam fere pretii partem minuit.* — § 2668. *Si emptor malit a contractu discede-*

re, ei restituendae sunt impensae in fundi utilitatem, aliave caussa factae. — § 2669 et 2670. *Fructus medio tempore quaesiti non restituuntur, si laesio enormis fuerit* — § 2671. *Quid si laesio enormissima intercesserit, et quaedam justa caussa emptorem excuset?* — § 2672. *Pretii ignorantia facile praesumitur in emptore, qui solitus non sit foenerari.* — § 2673. *Quid si agatur remedio redintegrandae possessionis?* — § 2674. *An laudimia emptori restituenda sint?* — § 2675. *Fructus ante litem contestatam perceptos non restituit emptor, qui malit justum pretium supplere.* — § 2676. *Laesionis ratio habetur tum in bonorum immobilium, tum in mobilium venditione.* — § 2677. *Contractus omnes bonae fidei, si alter contrahens laesus sit, ad aequalitatem reduci debent.* — § 2678 et 2679. *Venditiones publice sub hasta factae libera domini voluntate ob immodicam laesionem rescindi possunt. An laesio probanda sit per novam subhastationem?* — § 2680. *Fructus non restituantur ex caussa laesionis enormissimae, cum res publice vendita fuit.* — § 2681. *Quid si judicis decretum unice spectet ad firmandam alienationem, ejusque solemnia, prout in rebus pupillorum?* — § 2682. *Venditiones ex caussa judicati publice facta ob laesionem rescindi possunt.* — § 2683 et 2684. *Laesio enormissima efficit, ut temporale redimendi pactum perpetuum fiat.* — § 2685. *Quid de fructibus interim ab emptore perceptis?* — § 2686 et 2687. *Ex laesionis caussa rescinditur quoque permutatio, datio in solutum, emphyteusis, locatio, et cessio jurium facta accepto pretio.* — § 2688. *Quid si haeres Titii, qui fundum minoris vendiderat, deinceps eundem alteri vendat?* — § 2689 et 2690. *Quid de sumptibus litis et impensis ab emptore in fundi utilitatem erogatis?* — § 2691. *An delegatio ex caussa enormis laesionis rescindi possit?* — § 2692. *Donatio, et gratuita liberatio ob laesionem non rescinduntur.* — § 2693 et 2694. *Quid si incerti emolumenti spes vendita fuerit?* — § 2695. *An laesio inspiciatur in contractibus stricti juris?* — § 2696. *Si testator sciens jusserit, rem certo pretio vendi, laesionis etiam enormissimae ratio non habetur.* — § 2697 et 2698. *Renunciatio, aut jusjurandum non impediunt, quominus venditori immodice laeso succurratur.* — § 2699 et 2700. *Quid si venditor sciverit verum rei pretium?* — § 2701. *Emptori laeso, qui rem alteri vendiderit, subveniendum non videtur.* — § 2702. *Quid si res vendita perierit?* — § 2703. *Laesione enormi probata, laeso contrahenti succurrendum est. Quid si laesus venditor petierit, rem sibi restitui?* — § 2704. *Quid si allegans laesionem enormissimam non nisi enormem probet?* — § 2705. *Quid si emptio contracta sit de pluribus rebus simul, atque laesio sit in una parte seu in una re?* — § 2706. *Actio ad restituendam laesionis titulo venditionem durat triginta annis.*

§ 2635. Quamquam emptio, venditio exemplo caeterorum contractuum semel mutuo consensu in rem, et pretium firmata retractari plerumque non potest (1); casus tamen sunt, in quibus rescinditur, non tantum mutuo consensu, sed uno, vel etiam utroque contrahente invito, legis potestate, aut judicis auctoritate.

§ 2636. Imprimis venditio resolvi potest utriusque voluntate, seu consensu, quo fuit colligata (2), dummodo absoluta, seu omnino consummata non sit per rei traditionem ex una parte, et pretii numerationem ex altera (3); nec in alterius damnum ab emptione discedatur, prout expendemus in titulo de pactis inter emptorem et venditorem.

§ 2637. Interest ergo in hac re, utrum venditio in solo consensu adhuc consistat, idest nec res tradita sit, nec pretium numeratum; an consummata sit ex una parte, puta per rei traditionem, vel pretii numerationem: an utrinque sit absoluta, re tradita, et pretio simul numerato. Venditio, in mero consensu adhuc consistens, pro arbitrio contrahentium rescinditur (4), salvo tamen manente jure alicui inde quaesito (§ praeced.); puta laudimii, aut simili (5).

§ 2638. Si venditio ex parte emptoris, qui pretium solverit, vel venditoris, qui rem tradiderit, consummata non sit, eamque contrahentes rescindere velint, solutum pretium, vel res tradita restitui debet (6). Quae autem utrinque absoluta est, si proprie loquamur, rescindi nequit; sed novo emptionis et venditionis contractu opus est, ut res ad pristinum dominum revertatur (7); non enim fieri potest, ut infectum sit, quod semel factum fui, nisi novus ineatur contractus (8).

§ 2639. Distinguendum quoque, si disceptetur, an venditio per acceptilationem dissolvatur: videlicet si ex neutra parte consummata sit, seu nec res tradita, nec pretium numeratum, si unus ex contrahentibus accepto ferat, puta venditor pretium, vel emptor rem venditori, videtur a toto negotio recessum, ait Julianus, perinde ac si convenisset, ut neuter ab altero quidquam peteret, non quidem acceptilationis *natura*, sed potestate conventionis (9); quia acceptilatio solam dissolvit obligationem verbis contractam (10): non

(1) l. *De contractu* 3 Cod. hoc tit.
(2) l. *Nihil tam naturale* 35 ff. *De reg. jur.* (50, 17).
(3) l. *Cum emptor* 5 § 1 ff. hoc tit.
(4) l. 1 Cod. *Quand. lic. ab empt. dis.* (4, 45).
(5) Voet *in Pandect.* hoc tit. n. 1 in fin.
(6) l. *Ab emptione* 58 ff. *De pact.* (2, 14); l. ult. Cod. *Quand. lic. ab empt. discend.* (4, 45).
(7) l. 1 Cod. eod. tit. *Quand. etc.*
(8) l. *Verum est* 11 ff. *De reg. jur.* (50, 17).
(9) l. *Cum emptor* 5 ff. hoc tit.
(10) § 1 Instit. *Quibus modis toll. oblig.* (3, 30).

caeteras; potestas tamen conventionis, seu pacti de non petendo eundem effectum parit, cum placuerit, acceptilationem inutilem vi pacti de non petendo valere (1).

§ 2640. Cur autem acceptilatio haec ex una tantum emptoris, aut venditoris parte praestita obligationem utrinque perimat, rationem affert Pomponius, quia pro una parte contrahentium abiri ab emptione non possit (2): sane cum emptio et venditio sine re ex una parte, et pretio ex altera consistere nequeat (3), si venditor rem non tradat, vel emptor a pretii solutione liberetur, necessario corruit contractus emptionis et venditionis; nisi forte justa aliqua compensationis caussa sit (4): donatio quidem esse potest; sed cum donatio non facile praesumatur (5), idcirco visum est Juliano ita interpretari acceptilationem, ut contrahentes a toto negotio recedere velle intelligantur (6).

§ 2641. Quod si contractus ex una parte fuerit absolutus, puta venditor rem tradiderit, nihil obstat, quominus contractus, seu obligatio per acceptilationem dissolvatur ex parte emptoris vel venditoris, ex qua adhuc subsistit (7): atque ita emptor a pretio solvendo, vel venditor a re praestanda liber fiat.

§ 2642. Venditio pure contracta deinceps mutuo consensu sub conditione contrahi potest; quamquam si existat conditio, nihil additum intelligitur priori emptioni: quo forte sensu dixit Paulus, si id quod quis pure emit, rursus emat sub conditione, nihil agi posteriore emptione (8): alii quidem sentiunt, nullam vim habere conditionem deinceps adjectam, quia ab actu perfecto per imperfectum recedi nequeat. Verum nulla sufficiens ratio potest afferri, cur non liceat conditionem purae obligationi adjicere.

§ 2643. Legis potestate venditio, licet consummata, interdum rescinditur, etiam invito utroque contrahente: puta si illi, qui mulctam fisco debent, vel munera personalia subire, furtim res suas, distrahant: venditio irrita fit, imo pretium amittit emptor, qui fraudis conscius fuerit (9). Quod si non animo fraudandi, sed necessitate compulsus quis bona sua vendat, cum idoneus non sit publicis ferendis oneribus, quae in immensum creverint, censet Brunnemanus, conditionem hanc lege non irritari (10). Pauliana quoque actione revocatur venditio facta in fraudem creditorum, si emptor fraudis conscius sit, qualis probatur etiam indiciis, puta si ipse sit ex numero creditorum, sciat debitorem jam in jus vocatum fuisse, et alia hujus generis concurrant adjuncta (1): atque apud nos in fraudem creditorum alienasse censetur, qui bona paullo ante bonorum cessionem distrahit (2).

§ 2644. Sed venditio plerumque rescinditur voluntate unius contrahentis, altero invito: potissimum propter vitium vel morborum rei venditae, redhibitoria actione, de qua superius diximus (3), instituta: vel ex caussa gravis laesionis (4), judicis auctoritate, seu decreto interveniente, ad quem spectat definire, an et qualis laesio contigerit, ut rescissioni locus fiat.

§ 2645. Ut res haec melius innotescat, animadvertendum, venditionem consensu perfectam ob minimam utique caussam rescindi non posse (5); quo sensu dixit Ulpianus post Pomponium, *in pretio emptionis et venditionis naturaliter licere contrahentibus se circumvenire* (6); idest modicae laesionis in pretio ratio non habetur; alioquin vix ulla consisteret venditio, nec ullus esset litium finis, quas tamen tolli, quoad fieri potest, publice interest (7).

§ 2646. Hinc solius laesionis enormissimae, ut ajunt, aut saltem enormis rationem habere placuit (8). Enormissimam laesionem pragmatici vocant eam, quae est ultra bessem justi pretii; enormem, quae est ultra dimidium (9): quamquam, si laesio sit in besse, non ideo desinit dici enormissima (10): sane cum in laesione etiam enormi dolus re ipsa inesse credatur, ex quo competit exceptio (11), prout suadet aequitas servanda potissimum in contractibus bonae fidei, magis favendum emptori, aut venditori laeso, quam laedenti.

§ 2647. Si quis igitur praedium valoris centum aureorum quinquaginta fere vendiderit, enormiter laesus reputatur: enormissime vero, si vendiderit vigintiquinque (12). In hoc consentiunt omnes, sed non ita, quod pertinet ad emptorem: receptum utique apud omnes (13), emptori, qui ultra dimidium justi pretii laesus sit, succurrendum esse, licet lex (14) tantum memoret venditorem; quia ita postulat aequalitas servanda inter utrumque contrahentem, potissimum in contractu bonae fidei, qualis est emptio, vendi-

(1) l. *An inutilis* 8; l. *Si accepto* 19 ff. *De acceptilat.* (46, 4).
(2) l. 1 prop. fin. ff. hoc tit.
(3) § *quum autem* 3 Instit. hoc tit.
(4) l. *Si convenerit* 56 ff. *De pact.* (2, 14).
(5) l. *Sive possidetis* 16 Cod. *De probat.* (4, 19).
(6) d. l. *Cum emptor* 5 ff. hoc tit.
(7) l. ult. ff. *De acceptilat.* (46, 4).
(8) l. *Si id, quod* 7 ff. hoc tit.
(9) l. penult. ff. hoc tit.
(10) Brunneman. in Cod. ad l. penult. n. 14.

(1) l. 1 princ. et §§ seqq.; l. *Ait Praetor* 10 § *quod ait* 2 et seqq. ff. *Quae in fraud. credit.* (42, 8).
(2) *Reg. Constit.* lib. 3, tit. 33, § 13 in fin.
(3) V. supra § 2524 et seqq.
(4) l. *Rem majoris* 2; l. *Si voluntate* 8 et pass. Cod. hoc tit.
(5) l. *Res bona fide* 59 ff. *De contract. empt.* (18, 1).
(6) l. *In caussae* 16 § *idem* 4 ff. *De minorib.* (4, 4).
(7) l. *Item* 4 § 1 in fin. ff. *De alienation. judic. mutand. causs. fac.* (4, 7).
(8) d. l. *Rem majoris* 2 et l. 8 Cod. hoc tit.
(9) Fab. Cod. hoc tit. lib. 4, tit. 30, def. 2 et 3; Thes. dec. 165, n. 1 et 6.
(10) Thes. ibid. n. 2.
(11) l. *Si quis* 36 ff. *De verb. obligat.* (45, 1).
(12) Thes. d. dec. 165, n. 8.
(13) Voet in *Pandect.* hoc tit. n. 5.
(14) d. l. *Rem majoris* 2 Cod. hoc tit.

tio (1): imo facilius succurrendum emptori, qui facile ignorat rei alienae pretium, quam venditori, cui perspectus esse debet rei suae valor (2).

§ 2648. Sed non aeque consentiunt de modo, quo laesionis computatio fieri debet in emptione: quidam putant, computationem ita faciendam esse, ut verum rei pretium duplicetur, ita ut emptor ultra dimidium justi pretii laesus videatur tunc tantum, cum praeter duplum justi pretii solvit: puta si pro fundo valoris quinque aureorum undecim dederit. Alii contra computationem non ab integro rei valore desumunt, sed a dimidio justi valoris: ex quo concludunt, qui fundum valoris quinque aureorum comparaverit pretio aureorum octo, ultra dimidium justi pretii, seu enormiter laesum dicendum esse: quod porro de laesione enormi dicimus, idem obtinet, proportione servata, in enormissima.

§ 2649. Posterior sententia tum aequitati, tum legis verbis magis consentanea videtur; ideoque priori anteponenda (3). Imprimis aequitas suadet, ut succurratur emptori, qui fundum valoris decem aureorum emerit sexdecim; cum enim emptori non minus quam venditori, imo magis succurrendum sit (§ 2677); laesus autem ultra dimidium justi pretii ex omnium consensu judicetur venditor, cui quatuor tantum aurei dati sint pro fundo, qui decem valeat, cur excessum undecim aureorum in emptore requiremus, cum ex aureorum excessus sufficiat in venditore (d. § 2677)? His adde, si lubet, exemplum permutationis, ad quam proxime accedit venditio: in hac fatentur omnes, utrumque contrahentem eodem quoad quantitatem jure regi: proinde nec aliud dicendum in emptione.

§ 2650. Legum quoque verbis magis consentit haec sententia; ajunt Imperatores, rescindendam esse judicis auctoritate venditionem factam minori pretio; idest *si nec dimidia pars veri pretii soluta sit* (4) vel ratam habendam esse venditionem, ut alibi ajunt, *nisi minus dimidia justi pretii, quod fuerat tempore venditionis, datum esset* (5). Sanctionem hanc convertamus ad emptorem; inde conficiemus, rescindendam esse emptionem, *si excessus sit in dimidia parte veri pretii*; vel valere, *nisi minus dimidia dati pretii* valeat res emptori tradita. Dimidiam justi pretii partem ubique commemorant Imperatores: ergo computatio a dimidia parte facienda est in venditore, prout fatentur omnes; indeque et in emptore, prout contendimus: atque hinc ulterius infertur, emptorem enormiter laesum esse, qui sexdecim aureos solverit in emptionem fundi, qui decem sit, seu valeat, quia laesus est in sex aureis, qui dimidiam decem aureorum partem excedunt.

(1) Text. Instit. *De obligat. ex cons.* (3, 23).
(2) l. *Quisquis* 15 Cod. hoc tit.
(3) Thes. decis. 165 in additionibus littera *C* †
(4) d. l. *Rem majoris* 2 in fin. Cod. hoc tit.
(5) l. *Si voluntate* 8 in fin. Cod. hoc tit.

§ 2651. Quinimmo, si metus reverentialis cum laesione concurrat, etiamsi haec sit infra dimidium justi pretii, attamen rescindi potest venditio; dummodo ad enormem proxime accedat (1): ex duabus caussis una alteram adjuvat; atque multum interest, an ex caussa metus, an ex caussa tantum laesionis venditio rescindatur: priore casu emptor non habet electionem supplendi justi pretii, utique in posteriore (2).

§ 2652. Non tantum venditor, atque emptor, sed etiam utriusque haeredes agere possunt ad rescindendam ex capite laesionis venditionem, licet defunctus nondum egerit, dummodo nec expresse, nec tacite juri suo renunciaverit (3); haeres jura omnia defuncti consequitur (4), praeter ea, quae inhaerent personae: venditionis autem rescissio in rem est. Idem dicendum de debitore, si creditor rem pignoratam vendiderit (5).

§ 2653. Remedio, ut ajunt pragmatici, ab Imperatoribus inducto (6) non omnino peti potest, ut rescindatur venditio, sed liberum est emptori si enormis tantum laesio intervenerit, vel a contractu discedere, vel supplere, quod deest justo pretio (7): enormissima utique laesio, seu ultra bessem, nullam emptori electionem permittit; sed omnino cogendus est, ut rem restituat (8); quia contractus hoc casu nullus ipso jure existimatur, tamquam dolo initus, si non consilio, saltem re ipsa (9): ex quo sequitur, ad fructum omnium restiutionem teneri emptorem (10); tamquam malae fidei possessorem (11). Excipiendus est casus, quo magnus sit conflictus probationum; ita ut emptor probare videatur enormem dumtaxat laesionem intervenisse; licet venditoris pro enormissima laesione probationes praeponderent; tunc enim nonnisi a die litis contestatae fructus deberentur (12).

§ 2654. Si quaeratur, qua actione experiendum sit venditori (idem est de emptore), qui laesum se dicat ultra dimidium justi pretii, ut indemnitatem consequatur, quidam sentiunt, agendum esse condictione ex lege (13), quasi per novam legem (14) nova actio inducta sit, non tamen speciali nomine eidem dato: putant alii extraor-

(1) argum l. 1 § *quae onerandae* 5 ff. *Quar. rer. etc.* (44, 5); Fab. Cod. hoc tit. lib. 4. tit. 30, def. 16 in princ.
(2) l. *Si mulier* 21 § 1 ff. *Quod met. causs.* (4, 2); l. *Rem majoris* 2 Cod. hoc tit.; Fab. dict. def. 16, n. 3.
(3) argum. l. *Minor* 18 § ult.; et l. seq. ff. *De minorib.* (4, 4).
(4) l. *Haeredem* 59 ff. *De reg. jur.* (50, 17).
(5) argum. l. *Cum venderet* 13 ff. *De pignorat. act.* (13, 7); l. *Si creditor* 7 § 1 ff. *De distract. pignor.* (20, 5).
(6) d. l. *Qem majoris* 2 Cod. hoc tit.
(7) d. l. 2 in fin.; l. *Si voluntate* 8 in fin. Cod. hoc tit.
(8) Fab. Cod. hoc tit. lib. 4. tit. 30, def. 3; Thes. decis. 165, n. 6 et 7.
(9) l. *Si quis* 36 ff. *De verb. oblig.* (45, 1).
(10) Fab. d. def. 3, n. 2 et seqq.
(11) l. *Certum est* 22 Cod. *De rei vind.* (3, 32).
(12) Fab. Cod. hoc tit. lib. 4. tit. 30, def. 31.
(13) argum. l. unic. ff. *De condict. ex leg.* (13, 2).
(14) d. l. *Rem majoris* 2 Cod. hoc tit.

dinarium restitutionis remedium implorandum esse (1).

§ 2655. Sed aliis, nec immerito, placet, actionem ex empto, et venditio in hoc casu competetere emptori aut venditori damnum passo (2); cum enim actio ex empto et vendito inducta sit, ut emptor rem justo quidem pretio comparatam habeat, venditor vero pretium recipiat rei valori consentaneum, non mirum, si ejus ope rescindatur venditio, cum inaequalitas apparet, aut iniquitas corrigatur (3).

§ 2656. Praeterquamquod etiam ante sanctionem imperatorum Diocletiani et Maximiani (4) laesio enormis improbata fuit, potissimum in judiciis bonae fidei; atque traditum, iniquitatem per judicium bonae fidei corrigendam essa in societàte (5), in dote (6), et similibus, atque aediles per actionem redhibitoriam, et quanti minoris, de quibus supra diximus, emptori laeso succurrendum censuerunt. Ex quo patet, Imperatores novum jus de laesione emendanda non tulisse, sed tantum definisse, quae sit enormis laesio (7).

§ 2657. Actione hac conveniri possunt emptor et venditor, nec non alterutrius haeredes. An vero adversus tertium possessorem, qui rem comparaverit a primo emptore, agere possit venditor, qui se laesum dicat, non ita expenditum est. Si laesio enormissima intervenerit, cum per hanc irrita omnino fiat venditio, tamquam dolo facto (§ 2653), permittendum videtur venditori, ut, probata laesione, rem a tertio possessore avocet.

§ 2658. Sed si laesio tantum enormis sit, atque ideo emptori competat electio supplendi justi pretii (8), cum actio haec utpote ex contractu nata personalis sit, permittendum non est venditori, ut adversus secundum emptorem agat, nisi forte primus emptor, qui solvendo non sit, fraudandi animo rem justo pretio vendiderit emptori fraudis conscio (9): queri non potest secundus emptor de damno, quod culpa et fraude sua sentit (10).

§ 2659. Nec desunt, qui sentiunt, venditori permittendam esse actionem adversus secundum emptorem, qui fraudis conscius non sit, si modo res a primo emptore, qui solvendo non est, eodem viliore pretio distracta sit animo fraudandi primum venditorem (1); quia pretii excessus videtur in hac specie donatus; donatio autem in fraudem creditorum facta infirmatur, licet donatarius bonae fidei sit (2).

§ 2660. Laesio ab eo, qui eandem allegat, qui et se rei venditae dominum demonstrare debet (3), probanda est, cum res facti sit (4), in eaque aestimanda consideratur pretium, quod fuit tempore venditionis, non tempore, quo agitur (5); cum pretia rerum variis ex caussis in diem crescant vel decrescant. Casus excipitur, quo contractus tractum habeat, ut ajunt, successivum; tunc enim laesionis supervenientis ratio habetur (6). Quod vero sit justum rei pretium, dijudicatur ex qualitate rei, et redituum quantitate (7), non ex singulari affectione (8); nec ex thesauro, qui forte repertus sit in fundo vendito, cum nec pars, nec fructus fundi sit.

§ 2661. Hinc sequitur, laesionem vix probari per instrumenta aliarum venditionum (9); cum in his pretium stati potuerit ex singulari affectione: probari autem commode potest, ait Faber (10), per testes, non solum si de annuo redito deponant, ex cujus, comparatione verus et justus rei valor dignosci possit, quae certior probatio est, sed etiam, si alias rationes afferant ex loci, temporis, aliisve ejusmodi adjunctis depromptas (3): cum fieri possit, ut pro locorum et temporum varietate illa etiam praedia, quae minoris sunt reditus, majoris aestimentur. Sane, si alterutra pars intentionem suam satis probaverit, non est necessaria per probos viros rei aestimatio (4).

§ 2662. Non tamen satis probatur laesio per testes, qui dicant, rem tanti tunc esse, atque subjiciant, minorem non fuisse tempore contractus, quia tunc ejusdem esset bonitatis (1); quia aliud tempore contractus esse potuit rei pretium ex aliis caussis extrinsecis (§ praeced.). Nec interest, quod eadem res pluris distracta, sit, quia ex singulari emptoris affectione ita contingere potuit (§ praeced.). Publicae venditiones rerum ejusdem generis facilius prosunt (2), ex vulgari effato: tanti res est, quanti vendi potest (3): quamquam nec ex his certa desumi potest regula; cum et

(1) Voet in *Pandect.* hoc tit. n. 4; Fab. Cod. hoc tit. lib. 4, tit. 30, def. 21 in princ.; ubi tamen non ait, restitutionem a Principe impetrandam esse, sed speciem ponit de eo, qui restitutionem a Principe ex hac caussa impetraverat.

(2) Voet in *Pandect.* hoc tit. d. n. 4.

(3) l. 1 § penult. et ult.; ll. 2, 3 et 4 ff. *De aedil. edic.* (21, 1); l. *Ex empto* 11 § *is, qui vina* 6 ff. *De act. empt.* (19. 1).

(4) Quae extat in d. l. *Rem majoris* 2 Cod. hoc tit.

(5) l. *Societatem* 76 et seqq. ff. *Pro socio* (17, 2).

(6) l. *Jure succursum* 6 § ult. ff. *De jur. dot.* (23, 3).

(7) In d. l. 2 Cod. hoc tit.

(8) d. l. *Rem majoris* 2 Cod. hoc tit.

(9) argum. l. 1 Cod. *Si vend. pign.* (8, 30).

(10) l. *Quod quis* 203 ff. *De reg. jur.* (50, 17).

(1) Voet in *Pandect.* hoc tit. n. 6.

(2) l. *Quod autem* 6 § *simili modo* 11 ff. *Quae in fraud. creditor.* (42, 8).

(3) Nec enim laesus videri potest, qui rem alienam vendidit, licet modico pretio, Fab. Cod. hoc tit. lib. 4, tit. 30, definit. 17.

(4) l. *Ab ea parte* 5 Cod. *De probat.* (22, 3).

(5) Thesaur. decis. 120, n. 1 †, et 226, n. 2 et 3 et in addit.

(6) l. *Si quos* 16 Cod. hoc tit.; Fab. Cod. hoc tit. def. 2.

(7) l. *Pretia* 63 ff. *Ad leg falcid.* (35, 2).

(8) l. *Fructus* 7 § *si fundum* 12 ff. *Solut. matrim.* (24, 3); l. unic. Cod. *De thesaur.* (10, 15).

(9) 1 Fab. Cod. hoc tit. lib. 4, tit. 30, def. 2, n. 2.

(10) Fab. Cod. lib. 4, tit. 30, d. def. 2, n. 3 et seqq.

(11) d. l. *Pretia* 63 § ult. ff. *Ad leg. falcid.* (35, 2).

(12) Fab. Cod. hoc tit. def. 33.

(13) Fab. Cod. hoc tit. lib. 4, tit. 30, def. 19, n. 2.

(14) Fab. d. def. 19, n. 5 et seqq.

(15) argum. *si fundus* 13 ff. *De reb. eor. etc.* (27, 9).

singularis affectio in illis locum habeat: quare putat Faber, potiorem esse justi valoris probationem, quae fit per publici catastri, ut vocant, exhibitionem, quam quae per testes (1); potentior utique est fides publica, quam privata (2).

§ 2663. Sed quid, si testes ex utraque parte auditi dissentiant, et aeque probabiles, dictorum suorum rationes afferant? Solet Senatus, subjicit Faber, eam primam aestimationem constituere, quae ex dictis testium actoris pro actore faciat; item illam, quae ex dictis testium pro reo; postea vero ex duabus communibus unam facere communem aestimationem, quam Senatus sequatur (3): ita quippe videtur consuli utrique parti, media quadam electa via, qua meliorem sequi non potest judex, cum res dubia est. Prodesse tamen hic possunt codices familiares, tabulae censuales, scripturae locationum, ex quorum comparatione cum dictis testium investigari potest, utri magis testes ad veritatem accesserint (4).

§ 2664. Porro, licet fundi pretium ex redituum quantitate aestimandum (§ 2660) dixerimus, non inde concludendum, nullius esse aestimationis, quae reditus non pariunt, veluti castra turres, et similia; sive enim ad conservationem fructuum inserviant, sive tantum ad habitationem, aut voluptatem, certum tamen est, pretio apud omnes aestimari (5): proinde haec non praecise ex redituum quantitate, si non ita facile possint elocari, sed ex eorum qualitate (d. § 2660), aestimatio ineunda erit.

§ 2665. Sane laesio aestimari non potest ex incerta, et futura usurarum adjudicatione (6), cum possit creditor levioribus usuris contentus esse. Neque etiam ex monetae augmento, quod debitor praestat (7); tum quia augmentum monetae non auget quantitatem debitam, sed tantum numerum corporum; tum quia, si creditor solutionem in deteriore moneta sponte accipiat, perinde liberatio contigit, ac si in meliore moneta solutum fuisset (8).

§ 2666. Aliud dicendum, si emptor periculo suo susceperit onus expellendi a fundo vendito praepotentem spoliatorem, qui sine magnis difficultatibus, et expensis inde expelli nequeat (9) hoc enim pretio apud omnes aestimatur. Neque audiendus est venditor, qui rationem dumtaxat impensarum, quas emptor erogavit, habere velit (10); nam et dubii litis eventus, et molestiarum rationem haberi aequum est (1). Idem est, si res vendita creditoribus obligata sit, atque emptor evictionis periculum in se susceperit: vel si vendita fuerit pars rei communis, quae commode dividi non possit, ita ut pene invitus emptor in communione stare teneatur (2).

§ 2667. Praeterea, si quaedam pacta adjecta sint venditioni pretium rei minuentia, puta pactum de retrovendendo, testes deponere debent de communi aestimatione, subducto eo, quanti minoris res est, propter istud pactum (3), quod pars pretii est (4), nisi fiat ex mera emptoris liberalitate (5): porro in quaestione, quanti aestimandum sit onus talis pacti, magis communiter, ait Faber, receptum videtur, ut res, quae alioquin digna esset centum aureis, saltem si pactum sit liberum et perpetuum, non nisi nonaginta aestimetur (6), quod si brevis sit, tanto minus pretium diminuit, quamquam non desunt, qui sentiant ita faciendam esse aestimationem, licet redimendi facultas triennio concludatur (7).

§ 2668. Supra diximus (§ 2646) emptori laeso (idem est de venditore § 2647) electionem competere, utrum malit a contractu discedere, an pretii defectum supplere. Si ergo emptor malit contractum resolvi, res ex una parte, pretium ex altera restituendum est (8): immo etiam emptori restitui debent impensae ab eo bona fide erogatae in fundi utilitatem (9); prout constitutum de casibus, quibus venditio resolvitur ex pacto addictionis in diem (10); aut vi redhibitoriae actionis (11); aliave caussa (12).

§ 2669. An fructus ab emptore intermedio tempore percepti restitui debeant non utique omnes, sed qui sunt supra pretium ab emptore solutum, non una est omnium sententia. Sunt, qui affirmant: negant plerique, si laesio tantum enormissima intercesserit (13); et quidem, ut videtur, rectius, civilis juris ratione inspecta; etenim fructus, quos emptor ante litem contestatam percepit, sive jam comsumpti sint, sive adhuc exstent, non tam bonae fidei, quam dominii titulo percepti consentur, quos proinde restituere non tenetur (14): praeterquamquod sibi imputare debet venditor laesus, cur citius non egerit, cum rei suae pretium scire praesumatur (15).

(1) Fab. d. def. 19 in fin.
(2) l. *Data* 27 Cod. *De donat.* (8. 54).
(3) Fab. Cod. lib. 4, tit. 30, def. 2 in not.
(4) argum. l. *Non omnes* 5 § *a barbaris* 6 ff. *De re militari* (49. 16). V. *Pratic. Legal.* part. 2, tom. I, pag. 92, § 18 et seqq.
(5) Fab. Cod. hoc tit. lib 4, tit. 30, d. def. 2 in not.
(6) argum. l. *Sejo* 10 § 1 ff. *De annuis legat.* (33, 1); Fab. Cod. hoc tit. lib. 4, tit. 30, def. 9 in princ.
(7) Fab. d. def. 9, n. 3 et seqq. in corp.
(8) l. *Manifesti* 17 Cod. *Solut.* (8. 43).
(9) Fab. Cod. hoc tit. lib. 4. tit. 30, d. def. 18 in princ.
(10) Fab. d. def. 18, n. 5 et seq.

(1) l. *Item* 4 § 1 ff. *De alienat. jud. mutand. causs. fact.* (4. 7).
(2) Fab. Cod. hoc tit. def. 10.
(3) Fab. Cod. hoc tit. lib. 4, tit. 30, def. 27, in princ.
(4) l. *Fundi* 79 ff. *De contr. empt.* (18, 1).
(5) Fab. ibid. def. 28.
(6) Fab. d. def. 27, n. 2 et seqq.
(7) Fab. d. def. in fin, et in not.
(8) d. l. *Rem majoris* 2 Cod. hoc tit.
(9) Voet *in Pandect.* hoc tit. n. 8.
(10) l. *Imperator* 16 ff. *De in diem addiction.* (18, 2).
(11) l. *Debet* 27; l. *Illud* 29 § ult. ll. 30 et 31 ff. *De aedil. ed.* (21, 1).
(12) Fab. Cod. lib. 4, tit. 33, def. 14.
(13) Fab. Cod. hoc tit. lib. 4. tit. 30, defin. 31, n. 2; Voet *in Pandect.* hoc tit. n. 10.
(14) § *si quis* 35 Instit. *De rer. divis.* (2, 1).
(15) l. *Quisquis* 15 Cod. hoc tit.

§ 2670. Neque aliud probare videtur exemplum rescissae venditionis ex pacto addictionis in diem (1), aut per redhibitoriam actionem (2): aut alienationis praediorum pupillarium sine decreto (3): nam in primo casu emptor irrevocabile dominium non acquisivit; in secundo suasit aequitas succurri emptori, qui vitio cognito empturus non fuisset: in tertio autem emptio, lege prohibente, vires nec ab initio habuit (4); cum tamen ex caussa laesionis enormis non praecise ad rescissionem contractus agi possit, sed alternatim ad eam, vel justi pretii supplementum (5). Quod autem de fructibus dicimus respectu emptoris, qui viliore rem emerit pretio, idem ex rationis identitate affirmandum de usuris pretii respectu venditoris, si emptor se in pretio laesum demonstret. Hinc altum in jure silentium de fructuum restitutione, atque usurarum solutione.

§ 2671. Diximus, non restitui fructus, si enormis tantum laesio, seu ultra dimidium justi pretii intervenerit (§ 2669), sed si enormissima laesio sit, cum ex hac nullus fiat contractus, omnes omnino fructus etiam ante litem contestatam perceptos restituere tenetur emptor, nisi probabilis ignorantia eum excuset a restitutione fructuum, lite nondum mota, perceptorum, puta ex conflictu probationum (§ 2653), vel emptor pupillus sit, atque tutore auctore emerit: quippe non nisi quatenus locupletior factus est, ad restituendum cogeretur (6).

§ 2672. Igitur probabilis ignorantia justi pretii, recte subjicit Faber, excusat a fructuum restitutione, praesertim quamdiu venditor pretium retinet; eaque ignorantia in dubio praesumenda est contra venditorem, qui neque dolo, neque vi coactus vendidit, nisi emptor foenerari solitus probetur (7); quo casu praesumptio emptorem facile onerat: adeoque ad fructus excedentes restituendos, cum enormissima laesio intervenit, cogi debet (§ praeced.).

§ 2673. Eadem distinctio inter emptorem scientem, et ignorantem rei venditae pretium adhibenda est, cum quaeritur, an remedium, quod ex canone Pontificio (8) spoliatis datur, cumulandum sit cum restitutione, quae adversus venditionem ex caussa enormissimae laesionis competit (9); ut enim modo diximus (§ praec.), si venditio rescindatur ex hac laesione, fructus ante litem contestatam percepti non restituuntur; contra si ex eo canone agatur, fructus omnes restituendi sunt a possessore, licet munito bona fide, et justo titulo (1).

§ 2674. Laudimia, si quae soluta fuerint, tum ex caussa laesionis, venditio irritetur, plerique sentiunt, non posse repeti a directo domino, quamquam nova non debentur, utpotequae ex contractu, non ex distractu praestantur, atque hinc colligunt, resoluta venditione, emptori haec restituenda esse a venditore (2); prout traditur de vectigalibus, cum venditio per redhibitoriam actionem rescinditur (3); emptor indemnis servandus videtur prae venditore, cum hic rei suae pretium scire debuisset (4). Quod si laesio enormissima intervenire probetur, et ideo nullus ab initio fuerit contractus (§ 2653), laudimia a directo domino restituenda plures sentiunt (5).

§ 2675. Sed quid dicendum, si in casu enormis laesionis emptor malit venditionem subsistere? Fructus sane, solutum pretium excedentes, non nisi a die litis contestatae deberi possunt, cum justo dominii titulo percepti sint (§ 2653), nec debentur usurae pretii, quod supplendum est (6); cum mora nec ex conventione, ut supponimus, nec ex persona sit ante interpellationem (7): neque demum ex re, cum ante litem contestatam hujusce partis pretii debitor videri non potuerit; ut proinde ipsi imputari non possit, cur tardius solverit.

§ 2676. Post haec videndum, quibus in rebus, et potissimum in quibus contractibus laeso contrahenti succurratur. Quod ad res pertinet, receptum apud omnes est, non tantum in venditionibus rerum immobilium, sed et mobilium, saltem si hae pretiosiores sint, pretii iniquitatem ad aequalitatem esse reducendam; quia in omnibus viget eadem aequitatis naturalis ratio, ut pretium valori respondeat (§ 2336). Neque nocet, ab Imperatoribus tantum fieri mentionem fundi (8); tum quia ad singularem propositum casum responderunt; tum quia *rem* quoque generatim commemorant (9): tum denique quia receptissimum in jure est, legem de casu ad casum, et facilius de re ad rem extendi ex rationis identitate (10).

§ 2677. Solius quoque venditionis mentio fit in rescriptis Imperatorum, quibus permittitur laeso ultra dimidium justi pretii venditori recessus a contractu, nisi emptor malit supplere, quod

(1) l. *Ubi autem* 4 § *idem* 4; l. *Item, quod* 6 ff. *De in diem addict.* (18, 2).
(2) l. *Illud sciendum* 29 § *condemnatio* 2 ff. *De aedil. edict.* (21, 1).
(3) l. *Quod si minor* 24 § *restitutio* 4 ff. *De minorib.* (4, 4).
(4) l. 1 Cod. *Si major. fact. ect.* (5, 74).
(5) d. l. 2 et l. 8 in fin. Cod. hoc tit.
(6) argum. l. *Sed etsi* 25 § *consuluit* 11 ff. *De haeredit. petit.* (5, 3); Fab. Cod. hoc tit. lib. 4, tit. 30, def. 32.
(7) Fab. Cod. hoc tit. d. def. 32, n. 6.
(8) Canon. *redintegrandae* 4 causs. 3, quaest. 1.
(9) Fab. Cod. hoc tit. lib. 4, tit. 30, d. def. 32 in fin.

(1) Fab. d. def. 32 in not.
(2) Voet in *Pandect.* hoc tit. n. 9.
(3) l. *Debet autem* 27 in fin. junc. l. praeced. ff. *De aedilit. edic.* (21, 1).
(4) l. *Quisquis* 15 Cod. hoc tit.
(5) l. *Cum principalis* 178 ff. *De reg. jur.* (50, 17).
(6) Voet *in Pandect.* hoc tit. n. 11.
(7) l. *Mora* 32 ff. *De usur.* (21, 1).
(8) d. l. *Rem majoris* 2; l. *Si voluntate* 8 Cod. hoc tit.
(9) d. l. 2 in princ. Cod. hoc tit.
(10) l. *Non possunt* 12 et seq. ff. *De legib.* (1, 3).

justo pretio deest (1). Verum et sanctio haec communi interpretatione producta fuit ad omnes bonae fidei contractus, in quibus eadem inaequalitas sit; tum ex rationis identitate (§ praeced.); tum quia generatim alibi tradunt iidem Imperatores Diocletianus et Maximianus, *in bonae fidei judiciis, quod inaequaliter factum esse constiterit, in melius reformari* (2).

§ 2678. Si venditio privata facta sit, nulla est difficultas: sed an idem dicendum sit de venditione publice facta, non una, et generali regula definiri potest. Distinguendum videlicet, an res publice quidem sub hasta fuerit venditа, sed ex libera domini voluntate; an ex judicis decreto: cum judicis decretum praecessit, rursus interest, an dumtaxat permiserit vendi bona eorum, puta immobilia minorum, quae nonnisi post caussae cognitionem, interveniente judicis auctoritate, distrahi leges permittunt; an judex bona publice vendi jusserit in executionem judicati, atque ut creditoribus satisfiat.

§ 2679. Venditiones publice factas sub hasta libera domini voluntate ex caussa immodicae laesionis rescindi posse, plerique fatentur (3); ne sub nomine publicae subhastationis locus fraudibus relinquatur: neque Senatus, subjicit Faber, qui hoc passim jure utitur, alias ad publicae venditionis rescissionem probationes requirit, quam privatae (4): neque sequitur distinctionem, an subhastatio facta sit ex decreto judicis inferioris, an Senatus (5). Laesio autem probanda non per novam subhastationem (6), sed modis supra propositis.

§ 2680. Sed non eadem est fructuum caussa: cum enim privata venditio ex caussa laesionis enormissimae rescinditur, fructus omnes tamquam mala fide, et sine titulo percepti etiam ante litem contestatam restitui debent (§ 2653): contra publica venditione rescissa, emptor a die tantum litis motae fructus restituit (7); cum enim dolus ex proposito non adsit in laesione enormissima, sed tantum ex re esse fingatur (d. § 2653), praesumptio haec, seu juris fisco cessat in publicis venditionibus, in quibus alius seu executor pro venditore distrahit, nec sciri potest, quis emptor futurus sit: praeterquamquod vix dolo possidere videri potest, qui judice auctore possidet (8).

§ 2681: Idem dicendum, scilicet venditionem publice sub hasta factam ex caussa laesionis irritari posse, si decretum judicis tantummodo spectet ad firmandam alienationem, ejusque solemnia, prout contingit in alienatione bonorum immobilium, quae pupilli vel minoris sint; etenim judex decreto suo id unum definit, justam subesse venditionis peragendae caussam, non vero eam justo pretio, de quo non iquirit, peractam fuisse (1).

§ 2682. In his plerique consentiunt; sed discrepant de venditione, quae judicis imperio in executionem judicati, ut creditoribus satisfiat, secuta sit. Sunt, qui putant, remedium juris (2), minoribus quidem patere (3), non vero majoribus, nisi per executores fraus et collusio facta probetur (4). Verum ex Sabaudi Senatus sententia, hae quoque venditiones, si enormis laesio intervenerit, irritae fieri possunt, nisi emptor malit supplere, quod justo pretio deest (5): et merito; tum quia leges generatim agunt de venditione (6); tum quia etiam in publicis venditionibus pretium justum esse debet; ejusque iniquitatem corrigi aequalitas in contractibus servanda suadet. Neque hinc timendum est, ne licitatores repellantur: cum perraro contingat, ut publica venditio ex hac caussa everti possit.

§ 2683. Sed quid, si privatae venditioni adjectum sit pactum redimendi favore emptoris; attamen laesio in pretio intervenerit? Si laesio enormissima sit, seu ultra bessem, haec facit, ut pactum temporale, seu intra certum tempus conclusum, perpetuum fiat (7); cum enim venditor rem eodem pretio recuperare potest, non in pretio, si proprie loquamur, sed in temporis praefinitione laesus est: proinde sufficit ad laesionem avertendam tempus prorogari (8).

§ 2684. Quamquam, si Fabro credimus, cum ex laesione enormissima pactum redimendi perpetuum sit, non id agitur contra emptorem, ut retrovendat: sed fundi restitutio, oblato utique pretio, postulatur, perinde ac si retrovenditio jam facta esset (9); quasi venditio nec ab initio constiterit (§ 2653). Nec interest, an emptor verum rei pretium sciverit, an ignoraverit (10); quia in utroque casu dolus reipsa inesse judicatur (d. § 2653), quem a bonae fidei judiciis abesse omnino suadet aequitas.

§ 2685. Quod vero pertinet ad fructus interim ab emptore perceptos, tradit idem Faber, non deberi, nisi a die litis contestatae; nisi

(1) d. l. 2 et d. l. 8 Cod. hoc tit.

(2) l. *Minoribus* 3 Cod. *Commun. utriusq. judic.* (3, 38).

(3) l. *Si quos* 16 Cod. hoc tit.; Fab. Cod. hoc tit. lib. 4, tit 30, def. 4. Voet *in Pandect.* hoc tit. n. 26 in fin.

(4) Fab. d. def. 4, n. 10.

(5) Fab d. def. 4 in not., et def. 25.

(6) Fab. d. def. 25, n. 5 et seqq.

(7) Fab. Cod. hoc tit. lib. 4, tit. 30, def. 6 et 26.

(8) l. *Juste possidet* 11 ff. *De acquirend. possess.* (41, 2). V. Osa . dec. 93 per tot.

(1) l. *Si quidem* 11 Cod. *De praed. et aliis reb. minor.* (5, 71).

(2) De quo in l. *Rem majoris* 2 Cod. hoc tit.

(3) l. *Si ex caussa* 9 ff. *De minor.* (4, 4); l. 1 Cod. *Si advers. vendit. pign.* (2, 29).

(4) l. *Si quos* 16 Cod. hoc tit.; l. *Duplex* 2 Cod. *De fid., et jur. has. fisc.* (10, 3).

(5) Fab. Cod. hoc tit. lib. 4, tit. 30, d. def. 4 et 25; Ab-Eccles. d. observat. 135, n. 4 et 5 †. V. Sola *De form. observat. in subhast.* tit. 39, Gloss. 3, n. 20.

(6) Fab. Cod. hoc tit. lib. 4, tit. 30, def. 5 in princ.

(7) Ibidem.

(8) l. *Sed et si* 26 § *quoties* 8 ff. *Ex quib. causs. major.* (4, 6).

(9) Fab. Cod. hoc tit. def. 7.

(10) Fab. ibid. def. 32, n. 8.

emptor solitus sit foenerari (1); quippe, si haec tria concurrant, pactum retrovendendi, modicitas pretii, et consuetudo foenerandi ex parte emptoris, vel alia conjectura, contractus praesumitur simulatus, et pignoris potius, quam venditionis (2).

§ 2686. Ab emptione parum distant permutatio (3), datio in solutum (4), emphyteusis (5), et locatio (6); ex quo inferunt doctores, contrahenti laeso eodem remedio prospiciendum, ac venditori (7).

§ 2687. Idem dicendum de cessione jurium facta accepto pretio (8); quia similis est emptioni, et venditioni (9): proinde, si immodica sit ex parte cedentis laesio, ei succurrendum est; subduci utique debet aestimatio oneris, quod ex fundo cesso solvendum sit, puta annuae praestationis (10); nec non dubius eventus litis, quam pro venditoris jure explicando emptor jam susceperit, aut suscepturus sit, pro utlit in transactione (11). Nec obstat, quod cedens nomen non teneatur, nisi de facto suo, vel ejus, in cujus locum successit (12), etenim haec res non impedit, quominus laesio subducto dubio litis eventu, probari possit.

§ 2688. Quod si fingamus, Maevium successisse Titio, qui fundum minore pretio vendiderat, deinceps eundem fundum vendidisse, seu jus omne, quod in eo fundo ipse haberet, adhuc ex immodica laesione Maevius restitui potest adversus cessionem suam, dummodo prius obtineat, ut ex eadem caussa rescindatur prima venditio (13): hoc quippe praestito, res ad eum statum reducitur, in quo fuisset, si in bonis Maevii fuisset fundus, cum vendidit, vel cessit jus emptori secundo (14).

§ 2689. Neque emolumentum rescissionis, ita dicam, denegari potest secundo venditori, licet prior venditio rescindatur sumptibus secundi emptoris: nam sumptus hi a venditore restitui quidem debent, sed pretium non computatur (15). Aliud profecto dicendum esset, si Maevius vendidisset Sempronio, quidquid juris in fundo habuit, ita tamen, ut nullus Sempronio regressus pateat adversus Maevium: impensae a Sempronio factae ad rem vindicandam pretii loco sunt, seu illius pars existimantur (1); incerta spes in hoc casu vendita videtur; et vilius vendita propter impensas in eam necessario erogandas; quare pretii locum tenent, nisi forte venditor eas prius restituerit, puta quia doli reus sit, rem denuo Sempronio vendens, quam prius alteri vendiderat (2).

§ 2690. Idem porro judicium est de impensis ab emptore in fundi utilitatem factis; veniunt in restitutionem, sed non in computationem pretii (3); cum enim post venditionem factae sint, rem quidem faciunt pretiosiorem, sed post contractam venditionem, cum tamen in aestimatione ineunda tempus contractus inspici debeat (4).

§ 2691. Adversus damnosam delegationem ne quidem ex caussa immodicae, seu enormis laesionis majores restituuntur (5); etenim ex jure communi bonum nomen facere videtur, quisquis admittit debitorem delegatum (6); laesus autem non judicatur, qui jure communi usus est (7). Solus minor propter aetatis imbecillitatem restituitur in novatione, quae ipsi noxia sit (8): non major; nisi dolo delegantis deceptus fuerit, quo casu actione de dolo experiri potest (9). Non idem obtinet, si actio inutilis cessa, aut vendita sit; inutilis, inquam, vel quia aliqua exceptione elidi possit, vel quia debitor minime solvendo sit; laesus videri nequit, qui nihil amisit (10).

§ 2692. Neque donatio, neque gratuita liberatio ex caussa laesionis immodicae rescindi potest (11); qui enim donat, perdere vult, et suum jactare (12): proinde laesum se allegare non potest: nisi forte adversarii dolo inductus donaverit (§ praeced.), vel gratuita omnino non sit donatio, aut liberatio: atque hinc patet, nec in commodato, nec in deposito, et similibus laesionem recte allegari.

§ 2693. Si incerti emolumenti spes vendita sit, venditio ex caussa laesionis vix est ut rescindi possit; cum uterque contrahens aequale damni periculum, et lucri spem habeat; prout contingit in haereditate vendita (13), alea, vel jactu retis (14): fructibus ex certo fundo nascituris (15): quod extendunt aliqui ad jus metalli fodinas aperiendi,

(1) Fab. Cod. hoc tit. lib. 4. tit. 30, d. definit. 5, n. 2 et seqq.
(2) Fab. d. def. 5 in not., et def. 29.
(3) l. 1 ff. *De contr. emption* (18, 1).
(4) l. *Si praedium* 4 Cod. *De eviction.* (8, 45).
(5) § *adeo* 3 Instit. *De locat.* (3, 25).
(6) princ. Instit. eod. tit.
(7) d. l. *Rem majoris* 3 Cod. hoc tit.
(8) Fab. Cod. hoc tit. lib. 4. tit. 30, def. 11.
(9) l. *Naturalis* 5 § 1 ff. *De praescript. verb.* (19, 5).
(10) Fab. Cod. hoc tit. def. 14.
(11) Fab. d. def. 11 in fin.
(12) l. *Quod si* 10 ff. *De haered. vel act. vend.* (18, 4).
(13) Fab. Cod. hoc tit. lib. 4. tit. 30, def. 12 in princ.
(14) l. *Quod si minor* 24 § *restitutio* 4 ff. *De minorib.* (4, 4).
(15) argum. l. *Si debitor* 2 ff. *De pign. act.* (13, 7); Fab. Cod. hoc tit. lib. 4. tit. 30, d. def. 12, n. 5 et seqq.

(1) argum. l. *Fundi* 79 ff. *De contr. emption.* (18, 1); Fab. ibid. def. 13 in princ.
(2) Fab. ibid. def. 13 in fin.
(3) Fab. Cod. hoc tit. def. 15.
(4) l. *Si voluntate* 8 Cod. hoc tit.
(5) Fab. Cod. hoc tit. lib. 4. tit. 30. def. 10 in princ.
(6) l. *Inter caussas* 26 § *abesse* 2 ff. *Mandati* (17, 1).
(7) l. ult. Cod. *De in integr. restitut.* (2, 22).
(8) l. *Patri* 27 § 1 ff. *De minorib.* (4, 4).
(9) l. 1 § 1 et passim ff. *De dol.* (4, 3), Fab. d. definit. 10 in fin.
(10) Fab. Cod. hoc tit. def. 14.
(11) Fab. Cod. hoc tit. lib. 4, tit. 30, def. 8.
(12) l. *Filiusfamilias* 7 ff. *De donat* (39, 5).
(13) l. *Quod si* 10; l. *Qui filiifamilias* 14 § 1 et l. seq. ff. *De haeredit., vel act. vend.* (18, 4).
(14) l. *Nec emptio* § 1 ff. *De contr. emption.* (18, 1); l. *Ex empto* 11 § ult.; et l. seq. ff. *De act. empt.* (19, 1).
(15) argum. l. *Si in ea lege* 17 Cod. *De usur.* (4, 32).

vel excrrendi, nec non ad reditus vitalitios, propter incertum vitae humanae in singulis hominibus exitum (1).

§ 2694. Verum, cum spes incerti lucri suam quoque aestimationem habeat: atque, licet in locatione praedii rustici sola spes fructuum nasciturorum vendatur, attamen locatori et conductori immodice laeso succurri iidem fatentur, (2); quod vero pertinet ad reditus, seu census vitalitios, suadet aequitas modum quemdam usurarum iis dari, maxime ne in immensum crescant; atque quandam eorum fieri aestimationem patet exemplo ususfructus (3), ad quem reditus vitalitii proxime accedunt, consequens est, laesionem in spe incerti emolumenti vendita intervenire posse.

§ 2695. Si quaeretur, an remedium ab imperatoribus inductum (4), quo succurritur contrahenti ultra dimidium justi pretii laeso, locum habeat in contractibus stricti juris, respondemus, non habere, si quaestio ex Romanorum scitis dijudicetur; quippe in his denegata fuit judici potestas supplendi, quod verbis contrahentium deest, quod in judiciis bonae fidei permittitur (5). Verum, cum apud plerasque gentes sublata sit usu fori differentia inter contractus bonae fidei, et stricti juris; utique in his quae ex aequitate descendunt (6): saltem ope restitutionis, quae aliquando imploratur (7), obtineri posse videtur, ut immodica inaequalitas ad aequalitatem reducatur.

§ 2696. Quidam tamen sunt casus, quibus legis auxilium denegatur, etiamsi laesio enormis intervenerit: veluti si testator jusserit rem vendi certo pretio, quod tamen dimidio minus sit; praesumitur testator legasse emptori, quod amplius in vero pretio est (8): saltem si sciverit verum rei pretium. Quod si ignoraverit, non aliud legatario emolumentum afferre velle videtur, quam ut rem habeat justo pretio emptam (9).

§ 2697. Disputant doctores, an cesset legis beneficium, si venditor (idem est de emptore) ei renunciaverit expresse vel tacite, puta si convenerit, ut pro donato habeatur, quod supra, vel infra justum rei pretium est. Sunt, qui affirmant ex generali regula, qua licet juribus pro se introductis renunciare, atque viliori pretio, donationis caussa, rem vendere (10). Idem statuunt de venditione jurejurando firmata, quatenus jusjurandum tacitam contineat renunciationem (11).

(1) Voet *in Pandect.* hoc tit. n. 15.
(2) Voet *in Pandect.* hoc tit. n. 3 § in med.
(3) l. *Computationis* 68 ff. *Ad leg. falcid.* (35, 2).
(4) in d. l. *Rem majoris* 2 Cod. hoc tit.
(5) § ult. Instit. *De obligat. ex consens.* (3, 23), § *in bonae fidei* 30 Instit. *De action.* (4, 6); l. *Quidquid adstringendae* 99 ff. *De verb. obl.* (45, 1).
(6) Voet *in Pandect.* hoc tit. n. 14 post alios.
(7) Fab. Cod. hoc tit. lib. 3, tit. 30, def. 21.
(8) l. *Si cui* 49 § 1 ff. *De legat.* 1. (30, 1).
(9) § *non solum* 4 et seq. Instit. eod. tit. (2, 20).
(10) l. *Si quis* 38 ff *De contr. empt.* (18, 1).
(11) V. Thesaur. decis. 165, n. 1 ad 5 ubi defendit, venditorem, qui juravit nullo modo contravenire venditioni, non posse petere, ut rescindatur venditio, nec ut suppleatur, quod deest justo pretio, licet ultra dimidium laesus sit; subjicit tamen, aliud dicendum in laesione enormissima ibid. n. 6 et 7 et 8. V. Osasc. dec. 41 per tot.

§ 2698. Verum aliis placet, hujusmodi clausulas nihil operari, nec renunciationem expressam, aut tacitam, aut jusjurandum impedire, quominus emptor vel venditor laesus ultra dimidium justi pretii possit uti legis (1) beneficio (2); non tam, quia contrahentes vix praesumantur cogitasse de immodica laesione (3), quam quia bonae fidei contractus iniquas vix admittit conventiones, atque contrahentes eadem facilitate, qua decipiuntur, jusjurandum quoque interponunt, et hasce clausulas inseri patiuntur, licet nec donandi, nec remittendi consilium habeant. Ex quo colligit Faber, nec nocere venditori laeso venditionem geminatam, si utraque eodem laesionis vitio laboret (4).

§ 2699. Sed quid, si venditor sciverit verum rei pretium? Nec a legis beneficio repellendus videtur; etenim scientia laesionem non avertit, quam impedire voluerunt leges; maxime cum generaliter loquantur, nec scientem ab ignorante venditore distinguant (5); imo ei qui per se vendiderit, si laesus sit, succurrunt; cum tamen unusquisque rei suae pretium scire praesumatur (6).

§ 2700. Parum vero movent, quae objiciuntur, de praesumpta remissione in eo, qui pretium rei novit; scienti et consentienti injuriam non fieri; neminem queri posse de damno, quod sua culpa sentit (7); etenim haec obtinent, cum quis sponte omnino vult damnum sentire; sed si rei familiaris necessitate coactus, aliave caussa inductus vendat, potius adhaerendum est juris naturalis regulae, quae prohibet, ne quis cum alterius jactura locuplex fiat (8); nec donatio aut remissio facile praesumenda est (9), potissimum gravioris summae (10): unde iniquitas induceretur in contractu, qui bonam fidem omnino desiderat (§ 2698).

§ 2701. Facilius recipiendum, quod aliqui tradunt (11), emptori laeso denegandum juris auxilium (12), si rem emptam rursus alteri vendiderit, ac tradiderit; quia voluntate, et facto suo rem perduxerit ad eum casum quo venditori ultra non superest eligendi facultas a lege data, utrum malit venditionem dissolvi, an superfluum

(1) d. l *Rem majoris* 2 Cod. hoc tit.
(2) Fab Cod. hoc tit. lib 4, tit. 30, def. 1 in princ.
(3) l. *Haec adjectio* 192 ff. *De verb. obl.* (50, 16).
(4) argum. l. *Doli* 19 versic. *diversum* ff. *De novat.* (46, 2); Fab. d. def. 1, n. 9 et def. 23.
(5) d. l. *Rem majoris* 2; l. *Si voluntate* 8 Cod. hoc tit.
(6) d. l. 2; junct. l. *Quisquis* 15 Cod. hoc tit.
(7) l. *Nemo* 145; l. *Quod quis* 203 ff. *De reg. jur.* (50, 17).
(8) l. *Nam hoc natura* 14 ff. *De condict. indeb.* (12, 6).
(9) l. *Sive possidetis* 16 Cod. *De probat.* (4, 19).
(10) d. l. *Haec adjectio* 192 ff. *De verb. signif.* (50, 16).
(11) Voet *in Pandect.* hoc tit. n ult.
(12) De quo in l. *Rem majoris* 2 Cod. hoc tit.

pretium restituere: nisi forte rerum vel personarum adjuncta aliud suadeant.

§ 2702. Si res vendita sive ante, sive post traditionem perierit, absque culpa emptoris, huic succurrendum videtur, ne superfluum pretium solvere teneatur, aut ut solutum repetere possit, nec enim venditor queri potest, praereptam sibi eligendi facultatem, cum verum rei pretium penes se habeat et retineat. Sed si venditor ipse laesus fuerit in pretio, atque res perierit absque culpa emptoris, vix concedendum, ut justi pretii supplementum petat, a quo liberari potuisset emptor rem restituendo, quam restituere non potest (1); nisi forte emptor rem majore pretio distraxerit, antequam periret; aequius est, excessum pretii primo laeso venditori restitui, quam manere absque justo titulo apud primum emptorem.

§ 2703. Hic animadvertendum putamus cum Fabro probata enormi laesione satis imploratum videri remedium legis (2), quo venditori laeso ita succurritur, ut emptor rem pretio, quod solvit, recepto, restituere teneatur, vel supplere, quod deest justo pretio: adeoque judex ex officio pronunciare potest, ut emptor alterutrum eligat (3). Nec venditor caussa cadit, licet petierit rem sibi restitui; tum quia sola rei restitutio in petitione esse videtur, supplendi vero pretii electio in potestate emptoris (4), tum quia hodie sublatum est periculum pluris petitionis (5).

§ 2704. Sed qui contractum nullum esse contendit ex caussa laesionis enormissimae, si enormem, seu ultra dimidium dumtaxat probet, succumbere debet, si eidem Fabro credimus: ita ut si emptor conquestus fuerit, non sit habiturus electionem justi pretii, seu repetendae partis pretii, sed rem omnino restituere teneatur, si ita malit venditor (6). Hujus definitionis ratio in eo est, quod allegans enormissimam laesionem, enormem vero probans, suam intentionem, ut ajunt, non probavit; cum diversus omnino sit effectus enormissimae laesionis, quae contractum irritum facit (§ 2653), ab effectu laesionis enormis, quae electionem tribuit, vel restituendi rem vel pretii supplendi (d. § 2653). Aliis tamen aliud merito placet (7).

§ 2705. Vix monendum est, inita emptione de pluribus rebus simul, totum infirmari contractum, si corruat ex una parte, seu unius rei emptio venditio non consistat, quoties emptor unam rem sine altera non fuisset empturus (8):

(1) argum. l. *Si res aestimata* 12 § 1 ff. *De jur. dot.* (23, 3).
(2) d. l. *Rem majoris* 2 Cod. hoc tit.
(3) Fab. Cod. hoc tit. lib. 4, tit. 30, def. 21 in princ.
(4) d. l. 2 Cod. hoc tit.; Fab. d. def. 21, n. 4 et 5.
(5) § *si quis agens* 33 in fin. versic. *Sed haec quidem* Instit. *De action.* (4, 6); Fab. ibid. in fin.
(6) Fab. Cod. hoc tit. lib. 4, tit. 30, def. 30.
(7) argum. def. 21 Cod. hoc tit.
(8) l. *Tutor* 47 § 1 ff. *De minorib.* (4, 4).

sed voluntas haec in rebus, quae inter se non conjunguntur, facile praesumi non debet (1).

§ 2706. Si quaeratur, quo tempore duret actio, competens emptori aut venditori ex caussa enormis vel enormissimae laesionis, ut rescindatur, vel ad aequitatem reducatur contractus, respondemus ex communi sententia, intra triginta annos laesum contrahentem ea uti posse etiam in locis, ubi receptum, ut restitutionis beneficium imploretur (2); exemplo caeterarum personalium actionum (3): cum haec ex empto et vendito descendens personalis quoque sit.

CAPUT VI.

De pactis inter emptorem et venditorem.

Inst. lib. 3, tit. 24 *De empt. et vendit.*
Digest. lib. 18, tit. 1) *De contrahend. emption. et de pact. inter emptores et vendit.*
Cod. lib. 8, tit. 54 *De pactis inter. emptor. et venditor.*

SUMMARIA

§ 2707. *Pacta omnia honesta et licita emptioni adjici possunt.* — § 2708 *et* 2709. *An incontinenti adjici debeant?* — § 2710 *et* 2711. *Pacisci licet, ut res inempta sit, si intra certum diem emptori displicuerit; pure, vel sub conditione. Quid si dies praefinitus non sit?* — § 2712. *Facultas declarandi, an res empta placeat, an displiceat, personalis videtur.* — § 2713 *et* 2714. *Valet quoque pactum, ut venditor res experiendas det emptori intra certum tempus, vel peritioribus ostendendas.* — § 2715. *Quid de pacto, quo venditor sibi reservat dominium rei venditae, donec pretium solutum sit?* — § 2716. *Hypotheca cum praelatione venditori competens in re vendita cedi potest etiam pro usuris.* — § 2717. *An venditor, qui dominium sibi reservaverit, possit rem alteri vendere, si emptor pretium sua die non solvat?* — § 2718. *Tributa ab emptore solvenda sunt: nec valet contrarium pactum.* — § 2719 *et* 2720. *Monopolia tamquam publicae utilitati adversa reprobantur. Qui rei sint monopolii?* — § 2721. *Pacta emptioni venditioni adjecta in dubio interpretamur contra eum, qui pro se adjici curavit.* — § 2722. *Quid si, vendito fundo, exceptae sint lapidicinae, vel manu sata?* — § 2723 *et* 2724. *Aequa cum fundo promissa, iter quoque ad aequam ducendam debetur.*

§ 2707. Emptioni et venditioni generatim apponi possunt pacta omnia honesta, nec a legibus reprobata; in hoc sane contractu, prout in caeteris negotiis, verum est quod de pactis dotalibus ait Paulus, unicuique licere legem, quam malit,

(1) l. *Quoties* 12 ff. *De reb. dub.* (34, 5).
(2) Voet *in Pandect.* hoc tit. n. 4 in fin.
(3) l. *Sicut in rem* 3 et seq. Cod. *De praescript. XXX vel XL annorum* (7, 39).

rebus suis dicere(1). Licet ergo pacisci (ut praecipua referamus, de quibus mentio fit in Romanis legibus, et usu frequentiora sunt), ne emptor in loco vendito monumentum extruat, vel ne aliud quid faciat (2), quod venditoris intersit (3); vel ut venditor fundum a jure pignoris intra certum tempus liberare teneatur, futurum alioquin, ut emptor possit rem et pretium retinere (solvendo tamen creditoribus fructus), nec mora purgari possit (4). Pactum seu promissio vendendi, venditio quidem non est, ex eo tamen oritur actio, qua promittens ad vendendum cogi possit; maxime si res jam tradita sit, et pretium solutum (5); imo pacisci licet, ne pretium unquam solvatur, sed tantum annua quaedam praestatio, saltem si venditionem adhuc retractari posse placuerit sub quadam conditione (6).

§ 2708. Porro pacta venditioni adjecta ejus pars judicantur, si modo incontinenti adjecta fuerint, non si ex intervallo (7), saltem si detrahentia sint, non adjicientia (8); quo fit, ut eandem pariant actionem, ac emptio venditio (9), atque ex empto vel vendito agi possit adversus promissorem, ut eadem exequatur: puta si convenerit, ut venditor fundum venditum certa mercede conductum habeat; vel ne alium, praeterquam in venditorem, distrahi possit (10).

§ 2709. Quinimmo, si pacta ex intervallo adjecta referuntur ad alia, quae tempore venditionis facta sunt, ita ut correspectiva, ut ajunt, videri possunt, alia ex aliis interpretationem accipere debent; perinde ac si eodem tempore facta fuissent: ex quo ulterius sequitur, si quod impediat, ne unum ex iis fieri possit, nec alterum fieri debere (11): puta si quis fundum vendiderit pretio mille aureorum, quos venditor sibi solutos esse professus sit, tum sequenti die emptor promiserit pro ea nummorum quantitate certum auri pondus, aliamve rem, nec tamen praestiterit, nec fundum ex venditione petere potest (12), quasi non soluto pretio, cujus soluti professionem spe futurae numerationis factam fuisse ex posteriore pacto constabat (13).

§ 2710. Pacisci quoque licet, ut, si intra certum diem res empta displicuerit, ea sit exempta; quo casu, ait Paulus, res sub conditione vendita non est, sed sub conditione, videlicet si emptori displicuerit, venditio resolvitur (1): vel viceversa, ut res empta sit, si intra certum tempus placuerit (2); atque hoc postremo casu emptio sub conditione si placeat, contracta intelligitur.

§ 2711. Si dies, intra quem res empta placeat vel displiceat, praefinitus non sit, duorum mensium spatium emptori concedunt plerique, non ultra, prout de simili pacto in redhibitoria actione tradit Ulpianus (3): alii tamen sentiunt, quaestionem hanc ex rerum et personarum adjunctis definiendam a judice, qui et certum tempus statuere debeat, instante venditore, intra quod consilium suum declarare teneatur emptor.

§ 2712. Facilius recipiendum, quod passim tradunt interpretes, facultatem declarandi, an res empta placeat, an displiceat, personalem esse: nec per haeredem posse irritam fieri perfectam venditionem, si res emptori displiceat intra certum tempus; nec imperfectam sub conditione, si res emptori placeat, consummari (4); haeres supplere non potest facta, quae pendent a mera defuncti voluntate, quam fortasse perspectam non habet.

§ 2713. Huic proximum est aliud pactum, ut venditor res, puta equos venales experiendos det emptori intra certum tempus, ita ut si displicuissent, emptor eos reddere possit (5); quo casu interest, ut modo diximus (§ 2710), an pure facta sit venditio, sed resolvenda sub conditione, si intra dies experimenti res displicuerit, an facta sub conditione, si placuerit: in primo casu res interim perit emptori juxta generales juris regulas (6); in altero perit venditori (7), qui rei dominus adhuc est.

§ 2714. Probatur quoque pactum ab emptore initum, ut venditor res mobiles apud emptorem certo tempore relinquat, peritioribus ostendendas: quo posito pacto res venditori perit, ait Ulpianus; atque emptor solam custodiam praestat (8): quod tamen non indistincte accipiendum, sed adhibenda superior distinctio (§ praeced.), an contractus pure celebratus sit, sub conditione resolvendus; an contrahendus sub conditione, si peritiores rem probaverint, et emptori placuerit: atque eadem distinctione utendum in casu, quo vascularius, seu qui vasa facit, argentum apud Titium reliquerit; et cum ei displiceret, servo suo referendum dederit, atque sine dolo, vel culpa Titii perierit: nimirum perit

(1) l. *Ob res quoque* 20 § 1 ff. *De pact. dot.* (23, 4).
(2) l. ult. Cod. hoc tit.
(3) l. *Palam est* 2 § *circa primam* 3 ff. *De dol. mal. et met. except.* (44, 4); junct. l. 6 § 1 et seqq. ff. *De serv. export.* (18, 7).
(4) l. 1 ff. *De pact.* (2, 14).
(5) Thes. dec. 233 n. 5 et 10 †, et in addit.
(6) argum. l. *Julianus* 13 § *ex vendito* 19 ff. *De act. empt.* (19, 1).
(7) l. *Juris gentium* 7 § *quinimmo* 5 et seqq. ff. *De pact.* (2, 14).
(8) l. *Pacta conventa* 72 ff. hoc tit.
(9) V. vol. II, lib. 3, pag. 930, § 526 et seqq.
(10) l. *Qui fundum* 75 ff. hoc tit.
(11) l. *Cum te fundum* 6 Cod. hoc tit.
(12) l. *Julianus* 13 § *offerri* 8 ff. *De action. empt.* (19, 1); Fab. Cod. hoc tit. lib. 4, tit. 36, def. 15.
(13) l. *Adseveratio* 10 Cod. *De non num. pec.* (4, 30).

(1) l. *Si res ita* 3 ff. hoc tit.
(2) § penult, Instit. hoc tit.
(3) l. *Quod si nolit* 31 § *si quid ita* 22 ff. *De aedil. edic.* (21, 1).
(4) l. *Si ita legatum* 65 § 1 ff. *De legat.* 1. (30, 1); l. *Si ita expressum* 69 ff. *De cond. et dem.* (35, 1).
(5) l. *apud Labeonem* 26 ff. *De praescr. verb.* (19, 5).
(6) d. l. 20 § 1; l. *Necessario* 8 ff. *De peric. et commod. rei vendit.* (18, 6).
(7) d. l. 20 § 1; d. l. 8 in princ.
(8) l. *Si gratuitam* 17 § penult. ff. *De praescript. verb.* (19, 5).

vasculario, si emptio non fuerit inita; sed Titius tenetur de culpa servi (1).

§ 2715. Non tamen probatur Romano jure pactum, quo convenerit, ne dominium rei venditae in emptorem transferatur, donec pretium solutum fuerit; cum vi hujus pacti fiat, ne emptio venditio contracta videatur, sed locatio, aut aliud genus contractus (2); cum venditio traditione absoluta dominium transferat. Usu tamen fori passim solent venditores dominium rei venditae sibi reservare, ut ita solutionem pretii tutius, et facilius obtineant: sed haec dominii reservatio solam tribuit venditori hypothecam in re vendita, qua quibuscumque creditoribus etiam tempore prioribus, et privilegio munitis praeferatur (3); hypotheca haec, licet non expressa, tacite apud nos subintelligitur in quibuscumque contractibus venditionis, aliisve, quibus rei immobilis dominium transfertur (4).

§ 2716. Porro hypotheca cum praelatione in re vendita a venditore cedi potest; quo posito cessionarius ingreditur in jus cedentis tum quoad personalem, tum quoad realem actionem, sive pro sorte, sive pro usuris, et eo, quod interest; nam pretium a cessionario solutum venditori pro sorte, et accessionibus, accessio non est, sed tenet locum sortis, prout contingit in fidejussore, qui usuras solvat, vel censum; quippe, mutata creditoris persona, mutatur quoque qualitas debiti, atque usurae in sortem convertuntur, ut alibi diximus (5).

§ 2717. Cum venditor hypotheca, et praelatione gaudeat in re vendita (§ 2715), sponte sequitur, eum agere posse adversus tertium rei venditae possessorem, prout fert hypothecae natura (6). An vero possit venditor, qui speciatim sibi dominium reservaverit, dum emptor partem pretii intra statutum tempus solveret, alteri rem vendere, si emptor praefinito tempore non satisfecerit, ambigua quaestio est. Sunt, qui venditori favent; sed eo nituntur fundamento, quod haec reservatio operetur veram retentionem dominii, quod ideo non transeat in emptorem, nisi is sua die pretium solverit, atque contractum ex sua parte impleverit; vel saltem quia resolvatur contractus, cum alter ex parte sua eundem non implet (7).

§ 2718. Pactum, ne emptor ad praeterita tributa teneatur, utpote publicae utilitati contrarium, reprobatur, non quidem quoad contrahentes ipsos, sed quoad fiscum, cujus jus privatorum pactionibus convelli non decet (8): praeterquamquod tributa utpote rei inhaerentia in quemcumque possessorem transeunt (1): nisi forte fiscus propter tributorum cessationem, seu praetermissam solutionem praedia distraxerit (2): actione utique personali venditor adhuc conveniri potest, si forte in emptorem minus idoneum fundus translatus sit (3).

§ 2719. Monopolia quoque, seu pacta inter negotiatores inita, ut res cujuscumque generis certo inter ipsos statuto pretio vendantur, tamquam publicae utilitati contraria reprobantur sub poena amissionis omnium bonorum, atque perpetui exilii (4); atque ejusdem criminis rei censentur artifices inter se convenientes, *ne quis, quod alteri commissum sit, opus impleat, aut injunctum alteri sollicitudinem,* seu opus, *alteri intercipiat* (5).

§ 2720. Quinimmo, ex communi sententia, legum auctoritate firmata (6), monopolii reus est, qui ita negotiationem cujuscumque mercis exercet, ut alii ab eadem arceantur; videlicet cum alicujus generis merces universas, aut immodicam quantitatem comparat, vel solus fabricat, ut solus fere ipse vendat. Id autem in civitate tolerandum non est, nisi ex voluntate Principis; nec a bono Principe concedi solet, nisi quatenus utile, vel saltem innocuum est reipublicae (7).

§ 2721. Pacta emptioni venditioni addita in dubio interpretamur contra eum qui in sui utilitatem eadem adjici curavit, quippe sibi imputare debet, cur apertius legem non dixerit, et suae indemnitati diligentius non prospexerit: adeoque contra venditorem, si commodum ex pacto ipse sentire debeat (8): alioquin contra emptorem ambigui pacti interpretatio fit (9).

§ 2722. Hinc vendito fundo, exceptis lapidicinis, illae tantum exceptae judicantur, quae tempore contractus apparebant, non quae postea detectae sunt (10): similiter exceptis manus satis, excepta tantummodo videntur, quae singulis annis seri solent (11): atque vicissim venditio lacu cum decem pedibus circa illum lacum, si lacus ante traditionem creverit, nonnisi inspecto lacu, qualis erat tempore contractus, decem pedes debentur (12): ad tempus conctractus se refert uterque contrahens, nisi aliud expressum sit.

§ 2723. Sed haec non impediunt, quominus justa verborum interpretatione et voluntate con-

(1) l. *Apud Labeonem* 20 § ult. ff. eod. tit.
(2) l. penult. § ult. ff. hoc tit.
(3) *Reg. Constitut.* lib. 5, tit. 16, § 1, 2 et 3.
(4) argum. l. *Emptori* 6 ff. *De haeredit. vel action. vendit.* (18, 4); *Reg. Constit.* d. loco.
(5) V. vol. II, lib. 3. pag. 983, § 874 et seqq.
(6) l. *Si fundus* 10 § *in vindicatione* 3 ff. *De pignorib.* (20, 1).
(7) d. l. penult. § ult. ff. hoc tit.
(8) l. *Inter debitorem* 42 ff. *De pact.* (2, 14).

(1) l. penult. et ult. Cod. *Si cens. etc.* (4, 47).
(2) l. pen. et ult. Cod. *Si propter pub. pensitat.* (4, 46).
(3) d. l. 42 ff. *De pactis.*
(4) l. unic. Cod. *De monopol.* (4, 59).
(5) d. l. unic. in med. versic. *Aedificiorum.*
(6) d. l. unic. in princ. Cod. *De monopol.* (4, 59).
(7) *Vicat. Vocab. utr. jur.* V. *Monopolium.*
(8) l. *Veteribus* 39 ff. *De pact.* (2, 14); l. *Labeo* 21 ff. hoc tit.
(9) l. *Si emptione* 34 ff. hoc tit.; l. *Quidquid adstringendae* 99 ff. *De verb. obl.* (45, 1).
(10) l. *In lege fundi* 77 ff. hoc tit.
(11) l. *Cum manu* 80 ff hoc tit.
(12) l. *Rutilia Polla* 69 ff. hoc tit.

trahentium inspecta, principalem rem promissam sequantur ejus accessiones. Hinc si venditor promiserit *aquam fundo accessuram*, iter quoque ad aquam promisisse judicatur (1): idem traditur de fistulis, et castello (2).

§ 2724. Praeter haec duo sunt celeberrima, nec non usu frequentia pacta, a legibus in emptione, et venditione probata: nimirum pactum addictionis in diem, et commissorium seu legis commissoriae: sed, cum haec singularem omnino indolem habeant, et speciales pariant effectus, seorsim de illis agere praestat.

APPENDIX I.

De pacto addictionis in diem.

Instit. lib. 3, tit. 24 *De emption. et vendit.*
Digest. lib. 18, tit. 2 *De in diem addiction.*
Cod. lib. 4, tit. 54 *De pactis inter. emptor. et vendit.*

SUMMARIA

§ 2725. *Pactum addictionis in diem illud est, quo convenit, ut venditio irrita fiat, vel firmetur, si alius intra certum diem meliorem conditionem obtulerit, vel non obtulerit.* — § 2726. *Periculum et commodum rei venditae ad emptorem spectat, si pure conceptum sit pactum addictionis in diem; alioquin ad venditorem.* — § 2727 *et* 2728. *Venditio sub praetextu majoris oblationis revocari non potest, nisi ita convenerit, vel de fisco agatur. Quid de publicis venditionibus, vel locationibus apud nos statutum sit?* — § 2729. *Melior conditio offerri intelligitur, cum major utilitas ad venditorem pervenit.* — § 2730. *Qui possint meliorem conditionem offerre?* — § 2731. *An emptor in pari conditione offerenti praeponatur?* — § 2732. *Venditor meliorem oblatam conditionem recusare potest, nisi creditor sit, qui pignus vendiderit.* — § 2733. *Quid si plures eandem rem vendiderint; atque alii primum, alii secundum emptorem admittere velint?* — § 2734. *Quid si portio rei venditae perierit?* — § 2735. *Quae restituantur, venditione ex pacto addictionis in diem resoluta.*

§ 2725. Pactum addictionis in diem illud est, quo venditorem inter, atque emptorem convenit, ut venditio irrita fiat, vel firmetur, si alius intra certum tempus meliorem conditionem obtulerit, vel non obtulerit (3). Si convenerit, ut emptio, alio meliorem conditionem offerente, rescindatur ab initio pure contracta intelligitur, sed resolvenda sub conditione: si vero pactum ita initium sit, ut venditio perficiatur, si nemo intra tempus statum plus offerat, conditionalis judicatur, nec ideo perfecta ante conditionis eventum (4).

(1) l. *Qui fundum* 40 § 1 ff. hoc tit.
(2) l. *Fistulas* 78 ff. hoc tit.
(3) l. *Quoties* 2 ff. hoc tit.
(4) d. l. 2; l. *Ubi* 4 § *cum igitur* 5 ff. hoc tit.

§ 2726. Cum pactum in diem addictionis pure conceptum est, periculum interum, et commodum ad emptorem spectat (1), prout ferunt generales juris regulae (2): si vero conditionalem venditionem faciat, seu per modum conditionis appositum sit, interitum rei fert venditor, qui et commoda habet: detrimentum vero, seu *deteriorationem*, ut ajunt, emptor (3).

§ 2727. Caeterum venditio semel ex mutuo consensu celebrata revocari non potest sub praetextu majoris oblationis, si pactum hoc specialim adjectum non fuerit; nisi del fisco agatur, cui datum, ut, alio intra statuta tempora majus pretium offerente, rem a primo emptore, qui rem fiscalem sub hasta comparaverit, repetere possit (4). Quae autem sint haec tempora, non constat; alii putant esse viginti dies, alii triginta.

§ 2728. Beneficium hoc, si jus Romanum spectemus, soli fisco competit, non caeteris, ne civitatibus quidem (5): sed jure nostro post addictionem in publica licitatione factam venditori cuique licet, rem publice venditam transferre in alium, qui intra viginti dies sextam pretii partem addat (9): immo in locatione honorum ad universitates, aliave collegia, vel personas privilegio munitas pertinentium intra idem viginti dierum spatium admittitur augmentum dimidiae sextae, seu duodecimae pretii partis (7).

§ 2729 Melior conditio, cum de pacto expresso addictionis in diem quaestio est, offerri intelligitur, quoties major utilitas ad venditorem pervenit (8), sive majus pretium offeratur, vel solutio facilior, maturior, aut opportuniore loco: vel si posterior levioribus conditionibus emat; satisdationem non requirat, vel quaedam remittat, quae venditori gravia erant in priore emptione, licet viliore pretio emere velit; vel etiam, si posterior emptor magis idoneus solvendo sit (9): quamquam et prudentis judicis arbitrio res dijudicanda, ne alioquin posterior emptor cum venditore colludere impune permittatur.

§ 2730. Offerre possunt meliorem conditionem non extranei tantum, sed et unus ex pluribus, quibus res primo vendita fuit sub pacto addictionis in diem (10); immo et unus ex pluribus venditoribus; quippe visum est, non obstare juris regulam, ex qua rei nostrae emptio non consistit (11), quoties partem dumtaxat rei nostrae,

(1) d. l. *Quoties* 2 et seqq.; l. *Imperator* 16 ff. hoc tit.
(2) l. *Necessario* 8 ff. *De peric., et comm. rei vendit.* (18, 6).
(3) d. l. 8; l. *Ubi autem* 4 ff. hoc tit.
(4) l. *Si tempora* 4 Cod. *De fid. et jur. hast. fiscal.* (10, 3); l. ult. ff. *De jur. fisc.* (49, 14).
(5) l. *Lucius* 21 § 1 ff. *Ad municip.* (50, 1).
(6) *Reg. Constit.* lib. 5, tit. 12, § 6.
(7) *Reg. Constit.* ibid. § 7.
(8) l. *Quidquid* 5 ff hoc tit.
(9) l. *Ubi autem* 4 § ult. ff. hoc tit.
(10) l. *Cum in diem* 18 ff. hoc tit.
(11) l. *Neque pignus* 45 ff. *De reg. jur.* (50, 17).

nec principaliter, sed tamquam totius rei accessionem emimus (1).

§ 2731. Melioris conditionis oblatio statim denuncianda est primo emptori, si forte velit ipse adjicere, ultra quod alius adjecit (2); quippe in pari conditione prior emptor non praefertur, sed liberum est venditori rem posteriori emptori addicere, nisi primus plus adjicere paratus sit, quam adjecerit posterior (3): nisi forte convenerit inter venditorem et primum emptorem, ut hic posteriori praeferatur, si ipse eandem ac posterior conditionem offerat: ita quippe concilientur diversa jureconsultorum responsa, quorum alia tradere videntur, priorem emptorem praeferri, si adjiciat, quod alius adjecit, non ultra (4): alia posteriori favere, nisi primus plus offerat, quam obtulerit posterior (5).

§ 2732. Non tamen tenetur venditor meliorem oblatam conditionem probare: sed potest, si malit, eam recusare, et primam venditionem sequi, nisi aliud actum appareat (6): vel non dominus, sed creditor pignus vendiderit cum pacto addictionis in diem; etenim creditor utilitati debitoris prospicere debet; adeoque emptorem plus offerentem admittere, si modo idoneus solvendo sit (7). Addici autem potest secundo emptori plus offerenti etiam sub eodem pacto (8); quo praestito prior emptor liberatur, licet secundus solvendo non sit; aut emere nequiverit, pula pupillus sine tutoris auctoritate (9). Quod si venditor simulaverit meliorem ab allatam fuisse conditionem, utique in solidum obligatur (10).

§ 2733. Sed quid dicendum, si plures domini unius rei eandem vendiderint cum pacto addictionis in diem; tum alius offerat: atque ex venditoribus alii primum, alii secundum emptorem admittere velint? Distinguendum est, an uno pretio res vendita sit, an diversis: si uno pretio prioris emptoris conditio potior est; cum enim una sit venditio, pro parte infirmari non potest (11); nec primus emptor invitus adigi ad communionem: si vero diversis pretiis, non una, sed plures videntur venditiones, adeoque primus emptor retinet partes eorum, qui posteriorem offerentem admittere nolunt; caeterae posteriori offerenti cedunt, licet dispares partes vendentium fuerint (12): nec primus emptor queri potest, cum in communionem, plurium partes sorsim emendo, sponte se conjecerit. Quod si duae res duobus separatim pretiis venditae sint, et majus pretium offeratur, an una, an utraque res posteriori debeatur, explicat jureconsultus (1).

§ 2734. Venditore intra diem addictionis defuncto, haeres intra idem tempus meliorem oblatam conditionem admittere potest (2). Si portio rei venditae perierit, pro ea, quae superest, offerri potest (3): nisi forte perierit principalis; quo casu pro accessione non admittitur oblatio (4).

§ 2735. Venditione ex pacto addictionis in diem resoluta, res domino restituenda est, cum fructibus intermedio tempore ab emptore perceptis (5); atque vicissim venditor pretium, si ipsi jam solutum sit, cum usuris restituere debet (6) (ne duplex emolumentum ipse consequatur, emptor vero utroque careat): nec non impensas in rei utilitatem ab emptore erogatas (7).

APPENDIX II.

De pacto commissorio venditioni adjecto.

Instit. lib. 3, tit. 24 *De emption. et vendit.*
Digest. lib. 18, tit. 3 *De lege commissor.*
Cod. lib. 4, tit. 54 *De pact. inter. empt. et venditor.*

SUMMARIA

§ 2736. *Lex commissoria, seu pactum commissorium est pactum, quo convenit, ut venditio resolvatur, si pretium sua die solutum non fuerit.* — § 2737. *Pactum commissorium vel pure, vel sub conditione adjici potest.* — § 2738. *Venditor pro arbitrio potest uti pacto commissorio, vel non uti, si res integra sit.* — § 2739. *et* 2740. *Venditione resoluta, res cum fructibus restituenda est ab emptore, et pars pretii a venditore. Quid de arrhis?* — § 2741. *Interpellatio necessaria non est, si dies praefinitus fuerit.* — § 2742. *Quid si venditor absit, vel latitet?* — § 2743. *Pacto commissorio locus non est, si venditor moram faciat in praestandis rebus, quas ante pretii solutionem praestare tenetur.* — § 2744. *Quid si emptor, venditore mortuo, tutelam haeredis gerat?* — § 2745. *Pactum redimendi frequentius est, quam commissorium.* — § 2746 *et* 2747. *Venditor cum pacto redimendi apud nos habet actionem in rem, qua tertium quoque possessorem convenire potest.* — § 2748 *An fructus, resoluta ex pacto redimendi venditione, restitui debeant?* — § 2749. *Fructus pro rata temporis inter emptorem et venditorem dividuntur, si venditor fundum redimat.* — § 2750.

(1) l. *Quod si uno* 13 § ult. ff. hoc tit.
(2) l. *Necesse* 8 ff. hoc tit.
(3) l. *Item* 6 § 1; junct. l. seq. ff. hoc tit.
(4) d. l. 8 in fin. ff. hoc tit.
(5) d. l. 6 § 1 et l. seq. ff. hoc tit.
(6) l. *Sabinus* 9 ff. hoc tit.
(7) l. *Sed si proponatur* 10 ff. hoc tit.
(8) l. *Quod autem* 11 ff. hoc tit.
(9) l. *Si venditor* 14 § 2 et 3 ff. hoc tit.
(10) d. l. 14 in princ.
(11) l. *Quod si uno* 13 ff. hoc tit.
(12) l. *Quod autem* 11 § 1 et l. seq. ff. hoc tit.

(1) l. *Cum duo* 17 ff. hoc tit.
(2) l. *Si praedio* 15 ff. hoc tit.
(3) l. *Ubi autem* 4 § *idem* 2 ff. hoc tit.
(4) d. l. 4 § 1; l. *Cum principalis* 178 ff. *De reg. jur.* (50, 17).
(5) l. *Ubi autem* 4; l. *Imperator* 16 ff. hoc tit.
(6) l. *Illud sciendum* 29 § *condemnatio* 2 ff. *De aedil. edic.* (21, 1).
(7) d. l. 16; l. ult. ff. hoc tit.

Eadem fructuum divisio fit, cum redimitur fundus ex caussa judicati publice venditus. — § 2751. Obsignatio pretii necessaria est, ut venditor redimere volens fructus lucretur: sed sufficit verbalis oblatio ad impediendam praescriptionem. Quid de augmento monetae? — § 2752. Tertius possessor fructus restituere tenetur, si tamen in mora sit. — § 2753. Fructus restituere debet aliquando, qui non possidet. — § 2754. An redimendi jus in haeredem venditoris transeat? Quid si unus ex pluribus cohaeredibus redimat? — § 2755. An cedi possit, et quo tempore praescribatur? — § 2756 et 2757. Quae sit vis pacti, ut emptor, si rem denuo distrahere velit, non alii, sed suo venditori distrahat? — § 2758. Emptor, qui spopondit, se non alteri, quam venditori venditurum, rem permutare potest, donare, vel testamento relinquere. — § 2759. Pactum redimendi aliquando simulatur in fraudem legitimarum usurarum. Quibus indiciis simulatio haec praesumatur? — § 2760. Redimendi jus aliquando ex lege competit. — § 2761 et 2762. Retractus gentilitius est jus competens consanguineis redimendi fundum a consanguineo venditum extraneo. Quae in hac re apud nos decreta sint? — § 2763. Retractus gentilitius in jure Romano fundamentum habet. — § 2764 et 2765. Quid admittantur ad retractum gentilitium? An jus repraesentationis in eo vigeat? — § 2766. Haeres defuncti venditoris, dummodo cognatus sit, retrahere potest. — § 2767. Cognatus unius ex venditoribus potest retrahere fundum venditum a pluribus ejusdem fundi dominis — § 2768. Retractus gentilitius plerumque locum habet in solis rebus immobilibus. Quid si uno pretio res mobiles et immobiles venditae fuerint? — § 2769. Retractus his viget in venditionibus, ei datione in solutum, non in permutatione, nisi res aestimata sit. Quid de venditionibus publice factis? — § 2770. Quid si res partim vendita, partim permutata fuerit? — § 2771 et 2772. Qui praeferantur ex pluribus simul retrahere contendentibus? — § 2773. Consanguineus remotior, proximiore recusante, in retractu gentilitio praefertur. Quid si proximior deliberet? — § 2774. Retractus gentilitius intra annum, et diem frequentius concluditur. — § 2775 et 2776. Retractus, seu retrahendi tempus incipit ab eo die, quo res tradita fuit — § 2777. Tempus retrahendi currit odio consanguineorum etiam ignorantium: nisi venditio callide dissimulata fuerit. — § 2778. Interpellatio judicialis requiritur ad interrumpendam praescriptionem in retractu gentilitio. An litis contestatio necessaria sit? — § 2779 et 2780. Retractus jure uti volens offerre debet pretium, et caetera, quae emptor erogavit: sed depositio necessaria non videtur. Quid de fructibus? — § 2781 et 2782. Retrahens iisdem omnino juribus utitur, ac emptor: et vicissim favore emptoris reviviscunt omnia jura, quae per emptionem amiserat. — § 2783. Laudimium unum in retractu legali solvitur. Quid si emptor speciali privilegio a laudimii solutione immunis fuerit? — § 2784. Retractus legalis jus in extraneum transferri nequit. Quibus casibus consanguineo denegetur. — § 2785 et 2786. Retractus beneficio renunciasse non videtur, qui praesens fuit venditioni, et siluit, nec qui instrumento venditionis subscripsit.

§ 2736. Lex commissoria, seu pactum commissorium ita fortassis dictum, quia venditio committitur arbitrio venditoris, si emptor illud pactum non adimpleverit, nihil aliud est, quam pactum, quo convenit inter emptorem et venditorem, ut venditio resolvatur, si pretium sua die solutum non fuerit (1).

§ 2737. Venditio sub pacto commissorio celebrata plerumque pura est, sed resolvenda sub conditione, si pretium statuto tempore non solverit emptor (2): quare emptor interim dominus est, et jure dominii fructus percipit (3): potest tamen venditioni adjici pactum commissorium per modum conditionis, his, vel similibus verbis ut res viginti aureis Titio empta sit, si ipse intra annum, puta, eam pecuniae quantitatem solverit (4); prout diximus de pacto addictionis in diem (§ 2725).

§ 2738. Cum pactum hoc favore venditoris adjiciatur, consequens est, posse venditorem eo uti, vel non uti, prout maluerit (5). Si modo res integra sit, atque emptor rem sine controversia possidere possit (6); sed post elapsum pretii solvendi diem statim eligere debet, an velit a venditione discedere, an pretium petere: nec electionem semel factam, invito emptore, mutare potest (7): elegisse autem videtur, ut venditio subsistat, si pretium recipiat, vel petat (8), aut ejus usuras (9).

§ 2739. Quod si venditor malit a contractu discedere in vim pacti commissorii, venditio ipso jure resolvitur, atque res vendita cum fructibus et accessionibus restituenda est ab emptore, qui datam fidem fefellit (10); venditori autem competit vindicatio, si precariam dumtaxat possessionem transtulerit; alioquin actio ex vendito (11).

§ 2740. Vicissim venditor emptori restituere

(1) l. *Cum venditor* 2 ff. hoc tit.
(2) l. 1 ff. hoc tit.
(3) l. *Lege fundo* 5 ff. hoc tit.
(4) argum. l. *Statuliber* 38 § ult. ff. *Ad leg. falcid.* (35, 2).
(5) l. *Cum venditor* 2 et seq. ff. hoc tit.
(6) Fab. Cod. hoc tit. lib. 4, tit. 37, def. 1.
(7) l. *Si fundus* 4 § *eleganter* 2 ff. hoc tit.
(8) d. l. *De lege* 6 § ult. et l. seq. ff. hoc tit.
(9) l. *Commissoriae* 4 Cod. hoc tit.
(10) l. *Lege* 5 et l. seq. § 1 ff. hoc tit.
(11) l. *Qui ea lege* 3 et seq. Cod. hoc tit.

debet pretii partem jam solutam, nisi specialim convenerit, ut morosus emptor eam in morae poenam amittat; quo sane casu emptor fructus suos faceret (1): quamquam, ut alibi diximus, poena conventionalis non praestatur, nisi stipulatoris intersit (2). Arrhae venditori traditae non restituuntur, sicut nec impensae emptionis nomine ab emptore erogatae, puta in confectionem instrumenti (3); sibi imputet emptor, qui datam fidem non implevit (§ praeced.).

§ 2741. Pacto commissorio locus fit per ipsum temporis lapsum, quin ulla venditoris interpellatio desideretur (4): dies pro homine interpellat (5): quod si dies praefinitus non sit, interpellatio necessaria est, ut a judice tempus praestituatur, intra quod emptor pretium solvat; futurum alioquin, ut venditio arbitrio venditoris resolvatur: hoc autem tempus pro variis adjunctis brevius vel longius statui potest; aliquando etiam sexaginta dierum, prout traditur de redhibitoria actione (6).

§ 2742. Caeterum, cum venditio ex pacto commissorio resolvatur in odium emptoris, et quasi in poenam omissae sua die solutionis, idcirco cessat pacti vis, si emptor redargui nequeat, cur non solverit: puta si nullus sit, cui solvat; quia venditor absit vel decesserit, nec domi procuratorem reliquerit, vel ejus haeraditas adita non sit (7). Sed si praesens sit venditor, atque se subducat, ne solutionem accipiat, pretii obsignatio, et depositio necessaria videtur (8); ne ullus relinquatur dubitationi locus.

§ 2743. Neque etiam locus fit commissorio pacto, licet emptor suo tempore non solverit, si venditor ipse moram faciat in praestandis illis, ad quae praestanda se obstrinxit ante pretii solutionem, veluti ad dandum fidejussorem ex caussa evictionis, aut quid simile (9): vel si emptori testato denunciaverit creditor venditoris, ne huic solveret (10).

§ 2744. Offerre autem debet emptor pretium, nec interpellatio venditoris necessaria est (11), cum dies praefinitus fuit (§ 2741): proinde si emptor, mortuo venditore, pupilli haeredis tutelam gerat; vel contutoribus, si qui sint, solvendum est pretium (12); vel illud in tutelae rationis referendum, cum possit ipse solvere, quod pupillo debet, non secus ac exigere, quod sibi debetur (1).

§ 2745. Non tantum cavere potest venditor, ut res sit inempta, si pretium certo tempore non solvatur, sed ut eandem vendere liceat periculo primi emptoris, a quo exigat, quanto minus vendiderit (2). Sed pacta haec usu minus frequentiora sunt: frequentissimum est pactum redimendi, seu de retrovendendo; quo scilicet convenit, ut venditori liceat intra certum tempus, vel quandocumque redimere, seu recipere rem, quam vendiderit, restituto pretio, quod accepit, vel alio prout convenerit (3); definito autem redimendi tempore elapso venditio irrevocabilis fit: nisi forte ex justa caussa, puta laesionis ultra tertiam pretii partem, potissimum si modicum tempus elapsum sit, Princeps adversus temporis lapsum restituat (4).

§ 2746. Venditori, qui pacto redimendi sibi prospexerit, competit actio ex vendito, vel praescriptis verbis (5): sed rei vindicatio competere non videtur, cum solum factum, seu non venditio pacto contineatur: nisi forte convenerit, ut, pretio intra certum tempus restituto, res inempta sit, aut ut venditor eam recipiat; quippequibus casibus venditor posset vindicatione, aut venditi actione pro arbitrio uti (6).

§ 2747. Haec ita, nisi lege municipali, vel consuetudine inducta sit actio in rem venditori, ex qua adversus quemcumque possessorem agere possit, pro ut apud nos (7): ex quo colligit Faber, nec liberari emptorem, aut tertium possessorem praestando venditori id quod interest: ideoque et defuncto emptore, qui retrovendere debuit, relicto haerede cum beneficio legis, et inventarii, venditorem, eumque, qui a venditore caussam habet, non esse remittendum ad generalem discussionis instantiam (8): cum illis competat actio in rem, seu vindicatio.

§ 2748. Restituto per venditorem pretio, impensis instrumentorum, aliisque in fundi utilitatem ab emptore erogatis (9) non solvitur, si proprie loquamur, venditio; quippe quae perfecta omnino fuit (10): sed potius nova venditio fit, unum tamen jure nostro solvitur laudimium (11): indeque emptor non restituit fructus ante moram seu ante oblatum pretium perceptos, nec emptor usuras pretii (12), sed post litem contestatam ven-

(1) l. *Si fundus* 4 § 1 ff. hoc tit.
(2) V. vol. II, lib. 3, pag. 977, § 830.
(3) l. *De lege* 6 ff. hoc tit.
(4) l. *Si fundus* 4 § ult. ff. hoc tit.
(5) l. *Magnam* 12 Cod. *De contr. et committend. stipulat.* (8, 38); Fab. Cod. hoc tit. lib. 4, tit. 37, definit. 13; ubi addit, moram ante litem contestatam purgari posse.
(6) l. *Quod si nolit* 31 § *si quid ita* 22 ff. *De aedil. edict.* (21, 1).
(7) l. *Si fundus* 4 § ult. ff. hoc tit.
(8) l. *Si a te* 7 Cod. hoc tit.
(9) l. ult. § 1 ff. *De rescind. vendit.* (18, 5).
(10) l. ult. ff. hoc tit.
(11) l. *Si fundus* 4 § ult. ff. hoc tit.
(12) d. l. ult. in princ. ff. *De resc. vendit.* (18, 5).

(1) l. *Quoties* 9 § *sed si* 4 et seqq. ff. *De administrat. et peric. tut.* (26, 7).
(2) l. *Si fundus* 4 § penult. ff. hoc tit.
(3) l. *Si fundum* 2 Cod. hoc tit.
(4) l. 1 et passim ff. *Ex quibus causs. major.* (4, 6).
(5) d. l. 4 § pen. ff. hoc tit.; d. l. 2 Cod. hoc tit.
(6) argum. l. *Si, cum venderet* 13 ff. *De pignorat. act.* (13, 7).
(7) Fab. Cod. hoc tit. lib. 4, tit. 36, def. 3 in princ. et def. 8 in princ.; Thes. lib. 2, quaest. 72, n. 1.
(8) Fab. d. def. 8, n. 2 et seqq.
(9) Fab. Cod. hoc tit. lib. 4, tit. 36, def. 17 in not.
(10) d. l. *Si fundum* 2 Cod. hoc tit.
(11) *Reg. Constit.* lib. 5 tit. 17, cap. 3, § 5.
(12) d. l. 2 in fin. Cod. hoc tit.

ditori fructus debentur, saltem si pretium, detrectante retrovenditionem emptore, obsignaverit (1).

§ 2749. Excipit ex Senatus sententia Thesaurus casum, quo venditor fundum distractum retrahere velit, cum fructus pendentes sunt; quippequo casu pro rata temporis inter emptorem et venditorem dividuntur; ut ita utriusque indemnitati consultum sit (2): nisi forte fructus tempore primae venditionis in fundo pendente essent, atque dies retrovenditioni praefinitus, vel in idem tempus cadat redimendi terminus; tunc enim, ne inequalitas inter emptorem et venditorem inducatur, nulla fructuum divisio fit (3).

§ 2750. Subjicit Thesaurus, candem regulam dividendorum pro rata temporis fructuum obtinere in omnibus venditionibus, et retrodationibus, quae non omnino voluntariae sunt: puta si quis se laesum dicat in subhastatione, seu pignore capto in caussam judicati; atque creditor paratus sit, fundum sibi adjudicatum dimittere, dummodo pecuniam sibi debitam consequatur(4): idem est, si intra tempora redimendi pecunia creditori offeratur (5): quod vero pertinet ad pensiones rei locatae, lucro cedunt venditoris, qui eas ante litem motam receperit (6).

§ 2751. Si obsignatio secuta non sit, vel non integra quantitas obsignata fuerit, aut non legitimo modo, haec utique sufficit ad impediendam praescriptionem, cum immo sola interpellatio, et verbalis oblatio sufficiat, ut emptor in mora, et mala fide constituatur (7): non vero, ut cogantur restituere fructus, nisi simul venditor usuras pretii non obsignati, vel male obsignati solvat (8). Quod pertinet ad monetae augmentum, cum saepe incertum sit, sufficit de eo praestando satisdare (9).

§ 2752. Cum venditor agere possit tum adversus emptorem, tum adversus tertium possessorem, qui ab emptore fundum comparaverit (§ 2747), consequens est, tertium possessorem ad fructuum post litem motam perceptorum restitutionem teneri. Si tamen tertius possessor in mora non sit, quia venditor primum egerit adversus emptorem, atque possessor fructus perceperit, antequam adversus ipsum ageret venditor, hos restituere non cogitur (10): quippequos jure proprio percepit; nec in mora videri potest, antequam ad retrovendendum interpellatus sit, licet pecuniam, ipso ignorante, venditor obsignaverit (1).

§ 2753. Quia tamen aequum non est, venditorem ex facto emptoris in damno haerere, idcirco tradit Faber, emptorem teneri ad restituendos fructus, seu eorum aestimationem a die interpellationis, et obsignationis (2); nec enim novum est, ut fructus restituere debeat, qui non possidet (3): emptori autem imputari potest, cur vendiderit, et inde non possideat, potissimum si venditori statim non indicaverit tertium fundi possessorem.

§ 2754. Non consentiunt doctores, utrum redimendi jus in haeredem venditoris transeat. Quidam negant, inter quos Faber, transire, nisi haeredum mentio facta sit (4): affirmant alii ex generali juris regula, juxta quam unusquisque in dubio non sibi tantum, sed haeredibus quoque suis paciscendo prodesse velle praesumitur (5). Quoties vero haeredes jure redimendi utuntur, singuli pro haereditaria parte redimunt; nisi quidam eo jure uti nolint, quo casu unus potest integrum fundum redimere (6): nisi emptor malit pro haereditaria tantum parte ab emptione discedere, nec cohaeredi ad redimendum agenti cessae fuerint a caeteris actiones (7); quo tamen cessionis casu cohaeres redimens caeteris pro parte haereditaria acquirit, qui utique pretii partem restituere tenentur (8).

§ 2755. Redimendi jus cedi posse (9), plures sentiunt (10); quia personale non sit, idest personae non cohaereat: negant alii existimantes, jus hoc cohaerere personae ob affectionem, quam habet ad rem venditam (11), potissimum si convenerit, ut soli venditori, vel ejus filiis, aut determinatis quibusdam personis competat: quo casu in alios transferri non posset (12). An vero praescribi possit, si nullo tempore ea conventione conclusum sit: quidam sentiunt, nullo tempore praescribi, utpote merae facultatis (13): alii ad quadraginta annos extendunt (14); jure regio non ultra triginta annos durat, licet speciatim convenerit, ne quocumque temporis spatio praescribatur (15).

§ 2756. A pacto redimendi non multum di-

(1) l. *Si a te* 7 Cod. hoc tit; Fab. Cod. hoc tit. lib. 4, tit. 36, definit. 17 in princ.
(2) Thes. dec. 55, n. 3 †
(3) Thes. d. n. 3 in fin.
(4) Thes. d. dec. 55, n. 4 †
(5) Thes. ibid. in not. litt *A*
(6) Thes. d. dec. 55 n. ult.
(7) d. l. 2 Cod. hoc tit.; Fab. Cod. hoc tit. def. 6.
(8) d. l. 2; Fab. d. def. 6 in not. et d. definit. 17, n. 1 et seqq.
(9) Fab. ibid. def. 7.
(10) Fab. Cod. hoc tit. lib. 4, tit. 36, def. 3, n. 3 ad 6.

(1) l. *Mora* 32 ff. *De usur.* (22, 1).
(2) Fab. Cod. hoc tit. d. def 3, n. 6 et seqq.
(3) l. *Sed, et si* 25 § *sed utrum* 9 ff. *De haeredit. petit.* (5, 3).
(4) Fab. Cod. hoc tit. lib 4, tit. 36, def. 17 in not.
(5) l. *Si pactum* 9 ff. *De probationib.* (22, 3).
(6) Fab. Cod. *Famil. Erc
isc.* lib. 3, tit. 25, def. 9.
(7) Fab. ibid. in not.; l. *Tutor* 47 § 1 ff. *De minorib.* (4, 4).
(8) argum. l. *Haeres* 25 § *si unus* 15 ff. *Famil. Erc
isc.* (10, 2); Fab. Cod. *De contr. empt.* lib. 4, tit. 28, defin. 7 in med.
(9) argum. l. ult. Cod. *De haeredit. vel act. vend.* (4, 39).
(10) Voet in *Pandect.* hoc tit. n. 8.
(11) Fab. Cod. hoc tit. lib. 4, tit. 36, def. 14 in not.
(12) Fab. Cod. hoc tit. def. 1 in not.
(13) l. *Viam publicam* 2 ff. *De via publ.* (43, 11).
(14) V. Thesaur. lib. 2, quaest. 72 per tot.
(15) *Reg. Constit.* lib. 5, tit. 18, § 4.

stat aliud, quo convenerit inter venditorem, et emptorem, ut emptor, si rem rursus distrahere velit, non alii, sed suo venditori distrahat (1), cujus pacti ea vis est, ut emptor futuram extranei favore venditionem primo venditori denunciet; quo praestito, venditor declarare debet intra certum tempus a judice praefiniendum, si contrahentes inter se non consentiant, an eodem pretio emere velit, alioquin a praelationis jure repellendus (2).

§ 2757. Cum autem pacta etiam ex intervallo adjecta exceptionem tribuant (3); hinc si venditor possideat, potest se tueri vi hujus pacti adversus extraneum, cui emptor rem rursus vendiderit, licet de pignore non convenerit (4); nec enim extraneus plus juris tradere potest quam emptor, a quo caussam habet: immo et adversus secundum emptorem agere, si adsit hypotheca etiam generalis (5); sed si pactum hoc initum sit, postquam fundus alteri jam venditus est, ab coque possidetur, tum denuo alteri distracta sit hyperocha, seu quod fundus pluris valet, hic omnino praeferri debet (6): potior est caussa illius, cui res vendita fuit, quam cui vendi debuit: nisi primus venditor per clausulam constituti sibi prospexerit: quo casu in possessione praeferendus est (7), ex vulgata constituti potestate (8). Non tamen potest emptor, denegare retrovenditionem eo praetextu, quod venditor nolit in ejus instrumento inseri clausulam praelationis, quae in primo instrumento adjecta fuerat; cum sine hac salvum sit primi emptoris jus, etiamsi de jure suo conservando non protestetur; nec enim retrovenditio ex necessitate facta perimit jus emptoris (9).

§ 2758. Sed cum pacta omnia, quae minuunt libertatem cuique competentem de re, cujus dominus est, pro arbitrio disponendi, strictam recipiant interpretationem, si convenerit, ut soli venditori, ejusque filiis retrahere liceat, vel jus praelationis competat, non licebit filio id jus vendere cognatis, et si vendiderit nihil agit; proinde jus redimendi, vel praelationis retinet (10); neque emptor, qui alteri vendere prohibitus est, prohibetur rei dominium transferre alio, quam venditionis titulo, puta permutationis, donationis, vel testamentariae dispositionis (11).

§ 2759. Cavendum tamen, ne sub specie pacti de retrovendendo contractus usurarius fiat; qualis praesumitur, non quidem ex sola modicitate pretii, cum ex pacto hoc rei pretium minuatur (1), nisi emptor solitus sit foeperari (§ 2683 et 2684), sed ex aliis plurimis caussis pro personarum et rerum diversitate; atque potissimum si venditor statim ab emptore eundem fundum conducat, in possessione remaneat, atque pensio potius respondeat usuris pretii, quam fructuum valori; vel si finito redimendi tempore emptor rursus aliud longissimum tempus emptori indulgeat ad redimendum (2): quamquam ex his non eruuntur certa simulationis argumenta, sed indicia tantum, quae contrariis indiciis dilui possunt atque haec minus urgent in datione in solutum, quae creditori fit. Sane retrovenditio non facile praesumenda est, nisi urgentes adsint conjecturae (3).

§ 2760. Praeter redimendi jus ex pacto competens, quod idcirco conventionale appellatur, aliud est, quod legale dicitur, utpote vi legis, statuti, vel consuetudinis descendens. Ex lege, seu juris communis dispositione directus dominus praefertur extraneo, cui emphyteuta suam emphyteusim vendere velit (4), socii quoque, et agnati extraneis in feudi alienatione praeferuntur (5). Sed de his suo loco dicemus.

§ 2761. Ex statuto, vel consuetudine pluribus in locis viget altera retractus legalis species, nimirum *gentilitii:* porro retractus gentilitius est jus competens agnatis vel cognatis redimendi fundum a consanguineo venditum extraneo: cognatis diximus, vel agnatis, prout statuto, aut consuetudine inductum est, ut soli agnati, seu per masculos conjuncti, quod frequentius est, vel etiam cognati per foeminas conjuncti, immo et affines hoc jure gaudeant. Alicubi quoque viget retractus, quem *vicinalem* vocant; quo scilicet praelatio tribuitur in praediorum emptione illis, qui vicinum fundum habent.

§ 2762. Imprimis prae oculis habendum, quod modo animadvertimus (§ 2756), statuta haec strictam recipere interpretationem, utpote contraria libertati, et commerciorum utilitati: adeoque probanda esse ab allegante: apud nos nulla amplius praelatio locum habet, quocumque titulo, statuto, aut usu profluat, praeter iilas, quae praescribuntur jure civili, aut feudali; aut statutis, quae decreverint, aut decretura sint retractum gentilium; aut de qua convenerit inter emptorem et venditorem, hujus favore (6).

§ 2763. Neque a Romano jure alienus est retractus gentilitius; eo quippe praefertur cognatus extraneis, cum bona debitoris veneunt (7): tum minor adjectione pretii in licitatione superatus

(1) l. *Qui fundum* 75 ff. *De contr. empt.* (18, 1).
(2) l. *Qui Romae* 122 § *coheredes* 3 ff. *De verb. obl.* (45, 1).
(3) l. *Pacta* 72 ff. *De contr. empt.* (18, 1).
(4) Fab. Cod. hoc tit. lib. 4, tit. 36, def. 1.
(5) Fab. ibid. def. 9.
(6) Fab. Cod. hoc tit. lib. 4, tit. 36, def. 2.
(7) Fab. d. def. 1 in fin.
(8) l. *Quod meo* 18 ff. *De acquir. possess.* (41, 2).
(9) Fab. Cod. hoc tit. def. 5.
(10) Fab. Cod. hoc tit. lib. 4, tit. 36, d. def. 1 in not. †
(11) Voet in *Pandect.* hoc tit. n. 10 in fin.

(1) Osac. decis. 42 V. supra § 2667.
(2) Fab. Cod. hoc tit. lib. 4, tit. 36, def. 4 et 18.
(3) Fab. d. def. 18, n. 3 et seqq.
(4) l. ult. Cod. *De jur. emphyteut.* (4, 66).
(5) V. Feud. lib. 5, tit. 13; *Reg. Constit.* lib. 6, tit. 3, cap. 6, § 8.
(6) *Reg. Constit.* lib. 5, tit. 19, 3 10.
(7) l. *Cum bona* 16 ff. *De reb. auct. jud. possid.* (42, 5).

restituitur, si forte majorum res vendita fuerit, dummodo pretii excessum offerat (1): Imperatores utique vetus jus, quo proximi et consortes in emptione praeferebantur extraneis, abolendum censuerunt (2): sed imperator Fridericus illud denuo induxit (3): quod pluriam populorum usu probatum fuit.

§ 2764. Ad retractum gentilitium, qui jure sanguinis competit, vocantur sive agnati, sive cognati, prout statuto, aut usu utrisque, vel agnatis tantum: quod plerumque contingit, hoc jus datum apparet; si modo legitimi sint, aut legitimati; non naturales, nisi forte respectu matris, seu in fundo a matre vendito, cui et ab intestato succedunt cum legitime natis (4): atque etiam foeminae, non adoptivi, qui jus sanguinis non habent: sed admittuntur posthumi; dummodo nati sint eo tempore, quo retractui locus fieri potest: licet nondum progeniti essent tempore venditionis (5): in extraneum transferri non posse per cessionem, quia personale sit, plerique fatentur (6). Sane nihil interest, an filius, cui competit jus retrahendi, haeres patris sit, nec ne, quia proprio sanguinis jure admittitur (7); cum imino plures sentiant, filium in potestate patris constitutum, etiam minorem, retrahere posse fundum a patre venditum, sibi non patri acquirendum (8).

§ 2765. Quaerunt interpretes, an jus repraesentationis in hoc retractu locum habeat: seu an cum proximioribus concurrere possint remotiores, qui iure repraesentationis ab intestato simul succederent, puta nepotes cum patruis ad retractum, ad quem proximiores vocantur. Affirmantium sententia probabilior videtur; quia, nisi verba resistant, statuentes juris communis dispositioni se conformasse praesumitur, prout alibi demonstravimus (9).

§ 2766. Venditoris defuncti haeredem, sive filius sit, sive remotior cognatus, retrahere posse, verius est, ait post alios plures Voet, nisi forte venditor nominatim caverit, se rem ab hoc onere liberam praestare (10); cum non veniat ex capite defuncti, sed proprio jure sibi jam competente, vivo adhuc venditore, a quo deinceps haeres institutus fuit, nec proprie impugnet defuncti factum, quod leges non patiuntur (11): sed potius factum defuncti valuisse demonstret, cum petit jure retrovenditionis in se transferri, quod emptor acquisivit. Quinimmo emptor ipse jure retractus uti potest adversus extraneum emptorem, cum quo praedium simul uno pretio emerit a cognato suo (1).

§ 2767. Quod si fingamus, fundum venditum fuisse a pluribus ejusdem pro indiviso dominis, quorum alter cognatus, alter extraneus sit, cognatus unius ex venditoribus partem utique ad cognatum venditorem prius spectantem retrahere potest, non tamen integrum fundum; cum pro parte extranei nullo retractus jure gaudeat; nec queri potest de communione; cum sponte eam suscipiat: quamquam emptori permittendum est, ut a toto contractu, si malit, recedat: quia partem fortassis empturus non fuisset (2): atque inde cogere potest venditoris unius cognatum, ut totum fundum retrahat, vel toto careat.

§ 2768. Retractui gentilitio plerumque locus fit tantum in rebus immobilibus, veluti aedibus, agris, non in illis, quae immobilium jure censentur, puta censibus, multo minus in rebus mobilibus, quia singularis affectio tantum viget in illis, non in his (§ 2761): si autem uno pretio res mobiles, et immobiles venditae fuerint, electio videtur emptori danda, utrum malit res omnes, recepto toto pretio restituere, an res mobiles retinere, immobilibus tantummodo cognato retrahenti dimissis, prout in simili specie diximus (§ praeced.).

§ 2769. Neque in omni contractus genere, quo rei dominium translatum sit retractus locum plerumque habet sed tantum in venditionibus, et aliis qui venditioni aequiparantur, puta datione in solutum (3); non in permutatione; nisi forte res saltem ex una parte aestimata sit; ita ut appareat, quale pretium emptori restituendum sit; multo minus in donationibus, aut transactionibus; quinimmo nec in venditionibus, quae publice sub hasta factae sunt, cum non deceat, publicae hastae fidem convelli (4): nisi aliud inductum sit, vel receptum.

§ 2770. Sed quid, si res partim vendita, partim permutata fuerit? Contractus a majore parte denominationem habet (§ 2328): proinde si plus sit in venditione, quam in permutatione, venditio censebitur, et retractui locus fiet; alioquin denegabitur retrahendi facultas: quod si res partim vendita, partim donata proponatur, rei venditae portio redimi posse videtur; non vero donatae; nisi donationis color quaesitus appareat in fraudem retractus (5).

§ 2771. Aliquando contingit, ut plures simul de re retrahenda contendant: quo casu imprimis praeferri debet, qui ex pacto jus redimendi sibi

(1) l. *Si in emptionem* 35 ff. *De minorib.* (4, 4).
(2) l. *Dudum* 14 Cod. *De contr. empt.* (4, 38).
(3) Feud. lib. 5, tit. 13.
(4) l. *Si suspecta* 29 § 1 ff. *De inofficios. testamen.* (5, 2).
(5) argum. l. *Peto* 69 § *fratre* 3 ff. *De legat.* 2. (31, 1); l. *Si cognatis* 19 ff. *De reb. dub.* (34, 5); Fab. Cod hoc tit. lib. 4. tit. 36, def. 14.
(6) Fab. ibid. in not.
(7) Fab. d. def. 14. n. 1 et 2.
(8) cap. *Constitutus* 8 extra Decret. Greg. *De in integr. restit.* (1, 41); Voet in ff. hoc tit. n. 17.
(9) V. Vol. I, lib. 1, pag. 83, § 344 et seqq.
(10) Voet *in Pandect.* hoc tit. n. 17.
(11) l. *Cum a matre* 14 Cod. *De rei vindicat.* (3, 32).

(1) Voet in *Pandect.* hoc tit. n. 18.
(2) l. *Tutor* 47 § 1 ff. *De minorib.* (4. 4).
(3) l. *Si praedium* 4 Cod *De evict.* (8, 45).
(4) l. *Quacumque* 5 Cod. *De fid. et jur. hast fisc.* (10, 3).
(5) argum. l. *Ab Anastasio* 23 § 1 Cod. *Mandat.* (4, 35).

asseruit: provisio hominis ex trito apud pragmaticos axiomate potentior est provisione legis. Sane statuentes, cum retractum gentilitium inducunt, juri per conventionem quaesito derogare velle non praesumuntur: ad haec directus dominus emphyteusis, cum bona ab ipso profecta sint, praeferendus est agnatis emphyteutae (1): quod si alicubi vigeat retractus gentilitius, et vicinalis, cognatos vicinis praeferri aequitas suadet: fortius est sanguinis, quam proximitatis vinculum.

§ 2772. Inter plures vero, qui eodem jure ad retractum veniunt, puta cognationis, proximior venditoris consanguineus remotiorem excludit: si plures eodem gradu venditorem contingant, omnes simul admittuntur, nisi unus ex his socius, aut confinis praedii venditi sit, vel ipse emerit: inter confines in retractu vicinali praefertur ille, cujus praedium majore latitudine contingit praedium distractum: nisi forte alter confinis simul emptor sit, prout alicubi servatur (2).

§ 2773. An remotior consanguineus retractus jure uti possit, dum proximior deliberat, non una generali regula definiri potest. Consentiunt quidem omnes, proximiore recusante, admitti remotiorem (3): sed si proximior adhuc deliberet, alicubi praefertur remotior, qui agere praeoccupaverit, quatenus vigilantibus jura subveniunt (4): alibi proximior postea veniens, dummodo intra statutum tempus, remotiorem excludit: immo a proximiore excluditur remotior, licet is emptor sit; contractus ab eo celebratus jus proximiori competens evertere non debet.

§ 2774. Modo innuimus, tempus praefinitum esse, intra quod retractus jus exerceri debeat: ne rerum dominia semper suspensa maneant, quod publicae utilitati adversatur (5): hoc porro tempus non ubique idem est: Friderici constitutione retractus intra triginta dies fieri debet (6): frequentius tamen annus, et dies indulgetur, quare in hoc, et similibus statutorum verba, vel consuetudinis cujusque modus inspiciendus est.

§ 2775. A quo demum tempore spatium venditis rebus retrahendis initium sumat, non consentiunt doctores: aliis placet incipere ab eo momento, quo venditio consensu perfecta est, licet per traditionem nondum consummata: alii tempus dimetiuntur a die scientiae, seu quo cognatus scivit rem a cognato venditam fuisse: plerique putant incipere ab eo temporis momento, quo res tradita emptori fuit, quin intersit, utrum consanguinei, vel vicini scientes sint, an ignorantes: postrema haec sententia prae caeteris amplectenda videtur.

§ 2776. Ergo retractus, seu retrahendi tempus incipit statim ac res tradita est, tametsi consanguinei secutam venditionem ignoraverint: atque imprimis non sufficit, venditionem consensu perfectam esse; tum quia sine traditione rei dominium non transfertur (1); adeoque plena alienatio antea non fit: tum quia facile nimis fraudarentur consanguinei, si adversus eos tempus curreret, antequam res tradatur emptori, cum contractus nudo consensu celebrati facillime tegantur: sciri autem non agere possint illi, quos traditio, seu in possessionem missio subsecuta est.

§ 2777. Praeterea diximus, minime distinguendum esse inter consanguineos scientes, atque ignorantes, sua tempus aeque currere adversus ignorantes; tum quia jus retractus alienum est a libertate commerciorum; nec non plerumque damnosum venditoribus; cum res retractui obnoxiae minori pretio distrahantur; adeoque stricte potius interpretandum, aut saltem benigna interpretatione non adjuvandum (2); tum quia consanguinei, aut vicini retrahere cupientes non de damno vitando, sed de lucro captando certant in dispendium emptoris; quare huic potius, quam illis favendum est (3): haec autem argumenta probare videntur, nec absentibus nec minoribus et similibus indulgendum, ut post tempora prefinita rem ab emptore avocent. Exceptio tamen admittenda esset, si emptor, et venditor secutam venditionem callide celassent, ne ad consanguinei, aut vicini notitiam perveniret (4).

§ 2778. Interpellatio extrajudicialis ad interrumpendam temporalem hanc praescriptionem ex communi sententia non sufficit, nisi forte judex adiri nequeat; sed judicialis requiritur (5): immo et necessaria videtur litis contestatio (6): aliqui tamen sentiunt, praescriptionem hanc interrumpi, dummodo ante temporis praefiniti lapsum emptor in jus vocatus fuerit, quamvis litis contestatio ante completum tempus secuta non sit (7): quod, utpote a juris regulis alienum, vix admittendum est, nisi usu receptum doceatur.

§ 2779. Qui retractus jure rem ab emptore repetit utique totam (nec enim licet partem invito emptore redimere (8)), offerre debet integrum pretium, et caetera, quae emptor erogavit, veluti laudimia, impensas in fundi utilitatem fa-

(1) argum. l. ult. Cod. *De jur. emphyt.* (4, 66).
(2) Voet *in Pandect.* hoc tit. n. ult. in fin.
(3) Feudor. lib. 5. tit. 13 in med.
(4) l. *Non enim* 16 ff. *Ex quibus causs. major.* (4, 6).
(5) princ. Instit. *De usucap.* (2, 6).
(6) d. Feudor. lib. 5, tit. 13.

(1) l. *Traditionibus* 20 Cod. *De pact.* 2, 3).
(2) l. *Quod vero* 14 ff. *De leg.* (1, 3).
(3) l. *Sciendum* 18; l. 19 et 20 ff. *Ex quib. causs. major.* (4, 6).
(4) V. vol. II, lib. 2, § 1976 pag. 801 et in not.
(5) l. *Sicut in rem* 3 et l. seq. Cod. *De praescript. XXX vel XL annor.* (7, 39).
(6) d. l. 3 et 4. V. vol. I, lib. 2, § 219 pag. 560.
(7) Voet in ff. hoc tit. n. 25 post alios.
(8) argum. l. *Tutor* 47 § 1 ff. *De minorib.* (4, 4).

ctas, et instrumentum emptionis (1), ut indemnis servetur emptor: quod si haec omnia simul oblata emptor recipere detrectet, quia rem retinere contendit, non est necessaria depositio, et consignatio pecuniae, sed sufficit sola verbalis oblatio ad interrumpendam praescriptionem, nisi emptor paratum se dicat ad pretium recipiendum, et rem retrovendendam (2).

§ 2780. Resoluta jure retractus gentilitii, vel similis venditione, consanguineus retrahens in locum emptoris succedit, perinde ac si ipse rem ab initio comparasset; exceptis fructibus intermedio tempore ab emptore perceptis; quippequos emptor jure dominii percepit (3): praeterquamquod interim caruit pretio, ejusque usuris; atque retrahens sibi imputare debet, cur citius non redemerit: qui vero post litem contestatam percepti sunt, omnino restitui debent, dummodo retrahens pretium obsignaverit (4). Sed in his non immóramur; cum eaedem regulae servandae sint, ac in retractu conventionali, de quo supra diximus (5).

§ 2781. Cum ergo retrahens subintret in locum emptoris, ipsi competunt dilationes, quoad pretii solutionem, quas emptori venditor indulsit (6): atque, si emptor laesus fuerit, potest de laesione agere retrahens adversus venditorem: vicissim venditor non ampulis ab emptore residuum pretium, si quod sit, petere debet, sed a retrahente, in quem tum jura, tum onera translata sunt vi legis municipalis, quae retractum gentilitium, aut vicinalem probat.

§ 2782. Hinc emptoris favore reviviscere debent omnia jura, quae extincta fuerunt per emptionem, retractu deinceps resolutam: puta si praedium conductum habuisset, vel aliqua servitus sive personalis sive realis in fundo ipsi competiisset (7): quinimmo plures sentiunt, onera ab emptore fundo imposita, veluti servitutes itineris, viae in vicina praedia habentium utilitatem, retrahentem quoque sequi (8); qui et jura emptoris nactus est (9); sed emptor vicissim restituere debet retrahenti pretium, quod ipsi ex hac caussa solutum fuit.

§ 2783. Unum porro laudimium in retractu legali ex communi sententia solvitur, quia una videtur emptio ab ipso retrahente primitus inita (10): atque ita etiam apud nos servari in retractu conventionali supra diximus (§ 2748), licet interpretes in hoc non consentiant. Quod si emptor ex privilegio, quod retrahenti non competat, a laudimii solutione immunis fuerit, retrahens ad illud domino directo solvendum teneri videtur (1), quasi ab initio primitus emerit ipse; privilegiis personae alterius inhaerentibus uti potest (2).

§ 2784. Sane jus hoc in extraneum transferri non posse, fatentur omnes, cum inductum sit favore certarum personarum (3): ita ut quibusdam in locis jurare cogatur retrahens, se in suam, non alterius utilitatem retrahere velle: quo casu jurisjurandi expensas ferre tenetur, qui illud praestat, utpote necessarium, ut quis jure retractus uti possit (4): retrahere tamen potest, qui nec in bonis habet, unde pretium solvat; hic utique fraudis suspectus est, et merito timetur, ne alii venditurus retrahat; sed, quia fieri potest, ut pecuniam mutuam inveniat, et sibi emere velit, legis beneficio excludendus non est (5). Immo plures sunt caussae, ex quibus cognatus ipse a beneficio retractus excluditur: nempe si in consanguineum venditorem admiserit gravem injuriae caussam (6): si ei renunciaverit expresse, vel tacite; puta si auctor fuerit emptionis, aut proxeneta: vel pro evictione apud emptorem fidejusserit (7).

§ 2785. Non tamen retractus beneficio renunciasse intelligitur, qui praesens venditioni fuit, et tacuit: siluisse praesumi debet, quia certus erat de jure suo (8), maxime quia nec contradicendo impedire potuisset, quominus consanguineus fundum venderet: ex quo sequi videtur, nec jus retractus remisisse eum, qui instrumento venditionis subscripsit tamquam testis (9); tum quia fortassis eo tempore adhuc incertus erat, an venditum fundum retrahere vellet, vel posset: adeoque perperam contradicere non tenebatur, cum certum temporis spatium adhuc competeret, intra quod deliberaret.

§ 2786. Nec movet, quod Modestinus scribit, filium consensisse videri pignori rei suae a patre mutuam pecuniam accipiente dato si chirographum scripserit (10): aut quod a Marciano traditur, in pignoris venditionem consessisse creditorem hypothecarium, qui venditionis tabulis subscripserit (11); etenim tum filius, tum credi-

(1) Voet *in Pandect.* hoc tit. n. 27.

(2) Fab. Cod. hoc tit. lib. 4. tit. 36, defin. 6. ubi agit quidem de retractu conventionali; sed eadem in hac re conditio retractus legalis.

(3) l. *Si fundum* 2 Cod. hoc tit.; V. § 2748.

(4) l. *Si a te* 7 Cod. hoc tit.; d. § 2748.

(5) V. supra § 2688 et seqq.

(6) argum. l. ult. § Cod. *De usur. rei judicat.* (7, 54).

(7) argum. l. *Venditor* 2 § *cum quis* 18 et seq. ff. *De haeredit. act. ven.* (18, 4).

(8) Voet in *Pandect.* hoc tit. n. 29.

(9) argum. l. *Secundum naturam* 10 ff. *De reg. jur.* (50, 17).

(10) Voet d. n. 29 prop. fin.

(1) Voet d. n. 29 post alios.

(2) l. *Ex pluribus* 42 ff. *De administrat. et peric. tutor.* (26, 7).

(3) argum. l. *Ex pluribus* 42 ff. *De administr. et peric. tutor.* (26, 7). V. supra § 2735.

(4) Voet *in Pandect.* hoc tit. n. 15.

(5) V. *Pratic. Legal.* part. 2, tom. I, pag. 79. § 9.

(6) Feudor. lib. 5, tit. 13.

(7) l. *Vindicantem* 17 ff. *De evictionib.* (21, 2); l. *Exceptione* 11 Cod. eod. tit. (8. 45).

(8) l. *Sicut re* 8 § *non videtur* 15 ff. *Quibus mod. pign. vel hypothec. solvit.* (20, 6).

(9) l. *Gajus* 39 ff. *De pignorat. act.* (13, 7); l. *Titia* 34 § *Lucia* 2 ff. *De legat.* 2. (31, 1).

(10) l. *Fidejussor* 26 § 1 ff. *De pign.* (21, 1).

(11) d. l. 8 § 15 ff. *Quibus mod. pign. etc.* (20, 6).

tor contradicendo impedire potuissent, ne pignus constitueretur, vel distraheretur; adeoque statim dissentire tenebantur, qui praesens jus habebant; nec post contractum queri in dispendium creditoris, vel emptoris, qui facile poterat ignorare, an res pignori data aliena esset, vel pignori obligata, quae distrahebatur: cum tamen emptor in casu, de quo disputamus, scire facile potuerit et debuerit legem retractus (1).

TITULUS XVIII.

DE RERUM PERMUTATIONE, ET PRAESCRIPTIS VERBIS.

Digest. lib. 19. tit. 4 *De rer. permutat.*
Cod. lib. 4. tit. 64 *De rer permutat et praesc. verb.*

SUMMARIA

§ 2787. *Permutatio pertinet ad primam speciem contractuum innominatorum.* — § 2788. *Permutationis verbum generale est et venditioni quoque convenit.* — § 2789. *Permutari possunt res omnes, quae venditionem recipiunt, alienis exceptis.* — § 2790. *Cur res aliena vendi permittatur, non permutari?* — § 2791. et 2792. *Quid si res aliena ex caussa permutationis accepta fuerit, vel promissa?* — § 2793 et 2794. *Qui rem ab alio permutationis caussa acceperit, rem suam dare tenetur; nec potest dando id, quod interest, liberari.* — § 2795. *Quid si facta sit permutatio mercium, quarum aestimatio in singulos dies variatur, atque alter in mora tradendi sit?* — § 2796. *Quid si alter ex contrahentibus rem acceptam vendiderit, dum moram rei suae tradendae facit?* — § 2797. *Ad rem agere potest alter contrahens, licet rem suam nondum dederit, modo dare paratus sit.* — § 2798. *Quid si res simul, et pretium pro re detur?* — § 2799. *An permutatio quoad evictionem differat a venditione?* — § 2800. *Periculum rei permutatae pertinet ad eum, qui rem tradere debet. Quid si clausula constituti adjecta sit, vel tacite subintelligatur?* — § 2801. *Permutatione resoluta, possessio rei ipso jure non recuperatur.* — § 2802 et 2803. *Contractus innominati quatuor species generatim in jure referuntur: sed ex voluntate contrahentium plures iniri possunt.* — § 2804. *An usu fori poenitentia in contractibus innominatis permittatur?* — § 2805. *Ex contractu innominato oritur actio praescriptis verbis vel in factum.*

§ 2787. Cum permutatio parum aliquando differat ab emptione et venditione (2), ita ut vix sciri possit, uter contractus sit, idcirco pauca de rerum permutatione subjicienda putamus:

(1) l. *Semper* 34 ff. *De reg. jur.* (50, 17).
(2) l. ult. ff. hoc tit.

qua etiam occasione breviter trademus, quae ad contractus innominatos pertinent. Contractus innominati, quemadmodum norunt omnes, quatuor sunt; videlicet do, ut des; do, ut facias, facio, ut des; facio, ut facias. Permutatio ad primam contractuum innominatorum speciem pertinet, seu ad contractum do, ut des, atque definiri potest contractus innominatus, quo res propria alteri datur, ut vicissim ipse rem propriam det (1).

§ 2788. Imprimis permutationem dicimus contractum innominatum; etenim *permutationis* verbum generale est, quod venditioni quoque convenit, cum pecunia, licet pretii loco detur, attamen cum re vendita permutetur. Subjicimus, in permutatione rem pro re dari: rei verbum generatim usurpamus, ut significemus, cujuscumque generis res permutari posse; atque non tantum pecuniam cum pecunia, puta si auri nummi pro argenteis dentur, sed etiam cum re; si nempe tamquam corpus detur, prout dari potest (2), non secus ac legari (3).

§ 2789. Ergo res omnes, quae venditionem recipiunt, permutari quoque possunt, si excipiatur res aliena, quam vendi posse placuit (4), ut superius diximus (§ 2378), non tamen permutari (5); quia venditio solo consensu perficitur absque traditione, quae ad complementum dumtaxat petinet; permutatio autem initium habet a datione; rem porro alienam nemo dare potest, ut accipientis fiat (6): atque hinc scripsit jureconsultus, alienam rem dantem nullam contrahere obligationem (7).

§ 2790. Quamquam discrimen hoc venditionem inter, et permutationem non ex ipsa rerum natura profluit, sed ex sententia jureconsultorum, prout apertissime innuit Paulus, cum ait, obligationem nudo consensu non constitui in permutatione; quia hoc dumtaxat receptum est in contractibus, qui *nomen suum habent*, ut in emptione, venditione, conductione, mandato (8): re enim inspecta, nihil impedit, quominus dicamus, eum, qui ex caussa permutationis rem alienam dat, actione praescriptis verbis cogi, ut eam redimat vel praestet, quod permutantis interest, prout dicitur de venditore rei alienae (§ 2369). De permutatione, quae cum Principe fiat, tractat Faber (9).

§ 2791. Qui tamen rem alienam ex caussa permutationis accepit, potest eam usucapere, cum permutatio sit titulus habilis ad dominium transferendum, vel, eadem evicta, agere de evi-

(1) d. l. ult. ff. hoc tit.
(2) l. ult. ff. *De condict. causs. dat.* (12, 4).
(3) l. *Talis scriptura* 30 § penult.; l. *Plane* 34 § *sed hoc* 4 ff. *De leg.* 1. (30, 1).
(4) l. *Rem alienam* 28 ff. *De contrahend. empt.* (18, 1).
(5) l. 1 § *item* 2 et seq. ff. hoc tit.
(6) d. l. 1 § 2; l. *Nemo* 54 ff. *De reg. jur.* (50, 17).
(7) d. l. 1 § 3 ff. hoc tit.
(8) d. l. 1 § *item emptio* 2 ff. hoc tit.
(9) Fab. Cod. hoc tit. lib. 4. tit. 41, def. ult.

ctione (1), vel etiam condicere rem suam jam alteri traditam, tamquam sine caussa datam, seu existentem penes eum, qui rem alienam dando nullam contraxit permutationem (2). Porro, cum de evictione agitur ad id quod interest, atque pretium pro re datur, aestimatio rei fit de tempore solutionis (3); quia si permutatio facta non fuisset, vel nunc resolveretur, alter non plus haberet, quam quanti res nunc est (4). An vero evicto, vel redhibito feudo, quod fuerat permutatum, aliud dandum sit, an pecunia dari possit, disputat sin singulari specie Faber (5).

§ 2792. Sed quid juris, si unus ex contrahentibus rem ab alio jam acceperit, non vero ex parte sua dederit? Actione in factum, seu praescriptis verbis cogi potest, ut rem tradat (6), vel praestet id, quod interest, nisi malit is, qui dedit, rem suam recipere (7): quo sensu intelligendus est Paulus, cum alibi ait, non agi ad id quod interest, sed ad datae rei restitutionem (8).

§ 2793. An vero alter praecise cogi possit, ut rem suam tradat, an pro arbitrio ei liceat praestando id quod interest, liberari, non omnes consentiunt. Quidam affirmant (9), moti auctoritate jureconsultorum, quorum responsa modo attulimus (10): negant alii, existimantes, eum, qui rem accepit, praecise cogendum, ut contractum ex parte sua, rem promissam dando, impleat (11): sententia haec in jure Romano praesidium quoque habet (12): atque magis consentanea est aequitati, quae postulat, ut data fides impleatur, prout data est (§ 2488): maxime quia saepius illius, qui rem suam dedit, rem promissam habere magis expedit, quam id quod interest.

§ 2794. Hinc tradit idem Faber, si ille, qui rem accepit, vicissim rem suam dare alteri velit, cogendum hunc, ut rem accipiat, atque in litis expensas condemnandum, dummodo res illa deposita fuerit, si mobilis esset, cum alter eam accipere recusaret (13): quod si forte res deinceps perierit, recusanti perit, si fuerit deposita; alioquin alteri, qui positus videtur in mora deponendi; cum sola oblatio sine depositione vim traditionis non obtineat (14).

§ 2795. Si facta sit permutatio mercium, quarum aestimatio in singulos prope dies variatur, distinguendum est: vel adhuc extat res, vel periit: si extet, praestanda est, atque id etiam, quod interest adversarii: si vero perierit, nec praestari possit, aestimatio fit quanti plurimi res fuerit a tempore morae, videlicet temporis, quo res praestari debuit, aut condemnationis (1), pro ut fit in caeteris bonae fidei judiciis (2); quibus permutatio aequiparatur: sane et id quod interest, ulterius praestari debet, quod accessorium est et extrinsecum; cum aestimatio quanti plurimi locum rei nequaquam traditae teneat (3).

§ 2796. Sed quid dicendum, si Titius ex caussa permutationis rem suam Maevio dederit; Maevius aûtem, dum rei suae moram tradendae facit, rem a Titio acceptam vendiderit, an competet actio realis, vel personalis Titio adversus tertium possessorem? Negat Faber (4), et merito: Titius agere debet adversus Maevium, ut rem suam vicissim praestet, vel id quod interest, si res perierit: tertius vero possessor nec reali, quia res empta Maevii erat; nec personali: cum non contraxerit cum Titio, conveniri potest: haeres sane aeque ac Maevius tenetur (5).

§ 2797. Diximus, contrahentem, qui rem ex parte sua non dederit, ad candem dandam cogi posse, postquam alter rem suam dedit (§ 2793); eadem aequitatis ratio postulat, ut unus contrahens alterum cogere possit, licet ipse nec dum dederit, dummodo dare paratus sit, atque, si ea mobilis sit, deponat (6). Et hic enim data fides ita implenda est, ut alter consequantur, quod ei promissum fuit; nec invito aliud pro alio detur (7).

§ 2798. Supra diximus (§ 2328), cum res simul et pretium pro re datur, emptionem, vel permutationem esse, prout major, vel minor data est pecuniae quantitas, quam valeat res, quae simul datur, ut altera comparetur, partim vero emptionis, partim permutationis jure censeri, si tantum valeat res, quantum est in pecunia quae simul datur: ex quo sequitur, laudimia integra deberi pro parte dimidia pretii, dimidiata vero tantum pro altera parte, si contractus in eo loco celebratus fuerit, quo integra pro emptione, dimidiata pro permutatione ex lege municipali solvi debeant (8).

§ 2799. Hinc patet, permutationem ab emptione differre, potissimum in re et pretio: sed et alia inter utrumque contractum sunt discrimina. Imprimis in permutatione, si is, qui rem suam dedit, controversiam patiatur in ea, quam

(1) l. 1 § 1 ff. hoc tit.; l. 1 Cod. hoc tit.
(2) l. 1 § *ideoque* 3 ff. hoc tit.
(3) Fab. Cod. hoc tit. lib. 4, tit. 41, def. 5.
(4) l. *Si sterilis* 21 § *cum per venditorem* 3 ff. *De actionibus empt.* (19, 1).
(5) Fab. Cod. hoc tit. def. 4.
(6) l. ult. Cod. hoc tit.
(7) l. *Naturalis* 5 § 1 ff. *De praescript. verb.* (19, 5).
(8) l. 1 § ult. ff. hoc tit.
(9) Fab. Cod. hoc tit. lib. 4. tit. 41, def. 2 in princ.
(10) d. l. 1 § ult. ff. hoc tit.; d. l. *Naturalis* 5 § 1 ff. *De praescript. verb.* (19, 5).
(11) Voet *in Pandect.* hoc tit. n. 3.
(12) d. l. ult. Cod. hoc tit.
(13) Fab. Cod. hoc tit. d. def. 2, n. 1 et seq.
(14) l. *Si per te* 9; l. *Acceptam* 19 Cod. *De usur.* (4, 32); Fab. d. def. 2, n. 4 et seqq.

(1) l. *Ratio* 3 § penult ff. *De act. empt.* (19, 1); Fab. Cod. hoc tit. lib. 4, tit. 41, def. 3.
(2) l. *Sed mihi* 3 § *in hac actione* 2 ff. *Commodat.* (13, 6).
(3) Fab. d. def. 3 in fin.
(4) Fab. Cod. hoc tit. lib. 4, tit. 41, def. 9.
(5) l. ult. ff. *Si famil. furt. feciss. dicat.* (47, 6); Fab. d. def. 9 in fin.
(6) Voet *in Pandect.* hoc tit. n. ult.
(7) l. *Eum, a quo* 16 et seq. Cod. *De solut.* (8, 43).
(8) Fab. Cod. hoc tit. lib. 4, tit. 41, def. 1.

accepit, etiamsi nondum sit evicta, actionem habere putat Faber, ut recipiat, quod dedit: salvo tamen jure contractus, ita ut si lis, qui controversiam, faciebat, succubuerit, reddatur, utrumque (1): verum ad inanes circuitus vitandos (2), potissimum si res immobiles permutatae fuerint, convenientius, est, eadem hic servari, quae in venditione; videlicet ut auctori denuncietur lis, nec a contractu recedatur, donec sententia lata fuerit (§ 2585 et 2593).

§ 2800. Potius recipiendum, quod subjicit idem Faber, periculum rei permutatae pertinere ad permutantem, seu eum, qui rem tradere debet, quamdiu eam retinet, quia non sicut venditio (3), ita permutatio solo consensu perficitur, sed traditio necessaria est (4): sufficit tamen rem ficte traditam fuisse per clausulam constituti (5); quae apud nos tacite subintelligitur in contractibus fere omnibus (6).

§ 2801. Sane, resoluta post factam utrinque traditionem permutatione, sive mutuo consensu, sive per judicis sententiam, non recuperatur possessio, quae facti est, nisi retrotraditio sequatur; quae condictione sine caussa obtineri potest (7): sed, recuperata rei possessione, potest quis iisdem juris remediis uti, quae ante permutationem ipsi competebant (8). Post haec quaedam subjicienda putamus de caeteris contractibus, qui proprio nomine carent.

§ 2802. Contractus, ut alibi notavimus, alii dicuntur *nominati*, qui proprium nomen acceperunt, veluti emptio venditio, locatio, depositum; alii *innominati*, qui proprio nomine carent, cum enim plura sint negotia, quam verba (9), conseqnens fuit, quosdam contractus sine nomine peculiari esse: atque sub generali nomine consistere, coque designari.

§ 2803. Contractuum innominatorum quatuor species in jure referuntur: videlicet do, ut des; do, ut facias; faio, ut des; facio, ut facias (10): sed plures alii ex voluntate contrahentium iniri possunt; puta do, et facio, ut des, vel ut des, et facias; facio, ut des, et facias, do, ne des, vel ne facias et similes: omnes enim conventiones permittuntur, quae nec legibus, nec bonis moribus contrariae sunt (11). Prima horum contractuum species permutatio est (§ 2797), quam modo expendimus.

(1) Fab. Cod. hoc tit. lib. 4, tit. 41.
(2) l. *Dominus* 53 ff. *De condict. indebit.* (12, 6).
(3) § *Quum autem* 3 Instit. *De empt.* (3, 24).
(4) l. 1 § *item emptio* 2 ff. hoc tit.
(5) Fab. Cod. hoc tit. lib. 4, tit. 41, def. 8 et 10.
(6) *Reg. Constit.* lib. 5, tit. 16, § 8.
(7) l. 1 § penult. et ult. ff. hoc tit.; Fab. Cod. hoc tit. lib. 4, tit. 41, definit. 7.
(8) l. *Si patroni* 55 § ult. ff. *Ad Senatuscons. Trebell.* (36, 1); Fab. Cod. hoc tit. def. 11.
(9) l. *Natura* 4 ff. *De praescript. verb.* (19, 5).
(10) l. *Naturalis* 5 in princ. ff eod. tit. *De praescript. verb.*
(11) l. *Juris gentium* 7 § *ait praetor* 7 ff. *De pact.* (2, 14).

§ 2804. Porro in hisce contractibus omnibus ita ex mente Romanorum prudentum jus est, ut unus contrahens, altero invito poenitere possit, si res integra sit, idest alter ex parte sua contractum non impleverit: immo et contractu ex una parte impleto, si in dando consistat; non autem si in faciendo; quia, quod datum est, restitui potest; quod vero factum est, infectum esse nequit; sed hodiernis plerumque gentium moribus poenitentia non admittitur, tametsi res plane integra sit (1); cum nihil tam congruum sit humanae fidei, quam ea, quae inter contrahentes placuerunt, servare (2): nec ulla afferri potest conveniens discriminis ratio, cur poenitendi facultas denegetur in contractibus nominatis; permitti vero debeat in illis, qui proprio nomine carent: cum imo publica et privata securitas exigant, ut ratum maneat, quod semel mutuo censensu placuit.

§ 2805. Cum autem hi contractus generale nomen habeant, speciali quoque actione carent; et sola generalis actio illis accommodatur, quam jureconsulti *praescriptis verbis*, vel *in factum* vocant; quia pendet ex verbis conventionis, vel ex facto per alium praestito: caque petitur, ut praestetur, quod promissum est, vel id quod interest (3): prout diximus de permutatione (§ 2791 et seqq.): sed de his satis. Regrediamur ad Justinianum.

TITULUS XIX.

DE LOCATIONE ET CONDUCTIONE.

Instit. lib. 3, tit. 25 *De location. et conduct.*
Digest. lib. 19, tit. 2 *Locati conducti.*
Cod. lib. 4, tit. 65 *De locato, et conducto.*

SUMMARIA

§ 2806. Locatio ad venditionem accedit quoad contrahendi modum, non quoad effectus.— § 2807. Locatio est contractus, quo pro usu rei, vel opera personae merces praestatur. — § 2808. Quae sint de locatione et conductione expendenda?

§ 2806. Altera species contractuum, qui solo consensu perficiuntur, est locatio conductio: contractus hic, ait Justinianus, proximus est emptioni et venditioni, iisdemque juris regulis consistit: emptio venditio contrahitur, simul atque de re, et pretio convenerit: ita et locatio contrahi intelligitur statim, ac pro re, vel opera merces constituta est (4): quamquam maximum dis-

(1) Voet *in Pandect.* lib. 19, tit. 5, n. 2. V. Fab. Cod. *De contr. empt.* lib. 4, tit. 28, def. 2.
(2) l. 1 et passim ff. *De pact.* (2, 14).
(3) *Naturalis* 5 § 1 et seq. et passim ff. *De praescript. verb.* (19, 5).
(4) princ. Instit. hoc tit.; l. *Locatio* 2 ff. hoc tit.

crimen est inter utrumque contractum quoad effectus utriusque: scilicet venditione dominium rei in emptorem transfertur, locatione vero solus usus conductori permittitur: atque hinc emptio titulus perpetuus est, locatio vero temporalis: sed haec fusius infra explicabimus.

§ 2807. Locatio definiri potest contractus, quo pro usu rei, vel opera personae merces praestatur. Contractus nomen locum tenet generis, caetera locationem ab aliis contractibus distinguunt: quatenus in locatione datur usus rei, vel persona operam praestat, differt locatio ab emptione et venditione (§ praeced.); consentit vero cum ea, quatenus merces praestatur, cum in locatione aeque ac venditione merces, seu pretium in pecunia numerata consistere debeat; alioquin contractus innominatus est (1): atque ex definitione patet, duo esse, quae locari, et conduci possunt, nimirum res et operae, seu facta, quae aestimationem recipiunt. Sed haec fusius explicanda sunt.

§ 2808. Igitur de locatione et conductione haec breviter, sed diligenter expendenda sunt. 1. Quae requirantur ad vim, seu substantiam locationis. 2. Quibus modis locatio fiat. Qui locare possint. 4. Quae locare, et conducere liceat. 5. Quis sit locationis, et conductionis effectus, seu de actionibus locati, et conducti: earum vi et effectibus.

CAPUT I.

Quae ad vim locationis requirantur, et quibus modis locatio fiat.

SUMMARIA

§ 2809. *An scriptura ad locationem requiratur?* — § 2810 *et* 2811. *Merces locationis in pecunia numerata consistere debet: alioquin contractus innominatus est.* — § 2812. *Si certa fructuum pars domino detur, societas potius est, quam locatio.* — § 2813. *Pretium in locatione certum desideratur.* — § 2814. *Res fisci, universitatum et minorum publice locari debent.* — § 2815. *Locatio tacite repetita intelligitur, cum dominus patitur, conductorem, finito conductionis tempore, in ea perseverare.* — § 2816. *Tacita locatio vim habet etiam in muliere nupta.* — § 2817. *Quid si locatio ex voluntate contrahentium in scriptis facta fuerit?* — § 2818 *et* 2819. *Per quod temporis spatium patientia locatoris repetita locatio videatur.* — § 2820. *Quid si aliquot annorum fructus venditi sint?* — § 2821. *Locator, qui re ad proprios usus indigeat, conductorem expellere potest, licet convenerit, ne expelleretur, quamdiu pensionem solvit.* — § 2822. *Quid de locatione animalium, alicubi usu recepta?* — § 2823. *Locatio contrahi potest, ut duret, quamdiu locator voluerit.* — § 2824. *Conductor, finito conductionis tempore, praelationis jure gaudet. An usufructuarius proprietatis dominum praeferre teneatur?*

(1) § *praeterea* 2 Instit. hoc *tit.*

§ 2809. Quod ad primam quaestionem pertinet, jam innuimus (§ 2807), ad locationem desiderari consensum utriusque contrahentis in re, vel opera locata et merce; cum enim locatio ex numero contractuum sit, qui consensu fiunt, nec verba, nec litterae (saltem Romano jure inspecto), nec rei traditio necessariae sunt, ut ea perficiatur (1), nisi aliter contrahentibus placuerit (2); vel singularibus locorum legibus aliud inductum sit. Si convenerit, ut locatio in scriptis fiat, eaedem servari debent regulae, quae venditioni in scriptis mutuo partium consensu faciendae conveniunt (3), quas supra explicavimus (§ 2337 ad 2343): apud nos locationes in longius decennio tempus protractas publico instrumento fieri necesse est, ita ut alioquin nullus sint roboris (4); quae vero sistunt intra decennium, scriptura privata recte conficiuntur (5): cum autem scriptura privata ad fidem dumtaxat rei gestae, non ad solemnitatem spectet, consequens est, valere locationem hanc, licet nec in privatam scripturam redacta fuerit, dummodo de ea aliunde constet (§ 2343).

§ 2810. Praeterea, siculi in venditione, ita in locatione merces pecunia solvitur; pretium certum esse debet, nec non justum; nempe rei, vel operae respondens. Imprimis merces, seu pretium in pecunia numerata consistere debet (6), alioquin erit contractus innominatus; veluti si quis bovem vicino commodaverit per denos dies ad opus faciendum, et vicissim vicinus bovem suum per tantumdem tempus alteri commodaverit (7): quod ita forte constitutum, quia in locatione non secus ac in venditione res aestimari debeant; aestimatio autem sola pecunia recte fieri videtur.

§ 2811. An vero in singularibus quibusdam casibus liceat rem pro pretio dare, nec ideo locatio esse desinat, non omnes consentiunt. Sunt, qui affirmant, favore agriculturae agrum posse certo fructuum pondere, vel mensura locari (8). Verum congruentius alii negant, fatentes utique, contractum hunc innominatum simillimum esse locationi, easdemque recipere praestationes (9); maxime quia textus, qui potissimum videtur obstare (10), satis apte intelligi potest de eo casu, quo merces primum in pecunia fuerit constituta;

(1) princ. Instit hoc tit.
(2) l. *Contractus* 17 Cod. *De fid. instit.* (4, 21).
(3) d. l. 17 junct. princ. Instit. hoc tit.
(4) *Reg. Constit.* lib. 5, tit 22, § 1.
(5) *Reg. Constit.* ibid. § 8.
(6) l. *Naturalis* 5 § *at, cum* 2 ff. *De praescript. verb.* (19, 5); l. 1 *si quis* 9 ff. *Depositi* (16, 3).
(7) § *praeterea* 2 Instit. hoc tit.
(8) l. *Si olei* 21 Cod. hoc tit.; l. *Sed addes* 19 § *si dominus* 3 ff. hoc tit.
(9) Fab. Cod. hoc tit. lib. 4, tit. 42, d. def. 22, n. 1 et 2.
(10) d. l. 21 Cod. hoc tit.

tum conventum fuerit, ut pro hac pecunia fructuum certa quantitas daretur; prout species est in altero textu (1).

§ 2812. Profecto, si non certa fructuum quantitas, vel certum pondus alicui detur, sed certa pars pro rata ejus, quod in fundo nascetur, veluti dimidia, contractus hic potius jure societatis censetur, quam locationis; cum hic lucrum et damnum cum domino partiatur, indeque dictus *colonus partiarius* (2); cui nec competit beneficium mercedis diminuendae propter insolitam, seu immoderatam sterilitatem cum nullam vere mercedem conductionis solvat.

§ 2813. Certum quoque pretium in locatione desideratur, vel per se, vel per relationem ad aliud, puta ad arbitrium boni viri: alioquin non valet locatio; sicuti nec valet, si tertius ille pretium definire noluerit, aut non potuerit (3); exemplo venditionis (4): nisi forte quis putet, pretium a judice definiri posse, prout de venditione quibusdam placet (5). Denique justum pretium in locatione desideratur, cum et locatori, aut conductori immodice laeso succurratur (§ 2686.)

§ 2814. Quoad secundum quaestionum caput, quibus modis locatio fiat (§ 2808), respondemus, pluribus modis fieri posse: nimirum publice, vel privatim; expresse, vel tacite ad certum, vel incertum tempus. Privatorum res pro arbitrio domini alterutro modo locari possunt: sed res fisci, Principis, universitatum, minorum et his similium publice fieri solent (6), et debent (7), saltem si de re gravioris momenti agatur.

§ 2815. Tacite potissimum quis locasse intelligitur, si finito conductionis tempore patiatur, conductorem in rei locatae possessione, et usu perseverare (8): atque tacita haec relocatio facta judicatur iisdem conditionibus, ac prior, sive pro pretio, sive pro pignoribus in prioris conductionis securitatem datis, nisi forte res aliena pignori data sit (9): quippe tunc domini consensus necessarius esset: sicut et novus consensus fidejussorum desideratur, ut pro nova hac conductione teneantur (10); nec enim alienae obligationis onus inviti suscipere coguntur.

§ 2816. Haec autem tacita relocatio vim exerit, licet agatur de muliere nupta, sive bona dotalia elocaverit, marito consentiente; sive bona paraphernalia (11); eadem enim est in hac re mulieris, ac caeterorum conditio; cum aeque potuisset licet, constante matrimonio et finita locatione contradicere; atque generalis est Ulpiani sententia (1). Quo fundamento tacite quoque operas relocari traditur (2).

§ 2817. Porro, quamvis ex Ulpiani sententia sola domini voluntas, patientis conductorem in rei possessione perseverare, sufficiat ad tacitam relocationem inducendam, ita ut nec verba, nec scriptura requirantur (3), si tacitus contractus locationis in scriptis gectus sit, non simpliciter ad rei gestae probationem, sed quia contrahentes in scriptis contrahere voluerunt (§ 2809), tamen consensus, qui ex patientia colligitur, efficere non potest, ut plus scriptum sit, quam revera scriptum fuit, proinde nec ut in longius tempus locatio protracta videatur (4).

§ 2818. Quod spectat tempus tacite renovatae conductionis, distinguit Ulpianus rustica praedia ab urbanis: in rusticis praediis, quis fructus quotannis plerumque ferunt, ad annum facta relocatio censetur, licet initio in plures annos facta fuisset: in triennium vero, vel quiquennium producta intelligetur, si forte in praedio fructus non nisi singulis trienniis, aut quiquenniis nasci, et colligi soleant (5); tacitus enim consensus, qui ex facto inducitur, porrigi non debet ultra, quam factum est (6).

§ 2819. Aliud obtinet secundum Ulpianum in praediis urbanis; cum enim urbani praedii fructus singulis diebus percipiantur, non nisi ultra diem renovatam conductionem intelligi tradit: *nisi in scriptis certum tempus conductionis comprehensum est* (7): atque ex his verbis plures inferunt, hodiernis moribus, quibus certa ex domo migrandi tempora constituta sunt et domus in annum elocari, ex patientia domini, et usu continuato conductoris tacite repetitam intelligi locationem in annum, non secus ac in famulis et ancillis; maxime cum consuetudine inducta sit necessitas denunciationis mature faciendae ab illis, qui finito locationis tempore, domus usum, vel operas imposterum recipere, aut praestare nolunt (8).

§ 2820. Sed quid dicendum, si aliquot annorum fructus et reditus venditi sint, atque finito tempore venditor passus sit, emptorem in fundi possessionem remanere? Cum contractus hic, licet locationi similis (9), vere tamen venditio sit, non potest videri repetita venditio (10): quae dominium rei per se transfert in emptorem, et quidem in perpetuum: adeoque res, quae vendita

(1) d. l. 19 § 3 ff. hoc tit.
(2) l. *Si merces* 25 § *vis major* 6 ff. hoc tit.; Fab. Cod. hoc tit. lib. 4, tit. 42, def. 22 in princ.
(3) d. l. *Si merces* 25 in princ. ff. hoc tit.
(4) V. supra § 2329 et sequent.
(5) d. § 2329 in fin.
(6) *Reg. Constit.* lib. 3, tit. 1 2, § 7.
(7) Voet *in Pandect.* hoc tit. n. 9.
(8) l. *Item quaeritur* 13 § ult. et l. seq. ff. hoc tit.
(9) d. l. 13 § ult. in med.
(10) l. *Novatione* 4 Cod. *De fidejuss.* (8, 41).
(11) Fab. Cod. hoc tit. lib. 4, tit. 42, def. 37.

(1) in d. l. 13 § ult. et d. l. 14 ff. hoc tit.
(2) Quia generalis est legum sententia.
(3) d. l. *Qui ad certum* 14 ff. hoc tit.
(4) Fab. Cod. hoc tit. lib. 4, tit. 42, def. 48.
(5) d. l. *Item quaeritur* 13 § ult. ff. hoc tit.; Fab. Cod. hoc tit. lib. 4, tit. 42, def. 45.
(6) l. *Non omnis* 19 ff. *De reb. cred.* (12. 1).
(7) d. l. *Item quaeritur* 13 § ult. in fin. ff. hoc tit.
(8) Voet *in Pandect.* hoc tit. n. 10.
(9) Fab. Cod. hoc tit. lib. 4, tit. 42, def. 25.
(10) Fab. ibid. def. 38.

non fuit, non potest tacite videri vendita, quia alia prius res vendita fuerit.

§ 2821. Quod si convenerit, ne conductor expelli possit, quamdiu pensionem solvet, ut fundus alteri locetur, conventio haec conductori prodest, ne possit expelli, si solvat pensionem, licet tempus conductionis praeterierit, ut alteri fundus locetur: sed non prohibetur dominus, qui eo uti velit vel per se, vel per famulos suos, conductorem dimittere, quamvis nulla alia subsit expellendi conductoris caussa (1): quae necessaria quidem est, cum adhuc durat tempus conductionis, non eo finito (2): sed hic expressa potius, quam tacita locatio est.

§ 2822. Frequentissimum est, ait Faber, apud nos novum locationis genus, quo quis animalia sua nutrienda alteri et curanda tradit: quae solent aestimari, ut sciatur, quid conductor praestare debeat, si ipsius culpa perierint: lege tamen addita, ne conductor, inscio locatore, ea vendere possit: atque foetus inter locatorem et conductorem dividuntur, reliquus fructus conductoris est (3): in hoc locationis genere, si conventio deficiat, consuetudo regionis servanda est (4).

§ 2823. Non tantum ita locatio contrahi potest, ut certo tempore finiatur, veluti triennio, quinquennio, sed et in perpetuum, vel ita ut incerta sit ejus duratio, puta quamdiu locator voluerit: quo casu locatio finitur morte locatoris (5), quippequi potest mortem amplius velle non potest: item contraria voluntatis declaratione, prout fert conventionis indoles: quod si curator praedia minorum locaverit usque ad tempus, quo hi majores fiant, desinere videtur locatio, impetrata venia aetatis (6).

§ 2824. Ex his constat, finito locationis prioris tempore, facultatem locatori competere, utrum eundem conductorem consentientem retinere velit, an alterum admittere; neque primus conductor ullo jure praelationis gaudet, licet iisdem ac secundus conditionibus conducere velit, nisi forte ita convenerit, seu ut primus conductor posteriori, eodem pretio, iisdemque conditionibus praeferri debeat (7): solis praediorum publicorum conductoribus indultum est, ne inviti expellantur, si oblata per novos conductores augmenta suscipere non detrectent (8). Neque usufructuarius, cui indefinite data est locandi licentia (9), proprietatis dominium praeferre tenetur.

(1) l. *Aede* 3 Cod. hoc tit.
(2) Fab. Cod. hoc tit. lib. 4, tit. 42, def. 49.
(3) Ibid. def. 5.
(4) l. *Semper* 34 ff. *De reg. jur.* (50, 17); Fab. ibid. definit. 6.
(5) l. *Locatio* 4 ff. hoc tit.
(6) l. 1; l. pen. Cod. *De his, qui ven. aetat.* (2, 45).
(7) l. *Ne cui liceat* 32 Cod. hoc tit.
(8) l. *Congruit* 4 Cod. *De locat. praed. civil.* (11, 70).
(9) l. *Arboribus* 12 § *usufructuarius* 2 ff. *De usufructu* (7, 1).

CAPUT II.

Qui locare, aut conducere, quaeve res locari vel conduci possint.

SUMMARIA

§ 2825. *Milites et clerici an alienas possessiones conducere possint?* — § 2826. *Usufructuarii et creditores antichretici ipsi etiam domino rem locare possunt.* — § 2827. *Conductor rem sibi locatam alteri locare non prohibetur; nisi aliud convenerit, vel inductum sit.* — § 2828. *Colonus partiarius fundum alteri locare nequit. An prohibitus alienare?* — § 2829. *Locari possunt res etiam incorporales, non tamen servitutes separatim a fundo, cui debentur.* — § 2830. *Generali locatione non continentur, quae quis speciatim locaturus, vel percepturus non fuisset.* — § 2831. *Operae etiam liberorum hominum locari possunt, dummodo pretio aestimentur.* — § 2832. *Operae liberales proprie non locantur, nec mercedem, sed remnuerationem et honorarium habent.* — § 2833. *In locatione operarum uterque contrahens, sed diverso respectu, locator, aut conductor appellari potest. Quae sint specialia locatorum nomina?* — § 2834. *Operae quaedam sunt a certis personis, publica suadente utilitate, omnino peragendae.* — § 2835. *Operis nomine intelligitur opus manufactum artificis opera perficiendum, veluti domus, navis.* — § 2836. *Opus aversione, mensura, vel in dies locari potest.* — § 2837. *Opus praefinito tempore absolvendum est, nisi breve nimis praescriptum fuerit.* — § 2838. *Operis promissor praestando id quod interest non liberatur. Utrum ante diem operi finiendo constitutum agi possit, ut opus inchoetur?* — § 2839. *Quo in loco promissum opus fieri debeat?* — § 2840. *Opus per alium fieri potest, nisi aliter conventum sit, vel industria personae electa appareat.* — § 2841 *et* 2842. *Quid si opus arbitrio locatoris faciendum sit, vel ab alio probandum, neque hic probare, vel improbare velit?* — § 2843 *et* 2844. *Opus aversione locatum redemptori perit, si vitio operis corruerit, antequam probaretur.* — § 2845. *Quid si corruerit soli vitio?* — § 2846 *et* 2848. *Quid si periculum operis ex vi majore contigerit?* — § 2848. *Terraemotus acceptus pro insolita terrae concussione ad vim majorem refertur.* — § 2849. *Quid si opus in mensuras locatum fuerit?* — § 2850 *et* 2851. *Locator certum temporis spatium habet, intra quod de operis vitio conqueri potest, saltem si illud nec dum probaverit.* — § 2852. *An plures operis redemptores in solidum teneantur, si illiud vitio suo corruerit?* — § 2953 *et* 2854. *Merces operis aversione locati non nisi eo absoluto ple-*

rumque praestanda est. Quid si mensura locatum fuerit? — § 2855 *et* 2856. *An merces aliqua praestanda sit artifici, qui opus non absolverit, vel in aliquo deliquerit?* — § 2857. *Opus a redemptore retineri potest, donec promissa merces solvatur.*

§ 2825. Quod ad personas locatorum et conductorum spectat, generalis regula est, locare et conducere posse omnes, quibus contrahere licet, nec speciatim prohibentur, Militibus Romanae leges speciatim interdicunt, ne alienarum possessionum conductores fiant, ne ab armis distrahantur (1); quod tamen hodiernis moribus plerumque licet: clericis quoque conductio prohibetur, ne iterum se immisceant negotiis saecularibus, quibus renunciarunt (2); saltem si ex caussa negotiationis aliena praedia conducant (3).

§ 2826. Sed, praecisa legis prohibitione, non tantum domini, sed et illi, qui jus utendi, fruendi habent, res alteri locare possunt: puta usufructuarius (4), is, cui habitatio legata est (5), immo et usuarius, qui domus spatiosae usum habet, et parte contentus sit (6): creditor quoque pignoratitius, cujus favore antichresis constituta sit, rem locare potest (7); ipsi etiam domino (8), non secus ac caeteris (9); quippe res, quatenus alteri jus in ea constitutum est, aliena videtur, adeoque non obstat juris regula, quae rei propriae locationem non probat (10).

§ 2827. Non prohibetur conductor rem sibi locatam alteri rursus elocare, vel in totum, vel pro parte (11); nisi aliter convenerit inter locatorem et primum conductorem (12), prout conveniri potest. Sed conventio ita ex aequitate interpretanda est, ne consensus absque justa caussa denegari possit (13): immo in quibusdam locis nec agri sublocari possunt sine domini voluntate (14); nec domus: atque arbitrio domini permittitur, an novum conductorem admittere velit: an eo excluso, rem sibi eadem mercede retinere (15). Relocata autem rerum universitate omnia, quae sub ea continentur, in conductorem transeunt, nisi aliqua probentur excepta (1)

§ 2828. Cavere etiam debet conductor, vel quicumque alius, qui rei dominus non sit, ne aedes relocet ei, qui utendo magis nociturus sit, vel vilioribus usibus destinaturus (2): neque secundus, conductor plus juris habere potest, quam primus, ex cujus persona jus suum metitur (3). Sane colonus partiarius, cum jure potius societatis, quam conductionis agros colat (§ 2812), alium domino invito socium dare non potest (4); societas nonnisi ex mutuo consensu contrahitur. Qui autem prohibitus alienare, non ideo locandi jure caret, cum per locationem etiam in longum tempus factam rei dominium non transferatur (5).

§ 2829. Locari possunt tum res, tum facta (§ 2807): res utique tum corporales, tum incorporales, nisi haec speciatim locari non sinant jura; qualia sunt servitutes praediales, quas separatim a praedio, cui debentur, locari posse non placuit (6), quia separatae ab eo non videntur consistere; cum servitutes nihil aliud esse intelligantur, quam praedia ipsa *qualiter se habentia*, ut ait Celsus, non secus ac bonitas, salubritas, amplitudo (7): personales servitutes locari et conduci posse, modo demonstravimus (§ 2826).

§ 2830. Nec interest, utrum res locatae locatoris propriae sint, an alienae, cum locatione dominium plerumque non transferatur (8); nisi in specialibus quibusdam casibus, in quibus potius venditio, quam locatio est, si stricte loquamur: puta si argenti massa fabro detur, ut vasa fiant, sive ex eadem, sive ex diversa materia in specie dummodo ejusdem generis (9): praeterquamquod, ut supra diximus, etiam usufructuarius (§ 2826), et conductor rem locare possunt (§ 2827). Generali tamen locatione non continentur ea, quae locator ipse non fuisset percepturus, si vixisset, nec locasset; puta praestationes, quae ab emphyteutis solvuntur novo domino (10); nec enim conductor amplius jus habere debet, quam habiturus fuisset locator (11).

§ 2831. Praeter res, operae quoque, sive servorum, sive liberorum hominum locationem recipiunt; dummodo haec mercede aestimentur: qualia sunt tabulam pingere, insulam aedificare,

(1) l. *Milites* 31; l. ult. Cod. hoc tit.
(2) cap. 1 extra Decret. Greg. *Ne cleric. vel monac. secolar. negot. etc.* (3, 50).
(3) Perez. in Cod. hoc tit. n. 6 in fin.
(4) l. *Arboribus* 12 § *usufructuarius* 2 ff. *De usufructu* (7, 1).
(5) § pen. Instit. *De usu, et habit.* (2, 5).
(6) l. *Ceterum* 4 ff. eod. tit. (7, 8).
(7) l. *Creditor* 23 ff. *De pignor.* (20, 1).
(8) l. *Si pignus* 37 ff. *De pignor. act.* (13, 7).
(9) l. *Pomponius* 29 *Quib. mod. usufruct. amit.* (7, 4); l. *Res pignoris* 37 ff. *De aquir. possess.* (41, 2).
(10) l. *Qui rem* 20; l. *Ad probationem* 23 Cod. hoc tit.; l. *Neque pignus* 45 ff. *De reg. jur.* (50, 17).
(11) l. *Nemo* 6 Cod. hoc tit; l. *Qui insulam* 30 ff. hoc tit.
(12) d. l. 6 Cod. hoc tit.
(13) argum. l. *Sed quae* 12 § 1 ff. *De sponsal.* (23, 1).
(14) Voet in fin. ff. hoc tit. n. 6 prop. fin.
(15) Voet d. n. 6 in fine.

(1) argum. l. *Aede sacra* 73 § 1 ff. *De contrahend. empt.* (18, 1).
(2) l. *Si cujus* 13 § ult. ff. *De usuf.* (7, 1).
(3) l. *Nemo* 54 ff. *De reg. jur.* (50, 17), Fab. Cod. hoc tit. lib. 4, tit. 42, def. 16.
(4) l. *Qui admittitur* 19 ff. *Pro soc.* (17, 2).
(5) l. *Locatio* 2 et seq. ff. hoc tit.
(6) l. *Locare* 44 ff. hoc tit.
(7) l. *Quid aliud* 86 ff. *De verb. sign.* (50, 16).
(8) l. *Locare* 44 ff. hoc tit.
(9) l. *In navem* 31 ff. hoc tit.
(10) Fab. Cod. hoc tit. lib. 4, tit. 41, def. 2 in not. †
(11) argum. l. *Venditor* 2 ff. *De haeredit. vel action. vendit.* (18, 4).

aliquem equo, vel curru vehere (1): quae vero facta aestimationem non recipiunt ex communi hominum sensu, veluti aliquem commendare amico, aut potenti viro, neque locari possunt, nec merces pro illis accipi: quamquam saepe contingit, ut haec obtineri non possint, nisi immodico pretio.

§ 2832. Quinimmo solae serviles operae, seu quae a vilioris conditionis hominibus praestari solent, ad locationem et conductionem pertinere creduntur, non liberales, quae ingenio magis, quam corporis ministerio exhibentur, pro quibus idcirco merces dari non dicitur, sed remuneratio et honorarium: in hoc genere sunt operae advocati, medici et similium (2), immo et agrimensoris (3): quamquam, re inspecta, nihil interest, an locatio dicatur, an contractus innominatus; an mercedis, an honorarii nomine appelletur, quod praestari solet.

§ 2833. Animadvertendum hic, in locatione operarum non ita certum esse, qui locator, aut conductor dicatur, sicut in locatione rerum; cum de rebus agitur, locator perpetuo appellatur, qui eas utendas dat; conductor, qui easdem accipit: sed in locatione operarum interdum, qui operas praestat et mercedem accipit dicitur locator, quia operas suas locat: conductor vero appellatur, cui operae praestantur; quia his utitur in sui utilitatem (4) aliquando contra primus dicitur conductor, quatenus operas ipse praestat, exemplo conductoris agrorum, posterior locatoris appellatione demonstratur, quatenus commodum operarum sentit (5). Caeterum conductor aedium *Inquilinus*, agri *Colonus*, operis *Redemptor*, vectigalis *Publicanus*, vel *Manceps* speciatim nominatur.

§ 2834. Quamvis autem a libera cujusque plerumque pendeat voluntate, cujus opera uti velit, publica tamen suadente utilitate, quaedam sunt, a certis personis omnino peragenda; ita ut aliorum opera uti non liceat: quod merito constitutum; tum ut distinctis inter cives operis, seu artificiis singulorum congruae sustentationi prospiciatur; tum etiam, ut melius, atque perfectius ad exitum perducantur.

§ 2835. Modo innuimus (§ 2833), praeter res, et operas etiam locari posse, vel conduci *opus*, cujus conductor speciali nomine *redemptor* appellatur (6), licet interdum redemptores dicantur, qui certum vectigal, aut tributum, puta portorium pro transitu portus exigendum conducunt (1); aut frumentum, et similia de loco in locum transferenda (2): operis autem nomine intelligitur opus manufactum, artificis opera perficiendum, puta domus (3), navis et similia.

§ 2836. Triplici modo opus locari potest: 1. Aversione; 2. Mensura; 3. In dies (4). Porro de opere quacumque ratione locato haec sunt expendenda: 1. Quo tempore absolvendum sit; 2. Quo in loco faciendum; 3. An per alium fieri possit; 4. Quommodo fieri debeat; 5. Ad quem spectet periculum operis; 6. An merces debeatur, si opus absolutum non fuerit.

§ 2837. Quod ad tempus operis perficiendi pertinet, distinguendum, utrum tempus praefinitum fuerit, vel non: in primo casu conventioni standum est: nisi forte intra tam breve egregium opus faciendum convenerit, ut per rerum naturam vix fieri possit; quippe tunc conveniens temporis spatium, judicis et peritorum arbitrio, statuendum esset (5): nec enim placet, quod aliqui tradunt, conventionem, utpote de re impossibili, inutilem fore: cum impossibilitas, ita dicam, non respiciat operis substantiam, sed accidentia; nisi forte agatur de opere, quod post praescriptum tempus profuturum non sit: alioquin contrahentes non videntur tempus instar conditionis adjecisse.

§ 2838. Quod si nullum perficiendo operi tempus expresse definitum sit, contrahentes tacite de eo sensisse videntur, quod viri boni arbitratu sufficiens est (6). An autem operis promissor liberetur praestando id, quod interest, an praecise ad faciendum cogi possit, supra expendimus et posteriorem sententiam defendimus (7), tamquam aequitati et bonae fidei in contractibus servandae magis consentaneam. Unde ulterius sequitur, etiam ante diem operi finiendo praefinitum agi posse, non quidem, ut opus absolutum praestetur, sed ut opportuno tempore inchoetur, ut sua die perficiatur (§ 2942).

§ 2839. Eadem fere distinctio adhibenda est, cum quaeritur, quo in loco opus fieri debeat: nimirum si de loco speciatim convenerit, in eo faciendum est; ita ut promissor alibi faciendo non liberetur, si de domo, vel alia simili re agatur (8): alioquin si supellectilem, vasa, aliaque ejusdem generis, quae de loco in locum facile transferuntur, facienda quis susceperit in certo loco, et alibi fecerit, praestando id quod interest, liberari potest, prout in dandi promissione ser-

(1) l. *Naturalis* 5 § *at cum do* 2 ff. *De praescript. verb.* (19, 5).

(2) l. 1 princ. et §§ seqq. ff. *De extraordinar. cognitionib.* (50, 13)

(3) l. 1 ff. *Si mens. fals. mod. dixer.* (11, 6).

(4) l. *Sed addes* 19 § penult.; l. *Item* 22 § *cum insulam* 2 ff. hoc tit.

(5) l. *Videamus* 11 § penult.; d. l. 19 § *si quis mulierem* 7 ff. hoc tit.

(6) l. *Qui insulam* 30 § penult. ff. hoc tit.

(1) l. *Cum in plures* 60 § *vehiculum* 8 ff. hoc tit.

(2) l. *Si hi, qui* 14 Cod. hoc tit.

(3) d. l. 30 § pen; d. l. 60 § *lege dicta* 3 ff. hoc tit.

(4) l. *Qui insulam* 30 § *qui aedem* 3; l. *Opus* 36; l. *Ea lege* 51 § 1 ff hoc tit.

(5) l. *Insulam* 58 § 1 ff. hoc tit.

(6) l. *Interdum* 73 ff. *De verb. oblig.* (45, 1).

(7) V. supra § 1807 ad 1817.

(8) l. *Arbitraria* 2 § *idem Julianus* 7 ff. *De eo, quod cert. loc.* (13, 4)

vatur (1). Quod si locus perficiendi operis constitutus non sit, promissor arbitrio suo locum eligere potest, in rebus, quae terrae non inhaerent et facile exportantur: si autem quaestio sit de rebus terrae inhaerentibus, vel quae vix exportari possunt, stipulatio sine loci adjectione inutilis est (2).

§ 2840. Ex his facile solvi potest quaestio, an promissum opus per alium, quam promissorem impleri possit: operis redemptor alterius opera uti potest, sive quem substituat, sive cui rursus elocet (3): nisi aliud conventum sit, vel ex indiciis appareat, specialem personae industriam electam fuisse (4); cum utique magna sit inter artifices ingenii, doctrinae et institutionis differentia (5): atque ideo saepe contingat, ne quis per alium fieri velit opus, quod uni credidit.

§ 2841. Nec sufficit opus facere, sed faciendum est eo modo, quo convenit: si placuerit ut redemptor opus faciat arbitrio locatoris, de boni viri arbitrio convenisse videtur, non secus ac cum alicujus tertii arbitrium comprehensum est (6); neque enim locatoris arbitrio permittitur substantia obligationis, quod non licet (7), sed tantum modus, quod leges non improbant (8). Quare si locator, vel tertius iniquum arbitrium dixerit, arbitrii iniquitas emendatur (9).

§ 2842. Neque corruit locatio, licet tertius opus probare vel improbare nolit, aut non possit, sed judicis erit aestimare, an opus secundum pacta locationis factum sit. Nulla utique locatio est, non secus ac venditio, cujus merces, vel pretium in tertii arbitrium conferatur, si arbiter non definiat (10): sed, quia pretii certitudo tum ad locationis, tum ad venditionis substantiam pertinet (§ 2805): contra probatio, vel improbatio operis locationi perfectae accedit, eaque dumtaxat pertinet, ut sciatur, an leges locationis servatae fuerint.

§ 2843. Difficilior est quaestio de periculo operis, an spectet ad locatorem, an ad conductorem, seu redemptorem operis; atque imprimis distinguendum est, an opus aversione locatum fuerit, an ad mensuram: si aversione locatum sit opus, rursus interest, utrum opus, puta, domus, corruerit vitio ipsius operis, an alia caussa, quam redemptor impedire non potuerit.

§ 2844. Si opus aversione locatum fuerit, atque perierit, antequam probatum fuisset, vitio ipsius operis, redemptori perit (1); quin intersit, an merces generatim pro toto opere constituta sit, an in dies singulos, dummodo in postremo casu universitas consumationis pertinuerit ad redemptorem (2); si enim merces constituta in dies fuisset, ut arbitrio locatoris opus fieret, hujus quoque periculum esset (3): nisi praeter voluntatem locatoris opus factum sit; cum artificis imperitia culpae adnumeretur, quam praestare cogitur (4).

§ 2845. Sed periculum operis, quod soli vitio corruerit, non praestat redemptor, ut per se patet (5): nisi artifex soli vitium emendare potuisset, prout fit in aedibus extruendis, si locus palustris, aut arenosus sit (6), quippe et culpae artificis id imputaretur (§ praeced.).

§ 2846. Si vero periculum operis contigerit ex vi majore, seu divina, ut ajunt jureconsulti, puta domus corruerit incendio, terraemotu, seu insolito terrae tremore, iterum videndum, an domus jam ad exitum perducta sit, ita ut probari deberet, an adhuc imperfecta, nec dum probanda; in primo casu periculum, seu ruina domus locatoris damno est (7); etenim in hoc casu redemptori nihil faciendum superest; proinde locator dominium operis plene consecutus intelligitur, eique perit.

§ 2847. Cum vero perit opus adhuc imperfectum, veluti si corruat vi majore domus nondum absoluta, interitus redemptorem onerare videtur (8); contraria ratione, quia domus haec potius conductoris esse intelligitur, quam locatoris; atque hinc scripsit Pomponius, si quis insulam sibi fieri stipulatus sit, aut haeres damnatus fuerit ad insulam certo tempore aedificandam: atque pars insulae jam facta incendio consumpta sit, integrum promissori, vel haeredi dandum esse tempus ad eam aedificandam antequam agi possit ad id quod interest (9): perperam tempus integrum concederetur, si ad opus integrum adhuc perficiendum obstrictus non esset promissor, vel haeres.

§ 2848. Huic quidem sententiae adversari videtur Javolenus, ajens, aedificii parte jam effecta, et *vi naturali, veluti terraemotu* concussa, locatoris periculum esse (10); sed jureconsultus non agit de insolita terrae concussione, quae terraemotus unico verbo solet appellari, sed de

(1) d. l. 2 § 7 prop. fin.
(2) d. l. 2 § *si quis insulam* 5.
(3) l. *Si cui locaverim* 48 ff. hoc tit.
(4) l. *Fideicommissa* 11 § ult. ff. *De legat.* 3. (32, 1).
(5) l. *Inter artifices* 31 ff. *De solut.* (46, 3).
(6) l. *Si in lege* 2 ff. hoc tit.
(7) l. *Quod saepe* 35 § 1 ff. *De contr. empt.* (18, 2).
(8) l. *Si societatem* 6 ff. *Pro soc.* (17, 2); l. *Si libertus* 30 ff. *De oper. libertor.* (38, 1).
(9) d. l. 24; l. *unde* 79 ff. *Pro soc.*
(10) l. *Si merces* 25 ff. hoc tit. 3 1 in fin. Instit. *De empt. et vendit.* (3, 24).

(1) l. ult. ff. hoc tit.
(2) l. *Ea lege* 51 § 1 ff. hoc tit.
(3) d. l. 51 § 1 in fin. ff. hoc tit.
(4) l. *Si, ut certo* 5 § *nunc videndum* 2 ff. *Commodat.* (13, 6).
(5) l. ult. ff. hoc tit.
(6) l. *Fluminum* 24 § *sed ut* 2 ff. *De dam. infect.* (39, 2).
(7) l. *Opus* 36 et l. seq. ff. hoc tit.
(8) d. l. *Si prius* 37 ff. hoc tit.
(9) l. *Si ita* 14 et l. seqq. ff. *De verb. obl.* (45, 1).
(10) l. *Marcius* 59 ff. hoc tit.

motu terrae; qui ex soli palustris, vel arenosi vitio profluat; ex quo fiat, ut terra moveatur, atque ex insulae inaedificatae pondere cedat; etenim terraemotus pro insolita terrae concussione acceptus non refertur ad vim naturalem, sed ad vim majorem, cui resisti non potest (1).

§ 2849. Hactenus de opere ad aversionem facto: eaedem regulae servantur, cum opus in mensuras locatum fuit: quare si vel totum opus, vel etiam pars operis effecta fuerit et completa, ita ut admensurari pro parte potuerit et debuerit, atque locator moram fecerit, periculum ex insolito et fortuito casu descendens ad locatorem pertinet (2), prout diximus de opere per aversionem locato (§ 2846). Partem quoque operis metiendam esse dicimus (3); cum enim opus ad certam mensuram locatur, tacite demonstrant contrahentes, pro parte, quae ex communi aestimatione non exiguasit, mensurari posse, et debere, si redemptor velit. Quod si opus perierit soli vitio, vel etiam casu fortuito, dum adhuc imperfectum est, iisdem distinctionibus res dirimitur, quas modo exposuimus, agentes de opere ad adversionem locato.

§ 2850. Opere perfecto, nec dum tamen probato, si quaeratur, quo temporis spatio interitus ex operis ipsius vitio accidisse judicetur; respondemus, ab Imperatoribus quindecim annos praestitutos fuisse, intra quos redemptores operum publicorum de interitu tenentur, nisi ex insolito casu acciderit (4); quia intra hoc tempus contingens ex culpa ipsorum contigisse praesumitur. Idem porro temporis intervallum in operibus privatis custodiendum aliqui putant (5): alii quinquennium usu fori alicubi receptum tradunt, saltem si aedificatio non ita magnos sumptus requirat (6): proinde res haec in singularibus rerum adjunctis prudentis judicis officio aestimanda est, adhibito peritorum judicio.

§ 2851. Certum ergo temporis spatium locatori datur, intra quod de operis perfecti vitio queri possit, saltem si opus nondum probaverit (§ praeced.): quod si opus jam probatum sit, sentit Voet, nullam superesse locatori actionem, licet deinceps ex vitio suo corruerit (7); quia locator facilitati suae debeat imputare, cur perperam opus probaverit (8): nisi dolo redemptoris inductus locator opus probaverit, cum *irrita sit adprobatio dolo conductoris facta* (9).

2852. Sed quid, si plures idem opus, puta insulam, fecerint, eaque vitio operis corruerit? Singuli tantum pro parte sua teneri videntur, nisi in solidum singuli se obligassent ad opus perficiendum (1): individuum utique est opus, quatenus pro parte praestari nequit (2); sed divisionem recipit id quod interest, praestandum in eo casu, quo opus perfectum non fuerit (3).

§ 2853. Quod spectat mercedem operis, ea quantitas solvenda est, de qua convenit, eoque tempore, quod statutum est. Quod si nullum solvendae mercedi tempus praefinitum fuerit, superior distinctio revocanda est; nimirum operis aversione locati mercedem, nonnisi opere completo, praestare cogitur locator; nec enim jure petit redemptor contractus implementum, seu mercedis solutionem ex parte locatoris, cum ipse ex parte sua nec dum impleverit (4); sed regula haec exceptionem habere potest in opere, quod non nisi longo tempore perficiatur, et magnos sumptus desideret, quibus ferendis vix idoneus sit redemptor.

§ 2854. Sed si opus mensura fiat, redemptor statim petere potest mercedem partis, quae mensurari potest, eaque vel mensa est, vel per locatorem stetit, quominus ejus mensura iniretur (5): ex quo enim contrahentes opus in partes per mensuram diviserunt, ipsius quoque mercedis divisio consequenter facta videtur: correlativorum ex trito axiomate eadem est ratio (6).

§ 2855. Dissentiunt interpretes, an merces aliqua praestanda sit artifici, qui opus certa forma faciendum ex praescripto non adimpleverit, sed aliquid gravis momenti supersit perficiendum vel immutandum sit. Sunt, qui putant, nihil redemptori mercedis nomine in hoc casu dandum esse; quia ad mercedem agere nequeat, qui ex sua parte conventioni non paruit (7). Aequius alii distinguunt, atque tradunt, nihil utique deberi pro opere imperfecto conductori, si opus, prout factum est, nullam locatori utilitatem praestet vel si penes redemptorem relinqui posset, puta vas aureum, alteriusve metalli.

§ 2856. Sed si opus, licet ex praescripto minime elaboratum, utilitatem locatori praebeat, nec conductor illud servare possit, puta domus in solo locatoris aedificata, aequitas non sinit, ut redemptor et materia careat, et integra mercede; alioquin locator cum jactura conductoris locupies fieret (8): quare affirmandum, mercedem

(1) l. *Opus* 36; l. *Si merces* 25 § *vis major* 6 ff. hoc tit.
(2) d. l. *Opus* 36 ff. hoc tit.
(3) l. *Qui insulam* 30 § *qui aedem* 3 ff. hoc tit.
(4) l. *Omnes* 8 Cod. *De operibus public.* (8, 12).
(5) Voet *in Pandect.* hoc tit. n. 37 in fin.
(6) Branneman. in Cod. ad d. l. 8, n. 3.
(7) Voet in ff. hoc tit. n. 37 prop. fin.
(8) argum. l. *Si is a quo* 3 § ult. ff. *Ut in possess. legat.* (36, 4); l. *Qui satisdare* 3 in fin. ff. *De fidejussorib.* (46, 1).
(9) l. *Si in lege* 24 ff. hoc tit.

(1) argum. l. *Reos promittendi* 11 § 1 et 2 ff. *De duob. reis* (45, 2).
(2) l. *In executione* 85 § *secunda* 2 ff. *De verb. obl.* (45, 1).
(3) l. *Stipulationes* 72 ff. eod. tit.
(4) argum. l. *Julianus* 13 § *offerri* 8 ff. *De actionib. empt.* (19, 1).
(5) argum. l. *Opus* 36 ff hoc tit.
(6) argum l. *Cum te fundum* 6 Cod. *De pact. int. emptor. et venditor.* (4, 54).
(7) l. *Rei appellatio* 5 § 1 ff. *De verb. sign.*
(8) l. *Nam hoc natura* 14 ff. *De condiction. indebit.* (12, 6).

dumtaxat diminuendam esse pro rata minoris usus, quem opus praestat, et quatenus interest locatoris, opus perfectum non fuisse.

§ 2857. Nec movet, quod objiciunt, opere locato intelligi opus perfectum (1); licet enim ultro concederemus, conducti actionem redemptori non competere, inde tamen non sequitur, nullam ex aequo et bono obligationem nasci (2); ne locator ex conductoris spoliis ditetur (§ praec.). Vix monendum, opus a redemptore retineri posse, donec merces promissa solvatur, utique si illud possideat. Sed de his satis.

CAPUT III.

De locationis et conductionis effectu, seu de actionibus locatori et conductori competentibus.

SUMMARIUM

§ 2858. *Duplex ex hoc contractu oritur actio utrinque directa.*

§ 2858. Ex locatione et conductione duplex, oritur actio utrinque directa, cum eadem sit utriusque contrahentis conditio: locati nimirum, et conducti. Prima locatori datur: altera conductori. Seorsim de utraque, perspicuitatis caussa agere opportunum ducimus.

SECTIO I.

De locati actione.

Instit. lib. 3, tit. 25 *De location. et conduct.*
Digest. lib. 19, tit. 2 *Locati conducti.*
Cod. lib. 4, tit. 65 *De locat. et conduct.*

SUMMARIA

§ 2859. *Locati actio competit locatori adversus conductorem. Quid si plures conductores sint?* — § 2860 *et* 2861. *Locatio in haeredes transit, non vero societas: quae tamen tacite contrahi potest.* — § 2862. *Locator adversus secundum conductorem agere nequit, licet hic ipsi per plures annos solverit.* — § 2863. *Quid si Titius pro Maevio tamquam pro amico electo, vel eligendo conduxerit?* — § 2864. *Conductor secundus priori locatori solvere potest, nisi prohibitus sit.* — § 2865. *Quae locati actione petantur?* — § 2866. *Locati actione petitur merces totius temporis, quo locatio durare debuit, licet conductor absque justa caussa prius migraverit.* — § 2867 *et* 2868. *Locator partem mercedis remittere debet conductori ante tempus migranti, si ab alio conductore mercedem consecutus sit.* — § 2869. *Locator indemnis quidem servari debet, non ditior fieri.* — § 2870. *Merces totius temporis statim solvenda non est: sed sufficit satisdationem pro parte praestare.* — § 2871. *Conductor ante tempus migrare potest, si locator fundum legaverit, vel inter vivos alienaverit.* — § 2872 *et* 2873. *Successor singularis stare non tenetur colono sui auctoris, nisi auctor hanc legem dixerit, vel ipse tacite consenserit. Quae sit juris ita constituti ratio?* — § 2874. *Conductor a successore singulari expelli non potest, si ita promiserit locator sub hypotheca bonorum suorum.* — § 2875. *Conductori ante tempus migrare coacto debetur id quod interest. An eo nondum praestito migrare cogatur?* — § 2876. *Conductor, cui commodus rei usus non praestetur, ante tempus migrare potest, vel mercedis remissionem postulare.* — § 2877. *Conductor a locatore re in totum frui prohibitus mercedem non solvit: et simul id quod interest, consequitur: nec deinceps conducere tenetur. Quid de instrumentis ad exigendas annuas pensitationes fundo debitas?* — § 2878. *An merces locatori solvenda sit, cum conductor allegat, se conducta re frui non potuisse?* — § 2879. *Quid si conductor solutionem a se factam alleget?* — § 2880. *Mercedis remissio conductori sit, si ex vi majore frui fundo non possit. Quid si coepto jam bello locatio inita sit?* — § 2881. *Quid si quis conduxerit ab hostibus, qui provinciam occupaverint?* — § 2882. *Conductor justam habuit migrandi caussam, si periculum ruinae non perperam timeatur. Quid de spectris?* — § 2883. *Conductor ante tempus migrare non potest, ut habitet in alia domo, quam postea comparavit.* — § 2884. *Quid si conductae sint plures res, quarum aliquae, conductore sciente, alteri jam fuerint locatae?* § 2885 *et* 2886. *Mercedis remissio fit propter insolitam sterilitatem, quae culpa, aut odio conductoris non contigerit.* — § 2887 *et* 2888. *Fructuum perceptorum periculum subit conductor. Quid de colono partiario?* — § 2889. *Quid si colonus mercedem solvat in fructibus?* — § 2890. *Casus fortuitos in se recipere potest conductor: nec ulla fit mercedis remissio.* — § 2891 *et* 2892. *Laesio ultra dimidiam requiritur, ut merces ex sterilitate minuatur. An finita tantum locatione de remissione mercedis tractari possit?* — § 2893. *Sterilitatis cum ubertate compensatio fit in locatione.* — § 2894. *Quid si conductor aliqua fundi parte frui non potuerit?* — § 2895. *Merces locatori ex insolita ubertate non augetur.* — § 2896. *Mercedis remissio non fit propter sterilitatem unius fundi ex pluribus uno pretio locatis.* — § 2897 *et* 2898. *An merces operarum solvi debeat, si voluntate locatoris, aut conductoris per tempus definitum praestitae non fuerint?* — § 2899 *et* 2900. *Quid si casu fortuito operae praestari non potuerint?* — § 2901. *Quid si ex vi majore id contigerit?* — § 2902. *Conductor latam et levem culpam praestat.* — § 2903.

(1) d. l. 5 § 1 ff. *De verb. sign.*
(2) l. *Si quis* 9 § *Labeo* 5 ff. *De dol.* (4, 3); l. *Is, qui* 13 in fin. ff. *Commodat.* (13, 6).

Quae conductoris culpae adscribantur ? — § 2904. Culpam levissimam non praestat conductor, nisi ita convenerit, vel mercedem pro custodia acceperit. Artificis imperitia culpae adnumeratur ? — § 2905. Casus fortuitos non praestat conductor, nisi eos in se receperit, vel ipsius culpa damno caussam dederit. — § 2906. Locati actione petitur, ut res restituatur. — § 2907 et 2908. Conductor locatori quaestionem dominii generatim referre non potest, seu rem retinere praetextu dominii sibi, vel alteri in re competenti. — § 2909 et 2910. Referuntur quidam casus, quibus dominii quaestio locatori jure refertur. — § 2911 et 2912. Locatio dominium non transfert, licet res aestimata data fuerit: imo nec dominium, nec possessionem per se probat. Quid si perpetua locatio fit ? — § 2913. An conductor propter impensas in rem factas eam retinere possit?

§ 2859. De actione locati inquirendum, quibus detur, et adversus quos, et quo tendat, seu quid locator ea persequi possit. Locati actio, quae bonae fidei est (1), et personalis, utpote ex contractu descendens, datur locatori: sive is dominus sit (2), sive conductionis titulo rem possideat, eamque rursus elocet (3), adversus conductorem, vel conductores, si plures sint, adversus singulos pro parte virili (4), nisi omnes se in solidum obligaverint; quo casu in solidum conveniri potest, ea utique lege, ut actiones suas solventi cedat adversus caeteros (5) : vel nisi plures vectigalia conduxerint (6).

§ 2860. Non tantum adversus conductores sed et contra haeredes, in quos locatio transit, agere potest locator (7): si tamen, subjicit Faber, is qui fundum a te conduxerat, me in socium conductionis admiserit atque decesserit ante locationis finem, cogi non possum, ut maneam in conductione, nec a te, nec a conductoris haeredibus (8); non a te; quia tecum nihil contraxi, nec ulla tibi actio nasci potest ex contractu, quem cum alio gessi (9), non ab haeredibus conductoris; quia cum hoc non conductio, sed societas inita fuit, quae morte unius ex sociis finitur (10). Aliud dicendum, si contractus conductionis sit principalis, societatis vero accessorius : sicut morte socii non finitur conductio, sed in haeredes transit, ita et accessoria societas (11).

§ 2861. Plane si mortuo jam conductore, prosequitur idem Faber, perstitero in gerendis rebus conductionis scientibus et consentientibus haeredibus conductoris, tacite videbitur redintegrata societas, a qua resilire non potero, nisi haeredes offerant conditionem (1); idest nisi haeredes mihi offerant, ut vel solus in conductione permaneam, vel ipsis solis conductio cedatur (2); ne inviti in societate detineantur.

§ 2862. Nulla tamen locatori competit actio adversus secundum conductorem, cum quo contraxit (3) : etiamsi secundus conductor per plures annos primo locatori solverit; cum enim nihil referat, an quis per se, an per alium solvat, novatio secuta videri non potest (4): proinde locatori semper salva est actio adversus primum conductorem, cum quo contraxit.

§ 2863. Quod si Titius pro Maevio, ut plerumque fieri solet, tamquam pro amico electo, vel eligendo conduxerit, cumque postea elegerit; cum unus sit contractus (5), potest locator, prout maluerit, adversus Maevium agere, vel adversus Titium, cum quo contraxit; electio deinceps secuta, sicuti ignorante locatore fieri potuit, ita nec ei nocere debuit (6).

§ 2864. Plane secundus conductor primo locatori solvens, quod huic a primo conductore debetur, ab hoc etiam se liberat; quia hujus negotium gessisse videtur, dum pro eo solvit (7): nisi forte primus conductor secundum prohibuerit, ne primo locatori solveret; nec enim quis inviti negotia gerere potest (8).

§ 2865. Actione locati tria petuntur. 1. Merces. 2. Refectio damnorum, quae conductor culpa sua intulerit, re conducta male utendo. 3. Restitutio rei locatae, finito locationis tempore.

§ 2866. Imprimis dominus locata actione, dummodo locationem, et usum praestitutum probet (9), petit mercedem totius temporis, quo locatio duravit, vel durare debuit (10): si enim conductor ex domo, puta, ante tempus migret sine justa et probabili caussa, integram tamen pensionem debet (11): nec mercedem tantummodo, sed et ejus usuras, ut alibi diximus (12), saltem a die interpellationis in judicio factae (13):

(1) princ. et § ult. Instit. *De obligat. ex consensu* (3, 23).
(2) l. *Si tibi* 7 ff. hoc tit.
(3) l. *Si cui locaverim* 48 ff. hoc tit.
(4) l. *Si divisa* 13 Cod. hoc tit.
(5) d. l. 13; l. *Cum apparebit*, 47 ff. hoc tit.
(6) l. *Locatio* 9 § *socii* 4 ff. *De publician.* (39, 4).
(7) l. *Viam veritatis* 16 Cod. hoc tit.
(8) Fab. Cod. hoc tit. lib. 4, tit. 42, def. 36 in princ. Osasc. dec. 76 per tot.
(9) l. *Quaecumque* 11 ff. *De oblig. et act.* (44, 7).
(10) l. *Actione* 65 § *morte* 9 ff. *Pro soc.* (17, 2).
(11) argum. l. *Verum* 63 § *in haeredem* 8 ff. *Pro soc.* (17, 2); cap. *Accessorium* 42 extra *De reg. jur.* in 6 Decret.

(1) Fab. hoc tit. d. def. 36 in fin.
(2) l. *Cum haereditate* 55 ff. *De acquirend. haeredit.* (29, 2).
(3) l. *Quo tutela* 73 § ult. ff. *De reg. jur.* (50, 17).
(4) Fab. Cod. hoc tit. lib. 4, tit. 42, def. 28 in princ.
(5) V. supra § 2356 et seqq.
(6) l. *Granius* 71 § ult. ff. *De fidejussorib.* (46, 1); Fab. Cod. hoc tit. d. def. 28 in fin.
(7) l. *Solutum* 11 § *solutum* 5 ff. *De pignorat. action.* (13, 7).
(8) l. ult. Cod. *De negot. gest.* (2, 19).
(9) argum. l. *Julianus* 13 § *offerri* 8 ff. *De act. empt.* (19, 1).
(10) princ. Instit. hoc tit.
(11) l. *Habitatores* 27 § 1; l. *Dominus* 55 § ult. ff. hoc tit.
(12) V. vol. II, lib. 3, pag. 983, § 875.
(13) Ibid. pag. 986, § 890.

atque adjecimus, conductorem, cui remissio mercedis fieri debeat pro parte, ad usuras ad alterius partis teneri, si hanc non obtulerit, et obsignaverit (1). Porro invecta et illata in praedium urbanum pignori tacite obligata esse pro mercede, ut et fructus praedii rustici, alibi demonstravimus (2): et quidem in naturalibus locator praefertur creditoribus antiquioribus jure quodam dominii (3); atque etiam mulieri dotem repetenti in industrialibus, si espressa hypotheca sibi prospexerit (4).

§ 2867. Disputant interpretes, an locator eo casu, quo conductor ante tempus migravit, hunc parte mercedis exonerare debeat, si quam forte mercedem ab alio pro reliquo, quod supererat, tempore consecutus sit. Affirmantium sententia, utpote aequitati longe mogis consentanea, neque a Romano jure aliena, omnino praeferenda est, nisi aliud lege municipali, vel consuetudine inductum probetur (5).

§ 2868. Imprimis sententia haec congruit aequitati; aequitas, sane postulat, ut in dubio faveamus illi, qui damnum unice vitare contendit, prae altero, qui lucrum captare vult: porro locator in hac specie lucrum captaret, duplicem mercedem percipiendo, cum damno conductoris, qui re usus non est. Hinc traditur, operarum locatori integram mercedem deberi, si modo et per ipsum non steterit, quominus operas praestaret, atque *eodem anno mercedes ab alio non accepisset* (6): idem subjicitur de salario comitum legati Cesaris (7): porro in hac quaestione non differt locatio operarum a locatione rerum.

§ 2869. Paulus de conductore agens, qui ante tempus migraverit, ait *ad solvendas totius temporis pensiones conveniri posse, quatenus locatori in id, quod ejus interest, indemnitas servetur* (8): ergo indemnis tantum servandus est, non ditior efficiendus locator: porro indemnis servatur, licet compenset, quod ab alio conductore percepit: atque hinc locator a conductore, quem justa caussa expulerit ante tempus, ratione futuri temporis, id tantum consequitur, quod ab alio deinceps habere nequit (9).

§ 2870. Potest utique locator statim agere adversus perperam migrantem (10); sed non inde sequitur, totius reliqui temporis mercedes statim solvendas esse; neque enim dies solvendarum pensionum ideo citius venit: quare sufficit, pro futuris mercedibus satisdationem praestare, prout servatur in omnibus bonae fidei judiciis (11): atque si locator mercedem deinceps ab alio perceperit, primus conductor pro ea parte exonerabitur.

§ 2871. Si conductor ex justa caussa rem ante praefinitum tempus deseruerit, mercedem nonnisi pro rata temporis, quo re conducta usus est, solvere tenetur; cum enim contractus locationis bonae fidei sit (1), non cogitur in conductione permanere, qui justam habet recedendi caussam; plures autem sunt justae, et a legibus probatae hujusmodi caussae, atque in primis, si locator rem alienaverit, puta legaverit; cum enim nihil intersit haeredis, an colonus fundum legatarii colere pergat, nec ne perperam ageret adversus colonum, ut eum coleret (2), atque idem dicendum si fundum locatum dominus vendiderit, vel donaverit (3).

§ 2872. Porro, cum ex comuni effato eadem sit correlativorum ratio (4), neque singularis successor, puta legatarius, emptor donatarius stare tenetur colono defuncti venditoris vel donantis (5): nisi forte testator, venditor, vel donator hanc legem dixerint; vel singularis successor probetur aliquo modo, etiam sine scriptis, consensisse, ut conductor in eadem conductione permaneret (6): atque idem ex rationis identitate jus obtinet in successore, in beneficio (7), primogenio, vel feudo, et uxore, cui dos restituatur (8), immo et ad emptorem fructuum extendit Faber (9).

§ 2873. Juris ita constituti rationes diversae a diversis afferuntur, inter quas potior videtur ea, quae ex diversa contractuum natura proliciscitur; quia nempe contractus, qui rei dominium in alterum transferunt, majore vim habere deceat, quam eos, quibus solum fruendi jus datur, placuit emptori, et similibus permittere, ut colonum ante tempus expellant: sed et simul eadem recedendi facultas data est conductori (§ 2870); qui insuper a venditore indemnis servandus est (10).

§ 2874. Successoris universalis alia conditio est; etenim haeres conductoris in conductione permanere potest et debet (11), atque vicissim haeres locatoris sincre tenetur, ut conductor in ea permaneat (12); cum defuncti factum impu-

(1) Ibid. pag. 984, § 876.
(2) V. vol. II, lib. 3, pag. 1023, § 1154 et seqq.
(3) Thesaur. lib. 2, quaest. 29, n. 6 et seqq.
(4) Thesaur. ibid. n. 8 et seq.
(5) Voet *in Pandect.* hoc tit. n. 22.
(6) l. *Sed addes* 19 § pen. ff. hoc tit.
(7) d. l. 19 § ult. ff. hoc tit.
(8) l. *Dominus horreorum* 55 § ult. ff. hoc tit.
(9) l. *Ea lege* 51 in princ. ff. hoc tit.
(10) l. *Si in lege* 24 § *si domus* 2 ff. hoc tit.
(11) l. *In omnibus* 41 ff. *De judic.* (5, 1).

(1) princ. et § ult. Instit. *De obligationib. ex consens.* (3, 23).
(2) l. *Qui fundum* 32 ff. hoc tit.
(3) l. *Si merces* 25 § 1 ff. hoc tit.
(4) l. *Cum te fundum* 6 Cod. *De pact. int. emptor. et venditor.* (4, 54).
(5) l. *Qui fundum* 32 ff. hoc tit.; l. *Emptorem* 9 Cod. hoc tit.; Fab. Cod. hoc tit. lib. 4, tit. 42, def. 19, n. 1; Thesaur. lib. 2, quaest. 13, n. 1; Osasc. dec. 82 in fin. †.
(6) d. l. 9 Cod. hoc tit. Fab. d. n. 1.
(7) Fab. d. def. 19 in princ.
(8) Thesaur. d. lib. 1, quaest. 13, n. 2.
(9) Fab. d. def. 19, n. 2.
(10) l. *Si merces* 25 § 1 ff. hoc tit.; Thes. d. lib. 2, quaest. 13, n. 2.
(11) l. *Viam veritatis* 10 Cod. hoc tit.
(12) Thes. d. lib. 2, quaest. 13, n. 1.

gnare non possit (1). Imo nec desunt casus, in quibus conductor a successore singulari expelli non potest, quamvis ei offeratur id quod interest: puta si locator promiserit conductori, se passurum, ut in conductione permaneat usque ad praescriptum tempus, sub speciali vel generali hypotheca bonorum suorum (2); quae apud nos tacite subintelligitur, eandemque vim habet, ac si expressa fuisset (3); etenim hypotheca jus in re tribuit, quod invito auferri non potest, et rem ipsam afficit, in quemcumque transferatur (4).

§ 2875. Porro id quod interest, quoties conductor ante praescriptum tempus migrare cogitur, aestimandum est, habita ratione totius temporis, quo locatio durare debuisset, praestito etiam jurejurando in litem a conductore, sed et praevia proborum virorum et peritorum aestimatione, nec non prudentis judicis moderamine (5): nec conductor prius expelli potest, quam ei solutum sit, quod ipsius interest, nisi forte illius aestimatio, seu, ut ajunt, liquidatio, requirat altiorem indaginem: quo casu sufficit, idoneam cautionem a locatore praestari (6).

§ 2876. Justam quoque caussam postulandi remissionem mercedis habet conductor, cui commodus rei usus non praestetur; puta si domus non reficiatur (7); vel vicinus aedificando lumina nimium obscuret: quo etiam casu conductori migrare licet; aut remissio mercedis facienda est, si permanere malit (8): sed haec cum moderamine accipienda sunt; nec enim quodlibet leve incommodum a contractu recedere licet, aut mercedis partem denegare (9).

§ 2877. Quod si conductor in totum re frui prohibeatur, distingnendum est, an prohibeatur ab ipso locatore, aliove, quem locator probibere possit, ne conductorem vexet; an vi majore. In primo casu non tantum merces integra remittenda est, vel restituenda, si soluta fuerit, sed et conductori id quod interest, praestandum (10): ita ut contra locatorem jurari possit in litem (11), nec audietur locator, si post annum, puta, fruendi facultatem offerat; quia forte conductor, aliis rebus illigatus, amplius frui non potest: modici sane temporis ratio non habetur (12): in altero sufficit mercedem remittere vel restituere, nisi aliter conventum sit (1). Non tamen potest conductor praedii rustici denegare solutionem mercedis, licet ipsi statim non tradantur instrumenta ad exigendas annuas pensitationes fundo debitas, quorum dies nondum venit: sufficit tradi eo tempore, quo exigendae erunt; quo et omnino tradenda sunt, licet aliter convenerit (2); nec enim bona fides patitur conventionem, ex qua conductor re frui prohiberetur (3). Sane usus rei, cum facti sit, a locatore probari debet (4).

§ 2878. An vero merces praestanda sit locatori, dummodo de restituendo caveat, si aequum erit; cum conductor allegat, se frui non posse re conducta, quaestio est ex adjunctis dijudicanda. Si ita speciatim convenerit, idest ne conductor mercedem praestet, si frui nequeat tradit Faber, lite pendente, ne provisionalem quidem adjudicationem fieri debere, potissimum si praesumptio pro conductore sit (5); haec utique conventio ex natura ipsa contractus descendit (6); favorabilior tamen habetur exceptio, quae ex verbis contractus descendit, quam quae ex sola aequitate: idem est, si conductor quaestus sit, antequam dies solutionis venisset (7). Sed, si post solvendi diem conductor alleget, se frui re non potuisse, cum alienatio haec fraudis suspecta sit, conductor interim, donec de facto pronunciatum sit, ad mercedem, vel ejus partem solvendam condemnari debet, praestita utique restituendi satisdatione a locatore (8).

§ 2879. Eaedem fere servantur regulae, cum conductor fatetur, se re conducta usum fuisse, sed simul allegat, mercedem solvisse; non prius ad solutionem condemnandus est, quam locator de solutione interrogatus negaverit, cum per solam negationem dubia fiat; si modo solutio non in genere, sed in specie allegetur, ut sciat locator, quid fateri debeat, vel negare (9): atque post locatoris negationem quoddam tempus conductori dandum est, ut possit solutionem per instrumenta, aliove modo probare, nec interim conductor ad solvendum condemnandus est (10): haec autem dilatio facilius concedenda conductoris haeredis, qui beneficio inventarii utatur: sed post dilationis diem condemnatio omnino fiet (11).

§ 2880. Sed redeamus, unde paullisper discessimus. Diximus, mercedis remissionem fieri debere, et sufficere, si conductor frui re non pos-

(1) l. *Ex qua persona* 149 ff. *De reg. jur.* (50, 17). l. *Cum a matre* 14 Cod. *De rei vindic.* (3, 32).
(2) Thes. d. lib. 2, quaest. 13, n. 10 †
(3) *Reg. Constit.* lib. 5, tit. 16, § 8.
(4) l. *Debitorem* 15 Cod. *De pignor.* (8, 14).
(5) Thes. d. lib. 2, quaest. 13, n. 12.
(6) Thes. ibid. n. 13.
(7) l. *Ex conducto* 15 § 1 ff. hoc tit.
(8) l. *Si merces* 25 § *si vicino* 2 ff. hoc tit.
(9) l. *Habitatores* 27 ff. hoc tit.
(10) l. *Si fundus* 33 prop. fin. ff. hoc tit.; Fab. Cod. hoc tit. lib. 4, tit. 42, def. 1.
(11) Thes. lib. 2, quaest. 13, n. 12.
(12) l. *Si in lege* 24 ff. hoc tit.

(1) d. l. 33 in fin. ff. hoc tit.
(2) Fab. Cod. hoc tit. lib. 4, tit. 42, def. 29.
(3) d. l. *Ex conducto* 15 ff. hoc tit.
(4) Osasc. dec. 51, n. ult. †
(5) Fab. Cod. hoc tit. lib. 4, tit. 42, def. 14.
(6) d. l. *Ex conducto* 15 § 1 ff. hoc tit.
(7) Fab. Cod. hoc tit. def. 4, n. 5 et def. 7.
(8) Fab. d. def. 4 in princ.
(9) Fab. Cod. hoc tit. lib. 4, tit. 42, def. 17.
(10) Fab. Cod. hoc tit. d. def. 17 in princ.
(11) Fab. d. def. 17 in med.

sit, non tamen ex culpa locatoris (§ 2877): hoc autem pluribus ex caussis contingit: puta ex incursu hostium, aut latronum, quibus resisti nequeat (1); dummodo conductor periculum domino denunciaverit, cum denunciare posset (2): nisi hoc notorium sit, aut inutile merito habeatur (3); neque periculum casuum fortuitorum in se susceperit, prout potest (4). Quod si jam coepto bello inita sit locatio, atque facta conventio, ut merces remittatur, si ob bellum conductor frui nequeat, de saeviore bello sensisse praesumuntur contrahentes, non de eo, quod fuerit tempore conductionis aut brevi futurum praevideri potuerit (5).

§ 2881. Sed quid dicendum, si quis, provincia ab hostibus occupata, ab iis conduxerit, atque mercedem solverit? Justane solutio habenda est, ne domino amplius solvi debeat? Utique (6); nec enim imputari potest conductori, cur sponte solverit illi, a quo alioquin coactus per vim fuisset (7): et qui fructus, mercede non soluta, fuisset erepturus (8); praeterquamquod jure gentium in bello capta capientis fiunt (9).

§ 2882. Quinimmo leges favent conductori, qui justam habuerit migrandi caussam; quia periculum ruinae non perperam timeretur, licet vere non esset (10): veluti si aedes, initio conductionis integrae, deinceps vitiosae effectae sint; secus si ab initio ruinosae apparuerint (11); in postremo casu imputandum esset, cur has aedes conduxisset: nisi forte tales sint, in quibus sine gravi periculo quis habitare non possit; nullius aestimationis sunt ad habitandum hujusmodi aedes; nec locator juste postulat, ut merces ex illis praestetur. Ad hunc autem justum metum plures referunt spectra in aedibus dominantia, si modo haec aperte probentur (12).

§ 2883. Vix monendum, conductorem ex domo conducta migrare non posse, ut in alia habitet domo, quam postea jure dominii sibi comparaverit (13); concessum utique domino, ut conductorem expellat, ipse habitaturus (14), sed non eadem recedendi facultas data conductori, nec dari debuit, cum conductor alio modo propriae indemnitati consulere possit, vel propriam, vel conductam domum relocando.

(1) l. *Si fundus* 33 in fin. et l. seq ff. hoc tit.
(2) l. *Item quaeritur* 13 § *exercitu* 7 ff. hoc tit. Thesaur. dec. 108, n. 1 †
(3) Thes. ibid. in addit.
(4) l. *Si quis domum* 9 § *Julianus* 2 ff. hoc tit.
(5) d. l. 9 § 1 versic. *Idem quaerit in fin.*, Fab. Cod. hoc tit. def. 30.
(6) Fab. Cod. hoc tit. lib. 4, tit. 42, def. 33.
(7) argum. l. *Si urbana* 55 ff. *De condic. indebit.* (12, 6).
(8) l. *Si alius* 7 § *est et alia* 4 in med. ff. *Quod vi, aut clam* (43, 24).
(9) § *item ea* 17 Instit. *De rer. divis.* (2, 1).
(10) l. *Habitatores* 27 § 1 ff. hoc tit.
(11) l. *Qui bona fide* 13 § *de illo* 6 ff. *De damn. infect.* (63, 2).
(12) Voet *in Pandect.* hoc tit. n. 23 in fin.
(13) Ibid.
(14) l. *Aede* 3 Cod. hoc tit.

§ 2884. Plane contingere potest casus, quo locator conductori praestare non debeat, ut re utatur, fruatur: nimirum si quis Titio locaverit plures res simul quarum aliquas, sciente Titio, jam locaverat Maevio, Titius perperam peteret, liberum earum usum; videtur potius in domini locum substitutus, translata in ipsum locatione; ita ut mercedem a Maevio ipse percipiat (1): atque Titius, si inter ipsum, et locatorem convenerit, ne ulla mercedis remissio fiat, integram pensionem solvere debet, licet Maevio merces remittatur, potissimum si Titius minori pensione rem conduxerit (2); etenim Titius in locum dominii suffectus soli locatori tenetur, Maevius vero soli Titio, nec proinde ex persona Maevii liberationem obtinere potest a locatore, seu rei domino.

§ 2885. Praeterea remissio mercedis favore conductoris fit propter insolitam, atque immodicam sterilitatem, quae extrinsecus contingat (3): puta si uredo fructum oleae corruperit, aut solis fervore non assueto id acciderit (4); vel si pernicies locustarum edacitate contigerit (5), immoderatis nivibus, et contra tempestatis consuetudinem cadentibus (6); si aquae inundatione, fluminum vi, hostium incursu impedita fuerit agrorum cultura (7).

§ 2886. Sed nulla fit mercedis remissio, si sterilitas facto, vel culpa conductoris contigerit; puta si raucis, vel ut alii legunt, crucis, aut herbis segetes corruptae sint (8): calamitas haec adscribitur desidiae coloni, qui vermes non collegerit, et occiderit, herbas non avulserit: vel si colonus intempestiva agrorum cultura agros corruperit; potiori ratione, si colere neglexerit (9): aut damnum fructibus datum sit in ipsius odium; puta ab inimico: secus si damnum contigisset odio locatoris (10): neque etiam merces conductori remittitur, si ex naturali ipsius rei vitio sterilitas, contigerit, puta arborum, ac vinearum vetustate (11).

§ 2887. Sane, si fructibus jam perceptis repentina clades intervenerit, iique perierint incendio, ruina domus; ab hostibus, vel a latronibus erepti sint, damnum conductoris est, qui eorum dominium acquisivit, atque spem majoris lucri habuit (12): nec interest, quod aeque apud locatorem perituri fuissent (13): quia dominus fortas-

(1) Fab. Cod. hoc tit. lib. 4, tit. 42, def. 8 in princ.
(2) Fab d. def. 8, n. 3 et seqq.
(3) l. *Si merces* 25 § *vis major* 6 ff. hoc tit.
(4) l. *Ex conducto* 15 § *si vis* 2 ff. hoc tit.
(5) l. *Excepto tempore* 18 Cod. hoc tit.
(6) l. *Fistulas* 78 § ult. ff. *De contr. empt.* (18, 1).
(7) d. l. 15 § 2 ff. hoc tit.
(8) d. l. 15 § 2 ff. hoc tit.
(9) l. *Si merces* 25 § *conductor* 3 ff. hoc tit.
(10) Fab. Cod. hoc tit. lib. 4, tit. 42, def. 24.
(11) d. l. 15 § *cum quidam* 5 ff. hoc tit.
(12) d. l. *Ex conducto* 15 § *si vis* 2 ff. hoc tit.; Fab. Cod. hoc tit. lib. 4, tit. 42, def. 21, 46 et 52; Thesaur. lib. 3, quaest. 79, n. ult. †
(13) Fab. Cod. hoc tit. def. 24.

sis ante eum diem vendidisset, atque ita propriae indemnitati consuluisset.

§ 2888. Coloni partiarii, seu fundum colit, et fructuum partem lucratur, alia ratio est; sive enim fructus ante, sive post perceptionem pereant, damnum tum ipsius, tum domini est pro rata parte, quasi contracta inter ipsos societate (1): nisi damnum culpa conductoris acciderit.

§ 2889. Major difficultas est de colono, qui mercedem utique solvat, sed in fructibus, veluti frumento, vino, oleo, et similibus: atque hic distinguit Faber, an merces ex iisdem fructibus, qui in fundo nascuntur, solvi debeat, an generatim de quibuscumque fructibus solvi sufficiat: in primo casu remissionem mercedis ob interitum fructuum perceptorum fieri debere sentit; quia imputari non possit conductori, cur eos citius non distraxerit, quorum partem locatori dare tenebatur: quinimmo et idem ex aequitate fortassis obtinere putat in potremo caso; quia locator queri nequeat, quod mercedis solvendae caussa ex fructibus fundi locati conductor eos servaverit; nisi tamen conductor in mora solvendi sit (2). Verum aequitatis limites in dispendium locatoris nimis protrahere videtur, potissimum in postremo casu, cum fructus, plene quaesiti conductori, ei potius perire debeant, quam locatori, qui nullum in illis jus habet.

§ 2890. Mercedis remissio, licet insolita clades contigerit, denegatur conductori, si periculum casuum fortuitorum in se receperit (3); haec sane conventio a legibus probata (4) aequitati consentanea est, quia tanto viliore pretio ex hac caussa locatio facta praesumitur: atque ad insolitos quoque casus extenditur, si generatim de omnibus actum sit, vel de his quoque contrahentes sensisse aliunde appareat (5).

§ 2891. Praeterea non aliter ex communi sententia mercedis remissio fit, quam si laesio sit ultra dimidiam (6): prout constitutum de emptione et venditione (7): atque insuper, si locatio per plures annos facta sit, ratio habenda est fructuum et pensionum omnium annorum, ita ut ex unius anni ubertate compensetur aliorum sterilitas (8): una locatio intelligitur, licet per plures annos progrediatur: nisi forte convenerit, ut per singulos, annos tamquam per diversas, et separatas locationes, merces remittatur.

§ 2892. Hinc tradit Faber non nisi finita locatione, atque omnibus elapsis anuis de mercedis remissione propter sterilitatem tractari posse, nisi aliter contrahentibus placuerit (1); quia antea sciri non possit, an sterilitas unius anni caeterorum ubertate compensetur. Aliis tamen placet, ex priorum annorum sterilitate minuendam statim esse mercedem; ea utique lege, ut conductor praestet imposterum, quod remissum fuit, si anni sequentes uberiores fuerint, prout innuit Papinianus (2).

§ 2893. Ergo sterilitatis cum ubertate compensatio fit, nisi aliud actum appareat (3), ut modo diximus (§ 2891): quod tamen non praesumitur, licet pensio in singulos annos solvenda sit; solutionis divisio ad commodum locatoris pertinet, ne diutius mercedem expectare cogatur; non ut diversi contractus initi videantur; nec omnium dumtaxat annorum compensatio fit, sed multo magis specierum (4): quare remissionem mercedis juste non postulat conductor, licet frumenti penuria fuerit, si maximam vini copiam ex fundo locato perceperit; quia unus contractus est.

§ 2894. Non idem erit subjicit Faber, si conductor aliqua fundi conducti parte frui non potuerit, cum locator praestare conductori debeat, ut tota re fruatur (5): compensatio fieri nequit, licet indemnitatem plenam attulerit alia pars, qua frui conductor prohibitus non fuit (6). Quod si damnum condutori contingat non ex insolita sterilitate, sed ex rerum copia, quae aliunde afferantur, aut ob emptorum penuriam, nulla hinc mercedis remissio fiet, quia casus hic ad fructus perceptos spectat, non percipiendos (§ 2884): sicuti nec remissio facta ab uno locatore caeteros adstringit (7).

§ 2895. Quaerunt hoc loco interpretes, utrum quemadmodum minuitur merces conductori ob insolitam sterilitatem, ita ob insolitam ubertatem locatoris favore augeri debeat. Negantium sententia jure Romano magis consentanea est: ex Gajo *immodicum lucrum non aufert ur colono* (8); auferetur autem si merces inde augenda esset: immo nec a publicanis merces major exigitur, licet maximum lucrum ex redemptione vectigalium consecuti sint (9); cum tamen fiscus singularibus privilegiis gaudeat. Nec sententia haec aliena ab aequitate videri potest; cum insolita ubertas non ita facile contingat, ac calamitas; adeoque, ne litibus aditus aperiatur, ejus rationem minime

(1) l. *Si merces* 25 § *vis major* 6 in fin. ff. hoc tit.; Fab. Cod. hoc tit. def. 22 in princ.

(2) Fab. Cod. hoc tit. lib. 4. tit. 42, d. def. 22, n. 8 et seq. in corp.

(3) Fab. Cod. hoc tit. lib. 4. tit. 42, def. 2 et 15.

(4) l. *Si quis domum* 9 § *Julianus* 2 ff. hoc tit.

(5) Fab. d. def. 2, n. 4 et seqq.

(6) argum. l. *Si merces* 25 § *vis major* 6 ff. hoc tit. Fab. Cod. hoc tit. def. 3 in princ.

(7) l. *Rem majoris* 2; l. *Si voluntate* 8 Cod. *De rescind. vendit.* (4. 44).

(8) l. *Ex conducto* 15 § *Papinianus* 4 ff. hoc tit.; l. *Licet certis* 8 Cod. hoc tit.; Fab. d. def. 3, n. 1 et seqq.

(1) Fab. Cod. hoc tit. lib. 4. tit. 42, d. def. 3 in fin. et in not. et def. 35.

(2) d. l. *Ex conducto* 15 § *Papinianus* 4 prop. fin. ff. hoc tit.

(3) Fab. Cod. hoc tit. d. def. 35.

(4) Fab. Cod. hoc tit. lib. 4. tit. 42. def. 47.

(5) l. *Ex conduct.* 15 § 1 et seq. ff. hoc tit.

(6) argum. l. *Si duorum* 42 ff. *De act. empt.* (19. 1); Fab. Cod. hoc tit. lib. 4. tit. 42. d. def. 47 in fin.

(7) l. *Cum locationes* 19 Cod. hoc tit.

(8) l. *Si merces* 25 § *vis major* 6 ff. hoc tit.

(9) l. *Cotem* 11 § ult. ff. *De publican.* (39. 4).

haberi publice interest; praeterquamquod ex conductoris industria plerumque profluit.

§ 2896. Supra diximus (§ 2817), remittendam esse conductori mercedem ob insolitam sterilitatem: sed si non unus tantum fundus, sed plures simul locati sint uno pretio, sterilitatis uni contingentis, quae ex aliis compensetur, ratio habenda non est (1): ex quo colligit Faber, fieri posse, ut generalis hic, ita dicam, conductor mercedem secundo conductori, cui unum, aut alterum fundum relocaverit, remittere teneatur ex caussa immodicae sterilitatis, vel casus majoris, qui averti non potuerit, cum tamen a primo locatore remissio ipsi facienda non sit; quia damnum hoc majore lucro ex aliis praediis percepto compensari potest (2).

§ 2897. Eaedem fere servantur regulae in locatione operarum, quas hactenus exposuimus de locatione praediorum: atque ideo, si per locatorem operorum steterit, quominus eas integro tempore praestaret, pro rata temporis, quod superest, merces remittitur, nisi malit conductor eum ad praestandas operas cogere. Hinc, si quis opificii discendi caussa se in certum tempus addixerit artifici, priorum annorum imperitiam posteriorum perita recompensaturus, ac jam in arte instructus alteri operas suas, nondum finito prioris locationis tempore, locaverit, prior artifex potest eum in suum artificium, ac ministerium revocare (3): quod et de famulis, subjicit Voet, ac ancillis intempestive recedentibus variorum locorum statutis cautum, aut usu firmatum est: nisi nuptiarum caussa ante tempus migrent (4).

§ 2898. Quod si conductor in caussa sit, cur locator operas ipsi non praestiterit, mercedem integram solvere debet (5); nisi forte locator alteri intra idem tempus operas suas locaverit, atque mercedem perceperit, quippe quo casu suadet aequitas, mercedem a posteriore conductore datam in prioris exonus cedere, prout de domo conducta, et conductore ante tempus migrante diximus (§ 2867).

§ 2899. Pertinent haec ad operas, quae voluntate conductoris vel locatoris praestitae non fuerint per tempus conventione definitum. Si vero ex casu fortuito id contigerit, interest, an casus, puta mors, contigerit conductori, et tunc merces integra solvenda est (6); detracta utique parte mercedis, quam locator ex operis suis aliunde consecutus sit (§ praeced.); ne alioquin pro una opera duplicem mercedem habeat: quarum unam ab eo, cui operas non praestitit.

§ 2900. Sed si casus acciderit locatori opera-

(1) l. *Ex conducto* 15 § *Papinianus* 4 ff. hoc tit.
(2) Fab. Cod. hoc tit. lib. 4, tit. 42, def. 27.
(3) Voet *in Pandect.* hoc tit. n. 27.
(4) Voet d. n. 27 fer. in princ.
(5) argum. l. *Jure civili* 24 ff. *De condit. et demonstr.* (35, 1).
(6) l. *Sed addes* 19 § penult. e ult.; l. *Qui operas* 38 ff. hoc tit.

rum, puta mortuus sit, vel morbo impediatur, ne operas exhibeat, non aliter merces pro rata temporis ei debetur, quam si conductori operare prosint (1), quemadmodum pro rata prodesse solent operae famulorum et mercenariorum (2); ita tamen, ut modici temporis spatium, quo famuli ab operis ex morbo, aliave justa caussa cessaverint, ratio ad minuendam mercedem haberi non debeat (3).

§ 2901. Distinguendum quoque, cum casus operarum praestationem impediens ex vi majore, puta Principis facto tales operas praestari prohibentis, contingit; vel enim impedimentum supervenit, nondum coeptis operis, vel post coeptas, atque ex parte praestitas operas. In priore specie neuter ex contrahentibus alteri obligatur (4); cum immo, cessante Principis prohibitione, nonnisi ex nova conventione operae praestari debeant; cum obligatio semel extincta ex nova tantum caussa reviviscat (5): sed merces proportione habita operarum praestanda videtur cum prohibitio illis jam coeptis supervenit, saltem si conductos aliquod inde emolumentum percipiat (§ praeced.).

§ 2902. Hactenus de mercede locationis. Sequitur disputatio de jure locatoris, ut a conductore repetat damna, quae rei locatae culpa sua dederit. Cum locatio sit ex eorum numero contractuum, qui utrique contrahenti utilitatem pariunt conductor latam et levem culpam praestat (6): atque ideo si intempestiva cultura fundum deteriorem fecerit, vel illius curam neglexerit, arbores dejecerit et similia, locati actione tenetur (7).

§ 2903. Ad haec conductoris culpae adscribitur, si praedii conducti usum, locatore neutiquam consentiente, immutaverit (8): si mulas conductas nimio imposito onere ruperit (9); si fullonis negligentia factum sit, ut mures vestimenta polienda roserint, vel alii alterius vestimenta dederit (10): immo damnum rei conductae ab alio datum, sed cui conductor ob inimicitias, aliove modo caussam dederit, ei imputatur (11); vel damnum majori adhibita diligentia praecavere potuerit (12).

§ 2904. Levissimam culpam conductor non praestat, nisi ita convenerit, vel mercedem forte

(1) l. *Ex conducto* 15 § *item* 6 ff. hoc tit.
(2) l. *Si quis domum* 9 § 1; l. *Sed addes* 19 § *si quis* 6 ff. hoc tit.
(3) l. *Cum haeres* 4 § *Stichus* 5 ff. *De statu liber.* (40, 7); argum. l. *Habitatores* 27 ff. hoc tit.
(4) l. ult. § 1 ff. *De leg Rhod. de jac.* (14, 2).
(5) l. *Ob eam caussam* 9 ff. *De praescript. verb.* (19, 5); l. *Qui res suas* 98 § *areum* 8 ff *De solution.* (46, 3).
(6) l. *Si, ut certo* 5 § *nunc videndum* 2 ff. *Commodat.* (13, 6); l. *Contractus* 23 ff. *De reg. jur* (50, 17).
(7) l. *Si merces* 25 § *conductor* 3 ff. hoc tit.
(8) argum. l. *Si cujus rei* 13 § *fructuarius* 4 et § ult. ff. *De usufruct.* (7, 1).
(9) l. *Qui insulam* 30 § *qui mulas* 2 ff hoc tit.
(10) l. *Item quaeritur* 13 § *si fullo* 6 ff. hoc tit; § penult. Instit. eod. tit.
(11) l. *Si merces* 25 § *culpae* 4 ff. hoc tit.
(12) l. *Sed de damno* 41 ff. hoc tit.

pro custodia acceperit (1); plane artificis imperitia culpae adnumeratur (2): artificum autem nomine eos omnes intelligimus, qui artem quamcumque profitentur: quare Gajus scripsit, mulionem, qui propter imperitiam vel infirmitatem impetum mularum, vel equi sustinere non potuerit, atque alteri damnum dederit, de damno teneri; cum affectare quisque non debeat, in quo vel intelligit, vel intelligere debet, infirmitatem suam alii periculosam futuram (3).

§ 2905. Fortuitos casus quod spectat, certum apud omnes est, a conductore neutiquam praestari, sed rem domino, seu locatori perire, nisi conductor periculum hoc in se receperit (4); vel nisi culpa conductoris damno caussam dederit (5). Plane si artifex novam alienae materiae formam adjecerit, eaque incendio, vel alio casu perierit, cum in mora restituendi positus non esset conductor, rei damnum subit locator, operis vero artifex (6).

§ 2906. Postremo actione locati petitur, finito utique conductionis tempore, ut res restituatur in eodem statu, quo data fuit: alioquin, si res mobilis sit, in litem juratur (7): si immobilis, atque conductor usque ad sententiam restituere detrectet, jure Romano, ad rem simul, atque illius aestimationem condemnatur, tamquam invasor alienae possessionis (8); quod tamen hodiernis moribus non congruit; sed praeter rem conductor, temere recusans restituere, ad id quod locatoris interest, tenetur.

§ 2907. Neque conductor potest se a re restituenda liberare praetextu dominii, seu, ut ajunt pragmatici, conductor locatori referre non potest dominii quaestionem; etiamsi facile fortassis dominium probare possit: sed prius possessionem restituere domino tenetur, tum litigare, si velit, de proprietate (9); quod aequitate suadente inductum est.

§ 2908. Porro denegatur conductori retentio non tantum, cum ipse dominium in re habere contendit, sed et rem restituere debet, licet alius controversiam moveat (10): quamquam si extraneus de rei dominio cum locatore contendere velit, judicis auctoritate decerni potest, ne interim fructus fundi locati dentur locatori, nisi hic caveat, se restituturum extraneo, si fortassis ita judicari contigerit (11).

§ 2909. Quidam tamen sunt casus, in quibus conductor dominii quaestionem juste refert: puta si res locata, novo jure, etiam solius pignoris, post locationem quaesito ad conductorem pertinere coeperit (1): vel si locator fundum conductori ex pacto retrovendere teneatur, vel jure tantum pignoris locatori quaesitus sit, atque conductor fundum redimere, vel pignus luere velit (2); non enim locatori injuriam facit, qui jure suo utitur: atque dominii relata quaestio conductori prodest, si locator eam a conductore in judicium deductam contestatus sit (3); litis contestatio efficit, ut in judicio quasi contrahatur (4).

§ 2910. Non idem dicendum putat Faber conductoris favore, qui fundum retinere velit eo praetextu, quod redimendi jus alteri competens ipse acquisierit, licet locator de jure redimendi litem contestatus sit (5); quia conductor in hisce casibus non de jure quaesito disputet, sed quaerendo: si tamen conductor pretium cum accessionibus obsignet, acquum est, satisdationem a locatore praestari de restituendis fructibus, si redimendi jus conductori competere aliquando apparebit (6).

§ 2911. Ex his constat, ex locatione non transferri dominium, licet res aestimata conductori data fuerit (7) (nisi perpetua locatio sit, ex qua jus dominio proximum transferri, vulgo tradunt pragmatici (8)); quia aestimatio eo potius fine facta judicatur, ut constet, quid, et quantum conductor restituere debeat, si res ipsius culpa, non casu, perierit: adeoque, finita locatione, res ipsa, si extet, restituenda est, neque conductor impedire potest, quominus res capiatur a creditore locatoris (9): immo locatio nec dominium probat, nec possessionem, nisi secuta probetur solutio pensionis, et fructuum perceptio (10); cum possessio potissimum ex fructuum perceptione probetur (11).

§ 2912. Sed si Titius, subjicit Faber, Maevio presente, consentiente, et subscribente, locaverit Sempronio fundum, ex hoc instrumento probata videtur possessio Titii adversus Maevium (12); cum nemo praesumatur tam supinus, ut pati velit, rem, quam ipse possidet, ab alio locari, aut aliquid contra se scribi in instrumento, quod ipse subscribit (13). Sed subscriptio haec non inducit remissionem pignoris, nisi hactenus, ut, pendente locatione, condu-

(1) l. *Qui mercedem* 40 ff. hoc tit.
(2) l. *Si quis domum* 9 § penult.; l. *Si merces* 25 § *qui columnam* 7 ff. hoc tit.
(3) l. *Idem juris* 8 § 1 ff. *Ad leg. Aquil.* (9, 2).
(4) l. *Item quaeritur* 13 § *si gemma* 5 ff. hoc tit.
(5) d. l. 13 § 1 et 2 ff. hoc tit.
(6) argum. l. *Opus* 36 ff. hoc tit.
(7) l. *Si cui* 48 § 1 ff. hoc tit.
(8) l. penult. Cod. hoc tit.
(9) l. *Si quis conductionis* 25 Cod. hoc tit.; Fab. Cod. hoc tit. lib. 4. tit. 42, def. 10 et 41.
(10) l. *Videamus* 11 § *Qui vinum* 3 ff. hoc tit.
(11) Fab. Cod. *De rei vindicat.* lib. 3, tit. 22, def. 8.

(1) Fab. Cod. hoc tit. lib. 4, tit. 42, def. 10, n. 2.
(2) Fab. d. def. 10, n 3.
(3) Fab. d. def. 10, n. 1.
(4) l. *Licet tamen* 3 § *idem scribit* 11 ff. *De pecul.* (15, 1).
(5) Fab. Cod. hoc tit. lib. 4, tit. 42, def. 12.
(6) Fab. Cod. hoc tit. def. 13.
(7) l. *Non solet* 39 ff. hoc tit.
(8) V. supra § 2823.
(9) Fab. Cod. hoc tit. lib. 4. tit. 42, def. 9.
(10) Fab. Cod. hoc tit. lib. 4. tit. 42, def. 31 in princ.
(11) l. *Titia* 48 ff. *De solut.* (46, 3).
(12) Fab. Cod. hoc tit. d. def. 31, n. 2 et seqq.
(13) l. ult. Cod. *Arbitr. tutel.* (5, 51).

ctor a Maevio inquietari nequeat (3); quia hactenus jus suum remisisse videtur, non ultra: ne latius pateat effectus, quam caussa.

§ 2913. Quaerunt interpretes, utrum conductori retentio permittenda sit propter impensas, quas in utilitatem rei locatae fecerit: atque distinguendum videtur, an in promptu sit earum probatio, nec ne: in primo casu juste petit conductor, ut sibi prius solvantur impensae, quam restituere cogatur (1). In altero sufficit, praestari idoneam cautionem solvendi, quidquid impensarum nomine postea deberi constiterit (2).

SECTIO II.

De actione conducti.

SUMMARIA

§ 2914. *Quo tendat conducti actio?* — § 2915. *Locator conductori talem rei usum praestare debet, ex quo conductor emolumentum juxta conductionis leges percipere possit.* — § 2916. *Re duobus locata, uter praeferatur?* — § 2917. *An instrumenta fundi locator conductori praestari teneatur?* — § 2918. *Quid si conductor una ex pluribus rebus frui prohibeatur?* — § 2919 *et* 1920. *Conductor, lite pendente, facile condemnandus non est ad solvendum. Quid si solutionem alleget?* — § 2921. *Conductor ex solo locationis instrumento ad mercedem solvendam condemnari potest, si ita convenerit.* — § 2922 *et* 2823. *Conductorem, locatione finita, propria auctoritate expellere potest locator, et qui a locatore emit. Quid si tempus locationis lapsum non sit?* — § 2824 *et* 2925. *Locator conductori ante tempus expulso id quod interest, praestare debet, si rem alienam ignoranti conductori locaverit?* — § 2926. *Mulier conductorem praedii dotalis a marito locati ante tempus expellere potest, sed mariti haeredes conductorem indemnem servare tenentur.* — § 2927. *Successori singulari, quoties conductorem expellere nequit, solvendae sunt pensiones futuri temporis.* — § 2928 *et* 2929. *Locator ante tempus conductorem expellere potest, si ex nova caussa domo locata ad proprios usus indigere demonstret: vel res necessaria egeat reparatione.* — § 2930 *et* 2931. *Abusus gravis justa caussa est conductoris ante tempus expellendi. Quid si pacta conductionis conductor non impleat?* — § 2932 *et* 2933. *Conductor, qui per biennium non solvat, ante tempus expelli potest, nisi mora aliqua ex parte locatoris intervenerit.* — § 2934. *Quid si conductor minus idoneus solvendo sit?* — § 2935. *Conductor intempestivo tempore migrare non teneatur.* — § 2936 *et* 2937. *Locatoris jure finito, resolvitur locatio: puta si locaverit usufructuarius. An tacite repetita videatur locatio, si proprietarius mercedem acceperit?* — § 2938. *Resoluta locatione, resolvitur quoque jus tertii, cui aliquid ex lege locationis solvendum erat.* — § 2939. *Damna, quae rei vitio passus sit conductor, a locatore sciente repetit.* — § 2940 *et* 2941. *Impensae in rem locatam utiliter factae conductori restituendae sunt. Quid de impensis litium criminalium?* — § 2942. *Onera realia ad locatorem pertinent, nisi aliud conventum sit, vel usu receptum.* — § 2943. *Quid de impensis in exigendis laudimiis, et canone emphyteuticario?*

§ 2914. Conducti actio, quae personalis, et bonae fidei est, quemadmodum actio locati (§ 2859), datur conductori, ejusque haeredi adversus locatorem, et locatoris haeredem (1), imprimis, ut ipsi re conducta frui liceat (2) per totum conductionis tempus: 2. Ut damna, quae ex rei vitio passus sit, locator reficiat; nec non restituat impensas in rei utilitatem erogatas. Singula haec aliquando fusius exponenda sunt.

§ 2915. Ergo conductori locator patientiam, ut ajunt, seu rei usum (§ 2877) praestare debet (3); usum utique talem, ex quo conductor secundum conductionis leges emolumentum percipere possit, atque ideo locator debet reficere aedes, ostia, fenestras, tecta, et similia, vetustate, vel alia quacumque ex caussa nimis corrupta (4): nisi corruptio ex culpa conductoris acciderit, vel modicae refectionis onus in se receperit (5). Sed semel data possessione, praesumitur deinceps praestita patientia; nisi aliud probetur (6).

§ 2916. Sed quid, si duobus res locata sit? Non dubium, quominus prior tempore jure potior esse debeat, quamdiu rei usus neutri praestitus est (7): si vero posteriori res usus caussa fuerit tradita, hunc priori praeferendum quidam sentiunt (8), exemplo venditionis (9): sola actione ad id quod interest, priori data (10).

§ 2917. Quinimmo, si Ulpiano assentimur, instrumenta quoque fundi locator conductori praestare debet, videlicet dolia, praelum, trapetum, et similia, habita diversorum praediorum ratione; nisi aliud speciatim inter contrahentes actum

(1) Fab. d. def. 31, n. 5.

(2) argum. l. *Paulus respondit* 14 ff. *De dol. mal. et met. except.* (44. 4).

(3) Voet *in Pandect.* hoc tit. n. 2 in fin.

(1) l. *Ex conducto* 15; l. *Si in lege* 24 § ult. ff. hoc tit.; princ. Instit. hoc tit.

(2) d. l. 15 § 1 et seqq. ff. hoc tit.

(3) d. l. *Ex conducto* 15 ff. hoc tit. Fab. Cod. hoc tit. lib. 4, tit. 42, def. 54.

(4) d. l. 15 § 1; l. *Si merces* 25 § *si vicino* 2 ff. hoc tit.

(5) d. l. 25 § *conductor* 3.

(6) argum. l. 1 § *si jusserim* 21 ff. *De acquirend. possess.* (41, 2).

(7) l. *In operis* 26 ff. hoc tit.

(8) Voet in *Pandect.* hoc tit. n. 13.

(9) l. *Quoties* 15 Cod. *De vindicat.* (3, 32).

(10) l. *Qui tibi* 6 Cod. *De haered. vel action. vendit.* (4. 39).

sit (1): quod tamen moribus apud suos minime receptum tradit Voet, nisi instrumenta haec fundo affixa sint, vel ita expresse convenerit (2). Juris Romani sanctio aequitati, et menti contrahentium magis consentanea videtur; cui proinde inhaerendum, nisi aliud usu, aut statuto inductum demonstretur.

§ 2918. Conductor aliqua re ex pluribus conductis frui prohibitus vel a locatore, vel vi majore, praecise agere non debet, ait Faber, ad mercedis remissionem, sed ad id quod interest; vel mercedis solutionem denegare (3), quae ex contractu ultro citroque obligatorio peti non potest ab eo, qui ex sua parte contractum non implet (4): sed simul cavendum est conductori, ne in relinquorum bonorum conductione perseveret, vel saltem debet offere mercedem retentae partis alioquin videretur reliquos fructus impune retinere velle.

§ 2919. Porro, siculi locator ad mercedem agere non potest, nisi probet ipse, contractum ex parte sua implevisse (§ praeced.), ita nec facile, lite pendente, conductor provisionaliter, ut ajunt, condemnandus est, oblata licet per locatorem restituendi satisdatione (5); nisi de jure actoris aliquatenus constet, de quo satis ad hanc rem constare videtur, si conductor, finito demum locationis tempore, queratur, se frui prohibitum fuisse (6); nec enim probabile est, tamdiu siluisse conductorem.

§ 2920 Facilius decernitur adjudicatio provisionalis locatori, si conductor alleget solutionem, quam tamen statim non probet, cum solutionis probatio plerumque in promptu sit: si tamen adversus locatorem aliqua vigeat doli praesumptio; puta quia mali nominis sit, et solitus bis exigere: vel quia post plures annos ex eo contractu agat adversus haeredes conductoris, vel quia nolit jurae de claumnia, et se dolo malo purgare, litis eventus expectandus erit (7); ex his enim oritur praesumptio, quae probandi onus in locatorem transfert (8).

§ 2921. Quinimmo conductor ad mercedis solutionem ex solo locationis instrumento condemnari potest, si expresse convenerit, ut pro temporis praeteriti pensionibus praecise ad solutionem urgeri possit, tamquam si ex instrumento, ut ajunt, guarentigiato conveniretur; quod providi locatores facere solent, ut sibi prospiciant adversus conductorum fraudes, et cavillationes (9): queri non potest conductor, cum hanc sponte sibi legem dici consenserit, sine qua dominus locaturus non fuisset (1).

§ 2922. Conductorem, locatione finita, expelli posse, quamvis alleget, negante locatore, se fundum emisse, fatentur omnes; cum nullum jus ei supersit: nec tantum judicis auctoritate, sed et propria locator eum expellere potest: (tutius utique facturus si judicem adeat): quia vi potius facit conductor, qui vult perseverare in possessione (2), quam nunquam, quod ad civiles effectus spectat, habuisse intelligitur (3): idem jus competit ei, qui a locatore emerit (4); cum illius iura nanciscatur.

§ 2923. Aliud dicendum, si locator, nondum elapso conductionis tempore, conductorem, licet ex justa atque probata a legibus caussa, expellere contendat (5); cum enim conductor probabile habeat rei retinendae fundamentum, permittendum non est locatori, ut sibi ipse jus dicat odio conductoris, qui forte apud judicem probaturus est, se contra conductionis legem non deliquisse.

§ 2924. Plures tamen caussae sunt, ex quibus licet locatori conductorem ante tempus expellere; aliquando quidem ea lege, ut conductori praestet id quod interest, re minime frui, aliquando remissa tantum futuri temporis mercede, eo, quod interesse potest, denegato.

§ 2925. Imprimis conductori ante tempus expulso id quod interest, praestat locator, qui rem alienam, veluti suam ignoranti conductori locaverit, eaque a vero domino repetatur, puta si fructuarius domum locaverit per quinquennium, atque ante illud tempus extinguatur usufructus morte, aliave caussa (6): quod si possessor bonae fidei domum locaverit, eaque evicta sit, conductori id quod interest, solvendum esse, nisi locator aliam, aeque commodam habitationem praestet, censuit, Ulpianus: ex aequitate absolvendus est locator, qui bonam fidem pro se habet, et conductoris indemnitati prospicere non detrectat (7).

§ 2926. Praeterea, si maritus dotale praedium locaverit, tum matrimonium ipsius morte dissolutum sit; mulier conductorem expellere potest, sed mariti haeredes conductori ante tempus expulso id quod interest, praestant (8): idem dicendum de legatario, cui fundus locatus relictus sit: potest ipse conductorem expellere, sed haeres indemnem hunc servare tenetur (9), sive pro-

(1) d. l. *Sed addes* 19 § *illud* 2 ff. hoc tit.
(2) Voet *in Pandect.* hoc tit. n. 14.
(3) Fab. Cod. hoc tit. lib 4. tit. 42. def. 54 in princ.
(4) argum. l. *Julianus* 15 § *offerri* 8 ff. *De actionib. empti* (19. 1).
(5) Fab. Cod. hoc tit. lib 4. tit. 42. def. 4 et 55.
(6) Fab Cod. hoc tit. def. 56 et d. def. 4.
(7) Fab. Cod. hoc tit. lib. 4. tit. 42. def. 43.
(8) l. *Si chirographum* 24; l. *Procula* 26 ff. *De probationib.* (22, 3).
(9) Fab. Cod. hoc tit. lib. 4. tit. 42. def. 57.

(1) l. ult. Cod. *De pact. int empt. et vendit.* (4, 54).
(2) Fab. Cod. hoc tit. lib 4. tit. 42. def. 58 in princ.
(3) l. *Si id, quod* 25 § 1 ff. *De acquirend. possess.* (41, 2).
(4) l. *Colonus* 12 ff. *De vi, et vi armat.* (43, 16); Fab. d. def. 58, n. 15.
(5) Fab. Cod. hoc tit. def. 11 et d. def. 58 n. 16 et seqq.
(6) l. *Si quis domum* 9 § 1 ff. hoc tit.
(7) d. l. 9 in princ. ff. hoc tit.
(8) l. *Si filiofamilias* 25 § ult. ff. *Solut matrim.* (24. 3).
(9) l. *Qui fundum* 32 ff. hoc tit.; l. *Nihil proponi* 120 § ult. ff. *De legat.* 1. (30, 1).

prietas, sive usus fructus tantummodo legatus fuerit (1); nec non de emptore, aliisque rei dominium titulo particulari adeptis (2): sed de hac re plenius diximus (§ 2871 et seqq.).

§ 2927. Sane, quoties conductor à singulari successore expelli non potest ante tempus, huic solvi debent pensiones futuri temporis, quae gerunt vicem fructuum (3): immo si forte pensiones totius temporis jam solverit locatori, non ideo immunis videtur ab illis iterum pro temporis rata solvendis successori singulari; indebiti utique condictione repetiturus a locatore, quod ex alienationis subsecutae eventu indebitum apparet (4).

§ 2928. Plures quoque caussae sunt, ex quibus licita est conductoris ante tempus expulsio, quin ei debeatur id quod interest: nimirum si dominus ex nova caussa domo locata ad proprios usus indigere probaverit (5): duo requirimus; ut adomus ex nova caussa locatori necessaria sit (6): quae enim de novo non emergunt, novo non indigent uxilio (7): tum necessitatem allegare non sufficit, sed probanda est (8), aliter quam per assertionem, etiam jurejurando firmatam locatoris, puta per inspectionem domus, considerata etiam familiae qualitate (9); non enim facile quis in propria caussa judex fieri debet (10).

§ 2929. Licet quoque conductorem, nondum elapso conductionis tempore, expellere, si res necessaria indigeat reparatione, eamque dominus reficere velit (11): nisi in contractu locationis convenerit, ut conductor domum, quae jam tum ruinosa erat, vel brevi futura timebatur, reficere posset (12).

§ 2930. Praeterea conductor ex propria culpa expelli potest, si in re locata male versetur (13): dummodo gravis abusus sit; nec enim ex quolibet levi abusu expelli conductorem decet, sicuti nec ipse maturius migrare potest, aut mercedis remissionem petere, tametsi minus commode aliqua domus parte utatur, vel aliquod leve incommodum pati cogatur propter necessariam partis refectionem (14). Cum autem abutendi, rationes ex quibus expulsioni locus fiat, in jure non recenseantur, res haec a prudentis judicis arbitrio pendet.

§ 2931. Abusui proxima est inobservantia, ut

(1) l. *Arbores* 59 § 1 ff. *De usufruct.* (7, 1).

(2) l. *Si merces* 25 § 1 ff. hoc tit.; l. *Emptorem* 9 Cod. hoc tit.

(3) l. ult. ff. *De jure fisci* (49, 14).

(4) Voet *in Pandect.* hoc tit. n. 19 in fin.

(5) l. *Aede, quam* 3 Cod. hoc tit.

(6) Fab. Cod. hoc tit. lib. 4, tit. 42, def. 51, n. 2.

(7) argum. l. *De aetate* 11 § *ex caussa* 8 ff. *De interrogat. in jur. faciend.* (11, 1).

(8) d. l. 3 Cod. hoc tit. junct. leg. *quoties operae* 18 ff. *De probationib.* (22, 3),

(9) Fab. Cod. hoc tit. def. 51, n. 1.

(10) argum. l. *Julianus* 17 ff. *De jud.* (5, 1).

(11) d. l *Aede, quam* 3 Cod. hoc tit.

(12) Fab. Cod. hoc tit. d. def. 51, n. 3.

(13) d. l. *Aede, quam* 3 in fin. Cod. hoc tit.

(14) l. *Habitatores* 27 ff. hoc tit.

ajunt, pactorum, quae contractui locationis adjecta fuerint (1); propter quam idcirco potest conductor expelli, si modo grave immineat locatori damnum ex neglectis per conductorem pactis locationi adjectis (§ praeced.) atque solus ille, contractus, in mora positus sit, caque certa, et explorata; non si tantum dubia, vel ex parte utriusque (2), quo postremo casu morae compensatio admittitur (3).

§ 2932. Postremo jura sinunt expelli, locatione licet non finita, conductorem, qui pensionem, seu mercedem integram non solvat (4), atque per biennium cessaverit (5): licet conductor fidejussores dederit; (nec enim solvit, qui fidejussores habet, vel dat): vel locator pactum inierit cum fidejussoribus de non petendo (6); quia fidejussoris pactum debitori non prodest (7).

§ 2933. Sed et huic excusari potest conductor, qui pensionem non solvit, si mora aliqua ex parte locatoris intervenerit, puta si instrumenta censualia locator conductori non tradiderit; maxime quia in hoc casu locatoris mora caussam dedisse videtur morae conductoris, qui absque instrumentis censualibus a debitoribus exigere non potuit (8). Quare conductor pro parte, qua re fruitus est, pensionem utique solvere debet (9); non tamen satisdare pro reliquo, nisi prius pronunciatum sit, locatorem ipsum in mora positum non esse (10). Sane merces in loco, ubi sita sunt bona, solvenda est, et in domo conductoris, nisi aliter convenerit (11).

§ 2934. Quod si conductor minus idoneus facultatibus sit, fructus apud virum probum ab utraque parte eligendum sequestro deponendi sunt, praestita prius per locatorem cautione de judicato solvendo, si in mora ipsum fuisse constabit, nisi malit conductor satisdationem praestare, et fructus percipere (12); cum enim sequestratio odiosa sit (13), satisdatio ei praeferenda est (14), quae tamen in hoc casu necessario praestari debet, licet ab initio datus fuerit fidejussor, si et hic in mora sit (15).

(1) Fab. Cod. hoc tit. lib. 4, tit. 42, def. 39, n 3.

(2) Fab d def. 39, n. 8 et 9.

(3) argum. l. *Domum* 57 § ult. ff. *De contrahend. empt.* (18, 1)

(4) d. l. *Aede, quam* 3 Cod. hoc tit.

(5) l. *Quaero* 54 § 1; l. *Cum domini* 56 ff. hoc tit.; Fab. Cod hoc tit. lib. 4, tit. 42, def 42 et 49.

(6) Fab. d. def. 42. n. 5 et seqq.

(7) l *Fidejussoris* 23 ff. *De pact.* (2, 14).

(8) Fab. Cod. hoc tit. lib. 4, tit. 42, d. def. 39, n. 1, 3 et seqq.

(9) Fab. d. def. 39 in not †

(10) Fab. d. def. 39 in fin.

(11) l. *Quod legitur* 38 ff. *De judic.* (5, 1).

(12) Fab. Cod. hoc tit. def. 40 in fin. et definit. 44, n. 2 et seqq.

(13) l. unic. Cod. *De prohibit. sequestration. pecun.* (4, 4).

(14) l. 1 ff. *Qui satisdar. cogantur* (2, 8); l. *Postquam* 5 § 1 ff. *Ut legator.* (36, 3).

(15) Fab. Cod. hoc tit. d. def. 44, n 8 et seqq.

§ 2935. Caeterum apposite monent interpretes, iis casibus, quibus permittitur locatori, ut conductorem expellat, non statim, et ex abrupto cogendum illum, ut e predio locato migret, sed praecedente tempestiva denunciatione de migrando, proximo extituro migrationis tempore, usu, vel lege praefinito; ut intermedio temporis spatio conductor sibi consulat (1): quod maxime servari debet, si inquilinus domini deserere deberet, quia dominus in ea habitare velit: si autem propter abusum, vel denegatam pensionis solutionem expellendus sit conductor, a prudentis judicis arbitrio pendet, an statim migrare jubeatur, an usque ad migrationis terminum perseverare permittatur; praestita satisdatione, vel alio modo locatoris indemnitati consulendo.

§ 2936. Vix monendum, finito jure locatoris, locationem, licet in longius tempus factam, desinere, nec non conductoris jus (2), prout contingit in praedio per usufructuarium locato (3): atque idem ex rationis identitate dicendum de praebendariis, ac haeredibus fiduciariis, qui agros ad praebendam, aut fideicommissum pertinentes locaverint, ac ante finem locationis decesserint (4); cum hi fructuariis omnino similes sint.

§ 2937. Neque in longius tempus repetita seu potius confirmata videbitur locatio, quamvis proprietarius, vel successores in beneficio, aut fideicommisso conductori aliquandiu usum reliquerint, ac mercedem acceperint (5); sed tantum pro eo tempore, quo usum concesserunt (6): ne actus agentium maxime qui ad obligandum tendunt, ultra eorum consilium producantur (7).

§ 2938. Plane, resoluta locatione, jus quoque tertii, cui aliquid ex lege locationis solvendum erat, puta annua pensio, resolvitur, licet caussam onerosam habeat, nisi delegatio intervenerit (8); etenim delegatio, cum novationis indolem habeat, mutat personam debitoris (9).

§ 2939. Hactenus de rei usu per locatorem conductori praestando: damna quoque repetit conductor, quae ex rei locatae vitio passus sit (§ 2914); quemadmodum et locatori reficiuntur damna, culpa conductoris data (§ 2902). Hic porro distinguendum est, an locator rei vitium perspectum habuerit, an ignoraverit. In primo casu non tantum mercede caret, sed et conductori id quod interest, praestare tenetur: in altero solam mercedem amittit, nisi tale sit vitium, quod locator scire debuisset (1); vel quia artifex esset, cujus imperitia culpae adnumeratur (2); vel quia diligentius rem inspicere debuisset, antequam mercedem ex illius locatione consequi tentaret; prout de doliis vitiosis locatis, itaut vinum effluxerit, sentiunt Ulpianus (3), atque Pomponius (4).

§ 2940. Postremo conductor repetit a locatore impensas in rem locatam factas (5), si modo ex his res melior effecta sit, vel conservata, seu impensae necessariae, aut utiles fuerint; si enim proprii commodi, et propriae negotiationis exercendae caussa conductor impendisset, licet bona fide, et sciente locatore, repetitionem non haberet (6): nisi forte conductor ante tempus per injuriam expellatur (7). Sane, quae sine rei locatae detrimento auferri possunt, conductor tollit (8): non secus ac invecta, et illata in domum; itaut, si dominus aditum domus coangustaverit, suis sumptibus iterum dilatare cogatur, quo haec afferi possint (9).

§ 2941. Expensas litium criminalium, seu quae fieri debent in caussam litis pro criminis persecutione, ad locatorem spectare, nisi aliud conventum sit, tradit Faber, licet mulctae pecuniariae, locatis fructibus, et reditibus universi castri omnimoda jurisdictione insigniti, conductoris sint, etiam sine speciali conventione (10); quia expensae litis criminalis non sunt onera fructuum jurisdictionis, sed ipsius jurisdictionis: jurisdictio autem locatori cohaeret, non conductori, qui solum emolumentum habet; contra mulctae sunt fructus jurisdictionis, qui idcirco in conductorem transeunt. Neque locator recusare potest litis criminalis persecutionem, quia fructus non habeat, cum ad publicam utilitatem, et tranquillitatem spectet, ut vindicentur delicta.

§ 2942. Hinc colligit idem Faber, onera quaecumque realia, veluti tributa, servitia, et his similia locatori incumbere, nisi aliud conventum sit (11), vel usu receptum (12); quia locator videtur percipere fructus, dum percipit pensionem, quae pro illis solvitur (13), et quidem suo jure;

(1) Voet *in Pandect.* hoc tit. n 18 in medio post alios plur.
(2) argum. l. *Ubi autem* 4 § *sed et Marcellus* 3 ff. *De in diem addict.* (18, 2); l. *Lex vectigali* 31 ff. *De pignorib.* (20, 1).
(3) l. *Si quis domum* 9 § 1 ff. hoc tit.
(4) Voet *in Pandect.* hoc tit. n. 16 in med.
(5) Ibidem.
(6) l. *Item quaeritur* 13 § ult. ff. hoc tit.
(7) l. *Non omnis* 19 ff. *De rebus cred.* (12, 1).
(8) d. l. *Lex vectigali* 31 ff. *De pignor.* (20, 1); Fab. Cod. hoc tit. lib. 4. tit. 42. def. 32.
(9) l. *Delegare* 11 ff. *De novat.* (46, 2); l. 1 Cod. eod. tit. (8, 42); Fab. p. def. 32, n. 3.

(1) l. *Sed addes* 19 § 1 ff. hoc tit.
(2) l. *Si quis domum* 9 § ult; l. *Si merces* 25 § *qui columnam* 7 ff. hoc tit.
(3) d. l 19 § 1 ff. hoc tit.
(4) l. *Tenetur* 6 § *si vas* 4 ff. *De actionib. empt.* (19. 1).
(5) l. *Ex conducto* 15 § 1; l. *Si merces* 25 § *si vicino* 2 ff. hoc tit.
(6) Fab Cod. hoc tit. lib. 4. tit. 42. def. 50 in princ.
(7) l. *Si fundus* 33 in fin. ff. hoc tit.; Fab. d. def. 50, n, 2 et 3.
(8) l. *Sed addes* 19 § *si inquilinus* 4 ff. hoc tit.
(9) d. l. 19 § *si inquilinus arcam* 5.
(10) Fab. Cod. hoc tit. *De locat.* lib. 4. tit. 42, def. 59 in princ.
(11) Fab. Cod. hoc tit. d. def. 59.
(12) Osasc. dec. 83 n. ult. †
(13) l. *Quia* 39 ff. *De usufructu* (7, 1).

cum conductionis jure conductor, et locatoris nomine fructus percipiat (1).

§ 2943. Plane, locatis etiam laudimiis, et canonibus emphyteuticariis, expensae litium ad eorum exactionem instituendarum ad conductorem non ad locatorem pertinent, nisi locator partem laudimiorum sibi reservaverit, quo casu et sumptuum partem ferre deberet (2); hujusmodi expensae sunt onera fructuum, non jurisdictionis, aut pensionis; cum fieri debeant ad colligendos seu percipiendos fructus: unde liberum est conductori ab hujus emolumenti commodo, et petitione abstinere, si malit.

TITULUS XX.

DE EMPHYTEUSI.

Instit. lib. 3, tit. 25 *De location. et conduct.*
Digest. lib. 6, tit. 3 *Si ager vectigal. idest emphyteuticar. potest.*
Cod. lib. 4, tit. 66 *De jure emphyteutico.*

SUMMARIA

§ 2944 *et* 2845. *Emphyteusis a locatione et emptione non multum distat.* — § 2946. *Emphyteusis hodie censetur jure contractus propriam naturam habentis. An contractus in dubio census, vel locationis judicetur?* — § 2947. *Quae sint de emphyteusi expendenda?*

§ 2944. A locatione et conductione non multum distat contractus emphyteusis, ita ut inter veteres dubitaretur, an pro locatione et conductione habendus esset; quamquam alii ad emptionem venditionem potius referendam emphyteusim existimabant (3); in emphyteusi dominus praedium alicui perpetuo, vel ad longum tempus fruendum tradit; ea lege, ut annua quaedam pensio solvatur; nec, quamdiu haec solvitur, praedium ab emphyteuta, ejusque haeredibus, prout convenerit, auferri possit (4).

§ 2945. Locatio videtur, quatenus directum dominium remanet penes concedentem, atque pensio annua solvitur, prout in locatione: inde tamen ad venditionis naturam accedit, quatenus emphyteuta utile dominium acquirit (5), quod in alios transferre potest: atque ideo utilis rei vindicatio ipsi datur (6).

§ 2946. Quia tamen emphyteusis in pluribus tum a venditione, tum a locatione differt, idcirco Imperator Zeno scite cavit, ut emphyteusis censeatur jure contractus propriam natura habentis, peculiaribus suis pactionibus fulcienda (1). Imprimis differt a venditione, quatenus dominium directum retinet concedens, et pensio annua solvitur; cum tamen per venditionem omne dominium in emptorem transferatur; nec pensio annua praestatur, sed pretium, unico plerumque actu. Differt quoque emphyteusis a locatione, quatenus emphyteuta habet dominium utile, utilem in rem actionem adversus ipsum dominum (§ praeced.): pensio autem, quae in emphyteusi solvitur, fructibus non respondet, prout in locatione; nec canonis diminutio fit propter insolitam sterilitatem, prout in locatione (2). Hinc in dubio contractus censu, vel locationis potius censetur, si egregia solvatur pensio, quam emphyteusis; quae tamen praesumptio fortioribus indiciis cedit (3).

§ 2947. Hisce praemissis inquirendum: 1. Quid sit emphyteusis, quotuplex, quibus modis constituatur, et a quibus concedi, vel acquiri possit. 2. Quae sint emphyteutae jura. 3. Quae sint ejus onera. 4. Quibus modis emphyteusis extinguatur.

CAPUT I.

Quid, et quotuplex sit emphyteusis: quibus concedatur vel acquiratur; et a quibus.

SUMMARIA

§ 2948. *Emphyteusis sumpta duo contractu quomodo definiatur.* — § 2949. *Emphyteusis refertur ad contractus nominatos.* — § 2650. *Scriptura jure Romano in emphyteusi non desideratur.* — § 2951. *Emphyteusim recipiunt solae res immobiles.* — § 2952. *Emphyteuta utile rei dominium habet.* — § 2953. *Rem meliorem efficere, et canonem solvere, vel in pecunia, vel in fructibus, debet emphyteuta.* — § 2654. *Emphyteusis alia secularis, seu civilis est, alia ecclesiastica.* — § 2955. *Emphyteusis concedi potest vel simpliciter, vel pro certis personis. Quo differant istae emphyteusis species? An, et quatenus emphyteusis haereditaria fideicommisso subjici possit?* — § 2956. *Testamento constitui, et praescriptione acquiri potest emphyteusis.* — § 2957 *et* 2958. *Praescriptio in emphyteusi quibus modis contingat?* — § 2959 *et* 2960. *In emphyteusi facile non admittitur praescriptio.* — § 2961. *Emphyteusim constituere possunt etiam universitates et minores, servatis utique solemnitatibus.*

§ 2948. Emphytheusis triplici sensu passim accipitur: nimirum pro contractu emphyteuticario; vel pro re, quae in emphyteusim datur; vel pro jure emphyteutae in re constituto. Emphyteusis pro contractu sumpta definiri potest, con-

(1) l. *Non utitur* 38 ff. eod. tit.
(2) Fab. Cod. hoc tit. lib. 42, d. def. 59, n. 19 et seqq.
(3) § ult. Instit. hoc tit.
(4) d. § ult. in med. Instit. hoc tit.
(5) l. *Possessores* 12 in fin. Cod: *De fund. patrimonialib.* (11, 61).
(6) l. 1 § 1 ff. hoc tit.

(1) l. 1 Cod. hoc tit.; § ult. Instit. hoc tit.
(2) l. *Ex conducto* 15 § *si vis tempestatis* 2 et seqq. ff. *Locati* (19, 2).
(3) V. Thesaur. lib. 4, quaest. 43 et 44 per totum.

tractus bonae fidei, nominatus, solo consensu constans, quo praedium alicui fruendum datur in perpetuum, vel ad longum tempus, ut illud melius efficiat, et canonem annuum praestet; ex hac definitione sponte intelligitur, qua ratione definiri possit emphyteusis, si sumatur pro re in emphyteusim data, vel pro jure in re emphyteutica acquisito.

§ 2949. Singula definitionis verba explicanda sunt, ut emphyteusis natura plenius innotescat. Imprimis emphyteusis dicitur contractus bonae fidei, nominatus, et solo consensu constans; ut enim modo diximus (§ 2945), emphyteusis maxime accedit ad venditionem, et locationem, ita ut veteres jureconsulti dubitarent, ad utrum contractum referri deberet, porro tum venditio, tum locatio sunt ex numero contractuum bonae fidei, seu in quibus aequitas potissimum inspicitur (1). Nominatum vero esse contractuum inde apparet, quod propriam naturam habet, et proprio jure regitur (2).

§ 2950. Praeterea emphyteusis solo consensu constat (§ 2948), idest solo consensu perficitur, nec re, verbis, aut scriptura opus est, si jus Romanum inspiciamus (3): quamquam longe tutius est, si scriptura interveniente celebretur, ad faciliorem rei gestae probationem: quod potissimum servari debet in specialibus pactis, quae emphyteutico contractui adjiciantur (4): apud nos emphyteusis contractus caeterorum exemplo scripturam omnino desiderat (5).

§ 2951. Dicimus, praedia in emphyteusim dari, quo significamus, res solas immobiles hujusce contractus materiam esse, non vero mobiles, de quibus nunquam mentio fit in legibus; quaeque meliores per culturam vix fieri possunt: primum in solis agris emphyteusis admissa fuisse videtur (6): tum progressu temporis idem jus ad praedia urbana, seu aedes porrectum fuit (7). Plane res incorporales, puta annui reditus, licet immobilibus accenseantur, in emphyteusim dari nequeunt; quia nec meliores per culturam fieri possunt.

§ 2952. Addimus, in emphyteusi rem alteri fruendam dari in perpetuum, vel ad longum tempus (§ 2948): fruendi verbum indicat plenum rei domnium in emphyteutam non transferri, sed potius fruendi jus; quamquam et dominium utile habet emphyteuta (§ 2945); atque melior est illius conditio, quam usufructuarii, cum hic nec directo nec utili dominio gaudeat: haec porro fruendi facultas pro arbitrio concedentis in perpetuum dari potest, vel etiam ad tempus, dummodo non nimis modicum; ut emphyteuta praedium melius efficere possit atque meliori effecto praedio frui (1).

§ 2953. Emphyteuta rem meliorem efficere tenetur; hoc enim consilio domini res in emphyteusim concedunt (2): nec non annuam pensionem, seu annuum canonem solvere (§ 2948); non tam in compensationem fructuum, quam indirecti dominii agnitionem (3): qui idcirco plerumque modicus est. Nihil porro interest, an canon annuus in pecunia pendatur, an in fructibus (4): quemadmodum mercedis titulo fructus in locatione dari possunt, si ita convenerit (5); ita nihil obstat, quominus ex partium conventione idem in emphyteusi servetur; quamquam plerumque pecunia dari solet (6).

§ 2954. Duplex distinguitur emphyteusis species, nimirum saecularis, seu civilis, et ecclesiastica: saecularis dicitur, quae in rebus saecularibus, ecclesiastica, quae in rebus ecclesiae constituitur. Ergo, utrum emphyteusis ecclesiastica sit, an saecularis, non dijudicatur ex persona dantis, vel accipientis, sed ex rei datae conditione. Emphyteusis ecclesiastica olim usque ad tertiam tantummodo generationem utriusque sexus personarum constitui potuit (7): sed Justinianus deinceps permisit, ut in perpetuum constituatur, atque transeat in quoscumque haeredes etiam extraneos, solis exceptis rebus ecclesiae Constantinopolitanae (8).

§ 2955. Emphyteusis pro domini arbitrio diversimode concedi potest, vel simpliciter, quo casu intelligitur concessa pro emphyteuta, ejusque haeredibus: vel pro certis personis, aut certa familia. Illa transit ad quoscumque haeredes, sive consanguinei sint, sive extranei; haec personas nominatim designatas, vel familiam non egreditur: atque hinc prior subest legibus successionis civilis; haec potius feudalis; ita ut aliquando non omnibus ejusdem gradus personis acquiratur; sed haec pendent ex singularibus locorum legibus, et contrahentium pactis. Haereditaria emphyteusis fideicommisso subjici potest: sed si ex consensu domini alienetur ab haerede gravato, cessat vinculum fideicommissi; ex quo non potest damnum inferri domino in laudimiis, prout contingeret, si res amplius alienari non posset.

§ 2956. Emphyteusis non tantum contractu inter vivos, sed et testamento constitui potest, atque praescriptione acquiri: praescriptione, inquam, longi temporis, seu decem annorum inter praesentes, et viginti inter absentes, exemplo

(1) princ. et § ult. Instit. *De obligat. ex consens.* (3, 23).
(2) l. 1 Cod. hoc tit; § ult. Instit. hoc tit.
(3) princ. et § 1 Instit. *De obligat. ex consens.* (3, 23).
(4) l. 1 Cod. hoc tit.
(5) *Reg. Constit.* lib. 5, tit. 22, cap. 4, § 1; Osasc. dec. 53 n. ult. †
(6) l. 1 princ. et § 1 ff. hoc tit.
(7) Novell. 120. cap. 1 § ult. et cap. *et hoc quidem* 6 § *in venerabilibus* 2. V. l. *Si finita* 15 § *si de vectigalibus* 26 ff. *De damn. infect.* (39, 2).

(1) Novell. 120. § *et hoc quidem* 6 § 1.
(2) l. ult. Cod hoc tit.
(3) l. *In emphyteuticariis* 2 Cod. hoc tit.
(4) *Reg. Constit.* lib. 5. tit. 17. cap. 2 § 1 et seqq.
(5) l. *Si olei* 21 Cod. *De locat.* (4. 65).
(6) d. l. 2 Cod. hoc tit.
(7) Novell. 7. cap. *emphyteusim* 3.
(8) d. Novell. 120 § *et hoc quidem* 6 § 1.

ususfructus (1), a quo emphyteusis in hac re non videtur distinguenda.

§ 2957. Praescriptio autem in emphyteusi diversis modis contingere potest. 1. Si quis rem alienam tamquam emphyteuticariam possederit per tempus a lege pefinitum nec vi, nec clam, aut precario (2). 2. Si constitutam a vero domino emphytuesim quis acquirat emptionis, donationis, aliove titulo; sed ab eo, qui dominus non est (3). 3. Denique, si quis canonem emphyteuticarium exegerit per longum tempus ab eo, qui plenum rei dominium habebat (4). Excipiuntur fundi Caesaris patrimoniales, in quibus sola admittitur praescriptio quadraginta annorum (5).

§ 2958. Neque movet, quod ait Paulus, in vectigalibus, et aliis praediis, *quae usucapi non possunt*, Publicianam competere, si forte bona fide tradita sint (6); cum enim Publiciana in rebus, quae nec usucapi, nec praescribi possunt, admissa fuerit (7), necessario accipiendus est Paulus de usucapione biennii, quae jure vetere in rebus immobilibus vigebat (8); quamque non placuit extendendam ad fundos emphyteuticarios, seu vectigales: sed non excludit praescriptionem longi temporis (9).

§ 2859. Quia tamen praescriptio, utpote alterius juri derogans, temere admittenda non est, idcirco locationis titulo potius res possessa in dubio praesumitur, si constet, ab initio rem fuisse locatam ei, qui pensionem annuam solvit, licet longum postea tempus effluxerit, atque ad conductori haeredes praedium pervenerit (10), tacite continuata locatione (11).

§ 2960. Idem dicendum plures sentiunt, si eadem pensionis quantitas singulis annis soluta non fuerit, sed modo major, modo minor, licet fundi locationis titulum demonstrare non possit (12); quia in emphyteusi eadem semper est annui canonis quantitas, et modus; contra quam in locatione contingat: ex quo inferunt, renovatam potius in hoc casu locationem censeri, quam emphyteusim contractam (13).

§ 2961. Emphyteusim constituere, seu praedia in emphyteusim concedere, possunt omnes, qui liberam habent rerum administrationem, non privati tantum, sed etiam universitates (1); adhibitis utique solemnibus, quae desiderantur in alienatione rerum immobilium, cum utilis dominii alienatio contingat (§ 2845); quamquam sine illis subsistit alienatio, nec post longissimum tempus conceditur restitutio, nisi laesio non minima intervenisse probetur (2): atque eadem regula servari debet, si res pupillorum, vel minorum in emphyteusim dari debeant. Accipere in emphyteusim possunt etiam pupilli, tutore utique auctore, quia sola oritur obligatio canonis annui solvendi (3).

CAPUT II.

De juribus emphyteutae competentibus.

SUMMARIA

§ 2962 *et* 2963. *Emphyteuta omnia praedii emolumenta habet. An possit fodinas metalli, vel lapidum aperire, aut exercere?* — § 2964. *Nec emphyteuta, nec feudatarius potest ex domo arcem facere sine domini voluntate.* — § 2965 *et* 2966. *Emphyteuta rem alienare potest; facta tamen, jure Romano, denunciatione directo domino: alioquin jure suo cadit. Quid si alicui concessa sit emphyteusis pro se et descendentibus?* — 2967. *Dominus intra duos a denunciatione menses declarare debet, an rem eodem pretio habere velit.* — § 2968. *Laudemium, seu laudimium domino solvitur, cum emphyteuta rem alienat.* — § 2969 *et* 2970. *Pignus in re emphyteutica absque consensu domini constitui potest. Quid de servitutis impositione?* — § 2971. *An emphyteuta novum censum rei, quam alienet, imponere possit? An bona emphyteuticaria saepius consignanda sint?* — § 2972. *Profiteri non licet ei, qui verus possessor non sit.* — § 2973. *Res emphyteutica irrequisito domino in alium lucrativo titulo transferri potest.* — § 3974 *et* 2975. *Dominus directus vindicatione, hypothecaria, et personali actione jus suum prosequi potest.* — § 2976 *et* 2977. *Emphyteuticaria bona apud nos jamdudum sine domini consensu alienari possunt, qui tamen extraneo emptori plerumque praefertur.* — § 2978. *Emphyteutae spoliato competunt remedia possessoria, quae directo domino cedere potest.* — § 2979. *Quae sint de laudimiis sigillatim expendenda?* — § 2980. *Laudimium in privata venditione debetur, nisi res aliena vendita sit. Quid si vendat filius, qui patris haereditate abstinuit?* — § 2981. *Ex venditione ab initio nulla, vel ita concepta, ut imposterum irrita fieri debeat, laudimia non solvuntur.* — § 2982. *Laudimia praestantur ex publica pignorum distractione.* — § 2983. *Vendita re sub pacto redimendi,*

(1) l. ult. in fin. Cod. *De praescript. long. temp.* (7, 33).
(2) argum. l. *Si quis diuturno* 10 ff. *Si servit. vindicet.* (8, 5).
(3) argum. l. *Si finita* 15 § *si de vectigalibus* 26 et seqq. ff. *De damn. infect.* (39, 2).
(4) d. l. 15 § *sed in vectigali* 27.
(5) l. ult. Cod. *De fund. patrimonial.* (11, 61).
(6) l. *Cum sponsus* 12 § *in vectigalibus* 2 ff. *De public. in rem action.* (6. 2).
(7) l. *Sive autem* 9 § *haec actio* 5 ff. eod. tit.
(8) l. ult. Cod. *De usucap. transfor.* (7, 31).
(9) d. l. 15 § 27 ff. *De damn. infect.*; d. l. 9 § 5 ff. *De public. in rem action.*
(10) l. *Male agitur* 2 Cod. *De praescript. xxx vel xl annor.* (7, 39).
(11) l. *Item quaeritur* 13 § ult. ff. *Locat.* (19, 2).
(12) Voet in *Pandect.* hoc tit. n. 5 in fin.
(13) argum. d. l. *Male agitur* 2 Cod. *De praescript. xxx vel xl annor.* (7, 39).

(1) l. 1 in princ. et § 1 ff. hoc tit.
(2) Fab. Cod. hoc tit. lib. 4, tit. 43, def. 53.
(3) princ. Instit. *De auctorit. tutor.* (1, 21).

unicum laudimium solvitur. Quid si venditio conditionalis sit, vel dominium venditor sibi reservaverit? — § 2984. *Laudimia generatim debentur, quoties alienantur bona emphyteutica inter vivos, vel ultima voluntate.* — § 2985. *Laudimium domino solvitur, licet ejus consensus in alienationem necessarius non sit.* — § 2986. *An solvatur laudimium pro dote inaestimata.* — § 2987 et 2988. *An laudimia ex donatione solvantur? Quid de permutatione et datione in solutum?* — § 2989. *Pignoris constitutio laudimium domino non parit.* — § 2990. *Quid si pignus per decennium possideatur, vel conductio ad decennium fiat?* — § 2991. *Laudimia totidem debentur, quot sunt venditiones.* — § 2992. *Ob alienationes in personas contractu emphyteutico comprehensas laudimia non debentur.* — § 2993 et 2994. *Quid si lis post solutum laudimium emptori moveatur, atque ab ea per transactionem discedatur.* — § 2995. *Laudimium ab emptore solvitur, et a quocumque fundi possessore peti potest.* — § 2996. *Laudimium solvitur directo domino, non p* [illegible] *ri emphyteutae, qui rem distraxerit.* — § 2997. *An dominus, qui nominatim locaverit laudimia, adhuc ea, conductore ignorante, petere possit?* — § 2998. *Laudimia debentur conductori, usufructuario, atque haeredi fiduciario.* — § 2999 et 3000. *An, praedio publice vendito, debeantur laudimia conductori, si post tempus redimendo pignori datum alter directum dominium consecutus sit?* — § 3001. *Dominium electione, non conventione transfertur. Quid si res in solutum data fuerit sub conditione?* — § 3002. *Laudimia adjudicari possunt directo domino, qui rem tamquam commissam petit, ab ea non soluta.* — § 3003. *Laudimii quantitas ex singularibus locorum legibus pendet.* — § 3004. *Laudimium, hyperocha vendita, solvi debet, habita ratione totius pretii.* — § 3005. *Quid si annua praestatio super fundo emphyteutico imposita sit?* — § 3006. *Impensae factae in rem venditam sub pacto redimendi laudimium non augent.* — § 3007. *Quid si venditor, atque emptor colluserint, ut minor esset laudimii quantitas?* — § 3008. *Quid si emphyteuta rem distrahere cogatur?*

§ 2962. Cum emphyteuta plenissimum fruendi jus habeat, tamquam dominio utili instructus, inde sequitur omnia praedii emolumenta ad eum pertinere, exemplo fructuarii, qui immo nullo dominii titulo gaudet, puta venationem, piscationem alluvionis incrementa (1): nec non thesaurum, quem in fundo emphyteutico invenerit, ut alibi diximus (1): atque emolumentum insulae ante de praedium emphyteuticum natae; cum ad integri canonis solutionem teneatur, licet pars praedii interierit (2).

§ 2963. Non tamen potest emphyteuta, si quibusdam assentimur, effodere terram fictilem figulinae exercendae caussa, aut terram combustibilem; et longe minus metalli fodinas, vel lapidicinas aperire lapidum haud renascentium (3); quia fundum deteriorem efficere videretur, quem facere tenetur meliorem (§ 2932): sed si dominus directus hasce fodinas jam instituerit, non videtur prohibendus emphyteuta, ne eas exerceat, prout usufructuario conceditur (4).

§ 2964. Neque emphyteutae, neque feudatario licet ex domo arcem, et quasi fortalitium facere, quod barbare dicunt, domum incastellare, sine domini consensu, et voluntate; ut liberum sit domino ingredi et egredi, cum volet (5): licet omnibus permittatur, murali ambitu fundos proprios, seu loca, quorum dominium habent, vallare (6); nisi aliud usu receptum, vel lege municipali inductum sit.

§ 2965. Potest tamen emphyteuta jus suum alienare, et in alium transferre: nisi aliud pactiis comprehensum sit: puta si concessa fuerit emphyteusis pro descendentibus; quo tamen casu quidam sentiunt, a primo acquisitore libere alienari (7). Olim quidem nulla opus erat denunciatione, qua dominus certior fieret futurae alienationis, eodem pretio, si mallet, ipse empturus (8): sed Justinianus aequius putavit emphyteutae necessitatem imponere, ut futuram fundi emphyteuticarii alienationem directo domino denunciet, ut si malit, eodem oblato pretio, extraneo emptori praeferatur, nisi aliud pactis singularibus cautum sit (9): nec interest, utrum emphyteusis a fisco, utrum a privatis concessa fuerit; cum lex generaliter loquatur, nec ullum distinctionis vestigium sit (10).

§ 2966. Quod si denunciationem hanc, pacto minime remissam, emphiteuta alienans praetermiserit, jure emphyteutico cadit (11): in totum, si tota res; pro parte, si rei emphyteuticae pars tantum irrequisito domino alienata fuerit (12), exemplo feudi (13), et ususfructus (14). Sane directus dominus pro arbitrio potest jus suum alteri cedere; nec emphyteutae denunciare tenetur,

(1) argum. l. *Item* 9 princ. § 1 et seqq.; l. *usufructuarium* 62 ff. *De usufruct.* (7, 1).

(1) V. vol. I, lib. 2, pag. 603, § 527.
(2) l. 1 Cod. hoc tit.
(3) Voet *in Pandect.* hoc tit. n. 11 in fin.
(4) l. *Si cujus rei* 13 § *inde est* 5 ff. *De usufruct.* (7, 1). V. vol. I. lib. 2. § 1576 et seqq. pag. 746.
(5) Fab. Cod. hoc tit. lib. 4, tit. 43, def. 81.
(6) l. *Per provincias* 10 Cod. *De aedific. privat.* (8, 10).
(7) argum. l. ult. in princ. Cod. hoc tit.
(8) § *adeo autem* 3 Instit. hoc tit.; l. ult. Cod. hoc tit.
(9) l. ult. in princ. Cod. hoc tit.
(10) d. l. ult. in med. Cod. hoc tit.
(11) d. l. ult. in fin. Cod. hoc tit.
(12) Voet *in Pandect.* hoc tit. n. 22.
(13) Feudor. lib. 2, tit. 38.
(14) l. *Excepta* 14 ff. *Quib. mod. ususfruct. amittit.* (7, 4).

cum nulla in legibus mentio fiat hujusce denunciationis.

§ 2967. Ne autem, scite adjicit Justinianus, hac occasione domini impediant, ne emphyteutae suas meliorationes vendant, nec ipsi emant, atque inde damnum emphyteutae sentiant, intra duos menses a die factae denunciationis computandos, declarare debent domini, utrum rem eodem pretio habere malint; quibus elapsis, licet emphyteutae jus suum vendere, atque transferre in quascumque personas, nisi quaedam forte pactis emphyteuticis exceptae sint (1).

§ 2968. Porro dominus novum emphyteutam agnoscere, seu in possessionem suscipere tenetur (2); quem si intra duos menses post emissam attestationem dominus non probaverit, emphyteutae conceditur, ut ad alium jus suum transferat, etiam non consentiente domino (3). Tandem, ut dominus quamdam habeat compensationem ex mutatione emphyteutae, atque novus emphyteuta directum ejus dominium, ut ajunt, recognoscat, jus domino adseritur exigendi *quinquagesimam partem pretii, vel aestimationis loci, qui ad aliam personam transfertur* (4): haec autem praestatio *laudemii*, vel *laudimii* nomine donari solet. Summa haec est juris ab Imperatore constituti, quod fusius explanandum est, atque simul inquirendum, an per omnia apud nos vigeat.

§ 2969. Justinianus, denunciationem futurae alienationis domino faciendam decernens, venditionem praecipue commemorat, quae fiat accepto pretio, ita ut dominus eodem pretio in emptione praeferatur (5): hinc vulgo colligunt interpretes, pignus constitui posse ab emphyteuta sine domini consensu (6): tum quia in pignore alienatio non contingit, tum quia certum est, *jure* vetere, praedium vectigale, seu emphyteuticarium pignori omnino dari potuisset (7); Justinianus autem nihil novi in hac re statuit; nec pignori aptari potest Imperatoris sanctio, ex qua dominus eodem pretio soluto praefertur extraneo emptori (8). Si tamen emphyteusis in commissum cadat, seu ad directum dominum revertatur, jus pignoris domino non nocet: auctoris jure resoluto, jus quoque accipientis evanescit (9).

§ 2970. Idem dicendum de servitutis impositione: emphyteuta, quamdiu praedio fruitur, servitutes ei imponere potest (10), non secus ac vassallus (1): sed evanescunt servitutes, extiucta emphyteusi, utili dominio ad directum reverso (2).

§ 2971. Non tamen licet emphyteutae, ait Faber, rem alienando, novum ei censum, sive annuam praestationem imponere, nisi dominus directus consentiat; quia ita fieret deterior domini conditio, quod non licet (3); cum difficilius emptorem inveniant res, quo graviori onere afficiuntur: sed, praecisa lege municipali, aut consuetudine prohibendum hoc non videtur (4). Neque etiam quis potest, ut cum eodem Fabro obiter dicamus, annui census obligationem tamquam possessor profiteri, nisi verus possessor sit (5); alioquin illuderetur directo domino, cujus interest, verum rei possessorem cognoscere, ut ab eo solutionem canonis consequatur; atque etiam, ut laudimia in casum alienationis debita exigere possit (6). Unde inducta obligatio recognoscendi, ut ajunt, directum dominum, et consignandi bona emphyteuticaria, licet jam consignata, vel ob diuturnitatem temporis, vel ob mutatos confines, aut bonorum possessores (7).

§ 2972. Quid ergo, si professus fuerit se possidere, qui non possidet, atque ita se ad canonem solvendum obligaverit? In poenam mendacii ad solvendum teneri aequum est, si dominus adversus eum agere malit, licet verus possessor sponte solutionem offerat: nisi forte dominus alienationem factam deinceps probaverit vel expresse, vel tacite, annuum canonem a novo, et vero fundi possessore accipiendo (8). Sane, si per errorem professio haec facta fuerit, erranti succurri suadet aequitas (9).

§ 2973. Si res emphyteuticaria in alium transferatur, donationis, legati, institutionis, vel permutationis titulo, consentiunt plerique, alienationem hanc irrequisito domino fieri posse, neque necessariam esse denunciationem (10); nec enim viget ratio legis, quae denunciationem induxit, ut dominus eodem oblato pretio praeferatur (11): neque leges veteres, quae alienationes praedii vectigalis permittebant, salvo utique dominii directi jure (12), nova videntur immutatae. De laudimiis praestandis alia quaestio est, prout inferius demonstrabimus.

(1) d. l. ult. in princ. versic. *sed ne hac occasione* Cod. hoc tit.

(2) d. l. ult. in med. vers. *Necessitatem autem* Cod. hoc tit.

(3) d. l. ult. in fin. versic. *Sin autem novum emphyteutam.*

(4) d. l. ult. prop. fin. vers. *Et ne avaritia.*

(5) d. l. ult. Cod. hoc tit.

(6) Voet *in Pandect.* hoc tit. n. 24.

(7) l. *Tutor* 16 § ult. ff. *De pignorat. act.* (13, 7); l. *Lex vectigali* 31 ff. *De pignorib.* (20, 1).

(8) in d. l. ult. Cod. hoc tit.

(9) d. l. 31 ff. *De pignorib.*

(10) argum. l. 1 § ult. ff. *De superficieb.* (43, 18).

(1) Feudor. lib. 2, tit. 8 vers. *Quid ergo.*

(2) d. l. 31 ff. *De pignorib.* (20, 1).

(3) Fab. Cod. hoc tit. lib. 4, tit. 43, def. 9 in princ. et defnit. 72.

(4) V. infra § 3005.

(5) Fab. Cod. hoc tit. d. def. 9. n. 3 et seqq.

(6) d. l. ult. prop. fin. Cod. hoc tit.

(7) Sola de jure emphyteutico Glos. 4. n. 1, § 2.

(8) Fab. Cod. hoc tit. lib. 4, tit. 43. d. def. 9. n. 10 et seqq. in corp. Jure Regio poena centum aureorum multatur. *Reg. Constit.* d. lib. 5, tit. 17, § 5.

(9) l. *Regula est* 9 et passim ff. *De jur. et fact. ignorant.* (22, 6); Fab. d. def. 9 in fin.

(10) Voet *in Pandect.* hoc tit. n. 25.

(11) d. l. ult. Cod. hoc tit.

(12) l. *Si domus* 71 § ult. ff. *De legat.* 1.(30, 1); l. *In conventionibus* 219 ff. *De verb. sign.* (50, 16); l. 1 Cod. *De fund. patrimonialib.* (11, 61).

§ 2974. Hinc dominus triplici actione jus suum prosequitur: vindicatione nimirum, hypothecaria, et personali (1). Vindicatione, quatenus directum dominium habet, nec emphyteuta, qui contractui non paruit, puta rem temere alienando, vel annui canonis solutionem recusando, utilis dominii nomine se tueri potest (2): hypothecaria propter utile dominium emphyteutae competens, quo fit, ut emphyteuta iisdem fere juribus gaudeat, ac si directum quoque dominium haberet (3), atque creditoribus omnibus praeferatur in re emphyteutica, non vero in caeteris bonis, pro quibus hypotheca tantum nasci videtur in singulis annis, quoad canonis annui praestationem: ideoque creditores antiquiores jure potiores esse debent (4). Demum personalis domino ex contractu actio competit (5).

§ 2975. Quod si emphyteuta rem perperam alienaverit, dominus eam vindicare potest, nullo restituto emptori pretio (6); vel, si malit, potest hypothecaria agere adversus novum possessorem, et personali contra primum emphyteutam; nec enim ex hujus facto deterior domini conditio evasit; et tamquam possessor conveniri potest, qui dolo desiit possidere (7): nisi forte dominus secutam alienationem deinceps probaverit (8).

§ 2976. Haec ex juris Romani ratione disputavimus: sed apud nos jamdudum aequitate suadente receptum, ut bona emphyteuticaria pro arbitrio alienentur ab emphyteuta, quin necessarius sit consensus domini (9): emphyteuta tamen novam possessorem exhibere tenetur, qui et canonis annui obligationem suscipiat, et laudimia solvere paratus sit (10): immo dominus directus, si jure suo uti velit (11), novo emphyteutae, eodem oblato pretio, praeferendus est (12).

§ 2977. Casus utique sunt, in quibus praelatio denegatur domino, puta si consenserit in alienationem ab emphyteuta faciendam (13): si in emphyteusis concessione ita conventum fuerit (14): si, cogente judicis imperio, venditio publice facta fuerit (15).

§ 2978. Plane nemini dubium, quominus emphyteutae spoliato competant remedia possessoria (1); atque, cum ipsius domini intersit, ne spolietur emphyteuta, potest hic domino cedere jura sua ad retinendam, vel recuperandam possessionem; quin objici possit vitium cessionis, quasi factae in potentiorem, atque animo vexandi; maxime quia etiam sine cessione dominus hisce juribus uti potest (2), propter directum dominium, quod retinet, cujus ratione multum interest ipsius, ne emphyteuta spolietur.

§ 2979. Jam innuimus, re emphyteutica in alium translata, directo domino laudimium deberi (§ 2968): porro de laudimiis haec sunt sigillatim expendenda. 1. In quibus negotiis, et quibus casibus laudimia solvantur. 2. A quo solvi debeant. 3. Cui solvantur. 4. Quae sit laudimii ex caussa alienationis solvendi quantitas.

§ 2980. Imprimis ergo investigandum est, in quibus negotiis, et quibus casibus laudimia debeantur. Si venditio privatim facta sit, laudimium domino deberi, fatentur omnes: apertissima sunt Justiniani verba (3); utique si res propria vendita fuerit, non si aliena; cum ex hac venditione actione quidem personali teneatur venditor, sed dominium non transferatur (4). Ex quo colligit Faber, nec necessariam esse hujusce contractus adnotationem, et inscriptionem in acta curiae (5): cum tamen proponeretur fundus emphyteuticus venditus a filio, qui patris haereditate abstinuerat, placuit, laudimia deberi: tum quia filius adhuc suus haeres permanet, tum maxime quia filius bona paterna ex caussa dotium retinuerat (6).

§ 2981. Neque etiam debentur laudimia ex venditione, quae ab initio nulla fuerit (7), aut ita concepta, ut imposterum irrita fieri debeat (8); illa enim dominium non transfert (§ praeced.); haec, re inspecta, vires habere non videtur. Aliud dicendum, si venditio ab initio perfecta ex voluntate contrahentium, vel qua alia caussa resolvatur, puta quia venditionem publice factam rei pignoratae, et jam addictione perfectam, prior creditor rescindi obtinuerit (9); jus domino directo plene quaesitum auferri non decet. Excipit Faber casum, quo venditio jurejurando firmata sit (10) quod tamen jure apud nos inducto obtinere non potest (11).

§ 2982. Hinc patet, laudimia deberi etiam ex venditione, seu distractione pignorum, qua publice sub hasta fiat, postulante creditore (12); tum

(1) Fab. Cod. hoc tit. lib. 4. tit. 34. def. 7.
(2) l. *Quaero* 54 § 1 ff. *Locati* (19. 2).
(3) l. 1 § 1 ff. hoc tit.
(4) Fab. Cod. d. def. 7 in not. † et def. 59.
(5) l. 1 ff. *De oblig. et act.* (44. 7).
(6) l. ult. in fin. Cod. hoc tit.; Fab. Cod. hoc tit. d. def. 7, n. 6.
(7) l. *Qui dolo* 131; l. *Parem* 150 ff. *De reg. jur.* (50. 17).
(8) l. *De lege* 6 § ult. et l. seq. ff. *De leg. commissor.* (18, 3); Fab. d. def. 7 in fin.
(9) Fab. Cod. hoc tit. lib. 4, tit. 43, def. 8 in princip. Thesaur. dec. 109, n. 2 † et in addit. †
(10) Fab. d. def. 8, n. 3 et seqq.
(11) l. ult. Cod. hoc tit.
(12) Fab. Cod. hoc tit. def. 48 in fin.
(13) l. *Quoties* 11 Cod. *De fideicomm.* (6,42); Fab. Cod. hoc tit. def. 49 in princ.
(14) l. ult. Cod. hoc tit.; Fab. ibid. n. 2.
(15) Fab. d. def. 49, n. 3.

(1) l. 1 § 1 ff. hoc tit.
(2) Fab. Cod. hoc tit. lib. 4, tit. 43, def. 32.
(3) d. l. ul. prop. fin. Cod. hoc tit.
(4) Fab. Cod. hoc tit. lib. 4. tit. 43, def. 74 in princ.
(5) Fab. d. def. 74, n. 6 ad 10.
(6) Fab. Cod. hoc tit. def. 79.
(7) *Reg. Constit.* lib. 5, tit. 17 cap. 3. § 6.
(8) Fab. Cod. hoc tit. def. 65.
(9) Fab. d. def. 65, n. 1 et seqq.
(10) Fab. Cod. hoc tit. def. 66.
(11) *Reg. Constit.* lib. 5, tit. 11, § 13 et 14.
(12) Fab. Cod. hoc tit. lib. 4, tit. 43, def. 23; Thesaur. dec. 139, n. 2 †, ubi ait Thesaurus limitandam esse senten-

quia omnino coacta, et necessaria videri non potest venditio haec, cum debitor solvendo eandem impedire possit; tum quia generatim cautum est, laudimia deberi, quoties rei dominium in alium transfertur (1).

§ 2983. Si venditio sub pacto redimendi facta fuerit, pro hac quidem solvitur laudimium, non vero pro retrovenditione, si haec sequatur (§ 2748); quia una videtur emptio (2): in venditionibus autem, aliisque contractibus conditionalibus, non nisi veniente conditione, laudimium debetur (3): ante conditionis eventum perfecta videri nequit venditio, quae ob defectum conditionis deficere potest: neque desinit deberi laudimium, licet venditor dominium sibi reservaverit, donec pretium solutum sit (4): perfecta interim emptio habetur (§ 2337).

§ 2984. Hinc generalis regula recte statuitur, laudimium deberi in omnibus casibus, quibus bona emphyteutica alienantur, sive actu inter vivos, sive ultima voluntate (quibusdam exceptis, de quibus mox dicemus (5)): proinde in transactione, permutatione, et dote, si dominium transferatur in personam, quae prima investitura, seu contractu emphyteutico comprehensa non sit (6). Neque nocet, quod ait Faber (7), dotis dominium in maritum non transferri; sufficit enim transferri dominium in mulierem, ut vera alienatio tunc intelligatur, atque hinc solvendum sit laudimium (8).

§ 2985. Alienum quoque a legum sententia est, quod subjicit idem Faber, non deberi laudimia, cum alienatio necessaria est, atque irrequisito domino fieri potest (9); etenim laudimium solvitur in compensationem, et obsequium, ita dicam, directi domini (§ 2968): atque hinc regio jure cautum est, ut laudimium directo domino praestetur, quamvis illius consensus necessarius non sit, ut contractus ineatur (10).

§ 2986. Caeterum, si dos primum promissa fuerit in pecunia, tum fundus in solutum datus fuerit, licet constante matrimonio, fatetur laudatus Faber, laudimia solvenda esse ex hac datione in solutum, quae necessaria videri non potest (11). Excipitur apud nos dotis constitutio nequequam

liam hanc, si tria concurrant. 1. Si caussa obligationis sit dos. 2. Pignus ex mera necessitate capiatur publice vendendum. 3. Nec alia extent bona.

(1) d. l. ult. prop. fin. Cod. hoc tit.

(2) *Reg. Constit.* lib. 5, tit. 17, cap. 3, § 5; Thes. decis. 75, n. 2 †; quamquam aliud olim apud Sabaudos receptum fuisse, tradit Fab. Cod. hoc tit. lib. 4, tit. 43, definit. 30. n. 20 et seqq.

(3) *Reg. Constit.* d. 5 in fin.

(4) Thes. lib. 4, quaest. 51, n. 3 et seqq. †

(5) *Reg. Constit.* lib. 5, tit. 17, cap. 3, § 2.

(6) d. § 2 in fin.

(7) Fab. Cod. hoc tit. lib. 4, tit. 43, def. 55 in princ.

(8) d. l. ult. prop. fin. Cod. hoc tit.

(9) Fab. Cod. hoc tit. d. def. 55, n. 2.

(10) *Reg. Constit.* lib. 5, tit. 17, cap. 3, § 1.

(11) Fab. Cod. hoc tit. lib. 4, tit. 43, d. defin. 55, n. 6 et seqq.

aestimatae, si haec constituatur ex bonis emphyteuticis haereditariis (1).

§ 2987. Laudimia ex donatione in extraneam personam, sive inter vivos, sive ex caussa mortis deberi, apud omnes receptum est (2); quia et per eam transfertur dominium (3): nisi aliud moribus receptum sit, vel pactis conventum (4): vel nisi juxta aliquos agatur de donatione, quam mater, aut pater filio, aut filius patri, vel matri inter vivos fecerit (5); quod facilius recipi potest in parentibus donantibus, quia non tam acquisitio ex parte donatarii videatur, quam praeoccupata successionis perceptio (6).

§ 2988. Permutatio eodem, ac venditio jure quoad laudimia regi debet; quia et per hanc dominium transfertur: atque ideo Justinianus quinquagesimam pretii, vel *aestimationis* fundi partem directo domino in casum alienationis concedit (7): alicubi tamen dimidium dumtaxat laudimium in permutatione solvitur (8). Dationis in solutum eadem ratio est (9).

§ 2989. Cum per pignus sola creditori securitas constituatur, dominio penes debitorem manente, nullum ex pignoris datione laudimium solvi debet (10): neque etiam ex antichresi, quocumque tempore duret, nisi antichresis color quaesitus sit in fraudem directi domini, ne laudimia solvantur, qualis praesumitur, si pecunia credita justo rei pretio aequivaleat, ut probabile sit, pignus nunquam luendum (11). Regio jure creditores, qui per decem annos jure pignoris et hypothecae possederint fundum emphyteuticum, atque fructus ex eo perceperint, laudimium solvunt.

§ 2990. Quemadmodum ex possessione pignoris per decem annos laudimium praestatur, ita etiam in conductione ad decennium ex communi pragmaticorum sententia, quia conductio tam diuturna alienationis speciem contineat, cum utilis actio in rem conductori detur (12). Haec tamen sententia juris Romani principiis vix consentit; atque hinc in ea tantum locatione asseritur, quae ab initio per decennium facta fuerit, non quae in brevius temporis spatium, licet repetita ultra decennium perseveraverit (13); quia tot sunt diversae locationes. Pro venditione annuae pensionis, et perpetuae impositae super fun-

(1) *Reg. Constit.* d. lib. 5, tit. 17, cap. 3, § 3 in fin.

(2) Fab. Cod. hoc tit. lib. 4, tit. 43, def. 29; *Reg. Constit.* lib. 5, tit. 17, cap. 3, § 2.

(3) l. ult. Cod. hoc tit.

(4) *Reg. Constit.* ibid. § 4; Fab. d. def. 29, n. 2.

(5) Fab. Cod. hoc tit. def. 71.

(6) l. *In suis haeredibus* 11 ff. *De liber. et posthum.* (28, 2).

(7) l. ult. in fin. versic. *Et ne avaritia* Cod. hoc tit.

(8) Fab. Cod. hoc tit. lib. 4, tit. 43, d. def. 29 n. 3 in corp.

(9) Thes. lib. 2, quaest. 82, n. 1.

(10) d. l. ult. Cod. hoc tit.; Fab. Cod. hoc tit. lib. 4, tit. 43. def. 67 et 74. n. 11 et seqq.

(11) Fab. Cod. hoc tit. def. 60.

(12) *Reg. Constit.* lib. 5 tit. 17, cap. 3, § 9.

(13) l. 1 § *quod ait praetor* 2 ff. *De superficieb.* (43, 18).

(14) Fab. d. def. 60, n. 6 et in not.

do emphyteutico non deberi laudimia, nisi ipsa quoque pensio recognita sit de emphyteusi, tradit Faber (1).

§ 2991. Laudimia totidem debentur, quot sunt venditiones: proinde, si fundus emphyteuticus per plurium manus ambulaverit, dominus non cogitur postremum possessorem, ut ajunt, investire, nisi hic laudimia omnia solvat; data etiam domino actione reali in bona possessoris, cui utique salvum est jus repetendi, quod solvit, a suis auctoribus (2). Sane, cum quis alieno nomine emit, unum solvitur laudimium (2359).

§ 2992. Excipiuntur, uti jam innuimus (§ 2984), ab onere laudimiorum alienationes, quae fiunt, sive actu inter vivos, sive ultima voluntate in personas contractu emphyteutico comprehensas: proinde non solvitur laudimium, cum de bonis emphyteuticis haereditariis agitur, ex caussa successionis, sive legitimae, sive testamentariae, legati, fideicommissi, aut divisionis haereditatis (3), nisi dos inaestimata mulieri detur (4). Quinimmo scite cautum, ut laudimii solvendi obligatio cesset, quoties pacto, vel usu remissa probatur (5).

§ 2993. Si emptori fundi emphyteutici lis post solutum laudimium moveatur, ac ab ea per transactionem discedatur, laudimia rursus domino praestanda non esse, plerique sentiunt, sive emptor, modica pecuniae quantitate data, securitatem sibi paraverit, sive rem aliquo accepto actori dimiserit (6); quia in primo casu nova dominii alienatio non contingit, sed tantummodo prior confirmata fuit, vel si alienatio vere secuta fuerit, dicendum est, priorem non valuisse, adeoque laudimium, quod ex prima venditione non debebatur (§ 2981), attamen solutum est, in secundam computari debet: quod et locum habet in altero casu, quo rem emptam, modico accepto emptor actori dimiserit.

§ 2994. Haec ita, si modica quantitas data vel accepta sit; si enim emptor sub nomine transactionis cesserit rem actori, tanta accepta pecuniae quantitate, quae vero rei pretio respondeat, nova videtur celebrata venditio: ex qua ideo nova quoque laudimia debentur (§ 2991); alioquin facile colluderent transigentes in domini directi dispendium. Quamquam in his prudens judicis arbitrium versatur.

§ 2995. Solvendum est laudimium non a venditore fundi emphyteutici, sed ab emptore (7); cum is rei dominum agnoscere teneatur, ne videatur pleno jure velle re frui: cum autem laudimiorum onus reale sit, utpote ex rei conditione descendens (1), quemcumque fundi possessorem sequitur; ita ut dominus in eo fundo caeteris creditoribus praeferatur (2); si tamen dominus in primis egerit adversus emphyteutam, nec obtinere potuerit, expensas temerarie litis non subit possessor (3): quia temeritas litigantis personam ipsius afficit, non rem (4).

§ 2996. Laudimium solvitur domino directo, non priori emphyteutae, si hic fundum vendiderit (5): cum et praelatio non emphyteutis, sed directo domino data sit (6). Quod si venditor rei emphyteuticae qualitatem celaverit, actione quanti minoris emptor repetit, quod plus solvit, quam, onere perspecto, solutum fuisset (7): atque interim emptor ignorans a poena caducitatis, aliave qualibet, in conventionem fortassis deducta, excusatur: facti ignorantia, potissimum alieni, excusationem facile praestat (8).

§ 2997. Disputat Faber, an dominus, qui omnes directi sui dominii fructus locaverit, et nominatim ipsa laudimia, adhuc ea petere possit, si non invito, saltem ignorante conductore; an vero repellendus sit, quasi nullo jure agens; atque pro locatore pronunciatum fuisse refert (9), eo fundamento, quod per locationem non amittatur directum dominium, nec in conductorem transeat (10): neque emphyteuta excipere potest de jure conductoris, nam exceptio haec est de jure tertii, non exclusiva juris agentis, quae proinde opponi non potest, nisi tertius velit (11); plane non dubium, quominus in concursu potior sit conductoris caussa (12).

§ 2998. Quemadmodum conductor conductionis jure, ita et usufructuarius jure ususfructus laudimia percipit; quia haec censentur in fructu directi dominii (13): potiori ratione haeres fideicommissi onere gravatus (14), cum interim vere sit haeres (15): hinc ad haeredem fiduciarium pertinent etiam commissa, et caeterae obventiones, nec non jus laudandi, seu investiendi emptoris; ea utique lege, ut omnia reddat, quae habuit oc-

(1) Fab. Cod. hoc tit. def. 72.
(2) *Reg. Constit.* lib. 5, tit. 17, cap. 3, § 8.
(3) l. *Veniunt* 9 et l. seq ff. *Famil. Ercisc.* (10, 2); Thesaur. lib. 3, quaest. 120; ubi definitum, nec deberi laudemia, si fiat divisio fundi communis inter plura universitatis membra, et lib. 4, quaest. 14 per tot.
(4) *Reg. Constit.* lib. 5, tit. 17, cap. 3, § 2 et 3.
(5) Ibid. § 4.
(6) Voet *in Pandect.* hoc tit. n. 31.
(7) Ibidem.

(1) d. l. ult. prop. fin. Cod. hoc tit.
(2) Fab. Cod. hoc tit. lib. 4, tit. 43, def. 4 et 68.
(3) Fab. d. def. 68, n. 3.
(4) l. *Eum, quem* 79 ff. *De judic.* (5, 1).
(5) l. ult. prop. fin. versic. *Et ne avaritia* Cod. hoc tit.
(6) d. l. ult. versic. *Et si quidem dominus.*
(7) argum. l. *Quoties* 61 ff. *De aedil. edic.* (21, 1).
(8) l. *Regula est* 9 et passim ff. *De jur. et fact. ignorant.* (22, 6).
(9) Fab. Cod. hoc tit. lib. 4, tit. 43, def. 78.
(10) l. *Non solet* 39 ff. *Locati.* (19, 2).
(11) l. *Loci corpus* 4 § *competit* 7 ff. *Si servit. vindicet.* (8, 5).
(12) Fab. d. def. 78, n. 7; l. *Ex conducto* 15 ff. *Locat.*
(13) Fab. Cod. hoc tit. lib. 4, tit. 43, def. 46 in princ.
(14) Fab. Cod. hoc tit. def. 47 in princ.
(15) l. *Ei, qui solvendo* 88 in fin. ff. *De haeredib. instituend.* (28, 5).

casione haereditatis, exceptis, fructibus (1): usufructuarius vero nec commissa habet, nec emptorem investire potest (2); quia nec fundi dominus est, nec jura haec in fructu esse existimantur.

§ 2999. Gravior est difficultas, utrum, praedio emphyteutico publice sub hasta vendito, laudimia debeantur conductori, qui directi dominii jus habebat, idest jus percipiendi laudimia (§ 2997) tempore expeditioni, seu factae per judicem pignoris addictionis; an ei, qui post tempus, redimendo pignori concessum, dominium directum consecutus est: haec nimirum fingenda species. Cum Titius bona Sempronii conductionis titulo adhuc teneret, haec instante Maevio creditore publice vendita fuerant; sed antequam tempus redimendi pignoris judicialis elapsum sit, conductio finem accepit: quaesitum an conductori, an creditori laudimia solvenda sint (3).

§ 3000. Placuit in hac quaestione Senatui pro primo conductore pronunciare (4); quia dominii translatio, propter quam laudimia debentur (5), vere facta fuit tempore addictionis, licet intra certum tempus revocari potuerit; qua utique revocata, aliud laudimium non debetur (6), quia una videtur emptio venditio. Nec interest, quod tempus redimendo pignori prorogatum sit, aut aliquo modo peccatum fuerit in forma, et solemnitate subhastationum (7); cum et hae, si modo pro debito facta probentur, confirmari debeant, nisi debitor offerat, et solvat, quod debet, quia semper imputari potest debitori, cur prius non solverit; adeoque confirmatio ad tempus secutae addictionis retrotrahitur (8): prout alibi de hac re fusius disputavimus (9).

§ 3001. Non idem dicendum, si creditore publicam pignorum venditionem persequente, convenerit, ut creditor eligat ex bonis pignori captis, quae in solutum accipere velit; cum enim dominium non conventione, sed electione transferatur (10), laudimia autem non nisi ex dominii translatione, praestentur (11), sponte sequitur, ei deberi, qui tempore electionis dominus est, vel a domino caussam habet (12). Hinc traditum, datis in solutum bonis sub conditione, si certa die pecunia non solvatur, tempus, quo datio perficitur, inspiciendum esse, eique deberi laudimium, qui nunc jus petendi habet (13).

§ 3002. Caeterum laudimia adjudicari possunt etiam directo domino, qui rem tamquam commissam petit ob laudimia non soluta; prout convenerat: si nempe aliqua justa caussa sit, cur dilationem emphyteutae excusari aequum sit, judex ad laudimiorum solutionem eum condemnare potest (1) non secus, ac in casu, quo commissum petatur ob non factam inscriptionem acquisitionis (2); qui enim rem ipsam petit ex caussa laudimii non soluti, multo magis intelligitur petere laudimia ipsa (3).

§ 3003. Postremo expendendum superest, quae sit laudimii quantitas. Romano jure, uti jam innuimus (§ 2968), est quinquagesima pars pretii, vel aestimationis fundi, qui in alium transfertur (4): sed haec juris Romani sanctio non ubique servatur: alicubi laudimii nomine solvitur vigesima, alibi trigesima, vel canon duplicatus, prout in Hollandia (5); quare singularibus locorum legibus, vel receptae consuetudini in hac re standum est nec amplius exigendum sub poena quadrupli (6).

§ 3004. Certa haec sunt, sed aliquando dubitari contingit, quae in rei pretium, vel aestimationem computari debeant, ut sciatur, quae sit laudimii quantitas, tamquam pars pretii, vel aestimationis: praecipuos casus explicabimus. In primis si vendatur hyperocha, seu quod fundus pluris valet, sive quia primum venditus fuerit sub pacto redimendi, adeoque viliori pretio, sive ab alio possideatur jure pignoris, laudimium solvi debet habita ratione totius pretii, quod praestandum est sive emptori, sive creditori antequam haberi possit possessio rei, cujus hyperocha vendita fuit (7): nihil enim refert, an emptor hyperochae solvere debeat pretium venditori, an ex ejus voluntate primo emptori, vel creditori.

§ 3005. Praeterea, si annua praestatio super fundo emphyteutico permittatur (§ 2971), promisso pretio etiam sors annui reditus jungi debet, ut ita majus laudimium praestetur (8); quia emptor, ex quo tale onus suscepit favore venditoris majus pretium dedisse videtur: praeterquamquod grave damnum sentiret directus dominus ex facto emphyteutae, quod non sinit aequitas (§ 2970).

§ 3006. Sed impensae factae in rem, quae vendita fuit sub pacto retrovendendi, laudimii quantitatem non augent (9); licet enim emptori, cum fundus redimitur, restituendae sint (10), non tamen augent quantitatem pretii initio constituti, ex cujus comparatione laudimia solvuntur.

(1) l. *In fideicommissaria* 18 princ. et §§ seq. ff. *Ad Senatusc. Trebellian.* (36, 1); Fab. d. def. 47, n. 2 et 3.
(2) Fab. d. def. 47, n. 3 et seqq.
(3) Fab. Cod. hoc tit. lib. 4, tit. 43, def. 30 in princ.
(4) Fab. d. def. 30 et def. 31.
(5) l. ult. in fin. Cod. hoc tit.
(6) Fab. d. def. 30, n. 23 et 24.
(7) Fab. Cod. hoc tit. def. 38 in princ.
(8) Fab. d. def. 38, n. 5 et seqq.
(9) V. vol. II, lib. 3, pag. 1549. § 1078 et seqq.
(10) argum. l. *Unum ex familia* 67 in princ. ff. *De legat.* 2 (31, 1).
(11) d. l. ult. prop. fin. Cod. hoc tit.
(12) Fab. Cod. hoc tit. lib. 4, tit. 43, def. 68.
(13) Thes. lib. 2, quaest. 82, n. ult. †

(1) Fab. Cod. hoc tit. def. 57.
(2) Fab. d. def. 57 in not. †
(3) l. *Qui solidum* 78 ff. *De legat.* 2. (32, 1); l. *In toto* 113 ff. *De reg. jur.* (50, 17).
(4) l. ult. prop. fin. versic. *Et ne avaritia* Cod. hoc tit.
(5) Voet *in Pandect.* hoc tit. n. 26.
(6) *Reg. Constit.* lib. 5, tit. 17, cap. 3, § 7.
(7) Fab. Cod. hoc tit. lib. 4, tit. 43, def. 80.
(8) Voet in *Pandect.* hoc tit. n. 30 post alios.
(9) Fab. Cod. hoc tit. lib. 4, tit. 43, definit. 77.
(10) l. *In fundo* 38 ff. *De rei vindicat.* (6, 1).

Quamquam supervacanea est quaestio haec apud nos, cum laudimia in retrovenditione non solvantur (§ 2983).

§ 3007. Si inter se colludant venditor, et emptor, atque minus pretium constituatur, ut minor sit laudimii quantitas, rem hanc domino noxiam esse non decet; atque Justinianus, cum quinquagesimam pretii partem commemorat, de justo rei pretio sentire credendus est: et forte etiam meminit aestimationis (1), ut ita fraudibus obviam iret: non tamen permittendum domino, ut, praetextu cujuscumque laesionis in pretio, emptorem vexet: sed tunc tantum, cum laesio sit ultra dimidiam (2).

§ 3008. Quinimmo, si emphyteuta coactus vendat, puta quia incapax sit praedium illud emphyteuticum possidendi, etiam uno nummo vendere eum posse, tradit Faber, quin dominus queri possit, quasi fraus laudimio fiat (3); tum quia fraudis consilium in eo, qui invitus vendit, minus praesumi possit; tum quia etiam donare posset. Verum difficultate non caret sententia haec: cum laudimium in donationibus debeatur (§ 2987), prout tradit idem Faber (4).

CAPUT III.

De oneribus emphyteutae.

SUMMARIA

§ 3009. *Emphyteuta onera rei inhaerentia ferre debet. Quid si directus dominus ab illis immunis esset, vel laicus emphyteusim ecclesiasticam possideat?* — § 3010. *Praecipuum emphyteutae onus est annui canonis solutio. Quid de investitura?* — § 3011. *Canon annuus domino directo solvitur. Quis directus dominus in hac re habeatur?* — § 3012 *et* 3013. *Ex actibus recognitum directum dominium probatur.* — § 3014. *Quid si bona fide laudimium falso procuratori solutum fuerit?* — § 3015. *Laudimium conductori solvi debet, non domino.* — § 3016. *Novus emphyteuta non priori, sed domino canonem solvere debet.* — § 3017 *et* 3018. *Novus emphyteuta priori recte solvit, si dominus expresse vel tacite consentiat.* — § 3019. *Stipulari potest dominus, ut canon emphyteuticus alteri solvatur.* — § 3020. *Emphyteuta potissimum, sed et possessores, ad canonis annui solutionem conveniri possunt.* — § 3021. *An sententia adversus primum emphyteutam lata executioni adversus secundum mandari possit?* — § 3022 *et* 3023. *Canonem annuum dominus ab emphyteuta, vel possessoribus petens aliquando rem emphyteuticam demonstrare tenetur.* — § 3024. *Professio vel solutio facta a defuncto nocet haeredi, ne cogere possit dominum ad rem indicandam.* — § 3025 *et* 3026. *Canonis divisio pro rata fit, si fundus emphyteuticus inter plures divisus fuerit, impensis possessorum.* — § 3027. *Quid si pars fundi vendita sit conditione adjecta, ut emptor integrum canonem solvat?* — § 3028. *Canon emphyteuticus quotannis solvitur; an deferri debeat ad domum creditoris?* — § 3029 *et* 3030. *Aestimatio quanti plurimi debetur ab emphyteuta, qui moram fecerit in solvendo canone.* — § 3031 *et* 3032. *Moram facere videtur emphyteuta, licet non interpellatus, si ad certum diem, et ad domum debitoris solvere debeat.* — § 3033. *Oblatio canonis sufficit ad impediendam moram, licet depositio secuta non sit.* — § 3034. *Canonis quantitas solvi debet, quae prius soluta fuit, si aliud non appareat.* — § 3035. *Quid si Titius duos fundos sub diverso canone recognitos habeat, deinde simul recognoscat, tum eos duobus vendat?* — § 3036. *Canonis remissio facile non praesumitur.* — § 3037. *Si duo de dominio contendunt, emphyteuta interim neutri solvere tenetur.* — § 3038 *et* 3039. *Quo temporis lapsu emphyteutico canoni praescribatur.* — § 3040. *Emphyteuta non interpellatus jure suo plerumque non cadit, licet non solvat.* — § 3041. *Quae apud nos in hac re cauta sint?* — § 3042. *Ad dominium directum ab emphyteuta praescribi possit?* — § 3043. *Canonis emphyteutici remissio non fit propter sterilitatem: nisi contractus potius ad locationem accedat.* — § 3044. *Emphyteuta non potest rem derelinquere invito domino, nisi ea vix frui possit.* — § 3045. *Canonis solvendi obligatio cessat, si fundus perierit absque culpa possessoris.* — § 3946. *Evictionem juris, non facti praestat dominus: nec tenetur de eo, quod interest, nisi dolo fecerit.*

§ 3009. Cum rerum natura ita comparata sit, ut vix ullum sit negotium, quo commoda ab incommodis sejungantur (1), quemadmodum emphyteuta fundi commodis utitur, ita et onera ferre debet, exemplo usufructuarii; quare hic revocanda sunt, quae de oneribus usufructuarii suo loco exposuimus (2): quod si directus dominus a quibusdam oneribus realibus, puta tributis, exemptus sit, liber quoque est emphyteuta, qui jura sua a directo domino metitur (3); et cujus nomine possidere videtur: si tamen laicus emphyteusim ecclesiasticam possideat, tributa ab eo exigi possunt (4).

(1) d. l. ult. prop. fin. Cod. hoc tit.

(2) argum. l. *Rem majoris* 2; l. *Si voluntate* 8 Cod. *De rescindend. vendit.* (4, 44).

(3) Fab. Cod. hoc tit. lib. 4, tit. 43, def. 50.

(4) Ibid. def. 29.

(1) l. *Secundum naturam* 10 ff. *De reg. jur.* (50, 17).

(2) V. vol. I, lib. 2, pag. 753 et seq.

(3) argum. l. *Privatae* 10 Cod. *De excusationib. muner.* (10, 47).

(4) argum. l. 1 Cod. *De impon. lucrat. descript.* (10, 35); Sola *De jure emphyt.* pag. 30, n. 26 †

§ 3010. Praecipuum emphyteutae onus, quod diligenter expendere praestat, est onus solvendi annui canonis directo domino; qui non tam in compensationem fructuum solvitur, quam in recognitionem, ut ajunt, directi dominii: atque inquirendum. 1. Cui solvi debeat annuus canon. 2. A quo. 3. Quo tempore solvendus sit. 4. Quae sit annui canonis quantitas. 5. Quibus casibus cesset canonis praestandi obligatio. Investitura plane ab extraneo acquisitore, non a filiis emphyteusi comprehensi petenda est (1).

§ 3011. Annuus canon directo domino solvitur, vel ei, qui a domino caussam habet (2); directus autem dominus censetur ille, qui ab emphyteuta recognitus, ut ajunt, fuit: recognitio haec ex aliis solutionibus potissimum deducitur atque hinc generatim apud nos cautum, ut bona, quae semel constat recognita fuisse favore alicujus, vel auctorum suorum, tamquam emphyteuticaria, imposterum eodem jure censenda esse; eidemque solvenda onera eo modo, quo prius bona recognita fuerunt, et soluta onera, quamvis dominium aliunde non probetur, quam ex praeteritis recognitionibus (3); si tamem emphyteuta vindicatione conveniatur, dominii exceptionem objicere potest (4).

§ 3012. Si directus dominus agat adversus eos, qui favore ipsius, vel auctorum suorum recognoverunt, vel adversus ipsorum successores, aut caussam ab his habentes sufficit unus recognitionis actus, dummodo canon quoque solutus fuerit, nec ab emphyteuticariis oneribus liberantur, tametsi allegent, bona ab aliis possideri nisi possessorem demonstrent (5): quod si de solutione canonis non constet, aut quaestio sit de tertio possessore caussam non habente ab illis, qui recognoverunt, duo actus requiruntur, ut obstricti habeantur, et simul probanda bonorum recognitorum possessio (6).

§ 3013. Hinc bonorum possessores, probata adversus ipsos, prout modo diximus, recognoscendi obligatione, tantum objicere permittuntur, vel directum dominium rei ad alium pertinere, vel ab onere emphyteutico liberatos fuisse, aut eos, per quos recognitio facta fuit, recognoscendi potestate destitutos fuisse: atque unam ex his exceptionibus probare debent, ut ab onere recognoscendi se eximant (7).

§ 3014. Non tantum domino, sed et illius procuratori sufficiens mandatum habenti, solvi potest canon emphyteuticus: immo censet Faber, liberari emphyteutam, pui bona fide solverit ei, qui vulgo domini procurator habeatur (1) (potissimum si dominus non ignorasset, hunc tamquam procuratorem exigere; hoc enim ipso mandare videretur (2)); quia non soleat pro levioribus hujusmodi debitis exigendis mandati exhibitio necessaria esse; atque ideo potius imputandum sit vero domino, cur diligentior non fuerit in exigendo vel per se, vel per verum procuratorem.

§ 3015. Si dominus directi dominii fructus locaverit, vel fundum, cujus directum dominium habet, jus quidem percipiendi annui canonis in conductorem transit: si tamen emphyteuta bona fide domino directo solverit, liberari debet (3): quia vero creditori solvit (4); nec enim conductor fructus suos facit, antequam eos perceperit (5): sed si emphyteuta a conductore prohibitus fuerit, ne locatori solveret; aut locationem aliunde sciverit, mala fide agere videretur solvens ei, quem jus percipiendae solutionis in alium transtulisse non ignorabat (6).

§ 3016. Sed quid dicendum, si emphyteuta praedium, consentiente directo domino, in alium transtulerit? Novus emphyteuta non priori emphyteuta canonem solvere tenetur, sed directo domino; qui nec adversus primos praedii emphyteutici possessores agere potest, postquam a novo possessore recognitus fuerit: quod utique posset, si alienatio, ipso ignorante, secuta fuisset, nec ab eo postmodum probata (7).

§ 3017. Non dubium tamen, quominus inter directum dominum, et primum emphyteutam convenire possit, ut canonem ipse solvat, non emphyteuta posterior: quo casu, si primus emphyteuta canonem non solvat, domino, ait Faber, nulla competit actio in fundum ipsum; dummodo secundus emphyteuta satisfaciat conventionibus initis inter primum emphyteutam, et dominum; quia videtur dominus alienationi consentiendo, remisse jus suum, quod attinet secundum emphyteutam (8): nisi in eo, quod secundus emphyteuta primo se soluturum spopondit. In quo obligatus est erga dominum, jure dominii directi, perinde ac si domino promisisset (9).

§ 3018. Sed quid, si dominus directus passus sit, ut secundus emphyteuta priori solveret? Plenissimam hic liberationem consequitur, nec a domino conveniri potest; cum vero creditori solverit, et quidem ex domini tacita saltem volunta-

(1) Sola *De jur. emphyt.* Glos. 4, n. 1 et seqq. pag. 30.
(2) l. *In emphyteuticariis* 2 Cod. hoc tit.
(3) *Reg. Constit.* lib. 5, tit. 17, cap. 1, § 1; Fab. Cod. hoc tit. lib. 4, tit. 43, def. 63 in princ. Thesaur. lib. 4, quaest. 42, n. 7 et seqq. †; Sola *De jur. emphyt.* part. 2, pag. mihi 39.
(4) Fab. d. def. 63 in fin.
(5) *Reg. Constit.* lib. 5, tit. 17, cap. 1, § 2 in princ.
(6) *Reg. Constit.* d. § 2 in fin.
(7) *Reg. Constit.* lib. 5, tit. 17, cap. 1, § 3.

(1) argum. l. *Si quis patremfamilias* 3 ff. *De Senatusc. Macedon.* (14, 6); Fab. Cod. hoc tit. lib. 4, tit. 43, def. 19.
(2) l. *Qui patitur* 18 ff. *Mandati* (17, 1).
(3) Fab. Cod. hoc tit. lib. 4, tit. 43, def. 64.
(4) l. *Filiae* 88 ff. *De solut.* (46, 3).
(5) l. *Si servus* 61 § *locavi* 8 ff. *De furt.* (47, 2).
(6) d. l. 61 § 8; Fab. d. def. 64.
(7) *Reg. Constit.* lib. 5, tit. 17, cap. 1, § 4.
(8) Fab. Cod. hoc tit. lib. 4, tit. 43, def. 70 in princ. argum. l. *Sicut, re* 8 § *non videtur* 15 ff. *Quib. mod. pign. vel hypotheca solvit.* (20, 6).
(9) Fab. d. def. 10, n. 2; argum. l. penult. versic. *Quod si ex voluntate* ff. *De serv. exportand.* (18, 7).

te (1): proinde sola domino directo competit personalis actio adversus primum emphyteutam, atque hypothecaria in caeteris ejus bonis (2), si ita convenerit, prout tacite apud nos convenisse intelliguntur contrahentes (3).

§ 3019. Quemadmodum emphyteuta, rem alienans ex domini consensu, se obligare potest ad canonem solvendum, ita dominus stipulari potest, ut alteri solvatur, atque ex stipulatione hac alteri actio acquiritur, si favor piae caussae interveniat (4), cujus gratia quamplurima singularia recepta apud omnes sunt (5): sed si estraneo quis stipuletur, actionem ex directi domini stipulatione non quaerit: agere tamen potest, si instrumenta censualia a domino acceperit, tamquam mandatum ab eo habens; qui et simul agere, si malit, non prohibetur (6).

§ 3020. Ex his, quae hactenus diximus, constat, canonem ab emphyteuta solvendum esse, eumque potissimum hoc nomine conveniri posse; licet adversus honorum possessores directus dominus recte agat, quamdiu alienationem factam expresse, vel tacite non probavit (7): possessori autem, qui solus recognoscere potest, solum directum dominum recognoscere licet (8). Hinc tum is, qui praedium in emphyteusim accepit, tum qui illud ab emphyteuta quovis titulo comparavit, contractum directo domino petenti edere tenetur (9): quod si temere solutionem deneget, in expensas litis condemnatur (10).

§ 3021. Sententia adversus primum emphyteutam lata, si personalis obligationis caussam habuerit, executioni adversus posteriorem mandari non potest; quia personalis ipsa quoque est (11): quae ideo personam condemnati non egreditur (12). Quod si obligatio ex re ipsa emphyteutica descendat, audiri quidem prius debet novus emphyteuta; sed si fateatur, se possidere, nec quidquam alleget, quod jus domini immin at, sententiae adversus primum latae executionem pati tenetur (13); cum utriusque condemnationis eadem caussa sit; videlicet possessio rei emphyteuticariae.

(1) l. *Vero procuratori* 12 ff. *De solutionib.* (46, 3).
(2) Fab. d. def. 70 in fin.
(3) *Reg. Constit.* lib. 5, tit. 16, § 8.
(4) Fab. Cod. hoc tit. lib. 4, tit, 43, def. 42 in princ.
(5) argum. l. *Sunt personae* 43 ff. *De religios. et sumptib. funer.* (11, 7).
(6) l. 1 Cod. *De donat.* (8. 54); l. *Quoties donatio* 3 Cod. *De donat. quae sub mod.* (8. 55); Fab. Cod. d. def. 42.
(7) *Reg. Constit.* lib. 5, tit. 17, cap. 1, § 4; Fab. Cod. *De bonis auctor. jud. possid.* lib. 7, tit. 32, def. 2; ubi probat, dominum reali actione utentem mitti in possessionem bonorum, etiam non finita discussionis instantia, nisi creditores debitum afferant.
(8) *Reg. Constit.* ibid. § 5; l. ult. Cod. hoc tit.
(9) Fab. Cod. hoc tit. lib. 4, tit. 43, def. 21.
(10) Ibid. def. 69.
(11) l. *Licet* 42 § *ea obligatio* 2 ff. *De procurator.* (3, 3); Fab. Cod. hoc tit. lib. 4, tit. 43, def. 43 in fin.
(12) § 1 Instit. *De actionib.* (4, 6).
(13) argum. l. *Si a te* 9 § ult. ff. *De exception. rei judicat.* (44, 2); Fab. d. def. 43 in princ.

§ 3022. Ergo directus dominus canonem annuum petit ab emphyteuta, vel possessore fundi emphyteutici: sed ut obtineat a possessore rem emphyteuticam, ipsi demonstrare tenetur, si alter neget, se possidere (1): nisi jam semel professus sit, seu recognoverit; hic enim ex propria confessione, vel facto convictus non aliter liberatur, quam si demonstret fundi possessorem; adversus quem dominus directus experiri possit (2): quamquam et dominus post litem contestatam fundi identitatem adversus possessorem, qui jam professus sit, vel canonem solverit, demonstrare tenetur per testes, non per solam instrumentorum exhibitionem, cum ex his certa demonstratio fieri nequeat (3).

§ 3023. Hoc autem interest, subjicit Faber, inter indicationem, quae fit ante litem contestatam, ut possessor ad litem contestandam urgeatur, atque eam, quae lite contestata fieri debet, quod prior damno non afficit possessorem, qui ea facta paratus sit satisfacere (4); quia justam videtur habere ignorandi caussam, qui in alterius locum succedit (5): posterior vero, cum per calumniosam possessoris denegationem fiat, ita nocet possessori, ait Faber, ut possessione, et omni alio jure in ea privandus sit (6), in poenam mendacii. Sed rem hanc infra expendemus (7).

§ 3024. Porro, cum haeres, et defunctus una, eademque persona juris fictione censeatur (8); professio aut solutio a defuncto facta haeredi nocet, ne ipse cogere possit dominum ad rem indicandam: sed imprimis interrogandus est, utrum haeres sit, et pro qua parte, potissimum si actione personali ex contractu agatur (9); nec enim quis condemnari potest tamquam haeres, nisi prius constet, eum haeredem esse, licet filius emphyteutae sit, postquam abstinendi beneficium indultum fuit. Sed nihil interest, an pure, an implorato inventarii beneficio, haereditatem adierit; ante omnia directo domino satisfaciendum est; futurum alioquin, ut dominium utile cum directo consolidetur (10); cum res emphyteuticaria potius ad dominum directum, quam ad emphyteutam pertinere videatur; atque potentius sit directum utili dominio.

§ 3025. Sed quid, si fundus emphyteuticus inter piures divisus sit? Diviso fundo inter plures, sive quia emphyteuta plures reliquerit hae-

(1) argum. l. *Si irruptione* 8 § 1 ff. *Fin. regundor.* (10, 1); Fab. Cod. hoc tit. lib. 4. tit. 43, def. 18 in princ.
(2) Fab d. def. 18, n. 1 et seqq.
(3) Fab Cod. hoc tit. def. 25 v. Thesaur. lib. 4, quaest. 41 per tot.
(4) Fab. d. def. 25, n. 3 et seqq.
(5) l. *Qui in alterius* 42 ff. *De reg. jur.* (50, 17).
(6) l. penult. in fin. et l. ult. in fin. Cod. hoc tit.; Fab. d. def. 25, n. 6 et seqq.
(7) V. infra § 3061 ad 3063.
(8) Novell. 48 in fin. praefation.
(9) Fab. Cod. hoc tit. lib. 4. tit. 43, d. def. 18, n. 5 et seqq.
(10) l. penult. et ult. in fin. Cod. hoc tit.; Fab. d. def. 19 in fin.

redes, sive quia partem alienaverit; canonis quoque solvendi divisio pro rata fieri debet (1); nec dominus conqueri potest de incommodo divisae solutionis; cum eo plura sperentur laudimia, quo plures sunt fundi possessores: sed quamdiu divisio facta non est, potest dominus solidum a quocumque possessores: sed quamdiu divisio facta non est, potest dominus solidum a quocumque possessore petere, cessis utique solventi actionibus adversus alios (2).

§ 3026. Divisio haec impensis possessorum, quorum maxime interest, fieri debet (3): nec dominus directus ad aliud tenetur, quam ad proferenda instrumenta censualia, ex quorum inspectione sciri possit, quid, et quantum, et pro qua honorum quantitate debeatur (4); quia autem mora cuique sua nocere debet, non alteri (5), idcirco divisionis sumptus ferre jubetur, qui dilationi caussam dederit (6). Porro divisio haec annui canonis fit non pro modo quantitatis fundi, quae ad quemlibet pervenit, sed habita ratione bonitatis; nisi forte longo post divisionem fundi tempore canonis peraequatio fiat, nec sciri possit, an una fundi pars altera melior esset (7).

§ 3027. Si fingamus, eum qui totum fundum possidebat, illius partem vendidisse, conditione adjecta, ut emptor totum canonem solvat, valet coventio haec inter emptorem et venditorem; ita ut emptor venditi actione teneatur, si ei non satisfaciat (8): sed non nocet domino, quominus petere possit canonis annui divisionem inter utrumque possessorem (9); unius etenim pactum alteri leges non sinunt (10).

§ 3028. Sequitur disputatio de tempore, quo annuus canon solvi debeat; atque hic generatim receptum, ut quotannis solvatur, nisi aliter contrahentibus placuerit. Hinc apud nos cautum, ut praestationes emphyteuticae, quae fructibus constant, quolibet anno exigantur, aut saltem petantur ab illis, qui ad easdem solvendas obstricti sunt (11): quoad praestationes autem, quas emphyteutae ad domum domini ferre tenentur, specialis et personalis petitio non desideratur, ut debitores in mora constituantur, sed sufficit interpellatio publico proclamate facta (12).

§ 3029. Si emphyteuta, aut possessor emphyteutici fundi moram faciat in solvendo canone, aestimatio quanti plurimi domino debetur, seu solvendus est annuus canon facta fructuum majori aestimatione eo anno, quo solvendi erant, computatione inita ab eo die, quo dies solutionis venit (1): sed si debitor in mora non sit, atque annuae praestationes solutae non fuerint tempore ubertatis, sufficit tempore sterilitatis pretium dare, secundum valorem tempore solutionis de anno in annum (2).

§ 3030. Non obscura discriminis ratio inter utrumque casum: cum debitor in mora solvendi positus est, omnino indemnem servare tenetur creditorem, quod non fit, nisi damnum avertatur, tum praestetur lucrum, quod forte consecutus fuisset, si congruo tempore debitor satisfecisset, ideoque ei conceditur aestimatio, quanti plurimi res fuit per anni spatium; contra, debitoris mora sublata, sufficit, damnum a domino directo vitari, prout fit, si emphyteuta canonem solvat in ea aestimatione, quam suo tempore dominus consecutus fuisset (§ praeced.).

§ 3031. Porro morae reus est emphyteuta, qui canonem annuum ad certum diem, et ad domum creditoris solvere debuit, nec satisfecerit, licet nulla specialis interpellatio praecesserit; ita ut aestimatio quanti plurimi praestanda sit (3): dies satis interpellat pro homine in hoc casu, quo creditor ad debitoris domum ire non debuit (4).

§ 3032. Si autem dies solutioni praefinitus non sit, licet debitor ad modum creditoris canonem ferre teneatur, denunciatio necessaria est ad constituendum in mora debitorem; cum alioquin scire nequeat emphyteuta, quo die dominus adfuturus sit, cui solvat (5). Sed interpellatio necessaria est, cum speciatim non convenit, de solutione ad domum creditoris facienda (6); praecisa enim conventione, creditor ipse domum debitoris adire cogitur (7). Extra hos casus non quanti plurimi eo anno merx fuit, sed ad communem aestimationem solutio fit (8).

§ 3033. Sed ab obligatione praestandae aestimationis quanti plurimi liber est emphyteuta, licet ad certum locum solvere ex conventione teneatur, qui solutionem obtulerit, licet creditore accipere recusante, debitam pecuniam non obsi-

(1) *Reg. Constit.* lib. 5. tit. 17, cap. 2, § 6; Fab. Cod. hoc tit. lib. 4, tit. 43, def. 10.
(2) *Reg. Constit.* ibid. § 7; Fab. Cod. hoc tit. definit. 39 in fin.
(3) *Reg. Constit.* d. § 6.
(4) Fab. Cod. hoc tit. def. 10, n. 7, et d. def. 39, n. 2 et 3 in corp.
(5) l. *Mora* 87 ff. *De verb. obl.* (45, 1).
(6) *Reg. Constit.* d. lib. 5, tit. 17, cap. 2, § 8.
(7) Fab. Cod. hoc tit. def. 45.
(8) l. *Epistola* 52 § *pactum* 2 ff. *De pact.* (2, 14); Fab. Cod. hoc tit. lib. 4, tit. 43, def. 41, in princ.
(9) Fab. d. def. 41, n. 1.
(10) l. *Debitorum* 25 Cod. *De pact.* (2, 3).
(11) *Reg. Constit.* lib. 5, tit. 17, cap. 2, § 1.
(12) Ibid. § 4.

(1) *Reg. Constit.* lib. 5, tit. 17, cap. 2, § 2 in fin. argum. l. *Ratio possessionis* 3 § *si per venditorem* 3 ff. *De action. empt.* (19, 1); l. *In re furtiva* 8 § 1 ff. *De condict. furtiv.* (13, 1).
(2) *Reg. Constit.* d. § 2 in princ.
(3) l. penult. in med. Cod. hoc tit.; Fab Cod. hoc tit. lib. 4, tit. 43, def. 15 in princ. V. § 3029.
(4) l. *Magnam* 12 Cod. *De contr. et commit. stipulat.* (8, 38).
(5) argum. l. *Cum quidam* 17 § *si pupillo* 3 ff. *De usur.* (22, 1); Fab. Cod. hoc tit. d. def. 15, n. 3.
(6) argum. l. *Mora* 32 ff. *De usur.*; Fab. d. def. 15, n. 4.
(7) l. *Item illa* 18 in princ. ff. *De pecun. constit.* (13, 5).
(8) d. l. 8 § 1 ff. *De condict. furtiv.* (13, 1); d. l. 3 § 3 ff. *De action. empt.* (19, 1); Fab. Cod. hoc tit. d. definit. 15 in fin.

gnaverit (1): sola oblatio sufficit ad impediendam moram, licet depositio, et obsignatio non sequatur (2): dummodo oblatio vere, et legitimo modo facta sit, nec creditor justam habuerit recusandae solutionis caussam: aestimatio autem quanti plurimi non nisi ex mora debetur (§ praeced.).

§ 3034. Canonis annui quantitas in jure definita non est; adeoque ex recepta regionis consuetudinis, et potissimum ex conventione definienda (3): quod si nec ulla certa sit consuetudo regione, nec de conventione appareat, inspicitur ea quantitas, quae prius praestari solebat (4).

§ 3035. Quod si fingamus, Titium, qui duos fundos separatim, et sub diversi annui canonis oneribus bis recognitos habebat, deinceps simul recognovisse, confuso canone, et promissa generatim ea quantitate fructuum vel pecuniae pro illis fundi, quae ex prioribus recognitionibus pro utroque fundo debebatur, adjecta vulgari et solita clausula, *ad formam praecedentium recognitionum;* si fingamus, inquam, duos hosce fundos deinceps duobus venditos fuisse, quilibet emptor eam canonis quantitatem solvere tenetur, quae prioribus recognitionibus comprehenditur (5); etenim confusio utriusque canonis non potest eo consilio facta praesumi, ut eadem esset pro utroque fundo canonis quantitas, si inter plures personas dividerentur, sed ut celerius expediretur negotium, cum in unius emphyteutae persona parum intersit, an confusio illa inducatur, nec ne: nisi quod post confusionem non licet unum fundum derelinquere ad declinandam canonis annui solutionem, retento altero, quod prius licuisset (6), prout mox expendemus.

§ 3036. Non una est caussa, propter quam cessare potest, vel extingui obligatio solvendi annui canonis: puta si dominus directus candem remiserit; quae tamen remissio non praesumitur (7); licet directus dominus emphyteutam admiserit ad novam professionem canonis censualis, aut emphyteuticarii; nec tamen protestatus sit (8): haec enim nova professio potius videtur a domino requisita, ut emphyteuta arctius obligetur; adeoque trahi non debet ad remissionem praeteritarum pensionum (9): nisi forte in singulari usu in regione inductum, atque receptum sit, prout apud Augustanos (10).

(1) Fab. Cod. hoc tit. lib. 4, tit. 43, def. 22 in princ. et def. 40.
(2) l. *Si per te* 9 Cod. *De usur.* (4, 32).
(3) *Reg. Constit.* lib. 5, tit. 17, cap. 2, § 3.
(4) d. § 3 in fin. argum. l. *Nam Imperator* 38 ff. *De legib.* (1, 3).
(5) Fab. Cod. hoc tit. lib. 4, tit. 43, def. 76.
(6) d. def. 76 in fin.
(7) l. *Sive possidetis* 16 Cod. *De probat.* (4, 19).
(8) Fab. Cod. hoc tit. lib. 4, tit. 43, def. 14.
(9) l. *Non omnis* 19 ff. *De reb. credit.* (12, 1).
(10) Fab. d. def. 14 in fin.

§ 3037. Sed quid, si duo de dominio directo contendant, nec adhuc constet, uter potior jure sit? Interim excusatur emphyteuta, qui neutri solvit, dummodo paratum se offerat ei solvere, pro quo judicabitur; ne alioquin bis solvere cogatur (1). Nec alter ex contendentibus, etiamsi prior egerit, jure petit sibi solvi, oblata restituendi satisdatione; alioquin dicendum esset, utrique solvendum, si uterque se restituturum datis fidejussoribus caveat; quod ab aequitate alienum est (2).

§ 3038. Quo temporis lapsu annuo canoni praescribatur, non una est omnium sententia. Quidam putant, nullo tempore praescribi, sed emphyteutam, qui per biennium vel triennium solvere praetermiserit, jure suo cadere (3): putant alii triennio praescribi (4), quia hic agatur de re mobili (5). Alii triginta annorum spatium ad praescriptionem requirunt (6).

§ 3039. Senatus, si Thesauro credimus, cum casus contingeret, amplexus est sententiam eorum, qui triennio praescribi defendunt annui canonis solutionem; ita ut nullae pensiones praeteritae debeantur, sed tantum futurae, si triginta anni effluxerint, triennii vero, non amplius, si brevius temporis spatium praeterierit (7): saltem si pensiones annuae sint modicae, de quibus liberatio, seu ut ajunt pragmatici, quitatio per instrumenta fieri non solet (8): alioquin in magnis praestationibus triginta annos omnino requiri visum est, ita ut pensiones annorum viginti novem solvi debeant (9).

§ 3040. Neque quis dicat emphyteutam, qui per biennium vel triennium cessaverit in solutione annui canonis, a jure suo excidere (10): haec enim sanctio aequitate suadente pertinere tantummodo censetur emphyteutam, qui interpellatus fuerit ad solvendum, atque ideo in mora sit (11), cum mora plerumque nonnisi per interpellationem contrahatur (12): aut saltem, qui certa die pecuniam ad creditoris domum deferre teneatur.

§ 3041. Jure, quo utimur, cautum est, ut praestationes emphyteuticae, quacumque in re consistant, quolibet quinquennio praescribantur, quo clapso non licet directis dominis easdem petere, nisi intra id tempus singuli debitores in judicio ad solvendum interpellati fuerint (quae interpellatio prorogat tempus in aliud quinquennium a die interruptionis seu interpellationis

(1) Fab. Cod. hoc tit. def. 26 in princ.
(2) Fab. d. def. 26, n. 2.
(3) Thesaur. dec. 114, n. 1.
(4) Ibid. n. 2.
(5) princ. Instit. *De usucapionib.* (2, 6).
(6) l. *Sicut in rem* 3 Cod. *De praescript. XXX vel XL annor.* (7, 39).
(7) Thesaur. d. dec. 114, n. ult † et dec. 179, n. 4 †
(8) d. dec. 114 in addit. litt. *B* in princ. †
(9) d. lit. *B* in fin. †
(10) l. penult. Cod. hoc tit.
(11) Thesaur. d. dec. 114, n. 2 3, et 4.
(12) l. *Mora* 32 ff. *De usur.* (22, 1). V. supra § 3031 et 3032.

computandum, non ultra), vel prioris obligationis novatio facta sit, idest praestationes annuae in novam obligationem favore creditorum translatae fuerint (1).

§ 3042. Caeterum plerique sentiunt, dominium directum non praescribi ab emphyteuta, licet per triginta, vel quadraginta annos canonem minime solverit, si de illo aperte constet, adeoque nec futuras pensiones, quae in vim directi dominii solvuntur (2); quia emphyteuta vere non possidet sibi, sed domino directo; praescriptio autem sine possessione nulla est (3); quamquam sentit Thesaurus junior, praescriptionem quadraginta annorum inter praesentes et sexaginta inter absentes hic locum habere (4); quod aliis non placet, cum ex communi sententia major non sit vis praescriptionis sexaginta, quam triginta, vel quadriginta annorum (5).

§ 3043. Cum canon emphyteuticus potius in directi dominii recognitionem, quam fructuum compensationem solvatur, ejus remissio plerumque non fit propter sterilitatem, vel alium casum, ex quo deterior fiat (6): si tamen ita egregius canon praestetur, ut contractus ad locationem magis accedat, quam ad emphyteusim, aequitas postulat, ut merces minuatur (7): conditio potius negotii inspicienda est, quam conventionis verba (8): quo etiam aequitatis fundamento pronunciavit olim senatus, canonem annuum ad minorem quantitatem, quam convenerat, reducendum esse (9).

§ 3044. Non tamen potest emphyteuta (nisi lege municipali, vel consuetudine aliud receptum sit, prout apud Sabaudos, Fabro teste (10)), rem derelinquere, seu domino restituere, ut se a canonis solutione eximat, nisi dominus directus sponte consentiat (11): vel forte nisi emphyteuta re frui nequeat, nisi cum maxima difficultate, quae aequiparatur, ait Thesaurus, impossibilitati (12); quia in hoc casu res emphiteutica interiisse videtur, rei autem totalis interitus emphyteutam ab onere solvendi canonis liberat (13). Sed definitio hujus quaestionis potissimum pendet a singulis rerum adjunctis, quae prudens judex attente perpendere debet (14).

§ 3045. Si ergo res penitus interierit, cessat solvendi canonis obligatio (1), utique si non interierit culpa possessoris, puta qui negligentior fuerit in ripa munienda, vel protegenda (2); cum enim fundus in emphyteusim eo plane consilio concedatur, ut melior ab emphyteuta fiat, multo magis culpandus, si rem interire sinat.

§ 3046. Sed quid dicendum, si res emphyteutica evincatur? Juris evictionem dominus praestat, non facti, idest non aliter tenetur, quam si constet, jus constituendae emphyteusis ipsum non habuisse (3); quare emphyteuta spoliatus citra factum aut consensum domini directi justam non habet caussam recusandae annuae praestationis (4), cum ordinario juris remedio possit possessionem recuperare (5); atque directus dominus de evictione conventus ad solam acceptae pecuniae restitutionem, non ad id quod interest, condemnandus est, nisi in dolo fuerit (6), quia tam vili nercede res emphyteutae dari solet, ut donari fere videatur: nec decet donatorem ex sua liberalitate damnum sentire (7).

CAPUT IV.

Quibus modis extinguatur emphyteusi.

SUMMARIA

§ 3047. *Emphyteusis extinguitur lapsu temporis, ad quod concessa fuit, vel deficientibus personis vocatis. An persona acquirentis computetur?* — § 3048. *Eemphyteusis saecularis simpliciter concesso transit ad haeredes etiam extraneos.* — § 3049. *Emphyteusis ecclesiastica concessa ad certum tempus citius desinit, si deficiant descendentes emphyteutae.* — § 3050 *et* 3051. *Emphyteusis ecclesiastica in perpetuum concessa extinguitur, si deficiant filii et nepotes emphyteutae: sed hisce extantibus praetergreditur tertium gradum.* — § 3052. *An emphyteusis ecclesiastica hodie transire possit ad haeredes extraneos?* — § 3053. *Emphyteusis concessa pro se, et filiis ad foeminas transit, nisi exclusae sint. Quid, si de ecclesiastica emphyteusi agatur? An emphyteuta inter vocatos disponere possit?* — § 3054. *Finita emphyteusi, dominus pro arbitrio de fundo disponit etiam alterius favore.* — § 3055. *Emphyteusi tacite renovata non censetur, licet dominus anni sequentis canonem acceperit.* — § 3056 *et* 3057. *Extinguitur emphyteusis, si dominus jus suum remiserit, vel res tota perierit. Fundus ab hostibus vel aqua in perpetuum occupatus periisse intelligitur.* — § 3058. *Quid si emphyteuta rem*

(1) *Reg. Constit.* lib. 5, tit. 17, cap. 2, § 4

(2) Thesaur. d. dec. 179, n. 4 † et in addit. littera *A* †

(3) l. *Sine possessione* 25 ff. *De usucapionib.* (41, 3).

(4) Thesaur. d. loco in fin.

(5) V. vol. I, lib. 2, pag. 1076, § 3805 et 3806.

(6) l. 1 in fin. Cod. hoc tit.; Thes. dec. 20. n. 1.

(7) Fab. Cod. hoc tit. lib. 4, tit. 43, def. 36; Thesaur. d. dec. 20, n. ult. † et in addit. littera *D* ‡

(8) l. 1 et passim Cod. *Plus valer. quod agit.* (4, 22).

(9) Thesaur. dec. 120 per tot.

(10) Fab. Cod. hoc tit. lib. 4, tit. 43. def. 11, 13 et 26.

(11) l. penult. in princ. versic. *sin autem in illis verbis volenti ei* Cod. hoc tit.; Thesaur. d. dec. 20, n. 2 et 3 et in addit. littera *A* †

(12) Thesaur. d. litt. *A* in addit.

(13) d. l. penult. in fin. Cod. hoc tit.

(14) Thesaur. d. litt. *D*

(1) d. l. penult. in fin. Cod. hoc tit.

(2) Fab. Cod. hoc tit. lib. 4, tit. 43, def. 37.

(3) Ibid. def. 36, n. 6 in corp.

(4) Ibid. def. 33.

(5) l. ult. Cod. *De actionib. empt.* (4, 49).

(6) Fab. Cod. hoc tit. def. 51.

(7) l. *Si extraneus* 33 ff. *De jur. dot.* (23, 3); l. *Ne libertate* 50 ff. *De re judicat.* (42, 1).

irrequisito domino alienaverit? — § 3059. *Alienatio, quae irrita sit, emphyteusim non perimit.* — § 3060. *Emphyteuta recognoscens alium, quam directum dominum, a jure suo cadit.* — § 3061 *et* 3062. *Quid si jus directi domini inficietur?* — § 3063. *Leges poenales interpretatione vix adjuvandae sunt.* — § 3064. *Emphyteusis ob ingrati animi vitium revocari non potest.* — § 3065. *Emphyteuta non solvens per triennium, vel biennium ab emphyteusi, jure Romano, repellitur.* — § 3066. *Mora hic ex aequitate purgari potest, nisi aliter convenerit.* — § 3067 *et* 3068. *An, parte canonis soluta, emphyteusis caduca fiat?* — § 3069. *Haeredes canonis partem suam solvendo liberantur.* — § 3070. *Quid si fundus emphyteuticus in plures personas alienatus fuerit?* — § 3071. *Interpellatio ex jure Romano necessaria non est, ut emphyteuta moram solvendi contrahat.* — § 3072 *et* 3073. *Quae apud nos in hac re cauta sint?* — § 3074. *Mora abbatis, aut oeconomi nocet monasterio, vel ecclesiae: mora tamen purgari potest per restitutionem in integrum.* — § 3075. *Caducitatis poena cessat, si dominus oblatum canonem accipere detrectet. Quid si de canonis quantitate non constet?* — § 3076. *Compensatio in canone emphyteutico non admittitur.* — § 3077. *Canon plurium annorum ante tempus invito domino solvi non potest.* — § 3078 *et* 3079. *Caducitatis poenam remisisse censetur dominus, qui canonem anni sequentis sciens exigit, vel oblatam accipit.* — § 3080. *An civilis ab ecclesiastica emphyteusi in hac re distinguantur? Quis in emphyteusi ecclesiastica judex competens sit?* — § 3081 *et* 3082. *Caducitatis poena ob non solutum canonem remissa judicatur, cum alia poena in conventionem deducta est.* — § 3083. *Poenae interpretatione emolliendae potius sunt, quam exasperandae.* — § 3084 *et* 3085. *An haeres possit agere ad caducitatem, si defunctus revocandae emphyteusis voluntatem non declaraverit? An contra haeredes morosi emphyteutae recte agatur?* — § 3086. *Fructus ex fundo perceptos plene acquirit emphyteuta, licet dominus deinceps emphyteusim revocet.* — § 3087 *et* 3088. *Abusus justa est caussa emphyteutam expellendi. Quid de praescriptione?* — § 3089. *Quid si emphyteuta investituram intra statutum tempus a domino petierit: vel acquisitionem in acta publica inscribi non curaverit?* — § 3090. *Emphyteutam propria auctoritate dominus expellere non potest.* — § 3091. *Emphyteusis, quae caduca fiat tempore conductionis, ad conductorem non pertinet. Quid de oneribus fundo ab emphyteuta impositis?* — § 3092. *Impensas ultra conventionis terminos in fundi utilitatem erogatas repetere potest emphyteuta.*

§ 3047. Plures sunt modi, quibus extinguitur emphyteusis, seu ager emphyteuticus ad directum dominum revertitur. Imprimis lapsu temporis, ad quod concessa fuit: vel extincta, familia, aut personarum gradu, quarum contemplatione dominus emphyteusim concessit: contractus hic, non secus ac caeteri, modum ex contrahentium voluntate accipit. Acquirentis persona computatur, cum emphyteusis ad tertiam, puta, generationem concessa fuit (1).

§ 3048. Sed, ut haec plenius intelligantur, revocandum, quod supra obiter diximus, emphyteusim concedi posse, vel simpliciter, seu quod idem est, pro se, et haeredibus; vel pro certis personis, aut certa familia (§ 2955). Emphyteusis concessa simpliciter, vel pro emphyteuta et haeredibus, si saecularis sit, transit ad haeredes omnes non tantum sanguinis, sed etiam extraneos: ecclesiastica vero haeredibus extraneis olim non acquirebatur, sed tantum descendentibus utriusque sexus, usque ad tertiam generationem (2).

§ 3049. Hinc etiam, si emphyteusis saecularis, seu civilis data sit ad certum tempus, per hoc temporis spatium transit in haeredes emphyteutae, sive consanguineos, sive extraneos: ecclesiastica vero citius desinit, si intra id tempus deficiant filii, vel nepotes emphyteutae (3); ex quo enim Justinianus decrevit, ne extranei haeredes ecclesiasticam, emphyteusim habeant (4), consequens videtur, ita interpretandam temporis adjectionem, ut solis descendentibus prosit, et quidem intra tertium gradum (§ praeced.).

§ 3050. Sed quid, si emphyteusis in perpetuum concessa fuerit? Non dubium, quominus haec in perpetuum duret, si civilis sit; sed ecclesiastica, si quaestio ex jure Romano dijudicetur, non videtur ultra perseverare, quam superstites sint emphyteutae descendentes (5); etenim Justinianus nova sua constitutione permisit utique emphyteusim ecclesiasticam perpetuam, sed ne verbum quidem adjecit, quo conjici possit immutatum jus vetus, quoad personas illius acquirendae capaces (6).

§ 3051. An vero haec intra tertium gradum coercenda sit, non una est omnium sententia. Quidam affirmant (7); fortassis moti auctoritate prioris Justinianeae sanctionis (8): putant alii, perpetuam omnino esse in descendentibus emphyteutae; quia Justinianus in posteriori constitutione generatim indulsit ecclesiis et locis piis,

(1) Novell. 7, cap. *Emphyteusim* 3.
(2) Ibid. cap. 3 in princ.
(3) Perez. in Cod. hoc tit. n. 4; Fab. Cod. hoc tit. lib. 4, tit. 43. def. 75. n. 7.
(4) d. Novell. 7, cap. *Emphyteusim* 3.
(5) Perez. in Cod. hoc tit. n. 4 prop. fin.; Thesaur. lib. 3, quaest. 83; ubi defendit emphyteusim ecclesiasticam ab ultimo possessore alteri ecclesiae legari non posse.
(6) Novell. 120, cap. *Et hoc quidem* 6 § 1.
(7) Perez. in Cod. hoc tit. d. n. 4 in fin.
(8) d. Novell. 7, cap. *Emphyteusim* 3.

non solum ad tempus, prout jam antea caverat (1), sed et in perpetuum res immobiles in emphyteusim concedere (2), non videtur nova lex intra angustos prioris limites concludenda.

§ 3052. Censet tamen Perezius post Covarruviam (3), emphyteusim ecclesiasticam hodierno fori usu ita constitui posse, ut ad extraneos etiam haeredes transeat; tum quia vix perpetua esse potest, prout permisit Justinianus (4), si soli descendentes illius capaces habeantur, tum quia nulla apparet ratio, cur ecclesiae denegetur facultas concedendi emphyteusim pro haeredibus extraneis, si justa subsit ita paciscendi caussa, cum alienatio ex justa caussa, atque praescriptis solemnitatibus adhibitis ecclesiae permittatur, ex qua dominium perpetuo transfertur, et in quoscumque extraneos transire potest.

§ 3053. Sed emphyteusis alicui concessa sit pro se, et filiis eadem dividenda est inter omnes liberos non tantum masculos; sed etiam foeminas; nisi foeminae speciatim exclusae appareant, vel nisi ecclesiastica sit, cum haec plerumque in foeminas non transeat, praeterquam si pro descendentibus, et successoribus generatim concessa fuerit, atque deficiant masculi (5); neque necessaria est haereditaria qualitas; sed emphyteusim habent filii, licet a patre haeredes instituti non fuerint, vel paternam haereditatem repudiaverint (6); prout obtinet in fideicommisso: neutrum consequuntur filii ex patris, sed ex concedentis voluntate; atque emphyteusis res plane distincta est a parentum haereditate. Cum ergo res haec pendeat a voluntate domini directi, qui emphyteusim concessit, singula contractus verba diligenter pensanda sunt: quamquam in dubio descendentibus omnibus tum masculis, tum foeminis favendum est (7). Non desunt tamen qui generatim putant, inter vocatos emphyteutam disponere posse (8).

§ 3054. Emphyteusi per temporis constituti lapsum, vel alio modo finita, potest directus dominus, ad quem revertitur, pro arbitrio de fundo disponere; ideoque vel retinere, vel alteri, cui malit, rursus in emphyteusim concedere, etiam extraneis; licet superstites sint posteriores descendentes prioris emphyteutae, ad quos tamen ex lege contractus pervenire non debuit, nisi contraria vigeat consuetudo (9); prout de locatione traditur (10), si excipias veteres conductores praediorum civilium, quos novis praeferri constitutum est (11), singulari omnino jure, non tamen absque legitima caussa constituto, cum et aliquando inviti in conductione manere cogantur (1).

§ 3055. Sed in eo differre videtur emphyteusis a locatione, quod illa non censetur renovata, si licet dominus directus anni sequentis canonem acceperit (2), cum tacite hinc repetita judicetur locatio (3): etenim in locatione agitur de brevis usu temporis, cum non nisi in annum plerumque relocatio extendatur (4): contra emphyteusis in longum tempus repetita praesumi deberet, ex quo grave damnum directo domino imminere potest, qui eo plane consilio rem in emphyteusim concessit, ut melior fiat; eamque meliorem effectam recipiat (§ 2953): nec canon annuus fructuum valori respondet in emphyteusi, prout in locatione.

§ 3056. Praeterea extinguitur emphyteusis, si dominus directus jus suum remiserit; quod et in ecclesiastica remitti potest ex justa caussa, et servatis solemnibus (5): vel si res tota perierit, non si pars tantum, licet major (6): ita ut nec canon, extincta rei egregia parte, insuper adhuc solvendus sit; nisi forte in singula jugera canon constitutus sit, et quaedam ex his perierint; diversi in hoc casu videntur contractus emphyteusis pro jugerum quantitate (7).

§ 3057. Periisse autem intelligitur fundus, qui ab hostibus occupatus sit, ita ut nec coli, nec fructus percipi ab emphiteuta possint; cum in hostium dominium belli, et gentium jure translatum sit (8). Idemque dicendum de agri emphyteuticarii inundatione diuturniore, quae per plures annos duret, nec ab initio certo sciri potuerit, utrum aqua recessura esset, nec ne; alioquin sterilitati insolitae casus hic accensendus, esset ex quo annui canonis remissionem minime fieri supra diximus, nisi canon mercedi respondeat (§ 2403).

§ 3058. Ex culpa emphyteutae extinguitur emphyteusis, atque ad dominum revertitur, si rem alienaverit, neutiquam facta domino denunciatione; nisi aliud conventum sit (9): et quidem in totum, si totam rem distraxerit; pro parte, si partem tantummodo (§ 2966.); prout jam expendimus; atque explicavimus, quid agendum, si dominus definito tempore rem habere ipse nolit, nec alienationem permittere; tum quid alienationis nomine in hac re intelligatur (10): atque animadvertimus, jure apud nos dudum, aequitate suadente, recepto, prout et apud alios (11), emphyteutae licere domino irrequisito rem alienare, quin

(1) d. Novell. 7, cap. 3.
(2) d. Novell. 120, cap. *Et hoc quidem* 6 § 1.
(3) Variar. resolution. lib. 2, cap. 17, n. 5.
(4) d. Novell. 120, cap *Et hoc quidem* 6 § 1.
(5) Fab. Cod. hoc tit. lib. 4, tit. 43, def. 75, n. 7.
(6) Perez. in Cod. hoc tit. n. 6.
(7) argum. l. *Cum quidam* 19 ff. *De liber. et posthum.* (28. 2).
(8) V. Perez. Cod. hoc tit. d. n. 6.
(9) Voet *in Pandect.* hoc tit. n. 14.
(10) l. *Ne cui* 32 Cod. *De locat.* (4, 65).
(11) l. ult. Cod. *De location. praedior. civil.* (11, 70).

(1) l. *Cotem* 11 § ult. ff. *De publican.* (39, 4).
(2) Voet *in Pandect.* hoc tit. n. 15.
(3) l. *Item quaeritur* 13 § ult. ff. *Locat.* (19, 2).
(4) d. l. 13 § ult.
(5) Thesaur. lib. 4. quaest. 46 n. 3 et quaest. 46 per tot.
(6) l. 1 Cod. hoc tit. § ult.; Instit. hoc tit.
(7) argum. § *quoties* 18 Instit. *De inutilib. stipulat.* (3, 20).
(8) Voet *in Pandect.* hoc tit. n. 20.
(9) l. ult. Cod. hoc tit.; V. supra § 2965.
(10) § 2965 ad 2975.
(11) Voet *in Pandect.* hoc tit. n. 22.

ullam metuat caduci poenam, data tamen domino directo praelatione, si ea uti velit (§ 2976), paucis exceptis casibus (§ 2977).

§ 3059. Sive autem denunciatio juxta legum Romanarum scita, sive ex speciali pacto necessaria sit, caduca non fit emphyteusis, si venditio vires non habeat ob defectum solemnitatum, aliamve caussam: quod nullum est, ex trito axiomate, nullos parit effectus: maxime cum hic agatur de poena, quae interpretatione, quoad fieri potest, emollienda est (1): praeterquamquod lex alienationem commemorat (2); alienata porro videri nequit res, cujus, dominium translatum non est: atque hinc inferunt plures, ex venditione conditionali poenam non committi, nisi conditione veniente, quia antea dominium non transfertur (3); neque ex pura, quamdiu res tradita non est; nec ideo translatum dominium (4).

§ 3060. Supra diximus, neminem profiteri, seu recognoscere posse, nisi qui vere possideat agrum emphyteuticum (§ 2971 et 2972); nec possessor apud alium profiteri potest, quam apud directum dominum; alioquin ab emphyteusi cadere jure regio decretum est (5), in poenam injuriae domino illatae (6); a qua profecto immunis est emphyteuta, si per errorem ita gesserit, vel ignorantia aliquam excusationem habeat.

§ 3061. Disputant interpretes, et pragmatici, utrum emphyteuta negans domino directo jus ullum competere, emphyteusi privandus sit. Negat Voetius (7), ajens, nullibi hanc inficiationis poenam impositam inveniri: atque ideo locum esse debere regulae dictanti; *neminem ex his, qui negant, se debere, prohiberi etiam alia defensione uti, nisi lex impediat* (8): immo ulterius defendit, ne possessione quidem emphyteusis ob talem inficiationem, licet dolo factam, emphyteutam spoliandum esse (9).

§ 3062. Alii, inter quos Faber, putant, emphyteutam, qui per dolum negaverit, rem, quam possidet, emphyteuticam esse, jure suo cadere (10) in poenam doli et mendacii: argumentantur a majori ad minus: si enim, inquiunt, emphyteuta, per certum tempus cessans in solutione canonis, emphyteusi privatur (11), multo magis eam amittere debet, qui negat, canonem directo domino, quem nec agnoscere vult, deberi. Nituntur insuper auctoritate aliarum legum (12).

(1) l. penult. ff. *De poen.* (48, 19).
(2) d. l. ult. Cod. hoc tit.
(3) l. *Ubi autem* 4 ff. *De in diem addiction.* (18, 3).
(4) l. *Traditionibus* 20 Cod. *De pact.* (2, 3).
(5) *Reg. Constit.* lib. 5, tit. 17, cap. 1, § 5.
(6) argum. Novell. 18, cap. *Illud quoque* 10.
(7) Voet *in Pandect.* hoc tit. n. 49.
(8) l. *Nemo* 43 ff. *De reg. jur.* (50, 17).
(9) Voet. *in Pandect.* hoc tit. d. n. 49.
(10) Fab. Cod. hoc tit. lib. 4, tit. 43, def. 21, n. 3 et def. 25, n. 7 et 8.
(11) l. penult. Cod. hoc tit.
(12) l. ult. ff. *De rei vindicat.* (6, 1); Novell. 18, cap. *Illud quoque* 10.

§ 3063. Si quaestio ad Romanum jus exigatur, prior sententia (§ 3061) praeferenda videtur; etenim Justinianus poenam hanc non constituit (1), nec a mora solvendi per biennium, aut triennium licet inferre ad inficiationem, cum leges poenales non tam facile adjuvandae sint interpretatione (§ 2961), nec inficiatio aeque damnosa est directo domino, ac cessatio solutionis per longum tempus: nisi per idem tempus denegatum sit dominium directum, atque inde canonis quoque solutio denegata (2).

§ 3064. Neque ob ingrati animi vitium revocari posse videtur emphyteusis; quia simplex donatio non est, cum canon annuus directo domino solvatur (3): nec domum emphyteuticam, nondum finita emphyteusi, repetere potest dominus, licet eadem indigeat; hoc utique permittitur in locatione (4); sed, praeterquamquod per locationem nullum dominii jus in conductorem transfertur, cum tamen emphyteuta dominium utile consequatur (§ 2945), modicum conductori damnum imminet, licet ante tempus migrare cogatur, utpotequi mercedem congruam solvit; nec ad rem meliorem efficiendam tenetur; grave vero dispendium fere potest emphyteuta, qui rem meliorem effecit, et fructus omnes, modico soluto canone, percipit.

§ 3065. Annuum canonem ab emphyteuta in dominii recognitionem solvendum esse, supra demonstravimus (§ 3010 et seqq.): haec autem obligatio tanti momenti visa est, ut repellendus decernatur emphyteuta, qui per triennium in saeculari, seu civili (5), per biennium in ecclesiastica solvere cessaverit (6); licet non interpellatus, nisi aliud pactis specialibus conventum probetur (7).

§ 3066. Mora autem, licet stricto jure inspecto purgari nequeat, aequitate tamen suadente, si modica sit, ejus purgatio ante litem contestatam admittitur (8), prout cautum jure canonico (9): nisi specialis conventio facta sit, ut emphyteuta jure suo privetur, si per certum tempus non solvat (10), nec ulla canonis pars soluta demonstretur, quo casu nec interpellatio necessaria est; cum satis admoneat conventio (11). Successor emphyteutae melioris conditionis est; cum enim facile ignoret conventionem a defuncto factam, admoneri debet, sive interpellari ad solvendum; imo et admonitus ex aequitate in integrum resti-

(1) d. l. penult. Cod. hoc tit.
(2) Ibid.
(3) Ibid.
(4) l. *Æde* 3 Cod. *De locato* (4, 65).
(5) l. penult. Cod. hoc tit.
(6) Novell. 7, cap. *Emphyteusim* 3 § *scire* 2.
(7) d. l. penult. Cod. hoc tit.
(8) Fab. Cod. hoc tit. lib. 4, tit. 43, def. 27, n. 4; argum. Novell. 91, cap. ult. in fin.
(9) cap. ult. extra *De locat.* (3, 18).
(10) Fab. d. def. 27 in princ.
(11) argum. l. penult. prop. fin. Cod. hoc tit.; Fab. d. def. 27, n. 2.

tui potest; quia et facile ignorat, an vere debeatur, quod petitur (1).

§ 3067. Sed quid, si pars canonis soluta fuerit? Quidam putant, per partis solutionem impediri, ne emphyteusis caduca fiat (2): alii defendunt, totam emphyteusim in commissum cadere, si pars canonis solvenda supersit, sive unus tantum emphyteuta sit, sive plures unius emphyteutae haeredes, aut possessores (3); quia dominus particularem solutionem admittere non tenetur (4): nec natura obligationis, licet ipso jure actiones haereditariae inter plures cohaeredes dividantur (5), ex persona haeredum immutator in rebus individuis (6), veluti in pignore (7).

§ 3068. Nec desunt, qui mediam quandam sententiam eligunt: nimirum sentiunt cum posterioribus, dominum minime cogi posse, ut partem canonis accipiat, quia particularis solutio multa habet incommoda: sed si sponte partem acceperit, existimant, cum prioribus, ob partem, quae adhuc solvenda est, non posse agere, ut totus ager emphyteuticus sibi restituatur, quia partem accipiendo renunciasse videtur juri sibi alioquin competenti.

§ 3069. Favorabilior sane videtur caussa haeredum, inter quos juris potestate commoda et incommoda haereditaria dividuntur (8): nec canonis in re dividua, seu pecunia consistentis solutio individua est, licet jus ipsum emphyteusis individuum videri possit: diviso autem jure inter cohaeredes, onus quoque canonis dividendum videtur; ita ut unus de alterius negligentia non teneatur; quod nimis grave est in re, quae diuturnum temporis progressum habet: ex quo patet, non valere argumentum a pignore, vel servitutibus; cum pignus unico actu luatur; servitutes unico actu constituantur: ac pro inde unus ex cohaeredibus alterum facile cogat ad partem pecuniae solvendam, vel servitutem constituendam favore illius, cui defunctus se obstrinxit.

§ 3070. Sed et eadem aequitatis ratio facit, si fundus ab emphyteuta in plures personas alienetur, domino consentiente, vel ante, vel post alienationem; cum enim novi possessores domino ipsi canonem solvere teneantur (§ 3016), canonis divisio consequenter ex domini voluntate facta praesumitur, ita ut alter pro altero non teneatur: sane gravius longe esset diversis possessoribus fundi emphyteutici, si unus alterius, fortassis ignoti, culpam, vel moram in solvendo canone praestare teneretur et ab aequitate alienum. Nec dominus juste queritur de incommodo divisae solutionis, cum et plura speret ex praedii emphyteutici divisione laudimia (§ 3025); atque hinc ulterius, diviso inter plures fundo, canonis quoque divisio fit, nec facta divisione, dominus solidum ab uno possessore petere potest (§ 3025).

§ 3071. Interpellatio, si jus Romanum spectemus, necessaria non est, ut emphyteuta in mora solvendi constituatur (saltem si dies solutioni ad domum creditoris faciendae praefinita fuerit (§ 3031)), atque inde emphyteusis caduca fiat (1): severius forte agendum adversus emphyteutas visum est, quia modicum canonem solvunt et majus, quam conductores, ex emphyteusi lucrum percipiunt.

§ 3072. Hisce Romanorum scitis non omnino consentit jus regium, nec omnino dissentit; eo quippe cautum, ut emphyteutae, seu possessores praediorum, propter quae annuus census, aut opera debetur, si semel et iterum in judicio interpellati solvere per quinquennium (nisi longius tempus consuetudine, privilegio, aliove quovis modo observetur) negligant, expelli possint a bonis, aliisque rebus immobilibus, quas eo nomine possident, quaeque in commissum cecidisse intelliguntur, si dominus directus ita elegerit (2).

§ 3073. Ergo apud nos repetita judicialis interpellatio generatim desideratur, ut res in commissum cadat (§ praeced.); cum tamen ex jure Romano nulla requiratur, vel saltem una sufficiat (§ 3072). Quinquennium loco biennii, vel triennii praefinitur (§ 3065); nec ullum fit discrimen inter civilem atque ecclesiasticam emphyteusim: proinde lex generatim loquens sine distinctione intelligenda est (3).

§ 3074. Moram abbatis, aut oeconomi in solvendo canone nocere monasterio, vel ecclesiae, cum emphyteusis concessa fuerat, ita ut tantum adversus oeconomum ecclesia regressum habeat, generatim defendit Voet (4): cum tamen monasteria, ecclesiae, aliaeque universitates jure, et privilegio minorum utantur, utpote quae aliorum opera reguntur non secus ac minores, facile admittuntur ad purgandam moram, saltem beneficio restitutionis in integrum (5).

§ 3075. Ne autem in potestate domini sit efficere, ut res in commissum cadat, idcirco si oblatum canonem recipere detrectet, cessat caducitatis poena, licet depositio et obsignatio non sequatur (6). Equidem Justinianum obsignationem et depositionem pecuniae debitae desiderare videtur, ne dejectionis periculum timeatur (7);

(1) Fab. d. def. 27. n. 6 et seqq.
(2) Fab. Cod. hoc tit. def. 27 in not.
(3) Voet *in Pandect.* hoc tit. n. 37 et 38.
(4) l. *Tutor* 41 § 1 ff. *De usur.* (22, 1).
(5) l. *Pro haereditariis* 2 Cod. *De haereditar. actionib.* (4. 16).
(6) l. *Stipulationum* 2 § 1 et 2; l. *In executione* 85 § *idem si* 6 ff. *De verb. oblig.* (45. 1).
(7) d. l. 85 § 6 in fin.; l. 1 Cod. *De luition. pign.* (8, 31).
(8) d. l. *Pro haereditariis* 2 et passim Cod. *De haereditar. actionib.* (4. 16).

(1) l. penult. in med. Cod. hoc tit.
(2) *Reg. Constit.* lib. 5. tit. 17, cap. 4, § 1 et 2.
(3) l. *De pretio* 8 ff. *De publician. in rem action.* (6, 2).
(4) Voet *in Pandect.* hoc tit. n. 20.
(5) V. vol. I, lib. 2. pag. 502 et seqq.
(6) l. *Si per te* 9; junct. l. *Acceptam* 19 Cod. *De usur.* (4, 32); Fab. Cod. hoc tit. def. 22.
(7) l. penult. in fin. Cod. hoc tit.

verum ex communi sententia, juris regulis innixa, ita explicandus est Imperator, ut oblatio sufficiat ad impediendam moram; quae tamen iterum controhi potest, si domini interpellatio sequatur: depositio autem necessaria sit, ut nullum supersit dejectionis periculum (1). Sane si de canonis quantitate dominus non edoceat, emphyteuta in mora positus non videtur (2).

§ 3076. Compensatio debiti etiam liquidi vim solutionis habere non videtur, quia solutio canonis non praecise pertinet ad pecuniae praestationem, sed praecipue ad dominii agnitionem, quae factum requirere videtur: attamen oblatio compensationis solutionis loco est, cum per hanc emphyteuta directum dominium satis agnoscat (3). Nec liberatur a poena caducitatis emphyteuta, pro quo invito vel ignorante alter solverit; licet in aliis casibus unus pro alio recte solvat (4); quia, ut modo diximus, solutio fit in recognitionem directi dominii, non autem dici potest recognitus dominus ab eo, pro quo ignorante alter solvit.

§ 3077. Quinimmo tradit post alios Voetius, canonem plurium annorum ante tempus solvi non posse invito domino directo, licet regulariter aliud obtineat (5); cum enim domini directi intersit, solutiones diversas fieri per temporum spatia in recognitionem dominii, ne, interrupta longiore tempore solutione, forte inducatur directi dominii, atque emphyteusis oblivio, dies hic potius in gratiam creditoris, quam debitoris adjectus videtur; ut proinde non liceat, creditore invito, pecuniam debitam repraesentare.

§ 3078. Cessat caducitatis poena pluribus casibus; et potissimum, si directus dominus eam expresse vel tacite remiserit. Tacite remisisse censetur dominus, qui post lapsum tempus canonem anni sequentis sciens exigit, vel oblatum accipit (6), tum quia canon sine emphyteusi esse nequit (7); tum quia injuriam sibi per denegationem canonis illatam remittere satis demonstrat (8). Hinc tradit Faber, domino non prodesse, quod canonem accipiendo protestatus sit de jure suo conservando (9), utpote contra factum.

§ 3079. Sed si dominus directus tantummodo exegerit canonem triennii, biennii, vel apud nos quinquennii (§ 3072), non videtur commissi poenam remisisse; quia nihil obstat, quominus praeteritae pensiones debeantur et futurae, emphyteusi extincta, non amplius solvantur; cum eo etiam casu, quo dominus emphyteusim ob minime solutum canonem revocat, praeteritae pensiones solvi debeant (1). Quare nec protestatio de jure conservando necessaria videtur, cum nihil fiat, quod juris domino competentis remissionem demonstret.

§ 3080. Porro civilem ab ecclesiastica emphyteusi in hoc argumento minime distinguendam putamus; agit quidem Justinianus de emphyteusi ecclesiastica (2): verum non excludit civilem; cujus eadem omnino ratio est, si excipias tempus praetermissae solutionis ad inducendam caducitatem (3): nec minus in civili, quam in ecclesiastica, competit facultas exigendi canonis praeteriti, licet eadem imposterum revocanda sit: perperam confingitur a quibusdam discrimen, quod praelatus in ecclesiastica emphyteusi caducitatis poenam remittere nequeat; cum Justinianus contrarium apertissime tradat (4). An laicus emphyteusim ecclesiasticam habens coram judice laico, vel ecclesiastico conveniendus sit pro solutione canonis, vel caducitate, late expendit Thesaurus (5).

§ 3081. Ad haec disputant interpretes, utrum caducitatis poena remissa teneatur in eo casu, quo alia poena in casum omissae per tempus a lege constitutum solutionis in conventionem deducta sit. Qui affirmant, utuntur hoc argumento. Justinianus poenam hanc tantum decrevit in defectum poenae conventionalis, seu specialis conventionis, qua directi domini indemnitati consultum sit (6): ergo provisio hominis ex trito apud pragmaticos axiomate cessare facit provisionem legis cum provisio legis hic tantum facta sit in subsidium, seu defectum provisionis hominis (7).

§ 3082. Neque nocet, inquiunt, quod objiciunt, stipulationes poenales eo plane consilio adjici, ut principalis obligatio firmior fiat (8); etenim, praeterquamquod non inde fit infirmior obligatio solvendi canonis, quod alia, quam caducitatis poena adjecta sit; hic non agitur de tollenda, nec firmanda, vel infirmanda principalis obligatione, sed de tolenda, seu potius impedienda poena, quam lex infligeret, si dominus directus speciali pacto sibi non prospexisset (9).

§ 3083. Cum poenae interpretatione potius emolliendae sint, quam exasperandae (10), imo nec poena conventionalis sustineatur, ut alibi diximus, nisi stipulatoris intersit (11), licet aliud

(1) Brunneman. in Cod. ad d. l. pen. n. ult.
(2) Fab Cod. *De ordin. judic.* lib. 3, tit. 7, def. 11.
(3) Voet *in Pandect.* hoc tit. n. 39.
(4) l. *Solvere* 53 ff. *De solut* (46. 3).
(5) l. *Quod certa die* 70 ff. *De solut.* (46, 3); l. *Cum tempus* 17 ff. *De reg. jur.* (50. 17).
(6) Fab. Cod. hoc tit. lib. 4, tit. 43, def. 16 in princ.
(7) argum. l. *Celsus ait* 23 ff. *De recept.* (4. 8); l. *Post diem* 7 ff. *De leg. commiss.* (18, 3).
(8) l. *Non solum* 11 § 1 ff. *De injur.* (47. 10).
(9) Fab. Cod. d. def 16 in fin.

(1) Novell. 120. cap. *Si vero quis* 8.
(2) d. Novell. 120. cap. *Si vero quis* 8.
(3) l. penult. Cod. hoc tit; Novell. 7. cap *Emphyteusim* § *scire* 2 V. supra § 2765
(4) d. Novell. 120. cap. 8. versic. *si vero noluerint.*
(5) Thesaur. lib. 2, quaest. 15.
(6) l. penult. in princ. Cod hoc tit.
(7) l. ult. Cod. *De pact. convent.* (5. 14).
(8) l. *Rescriptum* 10 § 1 ff. *De pact.* (2. 14); l. *Pacto* 15 et seq. ff. *De transact.* (2, 15); l. *Praedia* 28 ff. *De action. empt.* (19. 1).
(9) d. l. penult. in princ. Cod. hoc tit.
(10) l. penult. ff. *De poen.* (48. 19).
(11) V. vol. II, lib. 3, pag. 975, § 819 et 820.

Romanis prudentibus placuerit (1): vix autem concipi possit, tantum esse crimen omissae solutionis, ut emphyteuta non solum ab emphyteusi cadat, atque impensas melioris effecti praedii amittat, sed et simul aliam poenam luere teneatur, aequitati prorsus consentanea videtur sententia haec.

§ 3084. Cum Justinianus emphyteutam suo tempore non solventem ab emphyteusi expelli posse tradat, si dominus velit, *volenti ei licere eum a praediis emphyteuticariis repellere* (2), inde plures inferunt, haeredem domini, qui voluntatem revocandi non declaraverit, facultate hac uti non posse (3), tum quia defuncti voluntas ab haerede declarari nequeat (4); tum quia revocatio haec fiat in vindictam injuriae domino illatae per denegationem canonis: injuriae autem persecutio in haeredem non transit (5); sicuti nec facultas revocandae donationis (6), a qua non multum distat emphyteusis.

§ 3085. Difficilius recipiendum, quod subjiciunt; adversus haeredem moratoris emphyteutae exerceri non posse commissi jus, si adversus defunctum non adhuc declarata sit revocandi voluntas, nec haeres in mora sit (7): etenim jus domino quaesitum per emphyteutae mortem extingui non debet: neque, si stricte loquamur, sola injuriae persecutio versatur in revocatione emphyteusis, sed potius id agitur, ne dominus et re, et exigua fructuum parte, seu annuo canone careat: nec proprie donatio est, cum emphyteuta, licet modicam praestationem solvat, rem tamen meliorem efficere teneatur; ut ita melior effecta statuto tempore ad dominum redeat.

§ 3086. Sed quid, si dominus post elapsum tempus, quo emphyteusis caduca fit ob canonem non solutum, fructus per aliquod tempus percipi sinat ab emphyteuta, tum declaret voluntatem suam revocandae emphyteusis: restituendine eruut fructus ab emphyteuta post id tempus percepti? Nequaquam (8); etenim emphyteuta proprio dominii utilis jure eos percepit (9); cum rei dominium non amittat ipso jure, sed voluntate directi domini, quae nihil operatur, quamdiu manifestata non est; maxime quia fieri potest, ne unquam declaretur, si dominus malit canones praeteritos persequi atque emphyteutam retinere (10). Unde patet, non valere hic argumentum a fructuario, quippequi usufructu finito nullum jus retinet; nec a possessore, qui ab initio bonae tum malae fidei sit; cum ex tempore supervenientis malae fidei cesset titulus acquirendorum fructuum (1).

§ 3087. Abusu rei ecclesiasticae in emphyteusim acceptae, si gravis sit, emphyteutam expelli posse, apud omnes constat; apertissima est Justiniani constitutio (2): sed cum eadem sit ratio emphyteusis civilis, nec Justinianus aliam ob caussam de ecclesiastica locutus sit, quam quia frequentiores tunc erant emphyteuses ecclesiasticae, quam civiles vel saeculares, idcirco eam passim extendunt interpretes et pragmatici ab emphyteusim civilem (3): ita ut emphyteuta cogatur, vel conditionibus satisfacere, idest uti re tamquam bonus paterfamilias, vel a contracto discedere (4).

§ 3088. Praescriptione emphyteusis extingui potest favore domini directi, vel emphyteutae. In primis favore directi domini, qui per triginta annos rem pleno directi, atque utilis dominii jure possederit: favore emphyteutae, si ipse eodem pleno jure tenuerit rem emphyteuticam (5); sed sola omissio solvendi canonis per triginta annos directum dominium non addicit emphyteutae, qui non suo, sed alieno nomine possidet (§ 3042).

§ 3089. Excusatur, ait Faber, a poena commissi emptor, cui res vendita fuit, tamquam libera, si a domino intra statutum tempus petierit investituram (6), ob bonam fidem, maxime quia res omnes in dubio liberae praesumuntur: attamen indiget restitutione, quae ipsi ex aequitate concedenda est, cum ipso jure res in commissum ex hac omissione cadat (7): quod si inscriptio acquisitionis in acta publica fuerit praetermissa, emphyteusis quidem statim caduca fit, sed moram tum ob omissam inscriptionem, tum ob non soluta laudimia ante litem contestatam purgari posse, aequitate suadente, receptum est (8). Aliud de investitura petenda sentit Thesaurus (cum necessitas haec jure imposita non sit): nisi pactum speciale intercesserit (9).

§ 3090. Caeterum in his, et similibus casibus non potest dominus propria auctoritate expellere emphyteutam (10): singulis concedendum non est, quod per magistratus fieri decet (11), ne gravia jurgia oriantur, prout statutum de creditoribus, qui expresso pacto sibi asseruerint faculta-

(1) l. *Stipulatio* 38 § *alteri* 17 ff. *De verbor. oblig.* (45, 1)).

(2) l. pen. fer. in princ. Cod. hoc tit.

(3) Voet *in Pandect.* hoc tit. n. 45.

(4) l. *Si ita legatum* 65 § 1 ff. *De legat.* 1. (30, 1); l. *Si ita expressum* 69 ff. *De condiction. et demonstrat.* (35, 1).

(5) § 1 Instit. *De perpet. et tempor. action.* (4, 12).

(6) l. *His solis* 7 post med.; l. ult. Cod. *De revocand. donat.* (8, 56).

(7) Voet in *Pandect.* hoc tit. d. n. 45 in fin.

(8) Ibid. n. 41 post alios quam plures.

(9) l. *Qui scit* 25 ff. *De usur.* (22, 1).

(10) l. penult. Cod. hoc tit.

(1) § *si quis a non domino* 35; Instit. *De rer. division.* (2, 1).

(2) Novell. 120. cap. *si vero* 8 in princ.

(3) Voet *in Pandect.* hoc tit. n. 46

(4) l. *Cum te fundum* 6 Cod. *De pact. inter. emptor. et venditor.* (4, 54); Fab. Cod. hoc tit. lib. 4, tit. 43, def. 52.

(5) l. *Sicut in rem* 3 Cod. *De praescript. XXX vel XL annor.* (7, 39); *Reg. Constit.* lib 5. tit. 18, § 1.

(6) Fab. Cod. hoc tit. lib. 4, tit. 43, def. 17 in princ.

(7) d. def. 17, n. 1 et 2; l. ult. in med. versic. *Necessitatem autem* Cod. hoc tit.

(8) Fab. Cod. hoc tit. d. def. 17, n. 3 et seqq.

(9) Thesaur. lib. 1, quaest. 23, n. 4 et seqq. †

(10) Fab. Cod. *Unde vi* lib. 8, tit. 3, def. 2.

(11) argum. l. *Si cujus rei* 13 § *sed si* 3 ff. *De usufruct.* (7, 1); l. *Non est singulis* 176 ff. *De reg. jur.* (50, 17).

tem ingrediendi possessionem rei pignoratae (1), muliere dotem repetente (2); proinde quod de jure expellendi emphyteutae, qui canonem per triennium non solverit, tradit Justinianus (3), ita intelligendum, ne adversus invitum sine judicis auctoritate liceat experiri.

§ 3091. Ergo finita quomodocumque emphyteusis revertitur ad dominum, nec ad conductorem pertinet, si forte quis omnia bona sua, et jura locaverit: nec enim dominii utilis cum directo consolidatio inter fructus recenseri potest: aequum tamen aliquibus videtur conductori permittere fructuum ex praedio percipiendorum jus loco annui canonis (4). Plane onera, quae rei imposuerit emphyteuta, resoluta emphyteusi, cessant: nec dominus ea ferre tenetur (5): nisi forte emphyteuta ante diem, et sponte recesserit favore domini a jure suo; hoc quippe casu, si res pignori obligata fuerit ab emphyteuta, vinculum pignoris manere, suadet juris ratio (6).

§ 3092. Quod spectat impensas in rem emphyteuticariam utiliter ab emphyteuta factas, si quidem tales sint, quales ex conventione facere tenebatur, earum repetitio non est (7); cum exiguum canonem dominus exegerit eo plane consilio, ut emphyteuta rem meliorem redderet (§ 2948): sed quae erogatae sunt ultra conventionis terminos, emphyteuta, quacumque ratione jus suum amittat, repetere potest, non secus ac colonus (8), commodatarius (9), et creditor pignoratitius (10): alioquin dominus cum jactura emphyteutae locuples fieret, quod non sinit aequitas (11).

TITULUS XXI

DE CENSIBUS

Instit. lib. 3, tit. 24 *De emption. et vendit.*
Digest. lib. 18, tit. 1 } *De contrahend. emption.*
Cod. lib. 4, tit. 38 }

SUMMARIA

§ 3093. *Cur de censibus hoc loco agamus?* — § 3094. *Census nomine apud Romanos quid intelligeretur?* — § 3095 *et* 3096. *Census dividitur hodie in reservativum et consignativum. Qui reservativus dicatur?* — § 3097. *Census reservativus differt a contractu emphyteutico.* — § 3098. *Census consignativus est contractus, quo quis pretio accepto alteri vendit jus percipiendi annuam pensionem ex re, vel persona.* — § 3099. *An census consignativus sit contractus nominatus, an innominatus?* — § 3100. *Pecunia in censu consignativo omnino dari debet.* — § 3101. *Qui dicatur venditor in censu quive emptor?* — § 3102. *Quomodo definiri possit census pro jure percipiendi annuam pensionem, vel pro re?* — § 3103. *Referuntur plures census divisiones.* — § 3104. *Qui realis, aut personalis census dicatur?* — § 3105. *Census fructuarius hodie etiam licitus est.* — [illegible] 3106. *Quo tempore fructus in hoc censu* [illegible] *debeant, et aestimari?* — § 3107. *Census vitalitius temporalis est.* — § 3108. *Quae sint de censu consignativo expendenda?*

§ 3093. Cum census, de quo acturi sumus, maximam cum emptione et venditione affinitatem habeat, non secus ac locatio, conductio et emphyteusis, idcirco post haec opportunum ducimus de census jure, conditionibus, atque effectibus disserere: maxime quia haec contractus species frequentissima est hodiernis plerarumque gentium moribus, licet unum vel alterum dumtaxat vestigium sit in jure Romano (1).

§ 3094. Census nomine, de quo fit mentio in pandectis (2) et codice (3), intelligitur solemnis descriptio hominum et bonorum ad eos spectantium (4), ut quisque tributum solvat, vel ratione capitis (5), ut ajunt, vel pro bonis (6).

§ 3095. Sed de hac re, quae pendet a municipalis cujusque ditionis legibus, agendum non arbitramur: utique vero de annuo censu, seu annua quadam praestatione alteri, pretio recepto solvenda: quae vulgo census appellatione demonstratur. Census hic triplici sensu sumi potest; vel pro contractu, quo quis ad pensionem annuam alteri solvendam se obligat: vel pro re quae praestatur, vel pro jure alicui acquisito, annuam pensionem percipiendi.

§ 3096. Sed in primis animadvertendum est, censum vulgo dividi in *reservativum*, seu *retentivum*, et *consignativum*, seu *constitutivum*. Census reservativus acceptus pro contractu definiri potest contractus, quo quis fundum alteri pleno jure dat, reservata annua pensione ex eodem fundo percipienda; unde dictus reservativus (7); ad hanc speciem pertinent census vulgo dicti dominicales, vassalis plerumque competentes, quippe-

(1) l. *Creditores* 2 Cod. *De pignorib.* (8, 14).
(2) l. *Dotis actione* 9 Cod. *Solut. matrim.* (5, 18).
(3) l. penult. Cod. hoc tit.
(4) Voet *in Pandect.* hoc tit n 50.
(5) *Lex vectigali* 31 ff. *De pignorib.* (20, 1); Fab. Cod. hoc tit. lib. 4, tit. 43, def. 61 et 62.
(6) l. *Si res distracta* 3 ff. *Quib. mod. pign. vel hypothec. solvit.* (20, 6); Fab. d. def. 61 in fin. et in not.
(7) l. penult. Cod. hoc tit.
(8) l. *Dominus* 55 § 1; et l. pen. ff. *Locat.* (19, 2).
(9) l. *In rebus* 18 § *possunt* 2 ff. *Commodat.* (13, 6).
(10) l. *Si necessarias* 8 ff. *De pign. act.* (13, 7).
(11) l. *Nam hoc natura* 14 ff. *De condict. indeb.* (12, 6).

(1) Novell. 160, in praefat. et cap. 1; l. ult. Cod. *De rer. permutat.* (4, 64).
(2) lib. 50, tit. 15 ff. *De censib.*
(3) lib. 11, tit. 57 Cod. *De censib. et censitoribus.*
(4) l. *Aetatem* 3 princ. et § 1 et l. seqq. ff. d. tit. *De censib.*
(5) d. l. 3 in princ.; l. ult. § d. *Vespasianus* 7 ff. eod. tit.
(6) l. *Forma censuali* 4 ff. eod. tit.
(7) l. ult. Cod. *De rer. permutat.* (4, 64).

qui, bonorum proprietate in particulares translata, pensionem aliquam sibi ex illis percipiendam reservant in recognitionem veteris dominii.

§ 3097. Non tamen census hic idem est cum contractu emphyteutico: duo sunt maximi momenti discrimina inter utrumque. 1. In censu reservativo nulla dominii species remanet penes eum, qui rem tradit; per emphyteusim vero transfertur utile dominium, atque directum remanet apud concedentem (§ 2945). 2. In contractu census res in commissum non cadit, licet accipiens per mille annos solvere pensionem omittat; sola competit actio praescriptis verbis, ut eadem solvatur (1); emphyteusis ob non solutum canonem caduca fit (§ 3065).

§ 3098. Census consignativus, de quo potissimum agere constituimus, a reservativo distat, quatenus ex hoc jus omne in accipientem super fundo transfertur (§ praeced): per consignativum vero nullum jus, nec proprietas, nec possessio acquiritur in fundo, ex quo debetur, sed peculiare quoddam jus hypothecae proximum: atque definiri potest contractus, quo quis pretio accepto alteri vendit jus percipiendi annuam pensionem ex re, vel persona: atque inde consignativus seu constitutivus dicitur (2).

§ 3099. Imprimis censum contractus nomine appellamus; quae vox tenet locum generis; an vero sit contractus nominatus; an innominatus, non omnes idem sentiunt: quidem existimant ad innominatum *do, ut des* referendum esse: quia unus pecuniam dat, ut alter annuam pensionem solvat; sane Imperatores censum reservativum inter innominatos contractus recensendum esse, non obscure demonstrant, cum actionem praescriptis verbis inve nasci tradunt (3), consignativus autem census a reservativo in hac re distingui non videtur. Aliis magis placet, contractum census nominatum esse, suis specialibus legibus constantem, et propriis pactionibus fulciendum, non secus ac emphyteusim (4). Verum, quidquid de hac quaestione sentiendum, sit apud omnes constat censum hunc vere et proprie contractum esse, qui effectus civiles parit.

§ 3100. Addimus, in contractu census alterum alteri obligari, non utique gratuito, sed pretio accepto, ad pensionem annuam solvendam; in hoc quippe census natura sita est, ut unus pecuniam det alteri, qui plane illius dominus fit, sed vicissim annuam pensionem danti solvere tenetur. Pecuniam dicimus, non rem; licet enim jure gentium, et civili inspecto res dari possit (5), attamen ad vitandas fraudes constitutum, atque receptum est, ut pecunia omnino detur (6), quemadmodum deinceps explicabimus.

(1) d. l. ult. Cod. *De rer. permutat.* (4. 64).
(2) Gallice *rente constituée*.
(3) d. l. ult. Cod. *De rer. permutat.* (4. 64).
(4) l. 1 Cod. *De jur. emphyteut.* (4. 66).
(5) d. l. ult. Cod. *De rer. permutat.* (4. 64).
(6) Bulla S. Pii V. *Cum onus apostolicae servitutis* 14 feb. 1569.

§ 3101. Pensio annua in censu consignativo plerumque solvitur in pecunia; quamquam nihil vetat, etiam in fructibus solvi: haec autem pensio percipi potest non tantum ex re immobili, puta agro, domo, quae fructus per se ferat, sed etiam ex persona, nisi aliud cautum sit, saltem si aliquid ex officio, industria, vel labore lucrari possit Porro, qui pensionem solvit, *venditor* dicitur, quatenus ad eam solvendam pretio accepto se obligat, et *censuarius*: qui pensionem recipit, *creditor censualista*, atque *emptor* nominatur, quatenus jus annuae pensionis exigendae data pecunia sibi emit.

§ 3102. Ex hac definitione census tamquam contractus considerari facile colliguntur aliae (§ 3095): si enim census accipiatur pro jure pensionem annuam percipiendi, congruae delinitur, jus pretio quaesitum percipiendi annum pensionem ex re, vel persona alterius: pretio quaesitum dicimus, ut distinguamus censum hunc a donatione, caetera verba ex dicendis elucescent. Demum pro re acceptus census nihil aliud est, quam annua pensio alteri solvenda, recepto justo pretio.

§ 3103. Census consignativus generatim dividi potest. 1. Habita ratione rei, super qua constituitur, seu ex qua solvitur, in realem, personalem, et mixtum. 2. Vel pensionis in pecuniarium, et fructuarium, ut ajunt; pro ut pensio solvitur in pecunia, vel fructibus. 3. A modo, quo constituitur, seu *creatur* in redimibilem et irredimibilem. 4. A tempore, quo durat, in temporalem et perpetuum.

§ 3104. Realis census ille est, qui constituitur seu imponitur super aliqua re, potissimum immobili, fructus ferente, et certis finibus designata (1), veluti domo, agro, vinea. Personalis imponitur super persona, quae se obligat ad solutionem annuae pensionis vel in pecunia, vel in fructibus; ita ut nullus sit fundus pro eo speciatim devinctus, licet adjecta sit generalis honorum omnium hypotheca: non enim idcirco census realis fit, cum primario persona inspiciatur, et res tantum, in defectum personae, obligetur. Mixtus partim super re, partim super persona imponitur; idest tum res, tum persona devincta est; atque ita solent hodie constitui census; ita ut praeter realem obligationem persona quoque venditoris, seu censuarii ex contractu obligetur.

§ 3105. Census pecuniarius dicitur, cum quis vendit jus percipiendi annuam pensionem in pecunia numerata, ita ut in alia specie solvi nequeat nisi creditor consentiat. Fructuarius vero, cum venditur, atque emitur jus percipiendi certam fructuum quantitatem. Haec porro species contractus, ait Cencius, fuit omni tempore habita pro licita a doctoribus, etiam post bullam Pii V Summi Pontificis editam super forma creandi census, cum de hoc censu fructuario nihil deli-

(1) Bulla *Cum onus apostolicae servitutis* S. Pii V. 14 febr. 1569.

niat allata constitutio (1): atque idem tradit Faber (2).

§ 3106. Porro fructuum quantitas, quae in hoc censu debetur, ipso tempore, quo singuli colliguntur, solvenda est, nisi aliud placuerit contrahentibus: atque creditor ad domum debitoris ire tenetur, non debitor ad creditoris domum deferre (3). Profecto justum quoque hujusce census pretium esse debet, habita ratione valoris fructuum non unius, sed plurium annorum: et potissimum inspecto tempore contractus: quamquam ad aequitatem reduci debet census, si progressu temporis valor fructuum nimis creverit, vel decreverit (4), prout alibi diximus (5) de emptione et venditione (§ 2660).

§ 3107. Redimibilis census dicitur, qui redimi potest ad libitum creditoris, aut debitoris, vel utriusque: irredimibilis, qui ex alterius placito redimi nequit. Temporalis census, seu qui certo tempore ex voluntate contrahentium durare debet, vel constitui potest ad certum et determinatum tempus, puta decem annos; vel ad tempus incertum, puta ad vitam emptoris aut venditoris; atque postremus hic inde *vitalitius* appellari consuevit: perpetuus vero census est, qui per se, et ex natura sua perpetuo durare potest, quales sunt omnes fere census; licet ad nutum venditoris redimi posse, Piana constitutione caveatur (6), ut suo loco dicemus.

§ 3108. Hisce praemissis, aliquanto fusius inquirendum de natura, conditionibus, jure et effectibus census consignativi: atque expendemus. 1. Quae ad census substantiam tum naturali, tum positivo seu ecclesiastico, vel civili jure requirantur conditiones, tum quoad rem censui suppositam, tum quoad census pretium. 2. Quae sint census constituendi solemnitates. 3. Qui possint censum alienare, vel non possint. 4. Quae in censu pacta permittuntur, vel prohibeantur. 5. Qui sint census constituti effectus. 6. Quibus modis census extinguatur.

CAPUT I.

Quae sint census conditiones.

SUMMARIA

§ 3109. *Speciales regulae in censibus pontificio jure praescriptae sunt.* — § 3110. *Census donatione, legato et praescriptione acquiri potest.* — § 3111. *Ad censum consuetudinem praeter consensum res, et pretium requiruntur.*

(1) Cencius *De censib.* part. 1, cap 1, quaest. 1, art. 3, n. 6 et seqq.

(2) Fab. Cod. *De usur.* lib. 4. tit. 24. def. 19.

(3) argum. l. 1 § penult. ff. *De peric. et commod. rei vendit.* (18, 6).

(4) Thesaur. dec. 154, in fin. † et in addit. lit. *B* †

(5) V. vol. II, lib. 3, pag. 996, § 957.

(6) d. Bulla 14 febr. 1569.

§ 3109. Cum in censu emptio et venditio plerumque contineatur, qualenus censuarius, seu debitor vendit censualistae, seu creditori jus percipiendae annuae pensionis (§ 2098), hinc sequitur, easdem, si jus naturale spectemus requiri conditiones ad censum constituendum, quas desiderat emptio venditio: sed, quia timendum est, ne sub census specie contractus usurarii celebrentur, idcirco constitutionibus summorum Pontificum (1), atque potissimum S. Pii V. (2), speciales quaedam regulae praescriptae sunt ad formam et vim census: hae autem juris pontificii sanctiones servari omnino debent in locis, quibus publicatae fuerunt, vel usu receptae (3).

§ 3110. Emptionis et venditionis titulo censum plerumque constitui dicimus; etenim per donatione quoque, et legatum ex communi sententia recte constituitur, et praescriptione acquiri potest; dummodo adsint conditiones requisitae, quoad negotii indoles patitur. Sed, cum frequentior sit emptionis et venditionis titulus, de eo sigillatim agemus: atque hinc facile colligi possunt, quae ad alios titulos constituendi, vel acquirendi census pertinent.

§ 3111. Ergo ad censum rite constituendum tria requiruntur, consensus, res et pretium (§ 2297). Quae ad consensum pertinent, fuse exposuimus de emptione et venditione agentes (4); superest de re et pretio agendum.

SECTIO I.

Quae desiderentur conditiones in re, quae censui supponitur.

SUMMARIA

§ 3112 *et* 3113. *Res censui supponenda immobilis esse debet, vel quae pro immobili habeatur.* — § 3114. *Quae res immobiles vel immobilium loco in censu existimentur?* — § 3115 *et* 3116. *Res mobiles censum non recipiunt ex jure canonico.* — § 3117 *et* 3118. *Frugifer natura sua esse debet fundus, super quo census imponitur.* — § 3119. *Fructus fundi annuae pensionis valori respondere debent.* — § 3120 *et* 3121. *Quid si fructus fundi non aequent pensionem creditori census solvendam?* — § 3122. *Subrogatio alterius fundi in*

(1) Quae referuntur in corpore juris canonici sub tit. *De censib. in decretalib.* Gregorii IX, sexto decretalium, Clementin., extravagantib. nec non in lib. septim. decretal. extat quoque in hanc rem constitutio Martini V et Calixti III in extravagant. *De emption. et vendit.*

(2) Bulla, seu constitut. 14 febr. 1569. *Cum onus apostolicae servitutis.*

(3) V. Thesaur. dec. 154 n. ult. ubi ait, constitutionem S. Pii in hac patria Pedemontana observandam esse, et *Quaest. forens.* lib. 1, quaest. 32, n. 1 ubi ait ad istam constitutionem hodie omnes istos contractus censuales referri. V. et edicta Principum nostrorum, quibus ejusdem constitutionis observantia praescribitur penes Borel. pag 1136 et seqq.

(4) supra § 2297 et seqq.

censu ex aequitate plerumque permittitur. — § 3123. *An pensio annua in censu juste accipi possit, cum fundus minus idoneus est?* — § 3124. *Census non imponitur super fructibus, sed super re. Quid si ex insolita sterilitate fructus non percipiantur?* — § 3125. *Census imponi potest super fundo majoris reditus, quam sit annua pensio.* — § 3126. *Novus census super eodem fundo imponi potest, si utrique censui idoneus sit.* — § 3127. *Fundus censui supponendus certis finibus nominatim designatus esse debet.* — § 3128. *Census super universitate bonorum impositus valet jure naturali, non canonico.* — § 3129. *Fines fundi satis designati videntur, si ex demonstrationibus adjectis certo cognosci possint.* — § 3130. *Census recte imponitur super pluribus separatis fundis.* — § 3131. *Hypotheca bonorum in censu adjici potest, nec non fidejussoris obligatio.* — § 3132. *Census super uno fundo speciatim et generatim super omnibus imponi nequit.* — § 3133. *Census super uno fundo impositus ad alium transferri potest.* — § 3134. *Fundus censui supponendus debitoris proprius esse debet, cum census constituitur.* — § 3135. *Census recte imponitur super re aliena, si consentiat dominus: qui tamen post longum tempus juste petit, ut illa ab onere census liberetur.* — § 3136. *Quid census impositus sit super re aliena, domino neutiquam consentiente?* — § 3137 *et* 3138. *An census imponi possit super re, cujus quis nudam proprietatem habet?* — § 3139 *et* 3140. *Census recte imponitur super fundo, qui retrovendi debet. An super fundo dotali, vel per fideicommissum restituendo?* — § 3141 *et* 3142. *Quid si fundus speciatim alienari prohibitus sit?* — § 3143. *An census licite imponatur super re feudali vel emphyteutica?* — § 3144 *et* 3145. *Quid si fundi solus ususfructus competat; vel proprietas tantum debita sit?* — § 3146 *et* 3147. *Quo sensu fundus censui supponendus libera esse debet?* — § 3148. *Quid si debitor fundum liberum asseruerit, qui oneri obnoxius erat?* — § 3149. *Res communis censui supponi potest, pro qua parte imponentis est.* — § 3150 *et* 3151. *Census personalis jure naturali licitus est.*

§ 3112. Diximus, censum imponi super re, vel persona (§ 2104). In re plures desiderantur qualitates: 1. Ut sit immobilis, vel quae pro immobili habeatur: 2. Frugifera: 3 Certis finibus designata: 4 Venditoris propria, et immunis ab alio graviori onere. Atque his explicatis, expendemus, an licitus sit census personalis.

§ 3113. Imprimis census constitui debet super re immobili, vel quae pro immobili habeatur (1). *Hac igitur nostra constitutione statuimus*, verba sunt S. Pii V, *censum, seu annuum reditum creari, constituive nullo modo posse, nisi in re immobili, aut quae pro immobili habeatur, de sui natura fructifera, et quae nominatim certis finibus designata sit* (1): immobilis res desideratur, quia hae difficilius pereunt, quam mobiles, super quibus proinde non potest census imponi.

§ 3114. Inter res immobiles sunt vineae, prata, agri, et quidquid soli est: quae vero supra solum existunt, pro immobilibus habentur, veluti domus, columbaria, molendina, saltem si terrae affixa sint, et ripis fluminum (2); quae enim ad instar navium super flumina ambulant, mobilia ab aliquibus reputantur (3): item gabellae, ut ajunt, seu vectigalia (4), furni, naves et portus (5), nec non alter census (6): qui, cum rei immobili cohaereat, immobilis et ipse videtur: et reditus perpetui, qui a fundo debentur (7).

§ 3115. Res autem mobiles cujuscumque generis censum non recipiunt, sive praetiosae sint, veluti gemmae, sive usum quemdam habeant, puta frumentum, vinum, oleum, pecunia numerata; tum quia generatim de solis immobilibus loquitur summus Pontifex (§ 3113); tum quia hujusmodi res fructus non ferunt, prout requiritur (d. § 3113). Imo nec licet censum imponere super rebus semoventibus, nimirum animalibus, quae tum ex foetubus, tum ex usu utilitatem praestant (8); quia potius ex accidenti, quam ex natura frugiferae sunt: preterquamquod earum duratio nimis per se brevis est.

§ 3116. Haec autem regula obtinet, prout attendenti facile patet, ex jure positivo Piana sanctione inducto (d. § 3113): quod si jus naturale inspiciamus, nihil vetat, quominus super rebus mobilibus omnibus census imponatur, quemadmodum et hae vendi possunt; atque in alios contractus deduci; cum imo census recte constituatur super persona, praecisa lege positiva prohibente, prout adhuc hodie in Gallia servatur, et infra demonstrabimus.

§ 3117. Altera rei immobilis, super qua census imponitur, qualitas in eo est, ut res fructus natura ferat (§ 3113), alioquin ex fundo solvi non potest annua pensio: seu annuus reditus emptori census: hic autem praecise non inspicitur valor fundi, cum non ematur, sed quantitas fructuum, qui ex fundo percipi possunt (9): quia in censu emitur jus percipiendi censum ex fructibus fundi: atque hinc plures sentiunt, justum

(1) Thesaur. d. lib. 1, quaest 32, n. 1.

(1) d. const. *Cum onus* in princ.
(2) Cenc. *De censib.* part. 1, cap. 3, quaest. 1, art. 1.
(3) Ibid. n. 7, 8.
(4) Ibid. n 14; *Pratic. Legal.* part. 2, tom. I, pag. 163, § 9.
(5) Cenc. d. n. 14; *Pratic. Leg.* d. § 9.
(6) Cenc *De censib.* d. loc. art. 2; V. vol. I, lib. I, pag. 344. § 2162.
(7) V. d. vol. 1, lib. 1, § 3161 pag. 343.
(8) Cenc. *De censib.* part. 1, cap. 3, quaest. 1, art. 4, n. 14 et seqq.
(9) Cenc. *De censib.* part. 1, cap. 3, quaest. 2, art. 1, n. 8

census annui pretium esse id quod respondet fructibus fundi censiti (1): quod tamen cum temperamento accipi ndum est; atque de eo casu, quo pretium debitori traditum fere respondeat valori fundi, qui censui suppositus fuit.

§ 3118. Res, seu fundus, super quo census imponitur, natura sua frugifer esse debet (§ 3113): proinde non requiritur, ut revera fructus ferat, sed sufficit, eum ferendis fructibus aptum esse; puta domum, quae locari possit, licet locari non soleat: quae autem ex humana industria fructus pariunt, non ex natura sua, census capaces non habentur. Non tamen necesse est, ut fructus ex fundo quotannis nascantur; dummodo ex illis simul collectis annua pensio solvi possit (2).

§ 3119. Cum autem fundus frugifer esse debeat, ut ex illius fructibus annuus census solvatur, seu ex pecunia ex fructibus redacta (§ 3117), sponte sequitur desiderari, ut sit aptus ad ferendos tot fructus, quorum valor pensioni annuae respondeat, deductis utique impensis in agro excolendo necessariis (3); cum fructus nonnisi impensis deductis intelligantur (4).

§ 3120. Quid ergo, si fructus non aequent pensionem creditori census solvendam? In dubio utique, si in instrumento scriptum fuerit, fundum oneri imposito ferendi idoneum esse, pro instrumento praesumendum est (5): sed si certo constet, minus idoneum esse fundum, disputant interpretes, an census in totum corruat, an pro parte tantum, qua pensio fundi fructus excedit. Quidam sentiunt, omnino vitiari censum; alii defendunt, subsistere pro parte fructuum fundi. Nec desunt, qui putant tribuendam venditori seu debitori facultatem subrogandi alterius fundi idonei (6).

§ 3121. Qui sentiunt, pro parte sustineri censum (7), nituntur juris civilis regula, aequitate naturali firmata, qua traditur, utile per inutile in rebus dividuis non vitiari (8), ut contractus, quantum fieri potest sustineatur (9), nec contrahente damnum subeant; porro contractus census, inquiunt, natura sua dividuus est; prout patet ex eo, quod pro parte redimi permittatur a Summis Pontificibus Martino V et Calixto III (10): atque ex constitutione Pii V, qua cautum, ut census in totum, vel pro parte extinguatur, si res censui supposita in totum, vel pro parte desinat fructus ferre: *re in totum, vel pro parte perempta, aut infructuosa in totum, vel pro parte effecta, volumus ad ratam perire* (1).

§ 3122. Ab his porro non omnino dissentire videntur, qui facultatem concedunt venditori subrogandi aliud praedium capax (§ 2120); ad quod imo cogendus venditor, qui mala fide asseruerit, priorem fundum idoneum esse, ut indemnis servetur emptor (2). Quod si emptor pariter sciverit, fundum annuo censui non sufficere, cogere non potest venditorem, maxime qui bona fide pluris fundum esse crediderit, ut alium fundum supponat (3). Si autem census venditor alium fundum non habeat, census pro parte sustineri poterit (§ praeced.).

§ 3123. Difficultas est de annuae pensionis solutione: cum enim saltem pro qua parte fundus deficit, census interim non subsistat, contractus usurarii naturam induere videtur: maxime quia graviores usurae pro censu ut plurimum permittuntur, quam pro legitimo mutuo. Sed hic distinguendus emptor ab initio ignorans a sciente: illi adjudicanda est tota pensio, ratione ejus, quod interest (4); nec scientia superveniens impedit, quominus usuras praeteritas census exigere possit, licet moram in exigendo fecerit; utique vero damnandus creditor, si, postquam scivit, dissimulet, atque exigere perseveret, cum ad sortis repetitionem agere deberet (5). Quid dicendum, si fundus evincatur, vel fructus ob insolitos casus ex eo non percipiantur, infra expendemus.

§ 3124. Non idem dicendum, si fundus per se aptus sit fructibus annuo censui respondentibus ferendis, uno vero, vel altero anno ex insolita sterilitate contingat, minores ex eo percipi; sive enim pensio in fructibus solvatur, cum unius anni sterilitas ex aliorum annorum ubertate compensanda sit, non secus ac in locatione (6), ex fructibus aliorum praediorum praestari debet annuus census: sive in pecunia solutio fiat, haec aliunde comparanda (7); quia census non imponitur super fructibus, sed super re ipsa; nec creditor jus habet praecise ad fructus fundi, quos censuarius pro arbitrio distrahit, sed tantum ad pensionem ex fundo percipiendam: quare donec res ipsa manet, durat quoque jus creditoris: hinc diximus, valere censum, licet uno vel altero anno fructus in fundo non nascantur, dummodo ex natura sua frugifer sit (§ 3118). Profecto semel admissa contraria sententia, liber pateret aditus fraudibus debitorum, ut sub specie sterilitatis,

(1) Cenc. n. 9; Thesaur. *Quaest. forens.* lib. 1, quaest. 32, n. 8 et 9.

(2) Cenc. d. part. 1, cap. 3, quaest. 2, art. 1, n. 14.

(3) ibid. n. 18 et seqq.; Thesaur. d. lib. 1, quaest. 32, num. 11

(4) l. *Fructus* 7 ff. *Solut. matrim.* (24, 3).

(5) argum. § *si scriptum* 17 Instit. *De inutilib. stipulat.* (3, 20); § ult. Instit. *De fidejussorib.* (3, 21).

(6) V. *Pratic. legal.* part. 2, Tom. I, pag. 178.

(7) Cenc. *De censib.* part. 1, cap. 3, quaest. 2, art. 2, n. 1,

(8) l. *Rogasti* 11 § 1 ff. *De reb. cred.* (12, 1); l. *Placuit* 29 ff. *De usur.* (22, 1).

(9) l. *Quoties* 12; l. *Ubi est* 21 ff. *De reb. dubiis* (34, 5).

(10) Extravag. 1 et 2 *De emption. et vendit. in extravag. commun.* (3, 5).

(1) ita in d. constit. 14 febr. 1569.

(2) V. supra § 2026; *Pratic. Legal.* d. loco.

(3) V. supra § 2609 in corp. et in not.

(4) argum. l. *Si convenerit* 9; l. *Empti* 21 et passim Cod. *De evictionib.* (8, 45).

(5) argum. l. *Si fundum* 27 Cod. *De evict. Pratic. Legal.* part. 2, tom. 1, pag. 179, § 35.

(6) l. *Ex conducto* 15 § *Papinianus* 4 ff. *Locat.* (19, 2).

(7) Cencius *De censib.* part. 1, cap. 3, quaest. 2, art. 3. n. 6 et seqq.

quae non fuit, vel ipsorum culpa contingit, a solutione census annui liberarentur.

§ 3125. Censum super fundo majoris reditus, quam sit annua pensio, imponi posse, plerique sentiunt (1), et merito: nihil enim prohibet, quominus creditori tutius consultum sit; atque ita quotidie fieri solet in contractibus cum hypotheca bonorum debitoris. Nec inde oritur inaequalitas; quia, ut modo diximus (§ praeced.), creditor non habet jus ad fructus fundi; multo minus ad fundum ipsum, quem debitor pro arbitrio alienare potest (2). Cautum utique, ut census extinguatur, si pereat totus fundus, vel pro parte, partim pereunte fundo censui supposito (§ 3121): sed non ideo census natura sua desinit esse perpetuus; quod autem ex accidenti contingit, in jure non attenditur (3). Quamquam haec caute intelligenda sunt, et de modico excessu: alioquin fraus facta videretur (d. § 3121).

§ 3126. An novus census possit imponi super re, quae prius alteri censui supposita fuit, non omnes consentiunt: sed affirmantium sententiae inhaerendum est, dummodo fundus ad omnes census ferendos idoneus sit; etenim, si ex fundi fructibus omnes annuae pensiones solvi possint, tum creditori consultum est, tum et debitori, ut susceptae obligationi satisfaciat. Quod si fundus utrique censui aptus non sit, emptor seu creditor ignorans cogere potest venditorem, ut fundum a prioris census onere liberet: si vero onus fundi perspectum habuerit, census nullus videtur, defectu conditionis seu qualitatis in fundo requisitae (§ 3119).

§ 3127. Tertia conditio rei censui supponendae in eo est, ut fundus certis finibus nominatim designatus sit (§ 3113): quod inductum, ut creditor certo sciat, ex cujus fundi fructibus annua pensio praestanda est. Sed hinc plures oriuntur difficultates, quas breviter expendere praestat. Quaeritur 1. An nullus sit census impositus super omnibus bonis, seu universitate bonorum, nullis certis finibus designatis. 2. An possit imponi super pluribus fundis, qui certis suis finibus designati sint. 3. An saltem liceat censui speciatim supponere unum fundum, et simul generatim omnia bona. 4. An census impositus super uno fundo possit ad alium transferri.

§ 3128. Quod ad primam quaestionem pertinet, consentiunt vulgo interpretes, censum, naturali jure inspecto, super bonorum universitate impositum valere; etenim in censu non emuntur bona censui supposita, sed jus percipiendi annuam pensionem ex bonis: proinde sufficit certitudo pensionis, quae rei locum tenet, et pretii ab emptore dati, ut hujusce pensionis jus acquirat (4): atque hinc Martinus V, postulante Alphonso Aragoniae Rege, concessit, ut insulae Siciliae et regni Neapolitani constituere possint census generatim super omnibus bonis (1). Sed si quaestio ad jus Pontificium exigatur, certum est, nullum esse censum, si super certo fundo suis finibus designato non imponatur (2), cum haec conditio tamquam omnino necessaria praescribantur (§ 3113).

§ 3129. Porro confines fundi satis videntur designati, si ex demonstrationibus expressis certo cognosci possint: veluti si imponatur census super decem jugeribus majoris predii, dummodo exprimatur, a quo latere sint desumenda; alioquin census propter incertitudinem non valeret (3): certum habetur, quod per relationem ad aliud certum cognosci potest (4). Sane si census venditor unicum habeat fundum, necessaria non est hujus confinium designatio; cum satis de eo constet (5).

§ 3130. Super pluribus et separatis fundis imponi posse censum, licet unus ex his sufficiat (§ 3125), dummodo suis finibus demonstrati sint, omnes fere fatentur (6): non tantum, si ambo venditoris proprii sint, sed et si unus ad alium spectet, dummodo consentiat dominus (7). Omnes porro fundi in solidum ad pensionem annuam obstricti videntur, nisi aliud contrahentes expresserint. Sed de hac re fusius infra (8).

§ 3131. Tertia succedit discutienda quaestio (§ 3127), utrum liceat censum imponere super uno fundo, et simul super omnibus venditoris bonis. Hic autem aliqui distinguunt, utrum census vere impositus fuerit, et speciatim super uno fundo, et generatim super omnibus bonis; an bona alia tantum jure hypothecae in favorem creditoris obligata sint. Bonorum omnium hypothecam in censu adjici posse dubium non est, quemadmodum nec repugnat, fidejussores pro censu dari (9), videlicet, ait Thesaurus, admittitur obligatio aliorum bonorum debitoris pro securitate obligationis quoad solutionem, non pro securitate ipsius rei, et fructuum, super quibus ab initio census constituitur (10).

§ 3132. Sed permittenda non videtur census imposito speciatim super certo fundo, et generatim super omnibus; ita ut bona omnia debitoris censui vere supposita sint (11): alioquin vix fieri

(1) Thesaur. d. lib. 1, quaest. 32, n. 18 et 19 †
(2) d. constit. S. Pii V 14 febr. 1569.
(3) l. *Jura* 3 et seqq. ff. *De legib.* (1, 3).
(4) princ. Instit. hoc tit.

(1) Cenc. *De censib.* part. 1, cap. 3, quaest. 3, artic. 1. n. 1 et 2.
(2) Thesaur. d. lib. 1, quaest. 32, n. 14.
(3) Cenc. *De censib.* part. 1, cap. 3, quaest. 3, art. 1, n. 35.
(4) l. *Quoties* 9 § *si quis nomen* 8 et seqq. ff. *De haeredib. instituend.* (28, 5).
(5) § 1 Instit. *De exheredat. liber.* (2, 13).
(6) Cenc. *De censib.* part. 1, cap. 3, quaest. 3, artic. 2, n. 12 et seqq.
(7) Cenc. ibid. n. 18 et 19.
(8) V. infra § 3214.
(9) V. Thesaur. d. lib. 2, quaest. 32, n. 14.
(10) d. ibid. n. 17.
(11) Edict. 1. decemb. 1633, n. 4 pen. Borel. pag. 1141, colon. 2; Cenc. *De censib.* part. 1, cap. 3, quaest. 3, art. 2 et seqq.

potest, ut census ex rei interitu periret, prout statutum est (§ 3121): atque, sublato hoc periculo, census in contractum usurarium abire videretur.

§ 3133. In ultima quaestione, an census super uno fundo impositus ad alium fundum transferri possit, plures affirmant posse, quin census extinguatur, nec necessarius sit consensus fidejussorum (1); cum per hujusmodi translationem substantia census non immutetur, nec nova obligatio inducatur, sed vetus tantum confirmetur; census utique fundum requirit, super quo impositus, et constitutus sit (§ 2913): an vero super fundo Corneliano, an super Semproniano nihil interest.

§ 3134. Superest expendenda postrema rei censui supponendae qualitas: videlicet ut sit debitoris propria, atque ab alio graviori onere libera. Et primo quidem imponentis propria esse debet (2); etenim ex censu oritur favore creditoris jus in re censui supposita, quod concedi non potest, nisi ab eo, qui rei dominium habeat (3). Porro dominium rei probandum est, inspecto tempore, quo res censui supposita fuit (4).

§ 3135. Potest tamen census super re aliena imponi, si dominus consentiat, non secus ac pignori res aliena dari (5); sed rei dominus juste desiderat, ut post longum tempus ea ab onere census liberetur (6); quemadmodum fidejussori, qui diu stetit in obligatione, succurritur, ut a suscepta pro alio obligatione eximatur (7).

§ 3136. Quid ergo, nullane est obligatio census super aliena re impositi? Distinguendum est, prout modo distinximus, cum de fundo minus idoneo agebamus (§ 3122 et 3123), utrum creditor rem alienam esse sciret, cum census impositus fuit, an ignoraret. In primo casu, annuam pensionem, seu usuras annuas juste percipere non potest, cum census nullus sit (8): potest in altero reditus census exigere, si modo debitor scienter ita se gesserit: aequum est, ut debitor dolosus poenam doli sustineant (9): sed si debitor rem suam esse existimasset, ad censuum solutionem cogi non debet; cum ex actu nullo obligatio oriri non possit.

§ 3137. An vero sufficiat nudam fundi proprietatem penes imponentem esse, licet rei fructus ad alium spectent, ardua est quaestio. Negant aliqui; quia ita non satisfiat menti S. Pii V, requirentis, ut census imponatur super re fructifera (§ 3113), ut ex fructibus annua pensio solvi possit (§ 3119): nihil autem prodest ad pensionem ex fructibus solvendam, inquiunt, fructiferum esse fundum, si fructus alter colligat, suosque faciat.

§ 3138. Alii contra affirmant atque contendunt, censum super fundo, cujus debitor solam habeat proprietatem, Piana constitutione non prohiberi (1); etenim, ajunt, sanctio haec tantummodo requirit, ut fundus de sui natura fructifer sit (§ 3113): porro fructifer esse non desinit, licet fructus ab alio, quam a debitore, percipiantur; atque census non super fructibus, sed super re, seu fundo imponitur (d. § 3113). Nec movet, quod debitor ex fundi fructibus pensionem solvere nequeat; id enim per accidens fit, ad quod respicere non videtur lex (2), libertati naturali contraria; cum jure naturali inspecto census sine fundo esse possit (§ 3116).

§ 3139. Hinc plerique tradunt, posse imponi censum super fundo, quem quis ex pacto teneatur retrovendere (3); cum interim vere dominus sit, fructus suos faciat, et forte nunquam a dominio excidet. Potiori ratione potest maritus censum imponere super fundo dotali aestimato eo plane consilio, ut venditio ineatur (4): si vero fundus inaestimatus datus fuerit, vel aestimatio non alio fine facta sit, quam ut constet, quid, et quantum in dotem datum fuerit, cum in hoc casu fundus in mulieris dominio maneat (5), censum perpetuo duraturum super eo maritus imponere nequit, nisi mulier ex justa caussa consentiat (6).

§ 3140. Censum super re fideicommissaria ab haerede restitutionis gravato imponi posse, qui tamdiu duret, quamdiu durat jus haeredis, plerisque sentiunt (7) post Rotam (8); quia haeres interim rei dominus videatur, atque ideo rei alienatio ab ipso facta rata sit, nec rescindi possit, nisi casu restitutionis veniente (9). Casus excipitur, quo res speciatim alienari prohibita fuerit (10); quia tunc alienatio ipso jure nulla est (11); porro, qui rem alienari prohibet, praesumitur quoque prohibere, ne census super ea imponatur, cum impositio census species quaedam alienationis sit.

§ 3141. Nec interest, utrum testamento, an

(1) Cencius *De censib.* part. I, cap. 3, quaest. 3. artic. 2, n. 24 et seqq.
(2) Extrav. I et 2 *De empt. et vend. in extrav. communib.* (3, 5).
(3) argum. l. I in princ. ff. *De pignorib.* (20, I).
(4) Cenc. *De censib.* part. I, cap. 2, quaest. 1, n. 5.
(5) l. *Si probaveris* 2 Cod. *Si alien. res pign. dat. sit* (8, 16).
(6) Cenc. ibid. n. 10.
(7) l. *Lucius* 38 ff. *Mandati* (17, 1); V. supra § 664 et seq.
(8) Cenc. *De censib.* part. I, cap. 2, quaest. I, art. I, n. 13.
(9) Ibid. n. 14.

(1) Cenc. *De censib.* part. I, cap. 2, quaest. 1, artic. I, n. 15 et seq.
(2) l. *Jura* 3 et seqq. ff. *De legib.* (1, 3).
(3) Cenc. *De censib.* part. 1, cap. 2, quaest. I, art. 5, n. I et seqq.
(4) V. l. *Plerumque* 10 princ. et § ult.; l. *Quoties* 16 ff. *De jur. dot.* (23, 3).
(5) d. l. 10 in princ. et § ult.
(6) Cenc. ibid. n. 10 ad 14.
(7) Cenc. *De censib.* part. 1, cap 2, quaest. I, art. 6, n. I.
(8) Dec. 17. mart. 1600.
(9) l. ult. § *sin autem* 3 Cod. *Commun. de legat. et fideicommiss.* (6, 43).
(10) Cenc. ibid. n. 5; ubi ita in Rota pronunciatum fuisse refert.
(11) l. *Cum pater* 77 § *libertis* 27 ff. *De legat.* 2 (31, 1).

contractu inter vivos alienandi prohibitio facta sit (1). Immo plures tradunt, per impositionem census incurri poenam a testatore, vel contrahentibus praescriptam in casum alienationis; ita tamen, ut per redemptionem census vitetur poena si prohibitio alienandae rei, ut in familia conservetur, facta sit a testatore, cujus mentem benignius interpretamur (2); maxime quia alienatio haec perpetua non est: sed pro arbitrio imponentis, censu redempto, revocari potest: sed si alienata fuerit res contractu alienari prohibita, poena census redemptione non vitatur (3); quia in conventionibus nudum factum inspicitur, nec facile admittitur poenitentia (4).

§ 3142. Sed haec reali, ut ajunt, de prohibitione intelligenda sunt; videlicet quae ab ipsa bona dirigatur, non personali, quae personam afficiat; hoc quippe casu valet alienatio facta a persona non prohibita; atque inde etiam impositio census (5) Quinimmo si census imponatur super re alienari prohibita a persona prohibita, sed ex caussa necessaria, veluti pro restauratione bonorum, vel solutione aeris alieni a testatore contracti, cum alia desint bona, nulla incurritur poena; casus necessitatis exceptus intelligitur (6).

§ 3143. Ex his facile colligitur, censum super re feudali a Vassallo imponi non posse, quia census impositio species alienationis est (§ 3140) vassallo prohibita, praeterquam ex consensu domini (7): si tamen census impositus fuerit, utique subsistit, quamdiu durat jus vassalli, sed non nocet directo domino, si forte feudum ad eum revertatur; nec agnatis, quibus feudum acquiratur (8). Idem porro, quod de feudo dicimus, emphyteusi convenit (9).

§ 3144. Gravior et difficultas de usufructuario, seu an possit imponi census super fundo, cujus solus ususfructus imponenti, seu debitori competit: plures negant eo fundamento, quod usufructuarius fundum alienare nequeat, sed solum eo uti, frui: affirmant alii (10); quia usufructuario competat jus utendi fruendi fundo, quod jus, seu facultas percipiendi fructus (11) pro re immobili haberi debet: nec magis obstet, super eo jure imponi censum, quam pignus (1). Sane, finito usufructu, census ipse resolvitur (2).

§ 3145. Amplius etiam plerisque placet, censum licite, atque efficaciter imponi super re, cujus nec proprietatem, nec usumfructum quis habeat, si modo proprietas ipsi certo debita sit: veluti si agatur de fideicommisso puro, vel conditionali quidem, sed cujus conditio jam extiterit, licet nec re, nec verbis fideicommissaria haereditas adhuc restituta fuerit (3): licet enim fideicommissarius ante factam restitutionem dominus non sit, agere tamen potest ad dominium consequendum: adeoque jure inspecto, jam dominus videtur: ita ut rem illam tum pignori dare possit, tum censui supponere. Atque hoc facilius recipiendum, quod, jure naturae inspecto, census sine fundo esse potest, ut mox demonstrabimus; ideoque lex aliud statuens strictam recipit interpretationem (§ 1338).

§ 3146. Non tantum debitoris propria modis, quos explicavimus, debet esse res, quae censui supponitur, sed et libera, seu immunis ab alio graviore onere (§ 3134): cum per impositionem census constituatur jus reale super fundo, atque fundus speciatim obstrictus sit pro solutione annui reditus (4), creditor facile in damno haereret, si gravius, et antiquius onus in fundo esset; cum prior tempore jure quoque potior sit (5).

§ 3147. Fundum immunem requirimus ab onere *graviore* (§ praec.): idest tali, quod impediat, ne fundus censui idoneus sit (§ 3126): alioquin census sustinetur, si tanta fundi portio libera sit, quae sufficiat, ut ex fructibus annui reditus solvi possint (6): atque in dubio census praesumitur tantum constitutus super parte fundi libera (7); quia voluntas a potestate dirigitur: quinimmo censuit Rota, valere censum, licet fundus non sit liber, dummodo liber pro rata quantitate bona fide existimaretur, cum census impositus fuit (8).

§ 3148. Quod si debitor fundum liberum asseruerit, qui oneri obnoxius erat, potest creditor fructus etiam in foro conscientiae percipere, et perceptos retinere, si modo onus ignoret: sed postquam onus perspectum habuit, cum census vere nullus sit, amplius percipere non potest (9); prout supra in casu non plane absimili diximus (§ 3123): sed jure cogit debitorem, ut fundum liberet ab anteriori onere, vel pecuniam resti-

(1) d. l. 77 § 27 ff. *De legat.* 2. V. vol. II, lib. 3, § 1151.
(2) l. *In testamentis* 12 ff. *De reg. Jur.* (50, 17).
(3) V. Cencius *De censib.* part. 1, cap. 2, quaest. 1, art. 6, n. 8 et seqq.
(4) l. *Si quis major* 41 Cod. *De transact* (2, 4).
(5) Cenc. *De censib.* part. 1, cap. 1, quaest. 1, art. 6, n. 17 et seqq.
(6) l. *Peto* 69 § 1 ff. *De legat.* 2. (31, 1).
(7) Feudor. lib. 2, tit. 52 et 55.
(8) Cenc. *De censib.* part. 1, cap. 2, quaest. 2, art. 1, n. 11 et seqq.
(9) Ibid. art. 2.
(10) Cenc. *De censib.* part. 1, cap. 2, quaest. 3, art. 3, n. 4 et seqq.; ubi refert, ita judicatum fuisse in concistorio regni Siciliae.
(11) V. vol. I, lib. 2, pag. 607, § 554.

(1) l. *Si is, qui bona* 11 § *ususfructus* 2 ff. *De pignorib.* (20, 1); l. *Fructus* 72 ff. *De reg. jur.* (50, 17).
(2) l. *Lex vectigali* 31 ff. *De pignorib.*
(3) Cenc. *De censib.* part. 1, cap. 2, quaest. 3, art. 5, n. 12 et seqq.
(4) Extravag. 1 et 2 *De emption. et vendition. inter extravag. commun.* (3, 5).
(5) l. *Potior est* 11 ff. *Qui potior. in pign.* (20, 4).
(6) Cencius *De censib.* part. 1, cap. 3, quaest. 4, n. 5; ubi ait, saepius ita in Rota pronunciatum fuisse.
(7) Cenc. ibid. n. 6 post Rotam.
(8) Cenc. ibid. n. 7.
(9) Cenc. ibid. n. 8 et seqq.

tuat (1), nisi malit alium fundum subrogare (§ 3122).

§ 3149. Res communis quemadmodum vendi potest (2), et pignori dari (3), ita et censui supponi, utique pro qua parte imponentis est (4), prout in dubio actum intelligitur (5), ut voluntas facultati accommodetur (§ 3147). Hinc, si haeres fideicommisso gravatus censum imponat super re alienari prohibita, praesumitur censum imposuisse super ea bonorum parte, quae pro legitima et Trebellianica ipsi debetur (6).

§ 3150. Expendendum superest, utrum census super persona licite imponatur: hic porro unanimis sententia est affimantium, posse, si quaestio ad jus naturale exigatur; atque ita pluribus in locis, ubi Piana constitutio publicata non fuit, vel usu recepta, adhuc servatur, saltem si persona sit utilis, seu ex labore suo et industria utilitatem afferre possit (7). Ratio est; quia operam personae vendere quis potest et locare (8); ergo et censui subjicere: atque hinc apud plerosque populos imponi solent census personales, seu personalia tributa exigi (§ 3094). Porro census non desinit esse personalis, licet creditori, seu emptori hypotheca in securitatem detur; quia persona primo loco obligatur; res vero nonnisi in defectum personae.

§ 3151. Sane post costitutionem S. P. Pii V qua cautum, ne census, praeterquam in re immobili, vel quae pro immobili habeatur, constitui possit (§ 3113), omnes consentiunt, censum personalem in locis, ubi sanctio haec viget, illicitum esse (9). Potest tamen si quibusdam assentimur, ille, qui pecuniam ad censum accepit, partem illius amico dare ea lege, ut amicus partem annui reditus solvat, quia venditor, seu debitor, nihil ex mutuo lucratur, sed tantum indemnitatem consequitur, quantum haberet, si integram solveret pensionem pecuniae, cujus parte unicus ad propria commoda utitur (10).

SECTIO II.

De census consignativi pretio.

SUMMARIA

§ 3152. *Tres requiruntur in pretio census consignativi conditiones.* — § 3153. *Pretium census in pecunia vere numerata consistere debet.* — § 3154. *An regula haec quasdam habeat exceptiones?* — § 3155 *et* 3156. *Referuntur consectaria allatae modo regulae.* — § 3157 *et* 3158. *An census constitui possit ex pecunia emptori census debita?* — § 3159. *Nullus est census, cujus pretium partim in pecunia, partim in alia re solvatur.* — § 3160. *Census quoad pretii solutionem individuus est.* — § 3161. *Quid si census plurium personarum nomine ematur?* — § 3162. *Census in totum inutilis est, si pretium integrum solutum non fuerit.* — § 3163. *Solutio pecuniae in censu fieri debet praesentibus testibus, ac notario.* — § 3164. *Cedula bancaria vim habet solutionis in pecunia.* — § 3165 *Solutio ex mandato venditoris census alteri fieri potest.* — — § 3166. *Pretium census modico ante vel post instrumentum tempore solutum valet.* — § 3167 *et* 3168. *Solutio rite facta judicatur ex assertione notarii instrumento census. An testibus, aliove modo probari possit?* — § 3169. *Confessio venditoris non sufficit, ut probetur pretii census legitima solutio.* — § 3170 *et* 3171. *Pretium census certum et justum esse debet. Unde pretii justitia aestimetur?* — § 3172. *Universitates et minores absque legitima caussa censum vendere nequeunt.* — § 3173. *Census, ex pluribus caussis ab universitate alienatus, quarum aliquae mutuo tantum sufficiant pro parte sustinetur.* — § 3174 *et* 3175. *Usurae ultra modum perceptae, cum census in creditum abit, in sortem imputantur: nec bonae fidei titulo acquiri possunt.* — § 3176. *Usurarum imputatio non fit odio minorum, universitatum, vel mulierum in dote.* — § 3177. *An hypotheca, censu in creditum abeunte, subsistat?*

(1) Cenc. ibid. n. 11 et seqq. post Rotam.
(2) l. *Falso* 3 Cod. *De commun. rer. alienat.* (4, 52).
(3) l. unic. Cod. *Si commun. res pign. data sit* (8, 21).
(4) d. l. 3 Cod. *De commun. rer. alienat.*
(5) Cenc. *De censib.* part. 1, cap. 2, quaest. 1, art. 7, n. 7 et seqq. post Rotam.
(6) Cenc. ibid. n. 17 et seqq. post Rotam.
(7) Cencius *De censib.* part. 1, cap. 3, quaest. 1, art. 6, n. 3 et seqq; Collet *tractat. de contractib.* cap. 6, *De censib.*
(8) l. *Qui operas* 38 ff. *Locat.* (19, 2).
(9) Cenc. *De censib.* part. 1, cap. 3, quaest. 1, art. 6, n. 39.
(10) Cenc. ibid. n. 54 et seqq.

§ 3152. Cum de pretio emptionis venditionis agebamus, demonstravimus, tres in eo requiri conditiones, seu desiderari: 1. Ut consistat in pecunia numerata (§ 1326): 2. Ut certum sit (§ 1329); 3. Justum (§ 1336); conditiones hae in censu constituendo necessariae quoque sunt, saltem positivo jure inspecto. *Rursus, nisi vere in pecunia numerata,* prosequitur S. Pius V (1), *praesentibus testibus, ac notario et in actu celebrationis instrumenti, non autem prius recepto integro, justoque: solutiones, quas vulgo anticipatas appellant, fieri*, aut in pactum deduci *prohibemus.*

§ 3153. In primis pretium in pecunia numerata ab emptore census pecuniarii (§ 3105); et perpetui (2) solvendum est, utique ex constitutione pontificia (3); si enim jus divinum et naturale spectemus, nihil prohibet, quominus alia quaelibet res pecuniae loco detur (4); aeque per

(1) d. Bulla 14 febr. 1569; incipiente *Cum onus apostolicae servitutis.*
(2) Pretium census temporalis, seu vitalitii in quacumque re mobili, vel immobili constitui potest, ut infra dicemus.
(3) *De censib.* part. 2, cap. 1, art. 5, n. 4.
(4) Cenc. ibid. n. 1.

permutationem, ac per venditionem dominia rerum transferri possunt. Nec post Bullam S. Pii V in locis, ubi usu recepta est, potest solvi pretium census in alia re, licet ab initio convenerit de pecunia (1); cum *pecunia vere numerata* exigatur (§ praeced.): nec valet argumentum ab emptione (§ 1327): cum in censu obstet pontificia sanctio.

§ 3154. Haec tamen regula quasdam ex communi sententia habet exceptiones: atque imprimis pecunia numerata non requiritur in censu, qui donationis vel legati titulo constituatur (2); etenim Piana constitutio loquitur tantum de censibus alienatis ex contractu, qui pecuniam exposcit: adeoque ad alios contractus extendi non debet. Idem dicendum de censibus constitutis ex caussa dotis, seu ut dos filiae nupturae detur, prout declaravit idem Pius V in alia constitutione (3), quam edidit in prioris (4) explanationem (5); atque etiam de vitalitiis (6); quippe qui potius ad contractus innominatos, do, ut des, quam ad emptionem pertinere videntur (7).

§ 3155. Cum ergo pretium census, si paucos casus excipias (§ praeced.), in pecunia vere numerata consistere debeat (§ 3152), sponte sequitur, irritum esse censum, pro cujus pretio detur in solutum quaecumque alia res (8); vel qui ematur per delegationem nominum (9): vel etiam ex fructibus praeteritorum censuum, qui nondum soluti fuerint, vel imposterum solvendis (10), non quia usurae alias usuras parere nequeant (11); cum usurae, si in sortem convertantur, usuras parere aptae sint (12), sed quia pretium dici nequit solutum in pecunia vere numerata, prout exigit Piana constitutio (§ 2952).

§ 3156. Si quis fundum emat, et loco pecuniae pro pretio censum imponat super bonis suis favore venditoris, nullus quoque est hujusmodi census (13), quia pretium in pecunia numerata solutum non fuit (d. § 3152): aliud dicendum, si pretium fundi vere solutum fuerit ab emptore, atque huic incontinenti restitutum: verum est, pretium census in pecunia numerata solutum fuisse; adeoque census subsistere debet (14): duo actus sunt inter se distincti; licet modico temporis intervallo discreti.

(1) Cenc. ibid. n. 2, 3 et 4.
(2) Cenc. *De censib.* part. 2, cap. 2, quaest. 1, art. 5, num. 12.
(3) Bulla 10 Junii 1570.
(4) Bulla 14 Febr. 1569.
(5) Cenc. ibid. n. 13.
(6) V. § praeced. in not.
(7) V. infra § 3229 et 3230.
(8) Cenc. *De censib.* part. 2, cap. 1, quaest. 1, artic. 5, n. 14.
(9) Ibid. n. 15.
(10) d. Bulla Pii V 14 febr. 1569, n. 9 versic. *Immo et censum.*
(11) l. ult. Cod. *De usur.* (4, 32).
(12) V. vol. II, lib. 3, § 874 et 875, pag. 983.
(13) Cenc. *De censib.* part. 2, cap. 1, quaest. 1, artic. 5, n. 21.
(14) Ibid. n. 22 ad 24 post Rotam.

§ 3157. Dubitari potest, an valeat census constitutus ex pecunia emptori census debita. In hac quaestione plures distinguunt, utrum census constituti fuerint ante Pianam constitutionem, an post illam. Priores tamquam validos tuentur (1); quia nec naturale nec civile jus prohibeat, quominus pecunia ~~debita~~ ex una caussa partium consensu convertatur in debitum ex alia caussa (2); quasi brevi manu sit restituta creditori, et per eum data venditori census, ut negotium citius expediatur (3).

§ 3158. Major est difficultas quoad census Piana sanctione posteriores; allata utique ratio (§ praeced.) probare videtur, hoc quoque sustinendos esse: verum, quia summus Pontifex omnino requirit, ut solutio fiat in pecunia *vere numerata* (§ 3152), hic autem non vere, sed per aequipollens, numerata dici potest, idcirco magis communiter recepta est sententia negantium (4); potissimum si creditum non proficiscatur ex pecunia numerata, sed ex alia caussa (5); alioquin facilis pateret via fraudibus, quibus Summus Pontifex occurrere voluit.

§ 3159. Disputant interpretes, quid dicendum si pro censu partim pecunia, partim res alia data fuerit. Quidam existimant, valere pro parte, qua pretium in pecunia solutum fuit, non in alia, qua res continetur. Alii distinguunt, prout in emptione et venditione, utrum pecunia rei simul traditae valorem superet, an contra; ita ut in prima specie in totum valeat, corruat in altera, quia in illa contractus emptionis celebratus judicetur; non in altera (§ 2328). Postremo alii indistincte censum hunc rejiciendum tradunt (6); non utique ex juris civilis principiis, quae mediae sententiae favent, sed ex pontificia sanctione, qua nullus dicitur census, *non . . . prius recepto integro, justoque pretio* (§ 3152).

§ 3160. Quod si objiciatur vulgata juris regula, utile per inutile in rebus dividuis non vitiari (7), respondemus, veram esse regulam, sed minime aptari censui, qui inter res individuas referri debet, saltem inspecta Piana constitutione, quae integri pretii solutionem in pecunia vere numerata ad census vim desiderat (§ praeced.); praeterquamquod facile contingit, ne alter ex contrahentibus velit censum pro parte subsistere; quo casu ex communi sententia cessat vis allatae regulae (8).

§ 3161. Casus excipitur, quo quis non pro-

(1) Cenc. d. loco n. 26 ad 32.
(2) l. *Singularia* 15 ff. *De reb. credit.* (12, 1).
(3) l. *Haec ratio* 3 § ult. ff. *De donat. int. vir. et uxor.* (24, 1).
(4) Cenc. *De censib.* part. 2, cap. 1, quaest. 1, art. 5, n. 33 ad 37; quamquam aliud sentit Thesaurus lib. 1, quaest. 32, n. 3.
(5) Cenc. *De censib.* ibid. n. 38.
(6) Ibid. artic. 6, n. 10 et seqq.
(7) l. *Placuit* 29 ff. *De usur.* (22, 1); l. 1 § *sed si mihi* 5 ff. *De verbor. obligat.* (45, 1).
(8) l. *Tutor* 47 § 1 ff. *De minorib.* (4, 4).

prio, sed plurium personarum nomine, quas postea demonstraturus est, censum emerit; cum enim in hoc casu id actum ab initio videatur, ut census unicuique pro parte acquiratur, valet pro parte eorum, qui pecuniam ad eum emendum dederint; non pro aliis, qui rem praestiterint (1), diversae census acquisitiones sunt pro numero personarum; ut proinde una sine altera subsistat (2).

§ 3162. Ex his facile solvitur quaestio, an census in totum vitietur, si pretium integrum solutum non sit, an pro parte soluta sustineatur; cum enim census res individua sit (§ 3160), consequens est, nec pro parte valere, si pretii pars desiit (3): cum integri solutionem Summus Pontifex praescribat (§ 3152): nisi plures eodem instrumento censum emant; quorum aliqui integrum pretium solverint, non alii (4), prout modo diximus (§ praeced.)

§ 3163. Neque sufficit pretium integrum numeratum fuisse, sed insuper de numeratione constare debet; eaque idcirco facienda *praesentibus testibus, ac notario et in actu celebrationis instrumenti* (§ 3152): haec porro census constituendi et acquirendi forma, quae a Summo Pontifice inducta est ad evitandas fraudes, quae facile irreperent, si solutio absentibus testibus et notario fieret, ex communi sententia ad vim census omnino requiritur, ita ut ea non servata nullus et irritus sit (5).

§ 3164. Hinc viribus destituitur census, si pecunia tantum demonstrata sit testibus, et notario, non vero coram illis numerata (6); nec enim sciri posset, an vere integrum pretium solutum sit, nec ne, prout requirit lex pontificia (§ 3152); quae tamen sanctio, ait post alios Cencius, non est adeo judaice et liberaliter intelligenda, quin admittat interpretationem ex identitate rationis: et propterea, licet in venditione census non numeretur totum et integrum pretium illius coram notario et testibus tempore celebrationis instrumenti, si vere numeratum antea sit, atque integrum coram tabellione et testibus tradatur venditori census, satisfactum est bullae in utroque foro (7). Prosequitur et tradit post Rotam, bullae satisfactum esse, si tradatur praesentibus notario et testibus, *cedula bancaria* venditori census; cum haec vim habeat solutionis factae in pecunia inumerata (8): atque ita etiam posterori sanctione Sanctus Pius V declaravit (9).

§ 3165. Non tamen necesse est, ut solutio fiat in manibus ipsius venditoris census, sed sufficit ex illius mandato fieri alteri cuicumque, puta procuratori vel creditori, praesentibus notario et testibus (1); creditori datum videtur, qui per alium accipit. Nec requiritur, ut pecunia dantis, seu emptoris sit: de hac conditione non loquitur Piana sanctio (§ 3152). Quamquam census nullus fieret, si venditor pretium numeratum non reciperet, sed statim emptori restitueret, saltem si antea ita convenisset (2); quia non videretur pecuniae dominium in venditorem translatum fuisse, prout non requiritur.

§ 3166. An vero omnino necesse sit ad vim census, ut pretium in ipso actu celebrationis instrumenti solvatur, an sufficiat, modico ante, vel post instrumentum tempore solvi, non omnino certum. Si litterae sanctionis pontificiae inhaereamus, affirmandum videtur; ait enim S. Pontifex, pretium integrum solvendum esse *in actu celebrationis instrumenti* (§ 3152). Verum cum incontinenti factum intelligatur, quod brevi temporis intervallo distat, idcirco validum esse hujusmodi censum in loro interno plerique defendunt (3): atque apud nos cautum, ut sufficiat pretium census solvi post tres aut quatuor ab inito contractu dies (4).

§ 3167. Cum integra pretii numeratio coram notario et testibus res facti sit, quae ideo non praesumitur, probari debet (5): sed haec satis probata judicatur ex fide notarii asserentis in instrumento venditionis census, talem numerationem factam fuisse (6): veluti si dicat, Titium dedisse et numerasse, potissimum si realiter, aut vere numerasse assereret, aut similem aliam dictionem adjiceret, et simul exprimeret, numerationem coram se, testibus factam fuisse (7).

§ 3168. Non tantum ex assertione notarii facta in instrumento probatur pretii integri solutio, sed etiam aliis modis probari potest, licet notarius eam in instrumento non commemoraverit (8), veluti si constet, pecuniam fuisse depositam penes mercatorem, vel creditori datam ex consensu venditoris; vel si testes adhibiti, aut fortuito praesentes de hac numeratione deponant; etenim probatio haec, non secus ac aliae, testibus aeque ac instrumentis fieri potest; cum nihil peculiare de ea cautum sit.

§ 3169. Confessio de recepto facta a venditore census ad probandam integri pretii solutionem coram notario et testibus, prout Piana constitutione requiritur (§ 3152), sufficere non vi-

(1) Cenc. *De censib.* part. 2, cap. 1, quaest. 1, artic. 6, n. 31 et 32 post Rotam.
(2) d. l. *Placuit* 29 ff. *De usur.* (22, 1).
(3) V. *Pratic. Legal.* part. 2, tom. 1, pag. 168, § 14.
(4) *Pratic. Legal.* ibid. § 18.
(5) Cenc. *De censib.* part. 2, cap. 1, quaest. 1, artic. 7, n. 5 et seqq.
(6) Ibid. n. 10 post Rotam.
(7) Ibid. n. 12.
(8) Ibid. n. 13 et 14.
(9) Bulla *Etsi apostolica* 10 jul. 1570, n. 11 § *denique*

(1) Cenc. *De censib.* part. 2, cap. 1, quaest. 1, artic. 7, n. 22 et 23 post Rotam.
(2) Ibid. n. 25 et 26.
(3) Ibid. n. 20 et 21.
(4) V. Borel. pag. 1141, colon. 2, n. 3.
(5) l. *Ab ea parte* 5 princ. et § 1 ff. *De probat.* (22, 3).
(6) § *si scriptum* 17 Instit. *De inutilib. stipulat.* (3, 20); § ult. Instit. *De fidejussorib.* (3, 21).
(7) Cenc. *De censib.* part. 2, cap. 1, quaest. 1, artic. 8, n. 3 ad 7.
(8) Ibid. d. art. 8, n. 24 et seqq. post Rotam.

detur (1); alioquin fraudibus facilis pateret aditus, praeterquamquod debitoris confessio generatim non sufficit in illis, quae ad formam et substantiam contractus pertinent: nisi forte talia concurrant adjuncta, quae plenae probationis vim confessioni tribuant.

§ 3170. Altera pretii qualitas est certitudo; census pretium, cum emptionis et venditionis titulo constituitur, certum esse debet vel per se vel per relationem ad aliud, prout de emptione generatim sumpta diximus (§ 2324 et seqq.). Postremo requiritur, ut sit justum (§ 3152), sed respondens valori rei, quae venditur, idest juri percipiendae annuae praestationis: quod ex communi hominum aestimatione dijudicatur (2).

§ 3171. Cum ergo non eadem sit annuae pensionis aestimatio apud omnes populos, imo nec in eadem regione diversis temporibus; prout patet in usuris ex mutuo percipiendis, quae majores vel minores permittuntur pro majore vel minore pecuniae copia, ita et annua praestatio, seu jus annuae praestationis percipiendae non semper eodem pretio aestimatur; quod si immodica sit aestimatio, ad aequitatem reducitur (3).

§ 3172. Sed quid, si census ex pluribus caussis alienatus sit, puta ab universitate, quarum aliquae sufficiant censui alienando; aliae non sufficiant censui, utique vero contractui mutui? Census ab universitate absque extrinsecis solemnibus apud nos vendi, seu imponi posse ex notoria consuetudine, alibi animadvertimus (4); non tamen absque intrinsecis, seu absque justa et legitima caussa: cum non leve dispendium immineat universitatibus, si passim, et temere administratores censum super rebus communibus imponant, atque idem dicendum de minoribus; ita ut alioquin nullus sit sine legitima caussa constitutus hujusmodi census (5).

§ 3173. Hisce praemissis, placuit, censum pro parte, qua caussae ad eum sufficiunt, subsistere; pro alia in simplex creditum resolvi; atque ideo usurarum supra modum solutarum imputationem faciendam esse (6); cum leviores usurae pro pecunia credita plerumque solvantur, quam pro censu. Discriminis ratio inter priores duos casus, et postremum haec est: cum res loco pecuniae data, vel integrum census pretium minime solutum fuit, deficit forma substantialis contractus (§ 3152): adeoque in totum corruit contractus ipse (1): contra in posteriore specie defectus extrinsecus omnino est contractui, cum tantum respiciat contrahentium personas: proinde contractus pro parte utili in vim census sustineri debet, licet in alia deficiat, et in simplex creditum abeat.

§ 3174. Diximus, usurarum, seu fructuum ultra modum perceptorum imputationem fieri, cum census in simplex creditum abit, sive pro parte, sive in totum, nihil interest: sed dubitatur, quo modo imputatio haec facienda sit: an in singulos annos vel sex menses, quibus solutio facta fuit, an tum tantum locum habeat, cum pecunia restituitur. Juris regulis, et aequitati magis consentanea est sententia asserentium, imputationem per singulas solutiones fieri debere (2); quod enim ultra legitimum usurarum modum solutum fuit, statim a debitore repeti potest; proinde sortem statim minuit, si a creditore retinentur.

§ 3175. Neque creditor bonae fidei titulo lucrari potest usuras immodicas, quas percepit (3): etenim bonae fidei titulus tantum prodest in rebus, quae jure soli percipiuntur (4), non in caeteris; multo minus in perceptione usurarum, quae divino et naturali jure prohibentur, nisi adsit damnum emergens vel lucrum cessans, pro ut suo loco fuse demonstravimus (5).

§ 3176. Quaeri potest, an haec usurarum imputatio fieri debeat odio minorum, universitatum vel mulieris. In hac quaestione plerique negant, imputationi locum esse (6): utique vero, quod amplius receptum est, restitui debere, si in rem minorum, universitatis vel mulieris pecunia versa probetur, prout alibi diximus de usuris immodicis ex mutuo perceptis (7).

§ 3177. Gravior difficultas est, an, censu in simplex creditum abeunte, creditori adhuc competat hypotheca, quae pro census securitate data fuerat, competat, inquam, pro restitutione sortis. Aliqui affirmant, saltem ex aequitate (9): negant alii, nisi bona expresse sint obligata pro restitutione (8); quia, corruente principali, accessorium quoque corruat (10).

(1) Cenc. *De censib.* part. 2, cap. 1, quaest. 8, n. 27 et seqq.

(2) l. *Pretia rerum* 63 ff. *Ad leg. Falcid.* (35, 2).

(3) V. Borel. pag. 1136 et seqq.

(4) V. vol. I, pag. 77, § 271; *Pratic. Legal.* part. 2, tom. I, pag. 184, § 40 et 41.

(5) *Pratic. Legal*, ibid. § 41 all. *A*, et § 42, ubi additur, versionem a creditore census probandam non esse, sed praesumi, si procuratores universitatis legitimo mandato instructi fuerint § 43, procuratores autem universitatis absque speciali mandato censum ab ea debitum redimere non posse § 44.

(6) V. *Pratic. Legal.* ibid. pag. 169, § 19; V. Borel. pag. 136, colon. 2, § 2.

(1) l. *Cum hi quibus* 8 § *si praetor* 17 ff. *De transactionib.* (2, 15).

(2) l. *Si non sortem* 26 ff. *De condict. indebit.* (12, 6).

(3) argum. l. 1 § 1 ff. *De condic. indebit.* (12, 6); *Pratic. Legal.* ibid. § 46 et 47; Borel. d. § 2; ubi lex imputationem statuens indistincte loquitur.

(4) § *si quis a non domino* 35 Instit. *De rer. division.* (2, 1).

(5) V. vol. II, lib. 3, pag. 975, § 817 et seqq.

(6) V. *Pratic. Legal.* part. 2, tom. I, pag. 192, § 48 et 49.

(7) V. vol. II, lib. 3, pag. 996, § 9[illegible]4 et seqq.

(8) Thesaur. lib. 3, quaest. 104 n. ult.

(9) d. n. ult.

(10) l. *Cum principalis* 178 ff. *De reg. jur.* (50, 17).

CAPUT I.

Quae desiderentur in alienatione censuum solemnitates; et qui possit censum alienare.

SUMMARIA

§ 3178. *Census publico instrumento constitui debet.* — § 3179 *et* 3180. *An legum solemnitates servandae sint in alienatione censuum, quae a minoribus, vel universitatibus fiunt?* — § 3181. *An mulier super bonis dotalibus censum imponere possit?* — § 3182 *et* 3183. *Filiifamilias super peculio castrensi, et adventitio irregulari censum imponere possunt. An super regulari adventitio?* — § 3184. *An clericus censum juste imponat super bonis beneficii, vel tituli clericalis?*

§ 3178. Quamquam emptio venditio solo partium consensu perficitur, quin scriptura ex juris Romani sanctione necessaria sit (1), in censu tamen ad fraudes vitandas merito placuit, publicum instrumentum confici debere; ait enim summus Pontifex, censum constitui non posse, *nisi vere in pecunia numerata, praesentibus testibus, ac notario, in actu celebrationis instrumenti, non autem prius recepto integro, justoque pretio* (2): sane, suldata lege positiva, census, non secus ac emptio venditio, consensu absque scriptura perficitur: quae tamen apud nos desideratur, tum in vim pontificiae sanctionis, tum ex legis praescripto (3).

§ 3179. Quod spectat personas, quae censum alienare, seu in rebus suis imponere possint, generalis regula tenenda est, eos omnes posse, qui rerum suarum domini sunt; servatis tamen quibusdam cautelis, si liberam earum administrationem non habeant: idest ne imponatur census sine justa et legitima caussa; atque ea tantum quantitas pecuniae ad censum accipiatur, quam necessitas vel utilitas postulat (§ 3172).

§ 3180. Imo, nisi aliud consuetudine, vel usu fori inductum sit, prout apud nos, in census alienatione extrinsecae quoque solemnitates requiruntur (4), cum quaedam alienationis species in censu interveniat: vel saltem jus emptori acquiratur in bonis censui suppositis, fortius quam hypotheca; quae tamen tum minoribus, tum universitatibus prohibetur, nisi servatis alienationum solemnibus (5). Sane census minoribus vel universitatibus competentes, utpote immobilibus rebus accensiti, sine solemnibus alienari nequeunt (6).

(1) § *quum autem* 3 Instit. hoc tit.
(2) Citat. Bulla S. Pii V 14 febr. 1569 fer. in princ.
(3) *Reg. Constit.* lib. 5, tit. 22, cap. 4. § 1.
(4) V. vol. I, lib. 2, pag. 568, § 271.
(5) l. ult. Cod. *De reb. alien. non alienand.* (4, 51); V. vol. I, lib. 1, pag. 337, § 2115 et seqq.; vol. I, lib. 2, pag. 586, § 270.
(6) V. vol. I. lib. 1, pag. 343, § 2161 ad 2163; et vol. I, lib. 2, § 271.

§ 3181. Mulierem super bonis extra dotem positis censum imponere posse, apud omnes constat, imo et super bonis dotalibus, si legitima caussa a judice probata ita suadeat (1), prout alibi expendimus (2): veluti si mulier censum imponat super fundo dotali, ut necessarias vel utiles impensas in eum faciat, quas alioquin facere non posset, vel ut fundum liberet ab onere prius impositi census sub gravioribus usuris (3). De marito diximus supra (§ 3139).

§ 3182. Filiusfamilias, qui bona castrentia vel quasi castrentia habeat, cum haec pleno proprietatis, atque ususfructus jure ad ipsum spectent, censum imponere et alienare potest (4): idem ex rationi identitate dicendum de peculio adventitio irregulari, seu in quo patri ususfructus denegatur, cum de eo plenissima disponendi facultas filiofamilias data sit a Justiniano (5). Sed non ita facile definitur, an idem jus competat filiofamilias in peculio adventitio regulari, cujus videlicet ususfructus patri acquiritur.

§ 3183. Cum impositio census alienationi ut saepe diximus, fere aequiparetur, alienatio autem, non secus ac hypothecae constitutio peculii adventitii regularis filiofamilias denegetur, nisi pater consentiat (6), sequi videtur, denegandam quoque esse census super hisce bonis impositionem: quia tamen ex communiori sententia sufficit fundi proprietatem habere (§ 3138), qua profecto habet filiusfamilias in adventitio peculio regulari (7), hinc plerique sentiunt, ratum esse hujusmodi censum: quin tamen pater nullum ex eo dispendium sustineat (8).

§ 3184. Clericum super bonis benefici absque legitima caussa censum imponere non posse, imo nec super bonis tituli clericalis, nisi servata forma a Concilio Tridentino praescripta (9), plerique sentiunt (10): quamquam non desunt, qui putant, valere hunc censum odio clerici eumdem super bonis beneficii imponentis (11), quamdiu ipse beneficio potiretur: quod tamen caute accipiendum, ne alioquin clericus in dedecus ecclesiastici ordinis mendicare cogatur (12).

(1) Cenc. *De censib.* part. 1, cap. 2, quaest. 1, art. 2, n. 43 et seqq.
(2) V. vol. I. lib. 2. pag. 1003, § 3331 et seqq.
(3) Cenc. ibid. n. 46.
(4) l. *Usque* 2 ff. *Ad Senatusc. Maced.* (14, 6); princ. Instit. *Quib. non est permiss. facer. testam.* (2, 12).
(5) Novell. 177. cap. 1, § 1.
(6) l. ult. § *ipsum autem* 5 versic. *Filiis autem familias* Cod. *De bon. quae lib.* (6, 61).
(7) § 1 Instit. *Per quas pers. cuiq. acquirit.* (2, 9); l. *Cum oportet.* 6 Cod. *De bon. quae lib.*
(8) Cenc. *De censib.* part. 1, cap. 2, quaest. 1, art. 4, n. 6 in fin.
(9) Concil. Trident. *De reform.* sess. 21, cap. 2.
(10) Cenc. *De censib.* part. 1, cap. 2, quaest. 3, art. 3, n. 3 et seqq.
(11) Cenc. ibid. n. 11 et seqq.
(12) Conc. Trid. d. loc.

CAPUT III.

De pactis inter census emptorem et venditorem.

Instit. lib. 3, tit. 24 *De emption. et vendit.*
Digest. lib. 18, tit. 1 *De contrahend. emption. etc.*
Cod. lib. 4, tit. 54 *De pact. inter empt. et vendit.*

SUMMARIA

§ 3185 *et* 3186. *Pacta, quae in censu prohibentur, quaedam censum vitiant, alia vitiantur.* — § 3187 *et* 3188. *Quae inter substantialia vel naturalia census referri debeant?* — § 3189 *et* 3190. *Solutiones anticipatae in censu prohibentur: nisi sponte omnino fiant.* — § 3191. *Pactum anticipatae solutionis censum irritum non facit.* — § 3192. *Casus fortuiti in censu suscipi nequeunt a venditore.* — § 3193. *Res censui supposita libere a debitore alienari potest.* — § 3194. *Praelationis jus Piana constitutione competit creditori.* — § 3195. *Pactum non alienandi rem censui suppositam non obstat, ne census valeat.* — § 3196. *Venditio rei censui supposita creditori denuncianda est. Quid si praetermissa denunciatione vendita fuerit?* — § 3197. *Denunciatio fieri non debet, si res per donationem, vel permutationem alienetur.* — § 3198 *et* 3199. *An praelatio venditoris census, regio jure inspecto, adhuc vigeat?* — § 3200 *et* 3201. *Pacta, quae morosum debitorem nimis gravant, in censu prohibentur.* — § 3202 *et* 3203. *Impensas, quae ad creditorem spectant, ex pacto ferre non potest debitor census. An ex hujusmodi pacto census corruat?* — § 3204. *Poene conventionales in censu odio morosi debitoris reprobantur, non legales.* — § 3205. *Pacisci non licet, ut onera in censu ferat ille, ad quem ex natura contractus non pertinent* — § 3206 *et* 3207. *Non valet pactum, quo debitori census auferatur, vel restringatur facultas censum quocumque tempore redimendi.* — § 3208 *et* 3209. *Pactum redimendi census favore creditoris non permittitur: nisi forte fiat sub conditione, si debitor morosus sit in solvenda annua praestatione.* — § 3210. *Quid si fidejussor cum debitore pactus fuerit, ut censum redimere cogatur?* — § 3211. *An cautela adhiberi possit, vi cujus census propter pacta adjecta irritus non fiat?*

§ 3185. Cum in censu periculum usurarii contractus facile immineat, aequum visum fuit S. Pontifici Pio V quaedam pacta prohibere, ne sub census specie fraus fiat legibus, quae usuras prohibent. Pacta haec sigillatim, sed breviter expendemus. Sed in primis animadvertendum est, ex communiori et aequiori sententia non omnium pactorum, quae censibus adjici nequeunt, eamdem esse conditionem; sed alia ex quibus contractus omnino irritus fit, seu, ut ajunt, contractum vitiant: alia, quae vitiantur, seu irrita sunt, sed non impediunt, quominus census subsistat (1).

§ 3186. Ut haec facilius percipiantur, revocandum est, quod alibi diximus, plura in contractibus secerni, nimirum substantialia, naturalia, accidentalia et solemnia. Substantialia sunt ea, sine quibus contractus non subsistit; puta emptio sine re, pretio et consensu: mutuum sine pecunia, vel re fungibili esse nequit (2). Naturalia ex rei natura tacite insunt, voluntate tamen contrahentium tolli possunt; puta evictio in venditione, restitutio rei ejusdem bonitatis in mutuo (3). Accidentalia ad hanc quaestionem non pertinent: solemnia omnino servanda sunt: alioquin contractus census non sustinetur (§ 3178).

§ 3187. Difficultas est, quaenam inter substantialia, quaenam inter naturalia census referri debeant, ita ut per pacta contraria census destruatur, vel subsistat, pactis in irritum deductis: haec facile dignosci possunt ex citata saepius S. Pii V sanctione: etenim S. Pontifex duo facit: in primis dat formam contractui census, statuendo, quid servandum sit, cum constituitur; nimirum *creari, constituive nullo modo posse, nisi in re immobili, aut quae pro immobili habeatur, et de sui natura fructifera, et quae nominatim certis finibus designata sit* (4): haec pertinent ad rem, in qua census constituitur: tum subjicit quae ad pretium spectant; *nisi vere in pecunia numerata, praesentibus testibus, ac notario, et in actu celebrationis instrumenti, non autem prius recepto integro, justoque pretio* (5). Deinde prohibet quaedam pacta, ne census contractui adjiciantur (6).

§ 3188. Hinc facile constat, ex pactis quae rei vel pretii qualitatem immutarent, censum effici nullum, et irritum, quemadmodum nulla esset emptio, qua convenisset, ne pretium in pecunia solveretur; sed abiret in permutationem: quae

(1) V. Cenc. *De censib.* part. 2, cap. 1, quaest. 3, art. 1, n. 11 et seqq. V. et declarat. Edict. Car. Emman. I, 1 decembr. 1623, n. 2, ubi traditur pacta repugnantia substantialibus census eundem nullum efficere, ita ut mutuum abeat: atque n. 5 subjicitur, censum non fieri nullum ex pactis, quae adversantur accidentalibus: sed inutilia esse pacta ipsa: nisi forte creditor iis usus sit, pen. Borel. pag. 1141, colon. 2. V. Thes. lib. 1, quaest. 69 per tot.

(2) V. vol. II, lib. 3, pag 945, § 624.

(3) d. vol. II, lib. 3, § 625.

(4) d. Bulla *Cum onus* 14 febr. 1569, n. 2.

(5) d. Bulla n. 3. V. edic. seu explanationem edict. 1 decembr. 1623, n. 2, ubi quatuor inter substantialia census referuntur: videlicet realis pretii numeratio in ipso contractu, vel post tres aut quatuor dies: 2. Impositio census super se immobili, vel quae pro immobili habeatur, quae fructus ex natura sua ferat, et quae ejusdem valoris sit ac census: 3. Ut res censui supposita certis finibus designata sit, atque ideo periculum immineas ad creditorem spectet: 4. Ut debitor census perpetuo redimere possit: non tamen unquam cogi possit ad redimendum.

(6) d. Bulla n. 5 et seqq.

vero pacta substantiam, seu rem, et pretium census non afficiunt, irrita quidem sunt; et nullius roboris, sed non impediunt, quominus census valeat (1). Hisce necessario praemissis, expendamus singula pacta, quae Piana sanctione in censu prohibentur.

§ 3189. Primum pertinet ad solutiones annuae praestationis, quas ante tempus fieri placuerit: *solutiones*, ait Summus Pontifex, *quas vulgo anticipatas appellant, fieri, aut in pactum deduci prohibemus* (2). Ergo solutiones anticipatas nec in pactum deducere, nec, sublato etiam pacto, facere licet: solutio autem anticipata fieri potest duplici modo; vel cum annua praestatio solvitur in ipso actu celebrationis instrumenti; vel postea quidem, sed nondum elapso integro tempore, puta anno, vel sex mensibus, perinde ac si totum tempus praeterlapsum fuisset. Ideo autem prohibetur anticipata solutio, quia venditor citius solvens minus recepisse videtur (3), sicuti minus solvit, qui tardius solvit (4).

§ 3190. Sed acriter certant interpretes, an solutionem sponte oblatam creditor recipere possit, nec ne: si verba Pontificiae sanctionis inspiciantur, negandum est; cum generatim, et indistincte prohibeantur anticipatae solutiones in censu (§ praeced). Verum cum in potestate debitoris sit creditori suo donare, et benefacere; et aliquando interesse possit citius solvere; dicendum est, S. Pontificem de eo casu loqui, quo tacite convenerit de anticipata solutione; vel quo debitor non sponte omnino pecuniam repraesentet; aut quo creditor consilium hoc anticipatae solutionis recipiendae in animo habeat; ex quo usurae mentalis, ut ajunt Theologi, reus fieret (5).

§ 3191. Hoc porro pactum anticipatae solutionis, si forte initum fuerit, nullum quidem est; sed contractum census irritum non facit (6); neque enim tempus solutionis pertinet ad substantiam contractus. Minus utique recepisse videtur, qui citius solvit (§ 3189), sed fictio haec non impedit, quominus integrum pretium ab initio solutum fuerit, prout Piana constitutio cavet (§ 3187): adeoque contractum in sui substantia perfectum non dissolvit.

§ 3192. Prosequitur Summus Pontifex, et ait, *conventiones directe aut indirecte obligantes ad casus fortuitos eum, qui alias ex natura contractus non tenetur, nullo modo valere, volumus* (7): casus fortuiti vel respiciunt fructus fundi censiti, vel fundum ipsum; priores ad venditorem seu debitorem spectant, adeoque pacto comprehendi possunt (1): non vero posteriores, quibus caveretur, ut debitor annuam praestationem solvere teneatur, licet fundus chasmate, incendio, inundatione pereat; de his quippe concepta est lex, prout inde patet, quod census constitui debeat in re immobili, fructifera et suis finibus designata (§ 3111): quamquam naturali jure inspecto, pactum hoc non reprobatur (2). Sane si fundus culpa debitoris intereat damnum ipse ferre debet (3).

§ 3193. Pacta tertio loco in censibus prohibita ea sunt, quae coarctant libertatem alienandi rem immobilem censui suppositam. *Quemadmodum nec pactum auferens, aut restringens facultatem alienandi rem censui suppositam; quia volumus, rem ipsam semper, et libere ac sine solutione laudemii, seu quinquagesimae, aut alterius quantitatis vel rei, tum inter vivos quam ultima voluntate alienari* (4), pactum hoc ideo improbatur, quia per illud debitor census nimis gravatus videretur, quam patiatur aequalitas in contractibus servanda: quamquam, semota legis prohibitione, pactum hoc licitum esse potest, si hujusce gravaminis ratio in constituenda annuae praestationis quantitate habeatur. Quod si fundus a debitore alienetur, cum suo onere in possessorem transit (5).

§ 3194. Si debitorem inter, et creditorem convenerit, ne liceat fundum censui suppositum alienare, praeterquam favore ipsius creditoris, plerisque sentiunt, pactum hoc licitum esse (6); cum omnino consentaneum sit menti ejusden S. Pontificis: quippequi statim cavit, ut creditor extraneo emptori praeferatur: *ubi autem vendenda sit* (res censui supposita), *volumus, dominum census aliis omnibus praeferri: eique denunciari conditiones, quibus vendenda sit, et per mensem expectari* (7): proinde priora constitutionis verba, quibus generatim interdicuntur pacta restringentia libertatem alienandi (§ praeced.), ex posterioribus interpretationem accipiunt.

§ 3195. Caeterum, tametsi adjectum fuerit pactum non alienandi rem censui suppositam, non ideo corruit census, sed ipsum dumtaxat pactum (8); utpotequod non magis est contra substantiam census (§ 3188), quam pactum anticipatae solutionis (§ 3191).

§ 3196. Cum ergo debitor censui suppositam alienare vult, futuram venditionem creditori de-

(1) Cencius *De censib.* d. part. 2, cap. 1, quaest. 3, art. 1, n. 29 et seqq.
(2) d. Bulla S. Pii V 14 febr. 1569.
(3) § *fidejussores* 5 in fin. Instit. *De fidejussorib.* (3. 21).
(4) l. *Ut si cui* 12 § 1 ff *De verb. sign.* (50, 16).
(5) Cenc. *De censib.* part. 2, cap. 1, quaest. 3, art. 2, n. 16; post S. Thomam n. 2, quaest. 78, artic. 2, versic. *Respond. dicend.* et versic *Ad tertium.*
(6) Cenc. ibid. n. 18 19 et 20 post Rotam.
(7) d. Bulla 14 febr. 1569, n. 5.

(1) Cenc. *De censib.* part. 2, cap. 1, quaest. 3, art. 3, n. 4.
(2) V. Collet. Instit. Theologicar. tractat. *De contractib.* cap. 6, *De censib.*, ubi ait in Gallia et alibi non observari, ut census sequatur conditionem rei, super qua constitutus est; adeoque ut illa pereunte extinguatur.
(3) l. *Damnum* 203 ff. *De reg. jur.* (50, 17).
(4) d. Bulla S. Pii V 14 febr. 1569.
(5) l. *Paulus* 29 § *Dominus* 2 ff. *De pignorib.* (20, 1).
(6) Cencius *De censib.* part. 2, cap. 1, quaest. 3, art. 4, n. 6 et seqq.
(7) d. Bulla S. Pii V 14 febr. 1569 n. 7.
(8) Cenc. d. loc. n. ult.

nunciare tenetur, eique significare conditiones, quibus vendenda sit, ut, sit mali, iisdem conditionibus creditor praeferatur, dummodo intra mensem declaret, an praeferri, et emere ipse velit (1): quod optima ratione inductum fuit; cum enim creditor speciale quoddam jus habeat in re, quae pro censu obligatur, aequum est; sed contra creditorem legitime impeditum currere non videtur, vel, si currat, restitutio in integrum facile ei concedenda esset ex generali praetoris edicto (2). Sane si debitor inscio creditore vendiderit, potest hic fundum retrahere a quocumque possessore (3): sed praelatio haec locum non habet adversus proximiores consanguineos, qui jure retractus gentilitii uti velint (4); quia jus hoc fortius videtur, nec praesumitur revocatum. Nec jus praelationis, utpote personale, extraneo cedi potest (5).

§ 3197. Disputant interpretes, utrum lex haec denunciandae alienationis creditori locum habeat tantum in venditione, an in caeteris quoque contractibus. Receptum utique, contractus lucrativos, puta donationem, huc non pertinere, cum in hac perperam quaeratur de conditionibus (§ 3194), nec etiam viget in permutatione, si res inaestimata detur: sed si aestimata, aestimatione eo consilio facta, ut emptio venditio contrahatur, res tradita fuerit, denunciatio facienda videtur, exemplo retractus gentilitii; quo fundamento plures sentiunt, idem affirmandum esse de datione in solutum, quae venditioni in jure aequiparatur (6).

§ 3198. Magis ardua quaestio apud nos est, utrum praelatio creditoris census, cum res censui supposita venditur, adhuc vigeat, nec ne; cautum quippe, ne ulla amplius praelatio locum habeat, quocumque titulo, statuto, aut usu profluat; illis tantummodo exceptis, quae praescribuntur lege civili et feudali, vel statutis, quae constituerint, aut constitutura sint retractum gentilitium; aut de qua conventum sit inter emptorem et venditorem, hujus favore (7). Praelatio, de qua agimus, si stricte loquamur, a lege civili inducta non est, sed canonica (8).

§ 3199. Quia tamen Pontificia constitutio municipali jure saepe confirmata fuit (9); adeoque legis civilis vim habere videtur; non inepte dubitari potest, utrum posterior generalis lex priorem specialem evertat (1): quae singularem aequitatis rationem pro se habet (§ 3196): maxime cum intersit creditoris fundum pro censu obligatum comparare, ne in extraneos translatum facile pereat, atque census inde extinguatur, prout a S. Pontifice decretum est, atque infra expendemus.

§ 3200. Quarto loco prohibentur pacta quaedam contra morosum debitorem; ita enim subjicit S. Pontifex: *pacta continentia, morosum census debitorem teneri ad interesse lucri cessantis, vel ad cambium, seu certas expensas, aut certa salaria; aut ad salaria, seu expensas medio juramento creditoris liquidandas: aut rem censui subjectam, seu aliquam ejus partem amittere, aut aliud jus ex eodem contractu, seu aliunde acquisitum perdere, aut in aliquam poenam cadere, ex toto irrita sint, et nulla* (2). Imprimis prohibetur pactum, ut morosus census debitor teneatur ad interesse lucri cessantis; ex quo inferunt doctores, damni emergentis, cujus caussa favorabilior est, nec ulla fit mentio in Piana sanctione, quae a jure communi exorbitat, interesse exigi per conventionem posse (3).

§ 3201. Quinimmo passim receptum est, solum interesse extrinsecum prohiberi, non vero intrinsecum: immo nec omne extrinsecum, sed illud tantum, de cujus certa quantitate ab initio convenerit, vel postea, sed quod solo creditoris jurejurando probetur (4), ita ut, si de eo constet per legitimas probationes, licite exigatur. Pactum hoc ad substantiam contractus non pertinet, adeoque censum irritum non facit (5). Idem dicendum de cambio; quippe, si creditor ex pacto possit pecuniam ad cambium accipere ob moram debitoris, hic ad interesse cambii teneretur; atque ita creditor interesse lucri cessantis percipere videretur.

§ 3202. Post interesse lucri cessantis, et cambium, prohibet S. Pius V pacta, quibus caveatur, ut debitor morosus teneatur ad expensas aut salaria (§ 3200): expensae prohibitae tantum intelliguntur, quas ex natura contractus debitor ferre non tenetur, puta integras in confectionem instrumenti constitutionis census, non vero redemptionis, cum dimidiam tantummodo partem ferat venditor (6): nisi ratio hujusmodi sumptuum habita sit in census pretio (2): vel pro exportatione pecuniae in locum minus com-

(1) d. Bulla 14 febr. 1569; supra § 3194.
(2) l. 1 § 1 et passim ff. *Ex quib. causs. major.* (4. 6).
(3) Cenc. *De censib.* part. 2, cap. 2, quaest. 1, artic. 4, n. 1 et seqq. post. Rotam.
(4) Ibid. artic. 2, n. 9 et seqq. post Rotam.
(5) l. *In omnibus* 68 ff. *De reg. jur.* (50, 17).
(6) V. supra § 2769 et 2770.
(7) *Reg. Constit.* lib 5, tit. 19 § ult.
(8) d. Bulla S. Pii V 14 febr. 1569.
(9) V. Edict. Caroli Emmanuelis 1 decembr. 1623, n. 1 et 2 penes Borel. pag. 1136, tum pag. 1141, n. 2 et 3 Edict. 2 maii 1626, § 9 pen. Borel. pag. 1142; quibus apertissime confirmatur Bulla saepius allegata S. Pii V 14 februar. 1569.

(1) argum. l. *Praecipimus* 32 § ult. Cod. *De appellat.* (7, 62).
(2) d. Bulla 14 febr. 1569, n. 11.
(3) Ibid. n. 8.
(4) Cenc. *De censib.* part. 2, cap. 1, quaest. 3, artic, 5, n. 1.
(5) d. loc. n. 7 et seqq.
(6) Ibid. n. 12.
(7) V. *Pratic. Legal.* part. 2, tom. I, pag. 168, n. 17 in fin.
(8) Cenc. *De censib.* part. 2, cap. 1, quaest. 3, artic. 5, n. 13 et 14.

modum: sed non prohibetur exactio expensarum, quae ex juris dispositione repeti possunt, et mandato judicis adjudicantur, prout statuit in alia constitutione idem Pius V (1), salariorum appellatione significantur sumptus pro alicujus opera erogandi.

§ 3203. An vero pactum hoc censum irritum faciat, ita ut in creditum abeat, an ipsum dumtaxat inutile sit, pendet ex modo, quo adjectum, atque executioni mandatum fuit: si statim in confectione instrumenti venditor, seu debitor impensas omnes illius solvat, nullus est census, defectu integri pretii, nisi illarum ratio habita sit (2), ut modo diximus (§ praeced.): quod si pactum, de quo agimus, executioni demandetur post perfectum contractum, nec ulla in pretio census illius habita sit ratio, census utique subsistit, sed pactum viribus destituitur; ideoque, quod solutum est, restitui debet, seu ex sorte census deducendum (3); nec enim aequum est, censum tamquam defectu pretii interire; quia pretium integrum vere solutum fuit: quamquam exitu inspecto, lucrum totius pretii venditor non sentiat: sed ex jure communi alienatio tam late non est interpretanda, ut saepe diximus.

§ 3204. Reprobantur quoque pacta, quibus morosus in annua praestatione solvenda debitor rem censui suppositam amittat, vel illius partem, aut in certam poenam incidat (§ 3200); ne per pacta haec nimis gravetur debitor, atque usuris via aperiatur: non tamen prohibentur poenae, quas in odium morosi debitoris leges infligunt (§ 3202). Immo nec reprobari videtur pactum, ut, moram faciente debitore, fundus censui suppositus justo pretio creditori emptus sit, cum pactum hoc in pignore admittatur (4), nec iniquum videri possit, aut Pianae constitutioni adversum (d. § 3200); non enim rem amittit, qui justum pretium pro ea recipit: quamquam non desunt, qui aliud sentiunt (5).

§ 3205. Quemadmodum in censu rejiciuntur pacta, ut morosus debitor solvat expensas, quas alioquin solvere non tenetur (§ 3200), aut fortuitos casus praestet (§ 3196), ita nec licet paciscі, ut ipse onera ferat, quae ex natura contractus ad alium spectant: *sicuti etiam annullamus pacta*, verba sunt S. Pontificis, *continentia solutiones onerum ad eum spectare, ad quem alias de jure, et ex natura contractus non spectarent* (6). Sed si pactum hoc fuerit adjectum, non ideo corruit census, cum naturalia, vel accidentalia contractus respiciat, non substantialia (§ 3187).

§ 3206. Cum census natura, prout constitutionibus Summorum Pontificum cavetur, postulet, ut ad libitum venditoris, seu debitoris redimi, et extingui possit (1), consequens est, viribus destitui pactum, quo debitori directe, vel indirecte auferatur potestas censum quocumque tempore redimendi: *sed etiam posse pro eodem pretio extingui, non obstante etiam longissimi temporis, ac immemorabili, immo centum, et plurium annorum praescriptione: non obstantibus aliquibus pactis directe, aut indirecte talem facultatem auferentibus, quibuscumque verbis, aut clausulis concepta sint.* Verba sunt toties allegatae Pianae constitutionis (2).

§ 3207. Neque etiam valet ex communiori sententia pactum, quo redimendi census facultas restringatur; puta ne redimi possit, nisi intra certum tempus, vel post certum tempus (3); vel ut venditor redimens aliquas impensas faciat, ad quas de jure non tenetur (4): sed valet pactum, ut pretium redempti census ab emptore, cui restituitur, convertatur in emptionem bonorum immobilium (5); quia facilis est hujusmodi conversio; adeoque restricta non videtur redimendi facultas. Caeterum, si pactum non redimendi appositum fuerit censui, nullum quidem est (§ praeced.), sed census subsistit; cum nec ad rem, nec ad pretium spectet (§ 3188): atque si jus naturale inspiciamus, illicitum non magis est in venditione census, quam in caeteris venditionibus; quae immo ex natura sua perpetuae sunt, nec nisi ex speciali pacto revocantur.

§ 3208. Huic contrarium est aliud pactum, quo creditori facultas asseratur, pretium census a debitore repetendi: quod et reprobatum fuit. *Pacta etiam continentia, pretium census extra casum praedictum ab invito, aut ob poenam, aut ob aliam caussam repeti posse, omnino prohibemus* (6): hujusmodi pactum debitori nimis grave est, atque contractus ex eo fit usurarius, cum, data creditori facultate repetendi pecuniam, contractus in mutuum abeat; ex quo usuras accipere non licet, nisi adsit titulus damni emergentis, vel lucri cessantis, prout suo loco demonstravimus (7).

§ 3209. Sed si pactum hoc fiat sub ea conditione, si morosus sit debitor in annua praestatione solvenda, plures licitum esse sentiunt (8); quia, cum conditio sit in potestate debitoris, nec directe, nec indirecte cogi videatur: vel si aliqua coactio sit, eam morosus debitor sibi impu-

(1) Bulla *Etsi Apostolica sedes* 10 julii 1570, n. 8.
(2) V. supra § 3187.
(3) V. *Pratic. Legal.* part. 2, Tom. I, pag. 168, § 17.
(4) V. supra § 2801.
(5) Cenc. *De censib.* part. 2, cap. 1. quaest. 3, artic. 5, n. 32.
(6) d. Bulla *Cum onus* 14 febr. 1569, n. 10.

(1) Extravag. 1 et 2 *De emption. et vendit. int. commun.* (3, 5); d. Bulla S. Pii V 14 febr. 1569, n. 11; Edict. 1 decembr. 1623, n. 3 pen. Borel. pag. 1141.
(2) d. Bulla 14 febr. 1569, n. 11 in fin.
(3) Cencius *De censib.* part. 2, cap. 1, quaest. 3, art. 7, n. 19 et seqq.
(4) Ibid. n. 30 et seqq.
(5) Ibid. n. 35 et seqq.
(6) d. Bulla S. Pii V 14 febr. 1569, n. 13.
(7) V. vol. II, lib. 3, § 817 et seqq. pag. 975.
(8) Cenc. *De censib.* part. 2, cap. 1, quaest. 3, art. 8, n. 11 et seqq. post Rotam.

tare debeat. Licitum quoque quidam sentiunt redimendi pactum arbitrio creditoris, si alia pactio addatur, qua creditor promittat, se eo casu in sortem imputaturum, quidquid annuatim ex censu percepit (1); quia pactum ita conceptum grave sit creditori, qui minutatim solutiones inde perciperet, et omni emolumento careret; adeoque nulla adest usurarii contractus suspicio, quae caussam dedit reprobando redimendi pacto favore creditoris (§ praeced.).

§ 3210. Illicitum ergo est per se pactum, quo debitor censum redimere cogatur (§ 3208), utique si initum fuerit inter emptorem et venditorem: sed fidejussor venditoris potest cum eo pacisci, ut censum redimat, si moram faciat in solvendis annuis praestationibus, atque ideo fidejussor ipse ad solvendum cogatur (2); nec debitor queri potest alicujus injusti gravaminis; nec pactum hoc videri potest excogitatum in fraudem usurarum. Atque hinc supra diximus, etiam secluso speciali pacto, debitorem morosum in reditu annuo solvendo per fidejussorem jure cogi, ut censum redimat (§ 2248).

§ 3211. Pactum redimendi in favorem creditoris, cum ad substantialia contractus census non pertineat (§ 3188), censum irritum facere non videtur. Ut autem arceatur periculum, ne corruat census propter pacta adjecta, suadent interpretes, ut contractui addatur cautela, qua contrahentes protestentur, se velle contrahere juxta formam Pianae constitutionis: qua protestatione facta, census subsistit, non obstantibus illicitis pactis (3), dummodo verbis amplissimis protestatio concepta fuerit (4); nec contrahentes illis pactis jam usi sint (5); alioquin nihil valeret protestatio contra factum; nisi forte per errorem aliquid ita gestum sit.

CAPUT IV.

De censibus consignativi effectibus.

Instit. lib. 3, tit. 24 *De emption. et vendit.*
Digest. lib. 18, tit. 1) *De contrahend. empt.*
Cod. lib. 4, tit. 38)

SUMMARIA

§ 3212. *Census constituti effectus est, ut venditor annuam pensionem solvat.* — § 3213. *Venditor actione personali conveniri potest, reali fundi possessor etiam pro futuris praestationibus.* — § 3214. *Possessores plures in solidum tenentur.* — § 3215 *et* 3216. *Censu corruente, fidejussor liberatur. Quid si in simplex creditum abeat, vel fundus evincatur?* — § 3217 *et* 3218. *An usufructuarius fundi, qui censui suppositus est, annuam praestationem solvere teneatur, an proprietarius?* — § 3219. *In dubio haeredi magis, quam legatario favendum est.* — § 3220. *Quid si usufructuarius census decedat?* — § 3221 *et* 3222. *Quo tempore, vel loco annua census praestatio solvi debeat?* — § 3223. *Actio personalis in censu tamquam accessoria consideratur, realis locum principalis tenet.*

(1) Cenc. *De cens.* p. 2, cap. 1, qu. 3, art. 8, n. 24 et seqq.
(2) d. loc. n. 51 ad 54.
(3) Ita ex communi sententia post Rotam tradit Cenc. *De censib.* part. 2, cap. 1, quaest. 3, art. 9, n. 1 et seqq.
(4) Cenc. ibid. n. 3 et seqq.
(5) Cenc. ibid. n. ult. post Rotam; V. Borel. pag. 1141, colon. 2, n. 5.

§ 3212. Census legitime constituti effectus is est, ut venditor ad annuam pensionem solvendam creditori teneatur; cum non alio consilio census comparetur. Quare breviter explicandum est in hoc capite, qui ad hanc pensionem solvendam teneatur, cui solvenda sit; et quibus actionibus solutio obtineri possit.

§ 3213. Annuam pensionem solvere tenetur, qui censum vendidit, ut per se patet; atque actione personali ad illius solutionem conveniri potest, licet fundum censui suppositum alienaverit (1); atque reali possessor fundi, tum pro praeteritis, tum pro futuris praestationibus; quia rem comparare non potuit sine onere inhaerente (2): unde plures sentiunt, nec necessariam esse principalis debitoris excussionem (3); quia speciale hoc onus rei sit hypotheca fortius (4).

§ 3214. Disceptatur, utrum, diviso inter plures possessores fundo, vel fundis in plures alienatis, si plures fundi censui suppositi fuerit, quisque possessor in solidum teneatur ad pensionem annuam: quod omnino affirmandum; cum jus creditori super fundo censui supposito reale sit, et fortius hypotheca (§ praeced.), ex qua utique consentiunt omnes, in solidum agi posse adversus possessores bonorum hypothecae subjectorum (5): atque etiam individuum sit ita, ut in solidum fundos omnes, vel singulas unius fundi partes afficiat (§ 3130).

§ 3215. Fidejussor, qui in censu pro reo principali se obligaverit, in defectum venditoris solvere tenetur ex natura fidejussionis (6): sane nemo dubitat, quominus ad firmandam hanc obligationem fidejussores dari possint, non secus ac pignora (§ 3131): sed quaeritur, an fidejussor obligetur: 1. Si census irritus sit: 2. Si census rei interitu extinguatur. Cum fidejussoris obligatio accessoria sit principalis obligationis (7), hac penitus sublata, illa quoque necessario intereit (8): si vero census in mutuum abeat, deficiente aliqua ex conditionibus,

(1) Cenc. *De censib.* part. 2, cap. 1, quaest. 3, artic. 1, n. 13 et seqq.
(2) l. *Paulus respondit* 29 § *domus* 2 ff. *De pignorib.* (20, 1).
(3) Cenc. ibid. art. 6, n. 5; Fab. Cod. *De pignorib.* lib. 8, tit. 6, def. 36.
(4) V. vol. II, lib. 3, pag. 1069, § 1483.
(5) l. *Rem haereditariam* 65 ff. *De evict.* (21, 2); l. *Quamdiu* 6 Cod. *De distract. pign.* (8, 28); V. vol. II, lib. 3, § 1483 et 1499.
(6) § *Fidejussor* 2 Instit. *De fidejussor.* (3, 21).
(7) princ. Instit. eod. tit.
(8) l. *Cum principalis* 178 ff. *De reg. jur.* (50, 17).

quas supra explicavimus, an fidejussor teneatur, res est ex verbis contrahentium dijudicanda: ita ut teneri dicamus, si generatim in omnem eventum pro securitate creditoris spoponderit, liber vero sit ab obligatione, si speciatim pro censu promiserit, prout in dubio praesumitur; cum fidejussio, utpote stricti juris, de casu ad casum non extendatur (§ 2095 et 2096).

§ 3216. In altero casu, quo res immobilis censui supposita pereat, cum extinguatur census, nec debitor ad annuam pensionem ultra teneatur (1), fidejussor quoque liberatur (2): aliud dicendum, si fundus evincatur: quippe et ad hunc casum respexit creditor, cum pro censu fidejussorem sibi dari curavit.

§ 3217. Incertum quoque, an usufructuarius fundi, qui censui suppositus est, annuam pensionem solvere teneatur, an haec a proprietario solvenda sit. Quidam adversus usufructuarium respondent (3) ea moti ratione, quod usufructuarius teneatur ferre onera omnia, quae rei cohaerent, veluti tributa, vectigalia, salaria, alimenta a fundo debita (4), nisi aliud cautum a testatore sit, vel inter contrahentes actum (5); quod in dubio non praesumitur.

§ 3218. Alii defendunt, necessitatem imponendam proprietario, ut fundum ab onere census redimat, vel annuam praestationem solvat (6); quia census non super fundi fructibus, sed super fundo ipso imponitur; adeoque onus ferre debet proprietarius: quo fundamento alibi diximus, pignus, quo fundus tenetur, a proprietario luendum esse (7): atque respondit Labeo, mercedem fundi conducti a proprietario solvi debere, non ab usufructuario (8): praeterquamquod plerumque usufructuarius vix ullum emolumentum perciperet ex fundo, si annuum censum solvere teneretur.

§ 3219. Caeterum quaestio haec una, et generali regula definiri non potest; cum pendeat a voluntate testatoris usumfructum fundi legantis; quae ideo caute inspicienda est: si fructus fundi fere aequales sint annuo censui, ne ususfructus inutilis fiat, quod menti testatoris repugnat dicendum est, pensionis solvendae onus proprietario incumbere (9); alioquin ab usufructuario, potissimum si omnium, vel egregiae partis bonorum ususfructus legatus fuerit, atque unum, vel alterum praedium sit censui suppositum: equidem testantium voluntates benignius interpretamur (1), sed in dubio magis favemus haeredi, utpote magis dilecto, quam legatario (2).

§ 3220. Census annus, seu annua pensio solvi debet emptori, atque illis, qui ab emptore caussam habent. Quod si ususfructus census alicui datus sit, tum decedat, pensiones, quarum dies ante mortem cessit, haeredibus usufructuarii debentur; caeterae pro rata temporis dividuntur inter haeredes, atque proprietarium (3).

§ 3221. Si quaeratur, quo tempore annua praestatio in censu solvi debeat, respondemus, censum fructuarium collectis demum fructibus praestari (§ 3206); in pecuniario conventionem servandam esse, nisi per eam fraus fiat Pianae sanctioni, quae solutiones anticipatas fieri, aut in pactum deduci vetat (§ 3189): nulla autem facta conventione, consuetudo regionis spectanda est (4); alioquin in fine anni pensio solvi debet, ut ita minus gravetur debitor. Nec potest venditor, creditore invito, plurium annorum pensiones simul ante tempus solvere (5); quia interest creditoris, ut facilius suam quasi possessionem probet, ne ita solvatur: praeterquamquod dies earum nondum venit, si proprie loquamur, cum antea census redimi, vel extingui possit.

§ 3222. Census eo loco solvendus est, de quo convenit; ita tamen ut a mora excuseretur debitor, qui creditorem in eo loco non invenerit, neo legitimum ejus procuratorem: quod si debitor pecuniam ad destinatum locum non attulerit, quocumque loco ad solutionem urgeri potest (6). Sublata autem speciali conventione, creditor ad locum domicilii debitoris ire tenetur, vel legitimum procuratorem mittere: nisi forte ambo contrahentes sint in eadem civitate; quo casu debitor ex communi sententia pensionem ad domum creditoris ferre debet (7): vel secundum aliquos, nisi res censui supposita sit in loco, quo creditor domicilium habet, quia census in eo loco consistere videtur (8). Neque extra enumeratos casus pacisci licet, ut debitor ad domicilium creditoris pensionem periculo suo, suisque expensis ferat (9): pactum hoc, utpote gravamen contra naturam contractus odio debitoris continens, Piana constitutio permittere non videtur (§ 3202), nisi hujusce gravaminis habita sit ratio in pretio census, vel annuae praestationis quantitate (§ 3203).

§ 3223. Creditori, cui annua pensio census debetur, competit duplex actio, nimirum personalis ex contractu, atque realis in rem censui suppositam: personali solus debitor conveniri

(1) d. Bulla S. Pii V 14 febr. 1569, n. 11; Thesaur. lib. 1, quaest. 32, n. 16 †

(2) l. *Nihil dolo* 129 § 1; d. l. 178 ff. *De reg. jur.* (50. 17).

(3) Cenc. *De censib.* part. 2. cap. 2. quaest. 3, art. 7, n. 1.

(4) l. *Usufructu* 7 § *quoniam* 2 in fin.; l. *Si pendentes* 27 § *si quid* 3 ff. *De usufruct.* (7. 1).

(5) l. *Usufructu* 52 ff. eod. tit.; V. vol. I, lib. 2, pag. 760, § 1690.

(6) Cenc. d. art. 7, n. 3.

(7) V. vol. I, lib. 2, pag. 760, § 1691.

(8) l. *Qui quatuor* 30 § 1 ff. *De legat.* 3. (32, 1).

(9) argum. d. l. 30 § 1 ff. *De legat.* 3. (32, 1).

(1) l. *In testamentis* 12 ff. *De reg. jur.* (50. 17).

(2) l. *Sempronius* 47 ff. *De legat.* 2. (31, 1).

(3) l. *Si operas* 26 ff. *De usufruct.* (7, 1); V. vol. I, lib. 2, pag. 739, § 1535 ad 1537.

(4) l. *De quibus caussis* 32 et seqq. ff. *De legib.* (1, 3).

(5) Cenc. *De censib.* part. 2, cap. 2, quaest. 4, art. 3, n. 9.

(6) Ibid. artic. 5, n. 1 et seqq.

(7) Ibid. n. 10 ad 16.

(8) Ibid. n. ult.

(9) Ibid. n. 17 et seqq.

potest, reali omnes fundi possessores: sed personalis actio in censu tamquam accessoria consideratur, realis vero principalis locum tenet: quo fit, ut, sublata reali actione per interitum rei, personalis quoque actio extinguatur: alioquin contra verba Pianae constitutionis debitor per rei interitum non liberaretur (1). Porro in vim actionis hypothecariae creditor potest, si debitor mororus sit in solvendis annuis pensionibus, petere ut mittatur in possessionem fundi censiti jure pignoris, et hypothecae pro reditibus annuis, tum praeteritis, tum futuris (2).

CAPUT V.

Quibus modis census extinguatur.

SUMMARIA

§ 3224 *et* 3225. *Census extingui potest ex pluribus caussis, quarum prima pendet ex interitu rei immobilis censui suppositae.* — § 3226. *Jure naturali inspecto non extinguitur census, pereunte re censui supposita.* — § 3227. *Quandonam fundus perire censeatur?* — § 3228. *Pacisci non licet, ut census, pereunte fundo, super alio impositus intelligatur.* — § 3229 *et* 3230. *Census vitalitius non extinguitur, licet pereat fundus, super quo constitutus fuit.* — § 3231. *Census subsistit, si pars fundi superstitis tot ferat fructus, qui annuae pensioni solvendae sufficiant. Quid si ex duobus fundis unus pereat?* — § 3232 *et* 3233. *Census per interitum rei extinctus aliquando, re ad pristinam formam reversa, reviviscit.* — § 3234 *Quid si res censui supposita fiat infructuosa?* — § 3235. *Census redemptus non videtur, nisi pecunia creditori restituta sit.* — § 3236 *et* 3237. *Census redemptio bimestre antea creditori denuncianda est. Quae de census redemptione sint expendenda?* — § 3238 *et* 3239. *Minor absque solemnibus censum redimere potest. Quid si plures sint unius debitores haeredes?* — § 3240. *Haeres, qui censum pro parte sua redemerit, hypothecaria pro partibus cohaeredum conveniri potest.* — § 3241. *Procurator sine mandato censum redimere nequit. An extraneus pecunia sua censum redimere possit? Quid de fundi possessore?* — § 3242. *Census a minore retrovendi potest absque solemnibus?* — § 3143 *et* 3244. *Postremus possessor census, qui per plurium manus ambulaverit, ad retrovenditionem urgendus est. An rata sit redemptio facta cum primo emptore?* — § 3245. *Si census duobus venditus fuerit, unus ex his cogi potest, ut partem suam retrovendat.* — § 3246. *Quid si plures sint unius creditoris haeredes?* — § 3247. *An maritus censum sibi in diem a muliere datum retrovendere possit?* — § 3248 *et* 3249. *Quid si unus proprietatem, alter usumfructum census habeat?* — § 3250: *An proprietario permitti possit, ut pecuniam pro arbitrio impendat, dummodo annuam praestationem usufructuario solvat?* — § 3251. *An valeat pactum, ut debitor ante sex menses futuram redemptionem creditori denunciet?* — § 3252. *Denunciatio redemptionis census fieri debet a persona legitima, et legitimae personae.* — § 3253. *Quid si creditor pretium accipere detrectet?* — § 3254. *Quid si pecunia deposita interim pereat? An depositum revocari possit?* — § 3255. *Census redimendi facultas non amittitur per revocationem depositi.* — § 3256. *Consuetudo census per partes redimendi honesta est, et jure probata.* — § 3257. *An census per se dividuus sit, an individuus?* — § 3258 *et* 3259. *Census pro parte redimi nequit, nisi aliud contrahentibus placuerit, vel consuetudine, aut usu fori receptum sit.* — § 3260. *Census redimi potest per compensationem debiti liquidi: atque datis etiam bonis creditori consentienti.* — § 3261. *An creditor aliquando cogi possit, ut bona accipiat pro debiti redemptione?* — § 3262. *Quid si census redimatur a secundo creditore, qui eum minoris emerit?* — § 3263. *In redemptione census nihil ultra acceptum pretium dari debet. Quid de augmento monetae?* — § 3264 *et* 3265. *Debitor aliquando cogitur censum redimere.* — § 3266. *Census intra annum post denunciatam redemptionem vere subsistit.* — § 3267. *Census instrumento dissolvi debet.* — § 3268. *Quid si res aliena censui supposita fuerit?* — § 3269 *et* 3270. *Census praescriptione extinguitur: nec non resoluto jure auctoris.* — § 3271. *Quid si evincatur fundus, vel census creditori in solutum datus?* — § 3272. *Census perpetuus, instituto concursus judicio, convertitur in simplex creditum. An fidejussor et hypotheca subsistat, census irritus pronuncietur?* — 3273 *et* 3274. *Census vitalitii Piana sanctione non continentur. Quae sint hujus assertionis consectaria?*

§ 3224. Plures sunt modi, seu caussae, propter quas census legitimae constitutus extinguitur, quarum aliae a casu fortuito pendent, aliae a voluntate contrahentium; aliae demum a juris potestate profluunt. Casu fortuito extinguitur census, si res censui supposita in totum, vel pro parte pereat, aut infructuosa fiat. Extinguitur voluntate debitoris census, cum illum redimit: vel creditoris, qui rei censualis, ut ajunt, dominium acquirat. Legis demum potestate census extingui potest per praescriptionem, vel etiam perempto jure illius, qui censum imposuit. Singula haec breviter enucleanda sunt.

§ 3225. Imprimis extinguitur census rei immobilis censui suppositae interitu: *Postremo cen-*

(1) Bulla 14 febr. 1569, n. 11; Thes. lib. 1, quaest. 32, n. 22 et seqq.

(2) V. *Pratic. Legal.* part. 2, tom. I, pag. 197, § 55 et pag. 205.

sus omnes, ait S. Pontifex, *in futurum creandos, non solum re in totum, vel pro parte peremptа, aut infructuosa in totum, vel pro parte effecta, volumus ad ratam perire, sed etiam posse pro eodem pretio extingui* (1): quae quidem sanctio naturae contractus censualis nititur; cum enim census species emptionis et venditionis sit (§ 3110), seu jus percipiendi annuam pensionem ex re immobili, hujus rei periculum ad emptorem, seu creditorem pertinere aequum est (2): atque etiam confirmari potest exemplo emphyteusis, in qua cessat obligatio solvendi canonis, si res emphyteutica pereat (3): praeterquamquod, si per rei interitum census non extingueretur, necessario converteretur in censum personalem, quem Piana constitutione prohiberi, supra diximus (§ 3151).

§ 3226. Haec utique obtinent, Pontificio jure inspecto: sed jus naturale non exigit, ut census pereat, perempto fundo; cum imo fundus censui suppositus utpote in dominio debitoris permanens, a quo libere alienatur (§ 2993), ipsi potius perire debeat: atque singulare est in emptione, ut res empta emptori pereat ante traditionem, qua dominium translatum sit (4), praeterquamquod emptor omne quoque commodum rei habet (§ 2438 et 2439): nec ab emphyteuta, qui dominium dumtaxat utile rei habet, ad venditorem census, qui plene fundi dominus est, omnino licet argumentari; ut vel ex eo patet, quod interitus partis emphyteutam non liberet (5). Hinc in locis, in quibus Piana constitutio non viget, census per rei interitum non extinguitur (6).

§ 3227. Perire autem intelligitur fundus censui suppositus, non si illius usus impediatur, sed si omnino destruatur ager, vel domus alluvione, chasmate, ruina, incendio; atque ita census extinguitur, ut nec annua pensio imposterum solvenda sit, nec sors restitui, nisi forte perierit culpa debitoris, quo casu sors restituenda esset (7), ex aequitate permittatur debitori subrogatio alterius fundi (§ 3122) aeque idonei (8). Quod si alius census super censu, qui peremptione fundi cessat, constitutus sit, primus quoque extinguitur (9); tamquam a posteriore omnino pendens.

§ 3228. Quia autem nec directe, nec indirecte fraus legi fieri debet (10), idcirco nec licet pacisci, ut, pereunte fundo, census super alia debitoris re immobili impositus intelligatur: qua ratione diximus, non posse censum constitui super omnibus bonis. Sed ad census ante Pianam constitutionem emptos jus hoc pertinere non videtur; loquitur enim Summus Pontifex de censibus in futurum creandis (§ 3225); atque subjicit, legem suam ad contractus jam celebratos non extendi (1).

§ 3229. An eadem sit in hoc argumento conditio census vitalitii, seu an census quoque vitalitius, re perempta, super qua constitutus est, extinguatur, non omnes consentiunt. Affirmant aliqui (2), hac moti ratione, quod census ipse imponi quoque debeat super fundo frugifero, cum emptio et venditio in hoc censu, non secus ac in caeteris, contrahatur; atque ideo perempto fundo extinguatur.

§ 3230. Negant alii existimantes, in censu vitalitio potius contineri contractum innominatum do ut des, seu emptionem incerti juris, perinde ac si jactus retis emeretur: atque imponi generatim posse super bonis omnibus praesentibus et futuris; imo et super rebus incertis, vel super personis principaliter cum hypotheca bonorum, vel sine hypotheca (3). Sane Piana constitutio nec verbum habet, ex quo colligi possit, Summum Pontificem de his temporalibus censibus agere: quinimmo de censibus dumtaxat perpetuis agi demonstrat mentio temporis immemorialis ultra centum annos, quo non obstante census redimi posse decernitur (4).

§ 3231. Si tota res censui supposita pereat, census omnino extinguitur; pro parte autem, si pereat pars (§ 3225): sed hoc exceptionem habet, si pars fundi, quae remanet, tot ferat fructus, qui sufficiant ad solutionem annuae pensionis (5): quia census constituitur super ipsa re, et non super ejus parte, atque potius relatione habita ad fructus, quam ad fundum ipsum (§ 3128). Hinc censuit Rota, censum impositum super duobus fundis, uno pereunte, sustineri in altero, si hujus fructus sufficiant ad solutionem annui reditus (6): nisi forte census ita constitutus fuerit super duobus fundis pro diviso, ita ut pars annuae pensionis ex uno, alia ex altero solvi debeat (7).

§ 3232. Si quaeratur, an census per interitum rei censui suppositae extinctus reviviscat, si fundus restituatur, seu potius, an res ad pristinam formam redacta, puta si molendinum destructum

(1) d. Bulla *Cum onus* 14 febr. 1569, n. 11.
(2) l. *Necessario* 8 ff. *De peric. et commod. rei vendit.* (18, 6); Thes. lib. 1, quaest. 32, n. 22.
(3) l. 1 in fin. Cod. *De jur. emphyteut.* (4, 66).
(4) d. l. 8 ff. *De peric. et commod. rei vendit.* § *quum emptio* 3 Instit. hoc tit.
(5) d. l. 1 in fin. Cod. *De jur. emphyteut.*
(6) V. Collet. Instit. theologicar. tractat. *De contractibus* cap. 6; *De censibus* conclus. 1.
(7) Cenc. *De censib.* part. 3, cap. 1. quaest. 1, artic. 1, n. 8 et seqq. Thes. d. lib. 1, quaest. 32, n. 22.
(8) Ibid. quaest. 1, artic. 3 in fin.
(9) Ibid. n. 22.
(10) l. *Non dubium* 5 Cod. *De legib.* (1, 14).

(1) d. Bulla 14 febr. 1569, n. 17.
(2) Cenc. *De censib.* part. 3, cap. 1, quaest. 1, artic. 1, n. 25 et 26.
(3) V. *Pratic. Legal.* part. 2, tom. I, tit. 25, § 1 et 2 pag. 206.
(4) d. Bulla S. Pii V 14 febr. 1569, n. 11 versic. *postremo census omnes.*
(5) Cenc. *De censib.* part 3. cap. 1, quaest. 1, artic. 2, n. 3 et seqq. post Rotam Thes. d. lib. 1, quaest. 32, n. 37.
(6) Ibid. n. 4.
(7) Thes. d. lib. 1, quaest. 32, n. 37.

reaedificetur, censui denuo subjiciatur, respondemus, distinguendum esse, an molendinum vere destructum fuerit, puta per mutationem alvei, vel si aquae impetu perierit area, seu solum, in quo molendinum aedificatum erat, an aliqua tantum parte destructum fuerit, quae facile possit reaedificari. In primo casu molendinum de novo extructum censui non subjicitur; utique in secundo (1), quo restauratum potius est, quam denuo aedificatum (2).

§ 3233. Ex his sequitur, in destructo domini voluntate molendino, et ad alium locum translato, creditori census nullum jus competere, licet ex iisdem instrumentis, veluti mola, fistulis et canalibus, imo et ex iisdem lapidibus novum molendinum constructum sit (3); imo neque si in eodem loco, postquam penitus eversum fuit, reaedificetur ex iisdem rebus; quia novum omnino molendinum est, prout diximus de usufructu (4): imo nec area pro censu tenetur; cum illa per se res infructuosa sit (5); census autem super re immobili de sui natura fructifera imponi debet (§ 3113); ex quo patet argumentum ab hypotheca, quae in area subsistit (6), trahi non posse.

§ 3234. Non tantum, si res tota vel pro parte pereat, census in totum vel partim extinguitur, sed etsi infructuosa in totum vel pro parte effecta sit (§ 3225): quod tamen in postremo casu exceptionem habet, si ex parte fundi, quae frugifera remanet, tot percipi possint, fructus, qui annuae pensioni solvendae sufficiant, prout de interitu partis modo diximus (§ 3231). Infructuosa autem facta dicitur res, quae ad eum puta perpetua inundatione, redacta sit, quo vix unquam fructus sit paritura; alioquin si aqua, licet non tam cito, recessura sperari possit, ita ut ager denuo fructus ferat, non ideo frugifer esse desinit, atque censui idoneus (7); cum Piana constitutio tantum requirat, ut res de sui natura apta sit fructus ferre (§ 3118).

§ 3235. Censum pro arbitrio venditoris seu debitoris redimi quocumque tempore posse, ita ut nec valeat contrarium pactum, quo directe vel indirecte auferatur, aut minuatur haec redimendi facultas, supra diximus (§ 3206 et 3207); redimi autem census dicitur, cum emptori restituitur pecunia, quae in emptionem fuerat erogata, ita ut irrevocabili jure ejus fiat; atque soluta appareat in caussam sortis principalis. Pecunia vere restituta esse debet, non simpliciter oblata, ut census vere extinctus sit per redemptionem, nisi creditor perperam recusaret pecuniam accipere (1).

§ 3236. Subjicit Summus Pontifex modum, quo redemptio fiat, ut creditoris indemnitati consultum sit, et simul debitori, ut a suscepto pensionis onere se liberet: *Cum vero traditione pretii reditus extinguendus erit, volumus per bimestre ante id denunciari ei, cui pretium dandum erit, et post denunciam, intra annum tamen, etiam ab invito pretium repeti posse* (2). Ne autem quis putaret, pretio intra bimestre a debitore non soluto, vel intra annum a creditore non exacto, redimendi facultatem peremptam esse, haec addit idem S. Pontifex: *et ubi pretium nec volens intra bimestre, nec ab invito intra annum exigatur, volumus nihilominus quandocumque reditum extingui posse: praevia tamen semper denunciatione, de qua supra; et non obstantibus de quibus supra: quae observari mandamus, etiam quod pluries ac pluries denunciatum fuisset, nec unquam effectus secutus fuisset* (3).

§ 3237. Hisce praemissis, videndum. 1. Qui possint censum redimere. 2. A quo census redimendus sit, seu quibus liceat censum retrovendere. 3. Quibus conditionibus census redemptio permittatur. 4. Quo fieri possit modo. 5. Quid in redemptione census creditori erogandum sit. 6. An debitor invitus aliquando censum redimere cogatur.

§ 3238. Censum redimere potest venditor, atque illius haeres, qui in defuncti jura succedit (4): etiamsi minor sit, quin ulla desideretur solemnitas (5); nec enim nova suscipitur obligatio, sed suscepta distrahitur. Si debitor decesserit pluribus relictis haeredibus, unum posse totum censum redimere, plures sentiunt (6); ita ut partem deinceps repetere possit a cohaeredibus (7). Repugnant alii; quia forte cohaeredes nec volunt, nec possunt pecuniae partem dare: nec sinere videatur aequitas, ut unus ex cohaeredibus possit caeteris gravissimum aliquando redimendi onus imponere; quod leges generatim imponi non sinunt.

§ 3239. Ergo, ut singulis haeredibus prospectum sit, defendi potest eorum sententia, qui tradunt, censum in hac specie posse ab u-

(1) l. *Ob eam caussam* 9 ff. *De praescript. verb.* (19, 5); l. *Qui res suas* 98 § *aream* 8 ff. *De solut.* (46, 3).

(2) V. vol. I, lib. 2, pag. 764, § 1713 et seqq.; ubi de usufructu.

(3) Cenc. *De censib.* part. 3, cap. 1, quaest. 1, art. 3, n. 6 et seqq.

(4) V. vol. I, lib. 2, pag. 763, § 1707.

(5) Cenc. ibid. n. 17.

(6) l. *Paulus respondit* 29 § *domus* 2 ff. *De pignorib.* (20, 1).

(7) Bulla *Etsi apostolica* S. Pii V 10 jul. 1570, n. 7; Cenc. *De censib.* part. 3, cap. 1, quaest. 2, per tot.; Thes. lib. 1, quaest. 32, n. 25 + et seqq.

(1) d. Bulla S. Pii V 14 febr. 1569, n. 12 versic. *cum vero traditione.*

(2) d. Bulla 14 febr. 1569, n. 12 et d. versic. *cum vero traditione.*

(3) d. Bulla, et d. versic. in fin.

(4) l. *Haeredem* 59 ff. *De reg. jur.* (50, 17).

(5) Cenc. *De censib.* part. 3, cap. 1, quaest. 3, artic. 2, n. 6.

(6) argum. l. *Stipulationes* 72 ff. *De verbor. obligat.* (45, 1).

(7) l. *Pro haereditariis* 2 Cod. *De haereditar. actionib.* (4, 16); Cenc. d. loc. n. 10.

noquoque cohaerede pro parte sua redimi (1); cum inter ipsos jura et onera haereditaria ipso jure dividantur (2); adeoque damnum quod ex census divisione sentit creditor, utpote legum potestate descendens, aequo animo ferre debet (3).

§ 3240. Quid ergo, si unus cohaeres censum pro parte sua redemerit, liberne est ab obligatione solvendi pro parte cohaeredum, qui non redemerunt? Cum sola personalis actio inter haeredes dividatur, non vero hypothecaria, quae in rem est, non dubium, quominus fundus totus pro reliqua pensione adhuc obstrictus sit; ut proinde haeres, qui censum pro parte sua redemit, actione reali adhuc conveniri possit (4); sed agere potest adversus cohaeredes, ut vel partem suam redimant, vel alio modo fundum a census onere liberent (5), puta alium aeque idoneum subrogando (§ 3122).

§ 3241. Non tantum debitor, ejusque haeres censum redimere potest, sed et procurator, dummodo mandatum a debitore habeat (6): sicut enim census imponi a procuratore sine speciali mandato non potest, ita nec redimi constitutus (7): imo plures sentiunt, extraneum nummis suis censum redimere et extinguere posse, quemadmodum solvere et solvendo debitorem etiam sine mandato, imo et invitum liberare (8): non tamen ullum jus sibi acquirit, nisi debitor illud sponte cesserit (9): neque enim ad jurium cessionem creditor invitus cogi posse videtur (10): porro, cum possessor fundi censui suppositi extranei loco sit, potest quidem, fundum dimittendo creditori se ab annua solutione liberare, non vero censum redimere, et redimendo jus acquirere sine mandato, vel nisi creditor sponte jura sua cedat (11).

§ 3242. Censum debitori retrovendere potest, ac debet creditor, sive is major sit, sive aetate minor, quin ullae requirantur solemnitates, cum venditio haec necessaria sit (§ 3235), adhibita utique tutoris vel curatoris auctoritate (12): immo etiam judicis, ut redimenti venditori magis consultum sit (1).

§ 3243. Disputant interpretes, an primus emptor actione ad redimendum conveniendus sit, an ille, qui censum possidet, si fingatur census per plurium manus ambulasse. Quidquid autem aliquibus placeat, legibus de hac re latis magis consentanea est opinio affirmantium, postremum census possessorem ad retrovendendum teneri (2): Piana sanctione apertissime cavetur, denunciationem futurae redemptionis ei faciendam esse, cui pretium dandum erit (3): porro denunciatio fieri debet, et pretium dari ei, qui censum possidet; alioquin inextricabiles aliquando circuitus orirentur, si adversus primi creditoris haeredes agendum esset, etiam post centum annos, post quos redemptio permittitur (4).

§ 3244. Plures tamen existimant, ratam esse census redemptionem factam cum creditore, cui primo loco acquisitus fuerat, licet tempore retrovenditionis dominus non sit; dummodo debitori non sit facta denunciatio acquisitionis per secundum emptorem, vel cum eo lis contestata non sit, aut debitor secundum emptorem aliquando non recognoverit; vel saltem plenam scientiam non haberet debitor, redemptionis tempore, secutae census alienationis, seu cessionis (5).

§ 3245. Sed quid, si census duobus venditus fuerit? Potestne alter ex illis cogi, ut partem suam retrovendat? Affirmandum videtur, saltem si duo rei emptionis in solidum facti non sint, prout in dubio praesumitur (6); etenim, discreto pro numero personarum censu, tot videntur esse obligationes, quot sunt creditorum personae; obligationes, inquam, inter se distinctae, quarum proinde una dissolvi potest, firma manente altera (7).

§ 3246. Altera huic similis est quaestio de pluribus creditoris haeredibus, utrum unus cogi possit ad totius census retrovenditionem: atque affirmandum, si unus integrum censum testatoris, vel familiae erciscundae judicio sibi adjudicatum teneat (8): quod si census nondum divisus fuerit, omnes ad retrovendendum tenentur (9). Nihil porro interest, quod haeredes census per fideicommissum restituendi gravati sint, adjecta etiam expressa alienandi prohibitione: cum alienatio haec, utpote necessaria (§ 3236), interdi-

(1) V. Cenc. *De censib.* part. 3, cap. 1, quaest. 3, artic. 1, n. 8.

(2) l. *Ex facto* 35 § 1 ff. *De haeredib. instit.* (28, 5); l. *Pro haereditariis* 2 et passim Cod. *De haereditar. actionib.* (4, 16)

(3) V. vol. II, lib. 2, pag. 463, § 7841 ad 7844; tum pag. 466, § 7862 et seqq.

(4) d. l. 2 Cod. *De haeredit. act.*; V. vol. II, lib. 2, § 7865 et 7866.

(5) l. *His consequenter* 18 § *Celsus* 4 ff. *Famil. Erciscund.* (10, 2).

(6) V. *Pratic. Legal.* part. 2, tom. I, pag 187, § 44.

(7) l. *Nihil tam naturale* 35 ff. *De reg. jur.* (50, 17).

(8) l. *Solvendo* 39 ff. *De negot. gest.* (3, 5); l. *Solutione* 23 ff. *De solut.* (46, 3).

(9) Cenc. *De censib.* part. 3, cap. 1, quaest. 3, artic. 3, n. 13 et 14.

(10) argum. l. *Invitum* 11 Cod. hoc tit.

(11) V. Cenc. *De censib.* part. 2, cap. 2, quaest. 5; artic. 9, n. 80 et 81.

(12) l. *Pupillo* 15 ff. *De solut.* (46, 3); junct. l. *Si curatorem* 3 Cod. *De in integr. restitut.* (2, 22).

(1) § ult. Instit. *Quib. alienare lic. vel non* (2, 8).

(2) Cenc. *De censib.* part. 3, cap. 1, quaest. 3, artic. 7, n. 27.

(3) d. Bulla *Cum onus* 14 febr 1569, n. 12 versic. *Cum vero traditione.*

(4) d. Bulla n. 11 versic. *Postremo census.*

(5) Cenc. *De censib.* part. 3, cap. 1, quaest. 3, art. 7, n. 33 ad 35 post Rotam.

(6) argum. l. *Reos promittendi* 11 § 1 et 2 ff. *De duob. reis* (45, 2).

(7) argum. l. *Stipulationum* 2 § 1 et 2 ff. *De verbor. obligat.* (45, 1).

(8) argum. l. *Pro haereditariis* 2 Cod. *De haeredit. actionib.* (4, 16).

(9) argum. d. l. 2.

cta non praesumatur (1). Sane haeres in hoc casu pecunia quidem uti potest, sed cautionem fideicommissario praestare debet de ea, veniente die, vel existente conditione fideicommissi, restituenda (2).

§ 3247. Maritus, si quibusdam credimus censum sibi in dotem a muliere datum retrovendere potest (3); quia alienatio haec necessaria est, ideoque marito a legibus permissa (4). Non tamen retrovendere licet censum ei, qui mandatum habet ad exigendum annuum reditum (5); quia duae res diversae sunt, nec proinde posterior competit ei, cui prior concessa fuit.

§ 3248. Major difficultas est, si unus proprietatem, alter usumfructum census habeat; an proprietarius an usufructuarius eum retrovendere debeat. Quidam putant, hoc jus soli usufructuario competere, alii proprietario soli: aequior videtur sententia asserentium, utriusque, idest tum proprietarii, tum usufructuarii consensum, atque interventum, adhibendum esse in retrovendendo censu (6); quia utriusque interest; in illis autem, in quibus utriusque utilitas versatur, utrique agere permittitur (7), ut alibi diximus (8). Casus excipitur, quo pater usumfructum habeat in bonis adventitiis filii: cum enim amplissima competat hujusce peculii administrandi facultas (9), ipse solus censum retrovendere posse videtur (10).

§ 3249. Porro pretium census redempti remanere debet apud usufructuarium; nec enim per census redemptionem ususfructus extinguitur: praestita tamen ab usufructuario restituendi satisdatione, nisi is pater sit (11); prout regulariter satisdatio, seu cautio datis fidejussoribus ab usufructuario exigitur (12), patre excepto (13).

§ 3250. Caeterum, tametsi quidam sentiant, proprietario permittendum, ut pecuniam restitutam pro arbitrio impendat, si malit, annuatim solvere reditum usufructuario, quem ante percipiebat ex censu (14), (dummodo proprietatis dominus idoneus sit, et omnimodam securitatem usufructuario praestet (1)): qui reditus ab eo accipi potest citra metum usurae, cum illum percipiat ratione damni emergentis, vel lucri cessantis; haec tamen quaestio de jure proprietarii pendet a rerum, et personarum adjunctis; atque ut proprietario simul, et usufructuario consultum sit, judex, quod aequius videbitur, decernere potest. Sane plerumque contingit, ut multum intersit usufructuarii, ne annuum reditum a proprietario moroso, et litium cupido expectare cogatur.

§ 3251. Cum debitor de censu redimendo cogitat, consilium suum, seu futuram census redemptionem creditori, sive ei, cui pretium restituendum est, ante bimestre denunciare tenetur (§ 3236): bimestre tempus constitutum est, ut interim creditor possit deliberare de usu pecuniae sibi restituendae. An vero ex partium consensu longius denunciationis prius faciendae tempus praescribi possit, veluti sex mensium, non omnes consentiunt: aliqui affirmant, putantes rem hanc utilem emptori, nec venditori onerosam esse (2): negant alii; quia saepe onerosum sit debitori, si cogatur in longius tempus differre census redemptionem; quam nec prius denunciare potuit, quam in promptu pecuniam haberet: ideoque pactum hoc non quidem aufert, sed coarctat redimendi facultatem, quod Piana sanctio permittere non videtur (3), ut jam monuimus (§ 3206 et 3207).

§ 3252. Denunciatio futurae redemptionis ita necessaria est, ut ea praetermissa, census in suo robore permaneat (4): eaque fieri debet a persona legitima, seu a debitore et personae legitimae, idest creditori, aliive jus habenti, vel legitimo procuratori, cui data sit vendendi facultas, non procuratori ad lites (5): atque judicis competentis decreto (6): competens autem judex est ille, cui subest creditor (7); non vero judex debitoris, qui creditorem ad retrovendendum cogere non posset.

§ 3253. Si creditor contumax sit, pretium integrum census una cum usuris praeteritis, atque intra duos menses solvendis apud acta deponendum est; nec enim sufficere videtur oblatio (8); quo praestito, immunis fit debitor ab annuo reditu imposterum solvendo. Quod si pretium census non omnino certum sit, et liquidum, sufficit deponere, quod certum est, et satisdationem praestare pro reliquo, quod forte debere consta-

(1) l. ult. Cod. *De fund. dotal.* (5, 23); l. 1 ff. eod. tit. (23, 5).
(2) l. 1 et passim ff. *Ut legator. etc.* (36, 3).
(3) Cenc. *De censib.* part. 3, cap. 1, quaest. 3, art. 7, n. 42 et seqq.
(4) l. 1 ff. *De fundo dotal.* (23, 5); l. ult. Cod. eod. tit. (5, 23).
(5) Cenc. ibid. n. 53 et 54 post Rotam.
(6) Cenc. *De censib.* part. 3, cap. 1, quaest. 3, art. 7, n. 65 et seqq.
(7) l. *Quamquam* 12 et seqq.; l. *Competit* 16 § 1 ff. *Quod vi, aut clam* (43, 24).
(8) V. vol. I, lib. 2, pag. 740, § 1543.
(9) l. *Cum oportet* 6 § *non autem* 2 Cod. *De bon. quae liber.* (6, 61).
(10) Cenc. d. loc. n. 67 post Rotam.
(11) d. loco n. 70 et 71 post Rotam.
(12) l. *Si cujus rei* 13 § 1 ff. *De usufructu* (7, 1); V. vol. I, lib. 2, pag. 754, § 1642 et seqq.
(13) l. ult. § *sin autem aes* 4 Cod. *De bon. quae liber.* (6, 61).
(14) argum. l. *Fundi Aebutiani* 38 ff. *De usufruct. legal.* (33, 2).

(1) Cenc. *De censib.* part. 3, cap. 1, quaest. 3, artic. 7, n. 72 et seqq.
(2) d. part. 3, cap. 1, quaest. 3, artic. 1, n. 19.
(3) d. Bulla S. Pii V 14 febr. 1569, n. 11 in fin.
(4) Cenc. d. loc. n. 20.
(5) Ibid. n. 21 ad 23.
(6) Ibid. n. 24 V. *Piatic. Legal.* part. 2, tom. I, pag. 202 et 203.
(7) l. *Quoniam* 2 Cod. *Ubi, et apud quem etc.* (2, 47).
(8) l. *Acceptam* 19 Cod. *De usur.* (4, 32).

bit (1): si autem creditor, termino pendente, decedat, depositum haeredibus denunciandum putant aliqui (2), quia alioquin justam ignorantiae facti alieni caussam allegare possent.

§ 3254. Si pecunia deposita pereat, ante moram creditoris in accipiendo, debitori, utpote adhuc domino, perit; creditori, si in mora positus sit, quia sine justa caussa detrectet censum retrovendere: utriusque vero, si utriusque mora adsit(3). Porro depositum a debitore census revocari potest, nisi creditor jam illud probaverit; seu acceptaverit; vel ei denunciatum fuerit, nec in mora probandi sit; multo minus, si mandante judice factum fuerit, vel partium consensu (4): eodem modo dissolvi debet, quo fuit colligatum (5).

§ 3255. Nec ex depositi repetitione, seu revocatione amittitur redimendi census facultas, quae ex Bulla Piana debitori perpetuo competit (6), ut supra diximus (§ 3231); cum liceat quidem creditori debitorem, qui semel futuram redemptionem denunciavit, ad redimendum cogere intra annum: ita tamen, ut debitor imposterum redimere non prohibeatur, licet pluries denunciaverit, nec unquam sponte redemerit, nec ad redimendum intra annum a creditore coactus fuerit (d. § 3236).

§ 3256. Sequitur disputatio de modo, quo census redimi possit, seu an totus omnino redimendus sit, an per partes, invito etiam creditore, redimere liceat. Duae sunt in hac quaestione sententiae. Putant aliqui, facultatem debitori competere, ut per partes redimat, dummodo pars haec non tam exigua sit, seu fere dimidia integri census (7): nituntur autem tum auctoritate, tum ratione: auctoritate nimirum summorum Pontificum Martini V, et Calixti III sanctionibus, quibus probatur consuetudo census per partes redimendi (8): a quibus non recessit S. Pius V (9), cum ne verbum quidem sit, quo hujus juris abrogatio significetur (10).

§ 3257. Ratione sententiam hanc inde probant, quod census per se dividuus sit, prout colligunt tum ex modo laudatis Martini V et Calixti III constitutionibus (§ praeced.); quibus redemptio per partes permittitur, quae permitti non posset, si census natura sua individuus esset; tum ex saepius allegata Piana sanctione, qua decernitur, ut census pro parte extinguatur, si res, super qua fuit impositus, pro parte pereat, vel infructuosa fiat (§ 3225); praeterquamquod, inquiunt, pars census separata ab aliis partibus tanti valeat respectu sui ipsius, quanti conjuncta cum aliis partibus.

§ 3258. Qui denegant debitori facultatem census pro parte redimendi, multiplici utuntur argumentorum genere. 1. Afferunt responsum Modestini, quo tradit Jureconsultus restituta sortis parte, adhuc totius summae usuras deberi, nisi convenisset, ut solutio particulatim fieri posset (1). Secundum argumentum desumunt ex incommodo solutionum per partes factarum, quae ideo generatim reprobantur (2); atque ita suadet justa creditoris voluntas, qui partem empturus non fuisset (3). Postremo argumentantur a jure redimendi fundum sub hoc pacto venditum, qui non nisi totus ex communi sententia redimi permittitur (4).

§ 3259. Praecipua haec sunt, quae ab utriusque sententiae patronis afferuntur: posterior, nisi aliud speciali pacto inter contrahentes inito, vel recepta consuetudine, aut usu fori inductum sit, magis consentanea videtur generalibus legum regulis et voluntati contrahentium: sane quidquid dicatur, partem tanti valere in se, quanti totam respectu totius, negari non posset, quin creditor ex particulari solutione gravia ferre possit incommoda; nec cogendus videtur, ut in extinctione contractum in partes scindat, quem integrum celebravit (5).

§ 3260 Censum redimi posse non tantum in pecunia vere, sed et ficte numerata, puta per compensationem debiti certi et liquidi, facta utique prius denunciatione (§ 3251), cum loco solutionis compensatio sit (6), plerique fatentur (7): immo et datis bonis immobilibus consentienti creditori; nec enim invitus plerumque cogi potest ad ea accipienda pecuniae loco (8), cum census extinguitur, non idem imminet periculum, ac in constitutione: pretii quidem restituendi mentionem facit S. Pius V (9), quia ita plerumque fit; sed non ait, pretium in pecunia numerata necessario restituendum esse, prout sanxit de census creatione (10): praeterquamquod pretium emptionis etiam in alia re mutuo partium consensu solvi potest (§ 2327).

§ 3261. Dicimus, creditorem plerumque cogi non posse, ut fundum pro pecunia accipiat (§ praeced.), nam ex justa caussa interdum a ju-

(1) l. *Statu liber.* 5 ff. *De statu liber.* (40, 7).
(2) Cenc. *De censib.* part. 3, cap. 1, quest. 3, art. 9, n. 57.
(3) Cenc. d. loco n. 61 et 62 post Rotam.
(4) Ibid. n. 63.
(5) l. *Nihil tam naturale* 35 ff. *De reg. jur.* (50, 17).
(6) d. Bulla 14 febr. 1569, n. 12 versic. *Cum vero traditione.*
(7) Cenc. *De censib.* part. 3, cap. 1, quaest. 3, artic. 8, n. 16.
(8) Extravag. 1 et 2 *De emption. et vendit.* (3, 5).
(9) d. Bulla 14 febr. 1569.
(10) l. *Praecipimus* 32 § ult. Cod. *De appellat.* (7, 62).

(1) l. *Tutor* 41 § 1 ff. *De usuris* (22, 1).
(2) l. *Plane* 3 ff. *Famil. Erciscund.* (10, 2).
(3) l. *Tutor* 47 § 1 ff. *De minoribus* (4, 4).
(4) V. supra § 2779, et l. *Maevius* 66 § *in fundo* 4 ff. *De legat* 2. (31, 1).
(5) l. *Nihil tam naturale* 35 ff. *De reg. jur.* (50, 17).
(6) l. *Si debitor* 4 in fin. ff. *Qui potior. in pign.* (20, 4).
(7) Cenc. *De censib.* part. 3, cap. 1, quaest. 3, art. 6, n. 4 et seqq.
(8) l. *Mutuum* 2 § 1 ff. *De rebus credit.* (12, 1); l. *Eum, a quo* 16 et l. sequ. Cod. *De solut.* (8, 43); Cenc. ibid. n. 7 et seqq. post Rotam.
(9) d. Bulla 14 febr. 1569, n. 12 versic. *Cum vero traditione.*
(10) d. Bulla n. 3 versic. *rursum vere.*

dice cogi, plerique tradunt (1), puta si debitor pecunia carens creditori tot bona in solutum offerat (2): vel si in haereditate, quam haeres adierit, implorato inventarii beneficio, sola adsint immobilia bona, quae nec facile emptorem inveniant. Quod si bona creditori in solutum data evincantur, primaeva jura non reviviscunt, sed tantum superest actio de evictione ad indemnitatem consequendam (3); nisi forte de juribus suis conservandis creditor protestatus sit (4).

§ 3262. Cum census, ut plures existimant, vendi possit minori pretio, quam emptus fuit, quia et ex communi hominum aestimatione aliquando pluris, aliquando minoris valet (5), quin obstet Piana sanctio, quae tantum de creditore loquitur, cum ait, censum augeri non posse (6), si debitor a secundo creditore eum redimere velit, non tantummodo pretium, quod hic solvit, sed quod primitus solutum fuit a primo emptore, restituere debet (7); quia secundus emptor eodem jure utitur, ac prior, in cujus locum successit (8).

§ 3263. Ex dictis patet, in census redemptione nihil ultra receptum pretium dandum esse (9): ita ut contrarium pactum viribus destituatur. Nec movet, quod forte valor creverit; etenim, ea pecunia restituta, alium ejusdem quantitatis censum creditor emere poterit. Monetae augmentum in census redemptione praestandum esse tum pro annuis pensionibus, tum pro ipsa sorte, si debitor eam restituere velit, alibi demonstravimus (10).

§ 3264. Census redimendi facultas debitori concessa est (§ 3235), sed non imposita necessitas, cum immo reprobetur pactum, quo debitor ad redimendum cogatur (§ 3208), nisi initum sub conditione, si debitor moram faciat in solvendis annuis praestationibus; aut creditor eo casu imputet praestationes perceptas in sortem (§ 3209), vel fiat inter venditorem et fidejussorem (§ 3210): sed et aliae quaedam passim probantur exceptiones: puta, si debitor futuram redemptionem creditori denunciaverit, quippe creditor in hoc casu potest intra annum cogere debitorem, ut redimat (§ 3236).

§ 3265. Praeterea debitor invitus censum redimere cogitur, si fundus censui suppositus in creditoris dominium perveniat; cum enim ex hac caussa census extinguatur, ut mox dicemus, sors restituenda est; nisi forte malit alium fundum subrogare (§ 3122). Idem dicendum, si debitor rem alienam censui supposuerit (1), vel fideicommisso restituendam, cujus dies, vel conditio extiterit, feudalem, vel emphyteuticam, atque fundum, vel emphyteusis ad dominum directum revertatur; his nempe casibus debitor vel sortem restituere debet, vel alium fundum subrogare; quemadmodum et si fundus culpa debitoris perierit; vel frugifer esse desierit (2). Postremo censuit Rota, creditorem recte agere ad repetitionem pecuniae non uti census, sed uti interesse, si debitor non impleat pacta adjecta dandi fidejussoris et similia (3).

§ 3266. Quaeri non inopportune potest, utrum creditor intra annum, quo post denunciationem redimendi a debitore factam eundem cogere potest, ut sortem restituat (§ 3236), nec tamen statim cogit, annuam census praestationem licite petat. Negant aliqui, quia interim census subsistere non videatur; ideoque usurae tamquam ex mutuo percipi viderentur (4). Alii affirmant, quia census intra annum vere adhuc subsistit, prout imposterum durare potest; nec enim prima sanctione necessitas creditori imponitur cogendi debitoris, ut censum redimat, sed facultas intra id tempus, non ultra, datur (d. § 3236).

§ 3267. Cum unaquaeque res eodem modo dissolvi debeat, quo fuit colligata (5), quemadmodum census instrumento publico creari, seu constitui debet (§ 3178), ita et instrumento dissolvi (6); sed, si forte instrumentum haberi nequeat, redemptionem census per testes probari posse, aliqui sentiunt (7). Sed de hac re fusius suo loco dicemus.

§ 3268. Jam innuimus, censum extingui posse, si fundus censui suppositus in creditoris dominium perveniat (§ 3265); sicuti enim census ab initio super re creditoris propria constitui non posset, ita nec super ea sustineri (8): atque ideo creditor agere potest, vel ut sors restituatur, vel alius fundus atque idoneus censui supponatur (9): sane si plures fundi pro censu obligati sint, atque unus remaneat penes debitorem, qui idoneus ~~censui sit~~, census super eo sustinetur, prout diximus de rei interitu (§ 3231): quod si fundus denuo revertatur ad debitorem, obligationem re-

(1) Cenc. d. artic. 7, n. 13 et seqq.
(2) Ad formam auth. *hoc, nisi debitor*, post l. 16 Cod. *De solut.* (8, 43).
(3) l. *Qui res suas* 98 § *arcem* 8 ff. *De solut.* (46, 3).
(4) Cenc. ibid. n. 17 ad 19.
(5) Cenc. *De censib.* part. 2, cap. 2, quaest. 2, artic. 6, n. 17 et seqq. et potissimum n. 20.
(6) d. Bulla 14 febr. 1569, n. 9 versic. *Imo et censum augeri.*
(7) Cenc. *De censib.* part. 3, cap. 1, quaest. 3, artic. 6, n. 20 et seqq.
(8) l. *Qui in jus* 177 ff. *De reg. jur.* (50, 17).
(9) d. Bulla S. Pii V 14 febr. 1569, n. 11, versic. *Postremo census.*
(10) V. vol. II, lib. 3, pag. 965, § 755 ad 757.

(1) Cenc. *De censib.* part. 3, cap. 1, quaest. 3, artic. 4. n. 4.
(2) Ibid. n. 6 ad 11.
(3) Ibid. n. 12.
(4) Ibid. artic. 5. n. 10.
(5) l. *Nihil tam naturale* 35 ff. *De reg. jur.* (50, 17).
(6) V. *Reg. Constit.* lib. 5, tit. 22, cap. 4, § 1 et seqq.
(7) V. Cenc. *De censib.* part. 3, cap. 1, quaest. 3, art. 10, qui tamen simul defendit, instrumentum in constitutione census non requiri.
(8) l. *Neque pignus* 45 ff. *De reg. jur.* (50, 17); V. Cenc. d. part. 3, cap. 1, quaest. 5, n. 1 et seqq.
(9) Cenc. ibid. n. 10.

viviscere aliquibus placet, si modo dominium creditori irrevocabiliter acquisitum non fuerit (1); alioquin obligatio *in perpetuum* sublata non nisi ex novo consensu reviviscere posset (2).

§ 3269. Praescriptione quoque extingui potest census, seu jus creditori competens exigendi annuam praestationem exemplo caeterarum rerum, et actionum: ita ut annui reditus, si Fabro credimus, intra triginta annos praescribantur, nec nisi ab anno nono post vigesimum peti possint, quia initio cujuslibet anni debentur, sortis autem petitio sola immemoriali, vel centenaria praescriptione excludatur (3), cum sors numquam repeti a creditore possit (§ 3188). Jure regio per lapsum triginta annorum ab eo tempore computandorum, quo actiones natae fuerunt, atque *experiendi potestas coepit*, praescribuntur actiones omnes reales, personales, et mixtae (4).

§ 3270. Extinguitur quoque census resoluto jure auctoris super re censui supposita (5): puta, si census costitutus fuerit a vassallo super feudo, ab emphyteuta, usufructuario, et similibus, atque feudum, vel emphyteusis ad directum dominum revertatur, vel ad alios ex lege feudali, vel emphyteutica perveniat, ususfructus morte usufructuarii, vel alia caussa extinguatur (6); quia census esse non potest sine re immobili (§ 3113): adeoque extincto jure imponentis censum extinguitur, seu sors restituenda est, nisi debitor malit alium fundum aeque idoneum subrogare (§ 3122).

§ 3271. Si fundus, super quo census impositus fuit, evincatur, stricto jure inspecto, creditor agere potest ad restitutionem sortis; ex aequitate tamen, prout in aliis casibus (§ praeced.), subrogari potest alter fundus: atque idem dicendum, si evincatur census creditori in solutum datus; permittenda quoque subrogatio alterius census aeque idonei, exigibilis, ut ajunt (7): quod si pro censu evicto alius non detur, indemnitas creditori praestanda est in pecunia, habito respectu valoris census de tempore evictionis (8).

§ 3272. Legis potestate apud nos extinguitur census perpetuus, non vitalitius, ab eo debitus, super cujus bonis discussionis istantia, seu judicium concursus institutum sit, quasi a tempore instituti concursus facta videatur denunciatio redemptionis census, seu *disdicta*, ut ajunt veteres pragmatici (9). Judicis auctoritate etiam potest extingui census, seu, ut melius dicam, nullus, te irritus declarari; itaut si in simplex mutuum abeat, fidejussor pro censu datus liberetur, nisi spoponderit in omnem casum pro solutione usurarum, et restitutione sortis (§ 3215): atque idem dicendum de hypotheca bonorum, utpote accessoria (1).

§ 3273. Post haec cumulatim subjicienda putamus, quae censibus temporalibus, seu vitalitiis conveniunt. Cum census hujusce generis ex communi sententia Constitutio S. Pii V (2) non complectatur, utpotequae tantum agit de censibus natura sua perpetuis, in his naturalis tantum juris regulae et civilis, si quae sint, servari debent. Hinc census vitalitius generatim imponi potest super omnibus bonis praesentibus et futuris, super bonis incertis, vel super personis adjecta bonorum hypotheca, vel sine ea (3); nec pereunte re, super qua impositus fuit, extinguitur (§ 3230): illius pretium tam in pecunia, quam in alia quacumque re solvi potest (§ 3154): hic enim contractus innominatus est, do ut des: vel si quis contendat, ad emptionem referri, cum pecunia datur, in contractum innominatum transibit, si res pretii loco detur (§ 2328).

§ 3274. Census vitalitius constitui potest non tantum ad vitam unius personae, sed etiam duarum, vel plurimum personarum, vel ad vitam creditoris, vel ad vitam debitoris, pro ut placuerit. Ejus pretium justum utique esse debet; cum in omnibus contractibus aequalitas servanda sit. Quod vero sit justum pretium, aestimari debet exactate illius, ad cujus vitam duraturus est, ejusque valetudine (4), habita etiam ratione usurarum legitimarum, seu quae, in regione pro mutuo, aut censibus perpetuis permittuntur, vel frequentantur. Porro usuras census vitalitii minime soluti deberi, non secus ac aliarum praestationum, quae per se existunt, solvendas esse, alibi monuimus (5). Haec sunt, quae de censibus, utpote usu frequentioribus, tradenda opportunum duximus. Regredimur ad Justiniani institutum, de societate verba facturi.

TITULUS XXII.

DE SOCIETATE.

Instit. lib. 3, tit. 26 *De societat.*
Digest. lib. 17, tit. 2) *Pro socio.*
Cod. lib. 4, tit. 37)

SUMMARIA

§ 3275. *Societas est contractus consensu constans, quo inter aliquos res, aut operae communicantur, lucri in commune faciendi*

(1) Cenc. ibid. n. 12 post Rotam.
(2) l. *Qui res suas* 98 § *arcem* 8 ff. *De solutionib.* (46, 3).
(3) Fab. Cod. *De praescript. XXX vel XL annor.* lib. 7, tit. 13, def. 5, 9, 19 et 20. V. vol. I, lib. 2, § 2078 ad 2090.
(4) *Reg. Constit.* lib. 5, tit. 18, § 1.
(5) l. *Lex vectigali* 31 ff. *De pign.* (20, 1).
(6) Cenc. *De censib.* part. 3, cap. 1, quaest. 8, n. 1 ad 5.
(7) argum. l. *Si quis domum* 9 ff. *Locati* (19, 2). V. supra § 3172.
(8) l. *Evicta re* 70 ff. *De evict.* (21, 2). V. supra § 2615.
(9) *Reg. Constit.* lib. 3, tit. 33, § 28, V. vol. II, lib. 3, pag. 1063, § 1443.

(1) l. *Cum principalis* 178 ff. *De reg. jur.* (60, 17).
(2) d. Bulla *Cum onus* 14 febr. 1569.
(3) Contrariae etenim conditiones ex jure positivo descendunt. V. supra § 2187 et 2188.
(4) V. l. *Computationi* 68 ff. *Ad leg. falcid.* (35, 2).
(5) V. vol. II, lib. 3, pag. 982, § 875.

caussa. — § 3276. *Societas non est, cum plures in communionem incidunt per legatum aut haereditatem. Quid si simul rem emerint? A tractatu ad contractam societatem inferri nequit.* — § 3277. *Societas tum rerum, tum operarum iniri potest.* — § 3278. *Res omnes, sive corporales, sive incorporales in societatem conferri possunt, ut lucrum fiat, dummodo licitae et honestae sint. Nulla societas maleficiorum est?* — § 3279. *Cur in definitione societatis nulla damni mentio fiat?* — § 3280. *Quae sint de societate sigillatim exponenda?*

§ 3275. Tertia contractuum species, qui solo consensu perficiuntur, est societas: eaque definiri potest *contractus consensu constans, quo inter aliquos res, aut operae communicantur, lucri in commune faciendi caussa.* Contractus vox tenet locum generis, qua societas cum omnibus contractibus convenit, sive consensu, re, verbis, aut litteris perficiantur: additur, consensu constans, ut significetur, societatem aeque ac emptionem, locationem, et mandatum solo consensu iniri posse; atque contractam intelligi, licet nec dum res, aut operae collatae fuerint (1). Cum autem ait Modestinus, societatem re, et verbis iniri posse (2), id unum demonstrat, non expresso tantum verbis consensu, sed tacito, re, vel factis demonstrato societatem recte contrahi.

§ 3276. Societas solo consensu constat, sed et omnino consensum desiderat, quia consortium voluntarium est, ut ait Papinianus (3): ex quo intelligimus, societatem non esse, cum casu duo, aut plures in communionem inciderunt, puta re duobus legata, aut donata, aut haereditate relicta (4). An vero societas contracta videatur, cum duo rem simul emunt, res est ex contrahentium voluntate dijudicanda; ita tamen, ut in dubio societatem facto contraxisse praesumantur (5).

§ 3277. Subjicimus, in societate res, aut operas communicari: rerum aut operarum communicatio ad societatem requiritur; cum in hoc essentia, ita dicam, societatis, seu communionis consistat: unde traditur, donationis caussa societatem recte non contrahi (6), idest societatem non esse, si quis lucri partem concedat alteri, qui nihil contulerit. Rerum porro, aut operarum societas recte initur, cum non minus ex rebus, quam ex operis, puta inter artifices, lucrum sperari possit si in commune conferatur (7).

§ 3278. Nec interest, an res corporales sint, an incorporales; utriusque speciei res in commune conferri possunt, ut lucrum fiat: dummodo licitae, et honestae sint, neque enim ulla societas maleficiorum esse potest (1): atque hinc socius, qui ex delicto, cujus societas inita fuerit, in poenam damnatus est, totum ipse damnum ferre debet (2), nec unus socius recte petit, conferri ea, quae alter socius ex maleficio quaesivit (3). Quod si contracta ab initio rei licitae societate, unus in commune attulerit, quod ex maleficio comparavit, illud repetere nequit, nisi ad restitutionem damnatus sit, si Pomponio credimus (4); sed aequitati minus consonat sententia haec; etenim res ex maleficio quaesita domino restitui debet, quin ulla opus sit condemnatione: res suo domino clamat.

§ 3279. Postrema definitionis verba finem contrahendae, et simul effectum contractae societatis demonstrant: etenim societas eo plane consilio initur, ut lucrum fiat, quod inter socios commune sit; nec valet conventio, ut emolumentum unius tantum socii sit, utpote contra finem societatis, atque societas ita contracta *Leonina* dicitur (5). Damni mentionem non facimus in definitione; tum quia damnum praeter contrahentium votum accidit; tum quia potest ita iniri societas sub conditione, ne alter ex sociis damni particeps sit (6).

§ 3280. Hisce praemissis expendemus. 1. Quotuplex sit societas, quibus modis contrahatur, et a quibus contrahi possit. 2. Quae in societatem veniant. 3. Qui sint contractae societatis effectus. 4. Quibus modis societas finiatur.

CAPUT I.

Quotuplex sit societas, quibus modis contrahatur, et a quibus iniri possit.

SUMMARIA

§ 3281. *Societas a rebus, quae conferuntur, dividitur in universalem, particularem et singularem. Singulae explicantur.* — § 3282. *Societas universalis tacite etiam contrahi potest. Quibus indiciis contracta existimetur societas, potissimum universalis?* — § 3283. *Quid si unus ex fratribus, inter quos universalis societas vigebat, decesserit, liberis superstitibus?* — § 3284. *Privatae acquisitionis actus demonstrat voluntatem recedendi a societate universali.* — § 3285. *Res ejus est, a quo proprio nomine empta fuit, quamvis communi, vel aliena pecunia; nisi haec militis, aut minoris sit, atque emerit curator.* — § 3286. *Pecunia redacta ex venditione rei communis tamquam communis non reputatur: pecunia in*

(1) l. *Consensu* 2 ff. *De obligat. et actionib.* (44, 7).
(2) *Societatem* 4 ff. hoc tit.
(1) l. *Cum duobus* 52 § *idem Papinianus* 8 ff hoc tit.
(2) l. *Ut sit* 31 ff. hoc tit.
(3) l. *Nihil autem* 2 ff. *Commun. divid.* (10, 3); l. *Cum proponas* 2 Cod. hoc tit.
(1) l. *Societates* 5 § ult. ff. hoc tit.
(2) l. *Si non fuerit* 29; l. *Duo societatem* 71 ff. hoc tit.

(1) l. *Nec praetermittendum* 57 ff. hoc tit.
(2) l. *Cum duobus* 52 § ult. ff. hoc tit.
(3) l. *Quod autem* 53 ff. hoc tit.
(4) l. *Quod enim* 54 ff. hoc tit.
(5) l. *Si non fuerint* 29 § ult. ff. hoc tit.
(6) § *de illa* 2 in fin. Instit. hoc tit.

dubio impendentis praesumitur. — § 3287. *Quibus indiciis societas particularis inducta existimetur?* — § 3288. *Societas dividi potest in publicam et privatam. An ita iniri possit, ut nullo tempore dissolvatur? An sub conditione recte contrahatur?* — § 3289. *Socii pacisci possunt, ut unus majorem rerum copiam conferat, alter minorem.* — § 3290. *Quae desiderentur in societate ineunda solemnitates?* — § 3291. *Societatem iniri possunt omnes, qui liberam habent rerum suarum administrationem. Quid de minoribus?*

§ 3281. Societas a rebus, quae in eam conferuntur, dividi solet in universalem et particularem; addunt alii singularem. Universalis est ea, qua bona omnia sociorum communia fiunt, sive immobilia sint, sive mobilia, corporalia, vel incorporalia, praesentia, et futura quocumque titulo quaesita (1): particularis, qualis contracta judicatur ab illis, qui simpliciter societatem ineunt, est communicatio omnium bonorum, quae ex quaestu veniunt, non quae aliunde sociis acquiruntur (2): et singularis speciatim appellatur, si unius tantum rei, puta negotiationis olei, vini, aut frumenti, aut unius artificii societas exerceatur lucri faciendi caussa (3).

§ 3282. Non expresse tantum, sed etiam tacite contrahi potest societas: sed ex simplici promissione aliquem admittendi in societate haec contracta non intelligitur, utique locus fieri potest actioni de indemnitate praestanda (4), multo minus ex tractatu societatis ad eam necessario inferri potest (5): atque difficultas est, quibus casibus universorum praecipue bonorum societas contracta intelligatur (6); cum enim societas haec maximi momenti sit propter rerum omnium, et onerum communionem, vix, inita praesumitur, nisi de ea speciatim actum appareat (7): interdum tamen etiam tacite inducitur: puta si fratres non paternam tantummodo haereditatem indivisam habuerint, sed etiam caetera bona omnia, in quorum communionem inciderunt, simul habitaverint, lucra omnia et damna communicaverint, nec a se invicem rationes unquam exegerint; dummodo haec omnia simul interveniant; ita ut, si minimum desit societas universalis minime contracta videatur (1); puta si alter ex sociis quantulumcumque negotium proprio nomine gesserit, et sibi habuerit (2): contracta tamen universorum bonorum societas non ideo solvitur, quod unus socius, altero ignorante, aliquid suo nomine sibi acquirat in fraudem socii (3).

§ 3283. Si fingamus, tacite contractam inter fratres hanc bonorum omnium societatem, tum, uno defuncto, superstitibus liberis, fratrem superstitem, qui simul cum illis habitat, bona omnia communi nomine administrare, nec quidquam suo nomine gerere (§ praeced.), atque praemortui fratris liberos eadem facere solitus erat frater, tacito liberorum consensu universalis societas renovata videbitur, dummodo haeredes ejus aetatis sint, ut expressam societatem coire possint (4). Quod si defuncti fratris liberi in minori adhuc aetate constituti sint, qui ideo societatem bonorum omnium sine tutoris auctoritate, et judicis decreto inire nequeunt, quia alienationem continet (5), nec tacite cum illis iniri, nec inita renovari potest societas universalis (6): si tamen minor major factus rata habeat, quae gessit patruus, convalescet societas, eosdemque pariet effectus, perinde ac si ab initio contracta vel continuata fuisset (7).

§ 3284. Quaerit hac occasione Faber, utrum, si ex pecunia, quae inter fratres communis fuerat, fratre praemortuo, superstes aliquid acquirat proprio nomine, an id commune sit inter acquirentem et praemortui fratris haeredes. Si proprium acquirentis sit, constat, minime communicandum esse (8); cum privatae acquisitionis actus demonstret superstitem fratrem tacite ineundae seu renovandae societatis animum non habere (§ 3282); qui enim sibi acquirere vult, lucra omnia communicare profecto recusat.

§ 3285. Quaestio proinde in eo est, an res pecunia communi acquisita in commune conferri debeat, seu communis sit. Sed hic certissima juris regula, rem ejus esse, qui proprio nomine eam comparavit, non cujus nummis empta fuit, sive haec aliena (9), sive communis fuerit (10), salva pecuniae domino personali actione ad eam pro parte sua repetendam (11): nisi res empta sit

(1) l. 1 § 1; l. *Ea vero* 3 § 1 ff. hoc tit.
(2) l. *Coiri* 7 et l. seq. ff. hoc tit.
(3) § 1 Instit. hoc tit.; l. *Societates* 5 ff. hoc tit.
(4) l. *Societate* 4 ff. hoc tit.
(5) l. *Nam cum* 32; l. *Si id, quod* 58 § 1 ff. hoc tit.
(6) Societas quoque particularis tacite iniri potest, et quidem facilius, quam universalis iniri censetur. l. *Societatem* 4 ff. hoc tit., sed quia contrahentes plerumque malunt integro, quod sperant, emolumento frui, contracta praesumi non debet, nisi ex actibus, qui citra jus, et nomen societatis geri non possint: ex quo sequitur, ad societatem re inducendam non sufficere, quod plures simul mutuam pecuniam acceperint ad solvendam pensionem debitam pro re, super qua praetenditur societas: maxime si hujusce mutui alia capi possit praesumptio.
(7) l. *Ea vero* 3 § 1 ff. hoc tit; Fab. Cod. hoc tit. lib. 4, tit. 27, def. 3, n. 1.

(1) Fab. Cod. hoc tit. lib. 4, tit. 27, def. 3, n. 2 et 3 in corp.
(2) l. *Si patruus* 4 Cod. *Commun. utriusq. judic.* (3, 38).
(3) Fab. Cod. hoc tit. d. def. 3 in not.
(4) Fab. Cod. hoc tit. *Pro soc.* lib. 4, tit. 27, definit. 4 in princ.
(5) l. *Ut sit* 31 ff. hoc tit.
(6) Fab. Cod. d. def. 4, n. 4 et seqq.
(7) l. ult. Cod. *Ad Senatusc. Macedon* (4, 28); Fab. d. def. 4 in fin.
(8) Fab. Cod. hoc tit. lib 4. tit. 27; def. 5 in princ.
(9) l. *Si ex ea pecunia* 6 Cod. *De rei vindicat.* (3, 32); Fab. Cod. hoc tit. d. def. 5, n. 9 et seqq.
(10) l. *Si patruus* 4 Cod. *Commun. utriusque judic.* (3,38).
(11) d. l. 4 Cod. *Comm. utr. judic.*

pecunia militis (1), pupilli, vel minoris a tutore vel curatore (2).

§ 3286. Interest tamen, recte subjicit Faber, an res empta sit ex pecunia cum pupillo communi, an ex pecunia, quae redacta fuerit ex venditione rei communis; haec enim communis non reputatur (3), quemadmodum nec furtiva est pecunia, quae redigitur ex venditione rei furtivae (4); adeoque nec ullum pupillo competit privilegium (5), quod ei dumtaxat indultum est, cum rem ex pecunia pupilli tutor comparavit (§ praeced.). Porro in dubio, utrum pecunia, ex qua res comparata fuit, communis sit, an ementis propria, praesumitur ejus fuisse, qui emit (6) (quemadmodum etiam in dubio quis creditur sibi emere, et proprio nomine solvere (7); nisi emens filius familias sit, aut mulier nupta, aut rerum alienarum administrator (8); praesumptio tamen contraria probatione eliditur (9).

§ 3287. Hactenus de indiciis societatis universalis tacite contractae: facilius praesumitur inita particularis societas; utpotequae minoris momenti est (10): puta si quis sortem contuleris in societatem, patientibus et probantibus sociis: si lucrum et damnum communicatum fuerit, si rationes invicem redditae fuerint; potissimum si jam alias societates inter eos, de quibus quaeritur, initas fuisse constet: ex libris quoque negotii, eorum inscriptione societatis probatio erui potest, testium dictis, et similibus, quae prudens judex aestimare debet (11): atque in dubio societas haec censetur contracta lucrorum omnium, quae ex quaestu veniunt, emptione, venditione, conductione, locatione et similibus (12).

§ 3288. A rebus in societatem collatis dividi quoque potest in publicam et privatam, prout innuunt jureconsulti (13); publica est societas vectigalium, cum plures vectigalia, aliasve res fisci simul conducunt: privata circa res privatorum versatur. Iniri potest societas vel simpliciter, seu nullo praefinito temporis spatio, intra quod concludatur, vel ad certum et determinatum tempus, aut etiam incertum, puta quamdiu socii vivent (1); non tamen in perpetuum (2) eo sensu, ne a societate recedere liceat: nisi forte quaestio sit de societate pascuorum inter communitatem et vassallum (3), ne discordiae nutriantur, cum earum mater, non utique per se, sed ex hominum malitia, communio sit. Nec pure tantum, sed et sub conditione in societatem coire licet (4).

§ 3289. Quamquam socii plerumque aequaliter res, aut operas conferunt, probatur tamen pactio, qua unus majorem rerum copiam conferat, alter minorem, vel etiam nihil conferat praeter operas suas (5); ut enim scite animadvertit Justinianus, quorumdam operae ita pretiosae sunt, ut pro pecunia, imo et magis valeant (6): quod si unius operae non plus valeant, iniqua conventio obligationem non pareret (7).

§ 3290. Quod pertinet ad solemnitates, apud nos cautum, ut publico instrumento, vel privata scriptura a contrahentibus, et duobus testibus fide dignis subscripta omnino contrahi debeat societas inter mercatores; ita ut nulla ratio habeatur conventionum, quae sine scriptura factae asserantur (8): quae tamen ab aliis ineuntur, vel etiam a mercatoribus extra negotiationis caussam, per testes, aliove modo probari possunt, puta ex libris negotii et rationum, eorumque inscriptione (9); atque, ut personarum cum campsoribus vel mercaturam, aut negotiationem exercentibus contrahentium indemnitati prospectum sit, praecipitur relatio in acta publica magistratus negotiationi praepositi (10).

§ 3291. Societatem inire possunt omnes (adcoque et conjuges inter se (11)), qui liberam rerum suarum administrationem habent, nec speciale aliquid est in societate constitutum. Minores et impuberes accedente tutoris vel curatoris, auctoritate, ut indemnitati eorum consulatur, ne forte damnosam ineant societatem (12). Ad divisionem initae societatis, vel in quam inciderint, minores provocare regulariter non posse, nisi ex justa caussa, atque judicis auctoritate, suo loco demonstravimus (13).

(1) l. *Si ut proponis* 8 Cod. *De rei vindic.*
(2) l. *Si tutor* 2 ff. *Quand. ex fact. tutor.* (26, 9); l. *Si curator* 3 Cod. *Arbitr. tutel.* (5, 51); Fab. d. def. 5, n. 12 et seqq.
(3) Fab. Cod. hoc tit. lib. 4, tit. 27, d. def. 5, n. 15 et seqq.
(4) l. *Qui vas argentum* 48 § ult. ff. *De furt.* (47, 2).
(5) Fab. d. def. 5, n. 19 et seq.
(6) argum. l. *Si defunctus* 10 Cod. *Arbitr. tutel.* (5, 51); Fab. Cod. hoc tit. lib. 4, tit. 27, def. 6 in princ.
(7) l. *Si ita stipulatus* 126 § *Chrysogonus* 2 in fin. ff. *De verbor. obligat.* (45, 1); l. *Et magis* 4 ff. *De solut.* (46, 3); Fab. Cod. hoc tit. d. def. 6 in fin.
(8) l. *Quintus Mucius* 51 ff. *De donat. int. vir. et uxor.* (24, 1); Fab. d. def. 6, n. 1 et seqq.
(9) l. *Si chirographum* 24 ff. *De probationib.* (22, 3).
(10) V. § 3282 in not.
(11) argum. d. l. *Societatem* 4 ff. hoc tit.
(12) l. *Coiri* 7 ff. hoc tit.
(13) d. l. *Societatem* 4; l. *Adeo* 59 ff. hoc tit.

(1) l. 1 in princ. ff. hoc tit.
(2) l. *Nulla societatis* 70 ff. hoc tit.; l. *In hoc judicium* 14 § *si conveniat* 2 ff. *Commun. dividund.* (10, 3).
(3) § *manet autem* 4 Instit. hoc tit.; V. Thesaur. decis. 142 per tot.
(4) l. 1 ff. hoc tit.; l. penult. Cod. hoc tit.
(5) § *de illa* 2 Instit. hoc tit.; l. *Si non fuerint* 29 § 1 ff. hoc tit.
(6) d. § 2 in med. Instit. hoc tit.
(7) d. l. 29 § 1 ff. hoc tit.
(8) *Reg. Constit.* lib. 2, tit. 16, cap. 5, § 1.
(9) Ibid. § ult.
(10) Ibid. § 3 et 4.
(11) Solae enim donationes inter virum, et uxorem reprobantur l. 1 et passim ff. *De donat. inter vir. et uxor.* (24, 1).
(12) Fab. Cod. hoc tit. lib. 4, tit. 27, def. 2, n. 3 et seqq. in corp.
(13) V. vol. I, lib. 1, pag. 351, § 2209 et seqq.

CAPUT II.

Quae res in societatem veniant.

SUMMARIA

§ 3292. *In societate universali bona omnia, quocumque titulo acquisita, praesentia et futura communia fiunt.* — § 3293 *et* 3294. *Onera quoque omnia inter socios universales communiter ferri debet. Quid de sumptibus in studia et dotem filiarum?* — § 3295. *Dos uxoris unius ex sociis communis non fit: utique vero fructus. Quid si dotem, muliere defuncta, maritus lucretur?* — § 3296 *Damna, quae unus ex sociis culpa sua passus est, alter pro parte ferre non tenetur. Quid de aere alieno?* — § 3297. *In societatem particularem veniunt emolumenta omnia ex quaestu, nôn quae alieno beneficio uni socio acquiruntur. Quid si socius nomine proprio contraxerit, sed de rebus societatis?* — § 3298. *Aes alienum, quod ex caussa societatis unus socius non contraxit, alter ferre non debet.* — § 3299. *Quid si aes alienum ex caussa societatis contractum fuerit, sed in utilitatem societatis versum non sit?* — § 3300. *Impensae in societate particulari non imputantur, nisi ipsius societatis caussa factae fuerint.* — § 3301. *Quae lucra et damna communicentur in societate singulari?* — 3302. *An socius damnum, quod occasione societatis alter sensit, pro parte ferre teneatur?* — § 3303 *et* 2304. *Lucri et damni aequalis divisio fit pro rata ejus, quod quisque contulit in societatem, nisi aliter convenerit.* — § 3305. *Socii convenire possunt, ut unus duas lucri partes, et duas damni habeat.* — § 3306 *et* 3307. *An valeat conventio, ut duas lucri partes unus consequatur, unam dumtaxat damni ferat?* — § 3308. *Societas ita iniri potest, ut unus lucrum, alter damnum habeat, si inaequalitas haec majore unius industria compensetur. Qua ratione lucri computatio fiat? An contractus trium licitus sit?* — § 3309. *Partes in una caussa expressae in alia servari debent?*

§ 3292. Cum quaeritur de rebus, quae in societatem veniunt, seu quae a sociis, inita semel societate, conferenda sunt, seu in commune ferenda, distinguenda est societas universalis a particulari et singulari. *In societate omnium bonorum omnes res*, ait Paulus, *quae coeuntium sunt, continuo communicantur* (1), ex tacita contrahentium voluntate, licet traditae non sint res corporales (2); incorporales vero per cessionem actionum communicantur (3): nec praesentia tantum, sed etiam futura, seu quae oneroso, seu quae lucrativo titulo comparant socii, velut haereditates, legata, donationes (1).

(1) l. 1 § 1 ff. hoc tit.
(2) l. *Quia licet* 2 ff. hoc tit.
(3) l. *Ea vero* 3 in princ. ff. hoc tit.

§ 3293. Cum autem incommoda a commodis disjungi non debeant (2), idcirco in societate universali communiter ferri debent onera, et damna rèbus communibus contingentia, dummodo sine culpa lata, et levi alterius socii contigerint: proinde sumptus in alimenta, studia, vel honores, seu dignitates liberorum unius ex sociis, licet alter nullos liberos habeat (3), in dotem filiarum (4), et similia, haec enim omnia liberis a patre praestanda sunt; nec iniquum videri debet, communibus sumptibus praestari, cum compensationem habere possint ex legatis, haereditatibus, aliisve, quae socio liberos habenti obveniant (§ praeced.).

§ 3294. Neque aliam de dote sententiam adstruit Papinianus, speciale pactum commemorans ut dos nubenti alterius socii filiae ex bonis communibus constitueretur (5); nec enim agit Jureconsultus de societate universali; cujus nulla ibi mentio fit, sed de particulari, cui pactum dandae dotis adjectum fuerat, quodque servandum esse tradit. Plane si dos, finita etiam societate, ad socium dotantem revertatur, omnino communicanda est (6); nam jus recipiendae dotis, quod ex illius numeratione descendit, societatis tempore in spe jam natum erat; adeoque dividi pro rata debet futurum emolumentum.

§ 3295. Dos uxori unius ex sociis data alteri socio interim pro parte non acquiritur, adeoque, societate finita, praecipua est mariti, qui matrimonii onera subiturus est (7); nec enim socius mariti vi societatis considerari potest tamquam maritus: fructus utique dotis, utpote ad maritum pleno jure spectantes, communes sociorum sunt. Quod si maritus dotem, defuncta in matrimonio muliere, statuto, consuetudine, aut pacto speciali lucretur, eadem inter socios dividenda est (8).

§ 3296. Damna, quae unus ex sociis culpa sua passus est, pro parte non fert alter socius (9); puta si actione injuriarum damnatus aliquid praestiterit: quod si judicis injuria condemnatus fuerit, cum dolo careret, partem ab altero consequi aequum est (11): idem dicendum de aere alieno, quod alter socius contraxerit (12); quia et hoc onus est societatis universalis, in qua lucra omnia (§ 3292), et damna (§ 3293) communia fiunt.

(1) d. l. 3 § 1; l. *Si societatem* 73 in princ. ff. hoc tit.
(2) l. *Secundum naturam* 10 ff. *De reg. jur.*
(3) l. *Si societatem* 73 ff. hoc tit.
(4) Voet *in Pandect.* hoc tit. n. 4.
(5) l. *Si socius* 81 ff. hoc tit.
(6) d. l. 81 ff. hoc tit.
(7) l. *Actione* 65 § ult. ff. hoc tit.; Fab. Cod. hoc tit. lib. 4, tit. 27, def. 7.
(8) l. *Quod si eo tempore* 66 ff. hoc tit.
(9) l. *Adeo* 59 § 1 ff. hoc tit.
(10) l. *Cum duobus* 52 § ult. ff. hoc tit.
(11) l. *Ex parte* 39 § *filius* 3 *Famil. Erciscund.* (10, 2).

3297. In societatem particularem, seu rerum omnium, quae ex quaestu comparantur (§ 3281), veniunt emolumenta omnia futura ex quaestu, puta emptione, venditione, locatione, negotiatione, vel artificio (1), non quae alieno beneficio unus ex sociis acquirit, puta haereditates, et legata, quae ob sanguinis vinculum, vel affectionem uni socio relinquuntur (2): nec alia lucra communicantur, quam quae ex quaestu veniunt, licet adjectum speciatim fuerit, ut quaestus, et lucri societas sit (3): ex abundanti adjectum intelligitur, quod ex natura contractus venit. Profecto socius contrahens de re ad societatem spectante praesumitur contraxisse nomine societatis, eaque idcirco in societatem conferri debet.

§ 3298. Quemadmodum sola quaestus futura emolumenta inter socios particulares communia sunt, ita et sola damna, quae ex quaestu pendent, communiter a sociis feruntur, non caetera: nec aes alienum, quod ex alia caussa socius contraxit, a socio solvi debet (4): cum autem Paulus generatim ait, *omne aes alienum, quod manente societate contractum est, de communi solvendum* (5), de aere alieno ex caussa societatis contracto intelligendus est, licet, societate finita, puta quia sub conditione contractum sit, solvi debeat (6).

§ 3299. Quinimmo nec eas alienum ex caussa societatis contractum ab altero socio solvi debet, nisi in caussam societatis versum sit (7). Sed regula haec quasdam habet exceptiones. Imprimis socius de aere alieno, quod socius, utique ex caussa societatis particulari, contraxit (§ praeced.), tenetur, licet in usum societatis pecunia versa non fuerit, si plures socii se mutuo expresse, vel tacite instituerint (8): puta si negotia societatis a singulis sociis promiscue gerantur (9); quo fit, ut creditores societatis, licet chirographarii, et posteriores, aliquando praeferantur hypothecariis prioribus (10). An vero, et quibus casibus teneantur in solidum, infra expendimus (11).

§ 3300. Eadem, quae aeris alieni, est expensarum ratio in particulari societate: nimirum non aliae impensae societati imputandae sunt, quam quae ipsius caussa factae fuerunt (12); ut ita aequalis fiat commodi et incommodi distributio. Atque, si unus pecuniam communem foenori dederit proprio non societatis nomine, usuras quidem solus percipit, sed et periculum sortis sustinet (1): consequenter si unius negotiationis societas contracta sit, non habetur ratio impensarum in aliam negotiationem erogatarum (2).

§ 3301. Ex his constat, inita unius rei, vel negotiationis singulari societate, ea tantum lucra, et damna inter socios communicari, quae ex hac profluunt (3); sicuti et solae impensae, quae propter eam factae sunt, communiter a sociis ferri debent (4).

§ 3302. Quinimmo placuit Juliano et Ulpiano, damnum, quod socius occasione societatis sensit, ab altero socio pro rata parte ferendum esse. Species haec proposita fuit. Duo negotiationem sagariam, idest vestium, ut plerique interpretantur, inierunt: unus ex his ad merces comparandas profectus in latrones incidit: ipse, et servi vulnerati sunt, atque etiam res proprias perdidit: censuit Julianus, cujus sententiam sequitur Ulpianus, damnum esse commune non tantum pecuniae ad merces comparandas destinatae, et sumptus in medicos, sed et rerum quae socii propriae sunt: rationem adjicit, quia res has secum non tulisset socius, nisi ad merces communi nomine comparandas profectus fuisset (5). Aequissima est sententia haec, dummodo intelligatur de rebus, quas socius, ad merces emendas iturus, necessario secum ferre debuit: puta vestes, equum, et his similia; non vero caetera, quae sponte sua detulit (6).

§ 3303. Saepe diximus, lucrum et damnum inter socios commune esse; seu pro rata inter socios utrumque distribui; quod verum est, si nulla specialis conventio intercesserit; alioquin ex contrahentium voluntate inaequalis fieri potest lucri, et damni divisio Reprobatur utique pactum, quo convenerit, ut unus omne lucrum, alter totum damnum subeat (7). Si ergo nihil de partibus lucri, et damni dictum sit, aequales partes fiunt (8), utique pro rata ejus, quod quisque contulit in societatem; alioquin inaequalis plane divisio fieret.

§ 3304. Non desunt utique, qui sentiunt, aequalem omnino divisionem fieri debere licet unus plus contulerit, quam alter socius: verum sententia haec recipi tantum potest in societate universali, quae omnimodam communionem inducit (§ 3292 et 3293), et fortassis etiam in societate particulari rerum, nulla earum, facta spe-

(1) l. *Coiri* 7 et seq. ff. hoc tit.
(2) l. *Nec adjecit* 9 et duabus seqq.; l. *Duo* 71 § ult. ff. hoc tit.
(3) argum. l. *Sed nec aes* 12 ff. hoc tit.
(4) l. *Sed nec aes alienum* 12 ff. hoc tit.
(5) l. *Omne aes alienum* 27 ff. hoc tit.
(6) d. l. 27 in med.
(7) l. *Jure societatis* 82 ff. hoc tit.; Fab. Cod. hoc tit. lib. 4, tit. 27, def. 1 in princ.
(8) l. 1 § ult.; et duab. seqq. ff. *De exercitor. action.* (14, 1).
(9) Brunneman. *in Pandect.* ad d. l. 82, n. 2 et 3 ff. hoc tit.
(10) l. *Omne aes alienum* 27 ff. hoc tit.
(11) V. infra § 3321 et seqq.
(12) l. *Pro socio* 38 § 1; l. *Cum duobus* 52 § *si quis* 15; l. *Si unus* 67 § *si quid* 2 ff. hoc tit.; Fab. Cod. hoc tit. lib. 4, tit. 27, def. 1, n. 2.

(1) d. l. 67 § 1 ff. hoc tit.
(2) d. l. 52 § 15 ff. hoc tit.; Fab. d. def. 1 in fin.
(3) d. l. *Cum duobus* 52 § *cum duo* 5 et seq. ff. hoc tit.
(4) d. l. 52 § *si quis* 15 ff. hoc tit.
(5) d. l. *Cum duo* 52 § *quidam* 4 ff. hoc tit.
(6) argum. l. *In caussas* 26 § *non omnia* 6 ff. *Mandati.* (17, 1).
(7) l. *Si non fuerint* 29 § *Aristo* 2 ff. hoc tit.
(8) § 1 Instit. hoc tit.; d. l. 29 ff. hoc tit.

ciali designatione, ex praesumpta ita contrahentium voluntate, non in societate unius, vel alterius, negotiationis; cum aequitas suadeat, ut pro rata pecuniae, vel industriae, quam quisque in societatem confert, emolumentum quoque percipiat (1); nec ab ea recessisse credendi sunt contrahentes, nisi speciatim id expresserint.

§ 3305. Si specialis quaedam de lucri et damni partibus conventio facta sit, ea servari debet, *nec enim*, ait Justinianus, *umquam dubium fuit, quin valeat conventio, si duo inter se pacti sint, ut ad unum quidem duae partes lucri, et damni pertineant, ad alterum tertia* (2): igitur communi sociorum consensu statui potest, ut unus duas lucri, nec non damni partes habeat; quod maxime pertinet ad eum casum, quo omnes aequalem rerum copiam contulerint, et opera cujusque aequalis sit: conventio haec facile admitti debet; quia aeque distribuit lucrum, et damnum, ut proinde vix aliqua inaequalitas adesse videatur.

§ 3306. Major difficultas est, utrum valeat conventio, ex qua unus socius duas lucri partes habeat, unam damni; alter vero duas damni, unam dumtaxat lucri. Si unius opera longe magis valeat in communi hominum aestimatione, quam opera alterius, certum est, conventionem valere, licet aequalem pecuniae partem uterque socius contulerit (3): idem est, si alter socius difficiliora societatis negotia solus gerat, puta solus peregrinetur, solus pericula subeat (4); vere enim magis confert, qui operam utiliorem, vel magis incommodam, aut periculosam praestat. Hinc etiam receptum, ut unus solam operam in societate praestet, alter totam pecuniam conferat; quia in communi aestimatione opera solertis hominis valorem pecuniae acquare, immo etiam excedere potest (5).

§ 3307. Si opera rem superet, fatentur omnes, hujusmodi conventionem ab aequitate alienam videri non posse: sed, si res operae respondeat, nulla huic conventioni vis inesse videtur, utpote laedenti aequalitatem, quae in omni contractu, potissimum bonae fidei, qualis est societas (6), servari debet; atque judicis officio emendanda est (7): nisi appareat donandi animo alteri socio amplius lucrum datum fuisse, quod fieri potest (8), dummodo pars rei, vel operae ab utroque socio conferatur (9); alioquin societas, seu communio esse non potest (§ 3277); qui tamen donandi animus non praesumitur, quamquam ex personarum conditione facilius admitti potest. Sane tum Justinianus, tum Ulpianus (1) conventionem hanc probantes rationem adjiciunt, ex majori operae pretio petitam.

§ 3308. Amplius placuit, ita iniri posse societatem, ut unus ex sociis lucrum dumtaxat habeat, non vero damnum (2), dummodo inaequalitas haec ex majori personae industria compensetur (3): quod tamen ita accipiendum est, ut pro lucro tantummodo reputetur, quod superest, deducto omni damno, quod omnes res societatis passae fuerint (4); sicuti nec damnum intelligitur, nisi deducto omni lucro ex rebus societatis percepto (5). Proinde, si fingamus, initam fuisse societatem bovum et equorum; atque in illa damnum centum aureorum, in hac lucrum ducentorum contigisse, adhuc superest lucrum aureorum centum, quod inter socios dividi debet. Contractus trium, ut vocant, idest societatis, assecurationis sortis, et venditionis lucri, quod ex societate speratur, a quibusdam indistincte probatur (6): plerisque tamen displicet, si fiat inter socios, sive simul, sive successive, non si inter diversas personas: quamquam fatentur, licitum esse contractum societatis cum assecuratione sortis, si lucrum speratum certo pretio non vendatur; vel si vendatur lucrum absque assecuratione sortis (7).

§ 3309. Duo hic addenda sunt: 1. Partes in una caussa, puta lucro, expressas, etiam in altera nimirum in damno servandas esse (8); ita suadet contractus aequalitas; atque praesumpta contrahentium voluntas. 2. Si partes lucri, et damni, vel unius ex sociis, vel extranei arbitrio constitui placuerit, de boni viri arbitrio conventio haec accipienda est (9); cum societas ex bono et aequo regatur (§ 3307).

CAPUT V.

De societatis initae effectibus, seu de actione pro socio.

SUMMARIA

§ 3320. Actio pro socio utrinque directa est: eaque etiam durante societate competere potest. — 2311. Actio pro socio haeredi, et contra haeredem datur. — § 3312. Actione pro socio petuntur personales praestationes, quae ex speciali societatis indole profluunt. Quae sint praestationes? — § 3313. Quae durante societate, actione pro socio peti pos-

(1) § 1 Instit. hoc tit.
(2) l. *Si non fuerint* 19 ff. hoc tit.; § *et quidem* 1 Instit. hoc tit.
(3) d. § 1 Instit. hoc tit.; l. *Si non fuerint* 29 § 1 ff. hoc tit.
(4) d. l. 29 § 1 in fin. ff. hoc tit.
(5) d. § 1 in fin.
(6) l. *Pro socio* 38 ff. hoc tit.
(7) argum. l. *Si societatem* 6; l. *Quid enim* 80 ff. hoc tit.
(8) argum. l. *Si quis donationis* 38 ff. *De contrahend. emption.* (18, 1).
(9) l. *Societates* 5 § ult. ff. hoc tit.

(1) d. § 1 et 2 *de illa* 2 Instit.; d. l. 29 ff. hoc tit.
(2) d. § *de illa.* 2 prop. fin. Instit. hoc tit.
(3) l. *Si non fuerint* 29 § 1 ff. hoc tit.
(4) d. § 2 in fin. Instit. hoc tit.
(5) l. *Mucius* 30 ff. hoc tit.
(6) Leotard. *De usur.* quaest. 31, n. 13 et 14.
(7) V. Collet. tract. *De contract.*, part. 2, cap. 4, art. 1, *De tribus contractibus.*
(8) § *illud expeditum.* 3 Instit. hoc tit.
(9) l. *Si societatem* 6; l. *Si coita* 75 et seqq. ff. hoc tit.

sint? — § 3314. *Rationes administrationis a sociis, societate finita, reddendae sunt; aliquando etiam durante societate.* — § 3315. *An rationes societatis remitti possint?* — § 3316. *Socii levem culpam praestant, non levissimam; nisi in quibusdam casibus.* — § 3317. *Quid si socius diligentissimus sit in rebus suis gerendis?* — § 3318. *Culpae cum diligentia compensatio in societate non admittitur.* — § 3319. *Institoris culpam praestat socius, qui eum societati praeposuit, necnon socii, quem ipse admiserit. Quid si a sociis omnibus admissus sit?* — § 3320. *Si lucrum speretur, vel damnum timeatur post finitam societatem cautiones interponi debent. Furti contra socium agi potest.* — § 3321. *Expenditur quaestio, an socii pro sua tantum parte a creditoribus conveniri possint, an ultra illam.* — § 3322 *et* 3323. *An socii omnes communiter, et pro indiviso gerentes in solidum teneantur, saltem si diversis locis gerant?* — § 3324. *Socii creditoribus solidum debent, si magistrum elegerint, et societati praeposuerint.* — § 3325 *et* 3326. *Nonnisi pro parte administrationis tenentur singuli socii, cum separatim sine mandato gerunt negotia societatis.* — § 3327 *et* 3328. *Cum socii in solidum tenentur, non inspicitur, an pecunia uni credita in res societatis versa sit. Quid si quilibet socius civilem dumtaxat partem ferat?* — § 3329. *Socius a creditoribus conventus partem suam derelinquendo non liberatur.* — § 3330 *et* 3331. *Quilibet ex sociis non potest solidum petere a debitoribus societatis; nisi duo rei stipulandi sint; vel unus mandatas ab aliis actiones habeat, aut solus contraxerit.* — § 3332 *et* 3333. *Usuras pecuniae jam communis factae, quam in suos usus converterit, socius praestat.* — § 3334. *Socius qui communem pecuniam foenori dederit, perceptas usuras communicare non tenetur; utique vero legitimas sociis praestare.* — § 3335. *Procurator, mandantis nomine pecuniam credens, mandanti usuras acquirit.* — § 3336 *et* 3337. *Quid si pecunia societati nondum plene quaesita sit?* — § 3338. *An socius usuras praestet, si in mora restituendi sit, licet pecuniam in suos usus non converterit?* — § 3339. *Socius, qui partem suam ab altero consecutus sit caeteris communicare tenetur, ut portiones omnes exaequentur. Quid de sumptibus in communem utilitatem factis?* — § 3340 *et* 3341. *Socii gaudent beneficio, ut ajunt, competentiae: nisi per mendacium negaverint se socios esse.* — § 3342. *Actione pro socio petitur restitutio impensarum, quae in communem utilitatem factae sint. An socius rem retinere possit, si alter impensas restituere detrectet?* — § 3343. *Salarium plerumque sociis non datur: nisi alicujus opera singularis sit, vel unus totam, aut praecipuam operam praestet.*

§ 3310. Nascitur ex societate actio, quae *pro socio* in jure appellatur utrinque directa, cum eadem sociorum omnium conditio sit (1); eaque plerumque competit finita societate (2), sed et ea durante competere potest, si alter ex sociis in societatem non conferat, quod conferre debet; nec tamen intersit, societatem statim dissolvi (3): quare tacite non judicatur societati renunciatum, instituta pro socio actione, nisi appareat, judicium pro socio ideo dicatum fuisse, ut societas distrahatur (4).

§ 3311. Actio pro socio datur non tantum socio, sed et ejus haeredi, adversus socium, ejusque haeredem (5); licet enim socii haeres socius non sit, cum tamen defuncti personam repraesentet (6), atque emolumenti ex societate percepti successor sit, aequum est, eodem jure ac defunctum uti (7), ac eadem onera ferre (8). Non tamen actionem pro socio habet, qui ab uno admissus et adversus caeteros, qui non admiserunt, nisi huic cessae sint ab admittente actiones (9), vel a caeteris quoque probatus, seu admissus fuerit.

§ 3312. Cum actio pro socio, utpote ex contractu descendens, personalis sit, ad rerum communium divisionem, quae jure in re petuntur, proprie non pertinet, sed tantum ad praestationes personales, quae ex speciali societatis indole proficiscuntur; atque judicio communi dividundo agendum est, ut res communes finita societate dividantur (10). Praestationes personales ad hoc judicium spectantes praeter illam, quae durante adhuc societate locum habet, tres sunt. 1. Rationum redditio. 2. Lucri et damni communicatio. 3. Restitutio impensarum in utilitatem societatis erogatarum. 4; et postremo loco paucis expendemus, an salarium alicui ex sociis aliquando dari debeat.

§ 3313. Actione pro socio, durante adhuc societate, petitur, ut unus socius patiatur, alterum uti re communi ad eum usum, ad quem ex voluntate sociorum destinata ab initio fuit, puta pariete comparato ad aedificandum, vel area empta communibus pecuniis, ne luminibus officeretur (11); vel abstineat ab illis circa usum communem faciendis, quae contraria sunt primaevae sociorum destinationi (12); cum in re communi non quod uni, sed quod societati expedit, sem-

(1) § *ex quibusdam* 2 Instit. *De poena temere litigant.* (4, 16).

(2) l. *Tamdiu* 5 Cod. hoc tit.

(3) l. *Actione* 65 § penult. ff. hoc tit.

(4) d. l. 65 in princ. ff. hoc tit.

(5) l. *Verum est* 63 § *in haeredem* 8 ff. hoc tit.

(6) Novell. 48 in fin. praefation.

(7) l. *Qui in jus* 177 ff. *De reg. jur.* (50, 17).

(8) l. ult. ff. *Si famil. furt. feciss. dicat.* (47, 6).

(9) l. *Qui admittitur* 19 et seqq. ff. hoc tit.

(10) l. 1 ff. *Commun. dividund.* (10, 3).

(11) l. *Cum duobus* 52 § *item Mela* 13 ff. hoc tit.; de pariete communi fuse diximus vol. I, lib. 2, pag. 670 et seqq.

(12) l. *Si fundus* 39 ff. hoc tit.; l. *Sabinus* 28 ff. *Communi dividund.* (10, 3).

per servari debeat (1): et generatim ut quisque socius ea praestet, quae se praestiturum spopondit (2).

§ 3314. Societate finita, in primis ratio administrationis reddenda est a socio, qui negotia quaedam societatis solus administraverit, vel etiam omnes ad rationes reddendas obstricti sunt, si administrationem negotiorum inter se diviserint (3); ita tamen, ut unus ab alio rationes non recte exigat, nisi et ipse reddere paratus sit (4): licet autem rationes, ut modo diximus, plerumque non reddantur, nisi societate finita, si tamen haec in longius temporis spatium duret, sociis facultas competit etiam citius rationes exigendi (5). Porro libri mercatorum, qui semiplenam fidem faciunt, ab eo retineri debent si plures socii sint, qui majorem partem habet in societate (6): ne jusjurandum in litem permittitur, nisi dolus socii probetur (7).

§ 3315. Rationes societatis, ea quidem sublata, remitti posse, non tamen eo tempore, quo societas initur, sentiunt aliqui (8); quia dolus futures ita remitti videretur, quod non sinunt leges, ne delinquendi occasio praebeatur (9); sed repugnant alii; quia remissio haec justa prorsus ratione niti possit; ita ut nulla vel levissima doli faciendi suspicio adsit; quo fundamento pater immunis est a reddendis rationibus administrati peculii adventitii (10): atque leges non prohibent pacta, quibus indirecte tantum dolo occasio dari potest; ut ex eo patet, quod pacisci sinunt, ne depositi agatur (11).

§ 3316. Praeterea actione pro socio petitur lucri et damni communicatio, seu communicatio lucri, quod in rebus communibus factum est, et reparatio damni, quod culpa levi alterius socii acciderit (12); non levissima, aut casu, nisi culpa socii huic caussam dederit; puta minus caute animalia custodierit, atque inde a furibus subrepta fuerint (13): vel nisi levissimam culpam socius expresse promiserit, aut tacite, quam facilius spopondisse praesumitur, si artifex sit (14): culpae autem socii adnumeratur, si acquirendi occasionem praetermiserit (15), cum eo plane consilio societas ineatur, ut socius quisque lucrum, quantum in se est, captare studeat.

§ 3317. Nec desunt, qui sentiunt, socium, qui in rebus suis diligentissimus esse soleat, ad maximam quoque in rebus societatis diligentiam teneri (1): culpa carere non videtur, qui minorem in communibus, quam suis diligentiam servat (2): quod tamen alii non admittunt, nisi socius cum eo plane contraxerit, quia diligentissimum sciebat, aliter non contracturus; nec enim contractus indoles ex singulari alicujus agentis ratione aestimanda est, sed ex communi.

§ 3318. Culpae cum diligentia in societate compensationem non admitti, apertissime cautum est; adeoque socius, qui in quodam negotio administrando negligentior fuit, tenetur de damno, licet in alio, majori adhibita diligentia, res communes auxerit (3): hoc ita; quia lucrum societati quaesitum ex natura contractus ad socios omnes pertinet; quod proinde minui non debet ex damno culpa socii contingente: aliud quidem servatur in negotiorum gestore (4); sed aequitas favet huic, qui sponte, et in utilitatem alterius negotia gerenda suscipit.

§ 3319. Non tantum de culpa propria tenetur socius, sed et de culpa institoris, quem negotiis societatis gerendis praeposuerit (5); ita ut nec in hoc institore damni cum lucro compensatio admittatur (6). Neque interest, quod socii eum admiserint, et lucra per eum facta diviserint; ideo enim probaverunt, quia sciebant, se actione pro socio ab iis, qui institorem praeposuissent, damni reparationem consecuturos fuisse (7): praeposuisse autem, ait Faber, intelliguntur, non qui pecuniam institori expendendam dederunt, sed qui salarium constituerunt (8), ut operam conferat. Idem fere dicendum de eo, quem unus socius in societatem admiserit: hic quidem caeterorum socius non fit (9): quia tamen emolumentum societatis habet, etiam damnum, atque expensas praestare debet socio admittenti, qui caeteris communicare tenetur (10): socii autem caeteri, stricto jure inspecto, adversus admissum directo agere nequeunt, eum illorum socius non sit (11), ex aequitate tamen admissum posse in subsidium utili actione a sociis non admittentibus conveniri, aliquibus placet (12).

§ 3320. Quod si lucrum speretur, vel damnum

(1) l. *Actione* 65 § *Labeo* 5 in med. ff. hoc tit.
(2) l. *Cum societas* 69 ff. hoc tit.
(3) l. *Quaedam sunt* 9 ff. *De edendo* (2, 13).
(4) argum. l. *Cum proponas* 21 in fin. Cod. *De pact.* (2, 3).
(5) Voet *in Pandect.* hoc tit. n. 11 in fin.
(6) *Reg. Constit.* lib. 2, tit. 16. cap. 4, § 9 et seqq.
(7) l. *Sive nostrum* 2 § 1 ff. *De in lit. jurand.* (12, 3).
(8) Voet in ff. hoc n. 11 in med.
(9) l. *Si unus* 27 § *illud nulla* 3 ff. *De pact.* (2, 14).
(10) l. *Cum oportet* 6 § *non autem* 2 Cod. *De bon. quae liber.* (6, 61).
(11) d. l. 27 § 3 ff. *De pact.*
(12) l. *Cum duobus* 52 § *utrum ergo* 2 ff. hoc tit.
(13) d. l. 52 § *damna* 3 ff. hoc tit.
(14) d. l. 52 § 2 ff. hoc tit.; argum. l. *Item quaeritur* 13 § *si gemma* 5; l. *Si merces* 25 § *qui columnam* 7 ff. *Locati* (19, 2).
(15) Voet in ff. hoc tit. n. 12.

(1) Voet in ff. hoc tit. d. n. 12.
(2) l. *Quod Nerva* 32 ff. *Depos.* (16, 3).
(3) l. *De illo* 23 § 1; l. *Non ob eam* 25 et l. seq. ff. hoc tit.
(4) l. *Si negotia* 11 in fin. ff. *De negot. gest.* (3, 5).
(5) l. *Qui admittitur* 19 et seqq. ff. hoc tit.
(6) Fab. Cod. hoc tit. lib. 4, tit. 27, def. 2 in princ.
(7) Fab. d. definit. 2, n. 2 et 3; argum. l. *Sicut, re* 8 § *non videtur* 14 ff. *Quib. mod. pign. vel hypothec. solvit.* (20, 6).
(8) Fab. d. def. 2 in fin.
(9) l. *Qui admittitur* 19 et seq. ff. hoc tit.
(10) l. *Et quidquid* 21 et seqq. ff. hoc tit.
(11) l. *Nam socii* 20 junct. duab. seqq. ff. hoc tit.
(12) Brunneman. in ff. ad l. 19, n. 2 ff. hoc tit.

timeatur, postquam societas distracta fuerit, veluti quia obligationes sub conditione, vel in diem, qui nondum venit, a sociis contractae fuerint, cautiones interponi debent de lucris communicandis, et damnis reficiendis, si quae forte post societatem finitam, sed ex praevia caussa contigerint (1). Porro, quamvis doli reus in dubio socius non praesumatur (2), si tamen dolo malo rem communem amoverit, furti adversus eum agi potest (3).

§ 3321. Opportunus hic est inquirendi locus, an socius in particulari societate pro sua tantum parte a creditoribus conveniri possit; an et ultra illam: dicimus in particulari societate; si enim bonorum omnium socii sint, invicem mandatum habere videntur; adeoque in solidum tenentur, et conveniri possunt, nisi forte creditor actiones suas sponte diviserit (4). Si ergo de particulari societate agatur, distinguendum est, an socii omnes per se, communiter, et pro indiviso societatem exerceant, seu negotia societatis tractent: an uni curam societatis demandaverint, sive is socius sit, sive institor extraneus; an denique singuli pro diviso quaedam negotia partitim tractent.

§ 3322. In primo casu, quo socii omnes communiter, et pro indiviso negotia societatis gerunt, putant aliqui, singulos nonnisi pro rata, qua socii sunt, parte teneri (5); exemplo eorum, qui sine magistri opera navem per se exercuerunt; quosque pro portionibus exercitionis teneri, censuit Ulpianus, quia sui invicem magistri non sint (6). Alii contra existimant, actionem creditoribus in solidum dandam esse adversus socios omnes ita administrantes, prout alibi tradit idem Ulpianus (7), et suadere videtur aequitas, ne creditor, qui cum uno contraxit, in plures adversarios distringatur (8); maxime quia socius solidum solvens partem a sociis consecuturus est (9).

§ 3323. Alii, ut Ulpianum cum Ulpiano concilient, distinguunt, an plures negotia societatis per se, et pro indiviso exerceant diversis in locis, an in eodem loco: ita ut in primo casu quilibet in solidum teneatur pro negotio, quod gessit (10); tum quia quilibet in suo loco pro magistro habendus sit, cujus solius fidem sequi videntur creditores, quique nimis onerarentur, si singulos socios diversis in locis degentes convenire tenerentur: in altero autem non nisi pro rata exercitionis parte singuli conveniri possint (1); quia creditores omnium sociorum, qui in eodem loco morantur, fidem secuti facile praesumuntur.

§ 3324. Socios omnes in solidum teneri creditoribus societatis, si magistrum elegerint, atque praeposuerint societati, sive unus ex sociis sit, sive extraneus quilibet, probabilius defenditur (2); quia singulorum nomine agere videtur, quibus nocere, et prodesse paciscendo potest (3). Idem dicendum, si invicem mandatum contrahendi in solidum sibi dederint. Porro, cum unus socius societati praepositus fuit, vel singuli praepositi sunt pro eo, quod alter gessit, in solidum quidem tenentur, sed tantum pro ea summa, quae ab initio collata fuit in societatem, et pro lucris ex societate quaesitis, si adhuc extent (4) dummodo socius nomine societatis contraxerit (5), aut saltem illius occasione, et de rebus societatis (6).

§ 3325. An vero singuli socii in solidum, an pro parte tantummodo teneantur, cum omnes negotia societatis gerunt, sed separatim, divisa administratione per partes, aut per regiones, nec speciale singuli mandatum habent, non una est omnium sententia. Sed aequior videtur sententia affirmantium, non nisi pro parte administrationis singulos teneri (7); creditores ejus dumtaxat, cum quo contrahunt, fidem sequuntur (§ 3323).

§ 3326. Neque aliud eruitur ex Paulo ajente: socios vectigalium, si separatim partes administrent, alterum ab altero minus idoneo in se portionem transferri recte desiderare (8); licet enim unus socius pro altero non teneatur, ejus tamen interest, recte negotia ageri ab altero; praeterquamquod non inepte defenditur, publicanos socios, licet ab initio in solidum non teneantur, in subsidium tamen socii minus idonei obligari (9). Atque usu fori receptum, ut socios in hoc casu pro sua tantum parte convenire liceat, fatetur idem Voet, qui aliud in Romanis legibus tradi defendit (10).

§ 3327. Cum socii omnes in solidum teneantur creditoribus pro aliorum administratione, si unus socius aes alienum contraxerit, caetari obligantur, licet pecunia nec in arcam commu-

(1) l. *Omne aes alienum* 27; et l. seq. ff. hoc tit.
(2) l. *Merito* 51 ff. hoc tit.
(3) l. *Rei communis* 45 ff. hoc tit.
(4) argum. l. 1 § ult. ff. *De exercitor. action.* (14, 1). V. supra § 1931.
(5) Voet *in Pandect.* hoc tit. n. 13 in med.
(6) l. *Si tamen* 4 in princ. ff. *De exercitor. action.* (14, 1).
(7) l. 1 § ult. ff. eod. tit.
(8) l. *Ne in plures* 2 ff. eod. tit.
(9) l. *Ne quicquam* 3 ff. eod. tit.
(10) Brunneman. *in Pandect.* lib. 14, tit. 1; *De exercit. act.* ad l. 1 § ult. n. 20.

(1) Brunneman. d. n. 20 in fin.
(2) l. *Si unus* 67 ff. hoc tit.; l. *Si tamen* 4 § 1 ff. *De exercitor. action.* (14, 1).
(3) l. *Item magistri* 14 ff. *De pact.* (2, 14).
(4) Thes. d. dec. 136 in addit. †, et *Quaest. forens.* lib. 4, quaest. 30, n. ult. †, Osasc. d. decis. 150 n. ult. † V. et *Reg. Constit.* d. lib. 2, tit. 16, cap. 5, § 2, ubi obligatio solidaria indistincte firmatur, quoad socios mercatores nominatos, quoad non nominatos vero tantum quoad sortem, quam in societatem contraxerunt.
(5) argum. l. *Si unus* 67 § 1 ff. hoc tit.
(6) Thes. lib. 4, quaest. 30, n. 1 †
(7) Antonius Matthaeus *De cautionib.* lib. 2, cap. 6, n. 5.
(8) l. *Locatio* 9 § *socii* 4 ff. *De publican.* (39, 4).
(9) l. *Si multi* 6 ff. hoc tit.
(10) Voet *in Pandect.* hoc tit. n. 13 in fin.

nem collata, nec in rem communem versa probetur, dummodo bona fide, et contemplatione societatis pecunia uni credita fuerit (1): etenim socius quilibet in hoc casu censetur habere mandatum a caeteris, quos proinde contrahendo obligat (2).

§ 3328. Sed non nisi, pro qua parte pecunia in caussam societatis versa est, tenentur de aere alieno, quod socius contraxit, caeteri socii, quoties in solidum pro administratione non obligantur (3), prout innuimus (§ 3299); cum enim in hoc casu quilibet socius suo nomine contrahat, non alterius socii, a quo mandatum habere non reputatur, alterum obligare non potest, nisi quatenus hic ex contractu socii emolumentum percepit, pecunia in sui utilitatem versa (4).

§ 3329. Si quaeratur, an socius, a creditoribus pro aere alieno conventus, possit partem suam, quam in societate habet, derelinquendo liberari; respondemus, non posse, sive conveniatur pro sua parte, sive in solidum juxta distinctiones modo propositas: ex quo enim contraxit, sive per alium, puta magistrum, quem societati praeposuit, atque contrahendo lucrum captare studuit, aequum est, ut damnum sustineat (5): nisi forte aliud usu fori receptum alicubi sit (6): neque conventio inter socios inita, ut unus debitor societatis solvat, obstat, quominus creditores adversus alterum agere possint (7).

§ 3330. Non sicuti creditoribus societatis aliquando permittitur, ut adversus unum ex sociis in solidum agant (§ 3323 et 3324), ita quilibet ex sociis solidum petere potest a debitoribus societatis (8). Discriminis ratio aperta est: creditorum interest, ne adversus plures debitores socios agere cogantur, quod maxima habet incommoda (9): contra nihil interest unius socii, an solidum, an partem suam dumtaxat a debitore consequatur; nam sociis restituere teneretur, quod ultra partem suam accepit (10).

§ 3331. Haec tamen regula suas habet exceptiones: atque socius potest solidum a debitoribus societatis petere, si socii sint duo rei stipulandi, vel unus socius mandatas habeat ab alio actiones (11): idem dicendum videtur, si agat is, qui solus contraxit; atque ita actionem sibi quaesivit; licet enim hanc caeteris sociis judicio societatis communicare teneatur, attamen debitor detrectare non potest, quin ei totum solvat, cui totum promisit (12): atque idem apud Romanos receptum in argentariis (1), singulari non tam argentariorum, quam publicae utilitatis favore.

§ 3332. Cum socius id quod accepit ultra partem suam, caeteris restituere teneatur (§ 3330) quaeri potest, an usuras praestare debeat, si moram restituendi faciat. Distinguunt interpretes, utrum socius retineat, atque in suos usus convertat pecuniam a sociis collatam, vel ex societate quaesitam, et jam inter socios communicatam: an pecunia a socio retenta societati quidem acquisita sit, nondum tamen communicata inter socios; veluti si pecuniam a debitoribus societatis exegerit, eamque penes se retinuerit.

§ 3333. Socius, qui pecuniam communem societatis, sive quia ab aliis collatam, sive quia ex societate quaesitam, et jam inter socios communicatam, in suos usus converterit, ad usuras ex legum Romanarum sanctione tenetur, licet a sociis de ea restituenda nondum interpellatus fuerit: mora non quidem ex persona, sed ex re contracta (2); socius, in suos usus communem pecuniam convertens, moram ex re facit, seu ex negotii indole, quae exigit, ut quilibet socius emolumentum societatis curet: atque morae ex indole negotii, seu contractus alia sunt exempla, quae suo loco expendimus (3).

§ 3334. Neque aliud erui potest ex Paulo ajente, *si unus ex sociis, qui non totum bonorum socii erant, communem pecuniam foeneraverit, usurasque perceperit, ita demum usuras partiri debet, si societatis nomine foeneraverit: nam si suo nomine, quoniam sortis periculum ad eum pertinuerit, usuras ipsum retinere oportet* (4): aliud enim est, usuras a socio perceptas communicare caeteris sociis, aliud usuras pecuniae communis, quam socius in suos usus convertit, solvere: postremum defendimus (§ praeced.); neque repugnat, socium non communicare usuras perceptas; quia, ut scite ratiocinatur Jureconsultus, cum pecuniae foenori datae periculum sustinuerit, emolumentum quoque usurarum habere debet (5); attamen ad usuras ejusdem pecuniae tenetur secundum regionis consuetudinem, sive majores, sive minores, quam ipse perceperit; prout traditur de procuratore (6) et tutore (7).

§ 3335. Sane si procurator non suo, sed mandantis nomine pecuniam foenori collocaverit, usurae hinc perceptae domino debentur (8); cum enim procurator mandantis nomine mutuam pecuniam dat, dummodo se gesserit tamquam bo-

(1) l. 1 § *unde quaerit* 9 ff. *De exercitor. action.* (14, 1).
(2) d. l. 14 ff. *De pact.* (2, 14).
(3) Voet *in Pandect.* hoc tit. n. 14 in princ.
(4) argum. l. *Quod si servus* 3 § *sed si sic* 9 ff. *De in rem verso* (15, 3); l. *Jure societatis* 82 ff. hoc tit.
(5) l. *Secundum naturam* 10 ff. *De reg. jur.* (50, 17).
(6) V. Voet in ff. hoc tit. n. 15.
(7) l. *Debitorum* 25 Cod. *De pact.* (2, 3).
(8) l. *Cum te* 9 Cod. *Si cert. petat.* (4, 2).
(9) l. *Ne in plures* 2 ff. *De exercitor. action.* (14, 1).
(10) argum. l. *Nec quicquam* 3 ff. eod. tit.
(11) d. l. *Cum te* 9 Cod. *Si cert. petat.* (4, 2).
(12) argum. d. l. 9 in med.

(1) l. *Si unus* 27 ff. *De pact.* (2, 14).
(2) l. 1 § 1 ff. hoc tit.
(3) V. vol. II, lib. 3, pag. 988, § 900 ad 905.
(4) l. *Si unus* 67 § 1 ff. hoc tit
(5) d. l. 67 § 1 in fin. ff. hoc tit.
(6) l. *Si remunerandi* 6 § *apud Julianum* 6; l. *Idemque* 10 § *si procurator* 3; junct. § *si mandavero* 8 ff. *Mandati* (17, 1).
(7) l. *Titium* 47 § *praefectus* 4 ff. *De administrat. et peric. tutor.* (26, 7).
(8) d. l. *Idemque* 10 § *si procurator* 3 ff. *Mandati* (17, 1).

nus paterfamilias, pecunia domino perit, si casu fortuito desinat debitor solvendo esse, sive mandatum foenerandi a domino habuerit, sive non (1).

§ 3336. Pertinent haec ad socium, qui in suos usus convertit, vel moram fecit in restituendà pecunia societatis, vel quia a sociis collata, vel quia ex caussa, vel occasione societatis acquisita, et jam inter socios communicata. Quod si agatur de pecunia societati quaesita, puta a debitoribus soluta, sed nondum communicata, censuit post Labeonem Pomponius, si quibusdam credimus, socium ad usuras non teneri: nisi duo concurrant, videlicet mora restituendi post interpellationem a sociis factam, atque pecuniae in usum socii conversio; ita ut, si unum desit, usurae non praestentur; utroque vero concurrente non tam quatenus usurae, quam loco damni emergentis, vel lucri cessantis a socio moratore solvi debeant (2).

§ 3337. Diversi juris ita constituti rationem inde petunt interpretes, quod socius morosus in restituenda pecunia jam communi facta gravius delinquit, utpote de re aliena pro arbitrio suo disponens: cum vero retinet pecuniam societati debitam, sed nondum communicatam, re sua utitur; quam licet alteri communicare teneatur, non tamen usurarum praestatione gravandus est, nisi morae in restituendo sit reus, atque eamdem pecuniam in suos usus impenderit (3): quo casu usuras solvit, non in poenam morae, sed ut indemnes serventur socii, quibus pecunia suo tempore restituta non fuit.

§ 3338. Haec est, si quibusdam credimus, Pomponii et Labeonis sententia (4): alii vero putant, sufficere moram restituendi, ut debentur usurae socio, cujus intersit, licet socius morosus pecuniam in suos usus non converterit (5). Sane juxta regulas civilis et naturalis juris ad obligationem usurarum inducendam sufficit mora ex una parte, et damnum emergens vel lucrum cessans ex altera (6): nec refert, utrum morosus debitor pecuniam in suos usus convertat, an otiosam in arca retineat, nec enim ratione lucri, quod debitor percipit, usurae adjudicantur, sed ex damno, quod infert, vel lucro, quod praeripit creditori. Quare, usuras pecuniae a socio caeteris sociis communicandae a die morae, seu petitionis in judicio factae deberi, dicendum est (7).

§ 3339. Cum societas jus quoddam fraternitatis in se habeat (8), merito placuit recedere a vulgata regula, ex qua vigilantibus jura subveniunt (9): atque statuere, ut socius, qui partem integram suam ab altero socio obtinuerit, deinceps reliquis communicare teneatur, si partem suam hi nequeant a socio, qui minus idoneus solvendo sit, percipere, ita ut utraque portio exaequetur (1): atque vicissim, si unus ex sociis in communem utilitatem sumptus fecerit, quorum partem ab uno repetere non possit, caeteri solvendo idonei indemnem illum servare teneantur pro parte sua; ita ut aequalis sit omnium conditio, ut in superiore specie (2).

§ 3340. Ex eodem principio, seu fraternitatis jure descendit beneficium competentiae, ut ajunt, sociis tributum, quo in id tantum condemnantur, quod facere possunt, deducto, quod ipsis necessarium est, ne egeant, sive universalis, sive particularis tantummodo societas inducta sit (3). Alibi utique idem Ulpianus beneficium hoc restringere videtur ad socios universorum bonorum (4): verum praeterquamquod aliqui putant, verba haec, *socium autem omnium bonorum accipiendum est*, non Ulpiani, sed imperiti interpretis vel scriptoris esse, dici potest, dissensum fuisse ab initio inter Jureconsultos, atque Ulpianum imprimis probasse sententiam eorum, qui in hac re soli favebant socio bonorum omnium, tum rebus melius pensatis, contrarium amplexum fuisse. Sané fraternitatis jus seu imago etiam inter particulares socios, licet minus expressa, esse videtur.

§ 3341. Denegatur hoc beneficium non tantum fidejussori, patri, patrono, et haeredibus socii minus idonei, quippequi soci non sunt (5): sed et socio ipsi, si res mendacium negaverit, se socium esse (6): indignus hinc beneficio efficitur: quemadmodum et hoc beneficio indignus reputatur, qui dolo fecit, quominus solidum solvere possit (7): doli autem reus non habetur, qui occasionem acquirendi praetermisit; sed tantum qui bona sua erogavit (8). Porro tempus rei judicatae inspicitur, cum quaeritur, an socius facere possit, nec ne (9): nec aes alienum deducitur, nisi ex ipsa societate debeatur (10).

§ 3342. Tertio loco (§ 3312) actione pro socio petitur restitutio impensarum, quas unus socius fecerit in caussam, atque utilitatem societatis: puta in solutionem aeris alieni, dummodo solutum probetur, vel in rerum communium conservationem (11): quinimmo secundum jus Romanum, si alter socius intra quatuor menses, ex quo ad restitutionem condemnatus est, impensas restituere detrectet, socio, qui impendit,

(1) l. *Litis contestatae* 37 § 1 ff. *De negot. gest.* (3, 5).
(2) l. *Socium* 60 in princ. ff. hoc tit.
(3) d. l. *Socium* 60 ff hoc tit.
(4) in d l. *Socium* 60 ff. hoc tit.
(5) Perez. Cod. hoc tit. n. 12
(6) V. vol. II, lib. 3, pag. 975, § 818 ad 821 tum § 892.
(7) d. vol. II, lib. 3, pag. 986, § 80.
(8) l. *Verum est* 63 ff. hoc tit.
(9) l. *Non enim* 16 ff. *Ex quibus causs. major.* (4, 6).

(1) d. l. 63 § *si, cum tres* 5 ff hoc tit.
(2) l. *Si unus* 67 ff. hoc tit.
(3) d. l. *Verum est* 63 ff. hoc tit.
(4) l. *Sunt, qui* 16 ff. *De re judic.* (42, 1).
(5) d. l. *Verum est* 63 § *videndum* 2 et seq. ff. hoc tit.
(6) l. *Si unus* 67 § ult. ff. hoc tit.
(7) d. l. 63 § *hoc quoque* 7 ff. hoc tit.
(8) l. *Nemo* 68 § 1 ff. hoc tit
(9) d. l. 63 § *tempus autem* 6.
(10) d. l. 63 § *id, quod* 3 ff. hoc tit.
(11) l. *Cum duobus* 52 § *idem respondit* 10 ff. hoc tit.

facultas datur rem communem sibi retinendi, si ita expedire judicet (1): quod tamen hodierno usu fori vix est, ut servetur, cum poene hujusmodi legales in desuetudinem ubique fere abierint (2). Quod si ab uno ex sociis haberi non possit, quod impensum est, caeteri inde gravantur (§ 3339).

§ 3343. Salarium seu honorarium socio plerumque dari non solet, cum emolumenti quisque suam partem ferat: si tamen alicujus opera singularis sit, vel totam aut praecipuam in societate operam conferat, potest ei ab initio constitui, vel boni viri arbitrio adjudicari (3); non quidem actione pro socio, sed extraordinario judicis officio (4).

CAPUT IV.

Quibus modis societas finiatur.

SUMMARIA

§ 3344. *Societas finitur morte unius socii etiam quoad socios superstites.* — § 3345. *An publicae societates unius morte non obstante inter superstites perseverent, atque haeres ex conventione in societate succedere possit?* — § 3346. *Societas, quae conductionis accessoria sit, transit in haeredem.* — § 3347 *et* 3348. *Haeres socii emolumenti et damni successor est: atque negotia a defuncto incohata perficere tenetur.* — § 3349 *et* 3350. *Societas inter conductores, mortuo uno ex conductoribus sociis, perseverat cum haerede, seu haeres incidit in novam societatem.* — § 3351. *Haeres socii non fit socius, si conductio accessoria sit societatis.* — § 3352. *Societas an morte finiatur, si testator jusserit, haeredem in societate manere,* — § 3353. *Societati quandocumque renunciari potest, si eadem contracta fuerit, nullo praefinito temporis spatio. Quid si callide renuncietur?* — § 3354. *Quid si societas ad certum tempus inita fuerit?* — § 3355. *Societates in conductionibus ad tempus conductionis initae judicantur.* — § 3356. *Societati renunciari potest per procuratorem et procuratori.* — § 3357. *Renunciatio societati privatim fieri potest. Quid de creditoribus?* — § 3358. *Finitur societas, finito negotio, de quo contracta fuit, tum publicatione et cessione bonorum.* — § 3359. *Societate universali finita, res communes in partes viriles dividuntur, licet unus minorem initio partem contulerit.* — § 3360 *et* 3361. *An eadem diviso fiat in societate particulari?*

§ 3344. Finitur societas pluribus modis. 1. Morte alicujus ex sociis. 2. Renunciatione. 3. Lapso tempore vel finito negotio. 4. Publicatione vel cessione bonorum. Imprimis societas finitur morte unus ex sociis: non tantum quoad defuncti socii haeredes, sed et inter caeteros socios superstites; quia saepe contingit, ut sine defuncti opera societas administrari nullatenus, aut recte non possit (1): nisi ab initio, saltem in privatis societatibus, convenerit, ne morte unius socii dissolvatur societas inter superstites (2): Quod vero pertinet ad haeredes, ita a societate exclusi sunt, ut nec probata fuerit conventio, qua haeredes succedat in societate (3): periculi plena visa est hujusmodi conventio propter incertitudinem personae.

§ 3345. A generalibus hisce regulis jure Romano recessum quidam putant in societatibus publicis, seu vectigalium, ita ut morte unius socii non dissolvatur societas inter superstites, licet ab initio specialis conventio inita non sit: imo haeres socii defuncti in societate succedere possit, si ita ab initio convenerit; prout innuere videtur Pomponius, cum, proposita regula, juxta quam socii morte societas cessat inter superstites, atque haeres, ne ex conventione quidem initio facta, in societate succedit, statim subjicit; *in societate vectigalium nihilominus manet societas, et post mortem alicujus: sed ita demum, si pars defuncti ad personam haeredis ejus adscripta sit, ut haeredi conferri oporteat* (4); idest si convenerit, ut *quoque* haeres eodem jure censeatur ac defunctus; convenerit, inquam, ab initio: mortuo enim socio nemo dubitat, quominus haeres ex consensu sociorum in socium recipi possit, etiam in privatis societatibus (5): praeterquamquod statim adjicit jureconsultus, ex caussa aestimandum esse; atque ab hac conventione recedendum, si is mortuus sit, propter cujus operam maxime societas coita sit: aut sine quo societas administrari non possit (6): quae exceptio inepta prorsus esset; si mortuo socio conventio cum haerede fieret.

§ 3346. Discriminis rationem, cur haeres socii in societatibus publicis socius ex conventione esse permittatur, non autem in privatis, inde repetunt quidam interpretes, quod haeres socii, licet adjectus non fuerit, attamen maneat particeps vectigalium ex jure conductionis (7). Verum discriminis haec ratio parum apta aliquibus videtur, existimantibus, societatem, si accessoria sit conductionis etiam rei privatae, transire in haeredem (8), in vim conductionis, quae haeredem tenet (9).

(1) d. l. 52 § 10; l. *Si, ut proponis* 4 Cod. *De aedific. privat.* (8, 10).
(2) Voet in ff. hoc tit. n. 13 in princ.
(3) argum. § *de illa* 2 Instit. hoc tit.
(4) Voet in ff. hoc tit. n. 19.

(1) l. *Adeo morte* 59 in fin. princ. ff. hoc tit.; § *solvitur* 5 Instit. hoc tit.
(2) d. § 5 in fin. Instit. hoc tit.; l. *Actione* 65 § *morte* 9 ff. hoc tit.
(3) d. l. 59 in princ. ff. hoc tit.
(4) d. l. *Adeo morte* 59 ff. hoc tit.
(5) l. *Plane* 37 ff. hoc tit.
(6) d. l. 59 in fin. princ. ff. hoc tit.
(7) Voet in ff. hoc tit. n. 23 in med.
(8) Thes. dec. 242. n. 4 †
(9) l. *Viam veritatis* 10 Cod. *De locat.* (4, 65).

§ 3347. Ut haec melius intelligantur, considerandum est, in haeredem socii, licet socius non sit, actionem competere, quia, ut ait Ulpianus, emolumenti successor est (1): proinde socium indemnem servare tenetur; atque vicissim ea, quae ex ante gestis pendent, ipsi praestanda sunt (2); prout bona fides exigit (3).

§ 3348. Cum ergo haeres socii tum damni, tum emolumenti, quae ex praeterita societate pendent, successor sit (§ praeced.), inde sequitur, ea quoque, quae per defunctum inchoata fuerunt, ab haerede explicanda, seu ad finem perducenda esse (4); ita ut in hoc dolum et culpam levem praestare teneatur (5), qualem defunctus praestabat (6).

§ 3349. Hisce praemissis, si fingamus, plures fundum conduxisse, et societatem in hac conductione inivisse, cum mortuo uno ex sociis conductoribus, non ideo extinguatur conductio, sed in haeredes defuncti conductoris transeat (7), transire quoque debet societas accessoria (§ 2860), si conductio non patiatur commodam divisionem: seu, ut congruentius loquamur, prima quidem societas extinguitur per mortem socii, sed haeres incidit in aliud genus societatis, seu communionis (8), quae vocatur, ait Thesaurus, societas *incidens* (9).

§ 3350. Ergo ut paucis haec contrahamus, societas etiam in conductione, si proprie et stricte loquamur, unius socii morte extinguitur, nec transit ad haeredes: sed haeres ex bono et aequo cogitur manere in societate, seu novam societatem contrahere, si conductio commodam divisionem non patiatur; secus, si commode dividi possit per partes vel regiones: cum autem nova contrahitur ab haerede societas, cessant pacta inter socios primum inita, et solae remanent obligationes, quae tacite ex natura incidentis societatis insunt, nisi et priora tacite fuerint repetita (10).

§ 3351. Aliud dicendum, si societas ipsa principalis contractus locum teneat, conductio vero accessoria sit: puta si conductor aliquem in socium conductionis admiserit; defuncto primo conductore, novus conductor nec in conductione, nec in societate manere cogitur (§ 2860): corruente principali, conductio quoque veluti accessoria extinguitur (11): non dubium tamen, quominus ea, quae ex ante gestis pendent, perficienda sint a novo conductore, prout aequitas, et rerum communio postulat (§ 3347 et 3348), atque de tutoris haerede constitutum est (1).

§ 3352. Caeterum sentit Thesaurus post alios, societatem morte non solvi, si testatos praeceperit, ut haeredes in societate perseverent (2); nimirum haeres, ut jussui testatoris pareat, societatem novam inire debet, iisdem conditionibus: quibus defunctus contraxerat; sed socii non tenentur eum admittere (3). Quod si unus ex sociis ignorans alterius mortem bona fide gesserit negotia communia, lucrum et damnum ex bono et aequo inter socios commune fit (4).

§ 3353. Alter finiendae societatis modus est renunciatio (§ 3344): sed hic inspiciendum, an societas nullo praefinito temporis spatio, quo durare debeat, contracta sit; an vero ad certum tempus. In primo casu potest quivis socius quandocumque renunciare, caeteris licet invitis (5), dummodo callide non fiat renunciatio, puta si societas universalis inter duos contracta sit, atque alter, quia haeres ab extraneo institutus est, societati renunciet; quippequo casu cautum odio dolosi socii, ut lucrum, cujus acquirendi caussa renunciavit, socio communicare teneatur; ipse vero nullum ex rebus prius communibus percipiat emolumentum (6): ex quo patet, revera solvi societatem, quamquam in poenam doli praecipitur communicatio lucri, propter quod captandum callide renuncitatio secuta est: atque idem traditur de socio renunciante societati ad rem emendam initae, ut solus ipse emat (7).

§ 3354. Si societas ad tempus inita fuerit, vel justa subest recedendi caussa, vel non: in primo casu valet renunciatio, atque renuncians liber omnino fit: veluti si alter socius ita rixosus vel damnosus sit, ut non expediat eum pati; aut praescriptas conditiones non impleat (8): vel si socius nequeat frui re, cujus gratia negotiationem suscepit (9); vel si socius renuncians cogatur diu abesse reipublicae caussa, nec societatis administratio alteri socio, vel extraneo credi tuto possit (10): vel si alter socius ad egestatem delabatur (11): in altero solvitur quidem renunciatione societas, quoad lucrum renunciantis, non quoad damnun, ut modo diximus de eo, qui callide renunciat (§ praeced.). Quod si socii finito tempore in societate perseverent, eadem tacite repetita censetur, exemplo conductionis (§ 2815),

(1) l. *Verum est* 63 § *in haeredem* 8 ff. hoc tit.
(2) l. *Actione* 65 § *morte* 9 ff. hoc tit.
(3) l. *Nemo potest* 35 ff. hoc tit.
(4) l. *Haeres socii* 40 ff. hoc tit.
(5) l. *Actione* 65 § *morte* 9 ff. hoc tit.
(6) l. *Nemo potest* 35 et seq. ff. hoc tit.
(7) d. l. *Viam veritatis* 10 Cod. *De locat.* (4, 65).
(8) § *item, si* 3 Instit. *De obligat. quae quasi ex contract.* (3, 28).
(9) Thes. d. dec. 242, n. 4.
(10) l. *Item, quia* 4 ff. *De pactis* (2, 14); Thesaur. d. decis. 242 n. 4 in fin.
(11) l. *Nihil dolo* 129 § 1; l. *Cum principalis* 178 ff. *De reg. jur.* (50, 17).

(1) l. 1 ff. *De fidejussoribus, nominat. et haeredib. tutor.* (27, 7).
(2) Thes. d. dec. 242 in fin; Osasc. dec. 150, n. 3.
(3) l. *Adeo morte* 59; l. *Actione* 65 § *morte* 9 ff. hoc tit.
(4) d. l. 65 § *item si* 10.
(5) l. *Societatem* 4 § 1 ff. hoc tit. § *manet autem* 4 Instit. hoc tit.
(6) d. § 4 Instit. hoc tit.; l. *Actione* 65 § *diximus* 3 ff. hoc tit.
(7) d. l. 65 § *item si* 4 ff. hoc tit.
(8) l. *Si convenerit* 14 in fin. ff. hoc tit.
(9) l. *Vel quod* 15 ff. hoc tit.
(10) l. *Idemque* 16 ff. hoc tit.
(11) l. *Societatem* 4 § 1 ff. hoc tit.

iisdem conditionibus, quibus primum inita fuerat (1).

§ 3355. Societatibus ad certum tempus initis accenseri debent, quaecumque fiunt in conductione sive vectigalium sive rerum privatarum; cum enim conductio principalis contractus plerumque sit, ob quem societas contrahitur (§ 3349), ad idem tempus protracta tacita contrahentium voluntate societas intelligitur (2). Non tamen videtur societas ad certum tempus inita, licet convenerit, ne intra idem tempus res communis dividatur (3); nihil enim prohibet, quominus res individuae sint, nec tamen jure societatis lucra et damna communicentur. Sane nemo dubitat, quominus socius possit in socium suae partis alium admittere (4).

§ 3356. Renunciare quis potest societati non tantum per se, sed et per alium: puta per procuratorem, etiamsi mandatum ad hoc speciale non habeat, dummodo bonorum omnium libera administratio ei concessa sit, nec speciatim prohibita renunciatio (5). Procuratori quoque socius renunciare potest; sed, cum renunciationem hanc facile ignorare possit dominus, idcirco ipsi liberum est renunciationem probare, vel non (6): quo fundamento absenti facta renunciatio ei non nocet, donec ad ipsius notitiam pervenerit (7).

§ 3357. Quoad modum denunciandae renunciationis pertinet, privatim fieri sufficit ex communi sententia (8) inter ipsos socios, sed simul monendi videntur illi, qui cum socio societatis nomine contraxerunt, et adhuc contracturi sunt, ne decipiantur, sequentes fidem societatis, quae jam dissoluta est (9): nisi aliunde secutam renunciationem perspectam habeant: certiorari necesse non est eum, qui non ignorat (10). Quod pertinet ad societates mercatorum, cum per scripturam fieri apud nos debeant (§ 3290), eodem quoque modo solvi aequum est (11).

§ 3358. Praeterea finitur societas finito negotio, de quo contracta fuit (12): puta si societas in conductione inita fuerit, atque haec finem, acceperit: eumdem parit effectum publicatio et cessio bonorum (1): nisi forte socius, qui bonorum publicationem passus est, aut bonis cessit, solam in societate operam posuerit, prout aliquando fit (2): quo tamen casu alteri socio permittendum, ut a societate ob socii egestatem recedat (§ 3354). Minima capitis diminutione societatem non perimi, apud omnes constat (3).

§ 3359. Societate finita, si ea universorum bonorum fuerit, res communes in partes viriles dividuntur, nisi aliud convenerit: quin intersit, an unus majorem bonorum partem initio contulerit, an aequalem (4); cum in universali societate bona omnia, cujuscumque generis sint, non praesentia tantum, sed et futura, quovis titulo acquisita, inter socios communia fiant (§ 3292): si autem particularis societas inita fuerit, quisque socius pro rata, quod contulit etiam deducit (5); alioquin aequales lucri et damni partes non haberent socii. Quod si convenerit, ut socius certam pecuniae quantitatem pro parte sua habeat, eaque, solvatur ex melioribus nominibus debitorum, non potest ei objici compensatio summae, quam ipse societatis debet (6): nec enim videri potest socius socio cessisse jura adversus se ipsum.

§ 3360. Difficultas est de eo casu, quo unus solam operam in societate contulerit, alter totam pecuniam, prout fieri potest (7). Sunt, qui putant societate finita, res omnes ex aequo inter socios dividendas: sed alii, quorum sententia aequitati magis consentanea videtur, defendunt, imprimis deducendam esse pecuniam a socio, qui eandem contulit; tum aequalem emolumenti, quod superest, divisionem fieri (8): tum quia, priore admissa sententia, facile contingeret, ut in damno haereret socius, qui pecuniam contulit, licet lucrum ex societate factum sit (§ praeced.); tum quia inaequalitas induceretur inter contrahentes, si unus, qui totam pecuniam contulit, partem dumtaxat in divisione recepturus esset.

§ 3361. Exceptio fortassis admitti posset, si tanti valeret opera ab uno ex sociis collata, quanti est alterius pecunia (9); tunc enim ad aequalitatem inducendam tacite actum inter contrahentes praesumeretur, ut res, seu pecunia ab altero collata inter socios communis fiat. Quare, ut omnis discordiarum occasio tollatur, perspicuis verbis explicandus est divisionis faciendae modus.

(1) l. *Tamdiu* 5 Cod. hoc tit.
(2) Voet in ff. hoc tit. n. 24 in fin.
(3) l. *Si convenerit* 14 ff. hoc tit.
(4) l. *Si nomen* 4 et seqq. ff. *De haereditat. vel action. vendit.* (18, 4); Thes. *Quaest. forens.* lib. 3, quaest. 28, n. 2 et seqq.
(5) l. *Actione* 65 § *renunciare* 7 ff. hoc tit.
(6) d. l. 65 § *item scriptum* 8.
(7) l. *Sed et socius* 17 § 1 ff. hoc tit.
(8) Voet in ff. hoc tit.
(9) argum. l. *Sed si pupillus* 11 § *de quo* 2 et seqq. ff. *De institor. act.* (14, 3); l. *Actione* 65 § *item* 10 ff. hoc tit.
(10) l. 1 § ult. in fin. ff. *De actionib. empt.* (19, 1).
(11) V. *Reg. Constit.* lib. 2, tit. 16, cap. 5, § 5; ubi et praecipitur relatio in acta publica, atque simul cavetur non nisi post quatuor menses a die inscriptionis societates dissolutas haberi quoad extraneos.
(12) d. l. 65 § 10 ff. hoc tit; l. 1 § 1 in fin. ff. *De actionib. empt.* (19, 1).

(1) § *publicatione* 7 et seqq. Instit. hoc tit.
(2) § *de illa* 2 Instit. hoc tit.
(3) l. *Si id, quod* 58 § *si filiusfamilias* 2; l. *Actione* 65 § *societas* 11 ff. hoc tit.
(4) Voet in ff. hoc tit. n. 27.
(5) l. *Si societatem* 6; l. *Quid enim* 80 ff. hoc tit.
(6) Fab. Cod. hoc tit. lib. 4, tit. 27, def. ult.
(7) § *de illa* 2 in med. Instit. hoc tit.
(8) Voet in ff. hoc tit. d. n. 27.
(9) Ibid. d. n. 27 in fin.

TITULUS XXIII.

DE MANDATO.

Instit. lib. 3, tit. 27 *De mandato,*
Digest. lib. 17, tit. 1) *Mandati, vel contra.*
Cod. lib. 4, tit. 35)

SUMMARIA

§ 3362. *Mandatum est contractus consensu constans, quo aliquid gratuito gerendum committitur.* — § 3363. *Mandatum non est, si negotium dumtaxat commendetur: vel ex amicitia negotium quis rogatus praestet.* — § 3364. *Mandatum gratuitum est: salarium tamen, seu honorarium non respuit.* — § 3365. *Salarium etiam non promissum advocatis extra ordinem adjudicatur jure Romano.* — § 3366. *Salarium hodie alienarum rerum gestoribus dari solet.* — § 3367. *Quae de mandato sigillatim sint expendenda?*

§ 3362. Mandatum postrema obligationum, quae solo consensu contrahuntur, species (1), a manu dictum, ut plerique putant, quae fidei symbolum est, definiri potest contractus consensu constans, quo aliquid gratuito gerendum committitur. Priora definitionis verba, quae generis locum tenent, demonstrant, mandatum referri ad contractus, in quibus nec verba, nec res, nec litterae desiderantur, sed solo consensu mandantis, et mandatarii perficiuntur.

§ 3363. Subjicimus, in mandato committi aliquid gerendum, quo significamus, ad mandatum requiri, ut vere committatur aliquid gerendum, nec sufficere, si tantummodo alicui commendetur negotium, ex qua commendatione nulla oritur obligatio (2): quemadmodum nec mandati tenetur, qui ex amicitia operam suam in negotio rogatus praestitit, puta in monendis procuratoribus, administratoribus consilio regendis (3). Porro in dubio, an mandatum, an commendatio sit, potius pro commendatione pronunciandum, ne temere obligatio inducatur (4).

§ 3364. Postremo dicimus, in mandato negotium gratis gerendum committi; cum enim mandatum ex amicitia originem ducat, si merces interveniat, abit in aliam contractus speciem, seu locationis et conductionis (5): non tamen mandatum esse desinit, licet aliquid remunerandi caussa mandatario detur (6), quod salarium, vel honorarium appellari solet (7); sane gratiam amicitiae referre, et gratuitam operam remunerare naturali aequitati consentaneum est.

§ 3365. Quinimmo jure Romano quaedam officia sunt, ob quae salarium etiam non promissum a judice extra ordinem adjudicatur, veluti advocatis, quorum officium publicum reputatur (1): in caeteris, nisi certum ab initio promissum fuisset, peti non poterat (2): promissum vero extra ordinem peti poterat (3), non actione mandati. Neque contrariam sententiam adstruit Ulpianus ajens, *si remunerandi gratia honor, seu honorarium intervenit, erit mandati actio* (4). Id enim unum significat jureconsultus, mandatum adhuc esse, licet honorarium, seu salarium solvatur, prout modo diximus (§ praeced.).

§ 3366. Hodiernis moribus quo tantum procuratores ad lites, sed aliorum quoque negotiorum extrajudicialium, et mandatarii, arbitrio judicis, aut boni viri salarium etiam non promissum petere possunt pro officii praestiti modo; dummodo soliti sint operarum remunerationem exigere, atque operae pretio aestimari soleant: nec expresse, aut tacite salario renunciaverint (5).

§ 3367. Hisce praelibatis, quae ad indolem mandati pertinent, haec sunt de eo sigillatim expendenda. 1. Quibus modis, et quorum gratia contrahatur. 2. Qui mandare, quaeve res mandari possint. 3. Quis sit mandati effectus, seu quae actiones ex mandato oriantur. 4. Et postremo, quibus modis mandatum finiatur.

CAPUT I.

Quibus modis, et quorum gratia mandatum contrahi possit.

SUMMARIA

§ 3368. *Mandatum tacite contrahi potest: in dubio tamen non praesumitur: nec generali mandato specialia continentur.* — § 3369. *Mandatum tacite suscepisse judicatur is, cui negotium gerendum commissum est, atque suscepit.* — § 3370. *An mandatum suscepisse intelligatur absens, cui per litteras mandatum est, si quantocitius sibi displicere non rescripserit.* — § 3371. *Mandatum aliud generale est, aliud speciale: illud simplex est, vel cum libera administrandi facultate. Quae liceant mandatario liberam administrandi potestatem habenti?* — § 3372. *Mandatum non*

(1) Text. Instit. *De obligat. ex consensu* (3, 23).

(2) l. *Si vero* 12 § *cum quidam* 12 ff. hoc tit.; l. *Fideicommissa* 11 § *si quis ita* 2 ff. *De legat.* 3. (32, 1).

(3) l. *Idemque* 10 § *si quis ea* 7 ff. hoc tit.

(4) l. *Quidquid adstringendae* 99 ff. *De verb. oblig.* (45, 1).

(5) l. 1 § ult. ff. hoc tit.. § ult. Instit. hoc tit.

(6) l. *Si remunerandi* 6 ff. hoc tit.

(7) l. *Salarium* 7 ff. hoc tit.

(1) l. *Divus Antoninus* 4 ff. *De extraordinar. cognitionib.* (50, 13).

(2) l. *Qui mutuam* 56 § *salarium* 3 ff. hoc tit.; l. *Salarium* 17 Cod. hoc tit.

(3) l. 1 Cod. hoc tit.

(4) l. *Si remunerandi* 6 ff. hoc tit.

(5) Voet in ff. hoc tit. n. 2 in fi.; Fab. Cod. hoc tit. lib. 4. tit. 26, def. 1; ubi tradit non videri contra bonos mores pactus de quota litis advocatus, qui alienam litem maxima mercede prosequendam suscipiat, d. l. *Salarium* 7 Cod. hoc tit.

est, sed consilium, si quis mandatarii tantum gratia aliquid gerendum mandet. — § 3373. *Mandari potest alicui, ut rem certam generatim emat. Quid de pretii incertitudine?* — § 3374 *et* 3375. *Quibus casibus mandantis et mandatarii utilitas in mandato versetur?* — § 3376. *Mandatum aliena tantum gratia interponitur, cum quis uni mandat, ut alterius negotia gerat.* — § 3377. *Quae sint exempla mandati, quo mandantis, vel mandatarii, et aliena utilitas vertitur.* — § 3378. *Mandans mandatarii tantum gratia, si dolo fecerit, eo nomine conveniri potest.* — § 3379. *Qui alicui mandat, ut certae personae pecuniam credat, mandati tenetur. Quid si tantum consuluerit? Quid de proxeneta?*

§ 3368. Mandatum non secus ac caeteri fere contractus, non expresse tantum, sed etiam tacite contrahi potest; cum taciti et expressi eadem plerumque vis sit (1): tacite mandare creditur, qui praesens et sciens patitur negotia sua per alterum geri (2). In dubio tamen non praesumitur mandatum: adeoque probationes desiderantur ab eo, qui se alterius nomine, et jure agere contendit (3): nec generali mandato continentur, quae quis verosimiliter in specie mandaturus non est (4).

§ 3369. Quemadmodum tacite mandatum datur, ita et tacite suscipi potest: tacita voluntas suscipiendi mandati ex solo silentio colligi posse non videtur; nec enim, qui tacet, statim consentire videtur (5); sed tacitam hanc voluntatem satis demonstrant facta; veluti, si cui negotium gerendum commissum fuerit; et gerendum susceperit, licet verbis se consentire non expresserit (6).

§ 3370. Si quis absenti per litteras mandaverit, nec is quantocitius rescribat, sibi displicere mandatum, suscepisse hoc ipso mandatum, aliqui praesumunt (7); atque nituntur responso Pauli ajentis, *si filiusfamilias, absentes patre, quasi ex mandato ejus pecuniam acceperit, cavisset, et ad patrem litteras emisit, ut eam pecuniam in provinciam solveret, debet pater, si actum filii sui improbat, continuo testationem interponere contrariae voluntatis* (8). Verum, praeterquamquod severa nimis videri potest haec jureconsulti sententia, facilius praesumitur mandatum in patre respectu filii propter arctissimam personarum conjunctionem, quam in extraneo; nisi forte hic mandantis negotia gerere solitus sit.

§ 3371. Praeter expressum et tacitum mandatum aliae quoque sunt illius species. Dividi insuper potest in generale, quod universa alicujus negotia complectitur, ut speciale quod continet quaedam negotia, vel unum dumtaxat: generale rursus dividitur in generale simplex, et generale cum libera, cum mandans liberam, et plenam confert mandatario administrandi potestatem; atque hic quidem omnia gerere potest, quae ad rectam honorum administrationem pertinent, nisi quaedam speciatim excepta sint; non tamen ratum habetur, quod fraudulenter gestum probaretur (1). Porro, licet quidam sentiant, nihil interesse, utrum alicui generale simplex mandatum datum sit, an cum libera, huic tamen plenior potestas concessa videtur; ita ut graviora etiam negotia inconsulto domino gerere possit, non ille. Quae autem fieri possint ex generali mandato, infra per species expendamus.

§ 3372. Alia proponitur mandati divisio a Justiniano post Cajum, inspecto fine mandati: videlicet mandatum contrahi potest: 1. Solius mandantis gratia: 2. Mandantis et mandatarii: 3. Aliena tantum gratia: 4. Mandantis et aliena: 5. Mandatarii et aliena (2): his addi potest sexta mandati species, cum in mandato versatur utilitas trium personarum, nempe mandantis, mandatarii et aliena (3). Si quis tua tantum gratia aliquid tibi mandet, proprie mandatum non est, sed potius consilium; ex quo proinde nulla plerumque oritur obligatio (4), ut infra expendemus.

§ 3373. Exemplis diversa haec mandatorum genera facilius percipiuntur. Si quis Titio mandet, ut negotia mandantis gerat, vel rem ei emat, ut pro eo fidejubeat, solius mandantis utilitas versatur (5). Si res certa emenda mandetur, absque dubio mandatum valet; immo, licet incerta res sit, puta equus, vel etiam domus, aut fundus, dummodo ex personae conditione, vel aliis adjunctis constet, quae domus, vel quod praedium mandans in animo fere habebat; alioquin propter nimiam incertitudinem inutile mandatum fieri posset (6). Quamquam nihil prohibere videtur, quominus domus, vel praedium generatim omnino emendum mandetur ab eo, qui pecuniam habet in emptionem praediorum destinatam; et cujus nihil interest, an unum, vel alterum praedium comparatur, dummodo de locis constet, ubi haec sita sint, et pecuniae quantitate expendenda. Sane apud omnes receptum est, pretii incertitudinem non obesse manda-

(1) l. *Cum quid mutuum* 3 ff. *De reb. credit.* (12, 1).
(2) l. *Si remunerandi* 6 § *si passus* 2; l. *Qui patitur* 18 ff. hoc tit.
(3) argum. l. 1 Cod. *De mandat. princ.* (1, 15).
(4) Fab. Cod. *Famil. Erciscund.* lib. 3, tit. 25, def. 8.
(5) l. *Qui tacet* 142 ff. *De reg. jur.* (50, 17).
(6) argum. § 1 Instit. *De obligat. quae quasi ex contract. nascunt.* (3, 28).
(7) Voet in ff. hoc tit. n. 3 in fin.
(8) l. *Si filiusfamilias* 16 ff. *De Senatusc. Maced.* (14, 6).

(1) l. *Creditor* 60 § ult. ff. hoc tit.
(2) princ. Instit. hoc tit; l. *Mandatum* 2 ff. hoc tit.
(3) l. *Si procuratorem* 8 § *si quis mandaverit* 4 et seq. ff. hoc tit.
(4) princ. et § *tua tantum* 6 Instit. hoc tit.
(5) § 1 Instit. hoc tit.; d. l. 2 § 1 ff. hoc tit.
(6) argum. l. *Cum post* 69 § *gener.* 4 ff. *De jur. dot.*

to; mandatarii prudenti arbitrio relictum existimatur (1).

§ 3374. Mandantis et mandatarii gratia contrahitur mandatum, si Titius mandet Maevio, ut pecuniam credat sub usuris ei, qui in rem Titii mutuatur; Titius pecuniae mutuo datae emolumentum percipit, Maevius usuras habet (2). Idem erat, jure vetere inspecto, quo creditor fidejussorem ante reum convenire poterat (3) (quod deinceps a Justiniano immutatum fuit, dato fidejussoribus beneficio ordinis, seu excussionis (4)), si fidejussor creditori mandasset, ut periculo suo debitorem principalem conveniret (5): creditor mandatarius commodum habebat, ut agens ex mandato adversus reum adhuc convenire posset fidejussorem, cum alioquin electione rei fidejussor liberaretur (6): fidejussor quoque commodum sentiebat, quatenus debitore solvente ipse ab obligatione immunis futurus esset.

§ 3375. Justinianus tertium affert exemplum mandati gratia mandantis et mandatarii, quod locum habet in eo casu, quo debitor rogat creditorem, ut suo mandantis periculo stipuletur a Titio, quem in hoc creditori delegat (7): mandantis utilitas vertitur; quippequi per novationem a priore obligatione liberatur; mandatarii, quatenus a mandante petere potest, quod a debitore delegato consequi non poterit.

§ 3376. Progreditur Justinianus ad tertiam mandati speciem, qua mandatum aliena tantum gratia interponitur; videlicet cum quis Titio mandat, ut negotia Maevii gerat (8). Sed haec pugnare videntur cum juris regula, quae tradit, actionem non competere alicui, nisi ejus intersit (9). Verum responderi potest, mandantis utique non interesse ab initio, sed, postquam Titius negotia Maevii ex mandato gessit, cum Titius contrariam mandati actionem adversus mandantem habeat, directa quoque mandanti competere debet, ut omnia ex fide gerantur (10): et recte dicitur aliena tantum gratia mandatum hoc interpositum fuisse: cum mandans ex directa sua actione nullum commodum sentiat.

§ 3377. Mandantis, et aliena gratia interpositi mandati planum est exemplum, cum quis Maevio mandat, ut negotia sibi cum Maevio communia gerat (1). Mandatarii, et aliena utilitate vertitur, cum quis Titio mandat, ut pecuniam Maevio sub usuris credat (2): hic autem mandantis ab initio non interest; interesse tamen deinde potest, postquam Titius pecuniam Maevio mutuam credidit, prout modo diximus (§ praeced.). Postremo mandatum mandantis, mandatarii, et alienam utilitatem continet, si tutor contutori mandet, ut pupillo emat, quod ei necessarium est (3).

§ 3378. Consilium potius, quam mandatum esse diximus (§ 3372), cum quis alteri mandat, quod mandatarii solius intersit; unusquisque explorare debet, an consilium sequi expediat, nec ne: puta an pecunia potius in emptionem praediorum collocanda sit, quam alio modo impendenda (4): Sed regula haec plures habet exceptiones: imprimis tenetur mandans, si dolo suaserit Titio, ut pecuniam foenori daret potius, quam praedia emeret, tenetur, inquam, doli actione (5): potiori ratione obstrictus dici debet, qui suasit Titio, ut Maevio pecuniam crederet; atque cum Titius dubitaret, an tuto ei crederetur, dixerit, *periculo meo crede, bene credis* (6).

§ 3379. An vero teneatur, qui tantum suasit, seu mandavit Maevio, ut certae personae pecuniam crederet, dissensus erat inter Sabinianos et Proculejanos: sed tandem obtinuit, ait Justinianus, Sabini sententia existimantis, *obligatorium esse in hoc casu mandatum; quia non aliter Titio credidisses, quam si tibi mandatum esset* (7); quippe hic fidejussori similis videtur (8). Cavendum tamen, ne suasor pro mandante habeatur: qui suadet, alterius arbitrio rem permittit; neque multum urget, ut res fiat: contra qui mandat, vult, et urget, ut fiat, quod mandatum est: suasor non tenetur, utique vero mandans (9): atque in dubio consilium potius praesumitur, quam mandatum, quoties mandantis nihil interest. Sane proxeneta, cum nomen magis monstret, quam mandet, nequaquam tenetur (10).

CAPUT II.

Qui mandare, et quae res mandati possint

SUMMARIA

§ 3380. *Mandatarius negotium sibi creditum alteri mandare potest.* — § 3381. *An procurator ad lites alium procuratorem eligere possit.* — § 3382. *Mandatum rei turpis*

(23, 3); l. *Si domus* 71 ff. *De legat.* 1. (30, 1); l. *Ita stipulatus* 115 ff. *De verb. oblig.* (45, 1).

(1) l. *Praeterea* 3 § 1 ff. hoc tit.

(2) § *tua gratia* 2 Instit. hoc tit.; d. l. *Mandatum* 2 § *tua* 4 ff. hoc tit.

(3) l. *Jure nostro* 5 Cod. *De fidejussorib.* (8, 41).

(4) Novell. 4. cap. 1.

(5) d. § 2 in med. Instit. hoc tit.

(6) l. ult. Cod. *De fidejussorib.*

(7) d. § *tua gratia* 2 in fin. Instit. hoc tit.; l. *Si mandavero* 22 § *interdum* 2 ff. hoc tit.

(8) § *aliena autem* 3 Instit. hoc tit.

(9) l. *Si procuratorem* 8 § *mandati* 6 ff. hoc tit.; § *alteri* 19 Instit. *De inutilib. stipulat.* (3, 20).

(10) l. *Si quis mandatu* 28 ff. *De negot. gest.* (3, 5); l. *Si remunerandi* 6 § *si tibi* 4 ff. hoc tit.

(1) § *sua* 4 Instit. hoc tit; d. l. 2 § *mea* 3 ff. hoc tit.

(2) § *sua, et aliena* 5 Instit. hoc tit.; d. l. 2 § 5 ff. hoc tit.

(3) l. *Si procuratorem* 8 § *si tutores* 4 ff. hoc tit.

(4) § *tua tantum* 6 Instit. hoc tit.; d. l. *Mandatum* 2 § ult. ff. hoc tit.

(5) l. *Idemque* 10 § *si quis* 7 ff. hoc tit.

(6) l. *Si vero* 12 § *si quis* 13 ff. hoc tit.

(7) d. § *tua tantum* 6 in fin. Instit. hoc tit.

(8) l. *Si haereditatem* 32 prop. fin. ff. hoc tit.

(9) d. § 6 Instit. hoc tit.

(10) l. pen. ff. *De proxeneticis* (50, 14).

nullum est. — § 3383. *An mandans prae mandatario teneatur, si sceleris mandatum dederit.* — § 3384. *Quid si mandatarius pravi consilii ignarus sit?* — § 3385. *Haereditas an alterius mandato adiri possit?*

§ 3380. Mandare generatim licet illis omnibus, qui contrahere possunt; nec aliquid speciale in mandato cautum invenitur. Mandatarius ipse potest rem sibi commissam alteri mandare, suo utique periculo, ita ut ipse actionem habet tum directam adversus suum mandatarium, tum contrariam adversus mandantem, a quo vicissim directa conveniri potest (1); primus mandans cum secundo mandatario nec expresse, nec tacite contraxit; adeoque nec eum convenire, nec ab eo conveniri potest. Placuit tamen ex aequitate nonnisi in subsidium conveniri posse primum mandatarium exemplo tutoris inter plures gerentis (2).

§ 3381. Non tamen potest mandatarius alterius opera uti ad perficiendum mandatum, si appareat, singularem ipsius industriam electam fuisse (3): procuratores ad lites post litem contestatam alium procuratorem, si jus Romanum spectemus, eligere possunt, non antea (4): quod tamen hodiernis moribus minus consentaneum est; cum in hisce procuratoribus certae personae industria prae oculis habeatur (5).

§ 3382. Mandari possunt negotia omnia honesta, et licita, nisi specialim mandari prohibeantur; sed rei turpis mandatum obligatorium non est (6). Si ergo quis aedem sacram spoliandam, hominem vulnerandum, futurum faciendum susceperit, mandati actione caret; neque repetere potest a mandante, quod in poenam flagitii solvere damnatus fuit; nec impensas in mandato exequendo erogatas (7): sibi imputet, cur scelus perpetraverit, atque in illud impenderit.

§ 3383. Ergo mandatario denegatur mandati actio adversus mandantem: sed non ideo a poena immunis est mandans; cum immo poenam pecuniariam laeso praestare teneatur, et publicam delicto propositam sustinere (8): quippequi vere nocens est. Consilium quoque in delictis eadem fere poena mulctatur, prout suo loco dicemus.

§ 3384. Sane si quid mandatum sit, quod per se illicitum non appareat, atque mandatarius ignoret, puta si quis operarios ducat in praedium vicini, ut fruges colligant, arbores caedant, et similia faciant, mandatarii pravi consilii ignari, atque expertes, non tenentur (1): sed si a domino interpellati, ut a coepto opere desinant, perficere velint, ob malam fidem eos teneri aequum est (2).

§ 3385. Actus legitimi (3), puta haereditatis aditio, secundum jus Romanum alteri mandari nequeunt (4): cum tamen haereditas solo animo adeatur, nec ullo facto opus sit (5), ex quo quis mandat alteri, ut haereditatem suo nomine adeat, adiisse existimatur (6). Plane haereditatem Titio delatam, quam damnosam putat, alterius mandato, et periculo adire non prohibent Romanae leges (7).

CAPUT III.

Qui sint mandati effectus, seu de actione mandati.

SUMMARIA

§ 3386. *Mandatum libere suscipitur, sed susceptum impleri debet.* — § 3387. *Mandati actio competit mandanti, ut mandatarius mandatum perficiat, dummodo mandantis intersit, et quatenus ejus interest.* — § 3388. *Haeredi, et contra haeredem pro ante gestis, et necessario connexis datur actio mandati.* — § 3389. *Quid si duo rem pro indiviso ex mandato administraverint?* — § 3390. *Actione mandati tria petuntur. Quae sint?* — § 3391. *Mandatarius mandatum juxta demonstratos fines perficere debet. Quid si majori, aut minori, quam mandatum fuit, pretio emerit?* — § 3392. *Mandatarius fundum majore pretio emptum mandanti tradere non tenetur, nisi integrum pretium ipsi restituatur.* — § 3393. *Mandanti actiones omnes a mandatario cedi debent. Si moram faciat in reliquis restituendis, an solvat usuras?* — § 3394. *Mandatarius juxta generales juris regulas nonnisi de culpa lata tenetur, vel levi, si salarium accipiat.* — § 3395 *et* 3396. *Mandatarius, ex speciali contractus indole, levem culpam indistinctae praestat.* — § 3397. *Diligentiam mediam spondere videtur mandatarius, qui officium ex amicitia suscipit.* — § 3398. *Mandatarius habet contrariam mandati actionem in solidum adversus plures mandantes, qui tamen beneficio divisionis gaudere possunt.* — § 3399. *Quae petantur contraria mandati actione?* — § 3400. *Man-*

(1) l. *Si procuratorem* 8 § *si quis* 3 ff. hoc tit.
(2) l. ult. Cod. *Si tut. vel curat. non ges.* (5, 55); Fab. Cod. hoc tit. lib. 4. tit. 26, def. 2 et 3.
(3) l. *Inter artifices* 31 ff. *De solutionib.* (46, 3).
(4) l. *Neque tutores* 11 Cod. *De procuratorib.* (2, 13).
(5) V. infra § 3709.
(6) § *illud quoque* 7 Instit. hoc tit.; l. *Si remunerandi* 6 § *rei turpis* 3 ff. hoc tit.
(7) d. § 6 Instit. hoc tit.; l. *Si mandavero* 22 § *qui aedem* 6 ff. hoc tit.
(8) l. *Nihil interest* 15 ff. *Ad leg. Cornel. de sicar.* (48, 8).

(1) § *placuit* 7 et § *interdum* 11 ff. *De obligat. quae ex delict.* (4, 1).
(2) l. *De pupillo* 5 § *nunciari* 3 et seqq. ff. *De oper. novi nunciat.* (39, 1).
(3) l. *Nemo alieno* 123 ff. *De reg. jur.* (50, 17).
(4) l. *Per curatorem* 90 ff. *De acquir. haeredit.* (29, 2).
(5) l. *Gerit* 88 ff. eod. tit.
(6) Brunneman. in ff. ad d. l. 90.
(7) l. *Si haereditatem* 32 ff. hoc tit.

dans teneatur liberare mandatarium ab obligationibus ex mandato susceptis erga venditorem et creditores. — § 3401. *Impensae necessariae ad mandatum exequendum mandatario suppeditari debent.* — § 3402. *Quid si mandatarius pecuniam foenori acceperit, vel suam sub foenore creditam exegerit, mandati perficiendi caussa?* — § 3403. *Impensae mandatario restituendae sunt, licet mandanti non profuerint.* — § 3404 et 3405. *Damnum ex caussa mandati passum a mandante reficiendum est. Quid si occasione tantum mandati damnum contigerit?*

§ 3386. Mandatum, licet ex amicitia profluat (1), nec ab invito plerumque suscipiatur, susceptum tamen implendum est (2), et data fides custodienda (3): atque hinc oritur mandati actio directa, quae mandanti competit adversus mandatarium, ut mandatum perficiat (4): quia autem mandatarius aliquando damna sustinet, et impensas facit, ut mandanti prosit, data est mandatario contraria mandati actio, qua indemnis servetur (5).

§ 3387. Igitur directa mandati actio competit mandanti, ut mandatarium cogat ad mandatum perficiendum, si modo ejus intersit, et quatenus interest (6); cum enim obligatio, et actio sine caussa non subsistat (7), merito denegata est actio mandanti, si ejus non intersit, mandatum non fuisse impletum, puta si alius negotia mandantis utiliter gesserit, vel nullum damnum ex omissa gestione senserit (8).

§ 3388. Haeredi quoque pro illis, quae ex praecedenti mandato gesta sunt, vel necessario pendent, mandati actio datur, nec non adversus haeredem (9); licet enim mandatum morte mandantis, et mandatarii finiatur, attamen mandantis haeres in jus, et onera defuncti succedit: successor vero mandatarii actione adversus defunctum nata conveniri potest. Si mandatarius alteri mandaverit, adversus primum agendum esse mandati, modo demonstravimus (§ 3386).

§ 3389. Si duobus rerum administratio communiter, et pro indiviso mandata sit, singuli in solidum conveniri possunt, saltem si antiquum jus inspiciamus (10): excusso tamen eo, qui solus administravit; prout de tutoribus constitutum est (11). Immo plures sentiunt, ex usu hodierno, pluribus mandatariis competere beneficium divisionis, si omnes tempore litis contestatae solvendo sint (1), prout generatim diximus de duobus reis (2).

§ 3390. Actione mandati tria petuntur. 1. Ut mandatarius mandatum exequatur juxta praescriptos a mandante fines. 2. Ut restituat, quod apud ipsum ex bonis mandantis est. 3. Ut damnum mandanti datum dolo, vel culpa sua resarciat, prout natura contractus exigit.

§ 3391. Imprimis mandatarius compellitur mandati actione ad perficiendum mandatum (§ 3386) juxta demonstratos fides; quod si mandatum non perfecerit, vel fines mandati non custodierit, solvere debet id quod mandantis interest (3): qui mandatum implet, sed alio modo, quam praescriptum fuit, aliud facere videtur (4); proinde si Titius Maevio mandaverit, ut fundum Cornelianum emat, isque Sempronianum comparaverit, mandatum implesse non censetur (5): quod si fundum Cornelianum emerit, sed majori pretio, quam mandatum est, actio usque ad constitutum pretium mandatario datur (6). Sane si minoris emerit, utilem adeoque gratam rem mandanti fecisse existimatur.

§ 3392. Mandatarius, qui fundum majori pretio emit, quam ei mandatum fuerat, potest fundum mandanti dare, et pretium mandato comprehensum petere (§ praeced.): sed teneri non videtur; nisi integrum pretium, quod solvit, ipsi restituatur, potissimum si fundus tantum valeat, quanti emptus fuit (7): nec enim mandantem cum dispendio mandatarii locupletiorem fieri aequum est (8).

§ 3393. Praeterea mandans actione directa mandati petit, ut sibi restituantur, quae apud mandatarium fortassis ex gestione remanent: res tradat, quas mandantis nomine comparavit una cum fructibus, quos percepit (9); atque actiones mandanti cedat (10); quae tamen actionum cessio hodiernis fori moribus necessaria non est, quoties procurator non suo, sed mandatis nomine emit (11). Quod si mandatarius moram faciat in reliquis restituendis, vel nummos foenori mandantis nomine collocaverit, aut otiosam pecuniam

(1) l. 1 § ult. ff. hoc tit.
(2) d. l. 1 in princ. ff. hoc tit.
(3) l. 1 in princ. ff. *De pact.* (2, 14).
(4) l. *Diligenter* 5 § 1 ff. hoc tit.
(5) l. *Mandasti* 46 ff. *De negot. gest.* (3, 5).
(6) l. *Si procuratorem* 8 § *Mandati* 6 ff. hoc tit.
(7) l. *Palam est.* 2 § *circa primam* 3 ff. *De dol. mal. et met. excep.* (44, 4).
(8) d. l. 8 § 6 in fin. ff. hoc tit.
(9) l. *Si praecedente* 58 et l. seq. princ. et § 1 ff. hoc tit.
(10) l. *Creditor* 60 § *duobus* 2 ff. hoc tit.
(11) l. ult. Cod *De divid. tutel.* (5, 52).

(1) Voet in ff. hoc tit. n. 8 in med.
(2) V. vol. II, lib. 3, § 1935, pag. 1128.
(3) l. *Si quis* 27 § *qui mandatum* 2 ff. hoc tit.; § *is, qui* 8 Instit. hoc tit.
(4) l. *Diligenter* 5 ff. hoc tit.
(5) d. l. 5 § *itaque* 2 ff. hoc tit.
(6) d. § 8 in med. Instit. hoc tit.; l. *Praeterea* 3 § ult. et l. seq. ff. hoc tit. Thes. lib. 3, quaest. 43, n. 3 †
(7) Vinn. ad § 8 Instit hoc tit. n. 4 et 5; Brunneman. in ff. hoc tit. ad l. 4 ff. hoc tit.
(8) l. *Nam hoc natura* 14 ff. *De condict. indeb.* (12, 6).
(9) l. *Si procuratorem* 8 § ult.; l. *Idemque* 10 § *si ex fundo* 2 ff. hoc tit.
(10) l. *Qui mandatum* 43; l. *Si mandatu* 45 in princ. ff. hoc tit.
(11) Fab. Cod. *De rei vindicat.* lib. 3, tit. 22, def. 6 in fin.

minus penso consilio reliquerit, in usuras condemnatur (1).

§ 3394. Qualem vero culpam mandatarius praestare debeat, sive in faciendo, sive in omittendo non omnino certum est. Si ex generalis juris regulis quaestio definiatur, cum in mandato plerumque solius mandantis utilitas versetur, de culpa tantum lata teneri videtur, nisi salarium recipiat; quo casu levem quoque praestaret (2): attamen Imperator Constantinus mandatarium de culpa levissima teneri innuit, cum ait, aliena negotia exacto officio geri debere, nec quicquam in eorum administratione neglectum, ac declinatum culpa vacuum esse (3): atque hinc quidam sentiunt, levissimam in mandato culpam praestari.

§ 3395. Verum tum legibus, tum naturali aequitati magis consentanea est eorum sententia, qui a mandatario ultra mediam diligentiam non exigunt, ideoque de levi tantum culpa teneri defendunt (4): legibus quidem; Ulpianus de mandato agens dolum tantum, et culpam commemorat, non secus ac in venditione, pignore, et locatione (5): culpae autem nomine, ut omnes norunt, levis significatur; non lata, quae dolo aequiparatur; nec levissima, quae a casu fortuito parum distare creditur. Aequitas quoque huic sententiae favet; quo enim fundamento mandatarius qui in alterius utilitatem suscipit officium, ad maximam diligentiam cogi potest; ex quo facile contingeret, ut officium alterius gratia susceptum ei damnosum esset (6).

§ 3396. Neque nocet, quod contra sentientes ex Constantini rescripto ajunt, aliena negotia exacto officio geri debere; nec quidquam in eorum administratione neglectum, ac declinatum culpa vacuum esse (7): exacti namque officii nomine culpa levis designatur, non levissima, quae opponitur diligentiae maximae, seu exactissimae: quod autem subjicitur, nihil neglectum aut declinatum culpa vacuum esse, ex natura contractus intelligi debet: nec enim juris regulae abrogatae praesumuntur ex verbis generalibus, quae et commodam interpretationem accipere possunt: eodem modo solvitur, seu potius explicandum est Diocletiani, et Maximiani rescriptum, quo ajunt; *a procuratore dolum, et omnem culpam, non etiam improvisum casum praestandum esse* (8): culpae nomine levem demonstrant: solum vero casum fortuitum excludere videntur, quia culpa levissima a casu parum distat (§ praeced.).

§ 3397. Si autem quaeratur, cur in mandato, tametsi salarium non sit constitutum, media diligentia desideretur, cum tamen minima tantum exigatur in contractibus, in quibus dantis sola versatur utilitas (1), respondemus, ex tacita voluntate contrahentium ita statuendum fuisse; nec enim quis negotia sua alteri gerenda committeret, si solam latam culpam, quae dolo proxima est (2), gerens praestaret: eamque idcirco mandatarius, qui officium ex amicitia suscipit (3), spondere censetur.

§ 3398. Haec pertinent ad directam mandati actionem: contraria mandatario datur adversus mandantem; et quidem in solidum contra singulos, si plures sint (4): ita ut tamen divisionis beneficio gaudeant, si omnes litis contestatae tempore sint solvendo (5), exemplo fidejussorum (6): nec non adversus mandantis haeredes; sive mandantis intersit, sive non; puta quia aliena gratia mandaverit.

§ 3399. Contraria mandati actione tria, prout in directa contingit (§ 3390), postulantur: 1. Ut mandatarius ab obligationibus mandati caussa susceptis liberetur: 2. Ut ipsi restituantur impensae, quas in mandato perficiendo erogavit: 3. Ut resarciantur damna, quae mandatarius ex caussa, vel proxima occasione mandati passus est.

§ 3400. Mandans imprimis tenetur mandatarium ab obligationibus ex mandato susceptis liberare puta si mandantis nomine fundum emerit, necdum solverit, etiam ante diem solvendo praefinitum mandatarius juste petit, ut mandans obligationem suscipiat (7): idem est, si mandatarius creditoribus mandantis spoponderit, se certa die soluturum (8): in his porro, et similibus casibus mandans officio satis defungitur, dummodo obligationem in se suscipiat, vel, si creditor nolit obligationem mutare, caveat, se mandatarium defensurum (9).

§ 3401. Quod ad impensas pertinet, non tantum finito mandato eas repetere potest mandatarius (10), nisi salarium accipiat, atque convenerit, ut sumptus de suo, seu de salario faciat (11): sed etiam jure desiderat impensas ne-

(1) l. *Idemque* 10 § *si procurator* 3; l. *Si vero* 12 § *dedi* 10 ff. hoc tit.; Fab. Cod. hoc tit. lib. 4, tit. 26. def. 15.
(2) l. *Si, ut certo* 5 § *nunc videndum* 2 ff. *Commodat.* (13. 6); l. *Contractus* 23 ff. *De reg. jur.* (50. 17).
(3) l. *In re mandata* 21 in fin. Cod. hoc tit.
(4) V. Perez. in Cod. hoc tit. n. 9.
(5) d. l. *Contractus* 23 ff. *De reg. jur.*, l. *Si procuratorem* 8 § ult. in med. ff. hoc tit.
(6) l. *Si servus* 61 § *quod vero* 5 ff. *De furt.* (47, 2).
(7) dict. l. *In re mandata* 21 Cod. hoc tit.
(8) l. *A procuratore* 13 Cod. hoc tit.

(1) d. l. *Si ut certo* 5 § *nunc videndum* 2 ff. *Commodat.* (13, 6).
(2) V. *Quod Nerva* 32 ff. *Depositi* (16, 3); l. *Magna* 226 ff. *De verbor. significat.* (50, 16).
(3) l. 1 § ult. ff. hoc tit.
(4) l. *Si mandatu* 59 § *Paulus* 3 ff. hoc tit.; l. *Reos* 23; l. *Generaliter* 28 Cod. *De fidejussorib.* (8, 41); Fab. Cod. hoc tit. lib 4, tit. 42, def. 17, in corp. et in not. †
(5) l. ult. Cod. *De constit. pecun.* (4. 18).
(6) § *si plures* 4 Instit. *De fidejussorib.* (3, 21).
(7) l. *Si mandatu* 45 in princ. ff. hoc tit.
(8) d. l. 45 § *item si* 2.
(9) d. l. 45 § 2. et § *quoties* 5 ff. hoc tit.
(10) l. *Si vero* 12 § *si mihi* 9 ff. hoc tit.; Fab. Cod. hoc tit. lib. 4, tit. 26, def. 32.
(11) l. *Idemque* 10 § *ideo* 9 ff. hoc tit.

cessarias, ut mandatum exequatur (1); nec enim pecuniam suam in utilitatem mandantis repraesentare tenetur: nisi aliter expressa vel tacite convenerit; alioquin officium, quod alterius gratia suscepit, contra aequitatis regulas damnosum esset (2).

§ 3402. Nec tantum impensae necessariae vel utiles mandatario restituendae sunt, sed et praestandae earum usurae, si ipse pecuniam, foenori acceperit, aut pecuniam, quam foenori habebat, repetierit, ut mandatum exequeretur, licet nulla imputari adhuc possit mandanti mora (3); etenim usurae istae ex caussa damni emergentis, vel lucri cessantis adjudicantur: ne officium mandanti utile mandatario damnosum sit (§ praeced.). Neque mandans actionem contrariam mandati effugere potest, quia nullum ex mandato emolumentum percipiat, puta quia alterius gratia mandaverit: sibi imputet, cur obligationem pro alio suscipere voluerit, prout contingit in fidejussore. Sane usurae, quas mandans pro mandatario solverit, restitui aequum est (4), si solutas probet (5).

§ 3403. Porro impensae mandatario restituendae sunt, dummodo fines mandati egressus non sit (6), atque bona fide fecisse constet, licet forte mandans minus impensurus fuisset (7), vel optatus mandati finis haberi non potuerit; puta procurator ad lites sententia judicis condemnatus sit (8); vel, cum emendi fundi mandatum haberet, integrum fundum emere non potuerit, sed partes tantum (9): nisi aliud nominatim actum sit (10); vel mandatum perficere sine culpa sua non potuerit (11).

§ 3404. Praeter impensas mandatarius a mandante repetit damnum, quod ex caussa mandati passus sit: puta si quis mandaverit emi servum certum, isque mandatario furtum fecerit; etenim culpae mandantis imputari potest, cur diligentius non inquisierit in servi comparandi qualitatem (12): quod si servum in genere emendum quis mandaverit, liberari potest, servum noxae dando (13): quia mandans nullius culpae reus videri potest; adeoque damnum casu contigisse judicatur, quem nemo praestet.

§ 3405. Quod si damnum non ex caussa, sed occasione mandati contigerit, puta mandatarius, mandati perficiendi caussa profectus, a latronibus spoliatus sit, aut naufragio res amiserit: vel languore suo, suorumve apprehensus quaedam erogaverit, cum haec casui potius adscribi debeant, quam mandanti, stricto jure inspecto, mandatarius repetere non potest (1): humanius tamen facit mandans, qui hunc quoque casum pro parte saltem praestat (2): cum mandatarius justissime allegare possit, se damnum hoc passurum non fuisse, si a mandato abstinuisset (3).

(1) d. l. 12 § ult. ff. hoc tit.
(2) l. *Si servus* 61 § *quod vero* 5 ff. *De furt.* (47, 2).
(3) l. *Si vero* 12 § *si mihi* 9 in med. ff. hoc tit.
(4) Fab. Cod. hoc tit. lib. 4, tit. 26, def. 12, 13 et 14.
(5) Fab. d. def. 13.
(6) l. *Praeterea* 3 § ult.; ll. 4, 5; l. *Rogatus* 33 ff. hoc tit.; § *is, qui* 8; Instit. hoc tit.
(7) l. *Si quis* 27 § *impendia* 4 ff. hoc tit.
(8) l. *Etiamsi* 4 Cod. hoc tit.
(9) l. *Ita ut omnes* 36 § ult. ff. hoc tit.
(10) d. l. 36 § *quod si fundum* 2.
(11) l. *Qui mutuam* 56 § ult. ff. hoc tit.
(12) l. *Si servus* 61 § *quod vero* 5 ff. *De furt.* (47, 2); V. Fab. Cod. hoc tit. lib. 4, tit. 26, def. 3.
(13) l. *Inter caussas* 26 § *sed, cum servus* 7 ff. hoc tit.

CAPUT IV.

Quibus modis finiatur mandatum.

SUMMARIA

§ 3406. *Mandatum cessat morte mandantis. Quid si mandatarius alteri negotium gerendum crediderit?* — § 3407. *Mandatum, mortuo etiam mandante, non extinguitur, si post hujus mortem fieri debeat, vel possit, quod mandatum fuit.* — § 3408. *Nec cessat mandatum morte mandantis, si officii nomine mandaverit; vel si actio mandata sit. Quid de institore et mandatario mortem ignorante?* — § 3409. *Mandatarii morte plerumque extinguitur mandatum: sed datur haeredibus mandatarii actio pro ante gestis.* — § 3410 et 3411. *Quid si haeredes mandatarii bona fide gerere perrexerint?* — § 3412. *Revocatione mandantis quovis tempore facta cessat mandatum: sed si res amplius integra non sit, mandatarius indemnis servari debet.* — § 3413 et 3414. *Renunciari potest mandato etiam intempestive, praestita tamen mandanti indemnitate: nisi justa caussa excuset.* — § 3415. *Mandatum tacite revocatum aliquando intelligitur.* — § 3416. *Mandati revocatio non praesumitur, sicuti nec renunciatio. Quid si quis diversis temporibus mandatum duobus procuratoribus dederit?*

§ 3406. Finitur mandatum morte mandantis, vel mandatarii, revocatione, aliquando etiam renunciatione. In primis mandante mortuo, cessat mandatum (4); quia morte mandantis finitur ejus voluntas, ex qua totum mandatum pendet, cum possit ab eo pro arbitrio revocari (5), ut infra dicemus, indemni utique servato mandatario. Sane, si mandatarius alteri idem negotium gerendum mandaverit, non secundi, sed primi mandantis mors inspicitur (6); non enim a secundi, sed a primi voluntate mandatum pendet.

(1) d. l. *Inter caussas* 26 § *non omnia* 6 ff. hoc tit.; Fab. Cod. hoc tit. lib. 4, tit. 26, def. 29 in princ.
(2) Fab. d. definit. 29 in fin.; Voet in ff. hoc tit. n. 13 in fin.
(3) d. l. 61 § 5 ff. *De furt.* (47, 2).
(4) § *item si* 10 Instit. hoc tit; l. *Mandatum* 15 Cod. hoc tit.
(5) l. *Si vero* 12 § *si mandavero* 16 ff. hoc tit.
(6) Fab. Cod. *De procuratorib.* lib. 2, tit. 8, def. 24; et Cod. hoc tit. lib. 4, tit. 26, def. 19.

§ 3407. Sed regula haec plures habet exceptiones: atque ideo mandatum morte mandantis non finitur, si id quod mandatum est, post mortem mandantis fieri debeat, puta haeredi dari, vel haeredi fundum emi (1): vel fieri possit, veluti monumentum extrui (2). Si Titius a Maevio ex mandato Sempronii stipulatus sit decem sibi dari post mortem Sempronii: mandatum vivo Sempronio implementum habet; et solus stipulationis effectus post mandantis mortem differtur (3).

§ 3408. Praeterea durat mandatum post mandantis mortem, si hic non privato, sed officii nomine mandaverit, puta praeses judicem dederit (4): si actio mandata sit (5): atque favore promiscui usus, et commerciorum singulariter receptum, ut institor etiam post mandantis mortem agere possit, donec mandatum ab haeredibus praeponentis revocatum fuerit (6): atque etiam ex aequitate ratum habetur negotium absolutum post mandantis mortem a mandatario, qui eam ignoraverit (7).

§ 3409. Quemadmodum mandantis (§ 3406), ita et mandatarii morte plerumque extinguitur mandatum (8): singularis personae industria electa creditur, quae in haeredem non transfertur. Quare haeredes nec coepta negotia perficere possunt, et mandati actione carent, si perfecerint (9): quamquam si defunctus jam aliquid gesserit, vel vivo mandante aliquid gestum sit, actio mandati tum directa, tum contraria locum habet (10): quo sensu tradunt interpretes, explicandum esse tum Justinianum (11), tum Gajum (12), cum integri mandati mentionem faciunt: nimirum ut significent, mandato non integro actionem mandati esse.

§ 3410. Sed et haec quoque regula exceptionem habet, atque valet, quod ab haeredibus bona fide, forte putantibus negotia non mandantis, sed mandatarii propria esse, gestum fuerit; ita ut haeredibus ex aequitate utilis saltem mandati actio dari debeat; ne justa et probabilis ignorantia, ut ait Justinianus, de morte mandantis ignorata disserens, damnum afferat (13): quamquam censuit Papinianus, mandanti exhaeredum gestione laeso, et absenti, cum haeredes negotia gerebant, succurrendum, ut quae gesta sunt, rescindere possit (1).

§ 3411. Cur autem non rescindatur, quod bona fide gessit mandatarius post mandantis mortem (§ 3408), utique vero, quod a mandatarii haeredibus gestum est (§ praeced.), haec afferri solet conveniens discriminis ratio: in primo casu is plane negotia gerit, cujus industria electa fuit: atque damnum, quod forte contingat, mandanti imputari potest: sed in altero casu alii, qui electi non sunt, administrationi se immiscuerunt, nec mandanti potest imputari, cum haeredes non elegerit.

§ 3412. Revocatione mandantis cessat mandatum; atque revocatio fieri potest, sive res integra sit (2), sive non integra, ita tamen ut in posteriore casu mandatarius indemnis servetur (3). Ideo autem placuit revocationem mandati permittere contra generales juris regulas (4), quia in mandantis utilitatem suscipitur; nec mandatarius queri potest, cur mandans opera sua amplius uti nolit: revocato autem mandato, imputari non potest mandatario, cur non exegerit a debitoribus, a quibus exigere jussus fuerit, licet interim solvendo idonei esse desierint (5).

§ 3413. Renunciatione quoque mandatarii extinguitur mandatum (6); cum enim mandatum ex amicitia initium habeat (7), eadem postulare visa fuit, ut liceat mandatario a suscepta obligatione recedere; dummodo tempestive renunciet: ita ut mandans vel per se, vel per alium rem mandatum implere possit (8). Quod si intempestive facta sit renunciatio, id quod interest, mandanti praestandum, aequitas suadet (9): alioquin mandans deciperetur.

§ 3414. Si tamen justa aliqua caussa intervenerit, cur mandatarius non renunciaverit, aut intempestive renunciaverit, cessat mandati actio (10): justae autem caussae reputantur adversa valetudo; capitales inimicitiae, quae inter mandantem, et mandatarium exortae sint (11): si inanis futura sit actio mandatario, puta quia mandans solvendo idoneus esse desierit; ita ut impensae ab eo repeti nequeant; absentia reipublicae caussa, et similes (12).

(1) l. *Idem est* 13 ff. hoc tit.
(2) l. *Si vero* 12 § ult. ff. hoc tit.
(3) l. ult. in princ. ff. *De solut.* (46, 3).
(4) l. *Venditor* 49 § 1 ff. *De judic.* (5, 1).
(5) l. 1 Cod. *De obligat. et actionib.* (4. 10).
(6) l. *Si quis mancipiis* 17 § *si impubes* 2 et seqq. ff. *De Institor. action.* (14, 3).
(7) § *item, si* 10 Instit. hoc tit.; l. *Inter caussas* 26 princ. et § 1 ff. hoc tit.
(8) d. § *item, si* 10 Instit. hoc tit.; l. *Si quis* 27 § *morte* 3 ff. hoc tit.
(9) d. l. 27 § 3 ff. hoc tit; d. 3 10 Instit. hoc tit.
(10) l. *Inter caussas* 26 in princ.; l. *Si praecedente* 58 ff. hoc tit.
(11) d. § *item, si* 10 Instit. hoc tit.
(12) d. l. *Si quis* 27 § *morte* 3 ff. hoc tit.
(13) d. § *item, si* 10 Instit. hoc tit.

(1) l. *Mandatum* 57 ff. hoc tit. ubi pro *utiliter* legendum esse *inutiliter* textus ipse demonstrat, et notant eruditi.
(2) § *recte quoque* 9 Instit. hoc tit.
(3) argum. § *mandatum* 11 Instit. hoc tit.; l. *Si quis* 27 § 1 ff. hoc tit.
(4) l. *Sicut initio* 5 Cod. *De obligation. et actionib.* (4. 10).
(5) Fab. Cod. hoc tit. lib. 4. tit. 26, def. 6.
(6) § *mandatum* 11 Instit. hoc tit.
(7) l. 1 § ult. ff. hoc tit.
(8) d. § 11 in med.; l. *Si mandavero* 22 § ult. ff. hoc tit.
(9) d. § 11 in fin. Instit. hoc tit; l. *Si quis* 27 § *qui mandatum* 2 ff. hoc tit.
(10) d. § *mandatum* 11 in fine Instit. hoc tit.
(11) l. *Sane* 23 ff. hoc tit.; Fab. Cod. hoc tit. lib. 4, tit. 26, def. 5.
(12) l. *Seu ob inanes* 24 et l. seq.; d. l. 27 § 1 ff. hoc tit.

§ 3415. Revocatio mandati non expresse tantum, sed etiam tacite fieri potest, puta, si dominus servum dispensatorem, seu quem exigendis pecuniis praeposuerat, manumittat, hoc ipso censetur revocasse mandatum, ita ut illi amplius solvere nequeant debitores; quamquam ex aequitate liberantur, si revocationem, seu manumissionem ignorantes solverint (1): idem dicendum, si is, cui creditor solvi mandaverat, statum mutet; puta in adoptionem datus sit, in exilium missus, aqua et igne interdictus (2).

§ 3416. Cum autem voluntatis mutatio res facti sit, quae facile praesumenda non est, sed ab allegante probanda (3), idcirco nec revocatio, nec renunciatio mandati admittenda, nisi satis de ea constet. Sane, qui diversis temporibus mandatum duobus procuratoribus dedit, priorem prohibuisse videtur (4). Caeterea, quae ad procuratores pertinent, suo loco trademus (5).

TITULUS XXIV.

DE OBLIGATIONIBUS EX QUASI CONTRACTU

Instit. lib. 3, tit. 28 *De obligat. quae quasi ex contract. nascunt.*
Digest. lib. 44, tit. 7) *De obligat. et action.*
Cod. lib. 4, tit. 10)

SUMMARIA

§ 3417 *et* 3418. *Obligationes ex quasi contractu nascuntur circa conventionem expressam vel tacitam.* — § 3419. *Obligationes hujus generis nituntur consensu praesumpto, vel a lege inducto.* — § 3420 *et* 3421. *Quasi contractus describi possunt facta honesta, ex quibus oritur obligatio. Quot sint obligationum ex quasi contractu species?*

§ 3417. Post contractus, qui re, verbis, litteris, vel solo consensu perficiuntur, sequitur disputatio de quasi contractu, seu obligationibus, quae ex quasi contractu, seu quasi ex contractu, oriuntur (6). Obligationes hujusmodi dicuntur ex quasi contractu, seu quasi ex contractu, quia nascuntur citra conventionem expressam, vel tacitam; sed nituntur consensu praesumpto, vel a lege inducto ob utilitatem contrahentium, vel publicam utilitatem. Fusius haec explicanda sunt.

§ 3418. Imprimis dicimus, obligationes ex quasi contractu nasci citra conventionem expressam, vel tacitam: de expressa nulla difficultas est: sed nec tacita conventio hic admitti potest; si enim vel tacite quis consentiat, contractus erit; cum tacito consensu eadem, ac expresso, vis in jure tribuatur (1): atque hinc tacite contrahi dicuntur locatio (2), societas (3), mandatum (4): praeterquamquod etiam invitos, et ignorantes quasi ex contractu obligari traditur (5): eosque, qui consensus capaces non sunt, veluti furiosos (6).

§ 3419. Ergo obligationes, de quibus agimus, ex re potius nascuntur (7), seu ex facto honesto, puta negotiorum gestione, vel administratione tutelae, cui facto vel consentire praesumitur ille, cujus negotia geruntur, vel lex consensum supplet, ita suadente aequitate, vel publica utilitate (8): profecto si quis consensum praesumptum, vel a lege inductum velit tacitum appellare, non refragamur; quamquam minus proprie appellatio haec accommodatur.

§ 3420. Ex his patet, quasi contractus definiri seu describi posse, facta honesta, ex quibus oritur obligatio: atque obligationes ex quasi, seu quasi ex contractu illae sunt, quae ex factis honestis, et a lege probatis originem habent. Quinque ex his factis a Justiniano recensentur videlicet negotiorum gestio, tutelae administratio, communio rerum citra societatem, haereditatis aditio, atque indebiti solutio (9).

§ 3421. Primae quatuor species ad hunc locum vere pertinent, sed indebiti solutio potius ad contractus referri debet: adeoque de ea agemus cum de caeteris conductionibus verba faciemus. De tutelae administratione, nec non aditione haereditatis jam diximus. Quare superest, ut tradamus, quae ad negotiorum gestionem, et rerum communionem pertinent cum autem communio rerum, quae inter cohaeredes fit, praecipuas, et gravissimas habeat difficultates, seorsim de ea disseremus. Tria ergo erunt hujus tituli capita. Primum de negotiis gestis. Alterum de divisione rerum communium extra haereditatem. Tertium de haereditatis, seu familiae divisione.

CAPUT I.

De negotiis gestis.

Inst. lib. 3, tit. 28 *De obligat. quae quasi ex contract.*
Digest. lib. 3, tit. 5) *De negotior. gest.*
Cod. lib. 2, tit. 19)

SUMMARIA

§ 3422. *Negotiorum gestor is dicitur, qui sine mandato gerit negotia absentis vel ignorantis.* — § 3423. *Alienis negotiis utilitatis caussa se immiscere laudabile est.* — § 3424. *Negotiorum gestorum actio competit, cujus-*

(1) d. § *item, si* 10 in fin. Instit. hoc tit.
(2) l. *Cum quis* 38 ff. *De solution.* (46, 3).
(3) l. *Eum, qui* 22 ff. *De probat.* (22, 3).
(4) l. *Si quis* 31 § ult. ff. *De procurat.* (3, 33).
(5) V. infra lib. 4, tit. 2 *De procuratorib.*
(6) princ. Instit. hoc tit.

(1) l. *Cum quid mutuum* 3 ff. *De reb. credit.* (12, 1).
(2) l. *Item quaeritur* 13 § ult. ff. *Locati* (19, 2).
(3) l. *Societatem* 4 ff. *Pro socio* (17, 2).
(4) l. *Si remunerandi* 6 § *si passus* 2; l. *Qui patitur* 18 ff. *Mandati* (17, 1).
(5) § 1 Instit. hoc tit.
(6) l. *Furiosus* 46 ff. *De obligat. et actionib.* (44, 7).
(7) d. l. 46 ff. *De obligation. et actionibus.*
(8) l. *Si quis absentis* 2 in fin. ff. *De negot. gest.* (3, 5).
(9) § 1 et seqq. Instit. hoc tit.

cumque negotia gesta fuerint. — § 3425. *Directa negotiorum gestorum actio competit illi, cujus negotia gesta sunt, adversus gerentem, vel geri mandantem.* — § 3426 *et* 3427. *Quae petantur directa negotiorum gestorum actione?* — § 3428. *De qua culpa teneatur negotiorum gestor?* — § 3429. *Negotiorum gestor casum fortuitum plerumque non praestat.* — § 3430. *Negotiorum gestor etiam de omissis tenetur, si haec gerere debuerit.* — § 3431. *Pecuniam exigere non potest negotiorum gestor a debitoribus.* — § 3432 *et* 3433. *Actio contraria competit negotiorum gestori adversus eum, cujus negotia gessit, ut indemnis servetur. Quid de impensis et usuris?* — § 3434 *et* 3435. *Qui proprii commodi caussa alterius negotia gessit, non ultra repetit, quam alteri profuerit.* — § 3436 *et* 3437. *Quid si quis, putans se negotia Titii gerere, res Maevii utiliter gesserit, vel tamquam sua?* — § 3438. *Actio negotiorum gestorum an denegetur ei, qui inviti, et prohibentis negotia utiliter gesserit?* — § 3439. *Negotiorum gestorum actio ad repetendas impensas denegatur ei qui pietatis intuitu, et animo donandi impenderit, puta patri et marito. Quid de matre?* — § 1440. *Actio negotiorum gestorum parum differt ab actione mandati.*

§ 3422. Negotiorum gestor in jure dicitur, qui gerit negotia alterius absentis, vel ignorantis sine mandato (1); etenim, hoc interveniente vel expresse vel tacite, mandatario appellaretur, vel procurator: quamquam lata significatione procuratoris nomen negotiorum gestori interdum accommodatur (2).

§ 3423. Licet nemo irrequisitus alienis se negotiis regulariter immiscere debeat (3), si tamen ita suadeat utilitas ejus, cujus geruntur negotia, alioquin deserenda, laudandus omnino, qui operam suam alterius gratia impendit: atque ideo prodita est actio contraria negotiorum gestori (4): ne officium suum ipsi damnosum sit contra aequitatem (5); sicuti et directa datur rerum domino, ne damnum patiatur, unde lucrum expectabat (6).

§ 3424. Nihil porro interest, cujuscumque negotia gesta fuerint, sive jam nati et absentis (7); sive adhuc in utero existentis (8), aut jam defuncti, seu jacentis haereditatis (9): sive majoris aetate et consilio praediti, sive furiosi, aut pupilli (1): eadem est in omni casu utilitatis, et aequitatis ratio (§ praeced.)

(1) l. *Qui servum* 41 ff. hoc tit.
(2) l. *Quis* 58 ff. *De solution.* (46, 3).
(3) l. *Culpa est* 36 ff. *De reg. jur.* (50, 17).
(4) § 1 Instit. hoc tit.; l. *Si quis absentis* 5 ff. *De obligat. et actionib.* (44. 7).
(5) l. *Si servus* 61 § *quod vero* 5 ff *De furt.* (47, 2).
(6) dict. § 1 Instit. hoc tit.; § *actionum* 28 Instit. *De actionib.* (4, 6).
(7) d. l. *Si quis absentis* 5 ff. *De obligat. et action.* (44. 7).
(8) l. *Cum pater* 29 ff. hoc tit.
(9) l. *Ait praetor* 3 § *haec verba* 6 ff. hoc tit.

§ 3425. Hisce praelibatis, breviter expendendum; quibus, et adversus quos detur actio negotiorum gestorum tum directa, tum contraria: et quo utraque tendat. Directa negotiorum gestorum actio datur illi, cujus negotia gesta sunt, vel cujus interest hoc judicio experiri (2), adversus eum, qui gessit (3), vel geri mandavit (4): tametsi mulier gesserit (5), aut pupillus; in quem actio competit, quatenus locupletior factus est (6).

§ 3426. Actione negotiorum gestorum petitur ut gestor rationes administrationis reddat (7), atque restituat, quod ex administratione retinet: non tamen ei, cujus negotia gessit, si plus justo, vel indebitum acceperit, prout perperam tradit Ulpianus (8); res enim domino dari debet (9). Nec ad maximas usuras condemnari negotiorum gestorem, qui pecuniam alienam in suos usus converterit, patitur aequitas, aut hodiernus fori usus, licet aliud placuerit, Tryphonino (10).

§ 3427. Si negotiorum gestor pecunia foenori collocaverit, exactas usuras restituere cogitur; non tamen subit periculum nominis, nisi debitori minus idoneo pecuniam non satis penso consilio crediderit (11): quod si pecuniam otiosam retinuerit, cum et haec fuisset domini consuetudo (12), vel periculum in foenerando esset, ad nihil tenetur (13).

§ 3428. Quod spectat ad culpam a negotiorum gestore praestandam, Romanae leges levissimam exigere videntur (14); quasi eam promittere videatur, qui sponte se alienis negotiis immiscet; saltem si alius diligentior eo commodius administraturus esset negotia (15); adeoque nulla urgente necessitate: quae si urgeat, placuit, gestorem non nisi de dolo et culpa teneri (16), sicuti et in eo casu, quo judicis jussu quis aliena negotia administranda susceperit (17).

§ 3429. Casum fortuitum non praestat negotiorum gestor (18): nisi culpa gestori possit imputari; puta si foenori dederit pecuniam prae-

(1) d. l. 3 § *et, si furiosi* 5; l. *Si pupilli* 6 ff. hoc tit.
(2) l. *Actio* 47 princ. et § 1 ff. hoc tit.
(3) l. *Si pupilli* 6 § *si quis* 2 ff hoc tit.
(4) l. *Nam et Servius* 21 § ult. ff. hoc tit.
(5) l. *Ait praetor* 3 § 1 ff. hoc tit.
(6) d. l. 3 § *pupillus* 4 ff. hoc tit.
(7) § 1 in fin. Instit. hoc tit.
(8) l. *Si autem* 8 § 1 ff. hoc tit.
(9) l. *Item veniunt* 20 § *sed si vendidit* 18 in fin. ff. *De haereditat. petit.* (5, 3).
(10) l. *Qui sine usuris* 38 ff. hoc tit.
(11) l. *Litis contestatae* 37 ff. hoc tit.
(12) l. *Qui semisses* 13 § ult. ff. *De usur.* (22, 1).
(13) l. *Debitor* 13 ff. hoc tit.
(14) l. *Contractus* 23 ff *De reg. jur.* (50, 17); l. *Si mater* 24 Cod. *De usur.* (4. 32).
(15) § 1 in fin. Instit. hoc tit.
(16) l. *Ait praetor* 3 § *interdum* 9 ff. hoc tit.
(17) d. l. 3 § *si executor.* 8 ff. hoc tit.
(18) l. *Sive haereditaria* 22; l. *Litis contestatae* 37 ff. hoc tit.

ter domini consuetudinem, vel novum negotiationis genus inierit; ita tamen ut damni cum lucro compensatio fiat, ita suadente aequitate (1), licet aliud inter socios servetur (2): aut culpa praecedens caussam dederit casui fortuito, veluti si praerepta sit pecunia, quam creditoribus solvere perperam distulit gestor (3).

§ 3430. Non tantum de gestis tenetur, sed et de iis, quae omisit, si modo haec gerere debuisset, alioquin propria voluntas finem administrationis facit (4): gerere vero, seu perficere tenetur, quae inchoavit, non caetera, nisi sequens negotium priori, quod gessit, connexum sit; vel alius gesturus fuisset, nisi destitisset, quia hunc gerere videret (5). Proinde negotiorum gestor solvere tenetur, quod ipse debet (6), nec non sibi solvere, ut sistatur usururum cursus (7).

§ 3431. Non quemadmodum negotiorum gestor a se ipso exigere potest, ac debet (§ praeced.), ita et ab aliis debitoribus ejus, cujus negotia gerit; cum actione careat adversus istos (8): nisi forte conjuncta persona sit, cui leges Romanae agendi sine mandato facultatem tribuunt (9), facile possit plene cavere de rato, atque omnia absentis negotia gerenda susceperit (10). Verum haec non difficilius servantur hodiernis moribus, quibus conjunctae personae permittitur, ut sine mandato agat, nec interpellationis extra judicium factae ratio haberi solet (11).

§ 3432. Hactenus de directa negotiorum gestorum actione: contraria gerenti datur adversus illum, cujus negotia gessit, ut indemnis servetur, seu consequatur id quod ei abest, vel abfuturum est (12): puta si se, vel bona sua pro absente obligaverit, jure petit, se, vel bona sua a vinculo liberari (13); quod si periculum sit, ne imposterum aliquid ex negotiorum gestione ei abfuturum sit, cautio de indemnitate praestanda est (4).

§ 3433. Impensas quoque in alterius utilitatem factas repetit negotiorum gestor, sive illae necessarie sint, sive utiles (15); nec non usuras, quas ipse solvere, vel quas ex pecunia sua honeste percipere aliunde potuisset (16); dummodo bona fide, et prout bonum patremfamilias decet, impenderit (licet impensae non profuerint, vel utilitas non duret, puta refecta domus corruerit (1), nec plus impenderit, quam opportuerat: quippequo casu id tantum repeteret, quod recte impensum est (2).

§ 3434. Sed quid dicendum, si quis non alieni, sed proprii commodi caussa alienis se negotiis immiscuerit? Placuit, repetitionem non dari impensarum, nisi quatenus locupletior factus est alter, cujus negotia gessit (3); ne hic cum alterius jactura ditetur (4): illum autem cum suae potius utilitati studuerit, ultra quam alteri profuit, repetere non decet.

§ 3435. Ex his constat, impensas repeti non posse ab eo, qui indebitum pro alio solverit (5); aut pro eo, qui ad solvendum cogi non poterat, puta qui compensatione, vel alia exceptione, se defendere poterat (6): aut si voluptatis caussa impensum sit (7); quia nullum in hisce casibus emolumentum alteri quaesitum est; atque sibi imputare debet negotiorum gestor, cur diligentius non inquisierit, antequam solveret vel impenderet.

§ 3436. Si quis putans negotia Titii gerere, res Maevii utiliter gesserit, adversus Maevium, cui vere profuit, ad indemnitatem agere potest (8): idem traditur de eo, qui errans putaverit, sibi mandatam fuisse negotiorum gestionem (9); vel ad eam ex officio teneri (10): aequitas in hisce casibus suasit consuli gerenti, ne ex officio suo, quod alterius gratia suscepit, damnum sentiat (11).

§ 3437. Non idem omnino dicendum in eo casu, quo quis aliena gesserit tamquam sua; puta debitoribus haereditariis solverit, se haeredem facto putans; cum enim suo nomine solvens verum haeredem non liberaverit, potius ei danda condictio indebiti, qua solutum a creditoribus repetat (12), quam actio negotiorum gestorum adversus eum, cujus negotia gerere noluit: plane si possessor haereditatis aes alienum haereditario nomine solverit, negotiorum gestorum actione repetit, quod pro haerede solvit (13).

§ 3438. Plures sunt casus, in quibus cessat actio negotiorum gestorum: veluti si quis inviti, et prohibentis negotia gesserit, Romanae leges denegant actionem, utique pro impensis factis post prohibitionem, licet utiles sint, non pro

(1) l. *Si negotia* 11 ff. hoc tit.
(2) l. *De illo* 23 § 1 et ll. seqq. ff. *Pro soc.* (17, 2).
(3) l. *Debitor* 13 ff. hoc tit.
(4) l. *Tutori* 20 Cod. hoc tit.
(5) l. *Si pupilli* 6 § ult. ff. hoc tit.
(6) d. l. 6 § ult. ff. hoc tit.
(7) l. *Debitor* 13; l. *Divortio* 35 § 1 ff. hoc tit.
(8) d. l. *Si pupilli* 6 § ult.; l. *Dispensatorem* 62 in fin. ff. *De solut.* (46, 3).
(9) l. *Sed et haec* 35 ff. *De procurat.* (3, 3).
(10) l. *Si autem* 8 ff. hoc tit.
(11) Voet in ff. hoc tit. n. 7 in fin.
(12) l. *Si quis absentis* 2 in fin. ff. hoc tit.; Fab. Cod. hoc tit. lib. 2, tit. 10 def. 2.
(13) d. l. 2 in princ.; l. *Si quis mandatu* 28 ff. hoc tit.
(14) l. *Liberto* 31 § 1 ff. hoc tit.
(15) l. *Quae utiliter* 45 ff. hoc tit.
(16) l. *Atqui naturam* 19 § penult. ff. hoc tit.

(1) l. *Sed an ultro* 10 § 1 ff. hoc tit.; Fab. Cod. hoc tit. lib. 2, tit. 10, def. 3.
(2) d. l. 10 § 1; l. *Si quis* 25 ff. hoc tit.
(3) l. *Si pupilli* 6 § *sed et si* 3 in fin. ff. hoc tit.
(4) l. *Nam hoc natura* 14 ff. *De condict. indeb.* (12, 6).
(5) l. *Si quis negotia* 25 ff. hoc tit.
(6) l. *Cum pecuniam* 43 ff. hoc tit.
(7) l. *Ex duobus* 27 ff. hoc tit.
(8) l. *Item, si* 5 § 1; l. *Si pupilli* 6 § *si Titii* 8 ff. hoc tit.
(9) d. l. 5 in princ. ff. hoc tit.
(10) l. *Ait praetor* 3 § *hac actione* 10 ff. hoc tit; l. *Curatorem* 6 Cod. hoc tit.
(11) l. *Si servus* 61 § *quod vero* 5 ff. *De furt.* (47, 2).
(12) l. *Cum qui sibi* 38 § *de peculio* 2 prop. fin. ff. *De solutionibus* (46, 3).
(13) l. ult. ff. hoc tit.

prioribus (1): sed haec Romani juris sanctio pluribus, et merito videtur aliena ab aequitate, quae non sinit, ut quis ex alienis spoliis ditetur (2): adeoque actionem concedendam putant, quatenus alter locupletior factus est, prout servatur in possessore malae fidei (3).

§ 3439. Facilius deneganda est negotiorum gestorum actio ad repetendas impensas ei, qui pietatis intuitu erogaverit, absque animo repetendi: hic autem animus plerumque praesumitur in patre, qui filio studiorum, aut simili caussa sumptus suppeditet (4); in marito aegrotam curante uxorem (5): cui alimenta debet, et quidquid ad vitam sustentandam necessarium est: quae mater in filiorum alimenta impendit, plerumque non repetit, cum ex materna pietate ea filiis debeat (6); caetera vero, quae in filiorum utilitatem erogavit, repetere potest, nisi donandi animus intercesserit, imo et alimenta si pater dives sit, atque idoneus alendis filiis (7); cum onus hoc ad patrem spectet (8). Plane, si mater tutelam filii gerat, ex filii bonis in dubio impendere praesumitur (9).

§ 3440. Neque potest actione negotiorum gestorum repeti, quod in alterius utilitatem impensum est, si alius gratis impensurus fuisset (10): quod si dominus, cujus negotia gesta fuerunt, rata habeat, perinde ac si ab initio ipsius mandato gesta fuissent, actio mandati locum habere potest (11): alioquin pro gestis ante ratihabitionem sola competit negotiorum gestorum actio (12); quae tamen eandem vim habet, eosdemque ac mandatum effectus parit. Sed in his ulterius non immoramur, cum rara admodum sit negotiorum gestio (13).

CAPUT II.

Communi dividundo, seu de rerum communium divisione.

Instit. lib. 3, tit. 28 *De obligation. quae quasi ex contract. etc.*
Digest. lib. 10, tit. 3) *Commun. dividund.*
Cod. lib. 3, tit. 37)

SUMMARIA

§ 3441 et 3442. *Actio communi dividundo plerumque competat illis, qui titulo singulari rem communem habent.* — § 3443. *Actio communi dividundo competit quocumque titulo, et jure res communes sint.* — § 3444. *Emphyteuta et creditores hypothecarii communi dividundo agere possunt.* — § 3445. *Quid si res communis individua sit: vel plures res individuae communes dicantur?* — § 3446. *Servitutum praedialium usus inter plures dividi potest.* — § 3447. *Actio communi dividundo instituitur adversus eos, qui rem communem tenent, proprio jure et nomine.* — § 3448 *et* 3449. *In divisione rerum communium judex sequi debet, quod omnibus potissimum utile est, nisi socii omnes in quendam divisionis modum sponte consentiant.* — § 3450. *Actione communi dividundo petitur refectio damni ab uno in re communi dati.* — § 3451. *Impensae in rem communem utiliter factae judicio communi dividundo recte petuntur.* — § 3452. *Quid si quis impenderit errans in socii persona, vel rei conditione?* — § 3453. *Socius invito socio in re communi nihil novi facere potest, nisi publica utilitas aliud suadeat.* — § 3454. *Quid si socius facientem non prohibuerit?* — § 3455. *Socius partem rei communis ad alios spectantem alienare non potest.* — § 3456. *Socii singuli partem suam vendere possunt, nisi aliter convenerit, vel judicium communi dividundo jam coeptum sit.* — § 3457. *Quid de alienatione necessaria, vel universali omnium bonorum?* — § 3458. *Socius plerumque non cohitur partem suam socio vendere: nisi res communis commode dividi nequeat, atque unus majorem partem habeat. Quid si convenerit, ne alienatio extra socios fiat?* — § 3459. *Locatio rerum communium, quae locari solent, facilius permittitur, licet non omnes consentiant. An praelatio sociis competat?* — § 3460. *Divisio ex caussa laesionis immodicae rescindi potest, seu ultra dimidium in extraneis, prope quartam in fratribus.* — § 3461 *Adversus divisionem ex laesionis caussa restituitur etiam major, licet doctor sit, doctus et diligens paterfamilias. Quid si laesum se dicat, qui partes constituit, data alteri optione?* — § 3462. *Quid si divisio ob laesionem rescindatur, postquam socii bona quaedam alienaverint?* — § 3463. *Divisio rescindi potest, licet transactio secuta sit de controversia, quae supervenerit in ejus consequentiam. Quid si transactum fuerit super ipsa divisione?* — § 3464. *Si laesio enormis tantum in divisione intervenerit, competit electio supplendi in pecunia, quod alteri deest.* — § 3465. *Quo hic differat venditio a divisione?* — § 3466. *Actio ad rescindendum divisionem durat triginta annis.* — § 3467 *et* 3468. *Divisio tacite facta praesumitur ex separata per longum tempus habitatione sine rerum communione: et vicissim tacite renovari potest.*

§ 3441. Actio communi dividundo, plerum-

(1) l. ult. Instit. hoc tit.; l. *Si autem* 8 § *Julianus* 3 ff. hoc tit.
(2) l. *Nam hoc natura* 14 ff. *De condict. indeb.* (12, 6).
(3) Voet in ff. hoc tit. n. 11.
(4) l. *Quae pater* 50 ff. *Famil. Ercisc.* (10, 2).
(5) l. *Quod in uxorem* 13 Cod. hoc tit.
(6) l. *Alimenta* 11 Cod. hoc tit.
(7) d. l. 11 Cod. hoc tit.; l. *Nesennius* 34 ff. hoc tit.
(8) V. vol. I, lib. 1, pag. 113, § 539.
(9) argum. l. ult. ff. *De haereditat. petit.* (5, 3).
(10) l. *Contra impuberes* 2 in fin. Cod. hoc tit.
(11) l. *Pomponius* 9 ff. hoc tit.; l. *Si pecuniam* 9 Cod. hoc tit.
(12) l. ult. Cod. *Ad Senatusc. Macedon.* (4, 28).
(13) Fab. Cod. hoc tit. lib. 2, tit. 10, def. 1.

que competens illis, qui singulari titulo rem communem habent, est actio, qua petitur, ut res communes dividantur, et suam quisque partem consequatur, atque insuper praestentur, quae ex negotii indole debentur. De hac actione breviter inquirendum. 1. Quibus competat. 2. Quo tendat. 3. Quibus casibus concedatur vel denegetur.

§ 3442. Cum quaeritur de personis, quibus judicio seu actione communi dividundo experiri liceat, generalis regula, prout modo innuimus (§ praeced.*), constitui potest, eam omnibus competere, qui pro indiviso communem habent rem, quae in partes dividi potest (1), haereditate excepta (2); cujus caussa inducta fuit actio familiae erciscundae seu dividundae (3).

§ 3443. Nihil autem interest, utrum res communes sint ex caussa societatis, an extra illam (4): an eodem, an diverso jure: quare haeres et legatarius communi dividundo agere possunt (5); nec utrum omnes, an quidam, an nulli in possessione sint (6); an omnes, an aliqui tantum rem communem dividi velint (7); cum nemo invitus in communione, quae mater, seu potius occasio ex hominum discordiarum est, retineri debeat (8). Quid servandum, si bona minori cum aliis communia sint, suo loco explicavimus (9).

§ 3444. Non tantum illi, qui directum, sed etiam, qui dominium utile rerum communium habent, communi dividundo recte agunt, puta emphyteuta (10). Creditores quoque jure pignoris in fundi possessionem missi (11): vel qui eandem rem pignori a debitore acceperint (12), eodem jure gaudent; ita tamen ut in postremo casu debitor possit, pecuniam debitam offerendo, pignus luere (13).

§ 3445. Sed quid, si res, ad cujus divisionem alter provocat, individua dicatur? Si vere talis sit, vel commode dividi nequeat, publice sub hasta vendi debet, ut quisque partem pecuniae habeat, vel uni adjudicanda, pretii parte alteri data (14). Quod si plures res individuae sint, etiam subhastari debent, si omnes consentiant; alioquin divisionem ita fieri oportet, ut res una uni, altera alteri adjudicetur; nec enim in potestate unius est divisionis modus per subhastationem (15).

In dubio, an res sit communis vel unius propria, prius de dominii jure pronunciandum est (1). Quo autem modo dividenda sint emolumenta jurisdictionis inter plures pro indiviso communis, tradit Faber, videlicet, divisio pro parte jurisdictionis, quae unicuique competit, facienda (2) commodior plerumque est ea, quae fit tempora (3). Sed de his fusius infra dicemus (4).

§ 3446. Servitutes praediales, cum per se res individuae sint, nec judicium communi dividundo recipiunt (5); quia tamen dividi potest usus, seu exercitium servitutis, idcirco si divisus fuerit communis fundus, cui servitus debetur, inter plures dominos, vel per tempora; vel per mensuram (6), si de aqua per alienum fundum ducenda tractetur, divisio fit; idest singulis dimidia pars, si duo sint, datur, vel diversis temporibus aquam ducunt (7).

§ 3447. Judicium communi dividundo adversus eum institui debet, qui rem communem pro parte habet; proinde si socius partem suam rei communis alienaverit, non adversus socium, sed adversus emptorem agendum est (8): quod si dolo malo, judicii mutandi caussa, alienatio secuta sit, socius in id quod interest, conveniri potest actione in factum (9): imo utilis actio adversus alienantem permittitur pro praestationibus personalibus, puta damno culpa dato in re communi ante alienationem (10). Vix monendum, nec a depositario aut colono, nec adversus eos agi posse ad divisionem rei communis; cum hi nec dominium, nec civilem rei possessionem habere intelligantur (11).

§ 3448. Petitur hac actione, prout dictis constet, divisio rerum inter plures communium (12): si res communes commode dividi possint, cuique sua pars adjudicanda est: cum vero commodam non recipiunt divisionem, judex imprimis id sequi debet, quod omnibus potissimum utile est, nisi socii sponte in quendam divisionis modum consentiant (13): quare, si unus ex sociis proprium habeat fundum communi praedio adjacentem, huic adjudicanda est pars fundi communis, quae contigua est fundo proprio, altera alteri (14): atque idem dicendum, si defunctus rem habuerit cum extraneo pro indi-

(1) l. 1 et 2 ff. hoc tit.
(2) l. *Per hoc judicium* 4 ff hoc tit.
(3) l. 1 et pass. ff. *Famil. Ercisc.* (10, 2).
(4) l. *Nihil autem* 2 ff. hoc tit.
(5) l. *Etsi non omnes* 8 § 1 ff. hoc tit.
(6) l. penult. ff. hoc tit.
(7) d. l. 8 in princ. ff. hoc tit.
(8) argum. l. *Si convenerit* 14 ff. *Pro soc.* (17, 2).
(9) V. vol. I, lib. 1, pag. 336 § 2109 et seqq.; Fab. Cod. *Commun. utr. judic.* lib. 3, tit. 27, def. 11.
(10) l. *Communi dividundo* 7 ff. hoc tit.
(11) d. l. *Item si* 8 ff. hoc tit.
(12) d. l. 7 § *si duo* 6 et § *inter eos* 12 ff. hoc tit.
(13) d. l. 7 § 12 ff. hoc tit.
(14) l. *Ad officium* 3 Cod. hoc tit.; Fab. Cod. hoc tit. lib. 3, tit. 26, defin. 3 et Cod. *Commun. utr. judic.* lib. 3, tit. 27, def. 14 in princ.
(15) Fab. d. def. 14, n. 4 et seqq.

(1) l. 1 § 1 ff. *Famil. Erciscund.* (10, 2); Fab. Cod. hoc tit. def. 2.
(2) Fab. Cod. hoc tit. def. 5.
(3) V. *Reg. Const.* lib. 6, tit. 7, § 5.
(4) V. infra § 3448 et seqq.
(5) l. *Arbor* 19 § *si per eundem* 2 ff. hoc tit.
(6) d. l. 19 § ult. ff. hoc tit.
(7) d. l. 19 § ult.; l. *Lucio Titio* 4 et seqq. ff. *De aqua quotidian. et aestiv.* (43, 20).
(8) l. 1 Cod. hoc tit.
(9) l. *Communis* 24 § 1 ff. hoc tit.
(10) l. *Si quis putans* 6 § 1 ff. hoc tit.
(11) l. *Communi dividundo* 7 § *neque colonis* 11 ff. hoc tit.
(12) l. 1 et passim ff hoc tit.
(13) l. *Judicem* 21 ff. hoc tit.
(14) argum. l. *Quicumque* 7 in fin. Cod. *De omni agro deserto* (11, 58).

viso communem; atque eum, seu partem suam alicui legaverit: vel haeres partem suam ante coeptum familiae erciscundae judicium alienaverit (1): et haec non pluribus, sed uni adjudicari debet, ne per novas communiones inductas augeatur difficultas divisionis.

§ 3449. Sed, ut haec facilius expediantur, distinguendum est, an plures res dividendae sint, an una, puta unus fundus. Cum plures res communes sunt, atque inter plures dividendae, singulae singulis adjudicari debent; ita tamen, ut pecuniam alteri socio solvat ille, qui rem majoris pretii obtinuit (2), nisi commode per regiones agri ampliores tribui nequeant (3); neque alter ex sociis pretio supplendo idoneus sit; alioquin publice vendi debet, ut redacta pecunia inter socios distribuantur, vel socio majus pretium offerenti adjudicanda (4).

§ 3450. Ad haec actione communi dividundo petitur refectio damni, quod aliter socius dedit in re communi, dolo culpa lata aut levi (5); prout fert natura contractus seu quasi contractus, in quo utriusque utilitas vertitur (6): nec non damni, quod res communis passa est, quia unus socius reliquis impedimento fuerit, quominus conservaretur (7).

§ 3451. Impensae etiam ab uno socio erogatae in utilitatem rei communis hoc judicio petuntur, si modo factae sint, postquam res coepit esse communis (8), atque necessariae, vel utiles sint (9); non voluptuariae, quarum ablatio permittitur, si absque rei detrimento auferri possint. Sane impensae ante communionem factae, quatenus socio proficiunt, negotiorum gestorum actione repetuntur; prout traditur de eo, qui durante communione impendit, sed deinde rem pro sua parte alienavit (10).

§ 3452. Si quis impenderit putans, rem sibi esse cum Titio communem, quae cum Maevio communis est, impensas actione communi dividundo a Maevio repetere potest; cum Maevio profuerit, atque voluerit sibi obligare eum, cum quo rem communem habebat (11); sed si rem propriam existimaret, cum animum alterius sibi obligandi non habuerit, sola retentio conceditur ad indemnitatem consequendam (12).

§ 3453. Socius in re communi ad illius conservationem impendere potest, sed nihil novi facere licet invito socio, ita ut in pari caussa potior sit prohibentis conditio (1): nisi publica utilitas, puta in aedificiis reficiendis, aliud suadeat (2): privata publicae utilitati semper cedit (3).

§ 3454. Extra publicae utilitatis caussam si socius, altero invito, quid fecerit in re communi, cogi potest, ut rem in pristinum statum restituat: sed si alterum facientem non prohibuerit, cum prohibere posset, de damno utique tenetur faciens, sed cogi nequit ad opus tollendum (4); severius agendum visum est adversus socium, qui contra leges communionis fecit, quam adversus non prohibentem; quippe qui aliqualem plerumque excusationis caussam habere potest, cur non contradixerit.

§ 3455. Si socius partem rei communis, quae ad socios spectat, alienet, illis non nocet; licet bonorum omnium socii sint (5), atque major sociorum pars in alienationem rei communis consentiat; nec enim id quod nostrum est, invitis nobis in alium transferri potest (6): nisi res promercales sint, eoque plane consilio comparatae, ut rursus distrahatur; quippe in his unusquisque censetur habere mandatum a caeteris (7).

§ 3456. Non dubium tamen, quominus singuli socii partem suam vendere possint, nisi aliter convenerit (8), vel judicium communi dividundo jam coeptum sit: quo casu prohibitum, ne, sociis invitis alienatio in extraneam personam fiat (9): quod ideo constitutum, ne durior fieri videatur caeterorum sociorum conditio, mutata socii persona (10): neque prohibitio haec posteriore Imperatorum sanctione videri potest abrogata; cum casum hunc nec expresse, nec tacite complectatur (11).

§ 3457. Necessariae alienationes prohibitione legis non continentur (12): imo nec interdicuntur voluntariae, si non res singulae, sed omnes simul, quae ad unum socium pertinent, distrahantur (13), quia forte cohaeres impar est ferendis sumptibus necessario erogandis, ut partem suam teneatur (14). Multo magis, subjicit

(1) l. *Haeredes* 25 § *si testator* 6 ff. *Famil. Ercisc.* (10, 2).
(2) § *si familiae* 4 et seqq.; Instit. *De offic. judic.* (4, 17).
(3) l. *Ad officium* 3 versic. *Cum autem* Cod. hoc tit.
(4) d. l. 3 in fin. Cod. hoc tit.
(5) l. *Quibus casibus* 34 ff. *Pro soc.* (17, 2).
(6) l. *Si, ut certo* 5 § *nunc videndum* 2 ff. *Commodat.* (13, 6).
(7) l. *Si aedes* 12; l. *Si is* 20 ff. hoc tit.
(8) l. *Per hoc judicium* 4 § penult. et ult. ff. hoc tit.
(9) l. *Si quis putans* 6 § ult. ff. hoc tit.
(10) l. *In hoc judicium* 14 § 1 in fin. ff. hoc tit.
(11) l. *Si quis putans* 6 in princ. ff. hoc tit.
(12) d. l. *In hoc judicium* 14 § 1; l. *Si quis* 29 in fin. princ. ff. hoc tit.

(1) l. *Sabinus* 28 ff. hoc tit.
(2) Fab. Cod. hoc tit. lib. 3, tit. 26, def. 1.
(3) l. *Ita vulneratus* 51 § ult. prop. fin. ff. *Ad leg. Aquil.* (9, 2).
(4) d. l. *Sabinus* 28 ff. hoc tit.
(5) l. *Nemo* 68 ff. *Pro socio* (17, 2).
(6) l. *Id, quod nostrum* 11 ff. *De reg. jur.* (50, 17).
(7) Voet in ff. hoc tit. n. 7.
(8) V. Fab. Cod. *Commun. utr. judic.* lib. 3, tit. 27, def. 12.
(9) l. 1 in fin. Cod. hoc tit.; Fab. Cod. *Commun. utriusq. jud.* lib. 3, tit. 27, def. 13 in princ.
(10) l. ult. ff. *De alien. judic. mutand. causs. fac.* (4, 7).
(11) l. penult. Cod. *De contrahend. empt.* (4, 38).
(12) l. *Alienationes* 13 ff. *Famil. Erciscund.* (10, 2).
(13) Fab. Cod. *Commun. utriusq. judic.* lib. 3, tit. 27, d. def. 13, n. 3 et 4 in corp.
(14) l. *Item* 4 § 1 ff. *De alienat. judic. mutand. fac.* (4, 7).

Faber, si generatim bona sua omnia socius vendiderit, res communes in hanc alienationem recte venient (1): facilius permittitur rei singularis una cum rerum universitate alienatio (2).

§ 3458. Socius quidem plerumque cogi non potest, ut partem suam socio vendat (§ praeced.): sed si res communis commodo dividi nequeat, aequitas suadet, ut socio majorem partem habenti detur, partis aestimatione per ipsum alteri praestita (3). Qoud si socius partem suam legitime alienaverit, communi dividundo adversus emptorem agi oportet, licet inter socios convenisset, ut alienatio in ipsos fieret; nisi socio jus quodam in re, puta per pignoris conventionem, quaesitum sit (4); alioquin pactum sociorum non afficit singularem successorem (5).

§ 3459. Sed quid, si socii dissentiant in rerum communium locatione, ita ut quidam eas locare velint, alii detrectent? Si fundus per partes locari satis commode possit, singulorum voluntas implenda est: alioquin judex, quod omnibus utilius est, eliget, et locationem facilius permittet, si hujusce generis res locari soleant; quippe a judicis arbitrio pendet, ut statuat, quod convenientius videtur (6). Sane si alter ex sociis eodem pretio, ac extraneus, locare velit, extraneo praeferri, aequum est, si nihil obstet (7).

§ 3460. Divisio semel legitime peracta temere retractari non debet: si tamen intervenerit laesio immodica, utique rescindi potest (8), exemplo venditionis (9), caeterorumque contractuum bonae fidei. Porro licet quidam generatim defendant, nonnisi ex laesione ultra dimidium rescindi posse divisionem, senatus tamen, ait Faber, mediam sententiam sequitur, ut laesio ultra dimidiam requiratur, cum de extraneis agitur: notabilis vero sufficiat, licet nec ad quartam usque ascendat, ut inde rescindatur divisio inter fratres (10); cum inter hos aequalitas exuberare debeat.

§ 3461. Porro adversus divisionem ex caussa gravis laesionis restitui potest non tantum minor, sed etiam major, licet is doctor sit, doctus, et diligens paterfamilias; quia bonorum aestimatio res facti est, quae prudentissimos quosque fallit (11): nec refert, quod frater natu major, qui se laesum dicit, partes constituerit, data fratri natu minori optione, prout quandoque fit (1); non enim probabile est, inaequales ex dolo partes a fratre natu majore factas fuisse, cum sciret, eligendi facultatem fratri suo competituram.

§ 3462. Neque desinit divisio ex caussa laesionis rescindi posse, licet socius, qui de laesione quaeritur, bona quaedam sibi per divisionem data alienaverit: sed bona haec imputantur in ipsius portionem pro vero et communi pretio, quod tunc erit, cum nova divisio fiet (2); quia rescissae prioris divisionis nulla est habenda ratio (3), atque vicissim alteri socio ex caeteris bonis communibus tantumdem praestandum est in qualitate, quantitate, et valore, priusquam nova divisio fiat (4), ut ita aequalitas inter socios servetur.

§ 3463. Sed quid, si post factam divisionem transactum fuerit? Distinguendum est, an transactio secuta sit de aliqua controversia, quae supervenerit in consequentiam, atque approbationem divisionis, an super lite mota, vel movenda ad rescindendam ex caussa laesionis divisionem. Primo casu divisio perinde rescindi potest, ac si nulla intercessisset transactio (5): adeoque inter fratres sufficit laesio prope quartam (§ 3460); nec enim novus contractus initus videtur, sed potius confirmata prior divisio (6): in altero casu, cum de ipsa divisione transactum sit, non amplius de divisionis, sed de justitia transactionis quaerendum est; quae non aliter ex communi sententia rescinditur, quam si alter ex transigentibus laesus sit ultra dimidiam (7); licet, stricto jure inspecto, vix permittatur transactionis rescissio (8).

§ 3464. Divisionem ex caussa laesionis irritam fieri dicimus, nec enim condivisori, qui ampliorem quantitatem consecutus est, datur electio supplendi in pecunia, quod alteri deest, si laesio enormissima intervenerit (9), prout nec competit in venditione (10): utique vero, si laesio tantum enormis sit (11), inspecta non solum aestimatione bonorum, sed etiam qualitate et conditione, quae in divisione potissimum spectanda est. Quod vero pertinet ad fructus, idem jus statuendum sua-

(1) Fab. d. def. 13 n. 5 in corp.
(2) l. Quaedam 62 ff. *De acquir. rer. dom.* (41, 1); l. ult. in fin. Cod. *De litigios.* (8, 37).
(3) l. *Non amplius* 26 § ult. ff. *De legat.* 1. (30, 1)
(4) Fab. Cod. hoc tit. lib. 3. tit. 26, def 4.
(5) l. ult. § 1 ff. *De contrahend. empt.* (18, 1).
(6) l. *Judicem* 21 ff. hoc tit.
(7) Voet in ff. hoc tit. n. 8 in medio.
(8) Fab. Cod. *Commun. utriusq. judic.* lib. 3, tit. 27, def. 3 in princ.
(9) l. *Rem majoris* 2; l. *Si voluntate* 8 Cod. *De rescindend. venditión.* (4, 44).
(10) Fab. Cod. d. def. 3, n. 18 et seqq.
(11) Fab. Cod. *Commun. utriusq. judic.* lib. 3, tit. 27, def. 5 in princ.

(1) Fab. d. def. 5, n. 6 et seqq.
(2) Fab. Cod. *Commun. utriusq. judic.* lib. 3, tit. 27, def. 10 in princ.
(3) argum. l. *Si sterilis* 21 § *cum per venditorem* 3 ff. *De action. empti* (19, 1).
(4) Fab. Cod. hoc tit. d. def. 10 n. 5 et seqq.
(5) Fab. Cod. *Commun. utriusq. judic.* lib. 3, tit. 27, def. 6 in princ.
(6) argum. l. *Denique* 3 § *scio* 2 ff. *De minoribus* (4, 4).
(7) argum. l. *Rem majoris* 2; l. *Si voluntate* 8. Cod. *De rescind. vendit.* (4, 44); Fab. Cod. d. definit. 6, n. 6 et seqq.
(8) l. *Lucius Titius* 78 § ult. ff. *Ad Senatusc. Trebellian.* (36, 1).
(9) Fab. Cod. *Commun. utriusq. judic.* lib. 3, tit. 27, def. 8 in princ.
(10) l. *Si voluntate* 8 Cod. *De rescind. venditión.* (4, 44)
(11) d. l. 8; l. *Rem majoris* 2 Cod. eod. tit.; Fab. d. def. 8, n. 5 et seqq.

dere videtur aequalitas in hoc judicio servanda (§ 3460), ac in venditione (1): quamquam aliud sentit Faber, cum divisio ita facta est, ut socius natu major natu minori electionem, atque optionem dederit (2).

§ 3465. In eo differt venditio a divisione, quod ut illa rescindatur, probandus est ab allegante valor rei eô tempore, quo contractus celebratus fuit; at in rescindenda divisione sufficit probare inaequalitatem bonorum inspecto divisionis tempore, licet non probetur illius tempore aestimatio (3), quia in divisione bonorum conditio potius inspicitur, quam eorum aestimatio: nisi tamen adversarius probet, inaequalitatem ex bonorum conditione petitam corrigi per inaequalitatem valoris bonorum (4).

§ 3466. Si quaeratur, quo tempore concludatur actio ad rescindendam ex caussa laesionis divisionem, respondemus, ad triginta usque annos durare (5), exemplo caeterarum conditionum, seu actionum personalium (6): a quibus distingui non debet.

§ 3467. Caeterum, sicut divisio non expresse tantum, sed etiam tacite fieri potest, atque facta praesumitur, si per longum tempus, puta per decennium continuum fratres saparatim habitaverint, nec communiter usi sint bonis communibus (7): quod extendit Thesaurus, licet inaequales sint fratrum partes, saltem si aliqua alia, vel levis adsit conjectura, praesertim, si triginta anni a die separationis lapsi fuerint (8): ita vicissim divisioni tacite renunciatum videtur, si per idem temporis spatium post divisionem bona communia pro indiviso et communiter possederint (9): eadem plerumque vis est taciti ac expressi consensus (10).

§ 3468. Qua ratione evictio praestetur in divisione, sive rem alienam esse sciverit, sive ignoraverit socius, ad quem illa pervenit, alibi explicavimus (11): quare in his ulterius non immoramur. Caetera, quae lucem afferre possunt huic argumento ex capite sequenti, in quo de judicio familiae erciscundae dicturi sumus, peti debent.

(1) De qua vide vol. III, lib. 3, § 2669 et seqq. p. 60
(2) Fab. d. def. 8, n. 9 et seqq.
(3) Fab. Cod. *Commun. utriusq. judic.* lib. 3, tit. 27, def. 9 in princ.
(4) Fab. d. def. 9 in prop. fin.
(5) Fab. Cod. *Commun. utriusq. judic.* lib. 3, tit. 27, definit. 7.
(6) l. *Sicut in rem* 3; l. seq. Cod. *De praescript. XXX vel XL annor.* (7, 39).
(7) argum. l. *Si filiusfamilias* 16 Cod. *De petit. haeredit.* (3, 31); Fab. Cod. *Commun. utr. judic.* lib. 3, tit. 27, def. 1, n. 2 in corp. Thesaur. dec. 205, n. 1 †
(8) Thesaur. ibid. in addit. litt. *A*
(9) Fab. Cod. d. def. 1 in princ.
(10) l. *Cum quid mutuum* 3 ff. *De reb. cred.* (12, 1).
(11) V. vol. III, lib. 3, § 2572 ad 2574 pag. 47.

CAPUT III

Familiae erciscundae.

Instit. lib. 3, tit. 28 *De obligat., quae quasi ex contract. etc.*
Digest. lib. 10, tit. 2) *Famil. Ercisc.*
Cod. lib. 3, tit. 36)

SUMMARIA

§ 3469. *Quid sit familiam erciscere?* — § 3470. *Quae sint de familiae erciscundae judicio sigillatim expendenda?*

§ 3469. Familiam erciscere nihil aliud est, quam dividere haereditatem; quippe hic familiae nomine haereditas intelligitur: erciscere vero apud veteres auctores idem est ac dividere: non tamen omnis haereditas in hoc judicium directo venit, sed tantum paterna vel materna (1); ad caeteras dividendas utile tantummodo erciscundae familiae judicium ex aequitate datur (2).

§ 3470. De hoc familiae erciscundae judicio, prout de superiori communi dividundo, explicabimus: 1. Quibus competat: 2. Quibus modis familia inter plures cohaeredes dividatur: 3. Quae veniant in hoc judicium: 4., et postremo. Quibus casibus denegetur.

SECTIO I.

Quibus competat familiae erciscundae judicium.

SUMMARIA

§ 3471. *Actio familiae erciscundae solis competit haeredibus.* — § 3472. *Quid si haeres, conventus ad rerum haereditariarum divisionem, actorem cohaeredem esse neget?* — § 3473. *Qui ad haereditatis divisionem provocat, haeredem fateri videtur illum, adversus quem agit.* — § 3474. *Actoris simul et rei partes quisque sustinet in judiciis duplicibus.* — § 3475. *Petitio haereditatis concurrere potest cum judicio familiae erciscundae. An et actio negotiorum gestorum?* — § 3476. *Familiae erciscundae actio competit haeredibus, quocumque nomine succedant.* — § 3477. *Quid si decesserit unus ex cohaeredibus, pluribus relictis successoribus?* — § 3478 et 3479. *Cohaeredes aliqui familiae erciscundae judicio inter se agere possunt, licet alter absit, cui curator dari debet.* — § 3480 et 3481. *Quid si res haereditariae communes in diversis provinciis sitae sint?* — § 3582. *Judicium familiae erciscundae consistit inter haeredes pure institutos, licet alii sub conditione instituti fuerint.* — § 3483. *Haeres sub conditione institutus, conditione pendente, ad divisionem haereditatis agere non potest.* — § 3484 et 3485.

(1) l. *Bona* 8 Cod. hoc tit.
(2) l. *Per familiae* 2 § 1 ff. hoc tit.

Familiae erciscundae agi nequit, nisi constet decessisse eum, de cujus familia dividenda tractatur. Quid si de ejus vita dubitetur? — § 3486. *Haereditas viventis dividi potest, si hic sponte consentiat.* — § 3487. *Plures haereditates uno judicio dividi possunt.*

§ 3471. Actio familiae erciscundae, uti jam innuimus (§ 3469), datur haeredibus, non caeteris, et quidem directa competit solis haeredibus paternae vel maternae successionis, utilis vero caeteris haeredibus, cujuscumque generis sint; cum enim petatur recessus a communione rerum haereditariarum (1), palam est, non alios, quam haeredes ea uti posse.

§ 3472. Sed quid, si haeres, ab alio conventus ad rerum haereditariarum divisionem, actorem cohaeredem esse neget? Distinguit Gajus, utrum actor sit in possessione rerum haereditariarum, nec ne. In primo casu judex divisionem decernere debet; quia praesumptio pro possessore est: in altero prius definienda quaestio praejudicialis, utrum actor cohaeres sit, nec ne (2): si tamen judex cognoscat, protelandi judicii caussa, rerum denegare alteri haereditariam qualitatem, negatione posthabita, ad divisionem progredi debet (3).

§ 3473. Disputant interpretes, an actor fateri videatur, eum esse cohaeredem, quem ad haereditatis divisionem provocat. Sunt, qui negant, discrimen statuentes inter *confiteri et supponere*; ita ut actor hunc utique supponat cohaeredem esse, sed non fateatur (4). Sententia haec, si vulgarem codicum lectionem retineamus, a Scaevola traditur (5). Alii congruentius affirmare videntur (6), confessionem hinc elici, quae tamdiu actorem oneret, donec contrarium probaverit (7); cum enim ad divisionem haereditatis urgeri nequeat, nisi qui haeres est, provocans ex proprio facto, satis demonstrat, reum pro haerede habere.

§ 3474. Hac autem probata sententia, delenda est particula negativa in responso Scaevolae (8); quae nec in libris Basilicorum invenitur: vel intelligi potest jureconsultus de reo ad divisionem provocato, qui et simul agit; cum in judiciis duplicibus, ut ajunt, veluti familiae erciscundae (9), communi dividundo, et finium regundorum (10), quisque simul reus, et actor sit.

§ 3475. Ex his patet, petitionem haereditatis concurrere posse cum judicio familiae erciscundae; ita tamen, ut prius cognoscendum sit de haereditatis petitione, seu de jure petendae haereditatis, quam de ea dividenda (1), nisi praesumptio aliud suadeat (§ 3473). An vero, et quatenus negotiorum gestorum actio locum habeat, si cohaeres negotia haereditaria administraverit, non consentiunt interpretes: sed probabilius defenditur, solam negotiorum gestorum actionem competere, si negotio ab uno gesta dividua sint, et invicem disjuncta (2): si vero individua sint, utraque actio pro cohaeredis arbitrio locum habere posse videtur (3). Quamquam, exitu inspecto, parum refert, qua quis actione utatur.

§ 3476. Sed redeamus, unde paullisper, oblata occasione, discessimus. Diximus, haeredibus solis familiae erciscundae judicium competere (§ 3472 et 3473). Nihil autem interest, utrum testamento, an ab intestato, an civili, praetorio jure delata haereditas fuerit (4). Utili quoque judicio familiae erciscundae agi potest inter haeredem fideicommissarium et fiduciarium, qui partem dumtaxat haereditatis restituere debeat (5): atque idem dicendum de eo, qui partem haereditatis emit, cum hic haeredis loco habeatur (6): atque utilis haereditatis petitio ei, et in eum detur (7).

§ 3477. Nec interest, utrum haereditatem possideant, qui de eadem dividenda tractant, nec ne (§ 3472); non enim de facto, sed de jure quaeritur (8). Quod si unus ex cohaeredibus decesserit, atque plures haeredes reliquerit, hi omnes familiae erciscundae judicio agere possunt; sed, cum unam defuncti personam repraesentent, vel omnes simul agere debent, vel unum procuratorem constituere, qui pro omnibus agat, ne judicium scindatur (9). Sane permittendum non est, ut unus detur procurator cohaeredum omnium, qui divisorio judicio invicem agunt, cum enim divisio fieri non possit citra adjudicationes, et condemnationes, idem rei et actoris vicibus fungi non potest (10).

§ 3478. Non tantum omnes, sed etiam aliqui ex cohaeredibus inter se judicio dividundae haereditatis agere possunt, si alter absit (11); nec enim invitus quis retineri debet in communione, discordiarum matre: ita tamen, ut si jus Romanum inspiciamus, absens, cum reversus fuerit, petere possit, ut nova bonorum divisio fiat, qua-

(1) l. 1 in princ. ff. hoc tit.
(2) l. 1 § 1 ff. hoc tit.
(3) Brunneman. in ff. ad d. l. 1 § 1 n. 5.
(4) Fab. in rationalib. ad l. 37 ff. hoc tit.
(5) d. l. *Qui familiae* 37 ff. hoc tit.
(6) Voet in ff. hoc tit. n. 10.
(7) argum. l. *Inde Neratius* 23 § ult. ff. *Ad leg. aquil.* (9, 2).
(8) d. l. 37 ff. hoc tit.
(9) l. *Per familiae* 2 § *in familiae* 3 ff. hoc tit.
(10) l. *Judicium* 10 ff. *Finium regundor.* (10, 1).

(1) Brunneman. in ff. ad l. 1 ff. hoc tit. n. 9.
(2) l. *Si quis absentis* 2 et pass. ff. *De negot. gest.* (3, 5).
(3) l. *Sive pro fratre* 3 Cod. eod. tit. (2, 19); l. *Filiae* 18 § 1 Cod. hoc tit.
(4) l. *Per familiae* 2; l. *Sed et ejus* 24 § 1 ff. hoc tit.
(5) l. *Si ex asse* 40 ff. hoc tit.
(6) l. *Venditor* 2 § *cum quis debitori* 18 ff. *De haeredit. vel action. vendit.* (18, 4).
(7) l. *Nec ullam* 13 § *quid si* 4. 8 9; l. *Ei, qui* 54 ff. *De petit. haeredit.* (5, 3).
(8) l. 1 § 1; l. *Haeredes* 25 § *quantum* 2 ff. hoc tit.
(9) l. *Si familiae* 48 ff. hoc tit.
(10) l. *Licet* 42 § *si plures* 6 ff. 1 *De procuratorib.* (3, 3).
(11) l. *Per familiae* 2 § *dubitandum* 4 ff. hoc tit.

si unusquisque ex illis, inter quos divisio facta est, pro indiviso absentis portiones retinuerit (1).

§ 3479. Verum, quia grave nimis est, ut praesentes cohaeredes ex facto absentis, doloso forte, plenum rerum suarum dominium consequi nequeant, nec facile inveniant, qui res suas emere velint, idcirco curator absenti cohaeredi publica judicis auctoritate dandus est, quo interveniente pars sua absenti adjudicetur; nec divisio semel facta amplius possit retractari (2).

§ 3480. Nec etiam differenda est rerum haereditariarum communium, quae in una provincia sunt, divisio eo praetextu, quod aliae sint in alia provincia, ubi alter cohaeres, qui divisionem urget, moratur (3); etenim liquidae, ut ajunt, petitioni per illiquidam praejudicium fieri non debet: atque nihil prohibet, quominus, prioribus divisis, posteriores deinde dividantur (4). Exceptio admittenda esset, si per actorem staret, quominus et posteriorum divisio fieret (5): negotium ex parte sua implere debet, qui alium ad implementum urget (6).

§ 3481. Quod si fratres bona habentes in diversis provinciis quaedam diviserint, aliis in communione retentis, alter vero non patiatur, caeteros frui suis portionibus in ea provincia, ad quam nullus, aut difficillimus aditus pateat, potest judex, ait Faber, alterius provinciae, in qua sunt bona communia, decernere, ut in eorum possessionem alii mittantur, custodiae caussa, fructus interim percepturi ea utique lege, ut rationes reddere teneantur, quoties vicissim frater paratus erit haereditarias aliorum portiones cum fructibus reddere (7): ita enim postulat aequitas judicii familiae erciscundae, ut ad omnium bonorum divisionem faciendam fratres omnes facilius adducantur (8).

§ 3482. Sed quid, si ex cohaeredibus quidam pure, alii sub conditione instituti sint? Inter eos, quos pure ad successionem vocavit testator, consistere videtur judicium familiae erciscundae (9), non secus ac inter eos, qui praesentes sunt, licet aliquis cohaeres absit (§ 3478); tum ne, dilato in longius tempus conditionis eventu, cohaeredes inviti in communione retineantur; tum quia haeres pure scriptus, qui cohaeredem sub conditione institutum habeat, interim potest haereditarias actiones in solidum exercere; ea utique lege, ut partem det cohaeredi, cum extiterit conditio (1).

§ 3483. Non tamen haeres sub conditione institutus, ea pendente, ad divisionem haereditatis agere potest; cum interim haeres non censeatur, nec haereditatem adire possit (2): quae ratio probat, nec haeredes pure institutos hac actione uti posse adversus haeredes sub conditione scriptos; quia, ut saepe diximus, inter solos haeredes locum habet familiae erciscundae judicium (3): si tamen omnes sponte consentiant, nihil prohibet, quominus divisio fiat in omnem conditionis eventum. Quae in pupillis, minoribus, et similibus serventur, supra innuimus (§ 3442).

§ 3484. Cum judicio familiae erciscundae nonnisi inter haeredes agi possit (§ praeced.), nemo autem sit haeres, nec ulla haereditas esse intelligatur, quamdiu vivit is, de cujus bonis agitur (4), consequens est, imprimis desiderari, ut constet, defunctum esse eum, de cujus familia erciscunda contenditur (5). Sed difficultas est de eo casu, quo ignoretur, utrum vivat, nec ne; puta quia jamdiu absens sit.

§ 3485. Hic autem, quidquid aliquibus placeat, decem, quindecim, triginta, vel etiam centum annorum spatium expectandum esse, probabilius defenditur, rem hanc a prudentis judicis arbitrio pendere, inspectis singulis personarum, et rerum adjunctis, videlicet aetate, valetudine absentis, probationibus, atque indiciis, quae de vita, vel de morte absentis haberi possunt, prout alibi diximus (6); ita ut vel interim curatorem bonis det, vel haereditatis divisionem permittat, praestita ab haeredibus satisdatione restituendi, si absens, qui mortuus putabatur, vivus redeat (7).

§ 3486. Quod diximus, viventis haereditatem dividi non posse (§ 3484), exceptionem habere videtur, si consentiat ille, cujus haereditas dividitur; sicut enim de haereditate viventi, ipso consentiente, pacisci licet, ut pactum suas vires exerat, si ille in eadem voluntate ad mortem usque perseveraverit (8); ita et sustinenda iisdem conditionibus haereditatis divisio (9). Plane divisionem a patre factam in contractu matrimonii revocari non posse, alibi demonstravimus (10).

§ 3487. Nihil autem refert, an una tantum, an duae, vel plures sint haereditates communes inter plures personas; quippe possunt, si cohaeredes malint, omnes uno judicio dividere, puta

(1) l. *Cohaeredibus* 17 Cod. hoc tit.
(2) Voet in ff. hoc tit. n. 12 V. Fab. Cod. hoc tit. lib. 3, tit. 25, def. 5.
(3) Fab. Cod. hoc tit. lib. 3, tit. 25, def. 3 in princ.
(4) l. *Si filia* 20 § *familiae* 4 ff. hoc tit.
(5) Fab. d. def. 3 in fin.
(6) l. *Julianus* 13 § *offerri* 8 ff. *De actionib. empt.* (19, 1).
(7) Fab. Cod. hoc tit. *Famil. Erciscund.* lib. 3, tit. 25, def. 7 in princ.
(8) l. *Haeredes* 25 § *judex* 20 ff. hoc tit.
(9) argum. l. *Per familiae* 2 § *dubitandum* 4 ff. hoc tit.

(1) l. *Si haeres* 7 ff. hoc tit.
(2) l. *Is, qui haeres* 13 ff. *De acquir. haereditat.* (29, 2).
(3) l. *Per familiae* 2 ff. hoc tit.
(4) l. 1 ff. *De haereditat. vel action. vendit.* (18, 4).
(5) l. *Per familiae* 2 ff. hoc tit.
(6) V. vol 1, lib. 1, pag. 300, § 1824 et seqq., ubi de curatore bonorum absentis dando fuse egimus.
(7) Voet in ff. hoc tit. n. 18.
(8) l. ult. Cod *De pact.* (2, 3).
(9) Voet *in Pandect.* hoc tit. n. 5.
(10) V. vol. 1, lib. 2, pag. 973, § 3152 et seqq.

paternam et maternam (1), vel separatim (2): cum immo senserit Pomponius, posse unum judicium familiae erciscundae accipi inter tres, si inter Maevium et Cajum Titiana haereditas communis sit; inter Maevium vero, Cajum, et Sempronium Sejana (3).

SECTIO II.

Quibus modis familia inter cohaeredes dividatur.

SUMMARIA

§ 3488. *Divisio haereditatis a patre facta rescindi non potest praetextu laesionis, nisi liberis salva non sit legitima.* — § 3489. *Evictio a cohaerede cohaeredi praestatur, si testator dividens haereditatem sciverit rem alienam esse.* — § 3490. *Si pater bona quaedam diviserit, caetera minime divisa pro virili portione inter liberos distribuuntur.* — § 3491. *An eadem regula servanda sit in extraneis haeredibus institutis?* — § 3492. *Divisio inter fratres ita fieri potest, ut major, vel minor natu partes constituat, et alter eligat.* — § 3493. *Divisio inter fratres sorte fieri potest, quin necessaria sit peritorum aestimatio aut mensuratio, vel arbitri officium.* — § 3494. *Frater, qui partes constituerit, probata laesione, adversus eam restitui potest.* — § 3495. *Inventarium rerum haereditariarum an fieri debeat, cum agitur familiae erciscundae judicio? Quid de redditione rationum?* — § 3496. *Fratres haereditatem paternam dividere possunt, licet pater prohibuerit: sed divisio sine dolo facienda est.* — § 3497. *Judex cohaeredum omnium indemnitati, atque utilitati, quantum licet, prospicere debet.*

§ 3488. Tres sunt generatim modi, quibus haereditas dividi potest; nimirum voluntate testatoris, voluntate cohaeredum, vel judicis auctoritate. Divisio, quae patris, seu testatoris voluntate fiat, omnium firmissima est (4), quippe facta voluntate illius, qui rebus suis legem, quam mavult, dicere potest (5). Atque hinc, dummodo salva sit liberis legitima, divisio haec retractari nequit (6), praetextu cujuscumque laesionis; etenim pater, dividendo haereditatem in partes inaequales, liberos inaequaliter instituere velle demonstrat: quod facere licet.

§ 3489. Sed dubitari potest, utrum cohaeres cohaeredi de evictione teneatur, si res, quae huic per divisionem a testatore factam obtigit, auferatur. Sunt, qui putant, nullum in hac specie evictionis onus incumbere. Alii, quorum sententia legibus, nec non aequitati magis consentanea videtur, distinguunt, utrum testator sciret rem alienam esse, an ignoraret; ita ut in prima specie evictio praestanda sit; non in altera, nisi testator diviserit bona sua inter propinquos, prout traditur de legatis (1). Sane apud omnes constat, irritam non fieri divisionem ex eo, quod bona quaedam evicta fuerint, sed tantum de evictione agi posse (2).

§ 3490. Haec ita, si testator omnia bona sua diviserit: quod si pater, quibusdam divisis, aliis modum non dixerit, haec pro virili portione inter cohaeredes distribuenda sunt, licet inaequales partes in divisione constituerit testator (3): nisi pater bona, quae non divisit, in unum ex liberis contulerit, vel accessiones sint rerum divisarum (4). Ratio hujusce definitionis inde petitur, quod liberi in partibus non divisis videantur potius ab intestato succedere; adeoque partes aequales habere debent (5): atque pater bona divisa praelegati potius, quam institutionis titulo reliquisse videtur (6).

§ 3491. Difficilior est quaestio, utrum eadem regula servanda sit in extraneis haeredibus institutis. Affirmant aliqui (7). Negant alii existimantes bonorum minime divisorum a testatore partes easdem fieri debere, quas testator in divisione unicuique assignavit, quasi tacite intelligi debeant repetitae (8): prior sententia magis consentanea videtur voluntati testatoris, qui partem bonorum dividens praelegisse censetur, quod divisit (§ praeced.).

§ 3492. Quod spectat ad divisionem mutuo cohaeredum consensu factam, sine arbitri, vel judicis officio, nullis singularibus legibus adstricta est; sed eo modo fieri potest, quem cohaeredes malint. Quare vel ita fieri potest, ut frater major natu portiones constituat, et minor eligat; qui mos, ait Faber, apud nos frequentissimus est (9), atque placet Theologis et Canonistis propter exemplum divisionis, quam ab Abrahamo cum Lot fratris filio sic factum esse sacrae Scripturae testantur (10). Plerumque portiones haereditariae fiunt a majore natu; sed et a minore natu fieri possunt, si hic majorem rerum haereditariarum notitiam habeat: illud perpetuo observandum

(1) l. *Haeredes* 25 § *de pluribus* 3 ff. hoc tit.
(2) d. l. 25 § *item, si* 5 ff. hoc tit.
(3) d. l. 25 § *si inter me* 4.
(4) l. *Quoties* 10 Cod. hoc tit.; Fab. Cod. hoc tit. lib. 3, tit. 25, def. 4.
(5) l. *Ob res quoque* 20 § 1 ff. *De pact. dotalib.* (23, 4).
(6) d. l. 10 Cod. hoc tit.; ubi Imperator Falcidiae nomine utitur ad legitimam designandam, prout etiam in aliis juris textibus aliquando fit.

(1) l. *Cum alienam* 10 Cod. *De legat.* (6, 37); l. *Cum pater* 77 § *evictis* 8 ff. *De legat.* 2. (31, 1).
(2) l. 1 § 1 ff. *De rer. permut.* (19, 4).
(3) l. *Si cogitatione* 21 in fin. Cod. hoc tit.; l. *Quae pater* 32 ff. hoc tit.
(4) d. l. 32 in fin. ff. hoc tit.
(5) l. *Inter filios* 11 Cod. hoc tit.; d. l. 32 ff. hoc tit.
(6) l. *Ex facto* 35 § 1 ff. *De haer. instit.* (28, 5).
(7) Voet in ff. hoc tit. n. 1 in fin.
(8) l. *Interdum* 13 § *sed si alter* 3 ff. *De haered. instit.* (28, 5).
(9) Fab. Cod. *Commun. utriusq. judic.* lib. 3, tit. 27, def. 4. n. 2 et sequent.
(10) Genesis cap. 13.

est, ut eligat ille, qui partes non constituit, alioquin fraus fieri posset (1).

§ 3493. Si ergo malint, ita divisionem inire possunt fratres; nec enim coguntur (2): alioquin divisio etiam fieri potest per sortes, seu constitui partes a peritis, vel etiam ab ipsis cohaeredibus; etenim nec peritorum aestimatio, nec mensuratio, aut arbitrorum judicium necessarium est (3): vel etiam divisionis ratio iniri potest per haereditariarum rerum aestimationem, et mutuam licitationem, ita ut res ei adjudicentur, qui licitando vicerit; vel uni res omnes mutuo consensu facta aestimatione dari, ita ut vicissim ipse certam pecuniae quantitatem caeteris cohaeredibus solvat.

§ 3494. Si divisio priore modo facta sit, cum nempe major natu partes constituit, tum minor natu eligit (§ 3492), vix conqueri potest de laesione, qui partes fecit; cum sibi ipsi potius imputare debeat, cur inaequales partes fecerit (4). Quia tamen factum prudentissimos quosque fallit, et ideo error facti excusationem facile praestat (5), nec sinit aequitas, alterum cum alterius dispendio locupletiorem fieri (6), idcirco, laesione probata, frater laesus restitui debet (7).

§ 3495. Quemadmodum divisio sine aestimatione, mensuratione, et judicio peritorum rata habetur (§ 3493), ita etiam subsistit, licet repertorium, sive inventarium rerum haereditariarum confectum non fuerit, nisi forte quidam ex cohaeredibus minores aetate sint, atque hi deinceps laesi appareant (8): vel, mortuo patre unus ex fratribus bona haereditaria possederit, atque administraverit: quo casu cogi potest a reliquis, ut inventarium rerum haereditariarum conficiat, vel confici curet; quod si omnes administrassent junctis operis, omnes inventarium conficere tenerentur (9). Plane nemo dubitat, quominus frater, qui bona administravit, rationes reddere teneatur (10): sed mora divisioni post acceptum judicium fieri non debet, quia alter rationes administrationis reddere debeat (11).

§ 3496. Porro haereditatem utique dividere possunt fratres, licet pater prohibuerit, cum nemo in communione invitus retineri debeat (12); quia mater discordiarum est. Sed cavendum, ne dolo fiat divisio, puta in fraudem tributorum: prout contingeret, si fratri ab oneribus ex aliqua caussa, seu ob privilegium immuni bona omnia immobilia adjudicarentur, incerti vero reditus caeteris fratribus (2): ratum in jure non habetur, quod dolo factum esse constat (3), maxime in publicae rei dispendium.

§ 3497. Postremo, si nec testator bona diviserit, nec cohaeredes in divisionis modo consentiat, ad judicis auctoritatem confugiendum est: judex autem, ut supra diximus (§ 3448), res haereditarias in partes aequales, si fieri potest, dividere debet: quod si bona commodum divisionem non recipiant, vel damnum ex divisione secuturum sit, judicis est, singulis pensatis, ita rem temperare, ut cohaeredum omnium indemnitati, nec non utilitati, quoad fieri potest, prospectum sit (d. § 3448 et 3449).

SECTIO III.

Quae veniant in familiae erciscundae judicium: et quo loco constituendum sit.

SUMMARIA

§ 3498. *Res omnes, quae in defuncti bonis sunt, inter cohaeredes dividuntur: exceptis illis, quae non deferuntur jure haereditario, vel quae ipso jure dividuntur inter cohaeredes.* — § 3499. *Impensae propter divisionem faciendae in bonorum estimationem et venditionem, inventarii confectionem, et similia aeris alieni loco fere sunt.* — § 3500 *et* 3501. *Fideicommisso conditionali, cujus conditio nondum extitit, non praesumitur renunciatum per divisionem inter fratres, licet recesserint a divisione per testatorem facta.* — § 3502. *Aes alienum pro haereditaria parte, nulla praelegatorum habita ratione, a singulis cohaeredibus ferri debet: nisi aliud testator senserit.* — § 3503. *Donata liberis post mortem patris, licet ejus contemplatione, haereditaria non sunt. Quid de locis religiosis?* — § 3504. *Nec praelegata, nec dotes veniunt in judicium familiae erciscundae.* — § 3505. *Quid de rebus improbatis, vel male quaesitis?* — § 3506 *et* 3507. *Actiones, et nomina debitorum ipso jure dividuntur inter cohaeredes: aliquando tamen judex debita et credita singulis pro solido alia aliis attribuit.* — § 3508. *Quid si aes alienum testatoris dispositione, vel cohaeredum voluntate divisum fuerit?* — § 3509. *Praestationes quoque personales in judicium familiae erciscundae veniunt.* — § 3510 *et* 3511. *Judicium familiae erciscundae, si unus ex duobus cohaeredibus ad divisionem provocet, institui debet*

(1) Fab. Cod. hoc tit. lib. 3, tit. 25, def. 2.
(2) Voet in ff. hoc tit. n. 2.
(3) Fab. Cod. *Commun. utr. judic.* lib. 3, tit. 27, d. def. 4 in princ.
(4) Fab. Cod. *Commun. utr. judic.* lib. 3, tit. 27, d. def. 4, n. 4 et seq.
(5) l. *In omni parte* 2 ff. *De jur. et fact. ignorant.* (22, 6).
(6) l. *Nam hoc natura* 14 ff. *De condict. indebit.* (12, 6).
(7) Fab. Cod. eod. lib. 3, tit. 27, def. 5, n. 6 et seq.
(8) Voet in ff. hoc tit. n. 3.
(9) Ibid. n. 4.
(10) l. *Quaedam sunt* 9 ff. *De edend.* (2, 13).
(11) Fab. Cod. *De sentent. et interloc. omn. judic.* lib. 7, tit. 15, def. 21.
(12) § *manet* 4 Instit. *De societat.* (3, 26); l. *Actione* 65 § *diximus* 3 ff. eod. tit. (17, 2).

(1) argum. l. *Omnium* 6 Cod. *De vectigalib. et commissis* (4, 61).
(2) l. 1 § 1 et passim ff. *De dol. mal.* (4, 3).

in loco, quo provocatus domicilium habet. Quid si plures sint cohaeredes, vel nemo ad divisionem provocet? — § 3512. *Quid si aequalis fere bonorum pars in diversis locis sita sit?*

§ 3498. Regula generalis hic statui potest, res omnes, quae in defuncti bonis reperiuntur, judicio familiae erciscundae inter cohaeredes dividi (1), illis exceptis, quae jure haereditario non deferuntur, vel quae ipso jure inter haeredes dividuntur. Plana est regula: judicio familiae erciscundae petitur divisio rerum haereditariarum (§ 3469): proinde res omnes, quae vere haereditariae sunt, ad illud pertinent; quae autem alio, quam haereditario jure deferuntur, communes non sunt inter cohaeredes; adeoque inter eos dividi non debent: atque inutilis est divisio rerum, quas lex ipsa partitur; hinc patet exceptionis ratio.

§ 3499. Sed haec fusius explicanda sunt. Sane nemo dubitat, quominus aes alienum, seu quod alteri debetur, imprimis deducendum sit: bona enim non intelliguntur, nisi deducto aere alieno (2): aeris autem alieni loco fere habentur impensae propter divisionem faciendae in bonorum aestimationem et venditionem, inventarii confectionem, et similia; quin intersit, an omnium voluntate divisio sequatur, an uno provocante (3): excipiuntur impensae pro impetrando judicis decreto a minoribus erogandae; cum hae solius minoris caussa fiunt, ab eo solo ferri debent (4).

§ 3500. Praeterea deducenda sunt bona, quae fideicommissi, majoratus, aut primogenii jure uni cohaeredum singulariter acquiruntur (5); quia haereditaria non sunt. Quo fundamento nec per divisionem inter fratres consetur renunciatum fideicommisso conditionali, cujus conditio nondum extiterit, licet constet, fratres fideicommissi scientiam habuisse, et vulgares clausulas adjecta fuisse; nisi expressis verbis renunciatio facta sit (6).

§ 3501. Adeo autem verum est, subjicit Faber, per divisionem haereditatis inter cohaeredes factam non censeri renunciatum mutuo, et reciproco fideicommisso, ut nec abjecisse videantur cohaeredes jus fideicommissi, sed tantum portiones haereditarias permutasse, licet recesserint mutua voluntate a divisione per testatorem facta (7); quia semper verum est, bona divisa a cohaeredibus teneri jure haereditario, non fideicommissi. Sane, si fideicommissi conditio jam extiterit, scientibus cohaeredibus, atque praegnantes omnino clausulae adhibitae fuerint, tametsi expressa fideicommissi mentio facta non fuerit, huic tamen renunciatum videri posse, alibi demonstravimus (1).

§ 3502. Ex his constat, aes alienum pro haereditaria parte a singulis haeredibus ferri debere, nulla habita praelegatorum ratione (2); cum praelegata plerumque habeant legatorum indolem, quae ex aere alieno non minuuntur: contingere tamen potest casus, quo ex praesumpta testatoris voluntate praelegata ex aere alieno minuantur, seu quo aes alienum solvendum sit habita praelegatorum ratione; veluti si testator praeceperit, ne haeredes prius aliquid ex praelegatis capiant, quam creditoribus omnibus satisfactum sit (3). Sed hic ulterius immorandum non arbitramur, cum speciem hanc fusius alibi expenderimus (4).

§ 3503. Nec in judicium familiae rciscundae veniunt, sicut nec conferri debent, quae liberis donata sunt post mortem patris, ejus licet contemplatione (5): non enim haereditarium videri potest, prout desideratur (§ 3498), quod mortuo patre liberis acquiratur. Loca religiosa, veluti jura sepulcrorum dividi nequeunt, sed singulis haeredibus pro indiviso competunt (6); immo et ad filium legatarium sepulcri jus pertinere consuit Sabaudus Senatus (7); major habenda est ratio conjunctionis, quam institutionis (8).

§ 3504. Quaemadmodum fideicommissa judicio familiae erciscundae non subjiciuntur (9), ut innuimus (§ 3499), ita nec praelegata (10); quia haec testatoris voluntate uni ex cohaeredibus sigillatim data sunt: nec filiusfamilias haeres a patre institutus dotis uxoris suae partem cohaeredibus dare tenetur, sed integram consequitur; cum ipse solus onera matrimonii sustineat (11).

§ 3505. Plane venena mala, libri improbatae lectionis, et similia familiae erciscundae judicio dividi inter cohaeredes non debent, sed statim haec omnia corrumpenda sunt (12): idem dicendum rebus ex peculatu, sacrilegio, aliove crimine acquisitis (13). Sed caeterae res in hoc judicium veniunt, sive mobiles sint, sive immobiles (14): sive pleno proprietatis et ususfructus lure defunctus easdem possederit, sive alterutro tantum (15):

(1) l. *Bona quaecumque* 8 Cod. hoc tit.
(2) l. *Subsignatum* 39 § 1 ff. *De verb. sign.* (50, 16).
(3) l. *Quantitas patrimonii* 72 ff. *Ad leg. Falcid.* (35, 2).
(4) Voet in ff. hoc tit. n. 17 in fin.
(5) Ibid. n. 6.
(6) Fab. Cod. hoc tit. *Famil. erc̃isc.* lib. 3, tit. 25 defiuit. 1.
(7) Ibid. def. 12 in princ.

(1) V. vol. II, lib. 2, § 10362 et seqq. pag. 82.
(2) l. *Ex facto* 35 § 1 ff. *De haeredib. instituend.* (28, 5).
(3) Fab. Cod. hoc tit. lib. 3, tit. 25, def. 6.
(4) V. vol. II, lib. 2, § 7847 ad 7849 pag. 468.
(5) Fab. Cod. hoc tit. lib. 3, tit. 25, def. 11.
(6) l. *Fundus* 30 in fin. ff. hoc tit.
(7) Fab. Cod. hoc tit. def. 10 in fin.
(8) l. *Si qua fideicommissorum* 7 Cod. hoc tit.
(9) d. l. 7 Cod. hoc tit.
(10) l. *Si ita legatum* 42 ff. hoc tit.
(11) l. *Uxor tua* 2 Cod. hoc tit.
(12) l. *Caeterae itaque* 4 § 1 ff. hoc tit.
(13) d. l. 4 § *sed, et si quid* 2.
(14) l. *Bona quaecumque* 8 Cod. hoc tit.
(15) l. *Item praedia* 10 ff. hoc tit.

imo et res pignori traditae (1). Res quoque sub conditione legatae, quia interim haereditariae sunt (2).

§ 3506. Quaedam res sunt, quae divisione eatenus non subsunt, quatenus ipsae jure inter cohaeredes dividuntur (§ 3498): nimirum actiones, et nomina debitorum, ita ut pro rata haereditatis parte singuli cohaeredes debeant, atque singulis debeatur (3); proinde si unus haeredum, secuta haereditatis divisione, solvendo esse desinat, caeteri inde non magis gravantur, quam solutione legatorum (4); cum nunquam in solidum cohaeredes obligati fuerint (5).

§ 3507. Quia tamen solutio et exactio partium multa plerumque habet incommoda, ad officium judicis nonnunquam pertinet, scite subjicit Gajus, ut debita et credita singulis pro solido aliis attribuat (6): sed adjudicatio haec non efficit, ut unus solidum debeat, vel solidum uni debeatur; cum non suo dumtaxat, sed et procuratorio nomine agere et conveniri possit, et debeat (7): ex quo sequitur, creditorem, qui vi hujusce adjudicationis unum cohaeredem in solidum convenerit, posse a caeteris petere, quod ab hoc consequi non potuit; nec enim, actionem adversus unum instituendo, renunciavit juri agendi adversus caeteros; neque ulla lex est, quae tacitam hanc conventionem praesumat, aut inducat; cum id tantum in emptore haereditatis receptum sit (8).

§ 3508. Sed quid, si aes alienum testatoris dispositione, vel mutua coheredum voluntate divisum fuerit? Si quaestio ex jure Romano dijudicetur, creditores unum ex his in solidum convenire non possunt, licet solidum solvere a testatore jussus sit (9), aut mutua conventione se ita soluturum spoponderit (10), ne res inter alios acta aliis prosit (11). Sed usu fori, ut inanes circuitus vitentur, creditoribus ex aequitate potestas fit in solidum conveniendi eum, qui solidum testatoris voluntate, aut cohaeredum consensu debet (12). Caetera, quae ad hanc rem pertinent, late pertractavimus de oneribus haereditariis agentes.

§ 3509. Praeter res haereditarias in familiae erciscundae judicium veniunt quoque praestationes personales, nimirum administrationis habitae rationes (§ 3495), atque impensae ab uno ex cohaeredibus in res haereditarias utiliter factae (1): dummodo post aditam haereditatem impensum sit, atque animo haeredis: alioquin negotiorum gestorum actione petuntur (2): damna quoque per unum cohaeredem rebus haereditariis data per hoc judicium reficienda sunt (3); sed judex in singulos cohaeredes sententiam ferre debet (4); cum unius caussa necessario caeteris non cohaereat.

§ 3510. Sequitur disputatio de loco, ubi judicium familiae erciscundae institui oporteat, seu de judice competente hujusce actionis. In hac autem quaestione distinguendum videtur, an duo tantum sint cohaeredes, an vero tres, vel plures. Si duo tantum cohaeredes sint, quorum unus ad divisionem provocet, in loco, quo cohaeres ad divisionem provocatus, domicilium habet, instituendum videtur hoc judicium (5); tum quia ex generali juris regula actor sequitur forum rei (6); tum quia id constitutum in petitione haereditatis, cum petitorio, non possessorio judicio agitur (7).

§ 3511. Si autem tres, vel plures sint cohaeredes, vel nemo ad divisionem provocet, sed omnes unanimi consensu familiam dividere velint, adeundus videtur judex, in cujus territorio major bonorum haereditariorum pars sita est (8), prout decretum invenitur de petitione fideicommissi (9); tum quia cum omnes cohaeredes ad eumdem judicem in hoc casu ire debeant, ne inextricabiles oriantur difficultates, uno judice rem uni, altero alteri adjudicante (10), facilius expeditur haereditatis divisio a judice territorii, ubi major est bonorum pars, quam a caeteris.

§ 3512. Sed quid dicendum, si aequalis fere bonorum pars in diversis locis sit? Judex domicilii ejus, qui ad divisionem provocatur, bona omnia dividere potest, si quibusdam credimus; alii putant, caussam in hoc casu a diversis judicibus expediri; ita ut quisque judex bona dividat, quae sunt in suo territorio. Nec desunt, qui sentiant, judicem superiorem adiri debere, qui in utroque territorio jus dicere possit (11); ne, diversis judicibus diversa statuentibus, minus aequa, vel minus commoda divisio fiat (12).

(1) l. *Si pignori* 29 ff. hoc tit.
(2) l. *Et post litem* 12 § *res, quae* 2 ff. hoc tit.
(3) l. *Per familiae* 2 § ult.; l. *Haeredes* 25 § 1 ff. hoc tit.
(4) l. *Legatorum* 33 ff. *De legat.* 2. (31, 1).
(5) l. *Pro haereditariis* 2 Cod. *De haeredit. action.* (4, 16).
(6) l. *Plane* 3 ff. hoc tit.
(7) d. l. 3 in med. ff. hoc tit.
(8) l. *Post venditionem* 2 Cod. *De pact.* (2, 3).
(9) l. *Servo legato* 69 § *si testator* 2 ff. *De legat.* 2. (30, 1).
(10) l. *Eum, qui* 56 § 1 ff. *De verb. oblig.* (45, 1); l. *Pacto successorum* 26 Cod. *De pact.* (2, 3).
(11) l. 1 et passim Cod. *Inter alios acta* (7, 60).
(12) Voet in ff. hoc tit. n. 27.

(1) l. *Filiae* 18 § 1 Cod. hoc tit.; l. *Ex parte* 39 in princ. ff. hoc tit.
(2) d. l. 18 § 1 Cod. hoc tit.
(3) l. *Incertis juris* 19 Cod. hoc tit.
(4) l. *In hoc judicio* 27 ff. hoc tit.
(5) Voet in ff. hoc tit. n. 42 in fine.
(6) l. *Juris* 2; l. *Magisteriae* 6 Cod. *De jurisdiction. omn judic.* (3, 13).
(7) l. unic. Cod. *Ubi de haeredit. agat.* (3, 20).
(8) Voet in ff. hoc tit. n. 42 in medio.
(9) l. *Si fideicommissum* 50 ff. *De judic.* (5, 1).
(10) l. 1 ff. *De quibus reb. ad eumd. judic. eat.* (11, 2).
(11) V. Brunneman. in cod. ad d. l. unic. *Ubi de haereditat. agat.* lib. 3. tit. 20 n. ult.
(12) l. 1 ff. *De quib. reb. ad eund. judic. eat.* (11, 2); l. *Nulli prorsus* 10 Cod. *De judic.* (3, 1).

SECTIO IV.

Quibus casibus cesset familiae erciscundae judicium.

SUMMARIA

§ 3513. *Familiae erciscundae judicium non obtinet, cum unus in re certa scriptus est, vel uni mobilia alteri immobilia reliquit testator.* — § 3514. *Testator jubere potest, ne intra certum tempus, vel quamdiu certa persona vixerit, divisio fiat.* — § 3515. *Judex creditoribus petentibus, alicubi prohibere potest rerum divisionem, donec illis satisfactum sit.* — § 3516 *et* 3517. *Familiae erciscundae actio non praescribitur triginta annis: utique vero, rerum haereditariarum dominium.* — § 3518. *Familiae erciscundae judicio non nisi semel plerumque agi potest.* — § 3519. *Divisio legitime peracta non nisi ex omnium consensu revocari potest.*

§ 3513. Judicium familiae erciscundae quandoque cessat omnino, ita ut bonorum divisio fieri nequeat: aliquando abit in judicium communi dividundo, ita ut res eodem modo dividantur, mutato tantum actionis nomine. Cessat omnino, seu nulla fit rerum haereditariarum divisio, si testator unum ex re certa haeredem scripserit, alium sine re: cum haeres in re certa institutus legatarii loco habeatur (1). Idem dicendum, si miles unum castrensis peculii, alium caeterorum bonorum haeredem fecerit; vel uni res mobiles, alteri immobiles reliquerit, quia testatoris dispositione res divisae sunt (2)

§ 3514. Testatoris prohibitio, ut supra diximus (§ 3496), non impedit, quominus divisio aliqando fiat; cum nec valeat conventio, ne ullo tempore a communione discedatur (3): potest tamen testator jubere, ne intra certum tempus, vel quamdiu certa persona vixerit, divisio fiat (4), cum et rata habeatur haec conventio inter socios facta (5): atque societas contrahi possit, quamdiu socii vivunt (6).

§ 3515. In praxi apud suos receptum tradit Voet, ut postulantibus creditoribus, a judice prohibeantur cohaeredes, ne ad rerum haereditariarum divisionem progrediantur, donec ipsis satisfactum sit (7): quod optima ratione nititur, ne creditores actiones suas in plures debitores dividere cogantur, quod grave nimis, et incommodum est.

(1) l. *Quoties* 13 Cod. *De haeredib. instituend.* (6, 24).
(2) l. *Haeredes* 25 § 1 ff. hoc tit.
(3) l. *In hoc judicium* 14 § *si conveniat* 2 ff. *Commun. divid.* (10. 3).
(4) l. *Si qui ita* 4 ff. *De condit. instit.* (28, 7); Thes. dec. 14, n. 5.
(5) d. l. 14 § 3; l. *Actione* 65 § *item, qui* 6 ff. *Pro soc.* (17, 2).
(6) l. 1 ff. eod. tit. *Pro soc.*
(7) Voet in ff. hoc tit. n. 32 in fin.

§ 3516. Praescriptione etiam longissimi temporis, sive triginta annorum non amittitur jus recedendi a communione rerum haereditariarum: seu cohaeredes familiae erciscundae judicio agere possunt, licet per triginta, et amplius annos in communione steterint; quae enim merae facultatis sunt, ex recepto axiomate nullo tempore praescribuntur (1); tum quia singuli cohaeredes bona pro indiviso possidentes non suo, sed aliorum nomine possident caeterorum partes (2): proinde praescribere nequeunt.

§ 3517. Profecto, si unus cohaeres bona haereditaria per triginta annos suo nomine possederit, praescriptio locum habebit (3), non secus ac in aliis casibus: nimirum actio familiae erciscundae mixta est partim in rem, partim in personam: adeoque non sufficiunt decem anni inter praesentes, viginti inter absentes, quibus completur praescriptio longi temporis, sed triginta requiruntur (4).

§ 3518. Diximus, quandoque cessare judicium familiae erciscundae, sed locum fieri actioni communi dividundo (§ 3513): puta si quaedam bona indivisa remanserint, censuit Ulpianus, quia familiae erciscundae judicio semel tantum plerumque agi possit, actione communi dividundo experiendum esse (5): sed si mutuo consensu, judicis auctoritate neutiquam adhibita, cohaeredes bona inter se diviserint, non prohibentur reliqua hoc judicio petere (6). Sed in his ulterius non immoramur, cum parum intersit, utro judicio agatur.

§ 3519. Divisio, tametsi legitime facta, mutuo cohaeredum consensu, quo dissoluta fuit, restaurari potest (7): nec tantum expresse, sed etiam tacite (§ 3467), dummodo omnes consentiant: sed, uno dissentiente, retractari nequit divisio, quae numeris omnibus absoluta sit, si autem aliquid desit, puta notarii stipulatio, cum in scriptis divisionem peragere voluissent cohaeredes, potest unus invito altero recedere (8). An vero, et quatenus divisio ex caussa laesionis rescindi possit, supra expendimus (§ 3460 ad 3466).

(1) l. *Viam publicam* 2 ff. *De via public. et itin. public.* (43, 11).
(2) l. *Male agitur* 2 Cod. *De praescript. XXX vel XL annor.* (7, 39).
(3) l. 1 § 1 Cod. *De annal. exception.* (7, 40); argum. l. *Haereditatis* 7 Cod. *De petition. haereditat.* (3, 31).
(4) d. l. 1 § 1; d. l. 7; l. *Sicut in rem* 3 et seq. Cod. *De praescr. XXX vel XL annor.* (7, 39).
(5) l. *Si filia* 20 § *familiae* 4 ff. hoc tit.
(6) l. 1 Cod. hoc tit.
(7) l. *Nihil tam naturale* 35 ff. *De reg. jur.* (50, 17).
(8) l. *Contractus* 17 Cod. *De fid. instrumentor.* (4, 21); Fab. Cod. *Commun. utriusq. judic.* lib. 3 tit. 27, def. 2.

TITULUS XXV.

QUIBUS MODIS TOLLITUR OBLIGATIO

Instit. lib. 3, tit. 30 *Quib. mod. tol. obligat.*

SUMMARIA

§ 3520. *Obligatio vel ipso jure tollitur, vel ope exceptionis.* — § 3521. *Mutuo dissensu, re adhuc integra, solvitur obligatio solo consensu contracta.* — § 3522. *De quibus modis tollendae obligationis agendum sit?*

§ 3520. Justinianus, explicatis singulis speciebus quasi contractuum, tractat de personis, per quas obligatio acquiritur (1); sed, cum de hac re alibi ex proposito disseruerimus, idcirco expendemus diversos modos, quibus obligatio legitime contracta solvitur. Varii porro sunt, modi, quibus obligatio irrita fit: alii ipso jure obligationem tollunt, atque debitorem liberant: alii non nisi per exceptionem. Ipso jure tollitur obligatio per solutionem, acceptilationem, novationem, compensationem, mutuum dissensum, et interitum rei. Exceptionem parit sententia, jusjurandum, testamentum, pactum, tempus.

§ 3521. Quod ad mutuum dissensum pertinet, certum est, obligationes solo consensu contractas ipso jure tolli, si modo res integra sit (2); ex trita luris regula unumquodque eodem modo dissolvitur, quo fuit colligatum (3); quod si res integra esse desierit, puta in venditione res tradita sit, vel solutum pretium, non sufficit nudus consensus, sed insuper restitui debet, quod traditum fuit (4). Obligationes vero, quae re, verbis, aut litteris contractae fuerunt, non nisi intervenientibus rebus, verbis, aut litteris extinguuntur (5).

§ 3522. De dissolutione obligationis pacto, tempore, rei interitu suis locis diximus: de sententia, jurejurando, caeterisque exceptionibus infra agemus: oblata etiam occasione tradidimus, quae de acceptilatione scitu digna sunt. Quare hoc loco praestat expendere modos, quibus ipso jure obligatio tollitur, videlicet solutionem, novationem, et compensationem; quod tribus capitibus perficiemus.

(1) lib. 3, tit. 29, per quas personas obligatio acquiritur.
(2) § ult. Instit. hoc tit.
(3) d. l. *Nihil tam naturale* 35 ff. *De reg. jur.*
(4) l. *Ab emptione* 58 ff. *De pactis* (2, 14).
(5) d. l. 35 ff. *De reg. jur.*

CAPUT I.

De solutionibus.

Instit. lib. 3, tit. 30 *Quib. mod. toll. obligat.*
Digest. lib. 46, tit. 3 } *De solutionib.*
Cod. lib. 8, tit. 43 }

SUMMARIA

§ 3523. *Solutio latissime accepta complectitur omnem satisfactionem; stricte est realis praestatio ejus, quod debetur.* — § 3524. *Quae sint de solutione sigillatim expendenda?*

§ 3523. Solutionis verbum latissima significatione acceptum complectitur omnem satisfactionem, quocumque tandem modo fiat; cum solvere generatim dicatur, qui praestat, quod debet (1): stricto autem sensu, quatenus distinguitur a novatione, acceptilatione, compensatione, est realis, seu, ut alii ajunt, naturalis praestatio ejus, quod debetur (2). Definitio haec per se satis clara est, nec indiget explanatione.

§ 3524. Haec sunt de solutione sigillatim expendenda: 1. A quibus, et quibus fieri possit: 2. Quibus modis, quo loco, et tempore solutio fieri possit, et debeat: 3. Qui sint solutionis effectus, ubi de probandae solutionis modis, et de pluribus caussis, in quas solutio imputari potest.

SECTIO I.

Qui solvere possint, et quibus solutio recte fiat.

SUMMARIA

§ 3525. *Solvere possunt omnes liberam rerum suarum administrationem habentes, licet criminis postulati, excepto repetundarum, et laesae majestatis.* — § 3526. *Procuratores speciali, vel generali cum libera mandato instructi solvere possunt. Syndicus in dubio universitatis nomine solvisse praesumitur.* — § 3527. *Extraneus solvere potest pro debitore etiam invito, quem liberat.* — § 3528. *Quid de pupillis, furiosis et prodigis?* — § 3529. *Solvi potest creditori etiam reo criminis extra perduellionem, et alteri cuilibet ex mandato creditoris.* — § 3530. *Cessionario recte solvitur. An et creditori post cessionem?* — § 3531. *Solutio facta cessionario debitorem liberat, licet huic nihil debitum sit.* — § 3532. *Quo tempore cessio fieri debeat?* — § 3533. *An cessionario debeatur monetae augmentum?* — § 3534. *Procuratori solvi potest. An famulis et nunciis, si nec mandatum, nec instrumentum crediti habeant?* — § 3535 et 3536. *Apparitori solvi nequit. Quid si metu carceris solutionem extorserit?* — § 3537. *Procuratori*

(1) l. *Solutionis* 176 ff. *De verbor. significat.* (50, 16).
(2) princ. Instit. hoc tit.

ad lites, vel ad vendendum constituto solvi non potest. — § 3538. *Quid si solvatur vero administratori, sed alio nomine?* — § 3539. *Famulo, per quem dominus exigere soleat, recte solvitur.* — § 3540. *Quid si plures haeredes sint, atque unus solidum sibi dari postulet?* — § 3541. *Quid si solutum fuerit falso haeredi, seu haereditatis possessori bona fide?* — § 3542. *Creditori creditoris eo invito plerumque solvi nequit.* — § 3543. *Hosti provinciam occupanti, et ad solutionem urgenti solvens liberatur etiam a fisco. Quid si alteri solvatur jussu Principis vel judicis?*

§ 3525. Solvere generatim possunt, quicumque liberam rerum suarum administrationem habent; licet alicujus criminis rei postulati sint (1); quia interim retinent bonorum administrationem; praeterquam in crimine repetundarum, et laesae majestatis (2), propter delicti atrocitatem, ex qua etiam in haeredes inquiritur (3).

§ 3526. Procuratores quoque non tantum, si mandatum ad hoc speciale habeant, sed etiam, si generali tantum mandato cum libera bonorum administratione instructi sint, recte solvunt (4); dummodo in postremo casu solverint id ad quod solvendum dominus cogi potuisset (5); nec enim mandato generali continentur ea, quae quis verisimiliter, in specie mandaturus non fuisset (6). Porro solutio ab administratore facta, puta a syndico universitatis, in dubio praesumitur facta ex mandato, potissimum in antiquis (7).

§ 3527. Quinimmo traditur, posse extraneum pro debitore etiam ignorante, et invito solvere, ita ut debitor liberetur (8), imo et ipsi actio pignoratitia quaeratur (9): quod aequitate suadente receptum fuit, quippequae suadet, ut ignorantis, et inviti melior conditio effici possit (10). Negotiorum autem gestorum actio competit solventi, nisi forte solverit pro eo, qui jam liberatus esset: quo casu potius indebiti condictio danda esset (11), vel debitoris intersit eam pecuniam non solvi (12).

§ 3528. Pupilli, furiosi, et prodigi sine tutoris, vel curatoris auctoritate, quod vere etiam, seu civiliter debent, solvere prohibentur; atque nummos extantes repetere possunt; si vero consumpti sint, ne inanis circuitus fiat, liberatio contingit, et repetitio denegatur (1): plane, si naturaliter tantum essent obligati, puta quia sine tutoris, aut curatoris interventu spopondissent, cum naturalis haec obligatio jure civili reprobetur, repetitio competit (2): sed in his, quae alibi ex proposito expendimus (3), immorandum non arbitramur.

§ 3529. Solvi potest creditori, etiam reo criminis (4), extra delictum laesae majestatis (5); et alteri cuicumque ex mandato expresso, vel tacito creditoris (6): adeoque ei, qui solutionis caussa adjectus fuit (7), licet creditor deinceps prohibeat; cum non possit, invito debitore, stipulationis naturam immutare (8): dummodo in eodem statu manserit (9). Plane hujus haeredi solvi nequit, cum hic mandatarii loco sit; mandatum vero morte mandatarii extinguitur (10).

§ 3530. Cessionario quoque recte solvitur; cum immo utiles actiones suo nomine exercere possit (11): si tamen cessio in utilitatem cedentis facta sit, adhuc cedenti solvi potest, maxime si cessionarius adhuc cedentis nomine tamquam mandatarius, seu procurator cedentis agat (12): nisi debitori consentienti denunciatum sit, ne cedenti solveret, vel cum eo lis jam sit contestata (13).

§ 3531. Solutio facta cessionario debitorem liberat, licet deinceps opposuerit, nihil debitum fuisse cessionario; adeoque cessionem, veluti ex falsa caussa factam, sive ad extinguendum debitum, quod non erat, nullam fuisse (14); nihil enim imputari potest debitori, cum jussu creditoris solverit (15). Quare sola superest creditori condictio indebiti adversus cessionarium.

§ 3532. Cessio, ut obiter dicamus, fieri debet, antequam actio, quae ceditur extincta sit (16): sed si adhuc vigeat, licet opposita doli exceptione elici possint, adhuc cedi potest (17); puta si creditor, postquam tertius possessor, pignoris luendi caussa, pecuniam debitam solvat, actiones cedat adversus debitorem. Idem obtinet, si pactum cedendarum actionum prius factum sit (18).

(1) l. *Sed cum nec illud* 43 junct. l. praered. ff. hoc tit.; Fab. Cod. *De accusationib.* lib. 9, tit. 2, def. 1 in princ.
(2) l. *Ex judiciorum* 20 ff. *De accusat.* (48, 2); l. ult. Cod. *Ad legem Jul. Majestat.* (9, 8); Fab. d. def. 1, n. 2.
(3) d. l. 20 ff. *De accusat.*
(4) l. *Quodlibet* 87 ff. hoc tit.
(5) l. *Si is, cui* 94 § ult. ff. hoc tit.
(6) l. *Qui peculii* 46 ff. *De pecul.* (15, 1).
(7) Fab. Cod. hoc tit. lib. 8, tit. 30, def. 2.
(8) princ. Instit. hoc tit.; l. *Solutione* 23 ff. hoc tit.
(9) l. *Si pro me* 40 ff. hoc tit.
(10) l. *Solvere* 53 ff. hoc tit.
(11) Fab. Cod. hoc tit. lib. 8, tit. 30, def. 10.
(12) l. *Cum pecuniam* 43 ff. *De negot. gest.* (3, 5).

(1) § ult. Instit. *Quib. alien. lic.* (2, 8); l. *Quod si forte* 14 § ult. ff. hoc tit.
(2) l. *Interdum* 29 ff. *De codic. indebit.* (12, 6).
(3) vol. 1, lib. 1, pag. 486, § 3073 et seqq.
(4) l. *Reo criminis* 41 ff. hoc tit.
(5) l. ult. Cod. *Ad leg. Jul. majestat.* (9, 8); Fab. Cod. *De accusat.* lib. 9, tit. 2, def. 1 in princ.
(6) l. *Si debitorem* 21 ff. *De novat.* (46, 2).
(7) § *si quis alii* 4 Instit. *De inutil stipulat.* (3, 20).
(8) l. *Vero procuratori* 12 § pen. ff. hoc tit.
(9) l. *Cum quis sibi* 38 ff. hoc tit.
(10) l. *Si stipulatus* 81 ff. hoc tit.
(11) l. *Postquam* 7 et seq. Cod. *De haeredit. vel action. vend.* (4, 39).
(12) Fab. Cod. hoc tit. lib. 8, tit. 30, definit. 13. V. et definit. 57.
(13) l. *Si delegatio* 3 Cod. *De novat.* (8, 42).
(14) Fab. Cod. hoc tit. lib. 8, tit. 30, def. 26.
(15) l. *Solutam* 49 ff. hoc tit.
(16) l. *Modestinus* 76 ff. hoc tit.
(17) l. *Si res obligata* 57 in fin. ff. *De legat.* (30, 1); Fab. Cod. hoc tit. lib. 8, tit. 30, def. 19.
(18) d. l. 76 in fin. ff. hoc tit.

§ 3533. Caeterum, cum cessionarius, cui in solutum nomen datum fuit, nihil amplius consequi possit, quam sibi debebatur; cum nec solvi queat, quod non debetur, inde colligit Faber, cessionarium, cui nullum debebatur monetae augmentum, quia ex die contracti debiti nulla supervenerat deterioratio monetarum, quae huic augmento caussam praebere solet, non posse illud petere a debitore, cujus nomen ipsi cessum fuit licet cedendi debitum fuisset (1). Sed hic voluntatis quaestio est, an cedens debitori suo remittere voluerit augmentum, an sibi retinere, quod probabilius est.

§ 3534. Quemadmodum cessionario, ita et vero procuratori, seu ei, qui speciale vel generale cum libera bonorum administratione mandatum habeat recte solvitur (2): sed si falso procuratori solutum sit, licet bona fide, solvens non liberatur; atque sola competit solventi actio ad repetendum a falso procuratore, quod per errorem solvit (3). Atque idem dicendum de solutione facta famulo creditoris, aut dicenti se nuncium, si neque mandatum habeat, neque instrumentum crediti, cujus possessio loco mandati esse creditur (4). Facilius excusatur ille, qui solvit bona fide ei, qui creditor habebatur, licet talis non sit (5).

§ 3535. Apparitori, seu executori non recte solvitur; quia nec a creditore mandatum habet ad accipiendam solutionem, sed tantum potest debitorem in jus vocare, pignora ex mandato judicis capere, et distrahere (6). Si tamen injuriosus executor metu praesentis carceris extorqueat a reo solutionem, debitor liberatur (7): imputari potius creditori debet, cur talem executorem elegerit, non debitori, qui solverit, ut carceris injuriam, unde aestimatio apud graves viros laeditur, effugeret.

§ 3536. Quod si executor acceptam a debitore nimis facili, nec praesentis metu carceris inducto, pecuniam creditori obtulerit, isque accipere recusaverit, quia oblatae auri, vel argenti species minoris essent, deinde pecunia vel casu fortuito, vel dolo apparitoris deperdita sit, debitori perit, non creditori (8), qui nec a debitore ipso accipere coactus fuisset, nisi toto debito oblato. Proinde res debitoris periculo est, in mora solvendi adhuc constituti (9).

§ 3537. Ex his patet, procuratori ad lites tantum (1), vel dumtaxat ad vendendum constituto minus recte solvi (2): nisi et hoc speciatim mandatum sit; prout plerumque mandari solet procuratoribus ad vendendum. Sane procuratori post revocatum mandatum amplius solvi nequit, nec debitor solvendo liberatur, nisi ignorans mandati revocationem solverit (3).

§ 3538. Sed quid, si solutio fiat vero administratori, sed alio nomine: puta debitor solveri patri tamquam patri, cum solvere debuisset tamquam legitimo administratori bonorum filii? Existimat Faber, debitorem ita solventem liberari, ita ut nec vivo, nec mortuo patre possit a filio creditore conveniri; ipse vero patre potius constitutus intelligatur filii debitor (4): nihil imputandum videtur creditori, qui ei solvit, cui solvere poterat, et debebat; licet curiosus non inquisivit, quo nomine patri solveret.

§ 3539. Creditoris famulo, nisi mandatum exhibeat, vel obligationis instrumentum, solvi non posse, jam innuimus (§ 3534); vel nisi dominus solitus sit per famulum exigere, nec ulla sit suspicionis ratio (5). Quo autem modo pupillis, minoribus, et similibus solvendum sit, ut plena liberatio obtineatur, suo loco expendimus (6).

§ 3540. Vero haeredi recte solvitur, quod defuncto debitum erat, cum haeres in omnia jura defuncti succedat (7): quod si duo de haereditate contendant, vel unus singulari aliquo jure sibi solidum dari postulet, neutri tuto solvitur; sed pecunia obsignanda, et deponenda est, donec de eorum jure pronunciatum fuerit; nisi alter idoneam offerat debitori cautionem restituendi si ita judicari contigerit, et de debitore defendendo (8): quod si ambo cautionem offerant, praeferendus ille est, qui meliore jure niti videtur (9).

§ 3541. Sed quid dicendum, si debitor falso haeredi, seu haereditatis possessori solverit, cum hic jura haeredis non habeat? Distinguendum est an hic publice a plerisque tamquam haeres haberetur, nec ne: in primo casu liberatus videtur debitor, cui nihil potest imputari, atque sola superest creditori actio adversus falsum haeredem, ut ab eo repetat, quod consecutus est (10); prout traditur de eo, qui bona fide solverit procuratori, cujus mandatum revocatum fuisse nesciebat (§ 3534): ut ita bona fides tantum praestet, quantum rei veritas (11): in altero casu imputan-

(1) Fab. Cod. hoc tit. lib. 8. tit. 30, def. 52.
(2) l. *Vero procuratori* 12; l. *Qui hominem* 34 § *Titium* 3 ff. hoc tit.
(3) d. l. 34 § *si nullo* 4 ff. hoc tit.; Fab. Cod. hoc tit. lib. 8. tit. 30, def. 29 in princ.
(4) argum. l. ult. Cod. *De pact. convent.* (5, 14); Fab. Cod. hoc tit. d. def. 29, n. 1 et 2.
(5) Fab. Cod. hoc tit. d. definit. 29, n. 5 et seq. et definit. 38.
(6) Fab. Cod. hoc tit. lib. 8. tit. 30, def. 24 in princ.
(7) Fab. d. def. 24, n. 5 et seqq. et def. 48
(8) Fab. Cod. hoc tit. lib. 8, tit. 30, d. def. 24, n. 12 et seqq.
(9) l. *Creditor* 102 ff. hoc tit.

(1) l. *Hoc jure* 86 ff. hoc tit.; l. *Sed si tantum* 13 ff. *De pact.* (2, 14).
(2) argum. l. 1 § *igitur* 12 ff. *De exercitor. action.* (14, 1).
(3) d. l. *Vero procuratori* 12 § *sed et si* 2 ff. hoc tit.
(4) Fab. Cod. hoc tit. lib. 8, tit. 30, def. 56.
(5) Voet in ff. hoc tit. n. 4 in fin.
(6) V. vol. I, lib. 1, pag. 485, § 3064 et seqq.
(7) l. *Haeredem* 59; l. *Haereditas* 62 ff. *De reg. jur.* (50. 17).
(8) l. 1 § *apud Julianum* 37 ff. *Depositi* (16, 3).
(9) Fab. Cod. *De rei vindicat.* lib 3, tit. 22, def. 8 in fin.
(10) argum. l. *Cum qui sibi* 38 § 1 ff. hoc tit.; Fab. Cod. *De bon. quae liber.* 6, tit. 35, def 15.
(11) l. *Bona fides* 136 ff. *De reg. jur.*

dum est debitori, cur imprudens alteri solverit, quam cui solvendum erat (1).

§ 3542. Creditori creditoris sui debitor, invito creditore, suo plerumque non potest solvere (2); tum quia de re sua, vel sibi debita quisque pro arbitrio suo, non alieno, disponit: tum quia debitor ignorat exceptiones, quibus forte creditor suus adversus creditorum uti potest: si tamen solverit, actione negotiorum gestorum repetere poterit, quatenus creditori suo solvendo profuit (3). Imo, debitoris intersit, potest invito etiam suo creditore hujus creditori solvere: puta secundus conductor primo locatori pensionem recte solvit, ut ita liberet res suas invectas et illatas in praedim urbanum (4), vel fructus praedii rustici a legali pignoris vinculo (5). Conductor tamen primus secundum prohibere potest, ne locatori solvat, cum vere sibi debeat (6). Quod si secundus conductor justam habeat metuendae molestiae caussam, ad judicis auctoritatem confugere debet, non sibi ipse jus dicere (7).

§ 3543. Hosti provinciam occupanti, et ad solutionem cogenti recte solvi, ita ut liberatio obtineatur, sive privatis, sive fisco debitum fuerit, apud omnes constat, et nos alibi probavimus, de mercede locationis hostibus coacte data agentes (8): dummodo bona fide ex parte solventis, et vi majore, cui resisti nequit, res gesta sit, non collusione quadam (9). Liberatur quoque debitor fisco ob delictum creditoris jussu Principis, vel Magistratus solvens, nisi in mora per interpellationem positus sit, atque jussum denunciaverit creditori, cum posset (10). Idem est, si solverit falso creditori, sed mandante judice (11).

SECTIO II.

Quo modo, quo loco, et quo tempore solutio fiat.

SUMMARIA

§ 3544. *Solvi plerumque non potest aliud pro alio invito creditore.* — § 3545 *et* 3546. *Quid si res aliena legata sit: vel propria sine gravi incommodo dari nequeat, aut perierit?* — § 3547 *et* 3548. *Quae requirantur conditiones, ut creditor rem immobilem pro pecunia debita accipere cogatur tum Romano, tum patrio jure? Quod si res in solutum sub conditione datae fuerint, vel suo tempore non tradantur?* — § 3549. *Beneficium competentiae competit donatoribus, fratribus, atque haeredi cum beneficio inventarii.* — § 3550. *Solutio minutatim facta gravia habet incommoda; quam ideo creditor plerumque accipere non tenetur.* — § 3551 *et* 3552. *Mensura loci, in quo res sitae sunt, spectatur, si res immobiles debeantur. Quid de mobilibus?* — § 3553. *An monetae augmentum creditori debeatur?* — § 3554. *Debitor dando pignora, et fidejussores plerumque non liberatur. Quid si creditor pignora minus idonea pro debitoris securitate dederit; eaque judex probaverit?* — § 3555. *Solutio regulariter fieri debet in loco contractus, nisi aliud actum appareat vel suadeat aequitas.* — § 3556. *Debitor plerumque non tenetur solvere ad domum debitoris.* — § 3557. *Statim solvi debet, quod temporis dilationem non habet. An solvi possit ante diem praefinitum?* — § 3558. *Dies incoeptus habetur pro completo in debitis favorabilius, puta alimentorum, non in caeteris.*

§ 3544. Generalis regula, cum de modo faciendae solutionis disputatur, in jure traditur, solvendam esse rem ipsam, quae debetur, ea qualitate, quantitate, modo, et tempore, quo promissa fuit. Imprimis res ipsa, quae obligatione continetur, solvi debet; nec enim aliud pro alio solvi potest, nisi debitor sponte consentiat (1); cum multum interesse possit creditoris, ut unam rem potius, quam alteram consequatur. Quod et ad facta praemissa extendendum alibi demonstravimus (2).

§ 3545. Sed plures sunt hujus regulae exceptiones: atque aliud pro alio recte solvitur creditori invito: puta si res aliena legata fuerit, nec haeres justo pretio eam comparare potuerit: sufficit in hoc casu rei aestimationem dare (3): idem statuendum censet Ulpianus de re legata, cujus restituendae haeres gravissimam, et justam caussam habeat: veluti si servus legatus haeredis pater, mater sit, aut frater naturalis; ita ut officio judicis cogatur legatarius aestimationem rei loco accipere (4).

§ 3546. Necessitas justa quoque caussa est, cur aestimatio loco rei debitae praestanda sit, si haec perierit culpa debitoris; quo casu etiam aestimatio quanti plurimi praestanda est (5). Partim ex necessitate, partim ex aequitate succursum est jure novo debitori pecuniae, vel alterius rei mobilis, ut rem immobilem, quam habeat meliorem, creditori offerre possit, eamque creditor in solutum accipere teneatur; si nemo sit, qui eam

(1) d. argum. l. *Qui cum alio* 19 ff. eod. tit.
(2) l. *Invito* 12 Cod. hoc tit.
(3) l. *Si opera* 6 in fin. ff. *De dol. mal. et met. exception.* (44, 4).
(4) l. *Solutum* 11 § *solutam* 5 ff. *De pignorat. action.* (13, 7).
(5) d. l. 11 § 5; junct. l. *Si in lege* 24 § 1 ff. *Locat.* (19, 2).
(6) V. vol. III, lib. 3, § 2864, pag. 88.
(7) l. *Non est singulis* 176 ff. *De reg. jur.* (50, 17).
(8) V. vol. III, lib. 3, § 2881, pag. 91.
(9) Voet in ff. hoc tit. n. 7 in fine.
(10) Thes. lib. 2, quaest. 54, n 2, 4, et 5 †
(11) l. *Ait praetor* 7 § *sed etsi* 2 ff. *De minor.* (4, 4).

(1) l. *Eum, a quo* 16 Cod. hoc tit.
(2) V. vol. II, lib. 3, § 1809 et seqq. pag. 1113.
(3) § *non solum* 4 Instit. *De legat.* (2, 20).
(4) l. *Si domus* 71 § *qui confitetur* 3 ff. *De legat.* 1. (30, 1).
(5) l. penult. et ult. ff. *De condict. triticar.* (13, 3).

emere velit, dummodo ipsi de evictione cantum sit (1).

§ 3547. Ut ergo creditor rem immobilem pecuniae loco accipere cogatur, hae requiruntur conditiones. 1. Ut debitor pecunia careat, aliave re mobili; quippe Justinianus electionem permittit creditori rem mobilem, aut immobilem pro arbitrio accipiendi (2). 2. Ut emptor harum rerum non inveniatur, justo quidem pretio. 3. Meliora offerenda sunt bona, ex quibus creditor eligat; facta a judice justa earum aestimatione. 4. Fidejussor pro casu evictionis detur (3).

§ 3548. Haec Romanarum legum sanctio jure regio fere firmata est: cautum quippe, ut, debitore ante litem contestatam offerente bona ad formam allatae authenticae (4), creditor ad justam aestimationem ea accipere non cogatur, sed quarta pretii pars favore creditoris deduci debeat, si bona immobilia pecunia loco dentur, octava ex mobilibus, vel semoventibus: vigesima ex annona, censibus, aliisve annuis reditibus (5): atque haec omnia observanda jubentur, licet beneficio dictae authenticae quovis modo renunciatum sit (6): excipiuntur tamen ab onere duductionis debitores, quibus competit beneficium, ne amplius teneantur, quam facere possunt, deducto ne egeant; horum enim favore suadet aequitas, bona ad justam aestimationem creditori adjudicari (7). Creditori in rei pretio favent Regiae sanctiones, sed simul redimendi facultatem tribuunt debitori intra annum (8); prout alibi diximus (9). Quod si res in solutum ita datae fuerint, nisi creditor intra certum tempus solvat, placuit, creditorem non posse pecuniam petere, nisi hoc specialiter actum sit, vel jure potius pignoris solutio sit facta (10): sed vicissim debitor in pecuniam damnatur, si sua die rem promissam non dederit (11).

§ 3549. Beneficium autem, ne in plus conveniantur, quam facere possunt, deducto ne egeant, competit generatim illis, qui ex liberalitate sua conveniuntur, seu donatoribus (12), parentibus (13) immo et fratribus, licet a sorore conventis ad solutionem dotis, prout ex aequitate propter conjunctionem personarum censuit olim Senatus (14), nec non haeredi cum beneficio inventarii, si haereditas minus sufficiens esset creditoribus dimittendis (1).

§ 3550. Non sufficit partem rei solvere, sed totum debitum solvendum est; liberum utique est creditori partem rei, vel unam ex pluribus rebus debitis petere (2), non tamen potest debitor invito creditori partem solvere (3); quia solutio minutatim facta saepe multa habet incommoda (4): nisi vel plures sint unius debitoris haeredes, inter quos onera haereditaria ipso jure dividuntur (5): vel ad solutionem urgeantur plures fidejussores divisionis beneficio gaudentes (6): vel una debiti pars liquida, ut ajunt, sit, altera illiquida (7): quo casu pro parte illiquida cautio praestanda est, sed creditor non tenetur pignus dimittere, nisi toto credito liquidato, et soluto (8); cum jus pignoris individuum sit (9).

§ 3551. Non tantum res ejus qualitatis, quae promissa fuit, aliove modo debetur, praestanda est; sed et pro quantitate debita. Quod si non constet, cujus loci mensura spectanda sit, distinguere oportet res immobiles a mobilibus: si res immobiles ad certam mensuram debeantur, quae pro locorum diversitate diversa esse solet, mensura loci, in quo sitae sunt res, servari debet (10); ad hujus loci mensuram in dubio respexisse censetur contrahentes; nisi aliud actum appareat expresse, vel tacite (11).

§ 3552. Quod si de rebus mobilibus quaestio sit, videtur inspicienda mensura loci, in quo juxta conventionem praestari debent; quia unusquisque contraxisse intelligitur in loco, in quo solutio fieri debet (12): nisi alterius loci quantitas expresse adjecta sit, aut tacite, puta si certa quantitas vini, vel frumenti mutuo data sit, licet restitutio fieri debeat in alio loco, ubi minor sit rerum hujusce generis mesura, attamen tacite id actum intelligitur, ut in eadem mensura, et qualitate reddatur (13).

§ 3553. Quod pertinet ad monetae qualitatem, ejusque augmentum, an, et quatenus creditori debeatur, alibi fuse expendimus (14): tantummodo monemus, nec dotis favorem, nec moram in solvendo contractam facere posse, ut dos solvi debeat in meliore moneta, quam quae fuit tempore

(1) auth. *Hoc, nisi debitor* post l. 16 Cod. hoc tit.; Novell. 4, cap. ult.

(2) d. Novell. 4, cap. ult. fer. in princ.

(3) d. Novell. 4, cap. ult.; d. auth. *Hoc, nisi debitor* Cod. hoc tit.

(4) d. auth. *Hoc, nisi debitor*, post l. 16 Cod. hoc tit.

(5) *Reg. Constit.* lib. 3, tit. 32, § 42.

(6) d. § 42 in fin.

(7) *Reg. Constit.* ibid. § 49.

(8) d. § 49.

(9) V. vol. III, lib. 3, § 3032 et seqq pag. 111.

(10) Thesaur. decis. 147, n. 3, 5 †, et in addit. †

(11) l. *Si penum* 24 ff. *Quand. dies legator.* (36, 2).

(12) l. *Inter eos* 19 § 1 ff. *De re judicat.* (42, 1).

(13) l. *Sunt, qui* 16 et seqq. eod. tit.

(14) Thes. dec. 153, n. 5 †

(1) Thes. ibid. n 6 et in additionibus litt. *B* †

(2) l. *In commodato* 17 § *duabus* 4 ff. *Commodat.* (13, 6).

(3) l. *Tutor* 41 § 1 ff. *De usuris* (22, 1); Fab. Cod. hoc tit. lib. 8, tit. 30, def. 8 in princ.

(4) l. *Plane* 3 ff. *Famil. Erciscund.* (10, 2).

(5) l. *Pro haereditariis* 2 et passim Cod. *De haereditar. action.* (4, 16).

(6) § *si plures* 4 Instit. *De fidejussorib.* (3, 21).

(7) l. *Quidam* 21 ff. *De rebus credit.* (12, 1).

(8) Fab. d. def. 8 in fin.

(9) l. *Rem haereditariam* 65 ff. *De evictionib.* (21, 2).

(10) Voet in ff. hoc tit. n. 8.

(11) l. *Semper in stipulationibus* 34 ff. *De reg. jur.* (50, 17).

(12) l. *Contraxisse* 21 ff. *De oblig. et act.* (44, 7).

(13) l. *Cum quid mutuum* 3 ff. *De reb. credit.* (12, 1).

(14) V. vol. III, lib. 3, pag. 36, § 2498, et seqq.

dotis datae, aut promissae (1); quia mora non auget obligationem; sed tantum efficit, ut praestetur periculum, vel accessio ejus, quod debetur (2). Subjicit Faber, edictum de minuenda quantitate debiti ob monetas melioratas non pertinere ad expensas litium, licet jam ante factas, et taxatas (3).

§ 3554. Ex his patet, debitorem plerumque dando pignora, aut fidejussores non liberari, nisi creditores sponte consentiant; vel nisi debitor urgentibus creditoribus in carcerem conjectus in gravem morbum incidat, atque inde subeat vitae discrimen, nisi e carceribus eximatur: quo casu suadet aequitas ei succurri, si fidejussores, vel pignora idonea det (4). Sane, si fingamus, pignora a creditore pro debitoris securitate data, ne molestiam ab alio passus in damno haereat, a judice tamquam idonea probata esse, non est audiendus debitor, allegans minus idonea, nec per viam appellationis: cum nihil ipsius intersit; quippequi per judicis sententiam plene liberatus est, dummodo ea omnia alleget, quae instruere judicem possunt (5): quo fundamento etiam liberari dicimus eum, qui solvit ex praescripto judicis, licet judex male decreverit; dummodo per debitorem religio judicis bene instructa fuerit (6).

§ 3555. Non sufficit, rem debitam integram solvi in ea qualitate, quae debetur, sed et opportuno loco, et tempore solvenda est (7). Solutio regulariter facienda est in loco, ubi celebratus fuit contractus (8); sicut enim contraxisse quis intelligitur, ubi se ad solvendum obligavit (9), ita et praesumitur solvere velle in loco, in quo solvendi obligationem suscepit: nisi aliud expresse vel tacite actum appareat, vel suadeat aequitas; puta si indebitum alicui solutum sit; quippequod restituendum est in loco, in quo exactum fuit (10); tum quia ibi quasi contraxisse videtur; tum quia alioquin damnum pateretur, qui indebitum solvit.

§ 3556. Non tamen tenetur debitor ire ad domum creditoris (11): ne emphyteuta quidem, nisi ita convenerit, aut consuetudine, vel usu immemoriali inductum probetur (12), aut nisi quis indebite exegerit a debitore, qui ad domum creditoris solvere tenebatur (1); quasi successerit in locum, et onera debitoris.

§ 3557. Tempus quod attinet, distinguendum est, an dies solutioni praefinitus sit nec ne. In primo casu conventioni standum est: alioquin statim solvi debet, cum modico tamen temperamento (2). Si dies debitoris gratia adjectus fuerit, ut plerumque fit, etiam antea solvi potest; non vero, si creditoris favor versetur, sive ex testamento, sive ex contractu aliquid solvendum sit (3), ut alibi diximus (4).

§ 3558. Porro tempus inceptum habetur pro completo in debitis favorabilibus, puta alimentorum, itaut initio cujuslibet anni solvi debeant alimenta (5): in caeteris vero non nisi transacto tempore, quod expressum est, solvendi necessitas urget (6). Quod si obligatio conditionalis sit, eventus conditionis expectandus est (7). Sed in his, quae alibi fuse expendimus, ulterius immorandum non arbitramur (8).

APPENDIX.

De oblatione et depositione rei debitae.

SUMMARIA

§ 3559. *Oblatione et depositione pecuniae debitae solvitur obligatio.* — § 3560 *et* 3561. *Oblatio sola debitorem plene non liberat. Quid de usuris?* — § 3562. *Si res post oblationem legitime factam perierit, debitor liberatur, licet prius in mora fuerit.* — § 3563. *Poena per oblationem pecuniae debitae vitatur, atque solvitur antichresis.* — § 3564. *Mora etiam judicialis per depositionem pecuniae debitae purgatur.* — § 3565. *Oblatio praecedere debet depositionem, atque totum debitum deponendum est, si liquidum sit.* — § 3566. *Pro deposita habetur pecunia, si creditor eam deponi noluerit.* — § 3567. *Obsignanda et deponenda est res ejus qualitatis, quae debetur, atque in moneta proba.* — § 3568. *Apud quem pecunia debita deponenda sit?* — § 3569. *Depositum pecuniae debitae ex sola depositarii confessione non probatur. Quid si depositarius succedat in jura debitoris?* — § 3570. *Tempore et loco opportunis pecunia deponi debet.* — § 3571. *Debitor depositam pecuniam recipere potest, quamdiu creditor depositum non probavit.*

(1) l. *Cum quid mutuum* 3 ff. *De reb. credit.* (12, 1); Fab. Cod. hoc tit. lib. 8, tit. 30, def. 42.

(2) l. *Si ex legati* 23 et l. seq. ff. *De verbor. obligationib.* (45, 1).

(3) Fab. Cod. hoc tit. def. 43.

(4) Ibid. lib. 8, tit. 30, def. 16.

(5) l. *Si pupilli* 66 in fin. ff. hoc tit.; Fab. Cod. hoc tit. def. 18.

(6) l. *Ait praetor* 7 § *sed et si* 2 in fin. ff. *De minorib.* (4, 4); Fab. Cod. hoc tit. def 9.

(7) l. *Si soluturus* 39 ff. hoc tit.; l. *Qui Romae* 122 ff. *De verbor. oblig.* (45, 1).

(8) l. *Haeres absens* 19 § *proinde* 2 ff. *De judic.* (5, 1); Fab. Cod. hoc tit. lib. 8, tit. 30, def. 55.

(9) l. *Contraxisse* 21 ff. *De oblig. et act.* (44, 7).

(10) Fab. Cod. hoc tit. def. 33.

(11) argum. l. *Item illa verba* 18 ff. *De pecun. constit.* (13, 5).

(12) Fab. Cod. hoc tit. lib. 8, tit. 30, def. 4.

(1) Fab. Cod. hoc tit. def. 46.

(2) l. *Quod dicimus* 105 ff. hoc tit. V. vol. II, lib. 3, § 1877, pag. 1121.

(3) l. *Javolenus* 15 § 1 ff. *De annuis legat.* (33, 1); Fab. Cod. hoc tit. lib. 8, tit. 30, def. 14.

(4) V. vol. II, lib. 3, pag. 968, § 778 et seqq.

(5) l. *A vobis* 5; l. *Filiae* 22 ff. *De annuis legat.* (33, 1); Fab. Cod. hoc tit. lib. 8, tit. 30, def. 12.

(6) l. *Qui hoc anno* 42 ff. *De verb. oblig.* (45, 1); V. vol. II, lib. 3, § 1879 et seqq. pag. 1121.

(7) § *sub conditione* 4 Instit. *De verbor. obligat.* (3, 16); V. vol. II, lib. 3, § 1888 et seq. pag. 1122.

(8) V. vol. II, lib. 3, § 1866 et seqq., pag. 1120.

§ 3559. Si creditor oblatam pecuniam debitam accipere detrectet, potest debitor se ab obligatione liberare, eamdem offerendo, obsignando, et deponendo apud acta judicis (1); nec enim invitus cogi potest, ut in obligatione maneat, si modo dies obligationis venerit, vel in gratiam debitoris adjectus sit, prout plerumque adjici solet (2); quamquam interdum creditoris favore adjicitur dies, nec citius solvere potest debitor (3).

§ 3560. Igitur obsignatione, et depositione pecuniae debitae legitime facta liberatur debitor (§ praeced.): non idem omnino est solius oblationis effectus; cum enim oblatio callide fieri possit, et facile retractari, non omnino imputari potest creditori, cur oblatam pecuniam accipere recusaverit, nec plenam liberationem debitori parere apta est: adeoque, ut alibi diximus, si mora per interpellationem extrajudicialem facta fuerit, atque hinc usurae deberi coeperint, sola quidem pecuniae oblatio sufficit ad sistendum cursum usurarum: non vero si usurae debitae sint ex conventione, vel natura contractus, aut per interpellationem judicialem (4).

§ 3561. Quia tamen hodiernis moribus mora per interpellationem extrajudicialem non contrahitur, nec prius usurae currere incipiunt, quam debitor in judicium vocatus fuerit, idcirco per solam oblationem non sistitur cursus usurarum, quae citra conventionem, aut moram ex re, seu ex sola judiciali interpellatione, debentur (5).

§ 3562. Si debitor pecuniam vel aliam quamcumque rem sive in genere, sive in specie debitam legitimo loco et tempore obtulerit creditori, isque eam accipere recusaverit, tum pereat sine culpa debitoris, hunc liberari respondent jureconsulti: non quidem ipso jure, sed ope exceptionis (6); quia aequum non sit, teneri adhuc post interitum rei debitorem, qui non teneretur, si creditor perperam non recusasset accipere: nec interest, quod debitor prius interpellatus non solverit: cum mora per oblationem deinceps factam purgetur (7); ita ut ipse fur, qui semper in mora est, a condictione furtiva liberetur, si res furto ablata perierit, postquam domino eam obtulit (8).

§ 3563. Quemadmodum rei debitae oblatione impeditur, ne currere incipiant usurae (§ 3561) ita etiam fit, ne nascatur obligatio poenalis (9): nec enim puniri debet, qui ad obligationem implendam se paratum exhibuit. Idem dicendum de antichresi, videlicet eam solvi per solam pecuniae dabitae oblationem (1).

§ 3564. Obsignationis, atque depositionis major vis est, quam solius oblationis; ita ut ex depositione rei debitae plenissimam liberationem consequatur debitor, si modo legitime facta sit (2); pro ut mox explicabimus: atque ideo mora etiam judicialis per depositionem purgatur (3); cum verae solutionis vim habeat (4):

§ 3565. Obsignatio et depositio rei debitae, ut legitima sit, et solutionis vices obtineat, plures desiderat ex communi sententia conditiones. In primis oblatio praecedere debet pecuniae depositionem (5): alioquin sciri nequit, an creditor solutionem accipere velit, nec ne; ideoque deponentis debitoris damno res periret (6). Praeterea opus est, ut deponatur totum debitum, quia partem accipere non tenetur creditor (7); una cum usuris, si quae debeantur (8): quod si pars debiti illiquida, seu incerta sit, pro hac sufficit satisdationem praestare (9).

§ 3566. Sed non valet depositio, licet major quatitas deponatur, quam videatur deberi posse; prius enim debitum liquidum sit oportet, antequam vere, aút fit per oblationem, et depositionem solvi possit (10); adeoque nec videri potest constitutus in mora accipiendi creditor, si nec dum constet, an aliquid ei debeatur (11). Sane fatentur omnes, pecuniam pro deposita haberi, si creditor, cum debitor, paratum se ad deponendum exhiberet, dixerit se pecuniam pro obsignata, atque deposita habere (12); cum in hoc casu per debitorem non stet, quominus pecunia obsignetur, sed per creditorem (13).

§ 3567. Praeterea, ut rata sit obsignatio et depositio rei debitae res ejus qualitatis doponenda est, quae debetur, atque in moneta proba, eaque talis probanda est, si creditor neget; alioquin non potest videri constitutus in mora accipiendi, quamdiu non constat, an legitimum sit depositum (14): atque hinc ulterius sequitur, pecuniam in saeculo clausam deponendam non statim esse, sed prius

(1) l. *Obsignatione* 9 Cod. hoc tit.

(2) l. *Eum, qui calendis* 41 § 1 in fin. ff. *De verbor. obligat.* (45, 1); l. *Quod certa die* 70 ff. hoc tit.

(3) l. *Javolenus* 15 ff. *De annuis legat.* (33, 1); V. vol. II, lib. 3, pag. 968, § 768 et seqq.

(4) Fab. Cod. hoc tit. lib. 8, tit. 30, def. 53, V. vol. II, lib. 3, pag. 997, § 964 et 965.

(5) Fab. Cod. hoc tit. lib. 8, tit. 30, def. 40. V. vol. II, lib. 3, § 968 et 969, pag. 998.

(6) l. *Si soluturus* 39 in med.; l. *Qui decem* 72 ff. hoc tit.

(7) d. l. 72 in princ. ff. hoc tit.; l. *Interdum* 73 § ult. ff. *De verb. oblig.* (45, 1).

(8) l. *In re furtiva* 8 ff. *De condict. furtiv.* (13, 1).

(9) l. Celsus 23 § ult., et l. seq; l. *Arbiter* 40 ff. *De recept.* (4, 8).

(1) l. *Ex praediis* 11 Cod. *De usur.* (4, 32).

(2) l. *Obsignatione* 9 Cod. hoc tit; l. *Acceptam* 19 Cod. *De usur.* (4, 32); Fab. Cod. hoc tit. lib. 8, tit. 30. def. 6.

(3) l. *Si per te* 9 Cod. *De usur.*; Fab. Cod. hoc tit. def. 40 in fin.

(4) d. l. 9 Cod. hoc tit.

(5) d. l. *Obsignatione* 9 Cod. hoc tit.; l. *Acceptam* 19 Cod. *De usur.* (4, 32); Fab. Cod. hoc tit. lib. 8, tit. 30, def. 7 in princ.

(6) Fab. d. def. 7 in fin.

(7) d. l. 9 in princ. Cod. hoc tit.

(8) d. l. 19 Cod. *De usur.*

(9) l. *Statu liber.* 5 ff. *De stat. liber.* (40, 7); Fab. Cod. hoc tit. def. 5 in princ.

(10) Fab. Cod. hoc tit. d. def. 5 in med.

(11) Ibid. def. 47.

(12) V. vol. II, lib. 3, § 967 in fin. pag. 998.

(13) l. *Jure civili* 24 ff. *De condit. et demonstrat.* (35, 1).

(14) d. l. *Obsignatione* 9 Cod. hoc tit; Fab. Cod. hoc tit. lib. 8, tit. 30, def. 54 in princ.

creditoris oculis subjiciendam, ut scire possit, an legitima quantitas et qualitas deposita fuerit (1).

§ 3568. Publice quoque deponi debet pecunia debita (2); vel apud acta judicis, vel apud eum, quem judex decreverit (3), seu apud actuarium Senatus (4). Non eadem ratio est depositorum, quae ex aliis caussis fiunt (5): vel mutuo partium consensu; quo ex casu conventio servanda est: quamquam tradit Faber, emptorem fundi dotalis, qui ex voluntate utriusque conjugis pretium deponere debuit apud certam personam, ut in alterius fundi redemptionem impenderetur, tutum esse, si ex voluntate mariti deponat penes alium aeque idoneum (6).

§ 3569. Hinc depositum ex sola depositarii confessione non probatur, licet hic paratum se dicat ad solvendum creditori quandocumque petenti; nec creditori imputari potest, cur adversus depositarium in primis non egerit: facilis via fraudibus aperiretur, si ex privatis hisce depositis usurarum cursus sisteretur (7): atque sibi potius imputare debet reus, cur pecuniam debitam publice, et solemniter non deposuerit (§ praeced.): sane depositarius, ut obiter cum Fabro dicamus, licet deinceps succedat etiam titulo oneroso in jura debitoris, atque pecuniam interim otiosam retinuerit, non potest petere fructus rei, quam creditor pro pecunia restituere debuit (8); quia pecuniam retinere non debebat, qui fructus ex obligatione sperabat: ne alioquin et rem, et fructus simul consequatur contra aequitatem (9).

§ 3570. Ad haec, pecunia deponi debet tempore, et loco opportunis: tempore quidem (10) opportuno: idest, ut aliqui interpretantur, cum dies creditoris gratia adjectus venerit (§ 3559); quia antea solutionem invitus non accipit: loco etiam opportuno; ita ut si Romae pecunia debeatur, ibi quoque, non Capuae, deponenda sit; cum nec alio in loco creditori invito solvi possit (11).

§ 3571. Hisce praestitis, et creditori significatis (etenim depositum creditori significandum est, ut accipere possit, si velit (12)), debitor liberatur (nisi forte depositum sponte receperit, pro ut potest, donec probatum a creditore sit); etiamsi depositarii culpa perierit; quo casu creditor adversus depositarium agere debet (13): nisi deposita sit res debita apud alium, quam inter debitorem et creditorem convenerat (1).

(1) Fab. d. def. 54 in med.
(2) l. *Qui mutuam* 56 § 1 ff. *Mandat.* (17, 1).
(3) l. *Acceptam* 19 Cod. *De usur.* (4, 32).
(4) Fab. Cod. hoc tit. lib. 8, tit. 30, def. 50 in princ.
(5) V. *Reg. Constit.* lib. 5, tit. 21, § 1.
(6) V. Fab. Cod. hoc tit. d. def. 50.
(7) Fab. Cod. hoc tit. lib. 8, tit. 30, def. 17.
(8) Ibid. def. 20.
(9) l. *Bona fides* 50 ff. *De act. empt.* (19, 1).
(10) l. *Si soluturus* 39 ff. hoc tit.
(11) l. *Qui Romae* 122 ff. *De verbor. obligat.* (45, 1).
(12) Voet in ff. hoc tit. n. ult. in fine.
(13) d. l. *Acceptam* 19 Cod. *De usur.* (4, 32).

SECTIO III.

Quis sit solutionis effectus.

SUMMARIA

§ 3572. *Solutio debitorem, fidejussores et pignora liberat. Quid si evincatur res in solutum data.* — § 3573. *Solutio probatur potissimum per testes et per scripturam. An scriptura aliquando necessaria sit?* — § 3574. *Solutione accepta, reddendum est chirographum obligationis, atque tradenda apocha liberationis.* — § 3575. *Quid si chirographum amissum alleget creditor, adhibito jurejurando?* — § 3576. *Chirographum habens debitor liberatus non est, nisi probet sibi a creditore redditum fuisse: aliquando tamen probandi onus debitori incumbit.* — § 3577. *Solutum debitum facile praesumitur, si chirographum cancellatum reperiatur penes creditorem.* — § 3578 *et* 3579. *Debitor chirographum habens facile condemnandus non est, ne provisionaliter quidem.* — § 3580. *Solvisse retro praesumitur annuam praestationem debitor, qui eam per tres annos preteritos solverit, si de solutione per tres distinctas apochas constet.* — § 3581. *Quid si debitor confessus fuerit, se praeteritas praestationes non solvisse?* — § 3582. *Debitum per se non fatetur, qui allegat se solvisse.* — § 3583. *Debitor ex pluribus caussis potest statuere, in quam caussam solvat, dummodo in continenti statuat.* — § 3584. *Si debitor non constituerit, electio competit creditori, qui tamen ad aequitatis normam statuere debet.* — § 3585 *et* 3586. *Solutio in usuras potius imputatur, si debitor ad eas solvendas cogi possit. Quare?* — § 3587. *Cum plura sunt aequalia, solutio in duriorem caussam facta praesumitur.* — § 3588 *et* 3589. *Quibus modis durior caussa esse possit?* — § 3590. *Pecunia, cujus apocha scripta sit in chirographo, soluta praesumitur in extinctionem debiti chirographo contenti.* — § 3591. *Acceptilatione solvitur obligatio verbis contracta.*

§ 3572. Solutionis legitime praestitae effectus is est, ut debitor, fidejussores et pignora liberentur (2), prout fert natura accessionum, nisi in aliam quoque caussam teneatur. Quod si res in solutum data in totum, vel pro parte evincatur, prior obligatio una cum suis accessionibus salva est, perinde ac si nihil solutum fuisset; quia creditor partem accepturus non fuisset (3): atque idem est, si ex duobus fundis in solutum datis unus evincatur (4): quod si quis fundum pluris

(1) l. *Si soluturus* 39 ff. hoc tit.
(2) princ. Instit. hoc tit.
(3) l. *Etiam* 27; l. *Si quis aliam* 46 in princ. ff. hoc tit.
(4) d. l. 46 § 1 ff. hoc tit.

aestimatum dolo in solutum dederit, quod deest, supplere tenetur (1).

§ 3573. Sed, ut solutio suos effectus pariat, probanda est, cum res facti sit (2): probatur autem confessione creditoris, jurejurando, testibus et scriptura: cum de debito ex sola testium depositione constat, solutio quoque per duos testes recte probatur (3). Quod si debitum scriptura contineatur, distinguunt aliqui, an scriptura tantum ad probationem confecta sit, an pertineat ad substantiam actus; quia nempe contrahentes in scriptis omnino contrahere voluerint; ita ut in primo casu etiam duo testes sufficiant ad probandam solutionem, in altero apocha liberationis omnino necessaria sit, vel quinque testium depositio (4): atque de hoc secundo casu intelligunt Justinianum (5).

§ 3574. Hinc, solutione accepta, non sufficit reddere chirographum, quo obligatio continetur, sed debitor juste petit a creditore, ut apocham liberationis, seu, ut ajunt pragmatici *quitationem* in scriptis tradat; ita ut unum non sufficiat, sed utrumque praestandum sit a creditore, nimirum restitutio chirographi, et traditio apochae liberationis (6); creditoris enim nihil interest diversas habere solutionis probationes: quo adversus creditorem vel creditoris haeredes se tueatur (7) proinde locum habet aequitatis regula, quae suadet, ne denegetur id, quod deneganti non nocet, alteri vero prodest (8). Quo fundamento censuit olim Senatus, quitationem generalem, seu apocham liberationis generalis administrationis peti posse; quae quidem ad cogitata tantum in genere extenditur (9).

§ 3575. Exceptio quoad redditionem chirographi admittenda profecto esset, si chirographum amissum probaretur, prout solo creditoris jurejurando probari potest (10); nec enim cogendus est creditor, ut praestet, quod praestare non potest, aut ob id jure suo cadere aequum est; probationem debiti faciunt tabulae, non debitum ipsum; atque ex restitutione chirographi solum oritur tacitum pactum de non petendo (11).

§ 3576. Quemadmodum ex amissione chirographi non prohibetur creditor uti jure suo, atque debitum persequi (§ praeced.); ita nec debitor omnino liberatus creditur ex eo solo, quod chirographum obligationis penes se habeat (1), sive cancellatum, sive non, cum pro arbitrio illud cancellare possit; nisi probat, sibi a creditore redditum fuisse: et quidem ea ratione redditum, quia solvit, idest solutionem aliunde probet, vel per duos testes, vel aliis indiciis (2). Non dubium sane, quominus ex possessione chirographi solutionis praesumptio oriatur major, vel minor pro diversitate personarum (3); sed praesumptio haec contrariis probationibus elidi potest (4); quae probationes a creditore afferendae sunt, si debitor sit integrae aestimationis, nec ulla subsit suspicandi caussa (5); atque leviores admittuntur, si debitor sit domestica persona, quae chirographum facilius subripere potuerit.

§ 3577. Facilius praesumitur solutum debitum, si chirographum cancellatum reperiatur penes creditorem (6); quia vix praesumi potest cancellatum ab alio, quam a creditore: aut alia ratione a creditore cancellatum, quam quia debitum solutum est; quamquam et hic praesumptio elidi potest contraria gravissima probatione (7).

§ 3578. Caeterum, cum solutionis factae praesumptio sit pro debitore, qui chirographum obligationis habet (§ 3577), licet certa soluti debiti probatio inde non eruatur, non facile condemnandus est debitor ad solvendum, ne provisionaliter quidem, ut ajunt (8), quippe cujus interest potius non solvere, quam solutum repetere: adeoque non antea condemnari debet, quam de debito per definitivam sententiam judex pronunciaverit (9).

§ 3579. Eodem praesumptionis pro debitore fundamento, placuit, debitorem, qui apochas liberationis profert ad probandam solutionem, licet de his dubitari possit, an imputari debeant in solutionem, de qua disceptatur, vel an totius debiti quantitati respondeant, imo et creditor instrumentum obligationis afferat, non prius definitiva, aut provisionali sententia ad solvendum condemnandum esse, quam docuerit creditor, quantum sibi debetur, si de eo in promptu constare possit, neque falsitatis exceptio adversus apochas objiciatur, aliave, quae longiorem moram allatura sit (10): etenim in dubio debitori

(1) d. l. 46 § ult.
(2) l. *Ab ea parte* 5; l. *Quoties operae* 18 ff. *De probat.* (22, 3).
(3) l. *Ubi numerus* 12 ff. *De testib.* (22, 5); junct. l. *Nihil tam naturale* 35 ff. *De reg. jur.* (50, 17).
(4) Brunneman. ad l. *Testium facilitatem* 18 Cod. *De testib.* n. 3.
(5) in d. l. 18 Cod. *De testib.* (4, 20). V. infra § 511.
(6) Fab. Cod. hoc tit. lib. 8, tit. 30, def. 3 in princ.
(7) l. *Pecuniae* 14; et l. seq. Cod. hoc tit.
(8) l. *In summa* 2 § *item Varus* 5 ff. *De aqu. et aqu. pluv. arcend.* (39, 3).
(9) Thes. dec. 74 n. ult. †
(10) Fab. Cod. hoc tit. lib. 8, tit. 30, d. def. 3 in fin. et def. 23 in princ.
(11) l. *Labeo* 2 § 1 ff. *De pactis* (2. 14).

(1) d. l. *Pecuniae* 14 et seq. Cod. hoc tit.; Fab. Cod. hoc tit. lib. 8, tit. 30, def. 1.
(2) Fab. Cod. hoc tit. d. def. 1, n. 4 et seqq.
(3) l. *Si chirographum* 24 ff. *De probat.* (22, 3).
(4) l. *Ab ea parte* 5 princ. et § 1 ff. eod. tit.
(5) Fab. d. def. 28. n. 13 et seqq., ubi quicque in hoc casu requirit, ut probetur, chirographum a creditore ipso debitori traditum fuisse.
(6) l. *Si chirographum* 24 ff. *De probat.* (22, 3); Fab. Cod. hoc tit. lib. 8, tit. 30, d. definit. 28, n. 10 et seqq. in corp.
(7) d. l. 24 ff. *De probat.*
(8) Fab. Cod. hoc tit. lib. 8, tit. 30, d. definit. 23, n. 4 et seqq.
(9) argum. l. penult. in fin. Cod. *Si serv. exportand. ven.* (4, 55).
(10) Fab. Cod. hoc tit. lib. 8, tit. 30, def. 2.

potius favendum est (1), maxime cum id fieri potest sine magno creditoris incommodo: sed quia ex longiore mora grave damnum creditor pati potest, atque pro instrumento interim praesumendum est (2) cum quaestio longiorem moram desiderat, pro creditore habente instrumentum pro se pronunciandum est, ita tamen ut se restituturum repromittat, si forte rebus discussis ita judicari contigerit.

§ 3580. Praeter solutionis praesumptiones, de quibus hactenus diximus, alia est in jure probata: videlicet si quis annuam praestationem solverit per tres annos praeteritos, atque de ea solutione constet per tres apochas, retro solvisse praesumitur, donec contrarium probetur, saltem si de tribus distinctis integris solutionibus per tres distinctas apochas constet (3): nisi creditor in sua apocha de annorum superiorum reditibus haud solutis protestatus sit (4): idem de semestribus sentiendum, si singulis semestribus solutio fieri soleat (5).

§ 3581. Exceptio admittenda esset, si debitor sponte confessus fuisset, se praeteritas pensitationes adhuc debere; cum nulla melior, et certior probatio sit, quam quae elicitur per confessionem partis (6). Quare nec adversus hanc confessionem debitor restitui potest, si alias laesionis probationes non habeat, quam quod omiserit exceptionem sibi competentem, seu praesumptionem factae solutionis (7); cum laesus videri nequeat, qui bonam fidem agnoscit (8): dummodo confessio nec per vim, nec per dolum extorta probetur; quae enim vi, dolove fiunt, rata non habentur. Ad haec solutio praesumitur ex diuturnitate temporis, maxime si creditor inops sit, et diligens in exigendo, debitor solvendo idoneus (9). Sed sola solutionis confessio facta a creditore absente parte plene non probat, nisi solutio allegetur, et per unum simul testem probetur (10), vel intra tempus a lege praefinitum retracta non fuerit, si coram debitore facta fuerit (11). Sane, qui accipiens quid etiam minimum, pro reliquo, vel pro residuo accipere ait, totum debitum solutum fuisse fatetur (12).

§ 3582. Sed fateturne debitum, qui allegat se solvisse? Negat Marcellus, juxta quem *non existimatur confiteri de intentione adversarius, quo cum agitur; quia exceptione utitur* (1); nec enim exceptionis allegatio vim confessionis per se habet; alioquin contra objicientis intentionem operaretur (2): dixi, per se; si enim alia concurrant indicia, puta si rursus solvat, qui prius se solvisse confessus est, condemnandus erit, nisi se non debere probet (3).

§ 3583. Inquirendum superest, in quam caussam solutio imputetur, si is, qui solvit ex pluribus caussis debitor sit. Atque hic imprimis debitori licet statuere, in quam caussam solvat (4); dummodo statim, idest vel ante solutionem, vel in ipso solutionis actu, vel modico post solutionem temporis spatio statuat, ita ut incontinenti electio facta dici possit (5); nec creditor potest electionem debitoris intervertere si solutionem accipere velit (6).

§ 3584. Quod si debitor non constituerit, electio competit creditori statuendi, in quam ex pluribus caussis accipiat (7), dummodo et incontinenti statuat (8); atque, prout scite subjicit Ulpianus, *in id constituat solutum, in quod ipsa, si deberet esset soluturus; quoque debito se exoneraturus esset, si deberet, idest in id debitum, quod non est in controversia; aut in illud, quod pro alio quis fidejusserat, aut cujus dies nondum venerat: aequissimum enim visum est, creditorem ita agere rem debitoris, ut suam ageret* (9).

§ 3585. Si nec debitor, nec creditor statim constituerint, in quam caussam solutio imputetur, distinguendum, an omnia debita principalia sint, an unum principale, aliud accessorium: si unum sit accessorium, nimirum debeantur usurae, in dubio id quod solvitur, prius imputatur in usuras, deinde in sortem (10), si debitor ad usuras solvendas cogi possit (11): proinde si usurae ex judicato quidem debeantur, sed nondum taxatae sint, dilata, prout fieri solet, taxatione in executione judicati, solutio simpliciter facta non cedit in usuras, quae licet debitae sint nondum tamen peti possunt, cum earum quantitas adhuc incerta sit (12). Idem dicendum tradit Faber, si facta usurarum taxatione, creditor pro solutione sortis persecutus sit executionem rei judi-

(1) l. *Arianus ait* 47 ff. *De obligat. et actionib.* (44, 7).
(2) l. *Satis aperte* 2 Cod. *Ad leg. Cornel. de falsis* (9, 22).
(3) l. penult. Cod. *De apoch. public.* (10, 22); Fab. Cod. hoc tit. lib. 8, tit. 30, def. 32 in princ. Thes. dec. 114. n. 4.
(4) Voet in ff. hoc tit. n. 14 in princ.
(5) d. n. 14 in med.
(6) l. *Generaliter* 13 Cod. *De non numerat. pecun.* (4, 30).
(7) Fab. Cod. hoc tit. lib. 8, tit. 30, d. def. 32 in fin.
(8) l. *Quoties* 9 § *sicut autem* 5 ff. *De administrat. et pericul. tutor.* (26, 7).
(9) l. 1 § ult. ff. *De aqu. et aqu. pluv. arc.* (39, 3).
(10) Fab. Cod. *De probat.* lib. 4, tit. 14, def 62 et 66.
(11) l. *Si intra* 8 Cod. *De non numerat. pecun.* (4, 30).
(12) l. *Ex pluribus* 89 ff. hoc tit.

(1) l. *Non utique* 9 ff. *De exceptionib. praescriptionib. etc.* (44, 1).
(2) l. *Non omnis* 19 ff. *De reb. cred.* (12, 1).
(3) Fab. Cod. *De probat.* lib. 4, tit. 14, def. 65.
(4) l. 1 ff. hoc tit.; l. 1 Cod. hoc tit.
(5) l. *Caeterum* 3 ff. hoc tit.
(6) l. *Dum in re* 2 ff. hoc tit.
(7) d. l. 1 fer. in princ. ff. hoc tit.; d. l. 1 Cod. hoc tit.
(8) d. l. 1 in fin. ff. hoc tit.; d. l. 1 Cod. hoc tit.
(9) d. l. 1 fer. in princ. ff. hoc tit.
(10) d. l. 1 Cod. hoc tit.; Fab. Cod. hoc tit. lib 8, tit. 30, def 31 in princ.
(11) l. *In his vero* 5 § *imperator* 2 in fin. ff. hoc tit.
(12) Fab. Cod. hoc tit. lib. 8, tit. 30, def. 31 in princ.

catae (1); cum enim solutio in dubio facta praesumatur in caussam graviorem, et antiquiorem (2), credendus est debitor in eam caussam solvisse, ex qua magis urgebatur.

§ 3586. Cur autem solutio potius in usuras, quam in sortem imputetur; cum tamen generali alia regula tradatur, solutionem in duriorem et antiquiorem caussam factam judicari (§ praeced.), inde repetunt quidem interpretes, quod alioquin creditor grave damnum sentiret, usurarum commodum amittendo. Non desunt sane, qui moti tum allata regula, tum alia apud jureconsultos receptissima, ex qua in dubio debitori potius favendum est, quam creditori (3), solutionem in sortem potius imputandam credunt, quam in usuras, ut alibi diximus (4): sed juri Romano prior magis consentanea est, ideoque in foro passim recepta (§ praeced.).

§ 3587. Cum plura sunt debita aeque principalia, solutio imputatur in illud, quod praesentem habet exactionem, seu ad quod tunc, cum solutio facta sit, praestandum debitor compelli poterat (5): si omnium solvendorum dies venerit, solutum intelligitur, quod antiquius est, modo omnia sint aeque gravia: alioquin solutio in graviorem seu duriorem caussam facta praesumitur (6): ut ita debitor, quantum fieri potest, prout suadet aequitas, exoneretur (7).

§ 3588. Durior autem seu gravior caussa esse potest pluribus modis: puta quia fidejussor, aut pignus pro ea datum fuerit (8); vel famosa sit, idest periculum famae immineat, si debitum non solvatur (9): ex quo colligit Ulpianus, si quod ex caussa judicari debentur, aliud ex alia caussa solutum videri, quod ex caussa judicati debitum est (10): idem dicendum si debeatur ex caussa, quae per inficiationem crescit, vel sub poena (11), aut sub usuris.

§ 3589. Hic autem ordo, si Papiniano credimus, a veteribus constitutus est, ut primum habeatur ratio ejus pecuniae, quae sub infamia debetur, tum ejus, quae poenam continet, vel usuras, cum hae poenae speciem habeant; tertio ejus, quae sub hypotheca, vel pignore contracta est: ex praesumpta videlicet debitoris solventis voluntate (12). Post hunc ordinem potior habetur propria, quam aliena caussa; ita ut si quis debeat tum proprio, tum fidejussorio nomine, proprio tamen nomine solvisse judicetur (1). Quod si omnia debita ejusdem diei siut, nec aliud alio gravius, ex omnibus summis pro rata portione solutum intelligitur (2).

§ 3590. Exceptionem allatae modo regulae habent, si argumentis, vel indiciis constet, debitorem ab iis recessisse: praesumptio probationi cedit (3); atque praesumptio fortior vincit infirmiorem (4). Hinc tradit Faber, pecuniam, cujus apocha, seu *quitatio* conscripta sit in chirographo, praesumi solutam in extinctionem debiti, quod chirographo continetur, tametsi pecunia ab alio, quam a debitore soluta fuerit (5), nisi probetur, per errorem id factum fuisse. Quod si integrum debitum rebus in solutum datis sublatum fuerit, quaeque res pro parte singulis caussis applicatur (6).

§ 3591. Acceptilatio alter est modus, quo apud Romanos obligatio verbis contracta dissolvebatur; vel aliae etiam obligationes, dummodo prius in stipulationem deductae fuissent (7): quam in rem amplissima formula a Gajo Aquilio confecta fuit (8). Sed, cum usu fori desierit necessitas, atque usus stipulationum; indeque inutilis sit acceptilatio, non arbitramur immorandum in exponendis veterum sibtilitatibus, utiliora explicanda supersint. Quare progredimur ad novationem et delegationem.

CAPUT II.

De novationibus et delegationibus.

Inst. lib. 3, tit. 30 *Quib. mod. tollit. obligat.*
Digest. lib. 46, tit. 2) *De novat. et delegat.*
Cod. lib. 8, tit. 42)

SUMMARIA

§ 3592. *Novatio alia necessaria, alia voluntaria.* — § 3593. *Novatio voluntaria alia dicitur novatio in specie, alia delegatio.* — § 3594. *Quae sint de novatione expendenda?* — § 3595. *Novare possunt etiam pupilli: procuratores quobus si speciale vel generale cum libera mandatum habeantur.* — § 3596. *Debitum omne, etiam naturale, in diem, vel sub conditione novari potest.* — § 3597. *Novatio etiam ex indiciis, dummodo gravis momenti, atque praesumptionibus induci potest.* — § 3598. *Novatio tacite facta intelligitur, si posterior obligatio consistere nequeat cum priore.* — § 3599. *Transactione inducitur novatio priorum obligationum; de quibus transactum fuit.* — § 3600. *Novatio non inducitur per solam poenae stipulationem priori obligationi adjectam.* —

(1) Fab. Cod. hoc tit. d. def. 31 in fin.
(2) l. *Caeterum* 3; l. *In his vero* 5 ff. hoc tit.
(3) l. *Arianus ait* 47 ff. *De oblig. et actionib.* (44, 7).
(4) V. vol. II, lib. 3, § 960, pag. 997.
(5) l. *Cum ex pluribus* 103 ff. hoc tit.
(6) l. *In his vero* 5 in princ. ff. hoc tit.
(7) d. l. 47 ff. *De obligat. et act.* (44, 7).
(8) d. l. *In his* 5 in princ.; l. *Cum ex pluribus* 97 ff. hoc tit.
(9) l. *Si quid ex famosa* 7 ff. hoc tit.
(10) d. l. 7 fer. in princ.
(11) d. l. 7 in med. ff. hoc tit.
(12) d. l. *Cum ex pluribus* 97 ff. hoc tit.

(1) d. l. 97; l. *Et magis* 4 ff. hoc tit.
(2) l. *Illud non ineleganter* 8 ff. hoc tit.
(3) l. *Si chirographum* 24 ff. *De probat.* (22, 3).
(4) l. *Nesennius* 34 ff. *De negot. gest.* (3, 5).
(5) Fab. Cod. hoc tit. lib. 8, tit. 30, def. 34.
(6) argum. § *si duorum* 27 et seq. Instit. *De rer. division.* (2, 1).
(7) § 1 Instit. hoc tit.
(8) § *est autem* 2 Instit. hoc tit.

§ 3601. *Nec per adjectionem usurarum inducitur novatio.* — § 3602. *Temporis prorogatio novationem non inducit: ideoque nec fidejussores, nec pignora liberantur.* — § 3603. *An novatio contingat, si inter creditorem et debitorem conveniat de danda in solutum alia re pro ea, quae ab initio soluta fuit?* — § 3604. *Novatio contingere potest, licet contrahentes expresse professi fuerint, se novare nolle.* — § 3605. *Novatio non contingit, si posterior obligatio irrita sit. Quid si mixta obligatio in naturalem transferatur?* — § 3606. *Quid si obligatio pura transferatur in conditionalem, atque deficiat conditio; vel perierit res prius promissa, cum conditio existit?* — § 3607. *Novatione perimitur prior obligatio una cum accessionibus; nisi repetita sint.* — § 3608. *Mora per novationem purgatur; ita ut res stipulatori pereat.* — § 3609. *Novatio necessaria non perimit primaeva actoris jura, nec prioris obligationis accessiones.* — § 3610 *et* 3611. *Delegatio requirit mandatum ex parte primi debitoris, et stipulationem ex parte secundi creditoris.* — § 3612. *Quid si Titius mandet Maevio debitori suo, ut solvat Sempronio, atque hic stipulatus sit a Maevio sibi solvi, sed periculo Titii?* — § 3613. *Delegatio improprie contingit, cum mandatur solutio ei, qui debitor non est: vel debitori, ut solvat illi, cui mandans nihil debet.* — § 3614. *Delegatione, dummodo in solutum, non in pignus facta, perimitur prior obligatio.* — § 3615 *et* 3616. *Primus debitor, delegatione legitime facta, liberatur, licet debitor delegatus inops sit, nec solvendo idoneus: nisi dolus intercesserit, vel aliud actum sit.* — § 3617 *et* 3618. *Delegatione liberantur pignora et fidejussores; atque etiam mora purgatur.* — § 3619 *et* 3620. *An monetae augmentum debeatur post delegationem?* — § 3621. *Monetae augmentum debetur Titio, qui ante illud Maevium debitorem suum creditori ad certam summam delegaverit.* — § 3622 *et* 3623. *An secundo creditori objici possint exceptiones, quibus debitor uti potuisset adversus primum creditorem delegantem, puta doli, Macedoniani, Vellejani, vel minoris aetatis?* — § 3624. *Delegatio non omnes habet solutionis effectus.*

§ 3592. Novatio, si lato sensu accipiatur, dividi potest in necessariam et voluntariam (1). Necessaria est illa, quae fit per sententiam judicis, immo et per solam litis contestationem (2); quia in judicio quasi contrahi videtur (3). Voluntaria dicitur, quae fit ex libera contrahentium voluntate: atque definiri solet, prioris obligationis in aliam translatio; dicta nempe novatio est a nova obligatione, quae contrahitur, seu in quam vetus obligatio transfertur (1).

§ 3593. Novatio voluntaria iterum duplex est; quarum una novatio in specie, altera delegatio appellatur. Prima contingit, cum obligatio nova fit inter easdem personas; olim quidem interposita stipulatione (2); hodie vero ex usu fori etiam solo pacto, cum moribus hodiernis eadem sit pactorum, ac stipulationum vis (3). Delegatio est translatio prioris obligationis in aliam, interveniente nova persona; cum nempe debitor alium vice sua creditori dat, qui debitum solvat (4).

§ 3594. De novatione haec sunt expendenda. 1. Quibus novare permittatur. 2. Quae debita novari possint. 3. Quibus modis novatio fiat. 4. Qui sint novationis effectus: 5. et postremo paucis agemus de delegatione, seu explicabimus, quae specialim delegationi conveniunt.

§ 3595. Novare possunt non tantum majores, sed etiam minores, imo et pupilli, quoties naturaliter, et civiliter obligati sunt; utpote qui a obligatio per novationem assumpta a pupillo naturalis tantum est (5); adeoque novando meliorem efficiunt conditionem suam, quod licet (6): idem est de prodigo, cui bonis interdictum sit (7): sed si pupilli alios sibi obligatos habeant, novare nequeunt sine tutoris auctoritate, qua interveniente, si novatio utilis sit pupillis, a legibus probatur (8). Procuratoribus, dummodo vel speciale, vel generale cum libera administrandi potestate mandatum habent, novare licet (9).

§ 3596. Novari generatim potest debitum omne, cujuscumque speciei sit, sive mixtum, sive naturale tantum, sive ex contractu, quasi contractu, sive ex maleficio, vel quasi maleficio descendat (10). Obligatio in diem recte novatur, sed antea agi non potest, quam dies venerit (11): nec non conditionalis; quae tamen vires non exerit, nisi veniente conditione: cum enim incertum sit, an conditio existat, nec ne, atque novatio praeviam obligationem desideret (§ 3592), prius nasci non potest nova, quam vetus (12).

§ 3597. Novatio, si jus vetus inspiciamus, quod tamen alicubi interpolatum est (13), indiciis etiam, et praesumptionibus induci poterat; sed Justinianus decrevit, ne unquam novatio intervenire judicetur, nisi hoc expressum sit (14):

(1) l. *Aliam caussam* 29 ff. hoc tit.
(2) l. *Delegare* 11 § 1 ff. hoc tit.; l. *Licet tamen* 3 § *idem scribit* 11 ff. *De pecul.* (15, 1).
(3) d. l. 3 § 11 in fin.

(1) l. 1 in princ. ff. hoc tit.
(2) § *praeterea* 3 in med. Instit. hoc tit.
(3) Voet in ff. hoc tit. n. 2 in fin. post alios passim.
(4) d. § *praeterea* 3 in princ. Instit. hoc tit.; l. *Delegare* 11 ff. hoc tit.
(5) l. 1 § 1 ff. hoc tit.
(6) § *pupillus* 9 Instit. *De inutilibus stipulat.* (3, 20).
(7) l. *Cui bonis* 3 ff. hoc tit.
(8) l. *Novare* 20 § 1 ff. hoc tit.
(9) d. l. 20 § 1 in fin.
(10) l. *Omnes res* 2 ff. hoc tit.
(11) l. *In diem* 5 ff. hoc tit.
(12) l. *Si Stichum* 8 § 1; l. *Quoties* 14 § 1 ff. hoc tit.
(13) Nempe in l. *Si rem* 31 § 1 in med. ff. hoc tit.; l. *Qui usumfructum* 58 in fin. ff. *De verbor. obligat.* (45, 1).
(14) § penult. in fine Instit. hoc tit.; l. ult. Cod. hoc tit.

quae tamen constitutio moribus plerarumque gentium recepta non est (1): nisi forte malis, Justinianum solas conjecturas legis, non voluntatis improbasse in novatione inducenda, prout colligi potest ex illis verbis, *voluntate solum, non lege novandum esse* (2). Sane nulla afferri potest conveniens ratio cur in novatione recedendum sit a naturalis juris regulis, civili jure probatis, quibus constat, taciti eamdem vim esse, ac expressi (3); atque expressum haberi, quod ex verbis necessario colligitur (4).

§ 3598. Hinc novationem factam dicemus, licet expressa hoc actum non sit, si posterior obligatio cum priore consistere non possit, cum verba contrahentium ita, quoad fieri potest, interpretanda sint, ut aliquid operentur (5). Eodem fundamento placuit, factam esse novationem, cum apparet actum fuisse de liberando debitore, licet specialiter actum non fuerit de novando: puta si creditor hisce verbis usus sit: *libero te ab omni eo, quod ex tali instrumento, et judicato debes, mediante hac obligatione* (6): adeoque debitor ex priori obligatione conveniri non potest, nisi expresse convenerit, ut prior obligatio reviviscat, si statuta die posteriori obligationi satisfactum non fuerit (7).

§ 3599. Transactione quoque inducitur novatio priorum obligationum, de quibus transactum fuit (8); etenim, interposita transactione, dubitari non potest, quin id actum sit, ut a prioribus juribus recederetur; atque dumtaxat ratio haberetur ejus, quod transactione certius factum fuit (9). Hinc censuit Senatus Sabaudus, transactione facta cum haerede a filia, cui pater certam nummorum quantitatem pro legitima reliquerat, atque cum, imminuta post mortem patris aestimatione, convenisset, ut idem numerus librarum, quem pater expresserat, filiae solveretur, censuit, inquam, Senatus, nummos solvendos esse in ea aestimatione, quae fuerat tempore transactionis, cum, seposita transactione, tempus mortis, aut testamenti inspiciendum fuisset (10), ut alibi diximus (11).

§ 3600. Non tamen inducitur novatio per solam poenae stipulationem, priori obligationi adjectam; tum quia poena adjicitur, non ut infirmetur obligatio, sed ut tutior fiat creditor; adeoque novationem inducere non debet (1); tum quia in potestate creditoris est adjectam poenam non petere, sed id tantum, quod obligatione continetur (2). Nec his contrarius est Paulus; eatenus enim *quasi novationem* fieri tradit (3), quatenus creditor simul petere non potest reum in obligatione positam, atque id, quod stipulatus est, in eo casu, quo promissa navis non fieret.

§ 3601. Idem dicendum de adjectione usurarum; videlicet non contingere novationem, licet debito, quod prius usurarium non erat, usurae ex conventione adjectae fuerint; vel de gravioribus, quam initio solverentur, deinceps convenerit (4); etenim adjectio usurarum substantiam obligationis non afficit; cum pro contrahentium arbitrio obligationi adjici, vel detrahi possit (5). Atque hinc nec fidejussores, nec pignora pro priore obligatione devincta liberantur; sed nec tenentur pro usuris, de quibus actum non est: quod maxime locum habet in fidejussoribus, quorum conditio singulari favore digna est.

§ 3602. Neque etiam prioris obligationis novatio fit, licet creditor tempus debitori prorogaverit; seu longiorem, quam initio convenerat, solvendi moram indulserit; quia nec solvendi longius, vel brevius tempus ad substantiam obligationis pertinet (§ praeced.): ex quo sequitur, nec liberari fidejussorem, nisi hic speciatim pro certo dumtaxat tempore se obligaverit, ut alibi diximus (6): atque adjecimus, litteras moratorias debitori a Principe concessas prodesse fidejussori, ne intra id tempus conveniri possit, nisi speciatim renunciaverit beneficio ordinis, seu excussionis, atque se principalem debitorem constituerit (7).

§ 3603. Difficilior videtur quaestio, utrum novatio contingat in eo casu, quo inter creditorem, et debitorem conveniat de alia re in solutum danda pro ea, quae ab initio soluta fuerat. Quidam negant novationem fieri (8); moti rescripto Imperatorum, quo tradunt, contractum emptionis permanere, licet pretii loco pecora in solutum consentienti creditori data fuerint (9): atque alibi diximus, emptionem non abire in permutationem, licet, postquam initio de rei pretio convenit, deinceps mutuo consensu res pro pecunia detur (10).

§ 3604. Novationem non fieri, si contrahen-

(1) Fab. Cod. hoc tit. lib. 8, tit. 29, def. 11 et 12, Voet in ff. hoc tit. n. 3 post alios quamplures.
(2) d. l. ult. prop. fin. Cod. hoc tit.
(3) l. *Cum quid mutuum* 3 ff. *De reb. credit.* (12, 1); l. *Soluto* 2 § ult. ff. *Solut. matrimon.* (24, 3).
(4) l. *Ait praetor* 5 § 1; l. *In sententiis* 59 ff. *De re judicat.* (42, 1).
(5) l. *Si stipulatus* 4 ff. *De usuris* (22, 1); l. *Si quando* 109 ff. *De legat.* 1. (30, 1).
(6) Fab. Cod. hoc tit. lib. 8, tit. 29, def. 11 in princ.
(7) Fab. d. def. 11 in fin.
(8) l. *Cum, mota* 6 Cod. *De transact.* (2, 4); Fab. Cod. eod. tit. lib. 2, tit. 4, def. 2 in princ.
(9) l. *Cum te proponas* 2; l. *De fideicommisso* 11; l. *Sub praetextu* 19 Cod. eod. tit. *De transact.*
(10) Fab. Cod. d. def. 2, n. 6 et seqq. et Cod. hoc tit. lib. 8, tit. 29, def. 6.
(11) V. vol. II, lib. 3, § 735, pag. 962.

(1) l. *Non omnis* 19 ff. *De rebus cred.* (12, 1).
(2) l. *Qui Romae* 122 § *Flavius Hermes* 2 ff. *De verbor. oblig.* (45, 1).
(3) l. *Obligationem* 44 § ult. ff. *De obligat. et actionib.* (44, 7).
(4) argum. l. *Qui nominibus* 44 § 1 ff. *De administrat. et pericul. tutor.* (26, 7).
(5) l. *Centum capuae* 8 ff. *De eo, quod certo loco* (13, 4).
(6) V. vol. III, lib 3, § 2237 et 2238, pag. 1167.
(7) Ibid. § 2241, pag. 1167.
(8) Voet *in Pandect.* hoc tit. n. 5.
(9) l. *Pretii caussa* 9 Cod. *De rescindend. vendit.* (4, 44).
(10) V. vol. III, lib. 3, § 2327, pag. 13.

tes expresse protestentur se novare nolle, plerique tradunt (1); quia tamen ex trito axiomate protestatio contra factum non prodest, idcirco, si vere appareat, antiquam obligationem extinctam fuisse, ut nova contraheretur, vix est, ut protestatio haec nocere debeat fidejussoribus primae obligationis: maxime cum fidejussio stricti juris sit; nec de casu ad casum extendatur (2); nec in potestate creditoris, aut debitoris est fidejussoris conditionem deteriorem facere aut immutare (3).

§ 3605. Potius recipiendum, quod ait Pomponius, novationem non contingere, si posterior obligatio nulla et irrita sit (4); ita enim fert novationis natura, quae exigit, ut vetus obligatio in novam transferatur (§ 3592). Attamen novatio subsistit, licet obligatio mixta, seu naturalis et civilis simul, transferatur in obligationem mere naturalem, prout contingit in pupillo novante (§ 3595): quo sensu dixit Justinianus, fieri novationem, licet posterior obligatio inutilis sit (5), videlicet quoad civile effectus.

§ 3606. Hinc, si obligatio pura novandi animo transferatur in conditionalem, atque conditio deficiat, novatio non fit; quippequae nonnisi existente conditione fieri potuit (6). Quinimo, si Ulpiano credimus, nec contingit novatio purae obligationis in conditionalem, licet conditio extiterit, si tempore existentis conditionis non amplius extet res, quae prius promissa fuerat (7); quia posterior conditionalis stipulatio ob interitum rei exitum habere non possit; adeoque nec prior unquam extincta intelligitur.

§ 3607. Cum quaeritur de novationis effectibus, distinguenda est novatio voluntaria a necessaria, seu quae fit per litis contestationem. Effectus novationis voluntariae praecipuus est, quod prior obligatio extinguitur, quamvis rei judicatae potestate nata esset (8): perempta autem principali obligatione, illius quoque accessiones pereunt, veluti pignora, fidejussiones, usurae (9), et poena (10): nisi fidejussio vel hypotheca repetita fuerit (11): repetita autem hypotheca retinet praerogativam temporis, quo primum constituta fuit (12); privilegia quoque prioris caussae, puta dotis, tutelae, cessant, si prior obligatio novetur (13).

§ 3608. Postremo per novationem purgatur mora, ita ut res stipulatori pereat post novationem (1); tametsi posterior obligatio conditionalis sit, atque res perierit ante conditionis eventum, prout docet Ulpianus (2), ex quo explicandus est Venulejus (3).

§ 3609. Non iidem omnino sunt necessariae novationis effectus; cum enim a lege indocatur, quae prospicere vult actori, qui rem suam persequendo meliorem, non deteriorem facere vult conditionem suam (4), aequum est, ut primaeva jura actor retineat: atque hinc nec pereunt privilegia caussae annexa (5); nec liberantur pignora, aut fidejussores (6), nec sistitur cursus usurarum (7): immo actiones tempore perituras litis contestatione perpetuae fiunt, atque ad haeredes transeunt (8); atque monetae augmentum, quod prius contigerat, adhuc debetur (9).

§ 3610. Hactenus de novatione in specie. Delegatio iisdem regulis regitur, ac novatio in specie, quoad utriusque indoles patitur. Sed imprimis, cum in delegatione tres omnino personae sint, nempe primus debitor Titius, qui Maevium suum debitorem delegat, et creditor Sempronius, cui Maevius secundus debitor mandatu Titii, qui debitor est Sempronii, sed creditor Maevii, solvere tenetur, omnium consensus necessarius est: adeoque ad delegationem requiritur mandatum ex parte primi debitoris, et stipulatio ex parte creditoris Sempronii cum Maevio secundo debitore (10).

§ 3611. Defectu mandati delegatio non est, adeoque prior obligatio non dissolvitur, si Sempronius stipuletur a Maevio, quod Titius ipsi debet, nec Titius ratum habeat (11). Defectu stipulationis inter mandatarium, et creditorem mandantis delegatio non est, licet Titius mandet Maevio debitori suo, ut Sempronio solvat, isque solverit (12): nec si Titius actiones suas adversus Maevium Sempronio cesserit, prout invito etiam Maevio cedere potest (13).

§ 3612. Immo nec vera delegatio est, si Titius mandet Maevio debitori suo, ut Sempronio solvat, atque Sempronius a Maevio stipulatus sit sibi solvi, sed periculo Titii; cum enim Sempronius exigere possit a Titio, quod a Maevio consequi fortasse non potuerit, ideoque Titius sta-

(1) Voet in ff. hoc tit. n. 7 post alios.
(2) d. vol. II, lib. 3, § 2095 et seqq. pag. 1448.
(3) l. *Non debet* 74 ff. *De reg. jur.* (50, 17).
(4) l. *Novatio* 24 ff. hoc tit.
(5) § *praeterea* 3 Instit. hoc tit.
(6) l. *Quoties* 14 ff. hoc tit.
(7) d. l. 14 in princ.
(8) l. *Si caussam* 2 Cod. *De execut. rei judicat.* (7, 53).
(9) l. *Novatione* 18 ff. hoc tit.
(10) l. *Si creditor* 15 ff. hoc tit.
(11) l. *Novatione* 4 Cod. *De fidejussorib.* (8, 41); l. *Solutum* 11 § 1 ff. *De pignorib.* (20, 1).
(12) l. *Creditor acceptis* 3; l. *Creditor qui* 12 § *Papinianus* 5 ff. *Qui potior. in pign.* (20, 4).
(13) l. *Aliam caussam* 29 ff. hoc tit.

(1) l. *Si Stichum* 8 ff. hoc tit.
(2) d. l. 14 ff. hoc tit.; junct. l. *Qui decem* 72 § 1 ff. *De solution.* (46, 3).
(3) l. *Si rem* 31 ff hoc tit.
(4) l. *Non solet* 86 et l. seq. ff. *De reg. jur.* (50, 17).
(5) l. *Aliam caussam* 29 ff. hoc tit.
(6) l. *Solutum* 11 princ. et § 1 ff. *De pignorat. action.* (13, 7).
(7) l. *Lite contestata* 35 ff. *De usur.* (22, 1).
(8) l. 1 Cod. hoc tit.; l. *Si quis absentes* 22 ff. hoc tit.
(9) Fab. Cod. hoc tit. lib. 8, tit. 29, definit. 6, n. 4 et seqq.
(10) l. 1, *nec creditoris* 6 Cod. hoc tit.
(11) d. l. 22 ff. hoc tit.; Fab. Cod. hoc tit. lib. 8, tit. 29, def. 7 in princ.
(12) argum. l. *Si debitorem* 21 ff. hoc tit.; Fab. Cod. hoc tit. def. 1.
(13) d. l. 1 in fin. Cod. hoc tit.

tim liberatus non sit (1), non contingit novatio, seu prioris obligationis in aliam traslatio (§ 3592 et 3593). Sane, qui expromissorem dat, ipso jure liberatur, adeoque vera delegatio intervenit (2): sicut et in eo casu, quo Titius accepto ferat Maevio, quod sibi debet, et vicissim Sempronius accepto ferat Titio, quod ipsi debitum erat (3).

§ 3613. Caeterum, si delegatio lato sensu sumatur, nihil impedit, quominus eadem intervenisse dicatur, licet mandatum fuerit, ut solvat creditori is, qui delegantis debitor non est (4), vel debitor solvere jubeatur illi, cui mandans nihil debet, sed vel donare vult, vel mutuam pecuniam commodare. Sed in hisce casibus nulla, ut patet, novatio fit; cum in primo nulla sit prior obligatio, quae in aliam transferatur: in postremo obligatio prima utique est, non tamen posterior; adeoque improprie tantum delegatio dici potest.

§ 3614. Delegatione, non secus ac novatione (§ 3607), perimitur prior obligatio (5), si modo delegatio in solutum, non in pignus facta fuerit; puta, si debitor, cum creditor suspectas haberet illius facultates, quo magis ipsi cautum esset, tradiderit chirographum nominis Titiani, quo continebatur tantumdem illi Titium debere, facta etiam potestate creditori, Titium eo nomine conveniendi, et mandatis actionibus (6); quia nominis cessio solo pignoris jure facta est; nec creditor, licet adversus Titium agere possit, agere cogitur; ex quo sequitur, posse creditorem a debitore suum persequi, licet adversus Titium agere jam coeperit; cum actio personalis non amittatur ob id quod creditor agere coeperit hypothecaria (7).

§ 3615. Porro primus debitor per delegationem legitime factam liberatur, licet debitor delegatus inops sit, nec solvendo idoneus (8); sibi imputet creditor, qui debitorem delegatum temere admisit (9). Aliud profecto dicendum, si delegatus ad solvendum debitor vere non sit; praestare debitorem tenetur, qui eum delegat (10): vel si delegans dolo malo substituerit eum, quem minimè solvendo esse sciebat (11); cum dolus nemini prodesse debeat (12). Sane minorem adversus damnosam delegationem restitui, apud omnes constat (1).

(1) l. *Si mandatu* 45 § penult. ff. *Mandat.* (17, 1).
(2) Fab. Cod. hoc tit. lib. 8, tit. 29, def. 3 in med.; l. *Si quis accepto* 4 ff. *De condict. causs. dat. etc.* (12, 4).
(3) Fab. Cod. hoc tit. def. 12.
(4) l. *Si pater* 6 Cod. hoc tit.
(5) l. *Si delegatio* 3 Cod. hoc tit.
(6) Fab. Cod. hoc tit. lib. 8, tit. 29, def. 9 in princ.
(7) l. *Est in arbitrio* 14 Cod. *De obligat. et actionib.* (4, 10); Fab. d. def. 9 in fin.
(8) l. *Si delegatio* 3 in fin. Cod. hoc tit; Fab. Cod. *De condict. ob causs. dator.* lib. 4, tit. 5, def. 1 in fin.
(9) l. *Inter caussas* 26 § *subesse* 2 ff. *Mandat.* (17, 1).
(10) l. *Si nomen* 4 ff. *De haeredit. vel action. vendit.* (18, 4); Fab. d. def. 1 in not.
(11) l. *Si quis adfirmavit* 9 § 1 ff. *De dol. mal.* (4, 3); Fab. Cod. hoc tit. lib. 8, tit. 29, def 2, n. 7 et seqq.
(12) l. *Non fraudantur* 134 § 1 ff. *De reg. jur.* (50, 17).

§ 3616. Alia quoque exceptio admittenda est, atque debitor vi pristinae obligationis tenetur ad solvendum, quod creditor consequi non potuerit a debitore delegato, si ita specialim convenerit, idest si tum facti, tum juris evictionem promiserit delegans (2). Quo tamen casu prior obligatio, si proprie loquamur, non reviviscit, sed sola competit creditori actio de evictione (3), nisi aliud inter contrahentes actum sit; etenim obligatio semel perpetuo extincta nonnisi ex nova caussa rursus nasci potest (4).

§ 3617. Peremta per delegationem principali obligatione, pignora quoque, et fidejussores liberantur (5), prout fert accessionum natura (6): cum delegatio loco solutionis sit (7); eaque eosdem pariat effectus, ac novatio, per quam accessiones liberantur (8); nisi speciali conventione creditor jura haec sibi reservaverit (9).

§ 3618. Quemadmodum per novationem in specie purgatur mora, licet posterior obligatio conditionalis sit, atque res perierit ante conditionis eventum (§ 3608); ita et affirmandum videtur de delegatione (10), quae caeteros novationis effectus habet (§ praeced.). Neque his obstat Julianus (11); quippequi non agit de delegatione, sed de duobus reis promittendi, quorum unus pure, alter sub conditione promiserit (12).

§ 3619. Difficilior est quaestio de augmento monetae. Atque hic imprimis tradit Faber, facta post monetae immutationem, seu, ut, ajunt pragmatici, deteriorationem, delegatione certae quantitatis, ita ut debitor sit omnino liberatus a priore creditore, nullum deberi monetae augmentum, nec veteri, nec novo creditori (13); sicuti nec deberetur, si consentienti creditori sine augmento monetae solutum fuisset, cum delegatio, ut toties diximus vim solutionis habeat, ejusque loco sit (14): adeoque antiquus creditor post extinctam obligationem monetae augmento nullo jure petit, nec novus creditor, qui jus suum a primo metitur melioris conditionis est (15).

(1) l. *Patri* 27 § penult. ff. *De minorib.* (4, 4); Fab. Cod. hoc tit. d. def. 2, n. 5.
(2) l. *Si nomen* 4 ff. *De haeredit. vel action. vendit.* (18. 4).
(3) Fab. Cod. *De solutionib.* lib. 8. tit. 30. def. 58.
(4) l. *Qui res suas* 98 § *aream* 8 ff. *De solut.* (46, 3).
(5) Fab. Cod. *Qui potior. in pign.* lib. 8, tit. 8, definit. 19 et 24.
(6) l. *Nihil dolo* 129; l. *Cum principalis* 178 ff. *De reg. jur.* (50. 17).
(7) l. *Delegare* 11 ff. hoc tit.; l. *Ex contractu* 2; et l. seq. Cod. hoc tit.
(8) l. *Novatione* 18 ff. hoc tit.
(9) Fab. d. def. 24, n. 7 et seqq.
(10) argum. l. *Quoties* 14 ff. hoc tit.
(11) l. *Eum, qui ita* 56 § ult. ff. *De verbor. obligat.* (45. 1).
(12) § ult. Instit. *De duobus reis* (3, 17).
(13) Fab. Cod. hoc tit. lib. 8, tit. 29, def. 5.
(14) d. l. *Ex contractu* 2 et seq. Cod. hoc tit.; d. l. *Delegare* 11 ff. hoc tit.
(15) l. *Qui in jus* 177 ff. *De reg. jur.* (50, 17).

§ 3620. Sane, si primo creditori, non proprio, sed administratorio nomine debitum fuisset, puta rectori ecclesiae, cum hic deteriorem ecclesiae conditionem facere non possit, successori remissio augmenti monetae non nocet (1), isque agere poterit adversus novum debitorem (2), qui alterius obligationem suscepit, forte sperans, futurum, ut aureorum, qui in obligatione prima erant, valor decresceret; atque ita lucrum ipse sentiret. Quare ipsi obstat juris regula, quae non patitur, ut audiatur, qui id petit, cujus contrarium in contrario eventu postulaturus non fuisset (3).

§ 3621. Diximus, facta delegatione certae quantitatis, ita ut debitor a primo creditore omnino liberatus sit, nullum deberi monetae augmentum, nec novo, immo nec veteri creditori, si delegatio facta fuerit post monetae immutationem (§ 3619): quod si ante eam Titius Maevium debitorem suum Sempronio creditori delegaverit ad certam summam, augmentum monetae adhuc Titio debetur (4); nec enim videri potest illi renunciasse, nisi expresse id actum appareat; cum monetae augmentum potius tamquam debiti pars, quam accessio consideretur. Atque hinc ulterius, si Sempronius illud sibi cessum contendat, probare debet, hanc fuisse cedentis, seu delegantis Titii voluntatem (5); cum adversus Titium vigeat praesumptio (6).

§ 3622. Cum delegatio priorem obligationem perimat (§ 3614), inde infert Paulus, secundo creditori objici non posse exceptiones, quibus debitor uti potuisset adversus primum creditorem delegantem, puta doli, vel Senatusconsulti Macedoniani, et similes; quia nec doli reus est secundus creditor ex prioris fraude, nec aliquid fit adversus Senatusconsultum Macedonianum in delegatione (7); *ideo autem*, subjicit jureconsultus, *denegantur exceptiones adversus secundum creditorem, quia in privatis contractibus, et pactionibus, non facile scire petitor potest, quid inter eum, qui delegatus est, et debitorem actum est; aut etiam, si sciat, dissimulare debet, ne curiosus videatur* (8). Sibi imputet debitor, qui delegationi consensit, et sponte alteri creditori se subjecit.

§ 3623. Quaedam tamen sunt exceptiones, quae debitori adversus creditorem posteriorem salvae sunt, puta Senatusconsulti Vellejani; quia mulier, quae prius in fraudem hujus Senatusconsulti pro alio se obligavit, delegans alterum, ut pro ipsa solvat, rursus intercedere videtur (9); idem est de minore, qui infra legitimam aetatem adhuc constitutus deleget; quia et ipsi favet aetatis imbecillitas: sed si major factus deleget, adversus delegationem utique ei non succurretur, sed ex caussa laesionis restitui poterit adversus primam obligationem in minori aetate susceptam (1). Sane si pecuniam non deleganti, sed alteri deberi postea constet, creditor delegatus nihil consequitur (2).

§ 3624. Caeterum, etsi delegatio loco solutionis esse soleat, aliquando tamen minorem vim habet. Fingamus, a Maevio debitore Titii, cuique omnia bona Maevii obligata sunt, Sempronium debitorem suum delegatum fuisse alii posteriori creditori; atque Titium, antequam Sempronius debitor delegatus solveret, hypothecaria actione in Sempronii nomen egisse: Titius praeferendus est creditori posteriori (3), ex jure communi pignorum, juxta quod prior tempore potior est jure (4). Nec facta delegatio nocet Titio, sicut noceret solutio; quia nimirum per solutionem perimitur nomen, non vero per delegationem, qua mutatur tantum persona creditoris, quae mutatio priori creditori nocere non debet.

CAPUT III.

De compensationibus.

Instit. lib. 3, tit. 30 *Quib. mod. toll. obligat.*
Digest. lib. 16, tit. 2) *De compensationib.*
Cod. lib. 4, tit. 31)

SUMMARIA

§ 3625. *Compensatio est debiti et crediti inter se contributio.* — § 3626. *Cujusque magis interest non solvere, quam solutum repetere.* — § 3527. *Quae de compensatione sint investiganda?* — § 3628. *Debita omnia, quacumque profluant ex caussa, compensationem admittunt.* — § 3629. *Compensatio vires exerit tum in realibus, tum in personalibus actionibus. An etiam in delictis?* — § 3630. *An debitum in una moneta compensari possit cum debito ex alia moneta?* — § 3631. *Compensatio objici non potest in alimentis; utique vero in legitima. Quid de stipendiis Clericorum et decimis?* — § 3632. *Rerum etiam in diversis judiciis inter eosdem judicaturum compensatio objici potest.* — § 3633 *et* 3634. *Compensari non potest, quod in aliam summam imputandum est.* — § 3635. *Litis sumptuum compensatio fit, licet condemnatus a sententia appellaverit.* — § 3636. *Quod certo loco debetur, compensari potest cum eo, quod sine loci adjectione praestandum est. Quid si uni debito jusjurandum adjectum fuerit? Quid de fratribus peculium adventitium habentibus, qui vivo*

(1) Fab. Cod. hoc tit. lib. 8, tit. 29, def. 7.
(2) Ibid. def. 8.
(3) l. penult. Cod. *De solut.* (8, 43); l. *De fideicommisso* 11 Cod. *De transact.* (2, 4).
(4) Fab. Cod. hoc tit. lib. 8, tit. 29, def. 4.
(5) d. def. 4, n. 4 et seqq.
(6) l. *Ab ea parte* 5 princ. et § 1; l. *Quoties operae* 18 ff. *De probat.* (22, 3).
(7) l. *Doli exceptio* 19 in princ. ff. hoc tit.
(8) d. l. 19 prop. fin. ff. hoc tit.
(9) d. l. *Doli exceptio* 19 fer. in med. ff. hoc tit.

(1) d. l. 19 post med. ff. hoc tit.
(2) Thes. lib. 3, quaest. 111 n. ult. †
(3) Fab. Cod. hoc tit. lib. 8, tit. 29, def. 10 in princ.
(4) l. *Potior est* 11 ff. *Qui potior. in pign.* (20, 4).

patre impenderint? — 3657. *Debita certo tempore solvenda compensantur cum debitis continuam exactionem habentibus. Quid de censu?* — § 3658. *Depositum, caussae momentaneae possessionis, exactio tributorum et vectigalium compensationem non recipiunt.* — § 3659. *Venditiones publice factae compensationem admittere possunt.* — § 3660. *Debitum naturale compensari potest cum mixto: sed nulla est civilis debiti compensatio.* — § 3661. *Compensari potest, quod alteri debetur.* — § 3662 et 3663. *Tutor proprio nomine agens non tenetur pati compensationem ejus, quod pupillus debet, nec vicissim. Quid si tutor conveniatur suo nomine, et compensare velit, quod actor pupillo debet, vel vicissim?* — § 3664. *Quid si debitor tutoris, qui simul pupilli creditor est, foro cesserit, et curator bonis datus pupilli debitum exigat?* — § 3665 *Procurator necessario mandato instructus, si a creditore suo conveniatur, an compensare possit, quod actor debet domino?* — § 3666. *Compensatio locum habet inter socios universales, non inter particulares.* — § 3667. *Mulieri objici non potest compensatio ejus, quod maritus debet.* — § 3668. *Fidejussor creditori objicere potest compensationem ejus, quod sibi, vel debitori aliunde debitum est.* — § 3669. *Patri ex filii negotio agenti objici potest compensatio ejus, quod filius reo debet. Quid si filius conveniatur.* — § 3670. *Haeres pati debet compensationem ejus, quod a defuncto debitum est, et vicissim.* — § 3671. *Compensationis jus aliquando competit ex persona alterius.* — § 3672 et 3673. *Compensatio non admittitur, nisi debitum utrinque purum sit, et liquidum.* — § 3674. *Debitum, quod brevi potest liquidari, pro liquido habetur. Quommodo pronunciare debeat judex, cum debitum liquidum non est?* — § 3675. *Compensatio locum dumtaxat habet in rebus fungibilibus ejusdem speciei; in aliis tamen retentio permittitur.* — § 3676. *Cur corporis cum corpore compensatio non admittatur?* — § 3677 et 3678. *Compensatio fieri potest pecuniae cum corpore, quod amplius praestari nequeat.* — § 3679. *Fructuum ejusdem speciei compensatio admittitur. Quid si genus utrinque debeatur?* — § 3680. *Compensatio objici potest quibuscumque creditoribus, etiam pupillis ex tutela agentibus.* — § 3681. *Cessionario recte opponitur compensatio etiam ejus, quod creditor cedens ante cessionem debebat: nisi aliud actum sit.* — § 3682. *Quid si cedens desierit solvendo esse, cum objicitur compensatio?* — § 3683. *Compensatio cessionario obest, sive sponte, sive ex necessitate cessio facta fuerit.* — § 3683 et 3685. *Compensatio ipso jure quidem obligationem perimit, si modo velit debitor.* — § 3686. *Compensatio non principale tantummodo debitum, sed etiam illius accessiones extinguit.* — § 3687. *Compensatio in judicio praeterquam in poenalibus opponi debet, ut judex illius rationem habeat.* — § 3688. *Objici potest compensatio post sententiam ad impediendam illius executionem, et multo magis in judicio appellationis.* — § 3689. *Quod sub onere satisdationis debetur, compensari, nisi ea praestita, non potest.* — § 3690. *Debitum fateri non intelligitur compensationem objiciens.* — § 3691. *Compensationis omissio per se non inducit praesumptionem remissi debiti.* — § 3692. *Judicis sententia compensationem rejicientis trahi non potest ad jus petitionis; nisi judex ita expresserit.* — § 3693 et 3694. *Retentio facilius permittitur, quam compensatio: illa in rebus omnibus locum habet, atque in debito etiam illiquido.*

§ 3625. Compensatio ita dicta, prout volunt eruditi, ab antiquo more pendendi, seu ponderandi, quatenus ante nummos adinventos aes ponderari solebat, prout etiam in quibusdam locis, veluti in Ætiopia, hodie servatur; quo fiebat, ut, aequali quantitate aeris utrinque pensata, obligatio extingueretur, ac tantummodo remaneret in credito, quod ex uno latere superaret, definitur a Modestino, *debiti, et crediti inter se contributio* (1); seu collatio debiti cum credito ad obtinendam a debito liberationem.

§ 3626. Compensatio maximam in se continet aequitatem; tum quia uniuscujusque magis interest non solvere, quam solutum repetere (2); tum quia inanes circuitus vitari, ex quibus facile lites oriuntur, publice interest (3); atque hinc dolo malo facere judicatur, qui id postulat, quod statim restituturus est (4).

§ 3627. De compensatione investigandum est. 1. Quae debita compensationem admittant, vel respuant. 2. Quae requirantur conditiones, ut compensationi locus fiat. 3. Quibus personis objici possit compensatio. Quis sit compensationis effectus.

§ 3628. De rebus, quae compensationem admittunt, generalis regula in jure statuitur, debita omnia, quacumque ex caussa proficiscantur, sive ex contractu, sive ex delicto, sive ex eadem, sive ex diversa caussa, compensari posse; sive naturali simul, et civili jure firmentur, sive naturali tantum, non vero si merum juris civilis praesidium habeant. Paucis multa complexi sumus; quae ideo aliquanto fusius exponenda sunt.

§ 3629. In primis statuit Justinianus, compensationes ipso jure fieri, *nulla differentia in rem, vel personalibus actionibus inter se ob-*

(1) l. 1 ff. hoc tit.

(2) l. *Ideo compensatio* 4 ff. hoc tit.

(2) l. *Dominus* 53 ff. *De condict. indebit.* (12, 6); l. *Item* 4 § 1 in fin. ff. *De alienat. judic. mutand. caus. fac.* (44. 4).

(4) l. *Dolo facit* 8 ff. *De dol. mal. et met. except.* (44. 4).

servanda (1): nec interest, utrum una obligatio usuraria sit, altera sine usuris (2); vel utrum debeantur usurae ex iisdem caussis, an ex diversis (3). Obligationes quoque ex delicto, vel quasi delicto descendentes compensationem recipiunt, si modo pecuniariae agatur (4): qua ratione etiam placuit, paria crimina respectu poenae pecuniariae mutua compensatione deleri (5), immo et respectu privatae vindictae, veluti inter conjuges adulterii reos, ne divortio locus fiat (6). Sed quoad poenam publicam nulla fit compensatio (7), cum haec reipublicae, ita dicam, solvatur.

§ 3630. Si quaeratur, an debitum in una moneta compensari possit cum debito ex alia moneta, distinguit Faber, an qui compensare vult, debeat in moneta argentea, vel aurea, cum sibi debeatur in auro: an contra ipse aureos debeat, atque inferior moneta ipsi debita sit. Compensationem priore casu recte objici tradit, non in posteriore (8); quia moneta, sive aurea tamquam sive etiam argentea, in aurea excellentiori contineatur, non vicissim. Nec in priore specie interest, quod incertus sit aurei valor; quia liquidum censetur, quod brevi potest definiri (9).

§ 3631. In alimentis futuris compensationem objici non posse, generatim traditur (10); singulari eorum favore; utpotequae moram vix patiuntur (11), atque necare videtur, qui alimenta denegat (12). Cum tamen senatus, pendente aestimatione legitimae, et fructuum ex ea debitorum, uni ex liberis certam pecuniae quantitatem adjudicasset, placuit patribus, compensationem admittendam ejus quantitatis, quam fratri condemnato deberi liquido constaret (13); quia subrogatum sapere debeat naturam ejus, in cujus locum subrogatum est (14): legitimam autem compensationi subjici, passim receptum est (15), ob generalem Justiniani constitutionem (16). Quod de denegata futurorum alimentorum compensatione dicimus, plures extendunt ad stipendia clericorum, et decimas (17).

§ 3632. Rerum sive in eodem judicio, sive in diversis inter eosdem judicatarum, ait Faber (1), compensationem objici posse, nemo dubitat: apertissima sunt legum verba (2): quin intersit, an hinc ex definitiva, inde ex fiduciaria, seu provisionalem solutionem injungente sententia debeatur, saltem cautione interposita restituendi, si decretum solutionis fiduciariae, deinceps per definitivam revocetur (3). Si tamen mutuae adjudicationes ita factae fuerint, ut una quantitas in aliam imputari debeat, non est facienda imputatio, et compensatio summarum posteriore sententia adjudicatarum, licet anteriorem caussam habeant (4); ne prius judicatum subvertatur.

§ 3633. Idem dicendum, quamvis summa debita illi, qui compensatione uti vult, utique summae compensandae sufficere possit, si imputatio priore judicio praescripta etiam pro debitis non liquidis inservire debeat (5); nec enim compensari potest, quod in aliam summam inputandum est: cum imputatio etiam vim solutionis habeat; quamquam in eo differt a compensatione, quod haec non nisi in debitis liquidis locum habet (6), illa etiam in caeteris.

§ 3634. Plane, subjicit apposite idem Faber, si ex utraque parte plura debita sint partim liquida, partim non liquida, aequum est, de omnibus in executione judicati eodem judicio cognosci, ut tandem, absoluta universa liquidatione, condemnetur is, quem post omnes imputationes, et compensationes factas debere constiterit (7): sed interim permittenda est provisionalis executio judicati ei, qui liquidam obtinuit adjudicationem, quamvis plene constet, adversarium majoris quantitatis creditorem esse, quae quantitas compensari quoque posset, si in aliam caussam vi prioris sententiae imputanda, et compensanda non esset (8).

§ 3635. Non tantum quantitatum ex judicato debitorum compensatio admittitur (§ 3632), sed et litis sumptuum (tametsi jam judicati et taxati sint) tamquam debiti liquidi, quod exceptum non est, imo generali legum sententia comprehensum (9): nec interest, quod condemnatus a sententia appellaverit; cum ideo liquidum esse non desinat debitum, nisi forte ab ipsa sumptuum condemnatione et taxatione appellatum fuerit (10).

§ 3636. Praeterea compensatur, quod certo

(1) l. ult. in princ. Cod. hoc tit.
(2) l. *Cum alter* 11 ff. hoc tit.
(3) l. *Idem juris* 12 ff. hoc tit.; Thes. *Quaest. forens.* lib. 4, quaest. 21, n. ult. †
(4) l. *Si ambo* 10 § *quoties* 2 ff. hoc tit.
(5) l. *Cum mulier* 47 ff. *Solut. matr.* (24, 3).
(6) l. *Viro* 39 ff. eod. tit.
(7) l. *Ex lege* 2 § *qui hoc dicit* 4 ff. *Ad leg. Jul. de adult.* (48, 5).
(8) Fab. Cod. hoc tit. lib. 4, tit. 23, def. 2.
(9) argom. l. *Non tantum* 17 ff. *De excusat.* (27, 1); Fab. d. def. 2 in med.
(10) l. *In ea* 3 Cod. hoc tit.; Fab. Cod. hoc tit. lib. 4, tit. 23. def. 7 in princ.
(11) l. *Pecuniae* 8 ff. *De aliment. leg.* (34, 1).
(12) l. *Necare videtur* 4 ff. *De agnoscend. liber.* (25, 3).
(13) Fab. d. def. 7, n. 1 et seqq.
(14) l. *Si eum judicio* 10 § ult. ff. *Si quis cautionib.* (2, 11).
(15) Fab. d. def. 7 n. 3.
(16) in d. l. ult. in princ. Cod. hoc tit.
(17) Brunneman. in ff. *De jur. fisc.* lib. 49, tit. 14 ad l. 46 n. 7.

(1) Fab. Cod. hoc tit. lib. 4, tit. 23, def. ult in princ.
(2) l. *Cum militi* 16 § 1 ff. hoc tit.; l. *Ex caussa* 2 Cod. hoc tit.
(3) Fab. Cod. hoc tit. def. 9, n. 4 et seqq.
(4) l. *Quod Labeo* 13 ff. hoc tit.; Fab. d. def. ult. n. 1.
(5) Fab. Cod. hoc tit. d. def. ult. n. 4 et seqq.
(6) l. ult. § 1 Cod. hoc tit.
(7) Fab. Cod. hoc tit. lib. 4, tit. 23 d. def. ult. n. 6.
(8) l. *Quod Labeo* 13 ff. hoc tit.; Fab. d. def. ult. in fin.
(9) l. ult. princ. et § 1 Cod. hoc tit.; Fab. Cod. hoc tit. lib. 4, tit. 23, def. 12 in princ.
(10) argum. l. *Ab executione* 5 Cod. *Quor. appellat. non recip.* (7, 65); Fab. def. 12, n. 1.

loco debitum est cum eo, quod sine ulla loci adjectione debetur, habita utique ratione, quanti interest, loco definito solvi (1): nec prohibetur compensari, quod alio in loco jam peti coepit (2); alioquin per litis contestationem actor deteriorem redderet conditionem suam, cum tamen melior fieri debeat (3). Nec refert, quod uni debito jusjurandum solvendi adjectum sit, non alteri, tum quia jusjurandum non immutat naturam actus; tum quia solvere intelligitur, qui compensat (4). Aliud fortasse servatur in conditionibus ultimarum voluntatum (5): sed ita in illis singulariter placuit jureconsulti (an recte, judicent alii): ita ut per aequipollens non liceat implere hanc conditionem (6). Profecto, si fratres peculium adventitium habentes, vivo patre, impenderint, alter in alterius utilitatem invicem compensant, nisi quid a patre donatum appareat (7).

§ 3637. Ad haec, debita caeteris temporibus solvenda, puta canon emphyteuticus compensari potest cum debito continuam exactionem habente, si modo jam utrinque debeatur, cum objicitur compensatio (8). Idem ferendum est judicium de debito hypotheca munito, quod recte compensatur cum debito minime hypothecario; quin intersit, an unum ex venditione immobilium, alterum ex pretio mobilium conflatum sit, cum leges non distinguant (9): nec aequitas distinguendum suadeat. Censum redimi posse per compensationem debiti liquidi, alibi demonstravimus (10).

§ 3638. Sed plures sunt caussae, in quibus denegatur compensationis jus: atque ut praetereum, compensari non posse, quod creditore invito non potest solvi (11): in primis depositum nec compensari, nec retineri posse, licet res ejusdem generis depositae fuerint, cautum est (12), atque alibi demonstravimus (13). Idem jus est de caussis momentaneae possessionis per dolum, aut vim apprehensae (14): quod et ad reparationem attentatorum, ut ajunt, plerique protrahunt possessionis exemplo (15): nec ullam objici compensationem sinunt leges exactioni tributorum; et vectigalium Principi, aut civitati debitorum, quamquam in ceteris caussis praeter annonariam vel in pretio rei, quam quis a fisco emerit, compensatio ipsi fisco objici potest (1).

§ 3639. Compensationis jus in privatis venditionibus locum habere: expressim traditur (2); ita ut si Titius Sempronio ex mutuo, puta, decem debeat, atque Sempronius vicissim rem Titio decem vendiderit, compensatione Titius uti possit. An autem in venditione, quae publice sub hasta fiat, compensatio locum habeat, plures affirmant tum ob generalia legum verba quae omnem venditionem complectuntur (3): tum quia speciatim excipitur fiscus (4), qui res suas publice vendere solet. Alii distinguunt inter licitationem necessariam et voluntariam: compensationem rejiciendam putant in necessaria, quae fit judicati exequendi caussa: quia non tam debitori quam creditoribus pretium rei emptae debetur (5): non autem licet cum uno compensare, quod alteri debitum est: non in voluntaria.

§ 3640. Non tantum, quod naturaliter simul et civiliter, sed et quod naturaliter dumtaxat debitum est, compensari potest etiam cum debito mixto, seu tum naturali, tum civili simul; tum quia Ulpianus generatim ait, *etiam quod natura debetur, venit in compensationem* (6); tum quia, sublato naturalis juris vinculo, solum remanet civile, quod per se inefficax est (7); tum denique quia debitum naturale retentionem parit (8); indeque compensationem recipere debet. Civilis plane debiti nulla compensatio est (9).

§ 3641. Non sufficit, debitum vere existere, sed illi ipsi debeatur necesse est, qui compensare vult, atque ut ab illo debeatur, cui objicitur compensatio; perinde quod Titio actor debet, compensari invito reo non potest, nec si Titius consentiat (10) nisi actiones suas reo convento cesserit, eumdemque procuratorem in rem suam constituerit (11); quod et in duobus reis promittendi, vel credendi obtinet (12).

§ 3642. Si tutor contra suum debitorem Titium proprio nomine agat, non tenetur pati compensationem ejus, quod pupillus Titio debet, nec vicissim compensatur id quod tutor debet cum eo, quod petit pupilli jure et nomine (13) Si tamen tutor conveniatur suo nomine, compensa-

(1) l. *Pecuniam* 15 ff. hoc tit.
(2) l. *In compensationem* 8 ff. hoc tit.
(3) l. *Non solet* 86; et l. seq. ff. *De reg. jur.* (50, 17).
(4) l. *Dedisse* 76 ff. *De verbor. significat.* (50, 16).
(5) argum. l. *Julianus* 45 ff. *De condit. et demonstrat.* (35, 1).
(6) l. *Qui haeredi* 44 princ. et § seqq. ff. eod. tit.
(7) Fab. Cod. hoc tit. lib. 4, tit. 23, def. 1.
(8) argum. l. ult. in princ. Cod. hoc tit.
(9) d. l. ult. Cod. hoc tit.
(10) V. vol. III. lib. 3, § 3260, pag. 48.
(11) Fab. Cod. hoc tit. lib. 4, tit. 23, def. 11.
(12) l. penult. Cod. *Deposit.* (4, 34); l. ult. § 1 in fin. Cod. hoc tit.
(13) V. vol. III, lib. 3, § 2869 et 2870 pag. 148.
(14) l. ult., § ult. Cod. hoc tit.
(15) Voet in ff. hoc tit. n. 16 in princ.

(1) l. *Aufertur* 46 § *ut debitoribus* 5 ff. *De jur. fisci* (49, 14); l. *In ea* 3; l. *Si ex venditione* 7 Cod. hoc tit.
(2) d. l. *Si ex venditione* 7 Cod. hoc tit.
(3) d. l. 7 Cod. hoc tit.
(4) d. l. 7; d. l. 46 § 5 ff. *De jur. fisc.* (49, 14).
(5) Voet in ff. hoc tit. n. 17 prop. fin.
(6) l. *Etiam* 6 ff. hoc tit.
(7) l. *Stichum* 95 § *naturalis* 4 ff. *De solutionib.* (46, 3).
(8) l. *Naturaliter* 13; l. *Si quod* 64 ff. *De condict. indebit.* (12, 6).
(9) l. *Quaecumque* 14 ff. hoc tit.
(10) l. *In rem suam* 18 § 1 ff. hoc tit.; l. *Ejus, quod* 9 Cod. hoc tit.
(11) d. l. 18 in princ. ff hoc tit.; Fab. Cod. hoc tit. lib. 4, tit. 23, def. 8, n. 9 et seqq.
(12) l. *Si duo rei* 10 ff. *De duob. reis* (45, 2).
(13) l. penult. ff. hoc tit.; Fab. Cod. hoc tit. lib. 4, tit. 23, def. 8 in princ.

tio admittenda est ejus, quod actor pupillo debet; quasi procuratorio pupilli nomine utens (1); quod licet; sicut enim solvere intelligitur, qui patitur compensationem (2); ita et compensationis objiciendae capax esse debet, qui solutionem petere et accipere potest.

§ 3643. Eodem fundamento, si tutor conveniatur a creditore pupilli, potest creditorem repellere, objiciendo compensationem ejus, quod ipsi debitum est a creditore adversus pupillum agente (3); tum quia tutor potest de suo solvere pro pupillo, atque etiam fieri facile potest, ut ex administratione pupilli debitor sit, quod ita brevi manu solvit (4); tum quia alioquin deterioris prae caeteris conditionis esset pupillus, qui propter aetatem actionum cessionem a tutore accipere non potest, qua posita cessione, extraneo cuilibet compensare permittitur (§ 3641).

§ 3644. Exceptionem admittit Voet, si debitor tutoris, qui et creditor pupilli est foro cesserit, et curator ejus bonis datus tutorem conveniat, ut debitum pupilli solvat; cum enim, curatore bonis dato, creditores videantur possidere bona debitoris, et per omnium conditio sit (5), permittendum non putat tutori, ut objecta compensatione pecuniae, quae sibi debita est a debitore minus idoneo, integrum creditum recipiat cum aliorum jactura (6): quamquam nihil prohibet, quominus recte objiciatur compensatio, cum quis debitor simul, ac creditor est debitoris, qui bonis cesserit pro rata utriusque quantitatis, dummodo et ante cessionem bonorum compensandi facultas competeret (7). Sane rescriptum moratorium debitori a Principe indultum non impedit compensationem (8); sicuti nec retentionem, cui compensatio aequiparatur; et quae facilius permittitur, quam persecutio (9).

§ 3645. Jam innuimus, procuratorem a creditore suo conventum objicere posse compensationem ejus, quod creditor debet domino, seu mandanti (§ 3642); quod quidem intelligendum est de procuratore, qui mandatum speciale habeat ad exigendum, vel generale cum libera administrandi potestate, quia perinde est, ac si ipse ex pecunia nomine mandantis accepta creditori solveret; quo sane casu liberatio contingeret (10). Sententia haec, ut scite animadvertit Faber, difficultate non caret; etenim pecunia procuratori soluta ipsi non acquiritur, sed domino; quia tamen de compensatione agitur, ubi pecunia non extat, sed esse fingitur, placuit senatui, ad vitandos inanes circuitus compensationem probare (1). Sibi imputet dominus, cur talem procuratorem elegerit. Aliud tamen censuit, si Thesauro credimus senatus Nicoeensis (2).

§ 3646. Socios quod attinet, distinguendi sunt universales a particularibus. In universalibus sive agentibus, sive excipientibus compensatio locum habet (3); cum inter hos bona omnia, et jura communia sint, nec non consequenter onera (4), quae a juribus non debent sejungi. Aliud dicendum de sociis particularibus, inter quos tantummodo communicantur ea, quae ex quaestu veniunt (5): proinde si unus socius sive proprio nomine, sive etiam societatis debitorem conveniat, hic objicere nequit compensationem ejus, quod alter extra caussam societatis debet, cum in his nulla sit communio (6). Quare generale Ulpiani responsum (7) ad socios universales omnino restringi debet, ne certissima juris principia subvertantur.

§ 3647. Mulieri petenti ex judicato litis expensas, quas maritus ad dotem conservandam erogavit, reus condemnatus, ait Faber, non potest objicere compensationem ejus, quod sibi maritus debet, licet alleget, ejusmodi expensis dotem diminutam esse ipso jure in mariti utilitatem, si dos in pecunia numerata consistat, non in corporibus (8), quod enim uxor marito debet, non ideo debet creditori mariti, nisi nomen cessum sit (9); adeoque locum sibi vindicat juris regula, quae prohibet, ne quis compenset, quod non sibi, sed alteri debitum est (§ 3641).

§ 3648. Fidejussor creditori agenti objicere potest compensationem tum ejus, quod sibi aliunde debitum est, tum ejus, quod creditor reo principali debet (10): nec interest, utrum reus principalis sententia definitiva condemnatus fuerit ad solvendum, an interlocutoria et provisionali, quae executionem habere debeat, appellatione non obstante: nec utrum creditor, qui compensatio objicitur, ab ea condemnatione provocaverit, nec ne (11); appellationis remedio si forte jus pro se habeat, indemnitatem consequetur.

§ 3649. Patri ex negotio filii, puta societate cum filio contracta, agenti, opponi posse compensationem ejus, quod debet filiusfamilias reo

(1) Fab. Cod. hoc tit. def. 17 in princ.
(2) l. *Si constat.* 4 Cod. hoc tit.
(3) Fab. Cod. hoc tit. lib. 4, tit. 23, def. 8 in princ.
(4) argum. l. *Si debitor* 4 ff. *Qui potior. in pign.* (20, 4).
(5) l. *Quod autem* 6 § *sciendum* 7 ff. *Quae in fraud. creditor.* (42, 8).
(6) Voet in ff. hoc tit. n. 9 in princ.
(7) Voet d. n. 9 in med.
(8) Fab. Cod. *De precib. imperat. offerend.* lib. 1, tit. 9, def. 13.
(9) l. *Cum pater* 77 § *cum inter* 28 ff. *De legat.* 2. (31, 1).
(10) Fab. Cod. hoc tit. lib. 4, tit. 23, definit. 17, n. 1 et seqq.

(1) Fab. d. def. 17, n. 6 et seqq.
(2) Thesaur. lib. 4. quaest. 1, n. 6 †
(3) l. *Si duo rei* 10 ff. *De duob. reis* (45, 2).
(4) l. 1 § 1; l. 23 princ. et § 1 ff. *Pro soc.* (17, 2).
(5) l. *Coiri* 7 et duab. seqq. ff. eod. tit.
(6) d. l. 7, 8, et 9 ff. *Pro socio.*
(7) in d. l. 10 ff. *De duob. reis.*
(8) Fab. Cod. hoc tit. lib. 4, tit. 23, def. 16 in princ.
(9) l. ult. Cod. *Quand. fisc. vel privat.* (4, 15).
(10) l. *Verum est* 4; et l. seq. ff. hoc tit.; Fab. Cod. hoc tit. lib. 4, tit. 23, def. 13 in princ.
(11) Fab. d. def. 13, n. 1 et seqq.

convento, tradit Paulus (1), et merito, cum ex filii persona pater jus suum metiatur: quod si adversus filium ageret creditor, pater nonnisi de peculio teneretur (2). Quinimmo filius a creditore conventus, si eodem Paulo credimus, objicere potest compensationem ejus, quod creditor patri debet, dummodo filius caveat, patrem ratum habiturum, seu non exacturum, quod ipse compensavit (3). Sed post adinventa peculia quaestiones hae ex illorum jure dijudicanda sunt.

§ 3650. Si haeres haereditario licet nomine agat, non dubium, quominus pati teneatur compensationem ejus, quod ipse debet: atque vicissim, si agat haeres suo nomine, debitor haeredis compensare potest, quod sibi a defuncto debitum erat (4): nec interest, quod haereditatem adierit impiorato beneficio inventarii, quia non desinit haeres esse, sed id tantum consequitur, ne ultra vires haereditarias creditoribus de suo solvere teneatur (5): adeoque interim, donec incertum est, an bona haereditaria dimittendis omnibus creditoribus sufficiant, permitti potest solidi compensatio, praestita tamen satisdatione restituendi, seu solvendi, quod ultra vires haereditatis compensatum fuit (6).

§ 3651. Fieri tamen potest, ut quis compensationis ex persona sua objiciendae jus non habeat, attamen illius beneficium sentiat ex persona alterius, cujus jure utitur; veluti si locator a creditore conventus, cui fructus judicis sententia adjudicati fuerint, justam habeat compensandi caussam, conductor executionem judicati pati non tenetur; nec fructus victori dare, sed eosdem retinet, licet nullam ipse defensionem adversus creditorem habeat (7).

§ 3652. Sequitur disputatio de conditionibus ad compensationem requisitis. Imprimis requiritur, ut debitum utrinque purum sit, atque, ut ajunt, liquidum: purum sit oportet; quod enim in diem debetur, compensari nequit, antequam dies veniat (8): si tamen dies solvendo jam venerit, licet modica dilatio ex humanitate debitori indulgenda sit, compensatio locum habet (9).

§ 3653. Praeterea exigimus, ut debitum sit liquidum (10), seu certum, et perspicuum; nec enim debito certo, et de quo plene constat, mora fieri debet, illiquidi, vel incerti compensatione objecta. Hinc colligit Faber, debitum ex sententia, a qua provocatum sit, compensari non posse cum eo quod debeatur ex instrumento authentico, atque, ut ajunt, guarentigiato, quamvis judex decreverit, ut sententia, non obstante appellatione, executioni mandetur, praestita satisdatione (1); cum enim incertum sit, an judex appellationis priorem sententiam confirmet, an revocet, liquidum videri non potest hujusmodi debitum, ut locus fiat compensationi, nec satisdatio vim solutionis habere potest.

§ 3654. Si tamen debitum in eo statu sit, ut brevi temporis intervallo liquidari possit, pro liquido habetur (2); adeoque ex communi sententia compensatio admittitur (3). Cum autem debitum liquidum non est, cavere judex debet, ne omnino reprobet compensationem, sed ita sententiam ferat, ut exprimat, nullam se compensationis rationem habere (4), ne rei judicatae exceptio noceat reo compensationem petenti atque probanti.

§ 3655. Non sufficit, utrinque debitum esse purum et liquidum, ut compensatio admittatur: insuper requirunt leges, ut eadem quantitas, seu res fungibilis utrinque debita sit, puta vinum, oleum, pecunia; ita ut vinum cum vino, oleum cum oleo, pecuniam cum pecunia utique compensetur, non vinum cum oleo aut pecunia (5); cum enim compensatio solutioni aequiparetur (6), solvi autem aliud pro alio invito creditori non possit (7), consequens est, nec oleum aut vinum cum pecunia recte compensari. Hinc supra diximus, debitum in moneta aurea compensari non posse cum debito in moneta argentea vel aurea (§ 3630). Non dubium tamen, quominus retentio in hisce casibus competat; cum haec facilius quam compensatio permittatur (§ 3633).

§ 3656. Corporis ergo cum corpore, puta fundi cum fundo compensationem non probant leges; et merito; quia in his aequalitas perfecta non est; cum in corporibus cadat singularis affectio, licet pecunia generatim aestimari possint, quantitates vero, seu res, quae numero, pondere, mensura constant, singularem affectionem non recipiunt, utique functionem seu permutationem (8): dummodo nummi naturam speciei non induant, idest considerentur ut quantitas, non uti corpus, prout contingere potest ex singulari testatoris, vel contrahentium voluntate in nummis pretiosioribus (9). Atque hinc patet, nec

(1) l. *Si cum filiofamilias* 9 ff. hoc tit.
(2) d. l. 9 in fin. princ.
(3) d. l. 9 § 1 ff. hoc tit.
(4) l. ult. Cod. *De contrar. judic. tutel.* (5, 58); Fab. Cod. hoc tit. lib. 4. tit. 32, def. 9 in princ.
(5) l. ult. § *et si praefatam* 4 Cod. *De jur. deliberand.* (6, 30).
(6) Fab. d. def. 9, n. 1 et seqq.
(7) Fab. Cod. hoc tit. lib. 4. tit. 23, def. 14.
(8) l. *Quod in diem* 7 ff. hoc tit.
(9) l. *Cum militi* 16 § 1 ff. hoc tit.
(10) l. ult. § 1 Cod. hoc tit.

(1) Fab. Cod. hoc tit. lib. 4. tit. 23, def. 10.
(2) argum. l. *Non tantum* 17 ff. *De excusat.* (27. 1); l. *Apud Celsum* 4 § *de dolo* 26 ff. *De dol. mal. et met. except.* (44. 4).
(3) Fab. Cod. hoc. tit. lib 4. tit. 23, def. 2, n. 2.
(4) l. *Quod in diem* 7 § 1 ff. hoc tit.; Fab. Cod. hoc tit. def. 5.
(5) argum. l. *Si debeat* 22 ff. hoc tit.; l. *Si constat* 4 Cod. hoc tit.
(6) l. *Verum est* 4 ff. hoc tit.
(7) l. *Mutuum* 2 § 1 ff. *De reb. credit.* (12. 1).
(8) d. l. *Mutuum* 2 § 1 ff. *De reb. credit.* (12, 1).
(9) l. *In ratione* 30 § *certis* 4 ff. *Ad leg. falcid.* (35, 2); l. *Sed si certo* 51 ff. *De legat.* 1. (30, 1).

corporis cum quantitate compensationem fieri, aut vicissim (1).

§ 3657. Fieri tamen potest, ut compensatio pecuniae fiat cum corpore, quod prius debitum erat; si nempe corpus propter moram debitoris, vel culpa ejus perierit, ita ut amplius praestari nequeat, vel deterius factum sit, atque illius aestimatio praestari debeat (2); non enim quod prius fuit in obligatione, sed quod deinceps in solutione est, inspici debet, cum solutionis vicem obtineat compensatio, ut saepe diximus (§ 3655).

§ 3658. Quod ergo ait Justinianus, compensationem vigere in actionibus omnibus sive in rem, sive in personam (3), intelligendum est, sano modo, si termini habiles, ut ajunt, compensationis sint. Atque cum tradit Alexander, compensationem fieri ob res a muliere amotas (4), fingenda est species de rebus amotis, quae amplius non extent: atque eodem modo explicandus est Ulpianus, compensationem permittens ob res donatas, vel a muliere amotas (5); nisi eum loqui putemus de pecunia perperam a marito donata, vel per uxorem amota.

§ 3659. De fructibus disputant interpretes, an compensationem inter se, vel cum pecunia recipiant. Si ejusdem speciei sint, ex superiori regula utique compensantur, non vero si diversae (§ 3655); nisi consumpti sint, atque eorum succedat aestimatio (§ praec.). Genus cum genere, nimirum si res in genere debitae sint ejusdem speciei, puta utrinque debeatur frumentum, vel vinum, compensari probabilius est, quia nulla cadit in hasce res singulari affectio, atque functionem, seu permutationem facile admittunt (6).

§ 3660. Post haec agendum de personis, quibus compensatio objici possit. Compensatio recte objicitur quibuscumque creditoribus, etiam pupillis ex tutela gesta adversus tutorem agentibus (7); cum compensare idem sit ac solvere (8); proinde, nisi lex nominatim excipiat quasdam personas, non tam personae, quam caussae favore (9), omnes compensationem pati tenentur, dummodo adsint conditiones a legibus requisitae.

§ 3661. Cessionario quoque potest objici compensatio non tantum ejus, quod ipse debet proprio nomine debitori cesso, sed et ejus, quod creditor cedens ante cessionem debeat; cum ipso jure debitum evanuerit eo momento, quo coepit utrinque deberi (10), ac proinde cedi non potuerit, nisi pro parte non extincta, consequens est, nec in cessionarium jus transisse (1). Exceptio locum habere posset, si debitor cessioni intervenisset, atque se integram summam cessionario acceptanti solvere promisisset (2); quippe videretur renunciasse compensationi adversus cessionarium, salva sibi actione indemnitatis adversus cedentem. Idem dicendum, si cessionarius habuerit bona omnia debitoris sui obligata ante natum compensationis jus (3); quia et in his continetur nomen debitoris.

§ 3662. Opponi potest compensatio cessionario, quae cedenti objici potuisset, licet cedens desierit esse solvendo eo tempore, quo objicitur a debitore; cum enim, ut modo diximus (§ praeced.), per compensationem ipso jure extinguatur obligatio, ita ut nec amplius cedi potuerit, quam quod, facta compensatione, seu debiti, et crediti contributione, supererat, casus cedenti postea contingens peremptam obligationem restaurare non potest: maxime quia cedens a compensatione se liberare non potuisset, licet minus idoneus facultatibus ante cessionem fuisset; quia quantum ad se dives esse intelligitur (4): potiori autem jure uti nequit cessionarius (5).

§ 3663. Nec interest, utrum cessio sponte, an ex necessitate, puta judicis jussu facta fuerit (6); etenim in utroque casu verum est, cedi non potuisse, quod per compensationem ipso jure factam extinctum erat (§ 3661). Plane si cessionarius cum debitore cedentis obligationem novaverit, vel debitor delegatus sit, cessionario amplius non obest compensatio, quae cedenti obstitisset (7); quia per novationem, vel delegationem prior obligatio perempta est, atque cessionarius non ex cedentis persona, sed ex propria, et proprio jure sibi per novationem, vel delegationem quaesito agit: proinde ei non potest objici compensatio ex persona cedentis (8).

§ 3664. Neque objiciatur, novari, aut delegari non posse actionem, quae perempta est; peremptam autem ipso jure diximus per compensationem (§ 3661): etenim compensatio debitum quidem ipso jure perimit, sed si velit debitor, qui non cogitur jure suo uti. Porro, ex quo consentit ex nova caussa delegationis, vel novationis

(1) d. l. *Si debeas* 22 ff. hoc tit.

(2) Perez. in Cod. hoc tit. n. 12.

(3) l. ult. in princ. Cod. hoc tit.

(4) l. *Neque scriptura* 6 in fine Cod. hoc tit.

(5) l. *Fructus* 7 § *ob donationes* 5 ff. *Solut. matrimoni* (24, 3).

(6) argum. l. *Cum quid mutuum* 3 ff. *De reb. credit.* (12, 1).

(7) l. *Si tutores* 11 Cod. hoc tit.; l. *Inter tutores* 36 ff. *De administrat. et peric. tutor.* (26, 7); l. 1 § *praeterea* 4 ff. *De contr. tutel. et util. action.* (27, 4).

(8) l. *Verum est* 4 ff. hoc tit.

(9) Prout supra diximus § 3638 et 3639.

(10) d. l. *Verum est* 4 ff. hoc tit.

(1) Thes. dec. 221, n. 1 ✝.

(2) Thes. ib d. n. 2.

(3) Fab. Codic. hoc titul. lib. 4. tit. 23, definit. 3; ubi idem putat dici posse, si cessionarius caussam onerosam habeat: quod minus conveniens veritati videtur; nec enim caussa onerosa cessionarii tollere potest jus debitori competens adversus cedentem, aut eum, qui a cedente caussam habet, quippe qui melioris conditionis esse nequit, quam is, ex cujus persona jus omne suum metitur. l. *Quod ipsis* 143 ff. *De reg. jur.* (50, 17).

(4) argum. l. *Quaerebatur* 82 fer. in princ. ff. *Ad leg. falcid.* (35, 2).

(5) d. l. *Quod ipsis* 143 ff. *De reg. jur.*

(6) Voet in ff. hoc tit. n. 5 in medio.

(7) Thes. d. dec. 221 in fin.

(8) argum. l. *Doli exceptio* 19 ff. *De novationib.* (46, 2).

obligari, satis aperte declarat, se nolle compensare.

§ 3665. Compensationis effectus est, ut debitum pro rata utrinque ipso jure minuatur (1); cum ea, ut toties diximus, eamdem ac solutio vim habeat (2): olim quidem compensatio debitum ipso jure tantum extinguebat in bonae fidei judiciis, in negotiis autem stricti juris inducebatur, opposita doli mali exceptione: sed Justinianus decrevit, ut eadem sit in hac re conditio negotiorum sive bonae fidei, sive stricti juris (3).

§ 3666. Cum autem, perempta principali obligatione, quae ab ea pendent accessiones amplius subsistere nequeant (4), sponte sequitur, etiam liberari fidejussores, ac pignora (5): sisti cursus usurarum pro concurrente quantitate ex eo tempore, quo coepit utrinque deberi, sive utrumque debitum usurarium sit, sive alterutrum dumtaxat (6), sive easdem, sive diversae usurae utrinque solvantur (7): nec non poenam vitari (8).

§ 3667. Opponenda utique est in judicio compensatio, ut judex illius rationem habeat (9), praeterquam in poenalibus, in quibus odio poenae, ne committatur sola legis potestate opposita intelligitur, (10): sed id pertinet ad factum; cum nemo cogatur uti compensatione (§ 3664), non ad jus, seu juris effectus: atque oppositio compensationem non facit, sed factam demonstrat (11); atque hinc tamquam indebitum condici potest, quod ope compensationis solvere debitor non tenebatur (12).

§ 3668. Hinc etiam recte traditur, compensationem objici posse post sententiam condemnationis ad impediendam illius executionem (13), et multo magis in caussa appellationis, quae prius judicatum extinguit, atque rem reducit ad terminos litis contestatae (14); quia cum compensatio ipso jure debitum extinguat, quandocumque opponatur, retrotrahitur ad eum diem, quo invicem deberi coepit (15).

§ 3669. Quod si judex, pendente lite, mutuas utrinque litiganti adjudicationes fecerit, sed sub onere satisdationis, prout fieri solet, cum mutuae fiunt petitiones, quae implicatam et obscuram habent facti quaestionem: utrinque tamen editae sunt probationes, quae ad provisionalem adjudicationem inducendam sufficiunt, atque unus satisdederit, alter vero fidejussorem obtulerit, qui nec dum a judice probatus sit, interim compensatio locum habere nequit (1); quod enim sub onere satisdationis debetur, non nisi ea praestita peti potest (2): maxime quia multa incidere possunt, quae impediant, ne idoneus fidejussor praestetur.

§ 3670. Sed nonne debitum fateri censetur, qui compensationem objicit? Nequaquam: *non enim*, scite ait Marcellus, *existimatur confiteri de intentione adversarius, quo cum agitur, quia exceptione utitur* (3): praterquamquod nemo prohibetur uti pluribus defensionibus, nisi lex ex justa aliqua caussa impediat (4): nec facile quis praesumitur alteri defensioni renunciasse, quia unam elegerit, quam forte commodiorem existimabat.

§ 3671. Neque vicissim creditur quis remisisse adversario, quod sibi debitum est, licet compensare omiserit (5); cum ipsius interesse possit debitum potius solvere, quam compensare, vel quia alterum debitum usurarium est, vel alia qualibet ex caussa. Non dubium tamen, quominus conjectura remissionis capi possit, si quis compensandi facultatem habens, sciens pluries solverit, potissimum inter conjunctas personas, inter quas liberalitatis animus facilius praesumitur (6).

§ 3672. Hinc sequitur, tametsi judex compensationis in judicio allegatae rationem non habuerit, salvam nihilominus manere petitionem (7); cum enim non omne debitum compensari possit, et quaedam conditiones requirantur ad compensationem, licet debitum ejus naturae sit, ut compensari possit, judicis sententia compensationem rejicientis trahi non potest ad jus petitionis, nisi forte judex expresserit, se ideo reprobare compensationem, quia nihil debitum est.

§ 3673. Pro coronide hujus capitis, subjiciendum putamus, compensationi non omnino simile esse jus retentionis; utraque quidem etiam in executione judicati opponi potest (8); sed in primis facilius retentio datur, quam compensatio; cum per retentionem non perimatur obligatio, quemadmodum extinguitur per compensationem (§ 3665); praeterea retentio etiam in corpori-

(1) l. *Si constat* 4 Cod. hoc tit.; l. *Si debitor* 4 ff. *Qui potior. in pignor.* (20, 4).
(2) l. *Verum est* 4 ff. hoc tit.
(3) § *in bonae fidei* 30 Instit. *De actionib.* (4, 6).
(4) l. *Nihil dolo* 129 § 1; l. *Cum principalis* 178 ff. *De reg. jur.* (50, 17).
(5) d. l. 4 ff. hoc tit.; l. *Si constat* 4; l. *Invicem* 12 Cod. hoc tit.
(6) l. *Cum alter* 11 ff. hoc tit.
(7) l. *Idem juris* 12 ff. hoc tit.
(8) Fab. Cod. hoc tit. lib. 4, tit. 23, def. 4, n. 2.
(9) § penult. Instit. *De action.* (4, 6).
(10) Fab. Cod. hoc tit. lib. 4, tit. 23 d. def. 4, n. 2.
(11) l. *Posteaquam* 21 ff. hoc tit.
(12) l. *Ideo* 3; l. *Si ambo* 10 § 1 ff. hoc tit.
(13) l. *Cum militi* 16 § 1 ff. hoc tit.; l. *Ex caussa* 2 Cod. hoc tit.; Fab. Cod. hoc tit. lib. 4, tit. 23, def. 15 in fin. et Cod. *De exceptionib.* lib. 8, tit. 24, def. 2; Osasc. decis. 92 n. ult. †
(14) Fab. Cod. hoc tit. d. def. 15 in princ.
(15) l. *Posteaquam* 21 ff. hoc tit.

(1) Fab. Cod. hoc tit. lib. 4, tit. 23, def 6.
(2) l. *Pater dotem* 7 § penult. ff. *De dot. praelegat.* (33, 4).
(3) l. *Non utique* 9 ff. *De exception.* (44, 1).
(4) l. *Nemo prohibetur* 8 ff. eod. tit.
(5) l. 1 § *praeterea* 4 ff. *De contrar. tutel. et util. action.* (27, 4).
(6) l. *Procula* 25 ff. *De probat.* (22, 3); l. *Cum alienam* 10 Cod. *De legat.* (6, 37).
(7) l. *Quod in diem* 7 § 1 ff. hoc tit.
(8) Fab. Cod. *De execut. rei judicat.* lib. 7, tit. 22, def. 12.

bus, seu rebus tum immobilibus, tum mobilibus, quae nec pondere, nec numero, nec mensura constant, locum habet compensatio in solis rebus fungibilibus (§ 3655) : nec ad retentionem, quae longe facilius, quam actio, datur (1), requiritur, ut debitum sit liquidum, quemadmodum in compensatione.

§ 3674. Ad haec venditor, donec integrum rei pretium ipsi solutum sit, rem venditam retinere potest pignoris loco (2): atque generatim illis, qui in rem necessario, vel utiliter impenderunt, ejus retinendae jus habent, donec impensae solutae fuerint (1): nec regulariter res possessori auferenda est, licet dominus idoneam satisdationem pro impensis offerat; nisi mora possessori imputari possit in liquidandis expensis, vel alia justa caussa judicem moveat (2); in his enim prudens versatur judicis arbitrium, qui singula rerum et personarum adjuncta diligenter expendere debet.

(1) l. *Per retentionem* 4 Cod. *De usur.* (4, 32).
(2) l. *Julianus* 13 § *offerri* 8 ff. *De actionib. empti* (19, 1).

(1) Fab. Cod. *De rei vindicat.* lib. 3, tit. 22, definit. 15 in princ.
(2) Fab. d. def. 15, n. 4 et seqq.

JURISPRUDENTIAE

LIBER QUARTUS

SUMMARIUM

§ 1. *Cur de obligationibus ex delicto vel quasi delicto tractationem differamus?*

§ 1. Justinianus, explicatis obligationibus, quae ex contractu, vel quasi contractu nascuntur, tum modis, quibus hae obligationes tolluntur, progreditur ad aliam obligationum speciem, videlicet quae ex maleficio vel quasi maleficio descendunt (1). Sed congruentius putamus de criminibus tum privatis, tum publicis simul disserere, prout in Pandectis factum est (2); maxime quia plura sunt delictorum utriusque generis communia. Igitur de actionibus, ut, quanto minus fieri potest, a Justiniani instituto recedamus, dicemus: tum in caeteris fere servabimus institutionum seriem: postremo loco de criminibus acturi.

TITULUS I.

DE ACTIONIBUS.

Instit. lib. 4. tit. 4 *De actionib.*
Digest. lib. 44. tit. 7) *De obligat. et actionib.*
Cod. lib. 4. tit. 10)

SUMMARIA

§ 2. *An titulus hic caeteris praestet?* — § 3. *Actio late accepta est jus persequendi in judicio, quod sibi debetur.* — § 4. *Privatis propria auctoritate non licet capere, quod sibi deberi putant.* — § 5 et 6. *Actionum praecipua divisio est in reales, personales, ex mixtas, seu partim in rem, partim in personam.* — § 7. *Quae sint actiones civiles, quaeve praetoriae?* — § 8. *Quibus competat actio pauliana, serviana, quasi serviana, seu hypothecaria?* — § 9. *Actiones de constituta pecunia, de peculio, atque in factum ex jurejurando personales sunt a praetore inductae.* — § 10. *Actiones praetoriae poenales tres sunt, de albo corrupto, de in jus vocando, et ne quis vi eximat eum, qui in jus vocatus est.* — § 11. *Quae sint actiones persecutoriae, poenales et mixtae, idest rem simul, et poenam persequentes?* — § 12. *Actiones in quadruplum, triplum vel duplum usu fori exoleverunt.* *Quae sint bonae fidei actiones?* — § 13 *et* 14. *Quae stricti juris, vel arbitrariae actiones nominentur?* — § 15. *Actiones quaedam sunt, quibus solidum petimus, aliae quibus minus solide consequimur, quia debitor gaudet competentiae beneficio.* — § 16. *Actiones etiam dividi possunt in directas et contrarias; vel utiles.* — § 17. *Perpetuae vel temporales actiones quae dicantur?* — § 18. *Actiones quaedam haeredi, et in haeredem dantur: aliae haeredi, sed non in haeredem: aliae nec haeredi, nec in haeredem competunt.* — § 19. *Litis contestatio perpetuas facit omnes actiones.* — § 20 *et* 21. *Pluribus actionibus rei persecutoris ex eadem caussa concurrentibus, una alteram perimit, nisi secunda utilior sit, vel poenalis.* — § 22. *Stipulationes poenales usu fori non sustinetur, nisi quatenus interest stipulatoris.* — § 23. *Actio persecutoria mere poenalem non consumit: utique mere poenalis alteram mere poenalem.* — § 24. *Ex actionibus poenalibus mixtis una alteram perimit, nisi plus sit in posteriore.* — § 25 *et* 26. *Actiones plures usu fori ex praescripto juris canonici uno libello cumulari possunt.* — § 27 *et* 28. *Quid si actiones inter se contrariae sint, vel contra diversos debitores ex diversis caussis?*

(1) princ. Instit. *De obligat. quae ex delict. nascunt.* (4, 1).
(2) lib. 47 ff. *Totus est de privatis delictis*, et lib. 48 *De publicis judiciis.*

§ 2. Titulus, quem nunc aggredimur explicandum, caeteris utilior est, si doctoribus credimus, atque praestantior, cum in hoc, quae sparsim in caeteris juris partibus pertractantur, compendiosa methodo revocentur. Quare singulari diligentia exponere satagemus; et quidem aliquanto fusius de iis disseremus, quae de diversis actionum sive in rem, sive in personam speciebus in Pandectis et Codice traduntur: nec alibi commode explanari possunt.

§ 3. Actio lato sensu accepta definitur a Justiniano (1) post Celsum (2) *jus persequendi in judicio, quod sibi debetur.* Juris nomine significatur potestas a jure tributa, quemadmodum dicitur jus testamenti condendi, jus eundi, uten-

(1) in princ. Instit. hoc tit.
(2) l. *Nihil aliud* 51 ff. hoc tit.

di, fruendi; atque vox haec tenet locum generis: caeterae differentiam continent, qua actio ab aliis juribus distinguitur. Persequendi verbum latissima significatione usurpatur; ita ut tum in rem, tum in personam actiones complectatur, licet stricte loquendo actio ad jura in personam, petitio ad jura in rem (1), persecutio autem ad extraordinarias petitiones pertineat, seu quae non habent juris ordinarii executionem, ut ait Ulpianus (2).

§ 4. Jure hoc experimur *in judicio*; non enim privatis licet propria auctoritate capere, quod sibi deberi putant, sed in judicio, seu coram legitimo judice experiendum est, ut is, caussa cognita, definiat, quod statuendum sit (3). Postremum *debendi* verbum latissima etiam significatione positum est, ut sub se contineat non tantum res, quae sibi deberi quis contendit, adeoque in personam actionem petuntur, sed et quod alter suum esse contendit; licet hoc, si proprie, et stricte loquamur, nostrum esse, non deberi nobis dicamus (4).

§ 5. Summa actionum divisio est in reales et personales, seu in rem, aut personam, quibus addi possunt mixtae. Actiones in rem dicuntur illae, quae nascuntur ex jure in re, seu quo res ipsa actori devincta est (5): nimirum: 1. Jure dominii, seu proprietatis, atque inde nascitur vindicatio; vel 2. Jure possessionis, unde competit actio publiciana; vel 3. Jure servitutis, aut libertatis, unde tributa actio confessoria et negatoria; 4. Jure pignoris, et hypothecae, propter quod comparata est actio serviana et quasi serviana, seu hypothecaria. Actiones vero in personam sunt illae, quae proficiscuntur ex jure ad rem; adeoque potius sunt in personam, quam ex contractu, vel quasi contractu, maleficio, vel quasi maleficio ad rem daudam obstrictam esse actor contendit (6). Hinc ait post Ulpianum (7) Justinianus (8), actiones in rem dari adversus eos, qui nullo jure nobis obligati sunt; ex quo enim rem tamquam nostram petimus, a quocumque possideatur, eam possumus vindicare, licet is nullo speciali jure nobis devinctus sit: actiones vero in personam praeviam obligationis caussam omnino requirunt (9). Porro actio in rem praecipua, qua rem nostram esse, et dari contendimus, *vindicatio* in jure appellatus; actiones in personam generali condictionis nomine donantur (10).

(1) l. *Actio* 28 ff. hoc tit.; l. *Pecuniae* 178 § *actionis* 2 ff. *De verbor. significat.* (50, 16).
(2) d. l. 178 § 2 in fin.
(3) l. *Extat enim* 13 ff. *Quod met. caus.* (4. 2).
(4) § 1 Instit. hoc tit.
(5) d. § 1 Instit. hoc tit; l. *Actionum* 28 in princip. ff. hoc tit.
(6) d. § 1 Instit. hoc tit; d. l. 28 in princip.
(7) d. l. *Actionum* 28 ff. hoc tit.
(8) d. § 1 Instit. hoc tit.
(9) d. § 1 Instit.; d. l. 28 ff. hoc tit.
(10) d. l. 28 in princ, ff. hoc tit.

§ 6. Actionibus in rem, et in personam mixtas adjungi posse diximus (§ 5): seu quae partim in rem sunt, partim in personam: atque hujus generis tria enumerat exempla Justinianus, videlicet familiae erciscundae, communi dividundo, e finium regundorum (1). Non desunt, qui hanc actionum speciem non probant, freti auctoritate Ulpiani, qui de ea omnino silet (2). Verum perperam de nomine instituitur quaestio; cum in re consensus est; nemo enim negat, quominus modo commemoratae actiones partim sint in rem, partim in personam. Praejudiciales actiones, seu per quas quaeritur, an aliquis liber sit, vel servus, filius nec ne, sive legitimus, sive naturalis, potius in rem esse creduntur (3).

§ 7. Altera actionum divisio, quae tamen hodiernis fori moribus non congruit, est in civiles et praetorias. Civiles vocantur, quae jure civili introductae sunt; praetoriae, quas praetor pro sua jurisdictione concessit (4); veluti publiciana (5), et quasi publiciana, seu rescissoria (6). Publiciana competit possessori bonae fidei, qui casu amiserit possessionem ante completum tempus usucapionis, adversus quemlibet possessorem excepto domino, ut res sibi restituatur, perinde ac si eam usucepisset (7): quasi publiciana, seu rescissoria actione dominus rem suam ab alio usucaptam repetit, quasi non usucaptam, si pendente usucapione reipublicae caussa abfuerit, ne justa absentia ei noceat (8).

§ 8. Pauliana actio, quae et ipsa praetoria est, competit creditoribus chirographariis, ut res a debitore in ipsorum fraudem alienatas revocent, seu persequantur, perinde ac si alienatae non fuissent (9). Serviana actione utitur locator fundi, ut persequatur res sibi a colono obligatas in securitatem pensionum: quasi serviana, seu hypothecaria competit creditoribus ad persequendas res sibi a debitore obligatas adversus quemlibet possessorem (10).

§ 9. Plures quoque sunt actiones personales a praetore inductae: atque eae vel pendent ex negotio gesto, et sunt rei persecutoriae; vel ex delicto, atque poenales sunt. Ex negotio gesto tres praecipue numerantur, actio de constituta pecunia, actio de peculio, atque actio in factum ex jurejurando (11). Actio de constituta pecunia competit ei, cui quis nudo pacto se soluturum promisit, quod ipse, vel alius debet adversus eum,

(1) § *quaedam actiones* 20 Instit. hoc tit.
(2) d. l. *Actionum* 28 ff. hoc tit.
(3) § *praejudiciales* 13 Instit. hoc tit.
(4) § *sed istae quidem* 3 et seqq. Instit. hoc tit.
(5) § *namque* 4 Instit. hoc tit.
(6) § *rursus* 5 Instit. hoc tit.
(7) § 4 Instit. hoc tit.
(8) d. § 5 Instit. hoc tit.
(9) § *item, si quis* 6 Instit. hoc tit.
(10) § *item, serviana* 7 Instit. hoc tit.
(11) § *in personam* 8 Instit. hoc tit.

qui se solutarum spopondit (1). Actio de peculio datur ei, qui cum servo, vel filiofamilias contraxit adversus dominum, vel patrem, quatenus est in peculio: deducto eo, quod sibi debetur (2). Actione in factum ex jurejurando utitur ille, qui jurejurando affirmavit sibi debitum esse, adversus eum, qui jusjurandum detulit, ut sibi solvatur, quod sibi deberi juraverit (3).

§ 10. Actiones praetoriae poenales tres quoque sunt: de albo corrupto, de in jus vocando, et ne quis eum, qui in jus vocatus est, vi eximat (4). Album praetoris erat tabula dealbata, in qua singulis annis praetores edicta sua proponebant: proinde actio de albo corrupto datur adversus eum, qui album praetoris corruperit, ad quingentos aureos (5), atque haec, cum ad publicam caussam spectet, cuilibet de populo competebat. Actio de in jus vocando, seu potius non vocando competit patri, vel patrono adversus filium, vel libertum, a quo in jus vocati fuerint, venia minime petita (6). Postrema conveniuntur illi, qui vi impediunt, ne quis in jus vocatus est (7).

§ 11. Tertia actionum diviso a Justiniano proposita est in persecutorias, poenales et mixtas (8), hoc est rei simul et poenae persecutorias. Persecutoriae appellantur, quibus id pessequimur, quod nobis abest: quales sunt actiones in rem, nec non omnes ex contractu descendentes, si excipiatur actio depositi miserabilis, quae in duplum datur contra inficiantem; et ita fit mixta (9). Poenales sunt, quibus solam poenam persequimur, veluti actio furti sive manifesti in quadruplum, sive non manifesti in simplum, atque tota haec poenalis est, quia adhuc competit domino rei per furtum ablatae vindicatio (10): mixta est, idest poenam simul, et rem persequitur actio vi bonorum raptorum, et legis Aquiliae; quia in quadruplo, vel duplo rei persecutio, seu aestimatio continetur (11).

§ 12. Praetermittendum putamus actionum divisionem in quadruplum, triplum, vel duplum (12); cum hae plerarumque gentium moribus exoleverint: quare progredimur ad quartam actionum speciem, quae sub se continet actiones bonae fidei, stricti juris, et arbitrarias (13). Bonae fidei actiones dicuntur illae, in quibus licet judici aestimare, quid alter alteri ex aequo et bono praestare debeat; bonae fidei sunt omnes actiones, quae ex contractibus nominatis nascuntur, excepto mutuo, stipulatione et litterarum obligatione (1): contractus vero innominati, cum omnes sint stricti juris praeter permutationem et contractum aestimatorium, seu eum, quo res aestimata alicui vendenda datur ea lege, ut res, vel aestimatio praestetur (2), actiones, quae ex illis profluunt, stricti quoque juris sunt.

§ 13. Stricti juris actiones appellantur, in quibus judex ex stricti conventionis jure pronunciare debet, ita ut nec augere, nec minuere ex aequo, et bono possit id, quod debetur: eaque pariunt judicia, seu negotia stricti juris, quae modo commemoravimus (3). Nec temere inducta est differentia inter actiones bonae fidei, et stricti juris, cum eam postulet natura ipsa contractuum, ex quibus proficiscuntur: nimirum contractus, qui ultro citroque obligationes pariunt, latius interpretari decet, ut praestetur non tantum, quod verbis expressum est, sed etiam, quod convenit praesumptae voluntati contrahentium, de quorum re agitur: contra contractus ex uno tantum latere devincientes, veluti mutuum, stipulatio, strictiorem postulant interpretationem, ne extra demonstratos limites producantur.

§ 14. Arbitrariae actiones sunt, quae a judicis arbitrio, prudenti utique, omnino pendent (4). Ad hanc speciem pertinent actiones de eo, quod certo loco dari oportet (5); quippe in his permittitur judici aestimare, quanti litigantium intersit, alio potius, quam constituto loco solvi (6); et aliae, quas enumerat Justinianus (7).

§ 15. Quinto loco ita distinguit Justinianus actiones, ut quaedam sint, quibus solidum petimus: aliae, quibus minus solido postulamus (8); seu potius, ex quibus contra intentionem minus solido consequimur; quod contingit in actionibus adversus patrem, aut dominum de peculio servi, aut filiifamilias, si forte minus in peculio sit, quam debetur (6): et quoties agitur adversus debitores, qui gaudent beneficio, ut ajant, competentiae, seu qui tantummodo condemnantur in id, quod facere possunt, deducto, quod ipsis necessarium est, ne egeant: puta maritus ad dotem mulieri restituendam conventus (10). Idem beneficium competit parenti, patrono, socio, donatori (11), et debitori, qui bo-

(1) d. § 8 in med. Instit. hoc tit.
(2) § *actiones autem* 10 Instit. hoc tit.; § *praeterea* 4 Instit. *Quod cum eo etc.* (4. 7).
(3) § *item, si quis* 11 Instit. hoc tit.
(4) § *poenales quoque* 12 Instit. hoc tit.
(5) l. *Si quis id* 7 ff. *De jurisdiction.* (2, 1).
(6) d. § 12 Instit. hoc tit.
(7) d. § 12 et l. 1 et passim ff. *Ne quis eum, qui in jus vocabit.* (2, 7).
(8) § *sequens* 16 Instit. hoc tit.
(9) § *rei persequendae* 17 Instit. hoc tit.
(10) § *ex maleficiis* 18 Instit. hoc tit.
(11) § *vi autem bonorum* 19 Instit. hoc tit.
(12) de quibus in § *omnes autem* 21 et seqq. Instit. hoc tit.
(13) § *actionum* 28 et § *praeterea* 31 Instit. hoc tit.

(1) d. § 28 et § *in bonae fidei* 30 Instit. hoc tit.; Fab. Cod. *Si cert. petat.* lib. 4. tit. 2, def. 6 in princ.
(2) V. ff. lib 19 tit. 3 *De aestimatoria.*
(3) Fab. Cod. *Si cert. petat.* lib. 4, tit. 2, d. definit. 6 in princ.
(4) d. § *praeterea* 31 Instit. hoc tit.; Fab. Cod. hoc tit. 4, tit. 2, def. 6, n. 3 et seqq.
(5) l. *Arbitraria* 2; l. *Si haeres* 5 et seqq. ff. *De eo, quod cert. loc.* (13, 4).
(6) l. 1 et 2 ff eod. tit.
(7) d. § 31 Instit. hoc tit.
(8) § *sunt praeterea* 36 Instit. hoc tit.
(9) d. § 36 in med.
(10) § *item, si* 37 Instit. hoc tit.
(11) § *sed et si quis* 38 Instit. hoc tit.

nis cessit; hic nempe, si deinceps bona acquirat, nonnisi in quantum facere potest, condemnatur (1). Huc quoque refert Justinianus compensationem (2), sed minus proprie, cum compensatio loco solutionis sit: ita ut vere solvitur videatur, qui compensat (3).

§ 16. Recensitis actionum divisionibus aliae adjungi possunt; puta in directas et contrarias, vel utiles. Directa actio duplici sensu dicitur, prout opponitur contrariae, vel utili. Primo sensu directa appellatur actio ei competens, cujus potissimum interest: prout in commodato, deposito, pignore; directa datur commodanti, deponenti, debitori pignoratitio, ut rem repetant, et damna, si quae fortassis illata sint alterius culpa; uti contraria prodest commodatario, depositario, et creditori ad repetendas impensas in rem factas. Altero sensu directa appellatur actio, quae ex verbis legis descendit; utilis, quae ex legis sententia, suadente aequitate, datur.

§ 17. Ad haec quaedam actiones perpetuae sunt, quaedam temporales. Perpetuae non eo sensu dicuntur, quod nullo tempore extinguantur, sed quia durant per triginta annos, vel etiam quadraginta ex legum Romanarum sententia (4): aliae brevioris temporis spatio praescribuntur, prout diximus, agentes de tempore ad praescribendum requisito.

§ 18. His addi potest, quasdam actiones haeredi, et in haeredem dari: quasdam haeredi, sed non contra haeredem; alias nec haeredi, nec in haeredem. Haeredi, et in haeredes dantur actiones omnes, quibus rem persequimur (5). Haeredi prosunt, sed non contra haeredem actiones mere poenales, vel poenales mixtae quantum ad poenam, excepta injuriarum actione, quae tum haeredi, tum contra haeredem denegatur; aliisque similibus (6), puta actione in factum de calumniatoribus (7); de in jus vocando, seu vocato parente, vel patrono, venia prius non obtenta (8), de donatione ob ingrati animi vitium revocanda (9).

§ 19. Si tamen lis cum defuncto jam contestata sit, etiam poenales actiones haeredi competunt, atque in haeredes rei transeunt (10); quia per litem contestatam omnes actiones perpetua fiunt (11): idem est, si aliquid ex dolo defuncti ad haeredem pervenerit (12). Jure canonico, quod utpote naturali rationi suffultum, hodierni mores probant, haeres ex dolo defuncti contrahentis, vel delinquentis in solidum erga laesum tenetur, licet nihil ad eum inde pervenerit (1).

§ 20. Si quaeratur, an in plurium actionum concursu una alteram perimat, distinguendum est. 1. An plures concurrant rei persecutoriae. 2. An una sit persecutoria, altera mere poenalis. 3. An cum persecutoria concurrat poenalis mixta. 4. An duae mere poenales. 5. An mere poenalis cum poenali mixta.

§ 21. Pluribus ex eadem caussa concurrentibus actionibus rei persecutoriis, una intentata, perit altera, nisi secunda utilior sit, quam prima; vel alterius contractus firmandi caussa stipulatio poenalis interposita fuerit. Exemplum regulae est in actione ex testamento pro consequendo legato; si legatarius hac semel egerit, sive vicerit, sive condemnatus fuerit, amplius agere nequit nec hypothecaria, nec vindicatoria (2); in actione pro socio cum actione communi dividundo pro personalibus praestationibus (3): quod si altera actione utilior sit, per priorem non perimitur, veluti in actione commodati, locati (4), et pro socio (5), si simul concurrat condictio furtiva.

§ 22. Altera regulae exceptio est, cum stipulatio poenalis ad firmandum contractum intercessit (§ praeced.); stipulator potest vel id quod amplius interest petere actione, quam parit contractus, si poena ex stipulatione jam exacta minor sit, quam quanti revera interest vel post motam actionem ex contractu ad id quod interest amplius petere, quod continetur in stipulatione poenali ultra id quod vere interest (6): quod tamen usu fori non probari, alibi demonstravimus; cum poenae conventionales non sustineantur, nisi quatenus stipulatoris interest, ut alibi diximus (7). Idem traditur de duabus actionibus, quae ab initio separatim constiterint; puta si ille, qui fundum Cornelianum stipulatus fuerat, haeres extiterit ei, cui eadem res legata fuit (8).

§ 23. Nec una actio alteram perimit, si rei persecutoria concurrat cum mere poenali, prout contingit in actione furti cum rei vindicatione, commodati, vel pro socio (9); sed si actio persecutoria concurrat cum poenali mixta, una alteram consumit quantum ad rem, non quoad

(1) § ult. Instit. hoc tit.
(2) § penult. Instit. hoc tit.
(3) l. *Verum est* 4 ff. *De compensat.* (16, 2).
(4) l. *Sicut in rem* 3 et seq. Cod. *De praescript. XXX vel XL annor.* (7, 39).
(5) princ. Instit. *De perpet. et temporalib. actionib.* (4, 12).
(6) § 1 Instit. eod. tit.
(7) l. *Haec actio* 4 et seq. ff. *De calumniatorib.* (3, 6).
(8) l. penult. ff. *De in jus vocand.* (2, 4).
(9) l. 1 in fin.; l. ult. prop. fin. Cod. *De revocand. donationib.* (8, 56).
(10) d. § 1 in fine Instit. *De perpet. et temporalib. action.* (4, 12); l. *Omnes poenales* 26 ff. hoc tit.
(11) l. *Sciendum* 58 ff. hoc tit.
(12) l. *In haeredem* 5 ff. *De calumniatorib.* (3, 6).

(1) Voet in ff. hoc tit. n. 15 in fine.
(2) l. *Cum filius* 76 § *varis* 8 ff. *De legat.* 2. (31, 1); l. 1 in fine Cod. *Comm. De legat. et fideicomm.* (6, 43).
(3) l. *Pro socio* 38 § 1 ff. *Pro soc.* (17, 2).
(4) l. *Qui servum* 34 § 1 et 2 ff. hoc tit.
(5) l. *Sed si ex caussa* 47 ff. *Pro socio.*
(6) l. *Si quis a socio* 41 ff. *Pro soc.* (17, 2); l. *Praedia* 28 ff. *De actionib. empt.* (19, 1).
(7) V. vol. II, lib. 3, § 830, pag. 977.
(8) l. *Si is, qui* 18 ff. hoc tit.
(9) l. *Qui servum* 34 § ult. ff. hoc tit; l. *Rei communis* 45 ff. *Pro soc.* (17, 2); § ult. Instit. *De oblig. quae ex delict.* (4, 1).

poenam (1). Actio mere poenalis alteram mere poenalem extinguit, nisi in altera, qua nondum actum est, plus sit (2). Demum, si concurrat actio mere poenali s cum poenali mixta, una alteram perimit quantum ad poenam, nisi plus sit in ea, quae nondum intentata est, non quantum ad rem (3).

§ 24. Quod si forte concurrant actiones poenales mixtae, una alteram perimit; nisi plus sit in posteriore (4): atque hoc sensu explicandus est Hermogenianus ajens, *cum ex uno delicto plures nascuntur actiones.... omnibus experiri permitti, post magnas varietates obtinuit* (5): videlicet id permitti, quatenus posterior actio pinguior est. Atque eadem fieri debet interpretatio alterius regulae, juxta quam *nunquam actiones praesertim poenales de eadem re concurrentes alia aliam consumit* (6). Sed in his ultra non immoramur; quia hodiernis fori moribus vix conveniunt.

§ 25. In quaestione, an plures actiones simul uno libello cumulari possint, respondemus, jure quidem Romano non posse (7); quod tamen reo conceditur (8): quippecujus caussa favorabilior habetur (9): nisi forte incertum sit, qua actione sit experiendum (10); vel actor petitorio simul, et possessorio apud eundem judicem experiri velit (11).

§ 26. Verum hodie passim in foro receptum ex praescripto juris canonici (12), ut plures uno libello actiones cumulare liceat (13), nisi contrariae sint, atque, ut ajunt, incompatibiles (14): quinimmo, etiamsi actionum nomina libello expressa non fuerint, tamen, ait post alios Voet, tot sunt actiones, quot sunt facta diversa enarrata, ex quibus diversae oriuntur actiones: ita ut, licet naturaliter unus sit libellus, civiliter tamen tot videantur, quod actiones una scriptura comprehensae sunt (15); quemadmodum pro rerum in stipulationem deductarum numero totidem interpositae videntur diversae stipulationes (16).

(6) l. *In haeredem* 5 § 1 ff. *De calumniatorib.* (3, 6).
(2) argum. l. 1 ff. *De vi bonor. raptor.* (47, 8).
(3) d. l. 1; l. *Si quis egerit* 88 ff. *De furt.* (47, 2).
(4) l. 1 ff. *Arbor furtim caesar.* (47, 7).
(5) l. *Cum ex uno* 32 ff. hoc tit.
(6) l. *Nunquam* 130 ff. *De reg.*; l. pen. ff. hoc tit. (50, 17).
(7) l. *Qui servum* 34 ff. hoc tit.; l. *Cum filius* 76 § penult. ff. *De legat.* 2. (31, 1).
(8) l. *Is, qui dicit* 5; l. *Nemo* 8 ff. *De exceptionib. et praescript.* (44, 1).
(9) l. *Favorabiliores* 125 ff. *De reg. jur.*
(10) l. 1 § *quia autem* 4 ff. *Quod legator.* (43, 3).
(11) l. *Naturaliter* 12 § 1 ff. *De acquir. possession.* (41, 2).
(12) cap. *cum dilectus* 6 extra Decret. Greg. *De causs. possession. et proprietat.* (2, 12).
(13) Voet in ff. *De edend.* lib. 2, tit. 13, n. 14 fer. in princ.
(14) Fab. Cod. *Unde vi* lib. 8, tit. 3, def. 8.
(15) Voet in ff. *De edend.* d. n. 14 fer. in med.
(16) § *quoties* 18 ff. *De inutilib. stipulat.* (3, 20); l. *Scire* 29 ff. *De verb. oblig.* (45, 1).

§ 27. Hinc cumulari potest petitio haereditatis cum judicio familiae erciscundae, ita tamen, ut de illa prius pronuncietur: persecutio fideicommissi quasi impleta conditione per mortem ejus, qui a multo tempore absens est, si mors ejus negetur, cum petitione curationis bonorum, dummodo alternatim proponantur (1); utraque enim in suo casu vires exercere potest. Idem dicendum de actione personali cum hypothecaria (2). Sed cumulari nequeunt, uti jam innuimus (§ praeced.), actiones contrariae, veluti petitio haereditatis ex testamento cum actione ab intestato; nisi forte alternatim, vel ut ajunt pragmatici, *subordinate*. Neque cumulare licet plures actiones contra diversos debitores ex diversis caussis; alioquin magna confusio oriretur; utique vero si ex eadem caussa simul debeant (3).

§ 28. Superest generatim expendendum, qui agere possint: adversus quos agi queat. Generatim dicimus; quae enim specialia sunt cujusque negotii, oblata occasione, tradidimus, et de diversis speciebus actionum, quas in hoc titulo summatim commemoravimus, quasque fusius explicabimus, agentes trademus.

TITULUS II.

QUI AGERE POSSINT, ET ADVERSUS QUOS, SIVE DE PROCURATORIBUS.

Instit. lib. 4, tit. 10 *De his, per quos agere possumus.*
Digest. lib. 3, tit. 3) *De procuratoribus.*
Cod. lib. 2, tit. 13)

SUMMARIA

§ 29 et 30. *Olim quisque suo nomine experiri cogebatur: deinde permissum fuit procuratoris opera uti: imo alicubi praeceptum.* — § 31. *Patroni onus postulandi pro quocumque suscipere debent; nisi justa caussa excuset.* § 32. *Quae sint de procuratoribus expendenda?* — § 33. *Procuratores ad agendum constituere possunt omnes, quibus agere licet. An filiifamilias et mulieres?* — § 34. *Tutores et curatores procuratorem hodie constituere possunt quocumque tempore, periculo tamen suo.* — § 35. *An procurator ad lites alium procuratorem sine mandato substituere possit?* — § 36. *An facultas haec competat procuratori generatim pro administratione posito?* — § 37. *Procurator in prima instantia constitutus censetur habere mandatum ad appellandum, non ad appellationem prosequendam.* — § 38. *Procurator generatim positus ad omnes caussas non intelligitur datus ad lites tutorio nomine exercendus. Quid de substituto a procuratore, tum ad actum li-*

(1) Fab. Cod. hoc tit. ~~lib.~~ 4, tit. 7, def. 2.
(2) Fab. Cod. *De pignorib.* lib. 8, tit. 6, def. 22.
(3) Voet in ff. *De edend.* lib. 2, tit. 13 d. n. 14 in fin.

tis speciatim dato? — § 38. *Mandatum in judicio exibendum est: nec non tutelae vel curae actus.* — § 39. *Exceptio procuratoria ante omnia definienda est.* — § 40 *et* 41. *Ratihabitio gestorum per procuratorem mandato aequiparatur: sed non inducitur ex appellatione a sententia adversus eum lata.* — § 42. *Procuratoris officio qui fungi possint tum regio, tum Romano jure?* — § 43. *Conjunctis personis, consortibus ejusdem litis, et marito pro uxore absque mandato agere licet ex sententia jureconsultorum.* — § 44. *Cautio de rato praestanda est, cum dubitatur de mandato. Quid de defensore?* — § 45. *Procuratoris ad lites officio fungi nequeant rei graviorum criminum, infames, foeminae.* — § 46. *Mulieres et milites mandatum ad lites habere possunt, dummodo vicaria in judicio procuratoris opera utantur.* — § 47 *et* 48. *An minoribus permitti possit, ut procuratorum ad lites officio fungantur?* — 49 *et* 50. *An quis invitus procurator ad lites esse cogatur; vel susceptum officium implere?* — § 51. *Procurator a primo judice condemnatus appellare tenetur, si iniqua videatur sententia: non appellationem prosequi, nisi generale mandatum habuerit.* — § 52. *Procurator ad agendum datus mandantem, qui reconveniatur, defendere tenetur.* — § 53. *Procurator in caussis omnibus civilibus intervenire potest. An dominus jussus, ut liti adsit, mittere possit procuratorem plenissimo mandato instructum?* — § 54 *et* 55. *An procurator in caussis criminalibus admittatur?* — § 56. *Quid de caussis popularibus?* — § 57 *et* 58. *Procurator caussam diligenter tractare debet; ejusque dolus domino nocet in re mandata, non ultra.* — § 59 *et* 60. *Procurator generalis est vel specialis: generalis vel cum libera bonorum administratione constitutus est, vel sine ea.* — § 61. *Filiifamilias et servi, quibus peculii administratio seorsim data sit, censetur habere mandatum cum libera bonorum administratione.* — § 62 *et* 63. *Procuratores absque libera bonorum administratione plura facere possunt, non tamen omnia, quae ab ampliore cum libera mandati forma pendent.* — § 64. *Procurator cum libera potest jusjurandum deferre, atque transigere.* — § 65 *et* 66. *An eadem facultas competat procuratori generali, sed sine libera mandatum habenti?* — § 67. *Procurator bonorum omnium simplicem administrationem habens pacisci potest, et paciscendo nocere.* — § 68. *Transactio a syndico universitatis inita sine mandato impugnari nequit sine mandato a procuratore ad lites.* — § 69. *Procurator generalis etiam cum libera donare non potest: adeoque nuda ejus confessio de soluta pecunia, aut remissio chirographi domino non nocet.* — § 70. *Qui in rem suam procurator dicatur?* — § 71. *Cessio, invito debitore, fieri potest, sed actor non cogitur suscipere defensorem.* — § 72. *Judicati actio datur adversus procuratorem in rem suam. Quid de universitatum administratoribus?* — § 73. *Procurator ad lites potest accipere donationem omnium bonorum a cliente. An valeat pactum procuratoris, ut indemnis servetur pro sumptibus ex ipsa pecunia, quae petitur?* — § 74. *An procurator vel advocatus posterioris creditoris possit accipere jus anterioris, quis liti non adfuit, donationis, vel contractus onerosi jure?* — § 75. *Procurator ad negotia èmere potest a domino. Idem jus competit advocato, vel procuratori ad lites in re, de qua lis nulla pendet.* — § 76. *Procuratoris officium cessat morte, nisi substitutus ipsius vices gerere possit. Quid si decesserit procurator generalis, qui alium substituit?* — § 77. *Quid si dominus citatus ad constituendum novum procuratorem in locum defuncti in jus non veniat?* — § 78. *Mortuo mandante, procurator, re non amplius integra, adhuc agere, vel defendere potest.* — § 79. *Haeredes mandante, defuncto, plerumque citandi sunt, ut litem prosequantur.* — § 80. *Procurator universitatum novo mandato non indiget, licet administratores omnes immutati fuerint.* — § 81. *Revocatione extinguitur procuratoris officium, nisi quis in rem suam procurator datus sit.* — § 82. *Procurator non censetur ex eo solo revocatus, quod rationes reddiderit: nec mandatum generale peaesumitur revocatum per posterius speciale.* — § 83. *Quid si caussa per sententiam definitivam decisa fuerit?* — § 84 *et* 85. *Officium semel susceptum procuratores, nisi ex justa caussa, deserere nequeunt, potissimum in executione judicati.* — § 86. *Quae sint justae deserendi officii caussae?* — § 87. *Obligatio personalis ex chirographo descendens exercenda est adversus eum, qui obligatus est, non adversus possessores bonorum; nisi chirographum recognitum fuerit.* — § 88. *Quid si duo de feudi dominio contendant, quod ab alio possideatur?* — § 89. *Provisionalis adjudicatio non semper fit favore ejus, qui publico contractu nititur, si aliqua sit praesumptio jam factae solutionis.* — § 90. *Expensae a procuratore in rem suam factae non repetuntur.*

§ 29. Quamquam olim suo nomine experiri oportebat, nec permittebatur aliena opera uti, paucis exceptis casibus, idest pro populo, pro libertate, pro tutela, et similibus: quia tamen gravia hinc orirentur incommoda: cum saepe contingeret, ut quis morbo, aetate, longis peregrinationibus, aliisve similibus caussis impediretur, ne res suas prosequi posset, receptum fuit, ut per procuratores agere liceat (1): immo ulterius progressum est, atque statutum, ut illustres per-

(1) princ. Instit. hoc tit.

sonae procuratoris opera uti teneantur, sive agendo, sive defendendo (1)

§ 30. Sanctionem Romani juris de solis illustribus personis latam (§ praeced.), fori usus apud plerasque gentes (2), atque speciatim apud nos lex municipalis ad omnes fere protraxit: ea quippe cautum, ut nemo cujuscumque gradus, aut conditionis sit, in judicio stare possit, sive actoris, sive rei partibus fungatur, nisi per publicum procuratorem, vel notarium, si in judicii loco nullus publicus procurator sit; atque non nisi procuratoribus, et notario deficientibus indultum, ut litigantes ipsi in judicium veniant (3).

§ 31. Alicubi etiam usu receptum, nec immerito, ut litigantes in gravioribus momenti caussis, quae apud supremas curias aguntur, tum procuratoris, tum insuper advocati opera uti teneantur, ne alioquin potius imperitia, quam caussae suae injustitia succumbant (4): quod tamen apud nos statuere non placuit: praescriptae tantummodo sunt quaedam leges prius implendae, quam advocati caussas in foro agere possint (5); atque cautum sub poena, ne lites defendendas temere suscipiant, vel susceptas prosequantur; atque simul injunctum onus postulandi pro quocumque, nisi justa caussa excuset (6).

§ 32. Hisce praemissis breviter expendendum. 1. Qui possint procuratorem constituere. 2. Quibus liceat procuratoris officio fungi. 3. Quibus in caussis procuratores adesse possint. 4. Quae sit eorum auctoritas. 5. Quae negotia procuratoribus cum cliente permittantur. 6. Quibus modis, vel casibus cesset procuratoris officium. Postremo quedam adjicimus, quae alibi commode tradi non potuerunt.

§ 33. Procuratores constituere possunt omnes ad agendum, qui agere possunt: adeoque non tantum patres, sed et filiifamilias in caussis, in quibus ipsi agere, vel conveniri possunt (7): nimirum in peculiis castrensibus, quasi castrensibus, et adventitiis irregularibus, sive quorum ususfructus ad patrem non pertinet (8), non in caeteris: mulieres eodem jure utuntur pro bonis extra dotem positis, quippequorum plenum dominium habent: in dotalibus vero consensus mariti accedere debet (9).

§ 34. Minores et impuberes absque curatoris, vel tutoris auctoritate procuratorem constituere nequeunt (10); si tamen procuratores ita electi in judicio vicerint, minoribus prodest sententia (11). Sane tutoribus et curatoribus licet procuratorem constituere apud quemcumque judicem, et quocumque judicii tempore, sive pupilli, aut minores agant, sive conveniantur, quin necessarium sit judicis decretum; periculo tamen suo, non eorum, quorum bona administrant (1): quamquam jure Romano tutoribus et curatoribus non nisi post litis contestationem, ex qua censebantur facti domini litis, potestas haec indulgebatur (2).

§ 35. Difficilior est quaestio de procuratore ad lites dato, an ipse alium procuratorem sine mandato domini eligere possit. Si lis cum eo jam contestata sit, extra dubium putat Voet post alios, facultatem substituendi competere procuratori ad lites, etiam sine mandato (3), exemplo procuratoris ad negotia extrajudicialia dati, cui haec potestas jure Romano tribuitur (4): quinimmo idem probabilius defenditur, lite etiam nec dum contestata, quamquam convenientius jure Romano litis contestatio exigatur (§ praeced.): aque hinc placuit Sabaudo Senatui, procuratorem ad omnes caussas generatim constitutum cogi posse, ut specialem procuratorem in aliqua caussa eligat: futurum alioquin, ut dominus pro contumaci habeatur; quem ipse indemnem servare tenebitur, quem defendere noluit (5). Sed haec hodiernis moribus non omnino convenire quidam putant (§ 3381).

§ 36. Nec omnino certum est, an procurator generatim pro administratione positus procuratorem ad lites sua sponte constituere possit. Quaestio haec ex mandati natura, seu finibus pendet. Si procuratori datum sit mandatum generale cum libera administrandi potestate, fatentur omnes, procuratorem ad lites ab eo jure constitui, cum debita exigere possit (6), paciscí et paciscendo nocere aeque ac prodesse (7): sed si procuratori utique mandatum sit, ut administret, non vero, ut litiget; perperam contenderet jus sibi minime competens in alium transferre (8).

§ 37. Atque hinc, ut obiter dicamus, procurator datus ad redimendas ex pacto res venditas redimere etiam potest eas, quae pure venditae fuerunt, vel quarum redimendi tempus jam praeterierit, si ex caussa laesionis adhuc redimi possint (9); ex praesumpta mandantis voluntate, in cujus utilitatem redimit. Neque procurator apud nos constitui potest ad judicium dumtaxat decli-

(1) l. *Quicumque* 25 et auth. seq. Cod. hoc tit.
(2) Voet in ff. hoc tit. n. 1.
(3) *Reg. Constit.* lib 3, tit. 4, § 2 et seqq.
(4) Voet in ff. hoc tit. d. n. 1 in med.
(5) *Reg. Constit.* lib. 2, tit. 9, § 1 et 2.
(6) ibid. § 3 et seq. ad fin.
(7) l. *Filiusfamilias* 8 ff. hoc tit.
(8) *Reg. Constit.* lib. 3, tit. 4, § 10.
(9) d. § 10 in fin.
(10) l. *Neque tutores* 11 Cod. hoc tit.
(11) l. *Non eo minus* 14 Cod. hoc tit.

(1) *Reg. Constit.* d. lib. 3, tit. 4, § 11 Voet in ff. hoc tit. n. 2 in med.
(2) l. *Quod quis* 8; l. *Neque tutores* 11; l. *Nulla* 23 Cod. hoc tit.
(3) Voet in ff. hoc tit. d. n. 2 post med; Fab. Cod. hoc tit. lib. 2. tit. 8, def. 24
(4) l. *Si procuratorem* 8 § *si quis* 3 ff. *Mandati* (17, 1).
(5) Fab. Cod. hoc tit. def. 25.
(6) l. *Procurator* 58 ff. hoc tit.
(7) l. *Rescriptum* 10 § ult. et duob. seqq. ff. *De pact.* (2, 14).
(8) argum. l. *Liberto* 31 § penult. ff. *De negot. gest.* (3, 5).
(9) Fab. Cod hoc tit. lib 2, tit. 8, def. 12.

nandum, non ad caetera in judicio peragenda (1), licet jure Romano aliud obtinuisse videatur (2). Sane procurator in prima instantia constitutus censetur utique habere mandatum ad appellandum, non ad appellationem prosequendam (3); quamquam aliud placuisse videtur Fabro (4). Hinc sufficit exhibuisse mandatum in prima instantia, si appellatum sit a sententia interlocutoria (5).

§ 38. Sed si generatim constitutus fuerit a Titio etiam ad omnes caussas, non intelligitur datus ad lites, quas Titius tutorio nomine potuit exercere, nisi aliud constet (6); quia alia est caussa Titii tamquam Titii, alia tamquam tutoris. Quemadmodum nec ille, qui litem exercuit tamquam substitutus a procuratore ad litem dato, si deinde procurator ad aliquem actum in eadem lite specialiter constituatur, et mandatum quasi procurator impleverit, defuncto procuratore non potest videri constitutus ad reliquam litem peragendam (7), licet mandato contineatur ratihabitio retrogestorum; cum haec ad futura non pertineat, nec enim ratum haberi potest, quod nondum gestum est.

§ 39. Neque sufficit habere mandatum, sed illud legitime datum in judicio exhibendum est (8): insuper tutelae, vel curae actum exibere debet procurator a tutore, vel curatore constitutus (9); atque exceptio, quae forte objiciatur adversus mandatum, aut conditionem tutoris, curatoris, vel administratoris, tamquam praejudicialis, intra decem dies primum definienda est (10): quod si procurator mandatum non exhibeat, nec judici mandati editionem praecipienti pareat, condemnandus est in id omne, quod adversarii intererit; sed dominus, cum indefensus sit, condemnari nequit, nisi ei possit imputari, cur alium procuratorem non elegerit, vel curaverit mandatum exhiberi (11).

§ 40. Hinc, si reus exceptionem, ut ajunt, procuratoriam objiciat, atque actor contendat, se legitimum procuratorem esse, recte tradit Faber, prius judicem cognoscere debere de hac re, tametsi ea opposita fuerit discusso principali negotio, atque in ipso calculo ferendae sententiae (12); ita ut possit appellari a sententia judicis, qui jusserit ad se deferri acta litis in omnem eventum, tamquam mox judicaturus de omnibus controversiis, cum injuria fiat illi, qui cogitur litigare

(1) *Reg. Constit.* lib. 3, tit. 4, § 7.
(2) l. *Si procurator.* 10 Cod. hoc tit.
(3) l. *Invitus* 17 Cod. hoc tit. V. infra § 52.
(4) argum l. *Qui proprio* 46 § *item quaeritur* 3; l. *Qui procuratorem* 57 ff. hoc tit; Fab Cod. hoc tit. def. 17.
(5) Fab. Cod. hoc tit. def. 9.
(6) Ibid. lib. 2, tit. 8, def. 26
(7) l. 1 § 1 ff. hoc tit.; Fab. Cod. hoc tit. def. 28.
(8) *Reg. Constit.* lib. 3, tit. 4, § 4; Fab. Cod. *Qui legitim. person. etc.* lib. 3, tit. 5, def. 1.
(9) *Reg. Constit.* ibid. § 19.
(10) Ibid. § 9
(11) Fab. Cod. hoc tit. lib. 2, tit. 8, def. 11.
(12) l. *Licet* in princ. 24 Cod. hoc tit; Fab. Cod. hoc tit. lib. 2, tit. 8, def. 15 in princ.

cum falso procuratore, et inanes impensas facere. Sane si per calumniam haec exceptio opposita fuerit, expensae litis appellatoriae calumniatori adjudicandae non sunt (1).

§ 41. Sed quid, si ille, qui tamquam procurator, sed sine mandato instituit, aut excepit judicium, deinde mandatum proferat cum ratihabitione eorum, quae prius gesta sunt? Cum ratihabitio generatim comparetur mandato (2), dummodo facta sit ante sententiam, vel post eam, si appellatum sit (3); cum provocatio rem reducat ad terminos litis contestatae, absolvendus est procurator, nec ulla eo nomine expensarum restitutio peti potest, cum nihil intersit adversarii, actis per ratihabitionem confirmatis (4).

§ 42. Non tamen censetur ratos habere actus a falso procuratore gestos, qui a sententia adversus eum lata, cum ex caussa judicati conveniretur, appellavit; postquam receptum est, ut a sententia etiam nulla appellandum sit (5) contra juris rationem (6): ex actu necessario juxta vulgatum axioma non colligitur voluntas (7). Aliud dicendum, si sponte appellaverit; quippe ita probare videretur, quod falsus procurator gessit, nisi per errorem, vel imperitiam provocasset (8).

§ 43. Pertinent haec ad personas, quibus licet procuratorem constituere. Sequitur disputatio de iis, qui procuratoris officio fungi possunt. Supra diximus (§ 30), apud nos procuratorem eligi debere unum ex illis, qui publice hoc munus sustinet (9): his deficientibus in loco, ubi lis pendet, notarium, nec nisi in notarii defectum posse litigantes in judicium venire (10). Jure Romano constitui potest quivis minime prohibitus, sive pater, sive filiusfamilias (11); quippe qui in publicis caussis pro patrefamilias habentur.

§ 44. Immo Romanae leges conjunctis personis, quales sunt liberi, parentes, fratres, sine mandato agere permittunt (12): consors ejusdem litis pro consortibus, dummodo hi litem contestati fuerint (13), et de rato caveant (14): maritus pro uxore etiam sine cautione de rato in paraphernalibus (15); dummodo non sit contraria voluntas ejus, pro quo conjuncta persona absque mandato agit (16): puta, si uxor certam caussam

(1) Fab. d. def. 15 n. 2 et seqq.
(2) l. ult. Cod. *Ad Senatusc Macèdon.* (4. 28).
(3) Fab. Cod. hoc tit. lib. 2, tit. 8, def. 10 in not. †
(4) d def. 10 in princ.
(5) Fab. Cod. hoc tit. lib. 2, tit. 8, def. 19 in princ. et n. 2 in not.
(6) l. *Si expressim* 19 ff. *De appellationib. et relat.* (49. 1).
(7) l. *Valle* 4; l. *Quae propter* 162 ff. *De reg. jur.* (50 17).
(8) Fab. Cod. hoc tit. d. def. 19.
(9) *Reg. Constit.* lib. 3, tit. 4, § 2.
(10) Ibid. § 3.
(11) l. *Filiusfamilias* 8 ff. hoc tit.
(12) l. *Sed et hae* 35 ff. hoc tit; l. *Exigendi* 12 Cod. hoc tit.
(13) l. ult. Cod. *De consor. ejusd. lit.* (3. 40).
(14) d. l. 2; l. *Maritus* 21 Cod. hoc tit
(15) l. ult. Cod. *De pact. convent.* (5. 14).
(16) l. *Pomponius* 40 § ult. ff. hoc tit.

marito mandaverit, caeteras prohibuisse intelligitur (1); nec de extraordinariis juris remediis, veluti restitutione in integrum tractetur; haec quippe a solo patre pro filio sine mandato potest implorari (2).

§ 45. Si dubitetur, an mandato instructae sint personae, quae sine eo ad agendum non admittuntur, de rato caveri oportet (3): ut et si dubium esse possit, an mandatum sufficiens sit, puta quia generale, cum speciale requiratur, prout in restitutione in integrum (4), nunciatione novi operis (5): sed, si certo constet de sufficienti mandato, nulla cautio praestanda est (6). Regio jure statutum, ne procurator in judicio admittatur, nisi a cliente coram actuario, vel scriba caussae constitutus sit, vel mandatum authenticum exhibeat (7). Quod si defectu necessarii mandati inanes sumptus fiant, a procuratore eos ferri aequum est (8). Defensoris munere quisquis fungi potest, modo satisdet judicatum solvi (9): nec non de rato, si defensor sit ejus, qui vindicatione convenitur (10), atque major aetate sit (11).

§ 46. Sed plures sunt, qui procuratores ad lites eligi prohibentur: nimirum rei gravioris criminis, nondum purgata innocentia (12); infames judicis auctoritate repelli possunt, licet exceptio haec a litigantibus fieri hodie non possit, nisi lites temere protelentur (13): decuriones (14): milites, nisi et in rem suam (15), vel ad communia sui muneris negotia tractanda (16): foeminae, nisi et in rem suam (17), aut pro parentibus, aetate, vel morbo impeditis, nec aliquem habentibus, qui pro iis experiatur (18): non vero pro liberis, quibus per tutores, vel curatores prospici potest (19).

§ 47. Caeterum apposite monet Voet, sicut usu fori expeditissimum est, nec mulieres, nec milites posse solemni, ac stato procuratorum officio fungi; ita nihil prohibet, quominus mulier, et miles mandato generali cum libera, adeoque etiam ad lites exercendas, instruantur; immo et speciali ad rem aliquam in judicio prosequendam; dummodo vicaria in judicio procuratoris opera utantur; cum nemo dubitet, quominus mulier res mariti ex mandato ipsius, vel etiam alienas extra judicium administret, saltem si maritus consentiat (1).

§ 48. Dissentiunt interpretes, utrum minores procuratorum ad lites officio fungi possint. Quidam affirmant (2): sed contraria sententia, quae jure canonico firmatur (3), aequior videtur; ita ut nec judex, nec adversarius minorem hunc admittere cogatur, licet possit, si malit (4); cum nec proprio nomine minores in judicio stare possint sine auctoritate curatoris (5), qui idcirco ex hac caussa minoribus etiam invitis datur (6).

§ 49. Cum autem, ut modo diximus (§ praeced.), minori jura non obstent, quominus procurator sit, si judicium cum eo acceptum fuerit, non ob id impugnari, aut rescindi poterit sententia, quae cum vero procuratore reddita est (7). Sane nemo dubitat, quominus minor, immo et impubes in negotiis extrajudicialibus procurator recte constituatur; etenim mandantis, non mandatarii persona inspicitur (8): sibi imputet dominus, qui talem procuratorem elegit, si forte damnum patiatur.

§ 50. Invitus plerumque nemo cogitus, si jus Romanum inspiciamus, procuratoris operam alteri praestare (9), exemplo mandati: excipitur apud nos procurator publicus, qui curator absenti judicis auctoritate detur (10); tum etiam qui a reo criminis desideretur, ut ipsum defendat in locis, in quibus nullus publica auctoritate pauperum procurator constitutus sit (11); ita suadente singulari absentis, vel rei favore; ne alioquin indefensi videantur: atque idem decretum favore pauperum in caussis civilibus, quoties procurator his defendendis publice electus juste impediatur (12).

§ 51. Quia tamen mandatum semel susceptum implendum est, nisi justa subsit excusationis caussa (13), idcirco si procurator semel litem contesta-

(1) d. l. 2 in fine Cod. hoc tit.
(2) l. *Patri* 27 ff. *De minoribus* (4, 4).
(3) l. 1 Cod. hoc tit.
(4) l. *Quod si* 26 ff. *De minoribus* (4, 4).
(5) l. *De pupillo* 5 § *qui procuratorio* 18; l. *Cum procurator* 13 ff. *De oper. novi nunciat.* (39, 1).
(6) d. l. 1 Cod. hoc tit.; l. *Si procuratorem* 65 ff. hoc tit.; Fab. Cod. *Mandat.* lib. 4. tit. 26, def. 7.
(7) *Reg. Constit.* lib. 3, tit. 4, § 4.
(8) argum l. *Si se non obtulit* 4 ff. *De re judicat.* (42, 1). *Reg. Constit.* lib. 3, tit. 4, § 24.
(9) l. *Qui proprio* 46 § *qui alium* 2 ff. hoc tit.
(10) l. *Pomponius* 40 § *sed et is* 2 ff. hoc tit.
(11) l. *Minor* 51 ff. hoc tit.
(12) l. *Reum* 6 Cod. hoc tit.
(13) § ult. Inst. *De exceptionib.* (4, 13).
(14) l. *Si quis procurationem* 34 Cod. *De decurionib.* (10, 31).
(15) d. § ult. Inst. *De except.*, l. *Qui stipendia* 9 Cod. hoc tit.
(16) l. *Filiusfamilias* 8 § *veterani* 2 ff. hoc tit.
(17) d. § ult. Inst. *De except.*; l. *Qui absente* 4; l. *Alienam* 18; l. *Maritus* 21 Cod. hoc tit.
(18) l. *Foeminas* 41 ff. hoc tit.
(19) d. l. 18 Cod. hoc tit.; l. *Liberto* 31 § penult. ff. *De negot. gest.* (3, 5).

(1) Voet *in Pandect.* hoc tit. n. 4 et 5.
(2) argum. § *justae* 5 Instit. *Quib. ex causs. manumiss. non lic.* (1, 6).
(3) cap. *qui generaliter* 5 in fin. extr. *De procuratorib.* in 6 Decret. (1, 19).
(4) l. *Exigendi* 12 in fin. Cod. hoc tit.; Fab. Cod. hoc tit. lib. 2, tit. 8, def. 30 in princ.
(5) l. *Minor* 51 ff. hoc tit.
(6) ll. 1 et 2 Cod. *De in lit. dand. tutor. vel curator.* (5, 44).
(7) d. l. *Exigendi* 12 in fin. Cod. hoc tit.; Fab. Cod. hoc tit. lib. 2, tit. 8, d. definit. 30, n. 4.
(8) l. *Denique* 3 § ult.; l. *Cum mandatum* 23 ff. *De minorib.* (4, 4); Fab. Cod. hoc tit. d. def. 30 in fin.
(9) l. *Filiusfamilias* 8 § 1 ff. hoc tit.; l. *Invitus* 17 Cod. hoc tit.
(10) *Reg. Constit.* lib. 3, tit. 4, § 15.
(11) Ibid. lib. 4, tit. 12, § 2.
(12) Ibid. lib. 2, tit. 11, § 8.
(13) l. *Si mandavero* 22 § ult. ff. *Mandat.* (17, 1).

tus sit, vel quid minimum in litem gesserit, recusare non potest, quominus caetera ad litis instructionem pertinentia exequatur (1): atque apud nos cautum, ne procurator, qui ex mandato in judicium venerit, ante sententiam illud deserat: atque etiam adesse jubetur executioni judicati, quae vim habitura est, perinde ac si reo ipso praesente facta fuisset (2); atque procurator defuncti litem pro defuncto coeptam prosequi cogitur (3); quia haeres, et defunctus una persona censentur.

§ 52. Procurator a primo judice condemnatus appellare tenetur, si iniqua videatur sententia, non tamen appellationem prosequi (4); quam immo nec prosequi potest, nisi novo instruatur mandato (5), quia appellationis caussa diversa est a caussa primae instantiae, ut ajunt: vel nisi generale pro omnibus instantiis mandatum ab initio acceperit: quo casu censuit Senatus, in judicio appellationis agere posse, licet post generale mandatum speciale ad aliquam caussam obtinuerit (6); quia revocatio non facile praesumenda sit.

§ 53. Procurator ad agendum datus mandantem quoque defendere cogitur (7), si mandans reconveniatur; quamquam apud Romanos conjuncta persona, quae ad agendum sine mandato admittebatur, dummodo de rato cavisset (8), defendere non cogebatur, si judicium omittere maluisset, et a proposita actione recedere (9).

§ 54. Intervenire potest procurator in caussis omnibus civilibus, sive in scriptis, sive viva voce expediri debeant (10), nisi singularia rerum adjuncta postulent, ut dominus ipse liti adsit (11), atque judex ita decernat (12); ita ut, si reus in jus venire jussus non pareat, rursus quidem citandus sit, sed adjecta comminatione carceris, si iterum detrectet; ita suadente non tam propositae actionis civilis qualitate, quam neglecta, et spreta jusdicentis auctoritate (13). Putant tamen plures, posse reum in hoc casu munere suo fungi mittendo procuratorem plenissimo mandato instructum, quique fateri, et agere omnia possit perinde ac si reus praesens esset; nisi et tunc aliter justa caussa judex decernat (14).

§ 55. In caussis criminalibus procurator, jure Romano, plerumque non admittitur; nec rei, nec actoris (1); non rei, ne alioquin tamquam in minus defensum lata sententia robore careret; nec accusatoris ob eandem fere rationem, quippe qui, accusatione non probata, talioni subjiciendus erat: nisi persona illustris ageret, vel conveniretur, uxor ejus, aut liberi, vivente patre (2); vel unice alleganda esset justa absentiae caussa (3), vel absens talis criminis reus esset, propter quod damnari posset (4).

§ 56. Sane hodiernis fori moribus, si reus praesens sit, uti potest advocati, et procuratoris opera: atque apud nos advocatus, et procurator pauperum caussis tuendis publice constituti reos quoque criminum defendere tenentur (5): quod si nullus in loco sit, vel justa subsit caussa, reus alium quemcumque pro arbitrio eligere potest inter juris doctores, et caussarum defensores, ita ut nec hi recusare possint, quominus operam praestent (6): quod si reus neminem eligat, judex auctoritate sua decernet, a quo reus defendatur (7).

§ 57. In caussis popularibus procurator pro reo admissus fuit jure Romano, non pro actore (8); quia cum actio popularis cuique de populo competat, conveniens visum non est alieno nomine quemquam agere. Hinc suspecti tutoris accusatio, cum quasi publica, seu popularis sit (9), per procuratorem expediri non potest, nisi alter tutor ita nominatim mandaverit (10).

§ 58. Procuratoris officium est caussam domini diligenter prosequi, et tueri non tantum in conventione, sed et in reconventione (11), praestita cautione de rato (12), saltem si agatur de personis conjunctis, quibus sine mandato agere licet, ut diximus (§ 53): proinde, si procuratoris dolo, vel culpa dominus damnum passus sit, refici a procuratore debet (13).

§ 59. Sane dolum procuratoris nocere domino in negotio mandato, non ultra mandati fines, aperte traditum est (14); quippe sibi imputare debet dominus, qui talem procuratorem elegit:

(1) d. l. 8 § ult. ff. hoc tit; d. l. 18 in fin. Cod. hoc tit.
(2) *Reg. Constit.* d. lib. 3, tit. 4. § 8.
(3) Fab. Cod. hoc tit. lib. 2, tit. 8, def. 18.
(4) d. l. *Invitus* 17 Cod. hoc tit.
(5) Thesaur. decis. 107 in addit. † et lib. 1, quaest 75 n. ult. †
(6) Thes. dict. decis. 107. n. 3 †.
(7) l. *Servum* 33 § penult. ff. hoc tit.
(8) l. *Sed et hae personae* 35 in princ. ff. hoc tit.
(9) d. l. 35 § ult; l. *Mutus* 43 § *poena* 4 ff. hoc tit.
(10) Fab. Cod. hoc tit. lib. 2. tit. 8, def. 29.
(11) l. *In pecuniariis* 26 Cod. hoc tit.; *Reg. Constit.* lib. 4. tit. 4. § 2.
(12) *Reg. Constit.* ibid. § 5.
(13) l. *Ex quacumque* 2 § 1 ff. *Si quis in jus vocat. etc.* (2, 5); Fab. Cod. *De in jus vocand* lib. 2, tit. 2, def. 10.
(14) Voet in ff. hoc tit. n. 14 fer. in princ. post alios.

(1) l. penult. § 1 ff. *De public. judic.* (48. 1); l. 1 ff. *An per alium causs. appel. red possint* (49. 9).
(2) l. ult. Cod. *De injur.* (9. 35); § *in summa* 10 Instit. eod. tit. (4. 4).
(3) l. *Absens reus* 71 ff. hoc tit.
(4) l. *Servum* 33 § *publice* 2 ff. hoc tit.; l. *Reos* 3 Cod. *De accusationib.* (9. 2); l. 1 ff. *An per alium causs. appellat. red. possint* (49. 9; l. *Absentem* 5 ff. *De poenis* (48, 19).
(5) *Reg. Constit.* lib. 4. tit. 12, § 1.
(6) Ibid. § 2.
(7) d. § 2. in fin.
(8) l. *Qui populari* 5 ff. *De popularib. action.* (47. 23).
(9) § *consequens est* 3 Instit. *De suspect. tutorib.* (1, 26).
(10) l. *Non solum* 39 § ult. ff. hoc tit.
(11) l. *Servum quoque* 33 § penult. ff. hoc tit.
(12) l. 35 § *defendere* 3.
(13) argum. l. *A procuratore* 13; l. *In re mandata* 11 Cod. *Mandat.* (4. 35).
(14) l. *Si procurator* 10 Cod. hoc tit. Osasc. decis. 9 in princ.

quamquam, si procurator minime solvendo sit, plures sentiunt, domino succurrendum esse beneficio restitutionis in integrum, licet doli particeps non sit adversarius, hodiernis praesertim moribus, quo certus est procuratorum publice constitutorum numerus (1). Sane si procurator mandati fines egrediatur, et dolo faciat, mandanti non nocet, puta si procurator ad lites fateatur dominum haeredem esse, cum talis non sit (2).

§ 60. Sed, ut melius intelligatur, quae procuratori liceant, nec ne, ad vulgatas procuratorum divisiones, quae tum ad judicialia, tum ad extrajudicialia negotia pertinent, confugere praestat. Ergo procurator alius est generalis, alius specialis. Generalis procurator alius simpliciter constitutus est, alius cum libera bonorum administratione.

§ 61. Non desunt, qui rejiciendam putant posteriorem distinctionem, existimantes, procuratorem simpliciter datum eadem potestate gaudere, ac alterum, cui libera administratio concessa fuit: verum, cum procuratoris auctoritas tota pendeat a voluntate mandantis; plus autem ex communi hominum sensu concedere videatur, qui *liberam* administrationem dat, quam qui simpliciter tribuit administrandi potestatem, distinctio haec omnino admittenda est,

§ 62. Nec aliud probant leges a contra sentientibus oppositae, quibus videtur eadem tribui facultas procuratori simpliciter constituto, ac procuratori cum libera; aliae enim loquuntur de servis, et filiisfamiliae (3), quorum respectu nihil interest, an pater, vel dominus peculii administrationem simplicem, an liberam dederit; quia, cum peculii concessio potestatem administrandi secum trahat (4), quo factum, ut et ipsi procuratori mandare potuerint peculii administrationem (5), adjecta administrationis mentio demonstrat, aliquid amplius patrem, aut dominum indulgere voluisse (6).

§ 63. Aliae utique leges sunt, quae nec de servis, nec de filiisfamilias agentes, eadem tamen competere tradunt procuratoribus generalibus simplici mandato instructis, ac illis quibus libera administratio data est, veluti posse exigere, solvere (7), judicio experiri (8); fructus, aliasve res, quae facile corrumpuntur, alienare (1). Sed et constat, procuratoribus cum libera ampliorem facultatem adseri in aliis legibus; hi quippe non tantum res, quae corrumpuntur, alienare possunt, sed et caeteras, prout de permutatione traditur (2) dummodo bona fide se gerant (3).

§ 64. Ergo procurator generalis, cui libera bonorum administratio data sit, ea fere omnia facere potest, quae dominus ipse faceret: adeoque etiam alienare res, quae servando servari possunt, si ita suadeat domini utilitas, nec refragetur ejus consuetudo; quippequam sequi tenetur procurator (4): potiori ratione res domini pignoris ex justa caussa dare (5): qui vero liberam non habet administrationem, solas, quae facile corrumpuntur, sine speciali mandato res alienat (6): nec pignori dare potest, nisi vel hoc ei speciatim mandatum sit (7), vel dominus sub pignoribus mutuas pecunias accipere soleret (8).

§ 65. Difficilior est quaestio, an jusjurandum deferre possit procurator generalis, et transigere. Si liberam habeat bonorum administrationem, fatentur omnes, utrumque ei licere. De jurejurando apertum est Pauli responsum (9): atque a jurejurando ad transactionem valet argumentum: quia jusjurandum vim transactionis habet (10); immo difficilius conceditur facultas deferendi jurisjurandi, quam transigendi, ut patet in administratoribus universitatum, quibus transigere ex justa caussa licet (11), non tamen jusjurandum deferre, nisi speciale mandatum habeant (12): atque idem dicendum de jurejurando calumniae, et decisivo (13).

§ 66. Sed non ita certum est, an procurator generalis sine libera administrandi potestate jusjurandum recte deferat, vel transigat. Transigendi facultatem mandato generali non contineri, scribit Paulus; neque ideo valere transactionem, nec domino nocere, nisi dominus, eam postea ratam habeat (14): alibi autem idem jureconsultus per procuratorem cui universorum bonorum administratio credita sit, jusjurandum deferri posse respondit (15); cum tamen facilius permittatur transactio, quam jurisjurandi delatio (§ praeced.).

(1) Voet in ff. hoc tit. n. 16 in fin.; Fab. Cod. hoc tit. lib. 2, tit. 8, def. 3; Osasc. d. decis. 9 in fin. et decis. 87.

(2) l. *Si sine interrogatione* 9 § *Celsus* 4 ff. *De interrogat. in jur. faciend.* (11, 1); Fab. Cod. hoc tit. def. 1.

(3) nimirum l. *Convenerit* 18 § ult. et l. seq. ff. *De pignorat. action.* (13, 7); l. penult. § *sed et si* 3 ff. *De divers. temporalib. praescript.* (44, 3).

(4) l. *Quam Tuberonis* 7 § 1; l. *Non solum* 49 ff. *De pecul.* (15, 1).

(5) l. *Servum* 33 ff. hoc tit.

(6) argum. l. *Si stipulatus* 4 ff. *De usur.* (22, 1); l. *Si quando* 109 ff. *De legat.* 1. (30, 1).

(7) l. *Procurator* 58 et l. seq. ff hoc tit.; junct. l. *Si procurator* 6 ff. *De condiction. indebit.* (12, 6); l. *Quodlibet* 87 ff. *De solutionib.* (46, 3).

(8) l. *Sed si unius* 17 § *procuratorem* 15 et seq. ff. *De injur.* (47, 10).

(1) l. *Procurator* 63 in fin. ff. hoc tit.

(2) d. l. 58 ff. hoc tit.

(3) l. *Creditor* 60 § ult. ff. *Mandat.* (17, 1).

(4) l. *Procurator* 58 ff. hoc tit.; junct. l. *Creditor*. 60 § ult. ff. *Mandati* (17, 1).

(5) d. l. 60 § ult; l. *Si convenerit* 18 § ult.; et l. 19 ff. *De pignor. action.* (13, 7).

(6) d. l. *Procurator tutorum* 63 ff. hoc tit.

(7) l. *Solutum* 11 § ult. ff. *De pignorat. act.*

(8) l. *Vel universorum* 12 ff. eod. tit.

(9) l. *Jusjurandum* 17 ff. *De jurejurand.* (12, 3).

(10) l. *Jusjurandum* 2; l. *Admonendi* 31 ff. eod. tit.

(11) l. *Praeses* 12 Cod. *De transact.* (2, 4).

(12) l. *Jusjurandum* 34 § 1 ff. *De jurejur.*; *Reg. Constit.* lib. 3, tit. 19, § 17.

(13) Ab-Eccles. observat. 61 et 62.

(14) l. *Mandato generali* 60 ff. hoc tit.

(15) d. l. *Jusjurandum* 17 § ult. ff. *De jurejurand.* (12, 2).

§ 67. Ut Paulum Paolo conciliente, plures existimant, eum loqui de procuratore cum libera, cum de jurejurando deferendo tractat, licet hujusce clausulae mentionem non fecerit (1). Sane, cum jusjurandum vim non solum transactionis, sed et judicialis sententiae habeat, immo majorem illa auctoritatem, teste eodem Paolo (2), vix est, ut ejus delatio permitti debeat simplici procuratori.

§ 68. Si quis objiciat, procuratorem omnium bonorum sine libera administrandi facultate, et absque speciali mandato pacisci posse, et paciscendo nocere (3), respondemus, facilius quem pro alio pacisci, quam transigere (4); quia pacta de re certa fieri solent; adeoque dominus facile consequi potest indemnitatem a procuratore, si hic male pactus fuerit: contra transactiones fiunt de rebus dubiis (5); nec facile sciri potest, an procurator transigendo se gesserit tamquam bonus paterfamilias: proinde consultius visum fuit generatim denegare transigendi facultatem procuratori generali, nisi libera administratio ei credita sit (§ 66).

§ 69. Quid si fingamus, transactionem initam fuisse sine mandato ab universitatis administratore, cui licere diximus (§ 65)? haec utique a procuratore ad lites universitatis impugnari non potest, potissimum, si utilis universitati sit, nec syndicus posterior eam infringi postulet (6); etenim, licet mandatum singulare fortassis usu requiretur, ex quo transactio universitati prodest, servanda est; nec perperam impugnari.

§ 70. Procuratorem bonorum omnium libera quantumvis administrandi facultate praeditum, donare non posse, apud omnes in confesso est (7); donans non administrare, sed perdere videtur (8). Hinc colligit Faber, procuratoris ad exigendum constituti nudam confessionem de soluta pecunia non nocere domino, nisi aliunde constet de solutione: neque si procurator liberam habens bonorum administrationem reddiderit chirographum obligationis in signum solutionis (9); quia donatio esset, seu tacitum pactum de non petendo, quod donationem sapit, si caussam nullam habeat.

§ 71. Qui in rem suam, ut ajunt, procurator est, ampliori profecto gaudet potestate: procurator in rem suam dicitur, qui agit non in mandantis, sed in propriam utilitatem: vel quia ipsi cessae sint actiones (10), vel quia ipse liti se obtulit, et judicii periculum suscepit (11); vel si fidejussor, qui ordinis seu excussionis beneficio nominatim renunciavit, conventus a creditore ad solvendum, debitori ipsi mandet, ut defendat, et procuratorem constituat (1); quippe debitor pro sui potius, quam debitoris commodo agit.

§ 72. Discrimen inter procuratores in rem suam aliquod est pro diverso, quo fiunt, modo. Debitore etiam invito, potest creditor alium in sui locum substituere per cessionem (2); cessio venditioni aequiparatur; haec autem cuilibet domino in re sua licet: sed defensorem, qui judicii periculum in se suscipiat, actor admittere invitus non cogitur; ne alioquin pro debitore idoneo minus idoneum habeat: quare potest creditor, si malit, dominum, seu debitorem convenire (3).

§ 73. Praeterea, si procurator in rem suam defendat, judicati actio in eum datur: alioquin in dominum (4), nisi forte se liti obtulerit, aut ipse judicatum solvi satisdederit (5). Non eadem per omnia est, ut obiter dicamus, conditio administratorum universitatis: quamquam et in multis conveniunt: administratores durante officio conveniri possunt, non quidem, ut suo nomine solvant, sed ut solvi curent (6); imo et eo finito, si rationes nondum reddiderint (7): vel si poprio nomine se et bona sua obligaverint, vel obligationem creditori competentem ademerint (8); plane syndici exemplo tutorum, si divisa sit inter ipsos administratio, gaudent beneficio divisionis (9). Consiliarii universitatum non tenentur pro facto syndici, licet consilium syndico dederint (10); nisi dolus probetur. Quod si quis per vim et metum, puta a militibus coactus, solverit debitum universitatis, actione negotiorum gestorum repetit (11); quamquam instrumenta a militibus verosimiliter extorta paratam executionem non habent (12).

§ 74. Caeterum non sicuti procurator, sive ad negotia, sive ad lites donare prohibetur, ita quamvis ad lites constitutus sit, prohibetur accipere donationem omnium bonorum a cliente (13), tametsi nec possit pacisci de quota litis, nec rei litigiosa donationem accipere (14). Subjicit Fa-

(1) d. l. 17 § ult. ff. *De jurejur.* (12, 2).
(2) d. l. *Jusjurandum* 2 ff. eod. tit.
(3) l. *Rescriptum* 10 § ult.; l. *Nam et nocere* 12 ff. *De pact.* (2, 14)
(4) d. l. *Mandato generali* 60 ff. hoc tit.
(5) l. 1 ff. *De transact.* (2, 15).
(6) Fab. Cod. hoc tit lib. 2, tit. 8, def. 7.
(7) l. *Contra juris* 28 § ult. ff. *De pact.* (2, 14).
(8) l. *Filiusfamilias* 7 in princ. ff *De donationib.* (39, 5).
(9) Fab. Cod. hoc tit. lib. 2, tit. 8, d. def. 13.
(10) V. quae supra diximus de cessionario § 3530 et seqq.
(11) l. *Si se non obtulit* 4 ff. *De re judicat.* (42, 1).

(1) l. *Licet* 42 § *ea obligatio* 2 ff. hoc tit.
(2) l. *Nominis* 3 Cod. *De haeredit. vel action. vendit.* (4, 39); l 1 Cod. *De novationib. et delegationib.* (8, 42).
(3) l. *Si actor* 29 ff. hoc tit.
(4) d. l. *Si se non obtulit* 4 ff. *De re judicat.* (42, 1); Fab. Cod. *Mandat.* lib. 4, tit. 26, def. 28; ubi addit, non ideo videri procuratorem in rem suam recessisse a contractu, quod passus sit, sententiam concipi in personam cedentis.
(5) d. l. 4 in princ.; l. *Si procurator* 28; l. *Plautius* 61 ff. hoc tit.
(6) Fab. Cod. *De obligat. et action.* lib. 4, tit. 7, def. 5.
(7) Ibid. def. 4.
(8) Ibid. def. 6, 15 et 17.
(9) Ibid. def. 18.
(10) Ibid. def 16.
(11) Ibid. def. 14.
(12) Ibid. def. 8.
(13) Ibid. lib. 2, tit. 8. def. 21 in princ.
(14) Ibid. d. def 21, n. 1 et 2; *Reg. Constit*, lib. 2, tit. 11, § 1.

ber, non esse improbandum pactum, quasi de quota litis factum, quo procurator ad lites datus, cum pro domino maximos sumptus fecisset; quorum repetendorum alia non esset ratio, quam si indemnis servaretur ex ipsa pecunia, quae petebatur, dummodo color fraudandae legis quaesitus non appareat (1); cum retentio actorum litis competat procuratori non quidem pro salario, sed pro sumptibus (4).

§ 75. Multo minus ille, qui posterioris creditoris procurator, vel advocatus fuit, prohibetur accipere ex caussa donationis jus anterioris creditoris, qui liti non adfuit (2); cum prior creditor nullam litem habuerit, videri nequit procurator contra legem facere: alio tamen, quam donationis jure vix est, ut procurator possit jus prioris creditoris comparare citra perfidiae suspicionem, nisi posterior creditor, cujus caussam agit, condemnatus fuerit (3); videretur etenim in necem clientis sui agere velle. Sed in his ulterius non immoramur; caetera, quae ad hanc rem pertinent, alibi ex proposito tradidimus (4).

§ 76. Sane procuratores non ad lites, sed ad negotia, vel in rem suam constitutos emere posse, vel alio quocumque titulo rem comparare ab eo, cujus negotia administrant, nemo est, qui neget (5); cum nullo jure prohibeantur, nec prohiberi debeant, deficiente legis ratione. Atque idem tradit Faber de advocato, vel procuratore ad lites dato, si de ea repactus sit, de qua lis nulla pendeat (6), prout et nos alibi defendimus (7); ne alioquin magno incommodo hujus conditionis viri ex publico officio, quod sustinent, afficiantur.

§ 77. Superest inquirendum, quibus modis liniatur, res cesset procuratoris officium: atque hic eaedem fere obtinent regulae, quas exposuimus agentes de modis, quibus finitur mandatum (8). Imprimis ergo cessat procuratoris officium ipsius morte (9); quia electa creditur industria personae (10): quare alius procurator in locum defuncti a domino substitui debet (11), nisi obtineat, ut substitutus procuratoris interim ejus vices gerat (12), prout apud nos cautum est (13). Sane, si procurator generalis ad lites alium in quadam caussa substituerit, morte substituentis non extinguitur (1).

§ 78. Sed quid, si citatus ad constituendum novum procuratorem in locum defuncti in jus non veniat? Iterum, ait Faber (2), citandus est, cum ex primo edicto non fiat contumax: quod si nec post secundam citationem judicio sistat, non prius condemnari debet, quam rursus citatus sit, ut condemnationem ex contumacia damno litis coerceatur (3), dummodo jus actoris probatum sit, atque de solo contumacis jure, et exceptionibus quaeri oporteat (4).

§ 79. Quod si mandans decesserit, interest, utrum res integra sit, nec ne. Mortuo mandante, re non amplius integra seu lite jam contestata, procurator agere, vel defendere adhuc potest (5); prout servatur in mandato (6). Potiori ratione non expirat procuratoris officium morte mandantis, si jam in caussa conclusum sit (7): idest si lis in eum statum sit deducta, ut solius judicis sententia expectetur, tota facti quaestione in jus translata; sive in scriptis, sive vivae vocis oraculo pronunciandum sit; quin intersit, an litis instrumenta produci debeant apud actuarium, an caussa publice ab advocatis perorari (8).

§ 80. Non tamen statim cogitur procurator defuncti caussam prosequi; quia forte haeredes nolunt; cum liberum ipsis sit alium procuratorem eligere (9): atque ideo passim obtinet, ut, mortuo mandante, citentur haeredes ad caussam prosequendam, seu reassumendam (10). Sane procurator absque justa caussa recusare non posset prosecutionem judicii favore haeredum (§ 51). Quod si nondum lis contestata fuerit, et res plane integra sit, mandantis morte solvitur mandatum (11).

§ 81. Non tamen novum mandatum requiritur in procuratore quarumcumque universitatum, licet administratores omnes immutati fuerint: atque cum eo continuatur judicium, donec alius forte eligatur (12): universitas eadem semper intelligitur omnibus etiam membris mutatis (13), porro novus procurator, qui legitime ab universitate, seu administratoribus electus in jus veniat, judicium in eodem statu prosequi debet, quin opus sit, ut ad opponendum urgeatur, vel

(1) Fab. Cod. hoc tit. definit 22.
(2) l. *Quae omnia* 25 in fin; l. *Qui proprio* 46 § penult. ff. hoc tit; Fab. d. def. 22 in not.
(3) Fab. Cod hoc tit. lib. 2, tit. 8, def 27. in princ.
(4) Ibid. d def. 27, n. 1.
(5) V. vol. II, lib. 3, pag. 935. § 552 et seqq.
(6) Fab. Cod. hoc tit. lib 2. tit. 8, def. 23.
(7) Ibid. d. def. 23, n. 4 et 5.
(8) d. vol. II, lib. 3, § 564 et seqq. pag. 936.
(9) V. supra § 3406 et seqq.
(10) Fab. Cod. hoc tit. lib. 2 tit 8, def 4. n. 7 et seqq.
(11) § *item, si adhuc* 10 Instit. *De mandat* (3, 27).
(12) l. ult. § 1 Cod hoc tit.
(13) Fab d. def 4 in not.
(14) *Reg. Constit.* lib. 3, tit 4, § 22 et 23, ubi simul decernitur, quid agendum, si procurator defunctus substitutum non habeat, vel hic absit, aut deserat officium.

(1) Fab. Cod. hoc tit. lib. 2, tit. 8, def. 24.
(2) Ibid. def. 6
(3) l. *Contumacia* 53 princ. et § 1 ff *De re judicat.* (42, 1).
(4) l. ult. Cod. *De execut. rei judicat.* (7, 52).
(5) l. *Nulla dubitatio* 23 Cod. hoc tit.
(6) d. § *item, si adhuc* 10 Instit. *De mandat.* (3, 27).
(7) Fab. Cod. hoc tit. lib. 2, tit 8, d. def. 4 in princ.
(8) d. def 4 in fin.
(9) l. *Post litem* 17 § 1 ff. hoc tit; Fab. Cod. hoc tit. lib. 2. tit. 8. d. def. 4. n. 4.
(10) Fab. d. def. 4 in not.
(11) d. § *item, si adhuc* 10 Instit. *De mandat* (3, 27).
(12) *Reg. Constit.* lib. 3, tit. 4. § 20.
(13) l. *Sicut municipum* 7 § ult. ff *Quod cujusq. universitat.* (3, 4).

rursus acta cum ipso communicentur (1): quod et observandum praescribitur, quoties in quavis caussa novus procurator constituitur, sive quia primus revocatus fuerit, aut sponte renunciaverit, vel decesserit (2).

§ 82. Praeterea extinguitur procuratoris officium revocatione mandati: jure Romano ante litem contestatam pro arbitrio licebat procuratorem ad lites revocare (3); sed post illam, cum procurator fieri censeretur dominus litis, non nisi ex justa caussa revocatio fieri poterat (4): usu fori hodierni procurator dominus litis non fit, atque pro arbitrio revocatur, dummodo alius constituatur, et revocatio intimetur judici, et parti (5), restitutis utique impensis a procuratore in litem factis (§ 73). Sane, cum procurator in rem suam quis datus est, mandati revocatio non permittitur (6): imo nec licet mandatum pro parte revocare (7).

§ 83. Sed non intelligitur procurator ex eo solo revocatus, quod rationes reddiderit, nisi alia appareat domini voluntas, puta qui alium procuratorem elegerit, vel qui finitam credat administrationem (8); nihil enim prohibet, manente etiam administratione, rationes reddi; cum imo saepe intersit ita fieri. Neque mandatum generale praesumitur revocatum per posterius speciale, quod justa caussa adjici potuit, ut nullus supersit dubitationis locus, an quaedam contineantur generali mandato, nec ne (9): praeterquamquod voluntatis mutatio facile praesumi non debet (10).

§ 84. Censetur quoque revocatum, seu potius finitum mandatum, si procurator non generatim ad omnes, sed ad unam dumtaxat caussam datus sit, eaque per sententiam definitivam decisa fuerit, ita ut novo mandato opus sit (11), licet tantum de appellatione tractetur; quia novum judicium est (§ 52): sed si per sententiam interlocutoriam dominus sumptum condemnationem passus sit, procurator, licet revocatus, eorum taxationi adesse potest, maxime si revocatio ipsi significata non fuerit (12); cum et apud omnes constet, procuratorem in caussa principali constitutum adesse debere in caussa executionis judicati, quae appendix est caussae et litis praecedentis (13); adeoque et taxationis impensarum, quin novo haeredis mandato opus sit, licet decesserit mandans (1).

§ 85. Quod spectat ad renunciationem, ea non nisi ex justa caussa fieri potest (2); quamquam mandatum, sicut sponte suscipitur, ita susceptum deserere licet, dummodo renunciatio opportuno tempore fiat (§ 3413), nisi justa superveniens caussa aliud pro mandatario suadeat (§ 3414). Hinc regio jure cautum, ne procuratores, qui semel caussae defensionem susceperint, ei renunciare possint, licet officium deserant, aut revocatum fuerit mandatum, sed in jus adhuc veniant, donec alius procurator apud judicem se sistat (3).

§ 86. Multo minus licet procuratori susceptum officium deserere in ea re, quae ad judicati executionem pertinet (4); puta si agatur de taxandis impensis, in quas actor, vel reus condemnatus fuerit (§ 84); vel si condemnatus petat in executione judicati dilationem ad solvendum; procurator in caussa principali constitutus debet victorem defendere (5).

§ 87. Justa autem superveniente caussa, leges patiuntur, ut procurator a suscepto officio cesset (6): inter justas caussas numerantur capitales inimicitiae inter procuratorem, et dominum; dignitas, quam procurator adeptus sit, absentia in reipublicae utilitatem; adversa valetudo, necessaria peregrinatio (7), aut cura rei familiaris, quae procuratorem occupet; et similes, prout judex, singulis pensatis, decreverit (8); item si mandans patriae hostis declaratus sit, licet jam conclusum in caussa fuerit; cum nec liceat hosti publico patrocinium praestare, nisi obtenta licentia (9).

§ 88. Quaedam hic pro coronide adjicienda putamus quoad personas, contra quas agi possit, condemnationis modum, atque impensarum restitutionem. Quod ad personas spectat, in primis cum Fabro animadvertimus, obligationem personalem, quae ex chirographo oritur, exercendam esse adversus eum, qui obligatus est (10), aut, si absit, adversus curatorem bonis datum; quippequi, licet potissimum bonis, non personae detur, personam eatenus repraesentat, quatenus actiones excipere cogitur (11): chirographo autem recognito, qui et per curatorem recognosci potest, hypothecaria agere li-

(1) *Reg. Constit.* d. § 20 in med.
(2) d. § 20 in fin.
(3) l. *Ante litem* 16 ff. hoc tit.
(4) l. *Procuratoribus* 22 Cod. hoc tit.; l. *Post litem* 17 princ. et §§ seqq., et ll. seqq. ff. hoc tit.
(5) Voet in ff. hoc tit. n. 23 prop. fin. Aliud quidem innuere videtur Fab. Cod. hoc tit. lib. 2, def. 31, in med. sed contrarium in foro nunc passim servatur.
(6) l. *Quae omnia* 25 in fin., l. *Procuratore* 55 ff. hoc tit.
(7) l. *In caussae cognitione* 27 ff. hoc tit.
(8) Fab. Cod. hoc tit. lib. 2, tit. 8, def. 2.
(9) Thesaur. decis. 107, n. 3 et 4 †. Voet in ff. hoc tit. n. 24.
(10) l. *Eum, qui* 22 ff. *De probat.* (22, 3).
(11) Fab. Cod. hoc tit. lib. 2, tit. 8, def. 32.
(12) Ibid. def. 31.
(13) l. *Terminato* 3 Cod. *De fructib. et lit. expens.* (7, 51); Fab. Cod. hoc tit. d. def. 32 in not. †

(1) Fab. Cod. hoc tit. def. 14.
(2) l. *Filiusfamilias* 8 § ult. ff. hoc tit.; Fab. Cod. hoc tit. lib. 2, tit. 8, def. 8 in princ.
(3) *Reg. Constit.* lib. 3, tit. 4, § 21.
(4) Fab. Cod. hoc tit. lib. 2, tit. 8, def. 14, n. 2.
(5) Fab. d. def. 14 in not.
(6) d. l. *Filiusfamilias* 8 § ult. ff. hoc tit.
(7) d. l. 8 § ult. et l. seq. ff. hoc tit.
(8) l. *Vel haereditas* 10 et seqq. ff. hoc tit.
(9) Fab. Cod. hoc tit. lib. 2, tit. 8, def. 2 et seqq.
(10) l. *Actionum* 25 ff. *De obligat. et actionib.* (44, 7).
(11) l. *De curatore* 2 § 1 ff. *De curator. bon. dand.* (42, 7); Fab. Cod. *De obligat. et actionib.* lib. 4, tit. 7, def. 13.

cet, si de pignore convenerit, vel obligatio taciti pignoris vinculum habeat (1).

§ 89. Si inter duos de dominio feudi, vel rei alterius disputetur, possessor interim liti eximendus est, dummodo idonee caveat favore victoris (2); si tamen feudi possessor recognoverit, et apud directum dominum professus sit, cum sit obligatus, non solum tamquam possessor, sed etiam ex propria stipulatione seu professione, liti adesse debet, licet nihil promiserit, nisi tamquam possessor (3); cum nemo ad recognitionem feudi, vel juris emphyteutici admittatur, nisi possideat (4).

§ 90. Quod attinet condemnationis modum recte tradit Faber, non semper pendente lite fieri adjudicationem provisionalem seu fiduciariam ei, qui nititur contractu publica etiam scriptura contento, si nempe aliqua praesumptio sit contra actorem solutionis jam factae; veluti si lis sit inter debitorem et creditoris haeredem, qui facile ignorat, utrum solutio facta sit, nec ne: vel si creditor inops sit, debitor dives, probae existimationis, in quem nulla cadat falsitatis suspicio (5).

§ 91. Expensas pro domino factas procurator repetit; pro quibus etiam actorum litis retentio competit (§ 74), sed; si in rem suam procurator impenderit (6), repetitio denegatur (7), nec enim repetere debet, quod ad sui commodum erogavit. Ex his, quae in hoc titulo explicavimus, nonnulla sunt advocatis quoque communia. Quae vero singularia sunt, de judiciis agentes exponemus. Hoc loco praestat praecipuas actionum species, quas titulo praecedenti commemoravimus, explanare: eodem ordine, quo summatim de illis disseruimus.

TITULUS III.

DE REI VINDICATIONE.

Instit. lib. 4, tit. 6 *De actionib.*
Digest. lib. 6, tit. 1) *De rei vindicat.*
Cod. lib. 3, tit. 32)

SUMMARIA

§ 92. *Vindicationis nomine donantur actiones reales, condictionis personales.* — § 93. *Res etiam absens hodie vindicari potest.* — — § 94. *Quae sint de vindicatione expendenda?* — § 95. *Vindicatio competit illis, qui vel gentium, vel civili jure dominium acquisiverunt, licet aliquando recessurum sit.* — § 96. *Marito competere videtur vindicatio rei dotalis.* — § 97. *Dominium vindicatione prius esse debet. Quid si pendente lite acquiratur?* — § 98. *Ex duobus emptoribus praefertur ille, cui prius res tradita fuit. Quid de precaria possessione sentiendum?* — § 99. *Quid si duo contendant de re mobili, et aequales dominii probationes afferant?* — § 100. *Vindicatione agenti referri potest quaestio dominii.* — § 101. *Venditori, re nondum tradita, vel non habita fide de pretio, competit vindicatio.* — § 102. *Quid si emptor statim post rem traditam foro cesserit?* — § 103 et 106. *Haeres vindicare non potest rem suam a defuncto venditam, pro qua parte haeres est. Quid de fideicommissario, qui succedat haeredi gravato?* — § 104. *Vindicatio rei suae a defuncto alienatae denegatur haeredi beneficiato, dummodo aestimationem consequi possit. Qud de filio in sola legitima instituto?* — § 105 et 106. *Qui rei alienae venditae dominium deinceps acquisivit, vindicatione uti non potest: nisi rem alienaverit, cujus solam administrationem habebat. Quid de advocato?* — § 107. *An curator absentis vindicare possit bona, absente ignorante, ab alio alienata?* — § 108 et 109. *Vindicatio instituitur adversus quoscumque rei possessores: vel qui dolo malo possidere desierunt.* — § 110. *Quod de possessoribus, qui rem a fisco principis, vel augustae domo emerunt?* — § 111 et 112. *Vindicationi non subsunt, qui dolo possidere noluerint: nisi de re singulari haereditaria quaestio sit.* — § 113. *Rei dominus vindicatione utens pretium emptori restituere non tenetur: nisi emptor ma. ture certiorem fecerit judicem secutae emptionis.* — § 114 et 115. *Quid si quis rem a fure emerit, ut domino restitueret: vel eam in publicis nundinis bona fide comparaverit?* — § 116. *Pecunia furtiva semel consumpta amplius vindicari nequit.* — § 117 et 118. *Emptae rei ex pecunia furtiva vindicatio non datur: nisi pecunia fuerit minoris, vel militis.* — § 119. *An vindicatio permittatur mulieri rerum pecunia dotali acquisitarum?* — § 120. *Quid de rebus comparatis ex pecunia donata inter conjuges? Quid si actio in rem vendita fuerit?* — § 121. *Res empta ex pecunia communi non fit communis, nisi inter socios omnium bonorum, vel socius communi nomine emerit.* — § 122. *Pretium in rebus singularibus non succedit loco rei.* — § 123 et 124. *An vindicatione conveniri posset, qui sciens rem alienam emit tum distraxit?* — § 125. *Res a piratis captae, et postmodum venditae eodem jure censetur, ac res furtivae.* — § 126. *Dominium ad vindicationem concludenter probandum est.* — § 127 et 128. *Dominium plene non probatur ex perceptione fructuum, locatione per longum*

(1) Fab. d. def. 13 n. 8 et sequent.
(2) l *Litibus* 20 in princ. Cod. *De agricol. et censit.* (11, 47).
(3) Fab. Cod. *De obligat. et actionib.* lib. 4, tit. 7, def. 22.
(4) l. ult. Cod. *Sine censu* (4, 47).
(5) Fab. Cod. *De obligat. et act.* lib. 4, tit. 7, def. 12.
(6) Quibus modis quis procurator sit in rem suam, diximus supra § 71.
(7) l. *Actoris* 30 ff. hoc tit.; Fab. Cod. hoc. tit. lib. 2, tit. 8, def. 20.

tempus, aut impositione insignium gentilitiorum. Quid si doceatur dominium auctoris, et titulus acquisitionis? — § 129. *Dominii continuatio praesumitur, donec reus vindicatione conventus contrarium demonstret.* — § 130. *Rei identitas in vindicatione probanda est. Quibus haec modis demonstretur?* — § 131 et 132. *Quid si reus vindicatione conventus per mendacium neget se possidere? aut rei demonstrationem per calumniam petat?* — § 133. *Vindicatione petuntur tum res singulares, tum corporum universitas; non vero res incorporales* — § 134 et 135. *Vindicari potest etiam incerta rei pars.* — § 136. *Grege legato, debetur ovis superstes: non area domus legatae et destructae.* — § 137. *Vindicanti restituenda est res cum fructibus, et ceteris accessionibus. Quo in loco res mobilis restitui debeat?* — § 138. *Statim restituenda est vindicanti res sua; nisi justa caussa dilationem postulet. Quid si possessor contumax sit?* — § 139. *Quid si tertius eandem rem vindicare contendat tamquam suam?* — § 140. *Qui dolo fecit, ne rem alienam possideret, aestimationem praestat, quanti adversarius in litem juraverit.* — § 141. *Communis rei aestimatio praestatur ab eo, qui culpa possidere desiit.* — § 142 et 143. *Re pereunte apud possessorem male fidei ante litem contestatam domino perit, si absque culpa possessoris interierit, et apud dominum aeque peritura fuisset.* — § 144. *Quid si perierit post motam litem?* — § 145. *Possessor bonae fidei non praestat rei interitum, quocumque tempore perierit.* — § 146. *Quid de fructibus perceptis vel percipiendis?* — § 147 et 148. *Impensae cum fructibus compensantur: atque ex usu fori actio pro illis competit.*

§ 92. Vindicationis nomen generatim in jure accommodatur actionibus in rem, ad descrimen actionum personalium, quae condictionis nomine veniunt (1): nam vindicare nihil aliud est, quam jus in re sibi asserere. Jus in re, ut alibi diximus, ex quatuor fontibus profluit, dominio, servitute, pignore, et possessione, ut alibi exposuimus, atque simul diversas dominii species explicavimus (2). Ex dominio nascitur vindicatio, seu actio in rem, qua rem nostram ab alio possessam petimus (3).

§ 93. Antiquo Romanorum jure, cum dominus rem suam vindicans hac, vel simili formula uteretur: *Ajo, rem hanc ex jure Quiritium meam esse,* res omnino praesens desiderabatur, vel tota, vel pro parte, veluti fundi gleba, qua totus fundus demonstrabatur (4): sed hodie, explosis simpliciore usu fori hisce subtilitatibus, res etiam absens vindicari potest, nec formularum scrupulositas amplius attenditur, dummodo de actoris intentione certo constet.

(1) § *appellamus* 15 Instit. hoc tit.
(2) V. vol. I, lib. 2, § 404 et seqq. pag. 588.
(3) d. § 15 Instit. hoc tit.; l. *Actionum* 25 ff. *De obligat. et act.* (44, 7).
(4) Gellius *Noct. atticar.* lib. 20, cap. 10.

§ 94. De vindicatione sive directa, quae jure stricto competit, sive utili, quae ex aequitate conceditur, haec sunt expendenda. 1. Quibus detur. 2. Adversus quos. 3. Quibus conditionibus. 4. Quae res vindicari possint. 5. Quis sit vindicationis effectus, seu quid actor per vindicationem consequatur.

§ 95. Vindicatio, uti jam innuimus (§ 92), competit illis, qui vel gentium, vel civili jure dominium acquisiverunt (1); dummodo rei proprietatem habeant, licet aliquando sit ab ipsis recessura. Hinc proprietarius potest vindicare rem, cujus ususfructus alienus est (2); quia vere illius dominus interim esse non desinit, licet emolumento fructuum careat (3): atque idem competit jus haeredi pro re, quae alteri sub conditione legata sit, quamdiu conditio non extitit (4): sed, postquam conditio extitit, vindicatio legatario competit (5), si legatum agnoverit (6).

§ 96. De marito dubitari potest, utrum ipsi competat rei dotalis vindicatio, an potius uxori. Verum, cum maritus civile dotis dominium habeat, uxor nonnisi naturale retineat (7), pro marito respondendum videtur. Nec aliud erui potest ex rescripto Alexandri, quo potestas fit mulieri vindicandi rem a matre, vel marito alienatam (8); cum non constet, Imperatorem agere de re dotali.

§ 97. Praevia rei possessio necessaria non est, ut quis vindicatione agat; quare haeres ante aditionem res haereditarias vindicare prius esse debet; nec sufficit dominium acquirere pendente lite, nisi mutato libello, et restitutis reo convento expensis (9), actor ex nova dominii acquisiti caussa vindicare instituat (10). Alia est possessionis ratio; hanc quippe, cum in facto consistat, reus si pendente lite adeptus fuerit, actori restituere debet (11).

§ 98. Si ergo pater fundum adventitium filii vendiderit Titio, atque tradiderit, tum filius, consentiente, et auctoritatem praestante patre, eundem vendiderit Sempronio, cum Sempronius fundi dominium nunquam habuerit; quia ei tradi-

(1) l. *In rem actio* 23 ff. hoc tit.
(2) l. *Fructus* 33 in fin. ff. hoc tit.
(3) l. *Recte dicimus* 25 ff. *De verb. sign.* (50, 16).
(4) l. *Non ideo* 66 ff. hoc tit.
(5) l. ult. § penult. Cod. *Commun. de legat. et fideic.* (6, 43).
(6) Fab. Cod. hoc tit. lib. 3, tit. 22, def. 17.
(7) l. *In rebus dotalibus* 30 Cod. *De jur. dot.* (5, 12); l. *Doce* 9 Cod. hoc tit.
(8) l. *Mater tua* 3 Cod. hoc tit.
(9) l. *Si ager* 50 § 1 ff. hoc tit.
(10) l. *Eum, quem* 79 ff. *De judic.* (5, 1).
(11) l. *Non potest* 23 ff. eod. tit.
(12) l. *Sin autem* 27 § 1 ff. hoc tit.

tus non fuit (1), nec tradi potuit, cum a Titio possideretur, vindicatione adversus Titium agere non potest (2): nisi prius filius possessionem a Titio avocaverit, vel condictione Justinianea (3), vel remedio canonis Pontificii (4), vel vindicatione (5): agere tamen potest Sempronius tamquam jus per emptionem a filio cessum habens, ut sibi fundus adjudicetur (6).

§ 99. Hinc patet, ex duobus emptoribus in vindicatione praeferri eum, cui prius res tradita fuit, etiam per solam constituti clausulam (7); cum per hanc naturalis et civilis possessio transferatur (8). Subjicit Faber, idem sentiendum, si per precarium possessio translata sit (9): verum, cum precario tenens solo corpore, non animo possideat (10); ita ut potius in possessione constitutus, quam possidere intelligatur, putant alii, precariam possessionem non impedire, quominus vera possessio in emptorem transferatur. De re duobus a Principe vendita tractat Faber (11).

§ 100. Sed quid, si duo de re mobili contendant, et utriusque probationes ad dominium demonstrandum aequales videantur? Neutri, nec per modum, ut ajunt, provisionis, interim possessio danda est, si periculum immineat, ne per calliditatem possessoris in locum rei controversae alia subjiciatur: quare vel apud actuarium litis, vel alium virum idoneum, quem judex elegerit, vel in quem litigantes consentiant, interim deponenda est (12); prout in similibus casibus fieri praescribunt Romanae leges (13).

§ 101. Ex his patet, vindicari non posse rem, ad quam jus habemus, si nec dum domini facti fuerimus; puta rem emptam nondum traditam (§ 97 et 98). Hinc recte infert Faber, agenti vindicatione posse referri quaestionem dominii; puta si is, qui rem vendidit, ex aliqua caussa adversus venditionem restitui velit, vel creditor, qui a venditore jus habet, rem ab emptore vindicare (14): immo conductor, fructuarii, et similes. qui personali actione conventi dominium objicere nequeunt, si reali conveniantur, exceptione hac uti possunt (15), ut alibi diximus (16); quia fieri nequit, ut vindicandi jus habeat, qui dominus non est (§ 95).

§ 102. Si ergo venditor rem tradiderit, eique pretium solutum sit, vel fidem de pretio habuerit, rem vindicare nequit, quia illius dominium amisit, atque in emptorem transtulit: non vero si aut res nondum tradita fuerit, vel fides de pretio minime habita, quia dominium a venditore non recessit (1), immo, si de pignore generaliter, vel specialiter convenerit, potest venditor, licet de pretio fidem habuerit, rem vindicare, si emptor moram faciat in pretio, vel ejus parte solvenda; tum retinere, donec integrum pretium receperit (2): atque idem dicendum, si ab initio convenerit, ut ob moram in contractu implendo factam ab eo recedere liceat (3).

§ 103. Excipiunt aliqui casum, quo emptor statim post rem traditam foro cedat; atque putant, venditori, qui rem tradiderit, et fidem de pretio habuerit, superesse vindicationem (4): quia venditio haec, utpote cui dolus caussam dederit, sit ipso jure nulla (5); adeoque dominium in emptorem translatum non sit (6). Quo etiam fundamento sentiunt, rem in hoc casu posse a tertio possessore, qui bona fide eam comparaverit, ab emptore doloso avocari, neutiquam refuso pretio (7), nisi res haec publice sub hasta vendita fuerit, emptori tradita, qui pretium solverit, quo casu pretium emptori a venditore vindicante restituendum esset (8), ne temere convellatur fides hastae fiscalis (9). Apud nos, ut alibi diximus, venditori rei immobilis prospectum est, data praelatione (10).

§ 104. Cum haeres, et defunctus una eademque persona censeantur (11); atque ideo haeres teneatur praestare factum defuncti, ex cujus persona lucrum sentit (12), rem suam a defuncto venditam vindicare non potest, pro qua parte haeres est (13); cum enim haeres de evictione teneatur, multo magis exceptione repellitur (14); etiamsi is minor sit, qui successerit majori, a quo res sua sine decreto alienata proponatur (15).

§ 105. Hinc nec fideicommissarius rei ab haerede fiduciario distractae vindicationem habet,

(1) l. *Traditionibus* 20 Cod. *De pact.* (2, 3).
(2) Fab. Cod. hoc tit. lib. 3, tit. 22, def. 1 in princ.
(3) ex l. ult. Cod. *De acquirend. possess.* (7. 32).
(4) Can. *reintegranda* 4 causs. 3, quaest. 1.
(5) l. *Officium* 9; l. *Is, qui* 24 ff. hoc tit; Fab. d. def. 1 in med.
(6) Fab. ibid. def. 2.
(7) Fab. Cod. hoc tit. lib. 3, tit. 22, def. 4 in princ.
(8) l. *Quaedam mulier* 77 f. hoc tit.; l. *Quod meo* 18 ff. *De acquirend. possess.* (41, 2).
(9) Fab. d. def. 4, n. 3.
(10) l. *Et habet* 15 § *eum, qui* 4 ff. *De precar.* (43, 26).
(11) Fab. Cod. hoc tit. def. 11 et 12.
(12) Ibid def. 14.
(13) l. *Imperatores* 21 § ult. ff. *De appellat. et relat.* (49. 1).
(14) Fab. Cod. hoc tit. lib. 3, tit. 22, def. 3 in princ.
(15) d. def. 3, n. 5 et seqq.
(16) V. vol. III, lib. 3, § 2909, pag. 94.

(1) l. *Ex empto* 11 § *et imprimis* 2 ff. *De action. empt.* (19. 1); l. *Quod vendidi* 19 ff. *De contr. emption.* (18, 1); § *venditae* 41 Instit. *De rer. division* (2. 1).
(2) V. vol. III, lib. 3, § 2511, pag. 30.
(3) d. vol. III. lib. 3, § 2522, pag. 39.
(4) Voet in ff. hoc tit. n. 14 fer in princ.
(5) l. *Et eleganter* 7 ff. *De dolo* (4. 3).
(6) l. *Si quasi* 3 ff. *De pignorat. act.* (13, 7).
(7) argum. d. l. 3 ff. *De pignorat. action.*
(8) Voet d. n. 14 post med.
(9) l. *Quaecumque* 5; l. seq. Cod. *De fid. et jur. hast. fiscal.* (10, 3).
(10) d. vol. III. lib. 3, § 2522, pag. 38.
(11) Novell. 48 in fin. praef.
(12) l. *Ex qua persona* 149 ff. *De reg. jur.* (50, 17).
(13) l. *Cum a matre* 14 Cod. hoc tit.
(14) l. *Seja fundus* 73 ff. *De evictionib.* (21, 2); l. *Si a Titio* 72 ff. hoc tit.
(15) Voet in ff. hoc tit. n. 16 in medio.

pro qua parte fiduciario successit (1); cum enim nec permittatur vindicatio rei, cujus dominium penes haeredem erat, cum alienata fuit a defuncto (§ praeced.), multo minus concedi debet pro re, quae alienationis tempore a defuncto tenebatur, quamquam sub onere restituendi (2).

§ 106. Neque beneficium inventarii prodest haeredi, quominus teneatur probare factum defuncti, dummodo rei suae aestimationem ex bonis haereditariis consequi possit; cum hujusmodi beneficium dumtaxat praestet, ne haeres ultra haereditatis vires teneatur (3). Sane filius in sola legitima institutus rem suam a patre alienatam recte vindicat; tum quia legitimam habere debet filius immunem ab omni onere (4); alioquin minus consequeretur, quam ipsi leges concedunt; tum quia legitimam habet filius auctoritate legis potius, quam patris voluntate.

§ 107. Ex his colligi potest, quid sentiendum, si ille, qui rem alienam vendidit, ejus deinde dominium nanciscatur; cum enim haeres teneatur probare factum defuncti, quia una cum eo persona fingitur (§ 104), potiori ratione quis proprium factum impugnare prohibendus est (5): atque cum de evictione teneatur, si agat, exceptione repellendus (6). Aliud receptum in libertate servo alieno data (7); sed quia manumissio computatur inter actus legitimos, quos in suspenso esse leges Romanae non patiebantur, nec ex post facto convalescere (8).

§ 108. Exceptionem habet haec regula in eo, qui rem alienaverit, cujus solam administrationem habebat, puta tutor, vel curator; quia non in suum, sed pupilli, aut minoris commodum revocat (9). Idem dicendum de marito, qui fundum dotalem; oeconomo, qui rem Ecclesiae perperam distraxerit (10), Principe pro bonis demanialibus, seu coronae (11); nisi tutor, vel maritus haeredes pupillo, aut uxori extiterint; quippequo casu in sui utilitatem vindicarent (§ praeced.). Inter officium advocationis, et rei suae defensionem, ait Ulpianus, multum interest: quare nemo prohibetur rem, quam deinceps suam esse cognovit, vindicare, licet prius alteri vindicanti patrocinium praestiterit (12).

§ 109. De curatore absentis apud Sabaudos

(1) argum. d. l. *Cum a matre* 14 Cod. hoc tit.

(2) argum. l. *Filiusfamilias* 114 § *cum pater* 15 et seq. ff. *De leg.* 1. (30, 1).

(3) l. ult. § *et, si praefatam* 4 Cod. *De jur. deliberand.* (6, 30).

(4) l. *Quoniam in prioribus* 32 Cod. *De inoffic. testament.* (3, 28).

(5) l. *Post mortem* 25 ff. *De adoptionib.* (1, 7); l. *Cum profitearis* 4 Cod. *De revocand. donat.* (8, 56).

(6) d. l. *Si a Titio* 72 ff. hoc tit.; l. 1 et pass. ff. *De except. rei vendit.* (18, 7).

(7) l. *Si servo* 20 ff. *Qui et a quib. manumiss.* (40, 9).

(8) l. *Actus legitimi* 77 ff. *De reg. jur.* (50, 17).

(9) l. *Si praedium* 18 Cod. *De praed. et aliis reb. min. etc.* (5, 71).

(10) Novell. 7 cap. *quia vero* 5 princ. et § ult.

(11) cap. *intellecto* 33 extra Decret. Greg. *De jurejurand.*

(12) l. *Inter officium* 54 ff. hoc tit.

patres dubitatum fuit, an is vindicare posset bona, absente ignorante, ab alio alienata. Ex quinque fratribus, qui paternam haereditatem per multos annos indivisam retinuerant, quatuor, quinto absente, bona omnia diviserant: deinceps unus ex illis tum suam, tum absentis portionem extraneo vendiderat. Curator portionem absentis vindicabat, emptores negabant, dominium ad absentem pertinere; quia mutuae ex divisione adjudicationes, et dominii translationes fieri deberent, quae absentis nomine fieri non possent: maxime quia ex divisione dominium absentis non probaretur. Senatus pronunciavit (1), directam rei vindicationem a curatore exerceri non posse, quia dominium non probaret (§ 95), sed Publicianam illi competere posse (2) nomine absentis, in quem paterna possessio cum jure haereditario et quinta haereditatis parte transiisset; cum et praesumptio sit, bona haec a patre dominii jure possessa fuisse, ex ipso emptorum facto, qui alioquin empturi non fuissent.

§ 110. Instituitur vindicatio adversus quoscumque rei possessores, sive bonae, sive malae fidei sint, etiam justo titulo munitos; dummodo possideant eo tempore, quo lis judicatur, licet tempore litis contestatae non possiderent; et vicissim absolvitur, qui possidebat, cum lis contestata fuerit, si deinceps absque dolo possidere desierit (3); res enim domino clamat ubicumque sit; nec justus emptionis titulus a non domino habitus jus domino in re sua competens intervertere potest (4).

§ 111. Si ergo quis dolo malo possidere desierit, perinde condemnandus est, ac si adhuc possideret (5); ne fraus sua ei prosit (6); quod si decesserit, lite jam contestata, haeredes in solidum quoque tenentur ex defuncti dolo (7); alioquin, defuncto doloso auctore ante litem contestatam, haeredes conveniri nequeunt, nisi quatenus locupletiores facti sunt, in factum actione (8), si jus Romanum spectemus; in solidum vero, si bona sufficiant, inspecta naturali aequitate, quae vult, ut factum defuncti praestet haeres, qui ex illius persona lucrum sentit (9); prout jure canonico cautum est (10). Possessorum haeredes conveniri possunt, quatenus possident; si enim nemo ex iis possideat, omnes absolvuntur (11); si unus teneat, solus convenitur (12).

(1) Fab. Cod. hoc tit. lib. 3, tit. 22, def. 13.

(2) § *namque* 4 Instit. hoc tit.; l. 1 et pass. ff. *De public. in rem action.* (6, 2).

(3) l. *Sin autem* 27 § 1 ff. hoc tit.; l. *Tigni* 7 § *si quis* 4 et seq ff. *Ad exhibend.* (10, 4); Fab. Cod. hoc tit. lib. 3, tit. 22, def. 9.

(4) l. *Id, quod nostrum* 11 ff. *De reg. jur.* (50, 17).

(5) d. l. *Sin autem* 27 § *sed et is* 3 ff. hoc tit.

(6) l. *Non fraudantur* 134 § 1 ff. *De reg. jur.*

(7) l. *Si in rem* 42 ff. hoc tit.

(8) l. *Cum autem* 52 ff. hoc tit.

(9) l. *Ex qua persona* 149 ff. *De reg. jur.*

(10) cap. *in litteris* 5 extra Decret. Greg. *De raptorib.* (5, 17).

(11) d. l. 42 ff. hoc tit.

(12) l. *Si possessor* 55 ff. hoc tit.

§ 112. Excipiuntur singulari jure, qui rem a fisco, Principis, vel Augustae domo emerunt; quippe sola competit rei domino actio intra quadriennium adversus fiscum, ut indemnitatem consequatur (1). Nudi quoque rerum alienarum detentores, veluti conductores, depositarii, commodatarii possunt se ab hac actione liberare, eum demonstrando, cujus jure et nomine tenent (2); alioquin jure conveniuntur (3), et condemnari possunt (4).

§ 113. Difficilior est quaestio, utrum vindicationi subjaceant, qui nunquam possederunt, sed possidere potuerunt, atque dolo malo fecerunt, quominus possessionem acquirerent. Verum, etsi culpandi sint, qui ita se gerunt, non tamen teneri videntur; tum quia non intelligitur alienare, qui possessionem acquirere omittit (5); tum quia ex Ulpiano omittens possessionem non tenetur actione in factum ex edicto adversus eos lato, qui judicii mutandi caussa rem alienant (6).

§ 114. Aliud utique receptum in possessore haereditatis, qui rei alicujus haereditariae possessionem acquirere omiserit (7): sed peculiaris in hoc ratio est; etenim ex quo quis universum jus haereditatis possidere vult, cogendus quoque visus fuit, ut singularum rerum haereditariarum possessionem apprehendat; atque ideo teneatur, si dolo malo possidere omittat. Quod autem ait Paulus, dolum praeteritum venire in vindicatione, sicut in petitione haereditatis, intelligi debet de eo casu, quem tractat jureconsultus, videlicet quo quis dolo malo possidere desierit (8).

§ 115. Res furto subtractas a quocumque bonae fidei possessore, qui eas justo titulo, puta emptionis, comparaverit, a domino vindicari posse, ex dictis plene constat, quin solutum pretium generatim restituere teneatur (9); cautius negotiari quisque debet, scite monent Imperatores (10); nec dominus rem suam emere cogendus est: porro furtiva res ea dicitur, quam commodatarius, depositarius, conductor, et similes vendiderint, ignorante domino; cui idcirco vindicatio competit; nisi ex decreto judicis publice fuerint distractae, et culpa domino possit imputari, cur maturius non intercesserit. Alicubi tamen jure marito receptum, ut pretium emptori refundendum sit, dummodo de rei emptione certiorem faciant judicem, vel alium magistratum hisce rebus praepositum; vel ut mensam foenebrem exercentes bona fide tuto accipiant res furto subductas, non nisi pretio reddito easdem dominis suis restituturi (1).

§ 116. Quinimmo plures sentiunt, nec pretio soluto fraudandos emptores, qui res furtivas, longius alioquin ferendas, eo emerint animo, ut illas dominis suis restituant, et salvas faciant, dummodo constet, omnia ex bona fide gesta fuisse; actione videlicet negotiorum gestorum emptori ad pretium repetendum tributa (2). Dixi si constet, emptorem domino negotium utile gerere voluisse; si enim sibi emere voluerit, nec statim, cum posset, domino rei denunciaverit, pretio soluto carere debet, idest a fure utique repetet, non a rei furto subtractae domino (3).

§ 117. Receptum quoque in plerisque Belgii locis tradit Voet, ut res furtivae, quae in publicis nundinis bona fide emptae fuerint, non nisi pretio, quod datum est, restituto, vindicari possint, quoties emptor nequit a venditore pretium servare; commerciorum adjuvandorum gratia, ne timidius accedant emptores, qui in venditorum integritatem, et conditionem inquirere vix possunt (4). Verum seclusa speciali lege, aut consuetudine, sententia haec recipi non debet; favet utique aequitas emptori bonae fidei, sed magis favet domino furtum passo, ne rem suam emere cogatur (5).

§ 118. Sed quidquid de hisce casibus sentiendum sit, apud omnes in confesso est, pecuniam furtivam amplius vindicari non posse, si eam fur impenderit, atque consumpta sit ab accipiente (6), vel aliis nummis mixta, ut amplius secerni nequeat (7), quia in utroque casu periisse intelligitur; ita ut nec eam vindicare, nec condicere a bonae fidei creditore liceat: sola ideo competit domino actio adversus furem.

§ 119. Nec etiam permittitur vindicatio rei emptae ex pecunia furtiva; tum quia generatim in jure traditur rem non esse illius, ex cujus, nummis comparata fuit, sed qui emit, vel cujus nomine emit (8): sola personali actione pecuniae domino tributa adversus eum, qui alienam pecuniam temere impendit (9); proinde, cum vindicatio dominium omnino requirat (§ 95), in re empta alienis nummis competere non potest: praeterquamquod nec pignori obligata censetur res empta ex nummis pignori obligatis (10): nec,

(1) § ult. Instit. *De usucapionib.* (2, 6).

(2) l. *Si quis alterius* 2 Cod. *Ubi in rem actio* (3, 19).

(3) l. *Officium* 9 ff. hoc tit.

(4) argum. l. *Saepe constitutum* 63 ff. *De re judicat.* (42, 1).

(5) l. *Non alienat.* 119 ff. *De reg. juris.*

(6) l. *Item si* 4 § 1 ff. *De alienat. judic. mutand. caus. fac.* (4, 7).

(7) l. *Sed et si* 25 § *perinde* 8 ff. *De petition. haereditat.* (5, 3).

(8) l. *Sin autem* 27 § *sed et is* 3 ff. hoc tit.

(9) l. *Si mancipium* 23 Cod. hoc tit.; l. *Incivilem* 2 Cod. *De furt.* (6, 2)

(10) d. l. 2 Cod. *De furt.*

(1) Voet in ff. hoc tit. n. 7.

(2) argum. l. *Alimenta* 11 Cod. *De negot. gest.* (2, 19); Voet in ff. hoc tit. n. 8 in med.

(3) d. l. 23 Cod. hoc tit.; d. l. 2 Cod. *De furt.* (6, 2).

(4) Voet in ff. hoc tit. n. 8 fer. in princ.

(5) d. l. *Si mancipium* 23 Cod. hoc tit.; d. l. *Incivilem* 2 Cod. *De furt.* (6, 2).

(6) l. *Cassius ait* 17 ff. *De solution.* (46, 3).

(7) l. *Si alieni* 78 ff. eod. tit.

(8) l. 1; l. *Mancipia* 3 et pass. Cod. *Si quis alter. vel sib.* (4, 50); Fab. Cod. hoc tit. lib. 3, tit. 22, definit. 6 in princ.

(9) l. *Si ex ea pecunia* 6 Cod. hoc tit.; l. *Ex pecunia* 12 Cod. *De jur. dot.* (5, 12).

(10) l. *Idemque* 7 in fin. *Qui potior. in pign.* (20, 4).

magis furtiva dici potest res empta ex nummis furtivis; quam pretium rei furtivae, quod nec furtivum reputatur (1).

§ 120. Quod modo diximus (§ praeced.), pecunia mea emptas res meas non esse, sed illius, cujus nomine emptae fuerunt, quasdam habet exceptiones, nimirum in rebus comparatis pecunia minoris (2), militis (3). Utilis quoque juxta aliquos datur mulieris vindicatio rerum, quas maritus ex pecunia dotali emerit ea mente, ut res dotales fiant (4): quamquam repugnant alii, generalem legum sententiam ad specialem praediatorum, seu illorum, qui a fisco praedia compararunt, casum coerrentes; prout subtiliter colligere nituntur ex inscriptione legis, quae Gajum habet auctorem (5).

§ 121. Juri magis consentanea videtur sententia negantium, mulieri vindicationem competere in rebus pecunia dotali comparatis, prout indistincte rescripserunt Imperatores (6); atque privilegium, seu praelationem mulieri tributam fuisse in quibusdam casibus, singulari aequitatis ratione (7). Quod autem traditur permutata dote pecuniaria in rem, vel fundum, rem, vel fundum dotalem effici (8), tunc verum est; cum permutatio fit muliere consentiente.

§ 122. Nec desunt casus, in quibus Romanae leges utilem ex aequitate vindicationem concedunt in rebus alterius pecunia comparatis: puta mulieri, quae pecuniam marito, constante matrimonio, donaverit, isque rem soli comparaverit, nec solvendo sit (9). Utilis quoque competit rei vindicatio illi, cui actio in rem vendita fuerit (10): nec non emphyteutis, superficiariis, vassalis (11): et quibusdam aliis, quibus aequitas speciatim favere videtur (12), de quibus suo loco diximus.

§ 123. Sicuti emptum ex pecunia Titii a Maevio Maevii est, ita si Maevius emerit ex pecunia communi, res empta communis non fit (13); nisi socii sint omnium bonorum, vel res ab uno ex sociis communi nomine empta sit (14). Neque sufficit emendi mandatum, ut vindicatio mandanti competat, sed insuper requiritur, ut mandantis nomine empta sit, vel mandatario mandantis nomine tradita (1).

§ 124. Eodem fundamento, quo traditur, rem emptam ex pecunia furtiva furtivam non esse (§ 129); nec rem ejus fieri, cujus nomine empta fuit (d. § 119), ita nec pretium rei furtivae vindicari potest a domino, cum in rebus singularibus pretium non succedat loco rei (2), sed tantum in judiciis universalibus, veluti petitione haereditatis, quae jus continet (3). Quare sola competit domino actio adversus furem, vel eum, qui rem suam distraxit, et pretium recepit, ad id quod interest, nisi malit rem a possessore vindicare.

§ 125. Si quaeratur, an emptor rei alienae, si eam distraxerit, actione aliqua conveniri possit a domino, distinguendum est, an comparaverit sciens rem esse alienam, tum distraxerit, vel consumpserit: an bona fide se gesserit, putans vendentis esse. In primo casu actionem personalem ad exhibendum domino adversus eum competere, tamquam qui dolo malo possidere desierit, fatentur omnes (4): immo nec desunt, qui vindicationem concedunt, quam supra diximus institui posse adversus eum, qui dolo malo fecerit, quominus possideret (§ 111).

§ 126. In altero casu, quo quis rem alienam bona fide comparaverit, atque suam putans distraxerit, nullam metuere debet molestiam a domino, qui vel vindicatione agere potest adversus possessorem (§ 110), vel condictione adversus furem, si res furto subtracta sit; nisi forte rem minori pretio emerit, tum majore distraxerit; atque ita locupletior factus sit; suadere videtur aequitas, ut domino restituat, quod lucratus est; ne ex alienis spoliis ditior fiat (5).

§ 127. Quod de rebus furtivis sine pretii restitutione per dominium a tertio possessore sive bonae, sive malae fidei vindicandis diximus (§ 115), idem servandum plures sentiunt, si res a piratis captae fuerint, ac postmodum venditae (6); quia piratae nihil distant a furibus, cum nullo jure bona diripiant, nisi quod plerumque potentiores, atque improbiores sunt (7). Cum autem Pomponius ait, restituendum esse a fisco pretium centurioni, qui redemerit mulierem in opus salinarum condemnatam, et deinde a latronibus exterae gentis captam (8), intelligendus est de eo, qui viliore redemerit pretio, ut fisco negotium utile gereret; prout diximus de rebus

(1) l. *Qui vas* 48 § ult. ff *De furt.* (47, 2).

(2) l. *Si tutor* 2 ff *Quand. ex fact. tutor.* (26, 9); l. *Si curator* 3 Cod. *Arbitr. tutel.* (5, 51).

(3) l. *Si, ut proponis* 8 Cod. eod. tit.

(4) argum. l. *Si cum dotem* 22 § ult. ff. *Solut. matrimon.* (24, 3).

(5) l. *Res, quae* 54 ff. *De jur. dot.* (23, 3).

(6) l. *Ex pecunia* 12 Cod. *De jur. dot.* (5, 12).

(7) d. l. 22 § ult. ff. *Solut. matrim.*

(8) l. *Ita constante* 26 et l. seq. ff. *De jur. dot.* (23, 3).

(9) l. *Uxor marito* 55 ff. *De donat. int. vir. et uxor.* (24, 1).

(10) l. ult. Cod. *De haeredit. vel action. vendit.* (4, 39).

(11) l. *In speciali* 73 in fin. et seq. ff. hoc tit; l. 1 § 1 ff. *Si ager vectigal.* (6, 3).

(12) l. *Si mortis* 29 et l. seq. ff. *De mort. causs. donat.* (39, 6); l. 7 Cod. *De revocandis donat.* (8, 56).

(13) l. *Si patruus* 4 Cod. *Commun. utriusq. judic.* (3, 38); Fab. Cod. hoc tit. lib. 3, tit. 22. def. 6 in princ.

(14) d. l. 4; Fab. d. def. 6, n. 2.

(1) l. *Si procurator* 13; l. *Res ex mandatu* 39 ff. *De acquir. rer. domin.* (41, 1).

(2) l. *Qui vas* 48 § ult. ff. *De furt.* (47, 2); Fab. Cod. hoc tit. lib 3, tit, 22, definit. 5 in princ.

(3) l. *Venditor* 21 ff. *De haeredit. vel act. vendit.* (18, 4); Fab. d. def. 5, n. 4 et seqq

(4) l. *Eos, qui a servo* 14 Cod. *De furt.* (6, 2).

(5) l. *Num hoc natura* 14 ff. *De condict. indebit.* (12, 6).

(6) Voet in ff. hoc tit. n. 9.

(7) argum. l. *Postliminium* 19 § *a piratis* 2; l. *Hostes sunt* 4 ff. *De capt. et postlim.* (49, 15).

(8) l. *Mulier* 6 ff. eod. tit.

furtivis (§ 116). Sane, cum res ab hostibus occupatae, gentium jure fiant hostium (1), earum pretium redemptori, qui nec restituere tenetur, omnino refundendum est.

§ 128. Dominium ad vindicationem instituendam necessarium est (§ 95): quod cum res facti sit; probari debet (2); alioquin in pari caussa absolvendus est possessor, cujus melior conditio est (3): nec sufficit dominii aliqualis probatio, sed plenissime, et concludenter probandum est in hoc vindicationis judicio, cum sit fundamentum intentionis actoris (4).

§ 129. Cum ergo plene probandum in hac actione sit dominium, per possessionem, et fructuum perceptionem satis non probatur, licet haec probatio sufficere possit, quoties incidenter tantum de dominio quaeritur (5): neque satis probatus ad vindicationem dominium ex sola locatione per longum tempus facta (6), neque ex sola impositione signorum, aut insignum gentilitiorum (7), quamquam non levis hinc oritur praesumptio (8); quae nonnisi contraria probatione elidi potest.

§ 130. Sed satis probatum videtur dominium ab eo, qui doceat dominium auctoris sui, et titulum, quo ipse illud acquisierit (9), demonstret instrumentis,testibus aliisve legitimis modis (10).

§ 131. Porro, licet dominium praeteritum ad rem vindicandam non prosit, sed praesens desideretur (11), attamen, probata dominii acquisitione in praeteritum facta, necesse non est, ut dominium continuatum fuisse actor demonstret: sed continuatio praesumitur, donec reus vindicatione conventus contrarium edoceat (12); tum quia dominii amissio res facti est ab allegante probanda (13); tum quia mera facti negatio respectu actoris est, quae vix probari potest (14). Hinc, cum actor probasset, patris, cui haeres extiterat, rei dominium fuisse, Imperatores rescripserunt, adversario, licet in possessionem constituto, incumbere probandi onus, qua ratione dominium illius acquisierit (15).

§ 132. Probato dominio rei, quae vindicatur, identitas, ut ajunt, probanda est: adeoque res speciatim per notas designanda (1): *utrum totam*, subjicit Paulus, *an partem, et quotam petat . . . . . infectae quidem materiae pondus, signatae vero numerum, factae autem dici speciem oportet* (2): mensura quoque dici debet, si res mensura contineatur; vestimentorum numerus, color, et qualitas, an trita, an nova sint; fundi nomen, et locus: vel alia demonstratio, si nomen ignoretur (3): si tamen de corpore constet, licet error sit in nomine, vel alia qualitate, non ideo actor jure suo excidere debet (4): atque remittendam esse actori necessitatem designandi coloris, vel ponderis, aut mensurae, et similis, si juret, pro certo se colorem dicere non posse, auctor est Ulpianus (5).

§ 133. Quod reus vindicatione conventus neget se possidere, vel dicat se alieno nomine possidere, et mendacii deinceps convincatur, privatur possessione sua, quae in actorem transfertur (6); non tam in poenam mendacii, quam ex propria confessione; cum enim se possidere neget, queri non potest, cur possessio actori a judice detur. Sed hoc, scite monet Faber (7), accipiendum est de eo, qui simpliciter, et absolute negavit se possidere, non de illo, qui petit sibi demonstrari, atque indicari rem, ut sciat, an contendere debeat, vel cedere (8); atque interim propriam negavit possessionem metu comminationum; ne alioquin pro confesso habitus fuisset; atque condemnandus, tamquam possessor (9); cum enim, petendo rei demonstrationem, id agat, ne sibi postmodum mentiri liceat, mendacii argui non potest.

§ 134. Excipit idem Faber casum, quo demonstratio petita sit per calumniam ab eo, cui veritas ignota, aut dubia esse non poterat, veluti qui non multo antea professus fuerit, se possessorem in alia caussa (10); cum enim perperam certiorari desideret, qui jam certus est (11), legum severitatem effugere non debet, qui calumniam mendacio jungit.

§ 135. Vindicatione petuntur res corporales tum mobiles, tum immobiles, tum semoventes; nec tantum singulares, sed et corporum universitas, veluti grex (12), non vero jurium, puta haereditas, quae juris intellectum habet, vel peculium; in his quippe placuit, res singulas vindi-

(1) § *item ea* 17 Instit. *De rer. div.* (2, 1).

(2) l. *Officium* 9 ff. hoc tit.; l. *A possidentibus* 21 Cod. hoc tit; l. *Sive possidetis* 16 Cod. *De probat.* (4, 19).

(3) l. *in pari caussa* 128 ff. *De reg. jur.* (50, 17).

(4) l. ult. Cod. hoc tit; Fab. Cod. hoc tit. lib. 3, tit. 22, def. 18 in not.

(5) Fab. Cod. hoc tit. lib. 3, tit. 22, d. def. 18.

(6) cap. *inter dilectus* 9 extra Decret. Greg. *De fid. instrumentor.* (2, 22); Fab. Cod. *De probat.* lib. 4, tit. 14, definit. 14.

(7) Fab. Cod. eod. tit. def. 47.

(8) l. *Quod si neque* 14 § 1 ff. *De peric. et commod. rei vend.* (18, 6).

(9) argum. l. *Traditio* 20 ff. *De acquir. rer. domin.* (41, 1).

(10) Novell. 18, cap. *illud quoque* 10 in princ.

(11) l. *In rem actio* 23 ff. hoc tit.

(12) Voet in ff. hoc tit. n 24 prop. fin.

(13) l. *Ab ea parte* 5 princ. et § 1; l. *Quoties operae* 18 ff. *De probat.* (22, 3).

(14) l. *Actor* 23 Cod. eod. tit. (4, 19).

(15) l. *Sive possidetis* 16 Cod. eod. tit.

(1) l. *Si in rem* 6 ff. hoc tit.

(2) d. l. 6 in princ.

(3) d. l. 6; l. *In actione* 19 in princ. et §§ seqq. ff. *De furt.* (47, 2).

(4) l. *Idem Pomponius* 5 § penult. ff. hoc tit.

(5) d. l. 19 § *de veste* 4 ff. *De furtis.*

(6) l. ult. ff. hoc tit.; Fab. Cod. hoc tit. lib. 3, tit. 22, definit. 19.

(7) Fab. Cod. hoc tit. lib. 3, tit. 22, def. 7.

(8) argum. l. 1 ff. *De edend.* (2, 13).

(9) Fab. d. def. 7, n. 1.

(10) Ibid. d. def. 7, in fin.

(11) l. 1 in fin. ff. *De actionibus empti* (19, 1).

(12) l. 1 § ult.; l. *Vindicatio* 56 ff. hoc tit.

candas esse (1); vel quia etiam res alienae in haereditate inveniuntur; vel quia, ut aliis placet, vindicationis formula, ita concepta: *Ajo rem hanc ex jure Quiritum meam esse* (§ 193), rebus incorporalibus accommodari non potest.

§ 136. Vindicatori res vel tota, vel pars dumtaxat ab eo, qui partis tantum dominus est (2): partis, inquam, tum certae, tum incertae, si justa caussa petitorem excuset; puta, si Falcidia locum habeat in re legata, sed adhuc ignoretur detractionum quantitas a judicio definienda (3); vel si res plurium dominorum confusae, aut commixtae sint, ut nullatenus, vel sine maxima difficultate separari nequeant (4).

§ 137. Sed quid, si res nostra pro parte perierit, puta domus destructa sit? Pars, quae superest, vindicari potest, veluti area et rudera (5); nec enim ex partis interitu amittitur dominium ejus, quae superest; aut haec in alterum transfertur. Aliud quidem obtinet in legato, si credimus Ulpiano et Paulo existimantibus, extincto bove legato, neque corium, neque carnes deberi (6), sed ita responderunt jureconsulti ex praesumpta testatoris legantis voluntate, qui bovem relinquere voluit, non corium, aut carnes.

§ 138. Legato grege, adhuc debetur ovis, quae sola superstes est; nec non area domus legatae, et destructae praestanda dicitur (7); et merito; etenim grex in una ove civiliter manere intelligitur (8): praeterquamquod singulas separatim oves legare intelligitur, qui gregem legat: area vero consideratur tamquam pars principali, cum non solum aedes, sed inaedificata cedant solo, cui inhaerent (9): quare, pereunte accessorio, extingui non debet legatum principalis. Quod pertinet ad res commercio hominum exemptas, alibi expendimus, de rerum divisione agentes (10).

§ 139. Vindicanti restituenda est res una cum fructibus, caeterisque accessionibus (11): atque, si mobilis sit, restitui debet in loco, quo est; aut ubi agitur, seu petitur, si ita malit dominus, dummodo sumptus eroget necessarios, ut res transferatur, et quidem periculo suo (12), nec interest, an bonae fidei, an malae possessor sit, qui in alio loco rem consecutus fuit: nisi ab eo loco, in quo lis contestata est, malae fidei possessor eam transtulerit; quo casu suadet aequitas, ut suis impensis rem restituat, unde subtraxit (1).

§ 140. Porro statim restituenda est res, quae petitur; nisi justa caussa dilationem quandam expostulet, puta res mobilis alio in loco sit; dummodo possessor cautionem praestet de re intra definitum a judice tempus restituenda (2). Quod si possessor condemnatus pertinaciter restituere detrectet, dominus judicis auctoritate in rei immobilis possessionem mittitur, si vero mobilis sit, per apparitorem ei aufertur (3): plane si restituere nequeat, liberatur, praestando aestimationem (4): sed rem retinere non potest praetextu juris sibi in ea competentis, puta ususfructus, vel pignoris; de jure hoc, quod scro allegavit, alio judicio experiundum est (5).

§ 141. Sed quid, si tertius eandem rem vindicare velit tamquam suam? Distinguendum est: si tertius vindicationem moverit pendente priore lite, in qua favore primi actoris sententia lata fuit, cavere his possessori debet, se eam praestiturum secundo petitori, si forte deinceps pro eo sententia feratur (6): quod si lite jam finita tertius intercedat, res omnino restituenda est primo actori, adversus quem secundus de jure suo experiri tenebitur; non adversus possessorem, qui amplius non possidet, nec dolo malo possidere desiit cum judicis imperio paruerit: nec ulla cautio praestanda est a primo petitore (7).

§ 142. Diximus, possessorem vindicatione conventum, quia restituere nequeat, aestimationem praestando liberari (§ 140): sed hoc aliquanto fusiore indiget explicatione: atque inspiciendum, an dolo, an culpa, an casu possidere desierit. Qui dolo fecit, ne possideret, praestare cogitur in quantum adversarius in litem juraverit (8): nec ei, si strictum jus inspiciamus, cedendae sunt actiones ejus rei nomine competentes; scilicet in doli poenam (9): aliud tamen ex aequitate recipiendum (10); ne dominus, qui litis aestimatione jam consecutus est, ulterius ditetur cum dispendio adversarii (11).

§ 143. Favorabilior est illius caussa, qui culpa desierit possidere; quippequi solam communem rei aestimationem praestat, non ex affectione vindicantis (12), eique omnino cedendae sunt actiones rei inhaerentes (13). Plane impunitum

(1) d. l. 56; l. *Haereditas* 50 ff. *De petit. haereditat.* (5, 3).
(2) l. *Quae de tota* 75 ff. hoc tit.
(3) d. l. 76 § 1 ff. hoc tit.
(4) l. *Marcellus* 3 § 1; ll. 4 et 5 ff. hoc tit.
(5) l. *Solum* 49 princ. et § 1 ff. hoc tit.
(6) l. *Quid ergo* 53 § *sed si animal* 5 ff. *De legat.* 1 (30, 1); l. *Mortuo* 49 ff. *De legat.* 2. (31, 1).
(7) l. *Si grege* 22 ff. *De legat.* 1. (30, 1).
(8) l. *Sicut municipum* 7 § ult. in fin. ff. *Quod cujusq. universitat.* (3, 4).
(9) l. *Qui res suas* 98 § ult. ff. *De solutionib.* (46, 3).
(10) V. vol. I, lib. 2, pag. 526 et seqq.
(11) l. *Praeterea* 20 ff. hoc tit.; § *et si rem* 2 Instit. *De offic. judic.* (4, 17).
(12) l. *Si res mobiles* 10 et seq. ff. hoc tit.

(1) l. *Si vero malae* 12 ff. hoc tit.
(2) d. § *et si in rem* 2 Instit. *De offic. judic.* (4, 17).
(3) l. *Qui restituere* 68 ff. hoc tit.
(4) d. l. 68 prop. fin.
(5) argum. l. *Si quis conductionis* 25 Cod. *De locat.* (4, 65); Novell. 18. cap. *illud quoque* 10.
(6) l. *Is, a quo* 57 et l. seq. ff. hoc tit.
(7) l. 58 prop. fin. ff. hoc tit.
(8) l. *Qui restituere* 68 ff. hoc tit.
(9) l. *Is, qui dolo* 69 ff. hoc tit.
(10) l. *Ut tantum* 14 § ult. ff. *De serv. corrupt.* (11, 3); l. *In depositi* 12 ff. *De re judicat.* (42, 1).
(11) l. *Nam hoc natura* 14 ff. *De condict. indeb.* (12, 6).
(12) d. l. *Qui restituere* 68 ff. hoc tit.
(13) l. *Si culpa* 63 ff. hoc tit.

est factum infantis, et furiosi, rem corruperint (1): judicii infirmitas infantem excusat.

§ 144. Postremo, cum res casu fortuito periit, distinguunt plures, an perierit ante litem contestatam, an post eam. Si perierit ante litem contestatam, rursus distinguendum putant, utrum agatur adversus possessorem bonae, an malae fidei. Possessor malae fidei saltem si fur sit, et praedo, re extincta, etiam lite nondum contestata, ad praestandam aestimationem tenetur (2): nisi forte rem domino obtulerit; isque accipere recusaverit (3). Nec referre quidam arbitrantur, an aeque peritura res fuisset apud dominum, nec ne; quia generatim traditur, rem post moram perire moratori, qui omne periculum subit (4).

§ 145. Sed repugnant alii eo fundamento, quod res domino suo pereat, si absque alterius culpa interierit, quemadmodum et domino suo clamat, et emolumentum parit: proinde succedit juris regula, quae vult, ne incommoda refugiat, qui commoda habet (5): atque sententia haec satis congruit Ulpiani (6), et Pauli responsis (7); quae generalia sunt de omni possessore: nec ideo ad malae fidei possessores coercenda. Nec Ulpianus alibi contrarium tradere existimandus est; licet enim generatim furem ad rei pretium teneri sentiat, nisi rem obtulerit ante interitum (8), non tamen excludit casum, quo res aeque apud dominum peritura fuisset; cum ejus nullam mentionem faciat.

§ 146. Quod modo diximus de possessore malae fidei, si res ante litem contestatam perierit; idem obtinet, re post motam litem extincta. Atque, si quis tantum possessor malae fidei sit, non fur, aut praedo, plerisque fatentur (9), eum non teneri ad aestimationem praestandam, si aeque apud dominum peritura fuisset (10): sed aliud existimant in praedone servandum (11). Verum eaedem vigent rationes, cum res lite contestata periit (§ praeced.); propterea idem jus statuendum videtur. Paulus utique ex sententia Proculi praedonem ad restituendum damnat (12), sed non tangit casum, quo res apud dominum aeque peritura fuisset; praeterquamquod quaestio haec potius ex regulis juris naturalis definienda est.

§ 147. Quod ad possessorem bonae fidei pertinet, fatentur omnes, rei interitu sive ante, sive post litem contestatam, liberari ab aestimatione vindicanti praestanda, tametsi res apud dominum peritura non fuisset; nec enim, ut scite ratiocinatur Paulus, debet possessor aut mortalitatem praestare, aut propter metum hujus periculi temere indefensum jus suum relinquere (1). Exceptio admittenda esset, si, intelligens rem ad se non pertinere, litigare maluisset, quam restituere (2); hinc enim malae fidei possessor fieret; ideoque rem casu extinctam, seu ejus aestimationem praestare cogendus esset, si res apud dominum peritura non fuisset, ne dominus ex possessoris injusta mora damnum sentiat (§ 145).

148. Caeterum fatentur omnes, re post litem contestatam perempta, licet possessor ejus aestimationem non praestet, fructus tamen ad eum usque diem perceptos restituere debere (3): quod si perierit dolo, aut culpa possessoris, etiam qui percipi potuerunt usque ad sententiam (4): sed de his alibi ex proposito, et fuse diximus; nec ideo ulterius immorandum putamus (5).

§ 149. Qui tamen rem cum fructibus restituere jussus est, potissimum deductione facta impensarum necessariarum, atque utilium, jus retentionis habet in id usque tempus, quo impensae taxatae fuerint, et solutae; nec prius restituere tenetur; licet impensae tam cito taxari nequeant, atque actor satisdationem offerat (6), nisi is, qui restituere debet, moram faciat in prosequenda judicati executione, et sumptibus declarandis, ut diutius rem retineat: quo casu in fraudis poenam res ab eo auferenda est, praestita per actorem satisdatione pro impensis (7).

§ 150. Nec aliud dicendum, si possessor non in eo, quod pertinet ad taxandas impensas, sed in alia litis parte, puta in declarandis et restituendis fructibus, vel sumptibus litis, in quos condemnatus fuerit, moram faciat (8); eadem coercendae frustrationis ratio est; idem propterea jus statuendum (9). Sane impensae a possessore bona fidei factae compensari debent cum fructibus, quos ante litem contestatam percepit, licet alioquin restituendi non sint (10). Nec alii sumptus possessori restituuntur, quam qui ante litem motam facti fuerunt, nisi post acceptum judicium necessario impensum sit, ne res periret, vel deterior fieret (11). Sed et haec alibi ex-

(1) l. *Quod infans* 60 ff. hoc tit.
(2) l. *Si pro fure* 7 § ult. ff. *Condiction. furtiv.* (13, 1).
(3) l. *In re furtiva* 8 ff. eod. tit.
(4) l. *Si servus legatus* 108 § *si servus* 11 ff. *De legat.* 1. (30, 1); l. *Si ex legati* 23 ff. *De verbor. oblig.* (45, 1).
(5) l. *Secundum naturam* 10 ff. *De reg. jur.* (50, 17).
(6) l. *Item, si* 15 § ult. ff. hoc tit.
(7) l. *Utique autem* 16 ff. hoc tit.
(8) d. l. *Si pro fure* 7 § ult.; et l. seq. ff. *De condict. furtiv.* (13, 1).
(9) Voet in ff. hoc tit. n. 34 fer. in princ.
(10) p. l. *Item, si* 15 § ult. ff. hoc tit., ubi de possessore malae fidei, seu in mora restituendi posito tractat jureconsultus.
(11) l. *Illud quoque* 40 ff. *De haeredit. petition.* (5, 3).
(12) d. l. 40 in med. princ.

(1) d. l. *Illud quoque* 40 in fin. princ. ff. *De haeredit. petit.* (5, 3).
(2) argum. l. *Quod te mihi* 5 ff. *De reb. credit.* (12, 1); l. *Nemo rem* 82 ff. *De verb. oblig.* (45, 1).
(3) l. *Utique* 16; l. penult. ff. hoc tit.
(4) l. *Fructus* 33 ff. hoc tit.
(5) V. vol. 1, lib. 2, pag. 620, § 645 et seqq.
(6) l. *Nam quod* 14 § penult. et ult. ff. *Ad Senatuscons. Trebellian.* (36, 1); Fab. Cod. hoc tit. lib. 3, tit. 22, def. 15 in princ.
(7) argum. l. ult. ff. hoc tit.; Fab. d. def. 15, n. 5 et seqq.
(8) Fab. Cod. hoc tit. lib. 3, tit. 22, def. 16.
(9) l. *Illud quaesitum* 32 ff. *Ad leg. Aquil.* (9, 2).
(10) l. *Sumptus* 48 ff. hoc tit; Fab. d. def. 16 in not. †
(11) Fab. ibid. in not.

pendimus, nec non, quae pertinent ad meliora-menta, ut ajunt; seu sumptus melioris effecti praedii (1).

TITULUS IV.

DE PUBLICIANA IN REM ACTIONE

Inst. lib. 4, tit. 6 *De actionib.*
Digest. lib. 6, tit. 2, *De public. in rem act.*
Cod. lib. 4, tit. 10 *De obligat. et actionib.*

SUMMARIA

§ 151. *Publiciana actio duplex in jure commemoratur.* — § 152 *et* 153. *Publiciana actio, qua fingitur res usucapta, licet usucapionis tempus nondum completum sit, iisdem fere regulis regitur, ac vindicatio.* — § 154. *Publicianae actionis fundamentum est fictum dominium, seu jus possidendi competens illi, qui rem bona fide, et justo titulo comparavit, cuique tradita est.* — § 155. *Publiciana actione recuperatur possessio rei, perinde ac si usucapta fuisset.* — § 156. *Actio Publiciana competere potest ei, qui nunquam possedit, puta haeredi fideicommissario post restitutam haereditatem a fiduciario.* — § 157. *Publiciana actione etiam dominus uti potest, si difficilis sit probatio dominii.* — § 158. *An Publiciana competat illis, qui emerint ab eo, quem falso existimant, vendere posse, puta a furioso?* — § 159. *Quasi possessio Publiciana actione vindicatur.* — § 160. *Actio Publiciana competit adversus possessorem, qui debiliore jure possidet.* — § 161. *Si duo rem emerint a non domino, posterior possidens Publiciana a priore conveniri nequit, sive ab eodem, sive a diversis personis emerint.* — § 162. *Quid si titulo lucrativo rem habuerit, qui posterius eamdem comparavit, et possidet?* — § 163. *Publiciana actio competit emptori, pretio nondum soluto, dummodo res ei tradita sit. An bona fides desideretur?* — § 164. *Actione Publiciana petitur restitutio rei cum fructibus et accessionibus.*

§ 151. Actio Publiciana sic dicta a Publicio praetore, qui primus edicto suo eam proposuit (2), duplex in jure proponitur. Prima, qua praetor fingit, usucaptum non esse id quod revera usucaptum fuit: atque ideo impletam usucapionem rescindit (3); justa suadente caussa, puta quia dominus reipublicae caussa absens fuerit, vel captivus apud hostes (4): atque haec *rescissoria* speciatim appellari solet (5). An, et

(1) V. vol. I, lib. 2, § 680 et seqq. pag. 623.
(2) § *Namque, si* 4 in fin. Instit. hoc tit.
(3) l. *In honorariis* 35 ff. *De obl. et actionib.* (44, 7).
(4) § *rursus ex diverso* 5 Instit. hoc tit.
(5) l. *Nec non* 28 § ult. ff. *Ex quib. causs. major.* (4, 6); l. *Nullo* 24 Cod. *De rei vindicat.* (3, 32).

quatenus usucapio absentibus noceat, alibi explicavimus (1).

§ 152. Alia Publicianae actionis species ea est, qua contra praetor fingit usucaptum esse, quod vere nondum usucaptum est (2): de hac in hoc titulo agitur, eaque describi potest actio, qua quis rem, cujus possessionem bona fide, et justo titulo comparaverat, ac deinde casu amiserat ante completam usucapionem, repetit ab eo, qui infirmiore jure possidet (3).

§ 153. De Publiciana actione posterioris speciei, in qua Ulpiano auctore eadem omnia servantur, quae in rei vindicatione (4), quoad utriusque actionis indoles patitur, haec summatim tradenda sunt; (nec enim usu fori haec actio exolevit, licet illius nomen non soleat usurpari, prout scite animadvertunt interpretes (5)). 1. Quo fundamento inducta fuerit a praetore. 2. Quibus detur. 3. Pro quibus rebus. 4. Adversus quos. 5. Quibus conditionibus. 6. Quid actor per Publicianam consequatur.

§ 154. Fundamentum actionis Publicianae est fictum dominium, seu jus possidendi competens illi, qui rem bona fide, et justo titulo emptionis, donationis acquisivit, juncta rei traditione; ex quo possidendi jure nascitur usucapiendi facultas (6); sicut enim, re per verum dominium ex justo titulo tradita, accipiens dominium acquirit; ita si a non domino fuerit tradita, accipiens consequitur jus possessionis, ex quo procedit usucapio (7).

§ 155. Hinc ulterius, quemadmodum verus rei dominus eam vindicare potest; ita aequum visum est praetori jus vindicationi proximum indulgere ei, qui rem bona fide, et justo titulo comparaverit ad recuperandam possessionem, perinde ac si rem per consuetum praescriptionis complendae tempus possedisset et usucepisset (8): quod praetoris adictum summam habet aequitatem; tum ob difficultatem probandi dominii; tum quia melior esse debet conditio illius, qui bona fide et justo titulo rem nactus est, quam alterius, iniqui forte possessoris.

§ 156. Quidam tamen casus sunt, in quibus singulari jure Publiciana actio competit, licet actor nunquam possederit: veluti haeredi fideicommissario post restitutam ex Senatusconsulto Trebelliano haereditatem (9): nimirum quia non tam possessio, quam jus possessionis a fiduciario in fideicommissarium censetur translatum; vel a defuncto in haeredem; ita ut, sicuti defunctus rerum, quas bona fide et justo titulo pos-

(1) V. vol. I, lib. 2, § 2025 et seqq. pag. 835.
(2) § *sed istae quidem* 3 in fin. Instit. hoc tit.
(3) d. § *namque* 4 Instit. hoc tit.; l. 1, l. ult. ff. hoc tit.
(4) l. *Sed et, si res* 7 § *in Publiciana* 8 ff. hoc tit.
(5) Voet in ff. hoc tit. n. ult. post alios plures.
(6) d. § *namque* 4 Instit. hoc tit.
(7) princ. Instit. *De usucapionibus* (2, 6).
(8) d. § *namque* 4 Instit. hoc tit.; l. 1 in princ. et § 1 ff. hoc tit.
(9) l. *Cum sponsus* 12 § 1 ff. hoc tit.

sidebat, possessionem casu amissam Publiciana recuperare potuisset, ita et haeres, vel fideicommissarius, qui in jura defuncti, vel fiduciarii omnia succedit (1); nec mirum hoc videri potest; cum actio Publiciana a praetore inducta fuerit ex aequitate (2), quae haeredi quoque, ac fideicommissario favet.

§ 157. Possessoribus, qui bona fide, et justo titulo rem a non domino comparaverint, Publicianam competere ex dictis (§ 152) constat: non autem datur vero rei domino; quippequi civilem actionem, seu vindicationem habet (3): nisi forte nimis difficilis sit dominii probatio; atque ideo dominus, vindicatione praetermissa, bonam fidem, et justum titulum allegare velit, quo facilius ammissam possessionem recuperet (4); quemadmodum permittitur domino, qui in vindicatione succubuerit, ad Publicianam confugere (5).

§ 158. Incertum est, an Publiciana competat illi, qui emerit ab eo, quem vendere posse existimabat, cum vere non posset, puta a furioso? Negat Paulus (6), affirmat Ulpianus (7). Sunt, qui Paulum intelligunt de Publiciana instituenda adversus ipsum furiosum; Ulpianum de emptore, qui adversus extraneum rei possessorem agere velit. Alii Paulum de stricto jure interpretantor, Ulpianum de aequitate. Media sententia, quae Publicianam omnino denegat adversus furiosum, ex aequitate permittit adversus extraneum, praeferenda est.

§ 159. Locum habet Publiciana non tantum in rebus corporalibus, sed etiam in incorporalibus, veluti usufructu, et servitutibus praediorum urbanorum, aut rusticorum, traditione, aut patientia constitutis (8); atque in his quasi possessio per Publicianam vindicatur, sicuti possessio in rebus, quae corpore constant. Rei nomine, cujus alienatio prohibita est, Publiciana non datur, ne fraus legi fiat (9): si tamen ideo prohibita sit rei usucapio adversus dominum, quia ipse adhuc possidere intelligitur, prout contingit in agris emphyteuticis, et vectigalibus, Publiciana adhuc competit (10).

§ 160. Instituitur haec actio adversus quemlibet possessorem, etiam bonae fidei, qui jure debiliore possidet (§ 152), vel qui dolo malo possidere desierit; exemplo vindicationis, cujus jure utitur Publiciana (§ 153). Quod si secundus possessor aequali juri rem teneat, in pari caussa melior videtur possidentis conditio (11).

(1) l. *Haeredem* 59; l. *Qui in jus* 177 ff. *De reg. jur.*
(2) d. § 4 Instit. hoc tit.; l. 1 princ. et § 1 ff. hoc tit.
(3) l. 1 § 1 ff. hoc tit.
(4) argum. l. *Minor.* 39 § 1 ff. *De evictionib.* (21, 2).
(5) d. l. 39 § 1 ff. *De evict.*
(6) l. *Pro emptore* 2 § *si a furioso* 16 ff. *Pro emptor.* (41, 4).
(7) l. *Sed et, si* 7 § *Marcellus* 2 ff. hoc tit.
(8) l. *Si ergo* 11 § 1 ff. hoc tit.
(9) l. *Cum sponsus* 12 § *si res* 4 ff. hoc tit.
(10) d. l. 12 § *in vectigalibus* 2 et seqq.
(11) l. *In pari caussa* 128 ff. *De reg. jur.* (50, 17).

§ 161. Si ergo duo rem emerint a non domino, qui posterius emit, si possideat, Publiciana a priore conveniri nequit; quintersit, utrum ab eodem, an a diversis emerint, prout recte tradit Neratius (1), licet aliud placuisse videtur Ulpiano (2): sed sine fundamento; quid enim interest quoad jus acquirentis, utrum ab eodem non domino, an a diversis, qui nec dominium habent, rem comparaverit? Cum ex trita juris regula, nemo plus juris in alium transferre possit, quam ipse habet (3): hic autem bona fides, et justus titulus acquirentis unice inspicitur (§ 154), non alienantis, quicumque is sit, quippequi jus nullum habet. Sane, si ex duobus, qui diversis temporibus rem compararunt, neuter possideat, prioris caussa potior est (4); cum jus possidendi traditione primus acquisierit.

§ 162. Difficilior est quaestio, utrum posterior, qui rem acquisivit titulo lucrativo a non domino, eamque possidet, in Publiciana praeferri debeat priori non possidenti, qui rem ex onerosa caussa habuerit. Quidam affirmant eo moti fundamento, quod in pari caussa leges faveant illis, qui de damno vitando certant potius, quam contendentibus de lucro captando (5). Negant alii; atque, ut videtur, rectius; cum ad usucapionem aeque prosit titulus lucrativus, ac onerosus (6); et leges, quae de Publiciana loquuntur, lucrativum ab oneroso titulo non distiguunt (7). Quod si possideat, ille, qui lucrativo titulo nititur, par causa utrinque videri non potest; cum magna sint, ut omnes norunt, possessionis commoda. Publiciana conveniri non posse dominum, immo potiorem jure vindicationis eum esse, licet alter bona fide, et justo titulo possideat (8), apud omnes constat.

§ 163. Competit Publiciana actio emptori, licet pretium nondum solverit (9), dummodo ei res tradita sit (10): licet enim dominium rei venditae, et traditae in emptorem non transferatur, atque ideo denegetur vindicatio, si pretium solutum non fuerit (11), transit tamen possessio, quae ad Publicianam actionem instituendum sufficit (§ 154). Bona autem fides ab initio utique necessaria est, sed superveniens mala fides non impedit Publicianam (12). Quibus non adversatur Ulpianus, si pro *experiar* legatur cum Cujacio *ea parial* (13); sane, qui Publiciana utitur, rem

(1) l. *Si ea res* 31 § ult. ff. *De act. empti* (19, 1).
(2) l. *Sive autem* 9 § *si duobus* 4 ff. hoc tit.
(3) l. *Nemo* 54 ff. *De reg. jur.*
(4) d. l. 31 § ult. ff. *De act. empt.*
(5) l. *Quod autem* 6 § *simili modo* 11 ff. *Quae in fraud. creditor.* (42, 8).
(6) princ. Instit. *De usucapionibus* (2, 6).
(7) d. § *namque* 4 Instit. hoc tit.; l. 1, 2 et. pass. ff. hoc tit.
(8) l. penult. et ult. ff. hoc tit.
(9) l. *De pretio* 8 ff. hoc tit.
(10) l. *Sed et si res* 7 § penult. ff. hoc tit.
(11) § *venditae* 41 Inst. *De rer. division.* (2, 1); l. *Quoties* 15 Cod. *De rei vindicat.* (3, 32).
(12) d. l. 7 § *in hac actione* 12 et § *Publiciana* 14.
(13) l. *Si ego* 11 § *interdum* 3 ff. hoc tit.

vere alienam esse fatetur, adeoque tunc in bona fide positus dici nequit.

§ 164. Petitur hac actione, ut res restituatur una cum fructibus, et accessionibus, exemplo vindicationis, de qua superiore titulo diximus; cum actio Publiciana eodem iure utatur (1). De actionibus in rem, quae ex pignore, possessione, servitutibus proficiscuntur, suis locis egimus. Duas quoque mixtarum species expendimus, nimirum familiae erciscundae et communi dividundo (2). Tertia superest, quae finium regundorum appellatur (§ 7), de qua hic agendum.

TITULUS V.

FINIUM REGUNDORUM.

Instit. lib. 4, tit. 6 *De actionib.*
Digest. lib. 10, tit. 1) *Fin. regund.*
Cod. lib. 3, tit. 39)

SUMMARIA

§ 165. *Actione finium regundorum petitur, ut fines agrorum regantur et discernantur.* — § 166. *Actio finium regundorum duplex dicitur, quatenus unusquisque sustinet personam actoris et rei. Quid usu fori servetur?* — § 167. *Finium regundorum actio stricti potius juris, quam bonae fidei videtur.* — § 168. *Actio finium regundorum manare potest vel ex contractu, vel ex delicto.* — § 169. *Quae sint explicanda de actione finium regundorum?* — § 170. *Actio finium regundorum competit etiam usufructuariis, et creditoribus hypothecariis.* — § 171 et 172. *An socius adversus socium experiri possit actione finium regundorum ante resolutam fundi communionem.* — § 173. *Finium regundorum actio locum habet in praediis rusticis confinibus, non in urbanis. Quid si via publica intermedia sit, flumen, vel rivus privatus?* — § 174. *Actio finium regundorum late sumpta complectitur etiam spatium, quo fossae, putei, sepes, arbores a confinio distare debent.* — § 175. *Quid per hanc actionem petatur?* — § 176. *An in judicio finium regundorum sufficiat cognoscere de jure possessionis, an de jure proprietatis etiam cognoscendum sit?* — § 177. *Quid intersit, an termini, seu fines prius constituti restituendi sint, an primum constituendi.* — § 178. *Fundi quantitas probatur per libros censuales, per demonstrationem finium factam a domino utriusque praedii, et per ocularem inspectionem.* — § 179. *Termini antiqui restitui non possunt, nec novi constitui ab agrimensore, nisi vocatis omnibus, qui confines agros habent. Quid si hi contumaces sint?* — § 180. *Testibus etiam de auditu et visu aliorum deponentibus fundi quantitas probari potest: sicut et per culturam, atque perceptionem fructuum.* — § 181. *Termini prius ab agrimensore ponendi sunt, et postea a judice approbandi. Agrimensor mercedem a singulis accipit.* — § 182. *Finium regundorum judicio pendente, neutri licet aliquid de fundo vicini invadere.* — § 183. *Fructus percepti veniunt in actionem finium regundorum.* — § 184. *Spatium quinque pedum ex lege XII tabularum relinqui debet liberum inter confines agros aratorios.* — § 185 et 186. *Passus, digiti, unciae et palmi nomine quae distantia intelligatur?* — § 187 et 188. *Quae apud nos vigeant mensuram species?* — § 189 et 190. *Quibus verbis concepta fuerit lex Solonis Romano jure probata de finium distantia?* — § 191. *Cur major latitudo pro olea, aut ficu praescribatur? Consuetudo in hac re potissimum spectanda est.* — § 192. *Arborum distantia major, vel minor esse debet, habita ratione damni vicino imminentis.* — § 193. *In arboribus tum radices, tum rami inspiciuntur, cum situs: nec non qualitas fundi in confinio positi.* — § 194. *Nec arbores poni debent, nec aedificium juxta aream vicini, unde ventus excludatur tritico conterendo necessarius.* — § 195. *Arbores, quae in alienas aedes impendunt, succidi jubentur: coerceri a terra ad quindecim pedes, qui impendunt in alienum agrum.* — § 196. *Actio finium regundorum triginta annis praescribitur.* — § 197. *Praescriptio ab eo tantum die incipit, quo quis ampliores agri sui fines possedit. An praescriptio haec vigeat in limitibus regnorum, parochiarum et similium?* — § 198. *Actio finium regundorum longo tempore excluditur, si quis alienum fundum cum amplioribus finibus per id spatium temporis possederit.*

§ 165. Actio finium regundorum, qua inter eos agitur, qui confines agros habent (1), atque petitur, ut fines agrorum regantur et discernantur, est actio mixta idest partim in rem, et partim in personam (§ 6): in rem, quatenus confinis vindicat partem agri sui, terminorum confusione per alterum confinem injuria possessam: unde actio haec pro rei vindicatione esse dicitur a Paulo (2): in personam, quatenus praestationes personales in hanc ationem venire possunt (3).

§ 166. Duplex quoque haec actio dicitur, non secus ac actiones familiae erciscundae et communi dividundo, quatenus unusquisque duplicem personam sustinet, videlicet actoris, et rei (4), et par omnium caussa videtur (5): indeque procurator ad agendum datus ad defenden-

(1) l. *Sed et si* 7 § *in Publiciana* 8 ff. h. t.
(2) supra tit. 29, cap. 2 et 3.

(1) § *quaedam actiones* 20 in fin. Instit. hoc tit.
(2) l. 1 ff. hoc tit.
(3) l. *Sed et loci* 4 § 1 ff. hoc tit.
(4) l. *Judicium* 10 ff. hoc tit.
(5) l. *In tribus* 13 ff. *De judic.* (5, 1).

dum quoque datus intelligitur (1): quamquam, judiciorum ordine inspecto, actor habetur, qui prius ad judicem provocat (2); quare et hic probandi onere adstringendus est (3).

§ 167. Disputant interpretes, utrum actio finium regundorum bonae fidei sit, an stricti juris. Plerique tamen stricti juris eam esse contendunt; tum quia nullibi invenitur recensita inter actiones bonae fidei, vel arbitrarias, tum quia fructus nonnisi post litem contestatam judicis officio in ea praestantur; percepti prius bona fide percipientis sunt; mala fide condicuntur (4): in judiciis autem, seu actionibus bonae fidei ratio fructuum ante litem motam perceptorum habetur (5): quamquam, si petantur fructus in hoc judicio, non ex negotii indole, sed judicis officio adjudicari possunt (6).

§ 168. Finium regundorum actio ex triplici fonte manere potest; nimirum ex contractu, vel quasi contractu, vel delicto. Ex contractu competit illi, qui a Sempronio emerit fundi majoris partem; atque agere potest adversus Sempronium, ut fundus dividatur, sua ipsi pars assignetur, et fines, seu termini ponantur. Ex quasi contractu agit adversus haeredem legatarius, cui latioris fundi pars legata fuerit. Postremo ex delicto locus fit huic actioni, si turbati, atque amoti fuerint termini, vel alio modo obscurati confines, ne amplius facile distinguantur (7).

§ 169. Hisce praemissis, inquirendum: 1. Quibus competat actio finium regundorum; 2. Pro quibus praediis; 3. Quae per eam petantur, et obtineri possint, ubi de spatio, seu distantia arborum, et similium a finibus alterius praedii, et diversis mensurarum generibus: 4. Quo tempore actio finium regundorum praescribatur.

§ 170. Actio finium regundorum datur confinibus, seu iliis, qui confines aliis agros habent, sive domini sint, proprietatis jure gaudentes, sive tantum emphyteutae, fructuarii; imo et creditores pignoratitii (8); quia horum omnium interest certam esse agrorum mensuram, et certos fines.

§ 171. Sed socius adversus socium actione hac experiri non potest, in ea nimirum specie, qua Titius communem cum Sempronio fundum habeat, et proprium huic vicinum; cum enim unus ex sociis finium regundorum actione nec experiri, nec conveniri possit pro sua tantum parte, sed pro indiviso, ac in solidum sententia feratur, quia praediis potius, quam personis per hoc judicium prospicitur (9), nonnisi communione resoluta per divisionem, vel fundi communis alienationem, finium regundorum actio inter socios institui potest; ne quis adversus se ipsum agere videatur (1).

§ 172. Neque his adversatur, quod tradit Pomponius, si inter te et me communes sint aedes Titianae, atque ex his in proprias meas aedes vicinas injuria immissum sit, aut vicissim, aut paries communis facto suo in aedes meas se inclinaverit, negatoriam actionem mihi competere (2): aut quod tradunt Paulus et Ulpianus, aquae pluviae arcendae actionem competere socio, si aqua communis praedii noceat praedio alterius, aut vicissim (3); etenim in actione negatoria, et aquae pluviae arcendae socius de jure proprio, tamquam a jure socii separato, experiri potest; ideoque non in solidum, sed pro sola agentis parte condemnatio fit (4); cum in actione finium regundorum in solidum agatur, et sententia feratur (§ praeced.).

§ 173. Judicium finium regundorum, ait Paulus, locum habet in praediis rusticis confinibus; non vero in urbanis; cum haec vicina potius, quam confinia dicantur, atque ex communibus parietibus plerumque disterminantur (5): quare aedificia agris juncta ad hoc judicium non pertinent; utique vero horti in urbe positi (6). Quinimmo, si via publica intermedia sit, vel flumen, cessat actio finium regundorum (7); quia via, vel flumen magis in confinio esse intelligitur, quam ager vicini (8): rivus privatus non impedit, quominus finium regundorum agi possit (9).

§ 174. Si proprie et stricte loquamur, actio finium regundorum dumtaxat pertinet ad fines agrorum, ut certi constituantur, et terminis positis amplius confundi nequeant; late tamen etiam complectitur spatium, quo fossae, putei, sepes, arbores diversi generis a confinio distare debent, prout lege Solonis pro Atheniensibus scripta, atque a Romanis probata continetur (10): quae tamen diversarum gentium moribus non congruit, ut infra dicemus; atque singulorum locorum consuetudines in hac re observandae sunt (11).

§ 175. Petitur hac actione, ut confusi fines regantur, seu certo constituantur, ut termini ponantur, quo cujusque agri latitudo cognoscatur (12), nec non arbores, aut aedificia in con-

(1) l. *Si defunctus* 15 § 1 ff. *De procuratorib.* (3, 3).
(2) p. l. 13 ff. *De judic.*
(3) l. *Qui accusare* 4 in fin. Cod. *De edend.* (2, 1).
(4) l. *Sed et loci* 4 § *post litem* 2 ff. hoc tit.
(5) argum. l. *Usurae* 34 ff. *De usur.* (22, 1).
(6) l. *Non solum* 56 ff. *Famil. Ercisc.* (10, 2); junct. l. *Partum* 10 ff. *De usur.*
(7) l. ult. ff. *De termino moto* (47, 21).
(8) l. *Sed et loci* 4 § *finium* 9 ff. hoc tit.; l. *Caedere* 5 § ult. ff. *Arbor. furt. caesar.* (47, 7).
(9) l. *Sed et loci* 4 § *si alter* 5 ff. hoc tit.

(1) d. l. 4 § *si communem* 7.
(2) l. *Sed si inter* 27 ff. *De servitutib. praedior. urban.* (8, 2).
(3) l. *Si tertius* 6 § *inde quaeritur* 2 et seq.; l. *Supra iter* 11 § *si ex privato* 5 ff. *De aqu. et aqu. pluv. arcend.* (39, 3).
(4) d. l. 6 § 2 et 3 ff. *De aqu. etc.*
(5) l. *Sed et loci* 4 § penult. ff. hoc tit.
(6) d. l. 4 § penult. in fin.
(7) d. l. 4 § penult. ff. hoc tit.
(8) l. *Quia magis* 5 ff. hoc tit.
(9) l. *Sed, si rivus* 6 ff. hoc tit.
(10) l. ult. ff. hoc tit.
(11) Brunneman. in ff. ad d. l. ult. n. 3.
(12) l. *Si irruptione* 8 ff. hoc tit.

finio posita tollantur (1): quocumque tandem modo finium confusio contigerit, sive facto vicini, sive casu majore, puta aquae impetu (2).

§ 176. Quaerunt hoc loco interpretes, utrum in judicio finium regundorum sufficiat cognoscere de jure possessionis, an de jure proprietatis quoque cognoscendum sit: atque distinguunt; utrum is, qui finium regundorum agit, possideat, nec ne. In primo casu sufficit cognoscere de possessione, ex qua dominium praesumitur (3): nisi possessio actoris manifeste contraria sit titulis, quibus reum proprietatem suam demonstrat; quoties enim possessorium, ut ajunt pragmatici, a petitorio absorbetur, de petitorio omnino cognoscendum est (4): atque in agris praesertim facile contingit, ut vicinus, dum eos colit, fines suos praetergrediatur. Quod si possideat reus conventus, actor vincere non potest, nisi dominium, et jus sibi competens probet; ex trita juris regula: in pari caussa melior est conditio possidentis (5).

§ 177. Interest autem, cum de terminis, seu finibus constituendis agitur, utrum jam antea positi fuerint; sed deinceps turbati, atque ideo restitui petantur, an primitus ponendi sint. In priore specie sufficit demonstrare situm, in quo termini prius positi fuerant, quin opus sit fundi quantitatem probare; cum de reintegranda possessione tractetur potius, quam adipiscenda: in altero casu fundi quantitas prope fundum rei omnino demonstranda est.

§ 178. Porro fundi quantitas diversis modis probatur. Imprimis per libros censuales, et vetera monumenta, nisi forte varietate successionum, vel arbitrio possessorum fines agrorum auctos, vel imminutos esse constet (6): 2. Per demonstrationem finium factam ab eo, qui utriusque praedii dominus fuit, cum alterum venderet (7): 3. Per ocularem, ut ajunt, inspectionem, inspecto situ fossarum, lapidum, stipitum, quibus solent distingui fines (8): misso etiam agrimensore, per quem rei veritas facilius detegi possit (9).

§ 179. Sive autem termini antiqui restituendi sint, sive novi constituendi ab agrimensore, citandi sunt omnes, qui confines agros habent, et quorum interesse potest (10); quia forte fundi quantitas, quae ex una parte deest, ex alia exuberare potest: quod si pars citata contumax sit, judex nihilominus, agrimensoris opera, statuere potest, quod aequum videtur (1). Sane, qui per medium immutabile, veluti per viam publicam, aut flumen cohaerent, minime vocandi sunt; cum adversus eos finium regundorum agi nequeat (§ 173).

§ 180. Per testes quoque recte probatur uniuscujusque fundi quantitas; non tantum si ipsi de scientia sua, sed et si de auditu, et visu aliorum id referentium deponant, soltem si de antiquis quaestio sit (2): per culturam quoque, et perceptionem fructuum. Quod si probationes omnes desint, praesumptionibus locus fieri potest, puta agri cujusque fines ad fossae intermediae, vel rivi dimidiam partem praesumuntur extensi; ripa ejus in dubio creditur, qui superiorem agrum possidet (3).

§ 181. Quod ad hanc rem pertinet, animadvertendum putamus, prius ponendos esse terminos ab agrimensoribus, et postea a judice approbari, quia alias judicis sententia vix certa esse posset (4). Praeterea modus probandi per ocularem inspectionem caeteris praestat, et derogat, ita ut nec per judicis sententiam excludatur (5): cum autem tum actoris, tum rei intersit, ut agri fines constituantur, licet ocularis inspectio ab uno tantum petita sit, attamen agrimensor ab utroque mercedem accipit (6).

§ 182. Caeterum, pendente finium regundorum judicio, neutri licet aliquid de fundo vicini invadere; atque, si invaserit injuria, non partem tantum occupatam, sed tantumdem de suo restituere jubetur, in poenam injuriae (7): quod si justam habuerit occupandi caussam, idest vere ea pars sua sit, attamen eam amittit, quia jus sibi dicere voluit, non expectato magistratus imperio (8). Usu tamen hodierno vix est, ut hujusmodi poena obtineat.

§ 183. Finium regundorum actione non tantum petitur, ut termini constituantur, vel restituantur, sed etiam, ut praestetur id, quod interest (9); adeoque fructus percepti post litem contestatam, non antea; nisi adhuc extent, vel mala fide percepti fuerint (10), damnum dolo, culpa lata, aut levi datum reficiatur (11).

§ 184. Difficilior est quaestio de finium distantia. Finium appellatione, ait Voet, venit proprie spatium quinque pedum, quod inter agros confines relinqui debebat liberum ab aratione (12); atque probat auctoritate Imperatorum in haec

(1) l. *Haec actio* 2; l. *Sed et loci* 4 § *sed et si quis* 3 ff. hoc tit.
(2) d. l. 8 in princ. ff. hoc tit.
(3) l. *Si quis* 3 Cod. hoc tit.
(4) Fab. Cod. *De ordin. judic.* lib. 3, tit 7, definit. 2 in princ.
(5) l. *In pari caussa* 128 ff. *De reg. jur.* (50, 17).
(6) l. *In finalibus* 11 ff. hoc tit.
(7) l. *Eos terminos* 12 ff. hoc tit.
(8) l. *Si irruptione* 8 § ff. hoc tit; l. *Si quis* 3 Cod. hoc tit.
(9) d. l. 8 § 1; d. l. 3.
(10) d. l. *Si quis* 3 Cod. hoc tit.

(1) d. l. 3 in med.
(2) argum. l. *Si arbiter* 28 ff. *De probat.* (22, 3); l. *In summa* 2 § *idem Labeo* 8 ff. *De aqu. et aqu. pluv. arc.* (39, 3).
(3) Mascard. *De probat.* conclus. 393 et seqq.
(4) Brunneman. ad l. *Si quis* 3 Cod. hoc tit. n. 13.
(5) Ibid. n. 15.
(6) l. *Sed et loci* 4 § 1 ff. hoc tit.
(7) l. *Si constiterit* 4 Cod. hoc tit.
(8) l. *Extat enim* 13 ff. *Quod met. causs.* (4, 2).
(9) l. *Sed et loci* 4 § 1 ff. hoc tit.
(10) d. l. 4 § *post litem* 2 ff. hoc tit.
(11) d. l. 4 § 2 et seq.
(12) Voet in ff. hoc tit. n. 9 in princ.

verba rescribentium. *Quinque pedum praescriptione submota, finalis jurgii, vel locorum libera peragatur intentio* (1); idest spatium quinque pedum inter confines agros aratorios relinquendum putant aliqui, quo ire agere uterque dominus possit, et aratrum circumduci: quod spatium quinque pedum lex XII Tabularum praescribi vetabat, prout innuunt Imperatores, ajentes, quinque pedum praescriptionem submovendam, sen rejiciendam esse (2); si vero ultra quinque pedes quaestio moveatur de agrorum finibus, actioni finium regundorum locus fit, sed et viget praescriptio saltem triginta annorum, prout infra explicabimus, si per hoc temporis spatium vicinus quiete possederit ampliores agri sui fines (3).

§ 185. Non consentiunt interpretes, quae sit passus mensura, seu longitudo. Probabiliora trademus tum de passu, tum de pede, et uncia, de quibus Romanae leges mentionem faciunt, tum subjiciemus mensuras, quae apud nos in usu sunt. Passus nomine apud Romanos significari videtur, quantum ambobus brachiis passis, seu extentis, inter longissimos digitos est: hinc praetor vicena millia passuum in singulos dies dinumerari jubet itineri faciendo (4). Digitus, de quo meminit Paulus (5), si quibusdam credimus, est spatium collectum ex quatuor granis tritici, vel hordei cohaerentibus per latitudinem: quare digitus aquae (6) est, quantum transire potest per quadratum foramen quaqueversum habens spatium quatuor granorum tritici, vel hordei.

§ 186. Unciam eruditi putant constare ex quinque granis tritici cum tertio, ita ut uncia sit digitus, et tertia digiti pars, et quantum pollex continet: palmus quatuor digitos habet, seu tres uncias: pes digitos sexdecim, seu uncias duodecim. Passus ex quinque pedibus constat, seu unciis sexaginta: pertica duos passus continet, seu pedes decem, ideoque uncias centum viginti. Caeterum digiti vix aliquando mentio fit; uncia consideratur tamquam primus mensurae gradus; inde progredimur ad pedem; tum ad passum, postremo ad perticam.

§ 187. Hisce Romanarum legum scitis fere consentit jus nostrum, quo cautum, ut passus (*) sit norma aliarum mensurarum, atque in sex partes aequales dividatur, quae pedum *librajium* (**) nomine donantur; atque duplum passus, quod *pertica* dicitur, duodecim pedibus *libralibus* constat: pedem autem libralem in duodecim uncias partimur, unciam in puncta duodecim: punctum in duodecim atomos (1): juger vero, seu jugerum (*) centum quadratis, seu tabulis constat: tabula passibus quatuor, ita ut juges quadringentos passus contineat, et tabula in duodecim pedes superficiales, pedes in duodecim uncias, uncia in duodecim puncta, punctum in duodecim atomos dividatur (2).

§ 188. Praeter pedem libralem duae aliae pedis species apud nos in usu sunt: videlicet *manualis* et *legalis*. Manualis octo uncias continet (3): a manibus forte dictus, quatenus digitis Romanis decem fere constat (§ 185 et seq.). Legalis pes constat ex unciis sex, punctis decem, et ferme accedit ad pedem Romanum (4), de quo supra diximus (§ 186).

§ 189. Hisce praemissis, explicanda est lex Solonis a Gajo relata, cujus haec sunt verba. *Si quis sepem ad alienum praedium fixerit, infoderitque terminum, ne excedito: si maceriam, pedem relinquito, si vero domum, pedes duos: si sepulcrum, aut scrobem foderit, quantum profunditatis habuerint, tantum spatii relinquito: si puteum, passus latitudinem. At vero oleam, aut ficam ab alieno ad novem pedes plantato, caeteras arbores ad pedes quinque* (5).

§ 190. Igitur sepes in confinio duorum praediorum ponere licet, dummodo terminus, seu lapis, aliudve signum, quo unus ab alio ager discernitur, non excedatur (6): si maceria, idest murus ex sicco lapide (7), pes intermedius relinqui debet; duo vero pedes, si domus in confinio aedificetur, relinquendi sunt: distantia sepulcri, et scrobis a profunditate dimetienda praescribitur: passus pro puteo: pro olea, aut ficu pedes novem, qui sex pedes nostrates fere continent; pro caeteris arboribus pedes quinque, seu tres cum dimidio ex nostratibus (8).

§ 191. Quod ad spatium hac lege constitutum quaedam notanda sunt. Imprimis major latitudo pro olea, aut ficu praescribitur ex caussa radicum, quae longius aguntur, atque propiores alimentum vicini arboribus eriperent: sed et aliae arbores sunt, quae longiorem distantiam expostulant, veluti nuces, ne umbra noceant; atque de his, et similibus forte non meminit Solon (9), quia Athenis non inveniebanA

(1) l. penult. Cod. hoc tit.
(2) d. l. penult. in princ. Cod. hoc tit.
(3) d. l. penult. in fin.
(4) l. *Itinere* 3 ff. *De verbor. significat.*
(5) in l. penult. ff. *De servitut. praedior. rusticor.* (8, 3).
(6) De quo in d. l. penult.

(*) Trabucco.
(**) Piedi liprandi: ita forte dicti pro *librandi*, a libra, quae duodecim uncias continet, sicuti pes libralis in totidem uncias dividitur.

(1) Edict. *Caroli Emanuelis* I. 5 junii 1612 penes Borel. pag. 1047, colon. 1.
(2) Citat. Edict. 5 junii 1612 pen. Borel.
(3) Citat. Edict. 5 junii 1612, n. 2 pen. Borel. pag. 1047. col. 1.
(4) Pollex dimidiam unciae partem excedit; ideoque duodecim unciae Romanae continent sex uncias, et decem puncta.
(5) d. l. ult. ff. hoc tit.
(6) d. l. ult. in princ. ff. hoc tit.
(7) Qui vulgari sermone *Masera* appellatur.
(8) d. l. ult. ff. hoc tit.
(9) In d. l. ult. ff. hoc tit.

(*) Giornata.

tur. Praeterea communis omnium interpretum sententia est, distantias hac lege statutas apud plerasque gentes non observari; nec regulae certae instar habendas esse, quamquam prodesse possunt, maxime si municipalis lex, et consuetudo deliciai, in hac re spectandae sunt (1).

§ 192. Igitur consuetudini potissimum in hac re standum est: consuetudo autem diversa esse potest pro diversitate locorum: immo diversae regulae observantur pro diversitate adjunctorum, et praecipue damni, quod vicino imminet ex arboribus in confinio positis, ita ut prudentis judicis arbitrio, adhibito peritorum judicio, quaestio dirimi debeat (2), cum arborum distantia eo plane consilio inducta sit, ne vicino noceatur (3).

§ 193. Ex his patet, plura esse in hac re prae oculis habenda. In primis arborum qualitas, tum quod ad ramos pertinet: praeterea fundi in confinio positi conditio inspicienda est, an vinea sit, an pratum, vel ager; postremis minus nocent tum radices, tum rami arborum, quam vineis. Situs quoque arborum efficere potest, ut plus, vel minus umbra noceant (4).

§ 194. Hinc cum interrogatus fuisset Justinianus, utrum vicinus posset alterum prohibere, ne aedificium ita extolleret juxta aream suam, ut ventus excluderetur et paleae ex hujusmodi obstaculo secerni a frugibus non possent, respondit, *nemini licere sic aedificare, vel alio modo versari, ut idoneum ventum, et sufficientem ad praefatum opus infringat* (5). Profecto si area fieret, postquam arbores jam posuerat vicinus, vix audiretur areae dominus, petens, ut illae tollantur: sibi imputare debet, cur alium areae situm non quaesierit.

§ 195. Hinc praetor duo interdicta proposuit de caedendis arboribus, quae in alienas aedes, vel in alienum agrum impendunt (6); illis nempe succidendis, his usque ad quindecim pedes a terra coercendis (7), ne umbra arboris vicino praedio noceat (8): atque ad horum interdictorum, exemplum rescripsit imperator Alexander, succurrendum esse ei, cujus parieti ruina immineat, vel radicibus vicini excrescentibus, vel sub parietem excurrentibus (9).

§ 196. Actio finium regundorum triginta annorum praescriptione extinguitur (10); exemplo

(1) Voet in ff. hoc tit. n. ult.
(2) V. *Pratic. Legal.* part. 2, Tom. I, pag. 372, § 22 et seqq.
(3) l. 1 Cod. *De interdict.* (8, 1); l. ult. Cod. *De servit.* (3, 34).
(4) d. l. ult. § ult. Cod. *De servit.* (3, 34); d. l. 1 Cod. *De interdic.* (8, 1).
(5) d. l. ult. § ult. Cod. *De servitut.* (3, 34).
(6) l. 1 princ. et § *deinde* 7 et seqq. ff. *De arborib. caedend.* (43, 27).
(7) d. l. 1 § ult.
(8) d. l. 1 § *quod ait* 8.
(9) d. l. 1 Cod. *De interdic.* (8, 1).
(10) l. ult. Cod. hoc tit.; l. 1 § 1 Cod. *De annal. exception* (7, 40).

caeterarum actionum mixtarum, seu partim in rem, partim in personam naturam habentium. Neque aliud eruitur ex rescripto Imperatorum, quo praescriptionem quinque pedum inter agros aratorios rejicere videntur (1); etenim vel de praescriptione longi temporis intelligendi sunt Imperatores (§ 184): vel si de longissimi temporis praescriptione accipiantur, dicendum est, legem illam posterioribus constitutionibus abrogatam fuisse (2).

§ 197. Sane, cum praescriptio sine possessione esse non possit (3), praescriptio non incipit, nisi ab eo die, quo quis ampliores agri sui odio vicini fines possedit. Quinimmo praescriptionem non prodesse in limitibus regnorum, parochiarum, et similium ex praescripto juris canonici (4), plures sentiunt (5), si de illis certo constet.

§ 198. Diximus, actionem finium regundorum spatio triginta annorum praescribi (§ 196): quod quidem intelligendum de eo casu, quo soli fines, seu limites agri praescribantur: si enim quis alienum emerit, cujus fines ampliores a venditore demonstrati sint, atque emptor fundum cum finibus suis per consuetum usucapionis tempus, decem annorum inter praesentes, et viginti inter absentes, possederit, tum fines, non per se, sed tamquam fundi accessionem longo usu capiet (6); atque ita accessorium principalis conditionem sequitur (7). De termino moto suo loco agemus.

TITULUS VI.

QUAE IN FRAUDEM CREDITORUM FACTA SUNT, UT RESTITUANTUR.

Instit. lib. 4, tit. 6 *De actionib.*
Digest. lib. 42, tit. 8 *Quae in fraud. credit. etc.*
Cod. lib. 7, tit. 75 *De revoc. his, quae in fraud. credit. alienat.*

SUMMARIA

§ 199. *Cur de actione Pauliana hoc loco dicendum sit?* — § 200 et 201. *Actio Pauliana personalis est. Quae de illa sint expendenda?* — § 202. *Actio Pauliana competit creditoribus chirographariis, quorum odio debitor res suas alienavit. An etiam hypothecariis?* — § 203. *Pauliana actio creditoribus competit, licet bona alienata sint, antequam in possessionem mitterentur.* — § 204.

(1) l. penult. Cod. hoc tit.
(2) Nimirum d. l. ult. Cod. hoc tit.; d. l. 1 § 1 Cod. *De annal. except.*
(3) l. *Sine possessione* 24 ff. *De usurpat. et usucap.* (41, 3).
(4) cap. *super eo* 4 extra Decret. Greg. *De paroch.* (3, 29).
(5) Brunneman. in Cod. ad l. ult. Cod. hoc tit. n. ult.
(6) l. *Pro emptore* 2 § *cum Stichum* 6 *pro emptor.* (41, 4).
(7) cap. *accessorium* 42 extr. 9 ff. *De reg. jur.* in 6 Decretal.

Creditores a magistratu in possessionem missi praetorii pignoris jus consequuntur. Quae apud nos in hac re praescripta sint? — § 205 *et* 206. *Qui fraudis participes intelligantur?* — § 207. *Haeredes debitoris in fraudem alienantis tenentur in solidum.* — § 208. *Debitor ipse, qui fraude distraxit, Pauliana actione conveniri potest.* — § 209. *Pauliana actione non tenetur, qui bona fide comparavit ab emptore fraudis conscio.* — § 210. *Pauliana actione revocatur, quod quis titulo lucrativo acquisivit, licet fraudis conscius non fuerit.* — § 211. *Quo differat comparans bona fide a fraudolento debitore ab eo, qui mala fide acquirit titulo oneroso?* — § 212. *Ad revocationem titulo oneroso factam requiritur fraus tum in alienante, tum in acquirente: sed sufficit alienantis dolus, si titulo lucrativo alienatio facta sit.* — § 213. *Quid de alienationibus ultima voluntate factis per legatum, aut donationem mortis caussa?* — § 214. *Fraudis consilium a creditore allegante probandum est: sed indicia admittuntur. Quae sint praecipua?* — § 215. *et* 216. *Quid si alienatio secuta sit favore pupilli, qui doli particeps esse nequit?* — § 217 *et* 218. *Dos respectu mariti titulus onerosus est, mulieris lucrativus.* — § 219 *et* 220. *Alienare hic generatim intelliguntur, qui patrimonium suum deminuunt.* — § 221 *et* 222. *Alienare in sententia jureconsultorum non judicatur, qui occasionem acquirendi praetermittit.* — § 223. *Quid de patre filium emancipante, ut arbitrio suo adeat haereditatem?* — § 224. *Fiscus revocat, quae debitores in fraudem ipsius acquirere omiserunt.* — § 225. *Alienare apud nos censentur debitores etiam privatorum, qui haereditatem, legatum vel donationem repudiant in fraudem creditorum.* — § 226. *An Romanorum prudentum sententia juri naturali consentanea sit?* — § 227. *Haeres in dispendium creditorum repudiare non potest legatum a defuncto, nec agnitum, nec repudiatum.* — § 228. *Solutio uno creditori facta non valet, postquam omnes in possessionem bonorum debitoris missi fuerunt. Quid si antea solutum sit?* — § 229. *An vigilare videatur creditor, cui sponte solutum a debitore fuit?* — § 230. *Solutiones, atque alienationes in fraudem creditorum factae apud nos irritae decernuntur.* — § 231. *Datio in solutum aequiparatur solutioni in actione Pauliana, non autem compensatio.* — § 232. *An pretium, alienatione per Paulianam rescissa, emptori restituendum sit?* — § 233. *Quid de opem, vel consilium ferentibus debitori, qui in fraudem creditorum alienat, vel solvit?* — § 234 *et* 235. *Actione Pauliana omnia restituuntur in pristinum, perinde ac si gesta non fuissent, una cum accessionibus.* — § 236 *et* 237. *Quid de fructibus sive ante, sive post litem contestatam perceptis?* — § 238. *An usurarum eadem sit ratio, ac fructuum?* — § 239. *Creditores, in quorum fraudem debitor bona alienavit, prius agere nequeunt in rem adversus tertios possessores, quam personali revocatoria egerint adversus debitorem.* — § 240. *Intra quod tempus Pauliana actio intentari debeat?*

§ 199. Diximus de actionibus in rem civilibus et praetoriis, seu de vindicatione et Publiciana; tum de mixta, seu actione finium regundorum; de caeteris seu realibus seu mixtis egimus suis locis, prout institutionum imperialium ordo postulavit: expendimus quoque praejudiciales actiones, quibus quaeritur de statu hominis, an liber sit, an servus: an filius legitimus, naturalis, tum, cum de statu hominum agebamus (1). Quare ordo postulat (§ 8), ut dicamus de actionibus personalibus, servata institutionum serie, atque imprimis de actione Pauliana, qua rescinduntur alienationes in fraudem creditorum factae (2).

§ 200. Pauliana actio personalis est; etenim non nascitur a jure aliquo in re, quod creditoribus competat, sed ex facto minus honesto, idest alienatione facta per fraudem alienantis debitoris et ejus in quem alienatio facta fuit, vel solius debitoris (3): unde actio Pauliana in factum actio dicitur (4): atque Paulus actionem hanc, non secus, ac Favianam, inter personales actiones recenset (5).

§ 201. De Pauliana actione inquirendum est: 1. Quibus detur: 2. Adversus quos: 3. Quibus conditionibus, seu quae desiderentur, ut actioni Paulianae locus fiat: 4. Quid veniat alienationis nomine argumento; 5. Quis sit ejus finis, seu quae per eam petantur; 6. Quo tempore intentanda sit.

§ 202. Actio Pauliana competit creditoribus, in quorum damnum res a debitore fraudolenter alienatae fuerunt; aut curatori bonis debitoris obaerati dati (6). Nec tantum chirographariis, si quibusdam credimus, sed etiam hypothecariis (7); quia actio hypothecaria non perimat personalem, cui Pauliana innititur, nec deterioris esse debeant conditionis creditores, qui diligentius sibi prospexerunt. Haeredes quoque creditorum hac actione utuntur, cum rei persecutoria sit (8); non haeredes debitoris fraudulenter alienantis: quare creditor, qui successerit debitori,

(1) V. vol. I, lib. 1, pag. 98, § 447 et seqq.
(2) § *item si quis* 6 Instit. hoc tit.
(3) l. *Ait praetor* 10 in princ. ff. hoc tit.
(4) l. *Hac in factum* 14 ff. hoc tit.
(5) l. *Videamus* 38 in princ.; junct. § *in Faviana* 4 ff. *De usur.* (22, 1).
(6) l. 1 in princ. ff. hoc tit.
(7) Voet in tit. ff. hoc tit. n. 3 Perez.; Cod. hoc tit. n. 4.
(8) l. *Ait praetor* 10 § ult. ff. hoc tit.

Paulianam actionem, debito per confusionem extincto, non habet (1).

§ 203. Dissentiunt interpretes, utrum competat actio Pauliana creditoribus, si alienatio in eorum fraudem facta fuerit, antequam in bonorum debitoris possessionem missi fuerint: aliqui negant, existimantes, in eo tantum casu competere, quo fraudulenta alienatio secuta sit post missionem in possessionem (2). Verum legibus magis consentanea est sententia, utroque casu Paulianae actioni locum esse (3). Sane Julianus libertates antea datas tantum excipit (4); atque revocationem rerum a debitore dolo alienatarum aperte permittit, licet creditores in possessionem missi non fuerint (5).

§ 204. Unum tamen discrimen est inter utrumque casum, si nempe debitor, postquam creditores in possessionem bonorum missi fuerunt, eadem in creditorum fraudem alienaverit: etenim creditores jussu magistratus missi in possessionem consequuntur jus pignoris, quod praetorium appellatur (6), et cujus amissam possessionem recuperare possunt (7). Jure nostro, ut obiter dicamus, competit hypotheca legalis creditori in bonis debitoris a die, quo sententia condemnationis publicata fuit (8): contra quam Romano jure statuatur (9). Quamquam non desunt, qui putant, actionem hanc creditori in possessionem misso competentem potius quasi Servianam, seu hypothecariam esse, quam Paulianam.

§ 205. Conveniuntur actione Pauliana, qui rem a debitore in fraudem creditorum alienante compararunt, si modo fraudis participes sint, cum ex titulo oneroso rem acquirunt (10): fraudis autem participes intelliguntur, qui sciunt debitorem fraudandorum creditorum caussa alienare; non si tantum sciant, alienantem aere alieno obstrictum esse (11): nisi, vendente debitore, testato, seu coram testibus, conventi fuerint, seu moniti, ne emerent (12).

§ 206. Neque requiritur ad Paulianam actionem, ut emptor sciat per alienationem a debitore factam fraudari omnes creditores; sed sufficit, si sciat, unum fraudari (13); in fraudis poenam revocationi merito subjicitur: si tamen debitor creditori, cui emptor fraudem fieri cognovit, solverit, aliove modo satisfecerit; censuit Ulpianus, aliis creditoribus, quibus noceri ignorabat emptor, revocatoriam actionem, denegandam (1); cum enim alii creditores non ex propria, sed ex hujus persona Paulianam actionem in hoc casu habeant, praerepta huic per satisfactionem actione, pro aliis quoque cessare debet. Non tamen, subdit jureconsultus, licet emptori fraudis conscio eludere actionem, offerendo, quod debetur creditori, quem sciebat fraudari (2); ne in potestate rei sit aliis creditoribus fraudatis nocendi.

§ 207. Quod spectat haeredes debitoris in fraudem creditorum alienantis, existimant aliqui, eos non teneri ultra id quod ex dolo defuncti perceperunt (3); quia, licet actio Pauliana pertinere videatur ad rei persecutionem, ex delicto tamen dari intelligitur (4). Alii tamen rectius defendunt, haeredes in solidum semper teneri, prout jure canonico praescriptum est (5); tum quia factum defuncti praestare debent; ex cujus persona lucrum sentiunt (6); tum quia, si proprie loquamur, revocatio alienatorum non in poenam emptoris fraudis conscii, sed potius ad indemnitatem innoxii creditoris inducta est; quamquam, suadente aequitate, permissa non fuit odio bona fide, et titulo oneroso acquirentis, prout infra explicabimus.

§ 208. Non tantum illi, qui rem a debitore fraudante compararunt, Pauliana actione conveniri possunt, sed ipse debitor, qui fraude distraxit (7): ex quo enim dolo possidere desiit, adhuc possidere intelligitur (8); ita ut, si aliunde creditoribus suis, quos fraudavit, satisfacere nequeat, competentiae beneficio gavisurus non sit, immo in carceres detrudi possit, poenam fraudis suae subiturus.

§ 209. Qui bona fide comparavit ab emptore fraudis conscio, cum debitor in dispendium creditorum bona sua venderet, Pauliana actione non teneri, tradit Paulus (9); etenim dolus auctori suo nocere debet, non alteri innoxio: quare emptor malae fidei ad solidum pretium erga creditores condemnandus est (10): bona fides secundum emptorem excusat: si ergo mala fide rem comparaverit, Paulianae actioni subjicitur (11).

§ 210. Jam innuimus, non revocari per actionem Paulianam, quod quis habuit titulo oneroso a debitore in fraudem creditorum alienan-

(1) l. *Filios* 4 Cod. hoc tit.
(2) l. *Is, qui a debitore* 9 ff. hoc tit.
(3) Voet in ff. hoc tit. n. 3; Vin. ad § 6 Instit. hoc tit. n. 3.
(4) l. *Si quis* 15 ff. hoc tit.
(5) l. *Omnes debitores* 17 § 1 ff. hoc tit.
(6) De quo diximus vol. II, lib. 3, § 1281 et seqq. pag. 1041.
(7) l. ult. Cod. *De praetor. pign.* (8, 22).
(8) *Reg. Constit.* lib. 3, tit. 23, § 18. V. d. vol. II, lib. 3, § 1315.
(9) d. vol. II, lib. 3, § 1314, pag. 1045.
(10) l. *Quod autem* 6 § *hoc edictum* 8; l. *Ait praetor* 10 ff. hoc tit.
(11) d. l. 10 § *quod ait* 2 et § *alias autem* 6 ff. hoc tit.
(12) d. l. 10 § *si quis particeps* 3.
(13) d. l. *Ait praetor* 10 § *Illud certe* 7 ff. hoc tit.

(1) l. 10 § *quid ergo* 8.
(2) d. l. 10 § 8 in fin. ff. hoc tit.
(3) d. l. *Ait praetor* 10 § ult; junct. l. sequ ff. hoc tit.
(4) argum. l. *Item, si res* 4 § ult. et ll. seqq. ff. *De alienat. judic. mutand. causs. jact.* (4, 7).
(5) cap. *In litteris* 5 extra Decret. Greg. *De raptorib.* (5, 17).
(6) l. *Ex qua persona* 149 ff. *De reg. jur.* (50, 17).
(7) l. 1 in fin. princ. ff. hoc tit.
(8) l. ult. Cod. hoc tit.
(9) l. *Is, qui a debitore* 9 ff. hoc tit.
(10) d. l. 9 in fin. ff. hoc tit.
(11) l. 1 in princ. ff. hoc tit.

te, nisi acquirens fraudis particeps sit, idest sciat, creditores alienatione fraudatos esse (§ 205): quod si rem titulo lucrativo quis nanciscatur, revocationem patitur, licet dolo careat (1). Cum titulus onerosus intervenit, tum emptor, tum creditores de damno vitando certant: in pari autem caussa favorabilior visa est possidentis conditio (2): contra acquirens titulo lucrativo certat de lucro captando adversus creditores, qui damnum vitare nituntur: quorum ideo caussa potior videri debet (3).

§ 211. Discrimen attamen est inter comparantem a fraudulento debitore bona vel mala fide titulo oneroso; ille enim restituere non tenetur, nisi quatenus locupletior factus est: hic vero in doli poenam solidum restituere cogitur (4): illi parcendum merito censuerunt legislatores; alioquin damnum innocens sentiret: hic sibi imputare debet, cur lucrum ex alterius fraude captare voluerit.

§ 212. Duo ergo requiruntur ad revocationem titulo oneroso factam: nimirum fraus alienantis, et fraus acquirentis, ita ut unum sine altero non prosit creditori (5): si vero res titulo lucrativo alienata fuerit, sufficit dolus alienantis, licet acquirens, puta donatarius, fraudis particeps non sit (6). Neque sufficit in alienante fraudandi consilium; sed insuper eventus requiritur; seu ut creditores vere damnum sentiant ex hac alienatione: alioquin, si, quod ipsis debitum est, ex aliis debitoris bonis habere possint, conqueri nequeunt, se fraudatos esse, ut patet (7).

§ 213. Excipiuntur ab hac regula alienationes non inter vivos, sed actu ultimae voluntatis factae; puta per legatum, aut donationem mortis caussa; cum enim liberalitates istae praestari non debeant, nisi prius soluto aere alieno, licet defunctus fraudandorum creditorem consilium non habuerit, si tamen eventu fraudati sint, utilis actio Pauliana creditoribus datur ad revocandum, quod solutum fuit (8); atque idem traditur de fideicommissariis libertatibus, licet maximus sit earum favor (9): directas autem datas valere placuit, si consilium fraudandi defuerit (10).

§ 214. Fraudandi consilium, cum res facti sit, ab allegante creditore probari debet (11): quia tamen, utpote in animo latens, difficilis probationis est, idcirco indicia etiam, et conjecturae graviores admittuntur (1). Inter fraudis indicia haec recenseri solent: 1. Si alienatio clam fiat, et potissimum in conjunctas personas: 2. Si debitor post secutam alienationem adhuc bona alienata possidere pergat: 3. Si pactum retrovenditionis adjectum fuerit, maxime ab eo, qui foenerari solet: 4. Si quis bona sua distrahat in eum casum, seu sub ea conditione, si bona publicari contingeret: 5. Si nec necessitas rei familiaris alienationem expostulaverit, nec utilitas appareat: 6. Alienationes, quae fiunt a debitore brevi, antequam bonis cedat, in fraudem creditorum factae praesumuntur (2): immo gravi pecuniaria poena apud nos coercentur, qui a decoctore doloso bona comparaverint (3). Postremo facilius fraudis conscius judicatur debitor, qui omnia bona sua alienat.

§ 215. Sed quid, si alienatio ex caussa onerosa secuta sit favore pupilli, qui propter aetatis imbecillitatem doli particeps esse nequit? Distinguendum est, an solus, an tutore auctoritatem praestante contraxerit. In primo casu, dummodo adsit fraus debitoris alienantis, atque creditores per alienationem vere fraudati fuerint, revocatio permittitur odio pupilli: hujus ignorantia, quae per aetatem contingit, ait post Labeonem Ulpianus, non debet creditoribus esse captiosa, et pupillo lucrosa (4): favorabilior visa est conditio creditorum jus prius quaesitum habentium, quam pupilli contrahentis sine tutoris auctoritate.

§ 216. In altero casu, quo pupillus tutore auctorante contraxerit cum debitore in fraudem creditorum alienante, distinguit Paulus, ita ut in pupillum actio non detur, si tutor fraudis conscius non fuerit (5), quemadmodum observatur in majoribus bona fide contrahentibus (§ 210): quod si tutor debitoris alienantis dolum non ignorans ab eo comparaverit, tutoris scientia hactenus pupillo nocet, quatenus ad eum pervenit (6). Idemque in curatore furiosi, vel adolescentis obtinet (7), cum eadem sit ratio.

§ 217. Cum intersit, an quis titulo oneroso, an lucrativo rem a debitore fraudante nactus sit (§ 210), investigandum est, an titulus dotis ad lucrativam, an ad onerosam caussam pertineat. Dos respectu mariti onerosus titulus dici debet, cum eam accipiat ad sustinenda onera matrimonii (8): proinde locum habet distinctio inter maritum scientem et ignorantem (9). Sed respectu mulieris lucrativus titulus est, ut proinde, solutis nuptiis, dotem a doloso debitore habitam, mu-

(1) l. *Quod autem* 6 § *simili modo* 11; l. *Omnes debitores* 17 § 1 ff. hoc tit.; l. penult. Cod. hoc tit.

(2) d. l. 6 § 11 ff. hoc tit.; l. *Sive autem* 9 § *si duobus* 4 in fin. ff. *De publician. in rem action.* (6, 2).

(3) d. l. 6 § 1 ff. hoc tit.

(4) d. l. *Quod autem* 6 § *simili modo* 11 ff. hoc tit.

(5) l. 1 in princ.; l. *Ait praetor* 10 in princ. ff. hoc tit.

(6) l. *Quod autem* 6 § *simili modo* 11 ff hoc tit.

(7) l. *Ait praetor* 10 § 1; l. *Si quis* 15 ff. hoc tit.

(8) l. *Quod autem* 6 § pen. ff. hoc tit.; junct. l. 1 § 1 ff. *Si quid in fraud. patron.* (38, 5).

(9) l. ult. Cod. *Qui manumittere non possunt* (7, 11).

(10) l. *Si quis* 15 ff. hoc tit.

(11) l. *Quoties operae* 18 ff. *De prob.* (22, 3).

(1) l. *Dolum* 6 Cod. *De dol. mal* (2, 21).

(2) *Reg. Constit.* lib. 3, tit. 33, § 13 in fin.

(3) Ibid. lib. 2, tit. 16, cap. 6, § 7.

(4) d. l. *Quod autem* 6 § *si quid* 10 ff. hoc tit.

(5) l. *Ait praetor* 10; § *ait praetor* 5 ff. hoc tit.

(6) d. l. 10 § 5 in fin. ff. hoc tit.

(7) d. l. 10 § 5 prop. fin.

(8) l. *Dotis fructum* 7 ff. *De jur. dot.* (23, 3); l. *Pro oneribus* 20 Cod. eod. tit. (5, 12).

(9) l. ult. § 1 et 2 ff. hoc tit.

lier, haeredesve ejus restituere teneantur, licet mulier doli particeps non fuerit (1).

§ 218. Equidem actione Faviana, aut Calvisiana non repetit patronus dotem a liberto filiae suae in dispendium patroni constitutam; sed libertus dotem filiae dando non videtur fraudare patronum in successione (2); cum aequitas suadeat, dotis a patre filiae constituendae potiorem habendam esse rationem, quam successionis patrono deferendae: quare nec fraus patrono facta judicatur a liberto, qui filio suo mortis caussa donet, aut leget (3), contra quam observatur in creditoribus (§ 213).

§ 219. Post haec inquirendum, quid veniat in hoc argumento alienationis nomine. Cum praetor, actionem Paulianam inducendo, prospicere utique voluerit creditorum indemnitati, sed simul consulendum sit illis, qui a debitore in fraudem alienante compararunt, alienare generatim creduntur, qui res suas in alios transferunt, atque patrimonium deminuunt, non qui id tantum agunt, ne locupletentur, seu acquirere omittunt, quod acquirere possent (4): maxime quia, si proprie loquamur, alienare non intelligitur, qui non utitur acquirendi occasione (5): quamquam apud nos aliud statuere placuit, prout infra dicemus.

§ 220. Igitur alienare videtur, qui rei dominium in alterum transfert; acceptilatione, vel pacto debitorem suum plene solvit (6); qui pignora liberat, vel remittit hypothecas sibi competentes, ante diem alteri creditori solvit (7); proinde revocandum est commodum, quod ex repraesentatione creditor sentit (8): qui debitorem se constituit erga eum, cui vere non debet (9); qui data opera judicio non adfuit, ut indefensus condemnetur; vel a debitore non petit, ut hic tempore liberetur; usumfructum, aliamve servitutem non utendo amittit (10); vel viliori mercede rem suam locat (11); in his enim, et similibus casibus patrimonium suum vere deminuit debitor; adeoque alienatio per edictum praetoris revocatur (§ praeced.).

§ 221. Sed in jureconsultorum sententia non intelligitur alienare, quoad effectum actionis Paulianae, qui occasionem acquirendi praetermittit (§ 219): quod et in aliis casibus leges Romanae probant; cum non directe, sed indirecte creditores damnum sentiant. Hinc tradunt jureconsulti, posse debitorem, quin incidat in edictum praetoris, repudiare haereditatem, sive legitimam, sive testamentariam (1); nec non legatum (2): quod et ad legitimam liberis naturali jure debitam plerique extendunt (3): quia nec legitima liberis nolentibus acquiritur; adeoque repudiando patrimonium non imminuunt (§ 219).

§ 222. Eodem fundamento censuit Papinianus, non videri fraudatos creditores a patre, qui fideicommissum maternae haereditatis filio sui juris facto restituerit, non expectata morte sua, nec retenta quarta, sed plenam fidem, et debitam pietatem servatam (4): atque idem tradit Callistratus de quovis haerede fiduciario, fideicommissum, minime retenta quarta Trebellianica, restituente (5): ex quo infert Tiraquellus, primogenitum posse renunciare juri primogenii, licet inde creditores damnum sentiant (6).

§ 223. Neque in fraudem creditorum alienare judicatur debitor, qui conditioni non paret, ne committatur odio alterius contrahentis stipulatio (7): neque qui filium emancipat eo consilio, ut suo arbitrio adeat haereditatem, in qua institutus est, et pleno jure acquirat (8), aut servum haeredem ab extraneo institutum bona fide manumittit (9).

§ 224. Excipitur ab hac regula fiscus, cui tributum, ut revocare possit, quae a debitoribus in fraudem ipsius acquisita non sunt (10): quamquam, humanitate suadente, concessum fuit patri capitis reo, ut emancipet filium haeredem institutum, quo haereditatem adire, et sibi acquirere possit (11).

§ 225. Jus favore fisci inductum Regiae sanctiones ad creditores omnes produxerunt, atque decreverunt, ne debitores sive fiscales, sive privatorum, haereditatem, legatum, aut donationem repudiare possint in fraudem fisci, vel creditorum; ita ut repudiatio, vel renunciatio ipso jure nulla sit; atque tum fiscus, tum caeteri creditores, quod ipsis debitum est, consequi possint super haereditate, legato, vel donatione, perinde ac si debitor eas agnovisset, cum pro agnitis habeantur (12).

§ 226. Quinimmo nec desunt, qui putant, juri naturali parum consentaneam esse Romanorum prudentium (§ 221) sententiam; cum lex naturalis prohibeat omnem dolum, atque praecipiat, ut

(1) d. l. ult. § 1 prop. fin.; l. *Si successione* 2 Cod. hoc tit.

(2) l. 1 § *sed si libertus* 10 ff. *Si quis in fraud. patron.* (38, 5).

(3) d. l. 1 § *quod autem* 2.

(4) l. *Quod autem* 6 in princ. ff. hoc tit.

(5) l. *Alienationis* 28 ff. *De verbor. significat.* (50, 16).

(6) l. 1 § ult. ff. hoc tit.

(7) l. *Idem erit* 2; l. *Et si pignus* 18 ff. hoc tit.

(8) l. *Ait praetor* 10 § *si cum in diem* 12; l. *Omnes debitores* 17 § ult. ff. hoc tit.

(9) l. *Vel ei* 3 ff. hoc tit.

(10) d. l. 3 § 1; et l. seq. ff. hoc tit.; d. l. *Alienationis* 28 ff. *De verb. significat.*

(11) l. *In venditionem* 8 § 1 in fin. ff. *De reb. auctorit. judic. possidend.* (42, 5).

(1) l. *Quod autem* 6 § *proinde* 2 ff. hoc tit.

(2) d. l. 6 § *sed et illud* 4.

(3) Voet in ff hoc tit. n. 16.

(4) l. *Patrem* 19 ff. hoc tit.

(5) l. *Debitorem* 20 ff. hoc tit.

(6) Tiraquell. *De jur. primogenitur.* quaest. 24.

(7) d. l. *Quod autem* 6 § 1 ff. hoc tit.

(8) d. l. 6 § *simili modo* 3.

(9) d. l. 6 § *si servum* 5 ff. hoc tit.

(10) l. *In fraudem* 45 in princ. ff. *De jur. fisci* (49, 14); *Reg. Constit.* lib. 6, tit. 10, § 12.

(11) l. *Cum quidam* 26 ff. eod. tit. *De jur. fisci.*

(12) *Reg. Constit.* d. lib. 6, tit. 10, § 12.

debitor, quantum in se est, creditoribus suis satisfaciat; adeoque lucra sibi delata non recuset in creditorum dispendium: prout in Gallia contra Romani juris sanctionem observatur (1). Dicimus lucra delata, puta fideicommissum, cujus dies venerit, vel conditio jam extiterit: aliud forte affirmandum, si lucrum adhuc deferendum sit (2); nec odio creditorum, sed ex alia justa caussa ei renuncietur.

§ 227. Plane, si debitori legatum relictum fuerit, atque is decesserit, nec probato eo, neque repudiato, permittendum non videtur haeredi, ut illud in necem creditorum defuncti repudiet; cum legatum recta via a testatore in legatarium transeat (3), si repudietur (4): proinde defuncti debitoris patrimonium deminuere videretur haeres, quod non licet in dispendium creditorum (5): nisi malit haeres ex bonis suis aes alienum solvere.

§ 228. Sequitur disceptatio de solutione uni ex pluribus creditoribus facta, utrum a caeteris revocari possit, nec ne. Atque hic imprimis distinguendum, an debitor uni solverit, postquam omnes in possessionem bonorum debitoris magistratus auctoritate missi fuerunt, an antea. In primo casu nihil proficit solutio, tum facta, sed conferre omnino debet, quod accepit: cum per datam creditoribus bonorum possessionem, et pignoris praetorii jus inductum, aequalis omnium creditorum conditio facta sit (6); in altero casu tradit ex Juliani sententia Ulpianus, creditorem non incidere in edictum praetoris, licet sciens prudens debitorem solvendo non esse receperit, quia sibi vigilavit (7).

§ 229. Quid ergo, si creditor sibi non vigilaverit, idest non petierit, sed debitor sponte creditori obtulerit, quod ipsi debebatur? Affirmat Scaevola (8), rationem subjicens, quia vigilasse etiam videatur creditor, cui sponte solutum a debitore fuit (9). Sane fatentur omnes, in foro conscientiae delinquere debitorem, qui sciens se imparem esse dimittendis omnibus creditoribus, minime coactus judicis imperio, uni solvit, cum caeteros vere fraudet: sed plures sentiunt, retineri posse a creditore, quod accepit, cum vere sibi debitum receperit.

§ 230. Jure, quo utimur, ut alibi diximus (10), coepta bonorum cessionis caussa, vel discussionis instantia, perinde ac si creditores in bonorum possessionem missi essent (cum bona a magistratu creditorum nomine possideri videantur), ratae non habentur ullae solutiones factae a debitore cuicumque creditori: atque, quod forte solutum fuerit, conferendum est, ita ut creditor, cui solutio facta est, caeteris exaequetur (1): atque idem observandum praescribitur de caeteris alienationibus, quae in fraudem creditorum factae praesumi possint (2).

§ 231. Quae de solutione hactenus diximus, conveniunt dationi in solutum, cum datio in solutum vim, et effectus solutionis habeat (3): facilius prodesse videtur compensatio, quippequae ipso jure obligationem tollit (4). Hinc supra diximus, post cessionem bonorum objici posse compensationem, dummodo compensandi facultas ante cessionem competeret; nec compensationem tolli per rescriptum moratorium a Principe concessum debitori, sicuti nec retentionem (§ 3646).

§ 232. Porro, alienatione per actionem Paulianam rescissa, pretium, quod debitori solvitur, emptori non restituitur; nisi nummi adhuc extent in bonis debitoris (5); sibi imputet emptor, qui rem sciens prudens a debitore in fraudem creditorum alienante comparavit (6). Immo nec videtur restituendum pretium, nisi adhuc extet, emptori, qui bona fide comparaverit in illis casibus, in quibus adversus eum permittitur revocatio rerum alienatarum in fraudem creditorum (§ 230); cum enim creditoribus jus prius quaesitum fuerit in bona debitoris, aequum non est iis auferri, ut consulatur posteriori emptori, licet in bona fide constituto (7): auferretur autem, si pretium a debitore male consumptum emptori restituendum esset: quare sola superest emptori actio de evictione adversus venditorem, qualis competit illis, qui rem aliis prius oppignoratam acquisierunt (8).

§ 233. Qui debitores dolosos bonis cedentes adjuvant in bonis occultandis, vel se creditores simulant, cum non sint, vel minoris quantitatis, aut recipiunt alienationes, venditiones, donationes, aliosve actus simulatos, alicubi coguntur solvere omne aes alienum debitoris, cessis sibi per creditores actionibus: atque, si solvendo non sint, poena arbitraria coercentur (9): apud nos mulctantur centum viginti scutis, atque insuper condemnantur in duplum ejus, quod abduxerint, vel amplius petierint quam sibi deberetur (10).

(1) Brunneman. *in Pandect.* ad l. *Quod autem* 6 ff. hoc tit. n. 7. 8, et 9.
(2) ibid. d. n. 9.
(3) l. *A Titio* 64 in fin. ff. *De furt.* (47, 2).
(4) l. 1 § *utrum autem* 6 ff. *Si quid in fraud. patron.* (38, 5).
(5) d. l. *Quod autem* 6 in princ. ff. hoc tit.
(6) d. l. 6 § *sciendum* 7 in fine ff. hoc tit.
(7) d. l. 6 § 7 in princ.; l. *Ait praetor* 10 § *si debitorem* 16 ff. hoc tit.
(8) In l. penult. ff. hoc tit.
(9) d. l. penult. in fin.
(10) V. vol. II, lib. 3, § 1427, pag. 1062.

(1) *Reg. Constit.* lib. 3, tit. 33, § 13.
(2) Ibid. d. § 13 in fin.
(3) l. *Manifesti* 17 Cod. *De solut.* (8, 43).
(4) l. *Verum est* 4 ff. *De compensationib.* (16, 2).
(5) l. *Si debitor* 7 et seq. ff. hoc tit.
(6) l. 1; l. *Ait praetor* 10 in princ. ff. hoc tit.
(7) Voet *in Pandect.* hoc tit. n. 19.
(8) l. *Rem haereditariam* 65 ff. *De eviction.* (21, 2); l. *Si praedium* 4; l. *Cum tibi* 22 Cod. eod. tit. (8, 45).
(9) Voet *in Pandect.* hoc tit. n. 20.
(10) *Reg. Constit.* lib. 2, tit. 16, cap. 6, § 7.

§ 234. Ex hactenus dictis constat, actionem Paulianam eo tendere, ut in pristinum statum revocentur, quae in fraudem creditorum gesta fuerunt, perinde ac si gesta non fuissent (1); nec tantum alienationes, sed et obligationes (2), quales antea erant; proinde si debitor pacto, vel acceptilatione liberaverit eum, qui ipsi in diem, vel sub conditione debebat, obligatio conditionalis cum sua conditione, in diem obligatio cum sua die restauratur (3).

§ 235. Non tantum restituendae sunt res a debitore in fraudem creditorum alienatae, sed et omnis caussa (4), seu omne id quod habituri fuissent creditores, alienatione non secuta; servatis tamen regulis, quae de rei alienae possessoribus praescriptae sunt. Quare fructus tempore alienationis pendentes, utpotequi pars fundi censentur (5), atque ideo in bonis debitoris fraudantis fuerunt, nec non qui post litem contestatam percepti sunt a possessore bonae fidei, puta qui titulo lucrativo, sed sine fraudis scientia, rem a fraudatore consecutus est, restitui debent (6); quia posteriores bona fide percepti videri non possunt.

§ 236. Quod ad fructus medio tempore perceptos, eos neutiquam in restitutionem venire, tradit jureconsultus Venulejus, nulla facta distinctione, utrum extent, an consumpti sint (7); haec quidem distinctio probatur in caeteris possessoribus bonae fidei, qui rem non a domino bona fide compararunt (8): sed hi, de quibus disputamus, potiori jure gaudere videntur; quatenus a vero domino rem habent, et dominii jure fructus perceperint.

§ 237. Alii tamen subtiliter haec potius dicta putant; atque ideo existimant, fructus tum extantes, tum consumptos, quatenus possessor bonae fidei locupletior factus est, restituendos esse, prout de possessore haereditatis constitutum est (9); tum quia naturalis ratio suadeat, debitoribus, qui de damno certant, prae donatario favendum esse (10): tum quia actione Pauliana alienationes revocantur, perinde ac si nihil gestum fuisset (§ 234). Profecto, alienatione non secuta, fructus medii temporis a debitore percepti fuissent, creditoribus inde profuturi. Quod si mala fide quis a fraudatore emerit, fructus omnes, etiam quos negligentia sua non percepit, restituendos esse, apud omnes constat, deductis utique expensis in rei utilitatem factis (1).

§ 238. Usurae, tamquam fructus civiles, a possessore perceptae, eodem modo restituendae sunt (2): quod si eas non perceperit, qui a debitore in fraudem creditorum quomodocumque alienante caussam habet, puta si debitor ejus perperam liberatus sit, non aliter in restitutionem venire tradit Ulpianus, quam si prius in stipulationem deductae fuissent; aut tale sit negotium, ex quo usurae etiam citra stipulationem debeantur (3), puta ex venditione (4).

§ 239. Caeterum opportune monet Faber, cum in fraudem debitoris bona alienata sunt, etiamsi de fraude certo appareat, non prius in rem agi posse adversus tertios possessores, quam actum sit revocatoria, quae personalis est, adversus debitorem (5); cum creditor chirographarius nullum habeat jus in re, priusquam in debitoris dominium reversa fuerit, quod non fit, nisi per revocatoriam. Atque idem dicendum de creditore hypothecario, qui, praetermisso hypothecae jure, hac malit actione experiri; quia tunc similis est chirographario.

§ 240. Cum actio Pauliana praetoria sit, intra annum intentari debet (6); annus autem non incipit ab eo die, quo res aliqua in fraudem creditorum alienata fuit, sed a tempore, quo res omnes publica auctoritate distrahuntur (7); neque enim antea sciri potest; utrum ex rebus caeteris, quae in patrimonio debitoris manserunt, creditoribus satisfieri possit, nec actionis tempus prius incipere debet, quam experiundi potestas fuerit (8). Si tamen possessor in lucro sit, etiam post annum ab eo aufertur (9). De revocatoria actione, pro fundamento habente jus pignoris praetorii, quaeque iisdem fere regulis regitur, ac Pauliana, alibi diximus de praetorio pignore disputantes (10).

(1) l. 1 § 1 et 2 ff. hoc tit.
(2) l. *Ait praetor* 10 § *praeterea* 22; l. *Hac in factum* 14 ff. hoc tit.
(3) d. l. 19 § *si conditionalis* 23.
(4) l. *Ait praetor* 10 § *per hanc actionem* 19 ff. hoc tit.
(5) l. *Fructus* 44 ff. *De rei vindicat.* (6, 1).
(6) l. ult. § *non solum* 4 ff. hoc tit.
(7) d. l. ult. § *non solum* 4 in med. ff. hoc tit.
(8) § *si quis a non domino* 35 Instit. *De rer. division.* (2. 1).
(9) l. 1 § 1 Cod. *De petit. haeredit.* (3, 31).
(10) l. *Quod autem* 6 § 1 et 11 ff. hoc tit.

(1) l. *Ait praetor* 10 § *et fructus* 21 ff. hoc tit.; d. § 35 in fin. Instit. *De rer. division.*, l. *Domum* 5 Cod. *De rei vindicat.* (3, 32).
(2) l. *Ait praetor* 10 § *praeterea* 22 ff. hoc tit.
(3) d. l. 10 § 22 in fin.
(4) l. *Curabit* 5 Cod. *De actionib. empt.* (4. 49).
(5) l. 1 Cod. hoc tit.; Fab. Cod. hoc tit. lib. 7, tit. 35, def. 1 in princ.
(6) l. 1 in princ.; l. *Ait praetor* 10 in princ. ff. hoc tit.
(7) d. l. 10 § *annus hujus* 18 ff. hoc tit.
(8) l. *Quod autem* 6 § ult. ff. hoc tit.
(9) d. l. 10 § pen. ff. hoc tit.
(10) V. vol. II, lib. 3, pag. 1041, § 1281 et seqq.

TITULUS VII.

DE CONDICTIONIBUS CAUSSA DATA, CAUSSA NON SECUTA, ET OB TURPEM, VEL INJUSTAM CAUSSAM.

Instit. lib. 4, tit. 6 *De actionib.*
Digest. lib. 12, tit. 4 *De condict. causs. dat. causs. non secut.*
Cod. lib. 6, tit. 6 *De condict. ob causs. dator.*

SUMMARIA

§ 241. Condictiones omnes naturam habent actionum personalium. — § 242. Condictio caussa data, caussa non secuta, quae sit? Quibus in negotiis et caussis locum habeat? — § 243. Si datum aliquid si ob caussam praeteritam, condictio haec locum non habet. Quid si occasione contractus quid datum fuerit? — § 244. Poenitendi facultas, re integra, in contractibus innominatis an hodie competat? — § 245 et 246. Condictio cessat, si quis dederit sciens ob caussam natura impossibilem. — § 247. Quid si caussa impossibilis ab ignorante adjecta sit? — § 248. Datum ob caussam futuram, quae solum accipientis commodum respiciat, an condicatur, caussa non secuta? — § 249. Condici potest, tamquam ob injustam caussam datum, quod datum fuit alicui ad obtinendum beneficium, quod Princeps gratis donat. — § 250. Meretrix accipiens ob stuprum turpiter facit. — § 251. Turpiter accipit ille, cui datur, ne crimen committat: vel ut faciat, quod facere tenetur. — § 252. Judex nihil accipere potest, ut bene judicet. — § 253. Condici potest, quod datum est, si solius accipientis turpitudo versetur. — § 254. Quid si utriusque, aut solius dantis respectu caussa turpis sit?

§ 241. Post actionem Paulianam, quae gravioris momenti est, pauca dicenda putamus de condictionibus, deque diversis earum speciebus, quae et ipsae actiones personales sint;. cum nomine condictionum veniant actiones omnes in personam, quibus actor intendit rem sibi dari oportere (1). Hic autem Pandectarum ordinem servabimus (2); et varias condictionum species summatim explicabimus.

§ 242. Prima condictionum species in Pandectis exposita est condictio caussa data, caussa non secuta; eaque est actio personalis, qua repetitur id quod ob caussam futuram datum est, si ea caussa secuta non sit (3): datum autem intelligitur etiam, quod accepto latum est; puta si mulier nuptura, cum dotem dare vellet, pecuniam sibi debitam sponso acceptam tulerit; nuptiis non secutis condicere potest, tamquam non secuta caussa acceptilationis (1); vel si quis debitorem suum liberaverit, tamquam accepturus pecuniam sibi debitam ab alio, quam consequi non potuit (2). Idem dicendum, si nuptiae consistere non possint, puta quia adhuc vivat maritus mulieris, qui defunctus credebatur (3). Condictio haec locum habet in contractibus innominatis, qui a datione incipiunt, nempe do, ut des, vel ut facias, aut ne facias (4): non in illis, quibus a facto incipitur, quia ex trito axiomate, quod factum est, indefectum esse nequit (5).

§ 243. Nec etiam datur condictio haec, si aliquid datum sit ob caussam praeteritam, quam extiterit (6), nisi donans probet, se alias daturum non fuisse, quod in dubio non praesumunt leges (7), neque prodest caussa in mente retenta (8). Si vero datum sit occasione contractus, tunc proprie locum non habet condictio, sed ex ipso contractu agitur ad id quod interest, caussam secutam, seu ex parte alterius contrahentis impletam non fuisse (9).

§ 244. Ex duplici capite fieri potest, ne caussa sequatur; vel quia non vult alter contrahens praestare, quod promisit, vel quia non potest. In primo casu condictio competit (10); in altero cessat quidem condictio per se (11); si tamen res integra sit, ex capite poenitentiae, quam Romanae leges, re integra, permittunt, adhuc condici potest (12): Romanae, inquam, leges poenitendi facultatem concedunt, praeterquam si aliquid datum fuerit ex transactione, *ne ad judicem eatur* (13), vel in dotem ob nuptias futuras, quae sequi possint (14). Sed, hodiernis moribus, magis profecto ad aequitatem compositis, denegatur poenitendi facultas, licet res integra sit (15), prout alibi animadvertimus (16), cum nihil sit tam consentaneum humanae fidei, publicae et privatae securitati, ac quieti, quam ea servare, quae inter contrahentes placuerunt (17).

(1) § *appellamus* 15 Instit. hoc tit.
(2) lib. 12 tit. 4 et seqq. tum lib. 13, tit. 1 et seqq.
(3) l. 1 et passim ff. hoc tit.

(1) l. *Si mulier* 10 ff. hoc tit.; Fab. Cod. *De condict. ob turp. causs.* lib. 4. tit. 6. def. 2.
(2) Fab. Cod. hoc tit. lib. 4. tit. 5, def. 1.
(3) Ibid. def. 2.
(4) l. *Dedi* 3 princ. et § 1 ff. hoc tit.; l. *Ea lege* 3 Cod. hoc tit.
(5) l. *Naturalis* 5 § *quod si faciam* 3; l. penult. ff. *De praescript. verb.* (19. 5).
(6) l. *Damus* 52 ff. *De condict. indeb.* (12, 6).
(7) l. *Cum tale* 72 § *falsam caussam* 6 ff. *De condit. et demonstrat.* (35, 1).
(8) l. *Dedi* 3 § *sed si servus* 7 ff. hoc tit.; l. *Cum ancillam* 6; l. *Si repetendi* 7 Cod. hoc tit.
(9) argum. l. *Is, qui commodatum* 13 § ult. in fo. ff. *Commodat.* (13. 6).
(10) d. l. *Dedi* 3 § *quid si ita* 3; l. *Si pecuniam* 5 in princ. ff. hoc tit.
(11) d. l. 3 § 3; d. l. 5 in princ.
(12) d. l. 3 § 3; d. l. 5 princ. § 1 et 2; l. ult. ff. hoc tit.
(13) d. l. 3 in princ. ff. hoc tit.
(14) l. *Quod Servius* 8 ff. hoc tit.
(15) Voet in ff. hoc tit. n. 6 post alios.
(16) V. vol. II, lib. 3, § 1026, pag. 1006.
(17) l. 1 in princ. ff. *De pact.* (2, 14).

§ 245. Sed quid, si datum sit ob caussam impossibilem? Distinguendum est, an caussa impossibilis sit natura, an jure, tum utrum dans sciverit, an ignoraverit natura, vel jure fieri non posse id, propterquod datum est. Cum caussa impossibilis natura est et quis sciens dedit, cessat condictio (1), quia donasse videtur, non si ignorans (2).

§ 246. Neque obstat juris regula, qua traditur, stipulationes sub impossibili conditione conceptas nullius momenti esse, quia contrahentes jocasse videntur (3); haec enim regula locum dumtaxat habet in contractibus nominatis, in quibus dominium necdum translatum est, non in his; nec enim, qui dominium transfert, jocari ita creditur, ut repetere velit, si conditio, quam impossibilem novit, non impleatur; sed potius loco existimandus est conditionem adjecisse.

§ 247. Adjecta conditione, seu caussa jure impossibili ab ignorante, si haec ignorantia juris sit, quae excusare non solet (4), repetitio cessare videtur, saltem ex Romanarum legum sententia: non vero si factum ignoratum fuerit (5): donasse autem intelligitur, qui sciens ob caussam jure impossibilem dedit (§ praeced.).

§ 248. Cessat quoque repetitio ejus, quod datum est ob caussam futuram, quae solius accipientis commodum respiciat, veluti ut in suo aedificet; quia donatio potius facta videtur, quam celebratus contractus, qui hinc inde obligationem pariat (6): nisi aliud expresse, vel tacite actum sit, prout facilius praesumitur, saltem inspecta naturalis juris ratione, cum accipientis utilitas talis est, quam sibi omnino parare teneatur.

§ 249. Proxima huic est condictio ob turpem vel injustam caussam: Romanae leges distinguunt turpem ab injusta caussa. Turpis caussa dicitur, quae turpitudinem quamdam in se continet, veluti furtum, stuprum, adulterium (7): injusta vero, quae legibus improbatur, licet nullam turpitudinem continere videatur, puta possessor malae fidei ex injusta, non turpi caussa fructus retinere intelligitur (8): item ex injusta caussa agere judicatur, qui exigit in vim stipulationis metu extortae (9): vel si quis fumum, ut ajunt, vendat: puta consiliarius Principis, aliusve per se, vel per alterum Titio a Principe beneficium gratis obtineat, atque praemium in pecunia postulet (10); injusta enim haec caussa est (1), et mali exempli. Impensae utique, si quae factae fuerint, restituendae sunt (2).

§ 250. Turpis porro caussa esse potest vel ex parte dantis tantum vel ex parte solius accipientis vel ex parte utriusque. Caussae ex parte solius dantis turpitudinem continentis exemplum ponit Ulpianus in eo, quod meretrici datur ob stuprum, rationem subjiciens: meretricem *turpiter* utique *facere, quod sit meretrix, non turpiter accipere, cum sit meretrix* (3). Verum a naturali honestate aliena plane hujusmodi sententia est, licet ethnicorum moribus recepta; quae enim ob crimen perpetrandum recipit, turpiter utique facere dicenda est: quare exemplum caussae turpis in solo dante fingi potest, si accipiens bona fide putet licitum id quod dans illicitum esse non ignorat, veluti occisio animalis alieni, quod accipiens dantis credat.

§ 251. Turpis caussa est ex parte solius accipientis, si aliquid ei datum fuerit, ne furtum homicidium faciat (4), ne injuriam inferat (5); vel ut rem penes se depositam, commodatam, locatam, restituat, aut solvat, quod debetur, puta legatum, vel promissum est (6); cum haec sponte, et sine mercede praestari debeant. Idem dicendum, si fur, aut furis socius indicium, idest praemium acceperit a domino, ut rem furtivam, vel furem indicet; quia et hoc gratis faciendum est, quamquam alter criminis minime conscius hujus rei gratia aliquid accipere permittitur (7); dummodo immodicum non sit.

§ 252. Postremo utriusque tum dantis, accipientis turpitudo versatur, si pecunia judici detur, ut male judicet (8); vel etiam, ut pro se judicet, licet dans bonam causam se agere, aut defendere existimet; quia pecuniam dando judicem corrumpere velle videtur (9); atque ideo amittere actionem traditur is, qui judici pecuniam dedit (10).

§ 253. Hisce praemissis, Romanae leges condictionem, seu repetitionem permittunt ejus, quod ob turpem caussam datum fuit, licet caussa secuta sit, si solius accipientis turpitudo versetur, puta si quis acceperit, ne furtum faciat, vel injuriam inferat (11), vel ut restituatur, aut fiat, quod sponte et sine mercede faciendum, vel restituendum est (12); et merito quidem; nec enim

(1) l. *Dictam legem* 8 Cod. hoc tit.
(2) argum. l. *Cujus, per errorem* 53 ff. *De reg. jur.* (50, 17).
(3) l. *Non solum* 31 ff. *De oblig. et actionib.* (44, 7).
(4) l. *Regula est* 9 ff *De jur. et fact. ignorant.* (22, 6).
(5) l. *Cum quis jus* 10 Cod. eod. tit. (1, 18).
(6) l. *Sed si mors* 13 § ult. ff. *De donat. int. vir. et uxor.* (24, 1); l. *Titio centum* 71 ff. *De condit. et demonstrat.* (35. 1).
(7) l. *Ut puta* 2 princ. et § seqq.; l. *Idem, si* 4 ff. *De condict. ob turp. causs.* (12, 5).
(8) l. penult. Cod. *De condict. ex leg.* (4. 9).
(9) l. *Ex ea stipulatione* 7 ff *De condict. ob turp. causs.*
(10) Fab. Cod. *De condict. ob turp. causs.* lib. 4, tit. 6, def. 1 in princ.

(1) l. *Perpetuo* 6 ff. *De condict. ob turp. causs.*
(2) l. *Si pecuniam* 5 in fin. princ. ff. hoc tit.; Fab. d. def. 1, n. 3.
(3) l. *Idem, si* 4 § *sed quod meretrici* 3 ff. *De condict. ob turp causs.* (12, 5).
(4) l. *Ut puta* 2 in princ. ff. *De condict. ob turp. causs.* (12, 5).
(5) l. *Idem, si* 4 § *quoties* 2 ff. eod. tit.
(6) d. l. 2 § 1; l. ult. princ. § 1 ff. eod. tit.
(7) d. l. *Idem si* 4 § ult.
(8) l. *Ubi autem* 3 ff. *De condict. ob turp. causs.* (12, 5).
(9) l. *Ut puta* 2 § ult. ff. eod. tit.
(10) l. 1 Cod. *De poena judic. qui male judicav.* (7, 49).
(11) l. *Ut puta* 2; l. *Idem, si* 4 § *quoties* 2 ff. *De condic. ob turp. causs.* (12, 5).
(12) V. ll. supra citat. § 251.

turpe factum pecunia aestimatur, aut merces exigi potest pro eo, quod gratis faciendum, aut praestandum est.

§ 254. Sed repetitionem denegant, si solius dantis turpitudo appareat, quia tunc accipiens turpiter non accipiat (1): vel etiam, si utriusque tum dantis, tum accipientis turpitudo versetur (2); quia in pari turpitudinis caussa melior esse debeat possidentis conditio (3). Sententia haec naturali rationi parum consentanea plerisque videtur; nec enim retineri potest, quod sine justo titulo acquisitum fuit: ideoque vel domino restituendum est, vel, ut alii malunt, in pios usus erogandum, saltem si dominus facile detegi non possit; aut publica auctoritate vindicandum, et fisco tribuendum (4). Sane, si sola promissio dandi ob turpem caussam intercesserit, doli, aut in factum exceptio obstat (5): immo et promissionis instrumentum condici potest (6).

TITULUS VIII.

DE CONDICTIONE INDEBITI

Instit. lib. 4, tit. 6 *De actionib.*
Digest. lib. 12, tit. 6) *De cond. indeb.*
Cod. lib. 4, tit. 5)

SUMMARIA

§ 255. *Indebitum lato sensu dicitur, quod promissum, nec dum solutum est.* — § 256. *Condictio indebiti quibus conditionibus indulgeatur?* — § 257. *Condici non potest, quod naturaliter debitum est, licet civili jure peti non possit.* — § 258 *et* 259. *An condici possit, quod in diem, vel sub conditione debetur, si prius solutum fuerit, quam dies venerit, vel condictio extiterit?* — § 260. *Condici potest, quod solo jure civili debitum est, si exceptio solius excipientis favorem contineat.* — § 261. *Exceptio rei judicatae an condictionem praestet?* — § 262. *Condici nequit debitum mixtum, licet leges exceptionem indulgeant.* — § 263. *Cum exceptio inducta est odio accipientis, condici non potest, quod solutum fuit* — § 264. *Filiifamilias, mutuam pecuniam accipientes, nec naturalem quidem apud nos obbligationem contrahere videntur.* — § 265. *Creditor propria auctoritate rem debitoris occupans jure suo privatur: sed debitor sponte solvens condictionem non habet.* — § 266. *An debitor odio creditoris liberatus in foro conscientiae solvere teneatur?* — § 267. *Praescriptio biennii contra advocatos, procuratores, aliosve odio creditorum inducta videtur.* — § 268. *Quid si soluti pars debita sit, altera pars indebita.* — § 269. *Condictio indebiti denegatur, si sponte, et scienter solutum fuerit. Dubitantis eadem conditio est, ac errantis.* — § 270. *Ignorantia supina indebiti soluti condictionem impedire non videtur.* — § 271 *et* 272. *Condictio soluti per ignorantiam juris competit, si nec civili, nec naturali jure debitum esset* — § 273 *et* 274. *Ignorantia juris plerumque tam grave crimen non est, ut rei amissione puniri debeat.* — § 275. *Juris ignorantia ex Papiniano non nocet suum perentibus.* — § 276. *Quo sensu dictum cessare repetitionem, cum quis jus ignorans indebitam pecuniam solvit.* — § 277. *Ignorantia juris nocet in damnis amissae rei, non in damnis amittendae.* — § 278. *Fidejussor solvens indebitum repetit a promissore, hic ab eo, cui indebitum solutum est.* — § 279. *Quid si Titius solverit, quod Sempronius debebat?* — § 280. *Condictione in subsidium an conveniri possint illi, ad quos indebitum solutum titulo lucrativo pervenit. Quid si indebitum procuratori solutum sit?* — § 281. *Condictione indebiti petitur, ut solutum restituatur cum fructibus perceptis, non cum usuris. Quid si accipiens bona fide rem viliori pretio distraxerit?* — § 282. *Possessio indebite translata condici potest, etiam post tempus usucapioni complendae praestitutum.* — § 283. *An usurae debitae sortis indebitae solutae repeti possint?* — § 284. *Indebitum probare debet, qui illud se solvisse allegat. Quid si accipiens negaverit se accepisse, tum mendacii arguatur?* — § 285. *Quid de pupillis, minoribus, mulieribus, militibus et rusticis?* — § 286. *Probare indebitum tenetur, qui partem indebitae solutam allegat. Quid si promissio facta sit, non expressa obligationis caussa?* — § 287. *Jusjurandum deferri potest adversario, qui indebitum solutum allegat. Apocharum diversitas inducit praesumptionem diversitatis summarum.* — § 288. *Condictio indebiti cessat adversus eum, qui jus retentionis habet, vel cui naturaliter debebatur.* — § 289. *Renunciatione, dummodo specialis sit, indebiti condictio amittitur.* — § 290 *et* 291. *Condici solutum an possit, si, sublata falsa opinione, remaneat caussa pietatis?* — § 292 *et* 293. *Quid si solutio facta sit ex caussis, in quibus lis inficiando crescit in duplum: vel ex transactione, jurejurando, aut re judicata?* — § 294. *Condictio sine caussa quibus casibus locum habeat?* — § 295. *Condictio ex lege quae sit, et quando competat?* — § 296 *et* 297. *Condictione triticaria petitur aestimatio rei corporalis, vel incorporalis debitae.*

(1) d. l. *Idem, si* 4 § *quoties* 2 ff. *De condict. ob turp. causs.* (12, 5).
(2) l. *Ubi autem* 3 ff. eod. tit.
(3) l. *Si ob turpem* 8 in fin. ff. eod. tit.
(4) l. *In haeredem* 5 ff. *De calumniatorib.* (3, 6); l. *Cum hic status* 32 § ult. ff. *De donat. inter vir. et uxor.* (24, 1).
(5) d. l. 8 ff. *De condict. ob turp. causs.*, l. *Titia* 134 ff. *De verb. oblig.* (45, 1).
(6) l. 1 Cod. *De condict. ob turp. causs.* (4, 7).

§ 255. Condictio indebiti est actio personalis, qua repetitur id, quod indebite solutum est: solutum autem latiore significatione accipimus, ut complectatur non tantum, quod alteri datum est, puta ex testamento, quod deinceps irritum apparuit (1), sed et quod sine caussa promissum (2): vel si cautio indebite interposita sit (3), vel non exacta, quae exigi jure poterat (4).

§ 256. Tria requiruntur, ut huic condictioni locus fiat: 1. Ut tum naturaliter, tum civiliter indebitum sit, quod solutum fuit; 2. Ut quis ignorans solverit; 3. Ut haec ignorantia facti sit, non juris, cum naturaliter debitum erat, quod per errorem solutum fuit. Singula fusius explicanda sunt: tum expendemus, quibus competat indebiti condictio, et adversus quos; postremo quibus casibus cesset.

§ 257. In primis condictionem requirimus, ut id, quod solutum est, naturaliter et civiliter sit indebitum; quod enim naturaliter debetur, licet civili actione peti non potuisset, solutum non potest condici (5); naturalis obligationis vinculum, quod ad agendum non prodest, ad retentionem, quae facilius permittitur (6), sufficere visum fuit. Ergo, quod ait Ulpianus, creditorum loco non haberi eos, quibus naturaliter tantum debetur (7), verum est, inspecto praecipuo obligationis effectu, videlicet actione ad exigendum, quae pro naturali debito non competit.

§ 258. Si quaeratur, utrum recte condicatur quod in diem, vel sub conditione promissum fuit, atque solutum ante diem, vel conditioni eventum, respondemus, repeti posse ante conditionis eventum, quod sub conditione promissum fuit, et antea solutum, quam conditio extiterit, vel venerit dies incertus (8), quippequi conditioni aequiparatur (9); etenim, conditione pendente, obligatio nondum nata est (10).

§ 259. Sed Romanae leges denegant repetitionem, seu condictionem ejus, quod praepropere solutum fuit, si conditio, vel dies obligationi apposita certo sit extitura (11), forte quia obligatio statim nata est, licet statim peti non possit (12); ex quo plures colligunt, nec usuras medii temporis deberi; utpotequae sortis accessio sunt (1). Alii tamen convenientius putant, dandam interim condictionem; cum debitor ante diem quoad obligationis effectum, seu exactionem vere debitor non sit (2); nec solutio per errorem facta damno eum afficere debeat.

§ 260. Diximus, condictionem soluti denegari, nisi tum naturaliter, tum civiliter indebitum sit; adeoque debitum naturale repeti non posse, licet civilis juris praesidio non fulciatur (§ 257). Ex eadem regula fluit, condici non posse, quod summo civili jure debetur, licet debitor perpetua exceptione se defendere possit, ne solvat: leges tamen distinguunt, an exceptio in excipientis favorem inducta sit, an in odium creditoris. Condictioni adhuc locus est, cum exceptio solius excipientis favorem respicit, qualis est exceptio Senatusconsulti Vellejani (3), jurisjurandi (4), doli mali (5), pacti de non petendo (6).

§ 261. Idem videtur dicendum de exceptione rei judicatae, cum eadem sit vis, ac jurisjurandi (7), de quo modo diximus (§ praeced.). Sane si judex male absolverit eum, qui vere debebat, isque bonam fidem agnoscens sponte solverit, condicere non potest (8): multo minus condicit, qui vere debitum solvit, antequam male per judicis sententiam absolvatur (9).

§ 262. Si tamen quis solverit debitum non civile tantum, sed et naturale simul, licet, aequitate suadente, leges exceptionem indulgeant, repetere non potest: prout contingit in fidejussore, qui solidum solverit, praetermisso divisionis beneficio (10); in marito, qui integram dotem restituerit; cum posset inopiae caussa partem retinere, seu uti beneficio competentiae (11): durius agitur adversus eos, quorum obligatio naturalis et civilis juris vinculo adstringitur.

§ 263. Neque permittitur condictio soluti, cum exceptio odio potius accipientis, quam favore solventis inducta est, qualis est exceptio Senatusconsulti Macedoniani, cui caussam dedit improbitas foeneratorum (12); ut proinde filiusfamilias, qui mutuam pecuniam acceperit, et paterfamilias factus solverit, repetere nequeat (13): odium foeneratorum id tantum ef-

(1) l. *Si quis* 2 § 1 et seqq. ff. hoc tit.
(2) l. *Is, qui plus* 31 ff. hoc tit.
(3) l. 1 in princ. ff. *Ut in possess. legat.* (36, 4).
(4) l. *Hoc Senatusconsultum* 5 § 1 ff. *De usufruct. ear. rer. etc.* (7, 5).
(5) l. *Naturaliter* 13; l. *Si quod dominus* 64 ff. hoc tit.
(6) l. *Paulus respondit* 14 ff. *De dol. mal. et met. except.* (44, 4); l. *Per retentionem* 4 Cod. *De usur.* (4, 32).
(7) l. *Creditores* 10 in fin. ff. *De verb. signif.* (50, 16).
(8) l. *Sub conditione* 16 princ. et § 1; l. *Quod si ea* 18 in fin. ff. hoc tit.
(9) l. *Dies* 74 ff. *De condict. et demonstrat.* (35, 1).
(10) § *sub conditione* 4 Instit. *De verb. oblig.* (3, 16).
(11) l. *In diem* 10; l. *Nam si* 17 et seq. ff. hoc tit.
(12) § *omnis stipulatio* 2 Instit. *De verb. oblig.* (3, 16).

(1) l. *Lecta* 40 prop. fin. versic. *sed, cum sortis* ff. *De rebus credit.* (12, 1).
(2) d. § 2 Instit. *De verb. obligat.*
(3) l. *Si non sortem* 26 § *indebitum* 3; l. *Qui exceptionem* 40 ff. hoc tit.
(4) l. *Si quis* 43 ff. hoc tit.
(5) l. *Qui se debere* 7 ff. *De condict. causs. dat. etc.* (12, 4).
(6) l. *Qui hominem* 34 § ult. ff. *De solut.* (46, 3).
(7) l. 1 ff. *Quar. rer. act. non det.* (44, 5).
(8) l. *Judex* 28 ff. hoc tit.
(9) l. *Julianus* 60 ff. hoc tit.; junct. l. *Cum decem* 71 § 1 ff. *De solut.* (46, 3).
(10) l. *Si testamento* 49 § 1 in fin. ff. *De fidejussorib.* (46, 1).
(11) l. *Nam et maritus* 9 ff. hoc tit.
(12) l. 1 in princ. ff. *De Senatusc. Macedon.* (14, 6).
(13) d. l. *Qui exceptionem* 40 ff. hoc tit.

ficit, ne petere possint (1), sed non impedit, quominus retineant solutum a patrefamilias.

§ 264. Difficilior est quaestio, an repetitio deneganda sit filiofamilias, inspecto regio jure, quo nulli, et inefficaces, etiam post mortem patris, decernuntur contractus mutui cum filiisfamilias (2). Hinc quidem constat, legem municipalem juri communi contrariam nunquam praesumi, nisi aperte aliud cautum sit, prout alibi diximus (3): inde vero nimis praegnantia sunt legis verba, et verbis Romanarum legum fortiora; quippe Romanae leges *actionem* et *petitionem* tantummodo denegant (4), quo innuunt, naturalem obligationem manere, quamquam civilis juris praesidio destitutam (5): municipali vero lege *nulli, et inefficaces hujusmodi contractus* decernuntur (6); adeoque naturalem ipsam obligationem tollere videtur; qua sublata, condictionem competere nemo est, qui neget.

§ 265. Alterum exemplum exemptionis odio creditoris inductae habetur, cum creditor propria auctoritate rem debitoris occupat; in poenam injustae occupationis creditor privatur jure suo (7): si tamen debitor, omissa hac exceptione, sponte solverit, condictionem non habet, quia manet naturalis obligatio (8); et sola civilis, odio vim inferentis, tollitur.

§ 266. Quaerunt hic interpretes, an debitor odio creditoris liberatus in foro conscientiae solvere teneatur. Affirmant aliqui, propter vinculum naturalis obligationis, quod adhuc manere dicitur (9). Negant alii, existimantes, ralemnatu obligationem lege irritam fieri, seu inefficacem in utroque foro, quamquam ei potest debitor solvendo renunciare (10).

§ 267. Ad hanc exceptionum classem plures referunt illam, qua variarum gentium placitis, apud nos firmatis (11), post lapsum biennii repelluntur advocati, procuratores, medici, pharmacopolae, aliique, ne salarium, aut mercedem petere possint (12); cum haec biennii praescriptio inducta sit, non favore debitorum, sed odio creditorum, qui exigere negligunt; ne alioquin post longum tempus magis exigatur, quam vere debitum est: adeoque soluti condictio permitti non debet (§ 265).

§ 268. Si soluti pars debita sit, altera pars indebita, interest, an de re fungibili agatur, an de non fungibili. In priore specie sola pars indebita repetitur (1); in altera omne, quod solutum est, restitui debet (2); atque vetus obligatio reviviscit: puta si quis, cum centum deberet, fundum ducentum solverit, quasi ducentis debitis; totus fundus restituendus est, dummodo centum prius solvantur (3); ne invitus quis incidat in communionem. Quid juris in obligationibus alternativis, aut generatim conceptis, explicat Justinianus (4): atque de duobus reis tractant jureconsulti (5).

§ 269. Alterum condictionis indebiti requisitum est, ut per ignorantiam solutum fuerit; qui enim sciens non deberi solvit, donasse intelligitur (6): puta si haeredes fideicommissum inutiliter relictum praestare malint ut defuncti voluntati pareant (7). Romano jure inspecto interest, an solutum sit ignoranti, an scienti; quatenus in primo casu indebiti condictio datur, furtiva condictio in altero (8): sed moribus exolevit posterior condictio. Dubitantis eadem conditio est, ac errantis (9); melius tamen sibi prospicit, qui curat sibi caveri de soluto restituendo, si deinceps indebitum appareat (10).

§ 270. Hinc solvi potest quaestio, an ignorantia supina, seu crassa indebiti soluti condictionem impediat. Sunt, qui affirmant, quia ignorantia haec excusationem non meretur (11): negant alii; quia non possit praesumi donare, qui ignorantia hac laborat; quae tamen praesumptio fundamentum est denegatae condictionis indebiti (§ praeced.). Leges autem, quibus contra sententientes nituntur, ajunt, locum habere in delictis, vel in lucris, non vero in damnis rei suae.

§ 271. Acriter adhuc certant interpretes, an solutum ex ignorantia juris repeti possit; nec ne. Quidam indistincte negant; alii distinguunt, atque fatentur, solutum per juris ignorantiam condici non posse, si naturali ratione adhuc deberetur, utique vero, si nec civili, nec naturali jure debitum esset. Posterior sententia aequitati naturali magis consentanea apparet, nec civilium legum auctoritate omnino destituta est: quam ideo sanioris notae interpretes amplectuntur (12).

§ 272. Imprimis sententia haec naturali rationi magis congruit; ut enim modo viximus, condictio indebiti soluti non debet denegari, nisi ex

(1) d. l. 1 in princ. ff. *De Senatusc. Macedon.*
(2) *Reg. Constit.* lib. 4, tit. 34, cap. 14, § 10.
(3) V. vol. I, lib. 1, disputat. § 145 et seqq. pag. 19.
(4) d. l. 1 in prin. ff. *De Senatusc. Macedon.*
(5) l. *Sed si paterfamilias* 9 § pen. et ult. et l. seq. ff. eod. tit.
(6) *Reg. Constit.* d. lib. 4. tit. 34, cap. 14, § 10.
(7) l. *Extat* 13 ff. *Quod met. causs.* (4, 2).
(8) l. *Si poenae caussa* 19 ff. hoc tit.
(9) d. l. *Si poenae caussa* 19 ff. hoc tit.
(10) Brunneman. *in Pandect.* ad d. l. 16, n. 2.
(11) *Reg. Constit.* lib. 2, tit. 12, § 3 et lib. 5, tit. 18, § 3.
(12) Voet in ff. hoc tit. n. 4 in med. post alios plures.

(1) l. *Si non sortem* 26 § *idem Marcellus* 5 et seqq. ff. hoc tit.
(2) Fab. Cod. hoc tit. lib. 4. tit. 4, definit. 1.
(3) d. l. 26 § *si centum* 4; Fab. Cod. hoc tit. lib. 4, tit. 4, def. 1.
(4) l. penult. Cod. hoc tit.
(5) l. *Si poenae caussa* 19 § ult; l. *Plane* 21; l. *Cum duo* 25; l. *Si fidejussor.* 59 ff. hoc tit.
(6) l. *Quod quis sciens* 50 ff. hoc tit.; l. *Cujus per errorem* 53 ff. *De reg. jur.* (50, 17).
(7) l. *Et si inutiliter* 2 Cod. *De fideicommiss.* (6, 42).
(8) l. *Quoniam* 18 ff. *De codict. furtiv.* (13, 1).
(9) l. ult. Cod. hoc tit.
(10) l. *Si quis* 2 in princ. ff. hoc tit.
(11) argum. l. *Plurium interest* 3; l. *Nec supina* 6; l. *Regula est* 9 § *sed facti* 2 ff. *De jur. et fact. ignorant.* (22, 6).
(12) V. Vinnium *Selectar. quaest.* lib. 1, cap. 47.

praesumptione donationis in eo, qui sciens solvit indebitum (§ 269): porro cessat haec praesumptio, cum quis solvit ex ignorantia juris; nemo enim praesumitur velle, quod ignorat; neque ex facto per ignorantiam gesto, licet ignorantia juris sit, colligi potest consensus transferendi dominii, cum nihil tam contrarium sit consensui, quam error (1).

§ 273. Sed, inquiunt adversarii, lex in poenam ejus, qui jus ignorat, omnem denegat actionem (2): de hoc plane disputatur, an lex deneget actionem etiam in illis casibus, in quibus nulla nec naturalis, nec civilis obligatio praecesserat: praeterea vix concipi potest, cur tanti punienda sit ignorantia, quae nec in publicae, nec in privatae alienae rei dispendium vergit, ut, puta, centum aureorum amissione mulctetur consanguineus; qui in jure errans existimaverit, defuncti successionem pro parte ad uxorem spectare, ideoque solverit; vel cum obligationem annuam centum aureorum ad certum usque tempus suscepisset, eo praeterlapso adhuc solverit, existimans adhuc teneri, quia tempus non sit modus solvendae obligationis, sicut Romanis placuit, qui tamen pacti, vel doli exceptionem debitori indulserunt (3).

§ 274. Si regeras, delinquere eum, qui jus ignorat, et poenam amissionis mereri, duplex praesto est responsio: inprimis juris fortasse obscuri ignorantia gravissima aliquando coercetur, generatim admissa contraria sententia, cum tamen poena delicto commensurari debeat, ita ut levior potius sit (4): praeterea, si ullum in hac re delictum est, ignorans quidem videri potest laedere jus publicum, quod scire negligit, non eum, cui solvit: adeoque pecuniaria poena in reipublicae utilitatem cedere deberet, non privati illius, qui nullum jus habet.

§ 275. Adjecimus, Romanarum legum praesidio non destitui sententiam hanc (§ 271). Papinianus ignorantiam juris nequaquam prodesse acquirere volentibus ait, sed nec nocere suum petentibus (5): porro suum vere petit, qui condicit id, quod nec civiliter, nec naturaliter debitum est. Infirmum est, quod respondent, si indebitum solutum *suum* dici posset, non condictione, sed vindicatione postulandum (6): hoc enim verum est, si strictam verborum significationem sectemur, quae tamen parum prodest, dum de rei veritate constat; nec ipsi eam sectantur, quippe indebiti per facti ignorantiam soluti condictionem dari defendunt (7); cum tamen fateantur, necesse est, dominium a solvente non recessisse; neque enim, in ipsorum etiam sententia, lex punit ignorantiam facti, quod prudentissimos quosque fallit (1).

§ 276. Plures utique sunt legum textus, qui nostrae sententiae adversari videntur: sed et probabiliter solvi possunt, quod sufficit in quaestione naturali ratione duce potius definienda, quam ex jureconsultorum fragmentis, quibus nec fidunt in aliis casibus adversarii (2). Ajunt Imperatores: *cum quis jus ignorans indebitam pecuniam solverit, cessat repetitio* (3): sed commodo intelligi possunt de pecunia civili quidem, non naturali jure indebita, puta ex pacto nudo, quod apud Romanos civilem actionem non dabat (4); vel si integra legata absque falcidiae detractione haeres solverit (5); quod receptum favore ultimarum voluntatum, ut plenius exitum sortiantur.

§ 277. Urgent: ex Paulo regula est, *juris ignorantiam cuique nocere* (6). Nocet utique, sed in damnis amissae rei, non in damnis amittendae (7). Nec verum est, quod ajunt, hic plane agi de damno amissae rei, cum rei dominium solutione per errorem juris fata translatum fuerit, et ita amissum; etenim sola traditione sine justo titulo ex trita juris regula dominium non transfertur (8): justus autem titulus solutionis nullus est, ubi nec civiliter, nec naturaliter debetur. Perperam vero objiceretur, dominium solutione translatum esse, licet condictione, non vindicatione experiendum dicamus (§ 275). Sed de his satis.

§ 278. Competit indebiti condictio solventi, et haeredi (9). Fidejussor, si promissoris indebiti nomine solverit, a promissore repetit, promissor ab eo, cui solutum est: si vero solverit suo nomine, ipse repetere potest (10). Quod si solverit pro vero debitore, praetermisso ordinis, vel divisionis beneficio, quod objicere potuisset, cum solverit, quod vere debitum est, repetere nequaquam potest (11): nisi pacto, vel alio modo liberatus fuerit (12).

(1) l. *In omnibus* 57 ff. *De obligat. et act.* (44, 7); l. *Nihil consensui* 116 § ult. ff. *De reg. jur.* (50, 17).

(2) l. *Cum quis jus* 10 Cod. *De jur. et fact. ignor.* (1, 18).

(3) § *at si ita* 3 Instit. *De verbor. obligat.* (3, 16).

(4) l. *Perspiciendum est* 11 ff. *De poen.* (48, 19); l. *Semper in dubiis* 56 ff. *De reg. jur.* (50, 17).

(5) l. *Juris ignorantia* 7 ff. *De jur. et fact. ignor.* (22, 6).

(6) § *appellamus* 15 Instit. hoc tit.

(7) Voet in ff. hoc tit. n. 7 in princ.

(1) l. *In omni parte* 2 ff. *De jur. et fact. ignorant.*

(2) Voet in ff. lib. 12, tit. 5, *De condict. ob turp. causs.* n. 2, ubi reprehendit, et merito, Ulpianum ajentem, turpiter non facere meretricem, quae pecuniam propter stuprum accipit.

(3) l. *Cum quis jus* 10 Cod. *De jur. et fact. ignorant.* (1, 18).

(4) l. *Juris gentium* 7 § *sed cum nulla* 4 et passim ff. *De pact.* (2, 14).

(5) l. *Error facti* 9 Cod. *Ad leg. falcid.* (6, 50); l. *Regula est* 9 § *si quis jus* 5 ff. *De jur. et fact. ignor.* (22, 6).

(6) l. *Regula est* 9 ff. *De jur. et fact. ignor.* (22, 6).

(7) l. *Error facti* 8 ff. eod. tit.

(8) Nunquam nuda traditio transfert dominium: sed ita si venditio, aut aliqua justa caussa praecesserit, propter quam traditio sequeretur. l. *Nunquam nuda* 31 ff. *De acquir. rer. domin.* (41, 1).

(9) l. *Si fundi* 12 ff. hoc tit.

(10) l. *Frater* 38 § ult junct; l. *Indebitum* 47 ff. hoc tit.

(11) l. *Si testamento* 49 § 1 ff. *De fidejussorib.* (46, 1).

(12) l. *Cum is, qui* 32 § 1; l. *Si fidejussor.* 59 ff. hoc tit.

§ 279. Sed quid, si Titius solverit, quod Sempronius debebat? Distinguendum est: si suo nomine solverit, quasi ipse deberet, tamquam indebitum condicere potest (1): si vero solverit alieno nomine, seu nomine debitoris, cum hic liberationem consecutus sit, mandati, vel negotiorum gestorum actione restituere cogitur, quod alter solvit (2).

§ 280. Conveniuntur hac personalis actione omnes, qui indebitum acceperunt; *nam hac natura aequum est*, scite ait Pomponius, *neminem cum alterius detrimento fieri locupletiorem* (3): non alii, licet pecunia soluta ipsis profecerit (4): nisi forte titulo lucrativo ad eos pervenerit, quo casu defendunt plures, in subsidium teneri illos, qui lucrum perceperunt ex pecunia indebite soluta (5). Quod si procuratori indebitum solutum sit, condictio adversus dominum non competit, nisi speciale indebiti accipiendi mandatum dederit, vel solutionem deinde ratam habuerit (6); quia dominus non tenetur de facto procuratoris, qui mandati fines excesserit (7), nec generali mandato continetur indebiti accipiendi facultas.

§ 281. Condictione petitur, ut res indebite soluta restituatur una cum fructibus perceptis (8): non autem cum usuris, quia condictio stricti juris est, in quam proinde usurae non veniunt (9); neque si ille, qui indebitam pecuniam accepit, eam foenori collocaverit, atque usuras inde perceperit; etenim usurae ad eum pertinent, qui sortis periculum subit (10). Quod si res indebite solutas accipiens bona fide vendiderit pretio viliore, pretium restituendo liberatur, quia ultra id locupletior factus non est (11).

§ 282. Possessio ipsa, si indebite in alium translata fuerit, condici potest, licet tantum tempus effluxerit, quantum sufficit ad usucapionem (12): cum enim usucapio ex caussa indebitae possessionis completa fuerit, atque inde illius veluti accessio sit, revocato principali, seu possessione, ipsa quoque usucapio tamquam accessoria revocatur (13).

§ 283. Usuras debitae sortis indebite solutas repeti non posse, nisi quatenus legitimum modum excedunt, scribit Ulpianus (1); quia, ut vulgo docent interpretes, in remunerationem officii solutae praesumuntur: sed cum praesumptio veritati cedat (2), nec remunerationem officii pecunia fieri necesse sit, sed et aliis non absimilibus officiis recte fiat, solutas per errorem usuras indebitas repeti posse, verius est (3).

§ 284. Si dubitetur, an debitum, an indebitum solutum fuerit, generalis regula est, indebiti probandi onus incumbere ei, qui indebitum se solvisse allegat (4); contra eum stat praesumptio, cum nemo facile credatur jactare suum, maxime si solvens homo diligens sit, atque studiosus paterfamilias. Sed fallit regula haec, si is, qui accepit, negaverit se accepisse, tum mendacii convictus fuerit; semel malus, seu mendax semper praesumitur malus in eodem delicii genere (5).

§ 285. Excipiuntur quoque ab hac regula pupilli, minores, mulieres, milites, rustici, et generatim expertes negotiorum forensium, vel simplicitate gaudentes; ita ut onus debitam fuisse pecuniam probandi in adversarium rejiciant (6). Sed, si pupillos, et minores curatorem habentes, atque sine eo solventes excipias, quoad caeteros res pendet ex adjunctis, negotiorum indole, soluti quantitate, solutionis modo, et similibus; atque, ut taceam, in mulieribus, quae tenacissimae esse solent, vix timendum, ne indebitum solvant, atque milites hodie plures esse, qui negotia sua diligenter tractare solent, etiam rustici, et agrorum cultores bona sua non facile jactant, nec nisi coacti aes alienum solvunt.

§ 286. Onere indebitum probandi facilius adstringendum eum, qui solvit, licet si ex numero personarum, quibus subveniri solet (§ praeced.), existimat Paulus, si non totum, sed pars indebite soluta allegetur: vel debitum fateatur, sed dicat dissolutum, vel a quo possit se exceptione defendere (7): atque idem dicendum, idest onus asserendi debitum incumbere, cum cautio, seu promissio solvendi facta fuit, non expressa obligationis caussa (8): suspecta est promissio, de cujus caussa non constat.

§ 287. Notandum est, quod adjicit jureconsultus, posse illum, cui onus probandi incumbit, jusjurandum deferre adversario de rei veritate, si modo jusjurandum calumniae ipse requisitus praestet (9); cum jurisjurandi delatio

(1) l. *Si poenae caussa* 19 § 1; l. *In summa* 65 § ult. ff. hoc tit.
(2) l. *Repetitio* 44 ff. hoc tit.
(3) l. *Nam hoc natura* 14 ff. hoc tit.
(4) l. *Iis solis* 49 ff. hoc tit.
(5) argum. l. *Si et me, et Titium* 32 ff. *De reb. credit.* (12, 1).
(6) l. *Si procurator* 6 § 1; l. *Cum indebitum* 57 § 1 ff. hoc tit.; l. *Creditoris* 8 Cod. hoc tit.
(7) l. *Diligenter* 5 et passim ff. *Mandati* (17, 1).
(8) l. *Indebiti* 15 ff. hoc tit.; l. *Videamus* 38 § *item, si* 2 ff. *De usur.* (22, 1).
(9) l. 1 Cod. hoc tit.
(10) l. *Idemque* 10 § *si mandavero* 8 ff. *Mandat.* (17, 1); l. *Si unus* 67 § 1 ff. *Pro socio* (17, 2).
(11) l. *Idem est* 3; l. *Si non sortem* 26 § *libertus* 12 post med. ff. hoc tit.
(12) l. *Indebiti* 15 § 1 ff. hoc tit.
(13) argum. l. *Si alienam* 13 ff. *De mort. causs. donat.* (39, 6).

(1) d. l. *Si non sortem* 26 in princ. ff. hoc tit.
(2) l. *Si chirographum* 24 ff. *De probat.* (22, 3).
(3) l. *Quod quis sciens* 50 ff. hoc tit; l. *Cujus per errorem* 53 ff. *De reg. jur.* (50, 17).
(4) l. *Cum de indebito* 25 ff. *De probat.* (22, 3).
(5) cap. *semel* 8 extra *De reg.* in 6 Decretal.
(6) d. l. *Cum de indebito* 25 § 1 ff. *De probat.* (22, 3).
(7) d. l. *Cum de indebito* 25 § *sed haec ita* 2 ff. *De probat.* (22, 3).
(8) d. l. 25 § ult.
(9) d. l. *Cum de indebito* 25 § penult. ff. *De probat.* (22, 3).

sit quaedam probationis species jure probata, quam ideo judex rejicere non debet; quod si duae praeferantur apochae ejusdem quantitatis, quae tamen diversitatem habeant personarum, a quibus, vel quibus solutio facta dicitur, loci, aut temporis; probare debet, qui asserit, eandem quantitatem utraque contineri: adjunctorum diversitas inducit praesumptionem diversitatis summarum; nisi indicia in contrarium urgeant (1), puta prius chirographum spe futurae numerationis conscriptum fuisse (2).

§ 288. Plures casus sunt, in quibus indebiti soluti condictio denegatur. Atque imprimis cessat condictio in caussis, ex quibus retentionem habemus, actionem vero non habemus (3), veluti in expensis in rem alienam factis (4): sed usu fori, ut alibi diximus (5), suadente aequitate receptum, ut actione peti possint hujusmodi impensae. Potius ergo dicendum, cessare condictionem, cum id quod solutum fuit, civiliter quidem, non naturaliter indebitum erat, quemadmodum explicavimus (6).

§ 289. Praeterea denegatur indebiti condictio, si ei speciatim renunciatum sit; donatum quippe intelligitur (7): sed non sufficit generalis renunciatio, qualis ea est, quae in *pariationibus*, seu computationibus hinc inde factis exprimi solet, nullam ex hoc contractu controversiam superesse (8): etenim verba generalia non complectuntur ea, de quibus contrahentes verosimiliter non cogitarunt (9).

§ 290. Si, falsa opinione sublata, remaneat pietatis caussa, solutum condici non posse, censuit Julianus; veluti si mulier dotem dederit, putans se pro dote obligatam esse (10): vel pater falso existimans filiae suae se debitorem esse dotem promiserit (11); non item, si maritus ampliorem dotem, quam accepit, errore ductus se restituturum spoponderit (12).

§ 291. Verum nec hic generalis regula statui potest, solutum ex errore non repeti, si adsit caussa pietatis; etenim pietatis caussa efficere quidem potest, ut quis facilius donet, et donasse praesumatur; sed donationis praesumptio tanti fieri non debet, ut contra solventis voluntatem operetur (13). Hinc Ulpianus tractans de eo, qui in funus defuncti impendit, licet maxima sit pietatis caussa, ne cadavera insepulta maneant (14), inspiciendum tamen vult, an quis donandi animo, an gerendi negotii caussa, ideoque repetiturus impenderit (1).

§ 292. Denegatur quoque jure Romano indebiti soluti condictio, si solutio facta sit ex illis caussis, in quibus lis inficiando crescit in duplum (2), puta depositi miserabilis, legis Aquiliae, et legatorum piis locis relictorum (3): quod cum hodie non servetur, nec denegari debet condictio (4). Transactionis caussa datum non repetitur, dummodo lis fuerit, atque ab ea recessum sit, non si evidens calumnia appareat (5), vel transactio ab initio inutilis fuerit, vel postea infirmata sit, vel solvens falso crediderit intercessisse transactionem, quae nunquam secuta fuit (6).

§ 293. Idem ac de transactione judicium esto de jurejurando, et re judicata: ita ut condici velut indebitum non possit, quod solutum fuit ex caussa jurisjurandi (7), vel rei judicatae (8); nisi evidens in jurejurando calumnia probetur (9), vel rescindatur sententia ex falsis allegationibus lata (10); vel condemnatus post sententiam repererit apocham, qua constet solutionem prius a se factam fuisse (11). Quod si quis ob rem non defensam ad solvendum condemnatus fuerit, repetere non potest, licet deinde paratus sit defendere (12), in contumaciae suae poenam.

§ 294. Condictioni indebiti proxima est condictio sine caussa, qua repetitur res apud alium sine caussa existens, licet antea fortassis caussa fuerit; atque tunc locum habet, cum caeterae actiones non competunt: puta ad repetendum chirographum obligationis, si pecunia numerata non fuerit, vel rursus restituta (13); vel si caussa ipso jure nulla sit; puta si puella avunculo nuptura, noverca privigno, socero nurus dotem dederit (14).

§ 295. Condictio ex lege dicitur actio personalis nata ex lege nova, idest post legem XII tabularum lata, nec certum nomen, nec certam formam habens (15). Condictio haec datur ad petendum legitimae supplementum (16); fisco agenti ex caussa primipilari adversus debitores debitoris, ut

(1) Fab. Cod. hoc tit. lib 4. tit. 14. def. 70.
(2) l. *Si quasi* 7 Cod. *De non numerat. pecun.* (4, 30).
(3) l. *Ex quibus caussis* 51 ff. hoc tit.
(4) l. *Si in arca* 33 ff. hoc tit.
(5) V. vol. I, lib 2, § 717, pag. 628.
(6) V. supra § 257, tum § 260.
(7) l. *Quod quis sciens* 50 ff. hoc tit.
(8) l. ult. § *idem quaerit.* 3 ff. hoc tit.
(9) l. *Cum aquiliana* 5 ff. *De transact.* (2, 15).
(10) l. *Cum is* 32 § *mulier* 2 ff. hoc tit.
(11) l. *Quemadmodum* 46 § ult. ff. *De jur. dot.* (23, 3).
(12) l. penult. § *mulier* 4 ff. *Solut. matrim.* (24, 3).
(13) l. *Non omnis* 19 ff. *De rebus credit.* (12, 1).
(14) l. *Si quis sepulcrum* 12 § *hoc edictum* 3 ff. *De religios.* (11, 7).

(1) l. *Et, si quis impediat* 14 § *sed interdum* 7 ff. eod. tit.
(2) l. *Ea, quae* 4 Cod. hoc tit.
(3) § ult. Instit. *De obligat. quae quas. ex contract.* (3, 28).
(4) Voet in ff. hoc tit. n. 15
(5) l. *In summa* 65 § 1 ff. hoc tit.
(6) l. *Eleganter* 23 princ. § 1 et 3 ff. hoc tit.
(7) l. *Non erit* 5 § *dato* 2 ff. *De jurejurand.* (12, 2).
(8) l. 1 Cod. hoc tit.
(9) argum. l. 1 § 1; l. *Et eleganter* 7 ff. *De dol. mal.* (4, 3).
(10) argum. l. *Si soror* 8 Cod. *De collat.* (6, 20).
(11) argum. l. *Si fullo* 2 ff. *De condict. sine causs.* (12, 7).
(12) l. *Qui ob rem* 35 ff. hoc tit.
(13) l. *Dissolutae* 2; l. ult. Cod. *De condict. ex leg. et sine causs.* (4, 9).
(14) l. ult. princ. et § 1 ff. eod. tit. (12, 7).
(15) l unic. ff. *De condict ex leg* (13, 2).
(16) l. *Omnimodo* 30; l. *Si quando* 35 § *et generaliter* 2 Cod. *De inoffic. testam.* (3, 28).

ante finitum tempus debita repraesentent (1): item ad repetendum, quod in alea amissum est (2): atque generatim condictio ex lege competere dicenda est, quoties statutum, aut consuetudo novam sine nomine actionem inducit.

§ 296. Post haec in Pandectis agitur de condictione triticaria, ita fortassis a tritico dicta, qua rei corporalis, vel incorporalis quomodocumque debitae aestimatio petitur (3) (praetermittimus condictionem furtivam, de qua verba faciemus, ubi de furtis dicturi sumus). Pecuniae, cum ipsa res omnes aestimet, non aestimetur, per condictionem hanc aestimatio peti nequit (4).

§ 297. De hac personali actione, quae in foro non infrequentem usum habet, aliquanto fusius agere praestat. Quae traduntur in titulo Digestorum de eo, quod certo loco (5), commodius explicabimus in titulo de judiciis, cum agendum erit de loco, in quo agi possit (6), tum occasione condictionum ob turpem vel iniustam caussam, et sine caussa, saltem legibus probata, teneatur, et aliquando condici possit (§ 295).

(1) l. 1 Cod. *De condict. ex leg. etc.* (4, 9).
(2) l. 1 et ult. Cod. *De aleatoribus* (3, 43).
(3) l. 1 ff. *De condiction. triticar.* (13, 3).
(4) d. l. 1 in princ.
(5) Digest. lib. 13, tit. 4.
(6) Cod. lib. 3, tit. 18 inscriptus est: ubi conveniatur, qui certo loco dare promisit.

TITULUS IX.

DE CONDICTIONE TRITICARIA.

Instit. lib. 4, tit. 6 *De actionib.*
Digest. lib. 13, tit. 3 *De condiction. triticar.*
Cod. lib. 4, tit. 2 *Si cert. petat.*

SUMMARIA

§ 298. *Aestimatio rei, quae praestari non potest, eodem jure petitur, quo res ipsa.* — § 299. *Condictioni triticariae locus non est, si rei aestimatio directe, et per se in obligationem deducta fuerit.* — § 300 *et* 301. *Quae sint judicia bonae fidei, stricti juris, vel arbitraria?* — § 302. *Aestimatio rei in judiciis bonae fidei, vel arbitrariis fit inspecto tempore rei judicatae; litis vero contestatae in negotiis stricti juris, quibus dies adjectus non sit.* — § 303. *Morae, quae litem contestatam, vel rem judicatam praecessit, an habenda sit ratio in condictione triticaria?* — § 304. *An mandatum in hac re differat a caeteris negotiis bonae fidei?* — § 305 *et* 306. *Mora, quae litem contestatam praecessit, moroso debitori nocere videtur.* — § 307. *Fur a primo admissi furti momento, donec restituat, aestimationem quanti plurimi praestat.* — § 308. *Quid si dies obligationi implendae adjectus fuerit?* — § 309. *Aestimationis augmentum difficilius praestatur, quam id quod interest.* — § 310. *Litis contestatione non semper melior fit litigantis conditio.* — § 311. *Fructus facilius adjudicantur, quam incrementum aestimationis, quod extrinsecum est.* — § 312. *Aestimatio quanti plurimi, vel id quod interest, praestari debet a reo moram faciente post condemnationem.* — § 313. *Aestimatio quanti plurimi fit inspecto valore maximo, qui communiter in anno fuit. An haec adjudicari possit ante diem interpellationis judicialis.* — § 314. *Debitor morosus ejus, quod interest nomine, solum plerumque praestat lucrum, quod circa rem ipsam est.* — § 315 *et* 316. *An interpretum sententiae a supremis curiis probatae consentiant his, quae hactenus tradita sunt de aestimatione quanti plurimi?* — § 317. *Morae redargui an possit reus intra quadrimestre a die condemnationis?* — § 318. *Aestimatio secundum tempus contractus debetur, si ita convenerit, vel aestimatio ipsa sit in obligatione, quae tempore contractus oriatur.* — § 319. *An interpretum sententia magis congruat juris naturalis rationi, quam verba jureconsultorum?* — § 320. *Quid si debitum incertum sit, et per creditorem fiat, quominus de eo constet?* — § 321. *Frumenti ex censu debiti praesens aestimatio alicubi praestatur si minor sit, quam antea fuerit. Quare?* — § 322 *et* 323. *Annuum quomodo aestimetur?* — § 324 *et* 325. *Confessio in judicio facta plenae probationis vim habet. Quid si fiat extra judicium?* — § 326. *Aestimatio praestatur habita ratione loci ad contractum implendum destinati.* — § 327 *et* 328. *Si locus solutioni adscriptus non sit in contractibus stricti juris, aestimatio loci spectatur, in quo res petitur. Quid de contractibus bonae fidei?* — § 329. *Contractus celebratus intelligitur in loco, in quo implementum accipere debet.*

§ 298. Condictio triticaria, ut modo diximus (§ 296), est actio personalis, qua petitur aestimatio rei debitae in casu, quo res ipsa debita non praestatur (1): nimirum si debeatur species, veluti equus, domus, et similia, quae non recipiunt functionem in genere suo: quo casu praestatur aestimatio arbitrio boni viri; vel per jusjurandum in litem actoris, si res perierit post moram ante litem contestatam (2): nisi convenerit, ut alia res ejusdem generis reddatur, vel de certo ejus pretio. Cum autem aestimatio rei nonnisi in subsidium solvatur, sponte sequitur, eodem jure peti, quo res ipsa; adeoque condictio haec non est nova actio, sed consectarium, seu, ut alii loquuntur, adjectitia qualitas prioris actionis; bonae fidei, proinde, vel stricti juris pro diversa principalis actionis natura.

§ 299. Difficultas est in modo ineundae aesti-

(1) l. 1 in princ. ff. hoc tit.
(2) l. *In actionibus* 5 § ult. ff. *De in lit. jurand.* (12, 3).

mationis rei: in quo magna est interpretum dissensio. Sed imprimis animadvertendum, neque condictioni triticariae locum esse, neque ex immutata rerum aestimatione quaestionem superesse, si rei aestimatio directe, et per se in obligationem deducta fuerit; in hoc etenim casu pecunia, quae certam omnino habet aestimationem, quaeque omnia aestimat (1), ab initio debita est: neque contrahentes ad aliam aestimationem, seu quantitatem pecuniariam respexisse videri possunt, quam quae tunc erat, cum obligatio nata fuit, sive bonae fidei negotium sit (2), sive stricti juris (3): nec immutatio aestimationis aliarum rerum augere potest, aut minuere obligationem pecuniariam ab initio certam (4). Valet utique conventio, ut pecunia credita in una nummorum specie in alia restituatur (5), ut alibi diximus (6).

§ 300. Difficultas ergo est de illis casibus, in quibus ab initio comprehensa sit primario, et per se res, cujus aestimatio immutationem passa fuerit. Sed imprimis opportunum ducimus, cum Fabro rem hanc apprime tractante, summatim revocare discrimen inter judicia bonae fidei, stricti juris, et arbitraria. Bonae fidei sunt illa, quae propter bonam fidem pleniorem habent, seu pariunt actionem, quam sit ipsa obligatio, quae actionem produxit: ita ferente natura obligationis, quae accessionum quoque praestationem ex officio judicis admittit (7). Stricti juris negotia appellamus, in quibus nihil praestatur, nisi quod verbis expressum est (§ 13). Arbitraria vocantur, in quibus nihil praestatur, nisi quod judex arbitrio suo praestandum definierit (§ 14).

§ 301. Arbitrio autem judicis tunc locus fit, cum agitur adversus eum, qui neque ex contractu, vel quasi-contractu, neque ex maleficio, vel quasi-maleficio obligatus est; quem tamen aequum est aliquid praestare, si boni viri arbitrio res committatur: puta si quis rem alienam habeat sine ulla praecedenti obligatione (8); cum enim iniquum sit rem meam ab alio retineri, possessor arbitrio judicis eam restituere jubetur; quod si non faciat, condemnatur in id omne, quod mea potest interesse (9); idem est de actionibus de eo, quod certo loco dari oportet, nec tamen ibi solvitur (§ 3488). Ergo, scite concludit idem Faber (10), in bonae fidei judiciis condemnatio fit, non tantum jure obligationis, sed etiam ex natura et qualitate actionis, officioque judicis (1): in negotiis stricti juris nonnisi ex mero jure obligationis (2): in arbitrariis nec actionis, nec obligationis jure, sed arbitrio judicis (3): quamquam arbitraria judicia plerumque imitantur ea, quae bonae fidei sunt (4).

§ 302. Hisce praemissis, in difficillima hac quaestione Romanis legibus magis consentanea videtur sententia distinguentium judicia bonae fidei a stricti juris, ita ut in judiciis bonae fidei, nec non arbitrariis, quae eodem jure reguntur (§ praeced.), inspiciatur tempus rei judicatae, seu quanti res tunc valet; in negotiis vero stricti juris tempus litis contestatae, si dies obligationi adjectus non sit (5); etenim in negotiis bonae fidei potest judex ex aequo et bono petitionem, et conventionem condemnando excedere (§ 300); non autem in negotiis stricti juris; cum enim in illis nihil veniat, nisi quod verbis expressum est (d. § 300), judex condemnare non potest ultra id quod petitum est, cum lis contestata fuit (6).

§ 303. An autem ratio habenda sit morae, quae praecesserit litem contestatam, vel rem judicatam, non consentiunt interpretes. Negat Faber, morae hujus aliam habendam esse rationem in judiciis stricti juris, nisi hactenus, ut obligatio perpetuetur, si forte debeatur species, quae perire possit (7), quia mora nequeat augere obligationem principalem, seu facere, ut plus sit in obligatione post moram, quam ante illam, sed tantum movere officium judicis, ut augeat condemnationem praestationibus accessionum ex bona fide, vel aequitate, cum actio admittit judicis officium, vel arbitrium (8); quod non contingit in negotiis stricti juris, sed tantum in negotiis bonae fidei (d. § 300), in quibus idcirco morae ante tempus rei judicatae rationem habendam sentit laudatus Faber (9).

§ 304. Separandum tamen in hac re subjicit idem Faber mandatum a caeteris negotiis bonae fidei: propterea si fidejussor rem certam, puta bovem, solverit, aestimatio ineunda est ab eo die, quo solutio facta fuit (10); etiamsi postea mandati agatur, ut ita mandatarius indemnis servatur, nec damnum sentiat ex officio, quod in alterius utilitatem suscepit (11): atque idem ex indemni-

(1) Fab. Cod. hoc tit. lib. 4, tit. 2, def. 16.
(2) l. *Hominem* 37 in princ. ff. *Mandati* (17, 1).
(3) l. *Fundum Cornelianum* 28 ff. *De novationib.* (46, 2).
(4) d. l. 1 in princ. ff. hoc tit.
(5) Fab. Cod. hoc. tit. lib 4, tit. 2, def. 1.
(6) De his supra diximus § 12, ad 14.
(7) l. *Lucius Titius* 24 in fin; l. *Bona fides* 31 ff. *Deposit.* (16, 3); Fab. Cod. hoc tit. lib. 4, tit. 2, definit. 6 in princ.
(8) Fab. Cod. hoc tit. d. lib. 4, tit. 2, def. 6, n. 6 et seqq.
(9) l. *Qui restituere* 68 ff. *De rei vindicat.* (6, 1).
(10) Fab. Cod. *Si cert. petat.* lib. 4, tit. 2, def. 6, n. 11 et seqq.

(1) l. *Quaero* 54 ff. *Locati* (19, 2).
(2) l. *Rogasti* 11 § 1 ff. *De reb. credit.* (12, 1); l. *Quidquid adstringendae* 99 ff. *De verb. oblig.* (45, 1).
(3) § *praeterea* 31 Instit. hoc tit.
(4) l. *Arbitraria* 2; l. *Centum Capuae* 8 ff. *De eo, quod cert. loc.* (13, 4); Fab. d. def. 6 in fin.
(5) l. *Sed mihi* 3 § *in hac actione* 2 ff. *Commodat.* (13, 6); Fab. Cod. hoc tit. lib. 4, tit. 2, def. 7, 8, et 14.
(6) l. *Vulgo receptum* 2 ff. *De usur.* (22, 1).
(7) Fab. Cod. hoc tit. lib. 4, tit. 2, d. definit. 7, n. 3 et seqq.
(8) l. *Quaero* 54 ff. *Locati* (19, 2).
(9) Fab. Cod. hoc tit. def. 8 in princ.
(10) Fab. Cod. hoc tit. lib. 4, tit. 2, def. 11 in princ. et def. 12.
(11) l. *Si servus* 61 § *quod vero* 5 ff. *De furt.* (47, 2).

tate rationis probandum est in negotiorum gestore (1).

§ 305. Putant alii, moram, quae litem contestatam praecesserit, in judiciis stricti juris, vel rem judicatam in bonae fidei, prout omnes fatentur (§ 303) moroso debitori nocere (2): ideoque si res inter moram et litem contestatam, vel sententiam pluris valuerit, quam ipso litis contestatae, vel condemnationis momento, reum damnandum esse in id, quanti plurimi res fuit a tempore morae, usque ad tempus litis contestatae, vel sententiae (3), ita ut tempus morae sit terminus, a quo incipit haberi ratio aestimationis, tempus vel litis contestatae, vel rei judicatae sit terminus, ad quem usque eadem aestimationis ratio habetur.

§ 306. Sententia haec non uno in loco a jurecousultis tradi videtur. Pamponius agens de venditore moram faciente in tradendo vino haec habet: *si per venditorem vini mora fuerit, quominus traderet, condemnari eum oportet, utro tempore pluris vinum fuerit; vel quo venit, vel quo lis in condemnationem deducitur* (4): videlicet venditionis tempus, quatenus res vendita, nisi aliud actum sit, statim tradi debet (5), est initium morae. Hic quidem de venditione, quae bonae fidei est, agitur, sed idem tradit Ulpianus de constituto (6), quod stricti juris est.

§ 307. Hinc rei furtivae aestimationem, quia fur a primo patrati furti momento, donec restituat, in mora est, in condictione furtiva spectandam esse, quanti unquam maximi fuit ab eo tempore, quo res aliena ablata est, censuit modo laudatus Ulpianus (7); atque idem respondit Tryphoninus de actione rerum amotarum (8). Proinde in legibus, quae petitionis tempus inspiciendum docent (9), suppleri debet exceptio, nisi mora praecesserit (10).

§ 308. Pertinent haec ad obligationes, quibus dies adjectus non fuerit: quod si fingamus, diem solutioni praescriptum fuisse, alii putant, aestimationem praestandam juxta illud tempus, ita ut non augeatur obligatio, licet rei valor usque ad litem contestatam vel condemnationem creverit; quia contrahentes ad id tempus respexisse videntur (11); utique vero praestetur id quod creditoris interest, sua die solutum non fuisse (12). Aliis placet aestimationem ita ineundam, ut dies definita sit terminus, a quo incipiat aestimationis ratio haberi, lis vero contestata, vel res judicatae terminus, quo desinat aestimationis habendae ratio (§ 305).

§ 309. Facilius sane adjudicatur id quod interest, quam aestimotionis augmentum; cum illud speciem damni emergentis habeat, hoc lucri cessantis: favorabilior autem est caussa eorum, qui de damno vitando, quam qui de lucro captando certant (1). Hinc in negotiis stricti juris potest judex condemnare ad id quod interest, moram non esse factam post litem contestatam (2); sed augmentum non praestatur, licet rei aestimatio post litem contestatam creverit, nisi creditor doceat sua interfuisse, puta quia rem tanti fuisset distracturus: atque apud omnes constat, id quod interest, ab aestimatione rei diversum esse (3).

§ 310. Nec movet, quod objiciunt, posita superiore sententia (§ 305), deteriorem fieri conditionem eorum, qui litem contestantur, cum tamen melior fieri soleat (4); etenim, praeterquam quod non ait jureconsultus, nunquam fieri deteriorem caussam ejus, qui litem contestatur, sed plerumque non fieri; damnum, quod sustinere potest creditor non contingit praecise ex litis contestatione, sed ex negotii indole; juxta quam judex ultra petita condemnare non potest (§ 302), nisi interesse demonstretur, moram post litem contestatam non fuisse commissam (§ praeced.).

§ 311. Neque a fructibus post litem contestatam debitis etiam in actionibus stricti juris argumentari licet ad rei aestimationem, fructus enim praestantur tamquam rei accessio (5), aestimatio autem, seu incrementum aestimationis extrinsecum rei est, quod proinde petitum ab initio videri non potest; maxime quia omnino incertum erat.

§ 312. Sed quid, si rei aestimatio creverit post condemnationem, ut reus morosus sit in ea praestanda? Cum condemnatus moram faciat in singula momenta, donec judicato satisfaciat (6), aestimatio quanti plurimi debetur (7), alioquin creditor damnum sentiret ex mora rei: vel saltem praestare debet id quod creditoris interest, moram non fuisse factam (§ 309).

§ 313. Porro in aestimatione quanti plurimi non inspicitur valor maximus, qui fuerit unius diei, vel paucorum dierum, sed qui communiter eo anno maximus fuit (8). Nec facile adjudicatur

(1) l. *Illud quaesitum* 32 ff. *Ad leg. Aquil.* (9, 2).
(2) Voet in ff. hoc tit. n. 3 fer in med.
(3) d. l. *In hac actione* 3 ff. hoc tit.; l. *Hominem* 37 in fin. ff. *Mandat.* (17, 1).
(4) l. *Ratio* 3 § *si per venditorem* 3 ff. *De actionib. empt.* (19, 1).
(5) l. *Julianus* 13 § *veniunt* 20 ff. eod. tit; l. *Curabit* 5 Cod. eod. tit. (4, 49).
(6) l. *Si Tuo* 16 § ult. ff. *De constit. pecun.* (13, 5).
(7) l. *In re furtiva* 8 § 1 ff. *De condict. furtiv.* (13, 1).
(8) l. penult. ff. *De action. rer. amot.* (25, 2).
(9) l. *Vinum* 22 ff. *De reb. credit.* (12, 1); l. *Fundum* 28 prop. fin. ff. *De novat.* (46, 2).
(10) Voet in ff. hoc tit. n. 3 post med.
(11) l. *Vinum* 22 ff. *De reb. credit.* (12, 1); l. *Quoties* 59 et l. seq. ff. *De verb. oblig.* (45, 1).
(12) Fab. Cod. hoc tit. lib. 4, tit. 2, def. 9 et 10.

(1) l. *Quod autem* 6 § *simili modo* 11 ff. *Quae in fraud. creditor.* (42, 8).
(2) l. *Cum fundus* 31 ff. *De reb. credit.* (12, 1); l. *Quod si Ephesi* 4 ff. *De eo, quod certo loco* (13, 4).
(3) § *illud* 10 Instit. *De leg. Aquil.* (4, 3).
(4) l. *Non solet* 86 et l. seq. ff. *De reg. jur.* (50, 17).
(5) l. *Videamus* 38 § *si actionem* 7 ff. *De usur.* (22, 1).
(6) l. *In re furtiva* 8 § 1 ff. *De condict. furtiv.* (13, 1).
(7) Fab. Cod. hoc tit. lib. 4, tit. 2, def. 13.
(8) argum. l. *Pretia rerum* 63 princ. et § ult. ff. *Ad leg. falcid.* (35, 2); Fab. Cod. hoc tit. lib. 4, tit. 2, definit. 17 in princ.

aestimatio quanti plurimi ante diem interpellationis judicialis, nisi evidens, atque inexcusabilis plane mora praecesserit (1): qua in re caute pronunciare debet judex, ne nimis gravet debitorem, forsitan ex necessitate morosum; sed et ne nimia debitoris commiseratione creditori damnum inferat.

§ 314. Eadem aequitatis ratione, cum creditori praestatur id quod interest, moram non fuisse factam post litem contestatam, vel condemnationem, non id omne praestandum est, quod creditur forte lucratus fuisset vendendo vel negotiando (2): sed tantum, ejus lucri, quod circa rem ipsam est, cujus praereptio imputari potest moroso debitori, quamque praevidere potuit (3): quo fundamento censuit Ulpianus, lucri omnis etiam extrinseci praerepti habendam esse rationem, cum quis in alio loco, quam convenerat, solvit (4): loci adjectio a creditore volita demonstrat, ejus maxime interesse posse ibi potius, quam alibi solvi.

§ 315. Caeterum, si Fabro credimus, quae de tempore, et modo ineundae aestimationis rei debitae hactenus disputavimus, a plerisque interpretibus non probantur (5): atque supremae curiae consentientes interpretum fere omnium opiniones passim sequuntur (6). Igitur secundum interpretes, ait Faber, nulla in hac parte differentia est inter judicia bonae fidei et stricti juris, nisi cum agitur de rei aestimatione probanda ab actore per jusjurandum in litem: sed in utrisque inspicitur tempus morae, si qua praecesserit litis contestationem, atque eo tempore pluris res fuerit, sive mora ex re fuerit contracta; puta venditor pretio accepto rem non tradiderit, quam tradere potuisset, sive ex lapsu temporis adjecti, sive per interpellationem in judicio, vel etiam extra judicium factam (7).

§ 316. Quod si tempore morae res fortasse minoris fuerit, tradunt interpretes, subjicit Faber modo laudatus, aestimationem crescere in singula momenta, seu deberi auctam aestimationem ab eo die, quo mora contracta est, usque in tempus condemnationis (8): nisi medio tempore mora purgata sit, nec rursus contracta (9).

§ 317. Quinimmo, prosequitur idem Faber, ex interpretum sententia aestimationis augmentum debetur a debitore moroso post condemnationem, elapso utique quadrimestri ad solvendum dato (10), intra quod morae redargui non potest debitor cum lex dilationem indulgeat; nisi forte debitor temere a sententia appellaverit (1).

§ 318. Neque desunt casus, in quibus inspicitur tempus contractus, si iisdem interpretibus, assentimur, eaque aestimatio debetur, quae tunc praecise fuerit; nempe si ita convenerit, vel aestimatio ipsa in obligatione sit, atque obligatio ipso contractus tempore oriatur: veluti si quis stipulatus fundum Cornelianum, postea; sed statim stipuletur illius aestimationem, seu quanti est (2): si enim obligatio praestandae aestimationis deinceps ex intervallo adjecta fuisset, ejus dumtaxat temporis ex praesumpta contrahentium voluntate praestanda esset (3).

§ 319. Omnis haec distinctio, si demus postremum membrum (§ praeced.), quod dubitatione caret, a ratione juris (utique Romani) omnino abhorrere putat Faber: quam tamen supremae curiae omnes propter consentientes interpretum fere omnium in hac parte sententias eam passim sequuntur, adeo receptus est, inquit, alius ille error inveteratissimus, qui summo jurisprudentiae nostrae malo invexit, ut communis error jus faciat (4). Verum sententia interpretum, licet a Romanorum prudentum scitis forte abhorreat, congruit tamen rectae rationi, quam Christiani potissimum juris cultores sequi debent: adeoque summopere commendanda sunt suprema tribunalia, quae veritatem sequi amant, quam in jureconsultorum Ethnicorum verba jurare, cum de quaestionibus agitur, non auctoritate, sed rationis lumine definiendis.

§ 320. Sed quid, si debitum incertum sit, et per creditorem fiat, quominus de eo certo constet? Fingamus, mercedis, quam in frumento solvi convenerat, remissionem postulari a conductore fundi ex caussa belli, quod temere negetur a locatore? Placuit in hoc casu Sabaudis patribus, non anni cujusque majorem aestimationem spectari oportere, sed eam, quae tempore solutionis est (5), quia per locatorem steterat, ne statim sciri posset, quantum ex mercede remitti, et consequenter, quantum solvi oporteret; adeoque in mora locator positus erat, quae conductori noxia esse non debet (6). Quod si nec conductor in mora offerendi, nec locator in mora accipiendi positus fuisset, solvenda esset communis saltem aestimatio, quae unoquoque anno debita fuit (7); ita postulante contractus natura, et contrahentium indemnitate.

§ 321. Commendandum maxime est, ut obiter dicamus, statutum, cujus meminit Faber, quo cautum, ut cum de frumento ex censu debito a-

(1) Fab. d. def. 17, n. 2 et seqq.
(2) l. ult. ff. *De peric. et commod. rei vendit.* (18, 6).
(3) l. *Si sterilis* 21 § *cum per venditorem* 3 ff. *De act. empt.* (19, 1).
(4) l. *Arbitraria* 2 § ult. ff. *De eo, quod cert. loco.* (13, 4).
(5) Fab. Cod. hoc tit. lib. 4. tit. 2, def. 15 in princ.
(6) d. def. 15 in fin.
(7) d. def. 15, n. 1 ad 4.
(8) argum. l. *In re furtiva* 8 § 1 ff *De codic. furtiv.* (13. 1).
(9) Fab. Cod. hoc tit. lib 4. tit. 2, def. 15, n. 5.
(10) l. ult. Cod. *De usur. rei judicat.* (7, 45).

(1) Fab. Cod. hoc tit. lib. 4, tit. 2, def. 15, n. 6 ad 9.
(2) Ibid. def. 15, n 10
(3) def. 15, n. 11; argum. l. *Cum quis* 22 ff. *De obligat. et actionib.* (44, 7).
(4) Fab. Cod hoc tit. lib. 4, tit. 2, definit. 15 in fin.
(5) Ibid. def. 18 in princ.
(6) l. *Si soluturus* 39 ff. *De solut.* (46, 3)
(7) Fab. d. def. 18 in fin.

gitur, si creditor fuerit in mora petendi, sufficiat praestare, si minor sit, quam antea fuerit (1); ita enim coercetur avaritia eorum, qui propter anni abundantiam repudiant ad tempus, atque negligunt censuum exactionem ea mente, ut, inopiae occasione captata, majus pretium consequantur: quod naturale jus non secus ac civile improbat (2). Quae apud nos in hac re cauta sunt, alibi tradidimus (3).

§ 322. Si quaeratur, quomodo aestimandum sit uno pretio, quod jure annui debetur ad multos annos, distinguit ex Sabaudi Senatus sententia Faber, utrum debeatur ex dispositione ultimae voluntatis, an ex contractu inter vivos. Priore casu placuit, inspiciendam aetatem illius, cui annuum debetur (4), juxta formam a jureconsultis traditam, cum de legis falcidiae petenda ratione disceptatur (5): posteriore casu magis probat Senatus eorum sententiam, qui annorum quindecim reditus aestimari volunt (6), exemplo ejus, quod in donatione Justinianus constituit (7): atque idem placuit in annuo, quod ex judicato forte debeatur; quippequod magis accedat ad caussam debiti inter vivos, quam ultimae voluntati (8).

§ 323. Verum, ut scite animadvertit Faber (9), Justiniani constitutio (10) nititur singulari favore pauperis donatoris, qui donaverit annuum reditum ex fundis praestandum, nec ullos fundos habeat; atque hoc casu aestimationem in quindecim annos solvendam indistincte praescribit; quo autem fundamento hunc annorum numerum statuat, nec ipse aperit, nec interpretes divinare sciunt: proinde jus hoc singulare omnino ad contractus onerosos trahi non debet (11), nisi usu fori, vel consuetudine ita inductum sit.

§ 324. Si chirographum alienum quis non restituat, non semper tenetur ad solvendam quantitatem chirographo contentam, cum fieri possit, ut aliunde de debito constet, puta per judicialem debitoris confessionem (12), cum in judicio confessus pro judicato habeatur (13).

§ 325. Confessio extra judicium facta, absente parte, non candem vim habet (14); non enim ex confessione, sed ex numeratione mutuum exurgit (15). Haec tamen confessio, si de ea certo constet, semiplenae probationis vim habet, ita ut actori deferri possit jusjurandum suppletivum, si nulla contraria praesumptio urgeat (1). Plene autem probata intelligitur confessio extrajudicialis etiam per testes singulares, dummodo non pauciores, quam quinque; cum confessio actus sit reiterabilis, ut loquuntur pragmatici, in quo rerum genere receptum est, ut pro idoneis habeantur singulares testationes; dummodo tendant ad eundem finem (2).

§ 326. Hacteous diximus de rei aestimatione, habita ratione temporis: idest expendimus, cujus temporis ratio haberi debeat in rei debitae aestimatione ineunda. Difficultas quoque esse potest de loco, seu cujus loci ratio habenda sit in re aestimanda. Imprimis interest, utrum certus locus implemento contractus fuerit adjectus, nec ne. Loco ad contractum implendum destinato, hujus plane loci aestimatio spectanda est, sive agatur de negotio stricti juris, veluti mutuo (3), sive de negotio bonae fidei, puta venditione (4); cum unusquisque intelligatur contraxisse in loco, ubi solutio fieri debet, licet conventio alibi celebrata sit (5).

§ 327. Sed si locus solutioni adscriptus non sit, distinguunt jureconsulti contractus stricti juris a contractibus bonae fidei: in illis spectatur aestimatio loci, in quo res petitur (6): in his, seu contractibus bonae fidei, puta venditionibus inspicitur aestimatio loci, in quo contractus celebratus fuit, vel quo agitur, arbitrio actoris, si per venditorem steterit, quominus res tradita sit (7). Quod si emptor ipse in mora accipiendi positus sit, aestimatio initur habita ratione loci, in quo res minoris valet, sive rei aestimatio minor sit in loco, ubi agitur, sive in loco, ubi contractus celebratus fuit (8).

§ 328. Cur in judiciis stricti juris indistincte spectetur locus, quo res petitur; electio autem actori permittatur in judiciis bonae fidei, an loci contractus, an judicii aestimationem spectari velit, haec offerri potest discriminis ratio, quod cum in negotiis stricti juris nihil praestetur ex aequo et bono praeter id, quod verbis expressum est, actor se referre videtur ad aestimationem loci, ubi petit: contra bonae fidei contractuum plenior interpretatio fit, ita ut consequatur id omne quod ex aequo, et bono praestandum est, adeoque electio ipsi potius, quam emptori moroso tribuenda fuit, cujus loci aestima-

(1) Fab. Cod. hoc tit. lib. 4, tit. 2, d. def. 18, n. 16 et 17.
(2) arg. l. *Nulli* 7 Cod. *De erogat. militar. annon.* (12, 38).
(3) V. vol. III, lib. 3, § 3019. pag. 111.
(4) Fab. Cod. hoc tit. *Si cert. petat.* lib. 4, tit. 2, def. 2 in princ.
(5) l. *Computation* 68 ff. *Ad leg. falcid.* (35, 2).
(6) Fab. d. def. 2 in fin.
(7) l. *Si quis argentum* 35 § *sin autem* 3 versic. *In reditibus* Cod. *De donat.* (8, 54).
(8) Fab. Cod hoc tit. def. 3.
(9) d. def. 2 in not.
(10) d. l. 35 § 3 Cod. *De donat.* (8, 54).
(11) l. *Quod vero* 14 et duobus seqq. ff. *De legib.* (1, 3).
(12) Fab. Cod. hoc tit. lib. 4, tit. 2, def. 5.
(13) l. 1; l. *Certum* 6 ff. *De confessis* (42, 2).
(14) Osasc. dec. 76; Fab. Cod. hoc tit. lib. 4, tit. 2, definit. 4 in princ.
(15) l. 1 § *re contrahitur* 2 ff. *De obligat. et actionib.* (44, 7).

(1) Fab. Cod. hoc tit. d. def. 4, n. 3 et 4.
(2) d. def. 4 in fin.
(3) l. *Vinum* 22 in fin. ff. *De reb. credit.* (12, 1); l. ult. in fin. ff. hoc tit.
(4) l. *Ratio* 3 § ult in fin. ff. *De action. empti* (19, 1).
(5) l. *Ubi* 3 ff. *De reb. auctorit. judic. possid.* (42, 5); l. *Contraxisse* 21 ff *De obligat et act.* (44, 7).
(6) d. l *Vinum* 22 in fin. ff. *De reb credit.* (12, 1); d. l. ult. in fin. ff hoc tit.
(7) l. *Ratio* 3 § *si per venditorem* 3 ff. *De action. empt.* (19, 1).
(8) d. l. 3 § ult.

tionem consequi velit: qua tamen electione privandus est, atque in venditionem transferenda, si huic mora non possit imputari; sed venditori (§ praeced.).

§ 329. Subjicit jureconsultus, non oportere jus loci pretia spectari, in quo agitur, sed ejus, ubi vinum tradi oportet; *nam quod a Brundisio vinum, etsi venditio alibi facta sit, Brundisii tradi oportet* (1): quo innuit, quod dicitur de loco contractus inspiciendo (§ 327), accipiendum esse de eo casu, quo vinum in eodem loco tradendum fuerit; alioquin, ut modo diximus, contractus ibi celebratus intelligitur, ubi implementum accipere debet, licet conventio alibi facta est (§ 326).

TITULUS X.

DE LUDO ET LUSORIBUS

Instit. lib. 4, tit. 6 *De actionib.*
Digest. lib. 11, tit. 5 *De aleatoribus.*
Cod. lib. 3, tit. 43 *De aleatorib. et alear. lusu.*

SUMMARIA

§ 330 *et* 331. *Ludi alii habentur liciti, alii illiciti. Liciti sunt, in quibus ars, illiciti, in quibus sors praedominatur.* — § 332. *Victori in ludo licito praemium dari potest, dummodo non immodicum.* — § 333. *Factum, ut quis a ludo aleae abstineat, honestum est, et ratum.* — § 334 *et* 335. *Gravissime jure Romano poenae constitutae fuerunt adversus lusorem, et auxilium praebentes.* — § 336. *Venditiones in alea celebratas Romanae leges non probant.* — § 337 *et* 338. *Quid de pecunia mutuo data ab extraneo ad ludendum?* — § 339. *Quid si colludens victor aleatori victo mutuam in alea det pecuniam?* — § 340. *Quae sit hodie in foro quoad aleatores disciplina?* — 341. *An condici possit, quod ludo neutiquam probato amissum fuit? An sponte in foro conscientiae restitui debeat?* — § 342. *Quid de pecunia ludo licito amissa? De sponsoribus, qui de lusorum victoria, vel alicujus rei veritate, aut eventu certant?* — § 343. *Sponsio valere videtur, licet fiat de turpi, nisi mali ominis sit, vel continea grave periculum captandi mali exitus.* — § 344 *et* 345. *Ludus ollae, vulgo lotteria hodie frequentissimo usu probatur. Quae sint ejus conditiones?*

§ 330. Quamquam hodie apud plerosque populos non tantum sit ludi, et lusorum odium, quam apud Romanos, attamen nec indistincte probatur ludi omnes: quare de ludo, et ludi sponsionibus agere non inopportunum ducimus. Ludi apud Romanos alii habebantur liciti, alii non. Liciti sunt, in quibus ars dominatur, quorum quinque recenset species Justinianus (1): cui consentit Paulus ajens, ex Senatusconsulto permitti certare *hasta, vel pilo jaciendo, vel currendo, saliendo, luctando, pugnando, quod virtutis caussa fiat* (2).

§ 331. Illiciti vero habentur ludi, in quibus sors praedominatur, atque alae nomine generatim significantur (3); nec pro virtute certamen fit (4). Usus sortium probatus quidem fuit in rebus seriis, veluti in legato optionis relicto pluribus, qui in eligendo dissentiant (5), immo et in judiciis mixtis; in quibus vix discerni potest, quis actor, quis reus sit, veluti familiae erciscundae (6); atque ideo sorte quaestio dirimenda praecipitur (7): non tamen extra necessitatis casum per jocum, et lusum sorte abuti permissum fuit (8): unde servus alcator, non secus ac gulosus, mendax, et litigiosus animi vitio laborans habitus est (9).

§ 332. Siquti autem ludis, in quibus magis se se prodit industria, quam sors, certare honestum habitum fuit (§ 330), ita et licere debuit victori praemium proponere, seu sponsionem facere (10), vel in pecunia (11), vel in esculentis rebus, seu ad vescendum comparatis (12); dummodo in singulas commissiones, seu congressus, aut vices ultra unum solidum a ditioribus lusoribus non deponatur, a caeteris longe minus (13), ne victus gravem jacturam sustineat. Quod si amplius lusum fuerit, quod amissum est, peti non potest, immo datur repetitio, si forte solutum sit (14).

§ 333. Cum jure prohibeatur ludus alae (§ 331), sponte sequitur, valere pacta, ut ab hisce ludis quis se abstineat: puta si quis promiserit centum, si is forte alea luserit (15); cum honestissimae sint hujusmodi conventiones, quippequibus cives a rebus illicitis abstrahuntur: quamquam non valet promissio, qua quis spondeat, se centum Titio daturum, si hominem non occiderit, idest centum dari non debent, licet Titius ab homicidio abstinuerit (16); cum enim solo virtutis amore homicidii crimen vitari debeat, sine caussa praemium acciperetur (17).

(1) d. l. *Ratio* 3 § ult. ff. *De actionib. empt.* (19, 1).

(1) l. 1 et ult. Cod. hoc tit.
(2) l. *Solent* 2 § 1 ff. hoc tit.
(3) l. 1 et ult. Cod. hoc tit.
(4) l. *In quibus rebus* 3 ff. hoc tit.
(5) § *optionis* 23 in fin. Instit. *De legat.* (2, 20).
(6) l. *In tribus* 13 ff. *De judic.* (5, 1).
(7) l. *Sed cum ambo* 14 ff. eod. tit.
(8) d. l. 1 et ult. Cod. hoc tit.
(9) l. *Ob quae vitia* 4 § *item aleatores* 2 ff. *De aedil. edic.* (21, 1).
(10) d. l. *In quibus rebus* 3 ff. hoc tit.
(11) d. l. *Solent* 2 § 1 ff. hoc tit.
(12) l. ult. ff. hoc tit.
(13) l. 1 in fin.; l. ult. in med. Cod. hoc tit.
(14) d. l. 1 in fin. Cod. hoc tit.
(15) argum § ult. Instit. *De verb. oblig.* (3, 16); l. *Ex ea parte* 121 § 1 ff. eod. tit. (45, 1).
(16) l. *Juris gentium* 7 § *si ob maleficium* 3 ff. *De pact.* (2, 14).
(17) l. *Ut puta* 2 ff. *De condic. ob turp. causs.* (12, 5).

§ 334. Gravissimae Romano jure adversus aleatores, et auxilium praebentes poenae constitutae fuerunt; atque, quod ad lusores pertinet, denegata ipsis est omnis actio ad petendum, quod alea lucrati fuerint; quod immo repeti potest, si solutum fuerit, tum a lusoribus, tum ab eorum haeredibus adversus lusores, eorumque haeredes (1): quod si lusores eorumque haeredes repetere neglexerint, defensoribus civitatum, Episcopis, et Praesidibus repetendi facultas datur, in pios, vel publicos usus convertendum, quod recuperaverint, sola obstante quinquaginta annorum praescriptione (2): atque pater repetere potest, quod filiusfamilias alea perdiderit, et solverit (3).

§ 335. Severius animadversum est in eos, qui domos ad alea ludendum praebent, iis quippe omnis actio denegata fuit, si eo tempore furtum passi sint, pulsati, verberati, injuria, vel damno affecti etiam a lusoribus ipsis (4): immo etiam domus, in qua lusum alea fuerit, publicari mandatur (5): atque ita contra generales juris regulas constitutum fuit, ut, quos magistratus decretis suis continere non poterat, facilius coercerentur; nec amplius ludendi locum, et occasionem praeberent: atque illi, qui vel ab initio ad ludendum cogunt, vel victi alios retinent, pecuniaria poena, immo et corporali plectuntur (6).

§ 336. Praeterea, quia venditiones in alea celebratae periculi plenae, nec non fraudis suspectae sunt; denegata fuit actio de evictione illi, qui rem ab aleatore in alea comparaverit (7), data aleatori exceptione, qua se defendat (8): non tamen in jure prohibetur repetitio mutuae pecuniae ad ludendum datae: nisi forte quis putet, pecuniam hanc habendam esse tamquam datam in turpem caussam; prout traditur de pecunia minori perdituro mutuo data, et deinde restituta (9); vel credita meretrici ex mandato adolescentis luxuriosi: quo casu mandati actio denegatur (10).

§ 337. Non desunt sane, qui repetitionem pecuniae ad ludendum alea, seu illicitis ludis mutuo datae repetitionem probabilius dari contendunt; tum ratione, tum auctoritate legum: ratione primum, quia etsi male faciat, qui pecuniam aleae caussa mutuam dat, non tamen videtur idcirco privandus re sua; cum possit aleator pecuniam in alea non amittere, imo ex ea aliam lucrari; vel servatam in alios honestos usus impendere, adeoque saltem in hisce casibus aleator ad restituendum cogendus est, ne cum dispendio mutuantis locupletior fiat, quod non sinit aequitas (1).

(1) l. 1 et ult. Cod. hoc tit.
(2) d. l. 1 et ult. Cod. hoc tit.
(3) l. ult. § 1 ff. hoc tit.
(4) l. 1 princ. et §§ seqq. ff. hoc tit.
(5) l. ult. Cod. hoc tit.
(6) l. 1 § ult. et l. sequ. ff. hoc tit.
(7) l. *Si filiofamilias* 2 § 1 ff. *Quar. rer. act. non datur* (44, 5).
(8) l. *In exceptionibus* 19 § ult. ff. *De probat.* (22, 3).
(9) l. *Quod si minor* 24 § *restitutio* 4 ff. *De minorib.* (4. 4).
(10) l. *Si vero* 12 § *si adolescens* 11 ff. *Mandati*(17, 1).

§ 338. Romanae quoque leges huic sententiae favent. Ulpianus ex Labeone in rem domini versum tradit, quod servus mutuatus domino emi valenti ad luxuriae materiam; vel ad turpes sumptus subministravit; ratione adjecta; quia inspici non debet, *an domini cesserit, quod consumptum est, sed an in negotium domini* (2). Neque aliud probant leges supra citatae de pecunia mutuo data minori perdituro, aut meretrici ex mandato adolescentis luxuriosi (§ 336); etenim in minore aetatis infirmitas singulari huic juri caussam praebet; in altero vero casu non denegatur repetitio pecuniae, sed tantum actio mandati adversus luxuriosum adolescentem, quia mandatum de re honesta non est; quod ideo leges firmare non debent (3).

§ 339. Sed haec ita, nisi lex municipalis, aut contraria consuetudo aliud inducat, prout alicubi receptum (4). Plures quoque excipiunt pecuniam a colludente victore, sive directo, sive per interpositam personam victo aleatori mutuo datam, ita ut haec repeti non possit (5). Verum nec ratio (§ 337), nec leges (§ praec.) aliud odio colludentis mutuam pecuniam dantis probant: proinde idem jus pro eo statuendum est (6): ne turpius facere videtur colludens, quam extraneus quilibet. Optandum forte, ut publica auctoritate contractus hi fierent irriti, sed interpretes legem, quae lata non est, nili nequeunt. Sane venditionem ab aleatore in alea celebratam firmam esse ex denegata evictionis actione constat (§ 336); si enim venditio haec irrita esset, nullatenus quaeri de evictione posset.

§ 340. Quae hactenus disputavimus, ex Romano jure pendent: mitior est hodierni fori adversus aleatores disciplina: neque impune injuria fit illis, qui domos ad ludendum praebent, nec domus hae publicantur; quamquam apud nos olim gravis trecentorum aureorum mulcta indicta erat, tum illis, qui ludis prohibitis operam darent, tum qui domum hisce lusoribus dolo praeberent (7).

§ 341. Quae in ludo prohibito, vel tolerato tantum non permisso, amissa sunt, exigi nequeunt (8); sed solutum condici vix potest;

(1) l. *Nam hoc natura* 14 ff. *De condic. indeb.* (12. 6).
(2) l. *Quod si servus* 3 § *nec non illud* 6 ff. *De in rem verso* (15. 3); V. supra § 251.
(3) l. *Si remunerandi* 6 § *rei turpis* 3 ff. *Mandat.* (17, 1).
(4) Voet in ff. hoc tit. n. 5 in princ.
(5) d. n. 5.
(6) l. *Illud quaesitum* 32 ff. *Ad leg. aquil.* (9. 2).
(7) Edict. Carol. Emmanuel. l. 22 januar. 1585 pen. Boref. pag. 739. column. 1.
(8) Voet in ff. hoc tit. n. 6; Perez. in Cod. hoc tit. n. 7; Thesaur. *Quaest. forens.* lib 4. quaest. 19. n 8: ubi tamen, quia victor prius amiserat in eodem ludo, data est amissi repetitio.

saltem si non immodicum, personarum, et rerum adjunctis pensatis sit, quod amissum, et solutum fuit (1): atque idem dicendum de iis, qui ad creditum ludunt: licet autem repeti possit, quod ludo illicito, amissum et solutum fuit, qui tamen lucratus est, non tenetur, si quibusdam credimus, sponte restituere, nisi malis artibus acquisitum fuerit (2); quia lex contractum non irritat, nec prohibet dominium a ludente acquiri, sed in poenam actus prohibiti concedit victo repetitionem, in poenam et odium victoris; poenam autem nemo sua sponte solvere tenetur, etiam in foro conscientiae.

§ 342. Quod ludo licito amittitur, solutum repeti non potest, immo ex usu honestiorum virorum solvi debet, si modicum sit, quale reputatur, *quod inter ludentes uno tantum pastu consumi valet* (3). Fidejussores lusorum non ultra tenentur, quam lusores ipsi, quorum obligationi firmandae accedunt (4): sponsores vero, qui de lusorum victoria certant, eodem jure regi debent, ac lusores ipsi (5). Aliud profecto dicendum de sponsionibus, quae fiunt de alicujus rei veritate, vel eventu; contendentes sibi invicem aliquid spondent dandum illi, qui veritatem fuerit assecutus, vel pro quo stabit eventus; conventiones istae in jure probantur (6), et merito, cum nullam contineant turpitudinem, dummodo neuter certus sit de rei veritate, vel eventu, licet periculum omnino aequale non sit utrinque, puta quia probabilior sit unus casus quam alter (7); modicum discrimen non inspicitur, utique maximum, ut aequalitas inter contrahentes servetur.

§ 343. Sunt, qui putant, non valent sponsionem de re, aut conditione turpi, vel inhonesta (8); alii tamen eandem probant, nisi mali ominis sit; vel contineat grave periculum captandi mali exitus ea, de quibus fit sponsio: quo fundamento publice improbanda est sponsio de morte Principis: atque alicubi rata non habetur sponsio super successu patriae victoria, aut urbis obsessae deditione; propterea, quod detur occasio arcana hostibus prodendi, ob quae sperata victoria e manibus elabatur (9).

§ 344. Huc quoque pertinet *ludus ollae*, ut quidam dicunt, vulgo *lotteria*, seu conventio multorum aliquid in commune ferentium, sorte deinceps dirimendum, quis vincere debeat. Ludus hic hodie unanimi populorum fere omnium

(1) Perez in Cod. hoc tit. d. n. 7.
(2) Ibid n. 6.
(3) Decret. Amedei VII, junii 1430 apud Borel. pag. 738, col. 2.
(4) argum. l. *Si mulier* 16 § 1; l. ult. § 1 ff. *Ad Senatuscons. Vellejan.* (16, 1).
(5) Voet in ff. hoc tit. n. 8 et 9.
(6) l. *Si gratuitam* 17 § ult. ff. *De praescript. verb.* (19, 5)
(7) Perez. in Cod. hoc tit. n. 9 in princ.
(8) Ibid. n. 10.
(9) Perez. d. n. ult.; Thes. lib. 2 quaest. 19, n. 3; †; ubi de sponsione super sententia certo modo ferenda.

consensu probatus est, et usu frequentissimus maxime in favorem pauperum: atque considerari potest tamquam contractus emptionis, quo certa pecunia emitur jus sorte praemium acquirendi, perinde ac si jactus retis ematur (1). Cavendum sane, ne, prout saepe fit, illi, qui ludum hunc in propriam utilitatem instituunt, merces a lusoribus acquirendas immodico aestiment pretio; quippequod et hic justum esse debet, non secus ac in aliis emptionibus (2).

§ 345. Quod spectat hujusce ludi conditiones, certa regula tradi non potest, cum diversae esse possint, et diversi modi, quibus sorte vincatur; solemnitates, prout publice propositae sunt, adamussim, quoad fieri potest, servari debent, non tamen ex omissa, vel aliquantisper immutata levioris momenti solemnitate nullus tamen fit actus: sed secernenda solemnia, quae ad substantiam actus pertinent, puta quae respiciunt modum faciendae sortitionis ab aliis, quae de accidentibus sunt: forma ex trito axiomate dat esse rei (3); eaque immutata, res ipsa corruit (4): sed non idem est de accidentibus, sine quibus negotium consistit.

TITOLO XI.

DE EXERCITORIA ACTIONE

Instit. lib. 4, tit. 7 *Quod cum eo qui in alien. potest etc.*
Digest. lib 14, tit. 1 *De exercitoria action.*
Cod. lib. 4, tit. 25 *De institor. et exercit. action.*

SUMMARIA

§ 346. *Quae sint actiones summatim hoc loco expendendae?* — § 347. *Exercitor navis ille est, ad quem quotidianus navis quaestus pertinet, sive dominus sit, sive conductor.* — § 348. *Magister navis dicitur, cui incumbit cura quotidiana navis, quid de promagistro, seu submagistro?* — § 349. *Magister navis censetur habere mandatum contrahendi de re cui praepositus est.* — § 350. *Exercitoria actio competit ei, qui contraxit cum magistro navis, licet is unus sit ex navis exercitoribus.* — § 351. *Ex contractu magistri in solidum agi potest adversus plures exercitores. Quid si singuli per se navem exerceant?* — § 352 et 353. *Magister navis ampliorem hodiernis moribus facultatem habet, quam apud Romanos haberet.* — § 354. *Exercitor navis an teneatur, si magister in suos usus convertit, vel perdiderit, quod navis caussa comparaverat?* — § 355. *Exercitor navis tenetur de facto magistri, qui in officio deliquerit.* — § 356. Quid

(1) l. *Nec emptio* 8 § 1 ff. *De contrahend. emption.* (18, 1).
(2) l. *Rem majoris* 2 Cod. *De rescind. vendit.* (4, 44).
(3) l. *Cum hi, quibus* 8 § *si praetor* 17 ff. *De transact.* (2, 15).
(4) l. *Julianus* 9 § *sed si quis* 3 ff. *Ad exhibend.* (10, 4).

si magister illicitas merces in navi imposuerit, vel piraticam exercuerit? — § 357. *Qui cum magistro navis contraxerunt, adversus eundem agere possunt. An exercitor possit convenire eos, qui contraxerunt cum magistro navis suae?* — § 358. *Cur de institoria actione non statim agamus?*

§ 346. Post condictiones, a quibus paullisper recessisse videri possumus, ut de ludo, et lusoribus tractaremus, in Pandectis agitur de constituta pecunia, commodato et pignoratitia actione: constitutum hodie a fidejussione non differt: de commodato et pignoribus diximus, servato institutionem ordine. Quare breviter explicandae sunt diversae actionum species, quae titulos habent tum in Pandectis, tum in Codice, et summatim commemorantur a Justiniano (1), nimirum exercitoria, institoria, tributoria, quod jussu, de peculio, de in rem verso.

§ 347. Exercitor navis ille est, qui navem exercet, et ad quem quotidianus navis quaestus pertinet (2): sive is dominus navis sit, sive eam conduxerit, aversione, idest una mercede, sive ad tempus, vel in perpetuum (3). Navem omnes exercere possunt, quemadmodum alio modo negotiari: nisi speciatim prohibeantur; prout vetitum fuit praesidi, et procuratori Caesaris navem aedificare, aut habere: adeoque et exercere in ea provincia, quam regunt (4): atque senatoribus (5).

§ 348. In navibus exercendis cura quotidiana totius navis alicui committi solet, atque hic navis *magister* appellatur (6); immo et substitutus a magistro navis vicarius, promagister, vel submagister vulgo appellatus, magistri nomine etiam in jure donatur (7). Nec refert, utrum paterfamilias sit, an filiusfamilias, pubes, an impubes: sibi imputet navis exercitor, qui eum praeposuit (8): an extraneus, an dominus, seu exercitor ex parte navis (9); cum immo consultius videatur magistrum eligere eum, ad quem pars quaestus spectat, ut negotia diligentius administret.

§ 349. Cum ergo cura totius navis ex voluntate exercitoris magistro demandata sit (§ praeced.), mandatum quoque habere censetur contrahendi de ea re, seu ejus rei gratia, cui praepositus est; adeoque praeponentem ex mandato obligat, si contrahat (10); eoque nomine inducta est a praetore actio *exercitoria*, seu actio personalis competens illis, qui contraxerunt cum magistro navis (1), vel ejus vicario, licet ignorante, immo et prohibente exercitore hic electus fuerit; quod ob navigantium indemnitatem et faciliorem commercii usum receptum fuit.

§ 350. Neque denegatur exercitoria actio ei, qui cum navis magistro contraxit, licet is unus sit ex navis exercitoribus (2); duplicem ex duplici negotio personam sustinere potest: idem dicendum, si magister contrahentis filius, vel servus sit; etenim exercitoris potius, quam magistri, alieno jure, et nomine contrahentis, persona inspicitur (3): non tamen sufficit, ut exercitoria actio competat, contrahere cum nautis; hi enim mandatum ab exercitore non habent (4).

§ 351. Datur haec actio adversus exercitorem (5): quod si plures sint, Romanis prudentibus placuit, adversus singulos ex contractu magistri actionem in solidum dandam esse (6), *ne in plures adversarios*, subjicit Gajus, *distringatur, qui cum uno* (magistro) *contraxit* (7): ita ut solvens a caeteris judicio societatis partes repetiturus sit (8); atque idem traditur de eo casu, quo servus plurium ex omnium voluntate navem exerceat (9). Quod si singuli per se sine magistro navem exerceant, pro portionibus tantum suis tenentur; quia invicem magistri non censentur (10).

§ 352. Diximus, magistro navis intelligi datum mandatum contrahendi de rebus, quae ad navis quaestum pertinent (§ 349). Amplius hodiernis moribus concessum tradunt auctores: apud nos viget negotiatio nautica, ita ut magister possit, necessitate impellente, mutuam pecuniam accipere in usus navigationis, indeque navem obliget pignori navigaturam deinceps periculo mutuantis: immo et, deficiente mutui accipiendi facultate, distrahere funes, et alia instrumenta navis minus necessaria, ut alium navis apparatum magis idoneum compararet; atque demum, his etiam deficientibus, merces ipsas navigio vectas pro parte vendere, quarum aestimatio praestanda sit, perinde ac si navis levandae caussa urgente tempestate in mare jactae fuissent (11).

§ 353. Magister navis vi officii sui potest, ut jam innuimus (§ 349), res necessarias, vel utiles ad navigandum emere, reficiendae navis caussa impendere; atque pecuniam mutuam ad hoc accipere, nautis mercedem solvere (12): nisi forte exercitor magistrum ad unam dumtaxat, vel

(1) § *eadem ratione* 2 Instit. hoc tit.
(2) Ibid.
(3) l. 1 § *exercitorem* 15 ff. hoc tit.
(4) l. *Aufertur* 46 § *quod a praeside* 2 ff. *De jure fisci* (49. 14).
(5) l. *His, qui naves* 3 ff. *De vacat. et excusat. muner.* (50. 5).
(6) l. 1 § 1 ff. hoc tit.
(7) d. l. 1 § *magistrum* 5.
(8) d. l. 1 § *cujus autem* 4.
(9) l. *Si tamen* 4 § 1 ff. hoc tit.
(10) l. 1 § *sed si* 2 in fin. ff. hoc tit.; § ult. Inst. hoc tit.

(1) d. l. 1 § *magistrum autem* 5 ff. hoc tit.
(2) l. *Si eum* 5 § ult. ff. hoc tit.
(3) d. l. 5 in princ. ff. hoc tit.
(4) l. 1 § *sed si, cum* 2 ff. hoc tit.
(5) l. 1 § penult. ff. hoc tit.
(6) l. 1 § ult. ff. hoc tit.
(7) l. *Ne in plures* 2 ff. hoc tit.
(8) l. *Nec quicquam* 3 ff. hoc tit.
(9) l. *Si tamen* 4 § *sed si servus* 2 ff. hoc tit.
(10) d. l. 4 in princ. ff. hoc tit.
(11) Voet in ff. hoc tit. n. 3 post alios.
(12) l. 1 § *non autem* 7 et seqq. ff. hoc tit.

aliam rem navi praeposuerit (1). Quod si plures magistri sint conjunctim praepositi, ex unius contractu tenetur exercitor (2); nisi ab initio id constitutum sit, ne alter sine altero quidquam gerat (3).

§ 354. Si magister, quod navis caussa comparavit, deinde, mutato consilio, in suos usus converterit, aut perdiderit, exercitoris periculum non aliter esse censuit Ulpianus, praeterquam si expressum fuerit, ad navis caussam accipi (4). Apud suos tamen receptum tradit Voet, id unum requiri, ut quis sciens illum magistrum esse, ei, qua tali, bona fide crediderit in usus negotiationis, nulla supina ignorantia laborans (5): maxime quia Romanis placuit, exercitorem teneri, si in pretiis rerum emptarum magister fefellerit creditorem (6): nihil autem differt unus casus ab altero; atque in utroque imputandum potuit exercitori, cur talem magistrum praeposuerit.

§ 355. Delicti a magistro navis admissi non eadem ratio est odio exercitoris: atque interest, utrum deliquerit in ipso officio, an extra illud. Si in officio deliquerit, tenetur: veluti si data opera, vel culpa, aut imperitia, quae culpae adnumeratur in eo, qui artem profitetur (7), in navigium alienum impegerit suum, merces ad transvehendum datas corruperit, aut surripuerit (8): ex caeteris vero magistri delictis exercitor innoxius non tenetur, nisi quatenus locupletior forte factus fuerit (9).

§ 356. Hinc tradit Paulus, navim fisco vindicari, si dominus navis, aut vectores illicite aliquod in navi imposuerint: quod si, absente domino, id a magistro, vel gubernatore, aut proreta, vel nauta factum sit, hos quidem puniri mercium amissione, navem vero domino restituendam esse (10). Unde nec exercitores teneri, si magister piraticam exercuerit, judicatum refert Grotius (11). Quo fundamento responsum, non teneri principes, aut respublicas ad reparationem damni, quod amicis et foederatis intulerint cives, quibus concessum fuerit, ut mari praedam in hostes agant; sed tantum ad delinquentes puniendos (12).

§ 357. Creditoribus, qui cum magistro navis contraxerunt, non exercitoria tantum actio adversus dominum competit, sed et mandati, quod habere intelligitur magister (§ 349): atque etiam possunt agere adversus magistrum (1): non tamen vicissim permittere placuit exercitori, ut agat adversus eos, qui cum magistro contraxerunt, nisi in subsidium, si forte nequeat a magistro consequi, quod sibi ex navis suae exercitio debitum est (2), prout traditur de institoria actione (3).

§ 358. Post exercitoriam actionem commodus est agendi locus de actione institoria. Verum, quia etiam scire praestat, quid de mercibus in mare projectis jus sit, pauca de his dicere opportunum duximus, prout in Pandectis factum est: quibus expositis, institoriae actionis indolem, vim, atque effectus explicabimus.

TITULUS XII.

AD LEGEM RHODIAM DE JACTU

Instit. lib. 4, tit. 6 *De actionib.*
Digest. lib. 14, tit. 2 *Ad leg. Rhod. de jact.*

SUMMARIA

§ 359. *Quae sit sententia legis a Rhodiensibus de jactu lata?* — § 360. *Obligatio contribuendi pro mercibus jactis descendit ex lucro, quod sentiunt illi, quorum merces projectae non fuerunt.* — § 361. *Quae sint de hac re sigillatim expendenda?* — § 362. *Jactui quae aequiparentur, quod ad contributionem pertinet?* — § 363. *Quid si armamenta navis dejiciantur, vel caedantur, communis periculi advertendi caussa?* — § 364. *Mercedes datae locatoribus scapharum onerarium per contributionem resarciendae sunt. Quid si navis consulto in litus impulsa fuerit?* — § 365. *Damna casu mercibus aliquibus data resarcire non tenentur alii.* — § 366. *Contributioni locus non fit, si, mercibus jactis, navis alio loco perierit, et simul cum ea merces omnes.* — § 367 et 368. *Damnum jactu datum reparare tenetur omnes, quorum res hinc salvae factae sunt, nec non navis dominus. An et mercium jactarum domini?* — § 369 et 370. *Contributioni ex jactu subsunt res omnes, licet parvi ponderis; exceptis vestibus quotidianis, quibus induti sunt navigantes. Quid de rebus ad consumendum navigio impositis?* — § 371 et 372. *An pecunia, sive jacta, sive salva sit, in contributionem veniat, et quatenus?* — § 373 et 374. *Jactae res ex jure Romano aestimantur, quanti emptae fuerunt: salvae quanti vendi possunt in loco, ad quem destinatae, et delatae sunt. An haec aestimandi ratio hodie servetur?* — § 375. *Pecunia et merces pretiosiores arcis inclusae ex forma extrinseca arcae aestimantur, si jactae fuerint.* — § 376. *Contri-*

(1) d. l. 1 § *igitur praepositio* 12.
(2) d. l. 1 § *si plures* 13 ff. hoc tit.
(3) d. l. 1 § *sed et si sic* 14 ff. hoc tit.
(4) l. 1 § *unde quaerit* 9; l. ult. ff. hoc tit.
(5) Voet in ff. hoc tit. n. 6 in medio.
(6) l. 1 § *sed et, si* 10 ff. hoc tit.
(7) l. *Si quis domum* 9 § penult.; l. *Si merces* 25 § *qui columnam* 7 ff. *Locati* (19, 2).
(8) § ult. Instit. *De obligat. quae quasi ex delic.* (4, 5).
(9) argum. l. *Dolus* 3; junct. l. seq. ff. *Quand. ex fac. tutor.* (26, 9).
(10) l. *Cotem* 11 § *dominus* 2 ff. *De Publican.* (39, 4).
(11) Voet in ff. hoc tit. n. 7 in med.
(12) d. n. 7 prop. fin.

(1) § ult. Instit. hoc tit.
(2) l. 1 § *sed ex contrario* 18 ff. hoc tit.
(3) l. 1 in fin. et l. seq. ff. *De institor. action.* (14, 3).

butioni ob jactum locus non est, si merces servatae casu, quocumque perierint. — § 377. *Quo juris remedio domini mercium jactarum contributionem obtinere possint?* — § 378. *Quo tempore duret actio ad contributionem postulandam?* — § 379 *et* 380. *An contributio fieri debeat propter incendium, cujus avertendi caussa quaedam aedes dejectae sint?*

§ 359. Cum Rhodienses insulani peritia navigandi, et legum nauticarum aequitate olim praecelluerint, Romanis placuit inter eas probare potissimum legem, quae de jactu agit (1); qua cautum, *ut si, levandae navis gratia, jactus mercium factus est, omnium contributione sarciatur* (videlicet damnum), *quod pro omnibus datum est* (2); etenim, prout scite subjicit Paulus, *aequissimum est, commune detrimentum fieri eorum, qui propter amissas res aliorum consecuti sunt, ut merces suas salvas haberent* (3).

§ 360. Cum obligatio contribuendi descendat ex emolumento, quod percipiunt alii, quorum merces projectae non fuerunt, sponte sequitur, eam cessare, si aliae merces salvae factae non sint (4). Non tamen interest, utrum consentientibus, an invitis mercium dominis jactus factus sit, si modo sociorum nauticorum judicio jactus necessarius esset; tum quia nullibi distinguunt leges; tum quia legis ratio (§ praeced.) utrique casui aeque accommodatur; ut proinde idem jus statuendum sit (5).

§ 361. Sed, ut plene intelligantur, quae ad hanc rem pertinent, investigandum est. 1. Quid veniat jactus nomine, seu potius quae jactui aequiparentur. 2. Qui contribuere teneantur. 3. Propter quas res contributio, seu collatio fiat. 4. Quomodo ea facienda sit. 5. Quo juris remedio obtineri possit. 6. Intra quod tempus contributio petenda. Postremo breviter expendemus, an jus de jactu mercium extendi debeat ad incendia aedium.

§ 362. Imprimis jactui aequiparatur, idest damnum uni datum ab aliis pro parte reficiendum est, si occasione jactus aliae merces detectae, atque inde aspersione aquae corruptae fuerint (6): vel si exonerandae aquae gratia fiat apertura in navi, cujus occasione merces aqua aspergantur: vel si merces in scapham conjiciuntur, ut navis exonerata facilius ad portum appellat, et scapha perierit (7).

§ 363. Idem jus servandum traditur, si armamenta navis, puta anchorae, mali, antennae dejiciantur, vel caedantur communis periculi avertendi caussa (1), saltem si haec facta sint navigantium, aut sociorum navalium voluntate (2): non si navis violentia tempestatis damnum passa fuerit, tum instaurata onus pertulerit ad locum destinatum (3). Quid, si redimendae navis caussa quaedam merces piratis datae fuerint, juris sit, exponit jureconsultus (4).

§ 364. Rasarciendae quoque per contributionem mercedes datae locatoribus scapharum onerariarum, ut navis, periculi avertendi caussa, mercibus exoneraretur: nec non navis pretium, si haec consulto in litus impulsa fuerit, communi petitorum consilio, ut merces salvae fiant. Huc quoque referuntur tributa, seu vectigalia pro exportatione mercium praestanda; juxta locorum consuetudines, quae non ubique eaedem sunt; ideoque speciatim consulendae (5).

§ 365. Sed per contributionem non reficiuntur damna mercibus aspersione aquae, non jactus occasione, illata: puta navi per maris quassationem rimosa facta (6): vel si aliter sine culpa magistri, aut eorum, quorum opera utitur, corruptae sint merces (7): nec si navis vi tempestatis exarmata sit (8); aut merces a piratis, vel latronibus ereptae (9).

§ 366. Neque etiam superest contributioni locus, si post mercium jactum navis alia loco perierit (10); non enim duplici damno gravari debent illi, qui merces post jactum cum navi amiserunt. Si tamen ex navi, quae periit, merces quaedam eductae sint, contributio ex his facienda est, saltem si appareat, navem sine jactu eo in loco perituram fuisse, ubi nihil educi potuisset (11); plane contributio minuitur, si ex mercibus jactis quaedam deinde serventur, vel per urinatores educantur (12). Cum autem navis post jactum periit, merces primitus jactae dominis suis, plene cedunt sine contributionis onere, si forte educantur; quia merces, quae in nave perierunt, non perierunt pro jactarum conservatione (13).

§ 367. Ad damni per jactum dati reparationem contribuere tenentur omnes, quorum res inde salvae factae sunt, atque ipse etiam navis dominus (14): immo et domini mercium jactarum eatenus conferunt, quatenus pro rata tanto minus accipiunt, quantum caeteri per contributionem praestant; ipsorum quoque interest jactas fuisse suas merces, quatenus jactae in sui pretio, quod ab aliis confertur, salvae sunt: atque hinc

(1) l. *Deprecatio* 9 ff. hoc tit.
(2) l. 1 ff. hoc tit.
(3) l. *Si laborante* 2 in fin. princ. ff. hoc tit.
(4) d. l. *Si, laborante* 2 § *portio autem* 4 ff. hoc tit.
(5) l. *Illud quaesitum* 32 ff. *Ad leg. Aquil.* (9, 2).
(6) l. *Navis onustae* 4 § ult. ff. hoc tit.
(7) d. l. 4 in princ.

(1) l. *Cum arbor* 3; l. *Amissae* 5 § 1 ff. hoc tit.
(2) l. *Si, laborante* 2 § 1 ff. hoc tit.
(3) d. l. 5 in princ. cum duabus seqq. ff. hoc tit.
(4) d. l. 2 § *si navis* 3 ff. hoc tit.
(5) V. Voet in ff. hoc tit. n. 6, 7 et 8.
(6) l. *Navis onustae* 4 § ult.; l. ult. § 1 in fin. ff. hoc tit.
(7) argum. l. *Si, laborante* 2 § *servorum* 5 ff. hoc tit.
(8) l. *Amissae* 5 et seq. ff. hoc tit.
(9) d. l. 2 § *si navis* 3 ff. hoc tit.
(10) l. *Navis onustae* 4 in princ. ff. hoc tit.
(11) d. l. 4 § 1 ff. hoc tit.
(12) l. *Si, laborante* 2 § penult. ff. hoc tit.
(13) d. l. 4 § 1 in fin. ff. hoc tit.
(14) l. *Si, laborante* 2 § *cum in eadem* 2 ff. hoc tit.

ad collationem teneri dicuntur illi, quorum merces ex caussa jactus aspersione aquae corruptae fuerunt (1), quibus sane damnum resarciendum est (§ 362).

§ 368. Si ergo fingamus, merces jactas centum valere, et merces, quae salvae hinc factae sunt, valere tercenta, mercium harum domini nonnisi septuaginta quinque conferre tenentur, atque ita proportio servatur inter omnes mercium dominos, tum projectarum, tum in navi retentarum; alioquin, si diceremus, centum ab his conferenda esse, melior esset conditio jacientis, quam aliorum; quod ab aequitate alienum est.

§ 369. Propter, res omnes, quae ex aliarum jactu salvae factae sunt, collatio praecipitur, sive magni ponderis sint, sive leves puta annuli, gemmae, vestes (2); quia verum est, has quoque salvas factas fuisse ex jactu aliarum, ut proinde commune detrimentum esse debeat (3): quamquam usu a contributione exemptae sunt vestes quotidianae, quibus induti sunt navigantes (4); forte quia non videantur distingui a personis, quae collationi non subsunt (5), ut mox dicemus.

§ 370. Ab onere collationis excipiuntur solae res ad consumendum navigio impositae; hac nimirum ratione, quod si quando haec deficerent in navigatione longiore fortassis tempore protracta, quam praesumeretur, in commune conferri deberent (6): adeoque velut communia omnium, non singulorum propria considerantur, atque servata in communem omnium navigantium utilitatem. Liberorum hominum navi vectorum nulla aestimatio est, adeoque nec fit contributioni locus (7): usu tamen receptum tradunt rei nauticae scriptores, ut sociorum nauticorum, qui in defensione navis adversus piratas, aut in removendis, periculi avertendi caussa, armamentis, sepultura, si perempti sint, communibus omnium, qui navis et mercium domini sunt, impensis fiat; mutilatis vero praestetur, boni viri arbitrio, aestimatio operarum quibus carituri sunt (8).

§ 371. Gravis est quaestio, quatenus pecunia, sive jacta, sive salva in contributionem veniat. Pro hac quoque contribuendum esse, nulla solida ratione negari potest; quo enim fundamento pecuniam ab onere collationis eximemus, cum annuli, et gemmae ei subsint, ut modo diximus (§ 369)? Sane et per jactum pecuniae res retentae salvae fiunt, et pecunia per aliarum jactum salva est: quare collatio in ea, et pro ea locum habere debet (d. § 369).

§ 372. Difficultas est de modo aestimationis faciendae, cum pecunia, si strictam juris rationem inspiciamus, omnia quidem aestimet, non tamen aestimetur (1). Verum, quia externus pecuniae valor a voluntate principum pendet; nec ubique idem est, recte placuit, inspiciendum esse intrinsecum illius valorem, cum de contributione ob jactum agitur, idest ratione habita materiae aureae, argenteae vel aeneae, ex qua conflata est (2).

§ 373. Aestimandae sint, uti jam innuimus (§ 368), in contributione merces tum jactae tum in navi retentae: atque ex juris Romani praescripto jactae aestimantur, quanti emptae fuerunt, salvae, quanti vendi possunt in loco, ad quem destinatae, et delatae sunt, sive majore, sive minore ibi sint pretio (3); ita enim fit, ut domini mercium, quae jactae fuerunt participes sint lucri, quod ex salvis acquiritur; atque compensationem habeant emolumenti, quod in rebus suis amiserunt. Quare perfecta servatur aequalitas, dum parem lucri, et damni partem habent, tum qui navis levandae, et communis periculi avertendi caussa merces suas projecerunt, tum qui suas conservarunt ex alienarum jactu.

§ 374. Alia passim hodie recepta computandi, seu aestimandi ratio, quae tamen parum a juris Romani computatione distat: videlicet aestimantur res tum jactae, tum salvae, quanti vendi possunt in loco, ad quem salvae appulerunt; deducto naulo, tributis, caeterisque impensis adhuc praestandis pro mercibus, quae salvae factae sunt: superaddito navis servatae pretio, vel integro naulo (quod tamen regulariter non solvitur pro jactis mercibus, si jactae fuerint, antequam dimidia itineris pars absoluta sit), si forte plus sit in naulo debito, quam navis pretio; idque arbitrio eorum, quorum merces vectae fuerunt (4). Sed haec pendent a singularibus cujusque populi legibus, quas ideo, si casus contingerit, consulere oportet.

§ 375. Notandum tamen, nec pecuniae, nec mercium pretiosiorum, quae jactae sint, rationem haberi, nisi quatenus ex forma extrinseca arcae, aut cistae, in qua inclusae sunt, apparet; nec enim divinare potest magister navis, quae in his contineantur; aut projecturus fuisset res pretiosiores, cum minori damno periculum averti potuisset. Quare magister navis vel initio navigationis, vel antequam projiciantur, admonendus est. Sane, si constet, merces pretiosas, licet vilibus inclusas arcis, salvas factas fuisse, contributionem pro rata valoris faciendam esse, suadet aequitas; atque ex dictis abunde constat.

§ 376. Caeterum contributioni locus non est,

(1) d. l. *Navis onustae* 4 § ult. ff. hoc tit.
(2) l. *Si, laborante* 2 § *cum in eadem* 2 in fin. ff. hoc tit.
(3) d. l. 2 in fin. princ.
(4) Voet in ff. hoc tit. n. 14 in princ.
(5) d. l. 2 § 2 in med. ff. hoc tit.
(6) d. l. *Si, laborante* 2 § *cum in ead.* 2 in fin. ff hoc tit.
(7) d. l. 2 § 2 in med.
(8) Voet in ff. hoc tit. n. 5 p. op. fin.

(1) l. *Si ita fidejussorem* 42 ff. *De fidejussorib.* (46, 1).
(2) Voet in ff. hoc tit n. 17.
(3) l. *Si, laborante* 2 § *portio autem* 4 ff. hoc tit.
(4) Grotius *Manduction ad jurisprud. Hollandiae* lib. 3, cap. 29, n. 14 ad 16.

nisi merces prius ex aliarum jactu servatae ad destinatum locum perveniant: propterea si post jactum casu quocumque perierint, puta vinum effluxerit, servi mortui sint, nulla fieri potest aestimatio contributionis caussa (1); interitus superveniens demonstrat, jactum non profuisse, cessante autem emolumento, cessat contribuendi obligatio, quae illo nititur (2).

§ 377. Si quaeratur, quo juris remedio domini mercium jactarum indemnitatem, seu contributionem obtinere possint ab illis, quorum merces inde salvae factae sunt, respondemus, Romanis legibus nullam illis datam fuisse actionem adversus istos; sed agere debere adversus magistrum navis actione locati, conducti, vel in factum, seu praescriptis verbis, ut ipse ab his contributionem exigat, vel per mercium retentionem, vel modo commemoratis actionibus (3). Si tamen magister navis paratus sit mercium jactarum dominis merces suas cedere, audiendus est; tum quia cujusque ex vectoribus facultates executere non tenetur, nec ideo detrimentum pati debet, si aliqui minus idonei solvendo sint (4); tum quia ita vitantur circuitus inanes (5), immo noxii tum magistro, tum dominis mercium, quae per jactum perierunt, ob sumptus plurium actionum instituendarum.

§ 378. Actio jactarum mercium dominis ad contributionem postulandum, si quaestio ex Romanarum legum praescripto dijudicetur, triginta annis, caeterarum personalium exemplo (6), durare debet. Verum ad vitanda incommoda, quae ex tanto temporis cursu facile orirentur, potissimum in aestimandis rebus, tum quae perierunt, tum quae salvae factae sunt, brevius apud plerasque gentes tempus praescriptum est, intra quod haec actio concludatur, veluti anni, biennii, vel triennii (7).

§ 379. Quaerunt hac occasione interpretes, utrum dejectis aedibus, ne latius serpat ortum incendium, qui vicinas aedes habent, teneantur dominis dejectarum ad contributionem, seu damni pro parte reparationem. Affirmant aliqui, ea moti ratione, quod ex dejectione aedium salvae factae sint aliae in vicinia positae; adeoque commune omnium debeat esse detrimentum pro dejectis (8).

§ 380. Alii congruentius negant, non tantum, quia deficit lex, sed potissimum, quia deest legis ratio; etenim, cum navis levandae caussa merces aliquae in mare jaciuntur, aequale omnibus periculum imminet: proinde aequum non est, ut unus potius, quam alter per jactum merces suas amittat: atque inde consultum est, ut damnum mercium jactarum ex parte sarciant alii, qui suas inde salvas habent (1): aliud est de incendio; quippe domus, quae dejicitur, incendio aeque destrueretur; adeoque damnum non patitur, ut aliae serventur: praeterquamquod vicinas aedes habentibus aequale non imminet periculum, sed gravius vicinioribus, quam longius dissitis. Facilius consulendum domino dirutarum aedium, si ignis ad eas nondum pervenerit, atque dejiciantur, ne et aliae in vicina positae incendio absumantur (2).

(1) l. *Si, laborante* 2 § *servorum* 5 ff. hoc tit.
(2) d. l. 2 in fin. princ.
(3) l. *Si, laborante* 2 in princ. ff. hoc tit.; l. 1 § 1 ff. *De praescr. verb.* (19, 5).
(4) d. l. 2 § *si quis ex vectoribus*. 6.
(5) l. *Dominus* 53 ff. *De condict. indebit.* (12, 6).
(6) l. *Sicut in rem* 3 Cod. *De praescript. XXX vel XL annor.* (7, 39).
(7) Voet in ff. hoc tit. n. 11 prop. fin.
(8) argum. l. *Si, laborante* 2 in fin. princ. ff. hoc tit.

TITULUS XIII.

DE INSTITORIA ACTIONE

Instit. lib. 4, tit. 7 *Quod cum eo, qui in alien. potest. est etc.*
Digest. lib. 14, tit. 3 *De institor. action.*
Cod. lib. 4, tit. 25 *De instit. et exercit. action.*

SUMMARIA

§ 381. *Institor dicitur, qui negotio cuicumque praeficitur.* — § 382. *Quae sint de institoria actione explicanda?* — § 383. *Institorem praeponere possunt etiam administratores alienarum rerum, atque praeponi utriusque sexus personae, etiam pupilli.* — § 384 *et* 385. *Institoria actio competit adversus praeponentem ex contractu institoris. Quid si pupillus institorem elegerit?* — § 386 *et* 387. *Utrum possit in solidum agi adversus plures ejusdem institoris praeponentes? An praeponens liberetur, cedendo quidquid institoris fidei credidit?* — § 388. *Institoris contractus, nec non delicta aliquando praestat dominus.* — § 389 *et* 390. *An institor vendere possit, fide de pretio habita, et an ita vendens dominia rerum transferat?* — § 391. *Institoria actione petitur implementum contractus ab institore intra mandati fines initi de rebus, quibus praepositus fuit.* — § 392. *Institor an recte contrahat post mortem praeponentis?* — § 393. *Institoria contrahenti actio denegatur, si praeponens mandatum publice revocaverit.* — § 394. *Institor ipse durante officio conveniri potest.* — § 395. *Praeponens directo agere potest adversus eos, qui cum institore contraxerunt.* — § 396. *Actio directa praeponenti competit adversus institorem, contraria huic adversus praeponentem. Quo utraque tendat?*

§ 381. Institor inde appellatus, prout tradit Ulpianus, quod negotio gerendo instet (3), seu

(1) l. 1; l. 2 in fine princ. ff. hoc tit.
(2) l. *Si alius* 7 § *est et alio* 4 ff. *Quod. vi aut clam* (43, 24).
(3) l. *Institor* 3 ff. hoc tit.

praepositus sit, est quisquis cuicumque negotio praeficitur (1), sive in taberna exerceatur, sive alibi (2); nec enim, scite Paulus, mutat caussam actionis locus vendendi (3). Quare institoris loco habentur, qui pecuniis foenerandis, agris colendis (4), pecuniis accipiendis (5), rebus cujuscumque generis vendendis praeponuntur (6), puta vestibus, et rebus lintealiis circumferendis, vulgo circitores dicti (7): nec non muliones (8), et his similes (9).

§ 382. De actione institoria expendendum: 1. Qui possint institorem praeponere et quos praeponere liceat; 2. Adversus quos actio institoria exerceatur; 3. Ex quibus institoris factis praeponens obligetur; 4. Quid per institoriam actionem petatur; 5. Quibus casibus cesset; 6. Inquiremus, an institor ipse conveniri possit. Postremo pauca dicemus de actionibus praeponenti adversus institorem, et vicissim institori adversus praeponentem competentibus.

§ 383. Non tantum dominus, sed et procurator, cui bonorum administratio credita sit, tutores, curatores institorem praeponere possunt (10); in dominis vero praeponentibus nihil interest, an masculi sint, an foeminae (11); sicut et praeponi possunt utriusque sexus personae, filii et patresfamilias, servi tum proprii, tum alieni, aetate majores et pupilli (12): sibi imputet praeponens, cur talem institorem elegerit, prout de exercitore diximus (§ 348).

§ 384. Cum institor aeque ac navis magister (§ 349), censeatur habere mandatum a dominis gerendi ea, quae pertinent ad negotium, cui praepositus est, atqte ideo contrahentes domini potius praeponentis, quam praepositi institoris fidem sequantur, aequum est, actionem ex contractu institoris, quae institoria dicitur, dari adversus praeponentem, qui et lucrum sentit ex actu institoris (13); quicumque demum is sit, qui praeposuit (14): nisi forte aetatis imbecillitas praeponenti subveniendum suadeat.

§ 385. Si ergo pupillus institorem praeposuerit, tutore auctoritatem praestante, omnino obligatur (15); deficiente autem tutoris auctoritate non tenetur ultra id quo locupletior factus est (16); si tamen pupillus successerit domino, qui mandatum institori dederat, aequissimum videtur Ulpiano, pupillum teneri, quamdiu praepositus manet; quia removendus fuisset a tutoribus (1), qui sane erga pupillum adstricti erunt, si removere perperam neglexerint, vel distulerint. Minori, qui institorem praeposuerit, laeso succurritur per in integrum restitutionem (2).

§ 386. Adversus plures ejusdem institoris praeponentes ex Ulpiano in solidum agi potest; ita tamen, ut judicio societatis, vel communi dividundo partem a caeteris repetat, qui solidum solvit (3). Excipit Paulus casum, quo cesset judicium societatis, vel communi dividundo, puta si is, cujus servo institori mutua pecunia credita est, duobus haeredibus institutis, servo illi libertatem dederit; cum enim haeredum quilibet pro haereditaria dumtaxat parte onera sustineat, quippequae ipso jure dividuntur (4): adeoque cohaeres nec familia erciscundae, nec communi dividundo actione partem a cohaerede repetere possit, in solidum conveniri non decet (5).

§ 387. Quidam tamen interpretes sentiunt hodiernis moribus, plures ejusdem institoris praeponentes non nisi pro parte teneri, sicut et plures exercitores ex facto magistri navis (6): neque desunt, qui adjiciunt, posse praeponentes liberari ab obligatione ex facto institoris contracta, cedendo, quidquid institoris fidei commiserunt, non secus ac exercitores cedendo jus, quod in navi habent, si ex facto magistri conveniantur (7). Verum, nisi consuetudine legitime inducta et probata ita receptum constet, sententia haec probari non debet, utpote contraria tum juri Romano, tum commerciorum utilitati et publicae fidei: vix enim est, qui cum magistro, vel institore contrahere velit, si exercitor, vel praeponens, cujus fidem contrahendo sequitur (§ 483), possit se ab obligatione hoc modo subducere.

§ 388. Praeponens tenetur non tantum ex contractibus institoris, sed aliquando etiam ex delictis. Imprimis institor ad vendendas merces praepositus earum dominium in emptorem transfert et pretium ei recte solvitur, ita ut emptor liberetur, licet institor acceptam pecuniam male absumerit. An vero dominium in emptorem bonae fidei transeat; si institor, prohibente domino, quasdam res alienaverit, quidam affirmant, eo fundamento, quod mobilia bona non habeant sequelam (8). Negant alii, con-

(1) l. *Cuicumque* 5 ff hoc tit.
(2) d. l. 3 ff. hoc tit.
(3) l. *Cum interdum* 4 ff. hoc tit.
(4) d. l. 5 § *Labeo quoque* 2; l. *Si, cum villico* 16 ff. hoc tit.
(5) l. penult ff. hoc tit.
(6) d. l. 5 § *sed etiam* 4; l. *Institor est* 18 ff. hoc tit.
(7) d. l. 5 § 4 ff. hoc tit.
(8) d. l. 5 § *sed et muliones* 5.
(9) De quibus mentio fit in d. l. 5, § 6 et seqq.
(10) l. *Cuicumque* 5 § ult. ff. hoc tit.
(11) l. *Sed et si* 7 § 1 ff. hoc tit.
(12) d. l. 7 § 1 et l. seq. ff. hoc tit.
(13) l. 1 in princ. ff. hoc tit.
(14) d. l. *Sed et si* 7 § 1 ff. hoc tit.
(15) l. *Verum, si ipse* 9 ff. hoc tit.
(16) d. l. 9; junct. l. sequ. ff. hoc tit.

(1) l. *Sed si pupillus* 11 ff. hoc tit.
(2) d. l. 11 § 1 ff. hoc tit.
(3) l. *Habebat quis* 13 § ult. et l. seq ff. hoc tit.
(4) l. *Pro haereditariis* 2 § et pass. Cod. *De haereditar. actionib.* (4. 16).
(5) d. l. *Idem erit* 14 ff. hoc tit.
(6) Grot. *Manduc. ad jurisprud. Holland.* lib. 3, cap. 1, n. 39; Anton. Mattheus *De actionib.* lib. 1, cap. 5, n. 8
(7) Voet in ff. hoc tit. n. 1 in fin.
(8) Voet *in Pandect.* hoc tit. n. 4 fer. in princ.

traria ratione, nimirum existimantes mobilia a tertiis possessoribus auferri posse et per dominum vindicari, prout alibi diximus (1); sane domino rei potius in dubio favendum, quam emptori rei alienae, regressum habituro adversus venditorem. Exceptio admittenda esset, si emptor rei mobilis, in bona fide constitutus, eandem rursus distraxisset.

§ 389. Institor non praesenti tantum pecunia, sed et fide habita de pretio vendere posse, nisi aliud mandatum sit, satis aperte innuit Ulpianus (2); mandatum porro intelligere debemus sive expressum, sive tacitum; quod posterius ex regionis consuetudine, rerum venditarum qualitate, et pretio colligi potest; difficilius enim futura pecunia traduntur res egregii valoris; potissimum favore personarum, quarum fides, et solvendi facultas non omnino certa sit.

§ 390. Difficultas est, an rerum dominia transferat institor, qui mandatum habebat non vendendi, nisi praesenti pecunia, si res, fide de pretio habita, distraxerit et tradiderit. Sunt, qui affirmant; quia sibi imputare debeat praeponens, cur talem institorem elegerit (3). Negant alii; quia nulla sit alienae rei venditio, invito domino facta (4). Demum alii putant, inspiciendam esse rerum venditarum qualitatem, emptoris conditionem, et praesertim regionis consuetudinem; cum ex hac maxime pendeat, an imputari possit praeponenti, cur minus fidelem institorem elegerit; aut emptori, cur fidem de pretio sibi haberi postulaverit ab eo, quem sciebat rei dominium non esse, et dubitare poterat, an tale mandatum haberet (5).

§ 391. Institoria actione petitur, ut impleatur, quod contractu ab institore celebrato comprehensum est, dummodo institor contraxerit de illis rebus, quibus praepositus fuit, nec mandati fines praetergressus sit (6). Hinc, prosequitur Ulpianus, si institorem praeposuero ad mercium distractionem, tenebor ex empto actione: si ad emendum, tenebor ex vendito; non tamen tenebor, si eum praeposuero ad emendum, et ille vendiderit, vel ad vendendum, et ipse emerit (7): institoria quoque tenetur praeponens pro pecunia mutuo data institori ad merces emendas praeposito, nisi prohibitus fuerit mutuari (8): atque praeponens erga fidejussorem quoque institoris obligatus est, cum fidejussio sit accessoria principalis obligatio (1).

§ 392. Sed quid, si praeponens decesserit, atque istitor post ejus mortem contraxerit? Si mortem ignoraverit contrahens, non dubium, quominus haeredes institoria actione conveniri possint (2). Sed et idem, singulari utique jure, propter utilitatem commerciorum, seu promiscui usus, receptum videtur, licet tum institor, tum contrahens perspectam habuerint praeponentis mortem (3); ita ut haeres ex contractu institoris teneatur, quamdiu illum non revocaverit, prout debebat, si ejus opera uti noluisset (4): quod tamen singulare jus non placuit extendere ad eum, qui calendario praepositus est (5); cum non eadem sit utilitas promiscui usus; licet lato censu institor apellari possit (6).

§ 393. Denegatur, ut modo innuimus (§ praeced.), institoria contrahenti actio, si praeponens mandatum revocaverit, dummodo publice, et palam constet de mandati revocatione (7): quod si, revocatione non obstante, institor contraxerit, atque praeponens ex eo contractu locupletior factus sit, eatenus teneri praeponentem decet (8), ne cum alterius dispendio lucretur (9).

§ 394. Dubium est, an institor ipse a contrahente, durante officio, conveniri possit, nec ne. Negant aliqui, nisi contrahens ignoraverit, institorem alieno nomine agere; vel institor nominatim se obstrinxerit, aut non constet, hunc institorem esse (10). Alii affirmant, utique durante officio, non eo finito (11), institorem conveniri posse, prout traditur de magistro navis (12), cui similis est institor: atque suadere videtur aequitas, ne contrahens adversus alium agere cogatur ad contractus implementum, quam cum quo contraxit. Neque nocet aliud servari in tutoribus, et curatoribus; hi quippe ex necessitate officium suspiciunt; sponte vero institores.

§ 395. Quemadmodum praeponens ex facto institoris tenetur erga contrahentes, ita aequum est, contrahentes cum institore ab eo, qui praeposuit, conveniri posse; quamquam Romanis placuit, non aliter actionem praeponenti adversus contrahentes dare, quam si ab institore suum consequi non possit (13). Verum, cum

(1) V. vol. II, lib 3, § 1517, pag 1073.
(2) l. *Cuicumque* 5 § *item, si insitor* 15 ff. hoc tit.
(3) argum. l. 1 § *unde quaerit* 9 ff. *De exercitor. action.* (14. 1).
(4) l. 1 et pass. Cod. *De reb. alien. non alienand.* (4, 51).
(5) argum. l. *Semper in stipulationibus* 34 ff. *De reg. jur* (50, 17)
(6) l. *Cuicumque* 5 § *non tamen* 11; l. *Sed si pupillus* 11 § *conditio autem* 5 ff. hoc tit.
(7) d. l. 5 § *proinde* 12 ff. hoc tit.
(8) d. l. 5 § *sed si pecuniam* 13.

(1) d. l. 5 § *item fidejussori* 16 ff hoc tit.
(2) l. *Cuicumque* 5 § penult. ff. hoc tit.
(3) l. *Pupillus* 11 in princ.; l. *Si quis mancipiis* 17 § 2 et 3 ff. hoc tit.
(4) d. l. 11 in princ.
(5) l. penult. ff. *De rebus credit.* (12, 1).
(6) l. *Cuicumque* 5 § *Labeo* 2 et seq ff. hoc tit.
(7) l. *Sed, si pupillus* 11 § *de quo palam* 2, 3 et 4 ff. hoc tit.
(8) l. *Si quis mancipiis* 17 § *Proculus* 4 ff. hoc tit.
(9) l. *Nam hoc natura* 14 ff. *De condict. indeb.* (12, 6).
(10) Voet in ff. hoc tit. n. 6 in fin.
(11) l. ult. ff. hoc tit.
(12) l. 1 § *est autem* 17 ff. *De exercitor. act.* (14, 1).
(13) l. 1 junct.; l. seq. ff. hoc tit.

Romani ipsi prudentes actionem domino per procuratorem quaeri in pluribus casibus senserint (1), non secus ac dominium (2), idcirco usu fori inductum, ut praeponens directo agere possit adversus eos, qui cum institore contraxerunt, dummodo constet, puta, res mandato praeponentis emptas fuisse, quemadmodum constare intelligitur, si institor, contractum retulerit in rationum librum (3).

§ 396. Vix monendum, mutuas nasci obligationes inter praeponentem, et institorem; atque directam quandam mandati exemplo (4) actionem competere praeponenti adversus institorem, ut rationes administrationis reddat, quae apud ipsum ex administratione supersunt, restituat: damnum, quod dolo, vel culpa levi forte intulerit, reficiat: non tamen tenetur de culpa levissima, licet id in mandato singulari ratione receptum concederetur, prout quidam sentiunt, quorum tamen opinionem refellimus (5); non enim, sicut mandatum, institoris officium ex amicitia suscipi solet, sed ob lucrum, seu mercedem. Vicissim institor contraria mandari actione repetit impensas in praeponentis utilitatem factas: pro quibus etiam retentionis jure uti posse, retinendo nimirum, vel rerum venditarum pretia, vel merces apud se adhuc existentes, dummodo tantum sibi deberi constet, plerique sentiunt (6), exemplo tutoris actione tutelae conventi (7).

TITULUS XIV.

DE ACTIONE TRIBUTORIA, QUOD JUSSU, DE PECULIO, ET DE IN REM VERSO

Instit. lib. 4, tit. 7 *Quod cum eo, qui in alien. potest. est. gestum esse dicat.*
Digest. lib. 14, tit. 4 et 5; tum lib. 15, tit. 1, 2, 3, et 4.
Cod. lib. 4, tit. 26 *Quod cum eo, qui in alien. potest. est, negot. gest. esse dicet. vel ne pecul., sive quod jussu, aut de in rem verso.*

SUMMARIA.

§ 397 et 398. *Tributoria actio competit illis, qui contraxerunt cum servo, vel filiofamilias in re, vel merce peculiari, sciente et consentiente patre vel domino. Quid si alteruter contrahat in re paterna vel dominica?* — § 399 et 400. *Eadem hic patris, aut domini conditio cum caeteris creditoribus, cum filius, vel servus de re peculiari contrahunt.* — § 401. *Quid si filiusfamilias diversas negotiationes exercuerit, vel unam, sed diversis in locis?* — § 402 et 403. *Mercator, qui in diversis locis diversas tabernas per se exerceat, conveniri potest a singulis creditoribus pro mercibus ubicumque existentibus.* — § 404 et 405. *Creditores, qui in unam tabernam crediderunt, nullo praelationis jure gaudent in mercibus hujus tabernae.* — § 406. *Quid si mercator diversas exerceat negotiationes per institores, vel ejusdem negotiationis plures tabernas diversis in locis?* — § 407. *Filiusfamilias contrahens extra mercem peculiarem patrem obligat peculio tenus.* — § 408. *Quid si filius patris nomine contraxerit?* — § 409. *Filiusfamilias suo nomine contrahens vivo patre condemnari potest, sed sententia plerumque executionem non habet, nisi mortuo patre.* — § 410 et 411. *An filiusfamilias in solidum teneatur ex contractibus vivo patre celebratis suo nomine?* — § 412. *Filio novam familiam instituenti succurrendum est, ne condemnetur ultra id quod facere potest, si in parte modica institutus fuerit.* — § 413. *An aes alienum, quod filius sui juris factus contraxit, prius deduci debeat?* — § 414. *Quibus casibus beneficium competentiae denegetur filio?* — § 415. *Actio quod jussu competit contra patrem, quo jubente filius contraxit.* — § 416 et 417. *Actio de peculio quo fundamento inducta sit? Quae e peculio prius deduci debeant?* — § 418 et 419. *Peculio extincto, de peculio non competit ultra annum utilem. Ubi de peculio fusius actum sit?* — § 420. *Actio de in rem verso quibus casibus adversus patrem detur?* — § 421. *Versum in rem patris requiritur, ut pater teneatur; nec sufficit creditum.* — § 422. *Pater de in rem verso tenetur, licet utilitas versionis non duret. Quid si pecuniam filio statim restituerit?* — § 423. *Quid si filius mutuatus sit pecuniam ad vestem comparandam, tum emerit, nec tamen solverit?* — § 424 et 425. *Versum in necessariam caussam patris favorabilius est caussa utili.* — § 326. *Quid si caussa voluptuaria sit?* — § 427. *Actio de in rem verso cessat, si pater actione de peculio conventus satisfecerit.* — § 428. *Actio de peculio commodior est, quam actio de in rem verso.* — § 429 et 430. *An pater filio laesae majestatis accusato subministrare debeat sumptus litis, et alimenta? An e captivitate redimere, vel e carceribus?* — § 431. *An filio ingrato ex caussa, propter quam exhaeredari possit, alimenta debeat pater?* — 432. *Cur de noxalibus actionibus non disseramus?*

§ 397. Explicandas simul in hoc titulo suscipimus diversas actionum species, diversis quidem titulis in Pandectis, sed uno tantum in Codice, atque Institutionibus expositas; et merito, cum omnes pertineant ad contractus gestos a servis,

(1) l. *Julianus* 13 § *si procurator* 25 ff. *De actionib. empti* (19, 1).

(2) l. *Si procurator* 13 ff. *De acquirend. rer. domin.* (41, 1); § penult. Instit. *Per quas person. cuiq. acquirit.* (2, 9).

(3) Voet in ff. hoc tit. n. 7.

(4) De quo diximus supra § 3387 et seqq.

(5) V. supra § 3394 ad 3396.

(6) Voet in ff. hoc tit. n. ult.

(7) l. 1 § *praeterea* 4 ff. *De contrar. tutel. et util. action.* (27, 4).

vel filiisfamilias; atque quaeratur, cum omnes pertineant ad contractus gestos a servis, vel filiisfamilias; atque quaeratur, an, et quatenus domini, vel patres inde obligentur. Actio tributoria, ut ab ea exordiamur, est actio competens illis, qui contraxerunt cum servo, vel filiofamilias in re, vel merce peculiari, seu ad peculium profectitium spectante, sciente, et consentiente patre, vel domino (1): consentire autem praesumitur pater, vel dominus, ex quo scit, nec contradicit (2).

§ 398. Tributoria actio locum habet, cum servus, vel filiusfamilias negotiatur in merce peculiari, consentiente domino, vel patre (§ praeced.): si alteruter negotietur in re dominica, vel paterna, locus fit actioni institoriae (3); si in merce quidem peculiari, sed ignorante patre, vel domino, actione de peculio experiendum est (4): quod si jussus intercesserit, tunc pinguior contrahentibus actio *quod jussu* competit (5).

§ 399. Competit haec actio, uti jam innuimus (§ 397) illis, qui contraxerunt cum servo, vel filiofamilias adversus patrem, vel dominum (6), et alterutrius haeredes (7), aliosve successores (8), ut pater, vel dominus, si quid ei debeatur, aequalem faciat pro rata inter se, et caeteros creditores distributionem mercis peculiaris, vel pretii inde redacti (9): cum patris, aut domini par, ac caeterorum creditorum in hac re conditio sit (10): quin intersit, utrum mercis nomine, an ex alia quacumque caussa patri, aut domino debeatur; nec utrum ante, an post negotiationem creditores sint (11).

§ 400. In hac actione aequalis est omnium caussa, sive simul, sive diversis temporibus agant (12); ita ut, nonnisi satisdatione restituendi praestita, aliqui ex creditoribus consequantur portionem suam (13): nisi forte creditores quidam personali privilegio, vel reali, seu hypothecaria gaudeant (14), vel rem suam vendiderint servo, aut filiofamilias, fide de pretio non habita (15). Quod si inaequalis distributio facta sit, illius iniquitas emendari debet (16).

§ 401. Si filiusfamilias (idem est de servo) diversas negotiationes exercuerit, puta sagariam et linteariam, vel etiam unam negotiationem, sed diversis in locis, censuit Ulpianus, creditores, qui unam negotiationem, vel tabernam crediderunt, separatim cum patre in tributum vocandos esse duplici ratione, tum quia merci magis, quam personae crediderint (1); tum qui non patiatur aequitas, ut alii ex alterius re, vel merce idemnes fiant, alii damnum sentiant (2).

§ 402. Certant hoc loco interpretes, utrum, quod modo diximus de filiofamilias in diversis locis diversas tabernas exercente conveniant mercatoribus, qui in pluribus locis tabernas negotiationis separatas habeant. Sunt, qui negant: alii, atque, ut videtur, congruentius distinguunt, an mercatores per se, an institorum ministerio tabernas exerceant: ita ut in primo casu creditores omnes possint ex universo mercatoris patrimonio solutionem petere, licet unius tantum tabernae occasione, vel caussa contraxerint, saltem in subsidium: non vero in secundo (3).

§ 403. Si ergo mercator per se exerceat diversas tabernas etiam in diversis locis, vel institorum opera utatur tantummodo ad vendendum, aliaque ministeria, sed merces ipse comparet et contrahat, creditores agere possunt in res positas extra tabernam, in quam crediderunt (4); quia, licet ad merces unius tabernae contrahendo potissimum respexerint, ipsum tamen mercatorem devinctum habent (5), atque universum ejus patrimonium; cum aes alienum, quod quisque contrahit, universum debitoris patrimonium minuat, non certi tantum loci facultates (6).

§ 404. Difficilior est soluta quaestio, utrum praelatio quaedam competat illis, qui in unam tabernam crediderunt, ita ut, nonnisi his dimissis, reliquis creditoribus, qui in aliam tabernam, vel simpliciter crediderunt, satisfaciendum sit; an aequalis omnium sit conditio. Verum, etsi aequitas favere videatur unius tabernae creditoribus (7), quia tamen nullum singularis hujusce privilegii vestigium in jure est; immo argumenta modo allata (§ praeced.) illud excludunt, nisi statuto, vel legitima consuetudine inductum appareat, aequalis omnium creditorum condictio habenda est.

§ 405. Neque aliud probat jus constitutum pro creditoribus contrahentibus cum servo, vel filiofamilias diversas tabernas exercente (8); cum enim servi ex propria persona civiliter obligari non possint, creditores merci magis, quam servo negotianti credidisse censentur: filiisfamilias utique ex contractibus obligantur; sed, cum jure vetere extra peculium castrense, vel quasi-castrense nil proprii haberent, vix praesumi pos-

(1) princ et § 1 ff. hoc tit.
(2) l. 1 § *scientiam* 3 ff. hoc tit.
(3) l. *Sed si pupillus* 11 § penult. ff. *De instit. action.* (14, 3).
(4) l. *Licet tamen* 3 § *Pedius* 3 ff. *De pecul.* (15, 1).
(5) l. 1 in princ. ff. *Quod jussu* (15, 4).
(6) l. *Procuratoris* 5 § *in tributum* 6 ff. hoc tit.
(7) l. *Illud quoque* 7 § ult. et l. seq. ff. hoc tit.
(8) l. *Quod in haerede* 9 ff. hoc tit.
(9) d. l. 5 § 6 ff. hoc tit, § *introduxit* 3 Instit. hoc tit.
(10) l. 1 in princ. ff. hoc tit.
(11) d. l. 5 § *sed est quaesitum* 7 ff. hoc tit.
(12) l. *Non enim* 6 ff. hoc tit.
(13) l. *Procuratoris* 5 § ult. ff. hoc tit.
(14) d. l. 5 § *quid tamen* 8 et § *plane* 17.
(15) d. l. 5 § *sed si dedi* 18 ff. hoc tit. V. supra § 102
(16) l. *Praeterea* 4 Instit. hoc tit.

(1) d. l. *Procuratoris* 5 § *si plures* 25 ff. hoc tit.
(2) d. l. 5 § *sed si duas* 16.
(3) Voet *in Pandect.* hoc tit. n 7.
(4) Voet in ff. hoc tit. n. 7 in medio.
(5) argum. l ult. § 1 ff. *De contrahend. emption.* (18, 1).
(6) l. *Si fideicommissum* 50 § 1 ff. *De judic.* (5. 1).
(7) d. l. *Procuratoris* 5 § *sed si duas* 16 ff. hoc tit.
(8) Ibid.

sunt contrahentes respexisse ad personam sine effectu obligatam; inanis ex trito axiomate est actio, quam debitoris inopia excludit (1): ut praeteream, Ulpianum de servo dumtaxat loqui, non de filiofamilias (2).

§ 406. Quod si idem mercator diversas negotiationes, vel ejusdem negotiationis plures tabernas diversis in locis per institores exerceat, admitti facilius, potest idem jus, ac in servis, vel filiisfamilias (§ 401); ita ut creditores, qui pro una negotiatione, vel una taberna contraxerunt, in res alterius negotiationis, vel alterius tabernae agere nequeant (3); quia, licet tabernae a liberis hominibus, nec praeponentis potestati subjectis exerceantur, viget eadem juris ratio, nimirum unumquemque ex creditoribus magis merci, quam institori credidisse (4); nec aequum esse, ut ex alterius re, vel merce alii indemnes fiant, alii damnum sentiant (5): atque sententia haec maxime recipi debet in locis in quibus obtinet, ut praeponentes liberari possint, cedendo creditoribus totam tabernam, quam institoris fidei commiserunt; ne alioquin in infinitum obligentur ex facto alieno, qui nonnisi pro certis rebus elegerunt, ac probarunt institorum fidem (6).

§ 407. Hactenus exposita pertinent ad tributoriam actionem: sequitur disputatio de contractibus a filiofamilias celebratis extra mercis peculiaris caussam. Si ergo filiusfamilias contrahat, atque peculium habeat, patrem peculio tenus obligat; et se ipsum quoque; *Filiusfamilias ex omnibus caussis*, ait Gajus, *tamquam paterfamilias obligatur, et ob id agi cum eo, tamquam cum patrefamilias, potest* (7). Unde is, qui contrahit cum filiofamilias, peculium profectitium habente, duos intelligitur habere debitores; patrem peculio tenus, filium vero in solidum (8); nisi aequitas aliud favore filii suadeat (9), prout mox explicabimus.

§ 408. Sed quod dicimus, filiumfamilias contrahentem obligari, tunc tantum verum est, cum filius suo nomine contrahit (10); si enim patris solius nomine contractum gerat, nec eo defuncto conveniri potest, dummodo a paterna haereditate abstinuerit (11). Cum autem suo nomine contrahit, nihil interest, an sponte contraxerit, an jubente patre (12): atque sui juris factus executionem pati cogitur, sive ex contractu, sive ex quasi contractu, puta administratione tutelae obligatus sit (1).

§ 409. Cum filiusfamilias suo nomine contraxit, non tantum mortuo patre, sed eo adhuc vivo condemnari potest (2): sed executionem plerumque non habet condemnationis sententia, nisi parte defuncto; praeterquam si filius castrensia, vel quasi-castrensia bona habeat, in quibus tamquam paterfamilias consideratur (3), vel adventitium peculium irregulare, seu cujus proprietas, et ususfructus ad filium pertinet, de quo libere, quocumque voluerit modo, inter vivos disponit (4).

§ 410. Mortuo autem patre, executionem sententiae, qua ad solvendum condemnatus sit, sive vivo, sive mortuo parente (5), pati tenetur in bonis suis, ex contractibus gestis eo tempore, quo patriae potestati subjectus erat, cum plene rerum suarum dominus sit; in solidum quidem, si patris haereditatem quocumque successionis titulo consecutus fuerit (6): sed nonnisi in quantum facere potest, deducto ne egeat, si patri haeres non sit (7); vel haereditatem sine lucro habeat, puta quia in fideicommissarii utilitatem adierit (8). Idem porro statutum de eo casu, quo filii per emancipationem, aliove modo paterna potestate soluti sint; cum nec viventis patris ulla haereditas sit (9).

§ 411. Ratio autem, cur filii ex contractibus etiam proprio nomine celebratis non ultra conveniri possint, quam deducto ne egeant, si patris haereditatem cum effectu consecuti non sint, haec passim reddi solet, quod succurrendum sit filio novam familiam instituenti, ad quod magni sumptus desiderantur; adeoque suadeat aequitas, ne in solidum condemnetur, sed quaedam bonorum pars ei salva sit, ex qua familiae prospicere possit, maxime quia ex hisce contractibus nullum plerumque emolumentum habet filius, omnia patri acquirens.

§ 412. Quinimmo filio novam familiam instituenti succurrendum est, ne ultra id quod facere potest, condemnetur, licet in parte non modica haeres institutus sit, si pars haec, quam filius ex paterna haereditate consequitur, minor sit, vel aequalis fere debiti prius contracti mensurae, seu quantitati (10); nam et in hoc casu

(1) l. *Nam is nullam* 6 ff. *De dol. mal.* (4, 3).
(2) In d. l. 5 § 16 ff. hoc tit.
(3) Voet in ff. hoc tit d. n. 7 in princ.
(4) d. l. *Procuratoris* 5 § *si plures* 15 ff. hoc tit.
(5) d. l. 5 § *sed si duas* 16.
(6) Voet in ff. hoc tit. d. n. 7 fer. in med.
(7) l. *Filiusfamilias* 39 ff. *De obligat. et actionib.* (44. 7).
(8) l. *Si quis cum filiofamilias* 44 ff. *De pecul.* (15. 1).
(9) l. *Ait praetor* 2 princ. et § 1 ff. *Quod cum eo etc.* (14. 5).
(10) l. *Si ex contractu* 4 Cod. hoc tit.
(11) d. l. 4 Cod. hoc tit.; l. *Ait praetor* 2 in princ. ff. *Quod cum eo etc.* (14. 5).
(12) d. l. 2; l. *Pater* 7 ff. eod. tit.

(1) l. *Tutorem* 37 § ult. ff. *De administrat. et peric. tutor.* (26, 7).
(2) l. *Si filiusfamilias* 5 ff. *Quod cum eo etc.* (14, 5).
(3) l. 1 § ult. et l. seq. ff. *De Senatuscons. Macedon.* (14, 6); l. ult. Cod. eod. tit. (4. 28).
(4) Novell. 117. cap. 1, § 1.
(5) l. *Si filiusfamilias* 5 ff. hoc tit.
(6) d. l. 5 § 1 ff. hoc tit.; V Fab. Cod. hoc tit. lib. 4, tit. 19, def. 1; ubi refert, filium, qui cum beneficio inventarii adierat haereditatem, pendente discussionis instantia, provisionaliter creditori, cum quo contraxerat, condemnatum fuisse, praestita tamen per creditorem satisdatione restituendi, si deinceps ita judicari contigisset.
(7) l. *Ait praetor* 2 ff. *quod cum eo etc.* (14, 5); l. *Et exhaeredatum* 49 ff. *De re judicat.* (42, 1).
(8) d. l. 5 § ult. ff. hoc tit.
(9) d. l. 2 princ. et § 1 ff. *Quod cum eo etc.* (14, 5).
(10) l. *Sed si ex parte* 4 ff. *Quod cum eo etc.*

viget aequitatis ratio pro filio novam familiam instituente (§ praeced.). Potiori ratione beneficium, deducto ne egeat, indulgendum filio in minima parte haerede instituto (1), sive haec minima pars legitima sit, sive portio legitima major, considerata videlicet debiti per filiumfamilias contracti quantitate.

§ 413. Non tamen favore filii prius deducitur aes alienum, quod ipse sui juris factus contraxerit, licet detrahatur favore donatoris (2); cui ex propria libertate convento pinguius succurrendum est, quam illi, qui verum debitum solvere compellitur (3). Nec Paulo contrarius est Ulpianus ajens, si aliqui creditores contraxerint cum filio sui juris effecto, horum rationem habendam esse (4); horum etenim verborum sensus est, his quoque creditoribus prospiciendum esse, videlicet satisfaciendum esse ex bonis, quae propter competentiae beneficium debitoris salva fuerunt a creditoribus, cum quibus sub patria potestate constitutus contraxerat.

§ 414. Ergo competentiae beneficium denegatur filio pro contractibus, quos patria potestate solutus inierit (5): tum etiam si conveniatur ex delicto, durante patria potestate admisso (6): vel si per mendacium se patremfamilias asseruerit, cum contrahebat (7): quod si post longum tempus, ex quo filius sui juris effectus est, conveniatur ex contractibus sub patria potestate celebratis, caussa cognita, aestimandum tradit Ulpianus, an in solidum, an in quantum facere potest, condemnandus sit (8); quia medio tempore, familia jam instructa et ordinata, acquirere potuit, unde creditoribus plene satisfaciat. Haeredibus filii competentiae beneficium non indulgent leges (9), cessante aequitatis ratione (§ 411).

§ 415. Cum filiusfamilias suo nomine contrahit, nihil referre diximus, quod ad ipsius obligationem spectat, an sponte, an jubente patre contraxerit (§ 408): sed pater, qui jusserit, a creditoribus conveniri potest actione *quod jussu* (10): quodammodo cum eo contrahitur, qui jubet, ut scite animadvertit Ulpianus (11), quocumque jusserit modo, sive coram testibus, sive per epistolam, sive per nuncium, sive generatim contrahi jusserit, sive speciatim in quodam negotio (21), dummodo mandati, seu jussus fines non excesserit filius (13).

§ 416. Quia autem generatim jubere, vel saltem permittere videtur pater, qui filio suo peculium concedit, idcirco actionem de peculio induxit praetor (1) adversus patrem ex contractu, vel quasi-contractu filii (2); non vero ex delicto, nisi pater inde locupletior factus sit (3): eaque competit illis, qui cum filiofamilias contraxerunt, quatenus est in peculio, inspecto tempore rei judicatae (4).

§ 417. In peculio esse tantum judicatur, quod superest, deducto eo, quod filius debet patri, aliisque in ejusdem patris potestate constitutis, vel quorum pater negotia gerit, tamquam tutor, curator, aut procurator (5); quia pater fingitur praevenisse, et a filio exegisse (6), adeoque tanto minus esse in peculio: deducit autem pater quod sibi, suisque debetur, sive ex contractu, aut ex rationum reliquis, sive ex delicto, puta furto (7).

§ 418. Peculio extincto per mortem, vel emancipationem filii, perit actio de peculio: sed ne casus, aut voluntas patris filium emancipantis noceat creditoribus, quibus nihil imputari potest, praetor actionem hanc extendit ad annum utilem (1), idest ab eo tempore computandum, ex quo primum ab extincto peculio experiundi potestas fuit (2): nisi forte principalis actio breviori temporis intervallo conclusa a legibus sit, puta redhibitoria sex mensibus circumscripta (10).

§ 419. Caetera, quae ad peculia pertinent, non prosequimur; alibi de illis fuse egimus (11), et simul demonstravimus, ad peculium adventitium pertinere, quidquid filius acquirit aliunde, quam ex bonis patris, vel contemplatione patris (12): quare vix recipi potest sententia Fabri, nisi fundum fingamus a filiofamilias emptum ex pecunia patris (13), nec explicanda arbitramur, quae de peculio servorum in Romanis legibus traduntur, cum apud omnes fere gentes servitus exoleverit: unum monemus, dominos ex famulorum contractibus, aut factis, quibus auctoritatem, aut consensum non accommodarunt, neutiquam teneri, nisi aliud municipali jure, vel consuetudine inductum sit (14).

§ 420. Si pater filio peculium non concesserit, nec eum contrahere jusserit, de filii con-

(1) d. l. *Ait praetor* 2 § ult.; l. *Pater* 7 ff. eod. tit.
(2) l. *Et rehaeredatum* 49 ff. *De re judicat.* (42, 1).
(3) d. l. 49; junct. l. seq.
(4) l. *Sed an hic* 3 in fin. ff. *Quod cum eo.*
(5) d. l. *Tutorem* 37 § ult. ff. *De administrat. et peric. tutor.* (26, 7).
(6) l. *Sed si ex parte* 4 § *quamquam* 2 ff. *Quod cum eo etc.*
(7) d. l. 4 § 1; l. *Eum, qui* 6 ff. eod. tit.
(8) d. l. 4 § *sed an etiam* 4 ff. eod. tit.
(9) d. l. 4 § *soli autem* 3.
(10) l. ult. ff. *Quod jussu* (15, 4).
(11) l. 1 in princ. ff. eod. tit.
(12) d. l. 1 § 1 ff. *Quod jussu.*
(13) l. *Dominum* 3 ff. eod. tit.

(1) l. 1 § 1 ff. *De pecul.* (15, 1).
(2) l. *Licet tamen* 3 § *sed si filius* 9, 10, et 11 ff. eod. tit.
(3) d. l. 3 § *ex furtiva* 12.
(4) l. *Quaesitum est* 30 ff. eod. tit.
(5) l. *Sed si damnum* 9 § *peculium* 2, 3, et 4 ff. *De pecul.* (15, 1)
(6) d. l. 9 § 2 in fin.
(7) d. l. 9 § *sive autem* 6, 7, et ult.
(8) l. 1 in princ. ff. *Quando de pecul. act. annalis est* (15, 2).
(9) d. l. 1 § *annus autem* 2
(10) l. *Cum post mortem* 2 ff. eod. tit
(11) V. vol. II, lib 2, pag. 9, § 4538 et seqq.
(12) d. vol. I, lib 2, § 4494. pag. 1773.
(13) Fab. Cod. hoc tit. lib. 4, tit. 19, def 2, n. 2 et seq.
(14) Voet in ff. *De pecul.* lib. 15, tit. 1, n. 11 in princ.

tractibus non tenetur; nisi forte locupletior inde factus sit, quo casu inducta est actio de in rem verso (1); cum natura iniquum sit, aliquem cum alterius jactura, locupletari (2). Locupletior autem intelligitur ille, cujus res melior facta est, vel id actum, ne deterior fieret (3): atque ideo datur actio illis, qui in rem patris, aut domini crediderunt servo, aut filiofamilias adversus patrem, aut dominum (4), quatenus in rem alterius versum constat (5) una cum usuris, si pacto promissae sint, vel ex negotii bonae fidei indole propter moram debeantur (6).

§ 421. Ut pater teneatur, requiritur, ut in rem patris versum sit (§ praeced.), nec enim sufficit creditum fuisse in rem patris, si postea non versum, sed male consumptum sit: quare sollicite investigare debet creditor, in quem usum pecunia vertatur, licet ei credat, qui solitus erat accipiendo vertere, ne credulitas creditoris, ut ait Ulpianus, aut calliditas accipientis servi, vel filiifamilias domino, aut patri noceat (7). Aliud utique servatur in exercitoria et institoria actione (8); sed in his adest voluntas, et tacitum mandatum praeponentis, cui proinde imputari potest, cur talem institorem, vel exercitorem elegerit.

§ 422. Sed actione da in rem verso tenetur pater, licet filius alio fine pecuniam quaesierit, si deinceps, mutato consilio, in rem patris eandem verterit (9); alioquin pater cum creditoris dispendio ditior fieret (§ 420). Idem dicendum, licet utilitas versionis non duret, puta frumentum in horreo patris corruptum sit, vel arserit (10): aut insula, in quam fulciendam necessario, vel utiliter impensum est, corruerit (11). Sane si pater pecuniam a filio acceptam ei statim restituerit, dummodo bona fide, cessat actio de in rem verso: quo sensu dixit Ulpianus, versum non intelligi, nisi duret versum (12).

§ 423. Quid ergo dicendum, si filiusfamilias mutuatus sit pecuniam ad vestem comparandam, quam revera comparaverit a mercatore, sed neutiquam solverit, quia pecuniam fortuito amisit? Cum pecunia initio inspecto, quod sufficit (§ praeced.), in rem patris, qui vestem filio dare tenetur, versa sit, vestis autem etiam inspecto exitu versa appareat, utrique, tum mutuanti, tum mercatori indulgendam esse de in rem verso actionem scripsit Ulpianus (1); quia tamen iniquum videtur, patrem duplici praestatione onerare, subjicit Gajus, occupantis meliorem esse conditionem (2).

§ 424. Diximus, actionem ex contractu filii adversus patrem dari, quatenus in rem ipsius versum est (§ 420): sed ut res haec plene intelligatur, distinguendum est, prout distinguitur, cum agitur de impensis ih rem alienam factis: nimirum interest, utrum filius contraxerit in caussam necessariam, an utilem, an voluptuariam patris. Si in caussam necessariam filius impenderit, puta insulam fulserit; quae alioquin corruisset, restituendum tradit Ulpianus, quidquid impensum fuit, licet tantum non profuerit si vero ex utili tantum caussa impensum sit, puta animalia empta sint, non nisi verum eorum pretium repeti posse existimat, si forte majori empta sint (3).

§ 425. Discriminis rationem non aperit jureconsultus; inde fortassis peti potest, quod pinguius, ne in damno haereat, prospiciendum sit illi, qui filio in necessariam patris caussam mutuatur, utpotequi damnum avertit: quam ei, cui nonnisi ex caussa utilitatis datur actio de in rem verso (4); cum pater erga hunc teneatur ex sola aequitate, quae non patitur, alium cum alterius jactura locupletari (§ 420), pater autem ultra verum rei pretium locupletior factus non est.

§ 426. Quod si filius mutuam acceperit pecuniam, eamque in res voluptuarias impenderit, puta domum exornaverit tectoriis, picturis, et similibus, quae voluptati tantum inserviunt, in rem patris versa non videtur pecunia; adeoque dumtaxat pati cogitur, ut tollantur, quae auferri possunt sine detrimento rei suae; nec tenetur domum vendere, ut praestet mutuanti, quanti pretiosior forte facta est (5). Quaedam tamen impensae sunt, quae, licet generatim voluptuariae videri possint, inspecta tamen conditione personarum necessariae, vel saltem utiles reputantur; veluti si filius emerit odores, et unguenta in funus, quod ad patrem pertineat (6). Diversos modus, quibus in rem patris verti potest, quod filius gessit, explicant jureconsultus (7), atque Justinianus (8).

§ 427. Cessat actio de in rem verso, si creditor de peculio jam egerit, et pater actione de peculio conventus praestiterit, quod in rem suam

(1) l. 1 princ. et § 1 ff. *De in rem verso* (15, 3).
(2) l. *Nam hoc natura* 14 ff. *De condict indebit.* (12, 6).
(3) l. *Quod si servus* 3 § *et regulariter* 2 in fin. ff. *De in rem verso.*
(4) d. l. 1 in princ. et § 1 ff. eod. tit.
(5) l. *Si pro parte* 10 § *in rem* 4 ff. eod. tit.
(6) d. l. 10 § *sed utium* 5.
(7) l. *Quod si servus* 3 § *sed si sic* 9 ff. *De in rem verso* (15, 3).
(8) l. 1 § *unde* 9; l. ult. princ. et § ult. ff. *De exercitor. action.* (14, 1).
(9) l. *Quod si servus* 3 § 1; l. *Si res* 5 § ult. ff. *De in rem verso* (15, 3).
(10) d. l. 3 § *unde recte* 7.
(11) d. l. 3 § *sed, et si servum* 8.
(12) l. *Si pro patre* 10 § *versum* 6 ff. eod. tit.

(1) l. *Quod si servus* 3 § ult. ff. *De in rem verso* (15, 3).
(2) l. *Sed dicendum* 4 ff. eod. tit.
(3) l. *Si res domino* 5 in princ. ff. *De in rem verso* (15, 3).
(4) argum. l. *Quod autem* 6 § *simili modo* 11 ff. *Quae in fraud. creditor.* (42, 8).
(5) l. *Quod si servus* 3 § *sed si mutua* 4 ff. *De in rem verso* (15, 3).
(6) l. *Et ideo* 7 § *illud plane* 3 ff. eod. tit.
(7) d. l. 3 § 1 et seqq.; l. *Si pro patre* 10 § 1, 3 et ult. et l. seq. ff. eod. tit.
(8) § *praeterea* 4 Instit. hoc tit.

versum erat (1). Plenior tamen est actio de in rem verso actione de peculio; haec annalis est post ademptum peculium (§ 418); actio autem de in rem verso perpetuo durat, idest ad triginta annos (2), etiam extincto peculio (3): atque in concursu creditorum potior est, qui agit de in rem verso, quam qui de peculio (4).

§ 428. Commodior tamen est actio de peculio, quatenus agens de peculio obtinet, dummodo probet contractum fuisse, ac in peculio reperiri debitam ex contractu quantitatem; agenti vero de in rem verso probandum est, pecuniam in patris utilitatem cessisse (5); quod diversis modis probari potest: atque etiam praesumptionibus, et indiciis; puta pater, qui usuras pecuniae filiofamilias creditae solverit, eam in suos usus recepisse praesumitur (6).

§ 429. Extra casus, quos in hoc titulo commemoravimus, pater ex contractibus filii non tenetur, multoque minus ex delictis (7). Hinc pater non cogitur filio laesae majestatis accusato subministrare sumptus in caussam litis, nec alimenta eidem in carceribus detento, nisi in subsidium (8); quia sumptus utriusque generis a fisco suppeditari solent. Nec pecuniariam mulctam solvere tenetur pater pro filio; nisi forte haec modica sit, eaque non soluta, gravissima corporalis poena filio immineat (9). Captivum filium, si Fabro assentimur, redimere non cogitur pater (10), quod tamen naturali parentum liberis debitae caritati vix congruit: atque ideo, si semel se redempturum spoponderit pater, amplius poenitere non posse tradit; quamquam placuit, bona patris, qui pro filii redemptione se obligavit, tacito hypothecae vinculo obstricta non esse (11).

§ 430. Cum pater paternae pietatis officio fungatur, filium e captivitate, vel carceribus redimens (§ praeced.), sponte sequitur, denegandam ipsi restitutionem in integrum, si se obligaverit, ut filium diuturnioris carceris taedio jam vexatum eximeret, et vere exemerit, licet alleget, se nihil debuisse (12); nec enim laesus videri potest pater, paternae pietatis affectum secutus. Nihil porro interest, an jure, an injuria in carceres detrusus filius fuerit, dummodo aliter liberari non potuerit: non potest videri pater sine caussa obligatus (1): superest utique de indemnitate actio adversus eum, qui per injuriam fecerit, quod filius in carceribus conjectus, vel in illis detentus sit.

§ 431. Alibi diximus, cum de alimentorum praestatione agebamus, filio gravis criminis conscio alimenta a patre suppeditanda esse, saltem secundum necessitatem naturae (2); puellae autem a filio corruptae dotem filii nomine a patre dandam esse, atque alendos esse liberos ex ea procreatos (3): exceptionem admittit Faber, si probetur filius ingratus ex caussa, propterquam jusse possit exhaeredari (4). Verum et hic locum habere potest arbitrium judicis, si aequitas, et paterna pietas, inspecta condictione, et necessitate filii, aliud suadeat: maxime quia non semper licet argumentari eb exhaeredatione ad jus denegandi alimenta, cum filius post mortem patris sui juris factus in ea caussa sit, ut facilius alimenta sibi parare possit; atque plures sunt, veluti avus, licet nepotum pater vivat, et fratres, qui alimenta debent, non tamen successionem (5).

§ 432. Praeterimus, quae de noxalibus actionibus traduntur in Romanis legibus, cum in servis quidem locum habere possint, non autem hodie in filiisfamiliss (6): quae vero ad servos pertinent, supervacuum est explanare, servitute apud omnes fere gentes explosa. Potius hoc loco quaedam subjicienda putamus de actione ad exhibendum, quae personalis est; licet in rem scripta (7).

TITULUS XV.

AD EXHIBENDUM, SEU DE ACTIONE AD EXHIBENDUM

Instit. lib. 4, tit. 6 *De actionib.*
Digest. lib. 10, tit. 4) *Ad exhibend.*
Cod. lib. 3, tit. 42)

SUMMARIA

§ 433. *Exhibere est facere in publico potestatem, ut agendi copia sit.* — § 434. *Actio ad exhibendum personalis est, et arbitraria, in rem tamen scripta, in solis mobilibus locum habens.* — § 435 *et* 436. *Actio ad exhibendum facile permittitur illis, quorum interest rem exhiberi.* — § 437. *Actione ad exhibendum conveniuntur etiam, qui naturaliter possident, vel dolo possidere desierunt.* — § 438. *Acitone ad exhibendum petitur, ut praesens sistatur res cum suis accessionibus. Quid si rei forma immutata sit.* — § 439 *et* 440. *Ju-*

(1) l. 1 § ult. ff. hoc tit.; § *praeterea* 4 Instit. hoc tit.
(2) l. *Sicut in rem* 3 Cod. *De praescript. XXX vel XL annorum* (7, 39).
(3) l. 1 § 1; l. *Filiusfamilias* 19 in fin. ff. *De in rem verso* (15, 3).
(4) l. 1 in princ. ff. eod. tit.
(5) § *caeterum* 5 Instit. hoc tit.
(6) l. *Cum de in rem* 6 princ. et § 1 ff. *De usur.* (22, 1).
(7) l. 1; l. *Si filiusfamilias* 3 Cod. *Ne filius pro patre* (4, 13).
(8) Fab. Cod. eod. tit. lib. 4, tit. 9, definit. 1.
(9) Ibid. def. 2, in princ.
(10) Ibid. def. 2 in fin.
(11) d. def. 2 in not. †
(12) Ibid. Cod. *Ne fil. pro patre* lib. 4, tit. 9, defin. 6 in princ.

(1) argum. l. *Naturalis* 5 § *quod si faciam* 3 ff. *De praescript. verbis.* (19, 5); Fab. d. def. 6, n. 3 in corp.
(2) vol. I, lib. 1, pag. 116, § 564 et 565.
(3) d. vol. I, lib. 1, pag. 117. § 568.
(4) Fab. Cod. *Ne fil. pro patre* lib. 4, tit. 9, def. 4.
(5) d. vol. I, lib. 1, pag. 113, § 539 et seqq.
(6) § ult. Instit. *De noxalib. actionib.* (4, 8).
(7) l. *In hac actione* 3 § ult. ff. *Ad exhib.* (4, 01).

ratur in litem adversus eum, qui exhibere detrectat. Cujus sumptibus ocularis rei inspectio fieri debeat? — § 441 et 442. Si res statim exhiberi nequeat, cautio interdum de ea exhibenda praestanda est.

§ 433. Actio ad exhibendum, cujus usus fere quotidianus est in judiciis, potissimum propter vindicationem inducta est: quamquam et in aliis multis casibus vim suam exerit (1), est actio, qua petitur, ut res aliqua praesens sistatur: *Exhibere*, ait Paulus, *est facere in publico potestatem, ut ei, qui agat, experiundi sit copia* (2): saepe enim contingit, ne actor jus suum prosequi possit, nisi quaedam res ad litem pertinentes demonstrentur.

§ 434. Actio ad exhibendum personalis est (3), et arbitraria (4): in rem tamen scripta, quatenus competit illi, qui in rem acturus est (5); unde infert Faber, proponi posse coram judice laico adversus clericum (6): arbitraria, quatenus judex, si reus non exhibeat, ex aequo, et bono aestimare debet secundum naturam cujuscumque rei, de qua agitur, quemadmodum actori satisfieri oporteat (7): in solis rebus mobilibus locum habet, cum immobilia se ipsa satis exhibeant (8).

§ 435. Competit actio ad exhibendum illis, quorum interest rem exhiberi (9) ex justa aliqua, et probabili caussa (10): interest, inquam, si Gajo credimus, peculiari aliquo modo (11): quamquam cum de re modici praejudicii agatur, judex eam facilius permittere debet, dummodo actor summarie, vel plene, vel per jusjurandum sua interesse probet (12). Hinc haeres recte agit, ut exhibeantur tabulae testamenti, non legatarius, cui competit interdictum de tabulis exhibendis (13): usu tamen fori haec diversitatis subtilitas non attenditur (14).

§ 436. Qui ad exhibendum agit, nosse debet, et explicare rei exhibendae qualitates (15), non tamen dicere se dominum, cum multae sint caussae, ex quibus ad exhibendum agimus (16): quod si plurium intersit ex diversis juribus, puta dominii, ususfructus, pignoris, singulis licet ad exhibendum agere (1).

§ 437. Conveniuntur actione ad exhibendum omnes rei possessores, licet naturaliter tantum possideant, quemadmodum creditores pignoratitii (2), depositarii, commodatarii, et conductores (3); tum qui dolo malo possidere desierunt, cum adhuc possidere fingantur (4): immo, licet absque culpa possidere desierint, si ipsis possit imputari, cur prius non exhibuerint (5). Neque requiritur, ut initio litis contestatae possederint, dummodo possideant tempore rei judicatae (6).

§ 438. Actione ad exhibendum petitur, ut praesens sistatur res cum suis accessionibus; ita ut si quae utilitas amissa sit, quia res non fuerit exhibita, aut exhibita tardius, reus aestimationem praestare teneatur (7). Idem dicendum, si intermedio morae tempore rei forma immutata, sit, puta ex materia aurea rudi vasa facta sint, aut vasa in alteram formam conversa (8): non si deteriorem tantummodo factam rem quis exhibeat, puta hominem eluscatum, vel debilitatum; quia hinc non impeditur directa actio, puta vindicatio, quamquam ex lege Aquilia agere potest ille, cujus interes, ut damnum reficiatur (9).

§ 439. Cum reus dolo malo fecit, quominus exhibere non vult, adversus illum juratur in litem, quanti actoris interest, non exhiberi, judice, ut fieri solet, quantitatem taxante (10). Quod si ocularis alicujus rei inspectio, seu ostensio facienda sit, quae petentis sumptibus plerumque fieri debet, nisi justa caussa aliud suadeat (11), atque adversarius praefinito die non adsit, non idcirco judex re infecta discedere debet, sed rem perficere adhibitis probis viris, quos altera par elegerit, et ipse pro absente nominaverit (12).

§ 440. Sed quid, si judex in proposita specie re infecta discesserit, atque contumax deinde postulet, ut eadem indicatio fiat? Imprimis jubere debet judex, ut contumax priores sumptus, qui ob contumaciam inutiles fuerunt, resarciat; cum sic contumacia puniri soleat (13): tum sumptus, quos rursus fieri necesse est, oneri illius erunt, ad quem, seclusa contumacia, spectassent (14), atque ita utriusque partis indemnitati prospici-

(1) l. 1 ff. hoc tit.
(2) l. *Exhibere* 2 ff. hoc tit.
(3) l. *In hac actione* 3 § *est autem* 3 ff. hoc tit.
(4) § *praeterea* 31 Instit. hoc tit.
(5) d. l. 3 § 3 ff. hoc tit.
(6) Fab. Cod. hoc tit. lib. 3. tit. 28. def. 3.
(7) d. § 31 in fin. Instit. hoc tit.
(8) l. *Meminimus* 2 versic. *sed ubi* Cod. *Quand. et quibus quarta pars etc.* (20, 34).
(9) l. *Julianus* 9 *si liber homo* 13 ff. hoc tit.; Ab-Eccles. observat. 51, n. 2 et seqq.
(10) l. *In hac actione* 3 § *si mecum* 11; l. penult. ff. hoc tit.
(11) l. *Si liber homo* 13 in fin. ff. hoc tit.
(12) Brunneman. *in Pandect.* ad l. *In hac actione* 3, n. 13 ff. hoc tit.; Ab-Eccles. d. observat. 15, n. 15 † et n. 17 †
(13) d. l. 3 § *si quis extra* 8 ff. hoc tit.
(14) Brunneman. d. loco n. 12.
(15) l. *In hac actione* 3 in princ. ff. hoc tit.
(16) d. l. 3 § *est autem* 3 et seqq.

(1) d. l. 2 § *Pomponius* 12.
(2) l. *In hac actione* 3 § ult. ff. hoc tit.
(3) l. *Nam et cum eo* 4; et l. seq. ff. hoc tit.
(4) l. *Celsus* 5 § *idem Julianus* 2; l. *Julianus* 9 § *Marcellus* 4 ff. hoc tit. V. Fab. Cod. hoc tit. lib 3, tit. 28, def. 1; ubi de exhibendis actis curiae adversus castellanum, quem doli praesumptio oneret.
(5) De eo 12 § *si post judicium* 4 ff. hoc tit.
(6) l. *Tigni* 7 § *si quis* 4 ff. hoc tit.
(7) l. *Julianus* 9 § ult. ff. hoc tit.
(8) d. l. 9 § *sed si quis* 3 ff. hoc tit.
(9) l. *Si quis hominem* 17 ff. hoc tit.
(10) l. *In hac actione* 3 § *praeterea* 2 ff. hoc tit.
(11) l. *Sed et si haereditas* 11 § 1 ff. hoc tit.; Fab. Cod. hoc tit. lib. 3, tit. 28, def. 2 in not.
(12) argum. l. *Si irruptione* 8 § 1 ff. *Fin. regundor.* (10, 1); Fab. Cod. hoc tit. d. def. 2 in princ.
(13) l. *Sancimus* 15 Cod. *De judic.* (3, 1).
(14) Fab. Cod. hoc tit. lib. 3, tit. 28, d. def. 2 prop. f.

citur; nec enim contumax duplici poena coercendus est, nec alter ex adversarii contumacia lucrum referre debet.

§ 441. Non semper res, quae petitur, statim exhibenda est; puta si alio fortassis in loco sit, cautio de eadem exhibenda, vel sine diei adjectione, si in potestate non sit tempus, quo exhibeatur, puta servus in fuga constitutus proponatur (1): vel adjecto die, intra quem exhibitio fiat, arbitrio judicis, singulis adjunctis pensatis, si alter exhibere pro arbitrio possit, praestanda est (2).

§ 442. Si quis ad exhibendum semel egerit, rursus ex eadem caussa agere non potest, obstante rei judicatae exceptione; utique vero, si nova adsit caussa (3), puta adversarius, qui prius non possederat, deinceps rei possessionem nanciscatur (4). Hodiernis moribus, licet actionis ad exhibendam nomen vix soleat usurpari, pluribus tamen in casibus judices, petente altero ex litigatoribus, exhibitionem rerum, et praecipue scripturarum, vel instrumentorum fieri mandant, quo sciat ille, an contendere, an cedere debeat. Quae ad exhibitionem, seu editionem instrumentorum, et scripturarum pertinent, commodius explicabimus in titulo de edendo.

TITULUS XVI.

DE SATISDATIONIBUS.

Inst. lib. 4, tit. 6 *De satisd.*
Digest. lib. 2, tit. 8 *Qui satisdar. cogant.*
Cod. lib. 2, tit. 57 *De satisdando.*

SUMMARIA

§ 443. *Cautio alia dicitur juratoria, alia pignoratitia, vel fidejussoria, vel promissio.* — § 444. *Quid sit cautionum finis?* — § 445 *et* 446. *Olim tum reus, tum actor cavere tenebantur; sed hodie remittitur cautio, nisi agatur de alienigena vel peregrino, aut persona admodum suspecta.* — § 447. *Actor alienigena apud Sabaudos in judicio civili satisdare ex Fabro non cogitur de judicato solvendo.* — § 448 *et* 449. *An reus satisdare teneatur, se judicio sisturum, et usque ad finem litis in judicio permansurum? An de judicato solvendo?* — § 450. *Quid si criminaliter primum instituta in civilem conversa fuerit?* — § 451. *Carceribus eximi potest reus satisdare jussus, praestita juratoria cautione, si fidejussores non inveniat.* — § 452. *Reus ad pecuniariam poenam, atque impensas condemnatus, poena soluta, ob solas expensas in carcere retineri non potest. An pro hisce expensis satisdatum sit?* — § 453. *Debitor, invito creditore, carceribus eximi non debet, licet satisdare paratus sit, si debitum liquidum appareat, nisi subeat vitae discrimen.* — § 454. *Quid si debitor in carceres detrusus fuerit ante sententiam condemnationis?* — § 455. *Reus capitali poenae obnoxius carceribus eximendus non est, licet fidejussorem idoneum offerat.* — § 456. *cautio judicatum solvi extra quosdam casus usu fori non desideratur.* — § 457 *et* 458. *Quo differat cautio ne sistendo a cautione de solvendo judicato.* — § 459. *An beneficium divisionis competat fidejussori de reo sistendo, vel judicato solvendo?* — § 460. *Vadimonium deserere, vel eremodicium contrahere qui dicantur?* — § 461. *Fidejussor de reo sistendo tenetur ad id quod actoris interest, inspecto tempore, quo reus in judicio sistendus erat. An aliae induciae dandae sint?* — § 462. *Obligatio praestandi id quod interest, cessat, si reus ante diem sistendi decesserit, vel juste impeditus fuerit. Quae sint justae caussae?* — § 463. *Quid si actor statuto tempore in judicium non veniat; vel veniens non agat id quod agere tenebatur?* — § 464. *Contumax non est, qui citatus a judice secundum jus commune incompetente in judicium non venit. An privilegium fori contumax amittat?* — § 465. *Contumacia ipso jure non inducitur, sed a judice decernitur, instante altera parte praesente.* — § 466. *Contumax non creditur, qui per procuratorem judicio sistit.* — § 467. *Contumacia, refusis impensis, ante sententiam purgari potest.* — § 468. *Quid si procurator actoris, vel rei in judicium veniat?* — § 469 *et* 470. *Fidejussor dari debet in ea provincia, in qua quis dare jussus est, licet collaudator in provincia detur; si tamen inveniri possit.* — § 471. *Satisdatio plerumque praestari debet, praesente, vel vocato saltem adversario, nisi detur pro executione instrumenti guarentigiati.* — § 472. *Jussus satisdare de non offendendo, et in perpetuum exilium exire, si nec fidejussores, nec pignora dare possit, statim patria decedere debet.* — § 473. *Curatores absentis et legatarii, quibus res mobilis legata sit ad aliquid faciendum, satisdare tenentur.* — § 474. *Venditor rei defensionem suscipiens satisdare non cogitur.* — § 475. *Quid de filio legitimo, cui, lite pendente, certa quantitas pro alimentis, et sumptibus litis interim adjudicetur? Quid de naturali?* — § 476. *In caussis beneficialibus possessionis in satisdatio praestetur?* — § 477. *Satisdatio ante sententiam praestanda est, licet agatur de instrumento authentico. Quid si litterae de debitis a Principe obtentae fuerint?*

§ 443. Explicatis diversis actionum speciebus, tum personis, quibus agere licet, progreditur Justinianus ad satisdationes, quae praestari debent ab illis, qui sine mandato agere alieno nomine

(1) l. *Celsus* 5 § ult. ff. hoc tit.
(2) l. *De eo* 12 § ult. ff hoc tit.; § *si ad exhibendum* 3 Instit. *De offic. judic.* (4, 17).
(3) l. *De eo* 12 § *saepius* 2 ff. hoc tit.
(4) l. *Si quis* 18 ff. *De exception. rei judicat.* (44, 2).

volunt (§ 442). Cautio, quae generatim definiri potest, securitatis promissio, seu promissio de securitate ab imminenti, vel possibili laesione, multiplex in jure distinguitur pro diversis modis, quibus securitas haec promittitur. Si jusjurandum promissioni adjectum fuerit, cautio juratoria appellatur (1): si adjectis pignoribus, vel hypotheca, cautio pignoratitia (2); si datis fidejussoria cautio, et uno verbo satisdatio (3); si nihil promissioni adjiciatur, repromissio dicitur: quamquam lato sensu satisdationis verbo etiam repromissio continetur (4).

§ 444. Finis ergo cautionum est, ut facilius quisque obtineat, quod sibi debetur; atque ut judicium, eaque, quae in judicio statuuntur, magis firma sint, atque facilius effectum suum consequantur. Quae de satisdationibus in judicio praestandis apud Romanos obtinebant, breviter explicabimus; cum et apud ipsos posteriore jure plurima abrogata fuerint, atque usu fori pleraque exoleverint.

§ 445. Igitur priscis Romanorum moribus tum reus in jus vocatus, tum actor ad judicium provocans cavere tenebatur; ne judicia tergiversatione actoris, vel rei elusoria redderentur; cavere, inquam, datis pignoribus, vel fidejussoribus, quandoque jurato, vel nuda repromissione pro qualitate personae (5): nimirum actor cavebat, se intra duos menses a tempore editi libelli litem contestaturum, et usque ad sententiam in judicio permansurum (6): atque insuper, si succubuisset, decimam quantitatis libello comprehensae partem expensarum nomine soluturum (7).

§ 446. Verum cautiones hujusmodi hodie in foro remitti solent, saltem si actor bona immobilia habeat (8), nisi agatur de alienigena, vel peregrino, aut persona admodum suspecta; his injungitur satisdatio de impensis litis, si in eas forte damnentur: et de reconventione suscipienda (9): atque cautionem hanc de impensis litis solvendis quidam appellant cautionem *judicatum solvi*, quatenus sententia judicis comprehenditur, ab actore impensas litis temere motae subeundas esse. Quod si actor alienigena, vel peregrinus fidejussorem in loco judicii invenire non possit, atque honesta persona sit, juratoria cautio videtur ei permittenda (10).

§ 447. Apud Sabaudos jamdudum exolevit, Fabro teste, vetus judiciorum observatio, quae forenses, atque alienigenas cogebat, si quid in provincia peterent ab incolis, praesertim actione personali, ut satisdarent de judicato solvendo, nec prius audirentur, quam satisdedissent; aequum visum non fuit, satisdatione, quae plerumque magnas habet difficultates, prohiberi peregrinum, ne jus suum prosequatur (1) (licet eodem privilegio non gaudeant Sabaudi apud peregrinos (2)), Gebennensibus tamen exceptis (3). Haec ita, si civili judicio agatur; si autem falsi accusatio criminaliter, et per solemnem inscriptionem instituatur ab alienigena, placuit satisdandum esse, ne in calumniatoris cujuscumque vilissimi potestate sit, nostrarium famam, dignitatem, fortunas, et vitam ipsam impune lacessere (4).

§ 448. Reus quoque, si jus Romanum inspiciamus, satisdare debet, et quidem, si per se, non per procuratorem, litigare voluerit, actore postulante cavet, se judicio stiturum, et usque ad finem litis in judicio permansurum (5), non vero de judicato solvendo (6); cavet, inquam, datis idoneis fidejussoribus, qui nempe facultatibus polleant pro rei qualitate, et subsint jurisdictioni judicis, apud quem satisdatio praestatur (7); immo juratoria cautio, et nuda promissio pro conditione personae sufficere potest (8): cautio juratoria, si reus vir illustris sit (9), vel bona immobilia possideat (10) nuda: repromissio in fisco, republica (11), et clericis (12).

§ 449. Rarius utique, prout monent interpretes, haec quoque de sistendo cautio in judiciis civilibus frequentatur: atque si de peregrino agatur, alicubi cogitur, eligere domicilium in territorio judicis, ut illic requiratur, et citetur, quoties opus fuerit (13): apud nos cum caussae agantur per procuratores, censuit olim senatus, alienigenam reconventum non esse cogendum ad praestandam cautionem de judicatum solvendo, sed procuratorem cavere debere, alienigenam tempore ferendae sententiae personaliter judicio adfuturum (14): sed si criminali judicio agatur, vel realis contigerit in jus vocatio per detentionem rei, aut personae, non antea relaxantur bona, aut personae, quam dati fuerint idonei fidejussores de sistendo; vel saltem jurato cautum sit, si fi-

(1) § *sed hodie* 2 Instit. hoc tit.
(2) l. *Promissor* 21 § ult. ff. *De pecun. constit.* (13, 5).
(3) l. 1 ff. hoc tit.
(4) l. *Satisdationis* 61 ff. *De verb. significat.* (50, 16).
(5) l. 1 ff. hoc tit.; § *sed hodie* 2 Instit. hoc tit.
(6) Novell. 53 cap. *quia vero* 2; Novell. 96, cap. 1.
(7) § 1 in fin. Instit. *De poena temere litigant.* (4, 16); Novell. 112, cap. *ad excludendas* 2.
(8) Ab-Eccles. observat. 41, n. 7.
(9) Voet in ff. hoc tit. n. 1 in med.; V. Ab-Eccles. d. observat. 41, n. 7.
(10) argum. Novell. 112, cap. *ad excludendas* 2; Voet d. n. 1 in fin.; Ab-Eccles. d. observat. 41, n. 31 et seqq.

(1) Fab. Cod. hoc tit. lib. 2, tit. 39. def. 8 in princ.
(2) d. def. 8, n. 4; ubi de Lugduneusibus.
(3) d. def. 8 in not. †
(4) Ibid Cod. hoc tit. def. 15.
(5) § *sed hodie* 2 Instit. hoc tit.
(6) d. § 2 in princ.
(7) l. *Fidejussor* 2; l. *Si fidejussor* 7 ff. hoc tit.
(8) d. § 2 in fin. Instit. hoc tit.
(9) l. penult. Cod. *De dignitatibus* (12, 1).
(10) l. *Sciendum* 15 ff. hoc tit.
(11) l. 1 § *si ad fiscum* 18; l. *Si quando* 6 § 1 ff. *Ut legator. vel fideicomm. servand. causs. caveat.* (36, 3).
(12) V. l. *Cum clericis* 35 § 1; l. *Omnes* 33 § *in hac autem* 3 Cod. *De Episcop. et cleric.* (1, 3); Novell. 123, cap. *si quis contra* 21 § *si quis autem* 2.
(13) Voet in ff. hoc tit. n. 6.
(14) Ab-Eccles. observ. 2, n. 21. †

dejussores invenire nequeat reus, prout judici videbitur (1).

§ 450. Hinc ex Fabro, si lis criminaliter primum instituta fuerit, tum in civilem conversa, reus eximi non debet carceribus, nisi prius praestita satisdatione tum judicio sistendi, tum judicatum solvendi, si vel ex aliena provincia sit, vel pauper, et judicato solvendo impar (2). Extra hos, et similes casus jurare tantum cogitur, lata sententia, in eodem statu, quo antea fuerat, se stiturum; sententiae, quaecumque tandem lata fuerit, pariturum, nisi appellandum existimaverit (3).

§ 451. Immo carceribus eximi potest reus criminis, licet non satisdet, prout Senatus sententia praescriptum est, si doceat, se nullos invenire potuisse fidejussores, praestita utique juratoria cautione (4); nec enim perpetuo carcere mulctari debet, qui non praestat, quod omnino praestare non potest: quo fundamento placuit, eum, qui cautionem idoneam iu civilibus caussis, quamvis a Senatu jussus sit, praestare non potest, quia nulla habet bona immobilia, admittendum esse ad cautionem juratoriam; ne ad impossibile adigi videatur; aut jure suo idcirco carere debeat; maxime si creditor vere appareat; denegata tamen ipsi judicati executione in corpus condemnati (5), ut qui in uno gravatur, in altero relevetur (6).

§ 452. Sed quid, si reus propter crimen ad poenam pecuniariam damnatus sit, et ad litis expensas? Si poenam solverit, ob solas expensas adhuc debitas in carcere retineri non potest (7): quia expensae non propter crimen, sed propter litem solvuntur: adeoque ob impensas carceris squallore puniri non debet reus. An vero satisdandum sit pro hisce impensis, nec ne, distinguit Faber: satisdandum tradit, si nondum taxatae fuerint, de iis solvendis, prout judex statuerit: non vero, si jam taxatae sint (8); ne sibi eripere videatur appellandi facultatem. Sed, qui a reum melioris conditionis esse non decet post taxationem, quam antea, idcirco vel eas statim solvere debet, vel si appellare velit a sententia, cogendus est satisdare se soluturum, prout judex appellationis pronunciaverit (9).

§ 453. Non tamen carceribus eximi potest, invito creditore, debitor, licet satisdare paratus sit, nec non solvendo idoneus, si debitum certum, et liquidum appareat (10); nisi forte in gravem mor-

(1) Voet dict. n. 6 in fin. et n. 7.

(2) Fab. Cod. hoc tit. lib. 2, tit. 39, def. 4 in princ.; V. Thes. dec. 220 per tot.

(3) Fab. dict. def. 4, n. 4 et 5.

(4) Ibid. Cod. hoc tit. lib. 2, tit. 39, def. 9.

(5) d. def. 9 in not. †

(6) l. *Eum, qui juravit* 30 ff. *De jurejurand.* (12, 2).

(7) Fab. Cod. hoc tit. lib. 2. tit. 39, def. 3 in princ.; Ab-Eccles. observ. 180, n. 14. †

(8) Fab. d. def. 3 in med.

(9) d. def. 3 in not.

(10) Ibid. Cod. hoc tit. lib. 3, tit. 29, definit. 4 in princ.

bum inciderit, et in de subeat vitae discrimen (§ 3654); quia interest creditoris, ne liberetur, ut taedio carceris affectus diligentius solvendi modum inquirat; neque potest judex impedire, ne creditor jure suo utatur (1): proinde debitor vel solvere tenetur, vel bonis cedere (2).

§ 454. Cum autem pro debito nondum liquido debitor in carceres conjici nequeat, ne prius executioni demandari videatur sententia, quam lata sit, aut ferri potuerit, utique poterit debitor in carceres injuria detrusus eximi, vel invito creditore, si satisdationem offerat (3); atque incertum judicatur debitum, quod nunquam fuit taxatum: non quod debitor alleget se omnino, vel pro parte solvisse; cum praesumptio sit pro creditore; nec solutio, utpote res facti praesumatur (§ 3573). Quare et in hoc casu debitor in carceres conjici potest, nisi ab initio obtulerit omne id quod postea debitum apparebit, et quidem in certa quantitate (4); cum inanis sit, et captiosa oblatio penitus incerta: atque debitor, qui se solvisse allegat, scire debet, quid, et quantum solverit (5).

§ 455. Vix monendum, carceribus, licet fidejussorem idoneum, et locupletem offerat, eximendum non esse reum, qui capitali poenae obnoxius esse possit (6): dari utique potest fidejussor pro delicto jam perpetrato, quatenus ex illo agitur ad poenam pecuniariam (7); non vero pro poena corporali; tum quia nemo membrorum suorum dominus est, tum quia poena suos tenere debet auctores: quamquam fidejussor non secus ac principalis debitor in carceres conjici potest, si non solvat (8).

§ 456. Ex his constat, frequentiorem esse satisdationem de judicato solvendo, quam de sistendo; quamquam extra casus, quos commemoravimus de reo, qui peregrinus sit (§ 450), vel in carceribus detentus (§ 451 et seq.), aut de fuga suspectus (9), cautio judicatum solvi usu fori non desideratur. Sed in utraque cautione usus cujusque loci inspiciendus est (10), et praecipue urbis Principis (11).

§ 457. Cautionis judicio sistendi non eadem

(1) Usu autem fori receptum est, ut debitor non solvens in carcere detrudi possit, si instet creditor, ut alibi diximus. vol. II, lib. 3, § 1634, pag. 1089.

(2) l. 1 Cod. *Qui bon. ceder. poss.* (7, 71); Ab-Eccles. d. observat. 180, n. 14 ubi addit, non obstante cessione bonorum reum detineri posse in carcere pro cibariis sibi a custode subministratis.

(3) Fab. Cod. hoc tit. lib. 2, tit. 39, d. def. 14, n. 8 et seqq.

(4) Fab. d. def. 14, n. 11 et seqq.

(5) argum. l. *Plurimum* 3 princ. et § 1 ff. *De jur. e fact. ignorant.* (22, 6).

(6) l. *Divus Pius* 3 ff. *De custod. et exhibit. reor.* (48.3); Fab. Cod. hoc tit. lib. 2. tit. 39. def. 16.

(7) l. *Si a reo* 70 § ult. ff. *De fidejussorib.* (46, 1); V. vol. II, lib. 3, § 2076, pag. 1146.

(8) d. vol. II, lib. 3, § 2078, pag. ibid.

(9) Voet in ff. hoc tit. n. 10 in fin.

(10) § penult. Instit. hoc tit.

(11) § ult Instit. hoc tit.

omnino conditio est, ac alterius judicatum solvendi. Imprimis cautio de sistendo evanescit morte rei (1), vel fuga, postquam semel stiterit (2): sed perdurat cautio de solvendo judicato; quae et post rei mortem impleri potest (3). Praeterea fidejussor judicio sisti post sententiam liberatus est, non qui promisit judicatum solvi; cum immo, lata sententia, solutio fieri debeat (4).

§ 458. Sed vicissim fidejussor de judicato solvendo liberatur, si mutetur libellus petitionis, actoris, vel rei persona (5), aut judicis, cui partes speciatim se adstrinxerint: nec non si lis morsua, vel perempta sit, quia per triennium deserta, nisi instantia perempta sit per desertionem appellationis (6). Quare actor, cui praestatur cautio de judicato solvendo, curare debet, ut fidejussor promittat in omni istantia, et pro quacumque caussa (7).

§ 459. Beneficium ordinis fidejussori de reo sistendo, vel judicato solvendo denegari, alibi demonstravimus (8): atque ad hujus exemplum piures existimant, denegandum quoque beneficium divisionis (9), licet Romanae leges illud concedant (10); ne per actionum divisionem diutius protrahantur judicia.

§ 460 Qui se judicio sisti promisit, nec tamen stetit, *vadimodium deserere* dicitur, si ante litem contestatam non veniat: *eremodicium contrahere*, si post litem contestatam; deserto autem vadimonio per reum, actor olim sententiam definitivam adversus reum impetrare non poterat; sed tantum juste desiderabat mitti in possessionem bonorum debitoris (11): quod tamen Imperator Leo deinceps actori concessit (12), ad exemplum rei, qui, actore absente, et tribus edictis citato, post annum petere poterat, ut caussa definiretur (13).

§ 461. Non dubium sane, quominus tum reus, tum fidejussor de reo sistendo teneatur ad id quod actoris interest, aestimatione facta ejus temporis, quo reus in judicio sistendus erat (14). Quamquam jure novo, quod Justinianum habet auctorem, post elapsum sistendi tempus adhuc induciae fidejussori dandae sunt, sed non ultra sex menses, intra quos poenam evitet, et praestationem ejus, quod

(1) l. *Si decesserit* 4 ff. hoc tit.
(2) Fab. Cod. *De Fidejussoribus* lib. 8, tit. 28, def. 24; V. vol. II, lib. 3, § 2081, pag. 1146.
(3) l. 1 Cod. *De fidejussorib.* (8, 41).
(4) l. *Graece* 8 § *et post* 3 ff. eod. tit. (46, 1).
(5) V. vol. II, lib. 3, § 2261, pag. 1170.
(6) d. vol. II, lib 3, § 2106, pag. 1150.
(7) d. vol. II, lib. 3, § 2107 pag. ibd.
(8) d. vol. II, lib. 3, § 2129, pag. 1153.
(9) Voet in ff. hoc tit. n 16 prop. fin; post alios plures.
(10) l. *Si ex duobus* 14; l. *Ex judicium* 16 ff. *Judicat. solvi* (46, 7).
(11) l. *Praetor ait* 2 ff. *Quib. ex causs. in possess. eat.* (42, 4); Novell. 53, cap. *si vero semel* 4.
(12) Novell. Leon. 108.
(13) Novell. 112, cap. *omnem vero* 3.
(14) l. *Fidejussor* 2 § ult. ff. hoc tit.; l. *Qui autem* 12 § 1 ff. *Si quis cautionib.* (2, 11).

interest, si reum sistat, prout vitare quoque potest, si rei sistendi defensionem post lapsum prioris temporis, sed ante finitas posteriores inducias suscipiat; atque ad finem perducat (1).

§ 462. Cessat obligatio praestandi id quod interest, si reus ante diem sistendi decesserit absque culpa, vel facto fidejussoris (2): nec non si reus juste impeditus fuerit, ne in judicium veniret, dummodo, sublato impedimento, paratum se sistere profiteatur (3). Justae autem caussae plures a jureconsultis enumerantur: puta necessitas obeundi muneris municipalis (4), aut testimonii in judicio dicendi (5), adversa valetudo, tempestas, vis fluminis, et similia (6); dummodo sine culpa rei haec contigerint (7); nec speciatim aliquibus ex hisce caussis renunciatum sit (8).

§ 463. Dicta haec sunt de reo: quod si actor statuto tempore sui copiam non faciat, reus juste petit, ut jam innuimus (§ 440), se ab instantia actoris absolvi, atque in expensas litis damnari actorem; qui rursus audiendus non est, nisi refusis impensis (9): quod si caussa per appellationem ad judicem superiorem delata sit, appellatio, reo petente, deserta pronunciatur, ita ut reus amplius nequeat conveniri (10). Morotar autem ille quoque habetur, qui in judicium venit, sed non agit, quod agere tenebatur; puta si actor nihil petat, vel reus non respondeat (11).

§ 464. Sed contumax non est, qui citatus ad judicem non competentem non venit, cum obedire non teneretur (12): utique si judex secundum jus commune incompetens sit, vel quia certum tantummodo caussarum genus definire possit, vel ratione territorii, cui impune non paretur (13): si autem reus ex singulari fori privilegio a jurisdictione judicis exemptus sit, pro contumaci habetur, si citatus non veniat, privilegium suum allegaturus; cum judicis sit aestimare, an sua sit jurisdictio, nec ne (14). Hinc tradit Faber semel, et iterum citatum a judice ordinario, si ad diem non compareat, amplius objicere non posse privilegium fori (15); quia approbare intelligitur jurisdictionem, qui per suam

(1) l. *Sancimus* 26 Cod. *De fidejussorib.* (8, 41).
(2) l. *Si decesserit* 4 ff. hoc tit.
(3) l. *Non exigimus* 2 § *si quis judicio* 3 ff. *Si quis cautionib.* (2, 11).
(4) d. l. 2 § 1 *Si quis cautionib.*
(5) d. l. 2 § *simili modo* 2.
(6) d. l. 2 § *si quis judicio* 3 et seqq.
(7) d. l. 2 § penult. et ult.
(8) l. *Sed et, si quis* 4 § *quaesitum est* 4 ff. eod. tit.
(9) l. *Et post edictum* 73 § *circumducto* 2 ff. *De judic* (5, 1)
(10) l. ult. § *illud etiam* 4 Cod. *De temporib. et reparat. appellation.* (7, 63).
(11) l. *De aetate* 11 § *qui tacuit* 4 et § *nihil interest* 7 ff. *De interrogat. in jur. faciend.* (11, 1).
(12) l. *Contumacia* 53 § ult. ff. *De re judicat.* (42, 1).
(13) l. ult. ff. *De jurisdiction.* (2, 1); Fab. Cod. *De jurisdict. omn. judic.* lib. 3, tit. 12, def. 4.
(14) l. *Si quis ex aliena* 5 ff *De judic.* (5, 1).
(15) Fab. Cod. d. lib. 3, tit. 12, def. 3.

contumaciam judicem coegit, ut se rursus vocari jubere debuerit.

§ 465. Quia autem contumacia ipso jure non inducitur, sed ad instantiam alterius partis praesentis decernitur a judice, qui irrequisitus officium suum impertiri non solet (1), idcirco si nec adversarius judicio sistat, in mora positus non judicatur, qui abfuit; utriusque absentia, ita dixerim, seu potius mora compensata (2).

§ 466. Neque contumax creditur, qui procuratorem habet, et per eum se judicio sistit: nisi judex ex justa aliqua caussa decreverit, ut dominus ipse liti adsit; quo tamen casu plures existimant, per procuratorem plenissimo mandato instructum sistere posse, nisi judex aliter statuat (§ 54). Qui autem ad lites tantum civiles in jus vocatus est, ut ex ore de accusatione respondeat, statim ac responderit, abire sponte potest, nec expectare cogitur, ut a judice dimittatur (3). Quid de caussis criminalibus sentiendum sit, supra expendimus (§ 55 ad 57).

§ 467. Caeterum non statim pro contumace habendus, qui praefinita die nec per se, nec per procuratorem in judicium venit, cum justas habere possit excusationis caussas (§ 462): immo morae purgatio, refusis utique expensis, ante latam definitivam sententiam non aegre admittitur (4): atque nullas contumaciae poenas patitur, qui tardius utique, sed judice adhuc pro tribunali sedente se sistit (5).

§ 468. Quae hactenus pertractavimus, pertinent ad eum casum, quo quis per se in judicio sistat, sive agendo, sive defendendo: si vero procuratoris opera utatur, prout apud nos cautum (§ 43), legitimo mandato instructus esse debet procurator, vel de rato cavere, si de mandato dubitetur (6), aut de conjunctis personis agatur, quas sine mandato agere, et defendere patiuntur Romanae leges, ut supra diximus (7).

§ 469. Pro hujus tituli coronide quaedam subjicienda putamus ex Fabro, utpote ad praxim accommodata; videlicet de loco praestandae satisdationis; de modo, quo praestanda est; de personis, quibus incumbit satisdandi necessitas; atque de caussis, propter quas satisdandum est. Quod pertinet ad locum, generalis regula est, fidejussorem dandum esse in ea provincia, in qua quis dare jussus est; etiamsi reus bona immobilia habeat in eadem provincia (8); quia ubi satisdatio necessaria est, nec pignora admittuntur, nec juratoria cautio (1). Immo nec aliud erit, si Fabro assentimur, licet is collaudatorem det in provincia; quippequi nonnisi in defectum fidejussoris tenetur; vel etiamsi injuncta proponatur satisdatio in executionem judicati pro debito, quod extra provinciam solvi debuerit (2).

§ 470. Quia tamen ab aequitate alienum est, ut quis jus suum amittat, quia fidejussorem dare non potest, etsi maxime velit (§ 427), quemadmodum animadvertit idemmet Faber (3); atque Ulpianus tradit, audiendum esse eum, qui in alia provincia, fidejussorem dare paratus sit, si in ea provincia, in qua convenitur, dare non possit, cum necessaria est satisdatio, seu a judice decreta (4), idcirco, si constet, adversarium satisdandi necessitate oneratum omnem adhibuisse diligentiam, ut fidejussores inveniret, nec invenire potuisse, vel cautio juratoria admittenda, vel pignora, aut fidejussor in alia provincia probandus (5); potissimum, si per pignus abunde cautum sit creditori (6): ne summum jus in summam injuriam vertatur.

§ 471. Praestanda est satisdatio plerumque adversario praesente, aut saltem vocato (7), ut alleget, si quas habeat exceptiones adversus fidejussorem, puta, quia minus idoneus sit facultatibus, conveniendo difficilis, aut fori privilegio gaudens (8): attamen satisdatio, quae praestari solet pro executione instrumenti, ut ajunt, guarentigiati, etiam inaudito adversario praestari potest (9), tum quia instrumenta haec ex trito axiomate vim habent sententiae et condemnationis; tum quia reus admonitus fugere posset, et condemnationem evadere.

§ 472. Aliquando praestanda est satisdatio de non offendendo, cum nempe probantur minae atroces, praesertim ab eo factae, qui minas exequi soleat (10): quod si quis jussus sit non tantum satisdare, sed et in perpetuum exilium ire, atque prae inopia nec fidejussores, nec pignora dare possit, placuit Sabaudo Senatui, jubendum eum sub ultimi supplicii comminatione statim patria decedere; ita ut nec modicum tempus, licet postulet, ei indulgendum sit ad colligendas sarcinulas (11), quod aliis relegatis ex humanitate concedi solet, et debet (12); ne quid interim comminiscatur in necem illius, cujus saluti judex prospicere voluit.

(1) l. *Properandum* 13 § *et si quidem* 2 ver. in princ. versic. *parte fugiente* Cod. *De judic.* (3, 1); l. *Ad peremptorium* 63 ff. eod. tit. (5, 1).
(2) l. *Si ambo* 10 § *quoties* 2 ff. *De compensationib.* (16, 2).
(3) Fab. Cod. *De in jus vocand.* lib. 2. tit. 2, def. 11.
(4) *Reg. Constit.* lib. 3 tit. 5, § 6.
(5) l. penult. ff. *De in integr. restit.* (4, 1).
(6) § *sin autem* 3 § 4 et 5 Instit. hoc tit.
(7) V. supra § 53 et seqq.
(8) l. *Si fidejussor* 7 § 1 ff. hoc tit.; Fab. Cod. hoc tit. lib. 2, tit. 39, def. 22 in princ.

(1) l. *Praetoriae* 7 ff. *De stipulat. praetor.* (46, 5).
(2) Fab. d. def. 11, n. 7 et seqq.
(3) Fab. Cod. hoc tit. def. 8 in princ.
(4) d. l. *Si fidejussor* 7 § 1 ff. hoc tit.
(5) d. l. 7 § 1. V. vol. II, lib. 3, § 1981, pag 1133.
(6) Fab. Cod. hoc tit. def. 12.
(7) Fab. Cod. hoc tit. lib. 2, tit. 39, def. 1, n. 6 et seqq. et def. 13 in princ.
(8) l. *Fidejussor* 2; l. *Si fidejussor* 7 ff. hoc tit.
(9) Fab. Cod. hoc tit. d. def. 13, n. 5 et seqq.
(10) V. vol. II, lib. 3, § 1979, pag 1133.
(11) Fab. Cod. hoc tit. lib. 2, tit. 39, def. 6.
(12) argum. l. *Ab hostibus* 15 § ult. ff. *Ex quib. causs. major.* (4, 6).

§ 473. Quoad personas, quibus satisdandi onus incumbit, referri potest curator absentis bonis datus; ut enim absenti quandoque reversuro consultum sit, judex exigere debet satisdationem a curatore potissimum inope; futurum alioquin, ut judex ipse in subsidium teneatur (1). Legatarius quoque, cui pecunia, vel alia res mobilis legata sit ad aliquid faciendum, audiendus non est, nisi satisdet se id facturum (2). Quod si judex aliquem condemnet, sed sub onere cautionis restituendi (prout fieri debet, quoties imminet periculum, ne victor in alio judicio condemnetur (3), vel victus alterum indemnem servare tenetur, puta mulierem de dote (4)), quod judicari contigerit; cautio juratoria sufficere potest, si fidejussores non inveniat cavere jussus; nisi utrique parti consuli possit, remisso fundo apud tertium, qui fructus percipiat, et victori caventi tradat (5).

§ 474. Sed satisdare non tenetur venditor, qui sive sponte, sive coactus suscipiat defensionem fundi pro emptore, hypothecaria, vel rei vindicatione convento (6); tum quia id nulla lege cautum est; tum quia hic rem propriam defendere videtur (7), cum de evictione teneatur: adeoque ad ipsum non pertinet, quod de procuratoribus sine mandato defendentibus constitutum est (8).

§ 475. Neque satisdandi onus incumbit filio legitimo, cui, lite pendente, certa quantitas pro alimentis, et sumptibus litis ex paternis bonis adjudicatur provisionaliter, ut ajunt (9); quia alimenta haec, et sumptus ita debentur, ut vix unquam repeti possint; iisque facile careret, si nonnisi sub conditione satisdationis ea obtinere posset; cum vix inveniat fidejussorem, qui nulla habet bona: quinimmo idem favor tribuendus est filio naturali, qui ab intestato petat portiunculam successionis (10), sive quantitatem sibi testamento relictam (11); cum alimenta naturali quoque filio ex aequitate debeantur, prout alibi demonstravimus (12).

§ 476. In caussis beneficialibus non solet Senatus, ait Faber, condemnare illum, pro quo vindicia dixit, ad praestandam satisdationem de fructibus beneficii restituendis adversario, fortassis tandem victoriam litis habituro, neque si condemnatus nova instrumenta proferat ante judicati executionem (1), licet alias praestanda sit haec cautio pro executione provisionalis sententiae etiam a Senatu latae (2); quia pro possessore bonae fidei habendus sit, qui auctore Senatu possidet. Si tamen suspicio sit, ne tandem succumbat, qui nunc obtinet, atque publice intersit, ne jaceat beneficii possessio, cautio exigitur (3).

§ 477. Postremo, etsi agatur ex instrumento authentico, et guarentigiato, ut ajunt, seu cujus vi competit exactio sine strepitu, et figura judicii, attamen ante sententiam, et condemnationem non potest debitor praecise cogi ad solvendum, nisi oblata per creditorem satisdatione (4): ne judicium incipere videatur ab executione, quod jura non sinunt (5). Excipit Faber casum, quo obtentae sint a Principe litterae, quas de debitis appellant; quarum vi instrumentum sine satisdationis onere paratam habet executionem (6). Haec autem cautio, cum eam praestari opus est, inaudito etiam adversario praestari potest (§ 471).

(1) argum. l. 1 et pass. ff. *De magistratib. conveniend.* (27, 8); Fab. Cod. hoc tit. lib. 2, tit. 39, def. 18.

(2) l. *Quibus diebus* 40 § ult. ff. *De condit. et demonstrat.* (35, 1); Fab. Cod. hoc tit. def. 19.

(3) l. *Is, a quo* 57 ff. *De rei vindic.* (6, 1).

(4) argum. Novell. 4, cap. ult. in fin. princ.

(5) argum. l. *Si fidejussor* 7 § 1 ff. hoc tit.

(6) Fab. Cod. hoc tit. lib. 2, tit. 39, def. 5.

(7) l. *Si cum venditor* 66 § *si secundus* 2 ff. *De evictionib.* (21, 2).

(8) l. unic. Cod. hoc tit.

(9) Fab. Cod. hoc tit. lib. 2, tit. 39, def 7 in princ.

(10) De qua in auth. *licet patri* post l. *Humanitatis* 8 Cod. *De natural. liber.* (5, 27).

(11) Fab. d. def. 7, n. 3 et 4.

(12) V. vol. 1, § 561, pag. 116.

(1) Fab. Cod. hoc tit. lib. 2, tit. 39, def. 2 in princ.

(2) argum. l. ult. Cod. *De ordin. cognition.* (7, 19); Fab. d. def. 2 in not.

(3) Fab. d. def. 2 in med. et def. 20.

(4) Fab. Cod. hoc tit. lib. 2, tit. 39, def. 1 in princ. et def. 13; *Reg. Constit.* lib. 5, tit. 22, cap. 6, § 1, 2, et 3.

(5) l. *Si cum nulla* 58 ff. *De re judicat.* (42, 1); l. 1 Cod. *De execut. rei judicat.* (7, 53).

(6) Fab. d. definit. 1, n. 3 et seqq. et d. def. 13, n. 8 et seqq.

TITULUS XVII.

DE PROBATIONIBUS

Instit. lib. 4, tit. 6 *De actionib.*
Digest. lib. 22, tit. 3 *De probat. et praesumptionib.*
Cod. lib. 4, tit. 19 *De probationib.*

SUMMARIA

§ 478. *Cur de probationibus ante exceptiones agendum sit?* — § 479. *Quae de probationibus sint investiganda?* — § 480. *Probatio est argumentum, quo facti dubii fides fit.* — § 481. *Probandum est jus, si de eo dubitetur. Facta notoria sufficit allegare.* — § 482. *Probatio alia dicitur artificialis, alia inartificialis.* — § 483 *et* 484. *Probatio dividitur in ordinariam et extraordinariam, in plenam et minus plenam.* — § 485 *et* 486. *Probationum minus plenarum aliae magis, aliae minus urgent. Prudens judicis arbitrium in probationum vi maxime versatur.* — § 487. *Probationes leviores sufficiunt in rebus, quae difficile probantur: gravioris momenti res graviora desiderant probationum argumenta.* — § 488. *Probationes probationibus aliquando jungi debent, indicia indiciis. Quid de confessione extra judicium et parte absente facta, cui consentiat unus testis?* — § 489. *Quae sint dubia ad fidem faciendam argumenta?* — § 490.

Fama publica nec semiplene probat. Quid de fuga suspecti? — § 491. *Verbis enunciativis judicis non creditur, nisi de illis, quae coram ipso fiunt, cum pronunciat.* — § 492. *Apparitori extra terminos officii referenti fides non adhibetur. Quid si jussus ad inquirendum de delicto suspectus allegetur?* — § 493. *Notarii assertio plene tantum probat ea, quae inter contrahentes geruntur coram ipso, cum actus celebratur.* — § 494. *Clausulae notariorum ex stylo apponi solitae plenam fidem non faciunt.* — § 495. *Enunciativa verba Principis maxime in antiquis plenam fidem faciunt, etiam inter alios, quid si narretur, aliquem rebellem fuisse, nec de crimine aliunde constet?* — § 496 *et* 397. *Verba enunciativa privatorum facilius probant in ultimis voluntatibus, quam in contractibus.* — § 498 *Quid si verba enunciativa apposita sint in contractu celebrato cum principe?* — § 499 *et* 500. *Litterae judicis, alteriusve personae publicae fidem faciunt, dummodo subscriptae sint. Quid de calendariis monasteriorum et libris, qui sint in archiviis alicujus universitatis?* — § 501. *Libri privatorum per se non probant favore scribentis. Quid de assertione defuncti in testamento facta?* — § 502. *Qui libros pro se producit, eos in totum probare videtur. Quid de libris ex necessitate officii conscriptis?* — § 503. *Libros probare non videtur, qui eos exhiberi postulat: utique, qui ab alio coeptum perficit?* — § 504. *Libri exactorum etiam pro scribente probare possunt.* — ? 505 *et* 506. *Mercatorum libri semiplenam fidem faciunt. Quid de libris proxenetarum?* — § 507. *Virgini asserenti se ab aliquo cognitam an fides adhibeatur?* — § 508. *Quid de inscriptionibus, titulis, insignibus, identitate nominis et purgationibus vulgaribus?* — § 509. *Ocularis inspectio quibus casibus permittatur?* — § 510. *Bona probantur feudalia vel emphyteuticaria ex unica recognitione. Quid de instrumentorum allegata amissione?* — § 511. *Insinuatio, et quilibet actus legitimus plerumque per scripturam probari debet. An quinque testibus, vel jusjurandi delatione scripturae probatio suppleri possit?* — § 512 *et* 513. *An clericatus per scripturam omnino probari debeat?* — § 514. *Quid de titulo in beneficialibus?* — § 515. *Quid de laesione per testes probanda?* — § 516. *Minor aetas plene non probatur contra tertium ex eo, quod alicui curator tamquam minori datus sit.* — § 517. *Actor intentionem suam probare debet, reus exceptionem.* — § 518. *An judex possit, si nec actor, nec reus probent, neque se ad probandum admitti petierint, eos ex officio admittere?* — § 519. *Probare generatim debet, qui praesumptionem contra se habet: puta haeres exhaeredationem rite factam fuisse, quid de mutatione voluntatis?* — § 520. *Duplex scriptura duplicis legati praesumptionem inducit. Quid de duabus liberationis apochis?* — § 521. *Quid de absentia, mentis sanitate, tempore vel casu fortuito?* — § 522. *Probationes fieri debent intra tempus continuum a lege, vel a judice constitutum.* — § 523. *Probatum habetur, quod statim maxime per jusiurandum probari potest* — § 524. *Probandum regulariter est post litem contestatam ante conclusionem in caussa. Quid si auctor in tertia tantum instantia laudetur?* — § 525 *et* 526. *Testes ad futuram rei memoriam aliquando audiuntur ante litem contestatam, citato tamen adversario.* — § 527. *Testes ad futuram rei memoriam apud nos, nonnisi facultate a Senatu obtenta, interrogare licet.* — § 528 *et* 529. *Qui testes ad futuram rei memoriam, actore vel reo urgente, interrogari possint?* — § 530. *Testes ad futuram rei memoriam, lite jam contestata, facilius audiuntur.* — § 531. *An judex facultatem indulgens audiendi testes senes, valetudinarios, vel proxime abfuturos, certus esse debeat de eorum conditione?*

§ 478. Explicata satisdationum materia, Justinianus novam actionum divisionem proponit, quarum aliae perpetuae sint, aliae temporales: sed de his supra locuti sumus, cum de actionibus generatim agebamus (1). Absoluto actionum argumento, Imperator progreditur ad exceptiones, quae actionibus opponuntur: verum, quia non sufficit actionem in judicio instituere, nisi actionis fundamentum probetur; ita ut ex trito axiomate, reus, actore non probante, absolvatur (2), idcirco opportunum ducimus prius disserere de probationibus, postea de diversis exceptionum generibus verba facturi: atque, ut unaquaeque res facilius percipiatur, prius de probationibus in genere, tum seorsim de praesumptionibus agemus. Quibus explicatis, praecipua argumentorum genera, quibus ab probandum utimur, expendemus.

§ 479. Haec sunt in hoc titulo explicanda; 1. Quid si probatio; 2. Quotuplex; 3. Quibus modis probatio fiat, seu quibus argumentis facti veritas potissimum in judicio demonstretur; 4. Cui incumbat probandi onus; 5. Quo tempore probatio fieri debeat.

§ 480. Probatio, quae a Cujacio definitur, intentionis suae legitima fides, luculentius ab aliis definiri videtur argumentum, quo facti dubii fides fit; *argumentum* dicimus, quod suppeditant instrumenta, testes producti ad fidem intentionis faciendam: *factum* probatur, non jus, quod judici notum est, vel esse debet (3): solius autem facti *dubii* fides desideratur; quae etenim per-

(1) V. supra § 3691 et seqq.
(2) l. *Qui accusare* 4 Cod. *De edend* (2, 1).
(3) l. 1 § *quorum* 4 ff. *Ad Senatusc. Tertullian.* (48, 16); l. *Ordine* 15 in fin. princ. ff. *Ad municipal.* (50, 1).

spicua sunt, seu, ut ajunt, *notoria*, probatione non indigent (1).

§ 481. Si tamen de jure dubitetur, tunc omnino probandum est, puta si lex minime promulgata dicatur, consuetudo neutiquam inducta (2): vel si quis alleget, adversarium suum aliquo jure prohibitum esse (3), puta advocatum, ne postulet (4). Facta autem notoria, licet probanda non sint, allegari tamen debent, ut adversarius, si malit, contendere possit, et notorium negare, quod tale asseritur (5).

§ 482. Argumenta, quibus rei dubiae fides fieri potest, alia dicuntur *artificialia*, quaedam *inartificialia*: unde et probatio alia vocatur *artificialis*, alia *inartificialis*. Artificialia argumenta sunt ea, quae ex re, seu facto ipso trahuntur; artificialia idcirco dicta, quia arte, et industria eruuntur: veluti a caussa, ab effectibus, vel intrinsecis rei adjunctis; unde et *insita* haec argumenta dicuntur, quia negotio ipsi insunt. Inartificialia, quae et assumpta vocantur, argumenta ea sunt, quae extrinsecus ad fidem faciendam adhibentur, veluti instrumenta, testes, jusjurandum, confessio adversarii, praesumptiones, seu praejudicia.

§ 483. Probatio ab argumentis, quibus facti fides fit, dividitur in ordinariam, et extraordinariam: ab efficacia in plenam, et minus plenam, seu, ut loquuntur pragmatici, semiplenam. Ordinaria illa est, quae fit per instrumenta, vel per testes: extraordinaria fit per jusjurandum, et confessionem adversarii, sive sponte emissam, sive quaestione extortam. Probatio, quae fit per ocularem, ut ajunt, inspectionem, ad ordinariam referri potest, quatenus periti et judex testium vicem sustinent, ad extraordinariam vero, quatenus, nonnisi caeteris deficientibus, admitti solet.

§ 484. Probatio plena dicitur, quae certam fidem facit; ita ut judex ea instructus sententiam tuto ferre possit. Minus plena, seu semiplena illa est, quae certam omnino fidem non facit, nec satis instruit judicem, ut sententiam ferat. Semiplena autem probatio ex duplici capite esse potest; vel quia argumenta per se satis firma non sint, puta si unus tantum adsit testis; vel quia argumenta, tametsi ex una parte certa videantur, contrariis tamen infirmantur: atque ideo judex in ancipiti haeret; cum probatio ex vulgato axiomate probationem enervet (6).

§ 485. Plane probationum, quae minus plenae sunt, non eadem conditio est; aliae enim magis, aliae minus urgent, et animum judicis instruere aptae sunt: atque ideo quandoque jusjurandum in supplementum probationis admittitur, quandoque non, prout suo loco explicabimus. Atque interdum plena probatio uni videri potest, quae alteri semiplenae tantummodo vim habere videtur. Hinc scite rescripsit imperator Hadrianus: *Quae argumenta, ad quem modum probandae, cuique rei sufficiant, nullo certo modo satis definiri potest: sicut non semper, ita saepe sine publicis monumentis, cujusque rei veritas deprehenditur: alias numerus testium, alias dignitas, et auctoritas, alias veluti consentiens fama confirmat rei, de qua quaeritur, fidem* (1). Haec potissimum spectant probandi modum, seu argumenta.

§ 486. Prosequitur Imperator de argumentorum vi pro ingeniorum diversitate. *Hoc ergo solum tibi rescribere possum summatim; non utique ad unam probationis speciem cognitionem statim alligari debere; sed ex sententia animi tui te aestimare oportere, quid aut credas, aut parum probatum tibi opinaris* (2): quibus verbis innuit Imperator, argumenta, quae satis firma ad veritatem demonstrandam uni videantur, ab alio infirmiora existimari: adeoque diligenter haec inspicere debet judex, ne rejicienda admittat, vel admittenda perperam rejiciat.

§ 487. De probationibus, quae fiunt per instrumenta, seu scripturas, per testes, jusjurandum, confessionem adversarii, cum in Pandectis, et Codice speciales titulos habeant, seorsim dicemus: reliquas vero in hoc titulo expendemus. Sed duo hic animadvertenda sunt. Imprimis leviores admittuntur, et sufficiunt probationes in rebus, quae difficile probantur (3), puta dolus, et simulatio (4), utpotequae in animo consistant: quare doli probatio est in arbitrio judicis pro locorum, temporum, et personarum diversitate (5); qui tamen in dubio pro instrumento pronunciare debet; nec doli exceptionem admittere, nisi ex gravissimis indiciis (6). Sed quae gravioris momenti sunt, graviora quoque probationum argumenta desiderant (7).

§ 488. Praeterea, cum certa alicujus rei singularia argumenta non suppetunt, probationes probationibus jungendae sunt, indicia indiciis puta confessio ejus, cujus interesse potest, testes etiam de auditu, fides librorum, in quibus referatur id de quo quaeritur, epistolae, et similia, ut alibi diximus agentes de pro-

(1) argum. l. 1 in fin. ff. *De actionib. empti* (19. 1); l. 1 § *furiosum* 12 ff. *De obligat. et actionib.* (44, 7); Fab. Cod. hoc tit. lib. 4, tit. 14, definit. 15; ubi de regulis cancellariae.

(2) l. *Cum de consuetudine* 34 ff. *De legib.* (1, 3).

(3) l. *Ab ea parte* 5 ff. hoc tit.

(4) l. 1 ff. *De postuland.* (3, 1); l. *Si qui* 5 Cod. eod. tit. (2, 6).

(5) V. Ab-Eccles. observat. 55 per tot.

(6) l. *Imperatores* 29 § 1 ff. hoc tit.

(1) l. *Testium fides* 3 § *ejusdem quoque* 2 ff. *De testib.* (22, 5).

(2) d. l. 3 § 2 in med.

(3) l. *Non omnes* 5 § *a Barbaris* 6 ff. *De re militar.* (49, 16).

(4) Fab. Cod. hoc tit. lib. 4, tit. 14, def. 12 et 13.

(5) Ibid. def. 60 in fin.

(6) Ibid. def. 51.

(7) l. *Ad probationem* 22 Cod. hoc tit.

banda filiatione (1). Hinc, licet confessio extra judicium, et parte absente facta nonnisi semiplene probet (2), si tamen adsit testis, qui de rei veritate testificetur, benignius est jungi utramque probationem, ut ex duabus semiplenis una plena fiat, de qua dubitari non possit (3).

§ 489. Hisce praemissis, quaedam argumenta sunt, de quibus dubitari potest, an et quousque fidem faciant, nimirum fama publica, fuga suspecti, assertio enunciativa judicis, notarii, Principis, vel cujuscumque privati; litterae, libri acceptorum, et expensorum, vel mercatorum, inscriptiones, tituli, insignia, identitas nominis: ocularis, ut ajunt, inspectio, professio, et recognitio.

§ 490. Fama publica ex communi sententia nec plene probat, nec semiplene (4), sed indicium dumtaxat praebet, quo judex in criminalibus pleniorem rei investigationem instituat (5): *consentiens tamen fama confirmat rei, de qua quaeritur, fidem* (6). Idem dicendum de fuga (7): ex trito axiomate nemo pati tenetur, ut injuria, vel jure in carcerem conjiciatur: si tamen quis vi publici officii in loco remanere debeat, et fugiat, graviorem criminis suspicionem injicit (8).

§ 491. Verbis enunciativis judicis de litigatorum facto, aut jure non credimus, ait Faber, nisi de iis, quae coram ipso fiunt, cum pronunciat, sicuti neque notario, aut scribae judicis dicenti, mandatum sibi fuisse testium audiendorum potestatem, si aliunde mandato non appareat (9). Si ergo judex per sententiam asserat, se vidisse instrumentum ab actore productum, quo continebatur, res actione depositi petitas penes reum depositas fuisse, negari quidem non potest, quin instrumentum productum et visum fuerit, non tamen probatur factum depositum, si alia non concurrant adminicula (10); vel si longum tempus a sententia non praeterierit, ex quo omnia rite gesta praesumuntur (11).

§ 492. Multo minus fides adhibenda est apparitori referenti eum, quem, instante creditore, in jus vocaverit tamquam fidejussorem confessum se fidejussisse, si postea ille neget (12): res haec egreditur terminos officii apparitoris: proinde aliis argumentis probanda est. Jussus a magistratu, vel inferiore judice ad inquirendum de delicto, licet ab eo appelletur, tamquam non habente potestatem, vel tamquam suspecto, inquirere tamen debet; atque judicis erit aestimare, quae fides ipsi referenti adhibenda sit: alioquin aperiretur via eludendi magistratus, et facile perirent probationes delictorum, quae patefieri publice interest (1).

§ 493. Notarii assertio ex unanimi pragmaticorum sententia plenam tantummodo fidem facit de illis, quae inter contrahentes geruntur, non de aliis (2): dummodo coram ipso fiant, cum celebratur actus, de quo rogatus fuit, et incontinenti; ita ut nec ei credendum sit, si hodie dicat, se heri vidisse numerationem pecuniae, quia tempore numerationis non fuit rogatus; adeoque non nisi [illegible]mquam privatus de ea testari potest (3).

§ 494. Hinc, ut alibi diximus (4), licet notarius affirmaverit, testatorem sanae mentis fuisse, cum suprema ordinaret, contraria tamen probatio admittitur citra falsi accusationem, cum clausula haec potius adjecta censeatur ex stylo notariorum: non secus ac aliae clausulae, quibus exprimere solent notarii, neque dolo, neque vi, neque metu aliquid gestum fuisse: aut mulierem certioratam de vi Senatusconsulti Vellejani, cujus exceptioni renunciavit: quo tamen casu mulieri contrarium asserenti onus probandi incumbit (5), cum adversus ipsam stet praesumptio (6). Quinimmo, licet notarius scripserit in praefatione, aliquem codicillos facere voluisse, non tamen codicilli facti judicabuntur, si testamento magis, quam codicillis congruant, quae in ea scriptura continentur (7): plus valet, quod agitur, quam quod agi dicitur (8).

§ 495. Enunciativa Principis verba, potissimum in antiquis, plenam fidem faciunt etiam inter alios (9): non tamen, si narretur aliquem rebellem fuisse, nec de rebellione aliunde appareat (10); cum enim gravissimae adversus rebelles poenae constitutae sint (11), et Princeps fraudibus impiorum, et calumniantium falli possit, qui veritate cognita aliud narraturus esset (12),

(1) V. vol. I, lib. 1, § 461 et 462. pag. 160.

(2) l. *Certum* 6 § *si quis absente* 3 ff. *De confess.* (42; 2).

(3) Fab. Cod. hoc tit. lib 4, tit. 14, def. 66.

(4) Voet in ff. hoc tit. n. 4.

(5) l. *Congruit* 13 ff. *De offic. praesid.* (1, 18); l. *Tutor quoque* 3 § *praeterea* 4 ff. *De suspect. tutoribus* (26, 10).

(6) l. *Testium fides* 3 § *ejusdem* 2 ff. *De testibus* (22, 5).

(7) Novell. 53, cap. *si vero* 4; l. *Impuberibus* 7 § *praeterea* 2 et seq. ff. *De suspect. tutorib.*; l. 1; l. *Annus* 4 ff. *De requir. reis etc.* (48. 17).

(8) l. *Consiliarios* 3 Cod. *De adsessorib.* (1. 51); junct. l. unic. Cod. *Ut omn. judic.* (1, 49). V. Mascard. *De probat.* V. Fuga conclus. 820 ad 823.

(9) Fab. Cod. hoc tit. lib. 4, tit. 14, def. 7 in fin.

(10) d. def. 7 in princ.

(11) d. def. 7 in not.

(12) Ibid. Cod. hoc tit. lib. 4, tit. 14, def. 28.

(1) Fab. Cod. hoc tit. def. 37.

(2) Ibid. def. 26, in fin. V. Osasc. dec. 172.

(3) Fab. d. def. 26 in not.

(4) V. vol. II, lib. 2, § 4909. pag. 64.

(5) Fab. Cod. hoc tit. lib. 4. tit. 14. d. definit. 26 in princ. et n. 5.

(6) l. *Ab ea parte* 5 princ. et § 1; l. *Quoties* 18 ff. hoc tit.

(7) Fab. d. def. 26, n. 4.

(8) l. 1 Cod. *Plus valer. quod agit.* (4, 22).

(9) Fab Cod. hoc tit. lib 4, tit. 14, def. 67, n. 1.

(10) Fab. d. def. 67 in princ V. Osasc. dec. 122, n. 4.

(11) Nempe amissionis omnium bonorum, et privilegiorum.

(12) argum. l. ult. Cod. *De divers. rescript.* (1, 23).

verba haec eo trahi non debent, ut injuriarum occasio inde nascatur, unde profluunt jura (1).

§ 496. Pertinent haec ad verba enunciativa eorum, qui publico munere, vel jure funguntur: quoad caetera distinguunt pragmatici ultimas voluntates a contractibus. Facilius probant in ultimis voluntatibus, quia facilius et frequentius inducunt dispositionem (2), quam in contractibus; in quibus non disponunt, nisi a presenti dicta sint (3); contra in ultimis voluntatibus unice inspicitur, in quem testantis intentio dirigatur (4); atque disponere censentur, dummodo conferantur in tempus praeteritum, per se, non incidenter (5).

§ 497. Sane verba enunciativa etiam in contractibus, licet non disponant, probare tamen possunt inter easdem partes, inter quas probata fuerunt (6), immo etiam inter alios in antiquis, ut ajunt (7); ita ut contrariae probationis onus transferant in adversarium (8), contra quem stat praesumptio: vel in rebus, quae difficilis sunt, probationis, puta filiatio (9); nobilitas ex antiquis familiae instrumentis probatur, potissimum si aut coram Principe, aut apud Principis rationales instrumenta illa conscripta proponantur (10).

§ 498. Quinimmo recte monet Faber, verba enunciativa apposita in contractu celebrato cum Principe generatim probare, si verosimile sit, quod enunciatur (11); puta si maritus dicatur contraxisse ex mandato uxoris, de quo aliunde non constat (12); licet enim mandatum plerumque non praesumatur, non tamen probabile est, Principem contracturum fuisse cum eo, qui se mandatum habere ait, nisi viso mandato; Princeps non praesumitur ignorare jura, quae habet in scrinio pectoris (13).

§ 499. Litterae judicis, vel alterius publicae personae, Episcoporum, Abbatum et similium, dummodo subscriptae ab eo, cujus nomen praeferunt, vel ab ejus amanuensi, aliove mandatum subsignandi habente; fidem faciunt (14); quod receptum tum propter scribentis auctoritatem, tum ad publicam utilitatem, ut lites minuantur (15). Kalendaria monasterii, potissimum in antiquis, probant solutiones annuarum praestationem favore monasterii (1), tum favore piae caussae, tum antiquitatis veneratione.

§ 500. Libri acceptorum et expensorum reperti in archiviis monasterii probant quoque favore monasterii, immo et contra tertios in antiquis (2): atque idem ex identitate rationis dicendum de libris, qui in cujuscumque alterius universitatis archiviis existant. Quod spectat ad caeteros libros, generalis traditur regula, eos per se non probare favore scribentis, nisi publicam fidem habeant, vel habere videantur, utique vero contra ipsum (3); *exemplo perniciosum est*, scite rescribit Gordianus, *ut ei scripturae credatur, qua unusquisque sibi adnotatione propria debitorem constituit* (4). *Unde*, subjicit Imperator; *neque fiscum, neque alium quemlibet ex suis subnotationibus debiti probationem praebere posse oportet* (5).

§ 501. Igitur libri, qui privata tantum fide nituntur, pro scribente per se non probant, nec pro scribentis haeredibus, quemadmodum nec probat assertio defuncti testamento facta pro haeredibus (6); immo nec contra ipsos, nisi jurejurando firmata sit (7): nimirum si testator asseruerit etiam adjecto jurejurando sibi deberi centum a Titio, haec assertio non probat debitum Titii, sed si, cum Titius deberet ducenta, testator dixerit cum jurejurando, centum dumtaxat debere, haeredes huic assertioni stare tenentur, non tam in vim assertionis, quam praesumptae legatae liberationis (8).

§ 502. Sed superior regula (§ 500) exceptionem habet, si pars adversus libros probaverit, et produxerit pro parte exonerationis contra scribentem: potissimum si quaestio sit de libro confecto ex necessitate officii; quia propter officii unitatem contenta in libro videntur ita connexa, ut separari non possint; ita ut una pars tendat ad perfectionem alterius (9). Immo, si scribens notae sit probitatis et famae, aliaque concurrant indicia, aliquando fides adhiberi potest libris ab eo scriptis ejusdem favore (10).

§ 503. Sed quid, si adversarius libros ab altero scriptos exhiberi postulaverit? Non ideo eos approbare censetur; cum exhibitio eo fine fieri possit, ut contra scribentem argumenta ex libro eruantur (11). Approbasse potius videtur prius scripta, qui librum ab alio conscribi coeptum

(1) l. *Meminerint* 6 Cod. *Unde vi* (8, 4).
(2) l. *Publia* 26 § 1 ff. *Depositi* (16, 3).
(3) l. *Non solum* 49 § ult. in fin. ff. *De pecul.* (15, 1); l. *Nuda ratio* 26 ff. *De donat.* (39, 5).
(4) l. *Miles* 75; l. *Cum pater* 77 § *donationis* 26 in fin. ff. *De legat.* 2. (31, 1).
(5) l. *Ex hac scriptura* 16 ff. *De donat.* V. Fab. Cod. hoc tit. lib. 4. tit. 14 def. 23 in princ.
(6) l. penult. Cod. *De contr. et commit. stipulat.* (8, 38); Fab Cod, hoc tit. lib. 4. tit, 14, def. 23 prop. fin.
(7) Fab. d. def. 23 in fin.
(8) Ibid. def. 6 in princ.
(9) d. def. 6 in fin. et in not. et def. 28.
(10) Ibid. def. 27.
(11) l. ult. in princ. ff. *Quod met. causs.* (4, 2).
(12) Fab. Cod. hoc tit. lib 4. tit. 14. def. 63.
(13) l. *Omnium* 19 Cod. *De testament.* (6, 23).
(14) Fab. Cod. hoc tit. lib. 4, tit. 14, def. 19 et 20.
(15) d. def. 19 in not.

(1) Fab. Cod. hoc tit. def. 58.
(2) Ibid. definit. 61; Osasc. decis. 69, n. 5, ubi de instrumentis repertis in archivio Principis.
(3) l. *Instrumenta* 5 Cod. hoc tit.
(4) l. *Exemplo* 7 Cod. hoc tit.
(5) d. l. 7 in princ.
(5) l. *Rationes* 6 Cod. hoc tit.
(7) auth. seq. *quod obtinet*, post d. l.
(8) argum. l. *Cum pater* 77 § *filius* 23 ff. *De legat.* 2. (31, 1).
(9) argum. l. penult. Cod. *De re judicat.* (7, 52).
(10) Mascard. *De probat.* conclus. 976, n. 3.
(11) l. *Non omnis* 19 ff. *De reb. credit.* (12, 1).

perficit, seu in eo scribere pergit (1). Potiori ratione ab utroque probatus videtur liber, qui ab utroque diversis temporibus, sed communi consensu scriptus proponitur.

§ 504. Diximus, librum pro scribente non probare, nisi publicam fidem habeat, vel habere videatur (§ 500). Publicam fidem habent libri scripti ex officio, puta ab exactore tributorum, utique quoad ea, quae ad officium pertinent, maxime si nec lucrum, nec damnum inde habeat, qui ex officio scripsit (2): ita passim receptum, suadente publica utilitate, ne facile convellatur fides eorum, qui publico munere funguntur in rebus, quas ex officio gerunt; licet aliud jure Romano obtinuisse videatur (3).

§ 505. Quod pertinet ad libros mercatorum, an pro ipsis probent, non una est omnium sententia. Plerique tamen putant, plene non probare (4), nisi constet de mercatoris integritate (5), vel alia adsint indicia, veluti ex dicto testium, qui alioquin plene non probarent: quo casu, si judici videatur, jusjurandum mercatori in supplementum probationis deferri potest (6).

§ 506. Huic sententiae fere consonat jus regium, quo nunc utimur; eo quippe cautum, ut libri mercatorum et mensam argentariam exercentium, dummodo ex praescripto confecti et scripti sint (7), semiplenam fidem in judicio faciant adversus debitores per quinquennium a die adnotationis computandum (8); non ultra, nisi debita post quinquennium a debitoribus subscripta sint, aut intra id tempus debitores in judicio ad solvendum interpellati fuerint (9). Sed plena fides adhibetur jurejurando firmatae assertioni, nec non libris proxenetarum, qui legitimo modo facti et scripti deprehendantur; admissis tamen contrariis probationibus, si ita magistratui negotiationi praeposito videatur, rerum adjunctis pensatis (10). Sed de his satis, caeteros probationum modos prosequamur.

§ 507. Virgini asserenti, se ab aliquo uxorem non habente (11) cognitam, credi solet, nisi aliud suadeant peculiares conjecturae: non tamen meretrici, vel quae jam cum alio deliquit; nec his jurare permittitur, aut jusjurandum deferre (12), cum turpes personae sint, quas ideo judices in caussa sua fieri non decet (1).

§ 508. Probationis quoque, vel praesumptionis pro adjunctorum diversitate vim habere possunt inscriptiones, tituli rebus impositi, arma et insignia (2). Identitas nominis et cognominis probat identitatem personarum, saltem si alia concurrant indicia: atque incidenter tantum de identitate tractetur (3); alioquin si principalis quaestio sit de personarum identitate, plenius haec probanda est (4). Quibus in casibus per monitorii publicationem res occultae probentur, tractat Faber (5). Purgationes vulgares, quae aliquando ex temporum improbitate invaluerunt, atque fiebant per flammam, ferrum candens, aquam frigidam, aut ferventem, duellum et similia, cum nullum habeant fundamentum, nullam omnino fidem faciunt (6).

§ 509. Deficientibus caeteris probationibus, locus fit oculari, ut ajunt, inspectioni; atque apud nos cautum, ne ad hunc probationis modum judex progrediatur, nisi urgeat necessitas, cui suppleri nequeat per judicium peritorum: nisi forte uterque collitigator eam postulet: quod si uno instante fiat, hujus oneri sunt impensae omnes, quae majores fieri debuerint (7). Quo autem modo, quo tempore et quorum interventu inspectio fiat, fuse explicatur (8).

§ 510. Supra diximus, plenius probanda esse, quae gravioris momenti sunt (§ 567): hinc sufficit quidem unica professio, et recognitio, ut bona probentur feudalia, vel emphyteuticaria, sed duplex requiritur, si persona dicatur talliabilis, et dedititiae conditionis (9), nisi praeter unicam recognitionem alia concurrant adminicula, ex quibus constet, non sine caussa, vel effectu eam factam fuisse, puta si illa referatur ad aliam antiquiorem, designato die et consule (10). Hinc etiam traditum, instrumentorum amissionem, si ideo tantum allegetur, ut alia fieri possint, satis intelligi probata, si facta superioris auctoritate diligenti inquisitione non reperiantur, sed si exhibenda, aut restituenda sint, casus probari oportet, adjecto etiam purgationis jure jurando (11).

§ 511. Hinc etiam per scripturam probari plerumque debent, quae gravioris momenti sunt, veluti insinuatio, et quilibet actus legitimus, qui apud acta fieri jubetur, puta adoptio, legitimatio,

(1) argum. l. *Ita autem* 5 § 1 ff. *De admin. et peric. tutor.* (26, 7); V. Ab-Eccles. observ. 50, n. 15 ad 19.
(2) Mascard. *De probat.* conclus. 976, n. 34 ad 36.
(3) l. *Exemplo* 7 Cod. hoc tit.
(4) d. l. *Instrumenta* 5; l. *Exemplo* 7 Cod. hoc tit.
(5) Mascard. *De probat.* d. conclus. 976. n. 14.
(6) Mascard. d. loc. n. 12, Ab-Eccles. observat. 50 in fin. †
(7) Modus describitur in lib. 2, tit. 16, cap. 4, § 1 ad 8 *Reg. Constit.*
(8) *Reg. Constit.* ibid. § 9.
(9) Ibid. § 10.
(10) Ibid. § 16.
(11) Si uxorem ille habeat, virgini non creditur, ne temere turbetur matrimonium, et unius mulierculae testimonio alioqui suspecto accusatio adulterii perficiatur, Fab. Cod. *De testib.* lib. 4, tit. 15, def. 49.
(12) Fab. Cod. hoc tit. lib. 4, tit. 14, def. 18.

(1) l. 1 ff. *Quar. rer. act. non dat.* (44, 5).
(2) Fab. Cod. hoc tit. lib. 4, tit. 14, def. 47.
(3) Ibid. def. 35.
(4) l. *Ad probationem* 22 Cod. hoc tit.; Fab. d. definit. 35 in fin.
(5) Fab Cod. hoc tit. def. 49 50, 54, 63
(6) Voet *in Pandect.* hoc tit. n. 6.
(7) *Reg Constit.* lib. 3, tit. 13, § 1.
(8) Ibid. § 2 et seqq.
(9) l. *Cum scimus* 23 Cod. *De agricol. et censit.* (11, 47); V. *Reg. Constit.* lib. 5, tit. 17, cap. 1 § 1 et seqq.
(10) Fab. Cod. hoc tit. lib. 4, tit. 14, def. 10.
(11) Ibid. def. 37.

emancipatio (1), et similes (2). Si tamen scriptura reperiri nequeat, per testes ipsa probari potest (3): sicuti et per duos testes ex communi sententia probatur, testamentum solemniter, et coram saptem testibus factum fuisse (4). Insinuatio autem donationis satis probata intelligitur ex donantis confessione scripta in instrumento inter alios confecto, etiam adversus singularem successorem (5) Atque generatim tradunt pragmatici quinque testibus, vel jurisjurandi delatione probari posse, quae scripturam, vel lege, vel statuto requirunt (6). Debiti in scriptis contracti solutio, si modo scriptura ex contrahentium voluntate omnino necessaria fuerit, per scripturam vel quinque testes probari debet, saltem si quinquaginta aureorum summam excedat (7).

§ 512. Clericatus quoque per scripturam probandus est, nisi amissa sit scriptura, eaque per testes probetur (8): scripturas autem, quae proferuntur ad huno finem, subscriptas esse oportet ab Episcopo, vel ejus vicario generali, nisi constet Episcopum solere pro subscriptione sigillum suum, et secretarii manum adhibere (9), maxime si alios ordines, et praesbyterarum fuerit ille consecutus (10).

§ 513. Quinimmo, subjicit Faber, cum de sola beneficii possessione apud judicem laicum agitur, sufficit, si se in quasi possessione clericatus esse prob. t, qui se clericum dicit (11): quasi possessio haec praesumptionem inducit, quae onus transfert contrariae probationis in adversarium(12); sed possessio beneficii non satis probatur ex eo, quod pater fructus beneficii per aliquod tempus perceperit, nisi probetur percepisse tamquam procurator filii (13); adeoque constet de mandatu(14); neque enim intelligi potest percepisse tamquam legitimus administrator filii in beneficialibus; cum in his filiusfamilias non sequatur jus potestatis (15).

§ 514. Eadem ac clericatus (§ 511) conditio non est tituli in beneficialibus, quippequi probandus omnino est per scripturam; cum enim non tantum quaeri oporteat, utrum aliquis fuerit titulus, sed etiam, an legitimus sit, et validus, quod sciri non potest, nisi ex scripturae inspectione, testes, qui dicant, se eam scripturam vidisse, non sufficiunt (1). Nec alleganti prodest confessio adversarii, sive vera, sive ficta, quae pe contumaciam inducitur, cum sine canonica institutione nequeat beneficium possideri (2); nec prosit, aut noceat confessio in his, quae a confitentis voluntate non pendent (3). Si tamen non agatur de jure, et possessione beneficii, sed de illis, quae ex hac possessione pendent, sufficit nominatio et confessio adversarii, nisi haec per errorem facta demonstretur (4): atque interim, donec de errore constet, confessio etiam de facto alieno, aut interpretatione contractus, vel consuetudinis confitenti nocet (5).

§ 515. Si agatur de probanda per testes laesione ad p tendam restitutionem in integrum, scite monet Faber, parum tutam esse veterum interpretum traditionem asserentium, magis credi duobus testibus laesionem pro venditore affirmantibus, quam mille pro emptore negantibus (6): hac admissa sententia, vix ultra superest facultas emptoribus excludendae laesionis per contrarias probationes. Quare potius inspiciendum est, utra ex parte plures sint testes, aut fide digniores, aut qui verosimiliora deponant (7); ita tamen, ut caeteris paribus magis credatur paucioribus affirmantibus, quam pluribus negantibus, si eidem Fabro assentimur (8), forte quia in dubio humanior sententia pro venditore, qui de damno vitando certat, tenenda sit: quamquam assertio haec difficultate non caret.

§ 516. Minor aetas non plene probatur contra tertium ex eo, quod curator alicui tamquam minori datus sit (9); cum per errorem vel dolum dari curator potuerit maiori: sed probatur adversus eos, qui curatoris dationi adfuerunt et consenserunt (10); quippequi praesumuntur aetatem perspectam habere: adeoque contrariae probationis onere adstringuntur (11).

§ 517. Probare tenetur generatim actor suam intentionem, ut ajunt (12), itaut reus, actore neutiquam probante, absolvatur (13); neque reus

(1). Fab. Cod hoc tit. lib. 4. tit. 14. def. 5 in princ.
(2) De quibus in l. *Actus legitimi* 77 ff. *De reg. jur.* (50, 17).
(3) l. *Testium facilitatem* 18 Cod. *De testib.* (4, 20); Fab. d. def. 5, n. 4 et seq.
(4) Fab. d. def. 5 in fin.
(5) d. def. 5, n. 7 et 8; argum. l. *Sciendum* 30 ff. *De verb. oblig* (45, 1).
(6) argum. d. l. 18 Cod. *De testib.* Voet in ff. *De testib.* lib. 22, tit. 5, n. 1 in fin.; Thes. dec. 236, n. 3 †
(7) d. l. 18 Cod. *De testib.*; Fab. Cod. eod. tit. lib. 4, tit. 15, def 22 et 23. V, vol. I. lib. 2, pag. 851, § 2340 et 2341 et Thes. lib. 2, quaest. 77 per tot.
(8) Fab. Cod hoc tit. lib. 4. tit. 14. def. 11 in princ.
(9) argum. l. *Testium fides* 3 § ult. ff. *De testib.* (22, 5).
(10) Fab. d. def. 11, n. 5 et seqq.
(11) Fab. Cod. hoc tit. lib. 4, tit. 14. d. def. 11 in fin.
(12) l. *Ab ea parte* 5 princ. et § 1 ff hoc tit.
(13) Fab. Cod. hoc tit. def. 30 in princ.
(14) l. *Si quis* 3 § *sed et si forte* 3 ff. *judicat. solvi* (46, 7).
(15) l. 1 § *hujus studii* 2 ff. *De just. et jur.* (1, 1); junct. l. *Nam quod* 14 ff. *Ad Senatusc. Trebel.* (36, 1).

(1) Fab. Cod. hoc tit. lib. 4. tit. 14. def. 29 in princ.
(2) cap. 1, extra ff. *De reg. jur.* in 6 Decret.
(3) l. *Si is, cujus* 14 ff. *De interrogat. in jur. faciend.* (11, 1); Fab. d. def. 29, n. 3 et seqq. et def. 45.
(4) l. penult. ff. *De confess.* (42, 2); Fab. d. def. 45 in fin.
(5) Fab. d. def. 45 in not. †
(6) Fab. Cod. hoc tit lib. 4, tit. 14, def. 64 in princ.
(7) l. *Testium fides* 3 ff. *De testib.* (22, 5).
(8) Fab. d. def. 64 in fin.; argum. l. *Diem* 27 § *si plures* 3 in fin. ff. *De receptis* (4, 8).
(9) Fab. Cod. hoc tit. lib. 4. tit. 14, def. 55.
(10) Ibid. def. 9.
(11) l. *Ab ea parte* 5 princ. et § 1 ff. hoc tit.
(12) l. *Verius esse* 21 ff. hoc tit; l. *Possessiones* 2 Cod. hoc tit.
(13) d. l. 2 Cod. hoc tit.; l. *Qui accusare* 4 Cod. *De edend.* (3, 1).

necessitate adstringitur contrarium monstrandi; *cum per rerum naturam factum negantis probatio nulla sit* (1): si tamen reus non omnino neget assertionem actoris, puta mutuam pecuniam ab ipso accepisse, sed utatur aliqua exceptione, veluti solutionis, exceptionem suam ipse probare tenetur (2), utpote factum continentem, quod non praesumitur (3): atque ideo dicitur, reum excipiendo fieri actorem (4). Immo tradit Faber, negationem, quoad fieri potest, probandum esse, cum ea est fundamentum intentionis, puta si quis successionem sibi deberi asserat, quia defunctus sine liberis decesserit (5).

§ 518. Sed quid dicendum, si nec actor, nec reus probent, nec se ad probandum admitti petierint, potest ne judex ex officio eos admittere? Placuit Sabaudo Senatui negantium sententia, tametsi facti quaestio ita implicata sit, ut sine probationibus definiri non possit (6); tumquia officium suum judex impertiri non soleat, nec debeat, nisi petentibus (7); tum quia credibile sit, ideo non postulari probandi facultatem, quia de probationibus desperetur, vel quia malint a probationibus recedere, prout recessum praesumitur post conclusionem in caussa. Quia tamen publice interest, ita ferri sententiam, ne praetextu novarum probationum facile retractetur, et litibus finis imponatur, suadet jure merito Faber judici, ut per interlocutionem conetur extorquere consensum ejus ex collitigantibus, cui incumbit onus probandi; jubeatque deliberare eum, an velit ad probandum admitti, nec ne (8).

§ 519. Sed regula haec de actoris onere fallit, si contra reum urget praesumptio (9); potior est in pari caussa conditio illius qui praesumptionem pro se habet. Hinc haeres inofficiosi testamenti querela conventu docere debet, exhaeredationem rite factam fuisse (10), quia unusquisque in dubio bonus praesumitur. Mutationem voluntatis probare tenetur, qui ea nititur (11); quisque sibi constans creditur, donec contrarium edoceatur.

§ 520. Hinc etiam legatario duas proferente scripturas legata sibi relicta continentes, si haeres contendat, testatorem non duplex legatum relinquere, sed prius relictum repetere voluisse, probare debet (12); duplex scriptura praesumptionem duplicis legati inducit: eademque ratione, si duae proferantur scripturae liberationis, quae diversitatem aliquam habeant, sive personarum, a quibus, vel quibus solutio facta dicitur, sive loci, aut temporis, creditor, qui unam tantummodo solutionem sibi factam asserit, probare tenetur (1).

§ 521. Praeterea, si in instrumento scriptum sit, aliquem praesentem fuisse, isque neget, absentiam probare tenetur, docendo se alibi fuisse (2): mentis compotem non fuisse, eum qui testamentum, vel codicillos fecit, si ex ea ratione relicta prestare detrectet (3): qui se potestate patris solutum allegat, seu negat se esse in potestate (4): atque generatim tempus probare debet, qui in eo se fundat (5): nec non casum fortuitum, qui delicti excusationem ex eo quaerit (6): nisi Princeps gratiam criminis faciat (7): tandem possidentis melior conditio est (8).

§ 522. De tempore quo probationes fieri debeant, generalis est regula, probandum intra tempus, quod a lege, vel a judice constitutum est (9), nisi dilationis longioris, vel brevioris indulgendae justa aliqua subsit caussa (10): atque tempora haec continua sunt, ita ut diebus etiam feriatis currant (11).

§ 523. Pro probato autem haberi solet, quod statim, maxime per jusjurandum, probari potest (12). Quare etiam in possessorii quaestione, quae probationum tempus plerumque non expectat, puta si mittendus sit haeres in possessionem bonorum haereditariorum, admittuntur probationes, quas legitimus contradictor in promptu habet (13). Idem est, si actori reus jusjurandum referat; cum prompta, te certa sit probatio, quae fit per jusjurandum sive delatum, sive relatum (14).

§ 524. Probandum regulariter est post litem contestatam, ante conclusionem in caussa (15); etenim ante litem contestatam sciri nequit, quid reus negaturus sit, cum tamen ea tantummodo, quae negantur, probari debeant: probatio autem

(1) l. *Actor* 23 Cod. hoc tit.
(2) l. *Exceptionem* 19 Cod. hoc tit.
(3) l *Quoties operae* 18 ff. hoc tit.
(4) l. *In exceptionibus* 19 ff. hoc tit.; Fab. Cod. hoc tit. lib. 4. tit. 14. def. 33; ubi de tempore.
(5) Fab. Cod. hoc tit. def. 46.
(6) Ibid. def. 16 in princ
(7) l. *Dies cautioni* 4 § *hoc autem* 8 ff. *De damn. infec.* (39. 2).
(8) Fab. d. def. 16 in fin.
(9) l. *Ab ea parte* 5 § 1; l. *Quoties operae* 18 ff. hoc tit.
(10) Novell. 115 § *aliud quoque* 3 in princ.
(11) l. *Cum tacitum* 3 ff. hoc tit.
(12) l. *Quingenta* 12 ff. hoc tit.

(1) argum. d. l. 12; Fab. Cod. hoc tit. lib. 4. tit. 14. definit. 70.
(2) l. *Optimam* 14 Cod. *De contrahend. et committend. stipulat.* (8. 38).
(3) l. *Ne codicillo* 5 Cod. *De codicill.* (6. 36).
(4) l. *Si filius* 8 ff. hoc tit.
(5) Fab. Cod. hoc tit. lib 4. tit. 14. def. 33.
(6) l. 1 Cod. *Ad leg. Cornel. de sicar.* (9. 16); Fab. Cod. hoc tit. def. 52.
(7) Fab. d. def. 52 in not. †
(8) l. ult Cod. *De rei vindicat.* (3. 32).
(9) l. *Quinquaginta* 38 ff. *De excusat.* (27. 1).
(10) l. 1 Cod. *De dilationib.* (3. 11).
(11) l. *Sive pars* 3 Cod. eod. tit.
(12) argum. l. penult. ff. *De testam. milit.* (29. 1); Fab. Cod. hoc tit. lib. 4. tit. 14. def. 31 in princ.
(13) l. *Si is, a quo* 3 ff. *Ut in possession. legator.* (36. 4); Fab. d. def. 31, n. 11 et seqq.
(14) l. *Eum, qui* 30 ff. *De jurejurand.* (12. 2).
(15) l. *Exceptionem* 19 et auth. seq. Cod hoc tit.; cap. *quoniam frequenter* 5 extra Decret. Greg. *Ut lit. non contestat. etc.* (2. 6); Fab. Cod. hoc tit. lib. 4. tit. 14. def. 16 in fin. V. Ab-Eccles. observ. 109.

post conclusum in caussa amplius non admittitur, ne alioquin nullus sit protelandae litis finis: adeoque opus est rescripto Principis, quo restitutio ad probationes edendas indulgeatur (1): notoria tamen etiam post conclusum in caussa deduci possunt (2). Si auctor, qui in prima instantia laudandus fuisset, in tertia tantummodo, quae coram Senatu agitur, laudatus sit, admitti debet ad probanda ea omnia, quae in prima instantia probare potuisset; cum nihil sit, quod ipsi imputetur; nullis refusis sumptibus (3). Non eadem est conditio exceptionum omnium, prout suo loco dicemus, atque plenius de judiciorum ordine agentes explanabimus ea etiam, quae ad probationum tempus pertinent.

§ 525. Quamquam hic animadvertendum putamus, testium examen aliquando permitti ante litem contestatam; si nimirum timeatur, ne testes senes et valetudinarii moriantur, vel longius abfuturi sint; ita ut probatio, non jus suo tempore deficiat; hoc quippe casu etiam ante litem contestatam usu receptum ex praescripto juris canonici (4), ut liceat solemnem audire testium depositionem, ac in perpetuam rei memoriam asservari obsignatam, suo tempore una cum caeteris probationibus publicandam (5). Quod quidem in judiciis civilibus regulariter obtinet, non in criminalibus, nisi ex singulari aliqua caussa (6).

§ 526. Sed, quia simul timendum est, ne ille, qui testes praemature audiri postulat, hoc comminiscatur in fraudem adversarii, idcirco adversarius citandus est, quo testium productioni adsit, exceptiones, si quas habeat, adversus testes allegaturus (7); atque ut vicissim eosdem pro se interrogari petat, si ita ipsius intersit: quo praestito, perinde habetur, ac si testes post litem contestatam deposuissent; nisi post acceptum judicium adhuc vivant, et praesentes sint; quo casu iterum producendi sunt, depositiones suas confirmaturi (8).

§ 527. Haec quoque apud nos probata sunt, sed luculentius explicata; cautum etenim, praematurae petitionis facilius avertendae caussa; ne testium depositiones sive ab actore, sive a reo ante litem contestatam audiantur, nisi obtenta facultate a Senatu, datis ab eo litteris judici, coram quo lis instituenda esset, vel loci, que testes reperiuntur (9). Facultate obtenta, pars adversa, seu quae talis praesumitur, ad certam diem in jus vocanda est, ut adsit jurijurando a testibus praestando; interrogationes pro se fiant, si e re sua esse putet, eaque omnia serventur, quae in caeteris testium inquisitionibus geri solent (1).

§ 528. Quod pertinet ad conditionem testium, qui ad futuram memoriam, ut ajunt, ante litem contestatam audiri possunt, distinctio fit inter actorem et reum: tum in actore distinguitur, utrum statim agere possit, an actio conditione, vel ex alia caussa dilata sit. Actori in primo casu tantum permittitur inquisitio in testes senes, valetudinarios, aut proxime absentes futuros, non caeteros, nisi tempore belli, pestis, alteriusve similis publicae calamitatis, qua mortis periculum magis imminet; ita etiam, ut intra annum proximum petitionem in judicio instituere teneatur; futurum alioquin, ne testium depositione amplius uti liceat (2): in altero casu testes cujuscumque conditionis audiri possunt; sed et intra annum, ex quo experiundi in judicio potestas fuerit, sub eadem poena agendum est (3).

§ 529. Amplior concessa est facultas reo, qui testium depositiones ante litem contestatam audiri postulet, ne pereant exceptiones sibi competentes; eique indultum, ut testes cujuscumque generis ipso petente interrogentur; depositiones clausas et obsignatas servaturus, donec conveniatur, quin interim ipse aliquid agere debeat (4): benignius agendum cum reo, quam cum actore; cum actor in sua potestate habeat, quando jure suo uti velit; reus autem potestatem non habeat, quando conveniatur; atque ideo, licet actio certo tempore concludatur, exceptio tamem perpetua est (5).

§ 530. Si testes audiri, lite nondum cotestata, quis desideret, facultas a Senatu obtinenda est (§ 527): si autem justa aliqua adsit caussa, cur testes ad futuram memoriam post litem contestatam interrogentur, sufficit auctoritas judicis, coram quo lis pendet; sed soli testes senes, valetudinarii, aut proxime abfuturi, sive actore, sive reo instante, interrogari possunt (6), non alii, pro quibus nulla urget necessitas, ut praematurum judicium instituatur.

§ 531. Caeterum potest legitimus judex facultatem impertiri audiendi testes senes, valetudinarios, aut proxime abfuturos, licet de eorum conditione certus non sit; in hanc inquirere debet delegatus, etiam per jusjurandum ab iisdem testibus praestandum, si pars adversa contradicat (7): delegatus autem testes ad futuram memoriam interrogare potest, nullatenus obstante

(1) Voet in ff. hoc tit. n. 12 in medio.
(2) Ab-Eccles. observat. 55. n. 26.
(3) Fab. Cod. hoc tit. def. 53.
(4) d. cap. *quoniam frequenter* 5 extr. Decret. Greg.
(5) Voet in ff. hoc tit. n. 12 in med.; Fab. Cod. hoc tit. lib. 4, tit. 14, def. 1; et Cod. *De testib.* lib 4, tit. 15, def. 18 et 44. V. Ab-Eccles. part. 2. observ. 65 et 66.
(6) Fab. Cod. *De testib.* lib. 4. tit. 15, def. 25; ubi de haeredibus defuncti, cujus memoria de crimine perduellionis accusabatur, iique petebant, licet in jus nondum vocati fuissent, testes ita audiri.
(7) d. cap. *quoniam frequenter.* 5 extr. Decret. Greg. *Ut lit. non contestat.* (2, 6).
(8) Voet in ff. hoc tit. n. 12 in fin.
(9) *Reg. Constit.* lib. 3, tit. 19, § 1 et 2.

(1) *Reg. Constit.* ibid. § 3.
(2) Ibid. § 4 et 6; Fab. Cod. *De testibus* lib. 4, tit. 15, def. 48.
(3) *Reg. Constit.* ibid. § 5.
(4) Ibid. d. lib. 3, tit. 19. § 7.
(5) l. *Pure mihi* 5 § ult. ff. *De dol. mal. et met. exception.* (44, 4).
(6) *Reg. Constit.* d. lib. 3, tit. 19, § 8.
(7) Ibid. d. lib. 3, tit. 19, § 9.

oppositione, vel appellatione adversae partis (cui tamen praejudicium non fit), nisi judex superior intercedat (1). Postremo salvum semper intelligitur jus adversae parti competens exceptionum suo tempore et loco adversus testium qualitatem objiciendarum, atque parti requirenti ejusdem defendendae (2).

TITULS XVIII

DE PRAESUMPTIONIBUS

Instit. lib. 4. tit. 6 *De actionib.*
Digest. lib. 22. tit. 3 *De probat. et praesumpt.*
Cod. lib. 4. tit. 19 *De probation.*

SUMMARIA

§ 532. *Praesumptio est argumentum, quo facti dubii probabilis fides fit.* — § 533. *Praesumptio hominis est, vel legis, haec juris, vel juris et de jure. Quae sit praesumptio hominis?* — § 534. *Praesumptio juris vocatur, quae tamdiu pro veritate habetur, quamdiu contraria probatione non fuerit infirmata. Quae sit praesumptio juris et de jure?* — § 535. *Praesumptio juris et de jure admittit probationem in contrariam per confessionem partis, et per indirectum.* — § 536. *Praesumptiones hominis magis pendent a judicis arbitrio, quam praesumptiones legis.*—§ 537. *Quae sit praesumptio legis* Quintus: *quaeve praesumptio veritatis, vel solemnitatis pro instrumento?* — § 538. *Pecunia in dubio praesumitur solventis proprio nomine.* — § 539. *Quid si mater pecuniam mutuam cum filio accipiat, vel pater cum filio dotem nurus?* — § 540. *Filius ante patrem decessisse non praesumitur.* — § 541. *Depositae res omnes restitutae praesumuntur, si quaedam ex pluribus apud deponentem reperiantur.* — § 542. *Possessio antiquior praesumitur melior, nisi recentior tricenaria sit, vel publica auctoritate acquisita.* — § 543. *Ignorantia facti alieni praesumitur: quod, tamen in domo a domesticis factum est, volente domino factum judicatur, maxime si commodum inde sentiat.* — § 544 et 545. *Praesumptiones ex factis frequentioribus desumi solent: aliquando tamen de minus frequentibus jura statuuntur: puta in parte haereditatis, dum mater praegnans est, nato filio danda; vel usufructu universitate relicto.* — § 546 et 547. *Sententia etiam condemnationis in criminalibus ferri potest ex praesumptionibus juris et de jure* — § 548 et 549. *Ex praesumptione juris absolvi potest reus tum in civilibus, tum in criminalibus. An in civilibus caussis condemnari possit?* — § 550. *Reus ex praesumptione juris, quae gravissima sit, nec aliunde infirmata, in judicio criminali potest condemnari.* — § 551 et 552. *Fictiones juris a praesumptionibus longe distant.*

§ 532. Cum argumenta satis firma, et perspicua sunt, ut certam dubiae rei fidem faciant probata res dicitur; atque actus, quo per certa argumenta facti dubii fides adstruitur, probatio nominatur (§ 479); si vero argumenta fidem aliquam utique faciant, sed probabilem, non certam, tunc res praesumpta tantum est: quare praesumptio describi potest argumentum, quo facti dubii probabilis fides fit. Singula definitionis verba facile innotescunt, si comparentur cum definitione probationis superius a nobis explicata (d. § 479).

§ 533. Triplex praesumptionum species a quibusdam interpretibus distinguitur: videlicet praesumptio hominis, praesumptio juris, atque praesumptio juris et de jure. Verum communiter duplicem praesumptionis speciem secernunt, nempe hominis et legis: atque hanc in duas species iterum partiuntur, ita ut alia juris sit, alia juris et de jure. Praesumptio hominis ea est, quae nititur argumento aliquo, seu indicio verosimili, sed quod a legibus speciatim non probatur, nec in illis ulla ejus mentio fit: puta si Titius inimicus Maevii, visus sit cruentato gladio, vultu turbato, egredi e cubiculo, in quo Maevius occisus fuit. Praesumptiones autem legis appellantur, quae in Romanis legibus tamquam tales admittuntur, cujus generis plures sunt, ut mox demonstrabimus.

§ 534 Praesumptio juris dicitur, quae pro veritate habetur, donec probatione, aut praesumptione contraria fortiore fuerit infirmata; adeoque praesumptio haec contrariam probationem admittit; talis est prasumptio, qua nemo creditur velle jactare suum, et perdere (1), vel praesentem stipulandi caussa fuisse reum, si instrumento scriptum sit, partes praesentes fuisse (2): juris vero et de jure praesumptionem vocant interpretes, quae omnem respuit probationem in contrarium; quia lex ita in omni casu disponit; veluti puellam duodecim annis minorem viri potentem non esse, adeoque non posse cum ea nuptias contrahi (3): quod tamen jure canonico non servari, quippequo generandi potestas potius inspicitur, saltem si matrimonium jam contractum sit, alibi tradidimus (4).

§ 535. Immo praesumptio juris et de jure admittere aliquando potest probationem in contrarium non solum per confessionem partis, sed etiam per indirectum, nempe ratione facti, quod juris praesumptio supponit (5): puta ex praescri-

(1) *Reg. Constit.* ibid. § 10; contra quam placuisse videtur Fabio Cod. *De testib.* lib. 4. tit. 15, d. f. 33.
(2) *Reg. Constit.* ibid. § 11.

(1) l. *Cum de indebito* 25 ff. *De condict. indebit.* (12, 6).
(2) § *Item verborum* 12 Instit. *De inutilib. stipulat.* (3, 20).
(3) l. *Quaesitum est* 9 ff. *De sponsalib.* (23, 1).
(4) V. vol. I, lib. 1. § 701, pag. 138.
(5) Fab. Cod. hoc tit. lib. 4. tit. 14, defnit. 4 in not.; Osasc. dec. 101, n. 25, 33 et 34.

ptione longissimi temporis lex praesumit titulum, si tamen probetur mala fides, quae ex jure communi impedit praescriptionem, evertitur praesumptio tituli : pariter, licet statutum nullas admittat exceptiones contra instrumentum, potest tamen oppponi, quod non sit instrumentum (1); praesumptio enim locum non habet, nisi praesupposito quodam facto : proinde, si demonstretur factum non existere, necessario corruit praesumptio (2).

§ 536. Hoc autem discrimen est inter praesumptiones hominis et juris, quod illae potissimum pendent ab arbitrio judicis, atque potest majorem vel minorem vim, utique pro animi sui religione, tribuere: quae vero juris praesumptio est, a judicis arbitrio non pendet; quidpequi fidem ei adhibere debet, quamdiu contrariis probationibus quibus semper praesumptio cedit (3), vel fortioribus praesumptionibus, quae infirmiorem vincunt (4), illius vis perempta, vel infirmata sit; quamquam judicis est aestimare, an probatio, quae in contrarium adducitur, vere talis, et an contrarium praesumptio fortior, an infirmior haberi debeat (5).

§ 537. Plures sunt juris praesumptiones, quas singulas referre non vacat, maxime quia pleraeque suis locis expositae a nobis sunt: praecipuas referemus. Omittimus praesumptionem legis *Quintus*, ut ajunt pragmatici (6); quippequam alibi fuse expendimus (7): nec non eam, quae pro instrumento facit, seu ex qua creditur, vera esse, quaein instrumento scripta sunt, nisi manifestis probationibus aliud edoceatur (8): quae praesumptio *veritatis* a quibusdam interpretibus nominatur. Alia autem, quae et pro instrumento facit, qua nimirum omnia praesumuntur in eo solemniter gesta, seu servatis necessariis solemnibus (9), praesumptionem *solemnitatis* appellant; puta si scriptum sit in instrumento aliquem promisisse, praesumitur interrogatione praecedente, responsum esse (10).

§ 538. Pecunia in dubio praesumitur solventis, si proprio, non alieno nomine solverit (11): sed si solvens fateatur, eam esse alienam, praesumptio cedit veritati; nisi is persona suspecta sit (1); puta maritus aere alieno gravatus, qui rem emat, atque pretium ex pecunia uxoris se solvere asserat: aut solutam sibi fuisse ab uxore dotem, de qua aliunde non constat (2).

§ 539. Si mater una cum filio mutuam pecuniam accipiat, aut sibi numeratam profiteantur, ad quemlibet pro dimidia parte pervenisse praesumitur (3): nisi mater tutrix, vel administratrix sit rerum filii: nam pecunia in dubio praesumitur pervenisse ad eum, qui habuit administrationem. Nec aliud est in patre, qui pecuniam cum filio accipiat, puta dotem nurus; cum filius pecuniae accipiendae aeque capax sit (4), nisi pater totius familiae administrationem habeat (5).

§ 540. Ad haec filius, quem paullo ante testamentum patris in vivis fuisse constat, licet praeteritus sit a patre, nec certum sit, an tempore testamenti viveret, nec ne, vixisse tunc praesumitur, ita ut mortem probare debeat, qui ea nititur, maxime si inde fiat injuria caeteris filiis (6); ita suadet tum charitatis ordo, tum juris regula, quae factum non praesumit, sed probari desiderat (7); tum alia, ex qua filius ante patrem decesssisse non creditur (8), turbato mortalitatis ordine.

§ 541. Si ex pluribus rebus a Titio, apud Maevium depositis quaedam reperiantur penes Titium, omnes restitutae praesumuntur, nisi Titius, qui partem recipere non cogebatur, contrarium demonstret (9): si tamen chirographum depositi adhuc reperiatur penes deponentem, aliud erit dicendum: infirmiorem vincit fortior contraria praesumptio (10), qua diligens paterfamilias non creditur res apud se depositas restituere voluisse, nisi recepto chirographo (11).

§ 542. Possessio quanto antiquior est, eo melior praesumitur, infirmior vero, et vitiosa, quae recentior est, nisi sit tricenaria (12); haec quippe ex tam longi temporis decursu bonae fidei praesumptionem habet; etiamsi titulo destituta sit, donec mala fides probetur (13), vel recentiorem publica auctoritate quis consecutus sit; juste possidere intelligitur, qui auctore praetore possidet (14).

§ 543. Ignorantia facti alieni ut plurimum

(1) Osasc. d. dec. 101. n. 35.

(2) l. *Si se non obtulit* 4 § *condemnatum* 6 ff. *De re judicat.* (42. 1)

(3) l. *Si chirogeaphum* 24 ff. hoc tit.

(4) l. *Divus* 7 ff *De in integr. restitu.* (4. 1) l. *Non solum* 67 § 1 ff. *De ritu nuptiar.* (23. 2); l. *Cum de indebito* 25 ff. hoc tit.

(5) l. *Testium fides* 3 § *ejusdem quoque* 2 ff *De testib.* (22, 5).

(6) Nimirum l. *Quintus Mucius* 51 ff. *De donat. int. vir. et uxor.* (24. 1).

(7) V. vol. I, lib. 2, § 3483 et seqq. pag 1206; junge Fab. Cod. hoc tit. lib. 4. tit. 14, def. 36.

(8) d. § *item verborum* 12 Instit. *De inutilib. stipulat.* (3. 20).

(9) l. *Sciendum* 30 ff. *De verb. oblig.* (45. 1).

(10) § *si scriptum* 17 Instit. *De inutilib. stipulat.*; l. *Titia* 134 § *idem respondit* 2 ff. *De verb. oblig.*

(11) l. 1, junct. l. *Et magis* 4 ff. *De solut.* (46, 3).

(1) l. *Qui testamentum* 27 ff. hoc tit.

(2) Fab. Cod. hoc tit. lib. 4. tit. 14, def. 4.

(3) l. *Reos promittendi* 11 § 1 ff. *De duobus reis* (45. 2); Fab. Cod. hoc tit. lib 4. tit. 14. def. 21 in princ.

(4) l. *Si, cum dotem* 22 § *transgrediamur* 12 ff. *Solut. matrimon.* (24. 3).

(5) Fab. d. def. 21 in fin.

(6) Fab. Cod. hoc tit. lib. 4. tit. 15. def. 39.

(7) l. *Quoties operae* 18 ff. hoc tit.

(8) l. *Qui duos impuberes* 9 § 1 ff. *De reb. dub.* (34. 5).

(9) Fab. Cod. hoc tit. lib. 4. tit. 14, def. 56 in princ.

(10) l. *Si chirographum* 24 ff. hoc tit.

(11) Fab. Cod. hoc tit. d. def. 56 in medio.

(12) Ibid. definit. 44.

(13) auth. *malae fidei* post l. 1 Cod. *De praescript. long. tempor.* (7, 33)

(14) l. *Juste* 11 ff. *De acquirend. possess.* (41, 2).

praesumitur (1): praesumptio tamen probabilis est, ait Faber, sciente, ac volente domino factum esse, quod a domesticis in ejus domo factum fuit, maxime si ex eo facto commodum aliquod immediate sentiat dominus (2); puta si domestici aliqui testari coegerint favore domini, qui haeres scriptus sit (3): adeoque ignorantiam probare debet dominus alio modo, quam per jusjurandum purgationis, quod suspectum est (4).

§ 544. Praesumptiones lex plerumque desumit ex factis, quae frequentiora sunt, de quibus etiam jura ferri solent (5): si tamen prospiciendum sit alicujus indemnitati, vel singularis favoris caussa ita expostulare videatur, etiam ex iis, quae raro eveniunt, praesumptiones deducuntur, seu potius jura statuuntur: ex caussa indemnitatis cautum, ut si filius natus, ventre pregnante, suam haereditatis partem postulet, nonnisi quarta pars ei interim detur, ut tres partes utero reserventur, quasi tergemini nascituri sint, licet frequentius unus tantummodo nascatur (6).

§ 545. Singulari honoratae personae favore constitutum, ut ususfructus universitati relictus per centum annos duret; ratione adjecta, *quia is finis vitae longevi hominis est* (7): perpauci utique homines sunt, saltem in his, et finitimis regionibus, qui vivendi patientiam in id usque tempus protrahant: quia tamen singulari favore dignae sunt universitates, quarum conditio testatori perspecta est, idcirco ususfructus finem a longaevi hominis vita metiri placuit (8).

§ 546. Si quaeratur, utrum ex praesumptionibus ferri possit sententia, distinguendae sunt praesumptiones juris et de jure a praesumptionibus juris: tum interest, utrum agatur de sententia absolutoria, an de sententia condemnationis: postremo secernendae sunt caussae civiles a caussis criminalibus. Ex praesumptionibus juris et de jure sententiam etiam condemnationis in criminalibus ferri posse, plerique fatentur (9): quod enim lex ita praesumit, ita pro veritate habetur, ut nec directa probatio in contrarium admittatur (§ 534 et 535). Proinde praesumptio haec vim plenae probationis habet, ex qua nemo negaverit, judicem condemnare posse, et corporali poena plectere.

§ 547. Hinc ex Paulo incestus poena tenentur, qui clam incestuosas nuptias contrahunt, qui clam contrahentes dolo, et scienter facere

(1) l. 1 § 1 ff. *De juris, et fact. ignorant.* (22, 6); Fab. Cod. hoc tit. def. 34.
(2) Fab Cod. hoc tit. def. 48 in princ.
(3) Fab. Cod. *Si quis aliquem testar. prohib.* lib. 6. tit. 15. def. 2.
(4) l. *Ab ea parte* 5 princ. et § 1 ff. hoc tit.; Fab. Cod. hoc tit. d. def. 48 in fin.
(5) l. *Jura* 3 et seqq ff. *De legibus* (1, 3).
(6) l. *Antiqui* 3 et l. seq. ff. *Si pars haereditat. petat.* (5, 4).
(7) l. *An ususfructus* 56 f. *De usufruct.* (7, 1).
(8) d. l. 56 in fin.
(9) Voet in ff. hoc tit. n. 18 in princ.

creduntur (1). Adulterii crimen ex indiciis vindicari tradunt Imperatores (2): ex lege Cornelia homicidium dolo admissum punitur (3) cum tamen dolus, utpote in animo latens, ex solis indiciis probari possit. Sane, quo gravius est delictum, et gravior illius poena, graviores quoque praesumptiones exigendae sunt (4).

§ 548. Non eadem semper vis est praesumptionum, quae juris tantum sunt. Absolutoria quidem sententia ex juris praesumptionibus, quae contraria probatione, vel praesumptione fortiori non infirmentur, ferri potest, tum in civilibus, tum in criminalibus; cum ex vulgata juris regula, actore non probante, reus absolvendus sit (§ 478): probata autem videri non potest intentio actoris adversus reum, qui praesumptionem juris pro se habeat; cum immo praesumptio juris pro veritate censeatur, quamdiu per contrariam probationem, vel fortiorem praesumptionem non destruitur (§ 534).

§ 549. Absolutoria ergo sententia ex juris praesumptione ferri potest: immo etiam reus in caussis civilibus ex eadem praesumptione condemnari potest; quia, ut modo diximus, juris praesumptio pro veritate habetur, et loco probationis est, quamdiu illius vis non evertitur (§ praeced.). Hinc ad restituendum condemnatur, qui solutionem accipit a muliere, minore, milite, vel rustico. nisi debitam sibi fuisse pecuniam probet, quatenus juris praesumptionem contra se habet (5): si magistratus subsidiaria actione conveniantur in id, quod pupillus a tutore, ejusque fidejussore servare non potuit, solvere coguntur, atque indemnem pupillum servare; quia jus praesumit, minus idoneos tutores ab ipsis datos fuisse, vel minus idoneos fidejussores admissos (6).

§ 550. Difficilior prima fronte videtur quaestio, utrum reus in judicio criminali possit ex juris praesumptione condemnari. Apud omnes utique constat, in dubio reum potius absolvendum esse, quam condemnandum (7): atque consultius impunitum dimitti factum nocentis, quam innocentem damnari (8). Si tamen gravissimae praesumptiones adversus reum urgeant, nec contrariis probationibus, vel praesumptionibus fortioribus debilitentur, publice interest, sententiam condemnationis ferri, cum delicta clam plerumque patrentur, nec instrumentis, aut testibus facile probari possint. Sane praesumptiones, quas supra

(1) l. ult. ff. *De ritu nuptiar.* (23, 2).
(2) l. *Si quis adulterii* 34 Cod. *Ad leg. Jul. de adulter.* (9, 9).
(3) l. 1 § *divus* 3 ff. *Ad leg. Cornel. de sicar.* (48, 8).
(4) l. ult. Cod. hoc tit; l. *Absentem* 5 ff. *De poenis* (48, 19).
(5) l. *Cum de indebito* 25 § 1 ff. hoc tit
(6) l. 1 § *si magistratus* 11 et duob sequentib. *De magistratib. conveniend* (27, 8).
(7) l. *Semper in dubiis* 56; l. *Ea quae in partes* 192 § 1 ff. *De reg. jur.* (50, 17)
(8) l. *Absentem* 5 ff. *De poenis* (48, 19).

commemoravimus (§ 547), non respuunt contrarias probationes; ex iis tamen accusatum damnari posse responderunt jureconsulti, atque Imperatores.

§ 557. A praesumptionibus longe distant juris fictiones, seu prudentum commenta ad conciliandam subtilitatem juris cum naturali aequitate: praesumptiones non certam utique, probabilem tamen habent veritatem: contra juris fictione manifestam supponunt falsitatem, veluti cum lex Cornelia fingit, eum, qui in captivitate decessit, hora praeambula captivitatis decessisse (1); vel nunquam captivum fuisse, qui reversus est, jure postlimini (2); quamquam, suadente aequitate, inductae sunt hujusmodi fictiones.

§ 552. Posquam generatim de probationibus diximus, atque subjecimus, quae de praesumptionibus scitu digniora sunt, et praxi utiliora, singulae probationum species, sive singularia argumenta, quibus rei dubiae fides fit, expendere praestat. Atque imprimis dicemus de argumentis ad ordinariam probationem spectantibus, nimirum instrumentis, et testibus: tum de illis, quibus extraordinaria probatio continetur, videlicet jurejurando, et confessione adversarii (§ 483). Quibus expositis, exceptionum jura enunciabimus.

TITULUS XIX.

DE FIDE INSTRUMENTORUM

Instit. lib. 4, tit. 6 *De actionib.*
Digest. lib. 22, tit. 4 *De fide instrumentor, et amission. eor.*
Cod. lib. 4, tit. 21 *De fide instrumentor. et amission. eor. et de apochis etc.*

SUMMARIA

§ 553 et 554. *Instrumentorum nomine late sumpto testes etiam veniunt: proprie instrumentum est scriptura ad rei gestae fidem confecta.* — § 555. *Quae sint de instrumentis explicanda?* — § 556 et 557. *Instrumenta dividuntur in publica, quasi publica et privata: publica duplicis sunt generis.* — § 558. *Scripturae trium testium fide dignorum munitae quasi publicae habentur. Quid de scripturis confectis ab actuariis consulum, libris praeconis, et universitatum?* — § 559. *Scriptura privata quae habeatur? Dividitur in obligatoriam et liberatoriam. Quo speciali nomine diversae scripturae privatae species donentur?* — § 560 *Instrumenta auctaritate publica facta ex publico loco extrahi non debent.* — § 561 et 562. *Notarius publica auctoritate constituitur. An extra ditionem Principis probantis, vel in tota ejus ditione officio suo fungi possit?* — § 563. *Gesta ab eo, qui falso notarius ab aliquibus tantum habetur, an irrita sint?* — § 564 et 565. *Quid si publice pro notario habeatur?* — § 566. *Negans notarium esse eum, qui tamquam talis publice saepius se gessit, non auditur, nisi in falsi crimen inscribat. Quid si instrumenti exemplum rite subscriptum proferatur?* — § 567. *Quae apud Romanos praescriptae fuerint solemnitates a notario, cum publica instrumenta recipit, servandae?* — § 568 et 569. *Quae apud nos municipali lege praescribantur instrumentorum solemnitates?* — § 570. *Instrumentum nec scriptum, nec subscriptum a notario plerumque fidem non facit, licet repertum sit in protocollo notarii.* — § 571. *Falsi accusatio criminalis instituenda non est ab eo, qui falsum dicit instrumentum a notario minime subscriptum.* — § 572 et 573. *Instrumentum ex sola notarii subscriptione publicam formam habere non censetur in illis locis, in quibus ex statuto, vel lege municipali contrahentium, et testium subscriptio requiritur.* — § 574. *Notarii duo rogati ad instrumentum in dubio censentur rogati in solidum.* — § 575. *An sustineri possit ex aequitate instrumentum minime subscriptum a testibus, si constet, notarium solitum fuisse nullas adhibere testium subscriptiones?* — § 576. *Testibus an probari possit, quod continetur instrumento neutiquàm subscripto?* — § 577 et 578. *Instrumenta uno contextu fieri debent: possunt tamen incontinenti quaedam adjici, vel mutari: immo etiam ex intervallo inseri aliae scripturae, si justa suadeat caussa.* — § 579. *Errorem suum notarius emendare potest, sed per adjectionem ab omnibus subscribendam. An errorem allegare liceat ei, qui instrumentum produxit?* — § 580. *An notarius possit extendere etiam ex intervallo notas suas. An hoc liceat alteri notario?* — § 581. *Quae apud nos in hac re cauta sint?* — § 582. *Ex notarii viventis protocollis non licet excerpere instrumentum, nisi ille impeditus, aut prohibitus sit.* — § 583. *Notarius vivens potest uti alterius opera in describendo instrumento. A quo describantur, si decesserit?* — § 584. *Instrumentum publicum et authenticum plenam in judicio fidem facit, et paratam habet executionem.* — § 585. *Exemplum authenticum plenam quoque fidem in udicio facit.* — § 586 et 487. *An exhibendum sit protocollum, et apud quem? An collatio exempli cum authographo juste petatur?* — § 588. *Matrici potius scripturae in dubio fides adhibetur, quam protocollo; et huic potius, quam exemplo.* — § 589. *Instrumenta rite confecta fidem faciunt non tantum in civilibus, sed etiam in criminalibus caussis.* — § 590. *An instrumenta fidem faciant in locis alteri Principi parentibus? Notarii as-*

(1) § ult. Instit. *Quib. non est permiss. facere testament.* (2, 12); l. *Lege Cornelia* 12 ff. *Qui testam. facere* (28, 1).
(2) § *si ab hostibus* 5 Instit. *Quib. mod jus patriae potestat. solvit.* (1, 12).

sertio probat tantum de illis, quae coram ipso fiunt. Quid de clausulis ex stylo adjici solitis? — § 591. *Instrumenta publica, non probant pro tertio, nec contra tertium: presumptionem tamen inducunt.* — § 592. *Instrumentum, cujus mentio facta sit in alio, fidem non facit, nisi exhibeatur.* — § 593 et 594. *An notarius instrumentum conscribere possit in suorum utilitatem?* — § 595. *A privato testimonio ad publicum argumentari non licet.* — § 596. *Alicubi prohibentur notarii, ne in suorum utilitatem publica scribant instrumenta.* — § 597. *Probationes, dummodo manifestae sint, adversus publicum instrumentum admittuntur.* — § 598. *Testium dicta jurejurando firmata potiora habentur scriptura.* — § 599 et 600. *Quid si contraria in eodem instrumento contineantur: vel diversae scripturae inter se pugnantes proferantur?* — § 601. *Testibus de instrumenti fide dissentientibus, major numerus praevalet. Quid de cancellatione, ratione, inductione, et rebus margini adjectis?* — § 602. *Notarii confessio ajentis se falsa in instrumento retulisse jus tertio quaesitum non adimit: nisi aliunde falsitatis probationes habeantur.* — § 603 et 604. *Instrumentum fidem non amittit in omnibus sui partibus, licet constet, in uno vel altero capite separato falsum continere. Qud si notarius jam falsa alia instrumenta conscripserit.* — § 605. *Ex instrumento debiti, cujus caussa expressa non est, vel aliunde colligi non potest, agi non sinunt jura.* — § 606. *Cur instrumentum, quod publicam formam habet, sine criminali falsi accusatione impugnari nequeat?* — § 607. *Instrumentum producens videtur approbare omnia in eo contenta; nec ideo potest illud judicio eximere. An error allegari possit?* — § 608. *Instrumenti amissio non nocet creditori, licet contractus in scriptis celebrari debuerit, si aliunde constet de contractu, atque amissio probetur.* — § 609. *Quid si amissum dicat instrumentum ille, cujus nihil interest, vel alia pars, postquam semel exhibuit?* — § 610. *Chirographum aliud in locum amissi, vel attriti scribere cogitur debitor, si de debito constet.*

§ 553. Instrumentorum appellatione late, atque improprie sumpta, testes etiam seu personae judicem instruentes continentur (1): stricte tamen, et proprie, prout hic accipitur, instrumentum est scriptura ad rei gestae fidem confecta (2); qua proinde utitur, qui intentionem suam ex ea probare contendit. Scriptura, si jus Romanum inspiciamus, in contractibus plerumque necessaria non erat, ita ut etiam sine scriptis celebrati vim suam obtinerent, si aliunde per testes probari possent (1): sed jure quo utimur, scriptura in multis casibus ad vim, et solemnitatem contractuum pertinet (2).

§ 554. Optimo sane consilio scripturae ad rei gestae probationem inductae sunt; tum quia labilis est hominum memoria; ita ut post tempora diuturniora vix aliquid certi ex eorum testimonio usciri possit; tum quia testes non in eodem semper loco manent; nec sine magnis impensis accersiri aliquando possent, tum demum, quia post testium mortem nullus superesset probandi modus. Quo fundamento, ut modo diximus (§ praeced.), apud nos cautum, ut plerique contractus per scripturam conficiendi sint, viribus alioquin cariturí.

§ 555. De instrumentis in hoc titulo expendendum est: 1. Quot sint eorum species; 2. Quae ad eorum substantiam tum Romano jure, tum fori usu desiderentur, seu quae sint eorum solemnitates: 3. Quae sit instrumentorum vis: 4. et postremo pauca subjiciemus de instrumentorum amissione, prout ferunt tituli Pandectarum, et Codicis Quibus praestitis, seorsim agemus de vi scripturarum, quae privatim fiunt, et privatae dicuntur.

§ 556. Scripturae, seu instrumenta dividi solent in publica, quasi publica, et privata. Instrumenta publica duplicis sunt generis; alia, quae auctoritate publica fiunt, puta tabulae censuales, quae potiora testibus dicuntur (3); acta publica donationum quantitatem a legibus praefinitam excedentium (4): et similia (5); quae singulari aliqua ratione placuit solemniori modo fieri.

§ 557. Alia sunt instrumenta publica, quae solemni quodam modo a persona publico officio fungente, nimirum tabellione, seu notario conficiuntur (6), solemnitatibus quibusdam observatis, quas jura praescribunt, et nos infra expendemus.

§ 558. Quasi publica instrumenta sunt scripturae privatae trium testium fide dignorum subscriptione munitae (7); his nimirum scripturis eadem vis tributa est, quod pertinet ad hypothecae praelationem, ac publicis instrumentis (8). Insuper ex more plurimarum gentium fidem publicam habent scripturae confectae ab actuariis consulum ad peregrinas oras negotiationis caussa missorum: libri praeconis, seu auctionarii de rebus auctione publica distractis, earum pretio, emptoris persona, et similibus ad actio-

(1) l. *Notionem* 99 § ult. ff. *De verb. signif.* (50, 16).
(2) l. *In re hypothecae* 4 in fin. ff. hoc tit.

(1) d. l. 4 ff. hoc tit.; l. *Contrahitur* 4 ff. *De pignorib.* (20, 1).
(2) V. *Reg. Constit.* lib. 5. tit. 22, cap. 4, § 1 et seqq.
(3) l. *Census* 10 ff. *De probationib.* (22, 3).
(4) § *aliae autem* 2 Instit. *De donat.* (2, 7).
(5) l. *Testamenta* 18 Cod. *De testament.* (6, 23); l. *Testamenti* 2 Cod. *Quemadmod. testament. aperiant. etc.* (6, 32).
(6) princ. Instit. *De emption. et vendit.* (3, 24); l. *Contractus* 17 Cod. hoc tit.
(7) l. penult. Cod. *Qui potior. in pign.* (8, 18).
(8) d. l. penult. in fin.

nem publicam spectantibus (1), sive ipse scripserit, sive per scribam auctoritate publica electum scribi curaverit, auctionis tempore. Acta quoque publica collegiorum, et universitatum pro publicis habentur, et in ipsis collegiorum caussis plenam fidem faciunt, immo et contra tertios in antiquis, prout supra diximus (§ 500); quia scribentes non in suum, sed in collegii commodum, et usum conscripserunt: adeoque ita fidem merentur, uti apparitores officii nomine quid referentes (2).

§ 559. Privatum instrumentum, seu privata scriptura ea est, quae privata auctoritate conficitur, sive a privatis, sive etiam a publicis personis, veluti a notariis, vel officialibus magistratuum, si tamquam privati scripserint, vel subscripserint (3). Hae tamen publicam fidem habent, si ex partium consensu fuerint insinuatae (4). Instrumentum privatum aliud est obligatorium, ut ajunt, aliud liberatorium, seu quo obligatio continetur variis in jure nominibus donatur; dicitur enim *chirographum* (5), *cautio* (6), *et syngrapha* (7). Liberatorium, seu quod tendit ad liberandum debitorem, speciali nomine *apocha* (8), *securitas* (9), et a veteribus pragmaticis *quitatio* appellatur. Ad privatas scripturas referuntur epistolae (10), et rationes domesticae (11).

§ 560. Ad vim publici instrumenti, quod publica auctoritate fit (§ 556), solemnitates sigillatim lege, et potissimum usu inductae servari debent; nec aliquid speciale de illis decernitur in jure Romano, quo id unum cautum invenitur, ut testamenta, et caetera, quae apud officium censuale publicari solent, in eodem loco custodiantur, prohibita omni eorumdem translatione (12); ne alioquin corrumpantur, intervertantur, vel amittantur.

§ 561. Polixior est investigatio de solemnitatibus, quae adhiberi debent in alterius speciei publicis instrumentis, a tabellione, seu notario, publicam personam sustinente factis. Atque hic imprimis requiritur, ut notarius auctoritate publica constitutus sit, et fides ejus publice probata (1). Qui autem ab uno Principe probatus est, in territorio alterius Principis publica instrumenta conficere non potest; nisi Princeps hic ita largiatur (2); etenim cum nec ipse Princeps extra ditionem suam tamquam publica persona consideretur (3), efficere non potest, ut notarius publicam ibi personam sustineat, et publicam fidem habeat (4).

§ 562. Quinimmo neque notarius officio suo fungi potest in universa Principis ditione, si speciatim pro uno, vel alio loco probatus fuerit, non ultra (5). Neque quis objiciat, potestatem scribendis instrumenta pertinere ad voluntariam jurisdictionem, quae extra territorium potest exerceri (6); nam, praeterquamquod notarius nullam instrumentum conficiens jurisdictionem exercet, sed publicam dumtaxat personam sustinet, cui fides adhibenda sit (§ praeced.), voluntaria jurisdictio nonnisi ex Principis concessione limites territorii egreditur, quam sane Princeps denegare potest (7).

§ 563. Sed quid sentiendum de gestis a notario, qui vere talis non erat, sed publice talis habebatur? Si non publice, sed ab aliquibus tantum notarii munere pollere quia falso existimetur, fatentur interpretes omnes, nulla esse, quae ab illo gesta sunt (8); excusare non potest, nec ullam indulgentiam meretur supina ignorantia illorum, qui nesciunt id, quod omnibus in civitate notum est (9); atque sibi imputare debent, cur apud illum egerint, cujus conditionem satis perspectam non habebant, cum facile habere possent (10).

§ 564. Si autem quis publice, et communiter pro notario haberetur, vulgo distinguunt (11), an notariatus munus acceperit ab eo, qui hanc potestatem habet, sed propter latens aliquod impedimentum eo munere fungi prohibeatur, an sponte hoc munus subeundum susceperit. In primo casu, non summo jure inspecto, sed ex aequitate sustineri debent instrumenta a falso notario conscripta, prout traditur de praetore servilis conditionis (12): non in altero, ad quem indulgentia non videtur protrahenda; ne alioquin

(1) Anton. Mattheus *De auctionib.* lib. 1, cap. 9, n. 5; Voet in ff. hoc tit. n. 5 ver. in princ.
(2) V. Voet in ff. hoc tit. d. n. 6 in fin.
(3) *Reg. Constit.* lib. 3, tit. 12, § 8.
(4) Ibid. lib. 5, tit. 22, cap 6, § 3; jung. Ab-Eccles. observ. 108 per tot.
(5) l. *Liberationem* 3 § 1 ff. *De liberat. legat.* (34, 3).
(6) l. *Labeo ait* 2 § 1 ff. *De pact.* (2, 14); l. *Lecta* 40 ff. *De reb. cred.* (12, 1).
(7) l. penult. in princ. Cod. *Qui potior. in pign.* (8, 18).
(8) l. *Plures* 19 Cod. hoc tit.
(9) l. *In contractibus* 14 § 1 et 2 Cod. *De non numerat. pecun.* (4, 30).
(10) l. *Titius Sejo* 24; l. *Quidam* 26 ff. *De pecun. constitut.* (13, 5).
(11) l. *In hac actione* 3 § *interdum* 14; l. penult. ff *Ad exhibend.* (10, 4).
(12) l. *Testamenta* 18 Cod. *De testam.* (6, 23).

(1) *Reg. offic. notarior. et insinuator.* tit. 1 et 2; *Reg. Constit.* lib. 5, tit. 22, cap. 1, § 2 et seqq.
(2) V. d. *Reg. offic. notarior.* tit. 2, § 1 et seqq. Ab-Eccles. observat. 107, n. 25 et seqq.; ubi de notariis apostolicis.
(3) argum. l. ult. ff. *De offic. praefect. urb.* (1, 12).
(4) l. *Nemo plus juris* 54 ff. *De reg. jur.* (50, 17); *Reg. Constit.* d. lib. 5, tit. 22, cap. 1, § 7.
(5) d. *Reg. offic. notar. etc.* d. tit. 2, § 4, 6, 7, 9, 10 et 11.
(6) argum. l. *Omnes* 2 ff. *De offic. proconsul* (1, 16).
(7) l. *Et ideo* 8 ff. eod, tit.
(8) Voet in ff. *De offic. praetor.* lib. 1, tit. 14, n. 6 in princip.
(9) l. *Regula est* 9 § *sed facti* 2 ff. *De jur. et fact. ignorant* (22, 6).
(10) l. *Qui cum alio* 19 ff. *De reg. jur.* (50, 17).
(11) V. vol. II, lib. 2, § 6099 et seqq. pag. 229.
(12) l. *Barbarius Philippus* 3 ff. *De offic. praetor.* (1, 14); V. Fab. Cod. hoc tit. lib. 4, tit. 19, d. definit. 1 in not.

privatorum voluntate pendeat jus publicum; quamquam publica utilitas suadere potest, ut Princeps haec ita ex bona fide gesta rata, et firma esse jubeat (1).

§ 565. Neque nocet, quod Paulus sit, errorem jus facere (2); agit enim jureconsultus de vocabulorum significatione, quae ab usu populi magis, quam si publica auctoritate aestimanda est. Macedoniani exceptio utique cessat, si quis mutuum numeraverit ei, qui non vana opinione, sed a plerisque paterfamilias credebatur (3). Verum exceptio haec inducta fuit odio foeneratorum (4); quo digni non sunt, qui mutuam pecuniam credunt ei, quem publice pro patrefamilias haberi constat.

§ 566. Caeterum, apposite monet Faber, licet non probetur quis notarius ex eo solo, quod tamquam talis publice saepius se gessisse proponatur, qui tamen neget, eum fuisse notarium, non debet audiri, nisi in falsi crimen inscribat (5): ne alioquin publicae scripturae fides per solam inficiationem convellatur. Idem dicendum, si hujusmodi instrumenti exemplum proferatur descriptum, auctoritatem praestante judice, licet inter alias personas, dummodo a notario publico subscriptum sit; potestate tamen neganti facta petendi, ut matrix scriptura exhibeatur, petentis utique sumptibus, si exemplum nullo patenti vitio laboret (6); quippe negans praesumptionem contra se habet.

§ 567. Solemnitates a notario servandae, cum instrumenta publica excipit, jure Romano, quod fere apud nos firmatum est, hae praescribebantur, nimirum, ut scribantur in charta signata (7), nisi aliud quibusdam in locis indulgeatur (8), atque exprimatur annus, mensis, dies, et locus, in quo conficiuntur instrumenta (9): immo etiam hora, si fieri potest, quoties agitur de contractibus, ex quibus nascitur hypotheca, ut ita de praelatione creditorum certo constet (10).

§ 568. Hisce solemnitatibus aliae usu fori, et legibus municipalibus adjectae sunt. Imprimis scribi jubentur vulgari, non alio idiomate (11): tum prohibentur notarii, ne instrumenta, vel actus ultimae voluntatis conscribant, nisi cognoscant contrahentes, vel testatores per se, vel testimonio personarum fide dignarum (1): contrahentium, testatorum, et testium patriam, et domicilii locum exprimere jubentur, nec non patris nomen; simul adjicientes, utrum is adhuc in vivis, an fato functus sit (2). Scite haec omnia praescribuntur, ut omnis fraudibus via praecludatur.

§ 569. Praeterea tum contrahentes, tum testes instrumento subscribere debent; nisi aliqui ex his litteras ignorent, quod omnino exprimendum est (3): atque hi signare tenentur (4): deinde subscribere notarius ipse debet manu sua, idest cum signo manuali, seu tabellionali, quo uti constituit (5), nomine, et cognomine expresso (6); quae quidem statim, et uno contextu fieri opus est, ut certa sit instrumenti fides. Contrahentium autem subscriptio, vel subsignatio ita necessario praecipitur, ut alioquin viribus careat instrumentum (7).

§ 570. Hinc recte tradit Faber, instrumentum, quod neque scriptum, neque subscriptum sit a notario, nullam fidem facere, licet repertum sit in notarii protocollo, seu instrumentorum libro, atque in extrema protocolli pagina notarius, ut fieri solet, approbaverit omnia ante scripta instrumenta tamquam dictante, et stipulante se conscripta (8); excipit idem Faber casum, qua ex praecedentibus, aut subsequentibus paginis appareat, eo protocolli ordine scriptum esse instrumentum, de quo disceptatur, ut neque fraus, neque falsum committi potuerit (9).

§ 571. Neque necesse est, ut qui falsum dicit instrumentum a notario minime subscriptum, falsi accusationem criminalem instituat, quod utique desideraretur, si quis impugnare vellet instrumentum a notario scriptum, vel subscriptum (10), postquam placuit, de falso civiliter amplius agi non posse, sed criminaliter omnino agendum esse per inscriptionem solemnem falsi (11): quia instrumentum hoc publicam defectu subscriptionis fidem non habet (§ 599): atque culpandus potius est, qui hujusmodi scriptura utitur, quam qui illam susceptam dicit (12).

§ 572. Quid ergo, si notarius instrumentum nec dum a se, a contrahentibus, vel a testibus

(1) argum. d. l. 3 ff. *De offic. praetor.*

(2) l. *Supellectili* 3 § ult. ff. *De supellectil. legat.* (33, 10).

(3) l. *Si quis* 3 ff. *De Senatusc. Maced.* (14, 6).

(4) l. 1 in princ. ff. eod. tit.

(5) Fab. Cod. hoc tit. lib. 4, tit. 16, def. 20 in princ.

(6) d. def. 20 n. 3 et seqq.

(7) Novell. 44. cap. 1.

(8) V. *Reg. offic. notar. et insinuat.* tit. 8, § 4.

(9) Novell. 47. cap. 1. § 1; d. *Reg. offic. notar. etc.* tit. 6, § 2; Ab-Eccles. observ. 111, n. 1 et seqq.

(10) d. *Reg. offic. notar.* § 2.

(11) Ibid. tit. 6, § 5; Fab. Cod. hoc tit. lib. 4. tit. 16, definit. 13; ubi tamen probatum fuit a Senatu hoc temperamentum, ut scriptura Gallico idiomate Camberii conscripta in Italum sermonem a fido interprete, a partibus electo, verteretur; eoque facto eadem Italicae, et Gallicae scripturae fides adhibenda esset.

(1) *Reg. Constit.* lib. 5, tit. 22. cap. 1, § 9.

(2) *Regul. offic. notar. et insinuator.* tit. 6, § 1.

(3) *Reg. Constit.* d. lib. 5. tit. 22, cap. 1, § 9.

(4) *Regul. offic. notar. et insinuat.* tit. 6, § 9.

(5) Ibid. cap. 3. § 2 in fin; quod quidem signum plure ita necessarium putant, ut alioquin instrumentum viribus careat, quasi non subscriptum a notario tamquam publica persona. V. Ab-Eccles. observat. 39. n. 28 et seqq; Sola *De opposit. contra formam etc.* gloss. 2, n. 12, pag. 188.

(6) *Regul. offic. etc.* d. § 9.

(7) *Reg. Constit.* d. § 9 in fin.

(8) Fab. Cod. hoc tit. lib. 4, tit. 16, def. 21 in princ.

(9) d. def. 21, n. 4 et seqq.

(10) d. def. 21, n. 9 et seqq.

(11) d. def. 21 in not.

(12) argum. l. *Tabularum* 2 § ult. ff. *Testament. quemadmodum aperiant.* (29, 3).

subscriptum alteri contrahenti tradiderit, ut antiquioris alterius instrumenti in eo relati diem adscriberet, tum post aliquod tempus illud subscripserit; atque a testibus, nec non ab eo, cui traditum fuerat, subscribi curaverit, neutiquam vocato altero, qui jam subscripserat? Culpa quidem non vacat notarius, cum haec inconsulta facilitas possit falsitatis materiam praebere; non tamen licet ex Fabro instrumentum falsum, et suppositum dicere, nisi instituta criminali falsi accusatione (1); quia instrumentum formam publicam habeat ex sola notarii subscriptione, quandocumque apposita sit, quamvis neque contrahentes, neque testes subscripserint (2).

§ 573. Excipit jure merito Faber casum, quo testium et contrahentium subscriptio statuto, vel lege municipali praescripta sit (3), quemadmodum apud nos (§ 569): tunc enim instrumentum non intelligitur habere publicam formam, nisi omnes subscripserint; nihil enim actum habetur, quamdiu aliquid deest ex solemnibus ad actum requisitis (4)

§ 574. Quemadmodum testator, qui duos notarios in testamento rogavit, eos in solidum rogasse censetur, ita ut valeat, licet ab uno dumtaxat subscriptum sit (5), idem affirmandum de instrumento, nisi aliud actum appareat (6), cum et pro instrumento, ut sustineatur, in dubio fieri debeat interpretatio (7).

§ 575. Si constet, notarium ex legis ignorantia solutum fuisse nullas adhibere testium subscriptiones, existimat Faber, ex aequitate sustinenda esse hujusmodi instrumenta (8); eodem plane fundamento, quo supra diximus, rata vulgo haberi instrumenta facta notario publice adepto potestatem, quam tamen ex latente aliquo impedimento exercere prohibetur (§ 564).

§ 576. Sed quid, si paratus sit ille, qui instrumento neutiquam subscripto nititur, probare per testes, quae in eodem continentur? Audiendum putat Faber, quia lex municipalis non pendent ex scriptura (9), cum contractus in scriptis celebratus fuit (10). Sed haec convenire non videntur novo juri, quo nunc utimur, quippequod actus et contractus ita gestos nullos pronunciat (11).

(1) Fab. Cod. hoc tit. lib. 4, tit. 16, def. 19 in princ.
(2) d. def. 19, n. 6.
(3) d. def. 19 in not.; ubi ita inductum tradit apud Sabaudos ex Senatus Consulto, quod ad instrumenta tantum pertinet, non ad testamenta: sed jure regio eadem in testamentis solemnitas desideratur. *Reg. Constit* lib. 5, tit. 22, cap. 2, § 1 junct.; *Regul. offic. notar. et insinuator.* tit. 6, § 9.
(4) l. *Contractus* 17 Cod. hoc tit.
(5) V. vol. II, lib. 2, § 6161 et 6162, § 231.
(6) Fab. Cod. hoc tit. lib. 4, tit. 16, def. 1 et 22.
(7) l. *Quoties* 12 et passim ff. *De reb. dub.* (34, 5).
(8) Fab. Cod. hoc tit. lib. 4, tit. 16, definit. 1 in not. prop. fin.
(9) d. definit. 1 in not. in fin.
(10) Juxta l. *Contractus* 17 Cod. hoc tit.
(11) *Reg. Constit.* lib. 6, tit. 22, cap. 2, § 9 in fin.

§ 577. Ex his constat, instrumenta uno contextu, quantum licet, fieri debere, seu solemnitates omnes simul adhibendas esse, nisi justa aliqua caussa aliud exposcat (§ 572): atque hinc generatim jubetur notarius, post contrahentium subscriptionem, subsignationem statim subscribere manu sua (1). Quod si post haec contrahentes quaedam adjicere, vel mutare velint, dummodo ad alios actus non diverterint, contrahentes, adjectio rursus a contrahentibus, testibus et notario subscribenda est (2). Hinc et tradit Faber, clausulam constituti instrumento adjici non posse ex intervallo, nisi ex auctoritate judicis, qui id permittere non aliter debet, quam addita cautione, ut nullum ex ea re aliis creditoribus, quorum interesse potest, damnum inferatur (3).

§ 578. Publica quidem acta etiam post contractus stipulationem inseri permittuntur: sed tituli et privatae scripturae incontinenti coram partibus inseri debent (facta etiam speciali hujus rei mentione): nisi forte ita fieri nequeat; quo casu etiam ex post facto haec inserere licet, dummodo ante instrumenti insinuationem, adjecta etiam in calce notarii asseveratione, qua exprimatur tempus, quo privata hujusmodi scriptura tradita fuerit, nomen et cognomen illius, a quo tradita (4). Plane mandatum procuratori datum extra ditionem instrumento inseri debet, nisi de eo plene constare possit per relationem ad aliud instrumentum insinuatum, quod jam insertum sit (5).

§ 579. Errorem plane suum notarius emendare potest, licet in die, quo instrumentum confectum fuit, erratum proponatur (6); ita tamen, ut emendatio non per simplicem cancellationem, vel abrasionem fiat, sed per adjectionem a contrahentibus, testibus et notario subscribendam (7); atque errorem notarius prius corrigere debet, quam alterutri contrahentium descripserit instrumentum in publicam formam redactum (8). Subjicit Faber, licere ei, qui instrumentum produxit, errorem, cui expresse non consensit, allegare et probare (9); error veritati nocere non debet (10): sed alleganti probatio incumbit (11): maxime quia instrumentum producens videtur omnia in eo contenta fateri (12).

§ 580. Notarius notas suas ex communi sententia extendere potest in ampliorem formam etiam ex intervallo; ita tamem, ut nihil suppleat,

(1) *Regul. offic. notar. et insinuator* tit. 6, d. § 9.
(2) d *Regul. offic. notar. etc.* tit. 6, § 10.
(3) Fab. Cod. hoc. tit. lib. 4, tit. 16, def. 8.
(4) *Regul. offic. notar. etc.* tit. 6, § 14.
(5) Ibid. § 15.
(6) Fab. Cod. hoc tit. lib. 4, tit. 16, def. 9 in princ.
(7) *Regul. offic. notar. et insinuator.* tit. 6, § 11 et 12.
(8) Fab. d. def 9 in princ.
(9) Ibid. def. 10.
(10) l. *Si in nomine* 4 Cod. *De testament.* (6, 23).
(11) l. *Si post divisionem* 4 l. *Cum testamentum* 8 Cod. *De jur. et fact. ignorant.* (1, 18).
(12) auth. *ad haec*, post. l. 20 Cod. hoc tit.

quod afficiat substantiam actus, et negotii, de quo agitur, sed clausulas tantum consuetas adjiciat, verba ambigua, et generalia, quae commodam interpretationem admittunt, interpretetur (1), non caetera. Alius autem notarius nonnisi clausulas tantum a defuncto notario adjici solitas interserere potest, non supplere, vel interpretari (2).

§ 581. Severiores ad publicam securitatem apud nos hodie cautiones praescriptae sunt: atque decretum, ut annus, mensis, dies locus, quo contractus celebrati sunt, nec non summae, de quibus actum est, ad extensum scribantur (3), tum prohibentur notarii, ne breviter hac nota adjecta etc. scribant actus, aut contractus clausulas; neve in matrice, ut ajunt, scriptura utantur verbis compendiosis (*), quoadea, quae ad substantiam actus, vel contractus pertinent; nec verbis obscuris, quae facile intelligi nequeant, aut, quae duplicem admittunt significationem, sub poena decem aureorum (4).

§ 582. Ex notarii viventis protocollis, seu instrumentorum libro non licet excerpere publicum instrumentum, nisi notarius ille impeditus, aut prohibitus sit, puta ex caussa criminis; quo casu, etiam notario rogato invito, sed mandante judice potest alius notarius instrumentum describere (5): atque de judicis mandato constare debet, alioquin nullius fidei erit descriptio, utpote facta a non habente potestatem (6): nisi adversarius eo instrumento alias usus sit, aut negligens fuerit in objiciendo mandati defectu (7): atque apud nos, subjicit Faber, intra primam delationem hujusmodi objectiones omnes, quae tendunt ad labefactandam extrinsecam instrumenti formam, proponendae sunt (8).

§ 583. Si autem notarius adhuc vivens alterius opera in describendo instrumento uti velit, utique potest, dummodo ab officio non cessaverit (9), sed simul nomen et cognomen ejus, cujus vicaria opera utitur, exprimere debet (10). Defuncto notario instrumentorum decriptio apud nos fit ab insinuatore (11), vel ab alio notario, quem suprema rationalium curia elegerit, petentibus notarii successoribus (12).

§ 584. Instrumenti publici ea vis est, ut plenam fidem in judicio faciat, saltem si authenticum sit (1), et per quadriennium, a die morae contractu praefinitae, praevia unica intra quindecim dies solvendi jussione, et praestita satisdatione paratam habet executionem; etiam contra tertium (2), nec non debitoris haeredem, modo constet talem esse (3), nisi intra id tempus exceptio aliqua dilatoria, vel peremptoria objiciatur, atque probetur (4), vel debitum illiquidum sit (5), nec in executione facile possit liquidari (6).

§ 585. Quod si non instrumentum ipsum authenticum exhibeatur, sed illius exemplum, Romano quidem juris inspecto, non probat (7), nisi fide publica transcriptum sit, citata adversa parte (8): si tamen exemplum ab eodem notario subscriptum sit, aeque probat ac instrumentum ipsum authenticum (9): atque apud nos cautum, ut eandem paratam executionem (§ praeced.) habeant instrumenta legitime (§ 583.) descripta ex protocollis defunctorum tabellionum (10): et plenam fidem in judicio facient instrumenta excerpta ex alienis protocollis, judice mandante (11).

§ 586. Neque exhibito legitimo exemplo pars adversa petere potest, ut exhibeatur protocollum nisi immineat suspicio falsitatis, de qua judex certior factus fuerit (12); vel instrumentum quoad formam extrinsecam vitio aliquo laborare videatur, atque protocollum exhiberi possit (13); in manibus autem commissarii, vel graphiarii protocolli inspiciendi, et describendi potestas sit (14).

§ 587. Quia tamen facile indulgendum est illi, qui suae indemnitati prospicere satagit sine alterius dispendio, idcirco, si timeat, ne in exemplum error irrepserit, juste desiderat, ut ejus collatio fiat cum autographo, seu exemplari, suis utique impensis, non interrupto tamen, nec dilato cursu caussae (15). Collatio instrumenti, non

(1) Fab. Cod. hoc tit. lib. 4, tit. 16, def. 18 in princ..
(2) d. def. 18 in med.
(3) *Regul. offic. notar. et insinuator.* tit. 6 § 2 et 15.
(4) d. tit. 6, § 4.
(5) Fab. Cod. hoc tit. lib. 4. tit. 16, def. 26 et 28.
(6) l. *Barbarius Philippus* 3 ff. *De offic. praetor.* (1, 14).
(7) Fab. Cod. hoc tit. def. 2 in princ. V. Ab-Eccles. part. 2, observ. 47 per tot.
(8) Fab. d. def. 2 in fin.
(9) *Regul. offic. notar. et insinuator.* tit. 8. § 13.
(10) Ibid. tit. 6, § 18.
(11) *Regul. offic. notar. et insinuator.* tit. 10, § 2.
(12) Ibid. § 7. Olim apud Sabaudos Senatus notarium eligebat, cui liceret notarii defuncti instrumenta describere, et publicare: judex mandandi generaliter potestatem non habet, sed specialiter tantum, si de uno, vel altero instrumento describendo rogetur; nec haeres sine mandato describere ea potest, licet sit notarius, Fab. Cod. hoc tit. lib. 4. tit. 16. def. 7.

(*) Abbreviature.

(1) l. *Quicumque* 2 ff. hoc tit.
(2) Ab-Eccles. observat. 110, n. 25 †
(3) Ab-Eccles. observat. 154, n. 5 et 15 †
(4) *Reg. Constit.* lib. 5, tit. 22; cap. 6. § 1; Ab-Eccles. observat. 107, n. 28 et seqq. et observat. 115. n. 9 et observat. 115, n. 19 et seqq. et observat. 118, n. 7 et seqq; Thesaur. decis. 26, n. 2 et 15; atque idem tradit de testamento n. 9 et 10; Ab-Eccles. d. observ. 110, n. 26 †
(5) Ab-Eccles. observ. 109, n. 15 et seqq.
(6) Osasc. dec. 129, n. 10 et seqq.
(7) l. ult. ff. *Testament. quemadmod. aperiant.* (29, 3).
(8) Fab. Cod. hoc tit: lib. 4, tit. 16, definit. 12 in princ. et def. 15.
(9) Fab. d. def. 15 in not.
(10) *Reg. Constit.* lib. 5, tit. 22, cap. 6, § 2.
(11) Ibid. lib. 3, tit. 11, § 1; Ab-Eccles. part 2, observat. 46 et 47.
(12) d. lib. 3, tit. 11, § 1 in med.; Fab. Cod. hoc tit. lib. 4. tit. 16, definit. 6 et 16 in princip. V. Osasc. decis. 16.
(13) Fab. d. def. 16, n. 2 et seqq.
(14) Ibid. def. 17.
(15) *Reg. Constit.* d. lib. 3, tit. 11, § 1 in fin.

secus ac exhibito protocolli, vel matricis scripturae sumptibus petentis fieri debet (1): si neuter requirat exhibitionem, vel collationem, sed officio judicis fieri debeat, ejus sumptibus facienda est, qui suspecto instrumento nititur (2); cum adversus ipsum urgeat praesumptio.

§ 588. Sed quid dicendum, si matrix scriptura differat a protocollo, huic ne potius, an illi fides adhibenda? In dubio, tradit Faber, matrici potius scripturae standum esse, quam protocollo, et protocollo potius, quam exempló (3); etenim matrix scriptura, seu minuta, ut loquuntur pragmatici, est fons, et origo, ex qua sumitur protocollum; atque ex protocollo sumitur exemplum: quare exibens matricem scripturam nunquam cogi potest ad exhibendum protocollum (4). Atque hinc, si matrix scriptura suspecta sit, omnia suspecta fiunt, et veritas aliunde exquirenda est (5). Porro notarius a judice cogi potest, ut edat instrumentum ei, qui non rogavit, si illius interesse cognoscat (6).

§ 589. Instrumenta legitime facta fidem faciunt non tantum in causis civilibus (7), sed etiam in criminalibus (8). Neque aliud tradit imperator Hadrianus, cum ait, testibus se, non testimoniis creditorum (9); etenim per testimonia non significat instrumenta, sed depositiones testium absentium; cum intersit, testes super crimine audiri praesentes, ut ex constantia, vel tribulatione in respondendo facilius dijudicetur, quae fides ipsis adhibenda sit: quare subjicit imperator, aliam esse auctoritatem praesentium testium, aliam testimoniorum, quae recitari solent (10).

§ 590. Nec tantum in loco, quo conscripta sunt instrumenta, fidem faciunt, sed et alibi; atque etiam in locis alteri Principi parentibus; non quidem summo jure, sed ex comitate, atque ita suadente publica utilitate, dummodo aliter cautum forte non sit (11), atque constet; ex publico magistratuum loci testimonio instrumentum talis continens confectum esse a publica persona, et juxta loci leges (12). Sed notarii assertio in instrumento facta probat tantum de illis, quae coram notario inter contrahentes geruntur (§ 493); atque adversus clausulas a notariis ex stylo apponi solitas probatio facile admittitur (§ 494). Neque sufficit, notarium scripturae alicui interesse, vel eam excipere, seu conscribere, sed requiritur, ut tamquam publica persona interveniat; alioquin non majorem, quam alter quisque privatus fidem habet (1).

§ 591. Quamquam vero tanta sit vis instrumenti publici inter contrahentes, non tamen probat pro tertio, nec contra tertium (2): ex trita juris regula, res inter alios actae aliis nec prosunt, nec nocent (3). Sane, quin hinc aliqua praesumptio nascatur potissimum in antiquis, in dubium vocari non potest (4).

§ 592. Si instrumento publico mentio fiat alterius publici instrumenti, hoc non aliter fidem facit, praeterquam si exhibeatur, licet verba omnia in posteriore instrumento transcripta essent, (5) juxta vulgatum apud pragmaticos axioma: *Referenti non creditur, nisi constet de relate:* nisi relatio facta sit tantum demonstrative, ut ajunt, non taxative; ita ut posterius instrumentum perfectam orationem contineat; puta debiti alio anteriore instrumento descripti (6).

§ 593. Quaerunt hoc loco interpretes, utrum notarius instrumentum conscribere possit, ita ut publicam fidem habeat in suorum utilitatem, veluti patris, filii, et fratrum. Probabilior aliquibus videtur sententia affirmantium: nisi aliud consuetudine, vel lege municipali inductum probetur; tum quia nulla in jure Romano lex est, quae prohibeat, ne tabellionis munere fungatur pater pro filio, aut vicissim; tum quia in iis, quae publici juris sunt, non inspicitur patria potestas (7); tum demum quia notarii persona magis ad instrumenti solemnitatem, quam ad probationem adhibetur, ut ex eo constat, quod privatae etiam scripturae a duobus testibus subscriptae fidem faciunt in judicio (8).

§ 594. Quod si objiciatur, neminem sibi, aut suis adscribere posse (o), saltem in testamento scripto (10), respondent, prohibitionem hanc tantummodo pertinere ad illos, qui tamquam privati scribunt testamenta, non ad notarios publicam personam sustinentes (§ praeced.), de quibus nulla mentio fit in legibus, quae de hac re

(1) argom. l. *Praetor ait* 4 § ult. ff. *De edend.* (2. 13); Fab. Cod. hoc tit. lib. 4, tit. 16, def. 27 in princ.

(2) Fab. Cod. hoc tit. d. def. 27, n. 1.

(3) Ibid. definit. 24, n. 4; Thesaur. lib. 3, quaest. 87, n. 3 †

(4) Fab. Cod. hoc tit. d. definit. 24 in not. †; ubi et adjicit, valere matricem scripturam, licet in protocollum redacta non sit, dummodo necessariae solemnitates in ea adhibitae fuerint.

(5) Fab. d. def. 24, n. 5 et 6 in corp.

(6) V. Osasc. dec. 57 per tot.

(7) l. *In exercendis* 15 Cod. hoc tit.

(8) l. ult. Cod. *De probat.* (4, 16).

(9) l. *Testium fides* 3 § *idem divus* 3 ff. *De testib.* (22, 5).

(10) d. l. 3 § *Gabinio qu que* 4.

(11) V. vol. I, lib 1, § 303 et seqq. pag. 78.

(12) Voet in ff. hoc tit. n. 8 in fin. post alios.

(1) Voet in ff. hoc tit. n. 5; *Reg. Constit.* lib. 3, tit. 12, § 8.

(2) l. *Imperatores* 3 ff. *De transact.* (2, 15); l. *Saepe constitutum* 63 ff. *De re judicat.* (42, 1).

(3) ll. 1, 2 et 3 Cod. *Int. alios acta* (7. 60).

(4) l. *Si duo* 13 in princ. ff. *De jurejurand.* (12, 2).

(5) auth. *si qui in aliqua*, post l. 7 Cod. *De edend.* (2, 1).

(6) l. *Generaliter* 13 Cod. *De non numerat. pecun.* (4, 30); V. vol. I, lib. 1, § 207, *Disputat.* pag. 30.

(7) l. *Ille, a quo* 13 § ult. et l. seq. ff. *Ad Senatusc. Trebellian.* (36, 1).

(8) l. penult. Cod. *Qui potior. in pign.* (8, 18); *Reg. Constit.* lib. 3, tit. 12, § 1 et seqq.

(9) l. *Senatusconsulto* 3 et pass. Cod. *De his, qui sibi adscrib.* (9. 23).

(10) Fab. Cod. eod. tit. lib. 9, tit. 14, def. unic. in princ.

latae sunt (1); atque ideo speciali lege opus esset de notariis (2); maxime cum odiosa, et poenalis sit prohibitio adscribendi, quamquam ad praecavendas fraudes lata; nec eadem omnino viget ratio legis in notario, ac in privato adscribente; privatus alius scribens testamentum facile inveniri potest, non ita facile alius notarius, praesertim in locis exiguioribus.

§ 595. Minus nocet, quod subjiciunt, ex Paulo testem idoneum non esse patrem filio, nec filium patri (3), notarium vero scribentem instrumentum, quo contineatur obligatio favore filii sui, testis vice fungi, quatenus profitetur, haec apud ipsum gesta fuisse, atque ob id plenam fidem mereri; etenim, praeterquamquod, ut modo diximus, scripturae fidem utique addit notarius, sed et sine notarii interventu scriptura fidem habere potest (§ 593), a privato testimonio, de quo loquitur Paulus, argumentari non licet ad illud, quod quis vi publici officii praestat; cum personarum conjunctio in his, quae publici juris sunt, non inspiciatur (d § 593).

§ 596. Quamquam haec non subtilitate tantum, sed et juris ratione nituntur, fatendum tamen non contemnenda esse contrariae sententiae argumenta; adeoque peroptandum, ut haec quaestio, non secus ac alia de testamento (4), suprema Principis auctoritate definiretur; prout apud Belgas non licere definitum refert Perezius (5). Interim, nisi necessitas urgeat, consultius facit notarius, qui officium suum in hisce casibus praestare detrectat; nec non melius sibi consulunt contrahentes, qui alterius notarii opera utuntur.

§ 597. Caeternm, licet instrumenti legitime confecti ea vis sit, ut paratam habeat executionem; quia tamen parata haec executio nonnisi post quindecim dierum spatium indulgetur, atque ab executionem petente exigitur satisdatio (§ 584), palam est, probationes adversus instrumentum hoc admitti, dummodo, ut supra diximus (§ 537), manifestae sint (6); praesumptio, quae pro instrumento facit, juris est, non de jure, quae idcirco probationem contrariam non respuit (§ 536): quamquam, etsi paresumptio haec juris esset, et de jure, indirecte tamen contra eam probari posset non tantum per confessionem partis, vel negando scripturam, quae producitur, instrumentum esse (§ 535), sed et per jusjurandum praestitum a viro bonae vocis, conditionis, et fama, si Osasco assentimur (1). Non tamen admittuntur articuli ad probanda pacta verbis inita instrumento contraria (2).

§ 598. Pluribus argumentis everti potest praesumptio veritatis, quae pro instrumento facit: puta si quis demonstret; se toto eo die, quo aliquo in loco praesens, et consentiens instrumento asseritur, alibi fuisse (3); si testes omnes contradicant instrumento, atque jurato deponant, negotium alio modo gestum fuisse; potiora habentur dicta testium jurejurando firmata, quam scriptura (4). Idem est, si testes negent, se praesentes instrumento fuisse, et subscripsisse (5): si instrumentum simulata contineat, puta alius pro alio emptore inseratur (6), vel alius contractus (7).

§ 599. Nec ulla est instrumenti vis, si diversa, et contraria in eodem contineantur, quae invicem conciliari nullo modo possint (8); quod tamen omni modo tentandum est, ne actus pereat (9). Idem dicendum, si diversae scripturae inter se pugnantes ab eodem proferantur (10): neque in hoc in casu distinguimus, an unum instrumentum publicum sit, aliud privatum, an utrumque publicum (11); imputet sibi, qui contrariis scripturis nititur.

§ 600. Sed si a diversis personis, videlicet ab actore, et reo proferantur scripturae diversae, atque ita inter se pugnantes, ut ad consensum adduci nequeant, digniori scripturae in dubio standum est; adeoque publico instrumento potius, quam scripturae privatae, nisi haec trium testium fide dignorum subscriptione munita sit; quippequae eandem ac publicum instrumentum vim habet (12): atque matrici scripturae, seu exemplari potius, quam protocollo, et huic potius, quam exemplo (13), ut modo diximus (§ 588).

§ 601. Testibus inter se dissentientibus de

(1) Tot. tit. Cod. *De his, qui sibi adscrib.*; l. *Divus* 15 princ. et §§ seqq. ff. *Ad leg. Cornel. De fals.* (48. 10).

(2) V. Perez. in Cod. tit. *De his, qui sibi adscrib.* n. ult.; quo fundamento alibi probabilius defendimus, patrem posse tabellionis officia fungi in testamento, quo filius institutus est vol. II, lib. 2, § 6165: aliud quidem placere videtur Fabro, qui tamen plura simul congerit, nec certo discerni potest, quae fuerint a Senatu definita: praeterquam quod nec litigantes commemorat; adeoque videtur potius retuli se res non definitas, sed in Senatu tractatas, quibus et privatas suas opiniones inseruit.

(3) l. *Testis idoneus* 9 ff. *De testib.* (22. 5).

(4) Quam expendimus vol. II, lib. 2, § 6163 ad 6165 pag. 237.

(5) Perez. in Cod. *De his, qui sibi adscrib.* lib. 9, tit. 3, n. ult.

(6) § *item verborum* 12 Instit. *De inutilib. stidulat.* (3,20); l. *Optimam* 14 Cod. *De contraend. et committend. stipulat.* (8, 38).

(1) Osasc. dec. 101, n. 25.

(2) *Reg. Constit.* lib. 3, tit. 16. § 5.

(3) d. § *item verborum* 12 Instit. *De inutilib. stipulat.* (3, 29); d l. *Optimam* 14 Cod. *De contrah. et commit. stipulat.* (8, 38),

(4) Novell. 73, cap. *si vero* 3; V. Thesaur. lib. 1, quest. 31 per tot.

(5) d. § 12 Instit. *De inutilib. stipulat*; d. l. 14 Cod. *De contrahend. et committ. stipulat.*

(6) l. *Acta simulata* 2 Cod. *Plus valer. quod agit.* (4. 22).

(7) l. ult. Cod. eod. tit.

(8) l. *Ubi pugnantia* 188 ff. *De reg. jur.* (50. 17).

(9) l. *Quoties* 12; l. *Ubi est verborum* 21; l. *Cum in testamento* 24 ff. *De reb. dub.* (34. 5).

(10) l. *Scripturae* 14 Cod. hoc tit.; Fab. Cod hoc tit. lib. 4, tit. 16, def. 4.

(11) Fab. Cod. hoc tit. def. 31 in princ.

(12) l. *Scripturas* 11 Cod. *Qui potior. in pign.* (8, 18); Fab. Cod. hoc tit. lib. 4. tit. 16, d. def 2, n. 2 et seqq.

(13) Fab. d. def. 3, n. 4.

instrumenti fide, major numerus praevalet (1): ex instrumento, seu chirographo cancellato praesumptio quidem inducitur soluti debiti, quae tamen contraria probatione elidi potest (2): idem dicendum de cancellatione, ratione, inductione, et similibus, nisi constet haec ex partium voluntate facta fuisse (3): nec suspicione caret, quod margini adjectum est, nisi testium, et notarii subscriptione munitum sit.

§ 602. Sed quid, si notarius ipse falsa instrumento retulisse fateatur? Confessio haec ipsi quidem notario nocet (4), non vero adimit jus tertio quaesitum per instrumentum (5); quod, utpote legitimis solemnitatibus munitum, pro contrahente probat (§ 883); maxime quia notarius hic ex propria confessione infamis fit (6); infames autem ad testimonium dicendum non admittuntur (7). Atque idem dicendum de eo casu, quo notarius asserat, suppositam a debitore doloso personam falsi creditoris, qui solutam sibi pecuniam profiteretur (8): quare falsi probationes aliunde in utroque casu exprimendae sunt, puta ex confessione partis, dicto testium, et similibus (9).

§ 603. Neque fidem admittit instrumentum in omnibus suis partibus ex eo, quod in uno, vel altero capite falsum continere constet, nisi unum sine altero principali consistere nequeat (10); ex trito axiomate utile per inutile non vitiatur, quoties unum ab altero separari potest (11): atque ita servatur in sententia, a qua in uno captae appellari potest, firmis manentibus, caeteris, quae connexa non sunt (12): in testamento, quod pro parte, qua contra pietatis officium est, rescinditur (13). Si ergo in instrumento scriptum sit, Titium centena mutuo dedisse Sempronio, et Maevium pro Sempronio fidejussisse, licet Maevius, qui non subscripsit, a fidejussione immunis sit, non ideo corruit obligatio Sempronii, qui instrumento subscripsit.

§ 604. Plane consentiunt omnes, instrumentum rite confectum non vitiari, licet aliquid falsum ei adjectum fuerit (14). Neque etiam sufficiens falsitatis argumentum inde petitur, quod notarius jam alia falsa instrumenta conscripserit (1); quod enim traditur, semel malum semper praesumi malum in eodem mali genere (2), verum est odio ipsius, qui malum admisit, non alterius, quibus notarii dolus obesse non debet.

§ 605. Si in instrumento contineatur debitum, nec tamen illius caussa expressa sit, vim utique illud habet, sed efficaciter agere non potest creditor, nisi caussam debiti probet (3); cum obligationem sine caussa leges ratam non habeant (§ 599). Haec tamen obligationis caussa etiam ex conditione personarum aliquando colligi potest: atque si in instrumento fiat mentio pecuniae numeratae, in dubio ex caussa mutui data praesumi debet (4).

§ 606. Duo sunt hoc loco revocanda, quae supra diximus. 1. Posse quidem, praetermissa falsi criminali accusatione, impugnari instrumentum, quod publicam formam non habet; sed criminalem hanc accusationem omnino instituendam esse, si impugnetur instrumentum publica forma instructum, videlicet quo notarius, et testes subscripserint (5); cum publicam formam non habet, negatur esse instrumentum, ac proinde non publicae, sed ad summum privatae scripturae fidem in dubium revocatur: quod sine falsi accusatione, saltem criminali, permittendum est.

§ 607. Alterum est, eum, qui pro se producit instrumentum, videri hoc ipso approbare, et fateri omnia, quae in eo continentur (6); atque ideo nec illud judicio eximere, nec illius fidem improbare potest, quatenus sibi nocet, licet protestatus fuerit, se illud tantummodo productum velle, quatenus sibi prodest, seu, ut ajunt, in utilibus: quia instrumentum productum videtur esse de actis, atque ideo utrique parti commune (7): quod tamen pragmatici vulgo licere putant ei, adversus quem instrumentum productum fuit (8). Errorem, cui expresse non consensit, allegari posse, et probari ab eo, qui instrumentum producit, supra demonstravimus (§ 579).

§ 608. Tituli Digestorum, et Codicis inscripti sunt de fide instrumentorum, et amissione eorum: quare pauca de instrumentorum amissione dicere praestat. Generalis hic traditur regula, amissionem instrumenti non nocere creditori, dummodo aliter, puta per confessionem partis, vel per testes de negotio celebrato constet (9); nec interest, quod scriptura ex partium conventione, vel statuto, aut legis municipalis sanctione ad vim contractus necessaria sit, dummodo in hoc casu

(1) l. 1 § ult. ff. *Testament. quemadmod. aperiant.* (29, 3)
(2) l. *Si chirographum* 24 ff. *De probat.* (22, 3).
(3) l. *Si unus* 12 Cod. *De testament.* (6, 23); l. 1 et passim ff. *De his, quae in testament. delent.* (28, 4); l. *Invito* 12 Cod. *De solut.* (8, 43); Thesaur. lib. 1, quaest. 57, n. 7.
(4) l. 1 ff. *De confessis* (42, 2).
(5) l. *Non debet* 74 ff. *De reg. jur.* (50, 17).
(6) l. *Infamem* 7 ff. *De public. judic.* (48, 1).
(7) l. *Quaesitum* 13 ff. *De testibus* (22, 5).
(8) Fab. Cod. hoc tit. lib. 4, tit. 16, def. 11 in princ.
(9) Fab. d. def. 12, n. 8 et seqq.
(10) argum. l. penult Cod. *De transactionib.* (2, 4); Fab. Cod. hoc tit. lib. 4, tit. 16, def. 29.
(11) l. *Si stipulatus* 4 ff. *De usur.* (22, 1).
(12) l. *Etiamsi patre* 29 § 1 ff. *De minoribus* (4, 4).
(13) l. *Nam, etsi* 15 § ult. *De inoffic. testam.* (5, 2).
(14) argum. l. *Verbis legati* 5 in fin. ff. *Ad leg. falcid.* (35, 2); Fab. Cod. hoc tit. lib. 4, tit. 16, d. def. 29 in fin.

(1) Voet *in Pandect.* hoc tit. n. 16 in med.; Thesaur. lib. 1, quaest. 47, n. 9, 10 et 11.
(2) cap. *semel malus* 8 extra *De reg. jur.* in 6 Decretal..
(3) l. *Cum de indebito* 25 § ult. ff. *De probat.* (22, 3)
(4) Voet in ff. hoc tit. n. 17 in fin.
(5) V. supra § 571 ad 573.
(6) auth. *ad haec*, post l. 20 Cod. hoc tit. V. supra § 579.
(7) Osasc. dec. 39, n. 40 et 41.
(8) Voet in ff. hoc tit. n. 18.
(9) l. 1; l. *Sicut iniquum* 5; l. *Si solemnibus* 7 Cod. hoc tit.; Fab. Cod. hoc tit. lib. 4, tit. 16, def. 25.

demonstretur, scripturam legitime confectam fuisse (1).

§ 609. Si ergo amissum dicatur instrumentum ab eo, qui illud allegat, intentionem suam aliis argumentis probare debet; si vero tertius, cujus nihil interest, instrumentum amisisse dicat, absolvendus est, dummodo jurejurando profiteatur, se neque illud possidere, neque dolo malo possidere desiisse (2): quemadmodum absolvitur is, a quo iterata instrumenti editio postulatur, si juret se illud amisisse (3); nisi singularia rerum, vel personarum adjuncta aliud suadeant in utroque casu (§ 510).

§ 610. Multo minus creditor repellendus est, licet amiserit chirographum obligationis, si de debito aliunde constet, atque paratus sit, debitori tradere apocham liberationis (4): quinimmo plures sentiunt, nec immerito, cogi posse debitorem, ut in locum amissi, vel attriti chirographi cujuscumque obligationis aliud scribat, et tradat creditori, quoties debitum in confesso est, aut aliunde probatum (5); nec non ad conficiendum instrumentum venditionis, puta de qua plene convenerit (6).

APPENDIX.

De scripturis privatis.

SUMMARIA

§ 611. *Scriptura privata plene probat contra scribentem: atque is plectitur, si temere scripturam neget.* — § 612. *Quid si instrumentum privatum quis scripserit de debito, non tamen subscripserit?* — § 613. *Creditor scripturam privatam habens imprimis adversarium interpellare debet, an eam fateri velit?* — § 614. *Tribus modis scripturae privatae fides fieri potest.* — § 615. *Scriptura privata per testes non probatur, nisi ii jurato deponant, se vidisse eam subscribi a debitore, suas, atque aliorum testium subscriptiones recognoscant.* — § 616. *Quid si scriptura ab alio, debitore mandante, subscripta asseratur?* — § 617. *Scripturae privatae per testes habentes notam manum probandae modus infirmus est, et periculi plenus.* — 618. *Litterae cambii per testes habentes notam manum semiplene probantur. Quid de scripturis publicis?* — § 619. *Scripturae recognitio facta per testes habentes notam manum plus, minus probat pro rerum, et personarum diversitate.* — § 620. *Quid si unus testis subscriptiones omnes recognascat?* — § 621 *et* 622. *Scripturae privatae nova recognitio peti potest a debitore.* — § 623. *Creditor, qui nititur scriptura privata, non praefertur posteriori instrumentario, licet debitor sponte scripturam fateatur.* — § 624. *Scripturae recognitio nihil operatur quoad jus praelationis tertio quaesitum.* — § 625. *Quid si scripturam privatam fateatur creditor instrumentarius, vel in contumaciam ipsius recognita sit?* — § 626 *et* 627. *Quid si scriptura privata recognita fuerit, citato, et praesente tantum uno ex creditoribus?* — § 628. *Comparatio litterarum periculi plena est; passim tamen ex necessitate admittitur.* — § 629. *Comparatio scripturae semiplene tantum probat.* — § 630. *Comparatio litterarum inutilis est, si debitor scripturam fateatur.* — § 631. *et* 632. *Scripturae comparatio fieri debet ex alia scriptura, de cujus veritate certo constet.* — § 633. *Scripturae comparatio ex libro rationum an fieri possit?* — § 634 *et* 635. *Comparatio scripturae fit per peritos: Qui in hac periti habeantur?* — § 636. *Comparatio litterarum plene probat in litteris cambii.* — § 637. *Debitori, cujus odio scriptura recognita fuit, salvae sunt omnes exceptiones adversus eandem.* — § 638 *et* 639. *Epistola per solam litterarum comparationem plene non probatur* — § 640. *Scriptura reperta inter scripturas defuncti non magis probatur per litterarum comparationem, quam caeterae.* — § 641. *Litterarum comparatio in caussis criminalibus vix admitti potest.* — § 642. *Quid de scripturis privatis in acta publica relatis?* — § 643. *Quid de libris, quos advocati, procuratores et similes scribere solent de salariis sibi debitis?* — § 644. *Liber rationum fidem pro scribente non facit, nisi accepta et data omnia speciatim notata sint.* — § 645. *Quid de libris societatis promiscuae per omnes socios scriptis, vel per unum ex voluntate aliorum?* — § 646. *Quae per scripturam probari debeant?* — § 647. *Scripturae privatae neutiquam scriptae ab adversario cum autographo, ut fidem faciant, conferendae sunt.*

§ 611. Hactenus exposita pertinent ad conditiones, vim et jura publici instrumenti: pauca supersunt dicenda de scripturis privatis. Privatae scripturae, seu quae a privatis privata auctoritate confectae sunt (§ 559), contra scribentem plene probant, non secus ac publicae (1), dummodo de scriptura constet potissimum ex confessione scribentis, qui se temere negaverit scripturam suam, jure Romano in duplum condemnatur, nisi deinceps jurejurando ipsi delato, debitum confiteatur (2): moribus vero arbitraria

(1) argum. l. *Testium* 28 in fin. Cod. *De testib.* (4, 20).
(2) l. ult. in med. versic. *sed si quis juret* Cod. hoc tit.
(3) l. penult. Cod. hoc tit.
(4) l. *Pecuniae* 14 Cod. *De solut.* (8, 43).
(5) argum. l. *Chirographis* 47 ff. *De administrat. et peric. tutor.* (26, 7).
(6) argum. l. *Plures* 19 Cod. hoc tit.

(1) l. *Publica* 26 § ult. ff. *Deposit.* (16, 3); l. penult. Cod. *Qui potior. in pign.* (8, 18).
(2) auth. *contra. qui* post l. 4 Cod. *De non numerat. pecun.* (4, 30).

poena temerarius inficiator plecti solet (1): apud nos quinque aureorum praeter impensas, damna, et id quod alterius interest(2).

§ 612. Nec interest, utrum ipse, cui scriptura privata tribuitur, manu sua eam scripserit et subnotaverit, an tantum subscripserit scripturae ab alio exaratae, vel susignaverit (3): dummodo alterutrum praestiterit, scriptura adversus ipsum probat: sed si instrumentum privatum scripserit de suo debito, non tamen subscripserit, nec nomen suum instrumento ita inseruerit, vel praemiserit, ut supervacua subscriptio videatur, prout apud Romanos in usu erat (4), nulla est hujus scripturae, utpote imperfectae, vis ad probandum debitum (5); tum quia praesumi potest per hanc scripturam alienae tantum obligationi ministerium praebere voluisse; tum quia spe futurae numerationis neutiquam secutae scribi potuit. Ergo, nisi ex indiciis constet de suscepta obligatione (6), per scripturam hanc probari non potest. Idem dicendum de eo, qui subscripserit folium album, nisi probetur, scientiam scribendorum habuisse, et iis consensisse, non tenetur (7): non tamen dies, vel annus necessario adjici debent (8).

§ 613. Creditor ergo, vel alius, qui privatam scripturam in judicio proferat, imprimis adversarium interpellare debet, an scripturam fateri velit tamquam a se scriptam, subscriptam, vel subsignatam (9): atque probata habetur, si intra consuetum tempus interpellationi non responderit(10). Quod si scriptam, subscriptam, vel subsignatam neget, ad probationes confugiendum est, quibus producens uti maluerit (11). Si autem recognoverit, sed cum qualitate, veritas scripturae facilius probatur, nisi qualitas turpis sit, quippequae pro non adjecta habetur (12).

§ 614. Scripturae privatae fides triplici modo fieri potest, nimirum: 1. Testium, qui subscripserunt, depositione: 2. Vel qui notam habeant scribentis, aut subscribentis adversarii manum: 3. Litterarum comparatione a peritis facta cum aliis authenticis scripturis. Singulae probationis species expendendae sunt, ut illarum modus et vis plene innotescat.

(1) Voet in ff. hoc tit. n. 11 fer. in princ.
(2) *Reg. Constit.* lib. 3. tit. 12. § 6
(3) d. l. penult. Cod. *Qui potior in pign.* (8, 18); Fab. Cod. hoc tit. lib. 4, tit. 16. def 23.
(4) l. *Lucius Titius* 24; l. *Publia Maevia* 26 § ult.; l. *Quintus Caecilius* 28 ff. *Deposit.* (16, 3).
(5) Voet in ff. hoc tit. n. 11 in medio.
(6) l. *Fidejussor* 26 § 1; l. penult. ff. *De pignoribus* (20, 1).
(7) argum. l. ult. Cod. *Plus valere, quod agit.* (4. 22).
(8) l. *Cum tabernam* 34 § 1 ff. *De pignorib.* (20, 1).
(9) *Reg. Constitut.* lib. 3, tit. 12. § 1; Fab. Cod. hoc tit. lib. 4, tit. 16, definit. 23; Ab-Eccles. part. 2, observat. 48, n. 4.
(10) *Reg. Constit.* ibid. § 2; Ab-Eccles. ibid. n. 16 et ult. † et observat. 49
(11) *Reg. Constit.* ibid. § 3.
(12) V. infra § § 619 et 630.

§ 615. Ut testium, qui subscripserunt, depositione scriptura privata probetur, plura ex communi et aequiori sententia desiderantur. Imprimis testes jurato deponere debent, parte monita vel citata, se vidisse apocham subscribi a debitore (1); proinde non sufficit, si testes dicant, se habere notam manum, cum omnino deponere debeant, se fuisse praesentes subscriptioni debitoris. Praeterea recognoscere tenentur suas subscriptiones, et aliorum testium; ac deponere, se eos subscribentes vidisse; non tamen necesse est, ut testes deponant de iis, quae in scriptura continentur (2); hic enim tantum quaeritur, an scriptura, quae profertur, vere subscripta fuerit a contrahentibus atque a testibus.

§ 616. Haec ita, cum scriptura a debitore ipso subscripta fuit: quod si debitor, qui scribere nesciat, vel non possit, aut nolit, alteri mandaverit, ut suo nomine subscriberet, ante omnia constare debet de mandato vel per instrumentum, vel per duos testes; cum mandatum non praesumatur (3), tum deponere debent testes subscripti, apocham fuisse subscriptam a tertio ex mandato debitoris (4). Sane si testes, litterarum ignari, non subscripserint, sed signaverint, signa sua recognoscere sufficit (5).

§ 617. Alius probandae scripturae privatae modus, videlicet per testes habentes notam manum (§ 514), longe infirmior est; quia scriptura ex diversitate calami, temporis, aetatis, aliisque adjunctis admodum variari potest (6), nec non ab aliis imitando effingi; ideo nisi alia concurrant indicia, nec semiplenam ex communi sententia probationem regulariter facit (7).

§ 618. Dicimus, modum probandae scripturae per testes habentes notam manum, regulariter infirmum esse (§ praeced.); quaedam enim scripturae sunt, in quibus semiplena probatio hinc eruitur; nimirum in litteris cambii, in quibus nulli testes adhiberi solent; proinde creditori deferri potest jusjurandum in supplementum probationis, atque etiam sufficere potest recognitio facta per comparationem litterarum (8). Idem tradunt pragmatici de scripturis publicis (9). Immo pronunciavit Senatus, necessariam non esse recognitionem subscriptionis, aut sigilli in apochis liberationis, quae fiant a Thesaurariis, vel receptoribus Principis; utique ve-

(1) Novell. 73, cap. 1, prop. fin.; Ab-Eccles. *Observat. forens.* part. 2, observ. 49, n. 1 et 2.
(2) Ab-Eccles. d. n. 2 post alios plures.
(3) l. 1 Cod. *De mandat. princip.* (1; 15).
(4) Ab-Eccles. d. part. 2, observ. 49, n. 3.
(5) Ibid. n. 4 in fin.
(6) d. Novell. 73, cap. 1 in princip.; Thesaur. quaest. 4, n. 1.
(7) Ab-Eccles. d. part. 2, observ. 49. n. 5 †
(8) d. part. 2, observ. 49, n. 6 †; Thesaur. d. lib. 1, quaest. 24, n. 16 † et 22 † post alios plures.
(9) Ab-Eccles. ibid. n. 12.

ro, si factae fuerint a Thesaurariis, vel receptoribus provincialibus (1).

§ 619. Si alia concurrant indicia, recognitio facta per testes habentes notam manum plus, vel minus probare potest, prout judici videbitur, singulis rerum, et personarum adjunctis pensatis (2). Hinc Senatus censuit, plene probari scripturam a testibus de nota manu, et peritia characteris recognoscentibus, si debitor confessus fuerit, apocham a se scriptam, vel subscriptam; sed *cum qualitate*, ut ajunt; puta adjicens se solvisse, vel debitum sine caussa contractum fuisse (3).

§ 620. Quinimmo si unus ex testibus, qui subscripserunt, recognoscat subscriptionem suam, aliorum testium, et debitoris, placuit interrogari posse alios testes habentes notam manum; etenim testis subscriptus ita recognoscens semiplene probat, atque si jungatur depositio aliorum testium de nota manu, vel per comparationem litterarum, exurgit plena probatio (4).

§ 621. Quaesitum olim fuit, an facta recognitione scripturae per testes habentes notam manum, nec non per comparationem litterarum officio judicis, liceat adversae parti postulare, ut fiat nova recognitio per peritos asserentes se habere notam manum debitoris defuncti, atque ita probetur, subscriptionem non esse de manu debitoris. Petitio haec prima fronte visa fuit rejicienda (5); utpotequia non debitori, qui negat apocham defuncti debitoris esse, sed creditoris, qui affirmat, probandi onus incumbat (6).

§ 622. Quia tamen infirma, et periculi plena est probatio per testes de nota manu, vel per litterarum comparationem (§ 617), et reo facilius permittendae sunt defensiones, merito censuit Senatus, non esse denegandam novam apochae, et contrariam recognitionem per testes habentes notam manum (7); cum litterarum comparatio negative non secus ac per affirmationem fieri possit (8); atque priorum testium fides de similitudine characteris deponentium minuatur per contrariam posteriorum asseverationem (9).

§ 623. Diximus alibi (10), creditorem, qui nititur scriptura privata, licet prior tempore sit, non praeferri in hypotheca creditori posteriori, de cujus credito per publicum instrumentum constet, nisi privata scriptura trium te-

(1) Ab-Eccles. d. part. 2, observat. 49, n. 13 †
(2) Ibid. n. 8.
(3) Ibid. n. 9 † et observ. 48, n. 16 et ult.
(4) d. observat. 49, n. 11 †; Thesaur. d. lib. 1, quaest. 24, n 14.
(5) Ab-Eccles. part. 2, observ. 49. n. 14 in princ.
(6) l. *Ei, incumbit* 2 ff. *De probat.* (22, 3); l. *Actor.* 23 Cod. eod. tit. (4. 19).
(7) Ab-Eccles. d. observ. 49, n. 14 in fin. †
(8) Novell. 73 in princ.
(9) Ab-Eccles. observ. 49. n. 14 et 15 †
(10) V. vol. II, lib. 3 § 1383 et seqq. pag. 1055.

stium fide dignorum subscriptione munita sit (1). Idem porro jus est, licet debitor sponte scripturam fateatur, seu recognoscat; non ideo praefertur in actione hypothecaria creditor tertio possessori habenti publicum instrumentum cum hypotheca posteriori, nisi probet hypothecam alio modo, quam per scripturam privatam (2), ne sit in potestate debitoris, diem repraesentando, seu datam anticipando, deteriorem facere creditorum conditionem (3).

§ 624. Hinc, si tertius contraxerit cum communi debitore post scriptum chirographum, sed ante recognitionem, praefertur tamen tertius habens pro se instrumentum, licet scriptura deinde per confessionem debitoris, sive per testes, vel alio modo recognita sit; neque fit retrotractio ad tempus scripti chirographi; cum recognitio definiat utique scripturam privatam vere subscriptam fuisse a communi debitore, nihil autem operetur quoad jus praelationis tertio quaesitum (4). Sane, cum ex chirographo a tempore recognitionis judicialis hypotheca nascatur juxta Fabri sententiam, jure apud suos recepto (5); vel saltem suum ab eo die effectum habeat, si de ea expresse in chirographo conventum sit (6), creditor chirographarius praefertur instrumentario, qui post recognitum chirographum contraxerit, prout ferunt generales juris regulae de pignoribus latae (7).

§ 625. Cum praelatio hypothecae pro creditore posteriore publicum pro se instrumentum habente adversus anteriorem, qui nititur scriptura privata a tribus fide dignis testibus neutiquam subscripta, potissimum inducta sit ob periculum, ne dies repraesententur (8), si creditor instrumentarius sponte fateatur, seu recognoscat scripturam, periculo, et caussa legis cessante, existimat post alios Ab-Ecclesia, cessare quoque praelationem (9); quemadmodum et, si scriptura privata pronuncietur pro recognita in contumaciam ipsius (10); sibi imputare debet, cur in judicium vocatus, ut jura sua tueretur, pertinaciter venire recusaverit.

§ 626. Quia tamen res inter alios acta aliis nocere non debet (11), idcirco scriptura per testes, qui eidem subscripserunt, in judicio recognita, citato, et praesente uno ex creditoribus, huic quidem nocet (§ praeced.), non caeteris, qui judicio non adfuerunt, nec adesse

(1) l. *Scripturas* 11 Cod. *Qui potior. in pign.* (8, 18).
(2) Ab-Eccles. part. 2, observ. 50, n. 1, 2 et 3.
(3) l *Non debet* 74 ff. *De reg. jur.* (50. 17).
(4) Ab-Eccles. d. observat. 49, n. 4, 5 et 6 †
(5) Fab. Cod. *De obligat. et act.* lib. 4. tit. 7, definit. 13 in med.
(6) Ab-Eccles. d. part. 2, observat. 49 n. 4 in fin. et n. 5,
(7) l. *Potior est* 11 ff *Qui potior. in pign.* (20, 4).
(8) d. vol. II, lib. 3, § 1383, pag. 1055.
(9) Ab-Eccles. *Observat. forens.* part. 2, d. observ. 50, n. 8 in princ.
(10) d. n. 8 in fin.
(11) l. 1 et pass. Cod. *Int. alios acta* (7, 60).

per contumaciam detrectarunt (1): tum maxime quia debitor forte, et praesens creditor colludere possent in necem creditorum absentium; quo fundamento traditur, de unoquoque negotio praesentibus omnibus, quos caussa contingit, judicandum esse (2).

§ 627. Disputant interpretes, an depositio testium semiplene saltem probet odio creditorum absentium, si mortui sint testes, ita ut amplius interrogari non possint. Quidam affirmant; communiter tamen placet, nonnisi praesumptionem quandam hinc nasci, nisi res sit in antiquis, vel jus creditorum absentium connexum appareat cum jure creditoris, quo praesente scriptura a testibus recognita fuit (3). Sed hic prudens versatur judicis arbitrium, ratione habita temporis, connexionis, conditionis personarum, et similibus (4): facti quaestiones, ut omnes norunt, a prudentis judicis arbitrio plerumque pendet (5).

§ 628. Quae hactenus diximus de probanda scripturae veritate per testes habentes notam manum, lucem afferunt postremo probationis in hac re modo (§ 614), qui fit per comparationem litterarum, cum haec parum, aut vix distet a probatione per testes de nota, ut ajunt, manu. Probatio scripturae privatae, quae fit per litterarum comparationem, periculi plena est, cum hodie potissimum multi sint, qui alienas scripturas imitantur (§ 617): apud nos tamen, non secus ac apud alias plerasque gentes, in usu est, saltem in caussis civilibus (6), prout jure Romano cautum invenitur (7).

§ 629. Hinc, ex communi sententia, scriptura per litterarum comparationem non plene, sed semiplene tantum probatur: proinde, nisi alia concurrant indicia, condemnatio sequi non potest (8): puta si unus superstes sit testis ex duobus, qui eidem subscripserunt (§ 620); si enim testes omnes, qui subscripserunt, scripturam plene recognoscant, inutilis fit comparatio literarum (9); vel jusjurandum praestet creditor, qui scriptura privata nititur, in supplementum probationis (10), prout supra diximus de probatione per tertes habentes notam manum (§ 618); vel si adversarius scripturam fateatur, sed cum qualitate (§ 619).

§ 630. Si debitor, adversus quem agitur, fateatur, chirographum a se scriptum vel subscriptum, necessaria non est comparatio litterarum, si agatur adversus ipsum debitorem (1), dummodo simpliciter confessus fuerit, non cum qualitate (2): utique vero si disceptetur de jure praelationis hypothecae adversus creditorem posteriorem, qui pro se habeat publicum instrumentum (§ 623): confitendo quisque sibi nocere potest, non alteri (3).

§ 631. Scripturae privatae comparatio fieri debet ex alia scriptura, de cujus veritate dubitari non possit: adeoque vel ex publicis instrumentis, vel aliis scripturis privatis, quae tamen a tribus testibus subscriptae sint: ut enim scite animadvertit Justinianus, necesse est, ut imprimis certo constet de exemplari, antequam exempli comparatio fieri possit (4). Hinc si comparatio facienda sit cum scripturis publicis et authenticis, atque adversa pars neget, eas tales esse, judex definire debet, quod aequum ipsi videtur, antequam comparatio fiat (5).

§ 632. Quia tamen scripturam trino teste notatam requirit Justinianus, ut certo constet de exemplari (§ praeced.), idcirco, si aliunde certum sit, scripturam, ad quam altera exigi debet, seu cum qua comparari, illiu esse, qui negat scripturam privatam, de qua disceptatur, a se scriptam, vel subscriptam fuisse, puta ex propria confessione, recte sumi potest comparatio ab illa (6). Idem dicendum, si comparatio fiat ex scripturis, quibus adversarius utitur et profert, vel quae e publicis archiviis educuntur; quippe hae publicam fidem habent (7).

§ 633. Sed non eandem fidem habet liber rationum scriptus ab eo, qui scripturam negat, ut ex illo comparatio fieri possit (8); licet enim contra scribentem probet (9), non tamen publicam, vel quasi publicam fidem habere censetur, prout requiritur (10). Quamquam, si liber iste reperiatur penes adversarium negantem, comparatio inde facta semiplene probare posset; atque prudens judicis arbitrium in eo plurimum versari, non sine fundamento existimat Thesaurus (11).

§ 634. Definita scripturae vi, ad quam alterius privatae comparatio fieri debet, periti hinc inde eligendi sunt, ita ut quisque suum sistat; unus vero a judice ex officio eligitur, si alter ex litigantibns contumax sit, vel non elegerit, aut electi inter se dissentiant (12): im-

(1) Ab-Eccles. d. observat. 50, n. 9 †

(2) l. *De unoquoque* 47 ff. *De re judicat.* (42, 1).

(3) Ab-Eccles. *Observat. forens.* part. 1, d. observat. 60. n. 12.

(4) d. n. 12 in fin.

(5) l. *Voluntatis* 7 Cod. *De fideicommiss.* (6, 42).

(6) *Reg. Constit.* lib. 3, tit. 12, § 4; Fab. Cod. *De probat.* lib. 4, tit. 14, def. 71 in princ.

(7) l. *Comparatione* 20 Cod. hoc tit.

(8) *Quaest. forens* lib. 1, quaest. 24, n. 11.

(9) Ibid. n. 16 in fin.

(10) Thes. ibid. n. 6 †. V. supra § 615 et 616.

(1) l. 1 ff. *De confessis* (42, 2); Thes. d. lib. 1, quaest. 24, n. 11 et 12.

(2) Thes. ibid. n. 13; V. § 619.

(3) l. *Non debet* 74 ff. *De reg. jur.* (50, 17).

(4) l. *Comparationes* 20 Cod. hoc tit.

(5) *Reg. Constit.* lib. 3, tit. 12, § 4.

(6) Thes. d. lib. 1, quaest. 24, n. 6 in fin. †

(7) auth. *ad haec*, post d l. 20 Cod. hoc tit.; Novell. 49, cap. *illud etiam* 2; Osasc. dec. 69, n. 2 et seqq.

(8) Thes. d. lib 1. quaest. 24, n. 23 †

(9) V. supra § 500 et seqq.

(10) d. l. *Comparatione* 20 et authent. sequ. Cod. hoc tit.

(11) Thes. dict. n. 23 fer. in princ.

(12) *Reg. Constit.* d. lib. 3, tit. 12, § 5.

mo, peritis dissentientibus, judex cogere potest ad scribendum coram se, ut hujus cum alia scriptura, quae negatur, comparatio fiat (1), atque definire possit, quod aequius videbitur; cum nec plena probatio hinc erui possit, propter mutationem characterum ex eadem manu vel propter aetatem, vel propter alias caussas (2).

§ 635. Periti in hoc argumento habentur actuarii, procuratores publice probati, scribae tribunalium, insinuatores et notarii (3): neque opus est, ait Thesaurus, ut periti sint de manu scribentis, dummodo periti sint litterarum et apti judicium suum super scriptura, visis diligenter omnibus scripturis, interponere; quia non coguntur deponere, et jurare super facto scripturae; sed jurant, se credere scripturam esse de manu illius, qui scripsisse negat (4). Subjicit Thesaurus: et debent isti periti bene advertere ad similitudinem scripturae; quia nulla resultaret probatio ex comparatione, nisi adesset omnimoda similitudo (5).

§ 636. Superius diximus, litteras cambii, licet inter privatas scripturas recenseantur, semiplene probare, ita ut juncto jurejurando plena fiat probatio: immo et in illis plene probet litterarum comparatio (§ 618), contra quam inter alios litigantes servatur (§ 629); quia inter mercatores bona fides exuberare debet ex quo infert Thesaurus, multo magis scripturam probari, si praeter litterarum comparationem adsint testes, qui de credulitate tantummodo deponant (6).

§ 637. Caeterum, licet scriptura semel recognita sive per comparationem litterarum, sive alio quocumque modo, vocato et contranitente debitore coram aliquo tribunali, eandem fidem faciat etiam apud supremas curias contra ipsum (7), non quoad tertios creditores minime vocatos (8), salvae tamen in omni casu sunt exceptiones omnes debitori spectantes adversus eandem scripturam, licet specialim jura haec non exceperit debitor in actu recognitionis (9).

§ 638. Quae hactenus exposuimus, communiter probantur: sed duae sunt scripturarum species, de quibus non eadem est omnium sententia: nimirum epistolae, et scripturae repertae inter caetera authentica defuncti instrumenta. Sunt, qui putant, epistolam plene probari per comparationem litterarum sine aliis indiciis, seu adminiculis; et moventur hanc ratione, quod apocha datur a debitore creditori praesenti, qui idcirco sibi imputare debet, cur testes adhiberi non curaverit: epistola vero ad absentem mittitur, cui negligentia haec imputari nequit.

§ 639. Verum legibus, et aequitati magis consentanea est sententia idem de epistola, ac de apocha statuentium (1), nisi agatur de litteris cambii (§ 618); legibus quidem; nam Justinianus prospicere voluit periculo fraudis, non creditoris negligentiam coercere (2); idem porro imminet falsitatis periculum in epistolis, ac in chirographis, vel apochis; adeoque idem jus servari debet (3). Sane, si praeter scripturae comparationem appareat, epistolam debitoris sigillo munitam fuisse, vel nuncius ferens epistolam testetur sibi a debitore, tamquam ab ipso scriptam, traditam fuisse, facilius judex comparationi fidem adhibere poterit (4): junctae simul probationes, licet omnes per se infirmiores sint, vim habere possunt (§ 488).

§ 640. In altera quaestione, an scriptura reperta inter scripturas defuncti plenam fidem mereatur ex sola litterarum comparatione; puta si pater ita proponatur testatus inter liberos, prout potest (5); sed dubitetur, an scriptura illa vere patris sit, nec ne, existimat Thesaurus, idem jus servandum, ac in apocha, vel epistola, ita ut semiplena tantum probatio hinc eruatur, nisi alia concurrant adjuncta, puta pater dixerit, volo servari testamentum, vel pro testamento, quod continetur scriptura, posita in tali loco (6); etenim favor parentibus concessus, ut, omissis juris solemnitatibus, inter liberos testari possint, seu res inter liberos distribuere, supponit certo constare de voluntate patris ita testantis; nec comparatio litterarum magis probat scripturam hanc patris esse, quam aliam esse illius, cui adseritur: atque tum patris, tum filiorum interest, ne temere recipiatur scriptura, cujus veritas in dubium revocari potest (7), maxime si non ex paternae pietatis officio bona inter liberos divisa appareant.

§ 641. In caussis criminalibus, si Fabro credimus, comparatio litterarum admittenda non est (8); quia in his majus versatur periculum capitis, existimationis, aut fortunae; ideoque probatio tot fraudibus obnoxia (§ 628) recipi non debet: ita ut ne indicium quidem ad torturam ex litterarum comparatione sumi possit, nisi forte reus mala fama admodum suspectus sit (9).

§ 642. Privatae scripturae, ut supra diximus (§ 559), censentur, quae scriptae, vel subscriptae fuerint a personis publicis, non tamen tamquam pubblico munere fungentibus, ita ut reco-

(1) Thes. dict. lib. 1, quaest. 24, n. 9.
(2) Novell. 73, cap. 1.
(3) *Pratic. Legal.* part. 1, tit. 10, § 9, pag. 44.
(4) Thes. dict. lib. 1, quaest. 24, n. 8.
(5) Ibid. d. n. 3 post init.
(6) Thes. d. lib. 1, quaest. 24, n. 16.
(7) *Reg. Constit.* lib. 3, tit. 12 § ultim.
(8) V. supra § 623, 625, et 626.
(9) *Reg. Constit.* ibid. § 7.

(1) Thes. d. lib. 1, quaest. 24, n. 20 et 21.
(2) l. *Comparationes* 20 Cod. hoc tit.
(3) l *Illud quaesitum* 32 ff. *Ad leg. Aquil.* (9, 2).
(4) Thes. d. loc. n. 21 in fin.
(5) l. *Hac consultissima* 21 § 1 Cod. *De testament.* (6, 23).
(6) Thes dict. lib. 1, quaest. 24, n. 25.
(7) argum. § 1 Instit. *De militar. testament.* (2, 11).
(8) Fab. Cod. *De probat.* lib. 4, tit. 14, definit. 71, n. 4 et seqq.
(9) Fab. d. definit. 71, n. 5; Thesaur. lib. 1, quaest. 24 n. ult.

gnitioni per testes, vel per litterarum comparationem subjaceant (1): aliud traditur de scripturis, quibus aliqua promissio, vel conventio continetur; quippe, si rite in acta publica relatae fuerint, seu insinuatae, atque sigillo insinuationis munitae proferantur, eandem ac publica instrumenta vim habent; quin ulla recognitio necessaria sit (2): immo paratam habent executionem non secus ac instrumenta publica (§ 584), si modo ex partium consensu fuerint insinuatae; ita ut eadem fides adhibenda sit exemplo in archiviis insinuationis reposito, ac exemplari penes creditorem existente, sed vim tantum habent inter contrahentes privatae scripturae, si jussu magistratus in acta publica relatae fuerint (3).

§ 643. Ex his satis constat, privatas scripturas probare contra scribentem, vel subscribentem, dummodo certum sit, ab eo scriptas, vel subscriptas fuisse: quod si scripsisse fateatur, sed falsa alleget, quae scripta sunt, falsitatem probare tenetur (4): non tamen probant pro scribente (§ 501), nisi pars adversa pro se scipturam produxerit (§ 502): vel scripturae publicam fidem habere censeantur, veluti libri ex officio confecti ab exactoribus (§ 504). Libri mercatorum per se semiplenam tantum fidem faciunt (§ 506 et 506). Mercatorum libris in fide facienda similes putat Voet libros rationum, quos advocati, procuratores, aliique his similes scribere solent de salariis sibi debitis (5): quamquam et hic prudens judicis arbitrium versatur, rerum et personarum qualitate inspecta.

§ 644. Codex rationum non aliter fidem facit pro scribente, prout tradit Faber (6), nisi accepta, et data omnia specialiter notata sint, non in folle (7), ut perspicue appareat, quid acceptum, atque expensum sit: exprimi quoque debent nomina eorum, a quibus acceptum, vel quibus datum est, si fieri possit: praeterea exprimenda est caussa, propter quam datum est (8), cum solutiones et obligationes sine caussa non subsistant (9): potissimum si agatur de societate particulari, in qua ratio non habetur eorum, quae in aliam negotiatione impenduntur (10).

§ 645. Libros tamen acceptorum, atque expensorum repertos in archiviis monasterii, vel alterius universitatis, aut collegii tum favore monasterii, vel universitatis, tum contra tertios probare in antiquis, supra diximus (§ 500); libri autem societatis inter ipsos socios facilius probant, si promiscue per omnes socios scripti sint, vel per unum ex voluntate aliorum (1), dummodo explicite, et speciatim quoad fieri potest et decet, omnia scripta sint (§ praeced.).

§ 646. Postremo hic revocandum, quod supra diximus, per scripturam probari debere insinuationem, et omnes actus legitimos, qui apud acta fieri jubentur (§ 511); clericatum (§ 512), nisi de sola beneficii possessione apud judicem laicum contendatur (§ 513): titulum in beneficialibus (§ 514): quamquam ex quinque testium depositione probari posse, quae scripturam ex legis, vel statuti sanctione requirunt, ex pragmaticorum sententia, atque etiam adversario jusjurandum deferri posse, animadvertimus (2).

§ 647. Quod pertinet ad privatas scripturas, quae ab adversario scriptae non sunt, sed ab alio, atque producuntur ad fidem alicujus rei faciendam; veluti scripta testimonia baptismi, mortis, census (*), si adversarius his fidem adhibere detrectet, vel objiciat, scripturas privatas esse, quae in judicio non probant; qui eas allegat, petere debet, ut certa per judicem definienda die harum collatio fiat cum autographo, seu exemplari, unde excerptae sunt (3).

TITULUS XX.

DE TESTIBUS

Instit. lib. 4, tit. 6 *De actionib.*
Digest. lib. 22, tit. 5) *De testibus*
Cod. lib. 4, tit. 20)

SUMMARIA

§ 648. *Testes eandem vim habent ac instrumenta* — § 649. *Instrumenti vis testibus infirmari potest. Quid si testes deponant contra instrumenti verba?* — § 650. *Census et publica monumenta potiora testibus habentur.* — § 651. *Quae sint de testibus investiganda?*

§ 648. Quamquam testes plerumque ad fidem in judicio faciendam adhiberi non solent, nisi instrumenta deficiant, haec tamen regula aliquando fallit; cum immo testes adversus instrumentum producantur et audiri debeant, ita ut ex illorum dispositione infirmari possit publici instrumenti vis (§ 598). Ergo vel testes soli producuntur, vel cum instrumentis. In primo casu generatim traditur, in exercendis litibus eandem vim inesse instrumentis, ac testium depositionibus (4); adeoque sententiam a judice aeque ex testibus, ac ex publicis scripturis ferri posse.

§ 649. Si vero hinc testes, inde proferatur instrumenta, testibus potius, quam instrumentis,

(1) *Reg. Constit.* lib. 3, tit. 12, § 8.
(2) Ibid. § 9.
(3) Ibid. lib. 5, tit. 22, cap. 6, § 3.
(4) argum. l. *Generaliter* 13 Cod. *De non numerat. pecun.* (4, 30).
(5) Voet in ff. hoc tit. n. 13 in princ.
(6) Fab. Cod. hoc tit. lib. 4, tit. 16, def. 5.
(7) l. *Cum servus* 82 ff. *De condit et demonstrat.* (35, 1).
(8) argum. l. *Nuda ratio* 26 ff. *De donationib.* (39, 5).
(9) l. *Palam est* 2 § *circa primam* 3 ff. *De dol. mal. et met. exception.* (44, 4).
(10) l. *Cum duobus* 52 § *si quis ex sociis* 15 ff. *Pro soc.* (17, 2).

(1) Voet in ff. hoc tit. n. 13 in medio.
(2) V. d. § 511 in fin.
(3) V. *Pratic. Legal.* part. I, tit. 10, § 7.
(4) l. *In exercendis* 15 Cod. *De fid. instrumentor.* (4, 21).

(*) *Catastro.*

quae speciali jure non utantur, credendum est (saltem si instrumentum falsum dicatur, non aeque si contra instrumenti verba testificentur, praesertim notario mortuo, prout existimat Faber (1)); maxime quia instrumenta testium subscriptionem desiderant usu fori (§ 569): atque ideo supra ex Justiniano (2), diximus instrumentorum fidem per testes contrarium asserentes everti posse (§ 598). Quo autem sensu dixerit Hadrianus, testibus se, non testimoniis crediturum, supra explicavimus (§ 589).

§ 650. Contra census, seu libros censuales, et publica monumenta potiora testibus a Senatu habita refert Marcianus (3); quia instrumenta haec, utpote a publico persona confecta, et publico in loco custodita, speciali quodam modo fidem faciunt: atque non dubium, quominus scriptura testibus potior sit in illis, quae per scripturam omnino probari necesse est (§ 646).

§ 651. De testibus, quorum nomine intelliguntur personae ad fidem faciendam in judicio adhibitae, inquirendum est: 1. Qui ad testimonium dicendum in caussis civilibus et criminalibus extra testamentum admittantur, vel repellantur: quive cogi possint necne, ut testes fiant; 2. A quo testes interrogandi sint, quo in loco, quo tempore et modo; 3. Qui testium numerus ad fidem faciendam requiratur.

CAPUT I.

Qui ad dicendum testimonium admittantur: quive cogi possint nec ne, ut testes fiant.

SUMMARIA

§ 652. *Testium fides potissimum inspicienda est. Quibus ex caussis prohiberi quis possit, ne testimonium dicat.* — § 653. *Mulieres testes extra testamentum esse possunt: consultius tamen adhibentur masculi: nec eadem fides mulieribus praestatur.* — § 654 *et* 655. *Quid de pupillis et minoribus?* — § 656. *Quid de servis et peregrinis?* — § 657 *et* 658. *Furiosi, amentis et prodigi testimonium suspectum est Quid de coecis, mutis et surdis?* — § 659. *Rei graviorum criminum, infames infamia juris testes esse prohibentur: Judaei et haeretici adversus orthodox.* — § 660. *Cur in testamentis repellatur testimonium eorum, qui patriae potestatis vinculo juncti sunt?* — § 661. *Testes in negotiis civilibus, vel criminalibus esse nequeunt, qui ob sanguinis, aliamve conjunctionem timentur falsum testimonium dicturi.* — § 662. *Pater testis esse nequit pro filio adversus alium filium* — § 663. *Frater nec pro fratre, nec contra fratrem testis admittitur. Quid de affine?* — § 664 *et* 665. *Uxor an testis esse possit pro marito, vel contra maritum?* — § 666. *Famuli quamdiu in ministerio sunt, testes pro domino non recipiuntur; nisi res per alios probari nequeat. Quid de lictoribus, atque apparitoribus?* — § 667. *Quid de libertis dedititiis? Jurisdictioni subjectis, non dominio et imperio?* — § 668. *Testis instrumentarius repelli non potest, quamquam domesticus sit, vel sanguine conjunctus.* — § 669 *et* 670. *Advocatus et procurator in caussa, qua patrocinium praebuerunt, testes esse nequeunt pro cliente. Quid de caeteris caussis?* — § 671 *et* 672. *Proxeneta an testificari possit de illis, quae inter contrahentes acta sunt? Quid de mediatoribus?* — § 673. *Executores negotiorum, nempe tutores et curatores a testimonio dicendo repelluntur in negotiis, quae tractarunt, et pro eo, cujus negotia gesserunt.* — § 674. *Subditus in caussa Principis, municeps in caussa municipii plerumque testis esse potest. Quid de amico?* — § 675. *Cognati, affines, familiares et amici facilius permittuntur testimonium dicere adversus conjunctam personam.* — § 676. *Quid de socio criminis, inimico, delatore, vel qui se pretio redemptum allegat?* — § 677. *Testes, eorumque testimonia ex justa caussa reprobari possunt.* — § 678 *et* 679. *Testium nomina adversario edi debent, nisi mero judicis officio auditi fuerint. Intra quod tempus objecta adversus testes alleganda sint?* — § 680. *Quid si testis objiciatur crimen, nec tamen probetur?* — § 681. *Testes inviti coguntur testimonium dicere in civilibus aeque, ac in criminalibus caussis.* — § 682 *et* 683. *Senes, valetudinarii, milites. illustres personae testimonium dicere coguntur si veritas aliter haberi non possit; sed domi, vel in loco, quo reperiuntur.* — § 684. *Conjunctus non cogitur ad dicendum testimonium adversus conjunctum, saltem, si necessitas aliud non postulet.* — § 685. *Quid de eo, qui juraverit, se non manifestaturum?* — § 686. *Testes in judicium produci debent sumptibus producentis, vel accusatoris in caussis criminalibus.*

(1) Fab. Cod. *De testib.* lib. 4. tit. 15, def. 15; ubi tamen ita tractatum, non definitum fuit.

(2) l. *Optimam* 14 Cod. *De contrahend. et committend. stipulat.* (8, 38); § *item verborum* 12 Instit. *De inutilib. stipulat.* (3, 20).

(3) l. *Census* 10 ff. *De probationib.* (22, 3).

§ 652. Cum testes ad fidem rei faciendam adhibeantur, sponte sequitur, ante omnia inspiciendum esse, an personae tales sint, quibus tuto credi possit (1): atque hic generalis regula traditur, omnes adhiberi posse, nisi speciatim prohibeantur; quippe cognitis personis, quae a testimonio dicendo repelluntur, et caussis, propter quas testimonii dictio prohibeatur, statim constat, quae in testibus desiderentur. Cum de

(1) l. *Testium fides* 3 et passim ff. hoc tit.

testium in testamentis adhibendorum conditione agebamus (1), octo generatim caussas enumeravimus, ex quibus prohiberi quis potest, ne testimonium dicat, nimirum sexus infirmitatem imbecillitatem aetatis, singularem personae conditionem, seu statum, animi, vel corporis vitium, morum improbitatem, patriae potestatis vinculum, et justam falsi testimonii suspicionem. Ex his caussis, si postremam demas et penultimam aliquanto latius producas, ceterae huic quoque loco fere conveniunt, prout ex dicendis constabit.

§ 653. Ergo, licet mulieres non admittantur tamquam testes in alienis testamentis (2), sive propter sexus infirmitatem, vel, ut alii malunt, ex antiquo testandi apud Romanos more in calatis comitiis, quibus foeminae non intererant, jus hoc inductum sit, in caeteris tamen negotiis recipitur mulieris testimonium (3): immo, et in testamentis, quae tempore pestis fiunt, si masculi haberi nequeant; non autem in codicillis (4): quamquam masculos adhiberi in negotiis consultius est, si agatur de re, quae per masculos aeque probari possit, puta de consuetudine; quippe minor illis fides adhibetur, quam masculis, ita ut nec si duae mulieres de crimine consentiant, sequi posse condemnationem, si alia probationum adminicula non concurrant, sentiat Faber (5).

§ 654. Pupillos, seu impuberes imbecillitas aetatis a testimonio dicendo repellit (6); aetas haec facile seducitur et mentitur; atque propterea impuberes falsum adhibito jurejurando affirmantes nec pejerasse intelliguntur (7): minor in criminalibus tantum testis esse prohibetur, non in civilibus caussis (8): in criminalibus tamen ejus testimonium recipi posse, si aliunde veritas haberi nequeat, tradunt interpretes (9).

§ 655. Immo etiam impuberes qualequale indicium facere possunt in caussis criminalibus, si modo non requirente accusatore, sed officio judicis vocati fuerint (10): indicium dicimus, non semiplenam probationem; ut ita proinde plena probatio non habeatur, liceat adsit contestis omni exceptione major; nec si ex aliquo rei mendacio nascatur praesumptio adversus ipsum; praeterquam in delictis atrocioribus, puta laesae majestatis, vel homicidii (11): qua tamen in re prudens judicis arbitrium, qui singula perpendere debet, versatur.

§ 656. Servos propter conditionem personae lex civilis non patitur testes esse (1); quia juris civilis communione non gaudent: quo fundamento nec peregrinorum testimonium recipi solet (2). Si tamen caussa ardua sit, ad reipublicae utilitatem spectans, nec aliae probationes habeantur, servorum testimonio creditur (3): quemadmodum et libertatem adepti deponere possunt de illis, quae in servitute constituti viderint, vel audiverint (4).

§ 657. Propter animi vitium repelluntur a dicendo testimonio furiosi, amentes, mentecapti, nisi priores tempore dilucidi intervalli, si quod habeant, testificentur (5): quibus comparantur prodigi, quasi nec hi ullum animi judicium habeant (6): suspecta est eorum fides, qui bona sua dilapidant, utique post interdictionem (7).

§ 658. Ex vitio corporis non recipitur testimonium coeci in his, quae visum requirunt; nisi ante coecitatem viderit; muti vero, et surdi a testimonio dicendo extra testamentum non arcentur, si perspicue possint per nutus, aut scripturam indicare ea, de quibus interrogantur (8); nec ulla lex est, quae personas hisce vitiis laborantes rejiciat in negotiis civilibus, vel criminalibus.

§ 659. Morum improbitas suspectos facit graviorum criminum reos, veluti repetundarum (9), calumniae (10), vel ob carmen famosum (11); infames infamia juris dummodo lata sit sententia, eaque exhibeatur (12); non enim ex solo delicto, sed ex sententia judicis infamia contrahitur (13); cum immo condemnatus a sententia provocans interim infamis non habeatur (14). His addi possunt Judaei, et haeretici, quibus interdicitur, ne adversus orthodoxos etiam in caussa civili testimonium ferant (15).

§ 660. Non quemadmodum in testamentis subscribendis, ita in caeteris negotiis sanguinis vinculum inspicitur; testes in testamentis magis ad solemnitatem adhibentur, quam ad probationem: praeterquamquod in testamentis non vertitur utilitas testatoris, cui testimonium dicitur, ut timendum sit, ne falsum dicatur, sed haeredis, et

(1) V. vol. II, lib. 2, pag. 228 § 6090 et seqq.

(2) l. *Qui testamento* 20 § *mulier* 6 ff. *Qui testament. facer.* (28, 1); Fab. Cod. hoc tit. lib. 4. tit. 15. def. 58 in princ.; ubi excipit testamentum ad pias caussas in not.

(3) l. *Ex eo* 18 ff. hoc tit.

(4) d. vol. II, lib 2, § 6092 ad 6094, pag. 229.

(5) Fab. Cod. hoc tit d. def. 58. n. 3 et seqq.

(6) l. *Testium fides* 3 § *lege Julia* 5; l. *Invit.* 19 § 1 ff. hoc tit.

(7) l. *Qui jurasse* 26 ff. *De jurejurand.* (12, 2).

(8) l. *In testimonium* 20 ff. hoc tit.

(9) Brunneman. ad d. l. 20, n. 2 post alios.

(10) Fab. Cod. hoc tit. lib. 4. tit. 15, def. 12 in princ.

(11) d. def. 12, n. 3 et seqq. junct. in not.

(1) l. *Quoniam* 11 et aut. sequ. *si quis* Cod. hoc tit.

(2) l. *Sunt quidam* 17 § 1 ff. *De poenis* (48, 19).

(3) l. *Vix certis* 53 ff. *De judic.* (5, 1); l. *Servi* 7 ff. hoc tit.

(4) argum. l. *Notionem* 99 § ult. ff. *De verb. signific.* (50, 16).

(5) § *testes autem* 6 Instit. *De testament. ordinand.* (2,10)

(6) l. *Furiosi* 40 ff. *De reg. jur.* (50, 17).

(7) d. l. 40 ff. *De reg. jur.*

(8) Voet in ff. hoc tit. n. 11 in princ.

(9) l. *Repetundarum* 15 ff. hoc tit.

(10) l. *Quaesitum* 13 ff. hoc tit.

(11) l. *Ob carmen* 21 ff. hoc tit.

(12) l. *Testium fides* 3 § *lege Julia* 4 ff. hoc tit.; Fab. Cod. hoc tit. lib. 4. tit. 15, def. 45.

(13) l. *Infamem* 7 ff. *De public. judic.* (48, 1).

(14) l. *Furti* 5 § 1 ff. *De his, qui notant. infam.* (3, 2).

(15) l. penult. Cod. *De haeretic. et manich.* (1, 5).

legatariorum; ideoque non naturalem personarum ex sanguine conjunctionem leges inspexerunt, sed vinculum patriae potestatis (1): quo factum, ne pater possit esse testis in testamento filii jure communi testantis, atque in potestate constituti, nec vicissim; utique vero si vinculum patriae potestatis per emancipationem, aliove modo sublatum sit, quo sublato pater, et filius desinunt unius personae vice censeri (2).

§ 661. Aliud est de testibus, qui in caussis civilibus, vel etiam criminalibus ab actore, vel reo producuntur; cum enim his utatur actor, vel reus ad firmandam suam intentionem, generatim rejici debuerunt omnes, qui ob sanguinis, aliamque conjunctionem timeri possunt falsum testimonium dicturi (3). Ex sanguinis conjunctione prohibetur pater, ne testimonium dicat pro filio, et vicissim (4); quia alter ad alterius commodum testificari videtur, quod ferendum non est: potiori ratione nemo potest esse testis in re sua, vel ad sui commodum, puta correus debendi pro altero correo (5); nec socius in caussa sibi communi cum socio, nec cedens in caussa cessionarii, nec auctor pro eo, in quem rem alienavit (6). Sane facilius creditur testi contra proprium commodum deponenti, ita ut si contestem habeat omni suspicione vacuum, plena habeatur probatio; alioquin semiplena tantum, ad quam supplendam deferri poterit jusjurandum, si fuerit petitum (7).

§ 662. Sed potestne pater testis esse pro filio adversus alium filium? Nequaquam; leges enim prohibent tum ut pater testificetur pro filio (8), tum et contra filium (9); adeoque, licet cessare videatur suspicio ob praesumptam patris aequalem erga liberos omnes benevolentiam (10), adhuc tamen viget alia ratio, ne hinc nascantur odia, et dissidia inter personas actissimo sanguinis foedere conjunctas.

§ 663. Eadem ratione nec frater pro fratre, nec contra fratrem testificari permittendus videtur (11); quia suspectum est testimonium, atque discordiae inter fratres orirentur, si frater pro fratre adversus alium fratrem testificaretur (§ praeced.). Hinc frater fratrem levioris dumtaxat criminis reum facere permittitur (12), quemadmodum pater (1). Non tamen desunt, qui aliud sentiant; eo potissimum fundamento, quod leges fratrem non excludant (2). Affinem pro affine proximo, quamdiu durat affinitas, testis vice fungi non posse, tradit Faber (3) ob falsi testimonii suspicionem, quae ex personarum affectione oritur.

§ 664. Disputant interpretes, an uxor testis esse possit pro marito, vel adversus eum. Sunt, qui generatim negant, adeoque tum in civilibus, tum in criminalibus caussis; ita ut nec cogi possit ad dicendum testimonium, atque repetunt ex arctissimo foedere, quod conjuges invicem adstringit (4). Uxorem pro marito in caussa criminali testimonium dicere non posse, contra virum posse, tradit Faber (5), quia nullo jure prohibita sit, si tamen velit, quia societas divini et humani juris, quae inter conjuges est (6), invitam adstringi non patiatur.

§ 665. Hinc, cum mulier quaedam, absente per contumaciam marito, adversus eos, qui marito furtum facienti adfuerant, ita testimonium dixisset, ut fateretur a marito quoque furtum patratum fuisse, atque in ea testatione saepius apud judicem, reis etiam objectis, constanter perstitisset, sed postea viro reverso, atque in carceres conjecto, id ipsum negasset: non putavit Senatus Sabaudus, mulierem exemplo aliorum testium torquendam esse in caput mariti, ut diceret, cui testationi stare vellet (7). Immo, ne uxoris testatio, quae caeteris correis non nocuerat, soli marito noceret, placuit, nec habendam esse de marito quaestionem ex prioribus uxoris juratis testationibus (8), tametsi indicia pleraque adversus maritum urgerent (9).

§ 666. Famuli, et ancillae producentis, quamdiu in ministerio ejus sunt, et mercedem ab eo accipiunt, pro eo testificari posse non videntur, nisi agatur de ea re, quae per alios probari nequeat (1). Suspectum profecto est hujusmodi testimonium; atque ideo generatim ait jureconsultus, idoneos non videri testes, quibus imperari potest, ut testes fiant (11): atque domestici testimonii fides jure civili improbatur (12), nisi veritas aliunde haberi non possit, licet per viam monitorii ad deponendum venerint (13). Idem potiori ratione dicendum de lictoribus, apparito-

(1) V. vol. II, lib. 2 pag. 230, § 6111 et 6112.
(2) d. § 580 et seqq.
(3) l. *Etiam* 3; l. *Eos testes* 5 Cod. hoc tit.; l. penult. ff. hoc tit.
(4) l. *Testis idoneus* 9 ff. hoc tit; l. *Parentes* 6 Cod. hoc tit.
(5) l. *Omnibus* 10 Cod. hoc tit.; l. *Nullus* 10 ff. hoc tit.; Fab. Cod. hoc tit. lib. 4, tit. 15, def. 30 in princ.
(6) d. l. 10 ff. et Cod. hoc tit.
(7) d. l. *Testis idoneus* 9 ff. hoc tit.
(8) Ibid.
(9) d. l. *Parentes* 6 Cod. hoc tit.
(10) l. *Non solum* 67 § 1 ff. *De ritu nuptiar.* (23, 2).
(11) Voet in ff. hoc tit. n. 4 in princ.; Fab. V. Cod. hoc tit. lib. 4, tit. 15, def. 1 in fin.
(12) l. *Si magnum* 13; l. *Si sororem* 18 Cod. *De his, qui accusar. non poss.* (9, 1).

(1) l. *Milites* 13 § ult. ff. *De re militar.* (49, 16).
(2) Voet in ff. hoc tit. d. n. 4 in fin.
(3) Fab. Cod. hoc tit. def. 30, n. 2.
(4) Voet in ff. hoc tit. n. 5.
(5) Fab. Cod. hoc tit. lib. 4, tit. 15, def. 1 in princ.
(6) l. 1 ff. *De ritu nuptiar.* (23, 2).
(7) Fab. Cod. hoc tit. lib. 4, tit. 15, d. def. 1, n. 4.
(8) d. def. 1, n. 5 et seqq.
(9) Nimirum quod in ejus domo res furto ablatae repertae fuissent; et poenae metu aufugisset; nec prius remeasset, quam cognovisset, socios criminis absolutos.
(10) l. *Servi responso* 7 ff. hoc tit.; Fab. Cod. hoc tit. lib. 4, tit. 15, def. 27, n. 4.
(11) l. *Idonei* 6 ff. hoc tit.
(12) l. *Etiam jure* 3 Cod. hoc tit.
(13) Fab. Cod. hoc tit. def. 60.

ribus, et similibus, qui judicibus, aliisque publico munere fungentibus inserviunt (1). Plane appparitori extra officium suum testanti, puta se percussum fuisse ab eo, contra quem executioni mandabat litteras judicis, licet jurato asserat, nisi habeat contestem (2); cum nec in illis, quae ad officium spectant, credatur, nisi unum saltem testem adhibuerint (3).

§ 667. Quamquam liberti dedititii, quos talliabiles vocant, servi vere non sint, hactenus tamen, ait Faber (4), servorum (5) jure censentur, ut testimonium pro domino ferre non possint, quia videtur iis posse imperari, ut testes fiant (6): nisi veritas aliunde sciri non possit (7); immo facilius horum testimonium recipi debet, cum plene liberi sint, dum vivunt; immo et de rebus suis inter liberos testari possint. Sane, qui tantum jurisdictioni, non etiam dominio, et imperio subjecti sunt, testes esse non prohibentur (8).

§ 668. Testis instrumentarius, seu qui instrumento subscripsit, ex eo solo repellendus non est, quod domesticus sit, cum testimonium dicit, vel sanguine conjunctus (9); tum quia veritas rei gestae melius cognosci non potest, quam per eos, qui negotio interfuerunt, et per alios vix sciri posset (10); tum quia non facile permittendum, ut quis reprobet fidem testium, quos semel probavit (11).

§ 669. Advocatus, vel procurator in ea caussa, in qua patrocinium praestiterunt, testes esse non possunt (12), saltem pro cliente, ob praesumptionem nimiae affectionis; adeoque nec cogendi sunt testimonium dicere adversus clientem de illis rebus, quae ex sola clientis revelatione perspectas habent (13); quemadmodum neque sacerdos revelare cogitur ea, quae per confessionem sacramentalem dicit, nec fides ei adhibetur, si imprudens revelet (14).

§ 670. Sed non prohibetur patronus in aliis caussis, in quibus patrocinium non praestit, testimonium dicere pro cliente (15); cum nullo jure interdicatur; nec nimia affectione ductus praesumi potest. An vero compelli possit, ut testimonium adversus clientem ferat de illis, quae aliunde, quam ex clientis revelatione, scit, non una est omnium sententia. Negare videtur Faber, nisi in eam caussam in fraudem captatum ipsius patrocinium probetur (1): affirmant generatim alii (2); quia nihil impedire videtur, quominus patronus ad deponendum compellatur; neque lex ulla, neque naturalis ratio, vel aequitas resistit.

§ 671. Proxeneta, si Justinianum sequimur, de eo, quod actum est inter contrahentes, quibus ministerium praebuit, testificari non potest, nisi omnes consentiant (3). Aliud tamen usu fori servatur (4), et merito; cum nemo melius judicem instruere possit: atque ideo proxenetarum publicc probatorum jurato testimonio, nec non ipsorum libris legitime, atque ex praescripto scriptis plena fides in judicio adseritur (5).

§ 672. Non idem ferendum esse judicium placuit de iis, qui litigantium vota, et rationes sub amici nomine investigant, ut illos ad concordiam adducant, quique vulgo *mediatores* appellantur; horum testimonia solent esse suspecta; praesertim si ab uno ex litigatoribus dolo suppositi fuerint ad extorquendam ab adversario confessionem, aut quid aliud, quod actionem aliquam alteri parere possit (6); cum enim soliti sint litigantes cum his mediatoribus liberius agere, atque secreta etiam sua pandere, perinde ac cum confessario, aut cum caussae patrono; nec volentes admittendi sunt, nec cogendi testimonium dicere in ea caussa, quam tractarunt (7).

§ 673. Executores negotiorum, non secus ac caussarum patroni, a testimonio dicendo repelluntur, utique in negotiis, quae executioni demandarunt (8), et pro eo, cujus negotia gesserunt (§ 669): negotiorum autem executores censentur tutores, et curatores, non vero qui simpliciter ad lites dati sunt curatores, extra lites, quas tractarunt. Inviti tamen cogi posse videntur tutores et curatores, ut contra pupillum, vel minorem testificentur, praeterquam de illis rebus, quas tamquam tutelam, vel curam gerentes noverunt, prout diximus de advocatis, et procuratoribus (d. § 669).

§ 674. Subditus in caussa Principis testimonium dicere non prohibetur (9): nec municeps in caussa municipii, quoties caussa singulorum utilitatem directo non respicit (10); nec enim singuli acquirere videntur, quod pervenit ad universitatem (11). Amici pro amico testimonium leges

(1) argum. d. l. 9 ff. hoc tit.
(2) l. *Jurisjurandi* 9 § 1 Cod. hoc tit.; Fab. Cod. hoc tit. def. 26. in princ.
(3) Fab. d. def. 26. in fin. V. *Reg. Constit.* lib. 3, tit. 3, § 4; ubi duos testes apparitor adhibere jubetur, cum reum in judicium vocat.
(4) Fab. Cod. hoc tit. lib. 4, tit. 15, def. 27 in princ.
(5) d. l. *Servi responso* 7 ff. hoc tit.
(6) d. l. *Idonei* 6 ff. hoc tit.
(7) d. l. 7 ff. hoc tit.
(8) Fab. d. def. 27, n. 2.
(9) Ibid. def. 7 et 29.
(10) d. l. *Servi responso* 7 ff. hoc tit.
(11) l. *Si quis testibus* 17 Cod. hoc tit.; Ab-Eccles. observ. 96, n. 1 et seqq.
(12) l. ult. ff. hoc tit.
(13) Fab. Cod. hoc tit. lib. 4, tit. 15, def. 19 in princ.
(14) Cap. *omnis* 12 extra Decret. Greg. *De poenit. et remissionibus* (5, 38); Fab. Cod. hoc tit. def. 38.
(15) Fab. Cod. hoc tit. lib. 4, tit. 15, d. def. 19 in fin.; Voet in ff. hoc tit. n. 8.

(1) Fab. Cod. hoc tit. d. def. 19 in medio.
(2) Voet in ff. hoc tit. d. n. 6.
(3) Novell 90. cap. *quoniam* 8.
(4) Voet in ff. hoc tit. n. 8 post alios.
(5) *Reg. Constit.* lib 2. tit. 16, cap. 4. § 6.
(6) Fab. Cod. hoc tit. lib. 4, tit. 15, def. 56.
(7) argum. d. l. ult. ff. hoc tit.
(8) l. ult. ff. hoc tit.
(9) V. § 667 in fin.
(10) argum. l. *Sed si hac lege* 10 § *qui manumittitur* 4 ff. *De in jus vocand.* (2, 4)
(11) l. *Sicut municipum* 7 § 1 ff. *Quod cujusq. universitat.* (3, 4).

non reprobant; quamquam judex testium qualitatem etiam, quos jura admitti sinunt, caute perpendere debet, atque majorem, vel minorem illis pro adjunctorum diversitate fidem adhibere (1).

§ 675. Porro ex personis, quas diximus ob sanguinis, vel familiaritatis vinculum non admitti ad testimonium dicendum pro cognato; affini proximo, vel domino, si parentes (§ 661 et seq.), fratrem fortassis (§ 663), vel uxorem (§ 664) excipiamus, caeteri cognati, affines, familiares, amici, testes contra eos esse posse vulgo traditur (2); ita tamen, ut quemadmodum modo animadvertimus de amico (§ praeced.) judex statuat, singulis pensatis, quae eis fides adhibenda sit (3).

§ 676. Cum tamen nimis suspecta sit fides ejus, qui particeps criminis fuit, et maxime timendum, ne alium oneret sui exonerandi gratia, idcirco generatim vetitum, ne participes criminis in testes admittantur (4); nec inimicus capitalis adversus inimicum (5); sed delator criminis, si alius accusator existat, in testem recipitur (6). Plane vix fides adhibenda ei, qui se pretio redemptum a producente ad dicendum testimonium alleget (7).

§ 677. Cum facile contingere possit, ut testimonium dicturi in judicium veniant illi, qui fidei suspectae sint, immo hodiernis fori moribus alicubi omnes omnino testes producti audiantur (8), data est facultas tum actori, tum reo reprobandi testes, atque eorum testimonia (9) regulariter ante publicatas testationes, sed et, justa suadente caussa, etiam postea (10). Reprobantur testes, si ipsis objiciatur aliqua ex his caussis, quibus suspecta fit eorum fides, puta sanguinis arctissima conjunctio (§ 661 et seqq.), subjectio (§ 666 et 667), et similes, quas supra exposuimus (§ 669 et seqq.). Testimonia autem reprobari passunt, seu depositiones testium, licet ipsi fidei suspectae non sint; veluti si quis probet, se alibi fuisse eo die, quo deponunt testes, se certo in loco contraxisse.

§ 678. Hinc elapso tempore ad probandum dato, atque interrogatis testibus, actuarius, vel scriba judicis inter biduum certiorem scriptura facere debet adversam partem de interrogationibus generalibus, nomine, et cognomine testium (1); testium enim nomina, et cognomina reo etiam in caussa criminali, si postulet, edi debent, ita tamen, ut inhibeatur, ne per se, vel per interpositam personam eos alloquatur; testium quoque pro reo auditorum nomina accusatori edenda sunt per scripturam, ut possint reprobari (2). Excipit Faber testes, qui mero, et nobili, ut ait, judicis officio audiuntur, nec ab ulla parte producti fuerunt; hi enim reprobari non possunt; adeoque nec eorum nomina edi debent (3).

§ 679. Post biduum praeterlapsum adversa pars intra quinque dies tenetur objecta, si quae habeat, adversus testes allegare; atque intra idem deinceps tempus testium fides firmanda ab altero collitigante, et intra decem successive dies utraque pars intentionem suam probare tenetur (4). Hinc tradit Thesaurus, objecta contra testes in primo judicio praetermissa non posse allegari in secundo (5); utique vero probari in secundo, si in primo deducta fuerint (6). Porro judices rejicere debent objecta, quae nullius momenti sunt, nec jus proponentis adjuvant (7); publice interest, ut litibus quantocius finis imponatur (8); adeoque judicis auctoritate rejicienda sunt, quae a litigantibus non alio, quam protelandae litis caussa in medium afferuntur.

§ 680. Ne autem testium fama temere laedatur, mulcta indicitur, et pecuniaria poena adversus eos, qui testi objecerint delictum, aliudve, ex quo infamia notetur, nisi semiplene saltem probent (9): atque eadem poena infligitur procuratoribus, qui odiosa testibus exprobrent, nisi et semiplene probent, vel ex mandato speciali clientum se exprobrasse demonstrent (10): nec excusationem habent, licet protestati fuerint, se citra animum convitio afficiendi haec allegasse; nisi appareat, deceptos eos fuisse a testibus, quorum depositione haec probanda erant; aut probare non potuisse propter adversae partis praepotentiam (11).

§ 681. Diximus de testibus admittendis, vel rejiciendis: nunc inquirendum, an inviti cogi possint omnes, an personae aliquae a coactionis onere exceptae sint. Invitos testes in caussis tum civilibus, tum criminalibus cogi a judice, ut testimonium dicant, si rem compertam habeant, apertissime cavit Justinianus, certis utique personis exceptis (12), et merito; interest enim rei-

(1) l. *Testium fides* 3 princ. et § 1 ff. hoc tit.
(2) Voet in ff. hoc tit. n. 11 in medio.
(3) d. l. 3 princ. et § 1 ff. hoc tit.
(4) l. *Quonium* 11 Cod. hoc tit.; l. ult. in fin. Cod. *De accusationib.* (9, 2).
(5) l. *Si quis testibus* 17 Cod. hoc tit.; l. *Testium fides* 3 ff. hoc tit.
(6) Carpzovius def. forens. part. 1, constit. 16, def. 66.
(7) argum. l. *Testium fides* 3 § *lege Julia* 5 ff. hoc tit.; l. *Et generaliter* 3 § ult. ff. *De calumniatorib.* (3, 6).
(8) Voet *in Pandect.* hoc tit. n. 12; V. Ab-Eccles. observat. 81.
(9) l. *Si quis testibus* 17 Cod. hoc tit.
(10) V. Ab-Eccles. observat. 91; ubi plures enumerat hujusmodi casus.

(1) *Reg. Constit.* lib. 3. tit. 20, § 1.
(2) Fab. Cod. hoc tit. lib. 4. tit. 15, def. 63.
(3) Ibid. def. 2 in not. †
(4) *Reg. Constit.* ibid. § 2 et 3; V. Ab-Eccles. part. 1, observ. 95, 98 et 99.
(5) Thes. dec. 259, n. 4 †
(6) Ibid. n. ult. †
(7) *Reg. Constit.* ibid. § 4.
(8) l. *Properandum* 13 Cod. *De judic.* (3, 1).
(9) *Reg. Constit.* d. lib. 3, tit. 20, § 5; Ab-Eccles. observ. 97.
(10) Ibid. § 6.
(11) Ibid. § 7.
(12) l. *Constitutio* 16; l. *Si quando* 19 Cod. hoc tit.;

publicae, ut quisque consequatur, quod suum est, atque delicta puniantur. Coguntur porro testes vel capitis pignoribus, vel mulcta indicta, immo et civili custodia; postremo ad id quod alterius litigantis interest in judicio civili, vel saltem hodiernis moribus (1), contra quam Romano jure statutum videatur (2); atque ad poenam pecuniariam in criminali (3); cum immo etiam torqueri possint, si scientiam rei habeant, ut deponant (4).

§ 682. Sed plures sunt, quibus Romano jure indultum, ne inviti testimonium dicere cogantur; nimirum senes, valetudinarii, milites, reipublicae caussa absentes, vel aliunde impediti (5), illustres personae (6), publicani et similes (7). Verum usu fori omnes hi cogi solent, si veritas aliter haberi non possit (8); cum publice intersit, ne quis jura sua amittat probationis, cujus facilis est modus, defectu: neque aetas, infirma valetudo, militia, absentia, nobilitas, dignitas vel officium impedire debent, quominus veritas manifesta fiat.

§ 683. Ergo memoratae personae testimonium ferre tenentur; sed ne damnum sentiant, suum dignitati decus servetur, nec publicum officium deserant, domi suae interrogandi sunt, qui legitimo detinentur impedimento, ne coram judice pro tribunali sedente se sistant (9); nec non personae dignitate eminentes (10): aliae vero a judice loci, in quo reperiuntur (11).

§ 684. Potius recipiendum, quod tradunt Paulus et Gajus, neminem compelli ad dicendum testimonium sive in civili, sive in criminali judicio adversus personas propiore affinitatis vel cognationis vinculo conjunctas, quales sunt socer, gener, vitricus, privignus, sobrinus, sobrini filius, libertus, patronus (12), sponsus et sponsae pater (13); potiori ratione uxor maritus (§ 664), parentes, liberi (§ 661 et seq.): quod tamen doctores coercent ad eum casum, quo veritas aliunde innotescere possit (14).

§ 685. Plane, si quis juraverit se, quae comperta habet aliunde, aut quae sibi sub de fide silentii secreto revelata sunt, minime manifestaturum, cogi tamen potest, ut de illis testimonium dicat (1); alioquin jusjurandum vinculum esset iniquitatis. Advocatos et procuratores a coactione immunes esse in civilibus saltem caussis pro illis rebus, quas ex sola clientis revelatione perspectas habent, supra tradidimus (§ 669), non vero pro aliis (§ 670).

§ 686. Testes in judicium produci debent sumptibus producentis (2), vel accusatoris in caussis criminalibus (3): ex trita naturalis et civilis juris regula nemini officium suum, quod alterius gratia suscepit, decet esse damnosum (4): adeoque etiam suppeditandi sumptus itinerum et alimentorum, si extra domicilium avocentur (5).

CAPUT I.

A quo, quo loco, tempore, et modo testes interrogandi sint.

SUMMARIA

§ 687. *Testes interrogandi sunt a judice, coram quo lis pendet, si sint in loco. Quid si absint?* — § 688. *Adjunctus quibus casibus admittatur, et quod sit ejus munus?* — § 689. *Testes legitime impediti, vel dignitate fulgentes in domo interrogantur.* — § 690. *Quo tempore testes audiendi sint?* — § 691. *Testationes post litem institutam excipi non debent* — § 692 *et* 693. *Quo tempore interrogationes edi debeant tum ab actore, tum a reo?* — § 694 *et* 695. *Testes non audiuntur, nisi adhibito jurejurando deponant.* — § 696. *An jurare teneatur testis, qui se offert vi litterarum monitorialium?* — § 697. *Testes jurare debent, praesente, vel citata saltem adversa parte. Quid si, hac minime vocata, judex sententiam tulerit?* — § 698. *Testes plerumque deponere debent de scientia, non de auditu, vel credulitate.* — § 699. *Viva voce, secreto tamen, testes deponere debent.* — § 700. *Testibus legenda est depositio sua, ut eam firment, immutent, addant, vel minuant, si ita videatur.* — § 701. *Quid si quis testimonium dixerit de re aliqua ante litem contestatam: atque deinceps in judicio testari debeat?* — § 702. *Quid si testis, qui ante coeptum judicium testatus est defunctus proponatur?* — § 703 *et* 704. *An testes perperam interrogati, cum rursus audiuntur, testificari possint relatione habita ad priorem depositionem.* § 705. *Quid si unus dumtaxat testis se referat ad priorem testationem; caeteri vero ad extensum deponant?* — § 706 *et* 707. *Quibus casibus testes repetiti ad extensum ex*

Fab. Cod. hoc tit. lib. 4, tit. 15, def. 10; ubi additur, monachum, si consentiat superior, cogi posse, ut de crimine testimonium dicat.

(1) Voet in ff. hoc tit. n. 13.

(2) l. unic. § ult. ff. *Si quis jusdicent. non obtemperaver.* (2, 3).

(3) d. l. unic. § ult.

(4) Thes. dec. 42 per tot.

(5) l. *Testium* 3 § ult.; l. *Inviti* 8 ff. hoc tit.

(6) l. *Constitutio* 16 Cod. hoc tit.

(7) l. *Inviti* 19 ff. hoc tit.

(8) Brunneman. in Cod. hoc tit. ad l. *Constitutio* 16 n. 3; argum. cap. ult. extra *De testibus cogend.* (2, 21).

(9) *Reg. Constit.* lib. 3, tit. 18, § 15.

(10) Ibid. § 16.

(11) Ibid. § 2.

(12) l. *Lege Julia* 4 ff. hoc tit.

(13) l. *In legibus* 5 ff. hoc tit.

(14) Brunneman. *in Pandect.* ad d. l. 4, n. 3; Voet in ff. hoc tit. n. 14 in fin.

(1) cap. *Pervenit* 4 extra Decret. Greg. *De testib. cogend.* (2, 21).

(2) l. *Testium fides* 3 § *Gabinio* 4 in fin. ff. hoc tit.; l. *Quoniam* 11; l. *Constitutio* 16 § 1 Cod. hoc tit; V. Osasc. decis 46; ubi probat à longe venientibus suppeditandas esse expensas victus, et mercedes operarum.

(3) d. l. 11 in princ. Cod. hoc tit.

(4) l. *Si servus* 61 § *quod vero* 5 in fin. ff. *De furt.* (47, 2).

(5) Voet in ff. hoc tit. n. 15.

communi sententia deponere teneantur? — § 708. *Depositio posterior judicialis prevalet priori non juratae extra judicium factae si ad alterutrius partis instantiam testis repetitus non fuerit.* — § 709 et 710. *Quid si novam dispositionem postulet alteruter ex litigantibus?* — § 711 et 712. *Quid de posteriore depositione facta coram judice vi litterarum monitorialium, et vicissim?* — § 713. *Testis pugnantia deponens torqueri potest, et tamquam falsus puniri.* — § 714. *Testes inter dissentientes, vel diversa testificantes a producente vix probant ejus favore.* — § 715 et 716. *Testes de aetate, vitae instituto, patrimonio interrogari debent, atque separatim singuli.* — § 717. *Testes per turbam interrogati unius loco habentur.* — § 718 et 719. *In criminalibus caussis testes per turbam audiri nequeunt, nisi probanda sit mala accusati fama. An singuli reo exhibendi sint?* — § 720. *Testes minus solemniter interrogati concludenter probare possunt apud supremos magistratus.*

§ 687. Sequitur disputatio de persona, a qua testes interrogandi sint, loco, tempore et modo, quo audiri debeant. Testes a judice, coram quo lis pendet, interrogari debent, si sint in loco (1): si vero alibi morentur, vel absentes sint, ex constitutione Justiniani mittuntur procuratores partium, ut apud eos deponant, quae noverint (2): apud nos Senatus praefectos, aut judices, hi personam neutri parti suspectam delegant, quae notariatus saltem officio polleat (3).

§ 688. Interdum, cum interrogantur testes a judice (non a caussae relatore vel judice majore, seu provinciae praefecto), vel delegatis, permittitur adjunctus (4), cujus id unum officium est curare, ut testes interrogentur super interrogationibus, quae oblatae seu traditae fuerint, nisi ex depositionibus testium aliqua se se offerat interrogatio, quae praevideri non potuerit (5). Adjuncti munere fungi nequeunt, qui ob suspicionem judicare prohibentur, vel aliunde suspecti sunt: neque pater, filius, socer, gener, frater ex fratre filius ejus, qui interrogaturus est; nec postremo aliquis ex illis, qui sub eo operam dant (6): impensae autem propter adjunctos faciendae nunquam repeti possunt (1); quia praeter necessarium judicii ordinem adjuncti interveniunt.

§ 689. Quod ad locum pertinet, jam innuimus, in tribunali interrogandos esse testes praesentes, absentes vero quos, Justinianus per procuratores partium interrogari concedit, ubicumque audiri possunt (§ 687): apud nos testes jubentur judicio se sistere, nisi legitimo impedimento detineantur; quo casu in propriis domibus interrogandi sunt a judice (2); non secus ac personae dignitate praefulgentes, honoris eaussa (3): neque recipiuntur depositiones testium absentium, ut supra diximus (§ 589).

§ 690. Supra diximus, probandum esse intra tempus a judice, vel a lege praestitutum, nisi justa caussa dilationem excuset (§ 522); atque regulariter post litem contestatam ante conclusionem in caussa (§ 524). Excepimus casum, quo testes ad futuram rei memoriam interrogari sive ab actore, sive a reo ante litem contestatam ex justa caussa expediat (§ 525 et seqq.). Sed hic quaedam adjici debent, quae testibus speciatim conveniunt.

§ 691. Imprimis prohibentur apud nos notarii et judices, ne excipiant testimonia, seu testationes, quae spectent caussas civiles jam pendentes, poena alioquin indicta unius aurei adversus excipientes, trium aureorum adversus illos, quibus instantibus exceptae fuerint, quinque autem, si in judicio eas exhibuerint (4). Caeterae depositiones testium, quas excipere licet, judice dictante, sub eadem unius aurei poena conscribi jubentur (5). Tempore autem feriato testes deponere debere, si partes feriis renunciaverint, putat Thesaurus, quia testium favore inductae non sunt (6).

§ 692. Lite contestata, atque negatis *positionibus*, ut loquuntur pragmatici (7), eae in *articulos* reducendae sunt, atque hi adversae parti communicari debent, ut contrarios offerre possit (8): quibus admissis tum actor, tum reus intra triduum edere tenetur interrogationes, quibus testes respondere debent (9): quod si interrogationes intra statutum tempus exhibitae non fuerint, et nihilominus testes interrogati sint, hi repeti nequeunt, quamvis adversa pars suis impensis eos repeti postulet, nisi interrogationes omissas fuisse appareat dolo, vel culpa interrogationis (10).

(1) l. *Constitutio* 16 Cod. hoc tit.; *Reg. Constit.* lib. 3, tit. 18, § 1; Fab. Cod. hoc tit. lib. 4. tit. 15. def. 24; ubi ait, de his, quae apud judicem laicum pendent, ab eo excipi testationes, licet factus vigore monitori ecclesiastici.

(2) d. l. 16 in med.

(3) *Reg. Constit.* ibid. § 2; Ab-Eccles. part. 2, observat. 55, 56, 57 et 58.

(4) *Reg. Constitut.* d. lib. 3, tit. 18, § 3; Thesaur. decis. 255, n. 8 †; V. Ab-Eccles. part. 2, observat. 54 ad 59.

(5) *Reg. Constit.* ibid. § 4.

(6) Ibid § 5 et 6.

(1) *Reg. Constitut.* d. § 4 in princ.; Ab-Eccles. ib. observ. 60.

(2) *Reg. Constit.* lib. 3, tit. 18, § 15.

(3) Ibid. § 16.

(4) Ibid. § ult in princ.

(6) d. § ult. in fin.

(5) Thes. dec. 39, n. 2.

(7) V. *De positionibus Reg. Constit.* lib 3, tit. 15 § 1 et seqq.

(8) *Reg. Constit.* lib. 3, tit. 16, § 1 et seqq.

(9) d. lib. 3. tit. 17. § 1.

(10) Ibid. § 5. V. Ab-Eccles. observat. 88, n. 8 et 9 † et part. 2, observ. 67.

§ 693. Sed si inquisitio in testes nondum facta fuerit, aut testes aliqui praetermissi sint, recipi debent interrogationes, ut de his inquiratur in testes necdum auditos: immo si eo tempore offerantur, quo aliquis ex testibus, antequam testationis suae subscripserit, ad interrogata respondet, de his quoque respondere cogitur (1). An post apertas testationes alii testes produci et interrogari possint, infra expendimus (2). Unum monemus interrogationes tantum fieri posse de his, quae in articulis continentur, et eorum adjunctis; adeoque caeterae a judice rejici debent (3), atque post statutum diem interrogari posse testes, modo congruo tempore jusjurandum praestiterint (4).

§ 694. Prolixior est disputatio de modo, quo testes in judicio ad fidem faciendam interrogandi sunt: atque hic plures tum jure Romano, tum usu fori requiruntur conditiones (5), videlicet deponere debent. 1. Praestito jurejurando, et quidem vocata parte adversa. 2. De scientia propria, non aliena, vel de credulitate. 3. Viva voce, ita tamen, ut eorum depositio scriptis demandetur. 4. Sigillatim et seorsim singuli, non per turbam, nisi in specialibus quibusdam casibus.

§ 695. Imprimis jusjurandum a testibus praestandum est (6); testi minime jurato ex trito axiomate non creditur, atque jurare debent, se dicturos, quidquid perspectum habent tum de articulis, tum de interrogationibus (7); sed prius admonendi sunt a judice de jurisjurandi gravitate, deque perjurii poenis (8): jurare utique possunt alii coram aliis, licet seorsim interrogandi sint (9): praeterquam in summariis, ut ajunt, informationibus (10): eorum autem depositiones jurejurando firmatae utrique litiganti prodesse possunt, nisi reprobati fuerint (11).

§ 696. Porro testationum vis ita pendet ex jurejurando testium, ut nec alio die factae videantur, quam quo juratum est (12): ex quo infertur, sufficere juratos esse testes intra dilationem iis audiendis praestitutam, licet nondum auditi sint, et die non feriata, quamvis postea die feriata audiantur; quia pro auditis habentur, ex quo jusjurandum praestiterunt. Excipit Faber casum, quo aliquis se in testem offerat vi litterarum monitorialium; ita ut hic jurare non cogatur, nisi sponte velit, quia non sit credendus velle perjurio onerare conscientiam suam, qui aliam dicendi testimonii caussam non habet, quam ut eandem plane exoneret (1): alii tamen consultius putant, etiam ab hoc exigi jusjurandum juxta generales juris tum civilis (§ praeced.), tum canonici (2) regulas; tum ut maturius propter religionem jurisjurandi testificetur, tum ut fraudibus, quae et in hoc casu timeri possunt, obviam eatur.

§ 697. Testes jurare debent praesentes, vel citata saltem, et per contumaciam absente adversa parte (3): atque ideo huic significandus est locus et tempus, quo audiendi sunt testes, ut intersit, si velit, jurijurando testium (non interrogationibus); ita tamen ut nihil loqui liceat, nec minis, aut querimoniis uti (4). Valet tamen sententia lata super testimoniis auditis neutiquam citata parte, licet judex tacite se retulerit ad acta (5), propter rei judicatae auctoritatem; maxime quia testium probationes non sunt de substantia processus, cum judex ad judicandum alia ratione moveri potuerit: nisi forte oblati fuerint judici testes, aut alii probationis modi, quos admittere noluerit (6). Immo recte audiuntur testes, non vocata parte, si periculum sit in mora (7).

§ 698. De scientia, non de auditu, vel de credulitate testes jurare et deponere debent (8): atque ideo jubentur interrogari testes super caussa scientiae, ita ut dictorum nulla ratio habeatur, si scientiae caussam non afferant (9): admittuntur tamen testes de auditu in illis, quae vix aliter probari possunt; veluti si ageretur de probanda possessione, aliave re immemoriali (10); vel etiam de cognatione (11).

§ 699. Praeterea in testibus exigimus, ut deponant viva voce (12), secreto tamen (§ 695 et 697); interest enim testes audiri praesentes, ut ex constantia, vel titubatione in respondendo judex decernere possit, quae fides illis adhibenda sit (§ 589): atque ideo, licet testes sponte di-

(1) *Reg. Constit.* d. lib. 3, tit. 17, § 6.

(2) V. infra § 737 et seqq.

(3) Ab-Eccles. d. observ. 88, n 17 et seqq.; *Reg. Constit.* lib. 3, tit. 17, § 2 et 3.

(4) V. Ab-Eccles observ. 79, n. 30 †

(5) Ibid observat. 84.

(6) l. *Jurisjurandi* 9; l. *Constitutio* 16 Cod. hoc tit.; Fab. Cod hoc tit. lib. 4, tit. 15, def 8 in princ.

(7) *Reg. Constit.* lib. 3, tit. 18, § 18 in princ. V. Ab-Eccles. part. 2, observat. 63 et 64.

(8) *Reg. Constit.* ibid. § 19.

(9) Ibid. § 20.

(10) Ab-Eccles. observ. 55, n. 25.

(11) *Reg. Constit.* d. § 18 in fin.

(12) Fab. Cod. hoc tit. lib. 4, tit. 15, def 8, n. 1 et 2.

(1) Fab. d. def. 8 in not.

(2) cap. *quoties* 5; cap. *nuper* 51 extra Decr. Greg. *De testibus, et attestationibus* (2, 20).

(3) l. penult. Cod. hoc tit.; Novell. 90, cap. *et hoc vero* 9; Fab. Cod. hoc tit. lib. 4, tit. 15, def. 13; Ab-Eccles. part. 2, observ 61

(4) *Reg. Constit.* lib. 3, tit. 18 § 23; Fab. d. def. 13 in not.; Ab-Eccles. ibid. observ. 62.

(5) Fab. Cod. hoc tit. d. def 61 argum. l. *Serro* 64 § *cum praetor* 2 ff *Ad Senatusc. Trebellian.* (36, 1); l. *Praeses* 27 ff. *De re judicat.* (42, 1)

(6) l. *Prolatam* 4 Cod *De sentent. et interlocut. omn. judic.* (7, 45); Fab d. def. 61, n. 5.

(7) l. *Aliquando* 5 ff *De offic. proconsul.* (1, 16).

(8) Voet in ff. hoc tit. n. 15.

(9) *Reg. Constit.* lib. 3, tit. 18, § 21.

(10) Fab. Cod. hoc tit. lib. 4, tit. 15, def. 41.

(11) d. cap. *quoties* 5 extra Dec. Greg. *De testib. et attestat.* (2, 20).

(12) l. *Testium fides* 3 § *idem divus* 3 et seq. ff. hoc tit; Fab. Cod. hoc tit. lib. 4, tit. 15, def. 52; Ab-Eccles. observ. 78, n. 1.

etent depositiones suas, quod tamen judex ferre non debet (1), interrogari jubentur de eo, quod forte praetermiserint (2).

§ 700. Hinc hodie in foro obtinet, ut testium depositiones, quae in prima persona ad extensum scribi debent ab actuario, vel scriba judicis vel notario, his deficientibus, atque subscribi tum a testibus, vel signari, tum a judice, vel scriba (3) coram ipsis legantur, ut easdem confirment, vel addant, minuant, aut immutent pro arbitrio (4): quod adjectum, sublatum, vel immutatum fuerit, in calce depositionis scribi debet, non cancellari, aut radi, quod prius scriptum fuit; atque adjectio a judice subscribenda est, nec non a teste, vel signari, si litteras nesciat (5).

§ 701. Testem posse se corrigere incontinenti, fatentur omnes (6): atque id etiam potest ex intervallo, dummodo errorem exprimat, ejusque caussam (7). Quinimmo, si testimonium de re aliqua dixerit ante litem contestatam, imprimis petere potest, ut ipsi exhibeatur, seu legatur prior sua depositio (8): quamquam, si elapsi fuerint pauci dies a prima depositione, suspectus videtur testis, qui eam exhiberi petit: sed hodie in hac patria, subjicit Ab-Ecclesia, non admittitur productio testationum extrajudicialium, sed debent fieri capitula distincta et separata: atque super illis interrogandi sunt testes, quin legatur prior testatio, aut ad illam relatio habeatur (9).

§ 702. Hinc non tantum testis, et pars, quae testem producit, sed et pars adversa petere potest, ut depositio extra judicium facta scindatur, quo testes a judice interrogati deponere liberius possint, quidquid perspectum habent, atque emendare(10). Teste autem, qui ante coeptum judicium testatus est, defuncto, vel absente, unde idcirco repeti non possit, qui eo utitur, probare debet, cum bonae existimationis fuisse et simul mortuum, vel absentem esse: nec non testationem ab eo scriptam, vel subscriptam, si pars adversa neget (11).

§ 703. Si testes perperam interrogati fuerint, seu examinati, puta quia jusjurandum omissum sit (§ 695), vel praetermissa vocatio adversae partis (§ 697), sine dubio rursus audiendi sunt (12): sed quaeritur, an testificari possint, relatione habita ad priorem depositionem, quin eam rapetant? Sunt, qui putant, valere depositionem hanc, dummodo novae interrogationes fieri non debeant, nec pars adversa, aut commissarius, vel adjunctus, aut judex ex officio aliud jubeat, prout jubere potest (1).

§ 704. Longe tamen consultius est, ut testes rursus ad extensum deponant et deponere cogantur, praesertim in criminalibus, nisi quaestio sit de testibus ad futuram rei memoriam auditis (2): atque ideo tradit Faber, testem, qui de recenti negotio rursum interrogatus nihil aliud dicere velit, nisi perstare se in sua testatione, et, quod scriptum est, bene scriptum esse, torqueri posse, ut veritas facti habeatur, ne judici impune illusum videatur, licet de re minimi praejudicii in pricipali negotio agatur (3): permittendum tamen est, ut priorem suam testationem inspiciat (4), ut supra in casu non plane absimili diximus (§ 701).

§ 705. Si non omnes, sed unus tantum testis se referat ad priorem depositionem, alter vero ad extensum rursus deponat, cum ex hujus testimonio semiplena oriatur probatio, prior autem relativa aliquod indicium faciat, quae aliis concurrentibus semiplenae probationi aequivalere potest, idcirco censuit Senatus, donationem plene probari; quamquam ad tolendas omnes difficultates jussit, praestari a donatario jusjurandum suppletivum (5).

§ 706. Sane apud omnes in confesso est, ad extensum deponere debere testem, qui primo loco interrogatus fuerit ab aliquo carente jurisdictione, vel privatim ad partis istantiam, aut extra judicium coram solo tabellione, parte adversa minime citata (6), vel ab alio judice, quam ab eo, coram quo lis criminalis pendet, ai reus neget (7). Idem dicendum de testibus, qui virtute litterarum monitorialium factum aperuerint; cum nullus sit timor variationis, et prior propalatio nullam fidem in judicio faciet, ad extensum deponere debent (8).

§ 707. Exceptionem huic regulae de repetitione testium admittit post alios Voet, si adversarius non praecise urgeat, et testes omni exceptione majores sint; vel si decesserint, aut semel in judicio testimonia, tametsi solemniter non repetita, producta fuerint (9): repetitio testium ad substantiam probationis non pertinet; sed eo

(1) *Reg. Constit.* lib. 3, tit. 18, § 24 in fin.
(2) Ibid. § 2.
(3) Ibid. § 7, 8 et 12.
(4) Voet in ff. hoc tit. n. 15 prop. fin.; *Reg. Constit.* d. § 12 V. Fab. Cod. hoc tit. lib. 4. tit. 15, def. 28; Ab-Eccles. d. observat 78. n. 24 et seqq.
(5) *Reg. Constit.* ibid. § 13.
(6) cap. *praeterea* 7 extra Decr. Greg. *De testib. cogend.* (2, 21); Fab. Cod. hoc tit. lib. 4. tit. 15, def. 30 in not.
(7) Fab. d. def. 30 in fin.
(8) Ab-Eccles. part. 1. observat. 87, n. 18; Thesaur. dec. 255, n. 8
(9) Ab-Eccles. ibid. n. ult.
(10) V. *Prat. Legal.* part. 1, tit. 14. § 42 et 43 pag. 69.
(11) Ibid. § 57 et 58.
(12) Fab. Cod. hoc tit. lib. 4, tit. 15, def 47; *Reg. Constit.* lib. 3, tit. 18, § 10.

(1) Ab-Eccles. part. 2, observ. 87, n. 1 et 2; Thesaur. dec. 252. n. 8.
(2) Ab-Eccles. d. observat. 87, n. 14..15 et 16; Osasc. dec. 128, n. ult. †; Fab. Cod. hoc tit. lib. 4. tit. 15, d. def. 47. n. 2 et seq.
(3) Fab. Cod. hoc tit. def. 57.
(4) Ibid. d. def. 47 in fine.
(5) Ab-Eccles observ. 87. n. 5 et seqq. †
(6) d. observ. 87. n. 9. 10 et 12 †
(7) l. *Testium fides* 3 § *idem divus* 3 et seq. ff. hoc tit. Fab. Cod. hoc tit. def. 9.
(8) Ab-Eccles. ibid. n. 11; Fab. Cod. hoc tit. lib. 4. tit. 15, def. 16.
(9) Voet in ff. hoc tit. n. 16 in fin.

dumtaxat tendit, ut evidentius constet de rei veritate, atque ut testes corrigere possint, si forte in aliquo se errasse deprehenderint (1).

§ 708. In quaestione, an priori, an posteriori testium depositioni standum sit, si posterior priori adversetur, distinguendum est. Praevalet posterior priori extra judicium factae (2); si aut solo judicis officio, aut requirente ipso teste, aut procuratore fiscali testis iterum audiatur (3), atque prior jurejurando firmata non fuerit, alioquin testis tamquam perjurus puniendus esset, nec ulla perjuro fides adhibetur (4). Subjicit Faber, testi, qui, denuo interrogatus, negaverit se scire, tum de negotio testificetur, credendum non esse tamquam perjuro, vel etiam corrupto: atque ideo testes, qui semel deposuerunt, non debent rursus super eadem re interrogari sine caussa; atque suspectus est ille, qui dicat, se minus fuisse recordatum tempore primae depositionis, quo memoria erat recentior (5). Quamquam nihil prohibet, quominus ex aliis caussis fieri possit, ut testis tempore secundae interrogationis luculentius deponat.

§ 709. Si autem posterior depositio in judicio, adhibito jurejurando, fiat, postquam idem testis extra judicium deposuerat, petente alterutro ex litigantibus, rursus distinguit Faber, an petat novam depositionem fieri ille, contra quem an ille, pro quo primitus facta fuit. Priore casu nullam tradit secundae testationi fidem adhibendam esse, cum immo nec audiendus sit talia petens, propter metum corruptionis; ex quo maxime cavendum judici est, praesertim in criminalibus ab hujusmodi repetitionibus testium ad instantiam partium, et via comminiscendis fraudibus praecludatur (6): immo testis tamquam falsus et perjurus puniri potest, si prima testatio licet extrajudicialis jurata fuerit, atque posteriorem fecerit priori contrariam (7).

§ 710. Quod si posteriorem testationem requirat ille, pro quo extra judicium jam facta fuerat, posterior praevalet, si Fabro credimus, sive jurata sit, sive non, sive in judicio, sive extra judicium fiat; quia sibi debent imputare is, qui petiit, ut idem testis rursus interrogaretur (8). Verum ratio haec viget utique in eo casu, quo posteriore depositione minus juvetur petens, non quo magis; adeoque primae potius depositioni standum videtur, si posterior adversarium magis gravet, potissimum si prior jurejurando firmata fuerit, cum ita passim receptum sit (9), propter metum corrumptionis, atque subornationis.

§ 711. Ergo regulariter priori depositioni juratae standum est (§ praeced.), maxime si posterior facta sit post apertas et publicatas testationes; seu ut loquuntur pragmatici, post didicita testificata (1). Excipitur testatio facta vi litterarum monitorialium; cum prior ad finem revelationis tantum facta sit potius, quam ad probandum, nec vocata parte, nec praecedente judicis mandato, prout requiritur, posterior coram judice, coram quo lis pendet, facta priori prevalere debet (2).

§ 712. Excipit quoque Faber a regula generali casum, quo prior testatio sola judicis auctoritate facta sit, posteriorem vero litterarum monitorialium, atque ecclesiasticarum censurarum potestas extorserit, ita ut posterior, praesertim si vero similior sit, aut aliis adminiculis fulciatur, priorem vincat (3); quia licet, summo jure inspecto, vix ulla fides adhibenda sit illi, qui diversa testimonia praebet (4), tamen apud rusticos error passim invaluerit, ut credant, sibi non aliter impositam testificandae veritatis necessitatem, praeterquam si censuris ecclesiasticis urgeantur (5); sublato autem hoc errore, non desunt, qui sentiant, idem ferendum esse judicium; quia posterior magis considerate facta praesumi debeat.

§ 713. Caeterum testis, qui res plane contrarias, et secum pugnantes deponit, non solum torqueri potest, ut sciatur, utri depositioni stare malit, sed etiam tamquam falsus corporali poena triremium sive ad tempus, sive in perpetuum, si criminis atrocitas exigat, plecti potest (6): quamquam regulariter, si absit fraus, testis de simplici mendacio nonnisi levi aliqua pecuniaria poena punitur (7).

§ 714. Si testes inter se dissentiant, vel testificentur diversa ab illis, quae producens allegavit, vix probant, saltem favore producentis, contra quem in dubio dicta testium interpretamur; ita tamen, ut ad concordiam, quantum fieri potest, redigantur (8); ne actus pereat (9). Major sane testium numerus praevalet (10), si diversa diversi deponant, nisii forte agatur de probanda laesione (§ 515).

§ 715. Cum fides testium maxime pendeat ex illorum conditione: *ideoque in persona eorum exploranda sint*, ait Jureconsultus, *im-*

(1) *Reg. Constit.* lib. 3, tit. 18, § 12.
(2) Fab. Cod. hoc tit. lib. 4, tit. 15, def. 34 in princ.
(3) d. def. 34, n. 7.
(4) d. def. 34 in fin.
(5) d. def. 34 in fin. et in not. †
(6) d. def. 34, n. 8.
(7) d. def. 34, n. 9.
(8) d. def. 34, n. 7.
(9) Ibid. def. 4, et 54 in princ.

(1) Fab. Cod. hoc tit. lib. 4, tit. 15, d. def. 4, n. 1 et 2.
(2) d. def. 4, n. 3 et seqq.
(3) Ibid. d. def. 54, n. 1 et seqq.
(4) l. *Eos, qui diversa* 27 ff. *Ad leg. Cornel. de fals.* (48, 10).
(5) Fab. d. def. 54, n. 4 et seqq.
(6) Ibid. def. 55.
(7) d. def. 55 in not.
(8) Ibid. definit. 30, n. 3 et seqq. et def. 59.
(9) l. *Quoties in actionibus* 12; l. *Ubi est verborum* 21; l. *Cum in testamento* 24 ff. *De reb. dub.* (34, 5).
(10) l. 1 § ult. ff. *Testament. quemadmod. aperiant.* (29, 3); Fab. Cod. hoc tit. def. 53.

primis conditio cujusque, utrum quis Decurio, an plebejus sit, et an honestae, et inculpatae vitae: an vero notatus quis, et reprehensibilis: an locuples, vel egens sit, ut lucri caussa quid facile admittat, vel an inimicus ei sit, adversus quem testimonium fert, vel amicus ei sit, pro quo testimonium dat (1): hinc municipali lege cavetur, ut testis, priusquam claudatur depositio, separatim interrogetur de aetate, vitae instituto, et quantitate patrimonii: nec non utrum domesticus sit, debitor, creditor, consanguineus, vel affinis alterutrius ex contendentibus, et quo gradu (2).

§ 716. Praeterea, ut testes singuli ex animi sui sensu, et pro rei veritate deponant, singuli sigillatim super quolibet articulo interrogandi sunt (3); atque separatim, ita ut unus audire nequeat alterius depositionem, quamquam non prohibentur testes omnes simul jusjurandum praestare (4). Quod si plures in globo, atque ut pragmatici loquuntur, per turbam auditi fuerint, unius tantum testis loco habentur, sed multo dignioris fidei, si nullus sit suspectae fidei, alioquin unius defectus caeterorum fidei derogat, quasi unus omnes sint (5).

§ 717. Sed quod dicimus, testes per turbam interrogatos loco unius testis multo dignioris fidei haberi (§ praeced.), pragmatici intelligunt de eo tantum casu, quo decem testes, qui numerus ad turbam requiri solet (6), interrogati fuerunt; si enim vel unus desit, fidem utique faciunt, non tamen majorem uno teste (7); quia nec turbam revera constituunt (8).

§ 718. Caeterum in civilibus tantum caussis, non in criminalibus, recte subjicit Faber, audiendorum per turbam modus receptus est, et quidem ex consuetudine potius, quam ex juris ratione, cum nullus sit textus juris civilis, aut canonici, qui de testibus per turbam examinandis loquatur (9); tum quia delicti probatio certo testium numero non concluditur, cum publice intersit delicta puniri (10); nec ideo refraenandus sit numerus testium, prout in caussis civilibus; tum quia humanum non esset, tot simul objectis testibus reum obrui, cui potius favendum est, quantum sinit aequitas (11).

§ 719. Si tamen probanda sit mala accusati fama, nihil prohibet, quominus multi testes per turbam audiantur (1); ut ita totius populi opinio cognoscatur: sed omnes, et singuli exhibendi erunt reo, ut objicere possit, si quid adversus eos habeat, aut mentientes fortasse praesentia terrere, atque ab palinodiam compellere (2); cum enim consultius sit nocentem absolvere, quam innocentem damnare (3), nulla deneganda est reo ratio, qua innocentiam suam probet.

§ 720. Unum hic cum Fabro monemus: videlicet testes, licet minus solemniter interrogatos, aliquale indicium facere: immo concludenter probare posse apud supremos magistratus, quibus mandatum est, ut procedant, sola facti veritate inspecta (4); potissimum si mortui sint, ita ut reperti non possint (5), atque agatur de facto antiquo, cujus probatio aliter haberi nequeat: ita postulat favor probationum (6), et casus necessitatis (7).

(1) l. *Testium fides* 3 in princ. ff. hoc tit.
(2) *Reg. Constit.* lib. 3, tit. 18, § 14.
(3) Ibid. § 11.
(4) Ibid. § 20.
(5) Fab. Cod. hoc tit. lib. 4. tit. 15. d. f 3 in princ.
(6) l. *Praetor ait* 4 § *turbam autem* 3 ff. *De vi bonor. raptor.* (47, 8).
(7) Fab. Cod. hoc tit. lib. 4. tit. 15. def. 37.
(8) d. l. 4 § 3 ff *De vi bonor. raptor.*
(9) Fab. Cod. hoc tit. lib. 4, tit. 15, d defin. 3, n. 3 et seqq.
(10) l. *Ita vulneratus* 51 § ult prop. fin. ff. *Ad leg. Aquil.* (9, 2).
(11) l. *Absentem* 5 ff. *De poenis* (48, 19).

(1) Fab. Cod. hoc tit. lib. 4. tit. 15. d. def. 3, n. 6.
(2) Fab. d. def. 3, n. 7.
(3) d. l. *Absentem* 5 ff. *De poen.* (48, 19).
(4) Fab. Cod. hoc tit. lib. 4 tit. 15, def. 40.
(5) l. ult. versic. *sin autem* Cod. hoc tit.
(6) l. *Cum non* 22 ff. hoc tit.
(7) argum. l. *Si mulier* 59 § 1 in fin. ff. *De jur. dot* (23, 3).

CAPUT V.

De numero testium ad fidem faciendam requisita.

SUMMARIA

§ 721. *Duo testes sufficiunt, quoties lex numerum non adjicit.* — § 722. *Solutio debiti in scriptis contracti probanda est per scripturam, vel per quinque idoneos testes: sed scripturae amissio duobus testibus probatur.* § 723 *et* 724. *Debita exigua absque scriptura dissolvi possunt.* — § 725 *et* 726. *Testis unicus nec facile admittendus est, nec admissus per se plene probat, exceptis quibusdam casibus.* — § 727. *Testis unicus non facit indicium ad quaestionem; sicut nec socius criminis, nec infamis, practerquam in delicto laesae majestatis* — § 728 *et* 729. *Testis unicus nec semiplene probat, si non deponat de visu, vel expressim et aperte.* — § 730. *Testes non probant, nisi sint contestes; vel deponant de actu reiterabili. Quid si extra articulata deponant?* — § 731. *Super uno articulo testes plusquam decem interrogandi non sunt.* — § 732. *An, qui plures produxit, pro arbitrio eligere possit, quos malit?* — § 733. *Testium major numerus ut plurimum praevalet.*

§ 721. Cum de testium numero ad fidem faciendam sive in civilibus, sive in criminalibus quaestionibus disceptatur, generalem regulam ponit Ulpianus, duos testes sufficere, quoties numerus testium in legibus non adjicitur; quia pluralis locutio duorum numero contenta sit (1). Specialis ergo requiritur legis sanctio, ut majorem numerum adhibere opus sit; prout captum de septem testibus in testamento adhibendis (2), quinque in codicillis (3), tribus in scriptura privata, ut creditor, qui illa nititur, praelatione hypothecae gaudeat adversus creditores posteriores, quorum obligatio publico instrumento contineatur (4).

§ 722. Ad haec Justinianus, ut obviam iret fraudibus, quae ex facilitate testium, et improbitate timeri possunt, decrevit, ut solutio debiti in scriptis contracti omnino probari debeat vel per scripturam, vel saltem per quinque testes idoneos, et summae, atque integrae opinionis, qui sub jurisjurandi religione deponant sub praesentia sua debitum fuisse solutum (5): quod si liberationis apocha in scriptis quidem tradita debitori fuerit, sed fortuito casu amissa sit, casum amissionis per duos testes probare sufficit (6): duobus testibus dicimus probari amissionem scripturae, seu apochae liberationis, non quinque desiderari; etenim Justinianus testes commemorat, neutiquam adjecto numero (7); proinde ex generali regula duo sufficiunt (8).

§ 723. Sed sanctio haec Justiniani, prout supra diximus (§ 511), pertinet tantum ad debita, in quibus scriptura vel ex sanctione legis municipalis, vel ex voluntate contrahentium necessaria fuit; non ad illa, in quibus scriptura ad probationem tantummodo confecta fuit; immo nec priora debita ex usu fori scripturam desiderant, ut dissolvantur, nisi egregia sint, idest quinquaginta aureorum summam excedant (9); seu juxta novellam Justiniani constitutionem contineant auri libram (10), quae aestimatur ex duobus, et septuaginta solidis, quos nunc aureos, ait Faber, vocamus (11).

§ 724. Excipit quoque Justinianus debitores, qui sine scriptis debitum, vel partem ejus solverint (12): quibus verbis innuit, constitutionem suam praeterita negotia non complecti secundum generales juris regulas (13); atque praeoccupato, ita dixerim, jure probandae solutionis sine scriptis per solutionem partis, nec pro reliquo necessariam vult esse scripturam.

§ 725. Duo testes ad fidem faciendam plerumque requiruntur, et sufficiunt (§ praeced.), sed testis unicus plenam probationem per se non facit; *sancimus*, ait Constantinus imperator (idest *sancivimus*, posito praesenti pro praeterito), *ut unius testimonium nemo judicum in quacumque caussa facile patiatur admitti. Et nunc manifeste sancimus, ut unius omnino testis responsio non audiatur, etiamsi praeclarae curiae honore profulgeat* (1) Ergo unius testis facile admittendus non est; quod si ex justa aliqua caussa admissus fuerit, nisi illius testimonium aliis adminiculis fulciatur, plene non probat, etiamsi preclara aliqua dignitate fulgeat, et merito: ut enim legitur in Deuteronomio, *in ore duorum, vel trium testium stabit omne verbum* (2). Unde profluxit effatum apud interpretes, *testis unus testis nullus; atque testimonium unius testimonium nullius.*

§ 726. Sed regula haec ex communi sententia quasdam habet exceptiones: puta testi unico creditur, si hic deponat de facto proprio, et de negotio, cujus ratione nihil sua interest, uter ex litigatoribus vincat (3): item si convenerit inter litigantes, ut stetur certae personae depositioni, saltem si agatur de re, quae ab eorum voluntate pendeat (4): excipitur quoque ab hac regula Princeps, et casus, quo Princeps ex juxta caussa ita statuat, vel quo agatur de caussis summariis, et parvi praejudicii (5). Nec desunt, qui sentiunt, testem unicum probare contra producentem, quod tamen alii negant (6).

§ 727. Non tamen uni testi fides adhibenda est, licet plures haberi nequeant, praesertim in criminalibus (7), in quibus regulare est, ut unus testis, quamvis integrae fidei, non faciat indicium ad sumendam de reo quaestionem, si aliae non adsint conjecturae, sicut nec socius criminis, nec infamis (8), praeterquam in crimine laese majestatis, propter delicti atrocitatem (9).

§ 728. Diximus, ex depositione unius testis, cujuscumque existimationis sit, semiplenam oriri probationem (§ 725); quod verum esse, si deponat per sensum visus, non per auditum, passim tradunt interpretes, et pragmatici (10): proinde si unus testis deponat, se audivisse Titium creditorem asserentem sibi a Maevio de-

(1) l. *Ubi numerus* 12 ff. hoc tit.
(2) § *sed cum paullatim* 3 Instit. *De testament. ordinand.* (2, 10).
(3) l. ult. § 1 Cod. *De codicill.* (6, 36).
(4) l. *Scripturas* 11 Cod. *Qui potior, in pign.* (8, 18).
(5) l. *Testium facilitatem* 18 Cod. hoc tit.
(6) d. l. 18 in fin. versic. *sin vero.*
(7) d. l. 18 in fin. et d. versic.
(8) d. l. *Ubi numerus* 12 ff. hoc tit.
(9) Fab. Cod. hoc tit. lib. 4, tit. 15, def. 22 in princ.
(10) Novell. 73, cap. ult.
(11) Fab. Cod. hoc tit. d. def. 22 in fin; auri libra hodie apud nos aestimatur libris mille, quae viginti aureis solidis singulae constant.
(12) d. l. *Testium facilitatem* 18 prop. fin. Cod. hoc tit.
(13) l. *Leges* 7 Cod. *De legib.* (1, 14).

(1) l. *Jurisjurandi* 9 § 1 Cod. hoc tit.
(2) *Deuteronomii* cap. 18 versic. 15; Ab-Eccles. observ. 69. n. 13 et 14.
(3) Fab. Cod. hoc tit. lib. 4, tit. 15, def. 35.
(4) Brunneman. in Cod. ad d. l. 9 Cod. hoc tit. n. 10 et 11.
(5) Ibid. n. 8 et 9.
(6) argum. l. *Si quis testibus* 17 Cod. hoc tit.
(7) *Deuteronomii* cap. 17, vers 6.
(8) Fab. Cod. hoc tit. lib. 4. tit. 15, def. 20 in princ.
(9) argum. l. *Famosi* 7 ff. *Ad leg. Jul. majestat.* (48, 4); Fab. d. def. 20 in fin.
(10) Fab. Cod. hoc tit. lib. 4, tit. 15, def. 11 in not.

bitore solutum fuisse, nulla tamen expressa certa quantitate, locus non fit iurijurando debitoris suppletivo; quippequod admitti non solet, nisi adsit semiplena probatio (1).

§ 729. Cum autem nihil referat, an testis persona, an testatio integra non sit, inde merito colligitur, nec deferri posse jusjurandum in supplementum probationis, si testis unus recte quidem testificatus sit, sed cujus persona non sit integra; vel integrae fidei testis deposuerit de auditu tantum, aut non satis aperte; veluti non expressa pecuniae, quam solutam creditori asserit, quantitate (2), ut modo diximus (§ praec.).

§ 730. Neque plures testes plene probant, nisi contestes sint, videlicet eodem modo deponant; alioquin unius vice ad summum funguntur, et si plures numero sint; immo minus probant, si contrarii sint, non simpliciter diversi in adminiculis, ut ajunt (3). Excipiunt vulgo casum, quo testes singulares deponant de actu, ut ajunt, reiterabili, et successivo; puta de possessione, quo casu plene probant, si quinque numero sint diversi, non contrarii; atque testentur de *articulatis*, ut loquuntur pragmatici (4); nam depositiones de aliis rebus maxime suspectae sunt ob testium subornandorum facilitatem (5), atque, si reciperentur, fieret injuria adversario, qui contrariis probationibus caussam suam munire alioqui potuisset (6): possunt tamen, ait Thesaurus, interrogari testes super novis articulis, si haec pertineant ad finem ejus, de quo principaliter interrogantur (7): atque censuit Senatus, testem interrogatum, an aliter esse posset, quam ipse deponebat, quod tamen ipse nesciret, ad respondendum teneri (8).

§ 731. Testes duo sive in civili, sive in criminali judicio regulariter sufficiunt (§ 721): atque constitutionibus Principum cautum fuit, ut judices eum solum numerum testium evocari patiantur, quem necessarium esse putaverint, *ne effraenata potestate ad vexandos homines superflua multitudo testium protrahatur* (9). Hinc passim in foro receptum, ne plures, quam decem testes super uno articulo interrogentur, nisi agatur de iis caussis, quae sunt majoris praejudicii, et quarum veritas, ex multorum testimonio pendet, puta de probanda consuetudine (10). Apud nos indistincte vetitum, ne plures, quam decem testes de quocumque facto producantur, aut interrogentur (11).

(1) Fab. Cod. hoc tit. lib. 4, tit. 15, d. def. 11, in princ.
(2) d. def. 11 n. 2, et seqq.
(3) Ibid. def. 46 in princ.
(4) d. def. 46, n. 2 et 3 et def. 51.
(5) l. *Testium facilitatem* 18 Cod. hoc tit.
(6) Fab. Cod. hoc tit. d. def. 51, n. 2.
(7) Thes. dec. 261, n. 3.
(8) d. dec. 261 n. ult. †.
(9) l. 1 § ult. ff. hoc tit.
(10) Fab. Cod. hoc tit lib. 4, tit. 15, def. 14.
(11) *Reg. Constit.* lib. 3, tit. 18, § 17.

§ 732. Nec testibus, qui denarium numerum superant, fides adhibetur, nisi testes singuli de diversis testificentur, et singulis actibus, puta possessionis, qui tendunt ad eundem finem; vel de delicto probando in genere, non in specie; quo casu per testium numerum suppletur, quod deest juris solemnitati (1). Sane, cum legitimum numerum testium excedere non licet, nec in producentis arbitrio est, ut decem ex omnibus, quos velit, et quorum fortasse sperat testationes utiliores sibi futuras, eligat (2): sed electio ad judicem pertinet; atque, si plures auditi fuerint, qui postremo supra legitimum numerum auditi sunt, judicis officio rejici debent, licet tacente eo, cujus rejici interest (3); cum exceptio haec sit juris, quae a judice suppleri potest (4).

§ 733. Vix monendum, testibus inter se dissentientibus non tantum de instrumenti fide, sed et de quovis alio negotio, majoris numeri potiorem esse caussam (§ 601): nisi forte quaestio sit de probanda laesione, quam alleget emptor, neget venditor intervenisse (§ 515): sed satis de testium numero: inquirendum superest, an repetita testium productio permittatur, et quo tempore.

CAPUT IV.

An testes saepius producere liceat

SUMMARIA

§ 734 et 735. *Testium repetita productio jure Romano permittitur. An et quarta?* — § 736. *Idem testis semel tantum in eadem caussa regulariter produci debet.* — § 737 *et* 738. *Testes post publicatas testationes, et didicita testificata super iisdem vel contrariis articulis plerumque producere non licet. An positiones facere liceat?* — § 739 *et* 740. *Testes in caussa appellationis super iisdem, vel contrariis articulis an produci possint?* — § 741 *et* 742. *Post publicatas testationes audiri possunt testes in eodem judicio, si illae nullae sint; immo etiam alii interrogari.* — § 743. *Quid si adversarius consentiat, instrumenta de novo reperta sint, testificata minime cognita?* — § 744. *Sententia judicis de aperiendis testationibus non impedit, quominus novi testes producantur.* — § 745. *Quomodo probanda sit ignorantia testationum, quae jam publicatae sunt?* — § 746. *Impensas judicii ferre debet ille, cujus facto erogantur.* — § 747. *Quid si testes pro alterutro tantum litigantium auditi fuerint, atque iis testationibus uti nolit?* — § 748. *Notorium post apertas testationes probari potest.* — § 749. *Judex ex officio, si justa adsit caussa, post apertas testationum tabulas no-*

(1) Fab. Cod. hoc tit. lib. 4, tit. 15, def. 6 in princ.
(2) argum. l. *Solemus* 61 ff. *De judic.* (5, 1).
(3) Fab. Cod. hoc tit. d. def 6 in fine.
(4) l. 1 Cod. *Ut quae desunt advocat. part.* (2, 11).

vam testium interrogationem decernere potest. — § 750. *Quid de judiciis criminalibus?* — § 751. *Testationes adversae parti communicari non debent, antequam judicis auctoritate publicentur.*

§ 734. Testes, si res ex Romani juris sanctione dijudicetur, bis, et tertio producere licet, non autem quarto (1); nisi judex, caussa cognita, ita permiserit; praestito per producentem jurejurando, testium priorum productiones sibi non innotuisse (2): nimirum timeri potest, ne producens testationes, quae secreto fieri debent, perspectas habuerit; et inde quaerat, aliis testationibus sibi magis propitiis, sed a veritate fortasse alienis, adversarium laedere; cum facile inveniantur testes contra animi conscientiam deponentes (3).

§ 735. Exceptionem huic regulae de rejicienda quarta testium productione quidam admittunt, si aliquot diebus continuis fieret; maxime si actor testes omnes primo nominasset, vel si jus hoc ex justa caussa, cum tertio produceret testes, sibi reservaverit (4): Sed alii utrumque casum rejiciunt; tum quia neutrius in legibus mentio fiat (5); tum quia non cesset iniquae testationis suspicio, quam Justinianus avertere voluit (6).

§ 736. Eundem testem in eadem caussa non, nisi semel produci posse, satis aperte innuit Justinianus, cum facultatem hanc tantummodo concedit in eo caso, quo testes apud compromissarios judices auditi fuerint (7): si tamen testis post examen recordetur, se in aliqua depositionis suae parte errasse, errorem incontinenti, antequam cum alterutro litigantium locutus fuerit, ob metum subornationis, corrigere potest (§ 700); immo etiam ex intervallo, dummodo errorem, ejusque caussam exprimat (§ 701). Judex quoque, animi sui informandi caussa, post didicita licet testificata, jubere potest, ut testes iterum audiantur, si de errore dubitetur, vel priores depositiones ambiguae fortassis sint, ideoque explicandae (8).

§ 737. Secunda et tertia testium productio permittitur, immo et quarta permitti potest, si modo producens adhibito jurejurando affirmet, priores testationes sibi cognitas non esse (§ 734). Hinc sponte fluit, quod constituit Justinianus, post apertas testationes, seu post didicita a producente testificata, neque ex rescripto Principis, novam testium productionem permittendam esse, tametsi semel dumtaxat quis testes produxerit (1); ne fraudibus, et machinationibus via aperiatur (d. § 734): quod et jure canonico firmatum est (2). Positiones autem post didicita testificata facere licet, quibus tenetur adversarius respondere in caussis summariis, in quibus procedilur, sola facti veritate inspecta, non in caeteris (3).

§ 738. Ab hac autem regula de non producendis post didicita testificata testibus super iisdem, vel contrariis articulis propter metum corruptionis, et subornationis nec mulieres, nec minores, nec rustici ex usu fori eximuntur (4); licet enim his permissum sit jus ignorare (5), advocati tamen, et procuratores, quorum opera in litibus exercendis utuntur, haec sciunt, et aeque timendum est, ne horum scientia adversario noceat; adeoque idem jus statui debet (6).

§ 739. Disputant interpretes, utrum liceat, saltem in caussa appellationis, producere novos testes super iisdem, vel contrariis articulis. Negat Faber (7), ex praescripto juris canonici (8), quod in foro receptum tradit, contra sanctiones juris civilis (9). Nec pupillum in hac re melioris conditionis existimat Faber, ita ut deneganda sit ei restitutio, licet tutor jurare paratus sit, nunc primum sibi innotuisse testes, per quos probare velit, nisi forte pupillus ab inope tutore suum consequi non possit, quo casu ex aequitate pupillus restituendus foret, alioquin a communi regula recedendum non putat in dispendium adversarii (10). Alii plane articuli, et dissimiles ex omnium sententia possunt deduci in caussa appellationis, etiam sine beneficio restitutionis in integrum, et probari (11); non vero, si Fabro credimus: qui in prima instantia deducti fuerunt: atque inde subjicit, exclusum a probando, nec admittendum esse ad probandum praetextu monitorii etiam contra tertium impetrati, ne per indirectum fiat, quod directo non licet: quamquam nihil impedit, quominus contra tertium, atque in ipsius dumtaxat praejudicium monitorium impetretur (12).

(1) auth. *at, qui semel* post l. 19 Cod. *De probationibus* (4, 19); Novell. 90, cap. *quia vero* 4 in princ.; Fab. Cod. hoc tit. lib. 4, tit. 15, def. 21 in fin.; Ab-Eccles. part. 1, observ. 79. n. 1 et seqq.

(2) d. auth. in fin. d. cap. 4 in medio. V. Fab. d. def. 21 in not.; ubi ait, jurijurando purgationis, quod nempe testes, qui postremo producuntur, tunc primum innotuerint, locum fieri ex stylo Senatus Sabaudi, cum nova facta deducuntur in tertia instantia.

(3) l. *Testium facilitatem* 18 Cod. hoc tit.

(4) Brunneman. ad d. auth. Cod. *De probat.* n. 3.

(5) d. Novell. 90, cap *quia vero* 4; unde desumpta d. auth. *at qui semel* post l. 19 Cod. *De probat.* (4, 19).

(6) d. Novell 90, cap. 4 fere in princ.

(7) l. ult. Cod. hoc tit.; cap. *praeterea* 7 extra Decret. Greg. *De testib. cogend.* (1, 21).

(8) Fab. Cod. hoc tit. lib. 4, tit. 15, def. 2.

(1) d. Novell. 90, cap. *quia vero* 4 § 1.

(2) cap. *fraternitatis* 17 extra Decr. Greg. *De testib. et attestat.* (2, 20)

(3) Osasc. dec. 10. n. 5, 6 et ult. †.

(4) Fab. Cod. *De testib.* lib. 4, tit. 15, def. 17.

(5) l. *Regula est* 9 ff. *De jur. et fact. ignorant.* (22, 6).

(6) l. *Illud quaesitum* 32 ff. *Ad leg. Aquil.* (9, 2).

(7) Fab. Cod. hoc tit. lib. 4, tit. 15, def. 39 in princ.

(8) d. cap. *fraternitatis* 17 extra Decret. Greg. *De testib. et attestat.* (2, 20).

(9) l. penult. Cod. *De temporib. et reparat. appellation.* (7, 63).

(10) Fab. d. def. 39, n. 2 et seqq.

(11) d. l. penul. Cod. *De temporib. et reparat. appellat.* Fab. Cod. hoc tit. lib. 4, tit. 15, d. def. 39 in fin.

(12) Fab. d. def. 39 in not. †

§ 740. Sed affirmat ex Senatus placito Thesaurus (1), a quo non dissentit Osascus, tradens Senatum consuevisse in caussa appellationis admittere ad probandum articulos, sive capitula producta in prima instantia, dummodo super illis non fuerint testes auditi, et publicati; (sed in prima tántum appellatione, non in secunda, nisi ex caussa, et servata forma decreti (2)); vel si sententia lata fuerit super jurejurando praestito ex decreto judicis in defectum probationum (3).

§ 741. Diversi tamen casus sunt, in quibus vulgo tradunt pragmatici, etiam post apertas, et publicatas testationes adhuc audiri posse testes in eodem judicio (§ 737): puta si in priore interrogatione solemnitates praetermissae fuerint, atque ideo tastationes nullae sint (4): quo casu sentit Faber, testes ex integro audiendos esse (5), ne metu perjurii nihil aliud priori depositioni addere velint; ex Thesauro, autem possunt testes se referre ad primam depositionem, cum ita certà satis fiat nova testatio (6).

§ 742. Quaesitum in Senatu fuit, utrum in hoc casu repeti, seu interrogari tantum debeant testes prius auditi, an etiam alii audiri possint. Atque placuit, etiam alios testes audiri posse (7); semel enim ac priores testationes nullius roboris sunt, nec ullum parere debent effectum, perinde ac si nunquam secutae fuissent: quod enim nullum est, ex trito axiomate nullos parit effectus (8).

§ 743. Possunt quoque post publicatas testationes audiri testes, si advesarius consentiat (9), cujus favore lex haec posita est (§ 737), cui proinde volenti injuria non fit: si aliqua de novo instrumenta reperta sint, quorum concomitantia, ut ajunt, faciat, ut novae testationes minus suspectae videri possint (10); si ille, qui testes iterum audiri postulat, juret, testationibus licet publicatis, se nec vidisse, nec didicisse, quae illis continentur; atque modicum tempus, nec longius decem dierum intercesserit, ut probabile sit didicita non fuisse testificata (11): subjicit quidem Faber, actum fuisse in postremo casu de statu, ac capite defuncti es de caussa pupillorum, quae singularem favorem meretur (12). Sed alibi idem servandum ex placito Senatus tradit, nec tamen de statu defuncti, aut impuberibus agebatur (1).

§ 744. Hinc, potiori ratione, sola judicis interlocutoria sententia de aperiendis testationum tabulis non impedit, quominus novi testes super iisdem articulis producantur, si modo vere apertae non sint (2); lex enim de didicitis testificatis loquitur (§ 737); didicita autem esse nequeunt, nisi tabulae apertae fuerint et publicatae testationes. Quare nec jusjurandum ullum purgationis, de quo supra diximus (§ 734), necessarium in hoc casu est, cum jure communi utatur, qui testes producit (d. § 734).

§ 745. Diximus, novos testes, apertis licet testationibus, produci posse super iisdem, vel contrariis articulis, si producens juret, se testificata non didicisse, dummodo longius decemdio tempus non praeterierit (§ 743); sed si longius temporis intervallum effluxerit, tradit Faber, concludenti alia probatione opus esse; puta si actuarius juret, servatas semper apud se fuisse testationum tabulas; nec unquam adversario editas (3): quia in primo casu ignorantia probabilis appareat, non in secundo, in quo proinde periculosum sit, rem jurejurando committere adversarii, eumque judicem in sua caussa facere (4).

§ 746. Notandum est, quod addit Faber, si adversarius non tantum post publicatas testationes, sed etiam postquam exceptae, et scriptae fuerint, novos articulos dictare velit, ad quos refutandos cogatur alter, qui jam ex parte sua testationes protulit, novas allegationes, et probationes quaerere, adversarii sumptibus id fieri debere (5); cum ejus facto novis sumptibus opus sit ad ea probanda, quae eodem tempore, iisdemque impensis expediri potuissent: proinde damnum ipse sentire debet, non alter (6).

§ 747. Alii praeterea casus passim referuntur, quibus licet, post didicita testificata, novos testes pro alterutro tantummodo litigantium auditi fuerint, et is testationibus, quacumque de caussa, uti nolit (7) (quod tamen jure nostro vix licet, cum testium depositiones utrique parti prosint, nisi testium persona reprobata fuerit (8)); sicuti nec licet, si nulla facta sit in actis protestatio; quia ex tunc testationes sunt communes, non secus ac communia fiunt alia litis acta (9)); quamvis prius eas produxerit apud acta, si deinceps mu-

(1) Thes. dec. 259. n. 5 † et in not. litt. *A* †; Ab-Eccles. observ. 85. n. 8 et 9 †.
(2) Osasc. dec. 14 in fin. †; Thes. d. litt. *A* †.
(3) Thes. *Quaest. forens.* lib. 4. quaest. ult. n. 6 et 7 †.
(4) Ibid. dec. 28. n. 1; Fab. Cod. hoc tit. lib. 4. tit. 15 in princ.; Ab-Eccles. observ. 86 per tot.
(5) Fab. Cod. hoc tit. def. 47 in princ.
(6) Thes. dec. 28. n. 1.
(7) d. dec. 28, n. 2 †; Fab Cod. hoc tit. lib. 4. tit. 15, def. 47 in not.
(8) l. *Si filius* 7 ff. *De liber. et posthum.* (28. 2).
(9) Fab. Cod. hoc tit. lib. 4, tit. 15. def. 5, n. 8; Ab-Eccles. observ. 79. n. 22 et seqq.
(10) Fab. d. def. 5, n. 9.
(11) Ibid. def. 32 in princ. et in not. †.
(12) d. def. 32 in fin.

(1) Fab. Cod. hoc tit. def. 43, n. 4 et seqq.
(2) Ibid. def. 21 in princ.
(3) Ibid. d. def. 43, n. 8 et seqq.
(4) l. *Actori* 8 Cod. *De reb. credit.* (4. 1).
(5) Fab. Cod. hoc tit. lib. 4, tit. 15, d. definit. 43, n. 10 et 11.
(6) l. *Quod quis* 203 ff. *De reg. jur.*
(7) Fab. Cod. hoc tit. lib. 4. tit. 15, def. 50 in princ.
(8) *Reg. Constit.* lib. 3. tit. 18. § 18.
(9) Fab. Cod. hoc tit. d. def. 50 in not.

tet sententiam (1); sibi imputet, cur testationes inutiles fiant (2).

§ 748. Nova quoque admittitur productio testium post apertas testationes, atque didicita testificata, si agatur de probando notorio, idest aliquid notorium esse (3); cum notorium probari opus non sit, sed sufficiat allegare (§ 481); quia metus subornationis nullus hic est; adeoque lex, cessante illius ratione, cessat (4). Sunt, qui excipiunt caussas matrimoniales, atque nituntur rescripto Clementis II; verum summus Pontifex agere videtur de casu, quo testationes publicatae non sint (5).

§ 749. Potius indulgendum judici, ut ex officio, si justa aliqua adsit caussa, decernere possit novam testium interrogationem (6); cum testes a judice ex officio interrogati subornationis suspecti non sint (§ 678): atque generatim receptum, ut, cessante subornationis periculo, quod judicis est definire, vel si justam excusationis caussam habeat, qui testes post didicita testificata audiri petit, puta quod antea impeditus fuerit, a stricta juris regula (§ 737) recedi possit (7).

§ 750. Recipi quoque possunt testes super iisdem capitulis, post publicatas testationes in judiciis criminalibus (8), et produci tum ab inquisitore, seu procuratore fiscali ad rei accusationem, tum a reo ad defensionem propriam (9); si modo agatur de poena corporali, non pecuniaria (10). Immo putavit Senatus, posse a judice, licet adsit accusator, testes post apertas testationes ad offensam interrogari; quia publice interest delicta puniri (11).

§ 751. Peracta testium productione testationes, ut ex hactenus dictis constat, publicantur (12); ante publicationem nec judici, nec scribae licet eas adversae parti communicare sub poena suspensionis ab officio per annum (13). Sed satis de testibus, eorumque testationibus; aliae probationum species expendendae sunt, videlicet quae ex jurejurando, vel partis confessione eruuntur.

(1) Fab. d. def. 50 in fin.

(2) d. l. *Quod quis* 203 ff. *De reg. jur.*

(3) Fab. Cod. eod. tit. lib. 2, tit. 15, d. def. 50 in not.; Ab-Eccles. observ. 55 n. ult. †.

(4) l. *Quod dictum* 32 ff. *De pact.* (2, 14); l. *Adigere* 6 § *quamvis nulla* 2 ff. *De jur. patronat.* (37, 14).

(5) cap. *series* 26 extra Decret. Greg. *De testib. et attestationib.* (2, 20).

(6) Fab. Cod. hoc tit. lib. 4, tit. 15, definit. 5 in fin.; Ab-Eccles. observ. 96 n. ult. †.

(7) V. Fab. Cod. hoc tit. d. def. 5, n. 7, def. 50 in not. et def. 62.

(8) Thes. decis. 262, n. 1 †;

(9) Ibid. n. 2 et 3.

(10) Ibid. n. 3 et 4 in fin. †.

(11) Ibid. n. ult. †.

(12) Novell. 90, cap. *quia vero* 4 in med.; Ab-Eccles. observ. 82 per tot.

(13) *Reg. Constit.* lib. 3, tit. 18, § 9.

TITULUS XXI.

DE JUREJURANDO

Digest. lib. 12, tit. 2 *De jurejur.*
Cod. lib. 4, tit. 1 *De reb. cred., et jurejurand.*

SUMMARIA

§ 752. Probatio, quae ex jurejurando, vel confessione elicitur, extraordinaria est. — § 753. Quae sint de jurejurando tractanda?

§ 752. De probatione ordinaria, qua instrumentis fit, vel testium depositione, hactenus egimus; nunc de extraordinaria juxta divisionem superius propositam (§ 483), quae ex jurejurando, vel confessione elicitur, tractandum est; atque imprimis de jurejurando dicimus, quia tum in Pandectis, tum in codice argumentum hoc primo loco relatum fuit.

§ 753. Haec sunt de jurejurando sigillatim expendenda: Quid sit et quotuplex. 2. An et quibus conditionibus jurare liceat. 3. Qui jurare possint. 4. Qui possint jusjurandum adversario deferre. 5. Quibus in casibus. 6. An delatum jusjurandum necessario suscipiendum sit, an recusari aliquando possit.

CAPUT I.

Quid sit jusjurandum, et quotuplex, et qui jurare possint.

SUMMARIA

§ 754. Jusjurandum est invocatio Divini Nominis in testimonium veritatis. — § 755. Jusjurandum non est, si creatura in testem invocetur, nisi juretur per creaturam, quatenus in eo elucet imago creatoris. — § 756. Christiani jurant, vel tactis sacrosanctis Evangeliis, cum de rebus gravioribus agitur, vel simpliciter in caussis levioribus. — § 757. Jusjurandum multipliciter dividi solet. — § 758. Quid sit jusjurandum assertorium, quale promissorium? — § 759. Quo differant jusjurandum judiciale, vel extrajudiciale, solemne et simplex? — § 760. Jusjurandum necessarium illud est, quod a judice defertur testibus et litigantibus: voluntarium, quod una pars alteri defert. — § 761. Quale sit jusjurandum supletorium, seu suppletivum, quale purgatorium, seu purgationis? — § 762. Quid sit jusjurandum calumniae, malitiae, appellationis et perhorrescentiae? — § 763. Jusjurandum in litem generatim est illud, quo aliquis rem suam, aut sibi debitam aestimat. Duplex est, veritatis, vel affectionis. — § 764. Jusjurandum decisivum dicitur, quod in judicio praestatur ab uno ex litigantibus, altero instante, ut judex secundum illud senten-

tiam ferat. — § 765. *Jusjurandum licitum est, dummodo requisitae serventur conditiones.* — § 766 *et* 767. *Jurisjurandi conditiones tres sunt, nimirum veritas, judicium et justitia.* — § 768. *Jurare possunt, naturali jure inspecto qui rationis usum habent, atque jusjurandi gravitatem satis intelligunt.* — § 769 *et* 770. *An quis jurare possit per procuratorem speciali mandato instructum?* — § 771. *Quae sit in hac re municipalis juris sententia?* — § 772. *Universitas admittitur ad jusjurandum; sed jurare debent illi, qui negotii magis conscii sunt.*

§ 754. Jusjurandum ab ethnicis dictum, quasi Jovis jurandum, prout aliqui existimant, juramentum quoque, sed minus proprio latino sermone, definiri potest, *Invocatio Divini Nominis in testimonium veritatis.* Invocatio dicitur, seu actus, quo Deus, prima veritas, vocatur tamquam testis eorum, quae dicuntur, vel promittuntur. Deus autem in jurejurando vocatur in testimonium, seu testem veritatis; nisi Deus vocetur in testem, jusjurandum non est; nimirum, si quis tantum affirmet, ita Deo cognita esse, quae ait, quemadmodum ab ipso proferuntur, his, aut similibus verbis, *Deus scit ita esse, coram Deo loquor:* quamquam sine gravi caussa ab hisce loquendi modis abstinendum est, ne sanctissimum Dei Nomen invanum assumatur: *Non assumes,* ait per Moysem Deus ipse, *Nomen Domini Dei tui in vanum, nec enim habebit insontem Dominus eum, qui assumpserit nomen Domini Dei sui frustra* (1).

§ 755. Jusjurandum dicimus invocationem Dei, seu Divini Nominis (§ praeced.), atque hinc patet, jusjurandum proprie et stricte non esse, si creatura quaecumque in testem assertorum invocetur: licite tamen juratur per creaturas, quatenus in illis elucet imago creatoris (2). Romani non tantum directo per Deum jurabant, sed et indirecte per salutem, per venerationem Principis, per salutem suam, aut suorum, atque ratum habebatur hujusmodi jusjurandum, si modo ita delatum fuisset (3); quasi per Deum juratum sit (4); quatenus ita jurans salvam sibi a Deo salutem precatur, uti vera loquitur. Atque hinc Imperatores Arcadius et Honorius decernunt, ut ad exemplum eorum, qui recesserunt a transactione jurata, *quam invocato Dei omnipotentis Nomine, eoque auctore solidarunt, illi quoque puniatur, qui salutem Principum confirmationem initarum juraverint esse pactionum* (5). Plane jusjurandum improbatae religionis pro non praestito habendum esse censuit Ulpianus (6).

(1) Exodi cap. 20. versic.
(2) S. Thomas c. 2 quaestion. 89. artic. 6.
(3) l. *Ait praetor* 3 § ult.; l. 4 et 5 ff. hoc tit.
(4) l. *Qui per salutem* 33 ff. hoc tit.
(5) l. *Si quis major* 41 Cod. *De transact.* (2, 4).
(6) d. l. *Non erit* 4 § *sed si quis illicitum* 3 ff. hoc tit.

§ 756. Ex jure, quod Justinianus induxit Christiani jurant, vel tactis sacrosanctis Evangeliis, cum de rebus gravioris momenti agitur (1), vel simpliciter in caussis levioribus (2): quod et jure nostro firmatum est (3): atque simul cautum, et deferens jusjurandum in caussa, quae librarum quadringentarum quantitatem, aut valorem excedat, formulam illius exhibere debeat, ut adversarius deliberet, an ita jurare velit (4).

§ 757. Jusjurandum multipliciter dividi solet. 1. Ab objecto, ut ajunt philosophi, dividitur in assertorium et promissorium. 2. A modo, in solemne et minus solemne, etiam dividi potest in judiciale et extrajudiciale. 3. A caussa, in necessarium et voluntarium. Postremo a fine et re, quae jurejurando continetur, in suppletorium, purgatorium, calumniae, malitiae, appellationis, perhorrescentiae, in litem et decisorium.

§ 758. Jurisjurandum assertorium illud est, quo Deus vocatur in testem alicujus facti plerumque praeteriti, vel praesentis: veluti si quis juret se pecuniam mutuam non accepisse a Titio, aut solvisse acceptam: vel si quis neget rem, quae ab adversario petitur, non possidere. Promissorium futura respiciens illud est, quo quis sub invocatione Divini Nominis spondet, se quid facturum, vel omissurum: atque ad hoc pertinet jusjurandum judicum, advocatorum, aliorumque publica munera suspicientium (5), cautiones quoque juratoriae, quae in legibus praescribuntur, vel in locum fidejussoris admittuutur, de quibus supra diximus (6).

§ 759. Jusjurandum judiciale est invocatio Divini Nominis facta coram judice, vel alia publica persona publicum munus sustinente ad firmandam veritatem ejus, quod asseritur, vel promittitur: extrajudiciale, quod privatim fit. Judiciale potissimum aliud est solemne, quod praestatur solemni quadam forma tactis sacrosanctis Evangeliis (7), accensis cerreis, adhibitis etiam imprecationibus, si verum non sit, quod jurejurando affirmatur (8). Simplex vero, seu minus solemne jusjurandum nullas requirit solemnitates et sola Dei in testimonium invocatione perficitur (9).

§ 760. Non consentiunt interpretes in definitione jurisjurandi voluntarii et necessarii, diversis diversa opinantibus. Sed congruentius sentire

(1) Novell. 124, cap. 1.
(2) d. Novell. 124, cap. *si quis autem* 2; Novell. 74, cap. *quoniam* 5.
(3) V. *Reg. Constit.* lib. 3. tit. 14. § 4, 5 et 6.
(4) Ibid. § 1.
(5) l. *Cum et judices* 2 Cod. *De jurejurand. propt. calumn.* (2, 59).
(6) V. supra tit. XVI *De satisdationibus.*
(7) d. Novell. 124. § 1; d. l. *Cum te judices* 2 Cod. *De jurejurand. propt. calumn.* (2, 59)
(8) V. *Reg. Constit.* lib. 3. tit. 14. § 4.
(9) Ibid. § 6.

videntur, qui jusjurandum necessarium dicunt, quod a judice defertur, non tantum testibus, qui de re aliqua testimonium perhibituri sunt (§ 695), sed et litigantibus, vel in supplementum probationis, vel ut quis se liberet, seu purget ab indiciis, quibus gravatur: voluntarium vero, quod una pars alteri defert.

§ 761. Ex modo dictis patet, quale sit jusjurandum suppletorium, seu suppletivum, quale purgatorium, seu purgationis. Primum est, quod praestat ad perficiendam probationem, qui semiplene intentionem suam probavit, puta per unicum testem (§ 728). Purgatorium vero, quod et purgativum vel purgationis jurejurandum appellatur, illud est, quod judex praestari mandat ab eo, qui aliquibus indiciis gravatur, ut ab illis se liberet, puta tutore, qui bona pupilli administravit, cum omnino non constat, reliqua apud ipsum ex administratione non superesse.

§ 762. Jusjurandum *calumniae* illud est, quo actor affirmat, se dolo malo litem non instituere, nec temere esse protracturum, reus vero se ex justa caussa reluctari (1): *malitiae*, quo quis promittit, se veritatem in casu proprio dicturum. *Appellationis*, quo asserit, sententiam, a qua provocavit, sibi injustam videri. Si alteruter ex litigantibus per invocationem Divini Nominis affirmet, se metuere, ne judex contra jus pronunciet, ab aliquibus *perhorrescentiae* jusjurandum praestare dicitur.

§ 763. Jusjurandum *in litem* generatim est illud, quo aliquis rem suam, aut sibi debitam vel consentiente adversario, vel eo invito, qui tamen dolo, vel culpa rem nolit exhibere, vel restituere, aut solvere (2): atque hoc *veritatis* est; vel *affectionis*. Jusjurandum in litem veritatis est illud, quo res aestimatur, quanti vere est ex communi hominum aestimatione, seu quanti vere interest actoris: affectionis vero jusjurandum, quod dumtaxat ob dolum adversarii permittitur, illud dicitur, quo res in judicium deducta ab actore aestimatur ultra verum rei pretium pro singulari in rem affectione (3). De hoc jurejurando alibi diximus (4).

§ 764. Addi his potest jusjurandum, quod pragmatici vocant litis decisorium, seu decisivum, seu quod in judicio praestatur ab uno ex litigantibus, altero instante, atque eo communi consilio, ut judex secundum illud sententiam ferat. Jusjurandum *recitare* idem est ac jurare: *deferre* jusjurandum est petere, ut alter juret: qui autem petit, ut jusjurandum praestet, qui detulit, jusjurandum *referre* dicitur.

§ 765. Licitum esse jusjurandum, dummodo requisitae serventur conditiones apud omnes orthodoxos constat; cum a Deo ipso probatum sit, ejusque modus demonstratus. *Jurabis*, ait Jeremias, *vivit Dominus in veritate, et in judicio, et in justitia* (1): Apostolus Paulus eo usus est: *Testis est mihi Deus*, ait ad Romanos scribens (2): et ad Corinthios, *Testem Deum invoco in animam meam* (3): atque ideo Ecclesia jusjurandum probat et tuetur, dummodo de re licita sit (4). Quod autem ait Christus apud Matthaeum, *Ego autem dico vobis, non jurare omnino* (5), et in S. Jacobi epistola, *Nolite jurare neque per coelum, neque per terram, neque per aliud quodcumque juramentum* (6), ex Patrum et Ecclesiae doctrina tantum pertinent ad improbandam jurisjurandi facilitatem, atque temeritatem.

§ 766. Jurisjurandi conditiones tres numerantur, quae continentur in commemorato Jeremiae (§ praeced.): nimirum veritas, judicium et justitia. Ad jurisjurandi veritatem requiritur, ut jurans certo et prudenter credat rem ita esse, prout praestito jurejurando affirmat: quare perjurus non est, qui falsum asserit, sed quod prudenter verum esse credit: contra perjurii reus est, qui verum dicit, sed contra conscientiam, sive putans aliter esse, quam juravit: nec non qui interrogatus de scientia propria, prout fit in testibus (§ 698), jurat de illis, quae ex auditu tantum comperta habet, quippe judicem fallit. Pejurus quidem stricte dici nequit, qui verum dicit, quod ita credit ex levibus conjecturis, gravis tamen delicti reus, utpote quia perjurii periculo se exponit.

§ 767. Altera jurisjurandi conditio in eo est, ut cum judicio fiat (§ 765), nimirum nonnisi ex necessitate, vel magna utilitate (7); alioquin sacrosanctum Dei nomen in vanum assumi videtur, quod non licet (§ 754). Postrema jurisjurandi justitia requirit, ut de rebus tantum honestis, et licitis juretur. Si jurijurando desit veritas, perjurium plerumque est: defectu autem judicii, vel justitiae gravius, vel levius crimen esse potest propter divini Nominis contemptum majorem vel minorem.

§ 768. Jurare possunt, naturali jure inspecto, qui rationis usum habent, atque jurisjurandi gravitatem satis intelligunt: ideoque etiam impuberes: quia tamen infirmum est pupillorum judicium, recte placuit civilibus legumlatoribus, parum fidere horum juratae assertioni, ita ut pupillus perjurare non videatur, quia nec sciens fallere videtur (8): furiosi sane jurisjurandi capa-

(1) d. l. *Cum et judices* 2 Cod. *De jurejurand. propter calumn.* (2, 59).

(2) l. *Sive nostrum* 2 princ. § 1 et passim ff. *De in litem jurand.* (12, 3).

(3) l. 1; l. *Tutor* 8 ff. eod. tit.

(4) V. vol. I, lib. 1, pag. 431; § 2711 et seqq.

(1) Jeremiae cap 4, *versu* 2.

(2) *Epistola ad Roman.* cap. 1, versu 9.

(3) *Epistola* 2 *ad Corinth.* cap. 1, versu 23.

(4) cap. *cum contingat.* 28 extra Decret. Greg. *De jurejurand.* (2, 24).

(5) Matthei cap. 5, versu 34.

(6) Epistola S. Jacobi cap. 5, versu 12.

(7) Qui ergo habet pro se instrumentum, deferri ei non potest jusjurandum, quia satis probata est ipsius intentio.

(8) l. *Qui jurasse* 26 in princ. ff. hoc tit.

ces non sunt, atque his acquiparantur prodigi, quorum nulla esse voluntas intelligitur (1).

§ 769. Disputant interpretes et pragmatici, an quis jurare possit per procuratorem speciali mandato instructum. Quidam negant, nisi dominus justissime impeditus sit, ne coram judice se sistat (2). Affirmant congruentius alii (3), prout jure civili satis aperte traditur (4), et jure canonico firmatum est in jurejurando calumniae (5).

§ 770. Neque nocet, quid traditur, unumquemque de suo facto jure debere, non de alieno, nec haeredem quidem de facto defuncti (6); etenim procurator non suo nomine, aut in animam suam, sed alieno, et in mandantis animam jurat; ita ut nec ullam perjurii poenam metuere debeat ipse, sed mandans, cujus nomine et periculo juravit. Quod autem ait Justinianus, inducias absenti, cui delatum sit jusjurandum, dari debere, intra quas juraturus accedat (7), eo pertinet, ne quis per procuratorem jurare compellatur, non vero, ne si ita malit, repellatur: si singulares quosdam casus excipiamus (8); vel nisi judex ex gravi caussa ita decernat.

§ 771. Hisce juris civilis et canonici regulis congruit municipalis sanctio; qua imprimis cautum, ut si absit pars, cui delatum est jusjurandum, conveniens temporis spatium ei indulgeatur, intra quod judicio se sistere possit (9); tum praescribitur, ut jusjurandum sub provocatione divinae vindictae in casum mendacii praestandum (10), ab ipso, cui delatum, vel relatum fuit, omnino praestari debeat, non per procuratorem, speciali licet mandato instructum (11): unde sequitur, jusjurandum minus solemne per procuratorem recte praestari.

§ 772. Etiam universitas, quae suam intentionem sive agendo, sive excipiendo semiplenae tantum probavit, audienda est, scite ait Faber, si admitti velit ad jusjurandum (12); postquam in foro receptum est, ut jusjurandum in supplementum probationis admittatur (13): sed jurare debent illi ex unviersitate, qui negotii magis conscii sunt, potissimum si illud prius tractaverint; licet tunc res universitatis non administrent (14); cum de re agatur, quae scientiam potius, requirit, quam singulare officium.

(1) l. *Furiosi* 40 ff. *De reg. jur.* (50, 17).
(2) Fab. Cod. hoc tit. lib. 4. tit. 1, def. 31
(3) Voet *in Pandect.* hoc tit. n. 1; Ab-Eccles. part. 1, observ. 62.
(4) l. *Nam postquam* 9 § penult. ff. hoc tit.
(5) cap. ult. extra Decr. Greg. *De jurament. calumn.* (2, 7).
(6) l. *Marcellus* 11 § *jurare* 2 ff. *De action. rer. amotar.* (25, 1); l. *Videamus* 4 ff. *De in litem jurand.* (12, 3).
(7) l. penult. § *his de praesentibus* 4 Cod. hoc tit.
(8) l. *Quoties* 21 § *si tutor* 5 ff. *De noxalib. actionib.* (9, 4).
(9) *Reg. Constit.* lib. 3, tit. 14. § 10.
(10) Illius formula exhibetur ibid. § 4.
(11) *Reg. Constit.* ibid. § 18.
(12) Fab. Cod. hoc. tit. lib. 4. tit. 1, def. 40 in princ.
(13) argum. l. *Admittendi* 3 ff. hoc tit.
(14) Fab. d. def. 40 in med.

CAPUT II.

Qui possint jusjurandum deferre, quibus deferri possit, et quibus in casibus.

SUMMARIA

§ 773. *Jusjurandum in judicio deferre generatim possunt omnes, qui liberam rerum suarum administrationem habent. Quid de pupillis, prodigis, minoribus?* — § 774. *Tutores et curatores jusjurandum adversario deferre possunt, nec non procuratores potissimum speciali mandato instructi. Quid de defensoribus et administratoribus universitatum?* — § 775. *Unus ex cohaeredibus non potest deferre jusjurandum adversario, nisi coheredes expresse consentiant. Quid de matre, quae jusjurandum deferre velit nomine impuberum filiorum, quorum tutelam gerit, cum alii puberes sint?* — § 776. *Jusjurandum deferre nequeunt, qui semel delatum revocarunt. Quid de objiciente exceptionem non numeratae pecuniae post biennium, vel de eo cui jusjurandum referri nequit, aut jusjurandum semel praestare recusavit?* — § 777. *An infames adversarium cogere possint, ut juret, vel jusjurandum referat?* — § 778. *Senator qui suspectus allegetur, cogi non potest, ut jurejurando se purget. Quid de judicibus inferioribus?* — § 779. *An jusjurandum suppletivum solo judicis officio deferri possit? Quid de purgatorio?* — § 780. *Jusjurandum omnibus deferri potest cujuscumque sexus et aetatis. Quid de Clericis, et Episcopis?* — § 781. *Haeres juste recusare potest jusjurandum sibi delatum de facto defuncti, non vero si ipse agat. An jusjurandum scientiae decisorium sit?* — § 782. *Nec tutor, nec curator de re pupilli, an minoris jurare tenentur? Possunt tamen. Quid si jusjurandum ipsis referatur, vel de iis, quae sciunt, interrogentur?* — § 783. *Jusjurandum deferri potest in omnibus caussis civilibus etiam infamantibus.* — § 784. *In popularibus quoque actionibus locum habet jurisjurandi delatio: atque etiam utrum nuptiae, vel sponsalia contracta fuerint, et an mulier pregnans sit, nec ne.* — § 785. *In criminalibus caussis, quae corporalem coercitionem saltem gravem habent, nec purgationis, nec suppletivum jusjurandum admittitur.* — § 786. *Judex, qui in caussis criminalibus pecuniam accepisse dicatur, jurare tenetur, quod neque per se, neque per alium personam accepit, aut promissionem habuit.* — § 787. *Suppletorium jusjurandum non defertur actori, nisi semiplene probaverit.* — § 788. *Testis unicus semiplenam probationem neque solemniter non facit, ac duo plenam.* — § 789. *Jusjurandum deferri potest, licet adsint aliae probationes, non tamen ab eo, qui exclusus est ab omni probatio-*

num genere. Quid si nullae sint probationes editae? — § 790 *et* 791. *Jusjurandum post litem contestatam usque ad sententiam deferri potest, licet ulteriori probationum productioni fuerit renunciatum, saltem ope restitutionis in integrum.* — § 792. *Delatio juris jurandi post alias tentatas probationes non interdicitur, nisi jam delatum fuerit, et postea revocatum.* — § 793. *Jurisjurandi oblatio permittitur post conclusum in caussa, et postquam testes producti ab actore interrogati fuerunt, et nihil probarunt.* — § 794 *et* 795. *An jurisjurandi oblatio permitti debeat actori, per testes intentionem suam probaverit, si reus velit contrarium probare.* — § 796. *Jurisjurandi delatio post perperam tentatas alias probationes, conclusum in caussa, et publicatas testationes difficilius admittitur.* — § 797. *Jusjurandum suppletorium regulariter praestandum est eodem temporis momento, quo testationes producuntur.* — § 798 *et* 799. *Quinam sint casus, in quibus jusjurandum suppletorium non permittitur?*

§ 773. Jusjurandum in judicio deferre generatim possunt omnes, qui liberam rerum suarum administrationem habent, nisi lege prohibeantur: adeoque domini aetate majores; cum his liceat probationis modum eligere non secus ac de rebus suis pro arbitrio disponere. Libere administrationis defectu non competit jurisjurandi delatio pupillis sine tutoris auctoritate (1); nec prodigis sine consensu curatoris (2); idem est de minoribus curatorem habentibus; quippequi prodigis comparantur (3): si autem curatore destituti sint, ex caussa laesionis restitui possunt (4).

§ 774. Tutores et curatores sive minoribus, furiosis, aut prodigis dati sint, jusjurandum adversario deferre possunt (5), si aliae probationes deficiant (6); saltem si lis sit de rebus, quas tutor sine decreto alienare potest (7); alioquin requiri videtur praevium judicis decretum, quo delatio jurisjurandi praevia caussae cognitione tutori permittatur; prout in transactione (8), cujus vicem obtinet jusjurandum (9). Procuratores ex speciali mandato jusjurandum deferre, aut referre possunt, vel si liberam bonorum omnium administrationem habeant (§ 68), aut in rem suam procuratores constituti sint (10). Defensores quoque universitatum, magistri collegiorum, et societatum mandato speciali ad hoc onus habent (1).

§ 775. Unus ex cohaeredibus, si Fabro credimus, jusjurandum adversario deferre volens non est audiendus, licet de rato cautionem offerat, nisi cohaeredes expresse consentiant; ratione addita, quia periculum imminet, ne pejurium detegatur, si forte contrarias probationes afferant, qui jusjurandum non detulerunt (2): atque idem ex rationis identitate tradit de matre, quae jusjurandum deferre velit nomine impuberum filiorum, quorum tutelam gerit, si alii puberes filii sunt, qui non consentiant (3): nimirum ille, cui jusjurandum defertur, jurare quidem potest, si velit, sed non cogitur, quia per hoc jusjurandum non consequitur jus suum: cum salvae sint caeteris contrariae probationes.

§ 776. Quidam praeterea sunt, qui legibus prohibentur, ne jusjurandum deferant, seu ne cogere possint adversarium ad jurandum, vel jusjurandum referendum; veluti qui delatum prius jusjurandum revocarunt, aliis probationibus uti malentes (4), voluntatem in adversarii dispendium rursus mutare nequeunt; nisi Principis beneficio in integrum restituantur. Neque jusjurandum deferre potest ille, qui lapso biennio pecuniae non numeratae exceptione utitur (5): et generatim illi, quibus jusjurandum referri nequit, ne ex persona sua deterior fiat conditio adversarii (6). Qui semel recusavit jusjurandum decisivum, amplius ad deferendum jusjurandum, vel jurandum admittitur (7), nisi caussa agatur in secundo judicio (8).

§ 777. Utrum infames adversarium cogere possint, ut juret, vel jusjurandum referat, non omnino certum est; cum nulla specialis lex de hoc casu lata appareat: vulgo tamen interpretes facultatem hanc infami denegant (9); quia nemo deferre possit jusjurandum, nisi et ipsi tuto referatur (10); tute autem non refertur infami, qui et facile pejeraturus merito timetur; maxime quia infamiam ex perjurio irrogandam vix amplius metuere praesumitur (11).

§ 778. Si Senatorem suspectum qui asserat,

(1) l. *Jusjurandum* 17 § 1 ff. hoc tit.

(2) l. *Tutor* 35 § 1 ff. hoc tit.

(3) l. *Si curatorem* 3 Cod. *De in integrum restitution.* (2, 22).

(4) d. l. 3; l. *Nam postquam* 9 § *si minor* 4 ff. hoc tit.

(5) l. *Jusjurandum* 17 § *si tutor* 2 ff. hoc tit.

(6) l. *Tutor* 35 ff. hoc tit.; Fab. Cod. hoc tit. lib. 4, tit. 1, def. 20 in princ.

(7) argum. d. l. 17 § 2 ff. hoc tit.

(8) l. *Non solum* 4 Cod. *De praed. et aliis reb. minor. etc.* (5, 71).

(9) l. *Jusjurandum* 2 ff. hoc tit.

(10) l. *Jusjurandum* 17 § ult.; et ll. seqq. ff. hoc tit.; Fab. Cod. hoc tit. lib. 4, tit. 1, def. 38 in corp. et in not.; *Reg. Constit.* lib. 3, tit. 14, § 17; ubi tamen solius specialis mentio fit.

(1) l. *Jusjurandum* 34 § 1 ff. hoc tit.

(2) Fab. Cod. hoc tit. lib. 4, tit. 1, def. 21 in princ.

(3) Fab. d. def. 21, n. 2.

(4) l. *Si quis jusjurandum* 11 Cod. hoc tit.; *Reg. Constit.* lib. 3, tit. 14, § 16.

(5) l. *In contractibus* 14 § *illo* 3 Cod. *De non numerat. pecun.* (4, 30).

(6) Fab. Cod. hoc tit. lib. 4, tit. 1, definit. 9, n. 4.

(7) l. *Non erit* 5 § ult. ff. hoc tit.

(8) argum. l. *Furti* 6 § 1 ff. *De his qui notant. infam.* (3, 2).

(9) Voet in ff. hoc tit. n. 8 in fin.; Fab. Cod hoc tit. lib. 4, tit. 1, def. 17.

(10) Fab. Cod. hoc tit. def. 9, n. 4.

(11) argum. l. *Si quis injuriam* 35 ff. *De injur.* (47, 10).

atque suspicionis caussas probare jussus, Senatoris jurijurando rem committat, non ideo cogitur jurare Senator, licet deferens; nullas se alias habere probationes alleget; Senatoriae dignitati non convenit, ut arbitrio alterius jurare teneatur, vel jusjurandum referre (1). Aliud observatur in judicibus inferioribus, quorum non eadem privilegii ratio est, sicut nec eadem dignitatis (2).

§ 779. Jusjurandum suppletivum actori, vel reo, qui semiplene probavit, solo judicis officio deferri non posse, sed petenti dumtaxat deferendum esse, tradit Faber (3); nec enim quisque facile praesumitur jurare velle propter periculum perjurii, si juret; vel suspicionem calumniae, si jurare detrectet (4). Purgatorium utique judex ex officio deferre potest (5); cum non tam ad probandum, quam ad excludendam doli suspicionem praestetur (6). Non desunt tamen, qui putant, suppletorii eandem esse in hac re caussam, ac purgatorii (7).

§ 780. Deferri potest jusjurandum omnibus cujuscumque sexus, immo et aetatis, idest etiam impuberibus (8), exceptis antiquo jure clericis (9), et potissimum Episcopis (10): defensori quoque, et procuratori (11); sibi imputet ille, qui jusjurandum hisce personis detulit (12). Potest, inquam, deferri hisce personis jusjurandum, ita ut actio, vel exceptio jurisjurandi inde competat pupillo, mulieri, domino, quia jusjurandum omnino servandum est (13): non vero jurare coguntur, qua jusjurandum referre pupilli, defensores aut procuratores, quia infirmum nimis est pupilli judicium, alios vero excusat probabilis facti alieni ignorantia (14). Sane procurator jurans utilem ex juris Romani subtilitate (15), non directam actionem domino quaerit (16).

§ 781. Haeres quoque justam habet caussam recusandi jusjurandum sibi delatum de facto defuncti, quod probabiliter ignorat (17), utique si conveniatur: si vero ipse agat, perperam allegaret ignorantiam, cum non ante debeat ad agendum procedere, inquit scite Gajus, quam rem diligenter exploraverit (1). Plane nihil impedit, quominus haeredi deferatur jusjurandum, ut prodat, quod de facto defuncti novit, vel ut quivis alius juret de alieno facto, prout illud compertum habere potest (2): quod tamen litis decisorium per se non est, ideoque contrarias probationes admittit: nisi ut tale deferatur (3).

§ 782. Eadem, ac haeredis, conditio est tutoris et curatoris: nimirum nec tutor, nec curator de re pupilli, aut minoris jurare tenentur; possunt tamen, si malint, in utilitatem pupillorum, vel minorum (4): quinimmo cogendus uterque videtur jurare de eo, quod compertum habet haeredis exemplo (5); quemadmodum receptum est, ut iis referri possit jusjurandum ab eo, cui illud detulerint (6); sibi imputent, cur jusjurandum detulerint, ex quo referendi potestas fit adversario (7).

§ 783. Sequitur disputatio de caussis et casibus, quibus jusjurandum deferri potest: hic autem generalis traditur regula, jusjurandum deferri posse in omnibus caussis civilibus, realibus, personalibus, aut mixtis, sive rei persecutoriis, sive poenalibus (8); atque in ipsis etiam caussis infamantibus, veluti furti, bonorum raptorum, et injuriarum, si civiliter agatur ad id quod interest (9).

§ 784. In popularibus quoque actionibus locum habet jurisjurandi delatio (10): nec non in quaestione, utrum nuptiae, vel sponsalia contracta fuerint (11); utan mulier pregnans sit, nec ne; non quidem, ut patrui noceatur, sed ut ventris nomine in possessionem mittatur mulier, si se praegnantem praestito jurejurando affirmet, vel possessio ei denegetur, si praegnantem non esse juret alter, vel neget, eam ex defuncto marito praegnantem esse (12).

§ 785. In criminalibus caussis, quae corporalem coercitionem, saltem gravem, habent, nec purgationis ob metum perjurii, nec suppletivum jusjurandum admittitur (13): extraordinarium hunc probandi modum (§ 483) in criminibus recipi aequum non videtur; quia tutius est, no-

(1) Fab. Cod. hoc tit. lib. 4. tit. 1, definit. 9 in princ.; argum. l. *Constitutio* 16 Cod. *De testib.* (4, 20).
(2) Fab. d. def. 9 in fin.
(3) Ibid. def. 8 in princ.
(4) l. *Manifestae* 38 ff. hoc tit.
(5) Fab. d. def. 8 in fin.; Ab-Eccles. part. 1, observ. 72, n. 14 et 22 †; ubi tradit, a judice deferri posse, etiam parte nihil probante.
(6) l. *Quoties dominus* 21 § *praetor ait* 2 ff. *De noxalib. actionib.* (9. 4).
(7) Voet in ff. hoc tit. n. 27; Brunneman. in ff. hoc tit. ad l. *Admonendi* 31 n. 4.
(8) l. *Qui jurasse* 26 ff. hoc tit.
(9) l. *Cum clericis* 25 § 1 Cod. *De Episcop. et cleric.* (1, 3); V. Perez. in Cod. hoc tit. n. 18.
(10) auth. *sed judex*, post l. *Nec honore* 7 Cod. eod. tit.
(11) l. *Nam postquam* 9 § *jusjurandum* 6 ff. hoc tit.
(12) d. l. 26 in princ. ff. hoc tit.
(13) d. l. 9 § 6; d. l. 26 ff. hoc tit.
(14) l. *Jusjurandum* 34 § 2 et 3 ff. hoc tit.
(15) d. l. 9 § 6 ff. hoc tit.
(16) l. *Non solum* 39 § 1 ff. *De procurat.* (3, 3).
(17) l. *Qui in alterius* 42 ff. *De reg. jur.*

(1) d. l. 42 in fin.
(2) Fab. Cod. hoc tit. lib. 4. tit. 1, def. 19; Thes lib. 4, quaest. 5, n. ult. †; ubi frater defuncti ad juraudum admissus fuit.
(3) Cum jurans non deponat de rei veritate, sed credulitate.
(4) l. *Videamus* 4 ff. *De in lit. jurand.* (12. 3).
(5) V. § praeced.
(6) Fab. Cod. hoc tit. lib. 4. tit. 1, def. 2, n. 1 et seqq.
(7) l. *Jusjurandum* 34 § *datur autem* 7 ff. hoc tit.
(8) l. *Ait praetor* 3 § 1 ff. hoc tit.
(9) l. *Si duo* 13 § *idem Julianus* 2; l. *In duobus* 28 § *si quis juraverit* 5 et seqq. ff. hoc tit.
(10) l. *Eum, qui* 30 § *in popularibus* 3 ff. hoc tit.
(11) argum. d. l. *Manifestae* 38 ff. hoc tit.
(12) l. *Ait praetor* 3 § *unde Marcellus* 3 ff. hoc tit.
(13) Fab Cod. hoc tit. lib. 4, tit. 1, def. 43 in princ.

centem absolvi, quam innocentem damnari (1). Si tamen leve crimen sit, et pecuniaria tantum poena coerceatur, reo concedendum est, ut suppletivum jusjurandum deferat alteri, si alias innocentiae probationes non habeat (2): nec adversarius justum habet conquerendi fundamentum, cum judex in sua caussa constituatur (3); nisi alias habeat, et proferat probationss; neque enim jurare cogitur, qui probare alio modo potest et vult, sicuti nec super positione turpi et famosa, puta quod usuras omni lege prohibitas acceperit (4).

§ 786. Quinimmo jure Romano cautum invenitur, ut judex, qui in caussis criminalibus pecuniam accepisse dicatur, quo probato exilii poenam, et bonorum publicationem patitur, jurare teneatur, *quod neque per se, neque per aliam personam accepit, aut promissionem habuit* (5). Sed hujus juris singularis ratio quoque singularis est, quia nempe judices in muneris ingressu jurare coguntur, se nihil accepturos nec tempore administrationis, nec post depositum officium (6).

§ 787. Suppletorium jusjurandum non defertur actori, seu actor non admittitur ad hoc jusjurandum, nisi semiplene probaverit, puta per unum testem, qui tamen sit omni exceptione major (7), et deponat per sensum visus (§ 728): adeoque cujus testimonium nulla contraria praesumptione infirmetur (8); quare, si actor duos testes producat, quorum unus dicat se vidisse, vel audivisse, quod per visum vel auditum probari debet; atque in eam rem nominet alium contestem, qui neget se id vidisse, vel dicat se non adfuisse, suppletorium jusjurandum minime actori permittendum censet Faber (9); quia suspectus videtur testis, qui allegat contestem, quem non habet.

§ 788. Neque nocet, quod vulgo receptum est, ut testis unicus semiplenam probationem faciat (§ 728), quemadmodum duo faciunt plenam; non enim aeque receptum, ut unus testis tam solemniter probet semiplene, quam duo ad plenam sufficiunt: atque ideo, licet duo testes ex tribus ab actore productis plene probent, si contestes sint, quin tertii defectus obstet, non tamen idem dicendum sequitur de proposito casu (§ praeced.): cum ex quadam aequitate potius, quam ex juris ratione unius testis omni etiam exceptione majoris depositio semiplene probet (1). Hinc probans per unum testem, adjecto jurejurando suppletivo, expensas non consequitur, sed compensantur, quia imperfectae probasse videtur: nisi tamen adversarius nihil omnino praestiterit, et jurans plusquam semiplene probaverit (2).

§ 789. Jusjurandum decisivum deferri posse, licet adsint aliae probationes, quibus tamen renunciatum intelligitur, si deferatur, atque praestetur, apud nos certum est (3); quemadmodum et licet post electam viam probandi per testes ad jusjurandum convolare, atque illud adversario deferre (4): sed exclusum ab omni probationum genere, si jusjurandum deferre velit, audiendum non esse, tradit Faber (5), tum quia et haec probationis species sit, et quidem fortissima, atque efficacissima (6); tum quia obstare videatur constitutio Justiniani (7), quam tamen alii aliter interpretantur, ut infra dicemus, de jurisjurandi revocatione agentes. Plane ex communiori sententia permittitur decisivi jurisjurandi delatio, licet nullae adsint probationes, immo nec praesumptiones (8); cum adversarius in propria caussa judex constituatur (9).

§ 790. Hinc dubitari potest, utrum post litem contestatam usque ad sententiam liceat deferre jusjurandum, si ulteriori probationum productioni fuerit renunciatum. Affirmat Voet, qui idem licere putat etiam post publicatas testationes, atque didicita testificata, saltem ope restitutionis, quae facile sit concedenda (10), sequentibus fundamentis. 1. Quia nulla appareat ratio, cur non liceat in progressu litis, quod initio licebat; initio autem poterat actor, vel reus, qui probationes sibi deesse timeret, jusjurandum adversario deferre.

§ 791. Neque nocet, quod modo diximus, exclusum ab omni probationum a jurejurando quoque deferendo exclusum censeri (§ praeced.); etenim, praeterquamquod per beneficium restitutionis recuperatur jus renunciatione amissum, qui renunciavit, si proprie, et stricte loquamur, exclusus non est, sed obice, quem ipsemet posuit, impeditus: cum autem renunciatio stricte interpretanda sit (11), atque inter arctiores limites, quoad patiuntur verba, atque intentio contrahentium, coercenda, probabiliter defendi

(1) l. *Absentem* 5 ff. *De poen.* (48, 19).
(2) Fab. d. def. 43, n. 1 et seqq.
(3) l. 1 *Quar. rerum actio non det.* (44, 5).
(4) Fab. d. def. 43 in fin. et in not. ult. †
(5) auth. *novo jure* post l. 1 Cod. *De poena judic. qui male judicav.* (7, 49).
(6) l. ult. in med. Cod. *Ad leg Juliam repetundar.* (9, 27).
(7) Fab. Cod. hoc tit. lib. 4, tit. 1, def. 18 in princ et def. 30; V. Osasc. decis. 96; ubi probato debito, super quantitate statur jurijurando creditoris.
(8) argum. l. *Testium fides* 3 ff. *De testib.* (22, 5).
(9) Fab d. def. 18, n. 2 et seqq.

(1) Fab. Cod. hoc tit. lib. 4, tit. 1, d. definit. 18, n. 4 et seqq.
(2) Thes. dec. 236, n. 2 et 3 †.
(3) *Reg. Constit.* lib. 3, tit. 14, § 13.
(4) Osasc. dec. 97.
(5) Fab. Cod. hoc tit. lib. 4, tit. 1, def. 23.
(6) l. *Si duo* 13 § *idem Julianus* 2 ff. hoc tit.
(7) l. *Si quis jusjurandum* 11 Cod. hoc tit.
(8) Ab-Eccles. observ. 68, n. 9; Osasc. dec. 97, n. 10.
(9) l. 1 ff. *Quor. rer. act. non det.* (44, 5)
(10) Voet *in Pandect.* hoc tit. n. 11; Fab. Cod. hoc tit. lib. 4, tit. 1, def. 28 in not †
(11) l. *Cum Aquiliana* 5 ff. *Transactionibus* (2, 15).

potest, renunciantem probationibus non cogitasse de extraordinaria, quae fit per jusjurandum (§ 483); et quae ex adversarii judicio pendet (1); qui idcirco vix justam habet conquerendi caussam.

§ 792. Praeterea, inquit laudatus Voet (2), jurisjurandi delatio post alias tentatas probationes non interdicitur, nisi jam delatum fuerit, et postea revocatum, ne ex nimia variandi facilitate nullus sit litium finis (3). Sententia haec suas, atque graves patitur difficultates, aequitate tamen eatenus nititur, quatenus adversarius in sua caussa judex constituitur (§ praeced.); adeoque gravem non videtur habere conquerendi caussam, maxime quia probationes adjuvandae sunt potius, quam restringendae (4). ut quisque, quod suum est, consequatur. Sunt utique, qui aegre admodum meticulosi jurant; sed liberum ipsis est jusjurandum adversario referre (5), saltem cum agitur de jurejurando suppletivo: cujus propterea delatio permittenda facilius est, quam purgativi.

§ 793. Hinc ex Thesaura jurisjurandi oblatio post conclusum in caussa, et postquam testes producti ab actore interrogati fuerunt, et nihil probarunt, regulariter admittitur (6). Sed gravis difficultas est, utrum jurisjurandi delatio permitti debeat actori, qui per testes probaverit intentionem suam, si reus velit contrarium probare: species nimirum fingenda est, qua actor dubitet, ne probationes ab ipso editae subversantur per testes rei; atque ideo, omissis hisce ambagibus, petat, ut reus ipse juret, vel jusjurandum referat.

§ 794. Pro actore facit duplex ratio. 1. Quia actori, quantum fieri potest, favendum est, in probationum caussa (7), ne alioquin non juris, sed probationis defectu damnum sentiat. 2. Quia reus juste conqueri non potest, cur ipsi jusiurandum deferatur, cum judex constituatur in propria caussa; atque jusjurandum referre potest, si jurare ipse nolit (§ 792). Pro reo allegabatur ratio aequalitatis servandae inter ipsum, et actorem; ita ut, sicuti actori data fuit facultas testes producendi, ita et reo eadem concedi debeat: tum et actori obest, quod ab initio non detulerit jusjurandum reo, atque velit illud deferre, cum periculum est detegendi perjurii, si forte reus aliter juret, quam testes deposuerint; ex quo difficultas oriri potest, utrum testium dictis, an jurijurando standum sit.

§ 795. Senatus in hisce rerum adjunctis mediam quandam viam, aequitate prae oculis habita, amplexus est: atque censuit, testium ab actore productorum depositiones ab uno ex patribus legendas, atque expendendas esse; ita ut, si pro actore satis probent, amplius jurandum non sit; utique vero jurijurando locus fieret, si non satis probarent (1).

§ 796. Jurisjurandi delatio post perperam tentatas alias probationes, licet jam conclusum sit in caussa, regulariter admittitur (§ 793): saltem si testificata nondum didiscita sint (§ praeced.). Sed si testationes jam publicatae sint, difficilius permittenda est jurisjurandi decisorii delatio (2), prout modo innuimus (§ praeced.), atque probant rationes superius allatae (§ 794): sibi imputet, qui sero nimis sibi prospicit.

§ 797. Facilius permittitur delatio jurisjurandi, quod suppletorium vocant, seu quod defertur in supplementum minus plenae probationis; regulariter utique praestandum est eodem temporis momento, quo testationes producuntur, ut probationes perficiantur eo tempore, quo incipit quaeri, an per testationes producentis intentio probata sit; quia tamen probationes coangustandae non sunt (3); nec ullus subest metus subornationis, qui solus impedit, ne post didiscita testificata novi testes admittantur (§ 737); nec demum deterior esse debet conditio ejus, qui forte ab initio jusjurandum sibi deferri non petit, quod veritatis conscius testium fidei, integritati, et memoriae confideret, idcirco sentit Faber, etiam post apertas testationes jusjurandum hoc peti, et admitti posse (4).

§ 798. Plures tamen casus sunt, in quibus jusjurandum suppletorium non permittitur: puta si verosimile non sit id, super quo postulatur; si ille, qui jurare vult, probetur perjurus, falsarius, vel graviore aliqua labe infectus, aut infamis, aut talis, ut pejeraturus merito timeatur; aut de caussis gravioris momenti quaestio sit, puta matrimonialibus, beneficialibus, vel criminalibus (5); in quibus idcirco graviores probationes requiri solent (§ 487); vix est, ut probatio minus plena in hisce casibus ex jurejurando plena fiat (6).

§ 799. Idem dicendum, si is, qui semiplene probavit, probabiliter ignoret veritatem: si probatio semiplena non omnino concludens sit, puta quia elicita ex confessione tertii, cujus quoque interest, potissimum pendente lite (7), vel per praesumptionem contrariam elidatur, aut praesumptio sit adversus eum, qui unius dumtaxat testis depositioni nititur, puta si allegetur solutio

(1) l. 1 ff. *Quar rer. act. non det.* (44, 5).
(2) Voet in ff. hoc tit. d. n. 11 in fin.
(3) l. *Si quis jusjurandum* 11 Cod. hoc tit.
(4) l. *Generaliter* 12 Cod. hoc tit.
(5) l. *Manifestae* 38 ff. hoc tit.
(6) Thes. dec. 93, n. 1 †; Fab. Cod. hoc tit. lib. 4, tit. 1, def 28 in princ.; qui tamen in fine Thesauro dissentit, quemadmodum et in not. ult. def. 27.
(7) l. *Gener aliter* 12 Cod. hoc tit.

(1) Thes d. dec. 93 in fin. †; V. Osasc. dec. 11; ubi Senatus censuit, reum in hoc casu a jurisjurandi praestatione eximendum
(2) Fab. Cod hoc tit. lib. 4, tit. 1, d def. 28, n. 1.
(3) l. *Generaliter* 12 Cod. hoc tit.
(4) Fab. Cod. hoc tit. lib. 4, tit. 1, def. 21.
(5) ibid. def. 44 in princ.
(6) argum l. *Testium fides* 3 ff. *De testib.* (22, 5).
(7) Fab. Cod. hoc tit. lib. 4, tit. 1, def. 42.

egregiae quantitatis facta ab eo, quem imparem esse constat (1); his, et similibus casibus iniquum videtur quem cogere, ut sinat adversarium in propria caussa judicem ex parte fieri; cum et in suppletorio jurejurando ex propria assertione adversarius vincat (2).

CAPUT III.

An jusjurandum ab adversario delatum suscipi debeat, an recusari possit.

SUMMARIA

§ 800. *Jusjurandum delatum plerumque suscipi, vel referri debet, dummodo vaga non sit delatio. An deferens de calumnia jurare teneatur?* — § 801 *et* 802. *Jusjurandum a judice delatum in caussis dubiis omnino praestandum est ab eo, cui judex detulit, nec referri potest.* — § 803. *An jusjurandum suppletorium referri possit?* — § 804 *et* 805. *Caussa dubia est, sive utrinque probatio plena sit, sive semiplena ex una tantum parte.* — § 806. *Appellare potest a sententia, qui condemnatus fuit, vel quia jurare noluit, judice deferente, vel adversus quem ab adversario ex judicis delatione juratum fuit.* — § 807. *Qui detulit jusjurandum, si ei relatum sit, et jurare nolit, caussa cadit.* — § 808. *Delatum jusjurandum referre potest procurator, dummodo speciale mandatum habeat.* — § 809. *Tutores, et curatores jusjurandum relatum recusare non possunt.* — § 810. *Quinam sint casus, quibus jusjurandum referri non potest.* — § 811. *Quid si adversarius jurare velit de facto, quod antiquius sit decennio?* — § 812. *Jusjurandum delatum an referri possit, si ex abundanti delatum fuerit?* — § 813. *Quid si is, qui jurare, aut jusjurandum referre damnatus fuerat, decesserit, antequam jurasset, aut jusjurandum, retulisset?* — § 814. *An pro praestito habeatur, vel pro relato jusjurandum, si decesserit is, cui delatum, vel relatum fuerat, non declarata jurandi voluntate, nec contracta mora?* — § 815. *Jusjurandum ab eo delatum, qui deferendi jus non habet, nec suscipere, nec referre quis cogitur.* — § 816. *Jusjurandum deferri non potest ei, qui intentionem, vel exceptionem suam plene jam probaverit.* — § 817. *Nec deferri potest jusjurandum, si in promptu probationes habeat is, cum quo contenditur, licet illae nondum editae sint.* — § 818. *Delatum jusjurandum nec statim suscipiendum est, nec statim referendum si justa aliqua caussa moram expostulet.* — § 819. *Qui excipit, se ad jurandum non teneri, exceptionem hanc apud nos omnino objicere tenetur inter primam dilationem.* — § 820. *Qui semel noluit jurare, nec jusjurandum referre, non potest, adversario invito, rursus ad illud confugere.* — § 821. *Jusjurandum delatum et acceptatum nondum tamen praestitum revocari potest, etiam in ipso procinctu jurandi.* — § 822. *Procurator sine speciali mandato delatum jusjurandum revocare non potest. An referens revocare possit?* — § 823. *Jusjurandum a judice probatum, etiamsi revocatum fuerit, tamen apud eundem judicem praestari potest, non obstante appellatione.*

(1) Fab. Cod. hoc tit. d. def. 44. n. 8 et seqq.
(2) l. 1 ff. *Quar. rer. actio non detur* (44, 5).

§ 800. Delatum ab adversario jusjurandum regulariter praestandum est, dummodo certa sit, non vaga, et anceps oblatio, vel referendum; pro confesso habetur, qui nec jurare vult, nec jusjurandum referre (1), sive actor sit, sive reus (2). Romanis quidem legibus jusjurandum deferens de calumnia prius jurare ipse cogebatur (3): sed municipali sanctione necessitas remissa fuit (4).

§ 801. Dicimus, delatum ab adversario jusjurandum plerumque recusari non posse, sed suscipiendum esse, vel referendum (§ praeced.): sed si a judice deferatur, prout solent judices deferre in caussis dubiis (5), vel ut quis se purget a suspicionibus, quibus gravatur: vel etiam, ut quibusdam placet (§ 779) ad supplenda minus plenas probationes actionis, aut exceptionis, illud omnino praestandum ab eo, cui judex detulit; nec referri posse, sentit post alios Voet (6); cum enim judex secundum eum, qui juravit, pronunciare debeat, atque jusjurandum hoc a judice delatum probationis instar sit (7), consequens videtur, condemnandum esse eum, qui jurare detrectaverit.

§ 802. Neque hanc sententiam evertit Justinianus (8); licet enim generatim tradere videatur, jusjurandum omne etiam a judice delatum referri posse, subjuncta tamen ratio, nec non aequitas demonstrat, definitionem hanc coercendam ad jusjurandum ab adversario delatum: ait Justinianus, ferendum non esse eum, qui ad appellationis remedium venire velit, in his, quae ipse procuravit (9): procurasse autem dici nequit adversarius jusjurandum, quod judex ipse ex officio detulit: atque, ut taceam, referri tantum posse jusjurandum deferenti, qui nullus est in hac specie: quomodo admitti potest jurisjurandi purgatorii relatio, ita ut unus litigans jurare tenea-

(1) l. *Generaliter* 12 § 1 Cod. hoc tit.; l. *Manifestae* 38 ff. hoc tit.
(2) *Reg. Constit.* lib. 3, tit. 14, § 8 et 9.
(3) l. *Jusjurandum* 34 § *qui jusjurandum* 4 ff. hoc tit.; Thesaur. lib. 1, quaest. 40; Ab-Eccles. part. 1, observat. 60 et 61.
(4) *Reg. Constit.* ibid. § 12.
(5) l. *Admonendi* 31 ff. hoc tit.
(6) Voet in ff hoc tit. n. 30
(7) l. *Sed si possessori* 11 § 1 et 2 ff. hoc tit.
(8) l. *Generaliter* 12 § 1 Cod. hoc tit.
(9) d. l. 12 § 1 in fin.

tur, penes alterum, puta, esse litis instrumenta, vel reliqua ex administratione?

§ 803. Facilius quidem concipitur relatio jurisjurandi suppletivi a judice delati ei, qui semiplene intentionem suam probavit; cum immo alter litigans, cujus odio semiplena probatio facta fuit, conqueri non possit, cum judex in propria caussa constituatur (1) ab adversario, cujus melior conditio est: atque ideo plures, nec immerito, sentiunt, posse in hoc casu jusjurandum referri propter generalia Pauli (2), et potissimum Justiniani verba, qui immo aperte innuit, jusjurandum a judice delatum referri posse (3).

§ 804. Quae autem dubiae sint caussae, in quibus ex Gajo solent judices, exacto jurejurando, secundum eum judicare, qui juraverit (4), non omnino consentiunt interpretes: rectius tamen sentiunt, qui dubiam caussam esse dicunt, sive utrinque probatio plena sit, sive ex una tantum parte semiplene probatum fuerit (5); tum quia in utroque casu vero dubius fit judicis animus; tum quia receptum in jure est, probationem, quae per se minus efficax est, ex aliis adminiculis plenam fieri (6), ut supra diximus (§ 488). Hinc generatim rescripserunt Imperatores, *inopia probationum per judicem jurejurando caussa cognita, res decidi oportet* (7).

§ 805. Caussa igitur, si aliquibus credimus, toties dubia est, seu inopia est probationum, quoties vel ab initio probationes sufficientes non sunt, vel cum initio sufficerent, ex aliis adductis in contrarium aeque firmis priores infirmantur: veluti si actor instrumento doceat, se centum mutua tali die dedisse Titio, Titius autem alio aeque authentico instrumento demonstret, sed alibi ea die fuisse (8): atque ideo judex jusjurandum deferre potest (9). An vero actori, an reo jusjurandum deferri debeat, judicis est aestimare, singulis rerum, et personarum adjunctis pensatis (10).

§ 806. Caeterum fatentur omnes, posse eum, qui condemnatus fuit, vel quia jurare noluit, judice licet deferente, vel adversus quem ab adversario ex judicis delatione juratum fuit, a sententia appellare (11); nec enim jusjurandum adversarii, cui non consensit, transactionis speciem habet, qua impediatur, ne caussa retractetur, prout in hoc jurejurando retractari conceditur ex novis instrumentis (1). Probatio per jusjurandum utpote extraordinaria (§ 483), atque in subsidium dumtaxat admissa, ordinariis probationibus cedit.

§ 807. Is, cui delatum fuit ab adversario jusjurandum, potest vel jurare, vel jusjurandum deferenti referre (§ 800): sed qui detulit, si referatur, relatum recusare non potest, neque si potuerit ab initio recusare is, cui delatum fuit (2); tum quia, ut seite ait Ulpianus, displicere non debet conditio jurisjurandi ei, qui detulit; proinde si jurare nolit, caussa cadere aequum est (3); tum quia suadet aequitas, ut, quod quisque juris in alterum statuit, eodem ipse utatur (4).

§ 808. Delatum jusjurandum referre potest procurator, dummodo speciale mandatum habeat (5); vel si in rem suam procurator sit; cum hic domini potius loco esse intelligatur (§ 71): quinimmo videtur sufficere mandatum generale cum libera administrandi potestate, nisi lex municipalis obstet; prout sufficit ad delationem jurisjurandi (§ 774), cum eadem utriusque ratio sit.

§ 809. Quod diximus (§ 801), relatum jusjurandum recusari non posse, locum habet etiam in tutoribus, curatoribus, qui in caussis impuberum, vel minorum illud detulerint (6); cum enim sciant, vel scire debeant, ex delatione sequi posse jurisjurandi relationem, sibi imputare debent, cum in hanc se necessitatem conjecerint; jurant utique de eo, quod ipsi sciunt de re pupilli, prout supra diximus in jurejurando ipsis delato (§ 774).

§ 810. Casus tamen sunt, quibus jusjurandum referri non potest: puta si delatum sit jusjurandum filiofamilias, vel servo (7): si ille, cui jusjurandum delatum fuit, solus, vel melius perspectum habeat negotium, de quo controversia est: puta si delatum fuerit jusjurandum mulieri, quae dicatur res amovisse (8), vel furi (9).

§ 811. Sed quid, si dicat adversarius se nolle jurare de facto, quod antiquius sit decennio, et cujus memoriam excidisse facile idcirco praesumi possit? Justam quidem habet non jurandi caussam; si tamen referre nolit, solvere tenetur; quia sufficit, tale esse factum, de quo jurari possit, licet justa adsit non jurandi caussa (10): placuit tamen, subjicit Faber, hoc temperamentum, ut si jurare nolit is, cui jusju-

(1) l. 1 ff. *Quar. rer. actio non det.* (44. 5).
(2) l. *Manifestae* 38 ff. hoc tit.
(3) l. *Generaliter* 12 § 1 Cod. hoc tit.
(4) d. l. *Admonendi* 31 ff. hoc tit.
(5) Voet in ff. hoc tit. n. 28; Vinnius *Selectar. quaest.* lib. 1, cap. 44.
(6) argum. l. *Instrumenta* 5 seq Cod. *De probat.* (4. 19).
(7) l. *In bonae fidei* 3 Cod. hoc tit.
(8) Voet in ff. hoc tit. n. 28 post med
(9) d. l. *In bonae fidei* 3 Cod. hoc tit.; l. *Admonendi* 31 ff. hoc tit.
(10) Voet in ff. hoc tit. n. 29.
(11) l. *Generaliter* 12 § *sin autem* 2 Cod. hoc tit.; V. Osasc. decis. 61; ubi et appellati posse tradit in jurejurando relato.

(1) l. *Admonendi* 31 ff. hoc tit.
(2) Fab. Cod. hoc tit. lib. 4. tit. 1. def. 39.
(3) l. *Jusjurandum* 34 § *datur* 7 et ult. ff. hoc tit.
(4) l. 1 et passim ff. *Quod quisque jur.* (2. 2).
(5) *Reg. Constit.* lib. 3, tit. 14, § 17; ubi et adjicitur, cautionem de rato non sufficere.
(6) Fab. Cod. hoc tit. lib. 4, tit. 1, def. 20, n. 3.
(7) l. *Si servus* 23 et l. sequ. ff. hoc tit.; Fab. Cod. hoc tit. lib. 4 tit. 1, def 1, n. 5.
(8) l. *Marcellus* 11 § ult.; l. *Ideo* 13 ff. *De action. rer. amotar.* (25. 2).
(9) l. *Non magis* 12 ff. eod. tit.; Fab. Cod. hoc tit. d. def. 9. n. 6 et 7.
(10) Fab. Cod hoc tit. lib. 4, tit. 1, def. 9 in not. in pr.

randum defertur, quia dicat se immemorem, nec referre velit, deferens jusjurandum purgationis praestet (1); cujus tamen minor vis est, quam decisorii: utpotequod admittit probationem in contrarium (2).

§ 812. Neque delatum jusjurandum referri potest, si Fabro credimus, sed omnino praestandum est, cum ex abundanti delatum fuit, videlicet ab eo, quem ex litis actis, atque instrumentis constat plene probasse; quia non sint aequitas, ut jurate cogatur is, cujus jus in aperto est; et qui forte caussa cedere mallet, quam jurare, justo meticulosus (3). Alii tamen contrarium, nec sine fundamento, sentiunt; est enim, quod sibi imputet, cur velit jusjurandum perperam deferre adversario (4), qui fortassis aeque meticulosus est. Plane, si juraverit adversarius, jurijurando standum est(5): sibi imputet, qui judicem adversarium facit, cum ordinariis probationibus sibi consulere posset.

§ 813. Si is, qui jurare, aut jusjurandum referre damnatus fuerat decesserit, antequam jurasset, aut jusjurandum retulisset, an pro praestito, vel relato habendum sit, distingui debet. Si jurare, adversario deferente, paratus fuit, nec per eum stetit, quominus juraret, perinde habendus est, ac si jurasset (6); aut saltem permittendum est haeredi, ut juret de eo, quod compertum habet (7): sed si mora imputari ei possit, jusjurandum pro relato haberi debet, non pro praestito (8), ne ex mora sua deterior fiat conditio adversarii (9).

§ 814. Quid ergo dicendum, si decesserit is, cui delatum fuerat, vel relatum jusjurandum, nec declarata jurandi voluntate, nec contracta mora? Neque pro praestito habebitur, nec pro relato (10); nullum nec expressae, nec tacitae aut praesumptae voluntatis fundamentum est: adeoque nec praestitum, nec relatum jusjurandum videri potest; quare ad alias probationum species confugiendum erit: atque idem dicendum, si post moram contractam judex aliquid interlocutus sit, quo mora videri possit purgata, puta pronunciaverit, clarius proponendum ab eo, qui jurari vellet, de qua re jurari debeat; nec ab hac interlocutione appellatum sit (11).

§ 815. Justae quoque sunt caussae, atque a legibus probatae, propter quas jusjurandum delatum nec suscipiendum est, nec referendum: atque praetermittam casum, quo deferens de calumnia jurare nolit (1), quod apud nos minime servari supra monuimus (§ 800), nec suscipi, nec referri debet jusjurandum delatum ab eo, qui deferendi jus non habet, puta a furioso, prodigo, (§ 773), vel procuratore sine speciali mandato (§ 774); vel ab eo, qui nec judicium suscipere cogitur in loco, in quo jusjurandum ei defertur (2).

§ 816. Praeterea, cum jusjurandum extraordinarius sit probandi modus (§ 483), qui ideo non nisi deficientibus (3) aliis probationibus locum habet, inde inferunt aliqui, illud deferri non posse ei, qui intentionem, vel exceptionem suam plene jam probaverit (4); si enim praestetur ab eo, cui delatum est, majus pondus plenis probationibus addere non potest, adeoque perperam impellitur ad actum, quem forte praestare nimio ductus religionis metu pertimescit: perperam quoque referretur, cum ordinariis probationibus non praevaleat: atque ideo contraria consuetudo ab Alexandro III reprobatur (5).

§ 817. Idem dicendum, licet probationes nondum editae sint, in promptu tamen eas habeat ille, cui jusjurandum defertur; ut enim scite animadvertit Faber, turpitudinis (6) argui non potest, qui religione Divini Nominis motus jurare non velit, cum nulla urget juris jurandi necessitas (§ 767), nec adversarium periculo evidentis perjurii committere (7): quo etiam fundamento receptum, ut delatum jusjurandum revocari possit (8): de qua re infra dicemus.

§ 818. Interdum quoque accidit, ut delatum jusjurandum nec statim suscipiendum sit nec statim referendum; videlicet si is, cui defertur, aliquid probare velit, puta compensandi jus, quo probato, condemnari debeat is, qui jusjurandum detulit, tametsi maxime verum sit id, de quo jurandum proponitur (9), puta mutui datio, perperam invocaretur Deus in testem, quod non licet (§ 767). Aliquando tamen ambo litigantes jurare debent (quamvis ambo vincere nequeant), si invicem sibi deferunt jusjurandum, non quidem super eodem, sed super diversis articulis (10).

§ 819. Jure, quo utimur, cautum proinde est, ut si quis excipere velit, se ad jurandum non teneri; exceptionem hanc omnino objicere teneatur intra primam dilationem (11): quae quidem objectio sumptibus objicientis definienda praescribi-

(1) Fab. d. def. 9 in not. in fin †.
(2) l. *Admonendi* 31 ff hoc tit.
(3) Fab. Cod hoc tit lib. 4. tit. 1, def. 26 in princ.
(4) l. *Si quis* 11 Cod. hoc tit.
(5) l. *Si non fuerit* 37 ff. hoc tit.; Fab. d. def. 26 in fin.
(6) argum. l. *Jure civili* 24 ff. *De condit. et demonstrat.* (35, 1); Fab. Cod. hoc tit. lib. 4. tit. 1, def. 14.
(7) Fab. Cod. hoc tit. def. 32 in princ.
(8) argum. d. l. 24 ff. *De condit etc.*; Fab. d. def. 32 n. 2 et seq et Cod. eod. tit. def. 15.
(9) l. *Non debet* 74 ff. *De reg. jur.* (50, 17)
(10) Fab. Cod. hoc tit. lib. 4. tit. 1, d. def. 32 in fin.
(11) Ibid. def. 33.

(1) l. *Jusjurandum* 34 § *qui jusjurandum* 4 ff. hoc tit.
(2) l. *Tutor* 35 § 1 ff. hoc tit.
(3) Deficere autem videntur, sive nullae suppetant, sive haberi possint, sed iis uti nolit, qui jusjurandum refert § 789.
(4) Voet in ff. hoc tit. n. 15 fere in princ.
(5) cap. *sicut* 2 extra Decret. Greg *De probat.* (2, 19).
(6) De qua in l. *Manifestae* 38 ff. hoc tit.
(7) Fab. Cod. hoc tit. lib. 4. tit. 1, def. 3 in princ.
(8) d. def. 3, n. 4 et seqq.
(9) Ibid. def. 45
(10) d. def. 45 in not. †.
(11) *Reg. Constit.* lib. 3, tit. 14, § 19.

tur intra dies octo; quibus praeterlapsis ad praestandum jusjurandum obstrictus intelligitur is, cui delatum fuit, nisi acta litis penes caussae relatorem, aut judicem sint, nec illi possit dilatio imputari (1). Modica sane dilatio danda est illi, cui jusjurandum defertur, ut deliberet, an jurare debeat nec ne (2).

§ 820. Si delatum jusjurandum quis nec suscipere, nec referre velit, justam recusandi caussam se habere putans, a judice tamen condemnetur, superest illi remedium appellationis (§ 806), quo adversus sententiam judicis sibi prospiciat (3): non tamen licet ei, qui semel jurare, vel jusjurandum referre detractavit, mutato consilio ad illud transire, invito adversario (4): modum dirimendae litis, quem semel contempsit, rursus amplecti non potest.

§ 821. Caeterum omnes fere consentiunt, jusjurandum delatum, immo et acceptatum, nondum tamen praestitum revocari posse (5); etiam in ipso procinctu jurandi (6); dummodo nec dum coeptum sit; coeptum autem intelligitur, quando juraturus ad sacrosancta Evangelia manus admovit (7): cum hic probandi modus extraordinarius sit (§ 483), facilius concedi debuit ejus retractatio; non solum deferenti, sed et illi, cui delatum fuit (8). Excipit Faber casum, quo jusjurandum malo animo delatum fuerit, nimirum ab eo, qui dixerit alias se habere probationes, sed jusjurandum deferre malle, ut periculum faciat conscientiae adversarii; in pravi consilii poenam deneganda ei est revocandi jurisjurandi facultas (9).

§ 822. Porro, quemadmodum in procuratore mandatum speciale requirimus, vel quod speciali aequipolleat, ut juret (§ 769), vel jusjurandum deferat (§ 774), aut referat (§ 808), ita et speciali mandato ad revocationem opus est (10): semel autem revocato jurejurando, non licet super eadem re illud denuo referre (11): sicuti nec referenti revocare permittitur, ut aliis probationibus utatur (12).

§ 823. Unum hic postremo monemus cum Fabro: videlicet admissum a judice ad jurandum (13), vel in supplementum minus plenae probationis, vel ad purgationem, non obstante appellatione, apud eundem judicem jurare posse (1); ne forte probatio intercidat, si mora pendente decedat is, qui jurare debuit (2); ita tamen, ut nullum inde appellationi praejudicium fiat, nec ulla praestiti jurisjurandi ratio habeatur, si in judicio appellationis pronunciatum fuerit, non debuisse deferri (3). Sane jurandum est praesente adversario, vel saltem citato, et per contumaciam absente (4).

(1) *Reg. Const.* ibid. § 15.

(2) l. *Jusjurandum* 34 in princ. ff. hoc tit.

(3) l. *Generaliter* 12 § *sin autem* 2 Cod. hoc tit.; Fab. Cod. hoc tit. lib. 4, tit. 1, def. 35.

(4) l. *Non erit* 5 § ult. ff. hoc tit.

(5) l. *Si quis jusjurandum* 11 Cod. hoc tit.; Thesaur. lib. 1, quaest. 16 per tot et Osasc. dec. 8; Ab-Eccles. part. 1, observat. 71, n. 3 et seqq.

(6) Fab. Cod. hoc tit. lib. 4, tit. 1, def 22.

(7) *Reg. Constit.* lib. 3, tit. 14, § 2.

(8) argum. l. *Remittit* 6 ff. hoc tit.; Fab. Cod. hoc tit. d. def. 22, n. 2.

(9) Fab. Cod. hoc tit. def. 29.

(10) *Reg. Constit.* lib. 3, tit 14, § 17.

(11) d. l. *Si quis jusjurandum* 11 Cod. hoc tit.; *Reg. Constit.* ibid. § 16.

(12) *Reg. Constit.* d § 16 in fin.; Ab-Eccles. d. observ. 71, n. 15 et seqq †.

(13) Si ab adversario admissus fuisset per delationem jurisjurandi, locus non fieret appellationi. l. *Generaliter* 12 § 1 in fin. Cod. hoc tit.

CAPUT IV.

De forma, vi, et interpretatione jurisjurandi.

SUMMARIA

§ 824. *Jusjurandum ex praescripta a judice forma praestandum est.* — § 825. *Judex potest jurisjurandi oblatam a parte formam emendare. An sufficiat jurare per verbum credo, non recordor?* — § 826. *Jusjurandum simpliciter, et sine solemnitate delatum simpliciter praestare sufficit, nisi lex municipalis aliud statuat.* — § 827 *et* 828. *Quaenam sint solemnitates in jurejurando solemni apud nos praescriptae? An vocata parte praestandum sit?* — § 829. *Jussus in uno loco jurare, qui postea obtinuit, ut juraret in alio, rursus in priore loco jurare potest, refusis tamen frustratoriis sumptibus.* — § 830. *Omissio solemnitatis levioris momenti jurijurando non officit, maxime si adversa pars non conqueratur.* — § 831. *Jusjurandum speciem transactionis continet, et majorem quodammodo habet auctoritatem, quam res judicata.* — § 832. *Actio, quae nascitur ex jurejurando, priores actiones non perimit.* — § 833. *Jurisjurandi exceptio competit reo, sive personali actione conventus fuerit.* — § 834. *Qui adversarium suum jurare patitur censetur renunciasse omnibus exceptionibus et allegationibus, quas objicere potuisset. Quid de appellatione?* — § 835. *Jusjurandum non solum vim habet transactionis, et judicati favore jurantis, sed etiam adversus eum, quatenus in jurejurando continetur ejus obligatio.* — § 836. *An hic locum habeat juris regula, ex qua res inter alios acta alii nec nocet, nec prodest?* — § 837. *Jusjurandum prodest jurantibus, corumque successoribus, non caeteris, nisi aliorum caussa connexa sit cum caussa jurantis.* — § 838. *An jusjurandum noceat duobus reis debendi, vel credendi, si unus juraverit?* — § 839. *Quid si unus ex pluribus reis debendi detule-*

(1) Fab. Cod. hoc tit. lib. 4, tit. 1, def. 6 in princ.

(2) d. l. 12 fere in princ. Cod. hoc tit.

(3) d. l. 12 § *sin autem* is in fine versic. *sin autem non rite*; Fab. d. def. 6, n. 2.

(4) d. l. 12 § *his de praesentibus* 4 versic. *licentia danda*; Fab. d. def. 6 in fin.

rit jusjurandum creditori, atque hic juraverit sibi deberi? — § 840. Jusjurandum praestari tantum debet de illis, de quibus delatum fuit: praestitum de aliis vim probationis non habet. — § 841. Jurisjurandi exceptio prodest, licet adversarius deinceps utatur alia actione ab ea, cujus nomine jusjurandum detulit; dummodo eadem exceptio in posterius judicium deducatur, et prior actio posteriorem consumat. — § 842. Jusjurandum decisorium ab adversario delatum vel relatum, et praestitum amplius rescindi non potest. — § 843. Cur tanta sit jurisjurandi decisorii vis? — § 844 et 845. Jusjurandum dolo malo ab initio praestitum contra veritatem rescindi potest. — § 846. Ex dolo superveniente jusjurandum decisorium Romano jure non retractatur. — § 847. Jusjurandum decisorium ne re contenta in testamento, quam deinceps minime contineri apparet, vim non habet. Quid si convenerit, ut ex perjurio retractari possit? — § 848. Jusjurandum purgatorium contrarias probationes admittit. — § 849. Probationes quoque admittuntur adversus jusj urandum ultro praestitum a collitigante. — § 850. Jusjurandum extra judicium delatum hodierno fori usu vix ullam vim habet. — § 851. Jusjurandum remissum ab eo, qui illud detulerat, pro praestito habetur, dummodo adversarius jurare paratus esset. — § 852. Jusjurandum remittere an possit tutor, vel procurator? — § 853. Perjuri apud Romanos extra ordinem puniebantur fustibus, exilio, falsi poenas, et infamia. Quid apud nos cautum sit? — § 854. Poena ordinaria perjuri non afficitur, qui ad pejerandum quidem se se paratum professus est, sed tamen non juravit. Quid de eo, qui judici falsa respondet? — § 855. Quaenam sit vis jurisjurandi promissorii? An Clericus jurato possit renunciare fori privilegio? — § 856. Si justa aliqua singularis caussa suadeat, ne contractui per jusjurandum firmato stetur, jurisjurandi absolutio ab Episcopo, vel ejus vicario petenda est. An citandus sit adversarius? — § 857. Simulat, atque dolo extorti apud nos habentur contractus, quibus adjectum fuit jusjurandum. — § 858. Expensarum condemnationi non subjacet is, qui jusjurandum decisorium alteri detulit, vel retulit. Quid de suppletorio?

§ 824. Cum, ex trito apud pragmaticos axiomate, forma det esse rei (1), ea quoque in jurejurando servanda est; futurum alioquin, ut viribus careat actus, si in re gravi peccatum sit. Hic autem inspiciendum, utrum a judice, an a parte delatum fuerit: si judex illud detulerit, vel in supplementum probationis, vel ut alterutrum ex litigantibus se purget ab indiciis, quibus gravatur, forma a judice praescripta omnino servanda est (1).

(1) l. *Cum hi quibus* 8 § *si praetor* 17 ff. *De transactionib.* (2, 15).

§ 825. Sed, si adversarius jusjurandum detulerit, judex non semper cogitur oblatam formam sequi, sed pro arbitrio, ex justa utique caussa, eam moderari potest (2): puta si superstitionem admixtam habeat delatio (3), si deferens majorem exigat solemnitatem, quam patiatur pecuniae, de qua contenditur, quantitas, vel conditio personarum. Judex ergo rem temperare potest, et debet, ratione habita personarum, rerum, locorum, et temporum, ita ut nec durius, nec remissius quid constituat. Satis jurasse intelligitur, qui utitur, verbo *credo, non recordor* maxime in illis, quae jamdiu gesta sunt (4).

§ 826 Jusjurandum simpliciter, et sine solemnitate delatum simpliciter praestare sufficit, nisi lex municipalis aliud statuat; solemniter vero, si solemne jusjurandum detulerit adversarius (5). Regio jure offerens jusjurandum in caussa, quae excedat summam, et valorem librarum quadringentarum, ejus formulam exhibere debet, atque exemplum dare adversario, ut deliberet, an jurare velit, eoque modo, quo jusjurandum defertur (6). Si jurare malit, serio monendus a judice est de jurisjurandi religione, et perjurii poenis (7).

§ 827. Admonitione praehabita, si solemne jusjurandum praestari debeat, faces accenduntur, tum flexis genibus, cujuscumque dignitatis sit is, qui jurat (8), ad testandam venerationem Divini Nominis, quod in testem assumitur, et tactis sacrosanctis Evangeliis, elata voce pronunciat verba solemnia jurisjurandi, quibus invocatur Deus suprema veritas in testem assertorum, atque poenam sibi imprecatur, si forte mentiatur (9). Haec autem solemnitas non tantum in jurejurando decisorio observanda praescribitur (10), sed et in suppletorio, vel purgatorio, si res, de qua disceptatur, libras quadringentas, vel earum valorem excedat (11): sed in caussis levioribus nec tempus deliberandi datur, nec allata solemnitas necessaria est (12); quemadmodum nec exigitur ab eo, qui non de rei veritate, sed de eo solo, quod perspectum habet, jurare debet (13): sed facta post oblatum jusjurandum admonitione, flexis genibus, et tactis scripturis, qui juraturus

(1) argum. l. *Jusjurandum* 34 § penult. ff. hoc tit.
(2) l. *Jusjurandum* 34 § *non semper* 8 ff. hoc tit.; Fab. Cod. hoc tit. lib. 4, tit 1, def. 10.
(3) l. *Ait praetor* 3 § ult. et ll. seqq. ff. hoc tit.
(4) V. *Reg. Constit.* lib. 3, tit. 15 § 9.
(5) l. *Ait praetor* 3 § ult. ff hoc tit.; Fab. Cod. hoc tit. lib. 4, tit. 1, def. 16.
(6) *Reg. Constit.* lib. 3, tit 14. § 1.
(7) Ibid. § 3; Fab. Cod hoc tit; def. 34, n. 2.
(8) Fab. Cod. hoc tit. lib. 4, tit. 1, d. def. 34 in princ.
(9) *Reg. Constit.* lib. 3, tit. 14, § 4.
(10) Ibid. § 1.
(11) Ibid. § 5.
(12) Ibid. § 6.
(13) Ibid. § 20.

est, facti veritatem narrat, prout Christianum hominem decet, potissimum in judicio (1).

§ 828. Ad haec, si caussae pendeant ante supremas curias, solemne jusjurandum coram altari praestandum jubetur, nisi personarum qualitas, vel temporum adjuncta suadeant, ut in domo caussae relatoris, vel alterius Senatoris ad id delegati praestetur (2); judicis arbitrio relinquuntur, quae pro rerum, et personarum diversitate diverso modo fieri possunt, et diverso jure regi debent: atque hinc tradit Faber, jusso jurare in uno loco ex caussa aetatis, vel valetudinis concedi posse, ut juret in alio (3). Jusjurandum judiciale vocata parte praestandum esse, consentiunt omnes, non quod ex caussa extrajudiciali praestatur, puta si convenerit, ut partis jurijurando stetur (4).

§ 829. Sed quid, si jussus in uno loco jurare, et postea obtinuit, ut juraret in alio, rursus in priore loco jurare malit, fortasse ut parcat sumptibus gravioribus, qui necessarii essent? Audiendus quidem est, cum nihil intersit adversarii, utro in loco juret (5); refusis tamen expensis omnibus frustratoriis, quas a frustrante ferri omnino aequum est (6): in quarum numero magis placebat, computandos esse totius prioris instantiae sumptus, qui de mutando jurisjurandi loco facti fuerant, tametsi priore Senatusconsulto compensatos, quin civilis supplicationis auxilium necessarium esset, cum mutandi, et quodammodo corrigendi prioris Senatusconsulti caussam praeberet inconstantia ejus, qui primum nullo in loco, deinde in uno, postea in alio jurare voluisset (7).

§ 830. Diximus, jusjurandum praestandum esse ea forma, qua delatum fuit; alioquin viribus carere, si solemnitas gravioris momenti praetermissa fuerit (§ 824): puta tactus scripturarum (8); sed omissio levioris solemnitatis ei non officit; puta si admonitio de religione jurisjurandi non praecesserit, vel flexis genibus praestitum non sit, maxime si adversa pars non conquaeratur (9): non conquerendo solemnitatem jurisjurandi remisisse videtur (10). In dubio juxta praescriptam formam praesumitur praestitum maxime si in manibus judicis juratum fuerit (11).

§ 831. Delati, vel relati jurisjurandi decisorii maxima vis est: *jusjurandum*, ait Paulus, *speciem transactionis continet; majoremque habet auctoritatem, quam res judicata* (1). Proinde actor, qui juraverit, in factum actionem ex jurejurando habet (2). Haec autem actio in personam est, utpotequae nasci intelligitur ex quadam conventione: sed perpetua est, licet juratum sit adversus illum, qui temporali actione tenebatur, cum per litis contestationem perpetuae fiant omnes actiones (3), idest ad triginta annos durant, atque in simplum dumtaxat datur, licet negotium, de quo juratum fuit, ex praescripto Romani juris inficiatione crescat in duplum; abunde enim sufficere visum est, inquit idem Paulus, exonerare petitorem probandi necessitate (4).

832. Licet autem actio ex jurejurando personalis sit, ut modo diximus (§ praeced.); quia tamen est accessoria prioris actionis, in eam omnia veniunt, quae priori actione continentur (5); nec enim jusjurandum novat, aut tollit priorem actionem (6); atque ideo improprie tantum ad novationis voluntariae speciem referri potest jusjurandum; quod si referatur ad necessariam, quae in judicio contingit (7), omnes norunt, per hanc priores actiones nequaquam perimi (§ 3609).

§ 833. Eadem est jurisjurandi vis, quod ad rei utilitatem pertinet: nimirum, si juraverit, se non debere, competit ei exceptio jurisjurandi sive reali, sive personali actione conventus fuerit (8): vel rei judicatae, si jusjurandum sententia sequatur. Sane, cum jusjurandum speciem transactionis contineat, et majorem re judicata vim habeat (§ 831), transactio vero litem coeptam per se dirimat (9), inutilis plerumque sententia absolutoria est; quamquam ut plurimum sequi solet (10); et aliquando necessaria est, ut sciatur, an jusjurandum ita praestitum sit, ut probationis vim habere possit.

§ 834. Hinc, qui adversarium suum jurare patitur, censetur renunciasse omnibus exceptionibus, et allegationibus, quae objici potuissent ante jusjurandum interpositum, et quae illius praestationem impedire, vel retardare potuissent (11), cum transactionis, et rei judicatae vim

(1) *Reg. Constit.* d. § 6.

(2) Ibid. lib 3, tit. 14, § 19; Thesaur. lib. 3, quaest. 56; ubi Senatus canonicos in ipso capitulo ad jurandum admisit.

(3) Fab. Cod. hoc tit. lib. 4, tit. 1, def. 10 in not. †, et def. 46 in princ.

(4) Thes. dec. 68 in princ. et n. ult. †.

(5) argum. l. *Si judex* 41 ff. *De minorib.* (4, 4).

(6) Fab. Cod. hoc tit. lib. 4, tit. 1, d. definit. 46, n. 1 et seqq.

(7) d. def. 46, n. 3 et seqq.

(8) Thes. dec. 47, n. 5 †.

(9) Fab. Cod. hoc tit. lib. 4, tit. 1, definit. 25, n. 6 et def. 34.

(10) argum. l. *Remittit.* 6 ff. hoc tit.

(11) argum. l. *Titia* 134 § 1 ff. *De verb. oblig.* (45, 1); Fab. d. def. 25 in princ. Thes. d. dec. 47, n. 18 †.

(1) l. *Jusjurandum* 2 ff. hoc tit. V. l. *Admonendi* 31 ff. hoc tit.

(2) l. *Nam, postquam* 9 § 1 et ult. ff. hoc tit.; l. *Actori* 8 Cod. hoc tit.

(3) d. l. 9 § *si is, qui* 3 ff. hoc tit

(4) l. *Eum, qui juravit* 30 ff. hoc tit.

(5) l. *Sed si possessori* 11 § 1, 2 et § 3; l. *Si duo* 13 § *si quis juraverit* 3 et seqq. ff. hoc tit.

(6) d. l. 13 § 3, 4, et 5.

(7) l. *Qui jurasse* 26 § ult. ff. hoc tit.

(8) l. *Nam, postquam* 9 § 1 ff. hoc tit.; § *aeque* 4 Instit. *De exceptionib.* (4, 13); *Reg. Constitut.* lib. 3, tit. 14, § 7.

(9) argum. l. *Non exigimus* 2 ff. *Si quis cautionib.* (2, 11).

(10) l. *Jusjurandum* 34 § ult. ff. hoc tit.

(11) Fab. Cod hoc tit. lib. 4, tit. 1, def 11.

habeat (1); atque jurejurando praestito non amplius quaeritur, an debitum aliquid fuerit, sed id unum, an juratum sit (2): salvae tamen manent exceptiones, quae etiam in caussa judicati objici possent, puta compensationis, et similes (3): imo et appellendi facultas in jurejurando relato, non autem delato (4).

§ 835. Cum autem una, eademque res non debeat diverso jure censeri, sicuti jusjurandum vim transactionis, et judicati habet favore jurantis, ita et adversus eum, quatenus in jurejurando continetur ejus obligatio. Si ergo Titius juraverit, *vendidisse Maevio rem centum*, Titius ex empto agere potest, ut res tradatur, et vicissim Maevius ad pretium consequendum (5): quod si juraverit, se societatem cum Maevio inivisse, pro socio agere, et conveniri potest (6): nec, nisi decem solutis, pignoratitia actione agere potest debitor, qui juraverit, se ob decem pignori dedisse fundum (7).

§ 836. Jusjurandum juranti prodest adversus eum, adversum quem juratum est (§ 831 et 833); atque etiam nocet, seu prodest adversario (§ praeced.); sed et hic locum habet juris regula (8), ex qua res inter alios acta aliis nec nocet, nec prodest (9). Quare, si quis juraverit haereditatem suam esse, si alius, quam qui jusjurandum detulit, res haereditarias petat, nihil prodest jusjurandum (10) Idem dicendum, si quis juraverit, rem suam esse (11).

§ 837. Neque jusjurandum aliis prodest, quam jurantibus, eorumque successoribus (12), nisi aliorum caussa connexa sit cum caussa jurantis: si enim reus juraverit se non debere, fidejussor quoque liberatus intelligitur (13); et vicissim jusjurandum, praestitum a fidejussore, reo principali prodest; si modo in rem juratum sit, idest juraverit fidejussor nihil deberi, non se fidejussorem non esse; quia jusjurandum, ait Paulus, in locum solutionis succedit (14).

§ 838. Idem, exemplo fidejussorum, probandum videtur in duobus reis debendi, vel credendi; ita ut si unus ex debendi reis juraverit non deberi, exceptio competat alteri reo (15); et vicissim jusjurandum debitori delatum ab uno ex duobus stipulandi reis alteri noceat, ne petere possit, licet socii non sint (1). Cur vero pactum ab uno ex reis credendi initum cum debitore de non petendo alteri non noceat (2), jusjurandum vero noceat, inde peti potest discriminis ratio, quod Romanis placuerit, jusjurandum esse instar solutionis (3), et rei judicatae (4), ob honorem scilicet Divini Nominis: lite autem contestata per unum credendi reum, reliqui velut occupationem quadam ab agendo excluduntur (5).

§ 839. Aliud dicendum videtur, si unus ex pluribus reis debendi detulerit jusjurandum creditori, atque hic juraverit, sibi deberi; jusjurandum hoc, utpote res inter alios acta, alteri debendi reo non nocet (§ 836). Neque aliud probat exemplum reorum credendi (§ praeced.); etenim in superiore casu unus reus stipulandi, jurisjurandi delatione aeque ac litis contestatione, totam obligationem occupasse, atque in se transtulisse censetur; quod reus debendi facere non potest (6).

§ 840. Cum jusjurandum ea forma praestari debeat, quo fuit delatum (§ 824); consequens est, jurari tantum posse de his, de quibus delatum fuit; nec praestitum de aliis vim probationis habere; alioquin quisque posset, judicem se in propria caussa facere (7); quod a recta ratione alienum est. Ad haec, quia nemo facile creditur velle adversarium judicem in sua caussa constituere, stricta fieri debet jurisjurandi interpretatio, ne extendatur ultra rem, aut casum, de quo juratum fuit (8). Proinde mulier etsi juraverit, se res mariti non amovisse, actione tamen in rem ad eas restituendas conveniri potest (9): atque possessor, qui juraverit rem petitoris non esse, si possidere desinat, atque res a petitore possideatur, actionem ex jurejurando non habet: ut enim scite arguit Ulpianus, non juravit rem suam esse, sed petitoris non esse (10).

§ 841. Non dubium tamen, quominus jurisjurandi exceptio prosit, quamvis adversarius deinceps utatur alia actione ab ea, cujus nomine jusjurandum detulit, dummodo eadem quaestio in posterius judicium deducatur, atque posterior actio per priorem consumatur (11). Quod si jus-

(1) l. *Jusjurandum* 2 ff. hoc tit.
(2) l. *Non erit* 5 § *dato* 2 ff. hoc tit.
(3) l. *Eum, qui* 30 § ult. ff. hoc tit.; Fab. d. definit. 11 in not.
(4) Osasc. dec. 61.
(5) l. *Si duo* 13 § *si quis* 3 ff. hoc tit.
(6) d. l. 13 § *idem dicemus* 4.
(7) d. l. 13 § *Marcellus* 5.
(8) l. 1 et tot. tit Cod. *Inter alios acta* (7. 60).
(9) l. *Ait praetor* 3 § *unde Marcellus* 3 in fin. ff. hoc tit.; l. *Nec filius* 7 Cod. hoc. tit.
(10) l. *Sed si possessori* 11 § ult. et l. seq. ff. hoc tit.
(11) l. *Nam, postquam* 9 § ult. et l. sequ. ff. hoc tit.
(12) l. *Ait praetor* 7 et seq ; l. *Si duo* 13 ff hoc tit.
(13) l. *In duobus* 28 § 1; l. ult. § ult. ff. hoc tit.
(14) d. l. 28 § 1 ff. hoc tit.
(15) l. *In duobus* 28 § *ex duobus* 3 ff. hoc tit.

(1) d. l. 28 in princ.
(2) l. *Si unus* 27 ff.. *De pact.* (2, 1§).
(3) d. l. 28 § 1 ff. hoc tit.
(4) l. *Tutor* 35 § 1 ff. hoc tit.
(5) l. *Ex duobus* 16 ff. *De duobus reis* (45. 2); l. *Si rem* 31 § 1 ff. *De novationib.* (46, 2).
(6) argum. d. l. *Si rem* 31 § 1 ff. *De novationib.* (46. 2).
(7) l. 1 ff. *Quar. rer. actio non det.* (44. 5). V. Ab-Eccles. part 1, observat. 64; ubi probat jusjurandum cum suis qualitatibus intrinsecis, et connexis, quibus non obstet juris praesumptio, non extrinsecis.
(8) l. *In duobus* 28 § *si quis juraverit* 5 et § penult. ff. hoc tit.
(9) d. l. 28 § *quae juravit* 7.
(10) l. *Sed si possessori* 11 ff. hoc tit.
(11) l. *In duobus* 28 § *exceptio* 4 § *colonu* 6 et seqq. ff. hoc tit.

jurandum a judice generatim deferatur, ad ea tamen, quae jam plene probata sunt, non extenditur (1); cum nec pro his ab adversario deferri possit (§ 795).

§ 842. Jurisjurandi decisorii ab adversario delati, vel relati, et praestiti tanta vis est in articulo, quo juratur (non caeteris, de quibus in lite disceptatur), si de scientia juretur (2), ut non amplius quaeratur, an quidquam debitum fuerit, sed id unum, an juratum sit (3); nec perjurii praetextu, aut propter instrumenta deinde reperta rescindi possit (4); neque appellari liceat a sententia ad hoc jusjurandum subsecuta (5), saltem delatum (§ 834).

§ 843. Juris ita constituti ratio inde repetenda plerisque videtur, quod in delatione, vel relatione jurisjurandi tacita conventio insit (6), qua jusjurandum deferens actor, vel referens spondet, se non amplius petiturum, si reus juraverit, se nihil debere: reus vero, cum jusjurandum actori defert, vel refert, tacite promittit, se soluturum, vel daturum, quod actor postulat, si juraverit, rem sibi deberi; unde et in legibus saepe mentio fit conditionis jurandi (7); quatenus tacita promissio actoris, vel rei sub conditione jurisjurandi facta intelligitur, ut proinde, conditione impleta, promissio effectum suum omnino sortiri debeat (8).

§ 844. Si quis objiciat, pejerantem in dolo esse: dolum vero nemini prodesse debere (9); respondemus, saepe non ex dolo, sed ex errore, vel temeritate quadam falsum jurejurando affirmari. Dolo autem posito ab initio, cum juratum fuit, non inepte defendit Voet (10), doli actione vel exceptione juvandum esse eum, adversus quem juratum est; ut enim modo diximus, tanta est vis decisorii jurisjurandi ab adversario delati, vel relati, quia deferens tacite convenisse videtur, se amplius non petiturum, vel soluturum, sub ea conditione, si adversarius juraverit, nihil debere, aut sibi deberi (§ praeced.): conventiones autem dolo initae ratae in jure non habentur, sed per doli actionem, vel exceptionem infirmantur (12).

§ 845. Ad haec transactio, cujus speciem continet jusjurandum (13), si dolus illi caussam dederit (14), puta adversarius fraude suppresserit instrumenta, quibus minime suppressis, subsecuta non fuisset, rescinditur (1). Ergo a pari jusjurandum dolo malo praestitum contra veritatem, probato dolo, nullius roboris esse debet, ne dolus auctori suo prosit (2) contra naturalis aequitatis regulas.

§ 846. Huic quidem sententiae contrarius videtur Ulpianus a Labeone dissentiens, dum ait, denegandam esse de dolo actionem adversus eum qui adversario deferente juraverit (3); quia sufficiat perjurii poena (4); sed intelligi potest Jureconsultus de dolo subsequente jusjurandum; sive de eo, qui bona fide juraverit, sed deinceps cognoscat se pejerasse, et tamen petat in vim hujusce jurisjurandi, vel solvere detrectet: maxime quia ex Pomponio transactum videtur (5): transactio autem ex dolo superveniente non irritatur, utique vero si dolus ei caussam dederit (§ praeced.).

§ 847. Nec alia desunt exempla, quibus decisorium jusjurandum ex delatione vel relatione praestitum viribus caret ex Romanarum legum sanctione; si quis juraverit, legatum vel fideicommissum sibi relictum fuisse testamento, quod non apparebat; postea autem, inspectis testamenti tabulis, apparuit, nihil eo testamento relictum fuisse (6); vel si ab initio inter litigantes convenerit, ut propter perjurium retractari caussa possit (7); ut praeteream, prius jusjurandum ab actore, vel reo praestitum infirmari per posterius contrarium rei, vel actoris (8).

§ 848. Facilius permittuntur probationes adversus jusjurandum purgatorium; cum enim litis decisivum non sit, contrarias probationes semper admittit (9), praesertim cum adhiberi non soleat, nisi ad excludendam suspicionem doli, cujus probatio salva semper esse debet; ita ut nec valeat pactio, ne de dolo agatur (10): alioquin minus puniretur dolus: quia cum perjurio junctus est; quem tamen gravius puniri decet. Semel tamen jurare sufficit; nec juste petitur, ut quis rursus jurejurando se purget (11).

§ 849. Probationes quoque admittuntur adversus jusjurandum ultro praestitum a collitigante, puta de sumptibus litis a se factis (12); tum quia nec decisorium est hujusmodi jusjurandum (§ praeced.); tum quia, ut scite animadvertit Faber, probatio veritatis nunquam censetur exclusa, nisi cum id aliqua lege nominatim cau-

(1) Fab. Cod. hoc tit. lib. 4. tit. 1, def. 41.
(2) Ab-Eccles. part. 1, observ. 70. n. 3 et seqq.
(3) l. *Non erit* 5 § *dato* 2 ff. hoc tit.
(4) l. *Admonendi* 31 in fin. ff. hoc tit.
(5) l. penult. § 1 et 3 Cod. hoc tit.
(6) l. *Sed et si servus* 25 et l. seq. § ult. ff. hoc tit.
(7) l. *Ait praetor* 3 et l. *Qui jurasse* 26 § ult. ff. hoc tit.; l. *Delata* 9 Cod. hoc tit.
(8) l. *Si quis cum debitore* 39 ff. hoc tit.
(9) l. 1 ff. *De dol. mal.* (4, 3).
(10) Voet in ff. hoc tit. n. 25 in medio.
(11) Fab. Cod. hoc tit. lib. 4. tit. 1, def. 2 et 24.
(12) l. 1 § 1; l. *Et eleganter* 7 princ. et § *non solum* 3 ff. *De dol. mal.*
(13) l. *Jusjurandum* 2 ff. hoc tit.
(14) l. *In summa* 65 § 1 ff. *De condict. indebit.* (12, 6).

(1) l. *Sub praetextu* 19 Cod. *De transactionib.* (2, 4).
(2) d. l. 1 ff. *De dol. mal.* (4. 3).
(3) l. *Quod si, deferente* 21 ff. *De dol. mal.* (4. 3).
(4) l. *Nam sufficit* 22 ff. eod. tit.
(5) d. l. 11 ff. *De dol. mal.*
(6) l. ult. Cod. hoc tit.
(7) l. 1 Cod. hoc tit.
(8) l. *In duobus* 28 3 ult. ff. hoc tit.
(9) l. *Admonendi* 31 ff. hoc tit.; Fab. Cod. hoc tit. lib. 4. tit. 1, def. 5.
(10) l. *Si unus* 37 § *illud nullo* 3 ff. *De pact.* (2, 14).
(11) argum. d. l. 31 ff. hoc tit.
(12) Fab. Cod. hoc tit. lib. 4. tit. 1, def. 37.

tum est (1), quae hic deest; adeoque servanda est juris regula, quae prohibet, ne quis ex dolo et perjurio suo lucrum ferat (2). Atque hinc patet jusjurandum suppletorium, utpote quod plerumque petenti defertur (§ 779), nec litis decisorium est, contrariis probationibus infirmari posse.

§ 850. Jurisjurandi extra judicium delati hodierno fori usu contra Romani juris principia (3) vix ratio habetur (4), immerito, cum vix sciri possit, an joco, an serio, atque jurandi animo verba prolata sint: quo fundamento scite apud nos cautum, ut judex graviter moneat jurantem de jurisjurandi religione, atque perjurii poenis (5).

§ 851. Si decesserit is, cui delatum, vel relatum fuerat jusjurandum, an pro praestito, nec ne haberi debeat, supra expendimus (§ 813 et 814). Quod si jusjurandum remittatur ab eo, qui illud detulerat, vel retulerat, pro praestito habetur (6), dummodo adversarius jurare paratus esset. Si enim ab initio jusjurandum suscipere noluit, licet postea jurare velit, et alter litigans deferre nolit, remissum non censetur (7).

§ 852. Jurisjurandi remissio, quae absenti etiam et ignoranti per nuncium, vel per epistolam recte fit (8), fieri tantum potest ab eo, qui plenam et liberam rerum administrationem habet, cum speciem donationis contineat (9), adeoque nec a pupillo (10), nec a pocuratore, nec a tutore nisi forte post delationem procurator, aut tutor compererit, reum non debere (11), ne temere juretur: et qui alium pejeraturum probabiliter existimat, si ei deferat jusjurandum, plusquam homicida est (12); proinde satius est pejerare parato remittere, quam illius animam occidere; nec deferens lucrum sentit, si adversarius cum perjurio absolvatur (13).

§ 853. Perjurium apud Romanos, licet judicaverint, satis Deum ultorem habere (14), non omnino impunitum fuit; etenim perjuros fustibus aliquando castigatos legimus (15), ad tempus exulare jussos, tamquam stellionatus reos (16), et poenae falsi suppositos (17), nec non infamia notatos (1). Apud nos perjurii dolosi in judicio convictus ipso jure infamis habetur, dignitatibus omnibus, atque publicis officiis privandus decernitur, nec ad aliquem honoris gradum, aut munus admittitur, nec ad jurandum, aut jusjurandum aliis deferendum (2).

§ 854. Sed hisce poenis, prout scite animadvertit Voet, afficiendus non est, qui ad pejerandum quidem se se paratum professus est, nec dum tamen juravit; nonnisi in gravissimis quibusdam caussis jure Romano obtinuit, ac vix unquam hodie obtinet, tentatum crimen eodem modo, quo consummatum, puniri; uti nec qui non dolo malo, sed errore quodam perjurium patravit (3); cum affectus maleficia distinguat: quare in utroque casu mitior coercitio judicis arbitrio imponenda est: atque apud nos perjurii dolosi mentio fit (4). Porro bona fides jurantis praesumi potest lucro exiguo inde sperato, moribus et facultatibus jurantis. An perjurii poena coerceri possit reus, qui judici falsa respondeat, tractat Osascus (5).

§ 855. Inquirendum superest de vi jurisjurandi promissorii. Alibi diximus, jurejurando non firmari actum lege in publicam utilitatem lata probibitum, utique vero, si lex privatorum favore scripta sit, quia tacitam legis beneficio renunciationem continet (6): prout etiam jure canonico decretum est, ut servetur jusjurandum sine vi, et dolo praestitum, eum in solius jurantis praejudicium redundat, nec observatum vergit in dispendium salutis aeternae (7); sed nullius roboris habetur jusjurandum, quo clericus fori privilegio renunciaverit (8), quia publicum ecclesiastici ordinis decus in hoc versari videtur.

§ 856. Quod si justa aliqua singularis caussa suadeat, ne contractui per jusjurandum firmato stetur: vel personarum conditio ex aetatis, vel sexus imbecillitate, atque negotii indole, veluti renunciatione, absolutio jurisjurandi ab Episcopo, vel ejus vicario petenda est; quae juxta Fabrum concedi potest, etiam non citato adversario, sed ad fines agendi tantum, non ut impetrans plenissime liberatus intelligatur a vinculo jurisjurandi (9): quae quidem absolutio haeredi, nec ad fines agendi, necessaria est; quia jusjurandum, quod pertinet ad inducendam perjurii exceptionem, personalissimum est, ut ajunt, nec transit ad haeredes (10); cessante juris fictione,

(1) l. *Si chirographum* 24 ff. *De probat.* (22, 3); Fab. d. def. 37 in not.
(2) l. *Rem alienam* 41 in fin. ff. *De pignorat. action.* (13, 7).
(3) l. *In duobus* 28 § ult. ff. hoc tit.
(4) Voet in ff. hoc tit. n. 31.
(5) *Reg. Constit.* lib. 3, tit. 14. § 3 et 6.
(6) l. *Nam, postquam* 9 § 1 ff. hoc tit; l. *Actori* 8 Cod. hoc tit.
(7) l. *Remittit* 6 ff. hoc tit.
(8) l. *Labeo* 41 ff hoc tit.
(9) d. l *Remittit* 6; l. *Labeo* 41 ff. hoc tit.
(10) l. *Jurisjurandi* 32 ff. hoc tit.
(11) Brunneman. in ff. ad d. l. 6, n. 4 ff. hoc tit.
(12) cap. *Ille qui hominem* 5 causs. 22, quaest. 5.
(13) Brunneman. ad d. l 6 in fin.
(14) l. *Nam sufficit* 22 ff. *De dol. mal.* (4, 3); l. *Jurisjurandi* 2 Cod. hoc tit.
(15) l. *Si duo* 13 § ult. ff. hoc tit.
(16) l. ult. ff. *Stellionat.* (47, 20).
(17) l. *Qui falsa* 13 Cod. *De testib.* (4, 20).

(1) l. *Si quis major* 41 Cod. *De transactionib.* (2, 4).
(2) *Reg. Constit.* lib. 3, tit. 14. § 11.
(3) Voet in ff. hoc tit. n. ult.
(4) *Reg. Constit.* d. lib. 3, tit. 14, § 11.
(5) V. Osasc. decis. 66.
(6) V. vol. I, lib. 1, pag. 79. § 95 et seqq.
(7) cap. *Cum contingat* 28 extra Decret. Greg. *De jurejurand.* (2, 24); cap *Quamvis pactum* 2 extra *De pact.* in 6 Decret. (1, 18).
(8) cap. *Si diligenter* 13 extra Decr. Greg. *De foro competent.* (2, 2).
(9) Fab. Cod. hoc tit. lib. 4, tit. 1, def. 13 in princ.
(10) Fab. d. def. 13, n. 1 et seqq.

qua haeres et defunctus una eademque persona censentur.

§ 857. Apud nos supervacanea videtur disputatio haec, cum regio jure simulati, atque dolo extorti decernantur contractus, quibus adjectum fuerit jusjurandum, ita ut nullam mereantur fidem, nec sustineri possint depositionibus testium, aut partium admissione, quibus pariter fides omnis in hoc casu adempta intelligitur (1). An vero jusjurandum promissorium adjectum actui, qui mere pendet a voluntate jurantis, nec ullum jus statim alteri tribuit, ejusdem conditionis sit, ac ipse actus, puta si quis juraverit, se non revocaturum testamentum, aut mandatum, alibi expendimus (2).

§ 858. Unum hic post Fabrum postremo loco monendum putamus, videlicet expensarum condemnationi, quae temere litigantibus poenae nomine infligi solet (3), non subjacere eum, qui jusjurandum decisorium alteri detulerit, vel retulerit (4); quemadmodum nec duplum exigit, qui juravit, licet quaestio sit de illis caussis, in quibus lis inficiando crescit in duplum; quia et hic vires habet ratio a Paulo allata, *abunde sufficere exonerare petitorem probandi necessitate* (5). Aliud dicendum de suppletorio jurejurando (6): qui enim hoc jusjurandum judice deferente praestat, veritatis praesumptionem ex semiplena probatione, et judicis imperio pro se habet.

TITULUS XXII.

DE CONFESSIS

Digest. lib. 42, tit. 2) *De confessis.*
Cod. lib. 7, tit. 59)

SUMMARIA

§ 859. *Confessio est pronunciatio, vel affirmatio facti proprii. Quid sub nomine affirmationis contineatur?* — § 860. *Confessio alia est expressa, alia tacita: expressa verbis, vel litteris fit, tacita ex facto deducitur.* — § 861. *Contumax non statim tamquam confessus condemnari debet, nisi per contumaciam recusaverit respondere positionibus, postquam praesens monitus, et jussus fuerit a judice* — § 862. *Confessio dividitur in judicialem et extrajudicialem. Quaenam sit judicialis, quaeve extrajudicialis?* — § 863. *Quae sint confessione tractanda?* — § 864. *Confiteri tantum possunt in judicio, qui satis intelligunt, quod agunt, et quorum interest.* — § 865. *Confessio procuratoris, qui speciale mandatum habet, nocet domino. Quid de confessione procuratoris generalis vel sindicis?* — § 866. *Quid si advocatus pro cliente aliquid per errorem confessus fuerit?* — § 867. *Error facti in confessione confitenti non nocet, utique vero juris?* — § 868. *Error juris nocet, si naturali ratione debeatur, quod quis ob ignorantiam se debere confessus fuit.* — § 869. *Confiteri regulariter quis tantum potest contra se, non pro se. Quid de confessione facta in judiciis criminalibus?* — § 870. *Ex sola confessione in civili judicio facta sequi potest condemnatio, licet aliae probationes omnes deficiant, non vero in judicio criminali.* — § 871. *Quid si quis fateatur, hominem a se occisum fuisse, sed cum moderamine inculpatae tutelae, atque ad sui defensionem: nec appareat, occisum ab occisore aggressum fuisse?* — § 872. *Quid si quis fateatur, res furto subtraxisse, sed non constet ab aliquo eas amissas fuisse?* — § 873. *An judex aliquando possit reo promittere impunitatem ad ingenuam confessionem eliciendam?* — 874. *Potest quis ex propria confessione condemnari, licet collitigator neget, quod ille confessus est.* — § 875. *Confessio non nocet, si per rerum naturam impleri nequeat, quod in illa continetur.* — § 876. *Si quis in judicio confessus sit, certam se alteri pecuniae quantitatem debere, licet caussam debiti non expresserit, condemnatus est.* — § 877. *Confessio coram judice facta, ut vim suam habeat, fieri debet praesente et acceptante adversario, vel aliquo ejus nomine. Quid si ab absente acceptetur?* — § 878. *Quaenam sit confessionis potissimum judicialis eis, ejusque effectus?* — § 879. *Confessus pro judicato non habetur, nisi post condemnationis sententiam.* — § 880. *Confessio in uno civili judicio facta probat etiam in alio inter easdem personas.* — § 881. *Confessio extrajudicialis non eandem vim habet, ac judicialis, atque justa caussa revocari potest usque ad litem contestatam.* — § 882. *Confessio extra judicium facta plene probationis vim fere habet, si geminata sit, potissimum favore dotis.* — § 883. *Confessio extrajudicialis, quae coram adversario sit emissa, potissimum si et adsint testes, majorem vim habet, non secus ac illa, quae in scriptis facta sit.* — § 884. *Confessio, quae in articulo mortis, vel ultimae voluntatis actu sit, sustinetur vel in vim dispositionis.* — § 885. *Si testator jurejurando adjecto affirmet, se aliquid debere, scripturae omnimodo fides adhibetur. Quid si confessio sine jurejurando facta sit, aut in fraudem facta fuerit?* — § 886 et 887. *Confessio defuncti non solum vera, sed etiam ficta, quae per contumaciam inducitur, haeredibus nocet.* — § 888. *Debitum per se non probat assertio facta in testamento quoad extraneos. Quid si affirmet testator sibi quid deberi ab uno ex haeredibus?* — § 889. *Cur de juris, et facti ignorantia post haec agendum sit?*

(1) *Reg. Constit.* lib. 5. tit. 11, § 14; V. vol. I, lib. 1, pag. 80. § 99

(2) V. vol. I. lib. 2. § 268 et seqq. pag. 899.

(3) l. *Eum, quem* 79 ff *De judic.* (5. 1).

(4) Fab. Cod. hoc tit. lib. 4. tit. 1, def. 1 in princ.

(5) l. *Eum, qui* 30 ff. hoc tit.

(6) Fab. d. def. 1, n. 6 et seqq.

§ 859. Confessio definiri, vel describi potest, pronunciatio, vel affirmatio facti proprii. Sub affirmatione etiam continetur negatio: quatenus etiam affirmat, qui aliquid negat: affirmatio haec facti proprii esse debet (1), tum quia unusquisque facti sui, non item alieni scientiam habere praesumitur (2), tum quia unius confessio alteri nocere non debet, sicuti nec res judicata (3): quamquam nihil vetat, quominus haeres fateatur id, quod perspectum habet de facto defuncti, puta mutuam ei datam pecuniam fuisse; prout diximus de jurejurando (§ 781).

§ 860. Cum taciti eadem plerumque vis sit, ac expressi (4); confiteri quis potest non expresse tantum, sed etiam tacite: expressa confessio verbis vel litteris fit, et tacita ex facto deducitur, quod confessionem secum trahat; puta si quis de privato delicto transigat, tacite confitetur illud a se patratum fuisse (5): immo silentium ejus, qui in judicio respondere tenetur, puta an haeres sit, pro tacita confessione habetur: ita ut tamquam talis condemnari possit (6). Sed compensationem objiciens debitum fateri non intelligitur (§ 3670); neque ex fuga suspecti delictum satis probatur (§ 490).

§ 861. Contra contumacem omnia quidem jura clamant; ut contra eum praesumatur propter contemptum judicantis (7), non tamen statim tamquam confessus condemnari debet (potissimum in criminalibus), nisi per contumaciam recusaverit respondere positionibus, postquam praesens monitus, et jussus fuerit a judice (8); supplenda est, ut ait Justinianus, partis absentia per praesentiam Dei (9). Ergo, nisi lege municipali aliud praescriptum sit, contumax pro confesso non habetur: quo tamen casu sententia lata adversus contumacem non impedit, quominus ejus fidejussor suas defensiones allegare valeat (10).

§ 862. Dividi potest confessio in judicialem, et extrajudicialem. Illa in judicio fit coram judice competente (11); haec extra judicium: si quis fateatur coram judice incompetente, confessio haec extrajudicialis confessionis vires habet (12), nisi facta sit a sciente, quo casu plures sentiunt, tacite hinc prorogari jurisdictionem judicis, dummodo nihil obstet huic prorogationi (13).

(1) l. ult. in fin. Cod. *De accusat.* (9, 2).
(2) l. *Si sine* 9 § *alius* 3; l. *Si filius* 12 ff. *De interrogat. in jur. faciend.* (11, 1).
(3) l. 1 ff. hoc tit.; junct. l. *Saepe constitutum* 63 ff. *De re judicat.* (42, 1).
(4) l. *Cum quid mutuum* 3 ff. *De reb. credit.* (12, 1).
(5) l. *Quoniam* 5 ff. *De his, qui notant. infam.* (3, 2).
(6) l. *De aetate* 11 § *qui tacuit.* 4 ff. *De interrogat. in jur. faciend.* (11, 1).
(7) l. *Si quis* 5 ff. *De judic.* (5, 1).
(8) Fab. Cod. hoc tit. lib. 7, tit 24, definit. 7 in princ. et in not.
(9) l. *Properandum* 13 § *cum autem* 4 Cod. *De judic.* (3, 1).
(10) Thes. lib. 1, quaest. 6, n. 10 †.
(11) cap. *et, si Clerici* 4 extra *De judic.* (2, 1).
(12) Mascard. *De probat.* conclus. 352.
(13) argum. l. *Si per errorem* 15 ff. *De jurisdiction.* (2, 1).

§ 863. Hisce praemissis inquirendum: 1. Qui confiteri possint, seu quorum confessio recipiatur, et vim habeat: 2. Quae sint confessionis requisita: 2. et postremo quae sit vis confessionis sive in judicio, sive extra judicium emissae; sive actu inter vivos, sive actu postremae voluntatis, vel in articulo mortis fiat.

§ 864. Cum confessio saltem in judicio facta sententiae, et condemnationis vim habeat, ita ut confessus pro judicato habeatur (1), sponte sequitur, eos tantum confiteri posse ita, ut confitendo noceant, qui satis intelligunt, quod agunt, et quorum interest. Consilii defectu nihil operatur confessio impuberis; minor autem, si ex confessione sua laesum se demonstret, in integrum restituitur (2), prout et in delato jurejurando (3). Atque tradunt pragmatici prohibitum contrahere, et alienare nec confiteri posse, ne indirecte fraus legi fiat (4).

§ 865. Procuratoris, qui speciale mandatum habeat, confessio procul dubio nocet domino; sed procurator generalis cum libera administrandi potestate odio domini non videtur confiteri posse; cum generali mandato non contineatur facultas donandi, et perdendi (5): aut saltem domino, qui ex confessione procuratoris laesus sit, restitutio in integrum concedi debet, non secus ac si dolo adversarii extorta, vel per errorem facta probetur (6). Confessio syndici, nisi speciali mandato instructus sit, non nocet universitati, potissimum in rebus gravioris momenti (7).

§ 866. Sed quid, si advocatus pro cliente aliquid per errorem confessus fuerit? Interest, utrum praesens sit cliens, an absens. Si cliens praesens sit, intra triduum advocati errorem emendare debet (8); modicum hoc temporis spatium aequitate suadente concessum fuit, licet cliens ipse fateri videatur, quae se praesente allegat caussae patronus (9): sed confessionem, seu erroneam advocati allegationem, cliente absente factam, usque ad sententiam retractare licet (10).

§ 867. Confessio per errorem facta confitenti non nocet (§ 835); nihil enim tam contrarium consensui, quam error (11); *Non fatetur, qui errat*, ait Ulpianus, *nisi jus ignoravit* (12): ergo

(1) l. 1 ff. hoc tit.
(2) l. *Certum* 6 § penult ff. hoc tit; l. *Minoribus* 6 et l. seq. ff. *De minorib.* (4, 4); Fab. Cod. hoc tit. lib. 7, tit. 24, def. 5 in princ.
(3) l. *Nam, postquam* 9 § *si minor* 4 § ff *De jurejurand.* (12, 2).
(4) argum. l. *Non dubium* 5 Cod. *De legib.* (1, 14).
(5) d. l. *Certum* 6 § *sed an et ipsos* 4 ff. hoc tit.; l. *Filiusfamilias* 7 ff *De donat.* (39, 5); Fab. Cod. hoc tit. lib. 7, tit. 24, def. 5 in not.
(6) Fab. Cod. hoc tit. d. def. 5, n. 2 et 3.
(7) Ibid. def. 4.
(8) l. ult. Cod. *De errore advocator.* (2, 10).
(9) l. 1 Cod eod. tit.
(10) d. l. ult. Cod. *De error. advoc.*
(11) l. *Nihil consensui* 116 § ult. ff. *De reg. jur.* (50, 17).
(12) l. *Non fatetur* 2 ff. hoc tit.

secundum Ulpianum error quidem facti impedit; ne confessio noceat, non vero juris; puta si quis sciens, quantum in bonis defuncti sit, fateatur tamen in judicio, se tamquam haeredem integra legata debere, quia ex confessione errore juris facta nascatur obligatio (1).

§ 868. Si objicias, errorem juris ex Papiniano nemini nocere in damnis amittendae rei suae (2); adeoque haeredi ex juris errore confesso adhuc competere retentionem quartae Falcidiae ex legatis nondum persolutis, respondent hic non agi de amissione rei suae, sed de nativitate obligationis ex erronea propter juris ignorantiam confessione (3). Sententia haec recipi potest, si naturali ratione debeatur, quod quis per ignorantiam juris se debere confessus fuit; non si nullo jure debitum sit, ut supra expendimus (§ 271 et seq.).

§ 869. Confiteri regulariter quis tantum potest contra se, non pro se; alioquin confessus propria sententia absolutus, non condemnatus dicendus esset (4). Si tamen confessio plura contineat capita, quorum aliqua pro confitente probent, puta si fateatur, se mutuam accepisse pecuniam: sed minus probam, confessio in civilibus scindi non potest, idest pro parte probari (5). Aliud obtinet; si Fabro credimus, in judiciis criminalibus, in quibus sentit, confessionem scindi posse (6): sive quia difficilior esse solet probatio criminis, quod tamen sciri, et vindicari publice interest; sive quia in criminalibus de crimine tantum quaeritur, an patratum sit, in civilibus vero de jure litigantis, cui permittendum non est, ut de domo inviti adversarii probationes extrahat (7).

§ 870. Apud omnes sane constat, ex confessione, quae in civili judicio facta sit, sequi posse condemnationem in confessum, licet probationes aliae omnes deficiant (quia confessus pro judicato habetur (8)): atque licet judicium minus legitime institutum sit, tamquam quod sententia vim sumat ex ipsa confessione, non ex figura judicii (9): sed confessio sola facta in judicio criminali non sufficit ad reum condemnandum, nisi prius constet, crimen admissum fuisse, atque tantum dubitetur de persona rei (10); nec auditur vitae taedio, desperatione, aliave caussa, perire volens (11). Excipit Faber crimen, ut ajunt, assassinatus; quippequod semper committitur per insidias, et plerumque in occulto; adeoque sufficit, ut constet de corpore mortuo ex confessione accusati, maxime si plures accusentur, atque omnes confiteantur, sive in tormentis, sive extra tormenta (1).

§ 871. Sed quid, si quis fateatur, hominem a se occisum foisse, adjiciens hoc se fecisse cum moderamine, ut ajunt, inculpatae tutelae, atque ad sui defensionem, nec appareat occisum ab occisore aggressum fuisse? Confessioni, seu assertioni ipsius rei standum est, saltem ut levius puniatur (2); tum quia in dubium viventibus potius favendum est, quam mortuis, tum quia tutius est nocentem absolvi, quam innocentem damnari (3): si autem reus contrariis indiciis urgeatur, torquendus est, subjicit Faber, atque condemnandus, si in tormentis se aggressorem fateatur; absolvendus, si neget (4).

§ 872. Idem fere dicendum de crimine furti; quare, licet is, apud quem reperiuntur multae res, quas probabile sit, inspecta earum qualitate, furto potius, quam alia quacumquae ratione acquisitas, sponte fateatur, a se subreptas fuisse, non tamen ex sola sua confessione tamquam fur condemnari potest, sed necessarium est, ut prius probentur ab aliquo amissae, alioquin subtractae videri non possunt (5); proinde quaestio, an furtum factum sit, duas habet partes: quis amiserit rem, quae dicitur furto subtracta, et quis subripuerit, nec sola possessio rei alienae furtivam rem esse, probat, cum furtum sine animo contrectandi non fiat (6).

§ 873. Cum modis omnibus curandum sit, ut facti veritas habeatur (7), inde infert post alios Faber, judici aliquando permittendum, ut reo promittat impunitatem, si ingenue fateatur: quo facto, et ita extorta confessione, reus non omnimodo absolvendus, sed mitius puniendus sit, si persliterit in eadem confessione, quam tamen retractare potest, quin ex hac variatione torqueri possit (8): subjicit tamen, et merito, bonum judicem cavere debere, quantum facere potest, ut ab hujusmodi agendi ratione abstineat, ne per dolum, et cuniculos boni viri officium implere videatur (9): ideoque regiis sanctionibus districte prohibentur judices, ne sub comminatione, aut impunitatis promissione a' reo confessionem elicere pertentent (10).

(1) argum. l. *Confessionibus* 13 ff. *De interrogat. in jur. faciend.* (11, 1).

(2) l. *Error facti* 8 in fin. ff. *De jur. et fact. ignorant.* (22, 6).

(3) d. l. 13 ff. *De interrogat. in jur. faciend.* (11, 1).

(4) l. 1 ff. hoc tit.

(5) argum. l. *Cum quaeritur* 16 ff. *De administrat. et peric. tutor.* (26, 7); Fab. Cod. hoc tit. lib. 7, tit. 24. def. 1 in princ.

(6) Fab. d. def. 1, n. 1 et seqq.

(7) l. *Nimis grave* 7 Cod. *De testib.* (4, 20).

(8) l. 1 ff. hoc tit.; l. unic. Cod. hoc tit.

(9) argum. d. l. 1 et l. unic.; Fab. Cod. hoc tit. lib. 7, tit 24. d. def 1, n. 5 et seqq.

(10) Fab. d. def. 1, n. 8 et seqq.; argum. l. *Si is, cum quo* 4 ff. hoc tit.

(11) l. 1 § *divi Severus* 17 et § ult. ff. *De quaestionibus* (48, 18); l. *Non tantum* 6 ff. *De appellat. et relationib.* (49, 1).

(1) Fab. Cod. hoc tit. d. def. 1 in not. †.

(2) Ibid. lib. 7, tit. 24. definit, 2 in princ.

(3) l. *Absentem* 5 ff. *De poenis* (48, 19).

(4) Fab. d. def. 2 in fin.

(5) d. l. 1 § *divi* 17 et § ult. ff. *De quaestionibus* (48, 18); Fab. Cod. hoc tit. lib. 7, tit. 24. def. 9 in princ.

(6) l. *Inter omnes* 46 § *recte dictum* 7 ff. *De furt.* (47, 2); Fab. d. def. 9, n. 4.

(7) l. *Curent magistratus* 22 ff. *De testib.* (22, 5).

(8) Fab. Cod. hoc tit. lib 7, tit. 24. def. 8 in princ.

(9) d. def. 8 in in fin.

(10) *Reg. Constit.* lib. 3, tit. 12 § 13.

§ 874. Quod diximus, confessionem in civilibus scindi non posse (§ 868), non impedit, quominus ex propria confessione quis condemnetur, licet collitigator neget, quod alter confessus est, puta si Titius contendat, se commodati caussa equum Maevio tradidisse. Maevius vero fateatur sibi traditum, sed caussa emptionis certo pretio celebratae, Maevius interim condemnandus est, ut Titio pretium solvat, quo equum emisse allegat (1); alioquin Maevius, qui se emptorem profitetur, re simul, et pretio frueretur; quod ab aequitate alienum est (2).

§ 875. Jam innuimus, solam criminis confessionem non sufficere, ut quis tamquam nocens damnetur, nisi delictum admissum fuisse constet, excepto crimine assassinatus (870): in civilibus vero caussis quis ex sola confessione damnari potest, deficientibus etiam caeteris probationibus; atque licet judicium minus legitime institutum sit (d. § 870), immo libellus obscurus et ineptus ab actore sit editus (3). Si non nocet confessio, si per rerum naturam impleri nequeat, quod in illa continetur; puta si quis fateatur se debere rem, quae jam extincta est, putans nondum extinctam (4): quod si peremptam sciret, ad praestandam aestimationem cogi posset (5).

§ 876. Condemnandus quoque videtur, qui in judicio confessus est, certam se alteri pecuniae quantitatem debere, licet caussam debiti non expresserit (6); obligatio quidem sine caussa non subsistit (7), sed cum confessio coram judice facta est, serio, atque considerate facta praesumi debet, adeoque ex praevia caussa, quam forte satius duxerit reticendam: nec obscura, aut incerta dici potest confessio, quae certam habet quantitatis determinationem. Incertum confessus statim pro judicato haberi non potest (8): sed confessionem suam explicare debet (9), eamque sui favore declarare potest (10): sed si recuset, contra ipsum a judice interpretatio fit (11).

§ 877. Ad vim confessionis coram judice factae leges requirunt, ut eadem facta fuerit praesente et accipiente adversario (12), vel aliquo ejus nomine, veluti tutore, curatore aut procuratore (13): si tamen ab absente acceptetur, et rata habeatur; plerique sentiunt, reum ex hujusmodi confessione condemnari posse.

§ 878. Expendendum superest, quae sit confessionis potissimum judicialis vis. In judicio confessus, prout saepe innuimus, pro judicato habetur (1); adeoque judicis partes non aliae sunt, quam ut confessum condemnet (2), quin ulteriore probatione, vel inquisitione opus sit (3); neque judex pronunciare potest ultra id, quod confessione continetur: adeoque secundum qualitates, ut ajunt, confessionis (4); nisi de parte tantum quis confessus fuerit; quo casu licet judici, etiam ultra confessionis verba, reum condemnare, si aliae probationes praesto sint.

§ 879. Hinc quoque sequitur, quod ait Ulpianus, confessos post confessionem tempora quasi ex caussa judicati habere (5): quod tamen non de ipsa confessione, sed de sententia vi confessionis lata accipiendum videtur (6); cum confessus pro judicato quidem habeatur, sed vere talis non sit, nisi post condemnationis sententiam; maxime quia prius non omnino constat, quae sit confessionis vis. Sane et ante latam sententiam modicum tempus confesso indulgendum est, intra quod adversario praestet, quod se debere confessus fuit, prout judici singulis adjunctis pensatis videbitur (7); *neque enim magnum damnum est in mora modici temporis: modicum autem tempus hic intelligendum est, quod post condemnationem reis indultum est* (8).

§ 880. Confessio judicialis in uno civili judicio facta probat etiam in alia inter easdem personas: immo facta in judicio criminali, puta furti, probat etiam in civili (9); aequum omnino est, ut unusquisque suis confessionibus acquiescat (10), quae ratio probat, inter diversas personas gravem adversus confitentem inducere praesumptionem: ex quo plures inferunt, confessionem, seu depositionem alicujus tamquam testis in caussa tertii probare contra ipsum in alia lite etiam pro alia persona, ut saltem gravem ex ea oriri praesumptionem (11). Neque judicialis confessio revocari potest, nisi vi, metu, dolo, vel errore facta probetur (§ 865).

§ 881. Non eadem vis est confessionis extrajudicialis; utpotequae minus serio, et inconsiderate fieri facilius potest; ideoque videtur

(1) Fab. Cod. hoc tit. lib. 7, tit. 24, def. 6.
(2) l. *Julianus* 13 § *offerri* 8 ff. *De action empti* (19, 1).
(3) Voet in ff. hoc tit. n. 2 in fin.
(4) l. ult. ff. hoc tit.; l. *Si is, cujus* 14 § 1 ff. *De interrogat. in jur. facien.* (11, 1).
(5) l. *Julianus* 3; l. *Qui Stichum* 5 ff. hoc tit.
(6) Surdus decis. 309. n. 14 et 15.
(7) l. *Palam est* 2 § *circa primam* 3 ff. *De dol. mal. et met. exception.* (44, 4).
(8) l. *Certum confessus* 6 in princ. ff. hoc tit.
(9) d. l. 6 § 1 ff. hoc tit.
(10) l. *Si quis intentione* 66 ff. *De judic.* (5, 1).
(11) l. *De aetate* 11 § 1 *qui tacuit* 4 junct. § *nihil interest* 7 ff. *De interrogat. in jur. faciend.* (11, 1).
(12) l. *Certum confessus* 6 § *si quis absente* 3 ff. hoc tit.; Fab. Cod. *De probat.* lib. 4, tit. 14, def. 62; Thes. decis. 109, n. 1 et seqq.
(13) d. l. 6 § 3 in fin. ff. hoc tit.

(1) l. 1; l. *Julianus* 3 et passim ff. hoc tit.; l. unic. Cod. hoc tit.
(2) l. *Qui Stichum* 5 § ult. ff. hoc tit.; l. ult. Cod. *De execution. rei judic.* (7, 53).
(3) l. *Post rem judicatam* 56 ff. *De re judicat.* (42, 1).
(4) argum. l. *Tale pactum* 40 § 1 ff. *De pact.* (2, 14).
(5) l. *Certum confessus* 9 § ult. ff. hoc tit.
(6) argum. d. l. ult. Cod. *De execut. rei judicat.* (7, 53).
(7) l. *Si domus* 71 § *in pecunia* 2 ff. *De legat.* I. (30, 1).
(8) l. *Si debitori* 21 in fin. ff. *De judic.* (5, 1).
(9) l. penult. in fin. Cod. *De liberal. causs.* (7, 16).
(10) l. penult. § ult. Cod. *De non numerati pecun.* (4, 30).
(11) V. Surdum decis. 309.

revocari posse usque ad litem contestatam, saltem si justa aliqua caussa ita suadeat (1). Non dubium tamen, quominus praesumptio ex hac confessione oriatur, atque etiam probatio semiplena (2); ita ut si simul concurrat depositio unius testis de facto, de quo disceptatur, plena hinc probatio exurgat, ut diximus supra (§ 488): atque judex aliquando possit jusjurandum suppletorium deferre, inspecta personarum conditione, et rerum adjunctis (3).

§ 882. Quinimmo non immerito tradit Faber, confessionem extra judicium factam plenae probationis vim fere habere, si geminata sit; maxime si agatur de dote; cujus favore receptum est, ut etiam enunciativa verba plene probent (4), non enim tam facile inconsideratio praesumitur in actibus geminatis; dotis autem favor maximus in jure semper habitus fuit (5); ita ut in dubio ipso dote respondendum dicatur (6).

§ 883. Fatentur sane omnes, majorem vim inesse confessioni extrajudiciali, quae coram adversario sit emissa, potissimum si et adsint testes, quia pacti naturam induere videtur (7): nec non illi, quae in scriptis facta sit, cum scriptura contra scribentem plene probet, dummodo constet ab eo scriptam fuisse, quocum contenditur (§ 500), nec tam facile scribens labitur, ac loquens; maturius scripta, quam verba pensari solent.

§ 884. Cum autem morientes, seu qui actus ultimae voluntatis condunt, serio agere, et loqui existimentur (8), hinc major fides adhiberi, et vis tribui debet confessioni, quae in articulo mortis, vel ultimae voluntatis actu fiat, nimirum sustinetur, vel in vim justae confessionis, vel in vim dispositionis alterius favore: atque ideo, si moriens fateatur, debitum sibi solutum fuisse, haeredes amplius petere nequeunt, licet fortasse probent, nullam praecessisse solutionem (9); nisi huic confessioni error caussam dedisset; vel vi, metu, aut dolo extortam constet, vel testator eam revocaverit, prout potest (10).

§ 885. Ad haec si testator, jurejurando adjecto, affirmet, se aliquid debere, scripturae omnimodo fides adhibetur (11): quod si confessio sine jurejurando facta fuerit, sustinetur tamquam fideicommissum (1). Sed haec ita, nisi testator fateatur debita in fraudem legitimae, vel favore personae incapacis (2); ne in potestate testatoris sit alteri nocere, vel legum sanctionem ementito praetextu eludere: quo fundamento constituit Justinianus, ut assertio testatoris jurata de substantiae suae quantitate haeredibus quidem noceat, non vero creditoribus (3).

§ 886. Non vera tantum, sed etiam ficta defuncti confessio, quae per contumaciam inducitur, haeredibus nocet; cum tacite per contumaciam confessus judicato et condemnato aequiparetur (4); atque contumax appellans perinde repellitur, ac confessus (5). Hinc, cum quidam tribus edictis in judicium vocatus, ut depositum restitueret, non comparuisset, ac in poenam contumaciae pro confesso a judice per interlocutoriam sententiam pronunciatus fuisset; eo defuncto, haeredes quasi ad novam instantiam revocati factum depositum, quod nec satis probatum fuerat, negarent, placuit Sabaudis patribus, illos esse condemnandos; quia defunctus, cujus fides in deposito electa fuerat, et cui veritas perspecta erat, passus esset se pro confesso haberi (6).

§ 887. Neque ad rem pertinere, subjicit Faber, visum est, quod non tamquam haeredes confessi, seu contumacis debitoris interpellati fuissent, sed quasi ad novam instantiam invitati; facta iis etiam potestate negandi, quod petebatur (7); etenim hinc quidem actor amiserat commodum interlocutoriae sententiae a judice adversus defunctum prolatae; non vero probationis, quae ex contumacia, indeque ficta confessione defuncti emergebat: nisi simul defuncti haeredes contrariis argumentis depositum factum non fuisse, vel restitutum probaverint.

§ 888. Si defunctus in ultima voluntate certam pecuniae quantitatem, aut certas res sibi deberi significaverit, assertio haec debitum per se non probat (8); *exemplo enim perniciosum est*, subjicit Imperator, *ut ei scripturae credatur, qua unusquisque sibi adnotatione propria debitorem constituit* (9): si tamen testator non affirmet sibi quid deberi ab uno ex haeredibus, et illud in haereditariam ejus portionem velit imputari, puta quae pater impendit in studia filii, fidem huic assertioni adhibendam esse, ut tanto minus capiat ex haereditate, quantum pater asseruit impensum, pu-

(1) l. *Electio* 26 § *neque haeredi* 5 ff. *De noxalib. actionib.* (9. 4); Thes. dec. 109, n. 5.
(2) Fab. Cod. *De probat.* lib. 4, tit. 14, definit. 25 in princ.
(3) d. def. 25 in fin.
(4) d. def. 25, n. 1.
(5) l. *Reipublicae* 2 ff. *De jur. dot.* (23, 3).
(6) l. *In ambiguis* 85 ff. *De reg. jur.* (50, 17).
(7) argum, l. *Tale pactum* 40 ff. *De pact.* (2, 14).
(8) argum. § *impossibilis conditio* 10 Instit. *De haerdib, instituend.* (2, 14).
(9) l. penult. Cod. *De fals. causs. adject. legat.* (6, 44).
(10) Thes. d. dec. 109 in addit. †.
(11) l. *Cum quis decedens* 37 § *Codicillis* 5 ff. *De legat.* 3. (32, 1).

(1) l. *Lucius Titius* 93 § 1 ff. eod. tit.; l. *Aurelius* 28 § ult. ff *De liberation. legat.* (34, 3).
(2) d. l. 37 § 6 ff. *De legat.* 3.
(3) Novell. 48, cap. 1 princ. et § 1.
(4) auth. *qua in provincia* versic. *sed si nec ipse* post l. 2 Cod. *Ubi de criminib. agi oport.* (3, 15); Osasc. dec. 106 †.
(5) l. 1 Cod. *Quor. appellation. non recipiant.* (7, 65).
(6) Fab. Cod. hoc tit. lib. 7, tit. 24, def. 3 in princ.
(7) d. def. 3, n, 3 et seqq.
(8) l. *Rationes* 6 Cod. *De probat.* (4, 19).
(9) l. *Exemplo* 7 Cod. eod. tit,

tat Voetius (1). Plane in hac re sola spectanda est voluntas patris, qui et filium in minori portione instituere potuisset.

§ 889. Post explicatas diversas probationum species commodissimus est, atque opportunus de exceptionibus dicendi locus. Sed quia in Pandectis post ordinarias probationes, quae per testes, vel instrumenta fiunt, agitur de juris et facti ignorantia, propter ignorantiam, ut aliqui putant, facti, quae loco probationis, vel praesumptionis est (2) (quamquam in Codice titulum hic relatus est propter ignorantiam juris post alias juris species), summatim idcirco tradèmus, quae de utraque ignorantia, ejusque effectibus scire praestat.

TITULUS XXIII

DE JURIS ET FACTI IGNORANTIA

Digest. lib. 22, tit. 6) *De jur. et fact. ignorant.*
Cod. lib. 1, tit. 18)

SUMMARIA

§ 890. *Ignorantia est defectus cognitionis, quo fiat, ut ignorans a judicando abstineat. Quo differat ab errore et dubitatione?* — § 891. *Ignorantia juris est vel facti: vincibilis vel invincibilis.* — § 892. *Quaenam sit ignorantia invincibilis, seu inculpabilis; quenam vincibilis?* — § 893. *Ignorantia affectata dicitur, cum quis affectat, seu consultu negligit scire, quae facienda sunt, ut pro arbitrio agat.* — § 894. *Ignorantia juris naturalis quoad prima illius principia, et proximas conclusiones non excusat a crimine.* — § 895. *Quid de conclusionibus juris naturalis remotioribus?* — § 896 *et* 897. *Ignorantia juris civilis universalis excusationem non praestat. Quid de jure civili particulari?* — § 898. *Minores excusat juris ignorantia tum in lucro, tum etiam in damno.* — § 899. *Foeminas in quibusdam caussis juris ignorantia excusat.* — § 900. *Quinam sint casus in jure expressi, in quibus mulierem ignorantia excusationem habeat?* — § 901. *An ignorantia juris civilis noceat mulieri, quae se ipsam detulerit, atque ei, quae commiserit incestum solo civili jure, non gentium prohibito?* — § 902. *Rustici propter juris civili ignorantiam aliquando a poena excusantur, si jus tale sit, quod facile ignoratum a rusticis praesumi possit.* — § 903. *Ignorantia juris civilis in pluribus casibus excusationem militibus praestat.* — § 904. *Quid si malitia in minoribus aetatem superest, vel mulier dolo fidejusserit?* — § 905. *Ignorantia juris civilis excusare potest a poena personas etiam, quibus jus ignorare non permittitur.* — § 906. *Ignorantia juris non nocet suum petentibus, seu in damnis amittendae rei suae.* — § 907. *Ignorantia juris nocet illi, qui rem suam ab alio possessam vindicat, licet errore juris prius existimaverit, eam possessoris esse.* — § 908. *Legata juris errore soluta ultra dodrantem neutiquam repeti possunt.* — § 909. *Ignorantia juris non prodest acquirere volentibus, ne foeminis quidem, utique vero minoribus.* — § 910. *Error facti sive in delictis, sive in civilibus negotiis, sive agatur de damno vitando, sive de lucro captando, excusationem praebet.* — § 911. *Error non tantum impedit, ne factum noceat, sed et efficit, ut aliquando prosit.* — § 912. *Ignorantia supina, vel crassa excusationem non praestat, neque legum indulgentiam meretur, qui solus ignorat, quod omnes in civitate sciunt. Quid de ignorantia affectata?*

§ 890. Ignorantia, quae ab errore, et dubitatione distinguitur, describi potest defectus cognitionis, quo fit, ut ignorans a judicando abstineat: error vero continet assensum falsae propositioni datum; errans enim judicat; sed male, quia judicat contra veritatem. Dubitatio proximior est ignorantiae, quam error; quippe dubitans rei conditiones aliquas perspectas habet, sed non omnes, vel non satis plene, ut ad judicium progredi possit: varii autem sunt dubitationis gradus: qui enim dubitat, aliquando ad unam, aliquando ad aliam partem magis, vel minus flectitur pro rationum, quibus movetur pondere.

§ 891. Multiplex afferri solet ignorantiae divisio: 1. Ratione habita rei, quae ignoratur, alia juris est, alia facti (1): 2. Prout est in homine ignorante, alia dicitur invincibilis, alia vincibilis. Ignorantia juris est ignorantia legum sive naturalium, sive humanarum, veluti si quis ignoret, septem testes idoneos ad vim testamentorum desiderari: facti, veluti si quis sciens solemnitatem hanc in testamentis requiri, ignoret tamen aliquem ex testibus vitio laborare, quo prohibetur, ne testimonium dicat; vel si quis matrimonium affine interdictum sciat, sed ignoret, affinem esse personam, cum qua nuptias contraxit (2).

§ 892. Ignorantia invincibilis, seu inculpabilis illa est, quae communibus naturae vel gratiae auxiliis superari nequit. Vincibilis, quae iisdem auxiliis vinci potest: posterior rursus dividitur in simplicem et crassam, seu supinam, cui addi potest affectata. Simplex ignorantia vincibilis in eo est, qui aliquam adhibet diligentiam, ut ad veritatis cognitionem perveniat, non tamen sufficientem; crassa, seu supina ignorantia laborat, qui

(1) Voet in ff. hoc tit. n. ult. in fin.; argum. l. *Quae pater* 50 ff. *Famil. Erciscund.* (10, 2).

(2) l. *In omni parte* 2 et pass. ff. *De jur. et fact. ignorant.* (22, 6).

(1) l. 1 in princ. et passim ff. hoc tit.

(2) V. l. 1 § 1 et seqq. ff. hoc tit.

nulla, vel fere nulla utitur diligentia; *facti ignorantia*, apposite ad hanc rem Paulus, *ita demum cuique non nocet, si non ei summa negligentia objiciatur; quid enim, si omnes in civitate sciant, quod ille solus ignorat? Et recte Labeo definit, scientiam neque curiosissimi, neque negligentissimi hominis accipiendam: verum ejus, qui, eam rem diligenter inquirendo, notam habere possit* (1). Quibus verbis Jureconsultus vincibilem ab invincibili ignorantia discernit; atque varios vincibilis ignorantiae gradus distinguit.

§ 893. Paulo consentit Ulpianus, ex quo *nec supina ignorantia ferenda est, ut nec scrupolosa inquisitio exigenda*, quia scientia aestimanda sit, *ut neque negligentia crassa, aut nimia securitas satis expedita sit, neque delatoria*, seu qualem habere solent delatores, *curiositas exigatur* (2). Postremo affectata dicitur ignorantia, cum quis affectat, seu consulto negligit scire, quae facienda sunt, ut pro arbitrio agat.

§ 894. De diversis ignorantiae speciebus inquirendum est, an, et quibus casibus excuset. Atque, ut a juris ignorantia exordiamur, si ea juris naturalis sit, quoad prima illius principia, et proximas conclusiones, non autem quoad remotas, non excusat a crimine; quia nec prima principia, puta ne quis alteri faciat, quod sibi fieri non vult, et proximae conclusiones, ne homicidium, ne furtum fiat, invincibiliter ignorantur (3): idem dicendum de religione erga Deum, pietate erga patriam et parentes (4). Hinc poena incestus punitur, qui nurum, novercam, aut privignam cognoverit, licet juris errorem alleget (5).

§ 895. Aliud dicendum de conclusionibus juris naturalis remotioribus; in quibus dari potest ignorantia invincibilis: ut ex eo patet, quod viri doctrina, nec non pietate praestantes in contrarias habeant sententias, licet omnem adhibuerint diligentiam, ut veritatem assequerentur. Hinc quidam existimant, judicem posse accusatum condemnare secundum allegata et probata, licet certo sciat, eum innoxium esse: negant alii. Idem esto judicium de quaestione, an matrimonium inter quasdam personas arcto sanguinis vinculo conjunctas permissum sit, an jure naturali prohibitum.

§ 896. Quoad jus civile attinet, distinguendum est, an sit universale, quod in toto imperio viget, an particulare, quod in aliqua tantum ditionis parte servatur, veluti peculiaris consuetudo, singulare statutum. Ignorantia juris universalis excusationem non praestat, cum subditi omnes curare debeant, ut leges perspectas habeant, atque praescripto earum manifestius cognito, inhibita declinent, praecepta adimpleant (1), non secus ac principium generales constitutiones, quas, ignorare vel dissimulare nemini concessum est (2).

§ 897. Idem dicendum de jure particulari, puta statuto, quoad cives, seu incolas illius loci, quo statutum, vel singularis consuetudo viget; jus hoc incolis aeque notum esse debet, ac caeteris civibus jus universale pro toto imperio latum (§ praeced.), atque cives operam dare debent, ut loci sui leges perspectas habeant (3): sed in civibus alterius loci ignorantia facile excusationem habet, licet juris alioquin periti sint, et esse debeant; nec enim scire tenentur leges; quibus non tenentur ohtemperare (4). Facilius excusationem habere potest ignorantia edicti, quod ex tempore, atque ex singularibus adjunctis feratur (5).

§ 898. Quaedam tamen personae sunt, quibus permissum est jus ignorare, seu quibus juris ignorantia non imputatur aetatis, aut sexus imbecillitate vel militiae favore. Aetatis favor excusat impuberes et minores (6), non tantum in damno, sed etiam in lucro, quo foeminis praestant (7); ita ut si minores juris errore mutuam pecuniam dederint filiofamilias, repetere possint, non obstante Senatusconsulto Macedoniano (8); atque a muliere fidejubente exigere possint, si debitor solvendo non sit, quin eis obstet exceptio Senatusconsulti Vellejani (9).

§ 899. Foeminis quoque propter infirmitatem sexus concessum fuit, ut civile jus impune ignorent, non tamen in omnibus, sed *in quibusdam caussis* tantum (10), quae legibus expressae sunt (11); ita ut in caeteris jure pro maribus constituto utantur, nisi forte minoris aetatis auxilio juventur (12), vel aequitas, et sexus imbecillitas aliud suadeat (13).

§ 900. Quatuor autem sunt casus in jure expressi, in quibus mulierum ignorantia excusationem habet. 1. Si ex sua fidejussione solverint ignorantes Senatusconsulti Velljani beneficium, et solutum tamquam indebitum repetere velint (14). 2. Si mulier legis prohibitionem igno-

(1) l. *Regula est* 9 § *sed facti* 2 ff. hoc tit.
(2) l. *Nec supina* 6 ff. hoc tit.
(3) l. 1 § ult. ff. *De justit. et jur.* (1, 1).
(4) l. *Veluti erga Deum religio* 2 ff. eod. tit.
(5) l. *Si adulterium* 38 princ. et junct. § *quare* 2 ff. *Ad leg. Jul. de adulter.* (48, 5).

(1) l. *Leges sacratissimae* 9 Cod. *De legib.* (1, 14).
(2) l. penult. Cod. hoc tit.
(3) argum. d. l. *Leges sacratissimae* 9 Cod. *De legib.* (1, 14).
(4) argum. *a contrario* d. l. 9.
(5) V. Osasc. dec. 71; ubi de edicto, quo cautum fuerat, ut grana habentes intra certum tempus profiteri tenerentur.
(6) l. *Regula est* 9 ff. hoc tit.
(7) l. *Quamvis* 11 Cod. hoc tit.
(8) l. *Verum* 11 § ult. ff. *De minorib.* (4, 4).
(9) l. *Si apud minorem* 12 ff. eod. tit.
(10) l. *Regula est* 9 in princ. ff. hoc tit.
(11) l. ult. Cod. hoc tit.
(12) l. *Si emancipata* 3; l. *Quamvis* 11 Cod. hoc tit.
(13) argum. l. *Neque leges* 10 et seqq. ff. *De legib.* (1, 3).
(14) l. *Quamvis mulier* 9 Cod. *Ad Senatusc. Vell.* (4, 29).

rans sibi adscripserit dictante filia, vel matre (1): quod et ad patrem dictantem rationis identitas, imo potior ratio extendendum demonstrat, ne in poenam legis Corneliae de falsis incidat (2).

§ 901. Idem favor, ne juris civilis ignorantia noceat, tribus fuit mulieri, quae se ipsam detulerit (3): nec non ei, quae commiserit incestum solo civili jure non gentium prohibito (4): porro jure gentium incestum committit, ait Paulus, qui uxorem ducit ex gradu ascendentium, vel descendentium: qui vero ducit consanguineam ex latere vel affinem, civilis juris incestus reus fit (5): vel quae actionem litigatura non ediderit (6): et similibus casibus, quibus sexus infirmitas commiserationem meretur.

§ 902. Rustici quoque propter juris civilis ignorantiam aliquando a poena excusantur, si jus tale sit, quod facile ignoratum a rusticis praesumi possit: puta si rusticus, non dolo, sed semplicitate corruperit album praetoris (7): si in jus vocatus statim non venerit (8), si litigaturus non ediderit actionem, qua uti vult (9); atque aliis similibus casibus, prout judici, singulis personae, et rerum adjunctis pensatis aequum videbitur.

§ 903. Postremo militiae favor legislatores movit, ut ignorantia juris civilis militibus excusationem in pluribus casibus praestet; puta si miles alienationes sibi competentes omiserit (10): si haereditatem adierit, non implorato beneficio inventarii, nec tamen ultra vires haereditatis tenetur (11): si in testamento sibi adscripserit, a poena excusatur (12): si tempus adeundae haereditatis errore juris praeterlabi passus sit (13): atque etiam milites a poena commssi ob omissas professiones excusantur (14). Si tamen miles degat in loco, ubi copia juris peritorum est, nec armis admodum occupatus sit, vix est, ut ignorantia juris excusetur (15).

§ 904. Minores igitur, mulieres, rustici, milites ob juris civilis ignorantiam a poena immunes saepe sunt; in quo tamen versatur prudens judicis arbitrium; si enim malitia in minoribus aetatem superet (1), si mulier dolo fidejubeat, ignorantia, quam temere allegent, juvari non debet (2); quemadmodum nec prodesse aequum et rusticis, aut militibus: atque judicis est definire, an rustici ignorantia talis sit, quae excusationem mereatur.

(1) l. *Divus Claudius* 15 § *matri* 4 et seqq. ff. *Ad leg. Cornel. de fals.* (48, 10).
(2) l. *Illud quaesitum* 32 ff. *Ad leg. Aquil.* (9. 2).
(3) l. *Ex quibusdam* 2 § ult. ff. *De jur. fisci* (49, 14).
(4) l. *Si adulterium* 38 § *quare* 2 ff. *Ad leg. Jul. de adult.* (48. 5).
(5) l. ult. ff. *De rit. nuptiar.* (23, 2).
(6) l. 1 § ult. ff. *De edend.* (2, 13).
(7) l. *Si quis id* 7 § *doli* 4 ff. *De jurisdiction.* (2, 1).
(8) l. *Ex quacumque* 2 § 1 ff. *Si quis in jus vocat. etc.* (2, 5).
(9) d. l. 1 § ult. § *de edend.* (2, 13).
(10) l. 1 Cod. hoc tit.
(11) l. ult. § ult. Cod. *De jur. deliberand.* (6, 30).
(12) l. penult. Cod. *De his, qui sibi adscrib.* (9, 23).
(13) l. *Regula est* 9 § 1 ff. hoc tit.
(14) l. *Omnibus* 3 Cod. *De vectigalib. et commiss.* (4, 61).
(15) argum. l. *Regula est* 9 § *sed juris* 3 ff. hoc tit.

§ 905. Quinimmo juris civilis ignorantiam etiam favet personis minime exceptis; cum enim ignorantia excludat dolum, nisi affectata sit, vel forte crassa et supina, excusare quoque debet a poenis, quae ob dolum infliguntur; ita ut levioribus poenis ignorans reus subjiciatur. Hinc ex Justiniano, si quis sine dolo malo rem suam ab alio possessam per vim rapuerit, putans hoc domino licere, re quidem sua privatur, sed immunis est a poena quadrupli (3).

§ 906. Quae hactenus diximus, praecipue pertinet ad poenam adversus legum violatores, etiam errore juris lapsos, praestitutam, quae tamen aliquando remittitur minoribus, mulieribus, militibus et rusticis. Si vero de negotiis civilibus agatur, non eadem per omnia a Romanis prudentibus regula statuitur: ait quidem generatim Paulus: *juris ignorantiam cuique nocere* (4): sed Papinianus generalem hanc sententiam explicat, ajens, juris ignorantiam non nocere *suum petentibus* (5), seu in *damnis amittendae rei suae* (6): adeoque reliquum est, ut tantum noceat in damnis rei jam amissae, seu cujus dominium jam translatum sit, atque ita restringenda generalis nimium Pauli sententia (7).

§ 907. Igitur ignorantia civilis juris non nocet illis, qui suum petunt, seu qui certant de vitando damno, quod nondum passi sunt (§ praeced.). Hinc potest qui rem suam ab alio possessam vindicare, licet errore juris prius existimaverit, eam possessoris esse, puta jure usucapionis, quam breviori tempore ad usucapiendum non sufficiente tenuerit: quia certat de re, seu rei dominio non amittendo: praecipuo favore digna semper visa est eorum conditio, qui de damno vitando certant (8).

§ 908. Sed ex Romanarum legum sententia juris ignorantia nocet in damnis amissae rei, idest si quis per errorem juris suae rei dominium in alterum transtulerit, amplius repetere nequit. Hinc traditur, soluta ultra dodrantem juris errore legata neutiquam repeti posse (9), et generatim repetitionem denegari eorum, quae per juris

(1) l. *Si ex caussa* 9 § *nunc videndum* 2 ff. *De minorib.*
(2) l. *Et primo* 2 § *sed ita* 3 ff. *Ad Senatusc. Vellejan.* (16, 1).
(3) § 1 Instit. *De vi bonor. raptor.* (4, 2).
(4) l. *Regula est* 9 ff. hoc tit.
(5) l. *Juris ignorantia* 7 ff. hoc tit.
(6) l. *Error facti* 8 ff. hoc tit.
(7) in d. l. 9 in princ. ff. hoc tit.
(8) l. *Quod autem* 6 § *simili modo* 11 ff. *Quae in fraud. creditor.* (42, 8).
(9) l. *Regula est* 9 § *si quis* 5 ff. hoc tit.

errorem soluta sint (1), quasi donata (2): quod tamen restringendum ad ea, quae jure naturali debita essent, supra demonstravimus (§ 271 et seqq.).

§ 909. Plane aequitati omnino consentanea est altera juris regula, qua traditur, juris ignorantiam non prodesse acquirere volentibus (3), veluti in usucapione (4); nec foeminis quidem (5), utique vero minoribus (6), puta ad adeundam post constitutum adeundi tempus haereditatem (7): major aetatis, quam sexus ratio habita est.

§ 910. Error facti, sive in delictis, sive in civilibus negotiis, sive agatur de damno vitando, sive de lucro captando, excusationem praebet (8); quia facta etiam a prudentissimis viris facile ignorantur (9), atque generatim praesumitur ignorantia facti alieni (10), non sui; quisque enim scire praesumitur, quod gessit, nisi forte longioris temporis mora jam intercesserit, ut oblivio facilis sit (11).

§ 911. Non tantum impedit error, ne factum noceat, sed et efficit, ut aliquando prosit: puta error facti, quo quis credit rei dominum esse eum, a quo comparavit, prodest ad illius dominium usucapione acquirendum (12): sed ut error usucapienti prosit, factum aliquod praecessisse oportet; si enim quis existimaverit, se rem emisse, non tamen emerit, non usucapiet; nisi justam caussam erroris habeat, veluti si mandaverit procuratori, ut emeret; atque procurator ei persuaserit, se emisse (13).

§ 912. Quod dicimus, errorem facti non nocere (§ 910), immo etiam prodesse (§ praeced.). de errore probabili accipiendum est: ignorantia supina, vel crassa excusationem non praestat (14); *quid enim, si omnes in civitate sciant*, apposite Paulus jureconsultus, *quod ille solus ignorat?* (15); legum indulgentiam non meretur, qui tali laborat ignorantia: multo minus excusat ignorantia affectata (§ 893); alioquin ignorans ex dolo suo emolumentum referret; quod recte rationi adversatur (16). Sed de his satis. Sequitur disputatio de exceptionibus, quae adversus actoris probationes a reo plerumque objiciuntur.

(1) l. *Cum quis jus* 10 Cod. hoc tit.
(2) l. *Cujus per errorem* 53 ff. *De reg. jur.*
(3) l. *Juris ignorantia* 7 ff. hoc tit.
(4) l. *Juris ignorantiam* 4 ff. hoc tit.
(5) l. *Error facti* 8 ff. hoc tit.
(6) l. *Quamvis* 11 Cod. hoc tit; l. *Non omnia* 44 ff. *De minorib.* (4, 4).
(7) l. *Quod si minor* 24 § *Scaevola* 2 ff. eod. tit. *De minor.*
(8) l. *Error facti* 8 ff. hoc tit.; l. *Error* 7 Cod. h. t.
(9) l. *In omni parte* 2 ff. hoc tit.
(10) d. l. 2; junct. l. *Plurimum interest* 3 ff. hoc tit.
(11) l. *Cum fideicommissum* 7 ff. *De confessis* (42, 2).
(12) l. *Juris ignorantiam* 4 ff. hoc tit.
(13) l. *Quod vulgo* 11 ff. *Pro emptore* (41, 4).
(14) l. *Nec supina* 6 ff. hoc tit.
(15) *Regula est* 9 § *sed facti* 2 ff. hoc tit.
(16) l. *Non fraudantur* 134 § 1 ff. *De reg. jur.* (50, 17).

TITULUS XXIV.

DE EXCEPTIONIBUS

Instit. lib. 4. tit. 13 *De exceptionib.*
Digest. lib. 44. tit. 1 *De exceptionib. praescriptionib. et praejudiciis.*
Cod. lib. 8. tit. 36 *De exceptionib. seu praescription.*

SUMMARIUM

§ 913. *Quae sint de exceptionibus tractanda?*

§ 913. De exceptionibus generatim in hoc titulo haec sunt investiganda. 1. Quid sit exceptio; quo differat ab actione, et replicatione. 2. Quae sint exceptionum diversae species. 3. Quibus prosint exceptiones, seu per quos objici possint, et quibus casibus. 4. Quo tempore objici in judicio debeant. 5. Quis sit oppositae exceptionis effectus. 6. et postremo explicabimus, quid praescriptionum, et praejudiciorum nomine, de quibus inscriptus est titulus Digestorum, intelligatur.

CAPUT I.

Quod et quotuplex sit exceptio.

SUMMARIA

§ 914. *Exceptio nihil aliud est, quam exclusio actionis summo jure competentis, seu proposito excludens intentionem actoris.* — § 915. *Exceptio nulla stricte datur sine actione summo jure valida, quae et in judicium deducta sit.* — § 816. *An debitor hodie neque conventus, neque diffamatus judicem adire possit, ut pronunciet, exceptionem ipsi competere adversus creditorem?* — § 917. *Exceptio differt ab actione; neque sub actionis verbo continetur, nisi latissimo sensu.* — § 918. *Exceptiones perpetuae sunt, licet actio ex eadem caussa descendens temporalis sit.* — § 919 *et* 920. *Reus diversis defensoribus, seu exceptionibus simul uti potest, quamvis diversae sint, nisi lex impediat: actor una tantum actione ejusdem rei nomine. Quid si exceptiones contrariae sint?* — § 921 *et* 922. *Reus apud nos in prima comparatione proponere debet exceptiones suas, actor simul petitiones suas.* — § 923. *Cum exceptiones a reo allegatae justae non sunt, alia allegatione opus est ex parte actoris, quae replicatio vocatur.* — § 924. *Replicatio nihil aliud est, quam exceptio actori competens, ut rei exceptiones excludere possit.* — § 925. *Exceptiones dividuntur in civiles et praetorias: peremptorias et dilatorias: reales et personales: praejudiciales et non praejudiciales: juris et facti.* — § 926. *Civiles exceptiones sunt, quae descendunt ex le-*

gibus, vel iis, quae legis vicem obtinent; praetoriae, quas praetor pro sua jurisdictione introduxit. — § 927. *Peremptoriae dicuntur, quae semper agentibus obstant, et semel oppositae actionem perpetuo excludunt.* — § 928. *Exceptiones dilatoriae et temporales sunt, quae actionem non excludunt, sed ad tempus tantummodo differunt.* — § 929. *Personae judicium constituentes aliae dicuntur principales, accessoriae aliae. Quaenam sit exceptio, quae ex persona judicis competere potest?* — § 930 *et* 931. *Quaenam exceptiones peremptoriis contineantur, et quae ad dilatorias referantur?* — § 932. *Exceptio ordinis, seu excussionis fidejussoribus competens dilatoria, vel peremptoria esse potest* — § 933. *Exceptio falsi procuratoris peremptoria est, si objiciatur defectus mandati: dilatoria si obstet personae conditio.* — § 934. *Quaenam sint exceptiones reales, quaeve personales?* — § 935. *Exceptiones mixtae appellantur, quae partim in rem, partim in personam snnt, seu quae tum caussae, tum personae cohaerent.* — § 936. *Exceptiones praejudiciales sunt illae, quarum una alteri praejudicium infert.* — § 937 *et* 938. *Quae sint hujusmodi exceptionum exempla?* — § 939. *Actor impugnare non tenetur diversas simul rei exceptiones; atque petere potest, ut imprimis definiantur exceptiones, quae aliis praejudicium inferunt.* — § 940. *Exceptiones facti sunt, quibus negatur, actionem ullam actori competere: juris exceptiones supponunt actionem summo jure validam, sed aequitate elidendam.*

§ 914. Exceptio, si strictam juris Romani rationem inspiciamus, definienda est, exclusio actionis summo jure competentis, seu proposito rei excludens intentionem actoris (1); aliquando enim contingit, ut actor, summo jure inspecto, vincere debeat; aequitate tamen prae oculis habita, reo favendum sit (2): puta si reus, metu coactus, vel dolo inductus stipulanti promiserit, quod promittere non tenebatur (3).

§ 915. Cum exceptio a reo objiciatur, ut excludat intentionem actoris, sponte sequitur, nullam dari exceptionem sine actione summo jure valida, quae et in judicium deducta sit; nec enim excludi potest intentio ejus, qui actionem nullam habet, vel eam in judicio non allegat. Atque hinc nec exceptio non numeratae pecuniae opponi potest intra biennium creditori ex chirographo non agenti; sed tantum licet debitori querelam apud judicem adversus factum creditorem manifestare, si hic absens sit, quo exceptio post statutum biennii tempus salva permaneat (4); vel a praesente

(1) l. *Exceptio* 2 ff. hoc tit.
(2) princ. Instit. hoc tit.
(3) § 1 Instit. hoc tit.
(4) l. *In contractibus* 14 § ult. Cod. *De non numerat. pecun.* (4, 30).

falso creditore chirographum obligationis condicere (1).

§ 916. Hodiernis tamen fori moribus obtinet, si quibusdam assentimur, ut debitor neque conventus, neque diffamatus judicem adire possit, ejus officium imploraturus, ut pronunciet, vocato utique adversario, ipsi exceptionem competere, atque liberum esse ab actione, quae creditori adversus ipsum aliquando competiit, vel competere possit (2), quod aequitate suadente receptum fuit, ne quis in perpetuum de juribus suis tuendis sollicitus esse cogatur.

§ 917. Exceptio differt ab actione, ita ut sub actionis verbo non contineatur (3): quamquam actionis late sumpto nomine exceptiones venire possunt, quatenus agere etiam videtur is, qui exceptione utitur; cum excipiendo actor fiat, quia exceptionem suam reus, non secus ac actor actionem, seu actionis fundamentum probare tenetur (4).

§ 918. Exceptiones perpetuae sunt, licet actio ex eadem caussa descendens temporalis sit (5); quia, ut scite animadvertit Paulus, actor quidem in sua potestate habet, quando utatur suo jure; is autem, cum quo agitur, non habet potestatem, quando conveniatur, atque excipiat (6).

§ 919. Praeterea reo licet pluribus defensionibus, seu exceptionibus simul uti, quamvis diversac sint (7), nisi lex impediat (8): puta jurisjurandi, et pacti de non petendo (9): contra actor una tantum actione ejusdem rei nomine, si plures concurrant, uti potest ex jure Romano (10); nisi incertum sit, qua actione experiri liceat, vel de possessorio simul, et petitorio judicio instituendo apud eundem judicem sermo sit (§ 25): quamquam usu fori ex sanctione juris canonici receptum, ut plures actiones simul cumulare liceat, nisi contrariae sint (§ 26 et 27).

§ 920. Exceptiones diversae simul proponi possunt, nisi lex impediat (§ praeced.); prout justa ratione vetitum, ne quis simul excipiat, socium non esse, et gaudere beneficio competentiae (11); neve fidejussor, qui se fidejussisse neget, divisionis beneficio gaudeat (12), neve quis simul excipiat solutionem, et neget numeratam sibi fuisse pecuniam (13). Ex quo patet, diversas

(2) l. ult, Cod *De condiction. ex leg.* (4. 9).
(2) Voet *in Pandect.* hoc tit. n. 2 ver. in princ.
(3) l. *Verbum* 8 § 1 ff, *De verb. signif.* (50, 16).
(4) l. 1 ff. hoc tit.
(5) l. *Licet* 5 Cod. hoc tit.
(6) l. *Pure mihi* 5 § ult, ff. *De dol. mal. et met. exceptionn.* (44, 4).
(7) l. *Nemo prohibetur* 8 ff. hoc tit.
(8) l. *Nemo ex his* 43 ff. *De reg. jur.*
(9) l. *Is, qui dicit* 5 ff. hoc tit.; l. *In exceptionibus* 19 ff. *De probationib.* (23, 3).
(10) d. l. 43 § 1 ff. *De reg. jur.*
(11) l. *Si unus* 67 § ult. ff. *Pro soc.* (17, 2); l. *Sed hoc ita* 22 § 1 ff. *De re judicat.* (42, 1).
(12) l. *Si dubitet* 10 § 1 ff. *De fidejussorib.* (46, 1).
(13) auth. *contra*, post l. 4 Cod. *De non numerat. pecun.* (4, 30).

quidem exceptiones simul objici posse, non tamen contrarias, licet id aliqui affirment.

§ 921. Romano juri, et fori usui (§ 918) superadditum est municipali, qua utimur, lege; cum non tantummodo concessum, sed praescriptum, ut reus in prima, ut ajunt, comparitione, seu vadimonii praestatione teneatur proponere exceptiones suas, et simul producere et deducere, quidquid ad illarum probationem necessarium est (1); atque actori eadem injuncta est obligatio, ita ut distincte proponere debeat in primo libello petitiones suas, et simul producere, deducere, et requirere, quidquid ad eas firmandas prodesse potest (2).

§ 922. Sed quid dicendum, si reus, et actor huic legi non paruerint? Nullum ne erit judicium, et sententia deinceps prolata? Nequaquam (3); sed omissa in primo libello ab actore, vel reo in judicii progressu allegari possunt; etenim ex communi, et aequiori sententia, nullum quidem est, quod fit contra legem prohibentem (4); non quod fit contra disponentem, seu quae judicii modum, et seriem disponit, nisi lex ita nominatim praescribat, vel appareat dispositionis modum ad necessariam solemnitatem pertinere.

§ 923. Quia exceptiones a reo allegatae non semper justae sunt, idcirco alia allegatione opus est ex parte actoris, *quae replicatio vocatur; quia per eam replicatur, atque resolvitur jus exceptionis* (5): puta si primum pactus sit creditor cum debitore, ne ab eo petat, sed deinceps rursum convenerit, ut petere liceat; debitoris prius pactum objicientis exceptio pacti posterioris replicatione ab actore eliditur (6).

§ 924. Ex his patet, replicationes nihil aliud esse quam exceptiones actori competentes, ut rei exceptiones excludere possit (7). Si replicatio minus aequa sit, reo competit adversus illam alia exceptio, quae duplicatio a Justiniano (8), triplicatio ab Ulpiano (9) vocatur; utroque nomine appellari potest, prout prima rei exceptio computatur, vel ab actoris exceptione initium sumitur: atque rursus actor adversus iniquam duplicationem rei habet aliam exceptionem, quae triplicatio vocanda est, vel quadruplicatio et ita deinceps (10): parum interest de nomine, dummodo de re constet.

(1) *Reg. Constit.* lib. 3, tit. 6, § 2.
(2) Ibid. lib. 3, tit. 5, § 1.
(3) V. *Pratic. Legal.* part. 2, tom. II, pag. 358, § 10 et seqq.
(4) l. *Non dubium* 5 princ. et § 1 Cod. *De legib.* (1, 14).
(5) princ. Instit. *De replicationib.* (4, 14); l. *Exceptio* 2 § 1 ff. hoc tit.
(6) d. princ. Instit. *De replicat.*
(7) d. l. 2 § 1; l. *Exceptio* 22 § 1 ff. hoc tit.
(8) § 1 Instit. *De replicat.*
(9) d. l. 2 § *sed et contra* 3 ff. hoc tit.
(10) § *et si rursus* 2 Instit. *De replicat.*; d. l. 2 § 3 ff. hoc tit.

§ 925. Triplex exceptionum divisio a Justiniano traditur. Prima est in civiles et pretorias (1). Altera in peremptorias, seu perpetuas, atque dilatorias, seu temporales (2). Tertia exceptionum divisio est in reales et personales (3), ad quas referuntur mixtae quaedam exceptiones. His divisionibus aliqui quartam adjciunt in exceptiones praejudiciales et non praejudiciales, juris et facti.

§ 926. Civiles exceptiones dicuntur, quae descendunt ex legibus, vel iis, quae legis vicem obtinent, nimirum constitutionibus Principum, Senatusconsultis, et plebiscitis. Praetoriae sunt, quas praetor pro sua jurisdictione introduxit. Ex legibus descendit exceptio rei judicatae: ex Principum constitutionibus, quae competunt ex caussa praescriptionis triginta, vel quadraginta annorum. Senatusconsultis accepto feruntur exceptiones Senatusconsulti Trebelliani, Macedoniani et Vellejani. Ex plebiscitis profluit exceptio legis Falcidiae. Pretoriae exceptiones sunt, quae competunt metus caussa, pacti, doli, jurisjurandi.

§ 927. Peremptoriae exceptiones, quae omnes perpetuae sunt, praeter exceptionem non numeratae pecuniae, quam Justinianus biennio conclusit (4), dicuntur, quae semper agentibus obstant, et semel oppositae actionem perpetuo excludunt, quales sunt exceptiones doli mali, quod metus caussa, et pacti de non petendo (5). Haec autem duplicis sunt generis: aliae litis ingressum impediunt, nempe rei judicatae, transactionis, et laudi, et ideo dicuntur *litis finitae*. Caeterae non impediunt, et *litis non finitae* exceptiones vocantur (6).

§ 928. Dilatoriae et temporales sunt exceptiones, quae actionem non excludunt, sed ad tempus tantummodo differunt, vel ex natura sua, vel ex persona (7), seu personis judicium constituentibus. Ex natura sua dilatoriae, et temporales sunt exceptiones pacti conventi, si nempe convenerit, ne intra certum tempus petatur (8). Olim qui ante tempus petebat, jus suum amittebat, ita ut nec post constitutum tempus ei agere liceret; sed hodie ex Justiniano duplum tempus competit debitoribus ante tempus interpellatis, nec actori post hoc tempus experiri permittitur, nisi prioris litis expensis omnibus debitori restitutis (9): usu fori litis quidem impensae restituuntur, sed temporis duplicatio non viget.

(1) § *quarum quaedam* 7 Instit. hoc tit.; l. *Exceptio* 2 § ult. ff hoc tit.
(2) § *appellantur autem* 3 Instit. hoc tit.
(3) § ult. Instit. *De replicationib.* (4, 14).
(4) l. *In contractibus* 14 Cod. *De non numerat. pecun.* (4, 30).
(5) § *perpetuae* 9 Instit. hoc tit.; l. *Exceptiones* 3 ff. hoc tit.
(6) cap. 1 et ult. extra *De lit. contestat. in* 6 (2, 3).
(7) § *temporales* 10 Instit. hoc tit.; l. *Exceptiones* 3 ff. hoc tit.
(8) d. § 10 Instit. hoc tit.; d. l. 3 ff. hoc tit.
(9) d. § 10 in med. Instit. hoc tit.

§ 929. Personae judicium constituentes, vel sunt principales, vel accessoriae: principales sunt judex, actor et reus. Accessoriae sunt procuratores et defensores. Ex persona judicis potest competere exceptio fori minime competentis quae speciali nomine exceptio *declinatoria* appellatur; vel suspecti judicis, qui idcirco recusatur. Ex persona actoris, vel rei, si alteruter impubes sit, vel minor sine tutore, aut curatore, qui ei assistat, vel eum defendat; vel filiusfamilias in bonis, pro quibus, non nisi auctoritatem praestante patre, agere permittitur. Procuratori objici potest, vel quod procuratoris munere generatim fungi nequeat, veluti miles, aut mulier (1), vel quod necessario mandato careat.

§ 930. Peremptoriis exceptionibus ex communi sententia annumerantur exceptiones doli mali, quod metus caussa, pacti de non petendo (§ 927), praescriptionis, Senatusconsulti Macedoniani et Vellejani, jurisjurandi, rei judicatae, transactionis, divisionis; et si latius sumatur exceptionis verbum, solutionis, solemnis depositionis et obsignationis pecuniae debitae, novationis, delegationis, acceptilationis, compensationis; nec non quae competunt vi sanctionum ab imperatoribus Anatasio et Justiniano latarum (2), apud nos inter peremptorias exceptiones referri debere, constitutum est (3), seu quibus agitur de cessione rei litigiosae.

§ 931. Ad dilatorias vero referuntur exceptiones pacti de non petendo intra certum tempus (§ 928): fori non competentis, recusationis judicis, aetatis, seu legitimationis personarum, falsi procuratoris (§ 929), feriarum, contumaciae, veniae non impetratae, justi impedimenti, rescripti moratorii, libelli obscuri et inepti, cedendarum actionum, satisdationis, et his similes: nec non spolii; quippequae litem non perimit, sed tantummodo differt, donec spoliatus in pristinum statum restitutus fuerit (4).

§ 932. Ordinis, seu excussionis exceptio, quae competit fidejussoribus, dilatoria, vel peremptoria esse potest (5): dilatoria tantum, si principalis debitor non sit solvendo; quo ideo excusso, regressum habet creditor ad fidejussorem (6): peremptoria vero, si debitor facultatibus idoneus sit, atque solvendo; quippequo casu ad fidejussorem creditor perperam rediret (7): quare exceptio haec a quibusdam anomala dicitur.

§ 933. Exceptio falsi procuratoris duplex esse potest; vel quia mandatum nullum habeat is, qui se procuratorem dicit; vel quia procurator esse nequeat, qui se talem allegat, puta quia minor, miles, vel foemina. Si procuratori objiciatur defectus mandati, exceptio haec peremptoria est; quia cum eo judicium nullatenus consistit (1): sed si procuratori mandatum habenti obstet personae conditio, putat Faber, exceptionem hanc dilatoriam esse, atque ob id post litem contestatam objici posse (2): quia judicium cum his consistere possit, si ab adversario sponte admittantur, prout de minore diximus (3).

§ 934. Reales exceptiones sunt, quae caussae, vel rei cohaerent; proinde haeredibus et fidejussoribus prosunt (4); tales sunt exceptiones pacti conventi, rei judicatae, doli mali, Senatusconsulti Macedoniani, Vellejani et similes (5). Personales adhaerent personae, nec haeredibus, aut fidejussoribus prosunt (6); talis est exceptio beneficii, ut ajunt, competentiae, seu ne quis teneatur ultra id, quod facere potest, deducto ne egeat; vel cessionis bonorum (7).

§ 935. Mixtae exceptiones appellantur illae, quae partim in rem, partim in personam sunt, seu quae tum caussae, tum personae cohaerent: puta exceptio minoris aetatis minorum quoque haeredibus competit, non fidejussoribus (8), nisi fidejusserint tamquam pro majore (9): beneficium competentiae, cum de restituenda dote post solutas nuptias tractatur, marito quidem datur, non vero haeredibus, si extranei sint, ut alibi diximus (10); utique vero si sui, idest liberi (11).

§ 936. Praejudiciales exceptiones sunt illae, quarum una alteri praejudicium infert. Fingamus, Titium tamquam Maevii haeredem conveniri ad solutionem certae quantitatis mutuo datae Maevio a Sempronio, conveniri, inquam, a Gajo, qui creditoris Sempronii se cessionarium allegat. Titius excipere potest: 1. Se Maevii haeredem non esse. 2. Non satis constare de cessione, vel eam viribus destitui. 3. Actionem temporis lapsu praescriptam esse. 4. Obstare petitioni actoris Senatusconsultum Macedonianum; quia Maevius sub patris potestate constitutus esset, cum mutuam a Sempronio pecuniam accepit (12).

§ 937. Prima Titio exceptio praejudicialis est, quae idcirco omnium prima definiri debet; si enim Maevii haeres non sit, perperam convenitur ad solvendum aes alienum ab eo contractum, licet cessio constet, actio tempore perempta non sit, nec obligatio in Senatusconsultum Macedo-

(1) § ult. Instit. hoc tit.
(2) l. *Per diversas* 22 et l. sequ. Cod. *Mandati* (4, 35).
(3) *Reg. Constit.* lib. 3. tit. 8. § 4.
(4) Voet *in Pandect.* hoc tit. n. 4.
(5) Fab. Cod hoc tit. lib. 8, tit. 24, def. 1 in princ.
(6) d. Novell. 4. cap. 1, fer. in princ.
(7) Ibid. in princ.

(1) l. *Licet* 24 Cod. *De procuratorib.* (2, 13); Fab. Cod. hoc tit. lib. 8, tit. 24. def. 40 in princ.
(2) Fab. Cod. hoc tit. d. def. 40 in fine.
(3) V. supra § 47. 48 et 49.
(4) l. *In omnibus* 68; l. *Privilegia quaedam* 196 ff. *De reg. jur.* (50. 17).
(5) § ult. Instit. *De replicat.* (4. 14); l. *Exceptiones* 7 § 1 ff. hoc tit.
(7) d. l. 68 et 196 ff. *De reg. jur.*
(6) d. § ult. in med; d. l. 7 in princ. ff. hoc tit.
(8) l. *In caussae cognitione* 13; junct. l. *Minor autem* 18 § ult. et l. sequ. ff *De minorib.* (4. 4).
(9) argum. l. *Si Titius* 48 § 1 ff. *De fidejussorib.* (46, 1)
(10) V. vol. I. lib. 2. pag. 1084. § 3864 ad 3871.
(11) d. vol. I. lib. 2, pag. 1085, § 3871.
(12) l. 1 et passim ff. *De Senatusc. Macedon.* (14, 6).

nianum impingat. Quod si judex, caussa cognita, pronunciet, Titium Maevii haeredem esse, non tamen statim condemnandus est, ut solvat Gajo, nisi Gajus cessionem rite factam fuisse demonstret. Prima exceptio reum conventum ab obligatione subducit, secunda jus actoris excludit.

§ 938. Fingamus, etiam Gaji favore, quod ad vim cessionis pertinet, pronunciatum a judice fuisse, statim succedit praescriptionis quaestio; etenim, data licet haereditaria Titii qualitate et cessionis pro Gajo vi, nulla remanet solvendi obligatio, si temporis a lege constituti lapsu extincta sit. Postremo, si constet, nondum completum esse praescriptionis tempus, potest adhuc se defendere Titius exceptione Senatusconsulti Macedoniani (1), quae in rem est, atque haeredibus prodest (§ 930).

§ 939. Cum reus conventus possit exceptiones omnes, quas habet, simul proponere (§ 919), nisi contrariae sint (§ 920): modo autem commemoratae exceptiones diversae quidem sint, non tamen contrariae, nemo dubitat, quominus omnibus simul uti liceat: actor tamen, ne inanibus sumptibus vexetur, jure desiderat, ut in primis definiantur exceptiones, quae aliis praejudicium inferunt; nisi forte malit omnes simul rei exceptiones impugnare, ad vitandam sententiarum multiplicitatem.

§ 940. Exceptiones facti quidam vocant illas, quibus negatur, actionem ullam actori competere, puta solutionis, novationis, compensationis; quia per solutionem (2), novationem (3), et compensationem ipso jure tollitur obligatio (4). Juris vero exceptiones, quae proprie hoc nomine veniunt, sunt illae, quae supponunt actionem summo jure competentem, sed quae aequitatis praesidio destituitur, puta exceptio beneficii ordinis, et divisionis pro fidejussoribus (5).

CAPUT II.

Quibus competat jus objiciendarum exceptionum, et quibus casibus.

SUMMARIA

§ 941. *Exceptiones objici possunt ab illis, qui in judicio conveniuntur, et quorum interest jus actoris infirmari. Ordinis exceptio nudo detentori non competit.* — § 942. *Debitor ordinis exceptionem objicere nequit, licet possessoris defensionem suscipiat.* — § 943. *Excussionis beneficio gaudet possessor, licet debitor aliter convenerit cum creditore.* — § 944 et 945. *Quid de creditore posteriore ab anteriore convento?* — § 946. *Tertius possessor non cogitur indicare bona, quae excuti possunt, nisi prius facta per creditorem diligenti perquisitione. Quid si sponte indicaverit?* — § 947. *An judex decernere possit, ut litigatores imprimis consentiant de bonis excutiendis? Quid si quaedam prius excuti jusserit?* — § 948. *Si debitor absit, bona, quae in provincia reliquit, excuti possunt, quin curator iis detur; denuntiata tamen possessori venditione.* — § 949. *Pecunia redacta ex bonorum venditione praesumitur pervenisse ad creditores.* — § 950. *Quid si curator asserat, liberos defuncti debitoris haereditatem repudiasse?* — § 951. *Exceptio non factae excussionis denegatur creditori posteriori agenti adversus debitorem suum, si prior creditor liti interveniat.* — § 952 et 953. *Venditor ad rem defendendam evocatus exceptione excussionis ex persona emptoris uti non potest. Quid de posteriore caussam habente ab eo, qui jam alteri condemnatus fuit?* — § 954. *Exceptio excussionis plerumque objici nequit odio eorum, qui bona fide et justo titulo possident. An primus possessor condemnatus adversus posteriores quoscumque pro arbitrio agere possit?* — § 955 et 956. *Debitor principalis excutiendus est, donec appareat, illum non esse solvendo. Levior sufficit excussio posteriorum possessorum.* — § 957. *Quae sit hujusce discriminis ratio?* — § 958. *Creditor hypothecaria reconventus exceptionem non factae excussionis habet.* — § 959. *An exceptio excussionis competat fidejussori, qui cum mercatore contraxit?* — § 960. *Quid de exceptione cedendarum actionum?* — § 961. *Exceptio de persona rei, puta quod sit haeres cum beneficio inventarii, ab allegante probanda est* — § 962. *Exceptio doli, et simulationis competit etiam successoribus singularibus contra cessionarium atque cedentem.* — § 963. *Exceptiones, quae efficiunt judicium retro nullum, veluti defectus mandati in procuratore, a judice ex officio suppleri possunt.* — § 964 et 965. *Exceptio de jure tertii admittitur, si excludat jus agentis: nisi inde deterior fiat tertii conditio.* — § 966. *Quid si exceptio haec jus agentis non excludat, nisi velit tertius, de cujus voluntate non constet?* — § 967. *Exceptio peremptae instantiae non prodest ei, qui non fecit, quod ultima judicis interlocutione facere jussus fuit.*

§ 941. Exceptiones generatim objici possunt ab illis, qui in judicio conveniuntur, et quorum interest, jus actoris infirmari, non a caeteris. Hinc, ut exemplis res clarior fiat, exceptio ordinis, seu excussionis, quae tertiis possessoribus hypothecaria conventis datur (1), non

(1) d. l. 1 et passim ff. *De Senatusc. Macedonian.* (14, 6).
(2) princ. Instit. *Quib. mod. tollit. oblgat.* (3, 30).
(3) § *praeterea* 3 Instit. eod. tit.
(4) l. *Unusquisque* 2 ff. *De compensationib.* (16, 2).
(5) § *si plures* 4 Instit. *De fidejussorib.* (3, 21); Novell. 4. cap. 1.

(1) auth. *hoc si debitor* post l. 24 Cod. *De pignorib.* (8, 14)

juvat nudum detentorem, qui vel nullo modo possidere intelligitur, vel non sibi, sed alteri possidet, qualis est conductor, depositarius, commodatarius: quia hi non possident: sed tantum in possessione sunt (1); nec nudum possessorem, sive, qui nullam dicere potest suae possessionis caussam (2); etenim in his personis locum non habet aequitatis favor, qui pro justis possessoribus hanc exceptionem induxit. Ergo possessor, ut se defendat contra creditorem hypothecaria agentem, probare debet se bonae fidei possessorem esse, atque exhibere titulum suae possessionis (3).

§ 942. Nec exceptione hac uti potest debitor, licet a possessore hypothecaria convento tamquam actor laudetur, atque ipse defensionem possessoris suscipiat, licet alias defensor utatur iis omnibus exceptionibus, quae reo competunt (4); cum rei vices suscipiat (5): immo nec possessor hoc beneficio uti potest, si unus sit ex debitoribus, licet in solidum actione Serviana conveniatur, quia pignoris caussa individua est (6).

§ 943. Sed tertius possessor excussionis beneficio gaudet, licet creditor, cum pignoris conventio facta fuit, pactus sit, ne bonorum debitoris excussionem ullo casu facere cogeretur; quia possessor beneficium hoc a lege habet, non a debitore; nisi adjecta fuerit clausula constituti (7), ex qua creditor fit possessor (8), atque creditor Justinianeae constitutionis beneficium imploret (9): quod tamen apud nos non servari, alibi demonstravimus (10). Idem sane dicendum favore possessoris, licet inter creditorem et debitorem convenerit, ut creditori liceat corporalem rei possessionem apprehendere, ad quemcumque pignus pervenerit (11): quia hujusmodi pactum extra dominii alienationem initum non censetur rem afficere, sed tantummodo personam contrahentium.

§ 944. Eadem excutiendi prius debitoris exceptio competit creditori posteriori rem anteriori obligatam non nisi pignoris titulo possidenti, si ab anteriore conveniatur (12), quia vere sibi possidet, non debitoris nomine, nisi quoad caussam usucapionis (13).

§ 945. Neque posteriori creditori nocet, quod prior alleget, contractam per eum antichresim in fraudem legitimarum usurarum, ita ut ex fructibus longo tempore ultra modum perceptis, atque in sortem computandis sors absorpta, et soluta videatur; dummodo alia bona sint, ex quibus creditori anteriori satisfieri possit (1); haec enim exceptio debitoris caussam respicit, non creditoris (2). Plane si alia non sint bona, ex quibus prior creditor aeque commode suum consequi possit, permittendum ei est, ut rescindat, quod perperam a debitore gestum est, quatenus indemnitatis suae ratio postulat (3); cum creditor anterior omnia debitoris bona obligata habeat; adeoque etiam jus dicendi nullum contractum usurarium a debitore celebratum (4), vel redimendi fundum; quod debitor sibi reservavit (5).

§ 946. Tertius possessor, vel quivis alius objiciens exceptionem non factae excussionis non cogitur indicare bona, quae excuti possint, nisi prius facta per creditorem diligenti perquisitione (6); si tamen sponte indicaverit, hactenus sibi nocet, ait Faber, ne creditor alia excutere teneatur, quam quae indicata sunt, quia specialis indicatio tollat necessitatem generalis inquisitionis (7), atque verosimile sit, possessorem ea omnia indicasse, quae excuti possent, ut ex eorum venditione creditori satisfiat, atque ipse liber sit: proinde, si creditori ex excussis satisfactum non sit, possessor pati debet venditionem eorum, quae possidet, nisi paratus sit alia indicare (8): cum nihil intersit creditoris, ex quibus bonis suum consequatur (9); nec nisi in subsidium, atque necessitate impellente bona a legitimis possessoribus auferenda sint (10).

§ 947. Potest tamen judex, si ita videatur, decernere, ut litigatores, si fieri possit, ante omnia consentiant de rei veritate, nimirum an bona aliqua sint, quae excuti possint, adjecto etiam jurejurando purgationis et de calumnia, nisi malit possessor vacantia indicare (11): nec ulla possessori fit injuria, quia onus faciendae excussionis irrogabitur, licet non indicet, quaenam, et ubi sint (12). Plane si judex bona quaedam excuti jusserit, e quorum pretio sperabatur commode

(1) l. *Si quis ante* 10 § 1 ff. *De acquirend. possession.* (41, 2).
(2) Fab. Cod. hoc tit. lib. 8, tit. 24, def. 3.
(3) Ibid. def. 31.
(4) Ibid. def. 4 in princ.
(5) l. *Sed haec personae* 35 § *defendere* 3 ff. *De procuratorib.* (3, 3).
(6) l. 1 Cod. *Si unus ex pluribus haeredibus* (8, 32); Fab. d. def. 4 in fin.
(7) Fab. Cod. hoc tit. lib. 8. tit. 24, def. 6.
(8) l. *Quod meo* 18 ff. *De acquirend. possession.* (41, 2).
(9) De quo in l. ult. Cod. eod. tit. (7, 32).
(10) V. vol. II, lib. 3, § 1486, pag. 1069.
(11) Fab. Cod. hoc tit. def. 7.
(12) Ibid. def. 17.
(13) l. *Servi nomine* 16 ff. *De usurpat. et usucapionib.* (41, 3).

(1) Fab. Cod. hoc tit. lib. 8, tit. 24, def. 19 in princ.
(2) l. *Idem juris* 3 § 1 ff. *De verb. oblig.* (45, 1).
(3) Fab. d. def. 19 in fin.
(4) l. *Nomen* 4 Cod. *Quae res pignor.* (8, 17); junct. l. *Bonorum* 49 ff. *De verb. signif.* (50, 16).
(5) Fab. Cod. hoc tit. def. 21.
(6) Ibid. definit. 18 et 25 in princ.
(7) argum. l. *Maritus* 21 Cod. *De procuratorib.* (2, 13).
(8) Fab. Cod. hoc tit. d. definit. 18, n. 1 et seqq. et in not.
(9) argum. l. *Quamvis constet* 2 Cod. *De pignor.* (8, 14).
(10) auth. *hoc si debitor* post l. 24 Cod. eod. tit.
(11) Fab. Cod. hoc tit. lib. 8, tit. 24, d. definit. 2, n. 1 et seqq.
(12) d. auth. *Hoc si debitor*, post l. 24 Cod. *De pignorib.* (8, 14); Fab. d. def. 25 in fin.

satisfieri posse creditori, nec tamen potuerit, caetera debitoris bona excutienda sunt, nulla etiam facta per possessorem indicatione, antequam tertius possessor inquietetur; quippe cui jus retentionis competit, donec certum sit, bona debitoris non sufficere creditoribus dimittendis (1).

§ 948. Alibi diximus, cessare ordinis beneficium, adeoque excussionis exceptionem, si debitor absit, seu sit in alia provincia: posse tamen excuti bona, quae forte debitor in provincia habeat, dato bonis curatore (2): quod si bona haec ab aliquo possideantur, necesse non est, ut curator bonis detur, sed sufficit bona publice vendi, sciente possessore, eique denunciata venditione (3); ut ad licitationem accedat, si pluris ea esse arbitretur; victurus, si plus obtulerit, atque ita forte facturus, ut ex illis creditori satisfiat: nec enim creditor inanibus expensis onerandus est, dummodo possessoris conditio deterior non fiat, possessor autem aeque sibi prospicere potest, cum venditio fit sine curatore, ac eo auctoritatem praestante.

§ 949. Si bona haereditaria, instantibus creditoribus, atque consentiente curatore, qui jacenti haereditati dari solet (4), vendita fuerint, nec appareat, pecuniam ex pretio bonorum redactam ad curatorem pervenisse, et quidam ex creditoribus agant hypothecaria adversus tertium possessorem, hic audiendus non est, objiciens exceptionem non factae excussionis (5); cum enim in venditione bonorum curator interveniat, ut pecunia creditoribus ab ipso solvatur, potius praesumitur pervenisse ad creditores de suo consequendo sollicitos, quam ad curatorem, nisi aliud probetur.

§ 950. Deneganda quoque est exceptio excussionis tertio possessori hypothecaria actione a creditoribus convento, si defunctus debitor decesserit pluribus quidem relictis liberis minoribus institutis, sed curator asserat, repudiasse eorum nomine paternam haereditatem, nisi possessor probet, paternam haereditatem a liberis agnitam fuisse (6); in dubio credendum est curatori, qui bona omnia administrat, et sine quo minores nihil agere possunt (7); atque ex communi sententia in dubio praesumitur damnosa haereditas a liberis etiam aetate majoribus repudiata (8).

§ 951. Ad haec, si creditor posterior expe-

(1) d. auth. *Hoc si debitor*, Fab. Cod. hoc tit. d. def. 18 in not. †.

(2) V. vol. II, lib. 3, pag 1150, § 2108 et 2109.

(3) argum. l. *Creditor* 4; l. *Quae specialiter* 9 Cod. *De distract. pign.* (8, 28); Fab. Cod. hoc tit. lib. 8, tit. 24, def. 26.

(4) l. *Idem privilegium* 22 § 1 ff. *De reb. auctoritat. judic. possidend.* (42, 5); l. 1 ff. *De curator. bon. dand.* (42, 7).

(5) Fab. Cod. hoc tit. lib 8, tit. 24, def. 27.

(6) Ibid. def. 22 in princ.

(7) l. *Si curatorem* 3 Cod. *De in integr. restitution.* (2, 22).

(8) Fab. Cod. hoc tit d. def. 22 in fin.

riatur adversus debitorem suum, priorem creditorem, cui res eadem prius jure pignoris obligata fuerat, liti intervenientem, exceptione non factae excussionis repellere nequit (1); etenim exceptio haec solis competit possessoribus (2), jura autem non possidentur (3). Idem porro dicendum, licet posterior creditor possideat pecuniam exactam ex venditione bonorum, judice mandante, factam, si creditor prior jus suum ante sententiam exequi coeperit, non tamen adfuerit sententiae (4); nihil enim imputari potest in hac specie creditori anteriori, qui sibi vigilavit (5), atque improbus videtur posterior creditor, qui in lite perseverat, odio creditoris anterioris potiori jure gaudentis (6).

§ 952. Neque venditor ad rem, quam distraxit, defendendam evocatus, uti potest ex persona emptoris exceptione excussionis (7); absurde peteret debitor, prius excuti semetipsum; hanc tamen exceptionem habet emptor tamquam tertius possessor (8).

§ 953. Eadem exceptio denegatur illi, qui posteriorem caussam habet sive mediatam, sive immediatam ab eo, qui jam alteri condemnatus fuit (9); nec enim majus jus habere potest, quam ille, cui successit (10); cum immo neque prosit exceptio excussionis illi, qui, lite pendente, acquisivit possessionem, tametsi ea res litigiosa non sit (11); quia lite pendente nihil fieri potest, quod litigatoris conditionem deteriorem efficiat (12).

§ 954. Plane excussionis exceptio locum habet tantum odio debitoris, non caeterorum bona fide, et justo titulo possidentium: quare creditor, excusso debitore, a quo suum consequi non potuit, non potest, si quibusdam credimus (13), a primo possessore cogi, ut excutiat possessores bonorum posteriore loco alienatorum; sed in arbitrio creditoris putant agendi adversus quemlibet possessorem rerum sibi pignoris vinculo obligatarum; aliis tamen contra opinantibus (14). Si tamen prior possessor, cui et bona omnia debitoris obligata fuerunt, con-

(1) Fab. Cod. hoc. tit. lib. 8, tit. 24, definit. 35 in princip.

(2) auth. *Hoc si debitor* post l. 24 Cod. *De pignorib.* (8, 14).

(3) l. *Possideri* 3 in princ. ff. *De acquirendi possession.* (41, 2).

(4) Fab. Cod. hoc tit d. def. 35 in med.

(5) l. *Pupillus* 24 ff. *Quae in fraud. creditor. etc.* (42, 8).

(6) l. *Potior est* 11 ff. *Qui potior. in pign.* (20, 4).

(7) Fab. Cod. hoc tit lib. 8, tit. 24, def. 37.

(8) d. auth. *Hoc si debitor* post l. 24 Cod. *De pignorib.* (8, 14).

(9) Fab. Cod. hoc tit. lib. 8, tit. 24, definit. 38 in princ.

(10) l. *Qui in jus* 177 ff. *De reg. jur.* (50, 17).

(11) Fab. Cod. hoc tit. d. def. 38, n. 1 et seqq.

(12) l. *Vulgo receptum* 2 ff. *De usur.* (22, 1).

(13) l. *Moschis* 47 ff. *De jur. fisc.* (49, 14); Fab. Cod. hoc tit. lib. 8, tit. 24, def. 42 in princ.

(14) Fab. Cod. hoc tit. def. 11, n. 2 et seqq.; argum. l. *Si quis habens* 24 ff *Qui, et a quib. manumiss.* (40, 9).

demnatus regressum habeat adversus posteriores, aequum est, ut a postremo possessore incipiat, sic deinde ad alios reversurus, si necesse sit; ne fiant de lite lites (1): dummodo probabile sit, suum a postremo consequi posse; alioquin gravibus sumptibus oneraretur adversus plures litigaturus possessor, qui aequale jus in omnia bona a debitore alienata habet (2).

§ 955. Melior sane est conditio creditoris agere coacti adversus posteriores pignorum emptores, etiam in eorum sententia, qui putant, cogi posse creditorem, qui reum principalem jam excussit, ut et posteriores possessores primum excutiat, antequam priores conveniat (§ praeced.), melior, inquam, in eo, quod principalis debitor tamdiu excutiendus sit, donec certo appareat, et probetur, illum non esse solvendo, licet excussio non nisi diuturno temporis spatio fieri possit: puta agendum sit de jure detractionum ex caussa fideicommissi defuncto debitori competentium (3); nec tantum debitor, sed et illius haeres excuti debeat (4).

§ 956. Quod si creditor, post excussum principalem debitorem, agere cogatur adversus postremos possessores bonorum a debitore alienatorum; sufficit, cum contra posteriores egisse, ut docere possit, per eorum intercessionem fieri, ut suum consequi sine controversia nequeat, cum paria fere habeantur, nihil esse, quod possideatur, et nihil posse sine controversia possideri (5): nec litem prosequi tenetur aut litis finem expectare, si priores emptores eam suo periculo, suisque sumptibus usque ad sententiam prosequi paratos se offerant (6): ut in hoc saltem obtineat jus commune, ex quo post excussum debitorem possessor quilibet a creditore potest conveniri (7).

§ 957. Discriminis rationem si quaeras, cur benignius agatur erga creditorem, cum possessores rerum a debitore alienatarum excutit (§ praeced.), quam cum agit excussionis caussa adversus debitorem principalem (§ 955), haec afferri solet, quod imputari potest creditori, cur contraxerit cum hoc, vel illo debitore (8); nihil vero esse, quod creditori imputetur, si debitor alienaverit bona sua etiam hypothecae supposita (9); cum pignoris vinculum alienationem non impediat (10): adeoque, cum virum est quibusdam pragmaticis (11) recedere a stricto communi jure, ex quo creditor post excussum debitorem adversus quemcumque possessorem pro arbitrio agere permittitur (1), ei simul favendum censuerunt novo hoc excussionis onere (§ praeced.).

§ 958. Creditor hypothecaria agens adversus possessorem fundi a debitore alienati, si per hypothecariam reconveniatur, exceptionem non factae excussionis objicere potest (2): haec quidem exceptio soli competit reo convento, ut se defendat (3); sed reconventus, qua talis, reus, non actor est (4).

§ 959. Vix monendum, exceptionem excussionis, seu ordinis competere fidejussori, qui cum mercatore contraxerit; cum generalis sit legis dispositio (5); adeoque generaliter intelligenda (6): nisi forte, ait Faber, et fidejussor ipse mercator sit, et caussa agatur in foro mercatorum, in quo de apicibus juris non solet disputari (7). Verum Senatus Pedemontanus tum tertio possessori, tum fidejussori dandam in hac specie excussionis exceptionem postremo censuit (8), ut alibi diximus (9). Sane exceptio haec gravissimi momenti est, non de juris apicibus; cum per eam fidejussor ab obligatione solvendi eximi possit.

§ 960. Exceptio cedendarum actionum, aeque ac excussionis, competit tum fidejussori (10), tum tertio possessori hypothecaria convento (11): fidejussori quidem omnimodo, et sine exceptione, quia nullo casu fieri potest, ut cessio haec cedenti noceat (12); tertio autem possessori non nisi actiones, quae supersunt, cedendae sunt; puta si primus emptor conventus a creditore solverit, cessis ipsi actionibus; tum primus emptor agat adversus posteriores emptores, et ita deinceps, ut proinde postremi emptoris damno res cessura sit (13) Sed satis de hisce exceptionibus; caetera petenda sunt ex propriis locis, ubi fuse egimus tum de beneficio ordinis, seu excussionis (14), tum de cedendarum actionum. Reliquas exceptionum species, de quibus dubitari potest, prosequamur.

§ 961. Cum res omnes, et judicia ipsa per-

(1) Fab d. def. 42, n. 3 et seqq.
(2) l. *Debitorem* 1 Cod. hoc tit.
(3) Fab. Cod hoc tit lib. 8. tit. 24, def. 11 in princ.
(4) d. l. *Moschis* 47 ff. *De jur. fisc.* (49. 14).
(5) l. *Quamvis possessa* 13 ff. *De reb. auctoritat. judic. possidend.* (42. 5).
(6) Fab. Cod. hoc tit. lib. 8, tit. 24, def. 11, n. 2 et seqq.
(7) d. l. *Moschis* 47 ff. *De jur. fisc.* (49. 14).
(8) l. *Qui cum alio* 19 ff. *De reg. jur.* (50, 17).
(9) Fab. Cod. eod. tit. lib. 8, tit. 24, d. def. 11 in fin.
(10) l. unic. Cod. *Rem alien. gerentib. etc.* (4. 53).
(11) Ita in curia Parisiensi judicatum olim fuisse, refert Aegidius magister in decis. Paris.

(1) d. l. *Moschis* 47 ff. *De jur. fisc.* (49. 14).
(2) Fab. Cod. hoc tit. lib. 8, tit. 24, def. 41.
(3) auth. *hoc si debitor*, post l. 24 Cod. *De pignorib.* (8, 14).
(4) l. *Cum Papinianus* 14 Cod. *De sentent. et interlocut. omn. judic.* (7, 45).
(5) Novell. 4, cap. 1.
(6) l. *De pretio* 8 ff. *De publician. in rem action.* (6, 2).
(7) Fab. Cod. hoc tit. lib. 8, tit. 24, definit. 8.
(8) Thes. dec. 52, n. 6 †.
(9) V. vol. II, lib 3, § 2151. pag. 1155.
(10) l. *Si mandatu* 13 ff. *De fidejussoribus* (46, 1). V. vol. II, lib. 3, pag. 1159. § 2183 et seq.
(11) l. *Mulier* 19 ff. *Qui potior. in pign.* (20, 4).
(12) l. *In creditore* 38 ff. *De evictionibus* (21, 2).
(13) Fab Cod. hoc tit. lib. 8, tit. 24, def. 14 et 15.
(14) vol. II, lib. 3, pag. 1052.

sonarum gratia sint comparata (1), inde consequens est, prius semper inquirendum esse de persona rei, quam de jure actoris; adeoque si quis excipiat, puta tamquam haeres alterius cum beneficio legis, et inventarii, qualitatem hanc probare debet (2); cum res facti sit quae non praesumitur (3).

§ 962. Doli, et simulationis exceptio, cum in rem sit, quia simulationis vitium afficit rem ipsam, et facit, ut pro infecta haberi debeat (4), successoribus omnibus sive universalibus, sive singularibus competit (5), atque objici potest tum cessionario, tum cedenti, quamvis cessio ex caussa onerosa facta sit (6); contractus dolo initus viribus omnino caret, utpote non habens voluntatem contrahentium, ex qua contractus omnes aestimantur (7).

§ 963. Immo exceptiones, quae judicium retro nullum efficiunt, puta defectus mandati in procuratore (§ 933), a judice ex officio suppleri possunt, licet oppositae non fuerint, dummodo probentur ex inspectione actorum, atque instrumentorum litis (8): judicis ipsius interest, tum ne quid ipse perperam faciat, tum ne ab aliis coram se fieri patiatur. Nec objici potest, rem hanc facti esse, quae a judice neutiquam suppletur; etenim, praeterquamquod juris caussam admixtam habet, judici autem suppleri licet ea, quae juris sunt (9), non omnino suppletur, quod ex actis litis, atque instrumentis apparet (10).

§ 964. Si quaeratur, utrum probanda sit exceptio de jure tertii, respondemus, admittendam esse, si excludat jus agentis (11), puta de anteriore fideicommisso (12), vel si quis agat rei nomine, cujus dominium per donationem legitime insinuatam, et publicatam in alterum transtulit (13). Nec aliud dicendum, licet donatarius liti assistat, atque neget, eam rem sibi donatam fuisse; cum rerum natura ex alterius assertione non immutetur, nisi is, qui donatarius dicitur, donationem a se abdicet in donantis utilitatem, dummodo rei litigiosae donatio pendente lite non fiat (14), quam leges ratam non habent (15).

(1) § ult. Instit. *De jur. natural. gent. et civil.* (1, 2).
(2) Fab. Cod. hoc tit. lib. 8, tit. 24, def. 9.
(3) l. *Ab ea parte* 5; l. *Quoties operae* 18 ff. *De probationib.* (22, 3).
(4) l. *Si ex pretio* 6 in fin. Cod. *Si certum petat.* (4, 2).
(5) l. *Exceptiones* 7 § 1 ff. hoc tit.; Fab. Cod. hoc tit. lib. 8, tit. 24, def. 16 in princ.
(6) Fab. d. def. 16, n. 1.
(7) l. *In omnibus* 55 ff. *De obligat. et actionib.* (44, 7).
(8) Fab. Cod. hoc tit. lib. 8, tit. 24, def. 36.
(9) l. unic. Cod. *Ut quae desunt advocat. part.* (2, 11).
(10) argum. l. *Haec sententia* 3 Cod. *De sentent. quae sine certa quantitat. proferunt.* (7, 46).
(11) l. ult. Cod. *De rei vindicat.* (3, 32); Fab. Cod. hoc tit. lib. 8, tit. 24, def. 39.
(12) Fab. Cod. hoc tit. def. 45.
(13) Ibid. def. 28 in princ.
(14) d. def. 28, n. 6 et seqq.
(15) l. *Lite pendente* 2 Cod. *De litigios.* (8, 37).

§ 965. Non tamen admittitur exceptio de jure tertii, si deterior inde futura sit tertii conditio (1). Quare, cum is, qui fundum pupilli nullo jure possidebat, conveniretur ab eo, qui eundem fundum a tutore emerat, sed sine judicis decreto, atque pupilli interesset, venditionem, utpote sibi utilem, subsistere, censuit Senatus Sabaudus, possessoris exceptionem rejicendam esse (2); tum ne ex persona, et jure pupilli deterior ejusdem conditio fieret; tum quia, ut alibi diximus, venditiones rerum ad pupillos, et minores pertinentium, tametsi praescriptae solemnitates praetermissae fuerint, usu fori ratae habentur, si iisdem utiles sint (3); ne adversus ipsos detorqueatur, quod pro eorum commodo inductum est (4).

§ 966. Nec etiam admittitur exceptio de jure tertii, licet excludat jus agentis, si aliter non excludat, quam si velit ille tertius, nec de ejus voluntate adhuc constet (5); etenim, antequam constet, jus agentis vere non excludit (6). Quinimmo, cum ex recepto axiomate actus agentium ultra eorum intentionem operari non debeant (7), vix est, ut cessionarius permittatur excipere de jure tertii, licet exclusivo juris agentis, adversus ipsum cedentem (8).

§ 967. Postremo in hoc capite cum Fabro animadvertimus, exceptionem desertae, et peremptae instantiae, seu litis non prodesse ei, qui ultima judicis interlocutione aliquid facere jussus fuit, nec tamen fecit (9); imputare propriam negligentiam sibi debet, quantocumque tempore lis siluerit; nec potest adversario objicere negligentiam, qui negligentior fuit (10): maxime quia negligentia sua negligentiae adversarii caussam dedisse videri potest: cum nemo in mora aliquid faciendi positus intelligatur, quamdiu aliquid ab adversario prius faciendum est.

CAPUT III.

Quo tempore exceptiones sint objiciendae.

SUMMARIA

§ 968. *Exceptiones peremptoriae quocumque judicii tempore opponi possunt: quaedam etiam in executione judicati.* — § 969. *Exceptiones dilatoriae, quae respiciunt judicii formam, ante litem contestatam opponi et probari debent, nisi postea competere coeperint, vel*

(1) l. *Non debet* 74 ff. *De reg. jur.* (50, 17).
(2) Fab. Cod. hoc tit. lib. 8, tit. 24, def. 20.
(3) V. vol. I, lib. 1, § 1922, pag. 312.
(4) l. *Nulla juris* 25 ff. *De legibus* (1, 3); l. *Quod favore* 6 Cod. eod. tit. (1, 14).
(5) Fab. Cod. hoc tit. lib. 8, tit. 24, def. 30 in princ.
(7) l. *Qui cum haerede* 2 ff. *De exception. rei judicat.* (44, 2).
(6) l. *Non omnis* 19 ff. *De reb. credit.* (12, 1).
(8) Fab. Cod. hoc tit. d. def. 30, n. 2.
(9) Ibid. def. 10.
(10) l. *Viro* 39; l. *Cum mulier* 47 ff. *Solut. matrimon.* (24, 3).

cognitae fuerint. — § 970. *Exceptiones dilatoriae caussam ipsam respicientes saltem in actu contestationis opponendae sunt; sed probari possunt etiam post litem contestatam.* — § 971. *Contumacia fictam litis contestationem inducit.* — § 972. *Litis contestatio per solum judicis praeceptum non fit.* — § 973 *et* 974. *Exceptio excussionis aliquando post litem contestatam recte objicitur.* — § 975. *Protestatio jus protestantis conservat.* — § 976 *et* 977. *Judex decernere potest, non obstantibus exceptionibus peremptoriis a reo allegatis, ut ad ulteriora procedatur, sine exceptionum praejudicio, si eae litis ingressum non impediant.* — § 978 *et* 979. *Exceptio falsi procuratoris etiam lata sententia objici potest. An dominus ratum habens expensas ferre debeat? An impensae objicienti restituendae sint?* — § 980. *Exceptio solutionis et compensationis in executione judicati opponi potest.* — § 981. *Compensationis exceptio etiam in executione sententiae appellationis recte objicitur. Reconventionis non eadem est ratio.* — § 982 *et* 983. *In executione judicati opponi potest exceptio neutiquam secuti implemento ex parte actoris. Utrum a judice exceptnti haec suppleri possit?* — § 984. *Exceptio non secuti implementi semel opposita impedit purgationem morae, perinde ac si res integra esse desiisset* — § 985. *Contractus ex caussa non secuti implementi non rescinditur, nisi alioquin alter contracturus non fuisset.* — § 986 *et* 987. *Exceptiones Macedoniani et Vellejani, competentiae, cessionis bonorum, aliaeque similes post sententiam recte objiciuntur.* — § 988. *Error calculi, de quo nec judicatum, nec transactum est, a judice emendari debet.* — § 989 *et* 990. *Quae apud nos in hac re cauta sint?* — § 991. *Exceptiones dilatoriae simul objici debent, et summarie imprimis definiri: peremptoriae etiam in progressu caussae.* — § 992. *Tractatus compositionum apud nos non suspendunt caussae progressum, nisi apud acta insinuatae sint.*

§ 968. Cum quaeritur de tempore objiciendarum exceptionum, distinguendae sunt exceptiones peremptoriae a dilatoriis. Peremptorias, licet olim ante litis contestationem objiciendae forte fuerint in judiciis stricti juris, hodie tamen ex rescriptis Imperatorum quocumque tempore opponere licet, dummodo ante sententiam, sive quaestio sit de judiciis bonae fidei (1), sive de negotiis stricti juris (2); atque non nullae sunt, quae in executione judicati opponi permittuntur: caeterae vero peremptoriae exceptiones per beneficium restitutionis in integrum, lata etiam sententia, admittuntur (3).

(1) l. *Cum nondum* 4; l. *Praescriptionem* 8 Cod. hoc tit.; l. penult. Cod. *Sentent. rescindi non poss.* (7, 50).

(2) l. *Fidejussor* 10 § 1 Cod. *De fidejussorib.* (8, 41).

(3) d. l. penult. Cod. *Sentent. resc. non poss.*

§ 969. Quod ad dilatorias pertinet, rursus distinguendum est, an respiciant judicii formam, an caussam ipsam. Dilatoriae exceptiones primi generis, veluti fori non competentis, judicis suspecti, ante litem contestatam opponendae, atque probandae sunt (1); nisi post coeptum judicium competere coeperint, puta judex affinis fiat, haeres ab altero ex litigantibus institutus sit (2); quae enim de novo emergunt, novo indigent auxilio, (3). Idem dicendum, si ante litem contestatam fuerint ignoratae; probabilis facti alieni ignorantia excusationem facile praestat (4).

§ 970. Sed exceptiones dilatoriae, quae caussam ipsam respiciunt, puta pacti de non petendo ad certum tempus, ordinis, seu excussionis (5), ante litem contestatam opponi debent, vel saltem in ipso actu contestationis; probari tamen possunt etiam post litem contestatam, *postquam actor monstraverit, quod adseverat* (6): puta Titius agit adversus Maevium ob debitum centum aureorum. Maevius excipit se non debere, vel ad summum non debere, nisi post constitutum speciali pacto tempus: imprimis Titius probare tenetur jus suum, tum Maevius exceptionem, qua tempus solvendi differtur. Generalis quidem est Imperatorum sententia (7), atque apta comprehendere etiam exceptiones ad judicii formam pertinentes (§ praec.): verum restringendam omnino esse ad hasce exceptiones vulgo placet, et merito; nec enim de foro non competente, aut judice suspecto recte quaeritur post litis contestationem, seu post acceptum judicium.

§ 971. Haec ita obtinent, si vera litis contestatio intercesserit: sed ficta contestatio, quae per contumaciam inducitur, cum contumax possit condemnari (8), non impedit, quominus, contumacia purgata, et refusis sumptibus, (9) dilatoriae exceptiones opponi possint (10); nec ulla contumacia, adeoque nec ficta litis contestatio, restitutio sumptibus, intervenisse intelligitur.

§ 972. Neque possessori hypothecaria convento nocet, ne beneficium excussionis sibi competens objicere possit, quod per plures judicis interlocutiones jussus sit litem contestari, si interlocutiones illae redditae fuerint ante opposi-

(1) l. penult. et ult. Cod. hoc tit.; l. *Apertissimi* 16 Cod. *De judic.* (3, 1).

(2) l. *Julianus* 17 ff. *De judic.* (5, 1).

(3) l. *De aetate* 11 § *ex caussa* 8 ff. *De interrogat. in jur. faciend.* (11, 1).

(4) l. *In omni parte* 2 et passim ff. *De jur. et fact. ignorant.* (22, 6).

(5) Fab. Cod. hoc tit. lib. 8, tit. 24, def. 1 in princ. et def. 34.

(6) l. *Exceptionem* 19 Cod. *De probationibus* (4, 19).

(7) In d. l. 19 Cod. *De probat.*

(8) auth. *Qua in provincia* versic, *eu autem absente* Cod. *Ubi de criminib. agi oport.* (3, 15).

(9) l. *Sancimus* 15 Cod. *De judic.* (3, 1).

(10) Fab. Cod. hoc tit. lib. 8, tit. 24, def. 1, n. 3 et 4.

tam exceptionem (1); quia si judex litem contestari juberet post oppositam excussionis exceptionem, hoc ipso videretur exceptionem rejicere (2); judicis praescriptum efficere non potest, ut vere secuta sit litis contestatio, quae facti res est.

§ 973. Immo etiam contingere potest, ut exceptio excussionis post litem contestatam recte objiciatur; puta si possessor, qui fundum obligatum emerat a Maevio, cum quasi Serviana conveniretur, Maevium tamquam auctorem laudaverit, ut litis periculum susciperet, et rem defenderet (3); Maevius litem ingrediens exceptionem hanc opponere potest, quamvis lis a possessore jam contestata sit (4): quia de Maevii potius re agitur, quam possessoris, cum possessor indemnis a Maevio servandus sit (5): nec Maevio imputari potest, cur ante litem a possessore contestatam exceptionem hanc non objecerit, cum judicio non prius adfuerit, quam a possessore interpellatus.

§ 974. Idem dicendum est, si actio hypothecaria male instituta fuerit, veluti super pretio pignoris venditi; quippe cum pretium pignoris devinctum non sit (6), actio male instituta pro non instituta habentur (7), adeoque si creditor deinceps, mutato in melius consilio, hypothecaria, in fundo experiatur, salva est possessori excussionis exceptio.

§ 975. Porro sufficit, exceptionem hanc oppositam fuisse ante litis contestationem, licet postea contestatio secuta sit, dummodo praecesserit protestatio (8), ex qua jus protestantis conservatur (9); alioquin si jubente judice ad ulteriora processum sit, et in meritis caussae, rejecta intelligitur (10), nisi adjecta fuerit clausula, salvo exceptionis jure (11): sin tacente reo, remissa intelligitur (12).

§ 976. In quaestionem, utrum judex, non obstantibus exceptionibus peremptoriis a reo convento allegatis, decernere possit, ut ad ulteriora procedatur, adjecta utique clausula, ne quid praejudicii exceptionibus fiat, distinguunt pragmatici. Si exceptiones caussae merita respiciant, nec tamen litis ingressum impediant, puta compensationis, potest judex, si Fabro assentimur, jubere ad ulteriora procedi, salvo exceptionum jure (1): nec reus potest ab hoc judicis praescripto appellare (2), cum ipsi injuriam non faciat (3).

§ 977. Aliud dicendum, si exceptio litis ingressum impediat, puta transactionis, vel rei judicatae (§ 927); de his quippe imprimis pronunciandum est (4); alioquin damno temere afficitur reus, qui litem suscipere cogitur, cum id objiciat petitori, quod impedit, ne litiget: magnum est incommodum molestiis, atque impensis litis vexari (5).

§ 978. Exceptio falsi procuratoris, seu defectus mandati in eo, qui se procuratorem allegat, peremptoria est (§ 933); idcirco quacumque litis parte, immo et post sententiam objici potest (6); quia reddit judicium retro nullum (7): ratihabitione tamen sive expressa, sive tacita removetur, cum ratihabitio vim mandati habeat (8): quo casu dominus ratum habens nullam eo nomine expensarum condemnationem pati debet; cum utriusque litigatoris intersit, rata fieri priora judicii acta (9).

§ 979. Sane, si exceptionem procuratoriam opponens impensarum jacturam ex ea caussa passus sit, indemnis servari debet vel a domino, si procuratoris factum ratum habeat, ne ob tardius secutam ratihabitionem deterior fiat adversarii conditio: vel ab ipso procuratore, si nec mandatum habeat, nec ratihabitio sequatur (10); quippe cui imputari potest, cur sine mandato egerit, nec gesta curaverit a domino rata haberi.

§ 980. Neque desunt aliae exceptiones peremptoriae, quarum opponendarum facultas post latam sententiam in executione judicati competit: veluti solutionis, et compensationis (11), dummodo totius debiti soluti exceptio objiciatur (12); quippe quae judicatum non impugnant; qui enim se solvisse allegat, debitum fatetur; atque victori prodest sententia, ne victus indebitum a se solutum allegare possit, si sententia transierit in rem judicatam, cum res judicata pro veritate habeatur (13): atque haec compensationi quoque conveniunt, ut alibi demonstravimus (14).

(1) Fab. Cod. hoc tit. lib. 8, tit. 24. d. definit. 1, n. 7 et seqq.
(2) argum. l. *A procedente* 4 Cod. *De dilationib.* (3, 11).
(3) l. *Prout tenetur* l. *Si plus* 74 § penult. ff. *De evictionib.* (21. 2).
(4) Fab. Cod. hoc tit. lib. 8, tit. 24, d. definit. 1, n. 7 et seqq.
(5) l. 1 et passim ff. *De evictionib.*
(6) l. *Idemque* 7 § 1 in fin. *Qui potior. in pign.* (20, 4).
(7) Fab. Cod. hoc tit. lib. 8, tit. 24, d. definit. 1 in not.
(8) d. def. 1, n. 15.
(9) l. *Pro haerede* 20 § 1 ff. *De acquirend. haereditat.* (29. 2).
(10) argum. l. *A procedente* 4 Cod. *De dilationib.* (3, 11); Fab. Cod. hoc tit. d. def. 1, n. 16,
(11) Fab. Cod. hoc tit. def. 29 in princ.
(12) l. penult. et ult. Cod. hoc tit.; Fab. d. def. 1, et definit. 29 in fin.

(1) Fab. Cod. hoc tit. lib. 8, tit. 24, def. 5, n. 3; Ab-Eccles. part. 1, observ. 11, n. 1 et seqq; ubi n. 19 addit. tacite rejectas intelligi a judice exceptiones incidentes, si nulla earum ratione habita super principali pronunciet.
(2) Fab. d. def. 5 in not.
(3) l. *Praefecti* 17 ff. *De minorib.* (4, 4).
(4) Fab. Cod. hoc tit. lib. 8, tit. 24, d definit. 5, n. 4.
(5) l. *Minoribus* 6 ff. *De minorib.* (4, 4).
(6) Fab. Cod. hoc tit. lib. 8, tit. 24, def. 40 in princ.
(7) l. *Licet* 24 Cod. *De procuratorib.* (2. 13).
(8) l. ult. Cod. *Ad Senatusc. Macedon.* (4, 28).
(9) Fab. Cod. hoc tit. d. def. 40, n. 3 et seqq.
(10) d. def. 40 prop. fin.
(11) Ibid. def. 2 in princ.
(12) Ibid. def. 12.
(13) l. *Res judicatae* 207 ff. *De reg. jur.* (50, 17).
(14) V. supra § 3668.

§ 981. Non tantum in executione prioris sententiae, sed et in caussa appellationis objici potest compensationis exceptio (1); quia, ut modo diximus (§ praeced.), qui compensare vult, necessario fatetur se debuisse; adeoque sententiam non impugnat, sed ei acquiescit. Alia est reconventionis ratio; haec ante litem contestatam opponi debet, nec in caussa appellationis objici potest (2); quia reconventus intentionem actoris non fatetur; appellatio autem judicatum utique extinguit, non litis contestationem prius secutam, immo ex sententia pragmaticorum appellatio reducit litem ad terminos litis contestatae: quare in caussa appellationis nulla fit litis contestatio, sed incipitur a conclusione in caussa (3).

§ 982. Idem esto judicium de exceptione neutiquam secuti implementi ex parte actoris; cum enim aequalitas in contractibus servanda sit, et contrahentium placita adamussim sint custodienda (4); quia contractus ex partium conventione legem accipiunt (5), idcirco exceptio haec etiam in executione judicati opponi potest. Nec interest, quod actor juste impeditus fuerit, ne impleret (6); impedimentum utique excusat a culpa, et mora, sed jus non tribuit pure ab altero pretendi, quod ipse sub conditione promisit.

§ 983. Amplius sentit Faber, exceptionem hanc a reo omissam posse a judice ex officio suppleri (7), etiam pro contumace, ita ut justam appellandi caussam habent contumax, si judex pronunciaverit pro eo, qui non probat secutum ex parte sua implementum, nec eum jussit ante omnia implere (8); ad officium judicis pertinet utriusque litigantis indemnitati prospicere. Plane si in caussa appellationis constet, secutum deinceps implementum fuisse, sententia confirmanda erit (9), nec inanes circuitus faciendi sunt (10).

§ 984. Neque sufficit, contractum ab actore ex parte impletum fuisse (11); quia reus de toto pactus parte contentus esse non cogitur (12). Immo subjicit Faber, hujusce exceptionis de non secuto implemento tantus est favor, ut semel opposita impediat purgationem morae, perinde ac si res integra esse desiisset (1), maxime si contractus juratus sit, postquam placuit pragmaticis, tantam esse vim jurisjurandi, ut per se impediat morae purgationem (2).

§ 985. Sane contractus ex caussa non secuti implementi minime rescinditur, sed ex contractu agendum est ad implementum, vel ad id quod interest (3), nisi implementum respiciat caussa finalem contractus (4); sine quo nimirum alter, in cujus commodum vertitur, contracturus non fuisset (5).

§ 986. Macedoniani quoque, et Vellejani Senatusconsulti exceptiones etiam in executione judicati opponi possunt, quia nec hae judicatum impugnant (§ 980); nec non competentiae et cessionis bonorum (6); transactionis, vel novationis post rem judicatam secutae (7), nec non illae, quae debitori competunt ex sanctione Imperatorum Anastasii et Justiniani (8), idest quibus agitur de vitio cessionis rei litigiosae (9), ut supra diximus (§ 940). Plane, si quis post sententiam condemnationis inveniat apocham, ex qua de facta solutione constet, nihil impedire potest, quominus de ea excipiat.

§ 987. Eodem jure reguntur exceptiones de impensis meliorationum victo, atque ad restitutionem rei condemnato a victore restituendae (10): divisionis ab uno ex correis in solidum condemnato (11), et de errore calculi, sive de errore appareat ex instrumento, ex quo facta fuit condemnatio, sive erratum dicatur in computatione in ipsa judicis sententia (12); error calculi non ad jus, sed ad factum pertinet, in quo error tolerabilis est.

§ 988. Neque nocet, quod traditur, si de errore calculi judicatum, vel transactum sit, non esse locum emendationi computationis (13); vel res judicatas praetextu computationis instaurari non oportere, ne nullus sit litium finis (14) etenim error, de quo hic agimus (§ praeced.), in sententia quidem est, sed non est lata de eo sententia. Non autem dicimus, litem praetextu com-

(1) Fab. Cod. hoc tit. lib 8, tit. 24, d. def. 2 in fin.
(2) auth. *et consequenter* post l. 14 Cod. *De sentent. et interlocut. omn. judic.* (7, 45); Fab. Cod. hoc tit. lib. 8, tit. 24, d. def. 2, n. 9.
(3) Fab. d. def. 2 in not.
(4) l. 1 ff. *De pact.* (2, 14).
(5) l. *Legem* 10 Cod. eod. tit. (2, 3).
(6) Fab. Cod. hoc tit. lib. 8, tit. 24, def. 43, n. 2 et 3.
(7) Ibid. d. def. 43, n. 1.
(8) d. def. 43 in not. †.
(9) d. in not. in fin. †.
(10) l. *Dominus testamento* 53 ff. *De condict. indebit.* (12, 6).
(11) argum. l. *Si duos quis servos* 44 ff. *De contrahend. emption.* (18, 1); Fab. Cod. hoc tit. lib. 8, tit. 24, d. def. 43, n. 8.
(12) argum. l. *Tutor* 47 § 1 ff. *De minorib.* (4, 4).

(1) l. *Si insulam* 84 ff. *De verb. oblig.* (45, 1).
(2) Fab. d. def. 43, n. 9 et seqq.
(3) l. ult. ff. *De condiction. causs. dat. causs. non secut.* (12, 4).
(4) l. *Cum te fundum* 6 Cod. *De pact. int. emptor. et venditor.* (4, 54).
(5) Fab. Cod. hoc tit. lib. 8, tit. 24, definit. 43, n. 5 et seqq.
(6) l. *Item miles* 18; l. *Nerennius* 41 § ult. ff. *De re judicat.* (42, 1).
(7) l. *Si se non obtulit* 4 § *si ex conventione* 4 ff. eod. tit; ubi pro *Retendatur* legendum monent eruditi *Recedatur*; l. *Si caussam* 2 Cod. *De execution. rei judicat* (7, 53).
(8) l. *Per diversas* 22 et l. sequ. Cod. *Mandat.* (4, 35).
(9) *Reg. Constit.* lib. 3, tit. 8, § 4.
(10) argum. § *ex diverso* 30 et seqq. Instit. *De rer. division.* (2, 1).
(11) Voet *in Pandect.* hoc tit. n. 7 prop. fin.
(12) l. 1 § 1 ff. *Quae sentent. sine appellat. rescindant.* (49, 8).
(13) l. unic. Cod. *De errore calculi* (2, 5).
(14) l. *Res judicatae* 2 Cod. *De re judicat.* (7, 52).

putationis, seu erroris in computatione instaurari oportere, sed a judice ipso, peritorum judicio adhibito, errorem emendandum esse (§ praec.)

§ 989. Hisce Romanarum legum scitis, et receptis in foro sententiis fere consonat jus regium, quo utimur, atque luculentius quaedam explicat ad hanc rem pertinentia. Imprimis cautum, ut exceptiones omnes sive peremptoriae, sive dilatoriae clare, et distincte proponantur, speciatim explicatis titulis, et juribus, quibus nituntur, et caussa, propter quam proponuntur; ita ut pars adversa plene cognoscat earum naturam; futurum alioquin, ut nulla earum ratio habenda sit (1): obscura exceptio rei non secus ac obscura actoris petitio tamquam inepta admitti non debet (2): sibi imputet, qui potuit apertius mentem suam aperire.

§ 990. Hinc ulterius vetitum, ne recipiantur exceptiones generales, *defectus juris, et actionis, tua non interest, petis, quod intus habes;* ad rem non pertinere, neutiquam admitti posse, nullum esse, et similes; sive sempliciter objiciantur, sive adjecta clausula, a quocumque capite profluant, aut relatione habita ad caussas, quae ex actis colliguntur (3): atque idem statuitur; de negationibus, quae generalibus verbis conceptae sint, nisi distincte explicentur, atque separatim proponantur, si ad plura facta, vel capita referantur (4). Generales elocutiones aut nihil probant, aut obscurum est, quod probare possunt, nec actor facile divinare potest, quid reus excipiat.

§ 991. Quod ad tempus proponendarum exceptionum pertinet, idem fere statuitur, ac in Romanis legibus; videlicet ut exceptiones dilatoriae simul objiciantur (5), atque summariae definiantur intra decem dierum spatium, ex quo deductae sunt, caussae interim cognitione in meritis suspensa (6): peremptoriae vero etiam in progressu caussae (7).

§ 992. Postremo, arrepta occasione dilationum, decernere placuit, ne progressum, aut definitionem caussae suspendant allegati compositionum tractatus, etiam adjecto expressim pacto, ne contrahentes litem prosequantur, nisi apud actuarium, aut scribam tribunalis, coram quo lis pendet, aut loci, in quo litigantes morantur, descripti sint; cujus descriptionis fides a procuratoribus facienda est; futurum alioquin, ut ad ulteriora nulla horum tractatum ratione habita, procedatur (8): quod merito constitutum, ne, perperam conficto ab uno ex litigantibus conciliationibus tractatu, alter in damno haereat, nec ullus litium alioquin longiorum, quam pars est, finis sit.

(1) *Reg. Constit.* lib. 3, tit. 8, § 1.
(2) argum. l. ult. Cod. *De annal. exception.* (7, 40); cap. *significantibus* 2 extra Decret. Greg. *De libel. oblation.* (2, 3).
(3) *Reg. Constit.* d. lib. 3, tit. 8 § 3 in princ.
(4) Ibid. § 3 in fin.
(5) d. lib. 3, tit. 8, § 4 in princ.
(6) Ibid. § 2.
(7) Ibid. d. § 4.
(8) Ibid. 5.

CAPUT IV.

Quis sit oppositae exceptionis effectus. Quid praescriptionis, et praejudicii nomine veniat.

SUMMARIA

§ 993. *Exceptione probata, reus a petitione actoris liber fit; nisi hic replicatione utatur.* — § 994 *et* 895. *Exceptio meram negationem non indiget: indirecte tamen aliquando probari potest.* — § 996. *Reus excipiendo fit actor, cum exceptio factum aliquod continet.* — § 997 *et* 998. *Actor replicationem, quae in facto consistat, probare debet.*— § 999. *Quid praescriptionis nomine hic veniat?* — § 1000 *et* 1001. *Praejudicii latior est, quam exceptionis significatio.* — § 1002. *Praejudiciorum nomine hoc loco significantur speciales quaedam exceptiones, quibus excluditur intentio actoris, quia praepostere agens futurae actioni praejudicium faciat.* — § 1003 *et* 1004. *Quae sint exceptionum species, de quibus sigillatim agendum est.*

§ 993. Effectus oppositae exceptionis, et probatae, si eadem probanda sit, is est, ut reus a petitione actoris liberetur (1) vel omnino, vel ad tempus, prout exceptio peremptoria est, vel dilatoria tantum, nisi actor replicatione vim oppositae exceptionis elidat: puta si reus excipiat pactum, quo cum creditore convenit, ne amplius pecuniam peteret: sed deinceps rursus nova pactio inita sit, ut creditori petere liceat; replicatione posterioris pacti evertitur exceptio rei (2).

§ 994. Exceptio jus actoris excludit, dummodo probata, cum probanda est: ut enim supra diximus (§ 517), duplicis generis sunt exceptiones; aliae, quae meram negationem continent, veluti si quis neget, se mutuam pecuniam ab actore accepisse: aliae, quae factum habent adjunctum, puta pecuniam mutuo acceptam restitutam fuisse, vel pactum fuisse initum de non amplius petendo.

§ 995. Exceptio prioris generis a reo probationem non exigit, quia per rerum naturam, scite ajunt Imperatores, factum negantis probatio nulla est (3): actori ergo probandi onus incumbit; alioquin reus absolvitur (4). Quamquam et probatio aliqua interdum dari potest facti, quod negatur; veluti si probet reus excipiens, se alibi fuisse eo die, quo actor mutuam ipsi dedisse pecuniam allegat: atque contingere potest, ut pro-

(1) l. *Exceptio* 2 § *illud tenendum* 2 ff. hoc tit.
(2) princ. Instit. *De replicationib.* (4, 14).
(3) l. *Actor* 23 Cod. *De probation.* (4, 19).
(4) l. *Possessione* 2 Cod. eod. tit.; l. *Qui accusare* 4 Cod. *De edend.* (2, 1).

sit reo hujus exceptionis probatio; si nempe actus semiplene probet intentionem suam; ita ut praesumptio negantem oneret; cum et alia sit juris regula, probandum esse ab eo, qui praesumptionem contra se habet (1).

§ 996. Sed onus probandi reo semper incumbit, cum exceptio nititur facto aliquo; cum enim facta non praesumantur, ab allegante omnino probanda sunt (2): atque hoc plane sensu reus dicitur excipiendo actor fieri (3). Probare ergo debet solutionem, compensationem, pactum de non petendo, et similia reus, qui hisce exceptionibus se adversus actorem defendit.

§ 997. Quod de exceptione rei dicimus, idem obtinet quoad replicationem actoris; quippeque nihil aliud est, quam actoris exceptio (4), ut supra diximus (§ 923), qua exceptionem a reo allegatam excludere intendit (5): adeoque probare tenetur, si factum contineat replicatio, quod non praesumatur, puta posteriorem de rursus petendo conventionem (6).

§ 998. Fingamus, mulierem fidejussisse, filiofamilias mutuam pecuniam datam fuisse: si conveniantur, mulier exceptione Senatusconsulti Vellejani (7), filiusfamilias Macedoniani se defendere potest (8): si vero actor replicet, ut exceptionem mulieris, vel filiifamilias excludat, atque contendat, mulierem in rem suam fidejussisse, filiumfamilias in necessariam, et honestam caussam impendisse, quod ipsi mutuo datum fuit, probanda est ab actore exceptio, seu replicatio; quia res facti est, quae non praesumitur (§ 996).

§ 999. Explicandum superest, quid praescriptionis, et praejudicii nomine intelligatur. Praescriptionibus nihil aliud intelligi putant aliqui, quam exceptiones temporis, de quibus specialis titulus est in Pandectis (9). Alii convenientius existimare videntur, praescriptionis verbum idem significare, ac exceptionis; prout colligunt ex rescriptis Imperatorum, quibus praescriptionem pro exceptione usurpant (10); atque potissimum ex titulo Codicis, qui inscriptus est, *de exceptionibus seu praescriptionibus* (11): quo innuitur, unum ab alio non differre, quamquam praescriptio strictiori sensu aliquando usurpatur ad significandas exceptiones temporis (12). Sed in his ulterius immorandum non arbitramur, ad ulteriora properantes.

§ 1000. Latior est praejudicii, quam exceptionis significatio. Praejudicium aliquando accipitur pro damno, quod alteri infertur (1): aliquando pro vi unius actionis ad aliam, qua fit, ut una alteram perimat (2), quo sensu supra explicavimus exceptiones praejudiciales (§ 936): vel pro certa actionum specie, quibus quaeritur de statu et conditione personae, puta an quis sit liber, an libertus, an filius (3); hae quippe etiam imprimis decidi debent, cum quaestiones de successione, alimentis et similibus a statu personae pendeant.

1001. Interdum praejudicii nomine significatur exemplum et argumentum, quod una actio prius intentata praebet alteri, prout contingit in quibusdam criminibus, ex quibus datur actio tum civilis, tum criminalis, quarum exempla plurima referuntur ab Imperatoribus (4). Si prius actum sit civili judicio, fit praejudicium actioni criminali; non quod ea amplius agi nequeat (5), sed quatenus ex instituto prius civili judicio sumitur exemplum, et argumentum, quod judicio criminali sequantur (6).

§ 1002. Hic vero praejudiciorum nomine significari videntur speciales quaedam exceptiones, quibus excluditur actoris intentio, quia actioni futurae praejudicium faciat, praepostere agens, seu prius agens actione, qua posterius experiendum esset: puta si quis ante litem de hereditatis petitione contestatam res singulas haereditarias petat; quia petitio rerum singularum praejudicat judicio universali petitionis haereditatis; sed si judicium universale jam coeptum sit, exceptio haec locum amplius habere non potest (7). Alia praejudiciorum exempla referuntur in Pandectis (8), quae pro arbitrio quisque expendere potest.

§ 1003. Explicatis quae ad exceptiones in genere pertinent, ordo postulat, ut diversae exceptionum species, quae singularem merentur animadversionem, de quibus speciales tituli habentur in corpore juris expendantur: sed quia de pluribus sigillatim jam egimus: nimirum de exceptione legis Falcidiae, praescriptionis, Trebelliani, Macedoniani et Vellejani Senatusconsulti, nec non pacti, juris jurandi, erroris sive ignorantiae; idcirco, servato fere ordine Pan-

(1) l. *Ab ea parte* 5 § 1 ff. *De probat.* (22, 3). V. supra § 519 et duos sequent.

(2) d. l. *Ab ea parte* 5; l. *Quoties operae* 18 ff. *De probat.* (22, 3).

(3) l. *In exceptionibus* 19 ff. eod. tit.; l. 1 ff. hoc tit.

(4) l. *Exceptio* 2 § 1 ff. hoc tit.

(5) d. l. 2 § *illud tenendum* 2.

(6) princ. Instit. *De replicationib.* (4, 14).

(7) l. 1 et passim ff. *Ad Senatusc. Vellejan.* (16, 1).

(8) l. 1 et passim ff. *De Senatusc. Macedon.* (14, 6).

(9) Digest. lib. 44, tit. 3 inscriptus est de diversis temporalibus praescriptionibus etc.

(10) l. penult. et ult. Cod. hoc tit.

(11) Codic. lib. 8, tit. 36.

(12) Prout in d. lib. 44, tit. 3 Digestor.

(1) l. *Forma censuali* 4 § ult. ff. *De censibus* (50, 15).

(2) l. *Inde Neratius* 23 § *si dolo* 9 ff. *Ad leg. Aquil.* (9, 2).

(3) § *praejudiciales* 13 Instit. *De actionibus* (4, 6).

(4) In l. unic. Cod. *Quand. civil. act. criminal. praejudicet.* (9, 31).

(5) d. l. unic.; d. l. *Inde Neratius* 23 § *si dolo* 9 *ad leg. Aquil.* (9, 2).

(6) l. *Interdum* 4 ff. *De public. judic.* (48, 1).

(7) l. *Si post litem* 13 ff. hoc tit.

(8) l. *Non distinguemus* 32 § *si is faciat* 10 ff. *De recept.* (4, 8); l. 1 § 1 ff. *Famil. Erciscund.* (10, 2); l. *Fundum Titianum* 16; l. *Fundi* 18; l. *Rei majoris* 21 ff. hoc tit.

dectarum, breviter agemus de caeteris exceptionum speciebus.

§ 1004. Quare imprimis agemus de exceptione rei judicatae; et quia transactio eandem fere vim hebet, ac res judicata (1), post rei judicatae exceptionem, conditiones et transactionis expendemus. Tertio loco, explicabimus, an ei quatenus rata habeantur, quae dolo malo, et per metum gesta sunt 4, et postremo loco de litigiosis rebus verba faciemus.

TITULUS XXV.

DE EXCEPTIONE REI JUDICATAE; NEC NON LITIS PENDENTIS

Instit. lib. 4, tit. 13 *De exceptionib.*
Digest. lib. 44, tit. 2 *De exception. rei judicat.*
Iust. lib. 7, tit. 56 *Quibus res judicat. non nocet.*

SUMMARIA

§ 1005. *Exceptio rei judicatae merito inducta est, ne nullus sit litium finis.* — § 1006. *Exceptiones litis finitae sunt transactionis, judicatae, et laudi homologati.* — § 1007. *Rei judicatae exceptio competit reo sententia judicis absoluto, dummodo plene satisfecerit judicato.* — § 1008. *Exceptio rei judicatae competit, dummodo a sententia non fuerit appellatum.* — § 1009. *Ecceptio rei judicatae non competit, nisi lis rursum moveatur inter easdem personas de éadem re, atque ex eadem petendi caussa.* — § 1010 et 1011. *Eadem persona intelliguntur haeres et defunctus, procurator et dominus, administrator et illi, quorum bona geruntur: si debitor et creditor in pignore.* — § 1012. *Quid de reo et fidejussore: vel duobus reis debendi aut credendi?* — § 1013 et 1014. *Quid de emptore et auctore seu venditore?* — § 1015. *Emptor venditoris auctor quodammodo intelligitur, si rem ex lege commissoria vel actione redhibitoria restituerit venditori.* — § 1016 et 1017. *Exceptio rei judicatae obstat ei, qui liti interfuit* — § 1018. *Satisdatio aliquando injungitur, licet non dubitetur de jure satisdantis ut consulatur indemnitati ejus, qui damnum ex alterius molestiis sentire potest.* — § 1019. *Exceptio rei judicatae obstare potest ei, qui liti non adfuit, in necessariam judicati consequentiam.* — § 1020. *Sententia contra defunctum lata non nocet fructuario, si defunctus appellaverit, licet haeres appellationem deseruerit, vel male prosecutus sit.* — § 1021. *Condemnatus ex contumacia potius per collusionem, aut negligentiam condemnatus judicatur.* — § 1022 et 1023. *Exceptio rei judicatae adversus fratrem non competit victori adversus alium fratrem, qui liti non interfuit. An filius, qui legitimum adversus haeredem obtinuerit, sententiam exequi possit adversus bonorum paternorum possessores?* — § 1024. *Quid si Titius tamquam Maevii creditor obtinuerit Sempronium debitorem Maevii, et Cajus in executione judicati intercedat?* — § 1025. *Exceptio rei judicatae obstat illi, qui non adfuit, si caussam habeat posteriorem a condemnato.* — § 1026. *Sententia lata adversus Praelatum Ecclesiae nocet successori, nisi contumacia, vel collusio intervenerit.* — § 1027. *Eadem res agi intelligitur, quoties apud judicem posteriorem id quaeritur, quod apud priorem quaesitum fuit.* — § 1028. *Accessiones ejusdem judicati vi peti possunt, nisi petantur tamquam per se subsistentes.* — § 1029. *Quid si prius haereditas petita sit, tum singulae res petantur, vel viceversa?* — § 1030. *Interdicto de possessione superatus postea de proprietate recte agit.* — § 1031 et 1032. *Caussa eodem agendi intelligitur inspecta origine petitionis.* Quid *de legatario, vel emptore?* — § 1033. *Vindicatione superatus rursus agere potest, si deinceps rei dominium acquisierit.* — § 1034 et 1035. *Exceptio rei contra uxorem judicatae constante matrimonio, non obstat mulieri post nuptias solutas agenti.* — § 1036 et 1037. *Rei judicatae exceptio non obstat, quominus in posteriore judicio moveatur quaestio obiter instituta, non tamen definita in priore.* — § 1038. *Quo hic differant actiones reales a personalibus?* — § 1039. *Exceptio rei judicatae peremptoria est.* — § 1040. *Céssat exceptio rei judicatae, si reus absolutus, et rursum conventus eandem non objiciat.* — § 1041. Quid *si judex contempta rei judicatae exceptione de caussa iterum pronunciet?* — § 1042. *Litis pendentis exceptio quibus casibus locum habeat?* — § 1043. *Lis pendens intelligitur per solum in jus vocationem. Quid si actor se non sistat praefinita cognitionis die?* — § 1044. *Exceptio litis pendentis dilatoria est.*

§ 1005. Cum publice intersit litibus, quoad fieri potest, aditum praecludere, et finem imponere, merito placuit, ait Paulus, *singulis controversis singulas actiones, unumque judicati finem sufficere, ne aliter modus litium multiplicatus summam, atque inexplicabilem faciat difficultatem: maxime si diversa pronunciarentur* (1). Quare, ut hisce incommodis obviam irent legumlatores, scite censuerunt, dandam rei judicatae exceptionem (2).

§ 1006. Ut haec plenius intelligantur, revo-

(1) l. *Jusjurandum* 2 ff. *De jurejurand.* (12, 2); l. unic. Cod. *De error calcul.* (2, 5).

(1) l. *Singulis* 6 ff. hoc tit.
(2) d. l. 6 in fin. § *item si* 5 Instit. hoc tit.

candam est, quod supra diximus; quasdam exceptiones ab interpretibus vocari *litis finitae*, quasdam *non finitae* (§ 927). Inter exceptiones litis finitae enumerat summus Pontifex, exceptionem transactionis, et rei judicatae, quae idcirco ingressum litis, seu litis contestationem impediunt (1), quibus plerique addunt *laudum*, ut ajunt, *homologatum*, quod et candem vim habet, ac res judicata (2): caeteris vero exceptionibus litis ingressus, seu contestatio nec impeditur, nec retardatur (3).

§ 1007. Rei judicatae exceptio, quae secundum placita jureconsultorum necessaria est, quia sententia pro reo lata actionem ipso jure non tollit (4), competit reo, sententia judicis absoluto, ejusque haeredi, nec non fidejussori, utpote quae in rem est, seu rei cohaeret, non personae (5), sive privato, sive populari judicio (6), sive criminali absolutus sit (7), dummodo judicato plene satisfecerit (8).

§ 1008. Cum autem res judicata pro veritate accipiatur (9), ut illius exceptio competat, non inquiritur, an jure, an injuria judicatum fuerit, sed dumtaxat, an judicatum sit (10), dummodo illius vis per appellationem non fuerit suspensa (11).

§ 1009. Sed non aliter fit locus exceptioni rei judicatae, praeterquamsi lis finita rursus moveatur inter easdem personas, de eadem re, atque ex eadem petendi caussa (12); ita ut si altera ex his conditionibus desit, exceptio denegetur; quia eadem res, seu idem negotium amplius dici non potest (13).

§ 1010. Inquirendum igitur, quibus casibus eadem persona, eadem res, eadem caussa intelligatur. Atque, ut a personis exordiamur, eadem persona civili jure intelliguntur haeres, et defunctus (14), procurator, et dominus, tutor, vel curator, et pupillus, minor, furiosus, aut alius quilibet sub administratione constitutus, dummodo verus tutor, aut curator sit; alioquin pupillo, aut minori non nocet sententia (15): actor, et municipium, defensor, et ille, cujus caussam tuetur (1), pater, et filiusfamilias (2).

§ 1011. Ejusdem quoque personae funguntur, quod ad exceptionem rei judicatae pertinet, debitor, et creditor, si debitor rem pignori tradiderit creditori, postquam eam a tertio petierat in judicio, et victus fuerat, ac deinde creditor pignoratitia agere velit adversus tertium, pro quo lata fuit sententia (3): cum creditor jus omne suum a debitore metiatur, melioris esse conditionis non debet (4).

§ 1012. Idem dicendum de reo, et fidejussore: reo absoluto, exceptio rei judicatae fidejussori competit (5): nec non de duobus reis debendi, si unus sententia judicis absolutus sit (6), vel reis credendi, quorum unus victus in judicio fuerit (7); cum una eademque res in utroque casu petatur, licet a pluribus debeatur, vel pluribus debita sit.

§ 1013. An emptor, ejusque actor, seu venditor una habeantur persona, quoad rei judicatae exceptionem, distinguit Julianus: si auctor absolutus sit, exceptio rei judicatae emptori proficit, non viceversa (8). Discriminis ratio ex eo petenda, quod emptor quidem ab auctore, non vero auctor ab emptore caussam, seu jus habet: adeoque emptori prodesse debet actoris victoria (9), non vicissim (10).

§ 1014. Exceptio admittenda est, si auctor liti adversus emptorem motae adstiterit: vel saltem interpellatus propter imminens periculum evictionis ab emptore, ut adsisteret, et litem defenderet, passus tamen sit, litem a solo emptore defendi (11): cum enim auctor rei defensionem suscipere teneatur, dummodo ei facta sit litis motae denunciatio (12), ex quo monitus non adest, tacite consentire intelligitur, ut emptor rem suo periculo defendat; adeoque sententiam contra emptorem, vel pro emptore latam ipsi nocere, vel prodesse, aequum est (13). Plane si auctor liti adfuerit, sententia inter ipsum quoque lata est: adeoque nullum superest dubitandi argumentum, cur damnum passurus, vel emolumentum ex ea percepturus non sit.

§ 1015. Immo si venditor, seu auctor rem deinceps ab emptore receperit, vel vi legis commissoriae, vel actione redhibitoria ob vitium, vel morbum rei venditae, non inepte defenditur,

(1) cap. 1 *De contestation.* extra 6 Decret. (2, 3).

(2) Voet in ff. hoc tit. n. 1; Fab. Cod. *De re judicat.* lib. 7, tit. 19, def. 6.

(3) d. cap. 1 et cap. ult. Ibid.

(4) § *item, si* 5 Instit. hoc tit.; l. *Julianus* 60 ff. *De condict. indebit.* (12, 6).

(5) l. *Exceptiones* 7 § 1 ff. *De exceptionib.* (44, 1).

(6) l. *Sed si ex eadem* 3 ff. *De popularib. actionib.* (47, 23).

(7) l. *Si cui crimen* 7 § *iisdem* 2 ff. *De accusationib.* (48, 2).

(8) l. *Evidenter* 16 ff. hoc tit.

(9) l. *Res judicata* 207 ff. *De reg. jur.* (50, 17); l. *Ingenuum* 25 ff. *De statu homin.* (1, 5).

(10) l. *Si superatus* 3 § 1 ff. *De pignorib.* (20, 1); l. 1 § *pari modo* 4 ff. *De liber. exhibend.* (43, 30).

(11) l. 1 et passim ff. *De appellationib.* (49, 1).

(12) l. *Cum quaeritur* 12 et duob. seqq. ff. hoc tit.; Fab. Cod. *De re judicat.* lib. 7. tit. 19. def. 14 et 20.

(13) l. *Et an eadem* 14 ff. hoc tit.

(14) Novell. 48 in fin. praefat.

(15) Fab. Cod. hoc tit. *Quib. res judic. non noc.* lib. 7, tit. 22, def. 3.

(1) l. *Si mater* 11 § *hoc jure* 7 ff. hoc tit.

(2) d. l. 11 § *si quis hominem* 8.

(3) d. l. *Si mater* 11 § ult. ff. hoc tit.

(4) l. *Qui in jus* 177 ff. *De reg. jur.* (50, 17).

(5) l. *Si cum argentum* 21 § ult. ff. hoc tit.

(6) l. *Cum duo* 2 ff. *De duob. reis* (45, 2).

(7) l. *Si rem* 21 § 1 ff. *De novationib.* (46, 2).

(8) l. *Si ante* 9 § ult. et l. seq. ff. hoc tit.

(9) d. l. *Qui in jus* 177 ff. *De reg. jur.*

(10) l. *Saepe constitutum* 63 ff. *De re judic.* (42, 1).

(11) Voet in ff. hoc tit. n. 5 in medio.

(12) l. *Si rem* 29 § ult.; l. *Si ab emptore* 49 ff. *De evictionib.* (21, 2).

(13) d. l. *Saepe constitutum* 53 in med. ff. *De re judicat.* (42, 1).

exceptionem rei judicatae emptori quaesitam auctori prodesse (1); in hoc etenim casu emptor venditoris auctor quodammodo intelligitur, quatenus videtur rem, quam prius emit, rursus auctori vendere (2).

§ 1016. Hinc etiam, cum inter Sempronium haeredem Caji, et Titium proximiorem ex familia testatoris contenderetur de fideicommisso, quod Lucius Cajo, quem scripserat haeredem, et proximioribus reliquerat, adeoque dubitari poterat, an testator sensisset de proximioribus suis, an de proximioribus haeredis (3), et intervenisset litis Maevius, qui se proximiorem ex familia haeredis, et vocatum asserebat, Senatus Sabaudus pro Titio pronunciaverat, ei tamen injuncto onere praestandae satisdationis de defendendo adversus Maevium Sempronio (4), qui bona fideicommissaria, tamquam Caii haeres, possidebat, et victori Titio traditurus erat.

§ 1017. Cum post plures annos idem Maevius fideicommissum tamquam sibi ex testamenti verbis relictum peteret a Titio, cui Senatus illud adjudicaverat, placuit, Maevio obstare rei judicatae exceptionem (5); tum quia pro Titio adversus Sempronium, Maevio ipso praesente, et agente, Senatus pronunciasset, adeoque dici non posset res inter alios judicata; tum quia nullo modo fieri possit, ut idem fideicommissum et Titio, et Maevio simul debeatur; cum ex diversis familiis sint (§ praeced.): quare ex quo Titius tamquam vocatus a Senatu habitus fuit, consequens omnino est, Maevium eo ipso repulsum ab illius petitione. Sane, si Titius, et Maevius ex eadem familia essent, eodemque gradu constituti, nihil impediret, quominus fideicommissum Titio adjudicatum postea in viriles partes Maevio adjudicaretur (6). Solum ergo civilis supplicationis remedium supererat (7).

§ 1018. Neque movit injuncta Titio satisdandi necessitas de Sempronio adversus Maevium defendendo (§ 1015); non enim cautio praescripta fuit favore Maevii, quod ineptum fuisset, sed favore Sempronii, si forte molestiam pateretur a Maevio, prout in aliis casibus leges Romanae decernunt: ideoque non Maevio, sed Sempronio Titius cavere jussus fuit; nec hinc sequitur, Senatum dubitasse de jure Maevii, sed voluisse omnimodo consulere indemnitati possessoris Sempronii, ne ex Maevii molestiis, etiam nullo jure illatis, damnum sentiret (8).

(1) Voet in ff. hoc tit. n. 5 in fin.
(2) argum. l. *Si duobus* 6 § ult. ff. *De divers. temporalib. praescriptionib.* (44, 3).
(3) l. *Omnia* 32 § ult. ff. *De legat.* 2. (31, 1).
(4) V. Fab. Cod. *De re judic.* lib 7, tit. 19, def. 4 in princ.
(5) Fab. Cod. *De re judicat.* lib. 7, tit. 19, def. 4, n. 9 et seqq.
(6) l. *Unam ex familia* 67 § *si duos* 4 ff. *De legat.* 2. (31, 1); Fab. d. def. 4, n. 12.
(7) Fab. d. def. 4, n. 20.
(8) l. penult. ff. *De haereditat. petition.* (5, 3); l. *Is, a quo* 57 ff. *De rei vindicat.* (6, 1).

Quod si dubium apud patres fuisset de Maevii jure, per definitivam sententiam Titio fideicommissum adjudicatum non fuisset, sed fiduciarie tantum, atque provisionaliter, ut ajunt pragmatici (1).

§ 1019. Sed quid, si Maevius priori liti non interfuerit? Res quidem judicata difficilius ei nocet, utpote inter alios acta (2): quia tamen, ut modo diximus (§ praeced.), fieri nequit, ut admittatur ad fideicommissum ex testamenti verbis Titius tamquam proximior ex familia testatoris, quin necessario repellatur Maevius ex familia haeredis, cum constet, a testatore solos ex una familia proximiores vocatos (3), idcirco sentit Faber, Maevio quoque obstituram in hoc caso rei judicatae exceptionem (4).

§ 1020. Sententia contra defunctum Titium lata de fundo, si defunctus ab ea appellaverit, non nocet fructuario, cui Titius ejusdem fundi usumfructum legaverit, licet defuncti haeres appellationem deseruerit, aut passus sit, se condemnari, sive per collusionem, sive per negligentiam; dummodo justa fuerit provocatio (5): etenim appellatio judicatum extinxit (6); negligentia autem haeredis de proprietate certantis nocere non debet fructuario, qui proprio jure fructus petit (7), maxime quia vocari quoque debuisset usufructuarius, ut jus suum tueretur (8).

§ 1021. Plane condemnatus per contumaciam, potius per collusionem, aut negligentiam condemnatus censetur (9): propterea nec actionem, nec exceptionem inde acquirere potest adversus alium, qui liti non interfuit (10); ne ex malitia, vel negligentia sua emolumentum ferat (11).

§ 1022. Sententia contra fratrem lata, licet condemnatus fuerit tam suo, quam fratris nomine, fratri non nocet, si neque mandatum praecesserit, neque ratihabitio secuta sit (12); adeoque exceptio rei judicatae non competit victori adversus alium fratrem, qui liti non adstitit. Sed si filius, legitimam portionem petens, adversus haeredem obtinuerit, potest adversus tertios bonorum paternorum possesseres agere, et sententiam exequi, quin necesse habeat rursum disputare de jure suo cum possessoribus (13); quia

(1) Fab. Cod. *De re judic.* lib. 7, tit. 19, d. def. 4, n. 21 et seqq.
(2) l. 1 et passim Cod. hoc tit.
(3) d. l. *Omnia* 32 § ult. ff. *De legat.* 2. (31, 1).
(4) Fab. Cod. *De re judicat.* lib. 7, tit. 19, d. def. 4 in fin.
(5) Fab. Cod. hoc tit. *Quib. res judicat. non noc.* lib. 7, tit. 22, def. 5 in princ.
(6) l. *Furti* 6 § 1 ff. *De his, qui notant. infam.* (3, 2).
(7) l. *Si perlusorio* 14 § 1 ff. *De appellationib.* (49, 1).
(8) l. *De unoquoque* 47 ff. *De re judicat.* (42, 1).
(9) l. *Si ideo* 55 ff. *De evictionib.* (21, 2).
(10) Fab. Cod. hoc tit. lib. 7, tit. 22, def. 6 in princ.
(11) l. *Non fraudantur* 134 § 1 ff. *De reg. jur.* (50, 17).
(12) l. 1 et 2 Cod. hoc tit.; Fab. Cod. hoc tit. lib. 7, tit. 22, def. 7.
(13) Fab. Cod. hoc tit. def. 10 in princ.

sufficit, filium cum legitimo contradictore litigasse (1), dummodo collusio non probetur.

§ 1023. Quia tamen legitimae quantitas definiri non potest, nisi prius deducto aere alieno (2), nec aequitas patitur, ut tertii possessores vexentur, quando ex bonis non alienatis filio commode satisfieri potest (3), saltem si victus haeres bona fide vendidit (4); recte petunt tertii possessores, ne prius ex judicato conveniantur, quam disceptatum sit, et judicatum cum haerede, quid detrahendum sit; tum quid, et quantum ex bonis pro legitima solvi debeat, facta ipsis sistendi potestate, si velint (5).

§ 1024. Cum sententia inter alios lata non noceat illi, qui liti non adfuit, nisi vocatus adesse noluerit (§ praeced.); si Titius tamquam creditor Maevii obtinuerit adversus Sempronium debitorem Maevii (6), et Cajus in executione judicati intercedat, disputandum cum eo erit non tantum de ordine, sed etiam de jure crediti, perinde ac si sententia nulla lata fuisset (7). Quamquam sententia prodesse potest victori etiam quoad Cajum, ne temere litigasse videatur; adeoque ut expensarum compensatio fiat (8). Hinc, qui sententiae inter alios latae executioni intercedit, jus habet postulandi, ut sibi exhibeatur sententia, et acta, super quibus lata fuit, ut cognoscere possit, an per collusionem, sordes, vel gratiam lata sit (9).

§ 1025. Excipiendus est ab hac regula casus, quo is, qui liti non adfuit, caussam habeat posteriorem a condemnato (10), seu lucrativo, seu oneroso titulo jus a condemnato consecutus sit (11); cum potior conditio esse non possit ejus, qui alterius jure utitur (12).

§ 1026. Hinc etiam sequitur, sententiam adversus Praelatum Ecclesiae latam vim habere quoad successorem in beneficio, sive in agendo, sive in excipiendo; quippequi eandem Ecclesiam repraesentat: rei autem judicatae auctoritas perpetua esse debet (13): nisi forte Praelatus per contumaciam, aut per collusionem condemnatus fuerit, quo casu neque opus esse civili supplica-

(1) argum. *a contrario* l. *Cum non justo* 3 ff. *De collusion. detegend.* (40, 16).

(2) l. *Papinianus* 8 § *quarta autem* 9 ff. *De inoffic. testam.* (5, 2).

(3) l. *Moschis* 47 ff. *De jure fisci* (49, 14).

(4) Fab. Cod. hoc tit. lib. 7, tit. 22, d. def. 10, n. 4 in corp.

(5) l. *Si suspecta* 29 ff. *De inoffic. testam*; Fab. d. def. 10 in fin.

(6) l. *Si in caussa* 2 et passim Cod. *Quand. sc. vel privat. etc* (4, 15).

(7) l. *A divo Pio* 15 § *si rerum* 4 ff. *De re judicat.* (42, 1); Fab. Cod. hoc tit. lib. 7, tit. 22, def 13 in princ.

(8) Fab. d. def. 13 in fin.

(9) Fab. Cod. hoc tit. def. 9.

(10) l. *Exceptio* 28 et l. seq. § ult. ff. hoc tit.

(11) d. l. penult. § ult. Fab. ff. hoc tit. lib. 7, tit. 22, d. def. 13 in not. †.

(12) l. *Qui in jus* 197 ff. *De reg. jur.* (50, 17).

(13) l. ult. Cod. *De re judicat.* (7, 52).

tione sentit Faber, favore nimirum Ecclesiae (1), cujus conditionem per Praelatum deteriorem fieri aequum non est (2).

§ 1027. Quae hactenus disputavimus, pertinent ad personas, seu requisitum personarum quarumdam interventum, ut exceptio rei judicatae competat (§ 1009): altera conditio exigit, ut de eadem re inter easdem personas rursum disceptetur: porro ita definiri potest, ait Ulpianus, toties eandem rem agi, quoties apud judicem posteriorem id quaeritur, quod apud priorem quaesitum est (3); nec interest, an postea partem petat, qui ab initio totum petiit, quia in toto pars est: nec utrum in corpore quaeratur, an in jure, vel in quantitate (4).

§ 1028. Si quis corpus petierit, et condemnatus sit, accessiones deinde petenti, puta ancillae partum, aut fructus fundi, obstat rei judicatae exceptio, dummodo petantur haec tamquam accessiones; atque ex eadem caussa (5): secus si petantur tamquam res per se subsistentes, atque ex alia caussa; quare, insula prius petita, non possunt deinceps peti ligna, et lapides insulae cohaerentes (6), utique vero tamquam ab aedibus separata, cujus proinde pars amplius non intelliguntur (7): atque eodem modo de fructibus sentiendum est (8).

§ 1029. Idem tradit Ulpianus de eo, qui prius haereditatem petierit, tum singulas res petat, vel viceversa (9), vel qui debitum, utique haereditarium, petierit a debitore haereditario, atque deinceps petat haereditatem; ita ut rei judicatae exceptio illi obstet; quia, cum petitur haereditas, et corpora, et actiones, quae in haereditate sunt, videntur in petitionem deduci (10): quae ratio probat, singula corpora tunc existentia amplius peti non posse ab eo, qui prius gregem petierit, et condemnatus fuerit, nec vicissim (11).

§ 1030. Cum autem caussa proprietatis a possessionis caussa omnino distincta sit (12), recte tradit Paulus, eum, qui interdicto egerit de possessione, et superatus est, deinceps de proprietate agentem non repelli exceptione rei judicatae (13).

§ 1031. Postremo requirimus ad exceptionem rei judicatae, ut eadem sit agendi caussa (§ 1009). Eadem porro caussa intelligitur inspecta origine

(1) Fab. Cod. hoc tit. lib. 7, tit. 22, def. 11.

(2) argum. l. *Melior* 133 ff. *De reg. jur.*

(3) l. *Si quis* 7 § 1 ff. hoc tit.

(4) d. l. 7 in princ.

(5) d. l. *Si quis* 7 § 1 ff. hoc tit.; Fab. Cod. *De re judic.* lib. 7, tit. 19, def. 5.

(6) d. l. 7 in princ.

(7) d. l. 7 § *sed in caementis* 2.

(8) d. l. 7 § *de fructibus* 3 ff. hoc tit.

(9) d. l. *Si quis* 7 § penult. ff. hoc tit.

(10) d. l. 7 § ult. ff. hoc tit.

(11) l. *Si cum argentum* 21 § 1 ff. hoc tit.

(12) l. *Naturaliter* 12 § 1 ff. *De acquirend. possession.* (41, 2).

(13) l. *Et an eadem* 14 § ult. ff. hoc tit.

petitionis (1), idest si eadem quaestio recurrat in posteriore lite, tametsi alio judicio agatur (2), seu alia actione (3): puta, qui egit petitione haereditatis, et repulsam passus est, non potest deinde agere familiae erciscundae, quia semper eadem vertitur quaestio, an sit cohaeres.

§ 1032. Hinc etiam obstat rei judicatae exceptio legatario, qui legatum petierit actione ex testamento, nec obtinuerit, tum hypothecaria, aut rei vindicatione experiri velit (4): nec non emptori, qui actione redhibitoria, vel quanti minoris egerit adversus venditorem ob rei vitium, propter quod empturus non fuisset, et utraque actio competere possit (5).

§ 1033. Potest tamen contingere, ut in posteriore judicio moveatur eadem quaestio, de qua priore judicio disceptatum est, nec tamen eadem sit petendi caussa, seu eadem origo petitionis (§ 1031); adeoque non obstet rei judicatae exceptio: puta si is, qui vindicatione egit, et victus est, quaesito postea rei dominio, rursus agat, ex nova acquisiti dominii caussa (dict. § 1031). Idem dicendum, si reus vindicatione conventus absolutus fuerit, quia nec possidebat, nec malo possidere desierat, atque deinceps possessionem nanciscatur (6): eadem utique est petitionis origo in actore, sed diversa in reo propter acquisitam deinceps possessionem.

§ 1034. Ex his sequitur, lata favore creditoris mariti sententia contra uxorem constante matrimonio, non induci exceptionem rei judicatae odio mulieris, quae post mortem viri de pignorum dotalium jure experiatur adversus eundem creditorem, et possessorem (7); quia nova est petendi caussa, et novum jus (8): cum mulier constante matrimonio, nec agendo, nec excipiendo ullum jus habeat in bona mariti, praeterquam ex caussa assecurationis, seu dotis in tuto collocandae (9).

§ 1035. Quod si mulier haec, marito defuncto, passa sit, eandem sententiam executioni demandari, summo quidem jure videri potest recessisse a jure pignoris, tacite consentiendo executioni, quam impedire potuisset, et debuisset (10): humanius tamen, et aequius est succurri mulieri (11), ne ex juris ignorantia, quae ipsi regulariter non imputatur (1), damnum sustineat dotis, quamquam mulieri salvam esse publice interest (2).

§ 1036. Sed quid dicendum, si aliqua quaestio obiter recurrat, quae quidem instituta fuit in priore judicio, non tamen definita? Quaestio haec in posteriore judicio moveri potest, quin obstet rei judicatae exceptio; etenim sententia ad ea se refert, quae sunt in conclusione libelli; atque licet quaestio illa, sive agendo, sive excipiendo proposita, tacite rejecta videri possit, tamquam ad caussam non faciens, vere tamen pronunciatum non est, eandem injustam, vel inutilem esse (3); adeoque prior sententia non impedit, quominus quaestio haec in alio judicio allegetur (4).

§ 1037. Fingamus Titium a Maevio petere canonem annuum tamquam ex emphyteusi debitum (5); Maevium vero allegare, se dedisse illud Sempronio, qui fundi, seu emolumenti usumfructum habet, et praeterea negare, Titium fundi dominum directum esse; quaestio de dominio incidens est; proinde si plene tractata non fuerit, in alio judicio moveri potest, nec Titio obstat exceptio rei judicatae, qua in petitione canonis repulsam passus est eo fundamento, quod canon annuus fundi emphyteutici usufruatuario solvi debeat.

§ 1038. Notanda hic est differentia inter actiones reales, et personales: si personali actione res petita fuerit, ex nova caussa rursus in personam agi potest (6); quia eadem res saepius, et diversis ex caussis ab eadem persona deberi potest (7): sed si in rem actum sit, neutiquam expressa speciali caussa, omnes comprehensae censentur, ita ut rursus agi nequeat; cum amplius, quam semel, res mea esse non possit (8).

§ 1039. Si quaeratur, quo tempore objicienda sit exceptio rei judicatae, respondemus, initio litis objici posse, ut inde litis ingressus impediatur (§ 1006): si tamen a judice fortassis admissa non fuerit, non prohibetur reus eam deinceps allegare (9), exemplo caeterarum exceptionum, quae peremptoriae sunt, atque opponi possunt in progressu caussae; cum exceptio haec sine dubio peremptoria sit, utpotequae non differt tantum, sed omnino extinguit jus actoris.

§ 1040. Cessat rei judicatae exceptio, si reus sententia judicis absolutus, sciens patiatur, rursus secum agi de eadem re per eundem actorem, atque ex eadem caussa, nec eandem objiciat;

(1) l. *Si mater* 11 § *eandem* 4 ff. hoc tit.
(2) l. *Si quis* 7 § *et generaliter* 4 ff. hoc tit.
(3) l. *De eadem re* 5 ff. hoc tit.
(4) argum. l. *Cum filius* 76 § penult. ff. *De legat.* 2. (31, 1).
(5) l. *Si is, qui* 23 § 1 ff. hoc tit.
(6) l. *Si rem meam* 17 ff. hoc tit.
(7) Fab. Cod. hoc tit. *Quibus res judic. non noc.* lib 7, tit. 22, def. 4 in princ.
(8) d. l. *Si mater* 11 § *eandem* 4; l. *Et an eadem* 14 ff. hoc tit.
(9) l. *Si constante* 24 ff. *Solut. matrimon.* (24, 3); l. *Ubi adhuc* 29 Cod. *De iur. dot.* (5, 12).
(10) l. *Si debitor* 4 § 1. ff. *Quibus mod. pign. vel hypothec. solvat.* (20, 5).
(11) Fab. Cod. hoc tit. lib. 8, tit. 22, d. definit. 4, n. 4 et seqq.

(1) l. *Regula est* 9 ff. *De jur. et fact. ignorant.* (22, 6).
(2) l. *Reipublicae* 2 ff. *De jure dot.* (23, 3).
(3) Brunneman. in *Pandect.* ad l. *De eadem re* 5 ff. hoc tit.
(4) d. l. *Si mater* 11 § *eandem* 4 ff. hoc tit.
(5) l. *In emphyteuticariis* 2 Cod. *De jur. emphyteut.* (4, 66).
(6) l. *Et an eadem* 14 § *actiones* 2 ff. hoc tit.
(7) l. *Non ut ex pluribus* 159 ff. *De reg. jur.* (50, 17).
(8) d. l. 14 § 2 in fin. et d. l. 159.
(9) Voet in ff. hoc tit. n. 6.

quia tacite intelligitur, jure sibi per sententiam quaesito renunciasse (1); eadem autem vis est taciti, ac expressi consensus in illis, quae ab alterius prohibere non impediti arbitrio pendent (2).

§ 1041. Idem affirmandum, si exceptionem rei judicatae reus quidem allegaverit, sed judex, negante actore, pronunciaverit, non fuisse judicatum (3). Sed nulla esset posterior judicis sententia priori contraria, si judex, insuper habita rei judicatae opportuno tempore opposita exceptione, de caussa rursus cognovisset, et contrarium pronunciasset; ita ut nec provocare a posteriori sententia necesse sit (4).

§ 1042. Ab exceptione rei judicatae non multum distat exceptio, quae ab interpretibus *litis pendentis* appellatur: eaque locum habet in omnibus casibus, in quibus, lite finita, rei judicatae exceptio objici potest, iisdemque conditionibus (§ 1009), nimirum quoties lis apud alium judicem pendet inter easdem personas, de eadem re, atque ex eadem caussa (5). Judicium ibi finem habere debet, ubi semel acceptum est, seu initium habuit (6); licet alter ex litigantibus, postquam in jus vocatus est, fori privilegium acquisierit (7).

§ 1043. Lis autem pendere intelligitur, ut modo innuimus (§ praeced.), per solam in jus vocationem, licet contestatio nondum secuta sit (8); quia sola in jus vocatio praeventionem inducit. Quod si actor, qui reum in jus vocaverat, praefinita cognitionis die, se non sistat, atque ideo edictum citationis peremptum sit (9), litis pendentis coram eo judice exceptionem reo dandam plures sentiunt: ita ut actor deinceps illum coram alio judice convenire nequeat (10), cum actor reum invitum non possit ad alium judicem transferre, ex quo coram uno in jus vocavit, licet omnes litis impensas offerat (11). Sed de hac re fusius suo loco agemus.

§ 1044. Cum exceptio litis pendentis non peremptoria, sed dilatoria tantum sit, seu fori declinatoria, sponte sequitur, ante litis contestationem objici debere (12). Quod si a judice posteriore rejecta fuerit, ab illius sententia appellari potest secundum ordinarias juris regulas (1).

(1) argum. l. *In duobus* 28 § ult. et l. seq. ff. *De jurejurand.* (12, 2).
(2) l. *Soluto matrimonio* 2 § ult. ff. *Solut. matrimon.* (24, 3).
(3) l. 1 ff. *Quae sentent. sine appellation. rescindant.* (49, 8).
(4) l. 1 Cod. *Quand. provocar. non est necess.* (7, 64).
(5) Fab. Cod. hoc tit. lib. 8, tit. 24, def. 44.
(6) l. *Ubi acceptum* 30 ff. *De judic.* (6, 1).
(7) l. *Si quis* 7 ff. eod. tit.
(8) d. l. 7 ff. *De judic.*; l. ult. in fin. Cod. *De in jus vocand.* (2, 2).
(9) l. *Et post edictum* 73 § 1 et 2 ff. *De judic.* (5, 1).
(10) Voet in ff. hoc tit. n. 7.
(11) l. *Qui semel* 4 princ. § 1 et 2 Cod. *De in jus vocand.*
(12) l. ult. Cod. *De exceptionib.* (8, 36).

TITULUS XXVI.

DE TRANSACTIONIBUS

Digest. lib. 2, tit. 15) *De transactionibus.*
Cod. lib. 2, tit. 4)

SUMMARIA

§ 1045. *Cur de transactionibus hoc loco agendum sit?* — § 1046. *Quae sint de transactionibus expendenda?*

§ 1045. Quamquam transactio, si nudo contextu fiat, pactis annumeranda sit, atque ideo de transactione tum in Pandectis, tum in Codice transactiones post tractatum de pactis expenduntur; quia tamen ad stipulationem quoque accedit, si verborum solemnitas intervenerit (2), atque ad contractus innominatos, si datione, vel facto confirmatum fuerit, quod fuerat per simplicem de re dubia conventionem definitum (3), atque rei judicatae vim obtineat (4); ita ut rescripserint Imperatores, caussas, vel lites transactionibus legitime finitas neque Imperiali rescripto resuscitari oportere (5); idcirco commodus, nec inopportunus post exceptionem rei judicatae de transactionibus agendi locus est.

§ 1046. De transactione haec sunt investiganda: 1. Quid sit, quotuplex, quibus modis fiat: 2. Qui transigere possint: 3. De quibus rebus transigere liceat: 4. et postremo, quis sit transactionis effectus.

CAPUT I.

Quid et quotuplex sit transactio; et quibus modis ineatur.

SUMMARIA

§ 1047. *Transactio est conventio onerosa de re dubia.* — § 1048. *Dubiae res sunt, de quibus incertum est jus, et fallax eventus.* — § 1049 *et* 1050. *Transactio dividi potest in generalem et specialem: judicialem, atque extrajudicialem. An judicialis majorem vim habeat?* — § 1051. *Transigi potest pure, vel sub conditione: an etiam sine scripto?* — § 1052. *Quid si transactioni adjectum fuerit jusjurandum?*

§ 1047. Transactio rite definitur conventio o-

(1) l. 1 et passim ff. *De appellationib. et relationib.* (49, 1).
(2) l. *Actione* 4; l. *Cum mota* 6; l. *Ut responsum* 15 Cod. hoc. tit.
(3) l. *Cum proponas* 17 Cod. hoc tit.
(4) l. *Jusjurandum* 2 ff. *De jurejurand.* (12, 2); l. unic. Cod. *De error. calcul.* (2, 5).
(5) l. *Caussas* 16 Cod. hoc tit.

nerosa de re dubia; addunt aliqui vel de lite incerta, sed perperam, ut ex mox dicendis constabit. Conventionis verbum generale est, quo transactio cum pactis, et contractibus convenit: caetera definitionis verba transactionem a pacto, et contractibus distinguunt. Atque imprimis *onerosa* conventio dicitur, quo differt a pacto, quod gratuitum esse potest; quia transactio nullo dato, retento, vel promisso viribus caret (1).

§ 1048. De re dubia transactio fit; atque in hoc etiam differt a pactis, quae de rebus certis iniri possunt, et solent: dubiae autem res sunt, de quibus dubium est jus, et dubius eventus; sive ex incertitudine conditionis adhuc pendentis, licet nulla sit, aut metuatur lis; veluti de fideicommisso conditionali inter haeredem fiduciarium, et fideicommissarium (2), sive de incerta victoria litis motae, aut adhuc movendae, seu quae movenda metuitur (3): ex quo patet, litis incertae mentionem in transactione definienda fieri necessario non oportere; cum res dubia litem incertam sub se comprehendat.

§ 1049. Transactio doctrinae caussa dividi ab aliquibus solet in generalem, et specialem, judicialem, atque extrajudioialem. Generalis, seu universalis est transactio, quae initur de jure aliquo universo, seu quo rerum universitas continetur, puta haereditate, vel fideicommisso universali: specialis, quae de re aliqua, vel etiam pluribus rebus, sed invicem per se disjunctis fit; generalis tum per Aquilianam stipulationem (4), tum per simplex pactum fieri potest.

§ 1050. Judicialis transactio in judicio, et judice auctoritatem praestante celebratur; extrajudicialis nudo partium consensu perficitur: quamquam ad vim transactionis parum refert, utrum in judicio, an extra judicium interponatur (5); nisi Senatus auctoritate comprobata fuerit, quo casu apud nos cautum, ne ex caussa etiam laesionis enormissimae rescindi possit (6), dummodo praescriptae conditiones servatae fuerint (7).

§ 1051. Transigi potest pure, vel sub conditione (8), scriptura interveniente, vel sine scripto; et postrema eandem vim jure Romano habet, ac scripta, dummodo probationem habeat (9): sed apud nos scriptura necessaria est, si ex caussa transactionis rerum immobilium alienatio sequatur (10): in reliquis opportuna admodum est scriptura ad rei gestae probationem.

§ 1052. Transactioni, si jus Romanum spectemus, adjici potest jusjurandum; quo adjecto cautum, ut contrahens, qui eam implere detrectet, in vindictam spreti Divini Nominis infamia notetur, rerum suarum proprietatem amittat, atque omnibus transactionis emolumentis careat (1). Sed municipali lege, ut saepe, oblata occasione, animadvertimus, vetitum est, ne contractus quicumque jurejurando firmentur (2); viribus alioquin carituri tamquam simulati, et per fraudem extorti (3).

(1) l. *Transactio* 38 Cod. hoc tit.
(2) l. *De fideicommisso* 11 Cod. hoc tit.
(3) l. *Cum te proponas* 2 Cod. hoc tit.
(4) De qua in l. *Aquiliana* 4 et seq. ff. hoc tit.
(5) l. *Sive apud acta* 28 Cod. hoc tit.
(6) *Reg. Constit.* lib. 5, tit. 29, § 2.
(7) Ibid. § 3.
(8) l. *Si super* 9 Cod. hoc tit.
(9) d. l. 28 in med. Cod. hoc tit.
(10) *Reg. Constit.* lib. 5, tit. 22, cap. 4. § 1 et 8.

CAPUT II.

Qui transigere possint.

SUMMARIA

§ 1053. *Transigere possunt omnes, qui liberam administrandi facultatem habent.* — § 1054. *Tutores, curatores et universitatum administratores transigere ex justa caussa possunt de rebus mobilibus.* — § 1055 *et* 1056. *An de rebus immobilibus sine judicis decreto his transigere liceat?* — § 1057. *An procuratoribus transigere liceat?* — § 1058. *An patri de rebus filii transactio permittatur?* — § 1059 *et* 1060. *An transactio cum universitate facta a patre a plebeiis oneribus immuni noceat filio?* — § 1061. *Transactio inter virum nobilem, atque universitatem de jure immunitatis confirmari non debet a Senatu, nisi prius audito procuratore generali.* — § 1062 *et* 1063. *Haeres fiduciarius, pendente conditione, transigere potest de rebus fideicommissariis.* § 1064 *et* 1065. *An transactio haeredis fiduciarii cum fideicommissario noceat hujus liberis, sive haeredes sint, sive paternam haereditatem repudient?* — § 1066. *An vassallus sine domini consensu de re feudali recte transigat?* — § 1067 *et* 1068. *Unus ex pluribus litis consortibus, qui litem simul contestati sint, transigere posse videtur, aliis invitis.*

§ 1053. Transigere generatim possunt omnes, qui liberam bonorum administrationem habent: liberam administrationem requirimus; quia in omni transactione aliquid datur, vel promittitur (4); dare autem, vel promittere rem non potest, nisi qui libera gaudent administrandi facultate: quia autem in transactione non unus tantum donat, sed vicissim aliquid ab altero contrahente recipit (5), idcirco facilius permittitur transactio, quam donatio, perditioni aequiparata (6).

§ 1054. Hinc transigere possunt tutores, dummodo ex justa caussa, et pupillorum utilitate prae

(1) l. *Si qui major* 41 Cod. hoc tit.
(2) *Reg. Constit.* lib. 5, tit. 11, § 13.
(3) Ibid. § 14.
(4) l. *Transactio* 38 Cod. hoc tit.
(5) d. l. 38; l. *Cum ea* 21 Cod. hoc tit.
(6) l. *Filiusfamilias* 7 ff. *De donat.* (39, 5).

oculis habita (1); curatores, minores consentiente; minor curatore destitutus recte transigit, dummodo immobilia bona inde non alienet; si vero curatorem habeat, laesus in integrum restituitur adversus transactionem eo probante factam (2). Universitatum syndici, et administratores de rebus mobilibus ad universitatem pertinentibus recte transigunt, dummodo jus certum non remittant (3), ut supra diximus (§ 65).

§ 1055. Si tamen quaestio sit de rebus immobilibus minorum, et similium, quae sine judicis decreto, et quibusdam solemnibus alienari nequeunt, hac quoque solemnitates in transactione servari debent, si administrator vi transactionis cedat adversario rem litigiosam immobilem, quam tenebat adversarius ipse, aliquo accepto, vel, potiori ratione, det adversario rem immobilem minime litigiosam a minore, vel universitate possessam, ut vicissim adversarius a lite super alia re discedat (4).

§ 1056. Si vero id per transactionem agatur, ut res immobilis penes minorem maneat, vel ei tradatur, ipse vero alteri transigenti donet rem, cujus alienatio decretum non requirit; nec in hac transactione judicis auctoritas necessaria est (5). Idem dicendum plures sentiunt, si res immobilis litigiosa non a pupillo, sed ab adversario possideatur, atque ex caussa transactionis eidem relinquatur; quia non videtur in hoc casu alienata, cum in dubio possidentis praesumatur (6). Sed in his, quae suis locis fuse expendimus, diutius immorandum non arbitramur.

§ 1057. Procuratores quod attinet, supra diximus (§ 66 et seqq.), nonnisi ex speciali mandato, vel libera bonorum administratione collata transigere posse (7): vel si quis in rem suam procurator sit (§ 71 et seqq.); hic quippe suo nomine, et ad suam utilitatem agit: proinde si damnum ex inconsulta transactione sentiat, sibi non aliis debet imputare (8). Idem dicendum de marito (9).

§ 1058. Pater transigere nequit de rebus filii sui emancipati (10); utpote qui pro extraneo habetur (11). Neque transigere potest pater de peculio castrensi; et quasi-castrensi filiorum; quia et in his filii gaudent jure patrumfamilias (12).

(1) l. *Lucius* 46 § ult. ff. *De administrat. et peric. tutor.* (26, 7).

(2) l. *Si curatorem* 3 Cod. *De in integr. restitut.* (2, 22); l. *De fideicommisso* 11; l. *Si majores* 25 Cod. hoc tit.

(3) l. *Praeses* 12 Cod. hoc tit.; l. *Ambitiosa* 4 ff. *De decret. ab ordin. faciend* (50, 9).

(4) l. *Non solum* 4 Cod. *praed. et aliis rebus minor etc.* (5, 71); V. vol. I, lib. 1, pag. 481, § 3042 et seqq.

(5) argum. l. ult. Cod. *Quand. decr. opus non est* (5, 72).

(6) Voet in ff. hoc tit. n. 2 post alios plures.

(7) Fab. Cod. hoc tit. lib. 2, tit. 4, def. 7.

(8) l. *Quod quis ex culpa sua damnum* 203 ff. *De reg. jur.* (50, 17).

(9) l. *Mandato* 60 ff. *De procurat.* (3, 3).

(10) l. *De re filiorum* 10 ff. hoc tit.

(11) l. *Si genero* 26 Cod. *De jur. dot.* (5, 12).

(12) l. *Usque ad quantitatem* 2 ff. *De Senatusc. Macedon.* (14, 6).

De adventitiis bonis, si filius aetate major sit, pater, eo consentiente, recte transigit (1): si vero in minori aetate filius constitutus reperiatur, pater solus ad filii utilitatem transigere non prohibetur (2).

§ 1059. Hinc recte tradit Faber, transactionem cum universitate factam a patre, qui ex nobilitatis privilegio a plebeiis oneribus immunis erat, eoque nomine annuum quid promiserat, non nocere filio, nisi eam sponte probare malit, si ab avis, non a solo patre nobilitatem habeat, quemadmodum nec ei noceret, quod pater sordidis artibus, aut alia quacumque ratione nobilitatem amisisset (3); quia pater adimere non potest filio, quod filius aliunde, quam a patre, habet (4).

§ 1060. Aliud facile affirmandum, si pater certum quid praestitisset, quo unica solutione tota fuisset obligatio perempta; vix enim est, ut hoc sine caussa, et indebite solutum videri possit (5), cum et admixta in hac re sit caussa pietatis, ne ex unius, aut alterius immunitate laedatur, et supra modum oneretur universitas, quae pupillis, viduis, et orphanis constat (6). Multo magis repellendus est filius transactionem impugnans, si factum patris, pendente lite, et incerto adhuc immunitatis jure, adprobaverit (7).

§ 1061. Plane, scite subjicit ex Senatus Sabaudi placito idem Faber (8), transactio inita inter virum nobilem, et universitatem de immunitatis jure, etiamsi aliquid universitati ex ea caussa datum sit, a Senatu confirmari non debet, seu, ut ajunt, homologari, nisi prius audito procuratore generali (9); ne alioquin publica jura privatorum pactionibus subvertantur, et tributis fiscalibus praejudicium fiat: quod minime ferendum est (10).

§ 1062. Quaerunt interpretes, utrum haeres fiduciarius transigere possit cum aliis de rebus per fideicommissum restituendis, pendente fideicommissi conditione ita ut transactio sine consensu fideicommissarii inita ipsi tamen post implementum, seu existentiam conditionis, atque restitutum fideicommissum nocitura sit. Sunt, qui negant, ajentes fideicommissarium proprio, non haeredis fiduciarii jure ad fideicommissum

(1) l. ult. § *ubi autem* 3 Cod. *De bon. quae liber.* (6, 61).

(2) V. vol. II, lib. 2, § 4701 et seqq. pag. 34.

(3) Fab. Cod. hoc tit. lib. 2, tit. 4, definit. 8 in princ.

(4) l. *Emancipatum* 7 § ult. ff. *De senatorib.* (1, 9).

(5) Fab. Cod. hoc tit. lib. 2, tit. 4, d. def. 8 in med.

(6) l. *Et qui originem* 3 § *praeses provinciae* 15 ff. *De muneribus, et honoribus* (50, 4).

(7) l. *In diem* 9 § 1 ff. *De aqua, et aqua pluv. arcend.* (39, 3); Fab d. def. 8 in fin.

(8) Fab. Cod. hoc tit. lib. 2, tit. 4, def. 11.

(9) l. *Non intelligitur* 3 § *Divus Adrianus* 9; l. *Si fiscus* 7 ff. *De jure fisci* (49, 14).

(10) l. *Jus publicum* 38; l. *Inter debitorem* 42 ff. *De pact.* (2, 14).

pervenire (1). Affirmant alii, quorum sententiam, Fabro teste, licet contrarium sentiente, amplexus est Sabaudus Senatus (2).

§ 1063. Posterior sententia a Sabaudis patribus probata juri magis consentanea videtur; videlicet transactionem haeredis fiduciarii fideicommissario nocere, dummodo res vere dubia fuerit, atque omnia bona fide gesta sint. Imprimis sententia haec adstrui potest auctoritate Papiniani respondentis, transactionem a fiduciario interpositam cum debitore haereditario post restitutam haereditatem nocere fideicommissario, si debitor factae rastitutionis ignarus sit (3): porro si ignorantia restitutionis efficit, ut transactio noceat fideicommissario, multo magis nocere debet, si restituta nondum sit haereditas; prout satis aperte innuit Gajus de lite fiduciario mota post restitutum ex Trebelliano Senatusconsulto fideicommissum (4). Sed haec alibi fusius pertractavimus (5).

§ 1064. Si ergo nocet fideicommissario transactio fiduciarii cum extraneo, potiori ratione nocere debet, quae inita sit inter fiduciarium haeredem et fideicommissarium de jure fideicommissi: nocere, inquam, tum transigentibus, tum eorum haeredibus (6); quippequi defuncti factum praestare tenentur (7). Nec interest, quod haeredum mentio in transactione facta non sit; quia in dubio quisque pactus creditur tum sibi, tum haeredibus suis (8).

§ 1065. Quod si fiduciarius et fideicommissarius inter se transegerint de fideicommissi jure, atque liberi paternam haereditatem repudiaverint, vel implorato inventarii beneficio adierint, nullum ex hac transactione damnum pati videntur, dummodo appareat, transactionem rite, et bona fide interpositam fuisse (9); quippe in primo casu patris neque factum, neque pactum praestant (10); in altero nullum in propriis juribus damnum sentiunt (11).

§ 1066. Ex his colligi potest, quid de vassallo sentiendum sit. Feudorum consuetudines vassallo indulgent, ut sine domini consensu de re feudali transigat, dummodo bona fide transactio fiat (12), ita ut si feudum aperiatur, transactionem aeque ac judicium cum vassallo motum dominus probare teneatur (1). Sed in hac re consulenda sunt singularum ditionum singularia statuta (2).

§ 1067. Non consentiunt interpretes, utrum unus ex pluribus litis consortibus, qui litem simul contestati sint, transigere possit, invitis aliis, vel ignorantibus. Quidam negant, congruentius alii affirmare videntur; cum enim socio liceat, invitis caeteris, de sua parte disponere, etiam alienando in extraneos (3), nulla afferri potest ratio, cur denegari debeat facultas ineundae transactionis, quae sopiendis litibus, reipublicae maxime existiosis (4), inservit.

§ 1068. Parum movet, quod objiciunt ex Papiniano, interdictas esse post judicium acceptum alienationis (5); etenim agit jureconsultus de judicio familiae erciscundae inter cohaeredes, quod longe distat a casu, quem pertractamus. Minus nocet, in judicio quasi contrahi (6); etenim contrahitur utique inter actorem et reum, non vero inter ejusdem litis consortes adversus tertium contendentes.

CAPUT III.

De quibus rebus transactio iniri possit.

SUMMARIA

§ 1069. *Transigi potest de rebus mobilibus et immobilibus, juribus universalibus et singularibus, dummodo dubia sint.* — § 1070 *et* 1071. *An de re judicata transactio valeat?* — § 1072 *et* 1073. *Transactio de illis, quae testamento continentur, non valet, nisi inspectae fuerint testamenti tabulae; vel aliunde notitia habeatur testamentariae dipositionis.*— § 1074. *Voluntates defunctorum salvas esse publice interest.* — § 1075. *Transigi potest de alimentis contractu debitis.* — § 1076 *et* 1077. *De alimentis futuris ultima voluntate relictis transactio non valet, nisi judicis auctoritate confirmata fuerit.* — § 1078. *Transactio de alimentis futuris sustinetur, si noxia transigenti alimentario non sit.* —§ 1079. *An pacto gratis remitti possint alimenta futura?* — § 1080. *Transactio de futuris alimentis judicis ratihabitione confirmatur.* — § 1081. *Judex nonnisi caussa cognita transactionem de futuris alimentis probare debet.* — § 1082 *et* 1083. *Quis sit transactionis modus, et quae personarum inspectio fieri debeat?* — § 1084. *Transactio de alimentis futuris strictam re-*

(1) l. *Cum pater* 77 § *Titio fratri* 31 ff. *De legat.* 2. (31, 1).
(2) Fab. Cod. hoc tit. lib. 2, tit. 4, def. 14.
(3) l. ult. in fin. ff. hoc tit.
(4) l. *Facta* 63 § *si haeres* 2 ff. *Ad Senatusc. Trebellian.* (36, 1).
(5) V. vol. II, lib. 2, § 10087 et seqq. pag. 782.
(6) l. 1 Cod. *De pactis* (2, 3); l. *De fideicommisso* 11 Cod. hoc tit.
(7) l. *Cum a matre* 14 Cod. *De rei vindicat.* (3. 32).
(8) l. *Si pactum* 9 ff. *De probat.* (22, 3).
(9) Voet in ff. hoc tit. n. 9.
(10) d. l. *Cum a matre* 14 Cod. *De rei vindicat.* (3, 32).
(11) l. ult. § *et si praefatam* 4 Cod. *De jur. deliberand.* (6, 30).
(12) Feudor. lib. 2, tit. 26 § 5 vers. § *si vassallus de beneficio*, et eodem lib. 2, tit. 43.

(1) Feudor. d. lib. 2, tit. 43 in fin.
(2) De alienatione feudorum, et bonorum feudalium. V. *Reg. Constit.* lib 6, tit. 3, cap. 6.
(3) l. 1 Cod. *Commun. dividund.* (3, 37); l. *Falso* 3 Cod. *De commun. rer. alienation.* (4, 52).
(4) l. *Item* 4 § 1 in fin. ff. *De alienat. judic. mutand. causs. fac.* (4, 7).
(5) l. *Alienationes* 13 ff. *Famil. Erciscund* (10, 2).
(6) l. *Licet tamen* 3 § *idem scribit* 11 ff. *De pecul.* (15, 1).

cipit interpretationem. — § 1085 *et* 1086. *Transigi potest de delictis praeteritis privatis quoad poenam pecuniariam laeso solvendam, sed non quoad publicam.* — § 1087. *De criminibus publicis capitalibus transactio permissa est. Quare?* — § 1088 *et* 1089. *An liceat de adulterio transigere?* — § 1090. *De adulterio etiam jure veteie soli consanguinei accusare poterant.* — § 1091. *Quae sit Alexandri Imperatoris in hac re sententia? Quid de Basilicorum libris?* — § 1092 *ad* 1094. *Adulterium capitale crimen ante Constantinum fuisse videtur.* — § 1095 *et* 1096. *Transigere de criminibus capitalibus licet actori et reo, sive ante, sive post litem contestatam: neque reus transigens pro confesso habetur, nec actor ulli poenae subjicitur.* — § 1097. *An publica utilitas suadeat, ne permittatur transactio de criminibus capitalibus?* — § 1098. *Transactio de crimine capitali jus tantum facit inter transigentes.* — § 1099. *Quis sit in hoc argumento hodierni fori usus.* — § 1100. *Transigens de indemnitate, vel eo, quod interest, crimen fateri non intelligitur.* — § 1101. *Transigere licet de libertate, ingenuitate et familiae jure: quae tamen transactio personas transigentium non egreditur.*

§ 1069. Transigi potest de rebus omnibus (paucis exceptis, quas infra referemus) sive mobilibus, sive immobilibus (1), sive juribus, et actionibus universalibus (2), aut singularibus; non secus ac pactum iniri, a quo in hoc argumento vix distat transactio, cum et ipsa pactis adnumeretur (3). Sed hoc interest inter utrumque, quod pactum de rebus certis fieri potest; licet enim donationis caussa rem certam, atque indubitatam remittere, sed transactio non sustinetur, nisi sit de re dubia; seu lite incerta, nec dum finita (4). Quae autem dubia habeatur res, supra explicavimus (§ 1048).

§ 1070. De re certa, veluti de re judicata, transactio non valet, nisi appellatio, quae judicatum extinguit (5), secuta sit vel sequi possit (6), aut, elapsis appellationum temporibus, restitutio in integrum petita fuerit (7): multo magis, si negetur, judicatum esse, aut id vere dubium sit (8).

§ 1071. Sed hodiernis moribus, ait post alios Voetius, receptum est, ut ratae habeantur transactiones de negotio ex re judicata certo (1); quemadmodum apud Romanos probabatur transactio de re judicata, nec appellatione, aut restitutione suspensa, si jus ex sententia quaesitum Aquiliana stipulatione et acceptilatione subsecuta peremptum fuisset (2). Nihil vetat, quominus, subtilitate insuper habita, Aquiliana stipulatio, atque acceptilatio secuta intelligatur, cum de re judicata transactio interponitur (3). Sed excipiendam tradit Faber transactionem de re a Senatu judicata, nisi adversus Senatusconsultum supplicatio Principi porrecta fuerit (4).

1072. Transactionem de iis, quae testamento continentur, non valere, nisi inspectis testamenti tabulis, vulgo placet, ita ut nec huic tabularum inspectioni renunciari possit (5): atque colligunt ex Gajo ita scribente: *De his controversiis, quae ex testamento proficiscuntur, neque transigi, neque exquiri aliter veritas potest, quam inspectis cognitisque verbis testamenti* (6). Verum ut alibi animadvertimus (7), verba haec ad factum potius referuntur, quam ad jus: videlicet innuit jureconsultus, prudenter transigi de his non posse, nisi verba testamenti inspiciantur et cognoscantur; non vero nullam legem esse, pure prohibeat, ne contrahentes transigere possint, si malint, prout licet jactum retis certo pretio emere (8).

§ 1073. Mediam in hac controversia sententiam amplexus est Sabaudus Senatus; atque pronunciavit, valere transactionem de controversiis, quae ex testamento proficiscuntur, si contrahentes verba testamenti scivisse probentur, licet ea non legerint; sed viribus destituti, tametsi huic inspectioni sponte renunciaverint, si aliunde nesciant, quid testamento contineatur (9). Sane, quamvis concedamus, Gaji sententiam ad jus pertinere (§ praeced.), per aequipollens tamen suppleri potest inspectio tabularum testamenti, prout in plerisque aliis casibus (10), neque lex sollicita fingi potest de modo, dummodo finis obtineatur.

§ 1074. Sed defendi non sine ratione potest legibus non sustineri transactionem de contro-

(1) l. *Si de certa re* 31 Cod. hoc tit.
(2) l. *Cum te proponas* 2 et seqq. Cod. hoc tit.
(3) l. *Transactum* 2 ff. hoc tit.; V. Thesaur. lib. 3, quaest. 90; ubi probata fuit a Senatu transactio inter vassallum, et communitatem, qua communitas se obligaverat ad solvendam summam, cum vassalli filius militiae se adscriberet; atque censuit, quinquaginta scuta pro unoquoque filio danda esse, decem vero pro centenario pro filia nuptui danda, ita tamen ne scuta centum excedantur.
(4) l. 1 ff. hoc tit.; Osasc. decis. 91, n. ult. †.
(5) l. 1 et passim ff. *De appellationib.* (49, 1); Fab. Cod. hoc tit. lib. 2, tit. 4, def. 4 in fin.
(6) l. *Et post rem judicatam* 7 ff. hoc tit.
(7) l. *Si caussa cognita* 32 Cod. hoc tit.
(8) l. *Post rem judicatam* 11 ff. hoc tit.

(1) Voet in ff. hoc tit. n. 11 fer. in princ.
(2) d. l. *Si caussa cognita* 32 Cod. hoc tit.
(3) argum. l. *Juris gentium* 7 § *si paciscar* 13 ff. *De pact.* (2, 14).
(4) Fab. Cod. hoc tit. lib. 3, tit. 4, def. 4 et 5.
(5) Voet in ff. hoc tit. n. 12 et 13; Fab. Cod. hoc tit. lib. 2, tit. 4, def. 1 in princ.
(6) l. *De his controversiis* 6 ff. hoc tit.
(7) V. vol. 1, lib. 1, pag. 17, disput. § 129 et 130.
(8) l. *Nec emptio* 8 princ. et § 1 ff. *De contrahend. emption.* (18, 1).
(9) Fab. Cod. hoc tit. lib. 2, tit. 4, def. 1.
(10) l. *Julianus ait* 47 § 1; l. ult. ff. *Mandat.* (17, 1); l. *Julianus* 45 ff. *De condict. et demonstrat.* (35, 1); l. ult. Cod. *De donat. quae sub modo* (8, 55).

versiis ex testamento proficiscentibus, si neque visae fuerint testamenti tabulae, neque aliunde perspecta habeant contrahentes, quae in illis disposita sunt', licet alii contractus incerti probentur (§ 1072); quia publice interest, voluntates defunctorum salvas esse, atque exitum sortiri (1) quod fieri nequit si testatoris dispositio plane ignota sit contrahentibus. Quamquam singularis haec lex lata non apparet; neque ex Gaji responso (2) latam fuisse certo colligi potest (d. § 1072).

§ 1075. De alimentis ex contractu debitis rite transigi absque decreto praetoris, et praevia caussae cognitione, apud omnes in confesso est (3); siculi enim mutuo consensu deberi coeperunt, ita eodem consensu tolli, vel minus posse aequum est (4); cum naturali rationi consentaneum esse, unumquodque eodem modo dissolvi, quo colligatum fuit (5).

§ 1076. Sed si ultima voluntate relicta fuerint alimenta, sive testamento, codicillis, donatione mortis caussa, interest, an in praeteritum debeantur, an in futurum. De alimentis ultima voluntate relictis, sed in praeteritum debitis transigere non prohibent leges (6); quae enim in praeteritum debentur, atque solvenda fuerunt, alimentorum naturam habere desierunt; nemo in praeteritum vivit, aut ali potest: ideoque simplicis legati jure censentur, de quo vetita transactio non est (7).

§ 1077. De alimentis autem futuris, seu in futurum tempus praestandis vi ultimae cujuscumque voluntatis transactio, secundum Divi Pii constitutionem, seu orationem in Senatu recitatam, rata non habetur, nisi praetoris auctoritate fuerit confirmata (8), sive in perpetuum relicta fuerint, sive ad certum tempus (9), sive plena alimenta legata sint, nimirum cibaria, vestes, et habitatio, sive minus plena, puta habitatio tantum, vel sola cibaria (10): quod quidem optima ratione constitutum est, ne hi, quibus alimenta legata sunt, temere transigant, et lucri praesentis illecebra capti, modico contenti sint (11); atque ita subvertatur testatoris voluntas, qui conjunctis personis in luxum, vel prodigalitatem forte pronis consulere voluit.

§ 1078. Sed ab hac lege, seu necessitate judicialis decreti immunis est transactio haec, si alimentarius transigens meliorem reddat conditionem suam, aut saltem non deteriorem; puta convenerit, ut in singulos menses consequatur, quod in singulos annos relictum fuerat, vel initio anni, quod, eo completo solvi jusserat alimentorum caussa testator (1): idem tradit Ulpianus, si res per legatum solvenda tantum commutata fuerit, puta frumentum loco pecuniae, aut vicissim (2).

§ 1079. Neque desunt, qui probabiliter defendunt, valere etiam sine judiciali decreto pactum, quo quis gratis remittat alimenta sibi legata (3); quia in hoc casu cesset prohibitionis ratio, seu periculum, ne legatarius pinguia alimenta amittat, modica praesentis pecuniae quantitate contentus (4); adeoque lex ipsa cessare debeat (5). Sed sententia haec difficultate non caret, cum prima legis ratio sit, ne voluntates defunctorum temere subvertantur (§ praeced.); alioquin prohibenda quoque esset transactio de alimentis contractu inter vivos debitis, in quibus idem est periculum, et idem alimentarii favor; quae tamen a legibus probatur (§ 1075).

§ 1080. Facilius recipi potest, quod subjiciunt, valere transactionem de alimentis futuris ultima voluntate relictis, licet judicis decretum non praecesserit dummodo ratihabitione, seu auctoritate magistratus deinde firmetur (6): decretum judicis non tam ad transactionis solemnitatem pertinet, quam ad alimentarii transigentis indemnitatem; de qua etiam post transactionem cognosci potest; adeoque nihil impedit, quominus ratihabitio judicis decreto aequiparetur (7).

§ 1081. Caussae cognitio, quae judicis decretum praecedere debet, tria respicit: 1. Transigendi caussam: 2. Modum: 3. Transigentium personas (8). Transigendi justas caussas plures enumerat Ulpianus; si alibi haeres, alibi alimentarius domicilium habeat; vel hic destinaverit alio transferre domicilium, ita ut sine gravi aliquo incommodo recipi nequeant alimenta, vel legatarius praesenti pecunia indigeat; aut alimenta a pluribus solvi debeant, quos minutatim singulos difficile, atque incommodum sit convenire: et his similia, prout judex prudenter existimaverit (9).

§ 1082. Modus transigendi eo pertinet, ut ratio habeatur quantitatis alimentorum, et praesentis pecuniae, quae semel pro alimentis datur (10): major, vel minor pecuniae quantitas danda est inspecta valetudine, atque aetate ejus, cui relicta

(1) l. *Vel negare* 5 ff. *Testament. quemadmod. aperiant* (29. 3).
(2) in d. l. *De his controversiis* 6 ff. hoc tit.
(3) l. *Cum hi, quibus* 8 § *haec oratio* 2 in fin. ff. hoc tit.
(4) § ult. Instit. *Quib. mod. tollit. obligat.* (3, 30).
(5) l. *Nihil tam naturale* 35 ff. *De reg. jur.* (50, 17).
(6) l. *De alimentis* 8 Cod. hoc tit.
(7) argum. l. *Cum mota* 6; l. *De fideicommisso* 11 Cod. hoc tit.
(8) l. *Cum hi, quibus* 8 princ. § 1 et 2 ff. hoc tit.
(9) d. l. 8 § *sive igitur* 3.
(10) d. l. 8 § 1 ff. hoc tit.
(11) d. l. 8 in princ.

(1) d. l *Cum, hi, quibus* 8 § *eam transactionem* 6 in fin. ff. hoc tit.
(2) d. l. 8 § penult. et ult.
(3) Voet in ff. hoc tit. n. 6 prop. fin.
(4) d. l. *Cum hi, quibus* 8 in princ. ff. hoc tit.
(5) l. *Quod dictum* 32 ff. *De pact.* (3, 14); l. *Adigere* 6 § *quamvis nulla* 2 ff. *De jur. patronat.* (37, 14).
(6) Voet in ff. hoc tit. d. n. 14 prop. fin.
(7) l. ult. Cod. *De Senatusc. Macedonian.* (4, 28).
(8) l. *Cum hi, quibus* 8 § *vult igitur* 8 ff. hoc tit.
(9) d. l. 8 § *in caussa* 9
(10) d. l. *Cum hi, quibus* 8 § *modus quoque* 10 ff. hoc tit.

sunt alimenta, utpotequae cum vita fiuntur (1): atque exemplum sumere potest judex ab aestimatione alimentorum, et ususfructus proposita, cum de lege Falcidia agitur (2).

§ 1083. Personarum inspectio duplex est: videlicet inspicienda tum persona alimentarii, tum illius, qui ex praecepto testatoris alimenta praestat. In alimentarii persona inspicitur, utrum vitae frugis sit, ita ut ea parare sibi possit, vel aliunde, vel ex pecunia pro illis solvenda; an talis, ut vix sperari possit sibi prospecturus; immo timeatur pecuniam dissipaturus (3).

§ 1084. Caeterum transactio de alimentis, utpote de re singulari favore digna (§ 1077), strictam recipit interpretationem, ita ut ultra res verbis expressas difficile extendatur. Quare transigens de alimentis, nec de habitatione, nec de vestiario transegisse intelligitur, nisi et de his specialis facta fuerit mentio (4); vel aliunde appareat, de his quoque contrahentes sensisse, prout apparere potest ex quantitate pecuniae semel pro alimentis solutae. Legati alimentorum plenior fit interpretatio, quippequod vestitum, et habitationem complectitur (5): sed ita postulat justa voluntatis interpretatio favore legatarii, ut consequatur id omne, quod ad vitam sustentandam necessarium est.

§ 1085. Simile quoddam jus, ac in alimentis ultima voluntate relictis, servatur in delictis; nimirum transigi potest de delictis praeteritis privatis quoad poenam pecuniariam (6) laeso solvendam; nec enim prohibendus est laesus, ne jus sibi competens sponte, vel aliquo accepto remittat (7); nec ullum inde damnum imminet reipublicae; cum delinquens adhuc puniri possit in reipublicae laesae satisfactionem, ut mox dicturi sumus.

§ 1086. Sed privatorum transactio poenam legibus praestitutam non tollit, puta infamiam ex furto (8); nisi auctore praetore quis transegerit, vel gratuito, pactus sit (9).

§ 1087. De criminibus publicis poenam sanguinis irrogantibus permissa est transactio, non de caeteris minime capitalibus. *Transigere, vel pacisci de crimine capitali, excepto adulterio, prohibitum non est*, ajunt Imperatores Diocletianus et Maximianus; *in aliis autem publicis criminibus, quae sanguinis poenam non ingerunt, transigere non licet citra falsi accusationem* (1): visum est aequitati consentaneum, ignoscere illis, qui sanguinem suum quomodocumque redimere satagunt, non caeteris (2).

§ 1088. Dissentiunt interpretes, utrum a legis indulgentia, quae transactionem de criminibus poenam sanguinis irrogantibus permittit, excipiendum sit adulterium. Negant aliqui, existimantes allatae modo constitutionis verba, *excepto adulterio* (§ praeced.), a Triboniano perperam adjecta fuisse. Affirmant alii contendentes, ratam non haberi de adulterii crimine transactionem; atque horum sententia tum naturali rationi, tum civili juris praescripto magis consentanea videtur.

§ 1089. Imprimis pro arbitrio fingunt contra sentientes, verba *excepto adulterio* Triboniani esse, non Imperatorum (3): expedita profecto, et facilis legum interpretandarum ratio haec est; sed minus apta, cum a legum emendatione, quantum fieri potest, abstinendum sit, nisi necessitas urgeat: ne alioquin certiora legum scita pro interpretum arbitrio subvertantur: praeterquamquod non deest justa exceptionis caussa; tum quia in lenocinii crimen incidere videtur, qui de adulterio transigit (4); tum quia gravissimum adulterii crimen facile impunitum esset, si transactio de eo permitteretur, cum proximas tantum, atque necessarias personas ad accusandum de hoc crimine leges Romanae admittant (5).

§ 1090. Neque objiciatur, ante Constantinum (6), omnes de adulterio accusare potuisse (7), adeoque perperam fingi Imperatores Diocletianum, et Maximianum Constantino anteriores hac ratione motos, ut transactionem de adulterio improbarent (8); etenim per extraneos, de quibus loquitur Ulpianus (9), non omnes omnino intelliguntur, sed proximi, qui post patrem, et maritum, accusare adulterii possunt (10); unde non tantum Ulpianus distinguit, utrum maritus accuset jure mariti, an jure extranei (11), sed et eandem distinctionem adhibent Theodosius, Arcadius, et Honorius Costantino posteriores (12). Proinde Constantinus novum jus in hac re non induxit, sed antea latum luculentius explicavit (13).

(1) d. l. 8 § 10 in fin.
(2) l. *Computationi* 68 ff. *Ad leg. Falcid.* (35, 2).
(3) d. l. *Cum hi, quibus* 8 § *sed et personarum* 11 ff. hoc tit.
(4) d. l. *Cum hi, quibus* 8 § *qui transigit* 12 ff. hoc tit.
(5) l. *Legatis* 6; l. ult. ff. *De aliment. legat.* (34, 1).
(6) l. *Si pignore* 54 § ult.; l. *Interdum* 56 § *qui tutelam* 4 ff. *De furtis* (47, 2).
(7) argum. l. *Si quis in conscribendo* 29 Cod. *De pact.* (2, 3).
(8) § *ex quibusdam* 2 Instit. *De poena temere litigant.* (4. 16).
(9) l. *Furti* 6 § *pactusve* 3 ff. *De his, qui notant. infam.* (3, 2).

(1) l. *Transigere* 18 Cod. hoc tit.
(2) l. ff. *De bon. eor. qui ant. sentent. mort. sibi consciver.* (48, 21).
(3) d. l. *Transigere* 18 Cod. hoc tit.
(4) l. *Is, cujus ope* 14 ff. *Ad leg. Jul. de adulter.* (48, 5).
(5) l. *Quamvis* 30 Cod. eod. tit. (9, 9).
(6) auctorem d. l. 30 Cod. *Ad leg. Jul. de adulter.* (9, 9).
(7) l. *Si maritus* 4 § 1 ff. eodem tit. *Ad leg. Jul. de adulter.* (48, 5).
(8) d. l. *Transigere* 18 Cod. hoc tit.
(9) in d. l. 4 § 1 ff. *Ad leg. Jul. de adulter.*
(10) l. *Ex lege* 2 § ult.; l. *Constante matrimonio* 26 ff. eod. tit.
(11) l. *Si uxor* 13 princ. et § *sed etsi* 4; l. *Si maritus* 15 § *lex Julia* 6 ff. eod. tit.
(12) l. *Adulterii* 33 Cod. eod. tit. (9, 9).
(13) d. l. 30 Cod. eod. tit.

§ 1091. His adde Imperatoris Alexandri rescriptum, quo transactio de adulterio nominatim improbatur (1): quare in libris Basilicorum haec verba habentur: *In his quidem criminibus, quae sanguinis poenam ingerunt, transigere licet, excepto adulterio*: atque mox subjungitur: *Breviter igitur ex hac constitutione hanc regulam statuito: de criminibus, quae poenam sanguinis inferunt, recte transigimus, excepto crimine adulterii* (2). Apertissima sunt haec verba. Porro Basilicorum libri magnam apud eruditos aestimationem habent, ut alibi diximus (3).

§ 1092. Difficultatem utique facit, quod plures allegant, adulterium tempore Imperatorum Diocletiani et Maximiani (4) capitale crimen non fuisse, sed a Constantino tale decretum (5): atque ideo ei nominatim adscribi (6). Verum etiam defendi potest cum aliis, gladii poenam in adulteros a Constantino non primitus inductam, sed renovatam fuisse; cum probabile non sit, tam gravem juris veteris mutationem, tam parcis verbis, sine ulla praefatione, nec caussae mentione factam fuisse (7).

§ 1093. Constantino quidem adscribi videtur a Justiniano, sed et intelligi potest Imperator se se referre ad legem a Constantino de adulteris coercendis latam, tamquam postremam, ex qua criminis hujus poena dignoscitur: ait Justinianus, *si quando vero adulterii crimen probetur, jubemus illas poenas peccantibus inferri, quas Constantinus divae memoriae disposuit* (8): disponere autem non necessario significat primo decernere: disposita quoque dicuntur, quae confirmata sunt. Sane alia in jure Romano occurrunt exempla, quibus alicui Imperatori tribuuntur, quae ab eo tantum renovata sunt. Divisionis beneficium fidejussoribus ab Hadriano indultum tradit Justinianus (9), Pio ejus successori adscribit Papinianus (10).

§ 1094. His addi potest, capitalem esse adulterii poenam, ab eodem Constantino supponi in alia constitutione, undecim annis priore (11), quam sit lex sub titulo de adulterii crimine posita (12): immo et Imperator Alexander, qui diu ante Constantinum floruit, mulieri adulterii damnatae capitalem poenam aliquando imminere pro certo habet (1). Sed de his satis: qui plura desiderat, consulat auctores prolixius argumentum hoc pertractantes (2).

§ 1095. De criminibus capitalibus extra adulterium transigere licet tum actori, tum reo, cum lex (3) non distinguat (4): quae ratio probat, nihil interesse, utrum ante, an post litem contestatam transactio fiat (5). Neque reus transigens pro convicto, aut confesso habetur, sicuti nec actor poenae Senatusconsulti Turpiliani subjicitur; cum poenam non sustineat, qui, lege permittente, ab accusatione desistit (6).

§ 1096. Neque actor, qui de crimine capitali transigit, incidit in crimen concussionis; hujus etenim criminis rei tantum fiunt illi, qui criminis non perpetrati comminatione turpem quaestum faciunt, atque pecuniam accipiunt, ut accusent, vel ab accusatione cessent (7): contra qui transigit in casibus a lege permissis, lucrum facit, ne alteri dubium crimen objiciat: quod lucrum non tam actoris, quam rei favore leges probant, videlicet, ut via reo pateat proprium sanguinem redimendi (8).

§ 1097. Si quis objiciat, transactione permissa, futurum, ut crimina maneant impunita, quae tamen coerceri publice interest (9), respondemus, per privatam unius transactionem nec judicem prohiberi, quominus ex officio in crimen inquirat, nec alios privatos, quominus accusent (10): fieri quidem facilius potest, ut capitale crimen sine poena sit propter transactionem; sed, ut toties diximus, legem hanc (11) extorsit humanitas, quae suadet, ut indulgeatur, ei, qui sanguinem suum redimere satagit (§ praec.).

§ 1098. Atque in hoc, ut obiter dicamus, distat transactio a re judicata, cujus tamen vim habere dicitur (12); licet enim reo per judicis sententiam absoluto competat exceptio rei judicatae adversus quemlibet denuo accusare volentem (13); tamen transactio in criminibus jus tantum facere potest inter eos, qui transegerunt, non inter alios, sicuti et in civilibus negotiis obtinet (14), utpote res inter alios acta, quae caeteris nec prodest, nec nocet (15).

§ 1099. Hodiernis moribus apud plures po-

(1) l. *De crimine* 10 Cod. *Ad leg. Jul. de adulter.* (9. 9).
(2) Basilicor. lib. 11, tit. 23, l. 35.
(3) V. vol. I, lib. 1, disput. § 119 in corp. et in not. pag. 16.
(4) Qui auctores sunt d. l. *Transigere* 18 Cod. hoc tit.
(5) l. *Quamvis* 30 § 1 Cod. *Ad leg. Jul. de adulter.* (9. 9).
(6) Novell. 134, cap. *si quando vero* 10.
(7) d. l. 30 § 1 Cod. *Ad leg. Jul. de adulter.*
(8) d. Novell. 134 cap. *si quando vero* 10 in princ.
(9) § *si plures* 4 Instit. *De fidejussoribus* (3, 21).
(10) l. *Si testamento* 49 § 1 ff. eod. tit. (46, 1).
(11) l. *Qui sententiam* 16 Cod. *De poen.* (9, 47); lata est haec lex, prout ex subscriptione patet, anno 314.
(12) d. l. *Quamvis* 30 § 1 Cod. *Ad leg. Jul. de adult.* (9, 9); atque hanc anno 326 latam fuisse docet subscriptio.

(1) l. *Castitati* 9 Cod. eod. tit. *Ad leg. Jul. de adulter.*
(2) V. Voet *in Pandect.* hoc tit. n. 18.
(3) d. l. *Transigere* 18 Cod. hoc tit.
(4) l. *De pretio* 8 ff. *De publician. in rem action.* (6, 2).
(5) Voet in ff. hoc tit. n. 19 in princ.
(6) l. *Destitisse* 13 ff. *Ad Senatusc. Turpilian.* (48, 16).
(7) l. ult. ff. *De concussione* (47, 13); l. *Qui accusare* 8 in fin. ff. *De accusationib.* (48, 2).
(8) l. 1 ff. *De bon. eor. qui ante sent. etc.* (48, 21).
(9) l. *Ita vulneratus* 51 § ult. prop. fin. ff. *Ad leg. Aquil.* (9, 2).
(10) argum. l. *Qui coetu* 5 § ult. ff. *Ad leg. Juliam de vi publica* (48, 6).
(11) d. l. *Transigere* 18 Cod. hoc tit.
(12) l. *Jusjurandum* 2 ff. *De jurejurand.* (12, 2).
(13) l. *Si cui crimen* 7 § *iisdem* 2 ff. *De accusationib.* (48, 2).
(14) l. *Ingenui* 8 Cod. *De ingenuis manumiss.* (7, 14).
(15) l. 1 et tot. Cod. *Inter alios acta etc.* (7, 60).

pulos invaluit, ut laesus, ejusque haeredes, et liberi transigere possint cum laedente, sive publicum sit crimen, sive privatum, sive capitale, sive non capitale, quatenus ex crimine civilis actio competit ad indemnitatem, vel id quod interest; consequendum (1): quae transactio solum jus facit inter transigentes, nec impedit, quominus judex, aliique, quibus publica accusatio demandata est, et quibus solis jus accusandi competit, privatis exclusis, crimina persequi possint, prout suo loco demonstrabimus.

§ 1100. Nec ideo crimen fateri censendus est, qui transigit de indemnitate, vel eo, quod interest, licet generatim id asserat Paulus (2); sicut enim assertio exceptionem habet in casibus, in quibus leges Romanae transactionem probant (§ 1095); ita et exceptionem habere debet, cum ex lege municipali, vel consuetudine legitime inducta permittitur transactio; cum eadem sit vis statuti, et consuetudinis: praeterquamquod a paciscentis mente aliena est Pauli sententia; potest enim quis transigere de crimine, quod non patravit, ut se a molestiis praepotentis, vel rixosi adversarii liberet; vel ne damnum honoris, ex iniqua licet accusatione, vel denunciatione sustineat; cum longe proniores sint homines ad condemnandum, quam ad absolvendum (3).

§ 1101. De status quaestionibus, nimirum de libertate, ingenuitate, et familiae jure transigere permissum est (4); non utique ita, ut quis publice servus, liber, aut de familia haberi debeat, sed ut talis habeatur quoad transigentes ipsos (5): sed si judicis sententia quis talis pronunciatus fuisset, aliorum quoque respectu jus hoc consequeretur (6); quia judex publica, qua pollet, auctoritate sententiam ferens omnes afficit.

CAPUT IV.

Quis sit transactionis effectus.

SUMMARIA

§ 1102. *Transactio litem dirimit, sicut jusjurandum, et res judicata.* — § 1103. *Transactio nec nocet, nec prodest aliis, qui non transegerunt.* — § 1104 *et* 1105. *Si haeres legitimus et testamentarius transegerint, transactio legatariis non nocet; cum immo possint a sententia appellare.* — § 1106 *et* 1107. *An legatariis incumbat onus probandi, testamentum valere cum haeres testamentarius et legitimus de eo transegerunt?* — § 1108 *et* 1109. *Testamentum in dubio valere judicatur.* — § 1110. *Creditores, transactione inter legitimum et testamentarium haeredem non obstante, adversus verum haeredem agere possunt; nisi malint utrumque convenire.* — § 1111. *Transactio novationem continet; atque venditionis naturam interdum induit.* — § 1112. *An transigens de evictione teneatur?* — § 1113. *Transactio legitime celebrata nec sub praetextu instrumentorum postea repertorum, aut rerum, quae prius ignorabantur, rescindi potest, nisi dolus interveniat.* — § 1114. *Quid si deinde appareat, nullam fuisse transigendi caussam?* — § 1115 *et* 1116. *Transactio dolo, vel metu gravi inita viribus non subsistit.* — § 1117 *et* 1118. *Transactio secundum principia juris Romani neque ex enormissima laesione rescindi potest.* — § 1119. *Jurejurando praestito non amplius quaeritur, quam an juratum sit.* — § 1120. *Transactio filiae de bonis maternis ex caussa doli rescinditur, proposita tamen actione in factum.* — § 1121. *Laesioni immodicae dolus vere non inest. An laesio in transactione concipi possit?* — § 1122 *et* 1123. *An transactio ex laesione enormissima usu fori rescindi possit?* — § 1124 *et* 1125. *Intra quod tempus transactio magistratus auctoritate probanda sit?* — § 1126. *An liber fiat ab annua praestatione solvenda ex certo fundo, qui per sententiam eo fundo privatur?* — § 1127. *Transactio non excedit caussas, vel negotia, de quibus nominatim facta est, nisi aliud appareat.* — § 1128 *et* 1129. *An transactione censeatur renunciatum fideicommisso puro, vel conditionali, sive nondum extiterit conditio, sive impleta sit?* — § 1130. *Quo juris remedio quis cogi possit ad transactionem implendam?* — § 1131 *et* 1132. *Quid si jurejurando, aut poenali stipulatione transactio firmata fuerit?* — § 1133. *Transactionum firmitati cautius apud nos prospectum est.* — § 1134. *Quid semel ad implementum transactionis egit, variare non potest.* — § 1135. *Actio ad transactionis implementum triginta annis durat.*

§ 1102. Transactionis effectus is est, ut litem omnino dirimat, non secus ac jusjurandum (1), et res judicata (2), quorum vim habet; et merito; nullus alioquin erit litium finis, si eas legitima transactione compositas facile liceat retractare (3).

§ 1103. Sed vis haec transactioni inest inter eos tantum, qui transegerunt, non inter caeteros (4), ut jam innuimus (§ 1101): ex vulgari juris effato res inter alios acta, vel judicata aliis nec nocet, nec prodest (5); unusquisque pacisci, et paciscendo sibi prodesse debet: nec sint ae-

(1) Voet *in Pandect.* hoc tit. n. 20 in princ.; Fab. Cod. *Ex quib. causs. major.* lib. 2. tit. 36, def. 2.
(2) l. *Quoniam intelligitur* 5 ff. *De his, qui notant. infam.* (3, 2).
(3) V. Fab. d. def. 2, tit. 36, def. 9, n. 9 et seqq.
(4) l. ult. Cod. hoc tit.
(5) l. *Ingenui* 8 ff. *De ingen. manumiss.* (7, 14).
(6) l. *Ingenuum* 25 ff. *De statu hom.* (1, 5); l. 1 § ult.; l. 2 et 3 ff. *De agnoscend. et alend. liber.* (25, 3).

(1) l. *Jusjurandum* 2 ff. *De jurejurand.* (12, 2).
(2) l. *Non minorem* 20 Cod. hoc tit.
(3) l. *Fratris* 10 Cod. hoc tit.
(4) l. *Imperatores* 3 ff. hoc tit.
(5) l. 1 et tot. tit. Cod. *Int. alios acta* (7, 60); l. *Saepe constitutum* 63 ff. *De re judicat.* (42, 1).

quitas, ut negotium inter duos transactum, vel definitum noceat illis, qui non adfuerunt (1). Plane transactio facta cum cedente post cessionem obest cessionario, si debitori cessio ignota fuisset (2).

§ 1104. Hinc si haeres testamento institutus, et legitimus, cum de vi testamenti disceptarent, ita transegerint, ut partem haereditatis unusquisque habeat, legatarii in solidum ad legata consequenda agere possunt adversus haeredem testamento scriptum (3), nisi hic probet, testamentum minime valuisse (4), pro quo stat praesumptio.

§ 1105. Cum autem intersit legatariorum, ne haeres scriptus, et legitimus inter se colludant in ipsorum necem, idcirco legatariis collusionem metuentibus potestas fit, ut liti adsint (5), immo et provocent a sententia, qua irritum pronunciatum fuerit testamentum (6): atque appellationis caussam agant (7): quia aequitas postulat, ut de unoquoque negotio agatur, praesentibus illis, quos caussa contingit (8).

§ 1106. Diximus, transactionem inter legitimum, et testamentarium haeredem de testamenti viribus disceptantes non nocere legatariis, nisi haeres scriptus probet, viribus destitui testamentum, pro quo stat praesumptio (§ 1104). Non desunt, qui sentiunt, onus incumbere legatariis probandi, testamentum valere, eo moti argumento, quod alioquin eo deveniendum sit, ut transactione firmum fiat, aut maneat testamentum, quod vel ab initio inutile erat, vel rescindi debuerat; atque ut pactum unius alteri saepe nullum jus habenti prosit, cum utique controversia de testamenti valore non minus contra scriptum, quam pro scripto haerede potuisset definiri, si transactum non fuisset, sed ad sententiam usque in lite perseveratum (9).

§ 1107. Sed tota haec ratiocinatio falso nititur fundamento; non enim dicimus, ex transactione firmum, et ratum censeri testamentum; quod nonnisi inepte diceretur, cum transactio rem plane dubiam ex parte transigentium supponat (10), ita ut nec alioquin sustineatur (11): sed probandi necessitatem injungimus haeredi scripto (§ 1104); quia praesumptio pro testamento, adeoque contra ipsum sit, ex quo probandi onere adstringitur, prout de emancipatione traditur, quam quis rite factam neget (12).

(1) argum. l. *De unoquoque* 47 ff. eod. tit.
(2) l. ult. ff. hoc tit.
(3) l. *Imperatores* 3 ff. hoc tit.
(4) l. *Si suspecta* 29 § *quamvis* 2 ff. *De inoffic. testament.* (5, 2).
(5) d. l. *Si suspecta* 29 in princ. ff. *De inoffic. testam.* (5, 2); l. *Si perlusorio* 14 ff. *De appellationib.* (49, 1).
(6) d. l. 29; d. l. 14 et l. *A sententia* 5 § 1 ff. eod. tit. *De appellat.*
(7) d. l. 5 § *idem rescripsit* 2.
(8) d. l. *De unoquoque* 47 ff. *De re judicat.* (42, 1).
(9) Voet *in Pandect.* hoc tit. n. 22 post init.
(10) l. 1 ff. hoc tit.
(11) l. *Preses* 12 Cod. hoc tit.
(12) l. *Ab ea parte* 5 § 1 ff. *De probationib.* (22, 3).

§ 1108. Ita profecto suadent generales juris regulae, quibus continetur, in dubio pro testamento (1), nec non pro contractu respondendum esse (2). Quare Imperatores Antoninus, et Verus, prout Scaevola refert, legatariis jus tribuunt legata, transactione nullatenus obstante, ab haerede scripto petendi, nec verbum habent, quo colligi possit, legatariis incumbere onus probandi valere testamentum (3).

§ 1109. Haec sunt Imperatorum verba: *Transactione*, inquiunt, *quae inter haeredem, et matrem defuncti facta est, neque testamentum rescissum videri posse, nec manumissis, nec legatariis actiones suae ademptae* (4). Igitur, transactione non obstante, Imperatores supponunt, valere testamentum, et legatariis actionem competere ad legata consequenda: proinde haeres, qui testamentum, quo scriptus fuit, nullum dicat, probare debet. Subjiciunt: *Quare, quidquid ex testamento petunt, scriptum haeredem convenire debent; qui in transactione haereditatis, aut cavit sibi pro oneribus haereditatis, aut si non cavit, non debet negligentiam suam ad alienam injuriam referre* (5): potestas indistincte fit legatariis integra legata a scripto haerede petendi: si ergo haeres testamentarius ab hoc onere se exemptum contendat, probare tenetur, nullum esse testamentum, quo legatarii nituntur (6). Ulpianus quoque *testamentum in suo jure manere* tradit, et ideo legata deberi, licet transactum sit inter haeredem, et filium de inofficioso querentem (7): in suo jure manet testamentum, donec aliud probetur.

§ 1110. Quae de legatariis diximus, eadem potiori ratione obtinent favore creditorum; ita ut transactio legitimum inter, atque testamentarium haeredem non impediat, quominus in solidum agant adversus scriptum haeredem, vel adversus legitimum, si probaverit ille testamentum viribus destitui (8); cum immo creditorum, qui de damno vitando certant, favorabilior sit conditio, quam legatariorum, de lucro captando certantium (9): nisi malint pro parte utrumque haeredem convenire (10).

§ 1111. Cum transactio litem dirimat, perinde ac res judicata (§ 1102), inde sequitur, novationem quoque ea contineri (§ 3599): nec non transferri dominium rerum, si possessio quoque translata sit, licet per solam constituti clausu-

(1) l. *Cum in testamento* 24 ff. *De reb. dub.* (34, 5).
(2) l. *Quoties in actionibus* 12); l. *Ubi est verborum* 21 ff. eod. tit.
(3) d. l. *Imperatores* 3 in princ. ff. hoc tit.
(4) d. l. *Imperatores* 3 in princ. ff. hoc tit.
(5) d. l. 3 in fin. princ.
(6) d. l. *Ab ea parte* 5 § 1 ff. *De probat.* 22, 3).
(7) d. l. *Si suspecta* 29 § *quamvis* 2 ff. *De inoffic. testament.* (5, 2).
(8) argum. d. l. *Imperatores* 3 ff. hoc tit.; d. l. *Si suspecta* 29 § *quamvis* 2 ff. *De inoffic. testament.* (5, 2).
(9) l. *Quod autem* 6 § *simili modo* 11 ff. *Quae in fraudem creditor.* (42, 8).
(10) l. *Controversia* 14 ff. hoc. tit.

lam (1); cum transactio aeque idoneus titulus sit, ac venditio ad dominium transferendum (2): immo venditionis naturam induit, si is, qui rem in alium transtulit, pretium eo nomine acceperit (3); ita ut de evictione teneatur, qui sic transigit (4).

§ 1112. Non tamen tenetur de evictione, qui rem ab adversario possessam eidem ex caussa transactionis dimisit, licet accepto pretio (5); quia non tam vendidisse, quam jus suum remisisse in dubio intelligitur, qui transigit (6): nisi aliam fuisse contrahentium mentem probet, qui allegat.

§ 1113. Porro tanta est transactionis legitime celebratae vis, ut nec imperiali rescripto caussae ita finitae resuscitari possint (7), nec sub praetextu instrumentorum deinceps repertorum (8), aut specierum, seu rerum, quae tempore transactionis ignorabantur (9): nisi dolo subtracta fuerint instrumenta (10), aut res celatae (11), puta si transactio facta fuerit intuitu inventarii, et deinde appareant aliae res, quarum mentio per dolum inventario facta non fuerat.

§ 1114. Immo nec retractatur secuta transactio, tametsi postea probetur, nullam fuisse transigendi caussam, atque indebitum plane fuisse, quod solutum est (12); sufficit enim, si lis fuerit, vel probabiliter impenderit, ut transactio valeat, tamquam de re dubia (13); nisi tamen evidens calumnia detegatur, quo casu aequum est, repetitionem dari (14).

§ 1115. Si ergo dolus intercesserit, puta quia dolo instrumenta subtracta, vel celatae res fuerint (§ 1113), aut calumniandi animo lis mota fuerit (§ praeced.), transactio irrita fit (15); publice interest, ne rata habeantur, quae dolo gesta sunt. Atque in hoc differt transactio a re judicata, quod haec ex dolo non fit irrita, sed necessaria est in integrum restitutio adversus sententiam (16): contra transactio ex dolo ipso viribus corruit (17); quia sententiam ex judicis auctoritate vires capit,

(1) Fab. Cod. hoc tit. lib. 2, tit. 4, def. 3 in princ.

(2) l. *Non solum* 4 Cod. *De praed. et aliis reb. minor. etc.* (5, 71).

(3) l. 1 ff. *De rer. permutat.* (19, 4).

(4) l. *Si pro fundo* 33 in princ. Cod. hoc tit.; Fab. Cod. hoc tit. d. def. 3 n. 4 et 5.

(5) d. l. *Si pro fundo* 33 in fin. Cod. hoc tit; Fab. Cod. hoc tit. lib. 2, tit. 4, d. def. 3 in fin.

(6) l. *Si majores* 25 Cod. hoc tit.

(7) l. *Caussas* 16 Cod. hoc tit.

(8) l. *Sub praetextu instrumenti* 19 Cod. hoc tit.; Fab. Cod. hoc tit. lib. 2, tit. 4 def. 13 in princ.

(9) l. *Sub praetextu specierum* 29 Cod. hoc tit.

(10) d. l. 19 Cod. hoc tit.

(11) l. *Tres fratres* 35 ff. *De pactis* (2, 14).

(12) l. *Nec intentio* 23 Cod hoc tit; l. *In summa* 65 § 1 ff. *De condiction. indebit.* (12, 6).

(13) l. 1 ff. hoc tit.

(14) d. l 65 § 1 in fin. ff. *De condict. indebit.*

(15) Fab. Cod. hoc tit. lib. 2, tit. 4, def. 13, n. 2.

(16) l. *Divus Hadrianus* 33 ff. *De judicat.* (42, 1).

(17) d. l. 19 Cod. hoc tit.

transactio ex voluntate contrahentium, quibus ideo dolus prodesse non debet (1).

§ 1116. Quod de dolo dicimus, idem potiori ratione dicendum de metu, ut ex eo transactio infirmetur (2); rata non habentur, quae vi, et metu gesta fuernnt (3): dummodo metus gravis sit, qui in virum constantem cadat, idest gravis mali, et probabiliter impendentis, seu, vi ajunt Imperatores, *qui salutis periculum, vel corporis cruciatum* (utique gravem) *contineat* (4).

§ 1117. Cum ad vim transactionis sufficiat, litem fuisse, vel probabiliter timeri potuisse (§ 914), sponte sequitur, transactionem, saltem si jus Romanum spectemus, ex laesione, sive enormis sit, sive etiam enormissima, rescindi non posse (5); maxime quia vix statui potest, quod tempore transactionis simplum fuerit, quod deberetur; indeque nec dici potest, quod sit duplum, vel triplum, ut contractus ex laesione enormi, vel enormissima rescindatur (6).

§ 1118. Praeterea, et haec juris ita in transactione constituti potissima ratio est: qui ex transactione petit, non petit, quia antea sibi debitum fuisset; sed quia adversarius promisit, se daturum, si alter a lite desistat (7): ex quo sequitur, non esse inquirendum, an lis justa, an injusta fuerit, dummodo dolus, vis, metus abfuerit, sed an conditio obligationis impleta sit, seu utrum alter a lite destiterit; prout aperte innuit Paulus, cum ait; non repeti, quod transactionis nomine datur, licet res nulla media fuerit: *nam si lis fuit, hoc ipsum, quod a lite disceditur, caussa videtur esse* (8).

§ 1119. Neque haec mira, aut insolita videri possunt; cum et idem observetur in jurejurando, in quo id unum quaeritur, an juratum sit, remissa quaestione, an debeatur (9); quia tacite convenisse videtur inter litigantes de solvendo, si actor juraverit, sibi deberi, vel de non amplius petendo, si juraverit reus, se nihil debere (§ 842 et 843); transactio autem jurijurando quoad vim aequiparatur (10).

§ 1120. Neque aliud erui potest ex Imperatorum assertione rescribentium, filiae, quae cum patre de rebus per matris successionem sibi delatis bona fide transegit, si laesa sit immodice, actionem in factum ad rescindendam transactionem tribuendam esse (11); non enim actio filiae

(1) l. *Ne ex dolo* 12 ff. *De dol. mal.* (4, 3).

(2) l. *Interpositas* 13 Cod. hoc tit.

(3) l. 1 et 2 ff. *Quod met. caus.* (4, 2).

(4) d. l. 13 in med. Cod. hoc tit.

(5) l. *Lucius Titius* 78 § ult. ff. *Ad Senatusc. Trebellian.* (36, 1); Fab. Cod. *Si advers. transaction.* lib. 2, tit. 21, def. 4.

(6) l. *Si voluntate* 8 Cod. *De rescindend. vendition.* (4, 44).

(7) l. 1 ff. hoc tit.; l. *In summa* 65 § 1 ff. *De condiction. indebit* (12, 6).

(8) d. l. 65 § 1 ff. *De condict. indebit.*

(9) l. *Non erit* 5 § *dato* 2 ff. *De jurejur.* (12, 2).

(10) l. *Jusjurandum* 2; l. *Admonendi* 31 ff. eod. tit.

(11) l. *Si superstite* 5 Cod. *De dol. mal.* (2, 21).

tribuitur praecise ob laesionem, sed propter patris dolum (1), ex quo transactionem irritam fieri consentiunt omnes, et nos supra diximus (§ 1115): *non de dolo*, ajunt Imperatores, *propter paternam verecundiam, sed in factum actio tibi tribuenda est* (2). Si dolus patris non intercessisset, non paterna verecundia, sed doli, ita dicam, defectus, actionem de dolo excluderet.

§ 1121. Minus nocet, quod subjiciunt, laesioni immodicae dolum re ipsa inesse (3): quod enim dolus re ipsa inesse dicatur laesioni immodicae, fictio juris est, quae in hoc casu locum habere non potest: eo vel maxime, quod, ut supra diximus (§ 1117), laesio nulla proprie esse potest in transactione; quia transactio de re dubia interposita fuit; scientia autem superveniens non immutat naturam contractus; maxime cum laesio in contractibus, quae uno actu perficiuntur, ab initio spectanda sit (4).

§ 1122. Haec ex Romano jure disputavimus: usu tamen fori alicubi receptum, ut transactio ex caussa laesionis enormissimae irrita fiat (5): non tam, quia dolus re ipsa insit, quam suadente aequitate, quae rescissionem venditionis in eodem casu induxit (6). Ab hac autem fori praxi dissentire non videtur jus regium, quo cautum, ne ex laesione etiam enormissima rescindatur transactio Senatus decreto confirmata (7). Ex quo sequitur, caeteras transactiones privata tantum, vel inferioris judicis auctoritate interpositas ex caussa laesionis irritas fieri posse.

§ 1123. Quinimmo, ne ullus supersit dubitandi locus, subjicitur, decretum, nonnisi praevia, et plena caussae cognitione, interponendum esse post triginta dies a secuta transactione computandos; atque ratio affertur, ut in casu laesionis liceat contrahentibus, si ita malint, a transactione discedere, priusquam decretum intercesserit (8).

§ 1124. Non hinc tamen recte colligeretur, transactionem apud nos intra triginta dies pro arbitrio rescindi posse: sed tantummodo salvum esse jus petendae in integrum restitutionis adversus transactionem ex caussa laesionis, immodicae, inspecto tamen dubio litis eventu aestimandae (9); probari autem non potest a Senatu ante elapsos triginta dies, etiamsi maxime

(1) l. *Non debet* 11 § 1 ff. eod. tit. (4, 3).
(2) d. l. 5 in fin. Cod. *De dol. mal.*
(3) l. *Si quis mancipiis* 17 § penult. in fin. ff. *De institor. action.* (14, 3); l. *Si quis* 36 ff. *De verb. oblig.* (45, 1).
(4) l. *Si voluntate* 8 in fin. Cod. *De rescindend. vendit.* (4, 44).
(5) Fab. Cod. hoc tit. lib. 2, tit. 4, def. 10, n. 2, et seqq.
(6) d. l. *Si voluntate* 8 Cod. *De rescindend. vendition.* (4, 44).
(7) *Reg. Constit.* lib. 5, tit. 20 § 2.
(8) Ibid. § 3.
(9) Fab. Cod. hoc tit. lib. 2, tit. 4, d. def. 10, n. 1.

consentiant transigentes (1); privatorum pactio juri publico (2) derogare non potest (3).

§ 1125. Quinimmo tradit Faber, si trigesimo ante die transactio celebrata sit, ea tamen lege adjecta, ut in ampliorem formam extendatur; eaque extensio fiat post diem trigesimum, posteriorem contractum, licet id ipsum in effectu contineat, quod prior, non statim insinuari posse, sed alios triginta dies expectandos esse, quamvis prius instrumentum interim insinuari non prohibeatur (4). Sententia haec difficultate non caret; ex quo enim supponitur, posteriore instrumento nihil amplius contineri, nisi quod priore, probatum quoque videri potest; cum jure novi contractus censeri vix possit scriptura, in qua nullae novae pactiones adjectae sunt, sed priores luculentius tantum explicatae. Sane, si transigentes ex posteriore scriptura agere velint ad id, ad quod ex priore agere non possent, vel an agere possint, merito dubitaretur, Fabri sententiae omnino inhaerendum esset.

§ 1126. Subjicit modo laudatus Faber, a pristina obligatione liberatum intelligi eum, qui ex transactione annuum quid praestare tenetur capiendum ex certi fundi, aut juris fructibus, si eo fundo, aut jure privetur per sententiam, licet redditam inaudito creditore, cui annuum debetur (5); dummodo nec per collusionem, nec per negligentiam, seu contumaciam sententia lata fuerit; cum collusio, aut negligentia nemini prodesse debeat (6).

§ 1127. Caeterum, quaecumque sit vis transactionis, strictam potius recipit interpretationem, ita ut non excedat caussas, aut negotia, de quibus nominatim facta est (7), nisi et de aliis sensisse contrahentes aliunde appareat (8). Hinc, si quis transegerit cum tutore de portione sua administratae tutelae, non prohibetur, rursus adversus eundem agere ex persona fratris sui, cui haeres extiterit (9). Quinimmo si quis de certa summa puta centum aureis, vel ex rationibus tutelae administratae, vel aliunde debitis transegerit cum tutore: aliove simili administratore, vel cum debitore, petitio majoris quantitatis, quam postea deberi appareat, non censetur transactione exclusa (10); atque transactio inter fratres de rebus omnibus haereditariis non com-

(1) Fab. d. def. 10, n. 3.
(2) *Reg. Constit.* d. lib. 5, tit 20, § 3.
(3) l. *Jus publicum* 38 ff. *De pact.* (2, 14); l. *Quod bonis* 15 § 1 ff. *Ad leg. Falcid.* (35, 2).
(4) Fab. Cod. hoc tit. lib. 2, tit. 4, d. def. 10 in fin.
(5) Ibid. def 9; argum. l. *Si debitor* 39 § 1 ff. *De contrahend. emption.* (18, 1).
(6) l. *Si fundo* 53 § 1; l. *Si ideo* 55 ff. *De evictionib.* (21, 2).
(7) l. *Cum Aquiliana* 5; l. *Qui cum tutoribus* 9 § 1 ff. hoc tit.
(8) l. *Ait praetor* 5 § 1; l. *In sententiis* 59 ff. *De re judicat.* (42, 1).
(9) d. l. 9 in princ. ff. hoc tit.
(10) l. *Age* 3 Cod. hoc. tit.

plectitur ea, quaé alter ex fratribus, aliis ignorantibus, subduxerit (1).

§ 1128. Eodem fundamento alibi diximus, non censeri transactione renunciatum fideicommisso, cujus conditio nondum extitit, nisi praegnantes omnino clausulae adjectae fuerint, et certo constet, transigentes de fideicommisso notitiam habuisse (2). Neque aliam sententiam adstruit Scaevola (3); non enim tradit jureconsultus, si attente ejus verba perpendantur, divisione, et clausula poenali adjecta, transactum censeri de fideicommisso: sed, cum haec quaestio in judicio mota fuisset, atque judex pronunciasset, transactionem hanc ad fideicommissum extendi, respondit consequenter Scaevola, poenam quoque commissam esse adversus eum, qui fideicommissum petierat.

§ 1129. Facilius renunciatum intelligitur per transactionem fideicommisso puro, vel conditionali, cujus conditio jam extiterit (4); quippecujus scientia facilius praesumitur: quamquam et hic caute perpendenda sunt transactionis verba, et transigentium consilium, atque in dubio potius contra transactionis extensionem respondendum (5); cum juris quaesiti remissio odiosa sit.

§ 1130. Ad implendam transactionem legitime interpositam cogi potest, qui fortasse detrectet, vel actione ex stipulatu, si stipulatio intercesserit, vel omissa fuerit verborum obligatio, actione ex praescriptis verbis (6): sed sola exceptio ex jure Romano competere poterat; si nudo pacto inita transactio fuisset (7), secundum ejusdem juris principia, quae non patiuntur, ut ex nudo pacto actio nascatur (8). Verum usu fori actionem aeque parit nudum pactum, ac stipulatio, prout alibi diximus (9).

§ 1131. Haec ita, si nec jurejurando, nec poenali stipulatione transactio firmata fuisset: quod si jusjurandum adjecissent contrahentes, transigens aetate major coventionem legitime factam implere detrectans infamia notatur, actione privatur, cogitur restitucre poenam, de qua fortassis actum sit, rerum proprietate caret, aliquo emolumento, quod ex pactione illa consecutus fuerit; quae omnia lucro illius cedunt, qui intemerata pacti jura servaverit (10): gravius merito animadvertitur in eum, qui praeter placiti fidem, divinum nomen, quod in testimonium veritatis assumpserat, contemnere non erubescit.

§ 1132. Si poena tantum adjecta transactioni fuerit, non jusjurandum; poena adversus eum, qui promissa non impleat, exigi potest (1), atque simul competit repetitio eorum, qua transactonis nomine data fuerunt (2).

§ 1133. Severius apud nos transactionem firmitati consultum fuit: atque decretum, ne liceat majori viginti annis transactiones, quas sponte iniverit, oppugnare, aut contra illas aliqui committere: ita ut si legitime constent, transigentem in judicio interpellatum fuisse ad earum observantiam, protestatione adjecta ab eo, qui transactionis implementum urget, se velle uti adversus detrectantem poenis sanctione Imperatorum constitutis (3), detrectans iisdem subjiciatur, nisi intra quadraginta dies ab interpellatione computandos ex parte sua adimpleverit, quae sponte promisit (4).

§ 1134. Cum unus ex transigentibus detrectat promissa implere, licet alteri, si poena transactioni adjecta fuerit, ad poenam agere, vel ad implementum transactionis, vel, si malit, ab ea recedere (§ 1132); sed, facta semel electione, variare non potest: veluti si ad implementum egerit, amplius nequit resilire a transactione; vel poenam petere (5); cum in judicio quasi contrahatur (6).

§ 1135. Actio ad transactionis implementum triginta annis ab eo die computandis, quo transactio secuta fuit, durare debet; secundum naturam personalium actionum (7), inter quas haec recensetur, utpote ex contractu descendens (8).

TITULUS XXVII.

DE HIS, QUAE DOLO, ET METUS CAUSSA FIUNT.

Instit. lib. 4, tit. 13 *De exceptionib.*
Digest. lib. 44, tit. 4 *De dol. mal. et met. exception.*
Cod. lib. 2, tit. 20 *De his, quae vi, metusve causs. gesta sunt.*

SUMMARIUM

§. 1136. *Quo ordine de his, quae dolo, metu, vel vi fiunt, agendum sit?*

§ 1136. Cum vix intelligi possit, quid sit doli mali, et metus exceptio, et quibus casibus com-

(1) l. *Tres fratres* 35 ff. *De pactis* (2, 14).
(2) V. vol. II, lib. 2. § 10090. pag. 782 et pag. 821, § 10361 ad 10366. V. Fab. Cod. hoc tit. lib. 2, tit. 4. definit. 15.
(3) in l. *Qui Romae* 122 § ult. ff. *De verb. oblig.* (45. 1).
(4) argum. l. *Aquiliana* 4 ff. hoc tit.
(5) l. *Qui cum tutoribus* 9 § 1 ff. hoc tit.
(6) l. *Cum mota* 6 Cod. hoc tit.
(7) l. *Cum proponas* 17 Cod. hoc tit.
(8) l. *Juris gentium* 7 § *sed cum nulla* 4 ff. *De pact.* (2, 14).
(9) V. vol. II, lib. 3, pag. 940, § 584 et 585.
(10) l. *Si quis major* 41 Cod. hoc tit.

(1) l. *Promissis* 37; l. *Ubi pactum* 40 Cod. hoc tit.
(2) d. l. 40 Cod. hoc tit.
(3) in l. *Si quis major* 41 Cod. hoc tit.
(4) *Reg. Constit.* lib. 5, tit. 20, § 1; Sola *De transactionibus* pag. 211.
(5) argom. l. *Ubi pactum* 40 in fin. In illis verbis *ante caussae cognitionem* Cod. hoc tit.; Voet in ff. hoc tit. n. ult. in fin.
(6) l. *Licet tamen* 3 § *idem scribit* 11 ff. *De pecul.* (15, 1).
(7) l. *Sicut in rem* 3 Cod. *De praescription. XXX vel XL annor.* (7, 39).
(8) § 1 Instit. *De actionib.* (4, 6); l. *Actionum* 25 ff. *De obligat. et actionib.* (44, 7).

petat, nisi prius innotescat, quid doli et metus nomine veniat, et qnae apud Romanos ratio habita fuerit contractuum dolo, vel metu initorum, idcirco necessarium ducimus seorsim prius tractare de dolo et metu, prout ad agendum pertinet; deinceps acturi de utroque, quatenus prodest ad excipiendum. Tria igitur erunt capita. Primum de dolo. Alterum de metu, et vi, quae ad metum quam proxime accedit. Tertium de exceptione doli, vis, et metus.

CAPUT I.

De dolo.

Instit. lib. 4, tit. 13 *De exceptionib.*
Digest. lib. 4, tit. 3) *De dolo malo*
Cod. lib. 2, tit. 21)

SUMMARIA

§ 1137. *Dolus bonus est, vel malus. Bonus est solertia in agendo.* — § 1138. *Dolus malus est machinatio, fallacia ad circumveniendum alterum adhibita. Dolus hic vel ex proposito est, vel ex re ipsa.* — § 1139. *Dolus vel caussam dat contractui, vel in contractum incidit.* — § 1140. *Dolus caussam contractui dans eum ipso jure irritum facit.* — § 1141. *Ex dolo incidente in contractum bonae fidei contractus nullus non fit, sed ex ipso contractu nascitur actio ad eum rescindendum.* — § 1142. *Quid si tertius quilibet dolum admiserit in contractu bonae fidei, veluti proxeneta?* — § 1143. *Contractus stricti juris ex dolo iis caussam dante, vel incidente rescindi possunt.* — § 1144. *Dolus omnem omnino consensum non excludit.* — § 1145. *Dolo circumventus contractui stare non potest, si malit.* — § 1146. *Doli actio subsidiaria est. Quibus, et adversus quos detur?* — § 1147. *Quid si procurator, tutor vel quilibet administrator dolum admiserit? Quid de liberis adversus parentes, vilibus personis adversus illustres?* — § 1148. *Doli actione petitur, ut res dolo amissa restituatur; alioquin praestetur in quod interest.* — § 1149. *Doli actio non datur, nisi de dolo constet, summa non modica agatur, atque desit alia actio.* — § 1150. *Doli actio biennio concluditur; sed usque ad triginta annos competit actio in factum ad indemnitatem consequendam.*

§ 1137. Dolum, ut ab eo exordiamur, jureconsulti distinguunt in bonum et malum (1): dolus bonus appellatur solertia in agendo (2); quo sensu dixit Ulpianus, naturaliter licere contrahentibus in pretio emptionis et venditionis se circumvenire (3).

(1) l. 1 § *non fuit* 3 ff. hoc tit.
(2) d. l. 1 § 3 in med.
(3) l. *In caussae cognitione* 16 ff. *De minorib.* (4, 4).

§ 1138. Dolus vero malus a jureconsultis definitur machinatio, fallacia, calliditas circumveniendum alterum adhibita (1); cum nempe alterius decipiendi gratia aliud agitur, et aliud agi simulatur (1): hunc autem dolum *ex proposito* appellant ad discrimen alterius doli, quem *ex re ipsa* dicunt, seu ex laesione immodica, atque enormissima, quae bessem excedit (3).

§ 1139. Ad haec dolus vel caussam dat contractui, vel tantum incidit in contractum. Dolus contractui caussam dat, cum per dolum inducitur ad contrahendum ille, qui seposito dolo contracturus non fuisset; puta si quis societatem inierit in aliqua arte, cujus alter se peritum asserebat, cum nunquam ei operam navaverit. Incidere vero dicitur dolus in contractum, cum quis sponte quidem, atque ex animi proposito contrahit; sed in contrahendi modo decipitur, veluti in pretio, vel quibusdam rei qualitatibus (4).

§ 1140. Non idem est utriusque doli effectus. Cum dolus caussam contractui dat, ipso jure nullus est contractus (5): neque ex eo, secuta etiam traditione, dominium in accipientem transfertur, utpote sine justo titolo facta (6); ex quo sponte fluit, domino adversus quemcumque rei possessorem vindicationem competere. Neque nocet, quod venditio dolo facta rescindenda dicatur (7), vel tribuatur actio ex empto ad emptionem resolvendam (8); verba haec non ad jus, sed ad factum referri debent; cum nemo propria auctoritate sibi jus dicere possit (9): atque etiam rescindi dicitur, quod ipso jure nullum est (10), licet minus proprie.

§ 1141. Si dolus inciperit in contractum, distinguunt jureconsulti contractus bonae fidei a stricti juris. Dolus incidens in contractum bonae fidei ipso jure contractum non irritat, nec parit actionem famosam de dolo; sed ex ipso contractu bonae fidei actio nascitur ad eum rescindendum (11); quippe contractibus bonae fidei doli actio, atque exceptio inest (12).

§ 1142. Doli tamen actio datur contrahenti

(1) d. l. 1 § *dolum malum* 2 ff. hoc tit.
(2) l. *Juris gentium* 7 § *dolo malo* 6 ff. *De pact.* (2, 14).
(3) l. *Si quis* 36 ff. *De verb. oblig* (45, 1).
(4) l. *Et eleganter* 7 ff. hoc tit.
(5) l. *Et eleganter* 7 ff. hoc tit.; l. 1 § *si libertatis* 7 ff. *Quar. rer. actio non det.* (44. 5).
(6) l. *Nunquam nuda* 31 ff. *De acquirend. rer. domin.* (41, 1).
(7) l. *Si dolo* 6 Cod. *De rescindend. vendit.* (4, 44).
(8) l. *Ex empto* 11 § *si quis virginem* 5 ff. *De actionib. empt.* (19, 1).
(9) l. *Non est singulis* 176 ff. *De reg. jur.* (50. 17).
(10) l. *Et si is* 9 Cod. *De praediis, et aliis reb. minor. etc.* (5, 71); junct. l. *Magis puto* 5 § *si aes alienum* 14 et seq. ff. *De reb. eor.* (27, 9).
(11) l. *Si quis adfirmaverit* 9 ff. hoc tit.; l. *Ex empto* 11 § *si quis virginem* 5 ff. *De actionib. empti* (19, 1).
(12) § ult. Inst. *De obligat. ex consensu* (3, 23); § *actionum* 28 et seqq. Instit. *De actionib.* (4, 6).

decepto; si dolum admiserit non alter contrahens, sed tertius quilibet in contractu bonae fidei: cum adversus tertium, qui non contraxit, ex ipso contractu agi omnino non possit: puta adversus proxenetam, qui creditorem deceperit ad faciendum nomen minus idoneum, seu ad pecuniam mutuo dandam debitori minime idoneo (1); vel qui dolo malo commodaverit venditori minora pondera, emptoris decipiendi caussa, si convenerit, ut appensio fieret hisce ponderibus, quae commodans aequa esse affirmaverat (2).

§ 1143. Contractus stricti juris, licet dolus illis caussam dederit, summo jure subsistunt, sed propter dolum iis caussam dantem, vel incidentem rescindi possunt, vel actione ex stipulatu, si de dolo stipulatio interposita fuerit, vel actione de dolo, si stipulatio illa fuerit praetermissa (3); quia in contractibus stricti juris id tantum inspicitur, de quo conventum est, non quod ex bono, et aequo praestandum sit (4).

§ 1144. Neque objiciatur, dolo circumventum non consentire (5); adeoque contractum ipso jure non subsistere, cum nullus intelligi possit contractus absque consensu (6); etenim non omnis consensu per dolum excluditur, cum promissor per dolum stipulatus sciat, quid, et cui promittat (7): quod sufficere visum est, ne contractus ipso jure corruat: quamquam, exitu inspecto, non multum interest; cum per doli actionem infirmetur (8).

§ 1145. Plane apud omnes constat, eum, qui dolo circumventus contraxit, posse, si malit, contractui stare; tum quia favore decepti constitutum, ut ipso jure nulla sint, vel rescindi possint dolo gesta; adeoque nihil prohibet, quominus juri sibi competenti renunciet (9); alioquin in odium ipsius detorqueretur legis beneficium contra aequitatis regulas (10); tum quia alter contrahens, qui dolo circumvenit, plene consentit; nec proinde ullam habet a contractu recedendi justam caussam.

§ 1146. Doli actio datur in subsidium, seu deficientibus aliis actionibus (11) laeso, ejusque haeredibus (12), si modo laesus doli conscius non fuerit (1), adversus eum, qui dolum admisit (2); atque haeredes, licet nihil ad eos pervenerit ex dolo defuncti (§. 19): in solidum adversus singulos, si plures dolo fecerint; ita tamen, ut unius praestatione caeteri liberentur (3).

§ 1147. Si procurator, tutor, administrator quilibet dolum admiserit, actio de dolo contra ipsos datur, non contra eos, quorum res gerunt, nisi quatenus ad eos pervenit (4); ne cum alterius dispendio locupletentur (5). Nec liberis adversus parentes (6), aut haeredes eorum, cum nec exceptio detur, quae tamen infamiam non affert; quia parentibus tam vivis, quam defunctis honor exhibendus est (7): sicut nec humili, et vili adversus personas dignitate, vel vitae integritate excellentes; sed actio in factum adhibenda est (8), ne hi ex dolo suo lucrentur (9).

§ 1148. Doli actione petitur, ut res dolo amissa restituatur, si fieri possit, aut alioquin praestetur, id quod interest (10): puta si res perierit, vel nihil translatum sit, sed actio ex alterius dolo per temporis lapsum amissa (11); vel si tertii, non contrahentium, dolus intervenerit (§ 1141).

§ 1149. Sed, ut haec actio detur, certo constare debet de dolo malo (12), atque agi de summa non modica, quae duos saltem aureos excedat (13); nec alia praesto sit actio ad obtinendam indemnitatem, cum haec subsidiaria sit (14), nisi alia sit magis famosa (15).

§ 1150. Doli actionem adversus doli auctorem intra biennium continuum a die admissi doli computandum conclusit Imperator Constantinus (16): verum post id tempus usque ad triginta annos (17) actionem in factum dari, vulgo placet interpretibus (18), quemadmodum de actione adversus haeredem tradit Gajus (19). Sane aequitas suggerit, ut decepto ad indemnitatem consequendam omnimodo succurratur.

(1) l. penult. ff. *De proxenet.* (50, 14).
(2) l. *Arbitrio* 18 § *de eo* 3 ff. hoc tit.
(3) l. *Et eleganter* 7 § *non solum* 3 ff. hoc tit.; l. *Si quis* 36 ff. *De verb. oblig.* (45, 1).
(4) § *actionum* 28, § *in bonae fidei* 30 Instit. *De actionib.* (4, 6).
(5) l. *In omnibus* 57 ff. *De obligat. et actionib.* (44, 7); l. *Nihil consensui* 116 § ult. ff. *De reg. jur.*
(6) d. l. 57 ff. *De obligat. et action.*
(7) l. *Si id, quod* 22 ff. *De verb. oblig.* (45, 1).
(8) d. l. 22 in fin; l. 1 § 1 et passim ff. hoc tit.
(9) l. penult. Cod. *De pact.* (2, 3).
(10) l. *Nulla juris* 25 ff. *De legib.* (1, 3); l. *Quod favore* 6 Cod. eod. tit. (1, 14).
(11) l. 1 princ. et § *ait praetor* 4 ff. hoc tit.
(12) l. *Haeredibus* 13 ff. hoc tit.

(1) l. *Cum donationis* 34 Cod. *De transact.* (2, 4).
(2) l. *Haeredibus* 13 § 1 et l. seq. ff. hoc tit.
(3) l. *Si plures* 17 ff. hoc tit.
(4) l. *Sed et ex dolo* 15 princ. et seqq. ff. hoc tit.
(5) l. *Nam hoc natura* 14 ff. *De condiction. indebit.* (12, 6).
(6) l. *Non debet* 11 § 1 ff. hoc tit.
(7) l. *Apud Celsum* 4 § *adversus parentes* 16 ff. *De dol. mal. et met. exception.* (44, 4).
(8) d. l. 11 § 1 ff. hoc tit.
(9) l. *Ne ex dolo* 12 ff. hoc tit.
(10) l. *Arbitrio* 18 princ. et § 1 ff. hoc tit.
(11) l. 1 § *idem Pomponius* 6 ff. hoc tit.
(12) l. *Et eleganter* 7 § ult. ff. hoc tit.
(13) l. *Si quis adfirmavit* 9 § ult. et duabus ll. seqq. ff. hoc tit.
(14) l. 1 princ. et § *ait praetor* 4 ff. hoc tit.
(15) l. *Si quis adfirmavit* 9 § *item si* 2 ff. hoc tit.
(16) l. ult. Cod. hoc tit.
(17) argum. l. *Sicut in rem* 3 Cod. *De praescription. XXX vel XL annor.* (7, 39).
(18) Voet in ff. hoc tit. n. 12 et ult.
(19) l. *Itaque* 28 ff. hoc tit.

CAPUT II.

Quod metus caussa gestum est, an ratum. habeatur.

Instit. lib. 4. tit. 13 *De exceptionib.*
Digest. lib. 4. tit. 2 *Quod metus caussa etc.*
Cod. lib. 2, tit. 20 *De his, quae vi metusve caussa gesta sunt.*

SUMMARIA

§ 1151. *Metus gravis est, vel levis; juste, vel injuste incussus.* — § 1152 *et* 1153. *Vis conditionalis a metu non distat, utique absoluta.* — § 1154 *et* 1155. *Vis absoluta consensum omnem excludit, non autem conditionalis* — § 1156 *et* 1157. *Quae vi, et metu gesta sunt, ipso jure irrita non habentur, sed rescindi possunt, quibusdam exceptis.* — § 1158. *Doli nomine aliquando in jure significatur improbitas omnis contra bonos mores.* — § 1159. *Actio quod metus caussa competit intra quadriennium* — § 1160 *et* 1161. *Quid si rem illicitum faceret, qui metu aliquid dedit, vel promisit.* — § 1162. *Actio quod metus caussa datur etiam adversus rei per metum amissae possessores, atque haeredes. Quid de iis, qui ex metu lucrari sunt?* — § 1163. *Actione quod metus caussa quadruplum jure Romano petitur adversus contumacem; usu fori simplum.* — § 1164 *et* 1165. *Metus justus restitutioni locum non facit. Qui metus juste incussus censeatur?* — § 1166 *et* 1167. *Metus vani justa excusatio non est. Judex aestimare debet, an gravis sit, vel levis metus.* — § 1168. *Metus reverentialis liberorum erga parentes, vel uxoris erga maritum gravis per se non est, si minas graviores adjunctas non habeat.* — § 1169. *An infamiae metus gravis reputetur?* — § 1170. *Minae gravis ab eo factae, qui minas exequi possit, et solitus sit, metum gravem parere possunt.* — § 1171. *Sola mali suspicio non sufficit ad obtinendam restitutionem ex caussa metus, si perperam concepta fuerit.* — § 1172. *Metum allegare non sufficit, sed probandus est.* — § 1173. *Nuptiae, dotis promissio, libertatis datio nullum ipso jure effectum habent. Quare?* — § 1174. *Metu gesta ex ratihabitione libere praestita convalescunt.* — § 1175. *Ratihabitio non inducitur ex silentio metum passi; nec ex eo, quod protestatus non fuerit adversus contractum metu celebratum.* — § 1176. *Quid si metum passus nullum inde damnum senserit?* — § 1177. *Actio quod metus caussa quo tempore concludantur?*

§ 1151. Metus, ut alibi diximus, est instantis, vel futuri periculi caussa mentis trepidatio: gravis est, vel levis, prout imminet grave malum, vel leve, aut quod verosimiliter non impendat (1). Metus sive gravis, sive levis, vel jure, vel injuste incutitur; juste, puta a judice, ut ad aliquid faciendum impellat, vel a faciendo deterreat. Gravis porro, vel levis metus non idem omnibus est; cum alii meticulosiores, aliis magis constantes sint (2).

§ 1152. A metu parum distat vis conditionalis, ut ajunt: vis a Paulo describitur majoris rei impetus, qui repelli non potest (3). Olim in edicto praetoris metui vis adjungebatur, sed postea ejus mentio, ait Ulpianus, detracta est, quia, quodcumque vi fit, id quoque metu fieri videtur (4).

§ 1153. Vim conditionalem a metu parum differre dicimus (§ praec.), non vero absolutam. Vis absoluta est, cum quis invitus ita cogitur ad aliquid faciendum, ut resistere non possit: puta a robustiore, manu arrepta, quis cogatur gladio alterum percutere; vel omittendum; veluti si in judicium vocatus vi detineatur, ne eat. Conditionalis est vis, quae non statim infertur, sed inferendam quis minatur, nisi alter suae voluntati pareat.

§ 1154. Vis absoluta, utpotequae plane in invitum exercetur, omnem excludit consensum (5): atque ideo bonorum, quae per vim ablata sint, dominium non amittitur (6). Sed vis conditionalis, quae a metu non distinguitur, omnem consensum non excludit; qnippe per hanc vim, vel metum faciens ex duobus malis imminentibus illud eligit, quod sibi levius videtur; mavult, puta, rem tradere, quam pati malum, quod alter, nisi faciat, minatur (7).

§ 1155. Neque obstat Ulpianus, ajens, nihil consensui tam contrarium esse, quam vim, et metum, quem ideo comprobare contra bonos mores est (8); etenim nos utique fatemur, eum, qui vi, et metu agit, omnino libere non agere; cum his sepositis, acturus non fuisset: sponte tamen agit, quia posset ab agendo abstinere, si malum impendens pati mallet (§ praeced.).

§ 1156. Cum ea, quae vim, et metum gesta sunt, consensum habeant, consequenter visum non est, ea ipso jure nulla statuere, quibusdam exceptis, de quibus infra (9): sed quia consensus hic omnino liber non est, idcirco rescindi debent publica auctoritate (10); quia et contra bonos mores esset eadem comprobare, ut scite ait Ulpia-

(1) V. vol. I, lib. 1, pag. 121, § 596; l. 1 et passim ff. hoc tit.
(2) d. § 596 in fin. et §§ seqq.
(3) l. *Vis autem* 2 ff. hoc tit.
(4) l. 1. in fin. ff. hoc tit.
(5) cap. *sacris* 5 extra Decret. Greg. *De his, quae vi, metusve caussa fiunt.* (1, 40).
(6) princ. Instit. *De vi bonor. raptor.* (4. 2).
(7) l. *Si mulier* 21 § *si metu* 5 ff. hoc tit.
(8) l. *Nihil consensui* 116 ff *De reg. jur.* (50, 17).
(9) V. infra § 1173.
(10) l. 1; l. ult. § 1 ff. hoc tit.

nus (1). Haec quidem interdum nullius momenti esse dicuntur (2); sed id pertinet ad exitum, quatenus nempe, cum a praetore rescindantur, et suae aequitati restituantur (3), exitu inspecto, nullius momenti sunt, cum nullum pariant effectum.

§ 1157. Neque a dolo ad metum licet argumentari: qui dolo facit, errore labitur, qui consensum excludit (4): adeoque nulla merito dicta sunt per dolum bonae fidei contractui caussam dantem (§ 1140) gesta: qui autem metu, vel vi impulsus agit, minus quidem libere, sed sponte agit (§ 1155); propterea sufficere visum est, haec a praetore rescindi (5).

§ 1158. Cum ergo, ait Ulpianus, eum, qui metum facit, etiam de dolo teneri (6), doli nomine intelligit imdrobitatem, quae contra bonos mores est, non specialem illam calliditatem, et fallaciam ad circumveniendum alterum adhibitam, quae dolum proprie dictum significat, auctore eodem Ulpiano (7): qui et metum a dolo separat; tradens utramque actionem tum de dolo, tum metus caussa, reprobata Cassi sententia, dandam esse (8).

§ 1159. Actio quod metus caussa, ita dicta a prioribus praetorii edicti verbis (9), personalis est (10), in rem tamen scripta, quatenus rem vi, vel metu amissam persequitur adversus omnes possessores (11), competens intra quadriennium (12) ei, qui vi, vel metu illato damnum passus est, sive dederit, promiserit, aut omiserit (13), haeredibus ejus (14), atque fidejussoribus (15).

§ 1160. Neque interest, utrum rem licitam faceret, an illicitam, qui per metum aliquid dedit vel promisit; si enim quis in adulterio deprehensus, ne vulneraretur, vel ne proderetur, quidquam dederit, praetor ei succurrit (16); sufficit enim metu datum fuisse, ut injuste, et contra bonos mores datum videatur (17): male quidem facit, qui crimen admittit, sed et culpandus est, qui praemium accipere vult, ne aliud patret delictum; vel ut abstineat ab actu, qui pretio non aestimatur.

§ 1161. Sed sibi contrarius videtur Ulpianus, alibi docens, repeti non posse, quod quis in adulterio deprehensus dedit, ut se redimeret, vel ne proderetur, quia utriusque turpitudo versatur (1). Sunt, qui putant, in priore lege (2) Ulpianum agere de eo, qui metu inductus dederit, vel promiserit: in posteriore (3) de dato sponte, sive nullo incusso metu. Verum, ut supra monuimus, naturali rationi magis congruit, ut restituatur, quod ob turpem caussam acceptum est, utpote sine justo titulo acquisitum, vel fisco saltem detur, aut in pios usus impendatur (§ 254).

§ 1162. Actio quod metus caussa datur adversus eum, qui metum intulit, et, cum in rem scripta est (§ 1159), adversus quoscumque rei per metum amissae possessores sive bonae, sive malae fidei (4); tum adversus haeredes in solidum, prout de doli actione diximus (§ 1146): nec non adversus eos, qui ex metu lucrati sunt (5): nisi mercedem acceperint, ut metum patientem tuerentur (6).

§ 1163. Actione quod metus caussa ex jure Romano petitur quadruplum rei amissae; et accessionum (7), si ex contumacia restituere detrectet, qui metum intulit (8), vel ille, ad quem res pervenit, in contumaciae poenam (9); alioquin ad simplum, seu restitutionem (10), restituto utique pretio, si quis metu coactus vendiderit (11). Usu fori actiones in duplum, triplum, vel quadruplum exoleverunt (§ 12).

§ 1164. Duae tamen desiderantur conditiones, ut rei per metum amissae restitutio jure petatur, nimirum. 1. Ut metus injustus fuerit. 2. Gravis. Imprimis metus juste incussus locum non facit restitutioni, puta a Magistratu jure illatus (12). Quod autem ait Paulus, si quis in carcerem detrusit aliquem, ut aliquid ei extorqueret, nullius momenti esse, quidquid ob hanc caussam factum est (13), vel de privatis carceribus jure improbatis accipiendum est (14); vel de publicis, sed per injuriam; cum nec ratum haberi debeat, quod judicis, potestate sua abutentis, imperio exortum est (15).

§ 1165. Juste quoque incussus habetur metus hosti ab hoste, jure nimirum belli (16): tum et incontinenti illatus ab eo, qui prius metum passus est, vel a tertio, ut ille res metu amissas re-

(1) d. l. *Nihil consensui* 116 ff. *De reg. jur.*
(2) l. penult. ff. hoc tit.
(3) d. l. 1 et l. ult. § 1 ff. hoc tit.
(4) d. l. *Nihil consensui* 116 § ult. ff. *De reg. jur.*
(5) d. l. 1 et l. ult. § 1 ff. hoc tit.
(6) l. *Item si* 14 § *eum qui* 13 ff. hoc tit.
(7) l. 1 § *dolum* 2 ff. *De dol. mal.* (4, 3).
(8) l. *Apud Celsum* 4 § *metus caussa* 33 ff. *De dol. mal. et met. exception.* (44, 4).
(9) l. 1 ff. hoc tit.
(10) § *praeterea* 31 Instit. *De actionib.* (4, 6).
(11) l. *Metum autem* 9 § *sed, quod praetor* 3 ff. hoc tit.
(12) l. ult. Cod. *De temporibus in integr. restitut.* (2,53).
(13) d. l. 9 § 3 ff. hoc tit.
(14) l. *Item si* 14 § *in caussae* 2 ff. hoc tit.
(15) d. l. 14 § *Labeo* 6 et § *si per vim* 8.
(16) l. *Nec timorem* 7 § 1 ff. hoc tit.
(17) l. *Isti quidem* 8 ff. hoc tit.

(1) l. *Item, si* 4 princ. et § 1 ff. *De condiction. ob turpem caussam* (12, 5).
(2) d. l. *Nec timorem* 7 § 1 ff. hoc tit.
(3) d. l. 4 princ. et § 1 ff. *De condict. indebit.*
(4) d. l. *Metum autem* 9 § 1 et ult.; l. *Item si* 14 § *in hac actione* 3 et § *aliquando* 5 ff. hoc tit.
(5) d. l. 9 § ult; l. 10 princ. et § 1; l. 11 ff. hoc tit.
(6) d. l. 9 § 1 in fin.
(7) d. l. *Item si* 14 § 1 et § *quadruplatur* 7 ff. hoc tit.
(8) § *item actio* 27 Instit. *De actionibus* (4, 6).
(9) d. l. 14 § *in hac actione* 3.
(10) d. l. 14 § *haec autem* 4.
(11) l. *Si et* 3 et seqq. Cod. hoc tit.
(12) l. *Continet* 3 § 1 ff. hoc tit.
(13) l. penult. ff. hoc tit.
(14) argum. l. ult. § 1 et 2 ff. hoc tit.
(15) l. ult. § ult. ff. hoc tit.
(16) Grotius *De jure belli, et pacis* lib. 3, cap. 19, n. 11.

cuperet (1): queri de injuria non potest, qui prius injuriam fecit; cum vim vi repellere leges omnes sinant (2).

§ 1166. Praeterea requiritur, ut metus gravis sit, seu qui cadat in virum constantem (3); nec enim vani timoris justa excusatio est (4). An vero gravis sit, vel levis metus, judicis est aestimare, non tantum ex malo impendente, sed etiam ex conditione personarum (5), sexu, aetate, et animi dispositione; quod leviter virum constantem terret, mulierem, adolescentem, et virum meticulosiorem graviter turbat.

§ 1167. Metus servitutis (6), mortis, vinculorum (7), stupri (8), carceris (9) ex omnium sententia gravis reputatur, sive in liberis suis, cum pro affectu, eleganter Paulus, parentes magis in liberis terreantur (10); sive in uxore (11): at vicissim in parentibus, propter naturalem filiorum erga parentes charitatem, atque uxoris erga maritum (12).

§ 1168. Si quaeratur, an metus reverentialis liberorum erga parentes, vel uxoris erga maritum gravis existimetur, passim negant interpretes (13); quia grave ex hujusmodi metu malum non immineat (§ 1151): gravis tamen fieri potest, si minas graviores adjunctas habeat (14): proinde judicis est prudens in hisce casibus arbitrium, singulis adjunctis diligenter pensatis (15): quemadmodum senatoriam dignitatem solam non sufficere ad metum arguendum aliquando traditur (16); alias constituitur, ut contractus extorti per impressionem, et potentiam eorum, qui in officio positi sunt, rescindantur (17).

§ 1169. Infamiae metus apud jureconsultos gravis non reputatur, saltem ad restitutionem ex eo impetrandam (18); quia infamia juris a privatis irrogari non potest, sed tantum a judice; facti vero infamia non ab unius, vel alterius calumniatoris dicto pendeat, sed ex uniuscujusque factis. Neque aliud colligi potest ex Paulo (19); non enim ad famam pertinet, sed ad corporis integritatem. Excipiendus tamen est casus, quo calumniator talis sit, ut infamiam apud viros etiam honestos calumniam passo inferre possit; maxime si gravis inde damnum immineat, puta muneris, dignitatis, et similium (1).

§ 1170. Minae, dummodo graves sint, atque ab eo factae, qui minus exequi possit, et solitus sit, vel merito timeatur executurus, metum gravem inducere possit (2): adversus minarum jactationes usu receptum supra diximus, ut cautio de non offendendo exigatur a minarum auctore: aliquando et in perpetuum exilium ire jubetur (§ 472).

§ 1171. Sola mali suspicio perperam concepta restitutioni ex caussa metus, aut vis locum non facit: veluti si dereliquerim fundum, *audito, quod quis cum armis veniret ...., non videor vi dejectus, qui dejici non expectavi*: verba sunt Ulpiani (3): *aliter atque, si,* subjicit jureconsultus, *postquam armati ingressi sunt, tunc discessi* (4). Ergo Ulpianus ajens, *vi dejectum videri dominum fundi, qui, cum homines armatos venientes existimaret, profugit, quamvis nemo eorum fundum ingressus fuerit* (5), intelligendus est de eo casu, quo homines armati revera fundum ingressuri venirent, ut dominum dejicerent; sed ob repentinam caussam consilium mutaverint.

§ 1172. Cum in dubio quisque bonus censeatur, non sufficit metum allegare, ut contractus, tamquam ex metu gestus, rescindatur, sed omnino probandus ab allegante (6), quem praesumptio onerat (7): atque difficilius metus intercessisse creditur, si negotium, amicis intervenientibus, peractum fuerit (8). Conjecturae praefecto ad metum probandum admittuntur (9).

§ 1173. Supra diximus contractus metu initos ipso jure subsistere, sed praetoris auctoritate infirmari, quibusdam exceptis (§ 1156). Excipiuntur nuptiae (10), dotis promissio (11), libertatis datio, si ipse servus, vel populus dominum coegerit, ut manumitteret (12); quod ob singularem eorum indolem inductum est; cum sine gravi incommodo subsistere per aliquod tempus, atque deinceps rescindi nequeant.

§ 1174. Quod si metum, aut vim passus negotia ex intervallo, et sponte rata habeat vel expresse, et verbis, vel tacite, et per facta, non du-

(1) l. *Sed et partus* 12 § 1 ff. hoc tit.
(2) l. 1 § *vim vi* 27 ff. *De vi, et vi armat.* (43, 16).
(3) l. *Metum* 6 ff. hoc tit.
(4) l. *Vani timoris* 184 ff *De reg. jur.* (50, 17).
(5) l. *Metus autem* 3 ff. *Ex quibus causs. major.* (4. 6).
(6) l. *Ego puto* 4 ff. hoc tit.
(7) l. *Nec timorem* 7 § 1 ff. hoc tit.
(8) l. *Isti quidem* 8 § penult. ff. hoc tit.
(9) l. pen. ff. hoc tit.
(10) d. l. 8 § ult. ff. hoc tit.
(11) § *patitur* 2 Instit. *De injur.* (4. 4)
(12) argum. l. 1 ff. *De ritu nuptiar.* (23, 2).
(13) argum. l. *Non cogitur* 21; junct. l seq. ff. *De ritu nuptiar.* (13, 2); argum. l. ult. *Si quis aliquem testar. prohibuer.* (29, 6); Thes. lib. 1, quaest. 5, n 3.
(14) l 1 § *quae onerandae* 5 et seqq. ff. *Quar. rer actio non det.* (44, 5); Thes. ibid. n. 5, 6, 7 et 17 †.
(15) d. l. 1 § 6; d. l. *Metus autem* 3 ff. *Ex quib. causs. major.* (4, 6).
(16) l. *Ad invidiam* 6 Cod. eod. tit.
(17) l. penult. et ult. Cod. hoc tit.
(18) l. *Nec timorem* 7 ff. hoc tit.
(19) in l. *Isti quidem* 8 § penult. ff. hoc tit.

(1) l. *Ego puto* 4; junct. l. 8 § 1 ff. hoc tit.
(2) l. *Si donationis* 7; junct. *leg. Metum* 9 Cod. hoc tit.
(3) l. *Metum autem* 9 in princ. ff. hoc tit.
(4) d. l. 9 prop. fin.
(5) l. *Non solum* 33 § *si dominus* 2 ff. *De usurpat. et usucap.* (41, 3).
(6) l. ult. in princ. ff. hoc tit.; l. *Metum* 9 Cod. hoc tit.
(7) l. *Ab ea parte* 5 ff. *De probat.* (22, 3)
(8) l. *Transactionem* 35 Cod. *De transactionib.* (2, 4).
(9) Thes. lib. 1, quaest. 51, n. 23 et seqq †.
(10) l. *Neque ab initio* 14 Cod. *De nupt.* (5, 4).
(11) l. *Si mulier* 21 § *si dos* 3 ff. hoc tit.
(12) l. *Ille servus* 9; l. *Si privatus* 17 ff. *Qui, et a quibus manumiss.* (40, 9).

bium, quominus eorum rescissionem deinceps potens audiendus non sit; potest quilibet juri pro se introducto renunciare (1). Hinc, si quis sponte, et libere solvat, quod per metum pollicitus est, ratam habere censetur promissionem antea factam (2): idem dicendum, si dilationem ad solvendum petierit (3), fidejussores, vel pignora sponte dederit in securitatem obligationis metu extortae, sine qua subsistere non possunt (4).

§ 1175. Sed tacita ratihabitio non inducitur ex silentio metum passi, vel ex eo, quod adversus contractum metu gestum protestatus non fuerit; quod enim consentire aliquando videatur, qui tacet, cum de re sua agitur (5); huic casui accommodari non potest, quo tacens paratum habet a lege remedium, quo sibi prospiciat intra certum tempus: lex autem metum passo quadriennium indulget, intra quod agere possit ad contractum rescindendum (6). Quare potius praesumendum est siluisse, quia sciebat, jure suo nonnisi post certi temporis lapsum cariturum esse (7).

§ 1176. Denegatur actio quod metus caussa, quoties nullum damnum illatum est, puta si creditor debitori suo metum intulerit, ut solveret, quod vere debitum erat (8); inutilis est actio, ex quo nihil agenti abest: non tamen ideo vis, et metus sine poena sunt; cum vim inferentes poena legis Juliae teneantur (9); atque jus crediti ammittat, qui debitorem suum ad solvendum coegerit (10): qui tamen juris rigor ubique non servatur; sed vim et metum inferens adversario tenetur ad id, quod interest, atque citra ordinem pro modo violentiae arbitrio judicis coercetur (11).

§ 1177. Actio quod metus caussa intra quadriennium, uti jam innuimus (§ 1163), intentanda est, quoad pertinet ad quadruplum ex contumacia solvendum (12): sed quoad simpli restitutionem perpetua est, seu durat triginta annis (13), exemplo caeterarum actionum personalium (14); cum autem usu fori quadrupli poena non vigeat (d. § 1163), dicendum est, triginta annis actionem hanc concludi.

(1) l. *Si quis in conscribendo* 29 Cod. *De pact.* (2, 3); Thes. lib. 1, quaest. 51, n. 1 †.
(2) l. *Cum te* 2; l. *Si per vim* 4 Cod. hoc tit.
(3) argum. l. penult. Cod. *De re judicat.* (7, 52).
(4) l. *cum principalis* 178 ff. *De reg. jur.* (50, 17).
(5) l. *In omnibus* 3 et l. seq. ff. *De noxalib. actionib.* (9, 4).
(6) l. ult. Cod. *De temporib. in integr. restitut.* (2, 53).
(7) argum. l. *Sicut re* 8 § *non videtur* 15 ff. *Quib. modis pign. vel hypotheca solvit.* (20, 6).
(8) l. *Sed et partus* 12 § ult. ff. hoc tit.
(9) d. l. 12 § ult. et l. seq.
(10) l. *Extat enim* 13 ff. hoc tit.
(11) Voet in ff. hoc tit. n. 17 in fine.
(12) l. ult. Cod. *De temporib. in integr. restitut.* (2, 53); junct. l. *Si per vim* 4 in fin. Cod. hoc tit.
(13) l. *Item si* 14 § 1; l. *Si mulier* 21 ff. hoc tit.
(14) l. *Sicut in rem* 3 Cod. *De praescription. XXX vel XL annor.* (7, 39).

CAPUT III.

De doli mali, et metus exceptione.

Instit. lib. 4, tit. 13 *De exceptionib.*
Digest. lib. 44, tit. 4 *De dol. mal. et met. exception.*
Cod. lib. 2, tit. 20 *De his, quae vi metusve caussa fiunt.*

SUMMARIA

§ 1178. *Doli exceptio generalis est, vel specialis.* — § 1179 *et* 1180. *Exceptio specialis doli quibus competat, et adversus quos?* — § 1181. *An successoribus singularibus ejus, qui dolum admisit, doli exceptio objici possit?* — § 1182 *et* 1183. *Metus exceptio iisdem fere regulis regitur, ac exceptio doli.* — § 1184. *Exceptio doli, et metus perpetua est. Quare?*

§ 1178. Quae hactenus de dolo, vi, et metu diximus, lucem afferunt argumento, quod tractandum suscipimus: licet exposita potius ad actionem pertineant, quam ad exceptionem: quae tamen generalia sunt, tum actioni, tum exceptioni conveniunt. Doli exceptio vel generalis est, vel specialis. Generalis doli exceptio dicitur illa, quae cum aliis exceptionibus specialibus concurrere potest; quo sensu dixit Papinianus, doli exceptione tutum esse eum, qui aequitate defensionis actionem infringere potest (1); dolo enim facit, qui petit, quod exceptione quacumque elidi potest (2).

§ 1179. Specialis doli exceptio illa est, quae ex dolo competit ab agente admisso non tantum illis, qui dolum passi sunt (3), sed et caeteris, si in ea re, de qua agitur, dolus admissus fuerit (4); nec non haeredibus, et fidejussoribus; cum in rem sit exceptio haec, seu rei cohaereat, non personae (5).

§ 1180. Exceptio haec datur adversus eos, qui dolo fecerunt, vel petendo faciunt, puta quia jam ipsis solutum sit (6), non adversus alios, quibus dolus imputari non potest (7). Dolus procuratoris aliquando imputatur domino (8), dummodo procurator mandati fines egressus non sit (9). An dolus filiifamilias noceat patri, et quousque, explicat Ulpianus (10).

§ 1181. Successoribus singularibus ejus, qui dolum admisit, doli exceptio secundum Ulpianum opponi potest, si actio ipsis cessa fuerit titulo lucrativo (11), non si oneroso, nisi accessione au-

(1) l. *Qui aequitate* 12 ff. hoc tit.
(2) l. *Palam est* 2 § *et generaliter* 5 ff. hoc tit.
(3) § 1 Instit. hoc tit.
(4) l. *Palam est* 2 § *plane* 2 ff. hoc tit.
(5) l. *Exceptiones* 7 § 1 ff. *De exceptionib.* (44, 1).
(6) l. *Apud Celsum* 4 § *si quis pupillo* 4 ff. hoc tit.
(7) l. *Palam est* 2 § 1; d. l. 3 § penult. ff. hoc tit.
(8) d. l. 4 § *quaesitum* 18; l. *Procurator* 11 ff. hoc tit.
(9) l. *Si procurator* 10 Cod. *De procuratorib.* (2, 13).
(10) d. l. 4 § *in hac exceptione* 17 ff. hoc tit.
(11) d. l. *Apud Celsum* 4 § *si quis autem* 29 ff. hoc tit.

ctoris sui uti velint (1). Plane vitium auctoris successori singulari non nocet (2), seu mala fides auctoris non impedit, quominus successor singularis in bona fide constitutus usucapiat.

§ 1182. Exceptio metus iisdem fere regulis subest, ac exceptio doli: nimirum competit metum passo, ejusque haeredi adversus quemlibet agentem ex negotio metu gesto, sive is metum incusserit, sive alius: in quo differt ab exceptione doli, quae objici tantum potest ei, qui dolum admisit; ita quippe receptum tradit Ulpianus apud Romanos, seu eo jure eos uti (3): discriminis ratio inde fortassis petenda, quod doli exceptio magis odiosa sit, quam exceptio metus; atque ideo illa soli doloso obstet, haec omnibus (4).

§ 1183. Non tantum haeredibus, sed etiam fidejussoribus datur exceptio haec, utpote in rem scripta, seu rei cohaerens (5); atque objicitur etiam haeredibus, et caeteris (§ praeced.), nisi pietas aliud suadeat (6), quo fundamento nec parenti, nec patrono metus exceptionem objicere filius, aut libertus potest, sed uti debet exceptione in factum (7), quae odiosa non est.

§ 1184. Exceptio, sive doli, sive metus perpetua est (8) exemplo caeterarum exceptionum; licet actio certo tempore concludatur (§ 1177); actor enim potest, quandocumque malit, juribus suis experiri; reus vero non prius exceptiones suas allegare potest, quam conveniatur (9).

TITULUS XXVIII

DE LITIGIOSIS

Instit. lib. 4, tit. 13 *De exceptionib.*
Digest. lib. 44, tit. 6) *De litigiosis.*
Cod. lib. 8, tit. 37)

SUMMARIA

§ 1185. *Litigiosa res dicitur, super qua lis mota est. Quid de actione in judicium deducta, vel possessione? Cur alienatio rei litigiosae prohibeatur?* — § 1186. *Res litigiosa non fit, instituta personali actione adversus rei possessorem.* — § 1187 *et* 1188. *Litigiosa fit actio realis sola in jus vocatione, vel precibus Principi oblatis, et judici insinuatis, dummodo lis sit de dominio.* — § 1189. *Quibus casibus de dominio quaeri videatur? Quid de actionibus mixtis?* — § 1190. *Sola denunciatio debitoris morosi facta creditori hypothecario, ne distrahat, litigiosam rem non facit.* — § 1191. *et* 1192. *Beneficium ordinis non habet emptor qui pignus emit, cum de eo lis jam mota esset inter creditorem et debitorem.* — § 1193. *Pignus litigiosum non fit, lite inter creditorem et debitorem de crediti, et pignoris jure instituta.* — § 1194. *Possessor fundi alieni, licet dominii controversiam ab extraneo patiatur, eundem a vero domino emere potest.* — § 1195. *Rei litigiosae possessionem propria auctoritate apprehendere non potest, qui vitium litigiosi objicit.* — § 1196. *Res litigiosa cedi non potest.* — § 1197 *et* 1198. *Cessio rei litigiosae ea tantum reprobatur, qua fit ad lites alienas redimendas, data pecunia.* — § 1199. *Cessio facta ad litigandum ea lege adjecta, ut cessionarius post victoriam pretium conventum solvat, legibus improbatur.* — § 1200. *Cessio rei litigiosae convalescit, si debitor cessionarium agentem sponte admiserit.* — § 1201 *et* 1202. *Litigiosae rei alienatio ipso jure nulla videtur.* — § 1203. *Alienationis nomine etiam donatio continetur.* — § 1204 *et* 1205. *Vendita re litigiosa, interest, an emptor rem litigiosam esse sciverit, an ignoraverit.* — § 1206. *Donatio rei litigiosae iisdem regulis hic regitur, ac venditio, quoad patitur utriusque contractus indoles.* — § 1207 *et* 1208. *Litigiosa res alienari potest ex caussa dotis, donationis propter nuptias, transactionis, divisionis, atque etiam per donationem omnium bonorum.* — § 1209. *Litigiosae res ultimae voluntatis actu alienari non prohibentur.* — § 1210 *et* 1211. *Alienatio rei litigiosae valet, si fiat ex caussa praecedente, dummodo bona fide: puta ex jure redimendi.* — § 1212. *Quidquid in fraudem litis, et adversarii fit, pro nullo et irrito habetur.* — § 1213. *Alienatio rei communis in extraneam personam post coeptum divisionis judicium non probatur.* — § 1214. *Electio facta ab eo, qui jus eligendi habet, valet, licet de jure eligendi inter aliquos contendatur.* — § 1215. *Litigiosae rei alienatio etiam hodierno fori usu improbari videtur.*

§ 1185. Litigiosa res appellatur, super qua lis mota est (1); nec interest, utrum res corporalis sit, an incorporalis; nam et actio in judicium deducta litigiosa fit (2): immo et si de possessione in judicio agatur, haec litigiosa evadit, non tamen res ipsa, de cujus proprietate non contenditur (3). Rei autem litigiosae alienatio idcirco

(1) d. l. 4 § *de auctoris* 27 et § *auctoris* 31 ff. hoc tit.
(2) l. *An vitium* 5 ff. *De divers. temporalib. praesumptionib.* (44. 3).
(3) l. *Apud Celsum* 4 § penult. ff. hoc tit.
(4) l. *Palam est* 2 § 1; d. l. 4 § penult. ff. hoc tit.
(5) d. l. *Apud Celsum* 4 § penult. ff. hoc tit.; l. *Exceptiones* 7 § 1 ff. *De exceptionib.* (44. 1).
(6) l. *Licet famosae* 7 § *nec exceptiones* 2 ff. *De obseq. parentib. et patron. praestand.* (37. 15).
(7) d. l. 4 *Adversus parentes* 16 ff. hoc tit.
(8) l. *Pure mihi* 5 § ult. ff. hoc tit.
(9) d. l. 5 § ult.; l. *Licet* 5 Cod. *De exceptionib.* (8, 36)

(1) l. *Lite pendente* 2 et l. seq. Cod. hoc tit.
(2) d. l. 2 Cod. hoc tit.
(3) Fab. Cod. hoc tit. lib. 8, tit. 25, def. 1 in princ. et def. 7 in princ.; Brunneman. in Cod. hoc tit. lib. 8, tit. 37; auth. *litigiosa* post l. 1 n. 4.

prohibetur, quia deteriorem alienans facere velle videtur conditionem alterius litigantis, opposito potentiore adversario (1).

§ 1186. Rem litigiosam dicimus, de qua in judicio disceptatur. Ergo personalis actio adversus possessorem rei instituta eam litigiosam non facit; nec ideo impedit, quominus, lite pendente, possit alienari (2); etenim ex legum sententia vitium rem ipsam afficere debet, ut alienatio impediatur (3), personalis autem actio rem nullatenus tangit (4).

§ 1187. Olim, sola in jus vocatione, res litigiosa non fiebat, sed litis contestatio necessaria erat (5): novo jure Justinianus discrevit actiones reales a personalibus; ita ut illae litigiosae fiant, sola in jus vocatione, vel precibus Principi oblatis, et judici insinuatis, atque per judicem futuro reo manifestandis (6); personales vero secundum veterum legum scita litis contestationem adhuc desiderant, cum nihil in his immutaverit Imperator.

§ 1188. Ut fiat litigiosa res, quae actione reali petitur per solam in jus vocationem, vulgo requirunt interpretes, ut lis sit de dominio, prout satis innuit Justinianus ita decernens; *litigiosa res est, de cujus dominio caussa movetur inter possessorem, et petitorem* (7): quod si alio jure reali petatur, veluti pignoris, servitutis, jus illud, nonnisi lite contestata, litigiosum fit (8).

§ 1189. De dominio autem quaeri intelligitur non tantum rei vindicatione, sed etiamsi agatur quocumque jure in rem scripto, puta protomiseos, seu praelationis in re emphyteutica, vel feudali quibusdam personis competente (9). Actiones mixtae universales veluti petitio haereditatis, eodem jure regi hic videntur, ac reales de dominio institutae (10).

§ 1190. Apud omnes sane constat, sola denunciatione debitoris, qui solvere differat, facta creditori hypothecario, ne pignus alienet, rem litigiosam non fieri (11); cum enim jure suo creditor pignus vendat (12), atque ideo perperam contradicat debitor, cui imputandum est, cur non solvat, nullum parere potest effectum intempestiva ejus denunciatio.

§ 1191. Si tamen, lite inter creditorem, et debitorem de crediti, et pignoris jure jam instituta, rem creditori obligatam quis emerit; et creditor, qui in lite vicerit, hypothecaria contra emptorem agat; non potest emptor creditori objicere beneficium ordinis, seu excussionis (1), non quia pignus litigiosum fiat (§ praeced.), sed quia facto debitoris deterius fieri non debet jus creditoris sibi vigilantis (2).

§ 1192. Nec interest, an bona, vel mala fide emptor rem pignoratam comparaverit; bona emptoris fides alteri captiosa esse non debet (3): nec quod empor hic aliquod jus anterius dominii, vel pignoris in ea re habuisset (4); quia et per alienationem aufertur commodum possessionis creditori; quippequi nunc possideret, si injustam litem a debitore passus non fuisset; adeoque saltem possessio litigiosa est (§ 1185).

§ 1193. Sane emptor, qui pignus, lite creditorem inter, et debitorem pendente, acquisivit, adversus creditorem, pignoris possessionem nactum, de anteriore jure suo experiri non prohibetur (5); is enim tantum cadit a jure suo, qui sciens rem litigiosam emit (6); haec autem res, ut modo diximus, litigiosa non est (§ 1190).

§ 1194. Possessor quoque fundi alieni, licet dominii controversiam a non domino patiatur, eundem fundum a vero domino emere potest, dummodo bona fide, et sine vitio possideat (7); nihil enim prohibere videtur, quominus possessor, suae possessionis confirmandae caussa adversus improbum petitorem, jus sibi acquirat ab eo, qui dare potest; maxime quia cessio rei litigiosae pro luitione rerum sine vitio apud se constitutum ab Anastasio permittatur (8).

§ 1195. Licet possessor, ut jam innuimus (§ 1185), rem litigiosam alienare nequeat (9), non tamen potest is, qui litigiosi vitium objicit, propria auctoritate ingredi rei possessionem, quam ante non habebat, atque emptorem spoliare; etenim vitium litigiosi impedit quidem rei acquisitionem (10), sed non tribuit adversario jus, quod antea non habebat: proinde si emptorem spoliaverit, emptori redintegranda est possessio cum fructibus, perinde ac si res

(1) l. ult. ff. hoc tit.; Osasc. dec. 144, n. 2 et seqq.
(2) Fab. Cod. hoc tit. lib. 8, tit. 25, d. def. 8, n. 8.
(3) l. *Lite pendente* 2 et l. ult. Cod. hoc tit.
(4) § 1 Instit. *De actionib.* (4, 6).
(5) l. 1 princ. et § 1 ff. hoc tit.
(6) auth. *litigiosa* post l. 1 Cod. hoc tit.
(7) d. auth. *litigiosa* post l. 1 Cod. hoc tit.
(8) Brunneman. in Cod. d. auth. n. 2.
(9) Brunneman. in Cod. hoc tit.; d. auth. *litigiosa* n. 3.
(10) argum. l. *Divus Pius* 5 ff. *De haereditat. petition.* (5, 3).
(11) l. 1 Cod. hoc tit.
(12) l. *Si cessante* 7 Cod. *De distraction. pign.* (8, 28).

(1) Fab. Cod. hoc tit. lib. 8, tit. 25, definit. 1 in princip.
(2) l. 1 ff. *De alienat. judic. mutand. causs. fact.* (4. 7).
(3) l. *Quod autem* 6 § *si quid cum pupillo* 10 ff. *Quae in fraud. creditor.* (42, 8); l. *Non debet* 44 ff. *De reg. jur.* (50, 17).
(4) Fab. Cod. hoc tit. lib. 8, tit. 25, d. definit. 1 n. 4 et 5.
(5) d. def. 1 in fin.
(6) l. ult. in princ. et § 1 Cod. hoc tit.
(7) Fab Cod. hoc tit. lib. 8, tit. 25, definit. 2 in princ. et Cod. *Mandat.* lib. 4, tit. 26, def. 9 in not.
(8) l. *Per diversas* 22 in med. Cod. *Mandat.* (4, 35).
(9) Fab. Cod. hoc tit. lib. 8, tit. 25, d. def. 2 in fin.
(10) l. ult. princ. et § 1 Cod. hoc tit.

litigiosa non fuisset (1); cum et praedo spoliatus restituatur (2).

§ 1196. Actio sive realis, sive personalis in judicium deducta fit litigiosa (§ 1185), proinde cedi non potest, maxime procuratori ad litem (3): immo nec valet cessio, si is, qui litem injuste movit, cessionem impetret ab eo, qui jus agendi habuit, non quasi rei, vel actionis litigiosae (4) propter sanctionem Anastasii latam adversus redemptores litium, et actionum alienarum (5): ideoque actori restituendum est pretium solutum (6); cum tamen scienter emens rem litigiosam re, et pretio careat (7).

§ 1197. Sed illae tantum cessiones Anastasii lege reprobantur, quae fiunt ad lites alienas redimendas, data pecunia, sive venditionis nomen cessioni insertum sit, sive nuda cessio facta proponatur (8), dummodo extra caussam donationis, quae ab Imperatore permittitur (9); abrogato veteri jure, ex quo venditio nominis controversi, probatur, cum leges non distinguant (10), utique nisi in judicium jam deductum fuisset (11).

§ 1198. Hinc apud Sabaudos patres disputatum de eo casu, quo cessio alicui facta sit pure et simpliciter, nulla pretii adjecta mentione; sed intuitu novae obligationis a cessionario contractae de solvenda post diem cedenti pari quantitate; addito etiam pacto, ut quanto minus a debitore exigi poterit, tantumdem deduceretur de nova illa obligatione (12). Quamvis diversi diversa sentirent, attamen res ex bona fide gesta habita fuit, praesertim cum cessio facta fuisset a pupillo, contra quem minor est praesumptio et suspicio fraudis (13).

§ 1199. Non tamen valet cessio actionis facta ad litigandum ea lege adjecta, ut cessionarius pretium conventum post victoriam cedenti solvat (14); haec enim cessio societatem futuri emolumenti, suspensa lite, continere videtur, quae prohibita est (15). Quare censuit Senatus, permittendum non esse cessionario, ut ex ea cessione ageret usque ad illam quantitatem, de qua fides habita fuerat; quia ex dilatione solvendi pretii usque in tempus victoriae appareret, nonnisi vexandi adversarii caussa factam fuisse cessionem, et in odium litis, quam idem cessionarius paullo ante ab eodem debitore passus fuerat, salvo tamen cedenti jure suo (1); cum hic rei religiosae cessio non intervenerit (§ 1196).

§ 1200. Apud omnes profecto in confesso est, purgari vitium cessionis, si debitor cessionarium, quem beneficio Anastasianae constitutionis (2) removere potuisset, agentem admiserit (3); sanctio haec favore debitoris cessi inducta est, ne perperam litibus vexetur; proplerea licet illi renunciare (4).

§ 1201. Alienationem rei litigiosae summo jure subsistere putant aliqui, ex eo, quod litigiosi exceptio contra acquirentem datur (5): inutilis autem esset exceptio, inquiunt, si alienatio ipso jure nulla esset (6). Hinc ulterius colligunt, vim omnino habituram esse alienationem hanc, si alienans victor in lite extiterit; quia tunc eventus rei judicatae demonstret, alienationem illam nulli damnosam fuisse (7).

§ 1202. Negant alii, valere alienationem rei litigiosae (8): atque nituntur rescripto Constantini, quo Imperator, res litigiosas quocumque contractu transferri in alium, prohibet, atque, alienatione non obstante, *tamquam si nihil factum sit*, litem nihilominus inter easdem personas ad finem perduci jubet (9). Si nihil factum censetur, profecto nulla est alienatio, saltem jure novo, quamquam, vetere jure inspecto, per solam exceptionem alienatio rei litigiosae rescindi forte poterat (§ praec.)

§ 1203. Alienationis nomine, ut modo innuimus, non onerosa tantum, veluti venditio, sed etiam lucrativa, donatio nempe transferendi dominii caussa continetur; nec interest, utrum alienatio sequatur in personam extraneam, an in conjunctam (10): cum in omni contractu, quo dominium transfertur eadem vigeat non opponendi adversarii potentioris ratio (§ 1185); sicut aeque viget in conjuncta et extranea persona, in quam transferatur dominium; quo fundamento respondit Gajus, nec in sacrum sub poena dupli dedicari posse rem, de qua in judicio controversia est (11).

§ 1204. Si ergo quis rem litigiosam in sa-

(1) Fab. Cod. hoc tit. def. 7, n. 1 et seqq.
(2) cap. *in litteris* 5 Decret. Greg. extra *De restit. spoliator.* (2, 13).
(3) l. *Lite pendente* 2 et l. ult. Cod. hoc tit.; l. *Per diversas* 22 et l. seq. Cod. *Mandati* (4, 35); Fab. Cod. hoc tit. lib 8, tit. 24, def. 3.
(4) Fab. Cod. hoc tit. def. 4.
(5) d. l. 22 Cod. *Mandat.*
(6) d. l. 22 in med.; Fab. d. def. 4 in fin.
(7) l. ult. Cod. hoc tit.
(8) d. l. *Per diversas* 22 in princ. Cod. *Mandat.* (4, 35).
(9) d. l. 22 in fin.
(10) l. *Si nomen* 4; l. *Qui filiifamilias* 14 ff. *De haereditat. vel action. vend.* (18, 4).
(11) l. 1 et passim ff. hoc tit.
(12) Fab. Cod. *Mandat.* lib. 4, tit. 26, def. 9, n. 5.
(13) d. def. 9 prop. fin.
(14) Ibid. def. 23 in princ.
(15) l. 1 § *si cui cautum* 12 ff. *De extraordinar. cognitionib.* (50, 13).

(1) Fab. d. def. 23, n. 1 et seqq.
(2) d. l. *Per diversas* 22 Cod. *Mandat.* (4, 35).
(3) Fab. Cod. eod. tit. *Mandat.* lib. 4, tit. 26, def. 10 in princ.
(4) l. penult. Cod. *De pact.* (2, 3).
(5) l. 1 § 1 in fin. ff. hoc tit; l. 1 § ult. ff. *Quae res pignor.* (20, 3).
(6) princ. et § 1 Instit. hoc tit.
(7) Voet in ff. hoc tit. n. 1 prop. fin.
(8) Brunneman. in Cod. ad l. 2 hoc tit. n. 7.
(9) l. *Lite pendente* 2 hoc tit.
(10) d. l. *Lite pendente* 2 Cod. hoc tit.
(11) l. ult. ff. hoc tit.

crum dedicaverit, dupli poenam sustinet, fisco applicandam (1). Quod si vendiderit, distinguit Justinianus, utrum vendiderit emptori scienti rem litigiosam esse, an ignoranti; quippe venditor semper praesumitur scire rei vitium, cum de ea litem sustineat. Si emptor sciverit, rem litigiosam esse, rem restituere cogitur, et pretio privatur, quod fisco cedit (2): atque venditor fisco aestimationem inferre jubetur (3).

§ 1205. Sed si emptor bona fide comparaverit, nesciens rem litigiosi vitio laborare, nullam ipse poenam subit, sed venditor, alienatione in irritum deducta, et restituta re, pretium et restituere debet cum alia tertia parte (4), ut ita puniatur dolosus venditor emptor vero dolo carens tertiam pretii partem solatii loco consequatur. Alias vero duas pretii partes venditor fisco solvit (5), prout in casu ignorantis emptoris rei aestimationem (§ praeced.); nec enim levius puniendus est venditor, quia emptor vitium rei perspectum non habuerit.

§ 1206. Donatio litigiosae rei iisdem regulis ac venditio subjicitur, quantum utriusque negotii indoles patitur: quare si quis donaverit donatario scienti rem litigiosam esse, uterque aestimationem fisco solvit: si vero donatarius in bona fide positus sit, tertiam ipse aestimationis rei donatae partem a donante consequitur, reliquae duae partes fisco cedunt (6).

§ 1207. Plures tamen sunt hujusce regulae de rei litigiosae alienatione prohibita exceptiones. Imprimis licita est rei litigiosae alienatio ex caussa dotis et donationis propter nuptias (7), singulari nuptiarum favore: quod plures obtinere putant non tantum in dote constituenda, sed etiam in restituenda (8): donationis propter nuptias eadem privilegia in jure tribuuntur, ad doti ipsi (9): et utraque alienatio necessaria judicatur, ideoque cessat suspicio, quae caussam legi dedit (§ 1185).

§ 1208. Idem tradit Justinianus de alienatione, quae fiat ex caussa transactionis, vel divisionis rerum haereditariarum (10): transactionum maximus est favor, quippequibus lites impediuntur, publicae et privatae rei admodum exitiosae (11): divisionis vero causa pertinet ad alienationem universalem, ex qua multa transferuntur, quorum titulo singulari translatio rata non habetur (12). Quo fundamento placuit, per dona-

(1) d. l. ult. ff. hoc tit.
(2) l. ult. in fin. princ. Cod. hoc tit.
(3) d. l. ult. in princ.
(4) d. l. ult. § 1 Cod. hoc tit.
(5) Brunnem. in Cod. ad d. l. ult. n. 3.
(6) d. l. ult. princ. et § 1 Cod. hoc tit.
(7) Brunneman. ad d. l. ult. Cod. hoc tit. n. 6.
(8) d. l. ult. § 1 in fin. Cod. hoc tit.
(9) l. *Si constante* 19 et auth. seq. Cod. *De donat. ante nupt.* (5, 3).
(10) d. l. ult. § 1 Cod. hoc tit.
(11) l. *Item* 4 § 1 in fin. ff. *De alienat. judic. mutand. causs. fac.* (4, 7).
(12) l. *Quaedam* 62 ff. *De acquir. vel amit. posses.* (41, 2).

tionem omnium bonorum transire etiam rem litigiosam; maxime quia nemo tam stultus praesumitur, ut bona omnia sua donare velit, adversarii, cum quo litigat, in re singulari onerandi caussa (1).

§ 1209. Postremo Justinianus excipit alienationes ultima voluntate factas, institutionis, legati, aut fideicommissi titulo (2); tum quia in ultimae voluntatis dispositionibus minor adest fraudis suspicio; tum quia testator, etsi maxime is plerumque velit, expectare non potest litis finem. Sed solus litis eventus legatus videtur a testatore, qui litis conscius erat: quare licet legatariis liti ab haerede sustinendae adesse, si collusionem metuant (3).

§ 1210. Valet quoque alienatio rei litigiosae, lite pendente, si ea fiat ex caussa litem praecedente, nisi facta sit in fraudem: puta si debitor Titius, hypothecaria a Maevio creditore conventus, fundum controversum Sempronio interim vendiderit, tamquam habenti jus redimendi ex contractu ante celebrato, quam pignus constitueretur: si de jure redimendi certo constet, non dubium, quominus alienatio valeat (4): cum necessaria sit hujusmodi venditio, adeoque non judicatur in fraudem adversarii facta, prout de dote, atque donatione propter nuptias modo diximus (§ 1207).

§ 1211. Sed si non constet de jure redimendi, aut Sempronius legitimi temporis praescriptione summoveri potuerit, in fraudem creditoris hypothecarii facta videtur alienatio haec; adeoque salva esse debet actio creditori adversus debitorem, perinde ac si adhuc possideret (5): nec interest, quod aliqua forte caussa fuerit concedendae restitutionis ad redimendum non obstante temporis lapsu, puta ex aetate redimentis; quia de jure restitutionis cognoscendum fuisset, Maevio praesente, cujus maxime intererat (6), ne forte colluderetur (7).

§ 1212. In his rerum adjunctis Senatus pro creditore pronunciavit, non quasi vitium litigiosi contractum fuisset, quippe quod non contrahitur, neque per hypothecariam actionem (§ 1191), neque per motam de controversia possessionem (§ 1185); cum caussa possessionis diversa sit a caussa proprietatis (8); sed quia pro nullo, atque irrito haberi debent, quidquid in fraudem

(1) Fab. Cod. hoc. tit. lib. 8, tit. 25, definit. 9 in med.
(2) d. l. ult. § 1 Cod. hoc tit.
(3) auth. *Nunc, si haeres* post l. ult. Cod. hoc tit.
(4) Fab. Cod. hoc tit. lib. 8, tit. 25, def. 5 in princ.
(5) l. 1 ff. *De alienat. judic. mutand. causs. fact.* (4, 7). Fab. Cod. hoc tit. lib. 8, tit. 25, d. definit. 5, num. 3. et seqq.
(6) l. *De unoquoque* 47 ff. *De re judicat.* (42, 1); Fab. d. def. 5, n. 5 et 6.
(7) argum. l. auth. *Nunc, si haeres* post l. ult. Cod. hoc tit.
(8) l. *Naturaliter* 13 § 1 ff. *De acquirend. possession.* (41, 2).

litis de adversarii factum est (1), ut in specie non plane absimili supra innuimus (d. § 1191).

§ 1213. Vix monendum, alienationem rei haereditariae, vel communis non valere, postquam communi dividundo, vel familiae erciscundae judicium coeptum est; non quod res hoc judicio litigiosae fiant, sed quia durior videtur fieri conditio sociorum, mutata socii persona (2): ideoque jura improbant hasce alienationes in extraneam personam, nisi necessitas urgeat (3); cum haec ex trito axiomate legi non subsit.

§ 1214. Cum necessariae alienationes a vitio litigiosi immunes habeantur (§ 1207), inde colligit Faber, electionem factam ab eo, qui eligendi jus habet, ratam esse, licet de jure eligendi inter aliquos contendatur (4); atque confirmatio electionis usque in litis eventum differatur (5), ut certo constet de eligente et electi jure.

§ 1215. Quae hactenus disputavimus de alienatione rei litigiosae, jure Romano nituntur. Sunt, qui putant, hodiernis moribus res litigiosas alienari impune posse, salvo tertii jure (6); alii tamen tutius existimant, facultatem a Principe obtinendam esse, si justa aliqua subsit alienandi, vel confirmandae jam secutae alienationis caussa (7).

APPENDIX.

De alienatione judicii mutandi caussa facta.

Digest. lib. 4, tit. 7) *De alien. judic. mut. causs.*
Codic. lib. 2, tit. 55) *facta.*

SUMMARIA

§ 1216. *Alienatio judicii mutandi caussa facta prohibetur, ne durior fiat alterius litigantis conditio, graviore opposito adversario.* — § 1217. *Alienans in fraudem actione in factum tenetur ad id, quod interest adversarii.* — § 1218. *Actio haec in factum haeredibus laesi datur, sed non contra haeredes alienantis.* — § 1219. *Quis in hoc argumento alienasse videatur?* — § 1220 *et* 1221. *Alienari in fraudem adversarii non intelligitur, qui nomen sine dolo alteri cedit.* — § 1222. *Quid si collusio allegetur.* — § 1223. *Alienatio judicii mutandi caussa etiam ante litem contestatam prohibetur.* — § 1224. *Alienationes necessariae non judicantur in fraudem factae. Quid de alienante, ne saepius litigare cogatur?* — § 1225. *Actu ultimae voluntatis facta alienatio dolosa non praesumitur.* — § 1226. *Quid si alienans paratus sit utile pati judicium perinde ac si possideret?*

(1) Fab. Cod. hoc tit. lib. 8, tit. 25, d. def. 5, n. 8 et 9.
(2) Ibid. def. 6.
(3) V. supra § 3456 et seqq.
(4) Fab. Cod. hoc tit. lib. 8, tit. 25, def. 10.
(5) cap. *Cum venissent* 2 extra Decret. Greg. *De restitut. in integr.* (1, 41).
(6) Voet in ff. hoc tit. n. ult.
(7) Fab. Cod. hoc tit. lib. 8, tit. 25, def. 11.

§ 1216. Cum eadem sit prohibendae alienationis, quae judicii mutandi caussa fit, ac alienandae rei litigiosae, consultius existimavimus de utraque continuato sermone disserere, nec litigiosae alienatio prohibetur; ne deterior fiat alterius litigantis, potentiore adversario opposito, conditio (§ 1185): atque eadem ratione prohibent leges, ne res alienetur in fraudem, seu animo mutandi judicii, quia plerumque durior fit conditio adversarii, dum is, qui litem metuit, in locum suum substituit alium molestum, rixosum, potentiorem, vel alterius provinciae (1).

§ 1217. Si ergo quis in fraudem ejus, a quo litem metuit, rem alienaverit, actione in factum a praetore data tenetur, quanti alterius interest, alium adversarium non habere (2); idest ad impensas graviores, si quas forte idcirco facere coactus fuerit, aut si quod incommodum passus sit (3).

§ 1218. Haec in factum actio, cum rei persecutoria sit (4), non tantum laeso datur, sed et illius haeredibus (5) adversus alienantem, sed non adversus haeredem, aut successorem (6); quia licet rei persecutoria sit, ex delicto, seu dolosa alienatione dari videtur (7).

§ 1219. Nec porro interest, utrum actori in rem alienatam actio realis, veluti dominii, aut servitutis competeret (8), an personalis (9); nec utrum oneroso, an lucrativo titulo res alienata sit (10); quia in omnibus hisce casibus durior fit adversarii conditio, quod leges precavere voluerunt (§ 2216). Alienasse quoque judicatur, qui possessionem dolo malo amisit (11); non tamen, qui omisit adipisci possessionem, quam acquirere potuisset (12) secundum generales juris regulas (13).

§ 1220. Neque in fraudem adversarii alienare intelligitur actor, qui nomen alteri absque dolo cedit. Cum Titius (ut, specie proposita, generalis sententia facilius percipiatur), cui Maevius centum debebat ex chirographo, ipsum actione personali convenisset, nec tamen per ejus frustrationem consequi potuisset, nomen hoc Sempronio creditori suo, a quo ad solutionem urgebatur, in solutum dederat. Sempronius Maevium.

(1) l. 1 princ. et § 1 l. 2, 3 et pass. ff. hoc tit.
(2) d. l. 1 in princ. ff. hoc tit.
(3) l. *Quia etiamsi* 3 § penult. ff. hoc tit.
(4) l. *Quia pertinet* 7 ff. hoc tit.
(5) l. *Item si* 4 § ult. ff. hoc tit.
(6) d. l. 4 § ult.; l. 5 ff. hoc tit.
(7) d. l. 7 ff. hoc tit.
(8) l. *Item si* 4 § *ad jura* 4 ff. hoc tit.
(9) l. *Quia etiamsi* 3 § *item si* 2 et seqq. ff. hoc tit.
(10) l. penult. ff. hoc tit.
(11) d. l. 4 § *Pedius* 2 ff. hoc tit.
(12) d. l. 4 § 2 ff. hoc tit.
(13) l. *Non alienat* 119 ff. *De reg. jur.* (50, 17).

apud suos repertum in jus vocaverat, atque solutionem ab eo, judicis auctoritatae, consecutus fuerat. Maevium Titium convenit, ab eo petens, quanti interesset, cessionem alienigenae factam non fuisse, quam asserebat contra praetoris edictum (1), et judicii mutandi caussa factam (2).

§ 1221. Cessio haec, dummodo bona fide facta sit, non incidit in praetoris edictum (3): quippequod tantum pertinet ad alienationes factas dolo malo a reo, non ab actore (4); tum quia reus non amittit actiones, quae ipsi restitui possint; tum quia rei parum interest, utrum ab hoc, an ab illo adversario conveniatur, cum actor rei, non viceversa forum sequatur (5), praeterquam in singularibus quibusdam casibus, in quorum numero hic non est, de quo disputamus.

§ 1222. Quia tamen Maevius allegabat, dolo malo Titii, atque colludente Sempronio cessionem hanc simulate factam fuisse, censuit Senatus, nihil constitui debere inaudito Sempronio, et prius eum vocandum, et quidem sumptibus Titii, de cujus dolo purgando agebatur (6). Putabat quidem Faber (7), Sempronium evocandum potius sumptibus Maevii, cum nullatenus de dolo Titii constaret (8): verum Senatus aliud censuit, fortasse, quia praesumptio adversus Titium urgere videbatur.

§ 1223. Alienatio judicii mutandi caussa ante litem contestatam (9) facta improbatur, si modo in fraudem alterius facta sit (10); fraus autem non praesumitur (11); quamquam, utpote in animo latens, atque ideo difficilis probationis, indiciis etiam, atque levioribus argumentis probata censetur (12).

§ 1224. Hinc alienationes factae ex caussa necessitatis, puta dotis, donationis propter nuptias (§ 1207), vel urgente re familiari, edicto non continentur, utpote fraudis suspicione immunes (13). Neque factum ejus improbat praetor, qui rem alienavit, ne saepius litigare cogeretur; *haec enim*, scite Ulpianus, *verecunda cogitatio ejus, qui lites execratur, non est vituperanda* (1): sicuti nec dolosus praesumitur, qui ob rei vitium venditori redhibuerit (2).

§ 1225. Quemadmodum alienatio rei litigiosae actu ultimae voluntatis permittitur (§ 1209), ita, et quidem potiori ratione, judicii mutandi caussa videri non potest facta alienatio institutionis, legati; aut fideicommissi titulo (3): quia nec idem judicium retinere potest testator, qui haeredem instituit, vel legat; praeterquamquod suspicio fraudis in testatore cessat (4), sine qua edicto locus non fit (5).

§ 1226. Cessat actio ad id, quod interest, licet res judicii mutandi caussa alienata fuerit, si is, qui alienavit, paratus sit utile pati judicium, perinde ac se possideret (6). Potest tamen actor, si utile sibi videatur, rei vindicationem instituere adversus eos, in quos judicii mutandi caussa translata fuit (7).

TITULUS XXIX.

DE RESTITUTIONE IN INTEGRUM

Digest. lib. 4, tit. 1 *De in integr. restitution.*
Cod. lib. 2, tit. 54 *Quib. ex causs. major. in integr. restituant.*

SUMMARIA

§ 1227 *et* 1228. *Cur de restitutione in integrum hoc loco agendum sit?* — § 1229. *Restitutio in integrum definiri potest actio, qua petitur, ut res, vel caussa in pristinum restituatur.* — § 1230. *Quae sint de in integrum restitutione sigillatim expendenda?*

§ 1227. Cum restitutio in integrum extraordinarium sit juris remedium, quo laesis ob dolum adversarii, vim, vel metum injuste illatum, ob sententiam, ignorantiam (8), aliasve justas caussas succurritur (9), opportunus nobis visus est hic agendi locus de restitutione, postquam generatim tradidimus, quae ad ignorantiam juris, vel facti, dolum, vim, et metum pertinent: simul expositurі alias obtinendae in integrum restitutionis caussas, quae specialem in corpore juris titulum non habent.

§ 1228. Hic autem unice agendum nobis est de restitutione; quae majoribus conceditur: de restitutione minorum, eorumque, qui minoribus comparantur, suo loco fuse petractavimus (10):

(1) De quo in l. 1 ff. hoc tit.
(2) Fab Cod. hoc tit. lib. 2. tit. 37, def. unic. in princ.
(3) d. def. unic. n. 4 et seqq.
(4) l. *Quia etiamsi* 3 § *ex quibus* 4 ff. hoc tit.
(5) l. *Juris ordinem* 2 Cod. *De jurisdiction. omn. judic.* (3. 13).
(6) Fab. Cod. hoc tit. lib. 2. tit. 37. def. unic. n. 16.
(7) d. def. unic. in fin.
(8) Qui tamen probandus est ab allegante, l. *Quoties operae* 18 § 1 ff. *De probationib.* (22, 3).
(9) Si alienatio sequatur post litem contestatam, res litigiosa fit, de qua diximus praecedenti.
(10) d. l. 1 in princ. ff. hoc tit.
(11) d. l. *Quoties operae* 18 § 1 ff. *De probationib.* (22, 3).
(12) argum. l. *Sicut* 8 § *supervacuum* 7 ff. *Quib. mod. pign. vel hypotheca solvit.* (20, 6).
(13) l. 1 in princ.; l. *Item si* 4 § 1 in fin. ff. hoc tit.

(1) d. l. 4 § 1 in med.
(2) l. *Ex hoc edicto* 8 § ult. et ll. seqq. ff. hoc tit.
(3) d. l. *Ex hoc edicto* 8 § *sed haeredem* 3 ff. hoc tit.
(4) argum. § *impossibilis* 10 Instit. *De haeredib. instituend.* (2. 14).
(5) l. 1 in princ. ff. hoc tit.
(6) l. *Quia* 3 § ult. ff. hoc tit.
(7) l. unic. Cod. hoc tit.
(8) l. 1 et 2 ff. hoc tit.; l. 1 § 1 ff. *Ex quib. causs. major. etc.* (4, 6).
(9) d. l. 1 § 1 in fin.
(10) V. vol. I, lib. 1, pag. 466, titul. XXVIII *De in integr. restitut. minor.* et seqq.

nec non universitatum, quae minorum jure utuntur (1): atque ex illis locis petenda sunt generalia restitutionis in integrum principia, et jura (2); quippe ea tantum obiter revocabimus, sine quibus vix intelligi possent, quae hoc loco tradenda sunt.

§ 1229. Restitutio in integrum apte definitur actio, qua petitur, ut res, vel caussa in pristinum restituatur; seu, ut scribit Paulus (3), redintegrandae rei, vel caussae actio. Actionis nomen restitutioni convenit, quatenus apud Romanos restitutio per viam actionis in judicium deducebatur, cum apud eos concedi soleret a Magistratibus; hodiernis vero moribus plerumque solet impetrari a Principe, qui judici litis principalis mandat, ut inquirat, an preces veritate nitantur, seu an vere subsint caussae, quae libello supplici narratae sunt, atque, si de veritate constet, restituat.

§ 1230. De in integrum restitutione majorum haec suscipimus investiganda. 1. Qui possint restitutionem petere, et adversus quos. 2. Coram quo judice, ubi, intra quod tempus restitutio petenda sit. 3. Quibus casibus, ex quibus caussis, quibus in rebus, et quo modo concedatur in integrum restitutio 4., et postremo, qui sint effectus restitutionis in integrum.

CAPUT I.

Qui restitutionem petere possint, et adversus quos restitutio petatur.

Digest lib. 4. tit. 1 *De in integr restitution.*
Cod. lib. 2, tit. 42 *Qui et adversus quos in integr. restitui non possunt.*

SUMMARIA

§ 1231. *Restitutio in integrum competit laesis, nec non plerumque eorum successoribus universalibus.* — § 1232. *Successores singulare beneficio restitutionis in integrum non utuntur, nisi ipsis cessum sit.* — § 1233. *Quid de fidejussoribus defuncti, qui eidem successerint?* — § 1234. *Restitutio in integrum peti potest per procuratorem speciali mandato instructum.* — § 1235. *Mandatum tacitum sufficere potest ad petendam restitutionem in integrum. Quae sint taciti mandati exempla?* — § 1236, *Quid de mandato dubitetur? An quibusdam liceat sine mandato petere restitutionem?* — § 1237. *Restitutio denegatur ei, qui semel repulsam passus est (nisi novae supervenerint caussae), vel qui beneficium hoc, quod obtinuerat, sponte abjecerit.* — § 1238 et 1239. *An restitutio competat adversus singulares successores, seu tertios bonorum possessores? An contra parentes.*

(1) V. vol. I, lib. 2, pag. 582, titul. I, cap. VI *De in integr. restitut. universitat*
(2) Potissimum ex d. vol. I, lib 1, Titul. XXVIII, *De in integr. restitut minor.* pag. 466 et seqq.
(3) Paul. *Sentent.* lib. 1, tit. 7, in princ.

§ 1231. Restitutionem in integrum petere possunt illi, qui laesi sunt, atque justam impetrandi praetorii auxilii caussam habent (1): tum etiam successores universales (2); nisi, restitutione haeredi concessa, futurum sit, ut defunctus turpi quadam nota, puta ingrati animi, afficiatur; veluti si haeres minoris restitui vellet adversus donationem remuneratoriam a defuncto factam, licet de meritis ex sola defuncti confessione constet (3).

§ 1232. Quod pertinet ad singulares successores, alibi diximus, eos neutiquam hoc beneficio uti, ni cessum sit (4): in numerum singularium successorum referuntur donatarii etiam universales, qui nec confessionem a donatore simulate, et in fraudem factam objicere possunt (5): cessio autem ante perfectum contractum omnino fieri debet, vel saltem incontinenti, quando jus cedenti superest (6).

§ 1233. Fidejussores defuncti, qui eidem successerint, gaudere beneficio petendae restitutionis in integrum ex persona defuncti, cujus haereditatem consecuti sunt, nisi pro minore tamquam tali intercesserint, alibi diximus (7), cum in haeredem universa defuncti jura transeant (8); nec adversarius queri juste potest, quod fidejussoris obligatio, tamquam accessoria, principalis conditionem sequatur (9).

§ 1234. Per procuratorem recte implorari restitutionem in integrum, rescripsit Imperator Alexander (10); dummodo speciali mandato instructus sit, ita ut nec sufficiat mandatum generale de universis negotiis gerendis (11); quia restitutio remedium extraordinarium est, quod difficilius per alteram personam peti potest; nisi libera bonorum, et plena administratio procuratori concessa fuerit (12); quippe hic eadem facere potest, ac dominus ipse (§ 1064 et 1065).

§ 1235. Cum mandatum speciale requirimus, non ideo tacitum excludimus; cum taciti eadem vis esse soleat, ac expressi (13); adeoque speciatim simul, et tacite mandari potest: taciti ad petendam restitutionem mandati exempla sunt in eo, qui constitutus speciatim fuerit ad redimendum fundum, et litem de eo tractandam, si aliter redimi nequeat fundus, quam petita re-

(1) l. 1 ff. hoc tit.
(2) l. *Non solum* 6 ff. hoc tit.
(3) V. vol. I, lib. 1, § 2979 et seqq. pag 471; Fab. Cod. hoc tit. lib. 2, tit. 27, def. 5.
(4) V. vol. I, lib. 1, § 3183, pag. 506. V. Fab. Cod. hoc tit. lib. 2, tit. 27, def. 3.
(5) Ibid. § 2984 et 2985 pag. 472.
(6) Ibid. § 2986 et 2987
(7) V. vol. I, lib. I, § 2989 et 2990 pag. 473.
(8) l. *Haeredem* 59 § *haereditas* 62 ff. *De reg. jur.* (50, 17).
(9) cap. *accessorium* 42 extra *De reg. jur.* in 6.
(10) l. unic. Cod. *Etiam per procurator. etc.* (2, 49).
(11) l. *Illud nullam* 25 § 1 ff *De minorib.* (4. 4).
(12) Voet in ff. hoc tit. n. 9. V. vol. I, lib. 1, § 3179, pag. 506
(13) l. *Semper* 60 ff. *De reg. jur.*

stitutione (1); vel cui data sit facultas agendi, defendendi et supplicandi, vel faciendi ea omnia, quae facere potest ipse mandans (2): nec non in tutoribus, curatoribus, administratoribus universitatum (3).

§ 1236. Si de mandato dubitetur, praestita cautione de rato, procurator ad petendam in integrum restitutionem admittitur (4). Sed sine mandato restitutionem petere permittitur soli patri (5) in peculio profectitio, vel adventitio, non in castrensi, vel quasi (6): nisi aliud suadeat negotii communio; vel non principaliter, sed incidenter quaestio de restitutione tractetur; aut defendendo, non agendo (7).

§ 1237. Laeso denegatur restitutio, quam semel petiit, nec obtinuit, nisi novae supervenerint illius petendae caussae (8): quae de novo emergunt, ex vulgari axiomate novo indigent auxilio (9): vel nisi petatur ex caussa quidem vetere, sed quae tunc expressa non fuit (10). Idem dicendum, si sponte quis abjecerit beneficium restitutionis, quod obtinuerat; prout potest, invito etiam adversario (11).

§ 1238. Restitutio competit adversus laedentem, ejusque haeredes (12), nisi haeres alio, puta, emptionis titulo, non haereditario bona possideat (13); nec non adversus singulares successores, seu tertios bonorum possessores, si de minoribus agatur, dummodo cum mediate caussam habent a laeso, seu rem comparaverunt ab emptore, cui minor vendidit, conscii fuerint, rem ad minorem prius spectasse (14). Quod si de majore laeso quaestio sit, difficilius restituendus est adversus singulares successores, saltem si indemnitatem a laedente consequi possit (15).

§ 1239. Excipiuntur parentes, adversus quos filiis denegandam censuit Justinianus restitutionem in integrum, propter obsequium, atque pietatem parentibus praestandam (16); nisi parentes tutelam filiorum gesserint; quo casu his adversus parentes patere vult actiones omnes generatim concessas pupillis, atque minoribus ad obtinendam indemnitatem, dummodo nihil faciant: quo minuatur honor parentibus exhibendus (1): cum autem hodie nulla ex civilibus judicii, et actionibus infamia oriatur, plerique inferunt, saltem ex enormi laesione filios adversus parentes in quacumque caussa restitui posse (2), prout jure vetere in pluribus casibus obtinebat (3).

(1) V. vol. I, lib. 1, § 3178, pag. 506.
(2) Ibid. § 3179 et 3180.
(3) Ibid. § 3181 et 3182.
(4) l. *Quod si* 26 ff. *De minoribus* (4, 4).
(5) l. *Patri* 27 ff. eod. tit.
(6) V. vol. I, lib. 1, § 3183 ad 3185 pag. 507.
(7) Ibid. § 3186 et 3187.
(8) l. 1 et ult. Cod. *Si saep. in integr. restit. postul.* (2, 44). V. vol. I, lib. 1, § 3188 et 3189, pag. 507.
(9) l. *De aetate* 11 § *ex caussa* 8 ff. *De interrog. in jur. faciend.* (11, 1).
(10) argum. l. *Cum quaeritur* 12 et duabus seqq. ff. *De exception. rei judicat.* (44, 2).
(11) d. Vol. I, lib. 1, § 3190 et 3191, pag. 507.
(12) l. *Plane* 14 ff. *De minoribus* (4, 4).
(13) Fab. Cod. hoc tit. lib. 2, tit. 27, def. 6. V. I, vol. lib. 1, § 2993, pag. 473
(14) d. vol. I, lib. 1, § 2994 et seqq. pag. 473.
(15) argum. l. *In caussae cognitione* 13 § 1 ff. *De minorib.* (4, 4).
(16) l. ult. Cod. hoc tit.

CAPUT III.

De judice, loco, et tempore restitutionis in integrum.

Digest. lib. 4, tit. 1 *De in integr. restitutionib.*
Cod. lib. 2, tit. 47 *Ubi, et apud quem cognit. in integr. restit. etc.*

SUMMARIA

§ 1240. *Restitutio in integrum hodiernis moribus concedi solet a Principe, qui judici mandat, ut perpensis narratis caussis restituat, si verae sint, et sufficiant.* — § 1241. *Quis judex competens sit in hoc argumento?* — § 1242. *Locum contractus, vel judici spectandum putant aliqui quoad jura, et solemnitates, prout restitutio petitur ex caussa tempore contractus jam existente, vel post nata.* — § 1243 et 1244. *Distinguunt alii, an restitutio petatur adversus negotia judicialia, an personae conditio restitutioni locum faciat.* — § 1245. *Leges regionis servandae sunt in restitutionis controversia extra casum minoris aetatis.* — § 1246. *Restitutio in integrum intra quadriennium petenda est. A quo die quadriennium incipiat?* — § 1247 et 1248. *Restitutio, quae competit ex caussa doli, quadriennio juxta aliquos concluditur.* — § 1249. *Sentiunt alii, usque ad triginta annos peti posse restitutionem ex caussa doli, et aliis quibusdam caussis.* — § 1250. *Quadriennium continuum est, postquam currere coepit, sed utile ab initio, ita ut a die tantum scientiae currat.* — § 1251. *Restitutio, quae ob capitis diminutionem datur, perpetua est.* — § 1252. *Quadriennium competit ad impetrandam restitutionem, licet actio principalis breviori tempore conclusa sit.* — § 1253 et 1254. *An quadriennium competat, cum quis jus suum amisit per supervenientem casum, cum pauci dies deessent ad praescriptionem interrumpendam?* — § 1255. *Restitutus actione, cujus dies expletus erat, per tot dies experiri potest, quot supercrerant ante impedimentum.* — § 1256. *Singularibus locorum statutis longius, vel brevius tempus ad*

(1) Novell. 155, cap. 1.
(2) V. vol. I, lib. 1, § 3004 et 3005 pag. 475.
(3) l. *Denique* 3 § *ergo etiam* 5 ff. *De minorib.* (4, 4); l. *Si cum pater* 2 Cod. *Si advers. rem judic.* (2, 27); l. *Si in te* 2 Cod. *Si advers. donat.* (2, 30); l. ult. § *ubi autem* 6 Cod. *De bon. quae liber.* (6, 61).

petendam restitutionem praescribi potest. — § 1257. *Restitutio juncta cum condictione, vel quae petitur ex abundanti adversus contractum ipso jure nullum, triginta annis durat.*

§ 1240. Restitutionem in integrum, quidquid olim jure Romano obtineret, a Principe hodiernis moribus, vel ab illis, quibus speciatim indulserit Princeps, concedi solere in negotio principali, puta adversus contractus, praescriptionem, rem judicatam, aditionem, vel repudiationem haereditatis, et similia, alibi animadvertimus; quia gratiae potius, quam justitiae existimatur restitutio; Princeps autem judici mandat, ut perpensis narratis caussis restituat, si verae sint, vel sufficere easdem censeat ad hoc beneficium concedendum (1); in incidentibus vero litis judices ipsi restituunt, veluti adversus lapsum temporis ad probandum, respondendum in judicio (2).

§ 1241. Cum ergo restitutio quidem a Principe concedatur, caussae autem cognitio ordinario judici demandetur, si restitutio per viam actionis, seu actione instituta postuletur, caussae cognitio fieri debet a judice, cui subest reus, secundum ordinarias juris regulas, ex quibus actor rei forum sequitur (3): si vero per viam exceptionis objiciatur, judex competens ille est, qui de judicio principali cognoscit, licet primario de restitutionis caussa alias cognoscere nequeat (4); cum restitutio, utpote accessoria negotii principalis, ejus naturam sequatur (5).

§ 1242. Si autem quaeratur, cujus loci jura, et solemnitates servari debeant in judicio restitutionis, distinguunt aliqui. Locum, quo celebratus fuit contractus, spectandum putant, si restitutio petatur ex caussa, quae jam extiterit tempore celebrati contractus (6); quia contrahentes ad hujus loci usum respexisse praesumantur (7): locum vero judicii, cum restitutio postulatur ex caussa post contractum nata (8); tamquam principalis quaestionis accessoria (§ 1241): nisi forte debitor promiserit, se certa die soluturum ad domicilium creditoris, et propter moram debitoris creditor coactus fuerit eum alibi convenire (9).

§ 1243. Distinguunt alii, an restitutio petatur adversus negotia judicialia, veluti lapsum temporis ad probandum, respondendum, et similia, an personae conditio locum faciat restitutioni in integrum. In primo casu leges utique loci, in quo judicium vertitur, spectari debent (1); quia restitutio principalis negotii accessio est: ideoque eodem jure, ac illud regi debet, nisi culpa morosi debitoris aliud suadeat (§ praeced.).

§ 1244. In altero casu, quo nempe conditio personae locum facit restitutioni in integrum, puta minor aetas, existimant, non loci, ubi minor contraxit, vel negotium gessit, nec ubi restitutionis quaestio agitatur, sed domicilii leges servandas esse (2): atque probant ex eo, quod ex comitate passim obtineat, ut ex lege domicilii dijudicetur, an quis minor, vel major habeatur. Sed repugnant alii, existimantes, ex loco potius, quo agitur, vel quo celebratus fuit contractus, definiri debere, an quis pro minore, an pro majore habeatur (3).

§ 1245. Fatentur sane omnes, extra hunc casum minoris aetatis, leges regionis, in qua gestum fuit negotium, servandas esse in definienda restitutionis controversia (4); veluti si quis ex metu, dolo, errore restitui postulet adversus contractum; sive res, de quibus celebratus est contractus, et in quibus laesio contigit, eodem in loco positae sint, sive alibi: quin intersit, an laesio circa res ipsas contigerit, an circa solemnia (5); ita tamen, ut quisque intelligatur contraxisse, ubi contractus impleri debet (6).

§ 1246. Restitutionem in integrum olim intra annum utilem, hodie ex Justiniani constitutione intra quadriennium a die contractus, quo major laesus fuit, petendam esse, et litem finiendam (7) alibi diximus (8); saltem si laesionis scientia statim habita fuerit (9), nisi legitimum obstet impedimentum, veluti justa absentia, quominus restitutio imploretur, quo casu quadriennium incipit a tempore, quo impedimentum desiit (10): in militibus a die, quo missi a militia fuerint (11): militiae autem tempus subducitur, si ei quis nomen dederit intra restitutionis petendae tempora (12): vel per judicem, aut adversarium steterit, ne lis finiatur (13).

§ 1247. Excipiendam esse restitutionem, quae ex caussa doli competat, putant aliqui, eo moti fundamento, quod Justinianus quadriennium praescripserit loco anni utilis, qui prius com-

(1) V. vol. I, lib. I, § 3217, pag. 512. V. *Reg. Constit.* lib. 2. tit. 2. cap. 2. § 2. 3, et 4.

(2) V. *Reg. Constitut.* lib. 3, tit. 28; Voet in ff. hoc tit. n. 3.

(3) l. ult. Cod. *Ubi in rem act.* (3, 19); l. *Quoniam* 2 Cod. hoc tit.

(4) l. ult. Cod. hoc tit.; Fab. Cod. hoc tit. lib. 2, tit. 31 def. 1. V. vol. I, lib 3218 et 3219, pag. 512.

(5) cap. *accessorium* 42 extra *De reg. jur.* in 6.

(6) Fab. Cod. hoc tit. lib. 2, tit. 31, def. 2.

(7) l. *Semper in stipulationibus* 34 ff. *De reg. jur.* (50, 17).

(8) Fab. d. def. 2 in fin.

(9) Ibid. definit. 3; V. vol. I, lib. 1, § 3220 et 3221, pag. 511.

(1) argum. d. l. *Semper in stipulationib.* 34 ff. *De reg. jur.*

(2) Voet in ff. hoc tit. n. 59 post init.

(3) V. *Quae de his diximus* vol. I, lib. 1, pag. 77, § 301 et seqq.; Thes. et Fab. ibid. allegatos.

(4) argum. d. l. *Semper* 34 ff. *De reg. jur.*

(5) Voet in ff. hoc tit. n. ult. fer. in medio.

(6) l. *Contraxisse* 21 ff. *De obligat. et actionib.* (44, 7).

(7) l. ult. Cod. *De temporib. in integr. restitut* (2, 53).

(8) V. vol. I, lib. 1, § 3193 et seqq. pag. 508.

(9) V. infra § 1250.

(10) d. l. ult. § 1.

(11) l. 1 Cod. eod. tit.

(12) l. *Ex persona* 4 Cod. eod. tit.

(13) l. *Intra utile* 39 ff. *De minorib.* (4, 4).

petebat (1); ex capite autem doli jam constitutum fuerat a Constantino, ut biennium pro anno utili competeret, a die commissi computandum, ita ut intra illud doli actio inchoanda, et finienda esset (2).

§ 1248. Sed alii, atque, ut videtur, rectius defendunt, idem quadriennii tempus servandum esse in restitutione ex caussa doli, ac in caeteris; tum quia absurdum sit, restitutionem ex caussa doli nunc breviori tempore concludi, quam ex caussa metus, absentiae, vel ignorantiae datur; cum immo Constantinus (3) longiorem temporis moram, seu biennium pro anno utili indulgendum in hoc casu existimaverit; tum quia Justinianus verbis omnino generalibus utens (4) satis demonstrat, se quamcumque restitutionem complecti velle; licet anni utilis tantum meminerit; quippequi in caeteris restitutionum caussis, solo excepto dolo, observabatur.

§ 1249. Quinimmo probabiliter defendunt plures, ut alibi diximus (5), ultra quadriennium usque ad triginta annos durare facultatem petendae restitutionis, si dolus manifeste probetur intervenisse; non secus ac si restitutio petatur adversus sententiam notorie injustam, vel adversus actum cum gravamine quotidiano inferente praejudicium animabus, vel laesio enormissima allegetur (6). Actionem in factum ex doli caussa ad triginta annos dari sentit idem Voetius (§ 1150), qui actionem doli intra biennium concludit (7).

§ 1250. Quadriennium ad petendam restitutionem continuum vult esse Justinianus (8); idest continuo currere, licet deinceps ignorantia superveniat, puta in haerede (9): probabilior tamen, nec non aequior est sententia affirmantium, adhuc ab initio utile esse, seu non incipere praecise a die laesionis, sed ex quo laesionis scientia haberi coepit (10): ita ut in caussa communi scientia unius alteri non noceat; immo individua jus scientium per ignorantes conservetur; scientia autem laesionis ab allegante probanda est (11). Non tamen ex capite ignorantiae restitutionem dari post triginta annos, ne rerum dominia perpetuo incerta sint, alibi demonstravimus (12), quamvis ultra quadriennium durare possit (§ praeced.).

§ 1251. Potius perpetua, seu ad triginta annos duratura habenda est restitutio, quae ob capitis diminutionem impetratur; etenim ante Justinianum perpetuo dabatur (1); Imperator autem non coarctare, sed latius protendere voluit restitutionum tempora (2). Sane triennium quadriennio adjunxit suitatis, ut ajunt, favore idem Justinianus suo haeredi, qui postquam paterna abstinuit haereditate, suam, rebus adhuc integris, abdicationem revocare vult (3).

§ 1252. Quadriennium integrum competere ad postulandam restitutionem, licet breviori temporis spatio conclusa sit actio principalis, propter quam restitutio petenda est, probabilius defenditur (4), prout jure canonico firmatum est (5); cum generalia, atque indefinita sint Justiniani verba (6).

§ 1253. Dissentiunt interpretes, an quadriennium dandum sit in ea specie, qua quis jus suum amiserit per supervenientem casum, veluti absentiae, aut feriarum repentinarum, seu extra ordinem indictarum, cum pauci tantum dies deessent ad praescriptionem, vel usucapionem interrumpendam (7). Aliqui sentiunt, restitutioni a laesis petendae tantum competere tot dies a finitis feriis, vel reditu, quot diebus agendi jus propter ferias, vel absentiam impeditum fuit: alii quadriennium integrum competere arbitrantur (8).

§ 1254. Posterior sententia videtur magis consentanea aequitati; nec non juris civilis regulis. Imprimis aequitati; nam jure vetere intra annum utilem non solum petenda, sed etiam expedienda erat restitutionis caussa, nisi per adversarium, vel judicem staret, quominus lis intra id tempus finiretur (9): absurdum autem videtur, intra paucos dies peti, et finiri judicium restitutionis, quod praeviam caussae cognitionem requirit (10): praeterquamquod praetor generatim intra annum, quo primum de ea re experiundi potestas erit, actionem se daturum pollicetur, nulla adhibita distinctione, an paucos, vel multos dies absentia, captivitas, aliaque impedimenta laeso ad agendum praeripuerint (11): cum vero quadriennium anno utili subrogatum fuerit (12), idem de eo ferendum est judicium.

§ 1255. Neque nocent Ulpiani verba ajentis, restitutionem, cum feriae tempus eximunt, dum-

(1) d. l. ult. Cod. *De temporib. in integr. restitut.* (2, 53).
(2) l. ult. Cod. *De dol. mal.* (2, 21).
(3) d. l. ult. Cod. *De dol. mal.* (2. 21).
(4) in d. l. ult. Cod. *De temporib. in integr. restitut.* (2, 53).
(5) V. vol. I, lib. I, § 3200, pag. 509.
(6) argum. cap. 1 extra Decret. Greg. *De restitut. in integr.* (1, 41).
(7) Voet in ff. hoc tit. n. 16.
(8) l. ult. Cod. *De temporib. in integr. restitut.* (2, 53).
(9) Fab. Cod. *De temporib. in integr. restitut.* lib. 2, tit. 35, def. 3. V. vol. I, lib. 1, § 3194. pag. 508.
(10) d. vol. I, lib. 1, § 3195 ad 3217.
(11) d. vol. I, lib. 1, § 3198 et 3199.
(12) d. vol. I, lib. 1, § 3201 ad 3205.

(1) l. *Pertinet* 2 § ult. ff. *De capit. minut.* (4. 5).
(2) d. l. ult. Cod. *De temporib. in integr. restitut.* (2, 53).
(3) l. ult. Cod. *De repudiand. vel abstinend. haeredit.* (6, 31).
(4) argum. l. *Nec non* 28 § *si quis saepius* 3 ff. *Ex quibus causs. major.* (4, 6); l. 1 Cod. *De restitutionib. milit.* (2, 51).
(5) Clementin. unic. *De restit. in integr.* (1, 11).
(6) d. l. ult. Cod. *De temporib. in integr. restitut.* (2, 53).
(7) V. l. *Sed, et si* 26 § *si feriae* 7 et seqq. ff. *Ex quibus causs. major.* (4, 6).
(8) Voet in ff. hoc tit. n. 25 fer. in medio.
(9) l. *Intra utile* 39 ff. *De minoribus* (4, 4); l. penult. Cod. *De temporibus in integr. restitut.* (2, 53).
(10) l. *Omnes* 3 ff. hoc tit.
(11) l. 1 § 1 in fine ff. *Ex quibus causs. major.* (4, 6).
(12) d. l. ult. Cod. *De temporibus in integr. restitut.*

taxat ipsorum dierum faciendam esse, non totius temporis; atque rescissionem usucapionis ita faciendam, ut hi dies restituantur, quibus actor agere voluit, et interventu feriarum impeditus est (1): vel restitutionem unius diei faciendam esse, quoties per absentiam quis uno die aliquem exclusit (2); his enim verbis nihil aliud significat jureconsultus, quam restitutum posse actione illa, cujus dies expletus erat, experiri per tot dies, quot ante impedimentum supererant.

§ 1256. Quadriennium incipit a die laesionis (§ 1246), nisi laesio non statim cognita fuerit (quo casu a die scientiae incipit (§ 1250); vel aliud obstiterit impedimentum (d. § 1246): sed singularibus locorum statutis brevius, vel longius tempus ad petendam restitutionem praescribi potest; puta apud Sabaudos ex Fabro decennium est (3). Sed in his ulterius non immoramur, cum alibi ea fuse exposuerimus; atque simul demonstravimus, perpetuam fieri posse restitutionem ex modo, quo proponitur, scilicet per viam exceptionis (4): et quae serventur regulae, cum restitutio ab haerede petitur (5).

§ 1257. Unum monemus, restitutiones in integrum, quae conjunctae sunt cum conditione, puta ad rescindendam venditionem ex capite enormis laesionis (6), quadriennio Justinianeo (7) non contineri; sed ad triginta annos durare (8), prout fert indoles personalium actionum (9): atque idem dicendum, si restitutio imploretur pro negotiis, quae ipso jure nulla sunt, prout alicubi usu receptum est (10) ad abundantiorem cautelam.

CAPUT III.

Quibus casibus, quibus ex caussis, quibus in rebus, et quo modo restitutio in integrum concedatur.

Digest. lib. 4, tit. 6 *Ex quib. causs. major. in integr. restitut.*
Cod. lib. 2, tit. 54 *Quib. ex causs. major. etc.*

SUMMARIA

§ 1258 *et* 1259. *Restitutio denegatur, cum praesto est aliud remedium ordinarium aeque pingue. Quid si contractus ipso jure nullus sit?* — § 1260. *Restitutio ex modica laesione non conceditur. Quae sit modica laesio?* — § 1261. *Restitutio interdum ex pluribus caussis simul junctis obtineri potest, quae seorsim sumptae non sufficerent.* — § 1262. *Restitutionis caussae plures sunt, et potissimum absentia laesi, vel laedentis.* — § 1263 *et* 1264. *Absens quis in negotio restitutionis intelligatur?* — § 1265. *Absentia necessaria est, vel voluntaria: illa vel ex honesta caussa profluit, vel ex turpi.* — § 1266 *Absentia necessaria ex honesta caussa locum facit restitutioni, cum absens laesus fuit per praesentem, vel etiam absentem.* — § 1267. *Quid si absens quis fuerit ex turpi caussa?* — § 1268 *et* 1269. *Absens plerumque non habetur, qui domi procuratorem reliquit, vel facile relinquere potuit.* — § 1270. *Absentia adversarii, qui procuratorem reliquerit, ad restitutionem obtinendam non prodest.* — § 1271. *Absentia voluntaria ex honesta caussa, puta studiorum, aut rei familiaris restitutioni locum facere potest.* — § 1272. *Praesens contra absentem restituitur, quaecumque sit absentiae caussa.* — § 1273. *Quae detur actio ad restitutionem ex caussa absentiae impetrandam?* — § 1274. *Restitutio ex caussa absentiae denegatur post quadriennium, ex quo absens ad suos reversus est, vel reverti debuit. Quid si absens idem damnum licet praesens passurus fuisset?* — § 1275 *et* 1276. *Restitutio concedi solet tum in damno tum in lucro praerepto: non tamen ita, ut lucrum quis captet cum alterius damno.* — § 1277. *Restitutio hodie facilius concedi solet ex generali praetoris clausula, si qua alia justa caussa esse videbitur.* — § 1278. *Majoribus, qui res suas, quasi ad alios spectantes, judicis etiam decreto interveniente, amiserint, restitutio facile concedenda est.* — § 1279 *et* 1280. *An restitutio facile concedi debeat creditoribus, qui in judicio concursus non steterint, et jura amiserint?* — § 1281. *An restitutio ex capite absentiae, vel ignorantiae adversus praescriptionem concedatur?* — § 1282. *Adversus liberationem difficile quis restituitur ex eo, quod sine caussa factam asserat.* — § 1283. *Minor et rusticus facile restituuntur in judicio.* — § 1284. *Laeso ex dolo suo restitutionis beneficium denegatur.* — § 1285. *An restitui possint majores, qui in publicis auctionibus, nimio licitationis calore, se laesos allegent?* — § 1286. *Restitutio non, nisi praevia caussae cognitione, praesentibus illis, quorum interest, adhibenda, concedi debet.*

§ 1258. Cum restitutio, ut saepe diximus, sit remedium extra ordinem a praetore indultum, quo laesis succurritur (1), sponte fluit, eam denegari, quoties praesto est aliud remedium ordi-

(1) d. l. *Sed, et si* 26 § *si feriae* 7 in fin. ff. *Ex quibus causs. major.* (4, 6).
(2) d. l. 26 § *quoties* 8.
(3) V. Vol. I, lib. 1, § 3207 ad 3210, pag. 510.
(4) d. Vol. I, lib. 1, § 3208, pag. ibid.
(5) d. Vol. I, lib. 1, § 3211 ad 3216, pag. 511.
(6) ex l. *Rem majoris* 2 et l. *Si voluntate* 8 Cod. *De rescindend. vendit.* (4, 44).
(7) de qua in d. l. ult. Cod. *De temporib. in integr. restitut.* (2, 53).
(8) Fab. Cod. *Commun. utriusq. judic.* lib. 3, tit. 27, def. 7.
(9) l. *Sicut in rem* 3 Cod. *De praescript. XXX vel XL annor.* (7, 39).
(10) Voet in ff. hoc tit. n. 20 prop. fin.

(1) l. 1 ff. *De in integr. rest.* (4, 1); l. 1 ff. hoc tit.

narium aeque pingue, atque sufficiens ad indemnitatem consequendam (1); saltem si actio, et restitutio adversus personas competant (2); si enim adversus eandem personam et actio ordinaria, et restitutionis auxilium praesto sit, censuit Ulpianus, electionem pupillo tribuendam, an restitui, an ordinaria actione uti malit (3).

§ 1259. Denegatur quoque restitutionis beneficium ei, qui ipso jure tutus est (4), puta si non valet contractus (5), quia a pupillo sine tutoris auctoritate celebratus; perperam imploratur redintegratio amissae caussae, cum integra jura sunt (6). Quamquam, ut jam animadvertimus (§ 1257), etiam pro contractibus ipso jure nullis ex abundanti solet alicubi beneficium restitutionis in integrum implorari.

§ 1260. Quod pertinet ad caussam restitutionis in integrum, imprimis notandum est, restitutionem denegari propter modicam laesionem (7); ne alioquin negotia quaelibet facile subvertantur. Quae autem laesio modica, vel magna habenda sit, dijudicandam videtur ex qualitate negotii, in quo contingit; seu summa, de qua contractum est, prout in venditione servatur (8).

§ 1261. Ad haec fieri potest, ut plures ad restitutionem obtinendam allegentur caussae, puta dolus, metus, minor aetas, quarum singulae non sufficiunt, omnes tamen simul junctae judicis animum movere possint, ut eam concedat, prout de probationibus simul junctis supra diximus, cum tamen quaelibet per se non satis urgeat (§ 488); potissimum quia restitutionis beneficium non nititur stricto jure, sed naturali aequitate, quae suadet, ut laesis alterius facto, vel sine culpa sua succurratur (9).

§ 1262. Restitutionis caussae plures sunt, nimirum dolus adversarii, vis, metus, aetas, status mutatio, error, ignorantia (10), et potissimum absentia sive laesi (11), sive laedentis, adversus quem agendum fuisset (12): atque generatim Praetor laesos se restituturum pollicetur, *si qua alia justa caussa esse videbitur*, quoad per leges, plebiscita, senatusconsulta, edicta; decreta Principum licebit (13): idest, si leges non prohibeant (14).

(1) l. *In caussae cognitione* 16 ff. *De minoribus* (4. 4).
(2) l. *Si apud minorem* 12; l. *Cum mandatu* 23 ff. eod. tit.
(3) d. l. 16 § *Pomponius* 2.
(4) d. l. *In caussae cognitione* 16 in princ. ff. *De minoribus* (4. 4).
(5) d. l. 16 § *et generaliter* 3.
(6) l. *Adolescentiae* 2 Cod. *In quibus causs. in integr. restitut. necess. non est* (2, 41).
(7) l. *Scio* 4 ff. *De in integr. restit.* (4, 1); l. *Si quis affirmavit* 9 § ult. ff. *De dol. mal.* (4, 3).
(8) l. *Rem majoris* 2; l. *Si voluntate* 8 Cod. *De rescindend. vendition.* (4, 44).
(9) l. 1 ff. *De in integr. restitut.* (4, 1).
(10) l. 1 et 2 ff. *De in integr. restitut.* (4, 1).
(11) d. l. 1 in fin.; l. 1 princ. et § 1. ff. hoc tit.
(12) l. *Item ait* 21 § *haec autem* 2 ff. hoc tit.
(13) d. l. 1 § 1 in fin. ff. hoc tit.
(14) l. *Nec non* 28 § *quod ejus* 2 ff. hoc tit.

§ 1263. Absens porro hic latissimo sensu dicitur non tantum, qui abest a provincia, sed etiam, qui abest a loco, in quo domicilium habet: immo et qui ibidem moratur, sed in vinculis est, ita ut agere, vel se defendere nequeat (1); absens quoque habetur adversarius, si latitet (2); vel frustretur, et solertia efficiat, atque tergiversatione, ne cum eo agi possit (3): vel contra quem jus dicere nolit judex (4); quia hic non strictum jus, adeoque nec stricta verborum significatio, sed aequitas inspicitur, quae laesis succurrendum suadet (§ 1261).

§ 1264. Restitui quis potest ex caussa absentiae, ut modo innuimus (§ praeced.), licet praesens fuerit, si abfuerit adversarius, ita ut contra eum agere nequiverit. Quare vel succurritur absenti contra praesentem, vel absenti contra absentem, vel praesenti contra absentem; sed diversae in diversis hisce casibus regulae servantur, ita ut facilius, vel difficilius restitutio in integrum concedatur.

§ 1265. Porro absentia alia sit necessaria, alia voluntaria. Necessaria absentia est illorum, qui reipublicae caussa absunt, qui in hostium potestate sunt, vel vinculis detinentur (5). Voluntarie absunt, qui pro arbitrio adesse possunt in loco et negotii sui caussa alibi morantur (6): quamquam voluntaria absentia, sed quae justissimam caussam habeat, puta studiorum, necessariae propemodum comparatur (7). Duplex adhuc secernitur absentiae necessariae species, quarum una ex honesta caussa profluit; puta legationis; altera ex turpi, nimirum crimine, atque ita ex turpi caussa absunt relegati, in vinculis detenti.

§ 1266. Si absens laesus fuerit per praesentem, vel etiam absentem, leges distinguunt inter absentiam necessariam ex honesta, vel turpi caussa. Absentia necessaria ex caussa honesta locum facit restitutioni (8). Necessariae autem absentiae et hic connumeratur, quae ob morbum, metum gravem (9), testimonii dicendi, vel appellandi caussa contigit (10).

§ 1167. Quod si ex turpi caussa absens quis fuerit, et damnum passus, difficilius quidem conceditur restitutio, indulgetur tamen, si, caussa cognita, appareat, nullam ipsi posse imputari culpam in damno, quod passus fuit (11); nihil

(1) l. *Ait praetor* 23 ff. hoc tit.
(2) d. l. 23 § ult.
(3) l. *Sed et ad eos* 24 et l. seq. ff hoc tit.
(4) l. *Sed, et si* 26 in princ. ff. hoc tit.
(5) V. l. *Abesse* 32; l. *Qui mittuntur* 35 princ. et §§ seqq; l. *Reipublicae* 36; et l. penult. ff. hoc tit.
(6) l. *Inter eos* 33 § 1; l. *Miles* 34 § 1; l. *Non vere* 42 ff. hoc tit.
(7) l. *Nec non* 28 princ. et § 1 ff. hoc tit.
(8) l. *Milites* 7; l. *Inter eos* 33 § ult.; l. 34 et passim ff. hoc tit.
(9) l. *Hoc edictum* 2 § 1 et l. seq.; l. *Succurritur* 9; l. *Si cui* 38 in fin. ff. hoc tit.
(10) l. *Sed, et si* 26 § ult. in fin. ff. hoc tit.
(11) l. *Sed, et si* 26 § 1; l. *Si qua militi* 40 § 1 ff.

enim commune habet delictum, scite Ulpianus, agens de minore in exilium misso, cum venia aetatis (1); proinde nec cum indulgentia qua succurrendum ei, qui damnum sensit, nec avertere potuit.

§ 1268. Non tamen absenti contra praesentem, vel absentem in hisce casibus succurritur per restitutionem in integrum, si domi reliquerit procuratorem (2); tum quia absens non judicatur, qui a presente procuratore defenditur, vel pro quo procurator agit; tum quia mandati actionem habet adversus procuratorem. Ex justa tamen caussa, puta si procurator solvendo non sit, vel culpa procuratori nequeat imputari, non tantum absenti subveniendum, ut appellare possit a sententia adversus ipsum lata (3), sed et ex aequitate restituendus (4).

§ 1269. Idem dicendum, seu denegandam laeso restitutionem, si, cum facile posset, nullum rebus suis domi, cum abesset, praefecerit; *non enim negligentibus subvenitur*, ait Paulus, *sed necessitate rerum impeditis* (5); ideoque damnum, quod quis sua culpa sentit, sibi, et proprie negligentiae debet imputare (6). Quamquam multi casus contingere possunt, cur procuratorem abfuturus non constituerit, vel nimia festinatione negotiorum, vel quia citius se reversurum non temere sperabat: propterea judicis est aestimare, an restitutio concedenda sit, nec ne (7).

§ 1270. Quemadmodum abesse non intelligitur, adeoque ex caussa propriae absentiae restitui non potest, qui procuratorem domi relinquit (§ 1269); ita nec ei prodest absentia adversarii, si constet, procuratorem ab hoc relictum fuisse (8); quia tunc laesa non defuit agendi potestas. Quare nec requiritur, ut procurator speciale mandatum habeat pro negotio, de quo agitur; tum quia speciale mandatum non requirunt leges in procuratore absentis laesi (§ 1268); tum quia imputare sibi debet laesus, cur non egerit adversus absentis procuratorem, experturus, an absentem defenderet, nec ne (9).

§ 1271. Qui voluntarie abest ob injustam caussam, puta qui latitat ad fraudandos creditores, vel vagae peregrinationis caussa, restitutionis beneficio indignus est (10): si vero honesta sit absentiae caussa, puta studiorum, negotiationis vel rei familiaris, re cognita, restitui potest (1): nisi facile potuerit et debuerit procuratorem eligere, qui rebus suis prospiceret (2).

§ 1272. Praesenti contra absentem praetor restitutionem indulget, nulla facta distinctione, an hic voluntarie, an necessario ex honesta, vel turpi caussa absit; cum nec ipsa absentia reipublicae caussa alii damnosa esse debeat (3): nisi absens procuratorem reliquerit, vel defensor aliquis sit absentis (4), dummodo hi caveant de judicato solvendo (5).

§ 1273. Ad restitutionem ex caussa absentiae impetrandam datur actio rescissoria in rem, quae publiciana etiam appellatur (6), qua rescinditur usucapio et res amissa recuperatur (7): atque retentio, si possideat is, adversus quem res usucapta est (8). Si actio perempta fuerit, restituitur agendi jus (9).

§ 1274. Sed denegatur ex caussa absentiae restitutio post quadriennium, ex quo quis ad suos reversus est, vel reverti debuit (10); vel si absens reipublicae caussa idem damnum, licet praesens, subiturus fuisset (11). Post reditum autem modicum tempus conceditur arbitrio praetoris, et pro rerum, atque personarum conditione, ut usucapionem interim completam interrumpere adhuc possit; nec enim cogendus, ut eodem momento, quo reversus est, coram judice agat (12).

§ 1275. Sequitur disputatio de rebus, in quibus restitutio concedi solet: atque hic imprimis notandum, tum in damno dato, tum in lucro praerepta laesum, caussa cognita, restitui posse (13), puta si quis omiserit, dum absens erat, haereditatem sibi delatam; vel si militi legatum sub ea conditione relictum sit, si in Italia moraretur, nec tamen ex caussa militiae moratus fuerit (14), vel alia reipublicae caussa abfuerit, cui annuum sub hac conditione legatum (15), vel promissum fuerat (16).

§ 1276. Non tamen restituitur, si lucrum captare velit cum alterius damno (17); quia natura aequum est, neminem cum alterius jactura locupletari (18). Quare non succurritur

(1) l. *Papinianus* 20 ff. *De minorib.* (4, 4).
(2) l. *Is, qui reipublicae* 39 ff. hoc tit.; l. ult. ff. *De in integr. restitut.* (4, 1).
(3) d. l. ult. in fin.
(4) l. *Sed et si* 26 § ult. ff. hoc tit.
(5) l. *Non enim* 16 ff. hoc tit.
(6) l. *Quod quis ex culpa sua damnum* 203 ff. *De reg. jur.* (50, 17).
(7) d. l. 16 ff. hoc tit.
(8) argum. d. l. *Quod si* 26 § 1 ff. *De minoribus* (4, 4); l. *Sed, et si* 26 § 1 ff. hoc tit.
(9) d. l. 26 § 1 ff. *De minorib.*
(10) argum. l. *Item et* 14 ff. hoc tit.

(1) l. *Nec non* 28 ff. hoc tit.
(2) d. l. 1 *non enim* 16 ff. hoc tit.
(3) l. *Absentia* 140 ff. *De reg. jur.* (50, 17).
(4) l. *Item ait* 21 § pen. et l. seqq. ff. hoc tit.
(5) d. l. 21 § ult.
(6) l. *Mandatum* 57 ff. *Mandat.* (17, 1); l. *In honorariis* 35 ff. *De obligat. et actionib.* (44, 7).
(7) l. *Cum miles* 30 ff. hoc tit.; § *rursus* 5 Instit. *De actionib.* (4, 6).
(8) l. *Nec non* 28 § penult. ff. hoc tit.
(9) l. *Sed et si* 26 § *si feriae* 7 ff. hoc tit.
(10) l. ult. Cod. *De temporib. in integr. restitut.* (2, 53).
(11) l. *Is, qui reipublicae* 44 ff. hoc tit.
(12) l. *Ab hostibus* 15 § ult. et l. seqq. ff. hoc tit.
(13) l. *Et sive* 27 ff. hoc tit.
(14) l. *Si quis Titio* 41 ff. hoc tit.
(15) l. *Julianus* 17 § 1 ff. hoc tit.
(16) l. *Si quis stipulatus* 43 ff. hoc tit.
(17) l. *Sciendum est* 18 ff. hoc tit.
(18) l. *Nam hoc natura* 14 ff. *De condict. indebit.* (12, 6).

absenti, qui propter absentiam interruperit usucapionem, quam praesens inchoaverat (1): neque enim, scite Papinianus, intelligitur amissum, quod ablatum alteri non est (2).

§ 1277. Cum praetor, post sigillatim enumeratas plures restitutionis caussas, generalem subjecerit clausulam, qua se restituturum pollicetur, atque laesis subventurum, si qua alia ipsi justa caussa esse videbitur (3): ideoque proniores sint, si interpretibus credimus, hodierni mores ad restitutionem ex hac generali clausula indulgendam (4); plura sunt negotia, de quibus mentio non fit in Romanis legibus, quae tamen in foro restitutionis beneficio in pristinum statum reducuntur; vel saltem dubitari non immerito potest, utrum eo gaudere debeant. Praecipua summatim expendemus.

§ 1278. Imprimis restitutio in integrum facile concedenda est majoribus, quorum res, quasi ad alium pertinentes, judicis intervenien-te decreto, publice distractae fuerint, et solemniter addictae, ipsis ignorantibus, vel propter absentiam, vel propter peregrinationem (5); nisi fiscus, vel Pinceps distraxerit (6); maxima quidem est hastae fiscalis fides, nec facile convellenda (7); non tamen eo usque probari debet, ut innoxius quis rerum suarum dominio privetur.

§ 1279. Plures quoque sentiunt, succurrendum esse per in integrum restitutionem creditoribus, qui publice admoniti, ut de juribus suis edocerent, cum debitor forte non esset solvendo, ideoque disputandum de praelatione creditorum, siluerint tamen; atque ideo judex pronunciaverit, eos juribus suis excidisse; si intra quadriennium (8) restitui petierint, justam allegantes ignorantiae aut impedimenti caussam (9).

§ 1280. Quod si judex nondum per sententiam perpetuum silentium indixerit creditoribus de jure suo minime expertis, sed tantum poenam hanc comminatus fuerit, creditores ad jus suum prosequendum, atque de praelatione disceptandum admittendi sunt, etiam sine restitutione (10); quia per sententiam, non per comminationes judicis, adimitur suum unicuique jus (11). Quae apud nos in hac re cauta sint, alibi expendimus (12).

(1) l. *Denique* 19 ff. hoc tit.
(2) l. *Nec utilem* 20 ff. hoc tit.
(3) l. 1 § 1 in fin. ff. hoc tit.
(4) Voet in ff. hoc tit. n. 9.
(5) Ibid n. 10 post alios plures.
(6) § ult. Instit. *De usucapionibus* (2, 6); l. ult. Cod. *Si advers. fiscum.* (2, 37).
(7) l. *Quaecumque* 5 Cod. *De jur. et fide hastae fiscal.*
(8) l. ult. Cod. *De temporibus in integr. restitut.* (2, 53).
(9) argum. d. l. 1 § 1 in fin. ff. hoc tit.; Voet in ff. hoc tit. n. 11.
(10) Voet in ff. hoc tit. n. 11 prop. fin.
(11) l. *Rei judicatae* 2 et passim Cod. *Comminat. epistol. programmat. etc.* (7, 57).
(12) V. vol. 3, lib. 3, § 8633 et 8634, pag. 580.

§ 1281. An restitutio ex capite absentiae, vel ignorantiae adversus usucapionem longi, vel longissimi temporis praescriptionem concedatur, suis locis expendimus. Quae vero facultas, et quibus casibus in hac re competat apud nos judicibus sive supremis, sive inferioribus, aperte decretum est regiis sanctionibus (1). Nec revocandum arbitramur, quod de restitutione adversus aditam, vel omissam haereditatem sive a minoribus, sive a majoribus jure Romano cauta sunt, quaeque suis locis tradidimus (2).

§ 1282. Adversus liberationem ei factam, cui alimenta, nullo jure debita, praestita fuerint, restitutionem in integrum non dari eo solo praetextu, quod liberatio sine caussa facta sit, recte tradit Faber (3): liberatio valet saltem in vim pacti; dummodo consulto facta appareat (4); neque facile datur restitutio ad repetendum, quod ex caussa pietatis solutum est, puta pauperibus (5); laesus vix videri potest, qui officium pietatis implevit; adeoque nonnisi ex magna caussa restituendus est.

§ 1283. Facilius restituitur minor, vel rusticus, quid aliquod in judicio confessus fuerit, vel judicis sententiae acquieverit, sive solus, sive praesente procuratore (6); cum enim hisce personis jus ignorare permissum sit, seu juris ignorantia non imputetur (7), potiori ratione succurrendum est, si facto erraverint, quod prudentissimos quosque fallit (8).

§ 1284. Vix monendum putamus, denegari restitutionem ei, qui dolo suo laesus est, puta tempus frustratus sit, quia vellet apud alium judicem agere, vel temere judicem recusaverit (9): delinquentes praetoris beneficio indigni sunt, utique in delicto, non in caeteris, quae cum delicto nihil commune habent (10).

§ 1285. Neque restituendos plerique putant majores, qui in publicis actionibus se nimio licitationis calore abreptos allegent, ideoque laesos in emptione, vel conductione (11); non enim excusanda videtur temeritas, et calor inconsultus; nec facile retractari ea, quae sub hasta publica gesta sunt, patitur fides hastae fiscalis (12).

§ 1286. Postremo ad modum indulgendae restitutionis in integrum pertinet diligens caussae

(1) V. *Reg. Constit.* lib. 3, tit. 28, § 1 et seqq.
(2) V. vol. I, lib. 1, § 3095 et seqq. pag. 491, et vol. II, lib. 2, § 8114 et seqq. pag. 504
(3) Fab. Cod. hoc tit. lib. 2, tit. 36, def. 4.
(4) l. *Donari* 82 ff. *De reg. jur.* (50, 17).
(5) l. *Cum is* 32 § *mulier* 2 ff. *De condiction. indebit.* (12, 6); Fab. Cod. *Qui, et adversus quos in integr. restit. non poss.* lib. 2, tit. 27, def. 4.
(6) Fab. Cod. hoc tit. lib. 2, tit. 36, def. 3.
(7) l. *Regula est* 9 in princ. ff. *De jur. et fact. ignorant.* (22, 6).
(8) l. *In omni parte* 2 ff. eod. tit.
(9) l. *Sed, et si* 26 *et adjicitur* 6 ff. hoc tit.
(10) l. *Papinianus* 20 ff. *De minoribus* (4, 4).
(11) Anton. Matthaeus *De actionibus* lib. 2, cap. 11 n. ult.
(12) l. *Quaecumque* 5 Cod. *De fid. et jur. hast. fiscal.* (10, 3).

cognitio a judice adhibenda, ut innotescat, an vera, an falsa sint, quae allegantur argumenta (1): atque judicium, praesentibus illis, quorum interest, agendum est, nisi vocati per contumaciam adesse nolint (2); ut omnes, de quorum re agitur, jura sua allegare possint (3). Sed haec superius expendimus (4). Quare ad restitutionis in integrum effectus explicandos progredimur.

CAPUT IV.

De effectibus restitutionis in integrum.

Digest. lib. 4, tit. 1 *De in integr. restitutionib.*
Cod. lib. 2, tit. 48 *De reputationib. quae fiunt in judic. in integr. restit.*

SUMMARIA

§ 1287 *et* 1288. *Parciores sunt petitae restitutionis, quam impetratae effectus. Quandonam judicium restitutionis pendere videatur?* — § 1289. *Restitutione impetrata, omnia in pristinum statum reduci debent.* — § 1290 *et* 1291. *An restitutione obtenta contra sententiam, haec vires amittat etiam quoad impetrantem ipsum?* — § 1292. *Restitutio socio concessa non prodest alteri in re dividua.* — § 1293. *An fidejussoribus prosit restitutio per debitorem impetrata?* — § 1294 *et* 1295. *Possessores bonorum conveniri non possunt jure Romano, nisi prius contractus cum principali celebratus rescissus fuerit: nisi fraudis illi participes sint.* — § 1296. *Judicii rescindentis, et rescissorii cumulatio alicubi admittitur, ita ut simul agatur adversus auctorem, et tertios possessores.* — § 1297. *Quid si emptor in jus vocatus venire noluerit, et contumax sit?* — § 1298. *Possessor cogi potest, ut judicio assistat, quamvis laesus rescindente tantum judicio adversus emptorem agat.* — § 1299. *Restitutio strictam recipit interpretationem, nec a sorte ad usuras trahitur.* — § 1300. *Restitutione impetrata invitus nemo uti cogitur.*

§ 1287. Quamquam potiores longe sunt restitutionis impetratae effectus, nonnullos tamen habet restitutio jam petita, licet ne dum impetrata. Petitae restitutionis is est effectus, ut interim sive contractus, sive sententia in eodem statu relinquantur, donec de restitutione definitum fuerit (5); saltem si laesio facile probari possit; nec alter contrahens satisdationem offerat; atque interim executionem petat (1): quam tamen propria auctoritate facere non potest (2).

§ 1288. Cum vero contrariorum, seu correlativorum ex vulgato axiomate eadem conditio esse debeat (3), si unus contrahens executionem placiti postulet, non obstante restitutionis coepto judicio, alter quoque implementum jure petit, puta pretium rei venditae (4). Porro judicium restitutionis pendere judicatur, statim ac restitutio petita est, licet nec dum contestatio secuta sit, aut libellus Principi oblatus (5).

§ 1289. Plenior est effectus obtentae restitutionis; hac quippe impetrata, omnia in pristinum statum, quoad fieri potest, reducenda sunt ex parte tum actoris, tum rei (6); idest tum actor, tum reus recuperant jura, quae competebant propter negotium, in quo alter restitutus fuit (7) una cum fructibus (8).

§ 1290. Sed dubitari potest, utrum restitutione adversus sententiam impetrata, haec vires amittat, quatenus noxia est illi, contra quem restitutio impetrata fuit; atque hic distinguendum est, an sententia unum caput contineat, vel plura quidem, sed invicem connexa, ita ut separari non possint: an vero diversa sint ejusdem sententiae capita invicem disjuncta et separata. In prima specie restitutio omnia in pristinum statum revocat etiam favore adversarii (9); ut per se patet; vel enim omnia restaurari debent, vel nulla ex pluribus capitibus, quae separationem non recipiunt.

§ 1291. In altera specie, qua ejusdem sententiae plura capita invicem connexa non sunt, unum caput rescindi potest per restitutionem in integrum, firmis manentibus caeteris (10); neque enim utile per inutile, cui non cohaeret, vitiari, sinunt jura (11). Quo fundamento recte scripsit Celsus, restituta minori directa tutelae actione, non ideo contrariam tutori restitui (12).

§ 1292. Igitur restitutio omnia in pristinum reducit, quoad contrahentes ipsos: quoad alios vero, idest rem commune habentes cum eo, qui restitutus est, restitutio uni concessa socio pro-

(1) l. *Omnes* 3 ff. *De in integr. restitut.* (4, 1).
(2) l. *In caussae cognitione* 13 *de minorib.* (4, 4).
(3) l. *De unoquoque* 47 ff. *De re judicat.* (42, 1).
(4) V. vol. I, lib. 1, pag. 505, § 3173 ad 3176.
(5) l. unic. Cod. *In integr. restitut. postul. ne quid nov. fiat* (2, 50); l. *Si caussa cognita* 32 Cod. *De transactionib.* (2, 4).

(1) V. vol. I, lib. 1, pag. 514, § 3226 ad 3228.
(2) d. vol. I, lib. 1, § 3229 et 3230.
(3) l. *Cum te fundum* 6 Cod. *De pact. inter emptor. et venditor.* (4, 55).
(4) l. *Ex empto* 11 § ult; l. *Bona fides* 50 ff. *De actionib. empt.* (19, 1). V. d. vol. I, lib. 1, pag. 515, § 32321.
(5) d. vol. I, lib. 1, § 3237, pag. ibid.
(6) l. unic. Cod. hoc tit.; l. *Quod si minor* 24 § pen. ff. *De minorib.* (4, 4).
(7) d. vol. I, lib. 1, pag. 515, § 3233 ad 3236.
(8) V. d. vol. I, lib. 1, § 3238 et seqq.; ubi latius regulam hanc, ejusque consectaria explicavimus.
(9) l. ult. Cod. *Si advers. transaction.* (2, 32); l. unic. Cod. hoc tit.
(10) l. *Etiamsi patre* 29 § 1 ff. *De minorib.* (4, 4).
(11) l. *Si stipulatus* 4 ff. *De usu* (22, 1); l. *Si quando* 109 ff. *De legat.* 1. (30, 1).
(12) l. *Cum minor* 28 ff. *De minorib.* (4, 4).

dest, si res individua sit (1), non si divi-dua (2), ut alibi diximus (3).

§ 1293. Fidejussores neutiquam juvari restitutione minori concessa, si fidejusserint, tamquam pro minore, nisi alter contrahens in dolo sit, utique vero, si tamquam pro majore intercesserint, suo loco demonstravimus (4); atque simul expendimus, an, et quatenus fidejussori nocere possit restitutio minori circumvento indulta in mandati actione (5).

§ 1294. Quod pertinet ad tertios possessores bonorum, quae venditor, puta, per restitutionem in integrum recuperare contendit, si quaestio ex jure Romano dijudicetur, cum actio, quae per restitutionem in integrum datur ad rescindendum contractum, personalis sit, aeque ac illa, quae descendit ex contractu, quia eadem est distractus, ac contractus ratio (6), adeoque fundi possessorem non sequatur (7), imprimis omnino per restitutionem rescindendus est contractus, priusquam possessor rei vindicatione conveniatur (8): maxime quia possessor multa ignorare potest, quae obstent petitae restitutioni, ei, qui contraxit, facile cognita.

1295. Exceptionem admittit Faber in eo casu, quo tertius possessor fraudis particeps sit, vel ex quacumque alia caussa malam fidem contraxerit (9): vel quo agatur de restitutione ex caussa metus (10): cum haec in rem scripta sit (11); adeoque in quemlibet possessorem recta proponi potest (12).

§ 1296. Nostris tamen, subjicit idem Faber, et Galliae moribus receptum est, ut utraque cognito eodem judicio expediatur; seu rescindentis, ut ajunt, et rescissorii judicii cumulatio admissa (13); non solum ab initio, sed etiam ex post facto (14); proinde uno judicio agi potest contra emptorem fundi, et contra possessorem; ita tamen ut prius contra emptorem, quam contra possessorem agatur; quamquam, licet prius contra possessorem actum sit, non ideo expensae refundendae sunt, dummodo deinceps emptor conveniatur, atque ita prius judicium nullo jure coeptum confirmetur (1). Haec autem actionum cumulatio merito recepta fuit, ut lites citius finiantur, atque levioribus impensis peragantur.

§ 1297. Sed quid, si emptor in jus vocatus venire noluerit? Cum contumax pro praesente habeatur (2), condemnandus ipse est, nec non tertius possessor, nisi legitimis definitionibus sive propriis, sive ex emptoris persona mutuatis litem instruat; etenim in restitutionis caussa non secus ac in aliis, ferri potest sententia contra contumacem nulla etiam praecedente litis contestatione (3); quoties id, quod petitur, tale est, ut parti praesenti non possit aliunde consuli per missionem ex primo, vel secundo decreto (4).

§ 1298. Quinimmo, licet laesus rescindente tantum judicio adversus emptorem agat, non rescissorio adversus possessorem, hunc cogere potest, ut judicio assistat; non praecise, ut defendere cogatur; sed ne deinceps objicere possit, collusum fuisse inter laesum, et emptorem, atque hoc praetextu executionem judicati e usare (5); quamquam collusio non praesumitur, sed ab allegante probanda est (6); atque sufficit, actum fuisse cum legitimo contradictore (7).

§ 1299. Duo in hac re pro coronide animadvertenda putamus. Imprimis restitutio strictam recipit interpretationem; ita ut ad ea tantummodo producatur, quae concessione explicite continentur; puta ad usuras, licet quis in pecunia mutuo accepta restitutus proponatur (8); quamquam usurae mutui accessiones sint; quia nempe restitutio non supponit contractum ab initio irritum fuisse, sed ex aequitate rescindit (9): aequitas autem forte non ita favet usurarum restitutioni, ac sortis.

§ 1300. Alterum est, posse eum, qui restitutionem petiit, a coepta prosecutione desistere (10); atque ei renunciare non tantum verbis, sed etiam factis; quae cum restitutione in integrum conciliari nequeant (11). Immo ex Juliani sententia potest non uti restitutione; qui eam jam impetravit; nec justam habet conquerendi caussam adversarius, cum ipsius favore conces-

(1) argum. l. 1 Cod. *Si unus ex plurib. appellaverit* (7, 68).
(2) l. unic. Cod. *Si in commun. eademque causs. etc.* (2, 26).
(3) V. vol. I, lib. 1, pag. 517, § 3246 ad 3252.
(4) d. vol. I, lib. 1, pag. ibid., § 3253 et seqq.
(5) Ibid. § 3258.
(6) l. *Pomponius* 13 § *praeterea* 2 ff. *De acquir. possess.* (41, 2).
(7) l. 1 § *si haeres* 16 ff. *Ad Senatusc. Trebellian.* (36, 1).
(8) l. *In caussae cognitione* 13 § 1 in med. ff. *De minoribus* (4, 4); Fab. Cod. *De ordin. judicior.* lib. 3, tit. 7, def. 3 in princ.
(9) d. l. *In caussae cognitione* 13 § 1 in fine ff. *De minoribus* (4, 4).
(10) Fab. Cod. d. lib. 3, tit. 7, d. def. 3, n. 4 et 5.
(11) l. *Metum autem* 9 § *volenti* 4 ff. *Quod met. caussa* (4, 2).
(12) § 1 Instit. *De actionib.* (4, 6).
(13) Fab. Cod. *De ordin. judicior.* lib. 3, tit. 7, d. definit. 3, n. 7.
(14) Fab. ibid. in not. in fin. †.

(1) Fab. d. def. 3, n. 8 in corp. et d. in not. †.
(2) auth. *qua in provincia* versic. *sed si nec ipse*, post l. ult. Cod. *Ubi de criminibus agi oport.* (3, 15).
(3) l. *In caussae cognitione* 13 in fin. princ. ff. *De minorib.* (4, 4).
(4) Fab. Cod. *De ordin. jud.* lib. 3, tit. 7, d. def. 3 in fin.
(5) Fab. Cod. eod. tit. *De ordin. judic.* lib. 3, tit. 7, definit. 4; l. *Etiam si patre* 29 § ult. in fin. ff. *De minorib.* (4, 4).
(6) l. *Quoties operae* 18 § 1 ff. *De probationib.* (22, 3).
(7) l. *Si ideo* 55 in fin. princ. ff. *De evictionib.* (21, 2).
(8) l. ult. § ult. ff. *De condict. indeb.* (12, 6).
(9) V. vol. I, lib. 1, pag. 514, § 3222 et seqq.
(10) l. *Papinianus* 20 § 1 ff. *De minorib.* (4, 4).
(11) l. *Si filius* 30 ff. eod. tit.

sa non fuerit restitutio (1). Plane impensas ei restitui aequum est.

TITULUS XXX.

DE INTERDICTIS

Instit. lib. 4. tit. 15 }
Digest. lib. 43 tit. 1 } De interdictis.
Cod. lib. 8, tit. 1 }

SUMMARIA

§ 1301. *Interdicta unde appellata sint, et quo fine inducta?* — § 1302. *Per interdicta agitur de jure possessionis, atque possessorio, ut ajunt, judicio.* — § 1303. *Interdicta aliquando simul cum actione dantur.* — § 1304. *Quaedam interdicta caussam proprietatis continent: quare judex de possessione pronunciare non potest, priusquam constet de jure proprietatis.* — § 1305. *Jure novo, sublatis solemnibus interdictorum formulis, extraordinariis actionibus ex caussa interdictorum agitur.* — § 1306. *Cur titulus digestorum inscriptus sit de interdictis, sive extraordinariis actionibus, quae pro his competunt?* — § 1307. *Interdictis agitur de possessione rerum corporalium, ex quasi possessione rerum incorporalium, seu jurium.* — § 1308. *Quaedam sunt interdicta de rebus divinis; alia de rebus humanis, quae vel nullius sunt, vel privati, aut publici juris.* — § 1309. *Alia sunt interdicta in praesens, alia in praeteritum: quaedam perpetua, duplicia, vel simplicia.* — § 1310. *Dividuntur quoque interdicta in noxalia et directa: prohibitoria, restitutoria, exhibitoria et mixta: tum in adipiscendae, retinendae, vel recuperandae possessionis comparata.* — § 1311. *Quae sint interdicta prohibitoria, restitutoria, exhibitoria?* — § 1312. *Quae sint interdicta adipiscendae, retinendae, vel recuperandae possessionis?* — § 1313. *Quo sensu Paulus dixerit, quaedam esse interdicta duplicia tam adipiscendae, quam recuperandae possessionis?* — § 1314. *In quibusdam interdictis non statim apparet, quis actor, vel reus sit.* — § 1315 *et* 1316. *Judicium petitorium de proprietate subsidium conjungi potest cum interdicto adipiscendae, vel recuperandae possessionis, non autem retinendae.* — § 1317. *Petitorium et possessorium potest una sententia definiri, cum utroque simul actum est.* — § 1318. *Cur interdictum adipiscendae possessionis cum vindicatione cumulari possit? An, et quatenus judex laicus de possessione beneficii cognoscere possit?* — § 1319. *Possessorium plenum, sive plenarium est, aliud momentaneum.* — § 1320. *Interdicto retinendae possessionis de dominio incidenter agi potest ad confortandum possessorium.* — § 1321. *Possessio momentanea ei adjudicatur, quem possidere constat: si dubium sit jus possessio aliquando sequestratur.* — § 1322. *Possessionis quaestio extincta judicatur, si litigantes petitorii caussam attigerint, nec protestati sint, roborandi possessorii gratia id fecisse.* — § 1323. *Ad interdictum retinendae possessionis transire potest, qui coepit rem vindicare.* — § 1324 *et* 1325. *Interdicta non modo rem principalem afficiunt, sed etiam illius accessiones.*

§ 1301. Interdicta ita appellata sunt vel ab interdicendo, seu prohibendo, vel ex eo, quod inter duos dicuntur (1); quatenus verba praetoris in interdictis ad duos litigantes referuntur, non ad judicem, prout olim actionum formula dirigebatur, vel, ut alii malunt, *ab interim dicendo*, quia per interdicta praetor non decernit, quod perpetuam habeat vim, sed quod servandum interim sit, seu quis rem, de qua quaeritur, interim possidere debeat, donec quaestio de proprietate definita fuerit (2): ne litigantes ad arma prosiliant, propter commoda possessionis, atque illud praecipuum, ex quo onus probandi incumbit ei, qui non possidet (3).

§ 1302. Igitur interdicta in eo ab actionibus differunt, quod per actiones disceptatur de caussa proprietatis; de jure autem possessionis per interdicta; quippe proprietatis caussa a caussa possessionis diversa est (4). Cum de possessione agitur, possessorio judicio agi, ajunt pragmatici; petitorio, cum de proprietate; in caussa proprietatis quis contendit rem suam esse; in caussa possessionis, suam esse possessionem (5).

§ 1303. Quaedam tamen olim erant negotia, pro quibus tum actio, tum interdictum pro laesi arbitrio competebat, veluti ne quis via publica aliquem prohibeat (6): vi dejecto de possessione competit non tantum interdictum unde vi, sed etiam condictio furtiva (7). Atque ideo interdicti actionem reddi, ut quis restituat, quod precario habet, scribit Paulus; cum et civilis actio hujus rei nomine competat, quemadmodum in commodato (8).

§ 1304. Immo, licet interdictis plerumque de sola possessione agatur, salva manente controversia proprietatis, aliquando tamen talis et natura negotii, de quo contenditur, ut simul de proprietate quaerendum sit, nec praetor pronuncia-

(1) l. *Si judex* 41 ff. eod. tit.

(1) § 1 in fin. Instit. hoc tit.
(2) l. penult. Cod. hoc tit.
(3) l. *Nemo* 126 § ult.; l. *In pari caussa* 128 ff. *De reg. jur.* (50, 17).
(4) l. *Naturaliter* 12 § 1 ff. *De acquir. possess.* (41, 2).
(5) l. 1 § *Est igitur* 4 ff. *Uti possidetis* (43, 17).
(6) Paul. *Receptar. sentent.* lib. 5, tit. 5 § *Ut interdictum* 2.
(7) l. *Verum est* 25 § 1 ff. *De furt.* (47, 2).
(8) Paul. d. lib 5, tit. 6, § *redditur interdicti* 10.

re debeat de possessione, priusquam de jure proprietatis constet: quia nimirum interdicta haec proprietatis caussam, seu rei persecutionem continent (1). In hunc numerum referuntur interdicta de itinere, actuque privato (2); de aqua ex publico castello, seu dividiculo ducenda (3), de locis sacris, et religiosis (4).

§ 1305. *Interdicta*, ait Justinianus, *erant formae, atque conceptiones verborum, quibus praetor aut jubebat aliquid fieri, aut prohibebat, quod tunc maxime fiebat, cum de possessione, aut quasi possessione inter aliquos contendebatur* (5). Interdicta erant solemnes formulae; nimirum praetor formulam dabat, et judicem, qui de facto cognosceret, puta in interdicto uti possidetis hanc dabat, aut similem formulam: *Uti nunc possidetis eum fundum, de quo agitur, quem nec vi, nec clam, nec precario ab adversarie possidetis, quominus ita possideatis, vim fieri veto* (6). Praeteriti temporis verbo utitur Justinianus; etenim novo jure, sublatis solemnibus interdictorum formulis, extraordinariis actionibus ex caussa interdictorum agitur, perinde ac si utilis actio ex caussa interdicti reddita sit (7).

§ 1306. Non ergo interdicta sublata sunt, sed solemnes formulae, atque actio extra ordinem loco interdicti redditur (8): quo fundamento, idest tum vetere, tum novo jure inspecto, Tribonianus titulum hunc digestorum inscripsit: *de interdictis, sive extraordinariis actionibus, quae pro his competunt*. Quare sufficit hodie, si actor factum simpliciter narret, atque utilem in factum actionem ad instar interdicti proponat (9).

§ 1307. Subjicit Justinianus, solemnibus formulis olim praetorem jussisse, vel prohibuisse, *maxime cum de possessione, vel quasi possessione inter aliquos contendebatur* (10); quibus verbis significat, quaedam esse interdicta, in quibus etiam de proprietate agitur, quae modo retulimus (§ 1304): possessio autem est rerum corporalium, quasi possessio incorporalium, nempe servitutum, in quibus usus pro possessione est (11). Hinc interdicta recte definiuntur actiones de possessione, vel quasi possessione.

§ 1308. Hisce praemissis, diversa interdictorum genera explicanda sunt. Multiplex interdictorum divisio proponitur a jureconsultis. Quaedam interdicta sunt, ait Ulpianus (1), de rebus divinis, veluti de locis sacris, et religiosis: quaedam de rebus humanis, hae autem vel sunt nullius, nimirum liberi homines, de quibus exhibendis agitur: vel alicujus; sive publicae, pro quibus comparata sunt interdicta de viis, et fluminibus publicis; sive privatae, et singulorum, universales, vel singulares; de universalibus exemplum est in interdicto *quorum bonorum* (2); de singularibus in interdicto *uti possidetis* (3).

§ 1309. Praeterea ex interdictis, subjicit Ulpianus, alia in praesens, alia in praeteritum tempus referuntur: in praesens, veluti interdictum *uti possidetis*; in praeteritum de itinere, et actu (4): quaedam anualia sunt, quaedam perpetua (5). Hisce speciebus alias adjungunt Paulus et Justinianus, nimirum duplicia et simplicia (6): duplicia sunt illa, in quibus uterque simul actor, et reus est, veluti *utrubi*, atque *uti possidetis* (7). Simplicia dicuntur ea, in quibus apparet, quis actoris, aut rei partibus fungatur, qualia sunt omnia exhibitoria, et restitutoria: actor is est, qui rem restitui, vel exhiberi desiderat; reus, a quo restitutio, vel exhibitio postulatur (8).

§ 1310. Ad haec quaedam interdicta sunt noxalia, quaedam non noxalia: noxalia appellantur, quae dantur ob eorum delictum, quos in potestate habemus, caetera dicuntur non noxalia, seu directa (9). Sed praecipuae interdictorum divisiones duae sunt; nimirum in prohibitoria, restitutoria, et exhibitoria (10), quibus et adjungi possunt mixta, partim prohibitoria, et partim exhibitoria (11): tum in interdicta adipiscendae, retinendae, vel recuperandae possessionis comparata (12).

§ 1311. Prohibitoria interdicta sunt illa, quibus praetor aliquid fieri vetat; qualia sunt uti possidetis, quo prohibet, ne vis fiat ei, qui nec vi, nec clam, nec precario possidet; de mortuo inferendo, ne quid in loco sacro aedificetur, ut in flumine publico, ripave ejus fiat, quo pejus navigetur (13). Restitutoria sunt interdicta, quibus praetor aliquid restitui jubet, qualia sunt interdicta, quorum honorum, et unde vi (14): exhibitoriis praetor jubet aliquid exhiberi, puta tabulas testamenti (15).

(1) l. *Interdictum* 2 § *quaedam interdicta* 3 ff. hoc tit.
(2) d. l. 2 § 2; l. *Inde etiam* 3 § *hoc autem* 13 ff. *De itiner., actuq. privat.* (43, 19).
(3) l. 1 § ult. ff. *De aqua quotid. et aestiv.* (43, 20).
(4) d. l. 2 ff. hoc tit.
(5) princ. Instit. hoc tit.
(6) l. 1 in princ. ff. *Uti possidetis* (43, 17).
(7) § ult. Instit. hoc tit.
(8) d. § ult. Instit. hoc tit.
(9) l. *Vi pulsos* 2; l. *Si de possessione* 4 Cod. *Unde vi* (8, 4).
(10) d. princ. Instit. hoc tit.
(11) l. *Sequitur* 4 § *si viam* 27 ff. *De usurpationib. et usucapion.* (41, 1).

(1) l. 1 ff. hoc tit.
(2) *Digest.* lib. 43, tit. 2.
(3) d. l. 1 in princ. ff. hoc tit.
(4) d. l. 1 § *interdictorum* 2 ff. hoc tit.
(5) d. l. 1 § ult.
(6) l. *Interdictorum* 2 in princ. ff. hoc tit.; § penul. Instit. hoc tit.
(7) d. § penult. in fin.
(8) d. § penult. in princ.
(9) l. ult. ff. hoc tit.
(10) § 1 Instit. hoc tit.
(11) l. 1 § 1 ff. hoc tit.
(12) § *sequens divisio* 2 Instit. hoc tit.
(13) d. § 1 in princ. Instit. hoc tit.
(14) Ibidem.
(15) *Digest.* lib. 43, tit. 5 est *De tabulis exhibendi.*

§ 1312. Interdicta adipiscendae possessionis sunt illa, quibus petimus possessionem, quam nondum habuimus; inter haec numerantur interdicta quorum bonorum, quod legatorum; et salvianum de pignoribus, et hypothecis (1). Retinendae possessionis caussa comparata sunt interdicta uti possidetis, et utrubi, quibus tuemur possessionem, quam habemus (2). Demum interdictis recuperandae possessionis id agimus, ut recuperamus possessionem, quam amisimus; ad quod comparatum est interdictum unde vi (3). Haec autem suis locis fusius explicabimus.

§ 1313. Dissentiunt interpretes in explicanda Pauli sententia, ajentis, postquam proposuit tres interdictorum species adipiscendae, retinendae, et recuperandae possessionis, quaedam esse interdicta duplicia, tam recuperandae, quam adipiscendae possessionis (4). Sunt, qui haec verba ex Pauli responso tollunt, quia nullatenus fieri possit, ut quis simul utatur utroque interdicto; cum interdictum recuperandae possessionis illi competat, qui possessionem habuit, sed amisit; adipiscendae vero illi, qui nunquam possedit (§ praeced.).

§ 1314. Verum, cum ab emendatione legum abstinendum sit, nisi cogat necessitas, quae hic nulla est, dicendum potius, Paulum his verbis significasse, non idem interdictum simul esse recuperandae, et adipiscendae possessionis, sed aliquando eam interdicta ad recuperandam, aliquando ad adipiscendam possessionem moveri posse; veluti interdictum, ne vis fiat ei, qui in possessionem mittitur (5): quo sensu dixit Ulpianus, interdictum praetoris de ventre in possessionem mittendo prohibitorium, et restitutorium esse (6); prohibitorium ab initio, quatenus datur ad possessionem adipiscendam, restitutorium, si in possessionem a praetore missus vi dejiciatur.

§ 1315. Alio quoque sensu explicari possunt Pauli verba (7); nimirum ut significent, non tantum interdicta retinendae possessionis duplicia esse posse, quatenus uterque et actor, et reus videtur, sed etiam recuperandae, et adipiscendae possessionis, si non satis appareat, quis actor, vel reus sit; prout contingere potest in interdicto *unde vi* recuperandae possessionis, si quis alterum dejecerit de possessione fundi, atque dejiciens incontinenti dejectus fuerit (8).

§ 1316. Quemadmodum usu fori ex canonici juris praescripto receptum est, ut plures actiones uno libello cumulari possint (§ 26), ita quamvis caussa possessionis diversa sit a caussa proprietatis (1), obtinuit (2), ut petitoriam de proprietate simul conjungi possit cum possessorio adipiscendae vel recuperandae possessionis (3): non principaliter, sed in subsidium cumulata proprietatis caussa cum caussa possessionis, si forte actor in possessorio succumbat. Nec justam habet reus conquerendi caussam, cum possessorium petitorio non praejudicet, sed potius inserviat (4).

§ 1317. Aliud dicendum de interdicto retinendae possessionis; nimirum cum petitorio, puta rei vindicatione, conjungi non posse (5); quia utriusque judicii natura repugnat; etenim interdicto retinendae possessionis agens petit se retineri in possessione, quam allegat, se habere (6): vindicatione autem agit, qui non possidet, adversus possidentem (7). Atque hinc in jure canonico proponitur quidem cumulatio petitorii, et possessorii adipiscendae, vel recuperandae possessionis, non vero retinendae (8). Nisi Princeps ita indulgeat, cum factae jam sunt probationes super petitorio, vel in promptu sunt, potissimum in rebus incorporalibus, seu juribus (9).

§ 1318. Equidem idem Innocentius III, alibi generatim probare videtur cumulationem petitorii et possessorii (10): verum generalis sententia ad eos casus coerceri debet, qui contradictionem non involvunt, prout involvit cumulatio petitorii cum interdicto retinendae possessionis (§ praec.): tum maxime, quia in textu, qui objicitur, quaestio haec ex proposito non tractatur, sed alia; nempe an petitorium, et possessorium una sententia debeant definiri, cum utroque simul est actum (11).

§ 1319. Ergo agens interdicto adipiscendae possessionis cumulare potest vindicationem (§ 1316): ideo forte, ait Faber, quod multo incivilius sit, possessionem nullo jure adipisci, quam adeptam retinere, vel amissam recuperare: atque ideo hoc interdictum petitorii magis, quam possessorii naturam sapere judicatur (12). An judex laicus de possessione beneficii cognoscere possit, quocumque agatur interdicto, tractat

(1) § *adipiscendae* 3 Instit. hoc tit.; l. *Interdictorum* 2 § ult. ff. hoc tit.
(2) § *retinendae* 4 Instit. hoc tit.; l. 2 § ult. in fin.
(3) § *recuperandae* 6 Instit. hoc tit.; d. l. 2 § ult. prop. fin.
(4) d. l. *Interdictorum* 2 § ult. in fin. ff. hoc tit.
(5) l. 1 § *haec actio* 3 ff. *Ne vis fiat ei etc.* (43, 4).
(6) l. penult. ff. eod. tit.
(7) in d. l. *Interdictorum* 2 § ult. in fin. ff. hoc tit.
(8) l. *Quod est* 3 § *eum igitur* 9 ff. *De vi et, vi armat.* (43, 16).

(1) l. *Naturaliter* 12 § 1 ff. *De acquirend. possession.* (41, 2).
(2) Voet in ff. hoc tit. n. 6; Fab. Cod. *De ordin. judicior.* lib. 3, tit. 7, def. 1 in princ.
(3) cap. *Pastoralis* 5 extra Decret. Greg. *Caus. De possion. et propriet.* (2, 12); Ab-Eccles. observ. 188, n. 12 et 13.
(4) l. penult. Cod. hoc tit.
(5) Voet in ff. hoc tit. n. 6 in princ.
(6) § *retinendae* 4 Instit. hoc tit.
(7) d. cap. *Pastoralis* 5 extra Decret. Greg. *De causs. possession. et proprietat.* (2, 12).
(8) cap. *Cum dilectus* 6 extra Decr. Greg. eod. tit.
(9) Ab-Eccles. observ. 198 in fin.
(10) cap. *Cum dilectus* 6 extra Decr. Greg. *De causs. possess. et proprietat.* (2, 12).
(11) d. cap. *De caus. etc.*
(12) Fab. Cod. *De ordin. judicior.* lib. 3, tit. 7, d. def. 1, num. 2 et 3.

idem Faber ex Senatus Sabaudi praxi (1), cui non omnino consentire Pedemontanum refert Thesaurus (2). Sed de his videnda, quae posterius acta sunt (3). Judicis laici nomine soli intelligitur supremi Magistratus (4).

§ 1320. Duplex autem, ut obiter cum eodem Fabro dicamus, esse potest cognitio de possessione beneficii: una plenior quam idcirco pleni, vel plenarii possessorii vocant pragmatici, altera momentanea (5). Si cognitio plenarii possessorii cito expediri non possit, prout plerumque altiores, et longiores requirit indagines, momentanea possessio definitur, atque pronunciatur pro eo, qui jus magis coloratum, seu apparens habet (6); quia publice interest, ne beneficia diutius vacent. Quod si nec de eo in promptu appareat, sequestratio decernitur apud Oeconomum, per quem res administrentur, et divino cultui prospiciatur, atque deinceps de pleno possessionis jure tractatur, nisi ab alterutra parte novi tituli proferantur (7).

1321. Nihil tamen impedit, quominus in hoc retinendae possessionis interdicto quaestio proprietatis cumuletur, si adversarius consentiat; cum immo de dominio incidenter agi possit, dummodo fiat non tam ad cumulandum, quam ad colorandum, et confortandum possessorium, ut ajunt pragmatici (8); tum quia aliquando possessionis probationes utrinque aequales sunt; tum quia, caeteris paribus, etiam in possessorio vincere debet, qui potiora in petitorio jura habet (9).

§ 1322. Quid ergo, si alter ex litigantibus fateatur, adversarium possidere, sed alleget possessionem vi adeptam, clandestinam, aut precariam, ac proinde vitiosam (10)? Momentaneae possessionis commodum ei adjudicandum est, quem constat possidere; quia in dubio quisque praesumitur jure possidere, et suo nomine potius, quam alieno (11). Quod si omnino obscura sint litigantium jura, et tumultus periculum sit, possessio sequestranda est; atque prohibendum sub poena litigatoribus, ne ad possessionem accedant (12).

§ 1323. Quia autem petitorium cum possessorio retinendae possessionis cumulari non potest (§ 1317), nisi ad possessorium roborandum (§ 1318), inde colligit Faber, si litigantes petitorii caussam attigerint, nec protestati sint, quod roborandi potius, quam absorbendi possessorii caussa id fecerint (cum protestatio jus protestantis conservet (1)), possessionis quaestionem finitam, aut verius extinctam esse; atque de sola proprietate pronuntiandum esse, nisi velit actor judicium vindicationis omittere, vel differre (2), prout potest (3).

§ 1324. Sane fatentur omnes, eum, qui coepit rem vindicare, posse, mutato consilio, ad promptius retinendae possessionis interdictum transire (4); quia nulla hic est contradictio; prout in cumulatione (§ 1317); neque desunt alia similia in jure exempla: sic ille, qui actione publiciana prius usus est, vindicationem deinceps, publiciana praetermissa, movere potest, si validioribus argumentis instructus sit ad jus dominii probandum (5).

§ 1325. Interdictorum effectus is est, ut non modo rem principalem afficiant, sed et illius accessiones, seu fructus, a die quidem redditi interdicti, non retro (6): excepto interdicto *unde vi*, in quo fructus a die dejectionis restitui debent (7); quod dejecentis odio constitutum est.

§ 1326. Hisce generatim praelibatis, singulae interdictorum species a Pandectarum compilationibus expendendae sunt, sed summatim eae potissimum, de quibus jam se se obtulit agendi occasio; ne rem actam agere videamur.

TITULUS XXXI.

QUORUM BONORUM, SEU DE INTERDICTO QUORUM BONORUM, QUOD LEGATORUM, ET DE TABULIS EXHIBENDIS.

Instit. lib. 4, tit. 15 *De interdictis.*
Digest. lib. 43, tit. 2) *Quor. bonor.*
Cod. lib. 8, tit. 2)

SUMMARIA

§ 1327 *et* 1328. *Interdictum quorum bonorum competit illis, quibus bonorum possessio a praetore data est adversus eos, qui pro haerede, vel pro possessore res haereditarias tenent.* — § 1329. *Interdictum hoc non datur*

(1) Fab. ibid. n. 4 et seqq.
(2) Thesaur. decis. 82. V. et Ab-Eccles. observ. 181 et sequentib.
(3) V. *Instruct* S. P. Benedicti XIV ann. 1742; *Pratic. legal.* part. 2, tom. III, pag. 206 et seqq.
(4) *Reg. Constit.* in proem. § 8. V. Edict. Caroli Emanuel. I, 12 novembr. 1583, pen. Borel. pag. 427 et seqq.
(5) Fab. Cod. *De ordin. judic.* lib. 3, tit. 7, def 2 in pr.
(6) argum. l. *Carbonianum* 3 § *caussae cognitio* 4 ff. *De carbonian. edit.* (37, 10); Fab. d. def. 3, n. 3.
(7) Fab. d. defin. 2 prop. fin.
(8) Fab. Cod. *Uti possidetis* lib. 8, tit. 4, defin. 1 in pr. et def. 3, et *Unde vi* lib 8, tit. 3, def. 39.
(9) argum. l. ult. Cod. hoc tit.; Fab. d. def. 3 in fin.
(10) l. 1 princ. et § ult. ff. *Uti possidet.* (43, 17).
(11) Fab. Cod. *Uti possidet.* lib. 8, tit. 4, d. def. 1, n. 4 et seqq.
(12) Fab. Cod. *De ord. judic.* lib. 3, tit. 7, def. 9.

(1) l. *Pro haerede* 26 § 1 ff. *De acquirend. haereditat.* (29, 2).
(2) Fab. Cod. *De ordin. iudic.* lib. 3, tit. 7, def. 4 in corp. et in notis.
(3) l. *Naturaliter* 12 § 1 ff. *De acquirend. possession.* (41, 2).
(4) Ibidem.
(5) V. supra § 157.
(6) l. *In interdictis* 3 ff. hoc tit.
(7) l. 1 § *ex die* 40 ff. *De vi et vi armat.* (43, 16).

adversus titulo singulari possidentes, aliosque similes. — § 1330. *Debitores haereditarii hoc interdicto conveniri non possunt.* — § 1331. *Adipiscendae possessionis est interdictum quorum bonorum, atque abusive restitutorium dicitur.* — § 1332 *et* 1333. *Quibus competat interdictum quod legatorum, ed adversus quos.* — § 1334. *Quid si dubitetur, utrum quis possideat pro haerede, vel pro possessore, an legati nomine.* — § 1335. *De rebus etiam incorporalibus competit interdictum quod legatorum.* — § 1336. *Quid petatur per hoc interdictum?* — § 1337. *Regula, qua traditur, dolo facere eum, qui id petit, quod statim restituturus est, ad judicia possessoria non pertinet.* — § 1338. *Legatarius furto, vel vi apprehendens rei legatae possessionem jure legati excidit.* — § 1339. *Quibus casibus denegetur interdictum quod legatorum?* — § 1340. *Tabulae testamenti exhibendae sunt, licet irritum dicatur testamentum, dummodo perfectum sit quoad declarationem voluntatis.* — § 1341 *et* 1342. *Interdictum de tabulis exhibendis competit illis, quibus aliquid in testamento adscriptum est adversus eos, qui tabulas detinent.* — § 1343 *et* 1344. *Tabulae testamenti apud judicem exhibentur. Quid si possessor ex justa, vel injusta caussa eas exhibere detrectet.* — § 1345. *Quo differat interdictum de tabulis exhibendis ab actione ad exhibendum?*—§ 1346. *Quid sit interdictum de libero nomine exhibendo?* — § 1347 *et* 1348. *Interdictum de liberis exhibendis competit patri adversus eos, qui liberos invitos detinent.* — § 1349. *Quid si filius a nemine detineatur, sed ipse apud patrem manere nolit. Quid de filia alteri nupta?* — § 1350. *Quid si filius impubes sit? Quid si pater puellam immature velit nuptui collocare?*

§ 1327. Interdictum *quorum bonorum* ita dictum a primis praetorii edictis verbis (1); non secus ac alia, quod legatorum, unde vi, uti possidetis, competit illis, quibus a praetore data est bonorum possessio (2), seu haereditas, bonorum tamen possessio dicta, quia haereditas est nomen juris civilis, quam praetor ex Romanorum subtilitate dare non potest, quamquam, exitu inspecto, idem emolumentum parit possessio bonorum praetoria, ac civilis haereditas (3): immo posterius placuit, vetere subtilitate explosa, etiam haeredibus civilibus interdictum hoc accommodare (4).

§ 1328. Datur hoc interdictum adversus eos, qui sive pro haerede sive pro possessore (5) res ejus tenent, de cujus successione agitur (1), quemadmodum petitio haereditatis (2); vel qui dolo malo possidere desierunt (3); dolus quippe efficit, ut semper possidere intelligantur (4).

§ 1329. Sed contra eos, qui singulari titulo possident, dari non videtur hoc interdictum (5); nisi forte nullos sit titulus (6); neque contra haeredes scriptos testamento, quod nullo patenti vitio laboret (7); neque adversus illos, qui rerum dominium incontinenti probare parati sunt (8).

§ 1330. Hinc etiam denegatur interdictum quorum bonorum adversus debitores haereditarios; quia, ut ait Ulpianus, soli corporum possessores hoc interdicto tenentur (9); sive allodialium, sive feudalium (10): contra quam servatur in petitione haereditatis; qua debitores haereditarii conveniri possunt, utpote possessores jurium, quae per eam petuntur (11).

§ 1331. Interdictum quorum bonorum est adipiscendae possessionis (12): atque abusive restitutorium dicitur ab Ulpiano (13); cum bonorum possessor nunquam habuerit possessionem: quamquam restituendi, vel reddendi verbum improprie etiam dandi significationem habere potest (14). Sed satis de his, quae alibi fusius explicavimus, et simul expendimus, quae pertinent ad edictum D. Adriani tollendum (15).

§ 1332. Interdictum *quod legatorum* datur haeredi, vel bonorum possessori (16), eorumque haeredibus (17), qui cautionem offerunt legatorum, aut fideicommissorum singularium nomine de illis restituendis, adversus legatarios, qui sine haeredis voluntate res legatas occupaverint (18), licet et ipsi haeredes sint, si jure legati utantur (19); immo et adversus eos, qui a legatariis rem consecuti sunt (20).

§ 1333. Non tamen datur hoc interdictum adversus mulierem, quae propria auctoritate oc-

(1) l. 1 in princ. ff. hoc tit.
(2) d. l. 1 in princ.
(3) princ. et § 1 Instit. *De bonor. possession.* (3, 10).
(4) l. 1 Cod. hoc tit.
(5) Quis pro haerede, vel pro possessore possideat. V. l. *Pro haerede* 11 ff. *De haereditat. petit.* (5, 3).

(1) l. ff. hoc tit.; l. *Si ex edicto* 2 Cod. hoc tit.
(2) l. *Regulariter* 9 ff. *De haeredit. petit.*
(3) d. l. 2 in fin. Cod. hoc tit.
(4) l. *Qui dolo* 131; l. *Parem esse* 150 ff. *De reg. jur.* (50, 17).
(5) l. 1 § 1 ff. hoc tit.
(6) argum. l. *Nec ullam* 13 § 1 ff. *De haereditat. petition.* (5, 3).
(7) Voet in ff. hoc tit. n. 1 prop. fin.
(8) argum. l. ult. prop. fin. Cod. *De edict. D. Adrian. tollend.* (6, 33); Fab. Cod. hoc tit. lib. 8, tit. 1, def. un.
(9) l. ult. ff. hoc tit.
(10) *Feudor.* lib. 2, tit. 26, § 1.
(11) l. *Nec ullam* 13 § ult.; l. *Si debitor* 42 ff. *De haereditat. petit.* (5, 3).
(12) § 1 Instit. hoc tit.
(13) in l. 1 § 1 ff. hoc tit.
(14) l. *Verbum reddendi* 94 ff. *De verb. signif.* (50, 16)
(15) V. vol. II, lib. 2, pag. 433. § 7628 et seqq.
(16) l. 1 § *et continet* 2 ff. *Quod legator.* (43, 3).
(17) d. l. 1 § *hoc interdictum* 3.
(18) l. 1 § 2 ff. eod. tit.; Fab. Cod. hoc tit. lib. 8, tit. 2, def. 1.
(19) d. l. 1 § *qui vero* 6.
(20) d. l. 1 § *legatorum* 10 et § *illud tenendum* 13 ff. hoc tit.

cupaverit rem sibi legatam, et antea pro dote obligatam cum clausula constituti (1): sicuti nec adversus donatarium, qui mortis caussa donatione possideat; cum possessio ex voluntate testatoris in ipsum translata sit: salva utique est haeredi Falcidia (2).

§ 1334. In dubio, an quis possideat pro haerede, vel pro possessore, an legati nomine, censet post Arrianum Ulpianus, tum petitionem haereditatis, tum interdictum quod legatorum dandum haeredi esse (3): sentiunt alii interdictum quorum bonorum potius, quam haereditatis petitionem dandam esse; cum haereditatis petitio ad proprietatem pertineat (4), hoc vero, prout in caeteris interdictis (5), de possessione disceptetur (§ 1332).

§ 1335. Nihil interest in hoc argumento, an legatarius rem corporalem, an incorporalem sine haeredis voluntate occupaverit, puta usumfructum, vel servitutem (6); cum jura, licet possessione possessione proprie dicta teneri nequeant, attamen quasi possideri intelligantur per usum unius, et patientiam alterius (7).

§ 1336. Interdicto quod legatorum petit haeres, vel bonorum possessor, ut sibi restituantur res, quas legatarii sine voluntate sua occuparunt (8); vel etiam ex voluntate alterius, sed tempore inhabili, videlicet ante aditam haereditatem, vel agnitam bonorum possessionem (9). In id vero, quod interest, condemnantur legatarii, si restituere nolint, aut ex facto suo non possint, quia dolo malo possidere desierint (10).

§ 1337. Si quis objiciat, culpandum haeredem esse, qui id petit, quod statim restituturus est (11), in promptu est responsio duplex. Imprimis defendi potest, regulam hanc ad petitoria quidem judicia pertinere, non vero ad possessoria, in quibus non jus, sed factum spectatur; atque, data etiam hujus regulae vi in interdictis, incertum initio est utrum res legatario restituenda sit, propter aes alienum; quod saepe latet, et an saltem integra restitui debeat, propter Falcidiam, qua legata minuuntur (12).

§ 1338. Caeterum in hac re distinguendum est, an legatarius sine haeredis voluntate vacuam rei

(1) Fab. Cod hoc tit. lib. 8. tit. 2, def. 2. V. vol. II, lib. 2, § 8572, pag. 570.

(2) l. 1 § *si quis ex mortis* 5 ff. hoc tit. *Quod legator.* (43, 3).

(3) d. l. 1 § *quia autem* 4 ff. hoc tit. *quod legator.* (43, 3).

(4) l. *Licet minimam* 10 § 1 ff. *De haeredit. petit.* (5, 3).

(5) princ. et § 1 Instit. hoc tit.

(6) d. l. 1 § *unde* 8 ff. *Quod legat.* (43, 3).

(7) l. *Sequitur* 4 § *si viam* 27 ff. *De usurpat. et usucapionib.* (41, 3).

(8) d. l. 1 § *et continet* 2 ff. *Quod leg.*

(9) d. l. 1 § *quod ait* 11 ff. eod. tit.

(10) d. l. 1 § *quod ait praetor* 7 et l. seq.; § *ex hoc interdicto* 2 ff. eod. tit.

(11) l. *Dolo facit* 8 ff. *De dol. mal. et met. exception.* (44, 4).

(12) l. 1 in princ. ff. *Ad leg. Falcid.* (35, 2).

legatae possessionem occupaverit, an furto, vel vi apprehenderit. In priore specie jus consequendi legati retinet, quatenus patitur Falcidia haeredi debita (1): in altera legati jure omnino privatur (2).

§ 1339. Cessat interdictum quod legatorum, si haeredi nulla debeatur quarta Falcidia, veluti si agatur de legatis piis (3); cessante legis ratione (4), nec ei locus fit haeredis favore, si idoneam de legatis restituendis cautionem praestare detrectet (5).

§ 1340. Hisce interdictis proximum est aliud, quod de tabulis exhibendis appellatur; quo scilicet petitur, ut tabulae testamenti, vel alterius cujuscumque supremae voluntatis exhibeantur, seu proferantur (6); ut cognoscere possint haeredes et legatarii, quid in illis cautum sit. Nec refert, quod nullum, atque irritum dicatur testamentum (7); dummodo quoad voluntatis declarationem perfectum sit (8); quia scire praestat, quae testamento continentur, antequam de illius viribus disceptetur.

§ 1341. Competit hoc interdictum illis, quorum interest testamenti tabulas exhiberi, seu quibus aliquid adscriptum est in testamento (9); saltem praestito jurejurando calumniae (10); nisi ex probabili caussa a judice remittatur: adeoque haeredibus tum primis, tum secundis, seu substitutis (11), nec non legatariis, atque fideicommissariis (12).

§ 1342. Interdicto de tabulis exhibendis conveniuntur, quicumque tabulas detinent, etiam depositi, custodiae caussa (13); vel dolo malo possidere desierunt (14); cum dolus pro possessione in jure habeatur; ne alioquin quis ex dolo suo liberationem consequatur.

§ 1343. Petitur hoc interdicto, ut tabulae testamenti exhibeantur, seu potestas fiat legendi et describendi, quae in illis disposita sunt (15), et quidem apud magistratum, vel judicem (16): quod si tabularum possessor exhibere detrectet

(1) l. 1 § *et continet* 2 in fine ff. *Quod legat.* (43, 3).

(2) l. *Non est dubium* 5 Cod. *De legat.* (6, 37); § 1 Instit. *De vi bonor. raptor.* (4, 2).

(3) V. vol. II, lib. 2, § 9288 et seqq. pag 671.

(4) argum. l. 1 § *si quis* 5 et seq ff *Quod leg.*

(5) d. l. 1 § penult. ff. eod. tit.

(6) l. 1 princ. et §§ seqq. ff. *De tabul. exhibend.* (43, 5).

(7) l. 1 § *hoc interdictum* 2 § *sed et si* 7 et seqq. ff. eod. tit.

(8) l. *Si quis legatum* 6 ff. *Ad leg. Cornel. de fals.* (48, 10).

(9) l. *Locum* 3 § *solent* 10 ff. *De tabul. exhibend.* (43, 5).

(10) l. penult. Cod. *Quemadmod. testament. aperiant.* (6, 32).

(11) d. l. 3 § *quare* 12; l. unic. Cod. eod. tit. (8, 7).

(12) d. l. 3 § *et si legatum* 13 et seqq.

(13) d. l. *Locum* 3 § *si tabulae* 2 et seq. ff. *De tabul. exhibend.* (43, 5).

(14) d. l. 3 § *si quis dolo* 6 et l. penult. ff. eod. tit.

(15) d. l. *Locum* 3 § *quid sit* 8 ff. *De tabul. exhibend.* (43, 5).

(16) d. l. 3 *exhibere* 9.

ex justa caussa, puta ne secreta patrimonii pandantur, judex decernere potest, ut a viris probis, atque honestis legantur; relaturis, quod interesse potest ejus, qui exhibitionem postulat (1).

§ 1344. Quod si perperam exhibere tabulas quis recuset, condemnatur in id quod interest actoris, idest haeredis, vel legatarii (2): id autem, quod interest, testibus, aliisve argumentis probandum est, vel per jusjurandum in litem actoris, si aliae omnes probationes deficiant (3): sibi imputet reus damnum, quod ex culpa sua forte sentit (4).

§ 1345. Interdictum de tabulis exhibendis in pluribus differt ab actione ad exhibendum: videlicet interdicto agitur de possessione, actione vero ad exhibendum de rei proprietate: atque hinc per actionem petimus exhiberi res, quae nostrae sunt, mox illas vindicaturi (5); per interdictum res etiam alienae petuntur exhiberi, puta tabulae testamenti, in quibus legatum nobis relictum sit (6).

§ 1346. Interdictum de libero homine exhibendo (7) non tantum datur ei, cujus interest, sed et cuivis e populo propter favorem libertatis (8), contra eum, qui liberum hominem detinet dolo malo, et sine justa caussa (9): si justa subsit caussa, vel si consentiat ille, qui detinetur, interdicto locus non est, nisi calliditate circumventus, seductus, vel importune sollicitatus sine probabili ratione in sui detentionem consentiat (10). Sed haec vix conveniunt hodiernis moribus.

§ 1347. Ab hoc interdicto parum distat aliud de liberis, seu filiis exhibendis, quod pro fundamento habet jus patriae potestatis, atque competit patri, non matri (11) adversus eos, qui liberos detinent, dummodo constet eos esse filios, atque in potestate constitutos (12), ut filius exhibeatur; atque ne vis fiat patri, quominus possit filium exhibitum abducere (13).

§ 1348. Sed et denegatur hoc interdictum, quemadmodum est alium de libero homine exhibendo (§ 1346), si filius volens apud alium sit; quia, ut eleganter animadvertit Venulejus, magis hoc casu apud se, quam apud alium est, cum liberam habeat abeundi, et permanendi potestatem (1), nisi forte dolo, aut calliditate circumventus probetur filius (2):

§ 1349. Si filius a nemine detineatur, sed ipse apud patrem manere nolit, huic interdicto locus non est, sed extra ordinem inquirere debet judex, an filius in potestate sit, et an justam habeat seorsim a patre habitandi caussam, veluti ob mores patris (3). Plane nemo dubitat, quominus denegandum sit hoc interdictum patri, qui exhiberi postulet filiam alteri nuptam (4); cum immo hoc interdicto conveniri a genero possit (5).

§ 1350. Cum autem pater potestatem suam acerbe exercere nequeat (6), si filius impubes sit, praetor ex justa caussa decernere potest, ut interim filius, donec pubes fiat, apud virum probum maneat (7): vel apud matrem (8). Ex quo aliqui inferunt, puellam, quam pater immature velit nuptui collocare, apud consanguineos maternae lineae collocandam, donec maturior aetas eligendi mariti facultatem praebeat (9).

(1) l. *Testamenti* 2 Cod. *Quemadmod. testament. aperiant.* (6, 32).

(2) d. l. *Locum* 3 § *condemnatio* 11 et seqq. ff. *De tabul. exhibend.* (43, 5).

(3) l. *Sive nostrum* 2 § 1 ff. *De in litem jurand* (12, 3).

(4) l. *Quod quis ex culpa sua damnum* 203 ff. *De reg. jur.*

(5) l. 1 et 2 ff. *Ad exhibend.* (10, 4).

(6) d. l. *Locum* 3 § *solent* 10 ff. *De tabul. exhibend.* (43, 5).

(7) De quo agitur in *Pandect.* lib. 43, tit. 29.

(8) l. *Quod et lex Favia* 3 § *hoc interdictum* 9 ff. eod. tit.

(9) d. l. 3 § 1 et seqq.; l. ult. princip. et § seqq. ff. eod. tit.

(10) d. l. 3 § *si quis volentem* 5.

(11) l. 1 § 1 ff. *De liber. exhibend.* (43, 30).

(12) d. l. 1 § *pari modo* 4; l. 1 Cod. eod. tit. (8, 8).

(13) l. 1; l. *Deinde* 3 ff. eod. tit.

(1) l. ult. ff. *De liber. exhibend* (43, 30).

(2) argum. l. *Quod et lex Flavia* 3 § *si quis volentem* 5 ff *De liber. homin. exhibend.* (43, 29).

(3) l. *Denique* 3 *hoc autem* 3 et penult. ff. *De liber. exhibend.* (43, 30).

(4) l. 1 § ult. ff. eod. tit.

(5) l. *Imo magis* 2 ff. eod. tit.

(6) l. 1 § ult. ff. *De liber. exhibend.* (43, 30).

(7) l. *Denique* 3 § *Julianus* 4 ff. eod. tit.

(8) l. 1 § *si vero* 3 ff. eod. tit.

(9) Voet in ff. eod. tit. n. ult.

TITULUS XXXII.

NE QUID IN LOCO SACRO, PUBLICO, VEL ITINERE FIAT. DE SUPERFICIEBUS. DE ITINERE, ACTUQUE PRIVATO; DE AQUA QUOTIDIANA ET AESTIVA, RIVIS, FONTE ET CLOACIS.

Instit. lib. 4, tit. 15 *De interdictis.*
Digest. lib. 43, tit. 6 *Ne quid in loc. sacro.*
Cod. lib. 8, tit. 1 *De interdict.*

SUMMARIA

§ 1351. *In loco sacro, sancto, aut religioso nihil fieri potest, quod incommodum, vel deformitatem afferat.* — § 1352 *et* 1353. *Quae caveantur interdicto, ne quid in loco publico, vel itinere fiat. Quae sint locorum publicorum diversae species?* — § 1354. *Quid sit superficies, et qui superficiarii nomine intelligantur?* — § 1355. *Superficiarius ampliore jure gaudet, quam colonus et inquilinus.* — § 1356 *et* 1357. *Interdictum de itinere, actuque privato duplex est: primum de eo utendo, alterum de reficiendo, atque hoc tantum competit, si jus reficiendi probetur.* — § 1358. *Cur possessio non sufficiat, ut quis iter privatum reficere, domino invito possit?* — § 1359. *Reficere est ad pristinam formam reducere, nihilo immutato. An pontis constructio permittatur?* — § 1360. *Aqua quotidiana dicitur, quam hyberno et aestivo tempore ducere licet: aestiva, cujus ductus aestate tantum competit.* — § 1361. *Quae requirantur, ut competat interdictum de aqua quotidiana, et aestiva?* — § 1362. *Aestas et hyems incipiunt ab aequinoctio autumnali, et verno.* — § 1363. *Interdictum de aqua ex castello ducenda non datur, nisi jus legitime acquisitum probetur.* — § 1364. *Jus habens ducendae aquae quotidianae, vel aestivae rivos, specus, incilia et septa reficere potest.* — § 1365. *Quid rivi, specus, incilis et septi nomine veniat?* — § 1366. *Quibus competat interdictum de rivis et similibus reficiendis?* — § 1367 et 1368. *Quae sint interdicta de fonte, lacu, puteo et piscina: atque de his reficiendis?* — § 1369 et 1370. *De cloacis duplex interdictum proposuit praetor: ne quid fiat: vel immittatur, quo cloacae usus deterior fiat: tum ne vis fiat, cloacam reficere, vel purgare volenti.* — § 1371. *Cloacam purgare et reficere praetor permittit ei, qui vi, clam, aut precario ab adversario possidet, ex caussa publicae utilitatis.* — § 1372. *Cloacae nomine quid veniat?* — § 1373. *Hodiernis moribus fere conveniunt, quae de cloacis jure Romano constituta sunt.*

§ 1351. Praetor interdicto, ne quid in loco sacro fiat, probibet, ne quis in loco sacro aliquid faciat, vel immittat, quod incommodum, vel deformitatem afferat (1); quemadmodum nec in loco sancto aut religioso (2); cum illa in Principis dominio esse censeantur (3); haec violari non sinat pietas.

§ 1352. Affine huic interdictum, ne quid in loco publico, vel itinere fiat. Loca publica sunt, quorum proprietas est totius reipublicae, usus omnium, qui ex illa sunt. Viae quoque aliae publicae sunt, aliae privatae vel vicinales, de quibus alibi diximus, non secus ac de fluminibus, eorumque ripis; quae ideo prolixius hoc loco tractanda non putamus (4).

§ 1353. Cum autem rebus publicis uti cuivis ex populo licere debeat, praetor proposuit interdicta de locis et itineribus publicis, et ne quid in loco publico, vel itinere fiat (5), de loco publico fruendo (6); de via publica, et si quid in ea factum esse dicetur (7). De fluminibus, ne quid in flumine publico, ripave ejus fiat, quo pejus navigetur (1); aut quo aliter aqua fluat, atque priore aestate fluxit (2); ut in flumine publico navigare liceat, et de ripa munienda (3). Quod si quis viam publicam reficere velit, praetor ei vim fieri vetat, dummodo sub refectionis specie eam non corrumpat, vel vicinis damnum inferat (4).

§ 1354. Interdicta, quae modo exposuimus, ad res publicas pertinent; alia quoque proposuit praetor de rebus privatis, atque illud imprimis de superficiebus. Superficiei nomine id omne in jure venit, quod supra solum est, veluti arbores, plantae et potissimum aedificia. Superficiarius autem appellatur is, qui arbores, vel aedificia in alieno solo, consentiente domino, posuit (5), atque ea lege, ut illis in perpetuum, vel ad longum tempus uti frui possit, soluta utique annua quadam pensione, prout convenerit (6).

§ 1355. Superficiarius in pluribus quidem colono et inquilino similis videtur, quatenus fructus percipit, certa pensione soluta (§ praeced.); sed ampliore jure gaudet, cum et ad longius tempus re utatur, fruatur (7), atque illud donare et legare potest (8). Quod si in sua possessione turbetur, praetor ei succurrit, atque vim ei fieri vetat, quominus superficie fruatur (9).

§ 1356. Interdictum de itinere, actuque privato, quod ad tuendus tantummodo servitutes rusticas pertinet (10), duplex a praetore proponitur. Primum est de itinere, actuque privato utendo competens tum proprietario, tum usufructuario praedii rustici (11), qui hoc anno retro a tempore interdicti computando usus sit itinere, actuque privato nec vi, nec clam, nec precario (12) saltem per triginta dies, licet tempore interdicti usus non sit, cum itineribus, vel via non semper utamur (13). Nec interest, an jure, an injuria quis ierit, vel egerit; non enim hic de jure, sed de possessione quaeritur, prout et in caeteris interdictis (14): atque sufficit probare alterutrum, videlicet itinere, vel actu, quem usum fuisse (15).

§ 1357. Alterum interdictum est de itinere, actuque privato reficiendo, seu quo praetor vim fieri vetat ei qui qui hoc anno itinere, actuque privato nec vi, nec clam, nec precario usus est, si iter, vel actum reficere velit, dummodo is ad-

(1) l. 1 § *quod ait* 2 ff. hoc tit.
(2) l. *In muris* 2 ff. hoc tit.
(3) l. ult. ff. hoc tit.
(4) V. vol. I. lib. 1. § 1661 et seqq. pag. 274.
(5) *Digest.* lib. 43, tit. 7 et 8.
(6) Ibid. tit. 9.
(7) Ibid. tit. 10.

(1) *Digest.* lib. 43, tit. 12.
(2) Ibid. tit. 13.
(3) Ibid. lib. 43, tit 14 et 15.
(4) l. 1 in princ. et § penult.; l. ult. ff. *De via public. et itiner. public. reficiend.* (43, 11).
(5) l. 1 § 1 ff. *De superficiebus* (43, 18).
(6) l. 1 § *quod ait* 3 ff. Cod. tit. *De superfic.*
(7) l. 1 § *quod ait* 3 ff. *De superficieb.* (43, 18).
(8) d. l. 1 § *sed et tradi* 7.
(9) d. l. 1 in princ.
(10) l. 1 § 1 ff. *De itiner. actuq. privat.* (43, 19).
(11) l. *Inde etiam* 3 § *idem Julianus* 5 ff. eod. tit.
(12) l. 1 in princ. et § *annum* 3 ff. eod. tit.
(13) d. l. 1 § *hoc interdicto* 2.
(14) d. l. 1 § 2 junct. princ. Instit. hoc tit.
(15) d. l. 1 § *si quis hoc interdicto* 4.

versario damni infecti nomine caveat (1). Sed in hoc interdicto non sufficit probare possessionem, insuper jus reficiendi probandum est (2); nec semper sufficit probare jus servitutis; cum servitus ita constitui potuerit, ne reficere liceat, vel nonnisi ad certum modum (3).

§ 1358. Discriminis rationem inter utrumque, interdictum scite exponit Ulpianus (4): cum quis ire tantum, vel agere vult, prout eodem anno fecerat, vix ullum; aut levissimum damnum infert praedii servientis domino; adeoque sufficere debet anni possessio (§ 1356): sed gravius longe imminet damnum per refectionem, quae reficienti quidem utilis, praedii autem domino noxia esse potest: atque ideo possessio sufficere non debet, nisi et simul de jure reficiendi doceatur (§ praeced.).

§ 1359. Porro reficere, subjicit apposite idem Ulpianus, est *ad pristinam formam iter, et actum reducere; hoc est, ne quis dilatet, aut producat, aut deprimat, aut exageret* (5), seu altius tollat. Quamquam, si pons ad commeandum necessarius sit, permitti debet, ut fiat (6).

§ 1360. Sequitur interdictum de aqua quotidiana et aestiva. Quotidiana dicitur aqua, quam continuo, idest hiberno et aestivo tempore; aestiva, quam aestivo tantum tempore ducere licet (7): discrimen autem non tam ab aquae natura, quam ab usu desumitur, ita ut aestiva appelletur aqua, quae quotidie currit, atque per rerum naturam duci potest, si quis aestate dumtaxat ea utatur (8).

§ 1361. Ergo praetor per interdictum hoc vim fieri vetat ei, qui nec vi, nec clam, nec precario aqua usus sit, quominus ita ducat, prout superiore aestate, vel hieme duxit (9); vel etiam hac aestate (10); dummodo vel una die, aut nocte aquam duxerit (11), atque perenni sit aqua, si tum aestate, tum hieme ducenda sit (12): nec necesse hodie est, ut a capite ducatur aqua, prout olim (13); cum et apud Romanos deinceps obtinuerit, ut servitus aquae ex quocumque loco ducendae constitui possit (14).

§ 1362. Plane nec aliam aquam, nec ampliorem, nec priori aliam admixtam ducere licet (1). In hoc autem argumento placuit, aestatem incipere ab aequinoctio verno, et finiri aequinoctio autumnali: atque ita senis mensibus hiems et aestus dividitur (2).

§ 1363. Aliud quoque interdictum proposuit praetor de aqua, quae ducatur ex castello, seu publico aquarum receptaculo (3), Principe permittente (4): in hoc interdicto non sufficit probare possessionem, sed jus quoque probandum est legitime acquisitum (5).

§ 1364. Porro, cum aqua sive quotidiana, sive aestiva saepe duci nequeat, nisi rivi, specus, incilia et septa reficiantur, praetor alio interdicto vetuit, ne vis fiat ei, qui haec reficere, vel purgare velit, aquae ducendi caussa (6).

§ 1365. Rivi appellatione aliquando significatur aqua per se fluens, sed non in tanta quantitate, ut fluminis nomen mereatur (7). In hoc autem de rivis interdicto rivus accipitur pro loco in longitudinem depresso, quo aqua decurrit (8). Specus est locus undique apertus, et in profundum demersus, per quem aqua ducitur (9). Incile appellatur locus ad latus fluminis depressus aquae derivandae caussa (10). Septa sunt, quae ad incile apponuntur, ad derivandam vel compellendam aquam ex flumine (11).

§ 1366. Interdictum de rivis, et similibus reficiendis competit ei, qui vel superiore, vel hac aestate aquam duxerit nec vi, nec clam, nec precario, licet ducendae aquae jus non probet, dummodo aliter aquam ducere nolit, quam prius duxit (12): ideo autem non exigit praetor, ut jus aquae deducendae probetur ab eo, qui rivum reficere vult, contra quam obtinet in interdicto de itinere, actuque privato reficiendo (§ 1357), quia majus imminet damnum ex dilata rivorum, quam itineris refectione (13).

§ 1367. Proximum huic est interdictum de fonte, quo praetor tuetur eum, qui hoc anno fonte, lacu, puteo, piscina usus sit aquam hauriendo, vel pecus appellando, nec vi, nec clam, nec precario, ne imposterum eodem modo uti prohibeatur (14). Ait quidem jureconsultus, interdictum hoc ad cisternas non pertinere, quia

(1) l. *Inde etiam* 3 § *ait praetor* 11 ff. *De itiner. actuq. privat.* (43, 19).
(2) d. l. 3 § *hoc autem* 13 in princ.
(3) d. l. 3 § *fieri autem* 14.
(4) in d. l. *Inde etiam* 3 § *hoc autem* 13 ff. *De itiner. actuq. privat.* (43, 19).
(5) d. l. *Inde etiam* 3 § *reficere* 15 ff. *De itiner. actuq. privat.* (43, 19).
(6) d. l. 3 § ult.
(7) l. 1 § *duo autem* 3 ff. *De aqua quotidian. et aestiv.* (43, 20).
(8) d. l. 1 § 3 in med.
(9) d. l. 1 in princ. et § *deinde* 29 ff. *De aqua quotidian. et aestiv.* (43, 20).
(10) d. l. 1 § *qui hac aestate* 36.
(11) d. l. 1 § *quod autem* 4.
(12) d. l. 1 princ. junct. § *loquitur autem* 5.
(13) d. l. 1 § *haec interdicta* 7 et seq.
(14) l. *Servitus* 9 ff. *De servitut. praedior. rusticor.* (8, 3).

(1) d. l. 1 § *illud tamen* 15 et § *item quaeritur* 17 ff. *De aqua quotidian. et aestiv.* (43, 20).
(2) d. l. 1 § *aestatem* 32.
(3) d. l. 1 § *ait praetor* 38 et seqq. ff. *De aqu. quotidian. et aestiv.* (43, 20).
(4) d. l. 1 § *si ex castello* 40 et seq.
(5) d. l. 1 § ult.
(6) l. 1 princ. et § 1 ff. *De rivis* (43, 21).
(7) l. 1 § 1 ff. *De flumin.* (43, 12).
(8) l. 1 § *ait ergo praetor* 2 ff. *De rivis* (43, 21).
(9) d. l. 1 § *specus autem* 3, junct. l. penult. in princ. ff. eod. tit.
(10) d. l. 1 § *incile* 5.
(11) d. l. 1 § *septa* 4.
(12) d. l. 1 princ. et § *hoc interdictum* 9 ff. *De rivis* (43, 21).
(13) l. ult. ff. hoc tit.
(14) l. 1 in princ. et seqq. ff. *De fonte* (43, 22).

vivam, seu perennem aquam non habent (1). Sed, cum nihil impediat, quominus constituatur servitus aquae ducendae ex cisterna, utique cum aquam habet, non dubium, quominus in ejus possessione retineri quis debeat judicis auctoritate.

§ 1368. Quemadmodum interdicto de aqua quotidiana, et aestiva, atque de rivis aliud ex necessitate additum est de rivis, specubus, incilibus, et septis reficiendis (§ 1364 et 1366), ita et in hoc de fonte, lacu, puteo, et piscina (2); alioquin inutile fieret jus, quod ad exitum perduci non potest. Sed in hac re ulterius immorandum non est; cum eadem hic observentur, quae in superioribus similibus interdictis (3).

§ 1369. Duplex de cloacis interdictum proposuit praetor. Primum est prohibitorium, ne quid fiat, vel immittatur in cloacas, quo carum usus deterior fiat (4): et quamvis ex verbi praetoris interdictum hoc ad publicas tantum cloacas pertineat (5), non dubium tamen, quominus ejus sententia privatis quoque cloacis conveniat, cum non privatorum dumtaxat, sed et publice intersit, cloacas non obstrui (6).

§ 1370. Altero de cloacis interdicto praetor vim fieri vetat ei, qui privatam cloacam reficere, vel purgare velit, dummodo damni infecti nomine caveat (7), non vicino tantum proximiori, sed et remotioribus, per quorum aedes cloaca currit (8). Quinimmo cum acris salubritas, atque aedificiorum securitas postulent, ut cloacae fiant, et facile currant, idcirco praetor permittit cuicumque, ut privatam cloacam in publicam emittat, aut ita faciat, ut in publicum exitum habeat (9); requisito tamen in posteriore casu consensu ejus, qui viae publicae, in qua cloaca facienda est, curam habet (10).

§ 1371. Eodem publicae utilitatis fundamento, interdicto suo succurrit praetor cloacam purgare, et reficere volenti, etiamsi is vi, clam, aut precario ab adversario possideat (11); itaut nec ulla habenda sit ratio nunciationis novi operis facta purganti, vel reficienti cloacam (12), atque liceat in vicini aedes venire, et rescindere pavimenta purgandae cloacae caussa, dummodo restauretur, quod ex hac necessitate rescissum fuerit (13).

§ 1372. Cloacae nomine significatur locus cavus, per quem colluvies defluit (1); atque simul continet tubum, et fistulam (2). Tubus est foramen cloacae, ubi colluvies fluit; fistulae sunt vasa plumbea, vel fictilia, per quae acqua ducitur (3). Porro jus cloacae immittendae accenseri potest servitutibus, vel urbanis, vel rusticis, prout urbani, vel rustici praedii caussa constituitur (4).

§ 1373. Quae hactenus disputavimus ex Romanorum scitis, fere in praxi servantur, atque ideo prohiberi non potest, qui cloacam purgare, et reficere velit, dummodo opportuno tempore haec fiant, cum ex aestatis temporis minus nociturus timetur malus odor aeris salubritati; sed pluribus adhibitis cautelis (5). An autem quis aquam tantummodo, an et colluviem in alienam cloacam immittere possit, pendet tum ex cloacae destinatione, tum ex singularibus conventionibus, et locorum usibus (6).

TITULUS XXXIII.

DE PRECARIO

Instit. lib. 4, tit. 15 *De interdictis.*
Digest. lib. 43, tit. 26 *De precar.*
Codic. lib. 8, tit. 9 *De precar. et salvian. interdict.*

SUMMARIA

§ 1374. Precarium differt a donatione, et ad commodatum accedit. — § 1375. Precarium contractibus accenseri potest. — § 1376 et 1377. Precarium est contractus, quo res alicui gratis utenda conceditur ad libitum concedentis. — § 1378. Precarium ad certum tempus concessum impune revocari posse non videtur. — § 1379. Precario concedere possunt omnes, qui rem possident, atque ipsi creditores pignoratitii pignus debitori precario dare possunt. — § 1380 et 1381. Interdictum uti possidetis competit ei, qui precario rem tenet; atque rei domino ab obtinendam precarii restitutionem? — § 1382. Quid si res aliena precario concessa fuerit? — § 1383. Precario tenens dolum, et latam culpam praestat, levissimum post editum interdictum de restituendo. — § 1384 et 1385. Precarium solvitur revocatione, rei alienatione et morte.

§ 1374. Precarium a donatione distinctum, quatenus precario concedens rem suam recipit,

(1) d. l. 1 § *hoc interdictum* 4.
(2) d. l. 1 § *deinde* 6 ff. *De fonte* (43, 22).
(3) d. l. 1 § *et eadem* 3 § *hoc interdictum* 7 et § ult.
(4) l. 1 § penult. ff. *De cloacis* (43, 23).
(5) d. l. 1 § ult.
(6) d. l. 1 § *quia autem* 7.
(7) l. 1 princ. et § *hoc interdictum* 5 ff. *De cloac.* (43, 23).
(8) d. l. 1 § *et tam ad proximum* 11.
(9) d. l. 1 § *idem Labeo* 9.
(10) d. l. 1 § 9 et l. ult. ff. eod. tit.
(11) d. l. 1 § *curavit autem* 2 ff. *De cloac.* (43, 23).
(12) d. l. 1 § *si quis purganti* 13.
(13) d. l. 1 § *unde Varius* 12.

(1) l. 1 § *cloaca* 4 ff. *De cloac.* (43, 23).
(2) d. l. 1 § *cloacae* 6.
(3) l. *Si fistulae* 18 ff. *De servitut. praedior. urbanor.* (8, 2).
(4) d. l. 1 in princ. ff. *De cloac.* junct. l. *Rusticorum* 2 ff. *De servitutib. praedior. rusticor.* (8, 3).
(5) V. *Pratic. Legal.* part. 2, tom. III, pag. 390, § 12 et 13.
(6) V. Voet in ff. *De cloac.* lib. 43, tit. 23, n. ult.

secus ac in donatione (1); atque commodato affine, quia rei usus per precarium non secus ac per commodatum gratuito conceditur (2), ab Ulpiano definitur, quod precibus petenti utendum conceditur, quamdiu is, qui concessit, patitur (3): seu concessio usus alicujus rei ad preces petentis, quamdiu concedens voluerit.

§ 1375. Disputant interpretes, an precarium contractibus accenseri possit, nec ne. Sunt, qui negant, quia liberalitatis potius species sit (4). Affirmant alii; cum et negotia, quae ex una tantum parte obligationem pariunt contractum nomen, et vim habeant (5): prout patet ex commodato, quod Justinianus recenset inter contractus, qui re perficiuntur, cum tamen per se, et ex natura sua solum commodatarium obliget (6), atque in eo tantum differt a precario, quod hoc arbitrio concedentis revocatur (§ praeced.), illud nonnisi post conventum tempus revocare licet (7).

§ 1376. Hisce praesuppositis, precarium non inepte definitur contractus, quo res alicui gratis utenda conceditur ad libitum concedentis. Contractus nomen generis locum tenet; caeteris definitionis verbis precarium ab aliis contractibus discernitur. Precario concedi possunt res tum mobiles, tum immobiles, commodati exemplo (8), sive alienae, sive etiam propriae (9). Gratis conceditur rei usus (10), prout in commodato, alioquin locatio esset (11).

§ 1377. Postremo dicimus, precarium rei usum ad libitum concedentis revocari (§ praeced.); quippe in eo differt precarium a commodato: precarium nullo determinato tempore, aut usu conceditur (12): ita ut nulla sit vis secundum jureconsultos contrariae conventionis, videlicet ne ante id tempus revocetur (13): certus vero usus, seu certus modus in commodato praescribitur, quem commodans pro arbitrio retractare non potest (14).

§ 1378. Caeterum, quia aequitas ipsa demonstrat, beneficio juvari unumquemque debere, non decipi, prout ipse monet Paulus jureconsultus (15), plures nec immerito defendunt, eum, cui ante constitutum tempus, prout constitui sinunt Romanae leges (1), avocatur precarium, atque ac in commodato, posse rem retinere, atque se conventionis exceptione tueri (2). Si objicias ita fieri, ut precarium abeat in commodatum, respondemus, parum referre, quo nomine contractus censeatur, dummodo serventur ea, quae inter contrahentes placuerunt, prout humanae fidei congruit (3).

§ 1379. Precario res concedere possunt omnes, qui eas jure possident; atque ipsi etiam creditores pignoratitii rem, quam pignoris jure tenent, debitori precario dare possunt, ut ea utatur (4). Quod autem tradit Ulpianus, nec pignus, nec depositum, nec precarium, rei suae consistere posse (5), ad eum casum pertinet, quo alius nullum jus in re habeat; alioquin nihil impedit, quominus precario concedat extraneus domino jus in re ipsi competens.

§ 1380. Cum rei usus (§ 1376), nec non possessio per precarium acquiratur (§ praeced.), recte placuit, interdictum uti possidetis concedere ei, qui precario rem tenet, adversus omnes, eo tantum excepto, quem rogavit (6): quamquam possessio haec non prodest ad usucapiendum; cum vera, et civilis possessio semper remaneat apud rei dominum (7).

§ 1381. Sed et potiori quidem ratione, domino rei precario concessae competit interdictum ad obtinendam precarii restitutionem (8) una cum fructibus, et eo, quod interest, a tempore morae, seu redditi interdicti (9): quod quidem interditum perpetuo competit (10), nec immemoriali praescriptione excluditur (11); cum ex vulgato axiomate nullo tempore praescribantur ea, quae merae facultatis sunt.

§ 1382. Interdictum hoc competit ei, qui precario concessit, atque haeredi ejus (12): etiamsi quis rem alienam dederit (13), adversus eum, qui precario rogavit (14), et haeredem ejus (15), si possessionem rerum precario a defuncto possessarum apprehenderit (16).

§ 1383. Cum autem precarium ex jure Romano pro arbitrio revocetur (§ 1377), placuit, de dolo,

(1) l. 1 § *et distat* 2 ff. hoc tit.
(2) d. l. 1 § ult. ff. hoc tit.
(3) d. l. 1 in princ.
(4) argum. l. *Interdictum* 14 ff. hoc tit.
(5) l. *Contractus* 23 ff. *De reg. jur.* (50, 17).
(6) § *item is* 2 Instit. *Quib. mod. re contrahit.* obligat. (3, 15).
(7) l. *In commodato* 17 § *sicut autem* 3 ff. *Commodat.* (13, 6).
(8) l. 1 § 1 ff. *Commodat.* (13, 6). V. vol. II, lib. 3, pag. 1005, § 1020 et 1021
(9) l. *Certe* 6 § ult; l. *Si debitor* 11 ff. hoc tit.
(10) l. 1 § 1 et 2 ff. hoc tit.
(11) d. § *item is* 2 in fin. Inst. *Quib. mod. re contrahit. obligat.* (3, 15).
(12) l. 1 in princ. ff. hoc tit.
(13) l. *Cum precario* 12 ff. hoc tit.
(14) l. *In commodato* 17 § *sicut autem* 3 ff. *Commodat.* (13, 6).
(15) d. l. *In commodato* 17 § *sicut autem* 3 in fin. ff. *Commodat.* (13, 6).

(1) l. *In rebus* 4 § ult. et l. seq.; l. *Quaesitum est* 8 § *interdictum* 7 ff. hoc tit.
(2) Voet in ff. hoc tit. n. 1 prop. fin.
(3) l. 1 ff. *De pact.* (2, 14).
(4) l. *Certe* 6 § ult.; l. *Si debitor* 11 ff. hoc tit.
(5) l. *Neque pignus* 45 ff. *De reg. jur.* (50, 17).
(6) l. *Qui precario* 17 ff. hoc tit.
(7) l. *Si quis diuturno* 10 ff. *Si servit. vindicet.* (8, 5); l. *Male agitur* 2 Cod. *De praescription. XXX vel XL annor.* (7, 39).
(8) l. *Ait praetor* 2 § 1 ff. hoc tit.
(9) l. *Quaesitum* 8 § *ex hoc interdicto* 4 ff. hoc tit.
(10) d. l. 8 § penult. ff. hoc tit.
(11) d. l. *Male agitur* 2 Cod. *De praescrip. XXX vel XL annor.* (7, 39).
(12) l. *Quaesitum* 8 § 1 l. *Cum precario* 12 § 1 ff. hoc tit.
(13) d. l. 8 in princ.
(14) l. *In rebus* 4 § *tenetur* 2 ff. hoc tit.
(15) d. l. 8 § ult. ff. hoc tit.
(16) argum. l. ult. § 1 ff. hoc tit.

et sola culpa lata teneri eum, qui precario rogavit (1); cum lata culpa dolo aequiparetur (2). Quare si neque possideat, neque dolo possidere desierit, hoc interdicto conveniri non potest (3). Levissimam tamen culpam praestat post editum de restituendo interdictum in morae poenam (4). Quod si precario concedens stipulatione de restituendo sibi caverit, tradit Pomponius, cessare praetoris edictum (5). Nihil tamen prohibere videtur, quominus interdicto de possessione quis experiatur, licet stipulatus sit rem sibi restitui (6).

§ 1384. Plures referuntur in jure modi, quibus precarium solvitur: nimirum revocatione (7); quae necessaria judicatur etiam, cum precarium ad certum diem concessum fuit; alioquin patientia domini continuatum intelligitur (8); nisi precario concedens interim fateri coeperit, atque in futore usque ad praefinitum diem perseveret (9).

§ 1385. Praeterea solvitur precarium rei alienatione, nisi novi domini voluntate, vel patientia continuetur (10); morte precario rogantis (11); nec enim concedens liberalitatem exercere velle praesumitur erga haeredem fortassis ignotum, non morte ejus, qui concessit (12); nisi haeres revocet, vel adjecta fuerit clausula, ut precarium duraret, quoad is, qui concessit, vellet (13); cum morte desinat voluntas.

TITULUS XXXIV.

DE ARBORIBUS CAEDENDIS, GLANDAE LEGENDA, MIGRANDO, ET INTERDICTO SALVIANO

Instit. lib. 4, tit. 15 *De interdictis.*
Digest. lib. 43, tit. 27 et seqq.
Cod. lib. 8, tit. 1 *De interdict.*

SUMMARIA

§ 1386. *Quid de arboribus in confinio aedium, vel praediorum positis.* — § 1387 *et* 1388. *Glandis nomine fructus omnes veniunt. Quo tempore in fundo vicini colligi possint?* — § 1389 *et* 1390. *Interdictum de migrando competit inquilino, qui pensionem integram solverit.* — § 1391. *Cur interdictum hoc colono non detur?* — § 1392 *et* 1393. *Interdictum salvianum directum est, vel utile. Quibus detur?*

§ 1386. Arbores in confinio poni non debere, sed pro arborum diversitate quandam distantiam intermediam relinquendam esse, supra diximus (§ 189 et seqq.): atque ideo praetor duo interdicta proposuit, unum de arboribus caedendis, quae in alienas aedes impendunt (1): alterum de coercendis usque ad quindecim pedes a terra arboribus, quae impedunt in alienum agrum (2). Cum autem ea, quae ad hanc rem pertinent, jam tractata sint (3), ulterius non immoramur.

§ 1387. Si glandes, cujus nomine intelliguntur fructus cujuscumque generis (4), ex alterius agro, vel arbore cedant in aream, vel fundum vicini, ad dominum arboris adhuc pertinent, qui proinde tertio quoque die fructus colligere potest in vim interdicti praetorii de glande legenda (5); primus autem, secundus, et tertius dies computantur ab eo tempore, quo glans cecidit. Tres dies non ultra dantur, quia fructus facile corrumpuntur, nisi colligantur.

§ 1388. Jurisprudentia haec aequissima est; nec enim dominus privari debet suis fructibus, quia in fundum vicini deciderint, cum id vix inter vicinos impediri possit. Quamquam eadem regula non ubique servatur; alicubi enim ultra unum diem colligere et auferre non licet; alibi fructus ita decidentes pertinent ad dominum fundi eo fundamento; quod probabiliter arbor etiam in fundo vicini radices habet, et ita pro parte nutritur (6). Locorum consuetudini in hac re standum est: sed si speciatim inducta non appareat, juris Romani scita servanda sunt, utpote aequitate suffulta.

§ 1389. Interdictum de migrando competit inquilino adversus dominum aedium, ne vis fiat ipsi migrare volenti, quominus abducere liceat res invectas et illatas in praedium urbanum, dummodo pensiones omnes ipse solverit, aliove modo satisfecerit; nisi per locatorem stet, quominus ei solvatur, aut satisfiat (7). Non inquilinus tantum adversus dominum, sed et haeres illius contra hujus haeredem hoc interdicto utitur (8), quia in rem est.

§ 1390. Pensionem integram ab inquilino solutam esse oportet, ut ita invecta, et illata a pignoris legalis onere, quo tenentur (9) sint (§ praeced.). Proinde denegatur interdictum de

(1) l. *Quaesitum* 8 § *eum quoque* 3 ff. hoc tit.
(2) d. l. 8 § 3 in fin.
(3) d. l. 8 § 3 et § *si servitute* 5.
(4) d. l. 8 § *et generaliter* 6.
(5) l. *Et habet* 15 § *cum quis* 3 ff. hoc tit.
(6) princ. Instit. hoc tit.
(7) l. *Cum precario* 12 ff. hoc tit.
(8) l. *In rebus* 4 § ult. ff. hoc tit.
(9) l. *Certe* 6 ff. hoc tit.
(10) l. *Quaesitum* 8 § *illud tamen* 2 ff. hoc tit.
(11) l. *Cum precario* 12 § 1 ff. hoc tit.
(12) d. l. 8 § 1 et d. l. 12 § 1 ff. hoc tit.
(13) d. *Locatio* 4 ff. *Locati* (19, 2).

(1) l. 1 in princ. ff. hoc tit.
(2) d. l. 1 § *deinde* 7 et seqq.
(3) V. § 189 ad 195 supra.
(4) l. unic § 1 ff. *De gland. legend.* (43, 28).
(5) d. l. unic. in princ.
(6) Voet *in Pandect. de gland. legend.* lib. 43, tit. 28 n. unic.
(7) l. 1 in princ. ff. *De migrand.* (43, 32).
(8) d. l. § 1 ult.
(9) l. *Pomponius* 2 et pass. ff. *In quib. causs. pign. vel hypothec. tacit. contrahit.* (20, 2).

migrando, licet dies pensionis nondum venerit, puta si quis in plures annos domum conduxerit, nec omnes praeterlapsi sint, nisi integra omnium annorum pensio, pro qua res invectae, et illatae obligatae sunt, solvatur (1).

§ 1391. Interdictum de migrando non datur colono (2); cui extra ordinem succurritur; cum publice intersit, instrumenta aratoria neutiquam detineri (3): quinimmo et ipsis inquilinis extra ordinem apud Romanos succursum; atque ideo minus frequens hoc interdictum fuisse scibit Ulpianus (4).

§ 1392. Interdictum salvianum duplex in jure recensetur: directum videlicet, et utile. Directum datur domino fundi adversus colonum de rebus in praedium rusticum illatis; atque expresse pro pensione obligatis (5): utile datur domino fundi adversus quoscumque possessores rerum ad colonos pertinentium, nec non creditoribus quibuscumque hypothecariis adversus possessores bonorum debitoris (6).

§ 1393. Sed, cum de jure creditorum hypoteca instructorum alibi fuse dixerimus, de pignoribus et hypothecis agentes (7), prosequimur caeteras interdictorum species, quae proliziorem tractatum requirunt, ordine Pandectarum paullisper immutato; atque servato ordine codicis Justinianei. Quare imprimis agemus de vi, et armata. Tantum monemus, in hoc interdicto sufficere, si probetur possessio (non dominium) debitoris, licet agatur contra tertium, praevia tamen excussione debitoris.

TITULUS XXXV.

DE VI, ET VI ARMATA.

Instit. lib. 4, tit. 15 *De interdictis.*
Digest. lib. 34, tit. 16 *De vi, et vi armata.*
Cod. lib. 8, tit. 4 *Unde vi.*

SUMMARIA

§ 1394. *Interdictum olim de vi duplex erat privata nempe, et publica.* — § 1395. *Quae sint de hoc interdicto enucleanda?* — § 1396. *Interdictum* unde vi *locum habet in rebus omnibus immobilibus.* — § 1397 *et* 1398. *An et pro rebus incorporalibus, nempe servitutibus personalibus, vel praediorum competat?* — § 1399. *Interdictum unde vi competit dejecto, modo probet se possedisse; ejusque haeredi.* — § 1400. *Dejici quoque intelligitur, qui naturaliter possidet per se, vel per alium.* — § 1401. *Quid si unus ex fratribus, qui alterius consensu bona haereditaria possidebat, partem cohaeredis alienaverit, hoc invito?* — 1402 *et* 1403. *Creditori pignoratitio vi adjecto potius, quam debitori competit interdictum unde vi. Quid de creditoribus in possessionem bonorum debitoris a judice missis?* — § 1404. *Mulieri vi dejectae e possessione fundi sibi a marito donati interdictum unde vi accommodatur.* — § 1405. *Interdicto unde vi utitur dejectus, licet vi, vel precario possideret.* — § 1406. *Dominus vi invadens possessionem rei suae ejus dominio privatur.* — § 1407. *Sequestratio judicialis possessionem eripere non solet: si tamen quis privetur commodo suae possessionis, spoliatus videtur, sed usu fori a judicis sententia appellare debet.* — § 1408 *et* 1409. *Spoliatum se asserens quae probare debeat?* — § 1410. *Spoliatus judicatur haeres testamentarius exhibens testamentum nulla parte suspectum, ab haerede legitimo, qui res haereditarias invaserit, pendente quaestione haereditatis.* — § 1411. *Minis interdum quis spoliatus videri potest.* — § 1412 *Interdictum unde vi denegatur illis, qui adhuc possident, vel nunquam possiderunt.* — § 1413 *et* 1414. *Quid de eo, qui facto suo possessionem amiserit? Quid si praelatus res Ecclesiae perperam alienaverit?* — § 1415. *Creditor ex pacto inito cum debitore potest ingredi propria auctoritate rerum possesionem, quin donatarius universalis justam habeat conquerendi caussam.* — § 1416. *Quid si dejiciens possessionem ingressus non sit? An procuratoris dejicientis factum domino noceat?* — § 1417. *Ratihabitio etiam in maleficiis mandato comparatur.* — § 1418. *An dominus directus propria auctoritate occupare possit bona defuncti dedititii, invito, vel inscio agnato proximiore?* — § 1419. *Spoliatus videtur, qui a judice in possessionem missus non denunciaverit illis, quibus denuntiandum erat.* — § 1420. *Creditor rei pignoratae possessionem ab altero captam ingredi non potest, licet ita cum debitore convenerit.* — § 1421. *Quid si creditor clausula constituti munitus sit, et nemo contradicat?* — § 1422. *Liberis denegatur interdictum* unde vi *erga parentes. Quid de haeredibus dejicientis?* — § 1423. *An possessores bonorum, unde vi quis dejectus fuit, hoc interdicto conveniri possint?* — § 1424. *Exceptiones ad dominium pertinentes in interdicto unde vi regulariter non admittuntur.* — § 1425. *Exceptio doli admittitur in hoc interdicto; tum bonae fidei, si quis nempe emerit a domino spoliatore, cujus crimen ignorabat.* — § 1426. *Possessor bonae fidei objicere potest agenti ex caussa spolii praescriptionem longi temporis.* —

(1) d. l. 1 § *si pensio* 4 ff. *De migrand.* (43, 32).
(2) l. 1 § 1 ff. *De migrand.* (43, 32).
(3) aut. *agricultores* post l. 8 Cod. *Quae res pignor.* (8, 17).
(4) d. l. 1 § *cui rei* 2 ff. *De migrand.*
(5) § *adipiscendae* 3 in fin. Instit. hoc tit.; l. 1 Cod. *De precar. et salv. interdict.* (8, 9).
(6) l. 1 in princ et § 1 ff. *De interdict. salvian.* (43, 33). V. Thesaur. decis. 176 per tot.
(7) V. vol. II, lib. 3, pag. 1023 et seq.
(8) Thesaur. decis. 175 per tot.

§ 1427. *Quid si possessor alleget, rem sibi venditam fuisse ab actore, vel ab eo, qui actori haeres extitit?* — § 1428. *Quid si auctore judice quis possideat, vel in promptu appareat fundum a spoliato retrovendi debere spoliatori, vel princeps de petitorio prius cognosci mandet?* — § 1429. *Quid si judicium redintegrandae possessionis longiores moras exigat; sed in promptu quodammodo de spoliatione appareat?* — § 1430. *Remedium recuperandae possessionis naturalis cumulari potest cum interdicto retinendae possessionis civilis.* — § 1431. *Petitorii, et actionis spolii cumulatio admittitur, si consentiat spoliatus. Quid si unus caussam habeat vincendi in petitorio, alter in possessorio?* — § 1432. *Interdictum recuperandae possessionis potest esse subsidiarium interdicto retinendae, sed non e contrario.* — § 1433. *Spolii actio cumulari potest cum restitutione in integrum.* — § 1434. *Quid si spoliator condemnatus preces Principi offerat adversus Senatusconsultum, atque interim petat in possessione ex novo jure retineri?* — § 1435 *et* 1436. *Interdicto unde vi petitur restitutio rei cum fructibus, et omni caussa. An post annum id quod interest, peti possit?* — § 1437. *Restitutus videtur spoliatus, qui fundum patiente spoliatore alteri locaverit.* — § 1438. *Quae sit poena adversus spoliatores constituta?* — § 1439. *Restitutus in pristinum statum non cogitur statim docere de illo statu.* — § 1440. *Redintegrandae possessionis remedium jure canonico inductum usu fori probatur.* — § 1441. *Juris canonici auxilium praesto est etiam in rebus mobilibus, nisi in promptu appareat de notorio non jure spoliato.* — § 1442. *Ad redintegrandae possessionis actio ex jure canonico detur contra possidentem bona fide et justo titulo.* — § 1443. *Actione spolii conveniri potest, qui possidet ex subhastationibus nullis, nisi anteriore jure possideat.* — § 1444. *Quid si auctore praetore quis possideat?* — § 1445. *An permittatur exceptio contrarii spolii in rebus mobilibus, feudis, vel bonis Ecclesiae?* — § 1446. *Fructus actione spolii recte petuntur. Quid si eorum quantitas incerta sit? Quid de possessore bonae fidei?* — § 1447. *An spoliator possit aliquando rursus consequi fructus, quo restituit?* — § 1448. *An petitorium prius executioni demandandum sit, sed prius pronunciandum super possessorio, quoties utroque simul actum fuit?* — § 1449. *Actio spolii durat triginta annis.* — § 1450. *A quo tempore debeantur fructus?* — § 1451. *Actio spolii cessat, si in promptu appareat de non jure spoliati.*

§ 1394. Inscriptio tituli Digestorum *de vi, et vi armata* demonstrat, duplex olim fuisse interdictum de vi coercenda a praetore propositum: unum de vi privata, quae sine armis fit; alterum de publica, cum vis armis adhibitis, quorum nomine et fustes, et lapides significantur, facta fuerit (1): sed succedentibus temporibus vis privata, et publica, quod ad interdictum pertinet, fere exaequata fuit; et vim quamcumque passo succursum a praetore per interdictum *unde vi* (2).

§ 1395. De hoc interdicto, quod non infrequentem in foro usum habet, atque ideo fusius, nec non diligentius explicandum est, inquirendum. 1. Quibus in rebus locum habeat, seu pro quibus rebus detur. 2. Quibus competat. 3. Adversus quos. 4. Ad quod tendat, seu quid per illud petatur, et obtineri possit. Immo, cum Pontificio jure, passim fori moribus probato, cautius prospectum sit illis, quibus per vim res suae auferuntur (3), ea quoque trademus, quae ad juris canonici interpretationem pertinent.

§ 1396. Interdictum *unde vi*, ita dictum a primis praetorii edicti verbis (4), locum habet in rebus immobilibus, seu soli, puta si quis e fundo rustico, vel urbano dejectus sit (5), qualiscumque locus fuerit (6), et qualiscumque res, dummodo cohaereat solo: veluti domus lignea (7).

§ 1397. Praeterea competit interdictum hoc pro rebus incorporalibus, quae immobilibus solent accenseri, veluti ususfructus sive fundi (8), sive aedium (9), et usus (10): vi autem prohibuisse usufructuarium videtur, qui utentem vi dejecit, aut non admisit, cum e fundo exisset usufructuarius, non tamen ususfructus deserendi caussa: sed si prohibuerit, ne ab initio frueretur, cessat interdictum, quia vi ablata intelligi non potest possessio ab eo, qui nunquam possedit: quare ususfructus in hoc casu a fructuario vindicandus erit (11). Plane, usufructuario mortuo, potest proprietarius propria auctoritate occupare bona; quia possessio, et omne jus usufructuarii morte finitur (12).

§ 1398. Idem dicendum videtur de servitutibus praediorum, quorum, et quasi possessio est, et ideo vi expulsus non inepte dicitur, qui per viam prohibetur uti itinere per alienum fundum (13). Diversum est in mobilibus rebus, pro quibus non interdictum unde vi, sed actio furti,

(1) § *recuperandae* 6 prop. fin. Instit. hoc tit.
(2) l. 1 in princ. § 1 et § *hoc interdictum* 3 ff. hoc tit.
(3) cap. *redintegranda* 3 et seq. causs. 3, quaest. 1. cap. *saepe contingit* 18 extra Decret. Greg. *De restitut. spoliat.* (2, 13).
(4) l. 1 in princ. ff. hoc tit.
(5) l. 1 § *hoc interdictum* 3 ff. hoc tit.
(6) d. l. 1 § *et generaliter* 4.
(7) d. l. 1 § *plane* 8.
(8) l. *Quod est* 3 § *unde vi* 13 ff. hoc tit.
(9) d. l. 3 § *pertinet* 15.
(10) d. l. 3 § *item si* 16.
(11) d. l. 1 § *uti frui* 14 ff. hoc tit.
(12) § penult. Instit. *De usufructu* (2, 4); Fab. Cod. hoc tit. lib. 8, tit. 3, definit. 41.
(13) l. *Sequitur* 4 § *si viam* 27 ff. *De usurpat. et usucap.* (41, 3).

vi bonorum raptorum, vel actio ad exhibendum competit (1), nisi mobilia sint in fundo, unde quis dejectus fuit eorum nomine tamquam accessionum, interdictum hoc accommodatur (2).

§ 1399. Competit interdictum *unde vi* dejecto, et illius haeredi, cum in rem sit (3); si modo probet se possedisse (4): quare, si is, qui spoliasse dicitur, probare velit possessionem apud alium fuisse; audiendus est (5).

§ 1400. Sed nihil interest, an civiliter, an naturaliter quis possideret, cum et dejici merito dicatur, qui naturaliter possidet (6): nec utrum quis per se, an alterius, puta filii, procuratoris, coloni ministerio possideret (7); ille potius possidere intelligitur, cujus jure, et nomine tenetur possessio (8). Quamquam hi extra ordinem audiendi videntur, absentis nomine restitutionem possessionis petentes (9).

§ 1401. Hinc recte tradunt interpretes, si ex duobus fratribus cohaeredibus unus alterius consensu bona haereditaria administraverit, et possiderit: tum eo invito, vel inscio, alteri cesserit administrationem, et possessionem, fratrem alterum jure petere a tertio, sibi partem dimidiam haereditatis restitui; nec posse tertium fratri administranti restituere (10); quia frater, administrans non suo, sed alterius fratris nomine haereditatis partem possidebat (11); adeoque possessio restituenda est fratri qui per alium possidere intelligitur (§ praeced.).

§ 1402. Sed quid dicendum, si dejectus sit creditor hypothecarius de possessione fundi pignorati, ipsine dandum est interdictum, an debitori? Creditori potius accommodandum est interdictum, quam debitori (12), etenim creditor quoad omnia possessionis commoda, sola usucapione excepta, possidere judicatur (13): et merito, quia jus possidendi, et tenendi pignus habet, donec debitor plene satisfecerit (14). Idem dicendum de creditore creditoris, cui pignus pignori datum sit (15), prout licet (16).

§ 1403. Creditoribus in possessionem bonorum debitoris a judice missis idem jus non competit; quia isti solam rerum custodiam, non possessionem habent; atque ideo denegatur eis interdictum uti possidetis (1); nisi damni infecti nomine, et per longum tempus non cavente vicino, ex secundo judicis decreto in possessionem missi sint: quia tunc vere possident (2).

§ 1404. Quia naturalis possessio sufficit ad interdictum obtinendum (§ 1400), si quis ab ea dejectus sit (3), inde infert Ulpianus, mulieri vi dejectae e possessione fundi sibi a marito donati competere hujusmodi interdictum (4); cum possessio naturalis utpote facti per hanc donationem transferatur (5); licet fundi dominium, quod juris est, non transferatur (6).

§ 1405. Non etiam refert, utrum eo tempore, quo quis dejectus fuit, juste, an injuste possideret, immo vi, aut clam, vel precario possideret ab eo, a quo dejectus fuit, hoc interdictum unde vi accommodatur (7); nimirum in poenam criminis ab eo patrati, qui vim facit: quod crimen tam grave Imperatoribus visum fuit, ut re sua privandum decreverint eum, qui eandem vi occupaverit; aestimationem vero praeter rem, si haec aliena sit (8). Potest sane dominus vim inferentem repellere, atque incontinenti dejicere eum, a quo dejectus fuit, non tamen ex intervallo (9).

§ 1406. Neque objiciatur, dolo facere eum, qui petit, quod statim restituturus est (10); etenim praeterquamquod non placuit, regulam hanc probare in judiciis possessoriis, in quibus jus interim dici convenientius visum fuit, ne alioquin rixae, et tumultus oriantur (11), jure novo, ut modo diximus (§ praeced.), dominus vi invadens possessionem rerum suarum dominii sui jure cadit.

§ 1407. Sequestratio, utpote judicis auctoritate facta, possessionem eripere non solet: si tamen possessor ex ea sequestratione privetur commodo suae possessionis, spoliatus videtur (12); cum factum judicis in hoc casu habeatur tamquam factum partis, prout in plerisque aliis casibus (13): adeoque summo jure inspecto eadem remedia spoliato competunt, quae competerent,

(1) l. 1 § *illud utique* 6 et seq. ff. hoc tit.
(2) d. l. 1 § 6 in fin. § *si fundus* 32 et seqq. ff. hoc tit.
(3) l. 1 § *hoc interdictum* 44 ff. hoc tit.
(4) l. 1 § *dejicitur* 9 ff. hoc tit.
(5) Fab. Cod. hoc tit. lib. 8. tit. 3, definit. 5. et 6; ubi assertus spoliator confidentiae crimen objiciebat ei, qui se spoliatum asserebat.
(6) d. l. 1 § *dejicitur* 9 ff. hoc tit.
(7) d. l. 1 § *quod servus* 22; l. *Si colonus* 20 ff. hoc tit.
(8) l. *Generaliter* 9 ff. *De acquirend. possession* (41, 2).
(9) l. 1 et 2 Cod. *Si per vim, vel alio modo absentis turbata sit possessio* (8, 5).
(10) Voet in ff. hoc tit. n. 3 fer. in princ.
(11) d. l. *Generaliter* 9 ff. *De acquir. possess.* (41, 2).
(12) Fab. Cod. hoc tit. lib. 8, tit. 3, def. 17; Voet in ff. hoc tit. n. 3 in medio.
(13) l. *Servi nomine* 16 ff. *De usurpat. et usucapionib.* (41, 3).
(14) l. *Cum et sortis* 35 § 1 ff. *De pignorat. action.* (13, 7).
(15) Fab. Cod. hoc tit. def. 27.
(16) l. 1 Cod. *Si pign. dat. sit.* (8, 24).

(1) l. *Si duo* 3 § *creditores* 8 ff. *Uti possidetis* (43, 17).
(2) l. *Possideri* 3 § ult. ff. *De acquir. possession.* (41, 2).
(3) d. l. 1 § *dejicitur* 9 ff. hoc tit.
(4) d. l. 1 § *denique* 10.
(5) l. 1 § *si vir uxori* 4 ff. *De acquir. possession.* (41, 2).
(6) l. 1 et passim ff. *De donat. int. vir. et uxor.* (24. 1).
(7) § *recuperandae* 6 Instit. hoc tit.; l. *Si quis in tantam* 7 Cod. hoc tit.
(8) d. § 6 in med. d. l. 7 in fin.
(9) l. *Quod est* 3 § *eum igitur* 9 ff. hoc tit.
(10) l. *Dolo facit* 8 ff. *De dol. mal. et met. exception.* (44. 4).
(11) V. vol. III, lib. 4. § 1337. pag. 415.
(12) Fab. Cod. hoc tit. lib. 8, tit. 3, def. 16 in princ.; Ab-Eccles. observ. 199. n. 5.
(13) l. *Si ob causam* 13 Cod. *De evictionib.* (8, 45); l. 1 Cod. *Si in caus. judicat. pign. capt. sit* (8, 23).

si ab adversario spoliatus fuisset. Usu tamen mobus recepto, a judicis sententia appellandum est, postquam obtinuit ex praescripto juris canonici (1), ut etiam ab interlocutionibus appelletur (2). Sane sequestratio unius favore decreta alteri jus non tribuit spoliandi possessorem (3).

§ 1408. Sed qui se a judice spoliatum allegat, probare debet antiquiorem possessionem, spoliationem, atque injustitiam spoliationis (4); cum praesumptio pro judice sit: adeoque debet appellare ab eo judicis decreto, quo se injuste spoliatum ait, cum tamen sufficiat antiquiorem possessionem probare, et spoliationem, quoties quis ab adversario spoliatus perhibetur (5): probare, inquam, per judiciales testium depositiones vocata parte (6): immo censuit Senatus satis probari spolium, si constet de antiquiore actoris possessione et recentione conventi, qui jure suo non edoceat (7).

§ 1409. Hinc etiam, si ex duobus contendentibus de possessione beneficii unus Titio fructus locaverit, ita ut fructus pro virili parte inter conductorem, seu colonum partiarium dividantur, eoque petente, ne conductor ab adversario turbetur, judex decreverit sequestrari fructus penes Titium conductorem; jus habet Titius agendi ad id, quod sua interest (8) adversus eum, a quo turbatur, licet hic consentiat, ut conductor retineat eam portionem, quam pro jure colonico habere debet (9).

§ 1410. Spoliatus quoque judicatur haeres testamentarius, qui testamentum exhibeat nec rasum, nec cancellatum, nec alia parte suspectum (10), ab haerede legitimo, qui res haereditarias invaserit, pendente quaestione haereditatis, contendens totam haereditatem ad se pertinere, cum tamen de jure suo in promptu non edoceat (11); adeoque possessio rerum haereditariarum ei imprimis restituenda est, salvo adversarii jure in judicio petitionis haereditatis; prius de vi, et possessione quaerendum est, quam de proprietate (12).

§ 1411. An dejectus videri possit is, cui vis vere facta non est, sed minae, res ex adjunctis praecipue personarum dijudicanda. Generatim quidem rescripserunt Imperatores, metum non jactationibus tantum, vel contestationibus, sed atrocitate facti probari (1); si tamen minae graves factae sint ab eo, qui soleat, et possit eas exequi, vi dejectus non inepte dicitur, qui gravis mali, et probabiliter imminentis caussa e possessione discessit (2).

§ 1412. Denegatur interdictum *unde vi* illis, qui adhuc possident, cum sit recuperandae possessionis (3); possident, inquam, vel per se, vel per suos: puta si quis me dejecerit, non colonos meos; quia per illos possessionem retineo (4): quemadmodum et illis, qui nec corpore, nec animo unquam possederunt, licet possessionem ingredi prohibeantur (5); quare possessionem antiquiorem probandam ab eo, qui possessionem sibi restitui per hoc interdictum postulat, modo diximus (§ 1408).

§ 1413. Neque interdicto hoc uti potest, qui facto suo possessionem amisit: hic enim se spoliatum, seu vi dejectum dicere non potest, prout requiritur (6). Quod extendit Faber ad alienationem perperam factam, puta rei Ecclesiae a praelato sine legitima caussa, neque servatis praescriptis solemnitatibus (7): quare poterit quidem praelatus rem vindicare, ita venire contra proprium factum, quod licet, quoties id alieni commodi caussa fit: non tamen fieri potest, ut tradita non videatur possessio, quae vere translata fuerit; cum haec facti, non juris sit (8).

§ 1414. Plane non dubium, quominus successor in beneficio possit redintegrationem petere, quasi spoliata Ecclesia, licet ex facto administratoris, salvo utique possessori regressu adversus Ecclesiae praelatum (9); dummodo triginta anni non affluxerint a die traditae possessionis (10). Neque subducendum putat Faber tempus, quo vixit praelatus, qui perperam alienaverit, quod utique subducendum esset in usucapione (11); quia facilius amittatur possessio, quam rei dominium per usucapionem (12).

§ 1415. Si fingamus, debitorem cum creditore suo transegisse ea lege, ut post mortem suam creditor apprendere possit quarumdam rerum specialiter obligatarum possessionem, quas debitor constituerat creditoris nomine possidere: tum debitorem omnia bona sua inter vivos donasse Titio, creditor propria auctoritate pos-

(1) cap. *norit* 43; cap. *ex parte* 67 extra Decret. Greg. *De appellationib.* (2, 28).
(2) Fab. d. def. 16 in fin.
(3) Ibid. Cod. hoc tit. def. 10.
(4) Ibid. lib. 8, tit. 4. def. 21.
(5) Ibid. d. def. 21 et def. 1, n. 7.
(6) Ab Eccles. observat. 19, n. 3 et 4 †.
(7) Ibid. n. 5-6. 7 et 8 †
(8) l. *In interdicto* 6 ff. hoc tit.
(9) Fab. Cod. hoc tit. lib. 8, tit 3, def. 18.
(10) l. ult. Cod. *De edict. D. Adrian. tollend.* (6, 33).
(11) Fab. Cod. hoc tit. lib. 3, tit. 8, def. 7.
(12) l. *Si de vi* 37 ff. *De judic.* (5, 1); Fab. Cod. hoc tit. definit. 20; V. Ab Eccles. observat. 193, n. 9 et seqq.

(1) l. *Metum* 9 Cod. *De his, quae vi metusve caus. fiunt* (2, 20).
(2) V. vol. III, lib. 4. § 1170, pag. 392.
(3) l. *Recuperandae* 6 Instit hoc tit.
(4) l. 1 § *non alii* 45 ff. hoc tit.
(5) d. l. 1 § 3 *cum qui neque* 26.
(6) l. 1 in princ. et § 1 ff. hoc tit.
(7) Fab. Cod. hoc tit. lib. 8, tit. 3, def. 11 in princ.
(8) l. 1 § *si vir uxori* 4 ff. *De donat. int. vir. et uxor.* (24, 1); Fab. d. def. 11 in med.
(9) Fab. Cod. hoc tit. lib. 8, tit. 3. d. def. 11, n. 7; argum. l. *Qui fundum* 7 § *si tutor* 3 ff. *Pro emptore* (41, 4).
(10) l. *Sicut in rem* 3 Cod. *De praescript. XXX vel XL annor.* (7, 39).
(11) Fab. Cod. hoc tit. d. def. 11 prop. fin.
(12) l. *Si quis vi* 17 § 1 ff. *De acquir. possession.* (41, 2).

sessionem earum rerum impediens donatarium spoliare non videtur, eatenus saltem, ut possessionem restituere teneatur (1); quia donatarius universorum bonorum a pragmaticis loco haeredis, exitu inspecto, fere habetur, licet aliud fortasse dicendum sit, ex stricta juris Romani ratione: adeoque male petit sibi restitui, ad quod praestandum compelli potest.

§ 1416. Interdicto *unde vi* conveniuntur, qui per vim alterum e rei suae immobilis possessione dejecerunt, sive dejecerint simul, et occupaverint, sive tantum dejecerint, et alter rei vacuae possessionem ingressus sit (2): dejecti nihil interest, a quo res possideatur. Si procurator dejecerit, distinguendum est, an mandato domini id fecerit, an sine mandato: in primo casu dejectus adversus utrumque agere potest; in altero adversus solum procuratorem (3): uterque reus est in primo casu, solus procurator in altero; nec dominus damnum sentire debet ex facto procuratoris mandati fines excedentis (4).

§ 1417. Idem dicendum, si familia dejecerit; dominus non tenetur, nisi mandaverit, quod a familia gestum est (5), vel ratum habuerit: quippe placuit, etiam in maleficiis ratihabitionem mandato comparari (6).

§ 1418. Nihil autem interest, utrum dejiciens aliquod in fundo, a quo possessorem dejecit, jus habuerit; cum et dominus ipse interdicto teneatur (§ 1405). Quare spoliator quoque habetur dominus directus, qui propria auctoritate occupaverit bona defuncti hominis deditilii, seu ut loquuntur, talliabilis, invito, aut inscio agnato proximiore (7); prius enim constare debet, defunctum ejus conditionis fuisse quam jus agnato alioqui competens privatim eripiatur: atque vim facere judicatur, quisquis non per judicem postulat, quod sibi deberi contendit (8): nec publica quies patitur, ut singulis concedatur, quod per magistratus fieri debet; alioquin tumultus facile fierent (9).

§ 1419. Quinimmo etiam is spoliator videri potest, qui a judice missus est in possessionem bonorum, si non denuntiaverit iis, quibus denuntiandum erat; puta creditor pupilli, si tutori non denuntiaverit (10), vel denuntiaverit falso tutori (11); quippe hic nullam habet auctoritatem (12).

(1) Fab. Cod. hoc tit. lib. 8 tit. 3, def. 32.
(2) l. *Sequitur* 4 § *si tu me* 22 ff. *De usurpat. et usucap.* (41. 3).
(3) l. 1 § *quoties verus* 13 ff. hoc tit.
(4) l. *Diligenter* 5 princ. et §§ seqq. ff. *Mandat.* (17. 1).
(5) l. 1 § *quod igitur* 15 ff. hoc tit.
(6) d. l. 1 § *sed et si* 14.
(7) Fab. Cod. hoc tit. lib. 8, tit. 3, def. 2.
(8) l. *Extat enim* 13 ff. *Quod met. causs.* (4. 2).
(9) l. *Non est singulis* 167 ff. *De reg. jur.* (50. 17).
(10) l. *Aemilius* 38 ff. *De minorib.* (4. 4); Fab. Cod. hoc tit. lib. 8 tit. 3, definit. 12.
(11) Fab. ibid. def. 13.
(12) l. *Si is, qui* 2 ff. *De eo, qui pro tutor. etc.* (27, 5).

§ 1420. Pactum, quod in pignoribus adjici solet, ut creditori liceat, si debitor statuto die non solvat propria auctoritate ingredi possessionem rei pignoratae, efficit quidem, ne spoliator videri possit creditor, qui possessionem capiat, si debitor adhuc possideat, non vero si possessio in tertium translata sit, tametsi constituti clausula adjecta fuerit (1): quia pactum non impedit, quominus possessio vera in alium per traditionem transferatur: nec majorem habet potestatem clausula constituti (2), ex qua ficte tantum acquiritur possessio (3); cum et haec amittetur, licet per veram traditionem acquisita fuisset (4); quia facti magis, quam juris possessio est (5).

§ 1421. Non dubium sane, quominus vim fecisse non videatur, qui per clausulam constituti possessor factus (6) possessionem occupat propria auctoritate, si nemo contradicat (7); quippe jure suo utitur (8). Sed si aliquis possideat, et contradicat, ad judicis potestatem confugere debet, ne tumultus occasio oriatur (9).

§ 1422. Denegatur interdictum *unde vi* liberis adversus parentes, cujus loco actio in factum intentanda est, nisi parentes vi armata usi sint (10): adversus haeredes dejicientis ex jure Romano non ultra datur, quam ad eos pervenit, et locupletiores facti sunt (11): usu fori in solidum, prout suadet aequitas (12), ne haeredes factum ejus praestare detrectent, ex cujus persona aliunde lucrum percipiunt (13).

§ 1423. Neque tertii bonorum possessores, unde quis vi dejectus fuit, hujusmodi interdicto conveniri possunt, tametsi a dejiciente caussam habeant, puta ex donatione, emptione et similibus (14); forte quia ex delicto nascitur, quod successores singulares gravare non debet: atque ideo sufficere visum est Romanis, interdictum adversus dejicientem dare, licet possidere desierit (15): quamquam ad inanes circuitus vitandos consultius esset, dejecto permittere, ut recuperandae possessionis vi amissae (16) interdicto agat adversus eum, qui possidet.

§ 1424. Si quaeratur, an exceptiones, quae ad proprietatem, seu rei dominium pertinent, in hoc interdicto admittantur, respondemus, eas plerumque non admitti, nisi incontinenti pro-

(1) Fab. Cod. hoc tit lib. 8, tit. 3, def. 34.
(2) Ibid. def. 35
(3) l. *Quod meo* 18 ff. *De acquirend. possession.* (41, 2).
(4) l. *Si de eo* 40 § 1 ff. eod. tit.
(5) l. 1 § *si vir uxori* 4 ff. eod. tit.
(6) d. l. *Quod meo* 18 ff. *De acquis. possession.* (41, 2).
(7) Fab. Cod. hoc tit. lib. 8. tit. 3, def. 33.
(8) l. *Nullus* 55 ff. *De reg. jur.* (50. 17).
(9) l. *Extat enim* 13 ff. *Quod met causs.* (4. 2).
(10) l. 1 § *interdictum hoc* 43 ff. hoc tit.
(11) l. 1 § ult. et l. seq.; l. *Si plures* 9 ff. hoc tit.
(12) V. vol. III, lib. 4, § 207. pag. 239.
(13) l. *Ex qua persona* 149 ff. *De reg. jur.*
(14) l. *Cum a te* 7 ff. hoc tit.
(15) d. l. 7 in fin.
(16) § *recuperandae* 6 Instit. hoc tit.

bentur (1); quia judicium hoc summarium est (2), atque de momentanea possessione agitur (3).

§ 1425. Sed regula haec plures habere potest exceptiones, puta ex caussa doli (4); cujus objiciendi jus nunquam censetur exclusum (5): vel si contra eum agatur, qui bona fide emerit a domino, qui spoliatus erat, sed quem emptor spoliatorem esse ignorabat (6); licet enim remedium canonis Pontificii (7) detur adversus possessorem bonae fidei, attamen hujus conditio eatenus saltem digna est, ut ipsi succurratur, si in promptu docere possit se a domino emisse. Si autem ita servatur, cum quis agit remedio juris Pontificii, multo magis id ita obtinere debet in interdicto *unde vi*, quod minus pingue esse norunt omnes, atque mox demonstraturi sumus.

§ 1426. Idem dicendum ex Sabaudi Senatus placito tradit Faber; si bonae fidei possessor, qui ex Pontificio canone (8) convenitur, objiciat praescriptionem decennii inter praesentes, vel vicennii inter absentes, et probet justam fuisse auctoris sui possessionem, nec tamen probare in promptu id posit, sed tantum per testes, vel per instrumenta, quae ad manus non habeat (9); etenim juris pontificii auxilium (§ praeced.), non nisi triginta utique annorum praescriptione excluditur, exemplo caeterarum actionum personalium (10); sed longi temporis praescriptio sufficit ad acquirendum dominium rei immobilis; quo per auctorem acquisito, tutus esse debet; qui non spoliavit.

§ 1427. Favore quoque possessoris pronunciandum, si interdicto recuperandae possessionis unde vi conventus objiciat, rem sibi venditam fuisse ab actore, vel ab eo, cui auctor haeres extitit (11); nec enim dici potest spoliatus, qui voluntate sua, vel ejus, cujus factum praestare tenetur (12) possessionem amisit. Idem sentit Ab-Ecclesia dicendum, si de spolio quis quaeratur in judicio petitorio, vel si Princeps jubeat, de petitorio simul, et possessorio cognosci (13).

§ 1428. Eadem est caussa possessionis, qua quis alleget se possidere auctore praetore (14); cum juste possidere praesumatur, qui possidet auctore judice (1): vel si in promptu appareat, fundum a spoliato retrovendi debere spoliatori; ne inanes circuitus fiant (2). Articulos ad caussam petitorii spectantes admittendos esse in caussa possessorii, si indicium aliquid facere possint ad caussam possessorii roborandam, supra diximus (3).

§ 1429. Quodsi judicium redintegrandae possessionis longiores moras exigat, in promptu tamen quodammodo appareat de spoliatione, solet Senatus, ait Faber, pro actore vindicias dicere, ut ei pendente lite possessio restituatur (4); quamvis dici soleat, redintegrandae possessionis judicium summarium esse, atque possessorem, lite pendente, in possessione retinendum (5); aequius enim est, ut interim illi faveatur, qui titulum apparentiorem habet, quam ei, cujus titulus vitiosus videtur (6).

§ 1430. Hoc autem, subjicit laudatus Faber, tum maxime verum est, cum remedium recuperandae possessionis naturalis (7) proponitur simul cum interdicto retinendae possessionis civilis, quae cumulatio a pragmaticis admittitur (8); nec enim credendus est civilem possessionem amittere velle, qui sollicitus est de recuperanda naturali amissa; cum civilis possessionis pleniores sint, quam naturalis effectus.

§ 1431. Quemadmodum cumulari potest judicium recuperandae possessionis naturalis cum judicio retinendae possessionis civilis (§ praeced.), ita et admittitur cumulatio petitorii, et actionis, quae datur spoliato ad recuperandam possessionem, si consentiat spoliatus (9); ita tamen, ut de possessione primum pronuncietur (10), tum agenti petitorio eadem res, et possessio restituatur. Quod si unus ex litigantibus caussam habeat vincendi in petitorio, alter in possessorio, quia primus probet possessionem, secundus dominium, litis impensae compensari solent (11).

§ 1432. Plane interdictum recuperandae possessionis potest esse subsidiarium, ut vocant, interdicto retinendae, cum saepe dubitetur (12), an qui in sua possessione turbatur, spoliatus sit, nec ne (13); sed non e contrario (14); ex quo enim quis allegat, se spoliatum, possessionem animo

(1) Fab. Cod. hoc tit. lib. 8, tit. 3, definit. 29; Ab-Eccles. observ. 198, n. 10 et 11.

(2) l. *Si de vi* 37 ff. *De judic.* (5, 1).

(3) l unic. Cod. *Si de momentan. possession. fuerit appellat.* (7, 69).

(4) Fab. Cod. hoc tit. lib. 8, tit. 3, definit. 30.

(5) l. *Procurator* 11 § 1 ff. *De dol. mal. et met. exception.* (44. 4).

(6) Fab. Cod. hoc tit. def 31 in princ.

(7) can. *redintegranda* 3 et seq. causs. 3, quaest. 1.

(8) Fab. Cod. hoc tit. lib. 8, tit. 3, definit. 31, n. 2 et seqq.

(9) l. *Sicut in rem* 3 Cod. *De praescription. XXX vel XL annor.* (7, 39).

(10) princ. Instit *De usucapionib.* (2, 6).

(11) Fab Cod. hoc tit. lib. 8, tit. 3, def. 38.

(12) l. *Ex qua persona* 149 ff. *De reg. jur.* (50, 17).

(13) Ab-Eccles. d. observ. 198, n. 11 et 12; Thesaur. decis. 15 in fin. †.

(14) Fab. Cod. hoc tit. def. 39, n. 5.

(1) l. *Juste possidet* 11 ff. *De acquir. possession.* (41, 2).

(2) Fab. Cod. hoc tit. def. 9; l. *Dominus testamento* 53 ff. *De condict. indebit.* (12, 6).

(3) V. vol. III, lib. 4. § 1321, pag. 413.

(4) Fab. Cod. hoc tit. lib. 8, tit. 3, def. 42 in princ.

(5) l. 1 § 1 et pass. ff. *Uti possidetis* (43, 17).

(6) d. l. 1 in princ.

(7) Naturalis est rei detentio citra jus, et affectionem domini, quibus competit colonis, creditoribus hypothecariis usufructuariis. V. vol. I, lib. 1, pag. 383, § 2420 et 2421.

(8) Fab. Cod. hoc tit. lib. 8, tit. 3, d. def. 42 in med.

(9) Ibid. Cod. *De ordin. cognition.* lib. 3, tit. 7, def. 7 in princ.

(10) l. penult. Cod. *De interdict.* (8, 1).

(11) Fab. Cod. d. def. 7 prop. fin.

(12) Ibid. Cod. hoc tit. lib. 8, tit. 3, definit. 37 in princ.

(13) l. *Vim facit* 11 ff. hoc tit.

(14) Fab. d. def. 37, n. 1.

amittit (1); adeoque de ea retinenda amplius agere non potest, prout supra diximus (§ 1416 et seqq.).

§ 1433. Quinimmo placuit Sabaudo Senatui, cumulari posse actionem, quae adversus spoliatorem competit ex jure Pontificio (2) cum restitutione in integrum, dummodo haec ex abundanti petatur adversus contractum ipso jure nullum, prout passim fieri solet (3), puta quia laesio enormissima intervenerit, seu ultra bessem, quae dolum re ipsa continere judicatur (4).

§ 1434. Sane spoliator, qui condemnatus fuerit, si preces Principi afferat adversus Senatusconsultum, atque interim petat, se retineri in possessione fundi ex novo jure, puta quod pro dote materna fuerit obligatus, adjecta constituti clausula, audiendus non est, ait Faber, nisi prius possessione cadat (5); prius enim sententiam Senatus exequi debet; quam ex nova caussa, de cujus veritate nondum appareat, eadem retractetur si tamen in promptu de novo jure suo edoceat, ad inanes circuitus vitandos audiri potest, prout in casu non plane absimili tradit idem Faber (§ 1428).

§ 1435. Interdicto unde vi petitur, ut restituatur possessio rei immobilis (6) una cum fructibus ab eo die quo quis dejectus fuit (7), et omni lucro, quod habiturus fuisset (8), atque ut reficiatur damnum omne, quod ex dejectione passus est (9): fructuum, inquam, tum perceptorum, tum percipiendorum (10), cum dejiciens malae fidei possessor sit (11).

§ 1436. Id autem, quod interest, dejecto restituendum est jure Romano, si modo intra annum agat (12), cum interdictum *unde vi* annale sit (13), non secus ac alia pleraque interdicta (14): post annum vero dejicientem nonnisi, quatenus ad eum pervenit, conveniri tradunt Romani jureconsulti (15). Non dubium tamen, quominus dejiciens ad haec teneatur, et usque ad triginta annos conveniri possit, non quidem interdicto *unde vi*, sed actione in factum; quae triennio durat, prout et caeterae personales actiones (16), vel remedio canonis Pontificii, quod spoliatis datur (§ 1426).

(1) l. *Si quis vi* 17 § 1 ff. *De acquirend.* (41, 2).
(2) cap. *redintegranda* 3, causs. 3, quaest. 1.
(3) Fab. Cod. hoc tit. lib. 8, tit. 3, definit. 8, n. 9 et seqq.
(4) l. *Si quis, cum aliter* 36 ff. *De verb. oblig.* (45, 1).
(5) Fab Cod. hoc tit. lib. 8 tit. 3, def. 15.
(6) l. *Vi pulsos* 2 Cod. hoc tit.; l. 1 princ. et §§ seqq. ff. hoc tit.
(7) d. l. 1 § *ex die* 40.
(8) d. l. 1 § *non solum* 41.
(9) d. l. 1 § *qui vi dejectus* 31.
(10) Fab. Cod. hoc tit. lib. 8, tit. 3, def. 23.
(11) l. *Si de possessione* 4 Cod. hoc tit.
(12) l. penult. ff. *De interdict.* (43, 1).
(13) l. 1 princ. et § *annus* 39 ff. hoc tit.
(14) l. 1 § ult. ff. *De interdict.*
(15) d. l. penult. ff. *De interdict.*
(16) l. *Sicut in rem* 3 Cod. *De praescript. XXX vel XL annor.* (7, 39).

§ 1437. Sane spoliatus, qui a judice in possessionem suam restitui jussus fuit, satis restitutus videtur, si eum fundum, patiente spoliatore, alteri locaverit; et multo magis, si spoliator eundem fundum a primo conductore ipse conduxerit (1): tum quia nihil refert, utrum quis possessionem alteri tradiderit, an ipsius voluntate alter eandem adeptus sit (2); tum quia conductor, non suo, nec primi conductoris, sed locatoris nomine possidet (3).

§ 1438. Qui vi e possessione rei immobilis dejectus fuit, in eam restituitur, cum fundi dominus est; sed si spoliator fundi dominium habeat, supra diximus (§ 1405), in poenam illatae vis, dominio privari (4); aestimationem vero praeter rem, si haec sit aliena (5). Ab hac autem poena, neque sexus fragilitas, neque dominii communio eximit violentum invasorem (6).

§ 1439. Postremo in hac re monemus cum Fabro; eum, qui per interdictum, aut alia quacumque ratione judicis sententia restitutus est *in eum statum, in quo antea fuit*, cogendum non esse, ut ante omnia doceat de illo statu; cum possit deinceps docere; quia verba illa sententiae causaliter potius, ut loquuntur, seu ad demonstrandam restitutionis caussam, quam conditionaliter adjecta praesumuntur (7).

§ 1440. Antequam huic argumento finem imponamus, quaedam ducimus adjicienda de remedio, ut ajunt pragmatici, juris Pontificii, quod spoliatis etiam usu fori apud plerasque gentes probato (8) datur, atque interdicto *unde vi* pinguius est. *Redintegranda sunt omnia expoliatis vel ejectis Episcopis ...., et in eo loco, unde abscesserunt, funditus revocanda quacumque conditione temporis, ut captivitate, aut dolo, aut violentia majorum, aut per quascumque injustas caussas res Ecclesiae, vel proprias, aut substantias suas perdidisse noscuntur* (9). Huic sanctioni aliquid adjecit Innocentius III in generali Lateranensi Concilio, atque decrevit, ut spoliatus, non tantum adversus spoliatorem, sed et adversus tertium possessorem, in quem res vi erepta fuerit translata, agere possit de possessione recuperanda, licet in promptu dominii probationes non habeat (10).

§ 1441. Igitur juris canonici auxilium vim suam exerit non tantum in rebus immobilibus, prout interdictum *unde vi* (§ 1396), sed atiam

(1) Fab Cod. hoc tit lib. 8, tit. 3, def. 14.
(2) l. *Si ex stipulatione* 5; l. *Fundi* 33 ff. *De acquirend. possession.* (41, 2).
(3) l. *Si quis ante* 10; l. *Si colonus* 31 ff. eod. tit.
(4) l. *Si quis in tantum* 7 Cod. hoc tit. § *recuperandae* 6 Instit. hoc tit.
(5) d. § 6 Instit. hoc tit.
(6) Fab. Cod. hoc tit. lib. 8, tit. 3, def. 28 in princ.
(7) Ibid. def. 36
(8) Voet in *Pandect.* hoc tit. n. ultim.
(9) can. *redintegranda* 3, causs. 3, quaest. 1.
(10) cap. *saepe contingit* 18 extra Decret. Greg. *De restitution. spoliator.* (2, 13).

in mobilibus; cum *omnia* expoliatis, vel dejectis redintegranda praescribantur (§ praeced.): atque etiam in beneficialibus (1), nisi in promptu appareat de notorio non jure spoliati (2).

§ 1442 Praeterea interdictum *unde vi* tantum competit adversus dejicientem, non adversus tertios fundi possessores, qui a dejiciente caussam habeant (§ 1427): juris Pontificii sanctio complectitur possessores quoscumque, sive mediate, sive immediate rem consecuti fuerint a spoliatore, tametsi bonae fidei sint, et titulo muniti (3); cum lex non distinguat (4), si modo spoliatus probet se possedisse (5); cum possessio res facti sit, atque fundamentum, ut ajunt, intentionis (6) Alii tamen aliter sentiunt (7).

§ 1443. Potiori ratione convenitur actione spolii, qui titulo irrito, et nullo nititur, puta qui possideat ex subhastationibus contra statuti formam factis (8): nisi creditor possideat ex anteriori jure hypothecae, de quo in promptu constet, potissimum si constituti clausula munitus sit (9): etenim anterior hypotheca jus retentionis tribuit, cum immo ob pecuniam chirographariam pignus retineri possit (10); clausula autem constituti, qua fit, ut a debitore ipso possessionem habuisse censeatur (11), profecto impedit, ne possessio ei auferenda sit praetextu juris posterioris.

§ 1444 Denegatur quoque, ait Faber, Pontificii juris auxilium adversus eum, qui possidet auctore praetore (12), quippe qui nec vi, nec clam, nec precario possidere intelligitur, immo justo titulo, et bona fide possidere. Verum ratio haec parum probat, cum possessor ipse bonae fidei, et justo titulo munitus spolii actione teneatur ex eodem Fabro (§ 1442); atque adversus decretum judicis, summo jure inspecto, competere possit actio spolii (§ 1407) quamquam a judicis sententia ex usu fori in hoc casu appellandum est (d. § 1407).

(1) d. can. 3, causs. 3, quaest. 1; ubi de Episcopis spoliatis, et rebus Ecclesiae mentio fit; Fab. Cod. hoc tit. lib. 8, tit. 3, def. 3 et 4.

(2) Fab. d. def. 3. n. 3.

(3) Fab. Cod. hoc tit. lib. 8, tit. 3, def. 1, n. 6 et seqq. et def. 26.

(4) d. cap. *saepe contingit* 18 extra Decret. Greg. *De restitut. spoliator.* (2. 13).

(5) Fab. Cod. hoc tit. def. 5.

(9) l. *Ab ea parte* 5 ff. *De probat.* (22, 3).

(7) V. Ab-Ecles. observat. 199. n. ult. †; ubi post Osasc. decis. 93; tradit non dari hoc remedium contra possessorem bonae fidei titulo munito, et caussam habentem a possessore titulo quoque instructo, sed adversus eum petitorio agendum esse: sed Fabro consentit Thesaurus dec. 29. n. 2. nisi possessor hic per 10 annos inter praesentes, 20 inter absentes possiderit.

(8) d. can. 3. causs. 3, quaest. 1; Fab. Cod. hoc tit. lib. 8, tit. 3, def. 22 in princ.

(9) Fab. d. def. 22, n. 5 et seqq.

(10) l. unic. Cod. *Etiam ob chirographar. pecun.* (8, 27).

(11) l. *Quod meo* 18 ff. *De acquirend. possession.* (41, 2).

(12) Fab. Cod. hoc tit. lib. 8, tit. 3, def. 24; Ab-Ecles. observat. 199, n. 5 †.

§ 1445. Qui alium spoliavit rebus mobilibus, si deinceps ab eodem spolietur, objici ei potest exceptio contrarii spolii (1): sed exceptio haec non habet locum in feudis, nec in rebus Ecclesiasticis (2); quia tum feuda, tum res Ecclesiasticae tamquam publici juris considerantur, ideoque favorabiliorem caussam habent (3): sicuti nec objici potest, nisi quis dicat, se spoliatum ab actore (4), non ab alio.

§ 1446. Praeter rem ipsam accessiones quoque principalis naturam sequentes (5), seu fructus spoliato restituendi sunt tum percepti, tum percipiendi, et omnis caussa (6), ut diximus de interdicto *unde vi* (§ 1435). Quod si caussae, et fructuum liquidatio longiorem temporis moram postulet, atque urgeat spoliator, statim restitui debet, quod certum, et liquidum est, pro reliquo satisdandum (7): atque satisdatio interim sufficit, dummodo congruo loco, et tempore praestetur (8): congruo autem tempore oblata intelligitur satisdatio, postquam spoliator declaravit fructuum perceptorum quantitatem, atqua spoliatus huic assertioni fidem se habere nolle protestatus est (9); si enim ambo consentiant, non satisdatione, sed solutione opus est, possessor bonae fidei justum habens titulum restituit tantum fructus post litem motam perceptos (10).

§ 1447. Spoliator ita restituit fructus a se perceptos, ut nunquam eos recepturus sit; puta si una eademque sententia pronunciatum sit super possessorio in favorem spoliati, et super petitorio favore petitoris (prout fieri aliquando posse supra diximus (§ 1431)) deficiente spoliato in probatione dominii, quod in judicio vindicationis plene probandum est (11), fructus omnes, qui spoliato restituendi sunt, pleno jure ad eum pertinent sine onere restitutionis, cum in spolii poenam adversario eos restituere teneatur (12): excipiantur dumtaxat fructus percepti post litem super petitorio contestatam, quia a die litis contestatae, si spoliatus non fuisset malae fidei pos-

(1) cap. 1 extra *De restitut. spoliator.* in 6 Decret. (2, 5); Fab. Cod. hoc tit. lib. 8, tit. 3, definit. 40 in princ. et in not.

(2) Fab. d. def. 40. n. 1 et seqq.

(3) auth. *res, quae* post l. 3 Cod. *Commun. de legat. et fideicommiss.* (6. 43).

(4) d. cap. 1 extra *De restitut.* spol. in 6 Decret.; Fab. d. def. 40 in fin.

(5) cap. *gravis* 11 extra Decr. Greg. *De restitut. spoliat.* (2, 13); Fab Cod. *De ordin. judic.* lib. 3, tit. 7, def. 10 in princ.

(6) l. *Statuliber* 5 ff. *Statuliber.* (40, 7); Fab. d. definit. 10, n. 1.

(7) argum. l. *Si soluturus* 39 ff. *De solutionib.* (46, 3); Fab. d. def. 10 in fin.

(8) Fab Cod. eod. tit. def. 11.

(9) l. *Si convenerit* 26 ff. *De re judicata* (42, 1).

(10) Thesaur. decis. 29, n. 8 † et in addit. litt. C †.

(11) l. ult. Cod. *De rei vindicat.* (3, 32).

(12) Fab. Cod. *De ordin. cognit.* lib. 3, tit. 7, def. 8 in princ.

sessor fuisset factus, atque ita ad fructus restituendus obligatus (1).

§ 1448. Ergo, ut cum eodem Fabro prosequamur, quod traditur, quoties petitorio simul, et possessorio actum fuit, prius quidem pronunciandum esse super possessorio, sed petitorium prius executioni demandandum esse (2), eo tantum casu verum est, quo et petitorium absorbeat possessorium, et in utroque eadem persona vincit; cum enim conventus possessorio agere petitorio nequeat, nisi adversarius consentiat, si autem consentiat, et unus in possessorio, alter in petitorio vincat (§ praeced.), et prius de possessione pronunciandum est, et prius quoque executioni mandanda sententia, tametsi petitorium tale sit, quod absorbeat possessorium (3), prout plerumque absorbeat.

§ 1449. Actio spolii exemplo caeterarum actionum personalium (4) triginta annis finitur etiam adversus ipsum spoliatorem, salva dominii quaestione in longius tempus (5) ob malam auctoris fidem (6), nisi lex municipalis aliud statuat (7), vel medio tempore spoliatus agere non potuerit, puta prohibente jure patriae potestatis (8), vel maritali reverentia (9).

§ 1450. Porro fructus, licet in hanc actionem venire soleant (1446), non debentur, nisi a die, quo mortuus est pater, si hic, qui eos jure suo percepturus erat (10), venditioni consenserit, sed debebuntur pro eo tempore, quo vixit maritus, si is non petierit, immo eo etiam vivente, dummodo non petat (11); praesumitur enim illos non petere, ut faveat uxori potius, quam injusto possessori (12).

§ 1451. Postremo in hac re monemus, prout jam innuimus, cessare spolii actionem, si in promptu appareat de non jure spoliati: puta clericus jam sponte renunciaverit beneficio (13): vel mulier, quae a marito discessit, atque ita sui spolium ei fecit, odium capitale mariti alleget (1): vel impedimentum dirimens, de quo facile constare possit (2).

(1) l. *Sed et si lege* 25 § *si ante* 7 ff. *De haeredit. petition.* (5, 3); Fab. d. def. 8, n. 5 et 6.

(2) cap. *cum dilectus* 6 extra Decret. Greg. *De causs. possession. et proprietat.* (2, 12).

(3) argum. cap. *cum Ecclesia* 3 extra Decret. Greg. eod. tit.; Fab. Cod. *De ordin. cognit.* lib. 3, tit. 7, d. def. 8, n. 7 et seqq.

(4) l. *Sicut in rem* 3 Cod. *De praescript. XXX vel XL annor.* (7, 39).

(5) Fab. Cod. hoc tit. lib. 8, tit. 5, def. 1 in princ.

(6) cap. *possessor* 2 extra *De reg. jur.* in 6 Decret.

(7) V. *Reg. Constit.* lib 5, tit. 18, § 1.

(8) l. 1 § ult in fin. Cod. *De annal. except.* (7, 40); Fab. Cod. hoc tit. def. 25 in princ.

(9) l. *In rebus* 30 versic. *omnis autem* Cod. *De jur. dot.* (5, 12).

(10) l. *Cum oportet* 6 Cod. *De bon. quae liber.* (6, 61).

(11) Fab. Cod. hoc tit. lib. 8, tit. 3, d. definit. 25, n. 6 et seqq.

(12) argum. l. *Vir usuras* 54 ff. *De donat. int. vir. et uxor.* (24, 1).

(13) cap. *accepta* 3 extra Decret. Greg *De restitut. spoliator.* (2, 13).

TITULUS XXXVI.

UTI POSSIDETIS, SEU DE INTERDICTO RETINENDAE POSSESSIONIS

Instit. lib. 4, tit. 15 *De interdictis.*
Digest. lib. 43, tit. 17) *Uti possidetis.*
Cod. lib. 8, tit. 6)

SUMMARIA

§ 1452. Interdictum uti possidetis eo tendit, ut quisque possessionem rerum immobilium retineat. Quid de mobilibus? — § 1453. Quae sint de hoc interdicto investiganda? — § 1454 et 1455. Interdictum uti possidetis competit etiam pro servitutibus. An pro jurisdictione, censibus, beneficiis et similibus? Quid de litteris salvae guardiae? — § 1456. In interdicto hoc de sola possessione quaeritur, non de illius justitia. — § 1457. Agens interdicto uti possidetis probare debet possessionem suam, et turbationem adversarii. — § 1458 et 1459. Colonis non competit hoc interdictum; utique creditoribus hypothecariis. An et haeredi, vel legatario? — § 1460. Competit hoc interdictum adversus eos, qui facto possessionem turbant, animo ejus apprehendendae. — § 1461 ad 1463. Quid si duo eandem rem in solidum se possidere contendant? — § 1464. Titulus prodesse potest, cum uterque possessionem ejusdem temporis allegat. — § 1465. Possessionis aestimatio eadem non est, ac proprietatis. — § 1466 et 1467. Fructus an, et quatenus veniant in interdicto uti possidetis — § 1468. Quid si post litem contestatam perempta sit instantia, actoris culpa, et rursus instaurata. — § 1469. An competat hoc interdictum pro annua praestatione? — § 1470. Possessio decem annorum sine titulo sufficit in interdicto uti possidetis pro annuis praestationibus, nisi obstet juris praesumptio. — § 1471 et 1472. Possessorium dividitur a pragmaticis in plenarium et summarium, vel summarissimum. — § 1473. Possessorium summarium qua ratione possit a summarissimo discerni. — § 1474. Possessorium summarium, seu summarissimum variis apud diversos populos nominibus donatur. Quae sint haec nomina? — § 1475. Qui experiantur judicio summarissimo? — § 1476. Possessorium plenarium duplex est pro diversitate possessionis. — § 1477. Sententia, quae fertur in possessorio plenario definitive vim habet: atque ideo solemnia judicii in eo desiderantur. — § 1478. Posses-

(1) cap. *ex transmissa* 8 extra Decret. Greg. eod. tit.

(2) l. *Litteras tuas* 13 extra Decret. Greg. eod. tit.

sio solo non sufficit in beneficialibus; nisi adsit titulus saltem coloratus. Quid de feudis? — § 1479. *Possessio titulo vim, et interpretationem capit.* — § 1480. *Dominii exceptiones facilius admittuntur in possessorio plenario, quam in summario. An utrumque simul jungi possit?* — § 1481. *Possessorio sumarissimo quocumque tempore, et quacumque judicii parte agi potest.* — § 1482 et 1483. *In possessorio plenario graviores, quam in summario probationes requiruntur.* — § 1484. *Appellatio in summarissimo possessorio sententiae executionem non suspendit.* — § 1485. *Possessio trium annorum non sufficit in interdicto uti possidetis, si de titulo non constet, vel titulus excludat animum possidendi.* — § 1486. *Retentio possessionis aliquando conceditur in libello citationis, si res dilationem non patiatur, vel timeantur tumultus.* — § 1487. *Interdictum utrubi pro mobilibus exaequatum est interdicto uti possidetis pro immobilibus.*

§ 1452. Interdictum uti possidetis ita dictum a primis edicti praetorii verbis comparatum est ad tuendam possessionem, seu eo tendit, ut quisque retinere possit possessionem, nec ei ab altero eripiatur (1): possessionem, inquam, rerum immobilium (2); pro rebus vero mobilibus datur interdictum utrubi (3).

§ 1453. De hoc interdicto caeterorum exemplo inquirendum. 1. Quibus in rebus locum habeat. 2. Quibus competat. 3. Adversus quos. 4. Ad quid tendat. Postremo expendemus, an, et quatenus scita Romanorum prudentum, et legumlatorum hodiernis fori moribus serventur; neque enim novum est, mutatis rerum, personarum, atque temporum adjunctis, alia quoque jura constitui, et recipi debere.

§ 1454. Interdictum, de quo agimus, non competit, uti jam innuimus (§ 1452), nisi pro rebus immobilibus, vel quae immobilibus comparantur, veluti usufructu, et usu (4): immo etiam competere videtur pro servitutibus praediorum (5): quia generatim tradit Javolenus, interdicta quasi possessoria constituta esse pro via, aliisque juribus lundi (6): atque ideo publiciana actio datur aeque pro servitutibus praediorum, ac pro personalibus (7); et Ulpianus, dum interdictum uti possidetis accomodat illi, qui prohibeatur, qualiter velit suo uti (8), satis innuit, et pro tuenda servitute ei locum esse debere, ut praeparatorium sit actionis confessoriae, et negatoriae, cujus utriusque par ratio est (1).

§ 1455. Nec absurdum putat Voet (2), interdictum uti possidetis extendere ad jurisdictionem, census, beneficia Ecclesiastica, munera publica, honores, et similia (3). Sane, cum harum rerum quasi possessio perinde sit, ac si servitutum sive personalium, sive praediorum, nihil impedire videtur, quominus idem jus de illis statuatur, ac de servitutibus (§ praeced.): maxime quia aequitas quoque in his postulat, ut quisque in sua quasi possessione retineatur, nec ab alio perperam turbetur (§ 1452). De salvaguardia, ut ajunt, quae a Principe ad tuendam possessionem aliquando conceditur, late agunt Ab Ecclesia, et Thesaurus (4).

§ 1456. Interdictum uti possidetis competit illis, qui possident, dummodo nec vi, nec clam, nec precario possideant ab adversario; licet a tertio vi, clam, vel precario teneant (5); non enim hic quaeritur de justitia possessionis adversus caeteros, sed de possessione sola; qualiscumque enim possessor, scite ait Paulus, *hoc ipso, quod possessor est, plus juris habet, quam ille, qui non possidet* (6); et cui nec vi, nec clam, nec precario ablata possessio est.

§ 1457. Cum ergo possessio ad hoc interdictum requiratur (§ praec.), eaque res facti sit, agenti illius probandae necessitas incumbit (7), tamquam intentionis fundamenti (8): sed insuper probanda est turbatio, ut ajunt, ex parte alrius (9), perperam quis confugeret ad praetoris auxilium, ut se defendat ab eo, a quo in possessione non turbatur. Leviores tamen in hoc interdicto possessionis probationes sufficiunt (10).

§ 1458. Hinc denegatur interdictum hoc colonis, procuratoribus, et similibus, quia non sibi, sed dominio possident: creditoribus, aliisve in possessionem missis custodiae caussa (11); utique vero competit creditoribus hypothecariis, non secus ac interdictum unde vi (12); quia hi, excepta usucapione, sibi possidere intelliguntur (13). Haeres hoc interdicto ex Romanarum legum sententia non utitur; quippequi adeundo haereditatem jura quidem omnia consequitur, non tamen pos-

(1) l. 1 § *est igitur* 4 ff. hoc tit.; § *retinendae* 4 Instit. hoc tit.

(2) d. § 4 in med.; d. l. 1 id princ. et § 1 ff. hoc tit.

(3) d. § 1 in med. Instit.; l. unic. § 1 ff. *Utrubi* (43, 31).

(4) l. ult. ff. hoc tit.

(5) Voet in ff. hoc tit. n. 1.

(6) l. ult. ff. *De servitutib.* (8, 1).

(7) l. *Si ergo* 11 § 1 ff. *De publician. in rem action.* (6, 2).

(8) l. *Sicut autem* 8 § *Aristo* 5 ff. *Si servit. vindicet.* (8, 5).

(1) l. *De servitutibus* 2 ff. eod. tit.

(2) Voet in ff. hoc tit. n. 1 in fin.

(3) argum. cap. *quaerelam* 24 extra Decret. Greg. *De election. et elect. potestat.* (1, 6).

(4) Ab-Eccles. observ. 155; Thesaur. decis. 132. V. infra § 1996.

(5) l. 1 § ult. ff. hoc tit.

(6) l. *Justa enim* 2 ff. hoc tit.

(7) l. *Quoties operae* 18 ff. *De probat.* (22, 3).

(8) l. *Ei incumbit* 2 ff. eod. tit.

(9) Fab. Cod. hoc tit. lib. 8, tit. 4, def. 8.

(10) V. vol. I, lib. 2, § 857, pag. 649; Osasc. decis. 55; ubi speciatim de beneficiis agit.

(11) l. *Si duo* 3 § *creditores* 8 ff. hoc tit.

(12) V. supra § 1402.

(13) l. *Servi nomine* 16 ff. *De usurpat. et usucap.* (41, 3).

sessionem, nisi eam apprehenderit (1). Sed, cum apud nos possessio a defuncto ipso jure transeat in haeredem sive testamentarium, sive legitimum (2), interdictum uti possidetis non tam ex propria, quam ex defuncti persona ei accommodandum videtur.

§ 1459. Cum retineri nequeat possessio, quae non tenetur, sponte fluit, interdictum uti possidetis denegari ei, qui possessionem numquam habuit, puta legatario, antequam rei legatae possessionem apprehenderit (3), vel amisit (4), sive proprio, sive alieno facto; quamquam illud interest inter utrumque casum, quod alieno facto e possessione dejectus perinde habetur, ac si adhuc possideret, quoad possidendi, seu recuperandae possessionis jus (5), si tamen amissa tantum sit possessio civilis, sed retenta naturalis, puta debitor annuam praestationem, invito creditore, solvere cessaverit, hoc interdicto locus fit (6): possessio solo animo retinetur (7).

§ 1460. Conveniuntur hoc interdicto, qui se possidere, vel sibi deberi possessionem contendentes possessorem turbant, ne possessione sua pro arbitrio uti possit (8): turbant, inquam, factis, non minis tantum; his solis intervenientibus, injuriarum actio potius locum haberet, quam interdictum (9): quemadmodum etiam in eo casu, quo quis alterum turbet in sua possessione, sed ex audacia, et petulantia, non animo apprehendendae possessionis (10).

§ 1461. Sed quid dicendum, si duo se possidere contendant eandem rem in solidum? Distinguendum est, an eodem nitantur possessionis genere, an diverso: in postremo casu, nempe si quis alleget se possidere civiliter, alius naturaliter, prout contingit in viro, et muliere respectu dotis (11), uterque in sua possessione manutenendus est (12), ut per se patet: sed si eodem modo se possidere uterque alleget, rursus interest, utrum unus, ab altero vi, clam, vel precario possideat, nec ne; in prima specie vincit ille a quo vi, clam, vel precario possidet alter (13): in altera eadem est utriusque conditio, licet unus juste, alter injuste possideat (14), quia hic de possessione quaeritur; non de justitia possessionis (§ 1398), utique si caetera paria sint.

§ 1462. Conditionem utriusque possessoris aequalem esse dicimus, si caetera paria sint (§ praec.): alioquin videndum, utrum aequales sint utrinque probationes, nec ne, an eodem tempore uterque possessionem consecutus sit, an diverso; an uterque titulo nitatur, an unus tantum.

§ 1463. Si ergo uterque ex contendentibus eodem possessionis genere nitatur, sed alter possessionem suam melius probaverit, hic in possessione retinendus est (1); probatio fortior infirmiorem vincit (2): probationibus autem utrinque aequalibus, tempus possessionis inspiciendum traditur; ita ut vincat, qui antiquiorem possessionem pro se habet (3), etiamsi haec titulo munita non sit, nisi de beneficii possessione disceptetur (4); recentior possessio vitiosa in dubio praesumitur.

§ 1464. Sed titulus prodesse potest, si possessionem ejusdem temporis uterque alleget (5); unus vero titulo munitus sit, non alter ex contendentibus: quod si uterque titulum habeat, antiquior titulus recentiorem vincit (6); titulus antiquior in dubio praevalet recentiori, prout de possessione dicitur (§ praeced.).

§ 1465. Interdicto uti possidetis petit actor ne amplius in sua possessione turbetur, atque consequatur id, quod sua interest, possessionem turbatam non esse, adeoque possessionis aestimationem, non rei: cum aliud sit pretium possessionis, aliud rei ipsius, ut scite animadvertit Ulpianus (7): satisdatione ab actore, si ita judici videatur, praestanda de re pendente petitorio deteriore non efficienda; alioquin possessione in reum caventem transferenda (8): quemadmodum servatur in adjudicanda bonorum possessione ex Carboniano edicto (9).

§ 1466. Fructus quod attinet, si fingamus Titium in possessionis retinendae interdicto victorem extitisse; pro Sempronio autem deinceps pronunciatum fuisse in petitorio, distinguunt interpretes possessorium summarium a plenario. In possessorio summario victor, sed victus in petitorio, vel etiam possessorio plenario fructus omnes restituere debet, potius enim custodia bonorum, quam vera possessio data intelligitur per possessorium summarium (10).

(1) l. *Cum haeredes* 23 ff. *De acquir. possession.* (41, 2).
(2) *Reg. Constit.* lib. 5, tit. 5, § 1; V. vol. I, lib. 2, pag. 639, § 792.
(3) Fab. Cod. hoc tit. lib. 8, tit. 4, def. 2.
(4) l. 1 § *est igitur* 4 ff. hoc tit.; Fab Cod. hoc tit. def. 9 in fin.
(5) l. *Si quis ei* 17 ff. *De acquirend. possession.* (41, 2)
(6) Fab. Cod. hoc tit. d. def. 9.
(7) l. *Quemadmodum* 8; l. *Peregre* 44 ff. *De acquirend. possession.* (41, 2).
(8) l. *Si duo* 3 § *cum inquilinus* 3 et seqq. ff. hoc tit.
(9) argum. l. *Metum* 9 Cod. *De his, quae vi, metusve causs. fiunt.* (2, 20).
(10) l. *Injuriarum* 13 § ult. ff. *De injur.* (47, 10)
(11) l. *In rebus dotalibus* 30 Cod. *De jur. dot.* (5, 12).
(12) argum. l. *Si duo* 3 § *item videamus* 5 ff. hoc tit.
(13) d. l. 3 in princ.
(14) d. l. 3 in princ.

(1) Menoch. *De retinend. possession. remed.* 3 n. 718.
(2) l. *Imperatores* 29 § 1 ff. *De probationib.* (22, 3).
(3) cap. *Licet caussam* 9 extra Decret. Greg. *De probationib.* (2, 19).
(4) Menoch. d. loc. n. 730 et seqq.
(5) d. cap. *Licet caussam* 9 extra Decret. Greg. *De probat.* (2, 19); Ab-Eccles. observat. 188, n. 14; Thes. decis. 206 n. 15 †.
(6) Menoch. *De retinend. possess.* d. remed. 3, n. 733; et seqq.; Thes. decis. 206 in addit. littera *A*.
(7) l. *Si duo* 3 § ult. ff hoc tit.
(8) l. unic. Cod. hoc tit.; Paul. sentent. lib. 2, tit. 11.
(9) l. *De bonis* 6 § ult. ff. *De Carbonian. edict.* (37, 10). Quae caveantur edicto hoc, explicat. l. 1 ff. eod. tit.
(10) argum. l. *Si duo* 3 § *creditores* 8 ff. hoc tit.; Ab-Eccles. observ. 188, n. 11.

§ 1467. Si vero in possessorio plenario Titius vicerit, Sempronius deinceps in petitorio, nonnisi fructus tempore litis quoad petitorium contestatae existentes Titius restituit (1); quia ex sententia pro ipso lata in possessorio bonae fidei possessor habetur, adeoque consumptos fructus suos facit (2): sed a tempore litis contestatae in petitorio, in quo victus fuit, possessor malae fidei intelligitur, adeoque ad fructus etiam post id tempus consumptos restituendos obligatur, secundum generales juris regulas.

§ 1468. Si quaeratur, quid juris, si post litem contestatam perempta sit litis instantia, actoris culpa, et rursus instaurata, respondemus, non ex prioris, sed ex posterioris tantum contestationis die fructus extantes restituendos esse (3); nec enim mala fides per priorem litis contestationem, et postea desertam inducta videri potest; cum mala fides non praecise ex litis contestationem, sed sententia judicis pro actore lata vere inducatur, ut per se patet; alioquin fructus a convento restitui deberent, licet judex sui favore pronunciaret: quod absurdum omnino.

§ 1469. Monendum hic cum Fabro putamus pro praestatione annua, quae ex obligatione potius personali, quam ratione rei debetur, non competere interdicta possessoria, sed personali actione omnino agendum esse (4); non enim possideri intelligitur, ad quod consequendum sola competit personalis actio, prout requiritur in hoc interdicto (§ 1456). Sane interdictum uti possidetis ex communiori sententia non denegatur pro annua praestatione, quae ratione rei, et praedii debeatur (5).

§ 1470. In his porro annuis praestationibus, aliquot, puta decem annorum possessio sufficit sine titulo, et caussa ad obtinendum in possessorio, nisi obstet juris praesumptio; quo casu immemorialis possessio desideratur (6); etenim leviores probationes sufficiunt in possessorio judicio, utpotequod levioris momenti reputatur, praecipue si summarium sit (7); nec de alio quaerendum jubent Romanae leges, quam quis posterioribus annis, vel hoc anno possiderit (8).

§ 1471. Quae hactenus ex Romanis legibus de retinendae possessionis interdicto disputavimus, usu fori fere probantur; quibusdam tamen adjectis, vel paullisper immutatis; quae ideo breviter, sed dilucide exponenda sunt. Igitur pragmatici possessorium judicium distinguunt in plenarium et summarium, quibus aliqui addunt summarissimum: quamquam alii summarium a summarissimo possessorio non putant secernendum (1).

§ 1472. Plenarium possessorium illud dicitur quo possessio alicui plene adjudicatur, idest in perpetuum, donec adversa pars obtinuerit in petitorio (2): quare sententia super hoc possessorio lata vim definitivae habere censetur (3). Summarium vero possessorium illud est, in quo summatim cognoscit judex, et pronunciat, quis interim possidere debeat (4), donec in plenario possessorio res penitus discussa fuerit; atque sententia in hoc judicio lata vim definitivae non habet, sed interlocutoriae tantum, ut ajunt pragmatici (5).

§ 1473. Ex his patet, possessorium summarium vix differre a summarissimo: nisi forte quis malit, summarium appellare possessorium illud, quo uni possessio per aliquod non ita breve tempus adjudicatur, pro rei qualitate, et adjunctorum diversitate: summarissimum vero illud dicere, quod et momentaneum in jure vocatur (6), seu quo non tam possessio, quam detentio interim datur, donec cognoscatur de possessorio plenario: quaeque ex levioribus caussis concedi potest, et debet potissimum si tumultus timeantur (7).

§ 1474. Possessorium summarium, seu potius summarissimum, et momentaneum, prout modo explicavimus, variis apud diversas nationes nominibus donatur: Itali vocant *momentaneum decretum*, vel *tenutum*: Galli *recredentium*, prout etiam olim in marchia Salutiarum, quia possessio, ait Ab-Ecclesia, creditur obtinenti, vel quasi iterum creditur jam possidenti per judicis decretum: Hispani *interim*: Germani *fiduciariam*, sive *depositariam possessionem*: in Curia Romana, appellatur *mandatum de manutenendo* (8): apud alios *nova provisio* dicitur: apud veteres *judicium vindiciarium*, si quibusdam credimus, appellabatur (9).

§ 1475. Judicio summarissimo, seu momentaneo solent experiri, qui turbantur in possessione; ideo petunt alterum prohiberi, ne amplius turbet: atque regiis sanctionibus scite cautum est, ut in eo casu, quo quis vi, aut clam spolietur possessione, aut quasi possessione sua, si factum quocumque modo notorium sit, spoliatus

(1) Voet in ff. *De acquir. rer. domin.* lib. 42, tit. 1, n. 31 prop. fin; Ab-Eccles. d. observ. 188, n. 12 et 13.
(2) 3 *si quis a non domino* 35 Instit. *De rer. division.* (2. 1).
(3) Voet in ff. d. lib 41, tit. 1, n. 31 in fin.
(4) Fab. Cod. hoc tit. lib. 8, tit. 4, def. 10 in princ.
(5) d. def. 10, n. 1.
(6) Ibid. def. 5 in princ. et def. 7, cap. 1 extra *De verb. signif.* in 6 (5, 12).
(7) l. unic. Cod. *Si de momentan. possess. fuerit appellatum* (7, 69).
(8) l. 1 in princ. ff. hoc tit.; Fab. d. def. 5 in fin.

(1) Ab-Eccles. observ. 188, n. 1.
(2) Ibid. n. 2.
(3) Ibid. n. 3.
(4) Ibid. observ. 189, n. 1 et 2.
(5) Ibid. n. ult.
(6) l. unic. Cod. *Si de momentan. possess. fuerit appellat.* (7, 69).
(7) Ab-Eccles. d. observ. 189, n. 4.
(8) Ibid. n. 7.
(9) V. Menoch. *De retinend. possession.* remed. 3, n. 7 ad 10.

in pristinum statum restitui debeat sine processu, lite, aut dilatione, a judice, ad quem caussae cognitio spectat (1).

§ 1476. Quemadmodum possessorii summarii duae fingi possunt species, quarum una summarii nomen retineat, altera summarissimi, vel momentanei appellatione veniat (§ 1473); ita et plenarii duplex est genus, pro possessionis diversitate, quae rei plurium annorum est, vel immemorialis. Si judicium plenarium respiciat possessionem immemorialem, plenarium possessorium vel etiam petitorium appellari potest (2); quia de petitorio omnino cognoscendum est, si tanti temporis allegetur possessio.

§ 1477. Plenarium possessorium, utpote graviorie momenti, cum sententia, quae in eo fertur, definitivae vim habeat, ita ut reus nonnisi de petitorio amplius agere possit (3), plenas quoque probationes possessionis desiderat, cum duo ejus extrema sint, nimirum longa possessio actoris, et turbatio ex parte rei: atque in eo requiruntur libellus, litis contestatio, plena caussae cognitio, et alia solemnia judicii (4).

§ 1478. Sola utique possessio sufficit in profanis, ut quis interdicto retinendae possessionis vincat, licet titulum non habeat, cum haec possideri sine titulo possint; non autem in beneficiis, quae sine canonica institution epossideri nequeunt, adeoque titulus saltem coloratus requiritur (5); judex autem laicus de titulo tantum cognoscit, quatenus respicit possessorium, et ad justificandam possessionem incidenter non principaliter (6): atque idem dicendum de feudalibus, si contentio sit inter vassallum, et dominum; secus si inter duos privatos (7).

§ 1479. Plurimum tamen prodest tituli editio, et allegatio, etiamsi de profanis rebus, earumque possessione retinenda agatur, cum possessio a titulo vim, atque interpretationem capiat (8); atque, si duo de possessione contendant, qui titulum habet, praefertur alteri titulum non habenti, ut supra diximus (§ 1464), sicuti etiam prodest titulus, cum neuter possessionem suam probavit; sed alter exhibet titulum, pro quo pronunciatur (1); cum probabilius jus possidendi habeat.

§ 1480. Dominii exceptiones in possessorio plenario facilius admittuntur, quam in summario; cum ex plenario jus perpetuum acquiratur, donec in petitorio aliter definitum sit (§ 1477); maxime si possessio immemorialis allegetur (§ 1476), quae vim tituli habet; proinde si dominii exceptiones in promptu reus probare possit: ex regula pragmaticorum, juxta quam de petitorio cognoscendum est, quoties possessorium absorbet, admittendae, et expendendae sunt; alioquin rejiciuntur, si altiorem indaginem requirant (2). Sed vix admittuntur dominii exceptiones in possessorio summario, quia in eo ultimus status attenditur (3). Sane ex rescripto Principis possessorium summarium cum plenario conjugi potest (4).

§ 1481. Si quaeratur, quibus casibus locus fiat judicio summarii, vel summarissimi possessorii, respondemus, hoc judicio agi posse, sive lis nondum coepta sit, sive jam contestata, et in quacumque parte judicii, non solum pendente petitorio, sed etiam possessorio plenario (5): cum immo optima praxis sit, scite monet post alios Ab-Ecclesia, ad effugiendas plenas probationes, vel processum in possessorio plenario, aut petitorio, intentare hoc remedium summarissimi possessorii, quod suspendit tam possessorium plenarium, quam petitorium (6).

§ 1482. Ex dictis patet, plenarium possessorium in pluribus differre a summario. Imprimis in judicio plenario deducuntur capitula ad probandam plurium annorum possessionem, atque testes super illis interrogantur, ut plene de ea constet (§ 1477): in summarissimo autem necessaria non est libelli oblatio, nec solemnis litis contestatio, sed summarie probata possessione judex definit, quis in possessione retineri debeat (7): leviores admittuntur probationes per testes deponentes de fama publica, vel etiam singulares, nec permittitur reprobatio testium, nec est necessarium jusjurandum in supplementum probationis (8).

§ 1483. Quinimmo, subjicit idem Ab-Ecclesia, sufficiunt in possessorio summario inquisitiones, et depositiones extra iudicium, et parte non citata captae, dummodo in actis producantur, et quibusdam indiciis adjuventur (9); quia et probanda semiplene saltem possessio est in praesenti, vel tempore litis motae; alioquin per-

(1) *Reg. Constit.* lib. 3, tit. 23, § 22.
(2) V. Ab-Eccles. observ. 191, n. 5.
(3) l. *Exitus* 35 ff. *De acquirend. possession.* (41, 2); Ab-Eccles. observ. 188, n. 3.
(4) Ab-Eccles. ibid. n. 4 ad 6 †.
(5) Ibid. n. 9 et seqq.
(6) Ibid. num. 12. V. et observat. 190; ubi exponit, quibus casibus judex laicus possit sequestrare fructus beneficii. V. et observat. 192. V. et Thesaur. decis. 117; ubi de caussa matrimoniali incidenter tractanda in possessorio a judice laico, et Osasc. decis. 116; Ab-Eccles. observat. 182; ubi de decimis, observ. 183; ubi de remediis possessoriis ex clausula constituti. Observat. 186; ubi de actionibus realibus inter laicum, et clericum in caussa discussionis bonorum, observat. 193, n. 1 ad 8; ubi de possessoriis beneficiorum.
(7) Ab-Eccles. obser. 187, n. 15.
(8) l. *Numquam nuda* 31 ff. *De acquir. rer. domin.* (41, 1).

(1) Ab-Eccles. d. observ. 188, n. 14; Thesaur. decis. 206, n. 15.
(2) V. vol. III, lib. 4. § 1321, et seqq. pag. 413.
(3) Ab-Eccles. observ. 189. n. 1.
(4) Cum princeps in iis, quae juris civilis sunt, dispensare possit. V. vol. III, lib. 4. § 1317, pag. 412.
(5) Ab-Eccles. observat. 189, n. 3.
(6) d. n. 3 in fin.
(7) Ibid. observ. 191, n. 1 ad 4.
(8) Ibid. n. 5, 6 et 7.
(9) Ibid. d. observ. 191, n. 8 ad 10.

peram quis contenderet in ea retineri (1), neque prosunt actus possessorii, qui liti caussam dederint (2). In incorporalibus sufficit probare quasi possessionem certi temporis, et proximi ante litem contestatam (3): immo in annuis praestationibus puta decimis, vel annua pensione, si solutio non fuerit denegata, nec quasi possessio interversa ab alio, qui eam occupaverit, retentio datur, quamvis per plures annos in solutione cessatum fuerit (4).

§ 1484. Differunt praeterea possessorium plenarium a summario, quoad in postremo restituuntur fructus omnes (§ 1466), puta non tam possessio, quam custodia per hoc judicium datur (§ 1473): in plenario vero fructus bona fide consumptos possessor retinet secundum generales juris regulas (§ 1467). Admittuntur quidem appellationes in utroque judicio, sed executio sententiae in summarissimo, seu momentaneo interim datur (5): senatus autem decernere solet, ut servetur, quod a tribus retro annis factum fuisse constiterit (6).

§ 1485. Postremo duo in hac re monenda putamus; primum est, aliquando in servitutibus possessionem trium annorum non sufficere ad obtinendum interdictum uti possidetis, si vel de titulo non constet, vel titulus excludat animum possidendi jure servitutis: puta si Titius, qui per agrum Sempronii ire agere vult, aliud iter aeque commodum habet, nec de servitute nullatenus constet: aut praesumptio sit, non servitutis, sed amicitiae, familiaritatis, consanguinitatis, aliove simili titulo itum fuisse; cum enim unaquaeque res in dubio libera praesumatur, probatio servitutum asserenti incumbit: nec ex domini scientia, et patientia satis inducitur servitutis praesumptio (7).

§ 1486. Alterum est, retentionem in possessione aliquando concedi in libello in jus vocationis, quoties nimirum de rebus gravioris momenti agitur, quae vix dilationem patiuntur; vel periculum est, ne tumultus fiant, quos bonus judex, quoad fieri potest, avertere debet.

§ 1487. Ab interdicto uti possidetis parum distat interdictum utrubi ita dictum a primo edicti praetoris verbo, quod ita effertur: *utrubi hic homo, quo de agitur, majore parte hujus anni fuit, quominus in eum ducat, vim fieri veto* (8). Interdictum hoc a Justiniano exaequatum fuit interdicto uti possidetis eo excepto, quod utrubi ad res mobiles pertinet, uti possidetis ad immobiles (§ 1452): quare non amplius datur ei, qui majori anni parte possedit, sed qui nec vi, ne clam, nec precario possidet litis contestatae tempore (1): atque Justiniani sanctionem pandectarum compilatores Ulpiano accommodarunt (2).

(1) l. 1 in princ. ff. hoc tit; Ab-Eccles ibid. n. 11.
(2) l. 1 § ult. ff. hoc tit.; Ab-Eccles. ibid. n. 14 †.
(3) Ab-Eccl. ibid. n. 15 †.
(4) Ibid. n. 16.
(5) *Reg. Constit.* lib. 3, tit 26, § 20.
(6) V. *Pratic. Legal.* part. 2, tom. III, pag. 202, § 36 et 37.
(7) V. *Pratic. Legal.* d. part. 2, tom. III, pag. 198, § 26 et seqq.
(8) l. unic. princ. ff. *Utrubi* (43, 31).

TITULUS XXXVII.

DE OPERIS NOVI NUNCIATIONE

Digest. lib. 39, tit. 1 *De nov. op. nunciat.*
Cod. lib. 8, tit. 11 *De nov. oper. nunciat.*

SUMMARIA

§ 1488 *et* 1489. *Cur de operis novi nunciatione hoc loco dicamus? Quod sit operis nunciatio?*—§ 1490 *et* 1491. *Edictum de nunciatione novi operis pertinet tantum ad opera solo conjuncta, et futura.* — § 1492. *Quae sint de operis novi nunciatione expendenda?* — § 1493. *Nunciatio novi operis permittitur cuilibet, si publicae rei damnum immineat.* — § 1494. *Nunciatio novi operis habere potest caussam naturalem vel publicam, vel impositiam.* — § 1495. *Quibus casibus liceat novum opus nunciare?* — § 1496. *Pupilli et mulieres novum opus publici juris tuendi caussa nunciare non possunt.* — § 1497 *et* 1498. *Nunciare novum opus ex privata caussa possunt omnes, quorum interest. Quid de pupillis, tutoribus, procuratoribus, inquilinis et colonis?* — § 1499. *Omnes novum opus, quo pluribus noceatur, nunciare debent.* — § 1500. *Nunciari novum opus potest omnibus, qui domini, vel operis nomine sunt in loco, in quo opus sit.* — § 1501. *Operis novi nunciatio publice, vel privatim verbis, aut jactu lapilli fieri potest.* — § 1502 *et* 1503. *Nunciatio fieri debet in ipso opere, vel in loco, ubi opus sit.* — § 1504. *Nunciatio feriatis etiam diebus fieri potest.* — § 1505. *Nunciatione novi operis facta cessandum est, nisi satisdatio offeratur, atque admittatur.* — § 1506. *Opus nunciatione contempta, licet jure factum, destrui debet.* — § 1507 *et* 1508. *Quid si faciens nunciationem ignoraverit?* — § 1509. *An haeres opus novum post nunciationem factum destruere suis impensis debeat?* — § 1510. *Ignorantia prodesse non debet odio illius, qui ex legum praescripto sibi consulit.* — § 1511 *et* 1512. *Opus novum in altero factum quis destruere non potest propria auctoritate; utique si in suo factum sit.* — § 1513 *et* 1514. *Cautio de destruendo novo opere aliquando admittitur. An datis fidejussoribus praestanda sit?* — § 1515 *et* 1516. *Quibus casibus admittatur cautio novi operis nomine?* — § 1517. *Satisdatio ex caussa novi operis etiam in secundo judicio offerri potest.* — § 1518. *Si nullum sit morae periculum, satidatio non admittitur.*

(1) § *retinendae* 4 in fin. Instit. hoc tit.
(2) d. l. unic. § 1 *Utrubi.*

— § 1519. *Cautio novi operis nomine praestanda est singulis, et a singulis.* — § 1520 et 1521. *Nunciatio novi operis cessat, praestita, vel oblata legitima satisdatione. Quid si res alienata sit, aut nuncians decesserit?* — § 1522 et 1523. *Remissione cessat vis denunciationis novi operis. An morte ejus, cui facta est?*

§ 1488. Cum operis novi nunciatio eo tendat, ut quis cesset ab opere jam coepto, ex quo damnum alteri immineat; atque ob id necessaria est praetoris auctoritas interdicentis, seu prohibentis, ne coeptum opus perficiatur, priusquam constiterit, an jure, an injuria fiat (1), saltem si quis novum faciens sponte cessare nolit, opportunus idcirco hic est dicendi locus de nunciatione novi operis.

§ 1489. Nunciatio novi operis describi potest prohibitio legitima facta ei, qui novum opus coepit; ut ab eo desistat, donec de jure constet. Legitimam prohibitionem dicimus, idest quae modo a legibus probato facta sit; eaque fit novum opus paranti, seu qui novum opus coepit; aedificando, vel detrahendo aliquid, ita ut pristina forma operis immutetur in damnum vicini (2): proinde ei, qui vetus aedificium fulciat, nunciari non potest, quia novum opus non facit, sed vetus sustinet (3): desinere autem debet is, cui novum opus nunciatur, non in perpetuum, sed donec constet, an jure, an injuria opus faciat, quo vicino damnum immineat (4).

§ 1490. Edictum hoc non ad omnia indistincte opera pertinet, sed ad ea tantum, *quae solo conjuncta sunt, quorum aedificatio, vel demolitio, videtur opus novum continere.* Verba sunt Ulpiani (5): *Idcirco placuit,* subjicit jureconsultus, *si quis messem faciat, arborem succidat, vineam putet, quamquam opus faciat, tamen ad hoc edictum non pertinere; quia ad ea opera quae in solo fiunt, hoc edictum pertinet* (6).

§ 1491. Nec opera jam facta complectitur edictum de novi operis nunciatione; sed tantum futura, quae vel jam coepta sunt, vel parata saltem: in operibus jam factis confugiendum est ad interdicta, quod vi, aut clam, ne quid in flumine publico, ripave ejus fiat, de itinere, actuque privato, de rivis, et similia, quae superius expendimus, quibusque obtinetur, ut restituatur, seu in pristinum statum reducatur, quod illicite actum est (7).

§ 1492. De operis novi nunciatione haec sunt investiganda. 1. Ex quibus caussis novi operis nunciatio permittatur. 2. Qui novum opus nunciare possint. 3. Quibus possit nunciari. 4. Quo tempore. 5. Quis sit nunciationis effectus. 6. Quibus casibus cesset nunciationis vis, seu opus novum, nunciatione non obstante, prosequi licet.

§ 1493. Opus novum nunciare licet, ait Ulpianus, *aut juris nostri conservandi caussa, aut damni depellendi, aut publici juris tuendi gratia* (1); praetor enim succurrit, tum ne quis juris sui diminutionem patiatur, tum ne damnum sentiat: atque, cum singulorum intersit, ea, quae publici juris sunt, intacta servari, nunciatio novi operis cuilibet permittitur, si per hoc publicae rei detrimentum immineat.

§ 1494. Triplicem quoque, sed non eodem omnino sensu, nunciationis novi operis caussam distinguit Pedius: videlicet naturalem, publicam, et impositiliam. Naturalis est caussa, cum libertatem rei nostrae a natura datam tuemur contra eum, qui aliquid in aedes nostras immittat, aut in solo nostro aedificet: publicam caussam habet nunciatio, cum per eam leges, Senatusconsulta, aut Principum constitutiones tuemur: postremo nunciatio fit ex caussa impositilia, seu quae ex onere hominum voluntate deposito descendit; cum quis, postquam servitutem fundo suo imposuit, quo jus suum diminuit, et alterius auxit, contra servitutem aliquid facit (2).

§ 1495. Non tamen novum opus nunciare licet, quoties ex novo vicini opere damnum sentimus, aut emolumentum nobis praeripitur; sed tantum, cum vicinus aliquid in nostro fundo facit, aut in suo quidem, sed quod per publicas leges, vel servitutis jus nobis constitutum facere prohibetur; alioquin locum habet regula, ex qua juris proprii executio injuriam non continet (3); nec enim justam habet vicinus congruendi caussam, cum alter in suo aliquid facit, ut sibi prosit, licet inde damnum sentiat: puta aedificet in suo, unde lumina vicini obscurentur (4): puteum in suo fodiat, atque rescindat venas alterius puteo aquam dantes (5). Plane non licet tam alte fodere, ut paries vicini stare non possit (6); publice interest, ne caussa ruinis detur.

§ 1496. Nuntiare novum opus possunt omnes, si publici juris tuendi caussa sit (7); interest reipublicae, plurimos, ad defendendam suam caussam admittere (8): excipiuntur pupilli (9), et mulieres; mulieri, et pupillo populares actiones non dantur, nisi cum ad eos res pertineat. Verba sunt Ulpiani (10).

§ 1497. In privatis vero caussis generatim nuntiare possunt omnes, quorum interest (11); adeoque non tantum illi, qui plenum habent dominium fundi, cui ex novo opere damnum im-

(1) l. 1 princ. ff. hoc tit.
(2) l. 1 § *opus novum* 11 ff. hoc tit.
(3) d. l. 1 § *si quis aedificium* 13.
(4) d. l. 1 in princ. ff. hoc tit.
(5) l. 1 § *hoc autem edictum* 12 ff. hoc tit.
(6) d. l. 12 prop. fin.
(7) l. 1 § 1 ff. hoc tit.

(1) l. 1 § *nunciatio* 16 ff. hoc tit.
(2) l. *De pupillo* 5 § *et belle* 9 ff. hoc tit.
(3) l. *Injuriam* 13 § 1 ff. *De injur.* (47, 10).
(4) l. *Proculus* 26 ff. *De damn. infect.* (39, 2).
(5) l. *Fluminum* 24 § ult. ff. eod. tit.
(6) d. l. 24 § ult. in fin.
(7) l. *In provinciali* 3 § ult. ff. hoc tit.
(8) l. *Nam reipublicae* 4 ff. hoc tit.
(9) l. *De pupillo* 5 ff. hoc tit.
(10) l. *Mulieri* 6 ff. *De popularibus actionibus* (47, 23).
(11) l. 1 § penult. ff. hoc tit.

minet, sed etiam usufructuario, saltem procuratorio nomine (1); quo cum uti non possit contra proprietatis dominum, nec ei potest novum opus nunciare; sed petere usumfructum ab eo debet, si ex novo opere deterior fiat usus fructus caussa (2). Superficiariis, atque emphyteusis nunciandi facultas competit (3), nec non creditoribus hypothecariis (4).

§ 1498. Pupillus, interveniente tutoris auctoritate, novum opus nunciare potest (5): eadem facultas competit tutoribus, et curatoribus impuberum, et adultorum nomine (6): procuratoribus quoque, dummodo de rato caveant (7): non inquilinis, nec colonis (8); quia non proprio, sed domini nomine, et jure possident (9).

§ 1499. Si pluribus dominis uno novo opere noceatur, ab omnibus nunciandum est; fieri enim potest, ut unus jure, injuria alter prohibere velit (10). Socium, cui per opus novum in re communi factum a socio noceatur in fundo proprio, nunciare non posse, tradit Ulpianus; rationem adjiciens, quia per judicium communi dividundo, vel per praetorem prohibere potest (11). Parum interest, quo juris remedio unusquisque indemnitati suae prospiciat.

§ 1500. Nunciatio novi operis ei fit, qui novum opus facit extruendo, destruendo, mutando, vel parat: atque, si plures sint ejusdem novi operis domini, uni nunciare non sufficit; quamquam, si unus ex dominis post nunciationem faciat, res haec caeteris non nocet, ne ex unius facto alii damnum sentiant (12). Neque tantum domino facta nunciatio valet, sed et omnibus, qui vel domini, vel operis nomine in loco fuerint, in quo opus fit; adeoque fabris, opificibus (13); etenim nunciatio non in personam, sed in rem est, adeoque etiam infanti, vel furioso, qui nunciationem factam intelligat (14).

§ 1501. Nunciatio novi operis vel publice, vel privatim fieri potest(15), publice nimirum adito praetore (16); qui jusjurandum calumniae exigere solet a nunciante proprio nomine (17), et cautionem de rato ab eo, qui alieno nomine nuntiat (18). Privatim aut verbis fit, aut jactu lapilli (1), quo continetur turbatio possessionis respectu ejus, qui novum opus facit (2). Aliquando tamen nunciationis appellatione sola significatur nunciatio verbis facta (3); prout fert stricta verbi significatio.

§ 1502. Nunciatio secundum Ulpianum in re praesenti fieri debet, idest in ipso opere, vel in eo loco, ubi opus fit (4): proinde nihil prodest, si alio in loco fiat: quod ita inductum, ut statim discedatur ab opere; nec quis facere pergat, quod forte destruendum erit (5): adeoque si in pluribus locis novum opus fiat, plures nunciationes singulis in locis necessariae sunt (6): atque si pro parte tantum novum opus nuntietur, pars haec sigillatim demonstranda est, ut sciat alter, ubi prosequi opus possit, ubi abstinendum sit (7).

§ 1503. Atque hinc recte sentit Paulus, cum, qui opus novum nuntiat, si quid jam factum sit, in testationem referre debere, ut appareat, quod postea fortasse factum erit (8): sumpto modulo, seu typo ex decreto praetoris, qui deinceps conferatur, nec ulla fraus fiat (9).

§ 1504. Quod ad tempus nunciandi novi operis pertinet, nihil singulare constitutum est; immo traditum, omnibus diebus eam fieri posse (10); adeoque etiam feriatis (11); non modo privatim, sed etiam publice, seu adito praetore; cum periculum in mora sit.

§ 1505. Nunciationis novi operis effectus est, ut statim ab opere coepto desistendum sit, nisi satisdatio offeratur, quae aliquando admittitur (12), prout infra dicemus. Quod si, nunciatione contempta, quis agere perrexerit, in pristinum statum restitui debet, quod post eam factum esse constiterit (13).

§ 1506. Nihil porro interest, utrum faciens jus faciendi habuerit nec ne; ex quo contra edictum praetoris fecit, destruere debet, atque in pristinum statum omnia restituere (14); nec enim quis potest propria auctoritate sibi jus dicere (15): neque prodest, quod jam agere coeperit, et litem contestatus sit, contendens jus sibi esse ita aedificatum habere (16); judicis decretum expectare debet, quo remissio nunciationis novi ope-

(1) l. 1 § ult. ff. hoc tit.

(2) l. *Si autem* 2 ff. hoc tit.

(3) l. *In provinciali* 3 § penult. ff. hoc tit.; junct. l. 1 § 1 ff. *Si ager vectigal. etc* (6, 3).

(4) l. *Creditori* 9 ff. hoc tit.

(5) l. *De pupillo* 5 ff. hoc tit.

(6) l. *Et si satisdationem* 7 § ult. ff. hoc tit.

(7) d. l. 5 § *qui procuratorio* 18 et ult.; d. l. 7 in princ. ff. hoc tit.

(8) l. *In provinciali* 3 § penult. ff. hoc tit.

(9) l. *Si quis ante* 10 § 1 ff. *De acquirend. possession.* (41, 2).

(10) l. *De pupillo* 5 § *si plurium* 6 ff. hoc tit.

(11) d. l. *In provinciali* 3 § 1 et 2.

(12) l. *De pupillo* 5 § *si plurium* 5 ff. hoc tit.

(13) d. l. 5 § *nunciari* 3; l. *Cuilibet* 11 ff. hoc tit.

(14) l. *Operis novi* 10 ff. hoc tit.

(15) l. 1 § *nunciatio* 2 ff. hoc tit.

(16) l. *De pupillo* 5 § *meminisse* 10 ff. hoc tit.

(17) d. l. 5 § *qui opus* 14.

(18) d. l. 5 § *qui procuratorio* 18.

(1) d. l. 5 § 10 ff. hoc tit.

(2) l. *Vi facit* 20 § 1 ff. *Quod vi, aut clam.* (43, 24).

(3) l. *In provinciali* 3 § 1 et 2; d. l. 5 § *meminisse* 10 ff. hoc tit.

(4) l. *De pupillo* 5 § *nunciationem* 2 et seq. ff. hoc tit.

(5) d. l. 5 § *si quis forte* 4.

(6) d. l. 5 § *si in pluribus* 16.

(7) d. l. 5 § *qui nunciat* 15.

(8) l. *Non solum* 8 § ff. hoc tit.

(9) d. l. 8 § *sed ut probari* 5; Fab. Cod. hoc tit. lib. 8, tit. 5, def. 2 in med.

(10) l. 1 § *item nunciatio* 4 ff. hoc tit.

(11) l. *eadem oratione* 2 ff. *De feriis* (2, 12).

(12) l. *De pupillo* 5 § *si quis forte* 4; l. *Non solum* 8 § *sciendum* 4 ff. hoc tit.

(13) l. *Praetor ait* 20 princ. et §§ seqq. ff. hoc tit.; Fab. Cod. hoc tit. lib. 8, tit. 5, d. def. 2. n. 4 et seqq.,

(14) d. l. *Praetor ait* 20 § 1 et § *ait praetor* 3 ff. hoc tit.

(15) l. *Non est singulis* 176 ff. *De reg. jur.* (50, 17).

(16) l. 1 § *sed si is* 7 ff. hoc tit.

ris fiat: atque publice interest, attentata ante omnia restaurari (1).

§ 1507. Quinimmo nec excusari putant aliqui eum, cui nunciatio novi operis legitime facta est, licet eam ignoraverit (2), puta quia fabris, opificibus facta sit (§ 1442); licet isti dominum certiorem nunciationis non fecerint; tum quia praetor generatim edicit restituendum esse in pristinum, quod post nunciationem extructum est, nulla facta distinctione scientiae, vel ignorantiae (3); tum quia ignorantia alterius nocere non debet ei, qui praescripta a jure remedia adhibuit (4).

§ 1508. Quod si objiciatur, restitutionem in pristinum expensis propriis poenam esse (5), respondent, poenam etiam adversus ignorantes aliquando constitutam esse, prout ex legis definitione constat (6), si ignorantia culpam aliquam, civilem saltem, annexam habeat; prout hic contingit; cum opus novum facienti imputari possit, cur tales artifices operi faciendo destinaverit, qui domino factam nunciationem non significaverint (7).

§ 1509. Haeres utique, si Marcello assentimur (8), destruere non tenetur, quod defunctus post secutam nunciationem extruxit (9): non tamen, quia nunciationem ignoraverit, sed quia nec dolus, nec culpa ipsi potest imputari in eo, quod defunctus fecit. Sane, cum nunciationis vis haeredem teneat (10), si ipse fecerit postquam defuncto novum opus nuntiatum fuerat, ad destruendum, licet ignorans, teneri videtur.

§ 1510. Sententia haec de ignorantia ejus, cui opus nunciatum fuit (§ 1507), licet prima fronte rigida nimis videri possit, si tamen penitius res inspiciatur, apparet, aequitatem suadere, ut consulatur potius nuncianti, qui juxta legum praescripta suae indemnitati consuluit, quam alteri, cui aliquatenus imputari potest, cur negligentes operi artifices destinaverit (d. § 1507), et fortasse, cur opus fecerit, quod jure facere non poterat. Quamquam ignorantia eatenus prodesse potest, ne ad destruendum cogatur, si in promptu de jure suo docere paratus sit; cum facti ignorantia excusationem facile praestet (11): atque idem haeredis favore dicendum.

(1) Fachineus controvers. lib. 8, cap. 45.
(2) Voet in ff. hoc tit. n. 7 fer. in princ.
(3) d. l. *Praetor ait* 20 princ. et § 3 ff. hoc tit.
(4) argum. l. *Ut perfectius* 2 Cod. *De annal. exception.* (7, 40).
(5) l. penult. ff. hoc tit.
(6) l. 1 ff. *De legib.* (1, 3).
(7) argum. § ult. Instit. *De obligat. quae quas. ex delic.* (4, 5).
(8) Quae sententia magnam habet difficultatem, ut expendimus infra § 1525.
(9) d. l. penult. ff. hoc tit.
(10) l. *Non solum* 8 § ult. ff. hoc tit.
(11) l. *In omni parte* 2 ff. *De jur. et fact. ignorant.* (22, 6).

§ 1511. An autem propria auctoritate quis destruere possit opus novum ab alio non jure factum, distinguendum est, an opus novum quis fecerit in suo, sed quo vicino noceatur, puta altius attulerit suas aedes, quo vicini luminibus officiat, vel protectum supra vicini aream emiserit, an in alieno, puta tigna immiserit in alienum parietem. In prima specie, arcae domino competit actio, ut protectum rescindatur; in altera potest jure proprio tigna caedere, et tollere, neutiquam implorato judicis officio (1).

§ 1512. Discriminis inter utrumque casum ratio inde petenda, quod opus factum a vicino in solo suo, licet vicini luminibus officiat, aut super illius aream protendat, facientis tamen manet: adeoque permittendum non est, ut quis propria auctoritate destruat rem alienam (2): contra jure soli, et tamquam accessio ad dominium fundi pertinere judicatur, quod alter in eum immittit, vel in eo aedificat (3); neque necessaria est judicis auctoritas, ut quis rem suam destruere possit.

§ 1513. Non tamen in omni casu facta operis novi nunciatione, praetor decernit, ut faciens a coepto opere desistat; sed cautio aliquando admittitur de destruendo novo opere, si non jure factum esse constabit (4): atque ita consulitur tum facienti, ne cessare tentatur, tum nuncianti, ne damnum ex novo opere passurus sit (5).

§ 1514. Cautio haec datis fidejussoribus praestanda est (6), prout fert satisdandi verbum (7) a Paulo usurpatum (8): aliquando tamen nuda repromissio sufficit, si nempe publico nomine nunciatio fiat, quia de alieno, non singulari nunciantis jure agitur (9), nisi remissio nunciationis absentis nomine petatur; quia defensor, cujus hic partes sustinet, idoneus sine satisdatione non intelligitur (10).

§ 1515. Cautionem, seu satisdationem aliquando admitti diximus (§ 1513); quae praestita facienti conceditur, ut coeptum novum opus prosequatur, sed et aliquando, oblata licet idonea satisdatione, denegatur prosequendi facultas; quod prudens judex aestimare debet; nimirum si periculum ex dilatione immineat,

(1) l. *Quemadmodum* 29 § 1 ff. *Ad leg. Aquil.* (9, 2).
(2) d. l. *Non est singulis* 176 ff. *De reg. jur.*
(3) § *ex diverso* 30 Instit. *De rer. division.* (2, 1).
(4) l. *Non solum* 8 § *si, cum possem* 2; l. *Praetor ait* 20 § 1 ff. hoc tit.; l. unic. prop. fin. Cod hoc tit.
(5) l. *Stipulatio* 21 § 1 ff. hoc tit; d. l. unic. in fin. Cod. hoc tit.
(6) l unic. fer. in fin. Cod. hoc tit.
(7) § *sed hodie* 2 Instit. *De satisdat.* (4, 11).
(8) d. l. 8 § 2 in fin. ff. hoc tit.
(9) d. l. 8 § *quod si nunciavero* 3. Quare in l. 20 § 13 pro *in publico* legendum monent eruditi, *in eo loco* juxta praetoris edictum in § 9 ejusdem legis, quod Ulpianus interpretatur.
(10) l. *De pupillo* 5 § penult. ff. hoc tit.; § *si vero reus* 5 Instit. *De satisdat.*

satisdatione praestita, novum opus perficere licet (1), prout imminere potest, si agatur de cloaca reficienda, ripa munienda (2), et similibus.

§ 1516. Quinimmo satis aperte innuit Ulpianus, posse novum opus perfici, saltem cum periculum in mora est, neutiquam adito praetore, si idonea satisdatio offeratur (3); quia satius sit nunciationem contemni, quam urgentem operis extructionem impediri (4); cum nunciantis indemnitati per idoneam satisdationem consultum sit (5). Caute tamen in hac re agendum; nec temere fingendum periculum ex dilatione, quod fortassis non imminet.

§ 1517. Quo autem casu nunciatio novi operis per satisdationem cessat, non in primo tantum judicio, sed etiam in secundo, si in primo omissa fuerit, offerri potest, ne coeptum opus intermittendum sit (6); nec enim leges tempus praescripserunt, ultra quod satisdationis oblatio non admittatur, potissimum in judicio; cum immo privatim eam offerri permittant, atque inde opus perfici (§ praeced.).

§ 1518. Sed si nullum sit in mora periculum, et potiori ratione, si nuncianti damnum ex novo opere immineat, satisdatio non praestat, ut opus fieri interim possit, potissimum si nuncians cito docere paratus sit, non jure opus fieri (7): cito autem in provinciis interpretatur Justinianus trimestre (8): consultius tamen arbitrio judicis tempus relinquitur, singulis rerum adjunctis rite perpensis (9).

§ 1519. Cautio haec, qua novum opus faciens spondet se destructurum, quod a remissionis impetratae tempore extructum erit, si deinceps judicatum fuerit, non jure extructum fuisse (10), praestanda est a singulis, si plures opus novum faciant, atque singulis, si plures novum opus nunciaverint, nisi inter ipsos convenerit, ut unus pro omnibus caveat, vel uni pro omnibus caveatur (11).

§ 1520. Postremo expendendum superest, quibus casibus nunciatio novi operis cesset, seu opus novum, non obstante nunciatione prius facta, perfici possit. Legitima satisdatione praestita in certis casibus cessare, modo diximus (§ 1513 et seqq): idem est, si idonea satisdatio oblata fuerit, et perperam a nunciante rejecta (12); pro impleta habetur conditio, cum per eum stat, cujus interest, quominus impleatur (1).

§ 1521. Praeterea perit nunciationis vis alienatione facta a nunciante rei, cui damnum imminebat, nec non nunciantis morte, si Paulo assentimur; quasi nunciatio personalis sit, et pendens a sola nunciantis voluntate, quae morte cessat (2): nisi nominatim pro se, et haeredibus nunciatio facta fuerit (3). Non tamen prohibetur haeres suo nomine novum opus nunciare (4): immo jure apud suos recepto nec nunciantis morte, nec alienatione evanescere nunciantis vim tradit Voet (5): quod optima ratione inductum; cum nunciatio rem afficiat, non personam (6).

§ 1522. Sed potissimum extinguitur nunciationis vis per remissionem factam, vel a nunciante, de cujus re agitur (7), vel a praetore ex justa caussa; puta quia nuncians injuria prohibere velit, ne alter opus novum faciat (8); vel de calumnia jurare nolit (9): aut cautionem de rato praestare, si procuratorio nomine nunciaverit (10).

§ 1523. Nec morte ejus, cui novi operis nunciatio facta est, nec alienatione rei evanescere nunciationis vim, sed successores tum universales, tum particulares tenere, apertissime tradunt Paulus (11), et Javolenus (12); quia nunciatio in rem fit, non in personam (13).

§ 1524. Sed, cum opus factum propriis impensis destruere, poenam sapere visum fuerit jureconsultis, inde colligunt, haeredem ad destruendum non teneri, sed tantum pati, ut adversarius destruat, quia poena in haeredem non transeat (14): quod et potiori ratione emptori accommodant (15).

§ 1525. Verum alii defendunt, aequitate, nec non Romanarum legum principiis inspectis, haeredem saltem cogendum, ut opus a defuncto post nunciationem factam restituat; etenim haeres, sicut jura defuncti libenter complectitur (16), ita quoque suscipere debet onera (17), quae non per-

(1) l. *De pupillo* 5 § *praeterea* 12 ff. hoc tit.
(2) d. l. 5 § *proinde* 13.
(3) d. l. *De pupillo* 5 § *si is, cui* 17 ff. hoc tit.; Fab. Cod. hoc tit. lib. 8, tit. 5, def. 1 in fin.
(4) d. l. 5 § *praeterea* 12.
(5) l. *Stipulatio* 21 § 1 ff. hoc tit.
(6) Fab. Cod. hoc tit. lib. 8, tit. 5, d. def. 1 in princ.
(7) Ibid. def. 3.
(8) l. unic. in med. Cod. hoc tit.
(9) Fab. d. def. 3 in not. ult.; Thes. decis. 204, n. 5 †.
(10) l. unic. Cod. hoc tit.
(11) l. *Stipulatio* 21 § *quaesitum* 5 et seq. ff. hoc tit.
(12) l. *De pupillo* 5 § *si is, cui* 17; l. *Praetor ait* 20 § *deinde* 9 ff. hoc tit.

(1) l. *Jure civili* 24 ff. *De condit. et demonstrat.* (35, 1).
(2) l. *Non solum* 8 § penult. ff. hoc tit.
(3) argum. l. *Diem* 27 § 1; junct. l. *Sed et interpellatur* 49 § ult. ff. *De recept.* (4, 8).
(4) l. *Praetor ait* 20 § *hoc interdictum* 6 ff. hoc tit.
(5) Voet in ff. hoc tit. n. 9 in fin.
(6) l. ult. ff. hoc tit.
(7) l. 1 § *inde quaeritur* 10 ff. hoc tit.
(8) l. unic. § *et verba* 2 ff. *De remissionib.* (43, 25).
(9) l. *De pupillo* 5 § *qui opus novum* 14 ff. hoc tit.
(10) d. l. 5 *qui procuratorio* 18; V. Fab. Cod. hoc tit. lib. 8 tit. 5, def. 2 in med., ubi supponit, satisdationem de indemnitate praestandam esse; l. *Divus Pius*, et seq. ff. *De haereditat. petition.* (5, 3).
(11) l. *Non solum* 8 § ult. ff. hoc tit.
(12) l. ult. ff. hoc tit.
(13) d. l. ult. in fin.
(14) l. penult. ff. hoc tit.
(15) l. *Quia etiamsi* 3 § *item, si* 2 ff. *De alienat. judic. mutand. causs. fact.* (4, 7).
(16) l. *Haeredem* 59; l. *Haereditas* 62 ff. *De reg. jur.* (50, 17).
(17) l. ult. § 1 ff. *Si famil. furt. fecis. dicat.* (47, 6).

sonae, sed rei cohaerent, quale hoc est ex sententia eorumdem jureconsultorum (1).

§ 1526. A veritate alienum videtur, quod ait Marcellus, in restituendo novo opere poenam versari (2); cum id pertineat ad indemnitatem nunciantis, cui per novum opus damnum affertur. Sed esto: concedamus Marcello, poenam versari in restituendo novo opere: aequiusne est, ut poenam hanc subeat innoxius vicinus, qui nullam damni compensationem habiturus est, quam haeres, qui emolumentum successionis habet? Hinc alibi diximus, haeredem ex dolo, et delicto defuncti teneri, quatenus laesi indemnitas postulat (3).

§ 1527. Favorabilior quidem est caussa emptoris, qui titulo singulari succedit ei, qui post nunciationem opus novum facere perrexit: sed et hic recurrit ratio modo allata; nunciationem in rem esse (§ 1525): rei autem onera in emptorem, et quemcumque singularem successorem transeunt (4); maxime quia emptor ab auctore suo empti actione consequi debet damna, quae forte passus sit ob rei vitium (5): et rectae rationi magis congruit, ut impensas restituendi novi operis subeat, qui opus fecit, quam innocens vicinus (§ praeced.).

§ 1528. His adde, alienationem hanc in fraudem nunciantis, atque judicii mutandi caussa factam videri (6), adeoque alienantem, seu venditorem actione in factum teneri ad id, quod nunciantis interest (7): ergo dicendum saltem, venditorem evocandum, atque cogendum, ut suis impensis opus novum destruat; ne durior fiat ex alienatione secuta nunciantis conditio contra legum praescripta (8): nisi forte quis putet, impensas a nunciante faciendas, repetituro, quod impedit, a venditore.

§ 1529. Plane si haeres ipse opus fecerit, nunciatione defuncto facta contempta, plerique fatentur, ad opus restituendum suis impensis teneri (9); cum nunciatio novi operis haeredem quoque teneat (10); quippequi defuncti personam repraesentat, atque una cum eo persona juris fictione censetur (11). Non eadem est caussa emptoris, qui in auctoris vitia non succedit (12); nec ei nunciatio facta videri potest ex persona venditoris; adeoque ad tollendum opus suis impensis non tenetur (1); utique vero pati debet, ut nuncians tollat suis impensis easdem a venditore repetiturus (§ 1528).

(1) l. ult. ff. hoc tit.
(2) l. penult. ff. hoc tit.
(3) V. vol. III, lib. 4, § 207, pag. 239.
(4) l. *In omnibus* 68 ff. *De reg. jur.* (50, 17).
(5) l. 1 § 1 et passim ff. *De actionibus empti* (19, 1).
(6) l. *Quia, etiamsi* 3 § *item si* 2 ff. *De alienat. judic. mutand. causs. fact.* (4, 7)
(7) l. 1 in princ. ff. eod. tit.; d. l. 3 § penult.
(8) l. 1 princ. et § 1 et pass. ff. eod. tit.
(9) Voet in ff. hoc tit. n. ult. V. supra § 1509.
(10) l. *Non solum* 8 § ult ff. hoc tit.
(11) Novell. 48 in fin. praefat.
(12) l. *An vitium* 5 ff. *De divers. temporalib. praescriptionib.* (44, 3).

(1) d. l. *Quia, etiamsi* 3 § *opus quoque* 3 ff. *De alienat. judic. mutand. causs. facta* (4, 7).

TITULUS XXXVIII.

DE DAMNO INFECTO

Instit. lib. 4, tit. 15 *De interdictis.*
Digest. lib. 39, tit. 2 *De damn. infect. et de suggrend. et protection.*
Codic. lib. 8, tit. 1 *De interdict.*

SUMMARIA

§ 1530 *et* 1531. *Damnum infectum illud est, quod faciendum timetur, cujus nomine cautio a praetore inducta est.* — § 1532. *Cautio haec praestanda est, quacumque ratione non naturali damnum immineat.* — § 1533 *et* 1534. *Qui possint cautionem damni infecti nomine postulare?* — § 1535. *Socius a socio cautionem damni infecti nomine non recte petit.* — § 1536. *An emptor, re nondum tradita, de damno infecto caveri juste desideret.* — § 1537. *Jusjurandum calumniae exigunt Romanae leges ab eo, qui cautionem de damno infecto postulat.* — § 1538 *et* 1539. *Cautio damni infecti ab illis praestatur, qui habent jus in re, ex qua damnum imminet. Quid si plures sint rei vitiosae domini?* — § 1540 *et* 1541. *Cautione non praestita, mittitur vicinus in possessionem rei vitiosae. Quid si non admittatur, vel admissus postea ejiciatur?* — § 1542 *et* 1543. *In possessionem ex primo decreto missus nudam rei detentionem habet cum domino, sed ex secundo decreto veram et civilem possessionem consequitur.* — § 1544. *Missus in possessionem ex secundo decreto proprie dominus non est.* — § 1545 *et* 1546. *Cautione praestita, possessio ex primo decreto habita aufertur. Quid si ex secundo decreto possessio data fuerit?* — § 1547 *et* 1548. *In possessionem ex primo decreto missi damni infecti nomine aequales sunt: secus si ex secundo decreto.* — § 1549. *Quid si cautionem petere neglexerit is, cui damnum imminet?* — § 1550 *et* 1551. *Cautio apud praetorem petenda est: atque dies praestitae cautionis inseri debet.* — § 1552. *Cautio nuda sufficit, cum quis suo nomine cavet. Alieno autem nomine datis fidejussoribus praestari debet.* — § 1553. *An successori singulari prosit cautio damni infecti?* — § 1554. *Solum damnum rebus, pro quibus cautio postulata est, datum reparari debet, nisi aliae accessionis naturam habeant.* — § 1555 *et* 1556. *Damni dati moderata, et boni viri arbitrio ae-*

stimatio fieri debet. — § 1557. *An protestatio aeque prosit, ac cautio?*

§ 1530. Nunciatio novi operis, de qua in titulo praecedente diximus, pertinet ad avertendum damnum imminens ex opere, quod nondum factum est: si vero opus jam factum sit, atque ex eo timeatur damnum, locum habet cautio, quam jureconsulti *de damno infecto* vocant (1). Damnum dari dicitur, quoties alterius patrimonium diminuitur; quare scripsit Paulus, *damnum et damnatio ab ademptione, et quasi diminutione patrimonii dicta sunt* (2).

§ 1531. Damnum vel factum est, atque ejus reparatio petitur per actionem legis Aquiliae, aliaque juris remedia (3); vel infectum, seu nondum factum, quod tamen faciendum timeatur (4); atque hujus nomine praetor induxit cautionem de eo reparando, si forte deinceps datum fuerit (5).

§ 1532. Nihil porro interest, an damnum immineat ex aedibus, vel fundo, earumque parte, an ex arboribus, an ex suggrondis, protectionibus, aliave quacumque caussa, sive in urbe, sive in agro, dummodo ex vitio operis accidentali, non naturali, puta vi ventorum (6); aut ex eo, quod quis jure suo aliquid in suo fundo faciat, veluti aedificet, et ita luminibus vicini officiat, aut puteum sibi aperiat, atque inde rescindat venas aqueas vicini (7). Nihil etiam refert, an damnum extrinsecus immineat ex privato, an publico loco (8), si modo privatis immineat; si enim publicam laesionem respiceret, Princeps potius, vel Magistratus, ad quos ea res pertinet, adiri debent (9).

§ 1533. Cautionem damni infecti jure postulant omnes, quorum interest (10); adeoque superficiarii (11) creditores hypothecarii (12), inquilini ab extraneo, non a domino, adversus quem conducti actionem habent (13), fructuarii a vicino (14), non a proprietatis domino, nec vicissim (15): nisi fructuarius desideret sibi caveri de vitio soli, aut proprietarius de vitio operis a fructuario facti (16).

§ 1534. Bonae fidei possessori, utpote qui rem non tenet ex voluntate domini, quemadmodum tenent creditores, inquilini, fructuarii (§ praeced.), jus petendae hujus cautionis datum non est (1): multo minus ei, qui illicite eadem extruxit, cui damnum imminet (2).

§ 1535. Neque socius a socio cautionem damni infecti nomine juste desiderat, licet propriis aedibus ex domo, vel pariete communi damnum metuat; quia rem communem suis impensis reficere potest, easdem judicio societatis, aut communi dividundo recuperaturus (3). Excipiunt leges casum, quo unus ex sociis in pariete communi aedificet, atque ex vitio operis, puta quia paries nimio onere prematur, damnum alteri immineat (4); nisi onus ab utroque impositum aequale sit (5). Eandem exceptionem admittunt jureconsulti, si unus aedes pretiosiores habeat, atque ideo gravius damnum, decidente pariete, passurus sit (6).

§ 1536. Quod ad emptorem pertinet, ante factam a venditore rei traditionem, leges emptori denegant facultatem petendae cautionis de damno infecto; quia satis ei cautum sit actione ex empto adversus venditorem, qui cautionem hanc exigere debebat (7), dum rei venditae adhuc custodiam praestat (8): si tamen emptor rei custodiam in se interim receperit, jure postulet, sibi de damno infecto caveri (9).

§ 1537. Non aliter tamen cautio damni infecti a praetore decernitur, quam si eandem postulans prius de calumnia juret, seu praestito jurejurando affirmet, se non calumniae caussa cautionem petere (10); sed quia damnum vere metuit, atque iminere putat: quod jusjurandum singulari ratione placuit etiam exigere ab illis, qui alieno nomine cautione exigunt: ideoque de calumnia domini jurare tenetur (11). Jurejurando hoc praestito, cautio a praetore facile decernitur, cum grave onus caventis apud Romanos continere non videretur (12).

§ 1538. Damni infecti cautio praestanda ab illis est, quibus competit jus in re, ex qua damnum imminet, adeoque a dominis, nec non jus servitutis habentibus (13), si modo damnum immineat ex ipsa servitute, veluti si tigna in alienam aream propendentia vetustate corrupta sint, aut opus in alieno factum praedii servientis domino nociturum timeatur (14): quod si da-

(1) l. *Praetor ait* 7 in princ. ff. hoc tit.
(2) l. *Damnum* 3 ff. hoc tit.
(3) l. *Praetor ait* 7 § 1 ff. hoc tit.
(4) l. *Damnum* 2 ff. hoc tit.
(5) d. l. 7 princ. et § 1 ff. hoc tit.
(6) l. *Fluminum* 24 § *sed ut ne* 2 et seqq. ff. hoc tit.
(7) d. l. 24 § ult. et ll. seqq.
(8) l. *Eorum* 19 § 1 ff. hoc tit.
(9) l. *Si finita* 15 § *si publicus* 10; l. *Fluminum* 24 ff. hoc tit.
(10) l. *Damni infecti* 18 ff. hoc tit.
(11) l. *Qui bona fide* 13 § *superficiarium* 8 ff. hoc tit.
(12) l. *Quod de creditore* 11 ff. hoc tit.
(13) d. l. 13 § *vicinis* 5 et § seq.
(14) l. *Praetoris* 5 § ult. ff. hoc tit.
(15) d. l. 18 § *Ei, cujus* 2 ff. hoc tit.
(16) l. *Inter* 20 ff. hoc tit.

(1) l. *Quod de creditore* 11; l. *Qui bona* 13 § *sed et* 9 ff. hoc tit.
(2) d. l. 13 § *si quis juxta* 7.
(3) l. *Si aedibus meis* 32 ff. hoc tit.
(4) l. *Inter quos* 39 et l. seq. § 1 ff. hoc tit.
(5) l. 40 § 1 in fin. ff. hoc tit.
(6) d. l. 39 et 40 § 1 in fin.
(7) l. *Damni infecti* 18 § *venditorem* 8 et seq. ff. hoc tit.
(8) l. *Emptor Aedium* 38 ff. hoc tit.
(9) d. l. 38 ff. hoc tit.
(10) l. *Praetor ait* 7 in princ. ff. hoc tit.
(11) l. *Qui bona* 13 § *si alieno* 13 ff. hoc tit.
(12) d. l. 13 § *qui damni* 3.
(13) d. l. *Qui bona* 13 § 1 ff. hoc tit.
(14) l. *Damni* 30 princ. § 1 et 2 ff. hoc tit.

mnum ab ipsa re serviente metuatur, servitutem habens procuratorio nomine satisdare jubetur (1).

§ 1549. Cum plures sunt rei vitiosae domini, singuli pro parte sua cavent (2): si autem controversia sit intra fundi possessorem et dominum, ut cavere debeat, possessor interim ad cavendum compellitur, repetiturus a domino, forte damni infecti nomine praestiterit (3).

§ 1540. Sed quid si vicinus, cavere damni infecti nomine jussus, praetoris imperio parere detractaverit? Qui damnum timet, mittitur in possessionem rei vitiosae, seu partis vitiosae (4), nisi pars una separatim possideri non possit, seu alteri, cujus vitio damnum imminet, omnino cohereat (5): nec interest, cujus in dominio sit res vitiosa; cum missio decerni possit etiam in bona pupilli, vel reipublicae caussa absentis, si non defendantur (6).

§ 1541. Quod si vicinum in possesionem ex caussa damni infecti missum a praetore alter non admittat, aut prius admissum postea ejecerit, perinde omnia habentur, ac si cavisset; atque vicinus, damno dato, actione in factum consequitur, quod ex cautione obtinere potuisset (7): sed ante damnum datum nulla ei poena jure Romano infligitur; quo sensu dicitur impunitum a Paulo factum ejus, qui nec promisit, seu cavit, nec in possessionem admisit (8).

§ 1542. Si autem in possessionem e praetore missus repulsam passus non fuerit, sed vicinus cavere detrectans eum admiserit, ex primo decreto missus nudam rei detentionem habet una cum domino, quem non potest expellere, sed tantum simul cum eo morari, ut dominus taedio communis possessionis, seu detentionis ad cavendum adigatur (9).

§ 1543. Obtenta possessione ex primo praetori decreto (§ praeced.), si rei vitiosae dominus per certum tempus arbitrio judicis definiendum non caverit, ex secundo decreto missus possidere jubetur, atque ex eo nanciscitur veram et civilem possessionem (10); adeoque dominum expellit (11); et usucapiendi facultatem nanciscitur (12): atque alii etiam jus habentes in re puta pignoris, ususfructus, illud exercere nequeunt in praejudicium ejus; qui ex secundo decreto in possessionem missus fuit, si cavere detrectaverint (1), prout aliquando cavere tenentur (§ 1538).

§ 1544. Neque objiciatur, in possessionem missum ex secundo decreto rei dominum factum fuisse (2); ita ut rem vindicare possit (3); etenim dominium non proprium et civile, sed improprium et praetorium est, quatenus, si possessionem amiserit, praetor eum usucepisse fingit, licet necdum usuceperit; coque titulo vindicationem habet (4); alioquin perperam diceretur, ex secundo decreto acquiri facultatem usucapiendi (5). Plane in possessionem ita missus justum habet titulum, nec in mala fide positus intelligitur, cum auctore praetore, ideoque juste possideat (6).

§ 1545. Postquam vicinus in possessionem rei vitiosae ex primo decreto missus fuit, potest de possessione ejici oblata per rei vitiosae dominum cautione de damno, tum quod forte jam contigit, tum quod adhuc timetur, nec non de impensis, quas missus erogare coactus fuerit (7): sed cautio non sufficit, si vicino possessio ex secundo decreto data sit (8).

§ 1546. Si tamen rei vitiosae dominus paratus sit tollere id ex quo damnum metuitur; vel reparare damnum ab altero passum, cum nullum amplius immineat, possessio domino restituenda est (9); tum quia praetor edictum de damno infecto non proposuit, ut damnum metuens lucrum faciat, sed ne detrimentum sentiat (10); tum quia perperam asseretur in possessionem misso usucapiendi facultas (§ 1543), si dominus factus esset: dominus utique dicitur, sed dominio praetorio, quod sublata caussa revocatur (§ 1544).

§ 1547. Si ex alienae rei vitio pluribus damnum immineat, nec iisdem caveatur, singuli in possessionem rei vitiosae mittuntur; nulla temporis habita ratione; ita ut postea missi aequalis sint conditionis ac illi, qui primum missi fuerunt (11); atque omnes etiam aequaliter ex primo decreto in possessionem mittuntur; licet unus majorem domus, cui damnum imminet, partem habeat, adeoque majus illi damnum immineat (12): ex secundo tamen decreto missio fit pro portione dominii, ita ut majorem partem habeat, et usucapione acquirere possit ille, cui majus damnum

(1) l. *Hoc amplius* 9 § penult. et ult. et l. seq. ff. hoc tit.
(2) l. *Plures* 27; l. *Ex damni* 40 § penult. ff. hoc tit.
(3) l. *Inter quos* 39 § 1 ff. hoc tit.
(4) l. *Si finita* 15 § *ex hoc edicto* 11 ff. hoc tit.
(5) d. l. 15 § *sed si* 13.
(6) d. l. 15 § *si forte* 22 et § *si pupillus* 29 ff. hoc tit.
(7) l. *Si finita* 15 § ult. ff. hoc tit.
(8) l. *Antequam* 16 ff. hoc tit.
(9) l. *Si finita* 15 § *si quis autem* 20 ff. hoc tit.; l. *Possideri* 3 § ult ff. *De acquirend. possession.* (41, 2).
(10) l. *Praetor ait* 7 ff. hoc tit.
(11) l. *Si finita* 15 § *ubi autem* 23 ff. hoc tit.
(12) l. *Praetoris officium* 5 ff. hoc tit.; d. l. *Possideri* 3 § ult. ff. *De acquir. poss.* (41, 2).

(1) l. *Hoc amplius* 9 § ult.; l. *Hi, qui rem pignori* 12; d. l. 15 § *si de vectigalibus* 26 et seq. ff. hoc tit.
(2) d. l. *Si finita* 15 § *posteaquam* 33 ff. hoc tit.
(3) l. *Communi dividundo* 7 § *plane* 9 ff. *Commun. dividund.* (10, 3).
(4) § *namque* 4 Instit. *De actionib.* (4, 6).
(5) d. l. *Praetoris* 5; d. l. 15 § *Julianus* 16 ff. hoc tit.; d. l. *Possideri* 3 § ult. ff. *De acquirend. possess.* (41, 2).
(6) l. *Juste* 11 ff. *De acquir. possess.*
(7) d. l. *Si finita* 15 § *ita videamus* 31 ff. hoc tit.
(8) d. l. 15 § *posteaquam* 33.
(9) Voet in ff. hoc tit. n 12 in medio.
(10) l. *Praetor ait* 7 § 1; l. *Damni infecti* 18 § penult. ff. hoc tit.
(11) l. *Si finita* 15 § *si plures* 15 ff. hoc tit.
(12) d. l. 15 § *cum autem* 18; l. *Ex damni* 40 § ult. ff. hoc tit.

imminebat (1): prout constitutum de creditoribus rei servandae caussa in possessionem missis (2).

§ 1548. Neque aliud tradit Ulpianus, cum ait, *si ante hoc decretum alius quoque in possessionem missus fuerit, aequaliter ambos aedium fieri dominos, scilicet cum jussi fuerint possidere* (3); etenim aequalitas a jureconsulto praescripta pertinet non ad portionem uniuscujusque, sed ad tempus, idest nulla facta distinctione, an simul, an diversis temporibus possessio ex primo decreto illis data fuerit (§ praeced.): secus ac obtineret, si Titius sibi caveri desideraret a Sempronio, qui possessionem ex secundo decreto jam nactus sit; Sempronius Titio quidem cavere tenetur, non tamen in socium possessionis admittere (4).

§ 1549. Neglecta ab eo, cui damnum imminet, cautionis petitione, damni reparationem obtinere non potest, si rei vitiosae, puta domus eversae dominus rudera, quae in alienum solum deciderunt, omnia pro derelicto habeat (5); immo et totas aedes, quarum pars decidat (6); si negligentia imputari non possit vicino, cur damni infecti cautionem non exegerit (7).

§ 1550. Cautionem damni infecti nomine privatim postulare non sufficit, sed publice, et apud praetorem praestandum esse tradit Affricanus; futurum alioquin, ut damni reparatio obtineri nequeat (8): nisi forte adeundi praetoris potestas tunc non fuerit (9). Sed ea apud praetorem petita, licet necdum decreta sit, damnum reparandum est (10); et potiori ratione, si a praetore decreta fuerit cautio, licet nondum praestita; vel praetor ob cautionem non praestitam in possessionem ire jusserit (11), licet admissus non sit (12).

§ 1551. Igitur cautio damni infecti non privatim (§ praeced.), sed apud praetorem, seu pro tribunali, ut ait Ulpianus, petenda est (13): atque dies praestitae cautionis inserendus est, ne in perpetuum obligetur, qui cavit (14): quod si diei adjectio per errorem omissa fuerit, praetoris auctoritate liberandus est, transacto die, in quem caveri solet (15); immo praetor ipse diem praefinire debet, aestimatione habita caussae, et qualitatis damni, quod timetur, inspecta etiam longinquitate soli, et magnitudine operis (1).

§ 1552. An vero nuda repromissio sufficiat, an datis idoneis fidejussoribus cautio haec praestanda sit, distinguunt leges. Cum quis suo nomine cavet, nuda cautio, seu repromissio sufficit: alieno autem, seu procuratorio nomine satisdandum est, seu cautio praestanda cum fidejussoribus (2). Discriminis ratio inde petenda videtur, quod suo nomine cavens dominium habeat rei, ex qua damnum metuitur; in cujus possessionem missus vicinus indemnitatem consequatur (3); non autem ille, qui cavet alieno nomine. Quod si dubitetur, an dominus sit, nec ne, adeoque an repromittere, an satisdare debeat, satisdatio injungitur, sed sub exceptione, ut fidejussor liber fiat, si deinceps appareat, eum dominum esse (4).

§ 1553. Cautione interposita, non ille tantum, cui cautum fuit, sed illius quoque successores tum universales, tum singulares ad damni dati reparationem ex stipulatu agere possunt (5), saltem si cessa actio fuerit successori singulari, adversus caventem, ejusque successores universales (6); non vero singulares ex aequiori sententia, licet alii sentiant, successores singulares caventis teneri (7): sed cum speciale hujusmodi jus legibus inductum perspicue non appareat; etenim leges, quae objiciuntur, vel de successoribus ejus, cui cautum fuit (8), intelligi possunt, vel de illis successoribus, qui universalibus aequiparantur (9), puta donatariis omnium bonorum, a communi jure recedendum non est, ex quo singulares successores rei vitia non sustinent.

§ 1554. Actione ex stipulatu (§ praeced.) petitur reparatio damni, quod post cautionem interpositam contigerit ex rei vitio, non aliunde (10); dummodo datum sit rebus illis, quibus cum immineret, cautio postulata est (11), nisi tamquam earum accessio considerari possint, veluti res illatae in domum, quae ex ruina vicinarum aedium diruta sit (12).

§ 1555. Damni porro dati non infinita, nec immoderata aestimatio fieri debet, sed aequa, et boni viri arbitrio (13), *ut puta ob tectoria, et ob picturas; licet enim in haec magna erogatio facta est, attamen ex damni infecti stipulatione moderatam aestimationem facien-*

(1) d. l. 15 § 18 in fin.
(2) l. ult. in fin. princ. Cod. *De bon. auctoritat. judic. possidend.* (7, 52).
(3) d. l. *Si finita* 15 § *si ante* 17 ff. hoc tit.
(4) d. l. 15 § 17 in fin.
(5) l. *Evenit* 6 ff. hoc tit.
(6) l. *Praetor ait* 7 § ult. ff. hoc tit.
(7) l. *Quod forte* 8 et l. seq. ff. hoc tit.
(8) l. *Cum postulassem* 44 ff. hoc tit.
(9) l. ult. § pen. ff. *Ne vis fiat ei etc.* (43, 4).
(10) l. *Si finita* 15 § *eleganter* 28 ff. hoc tit.
(11) d. l. 44 ff. hoc tit.
(12) l. *Praetor ait* 7 in fin. princ.; l. *Si finita* 15 § ult. ff. hoc tit.
(13) l. *Dies* 4 § *hoc autem* 8 ff. hoc tit.
(14) l. *Qui bona* 13 § ult. ff. hoc tit.
(15) l. *Si finita* 15 princ. et § 1 ff. hoc tit.

(1) d. l. 13 § ult. et l. seq. ff. hoc tit.
(2) l. *Praetor ait* 7; l. *Hoc amplius* 9 § penult. et ult.; l. *Qui bona fide* 13 ff. hoc tit.
(3) d. l. 7 in princ. ff. hoc tit.
(4) d. l. 7 in princ.; l. *Qui vias* 31 § 1 ff. hoc tit.
(5) l. *Fluminum* 24 § 1 ff. hoc tit.
(6) l. *Si quis missum* 17 § penult. ff. hoc tit.
(7) Voet in ff. hoc tit. n. 9.
(8) d. l. 24 § 1 ff. hoc tit.
(9) d. l. 17 § 3 ff. hoc tit.
(10) d. l. *Fluminum* 24 § *sed et ne* 2 et § *quamquam* 6 ff. hoc tit.
(11) l. *Damni* 18 § *si is, qui* 5 ff. hoc tit.
(12) d. l. 18 § *si autem* 6.
(13) l. *Ex damni* 40 ff. hoc tit.

dam; quia honestus modus servandus est, non immoderata cujusque luxuria subsequenda. Verba sunt Ulpiani (1): quare, licet quis in pariete communi pretiosissima tectoria posuerit, et paries vicini facto rueiit, damni infecti nomine tectoria tantum communia aestimari debere, Proculus respondit (2).

§ 1556. Damni ex hac caussa reficiendi exempla quaedam referuntur a jureconsultis; veluti si is, cui damni infecti nomine cautum fuit, fulserit vicini aedificia, ex quibus damnum imminebat; vel cum ruina metueretur in parietem incumbunt (3). Idem est, subjicit Ulpianus, si inquilini ex justo metu emigraverint e domo, atque ita mercede conductionis caruerit is, qui cautionem postulavit, vel nemo domum conducere velit (4).

§ 1557. Haec, quae ex Romano jure tradidimus, alicubi non per omnia servantur; atque recepta expeditior indemnitatis obtinendae via, nimirum is, qui damnum metuit rei suae, damno infecto adversus dominum rei vitiosae protestatur (5), qua protestatione emissa, quippequae jus potestatis conservat (6), perinde consequitur, ac si ipsi cautum fuisset. Quid protectionum, si suggrundorum nomine veniat, colligi potest ex responsis jureconsultorum (7); atque alibi diximus agentes de servitutibus praediorum urbanorum.

APPENDIX

De interdictis ne vis fiat ei, qui in possessionem missus erit; et quod vi, aut clam.

Instit. lib. 4. tit. 15 *De interdictis.*
Digest. lib. 43. tit. 4 et 24.
Cod. lib. 8, tit. 1 *De interdict.*

SUMMARIA

§ 1558 *et* 1559. *Interdictum, ne vis fiat ei competit omnibus in possessionem missis, si prohibeantur; nec non expulsis.* — § 1560. *Judex potest tueri eum, quem in possessionem misit* — § 1561. *Quod vi, aut clam factum est in pristinum restitui debet, licet jure factum sit.* — § 1562 *et* 1563. *Qui intelligitur vi, aut clam facere?* — § 1564 *et* 1565. *Interdictum, quod vi, aut clam, ad quae opera pertineat, quibus competat, quid petatur?*

(1) in d. 40 in princ.
(2) l. *Quidam Hyberus* 13 § 1 ff. *De servitut. praedior. urbanor.* (8, 2).
(3) l. *In hac stipulante* 28 ff. hoc tit.
(4) d. l. 28 in fin. et l. seq.; l. *Nam si non fuit* 37 ff. hoc tit.
(5) Voet in ff. hoc tit. n. 14.
(6) l. *Pro haerede* 20 § 1 ff. *De acquir. haereditat.* (29. 2).
(7) l. *Si duo* 3 § *item videamus* 5 ff. *Uti possidet.* (43, 17); l. *Malum navis* 242 § 1 ff. *De verb. signif.*

§ 1558. Quae in hoc titulo expendenda suscipimus de interdictis, generalia sunt, et communia plerisque interdictorum speciebus, quas hactenus explicavimus; quare consultius nobis visum fuit, de illis postremo loco summatim agere. Interdicto ne vis fiat ei, qui in possessionem missus erit, praetor tuetur possessiones omnes, quacumque ex caussa, et quocumque titulo decretas (1): ideoque competit illis omnibus, qui prohibentur, licet a praetore missi, ne in possessionem veniant (2), adversus prohibentes, sive suo, sive alieno nomine (3).

§ 1559. Nec tantum illis, qui in possessione admissi non sunt, haec actio competit, sed et admissis primum, tum expulsis (4); atque petitur, ut prohibens, vel expellens damnetur in id, quod prohibiti, vel expulsi interest (5).

§ 1560. Quod si is, qui prohibitus in possessionem ire, vel admissus quidem, sed postea expulsus fuit, praetermittere malit hoc interdictum, seu hanc in factum actionem, postea extraordinaria executione uti (6): atque obtinere, ut ejusdem judicis, qui in possessionem misit, auctoritate in eam inducatur; cum etiam judicantis intersit, ut decretum suum executioni demandetur (7).

§ 1561. Interdicto quod vi, aut clam, ita dicto a primis edicti praetoris verbis (8), praetor occurrere voluit calliditati eorum, qui vi, aut clam quaedam moliuntur; atque ideo ea in pristinum statum restitui jubet (9), quocumque in loco facta sint (10); etiamsi jus faciendi quis habuerit, si contra prohibitionem fecerit, cum sibi ipsi jus dicere non debeat (11).

§ 1562. Vi facere judicatur non tantum ille, qui per vim aliquid facit, licet ei denunciatum non fuisset, ne faceret, sed etiam, qui sine vi fecit, postquam ei denunciatum fuerat, ne faceret (12): tum et qui, cum sciret se prohibendum, per vim impedit, quominus prohiberetur (13), sive armis adhibitis, sive janua praeclusa, ne ad prohibendum veniens ingredi posset (14).

§ 1563. Clam vero facere intelligitur, qui alteri non denunciavit, cum denunciare deberet, forte metuens, vel metuere debens, ne

(1) l. 1 princ. § 1 et 2 et l. ult. ff. *Ne vis fiat etc.* (43, 4).
(2) d. l. 1 § 2, l. 2 ff. eod. tit.
(3) d. l. 2 § 1.
(4) l. 1 § *haec actio* 3 ff. *Ne vis fiat ei.*
(5) d. l. 1 § *haec verba* 5 et § ult.
(6) l. penult. § 1 ff. *Ne vis fiat etc.*
(7) d. l. penult. in princ.
(8) l. 1 in princ. ff. *Quod vi, aut clam* (43, 24).
(9) d. l. 1 § 1 ff. eod. tit.
(10) l. *Vi facit* 20 § ult. ff. eod. tit.
(11) d. l. 1 § *et parvi* 2.
(12) l. 1 § 5 *quid sit vis*, et seqq.; l. *Prohibere* 3 § 1 et passim ff. *Quod vi, aut clam.*
(13) d. l. 1 § *sed et Aristo* 8.
(14) d. l. 1 § ult; l. *Vi facit* 20 ff. eod. tit.

prohiberetur (1). Nec interest, quod supina forte ignorantia non timeat, eum timendum est; ne melioris conditionis sint stulti, quam periti (2): item, qui aliter facit, quam denunciavit; vel sero denunciat, et consulto, cum scit, alterum amplius prohibere non posse (3). Immo fieri potest, ut partim vi, partim clam aliquid in eodem opere fiat (4).

§ 1564. Interdictum quod vi, aut clam pertinet ad ea tantum opera, quae in solo fiunt (5): atque competit illis, quorum interest, opus vi, aut clam factum non esse, licet non possideant (6), neque domini sint, dummodo ipsorum intersit, puta colonis, aut usufructuariis (7) adversus eum, qui vi, aut clam fecit, vel fieri jussit (8); aut fieri passus est, cum prohibere posset, et deberet (9); licet quis putaverit, locum, in quo vi, vel clam fecit, alterius esse, quam cujus revera est (10).

§ 1565. Petitur hoc interdicto, ut res in eundem statum restituatur, quo fuerat, priusquam opus vi, aut clam factum esset; adeoque ut lucrum praereptum praestetur, damnum illatum resarciatur (11). Non tamen privata auctoritate licet demolire, quod alter vi, aut clam fecit in suo, nisi ex magna, et necessaria caussa; sed ad judicis auctoritatem confugiendum est (12): utique vero, si quis opus fecerit in alieno (§ 1511).

TITULUS XXXIX.

DE JUDICIIS

Instit. lib. 4, tit. 16 *De poen. temer. litigant.*
Digest. lib. 5, tit. 1) *De judic.*
Cod. lib. 3, tit. 1)

SUMMARIA

§ 1566. *Jus nemo regulariter sibi dicere debet.* — § 1567. *Judicium, est legitimae caussae discussio, ac definitio coram judice.* — § 1568. *Quae sint judiciorum divisiones?* — § 1569 *et* 1570. *Judicium plenarium quo differat a summario?* — § 1571. *Processus est ordo rerum in judicio proponendarum: atque ordinarius est, vel summarius.* — § 1572 *et* 1573. *Summarie definiuntur caussae levioris momenti, et quae dilationem non patiuntur.* — § 1574. *Quid si certo statim constet de actoris petitione, vel rei exceptione.* — § 1575. *Si lis principalis summarie tractanda sit, eodem ordine utendum in quaestionibus incidentibus. Quid de judicio appellationis?* — § 1576. *Ad judicium summarium confugere potest, qui ordinarium prius elegit.* — § 1577. *Civile aut criminale judicium quale dicatur?* — § 1578. *Judicio criminali ex usu fori prius plerumque agendum est, quam civili.* — § 1579 *et* 1580. *Quid si Titius agat ex instrumento, quod falsum dicatur, nec criminaliter agere velit.* — § 1581. *De falso civiliter agi non potest.* — § 1582 *et* 1583. *Civilis quaestio potest ante criminalem definiri, si huic non praejudicet, vel criminale a civili pendeat.* — § 1584. *quid si in promptu constet de jure alterius litigantis in caussa civili?* — § 1585. *Eodem judicio civilis et criminalis quaestio definienda est, si utraque simul expediri possit.* — § 1586. *Quid si criminali et civili judicio ex diversis factis locus fiat?* — § 1587 *et* 1588. *Quae sint judicia universalia, generalia, singularia; realia, personalia et mixta: praeparatoria, principalia, incidentia: publica, popularia et privata: possessoria et petitoria.* — § 1589. *Personae judicium constituentes aliae accessoriae.* — § 1590. *Quo ordine de judiciis agendum sit?*

(1) d. l. *Prohibere* 3 § penult ff. *Quod vi, aut clam.*
(2) l. *Servius* 4 ff. eod. tit.
(3) l. *Aut qui aliter* 5 eod. tit.
(4) V. l. *Is, qui* 11 *interdictum* 5 ff. eod. tit.
(5) V. l. *Si alius* 7 § *notavimus* 5 et seqq.; l. 8, 9, 10, 11 princ. et §§ seqq. ff. *Quod vi, aut clam.*
(6) l. *Competit* 16 ff. eod. tit.
(7) l. *Quamquam* 12; l. *Interdictum* 19 ff eod. tit.
(8) l. *Aut qui aliter* 5 § *haec verba* 8 et seqq.; l. 6 ff. eod. tit.
(9) l. *Semper* 15 princ. § 1 et 2 ff. eod. tit.
(10) d. l. 5 § *si quis* 6 ff. eod. tit.
(11) l. *Semper* 15 § *hoc interdicto* 7 et seqq. ff. *Quod vi, aut clam*
(12) l. *Si alius* 7 § *bellissime* 3 ff. eod. tit.

§ 1566. Cum recta reipublicae administratio nequaquam patiatur, ut quis propria auctoritate sibi jus dicat (1), ex quo rixae, et tumultus facile orirentur, idcirco judicia instituta sunt; atque decretum, ut civium dissidia definiantur a viris probis et doctrina pollentibus, quorum nihil interest, uter ex dissidentibus vincat: perpaucis casibus singulari ratione exceptis, quos tamen hodierni fori aequitas vix probat, si demas, modicam in filios coercitionem patribus concessam (2), atque facultatem vim vi propulsandi a natura ipsa tributam, utique servato, ut ajunt, moderamine inculpatae tutelae (3).

§ 1567. Judicium describi potest legitima caussae discussio, ac definitio inter litigantes coram judice. Judicium dicitur tum discussio, tum definitio; praecipuus judicii finis utique est caussae definitio, sed judex sententiam rite ferre non potest, nisi diligenti prius adhibita caussae cognitione, atque discussione: legitima requiritur caussae cognitio et definitio, idest servato juris ordine, et legum praescripto: caussa, seu controversia, de qua disceptatur inter litigantes, videlicet actorem et reum: a judice discutitur, utroque audito, nisi alter per contumaciam absit; a

(1) l. *Non est singulis* 176 ff. *De reg. jur.* (50, 17).
(2) § ult. Instit. *De his, qui sui, vel alien. juris sunt.* (1, 8).
(3) l. *Ut vim* 3 ff. *De justit. et jur.* (1, 1); l. 1 Cod. *Unde vi* (8, 4).

judice, inquam, qui jurisdictionem in personas litigantium habeat; nec enim per parem condemnare, aut judicare potest (1).

§ 1568. Multiplex affertur ab interpretibus, atque pragmaticis judiciorum divisio. Imprimis judicium aliud est ordinarium, aliud extraordinarium: ordinarium non uno sensu ab omnibus sumitur. Alii judicium ordinarium, quod et solemne appellant, illud dicunt, in quo judex secundum consuetum juris ordinem cognoscit, et pronunciat: extraordinarium vero, et minus solemne cum summario confundunt, quo scilicet judex summatim, sine strepitu, et figura judicii procedit, praetermissis consuetis judiciorum solemnitatibus, sola facti veritate inspecta (2). Alii vero ordinarium judicium vocant, quo judex pro ordinaria sua jurisdictione cognoscit: extraordinarium, quod exercetur in vim jurisdictionis extra ordinem concessae (3).

§ 1569. Sed omissa nominum quaestione, certum est, recte distingui judicium summarium ab ordinario, seu solemni et plenario: in summario judex dicitur summatim aestimare (4) cognoscere (5). Distat autem, ut obiter monemus, *summatim* judicare, et judicare *de plano*: summatim judicat, qui solemnitates judiciorum, seu processus judicialis insuper habet (§ praeced.): de plano autem judex pronunciat, cum e tribunali in planum descendit.

§ 1570. Hinc licet aliquando promiscue usurpetur judicare summatim, et pro tribunali, quatenus judex in cussis summariis non pro tribunali, sed, cum jam in planum descenderat, officium suum impertiebatur. Vere tamen distinguuntur, atque constat, plura negotia, quae summatim expedire licebat, pro tribunali tamen definiri debuisse, veluti abolitionem (6), possessionem bonorum ex Carboniano edicto (7).

§ 1571. Ad tribunal venire dicuntur litigantes; in tribunal vero judex. Ordo rerum in judicio proponendarum *processus* dicitur: *ordinarius* quidem, si solemnia serventur, *summarius* vero, si ea solummodo custodiantur, quae ad judicii substantiam pertinent, posthabitis iis, quae respiciunt modum, et figuram, ut ajunt, seu solemnitatem.

§ 1572. Summarie definiuntur caussae leviores, idest exiguioris summae, vel levioris momenti, seu quae grave praejudicium afferre non possunt veluti de possessione praesertim retinenda: quamquam adversa pars plerumque vocanda est, ut jura sua alleget (1): actione ad exhibendum (2), et similibus (§ 1569), atque extraordinariis cognitionibus, seu persecutionibus (3).

§ 1573. Hodiernis moribus plures caussae a solemnitatibus judiciorum exemptae sunt; quae ideo summarie tractari et definiri possunt, veluti controversiae saltuum publicorum, et venationis; fraudati census et publicarum impositionum, lites de alimentis in praesens, vel futurum praestandis (4).

§ 1574. Jure, quo jam pridem utimur, post remissam libelli exhibendi necessitatem in caussis exiguis neutiquam excedentibus summam, et valorem quinquaginta librarum, caeterisque licet majoris summae, aut valoris, quae summatim, et sine actuum solemnitate, pro ipsarum natura, et qualitate, nec non litigantium conditione definiri possunt, et debent (5), subjungitur, summatim definiendas esse caussas omnes, in quibus praesto sunt clarae probationes; aut in quibus de actoris petitione, vel rei exceptione constat ex publica scriptura, testium depositione, aut jurejurando (6): sed simul praecipitur judicibus, ut sententiae suae fundamenta edant, potissimum in eo, quod probationes respicit (7).

§ 1575. Quod si lis principalis summatim agitanda sit, summatim quoque tractandae erunt, prout scite monet post alios Voet, controversiae in eam incidentes, atque illius occasione natae; ne alioquin pereat privilegium litis principalis propter accessorium, quod immo principalis conditionem sequi debet (8). Atque si lis in primo judicio summarie tractata sit, etiam in judicio appellationis ad finem summatim perducenda est (9); cum per appellationem caussae qualitas non immutetur; adeoque nec illius privilegium pereat.

§ 1576. Disputant interpretes, utrum is, qui cum summario judicio experiri potuisset ordinariam elegerit, ac solemnem agendi viam, possit deinde mutato consilio ad illud confugere, adversario etiam invito: et plerique affirmant (10); tum quia illi etiam, qui interdicto unde vi, vel uti possidetis experiri poterat, vindicatione tamen primum egit, licet ad remedia possessoria

(1) l. *Si convenerit* 18 et l. ult. ff. *De jurisdiction.* (2, 1).
(2) V. Osasc. decis. 1.
(3) l. *Si in aliam* 7 § ult. ff *De offic. proconsul.* (1, 16).
(4) l *Si quis libertatem* 7 § 1 in fin. ff. *De petit. haeredit.* (5. 3).
(5) l. *In hac actione* 3 § *sciendum* 9 ff. *Ad exhibend.* (10, 4); l. *A Divo Pio* 15 § *si rerum* 4 ff. *De re judicat.* (42, 1).
(6) l. 1 § *abolitio* 8 ff. *Ad Senatusc. Turpillian.* (48, 16).
(7) l. *Carbonianum* 3 § *caussae* 4 ff. *De Carbonian. edict.* (37, 10); junct. l. *Bona* 3 § penult. ff. *De bonor. possessionib.* (37, 1).

(1) *Reg. Constit.* lib. 3, tit. 1, § 8 et 9.
(2) d. l. *In hac actione* 3 § *sciendum* 9 ff. *Ad exhibend.* (10, 4).
(3) De quibus nominatim agitur in lib. 50, tit. 13. *Digestor.*
(5) V. Voet in ff. hoc tit. n. 4.
(4) *Reg. Constit.* lib. 3, tit. 2, § 15.
(6) Ibid. § 16.
(7) d. § 16 in fin.
(8) cap. *accessorium* 42 extra *De reg. jur.* in 6 Decret.
(9) Voet in ff. hoc tit. d. n. 5.
(10) Voet in ff. hoc tit. d. n. 5.

transire (1), quae et summaria sunt (§ 1572); tum quia ex communiori sententia potest quilibet, mutato petitionis libello, rem aliam petere, immo et aliam intentare actionem (2). Sed de his satis: prosequamur caeteras judiciorum divisiones.

§ 1577. Secunda judicii divisio est in civile et criminale. Civile judicium illud est, in quo litigantes de re sua disceptant: criminale, quo agitur ad poenam a sonte luendam. Ex quo patet criminale quoque judicium esse, licet sola pecuniaria poena exigatur, partim fisco, partim actori cessura, prout aliquando contingit (3); quia litigantes proprie non certant de re sua, sed de delicto, quamquam poena pecuniaria actori pro parte tribuenda imposita crimini sit a legibus.

§ 1578. Si de eadem re civile, et criminale judicium institui possit, puta de falso, et homicidio, et similibus, Romano jure facultas actori competere videtur, utro prius agere malit, quin una actio aliam perimat (4): eo tamen jure utimur, ait Faber (5), quoties falsi quaestio, aut alia criminalis actio incidit in civilem, de criminali prius cognoscendum sit, utpote gravioris momenti, et quae ad publicam rem pertinet, quam de civili (6): adeoque in civili supersedendum sit, saltem si tale, quod caussae civili praejudicium faciat (7).

§ 1579. Si ergo falsi caussa criminalis praejudicet civili, de illa prius omnino cognoscendum est, atque interim in civili supersedendum: veluti si Titius agat contra Sempronium ex instrumento, quod paratam per se habeat executionem, si verum sit, falsum vero dicatur; prius de falso inquirendum, licet mutuo litigantium consensu in caussa conclusum fuisset, priusquam falsi suspicio suboriretur (8); quamquam alioquin post conclusionem in caussa civili remorandum non est judicium propter incidentem caussam criminalem (9).

§ 1580. Nec aliud dicendum erit, subjicit Faber, licet actor nolit criminaliter agere, forte ut parcat honori alterius litigantis, nec nisi per viam nullitatis, ut ajunt, atque exceptionis falsum objicere (1); cum civile in hac specie omnino pendeat a criminali, adeoque hoc illud omnino praecedere debet (§ praeced.): ex quo sequitur, prius quoque de crimine falsi cognoscendum, si post conclusum in caussa, et productum instrumentum, quod falsi arguitur, is, qui produxit, contumax sit in exhibendis judici actis litis; nisi protestetur, se ab ejus usu abstinere velle, nec ipse falsi auctor sit, sed solus usus enim periculo criminis adstrinxerit (2).

§ 1581. Hoc autem jus totum eo nititur fundamento, quod de falso civiliter agi non possit neque agendo, neque excipiendo (3): quamquam sola falsi suspicio pro veritate non habetur, nec in civilibus, licet agatur tantum de elidenda aliqua probatione, cum aequitas suadeat, ne quicquam statuatur inaudito eo, qui falsi accusatur (4). Quod si is, adversus quem falsum instrumentum productum fuit, nolit adversario objicere crimen falsi, nec enim cogitur accusare (5), ad procuratorem Principis, seu advocatum fisci res haec ex officio pertinebit, licet actor malit caussa cadere, quam reum in vitae, atque existimationis discrimen adducere (6), cum crimina detegi, et puniri publice intersit.

§ 1582. Si autem criminalis quaestio civili non praejudicet, potest haec illam praeire: veluti si Titius petat a Sempronio centum tamquam sibi debita, atque Sempronius alleget, sibi a Maevio ereptam, et laceratam liberationis apocham, lis civilis adversus Sempronium definienda est, salvo ipsi jure adversus Maevium: nisi Titii mandato Maevius apocham eripuerit et laceraverit; vel debitum exegerit (7): quia et in postremo casu imputari Titio possit, cur talem mandatarium elegerit, et aequum sit, ut factum ejus praestet, ex cujus persona lucrum percipit (8).

§ 1583. Hinc etiam placuit Sabaudis patribus, de civili prius judicio disputandum, quam criminali, si hoc a civili pendeat, puta si de termino moto agatur, qui lite pendente, suppositus sit ab adversario, vel inscio collitigante, vel coacto per vim, aut dolum; prius enim inquirendum, an a priore finium constitutione recedi debuerit, et juste recessum sit; ut sciri possit, utrum adversarius, qui novos terminos movit, tuendi potius sui juris, quam alieni interveniendi animo fecerit (9); nec enim criminaliter pu-

(1) l. *Naturaliter* 12 § 1 ff. *De acquirend. possession.* (41. 2); l. *Cum fundum* 18 § 1 ff. *De vi, et vi armata* (43. 16).

(2) l. *Si se non obtulit* 4 § *ex conventione* 3 ff. *De re judicat.* (42, 1).

(3) V. l. *Lege Cornelia* 25 § ult. ff. *De Senatusc. Silan.* (29. 5).

(4) l. unic. Cod. *Quand. civil. act. criminal. non praejudicet* (9, 31).

(5) Fab. Cod. *De ordin. judicior.* lib. 3, tit. 7, def. 13 in princ.

(6) l. *Per minorem* 54 ff. hoc tit.

(7) Fab. Cod. *Quand. civil. act.* lib. 9, tit. 18, def. 1 in princ.

(8) Fab. Cod. *Quand. civil. act.* lib. 9, tit. 18, d. def. 1 in princ.

(9) argum. l. 1 et l. *Neganda* 19 Cod. *De his, qui accusar. non poss.* (9, 1); Fab. d. def. 1, n. 2.

(1) Fab. Cod. *Quand. civil. act. etc.* lib. 9, tit. 18, d. def. 1, n. 3 et 4.

(2) l. *Si falsos* 8 Cod. *Ad leg. Cornel. de fals.* (9, 22); Fab. d. def. 1, n. 6 et seqq.

(3) Fab. Cod. *Quand. civil. act. etc.* lib. 9, tit. 18, d. def. 1, n. 9.

(4) d. def. 1, d. n. 9 et seq.

(5) l. unic. Cod. *Ut nem. invit. agere vel accusar. cogat.* (3, 7).

(6) Fab. d. def. 1 in fin.

(7) Ibid. lib. 9, tit. 18, def. 3.

(8) l. *Ex qua persona* 149 ff. *De reg. jur.*

(9) Fab. Cod. *Quand. civil. act. etc.* lib. 9, tit. 18, definit. 2.

nitur ob terminum motum, qui dolo caret (1): in dubio autem dolus non praesumitur (2).

§ 1584. Idem dicendum, si caussa civili in promptu constet de jure alterius litigantis; lis civilis statim judicanda est, non expectato fine litis criminalis, quae deinceps peragenda erit (3); mora certo per incertum fieri non debet. Atque hinc rescripsit imperator Alexander, cum appareret, morandae tantum solutionis gratia falsi crimen testibus, vel instrumentis objici, debitorem ad solutionem compellendum esse, salva in postremum criminis executione (4).

§ 1585. Plane, si eodem judicio utraque quaestio tum civilis, tum criminalis expediri possit, utramque simul expediri aequum est (5): bonus judex litibus quantocius finiendis studere debet (6).

§ 1586. Quae hactenus disputavimus, pertinent ad casum, quo locus fit civili, et criminali judicio ex eodem facto: si autem ex diverso; veluti si maritus uxorem adulterii accuset, mulier dotis restitutionem postulet, prius criminale judicium, utpote gravioris momenti finiendum est (7), si utrumque simul terminari non possit (§ praeced.).

§ 1587. Praeter hactenus enumeratas judiciorum divisiones, aliae passim ab interpretibus afferuntur; ita ut alia dicantur judicia universalia, veluti haereditatis petitio, familiae erciscundae judicium, quaedam generalia, puta tutelae; pleraque singularia, ut rei vindicatio, mandati, depositi, commodati, empti, et similes actiones. Realia appellantur judicia, quibus de jure in rem disputatur, personalia, quibus de obligatione personae, mixta partim ad rem, partim ad personas pertinent.

§ 1588. Ad haec quaedam judicia praeparatoria sunt, quae viam parant alii judicio, quaedam principalia, quibus principalis controversia discutitur, quaenam minus principalia, seu incidentia, cum nempe, judicio jam coepto, nova oritur controversia, de qua ab initio cogitatum non est, quae tamen eodem judicio dirimi debet; quae ideo *incidens* quaestio vocatur. Publica sunt judicia, quibus de publica utilitate potissimum agitur; atque ab his vix distant judicia popularia, quibus de laesa auctoritate populi, vel securitate publica agitur ad mulctam: privatis judiciis de re privatorum quaeritur. Demum, si de possessione rei litigetur, judicium possessorium, si de jure in re, nullo habito ad possessionem respectu, petitorium judicium nominatur.

(1) l. *Divus Hadrianus* 2 et l. seq. § 1 ff. *De termino moto* (47. 21).
(2) l. *Merito* 51 ff. *Pro socio* (17. 2).
(3) Fab. Cod. *De ordin. judicior.* lib. 3, tit. 7, def. 13 in not.
(4) l. *Satis aperte* 2 Cod. *Ad leg. Cornel. de fals.* (9 22).
(5) Fab. d. definit. 13, n. 1; l. penult. Cod. eod. tit. (3, 8).
(6) l. *Labeo ait* 3 § 1 ff. *De recept.* (4. 8).
(7) l. ult. Cod. *De ordin. judicior.* (3, 8).

§ 1589. Personae judicium constituentes aliae sunt principales, aliae accessoriae. Principales tres sunt actor, reus, judex. Accessoriae duplicis sunt speciei: aliae inserviunt litigantibus, videlicet advocati, et procuratores: aliae judici, idest assessores, scribae apparitores, atque executores. Actor ille est, qui jus aliquod in alienum sibi compere in judicio defendit: reus, qui negat. In judiciis, ut ajunt duplicibus, seu in quibus uterque actor, et reus videtur, puta familiae erciscundae, communi dividundo actor intelligitur, qui ad judicium provocat, reus, qui provotur (1): quod si ambo provocent, sorte res dirimitur (2).

§ 1590. Hisce generaliter praemissis, singulae judiciorum partes exponendae sunt, et singularum personarum tum principalium, tum minus principalium officia explicanda. Atque, ut recto ordine procedatur, initium faciemus ab in jus vocatione, postremo loco acturi de executione rei judicatae: de personis autem principalibus primum agemus, seu de actore, reo, et judice; postea de caeteris, eorumque officio.

CAPUT I.

De in jus vocando.

Instit. lib. 4, tit. 16 *De poen. temer. litig.*
Digest. lib. 2, tit. 4 } *De in jus vocand.*
Cod. lib. 2, tit. 2 }

SUMMARIA

§ 1591 *et* 1592. *Quid sit in jus vocare: et quae sint de in jus vocatione pertractanda?* — § 1593. *Qui possint in jus vocare?* — § 1594. *Quos liceat in jus vocare?* — § 1595 *et* 1596. *An et quatenus pupilli in jus vocandi sint?* — § 1597. *Quid de furiosis et similibus: universitatibus, collegiis et majoribus magistratibus?* — § 1598. *Quid si experiendum sit adversus jacentem haereditatem, neque de successore constet?* — § 1599. *Reus ipse, cum lis nondum coepta est, in jus vocari debet, deinceps procurator.* — § 1600. *Procuratorem in jus vocari sufficit, si agatur de prosequenda appellatione a sententia judicis interlocutoria, non si a definitiva.* — § 1601 *et* 1602. *Litis consortes, qui a sententia appellaverint, omnes citandi sunt. Quid si publicae conditionis solemnitas interrupta fuerit?* — § 1603 *et* 1604. *Quas personas in judicium sine venia jure Romano vocare non liceat.* — § 1605 *et* 1606. *Uxor maritum sine venia in jus vocare potest. An vassallus dominum directum?* — § 1607. *In jus vocatio verbis fit, vel libello dato.* — § 1608. *Ad judices superiores vocari reus non potest, nisi prius oblato libello.* — § 1609.

(1) l. *In tribus* 13 ff. hoc tit.
(2) l. *Sed cum ambo* 14 ff. hoc tit.

et 1610. *Vocatio in jus nonnisi ex judicis decreto fieri debet, exceptis caussis summariis: et fieri solet per publicos apparitores.* — § 1611. *Quid si apparitor citationem reo ipsi significare non potuerit?* — § 1612 *et* 1613. *Qua forma in jus vocandi sint absentes?* — § 1614. *Vocatio in jus nullius momenti est, si praescriptus modus servatus non fuerit. Quid si reus vocatus sponte in judicium venerit?*— § 1615. *Apparitor extra territorium judicis, cujus jussa exequitur, citare non potest.* — § 1616 *et* 1617. *Vocari in jus potest reus e quocumque loco etiam e domo. Quid si fores clausae sint.* — § 1618. *Mulier nupta in jus vocanda est in domicilio mariti, licet conveniatur ex paterno contractu, atque in loco contractus reperiatur, nisi lis cum patre jam coepta fuerit.* — § 1619 *et* 1620. *Quae sit citatio, seu in jus vocatio peremptoria, et quibus casibus locum habeat?* — § 1621. *Edictis publice propositis vocandi sunt, qui prohibent, ne ad ipsos vocatio perveniat; vel ad quos tuto iri non potest. Quid de errantibus et vagis?* — § 1622 *et* 1623. *Vocationes solemnes interdiu fieri debent, atque die profesto.* — § 1624. *Si quis vocatus fuerit profesto die, uti die feriato adsit, sequenti die non feriato venire debet.*—§ 1625. *Sententia, quam in jus vocatio non praecesserit, nullius momenti est.* — § 1626. *Quid si lata fuerit favore rei neutiquam vocati?* — § 1627. *Quid si reus non vocatus, sed praesens litem ultro contestetur?* — § 1628. *Vocatus ad unam caussam respondere ad aliam non tenetur. Quid de difamatore?* — § 1629 *et* 1630. *Arresti nomine quid significetur: et quibus casibus ex usu fori locum habeat?* — § 1631. *Tum ante, tum post litem contestatam arrestum praescribi potest, si fugae, aut ablationis justa adsit suspicio, nec debitor legitime caveat.* — § 1632. *Non tantum res, sed et persona simul, et vicissim detineri possunt, si ita suadeat creditoris indemnitas.* — § 1633. *An detentio haec permitti possit, cum dies solutionis nondum venit?* — § 1634. *Litis pendentia per arrestum non dicitur.* — § 1635. *Quibus casibus res, vel persona detineantur jurisdictionis firmandae caussa?* — § 1636. *Quis sit in jus vocationis effectus.*

§ 1591. In jus vocare, a quo Justiniano teste principium habent omnes actiones instituendae (1), nihil aliud est, quam juris experiundi caussa vocare (2) adversarium ad eum, qui jurisdictioni praestet (3): qui aut Principi, aut praetori offert libellum adversus alium, vel qui sui defendendi caussa Magistratum interpellat, in jus vocare non videtur, quia adversarium non vocat (1).

(1) § ult. Instit. hoc tit.
(2) l. 1 ff. hoc tit.
(3) l. *Ex quacumque* 2 ff. *Si quis in jus vocat. non ierit* (2, 5).

§ 1592. De in jus vocatione haec sunt explicanda. 1. Qui possint in jus vocare, aut vocari. 2. Quibus modis in jus vocatio fiat. 3. Quo loco quis in jus vocari possit, et debeat. 4. Quo tempore. 5. An in jus vocatio ad vim judicii omnino necessaria sit. 6. Paucis explicabimus singularem in jus vocandi modum alicubi probatum, qui *Arrestum* vocatur.

§ 1593. In jus vocare alterum possunt de jure suo experturi, quicumque legitimam habent personam standi in judicio; adeoque patresfamilias, aetate majores, et libera rerum suarum administratione praediti, non minores et impuberes, tutore vel curatore auctorante (2). Universitates et collegia licita, constituto actore ab illis, qui universitati praesunt, in jus vocare, et in judicio stare non prohibentur (3).

§ 1594. Eadem fere regula observatur quoad personas in jus vocandas, quamquam et plura singularia de his sunt. Nemini dubium est, quominus majores, liberum habentes rerum suarum regimen in jus vocari possint; ex his tamen aliquae sunt, quas ob reverentiam ipsis debitam, nonnisi impetrata a judice venia, in jus vocare licet. Furiosi, atque infantes nullatenus in jus vocare permissum est (4), quippequi non intelligunt, quod ab ipsis petitur: sed eorum tutores et curatores vocandi sunt (5): quibus si careant, a Magistratu, actore petente dari curator debet, non secus ac minoribus (6); nisi forte minor veniam aetatis a Principe impetraverit; quo casu in judicio solus videtur stare posse, adeoque et in jus vocari, nisi periculo amittendae rei immobilis per litem subjaceant (7).

§ 1595. Apud nos cautum, ut pupilli septennio majores, atque minores viginti annis ipsi in jus vocentur: sed simul eorum tutores et curatores, si quos habeant: alioquin duo proximiores consanguinei; aque his deficientibus duo vicini (8): sufficit autem tutorem in jus vocari, si impuberes septennio minores sint, atque ad morem absentium vocabitur actor, vel curator, qui forte absit (9).

(1) l. *Libertus* 14 et seq. ff. hoc tit.
(2) l. 1 et 2 Cod. *Qui legitim. person. stand. in judic.* (3, 6).
(3) l. *Si municipes* 2 et l. seq. ff. *Quod cujusq. universitat. nomin.* (3, 4).
(4) l. *Quique* 3 ff. hoc tit.
(5) l. *In rebus* 2 Cod. *Qui legitm. person. stand. in judic.* (3, 6).
(6) § *item inviti* 2 Instit. *De curat.* (1, 23).
(7) l. *Eos, qui* 3 Cod. *De his, qui ven. aetat. etc.* (2, 45); l. *Si actor* 10 Cod. *De appellat.* (7, 62).
(8) *Reg. Constit.* lib. 3, tit. 3, § 11; V. Fab. Cod. hoc tit. lib. 2, tit. 2, def. 3.
(9) *Reg. Constit.* ibid. § 12 et 13.

§ 1596. Quod si tutor, impubere minorem aetatem adepto, ab officio destiterit, atque lis durante tutelae officio coepta fuerit, adhuc in jus vocari potest, si ei curatorem dari non curaverit (1); pro litibus autem, quae initium habent tutela finita, tutor in jus vocari non potest, sed minor ipse vocandus est, ut curatorem ad lites eligat, eoque non eligente, judex, coram quo controversia pendet, curatorem constituit (2), prout jure quoque Romano cautum est (3).

§ 1597. Furiosos, amentes et similes, quod attinet, vocare pro iis jubentur, si curatorem non habeant, avi paterni, aut patres, aut proximi duo consanguinei, si paterni ascendentes deficiant; et his deficientibus duo vicini: quod si et hi contumaces sint, judex curatorem ad lites eliget (4). Prodigorum, quorum bonis interdictum sit eadem ac furiosorum conditio est (5). Universitatum et collegiorum sindici, rectores, aliive, quibus rerum communium administratio credita est, in jus vocari debent (6). Majores Magistratus in jus vocari non sinebant Romanae leges (7): sed usu fori aliud servatur (8).

§ 1598. Si adversus jacentem haereditatem experiundum sit, neque de successore constet, in jus vocari debet ille, cui successio potissimum competere potest (9): sed si actor juret, se ignorare, ad quem pertinere possit haereditas, vocatio fit sono tubae, aut timpani ante domum, in qua defunctus postremo habitabat: atque apparitor elata voce evulgare debet, ut si quis haereditatem sibi competere contendat, aut ejus bona defendere velit, intra certum statutum tempus se sistat, atque hujus libelli exemplum januae domus affigitur (10).

§ 1599. Cum lis nondum coepta est, reus ipse in jus vocari debet: sed, procuratore constituto, ei denuntiandi sunt libelli omnes, et edicta, quae judicii ordinem respiciunt, quin ulla petenda sit facultas (11): in caussis vero, quae aguntur in locis, ubi nulli sunt procuratores, parti, aut ejus domicilio significare debent tum citationes summariae, tum decreta (12).

§ 1600. Hinc recte tradit Faber, procuratorem in jus vocari satis esse, quoties agitur de prosequenda appellatione ab interlocutoria judicis sententia (13): aliud profecto dicendum, si appellatio interposita fuerit a sententia definitiva (1); quippe, ut alibi demonstravimus, procurator in prima instantia constitutus censetur quidem habere mandatum ad appellandum, non tamen ad prosequendam appellationem (2). Quare contumax videri non potest, qui statuta die judicio non adfuerit, postquam a sententia definitiva appellavit, si procuratorem, non adversarium in jus vocaverit, licet procurator vocatus judicio adfuerit (3); quia citatio contumaciam praecedere debet (4); haec autem nullius momenti est.

§ 1601. Ad haec, si duo litis consortes condemnati fuerint; et a sententia appellaverint, non sufficit unum citari, sed uterque in jus vocandus est (5); etenim consors nonnisi post litem contestatam pro consorte agere, aut defendere potest sine mandato (6).

§ 1602. Hinc etiam tradit Faber, interrupta publicae venditionis solemnitate per alicujus intercessionem, vel appellationem, si postmodum, injusta pronunciata appellatione, vel intercessione, subhastatio peragatur, rursus vocandum esse eum, qui condemnatus fuit; ita ut non sufficiat vocari procuratorem (7); licet enim procurator, qui liti principali adfuit, in executione judicati solus adesse possit, cum executio pars sit litis principalis (8), interest tamen condemnati, ut bonorum suorum venditioni adsit, ut emptorem quaerat, vel pluris licitaturum, vel longius ad redimendum tempus indulturum (9).

§ 1603. Quaedam personae sunt, quas in judicium vocare non licet, nisi impetrata a judice venia, ob honorem, et reverentiam ipsis debitam. In hunc numerum referuntur parentes, et patroni (10): qui tamen hodiernis moribus sine venia vocari possunt, si vocatio fiat per libellum judici oblatum (11); ex quo liberi non dissimulant se tales esse, et parentem vocare, tacite veniam petere, et obtinere intelliguntur (12); quae tamen venia necessaria esset, si vocatio solius apparitoris voce fieret (13); poena quinquaginta aureorum constituta ex jure Romano adversus eos, qui veniam petere omitterent (14), usu fori arbitraria in eo posita, ut vocatus sine venia ab instantia absolvatur, vocante in expensas damnato (15). Apud nos, cum in libello venia petitur, aut ad-

(1) *Reg. Constit.* d. lib. 3, tit. 3, § 14.
(2) Ibid. § 15.
(3) d. § *item inviti* 2 Instit. *De curatorib.* (1, 23).
(4) *Reg. Constit.* d. lib. 3, tit. 3, § 16.
(5) l. *His, qui* 12 § ult. ff. *De tutoribus, et curatoribus dat.* (26, 5); *Reg. Constit.* d. § 16; V. vol. I, lib. 1, § 1711 et seqq. pag 283.
(6) l. *Sicut municipum* 7 ff. *Quod cujusq. universitat.* (3, 4); *Reg. Constit.* lib. 3, tit. 3, § 19.
(7) l. *In jus vocari* 2 ff. hoc tit.
(8) Voet in ff. hoc tit. n. 5.
(9) *Reg. Constit.* d. lib. 3, tit. 3, § 17.
(10) Ibid. § 18.
(11) Ibid. § 23.
(12) Ibid. § 4.
(13) Fab. Cod. hoc tit. lib. 2, tit. 2, def. 4.

(1) Fab. d. def. 4 in not.
(2) V. vol. III, lib. 4, § 52. pag. 217.
(3) Fab. Cod. hoc tit. def. 6.
(4) § ult. Instit. hoc tit.
(5) argum. l. *Si rem* 62 § 1 ff. *De evictionib.* (21, 2); Fab. Cod. hoc tit. lib. 2, tit. 2, def. 8.
(6) l. ult. Cod. *De consortib. ejusdem litis* (3, 40).
(7) Fab. Cod. hoc tit. lib. 2, tit. 2, def. 12.
(8) l. *Filiusfamilias* 8 § ult. ff. *De procuratorib.* (3, 3).
(9) l. *De unoquoque* 47 ff. *De re judicat.* (42, 1).
(10) l. *Quique litigandi* 4 § 1 ff. hoc tit.
(11) Fab. Cod. hoc tit. lib. 2, tit. 2, def. 13.
(12) l. *Libertus* 15 ff. hoc tit.
(13) Voet in ff. hoc tit. n. 6 in fin.
(14) l. *Si libertus* 12 ff. hoc tit.
(15) Voet in ff. hoc tit. n. 6 in med.

jicitur aliqua clausula, obsequium, et reverentiam demonstrans, judex annuere potest, nec specialis praevia facultas necessaria est (1).

§ 1604. Cum veniae impetrandae necessitas profluat ex naturali pietate, et reverentia parentibus debita, parentum nomine in hoc argumento veniunt parentes utriusque sexus primi, et ulteriorum graduum; tum legitimi, tum naturales, nec non adoptivi, durante adoptione; et mater, quae vulgo concepit (2), licet parens non proprio, sed alieno nomine in jus vocandus sit, puta tamquam tutor, vel administrator (3). Cum autem doceat Modestinus, generaliter eas personas, quibus reverentia praestanda est, sine jussu praetoris in jus vocare non possumus (4), nec socer, nec socrus sine venia vocandi videntur (5). Sed vitrico, et novercae non idem honor exhibendus videtur (6).

§ 1605. Uxor, si jus Romanum spectemus, maritum in jus vocare potest, quin ulla indigeat venia; tum quia nulla uxoris fit mentio in praetoris edicto (7); tum quia tantum non debet uxor reverentiam marito, ac filius patri. Plane, si maritus in judicio alleget jus uxoris, propter quod eam in jus vocari opus sit pro re minime dotali: non tenetur maritus uxorem cogere, ut judicio sistat, sed adversario, cujus potissimum interest, hoc onus incumbit (8).

§ 1606. Vassallus directum dominum in jus vocare potest, nulla petita venia: quia nec tantum huic debet reverentiam ac filius parentibus; nec in feudorum libris petendae veniae necessitas adstruitur: nisi tamen simul subditus sit directi domini; quem in jus sine venia vocari non posse, tamquam communem patriae patrem, pluribus placet (9): quod tamen ad reipublicae ministros, atque administratores, puta quaestores aerarii, fisci patronos, ac procuratores, et his similes in caussis ad eorum officium spectantibus minime extendendum est (10). Potiori ratione sine venia in jus vocare licet praeceptores, et susceptores e fonte baptismatis; quibus sane eadem ac parentibus reverentia naturali jure non debetur (11).

§ 1607. Vocatio in jus duplici modo fieri potest, aut verbis, quae ideo verbalis appellatur, per apparitorem, aut libello dato. Olim apud Romanos actor ipse poterat reum propria auctoritate in jus vocare, qui nisi confestim iret, aut vadimonium promitteret, idest nisi satisdaret judicio sisti, invitus obtorto collo poterat in jus duci, et trahi (1), prout testantur rerum antiquarum scriptores, atque eruditi (2). Sed cum parum tutum, et humanum vix esset, rem hanc privatorum arbitrio relinquere, posterioribus temporibus merito placuit, judicis auctoritatem prius requirendam esse, atque citationes fieri per janitores, seu apparitores judicem repraesentantes, oblato per actorem conventionis libello, quem apparitor ab actore acceptum ad reum deferret, reus vero subscriberet eo die, quo oblatus fuisset, et caveret se judicio sisti (3).

§ 1608. Ab hoc in jus vocandi modo, Imperatoris Justiniani sanctionibus inducto, non longe recedunt, ait post alios Voet, hodierni mores (4), aliqua tamen adhibita distinctione inter judicia superiora et inferiora: nimirum ad judices superiores vocare actor adversarium non potest; nisi prius, oblato libello, brevem negotii litigiosi narrationem continente, petierit, atque impetraverit rescriptum, quo ei conceditur facultas adversarium vocandi, ut certo tempore, nec longiore, nec breviore, prout fert usus regionis, se sistat: ad inferiores vero judices sine praevio libello actor curat in jus vocari reum per apparitorem, qui ex recepto usu videtur generali mandato ad hoc instructus a judice.

§ 1609. Huic fori usui fere consentit jus Regium, quo cautum, ne vocatio ulla in jus fiat, nisi ex decreto judicis, exceptis caussis summariis, et modicae summae, in quibus sufficit sola verbis facta potestas, nulla adjecta poenae comminatione, nisi justa caussa ita suadeat (5): nomine quidem, et cognomine rei in jus vocandi expresso, non tamen die, hora, aut loco, praeterquam in summariis citationibus, vel quibus vocantur procuratores ad processum instruendum (6).

§ 1610. Ad haec vocatio in jus, seu citatio, ut loquuntur pragmatici, fit per janitores, seu apparitores juratos, nisi forte nullae sint personae ad hoc officium electae; quo casu permittitur litigantibus, ut per se adversarium in jus vocent, dummodo praevia in scriptis obtineatur facultas a judice, si ita ipsi videbitur, et citatio fiat praesentibus duobus testibus (7); prout fieri jubentur citationes omnes, nisi ab apparitoribus senatus, rationalium curiae, aut consulatus fiant; ita ut, qui praesens est, testimonium praestare teneatur sub duorum aureorum poena (8).

(1) *Reg. Constit.* lib. 3, tit. 2, § 14.
(2) l. *Quique* 4 § ult. et ll. seqq. ff. hoc tit.
(3) l. *Sed si* 10 § ult. ff. hoc tit.
(4) l. *Generaliter* 13 ff. hoc tit.
(5) argum. l. *Quia parentis* 16 ff. *Solut. matrimon.* (24, 3).
(6) argum. l. *De his* 11 Cod. *De furt.* (6, 2); l. *Si avi* 3 Cod. *De crimin. expilat. haeredit.* (9, 32).
(7) De quo in l. *Quia litigandi* 4 § 1 ff. hoc tit.
(8) Fab. Cod. hoc tit. lib. 2, tit. 2, def. 14.
(9) Voet in ff. hoc tit. n. 11.
(10) d. n. 11 in fin.
(11) Ibid. n. 12.

(1) l. *Si vero* 5 § 1 ff. *Qui satisdar. cogant.* (2, 8).
(2) *Rosin. antiquitat. Romanar.* lib. 9. cap. 12. *Sigon. de judiciis* lib. 1, c. 18.
(3) V. Novell. 53, cap. *illud quoque* 3 § 1 et 2; auth. *offeratur* post l. 1 Cod. *De lit. contestat.* (3, 9); V. et Novell. 79, 96 et 112 si lubet.
(4) Voet in ff. hoc tit. n. 13.
(5) *Reg. Constit.* lib. 3, tit. 3, § 1 et 2.
(6) d. § 2, et 3.
(7) Ibid. § 4 et 27.
(8) d. § 4, et 5.

§ 1611. Vocatio in jus, seu citatio reo ipsi, si fieri possit per apparitorem significanda est: sed si, debita adhibita diligentia, reo fortassis absenti, vel latitanti denunciari nequeat, ad ipsius aedes libellus vocationis proponitur, exemplo alicui ex consanguineis, aut domesticis, ut certiorem faciant eum, qui in jus vocatur. Quod si domus clausa sit, sufficit libellum januae affigi, postquam apparitor alta voce enunciaverit, quae in eo continentur (1): quod si universitas aliqua in judicium vocanda proponatur, duae publicae denunciationes fieri jubentur, altera ante ecclesiam parochialem, altera ante domum, quo administratores convenire solent, hujus parieti, aut januae affixo libello: sed una publica denunciatio sufficit, si nullam habeat universitas communem domum (2).

§ 1612. Haec de iis, qui sunt in loco, quo in jus vocandi sunt: si alio in loco morentur, sed in ditione, eadem forma servanda est, literis requisitoriis, ut ajunt, ad loci magistratum, vel judicem cujus jurisdictioni subjiciuntur, missis (3), quin repeti possint graviores impensae, quae factae fuerint, ut apparitor in locum se conferret, si ibi juratus apparitor adsit (4): qui vero certum in ditione domicilium non habent, vel ab ea recesserunt, tubae, aut timpani sono vocandi sunt ante domum postremae habitationis intra tempus, quod convenientius videbitur, dummodo quindecim dies non excedat (5): quod si nunquam in ditione domicilium habuerint, ante fores tribunalis, ubi caussa pendet, vocantur, libello citationis in utroque casu domus, aut tribunalis januae affixo, postquam publice apparitor denunciaverit (6).

§ 1613. Porro libellorum vocationis in jus exempla ex praescripto affixa avelli a nemine possunt, pecuniaria poena alioquin indicta (7): siculi sub corporali etiam mulcta prohibetur, ne quis impedire audeat, ut aliquis in jus vocetur (8).

§ 1614. Cum autem ex trito apud pragmaticos axiomate forma det esse rei (9), idcirco vocatio in jus nullius erit momenti, si praescriptus modus adamussim impletus non fuerit (10): adeoque reus sui copiam non faciens contumax haberi non potest; nec valerent, quae in consequentiam hujusce inutilis vocationis subsecuta fuissent, perinde ac si vocatio nulla praecessis-

(1) *Reg. Constit.* d. lib. 3; tit. 3, § 6. V. l. *Dies* 4 § *praetor ait* 5 et seqq ff. *De damn. infect.* (39, 2); V. Fab. Cod. hoc tit. lib. 2, tit 2, def. 1.

(2) *Reg. Constit.* ibid § 9.

(3) Ibid. § 7; V. Fab. Cod. hoc tit. lib. 2, tit. 2, definit. 2.

(4) *Reg. Constit.* ibid. § 26.

(5) Ibid. § 8.

(6) Ibid. § 9 et 10. V. Ab-Eccles. part. 2, observat. 32 et 33.

(7) *Reg. Constit.* d. lib. 3, tit. 3, § 21.

(8) Ibid. § 22.

(9) l. *Cum hi* 8 § *si praetor* 18 ff. *De transactionib.* (2, 15).

(10) *Reg. Constit.* lib. 3, tit. 3, § 25.

set (1): nisi forte sponte in judicium venerit, qui perperam vocatus fuit (2).

§ 1615. Sane apparitor, cujus opera vocationes in jus fieri solent, nonnisi intra territorium judicis munere hoc fungi potest, tametsi domicilium habeat in territorio, qui extra illud in jus vocatur (3), nec enim ampliore facultate uti potest apparitor, quam judex, cujus mandato agit; judici autem extra territorium impune non paretur (4); utpotequi privati jure in alieno territorio censetur (5).

§ 1616. Sequitur disputatio de loco, ex quo reus in jus vocetur: atque generalis regula traditur, e quocumque loco, etiam a vinea, balneo, et theatro in jus vocari posse (6): excipitur domus, quae tutissimum cuique refugium, aut receptaculum est (7). Quae in domo habitet, nec aliud domicilium habeat (8).

§ 1617. Sed haec accipienda sunt de reali in jus vocatione, seu qua reus e domo educatur, atque in jus trahatur; vel de casu, quo fores domus clausae sint; si enim aditum ad se praestet reus, aut ex publico conspiciatur, recte in jus vocari eum, ait post Julianum Paulus (9). Plane foribus clausis apparitor, nonnisi ex speciali judicis mandato iis effractis domum ingredi potest, etiamsi alibi, quam in domo executio fieri nequeat, puta quod aliquid occultum exquirendum sit, aut describendum (10): quod si reus tantum in jus vocandus sit, apparitor officio suo fungi potest affixo ad januam vocationis libello (11). Subjicit opportune Faber, etiamsi apparitor per injuriam quid fecerit, posse quidem ei de facto resisti, atque de domo expelli (12), non tamen vim, aliamque injuriam ei inferendam esse (13): ne magistratus aucturitas laedi videatur (14).

§ 1618. Nupta mulier in domicilio mariti, quod jure communi sequitur (15), in jus vocanda est, non in domicilio patris (16), licet ex paterno contractu conveniatur, atque reperiatur in eo loco, ubi pater debitor fuit, et domicilium

(1) l. *Ea, quae* 7 Cod. *Quomod. et quand. judex sentent. proferr. deb.* (7, 43); Fab. Cod. hoc tit. lib. 2, tit. 2, def. 8 in fin.

(2) argum. l. 1 § 1 ff. *De fer.* (2, 12); Ab-Eccles. part. 2, observat. 37, n 6.

(3) Fab. Cod. hoc tit. lib. 2, tit. 2, def. 7.

(4) l. ult ff. *De jurisdiction.* (2, 1).

(5) l. ult. ff. *De offic. praefect. urb.* (1, 12); l. ult. ff. *De offic. praesid.* (1, 18).

(6) l. *Sed etiam* 20 ff. hoc tit.

(7) l. *Plerique* 18 ff. hoc tit.; Fab. Cod. hoc tit. lib. 2, tit. 2. def. 9 in princ.

(8) argum. l. penult. § ult. ff. *De his, qui effuder., vel dejecerint* (9, 3).

(9) l. *Satisque* 19 in fin. ff. hoc tit.

(10) Fab. Cod. hoc tit. lib. 2, tit. 2, d. definit. 9, n. 4 et seqq.

(11) d. def. 9, n. 3.

(12) l. 1 § ult. et l. seq. ff. *Ne quis eum, qui in jus vocabit.* (2, 7).

(13) Fab. Cod. hoc tit. lib. 1, tit. 2, def. 9 in fin.

(14) l. 1 Cod. *Unde vi* (8, 4).

(15) l. unic. Cod. *De mulierib. et in quo loco etc.* (10, 62).

(16) l. ult. Cod. *De incol.* (10, 39).

habuit (1); quia filii originem utique patris sequuntur, non domicilium (2), quod proprium habere possunt (3); nisi tamen lis jam coepta esset cum defuncto patre (4); judicium ibi finem accipere debet, ubi coeptum fuit (5).

§ 1619. Praeter vocationem, qua certa persona in jus venire jubetur, quaeque sola apparitoris denunciatione fit, est et alia, quae peremptoria vocatur, atque fit tribus edictis publice propositis, vel uno peremptorio (6). Haec autem potissimum habet locum adversus absentes sive civili (7), sive criminali judicio conveniantur (8); atque ita vocantur, qui conveniendi sunt actione in rem, dum absunt a loco, in quo res immobilis sita est, ut per se, vel per procuratorem legitimo mandato instructum in jus veniant (9).

§ 1620. Eodem modo vocari possunt, si quibusdam credimus, qui salarium advocatis, procuratoribus debent propter patrocinium, aut procurationem praestitam, si absint a loco, quo judicium agitatum fuit, ad salarium obtinendum (10); quia nemo de salarii justitia melius judicare potest, quam litis principalis judex. Ad haec in jus vocatio per publica edicta necessaria est, cum vocandae sunt incertae personae, puta creditores defuncti ut intersint confectioni inventarii, vel creditores debitoris, qui discussionis instantiam instituere velit (11). Romano jure ab uno edicto ad aliud exigitur intervallum non minus decem dierum (12): quindecim intermedii dies apud nos in postremo casu praescribuntur (13).

§ 1621. Edictis quoque publice propositis vocandi sunt, qui per se, vel per alios efficiunt, ne ad ipsos vocatio perveniat (14): nec non qui morantur utique in loco judici jurisdictionis subjecto, ad quem eundum est, sed non satis tutus est apparitori aditus, vel ob hostes grassantes, vel ob nimiam vocandi potentiam et audaciam: atque edictum in proximiore loco publice proponendum est (15). Errantes et vagabundi propo-

(1) Fab. Cod. hoc tit. lib. 2. tit. 2. definit. 5

(2) l. *Adsumptio* 6 § 1 ff. *Ad municipal.* (50, 1).

(3) l. *Placet* 3 et seq. ff. eod. tit.

(4) l. *Si is, qui Romae* 34 ff. *De judic.* (5, 1).

(5) l *Si quis* 7; l. *Ubi acceptum* 30 ff. eod. tit.

(6) V. l. *Ad peremptorium* 68 et seqq. ff. *De judic.* (5, 1).

(7) d. l. 68 et seqq.

(8) l. 1 § *praesides* 2 ff. *De requirend. vel absentib. damnand.* (48, 17).

(9) Voet in ff. hoc tit. n. 16.

(10) Ibid. d. n. 16.

(11) V. *Reg. Constit.* lib. 3. tit. 33, § 15 et seqq.; V. vol II, lib. 3. pag. 1062, § 1432 et seqq.

(12) l *Per intervallum* 69 ff. *De judic.* (5, 1).

(13) *Reg. Constit.* ibid. § 16

(14) cap. *caussam* 8 extra Decret. Greg. *De election. et elect. potestat.* (1, 6); cap *statuimus* 13 extra *De offic. et potestat. judic. delegat.* in 6 Decretal. (1, 14); Clementin 1. *De judic.* (2, 1); Clement. unic. *De foro competent.* (2, 2).

(15) d Clementin. 1 *De judic.*

sito sibi edicto, ubi frequentius errare solent, vocandi videntur (1).

§ 1622. Quod ad tempus in jus vocandi pertinet, duo prae oculis habenda sunt. 1. Ut vocationes sive in civili, sive in criminali judicio, quae solemnitatem desiderant publicae denunciationis, fiant interdiu, idest post horam ab ortu solis, atque unius pariter horae spatio ante solis occasum (2): quod justa ratione cautum, ut fraudibus, quae alioquin facile fieri possent, obviam eatur.

§ 1623. Alterum est, ut vocatio fiat profesto die, seu non feriato in honorem Dei; alioquin nullius momenti, juxta aliquos futura (3); nec contumax habebitur, qui ita vocatus statuta die non adfuerit: quia vocatio initium judicii sit (4), nec fieri possit, nisi expresso, vel tacito judicis mandato (§ 1607). V. infra § 2096.

§ 1624. Quod si die profesto quis in judicium vocatus fuerit, ut die feriato adsit, sistere quidem eo die non tenetur, cum nec judex quidquam decernere possit (5), passim tamen probatum, atque usum receptum, ut ita vocatus sequenti die, judiciis expediendis dicato, in judicium venire debeat, contumaciae poenas alioquin minime vitaturus (6); nec enim ab obligatione quis immunis fieri debet, quia statuto die eandem implere non potuerit (7).

§ 1625. Cum in jus vocatio principium sit omnium actionum in judicio instituendarum (8), ut superius diximus (§ 1591), judicia autem nonnisi ex omnibus suis partibus consistere possint, non secus ac caetera negotia, sponte sequitur, nullius momenti esse sententiam, quam vocatio in jus non praecesserit (9), utpote prolatam contra solidum judiciorum ordinem (10).

§ 1626. Immo neque valere videtur sententia, licet prolata fuerit favore non vocati, atque ob id judicio minime sistentis. Cum leges generatim loquantur (§ praeced.); nec propter unius personae utilitatem publicas judiciorum leges vim suam amittere aequum est (11). Neque movet, valere sententiam latam pro minore, qui in judicio steterit sine curatore; quod

(1) argum. l. *Dies* 4 *toties* 6 ff. *De damn. infect.* (39, 2); l. *Ejus, qui* 27 § *Celsus* 2 ff. *Ad municipal.* (50, 1).

(2) *Reg. Constit.* lib. 3, tit. 3, § 20.

(3) l. ult. Cod. *De feriis* (3, 12); V. Fab. Cod. hoc tit. lib. 3, tit. 11, def. 5, et 6.

(4) § ult. Instit. hoc tit.

(5) l. ult. princ. et § 1 Cod. *De feriis* (2, 12).

(6) *Reg. Constit* lib. 3. tit. 3, § 25; Voet in ff. *De feriis* lib. 2, tit. 12. n. 4.

(7) cap. *cum dilecti* 6 in fin. extra Decret. Greg. *De dolo et contumac.* (2, 14).

(8) § ult. Instit hoc tit.

(9) l. *Ea, quae* 7 Cod. *Quomod. et quand. judic. sentent. profer. etc.* (7, 43):

(10) l. *Prolatam* 4 Cod. *De sentent. et interloc. omn. jud.* (7, 45).

(11) argum. l. *Jus publicum* 38. ff. *De pactis* (2, 14); l. *Neratius* 20 ff. *De religios.* (11, 7).

enim legitimam standi in judicio personam minores non habeant, ipsorum favore constitutum est (1); ipsorum odio nequaquam ideo retorquendum (2).

§ 1627. Si tamen adversarius non vocatus, sed praesens, atque ita ab actore conventus respondeat, et litem ultro contestetur, judicium subsistere probabilius est (3); quia in jus vocatio inducta potissimum est favore rei, ne indefensus condemnetur: unusquisque autem potest juri pro se introducto renunciare (4).

§ 1628. Ex eadem vocationis in jus necessitate passim colligunt interpretes, eum, qui ad unam caussam vocatus est, ad aliam respondere non teneri (5); eo vel maxime, quod reus non praesens tantummodo, sed et paratus ad respondendum esse debet (6). Quare nec is, qui diffamatorem in jus vocavit, compellitur ad respondendum in actione principali, licet diffamator statim velit actionem proponere; quia vocatio pertinet ad judicium diffamatorium, non ad principale: atque, sicuti diffamator compelli non potest, ut statim agat, sed ipsi terminus constituendus est, intra quem agere teneatur, ita nec alter jure cogitur, ut statim respondeat (7).

§ 1629. Alicubi obtinet aliter in jus vocandi modus, quo judicis auctoritate personae, vel res detinentur, ita ut persona a loco discedere nequeat, res vero nec alienari, nec alio transferri possint, donec adversario satisfactum, aut satisdatum sit: vocationem hanc *arrestum* vocant; atque locum habet tum in criminalibus, tum in civilibus caussis (8); in his, idest caussis civilibus sistuntur personae, vel res aut debiti conservandi, aut jurisdictionis fundandae caussa.

§ 1630. Debiti conservandi caussa sistuntur, seu detinentur non tantum peregrini, sed et subditi judici, a quo detinentur, si de fuga suspecti sint; vel eorum res mobiles, si periculum sit, ne clam amoveantur, puta invecta, et illata in praedium urbanum, vel rusticum; prout cautum quoque est jure Romano; ut liceat fugientem debitorem, atque res ejus detinere non judicis tantum, sed et privata auctoritate (9): si de re mobili controversia moveatur, atque debitor suspectus sit, jubetur is rem apud acta deponere, donec satisdatum sit, vel lis ad finem perducta (10): atque creditores, debitore latitante, in possessionem bonorum a judice mittuntur (1).

§ 1631. Cum haec personarum, et rerum detentio inducta sit ex necessitate, ut indemnis servetur creditor, praescribi potest tum ante, tum post litem contestatam, si fugae, aut ablationis justa suspicio adsit, nec debitor legitimam praestet cautionem; tum quia in omni judicii parte eadem viget ratio; tum quia deterior fieri non debet conditio creditoris per litis contestationem (2): nec inde aliquid innovatum videri potest adversus legum scita: cum ex trito axiomate, quae de novo emergunt, novo indigeant auxilio (3).

§ 1632. Non tantum in loco, et judicis auctoritate, coram quo lis pendet, personae, vel res detineri possunt, sed et alibi, alteriusque judicis imperio, ut idonea cautio in securitatem litis alibi pendentis praestetur (4): neque prohibetur creditor, quominus, rebus debitoris jam detentis, petat personam quoque fugae suspectam detineri, aut vicissim; cum haec duo remedia contraria non sint, sed ad eundem finem tendant, nempe securitatem creditoris, cui prospici aequum est (5).

§ 1633. Difficilius utique permittenda est detentio, cum dies obligationis, et solutionis non venit; si tamen periculum in mora sit, non videtur deneganda creditori facultas persequendae indemnitatis (6): sed in hac re maxime versatur prudens judicis arbitrium, qui singula rerum, et personarum adjuncta perpendere debet, et caute procedere; cum injuria non levis fiat debitori, persona, vel rebus absque gravissima caussa detentis (7).

§ 1634. Quaerunt interpretes, utrum per hanc rerum detentionem, judicis auctoritate, creditore instante, praescriptam, inducatur litis pendentia, ut ajunt, seu an lis hinc pendere videatur, nec ne: plures negant; atque, ut videtur, rectius (8); etenim creditor, nec dum aliquid petit, quod debitor dare detrectet; adeoque judicium coeptum dici non potest, seu lis contestata (9).

§ 1635. Jurisdictionis firmandae caussa detinentur aliquando res, vel persona debitoris favore creditorum, ne debitorem sub alio judice degentem gravioribus sumptibus convenire teneantur; quod et commerciorum utilitas suasit, ut facilius quisque contrahat cum peregrinis (10): at-

(1) l. *Non eo minus* 14 Cod. *De procuratorib.* (2, 13).
(2) l. *Nulla juris* 25 ff. *De legib.* (1, 3).
(3) Donel. in Cod. *De jud.* n. 3.
(4) l. penult. Cod. *De pact.* (2, 3).
(5) argum. l. *Consensisse* 2 § *legatis* 3 ff. *De judic.* (5, 1).
(6) l. 1 ff. *De edendo* (2, 13).
(7) Brunneman. in ff. ad d. l. 2 *De judic.* n. 14 et 15.
(8) V. Voet in ff. hoc tit. n. 17 et seqq; ubi fuse rem hanc post alios tractat.
(9) l. *Ait praetor* 10 § *si debitorem* 16 *Quae in fraud. creditor.* (42, 8); l. 1 Cod. *Ubi quis de curial. vel cohortal. etc.* (3, 23).
(10) l. *Si fidejussor* 7 § ult. ff. *Qui satisdar. cogant.* (2, 8).

(1) l. *Praetor ait* 2 et passim ff. *Quib. ex caus. in possession. eatur* (42, 4); l. *Cum unus* 12 et seqq. ff. *De reb. auctoritat. judic. possidend.* (42, 5).
(2) l. *Non solet* 86 et seq. ff. *De reg. jur.* (50, 17).
(3) l. *Julianus* 17 ff. *De judic.* (5, 1).
(4) Voet in ff. hoc tit. n. 19 in medio.
(5) Voet d. n. 19 in fin.
(6) argum. l. *In omnibus* 41 ff. *De judic.* (5, 1); l. *Quaesitum* 14 ff. *De pignorib.* (20, 1).
(7) l. unic. Cod. *De prohibit. sequestr. pecun.* (4, 4); l. 1 Cod. *De execut. rei judicat.* (7, 53).
(8) Voet in ff. hoc tit. n. 20 in fin.
(9) l. *Rem non novam* 14 § 1 Cod. *De judic.* (3, 1); l. unic. Cod. *De lit. contestat.* (3, 9).
(10) V. Voet in ff. hoc tit. n. 23 et seqq.

que alibi diximus per sequestrationem prorogari jurisdictionem judicis, qui eandem praecepit (1). Sed, cum de sequestratione tum voluntaria, tum necessaria alibi fuse egerimus (2); quae autem specialia sunt, a recepta in singularibus locis consuetudine pendeant, ulterius in his non immoramur (3).

§ 1636. Vocationis in jus effectus is est, ut vocatus se sistere debeat statuta die, jura sua allegaturus; mulcta alioquin coercendus, et contumaciae poenam subiturus (4). Sed de hac re praestat sigillatim disserere.

CAPUT II.

In jus vocati ut eant, vel satis, aut cautum dent.

Digest. lib. 2, tit. 6 *In jus vocat. ut eant. etc.*
Codic. lib. 3, tit. *De judic.*

SUMMARIA

§ 1637. *In jus vocatus etiam coram incompetente venire debet, saltem si res dubia sit.* — § 1638 *et* 1639. *Qui in jus vocatus non venit, mulctatur, nisi idonee caveat.* — § 1640. *Judiciorum modus, et ordo diversus est apud diversos populos.*

§ 1637. Cum in jus vocatio fiat publica judicis auctoritate, consequens est, vocatum venire debere, quamvis judex forte competens non sit ille, ad quem vocatur, saltem si res haec dubia sit, atque ex privilegio ab ejus jurisdictione sit immunis (5); judicis enim est aestimare, an sua jurisdictio sit, nec ne; atque privilegium, quo quis utitur, judex divinare non potest, sed allegandum, atque demonstrandum est (6).

§ 1638. Qui vocatus in judicium non ivit, mulcta pro jurisdictione judicis, ait Paulus, condemnandus est, nisi actoris non interfuerit, puta quia dies feriatus esset, vel probabilis caussa reum excuset (7): atque potest etiam actor impetrare missionem in possessionem bonorum debitoris per contumaciam adesse detrectanctis (8).

§ 1639. Mulctam, quam modo commemoravimus (§ praeced.), in jus vocatus evitare potuerat, si idoneos fidejussores dedisset, seu cavisset datis idoneis fidejussoribus, sequenti die stiturum in judicio (1). Quae tamen cautiones a Romanis jureconsultis excogitatae fori usui parum conveniunt, ut alibi diximus (2).

§ 1640. Cum in eo, quod spectat judiciorum modum, et ordinem, diversa sit diversorum tribunalium praxis, nec singularum gentium in hac re mores recenseri facile possint, aut conveniens sit, idcirco generalia, et apud plerosque populos comprobata principia, atque potissimum apud nos firmata exponemus, quoad exigit instituti nostri ratio Imprimis investigabimus, quae personae in jus venire, atque in judicio stare possint. 2. Judicii initium expendemus, seu de libelli, atque instrumentorum editione. 3. De litis contestatione. Caetera deinceps, quae ad judicia pertinent, prosecuturi.

SECTIO I.

Qui legitimam personam standi in judicio habeant, vel non.

Digest. lib. 5. tit. 1 *De judic.*
Codic. lib. 3, tit. 6 *Qui legitim. person. etc.*

SUMMARIA

§ 1641 *et* 1642. *Impuberes et minores sine tutore, vel curatore in judicio stare nequeunt. Quid si sententia lata fuerit in caussa minoris, qui sine curatore judicio adfuit?* — § 1643 *et* 1644. *Minor veniam aetatis adeptus stare potest in judicio sine curatore licet controversia sit de rebus immobilibus. Quid de caussis matrimonialibus, aliisque spiritualibus?* — § 1645. *Minores etiam in caussis criminalibus curatorum auxilio juvari debent.* — § 1646 *et* 1647. *Filiifamilias de peculio castrensi, et quasi-castrensi litigantes in judicium stare possunt. Quid si de peculio adventitio quaestio sit?* — § 1648. *Mulieris pro bonis extra dotem positis sine mariti consensu in judicio stare possunt, non vero pro dotalibus.* — § 1649 *et* 1650. *An sententia adversus mulierem ex delicto lata executioni mandari possit in bonis dotalibus, constante matrimonio?* — § 1651 *et* 1652. *Per procuratorem apud nos quisque in judicio regulariter stare debet.* — § 1653. *Si in jus vocatus fuerit absens, aut haereditas jacens, aut alius minorum privilegio utens, et nemo pro illis veniat, curatorem ad lites judex eligit.* — § 1654. *Reo in jus veniente, libellus actoris ipsi edendus est.*

§ 1641. Legitimam in judicio standi perso-

(1) V. vol. II, lib. 3, pag. 1020, § 1127.
(2) d vol. II, lib. 3, §. 1101 et seqq. pag. 1017.
(3) Qui plura desiderat, consulat Voet in ff. hoc tit. n. 23 ad 65.
(4) l. penult. princ. et § 1 ff. *Si quis in jus vocatus etc.* (2, 5).
(5) l. *Ex quacumque* 2 ff. *Si quis in jus vocat. non iver.* (2, 5); *Reg. Constit.* lib. 3, tit 4. § 1; ubi indistincte omnes cujuscumque gradus, et conditionis sint, vocati adesse jubentur.
(6) l. *Si quis ex aliena* 5 ff. *De jud.* (5, 1).
(7) l. *Ex quacumque* 2 § 1 ff. *Si quis in jus vocat. etc.* (2, 5).
(8) l. *Satisque* 19 ff. *De in jus vocand.* (2, 4).

(1) l. 1 ff. hoc tit.
(2) V. vol. III, lib. 4, tit. XVI, *De satisdationibus* pag. 280.

nam habent omnes, nisi speciatim prohibeantur. Quidam prohibentur propter aetatem, alii propter personae statum, seu conditionem. Propter aetatis infirmitatem in judicio stare nequeunt impuberes, et minores, nisi tutor, vel curator simul interveniat (1): tutor autem, et curator prius docere debet se talem esse, non secus ac procurator (2): non tamen prius a tutore exhibendum est inventarium; cum tutoris potestatem habeat a die suscepti officii (3): quod si adversarius aliquid objiciat adversus procurationis mandatum, tutelae, curae aut administrationis, objectio haec utpote praejudicialis intra decem dies definienda est, victo in expensas condemnato (4).

§ 1642. Quod si minor sine curatore in judicio steterit, sententia adversus eum lata nullius momenti est, tamquam adversus indefensum, ita ut nec necessaria sit restitutio in integrum (5), sed lata valet ejus favore, aetatis infirmitas in rebus prospere gestis minori obesse non debet (6).

§ 1643. Immo legitimam habere censetur in judicio standi personam minor, qui veniam aetatis impetraverit, tametsi controversia sit de immobilibus: cum majoribus per hanc veniam assimilati sint (7), excepta rerum immobilium alienatione (8): atque hinc rescripserunt Imperatores, minorem, cujus curator a sententia appellaverit, suo nomine posse appellationem exercere, si interim veniam aetatis impetraverit, aut legitimam aetatem adeptus sit (9).

§ 1644. Jure Pontificio cautum, ut minor in caussis matrimonialibus, beneficialibus aliisque spiritualibus ad agendum, atque defendendum admittatur perinde ac major annis vigintiquinque (10): quamquam non desunt, qui putent, consultius esse, ad hasce caussas curatorem dari ab eo judice, sub quo lis peragitur, saltem si judici ita videatur; ne alioquin minor minus defensus non juris, sed probationis defectus caussa cadat (11).

§ 1645. Non tantum in civilibus, sed etiam in criminalibus caussis minores curatorum auxilio juvari debent; licet enim ipsi de factis suis respondere debeant, non curatores de alienis, cautius tamen; et melius est, scite ait Justinianus, *cum suasione perfectissima, et responsa facere minores, litemque inferre; ne ex sua imperitia, vel juvenili calore aliquod vel dicant, vel taceant, quod si fuisset prolatum vel non expressum, prodesse eis poterat, et a deteriore calculo eos eripere* (1).

§ 1646. Ex personae statu prohibentur servi, ne in judicio stent, cum juris civilis communione non gaudeant, nec aliquid sibi acquirere possint (2). Filiifamilias de peculio castrensi, et quasi-castrensi acturi stare in judicio possunt (3), cum in utroque tamquam patresfamilias considerentur (4): atque ideo tradit jureconsultus, de castrensi peculio litem esse posse inter patrem, et filiumfamilias (5).

§ 1647. Quod vero spectat ad peculium adventitium, siquidem regulare sit, seu cujus ususfructu pater gaudeat, pater agit, accedente filii consensu, nisi is minor aetate sit: de irregulari vero, seu in quo ususfructus patri denegatur, filius patre consentiente; qui et ad consensum praestandum a judice cogi potest (6). Sed jure regio facultas fit filiisfamilias in judicio standi pro bonis omnibus, in quibus nec ususfructus, nec aliud jus parentibus competit (7): de profectitio pater peculio tenus convenitur, et agit (8).

§ 1648. Mulieres pro bonis extra dotem positis agere, et conveniri possunt sine mariti consensu (9); in dote vero solus maritus agere posse videtur, utpotequi interim dotis dominus est (10): quia tamen mulieris quoque interest dotem salvam esse, idcirco passim receptum, ut mulier simul, et maritus de dote agant, vel conveniantur (11).

§ 1649. In criminalibus caussis uxorem ipsam criminis consciam stare debere certum est; quamquam nil vetare videtur, quominus maritus ei assistat (12), prout de minore delinquente diximus (§ 1587). Quinimmo, licet maritus ex contractu uxoris non obligetur, nec teneatur pati executionem in dote pro debitis uxoris constante matrimonio contractis (13), plures tamen sentiunt, executioni mandari statim posse sententiam in bonis dotalibus, si mulier ex delicto ad poenam pecuniariam damnata sit (14): atque probant tum exemplo servorum, ex quorum de-

(1) l. 1 et 2 Cod. hoc tit.
(2) Fab. Cod. hoc tit. lib. 3, tit. 5, def. 1 in princ.
(3) l. *Tutor* 7 § 1 ff. *De administrat. et peric. tutor.* (26, 7); Fab d. def. 1 in med.
(4) *Reg. Constit.* lib. 3, tit. 4. § 19.
(5) l. penult. Cod. *Si advers. rem judicat.* (2, 27).
(6) l. *Non eo minus* 14 Cod. *De procuratorib.* (2, 13).
(7) l. 1 Cod. *De his, qui veniam aetat.* (2, 45).
(8) l. penult. Cod. eod. tit.
(9) l. *Si actor* 10 Cod. *De appellat.* (7, 62).
(10) cap. *Ex parte* 14 extra Decret.Greg. *De restitut. spoliator.* (2, 13); cap. *si annum* 3 extra *De judic. in* 6 Decret. (2, 1).
(11) Voet in ff. hoc tit. n. 12 in fin.

(1) l. *Clarum* 4 Cod *De auctoritat. praestand.* (5, 59).
(2) l. *Non idcirco* 44 § 1 ff. hoc tit.
(3) l. ult. in fin. princ. Cod. *De bon. quae liber.* (6, 61); *Reg. Constit.* lib. 3. tit. 4. § 10.
(4) l. 1 § ult. ff. *De Senatusc. Macedon.* (14, 6); l. ult. Cod. eod. tit. (4, 28).
(5) l. *Lis nulla* 4 ff. hoc tit.
(6) l. ult. princ et § *sin autem* 4 Cod. *De bon. quae liber.* (6, 61).
(7) *Reg. Constit.* d. lib. 3. tit. 4. § 10.
(8) l. *Licet* 3 § *idem scribit* 11 et seqq. ff. *De pecul.* (15, 1); § *actiones* 10 Instit. *De actionib.* (4, 6).
(9) l. *Non eo minus* 14 Cod. *De procurator.* (2, 13); argum. l. *Cum te possessione* 3 Cod. *Ne uxor. pro marito* (4, 12); *Reg. Constit.* lib. 3. tit. 4. § 10.
(10) l. *In rebus dotalibus* 30 Cod. *De jur. dot.* (5, 12).
(11) argum. l. *De unoquoque* 47 ff. *De re judicat.* (42, 1);
(12) Voet in ff. hoc tit. n. 17.
(13) Fab. Cod. *Ne uxor. pro marito* lib. 4, tit. 8, def. 1; l. penult. Cod. eod. tit. (4, 12).
(14) Voet in ff. hoc tit. d. n. 17.

licto dominus obligatur, nisi malit eos noxae dare (1); tum ex caussa publicae utilitatis, quae non sinit, ut delicta maneant impunita.

§ 1650. Sed alii repugnant ex generali legum sententia, ex qua nemo alterius factum praestat (2), quae regula naturali rationi plane consentanea est. Nec movent contra sentientium argumenta; quod enim ad servos pertinet, nisi dominus damnum vi a servis datum reparet, aut servos noxae det, ipsorum crimen plene impunitum semper esset; cum tamen bona uxoris, soluto matrimonio, cadi posse apud omnes in confesso sit: ratio autem a publica auctoritate desumpta infirma est, tum quia, ut modo diximus, soluto matrimonio, uxor, vel illius haeredes poenam luent; tum quia publica utilitas non exigit, ut unus ex alterius crimine poenam subeat, cum crimina suos auctores tenere debeant (3), nec decet a marito interim sustineri onera gravissima matrimonii, atque carere dote, quae ad ea sustinenda datur (4).

§ 1651. Hisce Romanorum scitis aliquid adjicere consultum apud nos visum fuit; atque ad tumultus vitandos, et avertenda convicia cautum, ut per procuratorem, vel notarium, si nullus sit in loco publice procuratoris munere fungens, judicio sistere teneatur; alioquin pro absente, et contumace tum actor, tum reus habendus: data tantum facultate litigantibus sistendi, cum nec procurator, nec notarius in loco ullus est (5): quamquam procuratoris electio non impedit, quominus tum actor, tum reus personaliter, ut ajunt, in jus venire jubeantur (6), si ita suadeant singularia rerum adjuncta.

§ 1652. An mitti et in hoc casu possit procurator plenissimo mandato instructus, alibi expendimus (7); atque etiam explicavimus, quinam possint tum Romano, tum patrio jure procuratoris officio fungi; et reliqua plenius explicavimus, quae ad procuratores pertinent (8). Unum adjicimus, nec procuratores, nec notarios judicio sistere posse pro alio in quacumque caussa extra ditionem, nisi facultate obtenta a protopraeside Senatus, aut a praefecto, seu judice majore in provinciis (9).

§ 1653. Quod si absens in jus vocatus fuerit, aut haereditatis jacens, aut quilibet minorum privilegio utens, nec aliquis pro illis veniat, a judice ex officio eligi debet curator ad lites (10), qui liti adesse poterit tum in prima, tum in secunda instantia, atque procuratorem ad lites constituere, si procurator ipse non sit (1); ejus quidem officium cessat, si absens, aut haeres in jus veniat; sed ab hoc curatore gesta vim habent, proinde ac si legitimo mandato instructus fuisset (2).

§ 1654. Reo ad diem praefinitum sistente, actoris libellus edendus est, ut intra certum tempus (apud nos quindecim dierum) respondeat; exceptiones suas alleget, et firmet (3); quo prestito, lis contestata habetur (4), seu coeptum judicium (5). Sed de his seorsim.

SECTIO II.

De edendo.

Instit. lib. 4, tit. 6 *De actionib.*
Digest. lib. 2, tit. 13 } *De edendo.*
Cod. lib. 2, tit. 1 }

SUMMARIUM

§ 1655. *Edendae sunt reo in jus vocato tum actiones, tum scripturae, quibus actor usurus est.*

§ 1655. Ut sciat, reus, an petitioni actoris annuere, an contradicere debeat, non actiones tantum (6), sed et scripturae, quibus actor suam intentionem probare intendit, edendae sunt (7). Seorsim de utroque editionis genere disserere praestat, ut facilius percipiantur, quae unicuique conveniunt

ARTICULUS I.

De editione actionum.

SUMMARIA

§ 1656. *Edere est copiam rei alicujus praesenti facere.* — § 1657. *Editio actionis est futurae litis demonstratio, ut reus deliberet, an cedere, an contradicere velit.* — § 1658. *Quid si reus ultro consentiat in condemnationem?* — § 1659. *Libelli oblatio in levioribus caussis, et judiciis summariis necessaria non est. Quae sint leviores caussae?* — § 1660 *et* 1661. *Libellus clarus esse debet: obscurum tamen actor in sui utilitatem explicare potest.* — § 1662. *Judex, lite etiam*

(1) l. 1 § *quod igitur* 15 ff. *De vi, et vi armat.* (43, 16).
(2) tot. tit. Cod. *Ne uxor pro marito* (4, 12); et tit. seq. *Ne filius pro patre, aut pater pro filio.*
(3) l. *Sancimus* 22 Cod. *De poenis* (9, 47).
(4) l. *Pro oneribus* 20 Cod. *De jur. dot.* (5, 12).
(5) *Reg. Constit.* lib. 3, tit. 4, § 2 et 3.
(6) Ibid. § 5.
(7) V. vol. III, lib. 4, § 54, pag. 217.
(8) d. vol. III, lib. 4, pag. 212, tit. 2; *De iis, per quos agere possumus, seu de procuratoribus.*
(9) *Reg. Constit.* d. lib. 3, tit. 4, § 6.
(10) Ibid. § 12 et 13.

(1) *Reg. Constit.* ibid. § 14.
(2) Ibid. § 16, 17, et 18.
(3) Ibid. lib. 3, tit. 6, § 1 et 2.
(4) l. unic. Cod. *De lit. contest* (3, 9); l. *Rem non novam* 14 § 1 Cod. *De judicis* (3, 1); *Reg. Constit.* d. § 2; V. Ab-Eccles. observat. 40.
(5) l. *Amplius* 15 ff. *Ratum rem haberi* (46, 8).
(6) l. 1 in princ. ff. hoc tit.
(7) d. l. 1 § *editiones* 2 et seqq.; l. *Si legatum* 2 et passim ff. hoc tit.

contestata, cogere actorem potest, ut libellum obscurum explicet. — § 1663. *Libellus ea tantum continere debet, quae caussae merita respiciunt. Quid si venia expresse, vel tacite in eo petatur?* — § 1664 *et* 1665. *Certus quoque libellus desideratur. Quae sunt exprimenda, ut certus fiat libellus.* — § 1666. *Cessionarius in libello exprimere debet, se jure cesso agere, et fidem cessionis facere. An librum rationum mercatoris cessionarius edere tenentur?* — § 1667. *Libelli supplices subscribi apud nos debent a caussae patrono, procuratore, vel litigante.* — § 1668. *Judicis nomen libello exprimi opus non est, dummodo judicii locus demonstretur.* — § 1669. *Res quae petitur, perspicue exprimi in libello debet, nisi adhuc incerta sit. In alternativis alternatim petitur.* — § 1670. *Caussa petendi alia generalis est, seu proxima, alia specialis, seu remota.* — § 1671 *et* 1672. *Caussae generalis expressio sufficit in actionibus realibus: specialis desideratur in personalibus.* — § 1673. *Consultius tamen est etiam in actionibus realibus, specialem exprimere dominii caussam.* — § 1674. *Actionis nomen usu fori exprimere necesse non est.* — § 1675. *Clausulae salutaris, qua officium judicis imploratur; qui sint effectus.* — § 1676. *Libellum mutare, et emendare potest actor etiam post litem contestatam.* — § 1677 *et* 1678. *Libelli immutatio, vel emendatio fieri debet, prout edicti perpetui monet auctoritas, atque jus dicentis decernit aequitas.* — § 1679. *Restitutio in integrum usu fori necessaria est ad libelli immutationem post litem contestatam.* — § 1680. *Libelli obscuri explicatio facilius permittitur nullis refusis impensis. Qui explicare censeatur?* — § 1681. *Vix prodest reservata in libello mutandi, emendandi, vel addendi facultas.* — § 1682. *Exceptiones plures, nec non actiones usu fori uno libello cumulari possunt.*

§ 1656. Cum ergo reus, nonnisi cognita actione, qua actor uti vult, scire possit, an cedere, an contendere debeat, aequissimum est, scite monet Ulpianus, eum, qui acturus est, edere actionem (1). Edere nihil aliud est, quam copiam rei alicujus praesenti facere, quod fit saltem in caussis gravioris momenti libello oblato, quo actor complectitur intentionem suam (2).

§ 1657. Igitur editio actionis et futurae litis demonstratio, ut reus deliberet, an cedendum, an contendendum sit (§ praeced.): actor utique paratus ad judicium accedere potest, cum in ejus potestate sit, quando agere velit (1): non ita reus in potestate habet, quando conveniatur; adeoque quoddam tempus ei indulgetur ad deliberandum, an velit cedere, an contradicere, an judicem recusare, viginti nimirum dies jure Romano (2), quindecim municipali (3).

§ 1658. Quod si reus contendere nolit, atque ultro consentiat in condemnationem, statim quidem ea fit: sed si solutionem offerat, modica dilatio pro rerum adjunctis ei conceditur, ea tamen lege, ut post definitum tempus sive praesens, sive absens condemnari possit, iterum tamen in jus vocandus, ut condemnationi praesens sit, si malit (4).

§ 1659. Futurae litis demonstratio, uti jam innuimus (§ 1656), in caussis gravioribus fit libello oblato, in levioribus vero caussis, atque judiciis summariis, in quibus dilationes vitandae sunt, et ambages, viva voce (5): leviores autem habentur caussae, quae summam, aut valorem librarum quinquaginta non excedunt; quamquam et summarie definiri jubentur graviores, si ita fieri possit (6).

§ 1660. Plura in libello desiderantur, ut actor jus suum consequi possit. 1. Debet esse clarus. 2. Aptus. 3. Certus. Imprimis perspicuitatem in libello requirimus; alioquin scire nequit reus, an cedere, an contendere debeat; adeoque obscuri libelli exceptione actor repellitur: nisi apertius mentem suam explicet: prout explicare potest; et quidem, si Ulpiano assentimus, in sui utilitatem: *si quis intentione ambigua, vel oratione usus sit*, ait jureconsultus, *id, quod utilius ei est, accipiendum est* (7), *ut res salva sit actori* (8).

§ 1661. Si autem sciscitetur aliquis, cur ambiguam orationem in dubio interpretemur contra stipulantem, qui potuit mentem suam apertius demonstrare (9); contra reum vero, et favore actoris in judicio (§ praeced.), duplex afferri potest discriminis ratio. Imprimis stipulationes inter volentes fiunt, judicia vero etiam in invitos redduntur; adeoque actori potis credendum est, quam reo, *alioquin*, ut scite monet Paulus, *semper negabit reus se consensisse* (10). Praetera stipulationem obscuram vix percipere potest promissor, cum plerumque non pendeat ex ante gestis; judicia autem, seu actiones in judicio

(1) l. 1 in princ. ff. hoc tit.

(2) d. l. 1 § 1; l. *Si quis ex argentariis* 6 § *edi* 7 ff. hoc tit.

(1) l. unic. Cod. *Ut nem. invit. ager. vel accusar. cogat.* (3, 7).

(2) auth. *offeratur* post l. 1 Cod. *De lit. contestat.* (3, 9).

(3) *Reg. Constit.* lib. 3. tit 6, § 1.

(4) Voet in ff. hoc tit. d. n. 11

(5) auth. *nisi breves* post l. ult. Cod. *De sentent. ex peric. recitand.* (7, 44); *Reg. Constit.* lib. 3, tit 2, § 15.

(6) *Reg. Constit.* d. § 15.

(7) l. *Si quis intentione* 66 ff. *De judic.* (5, 1).

(8) l. *In contrahenda* 172 § 1 ff. *De reg. jur.* (50, 17).

(9) l. *Stipulatio ista* 38 § *in stipulationibus* 18; l. *Quidquid adstringendae* 99 ff. *De verb. oblig.* (45, 1).

(10) l. *Inter stipulantem* 83 ff. eod. tit.

propositae pendent ex ante gestis, et factis praeteritis, quae reo cognita sunt.

§ 1662. Sed, cum ea, quae reus perspecta habet; judici negotii praeteriti ignaro, facile sint ignota, idcirco non dubium, quominus judex etiam post litem contestatam, actorem cogere possit, ut intentionem suam clarius explicet; quo certam sententiam ipse ferat, prout tenetur (1). Quod si judex, non obstante libelli obscuritate, sententiam pro actore tulerit, haec nullius momenti esse videtur (2).

§ 1663. 2. Requirimus, ut aptus sit libellus, idest ea tantum contineat, quae caussae merita respiciunt: non inutilia, aut injuriosa verba; alioquin rejici debet, poena etiam constituta adversus patronos, a quibus libellus confectus fuerit (3). Plane, quoties in libello supplici venia petitur, ut aliquem in jus vocare liceat, atque adversus eum agere, aut clausula aliqua aequipollens adjicitur, praevia data facultas necessaria non est, sed statim decernere judex potest (4).

§ 1664. Postremo libellus debet esse certus, alioquin nec reus deliberare potest, nec judex certam condemnationem facere (§ praeced.): certus, inquam, tum quoad personas actoris, rei, et judicis: tum quoad rem, quae petitur, et petendi caussam.

§ 1665. Imprimis actoris, et rei nomen, et agnomen, immo et patria exprimi debet jure regio (5), quo et cautum, ut libelli lingua vulgari scribantur (6). Qualitas quoque, ut ajunt, exprimenda est, si forte quis agat alieno nomine, puta tamquam tutor, curator, procurator, vel maritus pro uxore: atque probanda in ipso litis ingressu, si forte ab adversario negetur (7): sed qui adversarii qualitatem semel agnoverit, probationem deinceps exigere non potest, nisi error detegatur, vel nova emergat dubitandi caussa (8).

§ 1666. Hinc etiam cessionarius in libello exprimere debet, se jure cesso agere, et fidem cessionis facere, ut adversarius sciat, quo pacto se defendere debeat (9): quo fundamento placuit, a cessionario, qui a mercatore caussam habeat, librum rationum edendum esse eo casu, quo mercator ipse teneretur (10); tum quia factum illius praestare debet, cujus jure utitur (11); atque, licet ipse librum non habeat, cedentem tamen cogere potest, ut in jus veniat exhibiturus; tum quia deteriorem debitoris conditionem facere non potest cessio, quae eo inscio, et invito facta sit (1).

§ 1667. Ad haec municipali lege sancitum, ut libelli supplices, qui in judicio proferuntur, ab advocato, vel procuratore, prout partes elegerint, subscribantur (2): atque *comparationes*, ut ajunt, seu libelli, qui in litis progressu eduntur, subscribi jubentur a caussae procuratore legitime constituto: nisi forte in loco nullus procurator sit; quo casu a litigante, vel ab alio ejus nomine, si ipse litteras nesciat, subscribi sufficit (3).

§ 1668. Judicis nomen necessario exprimi non debet; sufficit judicii locum designari; tum ut sciat reus, coram quo se sistere debeat; tum ut caussas suspicionis, aut recusationis alleget, si quas habeat (4).

§ 1669. Res etiam, quae petitur, in libello perspicue exprimenda est, ut innotescat, quid, quale, et quantum sit, quod in judicium deducitur (5); nisi agatur de judiciis universalibus, nimirum petitione haereditatis, familiae erciscundae, communi dividundo, vel actionibus generalibus tutelae, negotiorum gestorum, pro socio, et similibus. Idem dicendum, si plane incerta adhuc sit res, quae petitur; puta si agatur de fructibus, de eo, quod interest; atque ideo tradit Justinianus, curandum esse judici, *ut omnino, quantum possibile ei sit, certae pecuniae, vel rei sententiam ferat, etiamsi de incerta quantitate apud eum actum est* (6). In alternativis alternatim petendum constat (7).

§ 1670. Postremo, ut certus libellus sit, in eo exprimi debet petendi caussa. Haec autem duplex ab interpretibus distinguitur; nimirum generalis, quam et proximam quidam appellant: et specialis, seu remota. Caussa generalis, seu proxima in actionibus in personam est obligatio, in actionibus in rem est dominium, aliudve simile jus. Specialis vero, seu remota in actionibus personalibus est contractus ille, puta venditionis mutui, mandati, ex quo nata est obligatio; in actionibus realibus est specialis titulus, ex quo jus in re competit, videlicet dominii, pignoris, servitutis.

§ 1671. In actionibus realibus ex jure Romano sufficit generalis caussae expressio (8), veluti dominii, servitutis, pignoris, quin necessaria sit adjectio specialis tituli, puta venditionis subsecuta traditione absolutae permutationis, legati, do-

(1) § *curare* 32 Instit. hoc tit.; l. *In sententiis* 59 § *qui sortis* 2 ff. *De re judicat.* (42, 1).
(2) argum. l. *Idem Pomponius* 5 § ult. ff. *De rei vindicat.* (6, 1).
(3) *Reg. Constit.* lib. 3, tit. 2, § 13.
(4) Ibid.
(5) Ibid. § 2.
(6) Ibid. § 1.
(7) Fab. Cod. *Qui legitim. person. stand.* lib. 3, tit. 5, def. unic.; argum. l. *Ita demum* 13 Cod. *De procurator.* (2, 13); *Reg. Constit.* lib. 3, tit. 4, § 9.
(8) argum. l. *Licet* 24 Cod. eod. tit. *De procurat.*; Fab. Cod. hoc tit. lib. 2, tit. 8, def. 9.
(9) Voet in ff. hoc tit. n. 4 in fin.
(10) Fab. Cod. hoc tit. lib. 2, tit. 1, definit. 17.
(11) l. *Ex qua persona* 149 ff. *De reg. jur.* (50, 17).

(1) l. *Non debet* 74 ff. eod. tit.
(2) *Reg. Constit.* lib. 3, tit. 2, § 6.
(3) Ibid. d. § 6 in fin.; V. et § 11, ubi de exemplis libellorum supplicum et decretorum.
(4) auth. *offeratur* post l. 1 Cod. *De lit. contestat.* (3, 9).
(5) *Reg. Constit.* lib. 3, tit. 2, § 2.
(6) § *curare* 32 Instit. hoc tit.
(7) l. *Rem majoris* 2 Cod. *De rescindend. vendit.* (4, 44).
(8) l. *Et an eadem* 14 § *actiones* 2 ff. *De exception. rei judicat.* (44, 2).

nationis (1); sed in personalibus actionibus generalem caussam exprimere non sufficit, si quis tantum alleget, alium sibi esse obligatum: specialis quoque caussa exprimenda est, veluti ex mutuo, commodato, empto, et similibus (2).

§ 1672. Discriminis ratio inde desumitur, quod unaquaeque res semel tantum mea esse posit, saepius vero deberi ex diversis caussis nihil prohibeat (3); proinde actor, qui in libello dominium expresserit, veluti aationis fundamentum, omnes acquisiti dominii caussas complexus videtur (4): qui vero obligationem in genere tantum exprimeret, diversas obligationis caussas expressisse non intelligitur, cum eadem res, et quantitas ex mutuo, stipulato, commodato deberi possit (5).

§ 1673. Utile tamen fuerit, scite monet Perezius (6), etiam in actionibus realibus specialem dominii caussam exprimere; ne actor deinceps ex alia dominii caussa agens submoveatur exceptione rei judicatae, quasi omne jus suum in judicium deduxisse videatur, qui antea nullam caussam speciatim expressit. Jure quo utimur, decretum est, ut libellus complectatur explicationem facti, et juris quod actori competit; atque ut simul exprimantur tituli, et scripturae, quibus uti volet; adjectio die, notarii nomine, et parte, seu loco, quo nititur; alioquin rejiciendus (7): nisi agendum alicui sit generatim adversus omnes debitores suos, quo casu sufficit, haec designari, cum de singulorum debito speciatim mentio fiet, et singuli speciatim in jus vocabuntur (8).

§ 1674. Actionis nomen quod attinet, etsi jure Romano saltem vetere exprimi debuerit (9), haec tamen necessitas remissa fuit jure canonico (10), quod in foro servatur (11), atque apud nos speciatim confirmatum fuit (12): quo insuper cautum, ut postulatio officii judicis, nec non aliae clausulae, *jus, et justitiam omni meliori modo* expressae subintelligantur, non aliae, quibus specialia legum beneficia petuntur (13).

§ 1675. Huic quidem clausulae salutari, ut ajunt, ad judicem directae plures effectus a quibusdam adscribi solent: verum inspecta juris ratione, potius ad abundantiorem cautelam proficiunt, cum judicis potestas non a privatorum arbitrio, sed a legis potestate tota pendeat: quare, ea etiam praetermissa, nec tacite subintellecta, judex exceptiones meri juris, non facti ab advocato, vel procuratore omissas supplere potest; cum lex hanc ei facultatem tribuat (1), prout suo loco dicemus.

§ 1676. Sed quid dicendum, si actor in re, actione, vel petendi caussa erraverit? Cum penitus in nullo peccare, scite ait Justinianus, divinitatis magis, quam mortalitatis sit (2), actor potest libellum mutare, et emendare (3), etiam post litem contestatam (4).

§ 1677. Libelli emendatio, vel immutatio ita facienda est ex Imperatorum Severi et Antonini rescripto, *prout edicti perpetui monet auctoritas, vel jus reddentis decernit aequitas* (5). Edicti perpetui auctoritas monet, ut libellus mutatus reo edatur, quo deliberare possit, an cedere, an contendere debeat (6): quia alia re petita, vel proposita nova caussa, fieri potest, ut cedat, qui prius contendere elegerat.

§ 1678. Aequitas vero jus reddentis, de qua loquuntur Imperatores (7), postulat, ut auctor litis perperam inchoatae expensas reo restituat (8), cum temerarius litigator ex propria confessione sit, qui libellum petitionis mutat.

§ 1679. Neque ad libelli mutationem post litem contestatam necessaria est jure Romano restitutio in integrum (9); cum leges, quae hujusmodi facultatem concedunt (§ 1676), necessitatem hanc non commemorent. Neque aliud erui potest ex Justiniano docente, majori vigintiquinque annis, qui plus petierit, succurri adversus sententiam judicis, qua condemnatus sit (10); cum longe distet unus casus ab altero: adeoque non valet illatio (11). Usu tamen hodierni fori restitutionem necessariam esse, ut actor libellum post litem contestatam mutet, tradit post alios plures Voet; nisi adversarius sponte consentiat; quod tamen judex aequitate suadente saepius permittere possit (12).

§ 1680. Facilius permittitur libelli obscuri explicatio, neque ob id ullae restituendae sunt impensae; cum nihil mutet, qui obscura declarat, prout potest in sui utilitatem (§ 1660). Porro explicare tantummodo judicatur, qui contractus implementum ex parte sua, lite jam pen-

(1) Voet in ff. hoc tit. n. 7 in med.
(2) d. l. 14 § 2 ff. *De except. etc.*
(3) l. *Non ut ex pluribus* 159 ff. *De reg. jur.* (50, 17).
(4) d. l. *Et an eadem* 14 § *actiones* 2 ff. *De exception. rei judicat.* (44, 2).
(5) d. l. 14 § 2; § *si res aliena* 6 Instit. *De legat.* (2, 20).
(6) Perez. in Cod. hoc tit. n. 7 in fin.
(7) *Reg. Constit.* lib. 3, tit. 2, § 2.
(8) Ibid. § 4.
(9) argum. § *si quis aliud* 35 in fin. Instit., hoc tit.
(10) cap. *dilecti* 6 extra Decret. Greg. (2, 1).
(11) Voet in ff. hoc tit. n. 8.
(12) *Reg. Constit.* lib 3, tit. 2, § 3.
(13) Ibid. § 5,

(1) l. unic. Cod. *Ut quae desunt advocat. part. etc.* (2, 11); V. Fab. Cod. eod. tit. lib. 2, tit. 7, def. 1 et 2.
(2) l. *Tanta* 2 § *si quid autem* 14 Cod. *De veter. jur. enucleat.* (1, 17).
(3) l. *Edita actio* 3 Cod. hoc tit.
(4) § *si minus* 34 et seq.; Instit. hoc tit.; l. *In delictis* 4 § ult. ff. *De noxalib. actionib.* (9, 4).
(5) d. l. *Edita actio* 3 Cod. hoc tit.
(6) l. 1 in princ., ff. hoc tit.
(7) d. l. *Edita actio* 3 Cod. hoc tit.
(8) l. *Eum, quem* 79 ff. *De judic.* (5, 1); l. *Non ignoret* 4 Cod. *De fructib. et lit. expens.* (7, 51).
(9) Voet in ff. hoc tit. n. 9 post init.
(10) § *si quis agens* 33 in princ. Instit. hoc tit.
(11) l. *Papinianus* 20 ff. *De minor.* (4, 4).
(12) Voet in ff. hoc tit. n. 10.

dente, offert, quod ab initio offerre praetermiserat (1); vel qui plura allegat indicia, locum et tempus adjicit (2).

§ 1681. Quemadmodum clausulae ad judicem directae, qua illius officium imploretur, vix ullus effectus est (§ 1675), ita et parum interesse videtur, utrum actor in libello sibi reservaverit, mutandi, emendandi, vel addendi facultatem, nec ne (3); quia et potestas haec pendet non a privatorum arbitrio, sed a legum sanctione: neque recta reipublicae administratio patitur, ut judiciorum ordo, et modus cujusque litigantis voluntati permittatur (4).

§ 1682. Exceptiones plures uno libello a reo cumulari sinunt ipsae Romanae leges (5), non vero plures actiones, nisi in quibusdam casibus. Sed usu fori ex juris canonici praescripto actionum cumulationem admitti, alibi demonstravimus (6). Se satis de editione actionum: pauca dicenda sunt de editione instrumentorum et similium. Unum addimus, videlicet jure nostro cautum, ne quis judici secundum libellum supplicem offerat, nisi facta prioris mentione, nec non decretorum super priore latorum, futurum alioquin, ut nullum sit posterius decretum, actore in expensas, et id, quod adversarii interest, condemnato (7).

ARTICULUS II.

De editione instrumentorum.

SUMMARIA

§ 1683. *Instrumenta ab actore, reo, atque etiam a tertio in judicio edi debent.* — § 1684. *An edendum sit instrumentum, cujus mentio in edito facta sit?* — § 1685. *Instrumenta, quibus ad firmandam suam intentionem usurus non est actor, reo edere non tenetur.* — § 1686. *Mercatores libros rationum edere tenetur, licet agant ex chirographo.* — § 1687. *Instrumenti editio, quae per calumniam, aut aemulationem petatur, denegari debet.* — § 1688. *Testamenti verba edenda non sunt ab eo, qui legatum petit.* — § 1689 *et* 1690. *Actor edere non tenetur instrumentum, sine quo intentionem suam satis fundatam habet.* — § 1691. *Dominus directus edere tenetur instrumenta censualia emptori, qui regressum habere velit contra venditorem.* — § 1692. *Haeres fiduciarius edere debet fideicommissario instrumenta omnia ad haereditatis caussam pertinentia.* — § 1693. *An legatarius jure petat testamenti editionem ab haerede?* — § 1694. *Testamentum edere non cogitur legatarius, qui testatori ab intestato succedere potest.* — § 1695 *et* 1696. *Instrumenta sine die, et consule, licet objecta, edi non debent.* — § 1697. *Instrumenti enunciatio non facit illud commune, utique editio. Quid si dies, et consul instrumenti demonstratus sit, vel dimidiata scriptura proferatur.* — § 1698 *et* 1699. *Edere sententiam et acta litis criminalis tenetur, qui a sententia de crimine lata provocavit.* — § 1700. *Testium nomina, quorum depositione usus est actor, edere non tenetur. Quid de literis monitoriis?* — § 1701. *Reus instrumenta communia actori edere tenetur, qualia sunt semel in judicio producta.* — § 1702 *et* 1703. *Instrumenta propria reus ante litem contestatam edere plerumque non cogitur; utique post eam.* — § 1704. *Instrumentum inter alios conscriptum actor a reo edi perperam desiderat.* — § 1705. *An confessio rei de crimine, sed cum qualitate, actori edi debet?* — § 1706. *Probationes e domo adversarii ut plurimum extrahi nequeunt.* — § 1707. *An legatarius uti possit testamento, quod haeredi subtractum fuerit?* — § 1708. *Ea tantum pars instrumentorum editur, quae ad instruendum adversarium pertinet, si plura separata sint capita.* — § 1709. *Instrumenta edere non tenetur tertius privatus, nisi aliena sint, aut judex ex justa caussa edi praecipiat.* — § 1710. *Argentarii rationes apud Romanos edere tenebantur.* — § 1711 *et* 1712. *Notarii instrumenta a se confecta, vel ab auctore suo edere debent illis, quorum interest directe, seu principaliter.* — § 1713. *Quid si indirecte tantum alicujus puta creditoris intersit?* — § 1714. *Acta judicialia ad cujusque postulationem edi facile jubentur a Senatu.* — § 1715. *An protocollum exhiberi aliquando debeat?* — § 1716. *Instrumentum ab actore vel reo aditum praetextu dominii retineri non potest.* — § 1717. *Notariis ut plurimum edi non debent instrumenta ab ipsis conscripta. An tertius iteratam editionem recte postulet?* — § 1718. *An instrumenta contractuum ultro citroque obligantium alteri per alterum edenda sint?* — § 1719. *Qua actione petatur editio instrumentorum?*

§ 1683. Cum vix sciri possit, an cedendum adversario sit, an contendendum, nisi inspectis et cognitis instrumentis, seu publicis scripturis; quibus adversarius nititur (§ 1655), propterea scite traditum, has edendas esse, non tantum ab actore (1), sed etiam a reo, ut actor vim exce-

(1) argum l. *Si rem* 9 ff. *De pignorat. action* (13, 7).
(2) Voet in ff. hoc tit. n. 11.
(3) Ibid. n. 12.
(4) l. *Jus publicum* 38 ff. *De pact.* (2, 14); l. *Quod bonis* 15 § 1 ff. *Ad leg. falcid.* (35, 2).
(5) l. *Is, qui dicit* 5; l. *Nemo* 8 ff. *De exceptionib.* (44, 1).
(6) V. vol. II, lib. 2, § 5557 et seq. pag. 153.
(7) *Reg. Constit.* lib. 3, tit. 2, § 12.

(1) l. 1 § *edenda* 3 ff. hoc tit.; l. penult. et ult. Cod. hoc tit.

ptionum, quibus reus utitur, intelligere possit (1); immo et a tertio, qui scripturas teneat ad rem, de qua disceptatur, pertinentes (2). Quare expendendum est, quae instrumenta, seu scripturae ab actore, reo, vel tertio edenda sint.

§ 1684. Imprimis actor, etiam lite nondum contestata, edere tenetur instrumenta omnia, quibus intentionem suam probare vult (3), ut reus deliberet, an cedere, an contendere velit (§ praeced.), quinimmo, si in aliquo instrumento edito mentio fiat alterius, hujus quoque editio jure postulatur (4). Quod si actor jure sibi cesso agat, edere tenetur instrumenta, quorum editio a cedente facienda fuisset (§ 1667).

§ 1685. Non tamen cogitur actor edere reo instrumenta, quibus ad firmandam suam intentionem usurus non est, tametsi reo prodesse possint ad probandam suam exceptionem (5); nec enim quis cogitur adversario arma suppeditare: nisi instrumentum hoc rei proprium sit, aut utrique commune (6).

§ 1686. Hinc, cum mercatores libros rationum conficiant tum in propriam, tum in eorum, quibuscum contrahunt, utilitatem, hos quoque edere tenentur; tu ita reus inde probare possit, quod solutum est (7); sive mercator agat ex his libris, sive ex chirographis (8); quia chirographum refertur ad libros rationum: atque hoc maxime probandum est, si mercator agat adversus debitoris fidejussores; quippequi suliones a debitore factas facilius ignorant (9).

§ 1687. Denegatur tamen editio instrumenti, quae per calumniam, seu aemulationis animo petatur, si nempe certum sit, notam esse reo petenti editionem eorum, quae in instrumento continentur (10); nec enim probanda maxime in judicio sunt, quae vexandi animo fiunt, atque ideo editionem petens de calumnia aliquando jurare cogitur (11): puta si edi petatur apocha liberationis, quae scripta sit ab eo ipso, qui certi condictione agit ex chirographo: nisi ex diuturnitate temporis oblivio praesumi possit (12). Atque idem dicendum de instrumento simpliciter enunciato, quod verosimiliter sit penes reum, vel cujus copiam facile habere possit a notario (1).

§ 1688. Eodem fundamento, scribit Paulus, verba testamenti edenda non esse ab eo, qui legatum petit; quia haeredes solent exemplum testamenti habere (2): neque a Paulo dissentit Papinianus, ajens scripturam legati, quod haeres relictum neget, a legatario omnino edendam esse (3); etenim Papinianus speciem tractat, qua non constet factam a testatore scripturam, quae a legatario allegatur, non de testamento, quod nemo conditum neget, prout in Pauli specie. In praxi tamen solent legatarii testamentum edere, ut statim de jure legati constare possit.

§ 1689. Hinc etiam, cum debitor de reddita annno tamquam immodico quereretur, atque convenisset per transactionem, ut redditus ille ad minorem quantitatem redigeretur; debitor autem solutionem census, et reliquorum a die transactionis praestandorum conventus solvere detrectaret, nisi ederetur primum instrumentum, quo census constitutus fuerat, ut sciret, quanta pecunia redimere posset censum, et quibus conditionibus, placuit Sabaudis patribus, nullo jure editionem hanc postulari, licet reus non contraxisset, sed tertius pignorum possessor esset (4); videlicet quia actoris intentio satis fundata esset ex transactione; atque reo incumberet, si redimere vellet censum, certam quantitatem offerre (5); quippequi excipiendo actor fit (6).

§ 1690. Subjicit Faber, in proposita specie sententiam hanc tanto aequiorem visam fuisse, quod reus tamquam arbiter transactioni adfuisset, atque deinceps pignora comparasset; ut proinde sortis quantitatem probabiliter ignorare non posset (7). Quod si prius instrumentum vere deperditum esset, in dubio capienda foret interpretatio, quae responderet usuris in regione consuetis (8).

§ 1691. Fieri tamen potest, ut victor etiam post victoriam instrumenta edere teneatur; puta dominus directus, qui pro laudimiis condemnationem obtinuit adversus emptorem (9), eadem instrumenta censualia, per quae vicit, edere tenetur emptori postulanti, qui velit regressum habere adversus venditorem, qui fundum liberum, atque tamquam allodialem vendiderit (10); cum instrumenta haec communia sint inter dominum,

(1) argum. d l. 1 § 3 ff. hoc tit.
(2) l. *In hac actione* 3 § *interdum* 14 ff. *Ad exhibend.* (10. 4).
(3) Fab. Cod. hoc tit. lib. 2, tit. 1, def. 6 in princ.
(4) auth. *si quis in aliquo* post l. penult. Cod. hoc tit.
(5) d. l. 1 § *edenda* 3 ff. hoc tit.; Thesaur. lib. 1, quaest. 76, n. ult. et lib. 4, quaest. 50.
(6) argum. l. *Praetor ait* 4 § 1 ff. hoc tit.; l. penult. Cod. hoc tit.
(7) l. *Non est novum* 5 et seqq. Cod. hoc tit.; Ab-Eccles. observ. 48, n. 14 et observ. 50, n. 14 †; ubi de libris familiaribus a reo exhibendis ad fundandam suam intentionem, atque addit. d observ. 50, n. 18, petentem exhibitionem interrogatum, an velit stare libris pro, et contra respondere posse, se stare velle, *si, et quatenus juris*.
(8) Fab. Cod. hoc tit, lib. 2, tit. 1, def. 16 in princ.
(9) d. def. 16, n. 4.
(10) Ibid. def. 11.
(11) l. *Si quis ex argentariis* 6 § *exigitur* 1 ff. hoc tit.
(12) Fab. Cod. eod. tit. def. 10.

(1) Ab-Eccles. observ. 48, n. 23 ad fin. †; Thes. lib. 4, quaest. 50, n. 5.
(2) l. *Si legatum* 2 ff. hoc tit.
(3) l. *Postquam haeres* 5 § *si dies* 2 ff. *Ut legator. etc.* (36, 3).
(4) Fab. Cod. hoc tit. lib. 2, tit. 1, def. 21 in princ.
(5) d. def. 21, n. 6.
(6) l. *In exceptionibus* 19 ff. *De probat.* (22, 3).
(7) Fab. Cod. hoc tit. lib. 2, tit. 1, d. def. 21 n. 10.
(8) l. *Semper* 34 ff. *De reg. jur.* (50, 17); Fab. d. def. 21. n 7 et seqq.
(9) Quippe laudimia ab emptore solvuntur; l. ult. Cod. *De jur. emphyteutic.* (4, 66).
(10) Fab. Cod. hoc tit. lib. 2, tit. 1, def. 20.

et emphyteutam; adeoque et eum, qui ab emphyteuta caussam habet, communia videantur (1)

§ 1692. Haeres quoque, postquam de jure fideicommissi pronunciatum est, tenetur edere, atque exhibere instrumenta omnia ad haereditatis caussam pertinentia (2); licet enim remanere debeant apud haeredem tamquam digniorem, communia tamen sunt (3); adeoque perperam diceretur fideicommissarius extrahere probationes e domo adversarii. Quod si fideicommissarius testamentum edi postularet ad fundandam suam intentionem, repellendus esset; ait Faber (4); sibi consultat, qui jura sua consequi peroptat (5).

§ 1693. Idem dicendum favore legatarii, qui jam aliqua probationis relicti legati initia habeat; adeoque editionem testamenti ab haerede petat non ad fundandam, sed ad adjuvandam suam intentionem (6); favore supremarum voluntatum, quas exitum sortiri publice interest (7), a stricta juris ratione (8) recedendum est.

§ 1694. Potiori ratione cogendus non est ad exhibendum testamentum legatarius, sui sit ex iis personis, quibus legitima debetur, et qui succedere possunt ab intestato ei, a quo legatum sibi relictum fuisse allegatur, si legatum petat ab haerede, dummodo alternative postulet legatum, vel portionem sibi ab intestato contingentem (9); cum certum sit, alterutrum ipsi deberi; adeoque probandi, atque edendi testamenti onus incumbit haeredi, qui electionem sibi asserit (10).

§ 1695. Nec etiam tenetur edere litigator, qui adversario objecerit, juris sui tuendi gratia, instrumentum sine die, et consule (11); tum quia in praxi instrumenta sine die, et consule, seu sine die, mense et anno non admittantur (12), licet aliud jure Romano obtinuerit (13); tum quia facile contingeret, ut bonae litis jacturam pateretur ob praetermissam editionem, quam facere non potuit (14).

§ 1696. Diversum sane est in eo, qui diem instrumenti, et consulem prodit; quippe ita satis demonstrat, se illud edere posse: adeoque, si non edat, tamquam contumax condemnandus est (1), nisi malit privari, commodo quod ex eo instrumento percipere potuisset; vel alleget probabilem instrumenti amissionem, aut minus probabilem probet (2).

§ 1697. Opportune subjicit Faber. 1. Enunciatione instrumenti facta etiam cum die, et consule, non fieri instrumentum commune, quomodo faceret editio ipsa semel facta, quam ideo pragmatici *communicationem* vocant; quia facit communis instrumenta omnia. quae eduntur: quare si rursus non edantur etiam ad fundandam adversarii intentionem, litis jacturam pati debet is, qui non vult edere; cum sibi imputare debeat, cur aliquando ediderit (3), nisi forte amissum constet (4). 1. Magnam praesumptionem esse contra eum, qui diem, et consulem instrumenti designavit, quam ideo contrariis praesumptionibus, vel probationibus elidere tenetur (5): quemadmodum etiam praesumptio doli onerat eum, qui poterat instrumentum dimidiatum et mutilum; aut partem chartae, ex cujus scriptura appareat, aliquod scriptum fuisse in alia parte, quae abscissa est; ita ut ei nocere potius, quam prodesse debeat talis editio (6).

§ 1698. Neque perpetuum est (ut apposite cum eodem Fabro animadvertamus); quod dici solet, neminem cogendum, ut adversus se instrumenta edat (7); atque exceptionem habere potest, si publica utilitas aliud suadeat, quae privatae semper anteferenda est. Hinc qui a sententia de crimine lata provocavit ad senatum, non tantum sententiam, sed et acta litis criminalis (8) edere tenetur (9); cum alioquin sciri nequeat, an bene, an male judicatum sit; publice autem interest crimina puniri (10).

§ 1699. Si tamen capitis poena prima judicis sententia irrogata fuerit, provocans, qui acta litis non exhibeat, in expensas quidem damnatur, sed damno litis non coercetur; atque senatus, invito etiam appellante, instante fisci patrono decernere solet, ut prioris judicii acta deferantur sumptibus accusatoris, sive privatus sit, sive publicus (11); tum quia audiendus non est

(1) l. penult. Cod. hoc tit; l. *Praetor ait* 4 § 1 ff. hoc tit.; V. supra § 1685.

(2) l. *Instrumenta* 24 Cod. *De fideicommiss.* (6, 42); Fab. Cod. hoc tit. lib. 2. tit. 1. definit. 14.

(3) l. *Caeterae* 4 § ult. et l. seq. ff. *Famil. erciscund.* (10, 2).

(4) Fab d. def. 14 in not.

(5) l. *Qui accusare* 4 Cod. hoc tit.

(6) Fab. Cod. hoc tit. lib. 2, tit. 1, def. 1.

(7) l. *Vel negare* 5 ff. *Testament. quemadmod. aperiant.* (29, 3).

(8) l. *Nimis grave* 7 Cod. *De testibus* (4, 20).

(9) Fab. Cod. hoc tit. lib. 2, tit. 1, d. def. 1 in not.

(10) argum. l. *Ab ea parte* 5; l. *Quoties operae* 18 ff. *De probat.* (22, 3).

(11) Fab. Cod. hoc tit. lib. 2, tit. 1, def. 2 in princ; V. Thesaur lib. 1. quaest 76. n. 3.

(12) Fab. ibid. in not.; *Reg. Constit.* lib. 3, tit. 2, § 2.

(13) l. 1 § *editiones* 2 ff. hoc tit.

(14) l. ult. § 1 ff. *De appellat.* (49, 1).

(1) d. l. ult. § 1 ff. *De appellat.* (49, 1); Fab. Cod. hoc tit. lib. 2, tit 1, d. def. 2 in fin.

(2) Fab. d. def. 2 in not. in princ.

(3) d. definit. 2 in not. in princ.

(4) Ab-Eccles. observ. 47, n. 18 †.

(5) l *Si chirographum* 24 ff. *De probat.* (22, 3).

(6) Fab. d. def. 2 in not. in med.

(7) l. *Nimis grave* 7 Cod. *De testib.* (4, 20); l. ult. Cod. hoc tit.

(8) In caussis civilibus sufficit exhibere sententiam, ut sciatur, a qua re provocatum sit: ille vero, adversus quem appellatum est, acta litis edere debet, ut probet bene judicatum fuisse.

(9) Fab. Cod. hoc tit. lib. 2, tit. 1, def. 7. in princ.

(10) l. *Ita vulneratus* 51 § ult. ff. *Ad leg. aquil.* (9, 2).

(11) Fab. Cod. hoc tit. lib. 2, tit. 1, d. definit. 7, n. 4 et seqq.

perire volens (1); tum quia a judicis, potissimum supremi, dignitate et sanctitate alienum est, ad capitale crimen damnare, nec visis, nec perpensis actis litis, ex quibus fortassis apparere potest, rerum leviore, aut graviore poena dignum esse.

§ 1700. Testium nomina, quorum depositione actor usurus est, ut intentionem suam probet, edere non tenetur (2); ne ab adversario corrumpantur, priusquam producti sint: quo fundamento placuit, nec petenti adversario edendas esse litteras monitorias obtentas ad extorquendas occulti criminis probationes, neque libellum, quo continetur querela, de qua inquirendum est: sed sufficit eas edi advocato Principis; atque deinceps a senatu earum publicatio permitti potest (3). Quod si adversarius intercedere velit, ad ecclesiasticum judicem res haec pertinet; quamquam ex hac intercessione non debet mora fieri inquisitioni criminis, aut liti institutae, vel jam jam instituendae (4); ne intercidant probationes, quas semper salvas esse oportet (5).

§ 1701. Hactenus de edictione instrumentorum ab actore facienda. Reus quoque interdum actori edere tenetur instrumenta: atque non propria tantum actoris (6), sed et communia (7); cum rebus communibus quilibet ex sociis uti possit; quare vulgo traditur, peti posse editionem instrumentorum omnium, quae quis semel in judicio produxerit, quia per productionem facta sint communia, quae prius propria erant (8); cum instrumentum producens omnia in eo contenta probare intelligatur, tametsi ipsi contraria (9). Hinc etiam administratores rerum alienarum, quemadmodum tutores, curatores, procuratores tenentur edere rationes, quippequas tum in suam, tum in eorum, quorum res gerunt, utilitatem conscripserunt (10).

§ 1702. Instrumenta vero propria reus ante litem contestatam plerumque non cogitur edere, puta rationes sui gratia conscriptas (11), nisi judex ex gravissima caussa aliud decernat (12): vel nisi fiscus actor sit, cui ex privilegio datum videtur, ut reus in civili negotio compellatur edere instrumenta, quibus uti potest, non vero in criminali (3).

§ 1703. Quia tamen reus excipiendo fit actor (1), idcirco post litem contestatam edere actori debet instrumenta, quibus utitur ad probandam suam exceptionem (2); cum alioquin scire nequeat actor, utrum cessare, an prosequi debeat: proinde si haeres legata integra ob Falcidiae detractionem solvere recuset, legatarius recte petit, edi instrumenta omnia, ex quibus manifesta fiat patrimonii a defuncto relicti quantitas, nisi forte tutius ducat judex, ne secreta patrimonii pandantur, ea a viris probis expendi (3).

§ 1704. Sane, si reus actorem reconveniat, non dubium, quominus edenda sint instrumenta, quibus jus suum luetur (4); etenim reconventio non est exceptio, sed mutua petitio, adeoque actio (5). Instrumenti inter alios confecti editionem actor a reo non juste desiderat, utique vero ab haeredibus debitoris, si de debito aliunde jam quodammodo constet; ite ut editio non tam ad fundandam, quam ad adjuvandam intentionem actoris petatur (6).

§ 1705. Reo crimen confesso, sed cum adjunctis, quibus, si vera sint, mitior, aut nulla poena et irroganda sit, puta quod occiderit ad sui defensionem, servato moderamine inculpatae, ut ajunt, tutelae, illius confessio accusatori edenda non est, nisi peracto judicii ordine, ita ut nihil supersit agendum, nisi ut sententia feratur (7), propter periculum, ne actor, cognitis iis, quae ad tuendam innocentiam suam allegat reus, in ejus necem aliquid comminiscatur, atque probationes fortassis impediat; quod maxime praecavendum (8).

§ 1706. Supra diximus, Romano jure inspecto, testamenti verba haeredi a legatario edenda non esse, si certo constet, testamentum factum fuisse, cui tamen fori praxis non omnino consentit (§ 1688), quia probationes de domo rei extrahendae non sint (9). Quinimmo tradit Faber, nec legatarium uti posse testamento, quod e domo haeredis subtraxerit per se, vel per alium (10), tum ex allata modo ratione, tum ne ex delicto suo emolumentum consequatur legatarius, qui tamquam fur puniendus est.

§ 1707. Si tamen testamentum subtractum sit inscio legatario, ejusque deinceps possessionem

(1) l. *Non tantum* 6 ff. *De appellationib.* (49, 1).
(2) argum. l. *Non ex omnibus* 39 in fin. princ. ff. *De recept* (4. 8)
(3) Fab. Cod. hoc tit, lib. 2, tit. 1, def. 19 in princ.
(4) Fab. d. def. 19 in fin.
(5) l. *Curent* 22 ff. *De testib.* (22, 5).
(6) l. *Praetor ait* 4 § 1 ff. hoc tit.
(7) l. *Si quis ex argentariis* 6 § *unde apparet* 5 ff. hoc tit.; Fab. Cod. hoc tit. lib. 2, tit. 1, def. 6 in not.
(8) Fab. d. def. 6 in not.
(9) V. vol. III. lib. 4. § 607. pag. 309
(10) l. 1 § *editiones* 2; l. *Quaedam sunt* 9 ff. hoc tit.
(11) l. ult. Cod. hoc tit.; l. penult. ff. *Ad exhibend.* (10, 4).
(12) l. 1 Cod. hoc tit.
(13) l. *Ex quibusdam* 2 § *item* 2 ff. *De jur. fisci* (49 14); l. *Senatus* 3 ff. hoc tit.; ubi delatorum nomine significantur illi, qui vacantia bona fisco denuntiant.

(1) l. 1 ff. *De exceptionib.* (44. 1).
(2) argum. l. 1 ff. hoc tit.; Ab-Eccl. observ. 49. n. 1 ad 7.
(3) l. penult. § ult. ff. *Ad leg. Falcid.* (35, 2).
(4) Fab. Cod. hoc tit. lib. 2. tit. 1, def. 6, n. 4 et seqq.
(5) l. *Cum Papinianus* 14 Cod. *De sentent. et interlocut. omn. judic.* (7, 45); Ab-Eccl. d. observ. 49. n. 25, 26 et 27.
(6) Fab. Cod. hoc tit. lib. 2, def. 22.
(7) Ibid. tit. 1, def. 13.
(8) l. *Curent* 22 ff. *De testib.* (22, 5).
(9) l. ult. Cod. hoc tit.; Fab. Cod. hoc tit lib. 2, tit. 1, def. 9 in princ.
(10) Fab. d. def. 9, n. 1 et seqq.

nactus sit sive bona fide, sive per manus furis, culpandus non est, cum sibi vigilaverit (1). Quare testamentum quidem haeredi restituere debet; sed simul petere, ut exemplum illius auctoritate judicis fiat, cujus eadem ac authentici vis est; factum vero apud graphiarium deponatur, actori tradendum, cum demonstraverit sua interesse, idest se nominatum in eo testamento, vel a nominatis jus et caussam habere (2).

§ 1708. Sive actor, sive reus instrumentum edere cogatur, non totum edendum est, si plura contineat capita separata, atque de diversis rebus conscripta, nec integri rationum, aut mercatorii libri editio facienda est; sed ea sola pars edenda, quae ad instruendum adversarium pertinet, ita ut hujus inspiciendi, et describendi potestas fiat (3): nisi judex ex gravi caussa totum volumen sibi exhibi decernat (4); vel omnia in istrumentum, vel rationes relata in generale judicium deducantur (5): potiori ratione totum edendum instrumentum, si de unico negotio, de quo disceptatur, scriptum sit (6).

§ 1709. Postremo fieri potest, ut tertius quipiam ad edenda instrumenta, vel testamenta teneatur; quod quidem onus privatis non incumbit, nisi alienas scripturas teneant (7); licet enim invito testes cogi ad dicendum testimonium jure Romano praescriptum sit, paucis personis exceptis (8), hoc tamen jus ad instrumentorum editionem extendere non placuit; nec ulla lex est, quae hanc extensionem innuat: quamquam non dubium, quominus possit judex, si ita suadeant singularia rerum adjuncta, decernere, ut saltem apud se tertius edat instrumenta.

§ 1710. Editionem instrumentorum perperam regulariter desiderari dicimus a privatis (§ praeced.): aliud est de illis, qui publicam personam sustinent; quales erant apud Romanos argentarii (9), seu nummularii, idest mensam nummulariam exercentes; quippe ab his, utpote maxime peritis, Romani plerique contractuum suorum condictiones, atque potissimum receptorum rationes confici, et scribi curabant: atque ideo rationes edere jubentur, sive cum ipsis controversia sit, sive cum aliis (10).

§ 1711. Apud plerosque populos argentariorum vices supplent notarii, seu tabelliones, qui idcirco edere debent instrumenta ab ipsis confecta, vel ab allo, cujus successores sint, sive haereditario, sive judicialis depositi titulo, si modo ea possideant; quo casu appellare possunt a judicis sententia, si praecise edere jussi sint (1); edere, inquam, non omnibus, sed illis, quorum interest, a quibus ideo Romanae leges calumniae jusjurandum exigunt (2), quod fori usu exolevit (3).

§ 1712. Sed, ut haec plenius percipiantur, distinguendum est, an potissimum, seu principaliter, ut ajunt, an minus principaliter intersit. Directe, et principaliter instrumenta edi interest contrahentium, atque successorum etiam singularium, ultimae voluntatis actus haeredum, legatariorum, atque his similium, quibus idcirco edenda sunt, licet adversa pars refragetur (4), dummodo instrumentum sit perpetuum, atque utriusque gratia conscriptum; cujusmodi sunt instrumenta venditionum, permutationum, et similia: quod si instrumentum sit temporale, ut ajunt, veluti pro debito ex caussa mutui, nihil inaudita parte statuendum tradit Faber (5); quia illius jus laedi posset (6): sed hoc ab omnibus non probatur, cum adversa pars nullo jure videatur conqueri, quod alter liberationis epocham inspiciat, ut certo sciat, quae in illa continentur, et an rite facta sit, nec ne.

§ 1713. Si vero non principaliter intersit alicujus, sed indirecte, quemadmodum interesse potest creditoris, qui cum emptore contraxit, ut instrumentum emptionis inspiciat, nonnisi consentientibus illis, qui contraxerunt, notarius exemplum instrumenti tradere debet; facilius utique permissa inspiciendi, et describendi potestate (7). Sed regula haec ex singularibus caussis judicis arbitrio aestimandis exceptionem habere potest (8); tum et exceptionem habet, si ejus, qui non contraxit, principaliter intersit; puta sit dominus directus, qui instrumentum emptionis, et venditionis edi postulet a notario, ut laudimii quantitatem sibi debitam consequatur (9).

§ 1714. Alia ratio est actorum judicialium; cum enim haec publica sint, non tantum quia fidem publicam habent, quemadmodum instrumenta, sed etiam quia publice facta sunt, eorum editio solet a Senatu ad cujusque postulationem decerni, dummodo ejus intersit (10);

(1) l. *Pupillus* 24 ff. *Quae in fraud. creditor.* (42, 8).
(2) Fab. Cod. hoc tit. lib. 2, tit. 1, d. definit. 9, n. 5 et seqq.
(3) l. *Argentarius* 10 § *edi autem* 2 ff. hoc tit.
(4) Andr. Gayl. lib. 1, observ. 106, n. 10
(5) l. *Lucius Titius* 46 § *tutelae judicio* 5 ff. *De administrat. et peric. tutor.* (26, 7).
(6) l. 1 § penult. ff. hoc tit.
(7) l. *In hac actione* 3 § *interdum* 14 ff. *Ad exhibend.* (10, 4).
(8) l. *Lege Julia* 4; l. *Inviti* 8 ff. *De testib.* (22, 5).
(9) l. *Argentarius* 10 princ. et § 1 ff. hoc tit.
(10) d. l. 10 in princ.

(1) Fab. Cod. hoc tit. lib. 2, tit. 1, definit. 4 et 12; ubi subdit, notarium, qui edere jussus non negaverit se instrumentum habere, amplius appellare non posse.
(2) l. *Si quis ex argentariis* 6 § *exigitur* 2; l. *Quaedam sunt* 9 § *caeterum* 3 ff. hoc tit.
(3) Voet in ff. hoc tit. n. 21 in princ.
(4) Fab. Cod. hoc tit. lib. 2, tit. 1, definit. 8, n. 3 et 4.
(5) d. def. 8 n. 5 et seq.
(6) l. *De unoquoque* 47 ff. *De re judicat.* (42, 1).
(7) Fab. Cod. hoc tit. lib. 2, tit. 1, def. 3 in princ.
(8) argum. l. 1 et 2 Cod. hoc tit.
(9) l. ult. Cod. *De jur. emphyteutic.* (4, 66); Fab. d. def. 3 in fin.
(10) Fab. Cod. hoc tit. lib. 2, tit. 1, definit. 8 in princ.

ita ut mandatis poenalibus cogi possit ad edendum judex (1). Acta sane publica, sive civilia, sive criminalia inspicienda exhiberi debere judicis mandato, tradunt Imperatores (2).

§ 1715. Exhibito legitimo instrumenti exemplo non recte postulari editionem protocolli, nisi immineat suspicio falsitatis, judici demonstrata, vel instrumentum in forma extrinseca vitio aliquo laboret, vel exempli collationem suis sumptibus fieri quis petat, alibi diximus (3). Addit Faber, protocollum sumptibus ejus, qui instrumento utitur, edendum esse, si is solemniter de falso inscripserit; quia per eam suspecta fiat instrumenti producti fides (4).

§ 1716. Vix monendum, scripturam ab actore editam reo, aut vicissim non posse dominii praetextu retineri (5), ne alioquin jacturam patiatur ille, qui publicam judiciorum fidem secutus est. Neque possessionis ex hac caussa comparatae habenda est ratio, ut retinere volentis jurejurando res committatur; cum amissio per jusjurandum vix unquam probetur quoad agendum, sed tantum quoad excipiendum (6): qui autem ab alio possidet, vincere non potest adversus ipsum ob id solum, quod possideat (7).

§ 1717. Argentario ipsi, ac proinde notario (§ 1711) plerumque edi non debent instrumenta ab ipsis conscripta, nisi ex justa caussa praetor edi jubeat (8); eum enim in ea caussa sint argentarii, et notarii, ut ipsi edere teneantur (d. § 1711), atque satis instructi sint, perperam edi postularent, nisi incendio, ruina, naufragio amissa allegent instrumenta, aut in longiquo posita (9). Idem dicendum de eo, cui semel editum it: iteratam editionem postulans non auditur (10), nisi ex caussa.

§ 1718. Hinc ex rationis similitudine plures tradunt, instrumenta contractuum ultro citroque obligantium, veluti emptionis venditionis, locationis conductionis, societatis, alteri per alterum edenda non esse, cum quilibet ex contrahentibus instrumentum conventionis habere censeatur: si tamen alteruter illud amissum alleget, judicis auctoritate alter cogi potest, ut inspiciendi, atque describendi potestatem faciat ei, qui suum amisit (11).

§ 1719. Rationes tutelae, mandati, negotiorum gestorum, societatis, et similes petuntur actione ex ipso negotio proficiscente: caetera vero actione in factum praetoris edicto introducta; atque in utrumque venit id, quod interest, si editio facta non fuerit (1), dolo malo, vel culpa dolo proxima (2).

(1) Fab. d. def. 8 in not.
(2) l. *Is apud quem* 2 Cod. hoc tit.
(3) V. vol. III, lib. 4, § 583 et seqq. pag. 306.
(4) Fab. Cod. hoc tit. lib. 2, tit. 1, definit. 18.
(5) Ibid. def. 15, n. 5 et seqq.
(6) d. def. 15, n. 4.
(7) l. 1 § ult. ff. *Uti possidet.* (43, 17).
(8) l. *Si quis ex argentariis* 6 § *praetor ait* 8 et seqq. ff. hoc tit.
(9) d. l. 6 § penult.
(10) d. l. 6 § ult. et l. seq. princ. et § 1.
(11) Voet in ff. hoc tit. n. 23.

SCETIO III.

De litis contestatione.

Digest. lib. 5, tit. 1 *De judic.*
Cod. lib. 3, tit. 9 *De lit. contestatione.*

SUMMARIA

§ 1720. *Litis contestatio fit, proposita in judicio actione ab actore, et data a reo responsione.* — § 1721 *et* 1722. *Quae sit litis contestatio plena, quae minus plena? Vera, aut ficta?* — § 1723. *Affirmativa, aut negativa litis contestatio quae dicatur?* — § 1724 *et* 1725. *Lis in omni judicio contestanda est. An et in caussa appellationis?* — § 1726. *An protestatio impediat, quominus reus litem contestetur?* — § 1727. *Litis contestatio non fit per solas positiones, licet adversarius ad eas respondeat.* — § 1728. *Litis contestatione inducitur mala fides, perpetuantur actiones, res fit litigiosa.* — § 1729. *Quid si lis ficte per contumaciam contestata fuerit?* — § 1730 *et* 1731. *An litem negative contestatus cogi possit, ut rursus contestetur?*

§ 1720. Superius diximus (§ 1596), libello per actorem edito, seu actione in judicio proposita, atque data a reo responsione, litem contestatam intelligi: ex eo autem dicta est litis contestatio, quod coepto judicio utraque pars testes coram judice advocaret, atque dicere soleret, *testes estote;* atque licet mos hic testes advocandi exoleverit, mansit tamen nomen, et vis litis contestationis.

1721. Multiplex affertur ab interpretibus divisio litis contestationis: 1. Alia dicitur plena, alia minus plena: 2. Alia vera, alia ficta: 3. Alia affirmativa, alia negativa. Minus plena est illa, quam modo explicavimus (§ praeced.), nimirum quae actione, et exceptione constat: plena, quae replicationem, et duplicationem habet (3); cum nempe actor post oppositam a reo exceptionem nova allegatione, seu replicatione suam intentionem confirmat, reus vero per duplicationem actoris propositum elidere satagit.

§ 1722. Litis contestatio haec, quae actoris intentione, atque rei contradictione constat, vera dicitur; ficta autem est litis contestatio, cum

(1) l. *Si quis ex argentariis* 6 § *ex hoc edicto* 4 ff. hoc tit.
(2) l. *Ubi exigitur* 8 ff. hoc tit.; Thesaur. decis. 171 n. ult. †.
(3) *Quid sit replicatio, et duplicatio,* tradit Justinianus in tit. *De replicationib. instit.* lib. 4, tit. 14.

reus in jus vocatus copiam sui facere per contumaciam recusat (1): contumacia fictam litis contestationem inducit, seu lis habetur pro contestata; alioquin in potestate rei esset, condemnationem latitando, vel longius migrando eludere.

§ 1723. Affirmativam dicunt litis contestationem, cum reus idem affirmat, ac actor, seu de facti veritate non dissentit, puta mutuam sibi ab actore datam fuisse pecuniam, sed utitur aliqua exceptione, ut se defendat, vel peremptoria, veluti solutione, compensatione, pacto de non petendo: vel dilatoria, ne usque ad certum tempus conveniri possit: si vero reus neget factum, quo actor nititur, puta mutuum, negativa litis contestatio appellatur. Sunt utique, qui divisionem hanc rejiciunt (2); sed et alii probant (3). Fatendum sane affirmativam litis contestationem minus proprie dici (4): atque ideo rescripsit Bonifacius VIII, opposita ex parte rei exceptione peremptoria, litis contestationem factam non intelligi (5): quamquam Justinianus id unum requirit, ut judex caussam audire coeperit (6).

§ 1724. Porro lis in omni judicio sive civili, sive criminali contestanda est, seu judicium ordinarium, seu plenarium sit, sive summarium; tum quia litis contestatio judicii initium est (§ 1654); tum quia judex nec cognoscere, nec definire potest, nisi actor suam intentionem, reus suas exceptiones monstraverit (7): quamquam verum est, tam solemnem litis contestationem in judiciis summariis non requiri (8).

§ 1725. Non consentiunt interpretes, utrum necessaria sit litis contestatio in caussa appellationis, nec ne. Quidam affirmant (9): negant alii (10), atque probant; tum quia judicium appellationis, etiam altera parte absente, expediri possit (11) (quae tamen ratio parum movet, cum per absentiam, et contumaciam licta litis contestatio inducatur (§ 1722)); tum quia unica tantum sit lis, non obstante appellatione, adeoque una sufficere debeat litis contestatio.

§ 1726. Sed quid, si reus ab actore in jus vocatus respondeat, sed simul protestetur, se id non facere animo litis contestandae? Protestatio contra factum nullius roboris videtur; nec in potestate rei est efficere, ne ex actoris petitione sua litis contestatio exurgat (12), prout constitutum est (§ 1656): vel saltem a judice cogi potest, ut litem vere contestetur, protestatione omissa, vel contempta.

§ 1727. Plane litis contestatio non fit per solas positiones, licet adversarius ad eas respondeat (1); non enim omnia, quae ponuntur, in judicio petuntur; cum positionum usus ideo introductus sit, ut per confessionem adversarii ponens eximatur ab onere probationis, neque sufficere videtur generalis, atque indistincta petitio, aut responsio; quia per hanc judex de statu controversiae certior non fit (2), quod tamen requiritur, ut cognoscat, et definiat (3).

§ 1728. Haec prolixius, atque, ut quibusdam forte videbitur, subtilius investigavimus, quia litis contestatae effectus plures sunt, et gravis momenti. Imprimis per litis contestationem inducitur mala fides (4), adeoque interrumpitur praescriptio (5); perpetuantur actiones (6), res fit litigiosa (7): atque hi effectus permanent, licet deinceps perempta sit instantia, in quia litis contestatio facta fuit (8); nam haec res facti est, factum vero pro infecto haberi nequit: idcirco praetor aliquando jubet litem contestari ab illis, qui eandem statim prosequi non coguntur (9).

§ 1729. Parciores sunt, saltem Romano jure inspecto, effectus litis ficte contestatae, idest per rei contumaciam (§ 1722); eo quippe dumtaxat cautum, ut actor mittatur in possessionem bonorum rei contumacis, non vero ut hic condemnari possit (10): sed usu in plerisque Tribunalibus recepto reus contumax condemnari potest, usuras solvit, atque actiones adversus eum perpetuantur (11). Sed de his infra dicemus.

§ 1730. Unum hic cum Fabro monemus, videlicet eum, qui litem negative (§ 1723) contestatus est, si, quasi minus sufficienter contestatus sit, patiatur imperari sibi a judice, ut rursus contestetur, sibi nocere, atque prioris contestationis commodum amittere, ita ut si moram faciat, possit exinde actoris petitio haberi pro vera, et probata (12), in poenam contumaciae (13).

§ 1731. Praecipua haec sunt de litis conte-

(1) Novell. 53, cap. *si vero* 4 § 1.
(2) Voet in ff. *De judic.* lib. 5, tit. 1, n. 146.
(3) Fab. Cod. hoc tit. *De lit. contestat.* lib. 3, tit. 8, def. 1 in princ.
(4) Fab. d. def. 1 in not.
(5) cap. ult. *De lit. contestat. in* 6 Decret. (2, 3).
(6) l. unic. Cod. eod. tit. (3, 9).
(7) l. unic. Cod. *De lit. contestat.* (3, 9).
(8) Gayl. lib. 1, observat. 141, n. 1.
(9) Voet in ff. *De judic.* n. 147.
(10) Perez. in Cod. *De lit. contestat.* lib. 3, tit. 9, n. 8.
(11) l. ult. § penult. Cod. *De temporib. et reparat. appellat.* (7, 63).
(12) argum. l. *Jus publicum* 38 ff. *De pact.* (2, 14).

(1) cap. unic. extra Decret. Greg. *De lit. contestat.* (2, 5).
(2) l. *De aetate* 11 § *nihil interest* 7 ff. *De interrogat. in jur. faciend.* (11, 1).
(3) d. l. unic. Cod. *De lit. contestat.* (3, 9).
(4) l. *Sed et loci* 4 § *post litem* 2 ff. *Finium regundor.* (10, 1); l. *Nemo* 10 Cod. *De acquirend. possess.* (7, 32).
(5) l. *Sicut in rem* 3 Cod. *De praescription. XXX vel XL annor.* (7, 39).
(6) d. l. 3; l. *Omnes* 26; l. *Sciendum* 58 ff. *De obligat. et action.* (44, 7).
(7) l. auth. *litigiosa* post l. 1 Cod. *De litigios.* (8, 37).
(8) Fab. Cod. hoc tit. lib. 3, tit. 8, def. 2.
(9) l. 1 § ult. ff. *De feriis* (2, 12).
(10) Novell. 53, cap. *si vero* 4 § 1.
(11) Voet in ff. *De judic.* lib. 5, tit. 1, n. 145.
(12) Fab. Cod. *De lit. contestat.* lib. 3, tit. 8, def. 1.
(13) l. *De aetate* 11 § *qui tacuit* 4 ff. *De interrogat. in jur. faciend.* (11, 1); l. *Si perlusorio* 14 § 1 ff. *De appellat.* (49, 1).

statione. Nunc de ordine, et modo judiciorum, seu quo lites post contestationem instrui debent. Sed cum judicia rata non sint, nisi coram judice legitimo peragantur, idcirco imprimis agendum ducimus de judicum qualitate, et conditionibus requisitis, ut sententiae ab ipsis latae vim sortiantur.

CAPUT III.

Qui judices esse possint.

Instit. lib. 4, tit. 17 *De offic. judic.*
Digest. lib. 5, tit. 1) *De judic.*
Cod. lib. 3, tit. 1)

SUMMARIA

§ 1732. *Filii familias judicis officio non prohibentur.* — § 1733, *et* 1734. *Mulieres, infames, furiosi, impuberes, surdi et muti judices esse nequeunt. Quid si furiosus dilucida habeat intervalla?* —§ 1735. *An minor et coecus judicandi officio fungi possint?*— § 1736. *Juris scientia in judice desideratur.* — § 1737. *Alienigenis juris dicendi potestas denegatur.* — § 1738. *Suspectis judices recusari possunt, speciatim expressa recusationis caussa.* — § 1739 *et* 1740. *Coram quo judice allegandae sint suspicionis caussae?*—§ 1741. *Qui jus dicat, ordinario judice tamquam suspecto recusato?* — § 1742 *et* 1743. *Magistratus supremus generatim suspectus allegari non potest; utique senator: atque de caussis suspicionis collegae judicant.* — § 1744. *Quid si suspicionis caussae senatori objectae infamiae notam inurere possint?* — § 1745. *Senator remotus tamquam suspectus nec relationi interesse debet.* — § 1746. *Cur judex suspicionis caussas probare, vel rejicere possit, non senator?* — § 1747 *et* 1748. *Quid si plures una actione conveniantur; et unus judicem suspectum accuset?* — § 1749. *Delegatus a Principe non potest recusari ex illis caussis, quas ex rescripto delegationis Principi cognitas apparet.* — § 1750. *Inimicitiae graves inter judicem, et litigantes justam praebent suspicionis caussam. Quid si judex amicus sit inimici alterius ex litigantibus?* — § 1751. *Suspectus ex judex, qui similem cum altero litem habet.* — § 1752. *Patrocinium a judice prius praestitum in eadem lite judicem suspectum facit. Quid de patre et socero?* — § 1753. *Quid de patrocinio praestito judicibus supremorum magistratuum, vel adversus ipsos?* — § 1754 *Judices urbani recusari nequeunt in lite inter civitatem et civem, vel peregrinum.*—§ 1755 *et* 1756. *Jus sibi, aut suis nemo dicere potest. Qui consanguinitatis, vel affinitatis gradus in hac re inspiciatur?* — § 1757. *Judex quis esse potest in sua et suorum caussa, si consentiat adversarius.* — § 1758. *Amicitia judicis cum alterutro litigantium an justam praebent recusationis caussam?* — § 1759. *Senator qui in itinere diverterit ad privatum hospitium unius litigantis, nec instructionem, nec relationem litis habere debet, judicandi tamen munere fungi potest.*— § 1760. *Senator judex esse non potest in caussa inquilini sui, aut illius, cujus ipse inquilinus est. Quid de colono partiario?* — § 1761. *An senator judicare prohibeatur in caussa sui emphyteutae?*— § 1762. *Creditor judicare potest in caussa debitoris, non vicissim.* — § 1763 *et* 1764. *Senator jus dicere potest in caussa advocati, aut procuratoris sui. An in caussa illius, quem senatoris adversarius patronum, aut procuratorem habuerit?* — § 1765. *In hisce caussis aliter, atque aliter pro personarum diversitate statuendum est.*— § 1766. *Caussae frivolae, atque ineptae, quae per calumniam, levitatem aut temeritatem objiciuntur, contemnendae sunt, et nihili faciendae.* — § 1767. *Caussa minima, si de excipiendis testationibus agatur, judicem suspectum facit.* — § 1768. *Inquisitores, qui audiendis testibus aliquando deputantur, recusari ex justa caussa possunt.* — § 1769. *Exceptio suspecti judicis ante litem contestatam regulariter opponi debet.* — § 1770 *et* 1771. *Si nova supervenerit suspicionis caussa, judex inferior recusari potest eo ipso die, quo sententia conscripta atque subscripta est. Quid de senatore?* — § 1772. *Quid si judex inferior tam sero propositas recusationis caussas admittere noluerit, et bene ab eo judicatum appareat?*

§ 1732. Judex, ut supra diximus, est vir bonus, et aequus auctoritate publica constitutus, ut de caussis cognoscat, easque definiat. Ex hac descriptione facile colligitur, qui judices esse possint, aut munere hoc fungi prohibeantur. Nihil sane interest, an pater quis sit, an filiusfamilias (1); cum filiifamilias in iis, quae publici juris sunt, tamquam patresfamilias considerentur, quiescente privatae patriae potestatis vi favore publicae utilitatis (2).

§ 1733. Nonnullae tamen personae sunt, quibus juris dicendi potestas a legibus denegatur, atque, ut taceam, mulieres ob sexus verecundiam servos ob personae statum hoc munere fungi non posse (3), infames repellit judiciorum majestas; atque ob animi, seu judicii imbecillitatem arceantur furiosi, et impuberes; surdis quoque, et mutis eandem potestatem denegare placuit, quia

(1) l. *Cum praetor* 12 § ult. ff. hoc tit.
(2) l. *Filiusfamilias* 9 ff. *De his, qui sui, vel alien. jur. sunt* (1, 6).
(3) d. l. *Cum praetor* 12 § *non autem* 2 in fin. ff. hoc tit.

vix judicis officio, prout par est, fungi possunt (1).

§ 1734. Quod de furiosis modo diximus, verum est, si perpetuus sit morbus: quod si dilucida habeat furiosus intervalla, non solum in officio permanere potest, si furor supervenerit (2), sed et dari judex non prohibetur (3). Quia tamen morbos hic nullum certum tempus servat, et saepe dubitari posset, an tempore dilucidi intervalli, an furoris incipientis lata fuerit sententia, consultius est furiosum a judicando removeri.

§ 1735. Minorem annis vigintiquinque, dummodo majorem decem, et octo, judicem fieri Romanae leges patiuntur (4): immo valet sententia a minore octodecim annis lata, si litigantes eum admiserint, vel Princeps sciens eum elegerit (5). Coecus judicandi officio fungi potest (6): praeterquam in iis, quae oculatem, ut ajunt, inspectionem requirunt (7).

§ 1736. Cum juris scientiam in judice requiramus (§ 1732), merito apud nos cautum, ut juri dicendo in urbibus, aut in locis, ut ajunt, immediatis praeficiantur doctores in jure; prolytae vero, aut notarii in locis, quibus electio judicis ad vassallos spectat, juxta locorum consuetudinem (8). Quin et, antequam ad judicis officium exercendum admittantur, coram Senatu experimentum facere debent, atque ab eo probari (9), ita tamen, ut semel in perpetuum probari sufficiat (10).

§ 1737. Alienigenae a judicandi munere excluduntur, nisi longo tempore domicilium in ditione contraxerint: quo fundamento nec juris doctores, aut prolytae admittuntur, nisi dignitate hac apud nos donati fuerint (11). Quae autem de judicibus statuta sunt, eadem fere prescribuntur de vicariis, seu qui vices judicis supplent (12). Nationales quoque in patria sua judices esse prohibentur (13), non autem vicarii (14).

§ 1738. Repelluntur quoque a judicis munere non in totum, sed quarumdam personarum respectu, qui alterutri litigantium ex justa caussa suspecti sunt (15): sed recusationis caussa speciatim exprimenda est (16): ne alioquin impune liceat alterutri litiganti se a judicis potestate pro arbitrio eximere, ejusque existimationem laedere (1).

§ 1739. Suspicionis caussae coram judice ipso, vel, si longius absit coram praeside secundum Justinianum allegandae sunt (2); apud nos sancitum, ut caussae suspicionis coram ipso judice, qui tamquam suspectus allegatur, proponi debeant, qui tamen a judicando abstinere non tenetur, si legitimae ipsi non videantur, aut objiciens eas tamquam legitimas jurejurando interposito non affirmet: ea lege adjecta, ut coram judice majore seu praefecto easdem adlegans tales probet; atque interim caussa principalis agitur coram judicis vicario, seu ut ajunt, locum tenente (3): nisi et hic suspectus dicatur; quo casu antiquior juris doctor minime suspectus, aut, si doctores nulli sint, senior inter notarios in terris immediatis, in mediatis vero judex alius a vassallo electus caussam prosequitur (4).

§ 1740. Quod si judex suspicionis allegatus caussas neutiquam admiserit, eae coram praefecto, seu judice majore proponendae sunt intra quinque dies (5), alioquin nulla suspicionis allegatae ratio habetur, nec amplius allegari potest, poena etiam quinque aureorum constituta (6): sed principalis caussa a vicario, vel judice electo discutitur ad sententiam usque. De suspicionis autem caussa judex major summarie interim inquirit (7). Judicem ut suspectum posse de caussis suspicionis interrogari, et ad jurandum cogi, nisi caussa crimen involvat, tradit Thesaurus (8).

§ 1741. Probata tamquam legitima recusationis caussa vicarius, aut electus judex, si juris doctor sit, sententiam ferre potest; si autem notarius, ad togatum judicem viciniorem processum mittere jubetur, ex cujus consilio sententias, nec non interlocutiones ferret (9): sed ordinarius judex jus dicere debet, si caussas suspicionis perperam allegatas fuisse constet, allegante in mulctam damnato.

§ 1742. Eaedem praescribuntur servandae regulae, si judex major, seu praefectus tamquam suspectus recusetur, nisi quod caussae suspicionis intra decem dies coram Senatu proponendae sunt (10). Totum collegium, si interpretibus credimus, vix recusari potest tamquam suspe-

(1) d. l. 12 § 2 in princ.
(2) l. *Judex datus* 46 ff. hoc tit.
(3) l. *Cum furiosus* 39 ff. hoc tit.
(4) l. *Quidam* 57 ff. *De re judicat.* (42, 1).
(5) d. l. 57 prop. fin.
(6) l. *Coecus* 6 ff. hoc tit.
(7) Voet in ff. hoc tit. n. 42.
(8) *Reg. Constit.* lib. 2, tit. 5, § 2.
(9) Ibid. § 8.
(10) Ibid. § 9, 10, 11, 12.
(11) Ibid. d. lib. 2, tit. 5, § 3.
(12) Ibid. § 23 et 24.
(13) l. *Si eadem* 3 ff. *De offic. adsessor.* (1, 22); Sola *De castellan.* Glos. n. 1.
(14) Ibid. lib. 2, tit. 5, § 29.
(15) l. *Apertissimi* 16 Cod. hoc tit.
(16) cap. *cum speciali* 61 extra Decret. Greg. *De appellat.* (2, 28); d. l. 16 et l. ult. Cod. hoc tit; *Reg. Constit.* lib. 3; tit. 10, § 2.

(1) l. ult. Cod. hoc tit.; V. Ab-Eccles. part. 2, observat. 68 et 69.
(2) *Reg. Constit.* lib. 3, tit. 10, § 2.
(3) Ibid. § 3 et 4.
(4) Ibid. § 5; V. Ab-Eccles. part. 2, observ. 70.
(5) *Reg. Constit.* ibid. § 6.
(6) Ibid. § 7 et 14.
(7) Thes. decis. 6 per tot.
(8) *Reg. Constit.* d. lib. 2, tit. 10, § 8; V. Ab-Eccles. part 2, observat 71.
(9) *Reg. Constit.* ibid. § 9; Fab. Cod hoc tit. lib. 3, tit. 1, def. 34; ubi immunis est a mulcta qui nec per calumniam, nec per cavillationem, seu judicii morandi caussa suspectum judicem facere voluerit.
(10) *Reg. Constit.* d. lib. 3, tit. 10, § 10.

ctum (1): atque hinc nullus magistratus supremus generatim suspectus allegari permittitur apud nos, nec speciatim ultra tres magistratus judices, nisi caussae suspicionis notoriae sint (2): atque de caussis suspicionis collegae caeteri judicare possunt (3): gravius puniendi litigantes, qui per calumniam de suspecto objecerint (4).

§ 1743. Quinimmo placuit Sabaudis patribus, eos ex Senatoribus, qui ab alterutro collitigantium suspecti dicti sunt, posse mutuas objectae in singulos suspicionis caussas discutere, atque de iis sententiam ferre, dummodo absit is, de quo removendo tractatur, nec ipsi a judicando remoti sint (5). Neque interest, quod adversus plures Senatores una eademque suspicionis caussa objiciatur (6): tum quia prius de singulis separatim cognoscendum est, quam sciatur, utrum omnes eisdem defensionibus utantur, nec ne; tum quia aliter constituto jure, facile esset impudenti homini Senatus judicium eludere, quod ferendum non est.

1744. Suspicionis caussae, quae nullam infamiae notam praeseferunt, quaeque Senatoribus objiciuntur, a Senatu ipso expenduntur (§ 1742); quae vero injuriam inferre aptae sunt supremorum magistratuum judicibus, magno status cancellario proponi jubentur, ab eo summarie definiendae; Principe etiam certiore reddito, si res ita postulare videatur (7).

§ 1745. Remotus tamquam suspectus Senator non dubium quominus a judicando in ea caussa abstinere debeat (8); adeoque nec interesse debet caussae relationi, aut definitioni: immo nec processus distributio ei permittitur, si magistratum regat (9). Sed suspecto allegato judice, aut praefecto, atque inde remoto, neque coram praefecto, neque coram Senatu caussa principalis agitanda est, sed ab iisdem vicarium, vel electum remittenda est (10) a judicis decidenda, ut modo diximus (§ 1741).

§ 1746. Si quaeratur, cur judex suspectus allegatus possit suspicionis caussas probare, vel rejicere, atque interim, donec a superiore judice definitum sit de caussis suspicionis, litem peragere (§ 1739); Senator vero nihil ab eo die constituere possit inter litigantes (§ praeced.), licet jus litigantium inde laedi non videatur (11), haec affertur discriminis ratio, quod judices ordinariam habent jurisdictionem, Senatores vero nonnisi delegatam, non a Principe, sed a Senatu, qui partem jurisdictionis, quam habet a Principe, delegare potest, ratione litis ordinandae, non decidendae, si Fabro credimus (1): delegata autem jurisdictio facilius impeditur, quam ordinaria.

§ 1747. Fieri tamen potest, ut judex ab uno ex collitigantibus suspectus dictus, suspicionis allegatione contempta, adhuc judicare possit, si nempe plures simul, et una actione conveniantur non tamquam singuli, sed tamquam universi (2), seu tamquam repraesentantes universitatem (3), et uno fortassis excepto, caeteri in eundem judicem consentiant, ne alioquin dividatur continentia caussae (4), quo maxime cavendum (5).

§ 1748. Aliud profecto dicendum, si singuli conveniantur ut singuli, quamvis eodem libello; cum enim separatas defensiones habere possint, prius cognoscendum est de caussis recusationis ab uno allegatis, quam super principali negotio quoad eum pronuncietur (6); idemque potiori ratione probandum, si judex incompetens allegetur; nam judex incompetens jurisdictione caret; quam habet suspectus, solo jurisdictionis interdicto exercitio (7).

§ 1749. Vix monendum est, delegatum a Principe non posse recusari ex illis caussis, quas ex ipso delegationis rescripto apparet cognitas, atque expositas fuisse Principi deleganti (8): qui enim scit, et nihilominus delegat judicem, hoc ipso intelligitur recusationis caussas rejicere; quemadmodum exceptio dilatoria censetur reprobata a judice, qui post eam oppositam ad ulteriora progreditur (9).

§ 1750. Post haec expendendae sunt diversae suspicionis caussae, quae ad recusationem sufficere possunt. Justam recusationis caussam praebent inimicitiae graves inter judicem, et actorem, vel reum (10): immo inimicitiae graves, quas judex gerat cum uno ex fratribus in bonorum communione manentibus, eum suspectum faciunt in illis quoque controversiis,

(1) Voel in ff. hoc tit. n. 47.
(2) *Reg. Constit.* d. lib. 3, tit. 10, § 11.
(3) ibid. § 12. V. Voet in ff. hoc tit. d. n. 47 post alios.
(4) *Reg. Constit.* ibid. § 13.
(5) Fab. Cod. *Ne quis in causs. sua judic.* lib. 3, tit. 4, def. 2 in princ.
(6) Fab. d. def. 2, n. 2 et seqq.
(7) *Reg. Constit.* d. lib. 3, tit. 10, § 19.
(8) l. ult. Cod. hoc tit.
(9) *Reg. Constit.* lib. 3, tit. 10, § 20.
(10) ibid. § 15.
(11) Fab. Cod. *Ne quis in causs. sua judic.* lib. 3, tit. 4, def. 6. in princ.

(1) Fab. d. def. 6, n. 4 et 5 in corp. et in not. et lib. 3, tit. 16, def. 50.
(2) Fab. Cod. *Ne quis in causs. sua judic.* lib. 3, tit. 4, def. 5 in princ.
(3) l. *Sicut municipum* 7 § 1 *Quod cujusq. universitat.* (3; 4).
(4) l. 1 et 2 ff. *De quib. reb. ad eund. judic. eat.* (11, 2).
(5) l. *Nulli prorsus* 10 Cod. hoc tit.
(6) l. *Apertissimi* 16 et l. ult. Cod. hoc tit.; Fab. Cod. d. lib. 3, tit. 4, def. 5, n. 5.
(7) Fab d. def. 5, n. 6 et seqq.
(8) Ibid. Cod. *Ne quis in causs. sua judic.* lib. 3, tit. 4, def. 8, n. 5.
(9) l. *Cui jurisdictio* 2 ff. *De jurisdiction.* (2; 1).
(10) l. *Si pariter* 9 in fin. princ ff. *De liberal. causs.* (40, 12); V. Ab-Eccles. part. 2, observat. 72, n. 12 et seqq.

quae ad alterum fratrem pertinent (1); tum quia litis jactura contingere non potest sine patrimonii communis diminutione; tum quia vix fieri potest, ne fratrem oderit, qui alium fratrem odio prosequitur. Hinc etiam judex, qui inimicis rei, vel actoris amicitias copulaverit, tamquam inimicus habendum est: ideoque suspectus (2).

§ 1751. Suspectus quoque habetur judex, qui litem similem habeat cum altero nec dum decisam (3); vix enim est, ut aliud jus tunc in alterum statuat, quam quod in sua caussa statuendum optat.

§ 1752. Judex, qui ante delatum judicandi munus patrocinium praebuerit actori, vel reo in eadem lite, tamquam suspectus jure recusatur, cum nec testis esse possit (4); immo apud nos ipso jure pro recusato habetur (5): quod et protractum ad patrem et socerum judicis munere fungentes; in illis caussis, quas filius, aut gener definierit, vel alteruter patrocinium, aut consilium praebuerit, et vicissim (6).

§ 1753. Sed solum patrocinium praestitum senatoribus, vel judicibus aliorum supremorum magistratuum, vel adversus ipsos ab advocatis, vel procuratoribus collitigantium sufficiens caussa non est, cur senatores, et similes a jure dicendo removeri debeant: atque idem dicendum, licet litigans, qui recusare vult, advocatus, aut procurator in aliqua caussa contra ipsos fuerit, seu adversus ipsos patrocinium, aut procurationem praestiterit (7).

§ 1754. Quemadmodum judex ab uno ex litigantibus suspectus allegatus ab officio cessare non tenetur, si plures tamquam universi una actione conveniantur (§ 1547), ita urbani judices recusari nequeunt, si lis sit inter civitatem, et civem, vel inter civitatem et peregrinum (8); cum enim singulis non debeatur, quod debitum est universitati, nec singuli debeant, quod debet universitas (9), non in sua, sed aliena caussa, judicare intelliguntur. Sane socius in caussa, quam cum actore, vel reo communem habeat, jus dicere non potest; communis caussa etiam illius propria pro parte est (10).

§ 1755. Ad haec declinari possunt tamquam

(1) Fab. Cod. *Ne quis in causs. sua judic.* lib. 3, tit. 4, def. 4.

(2) argum. l. *Liberi* 28 in fin. Cod. *De inoffic. testam.* (3, 28); Fab. d. def. 4 in not.

(3) cap. *caussam* 18 extra Decret. Greg. hoc tit. *De judic.* (2, 1); Fab. Cod. *Ne quis in causs. sua judic.* lib. 3, tit. 4, def. 2 in not.

(4) l. ult. ff. *De testib.* (22, 5).

(5) *Reg. Constit.* lib. 3, tit. 10, § 17 in princ.

(6) d § 17 in fin.

(7) *Reg. Constit.* lib. 3, tit. 10. § 16.

(8) Voet in ff. hoc tit. n. 45.

(9) d. l. *Sicut municipum* 7 § 1 ff *Quod cujusque universit.* (3, 4).

(10) argum. l. 1 § *in propria* 11 ff. *Quando appelland. sit* (49, 4).

suspecti judices, qui propiores sanguinis, aut affinitatis vinculo alterutri litigantium conjuncti sunt: atque Romanae leges non patiuntur, ut quis sibi, aut suis, puta uxori, liberis, domesticis jus dicat (1): et lege Cornelia, prout refert Ulpianus, cautum fuit, ut non judicet, qui ei, qui agit, gener, socer, vitricus, privignus, sobrinusve propiusve est; eorum quemquam ea cognatione, affinitate attingat (2). Apud nos ipso jure recusati habentur, qui quarto consanguinitatis, vel tertio affinitatis gradu secundum juris canonici computationem alterutri litigantium junguntur (3). Immo cognati in secundo gradu atque affines in primo, servata juris canonici computatione, simul in eodem loco fungi nequeunt officiis judicis, scribae, aut fisci patroni (4).

§ 1756. Cognati, et affines alterutri litigantium a judicando removentur: quod si utrique parti aequali sanguinis, vel affinitatis foedere conjuncti sint, par affectionis ratio expellere videtur fraudis praesumptionem (5): atque ideo consanguineum, vel affinem in hoc casu judicare posse ab Hollandiae ordinibus constitutum fuisse, refert Voetius (6).

§ 1757. Quinimmo, si adversarius consentiat, sibi et suis jus dici posse, defendit Voet (7): atque hoc sensu accipiendum, quod ajunt jureconsulti, *in privatis negotiis pater filium, vel filius patrem judicem habere potest; quippe judicare munus publicum est* (8): quo etiam fundamento filius magistratum gerens cogere potest patrem, qui suspectum dicat, haereditatem, adire, et restituere (9), nempe si consentiat fideicommissarius, ut filius de hac re cognoscat et sententiam ferat.

§ 1758. Amicitia judicis cum alterutro litigantium justa per se caussa non est, cur judex suspectus allegetur (10), nisi arctissimum sit amicitiae, et familiaritatis vinculum (11).

§ 1759. Hinc placuit, Senatorem, qui in itinere divertit ad privatum hospitium (12), et domicilium unius ex litigatoribus, quorum litem instruebat, licet cogente temporis injuria, aut loci necessitate, hactenus pro suspecto habendum, ut ex eo tempore neque instructio, neque relatio

(1) l. *Qui jurisdictioni* 10 ff. *De jurisdiction.* (2, 1).

(2) l. *Lex Cornelia* 5 in princ. ff. *De injur.* (47, 10).

(3) *Reg. Constit.* d. lib. 3, tit. 10, § 17 in med.; V. Fab. Cod. hoc tit. lib. 3, tit. 1, def. 17.

(4) *Reg. Constit.* lib 2, tit 5. § 34.

(5) l *Non solum* 67 § 1 ff. *De ritu nuptiar.* (23, 2).

(6) Voet in ff hoc tit. n. 46

(7) Voet in ff. *De jurisdic.* lib 2, tit. 1, n. 51; argum. l. *Quin etiam* 6 ff. *De recept.* (4, 8).

(8) l. *In privatis* 77 et seq. ff. hoc tit.

(9) l. *Ille, a quo* 13 § ult. et l. seq. ff. *Ad Senatusc. Trebell.* (36, 1).

(10) argum. l. *Observandum* 19 ff. *De offic. praesid.* (1, 18).

(11) cap. *insinuante* 25 extra Decret. Greg. *De offic. et potestat. judic. delegat.* (1, 29).

(12) Aliud dicendum, si publicum hospitium esset, quod omnibus paratum est.

litis ei debeat demandari, judicandi tamen munere fungi posse, cum res judicabitur (1): aequissimo temperamento; tum quia multo periculosius est litis instructionem, atque enarrationem, quae viam parat victoriae, committere, quam facultatem sententiae inter caeteros ferendae; tum quia difficilius est, ut quis per sordes, aut gratiam de principali negotio iniquam sententiam ferat, quam ut amico faveat in praeparatoriis, atque enarratione litis; ubi autem majus subest periculum, major quoque cautio adhibenda est (2).

§ 1760. Plane pluries a Senatu Sabaudo definitum subjicit Faber, Senatorem judicem esse non posse in caussa inquilini sui, aut illius, cujus ipse inquilinus est (3), propter amicitiae vinculum, quod inter dominium et inquilinum esse solet. Idem traditum de colono partiario, cum quo societas quaedam est speciem fraternitatis habens (4): non autem nummario, quippequi nec domesticus, nec socius videri potest (5).

§ 1761. Neque prohibetur Senator esse judex in caussa sui emphyteutae, dummodo de ipsa emphyteusi, seu re emphyteuticaria non agatur, quantacumque sit pensio, quae pro emphyteusi solvitur (6); etenim directus dominus nec officia, nec affectionem debet emphyteutae, nisi cum agitur de re emphyteuticaria, in qua emphyteutam defendere debet, tametsi de ipso jure emphyteutico non agatur (7): adeoque ipsius domini caussa tractari videtur. Subjicit tamen Faber, si tam magna sit pensio, quae pro emphyteusi solvitur, ut in ea lite condemnatus emphyteuta vix solvere possit pensionem, satius esse, ut Senator a litis instructione, et relatione abstineat, sententiam tamen cum caeteris Senatoribus ferat (8), prout modo diximus (§ 1759).

§ 1762. Creditor in caussa sui debitoris judex esse potest, nisi agatur de re ad debitum pertinente (9); nec enim affectionem, aut obsequium debitori praestare tenetur, ex quo suspectus fieri possit: aliud est de debitore saltem egregiae quantitatis propter contrariam rationem; qui ideo nec judex, nec testis esse potest in caussa sui creditoris, idest juste recusatur tamquam suspectus ab altero litigante.

§ 1763. Nihil quoque prohibet, quominus senator jus dicat in caussa advocati, aut procuratoris sui, seu qua de jure alterutrius apud senatum tractetur (1); tum quia caussa haec suspicionis nulla lege expressa est; tum quia utrumque officium publicum potius, quam privatum habetur, tum invitis advocatis et procuratoribus postulandi, et procurandi necessitas incumbat, nisi justam afferant excusationis caussam (2); adeoque nimiae affectionis suspicio non viget, quae recusationi locum facere possit.

§ 1764. Immo neque admissum est, ut senator jus dicere prohibeatur in caussa illius, quem senatoris adversarius patronum, aut procuratorem habuerit (3); quia et levis nimium inimicitiae suspicio est; nec probus senator, quales esse omnes credendi sunt, praesumitur odio prosecuturus adversarii sui advocatum, vel procuratorem, quem scit ex officii sui necessitate munus illud omnimodo subire debuisse (§ praeced.).

§ 1765. Apposite monet Faber, senatum aliter, atque aliter pro personarum, et caussarum varietatibus decernere solere, quoties ab altero colligantium senator ex hujusmodi (§ 1764 et seq.) caussis suspectus dicitur (4); si enim nemo suspicionem objiciat, senator, qui ex vi officii judicandi necessitatem habet, suspectus videri non debet (5). Sane facilius removendus est a judicando senator, qui suspectus allegetur ab advocato, vel procuratore adversarii (§ praeced.), si lis criminalis fuerit, et de re ageretur, quae dignitatem, vel vitam lacessebat; vel si advocatus, vel procurator senatorem calumniis, et tergiversationibus, quae sane ab officio longe aliena sunt, offenderit; quippe juste metueretur inimicus (6).

§ 1766. Caeterum, sicuti gravium suspicionis caussarum ratio habenda est, ne alter ex litigantibus praegravetur, ita contemnendae sunt, et nihili faciendae frivolae, atque ineptae, quae per calumniam, levitatem, aut temeritatem objiciuntur (7); tum quia timendum quoque est, ne judex bonus, et aequus non placcat litiganti, qui eum idcirco suspectum dicit; tum quia praesumptio ex qua unusquisque bonus creditur (8), locum maxime habere debet in judicibus, publica auctoritate ad id munus electis; tum denique, quia vix ullus judex est, cui aliqua suspicionis caussa objici nequeat, familiaritatis, amicitiae, et similium.

§ 1767. Si de excipiendis testationibus agatur, minima caussa, ait Faber, judicem suspectum facit, puta familiaritas, quam cum uno

(1) Fab. Cod. *Ne quis in causs. sua judic.* lib. 3, tit. 4, def. 3.

(2) argum. l. *Quid poterat* 4 ff. *Ad Senatusc. Trebellian.* (36, 1).

(3) Fab. Cod. *Ne quis in causs. etc.* lib. 3, tit. 4, d. def. 3 in not. †.

(4) l. *Verum est* 63 ff. *Pro socio* (17, 2).

(5) Fab. d. def. 3 in not. in fin. †.

(6) Ibid. def. 9 in princ.

(7) V. vol. III, lib. 3, pag. 99 et seqq., ubi de emphyteusi late diximus.

(8) Fab. d. def. 9, n. 4 et seq.

(9) d. def. 9, n. 3.

(1) Fab. Cod. *Ne quis in causs. sua judic.* lib. 3, tit. 4, def. 1.

(2) *Reg Constit.* lib. 2, tit. 9, § 4; Fab. d. definit. 1, n. 2.

(3) Fab. def. 1, n. 3 et 4.

(4) d. def. 1 n. 5.

(5) d. def. 1 in fin.

(6) Ibid. Cod. hoc tit. lib. 3, tit. 1, def. 35.

(7) Voet in ff. hoc tit. n. 46 in med.

(8) l. *Merito* 51 ff. *Pro socio* (17, 2).

ex collitigantibus majorem judex foveat (1); quia cum ex facto jus oriatur (2), res haec maximi momenti est ad litis victoriam comparandam; praeterquamquod probationes vix reformari possunt, sententia tamen a superiori judice potest irritari.

§ 1768. Hinc et inquisitores, qui audiendis testibus aliquando deputantur, accusari ex justa caussa possunt; nisi forte, ait Faber, necesse sit, inquisitores ex una provincia, vel civitate in aliam commeare (3). Sed jure regio cautum, ut inquisitor a Senatu electus partibus praesentibus recusari debeat, antequam ad destinatum locum pervenerit: alioquin sero allegata recusationis caussa non admittitur (4).

§ 1769. Suspecti judicis exceptio ante litem contestatam regulariter opponi debet (5); cum dilatoria sit, nisi forte deinceps caussae emerserint, puta judex haeres institutus sit ab altero ex litigantibus (6), vel affinis uni factus sit; aut suspicionis caussa probabiliter ignorata prius fuerit, excusat facti alieni ignorantia, quae nec supina, nec crassa sit (7).

§ 1770. Si autem nova supervenerit suspicionis caussa, judex inferior, si Fabro credimus, recusari potest eo ipso die, quo sententia conscripta, atque subscripta est, licet jam tradita sit scribae, seu graphiario, ut pronuncietur, dummodo adhuc pronunciata non sit (8); quia sententia a sola pronunciatione vim accipit (9); adeoque ante pronunciationem adhuc retractari potest.

§ 1771. Aliud dicendum de senatore; quippe amplissimi ordinis veneratione constitutum est, ut, si acta litis inspicere coeperit Senatus; ab eo tempore nemo rejici possit ex numero judicantium, nisi forte magna aliqua, et improvisa, vel antea probabiliter ignorata emerserit caussa, quam aequissimum sit admitti (10).

§ 1772. Si tamen inferior judex tam sero propositas recusationis caussas (§ 1770) admittere noluerit, et bene ab eo judicatum appareat, non debet sententia ex eo solo per appellationem rescindi, nec inducitur litis appellatoriae sumptuum compensatio (11), quae induci solet, cum mutua est culpa, et mutua victoria; maxime quia aliquatenus imputari potest litiganti, cur non fuerit diligentior in rejiciendo judice suspecto (1), cum caussa recusationis litem contestatam praecessit. Apud nos cautum, ne caussae relator, judex major, aut inferior suspectus allegari post instructum processum possit, nisi suspicionis caussae posterius supervenerit (2).

(1) Fab. Cod. hoc tit. lib. 3, tit. 1, definit. 2, n. 3 et seqq.

(2) l. Si ex plagis 52 § in clivo 2 ff. *Ad leg. Aquil.* (9. 2).

(3) Fab. Cod. hoc tit. lib. 3. tit. 1, def. 13.

(4) *Reg. Constit.* lib. 2. tit. 13, § 3.

(5) l. *Apertissimi* 16 Cod. hoc tit.; cap. *inter monasterium* 20 extra Decret. Greg *De sententia, et re judicat.* (2. 27).

(6) l. *Julianus* 17 ff. hoc tit.; Ab-Eccles. part. 2, observat. 74, n. 11 et seqq.

(7) l. *In omni parte* 2; l. *Nec supina* 6 ff. *De jur. et fact. ignorant.* (22, 6); V. vol. III, lib. 4, § 969, pag. 365.

(8) Fab. Cod. *Ne quis in causs. sua judic.* lib. 3, tit. 4, def. 7 in princ.

(9) l. 1 et 2 Cod. *De sentent. ex pericul. recitand.* (7. 44).

(10) Fab. Cod. lib. 3, tit. 4. d. def. 7, n. 4.

(11) d. definit. 7, n. 5 et seqq.

(1) d. l. *Apertissimi* 16 Cod. hoc tit.

(2) *Reg. Constit.* lib. 4, tit. 10, § 1.

CAPUT IV.

De jurisdictione et foro competente.

Digest. lib. 2, tit. 1 *De jurisdict.*
Cod. lib. 3, tit. 13 *De jurisdictione omn. judic. et for. competente.*

SUMMARIUM

§ 1773 *et* 1774. *Jus dicere nemo potest, nisi necessariam jurisdictionem nactus sit, eamque modo a legibus praestituto exerceat.*

§ 1773. Cum non sufficiat, aliquem iis instructum esse qualitatibus, quas leges desiderant, ut judicandi munere fungatur, nisi necessariam a Principe sive mediate, sive immediate jurisdictionem legitimo modo adeptus sit; nec par in parem ullo gaudeat imperio (3), ordo postulat, ut de jurisdictione, ejusque acquirendae modis imprimis dicamus.

§ 1774. Quia autem nec sufficit generatim jurisdictione, seu judicandi facultate pollere; immo nec prodest jurisdictio in aliquem, nisi eo modo, et loco exerceatur, quem leges praescribunt, nec enim, puta, Senatui de caussis levioribus in prima instantia judicare permissum est; idcirco explicatis, quae ad jurisdictionem pertinent, de foro competente agendum nobis est. Duplici sectione totam rem hanc complectemur.

SECTIO I.

De jurisdictione.

SUMMARIA

§ 1775 *et* 1776. *Jurisdictio late sumpta est potestas publica de caussis judicandi, et judicati exequendi.* — § 1777. *Jurisdictio sine potestate judicati exequendi vix prodesse potest.* — § 1778. *Jurisdictio differt a notione tamquam genus a specie.* — § 1779. *Apud Romanos notionem simplicem habebant judices pedanei, potestate judicati exequendi concessa solis magistratibus, a quibus judices dabantur.* — § 1780. *Quae sint de jurisdictione ex-*

(3) l. *Nam magistratus* 4 ff. *De recept.* (4. 8).

plicanda? — § 1781. *Referuntur diversae jurisdictionis divisiones.* — § 1782 et 1783. *Quae sit jurisdictio voluntaria, aut contentiosa?* — § 1784. *Jurisdictio voluntaria et contentiosa in pluribus differunt.* — § 1785. *Quedam sunt partim ad voluntariam, partim ad contentiosam sub diverso respectu jurisdictionem pertinentia.* — § 1886. *Quae sit civilis, aut criminalis jurisdictio?* — § 1787 et 1788. *Imperium dividitur in merum et mixtum. Merum est potestas animadvertendi in facinorosos homines.* — § 1789. *Imperium mixtum est facultas judicati exequendi, modica coercitione adhibita.* — § 1790. *Jurisdictio et imperium hodie considerantur tamquam quid patrimoniale rei coherens. Quae sit jurisdictio alta, media et infima?* — § 1791. *Jurisdictio ordinaria est, vel extraordinaria.* — § 1792. *Quae sit jurisdictio propria, quae mandata, aut delegata?* — § 1793. *An magistratus jurisdictionem totam mandare possit?* — § 1794. *Mandare potest jurisdictionem, qui ordinariam habet, etiam privato* — § 1795. *Mandari ea tantum possunt, quae competunt jure magistratus, et proprio.* — § 1796 et 1797. *Delegatus a Principe jurisdictionem suam alteri mandare potest. Quare?* — § 1798. *Delegatus subdelegare potest, si hoc ei a mandante concessum fuerit.* — § 1799. *Jurisdictio delegata cessat morte mandantis, re adhuc integra.* — § 1800 et 1801. *Jurisdictio prorogata quae dicatur, et quae sint ejus conditiones?* — § 1802 et 1803. *Jurisdictio cujusvis judicis prorogari potest, non tamen delegata.* — § 1804 et 1805. *An jurisdictio judicis privilegiati ex voluntate litigantium prorogationem admittat?* — § 1806. *Jurisdictionis prorogatio consensum litigantium expressum, vel tacitum requirit.* — § 1807 et 1808. *Prorogatio per errorem facta nullius momenti est.* — § 1809. *In judicio non fit quasi contractus, si error intervenerit.* — § 1810. *Exceptiones dilatoriae post litem contestatam objici possunt, si justo errore ignoratae fuerint.* — § 1811. *Reus coram judice incompetente vocatus non censetur jurisdictionem prorogasse, nisi litem contestatus sit.* — § 1812. *Judicem agnoscere videtur reus, qui cautionem exigit, aut dilationem; vel exceptiones fori declinatorias allegat.* — § 1813. *Actorem, postquam reum coram judice incompetente vocavit, poenitere non potest, si lis jam contestata fuerit.* — § 1814 et 1815. *An poenitendi facultas competat, si lis nec dum contestata sit?* — § 1816. *A libelli mutatione argumentari non licet ad hanc addendi facultatem.* — § 1817. *Prorogatio jurisdictionis non fit per litis contestationem, judice cogente secutam.* — § 1818 et 1819. *Poenitere non potest, qui expresse renunciavit fori privilegio, si renunciatio rata sit.* — § 1820 et 1821. *Judicis, cujus jurisdictio prorogatur, consensus ad prorogationem non requiritur: nec illius, cujus jurisdictio per prorogationem declinatur.* — § 1822. *Jurisdictio prorogari potest quoad personas et quantitatem.* — § 1823 et 1824. *Prorogatio quoad locum fieri non potest, nec quoad tempus.* — § 1825. *Quid si judex extra ordinem a Principe datum jussus sit intra certum tempus litem dirimere?* — § 1826 et 1827. *Jurisdictionis prorogatio haeredes prorogantis tenet, non tamen fidejussores; nisi sponte in prorogationem consenserint.* — § 1828. *Prorogatio jurisdictionis viribus, si prorogantes extra territorium sint, nec in territorio bona habeant.* — § 1829. *Vim inferenti sub fiducia Magistratus alterius loci vi resisti potest.* — § 1830. *Territorium unius essb potest jurisdictio alterius.* — § 1831. *Quilus casibus magistratus extra territorium jurisdictionem exercere possit?* — § 1832. *Judex ultra quantitatem legibus definitam judicare non potest. An sententia vim habeat quoad legitimam quantitatem?* — § 1833. *Quantitas aestimatur ab eo, quod petitur, non quod vere debetur?* — § 1834. *An omnes simul summae inspiciendae sint, an separatim singulae?* — § 1835. *Quibus casibus jus sibi, et suis dicere judex possit?* — § 1836. *An par in parem, vel superiorem aliquando jurisdictionem exercere possit?* — § 1837. *Jurisdictio acquiritur concessione Principis.* — § 1838. *Jurisdictio maxime ex territorio probatur.* — § 1839. *Jurisdictio finitur, transacto tempore, ad quod concessa fuit.* — § 1840. *Jurisdictio ordinaria morte concedentis non expirat: utique delegata, si res integra sit.* — § 1841 et 1842. *Judice defuncto vicarius interim jus dicere potest, donec alius judex electus sit. Quid de revocatione?* — § 1843. *Album praetoris corrumpens qua poena mulctetur?* — § 1844. *Edicta publicis locis affixa rescindere non licet.* — § 1845 et 1846. *Quod quisque juris in alterum statuit, eodem ipso uti jubet praetor. An regula hec praxi hodiernae conveniat?*

§ 1775. Jurisdictio vel latiore sensu sumitur, vel strictiore. Latius accepta jurisdictio definiri, vel describi potest, *potestas publica de caussis judicandi, et judicati exequendi,* stricte vero sumpta jurisdictio nihil aliud est, Romano quidem jure inspecto, quam *potestas publica judicandi, et exequendi jure magistratus competens,* quae ideo non complectitur jurisdictionem nominatim a lege, a Senatu, vel a Principe datam (1); vel judicandi tantum de caussis civilibus, non criminalibus; atque opponitur mero imperio (2).

(1) l. *Muto* 6 § *tutoris* 2 ff. *De tutel.* (26, 1).
(2) l. *Imperium* 3 ff. hoc tit.

§ 1776. Cum hodierno fori usu apud plerasque gentes distingui non soleat potestas jure magistratus competens ab ea, quae nominatim data est a lege, Principe, vel Senatu, si perpetuo dari soleat; atque imperium aliquod jurisdictioni semper cohaereat; quae de jurisdictione dicenda sunt, ei potissimum conveniunt, quatenus lato sensu accipitur.

§ 1777. Imprimis dicitur potestas publica, idest data ab eo, qui reipublicae praeest; neque enim quisquam sibi jurisdicendi facultatem asserere potest; jurisdictio haec continet potestatem judicandi, et judicati exequendi; nisi enim judex sententiam suam exequi possit, vix prodest facultas judicandi: atque ideo recte scribit jureconsultus, illi, cui jurisdictio data est, ea quoque concessa videri, sine quibus jurisdictio explicari non potest (1), idest mixtum imperium (2), cujus ope contumaces ad obedientiam adducantur, atque exitum sortiantur decreta. Potestas haec ad caussas generatim pertinet, idest tum civiles, tum criminales, ampliore, vel remissiore jure, pro judicantium diversitate.

§ 1778. Jurisdictio a notione differt veluti genus a specie: nimirum notionis nomine tum simplex cognoscendi, et judicandi facultas, tum jurisdictio, seu potestas judicati exequendi continetur (3). Atque, sicuti adoptio generatim sub se continet adrogationem, et speciatim sumpta adrogationi opponitur (4); ita notio considerari potest tamquam genus cognoscendi, judicandi, et exequendi jus complectens; vel tamquam species, et quatenus opponitur jurisdictioni, exequendi judicati potestatem non habens, sed tantum cognoscendi, et judicandi (5).

§ 1779. Notionem simplicem penes Romanos habebant judices pedanei, judicati exequendi potestate solis concessa magistratibus, a quibus judices dabantur (6). An vero hoc jus usque ad ipsa Justiniani tempora obtinuerit, an ab ipso abrogatum sit, data singulis judicibus sententiae exequendae facultate, non consentiunt interpretes: quidam abrogatum a Justiniano negant; affirmant alii; atque colligunt tum ex novella ejusdem constitutione (7), tum ex inscriptione hujus tituli *de jurisdictione omnium judicium*. Sed in his ad utiliora properantibus immorari non vacat. Consulant antiquitatum Romanarum scriptores, qui his delectantur.

§ 1780. Hisce praelibatis investigandum: 1. Quotuplex sit jurisdictio: 2. In quos exerceatur: 3. Quibus modis jurisdictio acquiretur: 4. Quomodo probetur: 5. Quibus modis finiatur: 6. Quibus auxiliis firmetur.

§ 1781. Multiplex afferri solet ab interpretibus jurisdictionis divisio, videlicet tribuitur: 1. In voluntariam, et contentiosam: 2. In civilem, et criminalem: 3. In ordinariam, atque extraordinariam: 4. In propriam, et mandatam, seu demandatam, cui addi potest jurisdictio prorogata.

§ 1782. Jurisdictio voluntaria nominatur, quae ut plurimum exercetur inter volentes; quo pertinet adoptio, emancipatio, manumissio: ut plurimum dicimus; nam casus sunt, quibus impubes adoptatus emancipari juste desiderat, renuente licet patre adoptivo (1); non secus ac filius naturalis, cujus patri relictum sit legatum ea lege, ut filios suos emancipet (2).

§ 1783. Contentiosa jurisdictio ea est, quae plerumque exercetur inter invitos (4); plerumque etiam dicimus; nam et aliquando inter volentes exercetur, veluti in judiciis divisoriis familiae erciscundae, communi dividundo, et finium regundorum, unde fluit, jurisdictionem contentiosam esse, ex quo magistratus cogere potest refractarios, jus dicere, uno volente, altero licet invito.

§ 1784. Jurisdictio voluntaria, et contentiosa in pluribus differunt. Voluntaria jurisdictio quocumque in loco exerceri potest (5), et quocumque tempore, etiam feriato in honorem Dei (6); atque expediri a magistratu, licet provinciam suam nec dum ingressus sit (3); nec tantum in alios; sed et in se ipsum; puta apud se emancipari, vel in adoptionem dari (7): quae in jurisdictione contentiosa non permittuntur (8).

§ 1785. Quaedam tamen sunt, quae nec omnino ad voluntariam, nec ad contentiosam omnino jurisdictionem pertinent; sed sub diverso respectu partim ad unam, partim ad aliam referri possunt. Huc pertinent tutoris datio, impuberis adrogatio, decretum de rebus immobilibus pupillorum, aut minorum alienandis, vel probanda transactione super alimentis futuris testamento relictis, insinuatio donationum, et similia: quatenus adversarius in his non solet intervenire, et tempore feriato expediri possunt (9), voluntariae jurisdictionis sunt: quatenus vero non semper obtinetur, quod petitur, et aliquando contradictorem habent, vel pleraque in propria caussa magistratus expedire non potest, ad contentiosam pertinere videntur: proprie tamen, atque ex na-

(1) l. *Cui jurisdictio* 2 ff. hoc tit.
(2) l. *Imperium* 3 ff. hoc tit.
(3) l. *Notionem* 99 ff. *De verb. signif.* (50, 16).
(4) § 1 Instit. *De adoption.* (1, 11).
(5) l. *A Divo Pio* 15 ff. *De re judicat.* (42, 1).
(6) d. l. 15 ff. *De re judic.* (42, 1); l. ult. Cod. *Ubi, et apud quem cognit. in integr. restit.* (2, 47).
(7) Novell. 82, cap. 1 et seqq.

(1) l. *Non nunquam* 32 ff. *De adoptionib.* (1. 7).
(2) l. *Si cui legatum* 92 ff. *De condict. et demonstrat.* (35, 1).
(3) l. *Omnes* 2 ff. *De offic proconsul.* (1, 16).
(4) § penult. Instit. *De libertin.* (1, 5).
(5) l. *Actus omnes* 8 Cod. *De feriis* (3, 12).
(6) l. 1 et seq. ff. *De offic. proconsul.* (1. 16).
(7) l. 1 et 2 ff *De offic. praetor.* (1, 14).
(8) d. l. 1 et 2 ff *De offic. proconsul.*; d. l. 8 Cod. *De fer.*; l. *Qui jurisdictioni* 10 ff. hoc tit.
(9) l. *Eadem oratione* 2 ff. *De feriis* (1, 12).

tura sua inter actus voluntariae jurisdictionis recenseri debent.

§ 1786. Civilis jurisdictio ea est, quae versatur circa caussas civiles, criminalis, quae circa criminales. Criminalis jurisdictio plerumque meri imperii appellatione designatur, plenissime tamen sumpta jurisdictio criminalem, atque ideo merum imperium sub se continet (1).

§ 1787. Ut haec plenius percipiantur, quae in Romanis legibus de imperio scitu digniora traduntur, summatim tradere praestat. Imperium dividunt jureconsulti in merum, et mixtum. Merum imperium est potestas animadvertendi in facinorosos homines, idest tum ultimo naturali supplicio damnandi (2), quo sensu a praestantiore jure Ulpianus dixit, *merum est imperium habere gladii potestatem ad animadvertendum in facinorosos homines* (3), tum morte civili, aliisque poenis etiam pecuniariis pro delicti qualitate (4).

§ 1788. Merum imperium aliqui dictum putant quasi nudum, simplex a jurisdictione omnino disjunctum: sed minus apte; nec enim magistratus recte potest animadvertere in homines facinorosos, nisi prius caussae cognitionem adhibeat, eaque adhibita definiat, qua nocens poena coercendus sit. Quare rectius sentiunt, qui *merum* pro *summo* dictum putant; quia in eo praecipuum quoddam potestatis jus eluceat.

§ 1789. Imperium mixtum est facultas judicati exequendi, modica, seu levi coercitione adhibita; quippe imperium mixtum a jurisdictione separatum non est, sed illi cohaeret, et subservit (5); inutilis est jurisdictio, quae omni careat imperio (§ 1777). Ad mixtum imperium civili jurisdictioni conjunctum pertinent pignorum capio (6), mulctae indictio (7), manu militari facienda ablatio (8), ad carcerem condemnatio (9).

§ 1790. Moribus plerarumque gentium, notat post alios plures Voetius (10), jurisdictio. et imperium considerantur tamquam quid patrimoniale, quod rei, castro, et territorio cohaeret, et una cum re principali ad universales, ac singulares successores vassallorum transfertur (11). Atque alicubi, puta apud Hollandos, et Gallos, di-

(1) l. *Si in aliam* 7 § ult. et duab. legib. sequentib. ff. *De offic. proconsul.* (1, 16).

(2) l. *Capitalium* 28 princ. et § 1 ff. *De poenis* (48, 19).

(3) l. *Imperium* 3 ff. hoc tit.

(4) argum. l. 1 ff. *De offic. ejus, cui mandat. est juridict.* (1, 21); junct. l. *Relegati* 4 ff. *De interdict. et relegat.* (48, 22).

(5) d. l. *Imperium* 3 ff. hoc tit.

(6) l. *Sacrilegii* 9 § ult. ff. *Ad leg. Juliam. peculat.* (48, 13); § penult. Instit. *De satisdat. tutor.* (1, 24)

(7) l. penult. § 1 ff. *Si quis in jus vocat. non ierit* (2, 5).

(8) l. *Qui restituere* 68 ff *De rei vindicat.* (6, 1).

(9) l. 1 Cod. *Qui bon. ceder. possint* (7, 71).

(10) Voet in ff. hoc tit. n. 45.

(11) V. *Reg. Constit.* lib. 2, tit. 5, § 1 et seqq; ubi vassallis judicis electio permittitur, et judicum potestas explicatur.

viditur jurisdictio in altam, mediam, et infimam, seu bassam. Alta jus gladii habet, media poenas graviores, ultimo supplicio excepto, infima leviores tantummodo coercitiones. Sed haec a legibus, et usibus singulorum populorum pendent; nec uni, certae, et generali regulae subsunt.

§ 1791. Ordinaria jurisdictio ea est, quae competit jure magistratus, seu jure proprio, et vi officii; prout a majoribus constitutum, et receptum est (1). Extraordinaria, quae non vi officii, sed speciali lege, aut Principis sanctione concessa est (2). Ad postremam leges Romanae referunt tutoris dandi potestatem, quae idcirco jurisdictionis non esse dicitur (3), idest ejus, quae proprio jure competit; probandi transactionem de alimentis futuris testamento relictis (4), vel alienationem rerum pupillarium (5).

§ 1792. Propriam jurisdictionem appellamus eam, quam quis habet suo nomine, et jure, non alieno beneficio (6); quin intersit, an jure magistratus, et vi officii, prout primitus institutum a majoribus est, eadem competat; an speciali legis, aut Principis beneficio. Mandata, seu demandata, aut delegata ea est, quam quis exercet nomine alterius magistratus: adeoque nihil proprium habere censetur, qui mandata jurisdictione utitur, sed omnia gerit alterius jure, cujus personam repraesentat (7). Si tota jurisdictio demandetur, strictius *mandata* jurisdictio appellatur, *delegata* vero, si pars tantum, aut jurisdictionis species.

§ 1793. Igitur magistratus totam jurisdictionem mandare potest, jure quidem Romano, vel partem, aut speciem jurisdictionis (8); ut enim supra diximus (§ 1746), usu fori apud Sabaudos recepto, Senatus partem tantum jurisdictionis suae, et quidem ratione litis instruendae, non decidendae senatori mandare potes (9): quod tamen exceptionem habet in plerisque casibus, in quibus delegatio senatui speciatim permittitur, puta in caussis concursus creditorum, si ita suadeat creditorum indemnitas (10).

§ 1794. Qui jurisdictionem ordinariam habet, eam cuique mandari sinunt Romanae leges, sive alteri magistratui, sive privato, dummodo idoneus sit (11): excepto fortassis proconsule, quem alteri, quam legato suo jurisdictionem mandare

(1) l. 1 ff. *De offic. ejus, cui mandat. est jurisdict.* (1, 21).

(2) argum. l. *Si in aliam* 7 § ult. ff. *De offic. procons.* (1, 16); l. *More majorum* 5 ff. hoc tit.

(3) l. *Muto* 6 § *tutoris* 2 ff. *De tutel* (26, 2).

(4) l. *Cum hi* 8 ff. *De transact.* (2, 15).

(5) l. 1 ff. *De reb. eor.* (27, 9); junct. l. *Mandata* 2 § 1 ff. *De offic. ejus etc.* (1, 21).

(6) l. *More majorum* 5 ff. hoc tit.

(7) l. *Et quia* 6; l. *Solet praetor* 16 ff. hoc tit.

(8) d. l. *Solet praetor* 16 et seq. ff. hoc tit.

(9) V. Fab. Cod. *De judic.* lib. 3, tit. 1, def. 32, n. 5 et in not.

(10) *Reg. Constit.* lib 3, tit. 33, § 41 et 42.

(11) l. *Etsi praetor* 3 et l. ult. ff. *De offic. ejus etc.* (1, 21).

non potuisse innuit Ulpianus (1), ne legatus injuria affici videretur.

§ 1795. Sed mandari ea tantum possunt, quae competunt jure Magistratus, et proprio: non quae extra ordinem speciali lege, aut Principis sanctione data sint (2); nisi ex singulari ratione aliud concessum sit; puta favore pupillorum permissum fuit, ut cognitio suspecti tutoris alteri mandetur (3); nec non cognitio custodiarum, ut innocentes liberentur (4).

§ 1796. Hinc sequitur, nec mandari posse jurisdictionem, quam quis ab altero mandatam habet (5); cum haec non vi officii, prout requiritur (§ praeced.), sed alieno beneficio habeatur (§ 1792). Excipitur delegatus a Principe, cui nempe Princeps jurisdictionem mandavit sine singularis tituli, seu Magistratus collatione, cui talis jurisdictio cohaeret: huic delegatio permittitur, tum in civilibus, tum in criminalibus (6); non tamen totam, si Fabro assentimur, sed quoad unum articulum, et quidem ratione litis ordinandae, non decidendae (§ 1791); quia personae industria speciatim electa praesumatur (7). Sed praeciso singulari usu fori a juris Romani sanctione recedendum non est.

§ 1797. Ideo autem mandandi jurisdictionem facultas data est illis, quibus a Principe mandata est, quia, cum ab ipso omnis jurisdictionis fonte eam consecuti sint, proprio jure eam habere censentur (8): atque in his quoque illud singulare receptum fuit, ut ad ipsos mandantes appellari possit a mandatariis (9); cum regulariter ad eos appellandum sit, qui supra mandantes sunt (10).

§ 1798. Fieri quoque potest, ut mandata a Magistratu jurisdictio rursus mandari possit, si nempe delegans subdelegandi facultatem delegato, seu mandatario concesserit (11); prout concedere posse videtur; cum ea omnia mandari possint, quae jure Magistratus competunt (12): potestatem autem mandandi jurisdictionem Magistratus jure proprio habent (13); praeterquam subdelegatus non a subdelegante, sed a primo mandante, solo subdelegatis ministerio, habere intelligitur.

§ 1799. Mandatam jurisdictionem lex non dat, prout ex dictis patet, sed tantum confirmat (1): adeoque alieno beneficio haberi intelligitur; ita ut, mortuo mandante, antequam delegatus rem gerere coeperit, cesset hujus jurisdictio (2), quemadmodum in caeteris mandati caussis observatur (3). Sed de hac re inferius dicemus suo loco.

§ 1800. Postremo jurisdictio prorogata ea est, quae libero litigantium consensu defertur alicui jurisdictione jam gaudenti, sed non in personas litigantium (4); licet enim privati jurisdictionem dare nequeant illis, qui nulli praesunt judicio (5), prorogare tamen jurisdictionem lege Julia judiciorum permissum fuit (6): atque ita lex jurisdictionem hanc confirmat, sicuti delegatam (§ praeced.).

§ 1801. De hoc acquirendae, seu amplandae, jurisdictionis modo sex sunt expendenda. 1. Quarum personarum jurisdictio prorogari possit. 2. An quaelibet jurisdictio prorogationi subsit. 3. Quarum consensus ad prorogationem requiratur. 4. Quibus modis haec prorogatio fiat. 5. Quibus noceat, seu quos teneat jurisdictionis prorogatio. 6. Quibus casibus prorogatio jurisdictionis effectu destituatur.

§ 1802. Prorogari potest jurisdictio tum majorum, tum minorum magistratuum, et judicum, ait enim Ulpianus, *cujusvis judicis, qui tribunali praeest, vel aliam jurisdictionem habet*, prorogari posse ex litigantium consensu jurisdictionem (7): immo plures defendunt, delegatam ipsam jurisdictionem, si modo universa mandata fuerit, prorogationi subesse; tum ob generalia legum verba; tum quia mandantis potius, cujus vices delegatus gerit (§ 1782), quam mandatarii prorogata jurisdictio intelligitur (8).

§ 1803. Contraria aliis sententia magis placet, videlicet jurisdictionem delegatam prorogari non posse, prout jure canonico sancitum est (9); sane, cum neque delegatus Principis totam jurisdictionem rursus mandare possit (§ 1796), plerique vero fateantur, prorogationem admittendam non esse, nisi cum tota jurisdictio mandata est (10); quia mandatum jurisdictionis simplicis mandati naturam habeat, et conditiones sequitur (11); in simplici autem mandato ejus li-

(1) l. *Observare* 4 § ult. ff. *De offic. proconsul.* (1, 16).
(2) l. *More majorum* 5 ff. hoc tit.; l. 1 et ult. ff. *De offic. ejus etc.* (1, 21).
(3) l. *Cognitio* 4 ff. *De offic. ejus etc.*; l. 1 § *an autem* 4 ff. *De suspect. tutoribus* (26, 10).
(4) l. *Solent* 6 ff. *De offic. procur.* (1, 16).
(5) d. l. *More majorum* 5 ff. hoc tit.; l. ultim. ff. *De offic. ejus etc.* (1, 21).
(6) l. *A judice* 5 Cod. *De judic.* (3, 1); l. unic. Cod. *Qui pro sua jurisdiction.* (3, 4); Fab. Cod. *De judic.* lib. 3, tit. 1, def. 32 in princ.
(7) Fab. d. def. 32 in fin. et in not.
(8) argum. l. 1 § *a praefectis* 4 ff. *De legat.* 3. (32, 1).
(9) d. l. unic. Cod. *Qui pro sua jurisdict. etc.* (3, 4).
(10) l. 1 § ult. ff. *Quis et a quo appellat.* (49, 3).
(11) Voet in ff. hoc tit. n. 12 in fin.
(12) l. 1 ff. *De offic. ejus, cui mandat. est jurisdict.* (1, 21).
(13) l. *More majorum* 5 ff. hoc tit.

(1) l. *Et quia* 6 ff. hoc tit.
(2) d. l. 6 ff. hoc tit.
(3) § *item, si* 10 Instit. *De mandat.* (3, 27).
(4) l. 1 ff. *De judic.* (5, 1); l. 1 Cod. hoc tit.
(5) l. *Privatorum* 3 Cod. hoc tit.
(6) l. *Consensisse* 2 § 1 ff. *De judic.*
(7) l. 1 ff. *De judic.* (5, 1). V. l. *De qua re* 74 ff. eod. tit.; l. *Inter convenientes* 28 ff. *Ad municipal.* (50, 1); Fab. Cod. hoc tit. lib. 3, tit. 12, def. 46; ubi de prorogandа jurisdictione castellanorum, nisi judex praevenerit.
(8) Voet in ff. hoc tit. n. 16.
(9) cap. *per litteras* 40 extra Decret. Greg. *De offic. et potestat. judic. delegat.* (1, 29).
(10) Voet in ff. hoc tit. d. n. 16 in fin.; argum. l. *Solemus* 61 § 1 ff. *De judic.* (5, 1), ubi latrunculatoris nomine significatur is, cui specialiter demandatum est, ut de latronibus judicet.
(11) l. *Et quia* 6 ff. hoc tit.

nes diligenter custodiendi sunt (1), vix est, ut prorogatio hujusce jurisdictionis admitti possit.

§ 1804. Neque prorogari potest jurisdictio judicis privilegiati, seu qui dirimendis caussis certarum personarum, puta militum, clericorum, et similium praefectus est; atque ideo pagani, aut laici judici militari, aut ecclesiastico se subjicere nequeunt (2): alioquin privilegium certarum personarum, vel caussarum intuitu concessum in jus commune ex litigantium prorogare volentium arbitrio verteretur; quod a legum mente alienum est; ne judicibus ordinariis in suo territorio competens auctoritas nimium minuatur, et jurisdictiones distinctae confundantur (3).

§ 1805. Neque nocet, milites posse renunciare fori suo privilegio (4); etenim regressus ad jus commune favore praecipuo dignus est. Plane clericus, cum nec expresso consensu judici saeculari ex juris canonici praescripto se subjicere possit (5), licet id patiantur Romanae leges (6), neque potest illius jurisdictionem prorogare (7).

§ 1806. Ut jurisdictionis prorogatio fiat, leges requirunt consensum litigantium (8); consensisse autem judicantur, si sponte adierint judicem, cui sciunt se non esse subjectos (9), sive ambo simul ierint, sive reus coram judice non competente vocatus ab actore, fori praescriptionem non objecerit; cum taciti, ac expressi consensus eadem sit vis (10). Sufficit autem consensus in prorogationem generalibus verbis conceptus, quin specialis requiratur (11).

§ 1807. Si per errorem judici minime competenti se subjecerint litigantes, atque litem nec dum contestati sint, fatentur omnes, errore detecto, posse resilire (12); cum nihil tam contrarium sit consensui, quam error (13): sed si litem, quamvis ex errore, contestati sint, quidam putant valere prorogationem (14); quia lex consensum suppleat, quatenus fingit in judicio quasi contrahi (15).

§ 1808. Verum aliis magis placet, prorogatam non censeri jurisdictionem per litis contestationem errore factam: atque probant unico quidem argumento, sed firmissimo; nimirum

(1) § *is, qui* 8 Instit. *De mandat.* (3, 27).
(2) l. *In criminali* 5 § 1 Cod. hoc tit.; l. Cod. *Si a non competent. judic.* (7, 48); Voet in ff. hoc tit. n. 17.
(3) Fab. Cod. hoc tit. lib. 3, tit. 12, def. 4, n. 1 et 2.
(4) l. penult. Cod. *De pact.* (2, 3).
(5) cap. *si diligenti* 12; cap. *significasti* 18 extra Decret. Greg. *De foro competent.* (2, 2).
(6) d. l. penult. Cod *De pact.*
(7) Fab. Cod. hoc tit lib. 3, tit. 12, def. 4, 8 et 10.
(8) l. 1 ff. *De judic.* (5, 1).
(9) l *Consensisse* 2 ff. eod. tit.
(10) l. *Cum quid mutuum* 3 ff. *De reb. credit.* (12, 1).
(11) l. penult. Cod. *De pact* (2, 3).
(12) d. l. *Consensisse* 2 ff. *De judic.* (5, 1)
(13) l *Nihil consensui* 116 ff. *De reg. jur.* (50, 17).
(14) Voet in ff. hoc tit. n. 18.
(15) l. *Licet tamen* 3 § *idem scribit* 11 ff. *De pecul.* (15, 1).

inquiunt, error consensum excludit (1); quem tamen expressum, vel saltem tacitum jura ad prorogationem requirunt (2).

§ 1809. Parum vero movent, quae contra sentientes objiciunt. Quod enim imprimis ajunt, in judiciis quasi contrahi (§ 1807), errore sposito id verum est; sed nulla lex afferri potest, quae contractum hunc tacitum, seu quasi contractum inducat, cum litigantes in errore versantur: proinde perperam allegant, consensum a lege suppleri, cum lex liberum litigantium consensum desideret (§ praeced.).

§ 1810. Apud omnes quoque constat, exceptiones dilatorias, qualis est fori non competentis, ante litem contestatam objiciendas esse (3); sed regula haec ex ipsomet Voetio, qui de jurisdictione agens a nobis dissentit (4), alibi fallit, *si antea justo errore exceptiones ignoratae fuerint* (5). Eadem responsio congruit rescripto Constantini jubentis, ut *nemo post litem contestatam ordinariae sedis declinet examen* (6); utique si lis per errorem contestata non fuerit; praeterquamquod Constantinus loquitur de *ordinaria sede,* seu foro competente.

§ 1811. Si actor, et reus simul judicem competentem sponte adierint, jurisdictionem illius prorogasse videntur, quamvis litem nondum contestati sint; quippe judicio coram ipso sistentes eidem se subjiciunt, ex quo prorogatio jurisdictionis nascitur (7). Quod si actor reum coram judice incompetente vocaverit, non censetur reus jurisdictionem prorogasse, nisi litem contestatus sit, atque ita in judicio cum adversario quasi contraxerit (8); *non videtur,* scite Modestinus, *in judicem consensisse, qui edi sibi genus apud eundem judicem desiderat actionis* (9); qui enim genus actionis sibi edi postulat, id unum agit, ut cognoscat, an cedere adversario, an contendere debeat (10); nec actus ultra agentium intentionem trahi debent (11).

§ 1812. Sed judicem agnoscere videtur reus, qui cautionem ab actore exigat, aut petat dilationem ad respondendum; vel alias exceptiones fori declinatorias, puta suspecti judicis, alleget (12); his enim factis judicis imperio, cujus auctoritate cautio praestanda est, a quo concedenda dilatio,

(1) d. l. *Nihil consensui* 116 ff. *De reg. jur.*
(2) l. 1 et 2 ff. *De judic.* (5, 1); l. *Inter convenientes* 28 ff. *Ad municipal.* (50, 1).
(3) l. *Apertissimi* 16 Cod. *De judic.* (3, 1); l. penult. et ult. Cod. *De exceptionib.* (8, 36).
(4) Voet in ff. hoc tit. d. n. 18.
(5) Voet in ff. *De exceptionib.* lib. 44, tit. 1, n. 6 fere in princ.
(6) l. *Nemo* 4 Cod. hoc tit.
(7) l. 1 ff *De judic.* (5, 1).
(8) l. *Licet tamen* 3 § *idem scribit* 11 ff. *De pecul.* (15, 1).
(9) l. *Non videtur* 33 ff. *De judic.* (5, 1).
(10) l. 1 ff. *De edendo* (2, 13).
(11) l *Non omnis* 19 ff. *De rebus cred.* (12, 1).
(12) Voel in ff. hoc tit. n. 22.

exceptio dilatoria probanda, se subjicit; ex quo prorogatio jurisdictionis inducitur (1).

§ 1813. Dicta haec sunt de reo ad judicem non suum vocato. Acriter certant interpretes, utrum actor, postquam reum coram judice non competente vocavit, puta militem coram judice pagano, mutato consilio, possit eum coram judice militari vocare. Fatentur sane omnes, facultatem hanc actori denegari, si lis jam contestata sit; quia, cum in judicio, ut modo diximus, quasi contrahatur (§ 1811), eadem autem sit vis quasi contractuum, ac contractuum (2), palam est, invito reo, qui litem contestando actori annuit quoad judicem, non posse actorem ad aliud judicem declinare.

§ 1814. Difficultas ergo est de eo casu, quo actor reum in jus vocaverit, sed reus nondum judicio steterit. Quidam poenitendi facultatem actori concedunt, denegant alii: juris regulis magis consentanea videtur sententia eorum, qui putant, actorem in hoc casu cogi posse, ut litem coram eo judice prosequatur, alioquin an perpetuum silentium damnetur (3): etenim in jus vocatio initium judicii est (4), quod quidem sponte fecit actor coram eo judice, adeoque finem facere tenetur; cum ex trita juris regula judicium ibi finem accipere debeat, ubi habuit initium (5).

§ 1815. His adde, reo competere jus actorem reconveniendi apud eundem judicem (6); quo quidem jure statim ab initio uti debet, nisi malit forum tamquam incompetens declinare (7): facta autem potestate actori poenitendi, reconventionis jus reo quaesitum tolleretur. Ut praeteream, ita quoque suadere aequalitatem inter litigantes servandam: cum ergo reus, postquam in jus vocatus est, forum declinare non possit, licet postea alteri judici subesse coeperit, puta ratione militiae, vel mutati domicilii (8), nec actori licere debet, semel facta in jus vocatione, reum ad aliud tribunal trahere.

§ 1816. Facile solvuntur, quae in contrariae sententiae praesidium afferri solent. Ajunt nempe, libellum mutari posse invito reo (§ 1676), atque licuisse ex jure Pandectarum actori post reum in jus vocatum a lite recedere, ita ut caussa imposterum ex integro tractanda esset (9). Sed ex his ad mutationem fori, utpote ad rem diversam, argumentari non licet (1): facilius permittenda fuit emendatio, et mutatio libelli; quia in hoc facilis error est (d. § 1676): jus vero antiquum Pandectarum de deserta litis instantia, utpote minus aequitati consentaneum, abrogavit Justinianus decernens, ut lis, si reus in jus vocatus velit, actore post litem contestatam absente, ac vocato absolvatur (2).

§ 1817. Plane apud omnes in confesso est, nullam fieri jurisdictionis prorogationem ex litis contestatione, si haec non sponte, sed ex judicis coactione secuta sit, deficiente consensu ad prorogationem necessario (3). Coactus autem censetur, qui non obstante appellatione, tamquam contumax a judice condemnatur: consensus per metum a judice incussum interpositi rationem haberi non sinit aequitas; ne injuriae praecedant, unde jura proficisci debent.

§ 1818. Quemadmodum prorogatio jurisdictionis ex tacito consensu, seu facto actoris reum in jus coram judice vocantis poenitentiam non admittit (§ 1814); ita, et quidem potiori ratione, poenitere non potest, qui expressa conventione spopondit, se fori privilegio non usurum (4), nisi privilegium non singulis personis directe, et primario concessum sit, sed universitati, vel collegio (§ 1902 et seqq.).

§ 1819. Neque huic sententiae contrarius est Affricanus ajens, *si convenerit, ut alius praetor, quam cujus jurisdictio est, jus diceret, et prius quam adiretur, mutata voluntas fuerit, procul dubio nemo compelletur ejusmodi conventioni stare* (5); ut enim praeteream diversas, quae hujus responsi afferuntur parum congruae interpretationes, jureconsultus commode et apte intelligi potest de mutata voluntate actoris: scilicet cum prorogatio jurisdictionis fiat favore actoris, ut is possit reum coram judice etiam non competente convenire, atque ita electionem habeat, quamdiu hic nondum aditus est, potest actor juri sibi per conventionem quaesito renunciare (6), et reum coram judice ex jure communi competente vocare.

§ 1820. Litigantium consensus, prout ex hactenus dictis abunde patet, ad prorogandam jurisdictionem necessarius est; non autem judicis, cujus jurisdictio prorogatur (7); cum judices publico fungantur munere, visum non est exquirere eorum consensum, ut jurisdictionem, quam lex confirmat, exercere teneantur: quare valet prorogatio, licet judex eandem ignoret, atque suam putaverit esse jurisdictionem (8)

(1) d. l. 1 ff. *De judic.* (5, 1).
(2) princ. et § 1 Instit. *De obligat. quae quas. ex contract. nascunt.* (3, 28).
(3) l. ult. § ult. Cod. *De in jus vocand.* (2, 2); quae lex a Cujacio restituta fuit.
(4) § ult. Instit. *De poen. temer. litigant.* (4, 16).
(5) l. *Ubi acceptum* 30 ff. *De judic.* (5, 1).
(6) l. *Qui non cogitur* 22 ff. *De judic.* (5, 1); l. *Cum Papinianus* 14 Cod. *De sentent. et interlocut. etc.* (7, 45).
(7) Novell. 46, cap. ult. § 1.
(8) l. *Si quis* 7 ff. *De judic.*
(9) l. *Et post edictum* 73 § 1 et 2 ff. *De judic.* (5, 1).

(1) l. *Papinianus* 20 ff. *De minorib.* (4, 4).
(2) Novell. 112, cap. *omnem* 3 § ult.
(3) l. 1 et 2 ff. *De judic.* (5, 1).
(4) l. penult. Cod. *De pact.* (2, 3).
(5) l. *Si convenerit* 18 ff. hoc tit.
(6) l. penult. Cod. *De pact.* (2, 3).
(7) l. *Consensisse* 2 § 1 ff. *De judic.* (5, 1).
(8) d. l. 2 § 1 in fin.

§ 1821. Neque opus est consensu judicis, cujus jurisdictio per prorogationem declinatur, cum leges solum ubique litigantium consensum commemorent (1): atque judex, qui unius caussae emolumentum amittit, alterius per prorogationem sui favore factam consequi potest. Exceptio admittenda est, si fori jus primario in magistratus favorem inductum sit (2); puta si de feudis agatur, aut controversiis mercatorum de rebus ad negotiationem pertinentibus; publice constituta Principis auctoritate cujusque magistratus singularis jurisdictio privatorum voluntate turbari non debet (3).

§ 1822. Sequitur disquisitio de modis, quibus jurisdictio prorogari potest. Jurisdictio ex quadruplici capite limitatur, nimirum loco, tempore, personis et caussis: quare investigandum est, an omnibus hisce modis prorogari possit. Personas per prorogationem subjici jurisdictioni ejus, cujus forum declinare potuissent, sive ex jure communi, sive ex privilegio, apertissime in jure cautum est (4). Idem est de quantitate, videlicet ut judex ex consensu litigantium ultra quantitatem legibus definitam judicare possit (5); nisi forte litium cito expediendarum gratia minoris quantitatis definitio alicui demandata sit, gravioris momenti caussis judici superiori reservatis. An in criminalibus caussis vigeat prorogationis jurisdictio, explicabimus in titulo de foro competente.

§ 1823. Prorogatio quoad locum non videtur fieri posse; ita ut magistratus unius loci ex consensu litigantium jus dicat in territorio alterius judicis; tum quia magistratus extra suum territorium privati loco habetur (6); tum quia injuria fieret magistratui loci per hanc prorogationem; atque publice interest, ne territoria confundantur.

§ 1824. Cum jurisdictio prorogari non possit, nisi ejus, qui jurisdictionem habet (7), ut per se patet; magistratus autem, finito post tempus constitutum officio suo, privatus vere sit (8), sponte fluit, nec jurisdictionis prorogationem quoad tempus admittendam esse.

§ 1825. Si tamen judex extra ordinem a Principe petitus, et datus fuerit, isque jussus intra certum tempus litem dirimere, ex consensu litigantium tempus prorogari potest: nisi aliter Princeps decreverit (1): singularibus juribus gaudent judices a Principe dati (§ 1796), ob delegantis majestatem (§ 1797). Sed jus hoc ad caeteros judices, vel magistratus extendi non debet (2); cum Ulpianus tantum agat de judice a Principe dato, prout probat mentio *jussionis principalis* (3).

§ 1826. Jurisdictionis prorogatio non prorogantes tantum, sed et illorum haeredes adstringere videtur; cum haeredes tum in jura (4), tum in onera defuncti succedant (5); atque in dubio quisque praesumitur haeredibus quoque suis pacisci (6): praeterquamquod in jure cautum est, ut haeres ibi conveniatur et defendatur, sibi defunctus conveniri, et defendi debuisset (7).

§ 1827. Sed fidejussori non nocet debitoris pactum instrumento obligationis adjectum de prorogandа jurisdictione, nisi et ipse in prorogationem consenserit (8); etenim fidejussor debitoris forum non sequitur, licet caverit de reo sistendo (9): atque illius obligatio utpote stricti juris, ultra expressos conventionis terminos non extenditur (10).

§ 1828. Effectu destituitur jurisdictionis prorogatio, si prorogantes neque in territorio sint, neque ibi bona habeant capienda ad firmandam jurisdictionem (11); cum enim jus dicenti extra territorium impune non pareatur (12), inutilis est collata jurisdictio, quam judex tueri nulla ratione potest.

§ 1829. Exercetur jurisdictio, ut modo diximus, in eos, qui vel ratione personae, vel ratione bonorum in territorio existentium subjiciuntur magistratui, non in caeteros (13). Ex quo plures inferunt, vi resisti apparitori alterius territorii vim inferenti sub fiducia magistratus alterius loci (14); cum is privati loco sit (§ 1823); vim autem a privato illatam vi repellere licet (15).

§ 1830 Quamvis autem territorium a terrendo dictum sit, quatenus magistratus ejus loci intra eos fines terrendi jus habet (16), non tamen continuo verum est, ait Faber, ejus esse territorium, cujus est jurisdictio, aut contra (17); cum possit unius esse territorium, et jurisdictio altrerius: in dubio tamen jurisdictionem territo-

(1) d. l. 1 et 2 princ. et § 1 ff. *De judic.* (5, 1); l. *Inter convenientes* 28 ff. *Ad municipal.* (50, 1).
(2) V. Voet in ff. hoc tit. n. 1 post alios plures.
(3) argum. l. *Quod dictum* 32; l. *Jus publicum* 38 ff. *De pact.* (2 14).
(4) l. 1 et 2 ff. *De judic.* (5, 1); l. penult. Cod. *De pact.* (2, 3).
(5) l. *De qua* 74 § 1 ff. *De judic.* (5, 1); l. *Inter convenientes* 28 ff. *Ad municipal.* (50, 1); Fab. Cod. hoc tit. lib. 3, tit. 12, def. 46 junct. in not.
(6) l. ult. ff. *De offic. praefecti urbis* (1, 12); l. *Praeses* 3 ff. *De offic. praesid.* (1, 17)
(7) l. *Privatorum* 3 Cod. hoc tit.
(8) l. *Eum, qui* 13 ff. hoc tit.

(1) l. *Consensisse* 2 § *si et judex* 2 ff. *judic.* (5, 1).
(2) l. *Quod vero* 14 et seqq. ff. *De legib.* (1, 3)..
(3) in d. l. 2 § 2 ff. *De judic.*
(4) l. *Haeredem* 59; l. *Haereditas* 62 ff. *De reg. jur.* (50, 17).
(5) l. ult. ff. *Si famil. furt. fecis. dicat.* (47, 6).
(6) l. *Si pactum* 9 ff. *De probat.* (22, 3).
(7) l. *Haeres absens* 19 ff. *De judic.* (5, 1).
(8) argum. l. 1 et 2 ff. *De judic.* (5, 1).
(9) l. 1 ff. *Si quis in jus vocat. non ierit* (2, 5).
(10) V. vol. II. lib. 3, pag 1148, § 2095 et seqq.
(11) Voet in ff. hoc tit. n. 32.
(12) l. ult. ff. hoc tit.
(13) d. l. ult. ff. hoc tit.
(14) Voet in ff. hoc tit. n. 46.
(15) l. *Ut vim* 3 ff. *De justit. et jur* (1, 1).
(16) l. *Pupillus* 239 § *territorium* 8 ff. *De verbor. significat.* (50, 16).
(17) Fab. Cod. hoc tit. lib. 3, tit. 12, def. 28.

rio cohaerere praesumitur, donec contrarium probetur: ex quo traditur extra territorium jus dicentis imperium impune contemni (1).

§ 1831. Casus quoque sunt, in quibus magistratus in suo territorio rogatus cognoscere potest et definire odio illius, qui extra territorium est, favore nimirum libertatis (2). Jurisdictionem quoque voluntariam extra territorium exerceri posse in subditos, supra monuimus (§ 1784).

§ 1832. Neque sufficit jurisdictionem exercere in territorio; sed simul cavendum judici, ne supra quantitatem lege, aut moribus definitam jus dicat; ultra quantitatem hanc judex pro privato habetur (3). Quod si judex sententiam tulerit supra eam quantitatem, nullius momenti videtur sententia, etiam pro quantitate legitima, quia sententia individua est, ita ut non possit res ex uno judicio definita pro parte valere, pro parte non valere (4); nisi forte diversa contineat capita invicem disjuncta, quorum aliqua judicis potestatem non excedant (5).

§ 1833. Cum quaeritur, an quantitas judicis potestatem excedat, nec ne, non quantum debetur inspiciendum traditur, sed quantum petitur (6): quod debetur, ante sententiam judicis adhuc incertum est: proinde ex eo regula desumi nequit.

§ 1834. Neque omnes simul summae, quae petuntur, inspici debent, sed separatim singulae, si plures diversis actionibus in judicio deducuntur (7). Aliud dicendum, si plures quantitates ex eadem caussa debitae petantur, veluti usurae plurium annorum ejusdem sortis, vel si plures sint ejusdem litis consortes, sive actores, sive rei, atque de una simul re, aut quantitate litigent: aut agatur judiciis duplicibus familiae erciscundae, vel communi dividundo (8); quia tota res simul in judicium deducitur, licet quisque partem suam tantum persequatur.

§ 1835. Neminem posse sibi, aut suis jus dicere, supra monuimus (§ 1756), nisi consentiat adversarius (§ 1757): voluntaria quoque jurisdictione magistratus recte sibi, et suis jus dicit (§ 1784). Atque praetor de eo cognoscit, ac judicat, an sua sit jurisdictio, nec ne (9); tum an debeat a judicando, tamquam suspectus abstinere (§ 1739 et seqq.).

§ 1836. Neque par in parem et multo minus in superiorem jurisdictione uti potest (10); ita ut jurisdictio solvatur, si alter paris, aut superioris imperii esse coeperit (1): nisi tamen sponte consentiat aequalis, aut superior (2); aut judex superior litem habeat, aut deliquerit in territorio inferioris (3).

§ 1837. Acquiritur jurisdictio concessione Principis, qui omnis jurisdictionis fons est (4): atque ideo magistratus omnes a Principe nominari solent; nec non judices inferiores, praeterquam in locis, quibus vassallo datum est, ut judices eligere possint (5). Quae autem servandae sint regulae, si plures sint vassalli ejusdem loci, fuse et perspicue apud nos definitum est (6): atque insuper cautum, ne vassali jurisdictionem alteri mandent in odium jurisdictionis ordinariae judicum ab ipsis electorum, nisi judex ipse, ejusque vicarius legitime recusatus fuerit (7). Privilegio quoque, pacto et praescriptione acquiri posse videtur jurisdictio (8).

§ 1838. Probatur jurisdictio diversis modis, per actus plures, qui sine jurisdictione fieri non possunt, per exactionem tributorum, seu gabellarum et similia (9): praecipue vero ex territorio; cum jurisdictio ad eum pertinere judicetur, cujus est territorium, nisi contrarium edoceatur (§ 1828).

§ 1839. Diversis quoque modis finitur jurisdictio: nimirum transacto tempore, ad quod concessa fuit (10): non tamen licet ulli judici ante tempus praefinitum sine Principis licentia se abdicare (11); interest enim, ne loca sine rectore sint (12). Triennio apud nos concluditur judicis officium in eodem loco, nisi post secundum annum judex electus officium casu aliquo deserat (13).

§ 1840. Morte ejus, qui jurisdictionem concessit, non extinguitur ordinaria jurisdictio (14); non enim ab homine, sed a lege, judices eam habere censentur, semel ac electi sunt: vel a Principe, cujus auctoritas in successore durat: sed extinguitur juridisctio delegata morte concedentis, re adhuc integra (15), idest si nondum coeptum sit judicium; coeptum autem intelligitur per solam in jus vocationem (16), quae judicii initium est (17).

(1) d. l. ult. ff. hoc tit.
(2) l. *Non tantum* 51 § *sed Aticulejano* 7 ff. *De fideicommiss. libertat.* (40, 5).
(3) argum. eorum, quae diximus supra § 1820.
(4) l. *In hoc judicio* 27 ff. *Famil. Erciscund.* (10, 2).
(5) argum. l. *Quaedam mulier* 41 ff. eod. tit.; l. *Etiamsi patre* 29 § 1 ff. *De min.* (4, 4).
(6) l. penult. ff. hoc tit
(7) l. *Si idem* 11 ff. hoc tit.
(8) d. l. 11 § ult.
(9) l. *Si quis ex aliena* 5 ff. *De judic.* (5, 1); l. *Ex quacumque* 2 ff. *Si quis in jus vocat. non ierit.* (2, 5).
(10) l. *Nam magistratus* 4 ff. *De recept.* (4, 8); l. *Ille, a quo* 13 § penult. ff. *Ad Senatusc. Trebellian.* (36, 1).

(1) l. *Judicium* 58 ff. *De judic.* (5, 1).
(2) d. l. 13 § ult. ff. *Ad Senatusc. Trebellian.*
(3) Voet in ff. hoc tit. n. 52.
(4) l. 1 in princ. ff. *De Constitut. Princip.* (1, 4).
(5) *Reg. Constit.* lib. 2, tit. 5, § 1.
(6) Ibid. § 19, 20, 21 et 22.
(7) Ibid. § 35.
(8) Osasc. decis. 29, n. 7. V. vol. I, lib. 2, § 8122 et 1823, pag. 779.
(9) V. Mascard. *De probationib.* conclus. 948.
(10) l. *Eum, qui* 13 § 1 ff. hoc tit.
(11) l. penult. ff. *De offic. praesid.* (1, 18).
(12) l. *Meminisse* 10 ff. *De offic. proconsul.* (1, 16).
(13) *Reg. Constit.* lib. 2, tit. 5, § 16 et 17.
(14) l. *Venditor* 49 § 1 ff. *De judic.* (5, 1).
(15) l. *Et quia* 6 ff. hoc tit.
(16) cap. *gratum* 20 extra Decr. Greg. *De offic. et potestat. judic. delegat.* (1, 29).
(17) § ult. Instit. *De poena temere litig.* (4, 16).

§ 1841. Judicis morte jurisdictionem extingui exemplo mandati (1), apud omnes constat; electa censetur personae industria: vicarius tamen judicis interim ejus vices gerit, donec alius a Principe vel jus nominandi habente eligatur (2): publice interest aliquem esse, per quem jus reddatur, et facinorosi homines in officio contineantur (§ 1837).

§ 1842. Revocatione quoque cessare potest jurisdictio non tantum mandata (3), dum adhuc res integra est, exemplo mandati (4), cui aequiparatur (5), sed et ordinaria: sed revocatio haec a Principe tantum fieri potest (6), non a vassallis, qui leges judicibus latas servare tenentur (7).

§ 1843. Non unum edictum proposuerunt praetores Romanae gentis, quo jurisdictionem suam tuerentur. Primum est de albo corrupto, quo poena pecuniaria statuitur adversus eos, qui album (idest tabulam dealbatam, qua praetoris edicta scribi consueverant) dolo malo corruperit per se, vel per alium (8), aut tulerit (9). Hodiernis moribus poena arbitraria puniri solent, qui magistratuum, aut judicum edicta publicis locis affixa tollunt; apud nos decem aureis mulctantur (10).

§ 1844. Ad haec magistratus, et judices jurisdictionem suam tuentur poena in contumaces constituta, atque ideo supra diximus (§ 1777), mixtum imperium jurisdictioni cohaerere; cum sine eo jurisdictio explicari non possit (11).

§ 1845. Post titulum de jurisdictione in Pandectis proponitur titulus, *Quod quisque juris in alterum statuerit, ut ipse eodem utatur* (12): quo nempe cavetur, ut quilibet uti teneatur eo novo jure, quod ipse tulerit, vel ferri curaverit (13): quod maximam habet aequitatem; *quis enim aspernabitur*, scite Ulpianus, *idem jus sibi dici*, quod ipse aliis dixit, vel dici effecit (14).

§ 1846. Quamquam vero hodiernis moribus nec judex jus novum dicere possit, nec litigantes obtinere, idcirco huic edicto plene locus fieri nequeat, non dubium tamen quominus aequitas et hodie suadeat, ut quisque eo jure utatur, quod vel in aliqua caussa tulit, vel ferri curavit; cum regula sit juris naturalis, neminem petere debere id, cujus contrarium in alio casu postulavit (1). Post haec de judice, cui litigantes se subjicere tenentur, seu de foro competente dicendum est.

(1) § *item, si* 10 Instit. *De mandat.* (3, 27).
(2) V. *Reg. Constit.* lib. 2, tit. 4, § 4 et tit. 5, § 17, 23, 24, 26, 30 et 31.
(3) l. *Judicium* 58 ff. *De judic.* (5, 1).
(4) § *recte quoque* 9 Instit. *De mandat.* (3, 27).
(5) l. *Et quia* 6 ff. hoc tit.
(6) l. *Diem facto* 4 ff. *De offic. adsessor.* (1, 22).
(7) V. *Reg. Constit.* lib. 2, tit. 5, § 16, 17 et 35.
(8) l. *Si quis id* 7 princ. et § seq. ff. hoc tit.
(9) d. l. 7 § ult.
(10) *Reg. Constit.* lib. 2, tit. 17, § 7.
(11) l. *Cui jurisdictio* 2 ff. hoc tit.
(12) *Digestor.* lib. 2, tit. 2.
(13) l. 1 § 1 ff. eod. tit.
(14) d. l. 1 in princ.

SECTIO II.

De foro competente.

Digest. lib. 5, tit. 1 *De judiciis, et ubi quisque agere, vel conveniri debeat.*
Codic. lib. 3, tit. 13 *De jurisdict. omn. judic. et for. competente.*

SUMMARIA

§ 1847. *Forum competens est locus, quo instituenda.* — § 1848. *Actor sequitur forum rei.* — § 1849. *Quid si reus duplex forum habeat?* — § 1850. *Reus coram judice non competente vocatus venire debet jura sua allegaturus.* — § 1851. *Forum declinare non potest, qui post coeptum judicium alteri judici subditus factus est.* — § 1852. *Quibus modis reus forum sortiatur?*

§ 1847. Judex de caussa cognoscere non potest, nisi competens sit, idest jurisdictionem habeat necessariam, ut cognoscat, et definiat; alioquin privati jure censetur. Forum ergo est locus, seu tribunal, quo lis instituenda est, atque promiscue sumuntur forum competens; et locus, ubi quisque agere, vel conveniri debeat, prout patet ex inscriptione hujus tituli Pandectarum, et Codicis.

§ 1848. In hoc porro argumento generaliter constitutum, ut actor forum rei sequatur (2), ita ut juris ordinem converti dicatur ab eo, qui postulet, ut reus actoris forum sequi debeat (3). Quare actor, antequam in jus reum vocet, diligenter investigare debet, ubi reus conveniendus sit, ne ad minimum sumptus interim factos amittat: immo actor juris sui amissione ex rescripto Imperatorum mulctatur, reus vero pro condemnato habetur, si caussam criminalem, vel civilem ad forum incompetens traxerint dolo malo (4): quae tamen poena mitiori hodierni fori praxi vix congruit. An recte, judicent alii.

§ 1849. Quod si reus duplex habeat forum, puta negotiationis, et militiae, in arbitrio actoris est, quo in loco eum convenire velit (5): ex quo colligunt interpretes, jurisdictionem certis collegiis, vel judicibus datam cumulative, non privative concessam intelligi, ita ut praeventioni locus sit (6). Decretum pro confirmatione subhastatio-

(1) l. penult. Cod. *De solutionibus* (8, 43).
(2) cap. *cum sit generale* 8 extra Decret. Greg. *De foro competente* (2, 2)
(3) l. *Juris ordinem* 2 Cod. hoc tit.
(4) l. *In criminali* 4 § 1 Cod. hoc tit.
(5) l. ult. Cod. hoc tit.
(6) Brunneman. in Cod. ad d. l. ult. n. 5.

num interponi posse a judice, qui sententiam tulit, vel a judice loci, olim placuit (1).

§ 1850. Non tamen reus propria auctoritate potest se a judicis, coram quo vocatus fuit, jurisdictione eximere; sed vocatus venire debet, jura sua allegaturus; utque judicis est definire, an sua sit jurisdictio, nec ne (2); nisi palam constet, vocatum vocantis jurisdictioni non subesse, ut alibi diximus (3); quippequo casu locum habet juris regula, jus dicenti extra territorium impune non pareri (4).

§ 1851. Forum rei competens exigimus (§ 1848), sed sufficit ab initio tale esse: nec obest, quod, lite coepta, seu reo in jus vocato, alterius fori fiat, puta quia militiae nomen dederit, aut alio domicilium transtulerit (5); praeventione occupatus forum declinare non potest; atque Romanis jure merito placuit, judicii finem ibi esse debere, ubi initium sumpsit (6).

§ 1852. Pluribus autem, et diversis modis, seu caussis, quis furum sortitur: videlicet ratione. 1. Originis. 2. Domicilii. 3. Contractus. 4. Destinatae solutionis. 5. Rei sitae. 6. Administrationis. 7. Prorogationis. 8. Reconventionis. 9. Continentiae, ut ajunt, caussae. 10. Delicti. 11. Privilegii personalis. 12. Privilegii caussae. 13. et postremo ex caussa, ut, ajunt evocationi. De his breviter, sed accurate agendum.

ARTICULUS I.

De foro competente ratione originis, et domicilii.

SUMMARIA

§ 1853 *et* 1854. *Originis ratione forum competens apud Romanos reus sortiebatur.* — § 1855. *An moribus idem obtineat?* — § 1856 *et* 1857. *Domicilium est locus, in quo quis res suas omnes constituit: nec sufficit sola habitatio.* — § 1858. *Domicilium in duobus locis quis habere potest.* — § 1859. *Domicilium aliud est voluntarium, aliud necessarium.* — § 1860 *et* 1861. *Domicilium peregrini in loco litis eligere aliquando tenentur.* — § 1862. *Domicilium proprium, vel minus proprium quale dicatur?* — § 1863. *Uxor sequitur forum mariti. Quid de famulis?* — § 1864. *Domicilium in loco originis quis habere in dubio praesumitur.* — § 1865 *et* 1866. *Domicilium propria voluntate unusquisque mutat.* — § 1867. *Filius conceptus post migrationem patris non sequitur ejus originem.* — § 1868 *et* 1869. *Filiifamilias proprium domicilium habere possunt: in dubio tamen paternum habere praesumuntur.* — § 1870. *Quid si maritus domicilium mutaverit?* — § 1871 *et* 1872. *Haeres non sortitur forum defuncti, sed proprium retinet domicilium et forum.* — § 1873. *Quid si is, qui primum egerat tamquam maritus, deinceps haeres instituatur ab uxore?*

§ 1853. Romanis placuit, unumquemque conveniri posse non in eo tantum loco, in quo moratur, sed et in eo, unde originem duxit (1). Hic autem non spectatur origo, ut ajunt, accidentalis, sed naturalis, idest desumitur origo ab eo loco, ex quo parentes oriuntur, vel in quo morantur (2), non in quo mater, forte cum in peregrinatione esset, peperit. Porro filius ex justis nuptiis natus patris originem sequitur, vulgo quaesitus matris (3).

§ 1854. Fictione juris manumissus eo in loco natus intelligitur, in quo patronos originarius est (4): nec non adoptivus in loco patris adoptantis, ita ut duplicem originem, adoptione secuta, quamdiu ea durat, habere censeatur (5). Immo Romani communem originis locum omnibus civibus constituerunt: *Roma*, ait Modestinus, *communis nostra patria est* (6): adeoque omnes ibi conveniri poterant, nisi jus revocandi domum habuissent, veluti legati, qui tutelam administraverant, et testimonii caussa evocati (7).

§ 1855. Sed in hac re ulterius non immoramur, cum moribus plerarumque gentium forum competens ratione originis non sortiatur reus, nisi ibi inveniatur, excepto crimine laesae majestatis (8). Quare progredimur ad forum, quod ratione domicilii unusquisque sortitur, et ubique gentium servatur.

§ 1856. Domicilium, quod libera voluntate ut plurimum constituitur, et mutatur, cum tamen origo ex necessitate a natura, et nativitate sit, Alpheno est locus, *in quo quisque sedes, et tabulas habet, suarumque rerum constitutionem fecit* (9); seu, ut ajunt Imperatores, *ubi quis larem, rerumque, ac fortunarum suarum summam constituit: unde rursus non sit discessurus, si nihil avocet: unde cum profectus est, peregrinari videtur: quod si rediit, peregrinari jam destitit* (10).

(1) Ab-Eccles. observ. 143, n. 13 †.

(2) l. *Consensisse* 2 § *sed si dubitetur* 6; l. *Si quis ex aliena* 5 ff. hoc tit.

(3) V. Fab. Cod. hoc tit. lib. 3, tit. 12, def. 3 et 4. V. vol. III, lib. 4, § 464. pag. 287.

(4) l. ult. ff. *De jurisdict.* (2, 1); Fab. Cod. hoc tit. lib. 3, tit. 12, def. 12; ubi de laico vocato coram judice ecclesiastico ob rem, quae non est fori ecclesiastici, aut vicissim.

(5) l. *Si quis* 7 ff. hoc tit; l. *Juris ordinem* 2 Cod. hoc tit.

(6) l. *Ubi acceptum* 30 ff. hoc tit.

(1) l. *Incola* 29 ff. *Ad municipal.* (50, 1).

(2) l. *Filios* 3 Cod. *De municipib. et originar.* (10, 38).

(3) d. l. 1 § ult. ff. *Ad municipal.*

(4) l. 1, l. *Adsumptio* 6 § ult. ff. *Ad municipal.* (50, 1).

(5) d. l. 1, l. *Ordine* 15 et l. seq. ff. eod. tit.

(6) l. *Roma* 33 ff. eod. tit.

(7) l. *Consensisse* 2 § *legatis* 3 et seq. ff. hoc tit.

(8) Voet in ff. hoc tit. n. 91 in fin. post alios quamplores.

(9) l. *In lege censoria* 203 ff. *De verb. signif.* (50, 16).

(10) l. *Cives* 7 Cod. *De incol. et ubi qui etc.* (10, 39)

§ 1857. Hinc patet, domicilium solo animo non constitui, sed re, et facto opus esse (1): quod Ulpianus eleganter his verbis exponit: *si quis negotia sua non in colonia, sed in municipio semper agit; in illo vendit, emit, contrahit, eo in foro, balneo, spectaculis utitur: ibi festos dies celebrat: omnibus denique municipii commodis, nullis coloniarum, fruitur; ubi magis habere domicilium, quam ubi colendi caussa diversatur* (2). Proinde ex sola habitatione sine animo ibi perpetuo commorandi domicilium non contrahitur (3): nec ex eo, quod tabernam quis, horreum, aut officinam in aliquo loco negotiationis caussa conduxerit, aut constituerit (4), vel alterius negotii caussa (5). Hinc senatores domicilii jus in municipio, unde originem trahunt, retinere traditur (6).

§ 1858. Nihil autem prohibet, quominus aliquis duobus in locis domicilium habeat (7); si nempe in utroque loco ita se instruxerit, ut acque res suas ibi fixisse videatur (8). Quo casu aliquibus placet, electionem actori tribuendam esse, utro in loco reum conveniat (9); sed alii, qui rectius sentire videntur, eo in loco conveniendum putant reum, in quo moratur tempore in jus vocationis (10).

§ 1859. Domicilium interpretes dividunt in voluntarium, et necessarium: voluntarium unusquisque arbitrio suo sibi constituit: necessarium est illud, quod quis habet ex necessitate officii, vel in criminis poenam: ex necessitate officii domicilium habent senatores extra patriam in supremum ordinem cooptati, quamquam et simul voluntarium retinent (11): milites in loco, ubi merent (12), relegati, ubi manere coguntur (13); utrique tamen pristinum domicilium retinent, si velint, idest animum revertendi habeant.

§ 1860. Non omnino voluntarium, nec omnino necessarium est domicilium, quod peregrini in loco litis eligere tenentur, adversario id desiderante, ut denunciationes, ac citationes excipiant, licet declinatoriam fori exceptionem objicere velint (14); cum exceptio haec caussae cognitionem e judice adhibendam requirat (15).

§ 1861. Electio haec domicilii semel facta durat, donec sententia executioni demandata fuerit; cum sententiae executio totius litis scopus, ac finis sit (1): nec non ad appellationem ab alterutro ex litigantibus interpositam; nisi peregrinus malit aliud judicium eligere, quoties extra priorem locum agitur appellationis caussa. Immo domicilii electio haeredes eligentis, lite adhuc pendente fato functi, tenere videtur quoad citationes, et denunciationes (2); ut judicium ibi finem habeat, ubi sumpsit initium (3).

§ 1862. Dividi quoque potest domicilium in proprium, et minus proprium. Proprium, seu perpetuum illud est, quod quisque sibi constituit animo inde non discedendi, nisi justa superveniat caussa, ut supra definivimus (§ 1856). Minus proprium, quod et *temporale* appellari potest, est illud, in quo deficit animus perpetuo commorandi, sed ad tempus tantum: prout contingit in domicilio litis caussa electo (§ 1860); aut studiorum, qui ideo ad oppositionem veri, et proprii domicilii in loco studiorum domicilium non habere dicuntur, *nisi decem annis transactis eo loco sedes sibi constituerint* (4). Constituto vero, et proprio domicilio statim incola quis fit (5), et legibus loci inde subjectus (6): non tamen statim civis (7), nisi per decem annos ibi commoratus sit (8).

§ 1863. Uxor forum mariti sequitur, ut supra diximus (§ 1618), cujus domicilium habere censetur (9): atque etiam solutis nuptiis, quamdiu ad alias nuptias non transiit (10), nisi sponte ipsa, marito viduata, aliud domicilium elegerit. Sponsa suum retinet domicilium (11): nec non quae matrimonio minus legitimo juncta est (12). Famuli, et ancillae idem ac dominus domicilium habere videntur (13).

§ 1864. Si dubitetur, quo in loco quis domicilium habeat, ad conjecturas, et praesumptiones confugiendum est. Inter has primum locum tenet origo; quisque enim praesumitur, domicilium continuasse in loco, ubi natus est; mutatio domicilii, utpote res facti, ab allegante probanda est (14).

§ 1865. Domicilium, quod propria voluntate constituitur (§ 1859), propria quoque voluntate

(1) l. *Domicilium* 20 ff. *Ad municip.* (50, 1).
(2) l. *Ejus, qui* 27 § 1 ff. eod. tit.
(3) l. *Lex Cornelia* 5 § *si tamen* 5 ff. *De injur.* (47, 10).
(4) l. *Haeres* 19 § *proinde* 2 ff. hoc tit.
(5) l. *Consensisse* 2 § *legatis* 3 ff. hoc tit.
(6) l. penult. ff. *De senatorib.* (1, 9).
(7) l. *Labeo* 5 ff. *Ad municip.* (50, 1).
(8) l. *Adsumptio* 6 § penult. ff. eod. tit.
(9) argum. l. *Arbitraria* 2 § *Scaevola* 3 ff. *De eo, quod certo loco* (13, 4).
(10) Pechius *De jur. sistend*, cap. 39, n. 4.
(11) l. penult. ff. *De senator.* (1, 9).
(12) l. *Municeps* 23 § 1 ff *Ad municipal.* (50, 1).
(13) l. *Filii* 22 § *relegatus* 3 ff. eod. tit.
(14) V. Voet in ff. hoc tit. n. 93 in med. post alios.
(15) l. penult. ff. *Si quis in jus vocat. etc.* (2, 5).

(1) l. 1 ff. *De re judicat.* (42, 1).
(2) Voet d. n. 93 in fin. ff. hoc tit.
(3) l. *Ubi acceptum* 30 ff. hoc tit.
(4) l. *Nec ipsi* 2 Cod. *De incol.* (10, 39).
(5) l. *Pupillus* 239 § *incola* 2 ff. *De verbor. significat.* (50, 16).
(6) l. *Incola* 29 ff. *Ad municipal.* (50, 1).
(7) d. l. 29; ubi ponit jureconsultus, incolam adhuc civem esse eius loci, unde discessit.
(8) argum. d. l. 2 Cod. *De incol.*; V. vol. I, lib. 1, pag. 104. § 481 et seq.
(9) l. *Exigere* 65 ff. hoc tit.; Fab. Cod. eod. tit. lib. 3, tit. 1, def. 5 in princ.
(10) l. *Filii* 22 § 1 ff. *Ad municipal.* (50, 1).
(11) l. *Ea, quae* 32 ff. eod. tit.
(12) l. penult. § ult. ff. eod. tit.
(13) argum. l. *Adsumptio* 6 ff. eod. tit.; auth. *habita quidem.* post l. ult. Cod. *Ne filius pro patre* (4, 13).
(14) l. *Ab ea parte* 5; l. *Quoties operae* 18 ff. *De probat.* (22, 3).

unusquisque mutat (1), ita ut imposterum desinat subjici jurisdictioni ejus loci, et immunis fiat ab oneribus personalibus (2), non tamen potest forum declinare, in quo praeventus fuit (3).

§ 1866. Romanis quidem placuit, muneribus utriusque loci, et jurisdictioni utriusque magistratus subjici originarium, qui domicilium alio transtulit (4): verum, praeterquamquod aliud in praxi ubique fere servatur (5), nec apud Romanos id cautum fuit de illis, qui ratione tantum domicilii muneribus, et jurisdictioni subsunt, si illud alio transferant (6): atque ideo domicilii ratio temporaria vocatur a Papiniano (7).

§ 1867. Non dubium sane, quominus is, qui domicilium mutat, prioris domicilii jura ac privilegia amittat, sicut onera declinat: filius autem conceptus post migrationem patris, paternam priorem originem amplius non sequitur (8). Nec in dubio praesumitur mutatio domicilii (§ 1864). Atque Princeps, justis suadentibus caussis, prohibere potest, ne quis domicilium alio, praesertim in exteras regiones, transferat (9).

§ 1868. Non tantum patres, sed et filiifamilias, saltem aetate majores, domicilium sua voluntate sibi mutare possunt, licet pater illud non mutaverit (10). Originem quidem patris sequitur filius (§ 1853), non necessario domicilium (11). Sed, cum praesumptio regulariter suadeat, idem esse filii, ac patris domicilium, filius quoque domicilium mutasse censetur, si pater alio transtulerit, nisi aliud appareat.

§ 1869. Haec autem praesumptio (§ praeced.) fortior est in filio aetate minore, quippequi propria quidem sponte non magis domicilium mutare posse videtur, quam contrahendo se obligare, sed patris, aut matris, patre defuncto, sub cujus tutela, vel educatione sit, domicilium sequi videtur; nisi mater domicilium mutaverit in fraudem consanguineorum, successionis spem ex lege prioris domicilii habentium (12): quod tamen a diversis personarum, et rerum adjunctis pendet: atque difficilius admittenda fraudis praesumptio, si filius pupillarem aetatem excesserit; ita ut testamento condito possit de rebus suis pro arbitrio disponere.

§ 1870. Cum uxor domicilium habet mariti (§ 1863), eo per maritum immutato, uxoris quoque respectu immutatum intelligitur (13): atque in hoc generatim consentiunt omnes. Acriter plures certant, an valeat pactum dotale, quo virum inter, et uxorem convenerit, ne maritus alio migret, an pro irrito haberi debeat: sed alibi quaestionem hanc fuse expendimus (1).

§ 1871. Haeres, cum in jura, vel onera defuncti personalia non succedat (2); neque ex domicilio defuncti forum sortitur, sed proprium retinet domicilium, et forum (3). Quod autem ait Ulpianus, haeredem ibi defendendum esse, ubi defunctus defendi debuit (4), intelligi debet de eo casu, quo judicium cum defuncto jam coeptum sit, cum ibi finem accipere debeat judicium ex juris regula, ubi initium habuit (5); nisi haeres fori privilegio gaudeat (6), vel de loco contractus; ita ut sensus sit, haeredem ibi conveniendum ad solutionem, ubi contraxit defunctus, vel ad solvendum se obligavit, si tamen haeres ibi inveniatur, nec ullo speciali privilegio gaudeat (7).

§ 1872. Hinc supra diximus (§ 1618), nuptam filiam in domicilio mariti conveniendam esse, licet conveniatur ex paterno contractu, atque sit in loco, ubi pater domicilium habuit, nisi lis jam coepta sit cum defuncto. Si tamen bona aliqua haereditaria sint in loco, in quo defunctus domicilium habuit, pignoris jure ea capi possunt, et creditores mitti in eorum possessionem ex primo decreto, non ex secundo, executione haeredi nota facta (8).

§ 1873. Sane si is, qui primum egerat tamquam maritus puta pro dote, cujus ille dominus est (9), postea ab uxore haeres instituatur, eandem instantiam prosequi potest, quin novam instruere cogatur (10); quia sola actionis qualitas, non actio immutata est, cum semper agatur rei vindicatione: adeoque nihil impedit, quominus judicium coeptum finem accipiat.

ARTICULUS II.

De foro competente ratione contractus, destinatae solutionis, rei sitae, administrationis et prorogationis.

SUMMARIA

§ 1874. *Fori privilegium allegare non potest reus conventus in loco contractus, si ibi inveniatur:* — § 1875 *et* 1876. *Contractus, qui re, verbis, aut litteris constant, censentur absoluti, ubi haec gesta sunt.* Quid si solo

(1) l. *Nihil est* 31 ff. *Ad municip.* (50, 1).
(2) argum. *Si in patria* 5 Cod. *De incol.* (10, 39).
(3) l. *Si quis* 7 ff. hoc tit.
(4) l. *Incola* 29 ff. *Ad municipal.* (50, 1).
(5) Gayl. lib. 2, observ. 36, n. 3 et 10.
(6) l. 1 Cod. *De incol.* (10, 39).
(7) l. *Libertus* 17 § *patri* 11 ff. *Ad municipal.*
(8) Gayl. d. lib. 2, observ. 36, n. 1 ad 7.
(9) V. *Reg. Constit.* d. lib. 4, tit. 34, cap. 16, § 1, 2, 3 et 4.
(10) l. *Placet* 3 et seq. ff. *Ad municipal.* (50, 1).
(11) l. *Adsumptio* 6 § 1; l. *Libertus* 17 § *patris* 11 ff. eod. tit.
(12) Voet in ff. hoc tit. n. 100.
(13) l. *Exigere* 65 ff. hoc tit.

(1) V. vol. I, lib. 1, pag. 169, § 904 et seqq.
(2) l. *In omnibus* 68 ff. *De reg. jur.* (50, 17).
(3) Fab. Cod. hoc tit. lib. 3, tit. 1, def. 4 in princ.
(4) l. *Haeres absens* 19 ff. hoc tit.
(5) l. *Ubi acceptum* 30; junct. l. *Si is, qui Romae* 34 ff. hoc tit.; Fab. d. def. 4 in med.
(6) Ibid. def. 12.
(7) d. l. 19 ff. hoc tit; Fab. Cod. hoc tit. d. def. 12.
(8) Fab. Cod. hoc tit. lib. 3, tit. 1, def. 5 in med.
(9) l. *Doce* 9 Cod. *De rei vindicat.* (3, 32).
(10) Fab. Cod. hoc tit. lib. 3, tit. 1, def. 16.

consensu perficiantur? — § 1877. *Quid si consensus contractui in uno loco datus fuerit, in alio autem celebrata scriptura?* — § 1878. *Locus judicii spectatur in iis, quae respiciunt illius ordinationem, contractus servatur in illis, quae ad litis decisionem pertinent.* — § 1879 et 1880. *Forum competens sortitur reus ex loco destinatae solutionis: potest tamen in loco domicilii conveniri.* — § 1881. *Actio arbitraria ad id, quod interest, competit creditori adversus debitorem, qui statuto loco non solvat.* — § 1882. *Fidejussor actione hac conveniri non potest.* — § 1883. *Quid si locus solutionis adjectus fuerit favore debitoris?* — § 1884. *Solutionem alio in loco accipere non cogitur creditor, nisi simul praestetur id quod interest.* — § 1885. *Si duo loca alternatim solutioni statuta fuerint, electio ante moram debitoris est, post moram creditoris.* — § 1886. *Quid si locorum et rerum promissio facta fuerit?* — § 1887. *Quid si debitor creditori suo in solutum delegaverit debitorem aequalis quantitatis certo loco et tempore solvendae?* — § 1888. *Actio ex stipulatu ad id quod interest, competit adversus debitorem, qui factum certo loco spoponderit.* — § 1889 et 1890. *Quid si tempus solutioni adjectum fuerit, et locus simul* — § 1891 et 1892. *Forum competens reus sortitur ratione rei site: quamvis ibi possessor non inveniatur.* — § 1893 et 1894. *Fori electio rei sitae, vel domicilii competere videtur actori, si quaestio sit ne rebus mobilibus.* — § 1895. *Res mobiles certam sedem a domino distinctam habere non judicantur.* — § 1896. *Judex domicilii jubere non potest exhiberi rem mobilem in alio territorio positam.* — § 1897 et 1898. *Quid de rebus immobilibus extra petitionem haereditatis?* — § 1889. *Administrationis gestae caussa reus forum sortitur.*

§ 1874. Contractus caussa forum sortitur reus in eo loco, quo contractus celebratus, et absolutus fuit (1); quia tacite convenisse videtur, ut ibidem reus solvat, ubi se ad solvendum obligavit (2), ita ut nec fori privilegium allegare possit reus in eo loco repertus (3). Sed hoc verum est, si modo reus ibi conveniatur, vel bona habeat judicis auctoritate capienda (4); alioquin facile esset debitoris ignorantiam circumvenire, et absentem inauditum condemnare.

§ 1875. Difficultas est, quo in loco absolutus videri debeat contractus, quod ex diversa contractuum indole aestimandum est. Contractus, qui

(1) l. *Haeres absens* 19 § penult. et ult.; l. *Argentarium* 45 ff. hoc tit.

(2) l. *Omnem obligationem* 20 ff. hoc tit.

(3) Fab. Cod. hoc tit. lib. 3, tit. 12, definit. 27.

(4) d. l. 19 princ. et § 1 ff. hoc tit.; Fab. Cod. *Ubi conveniat., qui certo loco dar. promis.* lib. 3, tit. 15, def. 4 in princ.

re, verbis, aut litteris constant, ibi censentur absoluti, ubi res tradita fuit, interposita stipulatio, litterae, seu scripturae de voluntate contrahentium confectae; prout fert notissima horum contractuum natura (1).

§ 1876. Eadem regula servanda est pro contractibus, qui solo consensu perficiantur, quin rei traditio, verba, aut scripturae requirantur (2), veluti emptio (3), si inter praesentes celebrentur: si autem inter absentes, puta per litteras, ex eo tempore perfectus intelligitur contractus, quo absens litteras probavit, seu acceptavit (4), ex hoc enim tempore, utriusque contrahentis voluntate conjuncta, exterius utique manifestata, nihil desiderari potest ad implementum contractus.

§ 1877. Sed quid, si consensus in uno loco contractui datus fuerit, scriptura vero ex placito contrahentium in alio confecta? Distinguendum est, utrum ad faciliorem probationem tantummodo contractus scriptis demandatus sit, an ad solemnitatem, seu an contrahentes in scriptis omnino contrahere voluerint. In primo casu locus interpositi consensus inspiciendus est, quia contractus omnino perfectus est, antequam scriptura, quae solius probationis caussa adhibetur, exarata fuerit (5). In altero autem, cum scriptura ad substantiam contractus pertineat, nec, nisi ea confecta, absolutus intelligatur (6), ex scripturae loco forum competens dimetimur.

§ 1878. Si quaeretur, an in judiciis exercendis judicii locus spectandus sit, an contractus, distinguit Faber, utrum agatur de re, quae ad judicii ordinationem pertinet, an de ea, quae ad litis decisionem: priore casu attenditur locus judicii, posteriore contractus (7): judicii locum spectamus in ordinatione processus; loci leges, ubi res agitur, generatim attendi debent (8); quia incongruum omnino esset a judice unius loci exigere, ut processum instruat secundum leges alterius loci, quas probabiliter ignorat: in decisione autem litis contractus leges servandas diximus ex tacita contrahentium voluntate (9).

§ 1879. Cum unusquisque ibi contraxisse intelligatur, ubi se ad solvendum obligavit (10), sponte sequitur, ex loco destinatae solutionis forum competens nasci (11). Si ergo convenerit inter contrahentes, ut Romae solutio fiat, debitor

(1) Prout explicat Justinianus Instit. lib. 3, tit. 15, 16 et 22.

(2) De quibus agit Justinianus in Instit. lib. 3, tit. 23.

(3) princ. Instit. *De emption. et vendit.* (3, 24).

(4) argum. l. *Sed et socius* 17 § 1 ff. *Pro socio* (17, 2); l. *Si cum filiofamilias* 2 § penult. ff. *De donat.* (39, 5).

(5) l. *Contrahitur* 4 ff. *De pignoribus* (20, 1); l. *In re* 4 ff. *De fid. instrumentor.* (22, 4)

(6) princ. Instit. *De emption. et vendit.* (3, 24); l. *Contractus* 17 Cod. *De fid. instrum.* (4, 21).

(7) Fab. Cod *De judic.* lib. 3, tit. 1, def. 22.

(8) l. *Semper in stipulationibus* 34 ff. *De reg. jur* (50, 17).

(9) d. l. 34; l. 1 in princ ff. *De usur.* (22, 1).

(10) l. *Contraxisse* 21 ff. *De obligat. et actionibus* (44, 7).

(11) l. unic Cod. *Ubi conveniat., qui cert. loc. dar. promis.* (3, 18); Fab. Cod. eod. tit. lib. 3, tit. 15, def. 4.

ibi conveniri potest, licet contractus Lugduni celebratus fuerit, dummodo debitor ibi inveniantur, vel bona habeat (1); ita ut nec fori privilegium allegare possit (2).

§ 1880. Non tamen prohibetur creditor, quominus debitorem alio in foro, puta domicilii, conveniat: alioquin facile contingeret, ut creditor, debitore ad eum locum nunquam transeunte, jure suo experiri nunquam posset (3). Quod ergo ait Papinianus, quocumque in loco debitorem hunc conveniri posse (4), civiliter intelligendum est de loco, quo reus forum competens habeat (5).

§ 1881. Si debitor statuto loco non solvat, competit creditori actio arbitraria ad id, quod interest (6). Quo autem tempore actio haec arbitraria initium capiat, distinguendum est, an tempus quoque solutionis adjectum sit, nec ne. In primo casu conventioni standum est, si modo per rerum naturam impleri possit; inutilis enim esset conventio, qua quis Romae stipularetur hodie Carthagini dare (7). In altero casu tacite inest tempus, quo ad destinatum locum solutionis caussa perveniri possit (8).

§ 1882. Sed fidejussor ex mora utique propria, non autem debitoris ad id, quod interest, statuto loco solutum neutiquam fuisse, conveniri potest (9); ratio est, quia id, quod interest, a rei aestimatione distinctum est, et separatum; adeoque ad illud non extenditur obligatio fidejussoris, quae strictam recipit interpretationem, nec excedit ea, quae nominatim stipulatione comprehensa sunt (10).

§ 1883. Creditori actionem competere diximus ad id, quod interest, si extra locum conventum solutio fiat (§ 1881); quia locus solutionis plerumque adjicitur favore creditoris: contingere tamen potest, ut in gratiam debitoris loci adjectio facta sit (11), quo casu minoris condemnatio fiet, si debitor in alio loco conveniatur, et solvat, atque inde actor emolumentum sentiat (12).

§ 1884. Invitus creditor cogi non potest, ut solutionem alio in loco accipiat; nisi simul praestetur id, quod interest (13), prout ex dictis abunde constat: proinde Venulejus ajens, eum, qui certo loco debet, ubicumque solvere posse (1), intelligendus est, vel de casu, quo creditor consentiat, ut alio loco solvatur (2), vel potius, quo debitor simul offerat id, quod interest, ut modo diximus.

§ 1885. Si duo loca alternatim solutioni faciendae adjecta fuerint, puta Ephesi, aut Capuae centum dari, debitoris electio est, utro loco solvere velit, dummodo congruo tempore solvat, quamquam actor in utroque loco petere potest, ne alioquin, data et hac debitori electione, futurum sit, ne unquam ab eo peti possit (3): sed si debitor moram fecerit, jus eligendi amittit, quod in creditorem transit; atque ideo creditor non tantum petere, sed et solutionem obtinere debet in loco, quem elegerit (4).

§ 1886. Sed quid dicendum, si promissio non locorum dumtaxat, sed et rerum facta fuerit, veluti Ephesi decem, aut Capuae Stichum dari? Electio debitoris est tum quoad locum, tum quoad rem dandam, sed post moram, prout in praecedenti specie (§ praeced.), electio ad creditorem transit (5); ita tamen, ut in aestimando id, quod interest, utriusque loci, nec non utriusque rei ratio habeatur (6): partem vero Ephesi, et partem Capuae dare tenetur, qui promisit Ephesi, et Capuae se daturum (7).

§ 1887. Opportune hic animadvertendum putamus cum Fabro, ei, qui certo loco dare promisit, similem illum non esse, qui creditori suo in solutum delegavit debitorem aequalis quantitatis certo loco, et tempore solvendae, ita ut delegans, seu cedens, saltem si cessionarius nominis periculum in se receperit, arbitraria actione conveniri nequeat, licet debitor cessus nec loco, nec tempore praescripto solvat (8), cum per delegationem hanc cedens plene liberatus sit (9). Quod si cedens nominis periculum susceperit, ex hac stipulatione ad id, quod interest, erga creditorem condemnandus est, si debitor cessus non solvat statuto loco (10).

§ 1888. Hactenus dicta pertinent ad promissionem dandi certo loco: si autem factum certo loco quis spoponderit, puta insulam Capuae se aedificaturum, arbitraria quidem actio de eo, quod certo loco, denegatur, quia nominatim actio

(1) d. l. unic. et l. 1 ff. *De eo, quod certo loco etc.* (13, 4); l. *Haeres absens* 19 princ. et § 1 ff. hoc tit.; Fab. Cod. *De eo, quod cert. loc.* lib. 3, tit. 15, def. 4 in princ.
(2) Fab. Cod. *Ubi in rem actio* lib. 3, tit. 16, def. unic.
(3) d. l. 1 ff. *De eo, quod certo loc.* (13, 4)
(4) l. *Eum, qui* 43 ff. hoc tit.
(5) l. *Haeres absens* 19 § ult. ff. hoc tit.
(6) l. *Arbitraria* 2 ff. *De eo, quod certo loco* (13, 4).
(7) d. l. 2 § *qui ita* 6 in fin.
(8) d. l. 2 § 6 in princ.; l. *Continuus* 137 § *cum ita* 2 ff. *De verb. oblig.* (45, 1); Fab. Cod. *Ubi conven. etc.* lib. 3, tit. 15, def. 1, n. 5 et seqq. et def. 2 et 3.
(9) l. *Centum Capuae* 8; l. ult. ff. *De eo, quod cert.* (13 4).
(10) V. vol. II, lib. 3, § 2095, pag. 1148.
(11) l. *Arbitraria* 2 ff. *De eo, quod cert. loco* (13, 4).
(12) d. l. 2 in princ. et § ult.
(13) l. penult. ff. *De eo, quod etc* (13, 4).

(1) d. l. *Continuus* 137 § *cum ita* 2 ff. *De verbor. obl.* (45, 1).
(2) d. l. 2 in fin.; d. l. ult. in fin.
(3) l. *Arbitraria* 2 § *Scaevola* 3 ff. *De eo, quod certo loco* (13, 4).
(4) d. l. 2 § 3 in med. illis verbis *scilicet ante petitionem, peti autem non potest, nisi elapso tempore, de quo convenit* d. l. 2 § *qui ita* 6.
(5) d. l. 2 § 3 in fin. ff. *De eo, quod. cert. loc.* (13, 4).
(6) d. l. 2 § *si quis Ephesi* 2.
(7) d. l. 2 § *si quis ita* 4.
(8) Fab. Cod. *Ubi conveniat., qui cert. loc. dar. promis.* lib. 3, tit. 15, def. 6 in princ
(9) l. *Ex contractu* 2 Cod. *De novationibus* (8, 42).
(10) argum. d. l. *Eum, qui insulam* 43 ff. hoc tit.; Fab. d. def. 6 in med.

61

illa de dando concepta est, non de faciendo (1), sed competit actio ex stipulatu ad id, quod interest (2); adeoque actor idem consequitur, mutato licet actionis nomine.

§ 1889. Non eadem ac loci adjecti solutioni est conditio temporis; nimirum, si debitor certo die solvere debuit, nec tamen solverit, ad id quidem, quod interest, creditori tenetur (3); quo sensu rationem loci aeque ac temporis habendam esse, Ulpianus scripsit (4), non tamen ectione arbitraria, sed ex ipsa stipulatione (5): quamquam usu fori loco ejus, quod interest, plerumque adjudicantur creditori usurae, prout suo loco diximus.

§ 1890. Sane creditor, cui pecunia ad certum diem solvi debuit Lugduni, aut Romae, utrubi ipse mallet, speciatim tributa creditori electione, usuras etiam in stipulatum deductas prius petere non potest, quam solutionis locum elegerit (6); quia ante electionem debitor non potest videri constitutus in mora solvendi; cum nec ulla petitio sit (7), per quam fit electio.

§ 1891. Sequitur forum competens ratione rei sitae; licet enim experiri actione in rem de proprietate, vel possessione in eo loco, in quo res sitae sunt (8), sive judicio universali, puta haereditatis petitione (9), sive singulari, veluti vindicatione (10); ita ut debitor fori exceptionem objicere non possit (11), nisi de clerico agatur ad tribunal judicis inferioris minime pertrahendo (12).

§ 1892. Nihil porro interest, an rei possessor in eo loco praesens sit, an absit; legitime quidem citandus est; sed si se judicio non sistat possessor, rei controversae defensionem suscepturus, actor a judice in possessionem rei indefensae mittitur (13); quia in hoc fori competentis argumento nulla personae, sed tantum rei ratio habetur; neque reus vocatur, ut se defendat, cum nihil ab eo petatur; sed ut rem defendat.

§ 1893. Disputant interpretes, utrum cum foro rei sitae concurrat forum domicilii, seu utrum actor electionem habeat, an reum convenire velit in loco domicilii, an in loco rei sitae. Sunt, qui generatim docent, posse actorem pro arbitrio alterutrum eligere forum: alii omnino electionem denegant, contendentes, extra rei constitutae locum non posse reum conveniri. Alii postremo mediam tuentur sententiam, mobilia bona ab immobilibus distinguentes; ita ut electio quidem competat actori in mobilibus, non vero in rebus immobilibus (1).

§ 1894. Si de rebus mobilibus quaestio sit, electio actori permittenda videtur. Paulus, et Ulpianus rem mobilem restituendam tradunt, vel ubi est, vel in loco, in quo agitur (2): supponunt ergo, in utroque loco, seu extra locum rei mobilis sitae agi posse. Imperatores, postquam regulam posuerunt, ex qua actor sequitur forum rei subdunt, *sed et in locis, in quibus res propter quas controvertitur, constitutae sunt, jubemus, in rem actionem adversus possidentem moveri* (3). Imperatores primum agunt de foro domicilii, quod proprie forum rei est: tum addunt, et in locis, ubi res constituae sunt, agi posse, seu in foro rei sitae: constitutae autem proprie magis dicuntur res mobiles, quam immobiles, quae melius *sitae* dici videntur.

§ 1895. Praeterea res mobiles ex jure passim recepto sedem certam, utpote quam facillime mutant, habere non existimantur; sed in eo loco esse finguntur, ubi est illarum dominus: proinde nihil obstare videtur, quominus etiam in loco domicilii forum sortiatur reus quoad res mobiles: praeterquamquod nimis incommodum creditori agenti esset, nec non reo ipsi ad dissitum locum ire agendi, vel defendendi caussa rem, quae etiam sine dolo possidentis, atque ex justa caussa locum facile mutat.

§ 1896. Huic quidem sententiae obstare videtur jureconsultus haec habens: *si autem per in rem actionem legatum petetur, etiam ibi peti debet, ubi res est: et si mobilis sit res, ad exhibendum agi cum haerede poterit, ut exhibeat rem; sic enim vindicari a legatario poterit* (4). Sunt, qui respondent, jureconsultum verbo *petendi* usum esse pro verbo *solvendi*, considerato scilicet petitionis fine, et effectu. Sed convenientius respondent alii, in illis verbis jureconsultum respexisse ad actionem in rem, seu vindicationem, et praeviam exhibitionem, quae a judice domicilii, si reus detrectet, obtineri non potest, cum res mobilis est in territorio alterius judicis; cum praecepire nequeat, ut manu militari, vel apparitoris auferatur (5).

§ 1897 Aliud dicendum videtur de rebus immobilibus; nimirum eas extra locum, quo sitae sunt, peti non posse (6), quippequae locum mutare nequeunt, nec ex possidentis voluntate, nec

(1) Prout patet ex inscriptione ff. lib. 13, tit. 4.
(2) l. *Eum, qui insulam* 43 ff. hoc tit.
(3) l. *Quod si* 4 ff. *De eo, quod cert. loc.* (13, 4).
(4) l. *Si ut certo* 5 ff. *Commodat.* (13, 6).
(5) Fab. Cod. *Ubi conveniat. etc.* lib. 3, tit. 15, def. 1, n. 9 et seqq.
(6) Ibid. def. 5.
(7) l. *Si pupillus* 127 ff. *De verb. oblig.* (45, 1); l. *Nulla* 88 ff. *De reg. jur.* (50, 17).
(8) l. penult. et ult. Cod. *Ubi in rem actio* (3, 19).
(9) l. unic. Cod. *Ubi de haeredit. agat.* (3, 20).
(10) d. l. penult. et ult.; l. *Non alias* 24 § ult.; l. *Quod legatur* 38 ff. hoc tit.
(11) Fab. Cod. *Ubi in rem actio* lib. 3, tit. 16, def. unic. n. 7 et seqq.
(12) Ibid. d. def. unic. in not. et *De jurisdict. omn. judic.* lib. 3, tit. 12, def. 19.
(13) d. l. penult. Cod. *Ubi in rem actio* (3, 19).

(1) Voet in ff. hoc tit. lib. 5, tit. 1, n. 77 fer. in princ.
(2) l. *Si res mobilis* 10 et seq. ff. *De rei vindicat.* (6, 1).
(3) l. ult. Cod. *Ubi in rem actio* (3, 19).
(4) l. *Quod legatur* 38 in fin. ff. hoc tit.
(5) argum. l. *Qui restituere* 68 ff. *De rei vindicat.* (6, 1).
(6) l. 1 et 2 Cod. *Ubi in rem actio* (3, 19).

ex judicis imperio: adeoque aequum est, eas ibi peti, ubi judex rerum possessione spoliare potest, in actorem transferenda (1): quo fundamento scribit Paulus, eum, qui possidere jubetur eo loco jussum videri, cujus cura ad jubentem pertinet (2).

§ 1898. Neque movet, quod constitutum est, haereditatis petitionem non in loco dumtaxat, in quo res haereditariae sitae sunt, sed etiam in eo, in quo haeres domicilium habet, institui posse (3); etenim peculiaris ratio est hujus actionis, quae mixta est, idest partim in rem, et partim in personam (4); quatenus in rem est, ibi intentari potest, ubi res sitae sunt, quatenus in personam, contra haeredem agitur in foro domicilii, quod personam comitatur.

§ 1899. Administrationis habitae ratione reus quoque forum sortitur, prout contingit in tutoribus, et curatoribus, et quibuscumque rerum alienarum administratoribus, ita ut rationes ibi reddere teneatur, et conveniri possit, ubi negotia gessit (5): quin fori exceptionem, aut privilegium possit objicere; quia ibi, prout scite monent Imperatores, et *instructio sufficiens, et nota testimonia, et verissima possunt documenta praestari* (6). De foro competente ratione prorogationis, diximus supra (§ 1440 et seqq.).

ARTICULUS III.

De foro competente ex continentia caussae, reconventione et delicto.

SUMMARIA

§ 1900 *et* 1901. *Continentia caussae dividi non debet.* — § 1902. *Venditor, saltem qui de evictione teneri fateatur, forum emptoris sequitur.* — § 1903. *Quae apud nos in hac re cauta sint?* — § 1904 *et* 1905. *Quid si plures sint unius rei debitores, aut plures defuncti haeredes diversis in locis commorantes, aut privilegiati?* — § 1906. *Civilis et criminalis quaestio ex eodem facto descendens apud eundem judicem definienda est. Quid de discussionis instantia?* — § 1907. *Reconventionis caussa eidem subest judici, ac conventionis.* — § 1908. *Actor reconveniens fori exceptionem amplius objicere nequit.* — § 1909. *Reconventio proponi potest ante finitam conventionis caussam.* — § 1910. *Quid si reus a pluribus cohaeredibus conveniatur, vel pluribus haeredibus debitum sit?* — § 1911. *Reconventio non admittitur, nisi actor eodem nomine debeat, quo conveniatur.* — § 1912. *An socius societatis nomine agens reconveniri possit pro eo, quod ipse privatim debet?* — § 1913. *Quid de eo, quem reus ad sui defensionem vocaverit, vel cessionario?* — § 1914 *et* 1915. *Reconventionem institui posse post litem contestatam, putant aliqui.* — § 1916. *Quo sensu dixerit Justinianus, actorem a reo mox a principio reconveniendum esse?* — § 1917. *Reconventio post litem contestatam admitti debet, si justa subsit caussa.* — § 1918. *Reconventio post latam sententiam nec in judicio appellationis admittitur.* — § 1919 *et* 1920. *Reconventio non probatur in caussis, quae judicis potestatem legibus coercitam excedant.* — § 1921. *Quid si de sola quantitate legibus praefinita tractetur?* — § 1922 *et* 1923. *Reconventio toties admittitur, quoties vere praecessit conventio.* — § 1924. *Caussae conventionis et reconventionis simul decidendae sunt, si fieri possit.* — § 1925. *Satisdatio praestanda non est ab actore, qui in caussa obtinuit, licet pendeat caussa reconventionis.* — § 1926. *Actor reconventus reum reconvenire non potest.* — § 1927 *et* 1928. *Delicti ratione reus forum sortitur. Quid de reo absente, atque in alieno territorio commorante?* — § 1929. *Locus perpetrati delicti potius attenditur, quam domicilium mandantis.* — § 1930. *Delinquens in loco domicili conveniri potest. Quid de judice originis?* — § 1931 *et* 1932. *Praeventioni quibus casibus locus fiat? Quis praevenisse intelligatur?* — § 1933. *Quae sint in hac re singularia apud nos constituta?*

§ 1900. Ut facilius dirimantur lites, quae de rebus communibus inter plures aguntur, veluti familiae erciscundae inter plures cohaeredes, communi dividundo, finium regundorum, merito placuit, omnes ad eundem judicem ire debere (1), quod et ad tutores productum est; si tutelae agatur (2), nec non ad legatarios, cum legis falcidiae ratio ineunda est, et creditores haereditarios, ut aes alienum probent (3): quod jus ab interpretibus, et pragmaticis *caussae continentia* post Constantinum vocatur (4).

§ 1901. Eodem fundamento, seu ne caussae invicem connexae perperam dividantur, decrevit Constantinus Imperator, ut caussa proprietatis coram eodem judice agatur, qui de caussa possessioni jam cognovit (5); licet enim caussa possessionis a caussa proprietatis quoad utriusque effectus omnino distincta sit (6), attamen

(1) d. l. *Qui restituere* 68 ff. *De rei vindicat.* (6, 1).
(2) l. *Cum unus* 12 § 1 ff. *De reb. auctoritat. judic. possidend.* (42, 5).
(3) l. unic. Cod. *Ubi de haeredit. agat.* (3, 20).
(4) l. *Haereditatis* 7 Cod. *De petition. haereditat.* (3, 31).
(5) l. 1 Cod. *Ubi de ratiocin. etc.* (3, 21).
(6) l. ult. Cod. hoc tit.

(1) l. 1 ff. *De quib. reb. ad eund. judic. eat.* (11, 2).
(2) l. ult. ff. eod. tit.
(3) l. 1 § *cum dicitur* 6 ff. *Si cui plus, quam per leg. falcid.* (35, 3).
(4) l. *Nulli* 10 Cod. *De judic.* (3, 1).
(5) d. l. *Nulli* 10 in fin. Cod. *De judic.* (3, 1).
(6) l. *Naturaliter* 12 § 1 ff. *De acquirend. possession.* (41, 2).

connexa est, et postrema a prior pendet, quatenus finis judicii possessorii plerumque petitorium judicium est atque judex, qui de possessione cognovit, facilius, et felicius caussam proprietatis definire potest. Sed regula haec exceptionem habet in rebus ecclesiasticis, puta beneficiis; in quibus supremi magistratus apud nos de possessione judicant, proprietatis caussa ecclesiastico judici reservata (1).

§ 1902. Hinc etiam venditor, saltem qui de evictione teneri fateatur, emptoris forum sequi debet (2); cum eadem sit lis, quam emptor, et quam emptoris nomine venditor contra petitorem exercet. Quod si venditor neget, se ad praestandam evictionem teneri, summo quidem jure inspecto, forum suum retinet, cum propriam litem agat: receptum tamen, ut et in foro emptoris lis haec instituatur, et definiatur (3), una sententia, si fieri possit (4).

§ 1903. Jure, quo utimur, quaedam adjecta sunt ad hanc rem spectantia: videlicet cautum, ne dilatio concedatur reo ad auctorem evocandum, qui in loco judicii commoretur, nisi dilatio in primo libello petatur (5): atque idem servandum decernitur, si rei auctor aliam dilationem postulet, quo litem auctori suo denunciet (6). Quod si liti accedat tertius eo tantum fine, ut jus alterius ex litigantibus firmet, admittitur quidem, sed in eodem statu, quo caussa est: sed ab initio agitur quoad ipsum, si aliorum litigantium intentionem excludere suscipiat, firmis manentibus actibus inter caeteros litigantes gestis; data etiam ipsis facultate petendi, ut caussa quoad ipsos finiatur, sine praejudicio tertii (7).

§ 1904. Si plures sint unius rei, vel quantitatis debitores, aut plures unius defuncti cohaeredes, omnes coram supremo magistratu, cui omnes subsint, vocari posse ex moribus quorundam populorum, nec inepte tradit Voet (8); ne alioquin litium sumptus victoriae emolumentum excedant: aliud sane dicendum, si aliqui ex unius rei debitoribus, aut cohaeredibus in alio territorio degant, ita ut communem judicem superiorem non habeant; cum ex nota juris regula extra territorium impune jus dicentis auctoritas contemnatur (9); idcirco hi ad suum judicem vocandi essent (10).

§ 1905. Praeterea, si inter plures in jus vocandos, quorum omnium eadem sit caussa, aliqui sint privilegiati, ita ut coram judice inferiore litigare non teneantur, sed tantum coram magistratu supremo, alios etiam ad judicem superiorem vocari posse plures tradunt, licet tum privilegio utentes, tum non utentes degant in eodem loco, et sub eodem judice inferiore (1); ne continentia caussae dividatur (2). Atque vicissim, si unus ex pluribus actoribus ejusdem litis consortibus vi privilegii sui adversarium ad judicem superiorem vocet, reliquos ejusdem litis consortes non privilegiatos jungere se posse privilegiato alicubi obtinuit, ut ita lis apud eundem judicem superiorem ad finem perducatur (3).

§ 1906. Ad haec civilis, et criminalis quaestio, quoties ex una caussa, vel uno facto descendit, apud eundem judicem, si alteruter ex litigantibus petat, definienda videtur (4), prout diximus de caussa proprietatis, et possessionis (§ 1901); cum et hic una caussa lucem alteri afferat; adeoque dividi non debent. Creditores omnes unius obaerati debitoris ad unum tribunal, seu universale judicium concursus, et praelationis debitorum venire debere, suo loco diximus (5).

§ 1907. Cum aequitas suadeat, ne judicem, quem quis tamquam actor idoneum agnovit, tamquam reus, detrectet, idcirco statutum, ut ab eodem judice, quem actor elegit, definiatur caussa reconventionis, seu mutua rei petitio (6); ita ut repellendus sit tamquam actor, qui tamquam reus caussam reconventionis excipere detrectat; quin exceptionem fori declinatoriam objicere possit in reconventione, cum sponte judicis auctoritatem agnoverit (7); nisi forte judicem suspectum accuset, ex nova superveniente caussa, vel prius ignorata; quo casu jure desiderat, ut utraque, tum conventionis, tum reconventionis caussam coram alio judice instituatur, dummodo intra viginti dies suspicionis caussa allegetur (8).

§ 1908. Quemadmodum actor reum coram judice non competente conveniens illius jurisdictionem prorogat, ne eum adversus se recusare possit (§ praeced.), ita reus actorem, praetermissa fori non competentis exceptione, reconveniens, amplius non auditur, forum illius judicis declinare volens (9); tum quia recon-

(1) V. vol. III, lib. 4, § 1319, pag. 412.
(2) l. *Venditor* 49 ff. hoc tit; Fab. Cod. hoc tit. lib. 3, tit. 12, def. 1 in princ.; *Reg. Constit.* lib. 3, tit. 7, § 4.
(3) Fab. d. def. 1 in fin.
(4) *Reg. Constit.* d. § 4 in fin.
(5) Ibid. lib. 3, tit. 7, § 1 et 2.
(6) Ibid. § 3.
(7) *Reg. Constit.* ibid. § 5 Fab. Cod. *De judic.* lib. 3, tit. 1, def. 7 et 37.
(8) Voet in ff *De quib. reb. ad eund. judic. eatur* (11, 2).
(9) l. ult. ff. *De jurisdiction.* (2,).
(10) l. *Juris ordinem* 2 Cod. hoc tit.

(1) Andreas Gayl. lib 1, observat. 32, n. 2; Voet in ff. lib. 11, tit. 2, n. 4.
(2) l. *Nulli* 10 Cod. *De judic.* (3, 1).
(3) Voet d. n. 4 in med.
(4) Andreas Gayl. lib. 1, observ. 32, n. 11.
(5) V. vol. II, lib. 3, § 1432 et seqq. pag. 1062.
(6) Novell. 96, cap. ult. § 1; l. *Si idem* 11 § 1 ff. *De jurisdict.* (2, 1).
(7) l. *Qui non cogitur* 22 ff. hoc tit.; l. *Cum Papinianus* 14 Cod. *De sent. et interloc. omn. judic.* (7, 45).
(8) auth. *Et consequenter* post d. l. 14; d. Novell. 96, cap. ult. § 1.
(9) Fab. Cod. *De judic.* lib. 3, tit. 1, def. 39 et def. 11 in fin. junct. in not.; ubi tradit, non impediri reconventio-

veniendo consentire videtur, ut conventionis caussa ab eodem definiatur; tum quia contrariorum, seu correlativorum eadem debet esse ratio (1).

§ 1909. Non tamen cogitur reus actorem coram eodem judice reconvenire (2): reconventionis jus in rei utilitatem inductum est; quod proinde in ejus odium detorqueri non debet (3). Jure quidem Romano reus, nonnisi conventionis caussa finita actorem coram alio judice reconvenire potest (4): sed usu fori aliud receptum videtur (5), et merito; nulla enim adest sufficiens ratio, cur reo denegetur fori electio adversus actorem, qui eadem eligendi facultate uti potuit.

§ 1910. Potest autem reus a pluribus cohaeredibus actione haereditaria conventus unum ex his reconvenire, qui alia ex caussa vicissim reo ipsi debeat; cum enim actiones, et nomina haereditaria inter cohaeredes omnes ipso jure dividantur, ita ut nonnisi portio singulis debeatur (6), licet simul agant, nonnisi partem singuli petere intelliguntur: atque idem dicendum, si uni ex pluribus haeredibus convento ab actore ex quacumque caussa debitum sit; quia debita haereditaria eandem ipso jure inter cohaeredes divisionem recipiunt (7).

§ 1911. Sed non admittitur reconventio adversus actorem, nisi eodem nomine debeat, quo convenitur: quare tutor, curator, procurator, aut quilibet administrator tamquam talis agens reconveniri nequit pro eo, quod ipse debet: nec vicissim, si suo nomine agat, reconventionem pati tenetur pro eo, quod debent illi, quorum negotia gerit exemplo compensationis (8; tum quia in hisce casibus non viget ratio, quae reconventionis jus suasit (§ 1907); tum quia aliter constituto jure, officium alterius gratia susceptum suscipienti contra aequitatem damnosum esset (9).

§ 1912. Eodem fundamento sensit Voetius, socium nomine societatis agentem reconveniri non posse pro eo, quod ipse privatim, non societatis nomine reo debet (10). Verum, cum compensationem idemmet auctor admittat in sociis universalibus (1), prout nos quoque probavimus (2), nulla apparet ratio, cur reconventio rejiciatur, si socius agat nomine societatis universalis, pro eo, quod ipse ex alia caussa fortassis debet, cum bona omnia inter socios universales comunia sint: et vicissim reconvenire potest actorem, qui ab ipso societatis nomine petat, si ipsi ex alia caussa debitum sit.

§ 1913. Facilius recipiendum, quod subdit idem Voetius, actorem reconveniri non posse ab eo, quem reus, puta emptor venditorem, ad sui defensionem vocaverit (3); quia actor nullam auctori litem movit; proinde, cum minime convenerit, reconveniri non potest. Plane auctor vocatus reum vocantem, veluti venditor emptorem reconvenire potest (4); quia vere ab emptore conventus est. An cessionarius a debitore cesso, adversus quem agit, jure reconveniatur, colligi potest ex iis, quae alibi de compensatione diximus (5).

§ 1914. Tempus quod attinet objiciendae reconventionis, non consentiunt interpretes. Putant aliqui, etiam post litem contestatam, et quocumque judicii tempore reconventionem probandam esse, ita tamen, ut, si ab initio litis reus actorem reconvenerit, utraque lis conventionis, et reconventionis simul definienda sit, prout infra expendemus; prius vero finiatur lis conventionis, si post litem contestatam reconventio instituatur (6).

§ 1915. Probant autem sententiam suam imprimis, quia Romanae leges indistincte loquuntur, nec tempus post litem contestam excludunt. Paulus generatim docet, cogendum esse eum, qui non cogitur in aliquo loco judicium pati, actionem accipere, si ipse ibi agat (7). Papinianus aperte supponit, actorem a reo posse post litem contestatam reconveniri: *in rem suam procurator datus, post litis contestationem, si vice mutua conveniatur, aequitate compensationis utetur* (8). Indistincta quoque est Justiniani sanctio (9): atque jus canonicum apertius loquitur, quippequod reconventionis beneficium generatim indulget, *durante eodem judicio* (10).

1916. Quod si objiciantur verba Justiniani asserentis, reum, si obnoxium sibi arbitretur eum, a quo conventus est, *mox a principio conveni-*

nem coram judice laico, quod actor sit clericus, vel contra, sed ratione tantum ejusdem negotii, et Cod. hoc tit. lib. 3, tit. 12, def. 12; ubi de laicis a clerico reconventis coram judice ecclesiastico.

(1) l. *Cum te fundum* 6 Cod. *De pact. in emptor. et venditor.* (4, 54).

(2) d. Novell. 96, cap. ult. § 1 prop. fin.

(3) l. *Nulla juris* 25 ff. *De legib.* (1, 3).

(4) d. Novell. 96, cap. ult. § 1 in fin.

(5) Voet in ff. hoc tit. n. 79 in fin.

(6) l. 1 Cod. *De haereditar. actionibus* (4, 16); l. *Per familiae* 2 § ult. et leg. sequ. ff. *Famil. Erciscund.* (10, 2).

(7) l. *Pro haereditariis* 2 Cod. *De haereditar. actionibus.*

(8) argum. l. penult. ff. *De compensat.* (16, 2); V. vol. III, lib. 3, § 3642 ad 3650, pag. 202.

(9) l. *Si servus* 61 § *quod vero* 5 ff. *De furt.* (47, 2).

(10) Voet in ff. hoc tit. n. 82.

(1) Voet in ff. *De compensat.* lib. 16, tit. 2, n. 10 in med.

(2) d. vol. III, lib. 3, § 3646, pag. 203.

(3) Voet in ff. hoc tit. n. 83 in princ.

(4) d. Novell. 96, cap. ult. § 1.

(5) V. vol. I, lib. 1, pag. 77, § 299 et seqq.

(6) Voet in ff. hoc tit. n. 80.

(7) l. *Qui non cogitur* 22 ff. hoc tit.

(8) l. *In rem suam* 18 ff. *De compensat.* (16, 2).

(9) in l. *Cum Papinianus* 14 Cod. *De sentent. et interlocut. omn. judic.* (7, 45).

(10) cap. *dispendia* 3 extra *De rescript.* in 6 Decret. (1, 3).

re (1), respondent, id eo tantum pertinere, ut lis utraque eodem tempore exerceatur; non ut tempus post litem contestatam excludatur; nec enim ex verbo obiter prolato colligi potest exclusio reo odiosa, quam leges antiquores non adstruunt (§ praeced.).

§ 1917. Alii, inter quos Faber, reconventionem admittendam non arbitrantur post litem sive vere, sive ficta contestatam, idest si reus nolit litem contestari, aut ad judicem venire detrectet (2): atque nituntur sanctione Justiniani, quam modo commemoravimus (§ praec.). Juris rationi, nec non aequitati magis consentanea videtur prior sententia (§ 1914): admissa autem posteriore, saltem exceptio admittenda est, si caussa reconventionis post litem contestatam supervenerit (3); vel probabili errore ignorata fuerit; prout diximus de suspecti judicis recusatione (§ 1769, et seqq.), aut si justa caussa dilationem suaserit.

§ 1918. Lite conventionis judiciali sententia ad finem perducta, reconventionem frustra fieri ad remorandam illus executionem, apud omnes constat; nec enim mutua fieri potest petitio, cum prior finem habuit. Immo nec in caussa appellationis, si in prima lite fuerit omissa (4); etenim judex appellationis de eo tantum judicare potest, an prior judex sententiam rite pronunciaverit, nec ne (5). Quamquam non prohibetur is adversus quem appellatum est, appellatione uti, et ita quasi reconvenire appellantem (6), sed judex superior in hoc casu non judicat de aliis rebus, quam quae prima lite decisse fuerunt.

§ 1919. Reconventionis caussam coram judice, qui alioquin actoris competens non esset, exerceri posse, supra diximus (§ 1908), quod tamen accipiendum de caussis, quae judicis potestatem legibus coercitam non excedant; nec enim ex conventione actoris, sue lite per actorem instituta adversus reum, judex acquirere potest auctoritatem, quam lex ei nominatim denegat, et alteri speciatim attribuit: jus publicum ex trito axiomate privatorum pactis, aut factis immutari nequit (7).

§ 1920. Si ergo Titius Maevium in jus vocet coram judico ordinario de re allodiali, seu non feudali, res autem feudales specialem judicem habeant ex Principis sanctione, prout apud nos (8), Maevius de re feudali Titium coram eodem judice reconvenire non potest; alioquin fines jurisdictionis publice constituti turbarentur. Sane leges reconventionem statuentes agunt de judice, quem actor alioquin pati non cogitur (1); vel quem per calumniam declinaret (2); non de eo, quem publicae leges judicare in quibusdam caussis non patiuntur. Atque hinc supra diximus (§ 1821, et 1822), jurisdictionem in hoc casu nec expresso partium consensu prorogari posse.

§ 1921. Sed si judicis potestas quoad solam quantitatem limitata sit, reconventio ultra eam videtur admittenda; prout de jurisdictionis prorogatione traditum est (3), et supra diximus (§ 1822): nise forte judicibus quibusdam delegatis, veluti castellanis (4), minoris quantitatis caussae demandatae sint, caeteris judici ordinario reservatis (5); prorogationis exemplo (d. § 1822); vel moribus aliud receptum sit.

§ 1922. Reconventio toties admittitur, quoties conventio vere praecessit, idest a reo aliquid petit actor (6): sive ordinario judicio petatur, sive extraordinario, nihil interest (7); cum in utroque eadem sit ratio.

§ 1923. Neque nocet, quod objiciunt aliqui, compensationem non admitti in deposito, et spolio (8); adeoque nec admittendam reconventionem; non enim dicimus moram fieri debere actioni depositi, aut spolii propter reconventionem, sed ex reconventione actorem subjici jurisdictioni judicis, coram quo reum vocavit, licet alias ipsi non subjiciatur: quod longe diversum est (9); proinde depositi, aut spolii caussa prius definienda erit, nisi forte caussa reconventionis eodem privilegio celerioris expeditionis gaudeat; puta agatur de alimentis futuris.

§ 1924. Caeterum, licet per se, et ex natura sua conventionis, et reconventionis caussae simul decidendae sint, veluti spolii, depositi, alimentorum (§ praeced.), ex adjunctis tamen fieri potest, ut illa prius, quam haec ad exitum perduci debeat: puta si caussa conventionis liquida sit, reconventionis illiquida (10): vel reconveniens reus moram faciat in producendis testationibus, aliisque fundamentis, quibus nititur: mora sua cuilibet nocere debet, non alteri (11); vel si reconventio post litem contestatam facta sit (§ 1916).

(1) Novell. 96, cap. ult. § 1 in princ.
(2) Fab. Cod. *De judic.* lib. 3, tit. 1, def. 25.
(3) Quae de novo emergunt, novo indigent auxilio auxilio; l. *aetate* 11 § *ex caussa* 8 ff. *De interrogat. in jur. faciend.* (11, 2).
(4) Fab. Cod. *De except.* lib. 8, tit. 24, def. 2 in fin.
(5) l. *Consensisse* 2 § *legatis* 3 versic. *ei quoque* ff. hoc tit.
(6) l. ult. Cod. *De appellat.* (7, 62).
(7) l. *Quod dictum* 32 ff. *De pact.* (2, 14).
(8) V. *Reg. Constit.* lib. 6, tit. 1, cap. 1 § et seqq.

(1) l. *Qui non cogitur* 22 ff. hoc tit.
(2) l. *Si idem* 11 § 1 ff. *De jurisdict.* (2, 1).
(3) l. *Si idem* 11 § 1 ff. *De jurisdict.* (2, 1); l. *De qua re* 74 ff. hoc tit.
(4) V. *Reg. Constit.* lib. 2, tit. 6, § 1, 2, 3 et 4.
(5) Voet in ff. hoc tit. n. 85 in fine.
(6) argum. l. *Libertus* 14 et l. seq. ff. *De in jus vocand.* (2, 4).
(7) l. *Sed et hae personae* 35 § *non solum* 2 ff. *De procurat.* (3, 3); l. 1 § ult. ff. *De extraordinar. cognit.* (50, 13).
(8) l. penult. Cod. *Deposit.* (4, 34); l. ult. § 1 et ult. Cod. *De compensat.* (4, 31).
(9) cap. ult. extra Decret. Greg. *De ordin. cognition.* (2, 10).
(10) argum. d. l. ult. § 1 Cod. *De compensat.* (4, 31); Fab. Cod. *De judic.* lib. 3, tit. 1, def. 21 in princ.
(11) l. *Mora* 88 ff. *De verb. oblig.* (45, 1).

§ 1925. Quibus autem casibus reconventionis caussa post finitam demum caussam conventionis definitur, sentiunt aliqui, rerum jam condemnatum cogi non posse, ut actori reconvento satisfaciat, nisi hic idoneam praestet cautionem restituendi, si forte in judicio reconventionis ita judicari contigerit; sed alii negant (1); atque, ut videtur, rectius; cum onus praestandi fidejussores idoneos gravissimum sit, quod proinde nonnisi ex gravissima caussa imponi debet; sufficiens autem caussa non est reconventio, quae nullo fortassis jure nititur.

§ 1926. Postremo plerique consentium, non licere illi, qui mutua actione reconventus est, rursus adversarium reconvenire (2); ne inducatur litium immodica multiplicatio, et implicatio; atque ita immortales fere reddantur, quod publica utilitas non patitur (3).

§ 1927. Ratione delicti reus forum sortitur in loco, in quo crimen perpetravit, vel inchoavit, ut ajunt Imperatores (4): criminis initium et ipsum crimen est, quod poenam meretur; ita ut latrones alibi detenti ad locum, in quo grassati sunt, ex jure Romano remittendi fuerint, poenam ibi subituri ad aliorum terrorem (5); atque absentes per contumaciam condemnari possint (6); alioquin vix prodesset concessa loci judici jurisdictio, quam reum per absentiam eluderet.

§ 1928. Sed hae reorum a loco in locum transmissiones usu fori non vigent, atque uno illo casu, ait Faber, conceditur petita remissio ad judicem alieni territorii sive in criminalibus, sive in civilibus caussis, quo vel originis, vel domicilii ratio delinquentem subjecerit jurisdictioni ejus, ad quem remissio postulatur, et in cujus territorio crimen admissum fuit (7). Plane nonnisi ex comitate postulari, atque obtineri potest remissio delinquentis, qui sit in alterius Principis ditione: nec nisi in gravissimis sceleribus permittitur. Sed de his videnda, quae infra dicturi sumus (8).

§ 1929. Si delictum alio mandante perpetratum sit, usu receptum est, praevalere locum perpetrati delicti, atque attendi debere potius, quam domicilium mandantis (9); licet non minus mandans ex sua persona teneatur (10); etenim delictum potius, quam mandatum actioni, et condemnationi caussam praebet.

§ 1930. Non tantum in loco, in quo reus delictum admisit, sed et in quo domicilium habet, conveniri potest (1): non tamen sufficit, quod deliquens bona possideat in aliquo loco, ut ibi conveniatur (2): locus quidem rei sitae forum competens constituit pro re ipsa, quae petitur (3), non pro aliis, aut pro poenae persecutione. Judex originis originarium subditum, qui in alio territorio deliquerit, punire potest, si modo sub eodem Principe sit delicti locus (4).

§ 1931. Quibus autem casibus reus criminis in duplici loco, videlicet perpetrati criminis, et domicilii conveniri potest (§ praeced.), praeventioni locus est, quemadmodum et in caussis mixti fori (5): praevenisse autem is intelligitur, cujus imperio reus primum in jus vocatus fuit, aut prehensus; quin intersit, utrum alius de crimine prius inquisierit, aut reum interrogaverit, aut etiam vocari jusserit, nisi executio secuta sit (6); etenim judicii omnis initium est in jus vocatio (7), quae executionem habuerit, in qua consistit rei judicatae, seu decreti judicialis vigor (8).

§ 1932. Praeventioni quoque locum fore tradunt aliqui, si crimen in confinio duplicis territorii admissum sit (9); cum vigilantibus jura faveant (10): atque nimis incommodum esset, caussam ab utroque conjunctim cognosci, et definiri.

§ 1933. Sed haec, quae ex juris Romani principiis disputavimus, municipali legi non omnino congruunt: cautum quippe, ut cognitio criminum, quae supremis magistratibus reservata non sunt, spectet ad judicem loci, in quo perpetrata fuerunt; ita ut judex originis, aut domicilii delinquentis, licet judicium coeperit, ad eum, si requisitus sit, mittere cogatur processum, corpus, ut ajunt, delicti, probationes, et reum apprehensum (11). Sed haec fusius explicabimus, cum de criminibus verba faciemus.

ARTICULUS IV.

De foro competente ex privilegio personae, vel caussae.

SUMMARIA

§ 1934 *et* 1935. *Milites jure Romano specialem judicem habebant, tum in civilibus,*

(1) Voet in ff. hoc tit. n. 88.
(2) Ibid. n. 89.
(3) l. *Item* 4 § 1 in fin. ff. *De alienat. judic. mutand. causs. fact.* (4, 7).
(4) l. 1 Cod. *Ubi de criminib. etc.* (3, 15); Fab. Cod. eod. tit. lib. 3, tit. 14, def. 1 in princ.
(5) l. *Capitalium* 28 § penult. ff. *De poenis* (48, 19).
(6) Fab. d. def. 1, n. 2.
(7) Fab. Cod. *Ubi de criminib.* lib. 3, tit. 14, d. definit. 1, n. 1.
(8) V. infra § 2000 ad 2007.
(9) Fab. Cod. *Ubi de crimin. etc.* lib. 3, tit. 14, definit. 2.
(10) l. *Non ideo* 5 Cod. *De accusat.* (9, 2).

(1) l. 1 Cod. *Ubi de criminib.* (3, 15).
(2) argum. l. *Libertus* 17 § *sola ratio* 5 et § *sola domus* 13 ff. *Ad municipal.* (50, 1).
(3) l. ult. Cod. *Ubi in rem actio* (3, 19).
(4) *Reg. Constit.* lib. 4, tit. 1, § 7; Thesaur. decis. 90, n. 7.
(5) Fab. Cod. *Ubi de criminib.* lib. 3, tit. 14, def. 3 in princ.
(6) Ibid. d. def. 3, n. 2 et seqq.
(7) § ult. Instit. *De poen. temer. litigan.* (4, 16).
(8) l. penult. Cod. *De execut. rei judicat.* (7, 53).
(9) Voet in ff. hoc tit. n. 71.
(10) l. penult. in fin. ff. *Quae in fraud. creditor.* (42, 8).
(11) *Reg. Constit.* lib. 4, tit. 1, § 7.

tum in criminalibus caussis. — § 1936. Quid si miles ante datum militiae nomen deliquerit? — § 1937. Miles civile forum ex militia superveniente declinare non potest. Quid si adversus paganum agat? — § 1938 et 1939. An milites in proprio domicilii loco civili judici subsint? — § 1940. Quae de militibus caveat municipalis lex? — § 1941 et 1942. Studiosis forum peculiare datum fuit. — § 1943 et 1944. Fori privilegium habent Senatores, et aliae illustres personae singulari dignitatis praerogativa fulgentes. — § 1945. An Senator conventus coram supremo magistratu possit ejus judicium declinare, et judicem fundi adire? Quid si agat? — § 1946. Fori privilegium competens Senatoribus, et similibus prodest uxoribus et liberis simul cum patre morantibus. — § 1947 et 1948. Non una semper viguit apud Romanos jurisprudentia de foro clericorum et monachorum. — § 1949 et 1950. Justinianus privilegia clericis et monachis indulta ampliavit. — § 1951. Actio personalis adversus clericum coram judice laico exerceri potest, nisi ecclesiastico judici condemnatus parere nolit, aut fori privilegium, cum de ejus statu dubitaretur, non objecerit. — § 1952 et 1953. Clericus ad nudam chirographi recognitionem coram judice laico conveniri potest. Quid si conveniatur a clerico, ut judicio contra laicum instituto adsit? — § 1954. An in temerariae litis expensas clericum laicus judex condemnare possit? Quid de fructibus? — § 1955 et 1956. Quid de possessione beneficii retinenda, recuperanda, vel adipiscenda? — § 1957 et 1958. Judicis ecclesiastici est definire, an pensio super fructibus beneficii minuenda sit, nec ne? Quid de congrua portione et decimis. — § 1959. Clericus coram judice laico conveniri potest actione ad exhibendum. Mortuarii debitum mixti fori est. Quid de colonis ecclesiae? — § 1960. Judex laicus adversus clericum non inquirit de crimine, nisi privilegiatum sit, vel singularia adjuncta aliud suadeant. — § 1961. Quid si clericus admissus ad dicendum testimonium a judice laico repugnantia dixerit? Quid si laicum apud laicum judicem calumniatus sit, vel sequestrem turbaverit? — § 1962. An judex ecclesiasticus concedere debeat litteras monitorias ad fines revelationis pro probando crimine, quod sanguine vindicandum sit, vel sanguinis effusione admissum? — § 1963 et 1964. Fori privilegium habent pupilli, viduae et miserabiles personae, sive agant, sive conveniantur. Quae sint de hoc privilegio expendenda? — § 1965. Pupillorum nomine veniunt omnes, qui ob animi, vel corporis vitium rebus suis supresse nequeunt. — § 1966. An competat peregrinis, coecis, orphanis, captivis et advenis? — § 1967. Virginibus non competit privilegium fori. An mulieribus, quae a marito exule, captivo, furioso, interdicto frustra defensionem sperant? — § 1968. Ecclesiae, pia loca, atque universitates fori privilegio gaudent, nisi specialis judex ipsis datus sit. — § 1969 et 1970. An fori privilegio ut liceat adversus aeque privilegiatum? — § 1971. An fori privilegium competat pupillis, et miserabilibus personis etiam in caussis modicae quantitatis? — § 1972 et 1973. Fori privilegium implorari non potest post litem contestatam. An in caussa appellationis? — § 1974. Privilegium fori non definit, licet pupillus deinde minor fiat, aut nubat vidua. — § 1975 et 1976. An prosit litis consortibus? — § 1977. Cessionarius fori privilegio utitur, si jus a non privilegiato cessum consequatur. — § 1978. Fori privilegio renunciare possunt pupilli, viduae, et miserabiles personae. — § 1979. Privilegium fori pro miserabilibus personis locum habet etiam in terris vassallorum. — § 1980. Quibus judicibus subsint vassalli? — § 1981. Graviores caussae superioribus judicibus plerumque reservantur. — § 1982 et 1983. De quibus caussis apud nos judicet Senatus? — § 1984. Quae sit jurisdictio supremae rationalium curiae? — § 1985. Caussae, quae ad negotiationem et negotium pertinent, specialem judicem habent.

§ 1934. Forum competens ex privilegio duplex distingui potest: unum, quod personae datum est, sèu certis quibusdam personis; alterum caussae, seu rei in judicium deductae. Personae plures sunt fori peculiaris privilegio gaudentes: nimirum milites, studiosi, egregiae personae, seu dignitate fulgentes, clerici, et monachi: pupilli, viduae, et miserabiles personae; nec non vassalli in quibusdam casibus.

§ 1935. Igitur, ut de militibus primum dicamus, illi jure Romano concesssum est, ut peculiares judices habeant, tum in civilibus, tum in criminalibus caussis: olim quidem duces suos, tum praefectos praetorio (1), postea ex lege Constantini magistros militum (2): postremo Anastasius Imperator ducibus militaribus antiquum jus restituit, judicandi caussas tum civiles, tum criminales militum (3): exceptis caussis ducum, et castris praefectorum, quarum definitio magistro officiorum demandata fuit (4).

§ 1936. Haec ita, si deliquerit miles post datum militiae nomen: si vero ante militiam, interest, utrum in jus ex ea caussa jam vocatus fuerit a judice pagano, nec ne. Ob crimen ante militiam perpetratum miles militari judici subest, si citatio pagani judicis non praecesserit, nisi fraudulenter nomen militiae dederit, ut sub ob-

(1) l. 1 ff. *De offic. praefect. praetor.* (1, 11).
(2) l. *Magisteriae* 6 Cod. hoc tit.; l. 2 Cod. *De offic. magistr. milit.* (1, 29).
(3) l. ult in princ. Cod. *De re militar.* (13, 36).
(4) l. *Viros spectabiles* 8 Cod. *De divers. offic.* (12, 60).

tentu militia pretiosiorem se adversario faceret (1): sed si a judice pagano praeventus fuerit, illius imperio citatus, privilegio militaris fori uti non potest (2); cum judicium ibi finem accipere debeat, ubi initium habuit (3).

§ 1937. Quod pertinet ad civiles caussas, si coram judice pagano coeptum sit judicium, ex militia superveniente ejus jurisdictionem effugere non potest miles conventus (4): alioquin a judicibus militaribus, quorum auctoritate in jus vocari debet, caussae definiuntur (5): sed miles actor pagani, quem convenire velit, forum ex generali juris regula sequitur (6).

§ 1938. Hoc tamen privilegium militare, si quibusdam eredimus (7), leges Romanae non dabant, nisi milites convenirentur apud judices ordinarios illis provinciae, aut municipii, ubi expeditionis, vel praesidii caussa morabantur, quia, cum his judicibus non subessent, nisi ratione temporarii, et improprie dicti domicilii; quippe retinentes jus proprii domicilli, tamquam reipublicae caussa absentes (8), aequius visum fuit peculiares eis judices dare, coram quibus convenirentur.

§ 1939. Sed milites in loco proprii domicilii adhuc conveniri poterant apud judicem ordinarium, si vel procuratorem ibi reliquissent, per quem defenderentur, vel bona ibi haberent, in quorum possessionem creditores mitti potuissent: prout constituit imperator Gordianus de illis, qui reipublicae caussa absunt (9), quibus accensentur milites (§ praeced.), sola tantum venditione bonorum dilata in id usque tempus, quo reipublicae caussa abesse desierint (10), vel concessa restitutione in integrum, et quidem a judice ordinario, seu praeside provinciae, si haec forte secuta fuerit (11). Plane milites, qui professionem aliquam, vel negotiationem exercent, judicibus huic professioni, vel negotiationi praepositis parere debere, rectissime constitutum est (12).

§ 1940. De militibus quaedam apud nos decreta sunt, caeteris juris communis dispositioni relictis (13), prout alibi demonstravimus (14). Quoad criminales caussas statutum est ut transfugae judicis ordinarii auctoritate, immo in hujus defectum a syndico, seu rectore communitatis prebendi debeant (1). Quod si milites in numeros relati tamquam testes in caussa criminali vocentur coram quocumque judice, se sistere jubentur, ducum praevio imperio, si quos habeant, alioquin, judicis ordinarii solo decreto (2).

§ 1941. Studiosi, licet stricte non censeantur reipubblicae caussa abesse, justissima tamen ex caussa, atque ob publicam utilitatem e loco domicilii sui absunt (3): atque ideo recte censuit imperator Fridericus, peculiarem illis judicem dandum esse in civilibus caussis ita ut non conveniatur coram alio quam coram domino, vel magistro suo, vel civitatis, in quo morantur, Episcopo (4); cui tamen usus generali potestatem hanc ademit (5).

§ 1942. Singulare hoc fori privilegium studiosis, seu scholaribus, ut loquitur Fridericus, in caussis tantum civilibus concessum videtur, non in criminalibus, nisi levioris momenti; tum quia jubet Imperator, caussa cadere eum, qui ad alium judicem studiosos traxerit (6); quae poena criminalibus caussis non accommodatur; tum quia favorabilior non est studiosorum caussa, quam clarissimorum virorum, quibus tamen fori privilegium in delictis Constantinus denegavit (7). Apud nos judex specialis datus est studiosis in caussis civilibus, nec non criminalibus levioris momenti (8).

§ 1943. Senatoribus, et clarissimis forum peculiare Romani concesserunt in caussis civilibus, non in criminalibus, nisi illustres personae sint (9). Apud nos statutum est, ut caussae magni cancellarii, equitum Torquatorum, aliorumque singulari dignitatis praerogativa fulgentium a Senatu judicentur, sive actores hi sint, sive rei in civilibus (10), nec non in criminalibus (11): aliorum vero, puta senatorum, et his similium caussae, si conveniantur, Senatui reservatae sunt: si vero agant, reum coram judice ordinario loci convenire debent, nisi reus malit, caussam a Senatu definiri, atque adjuncta ita suadeant (12): pro criminalibus caus-

(1) l. *Qui cum uno* 4 § *non omnis* 8 ff. *De re militar.* (49. 16)

(2) l. *Si quis posteaquam* 7 ff. hoc tit.

(3) l. *Ubi acceptum* 30 ff. hoc tit.

(4) d. l. *Si quis, posteaquam* 7 ff. hoc tit.

(5) l. *Magisteriae* 6 Cod. hoc tit.; l. penult. Cod. *De pact.* (2, 3).

(6) l. *Juris ordinem* 2 Cod. hoc tit.

(7) Voet in ff hoc tit. n. 108.

(8) l. *Milites* 7; l. *Miles* 34; l. penult. ff. *Ex quibus causs. major.* (4. 6).

(9) l. *Ignorare* 4 Cod. *De restitut. milit.* (2, 51).

(10) d. l. 4 in fin.

(11) l. *Si. cum militaribus* 6 Cod. eod. tit.

(12) l. ult. Cod. hoc tit.

(13) argum. l. *Praecipimus* 32 § ult. Cod. *De appellat.* (7, 62).

(14) V. vol. I, lib. 1, *Disputat* § 145, pag. 19.

(1) *Reg. Constit.* lib. 4, tit. 33, § 1, 2 et 3.

(2) Ibid. § 24 et 25

(3) l. *Nec non* 28 ff. *Ex quib. causs. major.* (4, 6); auth. *habita quidem* post l. ult. Cod. *Ne filius pro patre* (4. 13).

(4) d. auth. in fin.

(5) Donel. ad d. auth. n. 33.

(6) d. auth. *habita quidem* in fin. post l. ult. Cod. *Ne filius pro patre* (4. 13).

(7) l. 1 Cod. *Ubi senator, vel clarissim.* (3, 24).

(8) V. *Reg. Constit. pro universitat.* cap. 4. § 1 et seqq.

(9) l. 1, 2 et 3 Cod. *Ubi senator. vel clarissim.* (3, 24).

(10) *Reg. Constit.* lib. 2, tit. 3, cap. 1, § 1.

(11) Ibid. lib. 4, tit. 1, § 1.

(12) Ibid. d. lib. 2, tit. 3, cap. 1, § 8 in fine V. Fab. Cod. *Ubi senator., vel clarissim.* lib. 3, tit. 17, def. 1 in princ., ex quo patet, senatoribus et similibus privilegium fori olim competiisse, licet agerent.

sis idem jus, ac pro prioribus constitutum est (1).

§ 1944. Nihil porro interest, utrum de re gravioris, an levioris momenti agatur, quod pertinet ad hoc fori privilegium (2); cum lex non distinguat (§ praeced.), nec nos distinguere debemus, ut fert tritum apud juris doctores axioma (3): maxime cum in dubio favorabilior fieri debeat hujus beneficii interpretatio (4); ne, dum alios exonerare conamur, viros clarissimos, et de re publica bene merentes oneremus.

§ 1945. Quaerit Faber, utrum senator, aliusve ex clarissimis privilegio fori gaudentibus, qui conveniatur apud judicem suum, seu apud Senatum pro re, quae in alterius judicis territorio sita sit, audiri debeat, si velit ab ea jurisdictione declinare, et ad fundi judicem remitti: atque negat ex Sabaudi Senatus sententia(5); quia actoris electio est, cum reus multiplex forum habet (6), ut superius diximus (§ 1849). Plane cum nemo invitus cogatur uti beneficio si indulto (7), si agat, judicem loci adire potest (8), dummodo et reus consentiat (§ 1943).

§ 1946. Hoc autem privilegium, subjicit Faber, quod senatoribus, aliisque ministris Principis competit, ad eorum quidem uxores, et liberos simul cum patre habitantes pertinet, non tamen ad viduas, aut filios seorsim commorantes a patre (9); quippequod non tam dignitatis, quam officii contemplatione indultum est, ne senatores, et similes vel officium suum alibi litem suscepturi deserere debeant, aut non deserentes ex officio gravem patiantur jacturam: quae ratio militat etiam pro uxoribus, et filiis simul cum patre morantibus, non pro viduis, aut liberis separatim agentibus; adeoque pro his, cessante privilegii ratione, cessare debet (10).

§ 1947. Quod clericos, et monachos spectat, non una fuit omni tempore apud Romanos ex Christianorum Imperatorum sanctionibus jurisprudentia. Imprimis Marcianus Anno CCCCLVI. decrevit, ut clerici omnes sub Archiepiscopo, seu Patriarcha Constantinopolitano constituti coram ipso convenirentur, nisi actor mallet reum coram suo Episcopo convenire (11): atque sub eodem die ejusdem anni aliam edidit constitutionem, qua actori permisit, Archiepiscopi Constantinopolitani, vel Episcopi declinare judicium, et ad praefecti praetorii auctoritatem confugere (1).

§ 1948. Deinde Imperatores Leo, et Anthemius, confirmata Marciani sanctione (§ praec.), adjecerunt, clericos, et monachos in provinciis degentes a solo provinciae praeside in civilbus caussis judicandos esse (2), peregrinos autem clericos Constantinopolim advenientes solius praefecti praetorio jurisdictioni subjectos esse (3).

§ 1949. Justinianus privilegia clericis, et monachis a suis praedecessoribus indulta ampliavit: atque imprimis decrevit, ut caussae clericorum de rebus ecclesiasticis a solis Episcopis judicentur, per appellationem ad Archiepiscopos, et Patriarchas deferendae (4): in civilibus vero actori electionem permisit adeundi judicis ecclesiastici, vel civilis, a quo judicia quoque criminalia expediuntur (5).

§ 1950. Deinceps idem Imperator quaedam immutavit (6): sed postremo generatim sancivit, ne Episcopos sive in pecuniariis, sive in criminalibus caussis ad judicem civilem, citra imperialem jussionem trahere liceat (7); adeoque Episcopus coram Archiepiscopo, hic coram Patriarcha conveniendus est (8): clericos vero, et monachos apud proprium Episcopum tum in civilibus, tum in criminalibus caussis conveniendos jubet (9), non secus ac Oeconomos, et piorum locorum administratores (10). Jure canonico civiles clericorum caussae soli judici ecclesiastico reservautur (11): de criminibus judicat quoque idem judex, ita tamen, ut graviorum criminum rei ecclesiastica dignitate spoliati saeculari judici ulterius puniendi tradantur (12).

§ 1951. Hisce Justinianei, et Pontificii juris sanctionibus hodierni mores nec omnino consentiunt, nec discrepant omnino. Receptum utique, ne personalis actio ex quolibet contractu descendens adversus clericum coram judice laico exercentur (13), prout jure canonico cautum est (§ praeced.): sunt tamen casus, in quibus haec

(1) *Reg. Constit.* d. lib. 4, tit. 1, § 1.
(2) Fab. Cod. *Ubi senator., vel clarissim.* lib. 3, tit. 17, d. def. 1, n. 5 et seqq.
(3) l. *De pretio* 8 ff. *De publician. in rem action.* (6, 2).
(4) l. penult. ff. *De constit. princip.* (1, 4).
(5) Fab. Cod. *Ubi senator., vel clarissim.* lib. 3, tit. 17, def. 2 in princ.
(6) l. *Haeres absens* 19 § ult. ff. hoc tit.; l. ult. Cod. hoc tit.
(7) l. penult. Cod. *De pact.* (2, 3).
(8) Fab. d. def. 2 in fin.
(9) Fab. Cod. *Ubi senator., vel clarissim.* lib. 3, tit. 17, def. 3.
(10) l. *Et qui originem* 3 § *quamvis* 6 ff. *De muneribus, et honoribus* (50, 4).
(11) l. *Decernimus* 13 Cod. *De episcopal. audient.* (1, 4).

(1) l. *Cum clericis* 25 Cod. *De episcop. et cleric.* (1, 3).
(2) l. *Omnes* 33 in princ. Cod. *De episcop. et cleric.* (1, 3).
(3) d. l. 33 § 1.
(4) l. *Sancimus* 29 princ. et § 1, 2, 3 et 4 Cod. *De episcopal. audient.* (1, 4).
(5) d. l. 29 § 4 in fin.
(6) Prout constat ex Novell. 79 et 83.
(7) Novell. 123 § *sed neque* 8.
(8) d. Novell. 123, cap. *si quis vero* 22.
(9) d. Novell. 123, cap. *si quis contra* 21 princip. § 1 et 2.
(10) d. Novell. 123, cap. *Oeconomos autem* 23.
(11) cap. *si diligenti* 12 et cap. *significasti* 18 extra Decret. Greg. *De foro competente* (2, 2).
(12) cap. *novimus* 27 extra Decret.Greg. *De verbor. significat.* (5, 40).
(13) Fab. Cod. hoc tit. lib. 13, tit. 12, def. 9 in princ.; et def. 10, 19 et 29.

regula fallit; puta, ait Faber, si clericus a suo judice condemnatus parere nolit, censuras ecclesiasticas negligens vel si fori privilegium non objecerit, et passus sit, se condemnari a judice laico si modo talis sit clericus, de cujus statu probabiliter dubitari posset (1).

§ 1952. Idem dicendum, seu clericum coram judice laico conveniri posse ad nudam chirographi recognitionem, non secus ac laicum coram judice ecclesiastico (2); quia ex hac interpellatione, non id agitur, ut fiat condemnatio, sed ne probatio intercidat: ita ut facta chirographi recognitione, et nata ex eo tempore hypotheca aut personali agendum erit contra clericum coram judice ecclesiastico, aut reali coram laico, qui hujusmodi actionis judex competens est (3): quo fundamento placuit, clericum apud judicem laicum urgeri posse, ut declaret, an pati velit executionem sententiae latae a judice ecclesiastico, a qua fuerat provocatum, an stare transactioni post provocationem secutae (4); quin nec ex hujusmodi petitione ulla sequi potest condemnatio.

§ 1953. Idem dicendum, si clericus a clerico ad judicem laicum evocetur, ut judicio contra laicum instituto adsit, atque respondeat de veritate facti, cujus notitiam habet (5), non secus ac si alienae liti, puta tamquam auctor, intervenire debeat: quo tamen casu si actio aliqua adversus ipsum instituenda sit, de qua judex ecclesiasticus cognoscere debeat, ad eum remittendus erit (6). Hinc quoque, si judex laicus generali edicto jusserit venire omnes, qui sua interesse putaverint, clericis nocet edictum, si non veniant (7); quod ex necessitate, et aequitate extra ordinem probandum est, maxime quia clericus veniens actoris partes sustinet.

§ 1954. Ad haec cum in consequentiam propositae actionis veniat, ut expansarum condemnatione mulctetur, qui temere litigavit (8), nec alterius judicis esse possit cognitio de sumptibus litis, quam ejus, qui de lite cognovit, si quis apud judicem laicum reali actione adversus clericum egerit, et obtinuerit, perinde expensarum condemnationem odio clerici obtinere potest, ac si clericus nullo personali privilegio uteretur (9). Cum autem fructus non veniant in consequentiam actionis, sed separatim debeantur, idcirco subjicit Faber sententiam a judice laico ita concipiendam esse, ut rem afficiat, non personam; videlicet pronunciet, mittendum esse actorem, retinendum, aut restituendum in possessionem rei, de qua quaeritur cum fructibus, seu cum fructuum a reo perceptorum restitutione (1).

§ 1955. De possessione beneficii retinenda, vel recuperanda cognoscit judex laicus etiam in beneficialibus, seu supremus magistratus, ut alibi diximus (2); quia possessio facti potius, quam juris est: non autem adipiscendae, ait Faber, in beneficiis, aut alia re, cujus cognitio in petitorio ad ecclesiasticum judicem spectet(3): quia adipiscendae possessionis interdictum proxime accedit ad judicium petitorium. Sed alio nos jure uti, tradit Thesaurus (4).

§ 1956. Si tamen de lite pendente super possessorio beneficii transactum sit, atque alteruter ex litigantibus restitui velit adversus transactionem, ecclesiastici judicis haec cognitio est (5); quia restitutio in integrum in personam est, non in rem, quemadmodum omnes restitutiones (6): transactionis utique formam in decidenda caussa possessori judex sequi debet, ut caussa possessionis ex titulo vires accipiat (7).

§ 1957. Ad judicem quoque ecclesiasticum pertinet cognitio, an pensio super fructibus beneficii minuenda sit, nec ne; quaestio haec juris, et proprietatis est, non possessionis (8): plane vix est, ut pensio haec ex fructuum imminutione minui debeat, cum longe minor iis sit; quamquam suadere aliquando potest aequitas, ut minuatur, cum ex comparatione fructuum imponatur. De congrua portione judex laicus apud Galios, et apud nos, ait Faber, incidenter, et provisionaliter cognoscit (9); ne ob longiores petitorii judicii moras necessariis alimentis careat, qui animarum curam gerit.

§ 1958. Idem dicendum de decimis; ita ut de illis tamquam de re spirituali solus judex ecclesiasticus in petitorio cognoscere possit (10), in possessorio solus Senatus (11), prout et in hac patria (12): si tamen neque de jure percipiendi decimas, nec de earum quantitate disceptetur, sed tantum, an solutae sint, nec ne; cum quaestio haec tota facti sit, cujuslibet judicis etiam inferioris cognitio esse potest in suo territorio (13).

§ 1959. Cum actio in rem coram judice

(1) Fab. Cod. hoc tit. def. 8.
(2) Ibid. def. 7 in princ.
(3) d. def. 7, n. 2 et seqq.
(4) Ibid. d. def. 9, n. 1.
(5) Ibid. definit. 39 in princ.
(6) d. def. 39 in med.
(7) Ibid. Cod. *De judic.* lib. 3, tit. 1, def. 38 in med.
(8) l. *Properandum* 13 § *sive autem* 6 Cod. *De judic.* (3, 1).
(9) Fab. Cod. hoc tit. lib. 3, tit. 12, def. 15 in princ.

(1) Fab. d. def 15, n. 5 et seqq.
(2) V. vol. III, lib. 4, § 1319 in corp. et in not. pag. 412.
(3) Fab. Cod. *De judic.* lib. 3, tit. 1, def. 38.
(4) Thes. decis. 82, n. 3 et 4 †.
(5) Fab. Cod. hoc tit. lib. 3, tit. 12, definit. 47, n. 1.
(6) l. penult. Cod. *Ubi, et apud quem etc.* (2, 47).
(7) Fab. d. def. 47 in med.
(8) Ibid. definit. 30.
(9) Ibid. def. 18.
(10) cap. 1 et passim extra Decr. Greg. *De decim.* (3, 30).
(11) Fab. Cod. hoc tit. lib. 3, tit. 12, def. 49, in princ.
(12) V. vol. III, lib. 4, § 1319, pag. 412.
(13) Fab. d. def. 49 in fin.

laico adversus clericum institui possit (§ 1953), actio autem ad exhibendum sit praeparatoria actionis in rem, atque in rem scripta (1), sponte sequitur, clericum ea actione in judicio civili conveniri posse, dummodo prius appareat de jure reali actoris, isque specifice declaret res, quas exhiberi desiderat (2). Debitum mortuarii, ut vocant, seu actio, quae inde oritur, mixti fori esse videtur, ita ut locus sit praeventioni, quemadmodum in crimine sacrilegii (3). Colonum praebendae ratione fructuum subesse judici laico plerique fatentur (4), cum de profana re agatur; non secus ac famulum Episcopi (5).

§ 1960. Hactenus de caussis civilibus: quod ad criminales pertinet, generalis traditur passim regula adversus ecclesiasticam personam praecipue in majoribus ordinibus constitutam judicem laicum de crimine inquirere non posse, nisi privilegiatum sit (6); vel singularia rerum, aut personarum adjuncta aliud suadeant: puta si clericus in habitu saecularis militiae reperiatur (7): ex hoc enim ecclesiasticae militiae renunciasse intelligitur.

§ 1961. Clericus ad testimonium dicendum admissus a judice laico, si repugnantia dixerit, atque ideo suspectus videatur, non ideo torqueri potest laici judicis auctoritate, sed ad suum judicem remittendus est, si adversarius, et res urgeat (8): si tamen laicum calumniatus sit apud judicem laicum, in pecuniaria poena ab eodem damnari posse, sentit Faber, ne calumnia impunita sit (9): quamquam nihil impedit, quominus calumnia ab ecclesiastico judice puniatur (10). Jurisdictionis quoque tuendae caussa tradit idem Faber, licere judici laico, qui de possessione beneficii cognoverit, eamque sequestrari jusserit, animadvertere in clericum, qui sequestrem turbaverit (11): non secus ac Episcopo, aut ejus officiali punire officiali punire officiarios suos laicos de delictis per ipsos in officio commissis (12), in consequentiam, et tuendae jurisdictionis caussa. An vero Princeps rescribere possit judici ecclesiastico, ne clericum vexet, late expendit Osascus (13).

(1) l. *In hac actione* 3 § *est autem* 3 ff. *Ad exhibend.* (10, 4).
(2) Fab. Cod. hoc tit. lib. 3, tit. 12, def. 37.
(3) Ibid. def. 35.
(4) Osasc. decis. 32.
(5) Thes. lib. 3, quaest. 78, n. ult.; V. Fab. Cod. hoc tit. lib. 3, tit. 12, def. 16 in not.
(6) Fab. Cod. hoc tit. lib. 3, tit. 12. def. 31 et 42; V. Thesaur. lib. 4, quaest. 22; ubi de crimine laesae majestatis.
(7) Fab. Cod. hoc tit. def. 14 et *De judic.* lib. 3, tit. 1, definit. 21.
(8) argum. cap. *et si clerici* 4 extra Decret. Greg. *De judic.* (2, 1); Fab. Cod. hoc tit. lib. 3, tit. 12. definit. 36,
(9) Fab. Cod. *De judic.* lib. 3, tit. 1, def. 6.
(10) cap. *clerici* 8 extra *De judic.*
(11) Fab. Cod. hoc tit. def. 16.
(12) d. def. 16 in not.
(13) Osasc. decis. 30.

§ 1962. Unum hic cum Fabro monemus, judicem ecclesiasticum, si rogetur concedere litteras monitorias tantum ad fines revelationis pro crimine probando, quod sanguine vindicandum sit, aut sanguinis effusione admissum, nec velit concedere, quia ecclesia abhorret a sanguine, non esse exhortandum a judice laico, nec si ita futurum sit, ut delictum inopia probationum maneat impunitum (1): ne hortari videatur, ut contra sacros canones quidquam decernat (2).

§ 1963. Pupillis, viduabus, et miserabilibus personis, ne circuitu longiore fatigentur, concessum est, ut praetermisso inferiore judice coram supremo caussas suas instituere possint (3). Nec interest, utrum hae personae actoris, an rei partes sustineant (4), cum lex non distinguat (5): nec utrum ex propria persona, an ex alterius, puta haereditario jure agant, vel conveniantur. Nec utrum paupertini sint, pupilli, aut viduae, et qui his aequiparantur (6), ut modo dicemus; quia nec lex distinguit.

§ 1964. In hac re expendendum: 1. Quae personae veniant pupillorum, quae viduarum, quae miserabilium personarum nomine: 2. An huic fori privilegio locus sit, si adversa pars eodem privilegio gaudeat: An obtineat in omnibus caussis: 4. Quo tempore implorari possit: 5 An prosit litis consortibus, et cessionario: 6. An per renunciationem amittatur: 7. Utrum vires exerat, cum miserabiles personae subsunt judicibus, qui a vassalis electi sunt.

§ 1965. Pupillorum nomine passim docent interpretes, venire etiam minores, prodigos, furiosos aliosque, qui propter animi, vel corporis vitium rebus suis superesse nequeunt (7), maxime quia Imperator etiam prospicit illis, *qui diuturno morbo fatigati sunt, et debiles* (8): immo et senes decrepitos (9); cum senectus ex trito axiomate ipsa sit morbus non levis, quae nullo remedio sanari potest.

§ 1966. Ulterius prosequitur Thesaurus, atque putat, hoc singularis fori privilegium competere peregrinis, coecis, orphanis, leprosis, captivis, qui in itinere gabellis gravantur, advenis, qui a Deo saepe commendantur, ei similibus (10): quod tamen non indistincte accipiendum vide-

(1) Fab. Cod. hoc tit. lib. 3. tit. 12, def. 38.
(2) V. Concil. Tridentin. sess. 25, cap. 3.
(3) l. unic. Cod. *Quand. imperat. inter pupill. et vid.* (3, 14); *Reg. Constit.* lib. 2, tit 3, cap. 19. § 1.
(4) *Reg. Const.* d. § 1.
(5) d. l. unic. Cod. *Quand. imperat. etc.*
(6) Voet in ff. hoc tit. n. 116; Thesaur. decis. 177, n. 3 †.
(7) argum. l. *Mulieri* 15 § 1 ff. *De curator. furios.* (27, 10); l. *Dabimusque* 19 § 1 et seqq. ff. *De reb. auctoritat. judic. possidend.* (42, 5); Thesaur. decis. 177 in addit. littera *A*, Voet ff. hoc tit. n. 115.
(8) d. l. unic. Cod. *Quand. Imperat. etc.* (3, 14).
(9) Thesaur. d. decis. 177 in addit. d. littera *A*, Voet d. n. 115.
(10) Thesaur. d. decis. 177, n. 1 et 2 et in addit. litter. *A*.

tur; cum omnes enumeratae personae eodem favore in omni casu dignae non sint, nec vere miserabiles dici possint, prout inferius expendemus.

§ 1967. Virgines aetate majores sub viduabus non comprehendi, verius est; licet enim lato sensu vidua appellari possit mulier inupta, quatenus sola est, seu, ut ait Labeo, sine duitate (1), proprie tamen hoc nomine significatur, quae virum amiserit: verba autem in propria significatione accipienda sunt, nisi aliud constet legislatorem voluisse (2): facilius concedi potest fori privilegium mulieribus nuptis quidem, sed quae a marito, puta exull, ad triremes damnato, captivo, furioso vel bonis interdicto, frustra defentionem sperent (3); cum et viduata dicatur ecclesia, quae inutilem rectorem habet (4).

§ 1968. Ecclesiis, piis locis, atque universitatibus cujuscumque generis, licet specialem judicem habeant, si Thesauro assentimur, nisi speciali huic judici privativa, ut ajunt, jurisdictio concessa sit, pupillorum exemplo, quibus aequiparari solent, idem fori privilegium competere, plerique tradunt (5); cum et aliorum auxilio egantur (§ 1965), et potentiam adversarii reformidare debeant: quae privilegii caussa fuit (6). Apud nos caussae inter duas universitates, seu communitates ad judicem majorem pertinent, nisi specialim aliis magistratibus reservatae sint (7).

§ 1969. Dissentiunt interpretes, et pragmatici, utrum huic privilegio locus sit inter duos eodem privilegio utentes, puta inter pupillum, et viduam. Quidam affirmant, inter quos Faber, quia in vidua duplex concurrat favor, dotis videlicet, et personae, atque pupillorum quoque intersit, caussas suas a supremo potius magistratu, quam ab inferioribus judicibus judicari (8). Negant alii, quibus inhaeret Thesaurus (9); quia in concursu duplicis privilegii res ad jus commune revertatur (10), adeoque actor forum rei ordinarium sequi debeat (11).

§ 1970. Mediam alii ineunt viam, atque putant fori privilegium cessare, si tum actor, tum reus in eadem conditione sint, nec privilegii ratio in uno favorabilior sit, quam in alio, puta uterque pupillus sit; vel pupillus et vidua, quae de rebus extra dotem positis agat, vel conveniantur, quia in hoc casu locum habet juris regula, ex qua privilegio uti non licet adversus aeque privilegiatum (1): vigere autem, si unum alio privilegio favorabilius sit (2), quemadmodum in superiore specie de vidua dotem repetente a pupillo (§ praeced.)

§ 1971. Cum autem suadeat aequitas, ne pupillis, viduabus, et personis miserabilibus perperam succurratur in grave adversarii dispendium, idcirco plerisque in locis certa quantitas definita est, intra quam judicis ordinarii jurisdictio declinari non possit (3). Apud nos hujus incommodi vitandi caussa, facultas data est supremis magistratibus caussas harum personarum remittendi ad judicem ordinarium, aut judicem majorem, seu praefectum, si rei valor, quantitas, aliave adjuncta ita suadeant (4); ita tamen ut ab ordinario judice ad majorem, ab hoc, licet a Senatu delegatus fuerit, Senatus provocari possit. si quantitas, aut rei valor appellationem patiantur (5).

§ 1972. Neque consentiunt doctores quoad tempus implorandi hujus beneficii. Quidam putant etiam post litem contestatam posse ei locum fieri, quia lex (6) non distinguit. Negant plerique et rectius; quia ex generali juris regula, cui lex Codicis non contradicit, judicium ibi finem accipere debet, ubi initium habuit (7): atque res haec apud nos extra dubitationem posita est; cum municipali sanctione decretum sit, ne actori post factam rei in jus vocationem, aut reo post litem contestatam variare liceat, atque ab inferiore ad superiorem judicem declinare (8).

§ 1973. Difficilior est quaestio, an privilegio fori uti liceat in secundo judicio, seu secunda instantia, nimirum in locis, quemadmodum apud nos, in quibus tres sunt judices caussarum, ordinarius, major, seu praefectus, ad quem a judice ordinario provocari potest, et Senatus. Affirmantium sententiam defendit Thesaurus (9), forte quia lex de privilegio fori concepta generalis sit (10): variare tamen videtur, qui medium omittit, quod non licet (§ praeced.)

§ 1974. Omnes fere consentiunt, Constantini legem de privilegio fori pro viduabus, et pupillis (11), vires servare, licet vidua pendente

(1) l. *Mulum* 242 § penult. ff. *De verb. signif.* (50, 16).
(2) l. *Non aliter* 69 ff. *De legat* 3. (32, 1).
(3) Voet in ff. hoc tit. n. 116 post alios plures
(4) cap. *inter corporalia* 2 in med. extra Decr. Greg. *De translation. Episcop.* (1. 7).
(5) Voet in ff. hoc tit. n. 119; V. Thesaur. d. decis. 177. n. 9.
(6) d. l. unic. Cod. *Quando imperat. int. pupill. etc.* (3, 14).
(7) *Reg. Constit.* lib. 2. tit. 4, § 6.
(8) Fab. Cod. *Quand. imperat. etc.* lib. 3, tit. 13 definit. unic.
(9) Thes. dec. 177. n. 9 in medio.
(10) argum. l. *Verum* 11 § ult. ff. *De minorib.* (4, 4).
(11) l. *Juris ordinem* 2 Cod. hoc tit.

(1) l. *Assiduis* 12 § 1 in fin. Cod. *Qui potior. in pign.* (8, 18).
(2) V. vol. I, lib. 1, § 188. pag. 60.
(3) Voet in ff. hoc tit. n. 124
(4) *Reg. Constit.* lib. 2, tit. 3, cap. 19, § 2.
(5) Ibid. § 3.
(6) d. l. unic. Cod. *Quand. imperat. etc.* (3, 14).
(7) l *Ubi acceptum* 30 ff. hoc tit.
(8) *Reg. Constit.* lib 2, tit. 3, cap. 19, § 1; Thesaur. decis. 177, n. 6 et 7 †.
(9) Thes. dec. 177. n. 8 et in addit. littera *C.*
(10) d. l. unic. Cod. *Quand. imperat. etc.* (3, 14).
(11) Ibidem.

lite nubat, pupillus efficiatur major (1); cum judicium ex juris praescripto ibi finiri debeat, ubi coeptum fuit (2); atque nimis incommodum esset, priore judice relicto, alium adire.

§ 1975. An fori privilegium pupillis, viduabus, atque miserabilibus personis indultum prosit litis consortibus, quaestionis est: puta si vidua, et mulier innupta dotem postulent ab haeredibus patris; pupillus, et major petant quantitatem utrique simul debitam, quia duo sunt rei debendi (3). Plerique affirmant, saltem si caussa individua sit, atque non privilegiati idem jus habeant, ac privilegio gaudentes (4); ne lites connexae coram diversis judicibus perperam multiplicentur; aut privilegiatus propter litis consortem suo privilegio carere debeat, quod alienum videtur ab aequitate, et legislatorum mente.

§ 1976. Non eadem utique viget ratio in caussis dividuis; quia tamen leges volunt, ut caussae invicem connexae apud eundem judicem ventilentur, ne continentia caussae, ut ajunt, dividatur, prout supra diximus (§ 1900, et seqq.), atque menti legislatorum magis congruit, ut privilegiatus ad se potius trahat non privilegiatum (§ praeced.), idcirco non temere defenditur, idem quoque jus in hoc casu vigere (5).

§ 1977. Cessionario hoc fori privilegium competere tam in agendo, quam excipiendo si nempe privilegiato cessa sit actio ab eo, qui nullum habet privilegium, isque ex jure cesso agat, vel ex caussa, aut occasione hujus cessionis conveniatur, vulgo plaget, dummodo cessio caussam onerosam habeat, non si lucrativam (6): quia succurrendum sit ei, qui onerosam caussam habet: ne privilegii sui jacturam patiatur; durior vero fieri non debeat adversarii conditio favore ejus, qui titulo lucrativo nititur (7).

1978. Disputar quoque, an huic fori privilegio renunciari possit. Quidam negant (8), ea moti ratione, quod favore boni publici inductum sit: alii affirmant (9), quia pactum hoc bonis moribus non adversetur, et per leges generatim possit unusquisque iis, quae pro se introducta sunt renunciare (10), licet favorem publici boni admixtum habeant, prout in militibus, quibus tamen licet privilegio militaris fori renunciare (11): maxime quia pupillis, viduabus, et miserabilibus personis necessitas injuncta non est privilegio utendi, sed tantum data facultas (1); quia privantur post litis contestationem (§ 1972).

§ 1979. Postremo privilegium hoc non tantum in locis immediate Principi subjectis, sed et in locis vassallorum, licet hi per jurisdictionem a Principe ex caussa onerosa una cum feudo habitam investiti fuerint de primis, et secundis cognitionibus, Senatus censuit, saltem si pupillus, et vidua simul paupertate laborent (2); quia privilegium hoc, utpote clausum in corpore juris, praecipuo favore dignum sit; nec Princeps censeatur voluisse sibi adimere facultatem de his per se, vel per supremos magistratus suos, qui vices Principis sustinet, judicandi. Novissima regia lex loca mediate, vel immediate subjecta nullatenus in hac re distinguit (3).

§ 1980. Ad haec vassalorum caussae, si controversia sit cum aliis vassalis, a ut cum subditis, a judice majore, seu provinciae praefecto dijudicari apud nos debent, non a judice ordinario feudi, non secus ac illae, quibus vassallus in jus vocetur, ut indemnem alterum praestet: nisi forte vassallus, aut adversa pars alterius judicis jurisdictioni subjiciantur (4); judices autem ordinarii coram vicario, sicut nec praefecti conveniri possunt, sed illorum caussae a praefecto, istorum a senatu definiendae sunt (5).

§ 1981. Hactenus de privilegio fori ratione personarum inducto: quaedam etiam caussae sunt, quae speciales judices habent: sed in hac re generalis regula alia statui non potest, quam haec, videlicet graviores caussas superioribus judicibus plerumque reservari; facta quadam distinctione inter diversi generis caussas, quarum aliae ad unum, aliae ad alium superiorem magistratum spectant, pro jurisdictionis cujusque praescriptis finibus, consuetudine, vel saltem imperantis auctoritate: atque ideo singulorum locorum leges in hac re consulendae sunt.

§ 1982. Sed, ne taciti praeteriisse redarguamur, quae in hac re apud nos vigent, summatim delibabimus caussas cujusque magistratus jurisdictioni subjectas. De caussis ad supremam Principis potestatem spectantibus, ejus juribus, atque regaliis judicat senatus (6): nec non de controversiis rerum feudalium, et jurium regalium, puta venatione, piscatione, et similibus inter privatos (7): de emphyteusi, aut sub feudo in quibusdam casibus; feudis ecclesiae, aut universitatum, alluvione, aut inundatione fluminis (8).

(1) Thes. d. decis. 177, n. 4 et in addit. littera C †.
(2) l. *Ubi acceptum* 30 ff. hoc tit.
(3) De quibus Justinianus agit Institut. lib. 3, tit. 17.
(4) argum. l. *Si communem* 10 ff. *Quemadmod. servit. amittant.* (8,6); Thes. d. dec. 177, n. 4.
(5) Voet in ff. hoc tit. n. 122; Thesaur. d. decis. 177. n. 4.
(6) Fab. Cod. hoc tit. lib. 3, tit. 12, def. 22 in princ.; Voet in ff. hoc tit. n. 125.
(7) argum. l. *Pure mihi* 5 § 1 et seqq. ff. *De dol. mal. et met. exception.* (44. 4).
(8) Thesaur. d. decis. 177. n. 5.
(9) Voet in ff. hoc tit. n. 123.
(10) l. penult. Cod. *De pact.* (2, 3).
(11) d. l. penult.

(1) d. l. unic. Cod. *Quand. imperat. int. pupill. et vid.* (3, 14).
(2) Thesaur. d. decis. 177, n. penult. et ult. †; V. Fab. Cod. hoc tit. lib. 3, tit. 12, def. 17, n. 6 et seqq.
(3) *Reg. Constit.* d. lib. 2, tit. 3, cap. 19, § 1, 2 et 3.
(4) Ibid. lib. 2, tit. 4. § 6.
(5) Ibid. § 9.
(6) Ibid. lib. 2, tit. 3, cap. 1, § 1.
(7) Ibid. § 2, 3, et 4; V. Fab. Cod. lib. 3, tit. 12, definit. 33.
(8) *Reg. Const.* Ibid. § 5, 6, 7; V. Fab. Cod. hoc tit. lib. 3, tit. 12, def. 21; ubi de potestate concedendae licentiae congregandi populi ad indicendam contributionem.

§ 1983. Ad haec Senatus jurisdictioni subjiciuntur controversiae de interpretatione statutorum, privilegiorum, aut consuetudinum inter communitates, vel inter has, et alios (1): atque cognitio ad ipsum spectat, utrum captivus, seu in carceribus detentus in exteras regiones mitti debeat, et permittenda sit executio decretorum judicis alterius ditionis; ita tamen, ut reus magistratibus exterae ditionis tradi nequeat, nisi ex Principis auctoritate (2). Quod si judex inferior ex mandato Senatus cognoverit de re ad supremam rationalium curiam pertinente, veritate cognita, res ad rationales remittenda est, impetrante, si rescriptum obrepserit, in expensas condemnato (3).

§ 1984. Haec de Senatus singulari jurisdictione. Suprema rationalium curia, seu camera computorum cognoscit de caussis omnibus, quae respiciunt demanium, seu patrimonium Principis, de juribus regalibus, feudis, bonis feudalibus, et emphyteuticis, quae a directo Principis dominio pendent, juribus repraesulariarum, albinatus, quatenus lisci interest: et generatim de controversiis omnibus, in quibus fisci directe, vel indirecte interest (4): de fluminis alluvione, vel inundatione, si res haec feudum afficiat (5): nec non de caussis sive civilibus, sive criminalibus vectigalium (6).

§ 1985. Specialem quoque judicem, seu magistratum habent caussae, quae ad negotiationem, et commercium pertinent: magistratus hic apud nos consulatus nomine donatur, atque privativam habet cognitionem in caussis cambii, seu mensae nummulariae, negotiationis, aliisque commercium respicientibus non tantum inter mercatores, sed etiam inter hos, et alios, nec non ipsorum haeredes (7); ejusque jurisdictioni subjiciuntur negotiatores cujusque generis, quod ad negotiationem pertinet, ejus jura, et leges (8): postremo speciales quoque sunt caussae praefectis tributorum pro vincialibus reservatae (9).

ARTICULUS V.

De foro competente ex evocatione caussarum.

SUMMARIA

§ 1986 *et* 1987. *Evocatio est litis ab ordinario judice ad superiorem translatio: eaque fit a Principe, vel a magistratibus superioribus.* — § 1988. *Magistratus lites evocare plerumque non debent, nisi ad instantiam litigantium.* — § 1989 *et* 1990. *Evocandae litis justam praebet caussam connexio, et continentia caussae.* — § 1991. *An coram inferiore judice litigare cogatur, qui apud superiorem in alia re iisdem instrumentis uti debet?* — § 1992. *An possit Senatus de caussa ad inferiorem judicem spectante cognoscere, si statim definiri possit?* — § 1993. *An retinere caussam in principali negotio, si appellatum sit ab interlocutoria?* — § 1994. *Evocationes caussarum soli Senatui apud nos permittuntur.* — § 1995. *Quid si Senatus caussam delegaverit majori provinciarum judici, quam dominus inferioris jurisdictionis ad suum judicem pertinere contendat?* — § 1996. *Salvae guardiae litterae nil detrahunt jurisdictioni judicium inferiorum.* — § 1997 *et* 1998. *Litterae requisitoriae quibus casibus adhiberi soleant?* — § 1999 *et* 2000. *Quae de hisce litteris sigillatim apud nos cauta sint?*

(1) *Reg. Constit.* d. lib. 2, tit. 3, § 10.
(2) Ibid § 13 et 14.
(3) Fab. Cod. hoc tit. lib. 3, tit. 12, def. 48.
(4) *Reg. Constit.* lib. 6, tit. 1, cap. 1, § 1, 2, 3, 4, 5 et 6.
(5) Ibid. § 7 et 8. V. Fab. Cod. hoc tit. lib. 3, tit. 12, def. 6, 10 et 43.
(6) *Reg. Constit.* ibid. § 9 et seqq. ubi et aliae hujusce magistratus munia, et jura recensentur.
(7) Ibid. lib. 2, tit. 16, cap. 1, § 12.
(8) Ibid. § 13 et seqq.
(9) Ibid. lib. 6, tit. 1, cap. 4, § 1 et seqq.

§ 1986. Evocatio nihil aliud est, quam litis ab ordinariis judicibus, a quibus ex jure communi definienda esset, ad superiorem translatio, sive ea fiat ante litem coeptam, sive ea jam coepta et superveniente aliqua justa caussa: haec autem evocatio vel a Principe fit, vel a magistratibus superioribus. Princeps prae suprema, qua pollet, auctoritate, lites omnes tum coeptas, tum nondum institutas ad se evocare potest, easque ordinariis judicibus ablatas alteri, quem aestimaverit, committere; et aliquando ita fieri expedit; potissimum ob denegatam ab ordinario judice justitiae administrationem, prout jure Romano novissimo constitutum est (1), et canonico firmatum (2).

§ 1987. Restrictior profecto est magistratuum in hac re potestas: ne facile turbentur fines jurisdictionis a Principe, jurisdictionis omnis fonte, discreti; adeoque nec coeptas, nec nondum institutas lites evocare licet, nisi ex magna, et fere necessaria caussa (3), quippe aequitas, vel necessitas licitum facit, quod alioquin non liceret (4).

§ 1988. Hac autem litium evocationes fieri non debent ex officio praetextu negligentiae in judice inferiore, aut alio (5); sed ad instantiam litigantium, seu delatis per eum, qui de nimia litis protelatione, aut denegata justitiae administratione dolet, supplici libello querelis ad tribunal superius, et evocatione implorata; prius

(1) Novell. 17, cap. *sit tibi quoque* 3; Novell. 86, cap. 1 2 et 3.
(2) cap. *ex transmissa* 6, cap *ex parte* 15 extra *De foro competente* (1, 2).
(3) Voet in ff. hoc tit. n. 143; Fab. Cod. *De judic.* lib. 3, tit. 1, def. 1, in princ.
(4) l. penult. ff. *De interrogat. in jure faciend.* (11, 1).
(5) *Reg. Constit.* lib. 2, tit. 3, cap. 1, § 12.

etiam, quam caussa evocetur, admonitis judicibus inferioribus, si ita videatur, ut munus suum exequantur (1).

§ 1989. Inter caussas, propter quas litis evocatio justa esse potest, recensentur, si judex inferior alterutri litigantium suspectus esse coeperit, nec alius in ejus locum substitui commode possit (2): quod tamen raro admodum contingit, prout colligi potest ex iis, quae supra diximus de suspectis judicibus (§ 1741 ad 1743): vel si apud judicem superiorem tractetur inter easdem personas alia lis ita connexa cum ea, quae evocatur, ut sententia, quae in una lite dicetur, paritura sit exceptionem rei judicatae in alia, ut timeri possit rerum judicatarum contradictio (3).

§ 1990. Justum quoque praebet evocandae litis fundamentum continentia, et ajunt, caussae, ne lis dividatur (4), de qua re supra diximus (§ 1900, et seqq.): non tamen apud nos, si lis sit inter subditum, et dominum, qui per se, aut suos judices injuria subditis inferre soleat (5); cum specialem hujusmodi controversiae judicem habeant (§ 1980).

§ 1991. Potius recipiendum, quod tradit Faber, minime cogendum, ut coram inferiore judice litiget, qui apud superiorem in alia re iisdem instrumentis uti cogitur: haec nimirum species est: cum quidam apud Senatum conventus pro parte debiti edidisset instrumentum, quo demonstrabat, se nihil debere; deinde vero apud inferiorem judicem quo relicto debito conveniretur, placuit Senatui Sabaudo, minime cogendum hunc, ut litem susciperet coram judice inferiore (6); quia licet non esset de eadem quantitate, attamen pendebat ex eadem debendi caussa, iisdemque poterat terminari exceptionibus, quarum probatio, utpote ex iisdem instrumentis petenda, scindenda non erat (7); cum nec fieri possit, ut quis eodem tempore eadem instrumenta in diversis tribunalibus edat.

§ 1992. Amplius etiam tradit Faber, reo ad Senatum vocato, postulante actore, qui nullum fori privilegium habeat, posse Senatum cognoscere, et definire, si ex productis hinc inde instrumentis in promptu res definiri possit (8); quia rei potius intersit, licet pupillus sit, litem quantocius ad finem perduci, et sumptibus parci: quae tamen sententia nec omnibus placet, nec ubique probatur (9).

(1) d. Novell. 17, cap. *sit tibi* 3; d. Novell. 86, cap. 1, 2 et 3; Voet in ff. hoc tit. n. 143.
(2) Fab. Cod. *De judic.* lib. 3, tit. 1, def. 1, n. 3 et 4.
(3) d. def. 1, n. 5 et 6.
(4) d. def. 1 in not.
(5) Ibid. def. 9.
(6) Ibid. def. 3.
(7) argum. l. *Praetor ait* 4 § ult. ff. *De edend.* (2. 13).
(8) Fab. Cod. hoc tit. lib. 3, tit 12, def. 24 et 32; argum. l. *Per hanc* 4 Cod. *De temporib. et separat. appellat.* (7. 63).
(9) Fab. d. def. 24 in not.

§ 1993. Plane consentit idem Faber, judicem superiorem, ad quem appellatum sit ab interlocutoria judicis inferioris, qui se competentem pronunciaverat, non posse retinere caussam in principali negotio, licet consentiat is, adversus quem appellatum est, nisi uterque consentiat (1): quod tamen difficultate non caret, superiori judicis inferioris interlocutionem probaverit; cum ita judiciorum ordo confunderetur; quod recta reipublicae administratio vix patitur: potissimum si de minima quantitate disceptetur (§ 1872), de qua in primo judicio apud Senatum agi non possit (2).

§ 1994. Senatum perpetuo commemoramus; etenim apud omnes in confesso est, soli Senatui litium evocationes permitti in quibusdam casibus, non caeteris judicibus, licet inferiores sub se habeant (3): supremo magistratui, qui vices Principis sustinet, quaedam licere aequum est, caeteris denegata. Ex dictis colligi potest, an contra executionem factam jussu judicis inferioris possit implorari cognitio superioris, seu supremi magistratus, et tractat Faber (4).

§ 1995. Quod si Senatus, postulante actore, delegaverit caussae cognitionem alicui ex majoribus provinciarum judicibus de re, quam dominus inferioris jurisdictionis ad judicem suum pertinere alleget, salvum utique est vassallo jus tuendae suae jurisdictionis, quae ut plurimum titulo oneroso acquiritur, sed de eo contendere debet apud Senatum (5), ad quem pertinet non solum per obreptionem mandatam jurisdictionem revocare (6), sed et vassallorum jurisdictionem tueri: maxime cum hodie jurisdictiones omnes patrimoniales esse existimentur, adeoque ut plurimum onerosae magis, quam compendiosae (7), ut superius diximus (§ 1790).

§ 1996. Litteris, ut vocant, salvae guardiae, seu diplomate Principis, quo in specialem protectionem suam aliquem recipit, sicuti nullum novum jus impetranti acquiritur, sed tantum possessio, quam habet, conservatur (§ 1455), ita nihil detrahit inferiorum judicum jurisdictioni (8); adeoque si possessionis controversia emergat, coram eodem judice agendum est, perinde ac si diploma nullum esset; optimus enim Princeps praesumitur tueri potius, quam intervertere subditorum inferiores etiam jurisdictiones (9); atque beneficia Principum ita semper interpretamur, ne alteri sint captiosa (10).

§ 1997. Si supremi alicujus magistratus sen-

(1) Fab. Cod. hoc tit. lib. 3, tit. 12, definit. 25 in corp. et in not.; ubi de pronunciata deserta appellatione.
(2) V. *Reg. Constit.* lib. 2, tit. 3, cap. 1, § 12.
(3) Fab. Cod. *De judic.* lib. 3, tit. 1, def. 1 in not.
(4) Ibid. lib. 3, tit. 12, def. 20.
(5) Ibid. def. 13 in princ.
(6) l. *Judicium* 58 ff. hoc tit.
(7) Fab. d. def. 13 in fin.
(8) Ibid. def. 9.
(9) l. ult. Cod. hoc tit.
(10) l. *Nec avus* 4 Cod. *De emancipationib.* (8, 49).

tentia executioni demandanda sit extra provinciam, solet magistratus, prout apud Romanos quoque servabatur (1), alterius provinciae magistratum rogare, litteris requisitoriis, ut vocant, ad eum datis, ut executione permittat (2): cavere autem debent magistratus, scite monet Faber, ne, dum alienam tuentur jurisdictionem, propriam negligant, nec facile suae jurisdictionis homines ad alium remittant; ne longioribus, et dispendiosioribus litium incommodis vexentur, si extra provinciam suam litigare compellantur (3).

§ 1998. Hinc, cum Generas quidam pro Sabaudo apud Genevatos fidejussisset, atque ex ea caussa apud judicem conventus litteras ab eo impetrasset adversus debitorem, ut judicio adesset, et litis periculum in se susciperet, rogato etiam Senatu, ut earum litterarum executionem permitteret, non censuit Senatus permittendam; quoniam, ea permissa futurum erat, ut nostras suscipere cogeretur actionem personalem coram judice non suo: permisit tamen denunciationem fieri debitori litis, apud Genevatos institutae, ut fidejussorem, si sua interesse putaret, defenderet; alioquin ad indemnitatem fidejussori praestandam a judice suo postea condemnandus (4): maxime cum denunciatio haec, utpote facta ad certiorandum, etiam extra judicium, dummodo praesentibus testibus, fieri possit (5).

§ 1999. Posteriore, quo utimur, jure, res haec loculentius explicata est: cautum in primis, ut, qui in ditione commorantur, in jus vocari possint, ubicumque sint, datis litteris requisitoriis senatui, praefecto, aut judici, sub cujus jurisdictione sunt (6): tum ut magistratus, praefectus, aut judex permittere debeat executionem sententiae suae extra territorium, atque litteras requisitorias petenti concedere, quemadmodum et magistratus, vel judex territorii requisitus a magistratu, vel judice alterius territorii denegare non potest sententiae executionem (7).

§ 2000. Quod si requisitoriae litterae missae fuerint a magistratibus, vel judicibus alterius ditionis, eodem modo agendum praescribitur Senatui erga ipsos, quo ipsi vicissim utuntur (8): nocentes vero tradi exteris magistratibus nequeunt, nisi ex Principis auctoritate (9): sed in quacumque ditionis parte capi potest reus, jubente magistratu, aut judice, ad quem criminis cognitio pertinet, quin requisitoriae litterae praecedere debeant, quae tamen necessariae sunt, ut reus e carceribus loci, in quo prehensus fuit, ducatur in carceres judicis, cujus jussu captus fuit (1).

(1) l. *Solent* 7 ff. *De custod. et exhibit. reor.* (48, 3); Novell. 17, cap. *sed etiam* 14.

(2) Fab. Cod. hoc tit. lib. 3, tit. 12, def. 34, ubi simul adstruit, secretioris consilii Principis privilegium esse, ne hisce requisitoriis litteris uti cogatur; quia Princeps huic consilio adesse intelligitur.

(3) Fab. Cod. hoc tit. def. 2 in princ.

(4) d. def. 2 in med.

(5) l. *Aemilius* 38 ff. *De minoribus* (4, 4).

(6) *Reg. Constit.* lib. 3, tit. 3, § 7.

(7) Ibid. tit. 32, § 6, 7 et seqq.

(8) Ibid. lib. 3, tit. 3, cap. 1, § 13.

(9) Ibid. § 14.

(1) *Reg. Constit.* lib. 4, tit. 7, § 12 et 13.

CAPUT V.

De judiciorum ordine, et modo.

Digest. lib. 5, tit. 1 *De judic.*
Cod. lib. 3, tit. 8 *De ordin. judic.*

SUMMARIA

§ 2001 et 2002. *Quae sint in hoc capite sigillatim explicanda?* — § 2003. *Caussa major in primis definienda est.* — § 2004. *Caussa proprietatis praecedit caussam servitutis, et de statu personae prius disceptandum, quam de bonis.* — § 2005. *De testamenti jure prius agendum, quam de legatis; caussa criminalis potior est civili* — § 2006. *Executio sententiae non differtur petitae restitutionis praetextu, nec vicissim. Quid de executione contractus, pendente lite coram judice ecclesiastico super absolutione a jurejurando?* — § 2007. *Adjudicatio provisionalis lite pendente fit favore illius, quem certo constet, jus aliquod habere.* — § 2008. *Quid de matre, quae nondum redditis tutelae rationibus, pignorum dotalium possessionem consecuta sit?* — § 2009. *Judicium coeptum actor prosequi debet; alioquin instantia deserta intelligitur.* — § 2010. *Diffamationis judicium quibus casibus locum habeat?* — § 2011. *Vocatus judicio diffamationis agere non compellitur, si diffamationem neget, neque vocans eam satis probet.* — § 2012. *Diffamatus ab initio actor est, deinceps fit reus.* — § 2013 et 2014. *Diffamati, an diffamantis forum inspiciendum sit?* — § 2015. *Tutius est diffamantem coram judice suo vocare.* — § 2016. *Diffamatus melius sibi prospicit implorando remedia possessoria.* — § 2017 et 2018. *Aliquando in judicium vocantur omnes illi, qui jus aliquod in re vendenda sibi competere arbitrantur. Quid si res pupilli sit, vel universitatis?* — § 2019. *Quid si in judicium veniat aliquis, et venditioni intercedat?* — § 2020 et 2021. *Venditione etiam secuta, judicium hoc institui potest. Quid si nemo intercedat?* — § 1022. *Diffamationis judicium in personas incertas proponitur ab illis, qui delicti alicujus fama publica insimulantur, vel opus novum facere desiderant.* — § 2023. *Plus petere non licet, quam debitum sit, utique minus.* — § 2024 et 2025.

Actore plus petente, reus liberatur offerendo, quod se debere putat. Quid si fundum totum petat ille, cui pars tantum debetur? — § 2026. *Quid si actor petat conditione pendente, eaque existat, lite nondum finita?* — § 2027. *De debito in diem agere licet ante diem.* — § 2028 *et* 2029. *An et de debito sub conditione?* — 2030. *Usurae futuri temporis, redditus annui, fructus et accessiones recte petuntur.* — § 2031. *Diffamationis judicium institui potest adversus eum, qui jactitet, sibi competiturum jus post certum tempus, aut conditionis eventum.* — § 2032 *et* 2033. *Quae praemittenda sint de instruendi processus modo?* 2034 *et* 2035. *Probationes plerumque post litem contestatam desiderantur. Quibus modis fiant?* — § 2036. *Positio est dictum loco interrogationis positum. Quo differat ab interrogatione.* — § 2037. *Poni potest factum proprium et alienum, generale, vel speciale et non factum.* — § 2038. *et* 2039. *Positiones admittuntur de omnibus rebus, de quibus deferri potest jusjurandum, dummodo ad litem faciant.* — § 2040 *et* 2041. *Positionibus reus plerumque respondere tenetur per se, non per procuratorem.* — § 2042. *Positionibus singulis sigillatim respondendum. An advocatus assistere possit responsionibus, et respondentem instruere?* — § 2043. *Quod si reus temere negaverit positiones, vel respondere detrectaverit?* — § 2044. *An pupilli et prodigi aliquando respondere possint?* — § 2045. *Positiones negatae intra dilationum tempus probari possunt datis articulis. An publicatis testibus liceat positiones facere? Quid de capitulis?* — § 2046. *Articuli non admittuntur, si factum contineatur instrumento, aut legitima scriptura: aut res scripturam necessario desideret.* — § 2047. *Libello actoris edito, reus exceptiones suas proponere debet, tum actor replicationes.* — § 2048. *Dilationum tempus longius, vel brevius est, prout absunt litigantes, vel praesentes sunt: atque a judice protrahi, vel minui possunt.* — § 2049 *et* 2050. *In Judicio summario omnia viva voce expediuntur: judex tamen in sententia exprimere debet petitionem actoris, rei exceptiones et probationes hinc inde editas.* — § 2051. *Contumax esse potest tum reus, tum actor.* — § 2052 *et* 2053. *Reus in jus non veniens post praefinitum tempus pro contumace habetur, si citatio in personam facta fuerit* — § 2054. *Quid si pupillus, vel universitas in jus non veniat?* — § 2055. *Contumax plerumque non habetur, qui per legitimum procuratorem judicio sistit.* — § 2056. *Quid si procurator rei sufficienti mandato instructus non appareat?* — § 2057. *Contumacia ipso jure non inducitur.* — § 2058. *Contumax non creditur, qui justo impedimento detentus in jus non venit. Quid si a judice incompetente vocatus fuerit?* — § 2059. *Morae exiguae ratio non habetur: sed contumax intelligitur qui in jus venit, non tamen facit, ad quod faciendum vocatus fuit.* — § 2060. *Contumacia loco confessionis habetur, dummodo constet, quid actor petat.* — § 2061 *et* 2062. *Contumacia non efficit, ut principalis petitio actoris admissa videatur, sed haec probanda est.* — § 2063. *Actor in caussae progressu variare non potest, si reus contumax sit.* — § 2064. *Contumax ex chirographo conventus non statim condemnandus est ad solvendum.* — § 2065 *et* 2066. *Morae purgatio ante sententiam, solutis expensis, apud nos quovis tempore admittitur. An capitula offerre liceat?* — § 2067. *A sententia contumaciali appellare licet: sed contumax litis expensas subit, quamvis in meritis absolvatur.* — § 2068 *et* 2069. *Contumax in exhibendis actis litis petere potest, ut judex defensiones suas inspiciat ex instrumentis adversarii.* — § 2070. *Appellans obtinere potest, licet nullas appellationis caussas reddat, nec nova jura alleget.* — § 2071 *et* 2072. *Actore contumace, reus absolvitur ab observantia judicii; immo et definitive, si reus exceptiones suas probet.* — § 2073. *Contumaces non habentur, qui per procuratorem judicio sistunt, nisi aliud judex praecipiat ex singulari caussa.* — § 2074. *Contumax damna omnia adversario restituere jubetur.* — § 2075. *Expensarum contumacialium nomine quid veniat?* — § 2076. *Damna intrinseca tantum contumax reficere debet, non extrinseca.* — § 2077. *Expensae contumaciales ex aequo et bono taxandae sunt, habita ratione necessitatis, non voluptatis.* — § 2078. *Quid si litigantes intra statuta tempora probationes, vel exceptiones non edant?* — § 2079. *Contumax in judicio summario statim condemnari potest in rebus levioris momenti, licet actor nihil probet.* — § 2080 *et* 2081. *Contumax in judicio summario exceptiones suas coram eodem judice, solutis expensis, allegare potest, si actor non probaverit.* — § 2082. *Quid si judex sententiam tulerit post editas ab actore probationes?* — § 2083. *Sententia reum absolvens ab observantia judicii dilatoria est, non definitiva?* — § 2084 *et* 2085. *An sententia contumacialis hypothecam pariat?*

§ 2001. Explicatis regulis, quae servandae sunt, ut judex de controversiis inter actorem et reum sententiam ferre possit, inquirendum est, quo ordine judex cognoscere debeat, et quo modo litigantibus de jure suo disceptandum sit, ut intentionem suam impleant; atque exordiendum ducimus ab ordine, quem judex ipse servare tenetur, utpote praestantiori; tum maxime, quia et litigantes ei se se accomodare omnino tenentur.

§ 2001. Hic ergo primum dicemus de ordine, quo plures quaestiones simul incidentes definiri debent: tum demonstrabimus, actorem plerumque ad agendum non cogi, praeterquam in judicio, ut ajunt, diffamationis. Deinde expendemur, quid juris, si actor plus petat, quam ipsi debeatur. Postremo loco instruendi processus modum tum in contraditorio judicio, tum in casu contumaciae exponemus, qua occasione positionum vim, et effectus investigabimus.

§ 2003. Cum saepe contingat, ut simul a litigantibus diversae quaestiones proponantur, ita ut dubitari non immerito possit, utra primum definienda sit, an omnes simul ad exitum perducendae, idcirco peculiaris in Codice titulus inscriptus est de ordine judiciorum. Hic autem generalis regula statuitur a Paulo hisce verbis: *Per minorem caussam majori cognitioni praejudicium fieri non oportet: major enim quaestio minorem caussam ad se trahit* (1): regula haec naturali aequitate nititur, ut per se patet: atque plurima sunt ejus consectaria, quae summatim recensere praestat.

§ 2004. Si ergo de fundo, et fundi servitute contendatur, in primis agendum est de fundi proprietate, utpote majoris momenti (2): prius quoque de statu personae, quam de bonis disceptandum: nimirum si, quaestione bonorum proposita, incidat quaestio, utrum actor, vel reus filius sit, nec ne, de hac prius cognoscendum (3); cum ex hujus quaestionis cognitione pendeat decisio alterius.

§ 2005. Praeterea prius agendum est de testamenti jure, si hoc in controversiam adducatur, quam de legatis testamento relictis, ne alioquin praejudicium testamento fiat (4); atque supra diximus, de criminali caussa prius cognoscendum, quam de civili, si criminalis caussa praejudicium faciat caussae civili (§ 1578 et seqq.), non contra; sicuti, et civilis quaestio prius definitur, si criminalis ab illa pendeat (§ 1583), vel civilis statim definiri possit (§ 1584 et 1585).

§ 2006. Non tamen judicati executio differenda est praetextu petitae restitutionis in integrum, sicuti nec mora fieri debet judicio restitutionis praetextu secutae executionis (5); cum unum judicium alteri non cohaereat, et ita utrique contrahenti consulatur; neque provisionalis adjudicatio favore alterius contrahentis, qui restitutionem petere velit adversus contractum, interim fit (6). Atque nil vetat, quominus, pendente lite coram judice ecclesiastico super absolutione a jurejurando, interim agatur coram judice laico de executione contractus (1).

§ 2007. Quamquam adjudicatio fiduciaria, seu, ut ajunt pragmatici, provisionalis, ut obiter dicamus, fieri debet, pendente lite, propter alimenta, et litis impensas favore ejus, quem certo constat, jus aliquod habere, puta filii, aut proximi agnati in haereditate, nulla praestandae satisdationis necessitate injuncta liberis, aut parentibus, ne inopiam, et vitam, et litem deserere cogantur: futurum aliorum, ut portio bonorum, de quibus contenditur, distrahatur (2).

§ 2008. Sed quid dicendum, si mater, quae filii tutelam gessit, nondum redditis rationibus, pignorum dotalium possessionem per iniquam, vel collusoriam judicis sententiam nacta sit? Placuit Sabaudo Senatui, antea discutiendas esse tutelae rationes, ut sciatur, an et quousque mater debitrix, vel creditrix sit, quam pupillus tamquam spoliatus restituatur (3); cum ita satis pupillo consulatur, nec non matri, quam debere non constat, nisi discussae rationes fuerint (4).

§ 2009. Pauca haec de ordine judiciorum dixisse sufficiat: caetera suis locis notata sunt, quaedam adjicere praestat de judiciorum modo. Vix monendum, in potestate actoris ut plurimum esse, an, et quo tempore actionem intentare velit (5) (sicut nec quis accusare cogitur (6)), dummodo caveat, ne agendi tempora elabantur, atque praescriptione jus suum amittat. Coeptum tamen judicium prosequi debet actor, ne alioquin instantia deserta intelligatur, atque perempta declaretur, si agere desierit ante conclusionem in caussa; quamquam ex usu fori facilis est restitutio adversus peremptam litis instantiam; sed de his infra dicemus.

§ 2010. Haec tamen regula de actore non cogendo fallit in judicio, ut ajunt, diffamationis, quod locum habet, quoties constat, jactanter aliquem dixisse, se jura habere adversus alium (7): cum imperatores Diocletianus, et Maximianus rescripserint, ingenuum de statu suo diffamatum cogere apud legitimum judicem posse eum, qui jura se habere jactitat, ut ea alleget, alioquin perpetuo silentio damnandus (8), pragmatici idem jus interpretatione protraxerunt ad eos omnes, qui iniquis sermonum jactationibus alterius existimationem laedunt, quasi is debitor sit, alienae rei malus possessor, aut delicti alicujus reus; ita ut diffamator actionem,

(1) l. *Per minorem* 54 ff. hoc tit.
(2) l. *Fundum* 16 et seqq. ff. *De exceptionib.* (44, 1).
(3) l. *Si quaestio* 2 Cod. hoc tit.
(4) l. *Si quis libertatem* 7 ff. *De haereditat. petition.* (5, 3).
(5) Fab. Cod. hoc tit. lib. 3, tit. 7, def. 12.
(6) Fab. Cod. eod. tit. def. 14.

(1) Fab. Cod. eod. tit. def. 17.
(2) Ibid def. 5 et 16.
(3) Ibid. def. 15.
(4) l. *Cum servus* 82 ff. *De condit. et demonstrat.* (35 1).
(5) l. *Pure mihi* 5 § ult. ff. *De dol. mal. et met. exception.* (44. 4).
(6) l. unic. Cod. *Ut nem. invit. ager. vel accusar. cogat.* (3, 7).
(7) Fab. Cod. *Ut nemo invit. etc.* lib. 3, tit. 6, def. 1 in princ.
(8) l. *Diffamari* 5 Cod. *De ingen. manumis.* (7, 14).

vel accusationem suam intra certum tempus instituere debeat, aut alioquin judicis sententia perpetuum ei imponatur silentium (1): quod aequitate suadente merito receptum fuit, ut securitate, et existimationi civium consulatur.

§ 2011. Si in jus vocatus diffamationem a se factam neget, non eam satis probet is, qui in jus vocavit, vocato agendi necessitas injungenda non est (2); tum quia remedium hoc ex aequitate contra juris rationem inductum fuit (§ praeced.); adeoque perperam extendi non debet (3); tum ne alioquin potestas pro arbitrio reo pateat cogendi actorem forte minus paratum, ut invitus agat, cum nulla imputari potest actori culpa.

§ 2012. Qui diffamantem vocari curat, ut de jure suo, si quod habet, prout jactitat, experiatur, ab initio quidem actoris partibus fungitur, cum ipse a diffamante petat: postmodum tamen reus fit, eum adversarium cogat ad agendum (4): atque inde colligit Faber, agente postea adversario, et rem evincente, dilationem petere posse ad litem auctori suo denunciandam: qua dilatione pendente, cogi nequeat, ut adversarii petitioni respondeat (5); quia ei imputari non potest, cur eodem tempore, quo diffamantem in jus vocavit, auctorem non laudaverit, cum dubitare posset, tum an vocatus agere vellet, tum de qua re acturus esset.

§ 2013. Si quaeratur, quo in loco diffamans in jus vocandus sit, respondent, in eo loco vocandum esse, quo forum competens habet, secundum generales juris regulas, ex quibus actor rei forum sequitur, non contra (6): diffamans vero ab initio actor est, ut modo diximus (§ praeced.), quippequi ad judicium provocat.

§ 2014. Aliis tamen magis placet, diffamato forum competens in hoc judicio habendum esse, quorum sententiam olim amplexus est, Osasco teste, Pedamontanus Senatus, potissimum si res, super quibus diffamans jactitat se jus habere, sint in territorio judicis ipsius diffamati (7): nituntur autem hac ratione, quod regulariter potius attendi debeat origo naturalis caussae, quam accidentalis: inspecta autem naturali caussae origine diffamatus est reus: atque ideo supra diximus, diffamantem in hoc casu contra generales juris regulas ad agendum cogi (§ 2010).

§ 2015. Quia tamen provocans diffamatus ad judicium vere actor est, quamdiu diffamans jura sua non allegat; immo et post allegata a diffamante jura, quatenus provocans postulat, diffamatori perpetuum imponi silentium, idcirco si hic vocetur coram judice, cui non subjicitur, nisi actoris partes sustinere velit, et plane nolit jura sua allegare, judicium continuari non potest ad id, ut perpetuum silentium diffamanti imponatur: quare longe tutius est diffamantem vocare coram suo judice (1).

§ 2016. Quinimmo, ut diffamatus tutius sibi prospiciat, implorare debet remedia possessoria, seu confugere ad interdicta adipiscendae, retinendae, vel recuperandae possessionis, si res, de quibus contenditur, sitae sint in territorio judicis, cui subest diffamatus; cum forum ex caussa rei sitae quis sortiatur (2). Plane omnis tollitur controversiae caussa, si diffamator coram judice diffamati vocari possit ex aliis fori competentis rationibus, de quibus supra diximus, nimirum indemnitatis, continentiae caussae, habitae administrationis, et similium (3).

§ 2017. Aliquando non certa persona in judicium vocatur, sed omnes illi, qui actionem aliquam, aut jus sibi competere adversus aliquem contendere possunt; prout hodie pluribus in locis fieri solet, cum res praesertim immobiles vendere quis parat, atque metuit, ne forte molestia aliqua emptori inferatur: apud nos judicium hoc apud Senatum institui debet, ut ejus auctoritate tria edicta proponantur (4), tum in loco tribunalis, et ad domum venditoris, tum in urbibus, in quibus sedet Senatus (5), interposito quindecim saltem dierum spatio (6), ut ita ad omnium, quorum interesse potest, notitiam facilius perveniat, et jura sua allegare possint.

§ 2018. Si bona vendenda ad pupillos, minores, vel universitates pertineant, quae absque justa caussa alienari nequeunt, caussae cognitio precedere debet (7): atque ne aliquis ex iis, quorum interest, damnum patiatur, forte quia ob metum reverentialem intercedere non audeat, curator hisce a Senato datur, qui eorum indemnitati prospiciat (8).

§ 2019. Si veniat in judicium aliquis, et venditioni intercedat, quaestio haec differri debet, donec de non jure actoris pronunciatum sit, dummodo actor dominium rei sibi competere allegaverit, quocumque titulo (9): si vero actoris jus ex censu, hypotheca, redimendi facultate, aut servitute nascatur, res vendi potest, onere in emptorem translato: si ex mora solvendi, pretii pars pro debiti quantitate deponenda est: si vero ex jure praelationis, hujus vi alteri cuicumque

(1) Fab. d. def. 1 in princ.; Voet in ff. hoc tit. n. 21 post alios quam plures.

(2) Gayl. lib. 1, observ. 10, n. 7.

(3) argum. l. *Quod vero* 14 et sequ. ff *De legib.* (1, 3).

(4) Fab. Cod. *Ut nem. invit. etc.* lib. 3, tit. 6, def. 3 in princ.

(5) Fab. d. def. 3, n. 1 et seqq.

(6) l. *Juris ordinem* 2 Cod. *De jurisdict. omn. judic.* (3, 13).

(7) Osasc. decis. 151.

(1) V. *Pratic. Legal.* part. 2, tom. III, pag. 8, § 22 et seqq.

(2) l. ult. Cod. *Ubi in rem actio* (3, 19).

(3) V. supra § 1873 et seqq.

(4) *Reg. Constit.* lib. 5, tit. 13, § 1 et 2.

(5) Ibid. § 3 et 4.

(6) Ibid. § 5.

(7) Ibid. § 7.

(8) Ibid. § 8.

(9) Ibid. § 11.

emptori praefertur, qui ea gaudet (1). Qui autem creditores forte fiunt, postquam judicium hoc singulare diffamationis praescriptis a lege municipali modis publicatum est, si in jus veniant, priusquam integrum pretium solutum fuerit, quod sibi debetur, consequi possunt, dummodo aliquid supersit, prioribus dimissis creditoribus (2). De intercessionum, seu oppositionum caussis quocumque die non feriato in honorem Dei cognosci potest, et summarie definiendae sunt (3).

§ 2020. Non tantum ante venditionem judicium hoc, de quo agimus, institui potest, sed etiam postea, si ita convenerit inter futurum emptorem, et venditorem, atque emptori potestas fit, si venditor moram faciat, elapso statuto die, judicium hoc instituere, impensis venditoris (4): immo senatus, justa suadente caussa, potest illud permittere in aliis casibus praeter venditorem (5): quod si agatur de bonis fisco acquisitis, pacto adjecto edictorum publice proponendorum, fisci sumptibus, horum cognitio curiae rationalium demandata est (6).

§ 2021. Elapso sex mensium spatio a postremo edicto, quin aliquis intercesserit, Senatus decernit, venditionem celebrari posse, vel impleri; atque instrumentum in primo casu scribi potest a notario, quem contrahentes elegerint (7): venditio autem ita celebrata oppugnari nequit, ne a fisco quidem pro poenis pecuniariis, et confiscationibus, seu bonorum fisco addictionibus, nec ab absentibus, pupillis, minoribus, universitatibus, aut aliis privilegio gaudentibus, quibus tantum competit actio adversus administratores, si eorum culpa, aut negligentia laesi sint; salvo utique directo dominio, et praestationibus feudi, emphyteusis, aut bonorum feudalium nomine, omnique alio jure ad fiscum spectante (8).

§ 2022. Alicubi quoque obtinet, nec immerito, ut diffamationis judicium in personas incertas proponatur ab illis, qui delicti alicujus rumore, aut fama publica insimulantur, atque volunt se purgare, et innocentiam suam defendere: vel qui novum opus facere desidarantes metuunt, ne vicinus aliquis, novi operis facta nunciatione, aliove juris remedio implorato, eosdem turbent (9): an haec permitti debeant, magistratus est definire, singulis personarum, et rerum adjunctis pensatis (10).

§ 2023. Sed redeamus, unde paullisper discessisse videri possumus, videlicet ad agendi modum. Vetere Romano jure, actori cavendum erat, ne plus peteret re, loco, caussa, aut tempore, quam sibi deberetur; futurum alioquin, ut caussa caderet (1) (minus utique petere non prohibebatur (2)): jure novo actio in triplum data fuit reo adversus actorem, qui plus re, loco, aut caussa petiisset (3): sin plus tempore, induciae in duplum reo dabantur (4).

§ 2024. Sed usu fori hujusmodi poenae exoleverunt: atque, si actor plus petat, quam sibi debitum est, re, loco, aut caussa, reus liberatur offerendo, quod se debere arbitratur (5): immo tradit Faber, eum, qui debebat quinquaginta, cum centum peterentur, si nihil obtulerit, condemnandum esse in omnes litis expensas propter moram; quia offerre debuerit, quae se debere non ignorabat (6); utique si debitum liquidum sit; alioquin offerendum in genere, quidquid debitum esse apparebit (7).

§ 2025. Non idem dicendum, subjicit Faber, idest impensas temerariae litis non ferri ab eo, qui fundi partem injuste possessam non offerat, cum totus fundus petitur, sed compensandas esse, quasi mutua lata victoria (8); ideo forte prosequitur Faber, quia non sicuti quinquaginta petere intelligitur, qui centum petit, ita fundi partem postulare videtur, qui totum petiit fundum: scilicet quia fundus res individua reputatur, pecuniae vero quantitas divisionem per se recipit (9).

§ 2026. Sed quid, si actor, pendente adhuc conditione, petierit, ea vero, lite adhuc pendente, existat? Quanquam, inspecto juris rigore, reus dimittendus videatur, quatenus videri nequeat deductum in judicium id, quod post litem contestatam accidit, atque ideo nova interpellatione opus sit (10); aequitas tamen dictat, ne lites perperam inducantur, reum condemnandum esse, atque sententiam hanc non obscure amplexus est Ulpianus (11). Hinc, si debitoris obaerati bona sub hasta vendantur, ut creditoribus satisfiat, etiam creditoribus in diem solvendum est (12), deducto utique repraesentatae, seu citius factae solutionis emolumento.

§ 2027. Opportunus hic est inquirendi locus, an liceat agere de debito in diem, vel sub condi-

(1) *Reg. Constit.* ibid. § 12.
(2) Ibid. § 14.
(3) Ibid. § 13.
(4) Ibid. § 6.
(5) Ibid. § 15.
(6) Ibid. § 16.
(7) Ibid. § 9.
(8) Ibid. § 10.
(9) Voet in ff. hoc tit. n. 22 in fin.
(10) *Reg. Constit.* d. lib. 5, tit. 13, § 15.

(1) § *si quis agens* 33 Instit. *De actionib.* (4, 6).
(2) § *si minus* 34 Instit. eod. tit.
(3) § *tripli* 24 et d. § 33 in fin. Instit. eod. tit.
(4) § pen. Instit. *De except.* (4, 13).
(5) Voet in ff. hoc tit. n. 25 in fin. post alios plures.
(6) Fab. Cod. *De pluris petit.* lib. 3, tit. 9, def. unic. in princ.
(7) d. def. unic. in fin.
(8) d. definit. unic. n. 1 et seqq.; argum. l. *Qui solidum* 78 ff. *De legat.* 2. (31, 1).
(9) l. 1 § *si stipulanti* 4 ff. *De verbor. obligat.* (45, 1).
(10) l. *Non potest* 23 ff. hoc tit.
(11) l. *Quod si in diem* 16 ff. *De petit. haeredit.* (5, 3); l. *Si rem alienam* 9 ff. *De pignorat. action.* (13, 7); l. *Quaesitum* 14 ff. *De pignorib.* (20, 1).
(12) argum. l. *Procuratoris* 5 § ult. ff. *De tributor. action.* (14, 4); d. l. 16 ff. *De petit. haereditat.*

tione, antequam dies venerit, vel conditio extiterit. Sunt, qui negant freti auctoritate jureconsulti asserentis, judicium nec in pendenti esse posse, nec institui de his rebus, quae nondum debentur (1): alii tamen affirmant; atque, ut de debitis in diem prius loquamur, certum est, obligationem statim nasci, saltem si dies certo sit extiturus (2) (cum dies incertus, an extiturus sit, conditioni aequipararetur (3)): quid autem impedire potest, quominus actio haec in judicium deducantur, non quidem, ut statim condemnetur reus ad solvendum, sed cum dies venerit (4)?

§ 2028. Difficilius quidem permittenda videtur actio in judicio ante conditionis eventum; cum nulla intelligatur nata prius actio (5); sine actione autem nemo experitur; maxime quia, defectu conditionis, judicia illusoria redderentur, quod a legum sententia, et judiciorum majestate alienum est (6).

§ 2029. Si tamen futurum sit, ut, dilata sententia favore creditoris, cui sub conditione debetur, hic in damno facile haereat, huic quoque prospiciendum est: puta si debitoris obaerati bona publice vendantur, huic quoque jus suum praelationis, aut concursus cum caeteris creditoribus conservandum est; quod exitum habebit, conditione existente (7); atque cautio exigenda a caeteris creditoribus restituendi, quod huic forte deinceps debitum erit, si conditio existat.

§ 2030. Ut ad debita in diem redeamus, recte deducuntur in judicium ante adventum diei, non ut condemnatio statim sequatur, sed ut de jure actoris pronuncietur, cum debitum in diem connexum est illi, quod jam vere debitum est, puta si agatur de usuris futuri temporis sive ex mutuo, sive ex censu solvendis (8), caeterisque reditibus annuis (9), nec non fructibus et quibuscumque accessionibus (10).

§ 2031. Neque desunt, qui non inepte sentiunt, ob praesentem adversarii jactantiam de jure sibi competituro post certum tempus, aut conditionis eventum, eumdem tamquam diffamatorem in jus vocari posse (11), ut doceat de jure, quod sibi aliquando competiturum asserit; vel perpetuum ei silentium imponatur (12); prout supra diximus (§ 2010), cum diffamatio aeque oriatur ex jactantia futuri debiti, ac praesentis.

2032. Quibus autem modis processus, ut ajunt, instruendus sit, id potissimum pendet ex legibus, moribus, et stylo diversarum gentium: sed imprimis distinguendum est judicium formale, ut ajunt, seu solemne, aut plenarium a judicio summario, et minus solemni (§ 1568, et 1569); unde oritur distinctio processus in ordinarium, seu solemnem, et summarium, seu minus solemnem (§ 1571): tum interest, utrum reus in jus vocatus copiam sui faciat, an contumax sit; diversae in diversis hisce casibus regulae servantur.

2033. Ut facilius percipiantur, quae de hac re tum ex Romani, tum ex municipalis juris sanctionibus tradenda sunt, primum agemus de judicio, seu melius processu ordinario, et solemni, tum de summario, et minus solemni; atque ita, ut imprimis explicentur regulae, quae servari debent, cum reus in jus vocatus se sistit, et defensiones suas allegat: deinde acturi de reo contumace in utroque judicio, seu processu.

§ 2034. Cum plerumque contingat, ut post litem contestatam de jure litigantium non statim constet, probationes idcirco ab actore exiguntur, exceptiones a reo, atque, ut loquitur Justinianus, replicationes, triplicationes, et ultra fiunt (1), ut tandem allegatis omnibus, quae actoris intentionem firmare possunt, vel quibus reus se defendit, judex secundum allegata, et probata sententiam rite ferre possit.

§ 2035. De probationibus in genere, earum modo, jure, et tempore, ut ordini institutionum subserviremus, alibi fuse diximus (2); nec non de praesumptionibus, quae aliquando a probationibus non longe distant (3): tum expendimus diversas probationum species, quae videlicet fiunt instrumentis (4), quibus proxime accedunt privatae scripturae (5); testibus, et simul late pertractavimus omnia, quae ad testium conditionem, jus, modum, et numerum spectant (6); jurejurando (7), confessione adversarii (8); qua occasione de juris, et facti ignominia, Pandectarum exemplo, pauca diximus (9). Exposito probationum argumento, exceptionum naturam, diversas species, jura, tempora, et effectus explicavimus (10).

§ 2036. Speciales apud nos praescriptae sunt regulae de processus instruendo, seu ordine, et modo rerum in judicio proponendarum (11), quas

(1) l. *Non quemadmodum* 35 ff. hoc tit.
(2) l. *Cedere diem* 213 ff *De verb. signif.* (50, 16).
(3) l. *Dies incertus* 75 ff. *De condit. et demonstrat.* (35, 1).
(4) Osasc. decis. 130, n. 9 et 15 †.
(5) d. l. *Cedere diem* 213 ff. *De verb. signif.*
(6) l. *Si praetor* 75 ff. hoc tit.
(7) l. *Grege* 13 § *si sub conditione* 5 ff. *De pignorib.* (20, 1).
(8) argum. l. 1 Cod. *De sentent. quae sine cert. quantit. profer.* (7, 46).
(9) argum. l. 1 Cod. *De fideicommiss.* (6, 42); l. *Libertis* 18 § 1 ff. *De alim ent. legat.* (34, 1).
(10) argum. l. *Utique* 16; l. *Fructus* 33; l. penult. ff. *De rei vindicat.* (6, 1).
(11) ex l. *Diffamari* 5 Cod. *De ingenuis manumiss.* (7, 14).
(12) Voet in ff. hoc tit. n. 27 in fin.

(1) Instit. lib. 4, tit. 14 princ. et §§ seqq.
(2) V. vol. III, lib. 4, pag. 290, § 478 et seqq.
(3) Ibid. pag 298, § 532 et seqq.
(4) Ibid. pag. 302, § 553 et seqq.
(5) Ibid. pag. 310, § 611 et seqq.
(6) Ibid. pag. 315, § 648 et seqq.
(7) Ibid. pag. 331, § 752 et seqq.
(8) Ibid. pag. 349, § 859 et seqq.
(9) Ibid. pag. 353, § 890 et seqq.
(10) Ibid. pag. 356, § 913 et seqq.
(11) V. *Reg. Constit.* lib 3, tit. 6, § 1 et seqq.

breviter exponemus; sed imprimis pauca dicenda putamus de positionibus, de quibus agendi magis hic opportunius locus est. Positio definiri potest, dictum loco interrogationis positum (2); atque in eo differt positio ab interrogatione, quod ponens aliquid affirmat, interrogans vero nihil affirmat: eo autem tendunt positiones, ut ab adversario eliciatur adseveratio, seu confessio alicujus facti, quod merita caussae respicit: puta si Titius rationes postulans a Sempronio societatis inter ipsos initae, quam tamen neget Sempronius, ponat aliquod factum, ex quo societatis initae probatio, vel praesumptio erui possit.

§ 2037. Poni autem potest, quin praestandum sit jusjurandum asseverationis a ponente, licet pars adversa illud exigat (1), seu affirmari factum tum proprium tum alienum, si modo reus hujus notitiam habere possit, prout de jurejurando alibi diximus (2); nec non factum in genere, puta merces, aut pecuniam in haereditate repertas fuisse, aut in specie, mercium copiam, pecuniae quantitatem exprimendo: atque sub facti nomine etiam non factum continetur, veluti reum nunquam in tali loco domicilium habuisse, negotiationem a defuncto non fuisse exercitam; cum haec omnia ad firmandam actoris intentionem prodesse possint.

§ 2038. In hac enim re eadem regula ac in jurejurando servari debet; videlicet ut reus ad ea omnia respondere teneatur, de quibus deferri ei potest jusjurandum (1); cum utrumque eo tendat, ut ex confessione adversarii probatio eliciatur: atque hinc respondere non cogitur positionibus, qui intentionem suam probare potest instrumentis, testibus, aut re judicata (2, sicuti nec jurare tenetur (3).

§ 2039. Non tamen de quacumque re respondere cogitur reus; puta si positiones ad rem non faciant, superfluae sint, aut injuriosae; idest quibus reo crimen objiciatur, cum tamen, eo etiam admisso, actor suam intentionem non probet. Hinc cautum, ut positiones apertae offerantur, a judice examinandae, utrum admitti, an rejici debeant, quae quidem controversia intra dies octo definienda praescribitur (1): atque a judicis interlocutoria sententia licet appellare (2).

§ 2040. Positionibus reus respondere tenetur intra dilationum terminum (1): nisi forte absit, aut interim disceptetur, an admitti, an rejici debeant (1); reo non respondente, ipso jure pro confessis habentur, salvo tamen jure contrarium probandi (2); prout etiam confessus judicatur reus respondens, qui scripturas non exhibeat, ad quas se refert (3), aut congrue non respondeat (4): quod si interrogatus, an haeres sit, respondeat, se haeredem esse velle cum beneficio inventarii, pro haerede habetur, salvo inventarii beneficio, prout ipsi competere poterit (5).

§ 2041. Porro reus ipse respondere debet viva voce, non per procuratorem, nisi forte longius absit, ut vix reperiri possit, atque procurator de caussa instructus sit (6), et quidem in caussis gravioris momenti coram judice, vel relatore, in aliis coram actuario, vel scriba, a quo responsiones in acta referri debent eodem tempore, atque subscribi a respondente, vel signari, si litteras nesciat; alioquin nullius momenti habentur, poena etiam in scribas constituta (7). Clarae quoque, et distinctae responsiones desiderantur, ut nullus supersit dubitandi locus, an reus negaverit, an affirmaverit (8): affirmasse autem judicatur, qui responderit, *fateor, credo:* negasse, qui dixerit, *nego, nescio, non recordor* (9).

§ 2042. Singulis positionibus sigillatim, et separatim respondendum est: nec respondens se referre potest ad comparitiones, et schedulas advocatorum (10); quamquam tradit Ab-Ecclesia, posse advocatum assistere responsionibus, et instruere respondentem, si hic sit persona simplex, et idiota, quae facile decipi possit, quod et alii extendunt ad rusticos, et mulieres (11): non tamen praesens esse potest, qui positiones obtulit: quod si plures respondere debeant, a singulis seorsim responsa dantur (12).

§ 2043. Quod si reus negaverit positionem de re, cujus notitiam habuisse probabiliter judicetur, eaque deinde plene probetur alio modo, quam per jusjurandum, duobus aureis mulctatur (13), atque eadem poena coercetur, qui mendaciter negaverit se haeredem esse, bona possidere, et similia (14). Qui vero positionibus, aut interrogationibus tamquam ad rem non facientibus, vel inutilibus respondere detrectaverit, atque condemnatus sit, expensas litis ferre

(1) Sola *De positionib.* Glos. 1. n. 3, pag. 368.
(2) *Reg. Constit.* lib. 3. tit. 15, § 1.
(3) V. vol. III, lib. 4, § 781 et seqq. pag. 336; V. Ab-Eccles. observat. 69.
(4) Ab-Eccles. observ. 58, n. 26 et 27; Osasc. decis. 10; Sola *De jurejurand.* Glos. 2, n. 27, pag. 399.
(5) Ab-Eccles ibid. n. 14; Osasc. et Sola d. loc.
(6) V. vol. III, lib. 4, § 813, pag. 341.
(7) *Reg. Constit.* lib. 3, tit. 15, § 2 et 4.
(8) V. Ab-Eccles. observ. 57 et 58.
(9) *Reg. Constit.* lib. 3, tit. 15, § 2 qui sit dilationum terminus; V. *Reg. Constit.* lib. 3, tit. 6. § 9 et seqq.

(1) *Reg. Constit.* d. lib. 3, tit. 15, § 3 et 4.
(2) Ibid. § 5.
(3) Ibid. § 11.
(4) Ibid. § 12.
(5) Ibid. § 13.
(6) Thes. decis. 17, n. 3 et 4.
(7) *Reg. Constit.* d. lib. 3, tit. 15, § 6 et 7; V. Osasc. decis. 113.
(8) *Reg. Constit.* ibid. § 8.
(9) Ibid. § 9; V. Osasc. decis. 178.
(10) Ab-Eccles. observat. 61, n. 20.
(11) Ibid. n. 21 et 22.
(12) V. *Pratic. Legal.* tom. I, pag. 58, § 28.
(13) *Reg. Constit.* d. lib. 3, tit 15, § 10.
(14) Ibid. § 14.

debet, non secus ac ille, qui negaverit capitula de facto permanente, si deinde probentur (1).

§ 2044. Pupilli, et prodigi, qui imperfectum habent animi judicium, ut plurimum respondere positionibus non coguntur; casus tamen contingere potest, quo indicium saltem ex eorum responsis colligi possit: universitates per suos administratores respondent, immo et earum membra, quibus magis notum praesumatur factum, de quo controvertitur; prout de jurejurando alibi diximus (2).

§ 2045. Positiones negatas, si pars adversa consuetis modis probare velit, intra ordinarium dilationum spatium (3), ex quo responsa data fuerunt, eae ad articulos reduci debent, quorum copia non secus ac aliorum, de quibus praeviae positiones factae non fuerint, alteri litiganti danda est, si contrarios offerre velit (4): tum utrique successive idem temporis spatium conceditur, intra quod vicissim articulos adjicere possint: quibus elapsis praefinitis temporibus, neuter adjicere potest, atque intra triginta dies interrogandi sunt testes, nisi de admissione articulorum controversia sit, quae intra dies octo definienda decernitur (5). Publicatis testibus, facere positiones licet super materia deducta, et ad probandum admissa in judiciis summariis, non in plenario (6). An capitula unius partis admittenda sint post terminum alteri parti datum ad publicandos testes, expendit Osascus (7).

§ 2046. Articuli autem non admittuntur, si res, aut factum, quod ad articulos deducitur, contineatur instrumento, aut scriptura, quae fidem in judicio faciat: aut ex legis municipalis sanctione, vel jure communi instrumento, aut scriptura necessario probari debeat, nisi articulos proponens juret, se nec habere haec instrumenta, vel scripturas, nec modum scire, quo inveniri possint (8); quemadmodum nec admittuntur de iis rebus, quae per ocularem loci inspectionem demonstrari possunt (9).

§ 2047. Hisce explicatis, breviter exponendus est solemnis processus ordo, et modus: libello actoris edito, reus exceptiones suas proponere debet intra quindecim dies (10): actor vero replicationes suas dare intra praestitutum tempus, nec non reus, si duplicatione, vel triplicatione uti velit; alioquin petere potest unus, ut dies ferendae sententiae dicatur, quin liceat alterutri, altero invito, novas allegationes facere (11), nisi ex justa caussa restitutio in integrum a judice concedatur postulante in expensas, et damna condemnato (1). Quod si in litis progressu oriatur quaestio praejudicialis, aut incidens, haec statim definienda est, nisi magis opportunum videatur, eam simul cum quaestione principali dirimere (2).

§ 2048. Dilationum tempus longius, vel brevius praescribitur, prout absunt litigantes, vel praesentes sunt: quae tamen a judice, si ita suadeant rerum adjuncta, protrahi (3), vel minui possunt (4). Sed de his satis: caetera in fonte videri possunt (5), nec exscribere vacat.

§ 2049. Quae hactenus diximus, pertinent ad modum instruendi processus ordinarii, seu solemnis. In judicio summario scriptura non adhibetur, sed omnia viva voce expediuntur, videlicet in jus vocatio (6): atque litigantes ipsi se sistere possunt; dummodo cogniti sint judici (7): probationes quoque statim fieri debent, nisi modica dilatio ex caussa petatur, atque judex viva voce pronunciat, quamquam sententia scriptis demandari solet, ut de ea constet, et contumax litigans cogi possit (8).

§ 2050. Cum judex summatim definit, exprimere debet, utrum partes per se in judicio steterint, an per procuratorem: tum actoris petitionem, et rei exceptiones, nec non probationes hinc inde editas (9), ut judex appellationis cognoscere possit, an bene, an male pronunciatum sit. Potest sane judex major summatim cognoscere, libellus tamen ab appellante edi debet, in quo scribatur judicis majoris decretum de in jus vocando appellato (10).

§ 2051. Non aedem omnino servantur regulae, cum altera pars abest, seu contumax est: atque hic distinguendum quoque judicium solemne a summario. Contumax esse potest in judicio non reus tantum, sed etiam actor; frequentius tamen reus; de quo idcirco prius agendum; diversi quidem sunt pro diversis tribunalibus judiciorum ordines, diversa praescripta sistendi tempora tum actori, tum reo, et praefinitae adversus morosos litigantes diversae poenae: generalia tamen circa actoris, et rei officia, moram, et contumaciam principia tradi possunt, usu plerarumque gentium comprobata; quibus adjiciemus scita apud nos lata, atque probatas usu fori in hoc argumento regulas.

§ 2052. Reum quod attinet, alicubi pro contumace non habetur, nisi post trinam citationem, interjecto inter unamquamque quodam

(1) *Reg. Constit.* ibid. § 15.
(2) V. vol. III, lib. 4, § 774. pag. 335.
(3) De quo V. *Reg. Constit.* lib. 2, tit. 6, § 9 et seqq.
(4) *Reg. Constit.* lib 3. tit. 16, § 1 et 2.
(5) Ibid. § 3, 4, 6 et 7.
(6) Osasc. decis. 10 per tot.
(7) Ibid. decis. 22.
(8) *Reg. Constit.* d. lib. 3, tit. 16, § 5 in princ.
(9) d. § 5 in fin.
(10) Ibid. tit. 6, § 1 et 2.
(11) Ibid. § 4, 5 et 6, et eod. lib. 3, tit. 21, § 1 et 2.

(1) *Reg. Constit.* d. lib. 3, tit. 6, § 8.
(2) Ibid. § 7.
(3) Ibid. § 9, 10 et 11.
(4) Ibid. § 12.
(5) Ibid. § 13 ad 29.
(6) V. Ab-Eccles. observat. 39, n. 1 et 4.
(7) Ibid. n. 10 ad 13.
(8) Ibid. d. observat. 39, n. 1 et 6 et observat. 31, n. 1 et seqq. et observ. 8, n. 9.
(9) *Reg. Constit.* lib. 3, tit. 2, § 16.
(10) *Pratic. Legal.* tom. I, pag. 234, § 26 et seqq.

temporis spatio (1): regio jure, si reus post praefinitum tempus in jus non veniat, pro contumace habetur; lis censetur contestata; atque admissa, vel negata, pro actoris arbitrio reputantur interrogata, ad quae reus respondere tenebatur, atque lis, prout de jure, expendiri potest (2).

§ 2053. Unica citatio sufficit, ut reus pro contumace habeatur, utique si in personam facta fuerit: si vero domesticae personae libellus fuerit traditus, actor secundum libellum judici offerre debet, ut judex reum rursus citari jubeat: quo intra praefinitum tempus non sistente, contumax habetur, atque jus dicitur (3): quod si deinceps litis adjuncta postulent, ut reus contumax vocetur ad aliquem actum, alta voce ab apparitore ante fores tribunalis, quibus citationis copia affigitur, reum vocari sufficit (4).

§ 2054. Quia vero legum indulgentiam praecipue merentur pupilli, minores, Ecclesiae, communitates, aliaeve universitates, ne administratorum negligentia eis noceat, idcirco curator ad lites, tutorum, curatorum et administratorum expensis, et periculo a judice eligitur, ne contumaciae poenas habeant (5): unus quidem ex procuratoribus, si aliqui in loco sint, eligi solet curator, alioquin arbitrio judicis idonea quaevis persona (6). Plane curator ad lites pupilli, vel minoris in jus venire potest pro pupillo et minore, licet ille annum decimum quartum, hic vigesimum expleverit, donec alius legitimo mandato instructus se sistat (7).

§ 2055. Non tamen necesse est, ut reus ipse in jus vocatus veniat, si modo per legitimum procuratorem se constituat, nisi ex singulari aliqua caussa rei ipsius praesentia desideretur (8): legitimum procuratorem dicimus; si enim pro reo in jus vocato veniat aliquis sine legitimo mandato, cum quo ideo judicium consistere nequeat, non desinit pro contumace reputari; et vicissim, si actoris jura defendat procurator legitimo mandato destitutus, contumax videri non potest reus, qui non sistat (9).

§ 2056. Sed in hac re facilius parcitur reo, quam actori; quia actor in sua potestate habet, quando agat, non vero reus, quando conveniatur (1): quare si pro reo veniat aliquis, licet sufficienti mandato instructus non appareat, aliquod tempus ei indulgendum est, intra quod de mandato edocere possit (2): actori vero, seu asserto ejus procuratori difficilius concedenda est dilatio; atque omnino deneganda, si reus inde contumax futurus sit, nimirum si reus intra dilationis terminum in jus non venerit (3), aequius est, ut negligentia mutua compensatione tollatur (4).

§ 2057. Porro contumacia, quod maxime notandum, ipso jure non inducitur, sed ad instantiam unius litigantis, qui absentiam alterius accuset, atque petat, a judice absentem pro contumace decerni (5).

§ 2058. Ad haec plures sunt casus, in quibus contumax non creditur, qui judicio non sistit, vel saltem contumaciae poenas non subit: nimirum si justum habuerit impedimentum (6), puta adversa valetudine impeditus fuerit, vel majore caussa occupatus (7): nec qui citatus fuerit ad judicem secundum jus commune incompetentem, puta certis tantum caussarum generibus praefectum vel certo constet, vocatum jurisdictioni vocantis non subesse (§ 1850); alioquin per contumaciam fori privilegio privatur (8); quasi videatur judicem agnovisse, cum maluerit esse contumax, quam declinare jurisdictionem, cum posset.

§ 2059. Ei quoque parcitur, qui statuta hora non venit, et, adversario petente, condemnatus fuit, si judice adhuc pro tribunali sedente accedat, et paratum se exhibeat ad respondendum, vel ad agenda, quae judex praescribere velit (9): exiguae morae rationem non haberi, suadet aequitas. Plane contumax est, qui venit quidem, sed non facit, ad quod faciendum vocatus fuit, puta testimonium ferre detrectat, vel respondere interrogationibus (10).

§ 2060. Reus per contumaciam absens condemnari potest, tamquam confessus, cum contumecia confessionis loco habeatur (11), dummodo certo constet, quid actor petat (12); data etiam ei aliqua dilatione, intra quam veniat di-

(1) Voet in ff. *Si quis cautionib.* lib. 2, tit. 11, n. 6 et 7.

(2) *Reg. Constit.* lib. 3, tit. 5, § 1 et 2; Ab-Eccles. observat. 37.

(3) *Reg. Constit.* d. lib. 3 tit. 5, § 3 et 4.

(4) Ibid § 5.

(5) Ibid. d. § 4.

(6) Ibid. lib. 3, tit. 4, § 12; Fab. Cod. hoc tit. lib. 3, tit. 1, def. 29 et 33.

(7) V. Fab. Cod hoc tit. lib. 3, tit. 1. def. 40 ubi de matre, quae tutrix fuerat, prosequente appellationem pro filiis minorem aetatem adeptis.

(8) V. Quae de his diximus vol III. lib. 4. § 54 et seqq. pag. 217; V. Thes. decis. 165. ubi de procuratore delinquentis contumacis non admittendo.

(9) Ab-Eccles. part. 2. observat. 41, n. 9; Fab. Cod. hoc tit. lib. 3, tit. 1, def. 8 in princ.

(1) l. *Pure mihi* 5 § ult. ff. *De dol. mal. et met. exception.* (44. 4).

(2) Ab-Eccles. part. 2, d. observat. 41, n. 9.

(3) Ibid. n. 10.

(4) argum. l. *Si ambo* 10 ff. *De compensat.* (16. 2); Ab-Eccles. Ibid. n. 12; Osasc. decis. 3. n. 4; Fab. Cod. hoc tit. lib 3. tit. 1. d. def. 8 in fin. et def. 30 et Cod. lib 7. tit. 18, def. 6.

(5) l. *Properandum* 13 § *et si quidem* 2 *versic. parte fugiente* Cod. (3, 1); Thesaur. decis. 19.

(6) l. *Non exigimus* 2 § 1 et seqq. ff. *Si quis cautionib.* (2, 11).

(7) l. *Contumacia* 53 § *poenam* 2 ff. *De re judicat.* (42. 1).

(8) Fab. Cod. *De jurisdict. omn. judic.* lib. 3, tit. 12, def. 44; V. Ab-Eccles. part. 2, observat. 29 per tot.

(9) l. pen. ff. *De in int. restit.* (4. 1).

(10) l. *Non defendere* 52 ff. *De reg. jur.*

(11) l. *Contumacia* 53 ff. *De re judicat* (42. 1).

(12) Fab. Cod. hoc tit. lib. 3, tit. 1, def. 31.

cturus, cur non debeat condemnari (1): *si tamen per calumniam reus, vel actor condemnatus fuerit, rata non habetur sententia, immo calumniator adhuc pro rerum adjunctis puniri debet (2).

§ 2061. Contumax, ut modo diximus, pro confesso et convincto habetur (§ praeced.), sed in iis tantum, quae in primo libello proposita fuerunt ad instar interrogationis, notorii, aut interpellationis, non in caeteris, neque sufficit contumacia, ut principalis petitio actoris admissa videatur, quae idcirco probanda est consuetis modis, nimirum testibus, instrumentis, positionibus et similibus: atque hinc traditur, reo contumace, actorem posse offerre positiones, instrumenta, scripturas, et id omne facere, quod facere deberet, aut posset, si reus praesens esset, dummodo id veniat in consequentiam principalis actionis (3); atque etiam offerre jusjurandum litis decisivum de iis quae ex primo libello ei innotuerunt (4), non vero suppletivum petere (5).

§ 2062. Fingamus, Titium a Maevio petere centum tamquam haerede patris, cui haec mutuo se dedisse allegat: si Maevius contumax sit, pro haerede quidem habetur, prout interrogatus fuit, sed mutui datio probanda est; atque ideo, si actor non probet, reus contumax ex praxi senatus, ait Ab-Ecclesia, absolvitur ab observatione judicii instituti (6): immo, subjicit idem auctor, si actor habuisset competens dilationes ad probandum, et nihil praestitisset, posset judex reum absolvere definitive (7).

§ 2063. Quare nec actor in caussae progressu variare potest; cum ea tantummodo permittantur, quae veniunt in consequentiam principalis propositae actionis (8): neque capitula ab actore deducta intelliguntur probata, sed per testes adhuc probanda sunt: proinde actori utilius est positiones dare, quippequae ex rei contumacia pro confessis, aut negatis habentur (9).

§ 2064. Disputat Faber, utrum is, qui ex chirographo convenitur, si litem contestari noluerit ex hac contumacia statim condemnari debeat, an solum chirographum pro recognito habeatur, atque ideo alia dilatio contumaci danda sit ad arcendam, si forte possit, condemnationem: licet autem quidam putarent, reum contumacem illico condemnandum, plerisque tamen placuit, definitivam condemnationem adhuc differendam esse (1); quia majus periculum immineat ex praecipiti condemnatione, quam ex moratoria cunctatione, praesertim in supremo magistratu, qui Principis vices sustinet.

§ 2065. Hinc permissa apud nos quovis tempore morae purgatio, dummodo ante sententiam, solutis utique expensis: quod si reus contumax se sistat post publicatum actoris examen, contraria capitula offerre non potest, nisi ad hoc restituatur, probato justo aliquo, et legitimo impedimento (2). Licet igitur reo, litis expensis solutis, exceptiones allegare, easque firmare, ad interrogata, et positiones respondere (3); cum per purgationem morae omnes contumaciae effectus cessent: immo et oppugnare potest testium pro actore auditorum dicta, eorumque personas reprobare.

§ 2066. Plane, si reus prius contumax restituatur, ut capitula contraria deducere possit post didicita actoris testificata, testium depositiones reo inspiciendae exhiberi non debent ab actuario vel scriba judicis, priusquam testes contumacis auditi fuerint; ne melioris sit conditionis contumax, quam praesens; atque ex dictis testium pro actore productorum ipse instruatur in actoris dispendium (4).

§ 2067. A sententia contumaciali, ut ajunt, seu adversus contumacem lata a judice inferiore appellare licet, vel restitutionem a Principe impetrare, si a supremo magistratu prodierit, prius utique solutis expensis, nisi duabas diversis sententiis in contumaciam latis ad eandem rem praestandam condemnatus perhibeatur (5): atque contumax semper subit expensas litis, tametsi in caussae meritis absolvatur, prout contingere potest, actore non probante (§ 2061); nisi acta oppugnet, tamquam nulla, et irrita; quo casu expensas deponere debet (6).

§ 2068. Opportune monet Faber, eum, qui judici acta litis ad ferendam sententiam exhiberi jubenti non paruit, petere tamen posse, et debere, ut judex ex adversarii instrumentis, quae per productionem communia esse coeperunt, ratione utilitatis, defensiones suas inspiciat, quo justam sententiam ferat: quae res praecipue curae esse debet Senatui, post quem nemo judicaturus est, qui judicii iniquitatem, si qua forte contigerit, emendare possit (7).

§ 2069. Hoc autem, subjicit Faber, seu videnda esse acta litis a contumacis adversario ex-

(1) l. *Et post edictum* 73 ff. hoc tit.; Fab. Cod. *De dilatat.* lib. 3, tit. 10, def. 1; et Cod. *De sentent. et interlocut. omn. judic.* lib. 7, tit. 15, def. 11.
(2) *Reg. Constit.* lib. 3, tit. 5, § 11.
(3) Ibid. § 7
(4) Ab-Eccles, part. 2, observ. 30, n. 16, 17, et 18 †.
(5) Ibid. observ. 31, n. 4 et seqq.
(6) Ibid, part. 2, observ. 35, n. 8.
(7) Ibid. n. 9; Fab. Cod. hoc tit. lib. 3, tit. 1, def. 19 in not. †.
(8) *Reg. Constit.* lib. 3, tit. 5, § 8 in fin.
(9) Ibid. § 2; Ab-Eccles. observat. 59, n. 29 et seqq.

(1) Fab. Cod. hoc tit. lib. 3, tit. 1, def. 27.
(2) *Reg. Constit.* lib. 3, tit. 5, § 6. De hisce impedimentis agit Sola *De contumacia* Glos. 5, n. 3 et 4, pag. 336 et nos supra quaedam attulimus § 2058 et 2059.
(3) Sola *De contum.* Glos. 4, n. 3, pag. 336.
(4) V. *Pratic. Legal.* tom. I, pag. 223, § 26 et 27.
(5) *Reg. Constit.* lib. 3, tit. 5, § 8 et 9; Fab. Cod. hoc tit. lib. 3, tit. 1, def. 18 in fin.
(6) *Reg. Constit.* ibid. § 12.
(7) Fab. Cod. hoc tit. lib. 3, tit. 1, def. 18.

hibitis, maxime locum habet, cum de caussa in judicio appellationis cognoscitur: atque contumax est in exhibendis actis litis provocatus, pro quo in primo judicio pronunciatum fuit (1): si enim appellans negligens sit in exhibendis actis litis, solet Senatus, prosequitur Faber, etiam non visis actis prioris judicii, sententiam confirmare, pro qua stat veritatis, et justitiae praesumptio, nisi tamen agatur de re, quae sit maximi praejudicii, et quae non minus ad publicam, quam privatam contumacis utilitatem spectet (2), puta si agatur de re universitatis contra syndicum contumacem.

§ 2070. Quod si appellans, jussus appellationis caussas reddere, nullas reddat, sed profiteatur, se uti actis prioris litis ad obtinendum in caussa appellationis, potest ea res sufficere, ut obtineat, dummodo ex actis primae, vel secundae instantiae appareat, aliter judicari debuisse, atque appellans prioris instantiae acta exhibeat (3); etenim appellans quibuscumque modis appellationem suam prosequi potest (4); neque cogitur nova jura allegare, cum prius allegata sufficere arbitratur.

§ 2071. Quae hactenus diximus, praecipue pertinent ad reum contumacem: actori tamen ejusdem morae reo accommodari possunt; atque ideo generatim apud nos cautum, ut eadem praescripta regula adversus reum contumacem observanda quoque sit adversus actorem, qui post intentatum judicium cesset, et contumax fiat (5): nimirum, actore ad diem non veniente, reus absolvitur ab observantia judicii, eique ab impensis liberato adjudicantur damna, et id, quod interest (6).

§ 2071. An vero reus, actore per contumaciam absente, absolvendus tantum sit a judicii, ut ajunt, observantia, an definitive quoque absolvi possit, respondet Ab-Ecclesia, electionem dari reo, an velit suas exceptiones justificare, et adversus actorem obtinere sententiam definitivam in meritis, factis probationibus; vel absolutionem ab observantia judicii; qui sola actoris contumacia non est sufficiens, et justa caussa, ut reus omnino absolvatur (7); prout superius diximus de reo contumace (§ 2062): sed, ut audita caussa sententia feràtur, scite monet Ab-Ecclesia, non sufficit, quod actor solum fuerit contumax, *sed oportet, ut iterato citetur ad videndum reum absolvi a petitione* (8).

§ 2073. Cum apud nos in judicio solemni litigantes per se stare non possint, sed procuratoris ministerio uti debeant (1), judicio, ut ajunt, legitimo facto, contumaces esse nequeunt, quia caussa ad exitum perducitur per procuratores: nisi forte reus ipse, vel actor sisti jubeatur, ita suadentibus rerum adjunctis (2): an vero in hoc casu recipi possit procurator plenissimo mandato instructus, alibi expendimus (3).

§ 2074. Contumacem in expensas contumaciae damnandum diximus (§ 2064 et 2070): atque adversus actorem, vel reum contumacem durius agitur, quam adversus litigantem, qui propter litem temere institutam in expensas condemnatus sit (4), quia judicis auctoritatem contumax contemnere videtur: quare restituere jubetur omnia damna adversario inflicta, *sive circa ingressus litis, sive circa honoraria advocatorum, vel alias caussas, quae in judicio versantur, aestimatione judicis quantitate eorum definienda, postquam juratum ab eo fuerit, qui fecit expensas* (5).

§ 2075. Igitur expensarum contumacialium nomine veniunt omnes expensae, quas quis fecit propter adversarii contumaciam, puta in itinere, advocatis, notariis (6); sed praxis apud nos recepit, ait Ab-Ecclesia, ut si contumax veniat ad judicium ante sententiam, non reficiantur nisi expensae factae in comparationibus, et memorialibus contumacialibus, sportulis, et emolumentis sententiae, aliae vero reserventur in fine (7): solvendae autem omnino sunt, nec sufficit eas deponere, nisi nec dum taxatae sint, vel adversarius eas accipere recuset; quo casu sufficit depositio (8). Nec ab his excusatur minor, aut universitas, qui tamen, si in integrum restituantur, adversus sententiam, solutas expensas recipiunt (9).

§ 2076. Difficultas est de damnis, quae a contumace reficienda esse Justinianus decrevit (10), an omnia, quae adversarius contumacis passus sit, refici debeant. Hic autem distinguunt interpretes, et pragmatici damna intrinseca ab extrinsecis: intrinseca vocant damna, quae ex re ipsa oriuntur, seu quae passus est litigans ex contumacia adversarii: veluti si alter litigans sit artifex, et tempus perperam insumpserit in expectando contumace: extrinseca, quae aliunde proveniunt, et potius occasione, quam ex caussa contumaciae, puta si in itinere ad hoc suscepto spoliatus sit a latronibus; priora contumax refi-

(1) Fab. Cod. hoc tit. lib. 3, tit. 1, def. 19 in princ.
(2) d. def. 19, n. 2 et seqq.
(3) Ibid. def. 20.
(4) l. *Scio* 3 § ult. ff. *De appell.* (49. 1).
(5) *Reg. Constit.* lib. 3, tit. 5, § 10; V. Ab-Eccles. part. 2, observat. 41, n. 9 et seqq.
(6) Fab. Cod. hoc tit. lib. 3, tit. 1, def. 23.
(7) Ab-Eccles. part. 2, d. observat. 41, n. 8.
(8) Ibid. n. 3.

(1) *Reg. Constit.* lib. 3, tit. 4, § 2.
(2) Ibid. § 5.
(3) V. vol. III, lib. 4, § 1760 et seqq. pag. 472.
(4) l. *Sancimus* 15 Cod. hoc tit.; Thes. dec. 67, n. 5.
(5) d. l. 15 in med. Cod. hoc tit.
(6) Ab-Eccles. part. 2, observ. 39, n. 10.
(7) d. n. 10 in fin. et n. 11.
(8) Ibid. n. ult.
(9) Ibid. n. 13 et observat. 12, n. 12; Thes. dec. 9, n. 2 et 9; Sola *De contumacia* Glos. 14, n. 5, pag. 338.
(10) d. l. *Sancimus* 15 Cod. hoc tit.

cere tenetur, utpote quibus caussam dedit, non posteriora, quae ipsi imputari non possunt (1).

§ 2077. Immo caute procedere debet judex in taxandis expensis litis, cibariis, et similibus, atque modum servare, ne contumax nimis gravetur: quare si vir nobilis iter fecerit, cum decem famulis, non idcirco pro omnibus fit taxa, sed tantum pro duobus; atque etiam debet haberi ratio expensarum, quas domi facturus fuisset (2): necessariae tantum ad litem expensae restitui debent, non voluptuariae, et ad arbitrium erogatae; nec quae, lite etiam remota, fieri debuissent.

§ 2078. Contumaciae affinis est negligentia litigantium, qui intra terminos a lege praefinitos probationes suas non edant, vel exceptiones, aliaque ad litem citius instruendam necessaria, ne immortales fiant lites, futurum alioquin, ne amplius recipiatur, vel deserta habeatur instantia (3), nisi petita, atque obtenta fuerit a Principe in integrum restitutio (4); vel ex justa, et necessaria caussa dilationum spatia judex ampliora concedat (5).

§ 2079. In judicio summario, si reus contumax sit, statim condemnari potest, licet actor nihil probet; (in duobus peccat, ait Ab-Ecclesia, quia in judicium non venit, ut actoris petitioni respondeat, et quia contemnit praeceptum judicis venire jubentis (6)): saltem si agatur de rebus levioris momenti, quae scriptis demandari non solent, puta debitum sit ex mutuo brevi manu dato, vel ex venditione mercium minus pretiosarum: alioquin actor ad scripturas exhibendas cogendus est, vel alias edendas probationes, prout diximus de judicio plenario (§ 2092).

§ 2080. An vero reus in hoc judicio condemnatus, contumacialibus expensis solutis (§ 2065), jura sua coram eodem judice allegare possit; an appellare debeat ad superiorem judicem, quaestio est distinctione expedienda. Contumax apud eundem judicem exceptiones suas allegare potest, si in solius contumaciae poenam damnatus fuerit, quin actor petitionem suam legitimis modis probaverit (7); quia sententia haec, licet sit ad instar definitivae, tamen vim habet interlocutoriae, quae ab eodem judice potest emendari (8); quatenus praecepto potius judicis, quam sententiae aequiparatur (9).

(1) V. Thes. d. dec. 67, n. 4, 5 et 6 †; Ab-Eccles. part 2, d. observ. 39. n. 10.

(2) Thes d. dec. 67, d. n. 4 †; V. *Reg. Constit.* lib. 3, tit. 25, § 5, 6 et 7.

(3) V. *Reg. Constit.* lib. 3, tit. 6, § 1 et seqq. et tit. 21, § 1 et 2; Fab. Cod. hoc tit. lib. 3, tit. 1, def. 26 in princ.

(4) Fab d. def. 26, n. 1 et seqq. et def. 36.

(5) *Reg. Constit.* d. tit. 6. § 8, 10 et 12.

(6) Ab-Eccles. part. 2, observ. 40, n. 7.

(7) Ibid. observat. 35. n. 3; Thes. decis. 122, n. 15.

(8) *Reg. Constit.* lib. 3, tit. 6, § 18 et seqq.

(9) l. *Quod jussit* 14; l. *Paulus* 42 ff. *De re judicat.* (42, 1).

§ 2081. Haec autem conclusio, ait Ab-Ecclesia, multo magis potest locum habere, cum actor obtinuit ex ficta contumacia, puta per pronunciationem positionum, vel juramenti; quia sententia lata ex ficta contumacia non transit in rem judicatam, et potest coram eodem judice revideri (1). In caussis criminalibus, ut obiter dicamus, contumax condemnatus intra annum coram eodem judice, qui sententiam tulit, solutis expensis, auditur, ut se purget (2).

§ 2082. Si vero judex adversus contumacem pronunciaverit, postquam actor solemnibus consuetis modis, videlicet instrumentis, testium depositionibus, peritorum judicio, oculari inspectione, intentionem suam probavit, cum hujusmodi decretum sententiae vim omnino habeat, solum superest contumaci appellationis ad superiorem remedium (3); cum judex, lata definitiva sententia, officio suo functus sit (4). Hinc in hujus generis sententiis summatim referri debent actoris petitio, editae ab eo probationes, atque rei contumacis legitime facta in jus vocatio.

§ 2083. Vix observandum est, actorem rursus coram eodem judice, refusis expensis contumaciae, agere posse, si reus absolutus non fuerit definitive, sed tantum ab observantia judicii (5); prout aliquando fit (§ 2071); haec enim sententia, quae caussae merita non attingit, dilatoria potius dici debet, quam absolutoria, et definitiva; neque parit exceptionem rei judicatae.

§ 2084. Utrum sententia contumacialis, seu in contumaciam lata hypothecam pariat, prout parit lata in contradicto judicio (6), placuit superior distinctio (§ 2080); ita ut nulla nascatur hypotheca, si sententia lata fuerit ex ficta confessione, puta per pronunciationem positionum: utique vero, si actor intentionem suam probaverit, vel si sententia contumacialis fuerit confirmata per aliam sententiam in contradicto judicio (7); quia prior sententia jussui potius aequiparatur (§ 2080), posterior definitivae sententiae vim, et consequenter effectus habet (§ 2081).

§ 2085. De contumacia appellantis, et appellati tractat Ab-Ecclesia (8), et nos suo loco de appellationibus agentes dicemus. Cum in judiciis exercendis non tantum ordo, et modus servari debeat, sed etiam temporis, et loci ratio habenda sit, opportunum ducimus de his subjicere, quae scitu in praxi utiliora sunt.

(1) Ab-Eccles. part. 2, observ. 35, n. 3 et 4 †.

(2) Ibid. n. 5; V. *Reg. Constit.* lib. 4, tit. 15, § 2 et 3.

(3) d. l. *Quod jussit* 14; l. *Paulus* 42; l. *Judex* 55 ff. *De judicat.* (42, 1); Ab-Eccles. d. part. 2, observat. 35, n. 6 et observ. 36.

(4) d. l. 55 ff. *De re judicat.*

(5) Ab-Eccles. d. part. 2, observ. 35, n. 9.

(6) *Reg. Constit.* lib. 3, tit. 23, § 18.

(7) Ab-Eccles. part. 2, d. observ. 35, n. 11.

(8) d. part. 2, observ. 42.

CAPUT VI.

De feriis, dilationibus, judiciorum tempore, et loco.

Digest. lib. 2, tit. 12 *De feriis, et dilationib.*
Cod. lib. 3, tit. 12 *De feriis.*

SUMMARIA

§ 2086. *Feriae sunt dies ab actibus judicialibus vacui. Quae sint diversae species?* — § 2087. *Feriae divinae dicuntur, quae in honorem Dei constitutae sunt.* — § 2088 *et* 2089. *Actus voluntariae jurisdictionis permittuntur diebus in honorem Dei feriatis: usu etiam contractus, et actus ultimae voluntatis.* — § 2090. *Feriae humanae vocantur, quae in hominum utilitatem inductae sunt, veluti messis, et vindemiae.* — § 2091. *Ferias indicere et tollere potest solus Priceps. Quid si diversis in locis diversa sint feriarum tempora?* — § 2092 *et* 2093. *Actus judiciales feriis divinis gesti nullius sunt roboris.* — § 2094. *Executio sententiae facta diebus in honorem Dei feriatis omnino revocanda est.* — § 2095. *Sententia feriis humanis lata ex aequitate subsistit, si nihil aliud obstet. An renunciatio judices liget?* — § 2096. *An citationes diebus festis fieri possint? An appellatio interponi?* — § 2097 *et* 2098. *Quid si tempus judicio sistendi cadat in diem feriatum?* — § 2099 *et* 2100. *Quae speciatim fieri permittatur diebus in hominum utilitatem feriatis?* — § 2101. *Universitatum congregationes diebus festis plerumque fiunt. An rogationum feriae divinis, an humanis accensendae sint?* — § 2102. *Dilationum nomine significantur spatia temporis praefinita ad res in judicio peragendas. Quae sint earum species?* — § 2103. *Dilationum spatia que apud nos vigeant?* — § 2104. *Dilationum tempora continua sunt, sed non computantur dies decreti, nec quo actus ex decreto expediri debet.* — § 2105. *Excusationem meritur, qui adeundi judicis absentis copiam non habuit.* — § 2106. *Quid si decreto judicis inferioris jussus aliquid facere intra mensem appellaverit, et succubuerit?* — § 2107 *et* 2108. *Dilationum legalium tempus judex ampliare, vel restringere potest.* — § 2109. *Judiciales actus interdiu plerumque fieri debent.* — § 2110 *et* 2111. *Lites tum civiles, tum criminales intra quod tempus finiendae sint?* — § 2112 *et* 2113. *An instantia sola perimatur, si praescripto tempore lis finita non sit, an tota caussa?*

§ 2086. Feriarum nomine significantur dies ab actibus judicialibus vacui, seu quibus jus dici nequit, nec expediri possunt actus judiciales, qui dies feriati appellantur, caeteri vero juridici (1). Dividuntur feriae. 1. In solemnes seu ordinarias, et repentinas, seu extraordinarias. 2. In divinas, et humanas. Solemnes sunt, seu ordinariae, quae certis anni diebus addictae sunt, et statis temporibus redeunt: repentinae, seu extraordinariae ex superveniente aliqua gravi caussa, puta ob res prospere gestas, vel in honorem Principis extra ordinem indicuntur (2).

§ 2087. Feriae divinae dicuntur, quae in honorem Dei, et ob divinum cultum praestitutae sunt, inter quas praecipuus dies dominicus est. *Dies festos Majestati altissimae dedicatos nullis volumus*, ajunt Imparatores, *voluptatibus occupari* (3): tum speciatim die dominico actus omnes judiciales prohibent, spectacula, ut pietatis operibus singuli vacent: quod si in hunc diem inciderit natalis Principis solemnitas, in sequentem professum differtur (4).

§ 2088. Quaedam tamen permittuntur diebus in honorem Dei feriatis, vel quia minus arcere visa sunt a Die cultu, vel quia necessitas urgeat; nimirum transactiones, quibus dissentientes ad concordiam reducuntur (5), emancipationes, et manumissiones, et caeteri voluntariae jurisdictionis actus (6); atque ruri positis concessum fuit, ut agrorum culturae, si urgeat necessitas, et periculum in mora sit, inservire possint, ne pereat, ait Constantinus, commoditas coelesti provisione concessa (7): excipiuntur quoque caussae criminales (8).

§ 2089. Usu etiam apud plerosque invaluit, ut contractus omnes, etiam qui publico instrumento fiunt, nec non testamenta feriarum divinarum tempore fieri possint (9); nisi contractus judicialis interpositione decreti probandi, et firmandi sint (10); cum judiciales actus sine strepitu vix, an ne vix quidem exerceri possint; ideoque his diebus prohibiti (11): nisi singularis libertatis favor aliud suadeat, prout in emancipationibus, at manumissionibus (§ praeced.).

§ 2090. Humanae vocantur feriae, quae in hominum utililatem constitutae sunt, praecipue messium, et vindemiarum (12): quaram tempus olim praesides provinciarum pro regione cujusque conditione praefiniebant (13); jure novo a die octavo calendarum julii usque in calendas

(1) l. *Omnes dies* 7 Cod. hoc tit.
(2) l. *Sed et si* 26 § *si feriae* 7 *Ex quib. causs. major.* (4. 6).
(3) l. ult. Cod. hoc tit.
(4) d. l. ult. § 1 Cod. hoc tit.; *Reg. Constit.* lib. 3, tit. 34, § 2
(5) d. l. ult. § 1 Cod. hoc tit.
(6) l. *Ut in die* 2; l. *Actus* 8 Cod. hoc tit.
(7) l. *Omnes judices* 3 Cod. hoc tit.
(8) *Reg. Constit.* lib. 3, tit. 34, § 2.
(9) Ab-Eccles. observ. 77, n. 17; Sola *De feriis* Glos. 2, n. 3 et seqq. pag. 345
(10) Ab-Eccl. ibid. n. 31.
(11) d. l. ult. Cod. hoc tit.
(12) l. *Ut in die* 2 Cod. hoc tit.
(13) l. *Praesides* 4 ff. hoc tit.

augusti messis feriae conceduntur; vindemiae autem a decimo calendarum septembris usque in idus octobris (1): quod et jure regio fere firmatum est, quo tamen decretum, ne aliae observentur feriae, praeterquam in honorem Dei, messium, et vindemiae (2); cum aliae plures apud Romanos concederentur (3).

§ 2091. Ferias indicere potest solus Princeps, non magistratus quilibet (4): et vicissim a solo Principe tolli, aut mutari possunt (5); aut consuetudine legitime inducta, cujus eadem ac legis vis est (6): quod si diversis in locis diversa forte sint feriarum tempora, locus judicii spectandus videtur (7), ut superius animadvertimus (§ 1878).

§ 2092. Si quaeratur, utrum actus judiciales diebus feriatis gesti contra legis prohibitionem nulli, atque irriti sint, nec ne, distinguendae sunt divinae ab humanis feriis. Quae diebus in honorem Dei feriatis in judicio agantur, nullius sunt roboris, licet litigantes sponte consentiant (8): privatis indulgendum non est, ut publicas leges in honorem Dei latas pro arbitrio intervertere possint (9).

§ 2093. Quare sententia die in honorem Dei feriato lata, et pronunciata nulla est (10): quamquam ab ea ex usu fori, si Fabro credimus, appellandum est; postquam moribus receptum est, contra juris rationem (11), ut a sententia etiam nulla appellandum sit: judex autem appellationis, sententia irrita pronunciata, utpote non rite reddita, id ipsum sequatur, quod inferior pronunciaverat, si nihil obstet (12). Excipit Ab-Ecclesia sententiam favore caussae piae, et miserabilium personarum latam intuitu pietatis (13): in quo tamen caute se gerere debet judex, ne pietatis limites nimium protendat.

§ 2094. Immo nec valet executio sententiae, quae his diebus fiat (14), licet contra verum debitorem, atque ante omnia revocanda est, praestito etiam quanti interest debitoris (15): nec vires habere debet solutio a creditore extorta metu carceris (16).

(1) d. l. 2 Cod. hoc tit.
(2) *Reg. Const.* lib. 3, tit. 34, § 1.
(3) l. *Omnes dies* 7 Cod. hoc tit.
(4) l. *A nullo* 4 Cod. hoc tit.
(5) argum. l. *Nihil tam naturale* 35 ff. *De reg. jur.* (50. 17).
(6) l. ult. Cod. *Quae sit longa consuetud.* (7, 53).
(7) argum. l. *Semper* 34 ff. *De reg. jur.*
(8) Ab-Eccles. observ. 77, n. 2 et 4; Fab. Cod. hoc tit. lib. 3, tit. 11, def. 3 et 4.
(9) l. *Quod dictum* 32 ff. *De pact.* (2, 14).
(10) Fab. Cod. hoc tit. lib. 3, tit. 11, def. 5 in princ.
(11) l. *Ut in die* 2 in fin. Cod. hoc tit.
(12) Fab. Cod. hoc tit. def. 1.
(13) Ab-Eccles. observ. 77, n. 7 et seqq.
(14) Ibid. n. 27; Thes. dec. 95, n. 1 †.
(15) Fab. Cod. hoc tit. lib. 3, tit. 11, definit. 4.
(16) Ibid. def. 3.

§ 2095. Non idem omnino dicendum de feriis humanis; cum enim in utilitatem hominum constitutae sint (§ 2090), iis quoque licet renunciare (1): sed renunciatio non nocet judicibus (2), quare valet sententia his feriis utroque litigante consentiente lata (3): quod si alter dissentiat, summo quidem jure irrita est (4): sed ex fori aequitate subsistit; si aliud objici ei non possit (5).

§ 2096. Citationes diebus festis in honorem Dei fieri non posse alibi ex legato Romanorum praescripto (6) diximus (§ 1623): aliud tamen usu fori obtinet (7). Plane in feriis humanis citare licet, dummodo in diem non feriatum quis venire jubeatur; non enim agrorum cultura, cui leges prospicere voluerunt (8), per citationem impeditur. Appellationem die feriato interponi posse idem auctor sentit, sed non ad exitum perduci (9).

§ 2097. Quod si tempus judicio primum sistendi ad litis contestationem cadat in diem feriatum, sequenti die non feriato reus stare debet (10): adeoque etiam post ferias messium, et vindemiae, nisi in decreto citationis adjecta sit clausula, *feriis non obstantibus* (11).

§ 2098. Sed reus, vel ejus procurator in judicium venire debet tempore feriarum vindemiae, aut messis, si lis prius coepta fuerit, alioquin pro contumace habetur; etenim fieri potest, ut actor juste desideret litis prosecutionem decerni, feriis non obstantibus (§ praeced.); vel ut ea expediantur, quae humanae feriae non impediunt, puta, ut audiantur testes, protestationes fiant, et similia (12).

§ 2099. Jam innuimus, quaedam fieri posse tempore feriarum divinarum, vel quia actus judiciales vere non sunt, vel quia pietas, aut publica securitas ita suadent: numero plura sunt, quae diebus in hominum utilitatem feriatis permittuntur: atque imprimis, si actio tempore peritura sit, reus cogitur his diebus litem contestari (13): tutore, et curatores dari possunt, excusationes allegari, alimenta decerni, et possessio bonorum, ventris, legatorum, aut damni infecti nomine, et his affinia, quae dilationem non

(1) l. penult. Cod. *De pact.* (2, 3).
(2) Thes. decis. 39, n. 3.
(3) l. 1, § 1; l. *Si feriatis* 6 ff. hoc tit.; Ab-Eccles. observ. 77, n. 41 et seqq.
(4) d. l. 1 § 1 et d. l. 6.
(5) Fab. Cod. hoc tit. lib. 3, tit. 11, d. def. 5.
(6) l. ult. Cod. hoc tit.
(7) Ab-Eccles. observ. 77, n. 35.
(8) l. 1 ff. hoc tit.
(9) Ab-Eccles. ibid. n. 34.
(10) *Reg. Constit.* lib. 3, tit. 3, § 25; Ab-Eccles. part. 2, observ. 28, n. 12.
(11) Ab-Eccles. d. n. 12 in fin.
(12) Haec enim in humanis feriis permittuntur, *Reg. Const.* lib. 3, tit. 34, § 5.
(13) l. 1 § 1 ff. hoc tit.

patiuntur, seu periculum in moram habent (1): atque a jurecconsultis recensentur (2).

§ 2100. Non tantum instrui, sed etiam definiri apud nos possunt in feriis messium, et vindemiarum caussae pupillorum, aut aliarum miserabilium personarum, fisci, patrimonii principis, viatorum, concursus: atque omnium, quae sine scriptis expediuntur (3): testes quoque hisce diebus audiri, et interrogari possunt (4): immo et diebus in honorem Dei feriatis, dummodo jusjurandum praestiterint die non feriato (5); cum autem caussa debitoris concursus connexa sit cum caussa principali generalis discussionis instantiae, curator concursus adversus debitorem diebus in hominum utilitatem feriatis agere potest.

§ 2101. Universitatum, et Collegiorum congregationes diebus etiam in honorem Dei feriatis plerumque fieri, norunt omnes; tum quia universitates pleraeque constant ex personis ruralibus, quae victum diebus profectis laboribus suis sibi parant; tum quia in his prospicitur indemnitati, et utilitati miserabilium personarum; tum denique quia judiciales actus non expediuntur, licet judex intersit. Rogationum ferias, utpote primum inductas ex caussa grassantium morborum, tum et hac, et frugum caussa continuatas inter humanas, ubi observantur, recenseri debent (6).

§ 2102. Altera hujus tituli pars est de dilationibus, quarum nomine significantur spatia temporis ad res in judicio peragendas praefinita: a feriis distinguuntur, ut per se patet, cum feriae nihil aliud sint, quam dies, quibus jurisdictio non exercetur. Dilationes triplicis sunt generis; nimirum legitimae, seu legales, quas lex ipsa indulget; judiciales, quas judex, conventionales, quas voluntas litigantium concedit. Terminus vero omnem temporis prorogationem excludens *peremptorius* vocatur.

§ 2103. Dilationum spatia pro diversis caussis ampliora, vel breviora sunt (7), nec eadem ubique servantur. Apud nos dies decem conceduntur litigantibus ad processum instruendum, et jura sua vicissim alleganda, si morentur in loco judicii, quindecim, si in provincia, vigintiquinque, si alibi: atque haec temporum spatia per se currunt, quin interpellatione opus sit (8): in caussis autem pupillorum inspicitur domicilium tutoris (9). Plane a die tantum scientiae tempora currere incipiunt ( ).

(1) *Reg. Constit.* lib. 3, tit. 34, § 4.
(2) d. l. 1 § 1; l. 2, 3 et 9 ff. hoc tit.
(3) *Reg. Constit.* lib. 3, tit. 34, § 3.
(4. Ibid § 5.
(5) Ab-Eccles. observ. 76, n. 15, 16 et 17; Fab. cod. hoc tit. lib. 3, tit. 11, def. 2; V. Thes. dec. 91 n. ult.
(6) Fab. Cod. hoc tit. lib. 3, tit. 11, def. 6.
(7) V. l. 1 et ult. Cod. *De dilat.* (3, 11).
(8) *Reg. Constit.* lib. 3, tit. 6, § 9.
(9) Ibid. § 1.
(10) Ibid. § 17.

§ 2104. Dilationum tempora continua sunt, connumeratis etiam diebus feriatis (1), sed non computatur dies, quo dilationis decretum factum fuit, nec quo actus ex decreto expediri debet (2): adeoque qui calendis januariis jussus est se sistere, aut fidejussorem dare post triduum, haec praestare potest quinta die ejusdem mensis (3): etsi intra triduum, totus postremus tridui dies in arbitrio ipsius est (4): nisi aliud municipali lege, aut moribus inductum, receptumve sit.

§ 2105. Plane excusationem meretur, qui adeundi judicis absentis intra praefinitum tempus copiam non habuit (5), nec indiget restitutione in integrum (6), cum per ipsum non steterit, quominus judicis imperio pareret (7).

§ 2106. Sed quid dicendum, si is, qui judicis inferioris sententia aliquid facere jussus intra mensem, alioquin condemnatus in certam pecuniae quantitatem appellaverit, et, appellatione in longius tempus protracta, succubuerit? Potest adhuc intra mensem proximum judicato satisfacere perinde ac si sententia nunc primum lata, nec ab ea appellatum fuisset (8); cum enim appellatio extinguat, aut saltem suspendat judicatum (9), tempus prius incipere non potest quam inceperit; non autem prius incipit, quam sententia appellationis lata fuerit.

§ 2107. Disputant interpretes, utrum judex legalium dilationum tempus ampliare, vel restringere possit: qua in re magis placet affirmantium sententia (10), dummodo justa adsit ratio, puta in restringenda dilatione insignis caussae favor, quae moram vix patiatur, fugae suspicio, et similia (11).

§ 2108. Hinc municipali, quo utimur, jure potestas fit judicibus, ampliandi dilationum spatia, si actoris, vel rei allegationes firmari nequeant sine titulis, quorum inquisitio longiorem moram desideret (12): nec non eadem spatia minuendi, si mora praejudicium allatura sit, quemadmodum in caussis alimentorum, cautionis de damno infecto, et similibus; ea conditione adjecta, ut dilationes uni litiganti indultae communes utrique intelligantur (13).

(1) l. *Sive pars* 3 Cod. *De dilat.* (3, 11); Thes. decis. 39 in addit.
(2) l. *Ubi lex* 101 ff. *De reg. jur.* (50, 17).
(3) l. 1 ff. *Si quis cautionib.* (2, 11).
(4) l. 1 § *quod dicimus* 9 ff. *De successor. edic.* (38, 9).
(5) l. *Arbiter* 40 ff. *De recep.* (4, 8); l. 1 in fin. ff. *De divers. temporalib. praescript.* (44, 3); Fab. Cod. *De dilat.* lib. 3, tit. 10, def. 2 in princ.
(6) Fab. d. def. 2, n. 1.
(7) l. *Julianus* 17 in fin. ff. *Ex quib. causs. major.* (4, 6).
(8) Fab. Cod. *De dilationib.* lib. 3, tit. 10, def. 3.
(9) l. *Si, causa* 32 Cod. *De transact.* (2, 4).
(10) Voet in ff. hoc tit. n. 13.
(11) argum. l. *Qui pro tribunali* 2 ff. *De re judicat.* (42, 1).
(12) *Reg. Constit.* lib. 3, tit. 6, § 10; V. Ab-Eccles. observ. 46, n. 7 et observ. 53, 74, 75 et 80.
(13) *Reg. Constit.* ibid. § 12 et seqq. V. et tit. 28, § 1 et seqq.; ubi fusius explicatur judicum in hac re auctoritas.

§ 2109. Quod pertinet ad judiciorum tempus, id unum cautum apud nos monuimus, ut citationes interdiu fiant (§ 1622), prout et fieri plerumque debent caeteri judiciales actus, nisi necessitas alia trahat. Lege XII tabularum teste Aulo Gellio (1) ita cavebatur; *Ante meridiem causam conciunto*, seu caussa cognoscatur, *quam perorant ambo praesentes : post meridiem praesenti litem addicto, sol occasus suprema tempestas esto.*

§ 2110. Quo autem tempore lites finiendae sint, distinguendae sunt civiles a criminalibus. Criminalibus caussis finiendis anni spatium olim constitutum fuit (2), nullum vero civilibus: sed Justinianus intra biennum criminales, intra triennium civiles caussas a die contestata finiendas esse sancivit: graviter puniendis judicibus, actoribus, reis, caussarum patronis, procuratoribus, tutoribus, aut curatoribus, per quos factum sit, ut lites longius decurrant (3).

§ 2111. Brevius litibus criminalibus finiendis, quam civilibus, praefiniri suasit, tum favor reorum, tum caussarum indoles; cum civiles caussae, potissimum universales, veluti familiae erciscundae, et similes, magis ut plurimum intricatae sint, et difficultatibus involutae, ut intra biennium vix expediri possint.

§ 2112. Dissentiunt doctores, utrum triennii, vel biennii lapsu tota caussa perimatur, an sola litis instantia, ita ut ipsa adhuc per quadraginta annos duret (4): sed cum sanctio haec juris Romani, licet ubique placeat, paucis tamen in locis servetur, ad utiliora properandum existimamus: atque tantum monemus, caussas quasdam adhuc esse, quae ex Romanis legibus breviori tempore conclusae sunt, veluti fiscales (5), et quae pertinent ad publicas functiones (6).

§ 2113. Explicatis, quae ad processus instruendum praecipue pertinent, ordo postulat, ut de sententiis a judice ferendis dicamus, earum conditionibus, modo, vi et effectibus, reliqua deinceps pertractaturi, quae lata sententia contingunt, et fieri debent.

(1) Aul. Gel. *Noct. atticar.* lib. 17, cap. 2 in med.

(2) l. *Reus* 7 ff. *De munerib. et honorib.* (50. 4); l. 1 et 2 Cod. *Ut intra criminal. quaest termінet.* (9. 44). Bienni autem mentio in l. 15. § 5 ff. *Ad Senatusc. Turpil.* (48. 16), ex communi doctorum sententia, Triboniani est, antiquum jus novo, quod Justinianus induxit, accommodantis.

(3) l. *Properandum* 13 § 1. et seqq. Cod. *De jud.* (3, 1); l. ult. Cod. *Ut intra cert. temp. criminal. terminet.* (9. 44).

(4) V. Voet in ff. *De judic.* lib. 5, tit. 1, n. 55.

(5) d. l. *Properandum* 13 § 1 Cod. *De judic.* (3, 1).

(6) l. *Generali* 54 Cod. *De decurionib* (10, 31); V. et l. *Si quis navicularius* 2; l. *De submersis* 5 Cod. *De naufrag.* (11, 5); Novell. 83 in praef. et cap. 1; Ab-Eccles. part. 2, observ. 22, et 23.

CAPUT VII.

De sententiis, seu re judicata, et effectu sententiarum.

Instit. lib. 4, tit. 17 *De offic. judic.*
Digest. lib. 42, tit. 1 *De re judic. et effect. sentent. et interlocutionib.*
Cod. lib. 7, tit. 52 *De re judicat.*

SUMMARIA

§ 2114 *et* 2115. *Sententia quid sit? Quo differat a re judicata, opinione judicis, comminationibus, epistolis, et similibus?* — § 2116. *Sententia definitiva est, et interlocutoria.* — § 2117. *Sententia interlocutoria ab eodem judice per definitivam plerumque emendari potest.* — § 2118. *Interlocutoriae quaedam sententiae vim habent definitivae. Quare?* — § 2119 *et* 2120. *Provisionalis adjudicatio per interlocutoriam sententiam fit. Quibus casibus illa decernatur?* — § 2121. *Fructus in provisionalem adjudicationem non veniunt. Quid de usuris et augmento monetae?* — § 2122. *Adjudicationem definitivam petenti fieri potest adjudicatio provisionalis.* — § 2123. *A sententia interlocutoria vim definitivae appellari potest.* — § 2124. *Quid si judicati emendatio obtineri possit ab eodem judice?* — § 2125. *Appellationis a sententia interlocutoria quae sit vis?* — § 2126 *et* 2127. *Quid si post provisionalem condemnationem, a qua fuit appellatum, secuta sit sententia definitiva condemnationis, vel absolutionis?* — § 2128. *Sententia cum clausula* alio non facto *interlocutoria potius, quam definitiva reputatur.* — § 2129 *et* 2130. *Sententia diebus in honorem Dei feriatis plerumque ferri non potest.* — § 2131. *Intra quod tempus ferri debeat sententia? Quid de sententiis ab arbitrio prolatis?* — § 2132. *Locus ferendis sententiis publice ut plurimum constitutus est.* — § 2133. *Sententiae extra territorium pronunciari nequeunt, nisi partes consentiant, nec contradicant.* — § 2134. *Qui actus in Ecclesia fieri possint?* — § 2135. *An judex laicus possit citare laicum, qui confugit ad Ecclesiam?* — § 2136. *Sententiae ferri nequit sub conditione, nisi haec a litigantibus in eodem judicio impleri possit.* — § 2137. *Conformis libello sententia desideratur : judex pronunciare non potest ultra id, quod in judicio deductum est.* — § 2138 *et* 2139. *Quale dicatur officium judicis nobile, quale mercenarium?* — § 2140 *et* 2141. *Judex nonnisi rogatus utrumque officium plerumque impertitur, quamquam latiores sunt nobilis officii fines.* — § 2142. *Judex etiam inferior potest non rogatus concedere, aut exigere quae ad judicii integritatem pertinent.* — § 2143 *et* 2144. *Judex res facti supplere non potest: nisi factum ex litis instrumentis probari possit.* — § 2145. *Advocatus in juris allegationibus objicere potest exceptiones peremptorias, quas in tractanda lite per errorem omisit.* — § 2146 et 2147. *Supplere potest judex exceptiones juris a litigantibus, vel patronis omissas, dummodo ex actis innotescant: veluti suspectum habere exhibitum instrumentum, appellationem desertam declarare, consuetudinem sequi.* — § 2148 et 2149. *Quid si ex allegatis constet filiumfamiliae fuisse testatorem, ex cujus testamento agitur?* — § 2150. *Quid de praescriptione et exceptione divisionis, vel ordinis?* — § 2151 et 2152. *Judex sententiam ferre debet secundum allegata et probata.* Quid si *haec falsa esse privatim sciat?* — § 2153 et 2154. *Sententia legibus conformis esse debet.* Quae in hac re *apud nos cauta non sint?* — § 2155. *An supremi magistratus ampliore utantur facultate in eo, quod legum observationem respicit?* — § 2156. *Cujus loci leges servari debeant in judicio?* — § 2157. *Leges vigentes tempore negotii gesti servari debent etiam in judicio appellationis.* — § 2158 et 2159. *Sententia certa esse debet. An incerta aliquando ferri possit?* — § 2160 et 2161. *Sententia omnia petitionum capita, quae divisionem non recipiant, definienda sunt.* — § 2162. *Lites plures una sententia etiam inter diversas personas definiri possunt.* — § 2163. *Sententia a judice scribi debet, tum partibus legi.* — § 2164. *Sententia ex pronunciatione vim accipit* — § 2165. *Quae apud nos in hac re sancita sint?* — § 2166. *Quid si judex male judicaverit?* — § 2167. *Quid de patronis caussarum, graphiariis et apparitoribus?* — 2168 et 2169. *Sententia ab eodem judice retractari, aut immutari nequit: utique explicari. An et suppleri?* — 2170 et 2171. *Sententia retractari non potest ex novis instrumentis: utique vero ex falsis instrumentis lata sit.* — § 2172. *Sententia temporis lapsu, vel alio modo probata transit in rem judicatam, et jus facit inter litigantes.* — § 2173. *Renunciatione etiam tacita perit vis sententiae.* — § 2174. *Quid si judex pronunciaverit, judicatum non fuisse, et reus minime appellaverit?* — § 2175. *Novatione extinguitur sententiae vis. Quibus casibus novatio inducta censeatur?* — § 2176. *Sententiae executio praecipuus est illius effectus.*

§ 2114. Sententia nihil aliud est, quam judicis pronunciatio, praevia caussae cognitione, de litigantium jure, absolutione, vel condemnatione. Differt sententia a re judicata tamquam caussa ab effectu; cum res judicata non dicatur, nisi post latam sententiam (1): quamquam rei judicatae nomen aliquando a jureconsultis usurpatur ad significandam sententiam lapsu decem dierum, aut alio modo firmatam (1), ita ut amplius rescindi nequeat (2).

(1) l. *Et post rem* 7; l. *Post rem* 11 *De transact.* (2, 15).

§ 2115. Sententia differt ab opinione judicis: quippe haec Principis confirmatione indiget, atque locum habet in illis, quae Principi riservata sunt, cognitione tantum judicibus concessa, puta in poena deportationis (3): differt quoque a comminationibus, epistolis, programmatis, et subscriptionibus judicum, quae praecepti potius, quam rei judicatae vim habent (4): atque ideo scripsit Celsus, id, quod jussit, vetuitve praetor, contrario imperio tollere posse, non autem, quod per sententiam pronunciavit (5).

§ 2116. Dividitur sententia in definitivam, et interlocutoriam. Sententia difinitiva illa est, qua principalis litis articulus, et totalis dirimitur. Interlocutoria sententia caussam principalem plene non determinat, sed fertur super articulo aliquo incidente, vel in principio, vel in medio litis: haec autem duplex adhuc secernitur: nimirum si articulus incidens ita comparatus sit, ut principalis articuli decisio ex eo pendeat, tunc dicitur interlocutoria *mixta;* alioquin *mera* appellatur (6).

§ 2117. In hoc autem differt sententia delitiva ab interlocutoria, quod illa ab eodem judice emendari, seu reparari non potest; solumque superest remedium appellationis, vel restitutionis in integrum a Principe impetrandum, si a supremo magistratu lata fuerit (7); judex etenim, lata definitiva sententia, officio suo functus est, et judex esse desinit (8): sed interlocutoria sententia ut plurimum in definitiva retractari potest (9); quia sententia haec praecepti potius, quam rei judicatae vim habere intelligitur (§ 2080).

§ 2118. Sunt tamen sententiae interlocutoriae, quae definitivae vim habent, quatenus earum executio infert irreparabile damnum, vel definitiva sententia secundum eas ferri debet: irreparabile damnum inferret sententia, qua judex contra juris rationem in caussa civili, vel criminali quaestione habendam interlocutus sit; quare potest ab ea appellari (10): praejudicium vero facit definitivae sententiae interlocutio judicis pronunciantis, actori, vel reo deferendum esse jusjurandum decisivum; cum, eo praestito, nihil amplius quaeren-

(1) l. penult. Cod. hoc tit.
(2) l. *Eleganter* 23 § 1 ff. *De cond. indebit.* (12, 6).
(3) l. *Inter poenas* 6 § 1 ff. *De interdict. et relegat.* (48. 22).
(4) l. 1 et passim Cod. *De comminat. epistol. etc.* (7, 57); V. Fab. Cod. eod. tit. lib. 7. tit. 23. def. 1 et 2; V. vol. II, lib. 3. § 1837 et 1838; Ab-Eccles. obser. 102.
(5) l. *Quod jussit* 14 ff. hoc tit.
(6) V. Ab-Eccles. observ. 12.
(7) l. *Qualem autem* 19 § ult. et l. seq. ff. *De recept.* (4, 8); l. ult. ff. *De quaestionib.* (48, 18).
(8) l. *Judex* 55 ff. hoc tit.
(9) d. l. 19 § ult. et l. seqq.; d. l. 1 § ult.; Ab-Eccles. observ. 13.
(10) l. *Ante sententiam* 2 ff. *De appellat. recipiend.* (49, 5).

dum sit (1). Cum autem hujus generis interlocutiones vim habeant definitivae ab eodem judice retractari non possunt, sed provocatio necessaria est (2).

§ 2119. Non unum afferri potest interlocutionum exemplum: puta si reus, actore per contumaciam absente, ab instantia liberetur, seu ab observantia judicii (§ 2071), vel provisionalis, ut ajunt, seu fiduciaria solutio interim adjudicetur, pendente lite principali; veluti filio legitimam petenti; creditori habenti pro se debitoris confessionem, aut chirographum agnitum, aliamve similem probationis speciem (3).

§ 2120. Cum de reddendis rationibus inter socios agitur, locus fieri non solet provisionali adjudicationi, ne quidem pro sumptibus litis (4): nisi forte aliqui ex sociis parati sint ad reddendas rationes, et librum exhibeant, quo appareat, rite confectas fuisse, alii vero moram faciant, quo casu adjudicatio fieri debet ex rebus societatis, puta nominibus (5): vel, redditis rationibus, facta, et finita computatione, ab ea appellatum sit; pendente appellatione, dummodo computatio facta sit ab illis, quibus potestas haec sociorum consensu, vel publica auctoritate data fuerat (6).

§ 2121. Plane fructus percepti in provisionalem adjudicationem non veniunt (7): nec enim in praeteritum, sed in futurum litiganti provideri potest: idem est de usuris, et eo, quod interest, si usurae non ex conventione, sed solo judicis officio debeantur, pertinent haec ad sententiam definitivam (8): monetae tamen augmentum, utpote pars debiti, in provisionalem condemnationem venire potest (9); cum monetae augmentum nihil aliud sit, quam debitum ipsum deterioratione monetarum non imminutum (10).

§ 2122. Petenti adjudicationem definitivam, ait Faber, potest fieri adjudicatio provisionalis (11); quia minus etiam petit, qui plus petit (12): nec movet, quod onus satisdationis subeat; quia non cogitur uti sententia pro se lata.

§ 2123. Supra diximus, a sententia interlocutoria, quae vim definitivae habeat, appellari posse (§ 2118); puta si judex pronunciaverit, se competentem esse, vel desertam appellationem: adeoque deferendum est appellationi (13); alioquin contra superioris judicis auctoritatem attentasse judex videretur (1).

§ 2124. Non tamen auditur appellans, qui ab eodem judice, a quo condemnatus fuit, emendationem judicati obtinere potest (2); puta si judex venditorem in possessione turbari prohibuerit, donec venditionis instrumentum exhibeatur; quia hujusmodi interlocutiones momentaneae sunt, et praecepti vim, quod judex ipse revocat, ac indolem habent (3). Neque favendum appellanti ab interlocutione, qua quis jussus fuerit inventarium facere, sed interim res describere tenetur, cum periculum in mora sit (4).

§ 2125. Extra morae periculum ita jus est de appellationibus a sententia interlocutoria, ut appellatio executionem suspendat, si sententia lata fuerit a judice inferiore (5); executioni vero, praestita restituendi satisdatione, mandatur sententia lata a supremo magistratu, vel alio, qui vice Principis judicet (6): nisi forte interlocutoria judicis inferioris sententia pertineat ad ordinationem litis, et judicii, atque per definitivam reparari possit (7): ne mora fiat judicio; cum lites expediri publice, et privatim intersit (8).

§ 2126. Si autem post provisionalem condemnationem, a qua fuit appellatum, secuta sit sententia condemnationis definitiva, actor, pro quo pronunciatum fuit, non ex interlocutoria, seu ex provisionali agere debet (9); cum haec per definitivam tamquam majorem sublata sit; atque provisionalis condemnatio fit tantum ad tempus, quousque feratur sententia definitiva (10): quod si a definitiva provocatum fuerit, hanc per appellationem extincta (11), reviviscet actio ex interlocutoria (12).

§ 2127. Si autem provisionalis sententia per definitivam fuerit revocata, judicato interim satisfacere cogitur, et restituere, quod in vim interlocutoriae accepit reus, salvo appellationis jure (13); quia vis interlocutoriae per contrariam definitivam omnino sublata est; adeoque sine caussa retineret, quod consecutus est ex interlocutoria, quam idem judex postea revocavit.

§ 2128. Unum in hac re cum Fabro mone-

(1) l. *Admonendi* 31 ff. *De jurejur.* (12, 2).
(2) d. l. 2 ff. *De appellat. recip.*
(3) Voet in ff. hoc tit. n. 6 et seqq.
(4) l. *Imperatores* 17 ff. *De tutel. et ration. distraend.* (27, 3); Fab. Cod. *De sent. et interloc. omn. judic.* lib. 7, tit. 15, def. 4 in princ. et def. 10 et 21.
(5) Fab. d. in not. in med.
(6) Ibid. def. 5.
(7) Ibid def. 12.
(8) Ibid. def. 13 in princ.
(9) d. def. 13. n. 1.
(10) l. *Debitorem* 99 ff. *De solution.* (46, 3).
(11) Fab. Cod. *De sent. et interlocut. etc.* lib. 3, tit. 15, definit. 7.
(12) l. 1 § *si stipulanti* 4 ff. *De verb. oblig.* (45, 1).
(13) Fab. Cod. *De sent. et interlocut. omn. judic.* lib. 7, tit. 15, def. 9.

(1) l. unic. in princ. ff. *Nihil innov. appellat. interposit.* (49. 7).
(2) Fab. Cod. *De sent. et interlocut. omn. judic.* lib. 7, tit. 15, def 8.
(3) l. *Quod jussit* 14 ff. hoc tit.
(4) Fab. Cod. d. tit. def 6.
(5) l. *Si caussa* 32 Cod. *De transac.* (2, 3).
(6) Fab. Cod. *De sent. et interlocut. omn. judic.* lib. 7, tit. 15, def. 2; V. et def. 15 et 16; Ab-Eccles. observ. 44, n. 20 et seqq.
(7) Fab. ibid. def. 20; l. *Ante* 7 Cod. *Quor. appellat. non recip.* (7, 65).
(8) l. *Properandum* 13 Cod. *De judic.* (3, 1).
(9) Fab. Cod. *De sentent. et interlocut. omn. judic.* lib. 7, tit. 15, def. 14 in princ.
(10) l. *Moveor* 4 Cod. *Si serv. exportand. ven.* (4, 55).
(11) l. 1 § ult. ff. *Ad Senatusc. Turpil.* (48, 16).
(12) Fab. d. def. 14, n. 5 et seqq.
(13) Ibid. lib. 7, tit. 19, def. 3.

mus: videlicet sententiam, quae fertur, adjecta clausola, *alio non facto, vel alio non apparente* (quae tamen clausula apud nos improbatur (1)), interlocutoriam potius haberi, quam definitivam, quatenus comdemnatus potest ex novis probationibus in eamdem instantia, quin opus sit civili supplicatione, de jure suo experiri, et obtinere (2): executioni tamen interim demandanda est (3), ut supra diximus, judicis vice Principis pronunciantis sententia (§ 2125). Contumax autem ita damnatus non nisi refusis sumptibus auditur (4).

§ 2129. Hisce praemonitis sententiae conditiones expendendae sunt, ut rite lata intelligatur. Plures autem vulgo recensentur: videlicet ut feratur a judice competente, die non feriato, intra tempus praefinitum, et in loco publico, lingua vulgari (5). De judice competente superius diximus (6): de feriis quoque modo egimus: nec non de tempore, quo lites tum civiles, tum criminales finiri debent: vulgaris lingua olim apud Romanos latina tantum erat (7), post etiam graeca vulgaris facta est (8).

§ 2130. His Romanorum scitis fere consentit jus municipale: quod ad dies feriatos pertinet, si divinae sint feriae, actus quicumque judicalis fieri prohibetur exceptis caussis criminalibus, aut casibus exceptis (9): caeteris autem feriis judicari sinunt Romanae leges, si adversarius consentiat (10), quod alienum non est a jure nostro (11); quo insuper aliae plures caussae excipiuntur (12).

§ 2131. Quod ad tempus ferendae sententiae pertinet, judicibus infra senatum mensis conceditur ab eo die computandus, quo processus ipsis traditus fuerit, nisi ex justa caussa dilationem impetrent a judice majore, vel a senatu (13). Id unum monendum quoad judicem competentem, sententias ab arbitris prolatas nullius momenti haberi, si alterutra pars quaeratur (14), contra quam jure Romano obtineret (15). Interdiu quoque quoad fieri potest sententiae ferri debent (16).

§ 2132. Locus ferendis sententiis publice plerumque constitutus est, atque in eo sententiae a judicibus sive majoribus, sive inferioribus ferri debent (1): quamquam usu receptum, ait Ab-Ecclesia, ut sententiae in quocumque loco ferri possint, dummodo publicentur in loco tribunalis (2): hodie vero apud nos sententias supremi magistratus sufficit alta voce legi in publico auditorio; inferiorum vero judicum sententiae tradi debent scribae, a quo litigantes certiores fieri debent viva voce (3); atque in acta ferri notificatio, ejusque dies (4). An locum publicum, et consuetum, judex invitis etiam partibus mutare possit, tractat idem Ab-Ecclesia (5).

§ 2133. Contentiosam jurisdictionem in territorio tantum exerceri posse, supra diximus (§ 1784) (ad discrimen voluntariae, quae ubique exercetur); quia judex extra territorium privati loco habetur. Excipit Ab-Ecclesia casum, quo litigantes subditi sponte consentiant, ut jus in alieno territorio dicatur, nec contradicat ordinarius loci (6): atque subjicit, aliquando Vassallos habere facultatem a Principe eligendi judices, qui possint jus reddere in quolibet status loco (7): delegati autem a Principe nullo egent territorio in dominio Principis ad expedienda ea, quae sunt suae jurisdictionis, quam etiam in terris Vassallorum exercere possunt (8).

§ 2134. Locus exemptus, veluti Ecclesia, similis est loco extra territorium in hoc argumento: atque ideo prohibitum sub gravi poena est, ne in ecclesiis habeantur tribunalia, aut congregationes universitatum fiant (9): existimat tamen laudatus auctor, jusjurandum partis posse etiam praestari coram judice saeculari in ecclesia (10): atque, testem, cum juravit extra ecclesiam, posse examinari in ecclesia, quia depositio referatur ad locum, et tempus praestiti jurisjurandi; immo et jurare posse in ecclesia coram judice laico; quia cognitio, an sit recipiendus in testem, semper praecedit; quae cognitio respicit actum contentiosae jurisdictionis, quia non potest per judicem laicum exerceri in ecclesia (11).

§ 2135. Difficilior est quaestio, an judex laicus possit laicum, qui confugit ad ecclesiam, citare citatione verbali, si nolit ab ecclesia exire, sine licentia judicis ecclesiastici: affirmantium tamen sententiae tamquam certae inhaeret Ab-Ecclesia etiam pro caussa criminis, saltem dummodo ita citatus non puniatur aliqua poena sangui-

(1) *Reg. Constit.* lib. 3, tit. 23, § 16.
(2) Fab. Cod. hoc tit. lib. 7, tit. 19, def. 1 in princ. et def. 2 et 21. Thesaur. decis. 81 in addit. †; V. Osasc. dec. 144 et 145.
(3) Fab. d. def. 1, n. 3 et seqq.
(4) Fab. Cod. *De sentent. et interlocut. omn. judic.* lib. 7, tit. 15, def. 18.
(5) V. Ab-Eccles. observ. 26, n. 9 et seqq.
(6) V. supra § 1848 et seqq.
(7) l. *Decreta* 48 ff. hoc tit.
(8) l. *Judices* 12 Cod. *De sent. et interlocut. omn. judic.* (7, 45).
(9) *Reg. Constit.* lib 3. tit. 34, § 2.
(10) l. 1; l. *Si feriatis* 6 ff. *De feriis* (2, 12).
(11) *Reg. Constit.* ibid. § 4 in fin.
(12) Ibid. § 3 et 4.
(13) Ibid. lib. 3, tit. 23, § 6.
(14) Ibid. § 23.
(15) V. l. 1 et passim ff. *De recept.* (4, 8).
(16) Ab-Eccles. observ. 28.

(1) l. penult. in fin. ff. *De justit. et jur.* (1, 1); Ab-Eccl. observ. 5, n. 6.
(2) Ab-Eccles. ibid. n. 10.
(3) *Reg. Constit.* lib. 3, tit. 23, § 9.
(4) Ibid. § 10.
(5) Ab-Eccles. ibid. n. 16 et seqq.
(6) Ibid. observ. 6, n. 22.
(7) d. n. 22 et 23, 24, 25.
(8) Ibid. n. 26.
(9) *Reg. Constit.* lib. 1. tit. 3, § 1.
(10) Ab-Eccles. observ. 7, n. 10; argum. cap. *habemus* 12 caus. 22, quaest. 1; l. *Generaliter* 12 § penult. Cod. *De reb. credit.* (4, 1).
(11) Ab-Eccles. d. observ. 7, n. 11 et 12.

nis; ita ut contra reum non sistentem possit ferri sententia tamquam in contumacem (1); atque moventur hac ratione, quod citationis utique decretum sit actus judicialis, et non possit fieri in ecclesia; citatio tamen, quae fit per nuncium, seu apparitorem, non sit actus judicialis, sed quaedam executio facti.

§ 2136. Ad haec sententia pure ferri debet, non sub conditione; quae, si adjecta fuerit, pro non scripta habetur (2); incongruum visum est, atque a judiciorum majestate alienum, sententiae effectum a conditione pendere, atque interim in suspenso esse. Excipienda, nisi lex municipalis obstet (§ 2128) conditio, quae per actorem, aut reum in eodem judicio impleri possit; nempe nisi actor, vel reus probaverit, vel si alteruter juraverit (3).

§ 2137. Conformis quoque libello sententia desideratur: *ultra id, quod in judicium deductum est, excedere potestas judicis non potest:* verba sunt Javoleni (4): quare, si actor decem initio titis petierit, atque in litis progressu viginti sibi deberi probaverit, judex non nisi in decem condemnare potest reum (5), nisi actor libellum mutaverit, prout potest (§ 1676). Sane, si actor plus petierit, quam sibi debeatur, condemnatio petitioni conformis esse nequit; nisi quatenus in majore summa inest minor (6).

§ 2138. Hinc opportunus fit inquirendi locus, an judex minime requisitum officium suum impertiri possit, et an possit supplere, quae litigantes omiserunt. Distinguunt interpretes, ut a prima quaestione exordiamur, judicis officium in nobile, et mercenarium. Officium mercenarium vocant, quod inhaeret actioni in judicio propositae, et praecipue consistit in cognitione, quale olim erat judicium pedaneorum; atque apud nos est judicium, juris laurea minime insignitorum, quibus mandatum, ut sententias ferant ex voto assertoris jurisperiti, et a Senatu ad judicandum probati (7).

§ 2139. Nobile vero judicis officium illud dicitur, quod non notionem tantum, sed et jurisdictionem habet: quo sensu latissimum dicitur jus dicentis officium (8): atque majoribus judicibus, et praecipue supremis magistratibus competit.

§ 2140. Judex non nisi rogatus utrumque officium plerumque impertitur (1): latiores tamen sunt nobilis officii in majoribus judicibus fines: *congruit bono, et gravi Praesidi,* ait Ulpianus, *curare ut pacata, et quieta provincia sit, quam regit: quod non difficile obtinebit, si sollicite agat, ut malis hominibus provincia careat, eosque conquirat ..... et, prout quisque deliquerit, in eum animadvertere debet* (2): tum subjungit, *furiosis,* si non possint per necessarios contineri, eo remedio per praesidem obviam eundum est, scilicet, ut carcere contineantur (3): suspectos quoque tutores sine praevia accusatione a tutela repellere potest (4), et his similia, quae ad publicam utilitatem pertinent.

§ 2141. Restrictior est mercenarii officii, quod inferioribus judicibus competit, potestas: quamquam non videntur prohibendi, quominus pleraque ex iis agant, quae ad nobile officium pertinent, et publica utilitas exposcit: nisi quaestio sit de judicibus inferioribus, qui alteri judici subsunt, et quibus leviores tantum caussas tractare licet; quales sunt castellani, et baili (5); atque his nominatim interdicitur, ne debitorem in carceres duci imperent, nisi ex mandato judicis superioris; utique vero delinquentes carceribus mancipare possunt (6).

§ 2142. Certum immo videtur, etiam judici inferiori, qui nonnisi mercenarium, ut ajunt, officium habet, competere facultatem (nisi nominatim adempta sit), concedendi, aut exigendi, licet requisitus non sit, ea, quae ad judicii integritatem spectant: veluti repudiare libellum obscurum, aut male conceptum, exigere a litigantibus jusjurandum calumniae, pronunciare de iis, quae post coeptam litem emergunt quamvis ab initio petita non fuerint (7); non caetera, quae a litigantium arbitrio pendent (8): atque ideo exceptionum meri facti minime oppositarum, testium non productorum rationem habere non potest, ut infra dicemus.

§ 2143. Haec lucem afferunt alteri superius propositae quaestioni (§ 2138), utrum judex supplere possit ea, quae litigantes, vel eorum patroni omiserunt. Hic autem distingui debent res facti ab illis, quae juris sunt. Res facti sive ab advocatis, sive a litigantibus omissas judex supplere non potest (9), licet factum notorium sit; quia et hoc allegari saltem debet, quamquam

(1) Ab-Eccles. d. observat. 7. n. 18 et seqq. post alios quamplures.

(2) l. 1 § *biduum* 5 ff. *Quand. appelland. sit* (49, 4); V. Osasc. decis. 146; Ab-Eccles observ. 25.

(3) l. *Cum judex* 11 Cod. *De sentent. et interlocut. omn. judic.* (7, 45).

(4) l. *Ut fundus* 18 ff. *Commun. dividund.* (10, 3); V. Ab-Eccles. observ. 22.

(5) argum. § *si minus* 34 Instit. *De actionib.* (4, 6).

(6) l. 1 § *si stipulanti* 4 ff. *De verb. obligat.* (45, 1).

(7) *Reg. Constit.* lib. 3, tit. 23. § 13 et 14.

(8) l. 1 ff. *De jurisdiction.* (2, 1).

(1) argum. l. *Dies* 4 § *hoc autem* 8 ff. *De damn. infect.* (39, 2).

(2) l. *Congruit* 13 ff. *De offic. praesid* (1, 18).

(3) d. l. 13 § 1 ff. *De offic. praesid.*

(4) l. *Tutor* 3 § *praeterea* 4 ff. *De suspect. tutorib.* (26, 10).

(5) De his V. *Reg. Constit.* lib. 2, tit. 6. § 1, 2, 3 et 4.

(6) Ibid. § 5, 6 et seqq.

(7) Voet in ff. *De judic.* lib. 5, tit. 1, n. 49.

(8) d. n. 49.

(9) Fab. Cod. *Ut quae desunt advocat. part. jud. suppleat* lib. 2, tit 7, def. 1, n. 2 et 3.

probatione non indiget (1); alioquin judex patrocinari potius videretur, quam judicare; quod a judicis munere alienum est.

§ 2144. Excipiunt plerique factum, quod tale sit, ut ex instrumentis litis non modo conjici, sed etiam probari possit (2); quia vere non suppleatur, de quo ex ipsis actis certa notitia habetur: puta factae solutionis in tatum, vel pro parte: alioquin judex sententiam ferret, quam ex litis actis iniquam esse constaret. Plane laudandus est judex, qui per interlocutoriam sententiam litigantes moneat, ut plenius litem instruant, si ex factis omissis obscurior, et difficilior sit ejus definitio.

§ 2145 Facilius permittitur advocato, subjicit Faber, ut in juris allegationibus objiciat exceptiones, quas in tractanda lite per errorem omiserat, si modo peremptoria sit exceptio, non dilatoria, aut declinatoria, et magis ad jus, quam ad novum factum pertinens (3): quo tamen casu adversarius inauditus statim condemnandus non est; quippequi exceptionem hanc, si prius scivisset, opportuna replicatione fortassis elisisset: atque evenire potest, ut nova sero allegata exceptio ad contestationem, atque probationem admittenda sit, refusis utique per deducentem sumptibus retardatae litis; quod tamen nonnisi ex graviore caussa indulgendum (4), ut litigatores ad lites diligentius tractandas incitentur.

§ 2146. Juris exceptiones a litigantibus, vel patronis omissas judex perinde supplere potest, ac si allegatae fuissent, dummodo ex iis, quae in actis allegata sunt, sponte innotescant (5); ratio est, quia judici nota esse debent ea, quae juris sunt, atque secundum juris regulas sententiam ferre debet, licet litigantes non satis sibi prospexerint.

§ 2147. Hinc potest judex suspectum habere ex justis caussis instrumentum, quod ab una parte exhibitum fuerit, licet pars adversa suspecti exceptionem non objecerit (6): appellationem desertam declarare, parte licet non opponente, cum, deserta appellatione, judicis inferioris sententia ipso jure confirmata sit (7): consuetudinem legitime inductam in ferenda sententia sequi, quamvis non allegatam; ne alioquin contra leges pronunciet (8).

§ 2148. Idem dicendum, si ex allegatis constet, filiumfamilias fuisse testatorem, ex cujus testamento agitur (9); cum enim testamentum filiifamilias ex legum praescripto nullum sit (1), judex non potest ex eo testamento actori aliquid adjudicare.

§ 2149. Neque objiciatur, filiofamilias emancipato testamenti factionem competere: etenim emancipatiò, utpote res facti, non praesumitur (2), sed plene probanda est: quare in dubio contra testamentum Sabaudus Senatus pronunciandum putavit; licet illi, adversus quos testamentum producebatur, testatoris patrem pro jam mortuo testamenti tempore habuissent (3), atque potius inspiciendum, quid in rei veritate, quam quid in eorum opinione esset.

§ 2150. Idem tradunt plerique de praescriptione actionis, licet a reo convento minime objecta (4): de exceptione divisionis concessa fidejussoribus (5); utpotequae sub appellatione fidejussoris satis in judicium deducitur: aliud dicendum putat Faber, aliis contrasentientibus, de beneficio, seu exceptione ordinis (6); quia exceptio haec dilatoria sit, non peremptoria; nec non compensationis (7); quia compensatio instar actionis, et petitionis est.

§ 2151. Secundum allegata, et probata, prout ex dictis colligi potest, exceptis casibus, de quibus modo diximus, judicare debet judex (8); publico enim officio fungitur, quod ex privata scientia modum sumere non potest: atque ideo actore non probante, reus absolvendus dicitur (9).

§ 2152. Sed graviter certant interpretes de eo casu, quo probatio contra veritatem judici notam facta sit, puta simulatis instrumentis, vel suppositis falsis testibus, utrum judex pronunciare debeat secundum allegata, et probata, an secundum conscientiam. Aequior est media in hac re sententia affirmantium, judicem muneri suo renunciare debere (10), ut testis partes assumat (11); ne hinc secundum allegata, et probata judicans conscientiam suam laedat, inde vero sequens conscientiam legum contemptor videatur: atque refert Aulus Gellius, judicem, qui debitum sciebat, quod tamen deberi non probabatur, a judicando solutum fuisse (12).

§ 2153. Ad haec sententia legibus conformis esse debet (13); judices sunt legum custo-

(1) Fab. d. def. 1, n. 7.
(2) Ibid. d. def. 1, n. 4 post alios.
(3) Ibid. d. def. 1, n. 8, 9 et 10.
(4) Ibid. d. def. 1, n. 11 et seqq.
(5) l. unic. Cod. *Ut quae desunt advocat. part jud suppleat* (2, 11); Fab Cod. eod. tit. lib. 2, tit. 7. def. 2 in princ. et Cod. *De erroib. advocat.* lib. 2, tit. 6 def. unic. in princ.
(6) Voet in ff. *De judic.* lib. 5, tit. 1, n. 49.
(7) Clementin. *si appellationem* 6 exir. *De appellationib.* (2, 12).
(8) princ. Instit. hoc tit.
(9) Fab. Cod. *Ut quae desunt advoc. part.* lib. 2, tit. 7, def. 2 et seqq.

(1) l. *Qui in potestate* 6 ff *Qui testament. facere* (28, 1).
(2) l. *Ab ea parte* 5 § 1 ff. *De probationib.* (22, 3).
(3) Fab. Cod. *Ut quae des. etc.* lib. 2, tit. 7, d. def. 2, n. 3 et seqq.
(4) Voet in ff. *De judic.* lib. 5, tit. 1, n. 49 in med. post alios quam plures.
(5) Fab. Cod. *De fidejussoribus* lib. 8, tit. 28, definit. 35 in princ.
(6) Ibid n. 8 et seqq.
(7) Ibid. n. 16 et 17.
(8) l. *Illicitas* 6 § 1 ff. *De offic. praesid.* (1, 18).
(9) l. *Qui accusare* 4 Cod. *De edend.* (2, 1).
(10) Voet in ff. *De judic.* lib 2, tit. 1, n. 50.
(11) argum. l. *Pomponius* 36 ff. hoc tit.
(12) Aul. Gellius *Noct. atticar.* lib. 14, cap. 2 in fin.
(13) princ. Instit. hoc tit.

des, non arbitri; nec sub aequitatis specie a legum sanctionibus recedere possunt, ut alibi fuse demonstravimus (1). Atque hinc nullus admittendus est casus pro amico, ut ajunt (2): sed judex in ambiguis vel alterutri litigantium deferre debet jusjurandum, vel potiorem habere favorem caussae, puta dotis, libertatis, et similium (3).

§ 2154. Hinc apud nos cautum, ut in caussarum definitionibus unice imprimis serventur regiae sanctiones; deinde statuta locorum legitime probata, et usu vigentia: tertio loco decisiones supremorum magistratuum, postremo jus commune, seu Romanum; atque districte vetitum tum caussarum patronis, ne doctorum sententias allegent, et judicibus, ne iis deferant, quoties superioribus legum fontibus adversantur (4). Subjicitur, sententias, quas fortassis ferri contigerit contra praescriptum principalium sanctionum, nunquam transire in rem judicatam: atque per annos triginta tamquam nullas oppugnari quovis modo posse (5).

§ 2155. Amplior tamen in hac re quaedam facultas data est supremis magistratibus; quippe cautum, ne ipsi in expeditione caussarum rationem habeant nullitatum, seu vitiorum, quae profluant ex defectu solemnitatum in ordinatione processus; sed eorum tantum, quae emendari non possunt, atque proveniunt ex defectu jurisdictionis, citationis, aut mandati; nisi priores solemnitatum defectus speciatim allegati, atque oppositi fuerint ante conclusionem in caussa (6).

§ 2156. In quaestione, cujus loci leges servari debeant, supra diximus, judicii leges servandas esse in ordinatione litis; contractus vero in illis, quae ad litis decisionem pertinent (§ 1878). Sane habenda est ratio legum, quae tempore contractus, et negotii gesti vigebant: non quae postea latae sunt; cum leges futuris negotiis plerumque formam tantum dent, non praeteritis, atque praesentibus (7), ut alibi demonstravimus (8).

§ 2157. Quinimmo recte tradunt interpretes, judicem appellationis pronunciare debere secundum leges, quae tempore contractus vigebant, si lis in primo judicio definita fuerit, quamvis post interpositam appellationem nova lex lata sit, quam legislator ad praeteritos casus pertinere voluerit (9); quia judex appellationis tantum cognoscere potest, an bene, an male prior judex pronunciaverit (1): neque Princeps, legem ad praeterita trahendo, praesumitur de illis quoque sensisse, quae judicis sententia jam finita sunt.

§ 2158. Praeterea ad vim sententiae requiritur, ut certa sit (2); ne novae lites oriantur ex incerta judicis pronunciatione. Sufficit vero, sententiam certam esse per relationem ad aliud, puta ad id, quod libello petitum est, instrumento, vel actu ultimae voluntatis comprehensum (3).

§ 2159. Incerta tamen quodammodo fieri potest sententia, si vel res in genere petita sit, vel duae res alternatim, quippe hoc casu judex nonnisi ad rem in genere, vel ad alterutram condemnare potest (4). Idem dicendum, si actor res universales, seu rerum universitatem petierit, puta haereditatem, peculium, et similia (§ 1669).

§ 2160. Si unum sit petitionis caput, ita ferenda sententia est, ut a tota lite discedatur: immo, licet plura sint quae tamen separationem non recipiant (5): quod si separari possint, nihil prohibet, quominus de uno tantum pronuncietur; cum tot diversae videantur lites, quot res separatae in judicium deductae fuerunt (6).

§ 2161. Hinc etiam, si unus ex pluribus tutoribus, post litem adversus omnes institutam; abesse coeperit reipublicae caussa, atque ideo liti adesse nequeat, non ideo prohibetur judex caussam praesentium aestimare, et definire (7); cum unius caussa separata sit a caussa alterius.

§ 2162. Quemadmodum diversa unius litis capita separatim definiri possunt (§ 1860), ita et plures lites una sententia decidi, non tantum inter easdem personas (8), prout fit in caussa conventionis, et reconventionis (§ 1907); sed et inter diversas; puta uno judicio obtineri potest divisio paternae, et maternae haereditatis, licet omnes ad utramque successionem non admittantur (9).

§ 2163. Postremo sententia a judice scribi debet, tum partibus legi; futurum alioquin, ut viribus careat (10): excipiuntur caussae bre-

(1) V. vol. I, lib. 1, pag. 7, § 45 et seqq.
(2) Voet in ff. *De judic.* lib. 5, tit. 1, n. 52.
(3) l. *In ambiguis* 95 ff. *De reg. jur.* (50, 17); l. *Inter pares* 38 et § 1 ff. hoc tit.
(4) *Reg. Constit.* lib. 3, tit. 22, § 15.
(5) Ibid tit. 23, § 3.
(6) *Reg. Constit.* lib. 3, tit. 23, § 2. V. Fab. Cod. lib. 7, tit. 14. def. 7.
(7) l. *Leges* 7 Cod. *De legib.* (1, 14).
(8) V. vol. I, lib. 1, pag. 15, § 114 et seqq.
(9) Voet in ff. *De judic.* lib. 5, tit. 1, n. 52 prop. fin.

(1) Novell. 115, cap. 1.
(2) l. *In sententiis* 59 § *qui sortis* 2 ff. hoc tit.
(3) l. *Ait praetor* 5 § 1; d. l. 59 princ. et § 1 ff. hoc tit.
(4) l. *Qualem* 19 § 1 ff. *De recept.* (4, 8). V. Ab-Eccl. observ. 23 et 24.
(5) l. *Quid tamen* 21 ff. *De recept.* (4, 8); V. *Reg. Constit.* lib. 3, tit. 23, § 16.
(6) l. penult. Cod. *De sentent. et interlocut. omn. judic.* (7, 45).
(7) l. *Non idcirco* 44 ff. *De judic.* (5, 1).
(8) l. *Haeredes* 25 § *de pluribus* 3 ff. *Famil. Erciscund.* (10, 2).
(9) d. l. 25 § *si inter me* 4 et seqq. ff. eod. tit.
(10) l. 1, 2 et 3 Cod. *De sentent. ex periculo recitand.* (7, 44); alii pro *periculo* legunt ex *breviculo* seu scripto. Fab. Cod. hoc tit. lib. 7, tit. 19, def. 9.

ves (1): an vero breve sint, nec ne, non definit Justinianus, adeoque judicis arbitrio res haec definienda est (2): recitari debet ab ipso judice, nisi praefecti praetorio munere fungatur, vel illustrem habeat administrationem, quibus conceditur, ut per ministros suos sententias recitare possint (3).

§ 2164. Ita autem sententia vires accipit ex pronunciatione, ut post mortem judicis sententiâ ab eo lata, et subscripta amplius pronunciari nequeat: vel si judex esse desierit, puta per supervenientem aliam majorem dignitatem, aut aliâ quacumque ex caussa (4), quia ante pronunciationem potest judex mutare sententiam, quae pleuum robur nondum adepta est (§ praeced.).

§ 2165. Sententiae supremorum magistratuum apud nos subscribi sufficit a caussae relatore, et Senatus rectore: judicibus autem inferioribus praecipitur, ut sententias sua manu polite scribant sine lituris, vel adnotationibus, die, mense, et anno expressis, atque subscribant (5): tum a graphiario tribunalium inferiorum significanda est procuratoribus litigantium, ab his vero litigantibus; quae vero feruntur a supremis magistratibus, a graphiario alta voce in publico auditorio legi sufficit (6). Sententiae fundamenta nonnisi partibus petentibus, vel jubente Senatus praeside edi debent (7): atque adjectum, ut sententiae omnes pronuncientur, atque executioni mandentur sub nomine magistratus (8).

§ 2166. Si judex male judicaverit, distinguendum, an dolo fecerit, an incuria, vel imperitia. In primo casu infamis fit, atque litis aestimationem praestare tenetur ei, quem sententia sua laesit (9); immo si per sordes pretio corruptus male judicasset, ex lege XII tabularum capite plectebatur (10): sed Justinianus poenam minuit (11); in altero casu, quo imperitiae tantum reus sit judex, ex quasi delicto tenetur, poenam subiturus, quanti aequum videbitur religioni judicantis (12).

§ 2167. Judicibus assistunt patroni caussarum, graphiarii, et apparitores. Patroni cavere debent, ne litem iniquam defendant, vel prosequantur (13): graphiarii, seu scribae officio suo diligenter, et fideliter fungi debent: apparitores non ex propria, sed ex judicis persona, quam repraesentant, cum munus suum implent, aestimantur: adeoque iis, officium suum exercentibus, resisti non potest: utique vero si mandato destituti sint, vel mandati fines excedant (§ 1615).

§ 2168. Latae sententiae in est effectus, ut statim vim suam habeat, nec amplius ab eodem judice retractari possit, aut immutari (1): potest tamen judex explicare ea, quae obscurius posita sunt, atque ita actorum verba emendare, tenore sententiae perseverante (2): potiori ratione licet judici supplere eodem die reliqua, quae sententiae adhuc desunt, sed pertinent ad consequentiam jam statutorum (3); veluti pronunciare de impensis, fructibus, et usuris judicis officio debitis: quod si haec jure obligationis debeantur, etiam alio die post latam sententiam adjudicari possunt (4).

§ 2169. Hinc si quis post latam a judice inter alios sententiam metuat, ne sibi quodammodo per consequentiam nocere possit, jure postulat a judice declarari, nullum hinc sibi praejudicium fieri (5); nec enim nova sententia opus est; sed luculentiore judicis sermone, quo jus suum cuique constet.

§ 2170. Neque rescindi potest sententia ex eo, quod victus alleget, nova invenisse instrumenta, quibus nunc tantum usurus sit, vel quibus jus suum melius adstruere possit, nisi de caussa publica agatur (6), cujus praecipuus est favor, ejusque exemplo de caussâ ecclesiae (7).

§ 2171. Idem dicendum, videlicet latam sententiam rescindi posse, si ex falsis instrumentis lata fuerit, vel falsis testium depositionibus, petita ad id per modum quaerelae restitutione in integrum, qua judicatum infirmetur (8): vel si dolo adversarii factum sit, quominus instrumenta ante sententiam inventa, aut producta fuerint (9): vel posterius testamentum receptum fuerit, quo appareat, aliam fuisse defuncti voluntatem (10): vel lata sit ex jurejurando per judicem delato (11).

§ 2172. Sententia, si ab ea intra decem dies

(1) auth. *nisi breves* post l. ult. Cod. eod. tit.
(2) V. de hac re Ab-Eccles. observ. 37.
(3) d. l. penult. Cod. eod. tit.
(4) Fab. Cod. hoc tit. lib. 7. tit. 19. d. def. 9 in not. †.
(5) *Reg. Constit.* lib. 3, tit. 23, § 8.
(6) Ibid. § 9, 10 et 11.
(7) Ibid. § 19, 20 et 21.
(8) Ibid. § 24
(9) l. *Filiusfamilias* 15 § 1 ff. *De judic.* (5, 1); l. ult. Cod. *De poen. judic. qui male judicav.* (7, 49).
(10) Gellius *Noct. atticar.* lib. 20 cap. 1.
(11) V. l. 1 et auth. *novo jure* Cod. eod. tit. V. *Reg. Constit.* lib. 3, tit. 23, § 4 et 5.
(12) princ. Instit. *De obligat. quae quasi ex delict.* (4, 5).
(13) *Reg. Constit.* lib. 2, tit. 9, § 1, 2 et seqq.

(1) l. *Quod jussit* 14; l. *Judex* 55 ff. hoc tit.; l. 1 Cod. *Sentent. rescind. non poss.* (7, 50); Thes. dec. 25 in fin. ubi de sententia lata a notario de consilio assessoris; V. Ab-Eccl. observ. 30.
(2) l. *Actorum* 46 ff. hoc tit.; Fab. Cod. hoc tit. lib. 7, tit. 19, def. 9, Ab-Eccles. observ. 31.
(3) l. *Paulus* 41 ff. hoc tit.
(4) V. Brunneman. in ff. ad d. l. 42; V. Thesaur. decis. 135 per tot.
(5) Voet in ff. hoc tit. n. 27 in fin.
(6) l. *Imperatores* 35 ff. hoc tit.
(7) Voet in ff. hoc tit. n. 26.
(8) l. *Divus Hadrianus* 33 ff. hoc tit.; V. Ab-Eccles. observ. 33.
(9) argum. l. *Sub praetextu* 19 Cod. *De transact.* (2, 4).
(10) argum. l. *Imperatores* 3 § 1 ff. eod. tit. (2, 15).
(11) l. *Admonendi* 31 ff. *De jurejurand.* (12, 2).

appellatum non sit, vel alio sit modo probata, transit in rem judicatam (§ 2114), atque pro veritate habetur (1): sed jus tantum facit inter litigantes, non inter alios (2), quibusdam exceptis casibus (3); puta si quis pronunciatus fuerit haeres cum beneficio inventarii, aut conditionis dedititiae, nocet sententia creditoribus etiam non vocatis, utpote afficiens statum personae (4); et aliis, quos oblata occasione exposuimus (5).

§ 2173. Perit vis sententiae renunciatione (6); cum ex generali juris regula unusquisque possit illis, quae pro se introducta sunt, renunciare (7): tacite autem renunciasse intelligitur juri sibi per sententiam quaesito, qui patitur rursus secum agi de eadem re per eandem personam, nec ei exceptionem objicit rei judicatae (8).

§ 2174. Idem dicendum, si reus exceptionem utique allegaverit rei judicatae, sed actore negante, judex pronunciaverit, judicatum non fuisse, et reus non appellaverit (9): quod si judex, insuper habita rei judicatae exceptione, novam sententiam priori contrariam ferat, haec ipso jure nulla est, neque appellatio est necessaria (10).

§ 2175. Novatione etiam, quae priores obligationes perimit, sententiae vis extinguitur (11): sola tamen pignoris datio, aut fidejussorum novationem non inducit, nisi speciatim id actum sit (12): multominus ex sola dilatione ad solvendum data; vel assignatione debiti, aut reditus, ut judicato satisfiat (13). Sed de novationibus alibi diximus (14).

§ 2176. Cum in rem judicatam transivit sententia, executioni demandanda est; parum etenim prodesset sententia, quae exitum non haberet: sed, cum argumentum hoc maximi momenti sit, et praecipuis difficultatibus involutum, seorsim de eo dicere consultum arbitramur, prout in Codice factum est (15).

(1) l. *Res judicata* 207 ff. *De reg. jur.* (50, 17). V, Ab-Eccles. observ. 171 et 172.

(2) l. 1 et passim Cod. *Inter alios acta* (7, 60); Fab. Cod. eod. lib. 7, tit. 25, def. 2, ubi de sententia lata contra maritum, cum mulier, et liberi intercessissent, et def. 3; ubi de venditore non vocato ad litem intercedente, ne executio fiat contra emptorem, Osasc. decis. 157, ubi sententia lata contra vassallum de re feudali non nocet agnatis successoribus.

(3) l. *Saepe constitutum* 63 ff. hoc tit.

(4) l. *De aetate* 43 ff *De minorib.* (4, 4); Fab. Cod. *Int. al. acta* lib. 7, tit. 25, def. 1 et 5.

(5) V. vol. III. lib. 4. pag. 371. § 1007 et seqq.

(6) l. *Postquam liti* 4 Cod. *De pact.* (2, 3).

(7) l. penult. Cod. eod. tit.

(8) argum. l. *In duobus* 28 § ult. et l. sequ. ff. *De jurejurand.* (12, 2).

(9) l. 1 in princ. ff. *Quae sentent. sin. appellat. rescindant.* (49, 8).

(10) l. 1 Cod. *Quand. provocar. non est necess.* (7, 64).

(11) l. *Si caussam* 2 Cod. *De execut. rei judicat.* (7, 53); l. *Si se non. obtulit* 4 § *si ex conventione* 4 ff. hoc tit.; V. Ab-Eccles. observ. 170.

(12) d. l. 4 § 4 ff. hoc tit.

(13) Voet in ff. hoc tit. n. 47.

(14) V. vol. III, lib. 3, pag. 194 et seqq.

(15) Cod. lib. 7, tit. 53.

APPENDIX

De executione rei judicatae.

Instit. lib. 4, tit. 17 *De offic. judic.*
Digest. lib. 42, tit. 1 *De re judic. et effect. sententiar.*
Codic. lib. 7, tit. 53 *De execution. rei judicat.*

SUMMARIA

§ 2177 et 2178. *Judicati actio competit ad obtinendam sententiae executionem. An haec actio personalis sit, an realis? Quae sint investiganda?* — § 2179. *Actio judicati competit victori, ejusque haeredi. An mortuo uno ex litigantibus, haeredes citandi sint, ut sententia feratur? An cessionario, et successori singulari detur haec actio?* — § 2180. *Judicati actione conveniuntur victi, licet pupilli sint, aut universitates. An reus citari debeat?* — § 2181. *Judicati actio competit adversus haeredes condemnati, prius tamen citandi sunt; nec non adversus successores singulares.* — § 2182. *Sententia lata contra emphyteutam, vel praelatum executioni mandatur adversus novum possessorem et successorem in beneficio; non tamen quoad litis sumptus* — § 2183 et 2184. *Quid de sententia lata contra tutorem et similes administratores?* — § 2185. *Quid de sententia lata contra maritum, vel curatorem jacentis haereditatis?* — § 2186. *Sententiae latae contra patrem executio fit contra filium haeredem patris. Quid si quis condemnatus fuerit a Senatu tamquam haeres, cum talis non sit?* — § 2187. *Condemnatus, cum executioni intercederet, tamquam haeres pure, adhuc intercedere potest tamquam haeres beneficiatus, vel tamquam possessor.* — § 2188. *Executio sententiae, qua quis missus sit in possessionem, non differtur ex intercessione tertii, qui non possideat.* — § 2189. *Creditoris intercessio non remoratur sententiae executionem: utique domini.* — § 2190. *Debitor morari non potest executionem eo praetextu, quod nullae sint subhastationes, si vere debitum sit. An una executio aliam impediat?* — § 2191. *Sententiae adversus plures reos debendi executio fit in viriles partes, nisi judex aliud statuerit: vel de re individua, aut hypothecaria agatur.* — § 2192. *Quid de sumptibus litis in caussa criminali?* — § 2193. *An fructus non perceptos restituere teneatur unus ex pluribus fundi possessoribus vindicatione conventis et condemnatis?* — § 2194. *Apparitor sine judicis mandato, cujus fines diligenter servare debet, sententiam exequi non potest.* — § 2195. *Executor merus caussae cognitionem non habet.* — § 2196. *Quid si palam constet de iniquitate sententiae?* — § 2197. *Executor me-*

rus *de tertii intercessione cognoscere non potest: sed interim abstinere debet ab executione quoad tertium.* — § 2198. *Victor plerumque pro arbitrio urget sententiae executionem.* — § 2199. *Sententiae executionem non impedit victus per satisdationem, utique si jus novum acquisierit.* — § 2200. *An victus uti possit jure tertii? Sententia possessionis retinendae suam secum trahit executionem.* — § 2201. *Sententiae executio propter rei tergiversationes retardari non debet. Quid si aliquid prius facere jussus sit, et perperam moras nectat?* — § 2202. *Sententia executioni mandari potest quoad unum caput liquidum.* — § 2203. *Creditor hypothecarius mittitur in possessionem bonorum debitoris, licet nondum facta sit liquidatio debitae quantitatis.* — § 2204. *Quid si agatur de pignore distrahendo, aut in solutum dando; vel sententia extra caussam pignoris lata sit?* — § 2205. *Executio, a qua provocatum fuit, interim non privat possessorem sua possessione.* — § 2206. *Executio facta die festo per vim, spreta judicis auctoritate, aut pro debito nondum liquido revocari debet.* — § 2207. *Jus solvendi praecedere debet executionem.* — § 2208. *Dilatio debitori etiam ad solvendum condemnato danda est.* — § 2209 *et* 2210. *Dilatio quae detur in actione reali?* — § 2211. *Quid de actionibus personalibus?* — § 2212. *Debitor, si bona nulla habeat, in carceres detrudi potest. An creditor debitorem de fuga suspectum possit apprehendere?* — § 2213 *et* 2214. *Tempus exequendae sententiae judices prorogare nequeunt: sed longior dilatio a Principe petenda est.* — § 2215. *Quae sit executionis forma?* — § 2216. *Cautio restituendi plerumque non exigitur a victoribus in executione rei judicatae.* — § 2217. *Quid si vendita sint pignora capta in executionem sententiae provisionalis?* — § 2218. *Error in die sententiae executionem non vitiat. Sententia executionem confirmans ad executionis tempus retrotrahitur.* — § 2219. *Quid de impensis in feudum factis? Quo in loco deponenda sit res capta in executionem sententiae?* — § 2220 *et* 2221. *Executionem paratam habent obligationes, quas sponte fateatur debitor, alimentorum, et quae instrumento authentico continentur.* — § 2222 *et* 2223. *Quae sint apud nos in hac re praescripta?* — § 2224 *et* 2225. *Beneficium competentiae quibus competat? An in executione judicati objici possit?* — § 2226. *Cur de cessione bonorum hic agendum sit?*

§ 2177. Praecipuus sententiae effectus, uti jam innuimus (§ praeced), est illius executio, ad quam obtinendam jure Romano comparata est actio judicati (1): quae actio personalis est, utpote ex quasi contractu descendens, cum in judicio quasi contrahatur (2), rei tamen persecutoria, et perpetua (3), idest usque ad triginta annos durat, exemplo caeterarum personalium actionum (4). Sed jure nostro hypotheca odio cujuscumque debitoris condemnati inducta est ex die, quo sententia pervulgata est, vel editum judicis decretum, ut alibi fusius diximus (5).

§ 2178. Ut omnia, quae ad rem hanc pertinent, innotescant, haec sunt investiganda: 1. Quibus competat actio judicati ad obtinendam sententiae executionem: 2. Adversus quos: 3. Cujus auctoritate fiat executio sententiae: 4. An victor cogatur sententiae executionem urgere, et an victus aliquando eam impedire possit: 5. Quo tempore, et qua forma executio sententiae fiat: 6., et postremo quaedam adjiciemus ad hanc rem extra ordinem pertinentia.

§ 2179. Judicati actio non tantum victori competit, sed et illius haeredi (6), dummodo se haeredem probet: atque ideo municipali jure sancitum, ut, defuncto aliquo ex litigantibus post instructam caussam, judices nihilominus sententias ferant in procuratorum personam, quin haeredes citari opus sit: quibus sane significanda erit: aut si nullus haeres sit, curatori jacentis haereditatis juxta praescriptum in jus vocandi modum (7): cessionario quoque (8), nec non successori in beneficio (9).

§ 2180. Competit haec actio adversus reum condemnatum, sive per se, sive per alium in judicio steterit; adeoque adversus pupillum, et minorem, si tutor aut curator condemnatus fuerit (10); adversus municipes, actore universitatis condemnato (11); nisi culpae imputari possit rectoribus universitatum, nec sategerint, ut universitas solvat (12). Neque ad executionem obtinendam necesse est, ut reus citetur, nisi a sententia et postremo actu contradicto judicio inter litigantes in ejus consequentiam gesto annus praeterierit, vel quinquennium, cum sententia pertinet ad res temporis progressum habentes puta annuas pensiones (13).

(1) l. *Si se non obtulit* 4 § 1; l. *Intra dies* 7 ff. hoc tit.: l. *Si praetor* 75 in fin. ff. *De judic.* (5, 1).

(2) l. *Licet tamen* 3 § *idem scribit* 11 ff. *De pecul.* (15, 1); Fab. Cod. hoc tit. lib. 7, tit. 20, def. 5.

(3) l. *Miles* 6 § ult. ff. hoc tit.

(4) l. *Sicut in rem* 3 Cod. *De praescrip. XXX, vel XL annor.* (7, 39).

(5) *Reg. Const.* lib. 3, tit. 23, § 18; V. Eccles. observ. 45, n. 13 et 14, ubi de sententia in confessum, et interlocutoria. V. vol. II, lib. 3, § 1315 et seqq pag. 1045.

(6) l. *Miles* 6 § ult. ff. hoc tit.; Fab. Cod. *De haeredit. vel act. vendit.* lib. 4, tit. 29, def. 10 in fin.

(7) *Reg. Constit.* lib. 3, tit. 23, § 17; V. Osasc. decis. 149; Ab-Eccles. observ. 26, n. 14 et observ. 27 et 43.

(8) Fab. d. def. 10 in fin.

(9) Ibid. Cod. *De re judicat.* lib 7, tit. 19, def. 10 in fin.

(10) l. *Si se non obtulit.* 4 § 1 ff. hoc tit.

(11) d. l. 4 § *actor* 2.

(12) V. vol. I, lib. 2, pag. 562, § 233 et seqq.

(13) *Reg. Constit.* lib. 3, tit. 32, § 2 et 3; V. Ab-Eccles. part. 2, observ. 53, n. 4 et seqq. et part. 1, observ. 169.

§ 2181. Haeredes quoque rei condemnati judicati actione conveniri possunt (1), sed prius citandi sunt, ut certo sciri possit, an defuncti haeredes sint (2). Idem dicendum de successore singulari, qui consecutus sit rem, ex qua condemnatio facta est: puta fundum, cujus nomine ad certam praestationem annuam venditor condemnatus fuerit (3): onera realia etiam in singularem successorem transeunt (4). Sententia lata contra principalem mandatur executioni contra fidejussorem de judicato solvendo sine nova citatione, si fidejusserit apud acta; alioquin citatio necessaria est (5).

§ 2182. Hinc etiam sententia lata adversus emphyteutam, qui postea rem alienaverit, vel praelatum ecclesiae potest executioni mandari adversus novum possessorem (6), et successorem in beneficio quoad rem in judicium deductam, non quoad expensas litis (7); etenim expensae sunt personales, cum infligantur in poenam temere litigantis (8): potest tamen successor, condemnato praedecessore tamquam possessore fundi emphyteuticarii, desiderare, ut sibi demonstretur fundus, quo sciat, an forte decessor colluserit (9).

§ 2183. Sententia lata contra tutorem, curatorem, vel alium administratorem executioni mandatur adversus pupillum, aut minorem, si nulla intervenerit collusio (10); idest non in personam, sed, in eorum bona tum pro debito principali, tum pro expensis, si tutori, aut curatori nihil imputari possit (11): non enim administratoris persona inspicitur, sed ejus, cujus nomine, et jure administrator agit, vel convenitur.

§ 2184. Immo tradit Faber, tutorem tam tutorio, quam proprio nomine obligatum, si tamquam tutor condemnatus fuerit, tum in executione ejus bona capiantur, justam habere appellandi caussam (12); quia executio judicati fieri nequit, contra quam judicatum est (13). Nec aliud erit, si tutor ab ea condemnatione appellaverit nulla tutorii nominis facta mentione, et succubuerit; quia appellatio transfert litem ad judicem superiorem cum omnibus suis qualitatibus (14).

§ 2185. Eodem fundamento placuit, non posse fieri executionem in bona mariti, qui tamquam maritus litem peregerat apud inferiorem judicem, et victus provocaverat ad Senatum, a quo rursum condemnatus fuerat, nisi mulier mariti factum improbaverit; si enim mulier improbasset, expensas temerariae litis a marito victor exigere posset (1); utpote ex facto mariti debitas. Plane sententia lata adversus curatorem jacentis haereditatis nocet creditoribus, aliisque omnibus ex jure haereditatis suum metientibus (2): cum curator hic defuncti personam repraesentet.

§ 2186. Hinc etiam sententiae contra patrem latae executio fieri potest contra filium, si haeres patris sit, adeoque in bonis tantum defuncti (3), qui condemnatus fuit (§ 2184). Quod si quis a Senatu condemnatus fuerit tamquam haeres, cum talis non sit, non admittitur ad probandum se haeredem non esse, nisi implorato auxilio civilis supplicationis adversus Senatusconsultum (4); quia qualitas in praefatione sententiae apposita ejusdem pars est (5).

§ 2187. Si tamen aliquis executioni intercesserit tamquam haeres cum beneficio inventarii, atque ob non exhibitum inventarium condemnatus fuerit, potest adhuc intercedere vel tamquam haeres pure, aut jure possessoris, si forte possideat (6); quia alia est caussa, seu conditio haeredis beneficiati, alia haeredis puri, vel nudi possessoris: adeoque res judicata non nocet (7). An sententia lata in caussa appellationis contra eum, qui cum procuratore jurisdictionali in prima instantia obtinuerat, noceat procuratori jurisdictionis, seu officii, tractat Faber (8).

§ 2188. Quamquam vero tertii, qui condemnatus non fuit, intercessio semper recipienda est, ut suum cuique jus salvum sit, non tamen differtur executio sententiae, qua quis missus sit in possessionem, puta beneficii, ex alterius intercessione, nisi hic statim demonstret, se jam missum fuisse in possessionem, tametsi doceat de jure, et titulo sibi competente ad possessionem obtinendam (9); rei judicatae auctoritas postulat, ut sententia confestim mandetur executioni (10): quod si intercedens se possessorem asserat, fundi indentitatem negare non potest, nec petere, ut in praesentem eatur

(1) l. *Miles* 6 § ult. ff. hoc tit; Fab. Cod. hoc tit. lib. 7. tit. 20, def. 56.
(2) *Reg. Constit.* d. lib. 3. tit. 32, § 2 in fin.; Fab. Cod. *De haeredit. vel action. vendit.* lib. 4. tit. 29, def. 10 in fin.
(3) Fab. Cod. hoc tit. def. 7; Osasc. decis. 38 et 65.
(4) l. *Alienatio* 67 ff. *De contrahend. emption.* (18, 1).
(5) Ab-Eccles. observ. 69.
(6) Fab. Cod. *Inter al. act.* lib. 7, tit. 25, def. 6.
(7) Fab. ibid. def. 4 in princ.
(8) l. *Eam, quem* 79 ff. *De judic.* (5, 1).
(9) Fab. d. def. 4 in med.
(10) l. *Si se non obtulit.* 4 § 1 ff. hoc tit.; Fab. Cod. hoc tit. lib. 7, tit. 20, def. 32 in princ. et def. 36 et Cod. *De re judicat.* lib. 7. tit. 19, def. 13 et 16.
(11) d. l. 4 § 1; Fab. d. def. 32, n. 3 et seqq.
(12) Fab. Cod. hoc tit. lib. 7, tit. 20, def. 52 in princ.
(13) l. penult. Cod. hoc tit.
(14) Fab. d. def. 52 in fin.

(1) Fab. Cod. hoc tit. lib. 7, tit. 20, d. def. 32 in not. †.
(2) Ibid. Cod. *De re judicat.* lib. 7, tit. 19, def. 12.
(3) Ibid. lib. 7. tit. 20, def. 30.
(4) Ibid. lib. 7 tit. 19, def. 16.
(5) argum. l. *Titia* 134 § 1 ff. *De verb. oblig.* (45, 1).
(6) Fab. Cod. *Quib. res judicat. non noc.* lib. 7, tit. 22, definit. 2.
(7) l. *Et an eadem* 14; l. *Si cum uno* 22 ff. *De exception. rei judicat.* (44, 2).
(8) Fab. Cod. hoc tit. def. 8.
(9) Ibid. lib. 7, tit. 20. definit. 39.
(10) l. *Servo* 65 § *cum praetor* 2 ff. *Ad Senatusc. Trebellian.* (36, 1).

ad fines demonstrandos (1); ex quo enim se possidere allegat, fundi fines nosse consequenter affirmat.

§ 2189. Idem dicendum de creditore condemnati, videlicet intercessionem utique suscipiendam esse, non tamen inde remorandam executionem (2). Quod si intercessor sit dominus rei, in quam executio fieri debet, hanc jure moratur; nisi condemnatus jus habeat rei possidendae, donec pecunia solvatur, puta quia empta sit res, intercessore quidem mandante, sed ex pecunia condemnati (3); etenim victor eodem jure utitur, quo condemnatus uteretur (4).

§ 2190. Profecto debitor impedire non potest sententiae executionem, seu missionem in possessionem ex eo, quod nullae sint subhastationes, nisi offerat id, quod vere debitum est (5); alioquin dolo facere intelligitur, qui formae potiorem vult haberi rationem, quam rei ipsius. Una autem executio, per quam creditori plene satisfactum non sit, aliam non impedit (6): nisi priori executioni debitor ipse intercesserit; cum imprimis de vi intercessionis pronunciandum sit (7).

§ 2191. Si plures una sententia condemnati fuerint, non in solidum, sed pro virili, adversus singulos executio fit, nec unius inopia caeteros onerat, nisi id nominatim a judice adjectum sit, vel de re individua, aut hypothecaria agatur, licet solidum ab initio singuli debeant, puta duo rei promittendi essent (8), aut duo contutores (9); judex dividere intelligitur singulorum partes, ex quo omnes generatim condemnat.

§ 2192. Nec interest, quod ad litis sumptus attinet, utrum ex civili caussa, an ex crimine plures correi condemnati fuerint (10); tum quia semper viget superior ratio (§ praec.); tum quia potius ob litem, quam ob crimine sumptuum condemnatio fit, lis autem a singulis non nisi pro virili suscipitur. Excipit Faber casum, quo lis criminalis inciderit in civilem, puta si unus ex litigantibus uti velit falso instrumento ad lucrum captandum; in hac enim specie litigans etiam pro parte illius, qui falsum instrumentum conscripsit, in expensas litis criminalis condemnandus est; saltem in subsidium (11)

(1) Fab. Cod. hoc tit. lib. 7, tit. 20, def. 44.
(2) Ibid. def 21 in princ.
(3) d. def. 21, n. 4 et seqq.
(4) l. *Si a te* 9 § ult. junct. l. *Judicatae* 29 § ult. ff. *De exception. rei judicat.* (44. 2).
(5) Fab. Cod. hoc tit. lib. 7, tit. 20 def. 53.
(6) Ibid. def. 4; argum. l. ult. Cod. *De obligat. et action.* (4. 10)
(7) Fab. ibid. def. 43.
(8) l. 1 Cod *Si plur. una sent. condemnati sint* (7, 55); Fab. Cod. eod. tit. lib. 7, tit. 21, def. 3.
(9) l. ult. Cod. eod. tit.
(10) Fab Cod. *Si plur. una sent. etc.* lib 7, tit. 21, def. 1.
(11) d. def. 1, in not. †.

§ 2193. Sed quid, si ex pluribus ejusdem fundi possessoribus per vindicationem conventis, et condemnatis unus neget, ullos a se fructus perceptos fuisse, sed omnes ad socios, vel cohaeredes pervenisse alleget? Ad fructus restituendos condemnandus est, si a sententia non appellaverit (1); fructus etenim rem ipsam sequuntur (2), nec omnino requiritur, ut possessor eos perceperit, dummodo percipere potuerit (3); atque indemnitatem consequi potest a sociis, qui fructus perceperunt; praeterquamquod obest ei res judicata, quae executioni mandanda est, cum ab ea non est appellatum.

§ 2194. Si reus condemnatus sponte satisfaciat sententiae, nullae amplius sunt judicis partes: sed si, ut non raro contingit, judicis imperio parere detrectet, litterae a judice, ejusque successore impetrandae sunt, quibus apparitori mandetur, ut sententiam judicis exequatur (4). Sane apparitor propria auctoritate sententiam exequi non potest (5): et cavere debet, ne mandati fines excedat; alioquin tenetur ad damna, et ad id, quod interest, nec non ei resisti potest, quamquam tutius est de injuria conqueri apud judicem, ne qua tumultus occasio detur (6).

§ 2195. Cum executio fieri debet in alieno territorio, litterae requisitoriae dantur judici illius territorii, a quo executio permittenda est (7), quin ullam habeat caussae in meritis cognitionem (8): quod si de alterius ditionis magistratus, aut judicis sententia exequenda tractetur, cognitio haec solius senatus est (9).

§ 2196. Sed si perperam, et a non competente judice, aut contra absentem, non servato edictorum ordine, pronunciatum appareat, vel in promptu solutum sit debitum, aut remissum, requisitus judex permittere non debet, ut injuria afficiatur ille, cui potius, jurisdictionis suae tuendae caussa, succurrere debet (10): sin res altiorem caussae cognitionem desideret, haec referenda erit ad judicem, qui sententiam tulit, ut pronunciet de jure litigatorum, de quo nondum cognoverat (11).

2197. Nec aliud dicendum, licet tertius executioni intercedat: nimirum executor datus,

(1) Fab. Cod. *Si plur. una sentent. condemnati sint.* lib. 7, tit. 21, def. 2.
(2) l. *Qui restituere* 68 ff. *De rei vindicat.* (6, 1).
(3) l. *Sed etsi* 25 § *sed et fructus* 4 ff. *De petit. haereditat* (5, 3).
(4) V. *Reg. Constit.* lib. 3, tit. 32, § 1. 4. 8 et 9.
(5) Fab. Cod. hoc tit. lib. 7, tit. 20, definit. 28.
(6) Ibid. def. 8, 15 et 49.
(7) *Reg. Constit.* d. lib. 3, tit. 32, § 5. 6 et 7; Fab. Cod. *De jurisdict. etc.* lib. 3, tit. 12, def. 23; V. Thes. lib. 3, quaest 2; Ab-Eccles. observ. 177.
(8) *Reg. Const.* d. § 6 in fin.; Fab. Cod. hoc tit. lib. 7, tit. 20, definit. 1 in princ. et def. 29.
(9) *Reg. Constit.* lib. 2, tit. 3, cap. 1, § 13; Fab. Cod. hoc tit def. 2; Ab-Eccles. observ. 178.
(10) Fab. Cod. hoc tit. lib. 7, tit 20, def. 1, n. 4 et seqq. et def. 20 et 25.
(11) d. def. 1 in fin V. et def 9.

puta a senatu, licet propriam habeat jurisdictionem, tamquam judex, non tamen potest cognoscere de intercessione tertii, nisi caussae cognitio ipsi quoque demandata sit (1): sed ad Senatum remittere debet, atque ita supersedere ab executione, quoad tertium attinet (cum datus non fuerit, ut de tertii jure, et intercessione cognosceret) non quoad condemnatum (2): subjicit Faber, audiendum non esse tertium, qui intercedere potuit, et debuit, si maluerit appellare; quia auxilium appellationis aliquatenus odiosum est (3); potissimum vero, quia sententia adversus ipsum lata non fuit.

§ 2198. Sententiae executio ex libera victoris voluntate plerumque fit; cum nemo invitus agere, vel actione sua uti cogatur (4); atque possit unusquisque juribus suis renunciare (5); licet victor victo aliquid praestare debeat, puta creditor, qui petiit, et obtinuit, mitti in possessionem bonorum defuncti debitoris odio mulieris de dote certantis, sub lege offerendi dotem mulieri (6); quia semper viget eadem ratio, ne quis invitus jure suo uti cogatur. Excipiunt aliqui casum, quo judex pronunciaverit, contractum ultro, citroque obligatorium, quem alteruter intervenisse negabat, celebratum fuisse, prout de jurejurando traditur (7), cui res judicata comparatur (8).

§ 2199. Victus sententiae executionem impedire non potest oblata satisdatione, omnimodo enim solvendum, vel satisfaciendum est (9); sicuti nec impedire potest, oblata satisdandi facultate, puta in eo casu, quo judex rem litigiosam penes sequestrem deponi mandaverit (10): utique vero, si victus ante sententiae executionem novum jus rei retinendae acquirat, sive ex caussa de praeterito, ut loquuntur, sive ex caussa de futuro (11); non enim videri potest judicatum de eo, quod in judicium deductum non est (12). An impediat executionem sententiae exceptio, ut ajunt, nullitatis, aut restitutio, tractat Ab-Ecclesia (13).

§ 2200. Sed victus uti non potest jure, quod tertio competat, ad impediendam executionem; puta maritus, qui condemnatus fuerat ad restitutionem fundi, quem non alio, quam mariti jure obtinebat, executionem remorari non potest praetextu jurium uxoris suae, quae nec audita sit, nec condemnata: potissimum si tamquam maritus conventus, et condemnatus fuerit (1); mulier, cui salvum est suum jus, intercedere debet (§ 2197). Vix monendum, sententiam super interdicto retinendae possessionis suam secum trahere executionem (2); nec enim, qui jam possidet, magis possidere potest.

§ 2201. Potius cavendum, ne contra rei judicatae auctoritatem, et naturalem aequitatem differatur sententiae executio propter condemnati cavillationes, et tergiversationes, forte etiam submisso intercessore (3): sententia interim executioni mandanda salvis victi juribus, si quae deinceps habere demonstrabit (§ 1801); quid enim non comminiscuntur homines callidi, ne, quod tenent, dimittere cogantur? Quod si is, adversum quem executio fieri debet, prius aliquid ex parte sua facere jussus sit, et facere moretur, conditio pro impleta habetur (4).

§ 2202. Neque etiam differenda sententiae executio, licet ex pluribus sententiae capitibus unum, vel alterum adhuc incertum sit (puta in facto, vel liquidatione consistens): executioni mandanda sunt alia capita, quae nullam habent difficultatem (5); ex trito axiomate utile per inutile non vitiatur, quoties invicem necessario connexa non sunt (6).

§ 2203. Hinc tradit Faber, executionem sententiae, qua creditor hypothecarius mitti jussus sit in possessionem bonorum debitoris, non impediri eo praetextu, quod nondum facta sit liquidatio debitae quantitatis (7): quia sufficit, aliquid deberi, de quo constet, licet ignoretur, quale, et quantum sit; maxime si vel onus nummus sit, quem liquido constet deberi; cum hypothecae jus individuum sit; nec quidquam vetet, hypothecam contrahi, et possideri rem obligatam pro non liquida quantitate (8).

§ 2204. Aliud dicendum, si vel tractetur de pignore distrahendo, aut in solutam dando (9); nec enim fieri potest venditio pretio incerto, aut datio in solutum pro incerta quantitate (10), vel extra caussam pignoris lata sit sententia (11).

(1) l. *Si ut proponis* 6 Cod. hoc tit.
(2) Fab. Cod. hoc tit. lib. 7, tit. 20, def. 46 in princ.
(3) Ibid. d. def. 46 in fin. et in not.
(4) l. *Pure mihi* 5 § ult. ff. *De doli mali et met. exception.* (44, 4); Fab. Cod. hoc tit. lib. 7, tit. 20, def. 54 in princ.
(5) l. penult. Cod. *De pact.* (2, 3).
(6) Fab. d. def. 54 n. 1 et seqq.
(7) l. *Si duo* 13 § *si quis juraverit* 3 ff. *De jurejur.* (12, 2).
(8) l. *Jusjurandum* 2 ff. eod. tit.
(9) l. *Si se non obtulit* 4 § *ait praetor* 3 et seq. ff. hoc tit.; Fab. Cod. *De re judicat.* lib. 7, tit. 19, def. 8 in princ.
(10) Fab. d. def. 8 in med.
(11) l. *Si mater* 11 § *camdem caussam* 4 ff. *De exception. rei judicat.* (44, 2); Fab. Cod. hoc tit. lib. 7, tit. 20, def. 35.
(12) l. *Non potest* 23 ff. *De judic.* (5, 1).
(13) Ab-Eccles. part. 1, observ. 173, 174, 175 et 176.

(1) Fab. Cod. hoc tit. lib. 7, tit. 20, d. def. 35 in not. †.
(2) Ibid. def. 45.
(3) l. *Si longis* 7 Cod. hoc tit.; Fab. Cod. hoc tit. lib. 7, tit. 20, def. 32.
(4) l. *Jure civili* 24 ff. *De condit. et demonstrat.* (35, 1); Fab. Cod. hoc tit. def. 6.
(5) Fab. Cod. hoc tit. lib. 7, tit. 20, definit. 51; Voet in ff. hoc tit. n. 37, Ab-Eccl. observ. 167, n. 6, 7 et 20 †.
(6) l. *Placuit* 28 ff. *De usur.* (22, 1); l. *Sancimus omnem* 34 Cod. *De donat.* (8, 54).
(7) Fab. Cod. hoc tit. lib. 7, tit. 20, d. def. 51 in princ.
(8) l. *Rem haereditariam* 65 ff. *De evictionib.* (21, 2).
(9) Fab. Cod. hoc tit. d. def. 51, n. 5.
(10) l. *Si non sortem* 26 § *si centum* 4 *De cond. indebit.* (12, 6).
(11) Fab. Cod. hoc tit. def. 10.

Plane priore casu (§ praeced.) fructus, quatenus legitimarum usurarum modum excedunt, in sortem imputantur (1).

§ 2205. Executio, a qua provocatum fuit, interim non privat possessorem sua possessione (2): cum appellatio vim prioris judicati extinguat (3) (nisi post absolutam executionem pupillus beneficio restitutionis appellet (4)): nec provocatus ullum patitur damnum, cum appellatione injusta pronunciata, appellans cogatur rem in eum statum restituere, quo prius fuerat (5). De excommunicationis sententia, ejusque appellatione tractat Faber (6).

§ 2206. Caeterum, licet ex Fabro sententia senatus, obreptione, vel subreptione non obstante, executioni interim mandanda sit ob rei judicatae auctoritatem, postmodum ad aequitatem, proposita civili supplicatione, revocanda (7), atque supra dixerimus, retardari non posse executionem sub eo praetextu, quod subhastationes, utpote factae contra formam a lege praescriptam, nullae sint (§ 2390), si tamen facta sit, aut die festo (8), aut per vim, et injuriam, aut spreta auctoritate judicis, qui intervenire debuit, aut pro debito quidem, sed nondum liquido (9), revocari debet, et condemnandus credtor in id omne, quod debitoris interest, licet debitum ex parte liquidum sit (10); utile per inutile vitiatur in actibus individuis, qualis est executio (11): nec debitor, dum convenitur, satisdationem pro illiquido offerre tenetur.

§ 2207. Injuriosa autem habetur executio, ideoque nulla, per quam debitor etiam condemnatus jubetur statim solvere; jussum solvendi praecedere oportet, et deinceps danda competens dilatio pro qualitate caussarum, et personarum, nec non pecuniae debitae quantitate (12). Nec interesse videtur, utrum executio facta sit in bonis, an in persona debitoris, an bona capiantur publice distrahenda, an ut creditori eorum possessio detur (13); etenim municipalis lex non distinguit (14).

§ 2208. Hinc dilapsi sumus in quaestionem quinto loco supra propositam (§ 2178) de tempore executionis. Debitoribus, licet ad solvendum condemnatis, dilationem quamdam indulgendam esse aequitas ipsa demonstrat. *Debitoribus*, ait Calistratus, *non tantum petentibus dies ad solvendum dandi sunt, sed et prorogandi, si res exigat: si qui tamen per contumaciam magis, quam quia non possint explicare pecuniam, differant solutionem, pignoribus captis, compellendi sunt ad satisfaciendum* (1): Calistrato consentit Ulpianus, qui modicum tempus concedit ad solvendum debitori etiam, qui se debere fateatur, et paratum solvere (2): ex quo colligunt pragmatici, dilationem quoque dandam debitori, quamvis instrumentum habeat executionem paratam (3).

§ 2209. Romanae leges condemnatis in actione personali quadrimestre tempus indulgent (4); de actione reali nihil singulare constitutum est; adeoque judicis arbitrio relinquitur secundum veteres leges (5). Sed usu fori apud plerasque gentes non amplius servatur quadrimestre: apud nos tres secernuntur debitorum species. Prima eorum est, qui retinent rem alienam, si haec mobilis, aut semovens sit, debitori, qui rem penes se habeat, indulgentur decem dies ad rem restituendam, nisi brevioris temporis spatium rerum adjuncta postulare videantur (6): elapso praefinito tempore res per apparitorem aufertur, et domino restituitur (7).

§ 2210. Si autem res aliena immobilis restituenda sit, post elapsam praestitutum tempus, apparitor creditorem mittit in possessionem bonorum sententia comprehensorum (8); nec apparitori verbis, aut factis impune restituitur, aut turbari potest actor in sua possessione (9).

§ 2211. Quod ad actiones personales attinet, lata sententia, et debiti quantitate, partibus per se, vel per procuratorem auditis, praefinita, debitor jubetur solvere intra spatium, nec brevius decem dierum, nec longius quinquaginta; nisi de caussis summariis agatur, in quibus spatium decem dierum minui potest pro qualitate litigantium, et caussae natura (10): elapso autem statuto tempore, si debitor creditori non satisfecerit, executio realis fit in debitoris bona, imprimis mobilia, tum immobilia (11): exceptis tamen mobilibus, et semo-

(1) l. *Cum debitor* 8 ff. *In quib. causs. pign. vel hypothec. tacit. contrahit.* (20, 3); Fab. d. def. 51, n. 6 et seqq.
(2) Fab. Cod. hoc tit. lib. 7, tit. 20 def. 3.
(3) l. *Furti* 6 § 1 ff. *De his, qui notant. infam.* (3, 2); l. 1 § ult. ff. *Ad Senatusc. Turpillian.* (48, 16).
(4) Fab. Cod. *De appellat.* lib. 7, tit. 26, def. 41.
(5) l. *Negotiorum gestor.* 24 ff. *De appellat.* (49, 1).
(6) Fab. Cod. hoc tit. def. 14.
(7) Ibid. lib. 7, tit. 20, def. 18.
(8) Ibid. definit. 22 et 50; l. ult. Cod. *De feriis* (3, 12); V. supra § 2094.
(9) Nec enim in hoc casu imputari potest debitori, cur non obtulerit solutionem.
(10) Fab. Cod. hoc tit. def. 26.
(11) argum. l. *Placuit* 29 ff. *De usur.* (22, 1).
(12) Fab. Cod. hoc tit. lib. 7. tit. 20. definit. 27; Ab-Eccles. observat. 122, n. 5 †; V. *Reg. Constit.* lib. 3, tit. 32, § 10 et seqq.
(13) Frout distinguit Faber d. def. 27 in fin. et in not.
(14) V. Ab-Eccl. d. n. 5; *Reg. Const.* ibid. § 14.

(1) l. *Debitoribus* 31 ff. hoc tit.
(2) l. *Si debitori* 21 ff. *De judic.* (51).
(3) Ab-Eccl. observ. 122, n. 1, Thes. dec. 26, n. 16.
(4) l. ult. Cod. hoc tit.; l. *Eos, qui* 2 et seqq. Cod. *De usur. rei judicat.* (7, 54).
(5) d. l. *Debitoribus* 31 ff. hoc tit.
(6) *Reg. Constit.* lib. 3, tit. 32, § 10.
(7) Ibid. § 11.
(8) Ibid. § 12.
(9) Ibid. § 13,
(10) Ibid. § 14.
(11) Ibid. § 15 et 16.

ventibus, quae necessaria debitori sunt, quaeque non nisi in subsidium capi permittuntur (1).

§ 2212. Quod si ex relatione apparitoris constet, nec mobilia, nec immobilia bona reperiri, debitor in carceres, creditore instante, detrudi potest (2), et judice praecise jubente (3) exceptis ab hac severitate pupillis, mulieribus, senibus septuagenariis, qui bonis cesserunt, nobilibus, aut alio modo privilegiatis, onere tamen creditori injuncto suppeditandi alimenta debitori, qui se pauperem doceat, quamdiu in carceribus detinebitur (4). Sane creditor debitorem fugientem, vel de fuga suspectum apprehendere quidem potest, sed non in carceres detrudere (5). Sed de his alibi diximus (6).

§ 2213. Si quaeratur, an judices possint tempus exequendae sententiae prorogare, negandum videtur; tum Romano, tum patrio jure (7); nisi dilatio concedatur in ipsa sententia, vel aequitas forte, cujus aliquando magna vis est, aliud suadere intelligatur (8). Regio jure praeter dilationes, quas debitoribus ad solvendum indulgent magistratus, praefecti, aut judices, potestas fit magno cancellario concedendi aliam dilationem quinquaginta dierum; dummodo debitores de fuga suspecti non sint aut, cautionem non fugiendi praestent; neque agatur de debitis erga viduas, pupillos, miserabiles personas, aut alias privilegio gaudentes (9).

§ 2214. Quod si personae, aut caussae adjuncta longiorem dilationem expostulent, ea a Principe petenda est: qui semestres, vel annales inducias ex caussa concedit (10), praestita cautione solvendi, lapsa prorogatione, nisi aliud suadeant adjuncta, puta de universitatibus agatur, quae vix fidejussorem inveniunt (11). Induciae autem difficilius conceduntur in actione reali, qua quis cogitur ad aliquid restituendum, nisi statim restituere non possit (12). Quod si ante sententiam litterae moratoriae a Principe impetratae fuerit, petere tamen potest creditor, ut caussa interim agatur, et sententia proferatur (13).

§ 2215. Quod pertinet ad executionis formam, seu modum, nulla certa regula statui potest, praeterquam regionis mores in hac re

(1) *Reg. Constitut.* ibid. § 17 et seqq. V. vol. II, lib. 3, § 1300 et seqq.
(2) *Reg. Constit.* d. lib. 3, tit. 32, § 16 prop. fin.
(3) Fab. Cod. hoc tit. lib. 7, tit. 20, def. 19.
(4) *Reg. Constit.* d. § 16 in fin.
(5) Fab. Cod. hoc tit. def. 23; Ab-Eccles. observ. 121.
(6) V. vol. II, lib. 3, § 1634 ad 1636, pag. 1089.
(7) l. ult. Cod. hoc tit.; l. 2 et 3 Cod. *De usur. rei judicat.* (7, 54); Ab-Eccles. observ. 122, n. 6.
(8) Ab-Eccl. ibid. n. 8 et seqq.
(9) *Reg. Constit.* lib. 2, tit 2, cap. 2, § 6; V. Ab-Eccles. observ. 123, n. 1 et seqq.
(10) Ab-Eccles. d. observ. 123, n. 6 et 7; Thesaur. dec. 186, n. 2 et seqq.
(11) l. *Universa* 4 Cod. *De precib. imperator. offerend.* (1, 19); Ab-Eccles. ibid. n. 10 ad 14.
(12) Ab-Eccl. ibid. n. 20 et seqq.
(13) Ibid. n. 9 †.

servandos esse (1): apud nos specialis forma praescribitur (2), quam exscribere nec vacat, nec opportunum ducimus.

§ 2216. Quaedam postremo in hac re animadvertenda putamus. In primis victores in executione judicati cogendi non sunt, ut victo caveant de restituendis iis, quae ex auctoritate rei judicatae consequuntur (3), nisi executio fiat in vim sententiae, fiduciariam, seu provisionalem solutionem injungentis (§ 2122, et 2125), aut uni ex pluribus creditoribus solvi jubeatur, cum dubium esse potest, an alii sint jure potiores (4).

§ 2217. Cum autem provisionalis sententia in rem judicatam non transeat, utpotequae ab eodem judice per definitivam revocari potest (5), si pignora in ejusdem sententiae executionem capta sint, atque haec, nullo emptore invento, creditori adjudicata fuerint, revocata provisionali sententia, haec quoque restitui debent (6): sed rata permanet venditio, si extraneus pignora emerit, quippequi non aliter empturus fuisset; atque ita postulat hastae fiscalis fides, et auctoritas (7).

§ 2218. Error in die sententiae expressus nec sententiam, nec executionem vitiat, dummodo ex litigantium personis, et petitae rei demonstratione constet, de quà sententia victor senserit (8): *veritas rerum*, scite ait Ulpianus, *erroribus gestorum non vitiatur* (9): sententia autem, qua confirmatur executio, retrotrahitur ad tempus executionis (10); adeoque victori non nocet, quod medio tempore alter se inscio bona ex caussa judicati consecutus sit; cum vigilantis melior conditio esse debeat (11).

§ 2219. Nemo sane dubitet, quominus bonae fidei possessori ad fundi restitutionem condemnato detentio competat in executione judicati pro impensis necessariis, atque utilibus in fundo factis; nisi forte si moram faciat, ne statim aestimentur, quo casu fundus restitui debet, praestita per actorem restituendorum sumptuum satisdatione (12). Sed rem hanc alibi expendi-

(1) Voet in ff hoc tit. n. 39; Fab. Cod. hoc tit. lib. 7, tit. 20. def. 48.
(2) V. *Reg. Constit.* lib. 3, tit. 32, § 18 et seqq.
(3) Voet in ff. hoc tit. n. 38
(4) l. *Procuratoris* 5 § ult. ff. *De tributor. action.* (14, 4); l. *Ex facto* 52, § ult. ff. *De pecul.* (15, 1).
(5) l. *Quod jussit* 14 ff. hoc tit.
(6) argum. l. *Si, cum nulla* 58 ff. hoc tit.; Fab. Cod. hoc tit. lib. 7, tit. 20, d. def. 17 in princ.
(7) Fab. d. def. 17 in princ.
(8) l. *Si librarius* 92 ff. *De reg. jur.* (50, 17); Fab. Cod. hoc tit. lib. 7, tit. 20, def. 3.
(9) l. *Illicitas* 6 § 1 ff. *De offic. praesid.* (1, 18).
(10) l. ult. ff. hoc tit.; Fab. Cod. hoc tit. def. 55.
(11) l. *Pupillus* 24 in fin. ff. *Quae in fraud. credit.* (42, 8).
(12) l. *Sumptus* 48; l. *Emptor* 65 ff. *De rei vindicat.* (6, 1); l. *Statu liber.* 5 ff. *De statu liber.* (40, 7); Fab. Cod. hoc lib. 7, tit. 20, def. 12.

mus (1). De loco, seu apud quem res capta in executionem sententiae deponenda sit, alibi quoque diximus (2): vix monendum, deponi eam non debere penes filium debitoris, nisi creditor sponte consentiat (3); cum pater et filius una, eademque persona in jure existimentur; adeoque penes ipsum patrem deponi videretur.

§ 2220. Praeter executiones reales, quae fiunt in consequentiam rei judicatae, aliae sunt, quas sententia nulla praecessit: quod contingit vel ex facto debitoris, qui sponte patitur se condemnari (4); vel ex natura obligationis, quae paratam ex aequitate executionem habet, puta alimentorum et medicamentorum, quae executioni mandanda est, non obstante appellatione, praestita tantum cautione restituendi, si ita judicari contigerit (5).

§ 2221. Paratam quoque habent executionem obligationes, quae continentur instrumento authentico, atque, ut ajunt, guarentigiato (6): ita quippe in foro receptum est, atque apud nos probatum, licet jure Romano aliud obtineat (7): sane modicum temporis spatium debitori indulgendum etiam in hisce casibus est (8), ut pecuniam paret (9).

§ 2222. Haec autem novo jure apud nos diligentius praefinita sunt: atque cautum, ut reus, adversus quem ex allatis modo caussis (§ 2220 et 2221), decreta sit executio, in jus venire debeat, atque exceptiones suas allegare, quamvis dies executioni dictus incidat in ferias; futurum alioquin, ut executio etiam feriato tempore fieri possit (10). Quod si reus intercedat injunctioni, ut ajunt, judicis praeceptum in simplicem citationem resolvitur, ita tamen, ut actori via executiva non praecludatur, si res ita requirat (11): atque caussa post finitas ferias discutienda erit, nisi privilegiata sit (12).

§ 2223. Tempus modicum, quod debitori dandum diximus, licet obligatio paratam habeat executionem (§ 2221), decem saltem dierum est; quique elapsis executio perfici potest, si nec solverit, nec exceptiones allegaverit debitor (13).

§ 2224. Sententia ita executioni demandata est, ut creditor id omne consequatur, quod debitum ipsi est: sed aliquano personae conditio efficit, ut pars a debitore retineri possit, si nempe debita sit ex numero personarum, quibus datum est beneficium competentiae, ut ajunt, seu deducto ne egeant: hoc autem beneficio gaudent donator (1); pater, qui durante matrimonio a genero ex caussa dotis conveniatur (2); maritus (3); socer adversus nurum (4), aliique, quos alibi enumeravimus (5), et referunt Jureconsulti (6), nec non clerici in fructibus beneficii, ne in cleri dedecus mendicare cogantur, quo fit, ne huic beneficio renunciare possint (7), atque militibus, militiae favore (8).

§ 2225. Hoc autem beneficium, subjicit Faber, cum non magis impugnet judicatum, quam exceptio solutionis aut compensationis, objici potest etiam in executione judicati; ita ut possit appellari a sententia judicis, qui hanc exceptionem non admittat, vel adversus executorem, qui in solidum exequi velit judicatum (9). Apud nos cautum, ut bona ad justam aestimationem adjudicentur creditori, cum debitor beneficio competentiae gaudet (10).

§ 2226. Per cessionem quoque bonorum fieri potest, ne creditores omne jus suum consequantur, de qua idcirco nobis agendum est: tum pauca dicemus de separationibus, cum debita ex substantia ipsius debitoris, non aliena, solvi debeant: nec sententia executioni mandari possit in bona, quae debitoris non sunt.

CAPUT VIII.

De cessione bonorum.

Digest. lib. 42, tit. 3 *De cessione bonorum.*
Cod. lib. 7, tit. 71 *Qui bonis cedere possunt.*

SUMMARIA

§ 2227 *et* 2228. *Cessionis beneficium ex humanitate jura indulgent debitoribus, ne in carceres conjiciantur. Quae de hac cessione expendenda sint?* — § 2229. *Cessio bonorum ignominiosa est, vel honesta.* — § 2230. *Ad cessionem ignominiosam admitti possunt, qui culpa sua ad inopiam redacti sunt.* — § 2231. *Universitates ad bonorum cessionem admittuntur. Quid de iis, qui debitum prius inficiati sunt, moram a Principe obtinuerunt, aut renunciarunt?* — § 2232. *Cessionis be-*

(1) V. vol. I, lib. 1, § 699 et seqq. pag. 137.
(2) V. vol. II, lib. 3, § 1112 et seqq. pag. 1018.
(3) Fab. Cod. hoc tit. def. 47.
(4) l. *Si convenerit* 26 ff. hoc tit. V. Ab-Eccles. observ. 45, n. 20 et seqq.
(5) *Reg. Constit.* lib. 3, tit. 23, § 12; Ab-Eccles. observat. 166 per tot.
(6) *Reg. Const.* lib. 2, tit. 22 cap 6, § 1; V. Fab. Cod. hoc tit. lib. 7, tit. 20, def. 24 et 31; Ab-Eccl. part. 2, observ. 38 in princ.; V. vol. III, lib 4, § 584, pag. 306.
(7) argum. l. *Extat enim* 13 ff. *Quod met. caus.* (4, 2).
(8) Fab. Cod. hoc tit. def. 40.
(9) l. *Quod dicimus* 105 ff. *De solut.* (46, 3).
(10) *Reg. Constit.* lib. 3, tit. 30, § 1.
(11) Ibid. § 4.
(12) Ibid. § 2; V. Ab-Eccles. observat. 115, n. 11 et seqq. et observ. 116.
(13) *Reg. Const.* d. lib. 3, tit. 30, § 3.

(1) V. vol. I, lib. 2, § 2349, pag. 852.
(2) d. vol. I, lib. 2, § 3217, pag. 983.
(3) V. vol. I, lib. 2, § 3865, pag. 1084.
(4) d. vol. I, lib. 2, § 3871, pag. 1085.
(5) V. vol. III, lib. 3, § 3549, pag. 188.
(6) l. *Sunt qui* 16 et seqq. ff. hoc tit.
(7) argum. cap. *si diligenti* 12 extra *De foro competent.* (2, 2); Fab. Cod hoc tit. lib. 7, tit. 20, def. 21.
(8) l. *Miles* 6; l. *Item miles* 18 ff. hoc tit.
(9) Fab. Cod. hoc tit. lib 7, tit. 20, def. 42
(10) *Reg. Constit.* lib. 3, tit. 32, § 43.

ventibus, quae necessaria debitori sunt, quaeque non nisi in subsidium capi permittuntur (1).

§ 2212. Quod si ex relatione apparitoris constet, nec mobilia, nec immobilia bona reperiri, debitor in carceres, creditore instante, detrudi potest (2), et judice praecise jubente (3) exceptis ab hac severitate pupillis, mulieribus, senibus septuagenariis, qui bonis cesserunt, nobilibus, aut alio modo privilegiatis, onere tamen creditori injuncto suppeditandi alimenta debitori, qui se pauperem doceat, quamdiu in carceribus detinebitur (4). Sane creditor debitorem fugientem, vel de fuga suspectum apprehendere quidem potest, sed non in carceres detrudere (5). Sed de his alibi diximus (6).

§ 2213. Si quaeratur, an judices possint tempus exequendae sententiae prorogare, negandum videtur, tum Romano, tum patrio jure (7); nisi dilatio concedatur in ipsa sententia, vel aequitas forte, cujus aliquando magna vis est, aliud suadere intelligatur (8). Regio jure praeter dilationes, quas debitoribus ad solvendum indulgent magistratus, praefecti, aut judices, potestas fit magno cancellario concedendi aliam dilationem quinquaginta dierum; dummodo debitores de fuga suspecti non sint aut, cautionem non fugiendi praestent; neque agatur de debitis erga viduas, pupillos, miserabiles personas, aut alias privilegio gaudentes (9).

§ 2214. Quod si personae, aut caussae adjuncta longiorem dilationem expostulent, ea a Principe petenda est: qui semestres, vel annales inducias ex caussa concedit (10), praestita cautione solvendi, lapsa prorogatione, nisi aliud suadeant adjuncta, puta de universitatibus agatur, quae vix fidejussorem inveniunt (11). Induciae autem difficilius conceduntur in actione reali, qua quis cogitur ad aliquid restituendum, nisi statim restituere non possit (12). Quod si ante sententiam litterae moratoriae a Principe impetratae fuerit, petere tamen potest creditor, ut caussa interim agatur, et sententia proferatur (13).

§ 2215. Quod pertinet ad executionis formam, seu modum, nulla certa regula statui potest, praeterquam regionis mores in hac re

(1) *Reg. Constitut.* ibid. § 17 et seqq. V. vol. II, lib. 3, § 1300 et seqq.
(2) *Reg. Constit.* d. lib. 3, tit. 32, § 16 prop. fin.
(3) Fab. Cod. hoc tit. lib. 7, tit. 20, def. 19.
(4) *Reg. Constit.* d. § 16 in fin.
(5) Fab. Cod. hoc tit. def. 23; Ab-Eccles. observ. 121.
(6) V. vol. II, lib. 3, § 1634 ad 1636, pag. 1089.
(7) l. ult. Cod. hoc tit.; l. 2 et 3 Cod. *De usur. rei judicat.* (7, 54); Ab-Eccles. observ. 122, n. 6.
(8) Ab-Eccl. ibid. n. 8 et seqq.
(9) *Reg. Constit.* lib. 2, tit 2, cap. 2, § 6; V. Ab-Eccles. observ. 123, n. 1 et seqq.
(10) Ab-Eccles. d. observ. 123, n. 6 et 7; Thesaur. dec. 186, n. 2 et seqq.
(11) l. *Universa* 4 Cod. *De precib. imperator. offerend.* (1, 19); Ab-Eccles. ibid. n. 10 ad 14.
(12) Ab-Eccl. ibid. n. 20 et seqq.
(13) Ibid. n. 9 †.

servandc esse (1): apud nos specialis forma praescritur (2), quam exscribere nec vacat, nec opptunum ducimus.

§ 22x Quaedam postremo in hac re animadvertda putamus. In primis victores in executionjudicati cogendi non sunt, ut victo caveant · restituendis iis, quae ex auctoritate rei judicae consequuntur (3), nisi executio fiat in vim ntentiae, fiduciariam, seu provisionalem solionem injungentis (§ 2122, et 2125), aut uni x pluribus creditoribus solvi jubeatur, cum duom esse potest, an alii sint jure potiores (.

§ 227. Cum autem provisionalis sententia in rem idicatam non transeat, utpotequae ab eodem jiice per definitivam revocari potest (5), si pigno in ejuslem sententiae executionem capta st, atque haec. nullo emptore invento, creditoridju licata fuerint, revocata provisionali sentera, haec quoque restitui debent (6): sed rata pmanet venditio, si extraneus pignora emerit, nippequi non aliter empturus fuisset; atque i postulat hastae fiscalis fides, et auctoritas).

§ 22x. Error in die sententiae expressus nec sententia, nec executionem vitiat, dummodo ex litigtium personis, et petitae rei demonstrationconstet, de qua sententia victor senserit (8) *veritas rerum*, scite ait Ulpianus, *erroribus gtorum non viliatur* (9): sententia autem, qu confirmatur executio, retrotrahitur ad tempus xecutionis (10); adeoque victori non nocet, qui m lio tempore alter se inscio bona ex caussa dicati consecutus sit; cum vigilantis melior contio esse debeat (11).

§ 22). Nemo sane dubitet, quominus bonae fidei pessori ad fundi restitutionem condemnato tentio competat in executione judicati pro impsis necessariis, atque utilibus in fundo factis; si forte si moram faciat, ne statim aestiment, quo casu fundus restitui debet, praestita p a torem restituendorum sumptum satisdatio (12). Sed rem hanc alibi expendi-

(1) Vi in li hoc tit. n. 39; Fab. Cod. hoc tit. lib. 7, tit. 20, f. 18.
(2) V *Reg. Constit.* lib. 3, tit. 32, § 18 et seqq.
(3) Vt in li ho tit. n. 38
(4) l *Contraria*s 5 § ult. ff. *De tributor. action.* (14, 4); l. *Ex fin* 52, § ult. ff. *De pecul.* (15, 1).
(5) l. *Quod jussit* 14 ff. hoc tit.
(6) arm. l *Si, cum nulla* 58 ff. hoc tit.; Fab. Cod. hoc tit. . 7, t 20. d. def. 17 in princ.
(7) F. d def. 17 in princ.
(8) l. *Si librarius* 92 ff. *De reg. jur.* (50, 17); Fab. Cod. hotit. lib. 7, tit. 20, def. 3.
(9) l. *Illicitas* 6 § 1 ff. *De offic. praesid.* (1, 18).
(10) ult. ff. hoc tit.; Fab. Cod. hoc tit. def. 55.
(11) *Pupillus* 24 in fin. ff. *Quae in fraud. credit.* (42, 8)
(12) *Sumptus* 48; l. *Emptor* 65 ff. *De rei vindicat.* (6, 1); *Statu liber.* 5 ff. *De statu liber.* (40, 7); Fab. Cod. hdib 7, tit. 20, def. 12.

mus (1). De loco, seu [illegible] c a in executionem sententi [illegible] i quoque diximus (2); vix m[illegible] e non debere penes filium d[illegible] or sponte consentiat (3); cum [illegible] t, eademqua persona in jure exist [illegible] oque penes ipsum patrem deponi [illegible]

§ 2220. Praeter exe[illegible] uae fiunt in consequentiam rei [illegible] int, quas sententia nulla praec[illegible] git vel ex facto debitoris, qui spont[illegible] ndemnari (4); vel ex natura [illegible] t paratam ex aequitate execution[illegible] t limentorum et medicament[illegible] oni mandanda est, non obs ante [illegible] n praestita tantum cautione rest [illegible] j cari contigerit (5).

§ 2221. Paratam quo[illegible] e ntionem obligationes, quae cont[illegible] ento authentico, atque, ut aj[illegible] (6): ita quippe in foro recept[illegible] t u apud nos probatum, licet jure [illegible] l eat (7): sane modicum tempo[illegible] b ri indulgendum etiam in hisce ca[illegible] st ut pecuniam paret (9).

§ 2222. Haec autem no[illegible] nos diligentius praefinita sunt: at [illegible] ut reus, adversus quem ex allat s [illegible] i § 2220 et 2221), decreta sit execut[illegible] n s nire debeat, atque exceptiones suas [illegible] re quamvis dies executioni dictus incid[illegible] in [illegible] s futurum alioquin, ut executio etiam fi[illegible] ei ore fieri possit (10). Quod si reus interced[illegible] ii nctioni, ut ajunt, judicis praecej tum in [illegible] p in citationem resolvitur, ita tamen [illegible] via executiva non praecludatur, si [illegible] (11): atque caussa post finitas ferias d[illegible] ut ida erit, nisi privilegiata sit (12).

§ 2223. Tempus mod[illegible] cum [illegible] o debitori dandum diximus, licet obli[illegible] at habeat executionem (§ 2221), de[illegible] e dierum est; quique elapsis executio p[illegible] pot, si nec solverit, nec exceptiones all[illegible] lel or (13).

§ 2224. Sententia ita ex[illegible] ut [illegible] nandata est, ut creditor id omne conseq[illegible] d debitum ipsi est: sed aliquando personae conditio efficit, ut pars a debitore retineri possit, si nempe debita sit ex numero personarum, quibus datum est beneficium competentiae, ut ajunt, seu deducto ne ageant: hoc autem beneficio gaudent donator (1); pater, qui durante matrimonio a genero ex caussa dotis conveniatur (2); maritus (3); socer adversus nurum (4), aliique, quos alibi enumeravimus (5), et referunt Jureconsulti (6), nec non clerici in fructibus beneficii, ne in cleri dedecus mendicare cogantur, quo fit, ne huic beneficio renunciare possint (7), atque militibus, militiae favore (8).

§ 2225. Hoc autem beneficium, subjicit Faber, cum non magis impugnet judicatum, quam exceptio solutionis aut compensationis, objici potest etiam in executione judicati; ita ut possi appellari a sententia judicis, qui hanc exceptionem non admittat, vel adversus executorem, qui in solidum exequi velit judicatum (9). Apud nos cautum, ut bona ad justam aestimationem adjudicentur creditori, cum debitor beneficio competentiae gaudet (10).

§ 2226. Per cessionem quoque bonorum fieri potest, ne creditores omne jus suum consequantur, de qua idcirco nobis agendum est: tum pauca dicemus de separationibus, cum debita ex substantia ipsius debitoris, non aliena, solvi debeant: nec sententia executioni mandari possit in bona, quae debitoris non sunt.

CAPUT VIII.

De cessione bonorum.

Digest. lib. 42, tit. 3 *De cessione bonorum.*
Cod. lib. 7, tit. 71 *Qui bonis cedere possunt.*

SUMMARIA

§ 2227 et 2228. *Cessionis beneficium ex humanitate jura indulgent debitoribus, ne in carceres conjiciantur. Quae de hac cessione expendenda sint?* — § 2229. *Cessio bonorum ignominiosa est, vel honesta.* — § 2230. *Ad cessionem ignominiosam admitti possunt, qui culpa sua ad inopiam redacti sunt.* — § 2231. *Universitates ad bonorum cessionem admittuntur. Quid de iis, qui debitum prius inficiati sunt, moram a Principe obtinuerunt, aut renunciarunt?* — § 2232. *Cessionis be-*

(1) V. vol. I, lib. 1, § 699 et seqq [illegible]
(2) V. vol. II, lib. 3, § 1112 et [illegible] 1018.
(3) Fab. Cod. hoc tit. def. 47.
(4) l. *Si convenerit* 26 ff. hoc tit. V. Ab-Ecc. observ. 45, n. 20 et seqq.
(5) *Reg. Constit.* lib. 3, tit. 23, § 12: Ab cles. observat. 166 per tot.
(6) *Reg. Const.* lib. 2, tit. 22 cap 6 [illegible] Fab. Cod. hoc tit. lib. 7, tit. 20, def. 24 et 31; Ab-E. part. 2, observ. 38 in princ.; V. vol. III, lib 4, § 58 pag. 306.
(7) argum. l. *Extat enim* 13 ff. *Quod met.* s. (4, 2).
(8) Fab. Cod. hoc tit. def. 40.
(9) l. *Quod dicimus* 105 ff. *De solut.* (46).
(10) *Reg. Constit.* lib. 3, tit. 30, § 1.
(11) Ibid. § 4.
(12) Ibid. § 2; V. Ab-Eccles. observat. 11 n. 11 et seqq. et observ. 116.
(13) *Reg. Const.* d. lib. 3, tit. 30, § 3.

(1) V. vol. I, lib. 2, § 2349, pag. 852.
(2) d. vol. I, lib. 2, § 3217, pag. 983.
(3) V. vol. I, lib. 2, § 3865, pag. 1084.
(4) d. vol. I, lib. 2, § 3871, pag. 1085.
(5) V. vol. III, lib. 3, § 3549, pag. 188.
(6) l. *Sunt qui* 16 et seqq. ff. hoc tit.
(7) argum. cap. *si diligenti* 12 extra *De foro competent.* (2, 2); Fab. Cod hoc tit. lib. 7, tit. 20, def. 21.
(8) l. *Miles* 6; l. *Item miles* 18 ff. hoc tit.
(9) Fab. Cod. hoc tit. lib 7, tit. 20, def. 42.
(10) *Reg. Constit.* lib. 3, tit. 32, § 43.

neficium post sententiam obtineri potest. An iterata cessio permitti possit? — § 2233 et 2234. Cessio denegatur illis, qui ex delicto condemnati sunt ad poenam pecuniariam adversus fiscum. Quid de litis criminalis sumptibus, fidejussore, et debitis fiscalibus? — § 2235. Quid si reus condemnatus fuerit ad satisdationem de non offendendo? — § 2236. An cessio admittatur favore unius ex pluribus condemnatis, si caeteri consentiant. — § 2237. Denegatur cessionis beneficium obligato ad factum, quod implere potest. Quid de eo, qui in fraudem creditorum bona dissipavit? An oblatio liberandi debitorem a carceribus beneficium hoc impediat? — § 2238 et 2239. Cessio moribus plurimarum gentium in jure fieri debet. An per procuratorem? — § 2240. Quae probare debeat is, qui desiderat admitti ad honestam cessionem? — § 2241. An creditores omnes vocandi sint? — § 2242. Quae bona creditoribus cedere teneatur debitor? — § 2243. Cessionis effectus est, ut debitor interim nequeat inquietari a creditoribus, nec in carceres detrudi: sed nec solevre potest. — § 2244. Cessio honesta perpetuam liberationem non parit, utique ignominiosa. — § 2245. An poenitere liceat debitori, qui bonis cessit? — § 2246 et 2247. Cessio non prodest fidejussori debitoris. Quid de rescripto moratorio?

§ 2227. Cum non raro debitores impares solvendo se per mendacium allegent, dum bona clam habent, vel majori adhibita diligentia habere possunt, visum est legislatoribus statuere, ut debitor creditore instante, in carceres conjiciatur, atque ita carceris squallore pertaesus viribus omnibus enitatur, ut creditori satisfaciat (§ 2212): quia tamen sine culpa sua debitores aliquando facultatibus labantur, ex humanitate debitoribus concessum fuit cessionis beneficium, ut carceres effugiant (1).

§ 2228. Haec bonorum cessio longe distat a cessione jurium, et actionum, quae venditionis, permutationis, legative titulo in alium transferuntur, de qua alibi diximus in titulo de haereditate, vel actione vendita (2); ut per se patet. De hac porro cessione inquirendum. 1. Quotuplex sit: 2. Quibus permittatur, et quibus in casibus, aut caussis, et quibus conditionibus. 3. Quomodo fieri possit. 4. Quas res complecti debeat. 5. Quis sit cessionis effectus, et quibus cessio haec prosit.

§ 2229. Cessio bonorum duplex secernitur in foro: videlicet ignominiosa, et honesta, seu quae fit salva honestate. Ignominiosa vocatur, quae fit adhibitis quibusdam solemnitatibus, ignominiam parere idoneis (1); infamiam utique facti non juris (2): honesta bonorum cessio fit simpliciter coram judice, quin ulla specialis solemnitas interveniat.

§ 2230. Bonorum cessio ex jure Romano regulariter illis tantum permitti videtur, qui ex adversa fortuna facultatibus lapsi sunt (3): sed fori usu ad ignominiosam etiam admitti possunt, qui culpa sua impares solvendo facti sint, saltem si dolus absit: ad honestam caeteri, saltem ingenuioris conditionis (4): quamquam et cessio salva honestate prioris speciei debitoribus indulgetur, si honestioris conditionis sint, veluti officiales Principis, vassalli, nobiles, advocati, medici, non alii, nisi ex privilegio Princeps indulgeat (5): etiam plebeii, si debita civilia summam ducentarum librarum non excedant (6).

§ 2231. Foeminae quoque, et universitates administratorum ministerio ad bonorum cessionem admittendae videntur, ut se a molestiis creditorum liberent (7). Nec ab hoc beneficio excluduntur qui prius debitum inficiati sunt (8), aut rescriptum moratorium a Principe petierunt, et obtinuerunt (9): immo qui ei renunciarunt (10); tum quia renunciatio non tollit rationem commiserationis, quae huic beneficio caussam debit (§ 2227); tum quia nemo dominus est membrorum suorum (11); adeoque non potest se per conventionem, seu renunciationem obligare ad aerumnam carceris subeundam.

§ 2232. Aeque post sententiam condemnationis, ac antea cessionis beneficium implorari posse, nisi aliud municipali lege cautum sit, plures defendunt, (12). Sane Imperator Alexander hoc beneficium proficere tradit, ne *judicati*, seu condemnati in carceres detrahantur (13): atque Ulpianus negat, audiendum esse bonis cedere volentem, nisi debitum agnoscat, condemnetur, aut in judicio confiteatur (14). Implorata autem cessione, postquam sententia transivit in rem judicatam, impeditur quidem actio personalis adversus debitorem, ne in carceres detrudi possit,

(1) l. 1, l. penult. Cod. hoc tit.
(2) V. vol. III, lib. 3, pag. 23, § 2397 et seqq.

(1) V. *Reg. Constit.* lib. 3, tit. 33.
(2) l. *Debitores* 11 Cod. *Ex quib. caus. infam. irrogat.* (2, 12).
(3) argum. § ult. Instit. *De actionib* (4, 6).
(4) *Reg. Constit.* lib. 3, tit. 33, § 6.
(5) Ibid. § 4.
(6) Ibid. § 5; V. Ab-Eccles. observ. 180, n. 4 et seqq ubi ad honestam cessionem admittendos probat milites, non obstante renunciatione, aliosve intuitu filiarum nubilium etiamsi debitor dolosus sit, non Judaeos, nisi ex Principis rescripto.
(7) Voet in ff. hoc tit. n. 2.
(8) l. *Nemo* 43 ff. *De reg. jur.* (50, 17).
(9) argum. d. l. 43 ff. *De reg. jur.*
(10) Fab. Cod. hoc tit. lib. 7, tit. 31, def. 8; Thesaur. dec. 36, n. 3 † et n. 5 †.
(11) l. *Liber homo* 13 princ. et § 1 ff. *Ad leg. Aquil.* (9, 2).
(12) Voet in ff. hoc tit. n. 3.
(13) l. 1 Cod. hoc tit.
(14) l. penult. ff. hoc tit.

non vero executio realis in bona (1). Amplius rursum bonis cedere non prohibetur, qui jam cessit, ratione quorumcumque creditorum; cum leges indistincte loquantur (2).

§ 2233. Denegatur plerumque cessio illis, qui ex delicto ad poenam pecuniariam condemnati sunt (3), sive erga fiscum, sive erga adversarium, si Fabro credimus (4); quamquam placuit mitior sententia Senatui Pedemontano in eo, quod pertinet ad adversarium, cujus magis interest, cessionem bonorum consequi a debitore, quam cum in corpore mulctari (5).

§ 2234. Idem dicendum de sumptibus litis criminalis; quia impensarum condemnatio infligitur propter litem, non propter delictum, licet delictum liti caussam dederit (6), atque de fidejussore delinquentis, cum nec hic ex delicto obligetur (7). Sed pro debitis fiscalibus non admittitur cessio (8), nisi aequitas, et singularia infelicium temporum adjuncta aliud suadeant (9).

§ 2235. Potius subveniendum condemnato ad poenam pecuniariam ob crimen, quod deinceps constet admissum non fuisse, licet condemnatus non appellaverit (10): non autem ei, qui non ad mulctam pecuniariam condemnatus sit, sed ad praestandam satisdationem ex caussa, quae cautionem juratoriam non admittat, puta de non offendendo; cum haec satisdatio poenae loco sit (11): sicuti nec admittitur cessio pendente appellatione a sententia, quae ad mulctam pecuniariam condemnavit (12); prius enim de debito constare necesse est, quam admittatur cessio (13).

§ 2236. Sed quid, si ex pluribus in solidum condemnatis ad mulctam pecuniariam unus locupletior consentiat, ut pauperior ad cessionis beneficium admittatur? Licet fisci interesse non videatur, quatenus solidum a ditiore consecuturus est; quia tamen pauper fieri potest, qui hodie dives est; atque satius est plures habere debitores, idcirco recte placuit, pauperiori cessionis beneficium indulgendum non esse, nisi postquam ditior integram mulctam solverit (14).

§ 2237. Ad factum obligato, quod, si velit, implere potest, cessio bonorum deneganda est (1); ut enim alibi diximus, aequitate saltem inspecta, et jure naturali, facti promissor ad illud implendum cogi potest (2). Neque ad cessionem hanc regulariter admittendus, qui bona in fraudem creditorum dissipavit, vel dolose contrahendo, celando, abducendo, creditores fraudavit (3): aequius est, dolosum debitorem puniri, quam in creditorum dispendium ei succurri. Dolus autem in mercatoribus potius praesumitur, adeoque non admittuntur ad cessionem bonorum, nisi adversae fortunae casum demonstrent (4), ut mox dicturi sumus. Sola oblatio liberandi debitorem a carceribus non impedit beneficium cessionis, nisi longiores induciae simul concedantur (5); debitoribus, ne inquietentur, favendum suadet aequitas (6).

§ 2238. Cessio, si jus Romanum inspiciamus, fieri potest in jure, et extra jus per debitorem praesentem, vel absentem (7); ita ut sola voluntatis professio sufficiat (8); sed moribus nostris, ait Voet, beneficium cessionis, non secus ac inventarii, solemniter impetrandum est, oblato videlicet libello supplici curiae supremae, ac addito catalogo bonorum omnium debitoris, et nominum creditorum omnium ejus, qui beneficium cessionis sibi desiderat indulgeri (9).

§ 2239. Hisce moribus fere consentit jus, quo nunc utimur. Imprimis cessio per procuratorem fieri non permittitur, nisi debitor ex aegritudine, aut infirma valetudine se sistere nequeat (10): tum debitor in jus veniens, atque bona sua omnia demonstrans bonis suis palam cedere debet; quare judex loci, ubi debitor moratur, praecedente sono campanae, aut timpani cessionem fieri mandat (11).

§ 2240. Qui autem admitti desiderat ad honestam bonorum cessionem, imprimis probare debet, se mero adversae fortunae casu lapsum facultatibus esse, tum bonorum omnium suorum catalogum edere jubetur, nec non debitorum, addito nomine suo, cognomine patria, vitae instituto, et domicilii loco (12): atque specialiores quaedam cautelae praescribuntur pro mercatoribus, aut negotiationem exercentibus; futurum alioquin, ut a beneficio cessionis etiam indulto

(1) Ab-Eccles. observ. 179, n. 2 †.
(2) l. 1 et passim Cod. hoc tit.
(3) l. ult. ff. *De in jus vocand.* (2, 4); l. 1 § ult. ff. *De poenis* (48, 19); l. *Si quis injuriam* 35 ff. *De injur.* (47, 10).
(4) Fab. Cod. hoc tit. lib. 7, tit. 31, def. 4 in princip.; Thesaur. dec. 182, n. 1 †.
(5) Thesaur. ibid. n. 7 † et in addit. †.
(6) Fab. Cod. hoc tit. lib. 7, tit. 31, d. def. 4, n. 3; Ab-Eccles. observ. 180, n. 14 †, ubi tamen Senatus denegavit cessionem pro alimentis a commentariensi suppeditatis, non pro expensis custodiae.
(7) Voet in ff. hoc tit. n. 5.
(8) l. *Propter honorem* 5 Cod. hoc tit. Fab. Cod. hoc tit. def. 7.
(9) Ab-Eccles. ibid. n. 16 et 17.
(10) Fab. Cod. hoc tit. lib. 7, tit. 31, d. def. 1.
(11) Ibid. def. 5.
(12) Ibid. def. 6.
(13) l. 1 ff. hoc tit.
(14) Fab. Cod. hoc tit. lib. 7, tit. 31, d. def. 4, n. 4 et seqq.

(1) Voet in ff. hoc tit. n. 5.
(2) V. vol. II, lib. 3, § 1808 et 1809, pag. 1113.
(3) argum. l. *Si quis dolo* 51 ff. *De re judicat.* (42, 1); l. *Verum est* 63 § *hoc quoque* 7 ff. *Pro socio* (17, 2); junct. l. ult. § ult. in fin. ff. *Quae in fraud. creditor.* (42, 2), Ab-Eccles. observ. 180, n. 11 †.
(4) Ab-Eccl. d. observ. 180, n. 12 †.
(5) Fab. Cod. hoc tit lib. 7, tit. 31, def. 3.
(6) l. *Is, qui bonis* 4 § 1 ff. hoc tit.
(7) l. ult. ff. hoc tit.
(8) l. *In omni* 6 Cod. hoc tit.
(9) Voet in ff. hoc tit. n. 6.
(10) *Reg. Constit.* lib. 3, tit. 33, § 1.
(11) Ibid. § 2 et 3.
(12) Ibid. § 6 et 7.

excludantur, si dolum admiserint in bonorum, et aeris alieni catalogo exhibendo (1).

§ 2241. Ad vim cessionis sufficit vocare creditores, qui instant, seu qui solutionem urgent, ut cessio noceat, et prosit etiam aliis creditoribus, qui non fuerunt vocati, dummodo debitor absentium credita confiteatur (2). Hodierno jure debita omnia referre jubetur, qui honestam bonorum cessionem implorat (§ praeced.): tum decreta judicis, quibus prohibentur creditores, ne debitorem vexent, creditoribus omnibus significanda sunt, praesentibus intra dies octo, absentibus intra praefinitum ratione habita distantiae tempus (3): quod si de argentariis, mercaturam, aut negotiationem exercentibus agatur, hi sistere jubentur in auditorio magistratus negotiationi praeposito, quem consulatum vocant, ut demonstrent, se ad hanc cessionem admissos fuisse: tum declaratio haec legi debet, et promulgari a graphiario, et deinceps publice exponi (4). Plane cedens non prohibetur allegare solutionem, maxime si allegatae solutionis probationem adversarii jurjirando committere paratus sit (5).

§ 2242. Cedenda sunt a debitore creditoribus bona omnia praeter ea, quae ad vestitum et suppellectilem quotidianam modice necessaria sunt: non praesentia tantum, sed et futura, si modo jam in spe quaesita sint, veluti debita sub conditione, emolumenta feudorum, ususfructus, fideicommissi et similia (6); non tamen cogitur, aut potest pater cedere bona filiorum emancipatorum (7): utique vero peculium profectitium filii in potestate retenti (8); licet fiscus illud non capiat, cum patris bona ex caussa delicti a fisco occupantur (9); favorabilior est creditorum de damno vitando certantium caussa, quam fisci agentis de lucro faciendo.

§ 2243. Cessionis effectus is est, ut debitor interim inquietari nequeat a creditoribus(10); nec in carceres detrudi (11): creditores autem bona cessa propria auctoritate sibi capere non possunt, sed publice vendi debent, curatore dato, ut singulis creditoribus servato praelationis ordine satisfiat (12). Hinc solvere creditoribus prohibetur, qui beneficium cessionis, vel rescriptum moratorium ex consensu creditorum impetravit: futurum alioquin, ut ab hoc beneficio decidat; nec solutio nullius momenti est (1).

§ 2244. Caeterum debitor, qui bonis cessit, non in perpetuum liberatur, sed ad pinguiorem fortunam redeat, solvere tenetur, aliquo tamen retento, ne egeat (2); nisi ignominiose bonis cesserit, quasi ignominiae poena loco debiti pecuniarii soluta (3).

§ 2245. Si quaeratur, utrum ei, qui bonis cessit, poenitere liceat, et bona sua recuperare, dummodo paratus sit se defendre, ac creditoribus satisfacere, respondemus, id licere, antequam bona publice vendita fuerint, non postea (4): nisi cessio facta sit judice approbante et creditoribus acceptantibus (5): in primo casu nulla fit creditoribus injuria, qui jus suum alio novo consecuturi sunt; sed damnum paterentur emptores in secundo casu. Plane, si dimissis creditoribus, aliquid supersit ex pretio bonorum venditorum, debitori restituendum es (6).

§ 2246. Disputant interpretes, an cessionis beneficium prosit debitoris fidejussori: affirmant aliqui; negant pierique; atque posterior sententia juris regulis magis consentanea videtur (7); etenim fidejussor eo plane consilio a creditore accipitur, ut ab eo consequatur, quod a debitore servare non potest (8), atque ideo fidejussori, competunt quidem exceptiones rei inhaerentes non quae cohaerent personae (9).

§ 2247. Qui solvendo in praesentiarum utique par non est, sed talem se futurum post tempus sperat, a cessione bonorum abstinere potest, atque impetrare rescriptum moratorium a Principe, ex consensu majoris partis creditorum(10). Sed de hac re alibi fuse egimus (11).

(1) *Reg. Constit.* Ibid. § 8 et 9; V. Ab-Eccles. observ. 179, n. 7 et seqq.

(2) l. *Is, qui bonis* 4 § 1 ff. hoc tit.; Ab-Eccles. d. observat. 179. n. 10, 11 et 12.

(3) *Reg. Const.* lib. 3, tit. 33, § 10.

(4) Ibid. § 11.

(5) Fab. Cod. hoc tit. lib. 7, tit. 31, def. 2.

(6) argum. l. *Peto* 69 § 1 ff. *De legat.* (31. 1); l. *In venditionem* 8 ff. *De reb. auctorit. judic. possidend.* (42, 5); l. *Statius Florus* 48 § ult. ff. *De jure fisci* (49. 14).

(7) l. *Si pater* 3 Cod. hoc tit.

(8) argum. l. 1 § *alienatio* 4 in fin. ff. *Quand. pecul. actio annalis est* (15, 2).

(9) l. *Denique* 3 § *sed utrum* 4 in fin. *De minorib.* (4. 4).

(10) l. *Is, qui bonis* 4 § 1 ff. hoc tit.

(11) l. 1 Cod. hoc tit.

(12) l. *Legis Juliae* 4 Cod. hoc tit.; l. *Pro debito* 6 Cod. *De bon. auctoritat. judic. possidend.* (7, 72); junct. l. ult. ff. *De curat. bon. dand.* (42, 7); Ab-Eccles d. observat. 170, n. 16, 17 et 18.

(1) *Reg. Constit.* lib. 3, tit. 33, § 12 et 13.

(2) l. *Is, qui bonis* 3; l. *Qui bonis* 6 ff. hoc tit.

(3) Ab-Eccles. d. observ. 179, n. 13, 14 et 15; Voet in ff. hoc tit. n. 8.

(4) d. l. *Is, qui bonis* 3; l. *Quem poenitet.* 5 ff. hoc tit.; l. *Si quantitatem* 2 Cod. hoc tit.

(5) Ab-Eccles. d. observ. 179, n. 19 et 20.

(6) argum. l. *Si non expedierit* 6 ff. *De reb. auctoritat. judic. possidend.* (42, 5); l. ult. § 4 et 5 Cod. *De jur. domin. impetrand.* (8, 34).

(7) Voet in ff. hoc tit. n. 11.

(8) princ. Instit. *De fidejussorib.* (3, 21).

(9) § ult. Instit. *De replicat.* (4, 14); l. *Exceptionis* 7 princip et § 1; l. *Omnes exceptiones* 19 ff. *De exceptionib.* (44, 1).

(10) l. ult. Cod. hoc tit.

(11) V. vol. II, lib. 3, § 590 et seqq. pag. 940.

CAPUT IX.

De separationibus.

Digest. lib. 42, tit. 6 *De separat.*
Cod. lib. 7, tit. 72 *De bon. auctoritat. judic. possidend. et de separationib.*

SUMMARIA

§ 2248. *Separatio inducta est, ut executio sententiae fiat in bona condemnati, non alterius.* — § 2249 *et* 2250. *Separationem jure petunt filii, substituti, creditores.* — § 2251. *Quid de filiofamilias debitore, castrensem, et paganicam pecuniam habente?* — § 2252. *Separatio potissimum conceditur creditoribus defuncti et legatariis.* — § 2253 *et* 2254. *Creditores haeredis separationem petere nequeunt. Quid si creditores defuncti obligationem novaverint?* — § 2255. *Separatio prodest tantum creditoribus, qui eandem petierunt. Quis sit separationis effectus?* — § 2256 *et* 2257. *Petendae separationis jus post quinquennium plerumque cessat. Quid de pretio nondum soluto?* — § 2258. *Separationem rei suae juste petit dominus, etiam nondum finita discussionis instantia.*

§ 2248. Cum rei judicatae executio fieri debeat in bona condemnati, ne res inter alios judicata aliis noceat (1); contingere autem possit, ut diversa patrimonia ab uno possideantur, idcirco separationis remedium a legibus inductum est. Separatio igitur est diversorum ad eandem personam spectantium distinctio, judicis auctoritate facta (2).

§ 2249. Separationem patrimoniorum petere plures possunt; puta filio peculium profectitium habenti concessa fuit separatio a patrimonio patris, cujus bona ex delicto publicentur, et fisco addicantur (3): substituto quoque pupillari concessum, ut pupilli haereditatem consequatur, separata, seu repudiata haereditate patris, si haec aere alieno nimium gravata sit (4), licet regulariter substitutus pupillaris utramque haereditatem agnoscere teneantur (5).

§ 2250. Ad haec aequitas suasit permitti creditori separationem bonorum defuncti fidejussoris a bonis debitoris obaerati, ut creditor super bonis fidejussoris, quem specialiter sibi obligavit, suum consequatur, nec cum caeteris creditoribus concurrere teneatur; licet, summo jure inspecto, patrimonium fidejussoris nullum supersit, sed confusum sit cum patrimonio debitoris, qui haeres extitit fidejussori (1) Immo, quia creditor, si fidejussori haeres debitor non fuisset, post bona fidejussoris vendita potuisset reliquum a debitore petere, tantum pro rata consecuturus, quantum caeteri, si ex bonis fidejussoris solidum consequi nequeat, aeque concurrit cum caeteris creditoribus, ne juris subtilitas in creditoris perniciem vertatur (2).

§ 2251. Separationis quoque beneficium indulgent leges ei, qui filiofamilias militi occasione militiae pecuniam crediderit, ut a paganico separetur castrense peculium: atque militis creditor solus veniat ad pretium castrensis peculii venditi, caeteris, qui extra militiam cum filiofamilias contraxerunt, exclusis (3).

§ 2252. Praecipue vero separatio conceditur creditoribus defuncti et legatariis, quibus haereditas defuncti sejuncta a patrimonio haeredis sufficere potest ad integrum debitum, vel legatum consequendum; minus sufficiens futura, si ad eam quoque admittantur creditores haeredis obaerati (4). Nihil porro interest, utrum haeres ex institutione, an ex pupillari substitutione successerit (5): an pure, an in diem, vel sub conditione debitum sit; cautio in securitatem his praestari debet (6). Sed separatio bonorum inutilis videtur creditoribus hypothecariis, ut alibi diximus (7); nisi forte hypothecaria minus sufficiens sit, aut generalis tantum hypotheca competat, et timeatur, ne per commixtionem bonorum incertum fiat, quibus in rebus praelatio ex hypotheca competat (8).

§ 2253. Non eadem ac defuncti creditorum conditio est creditorum haeredis; cum enim hi sponte fidem haeredis, cum quo contraxerunt, secuti sint, atque liceat debitori creditorem novum adjiciendo prioris conditionem deteriorem facere, separatio his denegatur (9): nisi haeres damnosam fortassis haereditatem dolo malo, et nocendi animo adeat, quod tamen non praesumitur (10): vel haeres invitus coactus fuerit ad adeundam, et restituendam haereditatem, deinde, puta defuncto fideicommissario sine haerede, nemo sit, cui haereditas restituatur (11).

§ 2254. Creditoribus haeredis beneficium separationis denegamus, quia haeredis fidem sponte secuti sunt (§ praeced.); eadem ratio creditores defuncti excludit, si ipsi novando, fidejussores, aut pignora accipiendo, aliisve modis fi-

(1) l. *Saepe constitutum* 63 ff. *De re judicat.* (42, 1).
(2) l. 1 princ. § 1 et seqq. ff. hoc tit.
(3) l. *Deniquae* 3 § *sed ultum* 4 ff. *De minorib.* (4. 4).
(4) l. *Si filius* 12 ff. *De vulgar. et pupillar. substitut.* (28, 6).
(5) l. *Sed si plures* 10 § *filio* 2 et sequ. ff. eod. tit.

(1) l. *Debitor* 3 in princ. ff. hoc tit.
(2) d. l. 3 § 1 ff. hoc tit.
(3) l. 1 § *si filiifamilias* 9 ff. hoc tit.
(4) l. 1 § 1; l. penult. ff. hoc tit.; l. *Est jurisdictionis* 2 Cod. hoc tit.; Fab. Cod. hoc tit. lib. 7, tit. 32, def. 24.
(5) l. 1 § *item videamus* 7 ff. hoc tit.
(6) l. *Creditoribus* 4 ff. hoc tit.
(7) V. vol. II, lib. 3, § 1455, pag. 1065.
(8) Voet in ff. hoc tit. n. 2.
(9) l. 1 § *ex contrario* 2 et § *secundum* 8 ff. hoc tit.; Fab. Cod. hoc tit. lib. 7, tit. 32, def. 15 in fin.
(10) d. l. 1 § *quaesitum* 5 ff. hoc tit.
(11) d. l. § *sed. si quis* 6.

dem haeredis agnoverint (1): non tamen videntur secuti fidem haeredis, licet eum judicio convenerint; quia hoc ex necessitate fit (2).

§ 2255. Separatio illis tantum prodest creditoribus, qui eandem petierunt, non caeteris (3): sed, separatione obtenta, quod ex patrimonio defuncti consequi non possunt creditores, amplius petere nequeunt ex patrimonio haeredis, a cujus persona recesserunt (4); nisi justa ignorantiae caussa eos excuset; quo tamen casu nihil consequi possunt, nisi aliquid, dimissis haeredis creditoribus, supersit (5). Plane nemo dubitat, quominus haeredis creditoribus proficiat, quod ex bonis defuncti, hujus creditoribus dimissis, superest (6).

§ 2256. Jus petendae separationis cessat, ut alibi monuimus, post quinquennium a die aditae haereditatis (7), nisi haeres bona fide res haereditarias vendiderit (8), quo casu separationem, excussis bonis haeredis, permittendam esse, Senatus censuit (9); atque rerum nondum alienatarum separatio obtineri potest (10); quemadmodum et in eo casu, quo defuncti quaedam bona ita permixta sint bonis haeredis, ut secerni nequeant (11). Plane separationem non impedit pignus ab haerede constitutum super bonis defuncti (12).

§ 2257. Immo non inepte defendit Voet, separationem pretii nondum soluti juste peti a creditoribus defuncti pro rebus ab haerede ante elapsum quinquennium alienatis (13); quia in judiciis universalibus pretium succedit loco rei (14): haec autem separationis petitio accensenda est judicio universali, quippequae totam respicit haereditatem. Aequitas sane ita postulat, quamvis fortassis obstet stricta juris ratio.

§ 2258. Oblata quoque occasione alibi diximus, separationem peti posse a domino, qui rem suam mobilem, vel immobilem vindicat, etiam nondum finita discussionis instantia: atque idem jus competere sorori, ut dotem accipiat, dum pendet judicium concursus super bonis fratris (15). Sed in his ulterius non immoramur; sicuti nec in explicandis iis, quae pertinent ad bona auctoritate judicis possidenda; cum haec suis locis, potissimum de pignoribus, et hypothecis agentes, nec non de jure dominii impetrando, fuse prosecuti simus. Quare post haec de appellationibus dicendum putamus; deinceps de fructibus, et litium expensis acturi, atque ita finem imposituri titulo de judiciis.

(1) l. 1 § *illud sciendum* 10 § 11 et 15 ff. hoc tit.; l. *Est jurisdictionis* 2 Cod hoc tit.

(2) d. l. 2 Cod. hoc tit.; l. ult. ff. hoc tit.

(3) d. l. 1 § *quaesitum* 16 ff. hoc tit.

(4) l. 1 § penult.; l. *Si creditores* 5 ff. hoc tit.

(5) d. l. 1 § penult.; l. *Debitor* 3 § ult.; l. *Si creditores* 5 prop. fin. versic. *idemque* ff. hoc tit.

(6) d. l. 1 § pen.; d. l. 3 § ult.

(7) l. 1 § *quod dicitur* 13 ff. hoc tit.

(8) l. *Ab haerede* 2 ff. hoc tit.

(9) Thes. lib. 3, quaest. 55, n. 10 †; V. vol. II, lib. 3, § 1456, pag. 1065.

(10) d. l. 2 in fin ff. hoc tit.

(11) d. l. 1 § *praeterea* 12. ff. hoc tit.

(12) d. l. 1 § *sciendum* 3.

(13) Voet in ff. hoc tit. n. ult.

(14) l. *Si et rem* 22 prop. fin.; l. *Utrum* 23; l. *Sed et si* 25 § 1 ff. *De haereditat. petit.* (5, 3).

(15) V. vol. II, lib. 3, § 1460 et 1461, pag. 1065, ubi et alios casus recensuimus.

CAPUT X.

De appellationibus.

Digest. lib. 49. tit. 1 *De appellat. et relationib.*
Cod. lib. 7, tit. 62 *De appellat. et consultat.*

SUMMARIA

§ 2259 et 2260. *Quid sit appellatio? Quid si ad aequalem, vel inferiorem, vel superiorem non legitimum appellatum sit?* — § 2261. *Appellatio distingui potest in judicialem, et extrajudicialem.* — § 2262 et 2263. *Relatio et consultatio quo differant ab appellatione?* — § 2264. *An appellare liceat a sententia juxta relationem lata?* — § 2265 et 2266. *Quis sit relationis effectus? Quae de appellationibus expendenda sint?*

§ 2259. Appellatio definiri, seu describi potest provocatio a sententia judicis inferioris ad superiorem, ut illius iniquitatem emendet: etenim appellans quaeritur de gravamine sibi illato per sententiam judicis inferioris, atque petit, sententiam a superiore, cujus est jurisdictio, rescindi: superior judex adeundus est, nec enim par in parem, et multominus in superiorem imperio gaudet (1).

§ 2260. Si ergo quis ad aequalem, vel inferiorem judicem provocaverit, licet per errorem, error ei nocet, atque nullius momenti appellatio est; sed si ad superiorem delata fuerit appellatio, dummodo aequalis sit ei, qui appellari debuisset, ex bono, et aequo sustinetur appellatio, ad eum, cujus jurisdictio est, remittenda (2): quo etiam fundamento rescripserunt Imperatores, appellationes, quae recte ad Principem factae sunt, omissis his, ad quos debuerunt fieri ex imo ordine, ad praesides remitti (3).

§ 2261. Appellatio recte distinguitur in judicialem, et extrajudicialem: judicialis appellatio est illa, quae fit ab actu judiciali, puta a sententia definitiva, vel interlocutoria: extrajudicialis, quae fit ab actionibus voluntariae jurisdictionis, veluti ab electione, aut nominatione ad munus publicum; ita ut, appellatione

(1) l. *Apud eum* 14 ff. *De manumissionib.* (40, 1); l. *Apud filiumfamilias* 18 § 1 ff. *De manumiss. vindic.* (40, 2).

(2) l. 1 § *si quis* 3 ff. hoc tit.

(3) l. *Imperatores* 21 princ. et § 1 ff. hoc tit.

praetermissa, munus declinari non possit (1); nisi forte praescriptae solemnitates neglectae fuerint in nominatione; quo casu ipso jure nulla est nominatio; nec appellarë necesse est (2).

§ 2262. Ab appellatione differt relatio, de qua mentio fit in hoc digestorum titulo, atque specialis est titulus in codice (3); seu consulatio, quae adjicitur in scriptione hujus tituli in codice. Relatio, seu consultatio est caussae dubiae remissio facta a judice inferiore ad superiorem (4), praecipue vero ad Principem, ut ipse statuat, quod aequum putaverit (5).

§ 2263. Jure novo Justinianus relationes, seu consultationes ablegandas putavit decernens, ut caussae a judicibus examinentur, atque sententia terminentur, quae executioni demandanda sit, nisi ab ea fuerit appellatum (6).

§ 2264. Si tamen Princeps relationem, seu consultationem admiserit, atque sententiam judex secundum illam tulerit, utrum ab ea appellari possit, pendet ex relationis modo: si judex solus sine litigantium scientia Principem consuluerit, tum pronunciaverit, superest appellationis remedium (7); quia timendum est, ne per obreptionem, vel subreptionem Princeps ita rescripserit: sed appellatio denegatur, si relationis exemplum litigantibus judex ediderit, idque litigantes probaverint; vel adjecerint, quod adjiciendum putaverint (8).

§ 2265. Relatione ad Principem facta suspenditur officium judicis, ita ut sententiam ferre nequeant, nisi postquam Princeps rescripserit (9); nisi partes sponte consenserint (10).

§ 2266. Hisce praetermissis, quatuor sectionibus omnia, quae ad appellationum jura pertinent, complectemur. Imprimis explicabimus. 1. Qui possint appellare, in quibus caussis, et casibus. 2. A quibus appellare liceat, et ad quem. 3. Appellationum tempus, et modum. 4. Vim, et effectus.

(1) l. *Si ad scribatum* 4; l. *Hi, qui* 7; l. *Cives* 11 Cod. hoc tit.; l. 1 ff. *Si tut. vel curat. etc.* (49, 10); V. Fab. Cod. *Quor. appellat. non recip.* lib. 7, tit. 29, def. 1, 2 et 3, ubi de tutore, et syndico.

(2) l. *Nominationes* 27 Cod. hoc tit.

(1) Codic. lib. 7, tit. 61.

(2) l. *Eum, quem* 79 § 1 ff. *De judic.* (5, 1).

(3) l. 1 Cod. *De relationib.* (7, 61).

(1) auth. *novo jure* post *l.* 1 Cod. *De relat.* (7, 61).

(1) l. 1 § 1 ff. hoc tit.

(2) l. 1 et 2 Cod. *De relationibus* (7, 61); l. *Jubem.* 34 Cod. hoc tit.

(1) l. 1 Cod. *De relat.* (7, 61); d. l. *Jubemus* 34 Cod. hoc tit.

(2) l. *Ad Imperatorem* 26 ff. hoc tit.

SECTIO I.

Qui possint appellare: in quibus caussis, et quibus casibus.

Digest. lib. 49, tit. 1 *De appellationib.*
Cod. lib. 7, tit. 65 *Quorum appellation. non recipiunt.*

SUMMARIA

§ 2267 *et* 2268. *Appellare possunt illi, quorum interest, ne sententia executioni mandetur. Quid de emptore condemnato ad rem tertio restituendam?* — § 2269 *et* 2270. *Appellatio conceditur illis, quorum jus connexum est cum jure condemnati, puta legatariis, creditoribus et cohaeredibus: nisi vocati judicio interesse recusaverint.* — § 2271 *et* 2272. *Denegatur appellatio illis, qui expresse, vel tacite sententiam probaverint, nisi aequitas aliud suadeat.* — § 2273. *Appellatio pronunciari deserta, vocato procuratore, qui sufficiens mandatum habeat ad eam prosequendam.* — § 2274. *Appellatio prodest utrique litiganti in ea parte sententiae, a qua provocatum est. Quid de usuris?* — § 2275. *Appellari potest in omnibus fere caussis, sive civilibus, sive criminalibus, quae in rem judicatam non transierunt.* — § 2276. *Appellare licet etiam ab uno capite sententiae; sed statim declarare debet appellans, a quo capite provocet.* — § 2277. *Appellatio neutri prodest ultra quam interposita est.* — § 2278. *Ab expensis litis usu fori appellatur, nec non a taxatione, quam tamen idem judex emendare potest.* — § 2279 *et* 2280. *Ab executione sententiae interdum appellari potest.* — § 2281. *Appellatio denegatur in debitis fiscalibus, si de illis certo constet. An prosit illis, qui sponte in condemnationem consenserunt, aut ex propria confessione condemnati sunt, aut se non appellaturos promiserunt?* — § 2282. *Quid de contumacia et jurejurando?* — § 2283. et 2284. *Quid de caussis possessoriis? Quae sint apud nos praecipuae appellationum leges?* — § 2285. *Usu fori appellatio interponitur etiam a sententia nulla.* — § 2286. *A tribus conformibus sententiis appellatio denegatur.* — § 2287 *et* 2288. *Sententiae conformes habentur, quae similes sunt in principali, licet diversae in accessionibus. Quid si prima condemnaverit in centum, posterior in quinquaginta?* — § 2289 *et* 2290. *Quid si una lata sit in contumaciam? An intermedia contraria impediat ne sententiae conformes jungantur?* — § 2291. *An appellare liceat a denegata justitia?* — § 2292. *Citatus actione personali, ut de crimine interrogetur, an possit appellare?* — § 2293. *A sententiis interlocutoriis usu fori appellatio plerumque admittitur.* — § 2294.

Quid si judex duas tulerit diverso tempore interlocutorias sententias conformes, et ab una tantum appellatum sit? — § 2295 *et* 2296. *Referuntur interlocutoriae quaedam sententiae, a quibus appellare licet.* — § 2297 *et* 2298. *Quae sint interlocutiones, a quibus non admittitur appellatio?*

§ 2267. Appellare generatim possunt, qui judicis sententia se laesos putant, et quorum idcirco interest (1): quare nec condemnatus appellare potest, si nihil ejus intersit; puta quia judex praecipitanter sententiam tulerit, nec quidquam aliud pronunciaverit, quam quod prior judex, cujus sententia in rem judicatam transierat, constituit (2): vel haeres cum beneficio inventarii condemnetur ad solvendum creditori debilius jus habenti, cum caeteri creditores potiore jure utentes non adversus haeredem beneficiatum, sed adversus hunc creditorem debiliorem regressum habeant (3): aut haeres, cum testator rem litigiosam legavit, victus fuerit; quia solus incertus litis eventus legatus intelligitur (4).

§ 2268. Non idem dicendum est de emptore, qui condemnatus fuerit ad rem tertio restituendam; licet enim periculum spectet ad venditorem, qui de evictione tenetur, si lis ei denunciata sit (5), emptoris tamen interest, potius rem retinere, quam pretium repetere (6) a venditore, qui forte solvendo non est, idcirco emptor a sententia contra venditorem defendentem lata appellare potest, licet venditor appellare nolit, et venditori eadem facultas competit, si emptor victus fuerit (7): atque eodem fundamento fidejussori non denegatur appellationis remedium, licet regressum habeat adversus principalem debitorem (8).

§ 2269. Non tantum condemnatis, sed aliis etiam, quorum jus connexum sit, atque intersit, appellandi facultatem leges impertiuntur; uti jam innuimus (§ praeced.) (9), veluti legatariis, si adversus haeredem pronunciatum sit, irritum esse testamentum (10): creditori pignoratitio, victo debitore de proprietate pignoris (11); et cohaeredi, quem utique non ligat sententia adversus cohaeredem lata, praejudicium tamen facit (1): atque humanitas suasit pro reo criminis ad supplicium condemnato unumquemque de populo, reo etiam invito, appellare posse (2).

§ 2270. Si tamen illi, quorum interest, cum vocati fuissent, ut liti inter alios motae se sisterent, responderint, nihil ad se litem illam pertinere, audiendi non erunt, si postea a sententia appellare velint, licet inter collitigantes collusum allegent (3): sibi imputent quod juris sui defensionem sponte neglexerint: dolum utique nemini prodesse aequum est, sed et consulendum est firmitati rerum judicatarum, praecipue adversus eos, qui negligentiae suae poenas ferunt.

§ 2271. Hinc patet, appellationis beneficium iis denegari, qui sententiam expresse, vel tacite comprobaverint verbis, vel factis, aut non factis; puta ei, qui passus fuit sententiam executioni demandari (4), vel dilationem ad solvendum petierit (5). Sed judicato acquievisse non judicatur, qui passus est, adversarium a judice ad jurandum in supplementum probationis admissum jurare (6), cum nec appellatione interposita impediri possit hujusmodi jusjurandum (7): eo autem praestito appellari potest a sententia; nec enim quaeritur, an perjurus sit, nec ne, qui juravit, sed an jurare debuerit (8).

§ 2272. Caussae tamen sunt, in quibus appellatio permittitur adversus sententiam, quae expresse, vel tacite probata fuerit, puta si de minore agatur, muliere probata potissimum in dote, aut rustico, cui parci aequitas suadeat; vel si dolus adversarii intervenerit: quod si solus procurator speciali mandato destitutus id fecerit, idest sententiam probaverit, domino non nocet, dummodo is factum procuratoris improbet, petita, si opus fuerit, in integrum restitutione (9).

§ 2273. Procurator, ut alibi diximus, constitutus in prima istantia censetur habere mandatum ad appellandum; atque ideo appellare potest, non vero ad appellationem prosequendam, nisi generale ad lites omnes mandatum acceperit; quamquam, et ut ibi monuimus (10),

(1) l. 1 ff. *De appellat. recip.* (49, 5); Fab. Cod. hoc tit. lib. 7, tit. 19, def. 16.

(2) Fab. Cod. hoc tit. d. def. 6, V. et def. 5.

(3) l. ult. § *et si praefatam* 4, 5 et 6 Cod. *De jur. deliberand.* (6, 30).

(4) auth. *nunc si haeres,* post l. ult. Cod. *De litigios.* (8, 37).

(5) l. 1 Cod. *Ubi in rem actio* (3, 19).

(6) l. *Si ex caussa* 9; l. *In caussae* 13 § 1 ff. *De minorib.* (4, 4).

(7) l. *Ab executore* 4 § *item* 3 ff. hoc tit.

(8) l. *A sententia* 5 ff. hoc tit.; argum. l. *Si stipulatus* 15 ff. *De fidejussorib.* (46, 1); Fab. Cod. hoc tit. lib. 7, tit. 29, def. 5 post. med.

(9) d. l. *Ab executore* 4 § *alio* 2 ff. hoc tit.; Fab. Cod. hoc tit. lib. 7, tit. 29, def. 13 in princ. et def. 72.

(10) d. l. *A sententia* 5 § 1 et seqq. ff. hoc tit.

(11) d. l. 4 § penult. ff. hoc tit.

(1) d. l. 5 in princ. ff. hoc tit.

(2) l. *Non tantum* 6 ff. hoc tit.

(3) l. *Si perlusorio* 14 § 1 ff. hoc tit.; Fab. Cod. hoc tit. lib 7, tit. 29, d. def. 13, n. 2 et seqq. et def. 16.

(4) l. 1 ff. *Quando appelland.* (49, 4), Fab. Cod. hoc tit. lib. 7, tit. 29, def. 7 et Cod. *De appellat.* lib. 7, tit. 26, def. 14.

(5) l. *Ad solutionem* 5 Cod. *De re judicat.* (7, 52); Fab. Cod. hoc tit. def. 12 in princ.

(6) Fab. Cod. hoc tit. def. 9.

(7) l. *Generaliter* 12 Cod. *De reb. credit. et jurejur.* (4, 1).

(8) Fab. d. def. 9 in fin.

(9) Ibid. Cod. hoc tit. lib. 7, tit. 29, d. def. 12, n. 1 et seqq.

(10) V. vol. I, lib. 1, § 1980 et 1995, pag. 319 et 321.

aliud placet Fabro (1); si tamen procurator mandatum sufficiens habeat ad appellationem prosequendam, nec prosequatur intra constituta tempora, potest, eo vocato, appellatio pronunciari deserta (2); quia procurator legitimo mandato instructus tamquam litis dominus consideratur (3).

§ 2274. Cum sententia aliquando utrique litiganti displiceat, tum victo, tum victori, qui sibi minus adjudicatum credat, uterque ab ea appellare potest: quinimmo, uno appellante, potest alter, licet non provocaverit, jura sua, atque exceptiones adversus sententiam allegare, quasi appellatio commune sit remedium appellanti, et appellato (4): quod tamen plerique intelligunt de eodem capite, seu eadem parte sententiae, a qua provocatum fuit, non de caeteris (5), quae, cum ab iis interposita non sit appellatio, rei judicatae firmitatem obtinent (6). An judex appellationis in usuras priore judicio petitas, sed non adjudicatas condemnare possit, alibi expendimus post Fabrum (7), a quo tamen dissentit, nec sine fundamento, Voetius (8).

§ 2275. Appellari generatim potest in omnibus caussis, sive civilibus, sive criminalibus, quae in rem judicatam non transierunt (9); si quasdam excipias jure, et ratione singulari exceptas; cum in omnibus inveniri possit iniquitas per judicem appellationis corrigenda; ob quam appellationis remedium inductum fuit, quod tamen non raro in venenum convertitur, prout scite animadvertit Ulpianus (10). De appellatione in caussis criminalibus agemus, ubi de criminibus verba facturi sumus.

§ 2276. Non tantum a definitivis sententiis, sed etiam ab interlocutoriis, quae gravamen irreparabile continent, appellatio permittitur, prout ex dicendis elucescet, quin necessaria sit specialis expressio gravaminis (11). Atque, ut imprimis de definitivis sententiis dicamus, non tantum a tota sententia, sed et ab illius parte, seu ab uno capite, si pluribus separatis capitibus constet, appellare licet (12): appellans tamen declarare debet in primo libello, a quibus sententiae capitibus provocet, ut caeterorum executio fieri possit: alioquin appellatio in totum deserta intelligitur (1). Aliud dicendum, si sententia habeat unum caput duas partes continens, puta si quis jussus sit hoc, aut illud facere, vel praestare (2): ex quo quis simpliciter provocat, a tota sententia provocare intelligitur, cum unum vere sit ejus caput.

§ 2277. Plane potest Princeps adversus temporis lapsum restituere, et appellationem permittere, licet appellans praetermiserit declarare, a quo sententiae capite provocet (3). Ille autem, adversus quem appellatum est generaliter, et indistincte, implorare potest ejusdem appellationis auxilium, si forte in aliquo alio sententiae capite se laesum putet, nec appellationem suam separatim introducere, et prosequi cogitur; quia a tota sententia ita videtur appellatum: sed si appellans in ipso appellationis actu declaraverit, a quo capite sententiae appellet, adversarius expressim ab alio capite provocare debet (4); etenim appellatio non prodest, ultra quam interposita est (5).

§ 2278. Licita est provocatio tum a negotio principali, tum ab accessionibus, puta usuris, si petitae fuerint, nec adjudicatae (6): et quamvis ob impensas litis Romano jure appellari non potuerit, sed judex illas debuerit victori solvere (7), usu tamen fori, quo judices male judicantes litem suam non faciunt, nec parti indemnitatem praestant, appellatio necessaria est (8). Sed si tantum quaestio sit de taxatione impensarum, taxatio per eundem judicem emendari potest (9); quamquam et ab ea appellari potest ad judicem superiorem (10): cum sententiae definitivae vim habeat.

§ 2279. A sententiae executione, seu executore appellare non licet, nisi executor mandati fines, quos diligenter custodire debet (§ 2194 et seqq.), excedat (11): vel executio manifeste injuriosa appareat, puta pro exiguo debito egregia pignora capiantur (12), vel compensatio, quam ex eventu litis admitti debuisse constet, non tamen admissa fuerit (13). Si appellans a judice, qui executionem permisit, non prosequatur ap-

(1) Fab. Cod. *De appellat.* lib. 7, tit. 26, def. 1 in princ.
(2) Ibid. d. def. 1 in fin.
(3) l. *Procuratoribus* 22 et seqq. Cod. *De procuratorib.* (2, 13).
(4) l. ult. in princ. Cod. hoc tit.
(5) Voet in ff. hoc tit. n. 4; Brunneman. ad d. l. ult. Cod. hoc tit. in princ.
(6) l. *Eleganter* 23 § 1 ff. *De condict. indebit.* (12, 6).
(7) Fab. Cod. *De appell.* lib. 7, tit. 26, def. 2 in fin. et def. 24; V. vol. II, lib. 3, § 895 et seqq. pag. 986.
(8) Voet in ff. hoc tit. d. n. 4.
(9) l. 1 ff. hoc tit.; l. *Litigatoribus* 14 Cod. *De appel. et consult.* (7, 62).
(10) d. l. 1 in princ. ff. hoc tit.
(11) V. Ab-Eccles. part. 2. observ. 10 in fin.
(12) l. *Quaedam mulier* 41 ff. *Famil. Erciscund.* (10, 2).

(1) *Reg. Constit.* lib. 3, tit. 26, § 13; Ab-Eccles. part. 2, observ. 11, n. 2 et seqq.
(2) Fab. Cod *De appell.* lib. 7, tit. 26, def. 13 in princ.
(3) Ibid d. def. 13, n. 3 et seqq; Ab-Eccles. part. 2, observ. 12, n. 1 et seqq.
(4) Fab. Cod. eod. tit. def. 20.
(5) V. l. *Per hanc* 4 Cod. *De temporib. et reparat. appellat.* (7, 63).
(6) Fab. Cod. *De usur.* lib. 4, tit. 24. def. 6.
(7) l. ult. Cod. *Quand. provocar. non est necess.* (7, 46).
(8) Voet in ff. hoc tit. n. 5.
(9) d. n. 5 in fin.
(10) Fab. Cod. *De appell.* lib. 7, tit. 26, def. 23. V. *Reg. Constit.* lib. 3, tit. 25. § 12 et 13.
(11) l. *Ab executore* 4 ff. hoc tit.; l. *Ab executore* 5 Cod. hoc tit.
(12) Brunneman. ad d. l. 4 ff. hoc tit. n. 4.
(13) Fab. Cod. *De appellat.* lib. 7, tit. 26, def. 28; V et def. 48.

pellationem intra statuta tempora, de desertione cognoscit judex superior; cum tamen judex ipse, qui executorem dedit, cognoscat, si appelletur ab executore (1). Cum autem in promptu apparet, executionem factam esse justa formam senatusconsulto praescriptam, executio interim non suspenditur, quamquam admittitur appellatio, ut plene sciatur, an executor fines mandati excesserit, nec ne (2).

§ 2280. Plane nemo dubitat, quominus recte appelletur ab interlocutione judicis, qui passus sit incipi ab executione, si non expressim adjecerit, ut salva esset caussa intercessionis, quae vulgo *justificativa clausula* appellatur, atque executio in simplicem citationem resolvitur (3); leges optima ratione prohibent, ne judicium ab executione incipiat (4); cum nemo inauditus condemnari debeat.

§ 2281. Appellationis beneficium denegant Romanae leges, cum agitur de debitis fiscalibus, saltem si de debitis certo constet (5): denegatur quoque ei, qui sponte in condemnationem consensit (5); aut ex propria confessione condemnatus fuit; nisi forte dolus, vel error intervenisse allegetur; aut qui ante sententiam stipulatus est, se non appellaturum: conventio haec, utpote ad lites dirimendas pertinens, in jure probatur (6): nisi dolus, aut laesio enormissima intervenerit.

§ 2282. A sententia lata in contumaciam appellare licet, refusis expensis (§ 2067), praeterquam si edicto peremptorio quis citatus fuerit, quo casu appellatio denegatur (8); ex justa tamen absentiae caussa contumax in integrum restitui potest (9): in jurejurando relato, non autem delato appellandi facultatem competere alibi diximus post Osascum (10); quamquam et in relato appellationem denegandam sentiunt aliqui, et tantum concedunt, cum judex illud detulit, sive praestitum fuerit, sive declinatum (11).

§ 2283. Etiam in caussis possessoriis, seu possessionum appellatio admittitur, servatis appellationum legibus, ita tamen, ut sententiae executio in summarissimo, seu momentaneo possessorio judicio interim non suspendatur (12), atque judicis est definire, an cautio de restituenda re cum fructibus praestanda sit, nec ne, personarum praecipue adjunctis pensatis (1). Hae autem, seu appellationum leges praecipue pertinent ad quantitatem, de qua disceptatur: videlicet a sententia judicis ordinarii ad judicem majorem, seu praefectum appellatio non permittitur, nisi caussa excedat summam, aut valorem quinquaginta librarum, atque eadem praescribitur regula pro decretis castellanorum (2); atque a sententia judicis majoris, sive is in primo, sive in secundo judicio pronunciaverit, ad Senatum provocare non licet, nisi quadringentarum librarum quantitas, aut valor excedatur; quae aestimationis regula servanda etiam praescribitur in caussis servitutum, aliorumve jurium: preces tamen Principi offerri possunt, ut a praefecti sententia provocare liceat in minoribus caussis (3).

§ 2284. Subjicitur, caussas, quae ad Senatum deferuntur sub eo praetextu, quod acta nulla sint, aut nullae sententiae, nonnisi ex advocati generalis voto admittendas esse, nisi is, qui caussam detulit, idonee caveat de judicato exequendo, et litis sumptibus, si sententia caussam in meritis definierit; de damnis vero, et litis expensis, si quaestio sit de sententia interlocutoria (4): atque actorum, aut sententiae defectus, seu, ut ajunt, nullitas summarie definiri debet, priusquam de caussae meritis in judicio appellationis cognoscatur (5).

§ 2285. Quid ergo, si sententia ipso jure nulla sit, estne necessaria appellatio? Usu fori etiam a sententia nulla appellandum esse, tradit Faber, futurum alioquin, ut sententia vim rei judicatae obtineat (6); ut novam litem institui necesse sit, utrum sententia nulla sit, nec ne. Sed aliud constitutum Romano jure (7): cui consentit jus municipale quoad sententias eidem juri contrarias (8): quamquam retineri possunt a Senatu hujusmodi caussae, ut modo diximus (§ praeced.).

§ 2286. A tribus sententiis conformibus jus civile appellationem denegat super iisdem capitibus (9); saltem si una ex his vim habeat, et auctoritatem praefecti praetorio; quo casu nec civilis supplicatio permittitur, nec imploratio restitutionis in integrum (10), alioquin nullus erit finis litium, quae tamen publicae, et privatae rei grave inferunt praejudicium.

(1) Fab. Cod. eod. tit. def. 29.
(2) Ibid. def. 33.
(3) Ibid. def. 40.
(4) l. 1 Cod. *De execut. rei judicat.* (7, 53).
(5) l. *Abstinendum* 4; l. ult. Cod. hoc tit.
(6) l. *Tale pactum* 40 § 1 ff. *De pact.* (2, 14); Fab. Cod. *De judic.* lib. 3, tit 1, def. 15 in princ.
(7) l. ult. Cod. *De temporib. et reparat. appellat.* (7. 63); *Reg. Constit.* lib. 2, tit. 16, cap. 2, § 21.
(8) l. *Et post edictum* 73 § ult. ff. *De judic.* (5, 1).
(9) Fab. Cod. *De appellat.* lib. 7. tit. 26, def. 49; Voet in ff. hoc tit. n. 6.
(10) V. vol. III, lib. 4, § 834, pag. 344, Osasc. dec. 61.
(11) Voet in ff. hoc tit. n. 6 in fin., V. d. vol. III, lib. 4, § 842.
(12) *Reg. Constit.* lib. 3, tit. 26, § ult.; V. Ab-Eccles. observ. 194.

(1) Ab-Eccles. observ. 195; Osasc. dec. 25.
(2) *Reg. Constit.* ibid. § 7.
(3) Ibid. § 8, 9 et 10.
(4) Ibid. § 11.
(5) Ibid. § 12.
(6) Fab. Cod. *De temporib. et reparat. appellat.* lib. 7, tit. 27, def. 13.
(7) l. *Si expressim* 19 ff. hoc tit.; l. 1, 2 et 3 ff. *Quae sent. sine appellat. rescindunt.* (49. 8).
(8) *Reg. Constit.* lib. 3, tit. 23, § 3.
(9) l. unic. Cod. *Ne lic. in una etc.* (7, 70).
(10) *Reg. Constit.* lib. 3, tit. 27, § 1; Thes. decis. 122, n. 1 † et in addit. littera *A* †.

§ 2287. Conformes autem sententiae dicuntur, si similes sint in principali, licet aliqua diversitas sit in accessionibus, puta in usuris, vel expensis (1): quare, si diversitas tantum sit in usuris, ita ut posterior sententia in minores usuras condemnet, appellari ab ea nullatenus potest, utique vero, si in majores, sed dumtaxat ab usuris, in quibus novum gravamen est, non a principali (2); atque ita utile ab inutili secernitur (3).

§ 2288. Hinc infert Thesaurus, conformes dici sententias, si prima condemnaverit in centum, posterior in quinquaginta, ita ut quoad quinquaginta non liceat appellare (4). Idem dicendum, si una ex his sententiis, puta secunda, firmet primam in meritis, et tertia dicat, secundam latam fuisse extra fatalia, primam tamen etiam in meritis confirmet, quamvis diversimode (5): vel si in prima, aut secunda sententia apposita fuerit clausula *alio non facto*, vel similis (6); quia sententia ita lata interlocutoriae quidem aequiparatur, quatenus ab eodem judice emendari potest (§ 2128), definitivae tamen vim habet, si nihil novi allegetur.

§ 2289. Conformes quoque habentur sententiae ad hoc, ne appellari ab iis possit, licet una lata fuerit in contumaciam (7); quia et haec definitivae vim habet; nec una sententia intermedia, quae contraria sit, impedit, quominus sententiae conformes conjungantur, atque, si tres sint, appellatio denegetur (8): municipalis lex unice memorat tres conformes sententias; nec requirit ut *successive* conformes sint (9).

§ 2290. Immo censuit olim Senatus, Thesauro testante, tres sententias conformes intelligi, ne amplius provocare liceat, quamvis secunda sententia pronunciatum sit, male fuisse judicatum, si tamen ex novis allegationibus idem judicatum sit ac in prima, puta reus in centum aureos condemnatus fuerit (10); quia diversitas tantum sit in modo, uniformitas vero in substantia, quae potissimum inspicienda est.

§ 2291. A denegata justitia etiam appellari potest, modo trina praecesserit interpellatio, si nulla alia sit appellandi caussa, quam quod judex requisitus nihil decernere voluerit; sed trina haec praevia interpellatio necessaria non est, si judex aliquid decreverit contra jus actoris (11).

§ 2292. Citatum actionem personali, ut de criminis interrogetur, appellare non posse, placuit Sabaudis patribus (1); cum citatus, priusquam interrogatus fuerit, nescire possit, ex qua caussa citatus sit; adeoque justam, et certam appellandi caussam non habet; si tamen putet, interrogationibus a judice factis non teneri ad respondendum, et urgeatur, potest appellare; ita tamen ut interim, salvo appellationis jure, respondeat (2); ne jurisdicentis auctoritatem contemnere videatur, quam semper potiorem esse convenit (3).

2293. Quae hactenus diximus, potissimum pertinent ad sententias definitivas: ab interlocutoriis vero sententiis appellare non licet, nisi contineant, sive inferant gravamen irreparabile in definitiva, vel sententiae definitivae vim habeant (4), prout supra diximus (§ 2118 et seqq.): quam quidem appellandi facultatem potius juri canonico accepto ferendam esse (5) tradunt aliqui, quamquam et satis aperte eam adstruit Scaevola jureconsultus (6). Quia tamen saepe incertum est, utrum interlocutoria sententia reparabilis sit, nec ne, idcirco appellationes pleraeque recipi solent, licet non omnes executionem removentur (7).

§ 2294. Quod si judex duas tulerit interlocutorias sententias diverso tempore, atque ab una tantummodo appellatum sit, altera, quae transiit in rem judicatam, sine dubio potest executioni mandari (8): quare si posterior omnino conformis sit priori, cum nullius momenti sit, nec valere potest appellatio ab ea (9), cum super judicato non amplius possit judicari, judice munere suo functo: sed si prior interlocutio conditionem aliquam habeat necdum impletam, posterior vero nullam, sufficit appellare a posteriore (10), quia prior vim nondum habere intelligitur.

§ 2295. Permittitur quoque appellatio ab interlocutoria sententia, qua judex se competentem, aut incompetentem pronunciaverit, vel desertam appellationem (§ 2123): vel appellationem admittendam non esse; vel aliquem ex litigantibus non habere legitimam personam standi in judicio (11): vel in executione judicati rejecerit oppositionem ab altero ex litigantibus factam, aut in actione publica rem uni adjudicave-

(1) argum. cap. *accessorium* 42 extra Decret. Greg. *De reg. jur.* in 6.
(2) Thesaur. dec. 122. n. 7 et 8 †.
(3) l. *Placuit* 29 ff. *De usur.* (22, 1).
(4) Thes. d. dec 122, n. 10; l. 1 § *sed si mihi* 5 ff. *De verb. oblig.* (45, 1)
(5) Tesaur. ibid. n. 11.
(6) Ibid. n. 13 †.
(7) Ibid. n. 15.
(8) Ibid. n. 16 †
(9) *Reg. Constit.* d. lib. 3, tit. 27, § 1.
(10) Thesaur. dec. 228, n. 2 et 3 †.
(11) Fab. Cod. *De appellat.* lib. 7, tit. 26, def. 4.

(1) Fab. Cod. *De appellat.* lib. 7, tit. 26, def. 38.
(2) Ibid. def. 39.
(3) l. *Si quis ex aliena* 5 ff. *De judic.* (5, 1).
(4) Fab. Cod. *De appellat.* lib. 7, tit. 26, def. 1 in princ.; *Reg. Constit.* lib. 3, tit. 25, § 7.
(5) cap. *ut debitus* 59 extra Decret. Greg. *De appellat.* (2, 28).
(6) l. *Ante sententiam* 2 ff. *De appellat. recipiend.* (49, 5).
(7) Fab. Cod. *Ut lit. pendent. etc.* lib. 1, tit. 10, def. 12, in not.
(8) l. 1 *Si praetor* 75 ff. *De judic.* (5, 1); Fab. Cod. *De appellat.* lib. 7, tit. 26 def 22 in princ.
(9) l. penult. et ult. ff. *Quae sent. sine appellat. rescind.* (49, 8).
(10) Fab. Cod. d. def. 22 in fin.
(11) Voet in ff. hoc tit. n. 14 in med.

rit tamquam plus offerenti, cum alter meliorem conditionem se obtulisse contendit, et similibus (1).

§ 2296. Idem dicendum, seu permittendam esse appellationem plures tradunt a rejecta exceptione obscuri, et inepti libelli, a praefinito tempore nimis brevi, vel nimis longo, a non admissa productione testium, instrumentorum, aliarumque probationum, tamquam irreparabile damnum habentibus: a denegato decreto vendendi aedes fideicommissarias vetustate deformatas, ac prope diem ruituras; cum ea mente peteretur vendendi facultas, ut pretium impenderetur comparandis reditibus, qui aedium vice fideicommisso subessent (2).

§ 2297. Sed denegatur appellatio ab interlocutione judicis, qua litigantes jussi fuerint venire in rem praesentem, et fundi fines demonstrare, ut sciri possit, quid, et quantum possideatur (3); nullum enim hinc irreparabile damnum litigantibus infertur, atque tantum consulitur, ne, terminis forte amotis, fundi fines intervertantur: nec a decreto, quo judex aliquid fieri jusserit ad animi sui instructionem (4), aperiri testamentum (5), aut exhiberi rem, quam reus sine gravi incomodo exhibere potest (6).

§ 2298. Praeterea denegandam plures sentiunt appellationem a decreto judicis de litis instruendae modo, de manu agnoscenda, seu recognitione scripturae, cum quis ex chirographo agit ad fiduciariam solutionis adjudicationem, de curatore bonis dando; secus, si creditores nonnulli curatorem datum haud idoneum esse, aut non satis idonee cavisse allegent (7). Sed ut haec, et alia ejusdem generis exempla definiantur, ad generalem regulam superius positam (§ 2293), confugiendum est: quae licet ad unguem non servetur, prodesse tamen in pluribus casibus potest, praesertim judicibus, qui praefecti praetorio auctoritate destituti sunt.

SECTIO II.

A quibus appellare liceat, et ad quem.

Digest. lib. 49, tit. 2 *A quib. appellar. non lic.*
Cod. lib. 7, tit. 62 *De appellationib.*

SUMMARIA

§ 2299. *Appellare licet a quocumque judice inferiore, non tamen ab illis, qui vice Principis judicant.* — § 2300 *et* 2301. *A sententiis supremorum magistratuum preces Principi offerri possunt intra certum tempus.* — § 2302. *Error facti, non juris supremo magistratui objici potest.* — § 2303. *Supplicatio civilis non admittitur, nisi de quantitate non modica disceptetur.* — § 2304. *Sententia, civili supplicatione non obstante, executioni mandatur, praestita satisdatione.* — § 2305 *et* 2306. *An cautio datis fidejussoribus omnino praestanda sit?* — § 2307. *Cautio remittitur, cum per calumniam petitur, vel reus tergiversatur, ut differat sententiae executionem.* — § 2308 *et* 2309. *Quid si per viam restitutionis condemnatus petat, sententiam Senatus revocari, vel agatur de sententia, cujus executio retractari nequeat?* — § 2310. *Revisionis judicium intra quod tempus finiri debeat?* — § 2311. *An civilis supplicatio necessaria sit, si sententia lata fuerit cum falso procuratore?* — § 2312. *Solutio allegari potest in executione Senatusconsulti, dummodo prius allegata non fuerit.* — § 2313. *Revisio communis non est utrique parti.* — § 2314. *Appellari debet a judice inferiore ad legitimum judicem superiorem.* — § 2315 *et* 2316. *Quis in hac re habeatur judex superior?* — § 2317. *Quibus casibus a delegato ad delegantem appelletur?* — § 2318. *Senatus vices Principis gerit in omnibus, quae pertinent ad jurisdictionem contentiosam. A consilio status appellare non licet.* — § 2319. *Appellationes gradatim interponi debent; nisi justa caussa suadeat medium omitti.* — § 2320. *Senatus recta appellari potest, cum agitur de contractibus illicitis. Qui sint hi contractus?* — § 2321. *Quid de sententiis ab initio nullis, vel a Principis delegato prolatis?* — § 2322. *Delegatione interdum augetur jurisdictio, interdum dumtaxat excitatur.* — § 2323 *et* 2324. *Appellatio a sententiis judicium inferiorum non permittitur, nisi egregia summa in controversiam veniat. An plures summae jungi possit? An et expensae?* — § 2325. *Quid de damnis? Quantitas, quae petitur, in hac re inspici debet.*

§ 2299. Cum appellationis beneficium inductum sit, ut prioris judicii iniquitas emendetur (1), toties praesto esse debet, quoties justa subest caussa metuendae in judice iniquitatis, aut imperitiae; nec enim iniquitatis nomine pravam animi in judice affectionem semper intelligimus, cum judicium non desinat esse iniquum, seu rectae rationi, et aequitati adversum, si judex errore labatur; atque e converso denegari a sententiis eorum judicum, in quos nec iniquitatis, nec imperitiae suspicio cadit. Hinc a quocumque inferiore judice appellatio permitti-

(1) Voet in ff. hoc tit. d. n. 14.
(2) d. n. 14 in fin.
(3) Fab. Cod. *De appellationib.* lib. 7, tit. 26, def. 6.
(4) Fab. Cod. eod. tit. def. 32.
(5) l. *Quisque* 6 Cod. hoc tit.; l. ult. ff. *De appellat. recipiend.* (49, 5).
(6) argum. l. *In hac actione* 3 § *ibidem* 13 ff. *Ad exhibend.* (10, 4).
(7) argum. l. *Arbitrio* 9 ff. *De recept.* (4, 8); Voet in ff. hoc tit. n. 15.

(1) l. 1 ff. *De appellat.* (46, 1).

tur, non vero ab illis, qui vice Principis judicant, puta a senatu (1), praefecto praetorio (2), et multo minus a Principe (3): hi enim errore labi non praesumuntur.

§ 2300. Sed, quamquam ab hisce sententiis appellatio denegatur, superest tamen remedium restitutionis in integrum (4) (quia, ut scite animadvertit Ulpianus, appellatio iniquitatis sententiae querelam continet, restitutio vero in integrum erroris proprii veniae petitionem, vel adversarii circumventionis allegationem (5); seu supplicatio Principi oblata, quae in praxi *Revisio* appellatur (6). Haec autem supplicatio jure Romano intra decem dies post sententiam offerenda est: qua oblata, sententia non potest executioni demandari, nisi victor idoneam fidejussionem praestet restituendi, quod consecutus fuerit cum usuris, si forte sententia retractetur: quod si lapsi fuerint a sententia decem dies, supplicatio adhuc permittitur intra biennium, sed tunc victor ab onere satisdationis immunis est (7).

§ 2301. Hisce Romanorum placitis fere consentit municipalis lex; qua cautum, ne a sententiis supremorum magistratuum appellare liceat, sed tantum preces Principi offerre, libello supplici magno cancellario dato intra quinquaginta dies, quibus elapsis supplicatio amplius non admittitur (8); atque diploma, quo Princeps revisionem concedit, intra quindecim dies, postquam concessum fuerit, magistratui offerri debet, atque deinceps adversae parti significari intra tempus a magistratu praefinitum (9). Eadem, ac supremi magistratus conditio est delegati a Principe, qui caussae cognitionem ad se evocaverit, tum illi creditori (10), quia et vice Paincipis judicat (§ 2299).

§ 2302. Porro, ut Princeps dijudicare possit, utrum sententiae revisio concedenda sit, an deneganda, libello supplici exprimenda sunt argumenta, quibus nititur is, qui preces offert, atque ab advocata, cui data sit postulandi facultas, subscribi debet libellus (11). Solus autem facti, non juris error supremo magistratui objici potest (12); adeoque ex eo solo revisio postulari, aut ex scripturis recens inventis, quae caussae statum mutent; alioquin cliens expensas omnes subit, atque caussae patroni per sex menses suspenduntur a postulandi munere (1).

§ 2303. Ne autem nimis late pateat supplicandi facultas, et nullus fere sit litium finis, a definitivis sententiis non permittitur supplicatio, nisi caussa excedat summam, aut valorem librarum bis mille, aut controversia sit de juribus praeminentiae, ut ajunt, aliisve incorporabilibus, et semel tantum (2) ab eodem (3): ab interlocutoriis vero, a quibus appellare non licet, idest quae gravamen irreparabile non inferunt (§ 2293), nec admittitur revisio: utique in aliis, cum priores ab eodem judice emendari possint (4): atque si haec obtineatur in interlocutionibus, quibus quaeritur, utrum admittendi sint articuli, examen testium interea non differtur; sed eorum depositiones non publicantur, donec revisionis judicium absolutum sit (5).

§ 2304. Quemadmodum Romanae leges sententiae executionem permittunt, supplicatione non obstante (§ 2300), ita et eadem facultas victori apud nos datur, licet revisio sententiae jam concessa sit, satisdatione utique praestita (6), tum pro debito principali, tum pro expensis litis victori adjudicatis (7): atque hujus generis caussae congregatis Senatus classibus definiuntur, si ab una classe sententia lata fuerit; adjuncti autem a Principe eliguntur, si totus Senatus jus dixerit, remoto in utroque casu caussae relatore (8).

§ 2305. Quaerunt pragmatici, utrum ab obtinendam sententiae a supremo magistratu prolatae executionem cautio datis fidejussoribus omnino requiratur, an sufficere aliquando possit cautio juratoria, vel nuda repromissio, si victor, quia pauper sit, vel alienigena, fidejussores invenire non possit. In hac autem quaestione, quidquid alii sentiant, placuit olim Senatui, fidejussores omnino praestandos esse (9), prout

(1) l. 1 § *sciendum* 2 ff. hoc tit.
(2) l. unic. Cod. *De sentent. praefect. praetor.* (7, 42).
(3) d. l. 1 § 1 ff. hoc tit.
(4) l. *Praefecti* 17 ff. *De minorib.* (4, 4).
(5) d. l. 17 in fin.
(6) d. l. unic. Cod. *De sentent. praefect. praetor.* (7, 42); l. *Si quis adversus* 5 Cod. *De precib. Imperator. offerend.* (1, 19).
(7) auth. *quae supplicatio* post d. l. 5.
(8) *Reg. Constit.* lib. 3, tit. 27, § 2; V. Ab-Eccles. part. 2, observ. 25.
(9) *Reg. Constit.* ibid. § 10.
(10) Fab. Cod. *Quor. appellat. non recipiunt.* lib. 7, tit. 29, def. 4.
(11) *Reg. Constit.* d. lib. 3. tit. 27, § 3 et 6.
(12) Fab. Cod. *De sentent. praefector. praetor.* lib. 7, tit. 14, def. 1.

(1) *Reg. Constit.* d. lib. 3, tit. 27, § 4, 5 et 6.
(2) Ibid. § 7.
(3) V. Thesaur. decis. 246; ubi tradit, reum, qui in judicio revisionis ab actore petito condemnatus fuit, novam revisionem petere posse.
(4) V. Ab-Eccles. part. 2, observat. 26, n. 11 et seqq. Thesaur. lib. 2, quaest. 24, n. 1 et 2 et lib. 4, quaest. 73 per tot.
(5) *Reg. Constit.* ibid. § 13 et 14.
(6) Ibid. § 8; Thes. dec. 2; V. et dec. 181 in addit. littera *A*, ubi defendit, sententiam Senatus executioni mandari posse, licet non sit praestita cautio post interpositam revisionem, donec sit inhibitum, quia judex possit semper procedere, donec per superiorem judicem illi facta fuerit inhibitio, quae fieri solet in litteris revisionalibus. V. Ab-Eccles. part. 2, observ. 27, n. 8 †.
(7) Fab. Cod. *De sentent. praefector. praetor.* lib. 7, tit. 14. def. 4.
(8) *Reg. Constit.* ibid. § 9.
(9) Ab-Eccles. observ. 196, n. 5 † et n. 7; Thes. lib. 1, quaest. 87, n. 5 †.

expresse requirit Justinianus (1); quia forma a lege nominatim praefinite specifice implenda sit.

§ 2306. Sed quia judex, subjicit Ab-Ecclesia, prospicere debet utrique parti, atque in probando fidejussore prudens ipsius arbitrium versatur, idcirco interdum Senatus admittit fidejussores non omnino idoneos, puta filium pro patre, vel matre, milites, curiales, mulieres, advocatos, clericos, et alios similes difficilis conventionis, et privilegiatos: quandoque admittit alios fidejussores minus idoneos cum approbatore, vel collaudatore, maxime cum sententia mandatur executioni super bonis immobilibus, quo casu admittit cautionem juratoriam pro restitutione bonorum, sed cum fidejussore fructuum: mobilia autem, et pecunia possunt deponi penes tertium (2).

§ 2307. Quinimmo plures sentiunt, remittendam esse cautionem, quoties per calumniam petitur (3); vel victus qui revisionem sententiae petiit, tergiversatur in caussa, ut differat sententiae executionem (4).

§ 2308. Neque sententiae executio impediri potest, licet non per viam supplicationis, aut revisionis, sed per viam restitutionis in integrum condemnatus petat sententiam Senatus retractari, puta quia sit minor (5); alioquin fraudibus via facile aperiretur: atque sub restitutionis praetextu impediretur executio sententiarum, quae maximam habent pro se juris, et aequitatis praesumptionem (6).

§ 2309. Haec ita; cum agitur de sententia, ut ajunt, retractabili: aliud dicendum, si executio retractari nequeat; prout contingit in poenis corporalibus (7). Exceptionem quoque habet superior opinio (§ praeced.), cum restitutionem postulans statim docet de jure suo, saltem semiplene, praesertim si petatur a minore; vel si duplex concurrat restitutionis caussa, veluti minor aetas, et absentia in reipublicae utilitatem, dummodo de laesione im promptu constet (8).

§ 2310. Revisionis judicium, cum de definitivis sententiis agitur, intra annum, ex quo diploma supremo magistratui oblatum fuerit, finiendum est; eoque elapso, perempta intelligitur instantia (9): et consequenter cautiones praestitae pro executione sententiarum, quarum revisio impetrata fuit, finitae, atque extinctae intelliguntur: nec non solutus post annum fidejussor, nisi sponte in prorogationem consentiat (1): revisio autem interlocutionum de admissione articulorum intra triginta dies absolvenda est, alioquin testium dicta pervulgantur, perinde ac si nunquam obtenta revisio fuisset (2).

§ 2311. Ad haec quaedam post Fabrum monenda putamus, videlicet. 1. Civilis supplicationis remedium necessarium esse, licet sententia Senatus lata sit cum falso procuratore (3), quemadmodum a sententia inferioris judicis etiam nulla appellandum aliquando est (§ 2285): si tamen nec reus procuratorem habuerit, nec ipse in Senatusconsulto separatim nominatus fuerit, sententia eum non afficit (4), utpote inter alios lata (5); nisi Senatus ex caussa, et audito procuratore generali aliquid decreverit, puta litteras monitorias publicari. (6). Plane Senatusconsultum redditum non inter privatos, sed inter procuratorem Principis, et alium ejusdem dignitatis, jubente Principe revocari potest (7). Sed apud nos non amplius admittuntur clausulae alio non facto, et similes (8), de quibus tractat Faber (9).

§ 2312. Solutio post senatusconsultum allegari potest in ejus executione, dummodo prius allegata non fuerit, nec super ea pronunciatum. etiam per relationem ad sententiam prius ab inferiore judice latam (10); alioquin necessaria est civilis supplicatio (§ 2302), quae etiam admitti debet, cum de solo possessionis jure pronunciatum est, sive judicium super mero possessorio institutum fuerit, sive mixtam habuerit caussam petitorii incidenter, et ad fines, ut ajunt, possessorii (11). Plane pignoris caussa salva est possessori condemnato ad rem retrovendendam ex pacto de retrovendendo, licet incidenter de ea actum sit (12).

§ 2313. Revisio autem communis non intelligitur utrique parti (13), licet communis sit appellatio (14); quia appellatio est remedium ordinarium ex mera justitia concessum (15); civilis vero supplicatio, seu revisio remedium extraordinarium est, ex sola Principis largitate indultum. Qui tamen revisionem impetravit, potest, non secus ac adversarius, aliquid pete-

(1) d. auth. *quae supplicatio* post l. 5 Cod. *De precib. Imperator. offerend.* (1, 19).

(2) Ab-Eccles. d. observ. 196, n. 8, 9, 10 et 11; Thes. d. lib. 1, quaest. 87, n. 7.

(3) Ab-Eccles. d. observ. 196, n. 11 in fin. post alios.

(4) Thes. d. lib. 1, quaest. 87 in fin.

(5) Ibid. dec. 181, n. 3 † et in addit. littera *B* †.

(6) cap. *suscitata* 6 extra Decret. Greg. *De in integr. restitut.* (1, 41).

(7) Thes. d. dec. 181, n. 3; Fab Cod. *De sentent. praefect. praetor.* lib. 7, tit. 14, def. 2 in not.

(8) Thes. d. n. 3 et n. 4 †.

(9) *Reg. Constit.* d. lib. 3, tit. 27, § 11; V. Ab-Eccles. part. 2, observat. 28, n. 11, ubi ait in praxi non currere instantiam.

(1) *Reg. Const.* ibid. § 12.

(2) Ibid. § 15.

(3) Fab. Cod. *De sentent. praefect. praetor.* lib. 7, tit. 14, def. 2.

(4) Ibid. def. 3.

(5) tot. tit. Cod. *Inter alios acta* (7, 60).

(6) Fab. Cod d. tit. def. 8.

(7) Ibid. def. 5.

(8) V. supra § 2128.

(9) Fab. Cod. eod. tit. def. 12.

(10) Ibid. def. 8.

(11) Ibid. def. 9 et 10.

(12) Ibid. def. 11.

(13) Ab-Eccles. part. 2, observ. 28, n. 4 †.

(14) l. ult. Cod. hoc tit.

(15) l. 1 ff. *De appellat.* (49, 1).

re, quod prius petitum non sit, saltem si aliquo modo pendeat ab instantia prioris judicii, atque senatus ex aequitate de his judicat ad evitandos inanes circuitus, atque minuendas impensas litium, si jus liquidum sit; alioquin cognitionem reservat in alio judicio (1).

§ 2314. Hactenus de judicibus, a quibus appellare licet: inquirendum superest, ad quos appelletur. Atque hic generalis est regula, ut supra innuimus, appellandum esse a judice inferiore ad superiorem, non ad inferiorem, vel parem, qui jurisdictione sua sententiam superioris, aut paris emendari non potest (§ 2259). Neque sufficit appellare ad judicem, qui majori polleat jurisdictione, quam is, a quo provocatum fuit, sed ad superiorem judicem competentem appellatio deferri debet, et quidem gradatim: quamquam ex aequitate sustinetur appellatio facta ad superiorem minime competentem, si error intercesserit; atque, omissione medii non obstante, rata habetur, caussa tamen ad hunc remittenda (§ 2260).

§ 2315. Qui sit judex superior competens, ex legibus cujusque regionis repetendum est: apud Romanos a judice dato per praetorem, praesidem, praefectum urbi, aut praetorio appellabatur ad eos, qui dederant (2): a legato proconsuli ad proconsulem (3): a delegato Principis ad Principem (4), et generatim a delegato ad delegantem (5); non tamen a mandatario jurisdictionis appellatur ad mandantem, cum idem utriusque tribunal sit, adeoque ad mandantis superiorem appellandum est (6). Si judex a Principe delegatus suam alteri jurisdictionem mandaverit, a subdelegato ad delegatum appellatio devolvitur (7), saltem si delegatus partem jurisdictionis sibi reservaverit (8).

§ 2316. Ideo autem a judice dato ad dantem provocatur, quia judex ita datus non censetur mandatam habere jurisdictionem a dante, sed a lege, solo mandantis ministerio: delegatus utique proconsulis a proconsule jurisdictionem habet, sicut et caeteri delegati a delegante, sed partem tantum, non totam, adeoque non potest videri idem utriusque tribunal, sicut mandantis et mandatarii: delegatus Principis jurisdictionem jure proprio habere censetur, utpote ab ipso jurisdictionis fonte eam adeptus (§ 1797).

§ 2317. Quod dicimus, a delegato ad delegantem appellari (§ 2311), verum est, si ad delegantis jurisdictionem ea res spectet; alioquin a delegato appellandum est ad illum, cujus est jurisdictio, quique potest de negotio principali cognoscere (1). Quod si in litis apud inferiorem judicem pendentis praejudicium per aliquam executionem, Senatus circumventi auctoritate factam, attentatum sit, ad Senatum ipsum provocare oportet; ut is auctoritate sua corrigat, quod adversarii dolo extortum est (2): quamquam Senatus in dubio, sicuti nec Princeps, censetur derogare jurisdictioni judicis inferioris (3).

§ 2318. A gubernatore Sabaudiae, et consequenter alterius cujuscumque provinciae ad Senatum, ait Faber, recte appellatur, si quid gubernator constituerit, quod pertineat ad caussam jurisdictionis contentiosae, quia Senatus vices Principis gerit in iis omnibus, quae pertinent ad caussam jurisdictionis contentiosae, qualem hodie nullam habent gubernatores, et rectores provinciarum (4), licet haberent apud Romanos; plane a consilio status, quod vices Principis gerit, non magis appellare licet, quam a Senatu ipso, sicut nec a generali vicario et locumtenente Principis ad Senatum potest appellari (5). De privilegio Augustanorum, an Pedemontanum, au Sabaudum Senatum appellare velint, tractat idem Faber (6): semel autem factam electione variare non licet (7).

§ 2319. Jure, quo utimur, in caussis civilibus appellationes gradatim, non secus ac jure Romano (8), interponi debent, videlicet a judice provocatur praefectus provinciae, ab hoc Senatus (9), atque in caussis ducentas libras excedentibus a sententia consulatus Camberii ad Senatum licita est provocatio (10). Hinc a judice non licet appellare ad Senatum, praefecto praetermisso, licet agatur de caussis miserabilium personarum (11), nisi forte, ait Faber, justa aliqua caussa, et summa aequitas medium omitti suadeat, ut a judice ad Senatum confugiat appellans; puta qui non modo rusticus sit, sed

(1) Ab-Eccles. d. observ. 28, n. 5 et 6 †.

(2) l. *Imperatores* 21 § 1 ff. *De appellat.* (49, 1); l. 1; l. ult. ff. *Qui et a quo appellet.* (49, 3).

(3) l. *Appellari* 2 ff. eod. tit.

(4) argum. l. ff. eod. tit; junct. l. *Minor autem* 18 § penult. ff. *De minorib.* (4, 4); Ab-Eccles. part. 2, observ. 6, n. 9 et 10.

(5) d. l. 2 et l. ult. ff. eod. tit., Fab. Cod. hoc tit. lib. 7, tit. 26, def. 30 in princ. Thesaur. lib. 2, quaest. 39, n. 4 et seqq.; Ab-Eccles. part. 2, observ. 6, n. 1 et seqq.

(6) l. 1 § 1 ff. *Quis, a quo appellet.*

(7) l. unic. Cod. *Qui pro sua jurisdict. judic. dare possunt* (3, 4).

(8) cap. *si delegatus* 7 extra in 6 *De offic. et potest. judic. delegat. Decret.* (1, 14).

(1) argum. d. l. unic. Cod. *Qui pro sua jurisdict.* (3, 4); l. 1 Cod. *De ordin. judicior.* (3, 8); Fab. Cod. hoc tit. lib. 7, tit. 26, d. def. 30 in princ.

(2) Fab. d. def. 30, n. 3 et seqq.

(3) Ibid. in not., et Cod. *De divers. rescript.* lib. 1, tit. 12, def. 5.

(4) Fab. Cod. hoc tit. lib. 7, tit. 26, def. 34 in princip., et in not.

(5) Ibid. d. def. 34 in fin.

(6) Ibid. def. 42 et Cod. lib. 7, tit. 29, def. 11.

(7) Osasc. dec. 131 in fin. †.

(8) l. *Imperatores* 21 *De appellationib.* (49, 1).

(9) *Reg. Constit.* lib. 3, tit. 26, § 1; Fab. Cod. *Quor. appell.* lib. 7, tit. 29, def. 17 in princ.

(10) *Reg. Const.* lib. 2, tit. 16, cap. 2, § 30.

(11) Ibid. tit. 3, cap. 19, § 3.

etiam pauper, ne alioquin bona caussa periclitetur, et pereat (1).

§ 2320. Recta quoque a judice primae cognitionis ad Senatum appellandum est, cum agitur de contractibus illicitis (2): illiciti autem hic vocantur contractus, in quibus merces habita fide de pretio venditae redeunt ad venditorem, aut proxenetas, aut minori pretio ab iis distrahuntur: aut iniquo pretio venditionis tempore aestimantur, et pretium aliquod emptori solvitur (3): suspicionis autem vitio laborant contractus, quibus venduntur habita fide de pretio merces inferioris qualitatis, et vitiosae, aestimatione tamen facta earum perinde ac si nullo vitio inficerentur, inspecta potissimum conditione contrahentium, puta qui negotiationem non exerceant, aut sub patris potestate constituti sint, proxenetarum, et mercium qualitate (4).

§ 2321. Excipiendae quoque sunt sententiae, quae ab initio nullae sint; hae quippe vel a judice ipso, qui eas protulit, emendari possunt, vel a Senatu, ad quem per viam appellationis deferantur, prout deferri possunt, omisso judice intermedio (5): nec non illae, quae a judice primae cognitionis latae fuerint, tamquam delegato a Senatu; cum a delegato ad delegantem appellandum sit, ut modo diximus (§ 2315): quod et servandum tradit Ab-Ecclesia in caussis, quas Princeps delegat judicibus ordinariis, vel provinciae praefectis, nimirum, ut ab his ad Senatum appelletur: nisi aliter Princeps statuerit (6); cum in dubio Princeps non censeatur derogare jurisdictioni Senatus (§ 2317).

§ 2322. In hac autem re maxime inspiciendum est, an ex delegatione aucta fuerit jurisdictio judicis delegati, an excitata tantum ordinaria ejus jurisdictio, nimirum an jussus sit judicare de caussa, quam etiam citra delegationem definire potuisset, nec ne. In primo casu cognoscit tamquam ordinarius, et ab eo ad superiorem appellatur: in altero agit tamquam delegatus; ideoque ad delegantem fit provocatio (7).

§ 2323. Sed neque pro omni summa ab inferiore ad superiorem judicem appellare licet; ne litium sumptus longe excedant valorem rei, de qua disputatur: atque idcirco, ut supra diximus (§ 2283), denegatur appellatio a sententia judicis ordinarii ad praefectum, si caussa non excedat summam, aut valorem quinquaginta librarum, non secus ac a decretis *baliorum*, ut ajunt, et castellanorum (1).

§ 2324. Senatum vero provocare non licet a sententiis judicum majorum, seu praefectorum provinciae, aut assessorum regiae universitatis studiorum, nisi summa, aut valor libras quadringentas excedat (2). Plures vero summae simul jungi possunt, ut ad hanc perveniatur, atque etiam computantur usurae (3); immo et litis expensas computari, tradit Ab-Ecclesia (4), aliud tamen passim servatur (5); quia appellandi facultas pendet a valore rei in primo judicio petitae; expensae autem ab initio non debebantur; nec accessionis vice funguntur usurae.

§ 2325. Quod pertinet ad damnum, distinguenda sunt intrinseca, seu quae ex re ipsa proveniunt, ab extrinsecis, quae scilicet occasione tantum rei quis passus est: priora ad summam appellationis faciendam computari debent, puta si equus vitiosus venditus fuerit, isque alios infecerit, non posterior (6); prout etiam in mandato servatur (7). Summam, quae petitur, non quae debetur, in hac re inspici, norunt omnes (8), et supra diximus (§ 1833): nisi perperam fingatur gravior summa.

SECTIO III.

De appellationum tempore, et modo.

Digest. lib. 49, tit. 4 *Quand. appelland. sit etc.*
Cod. lib. 7, tit. 63 *De temporib. et reparationib. appellation.*

SUMMARIA

§ 2326. *Appellari non potest, priusquam lata fuerit sententia. Quid de damnato ad deportationem?* — § 2327. *A tutelae datione appellare non licet, nisi post rejectam excusationem: in aliis muneribus statim a nominatione appellatur.* — § 2328 *et* 2329. *Appellandum hodie est intra decendium a die significatae sententiae.* — § 2330. *Decendium continuum est, postquam currere coepit.* — § 2331. *Decendium a die significatae sententiae incipit, licet haec sub conditione lata fuerit.* — § 2332 *et* 2333. *Lapso appellandi tempore, sententia executioni mandatur, nisi judex in integrum ex justa caussa restituat.* — § 2334. *Quibus modis appellatio deserta fieri possit?* — § 2335 *et* 2336. *Quibus casibus necessarium sit judicis decretum, quo deserta*

(1) Fab. d. def. 17, n. 3 et seqq.; V. Ab-Eccl. part. 2, observ. 5, n. 4 et seqq.
(2) *Reg. Constit.* lib. 4, tit. 34, cap. 14, § 9.
(3) Ibid. § 4.
(4) Ibid. § 5 et 6.
(5) Ab-Eccles. observ. 172, n. 6 et seqq.; *Pratic. Legal.* tom. I, pag. 100, § 15.
(6) Ab-Eccles. part. 2, observ. 6, n. 11.
(7) Ibid. d. part. 2, observ. 6, n. 15.

(1) *Reg. Constit.* lib. 3, tit. 26, § 7.
(2) Ibid. § 8 et 9; *Reg. Constit. pro universitat.* lib. 1, cap. 4, § 5.
(3) Ab-Eccles. part. 2, observ. 19, n. 13 †.
(4) Ibid. d. n. 14.
(5) V. *Pratic. Legal.* part. 1, tom. I, pag. 102, § 24.
(6) *Pratic. Legal.* d. loc. pag. 101, § 21, 22, 32, et 33.
(7) V. vol. III, lib. 4, § 3406 et 3407, pag. 167.
(8) l. penult. § 1 ff. *De jurisdiction.* (2, 1).

appellatio pronuncietur: et a quo ferendum sit? — § 2337. Justum impedimentum excusat, ne deserta appellatio videatur. Deserere non intelligitur appellationem, qui eam ab adversario coactus prosequitur. — § 2338 et 2339. An appellatio unius ex litis consortibus vel quorum caussa connexa est, prosit caeteris? — § 2340. An compromissum, vel renunciatio impediat, ne appellatio deserta pronuncietur? — § 2341 et 2342. Appellatione deserta, an judex superior possit in meritis caussae pronunciare? Quid si prior sententia firmetur? — § 2343. Fatalia appellationis vix hodie servantur. — § 2344. Appellationem prosequi tenentur haeredes. An citandi sint? — § 2345. Appellatio ex jure Romano quocumque modo interponi potest. Quid de intercedente executioni? — § 2346 et 2347. Appellationis specialis modus apud nos praescriptus est. An viva voce appellari possit? — § 2348 et 2349. Appellationis litterae adversario intra praefinitum tempus intimandae sunt. An sufficiat eas procuratori intimari? — § 2350. Lis in prima appellatione eodem modo instruitur, ac in primo judicio. Quid de secunda appellatione? — § 2351. Quomodo pronunciandum sit in appellationis judicio? — § 2352. In prima appellatione licet novas edere probationes, aut objicere exceptiones: atque probare, quod prius allegatum non fuit, dummodo ad caussam pertineat. — § 2353 et 2354. Exceptiones peremptoriae in prima appellatione proponi possunt, non dilatoriae. Quid si reus condemnatus fuerit ex jurejurando suppletorio, vel purgatorio actoris? — § 2355. An novi testes produci possint? — § 2356. Prima videtur appellatio, si ex duabus sententiis una pro actore, altera pro reo lata fuerit. — § 2357. An judex appellationis possit supplere, addere, subtrahere primae sententiae, et pronunciare super omissis? — § 2358. Si ab interlocutoria sententia appellatum fuerit, an possit judex superior de caussa principali cognoscere, omisso interlocutionis articulo? — § 2359 et 2369. Cui probatio incumbat in appellationis judicio?

§ 2326. Appellari non antea potest, quam lata fuerit sententia gravamen inferens: dubitatum apud Romanos fuit, quando appellandum esset a reo criminis ad deportationem damnato sententia praesidis, qui jus deportandi non habet, sed rescriptum Principis expectare debet; atque miserationis intuitu visum est, utroque tempore appellari posse (1), nisi exemplum litterarum, cum Imperatori scriberetur, reo editum sit, nec tamen statim appellaverit, post rescriptum Principis appellare non potest; quia non appellans ab initio confiteri videtur, quae praeses scripsit (1).

(1) l. 1 ff. hoc tit.

§ 2327. Cum non tantum a judicialibus, sed etiam ab actibus extra judicium gestis appellatio permittatur, veluti a nominatione ad munera publica, vel tutelam, qui ad tutelam vocatus est, prius excusationem allegare debet quae si perperam rejecta fuerit, appellare potest (2): in aliis vero muneribus statim a nominatione appellandum (3). Differentiae rationem alibi demonstravimus (4): appellatio autem prosequenda est non adversus creditorem, qui forte petierit tutorem dari, sed contra eos, qui tutelae onus recusarunt; cum horum, non creditorum intersit (5).

§ 2328. Quoad tempus, intra quod appellandum sit, non eadem semper viguit jurisprudentia: olim intra biduum in caussa propria, intra triduum in aliena appellandum erat (6): propria dicitur caussa, cujus emolumentum, vel damnum ad aliquem suo nomine pertinet; alienae caussae exempla sunt in procuratoribus, tutoribus, et similibus administratoribus (7): quod si quis partim suo, partim alieno nomine caussam ageret, biduum suo nomine, triduum alieno ei indultum fuit (8).

§ 2329. Sed jure novo decendium, nulla facta distinctione inter caussam propriam, et alienam, ad appellandum costitutum est (9): prout etiam cautam jure municipali, quo datur idem temporis spatium a die, quo sententia significata fuerit, computandum, atque post interpositam appellationem alii viginti dies, ut coram praefecto provinciae, triginta, ut coram Senatu introducatur, indulti sunt (10).

§ 2330. Decem ergo dies ad interponendam appellationem competunt, atque utiles sunt, quatenus non compuantur, nisi a die scientiae (§ praeced.); dummodo simul copia fuerit adeundi judicis, a quo appellatur, vel ad quem (11); quamquam apud nos, graphiario absente, vel alias impedito, sufficit coram notario, et duobus testibus appellationem interponi (12) sed ex quo decendium currere coepit, deinceps continuum est, ita ut computentur dies feriati (13),

(1) l. ult. ff. hoc tit.
(2) l. 1, § 1 ff. hoc tit.; Fab. Cod. *De appellat.* lib. 7, tit. 26, def. 8.
(3) d. l. 1 § *alia caussa* 2.
(4) V. vol. 1, lib. 1, pag. 405, § 2557 et 2558.
(5) Fab. Cod. *De appell.* def. 9.
(6) l. 1 § *biduum* 5 § *in propria* 11 et § ult. ff. hoc tit.; l. *Eos, qui* 6 § *sin autem* 5 Cod. *De appellat.* (7, 62).
(7) d. l. 1 § 11 et seqq. ff. hoc tit.
(8) d. l. 1 § *quare* 12.
(9) Novell. 23, cap. 1.
(10) *Reg. Constit.* lib. 3, tit. 26, § 2. V. Ab-Eccles. part. 2, observ. 2, n. 5; et seqq., ubi morae unius diei a Senatu non haberi tradit, Fab. Cod. *De appellat.* lib. 7, tit. 26, def. 10.
(11) l. 1 § *dies* 7 et seqq. ff. hoc tit.
(12) *Reg. Constit.* lib. 3, tit. 26, § 3.
(13) l. 1 Cod. *De feriis* (3, 12).

cum et his diebus appellatione interponi possint (§ 2096), non tamen dies sententiae, vel interpositae appellationis (1).

§ 2331. Si sententiam judex sub conditione dixerit, non ex die existentis conditionis, sed quo lata fuit, decendium computandum est (2); puta si reus actori condemnatus fuerit sub conditione jurandi sibi debitum esse: atque etiam a die pronunciationis incipit currere tempus appellandi a sententia, qua actori, vel reo data fuerit facultas eligendi, utram ex duabus rebus in controversiam deductis petere, vel praestare malit (3); quia ab eo die sententia vim omnem suam habet (4); quamvis executionis modus nondum plene certus sit.

§ 2332. Decendio lapso, sententia, a qua non sit appellatum, executioni mandatur; non secus ac in eo casu, quo appellatio quidem interposita fuerit, sed non introducta intra tempus constitutum (5); nisi forte ex justa aliqua caussa restitutio in integrum concessa fuerit ad appellandum, vel appellationem prosequendam: atque apud nos speciatim permissum est Senatui restituendi adversus lapsum temporis ad offerendas, et intimandas litteras revisionis: tum interponendae, introducendae, et ad exitum perducendae, appellationis; atque eadem facultas data est praefectis provinciarum in caussis, quae per appellationem ad ipsos devolvuntur (6).

§ 2333. Sed tum dilationes, tum in integrum restitutiones semel tantum, atque ex justa caussa indulgere licet (7); ea etiam lege adjecta, ut dilatio petatur ante temporis praefiniti lapsum, restitutio vero non ultra triduum post tempus elapsum; petente semper condemnato in damnum omne, quod adversarius inde pati potest (8).

§ 2334. Appellatio, seu appellationi instantia, prout ex dictis constat, pluribus modis deserta fieri potest: 1. Quia congruo tempore non sit interposita: 2. Vel minime introducta, aut non intimata: 3. Vel neutiquam finita (9). His addi potest quartus modus, cum nempe appellatur a sententia, quae plura contineat capita, atque appellans in primo libello non exprimit, a quo capite provocet (10): sed pro diversis hisce modis diversimode agitur, quod caute attendendum est.

§ 2335. Cum deserta est appellatio, quia opportuno tempore introducta non fuit, necessaria non est judicis sententia, qua pronuncietur deserta (1): si autem interposita tempestive fuerit, sed non introducte, judex, qui sententiam tulit, et a quo provocatum est, instante victore, appellationem desertam pronunciat (2), elapsis utique tribus diebus ad restitutionem in integrum obtinendam datis (§ 2333).

§ 2336. Cum appellatio coram judice superiore introducta fuit, sed praetermissa litterarum intimatio, judex a quo, desertam appellationem pronunciare potest (3), citata utique parte; quia appellatione deserta perinde est ac si appellatum non fuisset: quamquam judex, ad quem appellatum est, appellationem quoque desertam pronunciare potest (4): non tamen censetur deserta appellatio ab eo, qui apparitori litteras appellationis dederit, ut intimaret adversae parti, is vero neglexerit (5): ne culpa apparitoris appellanti diligenti noceat: atque relatio apparitoris, licet nulla testium fide subnixa, sufficit ad excusandum appellantem, ne desertionis poenam incurrat (6): plane rescriptum Principis, ut pronuncietur deserta appellatio, obtineri potest, ante elapsa fatalia, non tamen intimari (7).

§ 2337. Succurrendum quoque ei, qui juste impeditus fuerit, ne appellationem prosequeretur; atque probato impedimento vel per jusjurandum vel alio modo, prout judici appellationis videbitur, potest hic appellationem minime desertam pronunciare, vel ad abundantiorem cautelam in integrum restituere (8). Profecto appellationem deseruisse non intelligitur, qui eam non ultro, sed adversario instante prosecutus est, puta si tribus inter se contendentibus, et uno condemnato, hic appellaverit, atque, cum appellationem sponte prosequi deberet, passus sit, ut ejus prosequendae caussa ab uno ex adversariis ad judicem appellationis intra costituta tempora evocaretur (9); nec enim deserta videri potest appellatio, de qua apud competentem judicem disceptatur.

§ 2338. An autem appellatio haec prosit caeteris, disputari potest. Receptum utique, ut appellante uno ex pluribus ejusdem litis consortibus, appellatio juvet caeteros, qui non appellarunt, si una eademque caussa sit, atque agatur de re individua, vel de factis, quae separari nequeant (10). Quare si unus ex pluribus victoribus victum coegerit, ut interpositam appellationem

(1) Ab-Eccl. part. 2, observ. 2, n. 7.
(2) l. 1 § *biduum* 5 ff. hoc tit., Novell. 23, cap. 1.
(3) Fab. Cod. hoc tit. lib. 7, tit. 27, def. 6.
(4) d. Novell. 23, cap. 1.
(5) Novell. 23, *in praefat.* et cap. 1; *Reg. Constit.* lib. 3, tit. 26, § 6; Fab. Cod. hoc tit. lib. 7, tit. 27. def. 14.
(6) *Reg. Constit.* lib. 3, tit. 28, § 4; Fab. Cod. *De appellat.* lib. 7, tit. 26, def. 4 in fin.
(7) *Reg. Constit.* d. lib. 3, tit. 28, § 5; Fab. Cod. hoc tit. lib. 7, tit. 27, def. 12. 15 et 16.
(8) *Reg. Constit.* ibid. § 6 et 7.
(9) *Reg. Constit.* d. lib. 3, tit. 26, § 5, 6 et 17.
(10) Ibid. § 13.

(1) Ab-Eccles. part. 2, observat. 7. n. 1.
(2) Ibid. n. 2; Fab. Cod. *Quor. appellat. non recip.* lib. 7, tit. 29. def. 10.
(3) Ab-Eccles. part. 2, observat. 3, n. 4 et observat. 7, n. 4.
(4) Ibid. n. 6.
(5) Ibid. n. 5; Fab. Cod. hoc tit. lib. 7, tit. 27, definit. 5 et 6.
(6) Fab. Cod. hoc tit. def. 10.
(7) Ibid. def. 9.
(8) l. 1 § 1 in fin. ff. *Ex quib. caus. major.* (4. 6); Ab-Eccles. part. 2, d observ. 3, n. 6 et 7; Fab. Cod. hoc tit. lib. 7, tit. 27, def. 3 et Cod. lib 7. tit. 29, def. 14.
(9) Fab. ibid. tit. 27, def. 7 in princ.
(10) l. 1 et 2 Cod. *Si unus ex pluib. appellaver.* (7, 68) Fab. Cod. eod. tit. lib. 7, tit. 30 def. unic. in princ.

prosequatur, factum hujus nocet alteri, ne desertam appellationem dicere possit, si talis sit caussae connexio, ut intur alios de jure appellationis cognosci non possit, nisi hic quoque liti intersit (1); alioquin unius factum ex trita juris regula non nocet alteri (2). Plane post elapsa prosequendae appellationis tempora factum unius tollere non potest jus alteri quaesitum, licet caussâ connexa sit (3).

§ 2339. Quod si, emptore condemnato, nec non venditore, qui pro emptore litem susceperat, solus venditor appellaverit, tum litem deseruerit, solus venditor, qui appellavit, in jus vocari potest, atque emptor judicati executionem pati cogitur (4); licet enim appellatio venditoris emptori quoque prosit (5), tamen si nemo eam prosequatur, neutri prodesse potest, atque emptor sibi imputare debet, quod appellationem a venditore interpositam prosecutus non sit, prout jure facere poterat (6).

§ 2340. Si debitor, qui adversus contractum petierat restitutionem in integrum, solvere jussus sit, atque ab hac executione apellaverit, tum denuo jussus solvere iterum quoque provocaverit, non potest videri priorem appellationem deseruisse, quae in posteriorem devoluta intelligitur (7): compromissum impedit quidem lapsum temporis dati ad prosequendam appellationem, dummodo de eo constet, non ad appellandum (8). Renunciatio appellationi facta extra tempora, idest post decendium (§ 2329), vel extra acta non impedit, quominus eadem pronuncietur deserta (9).

§ 2341. Appellatione deserta, jurisdictio ipso jure redit ad judicem, a quo appellatum fuit, nec judex superior de caussa principali cognoscere potest, quamvis partes consentiant (10): atque hoc obtinet, si appellatio deseratur ab utraque parte: sed si ab una tantum parte, seu appellantis, appellatus vero eam prosequatur intra fatalia, confirmandae, aut reformandae prioris sententiae, vel expensarum caussa, prout licet (11), potest judex appellationis in meritis pronunciare: idem dicendum, si judex superior declaraverit se competentem, vel appellationem desertam non fuisse, nec ab hac pronunciatione fuerit appellatum (12).

§ 2342. Quod si de injustitia appellationis ex actis constet, atque desertio non allegetur a parte adversa, putant aliqui, appellationis judicem posse sententiam priorem confirmare; ita tamen, ut executio fiat a primo judice (1) quod tamen aliis non placet potissimum in judicibus infra supremos magistratus constitutis (2). Jure novo executio sententiae confirmatae, non secus ac in casu desertae appellationis, semper fit a judice, qui eam tulit (3).

§ 2343. Quae hactenus diximus, pertinent ad desertionem appellationis, quae contingat, quia opportuno tempore interposita non sit, aut non introducta, vel minime intimata. Pauca dicenda sunt de desertione, seu peremptione instantiae, quae profluit ex lapsu temporis ad eam finiendam legibus praestituto. Jam diximus, appellationis caussas intra sex menses coram praefecto, intra annum coram senatu finiendas esse; atque desertas intelligi, nisi intra id tempus instructae sint, atque distributa propter appellantis dilationem acta, ita ut lis neque litigantium consensu resuscitari possit (4). Jure autem Romano annale tempus datum fuit, nisi appellans evidentissimis probationibus demonstraret, per ipsum non stetisse, quominus intra id tempus lis ad coronidem perduceretur, quo casu aliud anni spatium ipsi concedebatur: facta utique appellato potestate litem prosequendi, absente etiam, et contumace appellante (5). Verum moribus plerarumque gentium haec temporum spatia non solent observari (6); maxime quia non ita facile est definire, an culpa appellantis intervenerit: quare abstinendum putamus a quaestionibus, quae in hac re institui possent (7): praeterquamquod dilationum spatia ex caussa prorogari possunt (§ 1832).

§ 2344. Tantum monemus, mortuo appellante pendente appellatione, hanc ab haeredibus prosequendam esse, nisi malint primae sententiae acquiescere (8); neque necesse est, citari haeredes appellantis, quibus tamen Constantinus quatuor menses adjicit ad prosequendam appellationem (9). Idem dicendum, si moriatur appellatus; lis adversus ejus haeredes prosequenda est, sed ipsi vocandi sunt (10). Quod si appellans nullos haeredes reliquerit, tempus non currit, donec curator jacenti haereditati da-

(1) d. l. 1 et 2; Fab. Cod. hoc tit. lib. 7, tit. 27, d. def. 7 in med.
(2) l. *Factum* 155 ff. *De reg. jur.* (50. 17).
(3) l. ult. ff. *De pactis* (2, 14); Fab. d. def. 7 in fin.
(4) Fab. Cod. hoc tit. lib. 7, tit. 27, d. def. 7 in not.
(5) l. *Ab executore* 4 § *item* 3 ff. *De appellat.* (49, 1).
(6) d. l. 4 § 3; Fab. d. in not.
(7) Fab. Cod. hoc tit. lib. 7, tit. 27, def. 1.
(8) Ibid. def. 2.
(9) l. *Sed si* 2 ff. *De appell.* (49, 1); Fab. Cod. hoc tit.
(10) l. *Eos qui* 6 in fin. princ. Cod. *De appellat.* (7, 62); Ab-Eccles. part. 2, observ. 9. n. 1 et seqq.
(11) l. ult. § *illud etiam* 4 Cod. hoc tit.
(12) Ab-Eccles. ibid. n. 5 et 6.

(1) Ab-Eccles. part. 2, d. observ. 9, n. 7 et seqq.
(2) Ibid. n. 14 et 15.
(3) *Reg. Constit.* lib. 3. tit. 26, § 18; licet in quibusdam casibus aliud sentiat Ab-Eccles. ibid. n. 10.
(4) *Reg. Constit.* lib. 3, tit. 26, § 17.
(5) l. ult. § *illud etiam* 4 Cod. hoc tit.
(6) Voet in ff. hoc tit.
(7) Fab. Cod. hoc tit. lib. 7, tit. 27, def. 11; Osasc. dec. 12 et 28; Ab-Eccl. part. 2, observ. 4, 7, n. 7 et seqq. et observ. 8; Thes. dec. 10 et 244.
(8) l. 1 Cod. *Si pendent. appellat. mors interven.* (7, 66); Ab-Eccles. part. 2, observ. 44, n. 10.
(9) l. ult. Cod. *Si pendent. appellat. etc.*
(10) Ab-Eccles. d. observ. 44, n. 11 et 12.

tus sit, vel haeres deliberaverit, an haereditatem adire velit cum beneficio inventarii, nec ne (1).

§ 2345. Sequitur disputatio de appellandi modo. Hic autem, si jus Romanum inspiciamus, sufficit quaecumque appellandi voluntas apud acta; atque satis erit, ait jureconsultus, si quis dicat *Appello* (2), quod tamen non sufficit, ut introducta videatur appellatio (3); atque pro appellante habetur, qui intercesserit executioni, et adjecit, se appellare, si non deferatur intercessioni (4): sed appellatio perperam interposita, nec ex rescripto Principis convertitur in intercessionem, postquam adversarius ea uti coepit ad impugnandum ex parte sua judicatum (5), quoties nimirum appellatio unius ex litigantibus alteri prodest (6); ne beneficium Principis alteri damnosum fiat (7).

2346. Jure, quo utimur, specialis quidam modus praefinitus est; atque cautum, et appellatio interponatur coram scriba judicis, a quo provocatur, atque ab eo litterae dimissoriae, quas et apostolos vocant (8), dandi sunt: scriba autem absente, vel obstante alio legitimo impedimento, sufficit, appellationem interponi coram notario praesentibus duobus testibus (9). Ad appellationem introducendam appellans libellum edere debet, acta prioris judicii, et sententiam, a qua provocat (10). In caussis summariis, quaeque tum in primo, tum in secundo judicio summatim definiendae sunt (11), libellum quoque edendum esse supra diximus (§ 2050).

§ 2347. Non tantum in scriptis, sed etiam viva voce appellari potest (12): sed litterae dimissoriae a scriba judicis dandae sunt, ut de appellatione constet; nec enim judex superior appellationem minime interpositam admittere potest (13), atque libellus editur cum actis litis (14): quae sumptibus appellantis omnino exhibenda sunt, repetituri ab adversario, quae pro ipso fortassis judici solverit (15).

§ 2348. Postquam appellans litteras appellationis a judice superiore obtinuit, eas intra tempus iisdem praefinitum intimare, seu per apparitorem significare debet adversario, si a sententia definitiva appellatum fuerit: si ab interlocutoria, sufficit intimari adversae partis procuratori (1): haec autem intimatio ita necessaria est, ut, ea praetermissa, sententia paratam habeat executionem, perinde ac si nulla praecessisset appellatio (2).

§ 2349. Tradit tamen Ab-Ecclesia, appellationem recte intimari etiam a definitiva sententia procuratori, qui habeat generale mandatum ad omnes caussas, vel speciale etiam ad caussas appellationis, maxime si dominus absens sit (3); cum talis procurator appellationem prosequi possit, ut alibi diximus (4). Subjicit, si propter potentiam appellati facilis non sit executio litterarum appellationis, quae devolvitur ad Senatum, vel ad cameram computorum, provisum fuisse in hac patria publico edicto sub 2 Junii 1648, ut possit pars confugere ad hos supremos magistratus; atque ab eis, obtenta licentia, litteras intimare in personam Prioris collegii procuratorum, qui tenetur talem citationem denunciare domino, vel ejus procuratori generali (5).

§ 2350. Quoad modum litis instruendae in judicio appellationis, discrimen statuitur inter primam, et secundam appellationem. In judicio primae appellationis eodem modo agendum praescribitur ac in judicio primae instantiae; ita tamen, ut appellans a sententia, quae plura continet capita, in primo libello declaret, a quo capite appellationem prosequi velit; futurum alioquin, ut appellatio deserta habeatur (6). In secundo autem appellationis judicio denegatur facultas proponendi, aut deducendi, quod prius propositum, aut deductum non fuerit; sed caussa definienda est ex actis primae appellationis, nisi deinceps repertae fuerint scripturae, aut novae probationes; de quibus constet aliquo verosimili indicio, juncto jurejurando (7).

§ 2351. Discrimen quoque statuitur in pronunciandi modo inter judicem primae appellationis, seu provinciae praefectum, atque Senatum: ille in appellationis sententia exprimere debet, bene, aut male judicatum fuisse, aut appellatum: atque si sententiam prioris judicis emendet ex novis probationibus, earum mentio facienda est: Senatus vero ex integro pronunciare potest, si ita aequum putet (8).

§ 2352. Cum in primo appellationis judicio eodem modo lis instruatur, ac in prima instantia (§ 2350), consequenter potest utraque pars novas probationes edere, aut exceptiones objicere; et probare, quod prius probatum non fuit, nec allegatum, dummodo ad caussam perti-

(1) Ab-Eccles. ibid. n. 13, 14 et 15.
(2) l. *Sed si* 2 ff. *De appellat.* (49. 1).
(3) Fab. Cod. eod. tit. lib. 7, tit. 26, def. 12.
(4) Ibid. def. 31.
(5) Ibid. def. 43.
(6) l. *Per hanc* 4 Cod. hoc tit.
(7) l. *Nec avus* 4 Cod. *De emancipat. liberor.* (8, 49).
(8) l. unic. ff. *De liber. dimissor.* (49. 6).
(9) *Reg. Constit.* lib. 3, tit. 26, § 3; V. Fab. Cod. *Quor. appellat. non recip.* lib. 7, tit. 29, def. 6.
(10) *Reg. Constit.* ibid. § 4; Osasc. dec. 13 in fin. †; Fab. Cod. d. def. 8.
(11) Ab-Eccles. part. 2, observ. 19. n. 7 et seqq.
(12) Ibid. part. 1, observat. 43, n. 17 et part. 2, observ. 14, n. 1; Osasc. decis. 6, n. 6; *Pratic. Legal.* part. 1, tom. 1; pag. 99, § 11.
(13) Ab-Eccles. part. 2, observ. 1, n. 5 et 6 †.
(14) Ibid. observ. 14, 15 et 16.
(15) Ibid. n. 10 et seqq. et part. 1, observ. 20, n. 17.

(1) *Reg. Constit.* lib. 3, tit. 26, § 5.
(2) Ibid. § 6.
(3) Ab-Eccles. part. 2, observ. 3, n. 13 et 14.
(4) V. vol. I, lib. 1, § 365, pag. 87.
(5) Ab-Eccles. ibid. n. 16.
(6) *Reg. Constit.* lib. 3, tit. 26, § 13.
(7) Ibid. § 14.
(8) Ibid. § 16.

neat (1); quia remedium appellationis inductum fuit non tantum, ut corrigatur iniquitas prioris judicii, sed etiam, ut suppleri possit, et restaurari defectus probationum: atque appellatio restituit appellantem in pristinum statum usque ad litis contestationem; etenim effectus litis contestationis per appellationem non extinguitur (§ 1725); licet aliquo sensu nova contestatio fieri dici possit (2).

§ 2353. Hinc exceptiones peremptoriae in prima appellatione proponi possunt, novi testes produci, probari capitula deducta in prima instantia, non obstante lapsu termini ad probandum, quamquam probationes prius factae vim suam retinent, et durat vis confessionum, pronunciationum, positionum, jurisjurandi, et similium (3). Sed exceptiones dilatoriae omissae in primo judicio opponi nequeunt in secundo (4); quia hae opponendae sunt ante litis contestationem (5), quae per appellationem non extinguitur (§ praeced.).

§ 2354. Hinc quoque, si reus condemnatus fuerit ex jurejurando suppletorio, vel purgativo actoris, contraria probatio in judicio appellationis afferri potest, licet in primo judicio appellans nihil praestiterit (6); neque enim de perjurio quaeritur, sed appellans contendit, adversarium jurare non debuisse. Quod si testium depositiones in prima instantia productorum jam publicatae fuerint, quemadmodum non liceret in eodem judicio alios producere testes super iisdem, aut contrariis capitulis (7), ita nec id permittitur in caussa appellationis (§ 2350).

§ 2355. Quod si nova in appellationis judicio capitula deducantur, quamvis a primis pendeant, super iisdem possunt interrogari testes (8), etiam qui in primo judicio deposuerunt: immo, quamvis in primo judicio nulli fuerint producti testes, super capitulis in eo deductis adhuc recipiuntur in appellatione, dummodo dilicita non fuerint testificata (9); quidquid in contrarium videatur Fabro (10); quia ex allata juris regula in judicio appellationis deduci potest, quod prius deductum non fuit, et probari, quod non fuit in prima instantia probatum (§ 2352). Regia autem sanctio (11) de primo, non de appellationis judicio intelligenda est (1). Sane testes, quibus in primo judicio nihil oppositum fuit, in secundo reprobari posse non videntur (2): exceptio haec, seu objectio dilatoria est, non peremptoria (§ 2083).

§ 2356. In secunda appellatione nihil novi proponi potest, nisi novae supervenerint probationes (§ 2350): si tamen ex sententiis in primo, et secundo judicio latis una unius, altera alterius litigantis favore lata fuerit, defendi potest, novam deductionem non prohiberi; quia prima tantum videtur appellatio (3): immo tradit Ab-Ecclesia, in praxi passim admitti novas deductiones, et productiones, ac examinari testes super novis, et veteribus capitulis, quavis praeclusione non obstante: nec solum circa ea, quae in prima instantia tractata fuerunt, sed etiam ea, de quibus non fuit actum, nec continentur in libello primae instantiae, saltem partibus consentientibus expresse, vel tacite, ita ut intret prorogatio jurisdictionis, non tamquam in judicem appellationis, sed tamquam in eum, qui habet jurisdictionem ordinariam inter partes (4).

§ 2357. Ex his solvi potest quaestio, utrum judex appellationis possit supplere, addere, subtrahere primae sententiae, et pronunciare super omissis in prima sententia: si utraque pars appellaverit, facultatem hanc judici appellationis competere vulgo placet (5), ex juris canonici dispositione (6): quod si una pars appellaverit, appellatus uti tantum post appellatione in capite, in quo fuit appellatum, et in connexis (7), nisi expresse, vel tacite adhaeserit appellationi (8).

§ 2358. Si ab interlocutoria sententia appellatum fuerit, judex appellationis, nisi praefecti praetorio auctoritate polleat, non potest, omisso interlocutionis articulo, pronunciare in meritis caussae (9): sed prius pronunciare debet de gravamine interlocutoriae: si bene judicatum pronunciet, et consequenter male appellatum, partes ad primum judicem remittendae sunt, appellante in expensas condemnato (10). Si autem bene appellatum judicaverit, tradunt Ab-Ecclesia, et Faber (11), totam caussam devolvi ad judicem appellationis (12); quia sententia su-

(1) l. *Per hanc* 4 Cod. hoc tit.; Ab-Eccles. part. 2, observat. 20, n. 1; Osasc. dec. 14, n. 1; Thes. dec. 259, n. 2.

(2) l. unic. Cod. *Ne liceat in una etc.* (7, 70); Ab-Eccl. part. 2, observ. 20, n. 2.

(3) Ab-Eccles. part. 2, d. observat. 20, n. 4. 5, 6 et 7; Osasc. dec. 14, n. 6; Thes. d. dec. 259, n. 3 et seqq.

(4) Ab-Eccles. d. observ. 20, n. 3.

(5) l. penult. et ult. Cod. *De exceptionib.* (8, 36).

(6) Fab. Cod. *Quor. appellat. non recip.* lib. 7, tit. 29, def. 9; Thes. lib. 4. quaest. 81, n. 5 et seqq.

(7) *Reg. Constit.* lib. 3, tit. 16, § 7.

(8) Ab-Eccles. observ. 85, n. 3 et seqq.

(9) Ibid. n. 9; Osasc. dec. 74 in fin.

(10) Fab. Cod. *De probat.* lib. 4, tit. 14, definit. 39, n. 7 et in not.

(11) *Reg. Constit.* lib. 3, tit. 16, § 7.

(1) Thes. dec. 259, n. 3 et 4.

(2) Ibid. n. 2 et 4.

(3) *Pratic. Legal.* tom. I, pag. 101, § 19.

(4) Ab-Eccles. part. 2, observ. 20, n. 8 et 9.

(5) Ibid. observ. 24, n. 1.

(6) cap. *Raynutius* 16; cap. *Raynaldus* 18 extra Decret. Greg. *De testament.* (3, 26).

(7) l. ult. Cod. *De appellat.* (7, 62).

(8) Ab-Eccles, ibid. n. 5 et seqq. †.

(9) cap. 1 in princ. extra *De foro competent.* in 6 Decret. (2, 2); Ab-Eccles. part. 2, observ. 21, n. 1, 12 et 13.

(10) Ab-Eccles. d. n. 1.

(11) Ibid. n. 2; Fab. Cod. *De appellat.* lib. 7, tit. 26, definit. 5; ubi addit, si appellatum fuerit ab uno capite sententiae interlocutoriae, posse Senatum de tota caussa cognoscere, licet nondum pronunciaverit super appellatione.

(12) argum. cap. 1 extra *De appellat.* in 6 Decret. (2, 15).

per appellatione ab interlocutoria respectu judicis est definitiva, licet interlocutoria tantum sit quoad litigantes: atque ideo tota caussa ad superiorem devolvitur.

§ 2359. In quaestione, cui probatio incumbat in appellationis judicio, diversi diversa sentiunt. Alii indistincte putant, onus incumbere appellanti, ut edoceat de iniquitate prioris sententiae, quam emendari postulat, quia in dubio prior sententia justa existimari debeat: alii contra onus probandi injungunt appellato; quia appellatio vim prioris sententiae extinguat, adeoque justam demonstrare teneatur, qui eam vult executioni demandandam esse. Distinguunt alii, utrum reus condemnatus appellaverit, an actor allegans se gravatum, quia reus absolutus fuit.

§ 2360. In hac opinionum varietate illis inhaerendum est, qui appellantem cogunt ed exhibenda prioris litis acta, et judicis sententiam, prout apud nos praescriptum est (§ 2346): quo praestito appellans ad probandum cogendus non est: sed uti potest actis prioris litis, atque petere, ut ex illis solis judex appellationis pronunciet (1).

SECTIO IV.

De appellationum vi, seu effectus et poenis temere appellantium.

Digest. lib. 49, tit. 7 *Nihil innovari appellation. interposita.*
Cod. lib. 7, tit. 62 *De appellat.*

SUMMARIA

§ 2361 et 2362. *Appellatio vim prioris sententiae suspendit.* — § 2363. *Quid si appellatio perperam interposita, vel introducta, aut intimata fuerit?* — § 2364. *Attentatorum quaestio summariae definienda est, non dilata interim cognitione caussae principalis.* — § 2365 et 2366. *Appellatio vim prioris sententiae tantum suspendit, quatenus appellatum est, nec ultra devolvit caussam ad judicem superiorem.* — § 2367. *Quid si damnatus ad poenam corporalem ex pluribus delictis ob quaedam appellaverit, non ob alia?* — § 2368. *Appellatione pendente a sententiis interlocutoriis, an aliquid innovari possit?* — 2369. *Inhibitiones generales, appellatione admissa, concedi solent, non speciales.* — § 2370. *Quid si judex inferior sententiam definitivam tulerit eo ipso die, quo superior litteras inhibitoriales concessit?* — § 2371. *Litterae inhibitoriales an offerri debeant judici ipsi, an sufficiat adversae parti eas intimari?* — § 2372. *Inhibitiones facile concedi non debent, cum agitur de sententiis, quae appellatione non obstante, executioni mandantur.* — § 2373. *Attentata in spretum appellationis in pristinum reducenda sunt.* — § 2374. *Attentare potest judex appellans, tertius, et appellatus.* — § 2375. *An semper destrui debeat, quod tertius post appellationem attentavit? Quid de appellante?* — § 2376. *Attentatorum revocationem judex ex officio praescribere potest. Quae veniant in judico attentatorum?* — § 2377. *Non revocantur attentata, si appellans expresse, vel tacite renunciaverit juri suo.* — § 2378. *Attentasse non judicatur, qui utitur jure suo.* — § 2379. *Appellatione pendente, possunt audiri testes, atque confici inventarium.* — § 2380. *Judex attentare non videtur exequens interlocutoriam sententiam, quae per definitivam emendari potest: nisi de provisionali adjudicatione agatur.* — § 2381. *Creditor, debitore condemnato appellante, agere potest adversus fidejussorem. Quid si appellatio in oppositionem convertatur?* — § 2382. *Attentatum dicitur, quidquid fit in odium litis.* — § 2383. *Temerarii appellantes expensas litis, et damna appellato praestant praeter mulctam pecuniariam, nisi tempestive renunciaverint.* — § 2384. *Appellationis expensas non subit, qui eam male introduxit, et prosecutus est.* — § 2385. *Quid si appellatus adhaeserit appellationi, et condemnatus sit?* — § 2386. *Expensas appellationis non subit, qui justam habuit appellandi caussam.* — § 2387. *Non tantum secundae, sed et primae instantiae expensas fert temerarius appellans, licet de his judex speciatim non pronunciaverit.* — § 2388. *Expensae litis non debentur appellanti, licet vicerit, si Principis rescripto restitutus fuerit ad appellandum a sententia interlocutoria per definitivam confirmata.* — § 2389. et 2390. *Quid si post interpositam appellationem contumax sit appellans, vel appellatus?*

§ 2361. Appellationis effectus is est, ut suspendatur executio, et vis prioris sententiae, atque omnia in suo statu relinquantur, donec de jure appellationis pronunciatum sit (1): nec interest, utrum appellatio jam recepta sit, nec ne; etenim licet recepta nondum sit, non tamen praejudicium ei fieri debet, donec deliberaverit judex, an recipienda sit nec ne (2). Immo nec aliquid innovari potest intra decendium appellationi a definitiva sententia interponendae concessum; dum lex certum tempus condemnato indulget ad appellandum, conse-

(1) Fab. Cod. *De appellat.* lib. 7, tit. 26, def. 15.

(1) l. unic. ff. hoc tit.; l. *Praecipimus* 32 § penult. Cod. hoc tit.; Fab. Cod. hoc tit. lib. 7, tit. 26, def. 18; Ab-Eccl. observ. 36, n. 1.
(2) d. l. unic. princ. et § 1; Ab-Eccles. ibid. n. 2.

quenter prohibet, ne sententia prioris judicis executioni mandetur, aut victor ea utatur (1).

§ 2362. Hinc damnati ad deportationem, vel relegationem, aut per sententiam ab ordine moti, appellatione pendente, statum suum retinent (2): nec infames habentur, licet prior sententia infamiam inferat (3): nec carent testamenti factione (4): atque vicissim non sistitur per appellationem cursus usurarum, quae per litis contestationem jam deberi coeperant (5).

§ 2363. Quod si appellatio perperam interposita, vel introducta fuerit, aut minime, ut decet, intimata; ita ut deserta intelligi debeat, prout in superiori sectione diximus, non potest videri in praejudicium appellationis innovatum, quod gestum fuerit in consequentiam prioris sententiae (6); haec enim appellatio, utpote nullius roboris, non potest suspendere vim prioris sententiae: nec ideo quid actum videri potest in contemptum judicis superioris.

§ 2364. Ne autem aliquid in praejudicium appellationis, ea pendente, innovetur, concedi solent litterae, ut ajunt, inhibitoriales, quibus videlicet prohibet judex superior ei, adversus quem appellatum est, ne aliquid novi faciat. Quod si appellans apud superiorem queratur aliquid innovatum fuisse, quaestio haec summarie definienda est, non dilata interim cognitione caussae principalis: condemnato tamen in pecuniariam mulctam adversario, aut procuratore, qui attentata, seu innovationes allegaverit, nec demonstraverit (7).

§ 2365. Quod diximus, pendente appellatione nihil innovandum esse (§ 2361), eatenus tantum obtinet, quatenus appellatum est: proinde si ab uno capite sententiae appellatio interposita sit, reliqua vim rei judicatae obtinentia executioni jure demandantur: atque si appellatum sit a sententia definitiva lata pro eo, qui jam obtinuerat provisionalem, potest hic provisionalem exequi, si talis sit sententia, aut ab eo judice lata, quae ante definitivam mandari possit executioni, non obstante quacumque appellatione (8): nec provisionalis sententiae vis extinguitur per definitivam, cum ab hac non ab illa fuit appellatum (6).

§ 2366. Hinc etiam judex, ad quem appellatum est ratione expensarum, nihil potest constituere in judicio principali (10); quia appellatio tantum devolvit cognitionem caussae ad judicem superiorem, quatenus appellatum est (§ praeced.): nisi forte utraque pars consentiat, ut judex superior de tota caussa cognoscat (1) atque ita jurisdictionem prorogent. Appellans autem ab interlocutione, quae caussae criminalis commutationem fecit in civilem, si ex appellati contumacia obtineat, tantum consequitur, ut criminaliter lis tractetur (2).

(1) Ab-Eccl. obs. 36, n. 8.
(2) l. unic. § 2, 3 et 4 ff. hoc tit.
(3) l. *Furti* 5 § 1 ff. *De his, qui notant. infam.* (3, 2).
(4) l. *Qui a latronibus* 13 § ult. ff. *Qui testament. facer.* (28, 1).
(5) l. *Negotiorum* 24 ff. *De appellat.* (49, 1).
(6) Voet in ff hoc tit. n. 1 in fin.
(7) *Reg. Constit.* lib. 3, tit. 26, § 15.
(8) Fab. Cod. *De execut. rei judicat.* lib. 7, tit. 26, def. 34 et Cod. *Ut lit. pendent. etc.* lib. 1, tit. 10, def. 23.
(9) argum. l. *Quaedam mulier* 41 ff. *Famil. Erciscund.* (10, 2).
(10) Fab. Cod. hoc tit. lib. 7, tit. 26, def. 45 in princ.

§ 2367. Si ad corporalem poenam damnatus ex pluribus delictis, ob quaedam appellaverit, non ob alia, distinguit jureconsultus, an ob graviora, an ob leviora appellatio interposita sit. In primo casu poenam omnimodo imponendam sentit, differendam in alio (3): quia majus crimen ad se minus trahat: si tamen gravior poena inferatur propter adjuncta crimina minora, non ultra puniendus reus, quamdiu de appellatione pronunciatum non est, quam ferant crimina majora, propter quae appellatum non est; alioquin poena delictum excederet contra aequitatis legem.

§ 2368. Quod diximus, pendente appellatione sive recepta, sive nondum recepta, immo nec intra tempus appellationi interponendae datum, nihil innovari posse (§ 2361), locum habet in sententiis definitivis: non idem omnino jus servatur in interlocutoriis: si hae definitivae vim habeant, vel damnum irreparabile inferant, attentasse utique censetur judex, qui appellatione non obstante, eam executioni mandaverit (4), ut per se patet: sed in aliis, si forte recipiatur appellatio, quam ut plurimum recipi supra diximus (§ 2293), vel dubitetur, an recipienda sit, nec ne; quia incertum sit, an inferant damnum irreparabile, judex a quo exequi potest, donec prohibitus sit a judice superiore, seu facta *inhibitio*, ut loquuntur pragmatici (5), nisi appellationem sponte admiserit inferior judex (9).

§ 2369. Appellatione admissa, solent utique concedi inhibitiones a judice superiore, etiam parte non citata: simul cum citatoriis litteris hujusmodi inhibitiones concedi solent, sed generales tantum, ne quid fiat in praejudicium appellationis (7); non speciales, ne hoc, vel illud fiat, quas non solet senatus, ait Faber, citra caussae cognitionem concedere (8); ne super ipsa appellatione jus dicere, aut pro ea praejudicium facere videatur.

(1) l. *Si convenerit* 26 ff. *De re judicat.* (42, 1); Fab. d. def. 45 in fin.
(2) Fab. Cod. hoc tit. def. 46.
(3) l. unic. § ult. ff. hoc tit.
(4) Fab. Cod. *Ut lit. pendent. vel post provocat.* lib. 1, tit. 10, def. 10; Ab-Eccl. observ. 34 et 35.
(5) Fab. d. def. 10 in not.; Thes. dec. 49, n. 2.
(6) Ab-Eccl. d. observ. 34, n. 13 et seqq.
(7) Ibid. d. observ. 35, n. 13; Fab. Cod. *Ut lit. pendent.* lib. 1, tit. 10, def. 17 in not.
(8) Fab. d. def. 17 et def. 18.

§ 2370. Sed quid dicendum, si sententiam definitivam tulerit judex inferior eo ipso die, quo judex superior inhibitorias litteras concessit? Si constet, has litteras judicii ante sententiam oblata fuisse, sententia utique nulla est, utpote attentata in spretum inhibitionis: in dubio autem, an litterae inhibitoriae priores sint sententia, an posteriores, senatus mediam viam ineundo, censuit valere sententiam, sed adversos eam in integrum appellanti restitutionem indulsit (1).

§ 2371. Disputat Thesaurus, utrum litterae inhibitoriales post appellationem a sententia interlocutoria offerri debeant judici ipsi, an sufficiat eas intimari adversae parti, seu appellato: atque arbitratur, judici ipsi intimandas esse si caussa dietim instructa sit, ita ut judex sententiam ferre possit, quin ulterius expectet ullum factum partis, sufficiat vero appellato eas intimari, si caussa nondum instructa sit, nec judex ideo sententiam ferre possit, nisi instante appellato (2).

§ 2372. Caeterum caute procedere debet judex superior, nec facile concedere inhibitiones potissimum cum agitur de sententiis, quae non obstante appellatione, executioni mandantur, puta alimentorum (3), summarissimi possessorii (4); cum dilatio damnum allatura merito timeatur.

§ 2373. Qui in spretum appellationis, vel inhibitionis aliquid facit, *attentare* dicitur, atque ita gesta *attentata* vocantur: quae gesta sunt post appellationem a definitiva, vel inhibitionem in interlocutoria, destruenda sunt, atque in pristinum statum revocanda (5): quod si ante inhibitionem, cum ab interlocutoria sententia quis provocavit, aliquid actum sit in praejudicium appellationis, quaestio reparationis simul cum lite principali dirimenda est (6).

§ 2374. Sed, ut plene innotescant, quae de attentatis traduntur, considerandum est, attentari posse a judice, ab appellante, a tertio, vel ab appellato, ut ajunt. Attentat judex inferior ea faciens, quae ad executionem sententiae pertinent: sicuti et appellans, qui propria auctoritate occupat, quod sententia primi judicis ei addixit: atque in hisce casibus jure petitur attentatorum revocatio (7).

§ 2375. Quoad tertium distinguendum est, an utatur jure appellati, puta tamquam haeres vel cessionarius; an ipsius intersit ex proprio capite, veluti emptor, cum de re vendita disceptatur, aut fidejussor; an sententia nullatenus eum tangat; in primis duobus casibus vere attentatum est contra sententiam; idcirco revocatio attentatorum jure postulatur (1): in tertio ordinaria via, nimirum rei vindicatione, interdictis, et similibus experiundum est; quemadmodum si procurator etiam generalis, sed mandato ad hoc destitutus, quid innovaverit (2). Quod si appellans ipse aliquid fecerit in appellationis contemptum, pluribus placet, hinc agere posse appellatum, ut deserta a judice pronuncietur appellatio (3).

§ 2376. Ita autem revocanda, seu in pristinum statum restituenda sunt attentata, ut alioquin ad ulteriora procedi nequeat (4): atque judex non tantum ad instantiam partis, sed etiam ex officio jubere potest attentatorum revocationem; quia in attentatis magis consideratur contemplatus judicis, quam interesse partis (5). In judicio autem attentatorum veniunt expensae judiciales, damna, et interesse partis (6): si tamen expensae sint factae extra judicium, atque illiquidae, sufficit oblatio solvendi post liquidationem (7).

§ 2377. Non tamen revocantur attentata, si appellatus expresse, vel tacite renunciaverit juri suo: tacite renunciasse judicatur, si quibusdam credimus, qui caussam in meritis prosequitur (8). Non idem dicendum, tametsi notorie constet de non jure petentis (9); quia, ut modo diximus, potius consideratur contemptus judicis, quam utilitas appellantis (§ praeced.), nisi forte citra injuriam praesertim judicis inferioris attentata restitui nequeant, maxime si apud Senatum agatur (10); ne injuriae inde proficiscantur, unde jura nascuntur (11).

§ 2378. Attentasse autem non judicatur, qui jure suo utitur: *nullus videtur* dolo facere, ait Gajus, qui jure suo utitur (12): puta qui pendente lite possessionem suam tuetur, atque ejus tuendae caussa effregerit positas ab adversario seras domus, in cujus possessione se retineri petierat, dummodo de possessione certo appareat, ne aliquid per vim, aut tumultum fiat (13); quo etiam fundamento placet, universitatem posse onera publica, tributa exigere ex mandato judicis inferioris ab eo, qui se nobilem dicit, appellatione non obstante,

(1) Thesaur. d. dec. 49, n. 3 †.
(2) Ibid. d. decis. 49 in addit.
(3) *Reg. Constit.* lib. 3, tit. 23, § 12.
(4) Ibid. tit. 26, § 20.
(5) Fab. Cod. *Ut lit. pendent.* lib. 1, tit. 10, def. 1 et 3; Ab-Eccles. observ. 36, n. 3 et 9.
(6) Voet in ff. hoc tit. n. 7.
(7) Ab-Eccles. d. observ. 36, n. 3 et seqq.

(1) Voet in ff. hoc tit. n. 7.
(2) Fab. Cod. *Ut lit. pendent.* lib. 2, tit. 10, def. 5.
(3) Voet in ff. hoc tit. n. 8.
(4) Ab-Eccles. observ. 36, n. 10 et 15.
(5) Ibid. n. 11 et 12; Fab. Cod. *Ut lit. pendent.* lib. 1, tit. 10, def. 20.
(6) Ab-Eccles. ibid. n. 8 in fin.
(7) Ibid. n. 10.
(8) Ibid. d. n. 15 et seqq.
(9) Ibid. n. 24; Fab. Cod. *Ut lit. pendent.* lib. 1, tit. 10, def. 16 in princ.
(10) Fab. d. def. 16 in fin.
(11) l. *Meminerint* 6 Cod. *Unde vi* (8 4).
(12) l. *Nullus* 55 ff. *De reg. jur.* (50, 17).
(13) Fab. Cod. *Ut lit. pendent.* lib. 1, tit. 10, def. 11.

cum universitas sit in possessione, seu quasi haec tributa ab incolis omnibus exigendi (1).

§ 2379. Audiri quoque, appellatione pendente, possunt testes, licet reus provocaverit ab interlocutione, qua actor ad probandam admissus fuit (2): atque confici debet inventarium, quamvis ab interlocutoria inventarium praescribente sit appellatum, dummodo secreta patrimonii non pandantur, et vocetur is, cujus interest (3); quia nullius praejudicii est inventarii confectio, immo tendit ad faciliorem exitum appellationis.

§ 2380. Atque hinc generatim statui potest, non videri in praejudicium appellationis attentare judicem, qui exequatur, quod interlocutus est, quoties interlocutoria sententia per definitivam emendari potest, dummodo eam legem subjiciat, ne appellationi praejudicium ullum fiat (4); atque non agatur de interlocutionibus, quae condemnationem provisionalem continent: quia solis judicibus majoribus, et principalibus, subjicit Faber, datum est, ut exequi possint hujusmodi interlocutionem, a qua appellatum sit (5): saltem praestita, si videbitur, restituendi satisdatione (§ 2125).

§ 2381. Neque attentare judicatur creditor, qui, cum eadem sententia condemnati sint debitor, et fidejussor, atque debitor solus tacente fidejussore appellaverit, agere pergat adversus fidejussorem; huic imputari potest, cur non appellaverit; quare nec a debitore repetere poterit, quod pro eo solvit (6). Quod si appellatio ex rescripto Principis convertatur in oppositionem; cum appellatio esse desinat, desinit quoque attentatum (7): sed impensae, quae ad novam intercessionis agitandae caussam non faciunt, refundendae sunt (8).

§ 2382. Plane etiam post conclusum in caussa appellationis attentasse dicendus est, qui auctoritate sua judicis pronunciationem praevenit (9): nec interest, quod attentatum sine effectu fuerit (10). Immo sufficit, in odium litis aliquid fieri, ut attentatum dicatur (11); quod tamen non intervenit, si de diversis rebus agatur (12). Quid juris, si duae sententiae de eadem re latae fuerint, supra diximus (13).

De appellationibus tamquam ab abusu late tractat Faber (1).

§ 2383. Temerarii appellantes subeunt expensas litis ab appellato factas, damna restaurare debent (2), et pluribus in locis mulctam solvere jubentur: atque apud nos, si sententia, a qua provocatum est, confirmata fuerit, vel appellatio deserta pronunciata, appellans condemnandus est in expensas omnes, et damna erga appellatum praeter mulctam pecuniariam, cui tamen mulctae locus non fit, si sententia propter novas probationes ab appellato editas confirmata perhibeatur (3): quemadmodum et potest appellans se ab ea poena eximere, appellationi renunciando intra decem dies a tempore interpositionis computandos, si pars ipsa, vel a die introductionis, si procurator appellaverit (4).

§ 2384. Appellationem deserens in expensas damnatur (§ praeced.): sed, cum deserta proprie dici non possit ab eo, qui male introduxit, ex extra statuta tempora, atque prosecutus est, idcirco sumptus litis super appellationis desertione facti victori desertionem objicienti adjudicandi non sunt, cum perperam quaeratur de desertione (quamquam juste petit, ne hujus appellationis ulla habeatur ratio), sed compensandae sunt expensae ad caussam desertionis pertinentes in compensationem mutae negligentiae, seu culpae, appellante ad eas solas condemnato, quae appellatoriam litem respiciunt (5).

§ 2385. Personae conditio non excusat a poena ferendorum sumptuum: hinc mulieres, et rustici temere appellantes in eos condemnandi sunt (6); quia poterant, et debebant consulere juris peritiores: atque ipse appellatus, si appellationi adhaeserit, et condemnatus sit, dum priorem sententiam in aliquo capite pro se reformari petierat, eodem jure regitur (7); quia et temerarius appellans merito dicitur: si tamen appellatus primam dumtaxat sententiam pro se latam defenderit, licet in appellatione succumbat, atque haec ex solis prioris litis actis feratur, in expensas non condemnatur, sed compensandae sunt; ex quo etenim habet sententiam pro se, justam quoque habet litigandi caussam: atque haec maxime obtinent, si quis vincat in prima, et secunda instantia, in tertia vero succumbat, dummodo doli reus non

(1) Fab. Cod. ibid. def. 19.
(2) Ibid. *Ut lit. pendent.* lib. 1, tit. 10, def. 13 et 22.
(3) Ibid. def. 14.
(4) Ibid. def. 12 in princ.
(5) Fab. d. def. 12 in fin.
(6) Fab. Cod. *Ut lit. pendent. etc.* lib. 1, tit. 10, def. 21.
(7) argum. l. *Si patroni* 55 § ult. ff. *Ad Senatusc. Trebell.* (36, 1); Fab. ibid. def. 24.
(8) Fab. Cod. *De fructibus, et lit. expens.* lib. 7, tit. 18, def. 11.
(9) Fab. Cod. *Ut lit. pendent.* lib. 1, tit. 10, def. 2.
(10) Ibid. def. 6.
(11) Ibid. def. 7.
(12) Ibid. def. 8.
(13) V. supra § 2294, et Fab. d. loc. def. 15.

(1) V. Fab. Cod. lib. 7, tit. 28.
(2) l. *Eum, quem temere* 79 ff. *De judic.* (5, 1); l. *Non ignorat* 4 Cod. *De fructib. et lit. expens* (7, 51); Ab-Eccl. part 2, observ. 17, n. 1 et seqq.; Fab. Cod. lib. 7, tit. 18, def. 83.
(3) *Reg. Constit.* lib. 3, tit. 26, § 18; V. Fab. Cod. *De fructib. et lit. expens.* lib. 7, tit. 18, def. 12 et 13.
(4) *Reg. Const.* ibid. § 19; V. Fab. Cod. hoc tit. lib. 7, tit. 26, def. 35; V. Ab-Eccles. part. 2, observ. 18.
(5) Fab. Cod. *De temporib. et reparat. appellat.* lib. 7, tit. 27, def. 11.
(6) Ab-Eccles. part. 2, d. observat. 17, n. 4.
(7) Ibid. n. 8 †.

probetur (1): sumptus tamen priorum instantiarum victori adjudicandos esse, placuit Sabaudis patribus (2).

§ 2386. A mulcta adversus appellantes inducta facile potest excusare justa aliqua caussa, ne afflictio addatur afflictio, puta cum redimendi sanguinis, aut honoris caussa quis appellat a sententia infligente poenam corporalem, aut quae famam oneret (3); sed justissima caussa desideratur, ut excusetur a condemnatione expensarum: puta dubietas articuli, de quo disceptatur; quo casu expensae compensari possunt etiam in judicio revisionis (4); vel si sententia quidem confirmata fuerit, sed cum aliqua adjectione: atque in his plurimum versatur judicis arbitrium (5).

§ 2387. Seclusa justissima, et evidenti appellandi caussa, appellans, qui succumbat, condemnari debet non solum in expensas secundae instantiae, sed etiam primae, si omissa sit condemnatio a primo judice: immo si judex superior simpliciter condemnaverit appellantem in expensas, censetur etiam condemnasse in expensas primae instantiae, atque idem est, si fiat condemnatio expensarum in judicio revisionis (6). Haec tamen conclusio, subjicit Ab-Ecclesia, non procedit, si primus judex expensas primae instantiae compensaverit, atque secundus simpliciter condemnaverit appellantem in expensis: vel si appareat, appellantem justam habuisse litigandi caussam in prima instantia (7).

§ 2388. Quae de condemnatione in expensas diximus, eadem obtinent in absolutione ab expensis (8): quod si judex in sententia non expresserit, quae ad impensas litis pertinent, potest ea deinceps declarare, ut superius animadvertimus (§ 2168): tutius tamen, et cautius se gerit judex, qui haec in sententia exprimit (9). Plane expensae litis appellatoriae non debentur appellanti, licet vicerit, si sero appellaverit, Principis rescripto ad appellandum restitutus ab interlocutoria sententia (10), in cujus consequentiam definitiva conformis lata fuit, et ferri debuit (11).

§ 2389. Sed quid dicendum, si post interpositam appellationem alteruter contumax sit? Distinguendum est: appellato contumace, potest adhuc pro eo ferri sententia, si ex actis litis appareat, bene judicatum, et male appellatum fuisse, sed in contumaciae poenam litis expensas ferre debet (1): sed si contumax sit appellans, deserta pronunciatur appellatio, atque judex priorem sententiam confirmare debet, licet ex actis litis appareat, male fuisse judicatum, ita postulante publica utilitate (quae privatae appellantis anteferenda est), ut res judicatae effectum sortiantur (2).

§ 2390. Neque pro appellante facit, quod ait Justinianus, absentiam partis per Dei praesentiam supplendam esse (3); id enim tunc tantum obtinet, cum judex, non obstante partis absentia, caussae cognitionem retinet, prout contingit in casu, quem modo expendimus de appellato contumace (§ praeced.), atque aliis, quibus contumax quis est in prima instantia: si vero contumax sit appellans, judex appellationis de caussae meritis amplius cognoscere non potest, sed debet appellationem desertam pronunciare (§ 2341), et rem judicatam pro veritate habere (4).

(1) Thes. dec. 73, n. 1 versic. *quarta fuit* †, Fab. Cod. *De fructibus et lit. expens.* lib. 7, tit. 18, def. 41 in princ. et in not.; V. et def. 31, 32 et 50.

(2) Fab. d. def. 41 in fin.

(3) Ibid. tit. 26, def. 44.

(4) Ab-Eccles. part. 2, d. observ. 17, n. 10, 11 et 12 †.

(5) Ibid. n. 17.

(6) Ibid. n. 13 post alios quam plures.

(7) Ibid. n. 14.

(8) Ibid. n. 13.

(9) Ibid. n. 15 et 16.

(10) Fab. Cod. hoc tit. lib. 7, tit. 26, def. 25 et Cod. lib. 7, tit. 18, def. 37.

(11) l. *Et ex diverso* 35 § 1 ff. *De rei vindicat.* (6, 1).

(1) Fab. Cod. eod. tit. lib. 7, tit. 26, def. 7 in princ. et def. 36; l. *Sancimus* 16 Cod. *De judic.* (3, 1).

(2) Fab. d. def. 7, n. 2 et seqq. et Cod. lib. 7, tit. 18, def. 56 et 79 et 81.

(3) l. *Properandum* 13 § *cum autem* 4 Cod. *De judic.* (3, 1).

(4) l. *Res judicata* 207 ff. *De reg. jur.* (50, 17).

SECTIO V.

De expensis litium, fructibus, et eo, quod interest.

Instit. lib. 4, tit. 16 *De poena temere litigantium.*
Digest. lib. 42, tit. 1 *De re judicat. et effectu sententiae.*
Cod. lib. 7, tit. 11 *De fructib. et litium expensis.*

SUMMARIA

§ 2391 et 2392. *Expensae a victo solvendae sunt victori, licet petitae non fuerint, nisi victor contumax sit.* — § 2393. *Ab impensarum refectione immunis est victus, qui justam habuerit litigandi caussam. Quid si mutua sit litigantium victoria?* — § 2394. *Compensantur expensae inter proximos consanguineos, vel affines, nisi dolus arguatur. Quid si debitor extra judicium solvere detrectaverit, citatus statim obtulerit debitum?* — § 2395. *Expensae remittuntur condemnato ex solo jurejurando. Quid si in executione judicati victor acceperit solutionem eorum omnium, quae ex judicato debebantur, sine protestatione?* — § 2396. *Expensas temerariae litis fert, qui illis caussam dedit. Quid de tutore, curatore, aut haerede cum beneficium inventarii?* — § 2397. *Expensas frustrationis solvit, qui moram cognitioni fa-*

cit. — § 2398. *Quid de jacente haereditate?* — § 2399. *Litis expensas fert debitor quinquaginta, si haec non obtulerit, cum centum peterentur. Quid si executio ultra summam debitam facta sit?* — § 2400. *Expensas litis subit, qui bonam caussam habens litem diutius protraxit.* — § 2401. *Quid de litis consortibus?* — § 2402. *Quid de haeredibus, aut successoribus singularibus rei litigiosae?* — § 2403. *Condemnatio in litis expensas fieri potest post interlocutoriam.* — § 2404. *Quid si sententia condemnationis feratur ob novas probationes judicis officio factas?* — § 2405 *et* 2406. *Salarium patrono victoris debetur a victo, licet patronus a victore consanguineo, vel amico illud postulaturus non fuisset. Quid si victor suam, vel communem litem tractaverit?* — § 2407. *Expensarum condemnatio nec a Senatu emendari potest, nisi remedio civilis supplicationis.* — § 2408 *et* 2409. *Taxatio impensarum litis quo fieri debeat modo?* — § 2410. *Quid si a taxatione impensarum appellatum sit? An cautio juratoria hic aliquando admittatur?* — § 2411. *Usurae sumptuum taxatorum ob eo die debentur, quo victus jussus est solvere, nisi appellatio interposita sit.* — § 2412. *Expensae non infliguntur propter crimen, sed propter litem. An condemnatus ob expensas possit in carceres detrudi, vel in illis retineri?* — § 1413. *Nec criminalis litis, nec expensas judiciarias solvit, qui absolutus fuit.* — § 2414. *Quid si reus non absolvatur definitive, sed diligentior antum inquisitio praescribatur?* — § 2415. *Expensae, quas fieri necesse est, ut appellans transferatur in carceres judicis superioris, judiciariis imputantur.* — § 2416. *Fructuum condemnatio plerumque differtur in tempus sententiae definitivae.* — § 2417. *Fructus percepti post litis contestationem restitui debent. quamvis judex nihil de illis pronunciaverit. Quid si fundi restituendi pretium pro parte solutum fuerit, vel oblatum?* — § 2418 *et* 2419. *Quid de eo, quod interest?* — § 2420 *et* 2421. *Quid de sportulis et emolumentis sententiarum?*

§ 2391. Hactenus differendam putavimus tractationem de litis impensis, quia de his in ultima sententiae parte pronunciari solet: atque simul utiliora trademus, quae ad fructus pertinent, et sententiarum sportulas, seu emolumenta. Generalis quoad expensas in jure statuitur regula, eas a victo solvendas, esse atque victori adjudicandas (1), licet petitae non fuerint; cum jus hanc poenam infligat: judex uatem ea, quae juris sunt supplere potest (§ 2146): nisi victor contumax sit; quippequi in contumaciae poenam expensas solvere debet (1) pro modo contumaciae, quamquam et per compensationem liberatio contingit (2).

(1) § 1 Instit. hoc tit.; l. *Non ignoret.* 4 Cod. hoc tit.; l. *Properandum* 13 § *sive autem* 6 Cod. *De judic.* (3, 1); *Reg. Constit.* lib. 3, tit. 25, § 1; ubi tantum de sententiis definitivis mentio fit.

§ 2392. Si de impensis judex nihil pronunciaverit, Romano jure victor eas a victo petere non potest (3), municipali victus in eas condemnatus intelligitur (4); prout et appellare licet ex usu fori ab earum adjudicatione (§ 2278), nec non a taxatione (5).

§ 2393. Sed superior regula (§ 2391) plures habet exceptiones. In primis victus a refectione impensarum immunis est, si justam habuerit litigandi caussam, puta quia articulus vere dubius fuerit, vel liti cesserit statim ac jus adversarii perspectum habuit (6). Idem dicendum, si facti quidem quaestio sit, sed cujus probabilis sit ignorantia, veluti in haerede (7): quod si ambo litigantes in dolo sint, compensantur expensae (8), non secus ac si sententia habeat plura capita, et mutua sit litigantium victoria; mutua videlicet pro rata victoriae et jacturae fit usurarum condemnatio (9); immo et compensari possunt in capite, quo victus justam habuit litigandi caussam, non in alio (10).

§ 2394. Consanguinitatis veneratione, atque etiam affinitatis in foro receptum, ut expensae inter fratres, aliosque consanguineos, aut affines proximos compensentur; ne gravioris odii caussa detur, nisi forte dolus malus arguatur (11), quem nunquam decet esse impunitum (12). Atque parcendum debitori, qui extra judicium interpellatus, si Fabro assentimur (13), solvere detrectaverit, citatus tamen statim obtulerit debitum, mora per oblationem judicialem congruo tempore factam purgata quoad expensas, non quoad usuras et caeteras accessiones, nisi expensae fuissent in obligatione, idest debitor ad eas solvendas pacto se obligasset. Sed alii putant, debitorem hunc prius interpellatum in expensas condemnandum (14); quippequi in dolo est, et temere dat sumptibus caussam. Plane expensas ferre debet, si obtulerit qui-

(1) d. l. 13 § *Etsi quidem* 2 post med.
(2) Fab. Cod. hoc tit. lib. 7. tit. 18, definit. 29 et 42.
(3) l. *Terminato* 3 Cod. hoc tit.
(4) *Reg. Constit.* lib. 3, tit. 25, § 1 in fin.
(5) Ibid. § 13.
(6) l. penult. § 1 Cod. hoc tit.; *Reg. Constit.* lib. 3, tit. 25, d. § 1.
(7) Fab. Cod. hoc tit. lib. 7. tit. 18. def. 39.
(8) l. *Viro* 39; l. *Cum mulier* 47 ff. *Solut. matrimon.*; Fab. Cod. hoc tit. def. 17 et 44.
(9) *Reg. Constit.* ibid. § 2; Fab. Cod. hoc tit. def. 31.
(10) Fab. Cod. hoc tit. def. 27.
(11) Ibid. def. 63.
(12) l. *Procurator* 11 ff. *De dol. mal. et met. exception.* (44. 4)
(13) Fab. Cod. hoc tit. def. 2.
(14) Voet in ff. *De re judic.* lib. 42, tit. 1, n. 22.

dem, sed postea oblationem revocaverit, aut iniquam conditionem adjecerit (1).

§ 2395. Remittuntur quoque impensae ei, qui condemnatus est ex adversarii jurejurando, sive a judice, sive ab ipso delato (2): si modo ex solo jurejurando quis condemnatus fuerit; quia jusjurandum speciem transactionis continet (3), transactione autem inita super lite, non solvuntur impensae solo judicis officio debitae (4); cum judicis officium post transactionem cesset. Idem dicendum de sumptibus factis in executione judicati ab eo, qui postea sine protestatione acceperit solutionem eorum omnium, quae ex judicato debebantur; cum solo judicis officio deberi possint, quod post solutionem finitum est (5). Plane si ex conventione debeantur, etiam post sententiam recte petuntur (6); nec enim sententia tollit jus ex contractu quaesitum.

§ 2396. Expensas litis temerariae ferre debet is, qui liti caussam dedit; etenim poena suos auctores tenet, non alios (7); puta curator sive jacenti haereditati, sive bonis datus, nisi ad petitionem creditorum, aut aliorum, quibus instantibus electus fuerit; quos expensarum onus subire aequum est (8): atque idem dicendum de haerede cum beneficio inventarii (9). Si tutor, vel curator appellationem deseruit, atque sententia contra pupillum, vel minorem lata sit, tutor quidem ad mulctam tenetur, non vero ad litis expensas, si justam aliquam habuerit litigandi caussam, licet non sufficientem, ut pro pupillo pronunciaretur (10).

§ 2397. Quemadmodum litis temerariae expensas fert is, qui liti caussam dedit (§ praeced.), ita et qui moram cognitioni facit, frustrationis expensas adversario solvere debet, veluti si in ipso calculo ferendae sententiae impetraverit diploma Principis, ex quo mora cognitioni facta sit (11): suam cuique moram nocere aequum est (12); procuratoris culpa nocet domino, mandati tamen actione repetituro, quod solvit (13).

§ 2398. Quod pertinet ad sumptus factos a vero creditore adversus alios creditores jacentis haereditatis, ut suum consequerentur; hi ferri debent a creditoribus, qui justam contradicendi caussam non habuerunt, si curatori nihil imputari possit (1), ut modo diximus (§ 2396): quod si creditores omnes justam habuerint caussam litigandi, haereditas eo nomine condemnanda est (2), seu defunctus, cujus personam repraesentat haereditas jacens; cum defuncto, qui prius non solvit, aliquatenus imputari hi sumptus possint.

§ 2399. Si cum Titius Sempronio quinquaginta deberet, Sempronius centum petierit, Titius vero nihil obtulerit, Titius impensas litis ferre debet; quia quinquaginta offerre tenebatur: sed si executio pro centum facta sit, licet debitor nihil obtulerit, expensae compensantur ob mutuam culpam, debitoris videlicet, qui nihil obtulit et creditoris, qui pro majori quantitate executus est judicatum (3); nam actio quidem facili dividi potest, non executio, quae individua est, atque uno actu constat; adeoque judex pronunciare debet, bene, vel male factam executionem; quae autem ultra debitum facta est, bene facta pronunciari non potest. Plane debitum offerendum est, licet non adhuc plene constet de qualitate actoris, puta qui agat tamquam tutor, vel conductor, vel cessionarius; solutione utique delata, donec actor de qualitate sua edocuerit, alioquin sine caussa contendere quis judicatur; et ob id expensas condemnandus (4).

§ 2400. Fieri immo potest, ut in impensas litis condemnandus sit is, qui bonam fovet caussam, nimirum si ex ipsius dolo, vel lata culpa lis diu perseveraverit: puta si debitor debitoris conventus a creditore creditoris non statim allegaverit solutionem a se factam (5); etenim creditori imputari non potest, cur diligentius non inquisierit, an is adhuc debitor esset: cum solutio, utpote res facti, non praesumatur, sed ab allegante probanda sit (6).

§ 2401. Cum unus ex pluribus litis consortibus culpa sua, aut contumacia gravioribus impensis caussam dedit, aequum est, hunc in tales expensas condemnari (7). Quod si plures litis consortes in expensas damnetur, non nisi in viriles partes condemnati intelliguntur (8), nec aliter condemnari debent, tametsi ex delicto profisciscatur condemnatio, et una

(1) Fab. Cod. hoc tit. def. 61.

(2) argum. l. *Eum, qui* 30 ff. *De jurejurand.* (12, 2); Fab. Cod. hoc tit. lib. 7, tit. 18, def. 60, 76 et 78.

(3) l. *Jusjurandum* 2 ff. *De jurejurand.*

(4) Fab. Cod. hoc tit. def. 82.

(5) Ibid. def. 71.

(6) Ibid. def. 3.

(7) l. *Sancimus* 22 Cod. *De poen.* (9, 47); Fab. Cod. hoc tit. lib. 7, tit. 18, def. 54.

(8) *Reg. Const.* lib. lib 3, tit. 25, § 4; Fab. Cod. hoc tit. def. 69.

(9) *Reg. Const.* ibid. § 3.

(10) Fab. Cod. hoc tit. def. 80.

(11) Ibid. definit. 57.

(12) l. *In condemnatione* 173 § penult. ff. *De reg. jur.* (50, 17).

(13) Fab. Cod. hoc tit. def. 25.

(1) Fab. Cod. hoc tit. lib. 7, tit. 18, def. 43 in princ.

(2) Ibid. d. def. 43, n. 2 et seq.

(3) Ibid. def. 30.

(4) Ibid. def. 34.

(5) Ibid. def. 4.

(6) l. *Obligationum* 44 § 1 versic. *placet* ff. *De obligat. et actionibus* (44, 7).

(7) l. *Factum* 155 ff. *De reg. jur.* (50, 17).

(8) l. 1 Cod. *Si plures una sentent. condemnat. sunt* (7, 55).

omnium condemnandorum caussa sit (1); quia condemnatio expensarum non propter crimen fit, sed propter litem (§ 2291), quae non nisi pro virilibus a singuli sustinetur: si tamen per imperitiam judex unum in solidum condemnaverit, sententia executioni mandabitur, nisi ab ea appelletur, postquam obtinuit, ut a sententia etiam nulla appellandum sit (§ 2285). Nec interest, an omnes aequalem in lite partem habeant, an inaequalem, puta cohaeredes inaequaliter sint instituti; quia aeque omnibus imputandum, cur tamen litem susceperint.

§ 2402. Sed si defunctus ob litem temere susceptam in expensas condemnatus fuerit, haeredes pro haereditaria parte eas ferre debent, prout caetera haereditaria onera (2). Rei autem litigiosae singulares successores, puta legatarii, non tenentur ad impensas temerariae litis, in quas auctor damnatus fuit; cum rei vitia in singulares successores non transeant (3): nisi forte fingamus, cedentem contumacem damnatum fuisse, tum restitutum, sed ea lege ut intra certum tempus litis expensas solvat, futurum alioquin, ut a beneficio restitutionis cadat (4).

§ 2403. Condemnatio in litis expensas fit non tantum, cum per definitivam sententiam lis definitur, sed et cum per interlocutoriam judex de quaestione incidente pronunciat, puta de fori competentia (5): facta autem per interlocutoriam condemnationem in expensas litis incidentis, illius executio fieri potest, et debet finem litis principalis (6): quoad hanc finitum est judicis officium (§ 2357).

§ 2404. Condemnatus propter novas probationes judicis officio factas, quod solet observari cum probationes hinc inde editae aequales sunt, ad eas solas litis expensas tenetur, quae post novas testationes publicatas erogatae sunt (7); quia prius justam intelligitur habere litigandi caussam (§ 2393).

§ 2405. Quid veniat in hoc argumento expensarum nomine, supra diximus (8). Unum monemus, salarium advocati, vel procuratoris, qui victori patrocinium praestiterunt, a victo in expensas litis condemnato solvendum esse, licet caussae patronus a cliente suo consanguineo fortassis, vel amico illud postulaturus non fuisset (1); nec enim victus jus habet gratis petendi, quod victori ex amicitia, vel consanguinitatis affectione patronus gratuito exhibuisset.

§ 2406. Immo nec desunt, qui putent, salarium a victo expensas litis subeunte deberi victori, qui suam ipse litem tractaverit (2); tum quia, dum propriis vocavit litibus, alienas negligere, ac dimittere debuerit, atque ita carcere lucris inde speratis; tum maxime quia publice intersit, temere litigantes impensarum refusione puniri; quod tamen alii negant: quamquam fatentur omnes, salarium pro parte consortium litis solvendum patrono, qui caussam communem defenderit (3).

§ 2407. Facta expensarum condemnatio nec a Senatu emendari potest, nisi remedio civilis supplicationis (4); cum sententiae definitivae pars sit (§ 2391): immo nec expensae solutae in vim Senatusconsulti repetuntur, licet Senatusconsultum deinde civilis supplicationis auxilio rescindatur, nisi dolus ejus, pro quo prius judicatum fuit, supplicationis aequitatem induxerit (5); nimirum ob rei judicatae, potissimum a Senatu, auctoritatem.

§ 2408. Porro, cum agitur de taxandis, ut ajunt, litis sumptibus, judicis arbitrium praecipue versatur, neque condemnatus tenetur probare taxationem a patrono victoris factam, licet victor sponte acquieverit, sed juste petit, ut eadem emendetur, prout aequum videbitur (6): quare victor libellum expensarum edere debet, et dare procuratori condemnati, ut intra tres dies exceptiones suas alleget: si utriusque partis procuratores consentiant, judicis officium necessarium non est; procuratore tamen, quem constet per malitiam, aut conniventiam in praejudicium clientis consensisse, ad praestandam indemnitatem, atque mulctam damnato (7): quod si litigantium procuratores dissentiant, judicis est summatim definire; atque etiam licet a judicis pronunciatione intra triduum appellare (8).

§ 2409. Impensarum litis taxatio fit, auditis procuratoribus utriusque litigantis (§ praeced.); quod si alteruter absit, et contumax sit, haec fieri potest, non secus ac taxatio, et liquidatio fructuum, et ejus, quod interest, neutiquam vocato contumace (9); cum haec accessio sit prioris condemnationis: atque ideo taxatio litis sumptuum ita speciatim pertinet ad ipsum judicem, qui condemnavit, ut nec locumtenens localis,

(1) Fab. Cod. hoc tit. lib. 7, tit. 18, def. 1 et Cod. *Si plur. una sentent. etc.* lib. 7, tit. 21, def. 1 in princ.

(2) l. *Pro haereditariis* 2 Cod. *De haereditar. action.* (4, 16).

(3) l. *An vitium* 5 ff. *De diversis temporalib. praescriptionib.* (44, 3); Fab. Cod. *Int. alios acta* lib. 7, tit. 25, def. 4 et Cod. hoc tit. lib. 7, tit. 18, def. 21 et 49 in fin.

(4) argum. l. *Vitia* 11 Cod. *De acquirend. possession.* (7, 32); Fab. d. def. 49 in princ.

(5) *Reg. Constit.* lib. 3, tit. 9, § 4.

(6) Voet in ff. hoc tit. n. 25.

(7) Fab. Cod. hoc tit. lib. 7, tit. 18, def. 14 et 38.

(8) § 2075 ad 2082 ubi de expensis contumacialibus tum § 2383 et seqq. ubi de temerario appellante. V. Fab. Cod. hoc tit. lib. 7, tit. 18, def. 45, 86 et 89.

(1) Voet in ff. *De postuland.* lib 3, tit. 1, n. 7 post alios.

(2) Ibid. d. n. 7 post alios.

(3) argum. l. 1 § *quare* 12 ff. *Quando appelland.* (49, 4).

(4) Fab. Cod. hoc tit. lib. 7, tit. 18, def. 47.

(5) Ibid. def. 85.

(6) *Reg. Constit.* lib. 3, tit. 25, § 8.

(7) Ibid. § 9, 10, 11.

(8) Ibid. § 12 et 13.

(9) Fab. Cod. hoc tit. lib. 7, tit. 18, def. 59.

ait Faber, eam sibi potestatem adrogare possit (1). Si tamen is, qui duabus sententiis victus ad Senatum provocabit, tum consultus, quod male egisset, mutata actione, restitutionem in integrum imploraverit, non est condemnandus in expensas, quas adversarius ad excludendam restitutionem fecerit, quia haec prima tantum instantia est (2).

§ 2410. Taxatis litis expensis, praesentibus, et consentientibus procuratoribus, si a taxatione postea appelletur, prout appellari potest (§ 2408), appellatio non impedit, quominus pro articulis, a quibus appellatum non est, praecisa fiat executio; cum tot videantur sententiae, quot sunt ejus capita: pro aliis vero executio provisionalis fieri potest, si Fabro assentimur, praestita satisdatione, propter consensum datum a procuratore, cujus factum interea praestari aequum est, licet ab eo sit appellatum (3): satisdatio, si fieri possit, praestanda est: pauperes vero ad cautionem juratoriam apud nos admittuntur, quoties pro expensis fidejussoria cautio desideratur (4). Vix obiter cum Fabro monendum, aestimationem impensarum, quae in rem meliorandam erogatae sint, fieri ex tempore, quo rei restitutio fit, nè plus oneretur, qui rem accipit, quam commodi percipit (5).

§ 2411. Usurae expensarum a judice taxatarum debentur ab eo die, quó victus jussùs est solvere, cum ab eo die in mora esse incipiat (6): sed si a taxatione appellatum sit, licet deinceps pronuncietur, male appellatum fuissè, non nisi a die decisae appellationis, et confirmatae taxationis usurae deberi incipient, nisi forte calumniosa fuerit appellatio (7); cum haec vim prioris sententiae extinguat (8). Plane taxatis litis sumptibus, nec dum tamen solutis, deteriorationis monetae rationem haberi suadet aequitas, ne minus solvi videatur (9).

§ 2412. Condemnatus etiam ex caussa delicti in litis expensas non potest ob eas solas in carcere detineri, dummodo de iis solvendis satisdet, quamquam conjici denuo poterit, si non solvat, cum solvere potest, aut bonis cedat: immo retineri potest ob poenam pecuniariam, ad quam damnatus fuerit (10): expensae non propter crimen infliguntur, sed propter litem: atque suadet aequitas, ut facultas detur debitori inquirendi pecuniam, ex qua impensas solvat, quam sane difficilius invenire potest in carcere detentus.

(1) Fab. d. def. 59 in not. †.
(2) Ibid. def. 62 et in not. †.
(3) Ibid. definit. 5.
(4) *Reg. Constit.* lib. 3. tit. 25. § 14.
(5) l. *In fundo* 38 ff. *De rei vindicat.* (6, 1); Fab. Cod. hoc tit. def. 72.
(6) l. *Mora* 32 ff. *De usur.* (22, 1); Fab. Cod. hoc tit. lib. 7, tit. 18, definit. 75 in princ.
(7) Fab. d. def 75 in fin.
(8) l. 1 § ult. ff. *Ad Senatusc. Turpillian.* (48, 16).
(9) Fab. Cod. hoc tit. def. 18.
(10) Ibid. def. 8, 16, 48 et 52.

§ 2413. Quod pertinet ad expensas litis criminalis, ut de his obiter quaedam dicamus, in primis animadvertendum est, nullas ab inquisito expensas litis solvi, si fuerit absolutus, sive innocens declaratus sit, sive innocentia non plene probata, sed nec plene, aut semiplene demonstrato crimine, absolutus fuerit definitive ab observatione judicii; ita ut nec hisce casibus sumptus judiciarios, qui nempe judici, et graphiario debentur, solvere teneatur, licet nullus sit accusator, a quo hujusmodi impensae ferantur (1); aequius enim est, judici, et actuario lucrum, quod ex operis suis sperabant, subtrahi, quam innocentem, vel fisci patronum, qui ex officio suo accusationem instituere debuit, damno affici; alioquin officium ex caussa publicae utilitatis susceptum contra aequitatem damnosum esset (2); nisi tamen hic aliquid, per calumniam, et vexandi animo fecerit (3); atque ita Principis nomine, et auctoritate in aliorum perniciem abusus sit.

§ 2414. Si tamen justa sit de crimine inquirendi caussa, quamvis probationes ad condemnationem non sufficiant; atque ideo reus non absolvatur definitive, sed diligentior inquisitio praescribatur, reus ad expensas judiciales litis condemnatus est (4); dilata tantum in fines litis adjudicatione impensarum in eo casu, quo, reo in carceres detruso, aliquid sit, quod impediat, ne lis tam cito finiri possit, puta quod alium prebendi, et imprimis audiri oporteat; aequum tamen sit, e carceribus illum interea eximi (5); cum expensarum condemnatio pendeat ex eventu litis.

§ 2415. Sumptus, quos fieri necesse est, ut reus criminis ab inferiore judice condemnatus, et appellans transferatur in carceres jurisdictionis superioris, imputari debent impensis judiciariis, non appellatoriae liti, cum fiunt ex necessitate criminalis, quod exerceri non potest, nisi reus praesens sit, atque ex ore respondeat: quare ad expensas judiciarias damnatus hos quoque sumptus praestare tenetur, licet absolutus fuerit a litis impensis (6). Sed satis de litis sumptibus. Pauca de fructibus, et eo, quod interest, dicenda supersunt.

§ 2416. De fructibus a possessore bonae, vel malae fidei restituendis alibi fuse diximus (7); quare hic tantum subjicièmus, quae hujus loci propria sunt: atque imprimis fructuum condemnationem in tempus definitivae sententiae ut plurimum quidem differri, si tamen lite pendente pronuncietur pro subhastationibus, ad creditoris instantiam factis, eadem interlocutione

(1) Fab. Cod. hoc tit. lib. 7, tit. 18. def. 35, 36 et 66.
(2) l. *Si servus* 61 § *quod vero* 5 ff. *De furt.* (47, 2).
(3) Fab Cod. hoc tit. def. 33 in fin.
(4) Ibid. d. def. 40.
(5) Ibid. def. 58.
(6) Ibid. def. 46.
(7) V. vol. I, lib. 2, § 645, pag. 620 et seqq.

pronunciandum est de fructibus a malae fidei possessore perceptis, praestita per creditorem satisdatione de re restituenda cum fructibus, si ita judicabitur (1): atque idem dicendum, si, pendente lite, fiduciaria haereditatis adjudicatio fiat (2): vel, pendente judicio restitutionis in integrum adversus contractum, actor occupaverit possessionem fundi litigiosi, et fructus ex eo perceperit (3); cum, pendente restitutione, contractui standum sit, ei quoque restitui debent fructus, ad quem ex contractu pertinere debuerunt, quippequi sequuntur caussam dominii, cum acquirantur jure soli (4).

§ 2417. Cum fructus percepti a possessore etiam bonae fidei post litem contestatam domino restitui debeant, quia per litis contestationem inducitur mala fides (5), consequens est, eos deberi, licet judex de iis nihil pronunciaverit (6). Si tamen quis in mora fuerit solvendae partis pecuniae, quam totam restituere debuit, ut fundum aliquem, puta ex pacto redimendi reciperet, possessor fundi restituere debet fructus pro parte solutae pecuniae (7); ne simul pecuniam, et fundum habeat (8): sed hunc effectum non parit sola oblatio, et obsignatio partis pecuniae debitae (9): cum hanc creditor accipere non cogatur. In beneficialibus, ait Faber, omnes omnino fructus restitui debent, etiamsi bona fide percepti sint, nisi justa caussa aliud suadeat (10).

§ 2418. A fructibus non longe distat id, quod interest, atque ideo eadem fere servantur regulae. Alibi diximus, id, quod interest, seu damnum emergans, et lucrum cessans plerumque aestimari ex usuris legitimis (11); cum difficilis omnino ut plurimum sit praecisa hujus aestimatio; quamquam et aliquando modum legitimarum usurarum excedere potest; parce tamen, et moderate (12), ne nimis gravetur debitor, cujus conditio favorabilior est (13). Sane in eo, quod interest, non continetur aestimatio actionis creditori adhuc competentis (14), cum rem habere videatur, qui habet actionem ad illam consequendam (15).

§ 2419. Etiam in caussa appellationis potest petere actor, quod sua interest, si appellatione pendente emerserit, atque appellatio subsistat: quod si deserta fiat, judex inferior in executione judicati congnoscet, an ratio habenda sit damnorum, quae de novo emerserunt (1). Quod si in executione judicati constet, nihil actoris interesse, nihil debebitur, licet reus condemnatus fuerit in id omne, quod adversarii interest (2); condemnatio enim haec tacitam habet conditionem, si revera intersit; quae conditio in facto, non in jure consistit (3).

§ 2420. Praeter litis impensas, de quibus in hoc titulo diximus, aliae sunt, quae judiciales, uti jam innuimus (§ 2413) appellantur; quia debentur judicibus, atque eorum ministris, atque singulari *sportularum* nomine veniunt (4). De personis, quae sportulas solvunt, vel immunes sunt, earumque quantitate tractat Justinianus (5); sed in his singulorum populorum leges attendi debent. Apud nos sportulae non solvuntur, si caussa aliter quam per sententiam finiatur, nisi apud supremos magistratus jam relata fuerit, quo casu tertia earum pars solvitur (6).

§ 2421. Judicibus tamen, atque aliis justitiae, ut ajunt, officialibus debentur jura litis instruendae tum in civilibus, tum in criminalibus caussis (7). Magistratus, et judices acta, et sententiam tradere non tenentur, nisi sportulis solutis aut depositis, potestate tamen litigantibus facienda per graphiarium eadem inspiciendi (8). Pauperes a sportularum solutione immunes sunt; immo nec illae solvuntur in caussis civilibus, quae summarie sine scriptis definiuntur (9). Quod si alter ex litigantibus integras sportulas solverit, vel totas, vel earum partem ab altero repetere statim potest (10). Praeter sportulas judicum fisco quoque solvitur emolumentum ratione habita quantitatis, de qua disceptatum fuit (11). Sed in his ulterius immorandum non arbitramur (12). Tempus est, ut postremam totius operis partem, quae de criminibus est, aggrediamur.

(1) Fab. Cod. hoc tit. lib. 7, tit. 18, def. 23 in princ.
(2) argum. l. *Item veniunt* 20 § *item non solum* 3 ff. *De petit. haeredit.* (5, 3).
(3) Fab. d. def. 23 in med.
(4) l. *Qui scit* 25 § 1 ff. *De usur.* (22, 1).
(5) l. *Praeter ea* 20 ff. *De rei vindicat.* (6, 1).
(6) Fab. Cod. hoc tit. lib. 7, tit. 18, definit. 88. V. et def. 51.
(7) Ibid. def. 87 in princ.
(8) l. *Curabit* 5 Cod. *De act. empt.* (4, 49).
(9) Fab. d. def. 87 in fin.
(10) Ibid. def 53.
(11) V. vol. II, lib. 3, pag. 976, § 827.
(12) Fab. Cod. *De sentent. quae pro eo etc.* lib. 7, tit. 16, def. 1, 2, 4, 5 et 8
(13) l. *Arianus ait* 47 ff. *De obligat. et actionib.* (44, 7).
(14) Fab. Cod eod. tit. def. 3.
(15) l. *Is, qui actionem* 15 ff. *De reg. jur.* (50, 17).

(1) l. ult. ff. hoc tit.; Fab. Cod. *De sentent. quae pro eo etc.* lib. 7, tit. 16, def. 7.
(2) Fab. Cod. eod. tit. def. 6
(3) l. *Quatenus* 24 ff. *De reg. jur.*
(4) V. Cod. lib. 3, tit. 2, de sportulis, et sumptibus in diversis iudiciis faciendis.
(5) Novell. 17, cap. 1 et seqq.; Novell. 82, cap. *ne autem* 9; Novell. 123, cap. *sportularum* 28; l. *In sacris* 12 Cod. *De proxim. sacror. scrinior.* (12, 19).
(6) *Reg. Constit.* lib. 3, tit. 24, § 1.
(7) Ibid. § 2.
(8) Ibid. § 3.
(9) Ibid. § 5 et 6.
(10) Ibid. § 4.
(11) V. *Reg. Constit.* lib. 2, tit. 8, § 18, 28 et lib. 6, tit. 1, cap. 3, § 8; V. et tarif. *De'diritti dell' erario Regio ec.* pag. 70 et seqq.
(12) V. si lubet, Fab. Cod. hoc tit, lib 7, tit. 18, def. 9, 10, 15, 24 et 26; tum Cod. lib. 3, tit. 2 *De sportulis, et sumptibus etc.*

TITULUS XL.

DE CRIMINIBUS

Instit. lib. 4, tit. 1 *De obligat. quae ex delict. nascunt.*

SUMMARIA

§ 2422 *et* 2423. *Quo differant crimen, delictum et peccatum?* — § 2424. *Delictum aliud est proprium, aliud improprium, quod quasi delictum in jure appellatur.* — § 2425 *et* 2426. *Delicta privata dividuntur in ordinaria et extraordinaria. Quo ordine hic agendum sit?*

§ 2422. Quamquam crimen, delictum, peccatum promiscue usurpari possunt, et aliquando usurpantur ad significandum factum rectae rationi contrarium, aut omissionem facti, quod recta ratio jubet, stricte tamen distinguuntur: peccati nomen generale est, atque significat actionem quamlibet rectae rationi adversam, utpote naturali, divina, vel humana lege prohibitam: quo sensu definiri solet a Theologis dictum, factum, vel concupitum contra legem Dei aeternam: sed in foro externo concupiti in mente retenti nulla haberi potest ratio (1): peccati autem plures in jure civili referuntur species, videlicet delictum, quasi delictum, et crimen.

§ 2423. Delicti nomine intelligunt juris auctores peccata, quibus directo, et potissimum laeditur jus alterius privati: criminis vero, quo respublica directe, et potissimum laedi videtur (2): quamquam et peccata, in quibus nempe potissimum attenditur laesio reipublicae, delicta aliquando appellantur: atque ideo titulus primus digestorum libri quadragesimi septimi inscribitur de *privatis delictis:* de publicis vero judiciis, seu criminibus agunt pandectarum editores in libro quadragesimo octavo titulo primo, et sequentibus.

§ 2424. Sed, retenta speciali delicti significatione, delictum dividi potest in proprium, et improprium; proprium est, quod dolo, aut vera culpa committitur, atque delicti nomen retinet: improprium, quod per culpam praesumptam patratur, atque *quasi delicti* nomen sortitur (3). De delictis autem, seu criminibus publicis specialis tractatio instituitur a Justiniano (4).

§ 2425. Delicta privata adhuc dividuntur in ordinaria, et extraordinaria: illa sunt, quibus certa poena a legibus imposita est; posteriora certam poenam a legibus praefinitam non habent, sed arbitrio judicis coercentur. Quatuor sunt delicta privata ordinaria videlicet furtum, rapina, damnum injuria datum, et injura, seu contumelia (1): extraordinaria crimina plurima sunt, puta stellionatus, plagium, et similia, de quibus agendum erit singulari titulo (2).

§ 2426. Justiniani ordinem sequentes primum agemus de delictis, tum de quasi delictis postremo de criminibus. Sed generalia quaedam praemonenda sunt de personis, a quibus delicta perpetrantur, de modis, quibus delicta in judicium deducuntur (et coram quo judice), atque deducta probantur, de poenis, quibus delinquentes generatim coercentur, de sententiis criminalibus, earum executione, litis expensis, atque appellationibus: atque postremo de modis, quibus delicta extinguuntur.

(1) l. *Cogitationis* 18 ff. *De poenis* (48, 19).
(2) l. *Quid sit fugitivus* 17 § *noxae* 18 ff. *De aedilit. edic.* (21, 1).
(3) De delictis privatis agit Justinianus Instit. lib. 4, tit. 1.
(4) De quasi delictis agitur in tit. 5.

(1) princ. Instit. hoc tit.
(2) *Pandectar.* titulus 11 lib. 47 est *de extraordinariis criminibus.*

CAPUT I.

Qui criminum rei fiant.

SUMMARIA

§ 2427. *Conatus ordinariam poenam non habet praeterquam in delictis atrocioribus.* — § 2428. *Culpa lata dolo in delictis non aequiparatur, nisi publice intersit, frequens delictum gravius coerceri.* — § 2429. *Mandantes, mandatarii et consulentes criminis rei fiunt.* — § 2430. *Mandatarii an minus puniantur? An ratihabitio in delictis mandato aequiparetur?* — § 2431 *et* 2432. *An consulens teneatur, licet alter, consilio seposito, fuisset peccaturus?* — § 2433. *Poenae ordinariae subjicitur auxilium proximum delinquenti praestans.* — § 2434 *et* 2435. *Prohibendi delicti onus cui incumbat?* — § 2436 *et* 2437. *Minores in levioribus delictis extra ordinem puniuntur. Quid de furiosis?* — § 2438 *et* 2439. *Quid de ebriosis, vel ebriis et iratis.* — § 2440. *Quid de noctambulis?* — § 2441 *et* 2442. *Delictum casu patratum extra poenam est, nisi casus culpam habeat annexam.*

§ 2427. In primis apud omnes constat, crimen ab eo committi, qui factum rectae rationi contrarium ponit dolo malo: factum extrinsecum requirimus; nec enim civiles legumlatores cogitationem in mente retentam punire possunt: atque ideo recte scripsit Ulpianus, *cogitationis poenam nemo patitur* (3): sed si voluntas de-

(3) l. *Cogitationis* 18 ff. *De poen.* (48, 19).

linquendi extrinsecus manifestetur, potius voluntas inspicitur, quam exitus (1): atque conatus, licet externa caussa impediatur, poenam habet, non tamen ordinariam sed extraordinariam dumtaxat (2), praeterquam in atrocioribus criminibus, puta laesae majestatis (3), et homicidio (4).

§ 2428. Praeterea dolum requirimus, ut crimen contrahatur (§ praeced.): culpa quidem lata in contractibus dolo aequiparatur (5), non tamen in delictis, in quibus affectus potissimum pensatur: atque ideo delinquentes ex culpa lata puniendus utique est, sed levius, quam qui ex dolo peccat (6); nisi forte mali exempli res sit, et publice intersit, frequens delictum gravius coerceri: quo fundamento respondit Paulus, eos, qui abortionis, aut amatorium poculum dant, supremo supplicio affici, licet dolo careant, si hinc homo perierit (7): tum maxime quia vix dolo caret, qui iis ad malum finem utitur, quae apta sunt natura sua mortem inferre. An, et quatenus juris ignorantia excuset, expendimus supra (8).

§ 2429. Non tantum reus criminis fit, qui per se ipsum rem illicitam facit, sed et qui per alium peccat, vel alterius voluntati obsequitur: atque ideo a mandantibus, et mandatariis crimen cantrahitur (9): nec non a consulentibus, sive consulendo reum instruant, atque modum patrandi criminis domonstrent, sive tantum suadeant, et consilio suo impellant (10); cum crimini in utroque casu caussam dent.

§ 2430. Crimen alterius mandato admissum non mandantem dumtaxat, sed et mandatarium afficit; nec enim a culpa immunis est mandati illiciti executio (§ praeced.): mitius tamen puniuntur filii, aut servi, qui non in atrocioribus, sed in levioribus delictis patri, aut dominio obsecuti sint (11): hi quippe alieno potius impetu quam propria sponte delinquunt. Ratihabitio in maleficiis mandato non aequiparatur quoad poenam corporalem (12); cum caussam crimini non dederit, qui illud approbat, postquam plene admissum est, utique vero quoad poenam pecuniariam, cum ratihabens quasi contrahere videatur, dum probat, quod suo nomine gestum fuit (1).

§ 2431. Immo consulens teneri videtur, licet alter, etiam consilio seposito, fuisset peccaturus (2); tum quia consilium firmius impellit, et poenitendi voluntatem adimit, adeoque vix certo definiri prtest, an sine consilio quis fuisset peccaturus, nec ne; tum quia vere ex parte sua in crimen influit, qui consilium ejus patrandi dat. Quamquam defendant aliqui consulentem hunc ad restituendum non teneri, puta in furto, quia furti caussa vere dici nequeat (3).

§ 2432. Huic quidem sententiae contrarius videtur Papinianus, ajens, infamiam non irrogari ex sententia praesidis, qua quis pronunciatus fuerit instigator accusationis, sed pudorem dumtaxat affici; ratione adjecta, quod mandatoris opera non fungitur, qui tantum exhortatur (4). Legem hanc varii varie interpretantur; alii instigatorem hunc eximunt a verbis Senatusconsulti Turpilliani, quo infamia irrogatur, non ab illius sententia (5): alii Papinianum interpretantur de interlocutoria judicis sententia, quae sine plena caussae cognitione fertur, atque ideo infamiam non parit (6).

§ 2433. Potiori ratione criminis reus fit, qui delinquenti auxilium praebet, sive ante, sive in ipso delicti actu (7): ita ut ordinariae poenae subjiciatur, si auxilium sit proximum, mitiori, si remotum (8).

§ 2434. Ab iis, qui auxilium delinquenti praebent, non longe distant, qui non prohibent, cum prohibere possent, et deberent (9); quippe ita non prohibentes suadere quodammodo et probare videntur (10). Prohibendi autem onus incumbit omnibus in delictis atrocioribus (11), quae impediri publice potissimum interest: in aliis vero incumbit illis, qui potestatem habent in delinquentes, veluti parentibus, dominis (12),

(1) l. *Divus Hadrianus* 14 ff. *Ad leg. Cornel. de sicar.* (48. 8).

(2) l. 1 in princ. et § ult ff. *De extraordinar. criminib.* (47, 11); Thes. lib. 2, quaest. 25, n. 3; Fab. lib. 9, tit. 25. def. 20.

(3) l. *Quisquis* 5 in princ. Cod. *Ad leg. Jul. majestat.* (9, 8); Thes. ibid. n. 5 †.

(4) l. *Aut facta* 16 § *eventus* 8 ff. *De poenis* (48, 19).

(5) l. *Quod Nerva* 32 ff. *Depositi* (16, 3).

(6) l. 1 § *Divus Hadrianus* 3 ff. *Ad leg. Cornel. de sicar.* (48, 8).

(7) l. *Si quis aliquid* 38 § *qui abortionis* 5 ff. *De poen.* (48, 19).

(8) V. vol. I, lib. 1, pag. 449. § 2833 et seqq.

(9) *Non solum* 11 § *si mandatu* 3 ff. *De injur.* (47, 10); l. *Nihil interest* 15 ff. *Ad leg. Cornel. de sicar.* (48 8).

(10) l. 1 § *persuadere* 3 et sequ. ff. *De servo corrupto* (11, 3).

(11) l. *Ad ea* 157 ff. *De reg. jur.* (50, 17).

(12) l. *Quid ergo* 13 ff. *De his, qui notant. infam.* 3, 2).

(1) l. 1 § *sed et, si* 14 ff. *De vi, et vi armat.* (43, 16); l. *Hoc jure* 152 § pen. ff. *De reg. jur.*; V. Osasc. decis. 138.

(2) argum. l. *Qui servo* 36 ff. *De furt.* (47, 2); l. *Aut facta* 16 ff. *De poenis* (48, 19).

(3) argum. § *Hi, qui* 12 in fin. Instit. hoc tit.

(4) l. *Ob haec verba* 20 ff. *De his, qui notant. infam.* (3, 2).

(5) l. 1 § penult ff. *Ad Senatusc. Turpill.* (48, 16).

(6) l. *Interlocutio* 19 Cod. *Ex quib. causs. infamia irroget.* (2, 12).

(7) l. *Si pignore* 54 § penult. ff. *De furt.* (47, 2).

(8) l. unic. § *poenas autem* 2 Cod. *De raptu virgin.* (9, 13).

(9) l. *Scientiam* 45 ff. *Ad leg. Aquil.* (9, 2).

(10) l. *Semper* 60 ff. *De reg. jur.* (50, 17).

(11) l. *Utrum* 6 ff. *De reg. Pompeja de parricid.* (48, 9); l. *Quisquis* 5 Cod. *Ad leg. Jul majest.* (9, 8); l. unic. Cod. *De raptu virgin.* (9, 13).

(12) l. *Si servus* 2 ff. *De noxalib. actionib.* (9, 4); l. 1 § 1 ff. *Si famil. furt. fecis. dicat.* (47, 6).

et magistratibus (1); vel qui subjiciuntur potestati ejus, cui damnum alter parat, nimirum filiifamilias, milites, vassalli (2).

§ 2435. Quae de parentibus ratione potestatis, et filiis ratione obsequii modo diximus (§ praec.), eadem obtinere videntur in marito, et uxore, nempe maritum ex crimine uxoris teneri, si, cum posset, non prohibuerit; quippequi potestatem habet in uxorem: mulierem vero criminis consciam fieri, si non impediverit crimen perpetrandum adversus maritum suum, cum impedire posset; quia mulier obsequium, et singularem affectionem marito debet.

§ 2436. Personae conditio, quae minus perfectum habent animi judicium, a delicto magis, vel minus excusat pro majori, vel minori consilii imbecillitate; cum crimen nonnisi ex perfecto consensu, qui et perfectam praeviam cognitionem supponit, plene non contrahatur. Hinc minores in levioribus delictis mitius, atque extraordinaria poena coercentur, ordinaria vero in atrocioribus, si vigesimum annum excesserint (3); haec autem mitior poena aetati, et delicti adjunctis proportionata esse debet, arbitrio judicis; nisi specialis poena jure municipali pro his minorum delictis constituta sit (4). Plane infantes, utpote doli minime capaces, ab omni poena excusantur (5).

§ 2437. Eadem ac infantium conditio est furiosorum, quippequi judicio carent (6); nisi dilucida intervalla habeant, atque eo tempore deliquerint: voluntarium animi vitium nullatenus excusat prodigos. Quod si post admissum crimen quis in furorem incidat, magistratus consulere debet Principem, ut ipse constituat, an propter atrocitatem facinoris supplicio afficiendus sit, nec ne (7).

§ 2438. Ebriosi, qui nimirum prava nimium potandi consuetudine delectantur, crimen contrahunt, licet in ebrietate constituti non intelligunt, quod agunt; quia ipsi ignorantiae suae caussa sunt, et delinquunt non praevidentes, nec impedientes, quod impedire potuissent, et debuissent (8). Quamquam mitius puniendi videntur ebriosi, si in ebrietate constituti nunquam soliti fuerint in alterius injuriam delinquere, non secus ac ebrii (1), idest qui casu potius, quam voluntate inebriantur; quia vix praevidere potuerunt utrique delictum, quod perpetrarunt: durius profecto agendum adversus ebriosos, quibus mala consuetudo imputari potest.

§ 2439. Irati, licet impetu, non proposito delinquant, dolo tamen, et voluntate non carent (2); atque ideo puniendi sunt (3); mitius tamen, si justo dolore, vel probabili caussa irae impetus concitetur (4): atque incontinenti delictum perpetratum fuerit: incontinenti autem factum videtur, si ad alios extraneos actus deventum non sit, vel intra duodecim horas, ait Thesaurus (5): quod tamen ab adjunctis rerum, et personarum pendet.

§ 2440. Qui in somno delinquunt, a culpa immunes sunt (6); nisi quis sciens se vitio laborare, ut dormiens assurgat (noctambulum vocant), et vim inferat, huic periculo obviam non ierit; quippe tunc voluntarium esset malum in caussa, adeoque culpae vertendum (7): prout de ebriosis diximus (§ 2438).

§ 2441. Si casu, nulla interveniente culpa, aut negligentia actio illicita perpetrata fuerit, puta homicidium, nulli poenae locus fit (8); nullum etenim crimen est, nisi voluntarium: sed culpa interveniente pro modo culpae poena quoque constituenda est (9); atque hoc sensu lex a Papiniano definitur, delictorum, quae sponte, vel ignoranter contrahuntur, coercitio (10).

§ 2442. Neque his contradicuut Hadrianus, aut Ulpianus; etenim ignorantia, aut fortuitus casus, de quo loquitur Imperator (11), unice pertinet ad lapidis sublati conditionem; cum tamen tollens sciret, lapidem suum non esse, et ideo furatus dicitur: gravius autem hic, quam in simplici furto, puniendus traditur, quia forte suspicari poterat reus, lapidem hunc termini loco positum fuisse. Ulpianus vero casum indistincte puniendum supponens (12), intelligendus est de casu, qui vel levem aliquam culpam annexam habeat; neque enim temperamen-

(1) l. *Congruit* 13 ff. *De offic. praesid.* (1, 18).

(2) l. 1, § *si vir* 15 et passim ff. *De Senatusc. Silanian.* (29. 5); l. *Liberto* 9 ff. *De obseq. parentib. et patron. praestand.* (37, 15); l. *Omne* 6 § penult. ff. *De re militar.* (49. 16); *Feudor.* lib. 2, tit. 5, 6 et 7.

(3) l. *Impunitas* 7 Cod. *De poen.* (9. 47); l. *Si minor* 36 ff. *Ad leg. Jul. de adulter.* (48. 5); l. *Auxilium* 37 versic. *in delictis* ff. *De minorib.* (4. 4); *Reg. Constit.* lib. 4, tit. 25 § 1; V. Thes. decis. 161, n. 1 †, et n. 3 et in addit. littera *A*.

(4) *Reg. Const.* d. § 1 in fin.

(5) l. *Infans* 12 ff. *Ad leg. Cornel. de sicar.* (48. 8).

(6) d. l. 12 ff. ad l. *Cornel. de sicar.* (48, 8); l. *Furiosi* 40 ff. *De reg. jur.* (50, 17).

(7) l. *Divus Marcus* 14 ff. *De offic. praesid.* (1, 18).

(8) l. *Idem juris* § 8 § 1; *si putator* 31 ff. *Ad leg. Aquil.* (9, 2).

(1) l. *Milites* 12 in fin. princ. ff. *De custod. et exhibition. reor.* (48, 3); l. *Omne delictum* 6 § *qui se vulneravit* 7 ff. *De re militar.* (49. 16).

(2) l. *Si non convicii* 5 Cod. *De injur.* (9. 35).

(3) d. l. 6; l. *Aut facta* 16 § *caussa* 2 ff. *De poen.* (48. 19).

(4) l. *Si ex plagis* 52 § 1 ff. *Ad leg. Aquil.* (9. 2); l. *Si adulterium* 38 § *imperator* 8 ff. *Ad leg. Jul de adulter.* (48; 5); Thes. dec. 178, n. 4 †, et in addit. littera *A* †; ubi de homicidio.

(5) Thes. d. dec. 178, n. 7 †.

(6) l. *Si servus* 27 § *si fornicarius* 9 ff. *Ad leg. Aquil.* (9. 2).

(7) d. l. 37, § 9 in fin.

(8) d. l. *Si servus* 27 § *si fornicarius* 9 ff. *Ad leg. Aquil.* (9. 2).

(9) l. *Qui aedes* 9 ff. *De incend., ruin., naufrag.* (47, 9).

(10) l. 1 ff. *De legib.* (1, 3).

(11) l. *Divus Hadrianus* 2 in fin. ff. *De termin. mot.* (47. 21).

(12) l. *Absentem* 5 § ult. ff. *De poen.* (48, 19).

tum pro modo culpae admitti potest, ubi nulla est culpa.

CAPUT II.

Quibus modis in judicium deducantur.

Digest. lib. 48, tit. 2) *De accusat. et Inscription.*
Cod. lib. 9, tit. 2)

SUMMARIA

§ 2443. *Delicta in judicium deducantur accusatione, inquisitione, adnotatione, exceptione et diffamatione.* — § 2444 *et* 2445. *Accusatio quid sit, quo differat a denunciatione, et quomodo fieri debeat?* — § 2446. *Mulieres accusare non possunt, praeterquam in atrocissimis criminibus, vel nisi suam, aut suorum injuriam persequantur.*— § 2447. *Quid de impuberibus, minoribus et filiofamilias?* — § 2448. *An accusare possint infames, et publico judicio damnati?* — § 2449. *An milites et pauperes?* — § 2450. *Accusatus accusatorem suum an possit reconvenire?* — § 2451. *Accusasse prius videtur, qui prius crimen denunciavit.* — § 2452. *Socius non recte accusat socium, nisi de criminibus atrocioribus.* — § 2453. *Plures simul ab uno accusari nequeunt, nec unus regulariter a pluribus.* — § 2454. *Accusari potest usu fori unus simul de pluribus delictis.* — § 2455. *An accusare possint liberi, familiares, parentes et fratres?* — § 2456 *et* 2457. *Semel accusati et absoluti, vel levius puniti regulariter de eodem crimine rursus accusari nequeunt.* — § 2458. *Quid si reus hic novum crimen admittat?* — § 2459. *Accusatio non recipitur, nisi certa sit accusatoris persona.* — § 2460. *Inscriptionis vinculum quibus remittatur?*— § 2461. *Quis sit accusationis effectus?* — *An dignitas facultatem det reo sedendi, cum de crimine interrogatur?* — § 2462. *Bonorum administratio, pendente cognitione, an adimitur accusato, nisi de crimine perduellionis, aut repetundarum.* — § 2463. *Judex alienandi facultatem accusato dare non potest. Quare?* — 2464. *Quid de donationibus?* — § 2465. *Accusatio morte rei plerumque extinguitur. De graviore crimine prius cognoscendum est, quam de leviore.*— § 2466 *et* 2467. *Accusatio moribus plerarumque gentium privatis non conceditur. Quae apud nos cauta sint?* — § 2468. *Accusationes, querelae, aut denunciationes partis laesae quomodo proponendae sint?* — § 2469 *et* 2470. *Quid sit denunciatio? Qua poena temerarius denuncians plectatur?* — § 2471. *Inquisitio generalis est, vel specialis.* — § 2472 *et* 2473. *Accusatione instituta, vel facta denunciatione, aut inquisitione, reus citari debet, ut in jus veniat defensiones suas allegaturus. Quis sit in jus vocationis modus?* — § 2474. *Ex fuga sola, carceribus etiam effractis, reus pro confesso non habetur.* — § 2475. *Contumacia in criminalibus purgari potest.* — § 2476. *Accusatus temere non debet comprehendi, et in carceres duci.*

§ 2443. Duplici praesertim modo crimina in judicium deducuntur, nimirum accusatione, et inquisitione, cui aliquando locum facit delatio: sed et hisce duobus modis alii duo adjungi possunt, nimirum adnotatio (1), cum nomen absentis, aut profugi describitur inter reos criminum tamquam requirendi (2); tum exceptio, cum accusatus accusatori crimen objicit ad eum repellendum, puta mulier de adulterio a viro accusata eidem objicit simile adulterii crimen, vel lenocinium (3). Quibus addi potest oblatio ad purgationem, cum quis fama publica, vel ab aliquo criminis insimulatus judicium diffamationis instituit, prout supra diximus (§ 2022).

§ 2444. Accusatio definiri, seu describi potest delatio criminis ad judicem, inscriptione solemniter facta, vindictae publicae caussa; a simplici denuntiatione distinguitur accusatio, quia denuncians in crimen non inscribit (4), nec ad poenam talionis se obligat, licet calumniae fuerit accusatus: publicae vindictae caussa accusatio fit, cum denuntians plerumque privatam vindictam, seu quod sua interest, prosequatur: quamquam nil vetat, quominus accusator, puta homicidii, simul petat, quod sua interest, talem hominem non fuisse occisum, atque denunciare quis etiam potest crimen publicae utilitatis caussa, nulla privatae ratione habita.

§ 2445. Fieri accusatio, si jus Romanum inspiciamus, per libellum, quo contineatur nomen judicis, accusatoris, rei, genus criminis, annus, et mensis (non vero dies, et hora), atque etiam locus (5), saltem postulante reo, qui velit ex loco, et die addito innocentiam suam, puta per absentiam probare, vel prescriptione criminis se tueri: sed municipali jure accusatio etiam viva voce fieri potest (6). Conclusio ad certam poenam in libello necessaria non est, cum, probato publici judicii crimine, poena lege publica judiciorum definita sit irroganda (7): accusatio autem, ut per se patet, non nisi in

(1) De qua agitur in ff. titulo *De requirend. reis, vel absentib. damnand.* (48, 17).

(2) De quibus agitur in d. tit., et *Reg. Constit.* lib. 4, tit. 30, 31, 32 et 33.

(3) l. *Ex lege* 2 § *si publico* 5; l. *Si uxor* 13 § *judex* 5 ff. *Ad leg. Jul. de adulter.* (48, 5).

(4) l. *Ea quidem* 7 et l. ult. Cod. hoc tit.; l. *Nullus* 2 in fin. Cod. *De exhibend. et trasmittend. reis* (9, 3).

(5) l. *Libellorum* 3 ff. hoc tit.

(6) *Reg. Constit.* lib. 4, tit. 3, § 10 et seqq.

(7) l. *Si qua poena* 244 ff. *De verb. signif.* (50, 16).

publicis criminibus locum proprie habere potest: quamquam et in privatis, veluti in furto admissa (1).

§ 2446. Accusare, jure quidem Romano generatim possunt omnes, quibusdam personis exceptis, quarum aliquae ab omnium, aliae a certarum dumtaxat personarum accusatione prohibentur: generatim accusare prohibentur mulieres (2), tum propter sexus verecundiam, tum quia accusatio ad publica munia accedit, quorum mulieres capaces non habentur, (3): nisi crimen atrocissimum sit, veluti perduellionis (4), fraudatae annonae (5), haeresis (6); vel mulier suam, aut suorum injuriam persequatur, quo casu inscriptio in crimen a muliere non exigitur (7).

§ 2447. Propter animi imbecillitatem accusare prohibentur impuberes (8), nisi et hi suam, suorumve injuriam persequantur, atque tutoris consilium adhibeant (9): minoribus, saltem adhibito curatore, accusatio non videtur interdicta (10): filiisfamilias sine patris consensu sola adulterii accusatio permittitur (11).

§ 2448. Infames ex proprio delicto ad accusandum non admittuntur (12), nec qui judicio publico damnati sunt ad gravem poenam, quae libertatem, ad civitatem adimat, puta ad triremes etiam ad tempus (13), et simile (14): inchoatam tamen accusationem hi prosequi possunt (15), quasi judicio praevenerint.

§ 2449. Nec accusatio permittitur militibus, ne avocentur a militia, nisi suam, aut suorum injuriam persequantur (16). Pauperes ab accusando repelluntur (17), quia temerariae accusationis suspecti sunt: Magistratus majores accusare non permittuntur, tum ne curam reipublicae deserant, tum ne potentia sua insontes opprimant (18).

(1) l. ult. ff. *De furtis* (47, 2).
(2) l. 1; l. *Qui accusare* 8 ff. hoc tit.
(3) l. *Foeminae* 2 ff. *De reg. jur.* (50, 17).
(4) l. *In quaestionibus* 8 ff. *Ad leg. Jul. majestat.* (48, 4).
(5) l. *Mulierem* 13 ff. hoc tit.
(6) l. *Manichaeos* 4 § *in mortem* 4 Cod. *De haeretic. et Manic.* (1, 5).
(7) l. *De crimine* 12 Cod. *De his, qui accusar. non poss.* (9, 1).
(8) l. *Qui accusare* 8 ff. hoc tit.
(9) l. *Certis* 2 § 1 ff. hoc tit.
(10) argum. l. *Si maritus* 15 § *Lex Julia* 6 ff. *Ad leg. Jul. de adulter.* (48, 5).
(11) l. *Filiumfamilias* 37 ff. eod. tit.
(12) l. *Qui accusare* 8 ff. hoc tit.
(13) l. *Is, qui judicio* 4 ff. hoc tit.; Fab. Cod. *Qui accusar. non poss.* lib. 9, tit. 1. def. 4 in princ.
(14) d. l. 4; l. *Alii* 9 ff. hoc tit.; l. *Si qui reus* 5 § 1 et 2 ff. *De public. judic.* (48, 1); l. *Accusator* 5 ff. *De praevaricat.* (47, 15); l. *Qui destiterit* 2 ff. *Ad Senatusc. Turpillian.* (48, 16).
(15) l. *Si qui reus* 5 ff. *De public. judic.*; Fab. d. def. 4 prop. fin.
(16) d. l. *Qui accusare* 8 ff. hoc tit.; l. *Non prohibentur* 8 Cod. *De his, qui accusar. non pos.* (9, 1).
(17) l. *Non nulli* 10 ff. hoc tit.
(18) d. l. 8 ff. hoc tit.

§ 2450. Accusatos de aliquo crimine regulariter accusatorem suum reconvenire, seu reaccusare non potest, nisi prius se crimine exuerit; nec enim relatione criminum, sed innocentia demonstrata reus purgatur (1): inscriptionem tamen suam, pendente accusatione, deponere potest, prosecuturus, cum se crimine exuerit (2): haec tamen regula plures habet exceptiones. In primis recriminatio permittitur, si quis suas, suorumve injurias prosequatur (3). 2. Si de majore crimine accusatorem reconveniat (4); quippe quod publice interest citius puniri: atque etiam permissum est mulieri a marito adulterii accusatae eum lenocinii, vel adulterii reconvenire (5).

§ 2451. Prius autem accusare videtur, non qui prior adversarium in jus vocari curaverit, sed qui prius crimen denuntiavit; quia denuntiando alium praevenit. Quod si rixa secuta sit, tantum inspicitur, quis prior deliquerit, atque ita rixae occasionem dederit (6); ne alioquin mitius, aut tardius puniatur, qui damni occasionem dedit.

§ 2452. Neque socius criminis socium recte accusat, cum de propria conscientia sollicitus esse debeat, non alienam scrutari (7): nisi agatur de criminibus atrocioribus, veluti perduellionis (8), falsae monetae (9), latrocinii (10), et similibus.

§ 2453, Nec plures unus simul accusare potest; quia poenam talionis ex secunda accusatione, si in utraque calumniator deprehendatur, plene subire non posset; nisi suam, suorumve injuriam persequatur (11): nec viceversa plures unum ejusdem criminis recte accusant; atque judex, pluribus ad accusandum venientibus, caussa cognita, statuere debet, quis ad accusandum admittendus est (12): nisi plures inter se conveniant, ut simul accusent, atque ita unius vice fungantur (13): vel praevenerit is, cujus minus intererat, pu-

(1) l. *Si, qui reus* 5 ff. *De public. judic.*; l. *Neganda* 19 Cod. *De his, qui accusare non poss.* (9, 1); Fab. Cod. eod. tit. lib. 9, tit. 1, def. 1 in princ.
(2) d. l. 19 in fin.
(3) d. l. 19 Cod. *De his. qui accus. etc.*
(4) d. l. 19 et l. 1 Cod. eod. tit.; Fab. d. definit. 1, n. 1 et 2.
(5) l. *Ex lege* 2 § *si in publico* 5; l. *Si uxor* 13 § *Judex* 5 ff. *Ad leg. Jul. de adulter.* (48, 5).
(6) Fab. Cod. *De his, qui accus. non poss.* lib. 9, tit. 1, d. def. 1, n. 3 et seqq.
(7) l. ult. in fin. Cod. hoc tit.
(8) l. *Quisquis* 5 § ult. Cod. *Ad leg. Jul. majestat.* (9, 8).
(9) l. 1 Cod. *De fals. monet.* (9, 24).
(10) l. *Divus Hadrianus* 6 § 1 ff. *De custod. et exhibition. reor.* (48, 3).
(11) l. *Qui accusare* 8 in fin.; l. *Hos accusare* 12 § *lege* 2 ff. hoc tit.; l. *Cum rationibus* 19 Cod. *De his, qui accus. non poss.* (9, 1).
(12) l. *Si plures* 16 ff. hoc tit.
(13) argum. l. *Si accusatoribus* 4 Cod. hoc tit.

ta pater maritum in crimine adulterii (1). Plane, si prior accusator destiterit, alius deinceps accusare non prohibetur (2).

§ 2454. Ad haec Romanus Senatus censuit, propter unum, idemque crimen neminem accusari posse, seu reum fieri ex pluribus legibus publicorum judiciorum (3), licet crimen in plures leges incurrat, puta si quis dixerit falsum testimonium, ut innocens capite plectatur: ex quo locus fit legi Corneliae de sicariis et de falsis: quod tamen non impedit, quominus si ex eodem facto plura crimina nascantur, de uno crimine accusatus, pendente illa accusatione, de altero per alium accusetur, ita ut judex super utroque simul sententiam ferat (4). Quamquam ex fori praxi plura crimina ab illis, qui publico nomine accusant, uno libello cumulari possunt, ut pro omnibus una poena imponatur (5).

§ 2455. Certas tantum personas accusare prohibentur liberi et liberti, videlicet parentes et patronos suos (6) ob reverentiam et pietatem ipsis debitam: idem statutum est de familiaribus, famulis et servis, excepto crimine laesae majestatis (7): qui tamen possunt de facto parentum, aut dominorum queri rerum suarum defendendarum caussa (8). Parentibus concessum est, ut liberos accusent de criminibus adversus ipsos admissis (9): si vero in alium filius deliquerit, culpandus pater, qui filium accuset (10); nec plena hujus accusationis ratio habetur (11). Denique exilio plectitur frater, qui fratrem criminis capitalis accusaverit (12). Quod si de nece vindicanda agatur, in vindictae persecutione prima caussa est liberorum, tum uxoris, tertio parentum, postremo consanguineorum (13); hic enim inspicitur, cujus magis intersit.

§ 2456. Accusari, personis modo dictis exceptis (§ praced.), aliisque perpaucis, possunt omnes, qui doli capaces sunt: excipiuntur praesides provinciarum, magistratus populi Romani, et reipublicae caussa absentes (14). De his, qui ex alia caussa absunt, puniendus infra dicemus. Qui semel accusati, atque absoluti sunt, vel levius puniti, de eodem crimine, propter rei judicatae auctoritatem, rursus accusari nequeunt, sive ab eodem, sive ab alio, nec a procuratore fisci, tametsi, novae probationes allegentur, saltem si sententiae addita fuerit clausula *alio non apparente:* nisi posterior accusator, prioris accusationis ignarus, suam, suorumve indemnitatem prosequatur (1), vel probet prioris accusatoris collusionem (2).

§ 2457. Neque leges impediunt, quominus accusatus levioris criminis, puta tamquam vulnerator, atque ob id punitus, rursus accusetur gravioris criminis eo descendentis, nempe homicidii, si vulneratus mortuus ex vulnere sit (3); licet enim unum factum sit, duplicem tamen rationem habet. Quod si vulneris accusatum judex absolverit, de homicidio amplius insimulari non potest, licet homo mortus sit (4); cum innocentia semel comprobata in judicium amplius deduci nequeat (§ praeced.).

§ 2458. Quinimmo recte tradit Faber, si accusatus et absolutus, vel levius punitus novi criminis reus fiat, bonum judicem sic ferre sententiam debere; ut, quod priori condemnationi defuit, posteriori adjiciat; atque utriusque criminis poenam ita cumulandam, ut posterioris gravior fiat (5); et ita poena crimini respondeat (6).

§ 2459. Accusatio plane non recipitur, nisi certa sit accusatoris persona, licet de atrocissimo crimine agatur, praesertim contra defunctum (7); alioquin innocentium fama facile periclitaretur, quod ferendum non est: ideo loco jurisjurandi calumniae, quod olim ab accusatoribus exigebatur, inducta fuit inscriptio in crimen, qua cavet accusator, se usque ad sententiam in accusatione perseveraturum (8): et simul se adstringit ad talionem, seu similitudinem supplicii, si calumniae convincatur (9).

§ 2460. Sed remittitur inscriptionis vinculum marito, qui jure mariti uxorem adulterii accuset (10), mulieri, quae suam, aut suorum injuriam persequatur (11), liberis, qui parentum, aut parentibus, qui liberorum necem

(1) l. *Ex lege* 2 § pen. ff. *Ad leg. Jul. de adulter.* (48, 5).

(2) l. *Libellorum* 3 § 1 et ult.; l. *Hi tamen* 11 § ult. ff. hoc tit.

(3) l. *Senatus* 14 ff. hoc tit.

(4) l. *Qui de crimine* 9 Cod. hoc tit.

(5) l. *Julius Clarus* § *final.* quaest. 13, n. 3 et 4.

(6) l. *Qui accusare* 8 in fin. ff. hoc tit.

(7) l. penult. Cod. *De his, qui accus. non poss.* (9, 1).

(8) l. *Hi tamen* 11 § 1 ff. hoc tit.

(9) l. *Propter insidias* 14 Cod. *De his qui accusar. non poss.*

(10) argum. l. *Eum patronum* 10 et l. seqq. ff. *De jur. patronat.* (37, 14).

(11) l. *Milites* 13 § ult. ff. *De re militar.* (49, 16).

(12) l. *Si magnam* 13 Cod. *De his, qui accus. non poss.*

(13) Fab. Cod. *De his, qui accus. non poss.* lib 9, tit. 1, definit. 2.

(14) l. *Hos accusare* 12 ff. hoc tit.

(1) l. *Si cui* 7 § *iisdem* 2 ff. hoc tit.; Fab. Cod. hoc tit lib. 9, tit. 2, def. 4 in princ. et def. 13; *Reg. Constit.* lib. 4, tit. 4, § 28.

(2) l. *Si quis homicidii* 11 Cod. hoc tit.

(3) argum. l. *Si vulnerato* 46 et seqq. ff. *Ad leg. Aquil.* (9, 2); Fab. Cod. *Ad leg. Cornel. de sicar.* lib 9, tit. 10, def. 10 in princ.

(4) Fab. d. def. 10 in fin.

(5) Ibid. Cod. *De his, qui accusar. non poss.* lib. 9, tit. 1, d. def. 4 in fin.

(6) l. *Perspiciendum* 11 ff. *De poen.* (48, 19).

(7) Fab. Cod. hoc tit. lib 9, tit. 2, def. 5.

(8) l. *Si cui* 7 princ. et 1 ff. hoc tit.

(9) l. ult. Cod. hoc tit.

(10) l. *Quamvis* 30 Cod. *Ad leg. Jul. de adulter.* (9, 9) nec obstat auth. *sed novo jure* post l. 11 Cod. eod. tit., cum male excepta sit.

(11) l. *De crimine* 12 Cod. *De his, qui accusar. non poss.* (9, 1).

vindicent (1). Delatores inscriptionis necessitate non onerari apud omnes constat (2).

§ 2461. Accusationis is est effectus, ut interim reus postulatus in reatu maneat, donec innocentiam suam demonstraverit; nec ad novos honores evehi possit (3): sed pristinam dignitatem retinet (4), et officium, si excipias tutorem suspectum accusatum propter imminens malae administrationis periculum (5). Dignitas alicubi facultatem tribuit reo sedendi, cum ad interrogationes super crimine respondet, alibi non (6).

§ 2462. Bonorum administratio non adimitur accusato, pendente cognitione de crimine, praeterquam si crimen laesae majestatis, aut repetundarum objiciatur (7): atque potest accusatus bona alienare solvere creditori suo, et solutionem accipere, dummodo nihil fiat in fraudem fisci, aut accusatoris (8). Quare venditio, licet deinceps sequatur condemnatio, revocari non potest (9).

§ 2463. Judex tamen alienandi facultatem, si forte petatur ab accusato, dare non potest, nisi necessaria, aut probabilis aliqua vendendi caussa allegetur, ut pecunia convertatur in sumptus litis, et alimentorum (10). Ratio est, quia, facta ultro venditione, salvum manet jus fisci adversus emptorem, si quid a reo in fraudem et per collusionem factum probetur; quod non maneret, permissa venditione; quia juste possidere intelligitur, qui possidet auctore praetore (11): sibi ergo imputet, qui adire judicem maluerit, cum liberam distrahendi potestatem haberet.

§ 2464. Alienationes titulo oneroso factae permittuntur reo criminis accusato, ita ut nec revocentur secuta condemnatione (§ 2462): sed donationes celebratae post crimen contractum, ex quo bona publicantur, revocationi subsunt; si condemnatio sequatur (12). Sed haec alibi fusius expendimus (13).

§ 2465. Mortuo reo pendente accusatione, extinguitur accusatio (praeterquam in delictis atrocioribus) etiam quoad poenam fisco applicandam, non vero pro sumptibus litis, et eo, quod patris laesae interest (1). Plane, si quis de duplici crimine accusetur, quorum unum gravius sit altero, et graviorem poenam mereatur, puta mortis, non potest de leviore, quod exilio coercendum sit, pronunciari, priusquam de graviore plene cognitum sit (2).

§ 2466. Moribus plerarumque gentium privatis non conceditur accusatio publicae vindicta gratia, sed tantum procuratoribus fisci, et similibus, vi publici officii, quod sustinent, qui tamen, si proprie loquamur, denunciant potius, quam accusent; cum nec in crimen inscribant, nec ad poenam talionis se obligent: quamquam extra ordinem puniendi sunt, si temere deferant (3). Apud nos distinguere placuit levia a gravioribus delictis. In delictis levibus nemo, nisi volens, accusat, neque judex ad locum patrati levis delicti se transferre debet (4), sed summatim, vocatis ad se partibus, pronunciat, ut parti laesae satisfiat (5).

§ 2467. In aliis gravioribus delictis fiscus ex officio inquirit, atque laesus cogitur factum prout est, declarare, quin revocatio querelae ab ipso facta impediat, ne fiscus caussam prosequatur, aut mulcta aliis debita solvi debeat: quamquam summarie cognoscendum, et pronunciandum est, quoties delicto poena ultra quinquaginta libras imposita non est (6).

§ 2468. Querelae, accusationes, aut denunciationes partis laesae tum viva voce, tum in scriptis proponi possunt coram judice ordinario aut officialibus loci; ita tamen ut priore casu statim in scripturam redigantur, demonstratis testibus adhibendis ad probandam querelam, et facti adjunctis; eaque a denunciante subscribatur, vel signetur, si litteras nesciat (7): recriminatio autem admitti potest, dummodo recriminator, cum agitur de delictis poena corporali coercendis, se in carceres constituat, nec citatus sit in persona, aut prehendi jussus (8).

§ 2469. Hactenus de primo deducendi in judicium criminis modo. De denunciatione, et inquisitione, a qua parum distat adnotatio, pauca supersunt dicenda. Denunciatio nihil aliud est, quam delatio delicti, et delinquentis apud judicem competentem sine subscriptione in crimen, adeoque sine metu talionis (§ 2444). Denunciatio a privatis sponte fit, saltem in delictis levioribus (§ 2466); sed in gravioribus

(1) l. ult. ff. *De public. judic.* (48, 1).
(2) l. *Ea quidem* 7 Cod. hoc tit.
(3) l. unic. Cod. *De reis postulat.* (10, 58).
(4) l. *Libertus* 17 § *in quaestionibus* 12 ff. *Ad municipal.* (50, 1).
(5) § *si quis autem* 7 Instit. *De suspect. tutorib.* (1, 26).
(6) Voet in ff. hoc tit. n. 14.
(7) l. *Ex judiciorum* 20 ff. hoc tit.
(8) argum. l. *Post contrarium* 15 ff. *De donat.* (39, 5); Fab. Cod. hoc tit. lib. 9, tit 2, def. 1 et 8.
(9) Fab. Cod. hoc tit. def. 7 in princip.
(10) d. def. 7, n. 10 et seqq.
(11) l. *Juste possidet* 11 ff. *De acquir. possess.* (41, 2); l. *Qui actore* 137 ff. *De reg. jur.* (50, 17).
(12) d. l. *Post contractum* 15 ff. *De donat.* (39, 5); l. *Si aliquis* 7 ff. *De mort. caus. donat.* (39, 6); Fab. Cod. hoc tit. lib. 9, tit. 2, d. def. 7, n 5 et seqq
(13) V. vol. I, lib. 2, pag. 822, § 2137 et seqq.

(1) l. *In Senatusconsultum* 15 § *si propter* 3 ff. *Ad Senatuscons. Turpill.* (48, 16); Fab. Cod. hoc tit. def. 15; V. *Reg. Constit.* lib. 4. tit. 25, § 8.
(2) l. *Per minorem* 54 ff. *De judic.* (5, 1); Fab. Cod. *De his, qui accusar. non poss.* lib. 9, tit. 1, def. 3.
(3) Voet in ff. hoc tit. n. 18.
(4) *Reg. Constit.* lib. 4, tit. 3, § 1, 2 et 3.
(5) Ibid. § 4, 5, 6 et 7.
(6) Ibid. § 8 et 9.
(7) Ibid. § 10 et 11.
(8) Ibid. § 12, 13, 14 et 15.

ex legis sanctione (1): qui vero publico in his officio funguntur, ejus vi accusare, seu denunciare crimina tenentur (2).

§ 2470. Quamvis vero deferens poenam talionis non metuat, pro modo tamen puniendus est, si calumniae, aut temeritatis convincatur, adeoque non tantum in litis sumptus, sed et in mulctam pecuniariam, immo et corporalem condemnari potest (3): atque eadem servanda est regula ex rationis identitate de instigatore accusatoris (4).

§ 2471. Crimen in judicium deducitur per inquisitionem, cum judex in delictum inqnirit, vel motu proprio, vel fama publica motus (5). Inquisitio distinguitur in generalem, et specialem. Generalis est, cum is, cui ex officio incumbit malis hominibus provinciam purgare, inquirit, utrum in suo territorio tales sint homines: specialis, cum inquiritur in certam personam, quae deliquisse dicitur, vel in patratum crimen, aut quae commissum dicitur, sed cujus auctor ignoratur: specialis inquisitio caute fieri debet a judice, ne insontis existimationem temere laedat.

§ 2472. Accusatione instituta, factave denunciatione, vel inquisitione, reus criminis citandus est, ut in judicium veniat exceptiones, et defensiones suas allegaturus; nec enim absens, et indefensus damnari potest (6); cum aequitas suadeat, satius esse nocentem absolvi, quam insontem condemnari (7): nisi forte reus in jus vocatus venire detrectet, et contumax fiat (8).

§ 2473. Citandus autem reus in persona, ut ipse se defendat, atque fisci interrogationibus respondeat: atque uno actu tres citationes fiunt, modico interjecto tempore, quo elapso reus pro contumace habetur (9). Modus in jus vocationis diversus est pro delictorum, atque reorum diversitate, ita ut reus ipse venire jubeatur, cum agitur de delictis poena corporali coercendis (10), atque dilatio sistendi facilius conceditur in levioribus delictis, si justum allegetur impedimentum, nimirum aegritudinis (11). Brevior dilatio conceditur reo, qui e carceribus effugerit (12).

§ 2474. Ex sola fuga, carceribus etiam effractis, reus pro confesso non habetur, qui tamen poenam effractionis ferre debet, non secus ac illi, qui instrumenta ministraverint reis in carceribus detentis ad eos effringendos, aut ipsi effregerint (1). Ut autem omne contumaciae effugium tollatur, reo alterius praecedentis delicti condemnato, aut inquisito a Senatu dari potest commeatus, seu salvus conductus (2). Plane contumax offerre potest fidem, ut ajunt, baptismatis ad probandam minorem aetatem, quo mitius puniatur (3).

§ 2475. Quemadmodum contumacia in caussis civilibus purgari potest, atque contumax, refusis expensis, auditur (§ 2065), ita et potiori ratione servatur in caussis criminalibus; in quibus etiam permittitur reo non tantum, qui sponte in carceres se constituat, sed et qui prehensus sit, solutis expensis contumacialibus, ut defensiones suas alleget coram judice competente (4): quamquam favorabilior habetur conditio eorum, qui ultro se tradunt custodiae, ne ex semiplena probatione ordinariam poenam subeant (5). Sane, cum reus contumax post latam condemnationis sententiam ad se defendendum admittitur, fiscus quoque potest novas edere petrati delicti probationes (6).

§ 2476. Cum temere debeat judex in delinquentem inquirere, ne ejus fama periclitetur (§ 2471), potiori ratione rei prehensio, ut in carceres ducatur, jubenda facile non est. Sed de hac re sensim disserere praestat.

APPENDIX I.

De custodia et exhibitione reorum.

Digest. lib. 48, tit. 3 *De custod., et exhibit. reor.*
Cod. lib. 9, tit. 4 *De custod. reor.*

SUMMARIA

§ 2477. *Reus accusatus, aut suspectus comprehendi regulariter non debet, nisi praecesserint inquisitio, et conclusiones fisci.* — § 2478 *et* 2479. *Quae sint hujusce regulae exceptiones?* — § 2480. *Litterae requisitoriae apud nos in judiciis criminalibus necessariae non sunt.* — § 2481. *Cur praestet caussam criminalem sibi agi, ubi crimen perpetratum fuit.* — § 2482 *et* 2483. *Rei criminum quocumque in loco fere capi possunt, atque quocumque die, oppositione, vel appellatione non obstante.* — § 2484 *et* 2485.

(1) l. *Quisquis* 5 § penult. et ult. Cod. *Ad leg. Jul. majestat.* (9, 8).
(2) l. unic. Cod. *De irenarchis* (10, 75).
(3) l. ult. Cod. *De calumniatorib.* (9, 46); Fab. Cod. hoc tit. lib. 9, tit. 2, def. 2 et 9.
(4) argum. d. l. ult; Fab. ibid. def. 10.
(5) l. *Congruit* 13 ff. *De offic. praesid.* (1, 18).
(6) l. 1 princ. § 1 et 2 ff. *De requirend. reis, vel absentib. damnand.* (48, 17).
(7) l. *Absentem* 5 ff. *De poen.* (48, 19).
(8) d. l. 5 in fin. princ.
(9) *Reg. Constit.* lib. 4, tit. 14. § 1 et 2.
(10) Ibid. § 3, 4, 5 et 6; v. Fab. Cod. lib. 9, tit. 3, definit. 4.
(11) *Reg. Const.* ibid. § 14, 15, 16, 17 et 18.
(12) Ibid. § 7 et 8.

(1) *Reg. Constit.* d. lib. 4, tit. 14, § 9 et 10.
(2) Ibid. § 11, 12 et 13.
(3) Ibid. § 19.
(4) Ibid. tit. 15, § 1, 2, 3, 4 et 8.
(5) Ibid. § 5 et 6.
(6) Ibid. § 7; V. Thes. lib. 4. quaest. 63, ubi mater contumacis admissa fuit ad probandum homicidium a filio patratum fuisse in rixa; ideoque filium e catalogo bannitorum removendum esse.

Rei criminum atrociorum jam condemnati, et publice propositi, seu banniti impune occidi possunt. Quid si caeteri armis resistant? — § 2486. *Reus, pendente criminali judicio, vel in carceres conjicitur, vel traditur militari custodiae, aut fidejussoribus, vel sibi committitur.* — § 2487. *Carcer jure civili ad custodiendos et continendos homines inductus fuit: moribus etiam ad puniendos.* — § 2488. *Vinculorum publicorum quis esset modus apud Romanos?* — § 2489. *Carceres privati inhibentur, nisi necessitas aliud exigat.* — § 2490. *Mulieres aeque ac viri carceribus hodie mancipantur.* — § 2491 *et* 2492. *Rei in carceribus constituti humaniter tractandi sunt, eisque alimenta suppeditari debent.* — § 2493. *Cujus sumptibus alendi sint delinquentes carceribus mancipati?* — § 2494. *Quibus reis Princeps delicti veniam facilius concedat?* — § 2495 *et* 2496. *Quid si rei e carceribus effugerint dolo, vel culpa commentariensis?* — § 2497. *Facile punitur reus, qui sine vi, et effractione fugerit. Quid de familiaribus, consanguineis et amicis opem praebentibus?* — § 2498 *et* 2499. *Quid si reus ipse carceres effregerit, vel alii?* — § 2500 *et* 2501. *Quibus casibus rei militari custodiae tradantur, et quibus modis?* — § 2502. *Quid de fidejussoria reorum cautione, vel nuda repromissione?*

§ 2477. Postquam accusator solemni inscriptione se ad poenam talionis devinxit, Romano jure reus prehendi potest (1) ex judicis imperio (2): jure autem hodierno, postquam exolevit privatarum accusationum usus (§ 2466): judex carcerationem, ut ajunt, praecipere non potest, nisi praecesserint inquisitio, et conclusiones fisci, praeterquamsi carcer ad emendationem detur, vel contra testes falsa deponentes, aliosve non absimiles casus (3); puta adversus falsum monetarium (4), vel furem manifestum (5), aut periculum in mora sit (6).

§ 2478. Sed et aliae sunt hujus regulae exceptiones: atque licet sine praevia inquisitione, quamvis nec praecesserint fisci conclusiones, prehendere reum de fuga suspectum, in flagranti deprehensum, aut ad clamorem populi, aut qui tumultus caussam dare possit, vel si delictum publicum sit, et atrox, atque notorius delinquens (7): quinimmo concessa est judicibus facultas mandandi, ut in delictis corporali poena coercendis comprehendatur is, qui delicti suspectus est, dummodo probabili fundamento nitatur suspicio, aut arma prohibita ferat (1): aut diffamatus sit grassationis, vel furti, si communitatis administratores ita deponant, vel instent (2).

§ 2479. Amplius etiam indultum gubernatoribus, praefectis militum, et officialibus militaribus, ut jubeant comprehendi delinquentes (licet extra militiae ordinem constitutos), aut jam condemnatos, aut in casibus modo commemoratis (§ praeced.), ita tamen, ut eos statim transmittant ad judices ordinarios; qua tamen facultate caute, et prudenter uti debent, ne insontes damnum subeant (3). Judices autem, qui in memoratis casibus (§ praeced.), reum prehendi jusserint, aut quibus a militum ducibus traditus fuerit, statim ad Senatum rem referre debent, additis caussis, quae ad ita agendum impulerint, ut decernat, an retinendus, an dimittendus sit, qui in carceres conjectus fuit (4).

§ 2480. Si reus sit extra territorium judicis, in quo deliquit, litterae requisitoriae apud Romanos mittebantur (5): apud nos judex, ad quem delicti cognitio spectat, praecipere potest, ut reus comprehendatur, quocumque in loco ditionis sit, absque litteris requisitoriis (6): reus autem conjicitur in carceres judicis loci, ubi comprehensus fuit, cujus jussu inde transmittendus, ad carceres judicis, cujus imperio comprehensio secuta fuit, requisitoriis literis ad hoc datis (7): atque judices omnes vi officii sui diligenter inquirere debent, utrum in territorium suum se receperint, qui in alio deliquerunt, ut comprehendantur, graviter puniendi judices, si negligentes sint in reis criminum comprehendendis, non secus ac universitatum administratores, qui auxilium non praebuerint, immo et caeteri, quos judex requisierit (8).

§ 2481. Reorum transmissiones ad locum delicti scite inductae sunt; etenim illic facilius, et certius cognosci potest de crimine; praeterquamquod publice interest, delicta ibi puniri, ubi admissa fuerunt, ut poena emendetur, quod malo exemplo nocitum est. Aliquando tamen, licet raro, reos cum elogio ad locum domicilii, vel originis transmissos fuisse constat (9). Plane reorum transmissiones de ditione in ditionem comitatis sunt, non necessitatis, atque in atrocioribus tantum delictis solent observari (10).

(1) l. penult. Cod. *De exhibend. et transmittend. reis* (9, 3).
(2) l. ult. Cod. eod. tit.; V. *Reg. Constit.* lib. 4, tit. 7, § 2 et 3.
(3) *Reg. Const.* ibid. tit. 7, § 1. 4 et 6.
(4) l. 1 Cod. *De falsa monet.* (9, 24).
(5) l. *Si quis* 7 § pen. et ult. ff. *De furtis* (47. 2).
(6) argum. l. *Ait praetor* 10 § *si debitorem* 16 ff. *Quae in fraud. creditor.* (42, 8).
(7) *Reg. Constit.* d. lib. 4, tit. 7, § 15; Fab. Cod. hoc tit. lib. 9, tit. 3, def. 2.

(1) *Reg. Constit.* ibid. § 16 et 17.
(2) Ibid. § 18.
(3) Ibid. § 21 et 22.
(4) Ibid. § 23.
(5) l. *Solent* 7 ff. hoc tit.; Novell. 134, cap. *si vero* 5.
(6) *Reg. Constit.* lib. 4, tit. 7, § 12.
(7) Ibid. § 13.
(8) Ibid. § 18 et 19.
(9) l. *Non est dubium* 11 § 1 ff. hoc tit.
(10) Voet in ff. hoc tit. n. 1 in fin.

§ 2482. Rei criminum quocumque in loco capi possunt, si ecclesiae, et pia loca excipiantur, quae asylorum loco saltem in delictis levioribus habentur (1): atque, cum intersit, crimina puniri, delinquentes etiam die in honorem Dei feriato comprehendi possunt, licet nondum completus sit citationis terminus (2): ne dilatio fugae aditum praestet.

§ 2483. Neque delinquentes impedire possunt, quominus publica auctoritate comprehendantur, facta oppositione, aut appellatione interposita; de viribus oppositionum, aut appellationis pronunciandum erit, postquam in carceribus constituti a judice interrogati fuerint (3). Non tamen occidi regulariter potest reus, qui in fugam se conjiciat, neque lictoribus hoc mandatum fuit, neque mandari potuit a judice, qui, nonnisi caussa diligenter cognita reum morti addicere potest.

§ 2484. Rei tamen atrociorum criminum jam condemnati, et publice propositi (bannitos vocant), puta laesae majestatis, homicidii proditorii, grassationis, et similium (4), non tantum ab apparitoribus, et lictoribus, sed a quocumque impune occidi possunt, tamquam patriae hostes; caeteros vero in eo tantum casu licet interimere, quo armis resistant (5), cum et in hoc vis rei fiant, quam vi repellere omnia jura sinunt (6).

§ 2485. Sane non tantum milites, et universitatum rectores, sed et caeteri opem requisiti ferre tenentur, quo delinquentes atrociores comprehendantur (7): atque ideo index, seu catalogus fieri, et publice exponi debet (8), quo peracto judices, et universitatum rectores curare diligenter debent, ut hi delinquentes comprehendantur, graviter alioquin puniendi (9), non secus ac vassalli, qui necessariam diligentiam praetermiserint, ut delinquentes publice denunciati capiantur (10). Qui autem praesumpserint impedire, ne hi delinquentes comprehendantur, ejusdem poenae rei fiunt, cujus delinquentes ipsi (11).

§ 2486. Reus comprehensus, atque in judicio exhibitus, pendente lite criminali, custodiendus est, ut poenam crimini congruentem subeat, si nocens probetur: quo autem modo id fiat, judicis arbitrium est. *De custodia reorum*, ait Ulpianus, *proconsul aestimare solet, utrum in carcerem recipienda sit persona, an militi tradenda, vel fidejussoribus committenda, vel etiam sibi: hoc autem vel pro criminis, quod objicitur, qualitate, vel propter honorem, aut propter amplissimas facultates, vel pro innocentia personae, vel pro dignitate ejus, qui accusatur, facere solet* (1): unde patet, pro criminis gravitate, rei conditione, praesumptionibus gravioribus, aut levioribus reum in carceres conjici, vel militari custodiae tradi, aut fidejussoribus committi, vel etiam sibi, dummodo de se sistendo repromittat.

§ 2487. Hinc apud nos vetitum, ne quis in carcerem conjiciatur, nisi propter delicta, quae corporali poena coerceri possunt, aut pecuniaria gravi, pro qua reus idoneam cautionem dare nequeat (2). Carcer nimirum jure civili non ad puniendos, sed ad custodiendos, et continendos homines inductus fuit (3); atque ideo rei condemnati non poterant per modum poenae ad carceres perpetuos damnari (4): quamquam aliud moribus apud plerosque populos receptum est.

§ 2488. Vincula carceri adjungebant Romani in atrocioribus delictis (5), prout etiam nunc fieri solet: aliquando autem reus in vincula publica ducebatur, non tamen in carcerem, videlicet vinctus, et compeditus in aliquo loco asservabatur, qui ad custodiam reorum publice destinatus non erat (6): sed vinculorum usus ubique fere exolevit, atque jure, quo utimur, cautum ut reus comprehensus statim ducatur in carceres judicis, cujus imperio comprehensus fuit; nec diutius in domibus retineatur, quam ferat necessitas transmissionis, aut suadeat periculum, ne reus eripiatur (7): Romanae leges delinquenti, saltem qui ex longinquo reducendus erat, aliquod temporis spatium, non minus triginta dierum, concedebant ad disponendas res suas, et componendos moestos penates (8).

§ 2489. Privati carceres inhibentur, praeterquam in casibus, in quibus licet creditori, aut alteri reum fugientem, aut latitantem comprehendere (9); tunc enim, si nulli sint publici carceres in loco, permittendum, ut reus in pri-

(1) l. 1 et passim Cod. *De his, qui ad Eccles. confug.* (1, 12).
(2) *Reg. Constit.* lib. 4, tit. 7, § 11.
(3) Ibid. d. § 10.
(4) Ibid. tit. 30, § 2.
(5) Ibid. tit. 32, § 7 et 18.
(6) l. *Ut vim* 3 ff. *De justit. et jur.* (1, 1).
(7) Voet in ff. hoc tit. n. 3 in fin.; *Reg. Constit.* lib. 4, tit. 32, § 3, 4, 5 et 6.
(8) *Reg. Constit.* ibid. § 8 et 9.
(9) Ibid. § 10, 11, 12, 14 et 16.
(10) Ibid. § 15.
(12) Ibid. § 17.

(1) l. 1 ff. hoc tit.
(2) *Reg. Constit.* lib. 4, tit. 7, § 5.
(3) l. *Aut damnum* 8 § *solent* 9 in fin. ff. *De poen.* (48, 19).
(4) l. *Incredibile* 6 Cod. eod. tit. (9, 47).
(5) l. *Si servus* 2 ff. hoc tit.; l. 1 Cod. hoc tit.
(6) l. 1 § ult. ff. *De aleatorib.* (11, 5); Lautumiae appellatione carceres designantur; l. ult. fer. in princ. Cod. *De abolitionib.* (9, 42).
(7) *Reg. Const.* d. lib. 4, tit. 7, § 7.
(8) l. *Nullus* 2 Cod. *De exhibend. et transmittend. reis* (9, 3).
(9) l. *Ait praetor* 10 § *si debitorem* 16 ff. *Quae in fraud. creditor.* (42, 8); l. *Generali* 54 Cod. *De decurionib.* (10, 31).

vatis carceribus detineatur, dummodo quamprimum publicis reddatur loci officialibus, aut proximioris jurisdictionis (1).

§ 2490. In carceres conjici possunt rei cujuscumque conditionis saltem in delictis atrocioribus; in caeteris personae illustres, aut dignitate fulgentes militari custodiae, aut nudae repromissioni committi possunt. Foeminas Justinianus a carcere eximit (2): sed moribus reductum est jus antiquum (3), quo mulieres aeque ac viri carceribus mancipantur, ita tamen, ut diversa habeant a viris clausorum tutamina, ut loquitur imperator Constantinus (4).

§ 2491. Cavendum sane, ne carcer, qui custodiae tantum inservit, in poenam nimis gravem vertatur: atque ideo delinquentes humano modo a custodibus tractandi sunt; et necessaria ad victum iis suppeditari debent (5): accusatoris autem sumptibus ali debent, si innocens probetur, qui carceri mancipatus est; alioquin propriis: quod si nullus sit accusator, fiscus, aut vassalli alimenta suppeditant delinquentibus, repetituri a reo ipso, qui idoneus solvendo sit (6).

§ 2492. Haec apud nos diligentius praescripta sunt; atque mandatum commentariensibus, seu custodibus carcerum (commentarienses inde dicti sunt, quod in commentaria referant custodias, seu personas comprehensas, earum conditionem et delicti qualitatem (7)), ut diligenter eos custodiant potissimum, antequam a judice interrogati fuerint (8): tum ut post octo dies, ex quo capti fuerint, judicem certiorem reddant, commentario captivorum omnium facto (9): securitati, atque nitori carcerum invigilent et judicem instruant, si aliquis ex captivis in morbum incidat, ut opportune curet, atque ecclesiastica sacramenta ei ministrentur (10): caeteraque impleant, quae a judice praescripta fuerint (11).

§ 2493. Quod pertinet ad sumptus alimentorum secernuntur graviorum criminum rei a reis leviorum: illis alimenta omnino suppeditanda sunt a custode carceris secundum personae conditionem, repetiturus utique prout de jure: posteriores vero pro arbitrio alimenta recipere possunt a commentariensi, vel a consanguineis, aut amicis, dummodo commentariensi tradantur, atque ab eo expendantur (1): qui tamen neque aurum, neque argentum, aut aliud quodcumque accipere potest tradendum reis criminum atrociorum (2).

§ 2494. Ut autem conveniens captivorum cura facilius obtineatur, jubentur praefecti, et judices singulis octo diebus captivos invisere, et sciscitari, quod ad praesentem eorum statum pertinet, et caussae defensionem (3): idem munus incumbit relatori hebdomadario in singulas hebdomadas; atque Senatui, et curiae rationalium ter in singulos annos (4); ut deinde referant Principi, an aliqui sint, quibus Princeps delicti veniam concedere possit; quales habentur rei delictorum, quibus levis poena corporalis imposita est, aut minor aetas, senectus, aliave adjuncta favent, relapsis semper exclusis (5): et simul studeant, ut aegrotis captivis conveniens cura adhibeatur (6).

§ 2495. Quemadmodum nemo in carcerem regulariter conjici potest, nisi ex judicis legitimi imperio; ita nec licet commentariensi aliquem liberare, nisi ex judicis mandato (7). Si rei in carceribus inclusi evaserint dolo, aut culpa lata commentariensis, hic eidem poenae subjicitur, quam reus subiturus fuisset (8): atque eadem poena imminet adjutori commentariensis, qui passus sit custodias evadere, cum commentariensis abesset (9): atque apud Hollandos commentariensis factum etiam famulorum et reliquorum domesticorum praestare debet (10).

§ 2496. Non tamen desunt, qui putent, talionis poenam doloso, vel saltem negligenti custodi moribus irrogandam non esse, sed arbitrio judicis statuendam pro culpae modo (11): quod si dolo etiam, et culpa custodis effugerit is, qui propter civile debitum in carcerem inclusus fuerat, custos ad indemnitatem creditori praestandam condemnari debet (12).

§ 2497. Sed quid, si reus fugerit, effractis carceribus, quibus continebatur? Distinguendum est; an ipse carceres effregerit, an alius. Plane parcendum reo, qui nactus occasionem, sine vi, et effractione effugerit, vel aliquam vim in carcere constitutus adhibuerit, ne vinceretur, et ad supplicium duceretur (13); at-

(1) l. 1 Cod. *De privat. carcerib. inhibend.* (9, 5); Fab. Cod. eod. tit. lib. 9, tit. 5, def. 1.
(2) auth. *hodie* post l. 3 Cod. hoc tit.
(3) Voet in ff. hoc tit. n. 5 in fin.
(4) l. *Quoniam unum* 3 Cod. hoc tit.
(5) l. 1 Cod. hoc tit.
(6) Anton. Matthaeus *De criminib.* lib. 48, tit. 14, cap. 2, n. 11.
(7) l. *De his* 5 Cod. hoc tit.
(8) *Reg. Constit.* lib. 4, tit. 9, § 1, 2 et 4.
(9) Ibid. § 3 et 10.
(10) Ibid. § 5 et 6.
(11) Ibid. § 12.

(1) *Reg. Constit.* d. lib. 4, tit. 9, § 7 et 9; Fab. Cod. hoc tit. lib. 9, tit. 4, d. def. 1, 4 et 7.
(2) *Reg. Constit.* ibid. § 8.
(3) Ibid. tit. 10, § 1 et 2.
(4) Ibid. § 3 et 4.
(5) Ibid. § 5 et 6.
(6) Ibid. § 7 et 12.
(7) Ibid. tit. 9, § 11.
(8) l. *Ad commentariensem* 4 Cod. hoc tit.
(9) d. l. 4 in fin.
(10) Voet in ff. hoc tit. n. 5 in medio.
(11) Ibid. n. 8 prop. fin.; argum. l. *Milites* 12 ff. hoc tit.
(12) Menoch. *De arbitrar. judic.* lib. 2, cas. 302, n. 2.
(13) Fab. Cod. *De poen.* lib. 9, tit. 25, def. 16; V. tamen lib. 9, tit. 4, def. 6.

que mitius puniendi familiares, consanguinei, amici, qui consilium, vel etiam opem fugienti praebuerint, sed sine effractione (1).

§ 2498. Si reus ipse carceres effregerit, vel vim ad fugiendum adhibuerit, capite puniendus est secundum Ulpianum, sive solus, sive inita conspiratione cum caeteris (2); cui consentit Paulus (3). Difficultas est, an per capitis poenam intelligi debeat mors naturalis, an mors tantum civilis. Sed cum poenae interpretatione potius emolliendae sint, quam exasperandae (4); nec ulla lex sit, quae ultimo supplicio reos carcerum effractores puniendos nominatim decernat, immo Callistratus, hos tantum puniendos, licet innocentes sint criminis, propter quod in carceres conjecti sunt, generatim doceat (5): atque durum nimis videatur morte plecti, qui in naturalem libertatem se recipere studuit (6), idcirco mors tantum civilis hisce effractoribus constituta intelligenda est, atque usu fori arbitrariae poenae locus fit (7).

§ 2499. Durius agendum adversus alios, qui carceres effregerint, vel vim adhibuerint, ut rerum in carcerem detentum eripiant: hi quippe tamquam laesae majestatis rei habentur (8): quamquam moribus hodiernis arbitraria poena coercendos putant aliqui (9): non secus ac consanguineos, vel amicos, qui hujus criminis rei sint (10).

§ 2500. Criminum rei aliquando in carceres non conjiciuntur, sed militibus custodiendi traduntur, vel propter delicti quantitatem, vel propter personae conditionem (11): non uni tantum, sed duobus militibus custodia reorum plerumque demandabatur apud Romanos (12).

§ 2501. Vel liberae militari custodiae delinquentes credebantur, videlicet cum a militibus quidem asservabantur, non tamen iis per vincula, aut catenas alligati erant (13); quam Romae subiisse ab initio videtur Paulus Apostolus (14): vel duobus militibus traditi utrique catenis juncti erant, vel extra carcerem, vel in ipso carcere, prout factum videtur Apostolo Petro (15). Quod si reus ex militari custodia evaserit, milites pro modo culpae coercentur (1).

§ 2502. Fidejussoriae cautioni criminis accusatus committitur in delictis levioribus, potissimum quibus pecuniaria tantumodo poena imposita est; sed de hac re alibi diximus (2): propriae autem promissioni, et fidei aliquando committitur reus, cum manifesta fere suppetunt innocentiae argumenta, vel delictum sola pecuniaria poena plectitur, atque reus idoneus solvendo est, ita ut fugae periculum non immineat (3). Reus autem in carceres ductus ob crimen, quod corporali poena plectatur, eximi carceribus non potest, nisi auctoritate Senatus (4).

(1) l. 1 ff. *De effractorib.* (47, 18).
(2) Ibid.
(3) l. *Si quis aliquid* 38 § penult. ff. *De poen.* (48, 19); l. *Milites* 13 § penult ff. *De re militar.* (49, 16).
(4) l. penult. ff. *De poen.*
(5) l. penult. ff. hoc tit.
(6) l. 1 ff. *De bon. eor. qui ant. sentent. mort. sibi consciver.* (48, 21).
(7) Voet in ff. hoc tit. n. 9 in med. post alios plures.
(8) l. *Cujusque* 4 in fin. princ. ff. *Ad leg. Jul. majestat.* (48, 4).
(9) Voet in ff. hoc tit. n. 9 in princ.
(10) argum. *Reg. Constit.* d. lib. 4, tit. 31, § 1 et 2.
(11) l. 1 ff. hoc tit.
(12) l. ult. § 1 ff. hoc tit.
(13) l. *Nemo* 2 Cod. *De exact. tribut.* (10, 19).
(14) Act. Apostolor. cap. ult. vers. 16.
(15) Ibid. cap. 12, vers 4 et seqq.

APPENDIX II.

De requirendis reis, et absentibus damnandis.

Digest. lib. 48, tit. 17 *De requirendis reis etc.*
Cod. lib. 9, tit. 40 *De requirendis reis.*

SUMMARIA

§ 2503. *Absentes, si gravior poena irroganda fuisset, apud Romanos damnari non poterant.*—§ 2504 *et* 2505. *Adnotatio bonorum absentium, postquam in jus vocati fuissent, fieri debuit. Quis esset hujusce adnotationis effectus?* — § 2506. *Absentes hodie cujuscumque criminis nomine condemnantur: atque contumacium nomina publice proponuntur* — § 2507. *Contumacibus atrociorum criminum reis et condemnatis opem ferre nemo potest.* — § 2508 *et* 2509. *Venia datur reis, qui alium eadem, vel graviore poena condemnatum comprehenderint, et in fisci potestatem dederint. Quid de militiae desertoribus?* — § 2510 *et* 2511. *Quibus casibus bona delinquentium apud nos adnotetur, et apud nos deponantur?* — § 2512. *Adnotata reorum bona vendi non possunt, nisi necessitas, vel justa caussa urgeat.*

§ 2503. Absentes damnari non posse, si gravior poena irroganda fuisset, Romani censuerunt; qui aequitas non patiatur, inaudita caussa quemquam condemnari (5): quare, si quem judex inter reos adnotasset, edicto citandus erat, ut veniret, defensiones suas allegaturus (6); missis etiam litteris ad judicem

(1) l. *Milites* 12; l. ult. § *qui si negligentia* 2 et seqq. ff. hoc tit.
(2) V. vol. I, lib. I, pag. 377, § 2386 et seqq.; Osasc. decis. 18 in fin. †.
(3) l. 1 ff. hoc tit.; V. *Reg. Constit.* lib. 4, tit. 28, § 1, 3 et 4.
(4) *Reg. Constit.* ibid. § 2; V. Fab. lib. 9, tit. 3, def. 3.
(5) l. 1 in princ. ff. hoc tit.
(6) d. l. 1 § 1 ff. hoc tit.

loci, ubi reus degebat (1). Quomodo autem reus in jus vocandus sit, supra diximus (§ 2472, et 2473).

§ 2504. Postquam reus absens in jus vocatus fuit, bona ejus statim adnotantur (2), fisco vindicanda, si intra annum non veniat; quod si post annum sui copiam faciat, poenas quidem graviores crimini propositas, demonstrata innocentia, evitat, sed bona non recuperat in poenam contumaciae (3): recuperaturus utique, cum intra annum venit, aut pretium eorum, quae distracta fuerunt, cum servari non possent (4).

§ 2505. Porro annus computatur a tempore accusationis, seu ab eo die, quo reus fuit in judicio petitus, si tunc praesens fuerit, sed postea abesse coeperit (5): sin vero tunc absens fuerit, anni computatio fit ab eo die, quo adnotatio reo innotuerit, aut innotescere potuerit (6).

§ 2506. Sed hodiernis moribus rei criminum etiam gravissimorum absentes damnari possunt etiam ultimo supplicio, postquam ter vocati fuerint (§ 2473); eandemque subeunt poenam, quam praesentes ferrent (7). Apud nos rei contumaces, qui ad mortem, vel triremes condemnati fuerint, et banniti, describi seorsim jubentur in duobus catalogis, seu indicibus publice expositis (8), minutatim, et diligenter demonstratis reorum personis, delicti qualitate, et condemnationis sententia; deletis utique iis, qui postea abolitionem criminis impetraverint (9), vel delendos esse demonstratum fuerit (10).

§ 2507. Cum publice intersit, praesertim atrociorum criminum reos puniri, sub gravi poena omnibus interdicitur, ne eos in ditione commorantes recipiant, favorem, aut opem illis praestent; mitiori tantum poena in proximiores consanguinea praestituta, conjugibus et consanguineis usque ad tertium gradum ab omni poena excusatis, si hisce reis subsidia ad vitam suppeditaverint (11), exceptis iis, qui laesae majestatis divinae, aut humanae damnati sint, aut quibus haec subministrari Magistratus interdixerint (12). Quod sciens reis publice propositis cum armis comitem se adjunxerint in ditione, eidem poenae subjicitur, ac delinquens ipse (13).

(1) d. l. 1 § *praesides* 2.
(2) l. 1 Cod. hoc tit.
(3) l. *Quicumque* 2 Cod. hoc tit.; l. ult. ff. hoc tit.
(4) d. l. ult. princ. et § 1.
(5) d. l. *Quicumque* 2 Cod. hoc tit.
(6) d. l. 1 § pen.; l. pen. ff. hoc tit.
(7) Voet in ff. hoc tit. n. 2 in princ.
(8) *Reg. Constit* lib. 4, tit. 30, § 1 et 2; V. Thes. lib. 2, quaest. 10, ubi de bannitis a vassallo, vel ejus officiali.
(9) *Reg. Const.* ibid. § 3, 4, 5 et 6.
(10) V. supra § 2475 in not.
(11) *Reg. Constit.* lib. 4, tit 31, § 1, 2 et 4.
(12) Ibid. § 3.
(13) Ibid. § 5 et 6.

§ 2508. Ut autem facilius graviorum criminum rei comprehendantur, et debitam poenam subeant, venia datur reis, qui alium delinquentem eadem, vel graviore poena condemnatum in potestatem fisci tradiderint (1); ita tamen, ut habitare nequeant in loco, ubi domicilium habent laesi, nisi in pristinam concordiam cum ipsis redierint, aut facultatem hanc a Principe obtinuerint, cum, debita adhibita diligentia, veniam obtinere non potuerunt (2). Sed et hic discrimen constituitur inter crimina atrociora et leviora, potissimum in eo, quod pertinet ad jus eligendi delinquentem, ut a poena eximatur (3): nec non tempus electionis peragendae, et personas, quibus jus hoc cedi possit (4).

§ 2509. Beneficium hoc datur illis tantum, qui operam posuerint, et in discrimen se conjecerint, cum delinquentes comprehensi fuerunt, atque etiam lictoribus, qui sine mandato comprehenderint (5); dummodo intra diei spatium reos judici exhibuerint (6). Quae de paganis reis criminum disposita sunt, eadem fere servari praecipiuntur de transfugis, seu militiae desertoribus (7). Haec summatim delibasse sufficiat, cum fusius exposita in fonte videri possint.

§ 2510. Quaedam potius dicenda sunt de bonorum adnotatione, quae et apud Romanos praescribebatur (§ 2504). Praeceptum apud nos, ut statim ac constet, admissum fuisse delictum, ex quo locus fiat publicationi bonorum, aut gravi poenae pecuniariae, atque judicium coeptum sit adversus delinquentem, a graphiario tribunalis adnotentur bona omnia mobilia et immobilia delinquentis, discrete tamen, nec nimis sollicite; quin aliquid transferre liceat, nisi quod ad delictum pertinet (8): atque si adnotatio fiat ob solam poenam pecuniariam, et litis sumptus, ad concurrentem dumtaxat, largam tamen, aestimationem fieri debet; quam etiam effugere potest reus, oblata idonea cautione (9).

§ 2511. Si bona delinquentis apud alios sint, relinqui penes eos possunt, dummodo idonei sint, atque repromittant, se eadem repraesentaturos, quoties ita judicabitur: alioquin apud aliam idoneam personam sequestro deponi debent (10), quae tamen nec consanguinea, nec familiaris sit quaestorum aerarii, aut conductorum Principis, vel vassallorum, ad quos

(1) *Reg. Constit.* lib. 4. tit. 32, § 1.
(2) Ibid. 2.
(3) Ibid. § 19, 20, 21, 22, 23 et 24.
(4) Ibid. § 25, 26, 27, 28, 29, 34, 35, 36 et 37.
(5) Ibid. § 30 et 31.
(6) Ibid. § 32 et 33.
(7) V. *Reg. Constit.* lib. 4. tit. 33, § 1 et seqq.; V. et Cod. lib. 12, tit. 46 *De desertorib. et occultatorib. eor.*
(8) *Reg. Constit.* lib. 4. tit. 8, § 1, 2 et 4.
(9) Ibid. § 3
(10) Ibid § 5 et 6.

spectare possunt bona publicata, aut pecuniaria mulcta (1).

§ 2512. Plane si inter bona adnotata aliqua sint, quae servando servari non possint, haec vendi debent, et pretium subrogari: sed praeter haec caetera vendi nequeunt, nisi judicis competentis auctoritate, et previa aestimatione, potestate denegata officialibus tribunalis et fisci directe, vel indirecte emendi (2); atque cum litis acta a judicibus ad Senatum transmittuntur, acta quoque adnotationis bonorum delinquentis, aut sequestrationis, nec non alienationis, si quae secuta sit, adjici jubentur (3).

CAPUT III.

De judicibus caussarum criminalium: et de modis, quibus delicta probantur.

Digest. lib. 48. tit. 2) *De accusation.*
Cod. lib. 9, tit. 2)

SUMMARIA

§ 2513 *et* 2514. *Reus ab eo judice punitur apud nos, in cujus territorio deliquit, nisi crimen exceptum sit.* — § 2515. *An, et quibus casibus Senatus evocare possit cognitionem criminum, aut delegare?* — § 2516. *Quae praescriptae sint singulares cautelae, ut caussae criminales celerius expediantur?* — § 2517. *Crimen probatur iisdem fere modis, ac caetere res facti.* — § 2518 *ad* 2520. *Quid de testibus, eorumque depositionibus?* — § 2521 *et* 2522. *Testes per turbam in criminalibus caussis audiri nequeunt: non nisi jurati admittuntur.* — § 2523 *et* 2524. *Impuberes ad dicendum testimonium de criminibus admitti possunt. Testes inviti coguntur. Quid de consanguineis et militibus?* — § 2525. *Quid si testis de crimine deponat, sed delinquentem ignoret?* — § 2526 *et* 2527. *Sumptus testium audiendorum cujus oneri sint? An testes reo committi debeant?* — § 2528 *et* 2529. *Quibus casibus reo per attenuationem seu extenuationem respondere permittatur?* — § 2530. *Reus nemo appellari, aut inscribi potest, nisi prius de delicto constet.* — § 2531. *Crimen etiam probatur judicio peritorum, idest qui medicam, vel chirurgicam artem profitentur.* — § 2532 *et* 2533. *Quae sint sigillatim servanda in hoc probando criminis modo?* — § 2534 *et* 2535. *Confessione rei crimen probatur, dummodo constet de delicto.* — § 2536. *Quid si reus detrectet respondere, aut minus congrue respondeat?* — § 2537 *et* 2538. *Quibus casibus reus confessus repeti debeat? Qui reo in caussa criminali assistant?* — § 2539. *Quid si nulli sint carceres in loco, ubi reus interrogari debet?* — § 2540. *Reus nec non testes aliquando torqueri possunt.*

§ 2513. Supra diximus, cum de foro competente agebamus, delinquentem, si jus Romanum spectemus, puniri posse ab eo judice, in cujus territorio deliquit, licet absens sit, saltem si originis, aut domicilii ratio reum subjiciat judici illius territori (§ 1927, et 1928): atque locum potius delicti patrati attendendum esse, quam domicilium mandantis (§ 1929): nec non a judice domicilii, ita ut praeventioni locus sit (§ 1930, et 1931): sed municipali jure statutum, ut delinquens omnino subjiciatur judici ejus territorii, in quo crimen patravit, iis exceptis, quae supremis magistratibus servata sunt (§ 1933), ita ut nec praeventio locum habeat (1).

§ 2514. Excipiuntur autem, atque Senatui reservantur crimina ab iis admissa, qui in civilibus caussis fori privilegio gaudent (2); laesae majestatis rei tum in primo, tum in secundo gradu; ita tamen, ut perduellis judicis imperio, in cujus territorio deliquit, comprehendi debeat, atque is de crimine interim inquirat, re tamen ad Senatum delata, ejus jussu excepturus (3): quod si Senator in loco excepti perpetrati delicti inveniatur, ex officio inquirere potest, atque praecipere, ut reus comprehendatur (4).

§ 2515. Amplius etiam Senatui datum, ut evocare possit cognitionem aliorum delictorum quae admissa sint in territoriis judicium inferiorum, etiam qui a vassalis eliguntur, quoties id necessarium arbitretur, et potissimum cum agitur de inquisito, qui in pluribus territoriis deliquerit, salvo tamen vassallorum jure: aut delegare unum ex judicibus, in quorum territorio delicta admissa fuerunt, aut provinciae praefectum (5): si tamen reus in carceres jam conjectus sit, praeferendus est judex, cujus opera delinquens comprehensus fuit, nisi gravis aliqua, et urgens caussa aliud suadeat (6).

§ 2516. Ut autem caussae criminales ea, qua par est, diligentia tractentur, mandatum est judicibus ordinariis, ut singulis mensibus ad provinciae praefectum mittant libellum caussarum omnium criminalium, et simul exprimant, in quo statu eae sint, atque libellus hic a praefecto provinciae una cum simili libello caussarum ejusdem generis apud se pendentium

(1) *Reg. Constit.* d. lib. 4, tit. 8, § 7.
(2) Ibid. § 8 et 9.
(3) Ibid. § 10.

(1) *Reg. Constit.* lib. 4. tit. 1, § 1.
(2) Ibid. § 1.
(3) Ibid. § 2. 3 et 4.
(4) Ibid. § 5.
(5) Ibid. lib. 3, tit. 1, § 9.
(6) Ibid. § 10.

ad Senatum transmittatur (1): graphiarii autem, seu scribae Senatus, aliorumque judicum inferiorum duplicem librum conficere jubentur quo describant omnia, quae ad caussas criminales pertinent (2).

§ 2517. Delictum probatur iisdem modis, ac caeterae res facti, quae ad caussas civiles spectant, solo excepto jurejurando, quod reo criminis in propria caussa perjurii metu deferri aequum non est: proinde testibus, peritorum judicio, oculari, ut ajunt, inspectione, aliquando etiam instrumentis, et confessione ipsius delinquentis, vel sponte emissa, vel tormentis elicita. In criminalibus caussis, saltem quae corporalem coercitionem gravem habent, nec purgationis, nec suppletivum jusjurandum admitti, alibi diximus, si judicem excipiamus, qui in caussis criminalibus pecuniam accepisse dicatur, quippe jurejurando se purgare tenetur ex legum Romanarum sanctione (3).

§ 2518. Quod pertinet ad modum probandi criminis per testes, generales regulae alibi de testibus expositae (4) servandae sunt, sed et pro singulari rerum conditione quaedam singularia praescribenda fuerunt: proinde cautum ut testes a caussae relatore, praefecto, aut judice interrogentur, fisci patrono, si fieri possit, interveniente, atque ut depositiones a graphiario scribantur, tum a teste subscribantur (vel signentur, si litteras nesciat), nec non a judice interrogante, patrono fisci, et graphiario (5): judex autem a testibus scrutari debet adjuncta omnia, quae delinquentem onerare, vel excusare possunt (6): probationes, quae pro reo eruntur a testibus fiscalibus, majorem vim non habent, quam si testes a reo ipso producti fuissent (7).

§ 2519. Testium depositiones a judice interrogante dictandae sunt; atque fisci patroni suggerere ea tantum possunt, quae respiciunt extrinsecam actuum solemnitatem, atque tenentur ipsi indicare personas, quae facti notitiam habeant: lis autem criminalis perficienda est, licet reus absit (8). Judex pro lubitu potest, vel continuato sermone testium depositiones dictare, aut seorsim de singulis capitibus ad rem facientibus testes interrogare, praemissa utique generali interrogatione de crimine (9).

§ 2520. Licet in civilibus caussis testes deponere possint relatione habita ad aliam priorem depositionem (10), id tamen in criminalibus caussis, utpote gravioris longe momenti, permittere non placuit (1): atque testes in judicio, non extra illud, audiri debent; scripto mandatis eorum depositionibus, antequam dimittantur (2): sed revelari non debent testationes nec a judice, nec a fisci patronis; cum eas ignorari intersit: atque ideo testes interrogandi sunt secreto, quin adversa pars per se, vel per procuratorem adesse possit testium jurijurando (3).

§ 2521. Testes per turbam in criminalibus caussis audiri non possunt, nec querela ipsis legi (4), nisi forte probanda sit mala accusati fama, quo tamen casu singuli testes exhibendi essent reo, ut objicere possit adversus singulos, aut forte mentientes praesentia sua terrere, atque ad palinodiam cogere (5). Plane plusquam duo testes audiri possunt, si ex auditorum depositione plena delicti, et delinquentis probatio non habeatur (6).

§ 2522. Testes fiscales non secus ac caeteri non audiuntur, nisi jurati; atque, cum publice expediat crimina quantocius detegi et, delinquentes puniri, etiam solemnioribus diebus in honorem Dei feriatis interrogari possunt (7): quo etiam fundamento indultum judicibus, ut extra territorium jurisdictionem exercere possint, quatenus id necessarium est, ut plene cognoscant de crimine, quin necessaria sit praevia a judice majore, seu praefecto habita facultas, judice utique loci prius certiore facto, si fieri possit, alioquin statim post peractam cognitionem; atque ab hoc re ad praefectum delata (8).

§ 2523. Impuberes quoque ex caussa publicae utilitatis ad dicendum testimonium admittere placuit; non sane, ut plenam fidem faciant, sed ut judex argumenta, et praesumptionis inde, singulis pensatis, graviora, vel leviora eliciat (9). Neque tantum volentes, sed etiam inviti testes admittuntur, prout in civilibus caussis (10) mulcta alioquin indictae, et civili custodia adversus testes, qui ad testimonium de crimine dicendum vocati venire detrectaverint, aut venientes deponere nolint de re, quam ipsis notam esse constat (11).

§ 2524. Idem jus statuitur adversus testes jam interrogatos, qui rursus venire recusent vocati, ut audiantur super interrogationibus a reo datis, aut ei objiciantur, seu committantur (12). Sanguinis tamen vinculum, nec non

(1) *Reg. Const* lib. 4. tit. 1. § 11.
(2) Ibid. tit. 2. § 1, 2, 3, 4, 5, 6, 7 et 8.
(3) V. vol. III, lib. 4. § 785 et 786, pag. 336.
(4) d. vol. III, lib. 4, pag. 315, § 648 et seqq.
(5) *Reg. Constit.* lib. 4. tit. 4. § 1 et 2.
(6) Ibid. § 4.
(7) Ibid. § 6.
(8) Ibid. § 3, 8 et 27.
(9) Ibid. § 18.
(10) V. vol. III, lib. 4, § 703 et seqq. pag. 324.

(1) *Reg. Constit.* d. lib. 4. tit. 4. § 5.
(2) Ibid. § 17.
(3) Ibid. § 7 et 8 in fin.
(4) Ibid. § 9.
(5) V. vol. III, lib. 4. § 718 et 719 pag. 326.
(6) *Reg. Constit.* ibid. § 11.
(7) Ibid. § 11 et 12.
(8) Ibid. § 23.
(9) Ibid. § 22.
(10) V. vol. III, lib. 4. § 681, pag. 320.
(11) *Reg. Constit.* ibid. § 14 et 15.
(12) Ibid. § 16.

alia adjuncta a dicendo adversus delinquentem testimonio excusare possunt (1). Milites ex ducum imperio, si aliquos in loco habeant, alioquin judicis ordinarii coguntur in delictis testimonium ferre (2).

§ 2525. Caeterum, prout ex dictis colligi potest, eadem fere servantur regulae, quod pertinet ad testium interrogationes, et depositiones in criminalibus, ac in civilibus caussis (3): quoad rerum conditio patitur: quod si testis de crimine deponat, sed auctoris nomen, et cognomen se ignorare alleget, quem tamen ex vultu, habitu, aliove signo cognosceret, haec speciatim indicare debet; eique committendus est reus, si forte deprehendatur (4).

§ 2526. Quod ad sumptus, qui testibus restituendi sunt, hi ab aerario Principis, vel a vassallis interim solvi debent, postquam auditi fuerint (5). Plane testes reo objiciendi, et committendi, seu, ut loquuntur pragmatici, confrontandi sunt, licet ipse nolit, nisi agatur de levioribus delictis, quae poena corporali non plectuntur; habetur enim recusatio haec pro tacita confessione criminis: sed in gravioribus aperta confessio desideratur (6).

§ 2527. Quinimmo, si Fabro credimus, potest reus, qui in prima instantia noluerit sibi committi testes, atque ex eorum dictis condemnatus fuerit ad poenam corporalem, in caussa appellationis id ipsum negare, quod negaverat in prima instantia, et petere, ut testes committantur (7); cum omnimodo succurrendum sit ei, qui sanguinem suum redimere satagit (8); nec audiendus sit perire volens (9).

§ 2528. Quoties autem reo objecti, et commissi sunt testes, atque admissus ipse fuit ad probationes innocentiae, quas justificatorias, vel justificativas vocant, seu quibus innocentiam suam plene demonstrare possit, amplius non admittitur ad respondendum per *attenuationem* vel *extenuationem*, ut ajunt, criminis, seu ad crimen minuendum (10): suspectae sunt doli, et mendacii justificationes, quae post objectos testes allegantur: quare responsionibus per attenuationem tunc tantum locus est, cum reus ipse sponte confessus fuit, nec ideo ulli testes ei objecti sunt (11).

§ 2529. Ergo reus ex propria confessione convictus per attenuationem respondere potest, sed ex ore, et in vinculis; quamquam, si rusticus sit, et idiota, ei posteaquam ex ore responderit, permittendum est, ut advocati consilium imploret, atque ita melioribus rationibus caussam suam defendat, atque ob id competens dilatio ei danda est; cum aliis, qui jus ignorare non praesumuntur, tantum liceat ex scripto proponere, si quid amplius habeant ad sui defensionem (1). Plane non sunt audiendi testes pro reo post judicis decretum de eo comprehendendo, vel citando, nisi prius judici pareat, atque in carceres se constituat (2), tum propter rei judicatae auctoritatem (3); tum ne aperiatur via subornandis testibus si prius audiantur, quam reus in vinculis sit.

§ 2530. Vix monendum, neminem tamquam reum appellari, aut inscribi posse, nisi prius de proposito delicto constet (4); publice quidem interest, crimina puniri, sed et suadet humanitas, ne innocentes damnentur (5).

§ 2531. Alter probandi delicti modus fit per judicium peritorum, idest medicam, vel chirurgicam artem profitentium; qui ideo jubentur, non secus ac pharmacopolae medicamenta suppeditantes, judici indicare vulneratos, aut verberatos, quibus opem ferant (6); demonstrata per expressionem nominis, cognominis, et patria laesi persona, nec non vulneris, aut verberum qualitate (7): quod si vulneratus, aut verberibus affectus, pendente curatione, decedat, judicem de hac re certiorem facere tenentur, atque sententiam suam dicere, cum visitationi cadaveris adstiterint (8).

§ 2532. Hinc tenentur judices, tum superiores, tum inferiores, statim ac noverint, in territorio suo delictum aliquod admissum fuisse, quod poenam corporalem mereatur, pergere ad locum perpetrati delicti, ut de eo inquirant, arma, et res mobiles, quae ad delicti corpus attinent, obsignare furtivis utique statim ac de indemnitate, ac domino constet, restitutis) (9): facta diligenter vulnerum descriptione, ex chirurgi judicio, quo exprimatur, an lethalia sint, nec ne (10).

§ 2533. Quod si vulneratus decedat, inquirere debet judex, adhibito chirurgi judicio, an ex vulneribus mortuus sit: atque idem servandum est, si inveniatur cadaver vulneribus affectum, aut verberibus (11): describi autem minutatim debet cadaver, si nec a forma, nec ab aliis adjunctis cognosci possit: nec tumulo con-

(1) V. vol. III, lib. 4, § 681 et seqq. pag. 321.
(2) *Reg. Constit.* lib. 4, tit. 4, § 24 et 25.
(3) Ibid. § 13.
(4) Ibid. § 19, 20 et 21.
(5) Ibid. § 10.
(6) Fab. Cod. *De accusat.* lib. 9, tit. 2, def. 14 in princ. et in not.
(7) Fab. Cod. lib. 9. tit. 2, d. def. 14 et def. 6 in not.
(8) l. 1 ff. *De bon. eor., qui ante sentent. mort. sibi consciver.* (48, 21).
(9) l. *Non tantum* 6 ff. *De appellationib.* (49, 1).
(10) Fab. Cod. *De accusat.* lib 9, tit, 2, def. 6 in princ.
(11) Fab. d. def. 6 in fin.

(1) Fab. Cod. *De accusat.* lib. 9, tit. 2, def. 12.
(2) Ibid def. 11.
(3) l. *Si quis* 5 ff. *De judic.* (5, 1).
(4) *Reg. Constit.* lib. 4, tit. 4, § 26.
(5) l. *Absentem* 5 ff. *De poen.* (48, 19).
(6) *Reg. Constit.* lib. 4, tit. 5, § 1 et 2.
(7) Ibid. § 3, 4, 5 et 6.
(8) Ibid. § 7
(9) Ibid. tit. 6, § 1, 2 et 3.
(10) Ibid. § 4, 5, 6 et 7.
(11) Ibid. § 8 et 9.

tegere licet hominem occisum, aut qui morte non naturali supremum diem obierit, nisi post solemnem judicis inspectionem (1).

§ 2534. Postremus probandi criminis modus fit per rei confessionem sponte emissam, vel tormentis elicitam. Confiteri quis potest crimen non expresse tantum, sed etiam tacite, puta transigendo de privato delicto, non tamen tacita confessio eruitur ex fuga (2). Licet autem confessus in judicio civili pro condemnato habeatur (3), in criminalibus tamen sola confessio rei non sufficit ad condemnationem, nisi constet de delicto, et tantum dubitetur de persona rei, excepto forte assassinatus crimine (4).

§ 2535. Confessionem in criminalibus scindi posse diximus (5): atque simul expendimus, quid dicendum, si reus fateatur, hominem a se occisum fuisse, sed cum moderamine inculpatae tutelae, et an reo aliquando promittere possit judex impunitatem, si ingenue fateatur (6): in reliquis autem eaedem fere servantur regulae, sive de criminali, sive civili judicio agatur, quoad utriusque judicii indoles patitur.

§ 2536. Haec apud nos diligentius, atque luculentius disposita sunt, tum quoad tempus audiendorum delinquentium, judicem, modum, et locum (7). Quod si reus ad interrogata respondere detrectet, aut minus congrue respondeat, atque delictum morte, aut triremibus coerceri possit, nec aliunde satis probatum sit, judex, magistratu prius certiore facto, quaestionem reo minitari potest; immo et minas exequi, ut ad respondendum adducatur; alioquin pro confesso habendus (8): nisi forte respondere se nolle alleget ob judicis incompetentiam, quae exceptio summatim definienda est (9): si autem reus plene convictus sit, aut delictum mitiori poena dignum, denunciandum ei est, pro confesso habendum, si non respondeat; atque re vera talis habebitur, si, facta rursus alio die denunciatione hac, pertinaciter respondere recuset, aut se amentem fingere pergat (10), atque torqueri debet (11).

§ 2537. Quoties reus delictum confessus fuerit cum suis qualitatibus, atque confessionem suam firmaverit, eaque comprobata sit necessariis circumstantiis, et indiciis, nec ipsum, nec testes repeti necesse est, atque spatium octo dierum reo conceditur, intra quos defensiones suas alleget, advocato, et procuratore ad id sibi electo (1): sed si delicti indicia, aut probationes satis firmae non habeantur, reus repeti debet, immo et testes ei committi, cum poena corporalis delicto imposita est (2), atque etiam complices, si qui sint, cum reus negat; si ita judici videatur (3). Quod si reus post haec adhuc delictum a se admissum neget, rursus interrogandus, atque interpellandus, ut advocatum, et procuratorem eligat, a quibus defendatur, atque constituat, an testium depositioni acquiescere velit (4); an interrogata sua dare (5).

§ 2538. Reo autem in caussa criminali assistunt advocatus, et procurator pauperum, si tales in loco judicii sint, nisi plures sint accusati, et singulorum defensio simul conciliari non possit, aut reus justam habeat alterutrius recusandi caussam a protopraeside Senatus probandam; alioquin pro arbitrio ipsi patronos eligunt (6), a quibus defendantur (7).

§ 2539. Cum delictum tale est, ut reus comprehendi possit, nonnisi in carceribus constitutus auditur, prout et supra innuimus (§ 2529): atque si nullus sit in loco publicus carcer, judicis est statuere, quo transferri debeat (8): sane vassalli in hisce, et aliis similibus casibus recusare nequeunt, quominus reus in carceres suos, si quos habeant, interim conjiciatur, atque per congruum tempus custodiatur, donec in alium carcerem transmitti possit (9).

§ 2540. Reus gravioris criminis accusatus, qui pertinaciter detrectet interrogationibus judicis respondere, et contra quem gravia urgeant indicia, torqueri juste potest (10): non secus ac testis, qui depositiones suas in judicio criminali quoad substantiam revocet, aut immutet (11). Sed de hac re, utpote gravissimi momenti, seorsim agere praestat.

APPENDIX.

De quaestionibus.

Digest. lib. 48, tit. 18) *De quaestionib.*
Cod. lib. 9, tit. 41)

SUMMARIA

§ 2541 *et* 2542. *Quaestio res fragilis est, et periculosa. Quae sint de hac expendenda?* — § 2543. *Quaestiones in delictis tan-*

(1) *Reg. Constit.* lib. 4, tit. 6, § 10 et 11.
(2) V. vol. III, lib. 4, § 860, pag. 349.
(3) l. 1 ff. *De confessis* (42. 1).
(4) V. vol. III, lib 4, § 870, pag. 350. Fab. Cod. *De quaestionib.* lib. 9, tit. 21, def. 27.
(5) V. vol. III, lib. 4, § 869, pag. 350.
(6) Ibid. § 869 et 871.
(7) *Reg. Constit.* lib 4, tit. 11, § 1 et seqq. ad § 19.
(8) Ibid. § 20 et 21.
(9) Ibid. § 23.
(10) Ibid. § 22.
(11) Fab. Cod. *De quaestionib.* lib. 9, tit. 21, def. 1.

(1) *Reg. Constit.* d. lib. 4, tit. 11, § 24.
(2) Ibid. § 25, 26, 27 et 28.
(3) Ibid. § 29 et 30.
(4) Ibid. § 31, 32 et 33.
(5) Ibid. § 34, 35, 36 et 37.
(6) Ibid. tit. 12, § 1 et 2.
(7) Ibid. § 3 et seqq. ad § 17, ubi et speciales regulae ad hanc rem diligenter praescribuntur.
(8) *Reg. Const.* lib. 4, tit. 11, § 38.
(9) Ibid. § 39.
(10) Ibid. § 20.
(11) Ibid. § 36.

tum gravioribus adhiberi possunt. — § 2544. *Reus torqueri non potest, nisi gravia adversus ipsum urgeant indicia.* — § 2545 *et* 2546. *Quae sint indicia haec?* — § 2547. *Fuga sola ad quaestionem non sufficit, nisi forte concurrat publica fama.* — § 2548. *Quae indicia sufficiant ad habendam de reo furti accusato quaestionem?* — § 2549. *Quid de homicidio et assassinatu?* — § 2550. *An praevia rei confessio ad quaestionem sufficere possit?* — § 2551. *Reus sponte confessus, antequam quaestio habeatur, vel in ipsa quaestione, torqueri amplius non debet.* — § 2552 *et* 2553. *Torqueri denuo potest reus, qui confessionem in tormentis factam extra illa revocet.* — § 2554. *Confessio facta in tormentis, tum confirmata, revocari non potest, nisi probetur erronea, saltem per indicio contraria.* — § 2555 *et* 2556. *Quaestionem non patitur reus plene convictus, nisi ut socios criminis revelet.* — § 2557. *An socii confessio in tormentis sufficiens indicium faciat ad habendam de socio quaestionem?* — § 2558. *An rursus ex novis indiciis torqueri possit, qui tormenta jam passus crimen fateri noluit?* — § 2559. *Quid si incertum sit, quis ex pluribus crimen admiserit?* — § 2560 *et* 2561. *Quaestionis usus moderatus esse debet.* — § 2562 *et* 2563. *Qui a quaestione immunes sint, tum jure Romano, tum moribus?* — § 2564 *et* 2565. *An torqueri possint senes, et qui ob grave aliquod corporis vitium tormenta pati nequeunt sine gravi damno.* — § 2566. *Quibus diebus delinquentium responsa in tormentis recipi possint?*

§ 2541. Quamquam apud omnes constat, confessionis per tormenta elicitae non candem vim esse, ac ultro emissae; nec ei fidem, nisi caussa cognita, adhibendam esse (1): atque ideo recte scripsit Ulpianus, *quaestioni fidem non semper, nec tamen nunquam habendam; etenim res est fragilis et periculosa, et quae veritatem fallat; nam plerique patientia, sive duritia tormentorum ita tormenta contemnunt, ut exprimi eis veritas nullo modo possit; alii tanta sunt impatientia, ut in quovis mentiri, quam pati tormenta velint* (2), moderatus tamen quaestionum usus improbari non potest, atque apud omnes fere populos receptus est.

§ 2542. Ut autem moderatus quaestionum usus sit, plura requiruntur: videlicet 1. Ut delictum, cujus confessio per tormenta elici debet, grave sit, et gravi coercitione dignum. 2. Ut gravia contra reum urgeant indicia, nec plene convictus sit. 3. Ut modus in quaestione adhibeatur, potissimum inspecta personarum conditione. Atque his expletis investigabimus, an quaedam personae sint a quaestione immunes.

§ 2543. Imprimis ergo quaestiones adhiberi non debent in delictis levioribus, sed tantum in gravioribus, in quibus reo convicto et confesso poena capitalis, aut triremium, vel mutilatio membrorum infligenda sit (1), ne inquisitio in crimen severior sit, quam poena ipsi delicto proposito: in atrocissimis delictis mitior adhibetur quaestio, servatis probationibus, quae ex actis consequuntur, ita ut reus negans ad poenam extraordinariam, mitiorem utique, quam si quaestio habita non fuisset, condemnetur (2).

§ 2544. - 2. Ad quaestionem de reo habendam requirimus, ut gravia contra eum urgeant indicia (3); quaestio enim poena non levis est, proinde temere infligi non debet: atque ideo Regio jure cautum, ut quaestio tunc tantum praecipiatur, probationes, et indicia ad condemnationem non sufficiunt (4).

§ 2545. Quae autem indicia sufficiant ad quaestionem, judicis est definire, prout in poenarum genere et modo (5) Plane sufficiens indicium non est unius testis, licet probatae vitae, testimonium (6), neque socii, nisi in crimine laesae majestatis ob criminis immanitatem (7): nec sola vulnerati assertio (8): nec sola fama (9).

§ 2546. Neque sufficere ad torturam plures sentiunt, minas solas ei factas, qui postea interemptus fuit; cum hae proficisci potuerint a levitate quadam, vel praecipiti calore iracundiae, qui perseverantiam non habeat (10): nec solae inimicitiae etiam capitales cum occiso habitae, nisi et alia quaedam sint indicia (11); cum praesumendum non sit, quem vindictae privatae indulgere adeo voluisse, ut inimicum occideret.

§ 2547. Neque sufficit sola fuga, etiam ante inquisitionem; cum et insons carcerum et tormentorum metu fugere possit (12): quam-

(1) l. 1 § *caussaque* 25 ff. hoc tit.
(2) d. l. 1 § *quaestioni* 23.

(1) l. *Edictum* 8 ff. hoc tit.; *Reg. Constit.* lib. 4, tit. 13, § 1.
(2) *Reg. Constit.* ibid § 2; V. Fab. Cod. hoc tit. lib. 9, tit. 21, def. 9 et 25.
(3) l. ult. ff. hoc tit.; l. *Divus Hadrianus* 6 § 1 ff. *De custod. et exhibition. reor.* (48, 3); l. *Milites* 8 § 1 Cod. hoc tit.
(4) *Reg. Constit.* lib. 4. tit. 13, § 1 in fin.
(5) l. *Hodie* 13 ff. *De poen.* (48, 19).
(6) l. *Maritus* 20 ff. hoc tit.
(7) Fab. Cod. hoc tit. lib. 9, tit. 21, def. 7 in corp. et in not. †.
(8) l. *Si quis* 3 § 1 ff. *Ad Senatusc. Silanian.* (29, 5); Fab. Cod. hoc tit. def 26.
(9) argum. l. *Testium* 3 § *ejusdem* 2 ff. *De testib.* (22, 5); Fab. Cod. hoc tit. def. 20 in princ.
(10) argum. l. *Quidquid in calore* 48 ff. *De reg. jur.* (50, 17).
(11) Fab. Cod. hoc tit. lib. 9, tit. 21, def. 11.
(12) Voet in ff. hoc tit. n. 3 in med.

quam fugam junctam cum fama ad quaestionem sufficere putant aliqui, saltem in delictis non capitalibus (1). Idem dicendum de vacillatione et trepidatione in respondendo; non dubium tamen; quin vox ipsa plurimum conferre possit ad excutiendam veritatem (2).

§ 2548. Ad habendam de reo, qui furtum fecisse dicatur, quaestionem sufficere putat Faber (3) indicia haec, si constet habuisse pecunias, quas unde habuerit, nec probare, nec dicere verosimiliter possit (4), si, viso eo, cui furtum factum dicebatur, statim fugerit: si occidere voluerit eum, qui subreptas pecunias persequenti indicaverat; atque simul concurrat mala accusati fama. Plane ex eo solo, quod quis res furtivas habeat; aut res suae, puta gladius, repertus sit in loco delicti, non satis probatur crimen (5); cum vel casu, vel alterius calliditate, aut facto ita contingere potuerit.

§ 2549 Quamquam regula generalis est, prius constare debere de corpore mortuo, aut subrepto, quam quis tamquam homicida condemnetur, quantaecumque urgeant probationes, et licet concurrat ipsius accusati confessio, ne audiatur perire volens (6); torqueri tamen potest reus, si gravissimis indiciis urgeatur, maxime in assassinatus crimine, in quo etiam perveniri posse ad condemnationem, putant aliqui, tametsi de corpore mortuo non constet (7); tum quia reus in tormentis aliquid confiteri potest, ex quo cognosci possit, ubi extet cadaver; tum quia grassatores curare solent, quantum fieri potest, ne usquam cadaver reperiatur. Plane in hac re indicia indiciis juncta quaestioni locum facere possunt, licet singula non sufficiant.

§ 2550. Quod ad inquisiti confessionem pertinet, distinguenda est confessio extrajudicialis a judiciali. Confessionis extrajudicialis, potissimum quae generica sit, vix ulla ratio haberi potest (8): si autem in judicio specifice facta sit, licet defectu aliquo laboret, puta quia facta fuerit coram judice incompetente, vel spe veniae, vel cum qualitate, ut ajunt videlicet quod homo occisus fuerit cum moderamine inculpatae tutelae, cujus tamen nullum probabile indicium appareat, ex communi sententia sufficit ad quaestionem (9), uti jam innuimus (§ 2534 et seqq.).

(1) Fab. Cod. hoc tit. lib. 9. tit. 21, def. 20 in fin. et in not. V. et def. 14.

(2) l. *De minore* 10 § penult. ff. hoc tit.

(3) Fab. Cod. hoc tit. lib. 9. tit. 21. def. 4 et Cod. *De furt.* lib. 6, tit. 2. def. 1.

(4) argum. l. *Civile est* 5 Cod. *De furt.* (6, 2).

(5) Fab. Cod. eod. tit. *De furt.* def. 4.

(6) l. *Non tantum* 6 ff. *De appellat.* (49, 1); Fab. Cod. hoc tit. lib. 9. tit. 21, def. 17 in princ. et Cod. *De furt.* lib. 6, tit. 2, def. 2.

(7) Fab. d. def. 17, n. 3 et seqq.

(8) argum. § 1 Instit. *De militar. testament.* (2, 11).

(9) Fab. Cod. hoc tit. lib. 9, tit. 21, def. 8.

§ 2551. Cum reus ad quaestionem condemnatus est, si priusquam quaestio habeatur, vel in ipsa quaestione sponte confiteatur, ultra progrediendum non est, sed confessio scriptis demandatur, atque reus in secretos carceres ducitur (1); tum sequenti die repetitur reus extra locum quaestionis: atque, si in confessione perseveret, interpellandus est, ut defensiones suas allegat (2).

§ 2552. Si reus extra tormenta deinceps revocet priorem confessionem, aut in substantialibus immutet, denuo torqueri potest, non tamen amplius, quam ter, licet tempus quaestionis ab initio praestitutum nondum completum sit (3); dummodo prius aperte confessus sit: si enim in tormentis, vel statim post confessionem dixerit, eam vi tormentorum extortam fuisse, atque ideo eam extra tormenta revocet, variasse non intelligitur, ut iterum torqueri possit (4).

§ 2553. Quod si reus pergat in tormentis fateri, extra tormenta autem, cum repetitur, negare, indicia, quae adversus ipsum urgent, ex his quaestionibus purgata non habentur, immo potius firmata ex confessionibus, quas ratas habere noluit, atque extraordinaria poena plectitur, habita ratione delicti, personae, et casus (5).

§ 2554. Confessio in tormentis emissa extra tormenta revocari potest, atque revocatio facit, ut poena ordinaria delicto proposita in extraordinariam convertatur (§ praeced.): aliud dicendum de confessione tormentis extorta, sed deinceps confirmata extra tormenta; haec revocari non potest, seu non prodest revocatio, nisi probetur erronea, saltem per indicia contraria (6): sponte confessus pro judicato habetur (7): atque idem dicendum tradit Faber de confessione extrajudiciali, deinceps in tormentis confirmata (8).

§ 2555. Quemadmodum sponte confessus quaestionem non patitur (§ 2551), ita nec plene convictus (9): perperam tormentis subjici non debet reus: unus tantum casus est, nempe quo alios criminis atrocis socios esse constet, sed, quinam ii sint, ignoretur (10), quo tamen casu judex nullam minitari potest poenam reo torquendo, sed dumtaxat jusjurandum deferre tamquam testi in facto alieno (11).

(1) *Reg. Constit.* lib. 4. tit. 13, § 13 et 14.

(2) Ibid. § 16; Fab. Cod hoc tit. lib. 9. tit. 21, def. 18; Thes. lib. 3, quaest. 10, ubi exponit alios casus, quibus quaestio repeti potest.

(3) *Reg. Const.* lib. 4. tit. 13, § 17 in princ. Fab. Cod. hoc tit. lib. 9. tit. 21. def. 2.

(4) Fab. ibid. def. 5

(5) *Reg. Constit.* lib. 4. tit. 31, d. § 17 in med.

(6) Fab. Cod. hoc tit. lib. 9. tit. 21, def. 10.

(7) l. 1 ff. *De confessis* (42, 1).

(8) Fab. Cod. hoc tit. def. 22.

(9) Ibid. def. 15.

(10) Ibid. def. 16.

(11) *Reg. Constit.* lib. 4. tit. 13, § 29.

§ 2556. Qui tamen veniam patrati criminis etiam atrocioris a Principe habuit, licet socios criminis indicare nolit, non ideo torqueri potest (1); absurdum enim, et iniquum est, aliquem torqueri pro alieno delicto, qui proprii gratiam meruit: nisi singularia adjuncta aliud exposcant, quo tamen casu Princeps ante omnia consulendus est (2).

§ 2557. Plane socius criminis, cum propriam sibi turpitudinem objiciat, si tantum in tormentis socium revelet, non faciat sufficiens indicium ad quaestionem de sociis habendam, quemadmodum nec testis infamia *juris*, vel facti laborans (3): si tamen in tormentis confirmaverint, quod extra tormenta confessi sunt, licet nihil novi adjecerint, indicium facere possunt, quod antea non fecerunt (4); prout judici videbitur, singulis personarum, et rerum adjunctis pensatis.

§ 2558. Qui tormenta jam passus tacuit, neque crimen fateri voluit, nonnisi ex novis indiciis rursus torqueri potest (5): novum vero indicium ad repetendam quaestionem creditur, si reus in ipsis tormentis compertus sit habere chartulas, quibus per sortilegium juvatur, ne tormenta sensu percipiat (6); tum quia commiseratione dignus non est, qui hoc iniquissimo remedio sanguinem suum redimere satagit; tum quia valde suspectus est, qui tam impiis artibus sibi consulit, ne veritatem prodere cogatur.

§ 2559. Sed quid dicendum, si incertum sit, quis ex pluribus crimen admiserit? An nemo, an omnes torqueri possunt? Si appareat, fieri non posse, ut justa condemnandorum omnium caussa sit, quia nimirum crimen ab omnibus committi non potuerit, de nemine habenda quaestio est (7); quia consultius absolvuntur nocentes, quam innocens condemnetur (8): si autem tale sit crimen, quod ab omnibus patrari potuerit, et cujus praesumptione omnes aeque onerentur, haberi poterit quaestio de omnibus (9), ex regula superius proposita (§ 2544): cum autem de pluribus personis quaestio habenda, initium fieri debet a debiliore, et quae verosimiliter facilius fassura sit (10).

§ 2560. Tertia conditio requisita, ut licitus sit quaestionum usus, pertinet ad ejus modum (§ 2542); ita quippe suadet aequitas, habendam esse de reis quaestionem, ne rigidior hic extorquendae veritatis modus in saevitiam vertatur (1): proinde judicis prudentis est, inspecta personarum qualitate, aetate, robore, sexu, aliisque circumstantiis, graviora, vel leviora tormenta decernere, vel etiam quandoque dumtaxat quaestionis timorem incutere propositis quaestionis praeparatoriis (2).

§ 2561. Ne nimis incertum sit judicis arbitrium, cautum jure regio, ne quaestionis tormentum ultra binas horas protendatur, quod tempus in plures dies dividi nequit (3): judices inferiores nec tempus, nec quaestionis modum praescribere possunt, sed solus Senatus (4): judex autem, cui incumbat executio sententiae de reo torquendo, nec gradum, nec tempus quaestionis reo declarare debet (5); atque solis Magistratibus licet statuere, ut reus quaestioni tantum admoveatur, quin extollatur, aut torqueatur (6); prout interdum expedire potest (§ praeced.).

§ 2562. Quaedam personae sunt, uti jam innuimus (§ 2560), quas Romanis placuit a quaestione immunes esse: videlicet mulieres praegnantes (7), impuberes (8), milites veteranos, decuriones, eorumque filios, excepto crimine laesae majestatis (9): viros illustres eorumque filios, et pronepotes, dummodo prioris gradus liberos, per quos hoc privilegium ad ulteriores gradus progreditur, nulla violati pudoris macula adspergat, prout loquuntur Imperatores (10).

§ 2563. Verum usu fori, si mulieres praegnantes, et impuberes excipiantur, caeterae personae modo enumeratae quaestioni subjicit possunt, si gravitas criminis ita exigat, et semiplena probatio proferatur (11), reatu privilegium omne excludente (12); quamquam hujusmodi personae nec tam facile, nec tam graviter torquendae sunt (13).

§ 2564. Quod ad senes pertinet, sunt, qui eos a tormentis eximunt, saltem si decrepiti sint: atque nituntur responso Ulpiani asserentis, ignosci etiam his, qui aetate defecti sunt (14): verum, praeterquamquod Jureconsultus agit de

(1) Fab. Cod. hoc tit. lib. 9, tit. 21, def. 14 in princ.
(2) Ibid. d. def. 14 in fin.
(3) Ibid. d. def. 23 in princ.
(4) Ibid. d. def. 23, n. 2 et seqq.
(5) Ibid. def. 3 in princ.
(6) Ibid. d. def. 3, n. 1 et seqq.
(7) Ibid. def. 19 in princ.
(8) l. *Absentem* 5 ff. *De poen.* (48, 19).
(9) Fab. d. def. 19 in fin.
(10) *Reg. Constit.* lib. 4, tit. 13, § 18.

(1) l. *Quaestionis* 7; l. *De minore* 20 § *tormenta* 3 hoc tit.
(2) d. l. 7 et l. 10 § 3.
(3) *Reg. Constit.* lib. 4, tit. 13, § 3.
(4) Ibid. § 4 et 5.
(5) Ibid. § 6 et 7. V. Fab. Cod. hoc tit. lib. 9, tit. 21, def. 12.
(6) Ibid. § 23.
(7) l. *Praegnantis* 3 ff. *De poenis* (48, 19).
(8) l. *De minore* 10; l. *Ex libero* 15 § 1 ff. hoc tit.
(9) l. *Milites* 8; l. *Divo Marco* 11 in fin.; l. *Decuriones* Cod. hoc tit.
(10) d. l. 11 in princ.
(11) Fab. Cod. hoc tit. lib. 9, tit. 21, def. 13; Voet in ff. hoc tit. n. 4 prop. fin.
(12) argum. l. ultim. Cod. *Ubi senator., vel clarissim.* (3, 24).
(13) Fab. Cod. hoc tit. d. def. 13 in not.
(14) l. *Si quis* 3 § *ignoscitur* 7 ff. *De Senatusc. Silanian.* (29, 5)

servis senibus, qui periclitanti domino opem non tulerint, usu fori senex, si grave sit crimen, quaestioni subjici possunt aeque ac juvenes, moderatiore tamen modo praescripto (1).

§ 2565. Profecto subjici quaestioni non debet, qui ob grave aliquod corporis incommodum tormenta pati non potest sine gravi praejudicio (2). Sed si ex jurata chirurgi depositione hujus tormenti capax sit, prius interrogari debet, an verum fateri velit, alioquin torquendus, delato etiam jure jurando in caput, ut ajunt, participum criminis (3): atque a graphiario scribenda sunt omnia, quae reus in tormentis pronunciaverit, servato praestituto tormentorum spatio, nisi forte intermitti debeat ex judicio chirurgi (4), vel quia reus confiteatur (5).

§ 1566. Post haec subjicitur, praescribendum esse a Senatu tormentum, quod in subsidium subire debeat reus, si quaestionem ferre nequeat (6): responsa delinquentium in tormentis recipi possunt quibuslibet diebus, dominicis, et festis solemnioribus exceptis: atque, ne reum quis instruere possit, in secretis carceribus concludendus est, priusquam in Senatu referantur caussae, in quibus fiscus quaestionem de reo habendam concluserit (7). A decreto autem Senatus de quaestione habenda non conceditur revisio, alioquin nullus esset litis finis (8).

CAPUT IV.

De poenis.

Digest. lib. 48, tit. 19) *De poenis.*
Cod. lib. 9' tit. 47)

SUMMARIA

§ 2567. Poena an, et quatenus a mulcta differat? — § 2568 et 2569. Poenae aliae sunt capitales, aliae non capitales. — § 2570 et 2571. Poenae dividi possunt in ordinarias et extraordinarias. — § 2572. Poenae usu fori augeri possunt. An et minui? — § 2573 et 2574. Quid si reus poenam a lege decretam ferre non possit? Quid de foeminis? — § 2575. Poenae in dubio interpretatione emolliendae, sed simul modus servandus. — § 2576. Quibus ex caussis poenae imminui possint? Quid de nobilibus delinquentibus? — § 2577. Quid de excellentibus in insigni artificio, vel qui transfugas, aut perduelles detegunt; vel se ipsos produnt? — § 2578. Mitius puniuntur, qui diu in reatu fuerunt. Quid si reus laqueo decidat? Poena gravior leviorem per se non tollit. — § 2579. Crimen diluculo perpetratum non intelligitur noctu admissum. Quid si manus amputatio in poenam praescribatur? Quid de delinquente in officio? — § 2580. An poena percutienti, aut vulneranti imposita mandantem et consulentem afficiat? — § 2581. Sola mandatarii assertio probationem non facit, nec ad habendam de reo quaestionem, nisi alia adsint indicia. — § 2582. Poenae ordinariae locus non fit, cum plenae criminis probationes non habentur, nisi accedat rei confessio. — § 2583. Leges poenales ex rationis identitate extenduntur, nisi spectent actum, qui per se indifferens sit. — § 2584. Poenarum exasperatio quibus casibus fiat? — § 2585. Quid de eo, qui in sua provincia deliquit, tum in alia de crimine convincitur? — § 2586 et 2587. Poenam, quae vige in loco inflicti vulneris, vulnerans subire debet, tametsi vulneratus alibi mortuus sit, vel delinquens alibi domicilium habeat. Quid de mandante? — § 2588 et 2589. Tempus perpetrati delicti in poenae praefinitione inspicitur. — § 2590. Homicidium tunc intelligitur perpetratum, cum lethale vulnus inflictum fuit. — § 2591. Mulctam non solvens corporali coercitione plectitur. Quid de haeredibus condemnati ad poenas pecuniarias? — § 2592 Mulctae, poenae pecuniariae, et confiscationes quorum lucro cedant? — § 2593. Transactio de caussis criminalibus interdicitur officialibus tribunalis, et fisci, nec non Vassallis. An mulctae locari possint? — § 2594. Mulcta cujus sit, si fructus jurisdictionis tempore patrati delicti pertineant ad Titium, ad Maevium vero tempore condemnationis? — § 3595. Quid de emolumentis rerum judicatarum? — § 2596. Bona delinquentium aliquando fisco addicuntur.

§ 2567. Poenae nomine nihil aliud significatur, quam delicti coercitio, seu ultio. Poena latiore sensu accepta mulctam quoque sub se continet, strictiore a mulcta differt; quatenus poena non tantum in pecunia, sed etiam in membris, et existimatione irrogatur, mulcta autem in pecunia fere consistit (1); praeterquamquod, Romano saltem jure, poena singulis delictis ordinariis a lege imposita erat, ita ut solam facti quaestionem judex haberet, mulctae vero indictio judicis arbitrio fere committebatur (2).

(1) Fab. Cod. hoc tit. lib. 9, tit. 21, def. 6 et 24; Voet in ff. hoc tit. n. 4 in fin.
(2) *Reg. Const.* lib. 4, tit. 13, § 9.
(3) Ibid. § 9 et 10.
(4) Ibid. § 11 et 12.
(5) Ibid. § 13, 14 et 15.
(6) Ibid. § 20.
(7) Ibid. § 21 et 22.
(8) Thes. lib. 4. quaest. 73 in fin.

(1) l. *Aliud fraus* 131 § 1 ff. *De verb. signif.* (50, 16).
(2) d. l. 131 § 1; l. *Si qua poena* 244 ff. eod. tit.

§ 2568. Dividuntur poenae in capitales, et non capitales. Capitales vocantur, quibus infligitur mors naturalis, aut civilis: naturalis per damnationem ad furcam, concremationem, et capitis amputationem (1): hic autem, ut observant eruditi, furcae supplicii mentio fit pro poenà crucis, quam Costantinus imperator sustulit in honorem Christi: civilis mors infligitur per condemnationem in metallum, et deportationem, quibus poenis damnatus libertatem amittit, et civitatem, aut saltem civitatem (2): atque his adjungi debet damnatio perpetua in opus publicum (3): deportationis loco, quae usu exolevit, successit, arbitraria; atque deportatis aequiparantur perpetuo exilio mulctati, praevia bonorum publicatione (4).

§ 2569. Non capitales poenae sunt illae, quibus nec libertas, nec civitas aufertur, veluti relegatio, exilium, fustium admonitio, flagellorum castigatio, vinculorum verberatio (5), damnum cum infamia, dignitatis depositio, alicujus actus prohibitio (6), et similia.

§ 2570. Praeterea dividi potest poena in ordinariam, quae a lege ipsa crimini imponitur, atque extraordinariam judicis arbitrio relictam. Ordinaria poena publicis criminibus per leges publicorum judiciorum imposita fuit, extraordinaria in delictis privatis, atque potissimum in criminibus extraordinariis locum habet (7). Cum certa poena crimini publico proposita fuerat, judex olim apud Romanos legi omnino obstrictus erat, ita ut eam nec minuere, nec augere, nec immutare posset, sola facti quaestione ipsi permissa (8).

§ 2571. Criminibus tamen quibusdam extraordinariis etiam certa poena a legibus imposita fuit, quam judex sequi deberet, saltem ne illam augere posset (9): sed deinceps receptum fuit, ut criminum extraordinariorum poenam judex pro arbitrio imponeret, augeret, vel minueret, dummodo rationem non excederet. *Hodie licet*, verba sunt Ulpiani, *ei, qui extra ordinem de crimine cognoscit, quam vult sententiam ferre, vel graviorem, vel leviorem, ita tamen ut in utroque modo rationem non excedat* (10).

§ 2572. Sed, cum circumstantia saepe criminum qualitatem immutent, aut saltem videantur immutare, augere vel minuere, ideo passim in foro receptum, poenas quodammodo arbitrarias esse, a judice mutari, augeri, vel minui posse, rationis utique modo servato (1): atque huic fori praxi fere consonat jus Regium, quo expresse cautum, ut magistratus, praefecti, et judices augere possint poenas tum pecuniarias, tum corporales principalibus sanctionibus impositas, quoties ita requirant adjuncta criminum, aut conditio delinquentium; immo et debeant pecuniarias poenas in hisce casibus ad corporales extendere (2). De poenarum imminutione nihil praescriptum est; proinde legum Romanarum scita adhuc videntur servanda.

§ 2573. Si tamen reus poenam lege decretam, puta triremes, ferre non possit, ob valetudinem, poenae imminutio, seu potius immutatio facienda est (3), sive impedimentum condemnationem sequatur, sive antecedat; quin opus apud nos sit ad Principem confugere (4): quamqnam, seclusa municipali lege, Principis in priore casu auctoritas necessaria est (5); cum judex, lata sententia, functus sit officio suo, nec eam mutare possit (6).

§ 2574. Hinc etiam cautum, ut in delictis, in quibus poena triremium, vinculorum, aut ictus funis masculis imposita est, foeminae nisi nominatim alia poena iis praestituta sit, fustigatione, exilio, aut carcere pro conditione personae, et delicti coerceantur (7). Quod si triremium tempus praefinitum non sit, Senatus ex rerum adjunctis illud statuere potest (8).

§ 2575. Quamquam poenae in dubio interpretatione potius emolliendae sunt, quam exasperandae (9), modus tamen servandus est, ut poena delicto commensuretur (10). *Perspiciendum est judicanti*, eleganter Marcianus, *ne quid aut durius, aut remissius constituatur, quam caussa deposcit: nec enim aut severitatis, aut clementiae gloria affectanda est; sed, perpenso judicio, prout quaque res expostulat, statuendum est* (11): subjicit jureconsultus, atque innuit, quoddam discrimen esse inter delicta graviora, et leviora: *plane in levioribus caussis proniores ad lenitatem judices esse debent: in gravioribus poenis severitatem legum cum aliquo temperamento benignitatis subsequi* (12).

(1) l. *Capitalium* 28 ff. hoc tit.
(2) d. l. 28 in fin. princ.
(3) l. *Sunt quidam* 17 § 1 ff. hoc tit.
(4) V. vol. I, lib. 1, pag. 251, § 1501 et 1502.
(5) l. *Si quis forte* 6 § ult. in fin, et l. sequ. ff. hoc tit.
(6) l. *Aut damnum* 8; l. *Moris est* 9 in princ. et §§ seqq. ff. hoc tit.
(7) De quibus agitur in lib. 47, tit. 11.
(8) l. 1 § *quorum* 4 ff. *Ad Senatusc. Turpillian.* (48, 16).
(9) l. 1 ff. *De furib. balneor.* (47, 17); l. 1 § ult. ff. *De effractorib.* (47, 10); l. penult. ff. *Stellionat.* (47, 20).
(10) l. *Hodie* 13 ff. hoc tit.;

(1) Anton. Matthaeus *De criminib.* lib. 48, tit. 18, cap. 4, n. 6.
(2) *Reg. Constit.* lib. 4, tit. 25, § 12. V. Thes. quaest. 232, ubi probat., Senatum posse poenam pecuniariam in corporalem mutare, si reus solvendo non sit.
(3) Fab. Cod. hoc tit. lib. 9, tit. 25, def. 8 in not.
(4) *Reg. Constit.* lib. 4, tit. 25, § 6.
(5) Fab. d. def. 8 in corp.
(6) l. *Judex* 55 ff. *De re judicat.* (42, 1).
(7) *Reg. Constit.* lib. 4, tit. 25, § 3.
(8) Ibid. § 2.
(9) l. *Semper in dubiis* 56; l. *Ea, quae* 192 § 1 ff. *De reg. jur.* (50, 17); Osasc. dec. 72 per tot.
(10) l. *Divus Pius* 31 ff *De leg. Cornel. de fals.* (48, 10).
(11) l. *Perspiciendum* 11 ff. hoc tit.
(12) d. l. 11 in princ.

§ 2576. Caussae utique sunt, propter quas poenae minui possunt, vel quia minor in crimen delinquentis affectus est, vel quia plenae criminis perpetrati probationes non habentur. Ex remissiore in crimen affectu mitius puniuntur impuberes, et minores (§ 2436): minores autem non reputantur in delictis atrocioribus, qui vigesimum annum compleverint, adeoque poenae ordinariae subjacent (1). De furioris, ebriosis, vel ebriis, iratis, noctambulis supra egimus (§ 2437, et seqq.). Nobiles in criminibus, quae infamiam de jure, et de facto secum non trahunt, eximuntur a poenis infamiam parientibus (2).

§ 2577. Si reus in insigni aliquo artificio excellat, ob publicam utilitatem aliquando mitigari possunt poenae (3) (quamquam consultius est Principem consulere); quemadmodum et fere parcitur iis, qui ingentem reipublicae utilitatem attulerunt, detegendo transfugas, aut perduelles (4); saltem apud nos, si in potestatem fisci tradiderint (§ 2508, et 2509): nec non, qui in delictis quibusdam se produnt dummodo prius ab aliis proditi non sint (5).

§ 2578. Qui diutino tempore in reatu fuerunt, idest in carcere, et custodia, mitius puniuntur (6); carceris squallor, et molestia loco poenae est. Si reus laqueo decidat, iterum suspendendus non est, prout fert vulgata sententiae formula, qua rei sic damnantur ad patibulum, ut mors sequatur, seu anima a corpore separetur. Sane poena gravior uni delicto debita non tollit leviorem delicto leviori impositam, sed reus plurium delictorum poenas omnium ferre debet, si omnes executionem habere possint (7).

§ 2579. Ex regula superius proposita, ex qua poenae in dubio interpretatione sunt emolliendae (§ 2575), colligunt interpretes, si poena gravior imposita sit delicto, quod nocturno, quam diurno tempore admissum sit, atque illud in diluculo perpetratum constet, leviori tantum poenae locum fieri (8); quia stricte dici nequeat, de nocte peccatum fuisse. Si manus amputatio in poenam praecipiatur, sinistra, tamquam minus apta, et minus utilis, amputanda est: nisi poena delicto proposita fuerit, quia manu admissum fuit, puta tabellioni, qui falsum instrumentum conscripserit; hoc quippe casu membrum, quo peccatum est, poenam ferre debet (1): atque delinquens in officio in eo puniri debet (seu ufficio privari), non in aliis, nisi crimen gravissimum sit (2): negligentia autem officialium non praesumitur in maleficiis clandestinis, et occultis (3).

§ 2580. Eodem fundamento aliqui defendunt, poena statuto imposita percutienti, aut vulneranti in dubio non affici mandantem, aut consulentem: quibus arbitraria potius poena infligenda est, cum nonnisi in casibus a lege expressis eadem delinquentis, et delicto caussam dantis poena sit (4). Conclusio haec difficultate nen caret, nec recipi posse videtur respectu mandantis (5): praeterquam in poenis statuto singulariter propositis, quae facile extensionem non admittunt, prout suo loco de statutis agentes demonstravimus (6); etenim mandans prima delicti caussa intelligitur (§ 2429).

§ 2581. Sola autem mandatarii assertio probationem non facit ad condemnationem, immo nec ad habendam de reo quaestionem, si non alia adsint indicia (7); nulla, aut vix ulla fides adhibetur ei, qui propriam turpitudinem allegat, praesertim post iniqui mandati executionem. Indicia haec esse possunt, si minae praecesserint, maxime paullo ante scelus patratum, si injuriarum capitalium caussa subsit inter laesum, et mandantem, mandatarius vero nullam laedendi, vel occidendi caussam habuerit: si is, qui mandasse dicitur, prius aliud crimen perpetraverit, ex quo posterioris capi praesumptio possit, puta adulterium in marito, vel uxore, qui mandatum occidendi dedisse allegetur (8): atque receptum, ut in delictis atrocioribus leviora sufficiant indicia, ut quis condemnari possit ex confessione mandatarii (9).

§ 2582. Cum plenae criminis probationes non habentur, ordinariae poenae reus subjici non potest, sed extraordinariae tantum, singulis adjunctis pensatis, atque praesertim anteacta rei vita, et fama (10), nisi accedat rei confessio (11): extraordinaria autem poena ad exilium (12), atque etiam ad triremes extendi potest (13).

§ 2583. Leges tamen poenales ex rationis identitate a casibus expressis ad alios similes verbis legis non comprehensos extendi posse,

(1) *Reg. Constit.* lib. 4, tit. 25, § 1.
(2) Ibid. § 4.
(3) argum. l. *Ad bestias* 31 ff. hoc tit.
(4) l. *Non omnes* 5 § ult. ff. *De re militari* (49, 16).
(5) l. 1 prop. fin. Cod. *De desertorib* (12, 46); l. unic. Cod. *De his, qui se deferunt* (10, 13); Fab. Cod. hoc tit. lib. 9, tit. 25, def. 17.
(6) l. *Si diutino* 25 ff. hoc tit.; V. Thes. dec. 76.
(7) *Reg. Constit.* lib. 4, tit. 25 § 5.
(8) argum. l. *Titius* 25 § 1 ff. *De liber. et posthum.* (28, 2).

(1) Voet in ff. hoc tit. d. n. 8.
(2) Fab. Cod. hoc tit. lib. 9, tit. 25, def. 12 in corp. et in not., et def. 19.
(3) Fab. ibid. def. 13.
(4) Voet in ff. hoc tit. n. 8 prop. fin.
(5) Fab. Cod. hoc tit. lib. 9, tit. 25, def. 5 in princ.
(6) V. vol. I, lib. 1, pag. 80, § 324 et seqq.
(7) Fab. Cod. hoc tit. lib. 9, tit. 25, d. definit. 5, n. 1 et seqq.
(8) Ibid. d. def. 5, n. 6 et seqq.
(9) Ibid. d. def. 5 in not.
(10) *Reg. Constit.* lib. 4, tit. 25, § 13.
(11) Fab. Cod. hoc tit. lib. 9, tit. 25, def. 6.
(12) Ibid. def. 9.
(13) *Reg. Const.* d. § 13.

alibi demonstravimus (1): excipiunt aliqui leges, quae a mero imperantis arbitrio pendent; videlicet, quibus prohibetur, aut praecipitur sub poena actus per se indifferens (2); quia leges hujus generis continere videntur jus singulare ad alios casus minime protendendum (3).

§ 2584. Immo etiam contingere potest, ut poenae potius exasperandae sint: quam leniendae, vel quia majus ex scelere in aliquo loco damnum imminent, qua ratione gravius plectuntur, ait Jureconsultus, messium incensores in Affrica, vitium incensores in Mytia, adulteratores monetae, ubi metalla sunt (4), vel quia multis personis grassantibus, exemplo opus est, ut cives eo crimine deterreantur (5).

§ 2585. Qui in sua provincia deliquit, si in alia inveniatur, atque in carceres detrudatur, tum de crimine convictus sit, non ad aliud condemnari a Senatu solet, ait Faber, quam ut exulare confestim jubeatur, si non ab alio accusetur, quam a fisci patrono (6): quod tamen de levioribus tantum delictis accipiendum est, non de gravioribus quae puniri publice interest.

§ 2586. In quaestione, cujus loci poena delinquenti irroganda sit, puta si Titius in uno loco lethaliter vulneratus fuerit, in alio ex eo vulnere mortuus sit, atque diversa homicidii poena in diversis his locis obtineat, plerique sentiunt, reum subjici poenae, quae viget in loco inflicti vulneris; tum quia vulnerans occidisse videtur ipso momento illati vulneris (7), quo morti caussam dedit; atque initium delicti, non secus ac contractus, magis inspiciendum est, quam quod postea contigit (8); tum quia alioquin a potestate vulnerati penderet, quonam poenae genere homicida afficiatur, quod absurdum est.

§ 2587. Idem dicendum, seu locum perpetrati delicti in poena attendendum, licet delinquens alio in loco domicilium habeat; quia et in loco delicti videtur contraxisse, seu quasi contraxisse, atque ad poenam maleficio subeundam se obligasse (9): quo fundamento recte defenditur, mandantem puniendum esse juxta leges loci, ubi delictum perpetrari mandavit; cum et ibi mandasse intelligatur (10).

§ 2588. Haec lucem afferunt quaestioni de tempore quod in poenae praefinitione inspiciendum sit in eo casu, quo post delictum perpetratum, sed ante condemnationem poena exasperata, vel imminuta sit: nimirum delinquens poenam ferre debet, quae maleficii admissi tempore vigebat; tum quia tunc se ad poenam subeundam ex quasi contractu obligavit (§ praec.); tum quia ex trita juris regula leges non praeteritis, aut praesentibus, sed futuris tantum negotiis formam dant, nisi aliter expresse caveatur (1).

§ 2589. His addendum, a reo subeundam esse poenam, non quam conditio ejus admittit eo tempore, quo sententia fertur, sed eam, quam sustineret, si sententiam passus esset, cum deliquit (2): puta si crimen commiserit, cum servus esset, atque deinde ante sententiam condemnationis libertatem consecutus sit, vel viceversa (3): ergo tempus quoque patrati delicti inspici debet in poena infligenda, ut modo diximus (§ praeced.).

§ 2590. Cum autem vulnerans jam videatur occidisse, cum lethale vulnus inflixit (4): sponte sequitur, in condemnatione habendam esse rationem legum poenalium eo tempore vigentium, quo vulneratus homo fuit, ut initium potius spectetur, quam quod deinceps subsecutum fuit (5).

§ 2591. Supra diximus, poenam, si proprie loquamur, a mulcta distingui (§ 2567); atque mulctam plerumque in pecunia solvi: mulctis autem, seu poenis pecuniariis omnino satisfaciendum est, nec admittitur cessio bonorum ad eas declinandas, ut supra diximus (§ 2233); atque si condemnati iis solvendis idonei non sint, corporali coercitione plectuntur (6), juxta vetus adagium, ex quo in pelle luit, qui non habet in aere, nisi Princeps criminis, seu poenae corporalis gratiam faciat, prout et in hoc casu potest (7). Haeredes autem condemnati pecuniarias poenas non debent, sicuti nec expensas judicii, si, cum reus contumax esset, sententia ante ejus mortem legitime intimata non fuerit, aut si praesens esset, tempus appellationis non praeterierit, antequam vita functus sit (8).

§ 2592. Porro judices tum majores, tum minores singulis trimestribus jubentur trasmittere ad provincialium tributorum praefectum notam poenarum, quae pecunia solvendae sunt, atque mulctarum ad fiscum devolutarum, ut hae a thesaurario exigantur (9): omnes autem pecuniariae poenae, et confiscationes, detractis

(1) V. vol. I, pag. 47, § 99.
(2) Voet in ff. hoc tit. n. 9 in princ.
(3) l. *Quod vero* 14 et seqq. ff. *De legib.* (1, 3).
(4) l. *Aut facta* 16 § pen. ff. hoc tit.
(5) d. l. 16 § ult.
(6) Fab. Cod. hoc tit. lib. 9, tit. 25, definit. 22.
(7) l. *Huic scripturae* 15 § 1; l. *Ait lex* 21 § 1 ff. *Ad leg. Aquil.* (9, 2).
(8) l. 1 Cod. *Ubi de criminib. agi oport* (3, 15).
(9) argum. l. *Contraxisse* 21 ff. *De obligat. et actionib.* (44, 7).
(10) d. l. 21; l. *Exigere* 65 ff. *De judic.* (5, 1).

(1) l. *Leges* 7 Cod. *De legib.* (1, 14).
(2) l. 1 in princ. ff. hoc tit.
(3) d. l. 1 § 1 et 2 ff. hoc tit.
(4) d. l. *Huic scripturae* 15 § 1; l. *Ait lex* 21 § 1 ff. *Ad leg. Aquil.* (9, 2).
(5) l. 1 Cod. *De criminib. agi oport.* (3, 15).
(6) *Reg. Constit.* lib. 4, tit. 25, § 7.
(7) Fab. Cod. hoc tit. lib. 9, tit. 25, def. 1.
(8) *Reg. Constit.* ibid. § 8.
(9) Ibid. § 9 et 10.

prius litis sumptibus, et juribus officialium fisci, partim denunciatori, partim xenodochiis, partim fisco, aut vassallis cedunt (1), nisi forte Princeps mulctam aliquam in singulari casu sibi excipiat (2).

§ 2593. Officialibus tribunalis, vel fisci severe prohibitum est, ne de caussis criminalibus transigant, sive ante, sive post sententiam: graviter alioquin puniendi, non secus ac si processum aliquem supprimant (3): tum et vassallis eadem transactio interdicta est (4); quibus simul vetitum, aeque ac universitatibus, ac cuilibet, ad quem forte spectent confiscationes, poenae, et mulctae, ne eas locent, aut alium contractum de illis ineant sub poena privationis, et devolutionis ad fiscum per decennium, salvo utique universitatibus indemnitatis jure adversus administratores (5): atque in hac re, idest cum quaeritur de transactione in caussis criminalibus, probationes privilegiatae favore fisci sufficiunt, quemadmodum et in casibus, quibus aliquis in publico officio deliquisse insimuletur (6).

§ 2594. Disputat Faber, ad quem pertineat pecuniaria poena, vel mulcta, si fructus jurisdictionis tempore admissi delicti ad Titium pertinerent, tempore vero condemnationis ad Sempronium. Plerisque placebat, maleficii tempus spectandum esse (7), prout plerumque fit (§ 2588 ad 2590): sed quia multa ante condemnationem evenire possunt, quae impediant, ne condemnatio sequatur, puta delinquentis mors: atque mulcta ob delictum quidem, non tamen omnino ex delicto, sed ex condemnatione, seu judicato debetur, Senatui Sabaudo placuit, condemnationis tempus inspiciendum esse (8).

§ 2595. Simile illud est, subjicit Faber, quod rerum judicatarum emolumenta, quae in poenam temere litigantium apud nos exiguntur, non debentur ei, qui coeptae, et contestatae litis tempore jus illud a Principe conduxerat, sed ei, qui in conductione reperitur, cum res judicatur (9): atque hinc infert idem Faber, vendita jurisdictione sub pacto redimendi, si ante retrovenditionem aliquis deliquerit, sed post eam condemnatus sit, poenam ad priorem venditorem pertinere, qui condemnationis tempore dominus est (10).

§ 2596. Jam innuimus, bona delinquentium aliquando fisco addici, seu, ut ajunt pragmatici, post Justinianum tamen (1), confiscari in sceleris atrocioris vindictam: sed de hac singulari poena sensim dicere praestat, cum speciales habeat difficultates.

(1) *Reg. Const.* lib. 4, tit. 25, § 11; Thes. dec. 266.
(2) V. infra § 2606.
(3) *Reg. Constit.* lib. 4, tit. 19, § 1, 2 et 3; Fab. Cod. *Ne sin. jus.* princ. lib. 9, tit. 26, def. 3.
(4) *Reg. Constit.* ibid. § 4 et 5.
(5) Ibid. § 6 et 7.
(6) Ibid. § 8.
(7) Fab. Cod. hoc tit. lib. 9, tit. 25, def. 3 in princip.
(8) Ibid. d. def. 23, n. 1 et seqq.
(9) Ibid. d. def. 3 in fin.
(10) Ibid. d. def. 3 in not.

APPENDIX.

De publicatione, seu bonorum fisco addictione.

Digest. lib. 48, tit. 20 *De bon. damnator.*
Cod. lib. 9, tit. 49 *De bon. praescriptor.*

SUMMARIA

§ 2597 et 2598. *Poenam pecuniariam non ferebant olim capitis poena damnati: deinceps bonorum pars coepit fisco addici.* — § 2599. *Justinianus damnatorum bona descendentibus, atque ascendentibus, usque ad tertium gradum servavit, excepto crimine laesae majestatis.* — § 2600. *Indignis ablata consanguineis non cedunt, sed fisco.* — § 2601 et 2602. *Publicatio bonorum mandari non potest, nisi a supremis magistratibus, et in gravioribus criminibus.* — § 2603. *Publicationi bonorum quibus casibus apud nos locus fiat?* — § 2604 et 2605. *Quae fiat distributio bonorum fisco addictorum?* — § 2606. *An bona publicata pertineant ad Vassallos, cum princeps pecuniariam poenam imponit actui per se licito?* — § 2607. *Donare non potest Princeps ante sententiam bona fisco addicenda.* — § 2608. *Quid si delinquat fructuarius, maritus, aut mulier?* — § 2609 et 2610. *An publicationi subsint bona per fideicommissum restituenda, vel alienari prohibita?* — § 2611. *Contra fiscum in dubio facile respondetur. Quare?* — § 2612. *Publicatis bonis omnibus mobilibus et immobilibus, non veniunt jura et actiones: nec futura.* — § 2613. *Alienationes in fraudem fisci factae et praetermissae acquirendi occasiones revocantur.* — § 2614. *Fiscus bona damnatorum acquirit, sed cum onere aeris alieni.* — § 2615 et 2616. *Quid si condemnatus bona habeat in territorio diversorum principum?* — § 2617. *Bona etiam mobilia subjiciuntur jurisdictioni Principis, in cujus territorio sunt.* — § 2618. *Fiscus diversorum Principum fert onus aeris alieni pro rata bonorum parte, quam ex publicatione consequitur.* — § 2619. *Publicatio bonorum cessat morte rei, praeterquam in gravioribus delictis. Quid si condemnatus appellaverit?* — § 2620. *An quinquennium servari debeat in bonorum publicatione post rei mortem?* — § 2621. *Quid si reo, soluto aere alieno, nihil in bonis supersit?*

(1) V. Cod. lib 9, tit. 48; qui inscribitur: *Ne sine jussu Principis certis judicibus liceat confiscare.*

§ 2597. Non eadem semper viguit in hac re apud Romanos jurisprudentia. Primis reipublicae temporibus capitis poena damnatus pecuniariam non ferebat; quasi duplicem pro uno delicto gravem infligere poenam minus aequum sit: deinceps sub Imperatoribus ad ultimum supplicium condemnati, aut civitate privati bona fisco addici coeperunt, liberis licet superstitibus (1): quamquam Imperatores miseratione plurium liberorum moti, bona liberis aliquando relinquebant (2).

§ 2598. Succedentibus temporibus Severus Imperator decrevit, ne bona perduellis fisco vindicarentur, si liberos haberet (3): potiori ratione in leviorum, seu minus atrocium criminum reis sanctio haec servanda erat: sed non multo post sancitum fuit, ut pars tantum dimidia servaretur liberis delinquentis, cui aut vita, aut civitas adimeretur (4): atque sanctionem hanc de servanda liberis dimidia condemnati bonorum parte confirmarunt posteriores Imperatores Theodosius, et Valentinianus, omnia tantum bona fisco addicentes, cum nulli essent liberi (5): sed in bonis matris condemnatae ad deportationem nihil relictum fuit liberis (6); quia liberi a patre potius, quam a matre alimenta, et caetera ad vitam necessaria plerumque consequuntur.

§ 2599. Jus hoc postremum usque ad tempora Justiniani viguit (7): sed Justinianus damnati consanguineis potius, quam fisco, prospicere volens decrevit, ut bona omnia damnatorum senventur descendentibus eorum, atque ascendentibus usque ad tertium gradum, data etiam portione uxori inopi, et indotatae (excepto crimine laesae majestatis); atque his tantum deficientibus, bona ad fiscum pervenire voluit (8).

§ 2600. Descendentibus, atque ascendentibus servantur bona condemnati (§ praeced.): non tamen ea, quae per crimen acquisivit; puta si cognatus cognatum occiderit, vel heres eum, a quo institutus est (9); etenim occidens indignus est occisi haereditate (10), atque indignis ablata fisco vindicantur (11).

§ 2601. Bonorum publicationem mandare non possunt judices omnes, sed illi tantum, qui in summa administratione positi sunt, veluti praefecti praetorio, aut urbi, nisi priores ad Principis aures rem prius referant (1): atque hodie facultas haec competit solis supremis magistratibus (2), praeterquam in casibus a lege definitis (3).

§ 2602. Nonnisi ob graviora, et atrociora crimina damnatorum bona confiscantur (4), nimirum laesae majestatis divinae, et humanae (5): divinae autem majestatis rei habentur haeretici (6), et apostatae (7), quibus addendi, qui incestas nuptias contraxerunt (8).

§ 2603. Jure, quo utimur, cautum est, ut praeter casus regiis, aut civilibus legibus comprehensos, confiscationi locus fiat ex caussa contumaciae in omnibus delictis, in quibus reus ad mortem, aut triremes in perpetuum, aut aequivalentem huic poenam damnatus fuerit (9). Cum tamen publicantur bona propter rei contumaciam, eadem cum fructibus restituuntur reo, qui intra sex menses a die publicationis, atque intimationis sententiae comprehensus fuerit, aut intra biennium sponte in judicio steterit: solam proprietatem bonorum recuperat, si post semestre tempus, sed intra biennium comprehensus fuerit (10). Quod si ex delicti qualitate bonorum publicatio sequatur, non ex contumacia, restitutio bonorum differtur usque ad sententiam, tametsi delinquentes intra semestre se in carcere ultro conjiciant (11).

§ 2604. Lata publicationis sententia favore fisci, administrator bonorum eligi debet, ex quibus impensae judiciariae solvantur, atque interim alimenta uxori, et liberis suppeditentur (12): debitores condemnati intra quadraginta dies debita sua edere tenentur sub poena quadrupli; atque idem onus incumbit illis, qui bona cujuscumque speciei ad hosce condemnatos spectantia teneant; nec non notariis penes se habentibus instrumenta, quibus jura condemnati contineantur (13).

§ 2605. Peracta bonorum redactione in vim publicationis, haec publice proponitur: atque bona sub hasta venduntur (14): si emptor non

(1) l. *Eum, qui* 3 ff. *De interdict. et relegat.* (48, 22).
(2) l. *Cum ratio* 7 § *si plures* 3 ff. hoc tit.
(3) l. *Eorum, qui* 9 ff. *Ad leg. Jul. majestat.* (48, 4).
(2) l. 1 princ. § 1, 2 et 3; l. *Cum ratio* 7 ff. hoc tit.
(2) l. *Quando quis* 10 Cod. hoc tit.
(4) l. *De bonis* 6 Cod. hoc tit.
(1) Novell. 17, cap. *oportet autem* 12; ubi ordinis nomine intelligitur curia, seu ordo decurionum juxta d. l. *Quando quis* 10 Cod. hoc tit.
(2) Novell. 134, cap. ult. prop. fin.; Thesaur. lib. 3, quaest. 35, n. 4 et 9 †.
(1) l. *Cum ratio* 7 § *praeterea* 4 ff. hoc tit.
(2) l. *Aufertur* 2 et passim ff. *De his, quae ut indign.* (34, 9).
(3) l. *Lucius Titius* 9 ff. *De jure fisci* (49, 14).

(1) l. unic. Cod. *Ne fin. jus. princip. cert. judicib. liceat confiscar.* (9, 48).
(2) Fab. Cod. eod. tit. lib. 9, tit. 26, def. 1.
(3) Ibid. d. def. 1 in not.
(4) Ibid. d. definit. 1 in princ. et in not.
(5) d. l. *Quando quis* 10 Cod. hoc tit.; d. Novell. 134, cap. 12. in fin.
(6) l. *Manichaeos* 4 § 1 Cod. *De haeretic. et Manichaeis* (1, 5); Thes. lib. 2, quaest. 40, n. 1.
(7) l. 1 Cod. *De apostat.* (1, 7).
(8) auth. *incestas nuptias* post l. 6 Cod. *De incest. et inutilib. nupt.* (5, 5).
(9) *Reg. Constit.* lib. 4, tit. 26, § 1; V. Osasc. decis. 105 in fin.
(10) *Reg. Constit.* ibid. § 2.
(11) Ibid. § 3.
(12) Ibid. d. § 4, 5 et 6.
(13) Ibid. § 9, 10, 11 et 12.
(14) Ibid. § 13 et 14.

inveniatur, atque bona publicata ad vassallos spectent, solutis expensis, eadem retinere possunt: si vero ad fiscum, communitates curare debent, ut ea colantur, fisco fructuum rationem reddliturae (1).

§ 2606. Hinc patet, bona publicata aliquando ad fiscum Principis, aliquando ad vassallos ex investitura pertinere, quadam utique portione fisci patronis data (2): si tamen Princeps faciat ex non delicto delictum, seu poenam pecuniariam imponat actui per se licito, puta adversus eum, qui frumenta in aliam provinciam exportaverit, potest hanc sibi mulctam omnino reservare, excluso vassallo, licet de omnimoda jurisdictione investito (3); tum quia Princeps jurisdictionem concedendo plus sibi retinet, quam in vassallum transferat: tum quia, posito alio jure, edictum Principis ex collusione vassalli irritum, atque inane fieri posset.

§ 2607. Plane Princeps bona fisco suo addicta donare potest, nec non mulctas, et poenas pecuniarias, sed peti nullo modo possunt ante sententiam condemnationis (4): cautius etiam hisce inverecundis petitionibus apud nos obviam itum est; atque decretum, ut nemo haec a Principe in vim concessionis, aut donationis accipere possit, antequam lata sit sententia, eaque in rem judicatam transierit: atque ut nullius roboris sint decreta, aut diplomata, quae de his, circumventa Principis religione, obtenta fuerint (5).

§ 2608. Fisco addicenda sunt in poenam criminis bona condemnati, non alterius, ne poena suos auctores egrediatur (6): atque ideo, si delinquat fructuarius, proprietas a domino non aufertur, et viceversa: ex delicto mariti sola ejus bona, sicuti uxoris tantum bona ex mulieris crimine publicantur: immo nec dotes mulieris fisco addicuntur in praejudicium mariti, nisi in quinque criminibus, nimirum majestatis, vis publicae, parricidii, veneficii, et contra legem Corneliam de sicariis (7).

§ 2609. Idem dicendum de bonis per fideicommissum restituendis: fiduciarii haeredis crimen fideicommissario non nocet (8): si tamen fideicommissum ex die, vel sub conditione restitui debeat, potest fiscus ejus fructus, die, vel conditione pendente, percipere (9), quemadmodum conceditur creditoribus fiduciarii haeredis (1).

(1) *Reg. Constit.* d. lib. 4, tit. 26, § 15 et 16.
(2) Ibid. tit. 27, § 1, 2 et 3.
(3) Fab. Cod. *Ne sine jus. princ. etc.* lib. 9, tit. 26, def. 2; Thes. dec. 250, n. ult. †, ubi de mulcta temere appellantium.
(4) l. 1 Cod. *De petitionib. sublat.* (10, 12); Fab. Cod. hoc tit. lib. 9, tit. 27, def. 3.
(5) *Reg. Constit.* lib. 4, tit. 26, § 7 et 8.
(6) l. *Sancimus* 22 Cod. *De poenis* (9, 47); l. *Crimen* 26 ff. eod. tit. (43, 19).
(7) l. *Quinque* 3 et seqq. ff. hoc tit.
(8) l. *Si Statius Florus* 48 § 1 ff. *De jure fisci* (49, 14); Fab. Cod. hoc tit. lib. 9, tit. 27, def. 2.
(9) d. l. 48 § 1 in fin. l. *Cum pater* 77 § *haereditatem* 4 ff. *De legat.* 2. (31, 1); *Reg. Constit.* lib. 4, tit. 26. § 6.

§ 2610. Nec interest, utrum bona restitutioni per fideicommissum obnoxia sint, an alienari prohibita (2); quamdiu enim a prohibito retineri possunt, fiscus in ejus jura succedens fructus percipere potest: atque hinc municipali lege sancitum, ne effectum publicationis, quae profluit ex delicti qualitate, impediat quaelibet alienationis prohibitio, substitutio, cautela, aut clausula exclusiva jurium fisci in praeteritum adjecta, vel imposterum adjicienda in quolibet actu inter vivos, vel ultimae voluntatis; cum hujusmodi clausulae, et cautelae pro non adjectis haberi debeant (3): lex concipitur de bonorum addictione, cui delicti qualitas locum faciat: proinde aliud servandum innuit, cum bona propter delinquentis contumaciam publicantur, ut supra diximus (§ 2603).

§ 2611. Cum publicatio bonorum odiosa sit, stricte potius interpretanda (4): atque ideo Modestinus asserere non dubitavit, *non delinquere eum, qui in dubiis quaestionibus contra fiscum facile responderit* (5), quia fiscus de lucro capiendo certat adversas delinquentem, qui damnum avertere satagit.

§ 2612. Si ergo bona omnia mobilia, et immobilia alicujus rei publicata sint, jura, et actiones sub hisce bonis non comprehenduntur (6), tamquam ab his vere distincta (7). In civilibus quidem caussis jura ad res mobiles aliquando referuntur, cum justa ratio suadet, hanc fuisse legislatoris, aut contrahentium voluntatem: sed aliud probandum in poenis, quae interpretatione potius emolliendae, quam exasperandae sunt (§ 2575), prout et alibi innuimus (8) Atque eodem fundamento scripsit Ulpianus, publicatis bonis, quidquid postea acquirit condemnatus, fiscum non sequi (9); seu praesentia tantum, non futura fisco addicta intelligi.

§ 2613. Sed, quamvis confiscatio strictam recipiat interpretationem, cavendum tamen simul est, ne fiscus jure suo fraudetur. Atque ideo non tantum donationes ante sententiam secutae, et caeterae alienationes titulo oneroso factae, immo et praetermissae acquirendi occasiones revocantur, si in fraudem fisci factae fuerint a reo, qui bonorum publicationem ex sce-

(1) l. *Peto* 69 § 1 ff. *De legat.* 2. (31, 1).
(2) Voet in ff. hoc tit. n. 4 in medio.
(3) *Reg. Constit.* lib 4. tit. 9. § 17.
(4) argum. l. ult. ff. *De poen.* (48, 19).
(5) l. *Non puto* 10 ff. *De jure fisci* (49, 14).
(6) Voet in ff. hoc tit. n. 5.
(7) l. 1 § 1 ff. *De division. rer.* (1, 8).
(8) V. vol. 1, lib. 1, pag. 341, § 2138 et seqq.
(9) l. *Si mandavero* 22 § *is, cujus bona* 5 ff. *Mandat.* (17, 1).

lere metuebat (1). Hinc pensio reo debita venit in confiscationem, licet alimenta ex communi sententia non veniant (2).

§ 2614. Publicationis is est effectus, ut bona condemnati in fiscum transeant, uti innuimus, sed cum onere aeris alieni, pro qua parte in locum privati per confiscationem successit (3); alioquin creditores innoxii damnum ex publicatione paterentur; quod aequitas non sinit (4).

§ 2615. Omnes in hac re consentiunt: sed dubitari potest, cui fisco acquirantur bona, si delinquens in diversis territoriis bona habeat; tum qualis fiscus, et pro qua parte subeat onus aeris alieni. Si reus condemnatus fuerit propter delictum, quod ex juris communis dispositione secum ferat publicationem bonorum, sententia in uno territorio lata vim suam exerit extra territorium, in quo idem jus servetur (5): praesumitur enim Princeps alterius territorii velle, ut sententia alibi lata, tamquam justitiae praesumptionem habens in suo territorio executioni mandetur.

§ 2616. Sed, cum bona praesertim immobilia subsint potestati Principis, in cujus territorio sunt, sponte sequitur, ad unumquemque fiscum spectare bona in proprio territorio constituta (6): atque idem dicendum de bonis mobilibus; licet enim, cum de successione agitur, mobilia esse fingantur, ubi defunctus morabatur, haec tamen fictio in bonorum publicatione locum invenire non potest; cum enim de jure fisci cujusque agatur, vix praesumendus est territorii dominus fictionem hanc in sui dispendium probare velle.

§ 2617. His adde, vere, et proprie mobilia, non secus ac immobilia, quamdiu in territorio sunt, subjici imperio Principis; nemo enim dubitat, quominus Princeps possit legem de mobilibus, puta frumento non exportando, vino, et similibus ferre; licet haec ad alienigenas spectent.

§ 2618. Porro quisque diversorum Principum fiscus aeris alieni onus subire debet, pro rata honorum condemnati parte, quam ex publicatione consequitur (7); quemadmodum in pluribus unius defuncti haeredibus servatur (8). Ita sane postulat aequitas, gentium, immo et naturali jure firmata.

(1) l. *In fraudem* 45 ff. *De jure fisci* (49, 14); Thesaur. lib. 2, quaest. 40, n. 1, 2 et 3.

(2) V. Thesaur. lib. 3, quaest. 40.

(3) l. *Tutoris* 2 Cod. *Ad leg. Jul. de vi publica, vel privata* (9, 12).

(4) l. pen. ff. *De poen.* (48, 19); l. *Sancimus* 22 Cod. eod. tit. (9, 47).

(5) Fab. Cod. hoc tit. lib. 9, tit. 27, def. 1 in princ.

(6) Ibid. d. def. 1 in fin.

(7) d. l. *Tutoris* 2 Cod. *Ad leg. Jul. de vi public. et privat.* (9, 12).

(8) l. *Pro haereditariis* 2 Cod. *De haereditar. actionib.* (4, 16).

§ 2619. Inquirendum superest, quibus casibus cesset honorum ex caussa delicti publicatio. Imprimis cessat morte rei ante condemnationem, licet crimen tale sit quod ex legum sanctione poena hac coerceatur (1), quia requiritur saltem declaratoria judicis sententia, qua constet, accusatum talis criminis reum esse, accusatio autem mortem rei plerumque extinguitur quoad poenam fisco applicandam (§ 2466), praeterquam in criminibus laese majestatis, et repetundarum (2), aut suicidii ex sceleris conscientia perpetrati (3): quod si reus a sententia publicationis poenam irrogante appellaverit, atque, appellatione pendente, decesserit, bonorum quaestio etiam post mortem remanet (4).

§ 2620. Quibus autem casibus etiam post mortem rei quaestio adhuc moveri potest de bonis ejus fisco in sceleris vindictam addicendis, putant aliqui, non ultra quinquennium durare hanc bonorum persecutionem (5): seu judicii initium intra hoc tempus fieri debere (6): sententia haec summa nititur aequitate, et aliis legum Romanarum non absimilibus sanctionibus (7), quas et fisco nocere traditum est (8).

§ 2621. Praeterea cessat, exitu inspecto, bonorum publicationis effectus, si delinquenti, soluto aere alieno, nihil in bonis supersit (9); quo casu consultius est, ut fiscus creditoribus, quorum caussa prior est (§ 2614), bona condemnati dimittat.

CAPUT V.

De sententiis, earumque executione in judiciis criminalibus, appellatione et expensis.

Digest. lib. 48, tit. 1 *De publicis judic.*
Cod. lib. 9, tit. 44 *Ut intra certum tempus crimin. quaestio terminetur.*

SUMMARIA

§ 2622. *Caussae criminales celerius expediendae sunt, et definiendae prius, quam civiles.* — § 2623. *Adversus reum in flagranti comprehensum agitur ex abrupto.* — § 2624. *An magistratus evocare possit caussas criminales?* — § 2625 *et* 2626. *Sententiae crimi-*

(1) l. *In fraudem* 45 § 1 ff. *De jure fisci* (49, 14); V. Osasc. dec. 106, ubi probat, haeredem affici sententia confiscationis contra defunctum lata.

(2) l. *In Senatusconsultum* 15 § *si propter* 3 ff. *Ad Senatusc. Turpillian.* (48, 16).

(3) d. l. 45 § *ejus bona* 2 ff. *De jur. fisci.*

(4) l. *Si is, qui* 3 Cod. *Si pendent. appellat. mors intervenerit* (7, 66).

(5) Peregrin. *De jure fisci* lib. 4, tit. 5, n. 33; Brunneman. ad l. *Si quis defunctum* 2 Cod. *De apostol.* (1, 7); et alii passim.

(6) argum. d. l. 2.

(7) l. 1 et passim. Cod. *Ne de stat. defunctor. post quinquenn. quaerat.* (7, 21).

(8) l. *Si pater* 7 Cod. eod. tit.

(9) l. 1 § 1 ff. *De jure fisci* (49, 14).

nales cui sint denunciandae? Quid si judices in diversas abeant sententias? — § 2627. *Quid de impensis, damnis, et eo, quod partis laesae interest?* — § 2628. *Quaestioni plerumque subjicitur reus ad mortem, vel triremes damnatus in caput participum. Quid si judicii solemnitates neglectae fuerint?* — § 2629. *Quid si reus contumax sit?* — § 2630 *et* 2631. *Sententiae criminales, quibus de poena corporali agitur, executioni mandari non possunt, nisi fuerint a Senatu confirmatae. Cujus sumptibus executio fiat?* — § 2632 *et* 2633. *Quibus casibus appellare liceat a sententiis judicium inferiorum?* — § 2634. *Appellatio interposita ab uno ex pluribus ejusdem delicti consciis prodest caeteris.* — § 2635 *et* 2636. *Quid de impensis judicii criminalis?* — § 2637. *Quis ordo servetur in hisce impensis?*

§ 2622. Quamquam eaedem propemodum regulae servantur in sententiis, quae de caussis criminalibus feruntur, earumque executione, quas de civilibus judiciis exposuimus (§ 2114 ad 2276), quia tamen diversa caussarum indoles specialia quaedam jura expostulat, consultum ducimus summatim indicare, quae apud non sigillatim praescripta sunt. Atque imprimis mandatum judicibus, ut criminalem litem, seu processum quamprimum instruant, et quantocius absolvant: nec non fisci patronis, ut judicem de patratis delictis certiorem faciant (1); atque ut criminales caussae prius definiantur, quam civiles, potissimum si accusati in eo statu sint, ut possint absolvi (2); prout etiam civili jure cautum est (3).

§ 2623. Si reus forte comprehendatur in actu delinquendi, seu ut ajunt, in flagranti, adversus eum agitur ex abrupto, atque majori, qua fieri potest, celeritate, prout res postulat (4); tum sententia sine dilatione executioni mandatur (5): atque idem instruendi processus, et sententiae exequendae modus servandus est in delictis atrocissimis, licet reus in flagranti prehensus non fuerit, si modo factum notorium sit; et quoties supremo magistratui videbitur, cui soli licet ex abrupto inquirere, et definire (6), sive in omni, sive in aliqua litis criminalis parte (7).

§ 2624. Magistratus autem, ut obiter dicamus, praecipere non potest, ut transmittantur inquisitiones caussarum criminalium, quarum cognitio spectat ad judices inferiores, nisi agatur de delictis poena corporali neutiquam coercendis (1): quod si ex transmissis actis litis criminalis magistratui constet, inquisitioni locum non fieri, summarie sine expensis illud declarare debet, aut caussam legitimo judici restituere; fisci patrono prius audito, si inquisitio locum habere possit (2).

§ 2625. Sententiae in caussis criminalibus eodem modo feruntur, quo civiles, eo excepto, quod sententiae praefectorum, et judicium, quibus poena mortis infligitur, soli delinquentis in carceribus constituti procuratori denunciandae sunt, caeterae reo ipsi; tum graviores publice proponuntur (3): sed fisci patronus biduo, antequam in Senatu criminales caussae referantur, certior fieri debet, nec non procurator rei praesentis (4).

§ 2626. In pari suffragiorum numero praevalet sententia priori magis consentanea; sed mitior praefertur, si senatus in prima instantia judicet (5), prout judicare debet, cum agitur de caussis furum, grassatorum, desidum, et vagorum, ut delicta haec frequentiora, et publicae tranquillitati magis noxia promptius coerceantur (6): atque plures unius delicti rei eadem sententia comprehendi possunt, si lis pro omnibus instructa sit (7).

§ 2627. Sane in omnibus sententiis, sive contradicto judicio, sive adversus contumaces ferantur, parti laesae adjudicari debent impensae, damna, et id, quod interest, licet haec petita non fuerint, atque poenae ordinariae pro delicto locus non fit (8): sed si nullius poenae dignus sit reus minime contumax, impensas non subit, nisi semiplena probatio habeatur delicti, ex quo quaestionis tormento locus non fiat (9).

§ 2628. Quoties reus ad mortem, vel triremes damnatur, quaestioni subjicitur in caput, ut ajunt, participum; nisi in casibus, in quibus vel ex delicti qualitate, vel ex aliis adjunctis nullus criminis socius esse potuerit: immo in furtis torqueri potest reus pro aliis furtis, de quibus in judicio actum non est, ut conscii criminis detegantur; quae tamen confessio reo ipsi non nocet (10). Supremi autem magistratus, cum sententias ferunt in caussis criminalibus, ad solam facti veritatem respicere jubentur, insuper habitis solemnitatibus, aut earum defectu, quae ad substantiam non pertinent, nec ullum reo praejudicium afferunt; quam-

(1) *Reg. Constit.* lib. 4, tit 4, § 1, 2 et 3; v. l. ult. Cod. *Ut intra cert. temp. etc.* (9, 44).
(2) *Reg. Constit.* § 4 et 5.
(3) l. ult. Cod. *De ordin judicior.* (3, 8).
(4) *Reg. Constit.* lib. 4, tit. 17, § 1 et 2.
(5) Ibid. § 3 et 4.
(6) Ibid. § 5, 6 et 7.
(7) Ibid. § 8.

(1) *Reg. Constit.* lib. 4, tit. 18, § 1
(2) Ibid. § 2.
(3) Ibid. lit 9, § 1 et 2.
(4) Ibid. § 3.
(5) Ibid. tit. 20, § 4.
(6) Ibid. § 9.
(7) Ibid. § 6.
(8) Ibid. § 5.
(9) Ibid. § 7 et 8.
(10) Ibid. § 10.

quam redarguendi, et puniendi sunt judices, quibus negligentia imputari possit (1).

§ 2629. Haec potissimum conveniunt sententiis criminalibus adversus praesentes latis: quod si reus constumax sit, perinde condemnatur, ac si praesens esset: immo semiplena ex actis resultans probatio juncta contumaciae sufficit, ut reus ad quamcumque poenam sive corporalem, sive pecuniariam condemnetur (2): publicari autem debent sententiae contumaciales juxta praescriptam formam, saltem intra mensem, ex quo latae fuerunt (3).

§ 2630. In eo praeterea differunt apud nos sententiae in judicio civili a sententiis in judicio criminali latis, quod illae vim rei judicatae obtinent, atque executioni mandari possunt, si intra praestitutum tempus appellatum non sit (§ 2177): posteriores vero, sive absolvant, sive condemnent reum in carceribus constitutum ad poenam corporalem, executioni mandari non possunt, tametsi reus ab illis non provocaverit, nisi a Senatu confirmatae fuerint (4): in his autem judiciis fisci patronus, licet reus contumax sit, potest ante sententiam supplere, quod forte in prima instantia praetermissum fuerit (5).

§ 2631. Sententiae a supremis magistratibus latae, non secus ac confirmatae, quae ab inferioribus judicibus prodierunt, et quibus poena corporalis infligitur, executioni mandandae sunt, rei quidem sumptibus, atque in subsidium fisci, et vassallorum (6). Soli supremi magistratus jubere possunt sententiae executionem in effigie adversus reum contumacem, atque poenas ad exemplum adjicere in delictis atrocioribus (7): praegnantes mulieres nec morte, nec alia corporali poena interim plectuntur (8).

§ 2632. Si autem sententia a judice inferiore adversus reum praesentem lata fuerit, nec a supremo magistratu adhuc confirmata, potest ab ea appellari, quamvis reus ad pecuniariam tantummodo poenam condemnatus sit, dummodo libris quinquaginta minor non sit, appellari, inquam, ad praefectum; a praefecto ad Senatum, si poena libras ducentas excedat (9): appellatio autem interponi debet intra quinque dies ab intimata sententia, introduci intra decem, atque intra quiuquaginta finiri, alioquin deserta habetur (10), quamvis veteribus pragmaticis aliud passim placeret (11).

(1) *Reg. Constit.* lib. 4, tit. 20. § 11.
(2) Ibid. tit. 21. § 1, 2, 5 et 6.
(3) Ibid. § 3 et 4.
(4) Ibid. tit. 22, § 1 et 2.
(5) Ibid. § 4.
(6) Ibid. tit. 24, § 1, 2 et 6.
(7) Ibid. § 4 et 5.
(8) Ibid. § 3.
(9) Ibid. tit. 23, § 1.
(10) Ibid. § 3 et 4.
(11) V. Fab. Cod. *De appellationib.* lib. 7, tit. 26, def. 16, 17, 21 et 37.

§ 1633. Immo nec admittitur appellatio, nisi appellans idoneam cautionem praestet solvendi, quod in secunda instantia praescribetur ob paupertatem tamen ad cautionem juratoriam admitti potest (1). Nec permittitur appellatio a judicis decreto, quo reus in persona citatus, nisi in jus veniat responsurus; nec ab interlocutoriis sententiis, quae gravamen irreparabile non inferunt (2). Cum autem delinquens a decretis, vel sententiis judicum inferiorum provocat, nulla haec esse contendens, supplex libellus generali fisci patrono edi debet, ut, omnibus pensatis, concludat, an nulla, et irrita habenda sint, nec ne (3).

§ 2634. Quemadmodum in caussis civilibus appellationis remedium competit illis omnibus, quorum jus connexum est, atque suasit humanitas, ut pro reo criminis ad supplicium condemnato quilibet de populo appellare possit (§ 2269); ita placuit apud nos statuere, ut appellatio interposita ab uno ex pluribus ejusdem delicti consciis prosit caeteris, etiam contumacibus: atque ideo judex appellationis pro his etiam cognoscere debet, et definire, an prior sententia confirmanda sit, an reparanda (4); cum maxime favendum sit condemnatis, ne poenam sustineant propter delictum, quod forte non admiserunt, aut ne graviorem subire cogantur (5).

§ 2635. Quaedam supersunt adjicienda de litis criminalis impensis. Supra diximus, nullas deberi impensas ne judiciarias quidem (videlicet quae judici, et graphiario solvuntur), a reo, qui definitive absolutus fuerit, vel ab observantia judicii (§ 2413); judiciarias tamen deberi, si definitive absolutus non sit, sed, cum probationes non sufficiant, diligentior adversus illum inquisitio praescripta sit (§ 2414): impensae autem, quas fieri opus est, ut reus appellans e carceribus judicis inferioris transferatur in carceres judicis superioris, judiciariis computantur (§ 2415).

§ 2636. Jure, quo nunc utimur, cautum est, ut tribunalis, et fisci officialibus ante sententiam soli debeantur in caussis criminalibus sumptus itinerum, qui suppeditandi sunt a reis, adversus quos legitima adsunt indicia, si solvendo idonei sint; alioquin ab aerario Principis in terris immediatis, a vassallis autem in mediatis (salva utique earum repetitione, prout de jure competere potest, in fine litis (6)); pro rata jurisdictionis parte (7): atque idem jus est de sumptibus pro transmittendis reis,

(1) *Reg. Constit.* d. lib. 4, tit. 23, § 5.
(2) Ibid. § 2.
(3) Ibid. § 7.
(4) Ibid. § 6.
(5) argum. l. *Absentem* 5 ff. *De poen.* (48, 19).
(6) *Reg. Const.* lib. 4, tit. 27, § 4, 5 et 6.
(7) Ibid. § 8.

et testibus ad rei defensionem audiendis (1): nisi vassallorum cura, vel judicem ab ipsis nominatorum, aut communitatum delinquentes comprehensi fuerint, quippe quo casu ex Principis aerario hujus generis impensae praestantur, licet delictum in terris mediatis vassallorum admissum fuerit (2).

§ 2637. Reo in expensas condemnato, exigi possunt ab eo impensae vacationum, et quidquid ex caussa processus debetur: si tamen reus solvendo non sit, nulla competit actio adversus fiscum, et vassallos (3). Porro ex bonis condemnati imprimis solvuntur impensae alimentorum, atque medicamentorum, quae occiso, aut vulnerato suppeditata fuerint: tum victus, et custodiae rei, tertio loco impensae officialibus tribunalis, et fisci debitae: post haec sumptus, damna, et id, quod interest laesi: postremo mulctae (4).

(1) *Reg. Constit.* lib. 4, tit. 27, § 7; V. Fab. Cod. *De exhibend., vel trasmittend. reis* lib. 9, tit. 3, def. 1.
(2) *Reg. Constit.* ibid. § 12.
(3) Ibid. § 9.
(4) Ibid. § 10 et 11.

CAPUT VI.

Quibus modis crimina extinguantur.

Digest. lib. 48, tit. 23) *De sentent. passis, et restitutis.*
Cod. lib. 9, tit. 51)

SUMMARIA

§ 2638 et 2639. *Crimina septem modis extinguuntur. Imprimis lata poena, quamvis leviori.* — § 2640 et 2641. *Temporis lapsu crimen extinguitur, excepto crimine laesae majestatis.* — § 2642. *An homicidium vicennii praescriptione perimatur?* — § 2643. *Quid de absolutoria judicis sententia et morte rei?* — § 2644. *Abolitione extinguuntur crimina.* — § 2645 et 2646. *Abolitio publica aut privata est, sen generalis aut specialis* — § 2647. *Abolitio differt ab indulgentia Principis, atque potius pertinet ad accusationem.* — § 2648. *Impunitas regulariter a judice reis promitti non potest.* — § 2649 et 2650. *Restitutio, quam Princeps reis indulget, vel plena est, vel minus plena.* — § 2651 et 2652. *Indulgentia Principis tantum restituit ea, quae sententia ademerat. Quid de fructibus?* — § 2653. *Pretium loco a fisco tempore intermedio distractae succedit.* — § 2654 et 2655. *Quid de haereditate alteri delata vel acquisita?* — § 2656 et 2657. *Restitutus indulgentia Principis recuperata bona, dignitatem et omnia, quae amiserat.* — § 2658. *Quid si quis tamquam nocens condemnatus fuerit, et postea innocens probetur?* — § 2659. *Restitutus indulgentia Principis rursus subjicitur oneribus, quibus ante condemnationem tenebatur.* — § 2660. *Restitutionem ex justa caussa Princeps ante condemnationis sententiam indulgere potest. An in prejudicium vassalli?* — § 2661 et 2662. *Indulgentia Principis restricta ad certam poenam non debet ad aliam extendi.* — § 2663. *Quid jure municipali in hac re cautum sit?* — § 2664. *Inutilis est indulgentia, quae per obreptionem, vel subreptionem obtenta fuerit.* — § 2665 et 2666. *Quibus, quo tempore et quibus modis rescripta indulgentiae exhibenda sint?* — § 2667. *Indulgentiae nulla habetur ratio, si reus deinceps labatur in idem, vel gravius crimen. Quid si in levius?* — § 2668. *An reus qui se in carceres constituit, ut delicti remissionem ex delicto impetraret, possit retineri? Quid de generali abolitione, aut solvis conductibus?* — § 2669. *Homicida Principis indulgentia uti potest, licet cum occisi propinquis in concordiam nondum redierit.* — § 2670. *Bona ex contumacia fisco addicta recuperat reus, qui alium in fisci potestatem tradiderit.* — § 2671. *An capti tempore treguae, rei induciarum puniri possint de delictis belli tempore perpetratis?* — § 2672. *Quid de transactione in delictis?* — § 2673. *Quo ordine singulae delictorum species expendendae sint?*

§ 2638. Plures sunt modi, quibus crimina extinguuntur, nimirum: 1. Lata poena a judice imposita: 2. Temporis lapsu: 3. Sententia judicis reum absolvente: 4. Morte rei: 5. Abolitione: 6. Indulgentia Principis: 7 et postremo transactione. Singuli hi modi alquanto fusius expondendi sunt.

§ 2639. Imprimis crimen extinguitur lata poena (1), etsi leviori, quam leges praescriberent (2); ita suadente naturali commiseratione; etenim reus, quantum in se est, reipublicae, et laeso satisfecit. Hinc supra diximus, reum absolutum vel levius punitum amplius de eodem crimine regulariter accusari non posse (3).

§ 2640. - 2. Extinguitur crimen temporis lapsu: nimirum plerumque lapsu vicennii (4), quod a die commissi delicti computatur (5); atque continuum est hoc tempus (6), idest non subducuntur dies, quibus agi non potuit. Hujus autem temporis lapsu ita exrincta ju-

(1) l. *Sed si unius* 17 § *si ante* 6 ff. *De injur.* (47, 10).
(2) l. *Etsi severior* 3 Cod. *Ex quib. causs. infam. irrogat.* (2, 12).
(3) V. omnino § 2456, 2457 et 2458 ; *Reg. Const.* lib. 4. tit. 4. § 28.
(4) l. *Querela* 12 Cod. *Ad leg. Cornel. de fals.* (9, 22).
(5) l. 1 § *praescriptio* 3 ff. *De jure fisci* (49, 14); Thes. decis. 208. n. 1.
(6) l. *Genero* 8 ff *De his, qui notant. infam.* (3, 2); argum. l. *Nunquam* 31 § 1 ff. *De usurpat. et usucap.* (41, 3); Thes. d. dec. 208 in fin.

dicatur criminis persecutio, ut judex praetermissam praescriptionis exceptionem supplere possit, licet crimen notorium sit (1): quamquam consultius ducit Thesaurus, delinquentem notorium, et confessum non omnino impunitum dimitti, sed in pecuniariam saltem poenam condemnandum esse ad aliorum exemplum (2).

§ 2641. Excipitur crimen laesae majestatis, in quod et post rei mortem inquiritur (3); excipiunt praeterea aliqui parricidum (4), crimen subditi partus (5), apostasiam (6): sed repugnant alii; tum quia jureconsultus generatim, et indistincte docet, in omnibus lisci quaestionibus vicennium custodiri (7), adeoque excipi non debent crimina, nisi exceptio nominatim facta demonstretur; tum quia leges objectae intelligi possunt, ut brevius vicennio tempus excludant (8).

§ 2642. Cum tamen apud Senatum Pedemontanum quaereretur de homicidio, an vicenni praescriptione summoveatur, censuerunt patres, homicidium quidem minime praemeditatum huic praescriptioni subjici, non vero praecogitatum, quod inter atrociora crimina recensendum est (9). Ex quo recte infertur, nec in parricidio, utpote graviore, quam homicidium, crimine, prodesse vicennii praescriptionem: in caeteris utique, cum haec tam atrocia non sint.

§ 2643. Tertius extinguendi criminis modus fit per absolutoriam judicis sententiam (§ 2639). Quartus per rei mortem ante conclusum in caussa (10), prout supra diximus (§ 2465), praeter quam in crimine laesae majestatis ob criminis atrocitatem (11); repetundarum peculatus, et residui, in quibus intra annum adversus haeredes agitur (12); quia in his principalis quaestio est de pecunia ablata.

§ 2644. - 5. Crimen extinguitur abolitione, idest remissione, et absolutione criminis, quae reis, accusatoribus, et delatoribus datur: his quidem, ut ab accusatione, et delatione impune desistant: reis vero, ne pro crimine patrato vexentur: duplex autem distinguitur abolitionis species; alia generalis est, seu publica, alia specialis, seu privata (1).

§ 2645. Publica, quae generalis dicitur (2), ea est, quae publice fit, et ad omnes certorum criminum reos protenditur: atque haec iterum duplex, nimirum ordinaria, et extraordinaria: ordinaria, quae quotannis in die solemnis Paschatis concedi solet reis leviorum criminum (3): extraordinaria vero, quae extra ordinem conceditur ob res prospere gestas, natalem Principis, publicam laetitiam (4).

§ 2646. Privata, seu specialis abolitio illa est, quam non Princeps, sed judex major indulget, accusatore postulante (5), qui per errorem, temeritatem, aut inconsultum calorem ad accusandum prosiluerit (6). His addi potest abolitio legitima, quae ipso jure fit, quin desideretur accusatoris instantia, puta si accusator mortuus sit, vel justo impedimento detentus, ne accusationem prosequatur (7).

§ 2647. Abolitio differt ab indulgentia Principis: quatenus abolitionem impetrans crimen non fatetur, quia abolitio potius ad accusationem pertinet, quam ad delictum ipsum: atque potest quidem Princeps indulgentiam concedere in omnibus delictis, sed non ita facile abolitionem (8): qui vero gratiam criminis impetravit a Principe, non cogitur probare ea, quae Principi exposuit; et sufficit, nihil per obreptionem, vel subreptionem factum fuisse, idest nihil reticitum ex iis quae ex actis constant, nec aliquid expressum a reo ad se exonerandum, contra quam testationibus probatum invenitur (9).

2648. Cum judicis officium, lata sententia, finitum sit (10), sponte sequitur, delicti, aut poenae remissionem a judice indulgeri non posse, licet tamquam nocens damnatus fuerit ille, quem deinceps constitit insontem esse, sed remissionem impetrandam esse a Principe (11), qui legis ferendae et justis de caussis tollendae potestatem habet. Ex quo inferunt doctores, impunitatem a judice promitti non posse reo, ut confessionem extorqueat, nec promis-

(1) Thes. d. dec. 208, n. 4 †.

(2) Ibid. d. n. 4 in fin.

(3) l. *Majestatis* 6 Cod. *Ad leg. Jul. majestat.* (9. 8).

(4) l. ult. ff. *De leg. Pompeju de parricid.* (48. 9).

(5) l. *Qui falsam* 19 § 1 ff. *De leg. Cornel. de fals.* (48. 10).

(6) l. *Apostatarum* 4 Cod. *De apostat.* (1. 7).

(7) l. *In omnibus* 13 ff. *De divers. temporalib. praescriptionib.* (44. 3).

(8) argum. l. *In cognitione* 13 ff. *De Senatusc. Silanian.* (29. 5).

(9) Thes. d. dec. 208, n. 3 †.

(10) V. Thes. decis. 144, ubi tradit, mortuo nec post conclusum in caussa, haeredes ad mulctam pecuniariam, quae per condemnationem irrogetur, teneri, Osasc. decis n 149, num. ult. †.

(11) d. l. *Majestatis* 6 Cod. *De leg. Jul. majestat.* (9 8).

(12) l. *Datur* 2 ff. *De leg. Jul repetundar.* (48, 11); l. ult. ff. *Ad leg. Jul. peculat.* (48, 13).

(1) l. *Hi tamen* 11 § ult. ff. *De accusationib.* (48, 2).

(2) tit. Cod. *De generali abolitione* lib. 9, tit. 43.

(3) V. l. *Nemo deinceps* 3 Cod. *De episcopal. audient.* (1. 4); V. supra § 2494.

(4) l. *Abolitio* 8 et l. seq. ff. *Ad Senatusc. Turpillian.* (48. 16).

(5) l. 1 § *abolitio* 8 et seq.; l. *Aut privatim* 10 ff. *Ad Senatusc. Turpill.* (48, 16).

(6) l. *Abolitio* 2 Cod. *De abolitionibus* (9, 42).

(7) d. l. 10; l. *In Senatusconsultum* 15 § *qui post inscriptionem* 5 ff. *Ad Senatusc. Turpillian.*

(8) Fab Cod. *De abolit.* lib. 9, tit. 22, def. 1 et 3.

(9) Ibid. def. 2.

(10) l. *Judex, posteaquam* 55 ff. *De re judicat.* (42, 1).

(11) l. 1 § ult. ff *De quaestionib.* (48, 18); l. *Divi fratres* 27 ff. *De poenis* (48, 19); Fab. Cod. hoc tit. lib. 9, tit. 28, def. 2, ubi expendit, an clericus, qui veniam homicidii a Principe obtinuerit, adhuc possit condemnari a judice ecclesiastico.

sam servare posse, nisi ex consensu Principis (1), prout apud nos licet Senatui in quibusdam casibus (2).

§ 2649. Restitutio, quam Princeps reis ut plurimum condemnatis indulget, vel plena est, vel minus plena. Cum plene restituit Princeps, restitutus recuperat omnia bona, quae condemnationis sententia ademerat, adeoque honorem, dignitates, bona, patriam potestatem, et similia (3); minus plena vero a poena delicto imposita tantum eximit, nisi quid amplius diplomate Principis comprehensum sit (4), cum tota vis restitutionis a Principis voluntate pendeat (5): atque ideo diplomatis verba diligenter perpendenda sunt.

§ 2650. Cum plena est restitutio, quaeritur, an fructus bonorum interim a fisco, publicatis rei bonis, perceptorum in eam veniant. 2. An et bona interim a fisco distracta. 3. An haereditates ob delinquentis incapacitatem interim alteri delatae, vel acquisitae, possint huic auferri ut ad restitutum perveniant.

§ 2651. Consentiunt omnes, fructus medio tempore perceptos in restitutionem non venire (6): ut enim modo diximus (§ 2649), indulgentia Principis ea tantum restituit, quae sententiam ademerat (7): fructus autem post sententiam percepti sunt a fisco, et quidem dominii per addictionem quaesiti *jure*: adeoque indulgentia non continentur, nisi id nominatim expressum fuerit.

§ 2652. Neque objiciatur, fructus venire in rei vindicationem (8): etenim longe distant una ab alia restitutione: qui rem vindicat, contendit, se rei dominum semper fuisse; adeoque petit fructus, utpote rei suae accessiones; cum sine crimine res suas amiserit, et per injuriam ab alio possessae fuerint: quod et, proportione servata, convenit caeteris bona sua repetentibus una cum fructibus (9): hic autem fructus a fisco jure proprio, et legitimo percepti sunt, et bona ex sola indulgentia Principis recuperat condemnatus: Princeps autem non praesumitur velle a se dimittere, quae ita acquisivit.

§ 2653. Quod pertinet ad bona medio tempore a fisco distracta, unanimis fere est omnium sententia, pretium loco rei succedere, prout fit in haereditatis petitione (1), et similibus: bona ab emptoribus auferri non debent, cum ementes a fisco securos esse deceat (2); sed Princeps plene restituendo ea etiam, quae ex condemnatione acquisivit, restituere velle censetur, nisi aliud expresserit.

§ 2654. Difficilior est quaestio tertio loco proposita de haereditate alteri delata, vel acquisita ob condemnati incapacitatem, an ei restituto Principis indulgentia restitui debeat. Affirmant aliqui hoc fundamento, quod nulla irrogetur injuria possessori, cui id tantum tollitur, quod sine rei incapacitate non fuisset habiturus; atque ideo Princeps restituens tantummodo declaret, seu statuat, non fuisse ex parte possessionis acquisitioni locum, et restituto competiisse, retrotracta nimirum vi restitutionis ad tempus condemnationis (3).

§ 2655. Alii contrariam tuentur sententiam, atque existimant, bona interim ad alios devoluta, vel aliis acquisita non esse restituenda (4), tum quia Princeps praesumendus non sit veniam condemnato indulgere velle in aliorum dispendium (5); tum quia indulgentia tantum restituit bona, quae sententia ademerat (§ 2651); sententia autem non ademit bona, quae medio tempore propter condemnati incapacitatem alter de familia acquisivit; ex quo concludunt, saltem haec in restitutionem non venire.

§ 2656. Quamquam gravia sunt, quae hinc inde afferuntur argumenta, prior tamen sententia aequitati, et Principis voluntati magis consentanea videtur: etenim restitutio ex omnium sensu rem plene reducit in pristinum statum, ita ut restitutus nec lucrum, nec damnum habeat (6): porro grave pateretur damnum, si careret haereditatibus ad alios intermedio tempore devolutis, atque Constantinus imperator apertis verbis decernit, ut tantum ad restitutionem indulgentia valeat, quantum ad correctionem sententia valuit (7): hinc subjicit, per indulgentiam Principis condemnatum recuperare bona, dignitatem, et omnia, quae amiserat.

§ 2657. Parum movent, quae objiciuntur (§ 2655): vere etiam, et proprie dici potest, bona, quae intermedio tempore ob condemnati incapacitatem tertio quaesita sunt, per sententiam adempta fuisse, quatenus, ea sublata, ad condemnatum haec bona pervenissent. Atque

(1) Voet in ff. hoc tit. n. 1.
(2) *Reg. Constit.* lib. 4. tit. 34. cap. 9 § 34.
(3) l. 1; l. ult. et passim Cod. hoc tit.; V. Thes. dec. 21 in addit. littera *B*, ubi refert, mulierem, quae conspiraverat in necem viri, et a Principe restitutam, habitam quidem fuisse capacem successionis in bonis filiorum; sed bona, tamquam ab indigna, ei ablata fuisse, et fisco applicata, exclusa matre ipsius mulieris: quae tamen sententia maximam habet difficultatem.
(4) l. *Generalis* 7 Cod. hoc tit.
(5) l. *Si deportatus* 2 et l. seq. ff. hoc tit.
(6) Thes. lib. 2, quaest. 58, n. 8 et 9 †.
(7) d. l. ult. § ult. Cod hoc tit.
(8) l. *Videamus* 38 princip. et §§ seqq. ff. *De usur.* (22, 1); l. *In condemnatione* 173 § 1 ff. *De reg. jur.* (50, 17).
(9) De quibus agitur in d. l. 38 princ. et §§ seqq. ff. *De usur.*

(1) l. *Si et rem* 22 in fin. ff. *De haereditat. petition.* (5, 3).
(2) l. ult. Cod. *De quadriennii praescriptione* (7, 37).
(4) argum. l. ult. Cod. hoc tit.
(4) Voet in ff. hoc tit. n. 3.
(5) l. penult. Cod. *De precib. Imperator. offerend.* (1, 19); l. *Nec avus* 4 Cod. *De emancipat.* (8, 49).
(6) l. *Quod si minor* 24 § *restitutio* 4 ff. *De minorib.* (4, 4); l. unic. in princ. Cod. *De reputat. quae fiunt in judic. etc.* (2, 48).
(7) l. ult. § ult. Cod. hoc tit.

hinc vere damnum non patiuntur illi, a quibus bona auferuntur, ut restituto dentur, sed tantum amittunt lucrum, quod ex sententia condemnationis habuerunt; atque hinc reviviscit favore patroni odio liberti jus patronatus per damnationem amissum (1), et filius denuo subjicitur patriae potestati (2).

§ 2658. Sane si quis tamquam nocens condemnatus fuerit, atque deinceps, innocentia probata, restituatur, fatentur omnes, ejus favore omnia in pristinum statum reduci; cum poena nulla esse debeat, ubi crimen nullum est (3): neque fructus ullo jure interim fiscus percepit, quos ideo, extantes saltem, restituere tenetur, imo et consumptos, quatenus locupletior factus est, secundum generales regulas judiciorum universalium (4).

§ 2659. Quemadmodum plene per indulgentiam Principis restitutus omnia bona sua recuperat, et jura (§ 2649); ita etiam, cum commoda ab incommodis sejungi naturalis aequitas non patiatur (5), post restitutionem denuo subjicitur oneribus, quibus ante condemnationem obstrictus erat, veluti creditoribus ad aes alienum dissolvendum (6), vel in totum, si omnia recuperet bona, vel pro parte bonorum, quam ex Principis indulgentia recuperat (7): ita ut nec exuere se possit actionibus, quae creditoribus adversum ipsum prius competebant, bona dimittendo (8). Quod si restitutio ad bona se non extendat, fiscus onus aeris alieni subit (9).

§ 2660. Diximus (§ 2649), crimen extingui per indulgentiam Principis, qui veniam delicti plerumque post condemnationem concedit: sed et ante sententiam Princeps ex justa caussa gratiam facere potest, etiam in praejudicium vassalli de omnimoda jurisdictione investiti (10): vel in totum, vel pro parte, puta ut poena capitalis remittatur, aliaque levior imponatur; vel pure, vel sub certis conditionibus, quas aequitas dictat.

§ 2661. Porro licet beneficia Principum latissime interpretanda dicantur (11), quia tamen publica securitas postulat, ne facile, et absque justa caussa delinquentes a poena immunes sint, merito tradit Faber, indulgentiam Principis restrictam ad certam poenam, puta ad triremes (1), non esse extendendam ad aliam poenam, puta mortis (2); quamvis enim levior sit poena triremium, quam mortis, atque ideo videri possit Princeps nolle, ut majorem supplicii poenam luat, quem a leviori triremium exemit; attamen difficilius quoque praesumitur Princeps veniam dare in delicto graviore, quam leviore, et levius coercendo.

§ 2662. Subjicit, et recte Faber, remissa capitalis supplicii poena, leviorem remissam non videri, si senatus ex appellatione leviorem infligi debuisse cognoscat (3) (nisi Principis indulgentia se extendat ad quamcumque poenae speciem (4); quia Princeps ex commiseratione praesumitur facilius remittere capitis poenam, quam aliam leviorem.

§ 2663. Hinc regio jure scite cautum, ne indulgentia poenae corporalis trahatur ad poenam pecuniariam eidem delicto simul impositam: atque ne remissio poenae pecuniariae complectatur impensas judiciarias, nisi et harum specialis mentio in diplomate facta fuerit (5): atque ideo ab illis, qui remissionis diplomata exhibent, depositum, vel idonea cautio desideratur pro mulctis, eo, quod partis laesae interest, impensis, et emolumentis judiciariis (6): quod si reus alternatim condemnatus fuerit ad poenam pecuniariam, vel corporalem, hac remissa, illa quoque condonata censetur (7).

§ 2664. Inutilis autem est rescripti remissionis impetratio, si per obreptionem, vel subreptionem obtentum fuerit, narrata falsitate, qua Princeps ad rescribendum motus fuerit, vel relicita veritate, qua cognita, Princeps rescripturus non fuisset, cum in omnibus rescriptis tacita subaudiatur, si preces veritate nitantur (8).

§ 2665. Hinc municipali sanctione cautum, ut diplomata indulgentiae, remissionis, aut abolitionis delictorum, vel poenarum ab impetrante exhibeantur intra tres menses, alioquin ab earum beneficio excludendo (9): exhibeantur, inquam, Senatui, vel provinciae praefecto, aut supremae rationalium curiae pro delicti qualitate (10): haec autem diplomata, si contineant remissionis poenae corporalis, aut abolitionem delicti, cui corporalis poena imposita sit, Senatus admittere non debet, nisi impetrans se in carceres constituat, ad interrogata super delicto responsurus; nec prius dimitten-

(1) l. 1 § 1 ff. hoc tit.
(2) l. ult. princ. et § ult. Cod. hoc tit.
(3) l. *Sancimus* 22 Cod. *De poenis* (9, 47).
(4) l. *Sed et si lege* 25 § *consuluit* 11 ff. *De haeredit. petit.* (5, 3); V. vol. I, lib. 2, pag. 622, § 673.
(5) l. *Secundum naturam* 10 ff. *De reg. jur.* (50, 17).
(6) l. *Si deportatus* 2 et seq. ff. hoc tit.; l. *Si debitor* 3 Cod. hoc tit.
(7) d. l. 3 Cod. hoc tit.
(8) d. l. 2 ff. hoc tit.
(9) d. l. 2 et 3 ff. hoc tit.; d. l. 3 Cod. hoc tit.
(10) Thes. lib 4, quaest. 71, n. 2 †.
(11) l. penult. ff. *De constit. princip.* (1, 4).

(1) Egimus de remissione poenae facta ante condemnationem § praeced.
(2) Fab. Cod. hoc tit lib. 9, tit. 28, defin. 1.
(3) Ibid. d. def. 1, num. 6, et seqq.
(4) Ibid d. def. 1. in fin.
(5) *Reg. Constit.* lib. 4, tit. 35, § 10.
(6) Ibid. § 11.
(7) Thesaur. lib. 3, quaest. 107.
(8) l. ult. Cod. *De divers. rescript.* (1, 23).
(9) *Reg. Constit.* d. lib. 4, tit. 35, § 1.
(10) Ibid. § 2, 3 et 14.

dus, quam constiterit, rescriptum nec obreptione, nec subreptione, nec alio vitio laborare (1). Immo et aliae praescribuntur solemnites, cum impetrans ad mortem, aut triremes damnatus fuit, aut damnari potuisset (2).

§ 2666. Si diplomata Principis nullo vitio laborare constet, interinanda sunt a senatu, atque registranda a judice majore, seu provinciae praefecto, aut suprema rationalium curia in delictis, de quibus cognoscit, atque simul praescribenda eorum observantia, postquam parti laesae satisfactum fuerit: taxatis impensis, et damnis ad certam quantitatem, a qua taxatione, nec appellare, nec supplicare licet (3).

§ 2667. Cum autem vix miseratione digni sint, qui post obtentam delicti veniam rursus delinquunt, merito adjectum, ut nulla remissionis indultae ratio habeatur, si reus deinceps labatur in idem, vel gravius crimen: quod si secundum delictum levius sit priore, hujus quoque ratio habenda est, ut graviore poena, quam posterius delictum ferat, relapsus coerceatur (4). Hinc quoque supra animadvertimus, reum, qui absolutus fuerit, vel levius punitus, de eodem delicto rursus quidem accusari non posse (§ 2456), si tamen novum crimen admittat, utriusque criminis poenam ita cumulandam, ut posterior gravior fiat (§ 2458).

§ 2668. Modo diximus, rescriptum, quo contineatur venia delicti, cui poena corporalis imposita est, executioni non demandari, nisi reus se in carceres constituat (§ 2665): sed non potest in carceribus retineri, quoties sponte se exhibuit ad indulgentiam obtinendam, licet delictum tale sit, ut remitti nequeat, immo nec retineri potest ex aliis delictis neutiquam remissis, pro quibus legitimae citatus non fuerit (5): si autem reus generali abolitione, aut commeatibus, seu salvis conductibus uti velit, nec in carceres se constituere tenetur, nec responsa dare (6).

§ 2669. Inutilis sane non est remissio criminis a Principe indulta, licet occidens in concordiam cum occisi propinquis nondum redierit; cum nec hanc impedire possint, dummodo ipsis satisfiat (7): quemadmodum nec laesus ipse eam impedire potest (8).

§ 2670. Cum venia, seu impunitas apud nos detur reis, qui alium ejusdem, vel gravioris criminis reum in fisci potestatem tradiderint (§ 2508), quaerit Thesaurus, utrum bona quoque per rei contumaciam fisco addicta restitui debeant: atque refert, potius affirmantium sententiam senatui placuisse, quia verbum impunitatis, liberationis, non tantum delicti, et poenae corporalis remissionem importet, sed etiam pecuniariae, detractis utique impensis processus (1); quippequae poenam non sapiunt.

§ 2671. Disputat quoque Thesaurus, utrum capti tempore treguae, seu induciarium puniri possint de delictis tempore belli perpetratis. Atque, licet fisci patronus contenderet, non tantum pro delictis tempore induciarum admissis, sed et pro iis, quae bello durante admiserant, tamquam facinorosos homines, puniendos esse, senatus tamen, re mature discussa, censuit, non posse adversus eos inquiri, nisi pro criminibus, quae induciarum tempore patraverant (2), et merito, quia inter Principes conventum fuerat, ne subditi utriusque Principis propter delicta belli tempore patrata poenam subirent, atque ita generali abolitione remissa fuerant, quam revocare nefas fuisset.

§ 2672. Postremus estinguendi criminis modus transactio est, quae tamen tantum permittitur, in criminibus capitalibus, quia visum est aequitati consentaneum ignoscere illis, qui sanguinem suum redimunt, ut alibi diximus (3): non tamen licet transigere de caussis criminalibus tribunalium, aut fisci officialibus, nec vassallis (§ 2593), transactio autem de crimine inter privatos inita non impedit, quominus judex officio in crimen inquirat; et delinquentem puniat (4); nec enim privatorum pactis jus publicum tollitur, aut immutatur (5).

§ 2673. Hisce praemissis, quae delictis omnibus, atque criminibus aeque conveniunt, singulae delictorum species expendendae supersunt: atque de delictis ordinariis privatis imprimis dicemus, prout in Pandectis, Codice, atque institutionibus factum est: tum diversas quasi delictorum species enucleabimus: deinceps extraordinaria crimina summatim delibabimus: postremo de publicis criminibus verba faciemus; atque ita finem huic operi imponemus.

(1) *Reg. Constit.* d. lib. 4, tit. 35, § 5, 7 et 8.
(2) Ibid. § 6.
(3) Ibid. § 5 et 14.
(4) Ibid. § 9.
(5) Ibid. § 12.
(6) Ibid. § 13; V. Fab. Cod. hoc tit. lib. 9, tit. 28, defin. 6, ex quo olim litterarum salvi conductus apud Sabaudos in criminalibus nullus usus erat; V. Thesaur. lib. 3, quaest. 20.
(7) Fab. Cod. *Ad leg. Cornel. de sicar.* lib. 9, tit. 10 defin. 3, V. et *Reg. Constit.* lib. 4, tit. 35, § 5; Thesaur. decis. 21, et lib. 4, quaest. 26, n. 7 †.
(8) Fab. Cod. hoc tit. lib. 9, tit. 28, defin. 3 et 5; *Reg. Constit.* d. § 5.

(1) Thesaur. lib. 2, quaest. 58. n. 5, et n. 11 †.
(2) Ibid. quaest. 43, n. 3 †.
(3) V. vol. III, lib. 4, pag. 381, § 1087, et seqq.
(4) argum. l. *Qui coetu* 5, § ult. ff. *Ad leg. Jul. de vi public.* (48, 6).
(5) l. *Jus publicum* 38, ff. *De pact.* (2, 14).

CAPUT VII.

De privatis delictis.

Digest. lib. 47, tit. 1 *De privatis delict.*
Instit. lib. 4, tit. 1 *De obligat., quae ex delict. nascunt.*

SUMMARIUM

§ 2674. *Delicta privata quatuor sunt, furtum, rapina, damnum injuria datum, et injuria.*

§ 2674. Delicta stricte dicta, prout supra monuimus, quatuor sunt, videlicet furtum, rapina, damnum injuria datum (quod per legem Aquiliam vindicatur), et injuria, seu contumelia (§ 2425). De hisce singulis distinctis sectionibus agendum est.

SECTIO I.

De furtis.

Instit. lib. 4. tit. 1 *De obligat., quae ex delict. nascunt*
Digest. lib. 47, tit. 2) *De furt.*
Cod. lib. 6, tit. 2)

SUMMARIA

§ 2675 *et* 2676. *Quid si furtum? An sine contrectatione vera, vel ficta admitti possit?* — § 2677. *Quo sensu furtum naturali lege prohibeatur?* — § 2678. *Quae sint de furto tractanda?* — § 2679. *Contrectatio distinguitur in naturalem, seu propriam et civilem, seu fictam.* — § 2680 *et* 2681. *Furti reus fit, qui sciens indebitum accipit, falsa pondera adhibet, servum fugitivum celat. Quid de inficiante depositum?* — § 2682 *et* 2683. *Ope sola, vel solo consilio furtum fit.* — § 2684. *Quo sensu traditum sit neminem ope videri fecisse, nisi consilium malignum habuerit?* — § 2685. *Consulens furti reus non est, si furtum secutum non fuerit.* — § 2686. *Ad furtum requiritur contrectatio, lucri faciendi animo.* — § 2687. *Furtum in solis rebus mobilibus fieri intelligitur.* — § 2688 *et* 2689. *An furtum rei propriae, vel jacentis haereditatis admittatur?* — § 2690 *et* 2691. *An pater filio suo subripiens, vel filius patri furti teneantur?* — § 2692. *Quid de viro et uxore?* — § 2693. *Quid de creditore subripiente rem sibi debitam, aut pignus male custodiente?* — § 2694. *Furtum tribui potest in manifestum et non manifestum: in nocturnum et diurnum: in simplex, et qualificatum.* — § 2695. *Furtum manifestum quo differat a non manifesto?* — § 2696 *et* 2697. *Furti manifesti jure Romano poena quadrupli est, dupli non manifesti praeter rei restitutionem. Quid usu fori obtineat?* — § 2698. *Furti actio competit illis omnibus, quorum interest ex honesta caussa.* — § 2699. *Actio furti competit adversus fures. Quid si plures sint?* — § 2700. *Actio furti rei persecutoraie competit adversus furti haeredes, licet nihil lucrati sint.* — § 2701. *Furtum apud Romanos nec morte, nec membrorum abscissione puniebatur.* — § 2702 *et* 2703. *Quae sint apud nos furibus impositae poenae?* — § 2704 *Distincta censentur furta, quae in diversis locis perpetrantur, licet eodem die, vel eadem nocte.* — § 2705 *et* 2706. *Quae ad furtum puniendum probationes sufficiant?* — § 2707. *Senatus potest quovis modo inquirere adversus fures et similes, impunitate etiam promissa.* — § 2708 *et* 2709. *Quae furta domestica habeantur; et qua poena plectantur?* — § 2710. *Famuli furti domestici quibus casibus rei fiant?* — § 2711. *Quae sine singulares furti species?*

§ 2675. Furtum a Justiniano (1) post Paulum (2) definitur *contrectatio fraudolosa lucri faciendi gratia, vel ipsius rei, vel etiam ejus usus, possessionisve, quod lege naturali prohibitum est admittere.* Imprimis contrectatio dicitur; quippe sine hac furtum non intelligitur (3): contrectare est rem manu tractare, et loco movere (4): fraudolosam, seu fraudulentam contrectationem ad furtum requirimus; nec enim sine dolo crimen admittitur (§ 2428): quare si quis rem contrectaverit, suam esse putans, vel etiam sciens alienam, sed absque dolo, puta ut eam domino servaret, furti reus nullatenus intelligitur: sicuti nec ille, qui rem alienam volente domino contrectat (5).

§ 2676. Contrectatio, quae in furto reperitur, est rei, usus, aut possessionis (§ 2674): rei, inquam, mobilis, et corporalis (6); res enim immobiles, aut incorporales vere, et proprie nec manu contrectari, nec de loco ad locum moveri possunt: quamquam civilis contrectatio sufficit ad furtum, ut infra demonstrabimus. Non solum autem furti reus fit, qui rem dolo contrectat, sed et qui ejus usum, puta si depositarius re deposita utatur (7); aut possessionem, prout contingit in debitore, qui rem creditori pignoratam auferat (8).

§ 2677. Subjicitur in definitione: *quod le-*

(1) § 1 Instit. hoc tit.
(2) l. 1 § ult. ff. hoc tit.
(3) l. *Thesaurus* 15 ff. *Ad exhibend.* (10, 4).
(4) d. l. 15; l. *Possideri* 3 § *si rem* 18 ff. *De acquirend. possess.* (41, 2).
(5) § *placuit* 7 et seqq. hoc tit.
(6) § *furtivae* 2 in fin. Instit. *De usucapionib.* (2, 6).
(7) § *furtum autem* 6 Instit. hoc tit.
(8) § *aliquando* 10 Instit. hoc tit.

ge naturali prohibitum est admittere (§ 2675): ipsa enim naturalis ratio demonstrat, nefas esse alteri auferre, quod suum est, rei alienae usum intervertere, aut possessionem, quam quis tenet. Neque movet, quod aliqui objiciunt, bonorum distinctionem non naturali, sed gentium juri accepto ferendam esse; etenim distinctio dominiorum, licet immediate a jure naturali non profluat, ei tamen omnino consentanea est, atque, multiplicato hominum genere, fere necessaria (1). Quod si nec placeat responsio haec, de jure gentium primario, et naturali secundario Justiniani verba accipiantur.

§ 2678. Haec summatim expendimus, ut furti natura innotescat: sed plenius explicanda sunt singula: atque investigandum, servata definitionis serie. 1. Quae sint furti requisita. 2. In quibus rebus furtum fiat. 3. Qui furtum committant. 4. Quae sint diversae furtorum species. 5. Quae jure Romano, et patrio furibus poenae constitutae sint.

§ 2679. Ad furtum faciendum, seu furti crimen admittendum duo requiruntur, nimirum contrectatio fraudolenta, quae lucri faciendi gratia fiat (§ 2675); si alterutrum desit, furtum non est. Contrectatio autem, seu manu tractatio, et de loco ad locum admotio distinguitur a multis in naturalem, seu propriam, et civilem, seu fictam; naturalis contrectatio ea est, quam modo definivimus (§ 2676): civilis, quae et juris fictione inducitur: quam tamen distinctionem alii non omnino probant.

§ 2680. Sed, quidquid sit de hac contrectationis divisione, certum apud omnes est, furti reum fieri non illum tantum, qui rem ipsam manu tractat, et movet, sed et qui sciens indebitum accipit ab ignorante (2); qui tabulas testamenti surripit, aut delet furti caussa (3): qui procuratorio nomine, cum talis non sit, depositum repetit, vel aes alienum exigit (4): qui falsa pondera, vel falsas mensuras adhibet (5); qui fugitivum servum celat (6): qui pecuniam a Titio accepit, ut Titii nomine creditori solveret, et suo nomine solvit, cum et ipse debitor ejus esset (7).

§ 2681. Sed defectu contrectationis furtum non facit, qui furem non indicat (8); nec qui fugitivo iter monstrat (9), quamquam in hoc maxime culpandus est: nec qui, licet conclave furandi caussa ingressus fuerit, nihil nec dum attigit (10): neque qui depositum inficiatur; nisi possessionem ejus adipiscatur intervertendi caussa (1); idest ex caussa depositi tenere desierit, atque incipiat sibi imposterum velle possidere (2).

§ 2682. Difficilior videri potest quaestio, an furti reus fiat ille, qui ope tantum, vel consilio tantumodo furem adjuverit, propter discrepantes prima fronte jureconsultorum sententias. Sed omnino tenenda communior opinio asserentium, solam opem, nec non solum consilium sufficere, ut furti crimen ab opem ferente, vel consilium dante admittatur, dummodo furtum vere factum sit; quatenus in opem ferente vera, et naturalis contrectatio reperitur; in consilium dante contrectatio impropria quidem, quam aliqui *civilem*, alii *praesumptam* vocant, quae tamen moraliter, et in communi hominum aestimatione facit, ut quis furti reus habeatur.

§ 2683. Atque, ut praetereamus, quod supra demonstravimus, crimen admitti a mandantibus, et consulentibus (§ 2429), sententia, quam defendimus, apertissime traditur a Jureconsultis. Ulpianus haec habet; *proinde et si ope, consiliove alicujus furtum fit, condictione non tenebitur, etsi furti tenetur* (3): atque luculenter demonstrat, quo differat opus a consilio: *consilium*, ait Jureconsultus, *dare videtur, qui persuadet, et impellit, atque instruit consilio ad furtum faciendum. Opem fert, qui ministerium, atque adjutorium ad surripiendas res praebet* (4). Hinc Paulus haec verba *ope, consilio* separatim accipienda esse docet in furto (5).

§ 2684. Neque sibi contrarius judicandus est Paulus, cum ait, neminem ope videri fecisse, nisi consilium malignum habuerit (6); etenim consilii maligni nomine tantum significatur animi propositum, ita ut a furti crimine excusetur, qui opem bona fide tulerit, prout constat ex verba *habuerit*, quod refertur ad eum, qui opem fert, non cui fertur: sane, qui bona fide furem adjuvit, a culpa immunis est (7).

§ 2685. Gravius in speciem urgent verba Justiniani, ajentis, *eum, qui nullam opem ad furtum faciendum adhibuit, sed tantum consilium dedit, atque hortatus est ad furtum faciendum, non teneri furti* (8); sed commode intelligi potest Imperator de eo casu, quo furtum secutum non fuerit; prout explicat Paulus docens, consilium non nocere, *nisi et factum secutum fuerit* (9): atque Ulpianus, ex

(1) § *sed jus quidem* 2 Instit. *De jur. natural. gent., et civil.* (1, 2).
(2) l. *Falsus creditor* 43. § *si is, qui* 2 ff. hoc tit.
(3) l. *Qui tabulas* 27. § ult., et ll. seqq. ff. hoc tit.
(4) d. l. 43 § 1; l. *Falsus procurator* 19. Cod. hoc tit.
(5) l. *Si quis uxori* 52, § *majora* 22 ff. hoc tit.
(6) l. *Qui vas* 48 § 1 ff. hoc tit.
(7) d. l. 52 § *Julianus* 16 ff. hoc tit.
(8) *Qui vas* 48 § 1 ff. hoc tit.
(9) l. *Furtum* 62 ff. hoc tit.
(10) l. *Vulgaris* 21 § *qui furti* 7, ff. hoc tit.

(1) l. *Inficiando* 67, ff. hoc tit.
(2) l. *Possideri* 3 § *si rem* 18; l. *Si rem mobilem* 47 ff. *De acquir. possess.* (41, 2).
(3) l. *Proinde* 6 ff. *De condiction. furtiv.* (13, 1).
(4) l. *In furt.* 50, § penult. ff. hoc tit.
(5) l. *Saepe* 53, § ult. ff. *De verb. signif.* (50, 16).
(6) d. l. *Saepe* 53 § ult. in fin. ff. *De verb. signif.*
(7) l. *In furti* 50 § *recte* 2 ff. hoc tit.; § *interdum* 11, Instit. hoc tit.
(8) d. § *interdum* 11, in fin. Instit. hoc tit.
(9) d. l. *Saepe* 53 § ult. in fin. ff. *De verb. signif.*

quo *opem ferre, et consilium dare tunc tantum nocet*, cum secuta contrectatio est (1). Sane, si quaestio haec ex naturalis rationis lumine definiatur, negari non potest, quominus vere in furtum influat, qui consilium furandi dat, atque ideo furti actione teneatur, saltem si alter, consilio seposito, peccaturus non fuisset (§ 2431).

§ 2686. Altera furti conditio exigit, ut rem contrectans lucri faciendi animum habeat (§ 2679) proinde furti reus non judicatur, qui res alienas tollit lasciviae, aut contumeliae caussa (2), puta meretricem ancillam abduxerit ad libidinem (3), aut qui injuriae caussa januam effregerit (4). Plane si quis in extremo vitae discrimine constitutus rem surripiat, furti reus non fit; cum in hoc casu res in primaevam communionem redeant.

§ 2687. Furtum, prout ex dictis colligi potest, fit in solis rebus mobilibus, vel semoventibus, veluti equis, ovibus (5), non vero in immobilibus, abolita veterum quorundam sententia existimantium, etiam loci, et fundi furtum fieri (6): rerum autem, quae de fundo tolluntur, veluti arborum, lapidum, fructuum furtum fieri nemo dubitat (7).

§ 2688. Nonnisi per contrectationem rei alienae, et quidem invito domino factae, furti crimen plerumque committitur (§ 2675), non autem propriae, aut nullius, cum rei suae quisque sit moderaror, et arbiter; res autem nullius dominum non habent, cui damnum, aut injuria fiat, quo in genere sunt res hereditariae, dum jacet hereditas (8): ni res aliqua defuncto commodata, locata, vel pignori tradita, jacente haereditatate, subducta sit: nec enim actio deneganda est illis, quorum interest (9).

§ 2689. Rei propriae furtum fieri non potest (§ praeced.), nisi forte jus aliquod, puta usus, aut possessionis alteri competat, cum usus, et possessionis, aeque ac proprietatis furtum fiat, prout contingit in depositario re deposita utente, debitore pignus auferente (§ 2676), proprietario rem auferente, cujus ususfructus alienus sit (10) vel alteri commodatam, cum justam ejus retinendae caussam habet commodatarius (11). Quia autem res communis pro parte aliena est, unus socius furtum facere potest partium ad reliqnos socios pertinentium (12).

(1) l. *Si quis uxori* 52 § *neque verbo* 19 ff. hoc tit.
(2) d. § *interdum* 11 Instit. hoc tit.
(3) l. *Verum est* 39 ff. hoc tit.
(4) l. *Qui injuriae* 53 ff. hoc tit.
(5) § *quod autem* 7 Instit. *De usucapionib.* (2, 6); § *Interdum* 11 Instit. hoc tit.
(6) d. § 7 in fin; l. *Verum est* 25 ff. hoc tit.
(7) d. l. 25 § ult.; l. *Si cretae* 57 ff. hoc tit.
(8) l. *Haereditariae* 68 ff. hoc tit.; l. ult. ff. *Expilat. haereditat.* (47, 19).
(9) l. *Eum, qui emit* 14 § *si res commodata* 14 ff. hoc tit.
(10) l. *Creditoris* 15 § 1 ff. hoc tit.
(11) d. l. 15 § ult.; l. *Si is* 59 ff. hoc tit.
(12) l. *Rei communis* 45 ff. *Pro socio* (17, 2).

§ 2690. Furtum admittere possunt omnes, qui doli capaces sunt, atque etiam pupilli proximi pubertati (1). Pater quoque filio suo sub potestate constituto ratione peculii castrensis, quasi castrensis, vel adventitii irregularis, seu cujus proprietas, et ususfructus ad filium pertinet (2); cum dominia distincta sint: quamquam filius abstinere debet ab actione furti, aliisve infamiam parientibus adversus patrem, sed actione in factum uti (3). Cum ergo, ait, Ulpianus, patrem furti teneri (4), quoad effectum accipiendum est.

§ 2691. Filius patri rem subripiens furti tenetur; et cum eo agere potest pater ad indemnitatem, si peculium proprium habeat (5): alioquin nullam competit patri adversus filium actio, cum una eademque persona pater, et filius in jure intelligantur (6).

§ 2692. Quae de parentibus, et liberis modo diximus (§ praeced.), eadem obtinent in viro, qui res uxoris, aut uxore, quae res mariti constante matrimonio subtraxerit: furtum in utroque casu fit, ita ut res tamquam furtiva usucapi nequeat (7): furti tamen actio, tamquam famosa, conticescit propter honorem matrimonii (8): atque sola competit actio in factum quae rerum amotarum in jure nominatur (9). Plane soluto matrimonio, cessante mutua vitae consuetudine, furti actio competit adversus uxorem, quae dolo malo contrectaverit res, quae olim mariti fuerunt (10): quamquam haeres mariti ob res, constante matrimonio, amotas, solam rerum amotarum actionem habet (11).

§ 2693. An creditor rem surripiens sibi debitam furtum committat, distinguit Ulpianus, specie proposita de emptore, ita ut furti non teneatur, si pretium prius solverit; quia, pretio soluto, sola remanet traditio a venditore praestanda, ut emptor plenum rei dominium consequatur: utique vero in crimen furti incidat rem emptam auferens, cum pretium nec dum solvit (12); quia venditor rem, quasi pignoris loco, retinere potest pro pretio nondum soluto (13).

(1) § penult. Instit. hoc tit.; l. *Impuberem* 23 ff. hoc tit.
(2) l. *Si quis uxori* 52 § *an autem* 6 ff. hoc tit.
(3) l. *Parens* 5 § 1 ff. *De obseq. parentib. et patron. praestand.* (37, 15).
(4) d. l. 52 § 6 in fin. ff. hoc tit.
(5) d. l. *Si quis uxori* 52 § *sed si filius* 5 ff. hoc tit.; § *hi, qui in parentum* 12 Instit. hoc tit.
(6) l. *Ne cum filiofamilias* 16 ff. hoc tit. d. § 12 *in med.*
(7) l. 1 ff. *De action. rer. amotar.* (25, 2).
(8) l. *Nam in honorem* 2 ff. eod. tit.; a. l. *Si quis uxori* 52, § 1 ff. hoc tit.
(9) d. l. *Contra nurum* 6; § *item* 2; l. *Mulier* 7 ff. *De act. rer. amotar.*
(10) l. *Et ideo* 3 ff. eod. tit.
(11) d. l. 6 § *sed si* 5 ff. eod. tit.
(12) l. *Eum, qui* 14 § 1 ff. hoc tit.
(13) l. *Julianus* 13 § *offerri* 8 ff. *De actionib. empti* (19, 1).

Culpandus tamen creditor etiam in prima specie; cum nemo propria auctoritate jus sibi dicere possit, sed ad magistratus auctoritatem debeat confugere (1): quo sensu praedo dicitur (2), idest possessor iniquus; non vero fur dici potest, aut praedo strictiore sensu (3). Plane creditor pignus male custodiens debitori tenetur, si furto sublatum sit (4).

§ 2694. Furtum dividitur a Justiniano in manifestum, et non manifestum (5): tum in conceptum, oblatum, prohibitum, non exhibitum (6); sed haec potius sunt species actionis furto cohaerentes, quam genera furti (7): dividi quoque potest in nocturnum, et diurnum, quatenus diversae poenae pro temporis, quo furtum admissum est, diversitate imponuntur; tum in simplex, cui nec aliud crimen, nec ulla circumstantia aggravans annexa est, et qualificatum contra: atque etiam aliquibus placet furtum distinguere in domesticum, et non domesticum. Ad haec quaedam sunt furti genera, quae gravius puniri suadat publica utilitas, atque securitas, videlicet peculatus, abigeatus, sacrilegii.

§ 2695. Furtum manifestum dicitur, quando fur deprehenditur cum re furtiva, antequam eo detulerit, quo perferre destinaverat, sive in ipso furandi actu deprehendatur, sive postea (8): immo et manifestus fur censetur, qui abjecto furto effugit, cum quis cum vidisset surripientem, atque ad apprehendendum occurrisset (9); nec interest, an dominus, an vicinus, an quilibet transiens apprehenderit (10). Furtum vero non manifestum est, cum fur non deprehenditur, licet dominus, cum furtum fieret in domo sua, se abscondierit, ne occideretur (11).

§ 2696. Diversae autem tum Romano, tum patrio jure constitutae sunt poenae pro diversis furtorum speciebus, quarum aliae cedunt favore illius, qui furtum, seu damnum ex furto passus est (12); aliae pertinent ad publicam vindictam. Jure Romano furti manifesti poena quadrupli est, non manifesti autem dupli (13), atque praestatio haec merae poenae indolem habet; cum praeter eam vindicatio adhuc, vel condictio competat; vindicatio nempe adversus rei furtivae possessorem, licet fur non sit, condictio adversus furem, et haeredem ejus, licet non possideat (1).

§ 2697. Furti actio ad duplum, vel quadruplum usu fori apud plerasque gentes exolevit; quare abstinendum putamus a quaestionibus, quae ab interpretibus juris Romani institui solent, ne utiliora praetermittere, vel levius attingere cogamur: atque potius investigandum ducimus, quibus competat furti actio ad indemnitatem consequendam et adversus quos.

§ 2698. Jam innuimus, furti actionem illis dari, quorum interest (§ 2696), sive domini sint, sive non (2), dummodo ex honesta caussa ipsorum intersit (3): hinc furti agere potest fullo, qui vestimenta curanda, et polienda accepit, quia rei custodiam praestat (4): nec non creditur pignoratitius adversus eum, qui subripuit pignus, in quo creditor securitatem habet (5): malae fidei possessor furti actionem in duplum, vel quadruplum non habet, ne ex improbitate sua lucrum reportet (6); non tamen deneganda ei videtur actio ad rem recuperandam (7), cum ejus intersit quatenus condictione furtiva ad rem domino restituendam tenetur (§ 2697).

§ 2699. Competit actio furti adversus furem: et, si plures sint, adversus omnes in solidum, tametsi omnes simul rem subduxerint, puta trabem, quam singuli seorsim asportare non potuissent; quia singuli totius rei furtum fecisse videntur (8): atque jure quidem Romano actio poenalis furti ad duplum, vel quadruplum ita singulos onerat, ut unius praestatione caeteri non liberentur, aliter quam obtinet in condictione furtiva, quae rei persecutoria est (9): sed cum pecuniaria haec poenalis actio usu fori exoleverit (§ 2697), et sola supersit condictio, vel vindicatio, consequens est, praestita ab uno ex furibus indemnitate, caeteros liberari: atque ad indemnitatem praestandam singulos inter se concurrere debere pro rata lucri parte, quam ex furto consecuti sunt.

§ 2700. Differt quoque poenalis haec furti actio a condictione furtiva in eo, quod prior in haeredes non datur, nisi lis cum defuncto contestata fuerit, aut aliquid ex defuncti dolo ad haeredes pervenerit (10): actio tamen rei persecutoria, idest vindicatio, vel condictio adversus furis haeredes indistincte institui potest,

(1) l. *Non est singulis* 176 ff. *De reg. jur.* (50, 17).
(2) l. *Si ex stipulatione* 5 ff. *De acquirend. possession.* (41, 2).
(3) l. *Nec ullam* 13 § *si quis sciens* 8 ff. *De petition. haereditat.* (5, 31).
(4) V. Thesaur. lib. 4, quaest. 9, n. 4, †
(5) § *furtorum* 3 Instit. hoc tit.
(6) § *conceptum* 4 Instit. hoc tit.
(7) d. § 3 Instit. hoc tit.
(8) d. § *Furtorum* 3 Instit. hoc tit.
(9) l. *Si quis* 7 § pen. ff. hoc tit.
(10) d. l. 7 § ult. ff. hoc tit.
(11) d. l. 7 § 1, ff. hoc tit.
(12) § *furti autem* 13 Instit. hoc tit.
(13) § *poena manifesti* 5 Instit. hoc tit.

(1) § *furti actio* 19 Instit. hoc tit.
(2) d. § *furti autem* 13 Instit. hoc tit.; l. *Cujus* 10, ff hoc tit.
(3) l. *Tum is* 11 ff. hoc tit.
(4) l. *Itaque* 12 ff. hoc tit.
(5) d. l. 12 § ult. ff. hoc tit.
(6) d. l. 12 § 1 l. *Qui re* 76, ff. hoc tit.
(7) argum. l. *Commodare* 15 ff. *Commodati* (13, 6); l. *Bona fides* 31 § 1 ff. *Deposit.* (16, 3).
(8) l. *Vulgari* 21 § penult. ff. hoc tit.; Thesaur. decis. 254, n. 3 †, et in addit. †.
(9) l. 1 Cod. *De condition. furtiv.* (4, 8).
(10) Instit. *De perpet. et temporalib. actionib.* (4, 12).

licet nihil ex dolo defuncti lucrati sint (1); cum haeres onera defuncti ferre debeat (2), quemadmodum et jura consequitur (3).

§ 2701. Non civiliter tantum, sed etiam criminaliter furti agi potest (4); levius tamen apud Romanos furta coercebantur, quam hodie; cum Justinianus propter simplex furtum vetuerit mortem inferri, aut membrum abscindi (5), hujus tamen delicti poenae, fortassis impellente furtorum frequentia, deinceps auctae sunt (6): atque ex constitutione Friderici laqueo suspendendus jubetur, qui rem quinque solidos valentem furatus sit; si minus, scopis, et forcipe excoriandus, ac tondendus (7).

§ 2702. Severiores regulae jure nostro praescriptae sunt; primum simplex furtum, si duorum aureorum, seu quindecim librarum valorem excedat, fustibus, sin minus, vinculis ad tempus coercetur: secundum damnatione temporaria ad remos, licet hanc summam non excedat, quinquennio neutiquam breviore, et stigmatis in brachio adustione. Tertium addictione ad remos per vicennium, quartum perpetua, si omnia quatuor furta simul sumpta summam ducentarum librarum non excedant; morte, si excedant; mortis autem poenae pro quinto furto semper locus fit, licet omnia simul ad libras ducentas non perveniant (8).

§ 2703. Minuuntur tamen poena, si furta a minoribus viginti annis admissa fuerunt (9): vel si agatur de furtis fructuum, lignorum, et similium in agris (10); sed et simul augentur, si concurrant circumstantiae aggravantes, veluti effractio, scalarum admotio, nocturno tempore furtum patratum sit, aut egregia summa subtracta fuerit: ita ut pro rei valore et damno passo ad mortem usque extendi possint, si publicum bonum ita postulet (11).

§ 2704. Locus autem fit poenis pro secundo et sequentibus furtis, quamvis fur pro prioribus furtis nec punitus, nec accusatus fuerit, dummododistincta sint furta (12): distincta autem censetur, quae in diversis locis perpetrantur, licet eodem die, vel eadem nocte (13).

§ 2705. Porro ad probandum furtum, quod pertinet ad praeexistentiam, et substractionem rerum ablatarum, sufficere potest asseveratio jurata illius, qui furtum passus est, si notoric sit persona proba, aut talem se demonstret, et, conditionis suae habita ratione, verosimile appareat, res illas penes se habuisse; atque simul constet, statim post furtum patratum, et cognitum conquestum fuisse, aut inquisiisse, dummodo res conquerentis propriae sint, atque tales, ut aliter praexistentia, et subtractio probari nequeat (1): immo asseveratio haec jurejurando munita sufficere potest ad probandam reum identitatem, si et alia quaedam concurrant indicia (2).

§ 2706. Amplius ex Fabri sententia, licet furtum huic, aut illi a Sempronio factum esse probari non possit per testes singulares, si tamen ex pluribus testium depositionibus constet de diversis furtis ab eodem admissis, furtum in genere statis probatum erit, ut Sempronius tamquam fur condemnari debeat ad poenam adversus fures constitutam, non temen ad restitutionem rerum furto subductarum (3), nisi alia concurrant ad furtum in specie probandum, quae modo exposuimus (§ praeced.).

§ 2707. Cum autem publice intersit, grassatores, fures, eorumque fautores, et conscios, nec non rerum furtivarum receptores detegi, et puniri, data est Senatui facultas in haec delicta inquirendi aliis quibuscumque modis, pro ut aequum videbitur, immo et reo impunitatem concedendi, audito prius generali fisci patrono, et praemium spondendi ei, qui cum reus non sit, eos detexerit, aut si delinquens, semiplenam patrati ab aliis delicti probationem ediderit (4).

§ 2708. Furta domestica vix, aut mitius ponienda, si modo egregiae quantitatis non essent, Romanis visa sunt: domestica autem furta dicuntur, cum servi dominis, liberti patronis, mercenarii iis, apud quos degunt, aliquid subripiunt (5): atque addi possunt filii parentibus; domestica emendatio sufficere visa fuit in hujusmodi levioris quantitatis furtis.

§ 2709. Verum nostris aliarumque gentium moribus, si liberorum furta excipiamus, caetera domestica furta severius vindicantur; nec immerito; cum domesticus fidem frangens gravius delinquat. Quare prius furtum domesticum a majoribus viginti annis patratum morte plectitur, si excedat suammam, aut valorem ducentarum librarum, aut alias circumstantias aggravantes adjunctas habeat; levius vero puniuntur fures domestici intra vigesimum annum constituti, non secus ac majores, quoties minor est rei subtractae valor, nec ullo adjuncto furtum gravatur; poena utique in relapsos exa-

(1) § ult. Instit. hoc tit.
(2) l. ult. ff. *Si famil furt. feciss. dicat.* (47, 6).
(3) l. *Secundum naturam* 10 ff. *De reg. jur.* (50, 17).
(4) l. ult. ff. hoc tit.
(5) Novell. 134, cap. ult.
(6) l. *Aut facta* 16, § ult. ff *De poenis* (48, 19).
(7) *Feudor.* lib. 2, tit. 27, § ult.
(8) *Reg. Constit.* lib. 4, tit. 34, cap. 9, § 1; V. Fab. Cod. *De poen.* lib. 2, tit. 25, def. 18. V. Thesaur. lib. 1, quaest. 80, ubi fuse expendit furti poenas ex jure antiquo et hodierno.
(9) *Reg. Constit.* lib. 4, tit. 34, cap. 9, § 5.
(10) Ibid. § 35.
(11) Ibid. § 2.
(12) Ibid. § 3.
(13) Ibid. § 4.

(1) *Reg. Constit.* d. lib. 4, tit. 34, § 20.
(2) Ibid. § 21.
(3) Fab. Cod. hoc tit. lib. 6, tit. 2, def. 5.
(4) *Reg. Constit.* lib. 4, tit. 34, cap. 9, § 34.
(5) l. *Perspiciendum* 11 § 1 ff. *De poenis* (48, 19).

speranda (1): sed minuenda juxta Fabrum in eo, qui sponte fatetur (2).

§ 2710. Inter domestica autem furta illa etiam computantur, quae a famulis, et ancillis admittuntur post viginti quatuor horas, ex quo dominis primum inservire coeperint, quamvis alimenta in eorum domibus non accipiant, nec ibi pernoctent: atque pariter patrata intra duos menses, postquam famulatum deseruerint (3). Municipalis lex verbo ampliativo *etiam* utitur: atque ita demonstrat, caeteras furtorum domesticorum species non excludere.

§ 2711. Sunt et alia crimina, quae seorsim in jure petractantur ratione reum, aut personarum, veluti de tigno juncto, arboribus furtim caesis, peculatu, sacrilegio, de residuis, de termino moto, et similibus. De his quoque sigillatim agendum putamus, servato Pandectarum ordine, nimirum pertractatis hoc loco furtis, quae privatis potissimum nocent; expondituri, quae ad publicam potissimum utilitatem pertinent, in sequenti capite de publicis judiciis.

(1) *Reg. Constit.* d. lib. 4, tit. 34, cap. 9, § 6, 7 et 8.
(2) Fab. Cod. *De poen.* lib. 9, tit. 25, def. 2.
(3) *Reg. Constit.* lib. 4, tit. 34, cap. 9. § 9.

APPENDIX

De singularibus quibusdam furti speciebus.

SUMMARIA

§ 2712. Quae sint singulares hic expendendae furti species? — 2713. Tigni juncti actio quibus casibus locum habeat? — § 2714. Quid si servus haereditati jacenti furtum fecerit? — § 2715 et 2716. Nautae, caupones, stabularii res sibi creditas diligenter custodire debent, alioquin amissas restituunt. — § 2717. Quid si plures sint nautae, caupones, vel stabularii, et damnum inter se dederint? — § 2718 et 2719. Actio adversus nautas, et similes in solidum competit adversus omnes, licet damnum sine culpa sua datum fit, etiam a viatoribus. — § 2720. Nautae, caupones, stabularii ex quasi maleficio teneri possunt. — § 2721. Quid si extra negotium rerum custodiam receperint, vel protestati sint, se damnum non praestituros? — § 2722. Protestatio non liberat, cum fit in facto, quod a solius protestantis voluntate non pendet, nisi alterius consensus accedat. — § 2723. Quid si caupo follem, aut cistam obsignatam receperit, atque viator, res suas inde oblatas alleget? — § 2724. Actio persecutoria adversus nautas, et similes hodiernis moribus viget. — § 2725. Quid de furto a familia facto? — § 2726. Arborum nomine quae veniant? Quid sit caedere, cingere, aut subsecare? — § 2727 et 2728. Quibus competat actio arborum furtim caesarum: et quomodo coerceantur, qui arbores furtim caedunt? — § 2729 et 2730. Incendii, ruinae, naufragii occasione admissa furta gravius puniuntur. — § 2731. Incendiariorum atrox scelus gravius puniendum. — § 2732 et 2733. Sepulcri violati actio quibus casibus competat? — § 2734 et 2735. Concussionis nomine quid veniat? — § 2736 et 2737. Quae sit concussionis poena? — § 2738 et 2739. Quid sit abigeatus, et quae abigeorum poena? — § 2740. Praevaricatio est collusio accusatoris cum reo. — § 2741. Receptores delinquentium aeque puniuntur ac delinquentes ipsi: nisi justa aliqua caussa eos excuset. — § 2742. Quid de mulieribus delinquentes receptantibus? — § 2743 et 2744. Receptores furum, et rerum furtivarum graviter apud nos coercentur; nec non qui res furtivas scienter emunt. — § 2745 et 2746. Quae sint praescriptae cautelae, ut domini res suas furto subtractas facilius recuperare possint? — § 2747. Quid de furibus balneariis? — § 2748 et 2749. Effractores gravius puniuntur, quam fures simplices. — § 2750. Instrumenta ad seras aperiendas apta vendi nequeunt, nec retineri a privatis. — § 2751. Qui dicantur expilatores? — § 2752. Grassatores quo differant a latronibus? — § 2753 et 2754. Latrones gravius puniuntur, quam grassatores. — § 2755 et 2756. Grassatores ii tantum proprie sunt, qui vi adhibita, vel minus furtum fecerint, aut facere tentaverint. Quid de vi extorquentibus pecuniam debitam. — § 2757. Quid si reus atrocioris criminis deliquerit in alieno territorio? — § 2758. Expilatae haereditatis rei fiunt, qui bona jacentis haereditatis subtrahunt. — § 2759. Stellionatus generale nomen est, quo significantur delicta per fallaciam, aut dissimulationem in alterius damnum perpetrata. — § 2760. Quae sint praecipua stellionatus exempla? — § 2761. De termino moto actio quibus, et adversus quos detur?

§ 2712. Furtorum singulares species, de quibus in Pandectis agitur, haec sunt. 1. De tigno juncto. 2. Si servus, jussus testamento liber esse, ante aditam haereditatem aliquid subripuerit, vel corruperit. 3. Furti adversus nautas, caupones, stabularios. 4. Si familia furtum fecisse dicatur. 5. Arborum furtim caesarum. 6. De incendio, ruina, naufragio. 7. De sepulcro violato. 8. De concussione. 9. De abigeis. 10. De praevaricatione. 11. De receptatoribus. 12. De furibus balneariis. 13. De effractoribus, et expilatoribus, a quibus parum distant grassatores, et famosi latrones. 14. De crimine expilatae haereditatis. 15. De Stellionatu. 16. De termino moto.

§ 2713. Tigni nomine generatim intelligitur materia, ex qua aedificia constant, et quae vineis necessaria est, veluti perticae, pedamenta (1): quia autem lex XII tabularum prohibet, quominus tigna aedibus, vel vineis juncta eximantur, ne ruinis aspectus urbis deformetur, vel vinearum cultura turbetur, data est domino actio de tigno juncto in duplum adversus eum, qui tignum, sive bona, sive mala fide junxit (2); ita tamen, ut mala fide jungens, licet duplum praestiterit, tignum solutum restituere teneatur (3). Sed usu fori id, quod interest, praestatur, non duplum.

§ 2714. Cum haereditati jacenti furtum fieri nequeat (4), attamen domina fingatur servi haereditarii, nulla autem actio furti contra servum domino detur, praetor adversus servum, qui cum jussus fuerit testamento liber esse, res haereditarias subripuerit, actionem in duplum dedit mere poenalem, ita ut adhuc ablati vindicatio competat (5).

§ 2715. Nautae, caupones, stabularii in ea conditione sunt, ut res alienas custodiendas recipiant, et singularem fidem spondere censeantur: ideoque scite visus est legumlatoribus, cautius prospicere, ne ex culpa, vel dolo eorum damnum sentiant, qui apud eos divertunt, et res suas eis credunt (6): atque praetor plures adversus ipsos actiones proposuit: imprimis data est illis, qui aliquid in navem, cauponam, aut in stabulum jumenta intulit, aut aliter custodiam rei nautae commisit, actio in factum rei persecutoria, quasi ex contractu (7), licet merces constituta non sit (8).

§ 2716. Nec interest, quoad hanc persecutoriam in factum actionem, utrum res alienae sint, an inferentis propriae, dummodo hujus intersit (9); etenim inferenti custodia promittitur (§ praeced.). Nec utrum alterius, au ejusdem professionis sit, qui res infert (10); quia et custodia ejusdem professionis homini sponderi intelligitur.

§ 2717. Si tamen plures sint in eadem caupona ministrantes, vel plures unius navis nautae, nec caupo, nec navis exercitor praestat damnum, quod inter se dederint, quia inter ipsos custodiam non censetur spondere, cum singuli propriae indemnitati studere debeant: nisi forte exercitor navis simul mercator sit, quippe tunc tamquam mercator caeterorum factum praestat (1).

§ 2718. Competit haec actio adversus nautas, caupones, stabularios (2), eorumque haeredes in perpetuum (3), et adversus omnes in solidum, si plures simul exerceant navem, cauponam, aut stabulum (4), ut reparent damnum omne, quod rebus illatis furto, corruptione, aliove modo datum est, licet sine culpa sua, dummodo non damno fatali, aut vi majore contigerit (5): quod durum quidem prima fronte videri potest, necessarium tamen duxit praetor ad reprimendam improbitatem hujus generis hominum (6).

§ 1719. Non solum autem eorum, quorum opera utitur navis exercitor, caupo, et stabularius factum praestare debet, sed et viatorum (7); quia custodiam praestare censetur adversus omnes. Quod si vis major, aut casus allegetur, alleganti probatio incumbit, cum de re facti agatur (8), atque praesumptio allegantem onerat (9), ut modo diximus (§ praec.).

§ 2720. Altera damnum passo competens est actio praetoria ex quasi maleficio poenalis mixta adversus nautas, caupones, stabularios, non eorum haeredes (10), atque contra singulos non in solidum, sed pro qua parte exercent (11), ad duplum damni in nave, caupona, vel stabulo dati (12) ab illis, quorum opera hujus possessionis homines utuntur, non a viatoribus (13), nisi et hi operam praestent (14).

§ 2721. Cessat utraque actio adversus nautas, caupones, stabularios, si extra navis, cauponae, vel stabuli negotium rerum aliquarum custodiam receperint: quo casu actione tantum depositi tenentur (15): vel si praedixerint, ut unusquisque res suas servet, neque damnum se praestituros, atque vectores, et viatores consenserint praedictioni, seu protestationi (16).

(1) l. 1 § 1 ff. *De tigno junct.* (47, 3).
(2) l. 1 ff. eod. tit.; § *cum in suo* 29 Instit. *De rer. division.* (2, 1).
(3) l. *In rem actio* 25 § *tignum* 6 ff. *De rei vindicat.* (6, 1).
(4) l. 1 § *Scaevola* 15 ff. *Si is, qui testament. etc.* (47, 4).
(5) d. l. 1 princ. et 8 *praetor* 17 ff. eod. tit.
(6) l. 1 § ult.; l. *Nauta* 5 et l. ult. ff. *Nautae, caupon., stabularii etc.* (4, 9).
(7) l. *Et ita* 3 in princ. ff. eod. tit.
(8) l. pen. in princ. ff. eod. tit.
(9) l. 1 § penult. ff. *Naut. caupon. etc.* (4, 9).
(10) l. *Sed et ipsi* 4 § 1 ff. eod. tit.

(1) l. ult. § *sed si* 2 ff. eod. tit.
(2) Qui autem hoc nomine veniant, explicat Ulpianus in l. 1, § 2, 3 et 4 ff. *Nautae, caupon., stabulac.* (4, 9).
(3) l. *Et ita* 3 § penult. ff. eod. tit.
(4) argum. l. 1 § ult. et ll. seqq. ff. *De exercitor. action.* (14, 1).
(5) d. l. 3 § 1 in fin. ff. *Naut., caupon. etc.*, Thesaur. lib. 2, quaest. 55, n. 8 et 9 †, et lib. 3, quaest. 61, n. 5 †, ubi mulionem de mercedibus traditis teneri pronunciatum fuit, non de pecunia in folle ammissa, nec mulioni consignata.
(6) dict. l. 3 § 1 in med.
(7) l. 1 § ult.; l. 2 et 3 ff. *Nautae, caupon. stabular.* (4, 9).
(8) l. *Ab ea parte* 5 princ. et 8 1 ff. *De probat.* (22, 3).
(9) d. l. 5 et l. *Quoties operae* 18 ff. eod. tit.
(10) § ult. Instit. hoc tit.; l. ult. § ult. ff. *Nautae, caupon., stabular.* (4, 9).
(11) d. l. ult. § penult.
(12) d. l. ult. princ. et § 1.
(13) l. penult. § penult. ff. eod. tit.; l. unic. ff. *Furti advers. naut. etc.* (47, 5).
(14) d. l. ult. § *sed si quis* 2 ff. *Nautae, caupon., stabular.*
(15) l. *Et ita* 3 § *eodem modo* 2 ff. *Nautae, caupon., stabular.* (4 9).
(16) l. ult. ff. eod. tit.

§ 2722. Atque hinc, ut obiter dicamus, colligunt interpretes, protestationem non liberare, cum fit in eo facto, quod a solius protestantis voluntate non pendet, nisi alterius quoque consensus accedat (1). Tacite autem praedixisse de custodia non praestanda, si quibusdam credimus, intelligitur caupo, qui viatori obtulerit claves cubiculi, in quo res repositae sunt, isque eas sponte receperit (2): quod tamen alii restringunt ad eum casum, quo aliqua imputari possit culpa viatori; quia non videatur viator omnem in se casum recepisse, etiam qui proficiscitur ex facto eorum, quorum opera caupo utitur.

§ 2723. Sed quid, si caupo follem, aut cistam obsignatam receperit, atque viator res suas inde ablatas contendat? Distinguendum: si caupo cistam eodem modo obsignatam restituerit, nec ulla alia sit fraudis praesumptio, absolvendus est, praestito jurejurando purgatorio ab eo, et familia: sed jurijurando viatoris de furto quaerentis stari potest, singulis tamen adjunctis rerum, et personarum a judice pensatis, si cista reserata, vel fracta restituatur (3); cum fraudis praesumptio cauponem oneret.

§ 2724. Hodiernis quidem moribus, ut saepe monuimus, actiones in duplum exoleverunt, sed in caeteris vigent sanctiones juris Romani, utpote aequitati suffultae, maxime quia nemo invitus navem, cauponam, vel stabulum exercet; quamquam repellere non possunt viatores, nisi ex justis caussis (4); et, jure aliter posito, materia daretur harum professionum hominibus coeundi furibus in necem vectorum et viatorum (5).

§ 2725. Sequitur titulus de furto a familia facto: si familia servorum furtum fecerit extraneo, domino ignorante, vel, sciente quidem non tamen impedire valente, liberatur dominus noxae dando, seu servos ipsos dimittendo illi, cui per furtum nocuerunt, vel semel praestando tantum, quantum praestari deberet, si unus homo liber furtum fecisset (6); ita tamen, ut praeter poenam adhuc simpli, seu rei ipsius condictio competat (7): aliud obtinet in injuriis a familia illatis; dominus singulorum servorum nomine ad poenam tenetur, quia singulorum proprium est maleficium, et tanto major injuria est, quanto a pluribus admissa (8).

§ 2726. Arborum nomine veniunt vites, arundines, salicta, et similia, dummodo radices egerint (1), et ad quandam altitudinem creverint, ne herbae loco amplius habeantur (2). *Caedere*, ait Paulus, *est non solum succidere, sed etiam ferire caedendi caussa. Cingere est deglabrare*, idest corticem in orbem detrahere; *subsecare* est serra secare (3): furtim vero caedere arbores dicitur, qui eas clam, et ignorante dominio caedit (4).

§ 2727. Adversus arbores furtim caedentem competit ex lege XII tabularum actio in duplum damni dati dominio (5), et emphyteutae (6) (fructuarius, et colonus fructuum nomine experiri possunt interdicto interdicto, quod vi, aut clam (7)) contra caedentem, quamvis arborem non abstulerit; quod si arbor vicini in suo fundo radices prorrexerint, licet quidem fundi domino agere adversus vicinum, non esse ei jus ita radices sui arboris habendi, non tamen succidere (8).

§ 2728. Non tantum civile, sed et criminale judicium institui potest adversus eos, qui arbores furtim caedunt; *sciendum est autem*, ait Gajus, *eos, qui arbores, et maxime vites caeciderint, etiam tamquam latrones puniri* (9): atque Paulus tradit, eos, qui noctu frugiferas arbores manu facta reciderint, si viliores sint, ad tempus in opus publicum damnari, si honestiores, a curia submoverit, vel relegari (10).

§ 2729. Qui dolo malo tempore incendii, ruinae, naufragii, ratis expugnatae aliquid rapuerit sive ex ipso praedio, quod igne comburitur, sive ex praediis adjacentibus, intra annum in quadruplum condemnatur (11): legum severitatem meretur, qui in hisce casibus furantur, cum opem ferre debuissent: atque praeter pecuniariam mulctam criminaliter quoque puniuntur hujus criminis rei, tamquam latrones (12), et lege Julia de vi publica, vel privata (13).

§ 2730. Severior quoque apud nos huic crimini poena constituta est; quippe cautum, ut furta, quae admittuntur occasione incendii, aut ruinae, pro prima vice triremibus ad decennium, pro altera ad vitam, pro tertia mor-

(1) Brunneman. ad d. l. ult. n. 2 et 3.
(2) Voet in ff. hoc tit. n. 7 in fine.
(3) l. 1 § *si cista* 41 ff. *Depositi* (16, 3).
(4) l. unic. § ult. ff. *Furti advers. naut., caupon. etc.* (47, 5).
(5) l. 1 § 1 ff. *Naut., caupon., stabular.* (4, 9).
(6) l. 1 princ. et § 1 ff. *Si famil. furt. feciss. dicat.* (47, 6).
(7) l. *Idest* 2 ff. eod. tit.
(8) l. *Si plures* 34 ff. *De injur.* (47, 10).

(1) l. *Vitem* 3 princ. et § seqq. ff. *Arborum furtim caesarum* (47, 7).
(2) l. *Certe* 4 ff. eod. tit.
(3) l. *Caedere* 5 ff. eod. tit.
(4) l. *Furtim* 7 in princ. et l. seq. § 1 ff. eod. tit.
(5) l. 1; l. *Furtim* 7 § penult. et ult; et l. seq. ff. *Arbor. furt. caesar.* (47, 7)
(6) l. *Caedere* 5 § ult. ff. eod. tit.
(7) l. *Is, qui* 11 § ult.; l. 12 et 13 ff. *Quod vi, aut clam* (43, 24).
(8) l. *Si plures* 6 § ult ff. *Arbor furt. caesar.*
(9) l. *Sciendum* 2 ff. *Arbor. furt caesar.* (47, 7).
(10) Paul. *receptar. sententiar.* lib. 2, tit. 20.
(11) l. 1 princ. et §§ seqq; l. *Quo naufragium* 3 § *Labeo* 2 ff. *De incend., ruina, naufrag.* (47, 9).
(12) l. *Pedius* 4 § 1; l. *Ne quid* 7 ff. eod. tit.
(13) l. *In eadem* 3 § *item* 3 ff. *Ad leg. Jul. de vi public.* (48, 6); l. 1 § 1 ff. *Ad leg. Jul. de vi privat.* (48, 7).

te puniantur; immo reus pro primo furto in perpetuum ad triremes damnatur, pro secundo ad ultimum supplicium, si rei subtractae valor summam quadringentarum librarum excedat (1): quod et ad furta occasione naufragii protractum est (2); poena tantum imminuta adversus eos, qui annum vigesimum nec dum excesserint (3).

§ 2731. Gravius incendiatorum scelus est, severius idcirco coercitum: qui enim aedem, vel acervum frumenti justa aedes positum dolo combusserit, *vinctus, verberatus igni necari jubetur:* si per culpam, pro ejus modo punitur (4). Qui vero data opera in civitate incendium fecerint, si humiliores sint, bestiis objici solent, si honestiores, capite plectuntur, aut saltem deportantur (5); atque si ob inimicitias, aut praedae caussa id fecerint, vivi comburuntur (6).

§ 2732. Sepulcri violatio, quae potissimum fit per contrectationem, et spoliationem cadaveris, subtractationem rerum, quae in sepulcro sunt, gravissimum Imperatoribus crimen visum est: *pergit audacia*, verba sunt Juliani, *ad busta defunctorum, et aggeres consecratos; cum et lapidem hinc movere, et terram evertere, et cespitem evellere proximum sacrilegio majores nostri semper habuerint: sed et ornamenta quaedam tricliniis, aut porticibus auferre de sepulcris* (7); ex quo concludit, sepulcrorum violatores tamquam sacrilegos puniendos esse (8), atque insuper etiam civiliter puniuntur (9).

§ 2733. A sepulcrorum violatoribus non multum distant illi, qui debitoris defuncti sepulturam impediunt, dum non permittunt funus efferri, vel deferri ad locum destinatum, donec debitum consecuti fuerint, aut sponsionem acceperint (10): atque hi ex Justiniano credito cadunt, et alias poenas sustinent (11). Moribus vero horum criminum reis poena arbitraria imponi solet, gravior, vel levior pro admissi modo (12).

§ 2734. Concussionis nomine, quae et *impressio* dicitur (1), significatur terror alteri injectus pecuniae, vel alterius cujuscumque rei extorquendae caussa, vel simulato magistratus jussu (2), vel etiam comminato crimine, et damno, sed sub aliqua juris specie (3). Ex quo patet, concussionem a metu differre, tamquam speciem a genere: si privatus privato nomine mortem minetur, vulnera, aut aliud malum, metus est, et metus actio competit: concussio autem, si quaesitus fuerit auctoritatis publicae color, sive in ipsa metus illatione, sive in executione ejus rei, cujus terror injicitur, ut pecunia, vel alia res extorqueatur.

§ 2735. Plura sunt concussionis exempla: puta si quis stimulato praesidis jussu pecuniam extorserit (4): si in publico officio constitutus privato extorserit rerum suarum venditionem (5), vel puellam suae potestati subjectam invitam compulerit ad nuptias metu suae potestatis (6): si quis utatur insignibus altioris ordinis, aut militem se fingat, quo alios vexet (7): si praetextu tributorum illicitae fiant exactiones (8), ex quibus reus mortis fieri quis potest, si in hac superexactione perseveret (9).

§ 2736. Poena hujus criminis Romano jure diversa erat pro admissorum varietate: generatim arbitrio judicis plectitur concussionis reus praeter oblatae pecuniae restitutionem (10): aliquando poena legis Corneliae (11); ultimo quoque supplicio in superexactionibus (§ praeced.). Sed hodie gravius puniri solent concussionis rei, sive publico utantur nomine, sive privato (12).

§ 2737. Poena mortis apud nos constituta est illis, qui pecuniam, aliamve rem extorquent per modum, aut ajunt, redemptionis, minis additis et terrore armis incusso: triremibus vero, si sine armis et absque vi; nisi minor aetas poenam minui suadeat (13): solus etiam conatus punitur, ratione ejus habita, et adjunctorum, ex quibus contigit, ne conatus effectum sortitus sit (14): atque jurata assertio laesi, si aliud legitimum indicium concurrat, sufficit, ut reus in carceres ducatur, immo et quaestioni subjiciatur (15).

(1) *Reg. Constit.* lib. 4. tit. 34, cap. 9, § 15 et 16.
(2) Ibid. § 18.
(3) Ibid. § 17.
(4) l. *Qui aedes* 9 ff. *De incendio ruina naut.* (47. 9), hoc tit; l. *Capitalium* 28 § *incendiarii* 12 ff. *De poen.* (48. 19).
(5) l. ult. § 1 ff. *De incend. etc.* (47, 9).
(6) d. l. 28 § 12 ff. *De poen.*; V. Thesaur. decis. 24, ubi late discutit indicia, ex quibus reus incendii cognosci possit.
(7) l. *Pergit* 5 Cod. *De sepulcro violat.* (9, 19).
(8) d. l. 5 in fin.; V. l. *Praetor ait* 3 § *adversus eos* 7; l. ult. ff. eod. tit. (47. 12).
(9) l. *Si quis sepulcrum* 3 et l. seq. Cod. eod. tit. (9, 19); d. l. 3 § *qui de sepulcri* 8 ff. eod. tit.
(10) l. ult. Cod. *De sepulcr. violat.* (9, 19).
(11) auth. *item* post l. ult. Cod. eod. tit.
(12) Voet in ff. *De sepulcr. violat.* lib 47, tit. 12, n. ult. prop. fin.

(1) l. ult. Cod. *De his, quae vi, metusve causs. fiunt.* (2, 20).
(2) l. 1 ff. *De concussion.* (47. 13).
(3) l. ult. ff. eod. tit.
(4) d. l. 1 ff. *De concussion.* (47. 13).
(5) argum. l. penult. et ult. Cod. *De his, quae vi metusve causs. fiunt.* (2. 20).
(6) l. unic. Cod. *Si quacumq. praedit. potestat. etc.* (5, 7).
(7) l. *Illicitas* 6 § *illicita* 3 ff. *De offic. praesid.* (1, 18).
(8) d. l. 6 § 3 in fin.
(9) l. unic. Cod. *De superexactionib.* (10. 20).
(10) l. 1 ff. *De concuss.* (47. 13); l. penult. et ult. Cod. *De his, quae vi, metusve causs. fiunt.* (2, 20).
(11) l. ult. ff. *De concussion.*
(12) Voet in ff. eod. tit. n. ult.
(13 *Reg. Constit.* lib. 4. tit. 34, cap. 6, § 6, 8 et 9.
(14) Ibid. § 10.
(15) Ibid. § 7.

§ 2738. Post concussionem agitur in Pandectis de abigeatu. Abigei, seu abactores proprie dicuntur, qui pecora, aliaque animalia ex pascuis, vel sylvis (1), minus proprie, qui ex stabulis abigunt, et subtrahunt (2). Ad abigeatum *jure* Romano raquiritur, ut quis abegerit decem pecoras, aut capras, quatuor sues, unum equum, vel bovem (3): apud nos sufficiunt oves, aut caprae sex (4). Nihil autem interest, an simul, an diversis vicibus determinatum animalium numerum quis abegerit (5).

§ 2739. Abigeatus furti species est; *quantitas*, ait jureconsultus, *discernit furem ab abigeo; nam, qui unum suum subripuerit, ut fur coercebitur; qui gregem, ut abigeus* (6): proinde ordinaria furti poena tenentur abigei (7): quod si non ex pascuis, vel sylvis, aut armentis, sed ex stabulis abacta fuerint animalia, mitius puniendi videri possunt (8); quia facilior est custodia animalium stabulis inclusorum, difficilior longe eorum, quae in sylvis, vel pascuis vagantur: ut proinde gravius coerceri debeant, quo magis deterreantur abactores e sylvis, vel pascuis; sed jure, quo utimur, eadem in utroque casu poena constituta est (9).

§ 2740. Praevaricatio est collusio accusatoris cum reo, ut reus absolvatur (10): non tamen praevaricari censetur, qui tantum ab accusando desistit; atque hic potius *tergiversari* dicitur (11). Praevaricatio locum unice obtinet in caussis criminalibus; cum in civilibus quisque possit prodere caussam suam, ut alienam adjuvet. Praevaricator infamis fit (12): atque in criminibus, quae extra ordinem objiciuntur, praevaricator eadem poena afficitur, qua teneretur, reus, qui per praevaricationem fuisset absolutus (13).

§ 2741. Sequitur disceptatio de receptatoribus delinquentium: *pessimum*, scite Marcianus, *genus est receptatorum, sine quibus nemo latere diu potest* (14); atque generaliter eodem modo puniuntur, quo ipsi delinquentes recepti (15): immo receptatores aleatorum gravius puniuntur, quam aleatores, cum impunita sint furta, et injuriae illis illatae, non ipsi (1). Apud nos eadem tantum constituitur receptatoribus poena, qui semel et iterum receptaverint (2).

§ 2742. Mitius tamen puniuntur receptatores delinquentium, si aliqua justa caussa eos excuset; puta si consanguinei sint, vel affines potissimum proximiores (3), ut diximus supra (§ 2507): si minis, et periculo territi vel sui, vel suorum receperint, dummodo, quamprimum potuerint, judicibus, aliisque officialibus denunciaverint: si absque ulla sceleris societate sed intempestiva commiseratione susceperint; illi tantum dicuntur poena latronum puniendi, qui, cum possent latrones apprehendere, *pecunia accepta, vel surreptorum parte, dimiserunt* (4): ignorantia quoque, seu dubitatio, an delinquens esset is, qui receptus fuit, vel an res furto subtractae sint, poenae imminutioni locum facit.

§ 2743. Sexus fragilitas mulieres excusat, ita ut mitiori poenae subjiciantur, si latrones receperint (5); sed in criminibus, in quibus mulieres aeque ac masculi obsistere possunt delinquentibus, eadem poena coercentur, puta si mulier domum suam sciens praebuerit, ut stuprum, vel adulterium committeretur (6).

§ 2744. Apud nos cauponae, propolae, proxenetae, aliive, qui praevio tractatu, aut conventione cum furibus eosdem receptaverint, vel res furtivas, aut eas emerint, poenae furti tamquam participes subjiciuntur: sed poena minuitur, si nulla conventio, aut tractatus praecesserit: graviter semper puniendi, si relapsi sint, aut diffamati (7): atque eadem receptatorum poena iis quoque imposita est, qui auxilium praebuerint filiisfamilias res patris subtrahentibus, eas nimirum receptando, aut vendendo (8).

§ 2745. Qui res furtivas emerunt, aut tenent, statim ac noverint eas furto subtractas fuisse, sub poena quadrupli judici denunciare debent (9): qui autem ex arte, quam exercent, emunt gemmas, res aureas, argenteas, metallicas, ferreas, et similes, intra viginti quatuor horas catalogum omnium, quae emerint, edere tenentur vicario in urbe, alibi autem graphiario judicis, aut communitatis, distincte demonstratis rebus, nec non personis, a quibus eas comparaverint (10). Idem onus sub iisdem poenis imminet Judaeis etiam pro rebus, quas ab

(1) l. 1 § 1 ff. *De abigeis* (47, 14).
(2) l. ult. § 1 ff. eod. tit.
(3) d. l. ult. in princ.
(4) *Reg. Const.* lib. 4, tit. 34, cap. 9, § 19.
(5) d. l. ult. § penult.
(6) l. *Aut facta* 16 § *quantitas* 7 ff. *De poen.* (48, 19).
(7) l. unic. Cod. *De abigeis* (9, 37); *Reg. Constit.* lib. 4, tit. 34, cap. 9, § 19, ubi eadem infligitur abigeis poena, ac illis, qui incendio, ruina, naufragio furtum commiserint.
(8) l. ult. § 1 ff. *De abigeis* (47, 14); ubi *lenius* pro *plenius* legendum plures sentiunt.
(9) *Reg. Constit.* lib. 4, tit. 34, cap. 9, § 19.
(10) l. 1 princ. et § 1 ff. *De praevarication.* (47, 15).
(11) l. 1 princ. et § 1 ff. *Ad Senatusc. Turpillian.* (48, 16).
(12) l. *Si is* 4 ff. *De praevaricat.*
(13) l. ult. ff. eod. tit.
(14) l. 1 ff. *De receptatorib.* (47, 16).
(15) d. l. in med; l. 1 Cod. *De his, qui latron. occultar.* (9, 39); § *conceptum* 4 in fin. Instit. hoc tit.

(1) l. 1 § 1 et 2 ff. *De aleatorib.* (11, 5).
(2) *Reg. Constit.* lib. 4, tit. 31, § 1.
(3) l. ult. ff. *De receptatorib.* (47, 16).
(4) l. 1 ff. eod. tit.
(5) l. *Item* 39 § *mulierem* 4 ff. *Ad leg. Jul. de adulter.* (48, 5).
(6) l. *Qui domum* 8; junct. l. *Mater autem* 10 § 1 ff. eod. tit.
(7) *Reg. Constit.* lib. 4, tit. 34, cap 9, § 22; V. Thes. lib. 4, quaest. 11.
(8) *Reg. Constit.* d. § 22 in fin.
(9) Ibid. § 25.
(10) Ibid. § 27, 28 et 31.

aliis Judaeis emunt, aut consequuntur (1): nec non cauponis, et similibus pro rebus, quae in solutum ipsis datae sint, aut pignori traditae, aut custodiendae, si datae sint a personis suspectis, aut vagis (2).

§ 2746. Ut autem domini res suas integras recipere possint, scite prohibitum est, ne intra octo dies post editum catalogum immutetur, vel alteretur earum status, aut forma: nec eas vendere licet, aut alteri tradere sub poena etiam corporali, adjunctorum habita ratione: maxime si specialim vetitum fuerit, ne ante longius tempus eaedem mutentur, alterentur, aut vendantur (3).

§ 2747. Si hi, de quibus hactenus diximus, praetermiserint catalogum publice edere, atque constet, res furto subtractas fuisse, furti conscius receptator habetur, et furti poenis obnoxius, si aliud concurrat aggravans indicium (4): quae clam fiunt, ex trita regula juris suspicione non carent (5).

§ 2748. Fures balnearii appellantur, qui subtrahunt vestimenta eorum, qui in balneis se lavant: hi gravius puniuntur, quam fures simplices (6); quia difficilius res suas custodiunt, qui in balneis se lavant: capsarii, seu qui vestimenta lavantium, mercede accepta, servanda recipiunt, si ea furati sint, graviori subsunt coercitioni pro culpae modo (7).

§ 2749. Qui furandi caussa alienas aedes, fenestras, januas effringunt, fustibus Romano jure, si quidem de die, castigantur, vel arbitrio judicis in opus temporarium, aut perpetuum dantur, honestiores relegantur: fustibus vero caesi in metallum damnantur, si nocturno tempore haec admittant (8). Sed moribus hodiernis, ait post alios Voet, qui alienas aedes infringunt, horrea, naves furandi caussa, laqueo puniendi sunt, nisi circumstantiae suadeant poenam mitigari (9).

§ 2750. Lege municipali decretum, ut poenae adversus fures impositae augeantur, ita ut ad mortem usque extendi a Senatu possint, si concurrant circumstantiae aggravantes, veluti effractio, scalarum admotio, si nocturno tempore furtum fiat, aut summa egregia subtrahatur, ratione habita rei furto subtractae, et damni illati (10).

§ 2751. Hinc etiam vetitum clavium, aliisque fabris, ne vendant instrumenta apta ad seras aperiendas (*), aut claves faciant domesticis, filiusfamilias personis ignotis, aut suspectis super typo cerae, aliove exemplo sub poena furtium praeter damna (1): qui autem falsas claves, aut modo dicta instrumenta penes se habent, ad triremes damnantur, nisi minor aetas poenam triremium in vincula verti suadeat (2).

§ 2752. Expilatores, quos aliqui putant ita dictos quasi ne pilum quidem relinquant, sunt atrociores fures (3), qui villas alienas, ac aedes expilant, seu spoliant, pecuniam, et vestimenta hominibus eripiunt; atque hi capite puniuntur ex Paulo, si coacta turba cum telis id fecerint (4); vel in opus publicum, si viliores sint, damnantur, aut relegantur honestiores; delicti qualitate, et adjunctis pensatis (5).

§ 2753. Ab expilatoribus non multum distant grassatores, et latrones. Grassatores proprie appellantur, qui urbes, vicos, aut vias obsident, praetereuntes pecunia, aut vestibus spoliant, sed non interficiunt, seu non aggrediuntur interfecturi (6). Latrones proprie ii sunt, qui spoliant, et occidunt (7): atque ideo Callistratus grassatores proximos latronibus esse ait (8).

§ 2754. Grassatores Romano jure in metallum damnantur, vel relegantur; nec capite plectuntur, nisi cum ferro aggredi, et spoliari instituerint, atque saepius, et in itineribus haec admiserint (9): latrones vero ultimo supplicio afficiuntur, seu furca figuntur, vel ad bestias damnantur, et quidem in iis locis, ubi grassati sunt, ut et conspectu deterreantur alii ab iisdem facinoribus; atque solatio sint cognatis, et affinibus interemptorum (10)

§ 2755. Nec aliud juris, subjicit Faber constituendum Senatus putavit, cum talibus grassatoribus ad perpetuos triremes ab inferiore judice condemnatis, et appellantibus triremium veniam Princeps fecisset; cum enim potius ad aulici cujusdam gratiam, quam motu proprio Principis, aut ignoscendi delicti caussa triremium poenam remissam fuisse constaret, censuit Senatus, eos ad furcam condemnandos esse (11), utpote nulla venia dignos tales improbiores fu-

(1) *Reg. Constit.* lib. 4, tit. 34 § 30.
(2) Ibid. § 33.
(3) Ibid. cap. 9 § 29.
(4) Ibid. cap. 9 § 32.
(5) l. ult. ff. *De ritu nuptiar.* (23, 2).
(6) l. § 1 et 2 ff. *De furib. balnear.* (47, 17).
(7) l. penult. § ult. ff. *De offic. praefect. vigil.* (1, 15).
(8) l. 1, § ult. et l. 2, ff. *De effractorib.* (47, 18).
(9) Voet in ff. d. tit. *De effractoribus* n. 1.
(10) *Reg. Constit.* lib. 4, tit. 34, cap. 9 § ult.

(*) Grimaldelli, e passapertutto.

(1) *Reg. Constit.* lib. 4, tit. 34, cap. 9. § 23.
(2) Ibid. § 24.
(3) l. 1 § 1 ff. *De effractoribus, et expilatoribus* (47, 18).
(4) Paul. *Receptar. sententiar.* lib. 5, tit. 3, § *hi, qui aede.* 3.
(5) d. l. 1 § 1 *et De effractorib.*
(6) l. *Capital.* 28. § *grassatores* 10 ff. *De poen.* (48, 19).
(7) d. l. 28 § penult.
(8) d. l. 28 et 10 ff. *De poen.*; V. Fab. Cod. *De poen.* lib. 9, tit. 25 defin. 7, n. 1 et 2, et Cod. *De furt.* lib. 6, tit. 2, def. 3.
(9) d. l. *Capitalium* 28, § *grassatores* 10 ff. *De poen.* (48, 19).
(10) d. l. 28 § penult.; Fab. Cod. *De poen.* d. def. 7, in princ.
(11) Fab. Cod. *De poen.* lib. 9, tit. 25, d. def. n. 3, et seqq.

res. Plane, qui bona fide tulit opem grassanti, qui se publicum officialem jactabat, nullam eo nomine poenam subit (1).

§ 2756. Sed et hodiernis moribus poena adversus grassatores gravata est: apud Hollandos, Voetio teste, capite plectuntur cum publicatione bonorum, qui alteri suum extorserint, sive in viis publicis, sive in propria domo, aliove in loco (2): apud nos autem quicumque alteri furtum fecerit, aut facere tentaverit vi adhibita, aut minis in domo, aut extra domum, in viis publicis, aut aliis, vel quolibet alio loco, quamvis personis praedatis, aut attentatis nullum damnum illatum sit, ultimo supplicio etiam pro prima vice damnatur, poena quoque ad exemplum addita, prout Senatui videbitur (3): et graviore etiam irroganda, si mors, aut inhumana vexatio intervenerit (4); nisi minor aetas indulgentiam expostulet (5).

§ 2757. Ex his patet, vim, aut minas ad grassationem requiri, alioquin furtum erit. Hinc eadem poena plectitur, qui quovis modo, aut quovis in loco armis, aut vi ab alio extorserit pecuniam minime debitam: quod si nummos extortos vere debitos fuisse constet, delinquens praeter crediti amissionem, et restitutionem pecuniae extortae favore fisci, ad triremes per quinquennium damnatur, si vim adhibitis armis fecerit, alioquin ad carceres per sex menses (6).

§ 2758. Cum autem crimina atrociora puniri publice, et omnium intersit, merito cautum, ut rei criminum, quibus imposita est poena mortis, aut perpetuae damnationis ad triremes, plecti debeant, si subditi sint, licet haec admiserint extra ditionem adversus personam minime subditam: atque etiam, si reus alterius Principis imperio subsit, si subditum laeserit; atque Senatus uti potest actis in loco delicti elaboratis (7); quae acta in aliis furtis sufficere possunt, ut reus cogatur restituere, quod subtraxit (8).

§ 2759. Expilatae hereditatis rei fiunt, qui bona jacentis hereditatis subtrahunt, quia in hisce bonis, utpotequae dominum non habent, furtum committi posse Romanis non placuit (9). Hoc autem nomine agunt haeredes (10) adversus extraneos aliquid ex haereditate surripientes; poena autem hujus criminis extraordinaria est arbitrio judicis (11): sed cum re ipsa furtum faciat futuro haeredi, vel successori, qui res hereditarias subtrahit, eadem poena affici debet surripiens bona haereditatis jacentis, ac caetera quas dominum habent (1).

§ 2760. Stellionatus, ita dictus a stellione animali versuto ex specie lacertarum, generale nomen est, quo significantur delicta per fallaciam, aut dissimulationem in damnum alterius perpetrata: atque ideo objectioni hujus criminis locus est, quoties deest alius criminis titulus, et alia poenalis actio, ita ut *quod in privatis judiciis est de dolo actio, hoc in criminibus stellionatus persecutio sit* (2): atque crimen est extraordinarium extraordinaria idcirco coercitione puniendum (3).

§ 2761. Diversa afferuntur in Romanarum legum fragmentis stellionatus exempla: veluti si quis merces supposuerit, cum pignus creditori constituebat, vel obligatas averterit, aut corruperit: si quis colluserit in necem alterius (4); si rem alteri obligatam, dissimulata obligatione, per calliditatem alteri distraxerit, vel permutaverit, vel in solutum dederit (5): si producat aliquem creditorem pignoratitium, simulans eum esse antiquiorem, alterius creditoris fraudandi caussa (6).

§ 2762. De termini custodiendis, vel restituendis, seu regulis, quae quae in hisce casibus servandae sunt, alibi diximus, cum de finibus regendis, seu actione finium regundorum agebamus (7); criminale vero de termino moto judicium datur adversus eum, qui dolo terminos in confinio positos amoverit (8), vel finium obscurandorum caussa faceim terrae verterit, puta ex arbore arbustum, aut ex sylva novale faciens (9). Delicti hujus poena ab initio pecuniaria fuit: tum extraordinaria pro conditione personae, et facti qualitate (10).

SECTIO II.

De vi bonorum raptorum, seu de rapina.

Instit. lib. 4, tit. 2)
Digest. lib. 47, tit. 8) *De vi bonor. raptor.*
Codic. lib. 9. tit. 33)

SUMMARIA

§ 2763. *Rapina est furtum violentum.* — § 2764. *Quid si quis rem suam rapiat?* —

(1) Fab. Cod. eod. tit. def. 15.
(2) Voet in ff. *De effractorib.* lib 47. tit. 18.
(3) *Reg. Constit.* lib. 4. tit. 34. cap. 6, § 1.
(4) Ibid. § 2.
(5) Ibid. § 3.
(6) Ibid. § 4 et 5.
(7) Ibid. § 11 et 13.
(8) Ibid. § 12.
(9) l. 1, § 1. ff. *Expilat haered.* (47, 19).
(10) l. *Res haereditarias* 4, ff. eod. tit.
(11) l. 1 ff. eod. tit.

(1) V. Fab. Cod. *De crimin. expil. haeredit.* lib. 9, tit. 19, def. 1, 2 et 3; ubi probat, hodie furtum vere fieri; legatum tamen interim praestandum, nec expilatorem tueri se posse exceptione juris tertii etiam volentis.
(2) l. penult. § 1 ff. *Stellionat.* (47, 20).
(3) l. *Stellionatus* 3 ff. eod. tit.
(4) l. penult. § 1 et ult. ff. *Stellionat.* (47, 20).
(5) d. l. penult. § 1 in princip.
(6) l. ult. Cod. eod. tit. (9, 34).
(7) V. vol. III, lib. 4. pag. 235 § 177 et seqq.
(8) l. ult. princip. ff. *De termin. mot.* (47, 21).
(9) d. l. ult. § ult.
(10) l. penult. et ult. § ult. ff. eod. tit.

§ 2765. *Qui coactis hominibus etiam inermibus, nec vi adhibita damnum dat, graviter punitur.* — § 2766. *Quo coactio a rixa et turba distet?* — § 2767. *Raptores facile incidunt in poenam grassatorum et latronum.*

§ 2763. Rapina species furti improbioris, est contrectatio violenta, lucri faciendi gratia, rei, usus, vel possessionis; in eo quippe tantum rapina differt a furto, quod in furto simplici vis non adhibetur; qua interveniente, rapina est (1): atque ob hanc prodita est actio de vi bonorum raptorum competens illis quorum interest (2), adversus eos, qui rem mobilem dolo malo per vim subripuerunt, in quadruplum veri pretii intra annum, post annum in simplum (3).

§ 2764. Sed quid dicendum, si quis, rem suam, aut quam suam esse existimabat, vi rapuerit? Cum nemo sibi jus dicere debeat, sed ad magistratus auctoritatem confugere, ne rixae, et tumultus in reipublicae perniciem oriantur (4), merito constitutum, ut raptor, si vere dominus sit, rei dominium amittat, et rem possessori restituere cogatur: alioquin praeter rem ejus quoque aestimationem reddere compellitur in poenam vis illatae (5); quod et ad rerum immobilium invasores protractum fuit (6): atque jure, quo utimur, in pecuniam vi extorta probatum est (§ 2767).

§ 2765. Similis actioni de vi bonorum est actio comparata adversus illos, qui coactis hominibus etiam inermibus damnum dederint (7), licet vis deinde adhibita non fuerit (8), nec ipsi homines coegerint (9), quamvis ipsi damnum non dederint (10).

§ 2766. Differt autem coactio a rixa, et turba: coactio est etiam unius hominis; nempe coactis hominibus damnum datum intelligitur, licet unus tantum homo coactus fuerit (11): rixa duorum saltem est, turba saltem decem (12).

§ 2767. Cum rapina species sit furti iniquioris, durius quoque criminali judicio adversus raptores rerum alienarum agendum est, potissimum si vim armis adhibuerint: atque in poenam grassatorum, et latronum facile incidunt, de quibus supra diximus (13).

(1) princip. Instit. hoc tit.
(2) § ult. Instit. hoc tit.
(3) princip. Instit. hoc tit.; l. *Praetor ait* 2 § *in hac actione* 13 ff. hoc tit.
(4) l. *Non est singulis* 176 ff. *De reg. jur.* (50. 17).
(5) § 1 Inst. hoc tit.
(6) d. § 1 in fin.; l. *Si quis in tantum* 7 Cod. *Unde vi* (8. 4).
(7) l. *Praetor ait* 2 in princ. et § *item* 7 ff. hoc tit.
(8) d. l. 2 § *dolo autem* 2.
(9) d. l. 2 § *sive igitur* 3.
(10) d. l. 2 § *si quis* 12.
(11) d. l. *Praetor ait* 2, § *sed et, si unus* 6, ff. hoc tit.
(12) l. *Praetor ait* 4 § *turbam autem* 3 ff. hoc tit.
(13) V. supra § 2735, ad 2753.

SECTIO III.

De lege Aquilia, seu de damno injuria dato.

Instit. lib. 4, tit. 3 *De leg. Aquil.*
Digest. lib. 9 tit. 2 *Ad leg. Aquil.*
Cod. lib. 3, tit. 35 *De leg. Aquil.*

SUMMARIA

§ 2768. *Damnum injuria, seu non jure datum vindicat lex Aquilia.* — § 2769. *Damnum in omittendo non vindicat lex Aquilia: nisi omittens vi officii ad faciendum teneatur.* — § 2770. *Quid de medico curationem deserente, fornacario ad fornacem obdormiente, plaustrario lapides male componente?* — § 2771 *et* 2772. *Quae sint legis Aquiliae capita, et quae iisdem caveantur?* — § 2773. *Aestimatio in lege Aquilia fit secundum communem opinionem: atque insuper lucri cessantis, aut damni emergentis ratio habetur.* — § 2774. *Qui prius egit de homine vulnerato, potest deinceps agere de occiso.* — § 2775 *et* 2776. *Quid si vulnus a priore inflictum lethale fuerit, tum alter lethaliter vulneret? Quid si plures simul vulneraverint?* — § 2777. *Actio leges Aquiliae directa est, vel utilis.* — § 2778. *An commodatario competat actio legis Aquiliae?* — § 2779 *et* 2780. *Actione legis Aquiliae vulneratus consequitur impensas in curationem et damnum operarum. Quid de vulnerati, vel occisi consanguineis?* — § 2781. *Adversus quos detur actio legis Aquiliae?* — § 2782. *Damnum injuria datum reparari debet, quamvis ex culpa levissima datum fuerit.* — § 2783 *et* 2784. *Casus fortuiti in incendio probatio an incumbat conductori, an locator culpam probare debeat?* — § 2785. *An liceat aedes vicinas intercidere, ne incendium ad nostras perveniat?* — § 2786 *et* 2787. *Occidere et vulnerare licet ad necessariam sui defensionem.* — § 2788. *Ob damnum a servo datum liberatur dominus servum noxae dando.* — § 2789. *Pauperiei nomine quid veniat?* — § 2790. *Animal alienum in suo depascens includere non potest fundi dominus, sed tantum expellere sine atrocitate.* — § 2791. *Quid si animal contra naturam damnum dederit?*

§ 2768. Damni injuria dati reparationem induxit lex Aquilia, seu plebiscitum Aquilio tribuno plebis rogante latum (1): ex quo orta actio legis Aquiliae adversus eos, qui damnum injuria, seu non jure dederint (2). Damni no-

(1) l. 1 § 1 ff. hoc tit.
(2) Princip. Instit. hoc tit.

mine intelligitur deminutio patrimonii (1), puta si quis animal alterius occiderit, aut vulneraverit; adeoque non requiritur, ut lucrum sentiat is, qui damnum alteri infert.

§ 2769. Sed hic statim ab initio disputant interpretes, an per legem Aquiliam vindicetur, tum damnum in faciendo, puta vulnerando, tum in omittendo, puta non educendo animal, quod in foveam deciderit. Utrumque damnum in hanc legem venire aliqui putant; alii prius tantum, quod in faciendo consistit: plerique distinguunt, an omittens vi officii ad faciendum teneatur, an ex generali tantum charitatis praecepto: prior ad damni, quod non impedit, reparationem tenetur, non posterior.

§ 2770. Hinc medicus, qui bene secuerit, tum dereliquerit curationem, culpae reus est, ideoque Aquilia tenetur (2); quia susceptam ex libera voluntate curationem ex necessitate prosequi tenetur: idem dicendum de fornacario, qui ad fornacem obdormierit; plaustrario, qui male proposuerit in plaustro lapides, iique ceciderint, et rupti sint (3). Sed nullibi in *jure* traditur, lege Aquilia teneri eum, qui animal alterius, cum posset, e fossa, in quam delapsum fuerat, non eduxerit; aut fabrum qui aedium ruinosarum culturam suscipere noluerit, eaeque dirutae sint; quamquam boni viri officio maxime convenit, proximi rebus periclitantibus opem ferre.

§ 2771. Tria olim erant legis Aquiliae capita: priore cautum fuit, ut qui alienum hominem, vel alienam quadrupedem, quae pecudum numero sunt, injuria occiderit, tantum domino dare debeat, quanti ea res in eo anno plurimi fuisset (4); anno retro computato ex tempore non mortis, sed vulneris (5). Alterum caput, quod in desuetudinem abiisse dicitur (6), ex interpretum sententia, de moribus servi corrupti conceptum erat.

§ 2772. Tertio capite legis Aquiliae agitur de homine, vel pecude vulneratis, atque caeteris animalibus vulneratis, vel occisis, et caetero omni damno injuria dato, seu per dolum, aut culpam (7), et laedens ex eo tenetur praestare, quanti res plurimi fuerit triginta diebus retro computatis (8).

§ 2773. Aestimatio autem tum in primo, tum in tertio capite fit secundum communem opinionem, non secundum singulerem cujusque affectionem (1); atque praeter aestimationem hanc adhuc praestatur id quod interest, ratione lucri cessantis, aut damni emergentis (2), dummodo certum sit; nec enim incerti ratio habetur, puta is, qui retia fregit, non tenetur ad aestimationem piscium, qui forte capi potuissent (3), utique vero, si occiderit unam ex pari mularum, aut unum ex quadrigis equorum; non tantum occisi aestimatio facienda est, sed computandum quoque, quantum depretiati sunt, qui supersunt (4).

§ 2774. Ad haec lis ex lege Aquilia ob inficiationem in duplum crescere leges Romanae constituerunt, nisi ab inficiatione ante litem contestatam quis desistat (5), aut extraordinarii probationibus convincatur, puta jurejurando actoris (6): sed haec usu fori non servantur, potius recipiendum, ut liceat ex primo capite agere de homine occiso (§ 2771), ei, qui jam egit ex tertio capite de homine vulnerato (§ 2772): ita tamen ut ex utroque judicio nihil amplius consequatur, quam consecuturus fuisset, si ab initio egisset de homine occiso (7); nisi idem servus ab uno intra annum mutilatus sit, ab alio occissus (8).

§ 2775. Si vulnus a priore inflictum tale fuerit, ut homo ex eo certo certius moriturus fuisset, utrumque de occiso teneri ex lega Aquilia Julianus sentit (9): quemadmodum et si plures hominem occiderint, ita ut sciri nequeat, cujus ictibus occisus sit, singuli in solidum teneri dicuntur, ita ut unius praestatione caeteri non liberentur (10); quia *judicium* ex lege Aquilia poenale est (11).

§ 2776. Sed, cum hodiernis moribus pecuniariae hujusmodi poenae non probentur, dicendum est, eum, qui prius lethaliter vulneratum occidit, non teneri, nisi de aestimatione hominis ita vulnerati, seu quanti aestimari potest homo ita vulneratus: atque omnes quidem in solidum teneri, cum plures simul vulnerarunt, vel occiderunt, sed unius praestatione caeteros liberari; prout Romanae ipsae leges tradunt de pluribus, qui metu reum extorserint (12), vel aliquid ex coenaculo dejecerint, aut effuderint (13).

(1) l. *Damnum* 3 ff. *De damn. infect.* (39, 2).
(2) l. *Si servus* 27 § *si fornacarius* 9 ff. hoc tit.
(3) d. l. 27 § *si ex plaustro* 33.
(4) Princip. et § 1 Instit. hoc tit.; l. *Lege Aquilia* 2 ff. hoc tit.
(5) l. *Ait lex* 21 § 1; l. *Ita vulneratus* 51, § *aestimatio* 2, ff. hoc tit.
(6) § *Caput secundum* 12 Instit. hoc tit.; d. l. *Si servus* 27, § *hujus legis* 4 ff. hoc tit.
(7) § *capite* 13 et seq. Instit. hoc tit.
(8) § *illud palam* 14 Instit. hoc tit; l. *Si servus* 27, § *tertio autem* 5 et seqq. ff. hoc tit.

(1) l. *Si servum* 33 ff. hoc tit.
(2) d. l. 33 in fin. princip. § *illud* 10 Instit. hoc tit.
(3) l. *Quemadmodum* 29 § *item Labeo* 3 ff. hoc tit.
(4) d. § 10 in fin. Instit. hoc tit.; l. *Inde Neratius* 23 ff. hoc tit.
(5) l. *Lege Aquilia* 2 § 1; l. *Inde Neratius* 23 ff. penult. ff. hoc tit.
(6) l. *Eum, qui* 30 ff. *De jurejur.* (12, 2).
(7) l. *Si vulnerato* 46 et seq. ff. hoc tit.
(8) l. *Illud quaesitum* 32. § 1 ff. hoc tit.
(9) l. *Ita vulneratus* 51 ff. hoc tit.
(10) l. *Item Mela* 11 § 1, 2 et 4; d. l. 52 § 1 et ult. ff hoc tit.
(11) § *His autem* 9 Instit. hoc tit.
(12) l. *Item si* 14 § ult; l. 15 et 16 ff. *Quod metu causs.* (4, 2)
(13) l. 1 § ult. et ll. seqq. ff. *De his, qui dejec., vel effuder.* (9, 3).

§ 2777. Duplex actio pro damni dati reparatione ex lege Aquilia competere potest, directa nimirum et utilis (1). Directa datur domino, dummodo corpore damnum datum sit, puta quis occiderit, aut vulneraverit (2); utilis ipsi quoque domino datur, si non corpore, sed tantum in corpus damnum datum sit, nempe mortem non dederit, sed caussam mortis praebuerit, veluti, si quis pecudem ita incluserit, ut fame perierit, aut jumentum ita vehementer egerit, ut ruptum sit (3).

§ 2778. Quamvis autem ex jure Romano fructuariis utique, conductoribus, et similibus actio legis Aquiliae competat, non tamen commodatario, cui nulla imputari possit culpa, quia ipsius interesse non videtur, quatenus casus fortuitos domino non praestat; quia tamen hodiernis moribus actiones ex delictis, quatenus privatis dantur, non poenales, sed rei persecutoriae sunt, idcirco etiam commodatario, qui culpa omnino careat, haec actio competit, cum ipsius intersit, ne rei commodatae usus ante tempus auferatur, aut impediatur (4).

§ 2779. Utilis quoque actio legis Aquiliae competit libero homini vulnerato ad id, quod interest, non directa, quia nemo membrorum suorum dominus est (5): atque hinc consequitur impensas in curationem, atque operarum, quibus caruit, et imposterum cariturus est: praestandas patri autem haec actio datur, si filiusfamilias vulneratus fuerit (6).

§ 2780. Praeterea utilis actio datur patri ad id, quod interest, si filiusfamilias occisus sit (7); immo uxori, et liberis, ut arbitrio judicis consequantur, quod occisus operis suis praestitisset; quatenus hi omnes ex facto occidentis laesi sunt (8).

§ 2781. Actio legis Aquiliae competit adversus eos, qui damnum dederunt, etiam conjuges, quia non infamant (9); adversus eos, qui fieri jusserunt, opem tulerunt (10), aut non prohibuerunt, cum prohibere possent, et deberent (11): atque in haeredes, quatenus laeso indemnitas praestanda est (12).

§ 2782. Porro damnum datum reparandum est, licet ex culpa tantum levissima datum fuerit (1), prout exemplis pluribus a Justiniano allatis constat, nempe de eo, qui jaculis ludens, vel se exercens transeuntem vulnerat, de putante arbores prope viam, qui non proclamaverit, cum ramos dejiceret, de medico, qui curationem dereliquerit, aut male secuerit, vel perperam medicamentum dederit (2); etenim diligentia maxime desideratur, ne cui damnum detur: quamquam hodiernis moribus vix ratio habetur damnorum, quae ex levi culpa, vel imperitia, quae gravis non sit, inferuntur.

§ 2783. Disputant interpretes, utrum onus probandi casum fortuitum in incendio incumbat conductori, an locator ipse culpam probare debeat. Si domus a pluribus pro diviso inhabitata sit, atque ignoretur, ex cujus parte incendium ortum fuerit, magis est, ut locatori culpam conductoris alleganti onus probationis injungatur; tum quia non factum vix per rerum naturam probari potest; tum denique, quia bonus quisque in dubio praesumitur: sed si unus sit inhabitator, vel plures pro indiviso inhabitent, vel certo constet, ex qua parte incendium coeperit, cum incendia plerumque inhabitantium culpa oriantur (3), adeoque praesumptio conductorem oneret, casum ipse probare tenetur (4).

§ 2784. Quod si conductor fecerit contra legem locationi adjectam, ne in aliquo loco ignis haberetur, etiam incendii fortuito casu, puta insolita ventorum vi, occasione tamen hujus ignis extorti tenetur (5): idem dicendum, si incensa sit villa urbana propter foenum, quod, ne in ea haberetur, convenerat inter, et conductorem (6); damnum fecisse videtur, qui occasionem damni praestat (7).

§ 2785. Cessat Aquiliae actio, cum damnum jure datum fuit: puta si quis vicinas aedes intercideri, ne incendium ad suas perveniret, dummodo ad aedes vicini incendium jam pervenerit, et vix extingui possit (8); non intelligitur damnum dedisse aedibus etiam sine dejectione incendio perituris, qui suas tueri voluit: quod si vicim aedes nec dum ignis attigerit, in simplum actio contra dejicientem competit (9).

§ 2786. Jure quoque, et quidem potiore judicatur, qui damnum dedit sui defendendi caus-

(1) l. *Legis Aquiliae* 54 ff. hoc tit.
(2) § ult. Instit. hoc tit.; l. *Ita vulneratus* 51 ff. hoc tit.
(3) d. § ult. Instit. hoc. tit.; l. *Qua actione* 7 § *Celsus* 6 ff. hoc tit.
(4) Voet in ff. hoc tit. n. 3 in fin.
(5) l. *Liber homo* 13 ff. hoc tit.
(6) l. *Item quaeritur* 13 § *item Julianus* 4. ff *Locat.* (19, 2), l. *Sed et, si* 5 § ult ll 6 et 7; ff. hoc tit.; Thesaur. lib. 3, quaest. 7; ubi probat vulneratum haec petere posse, licet ipse provocaverit ad rixam.
(7) argum. l. *Qua actione* 7 § *si quis* 4 ff. hoc tit.
(8) argum. l. *Si vero* 5 § *haec autem* 5 ff. *De his, qui effud., vel dejec.* (9, 3).
(9) l. penult. ff. hoc tit.
(10) l. *Liber homo* 37 hoc tit.
(11) l. *In lege* 44. et seqq. ff. hoc tit.
(12) Voet in ff. hoc tit. n. 12 prop fin.

(1) § *ac ne is quidem* 3 Instit. hoc tit.; l. *In lege Aquilia* 44 ff. hoc tit.
(2) V. § *itaque* 4, et seqq. Instit. hoc tit
(3) l. *Nam salutem* 3, § 1; ff. *De offic. praef. vigil.* (1. 15)
(4) l. *Ab ea parte* 5 ff. *De probat.* (22, 3).
(5) l. *Videamus* 11 § 1 ff. *Locat.* (19, 2); Thesaur. dec. 24 in addit. †.
(6) d. l. 11 § ult.
(7) l. *Qui occidit* 30 § penult. ff. hoc tit.
(8) l. *Quo naufragium* 3 § penult. ff. *De incend., ruin., naufrag.* (47, 9).
(9) l. *Si alius* 7 § *est et alia* 4 ff. *Quod vi, aut clam* (43, 24).

sa, atque cum ab alio impeteretur, eum occiderit, aut vulneraverit, dummodo aliter se defendere non potuerit, et modum servaverit, seu moderamen inculpatae tutelae, ita ut non ultra adversarium laeserit, quam ad sui defensionem necessarium erat, puta non occiderit, si eum vulnerando, percutiendo, aut apprehendendo se liberare potuisset (1): atque idem servandum in latrone, et fure nocturno, vel diurno, qui se telo defendat (2).

§ 2787. Plane non dubitandum, quominus cum actione ex lege Aquilia concurrere possit accusatio ex lege Cornelia de sicariis, si dolo occisus homo fuerit, ita ut nullum ex intentato prius judicio civili praejudicium fiat judicio criminali (3), nisi quatenus ex judicio civili, quod prius finitum sit, exemplum sumitur in judicio criminali: quo sensu dixit Paulus, per actionem legis Aquiliae, furti et similium fieri praejudicium publico judicio (4).

§ 2788. Damnum vel ab hominibus dari potest, vel ab animalibus: ab hominibus vel liberis, vel servis: quod datur ab hominibus liberis, vindicat lex Aquilia modis hactenus recensitis; si a servis datum sit, cum dominus prohibere non posset, liberatur, noxae servum dando, idest transferendo servum in dominium ejus, qui damnum passus fuit, nisi malit damnum reparare (5).

§ 2789. Simile quoddam receptum apud Romanos fuit in damno ab animalibus dato, quod *pauperies* dicitur (6); nec enim animal, utpote ratione carens, injuriam facere potest. Nocere autem potest animal vel secundum sui naturam in alieno loco depascens: si ab aliquo immissus fuerit, actio utilis ex lege Aquilia competit domino (7): atque etiam criminale quoddam judicium adversus dominum animalis, licet non immiserit, recte instituitur (8), cum ei imputari plerumque possit, cur animal non custodierit: usu autem recepto mulcta praestatur gravior, vel levior pro locorum et animalium diversitate, praeter illati damni reparationem, atque ex lege *XII tabularum* in hoc casu comparata est actio *de pastu pecorum* (9).

§ 2790. Non tamen licet fundi domino alienum animal in suo depascens includere, donec damnum reparatum fuerit, sed tantum expellere, et quidem sine atrocitate (1); cum metuendum sit, ne interim animal, cura et alimentis indigens, deterius fiat: quae retentio permissa fuit in rate vi fluminis in agrum meum delata (2); quia ratis interim non periclitatur.

§ 2791. Contra naturam nocere dicuntur animalia mansueta, quae feritatem assumunt, puta si bos cornu petat, equus calce percutiat (3); atque hic leges distinguunt; si quadrupes nocuerit, concitante laeso, nulla huic actio competit, cum damnum culpa sua sentiat (4): si alio instigante, vel caussam dante, hic conveniri potest ad damni dati reparationem (5): si vere sponte commota quadrupes laeserit, damni reparatio non aliter peti potest, quam si custodi, aut domino imputari possit culpa, cur pro animalis conditione diligenter non custodierint, aut non monuerint de animalis praeter naturam feritate (6). Sed de his satis.

SECTIO IV.

De injuriis et famosis libellis.

Instit. lib. 4, tit. 4 *De injur.*
Digest. lib. 47, tit. 10 *De injur., et famos. libell.*
Cod. lib. 9, tit. 35 *De injur.*

SUMMARIA

§ 2792. *Injuriae nomine quid veniat?* — § 2793 *et* 2794. *Injuria fieri potest re, verbis, litteris et consensu. Quomodo verbis fiat?* — § 2795. *Quomodo fiat litteris, aut consensu?* — § 2796. *Injuriam inferre possunt omnes, qui doli capaces sunt, quamvis potestatem aliquam habeant.* — § 2797. *Injuria inferri potest etiam mortuis tum verbis, tum factis.* — § 2798 *et* 2799. *Non tantum per se, sed per suos injuriam quis pati potest.* — § 2800 *et* 2801. *Injuriam passus actionem habet ad indemnitatem pro diversa injuriae qualitate, et criminaliter etiam ob gravem injuriam agi potest.* — § 2802. *Actio injuriae realis triginta annis durat.* — § 2803. *Injuriarum actio extinguitur morte rei, vel laesi: satisfactione et remissione.*

§ 2792. Injuriae nomine, prout hoc loco accipitur, nil aliud significatur, quam contumelia contra bonos mores alicui illata, qua ejus

(1) l. *Sed et si* 5; l. *Scientiam* 45 § penult. ff. hoc tit.; § *injuria* 2 Instit. hoc tit.

(2) d. 2 § Instit. hoc tit.; l. *Itaque* 4 princ. et § 1; l. *Si ex plagis* 52 § 1 ff. hoc tit.

(3) § *liberum* 11 Instit. hoc tit.; l. *Sed et, si* 5; l. *Inde Neratius* 23 § *si dolo* 9 ff. hoc tit.

(4) l. *Interdum* 4 ff. *De public. judic.* (48, 1).

(5) princ. et §§ seqq. Instit. *De noxalib. actionib.* (4, 8).

(6) princ. Instit. *Si quadrup. pauperiem fecis. dicat.* (4, 9).

(7) l. ult. Cod. hoc tit.

(8) V. l. *Insignis* 2 Cod. *De pascuis public.* (1, 60); l. 1 Cod. *De fund., et saltib. rei dominic.* (11, 66).

(9) l. *Qui servandarum* 14 § ult. ff. *De praescript. verb.* (19, 5).

(1) l. *Quintus* 39 § 1 ff. hoc tit.

(2) l. *Ratis* 8 ff. *De incend., ruin., naufrag.* (47, 9).

(3) princ. Instit. *Si quadrup. pauper. fec. dic.* (4, 9); l. 1 § *itaque* 4 ff. eod. tit. (9, 1).

(4) Paul. *Recept. sentent.* lib. 1, tit. 15 § ult.

(5) d. l. 1 § 4 et seqq. ff. *Si quadrup. etc.*

(6) d. l. 1 § 4; d. princ. Instit.

corpus, dignitas, aut fama laeditur; pro diverso injuriae illatae modo, quemadmodum ex dicendis elucescet. De hoc autem delicto inquirendum. 1. Quibus modis injuria inferatur. 2. A quibus inferri possit. 3. Quibus personis. 4. Quibus modis injuria vindicetur. 5. Quibus casibus cesset injuriarum actio.

§ 2793. Injuria fieri potest re, verbis, litteris, et consensu: re, veluti si quis alterum pulset, aut verberet, aut in ipsius domum vi ingrediatur (1), vel etiam manus saepius elevet, terreatque, quasi vapulaturus (2), fundum, domino prohibente, ingrediatur (3): si impediat, quominus re sua, jure publico, aut loco publico utatur (4): si fimo corrupto aliquem perfundat, coeno, luto oblinat, aquas ejus conspurcet (5); si pudicitiam attentet (6); et similibus.

§ 2794. Verbis injuriam infert, qui turpibus, aut obscuris verbis utitur apud honestas personas (7): si contra bonos mores certae personae convicium faciat, aut fieret curet, sive praesenti, sive absenti (8): vitia corporis, aut fortunae objiciat (9), nisi jocandi animo faciat, quod tamen potius cavendum, cum aegre ferri soleant hujus generis joci.

§ 2795. Injuria fit litteris, cum quis ad alicujus contemptum, aut ludibrium libellum, carmen, historiam componit, edit, imprimit (10): atque poenae gravi locus fieri potest, tametsi certa persona in eo non designetur, si ex adjunctis non ita difficulter cognosci possit (11). Consensu injuriam infert, qui alteri suadet contumeliam (12), aut mandat, quo casu tum mandans, tum mandatarius injuriae tenentur (13); nisi levior sit injuria; in hac quippe, sicut et in caeteris delictis levioribus, excusat parendi necessitas; et solus mandans tenetur (14).

§ 2796. Injuriam inferre possunt omnes, qui doli capaces sunt: atque illi etiam, quibus modica coercitio permittur, veluti patribus in filios, marito adversus uxorem, judici adversus litigantes, caussarum patronos, et similes, si potestatis suae, et humanitatis terminos excedant (1): quid de infantibus, amentibus, furiosis, ebriis, ebriosis iratis, et similibus dicendum sit, colligi potest ex iis quae supra tractavimus in titulo, qui criminum rei fiant. Provocatus injuriam inferens punitur quidem, sed mitius (2).

§ 2797. Injuriam patiuntur liberi homines invitì (3), immo et servi, si realis injuria sit: infames vero, et viles ob levem injuriam queri apud judicem nequeunt saltem si verbis tantum illata sit; cum vix auferri possit existimatio illis, qui nullam fere habent. Nec vivis tantum, sed et mortuis injuria inferri potest (4); licet enim rebus humanis exempti sint, superest tamen apud viros graves, et honestos bona defunctorum existimatio minime damnanda, aut lacessenda: alioquin haeredibus, liberis, et propinquis competit actio de injuriis defuncto illatis (5): atque etiam realis injuria defunctis infertur, si cadavera eorum detineantur (6), statuae in monumento, aut alio in loco honoris caussa positae confringantur (7), ossa cadaverum eruantur (8).

§ 2798. Non tantum quis per se, sed et per alios injuriam pati potest; veluti pater per filiosfamilias (9), maritus per uxorem, sponsus per sponsam (10), non vicissim; quia uxores a viris, non viros ab uxoribus defendi aequum est (11): nisi forte talia de viro, aut sponso pervulgentur, quae uxorem, vel sponsam laedant: puta si vir dicatur leno; quo casu tamquam de propria injuria uxor quaeri potest (12).

§ 2799. Eodem fundamento magistratus, aut judices per apparitores, aut satellites injuriam patiuntur, Principes per legatos suos: abbates, monasterium per monachos, familia per cognatos; si injuria non ad singularem personam, sed ad totius sodalitatis, vel cognationis jus, et honorem referatur (13): atque sicuti servorum laesio in dominum recidit, atque ideo actio de injuria servo illata domino competit (14), ita per famulos, et ancillas dominum injuriam

(1) § *sed et lex* 8 Instit. hoc tit.; Fab. Cod. hoc tit. lib. 9, tit. 20, def. 7, ubi de accusatore propria auctoritate comprehendente reum, tamquam sibi ex delicto obligatum.

(2) l. *Item* 15 § 1 ff. hoc tit.; V. Thesaur. dec. 229, ubi de eo, qui *fichas* judici facit.

(3) argum. § *ferae igitur* 12 Instit. *De rer. division.* (2, 1).

(4) l. *Injuriarum* 13 § ult. ff. hoc tit.

(5) l. 1 § 1 ff. *De extraordinar. criminib.* (47, 11).

(6) l. *Sed et si quaestionis* 9 § ult. et l. seq. ff. hoc tit.

(7) l. *Item* 15 § *qui turpibus* 21 et § *generaliter* 27 ff. hoc tit.

(8) d. l. 15 § *ait praetor* 2 et seqq. ff. hoc tit.; § 1 Instit. hoc tit.

(9) l. penult. in med. versic. *quid enim tam durum* Cod. *Quando, et quib. quarta pars etc.* (10, 34).

(10) l. *Lex Cornelia* 5 § *si quis librum* 9 et seqq. ff. hoc tit.; l. unic. Cod. *De famos. libell.* (9, 36).

(11) *Reg. Constit.* lib. 4, tit. 34, cap. 12, § 1 et 2.

(12) § penult. Instit. hoc tit.; l. *Non solum* 11 § *si mandatu* 3 et seqq. ff. hoc tit.

(13) § penult. Instit. hoc tit.

(14) l. *Ad ea, quae* 157 ff. *De reg. jur.* (50, 17); Fab. Cod. eod. tit. lib. 9, tit. 20, def. 4.

(1) l. *Praetor* 7 § *praeterea* 2 et seq.; l. *Injuriarum* 13 § *quae jure* 6; l. *Nec magistratibus* 32 et sequ. ff. hoc tit.

(2) Fab. Cod. hoc tit. lib. 9, tit. 20, def. 1, V. et def. 5, ubi de justa publicae famae excusatione.

(3) l. 1 § *usque adeo* 5 ff. hoc tit.

(4) § 1 in fin. Instit. *Quibus ex causs. manumitter. non lic.* (1, 6).

(5) l. 1 § *etsi forte* 4 ff. hoc tit.

(6) d. l. 1 § *quoties* 6.

(7) l. *Si statu* 27 ff. hoc tit.

(8) l. *Ossa* 8 ff. *De religios.* (11, 7).

(9) § *patitur* 2 Instit. hoc tit; l. 1 § *item* 3 et § ult. ff. hoc tit.

(10) d. § 2; d. l. 1 § 3; l. *Idem* 15 § *sponsum* 24 ff. hoc tit.; Fab. Cod. hoc tit. lib. 9, tit. 20, def. 3.

(11) d. § 2; l. *Quod si viro* 2 ff. hoc tit.

(12) l. *Amplius* 3 § *cum vero* 2 ff. *De liber. caus.* (40, 12).

(13) argum. l. 1, 2 et 3 ff. *De liberal. caus.* (40, 12).

(14) § *servis autem* 3 Instit. hoc tit.

pati receptum est (1); si modo in enumeratis hactenus casibus injuriam inferens sciverit conditionem ejus, quem injuria afficiebat.

§ 2800. Diversa jure civili prodita sunt remedia pro vindicandis injuriis illatis (pro inferendis aliquando exigi satisdationem de non offendendo alibi diximus (2)): atque inprimis data est actio injuriarum, qua laesus consequitur indemnitatem pro diversis injuriarum speciebus, habita damni ratione, laesi, et laedentis conditione inspecta, prout judex prudens aestimaverit (3): haec autem actio competit non tantum injuriam passo per se, sed et per alios (4), ut modo explicavimus (§ 2798, et 2799).

§ 2801. Si atrox injuria fuerit, competit etiam civilis actio ex lege Cornelia, sed ci tantum, qui per se injuriam passus fuit (5). Criminaliter quoque extra ordinem agi potest ob injuriam etiam levem (6); atque nunc pro personarum diversa conditione, et injuriarum qualitate fustibus, exilio temporali, vel interdictione certarum rerum delinquentes coercentur (7), atque etiam ultimo supplicio, si gravior injuria in locis sacris, et personis divino cultui consecratis inferatur (8), et similibus casibus (9).

§ 2802. Cessat injuriarum actio ex variis caussis, puta temporis lapsu, videlicet anni, si injuria verbis illata sit (10), nisi interim agi ob aliquod impedimentum non potuerit: realis vero injuriae actio, cum non praetoria tantum, sed etiam ex lege Cornelia civilis sit (§ praec.), triginta annis durare debet exemplo caeterarum actionum civilium (11), a quibus non invenitur excepta: criminalis actio vicennio extinguitur (12), prout generatim supra diximus (§ 2638).

§ 2803. Praeterea extinguitur injuriarum verbis illatarum actio morte rei, vel laesi, sed perseverat in haeredibus, et contra haeredes actio injuriae realis ad indemnitatem; cum haeres factum defuncti praestare debeat, sicuti succedit in ejus jura (13): nec non satisfactione (1), remissione expressa, vel tacita laesi (2). Qui injuriam praesertim levem passus alia injuria fortassis graviore vindicavit, indignus est magistratus ope, cujus auctoritatem sprevit (3).

CAPUT VIII.

De obligationibus, quae quasi ex delicto nascuntur, et de criminibus extraordinariis.

Instit. lib. 4, tit. 5 *De obligat., quae ex delict. nascunt.*
Digest. lib. 47, tit. 11 *De extraordinar. criminib.*

SUMMARIA

§ 2804. *Quasi delictum est factum omne, quod proxime ad delictum accedit. Quod sint ejus species?* — § 2805 *et* 2806. *Judex male per imperitiam judicans quasi delicti reus fit. Cur a medico hic distinguatur?* — § 2807. *Dejiciens, vel effundens aliquid in locum, quo vulgo iter fit, ex quasi delicto tenetur.* — § 2808 *et* 2809. *Quibus competat actio de dejectis, vel affusis, positis, vel suspensis, adversus quos, et quo tendat?* — § 2810. *Quid si liber homo hinc occisus, aut vulneratus fuerit?* — § 2811. *Delicta extraordinaria quae dicantur?* — § 2812 *et* 2813. *Quae sint diversae eorum species?* — § 2814. *Abortionis poculum dantes gravius puniuntur.* — § 2815. *Annonam vexantes (dardanarii dicti) gravius, vel levius puniuntur pro delicti qualitate.* — § 2816. *Quid de sacculariis et similibus?* — § 2817. *Quae delicta inter extraordinaria ex jure municipali referri possint?*

§ 2804. Quasi delictum, seu quasi maleficium omne, quod proprie, et stricte delictum non est, sed ad illud proxime accedit: sicut enim quaedam negotia sunt, quae contractus plenam naturam non habent, et ideo dicuntur quasi contractus: ita quaedam etiam sunt facta delictis proxima, quasi delicti, vel quasi malefici nomine donata. Tres horum species a Justiniano referuntur: 1. Si judex litem suam fecerit: 2. De dejectis, vel effusis, et positis, vel suspensis. 3. De damno, aut furto, quod in navi, caupona, aut stabulo factum est. De hoc posteriore delicti, seu quasi delicti genere supra diximus, cum singulares furti species

(1) Voet in ff. hoc tit. n. 6.
(2) V. vol. III, lib. 4 § 4722, pag. 288.
(3) § *poena autem* 7; § *atrox* 9 Instit. hoc tit.; l. *Praetor* 7 § ult. et ll. seqq.; l. *Injuriarum* 21 ff. hoc tit.
(4) l. 1 § ult.; l. *Eum, qui* 18 § *si nupta* 2 ff. hoc tit.
(5) § *sed et lex* 8 Instit. hoc tit.; l. *Lex Cornelia* 5 princ. et § *illud* 6 ff. hoc tit.; v. Thes. dec. 18.
(6) § *in summa* 10 Instit. hoc tit.
(7) l. ult. ff. hoc tit.; § *in summa* 10 Instit. hoc tit.; Fab. Cod. hoc tit. lib. 9, tit. 20, def. 6.
(8) l. *Si quis* 10 Cod. *De Episcop. et Cleric.* (1, 3); v. Thes. dec. 223, in corp. et in addit.
(9) V. l. *Decuriones* 16 Cod. *De quaestionib.* (9, 41); l. 1 § 1 et ult. ff. *De extraordinar. criminib.* (47, 11); *Reg. Constit.* lib. 4, tit. 34, cap. 12, § 1 et 2.
(10) l. *Si non convicii* 5 Cod. hoc tit.
(11) l. *Sicut in rem* 3 Cod. *De praescript. XXX vel XL annor.* (7, 39).
(12) l. *Querela* 12 Cod *Ad leg. Cornel. de falsis* (9, 22).
(13) l. *Haeredem* 59; l. *Haereditas* 62 ff. *De reg. jur.* (50, 17); l. ult. ff. *Si famil. furt. feciss. dicat.* (47, 6); Fab. Cod. hoc tit. lib. 9, tit. 20, def. 2.

(1) l. *Sed si* 17 § *si ante* 6 ff. hoc tit.; Fab. Cod. hoc tit. def. 9, 10 et 11.
(2) l. *Non solum* 11 § 1; l. *Sed si* 17 § *si ante* 6 ff. hoc tit.; Fab. Cod. hoc tit. def. 12.
(3) l. *Auxilium* 37 § 1 in fin. ff. *De minorib.* (4, 4); Fab. Cod. hoc tit. def. 8.

expendebamus (1): superest, ut de duobus aliis pauca dicamus.

§ 2805. Prima quasi maleficii species est, cum judex male per imprudentiam, seu imperitiam judicat, atque ita litem suam facit (2), idest de indemnitate tenetur adversus litigantem, quem imperitia sua laesit: quod tamen hodiernis moribus non servatur, cum adversus iniquam judicis sententiam suppetat appellationis remedium (3); quamquam non dubium, quin judex in hoc casu ad damna, et id, quod interest partis laesae, teneatur.

§ 2806. Si quaeratur, cur judex male per imperitiam judicans ex quasi maleficio teneri dicatur (§ praeced.), cum tamen medicus male curans in legem Aquiliam incidat, tamquam reus de damno injuria dato (§ 2782), quia imperitia culpae adnumeratur (4), respondent interpretes, medicum sponte artem profiteri, adeoque magis culpandum, si imperitus sit in arte, cujus peritiam spondet; judices vero publica auctoritate etiam invitos constitui. Caeterum parum interest, quoad effectum, an judex ex damno injuria dato, an ex quasi delicto reus fiat.

§ 2807. Altera quasi maleficii species est de dejectis, vel effusis, positis, vel suspensis (5): atque haec referri quoque potest ad damnum injuria datum lege Aquilia vindicandum; quamquam placuit, specialem de dejectis, et effusis actionem laeso dare adversus eos, qui aliquid dejecerint, vel effuderint in locum, quo vulgo iter fit (6); cum publice intersit, tutam, et sine damni metu commeantibus viam esse (7).

§ 2808. Competit haec actio adversus inquilinum (8), et cujus coenaculo quid dejectum vel effusum fuit (9), vel sponte decidit, cum ante positum, et suspensum esset, quia ita damno caussam praebuit, licet ipse nec dejecerit, nec posuerit, quia famulorum factum, aut negligentia imputatur domino (10): quod si plures eandem domum simul inhabitent pro indiviso, adversus omnes in solidum agi potest, ita tamen, ut unius praestatione caeteri liberentur, partem utique restituturi ei, qui solidum solvit (11): quemadmodum et inquilino competit regressus adversus dejicientem, vel ponentem (1).

§ 2809. Tendit haec actio, ut praestetur duplum damni illati; si rebus aestimationem recipientibus datum fuerit (2): immo etsi damnum nullum datum fuerit, poena decem aureorum constituta est adversus eum, qui aliquid posuit, vel suspendit in loco, per quem vulgo iter fit (3): quae tamen dupli poena hodie non viget, ut saepe diximus: sed dumtaxat agere licet ad damni reparationem.

§ 2810. Adversus eum, qui liberum hominem occiderit, dejiciendo, vel effundendo, poena quinquaginta aureorum jure Romano constituta est (4): si vero non occisus, sed nocitum ei sit, ipse consequitur mercedes medicorum, atque impensas omnes in curationem, et aestimationem operarum, quibus caruit, vel cariturus est (5): sed poena quinquaginta aureorum de libero homine occiso hodie non viget, utique vero danda est actio propinquis occisi ad id, quod ipsorum interest, ratione victus, quem ab occiso habituri fuissent (6), prout de lege Aquilia agentes supra diximus (§ 2780).

§ 2811. Tertia, quam Justinianus exhibet, quasi delicti species est de damno, aut furto, quod factum sit in navi, caupona, aut stabulo (7): sed et haec inter singulares furti species in Pandectis recensetur, et nos, earum ordinem sequentes, supra explicavimus (8): quare pauca subjiciemus de delictis, seu criminibus extraordinariis. Supra diximus (§ 2425), extraordinaria delicta vocari, quibus certa a legibus poena plerumque constituta non est, sed judicis prudentis arbitrio relicta (9). Haec autem plura sunt, atque, oblata occasione, jam quaedam exposuimus, et reliqua hoc loco exponenda suscipimus.

§ 2812. Ad crimina extraordinaria imprimis refertur alienas nuptias sollicitare, idest pudicitiam alienae uxoris attentare, matrimonia aliena interpellare, nempe uxoris alienae nuptias appetere (10), quod jure Romano, quo divortia facile permittebantur, frequens esse poterat. Ad haec, *qui puero stuprum abducto ab eo, vel corrupto comite, persuaserit, aut mulierem, puellamve interpellaverit, quidve impudicitiae gratia fecerit, donum praebuerit, pretiumve, quo is persuadeat, dederit; perfecto flagitio, punitur capite: imperfecto, in insulam deportatur; corrupti comites summo*

(1) V. supra § 2715 ad 2724.
(2) princ. Instit. hoc tit.; l. *Si quis absentis* 5 § *si judex* 4 ff. *De obligat. et actionib.* (44. 7).
(3) l. 1 ff. *De appellat.* (49. 1).
(4) § *imperitia* 7 Instit. *De leg. Aquil.* (4. 3).
(5) § 1 Instit. hoc tit.
(6) l. 1 ff. *De his, qui effuder., vel dejec.* (9. 3).
(7) d. l. 1 princ. et § 1.
(8) l. *Si vero* 5 § *haec autem* 5 ff. *De his, qui effud., vel dejec.* (9. 3).
(9) l. 1 § *haec in factum* 4 et § pen. ff. eod. tit.; d. l. 5 § *si horrearius* 3 § 1 Instit. hoc tit.
(10) d. l. 1 § pen.; d. l. 5 § 1 et 3, d. § 1 Instit.
(11) d. l. 1 § ult. et ll. seqq.

(1) d. l. 5 § *cum autem* 4.
(2) § 1 Instit. hoc tit.
(3) d. § 1 in med.
(4) § 1 Instit. hoc tit.; l. 1 ff. *De his, qui effuder., vel dejec.* (9. 3).
(5) d. § 1 in fin.; l. ult. ff. eod. tit.
(6) argum. l. *Si vero* 5 § *haec autem* 5 ff. eod. tit.
(7) § ult. Instit. hoc tit.
(8) V. supra § 2715 ad 2724.
(9) l. *Hodie* 13 ff. *De poen.* (48. 19).
(10) l. 1 in princ. ff. hoc tit.

supplicio afficiuntur. Verba sunt Pauli (1) animadversione, et laude digna.

§ 2813. Huc quoque pertinet partus abactio, seu praematura concepti foetus ejectio: mulier hujus sceleris rea gravius, vel levius puniebatur pro iniquiori, vel minus iniquo consilio: nimirum exilio (2), ultimo etiam supplicio, si partum abegisset, ut secundis haeredibus, seu substitutis faveret (3): quamquam, si jus naturae inspiciamus, et caetera legum Romanorum scita, vix est, ut mulier, partum praecipue animatum abigens a poena mortis eximi possit, cum homicidii, immo sceleztioris parricidii rea sit (4). Hinc regio jure morte indistincte plectitur mulier abortum procurans, non secus ac conscii, si abortus secutus sit, alioquin poena corporali pro reum adjunctis (5).

§ 2814. Qui vero abortionis poculum dant, tametsi dolo non faciant, si honestiores, in insulam, parte bonorum publicata, relegantur; sin humiliores, damnantur in metallum: nisi mulier inde perierit; quippe quo casu summo supplicio afficiuntur, licet iniquum occidendi propositum non habuerint: quia res mali exempli, et periculi plena est (6). Quod si res in eo statu sint, ut aut mater, aut foetus certo certius perire debeat, existimant aliqui, matrem sine scelere posse abortionis poculo uti, et sibi potius consulere, quam spei incertae animantis, forte nunquam perficiendi, aut nascituri (7).

§ 2815. His adjiciuntur crimina *dardanariorum*, qui annonam vexant, *quorum avaritia*, ait Ulpianus, *obviam itum est tam mandatis, quam constitutionibus. Mandatis denique ita cavetur: praeterea debebis custodire, ne dardanarii ullius mercis sint; ne aut ab his, qui coemptas merces supprimunt, aut a locupletioribus, qui fructus suos aequis pretiis vendere nollent, dum minus uberes proventus expectant, ne annona oneretur* (8): haec ad delinquendi modum pertinent: quoad poenam vero ita subjicit Jureconsultus; *poena autem in hos varie statuitur; si negotiatores sint, negotiatione eis tantum interdicitur; interdum et relegari solent; humiliores ad opus publicum dari* (9): optandum sane, ut sine poena non sint, qui propriae utilitati, aut, ut melius dicam, iniquo emolumento student in pauperum, et totius reipublicae detrimentum.

(1) d. l. 1 § ult. ff. hoc tit.
(2) l. *Divi Severus* 4 ff hoc tit.; l. *Si mulierem* 8 ff. *Ad leg. Cornel. de sicar.* (48. 8).
(3) l. *Cicero* 39 ff. *De poen.* (48, 19).
(4) Voet in ff. hoc tit. n. 3 in fin.; Thesaur. dec. 12.
(5) *Reg. Constit* lib. 4. tit 34, cap. 4. § 2.
(6) l. *Si quis aliquid* 38 § *qui abortionis* 5 ff. *De poen.* (48. 19).
(7) Anton. Mattheus *De criminibus* lib. 47, tit. 5, cap 1, n. 5.
(8) l. *Annonam* 6 ff. hoc tit.
(9) d. l. 6 in fin. princ.

§ 2816. Qui falsas, et adulterinas stateras habent, oneratae quoque annonae rei habentur, et graviter puniendi dicuntur ex lege Cornelia (1). His adjunguntur saecularii, nempe vetita in sacculo artes exercentes, et partem malis, seu magicis artibus subducunt, partem subtrahunt (2), et similes; quos sigillatim enumerare supervacaneum ducimus, cum ex dictis, et adhuc dicendis facile sciri possit criminum qualitas, et poena delinquenti inde ferenda; maxime quia crimina quaedam extraordinaria in hoc titulo dicuntur, tum alibi ad suam classem inter ordinaria referuntur; puta si quis instrumenta suam prodita esse dicat, crimen extraordinarium hic est (3); alibi inter falsi species recensetur (4).

§ 2817. His quaedam adjungi possunt ex jure municipali, de prohibitione transmigrandi, seu in alienam ditionem transeundi, animo ibi commorandi, non prius obtenta a Principe licentia, aut pecuniam foenori dandi, aut similibus modis extra ditionem impendendi (5); de otiosis, errantibus puniendis (6). Atque tutoribus, curatoribus spectatim vetitum est, ne inducant pupillos, aut minores, ut cum ipsorum consanguineis matrimonia ineant, aut cum aliis sine consensu proximiorum parentum (7).

CAPUT IX.

De publicis criminibus, seu publicis judiciis.

Instit. lib. 4, tit. 18) *De public. judic.*
Digest. lib. 48, tit. 1)

SUMMARIA

§ 2818 *et* 2819. *Crimina publica ea proprie sunt, quibus publica salus laedi videtur. Quo differant a privatis in modo, quo instituuntur et exercentur?* — § 2820. *Judicia publica vel capitalia sunt, vel non capitalia.*

§ 2818. Publica crimina, ait jureconsultus Macer, ea tantum sunt, quae descendunt ex legibus publicorum judiciorum, veluti lege Julia majestatis, aut de adulteriis, Cornelia de sicariis, veneficis et similibus (8): leges autem ea tantum crimina publica fecerunt, quae adversus rempublicam proxime, vel minus proxime committuntur, seu quibus publica salus, et securitas magis laedi videtur. Justinianus

(1) d. l. *Annonam* 6 § 1 ff. hoc tit.
(2) l. *Saccularii* 7 ff. hoc tit.
(3) l. *Sunt praeterea* 8 ff. hoc tit.
(4) l 1 § *is, qui deposita* 6 ff *Ad leg. Cornel. de fals.* (48. 10).
(5) *Reg. Constit* lib. 4, tit. 34, cap. 16, § 1 et seqq.
(6) Ibid. cap. 15, § 1 et seqq.
(7) Ibid cap. 16, § ult.
(8) l. 1 ff. hoc tit.

publica crimina inde dicta tradit, quod cuivis ex populo accusatio permittatur (1).

§ 2819. Publica judicia olim non codem modo instituebantur, et exercebantur, ac privata (2): deinceps vetus ordo in publicis judiciis exercendis in usu esse desiit, atque praefecti, vel praesides coeperunt de criminibus publicis extra ordinem cognoscere, poena ubique legum durante (3): adhuc tamen in pluribus discrepant a privatis publica judicia, puta quod his damnatus infamis fit (4), non illis: judicii publici accusatio vicennio concluditur (5), privati ad indemnitatem consequendam perpetua est (6).

§ 2820. Judicia publica dividuntur in capitalia, et non capitalia. Capitalia dicuntur, quibus infligitur mors naturalis, aut civilis per libertatis, aut civitatis ademptionem: non capitalia sunt, quibus levior poena irrogatur, salva vita, libertate et civitate (7). Plures sunt publicorum judiciorum, seu criminum species; de quibus, servato Pandectarum ordine, nobis agendum est.

SECTIO I.

Ad legem Juliam majestatis.

Instit. lib. 4, tit. 18 *De public. judic.*
Digest. lib. 48, tit. 4) *Ad leg. Jul. majest.*
Cod. lib. 9, tit. 8)

SUMMARIA

§ 2821 *et* 2822. *Majestas divina est, vel humana. Qui censentur laesae divinae majestatis rei?* — § 2823. *Laesae majestatis humanae sunt, qui violant personas supremam majestatem, seu auctoritatem in republica habentes.* — § 2824 *et* 2825. *Quot modis supremae majestatis laedi possit?* — § 2826 *et* 2827. *Perduellionis crimen, seu laesae majestatis in primo gradu quibus modis perpetretur?* — § 2828. *Quid de subdito ratione tantum feudi, vel officii?* — § 2829 *et* 2830. *Perduelles gladio puniuntur adjecta publicatione bonorum, apud nos etiam, quae per fideicommissum restituenda sunt.* — § 2831. *Aes alienum ex bonorum publicatione deducitur.* — § 2832. *Perduellionis crimen morte non extinguitur. An post quinquennium agi possit?* — § 2833. *An bonorum administratio pendente cognitione denegetur, et an dignitas interim retineatur?* — § 2834 *et* 2835. *Mulieres et infames admittuntur ad accusandum in crimine perduellionis. An infamis, vel socius criminis indicium faciat ad quaestionem?* — § 2836. *Perduelles lugeri nequeunt, nec sepulturae dari: nec pro iis intercedi potest.* — § 2837. *Perduellionem filii parentum iniquitatem portant. Quare?* — § 2838 *et* 2839. *Quid si mater perduellionis rea fiat?* — § 2840 *et* 2841. *Filii emancipati, et quocumque tempore nati legis severitate continentur, non vero naturales.* — § 2842 *et* 2843. *Quid de nepotibus et parentibus?* — § 2844. *Imperatori maledicens qua poena coerceatur?*

(1) § 1 Instit. hoc tit.
(2) princ. Instit. hoc tit.
(3) l. *Ordo* 8 ff. hoc tit.
(4) l. *Infamem* 7 ff. hoc tit.
(5) l. *Querela* 12 Cod. *Ad leg. Cornel. de fals.* (9, 22).
(6) l. *Sicut in rem* 3 Cod. *De praescript. XXX vel XL annor.* (7, 39).
(7) § *publicorum* 2 Instit. hoc tit.; l. *Publicorum* 2 ff. hoc tit.

§ 2821. Cum majestas alia divina sit, alia humana, divina quidem altissima, prout non ab Imperatoribus tantum christianis (1), sed ab ipsis ethnicis jureconsultis appellatur (2), crimen hoc distingui ita potest, ut aliud sit divinae, aliud laesae majestatis humanae (3).

§ 2822. Laesae majestatis divinae rei sunt haeretici, apostatae, blasphemi, quorum poena est ultimum supplicium ex Justiniani sanctione (4): nec non apud nos, si blasphemia atrox sit, atque animo deliberato prolata, alioquin careeris, aut triremium (5): atque eidem poenae subjiciuntur, qui sacras Dei, sanctissimae Virginis, aut Sanctorum imagines conculcaverint, corruperint, aut foedaverint (6).

§ 2823. Humanae majestatis laesae rei habentur, qui quomodo laedunt, aut violant supremam majestatem, idest personas, quae supremam auctoritatem habent, quales sunt Principes in statu monarchico, optimates in aristocratico populus in statu democratico. Quia autem diversis modis peccari potest in supremam majestatem, idcirco interpretes post Ulpianum (7) distinguunt crimen laesae majestatis in genere a crimine laesae majestatis in specie, seu in primo gradu, quod perduellionis nomine venit.

§ 2824. Ad tria capita reduci possunt cum Gothofredo (8) crimina adversus majestatem. Primum est laesae salutis, et securitatis, cum hostili animo adversus Principem, aut patriam aliquid committitur; atque vocatur crimen perduellionis, seu laesae majestatis in primo gradu (9). Secundum est laese venerationis, cum violatur obsequium, et veneratio Principi debita dicto, vel facto atroci, non tamen hostili

(1) l. ult. Cod. *De feriis* (3, 12).
(2) l. *Non distinguemus* 32 § *Sacerdotio* 4 ff. *De recept.* (4, 8)
(3) Auth. *Gazaros* post l. 19 Cod. *De haereticis, et manich.* (1, 5).
(4) Novell. 77, cap. 1, § 1 et 2.
(5) *Reg. Constit.* lib 4, tit. 34, cap. 1, § 1, 2 et 3; Thesaur. decis. 241; ubi de judaeo blasphemante, et lib. 1, quaest. 78; ubi expendit quae blasphemia atrox dicatur.
(6) *Reg. Constit.* ibid. § 4.
(7) l. ult. ff. hoc tit.
(8) ad d. l. *Quisquis* 5 Cod. hoc tit.
(9) l. 1 § 1 et l. ult. ff. hoc tit.

animo, puta si quis Principi maledixerit (1), statuas, aut imagines Principis jam dicatas fregerit, corruperit, foedaverit (2).

§ 2825. Tertium laesae majestatis crimen constituunt interpretes in publicae potestatis, seu auctoritatis turbatione; cum quis non hostili animo, sed atroci, et audaci facto usurpat jura, ut ajunt, majestatica, veluti cudendo falsam monetam (3), debitores ab Ecclesia abstrahendo (4), privatos carceres habendo (5).

2826. Crimen perduellionis, seu laesae majestatis in primo gradu diversis modis admittitur; nimirum ab eo, qui moliatur, conspiret, aut aliquid tentet adversus personam, et familiam Principis, ejusque consiliarios, vel rempublicam, aut dolo malo consilium inierit cum hostibus (6); aut cum notitam hujus iniqui consilii habuerit, statim non revelaverit (7); atque ejusdem criminis rei habentur, qui militum delectum fecerint, maxime ut hostibus patriae inserviant, consilium, vel opem deligentibus tulerint; poena etiam triremium ad decennium adversus non revelantes constituta (8).

§ 2827. Sed quid, si adversus Principem aliquid moliatur ille, qui ratione tantum feudi, aut officii Principi huic subest? Privandum quidem feudo, et officio, nec non hunc exilio mulctandum tradunt pragmatici, non tamquam laesae majestatis puniendum (9); non secus ac illum, qui in alieno territorio habitans conjurationem contra Principem suum institutam detexit, qui pecuniaria quidem poena, et exilio mulctari, non tamquam proditor condemnari debet (10).

§ 2828. Non desunt tamen, qui distinguendum putant subditum ratione tantum feudi a subdito ratione officii: posterior subjectio libera est, et magis arcta, adeoque omnimodam fidelitatem debet qui officium suscepit: atque hinc rei laese majestatis in primo gradu apud nos censentur etiam alienigenae, qui adversus Principem aliquid moliantur, tum et in ditione commorantes, qui consilia ineant cum hostibus, aut ineuntibus opem, consilium ferant (11).

§ 2829. Perduelles, seu rei laesae majestatis in primo gradu olim e saxo Tarpejo dejiciebantur: tum ex lege Cornelia, et Julia majestatis aquae et ignis interdictione plectebantur, deinceps humiliores bestiis objiciebantur aut comburebantur, honestiores capite puniebantur (1): posterioribus temporibus gladii poena generatim adversus omnes constituta fuit, adjecta publicatione bonorum (2), poena etiam ad exemplum insuper addita, inspecta criminis atrocitate (3).

§. 2830. Haec autem bonorum publicatio locum habet, contra quam in caeteris delictis (§ 2499), licet adsint liberi perduellis (4): atque apud nos ex hujusmodi crimine publicantur bona fideicommissaria, aut primogenialia, etiam odio extraneorum, qui ad haec vocati; quamvis fideicommissum, ut primogenium ex consensu Principis institutum fuerit, expressim adjecta prohibitione alienationis, ut bona conserventur in familia, et agnatione, quin intersit, an post, an ante legem hanc latam fideicommissa, aut primogenia fuerint instituta (5), quamquam inspecto jure Romano aliud obtineat (6).

§ 2831. Aes tamen alienum, ac proinde dotes uxoris ex bonorum publicatione deduci debent (7); bona enim non intelliguntur, nisi aere alieno deducto (8): atque idem dicendum de donatione propter nuptias, seu augmento dotali, dummodo ante crimen factum sit; ita tamen, ut si mater propter existentiam liberorum solum augmenti usumfructum habeat, proprietate filiis reservata, mater quidem, dum vivit, eo fruatur, post ejus vero mortem ad fiscum perveniat (9). An vero ex confiscatione deduci debeat poena pecuniaria, fisco tamen applicanda, res est ex locorum consuetudine definienda, cum, ex jure communi aliter obtineat (10).

§ 2832. Propter criminis atrocitatem singularia plurima in perduellione recepta sunt; atque in primis crimen hoc morte non extinguitur (11), et memoria rei post mortem damnatur (12): atque in effigie condemnatio executioni mandatur, si perduellis contumax sit (13); nisi tamen quinquennium a die mortis jam

(1) l. unic. Cod. *Si quis Imperator. maledixer.* (9, 7).
(2) l. *Cujusque* 4, § ult.; l. 5 et 6 ff. hoc tit.
(3) l. *Si quis nummos* 2 Cod. *De fal. monet.* (9, 24).
(4) l. *Fideli devotaque* 2 Cod. *De his, qui ad Eccles. confug.* (1, 12).
(5) l. 1 Cod. *De privat. carceribus inhibend.* (9, 5).
(6) l. 1 § 1; et l. seq. ff. hoc tit.; l. *Quisquis* 5 Cod. hoc tit. *Reg. Const*, lib. 4, tit. 34, cap. 2, § 1 et 2.
(7) *Reg. Constit.* ibid. § 3; V. Osasc. decis. 79 et 80.
(8) l. *Lex* 3; et l. seq. ff. hoc tit; Paul. *Receptar. sentent.* lib. 5, tit. 29; *Reg. Constit.* ibid. § 7 et 8.
(9) Fab. Cod. hoc tit. lib. 9. tit. 6, def. 10 et 11.
(10) Ibid. def. 9.
(11) V. *Reg. Constit.* lib. 4. tit. 34. cap. 2, § 1 et 2; V. et § 7, ubi de alienigenis militum delectum facientibus inconsulto Principe; Thesaur. lib. 4, quaest. 68, ubi de subdito vassalli, qui ex ejus mandato molitus est in praejudicium supremi, et directi domini.

(1) Paul. *Receptar. sententiar.* d. lib. 5, tit. 29.
(2) § *publica autem* 3 Instit. hoc tit.; l. *Quisquis* 5 Cod. hoc tit.
(3) *Reg. Constit.* d. lib. 4, tit. 34, cap. 2, § 4 et 5; Fab. Cod. hoc tit. lib. 9, tit. 6, def. 1.
(4) l. *Majestatis* 6 et duab seqq. Cod. hoc tit.
(5) *Reg. Constit.* lib. 4. tit. 34, cap. 2, § 5.
(6) l. *Statius* 48. § 1; ff. *De jure fisci* (49, 14); Fab. Cod. hoc tit. lib. 9, tit. 6, def. 3, in not.
(7) l. *Quisquis* 5 § *uxores* 5, Cod. hoc tit.
(8) l. *Subsignatum* 39 § 1 ff. *De verb. signif.* (50, 16).
(9) d. l. 5 § 5; Fab. Cod. hoc tit. lib. 9, tit. 6, def. 3.
(10) V. Fab. Cod. hoc tit. def. 2.
(11) l. ult. ff. hoc tit.; l. *Majestatis* 6 et seqq. Cod. hoc tit.
(12) § *publica* 3 Inst. hoc tit.; *Reg. Constit.* lib. 4, tit. 34, cap. 2, § 6.
(13) *Reg. Constit.* d. § 6 in fin.

praeterierit (1); tum quia generatim in jure traditur post quinquennium a die mortis de statu defunctorum inquiri non posse (2); tum quia crimen apostasiae, quo divina majestas laeditur (§ 2822), quinquennio extingui tradunt Imperatores (3).

§ 2833. Bonorum administrationem reo laesae majestatis, aut repetundarum accusato, pendente cognitione, adimi (4) supra monuimus, atque simul expendimus, quid dicendum de alienationibus, sive oneroso, sive lucrativo titulo factis a reis (§ 2462 ad 2464): nobilitatem tamen interim, donce condemnatio sequatur, retinere intelligitur (5); quia dignitas cohaeret personae; nec ullum periculum est, licet nobilitas retineatur, quemadmodum contingeret in retenta administratione; sera esset confiscatio post dissipata bona.

§ 2834. Praterea illud singulare est in hoc delicto, quod mulieres, et infames ad accusandum admittuntur (6): non tamen sufficiens indicium ad quaestionem facit unus testis infamis, nisi infamis sit ex eodem delicti genere; si vero ex aliis, admittitur quidem in testem, ut contestium dicta adjuvet: non vero, ut si solus sit, indicium facere videatur, nisi forte accusatus alias ex simili delicto jam fuerit condemnatus (7); cum semel malus semper malus praesumatur in eodem genere delicti (8): atque praesumptio haec in crimine tam atroci facilius admittitur.

§ 2835. Socius quoque criminis in perduellione ad accusandum admittitur (9), non tamen aliter indicium facit ad habendam de accusato quaestionem, quam si non solum jurejurando, sed etiam constanti tormentorum patientia deleat suspicionem falsitatis, quae personis infamibus obstat (10). Plane si testis sit integrae famae, sufficiens facit ad torturam (11); nec ulla dignitas accusatum de hoc crimine a tormentis eximit (12); nec bona fama, si sufficientia adsint incidia (13).

§ 2836. Ad haec vetitum est, ne hoc damnati crimine lugeantur (14), ne cadavera eorum sepulturae concedantur (1): ne quis pro iis intercedat sub poena perpetuae infamiae (2) quam postremam poenam ad illos, qui pro filiis perduellium supplicaverint, porrigendam non putant interpretes, cum lex poenalis de illis concepta non sit.

§ 2837. Immo, cum jure communi poenae suos auctores egredi non debeant (3), hic tamen filii parentum suorum iniquitatem ferunt; cautum quippe, ut a materna, vel avita, atque omnium consanguineorum haereditate excludantur filii perduellis, nec aliquid ex testamento extraneorum capere possint; ex crimine paterno infames sunt, ita ut ad nullos unquam honores, aut munera pervenire possint (4): cujus asperitatis duplex affertur ratio; quia nempe paterni, et haereditarii criminis exempla in filiis metuuntur; atque etiam, ut parentes filiorum charitate moti ab hoc atrocissimo scelere deterreantur: cum autem filiae ob sexus fragilitatem minus ausurae praesumantur, ipsis indultum, ut falcidiam, seu legitimam ex matris haereditate consequi possint (5).

§ 2838. Si mater perduellionis rea fiat, idem jus statuendum aliquibus videtur (6); ita ut liberi ab omni excludantur haereditate, et sola filiabus suppetat legitima in bonis paternis: sed repugnant alii; tum quia lex juris communis terminos egrediens (§ praceed.) de patre delinquente nominatim concepta est (7), adeoque non facile extendenda (8): tum quia deest ratio legis; cum non ita metuantur criminis materni exempla, ac paterni in filiis, quae tamen praecipua ratio est severitatis adversus perduellium filios (9).

§ 2839. Nec movent, quae contra afferuntur, Justinianum uti verbo *quisquis* (10); quod foemininum sexum complectitur (11); hoc enim verbum usurpat Imperator, cum de delinquentis persona, et poenis adversus cum constitutis loquitur; nemo autem inficiatur, quominus mulieres hujus criminis reac fieri possint, et inde iisdem poenis affici: sed cum de filiis loquitur, paternum tantummodo scelus commemorat, non maternum; nec repugnat idem crimen in delinquentibus eodem modo puniri, diverso autem in liberis, cum diversa est ratio (§ praec.).

§ 2840. Potius recipiendum, legis poenam

(1) Voet in ff. hoc tit. n. 6; Fab. Cod. hoc tit. lib. 4, tit. 6, def. 4 in not.
(2) l. 1 et passim ff. *De statu defunctor.* (40, 15).
(3) l. *Si quis defunctus* 2 Cod. *De apostat.* (1, 7).
(4) l. *Majestatis* 6 § 1 Cod. hoc tit.; Fab. Cod. hoc tit. lib. 9, tit. 6, def. 8, n. 1.
(5) Fab. d. def. 8, n. 2, et seqq.
(6) l. *Famosi* 7 princip. et §§ seqq.; ff. hoc. tit., Fab. hoc tit. lib. 9. tit. 6, def. 4. n. 3.
(7) Fab. Cod. hoc tit. def. 6; V. Osasc. decis. 79.
(8) cap. *Semel malus* 8, extra *De reg. jur.* in 6 decretal.
(9) l. *Quisquis* 5 § ult. Cod. hoc tit.; Fab. Cod. hoc tit. lib. 9. tit. 6, d. def. 4. n. 4.
(10) Fab Cod. hoc tit. def. 5.
(11) Ibid. d. def. 4, n. 5.
(12) l. *Si quis alicui* 3, et l. seq. Cod. hoc tit.
(13) Fab. Cod. hoc. tit. def. 7.
(14) l. *Liberorum* 11 § *non solent* 3 ff. *De his, qui notant. infam.* (3, 2).

(1) l. 1 ff. *De cadaverib. punitor.* (48, 24).
(2) l. *Quisquis* 5 § *denique* 2, Cod. hoc tit.
(3) l. *Crimen* 26 ff. *De poen.* (48, 19); l. *Sancimus* 22 Cod. eod. tit. (9. 47).
(4) l. *Quisquis* 5 § 1 Cod. hoc tit.
(5) d. l. 5 § *ad filias* 3.
(6) Voet in ff. hoc tit. n. 8 in fin.
(7) d. l. *Quisquis* 5 § 1 Cod. hoc tit.
(8) l. *Quod vero* 14 et seqq. ff. *De legib.* (1, 3).
(9) d. l. 5 § 1 Cod. hoc tit.
(10) d. l. *Quisquis* 5 in princip. Cod. hoc tit.
(11) l. 1 l. *Pronunciatio* 195 ff. *De verbor. signif.* (50, 16).

afficere liberos etiam emancipatos, sive ante, sive post crimen patratum; quia in omnibus aeque metuenda sunt paterni criminis exempla (1): quae ratio probat, nec distinguendum esse inter filios ante paternum crimen, an postea natos: maxime quia Imperatores unice commemorant filios (2), quorum nomine hi omnes veniunt.

§ 2841. Aliud dicendum de naturalibus filiis; quippequi filiorum nomine proprie non intelliguntur (3); nec tantus subest paterni exempli metus: receptum utique, ut parricidii reus sit pater servus, qui filium suum interemerit, et parricidii poena plectatur (4): sed servi filius vere legitimus est, licet ex Romanorum placitis jura filiorum non habeat. Neque dicatur, ita fieri, ut melior sit in hac re filiorum naturalium conditio, quam legitimorum, etenim filii legitimi quoad successionis jura potiores sunt naturalibus: cum ergo lucrum in aliis sentiant, damnum quoque eos sentire in poena perduellionis aequum est (5).

§ 2842. Nepotes quod attinet, communior, et humanior sententia est negantium sub legis (6) asperitate contineri; quia filiorum appellatione proprie sumpta nepotes non veniunt (7); nec aliter ad ipsos extenditur, quam si ita suadeat justa voluntatis interpretatio (8); quae hic deest, tum quia agitur de lege praeter communes juris regulas poenali (§ 2837); tum quia deest legis ratio: cum non ita facile timenda sint aviti criminis exempla in nepotibus, ac paterni in filiis (d. § 2837).

§ 2843. Parentes filiorum scelere non teneri, omnes fatentur, deest lex: et legis ratio (§ praeced.). Conatum in hac re, licet exitum non habuerit, dummodo externo aliquo actu manifestum sit, aeque puniri, aperte sancitum est (9); atque eadem poena constringi socios, ministros, ac conscios, qui scientiam criminis habentes illud non detexerint; nec non eorum liberos (10), supra innuimus (§ 2826).

§ 2844. Vix monendum, poenas hactenus enumeratas non nisi in crimine perduellionis, seu laesae majestatis in primo gradu obtinere, non in caeteris laesae majestatis speciebus (11): si quis Imperatori maledixerit, gravis utique sceleris reus est; ignoscendum tamen putarunt Imperatores (1). De crimine falsae monetae agemus in titulo ad legem Corneliam de falsis.

(1) d. l. *Quisquis* 5 § 1 Cod. hoc tit.
(2) d. 5 § 1 Cod. hoc tit.
(3) l. *Filium* 6 ff. *De his, qui sui, vel alien. jur. sunt* (1, 6).
(4) l. *Hos accusare* 12 § ult. ff *De accusat.* (48, 2).
(5) l. *Secundum naturam* 10 ff. *De reg. jur.* (50, 17).
(6) d. l. *Quisquis* 5 § 1 Cod. hoc tit.
(7) § ult. Instit. *Qui testament. tutor. dar. poss.* (1, 14).
(8) l. *Filii* 84; l. *Justa interpretatione* 201 ff. *De verb. signif.* (50, 16).
(9) d. l. *Quisquis* 5 in princip. Cod. hoc tit.
(10) d. l. 5 § penult, junct. l. *Decuriones* 16 Cod. *De quaestionib.* (9, 41).
(11) l. ult. in fin. ff. hoc tit.

SECTIO II.

Ad legem Juliam de adulteriis.

Instit. lib. 4, tit. 18 *De public. judic.*
Digest. lib. 48, tit. 5 *Ad leg. Jul. et adult. coercend.*
Cod. lib. 9, tit. 9 *Ad leg. Jul. de adulter. et stupro.*

SUMMARIA

§ 2845. *Quae sint praeter adulterium crimina continentiae adversa? Quid sit adulterium?* — § 2846 et 2847. *Adulterium in nuptam committitur a soluto, vel vicissim.* — § 2348 et 2849. *Quid de sponsa?* — § 2850. *Adulterium jure posteriore apud Romanos morte plectitur in masculis. Quid de mulieribus?* — § 2851 et 2852. *An hodie mulier adultera in monasterium detrudatur?* — § 2853. *Adultera mulier dotem perdit, si vir eam accusaverit.* — § 2854. *Adulterii poena adversus mulierem exasperanda est, si concurrat lenoinium, adversus masculos, si vis intervenerit.* — § 2855. *Divortio locus fit ex adulterio. An liceat adulteram interficere?* — § 2856. *Quibus casibus minuatur adulterii poena?* — § 2857. *Qui possint de adulterio accusare?* — § 2858. *Quibus casibus adulterii poena cesset?* — § 2859. *Fornicatio est concubitus cum foemina inhonesta.* — § 2860. *Quae fuerit apud Romanos fornicationis poena?* — § 2861. *An praestet aliquando tolerare lupanaria publica?* — § 2862 et 2863. *Stuprum proprie committitur in virginem, aut viduam honeste viventem. Quae sit stupri voluntarii et violenti poena?* — § 2864. *An violentia probanda sit ab alegante?* — § 2865. *Accusatio de stupro violento triginta annis durat.* — § 2866 et 2867. *Stupri poenae exasperandae sunt ex circumstantiis personarum, loci et similes.* — § 2868 et 2869. *Quid et quotuplex sit incestus?*

§ 2845. Quamquam lex Julia de adulteriis potissimum concepta est, quia tamen aliae delictorum species, quibus castitas violatur, legibus puniuntur, idcirco de his summatim quaedam dicere opportunum arbitramur: haec autem praeter adulterium sunt fornicatio, stuprum, incestus, et raptus. Adulterium passim definitur violatio alieni thori, nec aliter contrahitur, praeterquamsi utraque, vel alteruter ex delinquentibus legitimo matrimonio junctus sit (2).

§ 2846. Cum autem, ait Ulpianus, de adulterio accusari posse, sive justa uxor fuerit, si-

(1) l. unic. Cod. *Si quis Imperator. maledixerit.* (9, 7).
(2) l. *Inter liberas* 6 § 2 ff. hoc tit; l. *Fugitivus* 225 ff. *De verb. signif.* (50, 16).

ve injusta (1), per injustam uxorem intelligi potest illa, cum qua matrimonium consistere potest, licet minus honeste, aut contra legum sanctionem inito, quod tamen omnino non reprobant; subjicit enim Ulpianus rationem, *quia haec lex ad omnia matrimonia pertinet* (2), porro neque uxor, neque matrimonium intelligitur inter eos, qui contra leges irritantes contrahunt nuptias (3).

§ 2847. Diximus adulterium committi, si alteruter ex delinquentibus matrimonio junctus sit (§ 2745); Romanis quidem olim placuit non nisi per conjunctionem extra nuptias cum nupta adulterium committi; quia per hanc solam turbantur jura sanguinis, partus supponuntur, atque legitimis haeredibus successiones auferuntur (4). Sed ex jure divino (5), et canonico (6), moribus etiam apud protestantes probato, ligati quoque cum soluta adulterium est (7).

§ 2848. Nec interest, quoad adulterium ipsum (licet interesse possit quoad adulteri poenas (8), ut infra dicemus) utrum aliena uxor nobilis sit, an vilis, utrum libera, an ancilla sit, an honesta, an meretricio more vivens; etenim fidem omnes aeque debent, qua rupta thorus alienus violatur (9): nisi forte soluta existimaretur, quae viro juncta erat. Cum aliena sponsa proprie non committitur adulterium, sed stuprum, nec enim uxor dici potest, nec adhuc matrimonium est, cujus integritas violari possit: quamquam lato sensu adulterium dici potest ob spem matrimonii (10): praeterquamquod in lege Julia adulterii, et stupri nomen promiscue sumitur (11).

§ 2849. Immo praeter incontinentiae crimen violatur fides sponsalibus data, atque spes futuri matrimonii, non dubium, quominus stuprum hoc graviore poena coercendum sit, prout jure divino constitutum fuit (12); atque sponsus actione injuriarum uti possit, et quidem jure mariti (13); cum sponsus et sponsa mariti, et uxoris jure censeantur quoad injuriarum actionem (14).

(1) l. *Si uxor* 13 § 1 ff hoc tit.
(2) d. l. 13 § in fin.
(3) § pen. Instit. *De nupt.* (1, 10).
(4) l. *Inter liberos* 6 § 1; l. *Stuprum* 34 princ. et § 1 ff. hoc tit.
(5) Matthaei cap. 19 versic. 6; Marci cap. 10, vers. 11 et 12.
(6) cap. *Transmissae* 4, extra *De ea, qui cognov. consanguineam uxor. suae.*
(7) Voet in ff. hoc tit. n. 7 in fin.
(8) V. l. *Quae adulterium* 29 Cod. hoc tit.
(9) Voet in ff. hoc. tit. n. 8; argum. l. *Si mulier* 35 Cod. hoc tit.
(10) l. *Si uxor* 13 § *divi* 3; junc. § *minor* 8 ff. hod tit.
(11) l. *Inter liberas* 6 § 1 ff. hoc tit.
(12) *Deuteronom.* cap. 22, versic. 23; *Exodi* cap. 22, vers. 16.
(13) d. l. 13 § 8 ff. hoc tit.
(14) l. *Item* 15 § *sponsum* 24; l. *Eum, qui* 18 § penult. et ult. ff. *De injur.* (47, 10).

§ 2850. Quod pertinet ad poenam adulterii, in primis lege Julia per Augustum lata propositam fuisse relegationem in paganis, deportationem in militibus sentiunt eruditi (1); deinde ultimum supplicium tum adultero, tum adulterae, prout tradit Imperator Constantinus (2); et supponunt Imperatores Diocletianus, et Maximianus (3): quamquam auctor legis poenam sanguinis irrogantis ignoratur; Justinianus deinde, firmata adversus masculos poena capitali, foeminas adulteras verberatas in monasterium detrudi jussit, facta marito potestate uxorem intra biennium repetendi; alioquin ibi perpetuo mansuram (4): atque ex incerti nominis lege adulteris verberatis, et tonsis nares abscinduntur: nuncii vero, et ministri hujus criminis verberati, et tonsi in perpetuum relegantur (5).

§ 2851. Sed quid, si monasterium nonnisi honestis, et Deo dicatis virginibus includendis destinatum, nolit mulierem hanc admittere, cum nec cogi possit? Si mariti, vel mulieris facultates sufficiant, censet Faber, exportandam esse mulierem in monasterium alterius provinciae, in quo admittantur mulieres lapsae, cum mariti, mulieris, et reipublicae intersit, mulierem in eo loco custodiae caussa retineri, in quo ad meliorem vitam aliarum exemplo invitari possit (6): quod si neutrius facultates satis idoneae sint, vix aliud remedium superest, si Fabro credimus, nisi ut in carceribus per biennium mariti sumptibus retineatur, postea exilio perpetuo mulctetur (7).

§ 2852. Sed hodie tot sunt monasteria, et collegia mulierum, in quibus recipi possunt delinquentes mulieres, ut ad custodiam carcerum in mariti, et totius familiae dedecus confugi necesse non sit. Quamquam poena haec adversus mulierem adulteras hodie raro executioni mandetur (8), atque adulteria saltem in masculis impunita sint (9); consultius tamen foeminae in exilium mittuntur, vel in monasterium, pro personarum qualitate, et criminis frequentia (10).

§ 2853. Praeterea mulier adultera dotem perdit, nt alibi diximus, si vivens maritus eam accusaverit, cum crimen uxoris notum habe-

(1) Anton. Matthaeus *De criminib.* lib. 48 tit. 3 cap. 2, n. 1.
(2) l. *Quamvis* 30 § 1 Cod. hoc tit.
(3) l. *Transigere* 18 Cod. *De transact.* (2, 4).
(4) Auth. *Sed hodie* post d. l. 30 Cod. hoc tit.; Fab. Cod. hoc tit. lib. 9. tit. 7, def. 2 in princip.
(5) l. ult. Cod. hoc tit.
(6) Fab. Cod. hoc tit. lib. 9. tit. 7, d. def. 2, n. 1 et seqq.
(7) Ibid. d. def. 2, n 10 et seqq.
(8) V. vol II, lib. 2, pag. 82, § 5032.
(9) Fab. Cod. hoc tit. lib. 4, lib. 7, d. def. 2, in notis.
(10) Thesaur. lib. 4, quaest. 13, n. ult. †.

ret, prout scivisse praesumitur (1): non tamen vidua, quae luxuriose vivat etiam intra annum luetus (2): matri, quae propter adulterium dotes amisit, si criminis poeniteat, filius alimenta debet (3).

§ 2854. Quod si praeter adulterium aliud quoque crimen concurrat, cujus coercitio ad publicam vindictam pertineat, poena exasperanda est. et usque ad mortem extendenda: puta si mulier adultera probetur honestatem virginis corrupisse, vel corrumpere voluisse, ex lenocinio quaestum faciens (4): vel masculus vim adhibuerit (5), aut monialem corruperit (6).

§ 2855. Locus quoque divortio fit ex crimine adulterii favore innocentis, prout suo loco diximus (7): atque Romano jure pater filiamfamilias occidere poterat una cum adultero, si eam in ipso actu delinquendi atque in domo sua, aut in domo generi invenisset (8), dummodo adulterum simul, et adulteram interimeret (9): sed marito concessa tantum fuit potestas occidendi adulterum vilem in domo sua deprehensum (10): sed inhumana haec jurisprudentia jamdiu exolevit.

§ 2856. Quemadmodum poena adulteri exasperatur, si aliud crimen annexum sit (§ 2854), ita et minuitur, si adulterium praefectum non sit, vel probabili errore quis innuptam crediderit eam, quae viro juncta erat: non tamen ex denegato debito conjugali, aut adulterio alterius conjugis (11); nulla etenim necessitas sufficiens allegari potest, qua licitum fiat id, quod natura probrum est, nec crimen alio crimine alio crimine vindicari potest: quare respondit Ulpianus, marito non denegari potestatem accusandi mulierem, quae adulterium commiserit, cum apud hostes esset, nisi vim passa sit (12).

§ 2857. Accusare olim de adulterio quivis poterat intra certum tempus (13): hodie soli marito, patri, fratri, patruo, avunculo gradatim conceditur haec accusatio (14): publico tamen accusatori, seu fisci patrono deneganda non est potestas mulierem de adulterio saltem notorio accusandi, si maritus absens sit (1); cum publice intersit, crimina haec extra poenam non esse (§ 2847).

§ 2858. Cessat adulterii poena, si adulter, vel adultera ante condemnationem moriatur (§ 2465): et, quoad dotis, et similium persecutionem (§ 2853), si reconciliatio inter conjuges intervenerit, error, vel vis, cui resisti non potuerit (2); quippe deficiente consensu in crimen, nec existimatio laeditur (3).

§ 2859. Sed satis de adulterio; pauca dicenda sunt de caeteris huic affinibus criminibus. Fornicatio proprie, at stricte sumpta est concubitus cum foemina inhonesta palam sui corporis quaestum faciente: cum foemina, seu virgine, aut vidua honestam vitam ducente stuprum appellatur, ut mox dicemus: quae autem foemina quaestum sui corporis facere videatur. explicat Ulpianus (4): atque simul notat, mulierem quoque, quae sine quaestu palam idest passim se prostituit sine delectu, in eundem censum referri (5).

§ 2860. Fornicatio simplex Romano jure penitus impunita fuit, idest neque pecuniaria poena, neque corporali coercita; sed mulier hujus criminis rea infamis erat (6). Eadem infamia notantur lenones, et laenae, seu qui mulieres quaestuarias prostituunt (7); quorum immo crimen gravius videtur, cum ad delinquendum invitent (8); atque ideo parentes, qui filias invitas prostituunt, patriam potestatem amittunt, atque in exilium mittendi sunt, vel in metallum damnandi (9); nutrici autem, cui puella custodienda a parentibus commissa est, si eandem prostituat, meatus oris, et faucium, quibus iniqua hortamenta protulit, liquentis plumbi ingestione occludendus praescribitur (10).

§ 2861. An vero lupanaria, et prostibula meretricum publice permitenda, seu toleranda sint, ut grava mala vitentur, non consentiunt interpretes: quidam negant, ajentes medelam uni vitio per aliud vitium adhiberi non posse (11): affirmant communius alii; quia ex duobus malis minimum eligi, seu tolerari, aequitas suadeat, nec uni vitio medela per aliud affertur; non enim unum vitium probatur, ut aliud vitetur, sed toleratur tantum: atque alia sunt in republica similia exempla (12); nemo sane

(1) V. vol. I, lib. 2 § 3848 et seqq. pag. 1082; Fab. Cod. hoc tit. 9, tit. 7; d. def. 2 in princip.
(2) d. vol. I, lib. 2, pag. 1082 § 3852 et seqq.
(3) d. vol. I, lib. 2, pag. 1083 § 3857 et seqq.
(4) Fab. Cod. hoc tit. lib. 9, tit. 7, d. def. 2 in fin.
(5) Thes. d. lib. 4, quaest. 13, n. 2 †.
(6) V. Osasc. decis. 103, ubi de praeventionis jure hoc casu agit.
(7) V. vol. I, lib. 1 § 967 et 979.
(8) l. *Patri* 20 et l. seq.; l. *Nec in ea* 22 § 2, et l. seq. ff. eod. tit.
(9) d. l. 23 § ult. ff. hoc tit.
(10) l. *Marito* 24 princ. et §§ seqq. ff hoc tit.
(11) l. *Si uxor* 13 § *judex* 5 ff. hoc tit.
(12) d. l. 13 § *si quis plane* 7.
(13) l. *Mariti* 29 § *hoc quinquennium* 6 et seq.; l. *Quinquennium* 31 ff. hoc tit.
(14) l. *Quamvis adulterii* 30, Cod. hoc tit.

(1) Fab. Cod. hoc tit. lib. 9, tit. 7, def. 4.
(2) l. *Vim passim* 39 ff. hoc tit.
(3) l. *Foedissimam* 20, Cod. hoc tit.
(4) l. *Palam* 43 princip. et §§ seqq. ff. *De ritu nuptiar.* (23, 2).
(5) d. l. 43 § 1 et 3.
(6) d. l. *Palam* 43 § *non solum* 4 et seq. ff. *De ritu nuptiar.* (23, 2)
(7) d. l. 43 § *lenocinium* 6 et seqq.
(8) V. Novell. 14.
(9) l. *Si lenones* 12 Cod. *De episcopal. audient.* (1, 4); l. penult. et ult. Cod. *De spectacul.* (11, 40).
(10) l. 1 Cod. Theodosian. *De raptu virgin.*
(11) Voet in ff. hoc tit. n. 1 prop. fin.
(12) V. Thesaur. lib. 1, quaest. 33; ubi tradit, mulierem, quae corporis sui quaestum facit, e propria domo expellen-

dixerit, permittendum, seu tolerandum non esse, ut homo vulneretur, si alioquin occidendus sit.

§ 2862. Stuprum late sumptum sub se continet etiam adulterium, et alia nefanda crimina: proprie tamen committitur in virginem, et viduam honeste viventem (1). Stuprum dividunt interpretes in voluntarium, et violentum: stupri voluntarii poena est publicatio dimidiae partis bonorum, et infamia in honestioribus, corporalis coercitio cum relegatione in humilioribus (2), nulla facta distinctione masculos inter, et foeminas (3): sed hodie, si Fabro, aliisque credimus, stuprum in viduam volentem extra poenam est (4): repugnant tamen alii, nec immerito.

§ 2863. Gravius sane punitur stuprum violentum; cujus proinde auctor vis publice reus habetur (5); atque ideo deportatione, vel partis bonorum amissione ex legibus Romanis plectendus est (6); sed hodiernis moribus criminis hujus poena mors est, saltem si raptum annexum habeat (7); alioquin damnatio perpetua ad triremes (8), si nullae concurrant circumstantiae aggravantes: immo Senatus, seniore Thesauro teste, stupratorem violentum vilem personam, quae virginem nondum viri potentem vilem quoque cognoverat, ad triremes dumtaxat per decennium condemnavit (9): quamquam poenam mortis in hoc casu irrogandam censet Faber propter vim simul adhibitam (10); qua seclusa, qui virgines nondum puberes corrumpunt, si humiliores sint, in metallum damnantur; si honestiores, releguntur, vel in exilium mittuntur (11).

§ 2864. Sed violentia probanda est; nec facile credendum assertioni mulieris se vim passam asserentis; cum tegendae pudicitiae gratia haec soleant allègari; sed potius adhibenda fides confessioni qualificatae stupratoris, donec aliud constet: nec ex solo mulieris clamore vim illatam satis probari plures sentiunt, quia et ita clamans pugnare possit, tamquam quae vincere non vult (1); puellae tamen permittendum est, ut deferat jusjurandum, juratura, si alius deferre malit (2): quare judex singula personarum, loci, temporis adjuncta serio perpendere debet, atque ex his in singulis facti speciebus statuere.

§ 2865. Plane Romanis placuit, nec immerito, accusationem de stupro vi illato perpetuam esse (3), idest viginti annis durare (4), quae vi seposita, quinquennii spatio concluderetur (5).

§ 2866. Quamquam in hisce casibus vix certa regula statui potest propter pugnantes doctorum sententias, et tribunalium diversam praxim; apud omnes tamen constat, poenam stupri sive voluntarii, sive violenti exasperari propter circumstantias aggravantes ex parte personarum, loci, vel modi: puta si tutor, vel curator puellam sibi creditam corruperit (6): commentariensis mulierem carcere inclusam, adversus quem poena mortis statui potest, licet vis non intercesserit (7); propter violationem loci publici, non ad scelera committenda, sed ad sceleratos continendos destinati; quae ratio probat, durius quoque plectendum reum, qui in carcere constitutus corruperit aliquam ex commentariensis familia, maxime quia timendum est, ne hinc facilitatem evadendi habeat delinquens.

§ 2867. Poenae quoque exasperandae adversus eum, qui mente captam corrumpat, vel qui virginem malo consilio inebriaverit, qui cum vilis sit, illustrem virginem, magistratus, aliusve in potestate constitutus deliquerit (8), si a familiari, vel domestico, si in loco publico crimen perpetratum sit, sed praesentibus consanguineis (9): atque stuprum etiam dumtaxat attentatum in virgines Deo dicatas morte plectitur (10). De civili stupri poena, nimirum ut stuprator puellam ducere, vel dotare teneatur, alibi diximus (11).

§ 2868. Incestus, ut alibi diximus, stricte est matrimonium contractum inter consanguineos; latius sumptum significat illicitam quamcumque conjunctionem inter consanguineos, vel

dam esse, si ita inhoneste vivat, ut scandalo vicinis sit, quamvis forte moretur cum matre honeste vivente, atque in loca hisce mulieribus destinata conjiciendam.

(1) l. *Inter liberas* 6 § 1; l. *Stuprum* 34 § 1 ff. hoc tit.

(2) § *item lex Julia* 4 Instit. hoc tit.

(3) argum. l. *Eum, qui* 18; l. *Foedissimam* 20 Cod. hoc tit.; l. *Mater* 10 § 1, junct. l. *Haec verba* 12 ff. hoc tit.

(4) Fab. Cod. hoc tit. lib. 9. tit. 7, def. 5, n. 1 et seqq.

(5) l. *Mariti* 29 § ult. ff. hoc tit.

(6) § *item lex Julia* 8 Instit. hoc tit.

(7) Fab. Cod. hoc tit. lib. 9, tit. 7, d. def. 5. allegat. 9. Thesaur. lib. 4, quaest. 57, n. 13; V. Voet in ff. hoc tit. n. 2; ubi refert stuprum vi publicae etiam meretrici illatum capitali poena vindicatum fuisse.

(8) Thesaur. ibid. n. 7 †, et decis. 3 in addit. littera *D* †.

(9) Thesaur. decis 148, n. 2 †, et d. lib. 4, quaest. 57, n. 23.

(10) Fab. d. def. 5 n. 6.

(11) l. *Si quis aliquid* 38 § *qui nondum* 3 ff. *De poen.* (48, 19).

(1) Voet in ff. hoc tit. n. 2 prop. fin.

(2) Fab. Cod. hoc tit. lib. 9. tit. 7, def. 6 in princ.

(3) l. *Mariti* 29 § ult. ff. hoc tit

(4) l. *Querela* 12 Cod. *Ad leg Cornel. de fals.* (9. 22).

(5) l. *Qui coetu* 5 ff. *Ad leg. Jul. de vi public.* (48, 6); d. l. 29 § *sex mensium* 5 et seqq. ff. hoc tit.

(6) l. unic. Cod. *Si quis eam, cujus tutor fuit, corruperit* (9. 10).

(7) Fab. Cod. *De custod. reor.* lib. 9. tit. 4. def. 2.

(8) l. 1 in fin. ff. *De extraordinar. criminib.* (47, 11); l. unic. Cod. *De mulier., quae se propr. serv. junxer.* (9. 11).

(9) V. Fab. Cod. hoc tit. lib. 9. tit. 7. def. 3 et 5.

(10) l. *Si quis* 5. Cod. *De Episcopis, et Cleric.* (1,3); Fab. d. def. 3, n. 3; Osasc. decis. 103.

(11) V. vol. I, lib. 1, pag. 437 § 2752 et 2753.

affines (1): duplex est incestus, vel juris gentium, vel juris civilis: jure gentium, committitur inter ascendentes, et descendentes, fratres, et sorores, atque eos, qui per affinitatem parentum, et liberorum loco sunt, puta inter socerum, et nurum: juris civilis incestus inter consanguineos adoptivos (2).

§ 2869. Incestus juris gentium inter ascendentes, et descendentes ultimo supplicio punitur, sive in matrimonio, sive extra illud admissum sit: alius vero levius coercetur, nisi adulterium, aliudve crimen annexum habeat, quo casu etiam morte plecti potest (3). Ex his colligi potest, quid sentiendum de aliis conjunctionibus contra naturam (4): de raptu quaedam dicemus in sequenti capite.

SECTIO III.

Ad legem Juliam de vi publica et privata.

Instit. lib. 4, tit. 18 *De public. judic.*
Digest. lib. 48, tit. 6 *Ad leg. Jul. de vi public.*
Cod. lib. 9, tit. 12 *Ad leg. Jul. de vi public. et privat.*

SUMMARIA

§ 2870 *et* 2871. *Vis publica armis plerumque fit; attamen etiam sine illis fieri potest.* — § 2872. *Quae sit poena vis publicae?* — § 2873. *Usus armorum apud plerasque gentes interdictus non est. Quae apud nos cauta sint?* — § 2874. *Turba potissimum cum armi prohibetur, nisi urgeat publica necessitas.* — § 2875. *Quae sit vis privata, et quae illius poena?*

§ 2870. Quidquid per vim fit, ait Ulpianus, aut in vis publicae, aut in vis privatae crimen incidit (5). Vis publica ex Justiniano ea est, quae cum armis, privata, quae sine armis fit (6): convenientius tamen vis publica dicitur, qua publica utilitas laeditur, privata, qua privatis nocetur: atque hinc vis publica fieri traditur, etiam armis non adhibitis, ab eo, qui impedierit, quominus reus Romae intra certum tempus adsit (7), aut qui nova vectigalia exerceat (8).

§ 2871. Negari tamen non potest, quominus vis publica armis plerumque inferatur: armorum appellatione veniunt non tantum gladii, tela, sed instrumenta omnia, quibus noceri potest (1). Vis autem publicae, ut exempla quaedam post jureconsultos proferamus, rei sunt, qui arma, tela coegerint in urbe, vel villa praeter casum venationis, vel itineris, nisi promercii caussa habeantur (2): quippe cum telo in publico fuerint (3); qui convocatis hominibus villas expugnant; aut cum armis bona rapiunt (4).

§ 2872. Poena vis publicae in hominibus liberis erat aquae, et ignis interdictio, in cujus locum successit deportatio, si cum armis facta fuerit; publicatio tertiae partis bonorum, si sine armis (5): immo et ultimum supplicium; praesertim in humilioribus, si atrocior vis adhibita sit (6), in servis regulariter ultimum supplicium, si absque jussu domini vim publicam admiserint (7): moribus vero plerumque arbitraria est, pro diversa criminis qualitate (8): nec dubium, quominus ad mortem aliquando condemnari possit vis publicae, aut etiam privatae sine armis illatae reus, prout diximus de grassatoribus, et latronibus (§ 2756), vel ad exilium, et bonorum publicationem (9).

§ 2873. Moribus quidem plerarumque gentium usus armorum in universum prohibitus non est, nec eorum retentio; quaedam tamen arma apud nos retineri prohibentur, publicis quibusdam personis exceptis (10); aliorum vero delatio non permittitur, nisi in quibusdam casibus, in quibus propria defensio ita expostulare videtur, et palam deferenda sunt (11).

§ 2874. Praecipue vero turba prohibetur cum armis, nisi publica quaedam necessitas aliud postulet, obtenta prius a judice licentia (12): poena autem gravior, vel levior constituta est pro delictorum diversitate (13); nec tantum in delinquentes, sed et in patres, quibus imputari possit, cur non prospexerint, ne filiifamilias sub potestate constituti, et cum ipsis degentes arma prohibita secum ferant (14), dummodo de delatione constet, prout in caeteris publicis criminibus (15).

§ 2875. Gravissima vis publicae species est raptus mulieris libidinis explendae caussa: sed

(1) V. vol. I, lib. 1 pag. 187 § 1031 ad 1033.
(2) d. vol. I, lib. 1, pag. ibid. § 1034 ad 1037.
(3) V. d. vol. I. lib. 1, pag. 188 § 1039 ad 1042. V. Fab. Cod. hoc tit. lib. 9, tit. 7, def. 1 et Cod. *De poen.* lib. 9, tit. 25, def. 4.
(4) *De crimine Sodomiae* V. l. *Cum vir* 31 Cod. hoc tit.; Thesaur. lib. 3, quaest. 17.
(5) l. *Hoc jure* 152 ff. *De reg. jur.* (50, 17).
(6) § *recuperandae* 6 in fin. Instit. *De interdic.* (4. 15).
(7) l. *Lege Julia* 8 ff. hoc tit.; V. Thesaur. decis. 35, n. 3.
(8) l. ult. ff. hoc tit.

(1) l. *Armatos* 9; l. *Hi, qui aedes* 11 § ff. hoc tit.
(2) l. 1 et 2 ff. hoc tit.
(3) l. *In eadem* 3 § 1 ff. hoc tit.
(4) d. l. 3 § *in eadem* 2 et ult. et l. seq. ff. hoc tit.
(5) § *item lex Julia* 8 Instit. hoc tit.; l. *Qui dolo* 10 § ult. ff. hoc tit.
(6) l. *Hi, qui aedes* 11 ff. hoc tit.; l. *Quoniam multo* 6 Cod. hoc tit.
(7) l. *Servos* 8, Cod. hoc tit.
(8) Fab. Cod. hoc tit. lib. 9, tit. 8, def. 1 in not.
(9) Osasc. decis. 105.
(10) *Reg. Const.* lib. 4, tit. 34, cap. 13 § 3, 4, 5, 6, 7, 10, 11, 12 et 13.
(11) Ibid. § 1 et 2.
(12) Ibid. § 8 et 9.
(13) Ibid. § 15, 16 et 17.
(14) Ibid. § 18.
(15) Ibid. § 14.

de hoc alibi diximus (1). Vis privata, prout supra diximus (§ 2871), plerumque sine armis infertur, ejusque plurima sunt exempla: committitur enim ab eo, qui aliquid ex naufragio rapuerit (2); qui bona debitoris sine judicis auctoritate occupaverit (3): atque etiam ab apparitore, qui mandatum judicis evidenter nullum executus sit, puta in alieno territorio (4): et similibus casibus: quos recensere supervacaneum est, cum ex dictis facile intelligi possint. Poena autem vis privatae hodie extraordinaria est, judicis arbitrio relicta (5), prout de vi publica servatur (§ 2872).

SECTIO IV.

Ad legem Corneliam de sicariis et veneficis.

Instit. lib. 4, tit. 18 *De public. judic.*
Digest. lib. 48, tit. 8 *Ad leg. Cornel. de sicar. et venefic.*
Cod. lib. 9, tit. 16 *Ad leg. Cornel. de sicar.*

SUMMARIA

§ 2876. *Qui proprie dicantur sicarii?* — § 2877. *An occidere quis voluerit, an dumtaxat vulnerare, ex instrumentis adhibitis dignosci potest.* — § 2878. *Homicidii reus est, qui morti caussam quomodocumque dedit.* — § 2879. *Quid de mandante et consulente?* — § 2880. *Quid si homo uno ictu occisus sit ab uno ex pluribus?* — § 2881 *et* 2882. *An mandans hominem vulnerari, occidi prohibens, de secuto homicidio teneatur?* — § 2883 *et* 2884. *Occidendi propositum ex jure Romano sufficit, ut quis reus fiat homicidii. An idem obtineat jure municipali?* — § 2885. *Quid de eo, qui animo praemeditato globulum igneum exploserit in alium ejus occidendi caussa?* — § 2886. *Homicidii crimen contrahitur ab eo, qui unum pro alio occiderit.* — § 2887. *Quid si moriatur ille, propterquam vulneratum delinquens punitus fuit?* — § 2888. *Quae sit homicidii poena?* — § 2889 *et* 2890. *Quid si plures simul hominem occiderint?* — § 2891. *Poena legis Corneliae remittitur, si homicidium sine dolo paratum sit, aut aliquam habeat excusationem, vel plene probatum non sit. Quid si socius socium revelet?* — § 2892. *Duellum qua poena coerceatur?* — § 2893. *Quid de furiosis, minoribus et impuberibus?* — § 2894 *et* 2895. *Occidens ad sui defensionem: servato necessario moderamine, a poena immunis est.* — § 2896 *et* 2897. *Occidere licet ad necessariam proximi defensionem: non tamen innoxium, quo invasor se protegit.* — § 2898 *et* 2899. *Invasus invasorem occidere potest, licet nondum laesus sit. Quid de eo, qui prior injuriam intulit?* — § 2900. *Moderamen inculpatae tutaele servatum fuisse, an allegans probare debeat?* — § 2901. *Quid si moderamen hoc occidens aliquantulum excesserit?* — § 2902. *Homicidium a famosis latronibus patratum gravius punitur. Quid de assassinio?* — § 2903. *Quid de homicidio infantis, mulieris praegnantis, aut patrati in loco sacro, vel domo occisi?* — § 2904. *Venefici morte puniuntur, licet effectus secutus non sit.* — § 2905. *Quid de maleficis, seu artem magicam profitentibus?* — § 2906 *et* 2907. *Suicidium naturalis lex reprobat.* — § 2908 *et* 2909. *Quid de homicidio sui ipsius apud nos cautum sit.* — § 2910. *Quid si suicidium tentatum dumtaxat sit?*

§ 2876. Sicae, aut teli nomine ex Justiniano venit omne armorum genus, quibus homo occidi potest (1), quemadmodum tigni nomine continetur omnis materia, ex qua constant aedilia (2). Hinc sicarii proprie dicti sunt, qui tales homines occidunt, quamquam, quia parum interest, quibus modis homo perimatur, idcirco lege Cornelia de sicariis tenentur, quicumque, et quibusvis modis homines interficiunt (3).

§ 2877. Nihil ergo interest, quo modo interemptus sit homo, an telo, an lapide, an baculo, an pugnis (§ praeced.), si certo constet adfuisse occidendi animum: sed interesse potest, ut cognoscatur aliquando delinquentis propositum, an occidere, an tantum vulnerare voluerit, quo quis instrumento usus sit: si gladium strinxerit, eoque percusserit, omnino praesumitur occidendi animus; sin baculo, vel lapide, occidendi propositum non intelligitur (4): cum deest occidendi animus, licet homo occisus sit, poena ordinaria homicidii remittitur (5).

§ 2878. Nihil etiam interest, utrum quis hominem per se occiderit, an morti caussam dederit, puta naufragos suppresserit, et dolo malo fecerit, quominus ipsis periclitantibus ops feretur: vel falsum testimonium dixerit dolo malo, ex quo quis morte damnatus fuit (6); quive cum prohibere, seu impedire posset, et deberet, non tamen impedit, quominus homo necaretur, puta si miles praepositum suum ad necem impetitum non defenderit (7): nec non qui ho-

(1) V. vol. I, lib. 1, pag. 152, § 788 et seqq.
(2) l. 1 § 1 ff. *Ad leg. Jul. de vi privat.* (48, 7).
(3) l. penult. et ult. ff. eod. tit.
(4) Fab. Cod. hoc tit. lib. 9, tit 8, def. 1.
(5) Fab. d. def. 1 in not.; Voet in ff. lib. 48, tit. 7, n. 2.

(1) § *item lex Cornelia* 5 Instit. hoc tit.
(2) l. 1 § ff. *De tigno juncto* (47, 3).
(3) l. 1 princip. §§ seqq. et passim ff. hoc tit.; V. Thes. lib. 2, quaest. 35, ubi probat, homicidii poenis subjici, qui Judeum, aut Paganum interfecerit.
(4) l. 1 § *divus* 3 ff. hoc tit. l. *Omne delictum* 6 § *si quis* 6 ff. *De re militar.* (49, 16).
(5) l. 1 Cod. hoc tit.; Fab. Cod. hoc tit. lib. 9, tit. 10 def. 6.
(6) l. *Ejusdem* 3 § *item is* 4 ff. hoc tit.
(7) d. l. *Omne delictum* 6 § pen. et ult. ff. *De re militar.* (49, 16).

minem ita inclusit, aut abjecit, ut fame periret (1); matres vero, quae infantes exponunt, gravius, vel levius puniuntur, ratione habita loci, in quo exposuerint, et periculi, ne expositus infans periret (2).

§ 2879. Mandans homicidium in poenam legis Corneliae incidit, cum caussam vere det (3); atque idem dicendum de consulente, si, consilio seposito, alter occisurus non fuisset: si autem jam occidere volentem instigaverit, de homicidio, quod sine consilio secuturum erat, non tenetur, quamquam poenam extraordinariam ferre debet, non secus ac ille, qui neci consensit (4); aut homicidium ratum habuit.

§ 2880. Sed quid dicendum, si quis ab uno ex pluribus globulo ictus, atque occisus sit, nec certo constet, a quo? Poenae quoque extraordinariae in hoc locum fieri tradit Faber (5); ordinaria infligi non potest, cum de homicidio ab uno admisso plene non constet: quamdam tamen poenam sustinere debet ille, qui rei illicitae vacans homicidio saltem occasionem dedit (6).

§ 2881. Qui, cum animum tantum vulnerandi haberet, et telo potius ad vulnerandum, quam ad occidendum apto hminem occidit, nonnisi de vulnerato homine tenetur (§ 2877): disputant interpretes, an idem dicendum sit de mandante, nimirum an de homicidio teneatur, si mandatarius, mandati fines per nequitiam, aut stultitiam egressus, occiderit. Affirmant aliqui; negant alii, et rectius, si modo certo constet de hoc praeciso mandato; tum quia mandantis deterior conditio non est, quam propria manu exequentis, qui tamen in legem Corneliam non incidit (d. § 2877); tum quia mandanti ex generalibus juris regulis non imputantur, quae mandatarius ultra mandati fines gessit (7); tum quia occidendi propositum requiritur ad hoc, ut quis lege Cornelia de sicariis teneatur (8): occidendi autem propositum non habet, qui expressim prohibet mandanti, ne occidat.

§ 2882. Neque objiciatur, mandantem, cum rem periculosam mandaret, occidendi periculum praevidere debuisse; adeoque ipsi imputandum esse homicidium inde secutum; haec enim ratio tantum probat, mandantem in culpa esse, adeoque poena extraordinaria plectendum pro periculi, et casus gravitate; non vero in dolo; quem tamen lex Cornelia requirit (1); prout demonstrat Paulus exemplo ejus, qui se e saxo praecipitaverit, et super alium venerit, cumque occiderit; putatoris, qui cum ramum ex arbore dejecerit, non proclamaverit, et praetereuntem interfecerit (2).

§ 2883. Ad haec leges Romanae non requirunt, ut caedes secuta sit, sed sufficit occidendi propositum externo aliquo actu manifestatum, puta si quis cum telo ambulaverit, hominis occidendi caussa (3); vel occidendi animo vulneraverit (4): moribus tamen poenam ordinariam in his casibus cessare plures defendunt (5).

§ 2884. Jure, quo utimur, qui ex deliberato animi proposito, quin proxime, et recenter praecesserit aliqua caussa, hominem aggreditur occidendi proposito, et omnem conatum adhibet, ut consilium suum executioni mandet, homicidii reus habetur, et tamquam homicida puniendus est, licet effectus secutus non sit, aut etiam alium pro alio occiderit, dummodo de tali animi proposito constet ex confessione rei, vel aliis legitimis probationibus, aut indiciis (6).

§ 2885. Eadem mortis poena plectitur, qui animo deliberato, quin ulla praecesserit proxima indignationis caussa, ictum globi ab ignea ballista exploserit adversus aliquem, etiam sine ejus laesione; aut quibuscumque aliis armis ignis alium laeserit: quod si haec tantum tentaverit, ad perpetuos triremes damnatur (7), poena adversus minores imminuta (8).

§ 2886. Ex his patet, poenae legis Corneliae locum fieri, sive quis occidat illum, quem perimere destinaverat, sive alium; sive erret in persona, putans Sempronium esse, cujus occidendi animum habebat, cum Titius esset; sive ictus adversus Sempronium directus, et ab eo declinatus Sempronium in proximo stantem interfecerit, sive occidatur ille, qui caedis impediendae caussa se se medium posuerat inter aggressorem, et impetitum (9), saltem si deliberato animi proposito, et sine praevia proxima caussa alterum aggressus sit (10): etenim lex Cornelia unice requirit propositum occidendi (§ 2883); atque sufficere debet, cum homicidium vere secutum est.

§ 2887. Neque homicidii poenam vitat, qui

(1) l. *Necare videtur* 4 ff. *De agnoscend. et alend. liber.* (25. 3).
(2) *Reg. Const.* lib. 4, tit. 34, cap. 4 § 4.
(3) l. *Nihil interest* 15 ff. hoc tit.
(4) Fab. Cod. hoc tit. lib. 9, tit. 10 def. 4; Thes. lib. 1, quaest. 46, n. 3 et 4 †.
(5) Fab. Cod. hoc tit. lib. 9, tit. 10, def. 6.
(6) V. infra § 2859 et seqq.
(7) l. *Diligenter* 5 princip. et §§ seqq. ff. *Mandati* (17. 1)
(8) l. 1 princip., §§ seqq. ff. hoc tit.

(1) d. l. 1 prin., et § seqq. ff. hoc tit.
(2) l. *In lege* 7 ff. hoc tit.
(3) l. 1 princip. ff. hoc tit.; l. *Is, qui* 7 Cod. hoc tit. § *item lex Cornelia* 5 Instit. hoc tit.
(4) l. 1 § *divus* 3 ff hoc tit.
(5) V. Anton. Mattheum *De criminib.* lib. 48, tit. 5, cap. 3, n. 11.
(6) *Reg. Constit.* lib. 4, tit. 34. cap. 7 § 1.
(7) Ibid. § 2.
(8) Ibid. § 3.
(9) argum. l. *Eum, qui* 18, § *si injuria* 3 ff. *De injur.* (47. 10).
(10) *Reg. Constit.* d. lib. 4, tit. 34, cap. 7, § 1 in fin.; V. tamen Thesaur. decis. 243 in corp. et in not.; ubi levius hunc puniendum putat.

imprimis ad poenam leviorem condemnatus sit, tamquam vulnerator, si deinde homo vulneratus ex vulnere perierit, atque vulnerans occidendi animum habuerit (1), ut superius de lege Aquilia agentes innuimus (§ 2774); licet enim unum delictum sit, duplicem tamen habet rationem, vulnerantis nimirum, et occidentis: nec ideo duplicem poenam reus subit, sed unam tantum tamquam homicida. An vero vulnus lethale sit, nec ne, peritorum judicio definiendum est (§ 2532); lethale autem vulnus non praesumitur ex communi sententia, si vulneratus nonnisi post quadraginta dies ab accepto vulnere decesserit, atque ex die illati vulneris aliquando melius habuerit, quae tamen praesumptio contrariis indiciis elidi potest (2).

§ 2888. Poena adversus homicidas olim erat deportatio cum publicatione bonorum omnium in honestioribus, ultimum supplicium in humilioribus (3); sed deinceps capitis poena omnibus constituta est (4); aequum merito visum est, gladio perire eum, qui gladio peremit (5), prout etiam jure divino cautum est (6): atque apud nos firmatum in homicidio sponte extra rixam patrato (§ 2884). Plane homicida consanguineis occisi indemnitatem praestare debet (§ 2780).

§ 2889. Si plures simul unum hominem interemerint, omnes poenam legis Corneliae subeunt; puta si piures simul vulneraverint, atque is ex vulneribus mortuus sit; vel si unus caedem mandaverit, alter executus sit: nec poena corporalis ab uno lata alios liberat, cum singuli deliquerint (7). Sed si ab uno occisum constet, ignoretur tamen a quo, distinguendum est, an plures praemeditato consilio in necem alicujus conspiraverint, atque simul aggressi uno tantum vulnere lethali interemerint, an sine praemeditato consilio mors contigerit, puta in rixa, aliave occasione.

§ 2890. In prima specie omnes, et singuli tamquam homicidae considerari debent, adeoque poenis legis Corneliae subjici (8); tum quia omnes animum occidendi habuerunt, quod sufficit (§ 2884), etiam apud nos in hoc casu (§ 2483); tum quia omnes caedem ab uno factam ope adjuverunt; atque ab uno tantum aggressus forte se defendere potuisset, et aggredientes repellere. In altera specie extraordinaria singuli poena afficiendi sunt, non ordinaria (1), cum de homicida certo non constet (§ 2880); nec vulnerati morientis assertio, qua dicat, se ab uno ex pluribus aggressoribus vulneratum fuisse, fidem facit, si aliis probationibus destituta sit (2).

§ 2891. Aliis quoque casibus ordinariae legis poenae adversus homicidas remittuntur, si nempe dolus malus non probetur, sed culpa tantum (3): si quis gravi dolore, qui non facile possit statim frenari, deliquerit, puta maritus uxorem in adulterium deprehensam occiderit (4); vel in aliis similibus casibus (5); cum ira, potissimum si justa, vel probabilis sit, animi consensum minuat, atque ideo mitiori poenae locum facit (§ 2439): qua in re prudens versatus judicis arbitrium, perpensa irae caussa, et rixae auctore, si in rixa perpetratum fuerit homicidium (6): idem dicendum, si homicidium plene probatum non sit: probatum autem vix plerumque censetur ex sanguine profluente e vulneribus occisi, adstante inquisito, vel suspecto (7): si socius socium revelet, ille absolvendus videtur (8).

§ 2892. Quod pertinet ad provocantes, et provocatos ad duellum procedentes, quidquid aliquando placuerit, hodie passim ultimi supplicii poena adversus eos constituta est, maxime si homicidium secutum fuerit (9): prout jure quoque municipali cautum est, addita etiam poena publicationis bonorum (10); non in auctores tantum, sed etiam in opem, aut consilium quocumque modo dantes, aut operam praebentes (11).

§ 2893. Furiosi, si in furore occiderint, a poena immunes sunt, sed tantum includendi (12); ne imposterum alios laedant, prout jam expendimus, et simul diximus, quid agendum, si post patratum crimen in furorem inciderant (§ 2437). Ebrii extraordinariam poenam subeunt (§ 2438); si tamen ebrius satis mentis compos adhuc fuerit, ut intelligeret, quod agebat, et cavere posset, ordinariam poenam ferre debet (13); quia dolo fecisse videtur. Minores annis vigintiquin-

(1) Fab. Cod. hoc tit. lib. 9. tit. 1 ? def. 10.

(2) Fab. Cod. *De testib.* lib. 4, tit. 15. def. 64; Voet in ff. hoc tit. n. 4 in fin.

(3) l. *Ejusdem* 3 § penult; l. penult. ff. hoc tit.

(4) § *item lex* 5 Instit. hoc tit.

(5) l. *Nemo deinceps* 3 Cod. *De episcopal. audient.* (1, 4).

(6) Genes. cap. 9. versic. 6, Exod. cap. 21. versic. 21 et 14; Levit. cap. 24, versic. 17, Matthaei cap. 26, versic. 52.

(7) argum. l. *Item Mella* 11 § 1 et 2 ff. *Ad leg. Aquil.* (9. 2).

(8) argum. l. 1 princip. et § *divus* 3 ff. hoc tit; Thes. decis. 31, n. 4 † et in addit. littera *A* †.

(1) Thes. ibid. n. 5 †, et in addit. littera *B* †, et lib. 3, quaest. 69, n. 3 †.

(2) l. *Si quis in gravi* 3 § 1 ff. *De Senatusc. Silaniano* (29, 5).

(3) l. 1 princip. et §§ seqq. ff. hoc tit; Osasc. decis. 104.

(4) l. *Si adulterium* 38 § *imperator* 8 ff. *Ad leg. Jul. de adulter.* (48. 5).

(5) l. *Perspiciendum* 11 § *delinquitur* 2 ff. *De poen.* (48, 19); Thesaur. lib. 3, quaest. 13 in princ. et n. seqq. et quaest 46, ubi de metu allegato, non tamen probato.

(6) V. Thesaur. decis. 178

(7) Ibid. decis. 173.

(8) auth. *novo jure* Cod. *De poen. judic. etc.* (7, 49); Thesaur. lib. 3, quaest. 57, n. 6 †.

(9) Voet in ff. hoc tit. n. 9 in fin.

(10) V. *Reg. Constit.* lib. 4, tit. 34, cap. 5, § 1, 3 et 4.

(11) Ibid. § 5.

(12) Fab Cod. hoc tit. lib. 9, tit. 10, def. 1 et 7 n. 3 et seqq.

(13) Ibid. def. 7 in princ.

que, sed majores viginti ordinariae legis Corneliae poenae subjici debent, cum homicidium inter graviora crimina recenseatur; caeteri infra hanc aetatem constituti pro diversis adjunctis levius, vel gravius puniuntur (§ 2436): quamquam et ipsi impuberes proximi pubertati doli capaces esse possunt; ita ut ordinariam poenam mereantur, nisi Princeps eam remiserit (1).

§ 2894. Qui ad sui defensionem occidit, servato moderamine inculpatae tutelae, a culpa, adeoque et a poena excusatur (§ 2786): criminis tamen venia moribus a Principe impetranda est, quam Princeps denegare non potest, cum justitiae potius sit, quam gratiae (2): non tamen licet occidere ad defensionem honoris, aut honorum, prout perperam tradunt aliqui (3); tum quia honor aliter conservari potest; tum quia vita hominis longe pretiosior est, quam honor et bona.

§ 2795. Atque hinc Romani ipsi jureconsulti furem utique nocturnum occidere sinunt, quia ignoratur, an ad furandum, an ad occidendum venerit, adjecta etiam conditione, *si parcere ei sine periculo suo non potuit dominus* (4), atque, ut id prius cum clamore testificetur (5): diurnum vero non aliter, quam si se telo defendat, ut tamen aeque cum clamore testificetur, qui eum occidere vult (6): atque ita etiam vetere divino jure cautum invenitur: *si effringens fur domum, sive effodiens fuerit inventus, et accepto vulnere mortuus fuerit, percussor non erit reus sanguinis: quod si orto sole hoc fecerit, homicidium perpetravit.* Verba sunt Exodi (7): ex quibus patet, non posse quem occidi ad defensionem bonorum, sed tantum ad defensionem vitae: quamquam licet furem percutere, gravius, vel levius vulnerare pro rei gravitate, seu secluso occisionis periculo; bona alicujus momenti praeferri possunt dolori furis, qui plagas ex malitia sua quaerit; praeterquamquod alioquin nimis audaces evaderent fures.

§ 2896. Non tantum ad defensionem sui ipsius, sed etiam proximi licet injustum invasorem occidere (8); ita fert praeceptum charitatis, qua jubemur deligere proximum sicut nosmetipsos (9): immo occidi debere plerique sentiunt, si invasus sit pater, mater, filius, Princeps aut magistratus; atque e converso occidere non licet aggressorem, qui pater sit, filius, aut in publico insigni officio constitutus: ita ferente in utroque charitatis ordine.

§ 2897. Dubitari potest, an licitum sit homicidium tertii, quo invasor se protegit, si invasus aliter vitam suam defendere nequeat. Sed plerique negant: *illum .... solum, qui vim infert, ferire conceditur*, ait Paulus (1): vim utique vi repellere jura sinunt (2): non tamen innocentem perimere, qui nullum vim infert.

§ 2898. Necesse autem non est ad moderamen inculpatae tutelae, ut invasus primum laesus fuerit; sufficit imminens vitae discrimen; alioquin facile inutilis esset sera defensio: hinc furem nocturnum et diurnum telo se defendentem occidere licet (§ 2895): atque ex jure communi non videtur injuria occidisse, qui alium se ferro petentem interfecerit (3).

§ 2899. Sed quid dicendum de eo, qui prior injuriam verbis intulerit, tum ab injuriam passo periculum vitae subeat, cumque occidat? Si aliter sui necem vitare non potuit, ab ordinaria homicidii poena absolvendus est; nec enim mortem ferre tenetur privata laesi auctoritate propter verbales injurias: quia tamen morti caussam culpa sua praebuit, extra ordinem puniendus est, puta carcere ad tempus, vel exilio (4): atque idem dicendum videtur de eo, qui alterum prius armis aggressus est; tum desistens, vel fugiens ab adversario ita redactus est, ut vitam suam nonnisi per adversarii mortem servare queat (5).

§ 2900. In dubio, utrum homicida modum servaverit, seu moderamen inculpatae tutelae, quidam existimant, pro moderamine praesumendum esse, donec contrarium probetur saltem si occidens ipse occisum aggressus non fuerit (6): atque ad fovendam hanc praesumptionem sufficere leviores probationes: puta assertionem consanguineorum, domesticorum, vel unius testis (7), ea moti ratione, quod unusquisque bonus in dubio credatur (8): alii contra sentiunt, atque occidenti probandi moderaminis, necessitatem incumbere volunt; quia actui per se illicito operam dederit; adeoque contra ipsum stet praesumptio, donec exceptionem demonstret (9). Quaestio haec ex adjunctis personarum et rerum definienda videtur.

§ 2901. Quod si quis moderamen inculpatae tutelae aliquantulum excesserit, pro culpae modo gravius, vel levius extra ordinem puniri quidem debet, cum in culpa sit, non tamen

(1) Fab. Cod. hoc tit. lib. 9. tit. 10, def. 2; V. Thesaur. de is. 161.
(2) Fab. Cod. hoc tit. def 5.
(3) Ibid. d. def. 5 in not. ubi plura congerit ex Julio Claro aequitati parum consentanea.
(4) l. *Furem nocturnum* 9 ff. hoc tit.
(5) l. *Itaque* 4 § 1 ff. *Ad leg. Aquil.* (9, 2).
(6) d. l. 4 § 1 in fin.
(7) Exodi cap. 22.
(8) argum. l. 1 § pen. ff. hoc tit.
(9) Matthei cap. 19, vers. 19.

(1) l. *Scientiam* 45 § penult. ff. *Ad. leg. Aquil.* (9, 2).
(2) l. *Ut vix* 3 ff. *De justit., et jur.* (1, 1).
(3) l. *Sed et, si* 5 ff. *Ad leg. Aquil.* (9. 2); V. et l. *Si quis percussorem* 3 Cod. hoc tit.
(4) argum. l. *Lege* 4 § 1 ff. hoc tit.
(5) Farinac. quaest. 125, n. 118.
(6) V. vol. III, lib 4. pag 350 § 869 et seqq.
(7) Farinac. d. quaest. 125, n 422 et seqq.
(8) l. *Merito* 51 ff *Pro socio* (17, 2).
(9) argum. l. *In exceptionibus* 19 ff. *De probat.* (22, 3).

ordinaria legis Corneliae poena, cum desit dolus ad eam requisitus (1). Plane homicidium casu secutum, nulla praecedente culpa impunitum est (2).

§ 2902. Quidam sunt ex adverso casus, de quibus homicidii poena exasperanda est, ita ut severiore supplicii genere homicida e vivis tollatur: puta homicidium a famosis latronibus perpetratum, nec non ab assassinis, ut vocant, seu illis, qui pretio homicidia vendere solent (3): atque in assassinatus crimine singularia, ait Faber, haec sunt, ut ex indiciis probari possit, licet, in aliis criminibus regulariter plenae probationes desiderentur, propter difficultatem probationis: item, ut quamvis non constet de corpore mortuo, possit tamen reus ex sola sua confessione condemnari, si etiam in tormentis confessus sit, se hominem occidisse, et in mare, aut fluvium projecisse: cum tamen in caeteris criminibus inprimis constare debeat de corpore mortuo (4): immo putant aliqui, conatum in hoc crimine aeque puniendum, licet effectus secutus non sit (5): prout et crimen militis, qui praeposito suo per injuriam gravem manus intulerit, tametsi non occiderit, quia periculosi admodum exempli res est (6).

§ 2903. Exasperanda quoque, seu durioris mortis genus constituendum adversus eum, qui infantem nullius injuriae capacem crudeliter interfecerit; aut mulierem praegnantem: aut qui in loco publico, vel sacro homicidium patraverit, aut hominem in domo sua, quae tutissimum cuique refugium est, interemerit (7).

§ 2904. Non tantum ad sicarios, seu qui telis, aliave vi adhibita homines occidunt, pertinet lex Cornelia, sed etiam ad veneficos, seu venenarios, qui nempe veneno homines necant, vel venena mala publice vendunt, aut his quoquo modo opem ferunt (8): atque poena mortis huic crimini constituta est, licet effectus secutus non fuerit (9); quae autem inter venena computari debeant, a quibus haec retineri, quibusve vendi possint, sigillatim dispositum est jure municipali (10).

§ 2905. Praeterea lege Cornelia puniuntur, qui artes magicas exercent: *magicae artis conscios*, ait Paulus de lege Cornelia disserens, *summo supplicio affici placuit, idest, bestiis objici, aut cruci suffigi: ipsi autem magis vivi exuruntur* (1): libri magicae artis comburi debent, atque in insulam deportantur honestiores, qui tales libros retinent, capite plectuntur humiliores (2): ex Principum autem Christianorum sanctionibus magicam artem exercentes vivi comburuntur, non secus ac eandem discentes (3), si modo in detrimentum salutis, vel ad labefactandam pudicitiam haec fiant; alioquin mitiori poenae locus fit, aut etiam nulli, si innocenter adhibeantur quaedam remedia humanis corporibus, licet per rerum naturam non satis apta (4). Astrologi, et temerarii divinatores eidem, ac malefici, poenae subjiciuntur (5).

§ 2906. Huc quoque pertinent, qui se ipsos occidunt: atque Romanis distinguere placuit inter eos, qui taedio vitae, impatientia doloris, vel jactantia, ab aliis, qui ex sceleris conscientia mortem sibi conscivissent. Priores extra poenam erant, si vitam sibi eripere tentassent, nec perfecissent, non vero posteriores (6): quod si ex facto suo vitam sibimetipsis eripuissent, priorum bona ad legitimos, vel testamentarios haeredes perveniebant, posteriorum fisco vindicabantur (7).

§ 2907. Sed haec ethnicorum jurisprudentia, utpote rationi adversa, Christianis nunquam placuit; nec enim liberum est cuique vitam sibi eripere, quam a Deo optimo maximo consecutus est; atque ipsi Romani jurisprudentes exceptionem admiserunt in militibus, quos ignominiose mittendos censuerunt (8); quasi peccantes in eo, quod contra sacramenti vinculum se militiae subducere voluerint per voluntariam mortem, atque in servis, qui ita dominorum potestati se subducere tentaverint (9).

§ 2908. Hinc regio jure, si quis mentis compos se ipsum occidat, criminalis caussa adversus ejus memoriam instituitur, cadaver furcae affigitur, vel ejus effigies, si cadaver haberi nequeat; atque insuper ob alia crimina, quae forte prius admiserit, ad exemplum puniri, ejusque

(1) l. *In lege* 7 ff. hoc tit.
(2) l. *Sancimus* 22 Cod. *De poen.* (9. 47).
(3) Fab. Cod. hoc tit. lib. 9, tit. 10 in not.
(4) Ibid. d. def. 10 in corp.
(5) Ibid. d def. 10 in not.
(6) Ibid. def. 11.
(7) V. de his, et similibus Carpzovium *Practic. Criminal.* quaest. 24.
(8) § *item lex Cornelia* 5 Instit. hoc tit.; l. *Ejusdem* 3 princ. et §§ seqq. ff. hoc tit.; *Reg. Constit.* lib. 4. tit. 34, cap. 7. § 5.
(9) l. 1 Cod *De malefic., et mathematic.* (9. 18); *Reg. Constit.* d. § 4 et 5.
(10) *Reg. Constit.* ibid. § 6 et seqq.

(1) Paul. *Receptar. sententiar.* lib. 5, tit. 23 § *magicae* 11; V. Fab. Cod. *De malefic. etc.* lib. 9, tit. 12, def. 1, 2 et 3, quibus probat, mulierem sortilegii ex solis suspicionibus condemnandam non esse, exilio tamen mulctandam: solam cacodaemonis assertionem etiam exorcismo extortam non sufficere ad quaestionem, et simul expendit quid de sortilegis, et maleficis statuendum sit: quaeque probationes desiderentur, ut ultimo supplicio afficiantur.
(2) Paul. ibid. § *libros* 12.
(3) l. *Nullus* 3; l. *Multi* 6, et l. penult. Cod. *De malefic., et mathematic.* (9, 18).
(4) V. l. *Eorum* 4 Cod. eod. tit.; ubi tamen plures existimant reliquias gentilismi in hac Constantini lege contineri.
(5) d. l. 3; l. *Nemo* 5 Cod eod. tit.
(6) l. ult. § *sic autem* 6 ff. *De bon. eor., qui ante sentent. mort. sibi consciver.* (48, 21).
(7) d. l. ult.
(8) l. *Omne delictum* 6 § *qui se vulneravit* 7 ff. *De re militar.* (49, 16).
(9) l. *Cum autem* 23 § *excipitur* 3 ff. *De aedilit. edict.* (21, 1).

bona publicari possunt (1); atque in hoc scelere probando eaedem servantur regulae, quae in caeteris criminibus (2).

§ 2909. Quemadmodum Romanae leges, ne innoxius forte condemnetur, haeredes ejus, qui seipsum intermit, admittunt ad demonstrandam illius innocentiam, ut bona sibi retineant, ne fisco applicentur (3), ita et apud nos eadem facultas datur consanguineis, qui caeteris praeferri in hoc munere debent; quod si renuant, curator ex officio eligitur, qui defunctum tueatur, praestito prius jurejurando, quo spondeat, se munere hoc rite, et deligenter functurum (4).

§ 2910. Municipalis lex de eo tantum casu loquitur, quo quis se ipsum occiderit: atque silet de eo casu, quo tentatum sit suicidium, non vero completum; ideo dubitari potest, qua poena plectendus sit: sunt, qui putant, ultimo supplicio hunc afficiendum esse, utpote sceleratiorem homicidam: alii extraordinariae tantum poenae eum subjiciunt, ea moti ratione, quod hodiernis moribus homicidia tentata, nec peracta extra ordinem tantummodo coerceantur (5), nisi praemeditato consilio, et sine praevia proxima caussa fuerint attentata (6).

SECTIO V.

De lege Pompeja de parricidiis.

Instit. lib. 4. tit. 18 *De public. judic.*
Digest. lib. 48, tit. 9 *De leg. Pompej. de parricid.*
Cod. lib. 9, tit. 17 *De his, qui parent. vel liberos occiderunt.*

SUMMARIA

§ 2911. *Parricidium latissime, late, et stricte sumitur.* — § 2912. *Parricidium committit, qui patrem, vel filium naturalem occidit.* — § 2913. *Quid de matre infantem perimente?* — § 2914 *et* 2915. *Parricidii reus est, qui opem tulit. An et non revelans?* — § 2916 *et* 2917. *Quae sit poena parricidio imposita?*

§ 2911. Parricidium latissime sumptum omne quodcumque homicidium contineve, docent eruditi (7): late, sed adhuc minus proprie, parricidii nomine significatur homicidium personarum, quae consanguinitatis, vel affinitatis proprioris vinculo junctae sunt, veluti pater, mater, avus, avia, frater, soror, vel ex utroque parente conjuncti, vel ex uno tantum, patruus, avunculus, amita, consobrinus; conjux, gener, socrus, vitricus, privignus, patronus (1), et similes. Stricte tamen, prout a posterioribus Imperatoribus sumitur, saltem quoad gravissimam parricidio impositam poenam, parricidii rei tantum fieri dicuntur illi, qui occiderint parentes, filios, et personas affines: quae nuncupatione parentum continentur (2), quales sunt socer, socrus, gener, nurus, vitricus, privignus (3).

§ 2912. Cum autem lex Pompeja de parricidiis naturalem, non civilem, sanguinis conjunctionem consideret, et tueatur, ad parentes, et filios etiam naturales, et spurios extendenda videtur (4); qui ex incestu liberos procreat, impius quidem, et legum contemptor est, attamen et pater est, ait Justinianus (5): non eadem est adoptivorum conditio; licet enim quoad jus civile legitimis aequiparentur, longe tamen distant secundum naturam, quam lex Pompeja tuetur.

§ 2913. Apud nos poena matris, quae infantem occiderit, mors est; atque eidem poenae subjiciuntur, quicumque opem tulerint (6): rea autem infanticidii habetur quaelibet mulier, quae ventrem praegnantem, aut partum celaverit, si infans a parocho baptizatus non fuerit, nec publicae, et solitae sepulturae datus, dummodo simul concurrat aliquod urgens indicium mortis vi illatae; quo deficiente, locus tantum fit durae quaestioni, ut veritas eliciatur; nec fisco incumbit probandi onus, infantem vivum in lucem editum fuisse (7).

§ 2914. Ex his patet, parricidii poena non illos dumtaxat affici, qui occiderunt, sed et qui conscii fuerunt, saltem si apem quoquomodo tulerint (8): immo in sententia jureconsultorum, licet criminis tantum scientiam habuerint, si non revelaverint, ob criminis atrocitatem (9): atque ideo frater, qui tantum cognoverat parricidium a fratre perpetrandum, nec patri indicaverat, relegatus fuit, et medicus ultimo supplicio affectus (10).

§ 2915. Si quaeratur, cur parricidae frater indicare parricidium omittens levius puniatur, relegatione nimirum, quam medicus extraneus, ultimo supplicio affectus (11), respondent interpretes,

(1) *Reg. Const.* lib. 4, tit. 34, cap. 8, § 1 et 2.
(2) Ibid. § 3.
(3) l. ult. § ult. ff. *De bon. eor., qui ante sentent. mort. sibi consciver.* (48, 21).
(4) *Reg. Constit.* lib. 4. tit. 34, cap. 8, § 4 et 5.
(5) Voet in ff. lib. 48, tit. 21, n. 2 ver. in princ.
(6) *Reg. Constit.* lib. 4, tit. 34, cap. 7, § 1 et 2.
(7) V. Carol. Sigon. *De judic.* lib. 2, cap. 31.

(1) l. 1 et seqq. ff. hoc tit.
(2) l. unic. Cod. hoc tit.; § *alia* 6 Instit. hoc tit.
(3) l. 1 ff. hoc tit.
(4) argum. l. *Quique litigandi* 4 § ult.; l. *Parentes* 6 ff. *De in jus vocand.* (2, 4).
(5) Novell. 12. cap. *si vero* 2.
(6) *Reg. Constit.* lib. 4, tit. 34, cap. 4, § 1; Thesaur. decis. 13.
(7) *Reg. Constit.* ibid. § 3; V. Fab. Cod. hoc tit. lib. 9, tit. 11, definit. 2; V. Osasc. decis. 60, de muliere, quae ventris doloribus impulsa latrinam adierat, et partum in cloacam effuderat, asserens nescivisse se fuisse praegnantem; quae idcirco fustibus caesa perpetuo exulare jussa fuit.
(8) l. *Si sciente* 7 ff. hoc tit.
(9) l. *Utrum* 6 ff. hoc tit.
(10) l. *Frater* 2 ff. hoc tit.
(11) d. l. *Frater* 2 ff. hoc tit.

quodammodo excusandum fratrem, qui in capitis discrimen non deduxit fratrem suum, seu mitius puniendum, licet paternus affectus vincere debuisset; cum medicus, utpote extraneus, nullam excusationis justam, et probabilem caussam allegare possit.

§ 2916. Poena legis Pompejae de parricidiis, si Marciano assentimur, ab initio eadem erat, ac legis Corneliae de sicariis (1): sed moribus deinde exasperata fuit: *poena parricidii more majorum,* ait Modestinus, *haec instituta est, ut parricida virgis sanguineis verberatus, deinde culeo insuatur cum cane, gallo gallinaceo, et vipera, et simia, deinde in mare profundum culeus . jactetur: hoc ita, si mare proximum sit; alioquin bestiis objiciatur, secundum Hadriani constitutionem* (2): atque poena haec Constantini (3), et Justiniani sanctionibus confirmata fuit (4).

§ 2917. Sed haec intelligi debent de parricidio stricte sumpto, seu quo perimuntur parentes, filii, atque ii, qui per affinitatem parentum, et liberorum loco sunt (§ 2910): adversus caeteros parricidii late sumpti reos poena legis Corneliae adhuc viget, atque ultimo supplicio plerumque afficiunt (5), saltem si extra rixam, et praemeditato consilio caedes secuta sit (6): sane gravius delinquit, qui consanguineum interficit, quam qui extraneum ob arctiorem sanguinis conjunctionem; atquee ideo gravius puniri debet (7). Quod si casu filium occiderit pater, licet alicujus culpae, seu negligentiae redargui possit, commiseratione, et Principis clementia dignus est (8).

(1) l. 1 prop. fin. ff. hoc tit.
(2) l. penult. ff. hoc tit.
(3) l. unic. Cod. hoc tit.
(4) § *alia* 6 Instit. hoc tit.
(5) d. l. penult. § 1 ff. hoc tit.
(6) *Reg. Constit.* lib. 4. tit. 34. cap. 7. § 1.
(7) l. *Perspiciendum* 11 ff. *De poen.* (48, 19).
(8) Fab. Cod. hoc tit. lib. 9, tit. 11, def. 1.

SECTIO VI.

Ad legem Corneliam de falsis.

Instit. lib. 4. tit. 18 *De public. judic.*
Digest. lib. 48, tit. 10 *Ad leg. Cornel. de fals. et de Senatusc. Silanian.*
Cod. lib. 9 tit. 22 *Ad leg. Cornel. de fals.*

SUMMARIA

§ 2918 *et* 2919. *Quid sit falsum, et quasi falsum? Quae sint quasi falsi species?* — § 2920. *Falsum committitur dicto, facto, reticentia, scriptura.* — § 2921. *Falsum facto committit rem duobus vendens, gemmas spurias pro veris distrahens, falsa adhibens pondera.* — § 2922. *Falsum instrumentum scienter producens falsi reus fit. Quid, si poeniteat?* — § 2923. *Notarius stipulans instrumenta inter ignotos quodammodo falsi reus est.* — § 2924. *Notario asserenti, falsum se conscripsisse instrumentum, plena fides non adhibetur.* — § 2925. *Qui falsae monetae rei habeantur?* — 2926 *et* 2927. *An minime prohibentes, aut non revelantes?* — § 2928. *Quae sit falsae monetae poena?* — § 2929. *Instrumenta apta ad cudendas, fundendas, vel alterandas monetas fieri nequeunt, nec retineri. Quid de artificibus?* — § 2930. *Falsae monetae reum indicans impunitatem consequi potest, si conscius sit.* — § 2931. *Reticentia falsum quibus casibus committatur?* — § 2932 *et* 2933. *Scriptura falsum admittitur pluribus modis.* — § 2934. *Notarii falsa instrumenta facientes, aut vera in substantialibus immutantes, capite puniuntur. Quid de testibus?* — § 2935. *Quid de illis, qui testes inducunt ad dicendum falsum testimonium?* — § 2936. *Falsas scripturas privati conficientes mitius, quam notarii puniuntur.* — § 2937. *Falsi querens poenam talionis subire potest. De falso criminaliter tantum agitur.* — § 2938. *Falsum instrumentum producens non antea conveniri potest, quam actum sit adversus notarium.*

§ 2918. Falsum, de quo hic agimus, est quidquid dolo malo fit in alterius damnum animo corrumpendae veritatis, puta si quis imitetur alienum chirographum, aut libellum, falsas rationes consulto edat (1). Est et quasi falsum (2), quod scilicet juris interpretatione pro falso habetur, atque tamquam falsum coercetur, quamvis tale non sit; cujus reus fit ille, qui sibi, vel suis, quorum in potestate est, vel quos sub potestate habet, aliquid adscribit in testamento secundum voluntatem testatoris (3); quin testator specialiter subscriptione sua declaraverit, se hoc legatum reliquisse (4).

§ 2919. Sed et aliae sunt quasi falsi, seu legis interpretatione falsi species, ita ut legi Corneliae de falsis locus sit: nimirum, si quis vivi testamentum aperuerit (5), recitaverit, vel resignaverit, qui si humilior sit in metallum damnandus est juxta Paulum; deportandus, si honestior, tamquam falsi reus (6); eum tamen nulla, si vere, et proprie loquamur, in hoc casu falsitas sit

§ 2920. Falsum in multis rebus, scripturis, testamentis, contractibus, pecunia, testimoniis, ponderibus, vel mensuris, personarum conditione, vel qualitatibus committi potest; et diversis quatuor modis, nimirum dicti, factis, reticentia, vel scriptura. Dicto falso committit il-

(1) l. *Quid sit falsum* 23 ff. hoc tit.
(2) l. 1 § ult. ff. hoc tit.
(3) l. *Divus Claudius* 15 ff. hoc tit.
(4) d. l. 15 § 1 et seqq.
(5) l. 1 § *is, qui* 6 ff. hoc tit.
(6) l. *Si quis aliquid* 38 § *qui vi de poenis* 7 ff (48, 19).

le, qui falsas testationes fecerit, vel fieri dolo malo curaverit (1), qui contra signum suum dixerit testimonium (2): judex, qui constitutiones Principum in judicando neglexerit dolo malo (3).

§ 2921. Facto committitur falsi crimen ab eo, qui duobus in solidum eandem rem diversis contractibus vendit (4): qui gemmas spurias pro veris distraxit, aut aerea vasa pro aureis, et argentea, vel aerea, sed vilioris mixturae, quam leges sinunt; qui testamentum, aut codicillos supprimit (5), falsis utitur constitutionibus (6), falsa pondera, vel falsas mensuras adhibet, aut publica pondera, vel publicas mensuras corrumpit (7), sordes miscet bonis mercibus, ut fallat emptores, signum adulterinum facit, aut sculpit (8), partum supponit (9), insignibus illicitis utitur, vel ea facit (10), falsum nomen assumit (11); pro milite se gerit, cum talis non sit (12): non vero ab eo, qui scripturas etiam publicas lacerat, qui tamen extra ordinem puniendus est (13).

§ 2922. In falsi quoque crimen incidit, qui falsum instrumentum sciens producit (14): si tamen poenitentia ductus declaret, se amplius eodem uti nolle, poenam legis Corneliae utique evadit (15): dummodo ante solemnem falsi accusationem poeniteat (16), sed expensas litis ferre cogitur, immo et in pecuniariam mulctam condemnandus est, cum nec omnino nocens esse desinat; atque judex non falsum, ne injuria notetur is, qui produxit, sed nullum instrumentum pronunciare debet (17): quare solent interrogari, qui suspectum instrumentum producunt, an eo uti velint, nec ne, ut poenitentiae locus non supersit, si dicant velle se eo uti, tam sequatur solemnis inscriptio, seu accusatio (18).

§ 2923. Ad haec falsi reus quodammodo habetur notarius, qui instrumenta stipuletur inter ignotos; aut ignotos testes adhibet; ita ut si dolo malo haec faciat, ordinaria falsi poena teneatur; alioquin extraordinaria (1); cum exprimere soleant, et debeant notarii initio cujusque actus, cognitas se habere personas contrahentium, et testium: atque intersit, has ipsis notas esse, ne unus pro alio contrahens, ant testis supponatur. Sed jure regio notarii stipulantes inter ignotos per quinquennium ad triremes damnantur (2).

§ 2924. Non tamen statim creditur notario qui dixerit, falsum se conscripsisse instrumentum, propter suppositam contrahentis dolosi personam (3): confessio haec ipsi quidem notario nocet, non tertio (4): quod si testes instrumentarii contradicant iis, quae in instrumento continentur, his potius fides adhibetur, quam notario, postquam solemnis de falso accusatio instituta est, prout institui debet (5).

§ 2925. Potissimum vero falsum facto committitur per falsam monetam: falsae monetae rei habentur, qui privata auctoritate nummos conficiunt, aut publica auctoritate excusos adulterant, radunt, adulterinos nummos scienter comparant, aut impendunt (6): si tamen ab initio tamquam bonam monetam quis acceperit, tum expenderit, non ita graviter puniendus videri potest, cum de damno vitando certet (7): atque apud nos, qui falsam, vel corruptam monetam acceperint, sub poena librarum quinquaginta monetarum magistro eandem tradere jubentur, aut loci officialibus, designata auctoris persona, si fieri possit: quod si candem expenderint, triremibus ad decennium puniuntur (8).

§ 2926. Immo et qui non prohibent, cum haec prohibere possent (9), ita ut nec excuset a falsae monetae crimine obreptitium impetratum rescriptum (10). Quod si mulier, cum sciret falsam monetam a marito cudi, ipsum non denunciaverit, aut alios, quos denunciare non poterat, nisi marito in vitae discrimen conjecto, extraordinaria relegationis, vel exilii poena mulctari debet (11).

§ 2927. Plane caeteri, qui reo tam arcto, consanguinitatis vinculo juncti non sunt, si denunciare praetermiserint, gravius puniendi sunt non quidem ordinaria mortis poena, sed extra-

(1) l. 1 in princ. ff. hoc tit.
(2) l. *Eos, qui* 27 § 1 ff. hoc tit.
(3) l. 1 § *sed et si judex* 3 ff. hoc tit.
(4) l. *Qui duobus* 21 ff. hoc tit.
(5) l. *Qui testamentum* 2; l. *Instrumentorum* 16 princ. et §§ seqq. ff. hoc tit.
(6) l. ult. ff. hoc tit.
(7) d. l. ult. ff. hoc tit.
(8) l. *Lege Cornelia* 30 ff. hoc tit.
(9) d. l. 30 § 1 ff. hoc tit.
(10) l. *Eos, qui* 27 § ult. ff. hoc tit.; Fab. Cod. hoc tit. lib. 9, tit. 13, def. 7.
(11) l. *Falsi nominis* 13 ff. hoc tit.; Fab. Cod. *De mutation. nomin.* lib. 9, tit. 16, def 2, ubi Senatus carnificem, qui dolo malo honesti viri nomen assumpserat, virgis caedendum, et exilio mulctandum censuit.
(12) d. l. 27 § ult. ff. hoc tit.
(13) V. Thes. decis. 171 *de gabellario.*
(14) l. *Majorem* 4; l. *Si falsos* 8 Cod. hoc tit.
(15) d. l. 4 et 8 Cod. hoc tit.
(16) Fab. Cod. hoc tit. lib. 9, tit. 13, def. 12 in princ.
(17) Fab. Cod. hoc tit. def. 10.
(18) Fab. d. def. 12, n. 1 et seqq.

(1) Fab. Cod. hoc tit. lib. 9, tit. 13, def. 2; Thes. lib. 2, quaest. 78.
(2) *Reg. Constit.* lib. 5, tit. 22, cap. 1 § 9.
(3) Fab. Cod. hoc tit. lib. 9 tit. 13, definit. 4.
(4) V. vol. III, lib. 4, pag 309, § 602.
(5) V. ibid. § 598; Fab. Cod. hoc tit. def. 3.
(6) l. *Quicumque* 8 et l. seq. princ. et § 2 ff. hoc tit; ll. 1 et 2 Cod. *De falsa monet.* (9. 24); *Reg. Constit.* lib. 4, tit. 34, cap. 3, § 1 et 7.
(7) Fab. Cod. *De fals. monet.* lib. 9, tit. 15, def. 2.
(8) *Reg. Constit.* lib. 4, tit. 34, cap. 3, § 10 et 11; Fab. Cod. *De falsa monet.* def. 5.
(9) d. l 9 § 1 ff. hoc tit.
(10) l. ult. Cod. *De fals. monet.* (9. 24).
(11) Fab. Cod. *De fals. monet.* lib. 9, tit. 15, def. 3.

ordinaria ad triremes, nisi quis sciens domum locaverit ad eam cudendam; quo casu aeque puniendus est tamquam particeps, ac qui falsam monetam cudit (1): atque insuper ex Romanis legibus domus fisco addicitur (2).

§ 2928. Poena cudentium falsam monetam est ultimum supplicium, et combustio, nec non bonorum omnium confiscatio (3); quamvis ejusdem valoris, et bonitatis sint nummi, ac illi qui Principis auctoritate cunduntur, sive in ditione, sive extra ditionem fabricentur (4). Haec autem poena locum habet adversus cudentes, licet falsam monetam nondum absolverint, sed tantum cudere coeperint, tum adversum opem aut consilium ferentes, aut falsos nummos sive per se, sive per interpositam personam recipientes, atque impendentes (5): tum adversus illos, qui falsam monetam cujuscumque typi in ditionem introduxerint (6).

§ 2929. Ut autem facilius obviam catur huic crimini, quod in maximum publicae, et privatae rei dispendium cedit, scite vetitum, ne fiant instrumenta apta ad cudendas, fundendas et alternandas monetas, aut facta scienter retineantur, exceptis quoad posteriora instrumenta artificibus, qui his ad artis suae usum indigent (7): quod si dubitetur, an quis scienter, et dolo malo hujus generis instrumenta penes se habeat, quaestioni locus fit; cujus vi si reus ad confitendum adigi non potuerit, poena mortis ordinaria remittenda est, caque in extraordinariam perpetuorum triremium convertenda (8).

§ 2930. Qui falsae monetae reum indicavit, si quidem conscius sit, dummodo necdum a fisco praeventus, atque semiplenam criminis probationem edat, reo comprehenso, impunitatem consequitur (9): quod si delicti particeps non fuerit, praemium in pecunia scutorum tercentum e fisci aerario consequitur (10).

§ 2931. Sed redeamus, unde paullisper discessisse videri possumus; atque expendamus caeteros falsi committendi modos, videlicet reticentiam, et scripturam (§ 2919). Reticentia falsum, vel quasi falsum admittitur ab eo, qui veritatem in libello, Principi, vel cuicumque publicae personae oblato, dolo malo retienuerit (11), et generatim ab illis, qui in scripturis publicis, vel privatis, in rationibus, et similibus veritatem celaverint, quo alium in fraudem inducerent (1).

§ 2932. Demum scriptura falsum committit, qui candam corrumpit, minuit, mutat, vel ei addit (2); vel aliquid falsi in eam inserit, puta absentis nomen tamquam praesentis (3); qui alienum chirographum imitatur (4); praelato die pignoris obligationem in alterius dispendium mentitur (5); secus in nullum inde damnum alteri inferatur (6).

§ 2933. Idem dicendum putant aliqui de eo, qui mutat locum in instrumento contractus; quamquam aliis placet, hunc quidem culpandum, non tamen falsi reum fieri, maxime si nemo ex hac mutatione damnum passurus sit, prout facile contingit: falsi utique crimen contrahit, qui vacuas chattas subscribi ab altero facit, tum suprascribit res a subscribentis mente alienas: aut falsae scripturae sciens subscribit, vel subsignat (7).

§ 2934. Falsi poena ordinaria, extra crimen falsae monetae, de quo supra diximus (§ 2925 ad 2930), est deportatio in liberis hominibus, ultimum supplicium in servis (8): pro falsi tamen qualitate mitior poena imponi potest (9), atque etiam durior: apud nos notarii, qui falsas scripturas faciunt, aut veras in partibus substantialibus alterant, morte puniuntur (10): testes falsa deponentes sive in judicio, sive extra illud in caussis civilibus, vel criminalibus favore reorum, si masculi sint, praeter infamantem poenam, triremibus ad decennium condemnantur, foeminae fustibus semel, et iterum publice caeduntur, mulcta etiam omnibus indicta (11): perpetuis vero triremibus damnantur masculi, qui falsum adversus reos testimonium dixerint, exilio perpetuo praeter repetitam fustium verberationem foeminae: immo et ultimo supplicio, quoties adversus reum, si imputatum crimen perpetrasset, decerni potuisset (12).

§ 2935. Iisdem respective poenis in allatis casibus subjiciuntur, qui consiliis, precibus, ope, aliove quovis modo testes inducunt ad dicendum falsum testimonium: immo et graviores uno gradu poenas ferunt, si pecuniam aliamve rem praemii loco spoponderint: aut vim, vel fraudem adhibuerint (13): qui autem id egerint,

(1) Fab. Cod. *De fals. monet.* lib. 9, tit. 15, def. 6; *Reg. Constit.* lib. 4. tit. 34, cap. 3, § 3.
(2) l. 1 Cod. *De fals. monet.* (9, 24).
(3) ll. 1 et 2 Cod. *De fals. monet.* (9, 24); *Reg. Constit.* lib. 4, tit. 34, cap. 3, § 1.
(4) *Reg. Constit.* ibid. § 2 et 4.
(5) Ibid § 3.
(6) Ibid. § 5.
(7) Ibid. § 6 et 8.
(8) Fab. Cod. *De fals. monet.* lib. 9, tit. 15, def. 1.
(9) *Reg. Constit.* lib. 4, tit. 34, cap. 3, § 9; Fab. Cod. *De fals. monet.* lib. 9, tit. 15, def. 4.
(10) *Reg. Constit.* d. § 9 in fin.
(11) l. *Si quis obrepserit* 29 ff. hoc tit.

(1) l. *Instrumentum* 16 § ult. ff. hoc tit.
(2) l. 1 § *qui in rationibus* 4 et l. seqq. ff. hoc tit.
(3) l. *Qui velut* 13 Cod. hoc tit.
(4) l. *Quid sit falsum* 23 ff. hoc tit.
(5) l. *Si a debitore* 28 ff. hoc tit.
(6) l. *Si repetita* 3 ff. *De fid. instrumentor.* (22, 4).
(7) l. *Qui testamentum* 2; l. *Instrumentorum* 16 § 1 ff. hoc tit.
(8) l. 1 § ult; l. ult. ff. hoc tit.
(9) l. *Falsi nominis* 13 § 1; l. *Qui duobus* 21; l. penult. § 1 ff. hoc tit.
(10) *Reg. Constit.* lib. 4, tit. 34, cap. 11, § 1.
(11) Ibid. § 2 et 3.
(12) Ibid. § 4.
(13) Ibid. § 5; Thes. lib. 1, quaest. 15.

data, aut promissa mercede, ne testes ad testimonium dicendum accedant, ad vincula per biennium damnantur, praeter quadruplum ejus quod dederunt, vel promiserint (1).

§ 2936. Qui, cum notarii non sint, falsas scripturas, sive publicas, sive privatas conficiunt, perpetue ad triremes condemnantur; quinquennio autem, qui scientes his utuntur, vel falsis testium depositionibus (2): si autem nullum ex his emolumentum consecuti sint, aut haberi non potuerit, uno gradu poena minuitur; minoris infra vigesimum annum aetatis ratione habita, ut leviorem poenam sustineant (3).

§ 2937. Porro in crimine falsi eodem modo proceditur, ac in caeteris delictis: eo excepto, quod falsi querens, nisi delictum semiplene saltem probaverit, eidem poenae subjicitur, quam tulisset accusatus; cui etiam tenetur de damnis, impensis et eo, quod interest (4). De falso civiliter agi non posse, sed criminaliter omnino agendum, alibi diximus, nisi falsum dicatur instrumentum a notario minime subscriptum (5), vel res sit inter conjunctos, consanguinitatis veneratione (6): quod et ad privatas scripturas extendit Faber propter criminis atrocitatem (7).

§ 2938. Plane adversus eum, qui falsum instrumentum producit, non antea agi potest, quam actum sit adversus notarium, aliumve, qui falsam scripturam fecisse dicitur (8): prius enim inquirendum, an scriptura falsa sit, quam condemnetur aliquis, tamquam producens falsam scripturam: melius autem, et certius inspici non potest, an falsa sit scriptura, quam cum eo, qui falsum fecisse dicitur: cum is facti proprii ignorantiam allegare non possit. De his, qui quasi rei fiunt, sibi, aut suis adscribendo, alibi diximus (9).

SECTIO VII.

De lege Julia repetundarum, et de annona.

Instit. lib. 4, tit. 18 *De public. judic.*
Digest. lib. 48, tit. 11) *De leg. Jul. repetundar.*
Cod. lib. 9, tit. 27)

SUMMARIA

§ 2939. *Repetundarum rei qui habeantur?* — § 2940. *Xenia moderata Romani magistratus olim accipere poterant.* — § 2941. *Omnes omnino, qui in publico officio constituti sunt, lex Julia repetundarum complectitur.* — § 2942. *Repetundarum rei diversis poenis pro diversitate factorum, et personarum gravius, vel levius puniuntur.* — § 2943 et 2944. *Quae sint apud nos in hac re praescripta?* — § 2945. *Lege Julia de annona coercentur, qui annonam vexant, et monopolia exercent.*

§ 2939. Lege Julia repetundarum inter alia capita, quae huc non pertinent, cautum fuit, ne qui in aliquo publico officio sunt, vel publicam potestatem exercent, aliquid accipiant per se, uxores, comites, vel per ministros (1), quo magis, vel quo minus agant, contra quam officii ratio exigit (2), vel ut agant, quod gratis praestare debent, puta ad judicandum, vel decernendum, vel celerius judicandum (3); nec ante, nec post depositum officium propter beneficium tempore administrationis praestitum, quod gratis praestare debuerunt (4).

§ 2940. Poterant sane magistratus populi Romani xenia moderata accipere. *Non vero*, apposite Ulpianus, *in totum xeniis abstinere debebit proconsul, sed modum adjicere, ut neque morose in totum abstineat, neque avare modum xeniorum excedat; quam rem divus Severus, et imperator Antoninus elegantissime epistola sunt moderati, cujus epistolae verba haec sunt. Quantum ad xenia pertinet, audi, quid sentimus. Vetus proverbium est, neque omnia, neque quovis tempore, neque ab omnibus: nam valde inhumanum est, a nemine accipere; sed passim, vilissimum est, et omnia, avarissimum* (5). A consanguineis in infinitum accipere licet (6): sed ab extraneis majoris momenti dona ex quibus juste timendum, ne animus corrumpatur, praestari, et accipi jure merito vetitum fuit (§ praeced.): immo et prohibitae fuerunt venditiones, et locationes proconsuli, et praetori (7), exceptis quae ad victum quotidianum pertinent (8).

§ 2941. Lex Julia omnes omnino complectitur, qui in publico officio, vel potestate sunt (§ 2941); adeoque judices tum majores, tum pedaneos (9); eorumque comites, seu assessores (2), senatores ob sententiam in Senatu, vel

(1) *Reg. Const.* d. lib. 4, tit. 34, cap. 11, § 6.
(2) Ibid. cap. 1, § 7.
(3) Ibid. § 8 et 9.
(4) Ibid. cap. 11, § 10; contra quam tradit Fab. Cod. hoc tit. lib. 9, tit. 13, def. 9.
(5) V. vol. III, lib. 4, pag. 304, § 571; Fab. Cod. hoc tit. d. def. 4, n. 4 et seqq.
(6) Fab. Cod. hoc tit. def. 5.
(7) Ibid. def. 11.
(8) Fab. Cod. hoc tit. lib. 9, tit. 13, d. definit. 1, n. 1 et seqq.
(9) V. vol. II, lib. 2, pag. 652, § 9156 et seqq. ad § 9179.

(1) l. 1 princ. ff. hoc tit.
(2) l. *Vel quo magis* 4 ff. hoc tit.
(3) l. *Lege Julia* 3 ff. hoc tit.; l. *Ut puta* 2 ff. *De condiction. ob turp. caus.* (12, 5).
(4) l. ult. Cod. hoc tit.
(5) l. *Solent* 6 § ult. ff. *De offic. proconsul.* (1, 16).
(7) l. 1 § 1; l. *Lex Julia* 7 § 1 ff. hoc tit.
(7) l. penult. § 1 ff. hoc tit.
(8) d. l. 6 § 1 ff. *De offic. proconsul.*
(9) l. *Sciant* 2 et seq. Cod. hoc tit.
(10) l. *In comites* 5 ff. hoc tit.; l. *Consiliarios* 3 Cod. *De adsessorib.* (1, 51).

publico consilio dicendam (1); magistratus tum urbanos, tum provinciales (2); atque etiam centuriones, qui aliquid ob militem legendum, vel dimittendum acceperint (3).

§ 2942. Qui aliquid contra legem banc acceperint, olim ad quadruplum restituendum condemnatos fuisse putant interpretes (4), quod quidem quadruplum fisco cederet, non danti cui et imputari potest, cur male dederit (5), nisi ab invito extortum sit (6), sed moribus deinceps extra ordinem puniri eos receptum fuit, exilio, relegatione, vel etiam morte pro admissi qualitate puta si pecuniam acceperit, ut hominem morte damnarent (7). Jure novo triplum dati, duplum promissi in caussis civilibus praestat judex, qui pecuniam acceperit, vel pecuniae promissionem (8).

§ 2943. Sed hodiernis moribus poena legis Juliae repetundarum est tripli, vel quadrupli praeter remotionem ab officio (9): atque apud nos prohibentur magistratus, praefecti, judices, et omnes tribunalium ministri, seu officiales, ne accipiant partem poenarum, quae in pecunia solvuntur; neve quovis titulo, aut praetextu aliquid ex illis exigant sub-poena quadrupli ejus, quod datum, vel promissum fuerit (10).

§ 2944. Praeterea vetitum ministris status atque officialibus supremorum magistratuum, ne a quacumque persona, aut universitate, cujuscumque gradus, et conditionis sint, accipiant annuas pensiones, aut tributa; neve directe, vel indirecte accipiant munera, aut dona, quacumque ex caussa, aut quovis titulo praeter stipendia ab universitatibus dari solita, et quae ad usum, et potùm pertinent, quaeque sponte, et gratuito oblata non sint a litigantibus, aut personis, quae ab eorum officio pendent, poena quadrupli constituta tum adversus accipientes, quae etiam extendi potest ad privationem officii, et incapacitatem alia exercendi (11).

§ 2945. Lege Julia de annona coercentur, qui annonam vexant, et flagellant, de quibus supra diximus (§ 2815): nec non alii, qui monopolia exercent: atque de his egimus in titulo de emptione, et venditione(12). Quare ad alia progredimur.

(1) l. *Eadem* 6 § ult. ff. hoc tit.
(2) d. l. 6 § ult. ff. hoc tit.
(3) d. l. 6 § ult. in fin.
(4) l. 1 in fin. Cod. hoc tit.
(5) V. l. 1 Cod. *De poen. judic., qui male judicaver.* (7, 49).
(6) l. *Consiliarios* 3 Cod. *De adsessorib.* (1, 51).
(7) l. *Lex Julia* 7 § ult. ff. hoc tit.
(8) auth. *novo jure* post l. 1 Cod. *De poen. judic. etc.*
(9) Voet in ff. hoc tit. n. 3.
(10) *Reg. Constit.* lib. 2, tit. 1, § 9.
(11) Ibid. § 10.
(12) V. vol. III, lib. 3, pag. 67, § 2719 et 2720.

SECTIO VIII.

Ad legem Juliam peculatus, de sacrilegiis, de residuis, et ambitus: atque de lege Fabia de plagiariis.

Instit. lib. 4, tit. 18 *De public. judic.*
Digest. lib. 48 tit. 13 *De leg. Jul. peculat. etc.*
Cod. lib. 9, tit. 28 *De crim. peculat.*

SUMMARIA

§ 2946. *Peculatus est furtum pecuniae publicae. An et pecuniae civitatis?* — § 2947. *Peculatus rei fiunt, qui surripiunt pecuniam publicam, cujus periculum non praestant. Quid de mutuo dantibus?* — § 2948. *Quibus modis furtum pecuniae publicae fieri intelligatur?* — § 2949. *Quae sit peculatus poena ex jure Romano priore, et posteriore?* — § 2950 *et* 2951. *Quae sint diversae poenae apud nos praestitutae adversus eos, qui pecuniam publicam quoquomodo intervertunt?* — § 2952. *Sacrilegium stricte sumptum est furtum rei sacrae e loco sacro.* — § 2953 *et* 2954. *Quid si res sacra non sit, vel e loco non sacro auferatur?* — § 2955. *Sacrilegii poena ex adjunctis personarum, et rerum pendet.* — § 2956. *Quae sint apud nos constitutae adversus fures sacrilegos poenae?* — § 2957 *et* 2958. *Residui crimen a quibus contrahatur, et quae sit ejus poena?* — § 2959. *Ambitus nomine quid significetur? An hodie puniatur?* — § 2960. *Plagium est furtum hominis liberi, vel servi.* — § 2961. *Plagium gravius, vel levius punitur pro diversitate circumstantiarum.*

§ 2946. Peculatus a Labeone definitur furtum pecuniae publicae factum ab eo, cujus periculo pecunia non est (1): publica est pecunia, quae ad rempublicam, vel ad Principem in statu monarchico tamquam reipublicae caput pertinet: quare, si proprie sumatur peculatus, in pecunia civitatis non committitur, sed simplex furtum (2); cum civitates privatorum loco habeantur (3): sed ex constitutionibus Trajani, atque Hadriani peculatus jure censetur (4).

§ 2947. Peculatus crimen contrahitur ab eo, qui surripit pecuniam publicam, cujus periculum non fert (§ praec.): atque ideo non ab eo, qui publicam pecuniam trajiciendam suscepit, cum ejus periculum subeat (5): sed exactores, tabularii, arcarii, aliique, qui aerario praesunt, in peculatus crimen incidunt, si mu-

(1) l. *Sacrilegi* 9 § *Labeo* 2 ff. hoc tit.
(2) l. *Ob pecuniam* 81 ff. *De furt.* (47, 2).
(3) l. *Bona* 15 et l. seq. ff. *De verb. signif.* (50, 16).
(4) l. *Lege Julia* 4 § ult. ff. hoc tit.
(5) d. l. *Sacrilegi* 9 § *is autem* 4 ff. hoc tit.

tuo dent pecuniam publicam, et capitali poenae subjiciuntur: et publicationi bonorum, qui acceperint mutuo ex posteriore jure (1); cum prius accipientes in quadruplum dumtaxat condemnarentur (2): potiori ratione capitalem poenam ferunt, qui publicam pecuniam tempore administrationis surripiunt, non secus ac illi, qui opem, seu ministerium ferunt, aut subtractam scientes suscipiunt (3).

§ 2948. Cum autem diversis modis furtum pecuniae publicae fieri possit, diversis quoque modis peculatus crimen contrahitur: puta ab eo, qui a fisci debitoribus pecuniam acceperit, quae fisco debetur, tamquam fisci creditor, cum tabs non sit (4), qui pecuniam publicam in usus aliquos destinatam retinuerint, nec in eos erogaverint (5). Immo peculatus rei habentur, qui pecuniam non subtrahunt, damnum tamen publicae rei inferunt, veluti qui refixerint, aut immutaverint tabulam continentem formam agrorum, vel legem, aut in tabulis aliquid deleverint, vel induxerint (6).

§ 2949. Poenam ordinaria peculatus in magistratibus, seu praefectis aerario, atque eorum ministris est ultimum supplicium, in caeteris deportatio cum publicatione bonorum (7): sed poena haec nimis justo severior visa est Leoni imperatori: atque ideo decrevit, ut magistratus pro fiscalis rei furto magistratu expellantur, et duplum praestent ejus, quod subripuerunt: consci vero, seu participes, si divites sint, eidem poenae subduntur; sin pauperes, flagris caesi, et ignominiose tonsi exulare jubentur (8).

§ 2950. Municipalis lex partim veteri, partim novo Leonis juri consentit; atque imprimis distinguit privatos pecuniae publicae fures ab iis, qui in officio constituti sint: illos morti non addicit, nisi vis, aut effractio interveniat; quibus deficientibus pro furti quantitate gravius, vel levius puniuntur, minoribus utique lenius coercitis (9): poena perpetuorum triremium constituta adversus eos, qui falso admisso in suos usus converterint, aut exegerint ab aerario pecuniam, aut rem minime debitam; aut ab aliis, quod aerario debetur (10).

§ 2951. Quaestores autem, exactores, aliique administratores pecuniae, aut rei publicae, seu spectantis ad aerarium Principis, si haec in suos usus converterint, aut in alios usus erogaverint, per quinquennium ad triremes damnantur, quantumlibet exigua sit furti summa, quin moram restituendo purgare possint: atque hujus criminis rei censentur, quoties pecunia, aut res extra destinatum locum exportatae fuerint injussu praefectorum (1): sed capite plectuntur, si subtrahant res, quarum administrationem habent, aut falsum aliquod admittant, ut furtum protegant; non secus ac illi, qui opem aut consilium ferant (2): atque eadem severitate plectuntur aerario praefecti, qui subtrahant res ad aerarium pertinentes, aliamve fraudem in dispendium Principis admittant, vel scienter opem ferant, vel consensum praestent (3).

§ 2952. Sacrilegium, quod et lege Julia coercetur, stricte sumptum est furtum rei sacrae e loco sacro: imprimis requirimus, ut res sacra subripiatur (4): quare si res privatorum in loco sacro depositae auferantur, furti, non sacrilegii actionem esse rescripserunt Imperatores (5); immo eos, qui res sacras privatas, non publicas subtraxerint, proprie sacrilegos non haberi scribit Paulus, quos tamen, licet non tamquam sacrilegos, gravius, quam fures puniendos tradit (6).

§ 2953. Ad haec ad sacrilegium stricte sumptum ex jure civili requiri videtur, ut res sacra furto subtrahatur e loco sacro; ita ut e loco profano subrepta scrilegium proprie non sit, sed furtum, gravius utique puniendum, quam rei profanae, prout de sacris privatis modo diximus (§ praec.); ait enim jureconsultus, locum facere, ut idem vel furtum, vel sacrilegium sit, et capite luendum, vel minore supplicio (7).

§ 2954. Quia tamen divinae majestati specialis infertur injuria, sive res sacra, seu Deo dicata auferatur e loco profano; sive profana e loco sacro; gravior utique in primo casu; atque ideo Ulpianus, et Marcianus rem sacram unice commemorant ad sacrilegium perpetrandum (8), idcirco gravius, quam fures simplices utriusque sceleris rei coercendi sunt, ut mox fusius dicemus.

§ 2955. Si jureconsultorum fragmenta inspiciamus, vix certa sacrilegii poena statui potest. Secundum Marcianum eadem est, ac peculatus (9): ex Paulo sacrilegi capite puniuntur (10): Ulpianus tradit, sacrilegi poenam a judice statuendam esse pro qualitate personae, pro rei conditione, temporis, aetatis et sexus: atque subjicit, sacrilegos aliquando ad bestias damnatos fuisse, alios igne crematos, alios furca suspensos (11).

(1) l. ult. Cod. *De his, qui ex public. rationib.* (10, 6).
(2) l. 1 Cod. eod. tit.
(3) l. unic. Cod. hoc tit.
(4) l. *Sacrilegi* 9 § *eodem* 3; l. *Peculatus* 12 ff. hoc tit.
(5) d. l. 9 § ult. ff. hoc tit.
(6) l. *Qui tabulam* 8 princ. et § 1 ff. hoc tit.
(7) § *item lex* 9 Instit. hoc tit.; l. unic. Cod. hoc tit.; l. *Peculatus* 3 ff. hoc tit.
(8) Novell. *Leonis* 105 in fin.
(9) *Reg. Constit.* lib. 4, tit. 34, cap. 10, § 1 et 2.
(10) Ibid. § 3.

(1) *Reg. Const.* ibid. § 4 et 5.
(2) Ibid. § 6 et 7.
(3) Ibid. § 8.
(4) l. 1; l. *Lege Julia* 4 ff. hoc tit.
(5) l. *Divi Severus* 5 ff. hoc tit.
(6) l. *Sacrilegi* 9 § 1 ff. hoc tit.
(7) l. *Aut facta* 16 § *locus* 4 ff. *De poenis* (48, 19).
(8) l. 1; l. *Lege Julia* 4 ff. hoc tit.
(9) l. *Lege Julia* 4 princ. et § 1 ff. hoc tit.
(10) l. *Sacrilegi* 9 ff. hoc tit.
(11) l. *Sacrilegi* 6 ff. hoc tit.

§ 2956. Apud nos probata est distinctio, quam modo commemoravimus (§ 2954); ita ut primum etiam furtum rei sacrae in loco sacro, aut ubi res sacrae asservari solent, morte puniatur, praevia etiam manus amputatione ad terrorem, adversus eum, qui res sacras in altaris tabernaculo existentes subtraxerit, dummodo major sit annis decem et octo (1): quod si in loco sacro surripiantur res non sacrae, sed divino cultui dicatae, primum furtum morte non plectitur, nisi excedat summam ducentarum librarum, atque patratum sit a majore annis viginti; mitius vero in caeteris (2): sed reus ad triremes ultra decem annos pro primo furto non condemnatur, si res profanas in loco sacro furatus sit (3): atque distincta reputantur furta, quae diverso tempore, licet in eodem loco patrata sunt (4). Quae autem res divino cultui dicatae, aut destinatae, censeantur, sigillatim exponitur (5): atque an si mixti fori, et quomodo, tractat Faber (6).

§ 2957. Criminis residui rei fiunt, si Paulo, aut Marciano credimus, qui pecuniam publicam ad usum aliquem destinatam retinent, nec in eum impendunt (7): hi tamen potius peculatum committunt, quam residui crimen proprie incidunt, qui pecuniam publicam retinent, nec ad aerarium deferunt (8): nisi professi sint, se eam habuisse, atque intra annum reddant; quo casu cessat residuorum actio, et retinens consideratur tamquam lisci debitor, sed post annum restituere praetermittens lege Julia residuorum tenetur (9). Ejusdem criminis rei fiunt praefecti militum, qui stipendia militaria sibi adnumeraria militibus non solvunt; cum et haec publica sint, adeoque ex retentione, vel non facta in destinatum usum erogatione crimen residui, vel peculatus contrahitur (10).

§ 2958. Poena legis Juliae de residuis pecuniaria est; nimirum reus pecuniam publicam fisco inferre jubetur, et amplius tertiam partem mulctae loco (11), aut duplum, si statutam auri quantitatem ad frumentum emendum in alios usus converterit (1).

§ 2959. Lege Julia de ambitu prohibitum fuit, ne quis clam emendicaret, vel pretio emeret populi suffragia ad honores obtinendos, centum aureis, et infamia alioquin puniendus (2); sed cessavit haec lex, postquam ad curam Principis creatio magistratuum pertinere coepit (3): quamquam, sicut ex jure Romano quisquis ad dignitates effertur jurare debet, se ad eas obtinendas nihil dedisse, nec promisisse (4); ita et minoribus plerisque in locis viget, atque apud nos regia sanctione firmatum est (5).

§ 2960. Plagium definiri, seu describi potest subtractio hominis liberi, vel servi: subtractionem dicimus, non furtum; cum plagium sine furto esse possit in eo, qui hominem non lucri faciendi caussa, sed alio fine abducit, vel celat (6); atque e converso furtum servi sine plagio committi potest, videlicet in eo, qui servum fugere volentem ope et consilio adjuvit (7). Rei plagii sunt, qui hominem emunt, vendunt, permutant, donant, donatum accipiunt, rapiunt, celant dolo malo (8).

§ 2961. Fabiae legis de plagiariis poena olim erat pecuniaria, postea in usu esse desiit, atque hujus criminis rei extra ordinem puniri coeperunt pro delicti modo, plerumque in metallum damnari (9), aliquando capitis poena affecti, puta illi, qui hominem liberum scienter vendiderint, vel emerint (10), vel asportaverint (11), praecipue filiosfamilias, parentibus ita inflicta orbitate (12). Moribus hodiernis plagium puerorum, si celandi animo commissum fuerit, morte alicubi punitur; sin alia de caussa, virgis, exilio, aut stigmate (13): alibi mitiori, vel graviori poena pro adjunctorum diversitate.

(1) *Reg. Constit.* lib. 4, tit. 34, cap 9, § 10.
(2) Ibid. § 11.
(3) Ibid. § 12.
(4) Ibid. § 14.
(5) Ibid. § 15.
(6) Fab. Cod. *De crim. sacrileg.* lib. 9. tit. 17, def. 1.
(7) l. *Lege Julia* 2; l. 4 § 4 ff. hoc tit.
(9) d. l. 4 § *Lege Julia* 3.
(8) l. *Sacrilegi* 9 § ult. ff. hoc tit.
(10) d. l. 2 et d. l. 4 § 4 ff. hoc tit.
(11) d. l. *Lege Julia* 4 § *qua lege Julia* 5 ff. hoc tit.

(1) l. ult. Cod. *De frument. urbis Constantinopolitan.* (11, 23).
(2) l. 1 § 1 ff. *De leg. Jul. ambit.* (48, 14).
(3) d. l. 1 in princ.
(4) l. ult. Cod. hoc tit.; Novell. 8 in fin.
(5) *Reg. Constit.* lib. 2, tit. 1, § 1.
(6) argum. l. *Verum est* 39 ff. *De furt.* (47, 2).
(7) l. *Non statim* 6 ff. *De leg. Fab. De plagiar.* (48, 15)
(8) l. 1 et 3 et seqq. ff. eod. tit.; l. 1, 2 et passim Cod. eod. tit. (9. 20).
(9) l. ult. ff. *De leg. Fab. De plagiar.* (48, 15).
(10) l. 1 ff. eod. tit.
(11) l. *Quoniam* 7 Cod. eod. tit. (9, 20).
(12) l. ult. Cod. eod. tit.
(13) Voet in ff. lib. 48, tit. 15 n. ult. in fin

FINIS

INDEX TITULORUM

LIBER TERTIUS

LIBER QUARTUS

INDEX TITULORUM

UNIVERSAE CIVILIS ET CRIMINALIS

JURISPRUDENTIAE

ORDINE ALPHABETICO DIGESTUS

A

D

E

F

H

I

J

L

P

Q

T

U

V

INDEX RERUM PRAECIPUARUM

QUAE

IN UNIVERSO CIVILIS, ET CRIMINALIS

JURISPRUDENTIAE

OPERE CONTINENTUR

NOT. *Numerus romanus indicat librum, arabus paragraphum.*

A

Absentis cura committi potest foeminae; imo etiam infanti. I, 1837 et 1838.
—— cura praecipue finitur redeunte absente. I, 1859.
—— cura post quod tempus finiatur? I, 1860 et 1864.
—— cura deficientibus consanguineis, qui nec viti rem suscipiunt, credi potest a judice cuicumque, dummodo idoneus sit. I, 1845.
—— curam ne procuratores quidem inviti suscipere coguntur, nisi litibus tantum detur procurator, aut magna necessitas aliud suadeat. I, 1846 et 1847.
—— curator in judicio omnia agere potest. I, 1852.
—— curator eligere potest actorem, seu procuratorem, qui litibus assistat, periculo tamen suo. I, 1854.
—— curator cavere tenetur, inspecto usu fori, datis fidejussoribus, etiam consanguineus sit. I, 1856.
—— curator ea solam fere bonorum custodiam habet. I, 1848.
—— curator ea omnia facere potest, quibus melior fiat bonorum absentis conditio: non autem quae personae cohaerent. Quare non potest petere restitutionem in integrum, nec transigere. I, 1817 et 3182.
—— curator potest adire haereditatem, atque agnoscere fideicommissum. I, 1852.
—— curator qui tamen bonis saltem datus sit, inventarium conficere debet. I, 1855.
—— curator jurare potest de calumnia, respondere positionibus, fateri aditionem. I, 1853.
—— curator rationes reddit, levem culpam praestat, atque pignoris nexu devincta habet bona pro officio administrationis: et vicissim contrariam actionem habet adversus absentem, et ad congruum stipendium. I, 1857 et 1858.
—— mors per solam famam aliquando probatur favore possidentis: non autem sufficit, cum de curatore dando, vel non dando quaestio est. I, 1829.
—— consanguinei in iis locis, in quibus ex lege municipali absens post certum tempus pro mortuo habetur, an perseverare possint post temporis lapsum in eadem cura. I, 1865 et 1866.
—— nomine possunt consanguinei, et amici bonorum possessionem petere absenti delatam. I, 1851.
ABSTINENDI jus an personale, an reale sit? I, 3106.
—— facultatem praetor liberis, aequitate suadente, concessit. II, 7366.
ABSTINERE potest tutor pupillum sine restitutione a paterna haereditate, cum jam eundem immiscuit: minori autem necessaria est restitutio. I, 2111.
Ex ABSURDIS, quae propter hominum fraudem, vel iniquitatem fluere videntur, concludi nequit ad falsitatem sententiae. I, 828.
ABSURDUM semper vitandum est in legum interpretatione; sed maxime cavendum, ne absurdum dicamus, quod non intelligimus. I, 33 et 34.
ABUSU amittitur privilegium: non tamen ipso jure, sed per judicis sententiam. I, 216.
ABUSUS gravis justa caussa est conductoris ante tempus expellendi: quid si pacta conductionis conductor non impleat? III, 2930 et 2931.
—— justa est caussa emphyteutam expellendi. III, 2087 et 2088.
ACCEPTILATIO vices solutionis aliquando obtinet. II, 6464.
ACCEPTILATIONE liberandus est debitor, cui liberatio legata fuit, si solus sit, vel correus non sit socius. II, 9038.
—— solvitur obligatio verbis contracta. III, 32.
ACCESSIO est adjectio unius rei ad alteram, cujus ope acquiritur dominium rei, quae alteri adjungitur. II, 548.
—— triplex est, naturalis, industrialis, et mixta. II, 550.
—— possessionis an, et quatenus prosit in usucapione. II, 1948 et seqq.
—— etiam dicitur emolumentum omne, quod ex re, vel occasione rei percipi potest. II, 804.
In ACCESSIONE principalis res existimatur, quae per se subsistit, quamvis minus pretiosa sit? II, 549.
Ad ACCESSIONEM industrialem referuntur specificatio, adjunctio, et confusio. II, 590.
—— naturalem pertinent foetus animalium, alluvio, insula in flumine nata, atque alvei mutatio. II, 551.
ACCESSORIA re legata pereunte, principalis debetur, non contra. II, 307.
ACCESSORIUM praesumitur solutum ex solutione principalis. II, 2880.
ACCIDENTALIA contractus vocantur, quaeque adjici, vel non adjici possunt pro arbitrio contrahentium. III, 626.
ACCRESCENDI jus. V. Jus accrescendi.
ACCUSARI potest usu fori unus simul de pluribus delictis. IV, 2454.
ACCUSASSE prior videtur, qui prius crimen denunciavit. IV, 2451.
ACCUSATI semel, et absoluti, vel levius puniti regulariter de eodem crimine rursus accusari nequeunt. IV, 2456 et 2457.
ACCUSATIO suspecti. V. Suspecti accusatio.
—— an, et quatenus usu fori vigeat. V. Crimen.
—— quid sit, quo differat a denunciatione, et quomodo fieri debeat? IV, 2444 et 2445.
—— non recipitur, nisi certa sit accusatoris persona. IV, 2459.
—— rei morte plerumque extinguitur. IV, 2465.
—— moribus plerarumque gentium privatis non conceditur. IV, 2466 et 2467.

ACTORIS simul, et rei partes quisque sustinet in judiciis duplicibus. III, 3474.
Ex ACTU etiam nullo dignoscitur testatoris, vel contrahentium voluntas. I, 198.
ACTU legato, an iter perperam adimatur? II, 1075 et seqq.
Ex ACTU nullo possessio transferri potest, dummodo vere primus possideat ille. II, 4674.
ACTUARIAE banchus apud nos inter immobilia recensetur. I, 2169.
ACTUS agentium non operantur ultra eorum intentionem. I, 196.
—— ita semper interpretandus est, ut potius valeat, quam corruat. I, 190 et 2352.
—— judiciales majorem vim habent ad consuetudinem inducendam, quam extrajudiciales. I, 369.
—— secundum consuetudinem non plene probatam bona fide gesti sustinentur, si jus alterius non laedant. I, 388.
—— tres regulariter non sufficiunt ad inducendam consuetudinem. I, 366.
—— est jus agendi jumentum, aut vehiculum. II, 1073.
—— secum trahit servitutem itineris. II, 1074.
—— servitutem non amittit, qui per longum tempus itinere tantum usus est. II, 1257.
ACTUUM frequentiam consuetudo requirit, qui sint uniformes, liberi, et eo consilio gesti, ut consuetudo inducatur. I, 358 ad 360.
—— minor numerus desideratur, in rebus minus frequentibus. I, 368.
—— numerus, et temporis spatium ad inducendam consuetudinem a judicis prudenti arbitrio pendet. I, 362.
ADEMPTIO, et revocatio odiosae sunt. I, 203.
—— haereditatis fieri potest, quamvis haereditas expresse in alium non transferatur. II, 5404.
—— haereditatis non valet, nisi translatio valet, vel nisi aliter caverit testator. II, 5405.
—— utrum collata sit in tempus acquisitae, vel acquirendae haereditatis maxime pendet ex differentia modi, et conditionis. II, 5407.
ADDICTIONIS in diem pactum illud est, quo convenit, ut venditio irrita fiat, vel firmetur, si alius intra certum diem meliorem conditionem obtulerit, vel non obtulerit. III, 2725.
ADIMERE potest testator haereditatem, vel legatum, si haeres, vel legatarius omiserit, quod facere jussus est, vel fecerit id, a quo eum abstinere praecepit. II, 5398.
ADIRE delatam haereditatem generatim possunt omnes, qui illius capiendae capaces sunt. II, 7483.
ADITIO praevia necessaria non est, ut peculii jure acquisita a filio bona pater, filio intestato decedente, ad haeredes suos transmittat. II, 4578.
—— quae per inofficiosi testamenti querelam rescinditur efficere non potest, ut contra voluntatem defuncti substitutus ab haereditate repellatur. II, 5675.
ADITIO fit verbis, vel factis. II, 7306.
—— haereditatis, nullo praefinito ad deliberandum tempore, per se non probat agnitum a filio judicium patris trebellianicam prohibentis. II, 10190.
ADJUDICATIO provisionalis facienda est pupilli gratia contra tutorem qui moras nectat in reddendis rationibus: vel qui retineat pupilli bona, cum hic necessariis alimentis caret. I, 2756 ad 2759
—— provisionalis decerni non potest contra fidejussorem tutoris, qui rationum redditioni non interfuit. I, 2760.
—— provisionalis regulariter fieri non potest contra pupillum favore tutoris, ne salarii quidem promissi nomine: nisi pupillus perperam differat rationes excipere. I, 2761.
—— bonorum mulieri, ex dote in tuto collocanda, ultra justum valorem irrita non est, sed excessus debetur creditoribus. II, 3446.
—— provisionalis creditoribus singulari privilegio utentibus, pendente instantia discussionis, dari aliquando potest, et debet: maxime si judicium diu adhuc protrahendum. sit. II, 8008 et 8009.
—— pendente lite decreta a singulis pignorum possessoribus creditori praestanda est. III, 1520.
—— provisionalis non semper fit favore ejus, qui publico contractu nititur, si aliqua sit praesumptio jam factae solutionis. IV, 90.
—— provisionalis lite pendente fit favore illius, quem constat jus aliquod habere. IV, 2007.
ADJUNCTA, seu circumstantiae septem numerantur a philosophis, et theologis, quis, quid, ubi, quibus auxiliis, cur, quomodo, quando. I, 183 in not.
—— alia speciem mutant, alia aggravant, alia neutrum praestant. I, 184 in d. not.
ADJUNCTIO duobus modis contingit, vel cum una res alteri jungitur, ut eam ornet; vel cum ei tamquam basi, et fundamento inhaeret. II, 601.
Ex ADJUNCTIS aliquando diversa praestituitur juris regula, aliquando non. I, 183 ad 185.
ADMINISTRATIO bonorum filii auferri non debet patri, qui bonis cesserit: nisi ex prodigalitate, vel alio vitio ad inopiam redactus sit pater. II, 4703.
—— bonorum pendente cognitione non adimitur accusato, nisi agatur de crimine perduellionis, aut repetundarum. IV, 2402.
ADMINISTRATIONIS jus in patre sufficit, quamvis peculii adventitii usufructu non potiatur, ut solutio ei facta liberationem pariat. II, 4711.
—— gestae caussa reus forum sortitur. IV, 1899.

Affines qui parentum, et liberorum imaginem referunt, jure civili matrimonio jungi nequeunt, sub poena incestus juris gentium. I, 770.
—— nec vetere, nec novo jure ad intestatam successionem admittuntur. III, 33.
AFFINITAS est vinculum personarum ex justa, vel injusta copula proveniens. I, 762.
—— ex copula illicita, nuptias non impedit jure naturali in quocumque gradu, vel linea. I, 771 et 772.
—— in linea collaterali ex matrimonio proveniens conjugium non irritat jure naturae. I, 773.
—— in primo gradu rectae lineae an matrimonium jure naturali prohibeat? I, 774 ad 778.
—— ex matrimonio proveniens jure Ecclesiastico intra quartum gradum nuptias prohibet; alias intra secundum. I, 766.
—— jure Ecclesiastico durat etiam solutis nuptiis, non jure civili. I, 768.
—— secundum jus civile non oritur, ubi nuptiae non sunt, quoad civiles effectus, non quoad prohibitionem matrimonii. I, 762 et 1033.
AFFINITATIS gradus quomodo computentur? I, 767.
AFFINIUM nomina quae sint? I, 764.
AFFLICTIO afflicto addenda non est. I, 775.
AGGEREM ex una ad aliam ripam, sine quo molendina inutilia fierent, extruere potest, quis jus molendini super flumine praeoccupatione sibi quaesivit: praestita tamen cautione de damno infecto, si inferiori damnum immineat. I, 69.
AGGERES in flumine an struere liceat. II, 51.
AGNATI ante cognatos debent alimenta, si cognatis exclusis ad successionem vocentur. I, 575.
—— ob commodum successionis ad tutelam vocantur. I, 1460.
—— proximiores tutelam suscipere debent, nisi foemina proximior sit. I, 1462 et 1463.
—— jure vetere Romanorum usque ad decimum gradum; cognati usque ad sextum, vel septimum ab intestato succedebant. III, 321.
AGNATIO praesumitur contemplata a testatore, qui agnatos ad successionem vocet per plures substitutionum gradus ordine primogeniali. II, 9591.
—— praesumitur contemplata, si testator foeminas a propria successione excluserit, easque dotaverit. II, 9596.
—— facile non praesumitur contemplata a testatore, qui perpetuum fideicommissum instituere voluerit, etiamsi masculos solos ad illud invitaverit. II, 9599.
—— quibus modis contemplata demonstratur a testatore, qui filios in conditione fideicommissi posuit. II, 9993.
Agnatio non consideratur in haereditate foeminae. III, 151.
AGNATIONE, vel quasi agnatione sui haeredis rumpitur testamentum. II, 6409.
De AGNATIONE aliena conservanda testator vix creditur sollicitus: nisi haeres nomen, et arma testatoris assumere jussus sit. II, 9994.
AGNATIONEM propriam, si neglexit testator, sollicitus non praesumitur de aliena conservanda. II, 9598.
AGNATIONIS contemplatio favorabilis censetur: atque in dubio praesumitur contemplata a statuto exclusivo foeminarum. I, 340.
—— contemplatio non praesumitur, sed probari debet. II, 9590.
—— contemplatae conjectura desumitur ex prohibita alienatione bonorum, addita ratione, ut eadem bona in familia conserventur. II, 9593.
—— contemplatio non deducitur ex praecepto deferendi arma, et cognomen testatoris. II, 9597.
AGNATO proximiore excusato, vel remoto locus fit tutelae dativae: nisi duo sint in eodem gradu, et unus tantum excusetur, vel removeatur. I, 1465.
AGNATORUM nomine in fideicommissis soli intelliguntur, qui ex linea masculorum progeniti sunt. II, 9640.
AGNATUS proximior solus tutelam gerit: si plures sint in eodem gradu, omnes tutelae subjiciuntur. I, 1464.
—— qui haereditatem adierit ab intestato, priusquam testamentum prolatum sit, in possessione prae testamentario haerede retineri debet. II, 7674.
—— proximus intestatam defuncti successionem olim habebat, si nemo ex descendentibus superesset. III, 174.
AGNOSCENDI verbum non simpliciter indicat actum ejus, qui scit et consentit, sed qui probat. I, 2737.
AGRI deserti utrum alienari possint ab universitate sine solemnibus? II, 554.
ALBINI. V. Alienigenae.
ALIENANDI facultate usufructuario tributa, an legatum ususfructus abeat in legatum proprietatis? II, 1351 et seqq.
—— facultas usufructuario tributa quid importet? II, 1354 et 1355.
—— prohibitio facta usufructuario legati naturam non immutat. II, 1356 et seqq.
—— facultas indistincte permissa haeredi gravato arbitrio boni viri explicari debet. II, 10063.
—— facultas, qua haeres gravatus usus non sit, nullos parit effectus. II, 10081.
—— facultate rei dominus interdum caret. II, 10031.
—— prohibitio inter vivos facta non impedit dominii translationem. III, 2389 et 2390.

ALIENATIONIS rerum pupillarium solemnitates nostro jure praescriptae quae sint? I, 2235 et seqq.
—— facultas concessa non intelligitur per veniam aetatis. I, 2321.
—— prohibitio fructuario facta ususfructus legatum non vertit in legatum proprietatis. II, 1364.
—— nomine, cum de fundo dotali agitur, non tantum venit omnis actus, per quem rei dominium transfertur, sed ille etiam, quo jus in re imminuitur. II, 3335.
—— prohibitio patri usufructuario facta non impedit, quominus pater legitimus sit administrator honorum filii. II, 4763.
—— prohibitio tacitum fideicommissum potest inducere. II, 6828.
—— sola prohibitio non sufficit ad inducendum fideicommissum, nisi praeterea demonstrentur personae, quarum favore prohibitio cedat. II, 9722 et sequ. *tum* 9822.
—— prohibitio non egreditur casus nominatim comprehensos. II, 9725.
—— prohibitio facta favore certae personae, non tamen adjecta caussa, an inducat fideicommissum absolutum, an conditionale tantum? II, 9826 et 27.
—— prohibitio aliquando fieri potest ad abundantiorem cautelam. II, 9842.
—— prohibitio extra casus a testatore expressos, vel personas nominatas, facile extendi non debet. II, 9846.
—— verbum proprie usurpatur ad significandos actus inter vivos: aliquando tamen postremis voluntatibus accommodatur. II, 10057.
—— prohibitio facta a judice impedit ne rei dominium transferri possit. An eadem vis sit denunciationis extrajudicialis? III, 1151 et 1152.
ALIENIGENA actor an in judicio civili satisdare cogatur de judicato solvendo? IV, 447.
ALIENIGENAE, et viatores tenentur legibus loci, quarum violatio publicam pacem turbare potest; tum iis, quae actuum solemnitates praescribunt. I, 167.
—— seu albini an privilegiis subditorum utantur? I, 483 ad 485.
—— apud plerasque gentes ad intestatam successionem non admittuntur. III, 36.
—— non succedunt in fideicommisso, vel primogeniis actu inter vivos institutis. III, 43.
—— excluduntur a successionibus, quarum conditio port legem repellentem existit, quamvis, ante eam dispositae sint. III, 47 et 48.
ALIENIGENIS an sint annumerandi, qui per longum tempus morantur extra ditionem, sed sine consilio mutandi domicilii. I, 486 et 487.
—— testamenti factio non competit, nisi litteras naturalitatis a Principe obtinuerint, vel nisi mutuu successionis communio inducta sit. II, 6742.
ALIMENTA debent omnes ascendentes paterni, et materni, servato tamen ordine, et gradu conjunctionis. Mater primo triennio alimenta praestat, deinde pater. I, 539.
—— sibi debent conjuges, quamvis mulier sit indotata. I. 556 et 557.
—— non debent conjuncti in gradu remoto, nisi ex aequitate. I, 559.
—— a descendentibus debentur, primo patri, deinde matri, tum caeteris ascendentibus paternis, postremo maternis. I, 574.
—— non debentur filio, qui sine justa caussa detrectat cum patre habitare. I, 583.
—— non debentur filio, qui ingratitudinis reus sit, ob quam possit exhaeredari: nisi criminis eum poeniteat. I. 585.
—— filiis delinquentis debentur a fisco. I, 553.
—— debentur filio gravis criminis conscio, et ex propria culpa ad inopiam redacto. I, 564 et 565.
—— debet frater dives fatri etiam uterino, naturali, et spurio. I, 541.
—— debentur genero, et nurui: et vicissim; non privignis, sed viceversa. I, 560.
—— pendente lite debentur ei, qui agit ad bona, quae sua esse contendit, si aliquam praesumptionem pro se habeat, tum et haeredi beneficiato pendente inventario, si nihil aliunde habeat. I, 571.
—— debentur matri adulterae; atque in subsidium filiae, quae contra patris voluntatem nupsit. I, 585.
—— er litis expensas dare vir debet mulieri, quam ex superiore adulterio demo expulit, si et ipsa viri mores accuset. I, 994.
—— non debentur mulieri sine justa caussa divertenti. I, 558.
—— parentibus debent filii, nepotes patruis. I. 553 et 554.
—— debet pater filiis non tantum legitimis, sed naturalibus, et spuriis. I, 561 et 562.
—— debet pater filio, tum ejus uxori, et liberis; quamvis filium indignam duxerit, vel indotatam, invito etiam patre. I, 566 et 567.
—— praestare debet in primis pater, excepto primo triennio, tum avus, et caeteri ascendentes paterni: his deficientibus, mater, et materni ascendentes. I, 572 et 573.
—— debent patruus, donatarius ex aequitate, haeres. I, 542 et seqq.
—— non debentur puellae a filio corruptae sub spe matrimonii. I, 568.
—— non debentur a singulari successore: nisi bona jam essent obligata, vel fuerint in fraudem distracta. I, 552.
—— non praesumuntur donata: nisi donatio demonstretur. I, 588.
—— ex praevia obligatione debita a singulis cohaeredibus in solidum praestatur: debita autem ex aequitate, vel legis sanctio ne pro

portionibus haereditariis: nisi bona prius fuerint obligata. I, 547 ad 550.

ALIMENTA legari possunt illis, qui juris civilis communione non gaudent; quales sunt deportati, e servi poenae. I, 1511.

—— in linea collaterali debentur primo a fratre, tum a patruo, postea a caeteri consanguineis; affinibus, et successoribus universalibus. I, 575.

—— tantum deheri a die mutae litis, quo sensu dicatur? I, 582.

—— non debet, qui vix seipsum sustentare potest. I, 584.

—— a consanguineis non petuntur per viam actionis, sed implorato judicis officio. I, 579.

—— praeterita filio donata non restituit pater. I, 582.

—— prius debentur ex usufructu, si modo reditus supersint, quam ex proprietate. I, 551.

—— pupillo suppeditanda sunt a tutore: praestita praesumuntur. I, 1974.

—— liberis defuncti mariti, pro parte, suppeditare debet mulier usufructuaria omnium bonorum. II, 1525.

—— et litis sumptus adjudicantur filio, qui inofficiosae donationis praesumptionem pro se habet. II, 2537.

—— sorori inopi debentur a fratre locuplete. II, 2748.

—— dari debent mulieri etiam diviti, quamdiu dubitatur, utrum dos penes maritum sit, nec ne. II, 3248.

—— et dos in pluribus conveniunt. II, 2721.

—— utrum filius teneatur suppeditare matri, quae propter adulterii crimen marito vivente patratum dotes suas amisit? II, 3857.

—— filius matri adulterae denegare potest si haec in crimine perseveret. II, 3859.

—— quae pater, aut mater conjugibus suppeditavit, constante matrimonio, cum dote an restituenda sint? II, 3892.

—— mulieri intra annum luctus, quod dotis restituendae onus non incumbit, an suppeditentur ex usu fori, nec non caetera ad victum, et vestitum necessaria? II, 3808 *tum.* 1407.

—— mulieri intra annum luctus debentur, quamvis aliunde habeat, quo sibi prospiciat. II, 3809.

—— mulieri non debent, elapso luctus tempore, haeredes, quamvis sint in mora dotis restituendae. II, 3810.

—— post annum luctus jure petit mulier, quum intra id tempus pertinaciter denegarunt haeredes. II, 3814.

—— viduae debentur intra annum luctus. II, 3771.

—— praeterita, quae nonnisi implorato judicis officio obtineri possunt, plerumque non debentur. II, 3813.

ALIMENTA praeterita debentur mulieri, quae aes alienum contraxit, ut eadem sibi pararet. II, 3816.

—— et vestiaria ita relicta, quoad cum Titio legatarius moraretur, mortuo Titio adhuc debentur: si modo, Titio, vivente, legatarius conditionem impleverit. II, 5377.

—— pro modo facultatum, et inopia conquerentis suppeditari debent illi, qui de inofficioso testamento egit, et obtinuit, si victus haeres fuerit. II, 6712.

An ALIMENTA ab uno ex pluribus haeredibus in solidum peti possint? II, 7873.

ALIMENTA pendente inventario suppeditanda sunt haeredi inopi, caeterisque, quibus actionis jure, vel judicis officio a defuncto debebantur. II, 7978.

—— post coeptam discussionis instantiam denegantur haeredibus cum beneficio inventarii, nisi propria, et certa jura habeant, vel idonee de restituendo caveant. II, 8001.

—— et vestes, etiam coepta discussionis instantia, in bonis mariti suppeditanda sunt uxori, donec dos restituta fuerit, nisi certum sit, potiori jure caeteros creditores gaudere. II, 8002.

—— usque ad pubertatem relicta debentur masculis ad annum decimum octavum, foeminis ad decimum quartum. II, 7139.

—— relicta usque ad majorem aetatem, non debentur usque ad annum vigesimum quintum in locis, in quibus major aetas anno vigesimo completo incipit. II, 8784 et 8785.

—— cognatis relicta, quae vivus testator praestare solebat, debentur ei, quem testator cognatum appellabat, si et huic vivens praestiterit. II, 8952.

—— sub se continent cibaria, vestitum, et habitationem, nec non ordinarias infirmitatum expensas, et funeris. II, 8851.

—— interdum ab uno ex haeredibus judex praestari decernit. II, 8862.

—— solvuntur ex fundi fructibus. II, 8867.

—— legata statim a morte testatoris solvuntur neutiquam expectata haeredi mora. II, 8868.

—— legata debentur statim a morte testatoris, quamvis relicta sint contemplatione oneris, quod statim impleri nequeat. II, 8869.

—— legata per totum vitae tempus legatarii debentur, quamvis adscripta amplius impleri non possint. II, 8876 et seqq.

—— legata ab haerede haeredis, atque etiam a fisco ad quem haeredis bona devoluta sint, praestari debent. II, 8880.

—— legata praestanda sunt ab usufructuario. An hujus morte desinant? II, 8881.

—— legatariis haeredibus relicta perpetua sunt, atque ad omnes haeredes pertinent. II, 8882.

tur instrumento, aut legitima scriptura; aut res scripturam necessario desideret. IV, 2046.
ARTIUM liberalium professores a tutela, et cura excusantur. I, 2521 ad 2523.
ASCENDENTES materni nepotem naturalem instituere possunt, et debent perinde ac mater filium. II, 5932.
—— a tritavo, et infra generali nomine *parentes* dicuntur: *majores* autem, vel *antecessores*, qui supra tritavum sunt. II, 7341.
—— cum defuncti fratribus succedentes virilem haereditatis partem consequuntur. III, 218.
—— tum paterni, tum materni ex aequo succedunt liberis in bonis aliunde quaesitis. II, 201.
—— proximiores in successione intestata descendentium praeferuntur remotioribus. III, 186.
—— remotiores succedunt ab intestato descendentibus in stirpes, non in capita. III, 200.
ASCENDENTIUM, et descendentium nomina, eorumque gradus. I, 728.
In ATRIO, seu vestibulo communi, invito socio, nihil permittitur, quod vicino noceat. II, 1059.
ATRIUM ne a judice quidem dividi potest, nisi uterque dominus consentiat. II, 1060.
ATTENTARE potest judex, appellans tertius, appellatus. IV, 2174.
—— non videtur judex exequens interlocutoriam sententiam, quae per definitivam emendari potest: nisi de provisionali adjudicatione agatur. IV, 2380.
ATTENTASSE in praejudicium litis pendentis judicatur, qui contractum exequitur, dum agitur caussa restitutionis in integrum. I, 3199 et 3200.
—— non judicatur, qui utitur jure suo. IV, 2378.
ATTENTATA in spretum appellationis in pristinum reducenda sunt. IV, 2373.
ATTENTATORUM quaestio summarie definienda est, non dilata interim cognitione caussae principalis. IV, 2364.
—— revocationem judex ex officio praescribere potest. Quae veniant in judicio attentatorum? IV, 2376.
ATTENTATUM. V. Opus.
—— dicitur, quidquid fit in odium litis. IV, 2382.
AUCTORITAS est approbatio contractus a pupillo, vel minore celebrati. I, 2423.
—— tutoris requiritur, quoties pupillus alteri obligatur, vel res proprias in eum transferre debet. I, 2430, 2431 et 2436.
—— tutoris necessaria non est, ut obligetur pupillus ex re ipsa, ex delicto, vel ex quasi contractu. I, 2441 ad 2443.
—— tutoris requiritur, ut pupillus adeat haereditatem ab extraneo delatam: tum ut agnoscat fideicommissum, vel legatum, quod restituere debeat. I, 2432 ad 2434.
—— a tutore libere interponi debet, et ex certa scientia. I, 2425.
Auctoritas pure a tutore praestanda est, quamvis contractus conditionalis sit. I, 2426.
—— unius tutoris regulariter sufficit ad firmandos contractus, qui a pupillo geruntur. I, 2450.
AUCTORITATE tutoris deficiente non obligatur civiliter pupillus, attamen efficaciter obligantur, qui cum ipso contrahunt. Sed si pupillus implementum contractus urgere velit, debet illum ex sui parte implere. I, 2436 et seqq.
AUCTORITATEM impertiri nequit tutor pupillo, cum de ipsius re directo agitur. I, 2446 et 2447.
Ad AUCTORITATEM interponendam ex justa caussa cogi potest tutor a judice. I, 2449.
—— usu fori impertiri potest tutor absens. I, 2427 et 2428.
—— impertiri non potest tutor, nisi pupillus infantiam egressus fuerit. I, 2422.
AVRANII judicium de pragmaticis, qui theoricam jurisprudentiam contemnunt. I, 159.
AUFERTUR interdum tamquam ab indigno haereditas, vel legatum, et fisco adjicitur: aliquando ad illos pervenit, qui post indignum testatoris voluntatem, vel legis sanctionem pro se habent. II, 9180.
AUGMENTI dotalis conditio per pacta melior effici potest. II, 4283.
—— dotalis eadem fere ac dotis conditio est. II, 3797.
—— conditio non potest fieri deterior, si ita consuetudine inductum sit. II, 4254.
—— dotalis consuetudinarii conditio apud Sabaudos deterior per pacta effici non potest. II, 4249.
—— dotalis quantitas secluso speciali pacto ex dotis comparatione aestimatur, sive quantitate dotis, habito respectu ad tempus, quo constituta fuit. Quid si dos ex casu fortuito augeatur, vel minuatur? II, 4175.
—— dotalis quantitas apud Sabaudos debetur ad concurrentem dimidiae dotis quantitatem: apud nos quarta dotis pars est, vel tertia in nobilibus. II, 4184.
—— dotalis quantitas ex partium conventione augeri, vel minui potest, nisi statutum, vel recepta consuetudo obstet. II, 4185.
—— dotalis consuetudinaria quantitas non debetur, si mulier universa bona sua in dotem dederit, nec mariti facultates eorum augmento idoneae sint. II, 4186.
—— dotalis quantitas, cum dotis aestimationi respondent facultates mariti, arbitrio boni vi statuitur, inspecta personarum conditione, facultatibus mariti, atque etiam habita dotis quadam proportione. II, 4187.
—— dotalis quantitas non una ubique est, sed pendet a consuetudine locorum, statutis, vel speciali conventione, ubi haec non prohibetur in mulieris detrimentum. II, 4174.

B

cae ab extraneis tuendae, aut vindicandae caussa. II, 481.
BELLUM aliud est defensivum, aliud offensivum. II, 482.
—— chistianis licitum est, dummodo fiat publica auctoritate, aut ex justa, et gravi caussa, quae in bello a Principe Supremo indicto semper praesumitur. II, 483.
BENEDICTIO sacerdotalis jure, quo nunc utimur, ad validitatem matrimonii necessaria non est. I, 899.
BENEFICIA Principum late sunt interpretanda, dummodo jus alterius non laedant. I, 89.
BENEFICII ecclesiastici fructus pleno jure ad filiumfamilias pertinent, patre excluso. II, 4563.
—— unius electio alterum non perimit, nisi contrarium sit. II, 7903.
BENEFICIO unusquisque adjuvari debet, non decipi. II, 4189.
—— competentiae in dote restituenda maritus renunciare non potest. II, 4865.
—— competentiae fidejussor mariti non utitur. II, 3868.
—— competientae gaudet defensor. II, 3870.
A BENEFICIO competentiae excluduntur maritus, et caeteri, si dolo fecerint, quominus solidum solvere possint. II, 3874.
Ex BENEFICIO percepti fructus, vel pendentes, cum beneficiarius moritur, quorum lucro cedant? II, 4567.
BENEFICIUM cedendarum actionum habent fidejussores tutorum. I, 2813 et seqq.
—— cedendarum actionum, et divisionis habent tutores, si caeteri solvendo sint. I, 2943 et 2944.
—— divisionis. V. DIVISIONIS.
—— ordinis retinet fidejussor, qui se rationes redituturum spoponderit, nisi expresse ei renunciaverit. I, 2902 ad 2906.
—— ordinis, seu excussionis competit fidejussoribus tutorum, et curatorum. I, 2907 et seqq.
—— invito non datur. II, 187.
—— competentiae donatori tribuitur. II, 2193.
—— competentiae donator habet, quamvis constituerit se soluturum, quod promisit. II, 2551.
—— competentiae non habet, qui alicui se ex alterius voluntate daturum promisit, quod alteri donatum volebat. II, 2355 et 2356.
—— competentiae habet extraneus, qui mulieri ipsi directe, et immediate donationem acquiri voluit. II, 3216.
—— competentiae indultum non est odio eorum, qui dotem repetunt, sed favore illus, a quo dos postulatur. II, 3871.
—— competentiae denegatur conjugi, qui alterius bona amovit. II, 4051.
—— competentiae non habent mariti haeredes. II, 3866.
—— competentiae tribuitur socero, quem nurus ad dotem restituendam conveniat; eadem est caussa liberorum. II, 3871.
BENEFICIUM competentiae maritus potest ammittere ex dolo. II, 3875.
—— inventari impedit confusiones actionum, quas haeres contra defunctum habet; non eximit haeredem ab obligatione adimplendi contractus a defuncto celebrati, neque a praestanda evictione. II, 4659.
—— mulieri tributum, ut intra annum luctus alimenta recipiat, personale est, nec ipsius haeredibus prodest. II, 3817.
—— competentiae competit donatoribus, fratribus, atque haeredi cum beneficio inventari. IV, 3549.
—— competentiae quibus casibus denegetur filio? IV, 414.
—— competentiae quibus competat? An in executione judicati objici possit? II, 7775 et 7776.
—— divisionis habent fidejussores, licet non intercesserint eodem modo, nec eodem tempore. Quid si pro fiscali debito fidejusserint? III, 2161.
—— divisionis an competat fidejussori de reo sistendo, vel judicato solvendo? IV, 469.
BIBLIOTHECA studiorum an peculio quasi castrensi adnumeranda sit? III, 470.
BIGAMI jure Ecclesiastico a Sacris ordinibus repelluntur. I, 1048.
BINUBA non habet proprietatem augmenti dotalis; etiamsi dimidium in proprietatem elegerit. I, 1073 ad 1075.
—— non habet proprietatem augmenti dotalis, quamvis ipsi concessum sit a filiis ea clausula, ut libere habeat, et de illo faciat quidquid voluerit. I, 1078.
—— mater eavere debet praestitis fidejussoribus pro bonis a defuncto conjuge habitis, quorum proprietatem filiis reservat. I, 1129 et seqq.
—— habet proprietatem eorum, quae vir ipsi donaverit in remunerationem, vel ex contractu reciproco. I, 1080.
—— mater adhuc habare potest filiorum educationem potissimum si tutelae prosecutionem a Principe obtinuerit. I, 1243 et 1244.
—— habet proprietatem fructuum perceptorum ex donatione ante nuptias, vel alia re a viro habita, qui consumpti non sunt, cum ipsa decedit. I, 1081.
—— amittit proprietatem legati simpliciter relicti. I, 1083.
—— non privatur legato a priore viro ipsi relicto sub ea conditione, si caste, et honeste viveret; extantibus tamen liberis ejus usumfructum dumtaxat habet, proprietate filiis reservata. I, 1055 ad 1058.
—— mater, quae aetate minor sit, in integrum restituitur. I, 1260.
—— amittit omnia privilegia mariti; quamvis liberi non supersint. I, 1270.
—— intra annum luctus olim etiam a testamen-

taria filiorum successione repellebatur. I, 1247.

Binuba post annum luctus olim tantum succedebat in usufructu, postea reservatio proprietatis restricta est ad ea bona, quae ex paterna substantia ad filios pervenissent. I, 1248 et 1249.

—— mater privatur legitima filiorum successione, si secundas nuptias ineat non petito tutore, non redditis rationibus, nec reliquis persolutis. I, 1253.

—— mater olim ad legitimam filiorum haereditatem admittebatur. I, 246 et seqq.

—— mater jure novissimo bonorum per successionem testamentariam ad ipsam provenientium usumfructum, et proprietatem habet. I, 1251.

—— mater bonorum a patre profectorum solum usumfructum habet: plenam autem proprietatem eorum quae ad filios aliunde pervenerunt. I, 1252.

—— solom usumfructum habet jocalium, aliorumque munerum, quae tempore sponsaliorum a sponso habuit: secus si ab extraneo donata sint contemplatione sponsi. I, 1078 et 1079.

—— amittit ea, quae testamento, quo tutrix fuit designata, ipsi relicta sunt, nisi prius rationes reddiderit, reliqua solverit, et tutorem dari curaverit. I, 1254.

—— extra legis poenam esse potest ex specialibus adjunctis, maxime si filius damnum passus non sit ex secundis matris tutricis nuptiis. I, 1259.

—— mater ad successionem admittitur, si filius pubes, et intestatus decedat. I, 1257.

—— mater non privatur sucessione: nisi demonstretur filiorum tutelam suscepisse; nec si festinandarum nuptiarum licentiam a Principe impetraverit. I, 1255 et 1256.

—— non privatur tutela filiorum testamentaria. I, 1241.

—— retinere potest tutelam ex Principis indulgentia. I, 1242.

—— etiam post contractas nuptias potest veniam a Principe impetrare, si filius impubes nondum decesserit, etiam non exquisito consensu agnatorum. I, 1257.

—— non petito tutore, nec reliquis persolutis, retinet usumfructum legitimae. I, 1258.

—— jure novissimo non retinet, quae sub conditione viduitatis relicta sunt. I, 1262 et seqq.

—— olim non amittebat relicta sua conditione viduitatis, qummodo jurejurando affirmaret, liberorum suscipiendorum gratia se novas quaerere nuptias. I, 1261.

—— retinet usumfructum a conjuge legatum, nisi aliud cautum sit. I, 1081.

—— mulier res immobiles, quae ex donatione propter nuptias consecuta est, libere administrat, sed alienare non potest, si supersint filii prioris matrimonii. Quid si donatio propter nuptias rebus mobilibus constet? II, 4261.

Binuba mulier intra annum luctus olim neque haereditates, nec legata, nec fideicommissa, nec mortis caussa donationes capere poterat. Quid usu fori obtineat? II, 5025.

Contra BINUBUM in dubio respondendum est. I, 1049.

BINUBUS aequalitatem inter liberos omnes servare debet pro bonis propriis parentis. I, 1124.

—— non tenetur servare aequalitatem inter liberos utriusque matrimonii. I, 1190.

—— pater cavere tenetur pro legatis, quae filio sub conditione, aut in diem dare jussus sit. I, 1272.

—— pater non tenetur cavere pro bonis, quorum proprietas ad filios pertinet: ejus tamen bona pro restitutione sunt obligata: cavet mater datis fidejussoribus. I, 1128 et seqq.

—— ex consensu prioris conjugis secundis nuptiis praestito expresse, vel tacite retinet proprietatem bonorum, quae conjux libere ipsi reliquit; non eorum, quae per legis sanctionem ad conjugem perveniunt. I, 1115 et 1116.

—— an ex consensu filiorum proprietatem retineat? I, 1107 ad 1112.

—— proprietatem servare non potest ex consensu tutorum, vel Principis nuptiis dato. I, 1113 et 1114.

—— honorum proprietatem non habet odio superstitum liberorum; quamvis ad viduitatem redigatur. I, 1122.

—— extantibus liberis, nec alienare, nec obligare potest bona a priore conjuge habita. I, 1123.

—— peccat contra defunctum conjugem, et eorum liberos. An et contra se ipsum? I, 1049 et seqq.

—— potest plus relinquere filiis secundi conjugis, seu privignis, quam propriis liberis. I, 1201.

—— non juvatur promissione vivo parenti a filiis facta, qua spoponderint, se non vindicaturos, quod ultra filialem portionem secundo conjugi relictum fuerit. I, 1157.

—— cavere non potest ut executor testamentarius certam pecuniae summam in secretos usus impendat. I, 1173.

—— non potest plus relinquere ultima voluntate, nec plus conferre inter vivos secundo conjugi, quam uni ex liberis prioris matrimonii, cui minimum relictum sit. I, 1139.

—— etiam indirecte, seu per interpositam porsonam secundo conjugi plus relinquere prohibetur, quam uni ex liberis prioris matrimonii. I, 1172.

—— non potest testamento cavere, neque directe, ne liberi odio secundi conjugis sibi vindicent, quod huic ultra filialem portionem relictum est I, 1153 ad 1156.

Binubus qui secundo conjuge et filiis aeque institutis, impensarum funeris modum arbitrio secundi conjugis permittit, aequalitatis legem evertere videtur. I, 1195.
—— potest plus relinquere filiis secundi matrimonii, quam primi: nisi in fraudem legis hoc factum probetur. I, 1182 et seqq.
—— privatur proprietate eorum omnium, quae quomodocumque habuit ex substantia prioris conjugis, retento tantum usufructu. I, 1061.
—— non amittit proprietatem bonorum, quae ipsi relicta sunt contemplatione prioris conjugis. I, 1069.
—— retinet proprietate bonorum, quae a priore conjuge acquisivit, si nulli extent liberi, vel isti praemoriantur. I, 1119 ad 1121.
—— plenam proprietatem habet bonorum, quae per mortem fratris ad alium fratrem pervenerunt, postea ad binubum. I, 1064.
—— habet proprietatem eorum, quae ex intestata filiorum successione ipsi acquisita ad filium aliunde pervenerunt, quam a patre, etiamsi ab avo paterno. I, 1063.
—— plenam proprietatem habet eorum omnium, quae filiis ex paterna substantia quaesita non sunt; quamquam patris occasione. I, 1067 et 1068.
—— pater non amittit usumfructum bonorum dotalium; quamvis adsint liberi, nisi ea dilapidet. I, 1071 et 1072.
—— parens solum usumfructum habet bonorum, quae ex successione legitima filiorum ad ipsum pervenerunt. I, 1062.
—— legitimae filiorum solum usumfructum habet. I, 1063.
—— privatur proprietate bonorum per solum matrimonium ratum: non autem irritum, quamvis consummatum. I, 1117 et 1118.
—— pater amittit, quae ipsi a defuncta uxore relicta sunt sub lege continentiae. I, 1271.
—— conjux secundo conjugi testamento amplius relinquere non potest, quam reliquerit uni ex liberis prioris matrimonii, cui minimum relictum sit. Quid jure nostro de conjugibus statuatur? II, 4936.
BONA allodialia a nobilibus acquisita immunia non sunt ab oneribus. I, 509.
—— feudalia non solvunt tributa, praeterquam ea quae pro constructione et manutentione viarum penduntur. I, 509.
—— ecclesiastica an sacra sint? II, 9.
—— Fides. V. Fides.
—— nondum incorporata an possit universitas sine solemnibus alienare. II, 291 ad 293.
—— adventitia filii quorum usumfructum pater habet, non subsunt praescriptioni, nisi soluta patria potestate. II, 1813.
—— quae mulieri obvenerunt inter primas, et secundas nuptias, in secundam dotem constituta non existimantur, quamvis omnia bona sua mulier dederit; nisi expressa futurorum mentio facta sit. II, 2958.
Bona fideicommissaria, seu quae mulier per fideicommissum restituere debet, non continentur in dote bonorum omnium. II, 2961.
—— futura generali donatione continentur, quoties hanc esse donantis voluntatem apparet. II, 2210.
—— futura donata non reputantur, cum quis dixit, se omnia donare conditione adjecta, si decesserit sine liberis. II, 2213.
—— paraphernalia non potest maritus administrare, nisi uxor sponte consentiat. II, 2688.
—— patrimonialia clerici sine licentia Episcopi donare prohibentur, nisi beneficium habeant, vel aliud, unde vivere possint. II, 2182.
—— vacantia, fisco nondum nunciata, usucapione acquiruntur. II, 1805.
—— mobilia testatoris ad eos pertinent, quibus legitimam successionem deferunt leges loci, in quo domicilium habet testator, ubicumque bona haec reperiantur. II, 4106.
—— a patre profecta ad patrem reverti debent. II, 4626.
—— clericis in clericatus gradu et loco viventibus acquisita, peculii quasi castrensis indolem habent, quamvis sub patris, vel alterius paterni ascendentis potestate constitutis. II, 4558.
—— peculii castrensis a fratre milite fratri relicta, pristinam conditionem et privilegium amittunt, cum ad fratrem perveniunt, atque adventitii peculii naturam induunt. II, 4574.
—— quae sponsus a sponsa, aut vicissim acquisivit, lucris nuptialibus continentur, quorum proprietas filii est, vel filiae, solo usufructu patri concesso. II, 4503.
—— adrogati, quae aliunde habuit, quam a patre adrogatore, ad legitimos haeredes perveniunt. II, 5784.
—— inter haereditaria an computari possit, quod naturaliter debetur, vel nomen debitoris, qui solvendo non est? II, 9350.
—— probantur feudalia, vel emphyteuticaria ex unica recognitione. Quid de instrumentorum allegata amissione? IV, 510.
BONIFACII VIII sententia de privilegiis concessis ad beneplacitum explicatur. I, 228.
BONIS debitoris curator quibus in casibus detur, I, 1775 et seqq.
—— in paraphernalibus lucrum marito non debentur. II, 4135.
BONORUM appellatio res omnes etiam incorporales complectitur. I, 2132.
Reliqua vide in verbo Res.
—— qualitas et conditio mutatur ex mutatione personae. II, 3181.
—— paraphernalium alienatio rescinditur, si maritus graves minas aut verbera adhibue-

fit, ut mulierem ad consensum traheret, quamvis laesa non sit mulier, neque doli particeps emptor demonstretur. II, 3370.
BONORUM paraphernalium mfructus an mulier marito donasse aliquando videatur? II, 3317 et seqq.
—— possessio denegatur ei, qui sua manu se exhaeredem scripsit: eique nocet exhaeredatio. II, 6793.
—— possessio contra tabulas datur liberis emancipatis, qui a patre praeteriti sint. II, 6804.
—— identitas, si de antiquo fideicommisso tractetur, levioribus argumentis probatur. II, 10285.
—— possessio interim datur foeminis, ex quibus masculi nascituri sperantur. II, 9635.
—— mobilium vindicatio a tertiis possessoribus apud nos permittitur, prout jure Romano cautum est. III, 1577.
BONUS in dubio unusquisque existimatur, donec aliud probatum sit. II, 4482.
BOVES aratorios et instrumenta praedii rustici pignori sponte dare potest debitor. III, 1168 et 1169.
BULGARI consuetudo de usufructu omnium bonorum uxori relicto. II, 1488 et seqq.

C

CADUCAE res ex novo jure fisco amplius non acquiruntur, sed substitutis, vel cohaeredibus. II, 9153.
CAECI dispositio, testibus audientibus, legi debet, cum prius scribi curavit, quid de rebus suis post mortem fieri velit. II, 4937.
—— testamentum valet, dummodo de haeredis persona certo constet. II, 4934.
—— testamentum, in quo prius disposita sint legata quam instituti haeredes, viribus subsistit. II, 4939.
CAECITAS absoluta esse debet, ut locus fiat constitutioni, quae singulares solemnitates adhibendas statuit in testamentis caecorum. II, 4931.
CAECO permittitur, ut testamentum suum prius scribi curet, deinde convocatis testibus et tabulario scripturam exhibeat, eamque legat tabularius, tum subscribant, et signent septem testes et tabularius, vel octavus testis, si desit tabularii copia. II, 4927.
CAECUS testamentum recte facit, etiam si morbo hoc infectus natus fuerit. II, 4925.
—— ex legum sententia a testimonio dicendo in testamentis repelli videtur. II, 6107.
—— in testamento condendo accuratiorem quamdam formam adhibere debet, ut fraudis periculum evitetur. II, 4926.
CALENDARIO, seu nominum universitate legata continentur nomina omnia, quae testator mortis tempore relinquit; atque etiam pecunia calendario destinata. II, 8357.
In CAMBIO plures sunt contractus, atque tres saltem contrahentes. III, 1001 et 1002.
CAMERA, seu suprema rationalium curia eadem auctoritate potitur, ac Senatus in rebus ad suam jurisdictionem pertinentibus. I, 249 et 250.
—— olim non cognoscebat de caussis, sed tantum rationes revidebat, adeoque personis nobilibus, et peritis in arte calculationis constabat, non togatis. I, 249 in not.
—— olim Camberiaci residebat. I, 249 in not.
CAMINUM aedificare licet secundum communem parietem, dummodo ultra parietis medietatem non protendatur. II, 1038.
CANON annuus, qui pro fundo emphyteutico praestatur, nullo tempore praescribitur, quamdiu fundus ab emphyteuta, vel ipsius haeredibus possidetur. II, 2085.
—— annuus ab emptore fundi emphyteutici solvi debet. An venditor actione personali adhuc conveniri possit? III, 2463 et 2464.
—— annuus domino directo solvitur. Quis directus dominus in hac re habeatur? III, 3011.
—— emphyteuticus qui quot annis solvitur, an deferri debeat ad domum creditoris? III, 3028.
CANONEM annuum dominus ab emphyteuta, vel possessoribus petens aliquando rem emphyteuticam demonstrare tenetur. III, 3022 et 3023.
CANONIS divisio pro rata fit, si fundus emphyteuticus inter plures divisus fuerit. III, 3025 et 3026.
—— quantitas solvi debet, quae prius soluta fuit, si aliud non appareat. III, 3334.
—— emphyteutici remissio non fit propter sterilitatem: nisi contractus potius ad locationem accedat. III, 3043.
CAPELLANIAE laicales etiamsi in infinitum progressivae, juri municipali non adversantur, nisi sub capellaniae specie verum, et proprie dictum fideicommissum inducere quis velit. II, 9471.
CAPERE mortis caussa. V: MORTIS caussa capere.
—— a se ipso nemo potest. II, 8262.
CAPI non possunt a mariti creditoribus fructus bonorum dotalium, si necessaria sint ad familiae alimenta, neque a fisco. II, 3314.
CAPITIS deminutio est prioris status mutatio; status autem refertur ad libertatem, civitatem, vel familiam. I, 1466.
—— deminutio potius ad rempublicam refertur, quam ad privatum. I, 1495.
—— nomine Romani intelligebant personam, quatenus in ordine civium locum obtinet. I, 1494.
—— deminutio triplex est, maxima, media, et minima. I, 1497.

CAPITIS deminutio maxima contingit per amissionem libertatis. I, 1498.
—— deminutio media est, cum amittitur civitas, salva libertate. I, 1501.
—— deminutio minima contingit adoptione, et emancipatione. I, 1503.
—— deminutio, quae emancipatione fit, hodie vix consideratur. I, 1527.
—— deminutio non intervenit per amissionem dignitatis, quae etiam ignominiosa sit. I, 1505.
—— deminutione maxima, et media, an perimantur omnes actiones, quae competebant deminutionem passo contra alios, vel aliis contra ipsum? Quid de minima? I, 1507 et seqq.
—— minima deminutione amittitur quidem status privatus, non autem publicus. I, 1504.
—— deminutione interveniente, juncta publicatione bonorum, pensio annua non cessat favore solventis; sed transit in fiscum. I, 1512 et 1513.
—— deminutione minima non cessat societas, neque actio de dote. I, 1514 et 1515.
—— deminutione minima non amittuntur officia Magistratuum, nec tutelae, exceptis legitimis. I, 1516 et seqq.
—— minimam deminutionem passis praetor ex aequitate restituit omnes actiones: atque etiam restituit actiones aliis competentes contra ipsum. I, 1521 et seqq.
—— deminutio interveniens medio tempore inter conditum testamentum, et mortem testatoris, prius factum testamentum evertit. II, 4882.
—— deminutione legatum annuum non finitur, atque post anni ingressum transmittitur in haeredes. II, 8694.
CAPTARE apud latinos auctores significat blanditiis, et illecebris aliquid sibi comparare. II, 8699.
CAPTATORIA institutio illa proprie est, qua testator sibi acquirere vult successionem ejus, quem instituit, atque per institutionis officium allicere institutum, ut se haeredem scribat. II, 5231.
—— institutio non est, quae in prateritum confertur: puta, si Titius me haeredem instituit, vel pro qua parte me haeredem scripsit, ipse haeres esto. II, 5233.
CAPTATORIAE conditiones in fideicommissis an permittantur? II, 5239 et 5240.
—— institutiones prohibitae sunt. II, 5228.
—— institutiones per se non subsistunt; sed earum conditio pendet ab aliena voluntate testamento demonstranda. II, 5232.
—— voluntates in legatis quoque reprobantur. II, 5238.
CAPTATORIAS institutiones vocat Papinianus, non quae mutuis affectionibus judicia provocaverunt, sed quarum conditio confertur in secretum alienae voluntatis. II, 5229.
CAPTIVIS haeredibus institutis bona suscipienda sunt ab Episcopo, vel Oeconomo Civitatis, in qua testator morabatur, atque in eorum redemptionem impendenda. II, 5057.
—— haereditas generatim relicta prae caeteris prodesse debet illis, qui sunt ejusdem loci cum defuncto. II, 5060.
CAPTIVITATE suspendebatur patria potestas apud Romanos, ut amissa diceretur a momento captivitatis, si ibi captivus decessisset. I, 1365.
—— ex hodiernis moribus nusquam amittitur patria potestas; sed interim suspenditur ejus exercitium. I, 1366.
CARCER jure civili ad custodiendos, et continendos homines inductus fuit: moribus etiam ad puniendos. IV, 2487.
CARCERES privati inhibentur, nisi necessitas aliud exigat. IV, 2489.
CARCERIBUS eximi potest reus satisdare jussus, praestita juratoria cautione, si fidejussores non inveniat. IV, 451.
CARCERIS poenam non patiuntur nobiles pro delicto civili; neque aliae egregiae personae, nisi dolus probetur. I, 513.
CHARITAS in civili societate prima est hominis lex, ex qua caeterae interpretationem accipiunt. I, 19.
CHARITATIS ordo in dubio praevalere debet. I, 87.
De CASIBUS fortuitis, qui apud haereditatis petitorem aeque contigissent, fur, aut praedo utrum teneatur? II, 9541.
CASTRO vendito quid veniat? III, 2501.
CASUS ambigui junctis classibus definiti jamdudum apud nos vim legis habent. I, 244.
—— dubii an sint, et an melius vocentur arbitrarii? Qui dicantur casus pro amico? I, 244 in not.
—— omissus a statuto ob mixturam alterius personae non nominatae remanet sub dispositione juris communis. I, 331.
—— omissus an suppleri interdum possit? I, 201.
—— fortuitos, quibus mandatum occasionem dedit, non praestat mandatarius. I, 2759.
—— fortuitos non praestat tutor. I, 2780.
—— rebus donatis contingentes, postquam donatio completa est, periculo sunt donatarii, sive rerum fructus, sive substantiam afficiant. II, 2667.
—— quo mulier liberos superstites habeat ex priore matrimonio, tamquam omissus a statuentibus, remanet sub dispositione juris communis. II, 4104.
—— emancipationis ad casum deportationis paternae extenditur. II, 5605.
—— magis obvius, et facilius eventurus solet a testatoribus exprimi; non tamen eo consilio, ut alter excludatur. II, 5602 et 5603.
—— a testatore expressus, si posthumus se

instituti descendentes, aut ascendentes. II, 6688.
Clausula codicillaris efficere non potest, ut testamentum subsistat, si filius ignoranter praeteritus sit, atque pater alios liberos non habeat, praeter eum, quem ignorabat, ideoque praeteriit. II, 6026.
—— codicillari fideicommissum legale inductum regia sanctio non improbat. II, 9807.
—— codicillaris a testatore omissa ex Romanorum prudentum sententia plerumque non subintelligitur. II, 10585.
—— codicillaris, atque ei similes apud nos tacite in omni casu subaudiuntur. II, 10586.
—— codicillaris fit, ut testamentum, quod nullum est defectu solemnitatum, non autem voluntatis, aut potestatis, codicillorum jure sustineatur. II, 10587.
—— codicillaris solemnitates tum intrinsecas, tum extrinsecas testamentorum supplet. II 10588.
—— codicillari institutio directa flectitur in fideicommissariam. II, 10589.
—— codicillari an sustineatur testamentum, quo filii, vel parentes praeteriti fuerint? II, 10590 et seqq.
—— codicillaris, quae non nocuit posthumo, nec etiam plerumque nocet illius haeredi, quamvis extraneus sit. II, 10594 et seqq.
—— constituti efficere nequit, ut donatio nondum accepta, irrevocabilis sit, vel possessio in absentem transferatur, etiamsi donans usumfructum sibi excipiendo rem donasse fingatur. II, 2249.
—— constituti mulieri, dotis collationem petenti, an et quatenus prosit? II, 2466.
—— constituti an tribuat jus creditori avocandae intra triginta annos possessionis, quae ipso sciente interversa sit? II, 1848 et 1849.
—— derogatoria apposita in anteriore testamento, ad infirmandas quascumque donationes inter vivos, aeque etiam caussa mortis irritas facit. II, 2382 et 2383.
—— constituti an efficiat ut posterior creditor priori praeferatur. III, 1400 et 1401.
—— derogatoria, adjecta in anteriore testamento non revocat donationes caussa mortis, quae contractu inter vivos depositae fuerint. II, 2385.
—— derogatoria non impedit quominus testamentum pro arbitrio revocari possit. II, 6423.
—— derogatoria testamento adjecta vim habet, quoad voluntatem, non quoad potestatem revocandi testamenti. II, 6424.
—— derogatoria ita concepta, ut voluntatem simul, et potestatem complectatur, valet, quo ad voluntatem; quo ad potestatem inutilis est. II, 6425.
—— derogatoria perperam adjicitur in posteriore testamento. II, 6523.

Clausula reservativa in testamento rite, et secundum leges condito an licita sit? II, 6181.
—— qua testator jubet, ut testamentum valeat omni meliori modo, quo valere possit, refertur ad minus solemnes voluntatis species, non ad solemnes. II, 6200.
—— posteriori testamento adjecta qua vires habere debet prius testamentum, directam institutionem in fideicommissariam flectit. II, 6550.
CLAUSULAE geminatae extendunt enixam Principis voluntatem. I, 156.
—— insolitae, et nimiae cautelae inducunt praesumptionem obreptionis. I, 155.
—— accessoriae, quae non pertinent ad substantiam obligationis, sed ad ejus executionem, interpretationem recipiunt a principali, nec ampliant dispositionem. I, 2052.
—— codicillaris vi fratres postpositi turpi personae bona fideicommissi titulo restituere debent. II, 6689.
—— derogatoriae mentio non omnino necessaria est, ut prius testamentum per posterius tollatur, si de mutata voluntate satis constet. II.
—— derogatoriae idem est effectus, sive testamentis, sive codicillis inseratur. II, 6437.
—— derogatoriae specialis revocatio utrum facta videatur a testatore, qui haec adjecit verba: *non obstante alio testamento per me condito?* II, 5531.
—— notariorum ex stylo apponi solitae plenam fidem non faciunt. IV, 494.
—— salutaris, qua officium judicis imploratur, qui sint effectus? IV, 1675.
Per CLAUSULAM codicillarem, vel per donationem caussa mortis non revocantur testamentum. II, 6511.
CLERICI solam consanguineorum tutelam sponte suscipere possunt, exceptis Episcopis, et Monachis. I. 1446.
—— bona patrimonialia sine licentia Episcopi donare prohibentur, nisi beneficium habeant, vel aliud, unde vivere possint. II, 2182.
—— de bonis Ecclesiae, seu de fructibus beneficiorum disponere pro arbitrio non possunt. II, 5164.
—— de bonis ex caussa, seu occasione officii ecclesiastici aquisitis, an testatari possint? II, 4566.
—— de peculio suo quasi castrensi testantes filiis, si quos habeant, atque parentibus legitimam jure novo relinquere tenentur. Quid de fratribus? II, 4560.
—— admittuntur ad fideicommissa, si deficiant alii ex eadem familia vocati, licet ad familiae decus ordinata sint. II, 9754.
—— licet a fideicommisso exclusi non ideo privantur fideicommisso ante susceptos ordines acquisito. II, 9755.
CLERICORUM filii antea suscepti admittuntur

CONDITIONES omnes, licet numero plures, ab haerede vel legatario impleri debent, si hanc esse appareat testatoris voluntatem. II, 5499.
—— aliae sunt impossibiles natura, aliae jure prohibente, atque ideo impossibiles reputantur. II, 5271.
—— individuae nominantur, quae in totum ita impleri debent, ut partis implementum nihil prosit. II, 5279.
—— quibus nuptiarum generalis prohibitio obliique inducitur, leges Romanae improbant. II, 5538.
—— potestativae dicuntur, cum implementum pendet ab illius potestate, qui institutione vel legato honoratus est. II, 5276.
—— promiscuae potestativae sunt; casuales vero non promiscuae. II, 5513.
—— non promiscuae quocumque tempore impleri possunt: promiscuae vero, nonnisi mortuo testatore. Quid si conditio promiscua semel tantum implementum admittat? II, 5515.
—— quae non promiscuae in jure appellantur, testatore vivo, vel mortuo implere sufficit. II, 5511.
—— institutioni adjectae praesumuntur repetitae in substitutione, nisi conjecturae aliud suadeant. II, 5303 *tum* 5663.
—— successivae differunt ab illis, quae uno temporis momento perficiuntur: posteriores sufficit existere, cum dies institutionis, vel legati cedit, neque interest, quod postea deficiant. II, 5510.
—— facti suspendunt vim institutionis, non quae sunt juris. II, 7595.
—— adjectae legato reditus fundi eodem jure reguntur, ac conditiones aliorum legatorum. II, 8729.
—— fideicommisso si disjunctim appositae sint sufficit unam impleri, ut pro hac parte fideicommisso locus fiat. II, 9934.
—— quae ex rei natura insunt, dispositionem non suspendunt. Quid si exprimatur conditio, quae a voluntate legatarii pendet? II, 9210.
—— propriae sunt, vel impropriae, possibiles, vel impossibiles. II, 9208.
—— tot esse censentur, quot sunt personae, quas respicit conditio, si sine liberis decedant. II, 8931.
—— casuales sunt, potestativae, vel mixtae. III, 1876.
—— casuales, et mixtae retrotrahuntur in odium tertii; non autem potestativae. III, 1889.
—— personae inhaerentes a stipulatoris haeredibus impleri nequeunt. III, 1896.
CONDITIONI aequiparatur dies incertus quoad tempus, si cognosci non possit, utrum vivo honorato extiturus sit, an eo demum vita functo. II, 1806.
—— decem dandi ei, qui accipere non potest, an haeres, vel legatarius parere teneantur? II, 5455.
CONDITIONIBUS, quae temporis successionem habeat, puta gerendorum haeredis negotiorum parendum est, cum postulat haeres, licet ab initio recusaverit. II, 5351.
CONDITIONIS implemento quid si obstet tertius, cujus nihil interest? II, 5336 et seqq.
—— implendae obligatio cessat, si tertius, in cujus persona conditio implenda erat, ab initio repugnaverit, deinde mutata voluntate consentiat, atque conditio ex earum numero sit, quae unico actu, et temporis momento perficiuntur. II, 5348 et 5349.
—— eventus expectandus est, si idem haeres pure institutus sit in uno testamento, in altero sub conditione: nec constet, utrum prius sit, utrum posterius. II, 6557.
—— potestativae implementum nihil prodest, nisi scienter fiat. II, 5519.
—— potestativae implendae tempus a judice praefiniri potest. II, 5507.
—— vis retrotrahitur ad tempus, quo decessit testator. II, 5293.
CONDITIONUM aliae nonnisi vivente testatore impleri possunt; aliae eo tantum defuncto: aliae nihil interest, an vivo, an mortuo testatore impleantur. II, 5509.
CONDUCTOR suos non facit fructus, nisi ipse, vel alter ipsius nomine eos perceperit. Sed conductio in haeredes transit. II, 740.
—— qui ab usufructuario habet, eo decedente expelli nequit ante id tempus, quo ex regionis consuetudine finiri solent ejusdem generis conductiones. II, 1566.
—— finito conductionis tempore, praelationis jure non gaudet. An usufructuarius proprietatis dominum praeferre teneatur? III, 2824.
—— rem sibi locatam alteri locare non prohibetur, nisi aliud convenerit, vel inductum sit. III, 2827.
—— secundus priori locatori solvere potest, nisi prohibitus sit. III, 2864.
—— ante tempus migrare potest, si locator fundum legaverit, vel inter vivos alienaverit. III, 2871.
—— a successore singulari expelli non potest, si ita promiserit locator sub hypotheca bonorum suorum. III, 2874.
—— cui commodus rei usus non praestetur, ante tempus migrare potest, vel mercedis remissionem postulare. III, 2876.
—— ante tempus migrare non potest, ut habitet in alia domo, quam postea comparavit. III, 2883.
—— locatori quaestionem dominii generatim referre non potest, seu rem retinere praetextu dominii sibi, vel alteri in rem competenti. III, 2907 et 2908.
—— ex solo locatoris instrumento ad mercedem solvendam condemnari potest, si ita convenerit. III, 2901.
CONDUCTORES rerum universitatis idoneum fi-

dejussorem praestare debent, non tamen gaudent privilegiis universitatum. II, 478.

CONDUCTORI ante tempus migrare coacto debetur id, quod interest. An eo nondum praestito migrare cogatur? III, 2875.

CONFARREATIONIS ritus qui esset penes Romanos? I, 877 et seqq.

CONFERENDI necessitas pacto, remitti potest; si modo fiat post mortem ejus, de cujus successione tractatur: non vero antea. III, 434.

CONFERRE tenentur patrui, quod a patre acceperunt, fratrum suorum praedefunctorum liberis. III, 408.

—— tenentur inter se filii patri succedentes ex testamento, licet extraneus haeres simul scriptus a patre fuerit. III, 418.

—— is solus tenetur, qui jure haereditario parentis bona consequitur, non qui titulo legati, vel singularis fideicommissi. III, 437.

—— debent filii inter se, licet paternam haereditatem adeant implorato inventarii beneficio. III, 438.

—— debet filius, quae contra justam patris voluntatem male consumpsit. III, 480.

CONFERRI debet augmentum dotale, non tantum in successione legitima, sed etiam in testamentaria, nisi parentes aliter caverint. II, 468.

—— debet donatio ob caussam puta contemplatione matrimonii, filio facta, in successione tum legitima, tum testamentaria. II, 4165.

—— debet in familiae erciscundae judicio donatio propter nuptias a patre filii contemplatione in nurum erogata. II, 4157.

—— debent ea omnia, quae in legitimam imputantur. II, 4159.

—— debent a liberis bona omnia profecta a parentibus, quibus succedere volunt. III, 440.

—— non debent, quae filii a parentibus titulo oneroso consecuti sunt. III, 443.

—— debent res omnes a patre ad filium profectae, praeter alimenta, nisi parens donandi animo pro filiis impenderit. III, 462.

—— non debent, quae pater impedit pro filio studiorum caussa: nisi patrimonii ratione habita immodica sint. III, 468.

—— debent, quae pater in totius familiae utilitatem filio donavit. Quid de rebus filio alibi degenti a patre datis? III, 478.

CONFESSIO conjugum etiam jurata non recipitur in caussis divortii: nisi concurrant indicia, vel publica fama. Facilius admittitur in sponsalibus. I, 1004.

—— prodigi suspicionis vitio laborat. I, 1741.

—— tutoris, curatoris, vel procuratoris regulariter pupillo, minori, aut domino non nocet. I, 2079.

—— tutoris non sufficit, ut debitori deferri possit jusjurandum suppletivum. I, 2080.

—— de dote a marito facta extraneis non nocet; nocet ipsi marito. III, 1397.

Confessio syndici non nocet universitati, nisi hic habeat speciale mandatum, vel generale, cum libera potestate administrandi. II, 338.

—— seu asseveratio conjugum de pactis dotalibus, quorum alia probatio desit, nocet ipsis conjugibus, eorumque haeredes adstringit. II, 3053 et 3054.

—— conjugum de pactis dotalibus non nocet creditoribus, sive testamento fiat, sive actu inter vivos, et jurejurando firmata sit. II, 3056.

—— mariti non prodest debitoribus dotis, quamvis mulier ex ea confessio emolumentum perceperit. II, 3303 et 3304.

—— mariti non nocet creditoribus, si nulla dotis obligatio praecesserit. II, 3271.

—— nuda mariti fidem non habet, si notari protocollum jam tunc deperditum fuisset, cum maritus dotem recepisse affirmavit. II, 3275.

—— mariti de dote facilius recipitur, si soluta dicatur in bonis immobilibus. II, 3279.

—— de dote recepta an veritati consona dicatur, nec ne pendet a judicis arbitrio, qui singula rerum, et personarum adjuncta expendere debet. II, 3283.

—— sponte facta a marito de dote recepta donationis vim habet, quae morte confirmatur; si revocata non fuerit. II, 3287.

—— receptae dotis a marito facta in testamento, si certa quantitas, vel res designata sit, legati jure valet. II, 3288.

—— receptae dotis facta in testamento non nocet creditoribus anterioribus, jus quaesitum habentibus. II, 3290.

—— mariti de dote recepta creditoribus non nocet, nisi indiciis, et argumentis confessionis veritas adstruatur. II, 3295.

—— mariti de dote recepta non potest debitoribus dotis, qui non solverunt: atque ideo mulier actionem adversus illos habet, si dotem a marito recipere nequeat. II, 3297.

—— dotis receptae a marito emissa, tametsi constante matrimonio, per se non praesumitur simulata. II, 3269.

—— de dote recepta constante matrimonio vera praesumitur; cum dotis constitutio ante nuptias facta est; nisi simulatio demonstretur. II, 3270.

—— dotis receptae ante nuptias facta, vel in contractu matrimonii valet jure donationis, et futuris creditoribus nocet. II, 6917.

—— dotis receptae vera quoque praesumitur, si maritus adjiciat redactam esse pecuniam ex venditione rei ad uxorem pertinentis, atque venditionis adjuncta nominatim demonstret. II, 3323.

—— dotis receptae a marito, qui maxime diligens sit in rebus suis, facta vero dicatur solutio diu post promissionem a debitore facultatibus jam labente, quemadmodum facta a marito ejusdem conditionis, doli suspicionem habet. II, 3291.

Confessio solutae dotis in testamento facta legatariis nocet, atque mulier iisdem praefertur. II, 3291.
—— mariti an sufficiat, ut bona aliunde quam a marito mulier habuisse praesumatur? II, 4487.
—— mariti, qua affirmaverit bona penes mulierem existentia ab ipso profecta non fuisse, marito nocet, non creditoribus anterioribus. II, 4490.
—— testatoris plerumque maxime adversus ipsum probat. II, 6442.
—— qua quis in judicio se haeredem asserit, nocet tantum confitenti, quoad interrogantem. II, 8161.
—— vere non scinditur, licet pure haeres habeatur, qui talem se dixit cum beneficio inventarii, sed non demonstravit hoc beneficio gaudere. II, 9797.
—— haeredis prodest fideicommissario; etiamsi nunquam negaverit, se de fideicommisso restituendo rogatum fuisse. II, 10020.
—— de pecunia mutuo accepta obligationem quandam inducit. III, 2268.
—— sola debiti extra judicium non impedit exceptionem non numeratae pecuniae. II, 2285.
—— venditoris non sufficit, ut probetur pretii census legitima solutio. III, 3169.
—— defuncti non solum vera, sed etiam facta per contumaciam inducitur, haeredibus nocet. IV, 886 et 887.
—— alia est expressa, alia tacita. IV, 860.
—— extrajudicialis eandem vim non habet, ac judicialis, atque ex justa caussa revocari potest usque ad litem contestatam. IV, 881.
—— extra judicium facta plenae probationis vim fere habet, si geminata sit potissimum favore dotis. IV, 882.
—— extrajudicialis, quae coram adversario sit emissa, potissimum si et adsint testes, magnam vim habet, nec secus ac illa, quae in scriptis facta sit. IV, 883.
—— in judicio facta plenae probationis vim habet. IV, 324 et 325.
—— coram judice facta, ut vim suam habeat, fieri debet praesente, et acceptante adversario, vel aliquo ejus nomine. Quid si ab absente acceptetur? IV, 887.
—— in uno civili judicio facta probat etiam in alio inter easdem personas. IV, 880.
—— quae in articulo mortis, vel ultimae voluntatis actu fit, sustinetur, vel in vim justae confessionis, vel in vim dispositionis. IV, 884.
—— procuratoris, qui speciale mandatum habet, nocet domino. IV, 865.
—— extra judicium, et patre absente facta, cui consentiat unus testis, an probet? IV, 488.
—— facta in tormentis, tum confirmata revocari non potest, nisi probetur erronea, saltem per indicia contraria. IV, 2554.
Ex CONFESSIONE facta in testamento, quod deficientibus solemnitatibus irritum est, probatio solutae dotis erui potest: praesertim si aliae faveant conjecturae. II, 3289.
Confessione sola haeredis deberi possunt legata, et donationes caussa mortis. II, 10021 et 10022.
CONFESSIONEM rei crimen probatur, dummodo constet de delicto. IV, 2504 et 2505.
CONFESSIONEM pupillari nomine factam restaurare non potest tutor errore non demonstrato. I, 2081 ad 2083.
Contra CONFESSIONEM facile restituuntur mulieres, rustici, et milites minores. I, 2082 et seqq.
CONFESSIONES factae in actu suspecto, vel ad impediendum actum suspectum, suspicionis vitio laborant. II, 6445.
CONFESSUS pro judicato non habetur, nisi post condemnationis sententiam. IV, 879.
CONFESSUS reus, antequam quaestio habeatur, vel in ipsa quaestione, torqueri amplius non debet. IV, 2551.
CONFINIA universitatum, quae ex fluminis naturali cursu dimetienda sint, non mutantur ex alvei mutatione, quae per saltum, vel aquarum impetu fiat. II, 584.
CONFIRMANTUR tutores alii simpliciter, alii praevia inquisitione, alii cum inquisitione, et satisdatione. I, 1552 et seqq.
CONFIRMARI debet sine inquisitione tutor datus filio emancipato, et naturali, cui tamen pater reliquerit. I, 1422.
—— debet tutor a patre datus legitime, et sine inquisitione. I, 1406.
—— non debet tutor a matre datus, nisi praevia inquisitione, I, 1414.
CONFIRMATI tutores legitimis posthabentur, cum sponte a judice confirmationem acceperunt: anteferuntur vero, si judex ex legum praescripto confirmaverit. I, 1566.
—— tutores diverso sensu testamentarii, et dativi appellari possunt. I, 1564 et seqq.
CONFIRMATIO tutoris ab extraneo dati praeviam inquisitionem requirit. I, 1418.
CONFIRMATIONE indigent tutores, qui sunt ab illis, qui jus dandi non habent, vel dati non sunt, sicut oportet. I, 1551.
—— non indiget tutor a patre legitime datus. I, 1550.
CONFIRMATIONEM tutoris a patre dati praecedere debet inquisitio, cum ita postulat indemnitas pupillorum. I, 1558.
CONFITERI regulariter quis tantum potest contra se, non pro se. Quid de confessione facta in judiciis criminalibus? IV. 869.
CONFRATERNITAS quid sit? II 756.
CONFRATERNITATES religionis caussa in Ecclesiis erectae in dubio inter laicales computantur. II, 137 et 311.
—— omnes sive ecclesiasticae, sive laicales, tum et quaecumque pia loca gaudent beneficio restitutionis in integrum. II, 365.

CONSANGUINEI qui tutorem peterc negligunt, privantur successione, quae ad proximiores post ipsos pervenit. I, 1598.
—— non privantur successione, ob non petitum tutorem, si alter pubes decedat, et intestatus. I, 1601 et seqq.
—— an gerere possint duplicem personam? I, 2256 ad 2258.
—— et affines supplere possunt absentiam tutorum, et curatorum in divisione immobilium ad pupillos, vel minores pertinentium. I, 2112.
—— omnes proximi ad succedendum, si postulent, et idonei sint, admittuntur ad curam absentis, dummodo non sint a successione legitima exclusi. I, 1839 et 1840.
—— supplere possunt vices tutorum, et curatorum in alienatione immobilium, si isti intervenire nolint, aut non possint. I, 2202.
—— remotiores an recenseri debeant inter conjunctas personas in legatis rei alienae? II, 8425.
—— remoti ad fideicommissum familiae relictum vocati censentur, sed in casum vulgarem, si proximiores deficiant. II, 9728.
—— transversales post fratres et sorores defuncti intestatae successionis jure gaudent, servata gradus praerogativa. III, 313.
—— transversales nati ex complexu a legibus civilibus damnato successionis legitimae emolumentum non habent. III, 318.
—— ad decimum gradum utrum ab intestato succedant? III, 323.
CONSANGUINEIS anni tempus conceditur ad petendum tutorem. An a morte patris incipiat? I, 1582 ad 1594.
—— qui proxime ad successionem vocantur, defertur cura bonorum absentis, quamvis foemina aut infans proximior sit. I, 1836 et 1837.
—— vel cognatis substitutis ad fidei commissum vocati censentur, tum qui ex masculis, tum qui ex foeminis descendunt. II, 9638.
CONSANGUINEORUM interventus, aut vicinorum iure nostro requiritur, ut permitti a judice possit alienatio immobilium, quae pupilli, vel minoris sunt. I, 2237.
—— res agitur in alienatione immobilium, quae ad pupillos, vel minores pertinent, cum ex ea lucrum sperant, vel damnum timent. I, 2265.
CONSANGUINEUS, qui tutor, vel curator sit, an possit duplicem gerere personam? I, 2254.
CONSENSUI tria obstant: error, vis, et metus. I, 837.
CONSENSUM crimini praebens de eo conqueri nequit. I, 992.
CONSENSUS a conjuge praestitus non remittit poenam amissionis proprietatis pro bonis, quae ad superstitem conjugem ex legis sanctione perveniunt. I, 1112.
—— contrahentium omnino desideratur in matrimonio. I, 703.
—— interior ad vim conjugii non sufficit; sed exterius, verbis, signis, vel nutibus manifestari debet. I, 865.
CONSENSUS mutuus conjugum perfectioris status suscipiendi gratia legitima caussa est dissociandae habitationis. I, 973.
—— matris jure Romano in nuptiis filiorum non exquirebatur. Quid si filia patre orbata, a matre, et propinquis dissensisset? I, 858.
—— nuptiis praesentis praestitus a tutoribus non nocet filiis. I 1113 et 2114.
—— parentum jure canonico desideratur, ut licitum sit conjugium; sed eo praetermisso validum est. I, 858 et 859.
—— parentum an desideretur in sponsalibus, et nuptiis liberorum? I, 609 et 610, *tum* 752.
—— parentum non requiritur in divortiis filiorum familias. I, 924 et seqq.
—— secundis nuptiis a conjuge praestitus efficit, ut retineatur proprietas honorum, quae conjux libere relinquit. I, 1107 et seqq.
—— tacitus filii sufficit in emancipatione. I, 1378.
—— tacitus filiorum nuptiis parentis an poenam remittat? I, 1115.
—— tacitus ex scientia, et patientia deducitur. I, 378.
—— tacitus a legibus interdum in eo praesumitur, qui contradicere non potest: veluti in infante, qui adoptandus sit. I, 1329.
—— tacitus donatarii sufficit, ut rata sit donatio. Quibus argumentis consensus hic eliciatur? II, 2229.
—— omnium desideratur in donatione simultanea, quae fiat pluribus eodem tempore; eodemque contractu. II, 2230.
—— a filiofamilias datus patri alienanti bona, quae peculio adventitio continentur, metu reverentiali exortus interdum praesumi potest. II, 4656.
—— filii necessarius est, cum pater de adventitio peculio transigit, si filius infantiam egressus sit. II, 4703.
—— a filio praestitus exhaeredationi, vel praeteritioni, non eo usque trahi debet, ut a debito quoque bonorum subsidio filius sine caussa excludi voluisse existimetur. II, 6023.
—— a filio praestitus exhaeredationi nocet, si post testatoris mortem praestitus fuerit. II, 6798.
CONSENTIRE non creditur qui ex paterna, vel maritali reverentia tacet. II, 2970.
CONSILIARII universitatum communium bonorum curam gerunt. II, 152.
—— universitatum eligi debent juxta modum a jure civili, vel municipali praestitum. II, 153 et 154.
—— universitatum honesti nominis, et bonis moribus praediti esse debent. An spurii, et incestuosi admitti possint? II, 172 ad 174.
—— universitatum esse possunt filiifamilias;

atque pater pro iis obstrictus est, si nominationi consenserit, vel eam ratam habuerit. II, 178.

Consiliarii universitatum an possint esse minores viginti quinque annis? II, 179.

—— universitatum quibus modis ab officio desinant? II, 188 et 189.

—— universitatum personaliter capi nequeunt pro earum debitis; sed executio sententiae in ipsorum bonis fieri potest, si collactas imponere negligant, ut creditoribus solvant. II, 232.

—— universitatum pluribus gaudent insignibus privilegiis. II, 175 et 176.

CONSILIUM ordinarium universitatis non potest contractus celebrare, qui respiciunt singulos, uti singulos, nisi caussa necessaria sit. II, 204.

—— ordinarium universitatis syndicum, sua procuratorem ad lites constituere poteset, quin necessarium sit judicis decretum. I, 1958 et seqq.

—— patris non semper filiis utile reputatur. II, 977.

CONSOBRINI specialiter dicuntur, qui ex duobus sororibus nati sunt. I, 737.

CONSTANTINI lex, quae tradit, potiorem esse debere aequitatis rationem, quam stricti juris, intelligi debet, cum dubia est lex. I, 69.

CONSTITUTI beneficium amittitur negligenti constituarii, qui decennium labi permiserit a die natae actionis, computandum antequam carporalem rei possessionem apprehenderit, si modo alter rei possessionem invaserit. II, 844 et 845.

—— beneficium amittit, qui petit se mitti in possessionem. Quid si constituatarius petierit, se riteneri in possessione, judex autem pronunciaverit in possessionem mitti? II, 847.

—— beneficium amittitur praescriptione, atque tacita renunciatione. II, 846.

—— beneficium cedi potest. II, 831 et 832.

—— beneficium specifice implorari debet. II, 843.

—— clausula utpote accessoria contractus, cujus recipit qualitates, non tantum pure, sed etiam sub conditione, et in diem contractui adjici potest, II, 814.

—— clausula apposita in primogeniis, fideicommissis, vel juris patronatus institutione, efficit, ut fundator ipse successorum nomine possidere constituat, et possessionem in eos transferat. II, 818.

—— clausula adjecta venditioni, qua venditor sibi exceperit hypothecam, et possessionem rei venditae, efficit, ut venditor rei possessionem a quocumque possit avocare. II, 820.

—— clausula post decennium a die, quo extitit conditio, amplius non operatur. II, 816.

—— clausula transferre nequit possessionem procurator, nec judex; potest tutor ex aequitate. II, 837.

Constituti clausula retrotrahitur in damnum ejus qui intermedio tempore corporalem possessionem adeptus sit, si conditio casualis, vel mixta fuerit, non autem potestativa. II, 815.

—— vi creditor in possessione non retinetur, si jam coepta sit discussionis instantia. II, 827 et 828.

CONSTITUTUM possessorium distinguitur ab obligatorio. II, 809.

—— tribuit interdicta retinendae, et recuperandae possessionis, atque locum facit remedio Justinianae costitutionis ad revocandam possessionem. II, 817.

Per COSTITUTUM possessorium transfertur vera possessio. II, 810.

COSTITUTUM dumtaxat obtinet in rebus corporalibus. II, 813.

—— non resolvitur resoluto contractu, nisi actus prioris tori similis intervenerit. II, 848.

—— tollit beneficium excussionis, dummodo non sola actio hypothecaria instituatur, sed imploretur beneficium Justinianeae constitutionis: nisi venditor exceperit sibi hypothecam et possessionem rei venditae. II, 823.

—— non tollit necessitatem excussionis, cum creditor specialem hypothecam habet super aliqua re, et generalem super omnibus bonis, nisi adjecta clausula, ne specialitas generalitati deroget. II, 825.

—— adjectum contractui conditionali nonnisi impleta conditione vim habet. II, 834.

—— vim non habet, nisi contractus, cui adjicitur, licitus sit. II, 834.

—— adjectum non intelligitur contractui, nisi ex speciali conventione, vel lege municipali inducatur. II, 843.

—— easdem patitur exceptiones, quae contractui objici possunt. II, 834.

—— efficit, ne res locata, durante locationis tempore, possit obligari, vel alienari. II, 821.

—— efficit, ut creditor possessionem rei oppignoratae consequatur, quamvis debitor principalis adhuc condemnatus non sit. II, 824.

—— impedit, quominus bona obligata in solutum dari possint creditori, qui hypothecam anteriorem habeat. II, 821.

—— possessorium fictae traditionis vim habet, quatenus per illud possessio transfertur. III, 750.

—— transit in haeredes constituentis, et constitutarii. II, 829.

—— de bonis futuris vim tantum habet odio ipsius debitoris, vel alterius, qui ab eodem debitore caussam habeat posteriorem. II, 836.

—— non potest incipere post mortem constituentis; nisi adjecta sit clausula ex nunc, pro ut ex tunc. II, 838.

—— requirit praesentiam constitutarii, vel saltem ut congruo tempore ratum habeat. II, 840 et seqq.

CONSTITUTUM de re incerta non valet. II, 839.
CONSUETUDINE, quae ratione nitatur, et legitime inducta sit, remitti possunt solemnitates requisitae in alienandis rebus pupillorum. I, 2250 et 2251.
—— lucrum mundi muliebris marito deferri potest. II, 2187.
—— delinquendi habere dicitur, qui bis deliquit. I, 363.
CONSUETUDINES regionis contrahens quisque praesumitur sequi. II, 2529 et 2548.
—— et leges regionis, in qua degit unisquisque scire praesumitur. II, 2401.
CONSUETUDO est jus lungo populi usu introductum. I, 351.
—— per posteriorem legem abrogari potest. I, 392.
—— abrogari a Principe potest. Generalem censetur abrogare per generalem legem, non specialem. I, 397.
—— generalis Principi cognita praesumitur, non particularis. I, 378.
—— dividitur in generalem, et particularem: tum in eam, quae est contra jus, vel secundum jus, vel praeter illud. I, 352 et 353.
—— actuum frequentiam requirit extrajudiciales sufficiunt; per judiciales tamen facilius probatur. Atque actus hi debent esse uniformes, liberi, et eo consilio gesti, ut consuetudo inducatur. I, 358 ad 360.
—— minorem actuum frequentiam requirit pro majori diuturnitate temporis et vicissim. I, 372.
—— per quod temporis spatium inducatur? I, 370 et seqq.
—— in statu monarchico induci nequit sine Principis consensu, qui consistit in scientia, et patientia. I, 374 et seqq.
—— non aliter prodest, quam si legitime inducta, et praescripta probetur: nisi notoria sit. I, 379.
—— secundum legem facilius inducitur, quam praeter legem: haec facilius, quam contra legem. I, 373.
—— judicum pronunciationibus, dummodo frequentes fuerint, et uniformes, maxime demonstratur. I, 387.
—— probatur instrumentis, testibus, et judicum pronunciationibus. I, 380 et seqq.
Ut CONSUETUDO vim legis habeat, debet esse honesta, actuum frequentia munita, et diuturna. I, 354 et seqq.
CONSUETUDO legi conformis eam explicat. I, 389.
—— contra legem eam ubique abrogat, si generalis sit: vel ubi inducta est, si particularis. I, 391.
—— praeter legem eandem vim habet, ac lex. I, 390.
—— bonis moribus adversa corruptela est, quae aboleri debet: si autem immoderata sit, ad limites aequitatis redigenda est. I, 355 ad 357.
CONSUETUDO secundum legem, vel praeter eam facilius extenditur, quam quae contra legem est. I, 396.
—— tum agentis, tum aliorum prodest ad explicandam voluntatem. I, 192.
—— regionis optima est legis interpres. I, 36.
—— omnis localis est, neque subditos afficit extra territorium, nec bona alibi sita, nec forenses adstringit, nisi concepta sit in rem. I, 395.
—— statutum non abrogat, nisi plures actus contrarii statuto intervenerint. I, 348.
CONSUETUDO Bulgari. V. BULGARI consuetudo.
—— ex qua alter ex vicinis per alterius praedia transeat, servitus appellari non potest. II, 884.
—— lucrum dotis marito deferens, ad dotem promissa extenditur, nisi aliter inducta probetur. II, 4090.
—— odiosa, et juri communi adversa, quantum fieri potest, liberorum favore restringenda est. II, 4124.
—— patris familias atque usus regionis inspici debet, cum dubitatur, an quaedam res legata suppellectili contineantur, nec ne. II, 8848.
CONSULENS an teneatur, licet alter consilio seposito fuisset peccaturus. IV, 2431 et 2432.
—— furti reus non est, si furtum secutum non fuerit. IV, 2685.
CONTEMPLATIO agnationis, et familiae inducit praesumptionem fideicommissi pro liberis in conditione positis. II, 9992.
In CONTRACTIBUS sequimur quod actum est. I, 175 in not.
—— aequalitas, quantum fieri potest, servanda est: nisi aliter suadeat favor personae. I, 218.
—— utriusque contrahentis mens inspicienda est, ut obscura eorum verba explicentur. I, 216.
IN CONTRACTU matrimonii valet, ex usu fori, pactum futurae successionis. II, 2144.
CONTRACTUM iniri sub conditione, et jure celebrari, sed sub conditione resolvi diversa sunt. II, 4193.
CONTRACTUS potissimum ex caussa contrahendi vim, et interpretationem accipiunt. I, 215.
—— sine caussa non sustinetur: nisi de pluribus rebus simul connexis conventum sit. I, 215.
—— ex conventione legem accipiunt, atque jus privatum dici possunt. I, 20.
—— an corruat, cum indicit in eam caussam, a quo non potuisset incipere? I, 221.
—— non semper rescinditur, cum alter a data fide recedit: maxime si res amplius integra non sit. I, 952.
—— finis potius attenditur, quam initium. I, 193.
—— qui in uno genere non valet, valere potest in altero: quamvis de inducenda obligatione agatur. I, 636.

CONTRACTUS praesumitur celebratus secundum jus commune. I, 214.
—— vetere lege vigente celebratus, subjicitur novae, quoad accessiones per hanc moderatas. I, 116.
—— una pars per aliam debet explicari. I, 193.
—— una parte corruente corruunt, quae ab ea dependent, non caeterae. I, 219.
—— non praesumitur simulatus: nisi urgentes conjecturae aliud suadeant. I, 220.
—— favore minoris claudicare quo sensu dicatur. I, 2293.
—— claudicat favore minoris. I, 2271.
—— executio interdum permittitur, praestita tamen satisdatione, dum agitatur judicium restitutionis. II, 3227 et seqq.
—— cum invicem connexi sunt, vel ex rerum natura, vel ex mente contrahentium, alter rescindi non potest beneficio restitutionis. I, 3240 ad 3243.
—— una parte rescissa, per restitutionem in integrum, potest alter contrahens, si malit a toto contractu discedere, atque minor partem majoris ferre debet. II, 3250 ad 3252.
—— natura non immutatur ex eo, quod emptor, qui servitutem petit, praedium contiguum habeat. II, 1099.
—— qui uno momento non perficiuntur, sed tractum successivum habent, quocumque tempore ad aequitatem reduci possunt. II, 2061.
—— innominati, an re integra, poenitentiam ex parte unius, altero invito, admittant? II, 2072.
—— onerosi, quamvis in fraudem, legitime celebrati, revocari nequeunt, si alter contrahens fraudis expers sit. II, 2496.
—— onerosi, quales sunt emptio, et venditio inter virum, et uxorem, constante matrimonio permittuntur, etiam minori pretio, dummodo absit donandi animus. II, 4360.
—— ultro, citroque obligationem inducentes, prohibentur inter virum, et uxorem, si donationi color, vel titulus quaesitus sit. II, 4462.
—— in legis fraudem celebrati inter virum et uxorem non semper irriti omnino sunt. II, 4363.
Quasi CONTRACTUS nomine demonstrantur praesumptae quaedam a legibus conventiones, quae ex facto licito oriuntur. III, 515.
—— nec expressum, nec tacitum consensum desiderant, sed consensu a legibus praesumpto nituntur. III, 516.
CONTRACTUS a majore parte denominatur, si partim pecunia, partim res pro pretio detur. III, 2328.
—— scriptus esse potest, quin in scriptis gestus dicatur. III, 2342.
—— celebratus intelligitur in loco, in quo implementum accipere debet. IV, 329.
CONTRACTUS ex caussa non secuti implementi rescinditur, nisi alioquin alter contracturus non fuisset. IV, 985.
—— stricti juris ex dolo iis caussam dante, vel incidente rescindi possunt. IV, 1143.
—— trium, seu triplex an licitus sit? III, 3308.
CONTRAHENS scire praesumitur conditionem alterius contrahentis; praecipue si notoria sit. I, 1738.
—— quisque praesumitur sequi consuetudines regionis. II, 4247.
CONTRAHENTES praesumuntur potius voluisse se conformare legibus loci, in quo domicilium habent, quam caeteris. II, 4110.
CONTRAHENTIUM conditio prodest ad eorum mentem explicandam: ut et tempus celebrati contractus. I, 214.
—— placito renunciari potest legibus praecipientibus, quae favore privatorum latae sunt, nec publicam utilitatem admixtam habent. II, 4251.
CONTRECTATIO distinguitur in naturalem, seu propriam, et civilem, seu fictam. IV, 2679.
CONTRIBUTIONI ob jactum locus non est, si merces servatae casu quocumque perierint. IV, 376.
CONTROVERSIARUM, quae in foro, et scholis sunt, quae sint praecipuae caussae? I, 1.
CONTUMACE actore, reus absolvitur ab observantia judicii: immo et definitive, si reus exceptiones suas probet. IV, 2071 et 2072.
CUNTUMACIA ipso jure non inducitur, sed a judice decernitur, instante altera parte praesente. IV, 465.
—— refusis inpensis ante sententiam purgari potest. IV, 467.
—— fictam litis contestationem inducit. IV, 351.
loco confessionis habetur, dummodo constet, quid actor petat. IV, 2060.
—— non efficit, ut principalis petitio actoris admissa videatur, sed haec probanda est. IV, 2061 et 2062.
—— in criminalibus caussis purgari potest. IV, 2475.
CONTUMAX a die contumaciae usuras solvere debet. III, 891.
—— non creditur, qui per procuratorem judicio sistit. IV, 466.
—— an statim tanquam confessus condemnari possit? IV, 861.
—— esse potest tum reus, tum actor. IV, 2051.
—— plerumque non habetur, qui per legitimum procuratorem judicio sistit. IV, 2055.
—— in judicio summario exceptiones suas coram eodem judice, solutis expensis allegare potest, si actor non probaverit. IV, 2080.
—— in manum viri quid sit, et qui sint ejus effectus? I, 887 et seqq.

caussa mortis, in ipsorum dispendium celebratae. II, 2614.

CREDITORES qui aberant, cum lata est sententia de dotis collatione in tuto, petere possunt, ut se vocatis, et auditis fiat aestimatio bonorum, ubicumque posita sint. II, 3490.

—— hypothecarii habent actionem in rem adversus possessores. II, 2365.

—— quamvis tempore posteriores agere possunt in bona obligata pro dote matris, quae tutrix fuit, neque adhuc rationes reddidit. II, 3881.

—— et legatarii agere possunt in bona obligata pro dote matris, quae tutrix fuit, neque adhuc rationes reddidit, II, 3881.

—— et legatarii agere possunt judicio singulari ad consequendam rem sibi debitam, licet adhuc pendeat judicium universale de petitione haereditatis. II, 7744.

—— haereditarii agere possunt adversus possessorem haereditatis, vel adversus petitorem. Quid de legatariis? II, 7830.

—— agere nequeunt adversus aliquem tanquam haeredem, nisi probata hereditaria qualitate. Quid de vulgato axiomate: filius, ergo haeres? II, 7834.

—— agere nequeunt adversus debitores haereditarios actione personali, utique reali. II, 7890.

—— et legatarii audiendi sunt, si probare velint majorem bonorum quantitatem in patrimonio testatoris fuisse, quam in inventario descriptum sit. II, 8109.

—— hypothecarii tempore priores agere possunt adversus posteriores, quibus haeres solverit, nisi malint isti debitum illis offerre. II, 7987.

—— an nominatim vocari debeant, cum inventarium legale conficiendum est. II, 7925.

—— vocati, nec in judicio sistentes, antequam caussa ad coronidem perducta sit, excidunt omni privilegio, et jure adversus creditores caeteros. II, 7990.

—— jure pignoris, et hypothecae ingredi possunt rei cum onere legatae possessionem, quamvis hanc alienari testator prohibuerit. II, 9219.

—— haeredum, vel substitutorum ex bonis fideicommissariis jura sua consequi possunt, si omissa fuerit descriptio bonorum, vel in acta publica relatio. II, 9207.

—— in subsidium agere possunt adversus haeredem fiduciarium, quatenus ex haereditate lucratus est, ut jura sua consequantur. II, 10340.

—— chirographarii posteriores prioribus solventes in eorum jura personalia succedunt. II, 1411.

—— ex caussa onerosa an praeferri debeant illis, quibus titulo lucrativo debetur? II, 1455.

CREDITORES in concursu jurare coguntur de veritate sui crediti. II, 1458.

—— a Magistratu in possessionem missi praetorii pignoris jus consequuntur. IV, 204.

—— in quorum fraudem debitor bona alienavit, prius agere nequeunt in rem adversus tertios possessores, puam personali revocatoria egerint adversus debitorem. IV, 239.

—— qui in unam tabernam crediderunt, nullo praelationis jure gaudent in mercibus hujus tabernae. IV, 405.

CREDITORI creditoris, eo invito plerumque solvi nequit. III, 3542.

CREDITORUM qui in postremam infirmitatem, et funus debitoris impenderunt, prima est caussa. II, 7998.

—— major pars non aestimatur ex numero personarum, sed ex quantitate debiti. Quid si omnino pares sint? III, 597.

—— major pars debitori concedere potest syngrapham, aut moram ad solvendum. III, 1488.

CREDITUM aut debitum non repellit matrem nec aviam a tutela. I, 1441.

CRETIO hodiernis moribus etiam locum habet. atque licet testatori certum temporis spatium praefinire, intra quod scriptus haeres declarare teneatur, utrum haereditatem habere velit, nec ne. II, 7550.

CRETIONIS nomine significatur solemnis quaedam aditio intra certum tempus ex testatoris praescripto facienda. II, 7405.

CRIMEN, delictum, et peccatum quo differant? IV, 2422 et 2423

—— an probetur judicio peritorum? IV, 2531.

CRIMINA publica quae sint? IV, 2818.

CRIMINE antiquior donatio confirmatur morte, tametsi conjux donans ultimo supplicio mulctatus decesserit. II, 4466.

CRIMINIS impedimentum oritur ex homicidio, adulterio, et raptu. I, 781 et seqq.

CULPA lata dumtaxat repetitur a tutore, cui rationum redditio a patre, vel minore remissa fuerit. I, 2774.

—— auctoris ita comittatur successorem, ne hic possit uti illius accessione; non autem, ut prohibeatur a se usucapionem incipere. II, 1971.

Sine CULPA dummodo justa adsit caussa, qua quis puniri potest. II, 1787.

CULPA est factum inconsultum, quo alteri damnum injuria infertur: facti nomine etiam non factum venit. III, 1038.

—— vel lata, vel levis, vel levissima esse potest: atque ex adverso diligentia, vel maxima est, vel media, vel minima. III, 1039 et seqq.

—— gravior vel levior est pro diversitate rerum, quae magis aut minus diligenter custodiri debent. III, 1043.

—— lata dolo in debitis non aequiparatur. IV, 2428.

CULPAE adscribitur usucapionis patientia, quo maritus servitutem fundo dotali debitam amiserit: tum etiam dilatio in exigenda dote. II, 3839.
—— dolo proximae nomine aliquando levis demonstratur. II, 8990.
CULPAM latam tantum praestat curator debitori, cujus bona administrat, nisi salarium ipsi constitutum sit. I, 2799.
—— latam, et levem praestat creditoribus curator bonis debitoris datus. I, 1802.
—— latam tantum praestat tutor, qui nomina debitorum exigere distulerit, quamvis interim facti fuerint non solvendo. I, 2770.
—— latam tantum praestat tutor in emptione praediorum. I, 2773.
—— levissimam indistincte non praestant negotiorum alienorum gestores. I, 2764.
—— levem praestant tutores, et curatores. I, 2763.
—— levissimam praestat depositarius, qui ultro se offert deposito. I, 2767.
—— levissimam an praestet tutor, qui satisdatione contutoribus oblata petit, ut sibi soli administratio decernatur? I, 2764 et seqq.
—— levissimam an praestet tutor, qui solertissimam diligentiam in rebus propriis gerendis adhibere solet? I, 2768 et 2769.
—— levissimam praestat tutor, qui post pupilli pubertatem pergit negotia gerere pupilli, nec prius coepta, nec cum coeptis connexa. I, 2770.
—— levem praestat maritus in dote. II, 3837.
—— etiam levissimam praestat haeres, legato, vel fideicommisso singulari oneratus. II, 8987.
CULTUS disparitas est diversitas religionis, qua prohibetur matrimonium baptizati cum non baptizato. I, 833.
CURA est auctoritas a legibus concessa ad facultates eorum administrandas, qui defectu aetatis, aut alio vitio idonei non sunt rebus suis gerendis. I, 1631.
—— et tutela officia sunt inter se connexa. I, 1660.
—— et curator absentis. V. Absens.
—— bonorum debitoris publicis muneribus non accensetur: passim tamen moribus obtinet, ut invito detur. I, 1784.
—— bonorum debitoris conferri non potest minori, nisi forte debitor, et creditores consentiant. I, 1785.
—— bonorum debitoris, neque debitori ipsi, nec proximis ejus consanguineis Iregulariter concedi potest: nec foeminis. I, 1786.
—— bonorum debitoris quibus modis finiatur? I, 1810 et 1811.
—— furiosorum, et similium cessat cessante vitio. I, 1763.
—— jacentis haereditatis quomodo finiatur? I, 1823.
—— ad lites munus non est, nec invito datur, praeterquam procuratoribus. I, 1680 et 1681.
Cura minorum quibus modis finiatur? I, 1674.
—— prodigorum non cessat statim cessante vitio. I, 1765 et 1766.
CURAM eorum, qui gravi aliquo morbo impediuntur, quominus res suas gerant, suscipere tenentur consanguinei. I, 1714.
CURATOR testamento datus testamentarius dicitur. I, 1563.
—— esse potest, quisquis idoneus est ad gerendum tutelae munus: adeoque etiam filiusfamilias: non tamen testamento curator dari potest, qui furiosus, aut minor adhuc est. I, 1671.
—— absentis ea agere nequit, quae personae cohaerent, et requirunt speciale mandatum, veluti restitutio in integrum, et transactio. I, 1817 et 2182.
—— fratrum praesentium curam gerere debet absentium, quamvis majores sint. I, 1831.
—— an bonis debitoris detur, et a quibus? I, 1775.
—— bonis debitoris datus potest exercere actionem hypothecariam contra tertios possessores pignorum. I, 1792 ad 1795.
—— a creditoribus electus iis tantum tenetur, qui eum constituerunt. I, 1778.
—— bonis debitoris potius dari debet a judice loci, ubi bona sita sunt. I, 1779 et 1780.
—— bonis debitoris apud nos datur a Senatu, vel a judice ex ejus mandato. I, 1781.
—— boni constitui potest unus ex creditoribus, vel quilibet extraneus. I, 1782.
—— bonis debitoris datus ea omnia facere potest, quae ad bonorum congruam administrationem pertinent. I, 1787.
—— bonis debitoris datus inventarium conficere debet, atque jurejurando cavere, se fideliter, et diligenter administraturum. I, 1797 et 1798.
—— bonorum debitoris, tum debitoris ipsius, tum creditorum personam repraesentat. I, 1794.
—— bonorum debitoris vendere, et locare potest, atque exercere actionem Paulianam. II, 1788.
—— bonorum debitoris potest vendere res etiam specialiter oppignoratas. I, 1791.
—— bonorum debitoris potest sibi vicarium constituere propria auctoritate, et periculo. I, 1789.
—— bonis debitoris datus jure Romano erga debitorem de dolo tantum, et lata culpa tenetur, nisi salarium ipsi fuerit constitutum. I, 1799.
—— bonorum debitoris levem culpam creditoribus praestat. I, 1702.
—— bonorum debitoris venditis bonis nulla actione tenetur erga creditores, qui postea supervenerint. I, 1811.
—— bonorum debitoris obstrictum habet ipsum

debitorem: atque plerumque salarium ipsi constituendum est. I, 1800 et 1801.
CURATOR ad certam caussam datus auctoritate sua firmare nequit alienationem rerum immobilium minoris. I, 2207.
—— datus ad dividendam haereditatem potest confirmare venditionem, cum aliter divisio commode fieri nequit. I, 2451.
—— jacenti haereditati quibus in casibus detur? I, 1812 ad 1815.
—— jacenti haereditati dari potest unus ex creditoribus, ex consensu creditorum, et haeredum; regulariter invito cura haec non datur. Quae ipsi liceant? I, 1816 et seqq.
—— jacentis haereditatis inventarium conficere debet, satisdare, rationes ab administratore excipere, levem culpam creditoribus, et haeredi praestare; et vicissim contrariam habet actionem, atque salarium jure petit. I, 1830 et 1821.
—— non potest fateri aditionem haereditatis de praesenti, nec eam adire sine interventu minoris. I, 2418 et 2419.
—— ad litem minori invito datur: nec valet sententia contra minorem indefensum lata. I, 1649.
—— ad lites minoris, vel furiosi regulariter datur a judice originis, vel domicilii, non autem litis. I, 1677 et 1678.
—— ad lites eligi debet aliquis ex consanguineis, vel affinibus, qui tamen idonei sint, et munus non recusent. I, 1680.
—— ad lites generaliter datus in omnes controversias datus videtur. I, 1685.
—— ad lites non potest temere removeri. I, 1685.
—— an primario detur rei? 1632 et 1633.
—— minoris non potest per se contrahere; potest curator prodigi, vel furiosi. I, 1811.
—— invito minori datur petente debitore, qui urgeatur ad solutionem; ut et cum reddendae sunt rationes tutelae. I, 1650.
—— datur invito minori, qui prodigus sit: sed numquam et minori. I, 1651.
—— minori petenti datus removeri non potest, nisi adveniente legitima aetate: nec facile alius curator ipsi adjungendus est. I, 1653 et 1655.
—— minoris esse non cogitur qui ejusdem adhuc pupilli tutelam gessit. I, 2546.
—— dari nequit filiofamilias minori, qui pro patre, sub cujus potestate est, fidejubere velit. I, 2977.
—— qui auctoritate sua firmavit venditionem rei immobilis ad minorem pertinentis, vocari debet, cum minor ad venditionem restitui postulat. Cujus sumptibus vocari debeat? I, 2176.
—— mutis, surdis, et similibus, nonnisi rebus omnibus serio pensatis, dandus est. I, 1708.
—— patri furioso dari potest filius, non tamen prodigo. I, 1672.
—— unus prodigorum, furiosorum, et similium alienare, solvere, et vendere potest; nisi alii repugnent. I, 1703.
CURATOR pupillo quando detur? I, 1686 et 1687.
—— pupillo, qui tutorem non babeat, dari nequit, quamvis lis ad coronidem jam perducta sit. I, 1688 et 1689.
—— ventri datus quae facere teneatur? I, 1773.
—— ventri a judice competente datur, non unus tantum, sed et plures dari possunt. I, 1772.
—— proprio nomine non tenetur, quamvis ita promisisse videatur, si pupilli facultates sufficere existimabat. II, 2775 et seqq.
—— a judice nominari debet, cum filiusfamilias, aetate minor, bona adventitia habet pleno proprietatis, et ususfructus jure, si testator administratorem non elegerit, vel electus nolit, aut non possit administrare. II, 4754.
—— datus filiofamilias pro bonis, quorum ususfructus ad patrem non pertinet, nullum in filii personam jus habet, sed tantum in bona. II, 4756.
—— dandus est filiofamilias, quamvis pater peculii adventitii usumfructum habeat, si pater agere velit adversus filium. II, 4760.
—— dari debet a judice filiofamilias, cum suspecta est patris usufructuarii fides, et administratio. II, 4761.
—— furiosi solus repudiare potest haereditatem ei delatam. II, 8168.
—— nec haereditati, nec bonis dari potest, quamdiu haeres non repudiavit. II, 8147.
—— haereditati tamquam jacenti datus est, cum certo constat, eam fuisse repudiatam: sed prius vocari, et audiri debent haeredes testamentarii, vel legitimi. II, 8210.
—— dari debet haereditati, licet suus haeres sit, qui abstinuit, non extraneus, qui repudiaverit. II, 8211.
—— una cum haerede interesse debet, cum inventarium legale conficitur. II, 7919.
—— absentis an vindicare possit bona, absente ignorante, ab alio alienata? IV, 99.
CURATORES ad lites dare possunt tutor, et curator, periculo tamen suo. An minoris consensus exquiri debeat? I, 2030 in not.
—— dantur minoribus, furiosis, prodigis et aliis, qui perpetuo morbo laborant, quo res suas gerere nequeunt. I, 1684 *tum* 1694.
—— regulariter dantur a judice originis, vel domicilii, non loci, in quo bona sita sunt. I, 1644.
—— testamento dari nequeunt, dati tamen a patre omnimodo confirmantur: praecedit inquisitio, si mater dederit. I, 1645.
—— bonorum debitoris communiter dati in solidum tenentur, quamvis omnes non gesserint; nisi, qui non gessit, invitus datus fuerit. Si tamen omnes solvendo sint, gaudent beneficio divisionis. I, 1803 ad 1805.

D

deinde legatus, si ex eo tantum percipiat, quatenus pro alimentis indiget. II, 8894.
DEBITORI cujus odio scriptura regognita fuit, salvae sunt omnes exceptiones adversus eandem. IV, 637.
DEBITORIBUS favendum est, quantum aequitas patitur? I, 96.
DEBITORIS conditio favorabilior est, quam creditoris. I, 101.
DEBITUM voluntarium, aut necessarium quale dicatur? I, 210 in not.
—— haereditarium sponte solvens jure novo non repellitur a querela inofficiosi testamenti. II, 6882.
—— ab initio necessarium nunquam fit voluntarium, tametsi debitoris persona mutetur. II, 8972.
—— sponte ab auctore susceptum, si in hujus haeredem transferatur, necessarium fit. II, 8971.
—— per se non fatetur, qui allegat se solvisse. III, 3582.
DECEDENTIBUS una clade duobus, quorum neuter viribus prae altero polleat, simul decessisse praesumuntur. II, 9117.
DECENNII praescriptione amittitur beneficium constituti. II, 844.
DECENNIUM in constituto, adjecto contractui conditionali, tantummodo incipit a die, quo extitit conditio. II, 845.
DECIMAE quota, si judicio petitorio coram judice Ecclesiastico agatur, nonnisi immemoriali possessione praescribitur. II, 2075.
DECISIONES casuum ambiguorum, qui junctis classibus definiti fuerit, jamdudum apud nos legis vim habent: nunc quaeque supremorum Magistratuum definitiones legum instar sunt: sed tantum in parte decisiva, et motivis decidendi, non in caeteris. I, 151 et 244 ad 246.
—— caute proferendae sunt a caussarum patronis. I, 153.
—— plerumque singularibus rerum adjunctis innituntur: ideo iis immutatis alia juris regula locum habet. I, 152.
—— Senatus Romani legis vim non habebant. I, 243.
DECRETA Principis dicuntur sententiae a Principe cum caussae cognitione latae. I, 137.
—— jus faciunt inter eos solos, quibus lata sunt. I, 150.
—— jus singulare constituunt; nisi legem explicent, vel Princeps aliud statuat. I, 171.
—— generalis legis vim habent in casibus similibus, cum Princeps dubiam legem interpretatur. I, 139.
—— aequiparantur sententiis. I, 172.
—— vix de casu ad casum extenduntur: neque congrue applicari possunt, nisi facti species innotescat. I, 139.
DECRETUM judicis in alienatione pupillarium bonorum interpositum inducit praesumptionem caeterarum solemnitatum. I, 2373 et 2374.
DECURIONES universitatum. V. ADMINISTRATORES et CONSILIARII.
DEFENSOR, seu ille, qui ex mandato, vel etiam sine mandato alterius defensionem in judicio suscipit, eodem jure gaudet, ac debitor principalis. II, 3870.
DEFICERE intelligitur collegatarii portio, cum legatum consistit ab initio, sed deinceps corruit casu, aut voluntate legatarii: vacare autem dicitur, cum ab initio nullum fuit. II, 8530.
DEFUNCTUS multiplex homo reputari potest, et successio multiplici jure deferri. I, 301.
DEJICI quoque intelligitur, qui naturaliter possidet per se, vel per alium. IV, 1400.
DELEGATIO requirit mandatum ex patre primi debitoris, et stipulationem ex patre secundi. III, 3610 et 3611.
—— improprie contingit, cum mandatur solutio ei, qui debitor non est, vel debitori, ut solvat illi, cui mandans nihil debet. III, 3613.
—— non omnes habet solutionis effectus. III, 3624.
DELEGATIONE, dummodo in solutum, non in pignus facta perimitur prior obligatio. III, 3614.
—— liberantur pignora, et fidejussores; atque etiam mora purgatur. III, 3617 et 3618.
DELEGATUS a Principe non potest recusare ex illis caussis, quas ex rescripto delegationis Principi cognitas apparet. IV, 2749.
—— a Principe jurisdictionem suam alteri mandare potest. IV, 1796 et 1797.
—— subdelegare potest, si hoc ei a mandante concessum fuerit. IV, 1798.
DELETA inconsulto, absoluto jam testamento, peti possunt tametsi legi nequeant; dummodo aliunde probatio habeatur. II, 6572.
DELETIO, vel conscissio testamenti manu testatoris facta in dubio non praesumitur. II, 6593.
—— vel inductio facta in testamento non impedit missionem in possessionem, dummodo clare rescriptum sit quod deletum, vel inductum fuerat. II, 7686.
Ad DELIBERANDUM utrum annale tempus adhuc concedatur, et quidem ipso jure, quin opus sit preces Principi offerre? II, 7559.
DELICTA leviora ob solam poenitentiam aliquando remittuntur, non graviora. II, 6778.
—— privata dividuntur in ordinaria, et extraordinaria. IV, 2425 et 2426.
—— extraordinaria quae dicantur? IV, 2811.
DELICTI ratione reus forum sortitur. Quid de reo absente, atque in alieno territorio commorante? IV, 1927 et 1928.
Ex DELICTO filii pater obligatur, cum ex eo

locupletior factus est, atque conveniri potest de in rem verso. II, 4810.
DELICTUM casu patratum extra poenam est, nisi casus culpam habeat annexam. IV, 2441 et 2442.
DE-LUCA Cardinal. Sententia de caussarum patronis, qui inutiles juris allegationes judicibus obtrudunt. I, 168.
DEMANIALIA bona nulli praescriptioni subjiciuntur. II, 1801.
DEMANII nomine significatur patrimonium Principis, quatenus dux est, et caput reipublicae. II, 1800.
DEMONSTRATIO haeredis contumeliae caussa institutionis vim evertit; potest tamen haeredis persona ex ejusdem dignitate, et virtutibus designari. II, 6951.
—— adjici potest, vel personae legatarii, vel rei legatae. II, 9255.
—— falsa aliquando efficere videtur, ne legatum valeat, non propter ipsius vitium, sed quia res demonstrata in rerum natura non est. II, 9257.
—— legatum regulariter non perimit, etiamsi falsa sit. II, 9253 et seqq.
—— differt a nomine. Quid sit apud Romanos nomen, praenomen, cognomen, agnomen? II, 9242 et 9243.
—— plerumque factam rem ostendit, conditio futuram. II, 9258.
—— a testatore adhibita quid si pluribus personis, vel rebus conveniat? II, 9260.
DENUNCIATIO an omitti possit, priusquam pignus a creditore vendatur, quoties debitor statuto die non solvit? II, 4522.
—— praevia debitori necessaria non est, cum praeter pactum vendendi pignoris; concurrit temporis lapsus intra quod debitor solvere debuit; nec tamen solvit. II, 4523.
—— seu admonitio desideratur, priusquam creditor pignus vendat, quoties specialis vendendi pignoris conventio inita non probatur. II, 4528 et seqq.
—— litis motae ab emptore venditori facienda est, nisi ei sit renunciatum. III, 2593.
—— necessaria est, licet caussa videatur notorie injusta, vel auctor motam litem aliunde sciat. Quid si venditor absit, vel latitet? III, 2594 et 2595.
—— litis motae post litem contestatam fieri potest. III, 2598.
—— omissa in prima lite recte fit in caussa appellationis. Quid si auctor laudatus talis non sit? III, 2599.
—— redemptionis census fieri debet a persona legitima, et legitimae personae. III, 3252.
DENUNCIATIONES celebrationem conjugii praecedere debent: non tamen sub poena nullitatis. I, 897 ad 899.
DENUNCIATIONIS necessitatem, antequam pignus vendatur, cum dies solutionis definitus praeteriit, non commemorant jureconsulti. II, 4626 et 4627.
DEO haereditas, vel legatum relinqui etiam olim poterat. II, 5044 et 5045.
DEPONENS, si res amplius non extat, agere cogitur in generali discussionis instantia, quemadmodum caeteri creditores. III, 1094.
—— rei suae vindicationem habet adversus tertium possessorem, quin pretium ab hoc solutum restituere debeat. III, 1088 et 1089.
—— an possint Praesides Provinciarum? I, 94.
DEPORTATI civitatem, et patriam potestatem amittebant. I, 1360.
DEPORTATIO exilii species atrocissima erat, qua civitas amittebatur. I, 1501.
—— quo differat a relegatione? I, 1502.
DEPORTATIS similes sunt perpetuo exilio cum infamia mulctati: potissimum si praecesserit publicatio bonorum. I, 1363.
DEPOSITA res restituitur in loco, in quo depositarius bona fide eam habet, licet alibi deposita fuerit. III, 1077.
—— quae a Supremis Magistratibus, vel judicibus decernuntur, apud nos cui credi debeant? III, 1109.
DEPOSITARII praeferuntur caeteris chirographariis in pecunia penes numularios deposita. III, 1327 et 1328.
DEPOSITARIO non permittitur jusjurandum in litem, utique vero deponenti. III, 1033.
DEPOSITARIUS qui ultro se offert deposito, de levissima culpa aliquando tenetur. I, 2767 et seqq.
—— qui rem depositam vendat, et denuo redimat in eodem statu, quo prius erat, potest ejus dominium usucapione acquirere. II, 1817.
—— plerumque solum dolum, et latam culpam praestat. III, 1078.
—— quibus in casibus de fortuito eventu teneatur? III, 1082.
DEPOSITUM, cujus usus depositario permittitur, convertitur in mutuum. I, 636.
—— convertitur in mutuum, cum deponens permittit depositario, ut deposita pecunia utatur. II, 799.
—— est contractus, quo res alteri gratis custodienda traditur. III, 1059.
—— plerumque continet solam deponentis utilitatem. III, 1060.
—— aliud est voluntarium, aliud necessarium, seu miserabile: regulare, vel irregulare. III, 1065.
—— ex nulla caussa retineri potest. III, 1091 et 1092.
—— judicis imperio retineri potest: sed praestita cautione statim restitui debet. III, 1096.
—— judiciale contrahi potest sola depositarii confessione. III, 1144.
DERELICTAE res quae dicantur, et cui acquirantur? II, 499 et seqq.

Pro DERELICTO usucapit, qui apprehendit possessionem rei, quae derelicta est, non tamen a vero domino. II, 1925.
DERELINQUERE, seu abjicere propriam rem quisque potest, nisi haec onus, alterius favore, ferre debeat. II, 504 et 505.
DESCENDENTES haereditatem ex jure deliberandi transmittunt, licet delatam sibi haereditatem ignoraverint. II, 7571.
—— qui haeredes non sint, non admittuntur ad legatum, vel fideicommissum legitimo haeredi relictum. II, 9082.
—— ex linea masculina soli ad fideicommissum admittuntur, si testator ad agnationem respexerit. II, 9589.
—— soli significantur per legitimos haeredes, qui simul haereditatem habeant. II. 9579.
DESCENDENTIUM nomine continentur nepotes, et pronepotes cujusque sexus. I, 1423.
DESERTIO malitiosa quid sit secundum reformatorum sententiam? I, 950.
DICANTIBUS ex mandato testatoris testamentum legata, et fideicommissa relinqui possunt, tum testibus, qui testamento subscribunt. II, 9158.
DIEI adjectio necessaria non est in rescriptis clausis in corpore juris desideratur in caeteris. I, 141 ad 147.
—— omissione nulla irrita fieri videntur testamenta. II, 6156.
DIEM pro homine interpellere quo sensu accipiatur? III, 1883.
DIES certus pro homine interpellat. III, 902.
—— definita pro homine interpellat. I, 614.
—— inceptus pro completo reputantur in usucapionibus. II, 2036.
—— inceptus non habetur pro completo in actionibus temporalibus. II, 2037.
—— certus retrotrahi non potest. II, 5254.
—— incertus similis est conditioni; nisi dies incertus adjectus quidem fuerit solutioni, non autem obligationi. II, 5249.
—— vel omnino incertus esse potest, ita ut ignoretur, an unquam extiturus sit; vel incertus tantummodo, quoad tempus. II, 5250.
—— incertus quoad tempus aequiparatur conditioni, si cognosci non possit, utrum vivo honorato extiturus sit, an eo demum vita functo? II, 5251.
—— institutioni adjectus pro non scripto habetur, sive haeres institutus sit ex certo die, sive ad diem certum. Quid si unus haeres ad Kalendas martias scriptus fuerit, alter ex Kalendis martiis? II, 5252.
—— certus esse potest quoad nominationem, incertus quoad eventum; veluti cum haeres morietur. II, 9046.
—— certus exemplo legatorum fideicommissis adjici potest. II, 9882.
—— contractus pure celebrati statim cedit, et venit. II, 10512.
DIES legati sub tempore penitus incerto relicti non cedit, nisi eo veniente, atque legatario antea mortuo non transmittitur. II, 10522.
—— aliquando non adjicitur ad suspendendam obligationem, sed ad differendam solutionem. II, 10524.
—— legato solvendo adjectus venisse non judicatur, nisi dies omnino completus sit, nec sufficit inceptus. II, 10527.
—— incertus, an vivo, an mortuo legatario sit extiturus, conditioni aequiparatur. II, 10529.
—— legatis adjectus pluribus modis incertus esse potest. II, 10420 et 10421.
—— mutui solvendi plerumque apponitur favore debitoris, nec inceptus habetur pro completo. III, 776.
—— stipulationi adjici potest non ad differendam, sed ad finiendam obligationem. III, 1872.
—— vel conditio non impedit, quominus duo rei constituantur. III, 1921.
—— inceptus habetur pro completo in debitis favorabilibus, puta alimentorum: non in caeteris. III, 3558.
DIFFAMATI, an diffamantis forum inspiciendum sit? IV, 2013 et 2014.
DIFFAMATIONIS judicium, quibus casibus locum habeat? IV, 2010.
—— judicium in personas incertas proponitur ab illis, qui delicti alicujus fama publica insimulantur. vel opus novum facere desiderant. IV, 2022.
DIFFAMATIONIS judicium institui potest adversus eum, qui jactitet, sibi competiturum jus post certum tempus, aut conditionis eventum. IV, 2031.
DIFFAMATUS ab initio actor, deinceps fit reus. IV, 2012.
—— melius sibi prospicit implorando remedia possessoria. IV, 2016.
DIFFICILIUS in jure non semper idem sonat, ac minime dari. IV, 1083 et 1084.
DIFFICULTAS implendae promissionis non excusat debitorem in solvendo in mora constitutum. III, 910.
DIGNITAS Patriarchatus, Episcopatus et quaecumque a curia liberat, patriam potestatem solvit; non tamen senatoria. I, 1368 ad 1370.
—— regulariter tantum a suscipienda tutela excusat. I, 2491 ad 2492.
Ad DIGNITATEM adipiscendam, vel honorem promerendum, uxor donare potest marito. II, 4423.
DIGNITATIS amissione, etiam ignominiosa, non inducitur capitis deminutio. I, 1505.
DILATIONUM tempus longius, vel brevius est, prout absunt litigantes, vel praesentes sunt: atque a judice protrahi, vel minui possunt. IV, 2048.

DOMINUS rei dolum, et culpam praestat, quoties alter jus aliquod in re habet, vel sperare potest, prout contingit favore legatarii, creditoris, et usufructuarii. II, 3311.
—— directus edere tenetur instrumenta censualia emptori, qui regressum habere velit contra venditorem. IV, 2691.
DOMO usucapta res singulae, quibus constat domus, usucaptae non intelliguntur. II, 1825 ad 1827.
—— legata an contineantur aedes post conditum testamentum a testatore acquisitae, et priori domui adjectae. II, 8636.
—— legata in genere a testatore, qui domum non habet, haberi potest domum, si pecuniam in domus emptionem destinatum haberet. II, 8810.
DOMORUM successione privantur filiae ex statuto Taurinensi, cum defunctus intestatus decessit, quod hodie immutatum est. I, 329 et 330.
DOMUS usufructu legato quae contineantur? II, 1628 et 1629.
—— usufructu legato, atque ea diruta extincto, non reviviscit, si tota simul restauretur. II, 1713.
—— et familiae appellatio non semper agnationem, sed aliquando etiam posteritatem, et descendentiam omnem significat. II, 9594.
—— significatio restrictior est, quam familia. II, 9605 et 9606.
DONANDI promissio simplex non transfert rei dominium. II, 2116.
—— promissio an vim donationis habeat? II, 2117 et 2118.
—— animo maritus pati non potest, ut fundus uxoris a debita servitute liberetur. II, 4509.
—— animus praesumitur in parentibus, qui in filiorum utilitatem impendunt, nisi aliud demonstretur. III, 464.
DONANS non tenetur de evictione, nisi eam promiserit; neque conveniri potest actione redhibitoria, vel quanti minoris, nisi dolus sit. II, 2336.
—— alteri conjugi, intuitu proprii matrimonii, de liberis cogitasse judicatur; itaut revocandae donationis facultas ex caussa susceptae prolis denegetur. II, 2470.
—— alteri matrimonii contemplatione beneficio revocandae donationis propter liberos supervenientes renunciasse videtur alterius favore, qui alioquin matrimonium contracturus non fuisset. II, 2486.
—— mortis caussa mavult se habere, quam donatarium: hunc vero potius, quam haeredem. II, 2120.
—— conjux rem vindicare potest, sive apud alterum conjugem adhuc sit, sive in alterum, quocumque titulo, translata fuerit. II, 4498.
Ad DONANTEM conjugem pertinet damnum, quod rei donatae extrinsecus contigerit; puta si pretium illius imminutum sit. II, 3502.
DONANTI vindicatio non competit, ut rem donatam avocet; sed actio in factum, vel condictio ex lege. II, 2416.
—— competit vindicatio, cum res caussa mortis donata, simul tradita fuit, non tamen translatum rei dominium: condictio autem, si dominium transtulerit. II, 2602.
—— conjugi tribuitur vindicatio, ut rem donatam recipiat, si extet; vel condictio, si res perierit, nisi donatarius malit rei aestimationem solvere. II, 4497.
—— conjugi vindicatio utilis tribuitur rerum, quas alter ex pecunia donata comparavit, si donatarius solvendo non sit. II, 4499.
DONANTIS voluntas mutata non judicatur ex eo quod aliquid testamento relictum sit illi, in quem prior liberalitas collocata fuerat; nisi appareat, liberalitatem in prioris locum subrogatam fuisse. II, 2388.
DONARE non potest tutor, ne quidem judice auctorante. I, 2057.
—— nequeunt amentes. II, 2180.
—— potest quis omnia bona sua, dummodo sibi quaedam reservet, de quibus testari possit; nec alteri in legitima noceatur. II, 2188.
—— prohibentur clerici bona patrimonalia sine licentia Episcopi, nisi beneficium habeant, vel aliud, unde vivere possint. II, 2182.
—— potest filiusfamiliae res ad peculium castrense, vel adventitium irregulare spectantes. II, 2172 *tum* 2576.
An DONARE possit filiusfamilias bona peculii adventitii, cujus usumfructum pater habeat? II, 2173.
DONARE potest filiusfamilia ex peculio adventitio, si pater hanc facultatem concesserit; sed ex generali concessione non intelligitur tributa potestas donandi caussa mortis. III, 2175.
—— potest filiusfamilias, patre consentiente, et sufficit tacitus patris consensus. II, 2176.
—— potest filiusfamilias peculium castrense, quasi castrense, et adventitium irregulare caussa mortis, non regulare. II, 2574 et 2575.
—— non potest patri filius caussa mortis, neque patre consentiente. II, 2578 et 2579.
—— nequeunt regulariter minores, praeterquam occasione matrimonii juxta receptas consuetudines. II, 2177.
—— potest minor caussa mortis, patre auctorante, quin consanguineorum interventus necessarius sit. II, 2584.
—— mortis caussa, sine curatore, testari, et legata relinquere potest minor. II, 2585.
—— quis potest, non tantum praesens, sed etiam absens, per procuratorum per epistolam, vel per nuncium. II. 2227.
—— nequeunt monachi; praelatis tamen bonorum administrationem habentibus ex justa caussa donare licet. II, 2181.

DONARE possunt caussa mortis, quicumque testamenti factionem habent, quamvis inter vivos res suas alienare prohibeantur. II, 2588.
—— non ideo mortis caussa intelligitur, qui ita donat, ut rem habeat, quamdiu vivit. II, 2563.
—— nequeunt mulieres, et personae infirmi consilii, nisi adhibitis quibusdam solemnitatibus, neque etiam favore filiae, nisi contemplatione matrimonii. II, 2179.
—— possunt caussa mortis mulieres extra patriam potestatem constitutae, etiam marito ipsi. II, 2587.
—— potest pater filio in castre proficiscenti. II, 2151.
—— potest pater filio, contemplatione matrimonii. II, 2153.
—— potest pater filio benemerito: ita tamen ut donatio longe non excedat merita. II, 2363.
—— caussa mortis potest pater filiofamilias in potestate constituto. II, 2572.
—— iis tantum conceditur, qui liberam habent rerum administrationem, et alienandi facultatem; dummodo iis donent, qui ab ipsis accipere non prohibentur. II, 2134.
—— caussa mortis non permittitur pupillo, neque ex consensu et auctoritate tutoris. II, 2586.
—— non licet tutoribus, et curatoribus res pupillorum aut minorum, exceptis modicis, et honestis donationibus. II, 2176.
—— nequit conjux conjugi per interpositam personam. II, 4382 et seqq.
—— potest maritus uxori, vel uxor marito, ut Deo offeratur, quod datum est, ut opus publicum fiat, parenti, fratri, vel sorori alimenta suppeditentur. II, 4427.
—— jure, quo utimur, non potest maritus uxori, vel uxor marito bonorum proprietatem etiam ultimae voluntatis actu, si conjux donans liberos habeat ex quocumque matrimonio. II, 4387.
—— sepulturae caussa maritus potest uxori, atque locus fit religiosus, si humanum cadaver illatum fuerit. II, 4424.
—— nequit socer genero, vel nurui mortis suae caussa. II, 4386.
—— non potest Princeps ante sententiam bona fisco addicenda. IV, 2607.
DONARI possunt bona futura; sed haec donandi voluntas ex simplici bonorum omnium donatione non eruitur. II, 2208.
—— an possint feuda? II, 2218.
—— possunt mortis caussa non tantum res singulares, sed omnes omnino. II, 2589.
—— potest res aliena, consentiente domino: eo dissentiente, praestatur usucapiendi facultas. Donator rei alienae neque de evictione tenetur, neque actione redhibitoria, vel quanti minoris. II, 2186.
—— potest non tantum res certa, sed etiam rerum universitas. II, 2187.
DONARI an possit concubinae? II, 4404 et seqq.
—— inter virum, et uxorem possunt res modici valoris, et quae ex humanitate quadam praestari solent etiam inter alias personas. II, 4414.
DONASSE uxori an videatur maritus, qui sibi caussa mortis donaturum rogavit, ut liberalitem conferret in uxorem suam? II, 4443.
DONATA non reputantur bona futura, cum quis dixit, se omnia donare, conditione adjecta si sine liberis. II, 2213.
—— certa summa (reservato donatori usufructu, quamdiu vixerit), quae capi debeat super omnibus bonis speciatim ad hoc obligatis, haeres non tenetur ad dandam pecuniam, si hanc in bonis donator non reliquerit; sed donatarius pro arbitrio bona eligere potest. II, 2338.
—— res, cujus dominium, lege prohibente, non transfertur, an possit usucapi? 2921 et 2922.
—— a patre, dum adhuc viveret, ob caussam bona filiis, imputationi, et collationi subsunt. II, 7157.
—— liberis post mortem patris, licet ejus contemplatione, haereditaria non sunt. III, 3503.
DONATAE inter conjuges rei fructus naturales an alterutri acquirantur. II, 674 et 675.
—— rei cum reservatione ususfructus, adjecta clausula constituti, dominium, et possessio transfertur. II, 819.
—— rei usurae non praestantur neque a moroso donatore, praeterquam a die petitionis, vel motae litis. An haeredes eodem jure utantur? II, 2353.
—— rei alienatio, quae ex necessitate facta sit, revocationis tacitae argumentum non praebet. II, 2460.
—— perperam rei inter conjuges conditio permittitur, quatenus accipiens locupletior invenitur tempore litis contestatae. II, 4500.
—— rei inter conjuges dominium non transfertur in accipientem. II, 4494.
—— rei propter nuptias fructus cur mulier denegentur, fructus vero dotis lucretur maritus? II, 4259.
—— rei propter nuptias mulier fructus non percipit, neque eam consequitur, praeterquam si marito superstes sit. II, 4258.
DONATAM rem immobilem propter nuptias maritus neque alienare, neque ipothecae subjicere potest. Quid si donatio haec rebus mobilibus constet. II, 4257.
—— rem propter nuptias pleno jure consequitur mulier, quamvis extent liberi, si modo praedecedat maritus. II, 4260.
DONATARIA uxor, quae ex decem nummis a marito donatis emit praedium, quod quindecim valet, nonnisi decem restituere tenetur. II, 4504.

Donatio ultra quingentos aureos insinuari debet, etiamsi solutio non tota simul sed diversis praestationibus fiat. II, 2297.

—— annuae praestationis, quae perpetua sit, vel certo tamdiu duratura, ut legitimae quantitatis terminos praetergressura sit, insinuari debet. II, 2298.

—— cujuscumque quantitatis a Principe facta, vel favore Principis, tum etiam quae fiat a militiae duce militibus, non indiget insinuatione. II, 2302.

—— iis facta, quorum domus incendio, vel ruina corruptae sunt, dummodo donatarius quantitatem hanc in refectionem domus impendat, non requirit insinuationem. II, 2318.

—— sine insinuatione in iis locis, in quibus Romano juri nihil superadditum est, jurejurando firmari potest. II. 2313.

—— quae coram judice celebratur, an insinuari debeat? II, 2316.

—— defectu insinuationis irrita non impedit quominus contractus, cui caussam dedit, valeat, dummodo nuda donatoris voluntas justa caussa esse possit, etiam citra speciem donationis. II, 2283.

—— a procuratore insinuari non potest, postquam donator quaedam bona alienavit, quamvis haec fuerint excepta; nisi mandatum ita sit. II, 2287.

—— favore piae caussae an immunis sit a lege insinuationis? II, 2303 et 2304.

—— inter vivos celebrata a donatore peste correpto, atque jamjam morituro, valere potest jure donationis caussa mortis, si omnia ad hanc requisita intervenerint. II, 2294.

—— inter vivos celebrata non transit in donationem caussa mortis, quamvis donator sibi servaverit facultatem disponendi de tota re, vel ejus parte. II, 2570.

—— in dubio potius inter vivos celebrata praesumitur, quam caussa mortis, si aliquae sint conjecturae quibus praesumptio haec innitatur. II, 2573.

—— jurejurando firmata an extinguatur praemoriente donatario? Quid de donatione propter nuptias, vel filio contemplatione matrimonii facta? II, 2344.

—— an per jusjurandum ita firmetur, ne acceptatione indigeat. II, 2236.

—— subsequens adimit priora legata, si eadem res inter vivos donetur, quae prius aer legatum relicta fuerat. II, 2390.

—— propter laesionem non irritatur, nisi ex caussa sit. II, 2392.

—— nonnisi ex laesione enormissima revocari potest. II, 2393.

—— matrimonii contemplatione filio facta differt a donatione propter nuptias. II, 2159.

—— matrimonii contemplatione facta non revocatur ex supervenientia liberorum. II, 2161.

—— sub modo ea est, qua donatario onus injungitur, ut aliquid facere teneatur. II, 2631.

Donatio irrita fit ex caussa non implementi, cum modus donationi adjectus ita certo tempori, vel rerum adjunctis connexus est, ut semel omissus amplius nequeat adimpleri; vel omittendo positus fuit, aut donatarius pertinaciter detrectat legem donationis perficere. II, 2670.

—— sola mortis cogitatione celebrata ipso jure non fit irrita, quamvis postea donator mortis periculum subeat, tum ex eo feliciter evadat. II, 2608.

—— a muliere facta de suis dotibus filiae nupturae valet: secus si filia jam nupta sit. II, 2160.

—— facta nepoti ex filio, vel filia fraudolenta non praesumitur, quamvis haereditas jure substitutionis ad patrem, seu avum mortuo nepote perventura sit. II, 2582.

—— omnium bonorum a cliente facta procuratori, vel advocato valet, quamvis litigiosa jura in illis contineantur. II, 2183.

—— omnium bonorum praesentium et futurorum, quoad nudam proprietatem, excepto favore donatoris usufructu, an valeat? II, 2196.

—— omnium bonorum jura quoque, actiones et nomina debitorum complectitur. II, 2205.

—— omnium bonorum non comprehendit futura. II, 2207.

—— omnium bonorum praesentium et futurorum, an testandi facultatem adimat. II, 2292.

—— omnium bonorum cur mulieri ex caussa dotis non prohibeatur, ex aliis vero caussis interdicta sit? II, 2945.

—— a patre facta filio emancipato valet. II, 2149.

—— a patre in filium sub potestate constitutum collata, ita nulla est, ut neque prosit ad usucapiendum. II, 2150.

—— patris favore filii, ut sacros ordines recipiat, vel religionem profiteatur, viribus subsistit. II, 2155.

—— a patre facta filiofamilias, ejusque liberis nascituris, successiva praesumitur, non simultanea. II, 2157.

—— a patre liberis perperam facta confirmatur morte et emancipatione. II, 2164.

—— a patre facta ultra legitimam quantitatem, quae insinuata non sit, morte et silentio firmatur, quoad quantitatem legibus permissam. II, 2168.

—— a patre perperam facta per emancipationem firmatur, si non fuerit expresse revocata. II, 2169.

—— a patre filio facta in praemium emancipationis irritatur, si emancipatio ex aliquo vitio subsistere nequeat. II, 2171.

—— a patre in filiam collata dotis caussa subsistit. II, 2154.

—— a patre liberorum favore celebrata, nonnisi usque ad legitimam revocatur, etiamsi pater fraudandi animum habuerit. II, 2527.

Donatio a patre facta filio ejusque liberis contemplatione matrimonii, in filios nonnisi successionis jure transit. II, 2638.

—— facta a patre filiis certae partis bonorum, in quibus contineantur bona materna illorum, non resolvitur, mortuo filio, etiamsi liberi, quos superstites reliquit donatarius, vivo donatore, moriantur. II, 2645.

—— peculii profectitii filiofamilias regulariter prohibetur, quamvis liberam ejus habeat administrationem. II, 2174.

—— ex caussa imminentis periculi celebrata, periculo cessante, statim irrita fit. II, 2609.

—— in ignotam personam collata valet. II, 2135.

—— in plures personas collata, ea lege, ut donatariis sine prole legitima, et naturali decedentibus, bona donata ad donantem revertantur, pro parte resolvitur, si alter ex donatariis liberos post se non relinquat: nisi alia demonstretur voluntas donatoris. II, 2646.

—— in sola promissione adhuc consistens, recte probatur a procuratore habente speciale mandatum. II, 2239.

—— potissimum quae notarii stipulatione firmata non fuerit, nonnisi vivente donatore potest acceptari: ea excepta, quae fit ex caussa dotis. II, 2263.

—— per traditionem completa acceptari potest a procuratore, qui speciali mandato instructus sit. III. 2238.

—— potissimum in mulieribus, vix umquam praesumi potest. II, 3324.

—— ex praesumptionibus, potissimum inter conjunctas personas, interdum admitti potest. II. 2226.

—— si in semplici promissione consistat, quam secuta non fuerit traditio, donatarius habet actionem ex stipulatu, vel condictionem, ut donatorem cogat ad rem tradendam. II, 2332.

—— propria tres requirit conditiones, ut mera liberalitate fiat, rei dominium statim transferatur, nec unquam res donata ad donantem reverti debeat. II, 2124.

—— ab eo facta, qui post mortem suam donat. propria est. II, 2126.

—— propter nuptias, vergente marito ad inopiam, in tuto collocari debet. II, 3480.

—— propter nuptias jure Romano insinuationem desiderat non jure quo utimur. II, 2307 *tum* 3048 et seqq.

—— per ratihabitionem, congruo tempore praestitam, ita firmatur, ut amplius revocari nequeat. II, 2247.

—— per tacitam donatarii ratihabitionem firmatur. II, 2258.

—— rei alienae bona fide facta revocari potest a donatore, alioquin a vero rei domino. II, 1919.

Donatio rei propriae, quae traditione fuerit absoluta, non tantum modus, sed simul caussa, seu titulus est acquirendi dominii. II, 2112 et 2113.

—— rei propriae, neutiquam secuta traditione, nec titulus acquirendi dominii est. II, 2115.

—— a patre in filiumfamilias collata valet, si jurejurando firmata sit, nisi obstet lex municipalis. II, 2162.

—— remuneratoria, quae longe non excedit merita, immunis est a necessitate insinuationis. II, 2309.

—— remuneratoria, vel reciproca propter liberos supervenientes revocari non potest. II, 2582.

—— alicui facta, ea lege, ut post aliquod tempus easdem res alteri restituere teneatur, fideicommissariam restitutionem continet, non vulgarem. II, 2641.

—— legitime celebrata neque ex rescripto Principis rescindi debet: neque sufficit fraudandi consilium allegare, ut poenitendi facultas detur. II, 2378.

—— quae nondum acceptata, vel insinuata est, pro arbitrio revocatur. II, 2381.

—— ex levioribus caussis revocari non potest. II, 2424.

—— propter liberos a donatore deinde susceptos usu fori revocari potest. II, 2431.

—— non revocatur ob liberos naturales patri donatori supervenientes. II, 2438.

—— ob liberos naturales matris supervenientes utrum irritetur? II, 2439.

—— an revocetur propter liberos adoptivos, vel spirituali cognatione progenitos? II, 2450.

—— inofficiosa revocari potest favore nepotum, quorum pater defunctus sit, non autem favore fratrum. II, 2452.

—— per liberos supervenientes ipso jure non revocatur, sed pendet a donantis voluntate. II, 2553 et seqq.

—— juris nondum plene quaesiti non subest revocationi ex caussa liberorum supervenientium. II, 2479 et 2480.

—— ex caussa supervenientium liberorum ex omni parte revocatur: illis tamen deductis, quae donatarius bona fide alienavit. II, 2492.

—— propter liberos deinde genitos revocari non potest, si liberi decesserint, antequam donator revocandi voluntatem declaraverit. II, 2497.

—— a patrono in libertum collata ob liberos patrono supervenientes revocatur. II, 2429.

—— nondum acceptata revocari potest, quamvis constituti clausula adjecta sit. II, 2249.

—— cui jusjurandum promissorium adjectum sit, an possit revocari? II, 2251.

—— revocata non censetur, cum res alteri donata haeredi relinquitur, nisi nominatim eadem res relicta sit. II, 2387.

—— revocari non potest propter liberos, qui rescripto Principi legitimentur, nisi donatarius

teneantur, immo matris bona specialiter fuerint obligata. II, 4229.

DONATIONEM propter nuptias integram solvere non tenetur pater ex suis bonis, si expresse, vel tacite aliud velle demonstraverit. II, 4231.

—— a defuncto celebratam revocare potest haeres donatoris, quem expresse, vel tacite poenituerit. II, 4457.

—— tacite revocare olim judicabatur, nisi aliud demonstrasset maritus, qui rem uxori prius donatam pignori daret. II, 4458.

—— quam traditio secuta non fuerit, leges Romanae distinguere non videntur ab ea, quae per traditionem absoluta est. II, 4469.

—— inter conjuges certis in casibus morte confirmantur. I, 1169.

—— inter sponsos jure non prohibentur. I, 690.

—— modicae, quas aequitas et usus exigit, permittuntur tutori; tum, et quae fiunt nuptiarum occasione; atque jure nostro donationes hae ab omnibus aliarum donationum solemnitatibus immunes sunt. I, 2058.

—— a patre, vel conjugibus factae convalescere possunt ex ratihabitione. I, 2343.

—— caussa mortis ab eo celebratae, qui capitalis criminis conscius erat, vel deinceps factus est, an jure subsistant? II, 2573.

—— caussa mortis im pluribus conveniunt cum legatis. II, 2619.

—— caussa mortis irritae fiunt, si donator capitali poena condemnatus decesserit. II, 2146.

—— inter conjuges prohibentur, non odio alterius conjugis, sed favore utriusque, ut facilius servetur mutua conjugum benevolentia. II, 2148.

—— inter virum, et uxorem subsistunt, quamvis donator criminis capitalis conscius, et capitali poena affectus decesserit. II, 2147.

—— quae sola morte donantis confirmantur, quales sunt, quae fiunt inter virum, et uxorem, vel a parentibus in liberos, praemoriente donatario extinguntur. II, 2343.

—— ante patratum crimen celebratae irritae fiunt, si in fraudem fisci factae sint. II, 2144.

—— factae a reo criminis, qui metu damnationis, vel alia caussa mortem sibi consciscat, an valeant? II, 2140.

—— factas post patratum capitale crimen non valere, nisi condemnatio secuta fuerit, quo sensu dicatur? II, 2141 et 2142.

—— dividuntur in proprias, et improprias: impropriarum variae sunt species. II, 2119.

—— quae sub modo, vel sub conditione fiunt, inter improprias recensentur. II, 2132.

—— impropriae sunt, quoties mera liberalitate non fiunt, vel rei dominium statim uno transfertur, aut superest locus poenitentiae. II, 2629 et 2630.

—— omnes tamquam inofficiosae pro parte revocantur, si plures codem tempore celebratae fuerint. II, 2539 et 2540.

DONATIONEM ob caussam in extraneum collatae tanquam inofficiosae revocari non possunt. II, 2553.

—— ab alienigenis apud suos celebratae, et insinuatae vires non habent pro bonis hic positis, nisi Senatui exhibitae fuerint, ut insinuentur apud acta judicis locis, in quo bona reperiuntur. II, 2274.

—— omnes inter vivos, jure quo utimur, insinuandae sunt coram judice ordinario domicilii donatoris, vel apud provinciae praefectum. II, 2270.

—— quae intuitu certi, et determinati matrimonii fiunt, etiamsi sine insinuatione, vim habent inter donantem, et donatarium, non tamen quoad alios. II, 2281.

—— omnes, cujuscumque quantitatis, regio jure insinuari debent. II, 2289.

—— quae a parentibus in liberos fiant, vel parentibus a liberis insinuationi subjiciuntur. II, 2305.

—— rerum mobilium, quae brevi manu fiunt, atque ipsa voluntate, et traditione perficiuntur, non subjacent insinuationi. II, 2317.

—— per tacitam ratihabitionem patris tantum confirmantur intra legitimam quantitatem, nisi fuerint insinuatae. II, 2167.

—— reciprocae ab insinuatione immunes sunt. II, 2310.

—— a perduellibus post scelus patratum factae, irritae sunt, quamvis decesserint condemnatione nondum secuta. II, 2137.

—— omnes quibusdam interdicuntur, alii nequeunt certis personis donare. II, 2136.

—— ob caussam futuram a revocatione ob ingrati animi vitium eximuntur. II, 2406.

—— ob caussam, vel dotis, aut donationis propter nuptias ex liberis supervenientibus revocari nequeunt. II, 2485 et 2486.

—— caussa mortis in dispendium creditorum factae revocantur. II, 2614.

—— remuneratoriae, vel reciprocae, tanquam inofficiosae revocari non possunt. II, 2542.

—— simplices ex caussa ingrati animi revocantur. II, 2472.

—— sive inter vivos, sive caussa mortis non irritat clausula derogatoria apposita in anteriore testamento ad infirmandas quascumque donationes. Quid si adjecta fuerit in testamento posteriore? II, 2382 et seqq.

—— etiam mutuae inter conjuges ex utraque parte confirmantur, si non appareat alterum alteri supervixisse. II, 4463.

—— inter conjuges vim illico non habent, cum donator conjux in metallum damnatur. II, 4465.

—— inter conjuges, quae caussa mortis fiunt, atque in id tempus incidunt, quo nuptiae desierunt jure Romano non prohibentur. II, 5166.

— omnes, quae fiunt inter sponsos, et spon-

injuriam remiserit, haeredi revocandae donationis facultas denegatur. II, 2415 et seqq.

DONATOR pro arbitrio donationem caussa mortis quandocumque potest revocare. II, 2600.

—— non prohibetur ambigua donationis verba explicare: imo modum, et conditionem adjicere, ex quibus donatario nullum immineat damnum. II, 2663.

—— libere potest revocare donationem pluribus successive factam, quamdiu ab omnibus acceptata non fuit. II, 2651.

—— ante perfectam donationem potest, quamcumque malit, legem dicere; non ea absoluta, nisi consentiat donatarius, in cujus dispendium cessura est. II, 2662.

—— si juri revocandae donationis ex capite non secuti implementi expresse, vel tacite renunciaverit, haeres donationem evertere non potest. II, 2673.

—— adversus injuriae remissionem restitui non debet. II, 2417.

DONATORE intestato moriente, qui non omnia bona donavit, sed quaedam excepit, haec ad legitimos haeredes pertinent. II, 2202 et 2203.

Pro DONATORE in dubio respondendum est, cum dubitatur utrum res ipsa donata sit, an rei pretium, vel alterutrum, prout maluerit donator. II, 2337.

DONATORE mortuo, quin revocandi voluntatem demonstraverit, haeredibus non competit facultas revocandae donationis. II, 2656.

DONATORI, qui propter liberos supervenientes donationem revocet, non restituuntur fructus ante litem motam percepti. II, 2494.

—— revocanti incumbit pignoris luendi onus. II, 2421.

—— plerumque minus dilectus praesumi debet substitutus, quam donatarius. II, 2375.

DONATORIS haeredes tenentur rem a defuncto promissam, sed nondum traditam, donatario praebere. II, 2341.

—— haeres ex capite non secuti implementi, donationis revocandae jus habet, vel donatarium cogere, ut adscriptum modum impleat. II, 2413 et 2414.

DONATUM secundo conjugi, quamvis tempore donationis non excedat modum a lege praestitutum, revocatur, si eum excedat mortis tempore. I, 1170 et 1171.

—— patri a filio per interpositam personam, indiciis, et conjecturis dignosci potest. II, 2581 et 2582.

—— contemplatione alterius huic potius traditum videtur, quam illi. II, 4345 et 4444.

—— videtur filio, cujus contemplatione pater liberalis fuit erga nurum. II, 4157.

—— filio post mortem patris, licet patris contemplatione, haereditarium non est, neque venit in judicium familiae erciscundae, nec conferri debet. II, 4799.

DONATUM videri non potest defuncto, quod liberi accipiunt contemplatione defuncti. II, 7101.

DONATURUM sibi rogans maritus, ut donet uxori, an transgrediatur leges, quae prohibent donationes inter virum, et uxorem? II, 4442.

DONUM a munere differt. II, 2109.

DOS a patre debetur filiae naturali. I, 561.

—— danda est puellae vi raptae ad libidinem explendam. I, 829.

—— data ob matrimonium, quod nullum sit, repeti non potest, si mulier sola ejus vitium sciverit. I, 1013.

—— ob matrimonium nullum data an repeti possit, cum uterque conscius fuit vitii? I, 1014 et seqq.

—— non est, ubi non est matrimonium. I, 1011.

—— congrua apud nos existimatur, ex qua mulier honeste juxta conditionem suam nubere potest. II, 2699.

—— adventitia quae sit? II, 2696.

—— adventitia est, cum quis filiae contemplatione patri dedit. II, 2696.

—— inter eas res recensetur, quae naturalem habent praestationem, seu quae ex naturali aequitate debentur. II, 2730.

—— aestimata, vel inaestimata, quae dicatur? Plerumque mariti interest, inaestimatas res in dotem accipere. II, 2790.

—— et alimenta in pluribus conveniunt, atque ab alimentis ad dotem valet plerumque argumentum, non a contrario sensu. II, 2721.

—— augeri debet, auctis parentum facultatibus in iis locis, in quibus filiae ad successionem intestatam admittuntur, si legitima minor sit dos. II, 2793.

—— constante matrimonio augeri potest: augmentum vero eadem privilegia habet, et iisdem legibus subjicitur, ac prioris dotis quantitas. II, 3012.

—— datur marito, ut facilius possit gravissima matrimonii onera sustinere. II, 2686.

—— referri non debet ad lucrativam, sed ad onerosam caussam, atque maritus aequiparatur creditori, vel emptori. II, 2686.

—— cauta appellatur, quam maritus se recepisse, spe futurae numerationis, confessus fuit, nondum tamen recepit; sed tantum promissa est. II, 2692.

—— matri tradita conferri debet a nepotibus, qui avitae successionis partem postulant. II, 3188.

—— in tuto collocanda est, cum ex praesenti, vel imminente mariti inopia periculum est, ne mulier fiat indotata, vel damnum in dote patiatur. II, 2421.

Ut DOS sua in tuto collocetur, actionis remedio, mulier non tantum vindicat bona mariti a tertiis possessoribus, sed etiam con-

nus pretiosus sit, atque etiam ut fundum idoneum mulier comparet. II, 3410.
Dos nonnisi solutis nuptiis plerumque restituitur. II, 3494.
—— tanquam inofficiosa revocari potest. II, 2544.
—— et donatio propter nuptias an ex caussa ingrati animi revocentur? II, 2408 et seqq.
—— occasione nuptiarum plerumque solvitur. II, 2832.
—— quae in pecunia numerata promissa est, potest per conventionem certis diebus, et diversis praestationibus solvi. II, 3123.
—— marito inopi usu fori solvi non debet, nisi eam in corpora convertat, vel in tutum locum honesti lucri caussa deponat. II, 3222.
—— integra ex paternis bonis solvenda est, cum pater et mater simul dotem promiserunt, etiam adjecta clausula, ut singuli dotem praestent et specialiter obligatis maternis bonis. II, 2963.
—— a patre simul, et matre, vel filia promissa, cum patris facultates non sufficiunt ad solvendam integram dotem, ratione quoque habita numeri liberorum, quod excedit, ex matris, vel filiae bonis praestari debet. II, 2966.
—— cum simul promissa fuit a matre et fratre, qui defuncto patri haeres extitit, aequis partibus ab utroque solvenda est, nisi aliud actum appareat. II, 2973.
—— atque donatio propter nuptias, ex solis paternis bonis solvi debet: quamvis pater ex suis, et maternis, vel filiae, aut filii bonis eam promiserit: si modo facultates patris sufficiant, neque pater expresse aliud declaraverit. II, 2964.
—— Dos ex solis paternis bonis solvi debet, atque inutilis est renunciatio maternae successioni, quamvis adhuc vivat mater, nisi aliquid filia accipiat in praemium renunciationis, vel lex municipalis aliud caveat. II, 2968 et 2969.
—— ab utroque parente promissa ex bonis paternis integra solvi debet, quamvis filia, vel maritus adversus matrem egerint et obtinuerint. II, 2971.
—— dari debet puellae, potissimum sub spe matrimonii corruptae. II, 2972.
—— an tacite constituta existimetur cum mulier patitur maritum uti frui suis bonis. II, 2992.
—— a muliere data in priore matrimonio, repetita censetur in secundo, nisi contraria voluntas demonstretur, jure in foro apud plerasque gentes recepto. II, 3001.
—— vera, vel putativa dicitur, prout matrimonium, pro quo data fuit, verum est, vel putativum. II, 2693.
—— alia debetur filiae, quam prius traditam amisit. II, 2140.
Dos constante matrimonio, ita augeri non potest, ut immodico augmento maritus onoretur. II, 4189.
—— et donatio propter nuptias conferri debent, et in legitimam imputari. II, 4159.
—— ex necessariis impensis minuitur, si in pecunia consistat, vel aestimata sit. II, 3962.
—— corporibus constans non crescit, impensis solutis; utique vero, quae in pecunia consistit. II, 3965.
—— adventitia in quaestione de lucro dotis non distinguitur a profectitia. II, 4062.
—— matris ex caussa non redditarum tutelae rationum an retineri possit? II, 3883.
—— et donatio propter nuptias peculio profectitio continentur, si a patre traditae fuerint. II, 4869.
—— pecuniaria si ex mulieris voluntate conversa sit in corpora, corpus ipsum, seu fundus debetur, et statim a nuptiis solutis restituendus est. II, 3766.
—— an repeti possit a marito, qui fidem utique de dote non habuit, sed moram fecerit in ea exigenda? II, 3822.
—— quomodo restituenda sit, cum inter virum et uxorem convenit, ut maritus pro arbitrio rem, aut ejus pretium soluto matrimonio restituat? II, 3846.
—— plerumque restituenda est matri, quae tutelam filiorum gessit, nondum tamen administrationis rationem reddidit, nisi aliqua praesumptio contra ipsam urgeat. II, 3878.
—— et donatio propter nuptias ad patrem, filia, vel filio defunctis, pleno proprietatis et ususfructus jure secundum Romanas leges revertuntur, si utramque pater ex bonis suis dederit. II, 4592.
—— ex eadem aequitate debetur, quae alimentorum necessitatem induxit: non vero in eorundem locum omnino praestatur. II, 5444.
—— filiae spuriae a patre tradita ei pleno jure acquiritur, nec unquam restituenda est. II, 5943.
—— data a matre, vel maternis ascendentibus filiae nupturae an conferri debeat? II, 7176.
—— ab avo data nepti profectitia aestimatur, nisi avus contrariam voluntatem expresse demonstraverit. II, 7193.
—— tantum imputatur in legitimam filiae debitam ex bonis ejus, qui dotem vere solvit. II, 7164.
—— profectitia matri data imputatur in legitimam nepotum, si filia liberos post se relinquat. II, 7164 ad 7168.
—— matri tradita in legitimam nepotum imputari debet, sive nepotes cum thiis concurrant, sive soli succedant, saltem si nepotes haeredes matri sint. II, 7179 et 7200.
—— imputari debet in legitimam nepotum: saltem si haeredes matri sint, cum filia do-

Dotem petere an possit mulier, quae omnium bonorum usufructaria relicta est a marito, praeter usumfructum? II, 3847.
—— filio solutam, datre neutiquam jubente, restituere debet peculio tenus, quamvis res dotalis, vel pecunia in peculio filii non sit. II, 4606.
—— nondum solutam, dirempto per viri mortem matrimonio, mulier exigere potest a debitore; quin ei necessaria sit cessio actionum ab haeredibus mariti. II, 3794.
In DOTEM tradita res aestimata si pereat, interest an perierit ante nuptias, an illis jam celebratis? 3842.
DOTEM jure proprio detrahit uxor a marito instituta, et fideicommisso onerata, non falcidiam, si inventarii beneficium non imploraverit. II, 8090.
Ad DOTEM constituendam, vel restituendam fideicommissaria bona in subsidium alienari, vel oppignorari possunt. II, 10040 et 10041.
DOTEM si extraneus sibi reddi stipulatus sit, mortua in matrimonio muliere, et simul decesserit, cui dos debeatur? II, 9126.
DOTES mulieribus salvas esse, publice interest. II, 8501.
Pro DOTIBUS in dubio semper respondendum esse, quo sensu dixerit Paulus? II, 2958.
DOTIS lucrum. V. Lucrum Dotis.
—— ob matrimonium nullum datae repetitionem habet mulier, cum solus vir impedimenti conscius erat. I, 1018.
—— naturale dominium remanet penes mulierem. I, 2101.
—— non numeratae exceptio nonnisi intra duodecim annos opponi potest a minore. I, 3139.
—— retentiones, quae ob tutelam, vel curam a matre gestam competunt, non sustulit Justinianus. I, 2806.
—— nomine mulier agens ex clausula constituti prius excutere tenetur principalem debitorem, si specialem mulier hypothecam habeat super aliqua re, et generalem super omnibus bonis; nisi adjectum sit, ne specialitas deroget generalitati. II, 825.
—— profectitiae integrum usumfructum patri suo relinquere potest mulier, exclusis filiis ab usufructu legitimae. II, 1453.
—— accessiones vergente marito ad inopiam in tuto collocandae sunt. II, 3480.
—— constituendae, vel restituendae caussa potest alienari fundus dotalis. II, 3377.
—— et donationis propter nuptias caussa, rei litigiosae alienatio permittitur. II, 2942.
—— titulo mulier, aetate minor, potest sine judicis decreto res immobiles marito tradere; non vendere, nisi servatis solemnitatibus. II, 2901.
—— constituendae caussa quae bonorum quantitas alienari, vel oppignorari permittatur? II, 2919.
Dotis augmentum usu fori mulier obtinet, quamvis promissae dotis solutionem non adimpleverit. II, 3246.
—— augendae justissima caussa intervenit, cum immodice laesa reperitur filia eo tempore, quo de legitima quaeritur: atque ab initio circumscripta fuit a patre. II, 2798.
—— caussa ex voto contrahentium perpetua fit. II, 3399.
—— caussa traditae res alienae cujus beneficio usucapiantur? II, 1938.
—— in tuto collocationem, sive restitutionem postulans mulier usu fori praefertur creditoribus antiquioribus, tacitam dumtaxat, non expressam hypothecam habentibus. II, 3462 et 3463.
—— in tuto collocationem postulans mulier persequi tenetur bona libera, si quae marito supersint, adeoque prius excutere mariti bona. II, 3465.
—— collocationem postulans mulier non repellitur a bonorum vindicatione, quamvis creditores in eorum possessionem missi fuerint a judice, ipsa vocata, et condemnata; sed priusquam legis beneficium implorasset ad dotem in tuto collocandam. An prius agere debeat adversus possessores? II, 3469 et 3470.
Ad DOTIS collocationem agens mulier potest incumbere hypothecae generali, aeque ac speciali; quamvis haec sufficiat, si maritus bona possideat. II, 3471.
DOTIS collocatio, propter mariti inopiam vera restitutio non est; nec potest mulier bona alienare, sed tantum illis frui in familiae sustentationem. II, 3480.
—— in tuto collocationi absentia sola mariti locorum non facit. II, 3421.
—— in tuto collocandae caussa aestimatio bonorum justa fit, cum alii sunt mariti creditores; quamvis bona haec non sufficiant ad onera matrimonii sustinenda. II, 3445.
—— in tuto collocationem jure postulat mulier, quamvis judex nondum pronunciaverit de mariti inopia; atque sufficit paupertatem mariti lite pendente demonstrare. II, 3453.
—— conditionem deteriorem pater efficere non potest. II, 2873.
—— conditionem immutare non potest maritus nisi mulier sponte consentiat. II, 2897.
—— receptae confessio a marito emissa, tametsi constante matrimonio, per se non praesumitur simulata. II, 3269.
—— constitutio non valet, nisi detur res certa, vel certa quantitas exprimatur: sed regula haec fallit in patre. II, 2947.
—— debitor liberatur, quamvis ante diem solverit marito, quem inopem sciebat, nisi cum eo colludat. II, 3219 et 3220.
—— debitores satisdationem a marito exigere non tenentur, quamvis inops sit. II, 3244.

E

vivos, si a testatore indistincte permissa sit; atque semel facta revocari nequit. II, 9735.

Electio in legato generis legatario non competit, si testator expresse, vel tacite aliud decrevit. II, 8792.

—— an competat haeredi in legato generis a natura circumscripti, vel non? II, 8797 et seqq.

—— haeredis est in legato alternativo, si testator per damnationem legaverit, alioquin ad legatarium pertinet. II, 8813 et 8814.

—— haeredi permissa, quoad fideicommissum familiae restituendum, personarum gradus designatos egredi non debet. II, 9733.

—— cujus sit, si testator certam tritici, vini, olei quantitatem legaverit, non tamen demonstrata qualitate? II, 8824.

—— legatarii est, si testator certum praedium legaverit, atque caverit, ut legatarius totidem haereditaria bona consequatur, si praedium ab haerede alienari contingat. II, 8811.

—— legatarii est, legato corpore, quod a natura limites habet, si testator hujus generis corpora habeat. II, 8791.

—— legato genere per damnationem, haeredi competit, quam malit ex rebus certos a natura terminos habentibus dare. II, 8793.

—— promissoris est, cum res in genere, vel duae res alternatim promissae fuerunt. III, 1904.

—— semel peracta extra judicium aliquando mutari potest; non si facta fuerit in judicio. III, 1906 et 1907.

—— facta ab eo, qui jus eligendi habet, valet, licet de jure eligendi inter aliquos contendatur. IV, 1214.

ELECTIONE haeredi tributa, an rem, vel legatae rei pretium solvat, haeres vel totam rem, vel integram illius aestimationem dare debet. II, 7643.

—— generatim permissa potest haeres gravatus fideicommissum restituere, etiam consanguineo remotiori de familia. II, 1050.

ELECTIONEM pro arbitrio haeredi concedere potest testator in legato alternativo. II, 8815.

—— potest dare etiam rei, quam alteri speciatim legavit. II, 8768.

ELIGENDI non superest haeredi facultas, si testator ipse rem in familia reliquerit. II, 9740.

EMANCIPARE potest pater nepotem, filio retento in potestate, et vicissim. I, 1375.

—— ex justa caussa cogitur pater; puta cum relictum est patri legatum sub hac conditione. I, 1377.

—— regulariter non cogitur pater. I, 1374.

EMANCIPARI non potest filius invitus; nisi justa caussa adsit. I, 1379.

EMANCIPARE nequit sine justa caussa filius adrogatus: alioquin quartam bonorum omnium suorum ei relinquere tenetur adrogator. I, 1334 et seqq.

EMANCIPATI ali debent a parentibus; ut et dati in adoptionem. I, 563.

—— a patre naturali fulgent ejus dignitate et nobilitate; non qui a patre adoptivo emancipati sunt. I, 495.

—— redigi denuo possunt in patriam potestatem, si fiant gravis ingratitudinis rei. I, 1382.

EMANCIPATIO quid sit? I, 1371.

—— hodie fit apud competentem judicem. I, 1372.

—— non inducitur ex eo, quod pater declaret, velle se, ut bona a filio negotiatione quaesita ipsius propria sint, nec publico instrumento, sed omnino necessarim est judicis decretum. I, 1373.

—— tacito consensu filii contenta est. Hinc potest infans emancipari. I, 1378.

—— non contingit per matrimonium. I, 1381.

—— efficit, ut donatio confirmetur, nisi expresse fuerit revocata. II, 2169 et 2170.

—— non irritat dotis promissionem a patre filiae factam. II, 1727 et seqq.

EMANCIPATO filio, nuru praegnante, nepos nascitur in avi potestate. I, 1376.

—— filio pupillariter substituere non potest pater: quid si avus substituat nepoti nato, et concepto post emancipationem filii? II, 486.

EMANCIPATUS capite minuitur. I, 1503.

EMENDARE incontinenti substitutionem prius generatim, et indistincte ordinatam, non praesumitur testator. II, 9699.

EMENDATIONEM legum sola necessitas licitam facit sapientibus, non caeteris. I, 120 et 121.

EMENS, vel conducens res haereditarias ab haerede hujus institutionem tacite probat. II, 6849.

EMERE non potest regulariter tutor a pupillo. I, 2063 ad 2067.

—— potest a creditoribus jura adversus haereditatem, qui eam adiit cum beneficio inventarii. II, 8045.

—— quis potest ei, quem deinceps nominaturus est? III, 2356.

EMPHYTEUSIM recipiunt solae res immobiles. III, 2951.

—— constituere possunt etiam universitates, et minores, servatis utique solemnitatibus. III, 2961.

EMPHYTEUSIS, sive ager emphyteuticus alienari nequit a pupillo, vel minore sine solemnibus. I, 2160.

—— rei Ecclesiasticae valet etiam nulla necessitate, aut solemnitate interveniente, dummodo in evidentem Ecclesiae utilitatem facta sit: quamvis in emphyteusim data nunquam fuisset. II, 266 ad 269.

—— rerum universitatis sine solemnibus pro-

diversitate domicilii, si magna sit locorum distantia. I, 2524 ad 2526.
Excusat a tutela, vel cura etiam suscepta gravis quaecumque infirmitas corporis, vel animi, tum et litterarum imperitia: sed hic prudens versatur judicis arbitrium. I, 2506 ad 2509.
—— a tutela suscipienda numerus quinque liberorum, dummodo legitimi et naturales sint, primi gradus, et superstites, nisi in acie decesserint. I, 2477 ad 2481.
—— a tutela, vel cura etiam suscepta paupertas tutoris, si tamen judici singulis adjunctis pensatis ita videatur. I, 2503 ad 2505.
—— a tutela, et cura trium tutelarum, aut curationum onus, quae sint in eadem familia; dummodo non sint affectatae, ad divisa patrimonia referantur, atque singulae administrentur. I, 2494 et seqq.
—— aliquando a nova tutela unius tutelae vel curae onus, quod gravissimum sit. I, 2496.
—— a muneribus civilibus aetas major quinquaginta quinque annis, numerus quinque liberorum, inopia, adversa valetudo, professio artium liberalium. II, 184 ad 186.
EXCUSATIO nihil aliud est, quam justae caussae apud judicem allegatio ad obtinendam immunitatem a tutela vel cura. I, 2453.
EXCUSATIONIS proponendae temporis a Marco Imperatore constituti interpretatio? I, 24 ad 28, et 50.
—— tempus non currit tutori testamento minus legitime dato, nisi post confirmationem. I, 1561.
—— caussae ex quadruplici capite proficiscuntur: videlicet privilegio, legitimo impedimento, inhabilitate, et suspicione rei male gerendae. I, 2455.
—— caussae aliae immunitatem praestant iis qui tutelae gerendae capaces sunt; aliae nec volentes admittunt. I, 2460.
—— caussae aliae tum a suscepta, tum a suscipienda immunitatem praestant: aliae a suscipienda tantum. I, 2461 ad 2466
—— caussae aliae certam, et determinatam formam a legibus habent, aliae a prudenti judicis arbitrio pendent. I, 2467.
—— plures caussae simul sumptae immunitatem aliquando praebere possunt a tutela, vel cura: quamvis seorsim non sufficiant. I, 2548 ad 2550.
In EXCUSATIONIS caussis perpendendis judex potissimum prae oculis habere debet utilitatem pupillorum. I, 2468.
Reliqua vide in verbo Caussae.
EXCUSATIONIS legitima caussa necessaria est, ut a civilibus muneribus quis eximatur. II, 181 ad 183.
—— caussae ad obtinendam immunitatem a muneribus civilibus per viam appellationis intra praefinitum tempus allegari debent. II, 183.
EXCUSATUR a cura minoris, qui ejusdem adhuc pupilli tutelam gessit. I, 2546.
EXCUSSIO prius facta non prodest, si debitor deinceps fiat locupletior, vel decedat cum haerede idoneo. III, 1487.
EXCUSSIONIS exceptio opponi non potest ab haerede possidente fundum specialiter pro legatus a testatore obligatum. II, 8614.
—— beneficio caret possessor pignoris, qui rem emerit post litem, ipso sciente, de ea re contestatam. III, 479.
—— beneficio non gaudent haeredes. III, 1488.
—— beneficium cessat, si debitor absens sit. Quid si bona reliquerit in provincia? III, 2138.
—— beneficium competit fidejussori renuncianti. III, 2248 et 2249.
—— beneficium a judice suppleri non potest; utique divisionis. III, 2153.
—— beneficio renunciare non cogitur, qui promisit, se idonee fidejussurum. III, 2155.
—— non factae exceptio objici nequit, si debitor notorie inops sit, vel bonis cesserit. III, 2140.
—— beneficio gaudet possessor, licet debitor aliter convenerit cum creditore. IV, 943.
EXECUTIO male coepta adversus pignorum possessores aliquando potest confirmari. III, 1482.
—— sententiae non differtur praetextu petitae restitutionis, nec vicissim. Quid de executione contractus pendente lite coram judice Ecclesiastico super absolutione a jurejurando? IV, 2006.
—— sententiae facta diebus in honorem Dei feriatis omnino revocanda est. IV, 2094.
—— sententiae, qua quis missus sit in possessionem, non differtur ex intercessione tertii, qui non possideat. IV, 2188.
EXECUTOR testamentarius, qui jussus sit a binubo certam pecuniae quantitatem in secretos usus impendere, cogi potest, ut juret se eam vitrico, aut novercae non esse traditurum. I, 1173.
—— testamentarius cogi potest, ut jurejurando testetur, sibi mandatum non esse, ut personae incapaci aliquid det, si modo aliqua probabilis suspicio adsit. II, 9198.
—— merus de tertii intercessione cognoscere non potest, sed interim abstinere debet ab executione quoad tertium. IV, 2197.
EXEMPLARIBUS rescriptorum cum originali collatis interdum fides adhibetur. I, 142.
EXEMPLUM authenticum instrumenti plenam fidem in judicio facit. IV, 585.
EXERCITOR navis qui dicatur? IV, 347.
—— navis an teneatur, si magister in suos usus converterit, vel perdiderit, quod navis caussa comparaverat. IV, 354 et seqq.
EXERCITORIA actio cui competat? IV, 350.

EXHAEREDANDI facultas ex caussa criminis denegatur, si reconciliatio ex parte laesi intervenerit. II, 6780.
EXHAEREDARI potest filius, qui parentis furiosi curam non susceperit. Quid si pater furiosus decedat, nec intermedio tempore dilucida intervalla habuerit? II, 3309.
—— potest filius, qui impias manus in parentem intulerit, vel gravi injura eum affecerit. II, 6742.
—— non possunt liberi propter alia crimina, quibus parentes non laeduntur, sed vertunt in alterius dispendium. II, 6741.
—— potest pater, qui filium testari prohibuerit. II, 6259.
EXHAEREDATI filii non ab omnibus, sed a re tantum certa, pro praeteritis habentur. II, 5992.
—— vel alia caussa a successione exclusi, numerum facere possunt, ut legitima augeatur, vel ut minuatur. II, 7029.
EXHAEREDATIO, utpote odiosa, interpretatione, quantum fieri potest, restringenda est. I, 100 et 328.
—— quatenus aufert bona a liberis, odiosa est. II, 5285 et seqq.
—— liberorum parentibus cur permittatur? II, 6300.
—— extraneo non nocet, si postea a testatore adrogetur. II, 6407.
—— ea tantum nominatim fieri debet, quae refertur ad liberos haeredes suos; non quae respicit extraneum. II, 6440.
—— et praeteritio eodem jure reguntur, cum de ascendentibus, vel collateralibus quaestio est. II, 6648.
—— quae ex justa caussa fiat, odiosa non est, nec interpretatione perperam restringenda. II, 6711 et 6738.
—— non mala mente fieri dicitur cum et fit consilio, ut bona facilius conserventur. II, 6728.
—— absque animo laedendi facta cessat, cessante illius caussa. II, 6729.
—— filiorum ex levioribus caussis permitti debuit, quam exhaeredatio perentum. II, 6833.
—— fieri potest etiam ob caussas, novissima Justiniani constitutione, neutiquam enumeratas, dummodo aeque graves sint. II, 6735.
—— recte facta non judicatur, nisi ejus caussa nominatim expressa sit, atque ab haerede scripto ejus veritas demonstretur. II, 6765.
—— vires habet, quamvis plures exhaeredandi caussae enumeratae sint, atque una tantum probetur. II, 6766.
—— an tollat jus suitatis? II, 5693.
—— non impedit, quominus filius in potestate sit, et primum in familia locum obtineat. I, 1401, *tum* II, 7372.
EXHAEREDATIONI, vel praeteritioni consensu a filio praestitus non eo usque trahi debet, ut a debito quoque bonorum subsidio filius sine caussa excludi voluisse existimetur. II, 6023 et 6801.
Exhaeredationi consensus a filio praestitus nocet, post testatoris mortem praestitutus fuerit. II, 6798.
EXHAEREDATIONIS caussae aliae probantur favore personarum, quae a successione repelluntur, aliae in sceleris vindictam. II, 6727.
—— quae in vindictam criminis fit, justae caussae quatuordecim sunt odio filiorum, octo adversus parentes, tres contra fratres. II, 6732.
—— justam caussam praebet pater, qui uxori filii se immiscuit. Quid de concubina? II, 6758.
—— caussae, praeter enumeratas a Justiniano, admitti non possunt, nisi graviores, vel aeque saltem graves sint. II, 6739.
—— justam praestat caussam pater, qui filium apud hostes captivum non redemerit. Quid de haeresis crimine? II, 6762.
EXHAEREDATUS accipiens ab haerede, sub dandi conditione instituto, querelam inofficiosi testamenti non habet. II, 6847.
—— a querela innofficiosi testamenti excluditur si haeredis institutionem probaverit. II, 6867.
—— pro mortuo habetur, cum ita suadet naturalis aequitas, et liberorum favor. II, 7042.
Ad EXHIBENDUM rursus ex nova caussa agi potest. IV, 442.
EXHIBERE est facere in publico potestatem, ut agendi copia sit. IV, 433.
EXPEDITIO est totum illud temporis spatium, quo milites armati expectant. II, 6373 et 6374.
EXPENSAE litis dari debent mulieri, quae ex suspicione adulterii domo expulsa viri mores invicem accuset. I, 994.
—— judicialis decreti, cum solutio minori facienda est, ejusdem minoris oneri sunt. I, 3072.
—— a victo solvendae sunt victori, licet petitae non fuerint, nisi victor contumax sit. IV, 2391 et 2392.
—— non infliguntur propter crimen, sed propter litem. IV, 2412.
—— quas fieri necesse est, ut appellans transferatur in carceres judicis superioris, judiciariis imputantur. IV, 2415.
EXPENSARUM litis usurae ex mora debentur a die taxationis. III, 918.
—— condemnationi non subjacet is, qui jusjurandum decisorium alteri detulit, vel retulit. Quid de suppletivo? IV, 858.
—— contumacialium nomine quid veniat? IV, 2075.
EXPENSAS judicii recipit minor, qui adversus contumaciam restitutus fuit. I, 3134.
—— calumniosae litis praestat tutor. I, 2409 et seqq.
In EXPENSAS improbae litis non reputatur tutor condemnatus nisi ita expressum sit. I, 2414.

EXPENSAS omnes pupilli gratia factas una cum usuris repetit tutor, dummodo maturo consilio expenderit. I, 2860 ad 2862.
—— temerariae litis fert, qui illis caussam dedit. IV, 2396.
Ab EXPENSIS litis temere institutae immunis est tutor, cum pupillus omnia ab eo gesta post pubertatem rata habuit. I, 2416 et 2417.
—— litis usu fori appellatur, nec non a taxatione, quam tamen idem judex emendare potest. IV, 2278.
Reliqua vide in voc. Impensae.
EXPILATAE haereditatis rei fiunt, qui bona jacentis haereditatis subtrahunt. IV, 2759.
De EXPILATIONE haereditatis testamento conquestus, non ideo eam se agnovisse demonstrat. II, 7430.
EXPILATORES qui dicantur? IV, 2752.
EXPONENS filios necare videtur. I, 444.
EXPOSITI filii illegitimis annumerantur. I, 444 ad 446.
Reliqua vide in voc. Infantes.
EXPRESSA nocent, non expressa non nocent: regula haec non obtinet in iis, quae a jure naturali pendent. I, 94.
EXPRESSUM habetur, quod ex verbi necessario colligitur, atque dispositum judicatur, quod dispositionis ratio complectitur. II, 10436, *tum* III, 427.
EXPROMISSOR principalem debitorem liberat. III, 1967.
Contra EXPROMISSOREM, qui pro minore solvit, an et quomodo restitutio competat? I, 3080 ad 3081.
EXTRANEI nomine in dote constituenda significatur quicumque extra patrem, matrem, et caeteros ascendentes. II, 3824.
EXTREMA per medium inhabile aliquando junguntur. I, 500.

F

FACERE quis potest alteri, quod in rebus suis non pati mallet, si justa adsit faciendi caussa. II, 1786.
FACTA defuncti etiam, quae ab initio injusta sunt, haeres praestare debet, si deinde confirmari possint. II, 6156.
—— quae nec legibus, nec bonis moribus contraria sunt, recte legantur. II, 8445.
—— ea tantum legari possunt, quae ex communi hominum sententia aestimationem recipiunt. II, 8449.
—— honesta, et possibilia stipulari licet. III, 1804.
—— quaedam dividua sunt, quaedam individua. II, 7212 et 7213.
—— plerumque justo pretio aestimari possunt. III, 576.
FACTI alieni ignorantia regulariter praesumitur. I, 3199.
Facti alieni probatio difficilis est, adeoque indicia, et conjecturae admittuntur. I, 2332.
FACTO de alieno alium jurare iniquum est. II, 2054.
Ex FACTO certum jus desumi non potest, maxime contra receptas passim regulas. II, 4613.
FACTO testatoris, qui tabulas testamenti deleat, inducat, vel inscribat, testamentum infirmatur. II, 6567.
FACTUM defuncti haeres impugnare non potest. I, 2664.
—— alieno nomine a defuncto gestum haeres potest impugnare. I, 2362 ad 2363.
—— defuncti, quod lex improbat, nec valere permittit, haeres praestare non tenetur. II, 4661.
—— contra proprium quis venire potest alieno jure et nomine. II, 4687.
—— individuum unus potest in totum implere, atque omne emolumentum percipere, caeteris exclusis, qui conditionem implere detrectant. II, 5285 et 5286.
—— defuncti pro qua parte quis haeres est, praestare tenetur. II, 7880.
—— quod boni publici favore prohibitum est, haeres proprio jure improbat. II, 7884.
—— defuncti non praestat haeres, qui judicio testatoris id unum consequitur, quod sibi ex legis sanctione debitum est. II, 7886.
—— defuncti, quod nec ipse defunctus probare tenebatur, haeres potest impugnare. II, 7887.
—— defuncti praestare debet haeres cum beneficio inventarii, pro qua patre emolumentum ex haereditate percepit. II, 7939.
—— a promissore implendum est: nec potest dare id quod interest; nisi stipulatoris nihil intersit, utrum ab uno an alio opus fiat. III, 1862.
—— unius rei debendi generatim nocet alteri. III, 1949.
In FACULTATIVIS non currit praescriptio. II, 923 et 924.
—— haeredis favore detrahitur e donationibus caussa mortis. II, 2617.
—— lex an locum habeat in mortis caussa capionibus. II, 2627, *tum* 9284 et 9285.
—— non cessat, licet testator quartam bonorum suorum haeredi inter vivos donaverit. II, 9427.
—— detrahi nequit ex rebus alienari prohibitis a testatore, ut in familia conserventur. II, 9423.
—— an detrahi possit e donationibus puris caussa mortis a filio, qui legitimam consecutus sit? II, 9277.
—— non detrahitur e donationibus inter virum et uxorem, quae a legibus non reprobantur, et statim vim suam exerunt. II, 9278.

berorum an debeatur, si una existat, altera deficiat? II, 9925 et 9926.
FIDEICOMMISSUM irritum fit, si Titio sine liberis decedenti Sempronius substitutus fuerit; Titius vero ante testatorem moriatur. II, 9938.
—— relictum sub liberorum conditione extinguitur, si gravatus liberos superstites relinquat; nec unquam reviviscit. II, 9965.
—— sub conditione institutum deficit, conditione deficiente. II, 10353.
—— nihil aliud est, quam haereditas verbis precariis per alium data, vel legatum verbis precariis relictum. II, 9444.
—— epistola a testatore missa ad haeredem recte datur, etiamsi nulli testes adhibiti fuerint. II, 10012 et 10013.
—— absque ulla solemnitate relictum haeres juste conqueri non potest. II, 10016.
Ad FIDEICOMMISSUM praestandum, quod avus filiis injunxit, si hi vivo avo, seu patre suo decesserint, nepotes an teneantur? II, 9482 et seqq.
—— admittuntur nepotes cum patruis, vel thiis, si expresse, vel tacite fuerint vocati. II, 9528.
—— vocantur filii legitimati acque ac legitime nati: nisi testator vocaverit filios natos ex legitimo matrimonio. II, 9551.
—— admittuntur filii ex quocumque matrimonio progeniti, etiamsi in quadam testamenti parte praesentis matrimonii liberos commemoraverit testator. II. 9564.
—— vocato filio secundo genito, atque in ejus defectum substituto Titio, primogenitus non excludit substitutum. II, 9565 et 9566.
—— admittuntur jure proprio, non matris masculi ex foemina exclusa. II, 9586.
FIDEICOMMISSUM masculis ex masculis vocatis in suspenso stare non desinit. Quid si lineae masculinae mentionem testator fecerit? II, 9631.
Ad FIDEICOMMISSUM consanguineis, vel cognatis substitutis vocati censentur tum qui ex masculis, tum qui ex foeminis descendunt. II, 9638.
—— agnatis relictum foemina nupta in familia admittitur tamquam agnata. Quid de liberis? II. 9651.
FIDEICOMMISSUM tacite relictum censetur familiae, si testator prohibeat, ne bona alienentur extra familiam. II, 9721.
Ad FIDEICOMMISSUM familiae relictum consanguinei remoti vocati censentur; sed in casum vulgarem, si proximiores deficiant. II, 9728.
FIDEICOMMISSUM indicat verbum *substituo*, si testator temporis progressum voluerit. Quid de substitutione compendiosa? II, 9817.
—— uni ex familia haeres jussus restituere, cui maluerit, onus electo imponere non potest. II, 9742.
—— constitui apud nos non potest super rebus immobilibus, quae post mortem testatoris ex mobilibus relictis rebus comparentur. II, 9775.
FIDEICOMMISSUM dictum est ex eo, quod fidei alterius committatur, atque ideo olim fideicommissa vim obligandi non habebant. II, 9437.
—— extingui potest propter crimen ab eo patratum, cui restituendum erat. II, 10384 et 10385.
—— extinguitur, si bona huic vinculo supposita pereant sine culpa aut facto gravati. II, 10390.
—— intercidit, si fideicommissarius decedat ante conditionis eventum. II, 10391.
—— extinguitur, si haeres gravatus decedat ante fideicommittentem: nisi vulgaris substitutio adjecta sit, vel clausula codicillaris. II, 10400.
—— familiae relictum in dubio non egreditur primum gradum vocatorum. II, 9727.
—— familiae relictum semper judicatur, si haeres prohibitus sit, ne bona extra familiam distrahat, vel jussus in familia relinquere. II, 9729.
—— familiae relinqui potest vel in casum mortis, vel in casum alienationis. II, 9748.
—— filiis injunctum nepotem non gravat, sed ad nepotes pertinet fideicommissum filiis restituendum, a quocumque institutum fuerit. II, 9074.
—— filio, aut descendentibus restituendum sola sui haeredis existentia confirmare videtur. II, 10394.
—— perperam institutum haeredis gravati agnitione per errorem facta non convalescit. II, 9768.
—— quod una restitutione contentum est, praestari debet ab haerede, qui testatoris dispositionem minus solemnem agnoverit. II, 9770.
—— rei ad gravatum pertinentis praestari debet, licet haec pluris valeat, quam legatum ipsi relictum, si judicium testatoris sponte probaverit. II, 10407.
—— incapaci relinqui potest, sed in id tempus, quo capax erit, quo casu solum inspicitur tempus adeundae fideicommissariae haereditatis. II, 9577.
Ad FIDEICOMMISSUM non admittuntur, qui nec nati, nec concepti erant, cum extitit fideicommissi conditio, licet postea nascantur. II, 9500.
FIDEICOMMISSUM relinqui potest non tantum certae, et determinatae personae, sed etiam pluribus personis nomine appellativo demonstratis. II, 9509.
—— legale, quod per clausulam codicillarem inducitur, regia sanctio non improbat. II, 9807.
Ad FIDEICOMMISSUM sibi relictum, si Titius sine liberis decedat, admittitur substitutus, si pater, et filius simul perierint. II, 9148.
—— ad quod vocati fuerint liberi, qui ex Ti-

nem, si dotem a patre acceperit post matris intestatae obitum. I, 341.
FILIA ex masculis non continetur statuto, quod requirit qualitatem agnatitiam. I, 337.
—— vel soror a successione exclusa favore filiorum, aut fratrum, non excluditur a patruo. I, 333.
—— per consuetudinem, vel statutum exclusa a successione non repellirur a proprietate binubo parenti adempta. I, 1092.
—— quae renunciavit bonis paternis, et maternis, sive ante, sive post secundas parentis nuptias, an censeatur renunciasse bonis, quae ad matrem pervenerunt titulo sponsalitiae largitatis, vel augmenti obnuptialis, et quorum proprietatem amittit per secundas nuptias? I, 1088 ad 1091.
—— quae invito patre nupsit, tantum in subsidium alimenta ab eo percipit. I, 585 et 862, *tum* 1027.
—— excedens annum xxv nubere impune potest sine consensu parentum. I, 863.
—— quae postquam paternis bonis renunciavit, postulat supplementum ejus, in quo se laesam contendit, an retinere possit quod accepit? I, 3244 et 3245.
—— aetate minor, quae occasione matrimonii bonis paternis, et maternis renunciavit, restituitur, si laesa sit. I, 3057 ad 3060.
—— an hypothecam habeat in bonis patris, qui dotem promiserat, cum mortuo marito dos ad patrem reversa est, filia autem rursus nubere constituit? II, 3206.
—— emancipata stiputando patri acquirere non potest. II, 3033.
—— quae prius dotem minus congruam habuerat, nec successioni renunciaverat, deinde cogi nequit ad renunciandum, etiamsi congruam dotem ancipiat. II, 3167.
—— quae honeste nupsit, jure novo, et novissimo, neque dotis, neque legitimae supplementum petere potest. II, 2826.
—— quae fideicommisso universali onerata dotem marito reliquit, contra patris voluntatem fecisse non videtur. II, 2868.
—— a patre haeres instituta cum onere fideicommissi quartam falcidiam contra patris voluntatem jure haereditario detrahaere potest, atque dotem jure proprio. II, 2875.
—— spuria, quae dotem a patre postulat, an cavere debeat jurejurando, se dotem patri, ejusve haeredibus soluto matrimonio restituturam? II, 2496 et 2497.
—— quae post annum vigesimumquintum turpe vivendi genus teneat, in familiae dedecus, potest a parentibus exhaeredari. II, 6750.
—— quae a vivo patre dotem accepit, et successioni paternae renunciavit, fideicommissi a patre ordinati inter fratres, et sorores partem habet. II, 8207.
FILIA non censetur restituta juri suitatis ex eo, quod pater testamentum condiderit, si hoc consonet statuto foeminarum exclusivo. II, 7072.
—— licet statuto a successione exclusa, si tamen a patre instituatur, succedit tamquam filia juri suitatis restituta. II, 7526.
—— ex ultimo possessore superstes excludit filium ex altero fratre propter lineae ingressae, et actualis praerogativam. II, 10488.
—— a successione exclusa an haberi debeat perinde ac si non existeret? III, 224.
—— cui dos super patrimonio fratris debeatur, recte eam postulat, etiam ante finitam discussionis instantiam. II, 1461.
FILIABUS caussa cognita permittitur, ut agant pro parentibus, qui morbo, aut aetate impediantur, nec alium habeant defensorem. I, 1724.
—— spuriis an dotem dare debeat pater? II, 2732.
—— a successione exclusis neque legitima debetur, si statuentes dotem exclusae filiae dandam praescripserint. II, 7296.
FILIAE locupleti legitimam aeque debet pater, ac inopi. II, 2718.
—— prodest pactum a patre initum post contractas nuptias, dummodo emancipata non sit filia. II, 3046.
—— peculium dos est, sine quo vix invenire potest maritum, cui honeste nubat. II, 2871.
—— quae peculium regulare habet, dotem dare debet pater. II, 2715.
—— praesentia, cum dos sponso promittitur, necessaria non est, sive pater dotem spondeat, sive extraneus. II, 2991.
—— quae priorem dotem a patre traditam sine culpa sua amiserit, aliam dare tenetur pater. II, 2708.
—— ingratae, et indignae repelluntur a jure petendae dotis. II, 2733 et 2734.
—— naturali dotem debet pater ex aequitate. II, 2731.
—— et nepotes idem habent jus, circa testamenta parentum infirmanda, quod competit, filiis suis, vel emancipatis. II, 6019.
—— veniunt appellatione filiorum, sive de earum commoda, sive de incommodo agatur. II, 9653.
—— filiorum nomine aliquando non continentur in fideicommissis, expressa, vel tacita testatoris voluntate. II, 9556.
—— continentur nomine filiorum in fideicommissi conditione positorum: nisi aliud testator caverit. II, 9904.
—— filiorum substituto extraneo praeferuntur, licet testator proprias filias a successione excluserit. II, 9907.
—— non secus ac masculi jure Romano patri ab intestato succedunt. III, 119.
FILIAFAMILIAS de dote sua, neque consen-

viente patre, atque ipsius patris favore, testari potest. II, 4612.

FILIAM, quae honeste nupta est, congruam habere dotem interest. II, 2819.

FILIATIO probanda est tum in agendo, tum in excipiendo; nisi notoria sit. I, 447.

—— difficilis probationis est, adeoque leviores conjecturae admittuntur, praesertim in antiquis. II, 448.

—— probatur ex cohabitatione conjugum, licet mulier adultera fuerit, et dubitetur de validitate matrimonii. I, 450.

—— demonstratur publica fama, praecipue concurrentibus aliis indiciis. I, 457.

—— probatur ex eo, quod aliquis habitus, baptizatus, et educatus fuerit tamquam filius. I, 451.

—— etiam probatur per institutionem alicujus factam, tamquam filii, potissimum in legitima. I, 455 et 456.

—— praesumitur ex nominatione facta a patre publice, et assertive: si incidenter prodierit, et ad alium finem, non probat, nisi in antiquis. I, 452 ad 454.

—— probatur sententia judicis, qui de ea, non de solis alimentis pronunciaverit; tum ex libro patria manu conscripto, et epistola, qua quis filius nominetur. I, 460 et 461.

—— probatur depositione testium, qui affirment, matrimonium habitum fuisse pro legitimo; vel aliquem publice filium reputari. I, 458.

—— non probatur ex vultus similitudine. I, 463.

—— legitima probatur potissimum ex eo, quod quis natus sit ex foemina legitimo matrimonio juncta, tum ex eo, quod pater aliquem filium suum nominaverit. I, 464 et 465.

—— naturalis iisdem fere modis probatur, ac legitima. I, 468.

—— naturalis probanda est, cum agitur de successione intestata, non cum de testamentaria. I, 466.

—— praesumitur potius naturalis, quam spuria. I, 467.

FILIATIONIS indicium praebet paternum nomen, adversae partis, vel aliorum confessio, quorum intersit. I, 459.

FILII debent alere parentes. I, 554.

—— alere debent in primis patrem, tum matrem, deinde ascendentes paternos, et maternos. I, 574.

—— concepti, postquam pater nobilitate spoliatus fuit, eam retinent, si ab avis habeant: vel si patri concessa fuerit pro se, et haeredibus. I, 498 ad 501.

—— ingrati repelluntur a lucro excedentis filis portionis; non tamen emancipati. I, 1146, 1147 et 1214.

—— iniquitatem parentum aliquando portant. I, 1020.

—— contrahentes sine consensu patris possunt exhaeredari, si indignam duxerint. Quid jure Regio? I, 861 et 1020.

Filii emancipati sine parentum consensu matrimonio jungi poterant, non filiae; nisi xxv annum excessissent. I, 856.

—— nati ex matrimonio nullo, sed bona fide, et secundum praescriptas solemnitates celebrato, legitimi reputantur: secus illegitimi. I, 427.

—— nati, postquam pater ignominiose dignitatem amisit, retinent nobilitatem, si antea concepti fuerint. I, 497.

—— nati quinto, vel sexto mense a nuptiis hominum numero non adscribuntur, si abortivi sint: sed si perfecti editi fuerint, legitimi reputantur. I, 422.

—— nati initio septimi mensis usque ad initium undecimi legitimi censentur. I, 419 ad 421.

—— nonnisi binubo parente defuncto, vindicare possunt bona ab eo alienata, quorum proprietas ad ipsos pertinent. I, 1125.

—— prioris tori, qui binubo parenti haeredes fuerunt, pro parte haereditaria vindicare nequeunt bona ab eo alienata. I, 1126 et 1127.

—— tantum prioris tori, nisi parens binubus ad tertias nuptias venerit, participes sunt bonorum, quae auferuntur binubo parenti, cui ultra filialem portionem prior conjux relinquit. I, 1142 ad 1145.

—— non repelluntur a successione proprietatis binubo ablatae, quamvis patri haeredes non fuerint; nisi ingrati sint. I, 1086.

—— proprietatem bonorum a parente binubo habent potius per legis singularem dispositionem, quam per successionem. I, 1087.

—— post donationem geniti, singulari privilegio non gaudent prae illis, qui ante celebratam donationem nati sunt. II, 2461.

—— naturales per subsequens matrimonium legitimati vere, et proprie legitimi reputantur. II, 2443.

—— naturales querelam inofficiosae donationis instituere nequeunt adversus donationes a patre factas, utique autem, si mater donaverit. II, 2510.

—— inofficiosam patris donationem arguere possunt, quamvis pater vitio suo ad inopiam redactus sit. II, 2536.

—— positi in conditione fideicommissi inter vivos constituti non censentur vocati. II, 2640.

—— consensum adhibere debet pater transigens de peculio adventitio, nisi filius adhuc in prima aetate constitutus reperiatur. II, 4702.

—— naturales hodie ex novissima Justiniani constitutione integram patris haereditatem habere possunt, si neque descendentes legitimi, neque ascendentes superstites sint. II, 5037.

—— naturales, spurii, incestuosi recte instituuntur, si institutio in id tempus conferantur, quo legitimorum jura adepti fuerint. II, 5038 et 5039.

FILII adoptivi, quamdiu sunt in familia patris adoptantis, habentur ut liberi ex justis nuptiis procreati, utique si adoptans sit ex ascendentibus. II, 5924 et seqq.

— adulterini, et incestuosi, sive soli sint, sive cum legitimis concurrant, ex jure civili institui nulla ex parte possunt. II, 5937.

— in conditione positi a patre non censentur instituti. II, 5983.

— ex damnato complexu primogeniti legibus invisi sunt, atque omni legum beneficio indigni judicantur. II, 6637.

— emancipati ex jure civili olim poterant impune praeteriri? sed praetor ex aequitate bonorum possessionem contra tabulas eis concessit. II, 5923.

— non ab omnibus, sed a re tantum certa exhaeredati, pro praeteritis habentur. II, 783.

— exhaeredati mortuis plerumque non comparantur. II, 6641.

— qui fideicommissi restitutione gravati ex clausula codicillari intelliguntur, non legitimam tantum, sed etiam trebellianicam detrahunt. II, 6049 et 6693.

— illegitimi a matre necessario instituendi, vel exhaeredandi sunt. II, 5929.

— meritis, seu beneficiis potius alliciendi sunt ad paterna obsequia, quam pactionibus adstringendi. II, 6796.

— naturales de inofficioso patris testamento queri non possunt. II, 6634.

— naturales turpibus personis accenseri non debent. II, 6673.

— nati atque in potestate retenti praeteriti nullum faciunt patris testamentum, emancipati habent bonorum possessionem contra tabulas: posthumi agnatione rumpunt. Quid si avus nepotes in potestate retentos, emancipato patre, praetereat? II, 6014.

— tantum primi gradus, et masculi necessario olim instituendi erant. Quid si filiae, vel nepotes praeteriti fuissent? II, 5927.

— spurii, vel naturales, ex illustri matre geniti ad inofficiosi testamenti querelam non admittuntur. II, 6636.

— naturales, atque spurii succedunt matri, cum legitime natis. Quid si mater illustris sit? III, 88 et seqq.

— sui juris parentibus furiosis, seu mente captis vulgariter substituere possunt, non vero exemplariter. II, 5849.

— non obstante facultate abstinendi, adhuc sui haeredes sunt. II, 7367 et 7368.

— emancipati connumerari possunt inter haeredes extraneos. II, 7389.

— in potestate constituti, et qui primum gradum in familia tenent, repudiasse haereditatem intelliguntur, si dixerint, se haeredes non esse. II, 8148.

FILII haereditatem paternam intra triennium recipere possunt, quamvis eam repudiaverint, et majores aetate sint: dummodo bona nondum distracta fuerint. II, 8215.

— statuto, vel renunciatione exclusi, non intelliguntur restituti suitati, ut numerum, seu partem faciant, per directam substitutionem eorum favore ordinatam. II, 7071.

— in caussa sunt, cur deficiat conditio fideicommissi, si gravatus sine liberis decesserit, licet patri haeredes non sint. II, 9914.

— plerumque patri superstites esse debent, ut deficiat conditio liberorum in fideicommissis. II, 9915.

— in conditione positi alicubi vocati censentur, non alibi. II, 9966 et seqq.

— aut filiorum filii in conditione positi apud nos vocati habentur. II, 9967.

— in conditione positi an censeantur vocati, si testator, qui filios in conditione posuit, digressus sit ad plures substitutionum gradus, et bona alienari prohibuerit, ut in familia conserventur? II, 9977 et 9978.

— primi gradus, non nepotes admittuntur ad fideicommissum, ad quod vocati fuerint liberi, qui ex Titio, et Sempronio nascentur. II, 9517.

— in fideicommissi conditione positi, quibus specialis nota adjecta sit, praeferuntur aliis minime positis in conditione, non tamquam fideicommissarii, sed tamquam haeredes. II, 9968.

— in conditione positi ex voluntate testatoris aliquando vocati praesumuntur. II, 9976.

— in conditione positi vocati censentur, si voluntas testatoris exitum aliter habere nequeat. II, 9979.

— in conditione positi an vocati censeantur, si ultimo decedenti datus sit substitutus in tota haereditate? II, 9981.

— in conditione positi ex sola testatoris digressione ad plures gradus substitutionum non censentur vocati. II, 9991.

— masculis in conditione positi facile creduntur vocati cum bona alienari prohibita sunt, ut in familia conserventur. II, 9995.

— in conditione positi non censentur vocati; quamvis testator inter institutos, et substitutos reciprocum fideicommissum induxerit. II, 9996 et 9997.

— in conditione positi difficilius praesumuntur gravati, quam vocati indiciis censeantur fideicommisso gravati? II, 10001.

— fideicommisso a parentibus gravati, jure Romano inspecto, unam tantummodo quartam detrahere possunt. II, 10111.

— fideicommisso in diem, vel conditionali a parentibus gravati, quartas duas retinent

FRUCTUUM condemnatio plerumque differtur in tempus sententiae definitivae. IV, 2416.

FRUMENTI ex censu debiti praesens aestimatio alicubi praestatur, si minor sit, quam antea fuerit. Quare? IV, 321.

FRUMENTUM non ante consumptum existimatur, quam in farinam redactum fuerit. II, 643.

—— e spicis excussum novam speciem non induit. II, 600.

FUGA sola, carceribus etiam effractis, reum pro confesso non facit. IV, 2474.

—— sola ad quaestionem non sufficit, nisi forte concurrat publica fama. IV, 2547.

FUMUM in superiora vicini aedificia immittere non licet, nisi constituta servitute. II, 1018.

FUNDI dotalis nomine, cujus alienatio prohibita est, intelligitur omne praedium, tum urbanum, tum rusticum. II, 2342.

—— dotalis alienatio prohibetur, etiam soluto matrimonio, quamdiu dos restituta non est. II, 3339.

—— dotalis alienatio sponso interdicta est. II, 3364.

—— dotalis alienatio permittitur tum ex necessitate, tum ex utilitate. II, 3366 et 3367.

—— dotalis alienatio ex caussa utilitatis permittitur, ut constituatur dos filiae, etiam quae aliunde habet. Quid si dotem puellae nupturae constituere, et tradere velit extranea mulier? II, 3377.

—— dotalis alienatio, tamquam ex necessitate facta, sustinetur, cum maritus damni infecti nomine cavere renuit, atque ideo vicinus in fundi possessionem mittitur. II, 3375.

—— dotalis alienatio tractu temporis convalescit, cum mulier in matrimonio defuncta est, atque praedium dotale perperam alienatum lucro mariti cedit. II, 3383.

—— dotalis alienatio quas solemnitates desideret? II, 3387 et 3388.

—— dotalis alienatio contra leges facta viribus destituitur, atque mulieri ejusque haeredibus competit vindicatio. II, 3393.

—— dotalis alienatio, usucapione seu praescriptione non convalescit. II, 3394.

—— dotalis alienatio perperam facta sustinetur, si mulieri utilis sit. II, 3380.

—— dotalis alienatio ex consensu mulieris vim non accipit. II, 3333.

—— dotalis divisio voluntaria prohibetur, non autem necessaria, quae fiat provocante socio. II, 3337.

—— dotalis permutatio, aut venditio, ut alter comparetur, qui utilior sit, an permitti possit? II, 5109.

In FUNDI dotalis locum subrogatae res dotales fiunt, si mulier consentiat in permutationem, atque permutatio mulieri utilis sit. II, 3348.

FUNDI dotalis venditionem a se factam rescindere non potest maritus, nisi enormis laesio intervenerit. II, 3396.

FUNDI dotalis usucapio durante matrimonio incipere non potest. Quid de antea coepta? II, 3338.

—— dotalis alienatio permittitur, ut suppeditentur alimenta familiae, cum mariti facultates minus idoneae sunt. II, 4009.

—— suos quosque morbos, et vitia habere possunt. III, 2530.

—— pretium ex reditibus aestimatur. Quid si nullos reditus pariat? III, 2664.

—— quantitas quibus modis probetur? III, 3552.

FUNDIS omnibus, quos possidet, legatis a testatore, non debentur aliqui, tametsi jure pignoris a testatore possessi. II, 9105.

FUNDO rustico quae praestari debeant accessiones? III, 2499.

FUNDUM dotalem temere alienatum nequit vindicare mulier, quae haeres marito extitit pro qua parte haereditatem percepit. II, 3584.

—— dotalem aestimatum eo animo, ut venditio celebretur, maritus pro arbitrio distrahit. II, 4514.

FUNDUS dotalis ut possit alienari, quibus in casibus Senatus, aut judicis majoris auctoritas requiri debeat? II, 3490.

—— qui post contractum matrimonium dotalis factus est, alienari prohibetur. II, 3346.

—— dotalis cum universitate bonorum alienari potest: sed transit in successorem cum suo onere. II, 3386.

—— non desinit esse dotalis, etiamsi maritus tantum impenderit, quanti fundus valet. II, 3964.

—— quem mulier sibi legatum repudiavit, ut ad maritum perveniret, dotalis fit. II, 4439.

—— censui supponendus certis finibus nominatim designatus esse debet. III, 3127.

FUNERANDAE mulieris sumptus ad eos pertinent, qui dotem lucrantur, pro rata parte lucri. II, 3986.

FUNERARI de suo debet unusquisque, atque mulier de dote. II, 4021.

FUNERIS impensae cujus oneri sint? II, 3984.

—— impensarum partem ferre debet maritus, qui dotem lucratur: alia vero pars incumbit mulieris haeredibus, ad quos caetere bona perveniunt, si mulier decedens pareter dotem alia bona relinquat. II, 3987.

—— impensas suppeditare non tenetur maritus, qui dotem constante matrimonio, ex legitima caussa restituerit. Quid si mulier post divortium alteri nupta decedat? II, 3988.

—— impensae omnes ad maritum pertinent, si integrae dotis usumfructum habeat, saltem si egregiae quantitatis sit dos, et maritus divitiis affluat. II, 4003.

—— impensarum non eadem omnino conditio est, ac infirmitatum. II, 3982.

FUNERIS impensas praestare tenetur ille, quem defunctus elegit, alioquin reppellendus ab emolumento, quod defunctus ipsi reliquit. II, 3983.
FUR, aut praedo utrum teneatur de casibus fortuitis, qui apud haereditatis petitorem aeque contigissent? II, 7797.
—— indistincte tenetur de omni damno, quo res haereditariae post litem contestatam afficiuntur. II, 7802.
—— a primo admissi furti momento, donec restituat, aestimationem quanti plurimi praestat. IV, 307.
FURIA, et Voconia lex illimitatam legandi facultatem in primis coarctarunt. II, 9268 et 9269.
FURIOSI, et amentes aequiparantur in eo, quod pertinet ad bonorum administrationem. I, 1750.
—— cessante vitio, ipso jure liberantur a potestate curatoris. I, 1653 et 1764.
—— non possunt facere testamentum: neque convalescit; licet sanae mentis decesserint. Quid si tempore dilucidi intervalli testati proponantur. II, 4889 et seqq.
FURIOSO paterna haereditas pleno jure acquiritur; caeterae quacumque ratione delatae per curatorem acquirentur; quas tamen furiosus respiciens repudiare potest; imo et ejus haeres. II, 1754 et 1755.
—— an denegandum sit primogenium in feudo institutum? II, 10466 et 10467.
FURIOSUS testamento dari potest tutor, qui tunc geret, cum sanae mentis factus fuerit. I, 1431.
—— a judice tutor dari nequit. I, 1436.
—— praesumitur tempore dilucidi intervalli gessisse, si actus prudenter celebratus appareat. I, 1759.
—— tempore dilucidi intervalli contrahere potest; atque furore superveniente denuo subjicitur potestati curatori. I, 1758.
—— ne auctore quidem curatore haereditatem adire potest. I, 1753.
FURIS deterior est conditio, quam possessoris malae fidei. II, 7798.
FURNI constructio juxta communem parietem facile permittitur, nisi grave immineat damnum. II, 1037.
FUROR legitima caussa esse potest separandae habitationis inter conjuges. I, 976.
—— superveniens non dirimit matrimonii vinculum; sed justam caussam praebet divisionis tori. I, 972.
FURTA domestica quae habeantur, et qua poena plectantur? IV, 2708 et 2709.
FURTI reus fit, qui sciens indebitum accipit, falsa pondera adhibet, servum fugitivum celat. Quid de inficiante depositum. IV, 2680 et 2681.
—— manifesti jure Romano poena quadrupli est, dupli non manifesti praeter rei restitutionem. Quid usu fori obtineat? IV, 2696 et 2697.
FURTI actio competit illis omnibus, quorum interest ex honesta caussa. IV, 2698.
—— actio persecutoria competit adversus furis haeredes, licet nihil lucrati sint. IV, 2430.
FURTIVAE res, aut vi possessae longi temporis praescriptione non acquiruntur, nisi vitium purgatum sit. II, 3767.
Reliqua vide in verbo RES FURTIVAE.
FURTUM in solis rebus mobilibus fieri intelligitur. IV, 2687.
—— rei propriae, vel jacentis haereditatis an admittatur? IV, 2688 et 2689.
—— dividitur in manifestum, et non manifestum, in nocturnum, et diurnum: in simplex, et qualificatum. IV, 2694.
—— apud Romanos nec morte, nec membrorum abscissione puniebatur. II, 2701.
FUSIA Caninia lex a Justiniano abrogata fuit. I, 447.

G

GEMINI quid si duo nati sint, nec certo constet, quis prius aut posterius in lucem editus fuit? II, 10508.
GEMMAE auro inclusae continentur auro legato, si ei ornatus caussa adjectae fuerint: alioquin aurum cedit gemmis. II, 8907.
GENERALIBUS specialia insunt. I, 173.
GENERE legato, tum adjectis speciebus, testator praesumitur voluisse legatum ad species coercere, si certo sciverit, species sub genere contineri. II, 8361.
—— quod ex sola hominum destinatione fines habet, legato utilis est dispositio, dummodo testator corpora haec in patrimonio suo reliquerit. II, 8802.
GENERI per speciem plerumque derogatur, speciei per genus. I, 173.
GENTIS, vel generis nomen complectitur omnes, qui ab eodem licet remotissimo stipite descendunt. II, 9710.
GENUS foemmininum sub masculino non continetur, cum extensio odiosa est, et foeminis noxia. II, 6009.
—— duplici modo legari potest. II, 8459.
GLANDIS nomine fructus omnes veniunt. Quo tempore in fundo colligi possint? IV, 1387 et 1388.
GRADUS est distantia personarum ab invicem. I, 723.
GRADUS in linea recta ita computantur: tot sunt gradus, quot generationes, seu personae, dempto stipite. I, 726 et 727.
GRADUUM computatio in linea obliqua secundum jus civile haec est: tot sunt gradus, quot generationes, dempto stipite. Discrimen

computandi in linea recta, et obliqua. I, 729, et 730.

GRADUUM computatio in linea transversa aequali secundum jus canonicum ita fit: quot gradibus uterque distat a communi stipite, tot distant inter se. In linea vero inaequali, quot gradibus distat remotior a communi stipite, totidem distant inter se. I, 741 ad 744.

—— computatio in affinitate quomodo fiat? I, 767.

—— distantia inter duos fratres, atque duorum fratrum filios, et caeteros collaterales quae sit? I, 731 et seqq.

Ex GRADUUM interruptione irrita non fit vulgaris substitutio. II, 5668.

GRASSATORES ii tantum proprie sunt, qui vi adhibita, vel minis furtum fecerint, aut facere tentaverint. Quid de vi extorquentibus pecuniam debitam? IV, 2756 et 2757.

GREGE legato, oves, quae post conditum testamentum gregi accedunt, ad legatarium pertinent. Quid si capita omnia fuerint immutata? II, 8378.

GREGIS ususfructus amittitur, si oves ad eum numerum redactae sint, quo grex amplius vocari nequeant. II, 1712.

GREX, taberna, peculium, et similes rerum universitates pignori dari permittitur. III, 1170.

H

HABITARE debet mulier cum marito: nisi aliud convenerit, nec mutata sint rerum adjuncta. I, 904 ad 906.

HABITATIO alicui concessa ad ejus uxorem, et liberos protenditur: atque vicissim, quae ad uxorem pertinet. I, 903.

—— est jus alienas aedes inhabitandi, salva earum substantia: habitatio potius accedit ad usumfructum. II, 1771.

—— non usu amittitur: utpote quae in facto magis, quam in jure consistit. II, 1772.

HABITATIONIS servitute utens potest locare domum, vel gratis impertire facultatem habitandi. II, 1773.

HABITUS est facultas, sive, facilitas agendi exercitatione comparata. I, 7 in not.

HANNIBALIS judicium de quodam sene, qui de rebus bellicis ornate peroraverat. I, 163 in not.

HAERESIS an justam exhaeredationis caussam praebeat? II, 6756.

Pro HAEREDE usucapio quatenus procedeat? II, 1901.

—— utrum habendus sit, qui haereditatem repudiat, sed retenta legitima? II, 7423.

—— reputatur respectu interrogantis, qui in judicio respondit, se esse talem. II, 7426.

—— verbis, vel factis, ut quis se gerere possit, scire debet decessisse patremfamilias, atque haereditatem existere. II, 7411.

Pro HAEREDE se gerit, qui ea facit, quae citra jus, et nomen haeredis fieri nequeunt, animo acquirendae haereditatis. II, 7415.

—— se gerere non videtur ille, qui nihil accipit in praemium renunciationis, seu omissae haereditatis. II, 7422.

—— se gerere non videtur extraneus testamento institutus, rem haereditariam subripiendo, vel celando. II, 7431.

—— facilius praesumitur se gerere qui aliquid facit circa res haereditarias, quam extra illas. II, 7441.

—— se gerere velle non praesumitur, qui solvere recusat id, quod defunctus debuerat. II, 7440.

—— possidere dicitur, qui bona fide se haeredem putat. II, 7752.

HAEREDE, quod superErit restituere rogato, olim bona omnia alienare licebat, dummodo dolus abesset. II, 10067.

HAEREDEM non unum tantum, sed plures, quot maluerit instituere potest testator. II, 5130.

—— explicite nuncupat, qui palam coram testibus illius nomen pandit: implicita nuncupatio est, cum testator scripturam indicat, qua haeredis nomen continetur. II, 6072.

—— institui posse in tempus capiendae haereditatis, sive cum capere poterit, quo sensu traditum sit? II, 5258.

—— conditioni parere non posse, quo sensu dixerit Scaevola? III, 1897 et 1898.

—— fateri videtur illum, adversus quem agit, qui ad haereditatis divisionem provocat. III, 3473.

HAEREDES alere tenentur defuncti filios etiam naturales, spurios, et incestuosos, licet pater prohibuerit, et dotem dare filiae. I, 546.

—— alimenta, quae ex praevia obligatione debentur, in solidum praestant; pro portionibus haereditariis, quae lege, vel aequitate debita sunt: nisi bona specialiter, vel generaliter fuerint obligata. I, 547 ad 550.

—— magis dilecti praesumuntur, quam legarii. I, 177.

—— filiorum eodem jure gaudent, ac filii in lucro bonorum, quae auferuntur parenti binubo, cui ultra filialem portionem relictum est. I, 1151.

—— filiorum succedunt in proprietate bonorum binubo adempta. I, 1094 et 1095.

—— tutoris, et tutor haeredis litem coeptam persequi possunt. I, 1621.

—— tutoris quaecumque negotia a defuncto inchoata perficere debent, donec alius tutor sit constitutus. I, 1626.

—— sive sui, sive extranei ratam habere debent testatoris assertionem jurejurando firmatam, quas substantiae suae quantitatem

designaverit. Alia ratio est creditorum. I, 2750.
HAEREDES tutorum de levi culpa non tenentur, sed debent reficere damnum a defuncto tutore datum dolo, culpa lata, vel levi. I, 2922 ad 2925.
—— tutorum rationes reddunt, reliqua solvunt. I, 2921.
—— minoris ex ejus persona restitui possunt contra aditionem haereditatis ab extraneo ad minorem delatae. I, 3106.
—— pro haereditaria parte in defuncti onera succedunt, nisi de re individua quaestio sit. II, 959.
—— servitutem a defuncto promissam quatenus constituere teneantur? II, 957 et seqq.
—— donatarii ratam habere possunt donationem absentis nomine a notario acceptatam. II, 2256.
—— possunt donationem acceptare, quae in ipsos etiam collata est. II, 2253.
—— nequeunt donationem probare, quae unius defuncti favorem respiciat. II, 2254 et 2255.
—— donatoris non gaudent beneficio competentiae. II, 2354.
—— mariti non habent beneficium competentiae. II, 3866.
—— institui possunt liberi homines, dummodo cives sint, vel tamquam cives. II, 5024 et 5025.
—— institui possunt concubinae, nisi concubinatus adulterio, vel incestui adjunctus sit. II, 5030.
—— institui possunt omnes, quibuscum est testamenti factio, seu qui ex alieno testamento capere possunt. II, 5006.
—— in certa re instituti utrum ad integram haereditatem admittantur? II, 5206.
—— si testator plures instituerit, alios conjunctim, alios disjunctim, quid juris? II, 5173.
—— non succedunt in jura, quae defuncti personae cohaerent. II, 3780.
—— legitimos habet filiusfamilias tum in peculio castrensi, et quasi castrensi, tum in adventitio. II, 4967.
—— scripti aequis partibus succedunt etiamsi diverso jure ab intestato successuri essent. II, 5172.
—— fideicommissarii, sive universales, sive singulares, atque legatarii, justa testatoris praecepta implere tenentur. II, 5416.
—— alii dicuntur necessarii, allii sui et necessarii, quidam extranei. II, 7353.
—— sui, et necessarii qui sint? II, 7355.
—— si alii conjunctim, alii disjunctim instituti sint, pars deficientis disjuncti caeteris accrescit, sed conjuncti unius personae vice funguntur. II, 7463 et 7464.
—— quam partem aeris alieni ferre debeant, cum testator duos haeredes scripsit, alterum in bonis castrensibus, alterum in caeteris? II, 7858.
HAEREDES singuli in solidum recte agunt adversus promissorem rei individuae, quamdiu haereditas divisa non est. II, 7876.
—— extranei dicuntur, qui testatoris juri subjecti non sunt. II, 7384.
—— cum beneficio inventarii haereditatem sine periculo adeunt, nec aliquid ex propria substantia amittunt. II, 8038.
—— singuli, licet inaequaliter instituti, aequas legati partes habent, si partes haereditatis singulis haeredibus datae sufficiant solvendis omnibus legati portionibus. II, 8258.
—— pro haereditariis portionibus legata praestant, nisi aliter caverit testator. II, 8299.
—— ad onera haereditaria tenentur, pro qua parte haeredes sunt, non pro parte emolumenti, quod unusquisque ex successione percipit in vim praelegati. II, 7842 et seqq.
—— sui se immiscere dicuntur paternae haereditati; extranei autem adire. II, 7404.
—— priores testamento instituti a successione repelluntur, tametsi testator in posteriore personas incapaces instituerit. II, 9196.
—— omnes suorum appellatione in contractibus veniunt, nisi agatur de re, quae ad haeredes extraneos non transeat. II, 9576.
—— stipulatoris ad rem dividuam obtinendam nonnisi pro parte haereditaria agunt. IV, 1620.
—— debitoris in fraudem alienantis tenentur in solidum. IV, 207.
HAEREDI minoris quale temporis spatium concedatur ad petendam restitutionem in integrum? I, 3211 et seqq.
—— nocet scientia defuncti, quemadmodum prodest ignorantia. I, 3214.
—— legitimo praefertur donatarius universalis interdicto adipiscendae possessionis, si in donatione apposita sit clausula constituti. II, 2346.
—— revocandae ex vitio ingrati animi donationis facultas denegatur, si donator expresse, vel tacite illatam injuriam remiserit. II, 2415.
—— prodest defuncti possessio. II, 179.
—— quamvis bonae fidei vitia defuncti nocent. II, 1960.
—— vel legatario, cui aliquid relictum est sub conditione in non faciendo posita, relicta non debentur, nisi caveat se restituturum, quidquid percepit, si forte testatoris voluntatem deinde contempserit. II, 5480.
—— conditione potestativa onerato triginta anni competunt ad eam implendam, prout in jure deliberandi: nisi creditores, legatarii, aut substituti brevius temporis spatium a judice praefiniri postulent. II, 5504.
—— qui cohaeredem non habeat, legatum relinqui non potest. II, 8250 et 8251.

HAEREDITATIS petitio est actio, qua quis contendit haereditatem suam esse, atque sibi deberi. II, 7694.
—— petitio competit generatim omnibus, qui ad successionem vocati sunt sive a lege, sive ab homine. II, 7702.
—— possessor tantum ex haereditate deducere potest, quantum ex rebus haereditariis impendit, ut lautius viveret. II, 7793.
—— transmissio jure sanguinis prodest solis liberis. II, 7535.
—— transmissio jure sanguinis non obtinet in successione intestata. II, 7534.
—— appellatio proprie refertur ad bona jure institutionis, non fideicommissi acquisita. II, 10261.
—— sola aditione videtur probatum a filio patris testamentum, quo trebellianicae detractio prohibita fuit, si pater caverit, ut filius intra certum tempus eligat. II, 10188 et 10189.
—— parte privatur, non tota, qui partem incapaci se restituturum promisit. II, 9201.
—— venditor ab emptore repetit sumptus omnes in haereditatem, etiam nondum secuta venditione, factos. II, 2405.
HAEREDUM nomine, cum de usufructu agitur in haerede transmittendo, immediati tantum continentur. II, 1736.
—— extraneorum nomine proprie continentur quotquot nec sui, nec necessarii haeredes sunt. II, 7388.
—— legitimorum nomine, ex communi loquendi usu, soli descendentes demonstrantur, non ascendentes, aut collaterales. II, 9081.
—— nomine non intelliguntur extranei, nisi agatur de re, quae ad extraneos natura sua transmittatur. II, 9080.
HAERES cogi potest ad suscipiendam educationem pupilli, si hanc fuisse appareat testatoris mentem. I, 1963 et 1964.
—— potest impugnare factum, quod defunctus alieno nomine gessit. I, 2362.
—— minoris regulariter gaudet beneficio restitutionis in integrum ex ejus persona. I, 2979 et seqq.
—— minoris an restituatur ad repudiandam haereditatem, quam minor jure suitatis acquisivit? I, 2981 et 2982.
—— succedit in universum jus defuncti, atque omnia onera fert, quae ex re descendunt, non quae personae cohaerent. I, 2651.
—— tutoris rationes reddere debet, atque rationes etiam postulare possunt pupilli haeredes. I, 2651.
—— minoris vindicare potest rem male alienatam. I, 2273.
—— vincit constitutarium, cujus jura certa, et manifesta non sint. II, 830.
—— fiduciarius potest emptorem investire de fundo emphyteutico. II, 1541.
HAERES fiduciarius potest talliabiles manumittere. II, 1544.
—— in omnibus bonis institutus ea etiam consequitur, quae post testamentum defunctus acquisivit. II, 1460.
—— possessoris malae fidei fructus omnes restituit, quamvis bonam fidem ipse habeat. II, 685.
—— donatoris an ex capite non secuti implementi donationis revocandae jus habeat? II, 2413 et 2414.
—— in certa parte, vel re institutus omnia bona consequitur, quamquam testator aliud caverit. Sed haeredibus legitimis in vim taciti fideicommissi restituere debet, quod extra partem adscriptam, vel certam rem est. II, 5155 et 5156.
—— scriptus sine parte habet, quod deest assi complendo, si partes a testatore expressae non exaequent assem. II, 5186.
—— plerumque probare debet factum defuncti. II, 4657.
—— mariti mulieri dotem repetenti adulterium objicere nequit, si maritus uxoris discrimen sciverit et siluerit. II, 2849.
—— si instituatur sub conditione, si velit haeres esse, adjectio haec vim conditionis ita habet, ut haereditatem non agnitam ad haeredes non transmittat. II, 5295.
—— sub conditione jurisjurandi institutus haereditatem agnovisse judicatur, si sponte juraverit. II, 5324.
—— suus, qui testatoris praecepta negligit, atque decreto judicis admonitus per integri anni spatium implere differt, solam retinet legitimam. II, 5417.
—— vel legatarius conditionem in faciendo positam per se tenetur implere, si testator singularem alterutrius industriam elegerit, vel ad onerati personam respexerit: alioquin recte per alium impletur. II, 5443.
—— vel legatarius, qui pluribus personis dare jussi sint, rem consequi non potest, nisi dederit omnibus. II, 5282.
—— fiduciarius, qui ex Senatusconsulto Pegasiano haereditatem restituit, neque lucrum, neque damnum sentire debet. II, 5525.
—— in re certa scriptus posteriore testamento, quo testator adjecerit prius in suo robore permanere, fideicommissi titulo haereditatem restituere debet haeredibus priore testamento institutis. II, 6547.
—— testamento inofficioso scriptus, quod querelae beneficio rescissum est, nec lucrum habet, nec damnum sentire debet. II, 6700.
—— qui semel est, semper esse pergit. II, 5255.
—— directe non fit ille, ad quem haereditas ablata pervenit; sed quasi per fideicommissum bona consequitur. II, 5415.
—— institutus dici non potest, quamdiu ab-

solutae non sunt omnes testamenti solemnitates. II, 6159.

Haeres potest legatario, qui contra defuncti voluntatem molestiam intulit, poenam ultro remittere, nisi alterius intersit. II, 5483.

—— vel legatarius poenae caussa aliquid dare jussi quamprimum possunt conditionem implere tenentur. II, 5508.

—— in privata scriptura nominatus, etiamsi haereditatem petierit ex testamento, vel ab intestato, deinceps variare potest. Quare? II, 6193.

—— ab intestato veniens an teneatur in foro conscientiae ad servandam voluntatem defuncti, quamvis minus solemnem, si omnino certus de ea sit. II, 6335.

—— reali, tum personali actione a creditoribus conveniri potest. II, 7834.

—— institutus in duobus testamentis, quorum prius valet, posterius irritum est, ex priore adire non potest, si haereditatem ex posteriore adierit. II, 8145.

—— institutus sub conditione adire potest, tametsi conditionem extitisse ignoret, si partim pure, partim sub conditione institutus sit, nec substitutum in parte conditionali habeat. II, 7597.

—— ex asse scriptus omnes haereditatis partes adire debet, neque aliquas probare, alias reprobare potest. II, 7601.

—— cujus portio impar est solvendo aeri alieno, ex suis bonis solvere tenetur, si haereditatem adierit, neutiquam implorato beneficio inventarii. II, 7846 et 8059.

—— qui in ampliorem haereditatis portionem statuti vi succedit, aeris alieni majorem partem solvere debet. II, 7854.

—— rem suam a defuncto alienatam vindicare non potest, si pure haereditatem adierit. II, 8037.

—— anni spatium Regio jure habet ad deliberandum, dummodo haereditariis bonis abstineat. II, 7563.

—— ad deliberandum, urgentibus creditoribus, aliisque, quorum interest, anni spatium habere potest: nemine instante usque ad triginta annos. II, 7583.

—— unus emptoris, qui se ad retrovendendum obligavit, in solidum conveniri potest, ut retrovendat; etiamsi omnes simul haeredes possideant. II, 7871.

—— qui pure adit delatam sibi haereditatem, non amittit propria jura adversus fideicommissarium. II, 8084.

—— institutus, atque simul cohaeres per fideicommissum substitutus potest, institutione repudiata, consequi fideicommissariam haereditatem. II, 8206.

—— qui praecepto fundo reliquam haereditatem restituere rogatus est, fundi aestimationem deducere potest, si alienus sit. II, 8428.

Haeres debitoris in carcerem detrudi non potest, praeterquam probata haereditaria qualitate. II, 7838.

—— qui testamento simul, et legis sanctione ad haereditatem vocatur, non amittit legitimam haereditatem, etiamsi testamentariam repudiaverit. II, 8155.

—— legitimus, si nescierit conditum fuisse testamentum, quo ad haereditatem vocetur, neutram successionem amittit legitimam repudiando. II, 8157.

—— haeredis non potest repudiare haereditatem, quam auctor suus adivit. II, 8185.

—— fundum a defuncto venditum jure retractus potest vindicare: nec tenetur de evictione; nisi defunctus eam promiserit. II, 7888.

—— ex sola confessione etiam judiciali adversarii nemo fit. II, 7428.

—— ab intestato fit, qui impugnat testamentum, si constitutus sit in proximo gradu succedendi. II, 7429.

—— haeredis intra annum adire potest haereditatem, licet judex novem mensium spatium praefinierit ad deliberandum. II, 7566.

—— cum beneficio inventarii vere haeres est. II, 7928.

—— qui beneficio inventarii gaudet, omnia haereditatis commoda habet, non tamen incommoda. II, 7981.

—— cum beneficio inventarii jure Romano inspecto vendere potest res hereditarias, debita solvere, legata, et fideicommissa praestare. II, 7984.

—— cum beneficio inventarii ex Justiniano potest solvere creditoribus, qui priores debitam pecuniam petunt, etiamsi jure potiores non sint. II, 7986.

—— cum beneficio inventarii plerarumque gentium moribus publice bona vendere debet, atque solvere creditoribus, qui potiora jura habent. II, 7988.

—— cum beneficio inventarii post finitam discussionis instantiam conveniri non potest a creditoribus tum venientibus, si nulla haereditaria bona supersint. II, 7991 et 7992.

—— cum beneficio inventarii reddere debet rationem bonorum, quae possedit: nec prohibere potest, ne creditores intersint actibus, qui ad bonorum administrationem pertinent. II, 7905.

—— cum beneficio inventarii non tenetur de interitu rerum haereditariarum, nisi dolus aut culpa ipsi possit imputari. II, 8033.

—— cum beneficio inventarii, qui pro defuncto fidejussit, creditori in solidum obstrictus est, ut integrum debitum solvat. II, 8043.

—— dum inventarium conficit, debitores haereditarios, saltem si facultatibus labantur, vel de fuga suspecti sint, convenire potest: nisi curator bonis datus fuerit. II, 7970.

—— qui inventarium non confecit, praesumi-

tur sibi solvisse, atque opulentam haereditatem habuisse. II, 8060.
HAERES proprio nomine spondens, se soluturum debita defuncti, non cadit a beneficio inventarii. II, 8098.
—— adiens sine inventario deducit quae sua sunt, odio cohaeredum. II, 8090 et 8094.
—— haereditatem adeundo in defuncti locum succedit, adeoque omnia ejus jura rebus cohaerentia acquirit. II, 7623 et seqq.
—— in re certa institutus cum legatarii locus sit, ultra vires legati sibi relicti non tenetur. II, 8070.
—— si cohaeredem habeat, legatum accipere potest. II, 8254.
—— liberari potest dando aestimationem legatae rei, si admodum difficilis sit ejusdem rei acquisitio. II, 8436.
—— jussus rem a legatario emere, aut et vendere certo pretio, testatoris voluntatem implere debet, quamvis pretium sit supra, vel infra rei valorem. II, 8446.
—— scriptus in re certa, et dato cohaeredes, interdicto retinendae possessionis prius experiri nequit, quam rei legatae possessionem apprehenderit. II, 8571.
—— legata omnia solvere jussus hypothecaria actione solus conveniri potest. II, 8586.
——onera haereditaria omnia, tum necessaria, tum voluntaria ferre tenetur. II, 7833.
—— ineptas defunctorum voluntates adimplere non tenetur. II, 8448.
—— praeferendus est in rerum haereditariarum possessione substituto, quemadmodum praefertur in proprietate. II, 7667.
—— in possessione praefertur creditori, qui post debitoris mortem missus fuerit a judice in rerum haereditariarum possessionem. II, 7678.
—— testamento scriptus in proprietate praefertur usufructuario in possessione bonorum. II, 2682.
—— extraneus aetate major non restituitur ad adeundam haereditatem, quam repudiavit, nisi dolus, aut metus intervenerit. II, 8213.
—— aetate major difficilius restituitur, postquam haereditatem pure adiit, ad inventarium conficiendum. II, 8014.
—— haeredis propter grande aes alienum, quod inopinato emergat, restitui potest ad inventarium conficiendum haereditatis, quam defunctus pure adiit. II, 8121.
—— unus venditoris, qui rem distraxit cum pacto redimendi, in solidum ante divisam haereditatem agere potest, ut res retrovendatur. II, 7877.
—— qui omissa caussa testamenti, legitimam haereditatem habere vult, legato sibi relicto privatur. Quid de eo, qui haereditatem coactus adit, atque restituit? II, 9049.
—— gravatus, cui permissum *in vita* disponere, testari non potest de bonis fideicommissariis. II, 10060.
HAERES aut legatarius, quorum nomina testator deleverit, vel quos declaraverit voluntatem suam non mereri, haereditate, vel legato privantur. II, 9193.
—— qui ex rebus haereditariis aliquid subripuit, falcidiam rei amotae non habet, utique vero caeterarum rerum. II, 9200.
—— legatarii, qui ante optionem decesserit, optare, seu eligere potest. II, 8762.
—— legato, vel fideicommisso singulari oneratus quam culpam praestet? II, 8987.
—— fideicommisso gravatus uti debet rebus fideicommissariis, tamquam bonus paterfamilias. II, 10029.
—— fiduciarius, qui fideicommissum statim, vel in diem certum restituere teneatur, bona vix alienare potest, aut hypothecae dare. II, 10030.
—— non potest revocare alienationem rei fideicommissariae a defuncto factam. II, 10053.
—— legatariis instantibus, rationes defuncti, et instrumentorum haereditariorum describendi potestatem facere debet. II, 9353.
—— legatum petere potest, dummodo a detrahenda falcidia abstineat; vel repudiato legato, falcidia uti. II, 9457.
—— qui integra legata quibusdam, sciens mensuram substantiae, solverit, caeteris quoque integra solvere tenetur, nec repetit, quod solvit. II, 9430.
—— rogatus restituere, quod superest, dodrantem alienare potest. II, 10071 et 10073.
—— fiduciarius, integram haereditatem sponte restituens, nullas retinet actiones, uti pati cogitur. II, 10101.
—— qui statim restituit, an melioris conditionis sit, quam ille, cui nonnisi post certum tempus, vel sub conditione restituendi onus incumbit? II, 10123.
—— fiduciarius non sibi tantum, sed etiam illi, cui fideicommissum restituere debet, acquirere videtur. II, 10199.
—— fideicommissi restitutione gravatus re, et nomine haeres est, fiduciarius nomine tantum. II, 9447 et 9448.
—— fideicommisso gravatus cogitur adire, et restituere, licet fideicommissum valere neget, si cognitio haec prolixiorem tractatum habeat. II, 10304.
—— a fideicommissario cogitur ad adeundam, et restituendam haereditatem, licet substitutus vulgaris haeredi datus fuerit. II, 10308.
—— sub conditione casuali institutus cogi nequit ad adeundam, et restituendam haereditatem, nisi conditio extiterit. II, 10312.
—— licet jam repudiaverit haereditatem, ad adeundam, et restituendam recte cogitur, si res adhuc integra sit. II, 10316.
—— institutus, vel legato honoratus cum onere fideicommissi ab eo, cui fideicommissum ordi-

I

est, ut rei amissione puniri debeat. IV, 273 et 274.
IGNORANTIA juris nocet in damnis amissae rei, non in damnis amittendae. IV, 277.
—— supina indebiti soluti condictionem impedire non videtur. IV, 270.
IGNORANTIBUS nocet praescriptio, tum longi, tum longissimi temporis. II, 2020.
IGNORARE proprie non videtur, qui dubitat. II, 1856.
IGNORASSE non praesumitur maritus adulterium ab uxore patratum. II, 3850 et 3851.
ILLEGITIMI reputantur, qui nati sunt ex matrimonio nullo clam celebrato. I, 427.
—— alii naturales dicuntur, alii spurii. I, 428.
IMMOBILIA. V. RES IMMOBILES.
IMMUNITAS nobilium ab oneribus an extendatur ad bona habita in solutum? I, 510.
—— nobilium transit in eorum mulieres, et filios. I, 511.
—— ipso jure non amittitur a nobilibus per artes sordidas, et mechanicas: sed necessaria est declaratoria judicis sententia. I, 554.
IMPEDIMENTI dirimentis suspicio legitimam caussam praebet divortii, quoad torum. I, 971.
IMPEDIMENTUM criminis oritur ex adulterio cum promissione futuri matrimonii. I, 784 et 785.
—— criminis ex homicidio simul, et adulterio quomodo, et quo jure contrahatur? I, 783 et seqq.
—— dirimens sponsalibus superveniens eadem irritat. I, 664.
—— publicae honestatis ex sponsalibus oritur: et matrimonio rato ad quartum usque gradum. I, 638 et 779 et seqq.
IMPENDISSE in necessariam caussam quando judicetur maritus? II, 3936.
IMPENSA funeris veluti aes alienum dotis est. II, 3985.
—— funeris omnino deduci prius debet, quam legitimae ratio ineatur. II, 7138.
—— funeris per legem falcidiam non minuitur. Quid de pecunia legata in extructionem monumenti, et de libertate legata? II, 9192.
—— funeris justam praebet caussam alienandi bona fideicommissaria. II, 10034.
IMPENSAE tribui solent in necessarias, utiles, et voluptuarias. II, 703.
—— cum fructibus aliquando compensantur. II, 624 et 3943.
—— in fodinis exquirendis, et instituendis, an restitui debeant usufructuario? II, 1592 et seqq.
—— litis a possessore factae ad tuendam praedii libertatem ei restitui debent. II, 731.
—— litis, quae proprietatem respiciant, incumbunt proprietario, caeterae usufructuario. II, 1695 et seqq.
—— tum necessariae, tum utiles restitui debent possessori bonae, et malae fidei, si adhuc extent res, et impensis fundus sit melior effectus. II, 704 et 705.
IMPENSAE ex usu fori actione petuntur. II, 717.
—— voluptuariae ne possessori quidem bonae fidei restituuntur; sed auferri permittuntur, quae sine rei dispendio tolli possunt, si tamen possessor iis sublatis emolumentum percepturus sit. II, 715.
—— quae fieri debeant ab usuario fundi? II, 1768.
—— quae ab usufructuario in fundum fieri debeant? II, 1689 et seqq.
—— ab usufructuario in fundum factae non restituuntur ipsius haeredibus, neque ipse reddit impensas a testatore factas. II, 737.
—— in re aliena factae non omnes reputantur; sed tantummodo, quatenus fundus pretiosior factus est; nec amplius peti potest, quam fuit impensum, licet majus emolumentum inde percipiatur. II, 619.
—— in alieno fundo bona fide factae aliquando non restituuntur, sed datur facultas tollendi eas, quae sine fundi dispendio tolli possunt. II, 620.
—— utiles post litem contestatam factae non restituuntur, nisi probabilis aliqua caussa possessorem excuset; sed licet possessori auferre, quod sine rei detrimento tolli potest. II, 713 et 714.
—— utiles possessori etiam bonae fidei indistincte non restituuntur, sed ratio haberi debet caussae, et personarum. II, 706. et seqq.
—— triplicis sunt generis, necessariae, utiles, voluptuariae. II, 3935.
—— pro muliere funeranda ad eos pertinent, qui dotem lucrantur pro rata parte lucri. II, 3986.
—— funeris omnes ad maritum pertinent, si integrae dotis usumfructum habeat, saltem si egregiae quantitatis sit dos, et maritus divitiis affluat. II, 4003.
—— sive funeris, sive infirmitatum ex dote utique capi debent; sed ex illius fructibus, non vero ex proprietate. II, 4025.
—— tum funeris, tum immodicae infirmitatum ferri pro parte debent a patre, et liberis, si pars usufructus maternorum bonorum ad filios spectet. II, 4026.
—— funeris generatim cujus oneri sint? II, 3984.
—— ultimae infirmitatis, ex qua decessit mulier, restitui debent marito, si immodicae sint, habita ratione tum dotis, tum facultatum, et conditionis mariti. II, 4007.
—— modicae infirmitatum vices alimentorum tenent; modicae autem, vel immodicae dicuntur, inspecta dotis quantitate, conditione mulieris, et mariti, tum ejus facultatibus. II, 4011.
—— infirmitatum, ex quibus mulier conva-

INSINUATIONE non indiget donatio, supra quingentos aureos eidem facta, ab eodem donatore; sed diversis temporibus, et contractibus. II, 2292.
—— non indiget donatio a Principe, vel Principi facta: nec ea, quae militibus fit a militiae duce. II, 2302.
—— praetermissa vim habent donationes, quae intuitu certi matrimonii fiunt, inter donantem, et donatarium; non tamen quoad alios. II, 2281.
INSINUATIONEM non requirit donatio iis facta, quorum domus incendio, vel ruina corruptae sunt, dummodo donatarius quantitatem hanc in refectionem domus impendat. II, 2308.
—— desiderat donatio propter nuptias jure Romano; non autem jure, quo utimur. II, 2307.
—— non desiderat remissio usurarum futuri temporis. Quid de praeteritis? II, 2323 et seqq.
INSINUATIONI non subjacet annua praestatio ad vitam donantis, vel donatarii restricta. II, 2299.
—— non subest donatio remuneratoria, quae longe non excedit merita. II, 2309.
—— subjacent donationes conditionales. II, 2314 et 2315.
—— subjiciuntur donationes, quae a parentibus in liberos fiunt, vel parentibus a liberis. II, 2305.
—— non subjacent donationes rerum mobilium, quae brevi manu fiunt, atque ipsa voluntate, et traditione perficiuntur, quin necessaria sit scriptura. II, 2317.
INSINUATIONIS solemnitas jure nostro remittitur in donationibus, quae fiunt contemplatione certi, et determinati matrimonii. II, 4221.
—— defectu non corruit in totum donatio, quae modum legibus, definitum excedit; sed tantummodo quoad excessum. II, 2291.
—— solemnitatem non requirit remissio juris non plene quaesiti, cujuscumque quantitatis sit. Aliud obtinet in jure quaesito. II, 2318. et seqq.
INSTITOR dicitur, qui negotio cuicumque praeficitur. IV, 381.
—— an vendere possit, fide de pretio habita; et an ita vendens dominia rerum transferat? IV, 389 et 390.
—— an recte contrahat post mortem praeponentis? IV, 392.
—— ipse durante officio conveniri potest. IV, 394.
INSTITOREM praeponere possunt etiam administratores alienarum rerum, atque praeponi utriusque sexus personae, etiam pupilli. IV, 383.
INSTITORIA actio competit adversus praeponentem ex contractu institoris. Quid si pupillus institorem elegerit? IV, 384 et 385.
INSTITORIA contrahenti actio denegatur, si praeponens mandatum publice revocaverit. IV, 393.
INSTITUERE parentibus licet testamento imperfecto inaequaliter liberos. II, 6289 et 6290.
INSTITUTIO alicujus tamquam filii, potissimum in legitima, inducit praesumptionem filiationis juris, et de jure. I, 455 et 456.
—— filiorum interpretatione, quantum fieri potest, adjuvanda est. I, 200 et 201.
—— vel legatum corruit, si conditio potestativa casu deficiat, post mortem testatoris, quamvis nec haeredi, nec legatario mora possit imputari. II, 5373.
—— vel legatum viribus destituitur, cum honoratus ipse adjectam conditionem implere recusat. II, 5337.
—— valet tamquam pure facta, et conditionum pollicitatio pro superflua habetur, si testator scripserit, se haeredem instituere secundum infrascriptas conditiones nullam tamen deinceps adjecerit conditionem. II, 5309 et seqq.
—— in praeteritam alterius voluntatem collata non valet, nisi adjecta conditio existat. II, 5233.
—— filii sub conditione casuali concepta, si consentiat filius, subsistit ex praetoris aequitate. II, 5976.
—— in diem capiendae haereditatis ita collata, ut tunc exitum habere incipiat, cum haeres scriptus acquirendae haereditatis capax erit, viribus subsistit. II, 5250.
—— haeredis olim solemni modo facienda erat; hodie testator potest quibuscumque ut verbis, dummodo voluntatem suam demonstret. II, 5221.
—— valet, quamvis testator haeredis nomen non patefecerit, dummodo indubitabili aliquo signo eum demonstraverit. II, 5235.
—— ita concepta, ut haeres intra certum tempus legatario decem aureos dare teneatur, alioquin fundum, differt ab institutione poenae nomine. II, 5395.
—— in alienam voluntatem conferri non potest, sed ab ipsius testatoris arbitrio tota pendet. 5223.
—— conferri non potest in secretum voluntatis alicujus tertii, nisi praeteritum tempus respiciat. 5236.
—— indirecte conferri potest in alterius arbitrium; veluti Titius haeres esto, si Maevius Capitolium ascenderit. II, 5224.
—— propter supervenientes etiam graves inimicitias inter testatorem, et haeredem non fit irrita. Quare? II, 9026.
INSTITUTIONEM directam in fideicommissariam flectit clausula posteriori testamento adjecta, quum vim habere debet prius testamentum. II, 6550.

INSTRUMENTUM fidem non amittit in omnibus suis partibus, licet constet in uno, vel altero capite separato falsum continere. Quid si notarius jam falsa alia instrumenta conscripserit? IV, 603 et 604.
—— quod publicam formam habet, site criminali falsi accusatione cur impugnari nequeat? IV, 606.
—— producens videtur approbare omnia in eo contenta. An error allegari possit? IV, 607.
INSULA in flumine nata, quae vepribus, vel alia simili levi materia constet, primi occupantis fit. II, 560.
—— quae ab initio nata prope agrum alicujus deinde paullatim se extendit contra frontem alterius agri, jure alluvionis ad priorem agri dominum tota pertinet. II, 571.
—— in mari nata ejusdem juris est, ac ipsum mare. II, 568.
—— solo inhaerens prope agros illimitatos ad eos pertinet; qui prope ripam agros possident. II, 570 in not.
—— usufructuarii lucro non cedit. II, 1607.
INTERDICTA comparandae, retinendae, vel recuperandae possessionis usufructuario competunt. II, 1561.
INTERDICTIO prodigi publicari solet programmate, et voce praeconis in loco domicilii. I, 1742 in not.
INTERDICTIS agitur de possessione. IV, 1307.
INTERDICTO quorum bonorum conveniri non possunt haereditarii debitores, qui tantum juris, non corporum possessores sunt. II, 7533.
—— retinendae possessionis de dominio incidenter agi potest, ad confortandum possessorium. IV, 1321.
—— *unde vi* petitur restitutio rei cum fructibus, et omni caussa. IV, 436 et 437.
—— uti possidetis agens probare debet possessionem suam, et turbationem adversarii. IV, 1457.
INTERDICTUM recuperandae possessionis competit patri pro usufructu bonorum dotalium. I, 1072.
—— possessionis retinendae competit filiis ad revocandam alienationem bonorum adventitiorum, quae sua ipsi industria compararevunt, vel ab aliis donata sunt. II, 4676.
—— quorum bonorum quibus competat? IV, 1327 et 1328.
Ad INTERDICTUM retinendae possessionis transire potest, qui coepit rem vindicare. IV, 1324.
INTERDICTUM quod legatorum quibus competat, et adversus quos? IV, 1332 et 1333.
—— de tabulis exhibendis quibus competat? IV, 1341 et 1342.
—— de liberis exhibendis competit patri adversus eos, qui liberos invitos detinent. IV, 1347 et 1348.

INTERDICTUM de itinere actuque privato duplex est. IV, 1356 et 1357.
—— *unde vi* locum habet in rebus omnibus immobilibus. IV, 1396.
—— *unde vi* competit dejecto, modo probet, se possedisse, ejusque haeredi. IV, 1399.
—— uti possidetis quo tendat, et pro quibus rebus competat? IV, 1452 et seqq.
—— utrubi pro mobilibus exaequatum est interdicto uti possidetis pro immobilibus. IV, 1493.
—— ne vis competit omnibus in possessionem missis, si prohibeantur; nec non expulsis. IV, 1558 et 1559.
—— quod vi, aut clam, ad quae opera pertineat, quibus competat, et quid per illud petatur? IV, 1564 et 1565.
ITERINATIO quid sit? I, 50.
—— quo differat a verificatione, justificatione, et simplici registratione? I, 53.
—— an sit de essentia legis? I, 51 et 52.
—— a supremis Magistratibus facta in dubio praesumitur conformis regiis litteris. I, 4.
—— vel saltem verificatio, necessaria est in rescriptis, quae publicam caussam respiciunt. I, 145 et 146.
—— rescripti legitimationis fieri potest post mortem patris; nec necessaria est, cum in rescripto adsunt clausulae amplissimae. I, 1304.
INTERLOCUTIO est sententia a Principe sine solemni judiciorum ordine lata. I, 137.
INTERLOCUTORIAE quaedam sententiae vim habent definitivae. Quare? IV, 2145.
INTERPELLATIO judicialis requiritur ad interrumpendam praescriptionem in retractu gentilitio. An litis contestatio necessaria sit? III, 2778.
INTERPRETATIO est legis obscurae, vel ambiguae explicatio. I, 4.
—— dividitur in authenticam, usualem, et doctrinalem; in declarativam, extensivam, et restrictivam. I, 5 et seqq.
—— quibus casibus nacessaria sit? I, 18.
—— pactorum dotalium, quae obscura, vel ambigua sint, fieri potius debet ex statutis locorum, vel legitime inducta consuetudine, quam ex jure Romano. II, 3067 et 3068.
INTERPRETATIONIS declarativae, et restrictivae exempla. I, 11 et seqq.
—— ratio omnium optima, et tutissima est, quae ex ipsismet auctoribus repetitur. I, 127.
—— prima regularis regula ex praecepto charitatis eruitur altera ex ratione legis deducitur, seu ex caussa finali, quae legislatorem ad ita sanciendum movit. I, 19 et seqq.
—— regulae quaedam generales sunt, aliae speciales. I, 18.
INTERPRETES legum Sacerdotes sunt aequi, et boni: non solius juris Romani. I, 133.
INTERROGATIONES quo tempore edi debeant tum ab actore, tum ab reo? IV, 692 et 693.

Ex INTERROGATIONIS modo dijudicatur, an subsistat, an corruat testamentum ad alterius interrogationem factum : suspecta admodum est interrogatio per suggestionem. II, 786.

INTERRUMPIT praescriptionem impedimentum juris, seu suspendit. II, 2012.

INTERRUMPITUR usucapio, quoties amittitur possessio. II, 1980.

—— civiliter usucapio non tantum per litis contestationem, sed pluribus aliis modis. II, 1999 et 2000.

—— usucapio per agnitionem debiti. II, 2007.

—— usucapio ex facto possessoris, si debitor medio tempore sortem, vel usuras solverit. II, 2004.

—— praescriptio per transactionem. II, 2008.

INTERRUPTA naturaliter praescriptio rursus inchoari nequit, nisi ex bona fide. II, 1987.

INTERRUPTIO civilis non nocet possessori, qui in judicio obtinuit. II, 1988.

—— naturalis prodest ad impediendam usucapionem omnibus, quorum interest, rem non usucapi. II, 1989.

—— possessionis locum habet tum in rebus mobilibus, tum in immobilibus. II, 1978.

—— usucapionis naturalis est, vel civilis. II, 1979.

—— usucapionis an contingat per privatas denunciationes quamvis in scripturam redactae non sint? II, 2002.

INTERRUPTIONIS naturalis, ac civilis diversi sunt effectus. II, 1986.

INTESTATI minus proprie etiam dicuntur, qui testamentum condere nequeunt, puta impuberes, et furiosi. III, 4.

INTESTATUS etiam dicitur pupillus, qui testari non potuit. I, 342.

—— proprie is tantum dicitur, qui testamentum non condidit, quod condere potuisset. I, 1610.

—— decedere mavult, quisquis prius a se conditum testamentum revocat, nec aliud condit. II, 7504.

—— est, qui testamentum non fecit, aut non jure fecit; vel cujus testamentum irritum factum est, aut destitutum. III, 3.

INVECTA in praedium urbanum etiam favore primi conductoris pignori obligata sunt, nec non fructus praedii rustici. III, 1229 et 1230.

INVENTARII beneficium per restitutionem minori conceditur, si aliquam saltem laesionem probet. I, 3108 et 3109.

—— conficiendi tempus per restitutionem prorogatur minori. I, 3110.

—— omissio locum facit jurijurando in litem contra tutorem. I, 1929 et 1930.

—— conficiendi necessitatem an remittere possit testator? I, 1922 ad 1924.

—— legalis beneficio impeditur actionum confusio, tum contra defunctum, tum adversus haeredem. II, 7053.

INVENTARII beneficium amittit haeres, qui intra tempus praescriptum absolvere non satagit. II, 7955.

—— beneficium non amittit, qui vendit bona, quae servari nequeunt; vel quaedam retinet custodiae caussa. II, 7975.

—— beneficio non privatur haeres, qui res levioris momenti in inventario praetermittit. II, 8106.

—— beneficio non cadit haeres proprio nomine spondens, se soluturum debita defuncti. II, 8098.

—— beneficio praetermisso haeres res sibi donatas inter vivos per fideicommissum restituere tenetur, si constet, testatorem de his quoque sensisse. II, 8088.

—— beneficium competit haeredibus omnibus, sive legitimis, sive testamentariis. II, 7900.

—— beneficium soli competit haeredi. II, 7912.

—— beneficium non habet haeres, qui res haereditarias subripuerit, celaverit, vel amoverit. II, 8107.

In INVENTARII confectionem utrum impendisse videatur haeres, qui litem suscepit, ut illius beneficio uteretur? II, 8026 et 8027.

INVENTARII beneficium an possit implorare mulier substituto posthumo, quandiu incertum est, utrum praegnans sit, necne? II, 7911.

—— beneficium jure Regio testator prohibere non potest. II, 7908.

—— beneficium potest denegari statutis locorum. Quid de scriptis moribus Augustanorum? II, 7909.

—— legalis beneficium repetere potest, qui semel illud abjecit, si emergat testamentum, quo egregia legata continentur. II, 7963.

—— beneficium restitui potest majori, qui pure haereditatem adierit, si emerserit grande aes alienum, quod prius latebat. II, 8120.

—— beneficium intra certum tempus peti debet, neque alii amplius locus fit, si tempus deliberandi elapsum fuerit. II, 7202.

—— conficiendi tempora, justa suadente caussa, facilius prorogantur, quam detur restitutio ad conficiendum inventarium. II, 8123.

—— confectio per aequipollens suppleri potest, si modo certo constet de rebus haereditariis. II, 8431.

—— ab haerede gravato conficiendi necessitatem testator remittere non potest. II, 8465.

In INVENTARIO quae describi debeant? II, 7218.

—— an describi debeant, quae ad pupillum non pertinere tutor contendit? I, 1906 ad 1907.

INVENTARIO temere omisso jurari potest in litem contra tutorem, et contra haeredem dolosum. I, 1927 et 1928.

—— standum est, nec admittitur contraria assertio tutoris. I, 1909 et 1910.

—— pendente haeres conveniri nequit a cre-

J

JUDEX qui temere alienationem rerum pupillarium permisit, tenetur de damno. I, 2292.
—— ex sola tutorum et curatorum asseveratione permittere non debet alienationem immobilium. I, 2210 et 2211.
—— non debet alternatim permittere alienationem, vel hypothecam pupillarium bonorum. I, 2218.
—— curare debet, ut pecunia ex alienatione bonorum pupillarium redacta creditoribus satis fiat. I, 2219.
—— permittere nequit alienationem rerum pupillarium, nisi competens sit. I, 2220 ad 2223.
—— bonorum, qui tutorem dedit, cum tutor datus a judice domicilii se excusavit pro bonis alibi sitis, permittere solus potest bonorum alienationem. I, 2224 ad 2225.
—— loci, ubi sita sunt bona, curatorem dare debet bonis debitoris: sed jurisdictio haec apud nos Senatui reservatur. I, 1779 ad 1778 r.
—— originis, vel domicilii regulariter dat curatores ad lites. I, 1677 et 1678.
—— restitutionis quis sit? I, 3219.
—— qui satisdationem temere non injunxit, pro fidejussore habendus est. I, 1992.
—— potest, si utilitas pupillorum ita suadeat, tutores testamentarios eogere ad satisdandum. I, 1893, et 1894.
—— an, et quibus casibus subsidiaria actione teneatur erga pupillos, vel minores? I, 2926 et seqq.
—— ex officio potest tutores, vel curatores suspectos removere. I, 2633.
—— per clausulam constituti decreto adjectam non potest transferre possessionem. II, 837.
—— caussae cognitionem adhibere debet, antequam donationem insinuari decernat. Quibus in casibus donator ipse coram judice se sistere debeat, vel procurator admittatur? II, 2272.
—— appellationis potest in contractibus bonae fidei usuras promissas adjudicare, licet in primo judicio de illis pronunciatum non fuerit. III, 900.
—— vel Senator, qui amiserit litis instrumenta, et caetera, quae ad judicandum penes se deposita habuit, de qua culpa teneatur? 1086 et 1087.
JUDICANDUM est legibus, non exemplis. II, 2072.
JUDICATAE rei tempus inspicitur, cum quaestio est, quid, et quantum sit in peculio. II, 4813.
JUDICATI actio adversus patrem de peculio filii institui potest, si filius ex delicto suo jam condemnatus sit. II, 4811.
Pro JUDICATO vel adjudicato tituli prosunt ad usucapiendum. II, 1942.
JUDICES prohibentur, ne sub aequitatis specie legem violent. I, 64.
—— omnes judicare debent secundum allegata, et probata, non secundum conscientiam. I, 240.
—— omnes jurant, se legem adamussim servaturos. I, 78.
JUDES secundum leges sententiam dicere debent. I, 76.
JUDICES ex officio prospicere debent, etiam invita muliere, ut dos in tuto sit. II, 3437.
JUDICII locus spectatur, cum restitutio petitur ex caussa, quae ex post facto supervenit: sed locus contractus inspici debet, cum restitutionis caussa tempore contractus jam existebat. I, 3220.
—— rescindentis, et rescissorii cumulatio alicubi admittitur, itaut simul agatur adversus auctorem, et tertios possessores. IV, 1296.
JUDICIS decretum, praevia caussae cognitione interponendum omnino necessarium est in alienatione immobilium ad pupillos, minores, et similis conditionis personas spectantium. I, 2308 ad 2313.
JUDICIUM divortii qui possint instituere? I, 922 et 923.
—— restitutionis in integrum pendere dicitur statim ac ea postulata est, quamvis litis contestatio secuta non sit. I, 3232.
—— defuncti probare non videtur filius exhaeredatus, qui accipit una cum caeteris bonis rem alteri legatam. II, 6855.
—— defuncti scindere, atque pro parte probare, pro alia reprobare an liceat? II, 7610 et 8205.
—— singulare concurrere potest cum universali de petitione haereditatis in duplici specie. II, 7741.
—— singulare per aliquod temporis spatium, Magistratus arbitrio praestituendum, differri potest, ut interim universale definiatur. II, 7748.
—— a sequestratione incipere non debet, nisi litigantes consentiant. III, 1111.
—— familiae erciscundae quo in loco instituendum sit? III, 3510 et 3511.
—— petitorium de proprietate in subsidium conjungi potest cum interdicto adipiscendae, vel recuperandae possessionis, non autem retinendae. IV, 1316 et 1317.
JURA regulariter non continentur in donatione bonorum omnium mobilium et immobilium. II, 3357.
JURARE an quis possit per procuratorem speciali mandato instructum? IV, 769.
JURATUR in litem adversus eum, qui exhibere detrectat. IV, 439 et 440.
JURE accrescendi pro portione haereditaria acquiritur cohaeredibus, quod aufertur a cohaerede, detrectante jussa testatoris implere. II, 5418.

Justitia definiri aptius potest, virtus moralis suum cuique tribuens. I, 7.
—— tribuitur in expletricem, et attributricem. Ad expletricem pertinent quaecumque civiles obligationes; ad attributricem officia aequitatis. I, 10 et 11.
—— vulgo tribuitur in universalem et particularem; haec in distributivam et commutativam. I, 12 et 13.
—— distributiva servat proportionem geometricam, commutativa arithmeticam. I, 14.
—— in amplissima sui significatione virtutes omnes complectitur. I, 12.
—— suum cuique tribuit, tum quod debetur obligatione perfecta, tum quod imperfecte debitum est. I, 9.
—— universalis in privatis contenta est proportione geometrica; in iis autem, qui publicis muneribus funguntur, arithmeticam desiderat. I, 15.
JUSTITIAE distributivae violatio inducit obligationem restituendi communitati, non privatis. I, 15 in not.
JUSTUM dicitur testamentum, in quo praescriptae a legibus solemnitates adhibitae fuerint. II, 6400.
JUSTUS qui dici possit? I, 8.
—— titulus. V. Titulus.

L

LAESAE majestatis humanae rei sunt, qui violant personas Supremam Majestatem, seu auctoritatem in republica habentes. IV, 2823.
LAESIO enormis dolum continere videtur: adeoque ejus vinculum esse nequit jusjurandum. I, 3267.
—— enormis requiritur, ut minor restituatur contra jusjurandum. I, 3267.
—— enormis requiritur, ut minor restituatur contra jusjurandum, quod ipse praestiterit. I, 3091.
—— enormis efficit ut pactum redimendi temporale ad triginta annos duret. I, 3024.
—— enormissima nullum efficit contractum ex dolo, qui re ipsa inest, et dolo ex proposito aequiparatur. I, 2959.
—— quibus modis probetur? I, 2961 et 2962.
—— locum facit rationum iterationi. I, 2704.
—— ex imbecillitate aetatis probanda est a minore, qui in integrum restitui postulat. I, 2959 et seqq.
—— ad obtinendam restitutionem in integrum probari debet de tempore contractus: nisi de contractibus agatur, qui tractum successivum habeant. I, 2963.
—— etiam enormissima locum non facit restitutioni in integrum ad rescindendam alienationem, cui adjectum fuerit pactum de retrovendendo, quamdiu praestitutum tempus elapsum non est. I, 3023.
Laesio venditione quibus modis contingere possit? I, 3012.
—— ultra dimidiam impedit, quominus ex ratihabitione convalescat contractus perperam in minore aetate gestus. I, 2335.
—— in donatione non attenditur; nisi haec ex caussa fiat. II, 2392.
—— enormissima requiritur, ut donatio ex ea revocetur. II, 2393.
—— immodica, seu enormis excepta semper intelligitur. II, 2804.
—— mediocris sufficit, ut filius rescindere possit transactionem a patre initam de rebus ad peculium adventitium spectantibus. II, 4606.
—— in legitima filiae non attenditur, si lex municipalis filias congruam dotem habentes a legitima excludat. II, 7339.
—— enormis, vel enormissima quae dicatur? III, 3646 et 2647.
—— enormis olim quoque in contractibus bonae fidei impetrata fuit. III, 2656.
—— enormis non dat locum rescindendae venditioni, si nolit emptor, utique enormissima ex qua proinde restituuntur fructus omnes; nisi magnus sit probationum conflictus. III, 2653.
—— probanda est ab allegante, et rei dominium probari debet, si venditor agat. Quo tempore aestimatio ineatur? III, 2660.
—— vix probatur per instrumenta aliarum venditionem, recte vero per testes. III, 2661.
—— aestimari nequit ex adjudicatione usurarum, nec ex augmento monetae. III, 2665.
—— enormissima efficit, ut temporale redimendi pactum perpetuum fiat. II, 2059, *tum* III, 2683 et 2684.
—— an inspiciatur in contractibus stricti juris? III, 2695.
—— ultra dimidium requiritur, ut merces ex sterilitate minuatur. An finita tantum locatione de remissione mercedis tractari possit? III, 2891 et 2892.
—— enormis in divisione efficit, ut competit electio supplendi in pecunia, quod alteri deest. III, 3464.
LAESIONI immodicae dolus vere non inest: an laesio in transactione concipi possit? IV, 1121.
LAESIONIS caussa judicis arbitrio relinquitur. Sufficit autem ad restitutionem in integrum laesio in sexta pretii parte. I, 2760.
—— probandae onus minori non incumbit cum agitur de negotiis, quae natura sua periculosa sunt, et noxia plerumque esse solent, veluti fidejussione, mutuo. I, 2966.
LAESUS videtur minor ex eo, quod vendita sit res majorum, cujus restituendae justam caussam habeat. II, 3013 et 3014.

LAETAMEN. V. Fimus.

LAPIDEM pro milliario, seu mille passibus Romani dicebant. II, 2562 *in not.*

LAPIDICINAE rebus immobilibus accensentur. I, 2466.

Reliqua vide in verbo Fodinae.

LATRINA construi non potest juxta communem parietem, nisi ita socii convenerint. II, 1038.

LATRONES gravius puniuntur, quam grassatores. IV, 2754 et 2755.

LAUDIMIA an fructuario acquirantur? II, 1540 et seqq.

—— plura debentur, si electus post tempus praefinitum electionem probet. III, 2361.

—— omnia exigere potest dominus a postremo fundi possessore. III, 2465.

—— praestantur ex publica pignorum distractione. III, 2982.

—— generatim debentur quoties alienantur bona emphyteutica inter vivos, vel ultima voluntate. III, 2984.

—— an ex donatione, permutatione, datione in solutum praestentur? III, 2987 et 2988.

—— totidem debentur, quot sunt venditiones. III, 2991.

—— non habent alienationes in personas contractu emphyteutico comprehensas. III, 2992.

—— non augent impensae factae in rem venditam sub pacto redimendi. III, 3000.

—— debentur conductori, usufructuario, atque haeredi fiduciario. III, 2998.

LAUDIMII quantitas ex singularibus locorum legibus pendet. III, 3003.

LAUDIMIUM unicum debetur, si ager emphyteuticarius ab uno ematur pro pluribus deinceps eligendis. III, 2359.

—— unum in retractu legali solvitur. Quid si emptor speciali privilegio a laudimii solutione immunis fuerit? III, 2783.

—— seu laudemium domino solvitur, cum emphyteuta rem alienat. III, 2968.

—— in privata venditione, nisi debetur res aliena vendita sit. Quid si vendat filius, qui patris haereditate abstinuit? III, 2980.

—— domino solvitur, licet ejus consensus in alienationem necessarius non sit. III, 2985.

—— ab emptore solvitur, et a quocumque fundi possessore peti potest. III, 2995.

—— solvitur directo domino, non priori emphyteutae, qui rem distraxerit. III, 2996.

—— hyperocha vendita, solvi debet, habita ratione totius pretii. III, 3004.

LEGANDI verbum in instrumento donationis adjectum non semper efficit, ut donatio caussa mortis sit. II, 2675.

—— vel relinquendi verbum institutionem importat, si legatum fuerit illi, qui ex juris necessitate institui debet. II, 5921.

—— facultas amplissima legge XII tabularum tributa per legem falcidiam intra angustiores limites coercita fuit. II, 9266.

LEGANS, quod sibi debetur, judicatur quoque legare hypothecam, illius debiti nomine competentem. II, 8347.

LEGARE illis tantum licet, qui ex alieno testamento capere possunt. II, 8246.

—— potest testator a suo debitore, quem legatis onerando, liberasse judicatur. II, 8312.

—— potest testator, quod sibi debitum est, vel debitori ipsi, vel alteri. II, 8333.

—— ab haerede hodie licet. II, 8228.

—— possunt omnes, quibus competit testamenti factio. II, 8245.

—— voluisse haeredis bona non praesumitur testator: nisi nominatim de illis caverit. II, 8068.

—— videtur praedium pignoris jure possessum testator, qui hoc cum alio commune habebat, si legaverit praedium omne. II, 9108.

—— non licet illis, qui testamentum vel alium postremae voluntatis actum scribunt, tametsi milites sint. Quibus acquiratur, quod ita adscriptum est? II, 9159.

LEGARI possunt alimenta iis, qui nullam juris civilis communionem habent; quales sunt deportati, et servi poenae. I, 1511.

—— testibus, qui testamentum deinceps obsignaverint, jam olim recte poterat. II, 5067.

—— nequeunt feuda nisi ex directi domini consensu, nec illorum aestimatio debetur. II, 8331.

—— potest haereditas testatori delata vel etiam pars haereditatis ipsius testatoris, aut bonorum portio. II, 8373.

—— potest incapaci, in id tempus, quo capax erit. II, 8280.

—— tantum potest ab illis, qui testatoris judicio, non casu, vel proprio jure ejusdem testatoris bona consequuntur. II, 8297.

—— hodie potest a legatariis, mortis caussa donatariis, vel qui mortis caussa capiunt. II, 8311.

—— possunt res omnes tum corporales, tum incorporales, dummodo sint in commercio; atque etiam facta. II, 8316.

—— potest res, cujus commercium non habet testator, si modo legatarius eam habere queat. II, 8320.

—— potest res legatarii sub conditione, si vivo testatore eam alienaverit, vel alio quovis modo illius dominium amiserit. II, 8439.

—— non possunt res ab humano commercio penitus exemptae, ne sub conditione quidem. II, 8329.

—— dicitur dos, cum mulieri nupturae dos legati titulo a quocumque relinquitur, vel solvendo occasione matrimonii. II, 6992.

quo filius ignoranter praeteritus fuerit, corruunt, si estraneus in ea scriptus sit. Quid si testator legata ab uno tantum ex filiis praestari voluerit? II, 10603 et 10604.
LEGATAE rei possessionem propria auctoritate ingredi nequit, qui in re institutus est. II, 5209.
—— rei dominium recta via à defuncto in legatarium transit, sed possessio ab haerede petenda est. II, 8226.
—— rei possessionem ingredi nequit legatarius propria auctoritate, quamvis facultatem hanc a testatore habeat, si haeres in illius possessione sit. II, 8563.
—— rei parte extincta per culpam, vel facto haeredis, illius aestimatio debetur. II, 8994.
LEGATAM rem ex alio testamento petere non potest ille, qui ex priore eandem rem habuit: secus si rei aestimatio ipsi prius tradita sit: nisi alia appareat testatoris voluntas. II, 9042 et 9043.
LEGATARII, quibus annua legaverat testator, sub ea conditione, si cum matre sua morarentur, mortua matre legata cibaria, et vestiaria adhuc percipiunt. II, 5363.
—— et fideicommissarii haereditatem adire possunt, consequi, quod aufertur hodie haeredi, modum a testatore praescriptum non adimplendi, praestita cautione de modo implendo: his recusantibus, bona deferuntur ad legitimos haeredes, eadem injuncta cautione. II, 5419.
——, et fideicommissarii singulares a testimonio in ultimis voluntatibus dicendo non repelluntur. II, 6125.
—— provisionalem adjudicationem vix unquam consequuntur, quamdiu pendet instantia discussionis bonorum. II, 8010.
—— tribus temporibus, nimirum conditi testamenti, vel codicilli, mortis testatoris, et agnoscendi, legati hujus capaces esse debent. II, 8278.
—— re tantum conjuncti, quatenus opponuntur conjunctis re simul, et verbis, interdum disjuncti in jure appellantur. II, 8487.
—— quos ab initio ne verbis quidem testator conjunxerat, fieri possunt re conjuncti propter adjectionem alterius. II, 8506 et 8507.
—— re, et verbis conjuncti praeferuntur illis, qui re tantum conjuncti sunt, sj defecerit unus ex conjunctis re, et verbis. II, 8516 et 8517.
—— re, et verbis conjuncti unius personae vice funguntur in jure accrescendi. II, 8521 et 8522.
—— re, et verbis conjuncti portio agnoscentibus accrescit cum suo onere. Quid si solo sermone testator legatarios conjunxerit? II, 8526 et 8527.
—— atque fideicommissarii singulares quartam falcidiam e legatis non detrahunt. II, 8313.
LEGATARII quibus eadem res, sed a diversis testatoribus legata fuerit, jure accrescendi non gaudent. II, 8514.
—— nullo praelationis jure inter se gaudere possunt: nisi unius caussa singulari favore digna sit. II, 8015 et 8016.
—— super bonis a testatore legante relictis praeferuntur creditoribus haeredis: creditores tamen jus offerendi habent. II, 8588.
—— aut fideicommissarii singulares cogere nequeunt haeredem, etiam oblata indemnitatis cautione, ut haereditatem adeat, legata, vel fideicommissa singularia soluturus. II, 10302.
—— persona necessario nominanda non est: sed sufficit eam certo signo demonstrari, vel etiam digito ostendi. II, 9252.
—— plures, quibus optio data est, vel plures haeredes, si in optando dissentiant, sorte dirimitur, quis eligere debeat. II, 8773.
—— si haeres interpellatus cavere detrectet, mittuntur in possessionem omnium bonorum haereditariorum. Quid hinc consequantur? II, 10551 et seqq.
—— et creditores defuncti, cujus bona ad communem debitorem, pervenerunt, an juste postulent bonorum separationem? III, 1453 et 1454.
LEGATARIIS nocet confessio solutae dotis in testamento facta, atque mulier iisdem praefertur. II, 3291.
—— omnibus, qui legatum agnoverunt, portio deficiens pro virilibus, seu aequalibus partibus accrescit. II, 8525.
—— tres distinctae actiones concessae sunt, nempe personalis, seu vindicatio, et hypothecaria. II, 8549.
—— et fidecommissariis, non vero creditoribus, nocet testatoris jurata assertio, de substantiae suae quantitate. II, 7905.
—— re, et verbis conjunctis portio deficientis nonnisi volentibus accrescit: invitis etiam, et ignorantibus, si sola re conjungantur. II, 8523.
—— omnibus, et fideicommissariis competit hypotheca: nec non haeredibus in certa re institutis. II, 8580.
—— competit jus deliberandi, an legatum habere malint, nec ne. II, 2050 et 8473.
—— pleno, et irrevocabili jure acquiritur quantitas annuatim relicta pro alimentis. II, 8872.
—— omnino denegatur potestas detrahendae falcidiae. II, 9305.
—— instantibus haeres rationes defuncti, et omnium instrumentorum haereditariorum describendi potestatem facere debet. II, 7609.
—— non prodest, quod haeres ex decisione, seu transactione cum creditoribus consequutus est, cum vera haereditas solvendo non erat. II, 9371.
—— non competit trebellianicae detrahendae jus. II, 10105.

LEGATUM sola rei alienatione non extinguitur, nec per solas inimicitias adimitur, sed ex mutatione voluntatis, quae inde colligitur. II, 9015 et seqq.
—— amplius non debetur ab haerede, cum testator vivens rem legatam ipsi legatario donavit. II, 9019.
—— corruit, si legatarius gravi testatorem injuria affecerit. II, 9047.
—— extinguitur, si res legata ad legatarium pervenerit ex caussa lucrativa. II, 9035 et seqq.
—— quantitatis adhuc debetur, etiamsi eadem quantitas ad legatarium pervenerit ex caussa lucrativa. II, 9041.
—— inutile fit ex voluntate legatarii repudiantis, postquam dies venit, vel conditio extitit. II, 9044.
—— formae mutatione an ademptum praesumi debeat, nec ne; quaestioni definitio pendet a voluntate testatoris. II, 8998.
—— fundi optimi, maximique pinguius est legato fundi instructi, quatenus fundus liber ab omni servitute praestari debet. II, 8835.
—— a die nuptiarum solvendum non debetur, quamvis puella ad nubilem aetatem pervenerit, nisi nuptiae secutae fuerint. II, 8739.
—— optionis, seu electionis dicitur, cum testator unam, aut alteram rem ex pluribus legat, dato arbitrio legatariis, utram habere malint. II, 8759.
—— optionis non differt a legato electionis. II, 8760.
—— optionis cur subsistat, quamvis tertius non elegerit; corruat autem emptio, et venditio in arbitrium tertii collata, si hic pretium non constituerit? II, 8776.
—— optionis non perit, quamvis testator quasdam species ex genere legato alienaverit. II, 8785.
—— quantitatis saepius repetitum ab eodem testatore in eadem vel diversis scripturis an semel tantum debeatur? II, 9097.
—— reditus fundi quo differat a legato ususfructus ejusdem fundi? II, 8728.
—— repudiare non existimatur, qui haereditatem simul delatam adire non vult, nisi aliud testatori placuerit. II, 9048.
—— unum plerumque repudiari potest, agnito altero: non unius legati pars. II, 9054.
—— translatum de persona onerata in personam honoratam nequaquam subsistit, licet translatio vires non habeat. II, 9033.
—— caducum fit, si legatarius moriatur ante testatorem, nec haeredibus legatarii acquiritur. II, 10514.
—— a defuncto nec agnitum, nec repudiatum haeres in dispendium creditorum repudiare non potest. III. 342.
Contra LEGEM factum videri non debet, quod justam, et commodam viri boni arbitratu interpretationem accipere potest. I, 1196.
LEGES abrogari interdum convenit, ita suadentibus adjunctis. I, 126.
—— quae ampliationem plerumque recipiunt. I, 85 ad 96.
—— civiles aliae firmant jus naturales; aliae ejus vim definiunt. Caeterae ad res indifferentes pertinent, puta quae modos civiles amittendi ususfructus praescribunt. I, 70 ad 76.
—— condere potest solus Princeps in statu monarchico: optimates in aristocratico: plebs in democratico. I, 44.
—— quaedam ita generales sunt, ut omnibus negotiis conveniant; specialiores aliae, quamvis generalibus verbis conceptae sint. I, 169.
—— municipales interdum extensionem admittunt, et ex aliis legibus municipalibus interpretationem accipiunt. I, 147.
—— naturales omnes quidem sunt immutabiles; quaedam tamen admittunt exceptiones, quas aliae respuunt. I, 110.
—— obligant tum in foro externo, tum interno. I, 84.
—— quaedam sunt, quae non obligant; quia usu receptae non fuerunt, Principe ita consentiente. I, 49.
—— Pandectarum proprie leges non sunt, sed privatorum sententiae, quibus vim legis tribuit Justinianus. I, 125.
—— positae sub titulo de verborum significatione, et de regulis juris ex subjecta materia explicandae sunt. I, 138 et 170.
—— permittentes ab eo, quod majus est, amplianτur ad id, quod est minus. I, 90.
—— poenales interpretatione emolliendae non sunt, cum resistit jus, et aequitas. I, 1589 et 1590.
—— poenales, quae tantum delinquentem ab aliquo beneficio repellunt, facilius extenduntur. I, 1609.
—— poenales obligant in foro interno, nisi aliud Princeps statuat. I, 84.
—— prior, et posterior invicem explicantur. I, 32.
—— posteriores ex prioribus suppleri debent. I, 1412.
—— prohibentes extenduntur a minori ad majus; dummodo res sint ejusdem generis, vel eadem vigeat legis ratio, aut res naturali quodam vinculo connexae sint. I, 91 et 92.
—— tantum res futuras complectuntur, non praeteritas aut praesentes: nisi ita statuerit legislator aut nova lex priorem corrigat, vel veteris accessiones respiciat. I, 114 ad 116.
—— quae plerumque restrictionem admittunt. I, 97 ad 104.
—— quae humanitati, atque aequitati adversae videntur, interpretatione restringi debent. I, 100.
—— Romanae, apud omnes fere populos, post municipales, vim legis obtinent; atque sunt fons civilis et solidae jurisprudentiae, I, 105.

Sine LIBERIS post mortem suam quis dici nequit ex quo spes est liberos fore nasciturosʔ II, 9633.

LIBERORUM nomen complectitur nepotes et pronepotes cujuscumque sexus. I, 1423.

—— favore restringenda est consuetudo odiosa, et juri communi adversa, quantum fieri potest. II, 4124.

—— nomen complectitur omnes descendentes, sive ex masculis, sive ex foeminis. II, 9072 et 9513.

—— sola qualitas demonstrata judicatur, substituto, vel gravato Titio, si absque haeredibus decesserit. II, 9083.

—— et filiorum diversa significatio plerumque gentium idiomate amplius non viget. II, 9550.

Ob LIBEROS patrono supervenientes revocatur donatio in libertum collata. II, 2429.

—— legitimos, et naturales permittitur donationis revocatio. II, 2437.

LIBERTAS est naturalis facultas ejus, quod cuique facere libet, nisi quid vi, aut jure prohibeatur. I, 470.

—— sola servitute amittitur: servus autem quis fieri potest pluribus modis. I, 1498 et 1499.

—— naturalis de rebus suis disponendi, quantum fieri potest, sustinenda est. I, 86 ad 97.

—— tacite data existimatur servo proprio, quem testator haeredem scripsit. Qui proprius servus dicatur? II, 4913.

Contra LIBERTATEM difficile conceditur restitutio, non tantum majori, sed et minori. I, 3162 et 3163.

LIBERTATI apud Romanos maximus semper favor tributus fuit. II, 5379.

LIBERTATIS consequendae modi tres olim solemnes erant: census, vindicta, et testamentum: alii plures minus solemnes. I, 476.

LIBERTINI appellantur, qui sunt ex justa servitute manumissi. I, 474.

LIBERTI alii dicebantur cives Romani, alii latini, alii dedititii. I, 475.

LIBERTINORUM discrimen sublatum est, atque omnes Romana Civitate donati fuerunt. I, 476.

LIBRI in archivio communitatis existentes probant publicationem, et authenticitatem statuti. I, 277 ad 281.

—— Basilicorum unde dicti, et quid sint? I, 119 in not.

—— Jureconsultorum, ex quibus eorum sententiae decerptae fuerunt, triplicis generis sunt. I, 125.

—— Exactorum etiam pro scribente probare possunt. IV, 404.

—— privatorum per se non probant favore scribentis. Quid de assertione defuncti in testamento facta? IV, 501.

LIBROS uni filio comparans pater non censetur eorum dominium a se abdicare, nec inaequalitatem inducere velle odio caeterorum filiorum. III, 472.

Libros qui pro se producit, eos in totum probare videtur. Quid de libris ex necessitate officii conscriptis? IV, 503.

LIGAMEN quid sit, et utrum irritet matrimonium jure naturali? I, 715.

LINEA affinitatis duplex est: recta, et transversa. Qui contineantur in utraque, et quo gradu distent? I, 753 ad 765.

—— transversa duplex est, aequalis, et in aequalis. Quas personas utraque contineat. I, 725 ad 740.

—— in conditione posita, praecisa lege municipali, quae fideicommissum ex conjecturis non sinat, vocata videtur. II, 9985.

—— in conditione posita dici potest vocata in casum vulgarem, non in fideicommissarium. II, 9986.

—— in conditione posita facilius vocata censetur, si testator adjecerit verba temporis progressum denotantia, vel bona alienari prohibuerit, ut in familia conserventur. II, 9987.

—— in primogeniorum successione, nisi aliud cautum sit, in primis spectatur, tum gradus, deinde sexus, postremo aetas. II, 9662.

—— actualis quae sit, quaeque habitualis, atque utriusque effectus? II, 10501.

LINEAE nomine effectiva tantum venit, non contentiva, in materia odiosa. I, 334.

—— transversae aequalis, et inaequalis computatio secundum jus canonicum explicatur. I, 741 ad 744.

—— in successione primogeniorum ratio habetur, cum primogenium ab homine, saltem in genere ordinatum fuit. I, 985.

—— praerogativa atque ideo proximitas in primogeniis inspici debet. II, 10504.

LINEAM, quam constituit primogenitus possessoris fideicommissi, ex quo natus est, habitualis a pragmaticis appellatur. II, 9661.

—— propriam constituit primogenitus ultimi possessoris, quam in filios suos transfert, si pater praemoriatur. II, 9659.

LIS de omnibus bonis, vel maxima parte eorum, quam tutor cum pupillo aut curator cum minore habeat, a tutela, et cura repellit. I, 2543 et 2544.

—— quae respicit bonorum divisionem, non excusat a tutela, vel cura. II, 2545.

—— adversus haeredem coepta fideicommissario nocet: atque fideicommissarius compromisso facto ab haerede stare tenetur. II, 10088.

—— amplius pendere non videtur, cum advocatus omnia praestitit, quae vi officii sui praestare debet, licet sententia nondum lata sit. III, 555.

—— quae in eo statu est, ut statim finiri possit, pendere non intelligitur. III, 556.

ex generali consuetudine, si mulier sine liberis decedat. II, 4060.
Lucrum dotis marito deferens consuetudo ad dotem promissam extenditur, nisi aliter inducta probetur. II, 4090.
—— dimidiae dotis, mortua uxore sine liberis, considerari non potest tamquam aes alienum, quod dotis onera ferre non debeat. II, 3996.
—— dotis nullum est, quoties dos nec expresse, nec tacite constituta, aut promissa fuit. II, 4093.
—— dotis haere debet maritus, cui mulier filiafamilias promisit dotem, quam nonnisi implorato judicis officio a parentibus obtinere potest. II, 4094.
—— dotis marito debetur, etiamsi uno momento conjuges in matrimonio rato steterint. II, 4097.
—— dotis aeque defertur marito in dote adventitia, ac in profectitia. II, 4062.
—— integrae dotis marito deferri potest per statutum. II, 4068.
—— dimidiae dotis nondum solutae habet maritus, quamvis dilationem ad solvendum concesserit, et fidem habuerit. II, 4091.
—— marito debetur dotis praesumptae, seu illius, quam mulier secundo nubens sibi iterum constituisse existimatur. II, 4095.
—— dotis an marito debeatur, cum dos ex bonis fideicommissariis costituta fuit? II, 4127.
—— dotis marito denegatur ex generali consuetudine hujus patriae, quoties liberi communes extant. II, 4113.
—— dimidiae dotis marito non debetur, nisi prius deducta legitima filiorum prioris matrimonii. II, 4116.
—— in jocalibus an babeat maritus? II, 4133 et 4134, tum 4354.
—— mundi muliebris maritus habet, si ex statuto dimidiam dotem, mortua sine liberis uxore, consequatur; secus si ex consuetudine. II, 4108 et 4132.
—— in bonis paraphernalibus marito non debetur. II, 4135.
—— dotis non debetur marito, qui simul cum uxore uno fato praereptus est. II, 9129.
—— dotis, quod filiusfamilias, mortua sine liberis uxore, acquirit, collationi non subest. III, 482.
LUDI alii habentur liciti, alii illiciti. IV, 330 et 331.
In LUDO licito victori praemium dari potest dummodo non immodicum. IV, 332.
LUDUS ollae, vulgo *Lotteria*, hodie frequentissimo usu probatur. Quae sint ejus conditiones? IV, 344 et 345.
LUPANARIA publica an praestet aliquando tolerare? IV, 2861.

M

MACEDONIANO Senatusconsulto, quid cautum sit. III, 658 et seqq.
Reliqua vide in verbo Filiisfamilias, Mutuum, Pecunia.
MAGISTER navis quis dicatur? IV, 348.
—— navis censetur habere mandatum contrahendi de re, cui praepositus est. IV, 349 et seqq.
MAGISTRATUS jura, quibus publica sanitas, vel civilis commercii propagatio credita est. I, 251.
—— jurisdictio territorium non egreditur; nisi ita Princeps constituat. I, 300.
—— Supremi V. Senatus.
—— majores, et minores qui dicerentur apud Romanos? I, 2492 in not.
—— majores tantum excusantur a tutela, et cura: non minores. I, 2502 et 2503.
—— minores an, et quando subsidiaria actione conveniri possint a pupillis? I, 2906 et seqq.
—— minores subsidiaria actione conventi an gaudeant beneficio divisionis? I, 2935.
—— minores, qui doli, aut latae culpae rei sint, subsidiaria actione, etiam inspecto hodierno fori usu, conveniri possint. I, 2936 et 2937.
—— qui ex juris, vel facti ignorantia satisdationem a tutore non exegerit, nonnisi ex nova caussa eam injungere potest: possunt tamen eam adhuc postulare consanguinei. I, 2938.
—— Supremus generatim suspectus allegari non potest; utique Senator. IV, 1742 et 1743.
MAGISTRATUUM fidejussores, aut nominatores actione subsidiaria pupillis non tenentur. I, 2931.
—— haeredes non tenentur pupillis, nisi culpa lata Magistratibus imputari possit. I, 2931.
—— minorum bona hypothecae vinculo non obstringuntur favore pupillorum. I, 2934.
MAJESTAS divina est, vel humana. Qui censeantur laesae divinae Majestatis rei? IV, 2821 et 2822.
In MAJORATIBUS salutariis primogenitus facti, seu senior praefertur primogenito juris. II, 9680.
Ad MAJORATUM saltuarium a primogenio deflexisse non praesumitur testator, qui majorem natu vocaverit. II, 9681.
MAJORATUS duplex distinguitur, regularis, et irregularis, seu saltuarius. Qui majoratus regularis appelletur? II, 10429.
—— irregularis ille est, in quo aetas sola inspicitur, nulla habita ratione lineae: atque

Mater per substitutionem pupillarem a patre ordinatam excluditur a legitima. II, 6835.
—— utrum possit testamento minus solemni inter liberos naturales disponere? II, 6279 et 6280.
—— binuba solo usufructu potitur, in illis rebus, quae legitimae nomine praeter, vel contra filii voluntatem habet. II, 7269.
—— censetur exclusa a legitima propter existentiam filiae, licet haereditas non perveniat ad filiam, sed ad alium ex defuncti voluntate. II, 7298.
—— quae statuto testari prohibetur odio filiorum ultra duodecimam suae substantiae partem, an possit fideicommissum ordinare? II, 9472 et seqq.
—— filiorum tum naturalium, tum spuriorum intestatam successionem habet. III, 192.
An MATER naturalis, et legitima praeferri debeat in successione filii matri adoptanti? III, 193 et 194.
MATER adoptiva praefertur naturali si adoptio usque ad filii mortem constiterit. III, 195.
—— in legitima successione filii praefertur avo paterno. III, 199.
MATERNI ascendentes utiliter stipulantur pro nepte, cui dotem constituunt: atque etiam pro nepotibus ex filia. II, 3022 et 3023.
MATRI binubae adhuc permitti potest educatio filiorum: maxima si tutelae prosecutionem a Principe obtinuerit. I, 1243 et 1244.
—— tutela defertur ob presumptionem affectionis, non propter commodum successionis, et instar privilegii. I, 1443 et seqq.
—— potissimum committenda est pupilli educatio, dummodo ad secundas nuptias non transierit. II, 321.
—— binubae credi potest a judice educatio, potissimum si ex Principis rescripto in tutela perseveret. I, 1952 et 1953.
—— iniquae administrationis suspectae credi non debet pupilli educatio. I, 1957.
—— non obest spes successionis ob singularem affectionem. I. 1954.
—— binubae, ex tribus dumtaxat atrocioribus ingrati animi delictis, donationis filiis factae revocatio permittitur. II, 2397.
—— potius ex aequitate, quam ex stricto jure legitima conceditur, cum per compendiosam pater impuberi filio substituit. II, 5730.
—— ex praesumpta testatoris pupillariter substituentis voluntate denegatur legitima, si pater legatum reliquerit ab impubere solvendum; eo adjecto, ne quidquam amplius ex bonis testatoris capere possit. II, 5803.
—— quae ab impubere filio per pupillarem substitutionem praeterita est, inofficiosi querela non denegatur, si turpis persona substituta fuerit. II, 5709 et 5710.
—— haereditas infantis, saltem jure deliberandi, aut jure sanguinis debetur prae avo. II, 7517.
Mater legitimae nomine debetur triens haereditatis, si filius instituerit haeredem extraneum, fratribus ab haereditate exclusis. II, 6995.
—— apud nos in omni casu legitimae jure debetur tertia haereditatis pars, dividenda tamen cum filiis, seu defuncti fratribus haeredibus institutis. II, 7001.
—— an debeantur legitima, et trebellianica ex persona pupilli, cui, seclusa substitutione, successisset? II, 8519.
—— luctuosa filiorum haereditas, non aviae, in primi data fuit. III, 180.
MATRICI potius scripturae in dubio fides adhibetur, quam protocollo, et huic potius quam exemplo. IV, 588.
MATRIMONIA clandestina olim illicita erant, sed valida: nunc omnino irrita sunt. I, 897.
MATRIMONII bona tria sunt, proles, fides et sacramentum. I, 902.
—— contrahendi capacitas quatuor requirit, aetatem legitimam, consensum, potestatem gignendae prolis, et legum auctoritatem. I, 700.
—— effectus, qui conjuges ipsos respiciunt, sunt communio vitae, et bonorum. I, 903.
—— quaestiones, quae spectant ad ejus vim, dirimuntur jure canonico. I, 860.
MATRIMONIO rato, non autem irrito, licet consummato, committitur poena secundarum nuptiarum, qua binubus privatur proprietate bonorum, quae a priore conjuge habuit. I, 1117 et 1118.
In MATRIMONIO rato ex gravissimis caussis dispensant Summi Pontifices. I, 946.
A MATRIMONIO carnali ad spirituale non licet argumentari, quoties diversa est utriusque conditio. II, 2860.
MATRIMONIUM olim interdicebatur senatoribus cum libertinis, praesidibus provinciarum cum provincialibus, tutori, ejusque filiis cum pupilla. I, 718 et 719.
—— a matris munere dictum, est viri, et mulieris conjunctio individuam vitae consuetudinem continens. I, 692 et 693.
—— dividitur in legitimum, ratum, et consummatum. I, 697 et seqq.
—— aliud olim solemne erat, aliud clandestinum; validum quidem, sed illicitum. I, 893.
—— contrahi potest inter absentes, et per procuratorem. I, 866 et seqq.
—— contrahere possunt masculi post annum XIV, foeminae post XII. I, 701.
—— olim interdicebatur masculis post annum sexagesimum, foeminis post quinquagesimum: quod Justinianus abrogavit. I, 702.
—— conjunctio animorum potius est, quam corporum. I, 694.

Minor alienationem rescindi postulans, et rem sibi restitui, acceptam pecuniam, quae in ipsius utilitatem versa est, reddere debet, et quidem cum usuris. I, 1981 et 1982.
—— pretium rei perperam alienatae petere non potest, nisi ex parte sua contractum implere velit. I, 2293.
—— qui per dolum se majorem affirmaverit, rescindere nequit alienationem fundi sine solemnibus celebratam. I, 2319.
—— non potest contractum pro parte confirmare, et pro parte reprobare, invito altero contrahente. I, 2346.
—— curatorem habens similis est ei, cui bonis interdictum est. I, 1633.
—— potest eum sibi eligere in curatorem quem malit, dummodo idoneus sit. I, 1652.
—— qui semel curatorem postulavit, non potest eum abjicere; donec major factus sit. I, 1653.
—— sine curatore non potest stare in judicio, nec adire haereditatem. I, 1636.
—— qui curatorem non habeat, an possit procuratorem ad lites sibi constituere? I 1683.
—— per ratihabitionem vim dare non potest contractui perperam celebrato, nisi in hac interveniant praescriptae solemnitates. I, 2336.
—— qui tutelae rationes sibi reddi petit, sed antequam tutelae judicium fuerit absolutum major factus est, et tutorem liberavit, restitui non potest, nisi tutor dolose judicium protraxerit. I, 2250.
—— restitui potest contra haereditatis aditionem, quamvis major factus a debitoribus haereditariis aliquid exegerit. I, 2356.
—— restituitur adversus contumaciam, quae tamen dolum adnexum non habeat; tum adversus judicii desertionem, et ipsam sententiam. I, 3121 et seqq.
—— qui de damno vitando agit, restituitur contra alium minorem, qui de lucro certet. I, 3001 ad 3003.
—— non restituitur in negotio, cujus ipse peritiam profitetur. I, 3167 ad 3171.
—— venditionem rei immobilis perperam gestam rescindere nequit, si major factus a tutore, vel curatore obtinuerit pretium, et id, quod interest. I, 2353.
—— filiusfamilias, patre auctorante, mortis caussa donare potest: quin necessarius sit interventus consanguineorum. II, 2684.
—— sine curatore testari, legata relinquere, et caussa mortis donare. potest. II, 2285.
—— curatorem non habens delatam sibi haereditatem recte adit, laesus vero restituitur. II, 7490.
—— succedens majori, a quo haereditas pure adita fuerit, non restituitur ad illam cum beneficio inventarii adeundam. II, 8129 et 8130.
Minor ad repudiatam haereditatem paternam intra septennium reverti potest, si res in eodem statu permanserit. Quid si bona fuerint alienata? II, 8216.
—— absque solemnibus censum redimere potest. Quid si plures sint unius debitoris haeredes? III, 3238 et 3239.
MINORE adversus aditionem ex caussa laesionis restituto, cohaeres partem ab impubere repudiatam non tenetur accipere. II, 7615.
MINORES dicuntur masculi post completum annum XIV, foeminae post XII, usque ad legitimam aetatem. I, 437 et 2953.
—— quoad bonorum administrationem curatoris auxilio reguntur. I, 435.
—— valide obligantur occasione matrimonii pro dotis restitutione, et augmento dotali, non in caeteris caussis. I, 93.
—— omnes curatorum auxilio regi congruentius est, non tamen omnino necessarium. I, 1656 ad 1670.
—— invitos curatoribus non regi, quo sensu dicatur? I, 1636.
—— occasione nuptiarum donare possunt. I, 2058 et 2177.
—— sine tutore, et curatore lites excipere, neque instituere possunt. I, 2408.
—— restitutionem in integrum non aliter obtinere possunt, quam si probent propter minorem aetatem, laesionem ex ejusdem aetatis caussa contingentem. I, 2956.
—— qui restitui postulant, probare debent, contractum in minori aetate celebratum fuisse, sive agant, sive conveniantur. I, 1957.
—— ex consilio, et consensu consanguineorum possunt curatores suspectos accusare. Quid consanguinei temere consensum denegent? I, 2618.
—— singulari mortum honestate praediti impetrare possunt veniam aetatis a Principe. I, 2955.
—— an eligi possint consiliarii universitatum, et suffragium ferre? II, 179.
—— testari possunt. II, 5902.
—— post aditam pure haereditatem restituuntur ad eam cum beneficio inventarii adeundam si modo laesionem, vel laesionis periculum probent. II, 8126 et 8127.
—— restituuntur ad adeundam haereditatem, quam prius adierant, tum repudiaverant, et vicissim. II, 8217.
—— curatore destituti naturaliter, non civiliter obligantur. Quid si curatorem habeant? III, 1786.
An MINORES possint procuratorum ad lites officio fungi? IV, 48 et 49.
MINORI credi nequit cura bonorum debitoris, nisi forte tum debitor, tum creditores consentiant. I, 1785.
—— invito datur curator ad litem. I, 1649.
—— prodigo omnino curator dandus est: qui

MONACHI donare nequeunt, nisi bonorum administrationem habeant, et justam donandi caussam. I, 2037.
—— seu qui professionem solemniter emiserunt, testamentum facere non possunt. II, 3972.
—— mortui mundo non sunt in eo, quod pertinet ad caussam alimentorum. II, 8858, et III, 1063.
—— a fideicommissi successione exclusi bonorum usumfructum, quamdiu vivunt, non habent. II, 9751.
—— excluduntur a fideicommisso relicto illis, qui in saeculo degunt. II, 9753.
—— utrum ad primogenia admittantur? Quid de Clericis? II, 10461.
—— ab intestata, non testamentaria successione excluduntur: clerici utriuque capaces sunt: III, 60.
MONACHUS testamentum prius conditum, quam religionem profiteretur, declarare, atque ambigua ejus verba explicare potest. II, 4977 et 4978.
—— post regularia vota, solemniter emissa, priorem voluntatem mutare non potest. II, 4975 et 4976.
—— professus religionem, quae bonorum in communi capax sit, numerum, et partem facit in legitimae computatione, nisi aliud lege municipali, vel consuetudine obtineat. II, 7074.
An MONACHUS, qui successioni alterius favore renunciavit, priusquam religiosa vota emitteret, connumerandus sit in legitimae quantitate definienda? II, 7076.
MONACHUS, cui aliquid pro legitima pater reliquerit, quod minus sufficiens sit, agere non potest ad illius supplementum. II, 7340 et 7341.
MONASTERIO acquisitionis capaci competit bonorum ususfructus, quamdiu vivit monachus, qui sub liberorum conditione gravatus fuerat. II, 9900.
—— acquisitionis capaci acquiri potest ex voluntate testatoris ususfructus fideicommissi. II, 9752.
MONASTERIUM incapax acquirendi potest sine solemnibus alienare bona ipsi relicta. II, 293.
—— ingrediens an usumfructum amittat? II, 1705.
—— odio haeredis instituti, et legatariorum revocare nequit testamentum a monacho prius conditum. II, 4979 et 4980.
—— non excludit substitutum, si testator ex justa caussa noluerit bona monasterio acquiri. II, 9896.
—— non potest haberi loco filii, quem haeres gravatus ex corpore suo legitime procreaverit. II, 9892.
MONERE non intelligitur, qui obscure loquitur, vel insidiose dissimulat. III, 1526.
MONETA intrinsecus mutari dicitur, cum augetur, vel minuitur nummorum pondus, vel materia alteratur. III, 721.
MONETAE augmentum in donatione caussa mortis aestimatur ex tempore, quo fuit celebrata. II, 2601.
—— augmentum non debetur creditori, si contractus sit usurius: nisi debitor sit in mora solvendi. III, 747.
—— augmentum debetur in vectigalibus, quae perpetuo, vel per longissimum tempus alicubi solvuntur vassallis. III, 752.
—— immutatio intrinseca, vel extrinseca generatim cedit damno, et lucro debitoris, si eadem monetae species adhuc cudatur. III, 728.
—— valor non ex materia, sed ex publica aestimatione consideratur. III, 729.
—— valor potius definiri debet ex loco solutionis, quam ex loco contractus. III, 765 et 766.
—— immutatio periculo est debitoris, qui pecuniam debitam in judicio obtulerit, non tamen, creditore accipere recusante, obsignaverit. III, 1726.
—— falsae poena quae sit? IV, 2928.
MONIALIS comprehenditur sub foemina dotata, et maritata. I, 336.
MONOPOLIA tamquam publicae utilitati adversa reprobantur. Qui rei sint monopolii? III, 2719 2780.
MONSTRA, in partibus tantum integralibus vitiata, hominibus accensentur, non alia; nisi cum favor parentum, ut damnum vitent, ita expostulare videtur. I, 443.
MONSTRORUM duplex est genus; alia in partibus integralibus tantum deficiunt, alia in essentialibus. I, 442.
MORA ex Romanis legibus fit ab eo, qui opportuno loco, etiam extra judicium interpellatus, non solvit. II, 10147.
—— haeredis in solutione legatorum nocet fideicommissario, ita ut ipse eadem solvere cogatur, non fiduciarii successor. II, 10331.
—— atque interpellatio extra judicialis sufficere potest, ut creditor a moroso debitore consequatur id, quod interest. III, 893.
—— est dilatio frustratoria, solutionis faciendae, vel accipiendae. III, 899.
—— alia ex persona est, alia ex re. III, 900.
—— quae ex re fit, minus proprie hoc nomine donatur. III, 904.
—— interveniente, debitor ab eo tempore praestat usuras, fructus, poenam, atque aestimationem quanti plurimi. III, 905.
—— facile purgatur, si creditoris nihil intersit. III, 920.
—— purgari nequit, nisi omnia reponantur in eo statu, quo fuerant ante moram. III, 921.
—— prior per posteriorem purgatur. III, 923.

N

Nepotes ex filio spurio aeque legitimi sunt, ac filii naturales. II, 9506.
—— cum patruis, vel thiis ad fideicommissum admittuntur, si expresse, vel tacite fuerint vocati. II, 9528.
—— jure repraesentationis in fideicommisso succedunt, si testator vocaverit fratres supervinentes, et eorum liberos. II, 9529.
—— praecepta restitutione per fideicommissum liberis extraneorum, vocati quoque praesumuntur, si filii primi gradus deficiant. II, 9422.
—— et pronepotes, cum fideicommissum ab ascendente institutum fuit, ad fideicommissa jure repraesentationis admittuntur? II, 9533.
—— si simul cum parentibus a patre institutis fideicommissi partem consequantur, in stirpes succedunt, quatenus omnes simul unius personae vice funguntur. II, 9547.
—— per fideicommissum substituti censentur, si testator tres filios instituerit, atque invicem substituerit, nec non ipsorum liberos, adjecta prohibitione alienandi res haereditarias. II, 9802 et 9803.
—— expresse fideicommisso gravati, quibus legitima debeatur, duplicem quartam detrahunt. II, 10117.
—— filiorum nomine intelliguntur ad fideicommissa vocati, vi ipsa vocabuli, quam lex probat. II, 9806.
—— continentur nomine filiorum in fideicommissi conditione positorum. Quid de posthumis? II, 9560 et 9913.
—— liberorum nomine veniunt, si testator vocaverit liberos descendentium suorum, atque fideicommissum ab extraneo restitui debeat. II, 9519.
—— quoties concurrunt cum thiis, in stirpes succedunt, non in capita. II, 9548.
—— sive soli succedant, sive concurrant cum thiis, fructus in quartam imputare tenentur. II, 10139 et 10140.
—— trebellianicam amittere videntur, si haereditatis inventarium non confecerint. II, 10173 et 10174.
—— hodie per emancipationem patris sui haeredes avo non fiunt. III, 155.
—— paemortuo patre, legitimi successores avi sunt, quamvis emancipati. III, 156.
—— etiam spurii intestatam maternorum ascendentium successionem habent. III, 161.
—— cum avi successionem intestatam consequuntur, in stirpes succedunt, licet soli sint. III, 165.
—— ex fratre prae patruo secundum jus civile succedunt. III, 400.
—— vivo ipsorum patre ab avo instituti, neque cum patruis, neque cum patruorum liberis conferunt. III, 398.
—— avo cum patruis succedentes conferre tenentur, quod ab avo consecuti sunt. III, 398.
Nepotes avo succedentes jure repraesentationis conferre tenentur, quod ab ipso sive vivo patre suo, sive post ejus mortem habuerunt. III, 405.
—— bona patri quaesita conferunt, quamvis ipsorum legitima ex collatione minuatur. III, 411.
NEPOTI licet avi successionem, cui pater se non immiscuit, repudiare, et paternam agnoscere. III, 16.
NEPOTIBUS jure repraesentationis prodest reservatio proprietatis a legibus inducta odio binubi conjugis. I, 1093.
—— et pronepotibus, si legitima proles sit, ultra haereditatis unciam relinquere neque avus, neque proavus paternus possunt, per speciem ultimae voluntatis. II, 5931.
—— pro numero personarum legitima defertur. II, 7021.
—— fideicommisso ab avo oneratis trebellianica prohiberi potest. II, 10184.
NEPOTUM nomine alii apud Romanos, alii hodiernis moribus intelliguntur. II, 9570.
NEPTI dotem debet avus in subsidium patris. II, 2735 et seqq.
NEPTIS a substituto excluditur, si testator propriis filiabus petitionem fideicommissi denegaverit favore agnationis. II, 9905.
—— a substituto agnato non excluditur, licet statuto foeminae ab intestata successione repellantur. II, 9911.
—— substitutum excludit, quamvis testator filios nomine masculino, et generali in conditione fideicommissi posuerit, in alia vero testamenti parte filias speciali foeminino vocabulo demonstraverit. II, 9910.
—— a testatore substituta duobus filiis, si uterque sine liberis decedat, admittitur jure fideicommissi ad partem filii postremo defuncti sine liberis. II, 9932 et 9933.
—— in linea ingressa, et actuali excludit patruum a successione feudi, quod concessum sit pro masculis et foeminis, licet sub expressa conditione, ut masculi foeminis praeferantur. II, 10494 et 10495.
NOBILES qui dicantur, quive plebei? I, 488.
—— immunes sunt a plebejorum oneribus. I, 507.
—— non gaudent immunitate pro bonis, quae prius erant allodialia: quamvis sint in loco feudali; sed eam habent in bonis emphyteuticis et feudalibus. I, 509.
—— mitius puniuntur, nec infamibus poenis mulctantur: nec pro debito civili detruduntur in carceres; nisi fraudis rei demonstrentur. I, 512 et 513.
—— per consuetudinem subjici nequeunt oneribus plebejorum. I, 356.
NOBILIS ex privilegio non est immunis a tributo commutatorio; nisi ex dignitate privilegium habeat. I, 508.

NOBILITAS quid sit? I, 490.
—— alia est a virtute, alia a scientia, alia a genere, officiis, vel privilegiis. I, 491.
—— alia a jure communi datur, alia a lege municipali: alia dicitur nobilitas simpliciter, alia secundum quid. I, 492.
—— acquiritur nativitate, dignitate, privilegio et jure communionis inter conjuges. I, 493.
—— amittitur per artes sordidas et mechanicas. Sed non amittitur immunitas, nisi per declaratoriam judicis sententiam. I, 514.
—— amittitur crimine, quod gravissimum sit, puta perduellionis. Sed aliquatenus adhuc retinetur, donec sententia condemnationis fuerit lata. I, 516.
—— amittitur praescriptione longissimi temporis, qua quis passus sit, se in numerum plebejorum referri. I, 517.
—— probatur instrumentis, insignibus, testibus, fama, verbis enunciativis Principis, vel Magistratuum: atque leviores probationes in antiquis sufficiunt. I, 506.
—— quae a genere est, ipso jure restituitur, cum quis desistit ab artibus sordidis et mechanicis. I, 515.
NOBILITATEM non amittit, qui necessitate rei familiaris compulsus ea facit, puta agros colat, a quibus abstinere solent nobiles. I, 518.
Reliqua vide in verbo PRIVILEGIA, IMMUNITAS.
NOMEN debitoris duplici modo in dotem tradi potest; vel ex praevia promissione pecuniae; vel directe et primario. An mulier de evictione teneatur? II, 2889 et seqq.
—— aestimatum, quod ex caussa dotis traditum fuit, alienari potest. II, 3352.
—— inaestimatum maritus exigere potest et debet. II, 3353.
—— an idoneum censeatur, necne, tempus, quo datum fuit, inspiciendum est. II, 4214.
—— unius in testamento aliquando scribitur, alteri vero emolumentium acquiritur. II, 8383.
—— duplex res habere possunt, nempe proprium et appellativum. II, 9247.
NOMINA minus idonea si in dotem tradita, deinde auctis debitoris facultatibus idonea facta sunt, augmentum dotis debetur mulieri. I, 4216.
—— debitorum quo pacto, et quibus legibus in judicati executionem capiantur? III, 1303.
NOMINATIO incidenter facta, et ad alium finem ex se sola non probat filiationem, nisi in antiquis: in recentibus praesumptionem inducit. I, 453 et 454.
—— a patre facta publice et assertive alicujus tamquam filii certum argumentum filiationis praebet. I, 452 ad 456.
NOMINATORES tutorum, iique, qui a judice interrogati idoneum tutorem affirmant, etiam tamquam testes, fidejussorum loco habentur. I, 2918 ad 2920.
NOMINE inaestimato tradito, id tantum ex dotis caussa datum videtur, quod ex nomine redigitur: proinde deductis impensis, quas in eo exigendo fieri oportuit. II, 3951.
—— pignoris loco dato, creditor utilem actionem habet adversus debitorem. An hic suo creditori solvere possit? III, 1508.
NOMINIBUS diversis res eadem demonstrata non judicatur. II, 9102.
NOMINIS cessio ipso jure non resolvitur, quamvis debitor in solutione moram faciat: nisi ita conventum fuerit. II, 2893.
—— in dotem traditi periculum subit maritus, si idoneum initio fuit, moram autem contraxerit maritus in eo exigendo, atque idoneum esse desierit. II, 4215.
—— ferendi conditio institutionis adjecta an impleri debeat, et quid haeres recuset nomen ferre? II, 5523.
—— legato continentur actiones ad nomen exigendum. II, 8335 et 8343.
—— legatum inutile est, si nihil testatori debitum fuerit. II, 8348.
—— legatum consistit, quamvis nonnisi sub conditione debitum sit testatori. II, 8251.
—— legatum quibus in casibus extinguatur? II, 8344 ad 8356.
—— legatum tacite ademptum praesumitur a testatore, qui illud sponte exigere voluerit, quamvis ob moram debitoris non exegerit. II, 9004.
NOMINUM ususfructus relinqui potest. II, 1436.
—— permutatio, aut debiti novatio legatum nominis non perimit. II, 8355.
NONDUM nati quoad alios conditionem habere non reputantur, sed pro natis habentur, cum de ipsorum commodo agitur. I, 440 et 441.
NOTAE, et sygla, quibus Romani utebantur, caussam praebuerunt pluribus mendis. In quo notae a syglis distinguantur? I, 111.
NOTARII officium apud nos non derogat nobilitati. I, 520.
Ex NOTARII stipulatione non quaeritur jus irrevocabile posterioribus donatariis, quamdiu per se donationem non probaverunt. II, 2655.
NOTARII stipulatione an quaeratur infanti actio? II, 2260.
—— assertio, qua exprimit, neque vi, neque metu, neque dolo aliquid factum fuisse, non impedit, quominus vis, metus, et dolus probari possint, praetermissa adversus notarium de falso accusatione. II, 4909 et seqq.
—— interventus in testamento caeci omnino necessarius non est, quamvis illius copia adsit; sed per octavum testem ejus praesentis suppleri potest. II, 4941 et 4942.
—— ipsius consuetudo, non caeterorum, qui diligentiores sunt, inspici debet, cum dubitatur, utrum solemnitas aliqua fuerit adhibita, an praetermissa. II, 6176.
—— nomine actibus vim dare nequit ille, qui

privata auctoritate munus hoc sibi adseruerit, licet publice notarius habeatur. II, 6100.
NOTARII seu tabellionis officio fungi pater an possit in testamento, quo filius institutus est, et vicissim. II, 6163.
—— seu tabellionis interventus usu fori apud plerasque gentes inducto in testamentis desideratur. II, 6151.
—— defuncto testatore, monere debent eos, quorum interest. II, 6153.
—— interventus usu fori necessarius est in testamentis, quae tempore pestis fiunt. II, 6329.
—— sibi ipsi adscribere nequeunt haereditatem, aut legatum in testamento, quod subscribunt. II, 9166.
—— assertio plene tantum probat ea, quae inter contrahentes geruntur coram ipso, cum actus celebratur. IV, 493.
—— duo rogati ad instrumentum in dubio censentur rogati in solidum. IV, 574.
Ex NOTARII viventis protocollis non licet excerpere instrumentum, nisi ille impeditus, aut prohibitus sit. IV, 582.
NOTARII alicubi prohibentur, ne in suorum utilitatem publica scribant instrumenta. IV, 596.
NOTARIO an potius fides adscribenda sit, an testibus, si testes a notario dissentiant? II, 6206 et seqq.
—— mandatum testatoris alleganti credi potest, si is integrae famae sit. II, 6229.
—— asserenti falsum se conscripsisse instrumentum, plena fides non adhibetur. IV, 2924.
NOTARIUM negans esse eum, qui tamquam talis publice saepius se gessit, non auditur, nisi in falsi crimen adscribat. IV, 566.
NOTARIUS instrumenta a se confecta, vel ab auctore suo edere debet illis, quorum interest, et principaliter. IV, 1711 et 1712.
—— absenti actionem acquirere potest. II, 2243.
—— vices gerit octavi testis in testamentis caeci, etiam ubi notarii interventus pro quolibet ultimae voluntatis actu praescribitur. II, 4943 et 4944.
—— seu octavus testis an desideretur in testamentis privilegiatis. II, 4946.
—— jubente Senatu potest quaedam verba delere e protocollo, et matrice scriptura. II, 6597.
—— de falso puniendus est, si sponte, et fraudulenter aliud scripserit, quam disposuit testator. II, 6210.
—— an possit, jubente testatore, lacerare testamentum in protocollo, vel matrice scriptura? II, 6594.
—— scripturas, quas penes se habet, servare tenetur, ex vi publici officii, quod gerit. II, 6596.
—— ad conficiendum legale inventarium solet a judice dari, sed arbitrio haeredis. II, 7933.
NOTARIUS alter sibi adscribere potest, si testator ad scribendum testamentum duos notarios in solidum rogaverit. II, 9167.
An NOTARIUS extra ditionem Principis probantis, vel in tota ejus ditione officio suo fungi possit? IV, 561 et 562.
—— possit extendere etiam ex intervallo notas suas? An hoc liceat alteri notario? IV, 580.
NOTARIUS vivens potest uti alterius opera in describendis instrumentis: et a quo describantur, si decesserit? IV, 583.
—— an instrumenta conscribere possit in suorum utilitatem? IV, 593 et 594.
—— stipulans instrumenta inter ignotos quodammodo falsi reus est. IV, 2923.
NOTAS, et sygla prohibuit Justinianus, cui amanuenses non obtemperarunt. I, 112.
NOTHOS dicimus, qui nascuntur ex conjugato, et soluta, vel viceversa. I, 430.
NOTORIUM post apertas testationes probari potest. IV, 748.
NOVARE potest tutor. I, 2035.
—— possunt pupilli. An procuratores. III, 3595.
NOVARI potest debitum omne. III, 3596.
NOVATIO priorem perimit obligationem. II, 239.
—— in fundo dotali an permittatur? II, 3341.
—— etiam ex indiciis, dummodo gravis momenti, atque praesumptionibus induci potest? III, 3597 et 3598.
—— per adjectionem usurarum non inducitur. III, 3601.
An NOVATIO contingat, si inter creditorem, et debitorem conveniat de danda in solutum alia re pro ea, quae ab initio soluta fuit. III, 3603.
NOVATIO contingere potest, licet contrahentes expresse asseruerint, se novare nolle. III, 3604.
—— non contingit, si posterior obligatio irrita sit. III, 3605.
NOVATIONE debiti facta post liberationem legatam, atque debiti summa ampliata, legatum subsistit, quoad summam testamento contentam, non ultra. II, 8944.
—— debiti creditor tempore prior fit posterior, nisi pignus repetitum fuerit. III, 1280 et 1281.
—— perimitur prior obligatio, una cum accessionibus; nisi repetitae sint. III, 3607.
—— extinguitur sententiae vis. IV, 449.
NOVATIONEM non inducit temporis prorogatio. III, 3602.
NOVERCA non potest tutrix dari a marito. I, 1448.
NOVERCAE relictus ususfructus bonorum omnium non restringitur ad alimenta. II, 1495.
In NOVITII testamento adhibendae non sunt solemnitates a Concilio Tridentino praescri-

Reliqua vide in verbo MATRIMONIUM.

OCCUPATIO est apprehensio rei corporalis jure gentium communis, animo eam sibi habendi. II, 420.
OCCUPATIONE non acquiruntur ferae bestiae, quae in vivariis inclusae servantur, vel pisces in stagno. II, 427.
—— non acquiruntur animalia mansueta, nec mansuefacta, quamdiu haec animum revertendi habent. II, 431 et seqq.
OCCUPATIONIS jure acquiruntur, volucres, animalia fera, pisces, et similia: quamvis in alieno fundo capiantur. II, 422 et 424.
OECONOMI nominatio licet per aliquod breve tempus dilata fuerit, haeres ab inventarii beneficio non excidit. II, 7923.
OECONOMUS, seu bonorum haereditariorum administrator interesse non debet, cum legale inventarium conficitur. II, 7930.
OFFERENDI jus. V. Jus offerendi.
OFFERRE nequit secundus creditor, si cum priore pignus emerit, vel priori jure dominii adjudicatum sit, ipso praesente, et tacente. Quid si de jure suo conservando protestatus fuerit? III, 1583.
—— potest secundus creditor, etiam secundo emptori. III, 1581.
—— potest possessor pignoris etiam in exceptione judicati dummodo litis quoque sumptus offerat, et id, quod interest. III, 1589.
OFFERRI non potest mulieri, cum dotis restitutio evadit in collocationem. II, 2479.
—— non debet illi, qui nullum jus habet, quod offerenti cedat. III. 1574.
—— potest mulieri dotem repetenti, licet agat utili vindicatione ad rem aestimatam in dotem datam, atque a viro distractam. III, 1591.
—— potest mulieri, quae bona sibi data ad dotem in tuto collocandam, judice licet auctoritatem praestante, alienaverit. III, 1593.
—— plerumque opus est debitum cum accessionibus. Quid si debitum illiquidum sit, vel inops secundus creditor? III, 1598.
OFFICIA hominibus, et brutis communia tria praecipua sunt: Sobolis procreatio, educatio, vitae conservatio, et defensio: quae tamen ratione duce ab homine explicantur, caeco impetu a brutis peraguntur. I, 28.
—— Magistratuum, et similia non amittuntur per minimam capitis deminutionem. I, 1516.
—— universitatum quibus modis desinant? II, 188 et 189.
—— quaedam sunt pretio aestimabilia. II, 4380.
—— quaedam apud Romanos ad haeredes transmittebantur, quaedam etiam vendere, et pignori dare licebat. III, 467.
OFFICIALIBUS Princeps mandata referentibus fides interdum adhibetur: quamvis litteras non proferant. I, 140.
OFFICII necessitas excusat eum, qui alieno nomine testamentum inofficiosum accusavit, veluti tutorem. II, 6705, 6706 et 6858.
OFFICIUM suum nemini debet esse damnosum. I, 2641.
ONERA, quae patris personae cohaerent, non transeunt in filium, licet patris haeres sit, sed tantum realia. II, 2974.
—— haereditaria ferunt haeredes, pro qua parte haeredes sunt. II, 7843.
—— personalia, quae uni conveniunt, non alteri, implere non cogitur legatarius, qui consequitur partem deficientis collegatarii re, et verbis conjuncti. II, 8529.
—— haereditaria quomodo dividantur inter haeredem fiduciarium, et fideicommissarium? II, 10099.
—— omnia inter socios universales communiter ferri debent. Quid de sumptibus in studia, et dotes filiarum? III, 3293 et 3294.
Ex ONERE ferendi nomen, et arma testatoris fideicommissi inducti probatio per se non habetur. II, 9799.
—— injuncto, quod bona respicit necessario sequitur, cum fuisse honoratum, qui onus implere debet. II, 9801.
Ex ONERIS injuncti ratione fideicommissum non inducitur, si onus distinctum sit a caussa, et acquisitione bonorum. II, 9798.
ONUS si quod specialiter impositum sit rei, quae singulari jure ad primogenitum, vel agnatum pertinet, cohaeres ferre non debet. II, 7857.
—— electo imponere non potest haeres jussus restituere fideicommissum uni ex familia, cui maluerit. II, 9742.
—— primogenito injungere potest pater, qui titulo oneroso feudum acquisivit, atque ex Principis consensu primogenio supposuit. II, 10497.
OPE sola, vel solo consilio furtum fit. IV, 2682 et 2683.
OPERAE etiam liberorum hominum locari possunt, dummodo pretio aestimentur. III, 2831.
—— liberales proprie non locantur: nec mercedem, sed remunerationem, seu honorarium habent. III, 2832.
OPERAS suas patri debet filius cum patre habitans, atque ab eo alimenta percipiens. II, 4703.
OPERIS promissor praestando id, quod interest, non liberatur. Utrum ante diem operi finiendo constitutum cogi possit ut opus incohetur? III, 2838.
OPTARE potest filiusfamilias renuente patre. II, 8771.
OPTIO semel peraeta invito haerede retractari non potest, nisi justa aliqua caussa ita suadeat. II, 8786 et 8787.
OPTIONE haeredi data, nec ad exitum perdu-

P

improbata fuerunt: usu fori probantur, si fiant occasione matrimonii, vel ingressus in religionem. III, 550.
PACTA inepta, vel quae nullam justam habent caussam, a legibus non probantur. Quid si ejusdem conventionis plura sint capita? III, 548.
—— quae matrimonii libertatem tollunt, vel minuunt, improbantur, sed licet legare, et donare sub conditione viduitatis. III, 575.
—— publica sunt, vel privata: haec nuda, vel non nuda, realia, vel personalia, expressa, vel tacita. III, 523.
—— realia prosunt haeredibus, et fidejussoribus paciscentis. An uni tantum haeredi pacisci liceat? III, 535.
—— in rem prosunt omnibus, quorum obligationem dissolutam esse interest paciscentis. III, 538.
—— omnia honesta, et licita emptioni adjici possunt. III, 2707.
—— emptioni venditioni adjecta in dubio interpretamur contra eum, qui pro se adjici curavit. III, 2721.
—— quae in censu prohibentur, quaedam censum vitiant, alia vitiantur. III, 3185 et 3186.
PACTIONIBUS privatis remitti non potest jus ex publicis quaesitum. II, 3071.
In PACTIS dotalibus non requiritur quinque testium praesentia. II, 3051.
Ex PACTIS dotalibus legitime celebratis oritur actio, quamvis stipulatio non intercesserit. II, 3058.
PACTIS dotalibus definiri potest modus, quo deferatur haereditas liberorum sine ulteriori prole descendentium. II, 3136.
—— dotalibus non rumpitur prius testamentum, nisi in his praescriptae solemnitates adhibitae sint. II, 3088.
PACTO tametsi irrito, effici potest, ut jus competat filio contra testamentum patris, quod, sublata conventione, minime competeret. II, 6808.
—— commissorio locus non est, si venditor moram faciat in praestandis rebus, quas ante pretii solutionem praestare tenetur. III, 2743.
PACTORUM dotalium interpretatio fieri potest ex conventionibus a patre initis, cum alias filias nuptui collocaret; vel a consuetudine mariti, qui alteri mulieri junctus fuit. II, 3064.
—— dotalium, quae obscura, vel ambigua sint, interpretatio fieri potius debet ex statutis locorum, vel legitime inducta consuetudine, quam ex jure Romano. II, 3067 et 3068.
PACTUM contractui adjectum non semper ex natura contractus interpretamur, sed aliquando ex natura rei in contractum deductae. I, 222.
PACTUM clandestinum, quo dotis quantitas publice promissa minuitur, an valeat? II, 3070.
—— ut post solutum matrimonium dos longiore die restituatur, quam legibus cautum est, improbatur: valet tamen, si citeriore die facienda restitutio conveniatur. II, 3117.
—— ut fructus rei dotalis convertantur in dotem, non valet. II, 3111.
—— ut mulier lucretur fructus postremi anni non adhuc perceptos, legibus non reprobatur. II, 3112.
—— de haereditate tertii, si in id ipse consentiat, rectum est. II, 3140.
—— de haereditate personae viventis, quae incerta sit, ipsis Romanis legibus permittitur. II, 3141.
—— a patre initum post contractas nupias filiae prodest, dummodo emancipata non sit filia. II, 3046.
—— futurae successionis in contractu matrimonii valet ex usu fori. II, 3144 et 6413.
Per PACTUM futurae successionis non semper aufertur testandi facultas. II, 3147.
PACTUM futurae successionis valet jure contractus inter vivos, seu donationis ob caussam matrimonii. II, 3149 et 6464.
—— in contractu matrimonii initum quo pater futuram integram successionem filio promisit, valet: sed potest pro arbitrio revocari. II, 3155.
—— a subditis initum, ut pecuniam praestent vassallo pro filiabus suis nuptui collocandis, de una tantum filia intelligi debet. Quid si plures sint vassalli ejusdem loci? II, 2940.
—— ut liceat creditori pignus vendere citra denunciationem, quamvis lapsus temporis non concurrat, a legibus non improbatur: atque valet venditio, etiamsi per dolum omissa fuerit denunciatio. II, 4631.
—— ut dos rebus mobilibus constans statim a die soluti matrimonii restituatur, valet. II, 3769.
—— ut maritus integram dotem restituat, neutiquam deducto, quod sibi necessarium est, veluti bonis moribus contrarium reprobatur. II, 3865.
—— seu renunciatio de haereditate defuncti, nec ominosum est, neque votum captandae mortis inducit. II, 6839.
—— est consensus duorum, vel plurium in eandem rem. III, 520.
—— majoris partis creditorum, qui debitori remiserint partem debiti, vel moram solvendi concesserint, an noceat caeteris creditoribus, qui non consenserunt? III, 590 et 591.
—— de haereditate viventis, quod ab initio non valuit, confirmatur, si deinde consentiat ille, de cujus haereditate actum fuit. III, 376.
—— prius per posterius eliditur, non tantum

eo, quod constructus sit in confinio, coronam habeat in superiori parte et tectum superimpositum. II, 1053.
Paries in duorum praediorum confinio positus, vel intermedius communis judicatur. II, 1024.
—— intermedius communis non judicatur, si indicia adsint, proprium alterius esse. Quae sint haec indicia? II, 1025 et 1026.
In PARIETE communi neuter ex dominiis quidquam facere plerumque potest, altero invito. II, 1029.
IN PARIETE communi, vel secus illum, ea omnia permittuntur alteri ex sociis, quae nihil, aut vix nocent. II, 1033.
Super PARIETE communi ad elevandum destinato non licet aedificare, si huic oneri ferendo impar sit. II, 1048.
In PARIETE communi plerumque non licet aedificare. II, 1032.
Super PARIETE communi licet aedificare, cum haec viget in loco consuetudo. II, 1043.
—— communi ad id destinato, aedificare potest socius altero invito; praeterquam aemulationis caussa. II, 1044 et 1045.
—— communi positum aedificium tollere licet, dummodo gravior servitus socio non imponatur. II, 1046.
—— communi pro diviso aedificare licet, recta linea super medietate illius, quamvis ad aedificandum destinatus non sit. II, 1042.
In PARIETE communi possunt aperiri fenestrae. II, 1039.
Sub PARIETE communi fieri nequit penus subterranea, nisi nullum immineat damnum. II, 1040.
—— vicini aedificare non licet. II, 1047.
Contra PARIETEM communem aedificans non tenetur relinquere spatium legale intermedium. II, 1056.
—— communem positum temere aedificium an destrui debeat? II, 1055.
PARIETEM ad elevandum destinatum probare debet, qui asserit. II, 1054.
—— communem ex sui parte dilatare potest alter ex sociis; dummodo ejus formam non immutet. II, 1031.
Juxta PARIETEM communem non licet habere tubulos, seu canales recipiendae aquae, vel fumo destinatos, si grave damnum immineat. II, 1036.
—— communem licet caminum habere dummodo ultra medietatem parietis non protendatur, non autem fornacem, vel latrinam. II, 1038.
Contra PARIETEM communem plerumque licet fimum reponere. II, 1020.
Juxta PARIETEM communem furnum construere licet, nisi grave immineat damnum. II, 1037.
PARIETEM propriis sumptibus reficere an teneatur, qui debet servitutem oneris ferendi? II, 989 et seqq.
Parietem communem socius destruere non potest, et raedificare invito altero (nisi refectio necessaria sit), neque ejus formam immutare. II, 1030.
Juxta PARIETEM communem licet habere scalas, incrustationes, et picturas: balneum quoque; et puteum aedificare. II, 1034 et 1035.
In PARIETEM communem an liceat tigna immittere? II, 1039.
PAROCHI, et duorum testium praesentia ad vim conjugii requiritur. I, 898 et 899.
PAROCHUS intelligere debet, quod agitur, ut valeat matrimonium, non autem requiritur, ut sponte assistat. I, 901.
—— legitimus et minister matrimonii, quamvis non sit sacerdos. I, 900.
—— alterutrius ex sponsis, vel unius domicilii, aut temporalis habitationis legitimus est minister matrimonii. I, 900.
PARS contractus si non subsistat, corruunt accessoria, non quae per se stant. I, 219.
—— in toto aliquando non continetur I, 398.
PARTES singulae in toto plerumque continentur. I, 174.
—— definitae in institutione in dubio censentur repetitae in substitutione. II. 5797.
PARTICULA disjunctiva inter personas honoratas posita resolvitur in conjunctivam. II, 9088 et 9089.
—— disjunctiva non resolvitur in conjunctivam, si referatur ad personas gravatas. II, 9090.
—— disjunctiva non resolvitur in conjunctivam, si testator alicui electionem permiserit, aut si affectio personarum aliter suadeat. II, 9091.
—— disjunctiva rebus adjecta non resolvitur in conjunctivam. II, 9092.
PARTIS, vel certae rei mentio detrahitur, cum unus tantum haeres institutus est. II, 5201.
PARTUS ancillae furtivae an, et quatenus usucapione acquiri possit? II, 1820 et 1821.
PASCENDI pecoris servitus haberi potest jure communionis in pascuis publicis, seu communibus. II, 1158.
—— jus ex Principis concessione haberi potest. II, 1163.
—— caussa non licet animalia in sylvas recenter plantatas ducere, nec in seminaria plantarum; aut loca, ubi sunt vites, segetes, et arbores fructiferae, quibus noceatur? II, 1183.
—— pecoris servitus, pactionibus, et stipulationibus acquiritur; in dubio realis praesumitur. II, 1154 et 1155.
—— pecoris servitus praescriptione, et consuetudine acquiritur. II, 1156.
—— pecoris servitus plerumque realis est; sed personalis quoque esse potest. II, 1151.

tem, nulla adjecta praeteritionis caussa? II, 6021.
Pater alimenta suppeditare tenetur filiis, licet ex damnato complexu adulterii, vel incestus progenitis, si aliunde non habeant, unde se alant. II, 5938.
——filiabus spuriis dare tenetur dotem, quae alimentorum loco fere est. II, 5940.
—— qui filio impuberi in alterum casum substituit, in utrumque casum substituere intelligitur, sive filius haeres non extiterit, sive extiterit quidem, sed intra pubertatem adhuc constitutus decesserit. II, 5587.
—— per vulgarem substitutionem prospicere potest filiis suis impuberibus, ne intestati decedant. II, 5677.
—— non sibi solum, verum etiam filiis suis impuberibus testari, seu substituere potest, tum vulgariter, si haeredes non erunt: tum in pupillariter, si haeredes erunt, sed in pupillari aetate decesserint. II, 5679.
—— solus, vel avus, aut proavus paternus, quibus competit patria potestas, substitutionem pupillarem facere possunt. Quid de matre, vel maternis ascendentibus? II, 5684.
—— adrogator an possit impuberi adrogato substituere? II, 5688 et 5689.
—— pupillariter substituere potest filio etiam exhaeredato. II, 5691.
—— cavere non potest ut legata, vel fideicommissa ab exhaeredato filio relicta a pupillari substituto solvantur. II, 5700.
An PATER a substituto filii legare, nec non fideicommittere possit, cum filio exhaeredato legata, vel fideicommissa reliquit? II, 5701.
PATER impuberi filio suo, quamcumque malit, personam substituere potest, nisi specialis al qua caussa obstet. II. 5711.
——non praesumitur velle, ut expressa vulgaris tacitam pupillarem substitutionem complectatur, cum separatim utramque substitutionem ordinavit. II, 5715 et seqq.
—— vel avus, qui impuberi filio, vel nepoti substituere vult, prius sibi testamentum facere debet: substitutio corruit, nisi testamentum paternum rite factum sit. II, 5765.
—— qui filio pupillariter substituere vult, potest sibi per scripturam, filio per nuncupationem testamentum condere. II, 5768.
—— cum impuberi filio per exemplarem substituit, pro eodem filio testari videtur. II, 5870.
—— cum pupillariter impuberi filio substituit, non potest impuberis fratribus turpem personam praeferre. II, 5800.
—— potest, tamquam publica persona, subscribere et firmare testamentum, in quo filius, etiam sub potestate constitutus, haeres scriptus est: nisi forte lex municipalis aliud statuat. II, 6165.
—— non potest filium testamento minus solemni praeterire. II, 6292.
Pater qui imperfecto testamento de rebus suis inter liberos disponere velit, generatim jubetur liberorum nomina, et uncias in quibus eos haeredes scribit, exprimere. II, 6294.
—— minus solemni testamento inter liberos de rebus suis disponens, extraneum haeredem instituere non potest. II, 6301.
—— potest filios per statutum, vel renunciationem a successione exclusos restituere juri suitatis. II, 7070.
—— filio in potestate constituto legatum adscribere potest, si ususfructus, testatoris voluntate, patri non acquiratur. II, 9165.
An PATER liberis falcidiam prohibere possit? II, 9428.
PATER de legatis filio praestandis non cavet, nisi binubus fiat, vel testator cavere jusserit. Quid si pendente conditione filium emancipet? II, 10546.
—— jure regio non excluditur a successione filiorum favore fratrum defuncti, qui tantum consanguinei sint. III, 229 et 230.
—— potest pro filiis etiam absentibus stipulari, atque lucrum renunciationis quaerere si modo filii haeredes patris sint. III, 372.
—— cujus favore filia successioni renunciavit, efficere potest ut ad intestatam fratris successionem admittatur. III, 381.
—— a filio, quem habet in potestate, extra castrense peculium stipulari non potest: attamen filius parri promittens naturaliter obligatur. III, 1791.
An PATER filio recte emat? III, 2354.
PATER filio laesae majestatis accusato, an subministrare debeat sumptus litis, et alimenta? An e captivitate redimere vel carceribus? IV, 429 et 430.
—— testis esse nequit pro filio adversus alium filium. IV, 662.
An PATER filio suo subripiens, vel filius patri furti teneatur. IV, 2680 et 2681.
PATERFAMILIAS dicitur, qui suae est potestatis, et dominium habet in domo, quamvis liberos non habeat. I, 414.
PATERNA paternis, materna bona maternis ascendentibus, cedere apud nos usu fori receptum est. III, 207.
—— bona paternis ascendentibus non dantur, quando pater succedit una cum filia aliis, filiis, vel filiabus. III, 253.
PATIENTIAM in praescriptione servitutis non excludit sola prohibitio, si prohibitus non destiterit, atque prohibens amplius non contradixerit. II, 917.
PATRI ex aequitate permitti potest actio ad dotem, quae jam tradita est, in tuto collocandam. II, 3438.
——concedi potest administratio peculii adventitii, cujus usumfructum non habet. II, 4757.
——emisse non praesumitur filius, qui fundi pretium ex propriis nummis solvit. II, 4797.

adversus patrem, atque etiam adversus peculii possessores. II, 4812.
Peculii actio adversus patrem utrum extinguatur, extincto peculio, sive per mortem filii, sive per emancipationem? II, 4817.
—— actio adversus haeredes filii, vel subsidiaria adversus patrem anni spatio amplius non concluditur. II, 4818.
—— adventitio irregulari, cujus proprietatem, et usumfructum habet filiusfamilias, qui perfectae aetatis sit, pro arbitrio disponere potest. II, 4597.
In PECULIO adventitio filiae, quae nupta sit, pater usumfructum habet. II, 4640.
De PECULIO adventitio transigens pater filii consensum adhibere debet, nisi filius adhuc in prima aetate constitutus reperiatur. II, 4702.
—— castrensi, et quasi castrensi libere disponit inter vivos, atque ultimae voluntatis actu filiusfamilias. II, 4568.
—— castrensi actio esse potest inter patrem, et filiumfamilias, in quo filius tamquam paterfamilias consideratur. II, 4570.
PECULIO castrensi continentur haereditates militi a commilitonibus relictae, si alias noti esse non potuerunt, quam per militiae occasionem, non secus ac fratris haereditas, qui in iisdem castris militabat. II, 4551.
—— castrensi non accensetur haereditas militi filio a matre relicta, neque successio marito militi ab uxore delata, nisi aliud constet. II, 4552.
—— filiifamilias illud tantum continetur, quod superest, deductis illis, quae filius debet patri, vel aliis, quos pater habet in sua potestate, vel quorum negotia gerit, tamquam tutor, curator, vel procurator. II, 4814.
—— tenus de dote filio soluta obligatur, quamvis sine ipsius jussu filio data fuerit. II, 4605.
—— quasi castrensi continetur titulus clericalis, seu patrimonium ecclesiasticum clerici, cujus ideo fructus pleno jure percipit. II, 4561.
—— quasi castrensi continentur ea, quae filiusfamilias acquirit ex professione artium liberalium, ex publicorum officiorum emolumentis, et potissimum ex patrociniis caussarum. Quid de iis, quae ex notariatus officio proveniunt? II, 4556.
—— legato an, et quatenus incrementum legatario debeatur, vel decrementum subire debeat? II, 8387.
PECULIUM profectitium transit in filium, quem pater emancipat; nisi speciatim illud excipiat. II, 1387.
—— adventitium, cujus ususfructus patri competit, an donare possit filiusfamilias? II, 2173.
—— adventitium regulare caussa mortis donare nequit filiusfamilias. II, 7575.
—— castrense, quasi castrense, vel adventitium irregulare filiusfamilias donare potest inter vivos. II, 2172.
Peculium castrense, quasi castrense, vel adventitium irregulare filiusfamilias caussa mortis donare potest. II, 2574.
—— filiae dos est, sine qua vix invenire potest maritum, cui honeste nubat. II, 2871.
—— profectitium caussa mortis donare potest filius familias, patre consentiente: sed specialis facultas desideratur. II, 2576 et 4781.
—— adventitium regulare filiusfamilias distrahere non potest, nisi patre consentiente. II, 4598 et 4667.
—— adventitium a patre temere alienatum vindicare potest filius, postquam pater decessit. II, 4670.
—— adventitium ita inductum est, ut proprietas bonorum, quae filiifamilias comparant aliunde, quam ex rebus patris, vel ipsius contemplatione, apud filiusfamilias sit, solo usufructu patribus concesso. II, 4541 et 4588.
—— castrense appellatur, quod filiusfamilias acquirit ex caussa, vel occasione militiae. II, 4547 et seqq.
Ad PECULIUM castrense non pertinent praedia a parentibus, vel consanguineis militi tradita: res immobiles vix prosunt in militia. II, 4553.
PECULIUM castrense habens filiusfamilias non ideo in caeteris liberatur a patria potestate. II, 4569.
—— castrense fit, quod pater donat filio ex caussa militiae.
—— castrense habentes milites mutuam pecuniam sine patris consensu recte accipiunt, atque obligantur, tametsi in aliam, quam militiae caussam nummos impenderint. II, 4572.
—— castrense, quasi castrense, vel adventitium irregulare habentes, filiifamilias stare possunt in judicio sine patris consensu, atque mutuam pecuniam accipere. II, 4585.
—— generatim distingui potest in militare, et paganum: militare rursus distinguitur in castrense, et quasi castrense: paganum in adventitium, et profectitium. II, 4542.
—— habere possunt filiifamilias, et servi, quamdiu sub patris, vel domini potestate constituti sunt. II, 4545.
—— est patrimonium filiifamilias, aut servi a rationibus paternis, vel dominicis separatum. II, 4543.
—— profectitium est pusillum filiifamilias patrimonium, quod a patre, habuit vel ab alio, sed patris nomine. II, 4766.
—— profectitium tacite donasse videtur pater, qui filium emancipans non adimit. II, 4782.
Ad PECULIUM quasi castrense quae pertineant? II, 4554 et seqq.
PECULIUM, grex, familia servorum taberna atque his similia universitatis nomine continentur. II, 8372.

manae civitatis jus non habebant. Peregrinis comparantur, qui in criminis poenam ad peregrinationem redacti sunt. I, 481.
PERICULI cessatio in singulari casu regulariter non eximit ab observatione legis fundatae in praesumptione periculi. I, 131.
PERICULUM grave salutis corporalis, ex morbo prius cognito, legitima caussa est dissociationis tori. I, 968 ad 970.
—— grave salutis corporalis, vel spiritualis locum facit dissociandae habitationi inter conjuges. I, 977 et 978.
—— rei venditae subit emptor, licet res tradita non sit, nec solutum pretium. Quare? III, 2438 et 2439.
—— incertae rei venditae venditorem onerat. III, 2442.
—— qualitatis, et quantitatis ad emptorem spectat, si vinum emptum fuerit aversione, vel sine ullo mensurae respectu. III, 2452.
—— qualitatis rei sub conditione venditae emptorem onerat, si existat conditio, quantitatis ad venditorem pertinet. III, 2460.
PERITUS alicujus artis restitutionem impetrare non potest in negotio, cujus scientiam publice profitetur. I, 3167 et 3168.
PERJURI qua poena multentur? IV, 853.
PERMUTATAE rei periculum pertinet ad eum, qui rem tradere debet. Quid si clausula constituti adjecta sit, vel tacite subintelligatur? III, 2800.
PERMUTATIO rei immobilis, quae pupilli, aut minoris sit, fieri nequit, sine judicis decreto: sustinetur tamen, si utilis sit. I, 2107.
—— rei Ecclesiae cum Principe facta sustinetur, dummodo damnosa non sit. II, 269.
—— fundi dotalis fieri potest, si mulier consentiat, eique utilis sit. II, 6793.
—— aut venditio fundi dotalis, ut alter comparetur, qui utilior sit, an permittatur? II, 3389.
—— bonorum ex caussa utilitatis an haeredi fiduciario concedi debeat? II, 10039.
PERMUTATIONIS caussa, qui rem ab alio acceperit, rem suam dare tenetur, nec potest, dando id, quod interest, liberari. III, 2793 et 2794.
PERSONA in contractibus nunquam subintelligitur. II, 221.
Ex PERSONA alterius quis obtinere potest, quod ex propria persona habere nequit, cum lex ita speciatim decernit. II, 6664.
—— distinguuntur ex sexu, nativitate, actate, animi, aut corporis habitu. I, 406.
—— primum locum tenent inter tria juris objecta. I, 403.
—— nomine etiam communitas, et collegium continetur. I, 184.
—— incertae, quae ex certis sit, haereditas recte relinquitur. II, 5069.
—— incertitudo inde profluens, quod plures eodem nomine appellantur, non officit institutioni, si aliunde certitudo haberi possit. II, 5066.
Per PERSONAM interpositam donare nequit conjux conjugi: quare socer genero, vel nurui donare prohibetur: et vicissim, si liberi in potestate parentum sint. II, 4382.
PERSONARUM status. V. STATUS.
PERSONIS incertis, cujuscumque generis, haereditas, et legatum hodie relinqui potest. II, 5077 et 8248.
PETITIO haereditatis actio realis est. II, 7696.
—— haereditatis non singularis, sed universalis actio est. II, 7699.
—— haereditatis ex testamento simul, et ab intestato eodem libello cumulari non potest. II, 7737.
—— haereditatis cumulari potest cum judicio familiae erciscundae. II, 7739, et IV, 1507.
—— utilis haereditatis ex legum sententia, non tamen directa, datur emptori haereditatis. II, 7703.
PETITIONE haereditatis conveniuntur, qui possident pro haerede, vel pro possessore. II, 7751.
—— haereditatis a filiofamilias possessae tum ipse filiusfamilias, tum pater interdum conveniri potest. II, 7764.
PETITOR haereditatis declarare tenetur, utrum haeres sit ex testamento, an ab intestato, si urgeat haereditatis possessor. II, 7734.
PETITORII, et actionis spolii cumulatio admittitur, si sponte consentiat spoliatus. IV, 1431.
PETITORIUM, et possessorium potest una sententia definiri, cum utroque simul actum est.
An PETITORIUM prius executioni demandandum sit, seu prius pronunciandum super possessorio, quoties utroque simul actum fuit? IV, 1448.
PHARMACOPOLAE officium inter res immobiles connumeratur. I, 2169.
PHILOSOPHIAE stoicae scientia, cui addicti erant jureconsulti, confert ad interpretanda eorum responsa. I, 131.
—— verae, et solidae sectatores se praedicant Romani jureconsulti. I, 132.
In PIAS caussas relictum censetur, quod piis locis, puta Ecclesiae, Monasteriis, Xenodochiis, aut pauperibus datur. II, 6347.
PICTURA concedit in accessionem tabulae, sed tabulam pictura ad se trahit. II, 629.
PIGNORA non admittuntur, cum satisdatio injungitur. I, 1872.
—— non admittuntur in usufructu: nisi fructuarius fidejussores, omni diligentia quaesitos, invenire non potuerit. II, 1644 et 1645.
—— publice sub hasta vendi debent, servatis singularibus locorum solemnitatibus. III, 1545.
—— publice vendita rursus vendi debent, si ex pretio satisfieri nequeat creditoribus anterioribus III, 1563.

Possessio decem annorum sine titulo sufficit in interdicto uti possidetis pro annuis praestationibus, nisi obstet juris praesumptio. IV, 1470.
In POSSESSIONE utendi aqua praefertur, qui melius probat suam possessionem, nisi alter titulo munitus sit. II, 1127.
—— servitutis retinetur, qui probat se ivisse per annum, et diem, vel per triginta dies, nec vi, nec clam, nec praecario, sed jure servitutis. II, 922.
POSSESSIONEM nancisci possumus per procuratorem, quamvis ignoremus quod ab eo gestum est, dummodo possessionem nobis acquirere velit. II, 807.
—— acquirunt pupilli, minores, et similes per tutores, et curatores. II, 808.
—— acquirere possumus non tantum per nosmetipsos, sed etiam per servos, et filios, dummodo intelligant quod agunt, et possessionem nobis acquirere velint. II, 803.
—— fundi vacui propria auctoritate constitutarius ingredi potest. II, 822.
—— amittit mulier, quae constante matrimonio consensit pignorum dotalium alienationi. II, 876.
—— ex clausula constituti quaesitam ipso jure non recuperat creditor, qui eam una cum pignore remisit, quamvis deinde restituatur adversus banc remissionem. II, 849.
—— non tantum per nosmetipsos, sed et per alios retinemus: nec amittimus, quamvis hi mortui fuerint, vel possessionem dereliquerint. II, 866.
—— rei legatae in legatarim transferre potest executor testamentarius. II, 1616.
—— rei legatae propria auctoritate ingredi potest haeres in certa re institutus. II, 8570.
—— a fideicommissario ob detractiones avocare non potest ille, qui fiduciarium obligatum habet, nisi facta jurium cessione. II, 10164.
POSSESSIONIS translatio continetur nomine alienationis sine solemnibus prohibitae, cum de rebus agatur, quae ad pupillos, vel minores spectant. I, 2114.
—— propria auctoritate apprehendendae facultas data censetur per traditionem annuli, pilei, vel calami, non autem possessio, nisi aliter ferat recepta consuetudo, vel lex municipalis. II, 796.
—— caussam quisque sibi mutare potest, si interveniat extrinsecus aliquis actus. II, 867 et 868.
—— maxima sunt commoda. II, 850.
—— plena probatio desideratur, cum pecoris pascendi servitus praescriptione acquirenda est. II, 1157.
—— alienae accessione uti licet in usucapione successoribus universalibus, et singularibus. II, 1948.
Possessio interruptio in usucapione. V. Interruptio.
—— tempus in usucapione plerumque incipit ab eo momento, quo apprehensa fuit. II, 5480.
—— quaestio extincta judicatur, si litigantes petitorii caussam attigerint sine protestatione. IV, 1623.
—— retentio aliquando conceditur in libello citationis, si res dilationem non patiatur, vel timeantur tumultus. IV, 1486.
POSSESSOR bonae fidei fructus suos facit; dummodo a solo, vel ab arbore sint separati. II, 653.
—— bonae fidei fructus suos facit pro jure colendi. II, 654.
—— bonae fidei an fructus suos faciat, si justo titulo destitutus sit? II, 655 et seqq.
—— bonae fidei cujuscumque generis fructus facit suos, exceptis dumtaxat illis, quos post litem contestatam percepit; si modo probabilem caussam habeat, cur rem suam credat. II, 699 et seqq.
—— bonae fidei fructus suos facit, quamvis res non sit capax usucapionis. II, 677.
—— bonae fidei non tenetur restituere fructus perceptos, et consumptos, quatenus ex illis factus est locupletior. II, 678.
—— bonae fidei perceptos fructus compensare tenetur cum sumptibus melioris effecti praedii, seu meliorationibus: nisi fructus pleno jure acquisierit. II, 680 et 681.
—— bonae fidei esse potest, qui praedia minoris emit, sine praescriptis solemnitatibus. II, 676.
—— bonae fidei repetit impensas, quas in caussam haereditatis erogavit. II, 7818 et seqq.
—— bonae fidei objicere potest agenti ex caussa spolii praescriptionem longi temporis. IV, 1426.
—— haereditatis cur restituat fructus, quatenus ditior factus est? II, 679.
—— haereditatis an, pendente judicio de illius petitione, possit debitores, aut detentores haereditarios convenire? II, 7831.
—— haereditatis bonae fidei quos fructus restituat? II, 7785.
Reliqua vide in verbo Haereditatis possessio.
—— malae fidei restituit fructus perceptos et consumptos: bonae fidei vero nonnisi extantes tempore litis contestatae. I, 2272 ad 2279.
—— malae fidei, qui scit rem ad se non pertinere, fructus omnes restituere tenetur. II, 686.
—— malae fidei fit per litis contestationem. II, 684.
—— malae fidei restituit etiam fructus percipiendos, quod majori diligentia adhibita percipere potuisset. II, 687.

deferter, quamdiu posthumus nasci potest. II, 5167.
POSTHUMO exhaeredato substituere potest pater in eum casum, quo nascatur, atque impubes decedat. II, 5703.
—— haerede scripto, non is dumtaxat posthumus institutus videtur, qui ex ea, quam tunc testator, uxore natus est, sed ille quoque, qui ex quacumque uxore nascetur. II, 6003.
—— in unum casum instituto, si vivo, vel mortuo testatore nascatur, alter comprehenditur ex novissima Justiniani sanctione. II, 5608.
—— praeterito legata, et fideicommissa conservantur, non tantum si scienter praeteritus sit, verumetiam si per ignorantiam pater posthumum praeterierit. II, 6052.
—— a primo gradu praeterito, exhaeredato a secundo, secundus gradus rumpitur una cum primo, atque ita totum infirmatur testamentum. II, 5995.
—— exraneo legatis centum, an singulis centum debeantur, si plures posthumos nasci contingat? II, 9112.
POSTHUMUS recte exhaeredatur sub conditione non secus ac instituitur. II, 5998.
—— generatim instituí potest, qui nascetur ex quacumque muliere, vel ex certa foemina, quam in uxorem ducere testator destinavit. II, 5963.
—— cum natus est, codem jure esse incipit, ac si in vivis fuisset, cum pater testamentum condidit. II, 6051.
—— nasciturus ex ea muliere, cum qua testator jus connubii non habet, institui nequit. II, 5964.
—— jam conceptus, priusquam mortuus sit pater, vi transmissionis acquirit haereditatem patri delatam, nec aditam. II, 7538.
POSTLIMINII jus locum habet in re nostra mobili ab hostibus capta, deinde recuperata, dummodo prius ex segnitie, vel incuria non fuerit amissa. II, 492 et 493.
POTESTAS dominorum in servos posterioribus legibus ad regulas aequitatis exacta est. I, 437.
—— Principum a Deo est, atque eorum praecepta non solo poenarum metu sed et propter conscientiam servari debent. I, 60 et 83.
PRAECEPTUM ad assentiam legis pertinet, atque sub se prohibitionem etiam continet. I, 42.
PRAEDIA urbana quae dicantur? II, 898 et seqq.
—— quae filiusfamilias ex caussa militiae acquisivit, vel quae emit ex rebus castrensis peculii, ad peculium castrense pertinent. II, 4550.
—— a parentibus, vel consanguineis militi tradita, ad peculium castrense vix pertinent. II, 4553.
PRAEDO non est, qui pretium numeravit. Quo sensu dicatur? I, 180.
Quae PRAEFATIONIBUS expressa sunt, plerumque in stipulationibus repetita censentur. II, 227.
PRAEJUDICII quae sit significatio? IV, 1000 et 1001.
PRAELATIO creditoris census an regio jure inspecto adhuc vigeat? III, 3198 et 3199.
PRAELATIONIS jus Piana constitutione competit creditori. III, 3194.
PRAELATUS Ecclesiae collegiatae non potest repudiare haereditatem cidem Ecclesiae delatam, nisi consentiente capitulo. II, 8170.
PRAELEGARI, vel relegari dicitur dos, cum mulieri rursus legatur a marito, vel socero, qui eam accepit. II, 8743.
PRAELEGATA haeredibus adjudicari debent, majoris tamen valoris compensatione facta. Quid si rei praelegatae aliquid accedat? II, 5175.
—— partim haereditario, partim legati jure capiuntur. II, 8263.
—— non veniunt in fideicommissi restitutione: nisi ex conjecturis appareat testatorem de iis quoque sensisse. II, 1550.
—— a fideicommisso separasse, quibus casibus judicetur testator? II, 10239 et seqq.
PRAELEGATO pluribus haeredibus relicto, quae fiat partium distributio. II, 8266.
PRAEOCCUPATIO quo differat ab occupatione? II, 63.
—— ad ea omnia extenditur, quae naturali quodam nexu inter se conjunguntur. II, 69.
—— jus variandi non tribuit, nisi praeoccupans pro se habeat prescriptionem, quae hominum memoriam excedat. II, 70 et 71.
PRAEOCCUPATIONE acquiritur jus aquae ducendae e flumine. Quis praeoccupasse censeatur? II, 67 et 68.
PRAEOCCUPATIONIS jus non amittitur ex usu vel alveo destructo per impetum fluminis, si adhuc supersint vestigia operis: vel si praeoccupans, qui a coepto opere destitit, alteri opus struere aggredienti contradixerit, nec opus absolutum sit. II, 72.
PRAESCRIBERE non potest ex jure canonico, qui dubitat. II, 1851.
PRAESCRIBI nequeunt ea, quae perpetuam caussam habent. II, 2077.
—— nullo tempore possunt sributa fiscalia. II, 2087.
PRAESCRIPTIO centenaria contra pupillum currit, ut et contra Ecclesiam sine spe restitutionis: nisi forte medio tempore agi non potuerit. I, 3140.
—— conventionalis coepta contra defunctum, currit contra pupillum, sine spe restitutionis. 2880 et seqq.
—— conventionalis profluens ex contractu cum minore celebrato currit quidem contra mino-

rem, sed beneficio restitutionis in integrum ejus effectum tolli potest. I, 3159.
Praescriptio decem dierum, qui ad appellandum concessi sunt, etiam contra pupillos currit, qui tamen restitui possunt. Currit et minoribus tempus preponendae exceptioni, de dote non numerata. I, 3139.
—— ordinaria non currit contra pupillos, nec contra minores; longissima vero currit contra minores, qui tamen ex caussa laesionis restitui possunt. I, 3137 et 3138.
—— longi temporis currit contra ignorantem. I, 3197.
—— longi temporis non obest, quominus imploretur in integrum restitutio ex caussa doli, vel gravissimae laesionis. I, 3205.
—— ne longissimi quidem temporis, currit contra pupillos, quae tamen minoribus nocet. I, 2108 et II, 1260.
—— longissimi temporis excusat a reddendis rationibus. I, 2676.
—— longissimi temporis impedit quominus minor ex capite justae ignorantiae admittatur, ad impetrandam restitutionem in integrum, I, 3201 ad 3204.
—— statutaria contra pupillum currit. I, 3145 ad 3149.
—— secundum jus Romanum initio tantum bonam fidem desiderat. II, 666.
—— non currit in illis, quae a libera alterius facultate pendent, nisi vicino opus facienti obstiterit, et vicinus ab opere desierit per temporis spatium, quo praescriptio inducitur. II 923 et 924.
—— immemorialis tituli constituti loco est. II, 918 et 1890.
—— praeter bonam fidem, et justum titulum desiderat, ut res sit capax usucapionis. II, 677.
—— in urbanis servitutibus bonam fidem desiderat, non autem in rusticis. II, 1262 et 1263.
—— non nocet ei, qui vi dejectus est a via, per quam servitus itineris constituta erat. II, 1264 et 1265.
—— triginta annorum requiritur ad comparandas servitutes continuas sine titulo, immemorialis vero in discontinuis. An scientia domini requiratur? II, 912 et seqq.
—— in rusticis servitutibus solo non usu contenta est; sed in urbanis praeterea requiritur actus ujus, qui libertatem vindicat. II, 1260 et 1261.
—— non nocet ei, qui agere non potest, nisi centenaria, vel immemorialis sit. II, 1795.
—— longissimi temporis necessaria est, ut jus suum amittat dominus, quo ignorante secuta est alienatio. Quid de creditore? II, 1847.
—— centenaria, vel immemorialis non censetur requisita a statuto, vel edicto, nisi specialis ejus mentio facta sit, vel legis ratio eam complectatur. II, 2103.
Praescriptio centenaria, seu immemorialis requiritur ut census sors extinguatur: tricenaria autem sufficit pro illius reditu. II, 2190.
—— centenaria quo differat ab immemoriali? II, 1836 et 1892.
—— centenaria, vel immemorialis, neque bonam fidem, neque titulum desiderant. II, 1843.
—— an, et qualis noceat Ecclesiae? II, 2068 et 2069.
—— rei perperam alienatae non currit adversus Ecclesiam, quamdiu vivit Praelatus, qui rem alienavit. Quid de beneficio commendato? II, 2014.
—— an, et quatenus vim habeat in feudis? II, 1796.
—— immemorialis an requiratur in quota decimae. II, 2075 et 2076.
—— immemorialis, seu centenaria noceat fideicommissario. II, 1795.
—— rerum et actionum quo tempore incipiat? II, 2091.
—— quomodo interrumpatur? II 2003 et seqq.
—— longi temporis non currit adversus omnes. II, 2018.
—— longi temporis ex actionis natura aliquando cessat. II, 2042.
—— longi temporis bonam fidem omnino desiderat. II, 1837.
—— longissimi temporis an bonam fidem desideret. II, 1842 et 1865.
—— sola longissimi temporis nocet minoribus adversus quam ex caussa laesionis restituuntur. II, 2019.
—— longissimi temporis ex capite justae ignorantiae rescindi potest, dummodo justa aliqua caussa simul interveniant. II, 2024 et 2025.
—— longi temporis tituli probationem desiderat. II, 1886 et 1887.
—— longissimi temporis titulum non requirit. II, 1889.
—— longi temporis hodie non distinguitur ab usucapione. II, 1778.
—— longissimi temporis non currit adversus mulierem, donec consistit matrimonium: nisi maritus ad inopiam vergat. II, 2013.
—— contra defunctum coepta odio posthumorum completur: sed contra eam restituuntur. II, 1809.
—— cujuscumque temporis non nocet Principi in rebus demanialibus. Quid de caeteris rebus? II, 1801 et 1802.
—— quae objici posset Principi, rem alienatam vindicanti, nocet cuilibet Principis successori, quocumque jure veniat. II, 1803.
—— quadriennii. V. Quadriennium.
—— contra defunctum non nocet successoribus, qui proprio jure veniunt, praeterquam si centenaria, vel immemorialis sit. II, 1787.

PRAESCRIPTIO cujuscumque temporis ex titulo vitioso nunquam prodest. II, 1872.
—— triginta annorum perimit actiones omnes, pro quibus brevius, vel longius tempus non est praestitutum. II, 2049.
—— triginta annorum tollit privilegia omnia utcumque favorabilia, etiam adversus Ecclesiam. II, 2058.
—— etiamsi maxime completa, Principis rescripto rescindi potest. II, 2102.
—— non nocet ei, qui agere non potest. II, 2010.
—— non currit, cum nullus adest legitimus contradictor. II, 2028.
—— non nocet usufructuario, quem proprietatis dominus vi dejecerit a possessione fundi. II, 1839.
—— longissimi temporis in adeunda, vel repudianda haereditate nocet, etiam ignorantibus. II, 8190.
—— longi temporis haereditatem petenti objici non potest. II, 7698.
—— legato reditus fundi an, et quatenus noceat. II, 8733.
—— non perimit plurium reorum obligationem, si unus interpellatus sit, vel interpellaverit. Quid si pars tantummodo promissa fuerit? III, 1961.
—— in emphyteusi quibus modis contingat. III, 1957 et 1958.
—— biennii contra advocatos, procuratores, aliosve odio creditorum inducta videtur. IV, 267.
PRAESCRIPTIONE longissimi temporis, qua quis passus sit in numerum plebejorum referri, amittitur nobilitas. I, 517.
—— ordinaria decem annorum privilegium acquiritur, nisi contra Ecclesiam praescribendum sit. I, 196.
—— ordinaria amittuntur privilegia, praeterquam in Ecclesia, in qua triginta anni desiderantur. I, 221.
—— longissimi temporis perimitur contraria actio tutelae et curae. I, 2849.
—— acquiri potest jus aquae e flumine ducendae, similium. II, 64 et 65.
—— ordinaria cum titulo acquiruntur servitutes continuae; in discontinuis tempus duplicatur. II, 911.
—— servitus non acquiritur: nisi quis usus sit jure servitutis et vicinus, licet primum contradixerit, passus fuerit eum uti. II, 917.
—— ordinaria amittuntur servitutes continuae: longissimi vero temporis spatio, quae discontinuam caussam habent. II, 1238 et sequent.
—— facilius amittuntur servitutes, quam acquirantur. II, 1242.
In PRAESCRIPTIONE servitutum jungitur tempus non usus auctoris et successoris. II, 1247.
PRAESCRIPTIONE ordinaria amittitur ususfructus rerum immobilium. II, 1720.
—— trium annorum amittitur ususfructus rerum mobilium. II, 1721 et seqq.
—— ordinaria acquiritur ususfructus, si titulus praesto sit; alioquin longissimi temporis praescriptio desideratur. II, 1417.
—— an, et quatenus amittantur res legatae, vel per fideicommissum purum, aut conditionale relictae? II, 10433 et 10434.
—— acquiri possunt res pupilli ab eo, qui bona fide comparavit, putans alterum puberem esse. II, 1812.
—— comparantur quaecumque privilegio, vel pacto acquiri possunt. II, 1823.
—— amittuntur servitutes rusticae. II, 1841.
Contra PRAESCRIPTIONEM, quae centenaria non sit, restituitur quaecumque universitas. Quid de Ecclesia Romana? II, 273.
PRAESCRIPTIONI an subjiciuntur res communes? II, 1798.
PRAESCRIPTIONIS centenariae beneficio an gaudeant civitates? II, 2070 et 2071.
PRAESENTES, vel absentes qui dicantur in usucapione? V. ABSENS.
PRAESENTIA domini an probanda sit ab eo, qui nititur praescriptione decem annorum? II, 1887.
PRAESIDES provinciarum vetere Romanorum jure ducere non poterant provinciales puellas. I, 718.
PRAESUMPTIO fortior tollit infirmiorem. I, 212 et II, 4348.
—— quae deducitur a solitis validissima est. I, 192.
—— quaeque deducenda est ab iis, quae verosimilia sunt, et frequentius contingunt. II, 2050.
—— cedit veritati. II, 3266.
—— a Quinto Mucio inducta cessat, quoties constat, unde mulier bona acquisierit. II, 4486.
—— qua homo creditur vivere centum annis, probationem affirmativam non inducit, sed ad summum negativam. II, 6064.
—— quoties eadem favet, eadem fieri debet voluntatis ambiguae interpretatio. II, 5609.
—— qua testator creditur magis legare in casum viduitatis, quam secundarum nuptiarum, cessat, si testator aliam voluntatem expresse demonstraverit. III, 9231.
—— legis cedit veritati. III, 9140.
—— qua validior debiliori superstes creditur, cum ambo communi fato perierunt, plerumque fallax est. III, 9121.
Ex PRAESUMPTIONIBUS potissimum inter conjunctas personas donatio interdum admitti potest. II, 2226.
PRAESUMPTIONIBUS admitti potest donatio a sponso in sponsam. I, 4342.
PRAESUMPTUM de praesumpto non debet admitti. I, 2333.

PRAETERITIO filiorum non eosdem parit effectus, quoad omnes liberos. II, 6013.
—— filiorum interpretatione minus juvanda est, quam exhaeredatio. II, 6772.
—— matris scientis, sive ignorantis, nullum apud nos efficiti ipsius testamentum. II, 5953.
—— matris jure Romano vim habet exhaeredationis. II, 6018.
—— filiorum, qui juribus suis super paterna haereditate renunciarunt occasione matrimonii, vel ingressus in religionem irritum non facit patris testamentum. II, 6065.
PRAETERITIONI paternae tacite consensisse judicatur filius, qui ultra annum sciens tacuit, neque paternum testamentum impugnavit. II, 6014.
PRAETOR non evertit ea, quae sunt juris civilis, sed remedium suppeditat, quo eorum effectus impediantur. II, 5818.
PRAETORES apud Romanos consentiente populo juris condendi sibi potestatem arrogarunt, quam tamen fictionibus, et novis nominibus explicabant, atque eorum jus honorarium dictum est. I, 247.
PRAEVARICATIO est collusio accusatoris cum reo. IV, 2740.
PRAEVENTIONI quibus casibus locus fiat? Quis praevenisse intelligatur. IV, 1931 et 1932.
PRAGMATICORUM error, qui supra sidera extollunt jurisprudentiam practicam, theoreticam autem spernunt. I, 159.
PRAXIS jusdicentium multum confert ad genuinam legum interpretationem. I, 36.
PRECARII clausula civilem tantummodo possessionem transfert, naturali remanente penes debitorem. II, 811.
—— clausula adjecta clausulae constituti hujus vim non minuit. II, 812.
PRECARIO potest constitui servitus, nisi grave alteri damnum immineat. II, 947 ad 949.
PRECARIUM concessum ad beneplacitum morte concedentis non finitur ipso jure, sed successor libere potest illud revocare. I, 226 et 227.
—— differt a donatione, et ad commodatum accedit. IV, 1374.
PRECES importunae libertatem nec tollunt, nec graviter minuunt, nec ideo raptum proprie, et stricte sumptum inducunt. I, 795 et 796.
PRETIA rerum ex communi hominum aestimatione definiuntur. I, 2962.
—— rerum aliquando incerta sunt, nec statim aestimari possunt. II, 9356.
PRETIUM fundi non aestimatur ex ubertate, vel sterilitate unius anni, sed ex continuo reditu. I, 2961.
—— fundi vix definiri potest ex valore alterius fundi positi in eadem regione. I, 2962.
PRETIUM rerum attenditur, quod solitum est, et naturale: non vero accidentale, et calamitorum. I, 2963.
—— ad vim emptionis omnino requiritur. III, 2325.
—— in pecunia numerata consistere debet. III, 2326.
—— quod initio in pecunia conventum fuit, deinceps in alia re mutuo consensu statui potest. III, 2327.
—— emptionis certum esse debet, vel per se, vel per relationem ad aliud. III, 2329.
—— certi boni viri arbitrio, committi potest; sed emptio haec conditionalis judicatur. III, 2331.
—— nec in emptoris, nec in venditoris arbitrium conferri, patiuntur Romanae leges. III, 2333 et 2334.
—— justum esse opportet, seu mercis valori respondens. III, 2336.
—— census in pecunia vera numerata consistere debet. III, 3153.
—— census modico ante, vel post instrumentum tempore solvi potest. III, 3166.
—— census certum, et justum esse debet. Unde pretii justitia aestimetur? III, 3170.
PRIMIPILARIS caussa, seu primipilare debitum onerat filios, licet a patris haereditate abstineant. II, 8209.
PRIMOGENIA simplicia possunt esse in suspenso, si vacent per mortem gravati, et spes masculi nasciturі probabilis, et proxima sit. II, 9626.
—— plerumque perpetua sunt in eadem familia. II, 10423.
—— in eo a fideicommissi differunt, quod fideicommissa pluribus, dummodo sint in eodem succedendi gradu, primogenia uni tantum deferuntur. II, 10431.
—— aeque ac fideicommissa institui possunt, tum ultima voluntate, tum actu inter vivos. II, 10432.
—— non secus ac fideicommissa, utpote odiosa, apud nos ex solis conjecturis nec inducere, nec conservare licet. II, 10435.
—— iisdem juris regulis ac fideicommissa reguntur. II, 10459.
PRIMOGENIALIA bona eodem jure reguntur ac fideicommissaria. II, 6143.
In PRIMOGENIIS, et fideicommissis, quae ad unum perveniunt, quilibet ex filiis constituit diversum gradum ab aliis. II, 9664.
A PRIMOGENIO ad majoratum saltuarium deflexisse non praesumitur testator ex quo majorem natu vocavit. II, 9681.
In PRIMOGENIO, quod lex municipalis aliquando inducit, proximior remotiori praefertur, nulla ratione habita lineae; nisi nepos cum patruo concurrat. II, 9669.
In PRIMOGENIORUM successione, nisi aliud cautum sit, spectatur in primis linea, tum

gradus, deinde sexus, postremo aetas. II, 9662.
PRIMOGENIORUM quae fuerint jura in veteri testamento? II, 8693.
PRIMOGENITAM, quae sit in linea ultimi possessoris, an excludat masculus alterius lineae, si primogenium erectum sit pro masculis, et foeminis, sed data masculis praelatione? II, 10483 et 10484.
PRIMOGENITI filius, cujus pater avo praemortuus sit, patruo quoque praefertur. II, 9658.
—— post mortem ultimi possessoris defuncti, filius vel filia praefertur, patruo. II, 9857.
—— omnes, ex quacumque linea descendentes, admittuntur, cum testatoris verba futurum tempus respiciunt. II, 9601.
—— omnes demonstrati videntur, cum substitutus est primogenitus unius stirpis, vel familiae in perpetuum. I, 10445.
—— nomen comprehendit omnes primogenitos ejusdem lineae vocatae, non caeterarum. II, 10448.
—— omnes de familia successive vocati non censentur, si testator usus sit numero singulari, atque primogenitum vocaverit. II 10451.
—— nomine, cujus filias deficientibus masculis, vocavit testator, filiae mediatae masculi prius vocati potius demonstrantur, quam filia immediata. II, 10505.
PRIMOGENITUS naturalis, et postea legitimatus per subsequens matrimonium praefertur post nato in matrimonio legitimo. I, 1310.
—— facti, seu senior praefertur primogenito juris in majoratu saltuario. II, 9680.
—— non fit ille, qui secundo loco natus est, per mortem primogeniti, si primogenitus liberos relinquat. II, 9663.
—— statim ac natus est, propriam quodammodo lineam sibi constituit, quam transfert in suos successores. II, 9660.
—— ultimi possessoris propriam lineam constituit, quam in filios suos transfert, si pater praemoriatur. II, 9659.
Ad PRIMOGENIUM, vel fideicommissum testator, potest vocare agnatos, iis tamen exclusis, qui religionem profiteantur. II, 9851.
PRIMOGENIUM agnationis contemplatione institutum, vel constans bonis feudalibus, nequit stare in suspenso. II, 9628 et 9629.
—— jure regio, si proprie loquamur, inductum non est in feudis. II, 9670.
—— simplex, quod vacat per culpam gravati, pendere non potest. II, 9627.
PRINCEPS solus in stato monarchico condere potest leges. I, 134.
—— populi nomine venit in statu monarchico. I, 376.
—— scire praesumitur consuetudinem generalem, non particularem. I, 378.
PRINCEPS juri quaerendo longe facilius derogat; quam plene quaesito. II, 2447 et seqq.
—— duplum patrimonium habere reputatur. II, 1800.
—— haereditatem datam testamento minus perfecto non admittit. II, 6526.
—— permittere potest, ut bona fideicommissaria ob inopiam heredis gravati distrahantur. II, 10380.
PRINCIPIS consensus requiritur ad inducendam consuetudinem, sed sufficit tacitus, qui consistit in scientia, et patientia. I, 375 ad 377.
—— potestas ordinaria est, vel extraordinaria, sive absoluta, qua parce admodum uti solent optimi Principes. I, 135.
PRINCIPUM constitutiones tribuuntur in generales, et singulares, quae privilegia dicuntur. I, 136. V. CONSTITUTIONES PRINCIPUM.
PRIVATORUM cautione legibus derogari non potest. I, 1157.
PRIVILEGIA an non usu amittantur. I, 217 ad 221.
—— concessa ad beneplacitum non finiuntur morte concedentis. I, 225.
—— quaedam sunt in corpore juris clausa, alia extra illud posita. I, 181.
—— communitatibus, et collegiis concessa personalia reputantur. I, 184.
—— contra jus stricte sunt interpretanda. I, 102.
—— interpretanda sunt ab ipso Principe, nisi argumentis, et conjecturis concedentis mens erui possit. I, 189.
—— conventionalia, gratuita, et remuneratoria, quae dicantur? I, 180.
—— negativa amittuntur per usum contrarium. I, 222.
—— revocare Princeps potest ex justa caussa: gratuita pro arbitrio revocat. I, 206 ad 208.
—— dotis, ea semel restituta, cessant. II, 3208.
—— utrumque favorabilia, triginta annorum spatio praescribuntur, etiam contra Ecclesiam. II, 2061.
—— militibus concessa an hodie vigeant? II, 4582 et seqq.
PRIVILEGIARIUS uti nequit privilegio contra alium, qui eodem privilegio gaudeat: nisi favorabilior sit caussa. I, 3001 ad 3003.
PRIVILEGII etymologia, et definitio. I, 175.
—— divisio. I, 177.
—— amissio odiosa est: adeoque stricte interpretanda. I, 216.
PRIVILEGIO Principis uti non potest, qui rem ab eo comparavit nisi Principis procurator interveniat II, 1804.
PRIVILEGIUM acquiritur concessione superioris, et praescriptione. I, 196.
—— an amittatur renunciatione. I, 213 et 214.

PRIVILEGIUM amittitur abusu, non tamen ipso jure, sed per judicis sententiam. I, 216.
—— ad tempus, vel sub conditione concessum extinguitur lapsu temporis, vel existente conditione. I, 223.
—— amittitur per revocationem expressam, vel tacitam, generalem, vel specialem, ordinariam, vel extraordinariam. I, 203 ad 205.
—— cessat per alterius concursum, nisi altero favorabilius sit. Quae privilegia censeantur favorabiliora? I, 188.
—— clausum in corpore juris admixtum habet favorem boni publici, non caetera. I, 191.
—— concedere solus legislator potest; et quidem solis subditis privilegia contra jus, quae autem praeter jus sunt, etiam non subditis. I, 197 et 198.
—— caute concedendum est. I, 199.
—— contra jus commune illi derogat: praeter jus dicitur, quod aliquid continet jure non comprehensum. I, 178.
—— non extenditur de persona ad personam, si extra corpus juris sit. I, 190.
—— lex est, quatenus prohibet, ne privilegiarius impediatur. I, 176 ad 178.
—— personae concessum, quae jam alio privilegio utatur, superadditum praesumitur. I, 211.
—— personale illud est, quod proxime confertur personae: reale quod proxime, et directe rei tribuitur. I, 179.
—— personale perit cum persona (nisi concessum sit universitati), nec cedi potest: reale durat, quamdiu permanet res: adeoque transit ad haeredes, et potest cedi. I, 185, 186, 201 et 202.
—— posterius regulariter non tollit prius; quamvis priori contrarium sit, nisi ita caveatur: posterius praesumitur obreptitium. I, 210.
—— praeter jus in dubio praesumitur reale: contra jus personale. I, 182 et 183.
—— praeter jus, nec alteri noxium, ut et remuneratorium, vel onerosum, dummodo in hoc probetur impleta conditio, late est interpretandum; stricte, quod contra jus est, vel alterum laedit, etiam ex post facto. I, 193 ad 195.
—— uni concessum potest alteri per consequentiam prodesse. I, 292.
An PRIVILEGIUM Romanae Civitati tributum aliis quibuscumque universitatibus laicalibus competat? II, 2073.
PRIVILEGIUM fori non desinit, licet pupillus deinde minor fiat, aut nubat vidua. IV, 1974.
PROBANDI onus marito incumbit dotem, constante matrimonio temere restitutam in rem mulieris versam fuisse. II, 3431.
—— onus incumbit ei, qui dicit. II, 4195.
PROBANDI onus cui incumbat alia deesse, aut superesse bona praeter fideicommissaria, vel feudalia, ex quibus dos constituatur, vel restituatur. II, 2930 et 10042.
PROBARE debet tum actor, tum reus fundamentum suae intentionis, nisi notorium sit. I, 447.
—— debet pecuniam male deperditam minor, qui in fundum adhibitis solemnitatibus alienavit, vel jurejurando contractum firmavit. I, 3016 et 3017.
—— generatim debet, qui praesumptionem contra se habet. II, 4196 et IV, 519.
PROBATIO major minori praeponderat. I, 446.
—— regulariter incumbit ei, qui dicit negotium in minoris utilitatem gestum fuisse. I, 1749.
PROBATIONES leviores admittuntur in rebus, quae difficilis sunt probationis. I, 448 et IV, 487.
—— probationibus aliquando jungi debent, indicia indiciis. IV, 488.
—— fieri debent intra tempus continuum a lege, vel a judice constitutum. IV, 522.
—— manifestae adversus publicum instrumentum admittuntur. IV, 597.
—— e domo adversarii ut plurimum extrahi nequeunt. IV, 1706.
PROBATIONIBUS jungendae sunt probationes, cum unica non sufficit. I, 462.
PROBATUM habetur, quod statim maxime per jusjurandum probari potest. IV, 523.
PROCESSUS est ordo rerum in judicio proponendarum; atque ordinarius est, vel summarius. IV, 1571.
PROCURAE officium inter res immobiles recensetur; alienari tamen potest sine consuetis solemnitatibus a pupillis, et minoribus. I, 2170.
PROCURATOR alterius nomine matrimonium contrahere potest, dummodo habeat speciale, et determinatum mandatum, quod revocatum non fuerit, atque fines mandati diligenter custodiat. I, 867 ad 870.
—— potest esse alterius sexus ab illo, cujus nomine matrimonium contrahit. I, 871.
—— absentis, qui concessa sibi potestate abutatur, an possit removeri, ut in ejus locum curator detur? I, 1834.
—— quibus in casibus habere praesumatur speciale mandatum ad petendam restitutionem? I, 3178 et seqq.
—— universitatis sine speciali mandato vitium contractus objicere non potest, neque indemnitatem promittere. II, 207.
—— diligenter custodire debet fines mandati. II, 2287.
—— speciali mandato instructus acceptare potest donationem. II, 2238 et 2239.
—— dummodo speciale mandatum habeat,

que habentur illi, quibus leges successionem ab intestato deferunt. II, 9718.
PROXIMIORES gravati judicantur substituti, si testator prius vocaverit Sempronium, tum ipsius proximiores consanguineos. II, 9647 et 9648.
—— haeredis in dubio praeferuntur proximioribus testatoris. II, 9650.
—— haeredis collateralis aliquando praeferuntur, suis descendentibus, cum dispositio confertur in tempus remotissimum. II, 9687.
—— testatoris in fideicommisso familiae relicto praeferuntur proximioribus haeredis, si testator substituerit proximiores, vel posteros suos, aut sui generis. II, 9989.
—— Titii, vocatis Titio, et suis, suorum appellatione designantur. II, 9575.
—— testatoris potius vocati censentur ad fideicommissum, quod una restitutione completur; haeredis vero, si fideicommissum per piures gradus progrediatur. II, 9645, 9646, et 9715.
PROXIMIORIBUS ad fideicommissum vocatis refert, an testator dixerit se vocare proximiores de domo Titii, an proximiores suae domus de Titiis. II, 9643.
—— de domo, et cognomine suo a testatore vocatis, foemina an praeferatur agnato remotiori? II, 9603.
PROXIMIORUM nomen latissima significatione acceptum consanguineos transversales complectitur; in dubio tamen soli descendentes hoc nomine praesumuntur demonstrati. II, 9644.
—— nomine in substitutione vulgari, vel fideicommissaria potius intelliguntur proximiores testatoris: secus in substitutione pupillari. II, 9086.
—— vel consanguineorum nomine generatim tum masculi, tum foeminae comprehenduntur. II, 5118 et 9642.
PUBERTAS ex annorum numero XIV in masculis, et XII in foeminis dijudicatur. I, 1619.
—— perfecta post annum XVIII incipit: imperfecta post XIV in masculis, et XII in foeminis. I, 1322.
PUBLICA res. V. RES PUBLICA.
PUBLICATIO legis. V. LEX.
—— statutorum. V. PROMULGATIO.
—— bonorum mandari non potest, nisi a Supremis Magistratibus, et in gravioribus criminibus. IV, 2601 et 2602.
—— bonorum cessat morte rei, praeterquam in gravioribus delictis. Quid si condemnatus appellaverit? IV, 2619.
PUBLICATIONI bonorum quibus casibus apud nos locus fiat? IV, 2603.
An PUBLICATIONI subsint bona per fideicommissum restituenda, vel alienari prohibita? IV, 2609 et 2610.
PUBLICATIS bonis omnibus mobilibus, et immobilibus, non veniunt jura, et actiones, nec bona futura. IV, 2612.
PUBLICIANA actione etiam dominus uti potest si difficilis sit probatio dominii. IV, 157.
—— actio duplex in jure commemoratur. IV. 151.
PUPILLI adrogatio quas requirat cautiones? I, 1331 et seqq.
—— seu impuberes nominantur masculi intra annum XIV constituti, foeminae intra XII, I, 434.
—— qui annum septimum excesserunt; alii dicuntur proximi infantiae, alii proximi pubertati. I, 434.
—— educatio. V. EDUCATIO.
—— naturalis obligatio nullos parit civiles effectus, quoad pupillum; adeoque condictione indebiti repetit, quod solvit. I, 2440.
—— ob defectum consilii perjuri non reputantur, quamvis jusjurandum non impleant. I, 3269.
—— infantiam egressi usucapere possunt sine tutoris auctoritate. II, 1790.
—— interdum vocantur, qui hanc aetatem excesserunt. II, 1810 et 1811.
—— foeminae, aliique privilegio gaudent, ne in carceres detrudantur ob debitum sua die non solutum. III, 1635.
—— infantiae proximi stipulationis ex aequitate capaces habentur. III, 1682.
—— proximi pubertati absque consensu tutoris promittentes naturaliter obligantur. III, 1784.
PUPILLIS nulla nocet praescriptio. II, 10447.
PUPILLO quibus in casibus curator detur? I, 1686 et seqq.
—— nisi infans sit, possessio per notarium non acquiritur. II, 841 et 842.
—— praescriptio non nocet. II, 1259.
PUPILLUS intra annum luctus non est sub custodia matris. I, 1587.
—— qui cum tutore habitavit, praesumitur alimenta ab eo habuisse. I, 1974.
—— ex contractu obligari nequit sine tutoris auctoritate, sed obligatur ex quasi contractu. I, 2837.
—— sine tutoris auctoritate meliorem efficere potest conditionem suam, non deteriorem. I, 2430 et seqq.
—— infans, ne tutore quidem auctore, potest contrahere. I, 2422.
—— nonnisi tutore auctore adire potest haereditatem extranei, vel agnoscere legatum cum onere fideicommissi: aliud est de haereditate, quae jure suitatis acquiritur. I, 2432 ad 2434.
—— auctore tutore adire potest haereditatem ejus, qui tutoris debitor est. I, 2447.
—— habet hypothecam cum prelatione, seu potius vindicationem in re empta suis nummis a tutore. I, 2812 ad 2814.
—— sine tutoris auctoritate contrahens alterum efficaciter obligat, ipse vero obligatio-

nem tantum naturalem suscipit, ex qua accessiones subsistunt. I, 2435 ad 2440, et III, 506.
Pupillus sine tutore contrahens, civiliter obligatur, cum locupletior factus est, vel delictum perpetravit; vel si de quasi contractu agatur. I, 2441 ad 2443.
—— aliquando ex sola tutoris auctoritate obligari nequit. I, 2445 et seqq.
—— et minor possessionem consequi possunt per tutores, et curatores. II, 808.
—— haeres scriptus sub conditione, vel cui conditionale legatum relictum est, potest per semetipsum testatoris voluntatem implere. II, 5446.
—— infantiam egressus repudiare haereditatem non potest sine tutoris auctoritate. II, 8167.
PUTEUM aedificare licet juxta communem parietem interjecto tamen aliquo spatio, si alioquin grave vicino immineat damnum. II, 1035.

Q

QUADRIENNII praescriptio an noceat fisco in bonis suis vacantibus, nondum nunciatis? II, 1806 et 1807.
QUADRIENNIUM a scientia laesionis conceditur minoribus ad postulandam in integrum restitutionem, quinquennium vero ad proponendam contractus nullitatem. I, 2324 et 2325.
QUAESTIO res fragilis est, et periculosa. IV, 2541 et 2542.
QUAESTIONEM non patitur reus plene convictus, nisi ut socios criminis revelet. IV, 2555 et 2556.
QUAESTIONES in delictis tantum gravioribus adhiberi possunt. II, 2543.
QUAESTIONI plerumque subjicitur reus ad mortem, vel triremes damnatus in caput participum. IV, 2628.
QUAESTIONIS usus moderatus esse debet. IV, 2560 et 2561.
QUALITAS ad vim actus requisita inesse debet eo tempore, quo actus geritur. II, 5759.
—— verbi, ex pragmaticorum axiomate, regulatur secundum tempus verbi, vel participii, cui jungitur. II, 9756.
QUANTITAS alimentorum praestanda est, quam exigit necessitas alimentarii, et patiuntur facultates, ac necessitates ejus, qui alere debet. I, 576 et seqq.
—— augmenti dotalis, secluso speciali pacto, ex dotis comparatione aestimatur. II, 4175.
—— augmenti dotalis quae sit in diversis locis? II, 4184.
—— augmenti dotalis ex partium conventione, augeri, vel minui potest, nisi statutum vel recepta consuetudo obstet. II, 4185.
—— augmenti dotalis, cum dotis aestimationi non respondent mariti facultates arbitrio boni viri statuitur. II, 4187.
Quantitas incerta legati definiri potest ex dignitate personae, facultatibus defuncti, et similibus. II, 8707.
—— legatum saepius repetitum ab eodem testatore in eadem scriptura semel tantum debetur. II, 9097.
QUARTA bonorum debetur adrogato, qui fuerit juste exhaeredatus. I, 1336 et seqq.
—— debita adrogato est quarta pars omnium bonorum adrogatoris. I, 1340 et seqq.
—— uxori inopi debita in bonis mariti divitis non comprehenditur in publicatione bonorum. II, 1415.
—— tantum una detrahitur a fideicommisso, quod statim restitui debet: puta quod per clausulam codicillarem inducitur. II, 10120.
QUARTAE ususfructus an debeatur marito inopi in bonis mulieris divitis? II, 409 et seqq.
—— ususfructus, si tres vel pauciores extent liberi, debetur mulieri inopi, et indotatae in bonis mariti divitis. II, 1391.
—— ususfructus debetur mulieri, quae dotem ita exiguam habet, ut vix distet ab indotatione. II, 1396.
—— ususfructus debetur mulieri, cui egregia quidem dos promissa fuerit, quam tamen exigere nequit. II, 1398.
—— ususfructus in bonis mariti divitis debetur mulieri inopi, quamvis ad secundas nuptias transeat. II, 1402 et 1403.
—— tantum ususfructus debetur mulieri in bonis mariti divitis, etiam si ex eo liberos non susceperit, si ex aliis nuptiis maritus filios habeat. II, 1404.
A QUARTAE beneficio mulierem summovere non possunt haeredes dotem offerendo, neque testator dotem legando. II, 1406.
QUARTAE ususfructus non debetur mulieri secundum conditionem suam diviti. II, 1394.
—— ususfructus denegatur mulieri, quae jus habet dotis consequendae, etiamsi manserit in matrimonio sine dote. II, 1399.
—— ususfructus denegatur mulieri, quae dotem habet, cujus ope matrimonium juxta conditionem suam inire potest, quamvis dotis fructus ad alimenta non sufficiant. II, 1400.
—— ususfructus mulieri inopi, et indotatae debentur a die, quo mortuus est maritus, nisi intra annum luctus alimenta percipiat. III, 1407.
—— beneficio potest mulier renunciare. Sed suspecta est renunciatio, quae constante matrimonio facta sit. II, 1405.
—— duplicis detractio competit liberis, taciti fideicommissi restitutione oneratis. II, 6830.
—— quam liberi detrahere possunt ex fideicommisso a patre instituto, quae sit quantitas? II, 6698.

QUARTAE petendae tempus uxori inopi, et indotatae a legibus praefinitum non est. III, 336.
In QUARTAM mulieri inopi debitam imputantur donationes antenuptiales, non autem legata. II, 1408.
QUARTAM unam tantum habent fratres fideicommisso a fratribus gravati, licet turpibus personis postpositi sint. II, 10130.
In QUARTAM imputantur fructus percepti post mortem testatoris ab haerede fiduciario, sive ex voluntate testatoris, sive non. Quomodo haec imputatio fiat? II, 9135.
QUARTAS duas retinent filii fidecommisso in diem, vel conditionali a parentibus gravati, ex jure canonico, fori usu apud plerasque gentes probato. II, 10114.
—— duas detrahunt nepotes expresso fideicommisso gravati, quibus legitima debeatur. II, 10117.
—— quas non detrahunt parentes fideicommisso a liberis gravati. II, 10127.
QUASI delictum est factum omne, quod proxime ad delictum accedit. Quod sint ejus species? IV, 3804.
QUERELA inofficiosae donationis non competit filio adrogato: nec quoties praesto est remedium juris ordinarium; atque mortuo tantum donatore, institui potest. II, 2505.
—— inofficiosae donationis locum habet, sive decesserit intestatus. II, 2506.
—— inofficiosae donationis competit non tantum haeredi legitimo, sed etiam testamentario. II, 2507.
—— inofficiosae donationis quibus competat? II, 2509.
—— inofficiosae donationis filiis ingratis denegatur. II, 2516.
—— inofficiosae donationis, vivente patre institui non potest. II, 2533.
—— inofficiosae donationis cessat, si ei fuerit renunciatum, mortuo tamen donante. II, 2551.
—— inofficiosae donationis non nisi intra quinquennium, a morte donatoris computandum, institui potest. II, 2553.
—— inofficiosi testamenti eo colore inducta est, quasi pater, absque legitima caussa filios exhaeredans, minus sanae mentis fuerit. II, 3171.
—— inofficiosi testamenti instituitur adversus haeredes. II, 6623.
—— inofficiosi testamenti recte computantur inter actiones, quibus petitur haereditas. II, 6622.
—— inofficiosi testamenti ad petitiomem haereditatis accedit. II, 6620.
—— inofficiosi testamenti transit de linea in lineam. II, 6643.
—— inofficiosi testamenti illis tantum datur, qui intestatae successionis jus habent. II, 6654 et 6655.
QUERELA inofficiosi testamenti aliis non competit, praeterquam descendentibus, ascendentibus, vel fratribus turpi personae postpositis. II, 6625 et 6677.
—— inofficiosi testamenti jure proposita, olim tum institutio, tum legata rescindebantur. II, 6682.
—— querela inofficiosi testamenti perperam instituta, interest, an quis proprio nomine, et ad proprium commodum egerit, an nomine, et caussa alterius. II, 6701.
—— inofficiosi testamenti denegatur, cum alio jure acque utili haereditas obtineri potest; vel exhaeredatio justa est. II, 6714 et seqq.
—— inofficiosi testamenti denegatur matri adversus substitutum pupillarem a patre datum. II, 6720.
—— inofficiosi testamenti minime praeparata, jure novo transmittitur ad haeredes suos, non autem extraneos. II, 6821.
—— inofficiosi testamenti praeparata judicatur per accusationem, imo et communicationem accusationis. II, 6722.
—— inofficiosi testamenti denegatur liberis utriusque sexus, qui parentum successioni occasione matrimonii carnalis, vel spiritualis renunciarunt. II, 6811 et 6812.
—— inofficiosi testamenti non competit parenti superstiti, si pactis dotalibus conventum sit, ut conjuges, nulla ex eo matrimonio prole suscepta, sibi invicem succedant. II, 6814 et seqq.
—— inofficiosi testamenti uti potest tutor a patre suo exhaeredatus, quamvis agnoverit legatum relictum pupillo, cujus tutelam gerit. II, 6707.
—— inofficiosi testamenti parentibus praeteritis toties datur, quoties filiorum haereditas testamentario jure defertur. II, 6833.
—— inofficiosi testamenti an denegetur filio exhaeredato, qui haeres fuit legatario, nondum soluto legato. II, 6852.
—— inofficiosi testamenti hodie amplius non competit, si aliquid relictum sit illis, qui legitimae successionis jus habent. II, 6862 et 6863.
—— inofficiosi testamenti ex novo jure, non tamen legati agnitione, quam legato ipso excluditur. II, 6864.
—— inofficiosi testamenti facilius denegatur, quam actio ad supplementum. II, 6873.
—— inofficiosi testamenti post quinquennium ab adita haereditate expirat. II, 6843.
—— inofficiosi testamenti olim tum institutio, tum legata rescindebantur; jure novo sola infirmatur institutio. II, 6619.
—— inofficiosi testamenti instituit potest adversus omnes, qui successerunt in locum haeredis, testamento inofficioso instituti, adversus fiscum, et fideicommissarium. II, 6626.

R

Raptus proprie non est, ubi vis, vel gravis metus non intervenit. I, 789.
—— ob alium finem, quam contrahendi matrimonii, civilibus poenis subjicitur, sed jure ecclesiastico non irritat conjugium. I, 791.
—— vere non est, ubi tantum interveniunt preces importunae, vel blanditiae. I, 795 ad 797.
—— poenis civilibus non subjicitur foemina rapiens, nec canonicis, nisi quad prohibitionem matrimonii. I, 821 ad 823.
—— puellae consentientis, sed inviiis parentibus, tutoribus, vel curatoribus, matrimonium non impedit; sed subjicitur caeteris poenis. I, 799 ad 802.
—— non est, cum puella volens abducitur ex consensu proximorum, quamvis invito curatore. I, 807.
RATIHABITIO negotii a procuratore gesti prius denegata, tum praestita eidem vim tribuit. I, 619.
—— quotuplex sit? I, 2327.
—— dat vim contractui, qui ab initio nullus fuerit. I, 2326.
—— non aliter contractum firmat, quam si ratihabens plene sciat jus, et factum. I, 2329.
—— regulariter non dat vim contractui, in quo dolus intervenit. I, 2334.
—— non firmat omnino contractum, in quo ratihabens se laesum demonstrat ultra dimidium. I, 2335.
—— contractus, qui pluribus partibus constet invicem separatis, ad ea tantum trahitur, quae cognita fuerint, non ad incognita. I, 2331.
—— contractus pro parte fieri nequit, nisi aliter contrahens sponte consentiat. I, 2346.
—— sine justa caussa facta a minore nullum parit effectum, quamvis jusjurandum intercesserit. I, 2337.
—— donationis lege non inducitur, nisi post decennium inter praesentes, vicennium inter absentes a die legitimae aetatis, seu scientiae. I, 2366 et 2367.
—— mandato comparatur. I, 2329.
—— non exigit alterius partis praesentiam, cum contractus ab initio validus fuit. I, 2369.
—— contractus e lege praesumpta restitutionem non impedit in iis locis, ubi longius tempus pro restitutione indulgetur. I, 2368.
—— impedit restitutionem in integrum. I, 2279.
—— retrotrahitur ad tempus contractus, nisi aliud actum appareat, vel tempore intermedio jus fuerit alteri quaesitum. I, 2339 ad 2344.
—— a minore facta easdam desiderat solemnitates, quae requiruntur in ipso contractus. I, 2336.
—— tacita contractus ex factis praesumitur, cum initium habuit in minori aetate, sed in majore fuit absolutus. I, 2349.
Ratihabitio tacita tantum inducitur ex actibus voluntariis, qui simul necessariam habeant connexionem cum eodem contractus. I, 2347 et 2348.
—— contractus praesumitur in eo, qui actum gerit, cujus vis ita ab altero pendet ut sine eo subsistere non possit. I, 2352 ad 2354.
—— contractus erui nequit ex actu, qui unice fit in consequentiam, et executionem prioris contractus. I, 2355 et seqq.
—— contractus a minore perperam gesti non inducitur ex eo, quod major factus tutoris haereditatem adierit, vel viceversa. I, 2361 ad 2364.
—— contractus a minore perperam gesti eruitur et petita juris redimenda prorogatione, dum adhuc tempus elapsum non est. I, 2365.
—— census a procuratore communitatis venditi inducitur ex impositione annuae praestationis per communitatem factae. II, 210.
—— communitatis etiam tacita mandato aequiparatur. II, 210, et 211.
—— universitatis vim dat contractui perperam celebrato, dummodo in ea praescriptas solemnitates intervenerint. II, 332.
—— universitatis ex longa observantia praesumitur. II, 333.
—— expressa donationis a patre in filium collatae efficit, ut ad sui initium donatio retrotrahatur, si legitimam quantitatem non excedat. II, 2166 et 2167.
—— necessaria non est in donatione, quam pater infantis nomine probaverit. II, 2241.
—— tacita sufficit, ut revocari non possit donatio. II, 4978.
—— etiam in maleficiis mandato comparatur. IV, 1417.
RATIHABITIONE patris convalescit mutuum filiofamilias datum, si tempore opportuno facta fuerit. III, 673.
RATIO legis. V. Legis ratio.
—— administrationis a sociis societate finita reddenda est, aliquando etiam durante societate. III, 3314.
RATIONES suscipere tenetur pupillus pubes factus. I, 2850.
—— petere possunt consanguinei, non quidem, uti ipsis reddantur, sed pupillo. I, 1670 et 1671.
—— administrationis petere potest pupillus, atque ejus haeres. An et creditores? I, 2667 ad 2669.
—— a primo tutore petere potest posterior. Quid si hic neglexerit? I, 2669.
—— reddere debent quicumque administratores. I, 2641 et 2642.
—— reddere non tenetur fidejussor, nisi ita spoponderit. I, 2901 ad 2906.
—— reddendae sint coram judice loci, in quo bona fuerunt administrata; atque omnes tu-

sit, voluntatis quaestio est a judice definienda. III, 2539 et 2540.
Redhibitoria aut aestimatoria agere nequit emptor, qui vitium noverit, vel nosse debuerit. Quid si venditor ignoraverit? III, 2550 et 2551.
—— denegatur in rebus vilioris pretii, vel a fisco venditis. Quid de donatione? III, 2553 et 2554.
REDHIBITORIAE, vel aestimatoriae actioni, ex levi morbo, vel vitio locus non fit. III, 2547.
REDIMENDI jus. V. Retractus.
—— jus perpetuum competit vassallis, qui ex caussa dotis feudum alienaverint; dummodo potiantur jurisdictione, cui inhaerebant feuda. II, 3927.
—— pactum, etsi ex mente contrahentium perpetuum sit, non tamen durat ultra triginta annos. II, 2062.
—— pactum fit perpetuum, seu durat ad triginta annos, si laesio enormissima intervenerit. II, 2060.
—— pactum frequentius est, quam commissorium. III, 2745.
—— jus an in haeredem venditoris transeat? Quid si unus ex pluribus cohaeredibus redimat? III, 3154.
REDIMERE potest tutor rem haereditariam a pluribus cohaeredibus venditam cum pacto redimendi, quamvis aliquis ex illis decesserit, relicto filio impubere. I, 2068.
REDINTEGRANDAE possessionis remedium jure canonico inductum usu fori probatur. IV, 1440.
An REDINTEGRANDAE possessionis actio ex jure canonico detur contra possidentem bona fide, et justo titulo? IV, 1442.
REDITIBUS fundi per donationem relictis, potest haeres fundum vendere, dummodo quantitatem annuam legatario praestet, quae vivo paterfamilias, ex locatione redigi consueverat. II, 1320.
REDITU fundi legato continetur annua praestatio, quae ex fundo haberi potest. Quid si adjectus sit modus, qui non possit impleri? II, 8726 et 8727.
REDITUS annui an inter immobilia recenseantur? I, 2161 ad 2163.
—— ususfructus, vel fructus nomine in legatis promiscue interdum utuntur jureconsulti. II, 8725.
REFERENS sine relato non probat, quoties relatio facta est taxative, itaut ex se perpetuam orationem non contineat, probat autem, si tantum relatio facta fuerit caussa demonstrationis. I, 207.
REFERENTI non creditur, nisi constet de relato. II, 10026.
REFICERE est ad pristinam formam reducere, nihilo immutato. IV, 1359.
REGISTRATIO quid sit? I, 53.

REGNUM, vel feudum regale quis habere debeat, si in illo primogenitus succedat, duo autem filii nati sint, nec constet, uter primus in lucem prodierit? II, 9147.
REGULA Catoniana potissimum spectat ad actus ultimae voluntatis. II, 4455.
REI nomine intelligitur, quidquid extra personas et actiones est, atque emolumentum afferre potest. II, 2.
—— incertae possessio per costitutum transferri nequit. II, 839.
—— suae quisque est moderator, et arbiter. II, 263.
—— mentio non detrahitur, cum aliqui in certa re instituti sunt, relinqui simpliciter, vel in certa haereditatis parte. II, 5205.
—— nomen latissima significatione acceptum verba quoque sub se complectitur? II, 9056.
—— a re dicti sunt. III, 1914 et 1915.
—— stipulandi, vel promittendi qui dicantur. III, 1916.
—— duo stipulandi non sunt, qui diversam rem stipulantur, vel se in solidum non obligant. III, 1918 et 1919.
—— plures debendi ex judicato fieri possunt. III, 1945.
—— alienae venditio quo sensu valeat? Quid si venditor rei dominus postea fiat? III, 2378.
—— judicatae exceptio competit reo sententia judicis absoluto, dummodo plene satisfecerit judicato. IV, 1007.
—— criminum atrociorum jam condemnati, et publice propositi impune occidi possunt. Quid si caeteri armis resistant? IV, 2484 et 2485.
RELATIO unius dispositionis ad aliam. V. Dispositio.
RELATUM inest in referente cum omnibus suis qualitatibus, quando relatio facta est dependenter, et in executionem prioris dispositionis: secus si relatio principaliter facta sit. I, 206.
RELEGATI civitatem, et patriam potestatem retinent. I, 1462 et 1502.
RELEGATIS aequiparatur, qui ad tempus exulare jussi sunt. I, 1363.
RELIGIONIS maximus est favor. I, 85.
—— caussa Romani collegia permittebant. II, 136.
RELIGIOSA loca Romanis extra commercium erant, et nullius dominio subjecta. II, 18.
RELIGIOSAS res penes Romanos quisque privatus propria voluntate facere poterat. II, 13.
RELIGIOSUS locus improprie pertinere dicitur ad eum, qui jure sepulcri gaudet. II, 819.
—— locus quis dicatur? II, 12.
REMEDIUM recuperandae possessionis naturalis cumulari potest cum retinendae possessionis naturalis. IV, 1430.
REMISSIONE cessat vis nunciationis novis ope-

fit, si monachus religionem deserat, quia professio ab initio non constiterit. III, 367.
RENUNCIATIO occasione matrimonii, vel religiosae professionis apud nos absque solemnibus valet, quamvis favore foeminae secuta sit. III, 369.
——futurae successioni non valet, si in alicujus personae favorem non cedat. III, 370.
—— futurae successionis extra matrimonium, vel professionem religiosam non valet, nisi conditiones a legibus Romanis requisitae interveniant. III, 374.
—— futurae successionis non aufert jus succedendi ex testamento, si velit ille, cujus successioni renunciatum fuit. III, 380.
—— Vellejani non obest mulieri, quae pro marito intercesserit; sed specialis renunciatio desideratur. III, 2063.
——beneficio cedendarum actionum non impedit, quominus sponte cedantur a creditore. III, 2203.
——aut jusjurandum non impediunt quominus venditori immodice laeso succurratur. III, 2697 et 2698.
—— societati privatim fieri potest. Quid de creditoribus? III, 3357.
RENUNCIATIONE privilegium amittitur: dummodo renuncianti principaliter concessum sit. I, 213.
—— generali non comprehenduntur bona, seu proprietas bonorum, quae filiae obvenit propter secundas matris nuptias. II, 3194.
RENUNCIATIONEM reciproco fideicommisso divisio haereditatis non continet, si vulgares tantummodo clausulae, ex notariorum stylo apponi solitae, adjectae fuerint. II, 10364.
RENUNCIATIONES filiarum aliquando irritae fiunt ex caussa enormis laesionis. II, 2795.
—— filiarum occasione matrimonii, usu fori, praeeunte jure canonico, sustinentur: earumque effectus in mortis tempus confertur. II, 2796, 3171, et III, 353.
REPETUNDARUM rei qui habeantur? IV, 2849.
—— rei pro diversitate factorum, et personarum gravius, vel levius puniuntur. IV, 2942.
—— concedere nequeunt privati; neque universitas, quae Principi subsit: sed solus Princeps. II, 489 et seqq.
REPUDIANS haereditatem, tamquam ab intestato sibi delatam, an testamentariam amittat? II, 8156.
REPUDIARE potest maritus haereditatem sibi delatam, vel legatum sibi relictum, ut ad mulierem perveniat jure substitutionis, intestatae successionis, fideicommissi, vel caducitatis. II, 4438.
—— dicitur, qui recusat adire haereditatem extranei: sui haeredes dicuntur abstinere. II, 8133.
—— non licet haereditatem ei, qui semel adivit, vel se immiscuit. II, 8174.
REPUDIARE haereditatem Ecclesiae delatam, nisi consentiente capitulo, Praelatus Ecclesiae collegiatae non potest. II, 8170.
—— plerumque potest haereditatem filiofamilias delatam nec filius solus absque consensu patris, nec pater absque consensu filii. II, 8171.
—— non licet substituto haereditatem, priusquam institutus haereditatem omiserit. II, 8194.
—— non potest fideicommissarius, qui haeredem coegit, ut haereditatem restituturus adeat. II, 10317.
—— pater non potest fideicommissum filio relictum. II, 10356.
REPUDIARI potest haereditas, si nemo urgeat intra triginta annos. II, 8187.
—— an possit haereditas nondum delata? II, 8192.
—— plerumque potest legatum unum agnito altero: non unius legati pars. II, 7310.
REPUDIASSE non intelligitur, qui in jure interrogatus, utrum haeres sit, nec ne, respondit, se haeredem non esse. II, 8146.
—— haereditatem ex testamento quis censeatur? II, 8140 et seqq.
REPUDIATIO haereditatis, vel legati e secundo conjuge facta, cui ultra filialem portionem relictum est, non nocet filiis prioris tori. I, 1162.
—— ex eo solo inducitur, quod quis intra tempus a lege, vel a judice, creditoribus, aut legatariis urgentibus, praescriptum haereditatem non adierit. II, 8135.
—— haereditatis expressa fieri debet ab eo, qui tempus petiit ad deliberandum, alioquin agnovisse judicatur. II, 8136.
—— in dubio praesumi non debet. II, 8150.
—— rata non est, nisi certus sit haeres de modo, quo haereditas delata fuit: atque de vi testamenti, quo successio defertur. II, 8152.
—— facta ab haerede necessario, qui se voluntarium putabat, an valeat? II, 8153.
—— pupilli facta sine tutore auctore nulla est, nec alterutrum obligat. II, 8176.
REPUDIATIONE, vel renunciatione scienter, et sponte facta fideicommissum amittitur. II, 10354.
REPUDIATUR haereditas tum verbis, tum factis: sed repudiatio difficilius praesumitur, quam aditio. II, 8134.
REPUDIUM proprie est separatio sponsorum. I, 920.
RERUM, et honorum appellatione omnia continentur, jura etiam, actiones, et nomina debitorum; nisi qualitas adjecta sit, quae verborum significationem coerceat. I, 2133 et 2134.
—— immobilium nomine an contineantur jura, et actiones ad res immobiles? I, 2149 et 2150.

RESTITUITUR minor contra liberationem, quantumvis amplissimam. I, 3090.
—— minor, et universitas in locatione, et emphyteusi, et quibuscumque negotiis. I, 3093.
—— minor in mutuo non dato, et accepto. I, 3085 ad 3087.
—— minor adversus sententias, quamvis a Supremis Magistratibus, vel ab ipso Principe probatae fuerint. I, 3126 et seqq.
—— etiam minor adversus solutionem. I, 3064 et seqq.
—— minor adversus transactionem: quid si transactio plura disceptationum capita contineat? I, 3043 et seqq.
—— mulier aetate minor, quae in dotis quantitate sibi constituenda a marito decepta fuit. I, 3055 et 3056.
—— ex caussa laesionis filia, quae minorem legitima quantitatem accepit, cum nuberet, ratione habita bonorum, quae moriens pater reliquit. I, 2653.
RESTITUTA non censetur dos aestimata, nisi post solutionem. Quid si inaestimata sit? II, 3360 et seqq.
RESTITUTIO minoribus concessa extenditur ad prodigos, amentes, et furiosos. I, 15.
—— minori concessa adversus sententiam prodest etiam adversario. I, 192.
—— non datur minoribus, qui ex alia caussa laesi sint, quam ex aetatis imbecillitate. I, 16.
—— est reintegrandae rei, vel caussae actio: seu actio, qua petitur, ut res, vel caussa, in pristinum statum reducatur. I, 2951.
—— peti non potest adversus unum contractum, firmis manentibus caeteris, si invicem connectantur, vel ex rei natura, vel ex mente contrahentium. I, 3240 ad 3243.
—— adversus contumaciam semel tantum indulgetur. I, 3191.
—— omnia in pristinum statum reducit ex parte utriusque. I, 3233 ad 3235.
—— minori concessa adversario tantum reddit actiones, quae ipsi competebant propter negotium, in quo minor restitutus fuit. I, 3236.
—— semel denegata nonnisi ex nova caussa potest impetrari. I, 3188 et 3189.
—— impetrata, quam quis semel abjecit, amplius non conceditur. I, 3190.
—— competit Ecclesiis, piis locis, et quibuscumque universitatibus. I, 2967 ad 2969.
—— competit filiofamilias, qui proprio nomine contraxerit, quamvis nullum peculium habeat. I, 2073.
—— non denegatur filiofamilias, qui pro patre fidejussit, nisi patri haeres simplex extiterit; vel ex caussa necessitatis pro patre se obligaverit, aut doli argui possit. I, 2974 ad 2978.
—— non conceditur filio, qui jussu patris contraxit, nisi ipse conveniatur, et pater solvendo non sit. I, 2971.
RESTITUTIO denegatur filiofamilias, qui mutuum acceperit jussu patris. I, 2972.
—— in integrum competit fisco. I, 2970.
—— non impeditur ex eo, quod judex authenticum pronunciaverit instrumentum contractus. I, 2696.
—— stricte interpretanda est. Quare restituto minore contra mutuum, nulla facta usurarum mentione, usurae repeti nequeunt. I, 3222 ad 3225.
—— minoribus conceditur in rebus omnibus, quae salva honestate, et aequitate in pristinum statum reduci possunt; sive de lucro captando minores certent, sive de damno vitando. I, 3006 et 3007.
—— denegatur minori adversus caussam piam, contra matrimonium, et libertatem. I, 3160 ad 3163.
—— a minore impetrata majori prodest jure communionis, si res individua sit. I, 3246 ad 3250.
—— minoribus conceditur etiam adversus contractum, tutore, vel curatore approbante celebratum. I, 3293 et 3294.
—— minoribus denegatur in gravioribus delictis: nisi poena tantum pecuniaria coerceantur, nec dolus appareat. I, 3166.
—— an minori concedatur, qui in publica licitatione ab alio superatus sit? I, 3037 ad 3039.
—— minori concessa non prodest fidejussori, qui, tamquam pro minore intercessit, nisi alter contrahens in dolo sit. I, 3253 ad 3257.
—— minori concessa adversus fidejussionem non prodest confidejussori, cum diversis temporibus obligationi accesserunt. I, 3258 ad 3261.
—— non denegatur fidejussoribus minoris, qui huic haeredes extiterunt: si tamen pro minore, tamquam majore, fidejusserint. I, 2989 et 2990.
—— minori competit etiam contra filiumfamilias, qui mutuum accepit, contra mulierem, quae fidejusserit, contra fiscum: imo, et contra alium minorem, cum ipse de damno vitando certat, alter lucrum quaerit. I, 2999 ad 3003.
—— an concedatur filio contra patrem? I, 3004 et 3005.
—— minori denegatur adversus hypothecam, quam in re propria constituit. I, 3040 et 3041.
—— minori concessa adversus aditionem haereditatis, vel transactionem non prodest cohaeredi, nec alteri transigenti. I, 3249.
—— conceditur minori contra haereditatis aditionem, quamvis major factus a debitoribus haereditariis aliquid exegerit. I, 2356.

RETRACTUS jus odiosum est, et stricte interpretandum. I, 328 in not.
—— ex statuto competens in venditione an locum habeat in permutatione? II, 326.
—— gentilitius est jus competens consanguineis redimendi fundum a consanguineo venditum extraneo. Quae in hac re apud nos decreta sint? III, 2761 et 2762.
—— gentilitius in jure Romano fundamentum habet. III, 2763.
—— gentilitius plerumque locum habet in solis rebus immobilibus. Quid si uno pretio res mobiles, et immobiles venditae fuerint? III, 2768.
—— gentilitius intra annum, et diem frequentius concluditor. III, 2774.
—— legalis jus in extraneum transferri nequit. Quibus casibus consanguineo denegetur? III, 2784.
—— beneficio renunciasse non videtur, qui praesens fuit venditioni, et siluit, nec qui instrumento venditionis subscripsit. III, 2785 et 2786.
An RETROVENDERE debeat emptor eodem pretio fundum, qui intra tempora redemptionis alluvione auetus est. II, 560 et seqq.
REVENDITIONIS pactum, vel addictionis in diem, licitam facit alienationem fundi pupillaris sine solemnibus. I, 2309 et 2310.
—— adjecto pacto, incrementum, quod per alluvionem contingit, venditori rursus ab emptore cedi debet. II, 558 et 559.
REVISIO communis non est utrique parti. IV, 2313.
REVISIONIS judicium intra quod tempus finiri debeat? IV, 2312.
REVOCARI possunt quaecumque privilegia ex justa caussa: gratuita pro arbitrio. I, 206 ad 208.
REVOCATIO generalis privilegiorum tantum complectitur ea, quae clausa sunt in corpore juris. I, 209.
—— et ademptio, utpote odiosae, interpretatione restringuntur. I, 203.
—— omnis odiosa est. I, 100.
—— ea tantum per se afficit quae a revocantis voluntate pendent. II, 6443.
REVOCATIONE amittitur privilegium. Revocatio expressa est, vel tacita: expressa generalis vel specialis. Generalis ordinaria, vel extraordinaria. I, 203 ad 205.
REUS, ad quem nihil pervenit, ordinis beneficio utitur. III, 2043.
—— quando excipiendo fiat actor? IV, 996.
—— ab eo judice punitur apud nos, in cujus territorio deliquit, nisi crimen exceptum sit. IV, 2513 et 2514.
—— nemo appellari, aut inscribi potest, nisi prius de delicto constes. IV, 2530.
RIPA definitur id, quod flumen continet, naturalem rigorem cursus sui tenens: adeoque non mutatur ex iis, quae praeter solitum aquae cursum contingunt. II, 74 et 75.
RIPARUM proprietas singularis est, usus communis. Quare? II, 76 et 77.
Prope RIPAS non licet arbores caedere: atque ripae fluminum navigabilium ex utraque parte vacuae esse debent. II, 80.
RIPAS domino munire licet ad propriam defensionem, et fluminis impetum coercendum; non vero propulsandum: nisi grave immineat damnum. II, 78.
—— munire licet, ne aquae divertantur, etiamsi ex tali munimine lucrum vicino auferatur. II, 79.
—— munire debet, qui aquam e flumine ducit, nisi huic commodo opportune renunciet. II, 81.
RIVI purgatio, et refectio ad eos pertinet, qui utuntur aqua. II, 1144.
RUSTICI propter juris civilis ignorantiam aliquando a poena excusantur. IV, 902.

S

SACRILEGI sunt nati ex personis solemni castitatis voto Deo dicatis. I, 430.
SACRILEGII poena ex adjunctis personarum, et rerum pendet. IV, 2955.
SACRILEGIUM stricte sumptum est furtum rei sacrae, loco sacro. IV, 2952.
SAEVITIA gravis quae dicatur? I, 985.
—— gravis alterutrius conjugis est legitima caussa dissociandae habitationis. I, 974.
SALARIUM non conventum non debetur administratoribus rerum alienarum, nisi ita ferat consuetudo: vel nisi administrator sit ex eorum numero, qui soliti sunt locare operas suas, et alter solitus sit conducere. I, 1875.
—— utrum initio officii constituendum sit, judex definire debet, inspecta qualitate, et quantitate facultatum, et potissimum conditione personarum. I, 1756.
—— a judice, vel a testatore constitutum petere potest tutor contrario judicio; ita tamen ne amplius repetat sumptus laborum, et itinerum, quos in pupilli utilitatem erogavit. I, 2873.
—— pauperi tutori judicis auctoritate constitui potest. I, 1504.
—— inspecto jure Romano, tutoribus, et curatoribus non debetur. I, 2874.
—— sequestri aliquando dari debet. IV, 1031.
—— fidejussori dari, vel promitti potest. III, 2434.
—— plerumque sociis non datur, nisi alicujus opera singularis sit, vel unus totam, aut praecipuam operam praestet. III, 3343.
—— etiam non promissum advocatis extraordinem adjudicatur. III, 3365.

SALARIUM hodie alienarum rerum gestoribus dari solet. III, 3366.
SALVAEGUARDIAE litterae nihil detrahunt jurisdictioni judicum inferiorum. IV, 1996.
SANCTIO pragmatica diciturPrincipis rescriptum ad preces universitatis. I, 131.
SANCTO relicta haereditas debetur Ecclesiae, in qua frequentius versabatur defunctus, si plures ejusdem nominis sint; alioquin illi, quae magis indiget. II, 5051.
SANGUIS profluens e vulneribus occisi, astante inquisito, vix hujus homicidium probat. IV, 2891.
SATISDARE debet curator bonis debitoris datus. I, 1797.
—— debet tutor, et curator interposito solemni jurejurando, se fideliter, et diligenter administraturum. I, 1873 et seqq.
—— debent tutores a patre elceti, si ita suadeat pupillorum utilitas. I, 1877.
—— debent tutores testamentarii, et dati a majoribus Magistratibus, si gerere velint, cum unus ex iis cautionem offert de pupilli indemnitate: nec exeipiuntur mater, aut patruus testamento ad tutelam vocati. I, 1980.
—— recusans tutor a tutela removendus est. I, 1889 et 1890.
—— an teneatur binuba mulier pro augmento dotali rerum mobilium, vel immobilium? II, 4022.
—— an teneatur reus se judicio stiturum, et usque ad finem litis in judicio permansurum? An de judicato solvendo? IV, 448 et 449.
SATISDATIO est praestitis fidejussoribus. I, 1554 et 1872.
—— omnino praestanda est, adhibito jurejurando, a curatoribus furiosorum, prodigorum, et similium; alioquin nequeunt administrare. I, 1697 et 1698.
—— regulariter non praestatur a curatore minori ad lites dato. I, 1684.
—— remittitur matri, et aviae, quae fidejussores non invenerint, adhibita tamen juratoria cautione, et hypotheca dotium, nisi alterutra sit malae administrationis suspecta. I, 1881 et seq.
—— ab uno ex tutoribus quibus in casibus offerri possit, ut solus gerat? I, 2013 ad 2015.
—— a contutore, ut solus gerat, vel alius, qui idonee caveat, offerri potest etiam post susceptam tutelam. I, 1024.
—— hodiernis plurimarum gentium moribus injungitur, vel remittitur, prout judici videtur. I, 1794.
—— remittitur patrono, patri, et tutori a majoribus Magistratibus dato. I, 1878.
—— tutori semel remissa a judice nonnisi ex nova caussa potest injungi, nisi eam postulent consanguinei. I, 2838.
SATISDATIO malevolum tutoris animum non mutat, nec plenam securitatem pupillo praestat. I, 2622.
—— a patre pro bonis adventitiis filii non praestatur. Quid de matre, fisco, et donatore? II, 1662 et seqq.
—— ususfructus nomine remitti potest ab haerede, et contrahentibus. II, 1669.
—— ususfructus nomine praestanda directe remitti non potest a testatore. II, 1673 et seqq.
—— unica desideratur, cum filiofamilias relictus est ususfructus. II, 1739.
—— in usufructu improprio praestari debet de restituenda re, vel rei aestimatione. II, 1748.
—— non est de substantia ususfructus improprii. II, 1752.
—— datis fidejussoribus a quocumque usufructuario praestari debet, nisi fidejussores diligenter quaesitos non invenerit. II, 1642 et seqq.
—— ab usufructuario praestanda duas partes habet, quarum prima saepe committitur, altera nonnisi finito usufructu. II, 1648 et seqq.
—— exigi potest a marito, qui inops appareat, ipso matrimonii initio. II, 3230.
—— seu cautio plerumque praestari debet pro legatis in diem, vel sub conditione relictis. Quid si conditio potestativa sit? II, 10536.
—— legatorum nomine aliquando remittitur haeredi. II, 10538.
—— pro legatis rerum immobilium necessaria non videtur, sed sufficit nuda repromissio. II, 10544.
—— legatorum, et fideicommissorum nomine praestari debet ante litem contestatam. Quid si a sententia appellatum fuerit? II, 10549.
—— legatorum, et fideicommissorum, quae in diem, vel sub conditione relicta sit, nomine an hodiernis fori moribus praestari debeat? II, 10557 et 10558.
—— pro legatis in diem, vel sub conditione relictis, quo in loco praestanda sit? II, 10550.
—— ad revocandam sequestrationem praestari debet vocato, et audito creditore. III, 1133.
—— plerumque praestatur, praesente, vel vocato saltem adversario. IV, 471.
—— an praestetur in caussis beneficialibus possessionis? IV, 469.
—— ante sententiam praestanda est. IV, 477.
SATISDATIONE a judice injuncta, tutor administrare non potest, nisi eam praestiterit. I, 2666.
A SATISDATIONE immunes sunt tutores testamentarii a patre, vel matre dati: non autem dati ab extraneo. I, 1876.
SATISDATIONE a judice, quamvis temere, re-

missa, tutor recte agit, nec repelli potest exceptione, quod non caverit. I, 1892.
SATISDATIONEM praecipere potest judex tutori testamentario. I, 1893.
—— praestant curatores absentium ex usu fori. I, 1856.
—— usufructuario indirecte remittere potest testator, si jubeat, ut alter ex haeredibus, vel legatariis pro usufructuario caveat. II, 1680.
—— praestare debet usuarius, aeque ac usufructuarius. II, 1770.
—— sponte offerre non tenetur usufructuarius, qui rem possidet: nisi usufructuarius sub hac conditione relictus fuerit. II, 1654 et seqq.
—— a marito exigere non tenentur debitores dotis, quamvis inops sit. II, 3244.
SATISDATIONIS necessitatem remittere potest Senatus tutori, qui urgeatur a creditoribus, ut litem defendat. I, 1895.
—— omissio, quae injuncta non fuerit a judice, non impedit, quominus quis tamquam tutor agat. I, 2646.
SATUM fundi domino cedit. II, 627.
SCALAE communio permitti debet vicino, qui jure aedificavit super pariete communi, si aliter haberi nequeat accessus ad aedificium. II, 1045.
SCHEDULAE, seu privatae scripturae in testamento relatae fides non aliter adhibetur, praeterquam si certa sit identitas schedulae ejusque integritas. II, 6239.
SCIENTIA consuetudinis in Principe probanda est ab allegante, cum consuetudo particularis est. I, 378.
—— et patientia inducunt consensum tacitum. I, 378.
—— defuncti haeredi nocet, quemadmodum prodest ignorantia. I, 3194.
—— facti alieni regulariter non praesumitur. I, 3199.
—— nullitatis contractus, vel laesionis necessaria est, ut ratihabitione confirmetur. I, 2339.
—— tutoris reputatur scientia pupilli: quemadmodum factum tutoris pupillo adscribitur. I, 3157.
—— unius alteri non nocet: sed potius juscientis per alterius ignorantiam conservatur. I, 2198.
—— nullitatis contractus in minore non praesumitur; sed demonstrari debet indiciis saltem et conjecturis, nisi minor ipse contraxerit. I, 2332.
—— et patientia mandato aequiparatur. II, 209.
—— ejus, adversus quem praescribitur, an desideretur, ut servitus praescriptione acquiri possit? II, 913.
—— praesumpta sufficit, ut praescribatur servitus, quae usum fere continuum, et publicum habet. I, 914.
SCRIBENTIBUS testamentum, vel alium postremae voluntatis actum legare non licet, tametsi milites sint, quibus acquiratur, quod ita adscriptum est. II, 9159.
Pro non SCRIPTIS habentur, quae ita obscure scripta sunt, ut intelligi nequeant: tum quae captatoriam, aut ineptam voluntatem continent. II, 9155.
—— habentur relicta illis, qui in rerum natura amplius non sunt, deportatis, et similibus: nisi in caussam alimentorum. II, 9154.
Pro non SCRIPTO habetur, quod palam incapaci relinquitur. Quid si clam quis promiserit, se restituturum incapaci? II, 9197.
SCRIPTURA non est de essentia legis. I, 55.
—— an suppleri possit per testes? I, 612.
—— necessaria non est ad vim statuti. I, 281.
—— privata nec adminiculis fulcita vix admittitur in caussis divortii. I, 1003.
—— utrum alienae cartae cedat? II, 628.
—— ad testamenti nuncupativi substantiam non pertinet: sed tantum ad probationem. II, 6600.
—— qua testator deinceps aliquid statuit praeter ea, quae testamento continentur, est veluti pars ipsius testamenti. II, 6187.
—— privata non requirit utriusque contrahentis subscriptionem. III, 1133 et 1386.
—— ad probationem potius interposita judicatur, quam ad substantiam actus, qui sine scriptura potest subsistere. III, 2343.
An SCRIPTURA ad locationem requiratur? III, 2809.
SCRIPTURA jure Romano in emphyteusi non desideratur. III, 2950.
—— privata quae habeatur. IV, 559.
—— privata plene probat contra scribentem. IV, 611.
—— privata per testes quomodo probetur? IV, 615.
—— reperta inter scripturas defuncti ejusdem esse vix probatur per litterarum comparationem. IV, 640.
—— falsum admittitur pluribus modis. IV, 2932 et 2933.
SCRIPTURAE privatae etiam nullis adhibitis testibus vim habent contra debitorem, etiam in actione hypothecaria. III, 1385.
—— privatae solemnitates per aequipollens suppleri possunt. III, 1395.
—— trium testium fide dignorum subscriptione munitae quasi publicae habentur. Quid de scripturis confectis ab actuariis consulum, libris praeconis, et universitatum? IV, 558.
—— recognitio facta per testes habentes notam manum plus, vel minus probat pro rerum et personarum diversitate. IV, 619.
—— privatae nova recognitio peti potest a debitore. IV, 621 et 622.

rata dominii parte. Quid si unus proprietatem servi habeat, alter usumfructum? II, 4823.
SICARII qui proprie dicantur? IV, 2876.
SILVA, salicto, arundineto, vel seminario quatenus uti possit usufructuarius, cui harum rerum ususfructus legatus fuerit, vel fundi in quo haec sint? II, 1610 et seqq.
SIMILITUDO vultus nullatenus confert ad probandam filiationem. I, 463.
SINGULA singulis referri debent, ut congrua verborum, et voluntatis interpretatio habeatur. II, 4286.
SOBRINI sunt filii consobrinorum: sexto gradu inter se distant secundum jus civile. I, 738.
SOBRINORUM, et sobrinarum filii proprio nomine carent. I, 739.
SOCER debet alimenta genero, et nurui. I, 560.
—— an teneatur aliam dotem solvere nurui, cum priorem inconsulto restitui; vel constante matrimonio in tuto non collocavit. II, 2712.
—— genero, vel nurui mortis suae caussa donare nequit. II, 4376.
—— quem nurus ad dotem restituendam conveniat, in id tantum condemnatur, quod facere potest, deducto ne egeat: eadem est caussa liberorum. 3871.
SOCIETAS, jus quoddam fraternitatis involvens, non extinguitur per minimam capitis deminutionem. I, 1514.
—— honorum universalis inter sponsos fieri potest, nisi statuto, vel consuetudine prohibeatur. II, 3126.
—— est contractus consensu constans, quo inter aliquos res, aut operae communicantur, lucri in commune faciendi caussa. III, 3275.
—— non est, cum plures in communionem incidunt per legatum aut haereditatem. Quid si simul rem emerint? III, 3276.
—— tacite contrahi potest. Quibus indiciis contracta existimetur societas universalis? III, 3282.
—— ita iniri potest, ut unus lucrum, alter damnum habeat, si inaequalitas haec majore unius industria compensetur. Qua ratione lucri compensatio fiat? III, 3308.
—— finitur morte unius socii, etiam quoad socios superstites. III, 3344.
—— quae conductionis accessoria sit, transit in haeredem. III, 3346.
—— inter conductores, mortuo uno ex conductoribus sociis, perseverat cum haerede, seu haeres incidit in novam societatem. III, 3349 et 3350.
—— an morte finiatur, si testator jusserit, haeredem in societate manere? III, 3352.
—— maleficiorum nulla est. III, 3278.
In SOCIETATE universali bona omnia quocumque titulo acquisita, praesentia, et futura communia fiunt. III, 3292.
SOCIETATE universali finita, res communes in partes viriles dividuntur, licet unus minorem initio partem contulerit. III, 3359.
In SOCIETATE singulari, quae lucra, et damna communicentur? III, 3301.
—— culpae cum diligentia compensatio non admittitur. III, 3318.
SOCIETATE finita, si lucrum speretur, vel damnum timeatur, cautiones interponi debent. III, 3320.
SOCIETATEM a rebus quae conferuntur, dividunt interpretes in universalem, particularem, et singularem. III, 3281.
In SOCIETATEM particularem veniunt emolumenta omnia ex quaestu, non quae alieno beneficio uni socio acquiruntur. Quid si socius nomine proprio contraxerit, sed de rebus societatis? III, 3297.
SOCIETATES christianorum apud veteres Romanos inter collegia illicita recensebantur, sed inter licita a Christianis Imperatoribus relata sunt. II, 6345.
—— publicae an, unius morte non obstante, inter superstites perseverent, atque haeres ex conventione in societate succedere possit? III, 3345.
—— in conductionibus ad tempus conductionis initae judicantur. III, 3355.
SOCIETATI quandocumque renunciari potest, si eadem contracta fuerit, nullo praefinito temporis spatio. Quid si callide renuncietur? III, 3353.
SOCIETATIS in definitione cur nulla damni mentio fiat? III, 3279.
—— an rationes remitti possint? II, 8679.
SOCII consentire debent, cum uti volunt re communi ad usum destinatum. II, 1048.
—— omnes consentire debent, cum alter in re communi opus facere vult. II, 1050.
—— creditoribus solidum debent, si magistrum elegerint, et societati praeposuerint. III, 3324.
—— gaudent beneficio, ut ajunt, competentiae, nisi per mendacium negaverint, se socios esse. III, 3340 et 3341.
—— pacisci possunt, ut unus majorem rerum copiam conferat, alter minorem. III, 3289.
—— lucrum, et damnum aequaliter dividunt pro rata ejus, quod quisque contulit in societatem, nisi aliter convenerit. III, 3303 et 3304.
—— levem culpam praestant, non levissimam; nisi in quibusdam casibus. Quid si socius diligentissimus sit in rebus suis gerendis? III, 3316 et 3317.
—— an pro sua tantum parte a creditoribus conveniri possint, an ultra illam? III, 3321.
—— omnes communiter, et pro indiviso gerentes, an in solidum teneantur, s altem si diversis in locis gerant? III, 3321 et 3322.
—— singuli nonnisi pro parte administratio-

SUBNOTATIO, sive subscriptio est rescriptum Principis ad preces privati. I, 137.
SUBREPTIO est reticentia veritatis, qua narrata, et cognita Princeps non fuisset rescripturus. I, 150.
SUBROGATAE res in locum obligatarum pignoris vinculo non tenentur. III, 1178.
SUBROGATUM non induit naturam subrogati, quoties utrius diversa indoles est. II, 5945, et 7321.
SUBSCRIBI, atque signari potest testamentum a testibus non tantum die, sed etiam nocte, dummodo testes testatorem videant. II, 6150.
SUBSCRIPTIO Principis necessaria est in rescriptis; sed in caussis levioribus sufficit subscriptio Magistratuum. I, 143 et 144.
—— parentis testantis necessaria non est, si testamentum a se scriptum dixerit, atque duos testes adhibuerit. II, 6253.
—— testatoris, tum Romano, tum Regio jure, necessaria est. II, 6186.
SUBSCRIPTIONES legum prosunt ad earum interpretationem; sed vires habet lex, quamvis subscriptione careat. I, 141.
SUBSCRIPTIONIS vim habent codicilli, quibus testator confirmaverit testamentum, quo quis sibi adscripsit. II, 9176.
SUBSTANTIALIA ea sunt, quae juxta primaevam cujusque contractus naturam eundem constituunt. III, 624.
SUBSTITUENS impuberi filio pater potest non fratres tantum, sed ipsam quoque matrem praeterire, atque a pupilli haereditate repellere. II, 5790.
SUBSTITUERE filio adrogato potest pater exemplariter. II, 5853.
—— amenti nepoti avus non potest, si avo defuncto in patris potestatem recasurus sit nepos. II, 5894.
—— per exemplarem possunt parentes utriusque sexus, non tantum liberis in potestate retentis, sed etiam emancipatis. II, 5851.
—— possunt parentes furiosis liberis, qui dilucida habuerint intervalla, nec tamen de bonis suis testamento condito disposuerint. II, 5913 et 5914.
—— pupillariter non potest pater impuberi adrogato in bonis aliunde quaesitis. II, 5690.
—— pupillariter haeredi extraneo instituto potest testator, si modo eum in locum nepotis adoptaverit, aut adrogaverit, filio praecedente. II, 5760.
—— potest pater impuberi filio suo, quem exhaeredavit. II, 5771.
—— pupillariter an pater possit filio ea formula, qua videatur pater prius filio, quam sibi testamentum facere? II, 5986.
—— potest pupillariter impuberi filio suo mulier, atque pinguius legatum relinquere in eo casu, quo pupillaris substitutio vim non habeat. II, 9468.
SUBSTITUI non debent fratres ex uno tantum latere conjuncti mentecapto, si alios fratres habeat utrinque conjunctos. II, 5838.
—— illis tantum liberis exemplariter potest, qui vere fatui sunt, non qui hebeti, et tardo ingenio laborant. II, 5888.
SUBSTITUTI amplius non admittuntur, si testator deleverit nomina haeredum, quamvis nomina substitutorum minime cancellaverit. II, 6590.
SUBSTITUTIO secundo conjugi facta sive directe, sive indirecte, sive per fideicommissum non efficit ut retinere possit filialem portionem, quamvis liberi prioris matrimonii substituti sint. I, 1163 ad 1167.
—— in genere nihil aliud est, quam institutio haeredis in secundo, vel ulteriori gradu. II, 5563.
—— triplex est, vulgaris, pupillaris et exemplaris. II, 5565.
—— postulat, ut praevia facta sit haeredis institutio, in cujus locum succedat substitutus. II, 5568.
—— semper conditionalis est eo sensu, ne locus fiat substituto, nisi institutus, vel priore loco substitutus haeres non sit. II, 5584.
—— ita concepta, *si institutus haeres esse noluerit*, alterum quoque casum continet, si voluerit quidem, sed non *potuerit*, et vicissim, ex praesumpta testatoris voluntate. II, 5697.
—— locum habet, si haeres in testamento scriptus seiat, se testamento vocatum fuisse, adire tamen maluerit ab intestato. II, 5670 et 5671.
—— amenti filio, qui plures liberos habeat, ita facienda est, ut singulis legitima relinquatur. II, 5860.
—— compendiosa pupillarem non continet, si mixta sit reciprocae inter liberos, quorum alii puberes, alii impuberes sint. II, 5719.
—— compendiosa, et reciproca facta liberis disparis aetatis, si absque filiis decedant, fideicommissaria est. II, 5720.
An SUBSTITUTIO compendiosa facta verbis communibus pagano, non tantum fideicommissaria sit, sed etiam directa pupillaria, decedente filio in pupillari aetate? II, 5724.
SUBSTITUTIO compendiosa, si mater superstes non sit, durante pupillari aetate, directa est, deinde fideicommissaria. II, 5725.
—— compendiosa flecti non debet ad fideicommissariam, quamvis adjecta sit conditio, si impubes sine liberis moriatur. II, 5727.
—— compendiosa matrem non excludit a legitima, sed trebellianicam detrahere non potest. II, 5728 et 5729.
—— convalescit, si haeres institutus, postquam adivit haereditatem, atque defecit substitutio, ad eam repudiandam, beneficio ae-

tatis, vel alia justa caussa restituatur. II, 5651.

Substitutio directa vocatur, quae fit verbis directis, atque imperativis: obliqua vero, seu fideicommissaria fit verbis precariis. II, 5569.

—— in dubio directa potius praesumitur, quam fideicommissaria, favore substituti. II, 5570 et 5726.

—— exemplaris in pluribus convenit cum pupillari, in aliquibus discrepat. II, 5832.

—— exemplaris est institutio haeredis in secundo, vel ulteriori gradu facta filio amenti in eum casum, quo haeres sit, atque in amentia decedat. II, 5833.

—— exemplaris expressa vulgarem continet: atque substitutus admittitur, etiamsi filius amens patris haereditatem non adierit. II, 5834.

—— exemplaris tacita continetur sub expressa vulgari. II, 5838 et 5839.

—— exemplaris fieri potest liberis cujuscumque sexus, amentibus, et furiosis. II, 5842.

—— exemplaris recte fit prodigis, tum mutis, et surdis conjunctis vitiis: vel etiam discretis, si mutus scriptura voluntatem suam demonstrare non possit. II, 5844.

—— exemplaris a solis parentibus fieri potest. II, 5854.

—— exemplaris jure vetere agnatione posthumi irrita fiebat. II, 5861.

—— exemplaris non valet, nisi constet de amentia duplici tempore, nempe conditi testamenti, et quo filius moritur. II, 5885.

—— exemplaris rata non est, nisi mentecaptus filius, cui parens testatur, in eadem conditione sit, ut praeciso fatuitatis vitio, ipse testari possit. II, 5893.

—— exemplaris a patria potestate nullatenus pendet, sed humanitatis ratione firmatur. II, 5901.

—— exemplaris tacita matrem non excludit a legitima. II, 5906.

—— exemplaris cessat, quoties filius incipit in eo statu esse, ut sibi ipsi testamentum facere possit. II, 5909.

—— exemplaris non convalescit, si furiosus, cui parens substituit, dilucida temporis intervalla habuerit, licet rursus in morbum incidat. II, 5911.

—— exemplaris irrita fit, cum amenti filio, cui pater, aut mater substituit, nascitur suus haeres: nisi hic substitutus quoque sit. II, 5915.

—— exemplaris extinguitur, si deinceps patri nascatur filius, quem fratri substituere debuisset. II, 5916.

—— exemplaris locum non habet, si extraneus substitutus sit filio in vulgarem casum: filius vero, qui haereditatem adiit, et postea in amentiam incidit, liberos aut fratres habeat. II, 5840.

Substitutio exemplaris naturalibus liberis fieri potest a patre, non autem a matre. II, 5853.

—— exemplaris evanescit, cessante amentia, furore, vel alio vitio, propter quod permissa fuit. II, 5910.

—— facta de haerede in haeredem ad fideicommissariam potius trahi debet, quam ad vulgarem. II, 5575.

—— facta novissimo morienti, ex pluribus filiis impuberibus, an fideicommissum reciprocum inducat inter fratres? II, 5748.

An SUBSTITUTIO facta filio ultra pubertatis annos, jure saltem fideicommissi, sustineri possit? II, 5822.

SUBSTITUTIO fratris spurii tantum complectitur bona fratris, non paterna. II, 5708.

—— in casum naturalis mortis concepta civilem quoque mortem comprehendit. II, 5604.

—— non expirat, etiamsi haeres institutus ante testatorem moriatur. II, 5667.

Cum SUBTITUTIO ultimo morienti facta est, admittitur substitutus, licet omnes uno, et communi fato perierint, nec appareat, utrum prius, an posterius decesserit. II, 5752.

SUBSTITUTIO pupillaris ea est, qua pater liberis suis impuberibus in potestate constitutis, neque in alterius potestatem recasurus, in eum casum substituit, quo in pupillari adhuc aetate constituti decesserint. II, 5567 et 5681.

—— pupillaris evanescit, cum pater impuberi filio suo substituit, si intra decimum annum moreretur, hic vero post hanc aetatem defunctus sit. II, 4871.

—— pupillaris in longius ultra pubertatis tempus protrahi non potest, utique in brevius. II, 5682.

—— pupillaris irrita est, si filius praeteritus sit. Quid si filius jam natus praeteritus utique sit a primo gradu, sed exhaeredatus a secundo? II, 5702.

—— pupillaris facta posthumo, qui a primo gradu praeteritus est, a secundo exhaeredatus, nihil valet; nisi primus deficiat, antequam ipse nascatur. II, 5704.

—— pupillaris dividitur in veram, seu propriam et quasi pupillarem, seu impropriam. II, 5712.

—— pupillaris sub vulgari expressa non continetur, si contraria appareat testatoris voluntas. II, 5714.

—— pupillaris non continetur in reciproca inter fratres disparis aetatis. II, 5718.

—— expressa pupillaris jure nostro adjecta intelligitur in omnibus casibus, in quibus jure communi adest tacita. II, 5734.

—— pupillaris sub vulgari non continetur odio matris, quae pupillo cohaeres data sit. II, 5835.

—— pupillaris tacita non continetur sub ex-

T

palam viva voce suam voluntatem, uno contextu declarat coram septem testibus idoneis, rogatis, atque in conspectu testatoris positis, usque ad supremam contestationem. II, 6196 et seqq.

TESTAMENTUM nuncupativum corruit, si publica haeredis nuncupatio fuerit praetermissa. II, 6199.

—— jure nuncupativi valet, si hujus solemnitates adhibitae fuerint; quamvis testator dixerit, se in scriptis testari velle: et vicissim. II, 6201.

—— nuncupativum, quo testator haeredem proprio ore non nominat, sed tantum relatione habita ad aliquam scripturam, an valeat? II, 6232.

—— patris inter liberos etiam non publicatum, priusquam testator vita functus sit, valere potest. II, 6160.

—— imperfectum inter liberos pro arbitrio revocare possunt parentes, II, 6310.

—— minus solemne parentum inter liberos per aliud solemne revocatur. II, 6312.

—— posterius minus solemne inter liberos rumpit prius solemne. II, 6315.

—— imperfectum, seu minus solemne patris inter liberos non revocatur, nisi testamento perfecto, si extranei in posteriore instituti sint. II, 6317.

—— minus solemne inter liberos facere possunt pater, et paterni ascendentes, tum mater, atque ascendentes materni. II, 6274.

—— tempore pestis conditum non eodem omnino gaudet privilegio, ac parentum inter liberos. II, 6320.

—— tempore pestis conditum non valet, si nullus in eo haeres institutus proponatur, sed legata tantummodo relicta. II, 6337 et 6338.

—— quo posthumus sub casuali conditione institutus est, vires habet, si conditione existat, antequam posthumus ipse nascatur. II, 5977.

—— quod valet ex privilegio, eandem vim habet, ac aliud, quod juris communis solemnitatibus munitum sit. II, 6313.

—— jure vetere, per inofficiosi querelam ita rescindebatur, ut neque legata, neque haereditates deberentur. II, 6043.

—— inofficiosum dicitur, quod contra pietatis officium a parentibus, liberis, vel fratribus ordinatum est. II, 6615.

—— non jure factum allegans non videtur judicium defuncti impugnare, ut a legatis, et fideicommissis sibi datis repellendus sit. II, 6707.

—— quo continetur exhaeredatio, etiam non adjecta hujus caussa subsistit: sed per inofficiosi querelam everti potest. II, 6767 et 6768.

—— in scriniis Principum constitutum aeque subjicitur revocationi, ac aliud quodcumque. II, 6414.

TESTAMENTUM ex communi sententia infirmatur, si testator coram septem testibus illud revocaverit, adjecta caussa, quia vult intestatus decedere. II, 6496 et seqq.

—— nudae voluntatis declaratione non fit irritum, sed solemnis desideratur. II, 6506.

—— apud plerasque gentes solemni contrariae voluntatis declaratione non infirmatur, nisi notarius adhibitus fuerit. II, 6510.

—— per donationem inter vivos revocatur, dummodo semptem testes adhibiti fuerint. II, 6513.

—— in dubio non censetur revocatum propter legata pia. Quid si voluntas revocandi testamenti exitum non habuerint? II, 6519.

—— nonnisi adhibitis septem testibus, revocari potest, etiamsi ab uno tantum temporis momento absolutum sit. II, 6520.

—— prius an, et quatenus revocetur, cum testator cavit, ne posterior dispositio rata habeatur, nisi inserta fuerit quaedam specialis demonstrata formula? II, 6439.

—— quod naturali aequitati magis consentaneum est, an praesumi debeat posteriori tempore conditum? II, 6562.

—— ruri conditum cum minori testium numero non valet, si consuetus numerus, e, hominum litteratorum copia haberi possit. II, 6353.

—— in suburbiis factum non videtur conditum ruri, quamvis in plerisque eadem sit ratio praediorum suburbanorum, et rusticorum. II, 6355.

—— rumpitur non minus agnatione filiae, posthumae, vel nepotis, quam filii. II, 5960.

—— an rumpatur, cum testator unum dumtaxat instituit posthumum, qui nascetur ex ea uxore, quam nunc habet, et plures alii ex eadem muliere nascuntur? II, 6005 et 6006.

—— ex bono, et aequo convalescit, non obstante filii praeteritione, si hic a paterna haereditate sponte abstineat. II, 6020.

—— quod ipso jure infirmatur, vel rumpi, vel irritum fieri dicitur. II, 6403.

—— manente testatore in eodem statu, rumpitur agnatione sui haeredis, vel mutatione voluntatis. II, 6404.

—— unius ex alterius voluntate, seu facto indirecte, et per consequentias infirmari potest. II, 6473.

—— prius non rumpitur per posterius, quod coeptum sit, non tamen absolutum. II, 6507.

—— posterius ipso jure rumpit prius, quamvis hujus mentio in posteriore facta non sit. II, 6522.

—— posterius prioris vires evertit, dummodo in suo genere, tametsi ex privilegio, perfectum sit. II, 6524.

TESTAMENTUM posterius, quo praeteritus est filius emancipatus, prius conditum destruit. II, 6529.
—— prius a posteriore ruptum non convalescit, quamvis posterius deinde irritum fiat. II, 6536.
—— conditum a patrefamilias, qui postea se dedit in adrogationem, sed sui juris decessit, quasi ex nova voluntate convalescit, si testator voluntatem hanc signo aliquo demonstraverit. II, 6537 et 6606.
—— posterius, in quo nonnisi quinque testes adhibiti fuerint, rumpit prius magis solemne, si extranei instituti fuerint in priore, ab intestato venientes in posteriore. II, 6543.
—— prius infirmatur, quamvis haeres in posteriore testamento institutus sit in re certa. II, 6548 et 6549.
—— in quo dispositum sit fideicommissum ab eo, qui fideicommittendi jus non habet, subsistit, atque solum corruit fideicommissum. II, 6564.
—— fit irritum ex capitis diminutione tum maxima, tum media, tum minima. II, 6603. quod defectu haeredis fit irritum, *deseri*, vel *destitui* proprie dicitur. II, 6607.
—— quo filius praeteritus est, quoad omnes sui partes corruit; sustinentur autem legata, cum filius inique exhaeredatus fuit. II, 6773.
—— an, et quatenus per adrogationem rumpatur? II, 6405.
—— agnatione, vel quasi agnatione sui haeredis rumpitur. II, 6409.
—— inscio testatore, prius scriptum, doli suspicione omnino non caret. II, 6226.
—— scriptum intelligitur revocatum si deletum, inductum, vel inscriptum sit. II, 6598.
—— prius sibi facere debet pater, vel avus, qui impuberi filio, vel nepoti substituere vult; substitutio corruit, nisi paternum testamentum rite factum sit. II, 5765 et 5890.
—— valet, si aliquis ex testibus testamenti faciendi tempore totius civitatis consensu liber existimabatur, licet deinde servus appareat. II, 6097.
—— subscribi, atque signari potest à testibus non tantum die, sed etiam nocte, dummodo testes testatorem videant. II, 6150.
—— in carcere conditum, coram minore testium numero, quam leges requirant, non valet. II, 6134.
—— non valet, si vel unus desit testis, quamvis haberi non potuerit. II, 6133.
—— coeptum, nec perfectum, tum voluntate, tum etiam solemnitate deficere potest. II, 6508.
—— jure factum allegans in aliquo casu non potest tanquam inofficiosum impugnare. II, 6854.
TESTAMENTUM quo adhibitae fuerint solemnitates a legibus requisitae, cum factum fuit, valet, licet deinceps aliae inducantur. II, 6131.
—— ipso jure convalescit, cum testator maximam, vel mediam capitis diminutionem passus, Principis indulgentia restitutus est. II, 6605.
An TESTAMENTUM vi, et metu factum, vel non immutatum sit, ex indiciis existimatur. II, 6910.
TESTAMENTUM, quo invicem se haeredes instituunt conjuges, non valet, quoad mariti institutionem, qui testamentum sua manu scripsit. II, 9177.
—— non jure factum dicens testatoris liberalitatem non amittit. II, 9192.
—— quod quis privatim scripsit, tum tabellioni solemniter describendum tradidit, valet etiam in iis, quae ille sibi adscripsit. II, 9178.
—— quod defectu solemnium vim non habet, jure codicilli non sustinetur, si testator codicillos facere noluerit. II, 10581 et 10582.
—— ex clausula codicillari sustinetur, licet nascatur posthumus ignoranter praeteritus, vel praeteritus fuerit filius, si alter ex filiis a patre haeres scriptus fuerit. II, 10597.
—— edere non cogitur legatarius, qui testatori ab intestato succedere potest. IV, 1694.
TESTANDI facultas per pactum futurae successionis non semper aufertur. II, 3147.
—— facultas per statutum ex legitima caussa adimi potest. II, 4069.
—— facultas haereticis hodie plerumque gentium moribus indulgetur. II, 4986.
—— facultatem non habeat filiusfamilias de peculio adventitio sive regulari, sive etiam irregulari, sed dumtaxat de peculio castrensi. II, 4608.
—— facultatem non adimit senium, aut aegritudo corporis, si non tollat mentis integritatem. II, 4956.
TESTARI non potest, qui nihil in bonis habet. II, 2194.
—— nequeunt, qui ob crimen famosum damnati sunt, deportati, in metallum dati, vel ultimo supplicio addicti. Quid si pendente appellatione decesserint? II, 4987.
—— potest clericus de bonis, quae acquisivit, postquam clericali militiae addictus est, dummodo saltem a patre profecta non fuerint. II, 4562 et seqq.
—— non possunt ebrii. II, 4908.
—— possunt filiifamilias de peculiis castrensibus. II, 4962.
—— possunt minores. II, 4902.
—— prohibens, vel impediens, quominus alter conditum testamentum immutet, tenetur omnibus, quorum interest. II, 6901.
—— prohibens filius patrem an privetur ipsa quoque legitima? II, 6896 et seqq.

TESTARI alium prohibens amittit actiones omnes, quae alioquin ipsi competiissent. II, 6895.
—— pro eodem filio videtur pater, cum impuberi filio per exemplarem substituit. II, 6870.
—— non potest de bonis fideicommissariis haeres gravatus, cui permissum est in vita disponere. II, 10060.
TESTATIONES adversae parti communicari non debent, antequam judicis auctoritate publicentur. IV, 751.
TESTATOR in dubio censetur se conformasse statuto domicilii, etiam quoad bona alibi sita. I, 228.
—— jure nostro remittere nequit solemnitates in alienatione bonorum pupillarium praescriptas. I, 2237.
—— potest bonorum, quae filiofamilias relinquit, usumfructum tantummodo, et administrationem patri prohibere. II, 4753.
—— impedire non potest, quominus leges in suo testamento locum habeant, neque jus publicum immutare. II, 5151.
—— conditiones sermone conjungens omnium existentiam, seu implementum desiderare videtur. II, 5494.
—— potest non unum tantum, sed plures, si velit, haeredum gradus ordinare, ut prioribus deficientibus, alii in eorum locum succedant. II, 5560.
—— cum haerede in ipso testamenti actu contrahere non potest. II, 6084.
—— in dubio praesumitur se accommodare legibus, quae intestatae successionis modum praescribunt. II, 5741.
—— potest poenam privationis indicere haeredi, vel legatario, si amplius petant, quam judicio ipsius testatoris habent. II, 5430.
—— in dubio non praesumitur a priore voluntate recessisse. II, 5437.
—— qui prius testamentum revocat, nec aliud condit, satis demonstrat, se velle intestatum decedere, et bona sua ad legitimos haeredes pervenire. II, 6502.
—— quae solemni testamento disposita sunt, mutare non potest, nisi adhibitis testamentorum solemnitatibus. II, 6190.
—— potest sine solemnibus voluntatem suam explicare, atque post perfectum testamentum declarare, quod obscurius dictum fuit. II, 6138.
—— jubere non potest, ut haeredes caveant, se quartae falcidiae beneficio neutiquam usuros. II, 7223.
—— cavere potest, ut falcidia ex una certa re deducatur, atque odio tantum legatarii. II, 9377.
—— praesumitur omnes liberos suos, et descendentes aeque diligere. II, 9583.
—— cavere potest, ut fideicommissum subsistat, licet fideicommissarius moriatur, antequam extiterit conditio. II, 10393.
TESTATOR fideicommissum instituens cavere potest, ne bonorum possessio in haeredem, vel stitutos transferatur, priusquam inventarium sub conscriptum sit, atque exemplar in acta publica relatum. II, 10208.
—— propriam habens familiam in dubio praesumitur tantum cogitasse de ea, quam ipse constituit, sive proxime, sive remote. II, 9707.
—— coelebs, vel prole destitutus respicere potius judicatur ad familiam, quam constituit ille, sub cujus potestate proxime constitutus est, vel fuit: atque contentiva proxime nominatur. II, 9708.
—— cavere potest, ut fideicommissum jam uni quaesitum auferatur, atque alteri postea nato, et concepto detur. II, 9501.
—— potius praesumitur se conformare juri municipali, quod perspectum habet, quam Romano, quod fortassis ignorat. II, 8885.
—— non praesumitur se conformare legibus intestatae successionis, cum aliud voluisse verba demonstrant. II, 9697.
—— in dubio censetur easdem regulas statuere in substitutione, quas in institutione praescripsit. II, 9698.
TESTATORES in dubio, licet jus ignorent, attamen praesumuntur juris dispositionibus se accommodare velle. II, 10244 et 10245.
TESTATORI licet in testamento sibi reservare facultatem quaedam adjiciendi. II, 6185 et 6186.
TESTATORIS benevolentiam blanditiis, et illecebris, potissimum meritis, et officiis captare licet. Quid de precibus importunis. II, 6903 et 6904.
—— jurata assertio de substantiae suae quantitate nocet quidem legatariis, et fideicommissariis, non vero creditoribus. II, 7905.
—— consilium prae verbis prodest ad explicandas ambiguas dispositiones. II, 9512.
TESTES de auditu interdum admittuntur ad probandam consuetudinem. I, 382 et seqq.
—— de auditu in caussis divortii an admittantur? I, 1002.
—— plusquam decem admittuntur ad probandam consuetudinem. I, 385.
—— deponentes pro libertate praferuntur deponentibus pro servitute. II, 1157.
—— idonei in testamento habentur omnes, cum quibus ex testamenti factio, seu qui ex alieno testamento capete possunt. II, 6089.
—— in ultimis voluntatibus adhiberi non possunt illi, quos leges jubent, improbos, ac intestabiles esse. II, 6108.
—— in testamento debent esse rogati. II, 6141.
—— sponte adesse debent testamento, non inviti cogi ad testimonium dicendum. II, 6143.

TUTELA legitima per minimam capitis deminutionem tutoris etiam nunc perimitur. I, 1624.
—— legitima parentum erga filios emancipatos exemplo tutelae patronorum inducta est : quia pater emancipans similis videtur patrono. I, 1489.
—— legitima patronorum inducta fuit ex sententia XII tabularum, ut ibi tutela sit, ubi est successio. I, 1488.
—— matri conceditur instar privilegii, quo invita non utitur. I, 142 et seqq.
—— matri non defertur ob commodum successionis, sed ob praesumptionem affectionis. I, 1443.
—— matris. V. MATEA, et BINUDA.
—— publicum munus est privatae patris potestati anteferrendum. I, 1434 et 2452 in not.
—— testamentaria finitur existente die, vel conditione. I, 1627 et 1628.
—— cur dicatur vis, et potestas? I, 1389.
—— potius per unum, quam per plures geri debet. II, 2005.
—— unica vel excusationem praebere potest ab alia tutela. I, 2496.
—— et cura sunt species quasi contractus. I, 2637 et 2638.
TUTELAE per minimam capitis deminutionem non amittuntur, illis exceptis, quae deferuntur ad agnatos. I, 1517 et seqq.
—— legitimae locus fit, cum tutor testamento datus est sub conditiones et conditio defecit. I, 1455.
—— legitimae locus fit, cum tutor testamento nominatus moritur, vel capite minuitur; aut datus fuit ad certum tempus, vel sub conditione, et tempus effluxit, nec extitit conditio. I, 1468 et 1469.
—— legitimae locus non est, sed dativae, cum tutor testamentarius aut proximior agnatus excusatur, vel removetur; nisi duo sit consanguinei in eodem gradu : quo casu, uno excusato, alter solus tutelam gerere debet. I, 1465 et seqq.
—— nundinatio potius dantem suspectum facit, quam accipientem. I, 1485.
—— administratio credenda non est ei ex contutoribus, quem pater elegerit, si caeteri dissentiant, et electus aliquo suspicionis vitio laboret, nisi saltem caveat. I, 2016 et 2021.
—— administratio an omnibus tutoribus committi debeat, si omnes gerere velint, quamvis pater aliquem elegerit, qui solus gerere debeat? I, 2008 ad 2011.
—— administratio pluribus tutoribus credi potest pro indiviso, vel per partes, aut regiones. I, 2012.
—— administratio, cum agitur de tutoribus, qui a satisdatione immunes sunt, caventi credi debet, dummodo idoneus, nec suspectus sit; nisi contutor quoque caveat. I, 2013.
TUTELAE administratio, si nemo ex tutoribus cautionem offerat, vel offerant omnes, ei credi debet, quem contutores elegerint; vel judex, si ipsi in electione dissentiant, vel minus idoneum elegerint. II, 2022.
TUTELAM suscipere nequeunt clerici, nisi consanguineorum, quae Episcopis et monacis interdicitur. I, 1446.
—— legitimam hodie cognati, aeque ac agnati, suscipere tenentur, qui proximiores sunt, nisi foemina proximior sit. I, 1462 et 1463.
—— legitimam fratris emancipati suscipiunt fratres germani, una cum patre. I, 1466 et 1467.
—— jure delatam nemo recusare potest, nisi justam habeat excusationis caussam. I, 2452 et seqq.
TUTELARUM, vel trium curationum onus excusationem praebet a nova tutela vel cura. II, 2494 ad 2502.
TUTOR absens nominari potest : sed electio ei significanda est, intra triginta dies. I, 1542.
—— non debet deserere administrationem, priusquam curatores fuerint constituti ; et negotia coepta perficere tenetur. I, 1620.
—— datur ei, qui propter aetatem se defendere nequit. I, 1[illegible]92.
—— alius est testamentarius, alius legitimus, alius dativus. Quis inter istos ordo servetur? I, 1395.
—— jure novo dari potest etiam codicillis testamento non confirmatis. I, 1457.
—— ejusque filius et haeres olim pupillam ducere prohibebantur. I, 719.
—— olim apud Romanos a quibusdam tantum Magistratibus speciali privilegio dari poterat, nunc datur a quocumque judice. I, 1530 et 1531.
—— a judice dari debet, cum nullus est testamentarius, vel legitimus. I, 1455.
—— a judice dandus est, cum testamentarius temporale impedimentum habet, sub conditione datus est, aut ex certo die, vel haeres extraneus differt adire haereditatem. I, 1546 et 1547.
—— a superiore judice eligi debet ex vicinis locis, cum nemo idoneus in loco reperitur. I, 1540.
—— non municeps dari potest. I, 1541.
—— a judice pure tantum dari potest. I, 1549.
—— a judice dari potest, cum non petit confirmationem, qui ea indiget. I, 1420.
—— jure novissimo non tantum filio emancipato, sed et naturali dari potest, remissa etiam inquisitione, indistincte pro emancipato; pro naturali vero, si pater aliquid ei reliquerit. I, 1422.
—— dari potest filio exhaeredato. I, 1401 et 1402.
—— dari regulariter tantum potest impuberi. I, 1399 et seqq.

Cum TUTOR testamentarius excusatur, vel removetur, agnati tutelam suscipiunt. I, 1470.
TUTOR dari potest a patre, avo paterno, vel caeteris paternis ascendentibus. I, 1398.
—— testamento dari potest, non tantum pure, sed et sub conditione, ad certum tempus, vel ex certo tempore, et interim tutori dativo locus fit. I, 1454.
—— filiis datur posthumos etiam complectitur, quamvis, vivo patre, deinde nascantur. I, 1428.
—— ita datus: *illi, aut illi, filiis meis, utri eorum volet Titius tutor esto:* omnibus datus intelligitur. I, 1429.
—— datus filiis non censetur datus nepotibus, nisi testator solos nepotes reliquerit. I, 1425 ad 1427.
—— a matre datus nonnisi praevia inquisitione, confirmandus est, sive datus sit filio instituto, sive exhaeredato: levior tamen sufficit inquisitio, cum filius institutus fuit. I, 1404.
—— a matre datus omnia gerit, si praedecesserit pater. I, 1416.
—— a matre datus, materna tantum bona administrare potest, si mater patri praemoriatur. I, 1415.
—— datus a patre a judice repelli potest, vel nonnisi praevia inquisitione admitti, si ita suadeat utilitas pupilli. I, 1458 et 1459.
—— datus posteris, descendentibus, vel liberis, nepotibus, et pronepotibus datus intelligitur. I, 1423.
—— esse potest filiusfamilias. I, 1434.
—— testamento dari potest furiosus, item minor, qui tunc tutorem gerent, cum ille sanae mentis factus fuerit, hic ad legitimam aetatem pervenerit. I, 1431.
—— haeredis coeptam litem persequi potest, si alius tutor non adsit. I, 1621.
—— esse nequit minor, quamvis veniam aetatis impetraverit. I, 1432 et 1433.
—— idoneus petendus est, qui nec possit se excusare, nec removeri debeat. I, 1574.
—— actiones utiles pupillis, et contra pupillos quaerit. I, 2043 ad 2048.
—— qui satis accepit, et admnistrationem satisdanti cessit, adhuc obstrictus est; excusso tamen prius eo, qui gessit. I, 2024 et 2025.
—— ad provisionalem adjudicationem quando condemnari possit? I, 2756 ad 2757.
—— regulariter ante redditas rationes petere nequit a pupillo adjudicationem provisionalem, etiam salarii nomine. I, 2761.
—— unus, cum plures sunt, regulariter gerere potest. I, 2001 ad 2004.
—— unicus regulariter pupillo datur, nisi divisum sit patrimonium. I, 1647.
—— pro contutore quando teneatur. I, 2946 et 2947.
Tutor pro diversa pupilli aetate solus gerit, vel gerenti pupillo auctoritatem praestat. I, 1992.
—— alienationem immobilium firmare nequit auctoritate sua, nisi legitimus sit, atque jus administrandi habeat. I, 2207.
—— debet res mobiles pupilli, quae inutiles sunt, vel corrumpuntur, alienare, spreta etiam contraria patris voluntate. I, 2379 et 2380.
—— propria auctoritate interdum potest decernere quantitatem alimentorum, quam pater non definivit. I, 1971 et seqq.
—— praesumitur alimenta praestitisse pupillo. I, 1974.
—— debet, judice inconsulto, statuere quantitatem alimentorum, cum ita pupilli interest, ne secreta patrimonii pandantur. I, 1975.
—— potest plus impendere in alimenta, quam sint reditus patrimonii, si ita suadeat necessitas, aut utilitas pupilli. I, 1976 et 1977.
—— plerumque consultius agit, si alimentorum quantitatem a judice definiri petat. I, 1978.
—— sequi non potest alimentorum taxationem a judice temere factam. I, 1986.
—— temere denegans alimenta gravius, vel levius punitur pro criminis qualitate. I, 1987 ad 1990.
—— latitans, cum pupillo alimenta decernenda sunt, graviter punitur, atque pupillus interim mittitur in possessionem bonorum. I, 2630.
—— falso negans, esse in bonis pupilli unde ipsi alimenta decernantur, vel qui tutelae officium data pecunia comparavit, poena corporali coerceri potest. I, 2631.
—— non tenetur de casibus fortuitis: puta si lucrosa haereditas fortuito lapsa sit. I, 2780.
—— pupilli cohaeres, qui fideicommissario in solidum cavit, pro parte pupilli nomine cavisse reputatur. I, 2042.
—— non facile restituitur adversus confessionem pupilli nomine factam. I, 2081 et seqq.
—— contrahens de bonis pupilli, hujus nomine contraxisse praesumitur. I, 2050 ad 2051.
—— contrahens de rebus cum pupillo communibus sibi potius, quam pupillo, contraxisse praesumitur. I, 2054.
—— durante officio quando conveniri possit? I, 2055 et 2056.
—— regulariter in rebus pupilli administrandis de culpa levi tenetur. I, 2763 et seqq.
—— qui post pubertatem adhuc gerit pupilli negotia, nec caepta, nec cum coeptis connexa, de levissima culpa tenetur. I, 2770.
—— aliquando nonnisi latam culpam praestat. I, 2772 ad 2774.
—— non excusatur, quia matris, aut propinquorum consilium in administratione secutus fuerit, quamvis ita caverit testator; mi-

tius tamen cum eo agendum est. I, 2775 ad 2777.

Tutor qui tutelam administrandam reliquit matri, vel avo materno, qui indemnitatem promiserunt, non est immunis ab actione tutelae, sed petere potest ab iis, ut indemnis servetur. I, 2778.

—— monere debet pupillum puberem factum, ut sibi petat curatorem. I, 1670.

—— a pupillo praeter impensas repetit damna, quae forte pupillus ipsi intulit, vel quae tutor passus est, ut pupillo prodesset. I, 2863.

—— repetere nequit damnum occasione tutelae passum: maxime si constitutum ipsi fuerit salarium. I, 2864 et 2865.

—— in acquirendo nocere pupillo potest. I, 3148.

—— qui contrahendo dolum admisit, potest proprio nomine conveniri. I, 2077.

—— qui ante administrationem pauper erat, post eam vero locuples invenitur, non idcirco fraudis reus praesumitur. I, 2781.

—— donare non potest, etiamsi judicis auctoritas intercedat: neque rata est donatio ipsi a pupillo facta. I, 2057.

—— praestare potest modicas donationes, quas aequitas, et usus postulant; tum quae occasione nuptiarum fiunt. I, 2058.

—— dare debet congruam dotem sorori pupilli. I, 2034.

—— regulariter emere nequit a pupillo. I, 2063 ad 2067.

—— qui subit periculum administrationis, quamvis ab administratione cesset, juvatur trium tutelarum onere. I, 2501

—— minus legitime ad tutelam vocatus quocumque tempore allegare potest caussas excusationis, si nec fuerit confirmatus, nec administraverit. I, 2569 et 2570.

—— qui praeterlabi sinat tempus, inter quod allegandae sunt caussae excusationis, eo transacto amplius admitti non potest, nisi fuerit a Principe restitutus. I, 2571.

—— qui plures allegat excusationis caussas, quarum una vera est, altera falsa immunis ab officio non fit, si judex ex falsa immunitatem praebeat. I, 2572.

—— qui justa excusationis caussa destitutus judicis imperio parere detrectet, strictioribus remediis cogitur ad munus subeundum. I, 2596.

—— restituere haereditatem ex fideicommisso (non tamen sibi solvere legata), alimenta praestare matri, et fratribus pupilli, servis item, et libertis, imo, et solemnia munera mittere potest. I, 2033.

—— initio administrationis inventarium conficere debet, et quanto citius perficere. I, 1900.

—— ante confectum inventarium nihil agere debet, nisi aliter postulet necessitas, vel utilitas pupilli. I, 1912 et 1913.

Tutor non tenetur describere in inventario pupilli quae sua esse non temere contendit. I, 1906 ad 1908.

—— quia majorem quantitatem pupillaris patrimonii asseruit in inventario, non admittitur ut contrarium probet: secus, si extra inventarium assertio haec facta sit. I, 1909 et 1910.

—— inventarium omittens tanquam suspectus removetur: atque insuper juratur contra ipsum in litem. I, 1928 et seqq.

—— jure Romano liber est a conficiendo inventario, si testator ita caverit; nisi utilitas pupilli aliud suadeat. Aliud obtinet jure nostro. I, 1922 ad 1924.

—— in judicio jurare debet de calumnia atque etiam de iis, quorum notitiam habet, si ipsi deferatur jusjurandum. I, 2418.

—— potest lites defendere, et instituere procuratorem ad litem, periculo tamen suo nominare. I, 2030.

—— in pupillo defendendo bonam fidem agnoscere debet. I, 2409 et seqq.

—— scienter calumniosas lites suscipiens in ejusdem expensas condemnatur, nisi probabili aliqua caussa excusetur. I, 2409 ad 2412.

—— Item instituere non potest ad consequendum debitum, quod solutum scit: nisi solutionis conjecturas tantum habeat, quae facile elidi possint. I, 2410.

—— pupillum defendere potest in negotio in quo contra patrem ejus postulavit: imo et caussam agere contra fiscum, quam prius pro eo defendit. I, 2412.

—— expensas litis subit, si temere appellaverit, vel appellationem intra statuta tempora non fuerit prosecutus; quo casu etiam in mulctam condemnatur. I, 2413.

—— expensas improbae litis plurumque non fert, si pupillus post pubertatem rata habuerit, quae gesta sunt. I, 2416 et 2417.

—— locare potest pupilli bona ad modicum tempus, et secundum consuetudinem regionis sine judicis decreto. I, 2036.

—— pupilli nomine mutuum dare, et accipere potest. I, 2037.

—— negotiationem a patre juste praeceptam an exercere possit, vel debeat? I, 2402 ad 2407.

—— novare potest, jusjurandum deferre, si alia probationis via deficiat, adire haereditatem. I, 2035.

—— ex facto suo potest aliquando pupillum obligare. I, 2049.

—— tanquam pater, et dominus consideratur. I, 1940 ad 2028.

—— praecipue incumbere debet, ut pupillus disciplinis, vel artibus, prout fert ejus conditio, instruatur. I, 1941.

—— pecuniam pupilli otiosam retinere non debet, sed honeste implicare; sed pecunia

otiosa non dicitur, quae praesidii caussa retinetur. I, 2382 et 2383.
TUTOR pecuniam otiosam retinens ejus usuras solvere debet a die, quo deliquit, usque ad redditas rationes. I, 2384.
—— qui pecuniam pupilli in suos usus convertit, vel qui a semetipso non exigit, vel a contutoribus, ejus usuras praestat: nisi palam, et aperte pecuniam pupilli mutuam accipiat, vel a contutoribus. I, 2384 ad 2386.
—— qui neget, se occasionem lucri invenisse non auditur, nisi aliquas adhibitae diligentiae probationes edat. I, 2387.
—— negligens pecuniae pupillaris implicationem regulariter non tenetur ad usuras usurarum, nisi usuras a debitoribus pupilli exegerit, easque in suos usus converterit. I, 2389 et 2395.
—— debet ex pupilli pecunia honestum lucrum quaerere; non tamen servata regula sex, vel duorum mensium, sed prout omnia rerum adjuncta suadent. I, 2389 et seqq.
—— pecuniam otiosam relinquens, vel in suos usus convertens, quas usuras praestet? I, 2400 et 2401.
—— qui pecuniam suam in pupilli utilitatem impendit, ejus quoque usuras repetit, donec eam receperit. I, 2860.
—— potest rem haereditariam a pluribus cohaeredibus venditam cum pacto redimendi, quae pro parte ad pupillum suum pertineat, in solidum redimere. I, 2068.
—— rationibus redditis restituere aliqua debet: nec ab hac restitutione eximitur, quamvis pater, aut minor rationes, remiserint. I, 2743 ad 2745.
—— reliqua restituere non tenetur, si aliunde creditor sit, atque de credito certo constet. I, 2747.
—— in reliquis restituendis non tenetur sequi judicium testatoris, qui patrimonii quantitatem affirmaverit. I, 2748 ad 2750.
—— qui temere differat solutionem reliquorum, eorundem usuras debet. I, 2751 et seqq.
—— respondere non potest interrogatorio, an pupillus sit haeres, sine ejusdem interventu, nisi infans sit: potest tamen fateri secutam haereditatis aditionem. I, 2418 et 2419.
—— antequam gerat, satis dare debet se fideliter administraturum, adhibito etiam jurejurando. I, 1872 et 1873.
—— promittere debet, se pupillum in judicio defensurum. I, 1874 et 1875.
—— potest debita solvere etiam sibimetipsi, et debet bonam fidem agnoscere. I, 2031 et 2032.
—— qui solidum solvit, actione tutelae consequitur cessionem actionum adversus contutores, nisi solverit ex dolo communi, vel ex propria culpa. I, 2854 ad 2856.
TUTOR qui indebitum solvit, condictionem indebiti habet, non autem contrarium judicium. I, 2858 et 2859.
—— facere potest quoscumque sumptus necessarios ad conservanda, recuperanda, vel augenda pupilli bona: quin opus habeat judicis decreto. I, 2029 et 2857.
—— contrario judicio repetit omnes sumptus pupilli gratia factos, quamvis pupillo non profuerint, dummodo maturo consilio se gesserit. I, 2861 et 2862.
—— suspectus. V. SUSPECTUS.
—— res pupilli vendere potest, servatis tamen praescriptis solemnitatibus: neque tenetur de evictione. I, 2038.
—— pupilli nomine possessionem transferre potest per clausulam constituti. II, 837.
—— tenetur ad implendam conditionem in faciendo positam, pupillo injunctam, atque tutoris factum reputatur factum ipsius pupilli, nisi conditio pupilli personae cohaereat. II, 5444.
—— a patre suo exhaeredatus inofficiosi testamenti querela uti potest, quamvis agnoverit legatum relictum pupillo, cujus tutelam gerit. II, 6708.
—— solus, aut solus curator recte non repudiant haereditatem delatam personis, quorum curam gerunt. II, 8172.
—— et curator pro pupillis, et minoribus an haereditatem hodiernis moribus adeant sine minoris facto? II, 7494 et seqq.
—— aut curator de re pupilli, aut minoris jurare non tenentur; possunt tamen. Quid si jusjurandum ipsi referatur, vel de iis, quae sciunt interrogentur? IV, 782.
TUTORE testamentario ab hostibus capto locus fit tutelae dativae, donec captivus manet, sed, si ibi decedat, legitimae tutelae locus fit. I, 1548.
TUTOREM dare non potest extraneus, nisi pupillum haeredem scripserit. I, 1417.
—— ab extraneo datum nonnisi praevia inquisitionem gerere oportet: atque stricto jure ea tantum bona administrare potest, quae ab ipso ad pupillum pervenerunt. I, 1418 et 1419.
—— dare non potest judex de die, in diem, vel sub conditione. I, 1456.
—— dare potest judex originis, vel domicilii: aliquando etiam loci, in quo bona sita sunt. I, 1532 et seqq.
—— dare nequit semetipsum judex, nec a parentibus prohibitum, nec eum, qui tutelam quaerit. I, 1543.
—— dare potest collega collegam; non tamen invitum cogere. I, 1542.
—— petere negligens mater retinet adhuc legitimae usumfructum. I, 1599 et 1600.
—— confestim petere debet mater, nisi ex ma-

V

VENATIO quandonam in fructu sit, et quatenus venationis, vel piscationis jus usufructuario competat? II, 1601 et seqq.
—— prohiberi potest ex quatuor caussis, videlicet ex conditione personae, ratione temporis, ratione instrumentorum, et ratione loci. II, 449.
—— interdum prohibetur exerceri quibusdam instrumentis, quibus maxima animalium copia apprehendatur in grave damnum caeterorum, qui jus habent ad res communes. II, 452 et 453.
—— ex conditione personae, vel saltem venationis abusus prohibetur clericis, rusticis, et colonis; animalia tamen capta sua faciunt. II, 450.
—— ratione temporis prohibetur tempore partus, et educationis foetuum. An restituere teneatur, qui hoc tempore animalia capit? II, 415.
VENATIONEM Princeps pro arbitrio prohibere potest, vel in alium transferre. II, 442 et seqq.
VENATIONIS caussa an possit quis ingredi alienum fundum inspectis hodiernis moribus? II, 444 et 445.
In VENATIONIS possessione servatur, qui titulum pro se habet. Quid si uterque titulo munitus sit? I, 2105.
VENATIONIS, et piscationis jura a privatis sine legitimo titulo possideri nequeunt. II, 474.
—— jus in vassallos translatum non existimatur, nisi nominatim fuerit comprehensum investiturae verbis. II, 461.
Reliqua, vide in verbo VASSALLUS.
Ad VENDENDAS certo pretio res, quae alibi creverunt, ac inde afferuntur, an cives cogi possunt? III, 2303.
VENDERE invitus rem suam plerumque nemo cogitur: nisi aliud suadeat libertatis, religionis, aut publicae utilitatis caussa. III, 2299 et 2300.
—— et emere licet res omnes, in commercio positas, nec speciatim alienari prohibitas. III, 2373.
—— non prohibetur socius partem suam, socio invito: nisi judicium communi dividundo jam sit institutum. Quid si res communis dividi commode nequeat? III, 2380.
VENDI aliquando jubentur res ad victum pertinentes. III, 2301.
—— possunt fructus nascituri. III, 2376.
—— nequeunt res sacrae, sanctae, aut religiosae. Quid de rebus Ecclesiae? III, 2384.
—— nequeunt arma, et annona hostibus. Quid de rebus exportari prohibitis, ex caussa publicae utilitatis? III, 2386.
—— possunt res incorporales. III, 2386.
—— potest actio omnis, tum pure, tum sub conditione, reluctante debitore. III, 2410.
—— nequeunt actiones in judicium deductae. An emphyteuta spoliatus jura sua domino directo cedere prohibeatur? III, 2413.
VENDITA re a marito uxori justo pretio, sed pacto adjecto, ne emptor pretium solvere teneatur, subsistit venditio, sed pactum corruit. II, 4366.
—— re haereditaria a quocumque possessore, ultra verum rei pretium, excessus pretii non debetur haeredi, sed emptori restituendus est. II, 7813.
—— haereditate, id actum videtur, ut neque plus, neque minus commodi, aut incommodi habeat emptor, quam habuit haeres a morte defuncti usque ad tempus venditionis. III, 2397.
—— res, et tradita vindicari nequit, ob pretium non solutum, vel pactum non impletum. III, 2522 et 2523.
VENDITAE rei possessio in emptorem transfertur per clausulam constituti. II, 819.
—— rei periculum subit emptor, licet res tradita non sit, nec solutum pretium. Quare? III, 2438.
—— rei exceptione, et traditae utitur emptor, et qui caussam ab eo habet. III, 2632.
—— rei periculum, et commodum ad emptorem spectat, si pure conceptum sit pactum addictionis in diem; alioquin ad venditorem. III, 2726.
VENDITIO, etiam secuta traditione, rei dominium non transfert, nisi pretium solutum sit, vel aliqua ratione venditori cautum, aut fides de pretio habita fuerit. Quare? II, 779 ad 781.
—— rerum immobilium universitatis fieri nequit sine praescriptis solemnitatibus. II, 261.
—— pura est, quamvis pactum legis commissoriae adjectum fuerit. II, 1898.
—— ex caussa donationis facta inter conjuges, cum neuter emendi, aut vendendi animum haberet, in totum corruit. II, 4364.
—— inter conjuges utrum subsistat, cum plures simul uno pretio, sed viliore venditae sunt? II, 4367.
—— inter virum, et uxorem donationis caussa pretio viliore celebrata nullius momenti est pro ea parte, quae donationem continet. II, 4369.
—— facta ab haerede rei haereditariae, quam suam esse non temere existimabat, inventarii beneficium non excludit. II, 8102.
—— quae coepit a modo, vel mensura, perfecta non videtur prius, quam probatus sit modus, vel peracta mensura. III, 2312.
—— cum coepit a corpore, pro vendito habetur, quod est intra demonstratos confines: sed pro majori, vel minori quantitate pretium statuitur. III, 2315.
—— facta, neutiquam commemorata quantitate, ad corpus tacta intelligitur. III, 2319.
—— ad mensuram facta quibus casibus judi-

U

USUCAPERE potest dotem inaestimatam sponsus, etiam nondum contractis nuptiis. II, 1937.
—— nequit, qui non putat, sibi licere per leges usucapere. II, 1852.
—— nequit haeres rem a defuncto mala fide acquisitam. II, 1959.
—— potest, qui emit a pupillo, quem puberem existimabat. II, 1879.
—— possunt servi; sed domino acquirunt, non sibi. II, 1790.
—— pro soluto quis dicatur? II, 1894.
—— nequeunt usufructuarii, conductores, creditores pignoratitii, commodatarii, depositarii, ex defectu justae possessionis. II, 1945.
USUCAPI potest pro haerede res aliena bona fide possessa a defuncto, et in haeredem translata. II, 1902.
—— potest pro haerede res defuncto commodata, locata, vel apud eum deposita. II, 1905.
—— possunt res, quae contractu alienari prohibentur, excepta donatione. Quid si testamento prohibita sit alienatio? II, 1791 in not.
USUCAPIO sub alienatione continetur, tamquam species sub genere. II, 1793.
—— corporum, quae constant rebus invicem disjunctis, veluti gregis, peculii, singula corpora refertur. II, 1828.
—— est adjectio dominii per continuationem possessionis temporis a lege definiti. II, 1777.
—— est acquirendi dominii modus, non tantum in foro externo, sed etiam in foro conscientiae. II, 1780. et seqq.
—— transfert dominium ab uno in alterum. II, 1781, 1782, 2094 et seqq.
—— procedit, cum donatarius rem ex caussa donationis accepit, alter vero contractum venditionis celebrare voluit. II, 1918.
—— procedit, si vir uxori, vel uxor viro donet rem alienam; dummodo nihil ex bonis alterutrius minuatur. II, 1923.
—— rei alienae in dotem traditae cui prosit? II, 1938.
—— bonam fidem desiderat. II, 1832.
—— jure civili perficitur, dummodo possessor initio bonam fidem habeat; secus jure canonico. II, 1833 et 1834.
—— quae justum habuit initium in persona defuncti perficitur jure civili, non obstante mala fide haeredis. II, 1957 et 1958.
—— non nocet fisco, aut Principi. II, 1799.
—— fundi dotalis, durante matrimonio incipere non potest: antea coeptam usucapionem lex Julia non interpellat. II, 3338.
—— pro haerede quid desideret? II, 1901 et seqq.
—— perficitur, quamvis haereditas jaceat. II, 1952.
—— facti ignorantiam praesupponit. II, 1860.
Usucapio non procedit favore ejus, qui laborat vincibili ignorantia facti. II, 1861.
—— perfici potest ex justissimo alieni facti errore. II, 1876.
—— non procedit ex errore facti, qui versetur in tituli existentia. II, 1878.
—— ex juris errore perfici non potest. II, 1885.
—— civiliter interrumpitur per litis contestationem, quae efficit, ut praescriptio completa non habeatur. II, 1984.
—— naturaliter interrupta inchoari nequit, nisi adsit bona fides. II, 1987.
—— pro legato quando contingat? II, 1926 et 1927.
—— continuam possessionem desiderat. II, 1946.
—— nulla est sine possessione. II, 1944.
—— sola continua possessione non perficitur, nisi perseveraverit eo tempore, quod leges requirunt. II, 2030.
—— amplius non differt a praescriptione longi temporis. II, 1778.
—— sine justo titulo non procedit. II, 1869 et 1908.
—— ex justo titulo pro suo, an, et quatenus currat? II, 1871.
—— titulum ex omni parte verum non requirit. II, 1874.
—— non procedit, cum discrimen est in titulo, nisi uterque idoneus sit ad dominium transferendum. II, 1882 et 1883.
—— ex justo procedit, quamvis possessor tituli existentiam ignoret. II, 1884.
—— plenissimam securitatem non praestat in utroque foro, nisi habeat conditiones omnes, canonico, et civili jure requisitas. II, 1788.
USUCAPIONE acquiri possunt bona vacantia, fisco nondum nunciata. II, 1805.
—— domum acquirere potest, qui damni infecti nomine in ejus possessionem missus fuit. II, 1840.
—— domus non acquiritur dominium rerum singularum, ex quibus constat domus. II, 1825.
—— acquiri possunt res per legatum, vel fideicommissum sub conditione, vel in certam diem relictae. II, 1790.
USUCAPIONI non subjiciuntur res ab humano commercio exemptae, videlicet res sacrae, sanctae, et religiosae. II, 1792.
—— non subsunt res furtivae, praeterquam purgato vitio. II, 1814 et seqq.
In USUCAPIONIBUS tempus non computatur a momento in momentum, sed postremus dies inceptus habetur pro completo. II, 2036.
USUCAPIONIS pro haerede quae sint exempla? II, 1912 et 1913.
—— interruptio. V. Interruptio.
—— tempora an conjunguntur, cum quis pro haerede usucapere vult? II, 1903.
—— patientia, qua maritus servitutem fundo

USUSFRUCTUS in annos singulos legatum in quibusdam annuo legato aequiparatur, in aliis differt. II, 1369 et 1370.
—— si duobus alternis annis legetur, quis praeferri debeat? II, 1372 et seqq.
—— sub conditione legati dies non cedit, nisi existente, vel impleta conditione. II, 1471.
—— pure legati dies non cedit nisi adita haereditate. Quid si in diem, vel sub conditione relictus sit? II, 1466 et seqq.
—— ex rebus, in quibus constitit, recipit divisionem. II, 1726.
—— fideicommissum non instituit testator, qui mulieri reliquit usumfructum praediorum, et simul jussit, ut praedia cum reditibus ad suos haeredes redeant. II, 1340 et seqq.
—— finitur morte fructuarii, nisi testator caverit, ut haeredem transeat. II, 1735.
—— civitati, municipio, vel collegio relictus per centum annos durat, nisi universitas prius destruatur. II, 1737.
—— in diem, vel sub conditione relictus finitur, veniente die, vel existente conditione. Quid si haeres interim alteri usumfructum concesserit? II, 1741.
—— per fideicommissum restituendus non finitur, nisi decedente fideicommissario, vel etiam fiduciario, si adhuc reverti debeat, altero decedente. II, 1740.
—— filiofamilias relictus non finitur, nisi patre et filio defunctis. II, 1738.
—— filiofamilias relictus unicus est, et unicam cautionem desiderat. II, 1739.
—— relictus, donec filius ad majorem aetatem pervenerit, durat ad id usque tempus, quamvis filius prius decedat. II, 1743.
—— legatus, donec aliquis compos mentis fiat, sola usufructuarii morte finitur, quamvis alter defunctus sit, eodem animi vitio detentus. II, 1744.
—— non finitur, nisi morte fructuarii, si relictus sit usque ad certum tempus, vel quamdiu usufructuarius vivet. II, 1742.
—— an fructus legetur, nihil interest. II, 1303.
—— legatario non debetur, si constet testatorem praedii fructus ab haerede praestari legatario voluisse. II, 1317.
—— relictus non existimatur, cum testator certam fructuum agri partem reliquit. II, 1318.
—— legatum an convertatur in legatum proprietatis, cum testator haerede universali instituto, uno ex duobus fratribus, alteri legavit fundum; ea tamen conditione, ut vivente legatario, fundi fructus inter hunc, atque haeredem aequis partibus dividantur, ut ita facilius servetur inter fratres concordia? II, 1361 ad 1363.

USUSFRUCTUS improprius rei proprietatem transfert in usufructuarium. II, 1747.
USUSFRUCTUARIUS in rebus, quae usu consumuntur, hodie constituitur. II, 1745.
USUSFRUCTUS improprius in plerisque a mutuo differt. II, 1749.
—— improprius sine satisdatione subsistere potest. II, 1753.
—— judicis auctoritate constitui potest in judiciis familiae erciscundae, et communi dividundo. II, 1375.
—— jure accrescendi interdum acquiritur. II, 1419.
—— inter vivos constitutus jus accrescendi non habet, sed tantum in eo, qui ultima voluntate constitutus fuerit, II, 1423 et 1424.
—— jus a possessione distinguitur. II, 1560.
—— legatario proprietatis tribui debet, cum alteri legatus est, sed perperam lege probibente. II, 1287.
—— legis auctoritate constituitur in bonis adventitiis filii favore patris. Quid si pater filium emancipet? II, 1376.
—— integer pervenit ad matrem usufructuariam omnium bonorum, mortuo filio, cui vulgariter substitutus sit extraneus. II, 1514.
—— non tantum pure, sed etiam sub conditione ex certo tempore, ad certum tempus constitui potest, atque interim fructus proprietario cedunt. II, 1283 et seqq.
—— in bonis mariti divitis debetur mulieri inopi, et indotatae, quam maritus domo inique expulerit, vel iniquis artibus abire coegerit, vel viro superstes sit. II, 1391.
—— nominum recte legatur. II, 1436.
—— omnium bonorum relinqui potest, haerede proprietatis scripto post usufructuarii mortem. II, 1298 et 1299.
—— bonorum omnium relinqui potest; dummodo non fiat fraus legi, et salva sit filiis legitima, atque haeredibus quarta. II, 1450 ad 1452.
—— omnium bonorum mobilia, et immobilia, jura quoque, et actiones continet. II, 1454.
—— omnium bonorum complectitur bona futura, seu post testamentum acquisita. II, 1456.
—— omnium bonorum simile est legato universitatis, puta aedificiis, gregis, peculii. II, 1456.
—— omnium bonorum ea etiam continet, quorum nudam proprietatem testator habet. Sed legatarius non consequitur usumfructum, nisi postquam reversus fuerit ad proprietatem. II, 1467 et 1468.
—— omnium bonorum continet bona fideicommisso obnoxia, cum testator ipse fideicommissum instituit. II. 1472.
—— omnium bonorum non comprehendit bo-

X

FINIS INDICIS.

Lightning Source UK Ltd.
Milton Keynes UK
UKHW010042280219
338009UK00005B/222/P

9 780332 700861